JUS PUBLICUM

Beiträge zum Öffentlichen Recht

Band 176

Mario Martini

Der Markt als Instrument hoheitlicher Verteilungslenkung

Möglichkeiten und Grenzen einer marktgesteuerten staatlichen Verwaltung des Mangels

Mohr Siebeck

Mario Martini, geboren 1969; Studium der Rechtswissenschaften in Mainz; 1999 Promotion; 2006 Habilitation; wissenschaftlicher Assistent an der Bucerius Law School, Hamburg; z. Zt. Vertreter eines Lehrstuhls für Verwaltungswissenschaften an der Deutschen Hochschule für Verwaltungswissenschaften Speyer.

ISBN 978-3-16-149332-4
ISSN 0941-0503 (Jus Publicum)

Die Deutsche Nationalbibliothek verzeichnet diese Publikation in der Deutschen Nationalbibliographie; detaillierte bibliographische Daten sind im Internet über *http://dnb.d-nb.de* abrufbar.

Das Buch wurde von epline in Kirchheim/Teck aus der Garamond gesetzt, von Gulde-Druck in Tübingen auf alterungsbeständiges Werkdruckpapier gedruckt und von der Buchbinderei Spinner in Ottersweier gebunden.

Vorwort

»Lesen heißt«, so wusste bereits Gotthold Ephraim Lessing, »sich wärmen an fremden Feuern«. Dieses Buch will ein Feuer entfachen, das dazu anreizt nachzudenken über die Bewältigung von Knappheit in der hoheitlichen Verteilungsordnung und den Beitrag der Ökonomik zur Verwaltung des Mangels im öffentlichen Recht. Es will dabei weder der Versuchung erliegen, einer Heilslehre des Marktes durch die Brille der Ökonomik zu verfallen, noch umgekehrt allein einen verfassungsrechtlichen Abwehrring gegen Ökonomisierungstendenzen im Recht ziehen. Vielmehr soll das Fundament ökonomischer Erkenntnisse und juristischer Dogmatik für eine differenzierte verfassungsrechtliche Analyse der Möglichkeiten und Grenzen einer marktgesteuerten öffentlich-rechtlichen Verteilungslenkung nutzbar gemacht werden.

Die Bucerius Law School hat die Untersuchung im Herbst 2006 als Habilitationsschrift angenommen. Das Manuskript wurde im Juli 2006 abgeschlossen und berücksichtigt später veröffentlichte Rechtsprechung und Literatur bis zum Sommer 2007.

An der Entstehung des Buches haben viele Menschen Anteil, denen ich Dank für ihre Unterstützung, ihr Wohlwollen und ihre Rücksichtnahme sowie anregende wissenschaftliche Diskussionen schulde – allen voran meinem akademischem Lehrer Univ.-Prof. Dr. Jörn Axel Kämmerer, der mir die Freiheit und Fürsorge hat zuteil werden lassen, die das Gelingen des Werkes möglich gemacht haben. Er hat nicht nur meinen wissenschaftlichen Werdegang nachhaltig gefördert, sondern war mir stets auch in persönlicher Hinsicht ein fürsorglicher Ratgeber. Univ.-Prof. Dr. Michael Eehling hat nicht nur das Zweitgutachten in großer Schnelligkeit erstellt, sondern zeigte sich auch während des Reifungsprozesses der Untersuchung in bester Gelehrtentradition jederzeit für eine wissenschaftliche Diskussion offen. Neben den beiden ist mir Univ.-Prof. Dr. Christian Bumke mit seiner Hilfe und seinen Ratschlägen zu einem wichtigen wissenschaftlichen Gesprächspartner und Wegbegleiter geworden. Mit vorbildlicher Schnelligkeit ist Univ.-Prof. Dr. Selmer bei der Erstellung des externen Gutachtens zu Werke gegangen. Auch ihm ist es zu verdanken, dass das Habilitationsverfahren zügig zu Ende geführt werden konnte.

Durch ihre tatkräftige Unterstützung bei der redaktionellen Korrektur des umfangreichen Textes hat sich meine Schwester Heike Schröer Meriten um das Gesamtwerk erworben – ebenso die Referendarinnen Julia Lobschat, Friederike Munz, Anne Katrin Öhlschläger und Ulrike Werner sowie meine Sekretärin an der Deutschen Hochschule für Verwaltungswissenschaften Beate Bukowski. Der ZEIT-Stiftung Ebelin und Gerd Bucerius gebührt herzlicher Dank für die großzügige Gewährung eines Druckkostenstipendiums.

Die Brisanz der behandelten Thematik und die Freude an der wissenschaftlichen Auseinandersetzung haben es mir ermöglicht, mich ihr mit Ausdauer zu widmen. Ich danke meiner lieben Frau Dr. Astrid Martini für die stete Geduld und Rücksichtnahme, mit der sie die damit verbundenen Entbehrungen mit mir geteilt hat. Zugleich gilt mein Dank der Kraft, mit der sie mich auf meinem Weg bestärkt hat, den anregenden wissenschaftlichen Diskussionen und nicht zuletzt den schönen Momenten, die diese Lebensphase geprägt haben.

Ihr ist dieses Buch gewidmet.

Hamburg, im Oktober 2007 *Mario Martini*

Engel, DV 11, 131, F. Becker, AöR 11, 520

Inhaltsübersicht

Dritter Teil
Staatliche Primärallokation durch den Markt – die Versteigerung als Allokationsmodell der Verteilungsordnung

Vierter Teil
Staatliche Sekundärallokation durch den Markt – Chancen und Grenzen eines Systems übertragbarer Nutzungsrechte

Inhaltsverzeichnis

Zweiter Teil

(Allokations-)Effizienz als Credo einer Verteilungsordnung

Erster Teil

Knappheitsbewältigung zwischen Staat und Markt: Zum Status quo der hoheitlichen Verteilungsordnung

In einer Zeit, in der die Schere zwischen dem Ressourcenbedarf und den Verfügbarkeiten natürlicher Ressourcen zusehends weiter auseinander klafft, sehen sich Staat und Gesellschaft immer drängender mit der Aufgabe sachgerechter Verteilung des Mangels konfrontiert.

Die Dimensionen der sich stellenden Herausforderung gerechter Verwaltung des Mangels, das Vordingen des Menschen zu den absoluten Grenzen der Ressourcenverfügbarkeit sind neu, nicht aber das Phänomen der Knappheit selbst. Knappheit ist eine Grundbedingung menschlicher Existenz. »Unsere physische Existenz ebenso wie die Befriedigung unserer idealsten Bedürfnisse stößt auf die quantitative Begrenztheit und qualitative Unzulänglichkeit der dafür benötigten äußeren Mittel«. Mit diesen Worten deutet etwa bereits *Max Weber* in seiner Schrift über die »Objektivität« sozialwissenschaftlicher Erkenntnis Knappheit als zentrales anthropologisches Datum an[1]. Das Leben führt dem Menschen unentwegt seine Endlichkeit als ein Mangelwesen[2] mit vielfältigen Bedürfnissen und anthropologischen Unzulänglichkeiten vor Augen, dessen Ressourcen für die Befriedigung aller Bedürfnisse und Wünsche zu knapp bemessen ist[3]. Mit

---

[1] *M. Weber*, Die »Objektivität« sozialwissenschaftlicher Erkenntnis, in: *ders.*, Wissenschaftslehre, 6. Aufl., 1985, S. 146 [161]). Ähnlich bereits aphoristisch *Machiavelli* in seiner Schrift über *Titus Livius:* »Die menschlichen Wünsche sind unersättlich, da die menschliche Natur alles begehrt und alles will, das Schicksal aber nur wenig gewähren kann« (abgedruckt bei *Teggart* [Hrsg.], The Ideas of Progress, S. 127 [130]). *Lorenz von Stein* nimmt in seiner Geschichte der sozialen Bewegung in Frankreich von 1789 bis auf unsere Tage, Bd. 1, 1921, S. 13ff. das Phänomen der Knappheit plastisch mit den Worten auf: »Der größte Widerspruch, den die irdischen Dinge enthalten, ist der zwischen dem einzelnen Menschen und seiner Bestimmung. In jedem Einzelnen lebt ein unbesiegbarer Drang nach einer vollendeteren Herrschaft über das äußere Dasein, nach dem höchsten Besitz aller geistigen und sachlichen Güter. Aber zugleich ist jeder einzelne, für sich betrachtet, ein unendlich beschränktes Wesen«. *Von Stein* beschreibt die soziale Bewegung als eine Verkettung von Versuchen zur Überwindung der Spannung zwischen den Bestrebungen des Menschen und seinen Beschränkungen.

[2] Das Bild des Menschen als Mangelwesen durchzieht die Philosophiegeschichte als anthropologische Aporie bereits seit Platons »Protagoras«. Vgl. dazu etwa *Balla*, Knappheit als Ursprung sozialen Handelns, 2005, S. 17ff.

[3] Vgl. etwa *Robbins*, An Essay on the Nature and Significance of Economic Science, 2. Aufl. 1935, S. 15: »We have been turned out of Paradise. We have neither eternal life nor unlimited means of gratification«.

dem Phänomen der Knappheit als menschlicher Existenzbedingung verbindet sich dabei nicht lediglich ein absoluter Mangel Malthusianischer Angebotsknappheit (absolute Knappheit), sondern zunächst eine Beschränkung in Relation zu einer möglichen Nachfrage (relative Knappheit)[4, 5]. Knappheit ist »limitation in relation to demand«[6]. Sie bezeichnet immer ein Verhältnis, genauer ein Missverhältnis zwischen den Nutzungswünschen und Verfügbarkeiten. Ihre Facetten sind bunt. Sie begegnet uns – auch jenseits eines Mangels an physischen Gütern – als Endlichkeit des Wissens[7], der

[4] Die Unterscheidung zwischen absoluter Knappheit und relativer Knappheit durchzieht die klassische Nationalökonomie seit ihren ersten Tagen. Sie kommt in der Beschreibung von *Daly* treffend zum Ausdruck: »Relative (or ›Ricardian‹) scarcity refers to the scarcity of a particular resource relative to another resource or to a lower quality of the same resource. Absolute (or ›Malthusian‹) scarcity refers to the scarcity of all resources in general, relative to population and per capita consumption levels«. Er bietet zugleich Lösungsansätze an: »The solution to relative scarcity is substitution. Absolute scarcity assumes that all economical substitutions are made so that the total burden of absolute scarcity is minimized but still exists and may increase«).

[5] Die Bedürfnisse entpuppen sich dabei nicht als eine feststehende Größe. Sie können auch das Ergebnis eines Vergleichs zwischen dem eigenen und dem Status der anderen Gesellschaftsmitglieder sein und dadurch Knappheit generieren (sog. *komparative Knappheit*). Darauf stützt *Karl Marx* seine Betrachtungen über Knappheit und Teile seiner Philosophie. Knappheit ist für ihn vor allem gesellschaftlich erzeugt. Der Grund für Mangel und Armut liege nicht so sehr im Fehlen von Gütern als im Vergleich mit dem Entwicklungszustand der Gesellschaft überhaupt. »Unsere Bedürfnisse entspringen aus der Gesellschaft: Wir messen sie daher an der Gesellschaft; wir messen sie nicht an den Gegenständen ihrer Befriedigung. Weil sie gesellschaftlicher Natur sind, sind sie relativer Natur.« (*Marx*, Lohnarbeit und Kapital, in: Marx/Engels, Werke, Bd. 6, 1968 [1849], S. 411 f.). Marx verweist auf den Vergleich eines kleinen Wohnhauses mit einem Palast. Das Wohnhaus befriedige solange alle gesellschaftlichen Ansprüche an eine Wohnung, als die umliegenden Häuser ebenfalls klein sind. Werde daneben jedoch ein Palast gebaut, schrumpfe das Haus zur Hütte zusammen und seine Bewohner würden unabhängig von ihren Ansprüchen unbefriedigt leben. Auch ein Ausbau des Hauses könne daran nichts ändern, wenn der benachbarte Palast in gleichem oder gar in höherem Maße in die Höhe schieße.

[6] So ausdrücklich *Robbins* (Fn. 3), S. 45. Vgl. auch *Böske/Heuterkes*, Absolute und relative Knappheit, 2005, S. 8 f.; *P. Michaelis*, Ökonomische Instrumente in der Umweltpolitik, 1996, S. 5; *Wills*, Economics and the Environment, 1997, S. 3 ff., 18 ff.; *Cansier*, Umweltökonomie, 2. Auflage 1996, S. 13; *A. Endres*, Umweltökonomie, 1994, S. 1.; ähnlich aus soziologischer Sicht *Balla*, Knappheit als Ursprung sozialen Handelns, 2005, S. 17: Knappheit beschreibt ein »Missverhältnis zwischen Bedürfnissen und Aspirationen einerseits, Vorräten, Verfügbarkeiten andererseits« bzw. S. 52: »Knappheit bedeutet ein Missverhältnis, ein Defizit in irgendeinem Bedürfnisbereich«. Zu Begriff und Erscheinungsformen der Knappheit in den Wirtschafts- und Rechtswissenschaften vgl. *Schäfer/Ott*, Lehrbuch der ökonomischen Analyse des Zivilrechts, 4. Aufl. 2005, S. 55 f.; *Streissler*, Die Knappheitsthese – Begründete Vermutungen oder vermutete Fakten?, in: Siebert (Hrsg.), Erschöpfbare Ressourcen, 1980, S. 9 ff.; *Kloepfer/Reinert*, Umweltprobleme als Verteilungsprobleme in rechtlicher Sicht, in: Gethmann/Kloepfer/Reinert (Hrsg.), Verteilungsgerechtigkeit im Umweltstaat, 1995, S. 23 (25 ff.), in der Soziologie: *Balla*, Soziologie der Knappheit, 1978, S. 3 ff.; *ders.*, Knappheit als Ursprung sozialen Handelns, 2005, S. 17 ff.

[7] Vgl. dazu etwa *Albert*, Aufklärung und Steuerung, 1976, S. 17 u. 31; *von Hayek*, Rechtsordnung und Handelsordnung, in: ders., Freiburger Studien, 1969, S. 170 f.; dazu *Balla*, Soziologie der Knappheit (Fn. 6), S. 31 ff.

soziokulturellen Beziehungen[8] und vor allem als Begrenzung der zum Genuss der materiellen Güter verfügbaren Zeit[9]. Der Mensch steht immerfort am Scheideweg zwischen verschiedenen Zielen, deren Realisierung sich gegenseitig ausschließt[10].

Knappheit zwingt den Menschen als homo inadaequationum mit den ihm gegebenen knappen Gütern zu wirtschaften; die Bedürfnisse müssen gegeneinander abgewogen und bewertet, d. h. je nach ihrer Dringlichkeit in eine Präferenzordnung gebracht werden, die die Wünsche und Bedürfnisse in eine Vorzugsrelation transponiert[11]. Knappheit erweist sich insoweit als eine der stärksten Triebkräfte gesellschaftlicher und menschlicher Entwicklung, die den Menschen zur Gestaltung und Verbesserung bestehender Nutzungsrelationen anspornt[12], wie auch als Grenze menschlicher Entwicklungsfähigkeit. Soziales Handeln stellt sich in wesentlichen Teilen als Knappheitsbekämpfung dar[13].

Die Knappheit induziert Nutzungskonkurrenzen zwischen den Gesellschaftsmitgliedern[14]. Sie verlangt nach einem Kommunikations- und Konfliktschlichtungsmechanismus, mit dessen Hilfe sich die Gesellschaftsmitglieder in einer Welt der Knappheit über ihre unterschiedlichen Nutzungsvorstellungen verständigen und allfällige Nutzungskonflikte austragen können[15]. Ein ständiger gewaltsamer Verteilungskampf um die Güter-

---

[8] Dazu *Balla*, ibid., S. 16ff.

[9] Vgl. etwa *von Mises*, Human Action, 1949, S. 101f. Die Knappheit der Zeit bildete als Säkularisation puritanischer Theologie des 17. Jahrhunderts einen der Ausgangspunkte der Nationalökonomie. Vgl. *Streissler*, Die Knappheitsthese – Begründete Vermutungen oder vermutete Fakten?, in: Siebert (Hrsg.), Erschöpfbare Ressourcen, 1980, S. 9 (12).

[10] Hatten im 18. bzw. 19. Jahrhundert noch *Condorcet* und *Godwin* eine Überwindung von Knappheit als Folge des Fortschritts verheißen, bei der sich »ein günstigeres Verhältnis zwischen den Fähigkeiten des Menschen und seinen Bedürfnissen« ergebe (*Condorcet*, Entwurf einer historischen Darstellung der Fortschritte des menschlichen Geistes, 1963, S. 373) ist grenzenloser Fortschrittsglaube heute dem Realismus gewichen. Der Glaube an die Überwindung von Knappheit und immerwährende Prosperität der Fortschrittsphilosophie erweist sich als ein kurzer Tagtraum; »das Gold des technischen Fortschritts« hat sich »zu einem großen Teil in Blei verwandelt« (*Röpke*, Maß und Mitte, 2. Aufl. 1979, S. 219).

[11] Vgl. allgemein zur Präferenzlogik *Wright*, The Logic of Preference, 1963; *ders.*, Neuere Überlegungen zur Präferenzlogik, in: *ders.*, Normen, Werte und Handlungen, 1994, S. 87ff.

[12] Vgl. dazu etwa *Losonczi*, Az életmódról (Von der Lebensweise) 1973, S. 226 zitiert und übersetzt nach *Balla*, Soziologie der Knappheit, 1978, S. 40.

[13] Vgl. dazu im Einzelnen *Balla*, Knappheit als Ursprung sozialen Handelns, 2005, S. 147ff.

[14] »So werden zwei Menschen zu Feinden, wenn beide zu erlangen versuchen, was nur einem von ihnen zukommen kann. Um ihr Ziel zu erreichen (…) trachten sie danach, den anderen zu vernichten oder ihn zum Untertan zu machen«, drückt *Hobbes*, Leviathan, 1965, S. 97 die Problematik treffend aus.

[15] Die Geschichte der Menschheit erweist sich als die Geschichte eines Kampfes um knappe Ressourcen – Land, Macht und Einfluss, Wasser, Nahrungsmittel. In diesem Sinne bereits *Max Weber* (Die »Objektivität« sozialwissenschaftlicher und sozialpolitischer Er-

zuordnung, in dem das Recht des Stärkeren siegt, bindet unangemessen viele knappe Ressourcen. Er zwingt die Individuen dazu, sich weniger auf den Ausbau und den Einsatz der Ressourcen als vielmehr auf deren Verteidigung und den Schutz vor Entzug zu konzentrieren.

Eine sinnvolle Zuordnung und Beschreibung der Handlungsrechte an Gütern vorzunehmen, die einem Rechtssubjekt in der Gesellschaft zukommt[16], und die Rahmenbedingungen für eine gerechte Verteilungsordnung zu schaffen, gehört zu den vornehmsten Aufgaben der Rechtsordnung. Ihr fällt der Beruf zu, die Nutzungskonflikte konkurrierender Interessenten zu einem friedlichen Ausgleich zu bringen und die Frage zu beantworten, wie die knappen Ressourcen auf die alternativen Gebrauchsmöglichkeiten zu verteilen sind. An der Fähigkeit der Rechtsordnung, diese Aufgabe sachgerecht zu bewältigen, bemisst sich ihre Legitimität und Bewährungskraft. Die Verteilungsordnung ist die Stellschraube gesellschaftlicher Wohlfahrt und des Rechtsfriedens. Die Zuteilung knapper Güter entscheidet über die Möglichkeit zur Verwirklichung von Lebenschancen; sie ist die Schicksalsfrage jeder Gesellschaft.

kenntnis, in: ders., Wissenschaftslehre, 6. Aufl. 1985 S. 161): »Dass unsere physische Existenz ebenso wie die Befriedigung unserer idealsten Bedürfnisse überall auf die quantitative Begrenztheit und qualitative Unzulänglichkeit der dafür benötigten Mittel stößt, dass es zu ihrer Befriedigung der planvollen Vorsorge und der Arbeit, des Kampfes mit der Natur und der Vergesellschaftung mit Menschen bedarf, das ist der grundlegende Tatbestand, an den sich alle jene Erscheinungen knüpfen, die wir im weitesten Sinne als ›sozioökonomisch‹ bezeichnen«.

[16] »Es haben danach die menschliche Wirthschaft und das Eigenthum einen gemeinsamen wirtschaftlichen Ursprung, denn beide haben ihren letzten Grund darin, dass es Güter gibt, deren verfügbare Quantität geringer ist, als der Bedarf der Menschen,« weist *Menger* auf die staatliche Aufgabe der Knappheitsbewältigung und die verloren gegangene Einheit von Rechts- und Wirtschaftswissenschaften hin, *Menger*, Grundsätze der Volkswirtschaftslehre, 1871, S. 56. Ähnlich hat bereits *David Hume* in einer Betrachtung über den Ursprung des Rechtswesens und das Eigentum die Entstehung des Rechts auf die »knappe Vorsorge« (»scanty provision«) der Natur, unsere beschränkten Möglichkeiten im Verhältnis zu unseren Bedürfnissen sowie auf die hiermit zusammenhängende Selbstsucht des Menschen zurückgeführt; *Hume*, A Treatise of Human Nature, 1888 (1967), S. 495.

§ 1 Knappheit und Verknappung in der Verteilungsordnung – Phänomenologie und Handlungsrahmen

Der Rechtsordnung stehen prinzipiell zwei Möglichkeiten zu Gebote, um die Zuteilung der knappen Handlungsrechte an Gütern zu organisieren. Sie kann diese selbst zentral übernehmen und die Zuteilung aller produzierten Güter und Handlungsrechte dem Staat anvertrauen oder der Gesellschaft und ihren Akteuren einen Spielraum der Güterzuordnung überantworten, der ihnen lediglich einen Handlungsrahmen für den Güteraustausch setzt.

Unsere Rechtsordnung beschreitet grundsätzlich den letztgenannten Weg: Sie überlässt die Güterverteilung primär der privatautonomen Steuerungskraft des Marktes. Die Knappheitsbewältigung ist der allokativen Kraft eines Verteilungsmechanismus anvertraut, der über Angebot und Nachfrage zu einer knappheitsgerechten Güterzuordnung gelangen soll; die Marktteilnehmer entscheiden über die Verteilung der Ressourcen[17].

Nur in bestimmten Fällen nimmt das Recht auf die Bewältigung der Knappheitssituation unmittelbar[18] Einfluss: Es steuert die Menge der Mittel, die zur Bedürfnisbefriedigung zur Verfügung stehen, oder nimmt auf die Preisbildung Einfluss, um als unerwünscht angesehene Marktergebnisse zu korrigieren, soweit das Ziel feinsteuernden regulierenden Eingreifens oder die Unfähigkeit des Marktes, bestimmte Strukturprobleme zu bewältigen, das Bedürfnis nach regulatorischem Eingreifen auf den Plan rufen. Die Komplexität der zu bewältigenden Verteilungsaufgaben veranlasst den Staat in zunehmendem Maße, zur Erreichung von Allokationszielen auf die Ergebnisse des Marktprozesses einzuwirken und sich kraft seiner hoheitlichen Aufgabe der Gemeinwohlverwirklichung als Zentrum der Knapp-

---

[17] Vgl. zu der Frage, inwieweit das Grundgesetz und die Europäische Gemeinschaftsordnung dem Gesetzgeber hier Vorgaben, insbesondere ein Modell der Wirtschaftsverfassung, mit auf den Weg geben infra S. 25 ff.

[18] Mittelbar hat der Gesetzgeber immer insoweit auf die Knappheitssteuerung Einfluss, als er durch seine gesetzlichen Regelungen die institutionellen Rahmenbedingungen des Güteraustausches determiniert: Haftungs- und Schadensersatzregelungen, abgabenrechtliche Vorschriften geben den Handlungsrahmen vor, in dem die Güterverteilung des Marktes stattfindet.

heitsverwaltung zu betätigen. Dieses Wirken soll hier mit dem Begriff der hoheitlichen Verteilungslenkung eingefangen werden[19].

I. Problemaufriss und Überblick über den Gang der Darstellung

Während die Rechtfertigung hoheitlicher Verteilungslenkung, insbesondere die Beschneidung des freiheitlichen Betätigungsraums der Bürger, der mit ihr einhergeht (das »Ob« staatlicher Knappheitsbewältigung; § 1[20]) seit jeher dem aufmerksamen Blick einer ausgefeilten Dogmatik der Rechtswissenschaft ausgesetzt ist, stand der Modus, den die Rechtsordnung zur Bewältigung bewusst staatlich herbeigeführter oder geborener Mangelsituationen einsetzt (das »Wie« staatlicher Knappheitsbewältigung), lange Zeit im Schlagschatten der rechtswissenschaftlichen Forschung. Ihm widmet sich diese Untersuchung (infra §§ 2–13).

In einer Welt der Knappheit ist der Modus staatlicher Verteilungslenkung dem Gebot der Optimierung seiner Verteilungswirkungen nicht entzogen, sondern in besonderer Weise ausgesetzt. Hoheitliche Verteilungsmacht vermag nur dort ihren Zugriff auf die Freiheit der Bürger zu rechtfertigen, wo die angewendeten Zuteilungsmaßstäbe die mit ihr intendierten Zielsetzungen tatsächlich zu erreichen in der Lage sind (§ 2[21]). Die Mechanismen der hoheitlichen Verteilungslenkung müssen sich einer Analyse auf erkannte und behauptete Steuerungsdefizite stellen (§ 3[22]).

Angesichts diagnostizierter Steuerungsdefizite sieht sich der Status quo der Verteilungslenkung in zunehmendem Umfang mit der Forderung nach einer verstärkten Effizienzorientierung der hoheitlichen Verteilungslenkung konfrontiert. Namentlich die Ökonomik reklamiert für sich mit lauter werdender Stimme den Anspruch, Effizienzüberlegungen in stärkerem Maße in das Verfassungs- und Verwaltungsrecht einziehen zu lassen und die Verteilungsmodi an dem Kriterium wohlfahrtsökonomischer Effizienz auszurichten (Zweiter Teil, §§ 4–8[23]). Mit der Brille der Ökonomik be-

---

[19] Wenngleich sachlich verwandt und für den Untersuchungsgegenstand marktorientierter Verteilungsverfahren interessante Vergleichserkenntnisse versprechend, entsagt sich die Untersuchung dem zwar reizvollen, aber rahmensprengenden Versuch, auch jene Bereiche einer intensiven Betrachtung zu unterziehen, in denen der fiskalisch tätig werdende Staat vermittels des staatlichen Beschaffungswesens zur Deckung seines Bedarfs Leistungen am Markt anbietet und sich dabei gegenleistungsorientierter, marktnaher Ausschreibungsverfahren bedient. Die Untersuchung bezieht diese Verfahren als Vergleichsobjekte und Anker einer wissenschaftlichen Betrachtung zwar ein (vgl. etwa S. 279 ff. und 410 ff.), erhebt sie – als nicht zur hoheitlichen Verteilungslenkung im eigentlichen Sinne des Wortes gehörend – jedoch nicht zum selbstständigen Untersuchungsgegenstand.

[20] Siehe S. 11 ff.

[21] Siehe S. 49 ff.

[22] Siehe S. 94 ff.

[23] Siehe S. 142 ff.

trachtet, ist es nicht nur begründungsbedürftig, sondern entbehrt es auch der Rationalität, die Ressourcenoptimierungspotenziale des Marktes dort nicht zu nutzen, wo der Staat als zuteilende Einheit auftritt. Die Ökonomik sieht ihre Forderungen nicht allein als rechtspolitisches Credo an die Verfassung herangetragen, sondern als Reflex auf die Knappheit der verfügbaren Mittel und Desiderat rationaler Handlungswahl in signifikantem Umfang unmittelbar in ihr angelegt (§ 7[24]). Wird ihr Credo diesem Anspruch, wie sich zeigen wird[25], auch nur teilweise gerecht, ist damit das Urteil über den gesetzgeberischen Spielraum, in dem sich Effizienzüberlegungen bei der Ausfüllung der Verfassungsinhalte als Teil des einfachen Gesetzesrechts zulässigerweise entfalten können, noch nicht gefällt; die Frage nach den grundsätzlichen verfassungsrechtlichen Grenzen des gesetzgeberischen Verteilungsspielraums tritt auf den Plan (§§ 8–13[26]).

Im Sog verstärkter Ökonomisierungsbemühungen und wachsender Ressourcenverknappung folgt der Gesetzgeber in zunehmendem Umfang den Handlungsempfehlungen der Wohlfahrtsökonomik und nimmt für sich den Verteilungsspielraum in Anspruch, die Mangelverwaltung an Effizienzkriterien auszurichten. Als Mittel effizienzorientierter staatlicher Primärallokation hat namentlich die Versteigerung einen Siegeszug in der Verteilungsordnung angetreten (Dritter Teil, §§ 9–10[27]). Dem fiskalisch tätig werdenden Staat als Zuteilungs- und Handlungsinstrument bereits seit der Antike insbesondere als Teil staatlicher Ausgabenwirtschaft vertraut (§ 9[28]), hat in der jüngeren Vergangenheit[29] die Pforten der hoheitlichen Verteilungslenkung als Novize durchbrochen (§ 10[30]). Das Telekommunikations- und das Emissionshandelsrecht haben ihr einen ersten gesetzlichen Anwendungsbereich eingeräumt, dem paradigmatischer Charakter für die Entfaltung gesetzgeberischer Effizienzziele in anderen Sachbereichen, etwa der Zuteilung von Emissionshandelsrechten, knappen Start- und Landrechten, Rufnummern, Taxikonzessionen, Import- und Exportkontingenten, bergrechtlichen Erlaubnissen[31], zuwachsen kann. Gefunden scheint (cum grano salis) der Goldesel des 21. Jahrhunderts, der im Kampf gegen öffentliche Finanznot bei Bedarf Geld auswirft.

Welche dogmatische und rechtspraktische Sprengkraft von dem effizienzorientierten Zuteilungsmaßstab der Versteigerung für die Verteilungsordnung ausgeht, hat die Versteigerung der UMTS-Frequenzen im Jahre

---

[24] Siehe S. 197 ff.
[25] Siehe S. 232 ff.
[26] Siehe S. 238 ff.
[27] Siehe S. 238 ff.
[28] Siehe S. 273 ff.
[29] Zu historischen Anwendungsfällen des Allokationsmechanismus der Versteigerung § 10 I, S. 284 ff.
[30] Siehe S. 283 ff.
[31] Dazu im Einzelnen § 10 VI, S. 640 ff.

2000 der Öffentlichkeit beispielhaft vor Augen geführt. Ihre exorbitanten Erlöse haben alle Schätzungen übertroffen – ihre wirtschaftlichen und rechtlichen Folgeprobleme ebenso[32]. Die theoretische Modellierung und ihre wohlfahrtsökonomische Idee (§ 10 II[33]) scheint dem zuteilungsverantwortlichen Staat, der die Versteigerung als experimentellen Feldversuch unternommen hat, aus den Händen geglitten und ihn in die Rolle eines Zauberlehrlings zu treiben, der die Geister des Marktes, die er rief, nicht mehr beherrscht.

Die Verlockungen, die eine Einnahmen erzielende Verteilungsoption auf den zuteilenden Staat ausübt, der warme Regen zusätzlicher aufwandsfrei erwirtschafteter fungibler Mittel, den sie über die staatlichen Haushalte ausgießt, und die Schwierigkeiten des Staates in der Bewältigung ihrer Folgeprobleme wecken Assoziationen an das mythologische Schicksal des Königs *Midas* von Phrygien, welcher (als Gott Dionysos ihm einen Wunsch zu erfüllen versprach) sich gewünscht haben soll, dass alles, was er berühre, zu Gold werden möge, nach anfänglichem Freudentaumel aber bald feststellen musste, dass seine habgierige Verblendung ihm unweigerlich zum Verhängnis würde. Ob der deutsche Gesetzgeber, nachdem er sich des Einnahmen generierenden Instruments der Versteigerung bedient hat, Opfer

[32] Beispielhaft machen dies sowohl die wirtschaftlichen Schwierigkeiten, in welche die erfolgreichen Bieter im Anschluss an die Versteigerung geraten sind, wie auch die von der Mobilcom AG unmittelbar im Anschluss an die Zuteilung unter großer Anteilnahme der Öffentlichkeit erhobene (später zurück genommene) Klage gegen die Zuteilungsentscheidung deutlich (vgl. dazu die gutachterlichen Äußerungen in Piepenbrock/F. Schuster [Hrsg.], UMTS-Lizenzvergabe, 2001 sowie *Kämmerer*, NVwZ 2002, S. 161 ff.), ferner die sich an die Versteigerung anschließende Auseinandersetzung zwischen Bund und Ländern um die Ertragszuständigkeit für die erzielten Versteigerungserlöse (dazu BVerfG, Urt. v. 28.3.2002, BVerfGE 105, S. 185 ff.; *F. Becker*, DÖV 2003, S. 177 ff.; *S. Bumke*, Frequenzvergabe nach dem TKG, 2006, S. 344 ff.; *Korioth*, Verfassungsrechtliche und verfassungsprozessuale Aspekte einer Beteiligung der Länder an den Erlösen aus der Versteigerung der UMTS/IMT-2000-Lizenzen, 2001; *Selmer*, NVwZ 2003, S. 1304 ff.) oder die Diskussion um die Mehrwertsteuerpflichtigkeit der erzielten Erlöse und daraus möglicherweise erwachsende Erstattungsansprüche der Bieter. Die Telekommunikationsunternehmen standen auf dem Standpunkt, dass in den Versteigerungserlösen Umsatzsteuer enthalten sei, die sie als Vorsteuer geltend machen könnten. Denn die Zuteilung im Wege der Versteigerung stelle eine wirtschaftliche Tätigkeit i. S. d. Art. 4 Abs. 2 der Sechsten Richtlinie 77/388/EWG des Rates vom 17.5.1977 zur Harmonisierung der Rechtsvorschriften der Mitgliedstaaten über die Umsatzsteuern (6. Mehrwertsteuer-Richtlinie) dar (Ersuchen um Vorabendscheidung auf Beschluss des LG Wien vom 6.6.2004 in dem Rechtsstreit T-Mobile Austria gegen Republik Österreich, RS. C-284/04, ABl. EG Nr. C 262, S. 12; dazu *Fraberger/Gerdes*, IStR 2005, S. 836 ff.; *Hidien*, UR 2002, S. 165 ff.; *Tiedtke*, UR 2001, S. 528 ff.; *Jahndorf*, K & R 2004, S. 171 ff.). Der EuGH ist dem zu Recht entgegengetreten (EuGH, Urt. v. 26.6.2007, IStR 2007, S. 512 ff.; a. A. unter Verkennung des Charakters der Versteigerung als hoheitliches Zuteilungsinstrument *Tiedtke*, UR 2007, S. 718 ff.). Einer gerichtlichen Klärung harrt noch die Frage, ob die vorzeitige Rückgabe ersteigerter Frequenzen – wie sie die Mobilcom AG etwa im Falle der UMTS-Frequenzen vorgenommen hat – Erstattungsansprüche des Bieters auszulösen vermag.

[33] Siehe dazu S. 296 ff.

seiner Exkuberanz geworden ist und sich dem Reueruf des *Midas* in der von *Herodot* überlieferten Sage anschließen sollte oder ob ihm mit der Etablierung des Instruments der Versteigerung in der öffentlich-rechtlichen Verteilungsordnung der Einstieg in eine neue Generation zielgerechter, innovativer Knappheitsverwaltung gelungen ist, harrt einer Antwort.

Es liegen zwar bereits einige Untersuchungen zu Einzelaspekten der Problematik[34] vor. Die grundlegenden, komplexen Fragen freiheitsrechtlicher (§ 10 IV[35]) wie finanzverfassungsrechtlicher Natur (§ 10 V[36]), die die Versteigerung als Allokationsmodell aufwirft, können indes nach wie vor nicht annäherungsweise als beantwortet bezeichnet werden. Es fehlt an einer umfassenden Gesamtanalyse, die eine grundlegende Untersuchung der verfassungsrechtlichen Fragen unternimmt, welche eine ökonomische Analyse der hoheitlichen Verteilungsordnung aufwirft und einen übergreifenden Blick auf die verschiedenen Felder hoheitlicher Knappheitsverwaltung wirft. Das gilt in Sonderheit für die mit den spieltheoretischen Implikationen von Versteigerungen verbundenen Herausforderungen, namentlich die ihr eigenen Möglichkeiten wechselseitiger Bieterbeeinflussung[37], der Kollusion[38] und das (bislang in der Diskussion nicht angemessen wahrgenommene) Risiko der Fehlallokation[39], das die Abverlangung einer Entscheidung unter Unsicherheit für die Grundrechtsträger mit sich bringt. Die Effizienzverheißungen des ökonomischen Modells vermögen ihr Versprechen nicht mit Selbstverständlichkeit einzulösen, sondern bedürfen der Anpassung an die Bedingungen der realen Entscheidungssituation und ihre auktionstheoretischen Prämissen[40]. Der Versteigerungsmechanismus stellt die Ordnungsfunktion und Gemeinwohlorientierung eines öffentlich-rechtlicher Zuteilungsmacht vorbehaltenen Zuteilungsvorgangs auf die Probe[41]. Es erscheint rechtfertigungsbedürftig, Güter zunächst dem privaten Güterverkehr zu entreißen und hoheitlicher Rechtsmacht zu unterwerfen, um sie im Gewande hoheitlicher Verteilungslenkung erneut marktlichen Mechanismen zu überantworten. Ob ein spieltheoretischer, auf quantitativen, ins-

---

[34] So etwa *S. Bumke*, Frequenzvergabe nach dem Telekommunikationsgesetz, 2006; *Kruhl*, Die Versteigerung knapper Frequenzen, 2003; *Kupfer*, Die Verteilung knapper Ressourcen im Wirtschaftsverwaltungsrecht, 2005; *Piepenbrock/Schuster* (Hrsg.), UMTS-Lizenzvergabe, 2001, S. 207 ff; *Robert*, Die Vergabe der UMTS-Lizenzen durch Auktion gem. § 11 Abs. 4 TKG, 2004.

[35] Siehe S. 343 ff.

[36] Siehe S. 450 ff.

[37] Dazu S. 356 ff.

[38] Dazu S. 365 ff.

[39] Dazu S. 378 ff.

[40] Ohne Rückgriff auf die Vielfalt auktionstheoretischer Modellierungen und der ihnen jeweils zugrunde liegenden ökonomischen Logik bleibt die Frage nach der legitimen Funktion der Versteigerung als Allokationsmodell nur unvollständig beantwortet. Ihrer Grundlegung widmet sich § 10 III (S. 305 ff.).

[41] Siehe S. 405 ff.

besondere monetären Messgrößen aufsetzender Zuteilungsmechanismus die Komplexitätsverarbeitungskapazität und Ordnungsfunktion eines vielfältige öffentliche Interessen abbildenden Abwägungsprozesses einzufangen in der Lage ist, ist ebenso wie seine Eignung, chancengleichen Zugang zur Freiheitsausübung durch einen Rekurs auf die Zahlungsbereitschaft als Messgröße sicherzustellen, nicht frei von Zweifeln[42]. Indem die Versteigerung die staatliche Allokationsentscheidung dem Spiel der Zuteilungsinteressenten überlässt und damit die Spieltheorie in die hoheitliche Verteilungslenkung einziehen lässt, scheint sie auch die Zuteilungsverantwortung des Gesetzgebers für grundrechtswesentliche Entscheidungen aus der Hand zu geben, die der Gesetzes- und Parlamentsvorbehalt begründen[43]. Nicht zuletzt die Vielfalt ihr eigener Gestaltungsformen löst das Bedürfnis nach einer hinreichenden gesetzgeberischen Steuerung des Zuteilungsprozesses aus, erreicht die Versteigerung als vielgestaltiger Zuteilungsmechanismus ihre intendierten Zielsetzungen doch nur bei individueller, auktionstheoretischer Anpassung an die individuelle Zuteilungssituation[44].

Die Höhe staatlicher Einnahmen, die die Versteigerung aufwandsunabhängig generiert, lässt nicht nur den schmalen Grat zwischen Pleonexie und staatlicher Fürsorge, zwischen Unersättlichkeit und Sachgerechtigkeit in einer marktorientierten öffentlich-rechtlichen Verteilungslenkung erahnen[45]. Sie kann auch einen Sprengsatz für das System der staatlichen Einnahmenwirtschaft und der Verteilung finanzieller Ressourcen bilden. Versteigerungserlöse fügen sich nicht ohne Weiteres in die überkommene Architektur der Finanzverfassung ein. Ihr besonderer, auf Mitwirkung und Entscheidungsautonomie des Zahlungspflichtigen angelegter Erhebungsmodus wirft ebenso Fragen der Abgabequalität (§ 10 V 1[46]) wie der Verortung derartiger Geldleistungspflichten innerhalb des Systems der Abgaben (§ 10 V 2[47]) auf. Die Rechtfertigungsgrundlagen des Versteigerungserlöses unterscheiden sich von denjenigen klassischer Abgabentatbestände (§ 10 V 3[48]). Dem ist auch bei den an ihn zu stellenden Anforderungen Rechnung zu tragen. Die Wirkkraft der durch die Zahlungspflicht berührten Grundrechte und Grundfreiheiten darf dabei nicht aus den Augen verloren werden[49]. Das für die Versteigerung staatlich verwalteter Güter typische Wertrisiko ausschließlich als Datenkranz eines allgemeinen wirtschaftlichen Risikos der Bieter aufzufassen, wie es die bislang veröffentlichte Meinung unisono praktiziert, greift zu kurz.

[42] Siehe S. 396 ff.
[43] Siehe S. 429 ff.
[44] Siehe S. 443 ff.
[45] Siehe S. 414 ff.
[46] Siehe S. 451 ff.
[47] Siehe S. 471 ff.
[48] Siehe S. 512 ff.
[49] Siehe S. 593 ff.

Der freiheitsrechtliche Rahmen, den die Verfassungsordnung des Grundgesetzes und des EG-Primärrechts um die Verteilungslenkung legt, und die Anforderungen an die Sachgerechtigkeit der Versteigerung als Allokationsinstrument lassen sich nur unter Rekurs auf sachgebietsspezifische Verteilungsspielräume und konkrete Zuteilungsziele abschließend beantworten. An die Herausarbeitung der verfassungsrechtlichen Rahmenbedingungen und Grenzen des Zuteilungsmechanismus der Versteigerung schließt sich daher eine systematische Durchleuchtung von Referenzgebieten der Verteilungslenkung an, die das Einsatzgebiet der Versteigerung auf de lege lata gestattete und de lege ferenda denkbare Anwendungsfälle in ihrem konkreten Zielkontext herunterbricht (§ 10 VI[50]).

Die Forderung nach effizienzorientierter Verteilungslenkung erschöpft sich nicht in dem Ansinnen effizienzorientierter Erstallokation im Wege der Versteigerung. Sie macht vor dem Regime der Sekundärallokation nicht Halt, sondern zeitigt Ausstrahlungswirkungen in das Regime der Übertragbarkeit staatlicher Handlungsrechte (Vierter Teil, §§ 11–13[51]); die Handelbarkeit staatlicher Nutzungsrechte erscheint als konsequente Fortsetzung des Konzepts effizienzorientierter Verteilungslenkung. Ausgehend von den ökonomischen Grundideen des Coase-Theorems (§ 11[52]) hat der Gesetzgeber Systemen übertragbarer Nutzungsrechte erste Anwendungsgebiete erschlossen und macht sich der Effizienzgedanke auch in der Sekundärverteilungsordnung breit. Der Frequenzhandel des Telekommunikationsrechts (§ 12[53]) wie auch der jüngst ins Leben gerufene Emissionszertifikatehandel (§ 13[54]) sind Versuchsfelder einer dezentralisierten, marktorientierten Verteilungsordnung. Der Gesetzgeber betritt rechtsdogmatisches Neuland, das die Verteilungsordnung herausfordert und zur Suche nach Antworten auf die dadurch aufgeworfenen Fragen einlädt.

II. Staatliche Knappheitsverwaltung und ihre klassischen Anwendungsfelder

Die Felder, in denen der Gesetzgeber sich zu knappheitssteuerndem, regulierendem Eingreifen veranlasst sieht, um die Freiheit des einen mit der konkurrierenden Freiheit des anderen kompatibel zu machen, sind disparat – so disparat wie die Aufgaben, deren der Staat sich anzunehmen berechtigt ist. Die Verfassung gibt ihm keinen enumerativen Staatsaufgabenkatalog

---

[50] Siehe S. 640 ff.
[51] Siehe S. 721 ff.
[52] Siehe S. 724 ff.
[53] Siehe S. 734 ff.
[54] Siehe S. 757 ff.

vor[55]. Hoheitliche Verteilungslenkung ist nicht zwingend von einem systemisch-planerischen Vorgehen des Staates geprägt, sondern häufig durch eine Reaktion auf konkrete, akute Gefahrenlagen, die das Bedürfnis nach staatlichem Eingreifen in Marktprozesse auslösen. In Krisen- und Notzeiten dehnt der Staat den Bereich der Knappheitsverwaltung unterworfener Güter regelmäßig aus – etwa um die Versorgung der durch kriegerische Maßnahmen oder Naturkatastrophen bedrohten Versorgung der Zivilbevölkerung sicherzustellen oder zur Deckung des militärischen Bedarfs[56]; in Friedens- und Wohlstandszeiten zieht er sich tendenziell aus Aufgaben staatlicher Verteilungslenkung zurück.

Das Spektrum staatlicher Verteilungslenkung ist zu vielgestaltig, als dass es sich unter Rekurs auf eine Systematik über einen Leisten schlagen ließe; es lassen sich freilich einige Sachbereiche typisieren, die bei empirischer Betrachtung als Referenzbereiche der Knappheitsverwaltung den Gesetzgeber klassischerweise zu knappheitssteuerndem regulierendem Eingreifen bewegen.

1. Knappe natürliche Ressourcen – Zuteilung staatlicher Handlungsrechte an knappen Gütern der Allgemeinheit

Dem Schicksal des Marktes überlässt der Staat regelmäßig (und in zunehmendem Umfang) solche Güter nicht, die als Ressourcen der Allgemeinheit[57] für die Erfüllung gesamtgesellschaftlicher Aufgaben von hoher Tragweite sind und einer naturwissenschaftlich bedingten Begrenztheit unterliegen, insbesondere knappe Umweltgüter, wie Luft und Wasser.

Eine marktorientierte Ressourcenallokation bringt hier nicht immer die Ergebnisse hervor, die unter Gemeinwohlgesichtspunkten akzeptabel erscheinen: Werden nicht vermehrbare Ressourcen der Allgemeinheit in toto dem privaten Rechtsverkehr und der Zuteilungsfunktion des Marktes über-

---

[55] Vgl. dazu *Burgi*, Funktionale Privatisierung und Verwaltungshilfe, 1999, S. 41 ff.; *Isensee*, Staat und Verfassung, in: ders./P. Kirchhof, HStR II, 3. Aufl. 2004, § 15 Rdnr. 28.

[56] Vgl. etwa das Gesetz vom 11.5.1851 über Kriegsleistungen und deren Vergütung, später abgelöst durch das Reichsgesetz über Kriegsleistungen vom 13.6.1873. Allgemein zur Verwaltung des Mangels in Kriegswirtschaften: *von Below*, Mittelalterliche Stadtwirtschaft und gegenwärtige Kriegswirtschaft, 1917, S. 32; *Heymann*, Die Rechtsformen der militärischen Kriegswirtschaft, 1921, S. 40 f.; *Wallerath*, Die Verwaltung 1987, S. 137 (155 ff.).

[57] Gebräuchlich ist im Anschluss an *Zacher* (Erhaltung und Verteilung der natürlichen Gemeinschaftsgüter – eine elementare Aufgabe des Rechts, in: Festschrift für Lerche, 1993, S. 107 ff.) auch der Begriff des »Gemeinschaftsgutes«. *Murswiek* definiert ihn als »ein Gut, das einer Rechtsgemeinschaft in dem Sinn rechtlich zugeordnet ist, dass diese über Art und Umfang der Nutzung und die Verteilung von Nutzungsbefugnissen zu entscheiden berechtigt ist« (*ders.*, Öffentliche Güter im innerstaatlichen Recht und im Völkerrecht: Knappheit, Verteilungsgerechtigkeit, Status, unveröffentlichter Vortrag, zitiert nach *Engel*, Die Verwaltung 1997, S. 429 [431]). Vgl. dazu etwa auch *Bastians/Osthaus*, DVBl. 1999, S. 690 ff.; *Drexel*, Die Verwaltung 2000, S. 285 ff.; *Engel*, a. a. O., S. 429 ff.

antwortet, führt die dadurch bewirkte Verteilung mitunter zu grundrechtsrelevanten gesellschaftlichen Schieflagen und Engpässen. Sind die Güter für jedermann zur freien Nutzung zugänglich, fallen die Kosten ihres Gebrauchs regelmäßig nicht bei den unmittelbaren Verursachern, sondern bei Dritten an. Die Marktakteure beziehen dann nicht alle Auswirkungen der Ressourcennutzung, die für Dritte oder die Allgemeinheit entstehen (sog. externe Effekte – Externalitäten[58,59]), in ihr Handlungskalkül ein; die Gemeinkosten tauchen nicht in der einzelwirtschaftlichen Kostenrechnung

[58] Solche Handlungsfolgen für Dritte müssen nicht notwendig negativer Natur sein (die Ökonomie spricht dann von negativen externen Effekten). Sie können auch positiver Natur sein (sog. positive externe Effekte), d. h. einen Nutzen für Dritte hervorrufen, der ihnen kompensationslos, ohne Teilhabe an den damit verbundenen Kosten zufließt. Die privaten Erträge sind dann geringer als die sozialen Erträge. Forstet etwa ein Unternehmer ein karges Gelände zum Zwecke der Holzproduktion auf, so werden durch diese Maßnahme die Grundwasserverhältnisse und das Mikroklima verbessert. Investiert ein Unternehmen in umweltschonende, integrierte Technologien (vgl. zu dem Begriff *Martini*, Integrierte Regelungsansätze im Immissionsschutzrecht, 2000, S. 10ff. und 29), profitieren nicht nur der Unternehmer (in Gestalt geringerer Produktionskosten), sondern auch die Nachbarschaft und die Gesellschaft von geringeren Umweltbelastungen. Es kommt zu einer positiven Differenz zwischen dem einzelwirtschaftlich kalkulierten Nutzen und den volkswirtschaftlich tatsächlich entstehenden Nutzen. Positive externe Effekte beschränken sich nicht auf Umweltauswirkungen. Sie sind in allen Lebensbereichen denkbar. Strafrechtliche Resozialisierungsmaßnahmen kommen nicht nur den betroffenen Personen, sondern der gesamten Gesellschaft zugute, weil die Kriminalität zurückgeht und das Sicherheitsgefühl der Bevölkerung steigt und die Abhängigkeit der Betroffenen von gesellschaftlicher Unterstützungsleistungen abnimmt. Wenn ein Unternehmer innerbetriebliche Ausbildung durchführt, profitiert nicht nur er selbst von der gesteigerten Arbeitskraft gut ausgebildeter Arbeitskräfte, sondern auch (zum Beispiel bei einem Betriebswechsel) die Konkurrenten bzw. die Branche, der qualifizierte Arbeitskräfte zur Verfügung stehen, wie auch die gesamte Gesellschaft, deren Wertschöpfung durch qualifizierte Arbeitskräfte steigt). Ein Teil des Nutzens fließt Dritten kompensationslos zu. Die Güter erweisen sich für Inhaber indes häufig als relativ zu teuer. Vorteile, die von der Handlung ausgehen, reichen häufig nicht aus, um den Akteur zu ihrer Vornahme mit den für die Gesellschaft positiven externen Effekten zu motivieren. Sie werden auf dem Markt in einem vergleichsweise zu geringen Umfang hergestellt. Die Unfähigkeit des Marktes, bestimmte Leistungen und Güter in gesellschaftspolitisch erwünschtem Umfang hervorzubringen, nimmt der Staat häufig zum Anlass, diese Güter entweder selbst herzustellen (so etwa bei vielen öffentlichen Einrichtungen), ihre Herstellung durch private Dritte zu fördern (etwa durch steuerliche Begünstigung innovativer Umwelttechnologien) oder ihre Nichterbringung zu sanktionieren (wie etwa durch eine Ausbildungsplatzabgabe). Im letztgenannten Fall wird der Staat als freiheitsbeschränkender Staat tätig (vgl. dazu S. 37), in den beiden erstgenannten Fällen als Leistungsstaat. Vgl. dazu auch infra S. 46. Das Phänomen des Auseinanderfallens von individueller und gesellschaftlicher Rationalität ist für die traditionelle ökonomische Theorie der entscheidende Legitimationsansatz für die Begründung von Staatsaufgaben.

[59] Vgl. zu dem Begriff etwa *Pigou*, The Economics of Welfare, 4. Aufl. 1932, S. 134; *Coase*, Journal of Law and Economics 3 (1960), S. 1ff.; *Knieps*, Wettbewerbsökonomie, 2. Aufl. 2005, S. 11; *Sohmen*, Allokationstheorie und Wirtschaftspolitik, 1976, S. 221ff.; *H.-B. Schäfer/Ott*, Lehrbuch der ökonomischen Analyse des Zivilrechts, 4. Aufl. 2005, S. 566; *Michalski* Grundlegung eines operationalen Konzepts der Social Costs, 1965, S. 37; *S. Meyer*, Gebühren für die Nutzung von Umweltressourcen, 1995, S. 21ff.

auf. Sie verbleiben als soziale Kosten der Allgemeinheit oder einzelner betroffener Dritter. Wenn wir mit dem Flugzeug nach New York fliegen, werden wir nicht vollständig mit den Kosten belastet, die dadurch für die Umwelt entstehen. Die privaten Kosten des Flugs sind geringer als die sozialen Kosten, die dadurch für die Umwelt entstehen. Wenn durch schwere, schadstoffreiche Lastwagen die Ortsstraßen in hohem Maße abgenutzt und Anlieger durch Emissionen geschädigt werden, ohne dass den Spediteuren diese Kosten in besonderer Weise angelastet werden, spiegeln die Marktpreise die wirklichen Knappheitsverhältnisse der eingesetzten Ressourcen nicht zutreffend wider. Es fehlt an Anreizen, den Gebrauch im Interesse einer langfristigen Nutzung der Ressource zu beschränken und Maßnahmen zu ihrer Erhaltung zu treffen. Die Akteure tendieren dahin, den eigenen Nutzen an dem Gut auf Kosten Dritter auszudehnen; eine unangemessen hohe oder unwirtschaftliche Ressourcennutzung ist die Folge. Die nur in begrenztem Umfang vorhandenen Güter erreichen einen gesellschaftlich inakzeptablen Knappheitsgrad, der krisenhafte Formen annehmen kann. Das Gut wird solange genutzt, bis es aufgebraucht oder unbrauchbar ist. Das ist nicht nur sub specie der verursacher- und generationengerechten Verteilung von Ressourcen suboptimal[60]; es bedroht vor allem die Lebensgrundlagen der Menschen.

Um dem Dilemma öffentlicher Güter[61] zu entrinnen, entzieht der Staat daher in verfassungsrechtlicher Verantwortung für die künftigen Generationen

---

[60] Nutznießer sind diejenigen Nutzer, die als erste von ihrem Nutzungsrecht Gebrauch machen können. Später Geborene bleiben von der Nutzung ausgeschlossen. Der freie Zugang beschränkt das Zugangsrecht faktisch auf einen Zugang nach dem Prioritätsprinzip. Vgl. dazu auch S. 101 ff.; ebenso zum Beispiel *Kapp*, The Social Cost of Private Enterprise, 1971, S. XV, *Enders*, DÖV 1998, S. 184 ff.

[61] Öffentliche Güter sind durch zwei charakteristische Merkmale gekennzeichnet (von denen das erste konstitutiv, das zweite lediglich typisch ist): (1.) Nutzungswillige können von der Nutzung des Gutes nicht ausgeschlossen werden, weil der Ausschluss technisch nicht möglich (wie zum Beispiel im Falle intakter Umwelt oder der Landesverteidigung), mit unverhältnismäßigen Kosten verbunden oder politisch nicht opportun ist (*Fehlen von Ausschließbarkeit*). (2.) Die Nutzung verlangt in der Regel nicht den exklusiven Zugriff auf die Substanz des Gutes. Die Bürger können das Gut grundsätzlich gleichzeitig nutzen. Der Konsum des einen schließt den Konsum durch andere nicht aus *(Fehlen von Rivalität)*. Zusätzliche Nutzer beeinträchtigen das Nutzenniveau der bisherigen Nutzer mithin grundsätzlich nicht. Die Grenzkosten der hinzutretenden Nutzer sind Null. So gibt der Leuchtturm, den ein Schiffer auf eigene Kosten errichtet hat, nicht nur ihm, sondern auch allen anderen Schiffen, die ihn passieren, Orientierung. Öffentliche Güter unterliegen aufgrund ihrer Eigenschaften nicht der individuellen Zuordnung zu einzelnen Wirtschaftssubjekten; sie haben einen Wert, aber keinen Preis. Der Marktmechanismus funktioniert nicht; denn er setzt nach seinem Wesen voraus, dass das Gut denjenigen vorenthalten werden kann, die den Marktpreis nicht zahlen.
Die fehlende Möglichkeit der Ausschließung von Nutzern, die zur Erstellung oder Aufrechterhaltung des Gutes nichts beitragen, schließt Knappheitsprobleme nicht aus, sondern schafft ein verschärftes Knappheitsproblem: Können etwa in einer Allmendewirt-

(Art. 20a GG)[62] natürliche Ressourcen nicht selten dem freien Spiel des Marktes und dem ungeordneten Zustand freier Verfügbarkeit. Er nimmt sie in das Kraftfeld staatlicher Verwaltung und greift ordnend in die Güterverteilung ein, indem er sich entweder die Ordnungsaufgabe selbst vorbehält

---

schaft Landwirte eine allgemein zugängliche Kuhweide nutzen oder Fischer die als common heritage of mankind grundsätzlich jedermann zugänglichen Fischgründe des Meeres befischen, ohne ausgeschlossen zu werden und die Kosten dieser Nutzung in ihre betriebliche Kalkulation einbeziehen zu müssen, stehen dem individuellen Nutzen in nuce nur externe Kosten gegenüber. Davon geht ein Anreiz zu einer übermäßigen Inanspruchnahme des Gutes aus. Die Bereitschaft der Interessenten, Aufwendungen für die Erhaltung öffentlicher Güter im Interesse seiner künftigen Nutzbarkeit zu tätigen, ist umgekehrt gering. Jedem Einzelnen werden die Kosten höher erscheinen als der auf ihn anteilig entfallende Nutzen, insbesondere der Nutzen einer Erhöhung seiner Beweidungs- bzw. Fischereiaktivitäten höher als das Risiko, dass die Fischereibestände durch Überfischung bzw. die Grasbestände durch Überweidung zu dürftig und damit nicht mehr in ausreichendem Umfang zur Verfügung stehen. Die Nutzer dehnen den Konsum bis zur Sättigungsmenge aus. Es kommt zu einer nicht knappheitsgerechten Nutzung des Gutes (Vgl. dazu z. B. *Prewo*, Allokationseffekte rechtlich-institutioneller Regelungen der Meeresnutzung, in: Siebert [Hrsg.], Erschöpfbare Ressourcen, 1980, S. 707 (710 ff.); *Hartje*, Fischereipolitik im Nordostatlantik, ibid., S. 729 ff.; zu ähnlichen Beispielen vgl. z. B. *Hardin*, The Tragedy of the Commons, Science 162 (1968), S. 1243 ff.; *H.-B. Schäfer/Ott*, Lehrbuch der ökonomischen Analyse des Zivilrechts, 4. Aufl. 2005, S. 553 ff.). Individuelle Rationalität führt zu sozialer Irrationalität in Gestalt von Verschwendung. Ein Verhalten, das für den Einzelnen rational ist, erzeugt einen volkswirtschaftlichen Gesamtverlust, der höher ist als der Gegenwartsgewinn. Individuelles Nutzstreben verhindert mit anderen Worten die Lösung, die für alle Beteiligten die beste wäre. Die dem Charakter öffentlicher Güter eigene Entscheidungslogik, die sich spieltheoretisch durch das Gefangenendilemma *(prisoners dilemma)* abbilden lässt, zu durchbrechen, ist eine wichtige Aufgabe des Rechts, will es die Verfügbarkeit erschöpflicher Güter auf Dauer sichern. (Vgl. zum Gefangenendilemma etwa *Behrens*, Die ökonomischen Grundlagen des Rechts, 1986, S. 89; *Holler/Illing*, Einführung in die Spieltheorie, 6. Aufl. 2006, S. 2 ff.; *Luce/Raiffa*, Games and Decisions, 1957, S. 95; *H. B. Schäfer/Ott*, Lehrbuch der ökonomischen Analyse des Zivilrechts, 4. Aufl. 2005, S. 92 ff.)

Ein entscheidender Hebel staatlicher Verteilungslenkung zur Überwindung der Irrationalitätsfalle öffentlicher Güter kann darin liegen, sie einem Zuteilungsregime zu unterwerfen. Die Eigenschaft, öffentliches Gut zu sein, haftet einem Gegenstand nicht zwingend per se und auf Dauer an. Sie ist auch eine Folge technischer Möglichkeiten der Ausschließbarkeit von Nutzern und das Ergebnis demokratischer Willensbildungsprozesse. Ob eine Straße als öffentliches Gut jedermann zugänglich und von jedermann kostenfrei nutzbar ist oder ob ein Mautsystem die Nutzung kostenpflichtig macht, hängt von einer Entscheidung über das Nutzungsregime ab. Ob die Nutzung der Luft für alle Wirtschaftssubjekte kostenfrei ist oder der Ausstoß von Kohlendioxid an den Erwerb eines Emissionszertifikates gebunden ist, der Zugang zur Rechtsausübung also an die Verleihung eines entsprechenden Handlungsrechts gebunden ist, ist eine politisch zu beantwortende Frage. Ob ein Gut ein öffentliches Gut ist, hängt insbesondere auch von den fortschreitenden technischen Möglichkeiten des Nutzungsausschlusses und davon ab, wieweit die Gesellschaft für die Ausschließung von Nutzern Kosten einzugehen bereit ist. Die Voraussetzungen der Ausschließbarkeit können sich im Verlaufe der Zeit ändern. So war es erst mit der Entwicklung des Stacheldrahtes Ranchern und Farmern im Westen der USA möglich, Dritte von der Landnutzung sicher auszuschließen und die Handlungsrechte am Land besser zu definieren und durchzusetzen (Vgl. dazu *Gaffney*, American Journal of Economics and Sociology 28 [1969], S. 131 ff.). Ließ sich von der Nutzung des oder den Preisfindungsprozess regulierend steuert. Sein Eingreifen beschränkt sich dabei nicht auf verbrauchbare Nutzungsressourcen der Allgemeinheit, wie saubere Luft, Wasser oder bergfreie Bodenschätze. Auch Güter, die sich durch ihren Gebrauch nicht verbrauchen, unterstellt er bisweilen seiner Verwaltung, so etwa Nummerierungsressourcen[63] und Frequenzen[64]. Frequenzen werden durch den Gebrauch nicht verbraucht; sie stehen nach der Nutzung zur Übertragung von Signalen wieder uneingeschränkt zur Verfügung. Sie können zu einem Zeitpunkt aber nicht von mehreren Nutzern gleichzeitig sinnvoll benutzt werden. Zur gleichen Zeit und am gleichen Ort können nur die Signale eines Senders störungsfrei übertragen werden. Anderenfalls kommt es zu wechselseitigen Störungen (Interferenzen), die eine geordnete Nutzung unmöglich machen[65]. Welche verheerenden Wirkungen von einem ungeordneten Nebeneinander konkurrierender Frequenznutzungen ausgehen können, führte insbesondere der Untergang der Titanic der Welt vor Augen: Vor ihrem Untergang sandte sie

---

öffentlichen Gutes »Leuchtturm« niemand ausschließen, kann seine Funktion heute durch Funksignale substituiert werden, die nur von den Zugangsberechtigten dekodiert werden können. War es in den 50er und 60er Jahren technisch unmöglich, nichtzahlende Nutzer von dem Empfang von Rundfunksendungen auszuschließen, kann dies nunmehr durch spezielle Decoder gewährleistet werden, die den Markt für Pay-TV eröffnen. Waren die Möglichkeiten des Nutzungsausschlusses und der Preiserhebung auf öffentlichen Straßen bisher auf Mautsysteme beschränkt, es damit bspw. in innerstädtischen Gebieten unmöglich, Nutzer auszuschließen, wird in Zukunft ein elektronisches Erfassungssystem dies technisch möglich machen. Öffentliche Güter sind insoweit ein relativer Begriff. Die Grenzen zwischen öffentlichen und privaten Gütern sind fließend (vgl. dazu auch *Behrens*, Die ökonomischen Grundlagen des Rechts, 1986, S. 90). Der Öffentlichkeitsgrad eines Gutes hängt vom Umfang der mit seinem Gebrauch verbundenen externen Effekte einerseits, von den Kosten der Ausschließung nichtzahlender Interessenten und ihrer politischen Bewertung andererseits ab (vgl. dazu *Bonus*, ZGesStW 136 (1980), S. 50; *ders.*, Öffentliche Güter und Gefangenendilemma, in: Dettling [Hrsg.], Die Zähmung des Leviathan – Neue Wege der Ordnungspolitik, 1980, S. 129 [156]). Ergibt sich bei manchen Gütern die Eigenschaft eines öffentlichen Gutes aus ihrem Wesen heraus, wie beispielsweise bei der Rechtssicherheit oder der Landesverteidigung, gibt es eine Vielzahl von Gütern, deren Einordnung als private oder öffentliche Güter dem Spielraum des Gesetzgebers überantwortet ist. Ihr Status ist an eine Entscheidung der Gesellschaft über ihre Ausgestaltung gebunden. Sie können in das Regime eines mit Handlungsrechten Privater ausgestatteten Wirtschaftsgutes überführt werden. Es lässt sich insoweit zwischen »geborenen« und »gekorenen« öffentlichen Gütern unterscheiden (vgl. *Fehling*, AöR 121 [1996], S. 59 [86]).

[62] Vgl. dazu infra S. 214 ff.

[63] Vgl. dazu im Einzelnen infra S. 663 ff.

[64] Vgl. dazu im Einzelnen infra S. 642 ff.

[65] Vgl. BVerfG, Urt. v. 28. 2. 1961, BVerfGE 12, S. 205 (227) – 1. Rundfunkurteil; Red Lion Broadcasting Co., Inc. v. Federal Communications Commission, 395 U. S. 367, 380; *Coenen*, Der Handel mit Funkfrequenzen zwischen Wettbewerb und Regulierung, 2006, S. 30 ff.; *Clausi*, Rechtsfragen des Frequenzhandels, 2003, S. 12 ff.; *Götzke*, Ökonomische Analyse der Frequenzallokation, 1994, S. 168 f.; *Kruhl* (Fn. 34), S. 42 ff.; *Lenhard/B. Rickert*, K & R 2002, S. 578 (580); *Shobaki*, UCLA Law Review 52 (2004), S. 333 (339); *Stumpf et. al.*, Eckpunkte zur Ausgestaltung eines möglichen Handels mit Frequenzen, 2003, S. 10.

per Funk Notrufe ab. Umliegende Schiffe und Rettungsadressaten konnten diese jedoch infolge von Interferenzen mit Amateurfunkfrequenzen nicht empfangen[66]. Der allen freie Zugang zur Frequenznutzung verursachte eine Kakophonie[67] der Stimmen und das Ausbleiben lebensrettender Maßnahmen für mehrere hundert Menschen. Das Bedürfnis nach staatlicher Regelung trat offen zu Tage und markierte den Beginn der staatlichen Frequenzverwaltung in den USA: Der Radio Act von 1912[68] entzog die Frequenzen in den USA freier Zugänglichkeit und unterstellte sie der staatlichen Verwaltung[69]. Wie in den USA behält der deutsche Staat sich an Frequenzen eine Ordnungsaufgabe vor, die einer besonderen öffentlichen Aufgabe und dem Gefahrenpotenzial der tragedy of commons geschuldet ist. Er nimmt eine einzelfallbezogene Zuweisung exklusiver Handlungsrechte an Gütern vor, die vordem als öffentliche Güter der Gesellschaft insgesamt zugeordnet waren. Die Errichtung einer Verteilungsordnung knüpft an eine natürliche Knappheitslage an. Die Ursache der Knappheit liegt nicht im staatlichen Verantwortungsbereich. Sie folgt technischen Gegebenheiten respektive natürlichen Nutzungsgrenzen, die von der Rechtsordnung weder beseitigt noch ignoriert werden können.

2. (Gewillkürte) Verknappung in wirtschaftspolitischen Ausnahmebereichen

In vielfältiger Weise führt das Gemeinwesen über natürlich beschränkte knappe Ressourcen hinaus bewusst eine Knappheit sonstiger, nicht an sich in physisch begrenzter Menge vorhandener Güter herbei, um steuernd in den Güteraustausch zwischen den Marktteilnehmern eingreifen zu können und drohende Fehlsteuerungen des Marktes zu verhindern, indem er ein an sich in ausreichender Menge vorhandenes Güterangebot künstlich verknappt. Diese Eingriffe der Knappheitssteuerung tragen nicht nur einer sachlichen Notwendigkeit natürlicher Erschöpflichkeit Rechnung, sondern sind in erster Linie politisches Steuerungsinstrument: Der Staat begrenzt die Menge vorhandener Güter und Handlungsrechte, um bestimmte Ziele

---

[66] Vgl. dazu *Krattenmaker/Powe*, Regulating broadcast programming, 1994, S. 5 ff.; *Matey*, Indiana Law Review 36 (2003), S. 101 (104).

[67] Vgl. *Ferris/Leahy*, Catholic University Law Review 38 (1989), S. 299 (309).

[68] Pub. L. No. 62–264, § 287, 37 Stat. 302 (1912).

[69] Wie stark der Einfluss des Titanic-Unglücks auf den Radio Act von 1912 war, ist unter amerikanischen Juristen nicht unumstritten, da gesetzgeberische Pläne und Beratungen schon vor dem Unglück bestanden (vgl. dazu *Duffy*, University of Colorado Law Review 71 (2000), S. 1071 [1097 mit. Fn. 98]). Einig ist man sich aber darin, dass das Unglück die Verabschiedung des Gesetzes beschleunigt hat. So wird etwa der Senator Hitchcock in den Gesetzgebungsberatungen mit den Worten zitiert, das Titanic-Unglück führe die Notwendigkeit und Legitimität einer raschen Verabschiedung des Gesetzes vor Augen (48 Cong. Rec. 5317 [1912]).

des Gemeinwesens zu erreichen. Er macht aus physisch nicht begrenzten Gütern gewillkürt knappe Güter[70].

Die gewachsene Unterscheidung zwischen »geborener« und »gekorener« Knappheit suggeriert dabei ein dichotomisches Ausschließlichkeitsverhältnis der beiden Knappheitsformen staatlicher Verteilungslenkung. Dass die Trennlinie zwischen ihnen zu ziehen sich als schwieriger, dezisionistischer Akt erweisen kann, der ohne eine Grauzone nicht auskommt, gerät dabei leicht aus dem Blick[71]. Die Unterscheidung darf auch nicht zu dem (vielfach anzutreffenden) Missverständnis[72] verleiten, dass eine natürliche Knappheit von Gütern gewillkürte Verknappungsmaßnahmen des Staates ausschließt – im Gegenteil, sie impliziert diese häufig: Die absolute Begrenztheit eines Gutes kann – wie etwa im Falle von staatlich geschaffenen Umweltnutzungsrechten an knappen Umweltgütern[73] – die Ursache

---

[70] Vgl. zu dieser Kategorie von Gütern etwa *Kruhl* (Fn. 34), S. 70 ff.; *Leist*, Die Versteigerung als Regulierungsinstrument, 2004, S. 26 f.

[71] Die Knappheit von Frequenzen etwa beruht auf technisch-physikalischen Gesetzmäßigkeiten. Welche Frequenzen zur Verteilung bereitstehen, ist dem Zugriff und der Entscheidungsmacht des Staates gleichwohl nicht vollends entzogen: Das national verfügbare Frequenzspektrum bestimmt sich aus der Verhandlung zwischen Staaten. Sie ist das Ergebnis internationaler Frequenzplanung (vgl. etwa § 53 TKG), die den verschiedenen Nutzungsarten bestimmte Frequenzbereiche zuweist. Ob Frequenzknappheit entsteht, hängt entscheidend von der Effizienz ihrer Planung ab. Sind ihre Allokationsmechanismen ineffizient, schafft sie ein Knappheitsproblem, das aus technischer Sicht nicht besteht, bzw. trägt zur Verschärfung eines bestehenden Knappheitsproblems bei. Die Knappheit der für UMTS-Dienstleistungen zur Verfügung stehenden Frequenzen etwa ist eine Folge ineffizienter internationaler Frequenzplanung. Sie hat dem Rundfunk einen weiten (teilweise aber nicht benötigten) Spektrumsbereich zugewiesen, während die Frequenzzuweisungen an den Mobilfunk unter einem chronischen Missverhältnis von Angebot und Nachfrage leidet (vgl. dazu *Kruhl* [Fn. 34], S. 61 f. m. w. N.). Frequenzknappheit ist mithin nicht ausschließlich eine naturwissenschaftliche Größe. Überdies steht auch nicht das gesamte international zugeteilte Frequenzspektrum national zur Verteilung zur Verfügung: Aus dem verfügbaren Frequenzspektrum behält der Staat sich regelmäßig einen von ihm bestimmten Frequenzbereich für die Erfüllung öffentlicher Aufgaben, etwa der Notfalldienste, Polizei und Feuerwehr oder für Zwecke der Verteidigung (vgl. § 52 Abs. 3 TKG), vor (in Großbritannien etwa reklamiert das Militär ein Drittel des gesamten Frequenzspektrums. Vgl. EG-Kommission, Green Paper on a Common Approach in the Field of Mobile and Personal Communications in the European Union vom 27.4.1994, KOM [1994] 145, S. 7. In Australien beträgt der Anteil an Frequenzen, den die Regierung für die Wahrnehmung ihrer öffentlichen Aufgaben beansprucht ca. 31 %. Vgl. Productivity Commission 2002, Radiocommunications, Report no. 22, 2002, S. 154 f.) Bisweilen werden Frequenzen überdies nicht unmittelbar für einen aktuellen Nutzungszweck vorbehalten, sondern für spätere Nutzungen reserviert. Die Abgrenzung zwischen staatlichen Zwecken vorzubehaltenden und privaten Nutzungen ist nicht technischer, sondern vielmehr wertender verwaltungspolitischer Natur. Frequenzverwaltung ist eine planerische Aufgabe der Knappheitsverwaltung.

[72] So etwa *Kupfer*, Verteilung, 2005, S. 105 ff., der die Unterscheidung zwischen »natürlicher Knappheit« und »gewillkürter Knappheit« zur Grundlage weitgehender dogmatischer Schlüsse erhebt. Ähnlich *Kruhl* (Fn. 34), S. 72; *S. Bumke*, Frequenzvergabe nach dem TKG, 2006, S. 192 f.

[73] Sind die Knappheit der Ressource »schadstofffreie Luft« und die Notwendigkeit

für eine gewillkürte Verknappung sein, ja sie erfordert häufig im Interesse künftiger Generationen eine Begrenzung aktuell vorhandener Betätigungsmöglichkeiten, d. h. eine gewillkürte Verknappung durch staatliche Maßnahmen. Zwischen staatlicher Knappheitsverwaltung und staatlicher Verknappung besteht ein kategorialer Unterschied. Der heuristische Wert der Unterscheidung zwischen »natürlicher Knappheit« und »gewillkürter Knappheit« bleibt daher notwendig begrenzt. Sie gibt als solche keine Auskunft über die Rechtfertigungsbedürftigkeit einer Beschränkung. Überschneidungsfrei wird die Unterscheidung erst als Differenzierung zwischen »natürlich knappen Gütern« und »ausschließlich gewillkürt knappen Gütern«[74].

a) Sozial schädliche Verhaltensweisen

Ein Bedürfnis nach bewusstem Eingreifen in marktliche Prozesse jenseits der Handlungsnotwendigkeiten naturwissenschaftlich bedingter Begrenztheit und Unvermehrbarkeit von Gütern sieht der Gesetzgeber regelmäßig bei Verhaltensweisen, die zwar menschliche Bedürfnisse befriedigen und für die der Markt eine Nachfrage bildet, die das Gemeinwesen aufgrund ihrer negativen sozialen Auswirkungen aber zu unterbinden trachtet. Das gilt etwa für den Verkauf von jugend- oder gesundheitsgefährdenden Produkten, wie zum Beispiel Tabak und andere Drogen, den Handel und Umgang mit Waffen oder die Veranstaltung von Glücksspielen. Glücksspiele zeichnen sich dadurch aus, dass die Entscheidung über Gewinn und Verlust allein oder hauptsächlich vom Zufall abhängt. Sie begründen die Gefahr eines Missbrauchs des menschlichen Spieltriebs zu Zwecken eigener Gewinnerzielung. Da der Spieltrieb der Menschen sich aber nicht unterdrücken lässt, lässt der Gesetzgeber sie in begrenztem Umfang zu, um die Ausübung staatlich überwachen und kanalisieren zu können, stellt das gewerbsmäßige Anbieten von Glücksspielen im Übrigen aber unter Strafe §§ 284, 287 StGB[75]. Die gewillkürte Verknappung von Marktzutrittsberechtigungen löst ein Verteilungsproblem aus[76].

---

ihres Schutzes auch ein naturwissenschaftliches Datum, geht die Verteilung von Verschmutzungsrechten indes auf eine auf Vorsorgeüberlegungen beruhenden staatlichen *Verknappung* des zulässigen Verschmutzungsrahmens zurück. Es handelt sich um eine staatliche Kontingentierung, die zwar natürliche knappe Güter betrifft, deshalb aber nicht den Charakter gewillkürter Verknappung abstreift. *Kruhl* ([Fn. 34], S. 72 u. 311) und *Kupfer* (ibid, S. 105) schlagen sie irrig den natürlich knappen Gütern zu, »da auch bei Wegfallen der staatlichen Nutzungsbeschränkung die Güterknappheit erhalten bliebe« bzw. »unbelastete Luft nur begrenzt vorhanden ist«. Zumindest missverständlich *Kluth*, ZHR 162 (1998), S. 657 (675): »Besonders gelagert sind die Fälle natürlicher Ressourcen, bei denen vorrechtliche Gegebenheiten eine staatliche Zuteilungsregelung erforderlich machen. Hier muss nur das Wie der Zuteilung gerechtfertigt werden«. Anders *ders.*, NuR 1997, S. 105 (106). Vgl. dazu auch S. 683 mit Fn. 1524.

[74] Vgl. dazu auch infra S. 27.

[75] Die Vorschriften verfolgen neben dem Zweck des Schutzes des Einzelnen vor der

b) Verhinderung ruinösen Wettbewerbs

Zu regulierendem Eingreifen in Marktprozesse sieht der Gesetzgeber sich bisweilen auch dort veranlasst, wo der Marktmechanismus einen Wettbewerb hervorruft, der zu gesellschaftlich unerwünschten Verdrängungserscheinungen führt und Wettbewerber auszuscheiden drohen, deren Verbleib im Markt gesellschaftlich erwünscht ist[77]. Eine solche Situation stellt insbesondere dort ein, wo die am Markt beteiligten Wirtschaftssubjekte relativ hohe Fixkosten bei stark fluktuierender Nachfrage und gleichzeitig relativ geringer Kapazitätsauslastung haben, wie zum Beispiel bei Unternehmen des Transportsektors[78]. Die Unternehmen können ihre Kapazität der stark schwankenden Nachfrage in der Regel nicht unvermittelt anpassen. Es besteht daher eine Tendenz zur Überkapazität und in der Folge in Zeiten schwacher Nachfrage die Gefahr eines Preisverdrängungswettbewerbs: Einzelne Anbieter sind versucht, Preise bewusst unter den tatsächlichen Kosten anzusetzen, um eine höhere Kapazitätsauslastung zu erreichen und Konkurrenten aus dem Markt zu verdrängen, sie nach deren Ausscheiden aber wieder über das Wettbewerbsniveau hinaus anzuheben (sog. »predatory pricing«[79]). Dieses Vorgehen ist für den überlebensstärksten Wettbewerber rational und Erfolg versprechend, soweit der Wiedereinstieg in den Markt für einen ausgeschiedenen Marktteilnehmer schwierig ist. Gesamtgesellschaftlich wirkt sich ein solcher Preiskampf jedoch nachteilig aus. Es

---

Ausnutzung des Spieltriebes wie vor Manipulationen des Spiels auch den Zweck, Gefahren aus der mit dem Wetten verbundenen Folge- und Begleitkriminalität abzuwenden. Vgl. dazu und den europarechtlichen Zweifeln an der Vereinbarkeit der Strafvorschriften mit dem Anwendungsvorrang des Gemeinschaftsrechts EuGH, Urt. v. 6.3.2007, MMR 2007, S. 300ff. – Placanica; EuGH, Urt. v. 6.11.2003, NVwZ 2004, S. 87ff. – Gambelli; BVerfG, Urt. v. 28.3.2006, BVerfGE 115, S. 276ff. – staatliches Wettmonopol; BVerfG, Beschl. v. 27.4.2005, NVwZ 2005, S. 1303 (1304); HessVGH, NVwZ 2006, 1435ff.; OVG Rheinland-Pfalz, NVwZ 2006, 1426ff.; OVG Nordrhein-Westfalen, NVwZ 2006, 1078; BayVGH, NVwZ 2006, 1430ff.; LG Hamburg, Beschl. v. 12.11.2004, NStZ-RR 2005, S. 44; LG München I, Beschl. v. 27.10.2003, NJW 2004, S. 171; LG Wuppertal, Beschl. v. 17.8.2004; HessVGH, Beschl. v. 9.2.2004, GewArch. 2004, S. 153; *Tröndle/Fischer*, Strafgesetzbuch, 54. Aufl. 2007, § 284 Rdnr. 7 und 11; *Kühl*, in: Lackner/Kühl, Strafgesetzbuch, 26. Aufl., 2007, § 284 Rdnr. 12; *Eser/Heine*, in: Schönke/Schröder, Strafgesetzbuch, 27. Aufl., 2006, § 284 Anm. IX; *Rüping*, JZ 2005, S. 234ff.; *Voßkuhle/Bumke*, Rechtsfragen der Sportwette, 2002.

[76] Vgl. dazu S. 699ff.

[77] *J. Müller/Vogelsang*, Staatliche Regulierung, 1979, S. 41f.; *Tolksdorf*, Ruinöser Wettbewerb, 1971, S. 28ff.; *Willeke*, ORDO 28 (1977), S. 155ff.; *R.H. Weber*, Wirtschaftsregulierung in wettbewerbspolitischen Ausnahmebereichen, 1986, S. 109ff.

[78] *R.H. Weber*, ibid., S. 110f.

[79] Vgl. zur ökonomischen Theorie der Kampfpreisstrategien den Überblick bei *Knieps*, Wettbewerbsökonomie, 2. Aufl. 2005, S. 171ff.; zum gemeinschaftsrechtlichen Missbrauchstatbestand bei Kampfpreisen, insbesondere der Areeda-Turner-Formel EuGH, Urt. v. 3.7.1991, Slg. 1991, I-S. 3359 Rdnr. 63ff. – AK20; EuGH (5. Kammer), Urt. v. 14.11.1996, Slg. 1996, I-S. 5951 Rdnr. 40ff. – Tetra Pak II.

kann zur Ausbildung einer Monopolsituation und zur Vernichtung volkswirtschaftlich sinnvoller und benötigter Marktkapazitäten kommen[80].

Einer drohenden Apokalypse des Wettbewerbs begegnet der Gesetzgeber häufig durch die Errichtung administrativer Marktzutrittsschranken, die Neubewerbern den Zutritt zum Markt erschweren oder vorübergehend unmöglich machen (vgl. dazu vor allem infra S. 675 ff.). Der Staat schafft dadurch eine künstliche Knappheit, die eine Verteilungsaufgabe induziert.

c) *Natürliche Monopole*

Gesellschaftlich unerwünschte, den Staat zum Eingreifen motivierende oder zwingende Verteilungsergebnisse kann der Markt auch dort zeitigen, wo Märkte auf Dauer nur wenigen oder sogar nur einem Unternehmen eine Gewinnchance bieten und Wettbewerb daher nicht möglich ist. Die Ökonomik spricht hier von natürlichen Monopolen[81]. In Märkten natürlicher Monopole lässt sich die Nachfrage am wirtschaftlichsten durch einen Anbieter erfüllen: Ein einzelnes Unternehmen kann aufgrund komparativer Kostenvorteile[82], insbesondere der Höhe versunkener Infrastrukturinvestitionskosten, die den Marktzutritt für Newcomer erheblich erschweren[83], einen Markt kostengünstiger bedienen als mehrere Anbieter. Der Markt kann nicht für funktionsfähigen Anbieterwettbewerb sorgen; es liegt ein Fall von Marktversagen[84] vor. Von der Monopolsituation gehen zahlreiche

---

[80] Vgl. *Panzar/Willig*, Bell Journal of Economics 1977, S. 1 ff.

[81] Vgl. *Demsetz*, Journal of Law and Economics 11 (1968), 55 ff.; *Baumann*, Offene Gesellschaft, Marktprozess und Staatsaufgaben, 1993, S. 295 ff.; *Schmalensee*, The Control of Natural Monopolies, 1979, S. 3; *Knieps* (Fn. 79), S. 21 ff.; *Kunz*, Verfahren und Rechtsschutz bei der Vergabe von Konzessionen, 2004, S. 22 f.

[82] Ursache des Kostenvorteils können insbesondere Skalen-, Verbund- oder Dichtevorteile sein. Skalenvorteile *(economies of scale)* treten dann auf, wenn mit wachsender Produktionsmenge die Durchschnittskosten sinken. Verbundvorteile *(economies of scope)* kennzeichnen eine Situation, in der das Herstellen und Anbieten von mindestens zwei verschiedenen Produkten zu Kostensenkungen führt, wie zum Beispiel der Verbund der Energieerzeugung mit dem Betrieb eines Infrastrukturnetzes in der Energiewirtschaft. Dichtevorteile *(economies of density)* liegen vor, wenn aufgrund einer höheren Versorgungsnähe die Durchschnittskosten sinken. Der Aufbau eines Mobilfunknetzes ist in einer dicht besiedelten Region, wie etwa Hamburg, günstiger als in einer dünn besiedelten, wie zum Beispiel Mecklenburg-Vorpommern. Vgl. dazu etwa *Knieps* (Fn. 79), S. 24 ff.

[83] Fehlen Markteintritts- und -austrittsbarrieren ist es Unternehmen möglich, in Märkte einzutreten, dort Renten abzuschöpfen und ggf. wieder auszutreten. Die wohlfahrtsoptimale Gleichgewichtslösung eines vollkommenen Wettbewerbs ist erreicht. In der Sprache der Wettbewerbsökonomie wird ein solcher Marktzutritt auch hit-and-run-entry genannt. Vgl. *Knieps* (Fn. 79), S. 29 u. 33.

[84] Unter Marktversagen versteht die Ökonomik allgemein Bedingungen, bei denen nicht vom Vorliegen einer vollkommenen Konkurrenz ausgegangen werden kann (vgl. *Knieps* [Fn. 79], S. 11). Zu Marktversagen kann außer Externalitäten insbesondere auch unvollständige, asymmetrisch verteilte Information führen. *Akerlof* (Quarterly Journal of Economics 84, S. 488 ff.) hat dies am Beispiel des Gebrauchtwagenmarktes illustriert. Der Nachfrager kann vor Vertragsabschluss die Qualität des Produkts nicht vollständig beur-

gesellschaftliche Gefahren aus: Der Monopolist hat die Macht und einen starken Anreiz, die Produktion einzuschränken, um die Preise zu erhöhen. Er kann die angebotene Produktmenge unter dem gesamtwirtschaftlich optimalen Niveau halten; er hat die Möglichkeit, Preisdiskriminierung zu betreiben oder einzelne Leistungsabnehmer – etwa in betriebswirtschaftlich nicht rentablen Bereichen – von der Belieferung auszuschließen. Je weniger den Konsumenten die Möglichkeit offen steht, auf Substitutionsgüter auszuweichen, umso größer sind die damit verbundenen gesellschaftlichen Schäden. In Situationen natürlicher Monopole sieht der Gesetzgeber sich daher häufig insbesondere im Interesse der angemessenen Erledigung von Daseinsvorsorgeaufgaben veranlasst, den Marktzugang und die Marktmachtausübung zu regulieren. Der Staat behält die Tätigkeit eigenen Unternehmen vor oder überlässt sie im Wege einer Dienstleistungskonzession Privaten, deren Auswahl er übernimmt, und übt Einfluss auf die Bedingungen der Leistungserbringung aus, um eine Ausnutzung der Monopolsituation zu verhindern[85].

Wann ein natürliches Monopol vorliegt, lässt sich von den technischen Gegebenheiten der Produktion nicht trennen und unterliegt dem Wandel der Zeiten. War der Mühlenbetrieb im 18. und 19. Jahrhundert etwa ein

---

teilen. Er orientiert sich in seiner Zahlungsbereitschaft an der durchschnittlich vorhandenen Qualität. Die Anbieter stellen daher nur Produkte minderer Qualität bereit. Das hat wiederum Auswirkungen auf die Zahlungsbereitschaft des Nachfragers. Infolge dieser Negativauslese bricht der Markt für qualitativ hochwertige Produkte zusammen. Asymmetrische Information verhindert, dass die Nachfrage nach diesen Produkten behindert wird.

[85] Dienstleistungskonzessionen sind der Prototyp einer Verantwortungsteilung zwischen Staat und Gesellschaft. Bei der Dienstleistungskonzession der Abwasserbeseitigung etwa schließen die abwasserbeseitigungspflichtige Gemeinde und ein privatwirtschaftliches Abwasserbeseitigungsunternehmen einen Vertrag, in dem sich das Unternehmen verpflichtet, für die Laufzeit des Vertrages die mit der Abwasserbeseitigung zusammenhängenden Aufgaben zu erledigen. Das private Unternehmen tritt in eine unmittelbare Beziehung mit den Anlagennutzern. Es setzt Entgelte fest und behält diese ein. In gleicher Weise sind auch Konzessionen der Trinkwasserversorgung zwischen versorgungspflichtiger Kommune und privatem Unternehmen konstruiert. Vgl. Art. 1 Abs. 3 und 4 der Richtlinie 2004/18/EG des Europäischen Parlamentes und des Rates über die Koordinierung der Verfahren zur Vergabe öffentlicher Bauaufträge, Lieferaufträge und Dienstleistungsaufträge vom 31.3.2004 (ABl. EG Nr. L 134 vom 30.4.2004, S. 134ff.) bzw. Art. 1 Abs. 3 lit. a und b der Richtlinie 2004/17/EG des Europäischen Parlamentes und des Rates zur Koordinierung der Zuschlagserteilung durch Auftraggeber im Bereich der Wasser-, Energie- und Verkehrsversorgung sowie der Postdienste; ABl. EG Nr. L 134 vom 30.4.2004, S. 1ff.; §98 Nr. 6 GWB. Dazu u. a. Mitteilung der Kommission zu Auslegungsfragen im Bereich Konzessionen im Gemeinschaftsrecht, ABl. EG Nr. C 121 v. 29.4.2000, S. 2 (3f.); *Fehling*, Versteigerungen und Ausschreibungen aus europarechtlicher Perspektive, in: Knieps (Hrsg.) Versteigerungen und Ausschreibungen in Verkehrs- und Versorgungsnetzen, 2005, S. 54 (66f.); *Hausmann*, Public Procurement Law Review 1994, S. 269; *Jennert*, NZBau 2005, S. 131ff.; *ders.*, N&R 2004, S. 108 (110ff.); *Protz*, in: Ingenstau/Korbion (Hrsg.), VOB/A und B, 2004, §32 VOB/A Rdnr. 10ff.; *Nettesheim*, EWS 2007, S. 145 (149).

natürliches Monopol – da der Betrieb einer Mühle einen bestimmten Umsatz an Getreide erforderte, der sich aufgrund unverhältnismäßig hoher Transportkosten aus dem Umfeld der umliegenden Landwirte ergeben musste[86] – ist diese Tätigkeit heute dem freien Wettbewerb unterworfen. Bis in die jüngste Vergangenheit behandelte der Gesetzgeber auch den Sektor der Energiewirtschaft in seiner Gänze als natürliches Monopol: Die Versorgung mit Elektrizität ist auf Leitungswege angewiesen, die zu errichten kostenaufwändig ist. Der Aufbau eines zweiten, konkurrierenden Leitungsnetzes wäre unwirtschaftlich[87]. Das Entstehen eines Wettbewerbs im Energiesektor wurde aus diesen technischen Gründen für unmöglich gehalten. Alle Leistungen von der Erzeugung über den Transport bis zur Versorgung beim Endverbraucher erfolgten aus einer Hand. Die kommunale Gebietskörperschaft als Herrin des Wegemonopols übertrug sämtliche Nutzungsrechte exklusiv an ein Energieversorgungsunternehmen und räumte ihm im Wege einer Konzession eine Monopolstellung im Verhältnis zu Konkurrenten wie auch der Gebietskörperschaft ein. Durch die Fortentwicklung auf dem Gebiet der Mess- und Informationstechnologie lässt sich die Versorgung mit Elektrizität heute in verschiedene Funktionen (Herstellung, Durchleitung, Endversorgung) aufspalten. Leistungserbringung und Netzinhaberschaft sind voneinander trennbar. Das Leitungsnetz kann nicht nur von einem, sondern von mehreren Anbietern gleichzeitig benutzt werden. Die Etablierung eines nach Marktgrundsätzen funktionierenden Energieversorgungswettbewerbs wird möglich. Voraussetzung ist lediglich die unbedingte rechtliche Verpflichtung der leitungsinnehabenden Unternehmen, von anderen Unternehmen produzierten Strom durch ihr Netz durchzuleiten. Diesen rechtlichen Rahmen hat das Europäische Recht geschaffen und der deutsche Gesetzgeber umgesetzt (§ 20 Abs. 1 S. 1 EnWG)[88]. Der Weg für Wettbewerb der Teilnehmer war damit frei. Der

---

[86] Das Bundesverfassungsgericht hat noch 1968 dem Errichtungs- und Erweiterungsverbot des Mühlengesetzes von 1957, das dem zeitlich begrenzten Abbau einer sektoralen Überkapazität zu dienen bestimmt war, die Vereinbarkeit mit Art. 12 GG attestiert. BVerfG, Beschl. v. 18. 12. 1968, BVerfGE 25, S. 1 (15).

[87] Ähnliches gilt für die Versorgung der Bevölkerung mit Trinkwasser. Die Errichtung von Wasserzuleitungen ist für einen Investor mit hohen Kosten verbunden. Ein Konkurrent, der zusätzlich zu einem bestehenden Anbieter die gleiche Leistung anbieten wollte, müsste ein zweites Leitungsnetzsystem errichten, was mit sehr hohen Kosten verbunden und volkswirtschaftlich wenig sinnvoll ist. Die hohen Fixkosten für Leitungslegung und Instandhaltung machen die Leistungserbringung nur für einen Anbieter erschwinglich. Voraussetzung für einen funktionsfähigen Anbieterwettbewerb ist, dass der Inhaber der Leitungswege Konkurrenten gleichen, diskriminierungsfreien Zugang auf die Leitungswege gewähren muss. Das setzt zuverlässige Messtechnologien voraus.

[88] Sie war das zentrale Element der Binnenmarktrichtlinien für Elektrizität aus dem Jahr 1996 und für Gas aus dem Jahr 1998 (Art. 16 ff. der Richtlinie 96/92/EG des Europäischen Parlaments und des Rates vom 19. 12. 1996 betreffend gemeinsame Vorschriften über den Elektrizitätsbinnenmarkt (EltRL), ABl. EG Nr. L 127 vom 30. 1. 1997, S. 20; Art. 14 ff. der Richtlinie 98/30/EG des Europäischen Parlaments und des Rates vom

Stromsektor erweist sich nicht mehr in toto, sondern lediglich sub specie des Leitungsnetzes als natürliches Monopol. Die fortschreitende technische Entwicklung drängt den Bereich natürlicher Monopole immer weiter zurück. Natürliche Monopole beschränken sich heute weitgehend auf den Bereich leitungsgebundener Infrastruktur der Daseinsvorsorge[89] in den sog. Netzwirtschaften, namentlich das Telefonortsnetz, das Fernsehkabelnetz in der Telekommunikationswirtschaft, das Leitungsnetz in der Energiewirtschaft, das Schienennetz in der Eisenbahntransportwirtschaft[90] sowie die Versorgung mit Trinkwasser und die Entsorgung der Abwässer[91]. In diesen Bereichen erweist sich ein Bedürfnis für regulierende Eingriffe des Staates in den Wettbewerb und eine Rechtfertigung für eine Regelung des Marktzugangs – dies allerdings nicht notwendig für das natürliche Monopol als Ganzes, sondern nur in dem Umfang, in dem kein funktionsfähiger Wettbewerb gewährleistet ist, sondern die Auswirkungen von Monopolmacht (monopolistische bottlenecks) feststellbar sind (sog. disaggregierte Regulierung)[92]. Eine ausschließlich staatliche Aufgabenerledigung steht auf schwachen legitimatorischen Füßen.

d) Rechtliche Folgen

Wirkt der Staat verknappend in den Marktprozess hinein, schließt sich regelmäßig eine staatliche Verteilungsaufgabe an. Der Staat steht vor der Auf-

---

22.6.1998 betreffend gemeinsame Vorschriften für den Elektrizitätsbinnenmarkt (GasRL), ABl. EG Nr. L 204 vom 24.7.1998, S. 1. Vgl. dazu *G. Hermes*, ZHR 2002, S. 433ff.; *Britz*, RdE 1997, S. 85ff.

[89] Vgl. zur Wandlung des Begriffs und zum Einfluss des Europarechts *Kämmerer*, NVwZ 2002, S. 1041ff.; *ders.*, NVwZ 2004, S. 28ff.; *Scharpf*, EuZW 2005, S. 295ff.

[90] Vgl. bereits *Sax*, Die Verkehrsmittel in Volks- und Staatswirthschaft, Bd. II: Die Eisenbahnen, 1879, S. 148: »Das Monopol liegt in der Natur der Eisenbahn, tritt daher in allen Fällen gleich ein und muss eben reguliert werden«.

[91] Vgl. *Kühling*, Sektorspezifische Regulierung in den Netzwirtschaften, 2004, S. 38; *J. Kruse*, Ordnungstheoretische Grundlagen der Deregulierung, in: Seidenfus (Hrsg.), Deregulierung, 1989, S. 9; zu europarechtlichen Implikationen etwa *Welti*, AöR 130 (2005), S. 529 (533ff.).

[92] Zu bejahen ist das in den Bereichen, in denen auch durch potenziellen Wettbewerb und das Drohpotenzial eines Marktzutritts die Monopolstellung des Anbieters nicht angreifbar wird. Das Konzept der disaggregierten Regulierung haben *Baumol, Panzar* und *Willig* entwickelt (*Baumol/Panzar/Willig*, Contestable Markets and the Theory of Industry Structure, 1982). In Deutschland wird es v. a. von *Knieps* propagiert (*Knieps*, Wettbewerbsökonomie, 2. Aufl. 2005, S. 95ff.). Es ist in der Wettbewerbsökonomie im Vordringen begriffen. Ein disaggregierter Regulierungsansatz liegt auch dem neuen Rechtsrahmen der Europäischen Union für das Telekommunikationsrecht zu Grunde, der eine Regulierung nur insoweit gebietet und zulässt, als in einem Marktsegment kein funktionsfähiger Wettbewerb besteht. Vgl. Richtlinie 2002/21/EG des Europäischen Parlaments und des Rates vom 7. März 2002 über einen gemeinsamen Rechtsrahmen für elektronische Kommunikationsnetze und -dienste (Rahmenrichtlinie), ABl. EG Nr. L 108, S. 33ff. Dazu im Einzelnen infra S. 643ff.

gabe, eine Auswahlentscheidung über die Person des Marktzutrittsberechtigten zu treffen, die den Mangel an Marktpositionen gerecht verteilt. Das gilt nicht zuletzt auch dort, wo der Staat sich zwar die Aufgabenwahrnehmung vorbehält, aber – wie in jüngerer Zeit in zunehmendem Umfang – Private in die Aufgabenerfüllung einbezieht, indem er die Ausführung einer Tätigkeit einer privaten Stelle seiner Wahl gegen das Recht zur Nutzung auf eigenes Risiko überträgt (sog. Public Private Partnership[93]) oder sie mit der Erfüllung konkreter Aufgaben aus dem staatlichen Aufgabenbereich gegen Entgelt beauftragt.

III. Der verfassungsrechtliche Handlungsrahmen des Gesetzgebers zur Einwirkung auf Knappheitsrelationen

Der Frage nach den rechtlichen Grenzen der Ausgestaltung einer Verteilungsordnung und des knappheitssteuernden staatlichen Zugriffs auf das Wirken der Wirtschaftssubjekte steht das Grundgesetz nicht gänzlich sprachlos oder gar verlegen gegenüber. Lässt die Verfassung dem Gesetzgeber auch einen weiten Spielraum in der Gestaltung der wirtschaftlichen Ordnung (indem sie [entgegen der These *Nipperdeys*[94]] keine wirtschaftsverfassungsrechtliche Systemgarantie zugunsten einer marktwirtschaftlichen Ordnung oder eine Garantenstellung für den Wettbewerb übernimmt, sondern sich – anders als etwa noch die Weimarer Reichsverfassung[95] – einer Normierung verfassungsrechtlicher Grundsätze für die Gestaltung des Wirtschaftslebens oder einer bestimmten Wirtschaftsordnung enthält), ist ihre wirtschaftspolitische Offenheit nicht mit Beliebigkeit oder Orientierungslosigkeit gleichzusetzen[96]. Das Grundgesetz setzt

---

[93] Vgl. dazu Mitteilung der Kommission zu Auslegungsfragen im Bereich Konzessionen im Gemeinschaftsrecht ABl. EG Nr. C 121 v. 29.4.2000, S. 2 (4); *Burgi*, Die Dienstleistungskonzession ersten Grades, 2004, S. 29 ff.; *Fehling*, Versteigerungen und Ausschreibungen aus europarechtlicher Perspektive, in: Knieps (Hrsg.) Versteigerungen und Ausschreibungen in Verkehrs- und Versorgungsnetzen, 2005, S. 54 (66 f.); *Hausmann*, Public Procurement Law Review 1994, S. 269 ff. Zu dem polyvalenten Begriff der Public Private Partnership *Burgi*, Funktionale Privatisierung und Verwaltungshilfe, 1999, S. 98 f.; *Dreher*, NZBau 2002, S. 245 (246); *Hüsken/Mann*, DÖV 2005, S. 143 ff.; *Kämmerer*, Privatisierung, 2001, S. 58; *Th. Mayen*, DÖV 2001, S. 110 (111); *Voßkuhle*, VVDStRL 62 (2002), S. 266 (283 f.); *M. Weber*, Stbg 2005, S. 41 ff.; *Ziekow/Siegel*, VerwArch. 96 (2005), S. 119 ff. jeweils m. w. N. Erwogen wird eine Einfügung von Regelungen über den Kooperationsvertrag in die §§ 54 ff. VwVfG, um den rechtlichen Fragen, die beim Abschluss von Public Private Partnership-Verträgen entstehen, Rechnung zu tragen. Vgl. dazu etwa *H. Schmitz*, DVBl. 2005, S. 17 ff.

[94] *Nipperdey*, Soziale Marktwirtschaft und Grundgesetz, 1965, S. 21 ff.

[95] Vgl. Art. 151 ff. WRV; vgl. etwa auch Art. 51 der rheinland-pfälzischen Verfassung: »Die soziale Marktwirtschaft ist Grundlage der Wirtschaftsordnung«.

[96] Der Begriff der »Offenheit« der Wirtschaftsverfassung drückt besser als der meist stereotyp verwendete Begriff der »Neutralität« die verfassungsrechtliche Vorstrukturie-

der Verteilungsordnung ein verfassungsrechtliches Koordinatensystem und zieht der wirtschaftspolitischen Gestaltungsfreiheit sowie den Zugriffsmöglichkeiten des Staates auf die Güterverteilung insbesondere durch die Grundrechte mittelbar Schranken. Es bildet eine Zuteilungsordnung für Handlungsrechte aus.

1. Die Freiheitsrechte des Grundgesetzes als Handlungsgrenze des Gesetzgebers

Indem das Grundgesetz in seinen Art. 1ff. mit den Grundrechten den verfassungsunterworfenen Bürgern subjektive Rechte verleiht, ordnet es ihnen abwehrfähige Handlungsrechte zu, die Verfügungs- und Nutzungsprivilegien über knappe Ressourcen begründen und ausgestalten. Sie spezifizieren sanktionierte sozioökonomische Interaktionsbeziehungen[97], die einen Rechtskreis individueller, staatsfreier Entfaltung gewährleisten, der – als grundsätzlich umfassender Handlungsraum menschlichen Verhaltens konzipiert – ihren Inhabern ein Bündel von Rechten zur Nutzung knapper Güter zuordnet.

Wirkt der Staat durch die staatliche Verknappung von Gütern in die Ausübung der grundrechtlichen Entfaltungsfreiheit hinein, löst er den grundrechtlichen Reaktionsanspruch aus. Die Freiheitsrechte schützen gegen eine Verknappung von Gütern; sie begrenzen den Handlungsrahmen des Gesetzgebers in der Knappheitssteuerung. Wiewohl der Freiheitsraum, den die Grundrechte gewähren, nicht schrankenlos gewährleistet, sondern durch die kollidierenden Rechte Dritter und die verfassungsmäßige Ordnung einschränkbar ist, sind diese Schranken und die dem Gesetzgeber zu ihrer Durchsetzung eröffneten Handlungsspielräume ihrerseits in ihrer Durchschlagskraft durch den Prinzipiencharakter der Grundrechte und die aus ihnen erwachsende wertsetzende Grundentscheidung der Verfassung zugunsten der Freiheit begrenzt und an Verhältnismäßigkeitsanforderungen gebunden[98].

In diesem verfassungsrechtlichen Koordinatensystem bewegt sich die Aufgabe der Verteilungsordnung, »die grundsätzliche Freiheit wirtschafts- und sozialpolitischer Gestaltung, die dem Gesetzgeber gewahrt bleiben muss, mit dem Freiheitsschutz zu vereinbaren, auf den der einzelne Bürger

---

rung der staatlichen Verteilungsordnung aus. Der Begriff wird daher hier vorzugsweise verwendet. Ebenso zu Recht *C. Koenig*, Öffentlich-rechtliche Verteilungslenkung, 1994, S. 53.

[97] Vgl. *Furubotn/Pejovich*, Journal of Economic Literature, 19 (1972), S. 1137 (1139).

[98] *Breuer*, Freiheit des Berufs, in: Isensee/P. Kirchhof (Hrsg.), HStR VI, 2. Aufl. 2001, § 147 Rdnr. 20; umfassend zum Grundrechtsvorbehalt *Bumke*, Der Grundrechtsvorbehalt, 1998.

gerade auch dem Gesetzgeber gegenüber einen verfassungsrechtlichen Anspruch hat«[99].

Prominente Abwehrrechte gegen staatliche Maßnahmen der Verteilungslenkung begründen insbesondere die Grundrechte des Art. 12 Abs. 1 GG und der Eigentumsfreiheit des Art. 14 Abs. 1 S. 1 GG. Sie strukturieren und begrenzen den Handlungsrahmen einer marktregulierenden Knappheitsverwaltung. Die Eigentumsfreiheit schützt einen Freiheitsbereich im vermögensrechtlichen Raum, der die Privatnützigkeit und grundsätzliche Verfügungsbefugnis eigentumsrechtlich geschützter Positionen als Kondensat eigener Leistung grundsätzlich mit einer Wehrkraft gegen Zugriffe des Staates versieht. Sie schützt das Ergebnis eigener Leistung vor staatlichem Zugriff, die Berufsfreiheit den Erwerbsvorgang als solchen. Diese gewährleistet eine auf Konkurrenz mit dem Freiheitsgebrauch anderer angelegte Erwerbsbetätigung, insbesondere freien Marktzutritt und eine von staatlichem Zugriff freie Betätigung zur Schaffung und Erhaltung einer Lebensgrundlage[100]; sie schließt die Freiheit des Wettbewerbs (nicht aber von Wettbewerb) ein[101].

Beschränkungen des Zugangs zu natürlich knappen Umweltressourcen der Allgemeinheit nehmen die Hürden, die die Freiheitsrechte errichten – im Verhältnis zu sonstigen gewillkürten Maßnahmen staatlicher Güterverknappung – in leichtem Gang. Sie tragen einem (nicht selten zwingenden) Regelungsbedürfnis Rechnung. Die Frage scheint berechtigt, ob solche knappheitsverwaltenden Maßnahmen nicht ihre Rechtfertigung bereits in sich tragen, der Gesetzgeber mit anderen Worten der Klammern einer grundrechtlichen Eingriffsrechtfertigung, insbesondere des Prinzips der Verhältnismäßigkeit, entledigt ist. Wer auf natürliche Ressourcen zugreift, die – wie beispielsweise Luft – als öffentliche Güter[102] frei verfügbar sind, nimmt Ressourcen in Anspruch, die nicht ausschließlich ihm selbst zugeordnet sind. Anderen Rechtsgenossen stehen kraft der grundrechtlichen Freiheitsgewährleistungen die gleichen Nutzungsrechte an dem Gut zu. *Murswiek* leitet daraus die Schlussfolgerung ab, die Nutzung natürlicher Ressourcen sei Teilhabe, nicht lediglich Freiheitsausübung[103]. Natürliche Ressourcen seien dem Freiheitsbereich des Einzelnen ent-

---

[99] BVerfG, Urt. v. 1.3.1979, BVerfGE 50, S. 290 (338) – Mitbestimmung; ähnlich bereits BVerfG, Urt. v. 11.6.1958, BVerfGE 7, S. 377 (400) – Apothekenurteil.

[100] Vgl. auch *Isensee*, Grundrechtserwartungen und Verfassungsvoraussetzungen an die Grundrechtsausübung, in: Isensee/P. Kirchhof (Hrsg.), HStR V, 2. Aufl. 2000, § 115 Rdnr. 156 f.; *R. Scholz*, Entflechtung und Verfassung, 1981, S. 92.

[101] BVerfG, Urt. v. 1.3.1979, BVerfGE 50, S. 290 (362) – Mitbestimmung; *Kämmerer*, Privatisierung, 2001, S. 222 m. w. N.

[102] Vgl. zu dem Begriff supra S. 14 mit Fn. 61.

[103] *Murswiek*, DVBl. 1994, S. 77 (79 ff.); *ders.*, JZ 1988 S. 985, 992 f.; *ders.*, in: Sachs (Hrsg.), Grundgesetz, 4. Aufl. 2007, Art. 2 Rdnr. 120; wohl auch *Kupfer*, Verteilung, 2005, S. 105: »Die Fälle natürlicher Knappheit sind (...) unausweichlich und durch staatliche Entscheidungen grundsätzlich nicht zu beeinflussen, so dass die Frage der Legitimation nicht mit Blick auf das Bestehen der Knappheitssituation als solcher, sondern nur hinsichtlich des staatlich vorgegebenen Umgangs mit der Knappheit gestellt werden kann«. Vgl. zu der Problematik etwa auch *Lorenz*, NVwZ 1989, S. 812 ff.; *Sendler*, UPR 1983, S. 33 (38 ff.); ablehnend etwa *Ehlers*, VVDStRL 51 (1992), S. 211 (216 ff.).

zogen. Dem Gesetzgeber, der eine Benutzungsregelung treffe und damit die Handlungsfreiheit beschränke, könne ein Freiheitsrecht nicht entgegengehalten werden. Grundrechtsdogmatisch betrachtet sei die Nutzungsbeschränkung zwar ein Eingriff in die Handlungsfreiheit[104], so dass sie von der Exekutive oder von den Gerichten nicht untersagt werden dürfe. Dieser sei jedoch materiell a limine gerechtfertigt, sofern nicht ein Teilhabeanspruch bestehe[105]. Denn Art. 2 Abs. 1 GG gewähre nicht den Zugriff auf Rechtsgüter Dritter oder der Allgemeinheit.

Murswiek erläutert seine These am Beispiel eines Unternehmers, der eine Fabrik errichten will. Art. 12 Abs. 1 GG umfasse zwar die Freiheit, eine Fabrik zu errichten und zu betreiben. Die Berufsfreiheit gewährleiste aber nicht, für diesen Zweck fremdes Eigentum in Anspruch zu nehmen. Für die Inanspruchnahme von Gütern der Allgemeinheit, wie zum Beispiel der Luft für Emissionen oder das Reiten im Walde[106], müsse Entsprechendes gelten: Auch hier greife der Bürger auf Güter zu, die nicht ausschließlich ihm rechtlich zugeordnet seien. Es könne dann nicht das Freiheitsprinzip gelten, sondern nur das Prinzip der gleichen Teilhabe, d. h. der Verteilung von notwendig begrenzten Nutzungsbefugnissen nach Maßgabe sachgerechter Bewirtschaftungsentscheidungen. Wo das Gesetz nichts anderes tue, als die bürgerliche Rechtsordnung in dem Sinn herzustellen, dass es die Freiheit des einen mit der Freiheit des anderen kompatibel mache, verrechtliche die Nutzungsbeschränkung lediglich den faktischen Teilhabecharakter der Grundrechte.

Der Charme der Konzeption *Murswieks* liegt in dem legitimen Anliegen, die natürliche Begrenztheit von Umweltressourcen und die Notwendigkeit ihrer Zugriffsbeschränkung rechtsdogmatisch abzubilden: Trifft in einer Situation begrenzter natürlicher Ressourcen die Umweltnutzungsfreiheit des einen auf gleiche Freiheitsrechte anderer, stellt eine staatliche Bewirtschaftungsordnung sich ihrem Anliegen nach weniger als Verknappungs- bzw. Eingriffs- denn als eine Verteilungsordnung dar, die eine notwendige Zuordnung begrenzter Nutzungsmöglichkeiten vornimmt. Braucht A das Flusswasser, um es zu Fischereizwecken zu bewirtschaften, will B hingegen am gleichen Ort seine Abwässer einleiten, so entsteht ein konkreter Nutzungskonflikt, der einer Regelung zugeführt werden muss.

Die Rechtfertigungs*fähigkeit* eines grundrechtlichen Ausgleichs konkurrierender Rechte vermag über seine Rechtfertigungs*bedürftigkeit* indes nicht hinwegzutäuschen. Das Grundgesetz unterstellt jegliche menschliche Betätigung dem Freiheitsraum der Grundrechte. Jeder darf von frei zugänglichen öffentlichen Gütern Gebrauch machen, solange sie verfügbar sind[107]. Nicht der Zugriff des Einzelnen, sondern die staatliche Vorenthaltung und Abwehr des Zugriffs auf Güter ist in dem Freiheitssystem der Verfassung rechtfertigungsbedürftig[108]. Das Freiheitsrecht

---

[104] *Murswiek*, DVBl. 1994, S. 77 (82 mit Fn. 26). Dass *Murswiek* bei der Umweltnutzung von einem Eingriff in die grundrechtliche Handlungsfreiheit ausgeht, wird bei der Kritik an seinem Ansatz häufig übersehen. Vgl. bspw. *S. Meyer*, Gebühren für die Nutzung von Umweltressourcen, 1995, S. 138 ff.

[105] *Murswiek*, ibid., S. 82.

[106] Vgl. BVerfG, Beschl. v. 6. 1. 1989, BVerfGE 80, S. 137 ff. – Reiten im Walde; dazu *Murswiek*, ibid., S. 82 mit Fn. 26.

[107] Das stellt auch *Murswiek* (ibid., S. 82) nicht in Frage: »Zwar fällt die Nutzung öffentlicher Umweltgüter in den Schutzbereich der allgemeinen Handlungsfreiheit, so dass sie von der Exekutive oder von den Gerichten nicht untersagt werden darf. Es fehlt aber an dem materiellen Gewährleistungsgehalt des Rechts«.

[108] Vgl. zu neueren Tendenzen einer sich möglicherweise abzeichnenden Abkehr von der Elfes-Doktrin *Kahl*, AöR 131 (2006), S. 579 (611 ff.) m. w. N.

schützt gegen eine Begrenzung des Zugriffs auf Ressourcen, die für den Freiheitsgebrauch erforderlich sind. Auch der Diebstahl ist als Entfaltung menschlicher Handlungsfreiheit vom Schutzbereich des Art. 2 Abs. 1 GG erfasst. Sein Verbot ist – wie jede grundrechtliche Beschränkung zu Lasten eines Grundrechtsträgers – rechtfertigungsbedürftig. Auch dort, wo mehrere Güter von Verfassungsrang miteinander kollidieren, macht das verfassungsdogmatische Konstrukt kollidierenden Verfassungsrechts eine Rechtfertigung möglich, aber nicht entbehrlich. Stehen konkurrierende Umweltnutzungen einander gegenüber, so ergibt sich die Rechtfertigung der Beschränkung der einen Freiheit nicht ohne Weiteres daraus, dass eine Nutzungszuordnung insgesamt erforderlich ist. Das gilt insbesondere, solange es unterschiedliche Möglichkeiten der Herstellung des Ausgleichs gibt. Eine Nutzungsbeschränkung stellt nicht lediglich die bürgerliche Rechtsordnung wieder her, sondern nimmt eine Beschränkung und Neuzuordnung vor. Die gedankliche Logik des Murswiek'schen Ansatzes baut auf der Prämisse auf, dass die Nutzungsbeschränkung sich in einer Zuteilungsordnung *erschöpft*, d. h. den verfügbaren, grundrechtlich geschützten Handlungsrahmen nicht begrenzt, sondern lediglich unter den vorhandenen Grundrechtsträgern umverteilt. Eine Vorsorgezwecken dienende Nutzungsbewirtschaftung, die insbesondere einen Generationenausgleich herstellen soll und eine vorbeugende Verknappung vornimmt, geht darüber jedoch hinaus. Sie beschreibt nicht den grundrechtlich gesicherten, bestehenden Nutzungsrahmen als Punktlandung, sondern schränkt ihn ein. Ihr Kennzeichen ist es, die verfügbare Nutzungskapazität nicht vollständig auszuschöpfen, um auch künftigen Generationen einen Grundrechtszugang zu sichern. Wie viel Grundrechtsvorsorge insoweit erforderlich ist, lässt sich weder verfassungsrechtlich noch naturwissenschaftlich absolut determinieren, sondern nur politisch ertasten. Der Korridor von Antworten ist breit. Er bedarf verfassungsrechtlicher Kontrolle und Rechtfertigung[109].
Vorsorgende (notwendig politisch motivierte) Nutzungsbeschränkung nimmt einen Teil der Freiheit, die Art. 2 Abs. 1 GG dem Grundrechtsberechtigten verspricht. Sie von einem Rechtfertigungserfordernis zu entbinden, hieße den umfassend konzipierten Freiheitsbereich des Grundgesetzes auszuhöhlen und Eingriffe in ein wichtiges Spektrum menschlicher Verhaltensweisen zuzulassen, ohne eine inhaltliche Rückbindung an eingriffsrechtfertigende Verfassungsprinzipien herzustellen[110]. Eine Schleuse zur schleichenden Grundrechtsentleerung wäre geöffnet. Art. 2 Abs. 1 GG würde nicht die allgemeine Handlungsfreiheit schützen, sondern nur das Handeln innerhalb des vom Gesetzgeber gezogenen Rahmens. Ob dieser mit dem

---

[109] Zumindest irreführend insoweit *Kluth*, ZHR 162 (1998), S. 657 (675): »Besonders gelagert sind die Fälle natürlicher Ressourcen, bei denen vorrechtliche Gegebenheiten eine staatliche Zuteilungsregelung erforderlich machen. Hier muss nur das Wie der Zuteilung gerechtfertigt werden«. Anders *ders.*, NuR 1997, S. 105 (106): »Eine Beschränkung der Nutzungsmöglichkeit ist entsprechend [...] am abwehrrechtlichen Gehalt des Grundrechts zu messen und unterliegt im Wesentlichen einem Rechtfertigungserfordernis nach den Anforderungen des Übermaßverbots«.

[110] Ebenso etwa *S. Bumke*, Frequenzvergabe nach dem TKG 2006, S. 250; *Kloepfer*, Umweltrecht, 3. Aufl. 2004, § 3 Rdnr. 54; *Kluth*, NuR 1997, S. 105 (106); *Kruhl* (Fn. 34), S. 150 ff.; *Mehrbrey*, Verfassungsrechtliche Grenzen eines Marktes handelbarer Emissionsrechte, 2003, S. 48 f.; *S. Meyer*, Gebühren für die Nutzung von Umweltressourcen, 1995, S. 135 ff.; *Ritgen*, AöR 127 (2002), S. 351 (375 [mit Fn. 91] u. 387; *Sacksofsky*, Umweltschutz durch nichtsteuerliche Abgaben, 2000, S. 217 ff. (hinterfragt Murswieks Konzept, verwirft es aber nicht); *Wieland*, Die Konzessionsabgaben, 1991, S. 168 ff.

Grundgesetz übereinstimmt, ist aber gerade am Maßstab des Art. 2 Abs. 1 GG zu überprüfen[111].

2. *Die Grundrechte und Grundfreiheiten sowie die Wirtschaftsverfassung der Europäischen Gemeinschaften – gemeinschaftsrechtliche Vorgaben für die nationale Allokationsordnung*

Die Europäischen Verträge äußern ihre Vorstellungen von der Ausgestaltung der Wirtschaftsordnung und des Verhältnisses zwischen den Mitgliedstaaten und ihren Bürgern deutlicher als das Grundgesetz. Sie ziehen in Art. 98 S. 2[112] und Art. 4 Abs. 1 EG einen Rahmen für die Ausgestaltung der Ordnungspolitik der Mitgliedstaaten: Die Mitgliedstaaten sind auf das Verteilungsprinzip der »offenen Marktwirtschaft mit freiem Wettbewerb« und die Gemeinschaftsziele des Art. 2 EG verpflichtet. Sie haben ihre Wirtschaftspolitik an den Zielen eines hohen Maßes an sozialem Schutz, an einem hohen Maß an Umweltschutz, an einer harmonischen, ausgewogenen und nachhaltigen Entwicklung des Wirtschaftslebens auszurichten, ihre Wirtschaftspolitik zu koordinieren und an dem Ziel des Binnenmarktes auszurichten. Die Mitgliedstaaten müssen diese nicht nur beachten oder berücksichtigen, sondern haben auf die Verwirklichung dieses Zielkanons aktiv hinzuwirken. Alle Sektoren der Wirtschaftspolitik, die nicht schon auf andere Weise einer spezielleren Vertragsregelung unterworfen sind, sind diesen Zielen verpflichtet.

Sind die Zielbestimmungen auch zum einen reichlich kryptisch und interpretationsoffen[113], beschränken sie sich entsprechend dem Prinzip der begrenzten Ermächtigung ferner auf die Handlungsfelder, in denen der Gemeinschaft eine Kompetenz zugewachsen ist und verbleibt den Mitgliedstaaten auch in der Wahl der Mittel ein weiter Gestaltungsspielraum, engen sie den verteilungspolitischen Handlungsspielraum der Mitgliedstaaten doch fühlbar ein. Die Mitgliedstaaten der Europäischen Union verpflichten sich grundsätzlich auf eine Güterzuordnung und Allokation durch den Markt. Noch deutlicher wird der Vertrag von Lissabon. Er erhebt eine »in hohem Maße wettbewerbsfähige soziale Marktwirtschaft« zum Leitbild der

---

[111] *Wieland* (Fn. 110), S. 170; vgl. dazu etwa im Einzelnen für die Etablierung eines Systems von Emissionszertifikaten infra S. 770 ff.

[112] Vgl. dazu auch infra S. 233.

[113] In einer Vorlageentscheidung zur Buchpreisbindung hat der EuGH (Urt. v. 9.10.1999, Slg. 2000, I-S. 8207) ausdrücklich klargestellt, dass »die Artikel des EG-Vertrages, die sich auf die Wirtschaftspolitik beziehen, die im Einklang mit dem Grundsatz einer offenen Marktwirtschaft mit freiem Wettbewerb stehen muss, keine Bestimmungen sind, die den Mitgliedstaaten klare und unbedingte Verpflichtungen auferlegen, auf die sich die Einzelnen vor den nationalen Gerichten berufen können. Es handelt sich um einen allgemeinen Grundsatz, dessen Anwendung komplexe wirtschaftliche Beurteilungen erfordert, die in die Zuständigkeit des Gesetzgebers oder der nationalen Verwaltung fallen«.

gemeinsamen Politik (Art. 2 Abs. 3 S. 2 EUV[114]). Die Union vertraut der Verteilungskraft des Marktes, die sich als Mittel der Mangelbewältigung und der Zuordnung konkurrierender Nutzungsinteressen bewährt hat.

Zu den Grundbedingungen eines offenen (Binnen-)Marktes gehört die Beseitigung von Hindernissen für den freien Waren-, Personen-, Dienstleistungs- und Kapitalverkehr zwischen den Mitgliedstaaten (vgl. Art. 3 lit. c EG). Das gemeinschaftsrechtliche Primärrecht bekennt sich insbesondere in seiner Ausdeutung durch die Rechtsprechung des Europäischen Gerichtshofs mit Verve zu diesem Ziel und verbrieft seinen Bürgern einen dahin gehenden Schutz. Sie spannt den Marktbürger vor den Wagen der europäischen Integrationsidee eines Marktes ohne Binnengrenzen. Die Freiheiten des Gemeinsamen Marktes sind als Herzstück der grenzüberschreitenden Ausübung von Privatautonomie zentrale Eckpfeiler eines Schutzes vor verteilungslenkenden Wettbewerbsinterventionen des Gesetzgebers und wichtige Instrumente dezentraler Vollzugskontrolle[115]. In die Freiheit der wirtschaftlichen Betätigung, die die Grundfreiheiten gewähren, darf lediglich in Ausnahmefällen eingegriffen werden – nämlich nur, sofern eine Maßnahme in diskriminierungsfreier Weise durch wichtige Gemeinschaftsinteressen und unter Beachtung des Prinzips der Verhältnismäßigkeit als freiheitssicherndem Regulativ gerechtfertigt werden kann[116]; im Übrigen ist grundsätzlich freier Marktzutritt zu gewähren. Ein dem Gesetzgeber nach nationalem Recht eingestandener Gestaltungsspielraum kann sich insofern durch das Europäische Gemeinschaftsrecht verengen.

Die Schutzwirkung des gemeinschaftsrechtlichen Primärrechts wird verstärkt durch die nicht an innerstaatliche wirtschaftliche Sachverhalte anknüpfenden, aus der Europäischen Menschenrechtskonvention wie aus den gemeinsamen Verfassungsüberlieferungen der Mitgliedstaaten destillierten Gemeinschaftsgrundrechte als integralem Bestandteil der Gemeinschaftsordnung[117]. Prätorisch entwickelt und zu einer festen gemeinschaftsrecht-

---

[114] Vertrag von Lissabon zur Änderung des Vertrags über die Europäische Union und des Vertrags zur Gründung der Europäischen Gemeinschaft, ABl. EG Nr. C 306 v. 17.12.2007, S. 1 ff.

[115] Vgl. dazu ausführlich etwa *P.-M. Huber*, EuR 1991, S. 31 (62).

[116] St. Rspr. des EuGH; vgl. EuGH, Urt. v. 20.2.1979, Slg. 1979, S. 649 Rdnr. 6 – Cassis de Dijon; EuGH, Urt. v. 30.11.1995, Slg. 1995, I-S. 4197, Rdnr. 37 – Gebland; EuGH, Urt. v. 3.10.2000, Slg. 2000, I-S. 7919, Rdnr. 39 – Corsten. Festzustellen ist dabei in der Rechtsprechung eine wachsende Konvergenz der Grundfreiheiten, die ausgehend von der Gebhard-Formel des EuGH einen gemeinsamen Schutzschirm über die Grundfreiheiten spannt. Vgl. dazu auch *Skouris*, DÖV 2006, S. 89 (94).

[117] Vgl. zum Verhältnis der Grundfreiheiten und Grundrechte im europäischen Gemeinschaftsrecht etwa *Skouris*, ibid.; vgl. insbesondere zum Verhältnis zwischen der gemeinschaftsrechtlichen Berufsfreiheit und den in den Art. 39, 43 und 49 ff. EG gewährleisteten Personenverkehrsfreiheiten *Kingreen*, in: Calliess/Ruffert (Hrsg.), EUV/EGV, 3. Aufl. 2007, Art. 28 EG Rdnr. 27 u. 99; *A. Borrmann*, Der Schutz der Berufsfreiheit im deutschen Verfassungsrecht und im europäischen Gemeinschaftsrecht, 2002, S. 249 ff.

lichen Figur dogmatisch ausgebaut, gewährleisten sie grundsätzlich einen den nationalen Grundrechten im Wesentlichen gleichwertigen Grundrechtsschutz[118], der einen ergänzenden Schutzwall gegen Zugriffe auf die Freiheitsentfaltung der Bürger errichtet. Soweit zwingende gemeinschaftsrechtliche Sekundärmaßnahmen den mitgliedstaatlichen Umsetzungsspielraum in einer Weise verengen, dass den Mitgliedstaaten im Wesentlichen die Hände gebunden sind, kommt den Gemeinschaftsgrundrechten aufgrund des (Anwendungs-)Vorrangs des Gemeinschaftsrechts gar die Kraft zu, die Wirkmacht der nationalen Grundrechte zu verdrängen: Die Maßnahmen sind dann grundsätzlich am Maßstab der europäischen Grundrechte zu messen[119]. Das Bundesverfassungsgericht übt den ihm durch das GG als unabdingbar aufgegebenen Grundrechtsschutz insoweit in einem Kooperationsverhältnis mit dem Europäischen Gerichtshof aus[120].

3. Zum Prognosespielraum des Gesetzgebers in der Knappheitsverwaltung

Die Auswirkungen knappheitssteuernden gesetzgeberischen Tätigwerdens lassen sich im Zeitpunkt gesetzgeberischen Handelns häufig nicht sicher vorhersehen. Der Gesetzgeber ist zur Erreichung von Steuerungszielen auf Prognosen der künftigen tatsächlichen Entwicklung, auf Wahrscheinlichkeitsbeurteilungen anhand vorgefundener Anhaltspunkte und Erfahrungen sowie auf wertende Abwägungen komplexer Einzeltatsachen und Tendenzen angewiesen. Die Unsicherheit seiner Entscheidung ist dabei umso größer, je weitreichender und komplexer die Zusammenhänge sind, auf die sich die Prognose bezieht. Diese Prognosen können sich ex post als fehlerhaft erweisen. Es stellt sich dann die Frage nach der Rechtfertigung der Entscheidung und dem Bestehen eines Prognosespielraumes[121].

Diese Frage hat das Bundesverfassungsgericht in seiner Rechtsprechungspraxis wiederholt beschäftigt. Insbesondere im Mitbestimmungsurteil und im Kalkar-Beschluss musste es dazu Stellung nehmen, ob dem Gesetzgeber bei Entscheidungen, die auf unsicherer Tatsachengrundlage ge-

---

[118] BVerfG, Beschl. v. 29.5.1975, BVerfGE 37, S. 271 (279 ff.) – Solange I; BVerfG, Beschl. v. 22.10.1986, BVerfGE 73, S. 339 (378 ff.) – Solange II; BVerfG, Urt. v. 12.10.1993, BVerfGE 89, S. 155 (174 f.) – Maastricht.

[119] Es handelt sich insoweit nicht mehr um Akte deutscher Staatsgewalt; vgl. in diesem Sinne jüngst ausdrücklich BVerfG, Beschl. v. 13.3.2007, NJW 2007, S. 937 (938) m. w. N.

[120] Vgl. BVerfG, Urt. v. 12.10.1993, BVerfGE 89, S. 155 (175) – Maastricht; vgl. auch BVerfG, Beschl. v. 29.5.1975, BVerfGE 37, S. 271 (279 ff.) – Solange I; BVerfG, Beschl. v. 22.10.1986, BVerfGE 73, S. 339 (378 ff.) – Solange II; dazu etwa *Selmer*, Die Gewährleistung der unabdingbaren Grundrechtsstandards durch den EuGH, 1998, S. 31 ff.; *Rengeling/Szczekalla*, Grundrechte in der Europäischen Union, 2004, § 1 Rdnr. 15 ff.

[121] Vgl. zu dieser Frage im Einzelnen *Seetzen*, NJW 1975, S. 429 ff.; *Breuer*, Der Staat 16 (1977), S. 21 ff.; *Badura*, Richterliches Prüfungsrecht und Wirtschaftspolitik, in: Oberndorfer/Schambeck (Hrsg.), Festschrift für Ludwig Fröhler, 1980, S. 321 (341 ff.).

troffen werden, ein Spielraum zukommt[122]. Im Mitbestimmungsurteil[123] stand das Gericht etwa vor der Frage, ob der Gesetzgeber bei Erlass des Mitbestimmungsgesetzes dessen Auswirkungen in einer Weise prognostiziert hatte, die den Grundrechten der Betroffenen hinreichend Rechnung trägt[124]. Ähnlich musste das Gericht im Fall Kalkar[125] entscheiden, ob die Regelungen, die das Parlament im Atomgesetz zur friedlichen Nutzung der Kernenergie getroffen hatte, ausreichen, um die Bürger vor den mit der Nutzung der Atomenergie verbundenen, nicht sicher prognostizierbaren und im Einzelnen noch nicht abschließend bekannten Risiken zu schützen.

Das Gericht betont in beiden Entscheidungen die im Verfassungssystem des Grundgesetzes angelegte Entscheidungsfreiheit und Verantwortung des Gesetzgebers. Die Ungewissheit über die Auswirkungen eines Gesetzes in einer ungewissen Zukunft könne nicht die Befugnis des Gesetzgebers ausschließen, ein Gesetz zu erlassen, auch wenn dieses von großer Tragweite sei. Umgekehrt könne Ungewissheit nicht schon als solche ausreichen, einen verfassungsgerichtlicher Kontrolle nicht zugänglichen Prognosespielraum des Gesetzgebers zu begründen. Der Gesetzgeber müsse sich an einer sachgerechten und vertretbaren Beurteilung des erreichbaren Materials orientieren. Er müsse die ihm zugänglichen Erkenntnisquellen ausschöpfen, um die voraussichtlichen Auswirkungen seiner Regelung so zuverlässig wie möglich abschätzen zu können und einen Verstoß gegen Verfassungsrecht zu vermeiden. Die Grundlagen seiner Bewertung seien der Kontrolle nicht entzogen. Die gezogenen Schlussfolgerungen seien aber nicht vollumfänglich, sondern lediglich auf ihre Vertretbarkeit hin zu überprüfen.

Das Gericht arbeitet überzeugend heraus, dass es zuvorderst in der politischen Verantwortung des Gesetzgebers und der Regierung liegen muss, die von ihnen für zweckmäßig erachteten Entscheidungen zu treffen. Es kann nicht Aufgabe der Gerichte sein, mit ihrer Einschätzung an die Stelle der dazu berufenen politischen Organe zu treten. Den Gerichten würde es insoweit

---

[122] Ähnlich etwa BVerfG, Urt. v. 14.7.1986, BVerfGE 73, S. 40 (91 f.) – Parteispenden.

[123] BVerfG, Urt. v. 1.3.1979, BVerfGE 50, S. 290 ff. – Mitbestimmung; vgl. dazu *R. H. Weber*, AöR 104 (1979), S. 521 ff.; *R. Schmidt*, Der Staat 1980, S. 235 ff.; *Richardi*, AöR 104 (1979), S. 546 ff.

[124] Die Entscheidung des Gesetzgebers für eine erweiterte Mitbestimmung erfolgte unter Unsicherheitsbedingungen. Wie das Mitbestimmungsgesetz sich auf das Zusammenwirken von Arbeitnehmern und Anteilseignern auswirken würde, war ungewiss. Dies hing insbesondere von den nicht sicher prognostizierbaren Bedingungen für eine Kooperationsbereitschaft in den einzelnen Unternehmen ab, von Kooperationswille und Vertrauen bzw. Misstrauen, sowie den gesamtwirtschaftlichen Zukunftsbedingungen, unter denen das Gesetz seine normierende Kraft entfalten sollte. Der Gesetzgeber war davon ausgegangen, dass dessen beabsichtigte Wirkungen auch tatsächlich eintreten und dass sich mit ihnen nachteilige Folgen für die Funktionsfähigkeit der Unternehmen und für die Gesamtwirtschaft nicht verbinden werden.

[125] BVerfG, Beschl. v. 8.8.1978, BVerfGE 49, S. 89 ff.; vgl. dazu *Beaucamp*, JA 2002, S. 855 ff.; *Linck*, DÖV 1979, S. 165 ff.; *Roth-Stielow*, DÖV 1979, S. 167 ff.

auch an rechtlichen Maßstäben mangeln[126]. Hätte der Gesetzgeber das nicht ausräumbare Risiko einer Fehlprognose in vollem Umfang zu tragen, wäre die mit der Knappheitsverwaltung verbundene Gestaltungsaufgabe des Staates nicht mehr wahrnehmbar. Dem Gesetzgeber muss bei Prognoseentscheidungen ein gerichtlich nur beschränkt überprüfbarer Einschätzungs- und Entscheidungsspielraum zuerkannt werden, der darauf zielt, den von der Verfassung garantierten Raum freier politischer Gestaltung offen zu halten, und den Gerichten einen damit korrespondierenden judicial self-restraint auferlegt.

Wie dieser Einschätzungsspielraum konkret auszugestalten ist, lässt das Gericht offen. Dies hänge von der Eigenart des Sachbereichs, den Erkenntnismöglichkeiten und der Bedeutsamkeit der betroffenen Rechtsgüter ab. Der Spielraum könne von einer Evidenzkontrolle[127] über eine Vertretbarkeitskontrolle[128] bis hin zu einer intensivierten inhaltlichen Kontrolle[129] reichen. Auch der Wissenschaft ist es bisher nicht gelungen, einen Kriterienkatalog zu entwickeln, der dem Gebot richterlicher Selbstbeschränkung Konturen verleiht und es operationalisierbar macht. Das Gebot weist auf das zu lösende Problem und das angestrebte Ziel hin, hält aber keine Ansätze zu seiner Lösung bereit. Gleichwohl erschöpft sich das Gebot eines judicial self-restraint nicht in einer Leerformel oder einer rhetorischen Figur. In ihm spiegeln sich die Unsicherheiten der Entscheidungssituation wider, deren Überprüfung es dient. Handhabbarkeit erlangt es durch die Konturierung der den Spielraum eröffnenden und begrenzenden Voraussetzungen: Ein Prognosespielraum scheidet aus, soweit Unsicherheit durch verfügbare Erkenntnisquellen oder gefestigte Erfahrungssätze ausgeräumt werden kann, d. h. Unsicherheit tatsächlich nicht besteht. Von einer vertretbaren Prognose muss auch verlangt werden, dass sie verfügbare empirische Daten und Erkenntnisquellen angemessen ausgewertet hat. Der Sachverhalt, der dem Gesetz zugrunde liegt, muss vollständig beleuchtet und ausgewertet worden sein. Das schließt auch die Erwägung möglicher Alternativregulierungen ein[130]. Welche Alternative der Gesetzgeber als Kondensat

[126] BVerfG, Beschl. v. 8.8.1978, BVerfGE 49, S. 89 (127, 131).

[127] Etwa BVerfG, Urt. v. 31.7.1973, BVerfGE 36, S. 1 (17) – Grundvertrag; BVerfG, Beschl. v. 5.3.1974, BVerfGE 37, S. 1 (20) – Stabilisierungsfonds; BVerfG, Beschl. v. 14.10.1975, BVerfGE 40, S. 196 (223) – Güterkraftverkehrsgesetz.

[128] Vgl. etwa BVerfG, Beschl. v. 18.12.1968, BVerfGE 25, S. 1 (12f., 17) – Mühlengesetz; BVerfG, Beschl. v. 9.3.1971, BVerfGE 30, S. 250 (263) – Absicherungsgesetz; BVerfG, Beschl. v. 19.3.1975, BVerfGE 39, S. 210 (225 f) – Mühlenstrukturgesetz.

[129] BVerfG, Urt. v. 11.6.1958, BVerfGE 7, S. 377 (415) – Apothekenurteil; BVerfG, Urt. v. 23.3.1960, BVerfG, Urt. v. 23.3.1960, BVerfGE 11, S. 30 (45) – Kassenarzturteil; BVerfG, Urt. v. 4.3.1964, BVerfGE 17, S. 269 (276 ff) – Arzneimittelgesetz; BVerfG, Urt. v. 25.2.1975, BVerfGE 39, S. 1 (46, 51ff.) – §218 StGB; BVerfG, Urt. v. 21.6.1977, BVerfGE 45, S. 187 (238) – Lebenslange Freiheitsstrafe.

[130] Vgl. *Breuer*, Der Staat 1977, S. 21 (45); *K.-E. Gebauer*, Nachdenken als Verfassungsauftrag, in Fürst/Herzog/Umbach (Hrsg.), Festschrift für Wolfgang Zeidler, Bd. 2, 1987, S. 1139ff.; *C. Koenig*, Fn. 96), S. 365f.; *G. Hoffmann*, ZG 1990, S. 97 (109).

des Überprüfungsprozesses wählt, entzieht sich soweit gerichtlicher Kontrollkompetenz, wie sich die Prognose auf eine nachvollziehbare Einschätzung künftiger Tatsachenentwicklungen stützen kann. Auch wenn sich die tatsächliche Entwicklung der vom Gesetzgeber vermuteten Umstände anders als prognostiziert entwickelt, insbesondere sich die der Prognose zugrunde liegenden Umstände ändern, ist der Gesetzgeber nicht aus der Pflicht entlassen. Hier holt ihn die im Erlasszeitpunkt bestehende Freiheit als verfassungsrechtlicher Auftrag wieder ein. War auch die Prognose vertretbar, trifft den Gesetzgeber die Pflicht zu überprüfen, ob die ursprünglich getroffene Entscheidung auch unter den veränderten Umständen noch aufrechterhalten werden kann. Aus dem gestalterischen Prognosespielraum des Gesetzgebers erwächst eine Pflicht zu Nachbesserung[131]

IV. Rechtliche Instrumente der Knappheitsverwaltung

Der regulatorischen Freiheit des Gesetzgebers in der Knappheitsverwaltung und dem umfassenden Gemeinwohlauftrag des Staates korrespondiert ein breites Bouquet knappheitsverwaltender Handlungsinstrumente disparater Eingriffsintensität. Der Gesetzgeber hat ein fein gefächertes, abgestuftes Instrumentenportfolio entwickelt, mit dem er Eingriffe in die Verfügbarkeit von Gütern (und damit den freiheitsrechtlichen Betätigungsrahmen seiner Bürger) vollzieht.

1. Unterstellung natürlich knapper Güter unter staatliche Knappheitsverwaltung

In seiner mildesten Form erschöpft sich das knappheitsverwaltende Tätigwerden des Staates darin, ein Gut der staatlichen Verwaltung zu unterstellen und Nutzungsrechte daran zu verteilen, ohne den verfügbaren freiheitsrechtlich geschützten Nutzungsraum zu schmälern. Der Staat wird dann als Sachwalter der Verteilungslenkung tätig. Er nimmt eine Zuordnungsaufgabe an Gütern wahr, welche ohne die ordnende Funktion des Staates eines sinnvollen Nutzungsregimes entbehren würden. Wie ein Treuhänder vermittelt er den Zugriff auf Güter, ohne ihre Verfügbarkeit als solche einzuschränken, etwa vorsorgender Reservebildung vorzuhalten. Ziel ist nicht die Beschränkung des Zugriffs auf das Gut, sondern seine

---

131 Vgl. BVerfG, Beschl. v. 14.1.1981, BVerfGE 56, S. 54 (79) – Fluglärm; BVerfG, Urt. v. 4.11.1986, BVerfGE 73, S. 118 (180); *Badura*, Die verfassungsrechtliche Pflicht des gesetzgebenden Parlaments zur »Nachbesserung« von Gesetzen, in: Festschrift für Kurt Eichenberger, 1982, S. 481 ff.; Ch. *Mayer*, Die Nachbesserungspflicht des Gesetzgebers, 1996; *ders.*, DB 1995, S. 1831 ff.

Verwaltung[132]. So verhält es sich (idealiter[133]) etwa bei der Unterstellung von Frequenzen unter die staatliche Verwaltung[134]. Da ihre Ausgestaltung als öffentliches Gut[135] die Nutzbarkeit der mit Hilfe der Frequenzen übertragenen Informationen aufgrund von Interferenzen zum Erliegen bringen kann, entreißt der Gesetzgeber sie einem Regime freier Zugänglichkeit und ordnet einzelne Nutzungsrechte an den Frequenzen zu. Die Rechtfertigung des mit der Übernahme eines frei verfügbaren Gutes in das Kraftfeld staatlicher Zuteilungsmacht verbundenen Eingriffs in die natürliche Handlungsfreiheit folgt technischen Gegebenheiten bzw. natürlichen Nutzungsgrenzen, die nicht im staatlichen Verantwortungsbereich angesiedelt sind und von der Rechtsordnung als solche weder beseitigt noch ignoriert werden können.

2. *Knappheitssteuerung – Einwirkung auf die Knappheitsrelation*

In vielen Handlungsfeldern der Knappheitsverwaltung beschränkt sich der Gesetzgeber nicht darauf, die Knappheitssituation zu verwalten, sondern nimmt gezielt Eingriffe in die Verfügbarkeit des Gutes vor. Das gilt nicht nur für an sich in unbegrenzter Menge vorhandene Güter und Handlungsmöglichkeiten, deren Verfügbarkeit der Gesetzgeber aus Gemeinwohlgründen politisch steuern will, sondern auch für natürlich knappe, verbrauchbare Ressourcen, deren absoluter Begrenztheit der Gesetzgeber durch die vorsorgende Reduzierung an sich vorhandener Betätigungsmöglichkeiten im Interesse kommender Generationen Rechnung tragen will. Die Instrumente, mit denen der Staat auf die Knappheitssituation von Gütern einzuwirken versucht, reichen von Einwirkungen auf die marktwirtschaftliche Preisbildung insbesondere durch abgabenrechtliche Instrumente der Belastung von ressourcenverbrauchenden Verhaltensweisen (infra a) bis zu direkten Verboten der Nutzung bestimmter Ressourcen mit dem Ziel, Gemeinschaftsgüter durch administrative Lenkung zu schonen (infra b)[136].

---

[132] Vgl. zu den Abgrenzungsschwierigkeiten zwischen verknappendem und knappheitsverwaltendem Eingriff allgemein sowie im Falle von Frequenzen supra S. 12.

[133] Vgl. dazu etwa supra Fn. 71.

[134] Ebenso etwa auch EuGH, Urt. v. 26.6.2007, IStR 2007, S. 512 (513, Rdnr. 44).

[135] Vgl. zu dem Begriff supra S. 14 mit Fn. 61.

[136] Güter, bei denen der Staat in bewusstem Gegensatz zum Prinzip der Konsumentensouveränität regulierend in das Marktgeschehen eingreift, um das Konsumentenverhalten im Allgemeininteresse zu korrigieren, bezeichnet die Finanzwissenschaft im Anschluss an *R. A. Musgrave* als »meritorische Güter«. Bei diesen Gütern sieht sich der Staat häufig veranlasst, knappheitssteuernd in das Marktgeschehen einzugreifen, weil die durch den Markt gesteuerte Ressourcenallokation nicht zu den aus seiner Sicht erwünschten Ergebnissen führt (vgl. dazu *R. A. Musgrave*, The Theory of Public Finance: A Study in Public Economy, 1959, S. 14ff.; *R. A. Musgrave /P. B. Musgrave/Kullmer*, Die öffentlichen Finanzen in Theorie und Praxis, Bd. 1, 4. Aufl. 1987, S. 60ff.; *Head*, Finanzarchiv 25 (1966), S. 1 (2): »In the case of merit wants, the preference maps of individuals are no

a) Instrumente indirekter Verhaltenssteuerung – Preissteuerung

Instrumente indirekter Verhaltenssteuerung wirken auf das Entscheidungskalkül der Akteure ein, indem sie einzelne Handlungsalternativen im Verhältnis zu anderen verteuern oder verbilligen, so dass ein rationaler Akteur in seiner Entscheidungsfindung beeinflusst wird. Der Staat greift nicht zu dem scharfen Schwert des Verbots, sondern begnügt sich durch die Einwirkung auf die marktwirtschaftliche Preisbildung mit positiven und negativen ökonomischen Anreizen, mit denen er das von ihm gesetzte Ziel zu erreichen sucht. Die Mission der Preissteuerung ist es, Fehlallokationen von Gütern zu vermeiden, indem Auswirkungen von Verhaltensweisen auf die Gesellschaft (externe Effekte), die sich in den marktwirtschaftlichen Preisen nicht spiegeln, in die Preise internalisiert werden.

Diesen Gedanken einer Überwindung von Marktunvollkommenheiten durch staatliche Einflussnahme auf die Preisbildung hat als erster *Pigou* in den Ring der wissenschaftlichen Diskussion geworfen und zum Credo einer ressourcensteuernden Politik erhoben[137]. Die von ihm vorgeschlagene abgabenrechtliche Einflussnahme auf marktwirtschaftliche Preisbildungsprozesse trat unter dem Begriff »*Pigou-Steuer*« einen Siegeszug an[138]. Sie soll marktwirtschaftlich zu bildende Preise auf ein Niveau bringen, das den wahren oder politisch erwünschten Präferenzen der Wirtschaftssubjekte und den gesellschaftlichen Bedürfnissen entspricht, so dass sich die Determinanten des Kostenkalküls der Wirtschaftssubjekte verschieben und das Nachfrageverhalten sich verändert. Die Pigou-Steuer will den Wirtschaftssubjekten einen flexiblen wirtschaftlichen Anreiz setzen, sich entsprechend den politischen Zielvorstellungen zu verhalten[139]. Verpackungs-

longer taken as given, but are themselves subject to critical scrunity. Public policy in this area is justified by the need to correct individual preferences«. Vgl. dazu auch *Eidenmüller*, Effizienz als Rechtsprinzip, 3. Aufl. 2005, S. 348; *Fehling*, AöR 121 (1996), S. 87f.; *Tomuschat*, Der Staat 12 (1973), S. 433 (437f.); *W. Weber*, Bemerkungen zur neueren Diskussion der Meritorischen Güter, in: Der wirtschaftende Staat, Festschrift zum 70. Geburtstag von Theo Keller, 1971, S. 49ff.; *Kühne*, Öffentliche Güter, meritorische Güter und Klubtheorie, Öffentliche Güter und öffentliche Unternehmen 1984, S. 117ff.

[137] *Pigou*, The Economics of Welfare, 4. Aufl. 1932, S. 129f.

[138] Vgl. *Pigou*, Divergenzen zwischen dem sozialen Nettoprodukt und dem privaten Nettogrenzprodukt, in: Siebert (Hrsg.), Umwelt und wirtschaftliche Entwicklung, 1979, S. 31ff.

[139] Vgl. zum Abgabenrecht als wichtigstem Instrument indirekter Verhaltenssteuerung *Hendler/Heimlich*, ZRP 2000, S. 325ff.; *F. Kirchhof*, DVBl. 2000, S. 1166ff.; *Meßerschmidt*, Umweltabgaben als Rechtsproblem, 1986, S. 50ff.; *S. Meyer*, Gebühren für die Nutzung von Umweltressourcen, 1995, S. 203 ff.; *Sacksofsky*, Umweltschutz durch nichtsteuerliche Abgaben, 2000, S. 13 ff.; *dies.*, NJW 2000, S. 2619ff.; *Selmer/Brodersen*, DVBl. 2000, S. 1153ff.; *Weber-Grellet*, NJW 2001, S. 3657ff.; vgl. zu den Instrumenten indirekter Verhaltenssteuerung im Umweltrecht allgemein auch *C. Franzius*, Die Herausbildung der Instrumente indirekter Verhaltenssteuerung im Umweltrecht der Bundesrepublik Deutschland, 2000.

steuern beispielsweise machen die Verwendung von Einwegverpackungen teurer als Mehrwegbehälter. Die Veränderung der ökonomischen Rahmenbedingungen führt nach dem Kalkül des Gesetzgebers zu einer Erhöhung der Mehrwegquote. Umgekehrt verbilligen staatliche Subventionen (zum Beispiel von Kultureinrichtungen, wie etwa Museen, Opern und Theatern) oder steuerliche Begünstigungen bestimmte Ressourcenverwendungen[140]. Sie sind Lenkungsinstrumente der öffentlichen Hand, die über das Mittel der Leistung Einfluss auf die Güterverteilung nehmen und das Differenzierungsmittel des Preises zum Instrument staatlicher Steuerungspolitik erheben.

b) Instrumente direkter Verhaltenssteuerung – Mengensteuerung

Staatliche Einwirkungen auf die Preisbildung überlassen die Verhaltensreaktion den von der Maßnahme betroffenen Bürgern. Ob sich die staatliche Verhaltenserwartung erfüllt, hängt von der Präferenzentscheidung der Rechtsunterworfenen ab; die Steuerungswirkung, die sie ausüben, bleibt schwach. Regulierendes Einwirken auf Knappheitsprozesse lässt der Staat daher nicht immer mit der Einflussnahme auf marktwirtschaftliche Preisbildungsprozesse bewenden. Vor allem dann, wenn Marktmechanismen die Knappheitsprobleme nicht befriedigend zu lösen vermögen oder existenzielle Lebensgrundlagen des Menschen konkret bedroht sind, entzieht er bisweilen dem privaten Rechtsverkehr Güter und untersagt ihre Nutzung. Er greift damit intensiv mit den Mitteln des Ordnungsrechts in die Freiheitsausübung der Bürger ein.

Verbote können absolute Verbote sein, die eine bestimmte Nutzung eines Gutes ausnahmslos untersagen, wie zum Beispiel das Herstellungsverbot für bestimmte Lebensmittel nach § 8 LMBG. Sie können aber auch Verbote mit Befreiungsvorbehalt sein, die eine Tätigkeit grundsätzlich verbieten, im Einzelfall aber Ausnahmen zulassen (Konzessionierung; Dispens; infra aa) oder den verfügbaren Freiheitsraum mengenmäßig beschränken, ohne den Zugangsanspruch als solchen in Frage zu stellen (Kontingentierung; infra bb).

aa) Konzessionierung; Dispens

Repressive Verbote mit Befreiungsvorbehalt entziehen knappe Güter des Wirtschaftsverkehrs dem marktwirtschaftlichen Verkehr und unterstellen sie seiner Bewirtschaftung, um eine erwünschte sparsame haushälterische Nutzung und eine gerechte Verteilung zu erbringen, die aus Sicht des Ge-

[140] Vgl. dazu *Schröder*, ZHR 152 (1988), S. 391 ff.; *Müller-Graff*, ZHR 152 (1988), S. 403 ff.; *Matthies*, ZHR 152 (1988), S. 442 ff.; *Rengeling*, ZHR 152 (1988), S. 456 ff.; *Ehlers*, DVBl. 1993, S. 862 ff.; *Kokott*, DVBl. 1993, S. 1235 ff.; *Schwarz*, NJW 1997, S. 1550 ff.

setzgebers der Markt nicht zu erbringen vermag. Der Staat steuert die Güternutzung, indem er sie seiner Verteilungsmacht vorbehält und den Zugriff nur ausnahmsweise gewährt. Repressive Verbote mit Befreiungsvorbehalt sind das klassische Instrument hoheitlicher Verteilungslenkung.

Bei dem Zugang zur Nutzung von Umweltgütern macht der Gesetzgeber in reichem Umfang davon Gebrauch: Er entzieht die Befugnis zur Nutzung des Grundwassers dem Freiheitszugriff des Einzelnen[141], grenzt für die Rohstoffversorgung der Bevölkerung wichtige bergfreie Bodenschätze aus dem eigentumsrechtlichen Zugriffsrecht des Bodeneigentümers heraus oder untersagt grundsätzlich den Betrieb von Anlagen zur Spaltung von Kernbrennstoffen, lässt davon nur im Einzelfall Ausnahmen, sog. Dispense, zu[142]. Er nähert ihren Status demjenigen öffentlicher Sachen an[143].

Die Gestattung *wirtschaftsverwaltungsrechtlicher* Tätigkeiten, die grundsätzlich verboten sind und auf die kein unbedingter grundrechtlich verbriefter Rechtsanspruch besteht[144], hat im Verwaltungsrecht unter dem Begriff der »Konzession« eine begriffliche Heimstatt gefunden. Konzessionen setzt der Gesetzgeber als Instrument wirtschaftspolitischer Steuerung insbesondere in solchen Bereichen ein, in denen er wirtschaftliche Tätigkeiten als sozialschädlich ansieht und grundsätzlich unterbinden will, aber aus ordnungspolitischen Gründen in begrenztem Umfang zulässt. Das gilt etwa für den Betrieb von Glücksspielen, insbesondere Lotterien, Sportwetten und Spielbanken[145]. Ähnlich untersagen die landesrechtlichen Gaststättenver-

---

[141] Das Grundeigentum berechtigt nach §3 Abs. 1 Nr. 3, §2 Abs. 1 WHG, §1 Abs. 3 WHG nicht zum Aufstauen oder Absenken von oberirdischen Gewässern.

[142] Vgl. für die wasserrechtliche Erlaubnis bzw. Bewilligung die §§7, 8 WHG; für die bergrechtliche Erlaubnis bzw. Bewilligung die §§7, 8 BBergG.

[143] Vgl. dazu *Lorenz*, NVwZ 1988, S. 812ff., der das Institut der öffentlichen Sache für die dogmatische Bewältigung von Umweltschutzproblemen fruchtbar machen und aus seinem Schattendasein herausführen will.

[144] Vgl. *Henke*, DVBl. 1983, S. 982 (986f.); *Wieland*, Die Konzessionsabgaben, 1991, S. 117 u. 125.

[145] Ihre Beschränkung ist, wiewohl die Veranstaltung von Glücksspielen in den Schutzbereich des Art. 12 Abs. 1 GG sowie der Niederlassungsfreiheit und des freien Dienstleistungsverkehrs nach den Art. 43 und 49 EG fällt (EuGH, Urt. v. 6.3.2007, MMR 2007, S. 300 [302, Rdnr. 24] – Placanica; EuGH, Urt. v. 6.11.2003, NVwZ 2004, S. 87ff. – Gambelli [vgl. dazu Korte, NVwZ 2004, S. 1449ff.]; EuGH, Urt. v. 21.10.1999, EuZW 2000, S. 151ff. – Zenatti; EuGH, Urt. v. 21.9.1999, EuZW 2000, S. 148ff. – Läärä; EuGH, Urt. v. 24.3.1994, Slg. 1994, I-S. 1039 – Schindler; vgl. zur europarechtlichen Zulässigkeit des Glücksspielverbots kritisch *Pelz/Stempfle*, K & R 2004, S. 570ff.) zur Abwehr schwerer Gefahren für ein überragend wichtiges Gemeinschaftsgut verfassungsrechtlich zulässig, sofern das Verbot bzw. Monopol konsequent am Ziel der Bekämpfung von Suchtgefahren ausgerichtet wird und nicht (insbesondere im Hinblick auf damit verbundene staatliche Einnahmen) über das hinausgeht, was zur Erreichung des Gemeinwohlziels erforderlich ist (BVerfG, Urt. v. 28.3.2006, BVerfGE 115, S. 276 [300ff.] – staatliches Wettmonopol; BVerfG, Beschl. v. 17.7.2000, NVwZ 2001, S. 790; BVerwG, Urt. v. 28.3.2001, DVBl. 2001, S. 1364; BVerwG, Urt. v. 23.8.1994, BVerwGE 96, S. 293 [296]; BVerwG, Urt. v. 23.8.1994, BVerwGE 96, S. 302 [306ff.]; BVerwG, Urt. v. 4.10.1994, BVerwGE 97, S. 12 [22]; BGH, Beschl. v. 9.3.1999, WRP 1999, S. 665; OVG

ordnungen den Betrieb von Gaststätten über die Sperrzeit hinaus, lassen bei Vorliegen eines öffentlichen Bedürfnisses im Einzelfall aber Befreiungen von diesem Verbot zu (vgl. § 18 GaststättenG, § 21 rp.GaststättenVO). Mit dem Dispens erlangt der Begünstigte im Verhältnis zu seinen Rechtsgenossen einen Sondervorteil, der seine individuelle materielle Rechtsposition erweitert. Seine Erteilung steht regelmäßig im Ermessen der Verwaltung.

Die dogmatische Figur der Konzession geht auf *Otto Mayer* zurück. Er hat sie unter Rückgriff auf die französische Lehre von der »concession« entwickelt[146]. Unter einer Konzession verstand er einen Verwaltungsakt, der dem Untertan Anteil an der rechtlichen Macht der öffentlichen Verwaltung verleiht[147], etwa ein besonderes Nutzungsrecht an einer öffentlichen Sache, ein öffentliches Amt, ein Enteignungsrecht etc. Sie beschrieb die Erlaubnis zur Vornahme einer Tätigkeit, die grundsätzlich dem Staat vorbehalten ist. Öffentliche Verkehrseinrichtungen wie Brücken, Fähren, Kanäle, Straßen und Eisenbahnen unterfielen in der Dogmatik *Otto Mayers* per se der staatlichen Hoheitsmacht. Wer daran Anteil haben wollte, zum Beispiel ein besonderes Nutzungsrecht an einer öffentlichen Sache erlangen wollte, bedurfte einer besonderen Erlaubnis, der (Brücken-, Fähren-, Eisenbahn-, Sondernnutzungs-) Konzession. Die Verleihung vermittelte dem Staat ein besonderes Aufsichtsrecht, aufgrund dessen er auch Maßnahmen des Verwaltungszwanges gegen den Berechtigten ergreifen konnte. Im Übrigen ließ sie dem Einzelnen ein subjektiv-öffentliches Recht zuwachsen, das gegen Beeinträchtigung weitgehend abgeschirmt und nur unter besonderen Voraussetzungen entzogen werden konnte[148]. Als Ausgleich für die dem Bürger zugute kommende Rechtsverleihung durfte der Staat mit der Erteilung der Konzession eine Gebührenpflicht verknüpfen[149]. Die Gebühr war

Hamburg, Urt. v. 4.3.2005, NJOZ 2005, S. 2815 [2817]; *Dietlein*, BayVBl. 2002, S. 161 [162]; kritisch *F. E. Schmidt*, WRP 2004, S. 576 [576]); vgl. dazu allgemein etwa *Ennuschat*, DVBl. 2005, S. 1288 ff.; *Fritzmeyer/Rinderle*, CR 2004, S. 367 ff.; *Jahndorf*, VerwArch. 95 (2004), S. 359 ff.; Kazemi/Leopold, MMR 2004, S. 649 ff.; *F. E. Schmidt*, WRP 2004, S. 576 ff.; *Voßkuhle/Bumke*, Rechtsfragen der Sportwette, 2002).

[146] Inhalt einer Konzession ist nach französischem Verwaltungsrecht die Übertragung einer im öffentlichen Interesse liegenden Tätigkeit (sog. *service public*) an eine Privatperson. Sie erlaubt einem privaten Unternehmen die Übernahme einer wirtschaftlichen Tätigkeit in einem Bereich, der von dem Ziel der Erfüllung öffentlicher Interessen geprägt und an sich dem Staat vorbehalten ist (vgl. *Pielow*, Grundstrukturen öffentlicher Versorgung, 2001, S. 150 ff. m. w. N.; *Wieland* [Fn. 144], S. 95). Der Übernahme einer im öffentlichen Interesse liegenden Tätigkeit korrespondiert eine besonders starke Rechtsstellung. Der Inhaber der Konzession erlangt eine Zwischenstellung zwischen Privatunternehmen und Amtsträger, die besonders geschützt ist. Er übt keine rein private Tätigkeit aus, die ausnahmsweise im öffentlichen Interesse erlaubt ist, sondern der Private wird an der Ausübung öffentlicher Verwaltung beteiligt.

[147] *O. Mayer*, Deutsches Verwaltungsrecht, 2. Bd., 1. Aufl., S. 147 f., 225 und 294.

[148] *O. Mayer* (Fn. 147), S. 148 ff; 208 ff.

[149] Vgl. zu der im heutigen Abgabenrecht kontrovers diskutierten Figur der Verleihungsgebühr infra S. 493 ff.

Entgelt für das verliehene Recht. Sie bedurfte keiner gesetzlichen Grundlage, sondern fand ihre Rechtfertigung in der im Antrag gesehenen, freiwilligen Unterwerfung des Betroffenen[150]. Aus den gleichen Gründen war eine gesetzliche Ermächtigung für belastende Nebenbestimmungen, die mit einer Begünstigung versehen wurden, nicht erforderlich. Im deutschen Verwaltungsrecht lebt dieser Rechtsgedanke als »Verwaltungsakt auf Unterwerfung«[151] weiter.

Die von *Otto Mayer* geformte Figur der Konzession prägte das deutsche Verwaltungsrecht und die deutsche Dogmatik des Wirtschaftsverwaltungsrechts über einen langen Zeitraum hinweg. Bis in die Weimarer Zeit hinein war die Unterscheidung zwischen einfachen Erlaubnissen und Konzessionen von großer rechtsdogmatischer Tragweite[152]. Bedeutung wurde ihr insofern beigemessen, als (nur) die Konzession ein subjektives öffentliches Recht verleihen sollte, d. h. dem Empfänger mehr geben sollte, als er kraft seiner natürlichen Freiheit hatte, während die Erlaubnis lediglich die natürliche Freiheit wiederherstellen und damit kein subjektives Abwehrrecht begründen sollte. Die Erlaubnis sollte nur gewähren, was der Bürger schon besaß.

Das Bild von der Sonderrolle der Konzession wandelte sich mit dem Grundrechtsverständnis. Je mehr die Grundrechte nicht nur als natürliche Freiheit, der kein subjektives Recht korrespondiert, verstanden wurden, sondern als Sphären der Freiheit, aus denen sich Abwehrrechte ergeben[153], umso mehr bröckelte das Fundament der rechtsdogmatischen Unterscheidung zwischen Konzession und repressivem Verbot mit Befreiungsvorbehalt. Die Unterscheidung zwischen ihnen basiert auf der Vorstellung, dass bestimmte Bereiche wirtschaftlicher Tätigkeit ausschließlich dem Staat vorbehalten sind und ihre Ausübung daher öffentliche Gewalt vermittelt. Diese Grundannahme fügt sich in das System eines grundsätzlich umfassenden Freiheitsanspruchs des Bürgers auf der Basis des Grundgesetzes nicht bruchlos ein. Das Bundesverfassungsgericht stellte folgerichtig schon im Apothekenurteil unmissverständlich klar: »Auch Berufe, die Tätigkeiten zum Inhalt haben, welche nach heutigen Vorstellungen der organisierten Gemeinschaft, in erster Linie dem Staate, vorbehalten bleiben müssen, sind in Art. 12 Abs. 1 GG jedenfalls in dem Sinn gemeint, dass auch sie vom Einzelnen als Beruf frei gewählt werden können und dass keinem ihre

---

150 *O. Mayer* (Fn. 147), S. 98 und 162 f.

151 Vgl. zu dieser Rechtsfigur infra S. 433 sowie *M. Sachs*, VerwArch. 1985, S. 398 ff.; *Gitzinger*, Verwaltungsakt auf Unterwerfung, 1963, S. 1 ff.; *W. Schiedermair*, Der Verwaltungsakt auf Unterwerfung, 1967.

152 *Ernst Rudolf Huber* qualifizierte die Konzession noch in der 2. Auflage seines Wirtschaftsverwaltungsrechts 1953 in der Tradition des Konzessionsbegriffs als »ein Recht zum Handeln innerhalb eines bestimmten Bereichs öffentlicher Verwaltung«. (*E. R. Huber*, Wirtschaftsverwaltungsrecht, Bd. 1, 2. Aufl. 1953, S. 549).

153 *Carl Schmitt*, Verfassungslehre, 1928, S. 163.

Wahl aufgezwungen oder verboten werden darf. Es liegt kein Grund vor anzunehmen, dass das Grundrecht ›seinem Wesen nach‹ für solche Berufe nicht gelte, wie das Bundesverwaltungsgericht meint«[154]. Staatliche Monopole bedürfen einer Rechtfertigung vor dem umfassenden Geltungsanspruch der Grundrechte. Sie sind Eingriffe in das aus den Grundrechten fließende subjektive Recht der Grundrechtsträger[155] und als objektive Beschränkungen der Berufswahl, die weder mit persönlichen Qualifikationen des Bewerbers in Verbindung stehen noch von ihm beeinflusst werden können, nur dann zulässig, soweit sie zur Abwehr nachweisbarer und schwerer Gefahren für ein überragend wichtiges Gemeinschaftsgut erforderlich und verhältnismäßig sind[156]. Für Verwaltungsmonopole[157] kann insoweit – auch wenn diese Einordnung vielfach nicht auf ungeteilte Zustimmung stößt[158] – nichts anderes gelten[159]. Dass der Staat sich bestimmte Aufgaben zur eigenen Erledigung vorbehalten können und ihm die Kompetenz-Kompetenz darüber eingeräumt werden muss, welche Aufgaben er wahrnehmen will[160], heißt umgekehrt nicht, dass die Aufgabenwahrnehmung der Rechtfertigung vor der Freiheit des Art. 12 Abs. 1 GG enthoben ist.

---

[154] BVerfG, Urt. v. 11.6.1958, BVerfGE 7, S. 377 (397f.); a. A. BVerwG, Urt. v. 10.5.1955, BVerwGE 2, S. 85 (86); BVerwG, Urt. v. 24.1.1954, BVerwGE 4, S. 250 (254).

[155] Ebenso zum Beispiel *Badura*, Das Verwaltungsmonopol, 1963, S. 338f.; *Breuer*, Die staatliche Berufsregelung und Wirtschaftslenkung, in: Isensee/P. Kirchhof (Hrsg.), HStR VI, 2. Aufl. 2001, § 148 Rdnr. 64ff.; *Obermayer/Steiner*, NJW 1969, S. 1457ff.; *Wallerath*, Öffentliche Bedarfsdeckung und Verfassungsrecht 1988, S. 379 f.

[156] BVerfG, Urt. v. 11.6.1958, BVerfGE 7, S. 377 (406) – Apothekenurteil.

[157] Verwaltungsmonopole erfüllen eine materielle Aufgabe der öffentlichen Verwaltung (nicht lediglich – wie bei Finanzmonopolen – eine erwerbswirtschaftliche Tätigkeit) durch monopolisierte Einrichtungen; die unternehmerische Erfüllung der Aufgabe bleibt Privaten grundsätzlich verschlossen.

[158] Verwaltungsmonopole wollen manche Stimmen der Schranken des Art. 12 GG entheben. In diesem Sinne heute noch *Pieroth/Schlink*, Grundrechte, 23. Aufl. 2007, Rdnr. 913; *Wieland*, in: Dreier (Hrsg.), Grundgesetz-Kommentar, 2. Aufl. 2004, Art. 12 Rdnr. 79 m. w. N. Das Bundesverfassungsgericht vermeidet eine Festlegung (so auch jüngst in seinem Urteil zum staatlichen Wettmonopol, BVerfG, Urt. v. 28.3.2006, BVerfGE 115, S. 276 [301f.]). Seine Rechtsprechung lässt eine eindeutige Linie vermissen. Es würdigte zwar das Arbeitsvermittlungsmonopol der Bundesanstalt für Arbeit als Eingriff in die Berufswahl (BVerfG, Urt. v. 4.4.1967, BVerfGE 21, S. 245 [249ff.], maß vorkonstitutionelle landesrechtliche Gebäudeversicherungsmonopole (BVerfG, Beschl. v. 14.1.1967, BVerfGE 41, S. 205 [218ff.]), das Branntweinmonopol (BVerfG, Beschl. v. 22.5.1962, BVerfGE 14, S. 105 [111f.]. und das Recht zum Betrieb saarländischer privater Fachhochschulen demgegenüber aber nicht an den Legitimationskriterien des Art. 12 Abs. 1 GG (BVerfG, Beschl. v. 11.6.1974, BVerfGE 37, S. 314 [322]): »Das Grundrecht der Berufsfreiheit gewährleistet nicht die Freiheit zur Erfüllung von Aufgaben, die der Staat im Rahmen seiner Gestaltungsbefugnis an sich gezogen hat und durch eigene Einrichtungen wahrnimmt«, heißt es dort apodiktisch.

[159] Wie hier etwa *Kämmerer*, Privatisierung, 2001, S. 223; *Langer*, Monopole als Handlungsinstrumente der öffentlichen Hand, 1998, S. 240ff. jeweils m. w. N.

[160] Vgl. *Herzog*, Berufsfreiheit, in: Evangelisches Staatslexikon, 1. Aufl. 1966, Sp. 155 (159); *Isensee*, Gemeinwohl und Staatsaufgaben im Verfassungsstaat, in: ders./P. Kirchhof, HStR III, 2. Aufl. 1996, § 57 Rdnr. 156.

Die gesetzliche Schaffung von Verwaltungsmonopolen errichtet eine absolute Zugangssperre für eine berufliche Tätigkeit. Die Zulässigkeit der Einrichtung von Verwaltungsmonopolen muss dann auch den verfassungsrechtlichen Anforderungen genügen, die an absolute Zugangsschranken zu stellen sind. Wer den Schutzbereich des Art. 12 Abs. 1 GG der Aufgabendefinition des Gesetzesgebers überantwortet und Verwaltungsmonopole der Rechtfertigungslast enthebt, beschwört das Menetekel herauf, die Berufsfreiheit im Sog einer um sich greifenden staatlichen Monopolwirtschaft auf kaltem Wege auszuhöhlen. Das Verwaltungsmonopol droht zum Trojanischen Pferd der Berufsfreiheit zu werden[161]. Die Konzession verleiht (anders als nach der Konzeption *Otto Mayers*) mithin keine staatliche Rechtsmacht, sondern stellt eine grundrechtliche Freiheit wieder her, die zuvor eingeschränkt wurde. Die rechtsdogmatische ratio der Unterscheidung zwischen Konzession und repressivem Verbot mit Befreiungsvorbehalt ist obsolet geworden[162]. Die Konzession ist eine besondere Form des repressiven Verbots mit Befreiungsvorbehalt[163].

bb) Kontingentierung

Eine ähnliche verteilungslenkende Steuerungswirkung wie die Konzessionierung nimmt das Instrument der Kontingentierung von Gütern bzw. Erlaubnissen wahr. Die Kontingentierung beschränkt die Zahl von Zulassungen für bestimmte Tätigkeiten auf ein quantitativ festgelegtes Maß; ein Anspruch auf die Ausübung einer Tätigkeit besteht nur bis zur Ausschöpfung der mengenmäßig beschränkten Berechtigungen. Auf deren Zuteilung räumt der Gesetzgeber – anders als die Konzessionierung – aber einen Anspruch der Interessenten ein. Das Instrument der Kontingentierung fungiert als Mittel der vorbeugenden Gefahrenabwehr, der versorgungswirtschaftlichen, umweltpolitischen und marktstrukturellen Vorsorge sowie der wirtschafts- und sozialpolitischen Steuerung.

---

[161] In diesem Sinne BVerwG, Urt. v. 10.12.1971, BVerwGE 39, 159 (168); wohl auch BVerwG, Urt. v. 23.8.1994, NVwZ 1995, S. 478 (479); BGH, Beschl. v. 25.9.1991, NZA 1992, S. 45 ff.; BSG, Urt. v. 26.3.1992, BSGE 70, S. 206 ff.; *Breuer* (Fn. 155), Rdnr. 66; *Fiedler*, DÖV 1977, S. 390 ff.; *Gubelt*, in: v. Münch/Kunig (Hrsg.), Grundgesetz, 5. Aufl. 2000, Art. 12 Rdnr. 72; *Jarass*, in: Jarass/Pieroth (Hrsg.), Grundgesetz, 9. Aufl. 2007, Art. 12 Rdnr. 64 f.; *Kluth*, ZHR S. 162 (1998), S. 657 (675); *Krölls*, GewArch. 1993, S. 1 (3 ff.); *Manssen*, in: von Mangoldt/F. Klein/Starck (Hrsg.), GG, 5. Aufl. 2005, Art. 12 Abs. 1, Rdnr. 255; *Obermayer/Steiner*, NJW 1969, S. 1457 ff.; W. R. *Schenke*, NJW 1996, S. 745 (748); *Scholz*, in: Maunz/Dürig (Hrsg.), GG, Art. 12 Rdnr. 406 ff.; *Storr*, Der Staat als Unternehmer, 2001, S. 154 f.

[162] Ähnlich *Henke*, DVBl. 1983, S. 982 (987); *Wieland* (Fn. 144), S. 115 f.

[163] A. A. für das Schweizer Recht *Kunz*, Verfahren und Rechtsschutz bei der Vergabe von Konzessionen, 2004, S. 24 ff. Er beruft sich auf einen Umkehrschluss aus Art. 99 lit. d OG. Er spricht von Konzessionen, auf die das Schweizer Bundesrecht keinen Anspruch gewährt.

Von ihm macht der Gesetzgeber in normativen Bereichen Gebrauch, in denen (insbesondere aufgrund einer staatlichen Gewährleistungsverantwortung) ein bedarfs-/knappheitsgerechter Einsatz von Ressourcen von besonderer Wichtigkeit ist, aber entweder durch einen unkontrollierten Wettbewerb Qualitätsstandards oder die erwünschte ubiquitäre Versorgung nicht gewährleistet werden können oder ohne eine künstliche Beschränkung ein verantwortungsvoller vorsorgender Umgang mit dem knappen Gut nicht gesichert werden kann[164]. Letzteres kommt insbesondere bei verbrauchbaren Umweltgütern in Betracht, deren vorsorgende Bewirtschaftung im Wege mengenmäßiger Nutzungsbegrenzung sich im Interesse ihrer generationenübergreifenden Erhaltung aus der Sicht des Gesetzgebers als erforderlich erweist. Stehen Umweltgüter jedermann zur freien Nutzung offen, bilden Marktpreise ihre Knappheit und die mit ihrer Nutzung verbundenen Auswirkungen auf die Umwelt, etwa die Sauberkeit von Luft und Wasser, nicht zureichend ab[165]. Der Staat kann dann den Zugang zu der Nutzung des Umweltgutes quantitativ beschränken, um die Knappheit der Ressource vorsorgend abzubilden und die Umweltnutzung einem Marktpreis zuzuführen. Der Gesetzgeber beschränkt beispielsweise durch das Emissionszertifikatesystem den zulässigen Ausstoß von Kohlendioxid auf eine bestimmte Höchstmenge und teilt entsprechend beschränkte Handlungsrechte, sog. Emissionslizenzen, an dem knappen Gut zu[166]. Eine ähnliche Wirkung entfalten Systeme von Mehrwegquoten oder das System von Verkehrsbeschränkungen im Falle erhöhter Ozon-Konzentrationen in der Luft bzw. das (inzwischen obsolet gewordene) System eines Smog-Alarms.

Außer im Umweltrecht finden Kontingentierungen insbesondere im öffentlichen Wirtschaftsrecht Anwendung. So hängt die Genehmigung des Straßenbahn-, Obus- und Linienverkehrs mit Kraftfahrzeugen u. a. davon ab, ob der Verkehr mit den vorhandenen Verkehrsmitteln befriedigend bedient werden kann (§ 13 Abs. 2 PBefG; positive Bedürfnisklausel). Die Genehmigung zum Gelegenheitsverkehr mit Taxen ist nach § 13 Abs. 4 S. 1 PBefG zu versagen, wenn durch die Ausübung des beantragten Verkehrs das örtliche Taxengewerbe in seiner Funktionsfähigkeit bedroht wird (negative Bedürfnisklausel).

---

[164] Beschränkt die Kontingentierung die Nutzung natürlich knapper Güter (sog. geborene knappe Güter), ist häufig auch von »wirtschaftpolitischer Bewilligung« oder »Kontingentgenehmigung« die Rede (vgl. etwa *J. Kühling*, Sektorspezifische Regulierung in den Netzwirtschaften, 2004, S. 171). Beruht die zahlenmäßige Zugangsbeschränkung auf einer künstlichen Verknappung des Gutes durch den Gesetzgeber, die eine Nutzung des Gutes nur bei einem entsprechenden Bedürfnis zulässt, wird häufig auch von »Bedürfnisklausel« gesprochen. Die Grenzlinien zwischen ihnen lassen sich nicht trennscharf ziehen. Vgl. allgemein zu Bedürfnisklauseln *Groß*, VerwArch. 88 (1997), S. 89 ff.; *Kunz* (Fn. 163), S. 32 f.; *Kluth*, ZHR 162 (1998), S. 657 (676 f.); *F.R. Schmidt*, Die Bedürfnisprüfung als Instrument der Wirtschaftslenkung und der Gesellschaftsgestaltung, 1968.

[165] Vgl. dazu bereits supra S. 14 ff.

[166] Vgl. dazu im Einzelnen infra S. 681 ff. und 757 ff.

Anwendung finden Bedürfnisklauseln und staatlich festgesetzte Höchstzahlen ferner bei einigen staatlich gebundenen Berufen, d. h. Berufen, die gesetzlich einem besonderen, legitimationsbedürftigen Staatseinfluss geöffnet sind: Nach § 4 BNotO werden so viele Notare bestellt, wie es den Erfordernissen einer geordneten Rechtspflege entspricht. Die Beschränkung stützt ihre Rechtfertigung auf die Sensibilität der staatsnahen, gemeinwohlbezogenen Aufgabe der Rechtspflege, die dem Notar anvertraut ist[167]. Beschränkt ist aus ähnlichen Gründen auch der Zugang zu dem Beruf des Bezirksschornsteinfegermeisters: Die ordnungsgemäße Erledigung der ihnen anvertrauten feuerpolizeilichen Aufgaben hat den Gesetzgeber veranlasst, die Zahl der Bezirksschornsteinfeger zu begrenzen (§ 2 Abs. 1 S. 2 SchfG)[168].

Kontingentierungen bedürfen im Hinblick auf ihre einschneidenden, die Grundrechte beeinträchtigenden Wirkungen einer besonderen Rechtfertigung. Da sie den Zugang zu einem Beruf von Voraussetzungen abhängig machen, die weder mit persönlichen Qualifikationen des Bewerbers in Verbindung stehen noch von ihm beeinflusst werden können[169], sind sie grundsätzlich nur dann zulässig, wenn sie zur Abwehr nachweisbarer oder höchstwahrscheinlicher Gefahren für ein überragend wichtiges Gemeinschaftsgut unbedingt erforderlich sind[170].

Waren Bedürfnisprüfungen im überkommenen Wirtschaftsrecht des jungen 20. Jahrhunderts ein häufig eingesetztes Instrument der Wirtschaftslenkung, so zum Beispiel im Gaststättengewerbe[171], beim Handel mit unedlen Metallen[172], beim Pfandleihgewerbe[173] oder beim Handel mit Opium und Betäubungsmitteln[174], sind sie in ihrem Anwendungsbereich insbesondere durch die Rechtsprechung des Bundesverfassungsgerichts stark zurückge-

---

[167] BVerfG, Beschl. v. 5.5.1964, BVerfGE 17, 371 (376ff.); BVerfG, Beschl. v. 18.6.1986, BVerfGE 73, S. 280 (292ff.); zur Staatsgebundenheit des Notarberufs auch *Kämmerer*, NJW 2006, S. 2727ff.

[168] Vgl. BVerwG, Urt. v. 19.12.1957, BVerwGE 6, S. 72ff. (das Gericht geht hier noch in grundrechtsdogmatisch bedenklicher Weise [dazu S. 42] vom Fehlen eines Berufsfreiheitsschutzes für das Kehrregal aus); vgl. dazu auch infra S. 679.

[169] BVerfG, Urt. v. 11.6.1958, BVerfGE 7, S. 377 (406) – Apothekenurteil.

[170] BVerfG, ibid., S. 377 (408) – Apothekenurteil; weniger streng für den Beruf des Spielbankunternehmers, BVerfG, Beschl. v. 19.7.2000, BVerfGE 102, S. 197 (214f.) – Spielbank II; strenger *Langer*, JuS 1993, S. 203 (210); *Manssen*, in: von Mangoldt/Klein/Starck, GG, 5. Aufl. 2005, Art. 12 Abs. 1 Rdnr. 147 »(...) wenn kollidierendes Verfassungsrecht die Beschränkung rechtfertigt«. Ähnlich hohe Hürden wie Art. 12 Abs. 1 GG errichten die Grundfreiheiten und Grundrechte des Gemeinschaftsrechts. Sie lassen nur Beschränkungen zu, die aus zwingenden Gründen des Allgemeininteresses gerechtfertigt sind. Vgl. etwa aus der Rechtsprechung des Gerichtshofs EuGH, Urt. v. 3.10.2000, EuZW 2000, S. 763 (766, Rdnr. 33); st. Rspr.

[171] BVerwG, Urt. v. 15.12.1953, BVerwGE 1, S. 48 (49ff.), BVerwG, Urt. v. 14.12.1954, BVerwGE 1, S. 269 (270ff.); BVerwG, Urt. v. 24.5.1956, BVerwGE 3, S. 304 (305f.); dazu *H. K. Oppermann*, AöR 80 (1955), S. 470ff.

[172] BVerwG, Urt. v. 24.10.1957, BVerwGE 5, S. 286 (287ff.).

[173] BVerwG, Urt. v. 27.1.1959, BVerwGE 8, S. 121 (122ff.).

[174] BVerwG, Urt. v. 7.3.1968, BVerwGE 29, S. 177 (178ff.).

drängt worden. Beginnend mit dem Apothekenurteil[175] hat das Bundesverfassungsgericht neue Maßstäbe für den Schutz der beruflichen Betätigung und ihrer Abwägung mit Gemeinwohlbelangen entwickelt. Es bereitete der Festsetzung von Höchstzahlen für den Möbelfernverkehr[176] ebenso ein Ende wie dem Erfordernis eines Mindestumsatzes für den Milcheinzelhandel[177]. Je näher ein Beruf durch öffentlich-rechtliche Bindungen und Auflagen an den öffentlichen Dienst herangeführt werde, umso stärker seien Sonderregelungen in der Lage, in Anlehnung an Art. 33 Abs. 2 GG die Wirkung des Grundrechts aus Art. 12 Abs. 1 GG tatsächlich zurückzudrängen. Dass die Nähe zu Art. 33 Abs. 2 GG die Rechtfertigung vor Art. 12 Abs. 1 GG nicht entbehrlich, sondern allenfalls möglich macht, hat das Gericht dabei bisweilen bedauerlicherweise argumentativ zirkulär verdreht[178].

3. Bereitstellung staatlicher Leistungen – der Staat als Leistender

Nicht nur der eingreifende, sondern insbesondere auch der leistende Staat sieht sich mit dem Problem der Bewältigung von Mangel konfrontiert. Überall dort, wo der Staat als Leistungsstaat Ressourcen an seine Bürger zuteilt, etwa im Bereich der Sozialverwaltung, der Kulturförderung oder der Bereitstellung staatlicher Infrastruktureinrichtungen, namentlich bei der Zuteilung von Standplätzen auf kommunalen Messen, Märkten sowie Volksfesten (§ 70 GewO)[179], dem Zugang zu öffentlichen Einrichtungen, wie zum Beispiel Freizeit-, Bildungs- und Begegnungsstätten[180], steht er vor der Frage, wie die in der Verfügbarkeit begrenzten Mittel sachgerecht zu verteilen sind.

Da die Nachfrage der Interessenten hier regelmäßig größer als die Zuteilungsmasse ist, bleibt das verfügbare Angebot hinter dem Bedarf zurück. Besonders groß ist die Nachfrage dort, wo der Staat keine dem Wert des Gutes entsprechende Gegenleistung an die Leistung knüpft. Das staatliche Leistungsangebot kann hier die Nachfrage regelmäßig nicht vollumfänglich

---

[175] BVerfG, Urt. v. 11. 6. 1958, BVerfGE 7, S. 377 ff. – Apothekenurteil.

[176] Beschl. v. 14. 10. 1975, BVerfGE 40, S. 196 (224 ff.) – Güterkraftverkehrsgesetz.

[177] BVerfG, Beschl. v. 14. 12. 1958, BVerfGE 9, S. 39 (48 ff.) – Milchhandel.

[178] So etwa in BVerfG, Beschl. v. 18. 6. 1986, BVerfGE 73, S. 280 (292 ff.). Zustimmend *Pieroth/Schlink*, Grundrechte, 23. Aufl. 2007, Rdnr. 913 (»soweit es um Funktionen geht, die der Gesetzgeber auch dem eigenen Verwaltungsbereich vorbehalten könnte, ist der Schutzbereich des Art. 12 Abs. 1 GG hinsichtlich der Festsetzung der Zahlung der zur Verfügung gestellten Ämter nicht betroffen«); vgl. auch S. 42.

[179] Vgl. dazu auch *C. Koenig*, Die öffentlich-rechtliche Verteilungslenkung, 1994, S. 135 ff.

[180] Vgl. § 10 II bw.GemO; Art. 21 bay.GemO; Art. 15 bay.LKO; Art. 15 BezO; Art. 14 I bbg.GemO; §§ 19, 20 hess.GemO; § 14 II m-v.GemO; § 8 nrw.GemO; § 22 I nds.GemO; § 17 II 2 nds.LKO; § 19 saarl.KSVG; Art. 2 I, 10 II sächs.GemO; § 2 I, 22 I sachsanh. GemO; § 18s-h.GemO; § 14 thür.GemO. Vgl. auch *C. Koenig* (Fn. 179), S. 129 ff.; *Martini*, Verwaltungsprozessrecht, 3. Aufl. 2003, S. 124 f.

befriedigen. Es entsteht das Bedürfnis nach einer hoheitlichen Verteilungsregelung.

Die grundrechtliche Ausgangslage verschiebt sich bei Maßnahmen der Leistungsverwaltung: Anders als gesetzliche Knappheitsbeschränkungen, die einen Eingriff in grundrechtliche Freiheitsrechte begründen, erweitern Leistungen der Verwaltung den Rechtskreis des Bürgers. Ihnen sitzt grundsätzlich kein den Freiheitsdimensionen der Grundrechte vergleichbarer grundrechtlicher Schutzpanzer auf, der eine Freiheit vor Kürzungen und Verknappungen garantiert. Teilhabe an staatlichen Leistungen ist keine Freiheit *von* staatlichen Eingriffen, sondern Freiheit *zur* Entfaltung. Staatliche Leistungen wirken zugleich aber auf die Möglichkeiten der Grundrechtsentfaltung ein: Sie entscheiden über die Chancen der Freiheitsverwirklichung und die Möglichkeit der Verwirklichung von Lebenschancen. In vielen Bereichen staatlicher Leistungsgewährung ist eine staatliche Leistung Voraussetzung des Freiheitsgebrauchs. Freiheit findet hier faktisch auf der Basis der Teilhabe an öffentlichen Leistungen statt. Die Vorenthaltung einer Leistung kann hier, indem sie den Ausschluss von Möglichkeiten der Grundrechtsbetätigung impliziert, in ihrer Wirkung bisweilen ähnlich einschneidend sein wie ein grundrechtlicher Eingriff[181]. Der Wesentlichkeit für die Freiheitsentfaltung korrespondiert dann ein Gebot optimaler Mängelverwaltung, welche die vorhandenen Kapazitäten sachgerecht ausschöpft[182].

4. *Zusammenfassung*

Setzt der Staat zur Durchsetzung einer staatlichen Verteilungslenkung ordnungsrechtliche Instrumente der Knappheitsverwaltung ein, greift er hoheitlich in marktliche Prozesse der Preisbildung und Allokation ein: Er verknappt – sei es im Interesse der vorsorgenden Bewirtschaftung knapper Ressourcen oder zum Zwecke einer gezielten Beschränkung unerwünschter Verhaltensweisen – ein Angebot an Güterverwendungsmöglichkeiten, das in den Freiheitsbereich des Bürgers fällt und unterstellt es staatlicher Verteilungsmacht. Da das verfügbare Angebot, nicht aber die Nachfrage sinkt, kann die Nachfrage nicht angemessen befriedigt werden. Der Staat steht vor der Aufgabe der gerechten Verwaltung des Mangels[183]. Die Frage nach den anzuwendenden Zuteilungskriterien tritt auf den Plan.

---

[181] Vgl. BVerfG, Beschl. v. 28.10.1975, BVerfGE 40, S. 237 (249). Zu der Frage, ob in der Vorenthaltung einer Leistung auch ein Eingriff liegen kann, siehe *Lübbe-Wolff*, Die Grundrechte als Eingriffsabwehrrechte, 1988, S. 205 ff. m. w. N.

[182] Vgl. dazu im Einzelnen auch S. 212 sowie S. 711 ff.

[183] Vgl. dazu bereits früh wegweisend *Berg*, Der Staat 15 (1976), S. 1 ff.; *Heinze*, Christian: Autonome und heteronome Verteilung, 1970; *Krause*, Der verteilende Staat, in: Festschrift für Gieseke, 1958, S. 1 ff.; *Selmer/Brodersen*, NJW 1983, S. 1088 ff.; *Tomuschat*, Der Staat 12 (1973), S. 433 ff.; *Zacher*, Erhaltung und Verteilung der natürlichen Gemein-

In gleicher Weise, aber aus umgekehrter, nämlich leistender Perspektive ist der Staat vor das Problem der Knappheitsbewältigung dann gestellt, wenn er ein Leistungsangebot bereitstellt, das er zu Zwecken der Marktbeeinflussung oder individuellen Förderung unentgeltlich oder zu einem unter dem Marktwert der Gegenleistung liegenden Preis anbietet. Das verfügbare Angebot kann die Nachfrage nach dem Gut auch hier regelmäßig nicht befriedigen.

---

schaftsgüter – eine elementare Aufgabe des Rechts, in: Festschrift für Lerche, 1957, S. 107ff.; in jüngerer Zeit *Badura*, Verteilungsordnung und Zuteilungsverfahren bei der Bewirtschaftung knapper Güter durch die öffentliche Verwaltung, in: Festschrift Friauf, 1996, S. 529ff.; *Gethmann/Kloepfer/Reinert* (Hrsg.), Verteilungsgerechtigkeit im Umweltstaat, 1995; *C. Koenig* (Fn. 179); *Kupfer*, Verteilung, 2005; *Voßkuhle*, Die Verwaltung 1999, S. 21ff.; *Zuck*, Auswahl- und Verteilungsentscheidungen, 1994; aus ökonomischer Sicht *Tietzel* (Hrsg.), Ökonomische Theorie der Rationierung, 1998.

§ 2 Anforderungen an die Verteilung des Mangels in der Verfassungsordnung des Grundgesetzes und des europäischen Gemeinschaftsrechts

Je mehr der Staat unter dem Diktat knapper Kassen an seine Leistungsgrenzen stößt, je deutlicher die Endlichkeit der zu verteilenden Ressourcen zu Tage tritt und je intensiver der Staat sich als Zentrum der Verteilungslenkung betätigt, umso stärker drängt der Modus der Verteilung in das Blickfeld der Betrachtung.

I. Determinanten des nationalen Verfassungsrechts für hoheitliche Verteilungsentscheidungen

Die Verfassung hält auf die Frage nach den in der Verteilungslenkung anzuwendenden Zuteilungskriterien keine klaren Antworten bereit. Sie gibt kein System von Zuteilungskriterien vor[184].

Das Grundgesetz lässt dem Gesetzgeber bei der Ausgestaltung der Zuteilungsordnung indes nicht vollends freie Hand. Es bindet den Gesetzgeber immer dort, wo die Verfassungsväter eine Wertentscheidung für eine bestimmte Verteilungsordnung oder einzelne Verteilungsentscheidungen als unverzichtbaren Grundkonsens der Verfassung ansahen und schlägt in den Gestaltungsraum des Gesetzgebers Kerben.

1. Die Gleichheitsrechte, insbesondere Art. 3 Abs. 1 GG als Epizentrum und gesetzgeberische Schranke der Verteilungsordnung

Ausdrücklich nennt das Grundgesetz Zuteilungsmaßstäbe in Art. 33 Abs. 2 GG: Beim Zugang zu öffentlichen Ämtern hat die Auswahl allein nach Eignung, Befähigung und fachlicher Leistung zu erfolgen; das Leistungsprinzip genießt absoluten Primat vor anderen Auswahlgesichtspunkten[185]. Die

---

[184] *Tomuschat*, Der Staat 12 (1973), S. 433 (461); *Arndt*, K & R 2001, S. 23 (24).

[185] In Situationen, in denen das Leistungsprinzip keine zweifelsfreie Auswahlentscheidung ermöglicht, lebt das Ermessen des Auswählenden hinsichtlich sachgerechter Auswahlkriterien wieder auf: Es steht im Ermessen des Auswählenden, welches *sachgerechte*, dem Ziel der Zuteilung gerecht werdende Hilfskriterium er zur Auswahl heranzieht. Zu

Beachtung dieser Zuteilungsordnung hat die Verfassung seinen Bürgern auch als wehrfähiges Recht zugewiesen (Art. 93 Abs. 1 Nr. 4a GG).

Auch die Art. 3 Abs. 2 und 3 GG schränken als Differenzierungsverbote den Korridor zulässiger Zuteilungskriterien ein. Sie erlegen dem Staat zwar nicht bestimmte Zuteilungskriterien oder eine bestimmte Zuteilungsordnung auf. Sie schließen aber in negativer Hinsicht bestimmte Differenzierungsziele aus, indem sie eine Differenzierung hinsichtlich Geschlecht, Abstammung, Rasse, Sprache, Heimat, Herkunft, Glauben, religiösen und politischen Anschauungen untersagen. Art. 3 Abs. 2 und 3 GG enthalten strikte, absolute Differenzierungsverbote und prädeterminieren damit die Verteilungsordnung.

Soweit nicht spezielle Differenzierungsverbote den Handlungskorridor des Staates verengen, weitet sich der gesetzgeberische Raum für eine gestalterische Ausfüllung der Verteilungsordnung. Lediglich Art. 3 Abs. 1 GG zieht dann der Gestaltungsfreiheit einen expliziten Rahmen. Die Vorschrift begrenzt den Verteilungsrahmen des Staates. Sie ist zentrale Steuerungsnorm der staatlichen Verteilungsordnung. Ihre Schlagkraft im verfassungsrechtlichen Koordinatensystem bemisst sich danach, inwieweit sie sich bei der Verwaltung von Mangel zu bewähren vermag[186].

a) Zur Bindungsreichweite des Art. 3 Abs. 1 GG

Seinem Wortlaut zufolge gewährleistet der allgemeine Gleichheitssatz ausschließlich Rechts*anwendungs*gleichheit, d. h. die Bindung der rechtsanwendenden Organe an die durch den Gesetzgeber gesetzten Normen: Er gebietet, bestehendes Recht ausnahmslos ohne Ansehen der Person anzuwenden – eine Forderung, die uns bereits seit *Bonifaz VIII.* als »In iudiciis non est acceptio personarum habenda«[187] überliefert ist.

Anforderungen an eine bestimmte inhaltliche Qualität der anzuwendenden Gesetze, insbesondere eine Bindung des Gesetzgebers an Art. 3 Abs. 1 GG, lassen sich *dem Wortlaut* des Art. 3 Abs. 1 GG nicht entnehmen. Indizien für eine Bindung auch des Gesetzgebers lassen sich auch schwerlich

---

der Frage, ob Art. 33 Abs. 2 GG andere Auswahlkriterien prinzipiell ausschließt oder auch Hilfskriterien zulässig sind, siehe auch: BVerwG, Urt. v. 24.11.1988, NJW 1989, S. 921 (922); *Battis*, DVBl. 1991, S. 1165 (1167); *Masing*, in: Dreier (Hrsg.), Grundgesetz-Kommentar, 2. Aufl. 2006, Art. 33 Rdnr. 52; *H. Krüger*, Das Leistungsprinzip als Verfassungsgrundsatz, 1957, S. 5; *Sachs*, ZBR 1994, S. 133 (134).

[186] Vgl. BVerfG, Beschl. v. 9.2.1982, BVerfGE 60, S. 16 (43).

[187] *Bonifaz VIII.*, Liber sextus decretalium (= Dritter Teil des Corpus iuris canonici) 5, 13, 12 (»Vor Gericht gibt es kein Ansehen der Person«). So schon *Paulus*, Brief an die Kolosser, 3, 25 und Sprüche Salomos 24, 23. Ähnlich *Ulpian*, Dig. 50, 17, 32 a.E »omnes homines aequales sunt« wie auch die lateinische Rechtsregel »Lex uno ore omnes alloquitur« (»Das Gesetz spricht mit ein und demselben Mund zu allen«, d. h. es darf nicht verschieden nach dem Ansehen der Person, auf die es anzuwenden ist, ausgelegt werden).

aus der Stellung des Art. 3 Abs. 1 GG im Abschnitt über die Grundrechte (an die nach Art. 1 Abs. 3 GG auch die Gesetzgebung gebunden ist) herausdestillieren. Art. 1 Abs. 3 GG setzt den Inhalt der »nachfolgenden Grundrechte« voraus, gestaltet diesen aber nicht um[188]; der Schluss von der notwendigen Bindungskraft des Grundrechts auf seinen Inhalt ist einem Zirkelschlussverdacht ausgesetzt.

Der Sinn der verfassungsrechtlichen Verbürgung von Grundrechten als Abwehrrechten und damit Ausgrenzungen staatlicher Ordnungsmacht würde freilich verkannt, wenn sie ausschließlich als an die Exekutive adressiert verstanden würden. Grundrechte sind Ausdruck eines Misstrauens der Verfassung vor allem gegenüber dem *Gesetzgeber*, was die Unterwerfung der von ihm erzeugten Gesetze unter eine grundrechtliche Kontrolle einschließt[189]. Die Verbürgung der Gleichheit in Art. 3 Abs. 1 GG liefe für den Grundrechtsadressaten im Ergebnis leer, wenn er zwar vor dem Gesetz gleich behandelt würde, das angewandte Gesetz selbst aber dem Gleichheitsgedanken Hohn spräche. Die Rechtsanwendungsgleichheit ist daher keine wirkliche Gewähr der Gleichheit, wenn nicht die Gleichheit im Gesetz gewährleistet ist. Eine Beschränkung des Art. 3 Abs. 1 GG auf das Gebot der Rechtsanwendungsgleichheit würde das Grundrecht auch seiner eigenständigen Bedeutung und seines Sinns entleeren: Rechts*anwendungs*gleichheit, d. h. das Gebot, die Gesetze ohne Ansehen der Person zu vollziehen[190], bedeutet nichts anderes, als dass die geltenden Rechtsnormen zu befolgen sind[191]. Dieser Grundsatz des Vorrangs des Gesetzes ergibt sich jedoch bereits aus Art. 20 Abs. 3 GG, hätte also keiner eigenen Normierung in Art. 3 Abs. 1 GG bedurft. Die Bindungswirkung des Gleichheitssatzes erstreckt sich damit auch auf den Inhalt der Gesetze. »Alle Menschen sind *vor* dem Gesetz gleich« meint danach: Die Gleichheit gilt vor dem Gesetz, das sich *nach* ihr richten, d. h. ihr genügen, muss[192]. Art. 3 Abs. 1 GG gebietet Gleichbehandlung in Rechtsanwendung und Rechtsetzung. Die Väter und Mütter des Grundgesetzes hatten eine solche Bindung des Gesetzgebers an den Gleichheitssatz zunächst

---

[188] Vgl. *Zippelius*, VVDStRL 47 (1989), S. 7 (11); *Thoma*, DVBl. 1951, S. 457 (458).

[189] *Alexy*, Theorie der Grundrechte, 5. Aufl. 2006, S. 359.

[190] So die klassische Formulierung von *Anschütz*, in: ders., Die Verfassung des Deutschen Reiches, 14. Aufl. 1987 (1933), Art. 109, Anm. 1 (S. 523).

[191] Vgl. *Alexy*, Theorie der Grundrechte, 5. Aufl. 2006, S. 358; *E. Kaufmann*, VVDStRL 3 (1927), S. 6; *Leibholz*, Gleichheit vor dem Gesetz, 1925, S. 216f.; *Zippelius*, VVDStRL 47 (1989), S. 7 (11); vgl. zu Inhalt und Wesen des Gesetzesvorbehalts als Herrschaft des Gesetzes *Bumke*, Der Grundrechtsvorbehalt, S. 200ff.; *Ossenbühl*, Vorrang und Vorbehalt des Gesetzes, in: Isensee/Kirchhof (Hrsg.), HStR III, 2. Aufl. 1996, § 62 Rdnr. 1ff.

[192] *Leibholz*, Gleichheit vor dem Gesetz, 1925, S. 34ff.; *Triepel*, Goldbilanzverordnung und Vorzugsaktien, 1924, S. 26ff.; *E. Kaufmann*, VVDStRL 3 (1927), S. 2 (9ff.).

auch ausdrücklich formuliert[193], darauf aber letztlich deshalb verzichtet, weil sie ihnen angesichts des Art. 1 Abs. 3 GG überflüssig erschien[194].

b) Der Inhalt der Rechtsetzungsgleichheit

Welche Anforderungen die Rechtsetzungsgleichheit an den Inhalt von Gesetzen stellt und welche inhaltlichen Beschränkungen sie der Gestaltungsfreiheit des Gesetzgebers auferlegt, lässt das Grundgesetz offen. Es gibt der Verfassungsexegese Rätsel auf.

Lediglich zwei mögliche Deutungen lassen sich von vornherein ausscheiden:

– Die Bindung des Gesetzgebers an den Gleichheitssatz kann nicht ein *Gebot schematischer Gleichbehandlung*, d. h. ein Gebot, alle ausnahmslos gleich zu behandeln, meinen. Anderenfalls würde jedes Gesetz gegen den Gleichheitssatz verstoßen. Rechtsetzung besteht aus Differenzierungen[195], nämlich darin, nur an bestimmte Tatbestandsvoraussetzungen bestimmte Rechtsfolgen zu knüpfen. Rechtsnormen sind ihrem Wesen nach stets auch Ausgrenzungen und Beschränkungen von Rechtsfolgen und damit immer auch Verbürgungen von Ungleichheit. Die Forderung nach schematischer Gleichbehandlung wäre daher gleichbedeutend mit der Forderung nach Abschaffung der Rechtsordnung[196].

– Der Gleichheitssatz kann auch nicht als *Gebot zur Herstellung faktischer Gleichheit* interpretiert werden. Denn die Gleichheit aller natürlichen Eigenschaften und aller faktischen Zustände ist nicht realisierbar. Die Unterschiede im Alter, Geschlecht, Gesundheit und in der Intelligenz der Menschen lassen sich zwar in ihren Folgen begrenzen, ihre Beseitigung stößt aber an natürliche Grenzen. Eine Ergebnisgleichheit durch Nivellierung tatsächlicher Unterschiede würde den Menschen in ihrer Verschiedenheit nicht gerecht. *Honoré de Balzac* bringt es auf den Punkt: »Gleichheit mag vielleicht ein Recht sein, aber keine menschliche Macht kann sie verwirklichen.« Sie vertrüge sich auch mit der grundrechtlichen Gewährleistung individueller Freiheit nicht: Der die faktische Gleichheit anstrebende Gesetzgeber müsste die rechtliche Freiheit negieren, da der frei handelnde Mensch ständig die faktische Gleichheit der Menschen be-

---

[193] Im Herrenchiemsee-Entwurf hieß es: »Der Gesetzgeber ist an den Gleichheitssatz gebunden«.

[194] JöR 1 (1951), S. 66ff.; vgl. dazu *C. Starck*, Die Anwendung des Gleichheitssatzes, in: C. Link (Hrsg.), Der Gleichheitssatz im modernen Verfassungsstaat, 1982, S. 52f.; *Alexy* (Fn. 191), S. 358f.

[195] Vgl. etwa *Rüfner*, in: Dolzer/K. Vogel/Graßhoff (Hrsg.), Bonner Kommentar zum GG, Art. 3 Abs. 1 Rdnr. 90 (Stand: Mai 1996).

[196] *Kloepfer*, Gleichheit als Verfassungsfrage, 1980, S. 15; *Leibholz*, Gleichheit vor dem Gesetz, 1925, S. 85f.; *P. Kirchhof*, Der allgemeine Gleichheitssatz, in: Isensee/Kirchhof (Hrsg.), HStR V, 2. Aufl. 2000, § 124 Rdnr. 86ff.

droht[197]. Gleichheitsverwirklichung besteht nicht darin, tatsächliche Unterschiede zwischen den Lebenssachverhalten und Individuen zu ignorieren oder einzuebnen.

Der Gesetzgeber hat nach dem GG die reale Ungleichheit der Menschen zu achten und angemessen zu berücksichtigen. Art. 3 Abs. 1 GG meint nicht Gleichheit des Ergebnisses, sondern Gleichheit des Maßstabes. Er gebietet nicht Gleich*stellung*, sondern Gleich*behandlung*: Die Behandlung des einen Sachverhalts muss im Verhältnis zur Behandlung des anderen angemessen sein. Gleiche Sachverhalte sind mit der gleichen Rechtsfolge zu belegen[198]. Umgekehrt sind ungleiche Sachverhalte ungleich zu behandeln.

Die Schwierigkeit des Gleichheitssatzes und der staatlichen Zuteilungsaufgabe liegt darin, zu bestimmen, wann Lebenssachverhalte gleich und wann sie ungleich sind: Individuen sind nie in allen Aspekten, sondern nur in mancher Hinsicht (zum Beispiel in ihrer Lieblingsbeschäftigung, ihren politischen Standpunkten und Empfindungen) gleich, in anderer Hinsicht dagegen ungleich (sei es in Geschlecht, Alter, Größe, Charakter oder Begabungen). Absolute Gleichheit gibt es nicht, sondern nur relativ zu einem Vergleichsstandpunkt[199]. Jede Gleichheit ist daher eine Abstraktion von der mit der Welt gegebenen Ungleichheit[200]. Gleichbehandlung i. S. d. Art. 3 Abs. 1 GG kann nur *wertungsmäßige* Gleichheit meinen. Aufgabe des Gesetzgebers ist, zu eruieren, ob die Regelungssachverhalte einander wertungsmäßig so ähnlich sind, dass eine Gleichbehandlung derselben geboten ist. Er hat den Sachverhalten in ihrer Verschiedenheit Rechnung zu tragen, dabei aber diejenigen Maßstäbe zum Gegenstand einer Differenzierung zu machen, die für den konkreten Regelungszusammenhang relevant sind[201].

---

[197] *Von Rotteck*, Gleichheit, in: v. Rotteck/Welker, Staatslexikon, Bd. VI, S. 44; *Starck*, in: v. Mangold/Klein/Starck (Hrsg.), GG, 5. Aufl. 2005, Art. 3 Rdnr. 4.

[198] *Rawls*, Eine Theorie der Gerechtigkeit, 2003 (1971), S. 268; *Huster*, Rechte und Ziele, 1993, S. 31.

[199] BVerfG, Beschl. v. 9. 7. 1969, BVerfGE 26, S. 302 (310); *P. Kirchhof*, Der allgemeine Gleichheitssatz, in: Isensee/P. Kirchhof (Hrsg.), HStR V, 2. Aufl. 2000, § 124 Rdnr. 163; *Hesse*, Der Gleichheitsgrundsatz im Staatsrecht, AöR 77 (1951/52), S. 167 (172 f.).

[200] *A. Kaufmann*, Analogie und »Natur der Sache«, 2. Aufl. 1982, S. 29 ff.; *Nef*, Gleichheit und Gerechtigkeit, 1941, S. 10 ff.; *Radbruch*, Rechtsphilosophie, 6. Aufl. 1963, S. 126; *Zippelius*, VVDStRL 47 (1989), S. 7 (20).

[201] Plastisch wird dies an einem einfachen, parallelwertenden Beispiel aus dem Alltagsleben, nämlich der Zensierung der Leistungen einer Schulklasse: Die zu bewertenden Leistungen werden nie gleich, sondern ungleich sein. Um allen Leistungen und individuellen Besonderheiten gerecht zu werden, müsste der Bewerter folglich bei 30 Schülern 30 Noten vergeben. Da der Lehrer allerdings nur sechs Noten zur Verfügung hat, muss er die Leistungen zusammenfassen und zu Notengruppen subsumieren. Gleichbehandlung besteht dann darin, die Ungleichheiten zum Anknüpfungspunkt einer Differenzierung zu machen. Hierbei hat der Bewerter zu differenzieren, welche tatsächlichen Unterschiede er noch als unwesentlich beiseite lassen kann und welche Unterschiede schon zu einer unterschiedlichen Behandlung führen müssen. Auszuscheiden haben dabei beispielsweise die Merkmale »Mädchen, Arzttochter, verträglich und hübsch«. Sie gehören nicht zur Sache. Abzustellen ist vielmehr auf die erbrachte Leistung. Ob der Lehrer die Schüler gerecht,

Gleichbehandlung erfordert mithin, bei dem Abstraktionsvorgang diejenigen Merkmale unberücksichtigt zu lassen, die für den intendierten Regelungszweck unerheblich sind (Bsp.: Besitzstand im Wahlrecht, politische Grundeinstellung oder Religionszugehörigkeit bei der Beantragung einer Baugenehmigung) und vice versa diejenigen Merkmale zum Anknüpfungspunkt einer Unterscheidung zu machen, die in dem betreffenden Konnex erheblich sind (Bsp. Staatsangehörigkeit als Voraussetzung der Wahlberechtigung). Nur was wesentlich ist, darf berücksichtigt werden, muss es aber auch. Art. 3 Abs. 1 GG gebietet danach, *wesentlich* Gleiches gleich und *wesentlich* Ungleiches ungleich zu behandeln[202].

Die Verfassung knüpft damit an die aristotelische Gerechtigkeitsphilosophie an und inkorporiert sie in das Grundgesetz: Verfassungsgemäßes Recht, namentlich Verteilungsentscheidungen des Staates, müssen Grundanforderungen an Gerechtigkeit genügen. Art. 3 Abs. 1 GG enthält den Auftrag an den Gesetzgeber, ein (Mindestmaß an) Gerechtigkeit zwischen den Rechtsgenossen herzustellen.

aa) Art. 3 Abs. 1 GG und das aristotelische Gerechtigkeitspostulat

Für *Aristoteles* war die Gerechtigkeit ein zentraler Begriff der Ethik, die »vollkommene Tugend, die die einzelnen Tugenden zueinander in Beziehung setzt«[203]. Gerecht war, »was in der staatlichen Gemeinschaft die Glückseligkeit und ihre Bestandteile hervorbringt und erhält«[204]. Kennzeichen seiner im 5. Buch der Nikomachischen Ethik entwickelten Gerechtigkeitslehre ist die Herstellung einer untrennbaren Verbindung von Gleichheit und Gerechtigkeit. Das macht sie auch zum Ausgangspunkt jeder ernsthaften Beschäftigung mit Gerechtigkeit.

Verstand Aristoteles' Lehrer *Platon* in seiner Schichtenlehre unter Gerechtigkeit noch das richtige Verhältnis der Schichten zueinander, bei der jeder Teil seine spezifische Aufgabe erfüllt, d. h. »das Seinige tut«, be-

---

d. h. gleich behandelt hat, wird sich danach bemessen, ob er bei der Bewertung diejenigen Kriterien angelegt hat, auf die es für das Bewertungsziel ankommt. Erst recht kann der Gesetzgeber aus der Fülle der Lebenserscheinungen nicht jede einzelne in ihren Besonderheiten erfassen. Sollten diese in ihrer Individualität gewürdigt werden, so müsste für jeden Sachverhalt ein besonderer Rechtssatz geschaffen werden. Er muss von ihnen abstrahieren und typisieren (vgl. *Ulpian*, Dig. 1, 3, 8 »Iura non in singulas personas, sed generaliter constituuntur« [Rechtsbestimmungen werden nicht für einzelne Personen, sondern allgemeingültig getroffen], ihnen aber trotzdem kraft des Gleichheitssatzes angemessen Rechnung getragen. *Max Ernst Meyer* bringt die Problematik zugespitzt mit den Worten auf den Punkt: »Wer Normen sät, kann keine Gerechtigkeit ernten«. *M. E. Meyer*, Rechtsphilosophie, 1922, S. 82.

[202] Vgl. Sehr ähnlich lautete die Formulierung des Allgemeinen Redaktionsausschusses vom 16. 11. 1948, JöR 1 (1951), S. 68: »Der Gesetzgeber muss Gleiches gleich, Verschiedenes nach seiner Eigenart behandeln«.

[203] *Aristoteles*, Nikomachische Ethik, Buch V 3 (1129b).

[204] *Aristoteles*, ibid.

freit *Aristoteles* den Begriff von der inhaltlichen Schichtenbindung und versteht sie stärker als formales Prinzip, dessen prägendes Merkmal die Gleichheit ist. Für ihn ist Gerechtigkeit jener Grundwert des menschlichen Zusammenlebens, der an das Verhalten des Einzelnen wie der Gemeinschaft in ihren verschiedenen Formen die Forderung stellt, jedem zukommen zu lassen, was ihm gebührt. *Ulpian* und *Cicero* gießen diese philosophische Denkmasse später in die bis heute als überzeitliche Gerechtigkeitsdefinition anerkannte Formel: »Iustitia est constans et perpetua voluntas ius suum cuique tribure«[205].

Dem Verständnis von Gerechtigkeit als Versuch, jedem das Seine zukommen zu lassen, korrespondieren nach der Erkenntnis von *Aristoteles* zwei Formen von Ungleichbehandlungsverboten: die ausgleichende (infra 1) und die austeilende Gerechtigkeit (infra 2).

(1) Ausgleichende Gerechtigkeit

Die Gerechtigkeit verbietet zum einen Ungleichbehandlungen von Gleichgeordneten (d. h. von Natur Ungleichen, aber vor dem Gesetz Gleichen). Gleichberechtigten Zuteilungsadressaten ist gleichviel zuzuteilen. Auf keiner Seite darf Gewinn oder Verlust entstehen[206]. Jedem ist ohne Rücksicht auf die Person der Betroffenen das Gleiche zuteil werden zu lassen. Wer etwas herausgegeben hat, hat etwas zu bekommen. Wer etwas eingebüßt hat, ist dafür zu entschädigen. Wer etwas genommen hat, muss wieder hergeben und wiedergutmachen. Gleichbehandlung beinhaltet und gebietet hier die Wettmachung jeder frei- oder unfreiwilligen Rechtsgutseinbuße durch eine gleichwertige Gegenleistung. Diese Form der Gleichheit, die sich dadurch auszeichnet, dass von der Person der Vergleichspartner abstra-

---

[205] *Ulpian*, Dig. 1, 1, 10 pr. = Institutionen Justinians 1, 1 pr. (Gerechtigkeit ist der beständige und fortwährende Wille, jedem das Seine zu gewähren). Ähnlich auch *Ulpian*, Dig. 1, 1, 10 § 1: »Iuris praecepta sunt haec: honeste vivere, alterum non laedere, suum cuique tribuere«. (Die Anweisungen des Rechts sind: ehrenvoll leben, den anderen nicht verletzen und jedem das Seine zugestehen). Werden diese Stellen auch *Ulpian* zugeschrieben, so stammen sie aller Wahrscheinlichkeit von anderen namentlich nicht bekannten römischen Juristen des 3. und 4. Jahrhunderts n. Chr., die das Pseudonym Ulpian benutzten. Die Wendung »suum cuique« fand zuvor in ähnlichem Sinnverständnis auch schon Verwendung bei *Gellius* (ca. 120–180 n. Chr.) unter Berufung auf *Cato*, Noctes Atticae 13, 24, 1 a. E. sowie *Cicero*, De officiis 1 § 15; *ders.*, De legibus 1 § 19 a. A.

[206] *Aristoteles*, Nikomachische Ethik V 7 (1132 a 1–4): »Es trägt ja nichts aus, ob ein guter Mann einen schlechten beraubt oder ein schlechter einen guten, oder ob ein guter oder ein schlechter Mann einen Ehebruch begeht; vielmehr sieht das Gesetz nur auf den Unterschied des Schadens, und es behandelt die Personen als gleiche, wenn die eine Unrecht getan, die andere es erlitten, die eine Schaden zugefügt hat, die andere geschädigt worden ist. Daher versucht der Richter dieses Unrecht, welches in der Ungleichheit besteht, auszugleichen. Denn wenn der eine geschlagen worden ist, der andere geschlagen hat, oder auch der eine getötet hat, der andere getötet worden ist, so ist dieses Leiden und jenes Tun in ungleiche Teile geteilt; aber der Richter sucht durch die Strafe einen Ausgleich herbeizuführen, indem er dem Täter seinen Vorteil entzieht«.

hiert wird, wird auch als arithmetische Gleichheit *(ausgleichende Gerechtigkeit; iustitia commutativa)* bezeichnet. Für den Ausgleich sind hier nicht die Personen der Vergleichspartner als solche wesentlich, sondern allein das auszugleichende Etwas: das Unrecht, der Verlust, der Gewinn, der Schaden. So ist es nach dem Credo der ausgleichenden Gerechtigkeit für die Höhe des Schadensersatzes bei einem Unfall etwa ohne Belang, ob der Schädiger ein Armer oder ein Reicher, ein Mann oder eine Frau, ein Inländer oder ein Ausländer war. Die lateinische Rechtsregel »lex non distinguit«[207] bringt diesen Grundgedanken der ausgleichenden Gerechtigkeit plastisch zum Ausdruck.

Da für die ausgleichende Gerechtigkeit die Gleichordnung der Vergleichsadressaten charakteristisch ist und sie insbesondere beim Tausch im Rechtsverkehr zur Anwendung kommt, wird sie gerne auch als »Gerechtigkeit des Privatrechts« apostrophiert[208]. Das ist freilich ungenau: Auch das öffentliche Recht verwirklicht ausgleichende Gerechtigkeit und muss ausgleichende Gerechtigkeit verwirklichen, etwa im demokratischen Wahlrecht, wo jeder Bürger unabhängig von seinem Stand und seinem Einkommen eine Stimme erhält (»one man, one vote«).

(2) Austeilende Gerechtigkeit

Aristoteles erkannte – anders als nach ihm zum Beispiel *Kant*[209] –, dass mit einer Eingrenzung des Gerechtigkeitsbegriffs auf die ausgleichende Gerechtigkeit eine unvertretbare Kürzung des Gerechtigkeitsgedankens einhergehen würde. Sie käme einer Pervertierung der Gerechtigkeit in höchste Ungerechtigkeit gleich. Die Gerechtigkeit verlangt in bestimmten Fällen eine Rücksichtnahme auf die Verschiedenheit von Personen und ihre Ungleichbehandlung. Sind Bürger hinsichtlich ihres Wahlrechts gleichzustellen, muss dies sub specie ihrer Steuerpflicht nicht in gleicher Weise gelten. Wo die Rücksichtnahme auf die Person Verschiedenheit verlangt, wäre ihre formale Gleichbehandlung ein Verstoß gegen die Gerechtigkeit. Gerechtigkeit besteht bisweilen in quantitativer Ungleichbehandlung, um qualitative Gleichbehandlung herzustellen. So verstanden ist Gerechtigkeit proportionale Gleichheit[210].

---

[207] »Das Gesetz unterscheidet nicht« (s. c. zwischen arm und reich, angesehen und verachtet).

[208] So etwa *Radbruch*, Rechtsphilosophie, 6. Aufl. 1963, S. 126.

[209] *Kant* verstand Gerechtigkeit als formale oder numerische Gleichheit. Gleiches muss mit Gleichem vergolten werden. Vgl. *Kant*, Metaphysik der Sitten, 1797, S. 333: »Hat er aber gemordet, so muss er sterben. Es gibt hier kein Surrogat zur Befriedigung der Gerechtigkeit«.

[210] *Aristoteles*, Nikomachische Ethik V 7,8 (1131 a, 1131 b, 1132 a): »Das Gleiche ist eine Mitte zwischen dem Zuviel und dem Zuwenig. (...) Da aber das Gleiche ein Mittleres ist, so ist auch das Recht ein Mittleres. Das Recht ist demnach etwas Proportionales. (...) Denn das Proportionale ist die Mitte, und das Gerechte ist das Proportionale«.

Proportionale Gleichheit sah *Aristoteles* bei der Zuteilung von Rechten und Pflichten des Staates im Verhältnis zu seinen Bürgern als geboten an, zum Beispiel bei der Verteilung von Gütern und Lasten im Haushaltsrecht, bei der Verteilung von sozialen Vergünstigungen ebenso wie bei der Auferlegung von Lasten (Steuern und Sozialabgaben) und Pflichten (Wehrpflicht)[211]. Im Gegensatz zur ausgleichenden Gerechtigkeit, die den Rechtsverkehr unter Gleichberechtigten regelt, ist in diesen Konstellationen nicht das zu verteilende Etwas an sich maßgeblich (Art und Größe des Guts), sondern allein die Person des Empfängers (seine Würdigkeit, seine Bedürftigkeit, seine Leistungsfähigkeit). Es geht nicht um die Gleichbehandlung von zwei Zuständen, sondern von Personen. Gleichheit besteht hier darin, dass Ungleiches abverlangt wird, aber nach gleichem Maßstab. Sie gebietet, jedem zuzugestehen und aufzuerlegen, was ihm zukommt. Jeder soll das erhalten, was ihm gebührt und angemessen ist. *Aristoteles* nennt diese Art der Gleichheit geometrische Gleichheit (austeilende Gerechtigkeit; iustitia distributiva)[212].

Für die austeilende Gerechtigkeit ist das Verhältnis der Über- und Unterordnung zwischen dem Zuteilenden und den Zuteilungsempfängern charakteristisch. Sie wird deshalb auch häufig – etwas ungenau – als »Gerechtigkeit des öffentlichen Rechts« angesprochen[213]. Ungenau ist dies insofern, als auch das öffentliche Recht Gleichordnungsverhältnisse kennt, zum Beispiel den koordinationsrechtlichen Vertrag, und das Privatrecht Verhältnisse der Über- und Unterordnung regelt, so zum Beispiel im Verhältnis Vormund-Mündel oder Eltern-Kinder[214]. Auch im Zivilrecht erscheint der Ge-

---

[211] *Aristoteles*, Nikomachische Ethik V 5 (1130 b 30 – 1131 a): »Von der partikularen Gerechtigkeit aber und dem ihr entsprechenden Rechte ist eine Art die, die sich bezieht auf die Zuerteilung von Ehre oder Geld oder anderen Gütern, die unter die Staatsangehörigen zur Verteilung gelangen können – denn hier kann der eine ungleich oder gleich viel erhalten wie der andere –; eine andere ist die, die den Verkehr der einzelnen untereinander regelt. Die letztere hat zwei Teile. Es gibt nämlich einen freiwilligen Verkehr und einen unfreiwilligen. Zum freiwilligen Verkehr gehören z. B. Kauf, Verkauf, Darlehen, Bürgschaft, Nießbrauch, Hinterlegung, Miete. Hier spricht man von freiwilligem Verkehr, weil das Prinzip der genannten Verträge beiderseits der freie Wille ist. Zum unfreiwilligen Verkehr gehören teils heimliche Handlungen, wie Diebstahl, Ehebruch, Giftmischerei, Kuppelei, Sklavenverführung, Meuchelmord, falsches Zeugnis, teils gewaltsame, wie Misshandlung, Freiheitsberaubung, Totschlag, Raub, Verstümmelung, Scheltreden, Herabwürdigung«.

[212] *Aristoteles*, Nikomachische Ethik V 7 (1131 b – 1132 a): »Die das Gemeinsame austeilende Gerechtigkeit verfährt immer nach der angegebenen Proportionalität; wenn zum Beispiel eine Geldverteilung aus öffentlichen Mitteln stattfindet, so muss sie nach dem Verhältnis geschehen, das die Leistungen der Bürger zueinander haben; das diesem Recht entgegengesetzte Unrecht ist, was diesem Verhältnis zuwiderläuft. Dagegen ist das Recht im Verkehr zwar auch ein Gleiches und das Unrecht im Verkehr ein Ungleiches, aber nicht nach Maßgabe der genannten, sondern gemäß der arithmetischen Proportionalität.« Bei ihr klingt das erst später von *Cicero* und *Ulpian* (vgl. supra S. 55) ausdrücklich formulierte »suum cuique tribuere« am deutlichsten an.

[213] So etwa *Radbruch*, Rechtsphilosophie, 6. Aufl. 1963, S. 126.

setzgeber als übergeordneter Zuteiler: Er ordnet die Gleichordnung der am Rechtsverkehr teilnehmenden Personen an. Die ausgleichende Gerechtigkeit lässt sich insoweit als Unterfall der austeilenden Gerechtigkeit ansehen[215]. Die eine ordnet eine arithmetische, die andere eine proportionale Gleichbehandlung an. Während ausgleichende Gerechtigkeit ein »gleich *viel*« ohne Ansehen der Person verlangt, erhebt die austeilende Gerechtigkeit ein »gleich*mäßig*« je nach Person zur zentralen Forderung.

Welche der beiden Gerechtigkeitsarten zur Anwendung kommt und worin eine gleichmäßige Behandlung besteht, ist nicht aus dem Wesen und Begriff der Gerechtigkeit heraus beantwortbar. Sie sagt nicht, wer als gleich, wer als ungleich zu behandeln sei, sie setzt vielmehr voraus, dass die Gleichheit oder Ungleichheit bereits festgestellt ist[216]. Die entscheidende Frage danach, welche Merkmale so wesentlich sind, dass sie die ungleiche Behandlung rechtfertigen (bzw. die Gleichbehandlung gebieten), d. h. was der Einzelne als das Seine ansehen darf, lässt die Formel »suum cuique« unbeantwortet[217]. Sie bringt zwar zum Ausdruck, *dass* Personen je nach Situation und Person einmal (ohne Rücksicht auf die Person) gleich, ein anderes Mal (wegen der Verschiedenheit der Personen) ungleich zu behandeln sind; die Frage, *wann* und *nach welchen Kriterien* dies zu geschehen hat, bleibt jedoch ungelöst. Sie wird erst anwendbar und praktikabel, wenn vorher entschieden ist, was »das Seine« ist. Sind Vermögende und finanziell Schwache hinsichtlich ihrer Rechte und Pflichten in vertraglichen Rechtsverhältnissen[218] sowie staatsbürgerlichen Rechte grundsätzlich gleich zu

---

[214] Der Einstufung der austeilenden Gerechtigkeit als Gerechtigkeit des öffentlichen Rechts stehen die gleichen Argumente entgegen wie der Subordinationstheorie die Abgrenzung zwischen öffentlichem Recht und Privatrecht nach dem Verhältnis der von der Rechtsvorschrift betroffenen Personen. Zur Subordinationstheorie und ihrer Kritik vgl. *Ehlers*, in: Schoch/Schmidt-Aßmann/Pietzner (Hrsg.), VwGO, §40 Rdnr. 223 (Stand: 2005); *Martini*, VerwProzR, 3. Aufl. 2003, S. 24f.; *Zuleeg*, VerwArch. 73 (1982), S. 384 (391f.).

[215] Vgl. z. B. *Engisch*, Auf der Suche nach der Gerechtigkeit, 1971, S. 162.

[216] *Radbruch*, Rechtsphilosophie, 6. Aufl. 1963, S. 126. Bei der Bestimmung der gerechten Strafe für begangenes Unrecht kommen etwa beide zu unterschiedlichen Ergebnissen: Zielt die ausgleichende Gerechtigkeit auf Vergeltung, d. h. Gleichmaß zwischen Schuld und Strafe ohne Rücksicht auf die Person des Täters (gleich viel), geht es der austeilenden Gerechtigkeit um Besserung *des einzelnen Täters* und Stabilisierung des Rechts wie auch der Rechtstreue innerhalb der Gesellschaft, indem sie auf die einzelnen Lebensumstände, den Werdegang und die Motivation des jeweiligen Täters abstellt (gleichmäßig).

[217] *Kelsen*, Was ist Gerechtigkeit?, 1953, S. 23.

[218] Das moderne Recht des Verbraucherschutzes weicht den Grundsatz formaler Vertragsgerechtigkeit zwar durchaus auf, knüpft dabei aber regelmäßig nicht an die Vermögensverhältnisse der Vertragspartner, sondern an die Funktion und Situation an, in der sie ein Rechtsverhältnis begründet haben (etwa als Verbraucher [§13 BGB, Art. 2 Nr. 2 der Richtlinie 97/7/EG des Europäischen Parlaments und des Rates vom 20. Mai 1997 über den Verbraucherschutz bei Vertragsabschlüssen im Fernabsatz (EG-Fernabsatz-Verbraucherschutz-RL], ABl. Nr. L 144 S. 19] anders jedoch etwa bei der Beurteilung der Sitten-

behandeln, sind sie es nicht notwendig auch hinsichtlich der dem Gemeinwesen obliegenden Pflichten und Dienste. *Aristoteles* hat die Problematik erkannt: Im Kontext der austeilenden Gerechtigkeit formuliert er: »Darüber herrscht Einigkeit, dass sich die Verteilung nach einer gewissen Würdigkeit richten müsse; bloß verstehen nicht alle unter der Würdigkeit dasselbe, sondern die Demokraten sprechen sie jedem freien Mann zu, die oligarchisch Gesinnten gründen sie auf Reichtum oder Geburtsadel und die Aristokraten auf Tüchtigkeit«[219]. Das »suum cuique« lässt sich in den Dienst sehr unterschiedlicher gesellschaftlicher Zielsetzungen stellen. Nicht zuletzt deshalb war es anfällig für den Missbrauch als Torinschrift über dem Eingang des Konzentrationslagers Buchenwald. »Vom rein logischen Standpunkt war gegen die Verwendung der Formel nichts einzuwenden[220]«, kommentiert *Ernst Topitsch*. Die Formel »suum cuique« erkauft ihren hohen Allgemeingültigkeitsgrad mit einem hohen Grad an Inhaltsarmut. Sie erweist sich als Blankettformel, die es auszufüllen gilt.

bb) Versuche inhaltlicher Anreicherung der Forderung nach Gleichheit

An Versuchen, inhaltliche Maßstäbe zur Auffüllung des Begriffs der Gerechtigkeit zu destillieren, mangelt es nicht. Zahlreiche Maßstäbe gerechter Differenzierung, die als Gerechtigkeitspostulate Anforderungen an eine inhaltliche Gestaltung des Rechts erheben, ringen um die Maßstabshoheit. Neben naturphilosophischen Ansätzen, die den Maßstab der gerechten Ordnung nicht der Botmäßigkeit menschlichen Kalküls entnehmen, sondern bereits in der Natur des Menschen selbst angelegt, im Menschen als »lex indita« eingeboren sehen[221], haben sich zahlreiche überkommende ma-

---

widrigkeit von Bürgschaftserklärungen nahezu Vermögensloser; vgl. dazu S. 605 mit Fn. 1243.

[219] *Aristoteles*, Nikomachische Ethik V 6 (1131a).

[220] *Topitsch*, JZ 1963, S. 1 (3).

[221] Für naturrechtliche Ansätze sind die Vorgegebenheiten der Natur, wie zum Beispiel programmierte Bedürfnisse und naturgegebene Anlagen des Menschen, Richtschnur der Gerechtigkeit und des Rechts. Ein Verhalten, das die Prinzipien der Vertragstreue ehrt, sowie ein Staat, der dem Schwächeren in Form der Sozialhilfe ein menschenwürdiges Dasein gewährt, ist auf der Grundlage einer so verstandenen Naturrechtslehre als gerecht anzusehen – es trägt der natürlichen Angewiesenheit des Menschen auf andere, seiner von Natur gesetzten Hilfsbedürftigkeit Rechnung. Umgekehrt ist es aus Sicht der Naturrechtslehre gerecht, jeden zu maßregeln, der sich über die in der Natur angelegten Gesetze hinwegzusetzen trachtet – den Mörder, der Wert und Schutz des Lebens (angezeigt durch die natürliche Tötungshemmung gegenüber Artgenossen) der eigenen Willkür unterordnet; den Einbrecher, der das Recht auf Respektierung der eigenen Wohnung und des Erworbenen missachtet. *Hugo Grotius* zählte zu den naturrechtlichen Grundregeln etwa, »dass man fremdes Gut respektiert und es zurückerstattet, wenn man es besitzt oder weggenommen hat, ferner die Pflicht, gegebene Versprechen zu erfüllen, sodann die Wiedergutmachung eines schuldhaft verursachten Schadens«.
Insbesondere *Sokrates* sowie die Vertreter der *Stoa* sind philosophische Vordenker einer naturrechtlichen Gerechtigkeitslehre. *Seneca* etwa leitete daraus, dass alle Menschen auf-

terielle Gerechtigkeitsmaßstäbe etabliert, die allgemeine inhaltliche Differenzierungskriterien für eine gerechte Zuteilungsentscheidung zu geben versuchen.

---

grund ihrer gemeinsamen Natur miteinander verwandt seien, das Gebot der Nächstenliebe ab. *Epiktet* sah den Menschen als kraft seiner Natur staatsbildendes und als sozial mildtätiges Wesen, das von Äußerlichem, Besitz oder Ansehen unabhängig sein solle und lehrte auf dieser Grundlage Menschenliebe und Weltbürgertum auf dem Mutterboden der Vernunft als natürlich und gerecht. Er beeinflusste die Entwicklung des frühchristlichen Denkens in entscheidendem Maße. *Cicero* verwarf die Sklaverei als naturrechtswidrig, da alle Menschen ihrer Natur nach frei seien. Bei ihm kommt die naturrechtliche Prägung wohl am augenfälligsten in den Worten zum Ausdruck: »Es stellt sich ja das wahre Gesetz in der rechten Vernunft dar, die mit der Natur in Einklang steht, die allen Menschen gemeinsam ist, die festen dauernden Bestand hat, die zur Pflicht ruft durch Gebot, die vom Bösen abschreckt durch Verbot (...). Wer diesem Gesetz nicht gehorcht, wird vor sich selbst auf der Flucht sein und, da er die menschliche Natur verleugne, dafür schwerste Strafe erleiden (...)« (*Cicero*, De re publica III, 22 [33]).
Den Gedanken der Natur des Menschen als Quelle des Rechts beleben auch die Vertreter der nachmittelalterlichen Naturrechtslehre, etwa *Hugo Grotius* und *Samuel Pufendorf*. Auch das Grundgesetz ist von einem naturrechtlichen Denken beeinflusst: Es bekennt sich in Art. 1 Abs. 2 GG »zu unverletzlichen und unveräußerlichen Menschenrechten als Grundlage jeder menschlichen Gemeinschaft, des Friedens und der Gerechtigkeit in der Welt«. Noch deutlicher werden da die etwas älteren, noch stärker unter dem Eindruck des Krieges und der nationalsozialistischen Gewaltherrschaft stehenden Landesverfassungen. So sieht etwa die rheinland-pfälzische Landesverfassung »die Rechte und Pflichten der öffentlichen Gewalt durch die naturrechtlich bestimmten Erfordernisse des Gemeinwohls begründet und begrenzt«.
Wer aus der Natur einen inhaltlichen Maßstab für die Lösung von konkreten Gerechtigkeitsproblemen extrahieren will, sieht ihre inhaltliche Konfliktlösungskapazität sich allerdings bald ins Ungreifbare und Indefinite verflüchtigen. Aus den natürlichen Eigenschaften des Menschen lässt sich zwar mit den Argumenten der Natur ein schlüssiger Durchgriff auf die natürliche Gleichheit des Menschen als Ordnungsprinzip vollziehen. Mit den gleichen Argumenten lässt sich indes aus den naturgegebenen Ungleichheiten der Menschen auch ein Vorrecht des Stärkeren, ein Sozialdarwinismus, ableiten, wie ihn beispielsweise *Kallikles* lehrte: »Die Natur selbst beweist, dass es gerecht ist, wenn der Stärkere mehr besitzt als der Schwächere und der Fähige mehr als der Unfähige. Unter vielen anderen Beweisen hierfür zeigt sich unter den Tieren überhaupt und unter den Menschen in ganzen Staaten und Geschlechtern, dass es anerkanntes Recht ist, dass der Stärkere über den Schwächeren herrsche und mehr habe als jener«. Ähnlich auch *Spinoza* (Es reiche »das Recht der Natur so weit wie ihre Macht. Denn die Macht der Natur ist Gottes Macht; der aber hat das vollste Recht zu allem«. So erstrecke sich auch »das Recht eines jeden so weit, wie gerade seine Macht reicht«) und *Friedrich Nietzsche* (»Unsere Triebe sind reduzierbar auf den Willen zur Macht. Der Wille zur Macht ist das letzte Faktum, zu dem wir hinunter können«).
Die ethische Richtigkeitsfrage, etwa ob Frauendominanz, Emanzipation oder Männerdominanz der naturgemäße Grundpfeiler einer gerechten Gesellschaftsordnung ist, ob Monogamie oder Polygamie herrschen solle, kommt überhaupt nur dort zum Schwur, wo der eigentliche Maßstab des Naturrechts, die Natur selbst, mehrere Alternativen zur Wahl stellt. Hier auf die Natur als Richtschnur zu rekurrieren, setzt sich dem Vorwurf der Zirkularität aus (*Zippelius*, Rechtsphilosophie, 5. Aufl. 2007, S. 99). Aus dem Sein kann – wie *Hume* und *G. E. Moore* gezeigt haben – nicht auf das Sollen geschlossen werden. Das Kriterium für die Richtigkeit der Wahl liegt meist nicht schon in der Natur selbst begrün-

(1) Jedem nach seiner Leistung – Leistungsgerechtigkeit

Einer der inhaltlichen Maßstäbe eines Gerechtigkeitsurteils, der Auskunft über das »suum cuique« gibt, ist die Leistung. Wir empfinden es beispielsweise als gerecht, dass staatliche Studienförderung nur derjenige erhält, der dies durch seine Leistungsbereitschaft rechtfertigt, dass bei der Vergabe von Aufträgen und der Besetzung von Dienstposten Leistungsgesichtspunkte und nicht die Beziehungen oder die politische Orientierung relevant sein sollen. Leistung ist ein relevanter Wertmaßstab der Gerechtigkeit; sie ist Richtschnur des »Seinen«. Der Maßstab der Leistung entscheidet über die berufliche und gesellschaftliche Qualifikation, ja er durchdringt als Ordnungsprinzip das gesamte gesellschaftliche Leben. Verdienste und Leistungen sind ein Relevanzfaktor der Gleichheit. Gerechtigkeit, sowohl ausgleichende als auch austeilende, verlangt die Berücksichtigung des Leistungsprinzips: Die Gestaltung der Rechtsordnung wäre (nach unseren Gerechtigkeitsvorstellungen) ungerecht, wenn sie ein Verteilungsmuster normieren würde, welches keine Rücksicht auf die unterschiedlichen Leis-

det. Nur allzu leicht werden aus der vielgestaltigen Fülle des Existierenden bestimmte Sachverhalte hervorgekehrt, in denen sich die »wahre Natur« entpuppt, und unter ihrem Deckmantel ein subjektiver Filter angelegt, mit dessen Hilfe eine wertende Auswahl aus dem Spektrum dessen, was die Natur bietet, getroffen wird und die eigenen Wertmaßstäbe in die natürliche Ordnung hineingelegt werden, um sie dann wieder aus der wahren Natur herauszulesen (vgl. *Zippelius*, a. a. O., S. 99). Ein Kampf des »wahren« Naturrechts gegen das »falsche« ist die Folge. Ernüchternde Beispiele für dieses Denken gibt es zu Hauf: das Sendungsbewusstsein des Imperialismus sowie die Rassenlehre des Nationalsozialismus sind nur zwei prominente unter ihnen. »Die letzten Sollenssätze sind unbeweisbar, axiomatisch, nicht der Erkenntnis, sondern nur des Bekenntnisses fähig«, räumt der bekennende Naturrechtler *Gustav Radbruch* ein (*Radbruch*, Rechtsphilosophie, 6. Aufl. 1963, S. 100).

Das beweist allerdings nicht die völlige Unbrauchbarkeit der Natur als Grundlage eines Gerechtigkeitsurteils. Unbrauchbar ist lediglich eine biologisch-naturalistische Konzeption in Gestalt einer dogmatisierenden Heilslehre. Sie begreift den Menschen zu sehr als Marionette seiner Triebanlagen und die Natur als lineares Gebilde. Der Mensch entwickelt sich nicht so sehr nach den ihm innewohnenden Gesetzen, sondern er lebt aus den Entwürfen seiner selbst. Nicht so sehr das Bestimmtsein durch die Natur als die Freiheit, über die Natur zu bestimmen, ist die charakteristische Eigenschaft des Menschen. Schon aufgrund seiner Vernunftbegabung kommt dem Menschen eine besondere Stellung und Würde zu. Sie limitiert den Machtanspruch des Staates und legitimiert zugleich gerechtigkeitsrelevante Individualrechte, die als vorrechtliche Rechte Eingang in die Verfassung der meisten Staaten gefunden haben. Ist der Rekurs auf die Natur zur Lösung konkreter Verteilungskonflikte auch nur sehr eingeschränkt geeignet, kann er insbesondere zur Beantwortung der Frage nach einer gerechten Steuergesetzgebung, dem gerechten Lohn oder der gerechten Strafe nur wenig beitragen, zieht er negativ der Verfügbarkeit des Menschen als Adressat von Rechtsnormen Grenzen. Modernem Naturrechtsdenken geht es dementsprechend um die Unverfügbarkeit des Rechts und eines elementaren Grundbestands an Rechten gegenüber staatlichem Hoheitszugriff. Als solche erfüllt der Gedanke eines Rekurses auf die Natur eine wichtige und berechtigte Funktion auch im Rahmen eines Gerechtigkeitsurteils (vgl. dazu auch *Ellscheid*, Strukturen naturrechtlichen Denkens, in: Kaufmann/Hassemer/Neumann [Hrsg.], Einführung in die Rechtsphilosophie und Rechtstheorie der Gegenwart, 7. Aufl. 2004, S. 148 [152 ff.]).

tungen der Individuen nähme, wenn etwa die Leistungen aus Sozialhilfe das durch einfache Arbeit erzielbare Einkommen überstiegen[222]. Die Leistung ist einer der Grundpfeiler einer gerechten Gesellschaftsordnung[223].

---

[222] Das Abstandsgebot des §28 Abs. 3 S. 2 SGB XII (ehemals §22 Abs. 3 S. 2 BSHG) lässt sich insoweit als Gebot der Leistungsgerechtigkeit verstehen; *Behrens*, Die ökonomischen Grundlagen des Rechts, 1986, S. 102.

[223] Die Entsprechung von Leistung und Gegenleistung als Maßstab der Gerechtigkeit vermag die Frage freilich nicht aus sich heraus zu beantworten, welche Leistungen gleich und welche ungleich sind. Dass derjenige, der eine fremde Vase zerschlagen hat, als Ersatzleistung eine gleiche Vase zu liefern hat, ist nicht konfliktträchtig. Problematisch wird die Bestimmung der gerechten Gegenleistung freilich dann, wenn die zerstörte Vase in ihrer Art einzigartig und nicht mehr beschaffbar ist. Sobald es um den Ausgleich qualitativ verschiedenartiger Leistungen geht, wird die Aufgabe ihrer Quantifizierung nahezu unlösbar. Leistungsbewertung ist ein Anknüpfen an mengenmäßige Ungleichheiten vergleichbarer Leistungen. Qualitative Wesensunterschiede nicht vergleichbarer Leistungen sind nicht quantifizierbar. Schon bei einfachen Vergleichen ist das Leistungsprinzip um eine Antwort verlegen: Verdient eine schwierige physikalische Berechnung ein höheres Äquivalent als das Tragen von Mehlsäcken? Ist die Leistung des Fußball-Profis mehr wert als diejenige eines Formel 1-Fahrers? Hat der Kunstturner ein höheres Preisgeld als der Dressurreiter verdient? Soll der gerechte Preis bzw. der gerechte Lohn sich an der für die Herstellung erforderlichen Arbeitszeit, der erforderlichen Anstrengung oder den Talenten und Begabungen festmachen? Die Frage nach der Gleichwertigkeit von Leistungen lässt sich aus dem Gleichheitssatz selbst heraus nicht beantworten. Sie gehört zu den nicht lösbaren Grund- und Konfliktfragen jeder Gesellschaft. Die Leistungen sind in ihrer Art allzu verschieden, als dass sie sich mit einem Maß messen ließen.
Während *Aristoteles* und ihm folgend die Scholastik noch jedem Produkt und jeder Leistung einen bestimmten gerechten Preis zuordnet (*Aristoteles*, Nikomachische Ethik V 8) und die ausgleichende Gerechtigkeit durch denjenigen verletzt sieht, der nicht den gerechten Preis zu zahlen bereit ist, so etwa durch den Kaufmann, der Güter nur tauscht, »um den größten Gewinn zu erzielen« (Vgl. *Aristoteles*, Politeia I 9) stellt die liberale Gesellschaft das Problem der Quantifizierung auf den Kopf: Sie bestimmt den Preis für Leistungen nicht nach einem ihnen vorgegebenen Wert, sondern deren Wert nach dem tatsächlich erzielten Marktpreis; der frei erzielte Wettbewerbspreis gilt als gerecht. Die eigene Einschätzung, die Erforderlichkeit zur Befriedigung von Bedürfnissen, entscheidet über den Wert des Gutes. Durch Aushandeln und Zahlen eines Preises bringen die Verhandlungspartner die subjektive Einschätzung des Nutzens zum Ausdruck, den sie aus einem Gut ziehen. Als Kommunikationsmedium, mit dem sich die Gesellschaftsmitglieder über ihre Präferenzen verständigen, dient ihnen das Geld. Geld ist – wie *Luhmann* es ausgedrückt hat (*Luhmann*, Grundrechte als Institution, 1965 [1995], S. 111) – die Abstraktion der in einer Gesellschaft vorhandenen Tauschchancen. Die Bedeutung des Marktes als eines Gerechtigkeit hervorbringenden Entscheidungsmechanismus klingt bereits bei *von Ihering* an: Er bezeichnet das Äquivalent als »die Verwirklichung der Idee der Gerechtigkeit auf ökonomischem Gebiet. Im Verkehr erhält durchschnittlich jeder Teil mittels der Gegenleistung so viel zurück, als er selbst gegeben hat, d. h. der Lohn (Arbeitslohn und Preis der Ware) ist durchschnittlich äquivalent, er repräsentiert regelmäßig den derzeitigen ökonomischen Wert der Leistung« (*von Ihering*, Der Zweck im Recht, 4. Aufl. 1904, Bd. 1, S. 179). Den ökonomisch erzielbaren Preis für ein Gut mit der Leistung gedanklich konsequent gleich zu setzen, griffe indes zu kurz. Der Marktpreis hängt nicht nur von der eigenen Leistung ab, sondern auch von Umständen, auf die der Einzelne keinen Einfluss hat, etwa der Nachfragehöhe. Das Ergebnis des Handelns eines Individuums hängt auch von den Handlungen anderer Gesellschaftsmitglieder ab; sie stehen in

(2) Jedem nach seinen Bedürfnissen – Bedürfnisgerechtigkeit

Gebietet die Gerechtigkeit auch eine Anerkennung persönlicher Anstrengungen und Verdienste, soll, wer viel leistet, auch viel bekommen, so kann der Umkehrschluss nicht immer Gültigkeit haben: Der Behinderte soll nicht nur bekommen, was seine Arbeit wert ist, der Arbeitsunfähige soll nicht seinem Schicksal überlassen werden. Nicht nur der Leistungsbereitschaft, sondern auch den ungleichen Ausgangsvoraussetzungen und Startbedingungen muss die Gerechtigkeit Rechnung tragen. Sie gebietet Hilfe für diejenigen, die nur unzureichend zur Selbsthilfe befähigt sind und ihre Belange nicht wirkungsvoll durchsetzen können. Bei der Verteilung sozialer Rechte und Fürsorgeunterstützungen soll der Arme nach unserem Gerechtigkeitsempfinden nicht wie der Reiche, der Schwache nicht gleich wie der Starke behandelt werden. Die gleiche Würde aller Menschen verlangt nach einem Mindestmaß notwendiger Güterausstattung für alle und einen angemessenen Ausgleich zwischen unterschiedlichen Ausgangsvoraussetzungen. Die Gewährleistung von Freiheitsrechten, die ein menschenwürdiges Dasein ermöglichen sollen, kann nur dort wirksam werden, wo die realen Voraussetzungen ihrer Ausübung gegeben sind. *Lorenz von Stein* brachte dies im 19. Jahrhundert auf die Formel: »Die Freiheit ist eine wirkliche erst in dem, der die Bedingungen derselben, den Besitz der materiellen und geistigen Güter, als die Voraussetzung der Selbstbestimmung sind, besitzt«[224]. Der Staat hat die notwendigen Voraussetzungen für den Menschenwürde sichernden Freiheitsgebrauch zu gewährleisten. Die knappen Güter sind so zu verteilen, dass jedem wenigstens das Existenzminimum gesichert ist. Maßstab gerechter Verteilung von Gütern und Lasten ist auch die Bedürftigkeit (sog. Bedürfnisgerechtigkeit). Das Gebot, Chancengleichheit herzustellen, ist Teil des aus dem Gleichheitssatz folgenden Gerechtig-

---

einer strategischen Interdependenz zu den Handlungen der Gesellschaft. Ein Computeringenieur hat in einer entwickelten Volkswirtschaft eine hohen Nutzen; in einem wenig entwickelten Land mag dies völlig anders sein. Die Frage, welcher Anteil des vom Ingenieur zusätzlich erzeugten Sozialprodukts ihm selbst zusteht und Teil seiner eigenen Leistung ist, lässt sich nur schwer beantworten.

Eine faire Verständigung über Präferenzen ist auch nur dort möglich, wo unter den Tauschpartnern Chancengleichheit gewährleistet ist. Die Individuen müssen eine möglichst gleichmäßige Chance haben, ihre Präferenzen zu artikulieren. Daran fehlt es zum einen dort, wo einer der Beteiligten dringlich, zum Beispiel zur Lebenserhaltung, auf das Gut angewiesen ist, ohne es substituieren zu können. Sie fehlt zum anderen dort, wo einer der Beteiligten nicht die nötigen Mittel hat, um seinen tatsächlichen Präferenzen Ausdruck zu verleihen. Auf dem Markt können sich nur die Präferenzen derjenigen auswirken, die über die notwendigen Mittel verfügen. Die Herrschaft über seine Bedürfnisbefriedigung kann der Einzelne nur in den Grenzen üben, die ihm durch seine Kaufkraft gezogen sind (vgl. dazu im Einzelnen auch infra S. 238 ff.).

[224] *Lorenz von Stein*, Das Königstum, die Republik und die Souveränität der französischen Gesellschaft seit der Februarrevolution 1848 (Nachdruck 1959), S. 104.

keitsauftrages. Diesen Schluss rechtfertigt insbesondere der Konnex des Art. 3 Abs. 1 GG mit dem Sozialstaatsprinzip des Art. 20 Abs. 1 GG.

(3) Besitzstandsgerechtigkeit – formale Gerechtigkeit versus materielle Gerechtigkeit

Die Forderung, gleiche Fälle gleich zu behandeln, verlangt allen gerechtigkeitsrelevanten Entscheidungen und Maßnahmen auch ein Mindestmaß an Kontinuität und Linearität des Entscheidungsmaßstabes ab. Der einmal gewährte Besitzstand schafft Realitäten, die für die Zukunft den Ruf nach Gleichbehandlung hervorrufen. Jeder gewährten Vergünstigung erwächst eine gewisse Verbindlichkeit, auch künftig in gleich gelagerten Fällen die gleiche Entscheidung zu fällen. Dem Begünstigten gewährt sie Bestands- bzw. Vertrauensschutz, für Dritte wird sie zur Gleichbehandlungsfrage. Für die Behandlung gleich gelagerter Fälle wird die in der Vergangenheit getroffene Entscheidung zum Maßstab. Sie entfaltet Ausstrahlungswirkung für die Zukunft[225].

In dieser formalen Sichtweise hat Gerechtigkeit die Bewahrung und Kontinuität überkommener Rechte zum Inhalt. Sie fordert Rechtssicherheit. Dass das Recht nicht heute so und morgen so ausgelegt und gestaltet wird, ist – wenn auch meist im Rechtsstaatsprinzip verankert gesehen[226] – ebenfalls eine Forderung der Gerechtigkeit[227, 228]. Der Gerechtigkeit ist eine Doppelgesichtigkeit als gleichermaßen dynamisches wie statisches Prinzip eigen. Sie zielt einerseits auf die Bewahrung und Kontinuität überkommener Rechte, verlangt andererseits aber nach einer Revolutionierung ungerecht gewordener Verhältnisse.

Besitzstandsgerechtigkeit ist ein legitimer Wertmaßstab der Gerechtigkeit, aber nicht ein Wert an sich: Wo sie absolut gesetzt wird, steht sie in der Gefahr, Gerechtigkeit in Immobilismus abgleiten zu lassen. Jede Rechtsanpassung birgt Ungleichbehandlungen und Ungerechtigkeit in sich, jede Aufrechterhaltung als inhaltlich ungerecht empfundener Rechtsverhältnisse jedoch auch. Gerechtigkeit besteht in einem balancierenden Ausgleich, der ein austariertes Verhältnis zwischen materieller und wahren-

---

[225] Vgl. zu der Problematik im Falle des Wechsels zwischen (gegenleistungspflichtigen und gegenleistungsfreien) Zuteilungsmechanismen der hoheitlichen Verteilungslenkung infra S. 637.

[226] Vgl. z. B. BVerfG, Urt. v. 1.7.1953, BVerfGE 2, S. 380 (403).

[227] So schon *Radbruch*, Rechtsphilosophie, 6. Aufl. 1963, S. 353: »Wo ein Widerstreit zwischen Rechtssicherheit und Gerechtigkeit, zwischen einem inhaltlich anfechtbaren, aber positiven Gesetz und zwischen einem gerechten, aber nicht in Gesetzesform gegossenen Gesetz entsteht, liegt in Wahrheit ein Konflikt der Gerechtigkeit mit sich selbst (...) vor«.

[228] Um der Rechtssicherheit willen muss – so das Bundsverfassungsgericht in einem frühen Urteil – »auch die Möglichkeit einer im Einzelfall vielleicht unrichtigen Entscheidung in Kauf genommen werden«, BVerfG, Urt. v. 1.7.1953, BVerfGE 2, S. 380 (403).

der Gerechtigkeit zu erreichen versucht. Die materialen Gerechtigkeitspostulate der Leistungs- und der Bedürfnisgerechtigkeit können in ihren Forderungen in Widerspruch zu der Forderung der Gerechtigkeit nach Kontinuität und Gleichmaß treten. »Sofern jede gesellschaftliche Konstellation eine ist, mit der Rechte verbunden sind, ist jeder Vorschlag, die Gesellschaft besser einzurichten, einer, der bestehende Rechte verletzt«, formuliert *Ernst Tugendhat*[229].

Problemträchtig wird diese Dichotomie vor allem dort, wo der Gesetzgeber seiner Aufgabe der Herstellung eines Gleichgewichts nicht nachkommt und ein unerträglicher Missklang zwischen gesetztem Recht und materiellen Gerechtigkeitsmaßstäben entsteht. *Radbruch* löst diesen Konflikt dahin auf, dem positiven Recht auch dann den Vorrang einzuräumen, »wenn es inhaltlich ungerecht und unzweckmäßig ist, es sei denn, dass der Widerspruch des positiven Rechtes zur Gerechtigkeit ein so unerträgliches Maß erreicht, dass das Gesetz als unrichtiges Recht der Gerechtigkeit zu weichen hat« (sog. *Radbruch'sche Formel*)[230].

cc) Gerechtigkeit als Messkunst und originär politische Gestaltungsaufgabe – die Relativität der Gerechtigkeit

Eine Rechtsordnung, die den Anspruch der Gerechtigkeit für sich erhebt, hat einen Gleichklang sehr unterschiedlicher Ziele und Voraussetzungen zu erreichen. Sie hat nicht nur formale Gerechtigkeit herzustellen, sondern auch den inhaltlichen Gerechtigkeitspostulaten der Leistungs- und Bedürfnisgerechtigkeit zu genügen versuchen. Leistungs- und Bedürfnisgerechtigkeit sind elementare Grundforderungen, die an einen gerechten Staat zu stellen sind.

Der Gesichtspunkt der Bedürfnisgerechtigkeit verlangt eine Korrektur vorgefundener sozialer oder natürlicher Verhältnisse, eine Umverteilung des Wohlstands. Mit dem Maß der Leistungsgerechtigkeit gemessen, ist dies ungerecht: Die wesensgemäße Ungleichheit der Leistungen wird nicht berücksichtigt; ungleiche Leistungen (unterschiedlich hohe Sozialversicherungsbeiträge) werden mit gleichen Leistungen vergütet. Jede Umverteilung erfolgt auf Kosten der Leistungsgerechtigkeit. Leistungsunterschiede werden eingeebnet und der Anreiz, Leistungen zu erbringen, ggf. untergraben; die freie Entfaltung der Persönlichkeit wird beengt. Das Prinzip der Leistungsgerechtigkeit indes tendiert dazu, bestehende Ungleichheiten noch zu vergrößern, ohnehin Benachteiligte weiter zurückzusetzen. Es wirkt eher trennend als verbindend. Die verwirklichte Leistungsgerechtigkeit steht im Widerspruch zur Bedürfnisgerechtigkeit.

---

[229] *Tugendhat*, Vorlesungen über Ethik, 1993, S. 387.
[230] *Radbruch* (Fn. 227), S. 353.

Leistungs- und Bedürfnisgerechtigkeit sind zwar legitime, indes im Ergebnis gegensätzliche Lösungen des Gerechtigkeitsproblems. Ihr Verhältnis ist nicht ein solches der Konvergenz, sondern komplizierter und spannungsreicher Verstrickungen und Dialektik[231]. Soziale Gerechtigkeit verpflichtet den Staat auf eine breite Aktivität fiskalischer Politik mit weitgehenden Eingriffen in die Gesellschaftsordnung (mehr Staat). Leistungsgerechtigkeit dagegen fordert eine Beschränkung staatlichen Handelns auf das unabdingbar Notwenige (weniger Staat). Das Verlangen nach freier Persönlichkeitsentfaltung und ungehinderter Privatinitiative steht in einem unauflöslichen Spannungsverhältnis zu dem Interesse am Schutz der sozial Schwächeren und einer ausgewogenen Verteilung der Güter. Beide sind zwar unter dem Dach der Gerechtigkeitsidee des »suum cuique tribuere« vereint, stehen aber in einem Zielkonflikt[232]. Sie sind die beiden Antipoden der Gerechtigkeitsidee.

Die Frage, welcher der beiden Forderungen bei einer konkreten staatlichen Zuteilungsaufgabe (wie etwa der Zuteilung von staatlichen Studienförderung) nachzugeben ist, lässt sich nicht aufgrund logischer Deduktion beantworten, sondern mit guten Argumenten zugunsten der einen wie der anderen entscheiden. Der liberal Gesinnte misst dem Aspekt der Leistungsgerechtigkeit einen zentralen Gesichtspunkt zu und fordert die Vergabe nach Fähigkeiten und Begabungen; auch der Sozialist erhebt den Anspruch, Gerechtigkeit zu üben, versteht darunter indes wiederum etwas anderes, nämlich die Verteilung nach Maßgabe der Bedürftigkeit. Die Auswahl des Differenzierungskriteriums ist kein reiner Erkenntnisprozess, der in vollem Umfang durch objektive Kriterien prädestiniert wäre. Welche Merkmalsunterschiede für eine Differenzierung wesentlich sind, bleibt einer nicht weiter auflösbaren wertenden Gewichtung anheim gestellt. Die Subjektivität des Urteilenden, insbesondere sein politischer Standort, seine ideologische Orientierung und der gesellschaftliche Hintergrund, gibt den Ausschlag[233]. Der zeitweise unversöhnliche Wettstreit der Ideologien stellt sich vor diesem Hintergrund als nichts anderes als ein Ringen um Gerechtigkeit dar. Das Gleichheitsverständnis und die Beurteilungsmaßstäbe, aus denen sich ergibt, was als wesentlich zu gelten hat, unterliegen in besonderem Maße dem Wandel der gesellschaftlichen Anschauungen. Sie wechseln mit dem vorherrschenden Menschenbild und den politischen Zielvorstellungen[234].

---

[231] Vgl. *Dürig*, in: Maunz/Dürig/Herzog (Hrsg.), Grundgesetz, Art. 3 Rdnr. 120ff. (Stand: Mai 1994); *Kloepfer*, Gleichheit als Verfassungsfrage 1980, S. 46ff.; *Zippelius*, VVDStRL 47 (1989), S. 7 (17).

[232] Ausführlich dazu *Brown/Heal*, The Review of Economic Studies 1979, S. 571ff.; *Britz*, Die Verwaltung 1997, S. 185 (197).

[233] *Hesse*, AöR 77 (1951/52), S. 167 (174).

[234] Die kulturgeschichtliche Prägung des Gleichheitsverständnisses lässt sich anschaulich an der Sozialgeschichte der letzten beiden Jahrhunderte nachvollziehen: In der geschichteten Gesellschaft des 18. Jahrhunderts wurde das, was jedermann zukam, nach der

Der moderne Gesetzgeber versucht den unterschiedlichen Zielen von Leistungs- und Bedürfnisgerechtigkeit heute kumulativ Rechnung zu tragen, meist auf unterschiedlichen Stufen durch unterschiedliche Institutionen oder durch Mischinstrumente. Er überlässt die Primärverteilung dem Markt und dem Leistungsprinzip; die Bereinigung unerwünschter allokatorischer Wirkungen und das Ziel der Herstellung von Bedürfnisgerechtigkeit überantwortet er öffentlich-rechtlichen Subsystemen der Verteilung, insbesondere dem Steuer- und Sozialrecht[235]. Der Bruttolohn wird nach der Leistung, der Nettoverdienst nach den Bedürfnissen (z. B. der Zahl der Kinder) bemessen. Stipendien und staatliche Ausbildungsförderungen werden leistungsabhängig vergeben, deren Höhe bemisst sich nach der Bedürftigkeit. Der Bedürftigkeitsaspekt verdient bei der Güterabwägung dabei umso eher den Vorzug, je lebenswichtiger das betreffende zu gewährende Gut ist.

---

sozialen Stellung bestimmt. Durch Geburt wurde der Einzelne Teil einer Klasse oder Berufsgruppe. Sie war allgemeine Bemessungsgrundlage für seine Rechte und Pflichten. Wer als gleich anzusehen war, wurde durch die Geburt definiert.

Im Zuge der industriellen Revolution vollzog sich eine grundlegende Veränderung der Produktionsbedingungen. Die Zünfte lösten sich auf, die Standesschranken schwanden. Der Lohn wurde fortan nach der individuell erbrachten Leistung, nicht nach Stand und Klasse bemessen. Als Maßstab des Seinen galten nicht mehr die überkommene Zugehörigkeit zu einem Geburtsstand oder überkommene Privilegien, sondern die individuellen Fähigkeiten und Verdienste. Die statische Gerechtigkeit des Besitzstands machte zusehends der dynamischen Leistungsgerechtigkeit Platz. Gedanklichen Nährboden säten insbesondere Reformation und Aufklärung. Mit dem reformatorisch betonten Gedanken einer Gottebenbildlichkeit jedes Menschen und dem daraus folgenden Gedanken der Gleichheit der Menschen vor Gott und mit der aufklärerischen Vorstellung *Kants*, jeder sei eine dem anderen gleich zu achtende moralische Instanz, waren ständische Privilegien unvereinbar. Seinen sichtbarsten Ausdruck fand der Gedanke der Gleichheit aller Menschen und der Wille, die Standesschranken niederzureißen, in der französischen Revolution. Sie war eine Rebellion der Gleichheit gegen das schicksalhafte Hineingeborensein in eine durch die Geburt definierte Rolle.

Die Freigabe der Standesschranken und die Liberalisierung des Wirtschaftsverkehrs verlieh dem individuellen Erwerbsstreben starke Impulse. Zugleich gerieten die von den Fesseln der alten Wirtschaftsordnung Befreiten in neue umso stärkere Abhängigkeit und Unfreiheit: Im Hinblick auf ihre Fähigkeiten und Begabungen sowie ihren Besitzstand Benachteiligte, insbesondere ehemalige Bauern und Landarbeiter, deren Arbeitskraft auf dem Markt eine verhältnismäßig geringe Gegenleistung wert war, drohten in den Städten dem Leistungswettbewerb zum Opfer zu fallen. Ganze Volksschichten verelendeten. Dies war die Geburtsstunde der Arbeiterfrage, der Frage nach der sozial angemessenen Beteiligung aller Gesellschaftsmitglieder am gemeinsamen, arbeitsteilig erworbenen Wohlstand und der Berücksichtigung der ungleichen Ausgangsvoraussetzungen und Startbedingungen der Bürger bei der Verteilung von Gütern und Lasten. Gerechtigkeit wurde in zunehmendem Umfang als soziale Gerechtigkeit (Bedürfnisgerechtigkeit) verstanden.

[235] Vgl. *Britz*, Die Verwaltung 1997, 185 (200); *Gawel*, Ökonomische Effizienzforderungen und ihre juristische Rezeption, in: ders. (Hrsg.), Effizienz im Umweltrecht, 2001, S. 9 (37); *H. B. Schäfer/Ott*, Lehrbuch der ökonomischen Analyse des Zivilrechts, 4. Aufl. 2005, S. 7; dazu im Einzelnen infra S. 248.

Die gerechte Abwägung zwischen beiden und anderen Gerechtigkeitspostulaten ist kein ein für allemal erreichter Zustand der staatlichen Rechtsordnung. Sie bleibt eine Gratwanderung mit unbekannter Route. Die Herstellung von Gerechtigkeit, insbesondere die Abwägung der Gerechtigkeitsmaßstäbe gegeneinander, ist eine politische Gestaltungsaufgabe, die fortwährend neu aufgegeben ist. Sie ist ein Suchprogramm, das nach der rechten Ordnung des Gemeinwesens fahndet – immer in dem vollen Bewusstsein, nur eine Annäherung an einen »Idealzustand« erreichen zu können.

Die Gestaltungsaufgabe der Gerechtigkeit wahrzunehmen ist in der repräsentativen Demokratie Aufgabe des Parlaments. Ihm ist unmittelbar von dem Volk als Träger der Staatsgewalt ein Mandat zur Herstellung von Gerechtigkeit anvertraut. Gerade in der Freiheit der Auswahl der Vergleichsmerkmale und der Freiheit in der Gewichtung der Relevanzfaktoren des Gerechtigkeitsurteils kommt die auf demokratischer Legitimation beruhende Gestaltungsmacht des Gesetzgebers zum Ausdruck. In dem Akt der Wahl liegt damit eine Kompetenzzuweisung an den Gesetzgeber zur Konkretisierung der Gleichheit und Verwirklichung von Gerechtigkeit. In diese Kompetenz würde der Richter eingreifen, wenn er seine politisch-sachlichen Erwägungen von Gerechtigkeit an die Stelle der Erwägungen des Gesetzgebers setzen würde, welche eine größere demokratische Legitimation für sich in Anspruch nehmen können[236]. Ungerechtfertigte Ungleichbehandlungen können nur aus schwerwiegenden Gründen, denen breiteste Akzeptanz sicher ist, eine richterliche Verwerfung von Gesetzen rechtfertigen[237]. Der Grundsatz der Gewaltenteilung und die Bindung des Richters an das Gesetz stehen einer uneingeschränkten Kompetenz der Gerichte zur Herstellung von Rechtsanwendungsgleichheit entgegen.

Anders als die übrigen Grundrechte gibt Art. 3 Abs. 1 GG dem Richter den Entscheidungsmaßstab nicht vor; er gibt ihn vielmehr auf[238]. Was »wesentlich« ist, d.h. an welche Merkmale eine (Un-)Gleichbehandlung anzuknüpfen ist, hängt von dem Regelungsziel ab. Es bestimmt, wann und inwieweit ein Merkmal für eine Unterscheidung von Bedeutung ist. Über es zu befinden, ist grundsätzlich zunächst der Gesetzgeber berufen.

---

[236] BVerfG, Urt. v. 17.12.1953, BVerfGE 3, S. 58 (135f.); BVerfG, Beschl. v. 17.3.1959, BVerfGE 9, S. 201 (206); BVerfG, Urt. v. 24.7.1926, BVerfGE 14, S. 221 (228); BVerfG, Beschl. v. 19.12.1967, BVerfGE 23, S. 12 (25); BVerfG, Beschl. v. 19.12.1978, BVerfGE 50, S. 57 (77); BVerfG, Beschl. v. 26.3.1980, BVerfGE 54, S. 11 (26); BVerfG, Beschl. v. 10.1.1984, BVerfGE 66, S. 84 (95); *Leibholz*, Gleichheit vor dem Gesetz, 1925, S. 77f.; *Apelt*, JZ 1951, 353ff.; *Gubelt*, in: v. Münch/Kunig (Hrsg.), 5. Aufl. 2000, Art. 3 Abs. 1 GG Rdnr. 23; *Kannengießer*, in: Schmidt-Bleibtreu/F. Klein, GG, 11. Aufl. 2007, Art. 3 Rdnr. 16.

[237] *Zippelius*, VVDStRL 49 (1989), S. 7 (26).

[238] *P. Kirchhof*, Der allgemeine Gleichheitssatz, in: Isensee/P. Kirchhof (Hrsg.), HStR V, 2. Aufl. 2000, § 124 Rdnr. 22.

(1) Die Willkürformel des Bundesverfassungsgerichts

Der inhaltlichen Offenheit des allgemeinen Gleichheitssatzes korrespondiert in der Rechtsprechung des Bundesverfassungsgerichts eine weitgehende Begrenzung der gerichtlichen Prüfungsdichte: Es räumt dem Gesetzgeber im Anschluss an *Leibholz*[239] insbesondere in seiner frühen Rechtsprechung grundsätzlich ein weites Gestaltungsermessen ein. Es sei Sache des Gesetzgebers zu entscheiden, welche Elemente der zu ordnenden Lebensverhältnisse maßgebend dafür sind, sie rechtlich gleich oder ungleich zu behandeln[240]. Der an den Gleichheitssatz gebundene Gesetzgeber könne grundsätzlich selbst diejenigen Sachverhalte auswählen, an die er dieselbe Rechtsfolge knüpft, die er also im Rechtssinne als gleich ansehen will[241]. Hierbei habe das Bundesverfassungsgericht nur die äußersten Grenzen der gesetzgeberischen Freiheit nachzuprüfen, nicht aber, ob der Gesetzgeber im Einzelfall die jeweils zweckmäßigste, vernünftigste und gerechteste Lösung gefunden hat. Die Gestaltungsfreiheit des Gesetzgebers ende erst dort, wo die gleiche oder ungleiche Behandlung der geregelten Sachverhalte nicht mehr mit einer am Gerechtigkeitsgedanken orientierten Betrachtungsweise vereinbar sei, wo also ein einleuchtender Grund für die gesetzliche Differenzierung schlechterdings nicht mehr erkennbar ist. Der Gleichheitssatz ist danach erst dann verletzt, wenn die Regelung unter keinem sachlich vertretbaren Gesichtspunkt gerechtfertigt erscheint, d. h. wenn sie willkürlich ist (sog. *Willkürformel*)[242].

Die Willkürformel versucht dem Spannungsverhältnis zwischen dem verfassungsrechtlichen Gestaltungsauftrag des Gesetzgebers einerseits und dem Gebot umfassenden gerichtlichen Rechtsschutzes andererseits durch einen Kompromiss in der Auseinandersetzung um die richtige Kompetenzverteilung zwischen Gesetzgeber und Gerichten gerecht zu werden: Dem Gesetzgeber wird ein weitgehender Gestaltungsspielraum zur Herstellung von Gleichheit und Gerechtigkeit belassen; er ist dabei aber an die Grenzen der Willkür gebunden[243].

---

239 *Leibholz*, Die Gleichheit vor dem Gesetz, 1925, S. 78.

240 BVerfG, Beschl. v. 9.7.1969, BVerfGE 26, S. 302 (310).

241 BVerfG, Urt. v. 20.12.1966, BVerfGE 21, S. 12 (26); BVerfG, Beschl. v. 7.5.1968, BVerfGE 23, S. 242 (252); BVerfG, Beschl. v. 26.10.1976, BVerfGE 43, S. 58 (70); BVerfG, Beschl. v. 20.10.1977, BVerfGE 46, S. 214 (233); BVerfG, Beschl. v. 11.3.1980, BVerfGE 53, S. 13 (329); BVerfG, Beschl. v. 8.4.1987, BVerfGE 75, S. 108 (157); BVerfG, Beschl. v. 8.6.1988, BVerfGE 78, S. 249 (287) – Fehlbelegungsabgabe.

242 BVerfG, Urt. v. 5.3.1958, BVerfGE 7, S. 282 (315); BVerfG, Beschl. v. 28.6.1960, BVerfGE 11, S. 245 (253); BVerfG, Beschl. v. 31.1.1962, BVerfGE 13, S. 356 (362); BVerfG, Urt. v. 24.7.1962, BVerfGE 14, S. 221 (238); BVerfG, Beschl. v. 21.10.1971, BVerfGE 32, S. 157 (167); BVerfG, Beschl. v. 25.10.1978, BVerfGE 49, S. 382 (396); st. Rspr.

243 Vgl. etwa zuletzt BVerfG, Beschl. v. 13.3.2007, NVwZ 2007, S. 937 (939 m. w. N.) – Zuteilungsgesetz. Der Richter bleibt in diesem System nicht funktionslos. Er überwacht zum einen das Recht auf willkürliche Systembrüche und entwickelt es im Wege der

Als Kompromissformel und Gratwanderung zwischen gesetzgeberischer Freiheit und verfassungsrechtlicher Gerechtigkeitsgarantie setzt sich die Willkürformel Angriffen aus unterschiedlichen Stoßrichtungen aus: Auf der einen Seite birgt sie die Gefahr inhaltlicher Konturlosigkeit und des Abgleitens in eine allgemeine Gerechtigkeitskontrolle[244]. Da die Grenze zwischen »bloß ungerechten« und »schon willkürlichen« Gesetzen fließend ist, ist sie geeignet, einem methodisch nicht mehr kontrollierbaren verfassungsrichterlichen Dezisionismus den Weg zu ebnen. Auf diese Weise kann die subjektive Auffassung des Interpreten zum Maßstab des Gleichheitssatzes und die Willkür zur Einbruchstelle für eine allgemeine Richtigkeitskontrolle werden[245]. Die Willkürformel entkleidet dann das Gleichheitsgebot seiner Praktikabilität und wirkt im Sinne einer Denaturierung und Aufblähung.

Noch drängender sieht sich die Willkürformel der Kritik ausgesetzt, in ihrer Weite als Kontrollmaßstab den Anforderungen und der Zielrichtung des Art. 3 Abs. 1 GG nicht zu genügen. Eine Ausdeutung des Art. 3 Abs. 1 GG, die jedem sachlichen Grund eine Ungleichbehandlungen rechtfertigende Wirkung beimisst, steht in der Gefahr, dem Rechtsschutzgehalt des allgemeinen Gleichheitssatzes als Kontrollmaßstab Hohn zu sprechen. Sie

Rechtsfortbildung weiter. Trifft er auf einen Fall, für den das Gesetz eine bestimmte Rechtsfolge nicht angeordnet hat, die er für andere gleich zu achtende Fälle verbindlich festgeschrieben hat, findet er also wesentliches Gleiches ungleich behandelt, so ist er kraft Art. 3 Abs. 1 GG grundsätzlich zur Gleichbehandlung der wertungsmäßig gleichen Fälle verpflichtet. Hat der Gesetzgeber den ungleich behandelten Fall nicht gesehen, so besteht eine Gesetzeslücke: Der Richter darf die Rechtsfolge des ungeregelten Falles im Wege der Analogie auf den geregelten, wertungsmäßig gleichen Fall übertragen. Ähnliches gilt im umgekehrten Fall eines zu weit geratenen Gesetzeswortlauts: Der Richter darf das Gesetz auf einen von ihm erfassten, aber wertungsmäßig wesentlich ungleichen Fall unangewendet lassen *(teleologische Reduktion)*. Der Analogieschluss wie die teleologische Reduktion sind Anwendungsfälle des Gerechtigkeitsgebots, wesentlich Gleiches gleich und wesentlich Ungleiches ungleich zu behandeln. Der Gleichheitssatz deckt Inkonsequenzen in den Wertentscheidungen der Rechtsordnung auf und dient so der Systemgerechtigkeit und der Einheit des Rechts (*Larenz*, Methodenlehre der Rechtswissenschaft, 5. Aufl. 1983, S. 358 ff.; *Zippelius*, Juristische Methodenlehre, 10. Aufl. 2006, § 11 I b). Er ist die Seele juristischer Hermeneutik (*Zippelius*, VVDStRL 47 [1989], S. 7 [30]). Voraussetzung für die Rechtsfortbildung im Wege der Analogie sowie der teleologischen Reduktion ist jedoch eine planwidrige Gesetzeslücke: Hat der Gesetzgeber wertungsmäßig ungleiche Fälle gleichen Rechtsfolgen unterwerfen wollen, ist der Richter kraft Art. 20 Abs. 3 GG an das gesetzte Recht gebunden. Ob der zu entscheidende Fall wertungsmäßig gleich ist, hat grundsätzlich nicht der Richter, sondern der Gesetzgeber zu befinden. Ein Hinwegsetzen über die politische Entscheidung des Gesetzgebers unter Berufung auf den Gleichheitssatz, steht ihm nur insoweit zu Gebote, als der Gesetzgeber selbst die Grenzen des Gerechtigkeitsdenkens in einer jeden Sachgrund vernachlässigenden Weise überschreitet.

244 *Apelt*, JZ 1951, S. 353 (355 ff.); *Eyermann*, Gleichheitssatz – Wurzel des Willkürverbots?, in: Festschrift zum 25jährigen Bestehen des Bayer. Verfassungsgerichtshofes, 1972, S. 45 ff.; *Fuß*, JZ 1959, S. 329 ff.; *Thoma*, DVBl. 1951, S. 457 ff.; *Schweiger*, Zur Geschichte und Bewertung des Willkürverbots, 1972, S. 67 ff.

245 *Arndt*, NJW 1961, S. 2153 (2154).

droht den Gesetzgeber zu weitgehend aus seiner verfassungsrechtlichen Bindung zu entlassen und die prinzipielle Gebundenheit des Gesetzgebers (Art. 1 Abs. 3 GG, 20 Abs. 3 GG) in prinzipielle Ungebundenheit zu verkehren[246].

Soll das Gebot, *wesentlich* Gleiches gleich und *wesentlich* Ungleiches ungleich zu behandeln, sicherstellen, dass nicht jeder beliebige Unterschied zwischen den Vergleichsobjekten eine Differenzierung rechtfertigt, sondern nur solche, die *in dem betreffenden Zusammenhang* wesentlich sind[247], und besteht Gleichbehandlung darin, bei der Beurteilung eines Lebenssachverhalts diejenigen Merkmale zum Anknüpfungspunkt einer Unterscheidung zu machen, die in dem betreffenden Zusammenhang erheblich sind (Bsp.: Staatsangehörigkeit als Voraussetzung der Wahlberechtigung) und vice versa diejenigen Merkmale unberücksichtigt zu lassen, die für den intendierten Regelungszweck unerheblich sind (Bsp.: Besitzstand im Wahlrecht), kann es zur Rechtfertigung von Ungleichbehandlungen nicht genügen, auf die eine oder andere zwischen ihnen bestehende Verschiedenheit hinzuweisen. Vielmehr sind die Unterschiede nur dann wesentlich und Differenzierungen dem Gesetzgeber nur dann erlaubt, wenn zwischen den vorgefundenen Verschiedenheiten und der an sie geknüpften Differenzierung ein innerer

---

[246] Die verschiedenen erläuternden Formeln, mit denen das BVerfG die nähere Bestimmung des Gleichheitssatzes versucht, wurden früh als erstarrte Leerformeln gescholten, die ihn als solche nicht mit Inhalt füllten und zu einem geeigneten Prüfungsmaßstab machten. Eine weite, auf Willkür beschränkte Prüfung des Art. 3 Abs. 1 GG entwerte dieses Grundrecht und lasse es leer laufen. Insbesondere verleugne sie die Eigenständigkeit seines Schutzgehaltes. Denn ein entsprechendes Verbot willkürlichen Staatshandelns lasse sich bereits aus dem Rechtsstaatsgebot herleiten: dieses untersage schon a limine Regelungen, für die sich ein sachlicher Grund schlechterdings nicht ausmachen lässt (*Wendt*, NVwZ 88, S. 778 [780]). Überdies sah sich die Rechtsprechung des Bundesverfassungsgerichts wiederholt dem Vorwurf ausgesetzt, es gehe hinsichtlich seines judicial self-restraint weiter als nach der Willkürformel nötig (vgl. etwa *Rupp-v. Brüneck*, Sondervotum zu dem Beschluss des BVerfG vom 12.12.1973, BVerfGE 36, 237 [247ff.]), so dass die Gleichheitskontrolle sich durch Minimalismus und Quietismus auszeichne: Die Anforderungen an den »sachlichen Grund« habe das BVerfG im Laufe der Zeit in unvertretbarer Weise herabgestuft. Sofern sich ein zureichender Grund nicht aus dem Gesetz selbst ergeben habe, sei er in den Motiven zu dem Gesetz gefunden worden. Wenn auch das fehlgeschlagen sei, habe sich das Gericht höchstselbst auf die Suche nach einem solchen Grund gemacht und sich in seinem Einfallsreichtum dabei von niemandem übertreffen lassen (*Wendt*, NVwZ 1988, S. 778 [779]). Dies führe dazu, dass schon irgendein für die Ungleichbehandlung sprechendes Argument den Gleichheitsverstoß ausschließen könne, sofern dieses Argument nicht neben der Sache liegt oder sonst offensichtlich falsch ist (*von Arnim*, Staatslehre der BRD, 1984, S. 157f.).
Damit drohe der Gleichheitssatz auf ein inhaltlich nicht qualifiziertes *Begründungsgebot* reduziert zu werden, das dem Bürger keinen effektiven verfassungsrechtlichen Rechtsschutz gegenüber einem kurzatmigen und den wechselnden Gestimmtheiten verpflichteten Gesetzgeber verleiht (*Dürig*, in: Maunz/Dürig/Herzog, GG, Art. 3 Rdnr. 316ff. [Stand: Mai 1994]; etwa *Hamann*, NJW 1955, S. 969 (970); *ders.*, NJW 1957, S. 2 (4). *Huster*, Rechte und Ziele, 1993, S. 51ff.; *Wendt*, NVwZ 1988, S. 778 [780]).

[247] So schon *Leibholz*, Gleichheit vor dem Gesetz, 1925, S. 47.

Konnex besteht, der so bedeutsam ist, dass er die Ungleichbehandlung zu rechtfertigen vermag[248]. Die betroffenen Sachverhalte müssen gerade hinsichtlich eines solchen Gesichtspunkts ungleich sein, der einen inneren Bezug zu der Eigenart der normierten Materie und des Differenzierungskriteriums aufweist[249]. So ist der Geschlechtsunterschied zwischen Mann und Frau für die Frage der Verpflichtung zum Wehrdienst erheblich[250], für die Besteuerung hingegen unerheblich. Das Innehaben eines menschenwürdigen Daseins von der Leistungsfähigkeit abhängig zu machen, erschiene ebenso ungerechtfertigt, wie bei den Einstellungsvoraussetzungen für den Richterberuf auf die Bedürftigkeit abzustellen. Die Unterscheidung zwischen arm und reich ist für das Steuerrecht erheblich, für das Wahlrecht hingegen belanglos. Die festgestellte Verschiedenheit muss also mit Blick auf den Regelungszweck ihrer Art nach gerade eine solche Ungleichbehandlung zu tragen vermögen[251]. Das setzt voraus, dass die angelegten Differenzierungskriterien zur Verwirklichung des angestrebten Regelungsziels angemessen sind. Diesem Erfordernis eines rechten Verhältnisses zwischen Differenzierungsziel und Differenzierungskriterium hat das Bundesverfassungsgericht in seiner frühen Rechtsprechung in seiner wenig strukturierten Gleichheitsprüfung nicht immer ausreichend Rechnung getragen[252], indem es die Prüfung auf Fälle krasser Nichtberücksichtigung von Einzelumständen, d. h. die evidente Unsachlichkeit der getroffenen Regelung, beschränkt hat[253]. Zu seiner Überprüfung bietet die Heranziehung des Prinzips der Verhältnismäßigkeit als Maßstab seine Dienste an.

---

[248] So schon *Platon*, Gesetze VI, 757; *Aristoteles*, Politeia III (1280 a, 1282 b), V (1301 a).

[249] *Selmer*, AöR 101 (1976), S. 399 (444); *Zippelius*, VVDStRL 47 (1989), S. 7 (24).

[250] Vgl. zum freiwilligen Dienst an der Waffe EuGH, Urt. v. 11.1.2000, NZA 2000, S. 137 ff. – Kreil; EuGH, Urt. v. 11.3.2003 – Dory; dazu *Kämmerer*, EuR 2000, S. 102 ff.; *ders.*, EuR 2003, S. 447 ff.

[251] *Friauf*, Die verfassungsrechtliche Problematik einer Diskriminierung der im Wege des Leasing angeschafften Wirtschaftsgüter gegenüber anderen Investitionsformen im Wirtschafts- und Abgaberecht, 1979, S. 17.

[252] Anders als das Bundesverfassungsgericht noch der Vordenker der Willkürformel *Leibholz* (Gleichheit vor dem Gesetz, S. 76): »Eine Norm ist dann als willkürlich zu charakterisieren, wenn überhaupt kein innerer Zusammenhang zwischen der getroffenen Bestimmung und zwischen dem durch dieselbe verfolgten Zweck besteht oder *wenn ein solcher zwar besteht, aber in einem völlig unzulänglichen Verhältnis*« (Hervorhebung des Verf.).

[253] Vgl. nur BVerfG, Urt. v. 5.3.1958, BVerfGE 7, S. 305 (315); BVerfG, Beschl. v. 28.6.1960, BVerfGE 11, S. 245 (253); BVerfG, Urt. v. 24.7.1962, BVerfGE 14, S. 221 (238); BVerfG, Beschl. v. 21.10.1971, BVerfGE 32, S. 157 (167).

(2) Art. 3 Abs. 1 GG und das Prinzip der Verhältnismäßigkeit

(a) Die »Neue Formel« des Bundesverfassungsgerichts

Eine Kehrtwende in diese Richtung scheint das Bundesverfassungsgericht in einem Beschluss vom 7. Oktober 1980[254] vollzogen zu haben[255]. Es stellt seine Gleichheitsrechtsprechung auf neue dogmatische Füße. Ohne von der Willkürformel ausdrücklich abzurücken, prüft es nunmehr die Verletzung des Art. 3 Abs. 1 GG an einer neuen Formel: Das Grundrecht des Art. 3 Abs. 1 GG sei vor allem dann verletzt, wenn eine Gruppe von Normadressaten im Verhältnis zu anderen Normadressaten anders behandelt wird, obwohl zwischen beiden Gruppen *keine Unterschiede von solcher Art und solchem Gewicht* bestehen, dass sie die ungleiche Behandlung rechtfertigen können[256]. Nicht mehr jeder sachliche Grund soll eine (Un-)Gleichbehandlung rechtfertigen, sondern nur Gründe, die im Verhältnis zur (Un-)Gleichbehandlung von besonderer Art und besonderem Gewicht sind.

Das Bundesverfassungsgericht wendet den Verhältnismäßigkeitsgrundsatz im Rahmen des allgemeinen Gleichheitssatzes nicht unbeschränkt an. Vielmehr entnimmt es ihm je nach Regelungsgegenstand und Differenzierungsmerkmalen unterschiedliche Grenzen für den gesetzgeberischen Gestaltungsspielraum, welche vom bloßen Willkürverbot bis zu einer strengen Bindung an Verhältnismäßigkeitserfordernisse reichen[257]. Einer strengen

---

[254] BVerfG, Beschl. v. 7.10.1980, BVerfGE 55, S. 72 (88, 91); vgl. *Katzenstein*, Sondervotum, BVerfGE 74, S. 28 (30); dazu etwa *K. Hesse*, AöR 109 (1984), S. 174 (188ff.); *Bethge*, NJW 1991, S. 2391 (2397).

[255] Der Erste Senat hatte darüber zu befinden, ob es mit dem Grundgesetz vereinbar ist, dass in zivilrechtlichen Streitigkeiten Angriffs- und Verteidigungsmittel, die im ersten Rechtszug zu Recht zurückgewiesen worden sind, im Berufungsverfahren generell ausgeschlossen bleiben. Der Bundesgesetzgeber hatte im Dezember 1978 in § 528 Abs. 3 ZPO eine Vorschrift eingefügt, die eine entsprechende Präklusion vorsah. Mehrere Gerichte sowie ein Verfassungsbeschwerdeführer sahen in der Vorschrift einen Verstoß gegen Art. 3 Abs. 1 GG. Sie waren der Auffassung, die Vorschrift begünstige diejenigen ungerechtfertigt, die entgegen dem Beschleunigungs- und Konzentrationsgebot – möglicherweise absichtlich – einen Vortrag überhaupt erstmals in der Berufungsinstanz einführen, gegenüber denen, die einen Vortrag in der ersten Instanz verspätet einbringen. Im ersten Fall bleibe die Nachlässigkeit unbestraft, im zweiten (weniger regelwidrigen) Fall werde sie sanktioniert. Die von der säumigen Partei verspätet geltend gemachten Angriffs- und Verteidigungsmittel erlitten je nach dem Zeitpunkt, in dem sie vorgebracht werden, ein unterschiedliches Schicksal. Für die Verschiedenbehandlung fehle es an einem sachlichen Grund BVerfG, Beschl. v. 7.10.1980, BVerfGE 55, S. 72 (78). Der Erste Senat des Bundesverfassungsgerichts konnte in der umstrittenen Vorschrift keinen Verfassungsverstoß erkennen.

[256] BVerfG, Beschl. v. 7.10.1980, BVerfGE 55, S. 72 (88); seither st. Rspr.; vgl. etwa BVerfG, Beschl. v. 16.3.1982, BVerfGE 60, S. 123 (133f.) – Transsexuellengesetz; BVerfG, Beschl. v. 18.11.1986, BVerfGE 74, S. 9 (24); BVerfG, Beschl. v. 3.10.1989, BVerfGE 81, S. 1 (8) – Schlüsselgewalt; BVerfG, Beschl. v. 29.11.1989, BVerfGE 81, S. 108 (118); BVerfG, Beschl. v. 23.1.1990, BVerfGE 81, S. 228 (236).

[257] Vgl. etwa BVerfG, Beschl. v. 16.3.1982, BVerfGE 60, S. 123 (133f.) – Namensänderung bei Transsexuellen; BVerfG, Beschl. v. 14.7.1999, BVerfGE 101, S. 54 (101) – Schuldrechtsanpassungsgesetz; BVerfG, Beschl. v. 12.2.2003, BVerfGE 107, S. 218 (244).

Bindung unterliegt der Gesetzgeber nach dieser Rechtsprechung zum einen bei *personenbezogenen Differenzierungen*, d. h. bei Ungleichbehandlungen von Personengruppen und Ungleichbehandlungen von Sachverhalten, die mittelbar eine Ungleichbehandlung von Personengruppen bewirken. Bei lediglich *verhaltensbezogenen Differenzierungen* hingegen hängt nach der Rechtsprechung des Gerichts das Maß der Bindung davon ab, inwieweit die Betroffenen in der Lage sind, durch ihr Verhalten die Verwirklichung der Merkmale zu beeinflussen, nach denen unterschieden wird. Je mehr die Ungleichbehandlung den Gebrauch grundrechtlich geschützter Freiheiten erschwert und je mehr ihr Anknüpfungspunkt einem der nach Art. 3 Abs. 3 GG oder anderen speziellen Gleichheitssätzen ähnelt, umso mehr spricht für eine strenge Prüfung anhand der Maßstäbe der »Neuen Formel«. In allen übrigen Fällen der Gleichheitsprüfung kommt als Maßstab nur das Willkürverbot in Betracht.

Durch die »Neue Formel« des Bundesverfassungsgerichts sahen sich diejenigen Stimmen in der Literatur in ihrer Auffassung bestätigt, die eine generelle Ausdehnung des Verhältnismäßigkeitsprinzips auf die Gleichheitsprüfung fordern[258]: Als grundlegende Leitregel staatlichen Handelns beanspruche das Verhältnismäßigkeitsprinzip umfassende Geltung; ihm könne der Bereich des Gleichheitssatzes folglich nicht verschlossen bleiben. Über einen sachlichen Grund hinaus sei die Verhältnismäßigkeit von Differenzierungsziel und Differenzierungskriterium erforderlich, d. h. der Gesetzgeber dürfe bei der Abstraktion von den tatsächlichen Verschiedenheiten der Sachverhalte nur diejenigen Merkmale zum Anknüpfungspunkt einer Unterscheidung machen, die für die Erreichung des Differenzierungsziels angemessen seien. Das aber setze voraus, dass die durch die Differenzierungskriterien bedingten Ungleichbehandlungen zur Erreichung dieses Zwecks geeignet, erforderlich und angemessen sind. Insbesondere für den Bereich der staatlichen Verteilungslenkung forderte etwa *Berg*[259] bereits früh eine Verpflichtung des Staates zur Abwägung unter Beachtung des Verhältnismäßigkeitsprinzips. Ähnlich sieht etwa *C. Koenig* die staatliche Verteilungslenkung umfassend durch das Verhältnismäßigkeitsprinzip determiniert: Ihm komme hier die Funktion eines grundrechtlichen Optimierungsgebotes zu[260].

---

[258] In diesem Sinne etwa *Kloepfer*, Gleichheit als Verfassungsfrage, 1980, S. 62ff.; vgl. auch *Pieroth/Schlink*, Grundrechte, 23. Aufl. 2007, Rdnr. 506; *Wendt*, NVwZ 1988, S. 778 (784ff.); *Alexy*, Theorie der Grundrechte, 5. Aufl. 2006, S. 390f. mit Fn. 91 sowie S. 100ff.; *Hsu*, Verfassungsrechtliche Schranken der Leistungsgesetzgebung im Sozialstaat, 1986, S. 66 mit Fn. 111; *Gusy*, NJW 1988, S. 2505 (2507); *Schoch*, DVBl. 1988, S. 863 (874).

[259] *Berg*, Der Staat 1976, S. 1 (25).

[260] *C. Koenig*, Die öffentlich-rechtliche Verteilungslenkung, 1994, S. 208ff.; ähnlich *Voßkuhle*, Die Verwaltung 32 (1999), S. 21 (34).

(b) Verhältnismäßigkeitsprinzip und Gleichheitssatz – eine Synopse

Das Verhältnismäßigkeitsprinzip, welches die »Neue Formel« in sich aufzunehmen scheint, stellt einen Konfliktlösungsmechanismus für diejenigen Situationen dar, in denen mehrere Güter, Werte oder Ziele in der Weise kollidieren, dass das eine nur auf Kosten des anderen verwirklicht werden kann, wiewohl ihre möglichst weitgehende Realisierung durch die Verfassung aufgegeben ist[261]. Es beinhaltet ein Gebot, Rechtsgüterkonflikte in schonender Weise auszugleichen.

In der Forderung nach Maßstabsgerechtigkeit hinsichtlich eines normativ vorgegebenen Zieles trifft es sich mit dem Gebot des allgemeinen Gleichheitssatzes, wesentlich Gleiches gleich und wesentlich Ungleiches ungleich zu behandeln. Zwischen beiden Prinzipien besteht eine enge Affinität, die es zu rechtfertigen scheint, beide in einen Konnex zu bringen. Beiden ist ein freiheitsschützender Charakter gemeinsam: Sie gebieten, die Interessen aller gleichermaßen zu achten und die Freiheitsansprüche der Bürger gerecht auszutarieren[262]. Beide zielen damit auf Gleichheitsverwirklichung, nämlich auf Gleichheit der Bürger in der Freiheit. Eine am Gerechtigkeitsgebot orientierte Gleichheit ist daher nachgerade darauf angelegt, Gleichmaß und Übermaßverbot in sich aufzunehmen und miteinander zu verbinden. Nicht zuletzt deshalb wird oft auch der Ursprung des Verhältnismäßigkeitsgrundsatzes in Art. 3 Abs. 1 GG gesehen[263].

Beide Prinzipien decken sich freilich nicht völlig; zwischen ihnen bestehen signifikante Unterschiede: Der Gleichheitssatz fordert den Vergleich zweier Sachverhalte. Er setzt immer die Bezugnahme auf andere Sachverhalte voraus[264]. Bei der Verhältnismäßigkeitsprüfung hingegen muss ein Vergleichspaar nicht notwendig gegeben sein. So könnte ein Robinson Crusoe durch eine gedachte Staatsgewalt weder gleich noch ungleich behandelt werden, wohl aber unverhältnismäßig[265]. Der Bezugsrahmen der Maßstabsgerechtigkeit ist daher bei der Verhältnismäßigkeitsprüfung ein anderer: Während der Gleichheitssatz an der Gesamtheit vergleichbarer Fälle Maß nimmt, sich somit auf die (horizontale) Perspektive aller möglichen Betroffenen bezieht, wägt das Übermaßverbot (vertikal) die Intensität staatlicher Gewaltausübung gegenüber dem Gewaltunterworfenen isolierend und individualisierend ab[266]. Es setzt die mit der Maßnahme für den

---

[261] *Huster*, Rechte und Ziele, 1993, S. 107.

[262] Vgl. *Wittig*, DÖV 1968, S. 817 (821).

[263] *Leibholz*, DVBl. 1951, S. 193 (195); *Wittig*, DÖV 1968, S. 817 (818ff.); *Gern*, DÖV 1986, S. 462 (468).

[264] Vgl. *Lerche*, Übermaß und Verfassungsrecht, 1961, S. 30; *Wittig*, DÖV 1968, S. 818 (822); *P. Kirchhof*, Der allgemeine Gleichheitssatz, in: Isensee/Kirchhof (Hrsg.), HStR V, 2. Aufl. 2000, § 124 Rdnr. 164; *G. Müller*, VVDStRL 47 (1989), S. 37 (41).

[265] *Lerche*, ibid., S. 30 mit Fn. 6.

[266] *Lerche* (Fn. 264), S. 29f. u. S. 52f.; zustimmend: *Jakobs*, Der Grundsatz der Verhältnismäßigkeit, 1985, S. 40.

Bürger verbundene Belastung in Beziehung zu dem damit verfolgten Zweck und überprüft die Angemessenheit des eingesetzten Mittels im Verhältnis zu dem angestrebten Ziel. Sein Anwendungsbereich ist auf die Überprüfung von Zweck-Mittel-Relationen, bei denen verschiedene kollidierende Rechtsgüter zur Geltung zu bringen sind, beschränkt[267].

Im Rahmen des Art. 3 Abs. 1 GG erstreckt sich der Vergleich auf die Beziehung zwischen den vorgefundenen Verschiedenheiten der Vergleichsobjekte und der daran geknüpften Differenzierungen. In eine echte Verhältnismäßigkeitsprüfung im verfassungsdogmatischen Sinne lässt sich dies dort kleiden, wo die Gerechtigkeit in einen Zielkonflikt mit anderen Verfassungsprinzipien, etwa gesetzgeberischen Zweckmäßigkeitsüberlegungen, tritt und der Gesetzgeber bewusst und gewollt in Abkehr von dem aus Art. 3 Abs. 1 GG fließenden Gebot der Herstellung von Gerechtigkeit aus anderen politischen Zielen abweicht, um sie im Einzelfall der Verwirklichung übergeordneter Verfassungsprinzipien zu opfern[268], so etwa wenn er durch eine Kronzeugenregelung[269] im Interesse der Aufklärung und Verhinderung anderer Straftaten begangenes Unrecht nicht voll sühnt, in nuce gleiches Unrecht und gleiche Schuld mithin ungleich bestraft oder im Interesse eines funktionstüchtigen parlamentarischen Regierungssystems durch eine 5%-Klausel die Erfolgswertgleichheit der Stimmen und die Chancengleichheit der Parteien beeinträchtigt[270] oder aus Gründen der Verwaltungspraktikabilität eine Zuteilung in der Reihenfolge des Eingangs der Anträge zulässt, statt eine inhaltliche Vorrangprüfung konkurrierender Anträge vorzunehmen[271]. Der Gesetzgeber behandelt dann aus Gründen ungleich, die jenseits des Ziels der Herstellung von Individualgerechtigkeit

---

[267] Vgl. z. B. *Lücke*, DÖV 1974, S. 769 ff.; *Schlink*, Abwägung im Verfassungsrecht, 1976, S. 203 ff.

[268] Vgl. *Radbruch*, Rechtsphilosophie, 6. Aufl. 1963, S. 169 ff.; *ders./Zweigert*, Einführung in die Rechtswissenschaft, 12. Aufl. 1969, S. 41 f.; *G. Müller*, VVDStRL 47 (1989), S. 37 (50).

[269] Eine solche Regelung enthielt das deutsche Strafprozessrecht in den neunziger Jahren des vergangenen Jahrhunderts. Art. 4 und 5 des Gesetzes zur Änderung des Strafgesetzbuches, der Strafprozessordnung und des Versammlungsgesetzes und zur Einführung einer Kronzeugenregelung bei terroristischen Straftaten, Gesetz vom 9. 6. 1989, BGBl. I S. 1059.

[270] Vgl. etwa § 6 Abs. 6 BWG; zur Rechtfertigung dieser und vergleichbarer Klauseln BVerfG, Urt. v. 5. 4. 1952, BVerfGE 1, 208 (244 ff.); BVerfG, Urt. v. 23. 1. 1957, BVerfGE 6, S. 84 ff.; BVerfG, Beschl. v. 22. 7. 1952, BVerfGE 51, S. 222 ff.; BVerfG, Urt. v. 13. 2. 2008, NVwZ 2008, S. 407 ff.; VerfGH Berlin, Beschluss v. 21. 9. 1995, NVwZ-RR 1996, S. 241 ff.; VerfGH Nordrhein-Westfalen, Urt. v. 21. 11. 1995, NVwZ-RR 1996, 242 (Überprüfung der 5%-Sperrklausel durch den Gesetzgeber); hmb.VerfG, Urt. v. 6. 11. 1998, NordÖR 1999, S. 17 ff. (Chancengleichheit der Parteien, 5%-Sperrklausel in hamburgischen Bezirksversammlungen); VerfGH Nordrhein-Westfalen, Urt. v. 6. 7. 1999, OVGE 47, S. 304 ff. (5%-Sperrklausel bei Kommunalwahlen); *Murswiek*, JZ 1979, S. 48 ff.

[271] Vgl. zum Prioritätsprinzip als Zuteilungsmechanismus hoheitlicher Verteilungslenkung infra S. 101 ff.

liegen. Soll das Recht auf Gleichbehandlung aus Art. 3 Abs. 1 GG diesen gegenüber nicht leer laufen und durch den Gesetzgeber ausgehöhlt werden, muss die zulässige Inanspruchnahme des Einzelnen zugunsten solcher kollidierender kollektiver Ziele eine verfassungsrechtliche Grenze haben. Zur Ermittlung der Opfergrenze ist (wie auch bei den Freiheitsrechten) eine (Güter-)Abwägung zwischen der Gewichtigkeit des verfolgten Zwecks und der Schwere des Eingriffs anzustellen[272]. Hier ist das Verhältnismäßigkeitsprinzip als Kollisionsnorm zur Lösung von Rechtsgüterkonflikten gefragt. Eine Abweichung von der an sich nach Art. 3 Abs. 1 GG gebotenen Gleichbehandlung ist dann zugunsten jener kollidierenden kollektiven Ziele nur gerechtfertigt, wenn sie zur Erreichung dieses (gerechtigkeitsfernen) Ziels geeignet, erforderlich und angemessen ist[273].

An einem mit Hilfe des Verhältnismäßigkeitsprinzips im Rahmen des Art. 3 Abs. 1 GG verfassungsrechtlich überprüfbaren Rechtsgüterkonflikt fehlt es demgegenüber aber dort, wo eine durch den Gesetzgeber vorgenommene Ungleichbehandlung ausschließlich im Dienste der Gerechtigkeit erfolgt und sich als Ringen um unterschiedliche Gerechtigkeitsmaßstäbe darstellt. Zielt der Gesetzgeber darauf, Gleichbehandlung durch die Wahl eines leistungsgerechten Differenzierungskriteriums herzustellen, etwa staatliche Studienförderung nicht bedürfnis-, sondern (studien-)leistungsorientiert zu vergeben, schränkt er den Gleichheitssatz nicht ein, sondern beabsichtigt, sich an den Gleichheitsrechten der Vergleichspersonen zu orientieren und damit dem sich aus dem Gleichheitssatz ergebenden Differenzierungsge- und -verbot, »wesentlich Gleiches gleich, wesentlich Ungleiches ungleich zu behandeln«, nachzukommen[274]. Der Gesetzgeber gestaltet hier den Gleichheitssatz durch eine gleichmäßige, aber den vorgefundenen Verschiedenheiten entsprechende Behandlung der Vergleichsobjekte näher aus. Ein Rechtsgüterkonflikt, auf den das Verhältnismäßigkeitsprinzip reagieren könnte, ist hier a priori gar nicht denkbar[275]. Mag ein Prinzipienkon-

---

[272] Vgl. etwa *Podlech*, Gehalt und Funktionen des allgemeinen verfassungsrechtlichen Gleichheitssatzes, 1971, S. 114 f.

[273] *Rüfner*, in: Dolzer/K. Vogel/Graßhoff (Hrsg.), Bonner Kommentar zum Grundgesetz, Art. 3 Abs. 1 Rdnr. 97 (Stand: Mai 1996); *Huster*, JZ 1994, S. 541 (549).

[274] *G. Müller*, a. a. O., VVDStRL 47 (1989), S. 37 (40); *Rüfner*, a. a. O., Art. 3 Abs. 1 Rdnr. 93 (Stand: Mai 1996); *Huster*, a. a. O., S. 541 (546).

[275] In dem erwähnten Beispiel staatlicher Studienförderung hat der Staat sich etwa für bedürfnisgerechte Zuteilung entschieden: Nach § 13 BAföG erhält der Student, dessen Eltern über ein geringes Einkommen verfügen, eine höhere Studienförderung als derjenige, dessen Eltern besser gestellt sind, auch wenn die Studienleistungen des letzteren diejenigen des bedürftigeren Studenten übertreffen. Ziel der Ungleichbehandlung (Differenzierungsziel) ist die Herstellung von Bedürfnisgerechtigkeit: Allen Förderungsfähigen soll ungeachtet ihrer sozialen Herkunft eine ihrer Neigung, Eignung und Leistung entsprechende Ausbildung ermöglicht werden (vgl. § 1 BAföG). Differenzierungskriterium, d. h. Anknüpfungspunkt der Ungleichbehandlung (tertium comparationis), ist die Bedürftigkeit der Studenten. Nach der Verhältnismäßigkeitsterminologie wäre die Differenzierung vor Art. 3 Abs. 1 GG dann gerechtfertigt, wenn dieses Differenzierungskriterium zur Er-

flikt auch zwischen verschiedenen Gerechtigkeitsmaßstäben bestehen[276], sind diese freilich nicht nach Art. 3 Abs. 1 GG auf ihre verhältnismäßige Einschränkung überprüfbar. Die einzelnen überlieferten, widerstreitenden Gerechtigkeitspostulate selbst sind nicht als solche als abwehrfähige Rechte ausgestaltet, die im Rahmen der Prüfung des Art. 3 Abs. 1 GG ein Schwellengewicht gegenüber Eingriffen entfalten könnten. Art. 3 Abs. 1 GG verbürgt kein Recht etwa auf Leistungsgerechtigkeit oder auf Bedürfnisgerechtigkeit, sondern gewährleistet vielmehr ein Recht auf gerechte Behandlung. Nur dieses Recht kann folglich verfassungsrechtlich gegen andere Rechtsgüter abgewogen und zu ihnen in Beziehung gesetzt werden. Wenn Gerechtigkeitsmaßstäbe miteinander kollidieren, können sie dementsprechend auch keiner rechtlichen Prüfung auf unverhältnismäßige Einschränkung unterliegen. Sie sind nur insofern abwehrfähig, als die einseitige Vernachlässigung eines Gerechtigkeitspostulats dazu führt, dass das verbürgte Recht auf gerechte Behandlung als solches nicht mehr gewährleistet ist, d. h. eine Re-

---

reichung des Differenzierungsziels geeignet, erforderlich und angemessen ist. Dass die Differenzierung nach der Bedürftigkeit zur Herstellung von Bedürfnisgerechtigkeit geeignet und erforderlich ist, versteht sich von selbst. Auch die Frage nach der Angemessenheit des Differenzierungskriteriums Bedürftigkeit zur Erreichung des Ziels Bedürfnisgerechtigkeit lässt sich nicht sinnvoll stellen: Zweck und eingesetztes Mittel laufen hier parallel; sie sind aufeinander bezogen und bedingen einander. Eine Rechtsgüterabwägung im Sinne des Verhältnismäßigkeitsgrundsatzes zwischen Differenzierungskriterium und Differenzierungsziel ist nicht möglich und nicht nötig. Eine solche würde eine Kollisionslage voraussetzen: Die Differenzierung müsste der Realisierung eines Prinzips dienen, das mit dem Gebot der rechtlichen Gleichheit kollidiert. Das Ziel der Herstellung von Bedürfnisgerechtigkeit ist jedoch nicht Gegenpol, sondern Inhalt und Teil des Gleichheitsgebots. Die Ungleichbehandlung dient der Verwirklichung des Gleichheitssatzes selbst. Sie bezieht ihre Rechtfertigung aus dem in Art. 3 Abs. 1 GG begründeten Gebot zur Herstellung von Individualgerechtigkeit, nicht aber aus dem Primat eines mit dem Gleichheitssatz kollidierenden Rechtsguts.

[276] Der Begriff »Gerechtigkeit« vereint widerstrebende Prinzipien, zwischen denen ein unauflösliches Spannungsverhältnis besteht, in einem Begriff. So verlangt der Gesichtspunkt der Bedürfnisgerechtigkeit nach einer Korrektur vorgefundener sozialer oder natürlicher Verhältnisse und eine Umverteilung des Wohlstands zugunsten Benachteiligter nach Maßgabe der Bedürftigkeit. Sie kollidiert damit mit dem Gebot der Leistungsgerechtigkeit, ausschließlich erbrachte Leistungen und Verdienste zum Anknüpfungspunkt einer Unterscheidung zu machen. Beide Gerechtigkeitspostulate sind zwar legitime, indes im Ergebnis gegensätzliche Lösungen des Gerechtigkeitsproblems. Soziale Gerechtigkeit verpflichtet den Staat auf eine breite Aktivität fiskalischer Politik mit weitgehenden Eingriffen in die Gesellschaftsordnung. Leistungsgerechtigkeit fordert eine Beschränkung staatlichen Handelns auf das unabdingbar Notwendige. Das Verlangen, die erbrachte Leistung zur Richtschnur für das Zuteilen und Ausgleichen von Gütern zu machen, steht in einem unauflöslichen Spannungsverhältnis zu dem Interesse am Schutz des sozial Schwächeren und einer ausgewogenen Verteilung der Güter. Gerechtigkeit besteht darin, zwischen diesen kollidierenden Prinzipien, die jeweils nur auf Kosten des anderen verwirklicht werden können, obwohl ihre möglichst weitgehende Realisierung erstrebenswert ist, einen konsensfähigen Kompromiss zu finden. Gerechtigkeit ist eine Messkunst (vgl. dazu im Einzelnen supra S. 59ff.).

gelung mit Gerechtigkeitsvorstellungen schlechthin nicht mehr vereinbar ist.

(c) Eingriffsmodell des Gleichheitssatzes

Auf der Grundlage der Unterschiede zwischen Gleichheits- und Verhältnismäßigkeitsprüfung hat *Huster* im Anschluss an *Rüfner*[277] die für die Freiheitsrechte entwickelte Schrankendogmatik auf den Gleichheitssatz übertragen und ein Eingriffsmodell des Gleichheitssatzes entwickelt[278]. Das Eingriffsmodell des Gleichheitssatzes geht davon aus, dass Ungleichbehandlungen, die aus Gründen der Herstellung von *Gerechtigkeit* erfolgen, den Schutzbereich des Art. 3 Abs. 1 GG definieren, während Ungleichbehandlungen, die durch *Zweckmäßigkeitserwägungen* gerechtfertigt werden, in den Schutzbereich eingreifen und einer Prüfung am Verhältnismäßigkeitsprinzip standhalten müssen. Diese Unterscheidung zwischen »gerechten« Ungleichbehandlungen und »nötigen« Ungleichbehandlungen, die durch kollidierende Rechtsgüter gerechtfertigt sind, setzt eine überschneidungsfreie, judiziable Trennlinie zwischen beiden Typen von Ungleichbehandlungen voraus. Hier liegt ein neuralgischer Punkt: Wenn der Richter feststellen soll, ob Zweck der Regelung Herstellung von Gerechtigkeit ist, muss er definieren, was er unter Gerechtigkeit versteht. Die Differenzierung zwischen »gerechten« und »nötigen« Ungleichbehandlungen setzt eine Definition von Gerechtigkeit und einen abschließenden Kanon anerkannter Gerechtigkeitspostulate voraus. Es besteht die Gefahr, dass der Richter auf dem Umweg über die Festlegung der Rechtfertigungsvoraussetzungen in eine allgemeine Gerechtigkeitskontrolle des Gesetzes eintritt und damit die verfassungsrechtliche Funktionenordnung sprengt.

---

[277] *Rüfner* (Fn. 273) Art. 3 Abs. 1 Rdnr. 97 ff. (Stand: Mai 1996).

[278] Der Schutzbereich des Gleichheitssatzes besteht nach ihm darin, wesentlich Gleiches gleich bzw. wesentlich Ungleiches ungleich zu behandeln (vgl. *Huster*, Rechte und Ziele, 1993, S. 226 ff.; *ders.*, JZ 1994, S. 547 ff.). Art. 3 Abs. 1 GG verbürge jedermann ein abwehrfähiges Recht auf eine Behandlung, die dem jeweiligen Gerechtigkeitsmaßstab entspricht. Dabei stehe dem Gesetzgeber grundsätzlich eine weitgehende Kompetenz zur Konkretisierung des Gleichheitssatzes zu, bei der er indes an die Grenzen der Willkür gebunden ist. Bei Art. 3 Abs. 1 GG handelt es sich danach (ähnlich wie bei Art. 14 Abs. 1 GG) um ein Grundrecht mit offenem Grundrechtstatbestand. Anders als nach der überkommenen Auffassung ist nach diesem Modell nicht jede Ungleichbehandlung rechtfertigungsbedürftig, sondern erst dann, wenn die auf der Schutzbereichsebene festgestellten spezifischen Gerechtigkeitsnormen durchbrochen werden. Das sei dann der Fall, wenn Ziel der Ungleichbehandlung nicht die Herstellung von Individualgerechtigkeit ist, sondern der Gesetzgeber aus Zweckmäßigkeitserwägungen von dem von ihm selbst gewählten Gerechtigkeitsmaßstab zu Lasten Einzelner abweichen will (*Huster*, JZ 1994, S. 541 [548]). Diese Abweichung sei nur dann gerechtfertigt, wenn sie geeignet und erforderlich ist, das angestrebte Ziel zu erreichen, und für den von ihr nachteilig Betroffenen zumutbar ist.

Dem lässt sich nur dadurch begegnen, dass das Vorliegen eines Eingriffs in Art. 3 Abs. 1 GG nicht über den Gerechtigkeitsbegriff definiert wird, sondern negativ von den leichter zu definierenden und in den Kontrollbereich des Richters fallenden Gegenbegriffen her zu erfolgen hat: Ein Eingriff liegt danach dann vor, wenn die Regelung zumindest auch eindeutige gesamtgesellschaftliche Steuerungswirkungen verfolgt und der Einzelne zugunsten kollektiver Ziele in Anspruch genommen wird. Aber auch hier kann es zu Zuordnungsproblemen kommen. Nicht nur lässt sich ein Differenzierungsziel des Gesetzgebers bei der Vornahme von Unterscheidungen oftmals gar nicht zweifelsfrei ausmachen: Ungleichbehandlungen sind vielfach unvorhergesehene und nicht beabsichtigte Folgen eines Gesetzes, insbesondere eines Änderungsgesetzes[279]. Auch bei feststellbaren Differenzierungszielen stellen sich Zuordnungsschwierigkeiten: Wo hat etwa die Rechtssicherheit als Regelungsziel ihren legitimen Platz? Rechtssicherheit dient der Verwirklichung von Gerechtigkeit: Sie fordert die Anwendung des positiven Rechts morgen wie heute, auf den einen wie den anderen. Einmal getroffene gesetzgeberische Entscheidungen erheben im Namen der Gerechtigkeit den Anspruch, für gleichartige Fälle in gleicher Weise zu gelten. Rechtssicherheit lässt sich als Form der Gerechtigkeit verstehen[280].

---

[279] *K. Hesse*, AöR 109 (1984), S. 174 (190). Dem Einwand lässt sich entgegnen: Entweder erfolgt die Ungleichbehandlung hier ohne legitimen Zweck; dann aber fehlt ihr als willkürlicher Regelung auf jeden Fall die verfassungsmäßige Legitimation. Oder es lässt sich ein Zweck feststellen; dann aber spricht nichts dagegen, ihn einer der Zweckkategorien zuzuordnen. Der Gesetzgeber verfolgt mit einer Regelung aber auch häufig verschiedene Zielsetzungen, die sich ergänzen und damit die Abgrenzung zwischen Gerechtigkeits- und Zweckmäßigkeitserwägungen in Frage stellen können (*Tipke/Lang*, Steuerrecht, S. 22, 643; *Rüfner*, in Dolzer/K. Vogel/Graßhoff (Hrsg.), Bonner Kommentar zum Grundgesetz, Art. 3 Abs. 1 Rdnr. 98 f. [Stand: Mai 1996]; *Huster*, Rechte und Ziele, 1993, S. 242 f.; *ders.:* JZ 1994, S. 548). Insbesondere werden häufig in Maßnahmen, die zu Lenkungszwecken zu einem bestimmten Verhalten anreizen sollen, verteilungspolitische Zielsetzungen implementiert und vice versa verteilungspolitisch motivierte Vorhaben auf einen Lenkungszweck ausgerichtet. So finden sich beispielsweise im Einkommenssteuerrecht zahlreiche wirtschaftspolitisch motivierte Vergünstigungen, die sich von den aus sozialpolitischen Gründen vorgenommenen nicht immer klar abgrenzen lassen, wie zum Beispiel die Vergünstigungen für Lebensversicherungen, Bausparen oder Abschreibungsmöglichkeiten. Die gesamte Spar- und Wohnungsbauförderung schwankt zwischen verteilungspolitischen Zielsetzungen und wirtschaftspolitischen Anreizen. Eine klare Abgrenzung zwischen gerechtigkeits- und zweckmäßigkeitsmotivierten idealtypischen Regelungszwecken erweist sich daher in praxi als intrikat. Das Eingriffsmodell fragt jedoch nicht nach dem Zweck des Gesetzes in toto, sondern nach dem Zweck der *konkreten Ungleichbehandlung*. Einen Eingriff wird man nach dem Eingriffsmodell überdies schon dann für gegeben und damit eine Verhältnismäßigkeitsprüfung für zulässig halten müssen, wenn die Regelung mindestens auch globale Steuerungswirkungen intendiert. Das Abwägungsgefälle ist umso geringer, je eher die Regelung zugleich den Zweck gleichheitsgemäßer Verteilung anstrebt (ähnlich *Rüfner*, in Dolzer/K. Vogel/Graßhoff (Hrsg.), Bonner Kommentar zum Grundgesetz, Art. 3 Abs. 1 Rdnr. 97 [Stand: Mai 1996]).

[280] *Radbruch*, Rechtsphilosophie, 6. Aufl. 1963, S. 169; *Radbruch/Zweigert*, Einführung in die Rechtswissenschaft, 12. Aufl. 1969, S. 42.

Die Rechtssicherheit schützt freilich nicht unmittelbar nur spezifische Individualgerechtigkeitsinteressen, sondern trägt häufig einem öffentlichen Interesse Rechnung[281]. Darüber hinaus steht Rechtssicherheit oft auch der Forderung nach materieller Gerechtigkeit entgegen[282], zum Beispiel wenn unrichtige Entscheidungen aus formellen Gründen (insb. unter Berufung auf Fristen, den rechtskräftigen Abschluss eines Verfahrens etc.) aufrecht erhalten werden müssen. Sie widerspricht dann geradezu dem Grundgedanken der materiellen Gerechtigkeit. Dieser Konflikt kann jedoch als Konflikt der Gerechtigkeit mit sich selbst angesehen werden, der keiner Abwägung zugänglich ist[283]. Die Rechtssicherheit hat allerdings im Rechtsstaatsprinzip seine rechtliche Verankerung als Verfassungsgut gefunden und ist somit jedenfalls (ungeachtet der Frage des Prüfungsortes) einer Rechtsgüterabwägung, d. h. einer Verhältnismäßigkeitsprüfung, zugänglich.

Kann ein Eingriffsmodell Kollisionslagen des Gleichheitssatzes mit anderen Verfassungsprinzipien möglicherweise hinreichend erfassen, liefert es für die Fälle eines internen Konfliktes von Gerechtigkeitsprinzipien keinen handhabbaren weiterführenden Therapievorschlag. Diese Problemlagen sind in der Praxis weitaus virulenter als Konstellationen eines gezielten Eingriffs in das Recht auf gerechte Behandlung; sie waren auch Stein des Anstoßes an der Willkürformel. Ob eine gesetzliche Regelung Gerechtigkeit übt, ist gerade die bislang unbefriedigend beantwortete Frage, die es nach Art. 3 Abs. 1 GG zu prüfen gilt. Das Eingriffsmodell verlagert die zentrale grundrechtliche Frage von der Rechtfertigungs- auf die Schutzbereichsebene. Es trägt damit – besser als die überkommene Auffassung – dem Umstand Rechnung, dass Art. 3 Abs. 1 GG nach seinem Rechtsschutzauftrag keine schematische, sondern verhältnismäßige Gleichbehandlung verlangt. Es beschreibt das Problem dogmatisch treffsicher, führt es aber nicht selbst einer neuen Lösung zu. Die zentrale Fragestellung nach der Überprüfbarkeit von Entscheidungen des Gesetzgebers auf ihren Gerechtigkeitsgehalt vermag ein Eingriffsmodell nicht anders und nicht besser zu beantworten als die überkommene Auffassung.

(d) Schlussfolgerungen

Die Bestimmung dessen, was dem Einzelnen als das »Seine« zukommt, ist nach der Verfassungsordnung des Grundgesetzes, namentlich Art. 3 Abs. 1 GG, primär dem Gesetzgeber, nicht dem Richter überantwortet. Sie belässt dem Gesetzgeber grundsätzlich die politische Freiheit, die Ziele staatlichen

---

[281] *Huster*, Rechte und Ziele, 1993, S. 306.

[282] Vgl. z. B. BVerfG, Urt. v. 18.12.1953, BVerfGE 3, S. 225 (237); BVerfG, Beschl. v. 12.12.1957, BVerfGE 7, S. 194 (196); BVerfG, Beschl. v. 14.3.1963, BVerfGE 15, S. 313 (319); BVerfG, Beschl. v. 8.3.1973, BVerfGE 35, S. 41 (47); BVerfG, Beschl. v. 11.2.1976, BVerfGE 41, S. 323 (326).

[283] So ausdrücklich *Radbruch/Zweigert* (Fn. 280), S. 42.

Handelns zu bestimmen. Ihm kommt bei der Bestimmung der Zuteilungsziele grundsätzlich ein weiter Beurteilungs- und Gestaltungsspielraum zu[284]. Dahinter verbirgt sich die Einsicht der Väter und Mütter des Grundgesetzes in die Individualität von Zuteilungsentscheidungen und der Respekt vor der politischen Gestaltungsfreiheit des Gesetzgebers als unverzichtbarem Grundpfeiler einer lebendigen Verfassungsordnung. Scheint das Grundgesetz einer Verteilungsordnung prima facie unvorbereitet gegenüber zu stehen[285], entpuppt sich die verfassungsrechtliche Verteilungsordnung als bewusst offen konzipierter Gestaltungsrahmen. Der Richter kann lediglich die äußersten Grenzen dieses Spielraums überprüfen. Überschritten sind diese dann, wenn die gewählten Differenzierungskriterien selbst mit dem Gerechtigkeitsgedanken schlechterdings nicht mehr vereinbar sind oder nicht in einer Weise in einem inneren Konnex mit einem zulässigen Differenzierungsziel stehen, die die (Un-)Gleichbehandlung zu rechtfertigen vermag. Es kann und muss geprüft werden, ob die von der Regelung an die Sachverhalte angelegten Differenzierungskriterien dem von der Regelung intendierten, vom Gesetzgeber in der Regel frei wählbaren Regelungsziel entsprechen[286]. Die durch den Gesetzgeber mit dem Differenzierungskriterium gewählte Unterscheidung muss von dem gewählten Regelungszweck getragen sein. Sie muss *sach*angemessen sein. Diese Entsprechensprüfung ähnelt strukturell einer Verhältnismäßigkeitsprüfung, ist aber streng von ihr zu unterscheiden. Sie ist eine (System-)Gerechtigkeitsprüfung, aber keine Überprüfung einer Kollisionslagenentscheidung, bei der konfligierende Rechte einander gegenüberstehen[287].

2. Die Freiheitsrechte als Zuteilungsprogramm der Verteilungsordnung – zum Verhältnis von Freiheit und Gleichheit

Lässt die Verfassung dem Gesetzgeber bei der Ausgestaltung der Verteilungsordnung mit der weitmaschigen Vorgabe des Art. 3 Abs. 1 GG auch erhebliche Gestaltungsfreiräume, ist der aus ihr destillierbare Aussagegehalt

[284] Vgl. supra S. 32 ff. sowie BVerfG, Beschl. v. 25.10.1977, BVerfGE 46, S. 246 (257) – Halbfettmargarine; BVerfG, Beschl. v. 17.11.1992, BVerfGE 87, S. 363 (383) – Nachtbackverbot; OVG Nordrhein-Westfalen, Beschl. v. 10.7.1991, NVwZ-RR 1992, S. 477; BayVGH, Beschl. v. 29.1.1991, NVwZ-RR 1991, S. 550; *Berg*, Der Staat 15 (1976), S. 1, 20; *C. Koenig* (Fn. 260), S. 357 ff.; *Storr*, K & R 2002, S. 67 (69); *Tettinger*, DÖV 1993, S. 236 (240).

[285] In diesem Sinne ausdrücklich *Tomuschat*, Der Staat 12 (1973), S. 433 (465).

[286] Daran fehlt es, wenn überhaupt kein innerer Zusammenhang zwischen der getroffenen Bestimmung und dem durch dieselbe verfolgten Zweck besteht oder wenn ein solcher zwar besteht, aber in einem völlig unzulänglichen Verhältnis. Vgl. *Leibholz*, Gleichheit vor dem Gesetz, 1925, S. 76.

[287] Vgl. dazu *Hanebeck*, Der Staat 2002, S. 429 ff.; *Degenhart*, Systemgerechtigkeit und Selbstbindung des Gesetzgebers als Verfassungspostulat, 1976; *Peine*, Systemgerechtigkeit, 1985.

in Verteilungsfragen mit den Gleichheitsrechten als solchen noch nicht vollständig erschöpft. Der Inhalt der verfassungsrechtlich in Art. 3 Abs. 1 GG geforderten Gleichheit erfährt eine zusätzliche Konkretisierung und Umhegung durch die Wertordnung der Verfassung und die in ihr zum Ausdruck kommenden wertsetzenden Grundentscheidungen. Die Verfassung lädt den Begriff der Gleichheit durch ihr Wertesystem inhaltlich auf und engt den Spielraum des Gesetzgebers zur Bestimmung dessen, was gleich bzw. ungleich zu behandeln ist, signifikant ein. Indem sie Regelungsziele und -grenzen vorgibt, gibt sie auch Differenzierungsge- und -verbote auf. Sie strukturiert die Antwort auf die Frage, was dem Einzelnen als das »Seinige« zukommt, vor; nur im Übrigen erteilt sie dem Gesetzgeber einen verfassungsrechtlichen Konkretisierungsauftrag.

Insbesondere die Freiheitsrechte enthalten Wertentscheidungen, die die Freiheit des Gesetzgebers einschränken, selbst zu bestimmen, was gleich oder ungleich sein soll[288]. Den Freiheitsrechten sind klare Vorgaben für eine Zuteilungsordnung zu entnehmen; sie markieren Grenzen der Verteilungsordnung. Die gleiche Würde der Menschen und die gleiche Freiheitsgewährleistung, die die Verfassung den Bürgern zuteil werden lässt, schränken den Kreis zulässiger Differenzierungen ein. Sie untersagen Differenzierungen, die dem Bild des Grundgesetzes von einem unantastbaren Kern der gleichen Würde der Menschen oder dem Inhalt eines freiheitlichen Schutzes, den die Verfassung den Bürgern hat angedeihen lassen, zuwider laufen: »*Jeder*[289] hat das Recht, seine Meinung in Wort, Schrift und Bild frei zu äußern«. »*Alle Deutschen*[290] haben das Recht, sich ohne Anmeldung oder Erlaubnis friedlich und ohne Waffen zu versammeln«[291]. Der Gesetzgeber darf verfassungsrechtlich geschützte Freiheitsräume nicht durch Differenzierungskriterien verkürzen, die an verfassungsrechtlich zulässige Freiheitsbetätigungen anknüpfen. Die Freiheitsrechte wirken insoweit als (relative) Differenzierungsverbote[292]. Konkurrieren etwa zwei Interessenten um eine Sondernutzungserlaubnis, darf sie nicht demjenigen vorenthalten werden, dessen politische Meinung, die mit Hilfe der Erlaubnis verbreitet werden soll, der Erlaubnisbehörde missfällt. Die Meinungsfreiheit des Art. 5 Abs. 1 GG schließt den Inhalt der Meinung als

---

[288] BVerfG, Urt. v. 5.3.1974, BVerfGE 36, S. 321 (330) ähnlich bereits BVerfG, Urt. v. 24.1.1962, BVerfGE 13, S. 290 (298); BVerfG, Beschl. v. 12.2.1964, BVerfGE 17, S. 210 (217).

[289] Hervorhebung des Verf.

[290] Hervorhebung des Verf.

[291] Vgl. auch für Art. 12 Abs. 1 GG das Mitbestimmungsurteil des BVerfG v. 1.3.1979, BVerfGE 50, S. 290ff. – Mitbestimmung: »Die Arbeit als Beruf hat für alle gleichen Wert und gleiche Würde«.

[292] Vgl. *Murswiek*, Grundrechtsdogmatische Fragen gestufter Teilhabe-/Freiheitsverhältnisse, in: Hailbronner/Ress/T. Stein (Hrsg.), Staat und Völkerrechtsordnung, Festschrift für Karl Doehring, 1989, S. 647 (655).

zulässiges Differenzierungskriterium aus[293]; Gesetzgeber und Verwaltung dürfen an den zulässigen Inhalt eines Freiheitsgebrauchs keine Unterscheidung anknüpfen. Gleichheit und Freiheit ergänzen und bedingen sich insoweit. Sie geben Aufschluss über die Zulässigkeit von Differenzierungskriterien und Zuteilungsmaßstäben[294]. Hier gibt die Verfassung den Entscheidungsmaßstab dem Gesetzgeber nicht *auf*, sondern gibt ihn selbst maßgeblich *vor*.

Die Ausschöpfung des Potenzials der Verfassung zur inhaltlichen Anreicherung des Gleichheitssatzes ermöglicht damit eine Erhöhung der gerichtlichen Kontrolldichte und trägt zu einer Schärfung und Präzisierung der Gleichheitsprüfung bei. Sie schränkt auf der Schutzbereichsebene die Gestaltungsmacht des Gesetzgebers zur Herstellung von Gerechtigkeit durch Heranziehung der Differenzierungsverbote der Verfassung ein. Maßnahmen der staatlichen Verteilungslenkung müssen sich nicht nur vor dem allgemeinen Gleichheitssatz verantworten, sondern auch vor den Grundrechten, deren Ausübung durch sie beeinträchtigt wird.

Unterscheidungen, die der Gesetzgeber im Falle der Zuteilung knapper Güter trifft, wirken sich auf die Ausübung grundrechtlicher Freiheiten aus. Steht dem Freiheitsanspruch des einen der gleiche Anspruch des anderen gegenüber, der das unbedingte subjektive Abwehrrecht des Einzelnen abschleift, und können nur einem Teil der Bewerber reale Aussichten auf die Nutzung eröffnet werden, wirkt der freiheitsrechtliche Abwehranspruch auf der Verteilungsebene als Auswahlleitlinie und Differenzierungsverbot fort. Der grundrechtliche Abwehranspruch gegen eine Verknappung des vorhandenen Güterangebots wird abgelöst durch einen Anspruch auf ein ordnungsgemäßes Zuteilungsverfahren. Der – nicht für alle erfüllbare – Zugangsanspruch wandelt sich in einen Anspruch auf materiale Abwägung der kollidierenden Interessen und Güter um[295], der kein unbedingtes Recht auf Nutzung verleiht, sondern auf chancengleiche Zuteilung. Aus einem absoluten Zugangsrecht wird ein relatives, den Zuteilungsvorgang steuerndes Teilhaberecht. Hier ist das Recht in besonderer Weise in seiner – von *Kant*[296] besonders hervorgehobenen – Funktion gefordert, die Willkür der Menschen nach einem allgemeinen Gesetz der Freiheit gleichmäßig gegeneinan-

[293] Vgl. dazu auch *Murswiek*, ibid., S. 647 (655).

[294] Vgl. zur Ableitung von Differenzierungsge- und -verboten aus der Verfassung auch *P. Kirchhof*, Der allgemeine Gleichheitssatz, in: Isensee/P. Kirchhof (Hrsg.), HStR V, 2. Aufl. 2000, § 124 Rdnr. 99 ff.; *Starck*, in: v. H. Mangoldt/F. Klein/Starck, GG, 5. Aufl. 2005, Art. 3 Abs. 1 Rdnr. 16 ff. Beide haben dieses Konzept maßgeblich geprägt. Vgl. auch *Zippelius* VVDStRL 47 (1989), S. 7 (29); *Robbers*, DÖV 1988, S. 753 ff.; *Schoch*, DVBl. 1988, S. 874 ff.

[295] *Berg*, Der Staat 15 (1976), S. 1 (20); *Kloepfer/Reinert*, Zuteilungsgerechtigkeit im Umweltstaat aus juristischer Sicht, in: Gethmann/Kloepfer/Reinert (Hrsg.), Verteilungsgerechtigkeit im Umweltstaat, 1995, S. 47 (64).

[296] *Kant*, Metaphysik der Sitten, 2. Aufl. 1798, S. 33.

der abzugrenzen. Je mehr sich eine Differenzierung auf die Wahrnehmung grundrechtlich geschützter Freiheiten auswirkt, umso stärker bedarf diese einer besonderen sachlichen Rechtfertigung[297]. So müssen etwa an die Rechtfertigung der staatlichen Privilegierung bestimmter Presseunternehmen vor dem Hintergrund des Art. 5 Abs. 1 GG i. V. m. Art. 3 GG höhere Anforderungen gestellt werden als an Differenzierungen bei sonstigen staatlichen Leistungen. Die Zuteilung kontingentierter Taxikonzessionen muss dem grundrechtlichen Schutzgehalt der Berufsfreiheit Rechnung tragen, deren Verwirklichung die Taxikonzession dient. Der Übernahme der Güterverteilung in das Kraftfeld staatlicher Knappheitsverwaltung korrespondiert ein grundrechtsbewehrter Anspruch der Bewerber auf chancengleiche Teilnahme im Zuteilungsverfahren, die den Staat zu freiheitsgerechter und gleichmäßiger Ermessensbetätigung verpflichtet. Sie aktiviert die Wehrkraft desjenigen Grundrechts, das durch die staatliche Verknappungs- bzw. Zuteilungsregelung berührt ist. Die Differenzierung darf den freiheitsrechtlichen Aussagegehalt des Grundrechts, das die Zuteilung berührt, nicht konterkarieren.

Das freiheitsrechtlich induzierte Teilhaberecht sichert seine Inhaber gegen die unzulässige freiheitswidrige Beeinflussung des Verteilungsverfahrens ab. Es vermittelt einen verfassungsrechtlich gesicherten Anspruch darauf, dass ausnahmslos sachangemessene, d. h. freiheitsgerechte Kriterien die Auswahl zwischen verschiedenen Antragstellern bestimmen und die auf eine Zuteilung abzielenden Verfahrensregeln so ausgestaltet werden, dass eine chancengleiche Beteiligung aller sich in der gleichen Ausgangslage befindlichen Personen sichergestellt ist[298]. Eine chancengleiche Teilnahme am Zuteilungsverfahren ist nur dann gewährleistet, wenn der Realisierungsgrad der Chancen durch objektiv sachgerechte und individuell zumutbare Kriterien bestimmt wird[299]. Der Gesetzgeber darf bei der Abstraktion von den tatsächlichen Verschiedenheiten der Sachverhalte nur diejenigen Merkmale zum Anknüpfungspunkt einer Unterscheidung machen, die für den durch die Zuteilung berührten grundrechtlichen Kontext relevant sind; diejenigen Merkmale sind unbeachtet zu lassen, die in diesem Zusammenhang nicht wesentlich sind: Nur was mit dem verfassungsrechtlich eröffneten

[297] So bereits das Sondervotum von *Katzenstein*, BVerfGE 74, S. 28; vgl. auch BVerfG, Beschl. v. 16. 3. 1982, BVerfGE 60, S. 123 (134) – Transsexuellengesetz.

[298] Hier liegt auch die innere Mission und Legitimation der den Prüfungsmaßstab bei Freiheitsbeeinträchtigungen anhebenden »Neuen Formel«; vgl. dazu im Einzelnen supra S. 73 ff.

[299] Vgl. BVerfG, Urt. v. 18. 7. 1972, BVerfGE 33, S. 303 (338) – numerus clausus I; BVerfG, Urt. v. 8. 2. 1977, BVerfGE 43, S. 291 (313 f.) – numerus clausus II; BGH, Beschl. v. 25. 4. 1994, BGHZ 126, S. 39 (46); *Badura*, Verteilungsordnung und Zuteilungsverfahren bei der Bewirtschaftung knapper Güter durch die öffentliche Verwaltung, in: Festschrift für Friauf, 1996, S. 529 (525 f.); *Tettinger*, in: Sachs (Hrsg.), GG, 4. Aufl. 2007, Art. 12 Rdnr. 132.

Freiheitsraum in einem sachgerechten Zusammenhang steht, darf berücksichtigt werden, muss es aber auch.

Das freiheitsrechtlich abgesicherte Teilhaberecht ist ein Recht auf Abwehr ungerechtfertigter Ungleichbehandlungen[300] und ein rechtsstaatliches Auswahlverfahren. Das bedingt eine grundrechtsgerechte Verfahrensgestaltung (infra a) wie auch eine sachgerechte inhaltliche Ausfüllung des Verteilungsverfahrens (infra b).

a) Gebot freiheits- und gleichheitssichernder Verfahrensgestaltung

Können nicht alle materiellen Ansprüche und Zielvorstellungen der Interessenten gleichermaßen befriedigt werden und wächst dem zuteilenden Staat ein Auswahlspielraum zu, erlangt die verfahrensrechtliche Ausgestaltung der Chancenwahrnehmung eine umso größere Bedeutung[301]. Das Verfahrensrecht übernimmt eine wichtige grundrechtssichernde Funktion. Seine Aufgabe besteht darin, die materielle Rechtsverwirklichung verfahrensrechtlich abzusichern; ihm kommt eine Komplementärfunktion für die Durchsetzung des materiellen Zugangsanspruchs gleicher Teilhabe zu[302].

Eine gleiche Teilhabe setzt zum einen die Möglichkeit der Kenntnisnahme von dem Zuteilungsvorgang voraus. Nur wenn die Grundrechtsträger die gleiche Chance der Kenntnisnahme von der Zuteilung haben, haben sie auch die Möglichkeit, ihre Zuteilungschance wahrzunehmen. Der freiheitsrechtliche Zugangsanspruch verbürgt notwendig das Recht, sich bei der Zuteilung knapper Nutzungskapazitäten an staatlich verwalteten Gütern chancengleich zu bewerben und nach den jeweils maßgeblichen Entscheidungskriterien zum Zuge zu kommen.

Die gleiche Wahrnehmung zugangsbeschränkter Freiheitsrechte setzt namentlich die Ausschreibung des Zuteilungsvorgangs voraus. Soll der freiheitsrechtlich unterfütterte, teilhaberechtliche Zugangsanspruch nicht zu einem Feigenblatt werden, bedingt dies ferner eine Nachprüfbarkeit der Zuteilungsentscheidung sowie ein Mindestmaß an Transparenz und Nachvollziehbarkeit der Entscheidungsregeln. Ein formalisiertes, gerichtlich kontrollierbares Verfahren muss dafür sorgen, dass die Sachgerechtigkeit und tatsächliche Anwendung der als maßgeblich und sachgerecht prospektierten Entscheidungsfaktoren in casu geprüft und nachvollzogen werden können, damit die mit der materiellen Verteilungsnorm angestrebten Ziele

---

[300] Vgl. zu dieser Figur auch *Hesse*, EuGRZ 1978, S. 427 ff.; *Lübbe-Wolff*, Die Grundrechte als Eingriffsabwehrrechte, 1988, S. 18 f.; *Sachs*, Grenzen des Diskriminierungsverbotes, 1987, S. 25 ff.

[301] Vgl. *Hermes*, JZ 1997, S. 909 (913); BVerfG, Urt. v. 18.7.1972, BVerfGE 33, 303 (341); BVerfG, Beschl. v. 18.6.1986, BVerfGE 73, S. 280 (296) zu der verfassungsrechtlichen Pflicht, freie Notariatsstellen öffentlich auszuschreiben.

[302] BVerfG, Beschl. v. 18.6.1986, BVerfGE 73, S. 280 (296).

tatsächlich auch erreicht werden[303]. Es bedarf einer den materiellen Zugangsanspruch absichernden Gestaltung des Verfahrensrechts.

b) Inhaltliche Anforderungen an die Zuteilungsmaßstäbe

Der materielle Zugangsanspruch, der die Auswahlentscheidung unter grundsätzlich Gleichberechtigten steuert, verlangt nach Entscheidungskriterien, die objektiv geeignet sind, dem durch die Zuteilung berührten Freiheitsraum sachgerecht Rechnung zu tragen. Der Staat muss sich solcher Zuteilungsmerkmale bedienen, die in einem sachangemessenen Zusammenhang mit dem durch die Zuteilung betroffenen Freiheitsrecht stehen. Sie müssen der Bedeutung des Grundrechts Rechnung tragen, zu dem sie den Zugang vermitteln sollen. Je existenzieller das Grundrecht für die persönliche Lebensführung ist, umso höhere Anforderungen sind an die Zumutbarkeit der Auswahlkriterien zu stellen. Jedem Zugangsberechtigten, der im Falle fehlender Knappheit auf einen freiheitsrechtlichen Abwehranspruch verweisen könnte, ist eine faire Chance zur Grundrechtswahrnehmung zu belassen. Das Bemühen um Chancenoffenheit legt Differenzierungskriterien nahe, deren Vorliegen die Bewerber durch eigenes Verhalten beeinflussen können[304].

Den Maßstab der objektiven Sachgerechtigkeit und individuellen Zumutbarkeit legte das Bundesverfassungsgericht erstmals in der Numerus-clausus-Entscheidung an die Zulässigkeit von staatlichen Vergabeverfahren an[305]. Es hat ihn in seiner Rechtsprechung zu einer grundlegenden Leitregel staatlicher Verteilungslenkung fortentwickelt. Sie liegt auch der Knappheitsverwaltungsrechtsprechung der Verwaltungsgerichte – etwa im Rahmen der Zulassung zu Messen oder Märkten oder staatlich verwalteten Berufen – zu Grunde[306].

Wiewohl es sich um eine teilhaberechtliche Gleichheitsprüfung gleicher, konkurrierender Rechte handelt, ähneln die Überprüfungsmaßstäbe der objektiven Sachgerechtigkeit und individuellen Zumutbarkeit denjenigen der freiheitsrechtlichen Verhältnismäßigkeitsprüfung. Mit ihnen strahlt der grundrechtliche Abwehranspruch, der in einen verfahrensrechtlichen Anspruch auf ein sachgerechtes Auswahlverfahren mündet, in die Teilhabe-

---

303 BVerfG, Urt. v. 18.7.1972, BVerfGE S. 33, 303 (341) – numerus clausus I; vgl. aus der jüngeren Rechtsprechung etwa BVerfG, Beschl. v. 23.5.2006, ZIP 2006, S. 1355 (1359); dazu *Wieland*, ZIP 2007, S. 462 (463).

304 BVerfG, Urt. v. 8.2.1977, BVerfGE 43, S. 291 (317) – numerus clausus II.

305 BVerfG, Urt. v. 8.2.1977, BVerfGE 43, S. 291 (316f.) – numerus clausus II; ferner BVerfG, Urt. v. 18.7.1972,BVerfGE 33, S. 303 (338) – numerus clausus I; BVerfG, Urt. v. 16.6.1981, BVerfGE 57, S. 295 (327) – 3. Rundfunkentscheidung; BVerfG, Urt. v. 5.2.1991, BVerfGE 83, S. 238 (297) – 6. Rundfunkentscheidung.

306 Vgl. etwa BVerwG, Urt. v. 27.4.1984, NVwZ 1984, S. 585; VGH Baden-Württemberg, GewArch. 1979, S. 335 (336); vgl. dazu etwa *Schalt*, GewArch. 1981, S. 150ff.

situation hinein. Mit dem Rekurs auf Rechtfertigungsanforderungen der Verhältnismäßigkeit antizipiert das Bundesverfassungsgericht insoweit bereits im Numerus-clausus-Urteil die Verhältnismäßigkeitsprüfung der sog. »Neuen Formel«[307]: Es schränkt den Zuteilungsspielraum des Gesetzgebers für Konstellationen ein, in denen sich die Ungleichbehandlung von Personen auf die Ausübung grundrechtlich geschützter Freiheiten auswirkt[308].

c) Gesetzes- und Parlamentsvorbehalt als institutioneller grundrechtlicher Sicherungsrahmen

Zeitigen Entscheidungen über die Zuteilung knapper Rechte unmittelbare einschneidende Auswirkungen auf die Möglichkeiten der Grundrechtsträger, grundrechtliche Freiheitsräume wahrzunehmen, ist die Zuteilungsentscheidung für die Grundrechtsausübung wesentlich; sie befindet über die Verteilung von Lebenschancen und Freiheitsausübungsmöglichkeiten, insbesondere den Zugang zur Ausübung der grundrechtlichen Freiheiten in der Gesellschaft. Indem sie die Grundrechtsverwirklichungschancen des Einzelnen bestimmt, ist sie Teil des vornehmsten, ureigenen Aufgabenkerns des vom Volk bestellten, demokratisch legitimierten Gesetzgebers, die grundsätzliche Ordnung der Lebensbereiche vorzunehmen. Sie repräsentiert eine Vorbehaltsaufgabe des Gesetzgebers, derer er sich grundsätzlich nicht begeben darf. Die Auswahl der Zuteilungskriterien und das Vergabeverfahren ist dem Gutdünken der Verwaltung entzogen. Der Gesetzgeber ist aufgerufen, diese mindestens in den Grundzügen selbst festzulegen. Das Grundgesetz legt ihm insoweit eine Entscheidungspflicht auf[309, 310].

In den wichtigsten grundrechtlichen Regelungsbereichen ist der Gesetzgeber seiner Pflicht zur Ausübung seines Gestaltungsermessens nachgekommen. Er regelt etwa das Zuteilungsverfahren und die Zuteilungsmaßstäbe für die Zuteilung von Taxikonzessionen (§ 13 Abs. 5 PBefG), die Zu-

[307] Vgl. supra S. 73 ff. und S. 75 ff.

[308] Vgl. BVerfG, Beschl. v. 14. 6. 1994, BVerfGE 91, S. 346 (363); vgl. auch *Leist*, Versteigerungen als Regulierungsinstrument, 2004, S. 71 f.

[309] Vgl. *Voßkuhle*, Die Verwaltung 1999, S. 21 (36); *Erichsen*, DVBl. 1983, S. 289 (294); etwa für die Zuteilung knapper Taxikonzessionen BVerwG, Urt. v. 27. 8. 1981, BVerwGE 64, S. 238 ff.

[310] Zur Wesentlichkeitslehre etwa BVerfG, Beschl. v. 28. 10. 1975, BVerfGE 40, 3 (249); BVerfG, Beschl. v. 9. 5. 1972, BVerfGE 33, 125 (158 ff.) – Facharzt; BVerfG, Urt. v. 18. 7. 1972, BVerfGE 33, S. 303 (337 und 344) – numerus clausus I; BVerfG, Urt. v. 6. 12. 1972, BVerfGE 34, (192 f.) – Elternrecht; BVerfG, Beschl. v. 27. 1. 1967, BVerfGE 41, 251 (259 f.); BVerfG, Beschl. v. 22. 6. 1977, BVerfGE 45, 400 (417 f.); BVerfG, Beschl. v. 21. 12. 1977, BVerfGE 47, S. 46 (ff.) – Sexualerziehung in der Schule; BVerfG, Beschl. v. 19. 4. 1978, BVerfGE 48, 210 (2 ff.); *Schulze-Fielitz*, Theorie und Praxis parlamentarischer Gesetzgebung, 1988, S. 162 ff.; *Seiler*, Der einheitliche Parlamentsvorbehalt, 2000; *Staupe*, Parlamentsvorbehalt und Delegationsbefugnis, 1986; zum Verhältnis zwischen Grundrechtsvorbehalt und Grundsatz vom Vorbehalt des Gesetzes *Bumke*, Der Grundrechtsvorbehalt, 1998, S. 200 ff.

weisung von Zeitnischen auf Flughäfen (§ 27a LuftVG), die Bestellung zum Schornsteinfegermeister (§ 6 Abs. 1 SchfG), die Bestellung zum Notar (§ 6 Abs. 3 BNotO) ausdrücklich gesetzlich. Bisweilen haben die Gerichte zunächst Anschubhilfe leisten müssen[311]. Für die Vergabe von Standplätzen auf Messen und Märkten schweigt der Gesetzgeber sich über die Zuteilungskriterien einer gesetzlichen Verteilungsregelung unverändert weitgehend aus; er verweist auf die Blankettformel der »sachlich gerechtfertigten Gründe« (§ 70 Abs. 3 GewO), ähnlich auch bei Kapazitätsengpässen für den Zugang zu öffentlichen Einrichtungen. Verfassungsrechtlich ist das angreifbar. Ist hier grundsätzlich auch nicht der *Zugang* zur Ausübung eines Berufes berührt und kann der Gesetzgeber die Vielgestaltigkeit der Fallgestaltungen in ihrer Gemengelage unterschiedlichster Interessen nicht immer und a priori abschließend überschauen, hat er ferner die Veranstaltungsfreiheit des Trägers zu beachten, ist er seiner Pflicht, eine grundrechtssichernde Zielsteuerung vorzunehmen, dadurch nicht enthoben. Die ausgedünnte gesetzliche Zuteilungsprogrammierung öffnet der Verwaltung Handlungsspielräume in Bereichen, die für die Grundrechtsausübung wesentlich sind[312]. Jedenfalls in den Sachbereichen, in denen typischerweise grundrechtlich relevante Knappheitskonstellationen auftreten, wie bei der Zulassung zu Messen und Märkten, ist eine Steuerung des Zuteilungsprozesses durch gesetzliche, die Grundlinien der Zuteilungsentscheidung steuernde Zielvorgaben verfassungsrechtlich geboten. Der Gesetzgeber darf sich einer Entscheidung der Konfliktlage und einer Ausübung seines Gestaltungsermessens nicht enthalten. Dass Rechtsprechung und Praxis sachgerechte Kriterien zu entwickeln in der Lage sind[313], heißt nicht, dass ihnen die Auswahl überantwortet werden darf. Gerade weil mehrere Kriterien sachgerecht sein können, die zu unterschiedlichen Auswahlergebnissen führen, bedarf es in grundrechtsrelevanten Bereichen einer gesetzlichen Steuerung des Auswahlprozesses. Sie zu bestimmen, ist der Gesetzgeber berufen[314].

---

[311] Das gilt etwa für die Zuteilungsregelung bei knappen Taxikonzessionen (BVerwG, Urt. v. 27.8.1981, BVerwGE 64, S. 238 [244]) und kontingentierten Güterkraftverkehrsgenehmigungen (BVerfG, Urt. v. 14.10.1975, BVerfGE 40, S. 196 [232]; BVerwG, Urt. v. 3.11.1976, BVerwGE 51, S. 235 [237]).

[312] *Lässig*, NVwZ 1983, S. 18 (20); *Püttner/Lingemann*, JA 1984, S. 121 (128); *Voßkuhle*, Die Verwaltung 1999, S. 21 (36 mit Fn. 83); a. A. *Wirth*, Marktverkehr, Marktfestsetzung, Marktfreiheit, 1985, S. 206; VGH Baden-Württemberg, GewArch. 1979, S. 335 (336); OVG Niedersachsen, Urt. v. 26.8.1981, NVwZ 1983, S. 49 (50); *Tettinger*, in: ders./Wank (Hrsg.), GewO, 7. Aufl. 2004, § 70 Rdnr. 25; *Schönleitner*, in: Landmann/Rohmer (Hrsg.), GewO, Bd. 2, § 70 Rdnr. 12 (Stand: 46. Erglfg. Okt 2004).

[313] Darauf stützt insbesondere *Tettinger* (ibid., § 70 Rdnr. 25) die fehlende verfassungsrechtliche Notwendigkeit eines gesetzlichen Kriterienkatalogs.

[314] Vgl. dazu etwa *Karpen*, NJW 1988, S. 2512 (2517); *Erichsen*, DVBl. 1983, S. 289 (294).

II. Vorgaben des europäischen Gemeinschaftsrechts für die Verteilungsordnung

Das europäische Gemeinschaftsrecht kennt ebenso wie die nationale Verfassungsordnung kein allgemeines Zuteilungsprogramm einer Verteilungsordnung. Sein Geltungsspektrum und sein Zuständigkeitsanspruch sind nicht universal. Sie sind auf die Verwirklichung der Gemeinschaftszwecke beschränkt, es gilt das Prinzip der begrenzten Ermächtigung. Die europäischen Verträge strahlen in dieser Reichweite freilich in immer größerem Umfang in die nationale Verteilungsordnung hinein. Sie sind auf ein ständig wachsendes Hineinwirken in die mitgliedstaatliche Ordnung angelegt. Namentlich die Grundfreiheiten ziehen dem Zuteilungsspielraum des nationalen Gesetzgebers Grenzen. Die Freiheit des Warenverkehrs, die Niederlassungs- und Dienstleistungsfreiheit, die Freizügigkeit der Arbeitnehmer sowie die Kapital- und Zahlungsverkehrsfreiheit beschränken die Zuteilungsfreiheit des Gesetzgebers. Sie zielen darauf ab, Diskriminierungen und Freiheitsbeschränkungen zwischen den Bürgern der Mitgliedstaaten zu verhindern, um die Ziele der Gemeinschaft, die Etablierung eines gemeinsamen Marktes ohne Binnengrenzen, zu erreichen (Art. 3 Abs. 1 lit. c EG). Sie sind ihrem Wesen nach als Diskriminierungsverbote konzipiert, die die Rechtsprechung des Europäischen Gerichtshofs unter Rückgriff auf den Gedanken effektiver Wirksamkeit (effet utile, Art. 10 EG) zu Beschränkungsverboten fortentwickelt hat[315]. Wiewohl die Grundfreiheiten nicht auf innerstaatliche Sachverhalte anwendbar sind, sondern grundsätzlich einen grenzüberschreitenden Bezug voraussetzen, ist ihre Einflussmacht auch bei innerstaatlichen Zuteilungsvorgängen nicht verflogen. Die Verletzung von Zuteilungsregeln verletzt immer auch die Rechte potenzieller Interessenten aus anderen Mitgliedstaaten.

Insbesondere die Vergabe öffentlicher Aufträge und das europäische Beihilfenrecht sind fest im Klammergriff des europäischen Gemeinschaftsrechts[316]. Anliegen des gemeinschaftsrechtlichen Vergaberechts ist es, für

[315] Dazu für die Warenverkehrsfreiheit EuGH, Urt. v. 20.2.1979, Slg. 1979, S. 649 Rdnr. 8 – Cassis de Dijon; für die Arbeitnehmerfreizügigkeit: EuGH, Urt. v. 15.12.1995, Slg. 1995, I-S. 4921, Rdnr. 96 – Bosmann; EuGH, Urt. v. 27.1.2000, Slg. 2000, I-S. 493, Rdnr. 18 – Graf; für die Niederlassungsfreiheit: EuGH, Urt. v. 30.11.1995, Slg. 1995, I-S. 4165, Rdnr. 37 – Gebhard; für die Dienstleistungsfreiheit: EuGH, Urt. v. 25.7.1991, Slg. 1991, I-S. 4221, Rdnr. 14 – Säger; für die Kapitalverkehrsfreiheit: EuGH, Urt. v. 4.6.2002, Slg. 2002, I-S. 4781 Rdnr. 40 – Elf Aquitaine.

[316] Vgl. Richtlinie 2004/18/EG des Europäischen Parlamentes und des Rates über die Koordinierung der Verfahren zur Vergabe öffentlicher Bauaufträge, Lieferaufträge und Dienstleistungsaufträge vom 31.3.2004 ABl. EG Nr. L 134 vom 30.4.2004, S. 134 ff. bzw. Art. 1 Abs. 3 lit. a und b der Richtlinie 2004/17/EG des Europäischen Parlamentes und des Rates zur Koordinierung der Zuschlagserteilung durch Auftraggeber im Bereich der Wasser-, Energie- und Verkehrsversorgung sowie der Postdienste; ABl. EG Nr. L 134 vom 30.4.2004, S. 1 ff.; zu den Richtlinien im Einzelnen *Holoubek*, Das neue Richtlinien-

eine gerechte Verteilung der wirtschaftlichen Vorteile zu sorgen, die mit der Vergabe öffentlicher Aufträge verbunden sind. Entscheidet sich der Staat, Aufgaben mit Hilfe privater Dritter zu erfüllen[317], soll für die Gewährung der damit verbundenen, staatlich veranlassten vermögenswerten Vorteile eine möglichst angemessene wirtschaftliche Gegenleistung erwirtschaftet werden. Eine umgekehrte Blickrichtung hat das europäische Beihilfenrecht: Es hat eine gerechte Verteilung staatlicher Zuwendungen, die gegenleistungsfrei vermögenswerte Unterstützungen gewähren, im Auge. Beide sind als Säulen des europäischen Wettbewerbsrechts feste Bestandteile einer im Entstehen begriffenen europarechtlichen Zuteilungsordnung. Sie zielen gemeinsam auf eine gerechte Allokation von Mitteln, deren Entstehung auf staatliche Entscheidungen über Haushaltsbestände zurückgeht[318]. Jenseits der Beschaffungsverwaltung des Staates und des Beihilfenrechts, im Bereich der hoheitlichen Verteilungslenkung und des Zugangs zu nichtwirtschaftlichen Tätigkeiten, nimmt der Einflussbereich des Europarechts ab, ohne aber abzureißen. Weitere Bereiche der Knappheitsverwaltung geraten zunehmend in das Gravitationsfeld des Gemeinschaftsrechts; die Einwirkung des Gemeinschaftsrechts in das Recht der Verteilungslenkung gewinnt namentlich im allgemeinen öffentlichen Wirtschaftsrecht an Intensität. Es wächst sich zu einem Recht der Verteilungslenkung aus, das die nationale verfassungsrechtliche Zuteilungsordnung ergänzt und überlagert.

Die Grundfreiheiten, die Vergabe- und Beihilfevorschriften sowie die Bestimmungen zur Gemeinsamen Marktorganisation sind als spezielle Diskriminierungsverbote in dem Ziel der Schaffung eines Marktes ohne Binnengrenzen vereint, der Ungleichbehandlungen aufgrund der Staatsangehörigkeit als unzulässig ausschließt. Seinen allgemeinsten Ausdruck findet dieser Gedanke in dem gemeinschaftsrechtlichen Diskriminierungsverbot des Art. 12 EG, das seinerseits eine spezifische Ausformung des allgemeinen Gleichheitssatzes darstellt, der »zu den Grundprinzipien des Gemeinschaftsrechts gehört«[319]. Sie bilden die zentralen Steuerungsprinzipien der

---

paket der EU, in: Pünder/Prieß (Hrsg.), Vergaberecht im Umbruch, 2005, S. 7ff.; zum Einfluss des europäischen Beihilfenrechts auf das Vergaberecht siehe *Pünder*, NZBau 2003, S. 530ff.

[317] Aufgabe des Vergaberechts ist es demgegenüber nicht, Privatisierungsschritte des Gesetzgebers zu erzwingen. Welche Aufgaben der nationale Staat mit seinen eigenen Bordmitteln und welche er unter Zuhilfenahme Dritter erbringt, obliegt dem Mitgliedstaat weiterhin selbst. Das europäische Vergaberecht rüttelt daran nicht.

[318] Für Beihilfen ergibt sich dies aus Art. 87 Abs. 1 EG: Es muss sich danach um »staatliche oder aus staatlichen Mitteln gewährte Beihilfen« handeln. Der EuGH hat in der Rechtssache »Preussen Elektra« klargestellt, dass nicht alle von einem Staat gewährten Vorteile Beihilfen darstellen, sondern nur dann, wenn die entsprechenden Mittel aus staatlichen Haushalten bzw. einer vom Staat benannten oder errichteten öffentlichen bzw. privaten Einrichtung stammen; EuGH, Urt. v. 13.3.2001, EuZW 2001, S. 242.

[319] EuGH, Urt. v. 19.10.1977, Slg. 1977, S. 1770 – Rückdeschel; EuGH, Urt. v. 16.10.1980, Slg. 1980, S. 3019 – Hochstrass; vgl. zur umstrittenen Grundrechtsqualität

gemeinschaftsrechtlichen Verteilungsordnung. Aus ihnen erwachsen insbesondere das Gebot der Gleichbehandlung, das Gebot der Zuteilungstransparenz und das Gebot der Verhältnismäßigkeit als allgemeine Zuteilungsanforderungen des europäischen Gemeinschaftsrechts[320].

Als allgemeines Grundprinzip des Gemeinschaftsrechts verbietet der allgemeine Gleichheitssatz – wie der Gleichheitssatz des Art. 3 Abs. 1 GG[321] – vergleichbare Sachverhalte unterschiedlich zu behandeln, soweit nicht eine Differenzierung objektiv gerechtfertigt ist[322]. Zuteilungs- und Zugangsbedingungen müssen auf alle Interessenten in gleicher Art und Weise angewendet werden; die Zuteilungskriterien dürfen weder unmittelbar noch mittelbar diskriminierend sein; die Auswahl muss auf objektiven, durch sachliche Gründe gerechtfertigten Kriterien beruhen. Alle Interessenten müssen – unabhängig von ihrer Staatsangehörigkeit – über die gleichen Chancen verfügen.

Soll der materielle Anspruch auf Gleichbehandlung nicht subkutan seiner Wirksamkeit beraubt werden, setzt er eine Verfahrenstransparenz voraus, die die getroffenen Auswahlentscheidungen und -kriterien in allen Stadien und für alle Beteiligten gleichermaßen durchschaubar und nachvollziehbar macht. Das gemeinschaftsrechtliche Transparenzgebot erheischt, zugunsten der Zuteilungsadressaten einen angemessenen Grad an Öffentlichkeit und Offenheit sicherzustellen, der den Interessenten die erforderlichen Informationen über die Zuteilungskriterien und den Zuteilungsgegenstand zur Verfügung stellt, damit sie entscheiden können, ob sie sich am Zuteilungsverfahren beteiligen möchten und gegebenenfalls überprüfen können, ob die Auswahl unparteiisch durchgeführt wurde[323].

Zuteilungsmaßnahmen müssen zur Erreichung des Zuteilungszwecks vor allem sachangemessen und erforderlich sein. Es dürfen nur solche Zu-

---

der Vorschrift etwa *Odendahl*, in: Heselhaus/Nowak (Hrsg.), Hdb. EU-Grundrechte, 2006, § 45 Rdnr. 25 ff. m. w. N.

[320] Vgl. dazu Mitteilung der Kommission zu Auslegungsfragen im Bereich Konzessionen im Gemeinschaftsrecht, ABl. EG Nr. C 121 v. 29.4.2000, S. 2 (6 ff.); Bericht der EG-Kommission für den Europäischen Rat in Laeken v. 17.10.2001, KOM [2001], 598, Rdnr. 36.

[321] Vgl. zum Verhältnis der Grundrechte des GG zu den Gemeinschaftsgrundrechten supra S. 31.

[322] EuGH, Urt. v. 8.10.1980, Slg. 1980, S. 2747 – Überschär. Vgl. zu der (zu bejahenden) Frage, ob eine Rechtfertigung (nur für mittelbare oder) auch für unmittelbare Diskriminierungen in Betracht kommt: EuGH, Urt. v. 2.10.1997, Slg. 1997, I-5325, Rdnr. 26 ff. – Saldanha; EuGH, Urt. v. 6.6.2002, Slg. 2002, I-S. 5089, Rdnr. 32 f. – Ricordi & Co.

[323] Vgl. zum vergaberechtlichen Transparenzgrundsatz EuGH, Urt. v. 7.12.2000, NZBau 2001, S. 148 (151), Rdnr. 62 – Teleaustria Verlags GmbH u. a. (vgl. dazu auch *Gröning*, NZBau 2001, S. 123 [124 f.]); EuGH, Urt. v. 21.7.2005, Consorzio Aziende Metano, EuZW 2005, S. 529; EuGH, Urt. v. 13.10.2005, NVwZ 2005, S. 1407 (1410), Rdnr. 49 – Parking Brixen; EuGH, Urt. v. 25.4.1996, NVwZ 1997, S. 374 (Rdnr. 54) – Wallonische Busse; *Burgi*, DVBl. 2003, S. 949 (955); *C. Koenig/Kühling*, NVwZ 2003, S. 779 (783 ff.).

teilungskriterien angelegt werden, die das Zuteilungsziel zu erreichen vermögen und in einem angemessenen Zusammenhang zu ihm stehen. Die Maßnahme darf ausschließlich dazu dienen, die Verwirklichung des Zuteilungsziels zu gewährleisten, und darf nicht über das hinausgehen, was zur Erreichung des Ziels erforderlich ist[324]. Auch in der Anwendung des Verhältnismäßigkeitsgedankens auf Zuteilungsvorgänge[325] gleichen sich die nationale und die gemeinschaftsrechtliche Zuteilungsordnung als konvergente Systeme einander an.

---

[324] Vgl. etwa EuGH, Urt. v. 8.7.1999, Slg. II-1999, S. 2329 (Rdnr. 108) – Vlaamse Televisie Maatschappij NV.; BVerfG, Urt. v. 28.3.2006, BVerfGE 115, S. 276 [300 ff.] – Staatliches Wettmonopol; *Odendahl* (Fn. 319), § 45 Rdnr. 38 f. m. w. N.

[325] Vgl. dazu bereits supra S. 75 ff.

§ 3 Zuteilungsmechanismen der staatlichen Verteilungslenkung

Scheint das Grundgesetz einer Verteilungsordnung prima facie unvorbereitet gegenüberzustehen[326], entpuppt sich die verfassungsrechtliche Verteilungsordnung bei genauerem Hinsehen als bewusst offen konzipierter Gestaltungsrahmen, der dem Gesetzgeber grundsätzlich die politische Freiheit belässt, die Ziele staatlichen Handelns und staatlicher Zuteilung zu bestimmen. Das Grundgesetz gibt kein Totalkonzept einer Verteilungsordnung vor. Dem Gesetzgeber kommt vielmehr bei der Bestimmung der Zuteilungsziele und -kriterien grundsätzlich ein weiter Beurteilungs- und Gestaltungsspielraum zu[327].

I. Staatliche Erstzuteilung – Primärallokation

Die Palette der Verteilungskriterien, derer sich der Gesetzgeber bei der Errichtung einer staatlichen Verteilungsordnung bedient, ist bunt, ihre Erscheinungsformen sind disparat. Es lassen sich holzschnittartig formale (infra 1.) und wertende (infra 2.) Grundtypen unterscheiden[328].

---

[326] In diesem Sinne ausdrücklich *Tomuschat*, Der Staat 12 (1973), S. 433 (465).

[327] Vgl. supra S. 32 ff. sowie *Berg*, Der Staat 15 (1976), S. 1 (20); *C. Koenig* (Fn. 260), S. 357 ff.; *Storr*, K & R 2002, S. 67 (69); BVerfG, Beschl. v. 25.10.1977, BVerfGE 46, S. 246 (257); BVerfG, Beschl. v. 16.1.1980, BVerfGE 53, S. 135 (145); BVerfG, Beschl. v. 17.11.1992, BVerfGE 87, S. 363 (383) – Nachtbackverbot.

[328] Vgl. *Berg*, Der Staat 15 (1976), S. 1 (17 ff.); *Kloepfer/Reinert*, Zuteilungsgerechtigkeit im Umweltstaat aus juristischer Sicht, in: Gethmann/Kloepfer/Reinert (Hrsg.), Verteilungsgerechtigkeit im Umweltstaat, 1995, S. 47 (66 ff.); ähnlich ist die Differenzierung von *Schmidt-Preuß* (Kollidierende Privatinteressen im Verwaltungsrecht, 2. Aufl. 2005, S. 392 und 415) zwischen »schematischen« und »qualitativen« Auswahlkriterien. *Kruse* (Lizenzierung und Wettbewerb im Mobilfunk, 1993, S. 91) unterscheidet zwischen nichtdiskriminierenden (Zufallsentscheidung, Auswahl nach Zahlungsbereitschaft) und (potenziell) diskriminierenden (d. h. qualitativen) Auswahlverfahren. *Kruhl* lehnt eine die Differenzierung anhand von Merkmalen wie »wertend«, »diskriminierend« oder »qualitativ« ab, »da solche Unterscheidungen ihrerseits versteckte Wertungen enthalten« (*Kruhl*, Die Versteigerung knapper Frequenzen, 2003, S. 76).

1. Formale Zuteilungskriterien

Formale Zuteilungskriterien knüpfen die Zuteilungsentscheidung an Parameter, die vom Gegenstand der Zuteilung und der Person der Berechtigten abstrahieren. Sie zielen nicht auf die Herstellung inhaltlicher, sondern formaler Gleichheit. Der Staat unternimmt hier nicht den Versuch, über inhaltliche Verteilungskriterien zu befinden.

Die wichtigsten formalen Zuteilungskriterien sind das Kopf- bzw. Quoten-Prinzip (infra a), das Losverfahren (infra b), das Pro-rata-Verfahren (infra c) sowie das Prioritätsprinzip (infra d).

a) Kopf- bzw. Quoten-Prinzip

Als schlichtestes formales Zuteilungsprinzip hat das Kopf-Prinzip der formalen Gleichheit eine lange Tradition. Die Verteilungsmasse wird hier zu gleichen Teilen auf die Antragsteller verteilt; jeder Nachfrager erhält die identische Menge. Ihre Höhe ergibt sich aus dem Quotienten von Verteilungsmasse und Zahl der Antragsteller. Legt der Zuteilende vom Kopf-Prinzip abweichende Zuteilungsquoten fest, mit denen die Empfänger an dem zu verteilenden Gut beteiligt werden, spricht man vom Quoten-Prinzip. Hier geht der formalen Zuteilung eine inhaltliche Entscheidung über die Verteilungsmaßstäbe voraus. Inhaltliche und formale Entscheidungsmaßstäbe nähern sich einander an.

Das Kopf- und das Quoten-Prinzip sind transparent, diskriminierungsfrei und einfach handhabbar. Sie verwirklichen mechanistisch genau arithmetische Gleichheit. Allen Interessenten wachsen die gleichen Chancen zu. Eine Berücksichtigung der Besonderheiten des Einzelfalls ermöglichen sie freilich nicht; sie stellen keine Einzelfallgerechtigkeit her. Sie setzen überdies die Teilbarkeit des zu vergebenden Gutes voraus; bei teilbaren Gütern können sie volkswirtschaftlich unsinnige Einheiten entstehen lassen. So führte das in Süddeutschland in der Landwirtschaft praktizierte erbrechtliche Realteilungsverfahren zur Entstehung von betriebswirtschaftlich unrentablen Kleinstparzellen. Es wurde später durch das – schon früher in Norddeutschland gehandhabte – Anerbenrecht abgelöst, bei dem der Hof nebst Bestandteilen und Zubehör ausschließlich an einen Hoferben, den Anerben, fällt[329]. Im EG-Agrarsubventionsrecht fand das Kopf-Prinzip eine ökonomisch wenig rühmliche Fortschreibung. Indem Subventionszahlungen an formale Zuteilungsmaßstäbe, wie die Anbaufläche je Landwirt

[329] Vgl. die Gesetze des Bundes und der Länder zum landwirtschaftlichen Erbrecht, insbesondere die landesrechtlichen Höfegesetze (Überblick bei *Leipold*, in: Rebmann/Säcker/Rixecker (Hrsg.), Münchener Kommentar zum BGB, 4. Aufl. 2004, Bd. 9, Einl. §§1922–1941, Rdnr. 108ff. Vgl. dazu auch BVerfG, Urt. v. 20.3.1963, BVerfGE 15, S. 337ff.

anknüpften, provozierten sie eine Überproduktion landwirtschaftlicher Güter. Das Kopf-Prinzip wird daher auch gerne abwertend als »Gießkannenmethode« apostrophiert.

Bedeutung hat das Kopf- bzw. Quoten-Prinzip in der Rechtspraxis der Gegenwart vor allem im Kontext zivilrechtlicher Verteilungsregeln. Sie finden zum Beispiel im Verhältnis von Gesamtschuldnern und -gläubigern hinsichtlich ihrer Ausgleichspflicht Anwendung (§426 Abs. 1 S. 1 BGB, §430 BGB), im Erbrecht im Verhältnis der gesetzlichen Erben (§§1924ff. BGB), ferner im öffentlichen Recht als Proporzregelungen bei der Verteilung von Studienplätzen (vgl. z. B. §§6ff. hess. VergabeVO ZVS), bei geschlechtsspezifischen Förderquoten (vgl. Art. 6 S. 2 s-h. Verfassung) sowie bei Verteilungsquoten für Asylbegehrende (§45 AsylVfG, §32 Abs. 11 S. 3 AuslG). Auf eine lange Tradition kann das Kopf-Prinzip als einfach operationalisierbares Zuteilungsprinzip bei der Verteilung knapper lebenswichtiger Güter in Krisenzeiten, so zum Beispiel in den Anfangszeiten des Ersten Weltkriegs, verweisen[330]. Es setzte sich jedoch früh die Erkenntnis durch, dass eine formal gleiche Behandlung keineswegs mit gerechter Behandlung gleichzusetzen ist. Das Kopf-Prinzip wurde daher auch hier bald durch differenziertere, bedürfnisorientierte Zuteilungsmaßstäbe ersetzt[331].

b) Losverfahren

Das Losverfahren lässt das »Prinzip Zufall« über die Person des Berechtigten entscheiden. So wie Iustitia Recht ohne Ansehen der Person spricht, teilt das Losverfahren Rechte ohne Ansehen der Person zu. Es zeichnet sich durch Transparenz und Schnelligkeit, Kostengünstigkeit und leichte Handhabbarkeit aus. Das Losverfahren ist Ausdruck arithmetischer Gleichheit, es verwirklicht formale Gerechtigkeit. Möglichkeiten unsachlicher Einflussnahme auf den Entscheidungsprozess schließt es a limine aus.

Aufgrund seines zufallsbestimmten Orakelcharakters fand das Losverfahren bereits früh in der Religionsmystik Verwendung: Religiös inspiriertes Losen war den Assyrern, Babyloniern, Juden, Griechen, Römern und Germanen bekannt. Als mantisches, nur von Priestern und berufenen Personen auszuübendes Verfahren, das der Prophetie nahe stand, diente es dazu, die Zukunft zu erkunden, den besten Zeitpunkt geplanter Unternehmungen zu ermitteln, Auskunft über Zukünftiges oder Verborgenes zu erhalten etc. Komplizierte Lostechniken sind aus den mittelalterlichen und neuzeitlichen Losbüchern überliefert, die häufig mit astrologischem Bezug umfangreiche Orakellisten enthalten. Den Griechen diente das Losverfah-

[330] Vgl. dazu *Krause*, Der verteilende Staat, in: Festschrift für Gieseke, 1958, S. 1 (5ff.); *Eger/Weise*, Gutscheine und Zertifikate, in: Tietzel (Hrsg.), Ökonomische Theorie der Rationierung, 1998, S. 33ff.

[331] Vgl. dazu *Kahn*, Rechtsbegriffe der Kriegswirtschaft, 1918, S. 93f.

ren in seiner formalen, alle Menschen gleich behandelnden Struktur nicht nur zu mystischen Weissagungen, sondern auch als wichtiges Funktionsinstrument der Demokratie. Das Losverfahren sicherte formal gerechte Machtbegründung und ständigen Wechsel zwischen Regieren und Regiertwerden, auf das die Demokratie angelegt war. Staatsämter wurden jährlich neu durch Wahlen oder das Los besetzt, Gerichtshöfe wurden im Losverfahren eingesetzt. Die Berufung der Professoren an der Universität Basel vollzog sich im 18. Jahrhundert in der Weise, dass ein Dreiervorschlag auf der Grundlage der fachlichen Qualifikation erstellt wurde, über den in einer akademischen Lotterie das Los entschied[332]. Bis in die heutige Zeit findet das Losverfahren, insbesondere im Falle der Stimmengleichheit der Bewerber, bei Wahlvorgängen Anwendung[333]. Auch als Entscheidungsmechanismus in lebensbedrohlichen Situationen findet sich das Los seit Alters her und bis in die heutige Zeit. Als die Besatzungsmitglieder eines sinkenden Rettungsbootes 1841 die männlichen Passagiere über Bord warfen, um den Untergang des gesamten Bootes zu verhindern, verurteilte der amerikanische Richter *Baldwin* die später geretteten Besatzungsmitglieder wegen fahrlässiger Tötung und begründete den Schuldspruch damit, dass zunächst abkömmliche Besatzungsmitglieder hätten geopfert werden müssen und die Opfer unter den Passagieren mittels Los hätten ermittelt werden müssen: »This mode of selection is resorted to as the fairest mode (...). In no other than this or some like way are those having equal rights put upon an equal footing, and in no other way is it possible to guard against partiality and oppression«. Noch 1975 präsentierte *Harris*[334] als Entscheidungsmechanismus zur Bewältigung tragischer Entscheidungskonflikte eine »Survival Lottery«. In Situationen, in denen das Leben mehrerer Personen nur durch die Tötung eines Menschen gerettet werden kann, schlägt er deren Tötung und Auswahl durch das Los vor: »Whenever doctors have two or more dying patients who could be saved by transplants, and no suitable organs have come to hand through ›natural‹ deaths, they can ask a central computer to supply a suitable donor at random and he will be killed so that the lifes of two or more others may be saved«[335]. Mit unseren Vorstellungen von der Menschenwürde als zentralem, schlechthin konstituierendem Prinzip der Verfassung ist dies nicht vereinbar[336].

---

[332] *Burckhardt*, Basler Zeitschrift für Geschichte und Altertumskunde 15 (1916), S. 28 ff.

[333] Vgl. Art. 23 Abs. 2 EMRK, § 92 Abs. 2 S. 2 und Abs. 3 S. 2 VwVfG, § 21 Abs. 3 S. 4 und Abs. 4, § 21d Abs. 2 S. 2 und Abs. 3 S. 2 GVG, § 5 S. 3, § 6 Abs. 2 S. 5 BWahlG, § 55 Abs. 5 S. 3 und 4 hess.GO, § 36 Abs. 2 S. 2 und Abs. 5 S. 4 nds.KWG, § 23 Abs. 2 S. 2 und Abs. 4 S. 3 nds.RiG.

[334] *Harris*, Philosophy 50 (1975), S. 81 ff.

[335] *Harris*, ibid., S. 81 (83).

[336] BVerfG, Urt. v. 15.2.2006, NJW 2006, S. 751 (753 ff.).

Das Losprinzip spielt in der Rechtsordnung nach wie vor eine nicht unerhebliche Rolle. Anwendung findet es beispielsweise bei der Aufteilung von Gemeinschaftsvermögen im bürgerlichen Recht (§752 S. 2 BGB) sowie der Auskehrung der Belohnung einer Auslobung (§659 Abs. 2 S. 2 BGB), ferner bei der Verteilung knapper Studienplätze (§32 Abs. 4 Alt. 2 HRG)[337], im Wahlrecht[338], bisweilen bei dem Zugang zu Messen und Märkten[339], der Verteilung knapper Klassen- und Schulplätze[340] sowie dem Zugang zu öffentlichen Einrichtungen[341]. Im deutschen Telekommunikationsrecht entscheidet im Falle der Frequenzknappheit bei Eignungsgleichheit der Bewerber das Los über die Zuteilung (§61 Abs. 6 S. 5 TKG). In den USA fand (nach schlechten Erfahrungen mit vergleichenden Anhörungen) das Losverfahren gar als vorrangiges Zuteilungsverfahren bei der Zuteilung knapper Frequenzen Anwendung. 1981 ermächtigte der US-Kongress die für die Frequenzverwaltung im Bereich der Mobilfunkfrequenzen zuständige Federal Communications Commission (FCC), Frequenzen unter geeigneten Bewerbern im Wege des Losentscheids (sog. random selection) zuzuteilen[342]. Der Kongress versprach sich davon eine schnellere, transparentere und kostengünstigere Auswahl als bei vergleichenden Anhörungen[343].

Die Erfahrungen, die die Rechtspraxis mit dem Losverfahren als selbstständigem Auswahlmechanismus[344] gesammelt hat, sind eher ernüchternd[345]. Indem es alle Interessen ohne Rücksicht auf ihre Qualifikation formal gleich behandelt, abstrahiert es von den zwischen den ihnen bestehenden Ungleichheiten. Es unterscheidet nicht nach der Motivation, der Leistungsfähigkeit oder Bedürftigkeit. Die Lotterie lockt eine große Zahl heterogener Bewerber an, von denen einige im Hinblick auf den Zweck, zu dem das Gut eingesetzt werden soll, unqualifiziert, unterkapitalisiert oder unerfahren sind; andere wiederum bringen kein Interesse an dem zu-

---

[337] Vgl. dazu auch *Schmidt-Preuß*, Kollidierende Privatinteressen im Verwaltungsrecht, 2. Aufl. 2005, S. 421; kritisch *Berg*, Der Staat 15 (1976), S. 1 (22). Er sieht darin einen Verstoß gegen die Berufsfreiheit und »eine Fehlleitung von Mitteln mit sozialer Zweckbestimmung und eine Einbuße sozialer Gerechtigkeit«.

[338] Siehe Fn. 333.

[339] Zur Rechtmäßigkeit der Auswahl im Losverfahren etwa BVerwG, Beschl. v. 4.10.2006, NVwZ 2006, S. 786; kritisch *C. Koenig* (Fn. 260), S. 144f.

[340] Vgl. dazu etwa VG Braunschweig, NVwZ-RR 2007, S. 324 (325f.).

[341] Vgl. *Schmidt-Preuß*, Kollidierende Privatinteressen im Verwaltungsrecht, 2. Aufl. 2005, S. 422.

[342] 47 U.S.C. §309 (i) Omnibus Reconcilation Act, Pub. L.No. 97–35, Abschnitt 1242, §309, 95 Stat. 736–37 (1981).

[343] Vgl. *Fritts*, Federal Communications Law Journal 51 (1999), S. 849 (854).

[344] Soweit das Losverfahren lediglich als subsidiäres Hilfsverfahren in Fällen zur Anwendung kommt, in denen Unterschiede zwischen den Interessenten nicht mehr messbar sind, stößt das Losverfahren ungebrochen auf Akzeptanz.

[345] Vgl. dazu aus ökonomischer Sicht *Theurl*, Zufallsmechanismen (Lotterien), in: Tietzel, (Hrsg.), Ökonomische Theorie der Rationierung, 1998, S. 77ff.

zuteilenden Gut als solchem mit, sondern wollen es mit spekulativem Hintergrund erwerben, um es auf einem Sekundärmarkt zu verkaufen und die daraus entstehenden Gewinne einzustreichen. In den USA trieb diese Motivation bei der Zuteilung knapper Frequenzen bisweilen bunte Blüten: Die geringen Anforderungen in den Frequenzverteilungsverfahren der USA[346] führten zu Massenbewerbungen, die dem Losglück auf die Sprünge helfen sollten. Dienstleistungsunternehmen (sog. »application mills«) spezialisierten sich darauf, »Hilfe« beim Ausfüllen der entsprechenden Bewerbungsformulare zu leisten[347]. Bei einigen Lotterien gingen innerhalb weniger Tage mehr als 65.000 Bewerbungen ein. Neben Großkonzernen beteiligten sich Studenten oder findige Geschäftsleute an nationalen Losverfahren, denen das Losglück wertvolle Frequenzen zuwies, welche diese für mehrere Mio. US-$ an die Großkonzerne veräußerten[348]. Die Erwerber erzielten eine private Rendite mit Gütern der Allgemeinheit[349]. Das knappe Gut wurde nicht oder erst verspätet seiner zweckgerechten Verwendung zugeführt[350]. Solange dem Losverfahren keine substanziellen Überprüfungsverfahren vor- oder nachgeschaltet sind, findet keine Selbst-Selektion statt, die die Anzahl der Bewerber auf ernsthafte Bewerber reduziert[351]. Das Losverfahren gewährleistet nicht, dass das Gut demjenigen unter den Zuteilungsinteressenten zukommt, der die mit der Zuteilung verfolgten Ziele am besten befriedigen kann. Die dem Losverfahren typischerweise immanente Neuverlosung nach Ablauf der Nutzungszeit hemmt überdies die Investitionsbereitschaft des Leistungswilligen[352].

---

346 Die Bewerber mussten lediglich eine Anmeldegebühr in Höhe von 35 US-$ entrichten sowie einen technischen Plan für die versprochene Dienstleitung vorlegen.

347 *Hazlett*, The Journal of Law and Economics 41 (1998), S. 529 (533).

348 In einem Fall hatte eine ominöse Gruppe mit dem Namen »RACDG« eine Mobilfunklizenz für die Halbinsel Cape erlost, um sie wenig später für 41 Mio. US-$ an Southwestern Bill zu veräußern (vgl. *McMillan*, Telecommunications Policy 1995, S. 191 [192]).

349 Die Volkswirtschaftslehre spricht von »windfall profits«. Sie versteht darunter allgemein Gewinne, die nicht auf entsprechenden Leistungen des Gewinnbeziehers beruhen, sondern durch Veränderungen der Marktsituation hervorgerufen werden.

350 *Fritts* (Fn. 343, S. 854) berichtet, dass in den amerikanischen Frequenzverteilungsverfahren durchschnittlich zwei Jahre vergingen, bis die Frequenzen im Wege der Weiterveräußerung den Interessenten mit der höchsten Wertschätzung tatsächlich erreichten.

351 Zur Kritik am Verfahren der Frequenzzuteilung durch das Los vgl. *Allard*, Seton Hall Legislative Journal 18 (1993), S. 13 (26ff.); *McMillan*, Telecommunications Policy 1995, S. 191 (192f.); *Kummel*, Federal Communications Law Journal 48 (1996), S. 512 (526f.); *Straubel*, North Carolina Journal of International Law and Commercial Regulation 1992, S. 205 (231).

352 In den USA führten die negativen Erfahrungen mit dem Losverfahren Anfang der neunziger Jahre des 20. Jahrhunderts zur Ablösung des Losverfahrens durch marktbezogene Zuteilungsverfahren (vgl. dazu infra S. 273ff.).

c) Pro-rata-Verfahren – Repartierung

Wie das Losverfahren behandelt das Pro-rata-Verfahren alle Bewerber formal gleich, teilt bei einem Bewerberüberhang die Verteilungsmasse jedoch nicht einzelnen »beati possidentes«, sondern allen nach gleichen Anteilen zu. Anders als beim Kopf-Prinzip erfolgt die Zuteilung nicht nach Köpfen oder Quoten, sondern proportional zur Antragsmenge: Jeder Bewerber erhält einen Teil des Gesamtkontingents im Verhältnis seiner beantragten Einzelmengen[353]. Der Interessent meldet seinen Bedarf an und wenn der Gesamtbedarf die Kapazität überschreitet, wird die Zuteilungsmenge anteilig bei allen gekürzt.

Das Repartierungsverfahren findet bei der Zuteilung kontingentierter Außenwirtschaftsgenehmigungen[354], bei der Ausschreibung von Wertpapieren im Mengentenderverfahren der Bundesbank und der Europäischen Zentralbank[355], gelegentlich bei der Zuteilung von Subventionen[356] sowie etwa im amerikanischen Aktienrecht bei der Überzeichnung einer Aktie Anwendung[357]. Seine Anwendung wurde beispielsweise auch für die Zuteilung von Stromdurchleitungsrechten[358] vorgeschlagen.

Das Pro-rata-Verfahren ist diskriminierungsfrei, transparent und einfach umsetzbar. Die Teilhabe an einem zuzuteilenden Gut ist für alle Interessenten gesichert. Es eröffnet allen Interessenten formal gleiche Chancen der Teilhabe und vermeidet den prinzipiellen Ausschluss ganzer Gruppen geeigneter Bewerber[359]. Das Repartierungsverfahren verteilt den Mangel gleichmäßig unter die Betroffenen. Es handelt sich insoweit um ein grund-

---

[353] Vgl. zum Repartierungsverfahren etwa *Faber*, GewArch. 2002, S. 264 (264); *Rummer*, NJW 1988, 225 (230).

[354] Vgl. Art. 2 Abs. 2 der Verordnung (EG) Nr. 520/94 des Rates vom 7.3.1994 zur Festlegung eines Verfahrens der gemeinschaftlichen Verwaltung mengenmäßiger Kontingente, ABl. EG Nr. L 66 vom 10.3.1994, S. 1 ff.; Art. 17 Abs. 2 u. 3 der Verordnung (EG) Nr. 517/94 des Rates vom 7.3.1994 über die gemeinsame Regelung der Einfuhren von Textilwaren aus bestimmten Drittländern, die nicht unter bilaterale Abkommen, Protokolle und andere Vereinbarungen oder eine spezifische gemeinschaftliche Einfuhrregelung fallen, ABl. EG Nr. L 67 vom 10.3.1994, S. 1 ff.; für das inzwischen durch das europäische Gemeinschaftsrecht weitgehend verdrängte deutsche Außenwirtschaftsrecht siehe *Rummer* (Fn. 353), S. 230.

[355] Vgl. dazu infra S. 277.

[356] Vgl. *Zacher*, VVDStRL 25 (1967), S. 308 (354) m. w. N.

[357] Sec. 14 (d) (6) Securities Exchange Act. Zum deutschen Recht vgl. Begr.RegE zum KonTraG, BT-Drucks. 13/9712, S. 14. Dazu *Baum*, ZHR 2003, 580 (598).

[358] KG Berlin, Urt. v. 24.10.2001, WRP 2002, S. 564 (574); 13. Hauptgutachten der Monopolkommission 1998/1999, BT-Drucks. 14/4002, S. 74 Tz. 108 (Bezug nehmend auf einen Vorschlag des Bundeskartellamtes im Verfahren zur Berliner Stromdurchleitung zwischen RWE und BEWAG, das Repartierungsverfahren anzuwenden); *Oechsler*, ZHR 2000, S. 479 (505).

[359] Insoweit entspricht es den Forderungen der Numerus-clausus-Rechtsprechung des Bundesverfassungsgerichts. Vgl. z. B. BVerfG, Urt. v. 8.2.1977, BVerfGE 43, S. 291 (316) – numerus clausus II.

sätzlich grundrechtsschonendes Verfahren. Es nimmt aber keine Rücksicht auf Besonderheiten des Einzelfalls, auf Bedürfnisse und individuelle Würdigkeit sowie darauf, ob die entstehenden Teilungseinheiten wirtschaftlich sinnvoll sind. Es kann eine Zerstückelung der Teilungsmenge in volkswirtschaftlich suboptimale Kleinstquoten provozieren. Indem das Repartierungsverfahren die Zuteilungsmenge von dem Antrag der Interessenten abhängig macht, begünstigt es den Antragsteller, der einen möglichst hohen Antrag stellt. Die Interessenten erhalten einen Anreiz, den angemeldeten Bedarf strategisch zu manipulieren und zu hoch anzusetzen, um eine (relativ gesehen) höhere Zuteilung zu erreichen. Begegnen lässt sich dem dort, wo sich der tatsächliche Bedarf der Nachfrager nach Kapazität objektiv ermitteln lässt und eine über den Bedarf hinausgehende Antragstellung sanktioniert wird. Damit gehen jedoch regelmäßig hohe Kontrollkosten einher. Das Repartierungsverfahren wird dann faktisch durch ein Bedarfsprüfungsverfahren ersetzt. Aus einem formellen wird ein materielles Zuteilungsverfahren.

d) Prioritätsprinzip

Das Prioritätsprinzip (First-come-first-served-Prinzip, Warteschlangen-Prinzip, pejorativ auch »Windhundverfahren«[360]) knüpft die Zuteilung an die zeitliche Reihenfolge der Antragseingänge: Güter werden an denjenigen Bewerber vergeben, der diese als erster beantragt. Die Zuteilungsbegehren werden in der Reihenfolge ihres Eingangs ungekürzt bedient. Wenn das Kontingent erschöpft ist, endet die Verteilung. Der Schnellste ist der Gewinner[361]. Inhaltliche Aspekte (abgesehen von der Vollständigkeit der Antragsunterlagen) bleiben bei der Entscheidung außer Betracht.

Das Prioritätsprinzip kann auf eine lange Tradition zurückblicken. Dem römischen Recht war es als Rechtsregel »prior tempore, potior iure«[362] bekannt. Als Bestandteil des mittelalterlichen deutschen Rechts ist es uns durch den ostsächsischen Ritter *Eike von Repgow* überliefert. Er hat die Rechtsregel »Wer ouch erst zu der mulen kumt, de sal erst malen« (»wer zuerst [zu der Mühle] kommt, mahlt zu erst«)[363] im Sachsenspiegel niedergelegt.

[360] In diesem Sinne ausdrücklich *Rummer*, NJW 1988, S. 225 (229); *Püttner/Lingemann*, JA 1984, S. 121 (129).

[361] Ausführlich zum Prioritätsprinzip *Barzel*, The Journal of Law and Economics (1954), S. 73 ff.; *Calabresi/Bobbitt* Tragic choices: the conflicts society confronts in the allocation of tragically scarce resources, 1978; *Fuchs-Wissemann*, Priorität und Recht, DRiZ 1982, S. 373 ff.; *Tietzel/Th. Müller*, Warteschlangen und Wartelisten, in: Tietzel (Hrsg.), Ökonomische Theorie der Rationierung, 1998, S. 1 ff.; *Voßkuhle*, Die Verwaltung 1999, S. 21 ff.; *Wacke*, JA 1981, S. 94, *Wittman*, Journal of Legal Studies 9 (1980), S. 557 ff.

[362] *Bonifaz VIII.*, Liber Sextus 5, 13, 54; *Caracalla*, Codex Iustinianus 8, 17, 3 a. E.

[363] *Eike von Repgow*, Sachsenspiegel (hrsg. von F. Ebel), Zweites Buch, § 59 Abs. 4; eine ähnliche Aussage liegt dem Rechtssprichwort »Welcher Wagen zuerst zu der Brücke kommt, der fährt zuerst hinüber« zu Grunde, das ebenfalls in den Sachsenspiegel aufge-

Das Prioritätsprinzip begleitet auch heute unser tägliches Leben. Es bestimmt unser Verhalten beim Brötchenkauf in der Bäckerei, an der Kasse des Supermarktes, am Fahrkartenschalter, bei der Zuteilung von begehrten Opern- und Theaterkarten, Tischplätzen im Restaurant, in der Warteschlange der Behörde, ohne dass es einer rechtlichen Normierung bedurft hätte. Intuitiv erschließt es sich als sinnvolles Ordnungsprinzip gesellschaftlichen Verhaltens. In vielen Situationen wird es als gerecht empfunden und dem Allokationsmodell des Marktes vorgezogen, obwohl der Preismechanismus als Zuteilungsmodell in der Regel zu effizienteren Ergebnissen führen würde[364]. Die Überzeugung, dass die Willkür des Zufalls nicht unbegrenzt für den eigenen Profit genutzt werden darf, ist tief im Gerechtigkeitsempfinden der Menschen verankert. Werden Menschen in empirischen Studien mit der Frage konfrontiert: Dürfen Schneeschaufeln am Tag nach einem Schneesturm zu einem erhöhten Preis verkauft werden[365]?, dürfen Getränke an einem heißen Tag zum doppelten Preis verkauft werden[366]?, sind Ökonomen von den dabei zu Tage geförderten Ergebnissen regelmäßig überrascht: Der Marktmechanismus findet hier nicht das Vertrauen der Bürger; das First-come-Prinzip ist erste Wahl.

Das Prioritätsprinzip findet sich auch als Rechtsprinzip an sehr verschiedenen Stellen der Rechtsordnung wieder. Das Panorama seiner Anwendung reicht vom privatrechtlichen Sachenrecht bis zum Wirtschaftsverwaltungsrecht: Im Sachen- und Vollstreckungsrecht nimmt das Prioritätsprinzip seit jeher als Mittel der Rangbestimmung konkurrierender Gläubiger einen festen Platz ein[367]. Bestehen mehrere Pfandrechte an einem Gegenstand, bestimmt sich das Rangverhältnis der Pfandrechte nach dem Zeitpunkt ihrer Bestellung bzw. Eintragung (vgl. §§ 879, 1209 BGB, § 804 Abs. 3 ZPO); das zeitlich früher entstandene Pfandrecht geht dem späteren im Rang vor[368].

---

nommen wurde: »welch wagen er uf de brucken kummt, der sal allir erst obir gen« (Sachsenspiegel, Zweites Buch, § 59 Abs. 3 Satz 5).

[364] Vgl. *J. Kruse/U. Berger*, Priority Pricing und zeitkritische Rationierung, in: Tietzel, (Hrsg.), Ökonomische Theorie der Rationierung, 1998, S. 203 ff. Bisweilen würde der Einsatz des Preismechanismus allerdings auch zu unverhältnismäßigen Transaktionskosten (vgl. zu dem Begriff infra S. 162 mit Fn. 80) führen. Es wäre mit hohen Verhandlungskosten verbunden, wartende Skifahrer, Bäckereibesucher etc. danach zu fragen, wie hoch ihre Zahlungsbereitschaft ist, um in der Warteschlange schneller vorzurücken.

[365] Vgl. *Kahneman/Knetsch/Thaler*, American Economic Review 76 (1986), S. 728 ff.

[366] Vgl. *B.S. Frey/Gygi*, Schweizerische Zeitschrift für Volkswirtschaft 125 (1988), S. 519 ff.

[367] Vgl. zur Geltung des Prioritätsprinzips im Sozialrecht bei der Konkurrenz eines nachrangig verpflichteten Sozialleistungsträgers mit anderen Gläubigern: § 104 SGB X; dazu BSG, Urt. v. 14. 11. 1984, BSGE 57, S. 218 ff.

[368] Vgl. *Baur/Stürner*, Sachenrecht, 18. Aufl. 2006, § 17 Rdnr. 7; *Welbers*, Vollstreckungsrechtliches Prioritätsprinzip und verfassungsrechtlicher Gleichheitssatz, 1991, S. 152 ff.; *Schlosser*, ZZP 1984, S. 121 ff.; *Knoche/Biersack*, NJW 2003, S. 476 ff.; zur Anwendung des Prioritätsprinzips im internationalen Insolvenzrecht Stadtgericht Prag, Beschl. v. 26. 4. 2005, ZIP 2005, S. 1431; dazu *Herben*, ZIP 2005, S. 1401 ff.

Das Prioritätsprinzip beherrscht auch das Kennzeichenrecht: Das Verhältnis mehrerer geschützter Kennzeichnungsrechte bestimmt sich nach dem Zeitpunkt der Antragstellung (vgl. § 6 Abs. 1, §§ 9–13 MarkenG[369], § 12 BGB[370]). Im Gesundheitswesen, etwa bei der Zuteilung knapper Krankenhausplätze und Spenderorgane, dienen Wartelistenregelungen als wichtiges Instrument, den Mangel an Behandlungsmöglichkeiten gerecht zu verteilen; der EuGH erteilt dem grundsätzlich seinen Segen[371].

Die hoheitliche Verteilungslenkung durchzieht das Prioritätsprinzip wie ein roter Faden[372]: Nach Priorität erfolgt die Vergabe von Taxikonzessionen an Neubewerber (§ 13 Abs. 5 Satz 2 PBefG), ferner die Zuteilung von Genehmigungen zu Krankentransporten außerhalb des Rettungsdienstes (vgl. Art. 7 Abs. 4 S. 2 bay.Rettungsdienstgesetz): Innerhalb der zu berücksichtigenden Gruppen sollen die Antragsteller nach der zeitlichen Reihenfolge des Eingangs ihrer Anträge berücksichtigt werden. Den Kandidaten der Warteliste kommt ein subjektiv-öffentliches Recht auf ranggerechte Berücksichtigung bei der Vergabe der Konzessionen zu[373]. Mehrere gleichlautende Anträge auf Erteilung einer bergrechtlichen Befürwortung zur Ausbeutung und Erforschung von Bodenschätzen des Meeres sowie auf Genehmigung der Errichtung von Seeanlagen werden nach dem Prioritätsprinzip beschieden; die Reihenfolge des Antragseingangs entscheidet über die Verteilung (§ 4 Abs. 5 Meeresbodenbergbaugesetz; § 5 Abs. 1 S. 4 Seeanlagenverordnung[374]). Gleiches gilt für die Bestellung zum Bezirksschornsteinfeger (§ 6 Abs. 1 SchfG): Die Reihenfolge der Bestellung zum Schorn-

---

[369] Vgl. dazu *Fezer*, Markenrecht, 3. Aufl. 2001, § 6 Rdnr. 1 und 6; *Ingerl/Rohnke*, in: dies. (Hrsg.), Markengesetz, 2. Aufl. 2003, § 6 Rdnr. 2.

[370] Vgl. *Bayreuther*, in: Rebmann/Säcker/Rixecker (Hrsg.), Münchener Kommentar zum BGB, 5. Aufl. 2006, § 12 Rdnr. 193 ff.

[371] Vgl. EuGH, Urt. v. 16.5.2006, Slg. I-2006, S. 4326, Rdnr. 67 ff. – Watts; dazu *Wunder*, MedR 2007, S. 21 ff.

[372] Vgl. zum Prioritätsprinzip in der öffentlich-rechtlichen Verteilungslenkung *Berg*, Der Staat 15 (1976), S. 1 (24 f.); *Faber*, GewArch. 2002, S. 264 (264); *Kloepfer/Reinert*, Zuteilungsgerechtigkeit im Umweltstaat aus juristischer Sicht, in: Gethmann/Kloepfer/Reinert (Hrsg.), Verteilungsgerechtigkeit im Umweltstaat, 1995, S. 47 (68 ff.); *C. Koenig* (Fn. 260), S. 143 f.; *Kruhl*, Die Versteigerung knapper Frequenzen, 2003, S. 77; *Kunz*, Verfahren und Rechtsschutz bei der Vergabe von Konzessionen, 2003, S. 205; *Kühling*, Sektorspezifische Regulierung in den Netzwirtschaften, 2004, S. 178 f.; *Voßkuhle*, Die Verwaltung 1999, S. 21 ff.; *R.H. Weber*, Wirtschaftsregulierung in wettbewerbspolitischen Ausnahmebereichen, 1986, S. 256.

[373] Dies beinhaltet insbesondere ein Abwehrrecht gegen rangwidrige Vergabe- und Platzierungsentscheidungen, das unabhängig davon ist, ob der übergangene Bewerber selbst schon einen aktuellen Anspruch auf Zulassung hat. Der Bewerber, der einen Verstoß gegen die Rangliste rügt, ist daher klagebefugt. Vgl. BVerwG, Urt. v. 7.9.1989, BVerwGE 82, S. 295 (298); OVG Nordrhein-Westfalen, Beschl. v. 11.06.1990, NVwZ-RR 1991, S. 147 f.; *Schmidt-Preuß*, Kollidierende Privatinteressen im Verwaltungsrecht, 2. Aufl. 2005, S. 418 u. 459 ff.

[374] Verordnung über Anlagen seewärts der Begrenzung des deutschen Küstenmeeres vom 23.1.1997.

steinfegermeister richtet sich nach dem Rang der Eintragung in die Bewerberliste. Auch die Zuteilung von Studien- und Referendarplätzen bedient sich des Prioritätsprinzips: Bei der Zuteilung ist die Wartezeit als Auswahlkriterium zu berücksichtigen (§32 Abs. 3 Nr. 2 HRG, §4 Abs. 3, §5 bw. Zulassungsverordnung juristischer Vorbereitungsdienst). Ein entlegener Ausläufer des Prioritätsprinzips findet sich im Recht der Volksentscheide: Werden mehrere, im Wesentlichen gleichgerichtete Anträge auf Durchführung eines Volksbegehrens zur Neugliederung des Bundesgebietes gestellt, so entscheidet die Reihenfolge der Antragstellung über den Vorrang (§22 Abs. 1 Volksentscheidgesetz[375]). Die Reihenfolge der Antragstellung entscheidet auch über die Zuteilung von Nutzungsrechten an Rufnummern[376]. Der Gesetz- und der Verordnungsgeber ordnen die Verteilung nach Priorität als Regelverfahren an: Die Bearbeitung von Anträgen richtet sich grundsätzlich nach der Reihenfolge ihres Eingangs (§5 Abs. 2 S. 1 TNV)[377]. Dies entspricht auch der Empfehlung des European Telecommunication Office für die Nummernvergabe[378]. Bei Internet-Adressen und IP-Protokollen handelt es sich wie bei Rufnummern zwar ebenso um Nummern im Sinne des Telekommunikationsgesetzes. Sie unterliegen jedoch grundsätzlich nicht seinem Zuteilungsregime (§66 Abs. 1 S. 3 TKG), sondern werden durch die International Corporation for Assigned Names and Numbers (ICANN) und die zentrale Registrierungsstelle für Domains unterhalb der TopLevel-Domain .de (DENIC) in einem nicht-staatlichen Verteilungsverfahren zugeteilt. Auch sie greifen auf das Prioritätsprinzip zurück: Derjenige, der eine bestimmte Zeichenfolge beantragt, erhält diese, soweit sie nicht bereits an einen anderen zugeteilt wurde und die Registrierung nicht offensichtlich Rechte Dritter beeinträchtigt (Nr. III. der DENIC-Domainrichtlinien[379]); im Übrigen findet eine inhaltliche oder rechtliche Prüfung der be-

---

[375] Gesetz über das Verfahren bei Volksentscheid, Volksbegehren und Volksbefragung nach Artikel 29 Abs. 6 des Grundgesetzes vom 30.7.1979 (BGBl. I S. 1317).

[376] Art. 5 Abs. 4 der Genehmigungsrichtlinie vom 7.3.2002 (Richtlinie 2002/20/EG des Europäischen Parlaments und des Rates vom 7.3.2002 über die Genehmigung elektronischer Kommunikationsnetze und -dienste, ABl. EG Nr. L 108, S. 21 ff.) sieht zwar implizit die Möglichkeit einer Versteigerung von Nummern vor. Der Gesetz- und der Verordnungsgeber enthalten sich jedoch bislang einer marktgesteuerten Bevorratungsregelung. Vgl. dazu im Einzelnen infra S. 668.

[377] Zu alternativen rechtspolitischen Vorschlägen der Nummernallokation vgl. *Nett*, Marktorientierte Allokationsverfahren bei Nummern, WIK-Diskussionsbeitrag Nr. 223, 2001, S. 4 ff. sowie infra S. 668.

[378] *European Telecommunication Office*, Harmonized National Numbering Conventions, 1997, S. 26: »Generally, the principle of ›first come, first served‹ should be applied«.

[379] Vgl. http://www.denic.de/media/pdf/dokumente/domainrichtlinien.pdf (10.1.2006). Vgl. BGH, Urt. v. 19.2.2004, WRP 2004, 769 (771) – kurt-biedenkopf.de; BGH, Urt. v. 22.11.2001, MMR 2002, S. 382 (385) – shell.de; BGH, Urt. v. 17.5.2001, BGHZ 148, S. 13 ff. – ambiente.de; OLG Frankfurt, Urt. v. 13.2.2003, GRUR-RR 2003, S. 143 ff. – viagrabestellung.de; LG Magdeburg, Urt. v. 18.6.1999, K & R 1999, S. 426 (429) – foris.-de; *G. Wagner*, ZHR 162 (1998), S. 701 (702); *Kloepfer*, Informationsrecht, 2002, §6

antragten Domains nicht statt. Die eskalierende Zahl gerichtlicher Streitigkeiten um die Vergabe von Domain-Adressen[380] legt Zeugnis für die zunehmende Bedeutung der Vergaberegeln und die Schwierigkeit ab, mit Hilfe einer formellen Zuteilungsregel, die Zuteilungskonflikte angemessen zu lösen. Der Ruf nach einer materiellen, staatlichen Regulierung der Domain-Vergabe erschallt immer lauter[381].

Ein breites Anwendungsfeld von großer Tragweite misst die Rechtspraxis dem Prioritätsprinzip dort bei, wo im Bereich des öffentlichen Rechts keine ausdrückliche gesetzliche Verteilungsregel existiert, der Gesetzgeber sich also zu einer anzuwendenden Verteilungsregel ausschweigt und die Verwaltung vor der Frage der gerechten Verteilung knapper Ressourcen steht. Schließen sich mehrere in nuce gleich lautende Anträge gegenseitig aus, bedarf es einer Entscheidungsregel, an der die Verwaltung ihre Auswahlentscheidung ausrichten kann. Der Vorrang des Gesetzes verbietet es der Verwaltung, inhaltliche Entscheidungsmaßstäbe in die Entscheidung hineinzulegen, die das Gesetz ihm nicht an die Hand gegeben hat. Lassen sich inhaltliche Entscheidungsmaßstäbe der Auslegung des Gesetzes nicht entlocken, dient § 22 VwVfG als Bearbeitungsregel seine Hilfe an. Der Vorschrift entnehmen viele das Gebot einer Entscheidung nach der Reihenfolge des Antragseingangs[382]. Dem Prioritätsprinzip kommt in dieser Sichtweise die Funktion einer ungeschriebenen allgemeinen Bearbeitungsregel der Verwaltung und eines allgemeinen Reservezuteilungskriteriums im Sinne des § 22 VwVfG zu[383]. Die Verwaltung greift unter Berufung darauf –

Rdnr. 90; *C. Koenig/Neumann*, EuZW 2002, S. 485 (485 f.); *Nägele*, WRP 2002, S. 138 ff.; kritisch *Ubber*, K & R 2001, S. 593 (594 f.); *Jacobs*, Gesetzliche Teilhabe an Domain-Names, 2003. Zum Eigentumsschutz von Internet-Domains vgl. BVerfG, Beschl. v. 24.11.2004, NJW 2005, S. 589 ff.

[380] Vgl. z. B. BGH, Beschl. v. 25.11.2002, K & R 2003, S. 189 (191) – presserecht.de; OLG Hamburg, Urt. v. 24.7.2003, MMR 2003, S. 668 (669) – schuhmarkt.de; ÖOGH, Urt. v. 25.9.2001, K & R 2002, S. 324 ff. – bundesheer.at; *Wüstenberg*, GRUR 2003, S. 109 ff.; *Härtling*, BB 2002, S. 2028 ff. sowie die Nachweise in Fn. 379 und 401.

[381] Vgl. z. B. *Hoeren*, CR 1996, S. 355 (356).

[382] Vgl. OVG Hamburg, Urt. v. 5.10.1962, DVBl. 1963, S. 153 (das von einem möglichen »gewohnheitsrechtlichen Grundsatz des allgemeinen Verwaltungsverfahrensrechts« spricht); VG Gießen, Urt. v. 14.3.2003, NVwZ-RR 2004, S. 177 (178); *Clausen*, in: Knack (Hrsg.), Verwaltungsverfahrensgesetz, 8. Aufl. 2004, § 22 Rdnr. 20; *Kopp/Ramsauer*, Verwaltungsverfahrensgesetz, 9. Aufl. 2005, § 22 Rdnr. 39; *P. Stelkens/Schmitz*, in: P. Stelkens/Bonk/Sachs (Hrsg.), VwVfG, 6. Aufl. 2001, § 22 Rdnr. 60; *Schwarz*, in: Fehling u. a. (Hrsg.), Handkommentar Verwaltungsrecht, 2006, § 22 VwVfG, Rdnr. 6.

[383] Richtig daran ist, dass die Verwaltung in Fällen fehlender gesetzlicher Verteilungsregeln, d. h. verdeckter Verteilungssituationen, in denen der Gesetzgeber für den Fall der Knappheit eine Verteilungsregel nicht ausdrücklich normiert hat, eine Bescheidung eines Antrags nicht deshalb verweigern darf, weil noch andere Interessenten den gleichen Antrag stellen *könnten*, denen die jetzige Zuteilung den Weg versperren würde. Zur Etablierung einer vorsorgenden Knappheits- und Bevorratungsregelung ist die Verwaltung nicht berufen. Sie würde anderenfalls das ihr auferlegte gesetzliche Entscheidungsprogramm unterlaufen. Sie muss insoweit in der Reihenfolge des Antragseingangs entscheiden. So

nicht zuletzt dank seiner einfachen Handhabbarkeit – gerne zu dem »first come first served-Prinzip«, so bei dem Zugang zu öffentlichen Einrichtungen, etwa Stadthallen, Parkplätzen, Kindergartenplätzen oder bei der Vergabe knapper Theaterkarten etc.[384], ferner als Hilfskriterium bei dem Zugang zu öffentlichen Ämtern (über sog. Wartelisten)[385]. Die Rechtsprechung erteilt dem weithin ihren Segen[386].

Während sie davon ausgeht, dass das Prioritätsprinzip als Auswahlkriterium dem Gerechtigkeitsgedanken besser genügen könne als andere denkbare rechtsstaatliche Lösungen[387], steht die Wissenschaft seiner Anwendung skeptischer gegenüber. Viele Wissenschaftler halten es für »schlechterdings unsinnig«[388], »sachfremd und eher ungeeignet«[389] oder einen »Verlegenheitsmaßstab«[390] und attestieren ihm einen »Schein der Ordnung«, die »im Grunde nichts anderes als kaschierte Willkür« verkörpere[391]. Es widerstreite dem grundrechtlichen Optimierungsgebot einer ge-

---

muss die Genehmigungsbehörde zum Beispiel immissionsschutzrechtlich genehmigungsbedürftige Anlagen auch dann genehmigen, wenn die Genehmigungserteilung dazu führt, dass Newcomer, die eine umweltfreundlichere Technologie verwenden als die bereits vorhandenen Betriebe, langfristig von der Zuteilung ausgeschlossen werden.
Wo demgegenüber gleichzeitig konkurrierende Ansprüche Antragsberechtigter bestehen, über welche die Verwaltung noch nicht entschieden, sondern zu entscheiden hat – und damit schutzwürdige Vertrauenspositionen noch nicht geschaffen sind –, muss nicht notwendig das Gleiche gelten. Die Verwaltung hat hier dem Ziel der gesetzlichen Vorschrift Rechnung zu tragen und die Knappheit in einer Weise zu bewältigen, die der gesetzlichen Vorschrift am ehesten Rechnung trägt. § 22 VwVfG vermag die Zielsetzung der gesetzlichen Vorschrift nicht zu verdrängen. Dass die Verwaltung auf Antrag entscheidet, heißt nicht, dass sie notwendig in der Reihenfolge des Antragseingangs entscheiden muss, wenn konkurrierende Nutzungen bestehen, welche allesamt die gesetzlichen Anspruchsvoraussetzungen erfüllen. Das Prioritätsprinzip ist nur eines von mehreren in Betracht kommenden Zuteilungsprinzipien, die dem Ziel der gesetzlichen Regelung Rechnung tragen können.

[384] Vgl. *Ossenbühl*, DVBl. 1973, S. 289 (296); *Voßkuhle*, Die Verwaltung 1999, S. 21 (25).

[385] BVerwG, Urt. v. 22.2.1990, NVwZ-RR 1990, S. 619 (619) – Warteliste für Lehramtsbewerber.

[386] Vgl. z. B. VGH Baden-Württemberg, Urt. v. 15.3.2003, ESVGH 53, S. 251 f. – Zulassung zum Sportboothafen; BezG Erfurt, Beschl. v. 19.11.1992, LKV 1993, S. 236 (237) – Zulassung zum Wochenmarkt; Bayerischer VGH, Beschl. v. 10.12.1981, GewArch 1982, S. 236 f. – Zulassung von Marktbeschickern.

[387] Vgl. z. B. BVerwG, Urt. 28.6.1963, BVerwGE 16, S. 190 (191); BVerwG, Urt. v. 27.11.1981, BVerwGE 64, S. 238 (245); BVerwG, Urt. v. 7.9.1989, BVerwGE 82, S. 295 (298).

[388] *Salzwedel*, Wasserrecht und Investitionsschutz, RdWWi 19 (1975), S. 41 (54).

[389] *Kunz*, Verfahren und Rechtsschutz bei der Vergabe von Konzessionen, 2003, S. 205.

[390] *Rehbinder*, Herkömmliche Kompensationen im Bereich der Luftreinhaltung, in: Endres/Rehbinder/Schwarze (Hrsg.), Umweltzertifikate und Kompensationslösungen aus juristischer Sicht, 1994, S. 28 (75 f.).

[391] *Tomuschat*, Der Staat 12 (1973), S. 433 (455); ähnlich *Berg*, Der Staat 15 (1976), S. 1 (24 f.); *Rummer*, NJW 1988, S. 225 (230); *Scholler*, Die Interpretation des Gleichheitssatzes als Willkürverbot oder als Gebot der Chancengleichheit, 1969, S. 79 ff.

eigneten und erforderlichen Verteilungslenkung[392]. Andere halten es für »das gerechteste«[393] oder ein »evident gerechtes Ordnungsprinzip, das jedem Kind einleuchtet«[394].

Das Prioritätsprinzip hat den Vorzug, eine einfache und »unpolitische«[395] Methode der Verteilungslenkung zu sein, welche transparent, leicht zu handhaben ist und eine an einem formalen Maßstab messbare Chancengleichheit herzustellen vermag. Anders als andere Zuteilungskriterien, die eine konzentrierte Zuteilung unmittelbar konkurrierender Nutzungen vornehmen, kann es prinzipiell auch dort Anwendung finden und eine praktikable Zuteilung gewährleisten, wo sich Zuteilungsvorgänge über einen längeren Zeitraum erstrecken. Das Prioritätsprinzip vermag zugleich aber nicht zu verhindern, dass die gesamten zur Verfügung stehenden Kapazitäten binnen kurzer Zeit und auf lange Sicht aufgebraucht sind. Die Wartezeit kommt dann einem Ausschluss von der Güternutzung gleich. Wer auf eine lange Warteliste für den Erwerb einer Taxikonzession trifft, der wird einen anderen Beruf ergreifen. Das Prioritätsprinzip sorgt nicht für *Gleichmäßigkeit* der Verteilung in der Zeit. Es birgt die Gefahr, den Findigen zu begünstigen, der es lediglich vor allen anderen hat läuten hören[396]. Es belohnt den Windhund[397], der am schnellsten mit einer (sei es auch im Vergleich weniger ausgereiften) Bewerbung auf eine Ausschreibung reagiert. Spricht der Umstand der raschen Antragstellung auch für ein besonderes Interesse an der verschwendungsfreien Nutzung eines knappen Gutes, und ist der Faktor (Warte-)Zeit auch ein Gut, das mit dem Faktor Geld in der Kapitalisierungswirkung durchaus vergleichbar ist[398], so liegt dem Schluss von der Antragsschnelligkeit auf die Antragsberechtigung

---

[392] *C. Koenig*, Die öffentlich-rechtliche Verteilungslenkung, 1994, S. 224.

[393] *Frotscher/Becht*, NJW 1986, S. 81 (85).

[394] *Wacke*, JA 1981, S. 94.

[395] *Rehbinder*, Übertragbare Emissionsrechte aus juristischer Sicht, in: Endres/Rehbinder/Schwarze (Hrsg.), Umweltzertifikate und Kompensationslösungen aus juristischer Sicht, 1994, S. 28 (74).

[396] Vgl. *Tomuschat*, Der Staat 12 (1973), S. 433 (445); *Götzke*, Ökonomische Analyse der Frequenzallokation, 1994, S. 152.

[397] Daher auch die pejorative Bezeichnung »Windhundverfahren«; vgl. supra Fn. 360.

[398] In dem Einsatz des Warteschlangenprinzips kann auch eine bewusste Privilegierung zugunsten einkommensschwacher Antragsteller zum Ausdruck kommen. Da die Zahlungsbereitschaft immer auch von der Zahlungsfähigkeit der Akteure abhängt, begünstigt sie diejenigen, die bereits über entsprechende Mittel verfügen und benachteiligt strukturell diejenigen, deren Zahlungskraft eingeschränkt ist. Durch das Warteschlangenprinzip stellen sich hingegen diejenigen besser, deren Zeiteinsatz im Verhältnis zu anderen einen geringeren wirtschaftlichen Wert hat. Eine eingesetzte Wartezeit trifft sie wirtschaftlich vergleichsweise weniger intensiv als diejenigen Menschen, die innerhalb der gleichen Zeiteinheit eine höhere wirtschaftliche Wertschöpfung erzielen können. Sie müssen für den gleichen Nutzen einen geringeren Einsatz erbringen, kurz: Ihre Opportunitätskosten sind geringer. Vgl. *Barzel*, The Journal of Law and Economics (1954), S. 73 ff.; *Prisching*, Präferenzen für Rationierungsmaßnahmen: Anomalien versus Rationalität, in: Tietzel (Hrsg.), Ökonomische Theorie der Rationierung, 1998, S. 299 (318).

keine zwingende Logik zu Grunde. Der Zeitpunkt der Antragstellung hängt nicht zuletzt von dem zufälligen Zeitpunkt der Kenntnisnahme von der Ausschreibung sowie von personellen und finanziellen Ressourcen ab, die nicht mit dem Ziel der Zuteilung im Zusammenhang stehen müssen[399]. Das Prioritätsprinzip erlaubt nur sehr beschränkt eine Aussage über die Eignung eines Bewerbers, dem Zuteilungsziel gerecht zu werden. Es vermittelt einen Anreiz, Vorratsanträge in der Absicht spekulativen Erwerbs und mit dem Ziel gewinnbringender Weiterveräußerung zu stellen und eine Hortung knapper Güter zu betreiben[400]. Legion ist dies zum Beispiel für den bevorratenden Erwerb werbewirksamer Internet-Domainnamen, dem sog. Domain-Grabbing[401]. Ähnliches ist bei dem grauen Handel mit Warteanrechten und Taxikonzessionen zu beobachten[402]. Auch die Erfahrungen der Vereinigten Staaten von Amerika mit der Verteilung von Sendefrequenzen nach dem Prioritätsprinzip legen dafür ein beredtes Zeugnis ab: Der »Radio Act« von 1912 sah eine Verteilung von Frequenzen nach der Reihenfolge der Antragstellung vor; dies führte zu einem drastischen Anstieg der Lizenzanträge und einem Chaos in der Frequenznutzung.

Das Prioritätsprinzip führt das Gut nicht notwendig demjenigen zu, der das Gut zweckentsprechend verwendet. Es ist häufig mit allokatorischen Fehlsteuerungen verbunden[403]. Es erweist sich insoweit als ökonomisch wenig effizient. Die Wartezeit spiegelt nicht den ökonomischen Wert des Gutes. Auch unter dem Gesichtspunkt der Gerechtigkeit erweist sich das Prioritätsprinzip regelmäßig als defizitär: Ein ringendes Abwägen, das eine Austarierung komplexer Interessenkonkurrenzen herzustellen versucht, lässt es ebenso vermissen wie einen dem Einzelfall Rechnung tragenden sachgerechten Bezug zu einem materiellen Zuteilungsziel. Es leidet an einem (materiellen) Gerechtigkeitsdefizit[404].

Ein sinnvoller Anwendungsbereich kommt dem Prioritätsprinzip dort zu, wo sachrelevante Unterschiede zwischen den Antragstellern nicht fest-

---

[399] Ebenso *Voßkuhle*, Die Verwaltung 1999, S. 21 (32ff.).

[400] Vgl. dazu *Hazlett*, The Journal of Law and Economics 33 (1990), S. 133 (135); *ders.*, The Journal of Law and Economics 41 (1998), S. 529 (532f.).

[401] Vgl. zum Domain-Grabbing insbesondere BGH, Urt. v. 22.11.2001, MMR 2002, S. 382ff. – shell.de; BGH, Urt. v. 17.5.2001, MMR 2001, S. 666ff. mit Anm. Hoeren; OLG München, Urt. v. 12.8.1999, MMR 2000, S. 104 – Rolls-Royce; OLG Hamm, Urt. v. 2.11.2000, MMR 2001, S. 237 (239) – sauna.de; OLG Koblenz, Urt. v. 25.1.2002, WRP 2002, S. 340 (343) – vallendar.de; OLG Zweibrücken, Urt. v. 17.10.2002, NJW-RR 2003, S. 1270; OLG Karlsruhe, Urt. v. 12.9.2001, GRUR-RR 2002, S. 138 (139) – dino.de; LG Düsseldorf, Urt. v. 7.2.2003, MMR 2003, S. 415f.; LG Frankfurt a. M., Urt. v. 10.2.1998, NJW-RR 1998, S. 999; LG München I, Urt. v. 7.12.2000, K & R 2001, S. 224.

[402] Vgl. dazu BVerfG, Beschl. v. 14.10.1975, BVerfGE 40, S. 196 (232); BVerfG, Beschl. v. 4.10.1989, BVerfGE 81, S. 40 (50f.); *Dietlein*, Nachfolge in öffentlichen Recht, 1999, S. 385; *Frotscher/Becht*, NVwZ 1986, S. 81 (83); *C. Koenig* (Fn. 392), S. 255.

[403] Vgl. auch *Götzke*, Ökonomische Analyse der Frequenzallokation, 1994, S. 152.

[404] Ebenso *Voßkuhle*, Die Verwaltung 1999, S. 21 (37).

stellbar sind, inhaltliche Entscheidungskriterien also notwendig versagen, gleichwohl aber aufgrund von Unteilbarkeiten die Notwendigkeit der Vorrangentscheidung besteht. Es gibt Entscheidungssituationen, in denen das Bemühen um eine inhaltlich richtige Entscheidung nicht auf Unterschiede zwischen den Interessenten trifft, die sinnvolle inhaltliche Differenzierungen erlauben, so etwa grundsätzlich bei der Zuteilung von Rufnummern oder Kfz-Kennzeichen an Privatnutzer oder bei der Warteschlange in der Behörde (hier würde eine Differenzierung zwischen den Besuchern, nach Geschlecht oder Einkommen, in der Regel den Anspruch auf Gleichheit vor dem Gesetz geradezu mit Füßen treten). Gleiches gilt, wenn die Unterschiede zwischen den Antragstellern nicht messbar sind, so dass es an geeigneten Differenzierungskriterien für eine sachlich richtige Entscheidung fehlt. Hier kommt das Prioritätsprinzip auch als Reservekriterium gestufter Zuteilungsprogramme in Betracht. So schreiben beispielsweise § 24 hess.WG, Art. 19 bay.WG für die Vergabe von Bewilligungen und Erlaubnissen im Wasserrecht vor: Treffen mehrere Erlaubnis- oder Bewilligungsanträge zusammen, die sich gegenseitig ausschließen, so entscheidet zunächst die Bedeutung für das Wohl der Allgemeinheit unter Berücksichtigung der wasserwirtschaftlichen Auswirkungen, dann der Zeitpunkt der Antragstellung. Dem Prioritätsprinzip kann auch ein staatliches Wertungsverbot zu Ehren verhelfen, das die Zuteilungsentscheidung dort überlagert, wo die durch die Knappheitsentscheidung berührten Rechte ihrer Natur nach einer wertenden Entscheidung staatlicher Instanzen entgegenstehen. Das gilt etwa bei dem Zusammentreffen im Wesentlichen gleichgerichteter Anträge auf Durchführung eines Volksbegehrens (vgl. § 22 Abs. 1 Volksentscheidgesetz) sowie, wenn zwei avisierte Versammlungen um die Durchführung einer Versammlung am gleichen Ort zur gleichen Zeit konkurrieren. Eine wertende staatliche Abwägung der Werthaltigkeit von Versammlungszwecken läuft dem auf die staatsfreie Meinungsbildung gerichteten Schutzgehalt der Versammlungsfreiheit zuwider; den Staat trifft grundsätzlich eine Neutralitätspflicht gegenüber den Inhalten von Versammlungszwecken[405]. Lassen sich die konkurrierenden Nutzungswünsche nicht im Wege praktischer Konkordanz zu einem schonenden, von dem Ziel der Durchsetzung des grundrechtlichen Gewährleistungsgehalts getragenen Ausgleich bringen, der insbesondere der Unabweislichkeit des Versammlungsortes und -zeitpunktes für die Erreichung des Versammlungszweckes Rechnung trägt, kommt das Prioritätsprinzip als wertungsfreie Zuteilungsregel in Betracht[406]. Der Staat als zuteilende Instanz darf dabei vor den mit

[405] In diesem Sinne etwa BVerfG, Beschl. v. 6.5.2005, NVwZ 2005, S. 1055 (1056).

[406] Für eine Anwendung des Prioritätsprinzips bei der Kollision von Versammlungen etwa VG Hamburg, Urt. v. 6.10.2000, NJW 2001, S. 2115 (Wer zuerst eine Versammlung anmeldet, könne als Notstandspflichtiger grundsätzlich nur in Anspruch genommen werden, wenn Verbote von später angemeldeten – ebenfalls friedlichen – Versammlungen zur

ihm verbundenen Missbrauchsgefahren, die seinen Vorteilen auf dem Fuß folgen, nicht die Augen verschließen: Durch frühzeitige Anmeldung auf Vorrat kann etwa ein Veranstalter konkurrierende Versammlungen verdrängen und sich ein Ausschließlichkeitsrecht der Grundrechtswahrnehmung erstreiten. Eine blinde Bindung an das Prioritätsprinzip wird dem Ziel der Herstellung eines schonenden Ausgleiches konkurrierender Nutzungsinteressen nicht angemessen gerecht[407]. Seine Anwendung steht unter Revisionsvorbehalt.

Aufgrund seiner Praktikabilität und einfachen Handhabbarkeit kann dem Prioritätsprinzip auch dort ein legitimer Anwendungsbereich zuwachsen, wo eine Zuteilung nach inhaltlichen Zuteilungskriterien, insbesondere persönlichen, sozialen oder sonstigen Gesichtspunkten, an der Hürde eines unverhältnismäßigen Aufwandes scheitert, die Herstellung von Individualgerechtigkeit also der Rechtsidee der Zweckmäßigkeit weichen muss. Der Staat darf sich zwar nicht ohne Weiteres unter Hinweis auf Praktikabilitätsgesichtspunkte seiner Verantwortung für eine grundrechtssichernde Mängelverwaltung entziehen. Steht der Verwaltungsaufwand bei Anwendung inhaltlicher Auswahlkriterien aber in grobem Missverhältnis zu dem Ziel der Herstellung von Gerechtigkeit, so kann ausnahmsweise der Aspekt der Zweckmäßigkeit das ringende Abwägen einer individuellen Gleichheitsprüfung verdrängen[408]. Den Gesetzgeber bzw. die Verwaltung trifft hier insoweit eine erhöhte Rechtfertigungslast: Erforderlich ist der Nachweis, dass inhaltliche Entscheidungsregeln keine sachgerechte Zuteilungsentscheidung erlauben bzw. eine praktikable Lösung eine verhältnismäßige Einschränkung der Forderung nach einer gerechten Zuteilungsentscheidung darstellt[409]. Insoweit sind strenge Anforderungen zu stellen. Je größer die Auswirkungen der Verteilung auf die grundrechtlich gesicherten Freiheitsrechte, insbesondere die persönliche Lebensentfaltung der Betroffenen (wie bei der Zulassung zum Studium, dem Zugang zu kontingentierten Berufszweigen) sind, umso weniger können Praktikabilitäts- und Zweckmäßigkeitsaspekte den Anspruch der Betroffenen auf Herstellung von Einzelgerechtigkeit verdrängen und umso weniger kommt das Prioritätsprinzip als Zuteilungsprinzip in Betracht. Zumutbar ist das Prioritätsprinzip hier auch

---

Beseitigung des Notstands nicht genügen); VG Braunschweig, Urt. v. 10.3.1995 – 5 A 5568/94 – (unveröffentlicht).

[407] Ähnlich BVerfG, Beschl. v. 6.5.2005, NVwZ 2005, S. 1055 (1056); OVG Rheinland-Pfalz, Beschl. v. 21.11.2003, NVwZ-RR 2004, S. 848 (848); insoweit a. A. VG Braunschweig, Urt. v. 10.3.1995 – 5 A 5568/94 – (unveröffentlicht), nach dessen Auffassung die Versammlungsbehörde zuvörderst die Grundrechtsverwirklichung der zuerst angemeldeten Veranstaltung zu gewährleisten habe.

[408] Vgl. dazu bereits oben S. 79 ff.; ebenso *Voßkuhle* (Fn. 404), S. 38; *Berg*, Der Staat 15 (1976), S. 1 (24).

[409] Ebenso *Voßkuhle* (Fn. 404), S. 21 (37).

nur insoweit, als jedem der an sich gleichermaßen geeigneten Bewerber eine realistische Chance verbleibt, in den Genuss des Gutes zu gelangen[410].

Das Prioritätsprinzip erstreitet seinen legitimen Anwendungsbereich im Bereich der Verteilungslenkung weniger aufgrund einer Gerechtigkeitsfunktion als aufgrund seiner Eignung zur Erreichung zweckmäßiger Verteilungslösungen.

e) *Zusammenfassende Bewertung*

Formale Zuteilungsverfahren nehmen auf Unterschiede in der Person der Zuteilungsadressaten und individuelle Besonderheiten des Einzelfalls keine Rücksicht. Sie erreichen dadurch eine transparente und praktikable Zuteilung, die die Schnelligkeit und Unbestechlichkeit des Zuteilungsvorgangs garantiert. Dem Vorzug der Einfachheit und Praktikabilität formaler Zuteilungsverfahren korrespondiert allerdings eine geringere Problemverarbeitungskapazität ihres Zuteilungsprogramms: Sie erlauben keine Abwägung kollidierender Rechtsgüter und Interessen. Sie decken grundrechtliche Kollisionslagen nicht auf und führen sie nicht einem Ausgleich zu, sondern schütten den grundrechtlichen Konfliktgraben zu. Ein ringendes Abwägen zwischen gleichberechtigten Grundrechtspositionen findet nicht statt. Indem sie das Verteilungsergebnis der Schicksalskraft des Zufalls anvertrauen, tragen sie der Ausgleichsfunktion von staatlichen Verteilungsentscheidungen nur in beschränktem Umfang Rechnung, sondern überlassen der Macht des Zufalls, ob das Gut seiner zweckentsprechenden Verwendung zugeführt wird. Durch ihre aleatorischen Elemente kommen sie einer Kapitulation vor der Schwierigkeit eines Ausgleichs konkurrierender Rechte und Interessen gleich. Sie erreichen keine Optimierung des Ausgleichs mangelbedingt kollidierender Freiheitsräume. Sie setzen insbesondere keine Anreize zu optimaler Ausnutzung beschränkt vorhandener Kapazitäten und provozieren allokatorische Fehlsteuerungen. Sie leiden an einem ökonomischen Steuerungs- und einem materiellen grundrechtlichen Gerechtigkeitsdefizit. Je grundrechtsintensiver die Auswirkungen der Verteilungsregelung sind, umso weniger vermögen sie dem Gebot einer Grundrechtsoptimierung in der Mängelverwaltung[411] zu genügen und umso weniger kommen sie als legitime Instrumente der Verteilungslenkung in Frage.

Sind formale Zuteilungskriterien auch nur in eingeschränktem Umfang zur Herstellung einer grundrechtsoptimierenden Verteilungslenkung brauchbar, empfehlen sie sich als ultima ratio dort, wo nicht materielle, sondern formelle Gerechtigkeit das Ziel der Verteilung ist. Sie sind dort ein

---

[410] Vgl. dazu S. 85f. sowie BVerfG, Urt. v. 8.2.1977, BVerfGE 43, S. 291 (316f.) – numerus clausus II.

[411] Vgl. dazu supra S. 82ff. sowie *C. Koenig* (Fn. 392), S. 224ff.; *Jarass*, AöR 110 (1985), S. 363 (395).

hilfreiches Mittel der Verteilungslenkung, wo es für eine individuelle wertende Abwägung an rationalen Kriterien fehlt, weil eine Unterscheidung zwischen den Zuteilungsadressaten nicht sinnvoll oder nicht möglich ist[412].

2. *Wertende Zuteilungskriterien*

Während formale Zuteilungskriterien von der Person des Berechtigten und dem Gegenstand der Zuteilung abstrahieren, knüpfen wertende Zuteilungskriterien die Zuteilungsentscheidung an die Verschiedenheit der Zuteilungsadressaten an. Sie behandeln die Personen nicht formal gleich, sondern entsprechend ihrer Verschiedenheit einmal gleich und einmal verschieden. Sie zielen nicht auf formale Gleichbehandlung, sondern auf die Herstellung materieller Gerechtigkeit. Formale Zuteilungsprinzipien atmen den Geist ausgleichender Gerechtigkeit; materielle Zuteilungsprinzipien sind von dem Leitgedanken der austeilenden Gerechtigkeit beseelt.

Anders als bisweilen angenommen[413], setzen wertende Zuteilungskriterien dabei nicht notwendig eine Wertung des Zuteilenden oder eine geringere Transparenz oder Nachvollziehbarkeit der Zuteilungsentscheidung voraus. Die Unterscheidung zwischen wertenden und formalen Zuteilungskriterien knüpft nicht an die mathematisch exakte Überprüfbarkeit der Zuteilungsentscheidung an. Mit dieser Elle gemessen wären Zuteilungskriterien, die an die Zahlungsbereitschaft oder das Alter des Zuteilungsadressaten anknüpfen, formaler Natur. Denn die Ermittlung der Zahlungsbereitschaft ist durch den Preis auf Heller und Cent numerisch feststellbar. Wertenden Zuteilungskriterien fehlt nicht die Berechenbarkeit oder Wertungsfreiheit, sondern die Abstraktion von der Person des Zuteilungsadressaten und des Zuteilungsgegenstandes.

Wertende Zuteilungskriterien sind so polymorph wie die Sachbereiche, denen sie dienen, und die Zahl der Wege, materielle Gerechtigkeit herzustellen; sie können an sehr unterschiedliche Eigenschaften und Fähigkeiten der Zuteilungsadressaten und Regelungsziele anknüpfen. Ihre Wahl fällt in weitem Umfang in den politischen Gestaltungsspielraum des Gesetzgebers. Typische Anknüpfungspunkte wertender Zuteilungskriterien sind die Leistung[414] und die Bedürftigkeit[415] der Zuteilungsadressaten. Sie sind die bei-

---

[412] Vgl. ähnlich *Berg*, Der Staat 15 (1976), S. 1 (22f.); *Depenheuer*, JZ 1993, S. 171 (176f.); *Kloepfer/Reinert*, Zuteilungsgerechtigkeit im Umweltstaat aus juristischer Sicht, in: Gethmann/Kloepfer/Reinert (Hrsg.), Verteilungsgerechtigkeit im Umweltstaat, 1995, S. 47 (68); *C. Koenig* (Fn. 392), S. 226; *Tomuschat*, Der Staat 12 (1973), S. 433 (446).

[413] Vgl. *Kruhl* (Die Versteigerung knapper Frequenzen, 2003, S. 76f.), der deshalb die Unterscheidung zwischen wertenden und formalen Zuteilungskriterien als ihrerseits versteckte Wertungen enthaltend ablehnt.

[414] Vgl. dazu supra S. 61ff.

[415] Vgl. dazu supra S. 63ff.

den Grundmuster wertender Zuteilungsmechanismen und zugleich Spiegelbilder politischer Gerechtigkeitsansätze[416].

Die Bedürftigkeit durchzieht als Zuteilungskriterium das gesamte Sozialrecht. Es entscheidet über die Zuteilung derjenigen Ressourcen, die der Staat als Sozialstaat zur Befriedigung eines Mindestmaßes an Grundbedürfnissen und zur Herstellung von Chancengleichheit zwischen den Bürgern zur Verfügung stellt. Die Zuteilung nach Bedürftigkeit ist von dem Grundgedanken getragen, die tatsächlichen Voraussetzungen für den Freiheitsgebrauch sicherzustellen, den die Verfassung seinen Bürgern gewährt. Freiheitsgewährleistungen ohne die Chance, von den grundrechtlich gesicherten Freiheitsrechten Gebrauch zu machen, bilden einen Torso. Die Bedürftigkeit entscheidet über die Verteilung sämtlicher Sozialleistungen des Staates, wie die Sozialhilfe (§ 19 Abs. 1 S. 1 SGB XII), die Vergabe von öffentlich geförderten Wohnungen (§ 1 Abs. 2, § 27 Abs. 2 S. 2 WoFG[417], § 4 i. V. m. § 5 WoBindG[418]), die Zuteilung von Fremdrenten für Spätaussiedler (vgl. § 22b FRG) etc. Sie ist Anknüpfungspunkt für die Zuteilung von Grundstücken im Rahmen von Einheimischen-Modellen[419] wie für die Gewährung staatlicher Ausbildungsförderung (§ 1 BAföG). Sie ist das Zuteilungsprinzip des umverteilenden Sozialstaates. Ihre Berücksichtigung ist eine Forderung materieller Gerechtigkeit und des Sozialstaatsprinzips des Art. 20 Abs. 1 GG.

Dort, wo das Sozialstaatsprinzip bzw. der politische Gestaltungswille des Gesetzgebers und der Verwaltung nicht eine Verteilung nach Maßgabe der Bedürftigkeit der Zuteilungsadressaten einfordern, knüpft der zuteilende Staat die Zuteilung häufig an zu erbringende oder bereits erbrachte Leistungen der Zuteilungsadressaten an. Er führt eine Bestenauslese durch. Die Fähigkeit der Bewerber, knappe Güter einer zweckentsprechenden Verwendung zuzuführen, bestimmt das Zuteilungsprogramm etwa bei der Zuteilung von Erlaubnissen des Wirtschaftsrechts (etwa Güterbeförderungskonzessionen, der Vergabe von Funkfrequenzen und Kabelkanälen), dem Zugang zu öffentlichen Ämtern und der Vergabe öffentlicher Aufträge. Die Berücksichtigung der Leistung ist ebenso wie die Bedürfnisorientierung eine Forderung der materiellen Gerechtigkeit (vgl. supra S. 61 ff.). Das Prinzip der Bestenauslese ist ein wichtiger Baustein der staatlichen Verteilungslenkung. Für den Zugang zu öffentlichen Ämtern verfassungsrechtlich verankert[420], ent-

[416] Vgl. dazu supra S. 61 ff.

[417] Gesetz über die soziale Wohnraumförderung.

[418] Gesetz zur Sicherung der Zweckbestimmung von Sozialwohnungen, in der Fassung der Bekanntmachung vom 13. 9. 2001, BGBl. I S. 2404.

[419] BayVGH, Urt. v. 11. 4. 1990, NVwZ 1990, S. 979 (981); VG München, Urt. v. 27. 2. 1996, NVwZ-RR 1997, S. 375 f.

[420] Vgl. dazu *Laubinger*, VerwArch. 82 (1992), S. 246 ff.

faltet es in allen Bereichen staatlicher Verteilungslenkung eine prominente Zuteilungsfunktion.

Als Varianten leistungsorientierter Zuteilungsverfahren haben sich insbesondere das Anciennitätsprinzip (infra a) sowie Verfahren vergleichender Bewerberauswahl (infra b) etabliert.

a) *Anciennitätsprinzip*

Das Anciennitätsprinzip erteilt bei Zuteilungsprozessen demjenigen den Vorzug, der die längste Wartezeit aufzuweisen hat. Es ist insoweit mit dem Prioritätsprinzip verwandt. Anknüpfungspunkt ist bei ihm aber nicht der Zeitpunkt der Antragstellung, sondern das erreichte Dienst- oder Lebensalter des Zuteilungsberechtigten[421]. Das Anciennitätsprinzip hebt auf die Person des Antragstellers ab. Es ist ein inhaltliches Zuteilungskriterium, wiewohl es formalen Zuteilungskriterien nahe steht[422].

Die Bedeutung des Anciennitätsprinzips in der Rechtspraxis ist stark rückläufig. Fand es früher beispielsweise noch bei der Zuteilung knapper Kassenarztzulassungen[423] und Apothekenkonzessionen[424] Anwendung, beschränkt sich sein Anwendungsbereich heute fast ausschließlich auf das Beamten- und Arbeitsrecht. Auch hier rückt ihm das Europarecht in Gestalt des primärrechtlichen Gleichbehandlungsgrundsatzes[425] und der sog. Richtlinie gegen Altersdiskriminierung[426] zusehends zu Leibe[427]; auch

[421] Vgl. zum Anciennitätsprinzip BVerwG, Urt. v. 28.6.1966, BVerwGE 26, S. 235 ff.; BVerwG, Beschl. v. 4.12.1970, BVerwGE 36, S. 352 (356); BVerwG, Urt. v. 28.10.2004, BVerwGE 122, S. 147 (152); *Kalisch*, DVBl. 1967, S. 134 (137 f.); *Tomuschat*, Der Staat 12 (1973), S. 433 (455); *Berg*, Der Staat 15 (1976), S. 1 (25).

[422] Ebenso *Voßkuhle*, Die Verwaltung 1999, S. 21 (27 f.); in der Nuancierung abweichend *Kloepfer/Reinert* (Fn. 412), S. 47 (66): »überwiegend formalen Charakter«; a. A. *S. Bumke*, Frequenzvergabe nach dem TKG, 2006, S. 217 »nur scheinbar ein inhaltlich wertendes Kriterium «.

[423] Nach § 22 f. der Zulassungsordnung für Kassenärzte v. 28.5.1957 (BGBl. I, S. 572) waren bei der Zulassung in erster Linie die berufliche Eignung, das Approbationsalter und die Dauer der beruflichen Tätigkeit zu berücksichtigen.

[424] Vgl. dazu im Einzelnen BVerfG, Urt. v. 11.6.1958, BVerfGE 7, S. 377 (390 f.) – Apothekenurteil.

[425] Der Europäische Gerichtshof stuft das Verbot der Diskriminierung wegen des Alters in der Rechtssache Mangold/Helm neuerdings als »allgemeinem Grundsatz des Gemeinschaftsrechts« ein, der »seinen Ursprung in verschiedenen völkerrechtlichen Verträgen und den gemeinsamen Verfassungstraditionen der Mitgliedstaaten« habe. EuGH, Urt. v. 22.11.2005, EuZW 2006, S. 16 ff. (20; Rdnr. 74 f.) – Mangold/Helm; kritisch dazu etwa *Reich*, EuZW 2006, S. 20 (21).

[426] Richtlinie 2000/78/EG des Rates vom 27.11.2000 zur Festlegung eines allgemeinen Rahmens für die Verwirklichung der Gleichbehandlung in Beschäftigung und Beruf (ABl. EG Nr. L 303, S. 16); dort insbesondere die Art. 2 Abs. 2 und 6; vgl. dazu EuGH, Urt. v. 22.11.2005, EuZW 2006, S. 16 ff. – Mangold/Helm; allgemein zur Umsetzung der europäischen Antidiskriminierungsrichtlinien *D. König*, EuR 2004, S. 132 ff.; *dies.*, ZRP 2003, S. 315 ff.

[427] Zur Europäisierung des öffentlichen Dienstrechts *Kämmerer*, EuR 2001, S. 27 ff.

Art. 21 Abs. 1 der Grundrechtecharta schließt Diskriminierungen wegen des Alters in unmissverständlicher Deutlichkeit ausdrücklich aus.

Das Anciennitätsprinzip gründet sich auf den Gedanken, dass das Dienstalter den Menschen im Allgemeinen befähigt, seine Arbeit besser zu verrichten. Es soll eine – gegebenenfalls widerlegliche – Vermutung einer besseren Befähigung zur Erfüllung dienstlicher Aufgaben begründen. Auch der Gesichtspunkt einer gesunden Altersstruktur bricht der Berücksichtigung der Anciennität eine Lanze. Im Beamtenrecht steuert das Anciennitätsprinzip insbesondere die Laufbahn und die Besoldung: Der Aufstieg und die Beförderung von Beamten sind in der Regel an die Erbringung gesetzlicher Mindestdienstzeiten geknüpft. So darf beispielsweise ein Amt in der Besoldungsgruppe A 16 erst verliehen werden, wenn der Bewerber eine Dienstzeit von sechs Jahren zurückgelegt hat (§ 12 Abs. 6 BLV[428]). Die Anciennität darf ferner nach der Rechtsprechung als Hilfskriterium im Rahmen des Auswahlermessens des Art. 33 Abs. 2 GG Anwendung finden, wenn mehrere im Wesentlichen gleich qualifizierte Kandidaten in Konkurrenz zueinander stehen[429]. Die Anciennität bestimmt auch die Gehaltstruktur: Das Gehalt, das der Dienstherr zuteilt, knüpft an das Besoldungsdienstalter der Beamten an (vgl. § 27 Abs. 1 S. 2, § 28 BBesG)[430].

Mit Inkrafttreten des Vertrages von Lissabon erlangt die Grundrechtecharta nach Art. 6 Abs. 1 EUV n.F. den gleichen Rang wie die primärrechtlichen Verträge und tritt ergänzend die Anti-Diskriminierungszielbestimmung des Art. 10 AEUV hinzu.

[428] Vgl. auch § 11 S. 1 u. 2 BLV, § 12 Abs. 6 u. 7 BLV, § 28 Abs. 1 Nr. 2 BLV, § 29 Abs. 1 Nr. 3, § 33 Abs. 1 Nr. 2, § 33a Abs. 1 Nr. 3 sowie die entsprechenden landesrechtlichen Landeslaufbahnverordnungsvorschriften.

[429] Vgl. BVerwG, Urt. v. 23.10.1980, Buchholz 238.4 § 37 Nr. 2; BVerwG, Urt. v. 25.8.1988, BVerwGE 80, S. 123 (126); einschränkend hingegen BVerwG, Beschl. v. 30.8.1989, BVerwGE 86, S. 169 (175 f.): »Bei der Förderung innerhalb einer Laufbahn sind das Lebensalter und/oder der Jahrgangsbedarf grundsätzlich kein mit dem Leistungsgedanken des Art. 33 Abs. 2 GG, § 3 SG zu vereinbarendes Kriterium«; BVerwG, Urt. v. 28.10.2004, BVerwGE 122, S. 147 (152); OVG Saarland, Urt. v. 27.10.2003, NVwZ-RR 2004, 361 (362); VGH Baden-Württemberg, Urt. v. 11.6.1991, NVwZ-RR 1992, S. 494 (494); OVG Nordrhein-Westfalen, Beschl. v. 19.1.1998; OVG Nordrhein-Westfalen, Beschl. v. 22.11.2000; OVG Nordrhein-Westfalen, Beschl. v. 4.1.1999, NJW 1999, 1203; OVG Schleswig, Beschl. v. 16.5.1994, NVwZ-RR 1995, S. 583 (583); *Masing*, in: Dreier (Hrsg.), GG, 2. Aufl. 2006, Art. 33 Rdnr. 52, Schnellenbach, Beamtenrecht in der Praxis, 6. Aufl. 2005, Rdnr. 57 mit Fußn. 231; *Wittkowski*, NJW 1993, S. 817 (821).

[430] Bei privatrechtlichen Dienstverhältnissen darf der Arbeitgeber die Anciennität nach der bisherigen Rechtslage bei der Entlohnung berücksichtigen. Der Europäische Gerichtshof hat dem noch 1989 ausdrücklich seine Zustimmung erteilt (EuGH, Urt. v. 17.10.1989, NZA 1990, S. 772 ff. – Danfoss). Der Anwendung des Anciennitätskriteriums stehe auch nicht entgegen, dass es zu einer systematischen Benachteiligung der weiblichen Arbeitnehmer gegenüber den männlichen Arbeitnehmern führen kann (da Frauen durchschnittlich weniger lange auf dem Arbeitsmarkt sind als die Männer oder ihre Berufstätigkeit häufiger unterbrechen müssen; sog. mittelbare Diskriminierung); EuGH, ibid., S. 774. Das Dienstalter sei *generell* als legitimes Entlohnungskriterium zu betrachten, ohne dass der Arbeitgeber seine Tragweite für die Ausführung der dem Arbeitnehmer übertragenen spezifischen Aufgaben darlegen müsse, urteilte das Gericht. Bereits kurze Zeit später ru-

Soll das Anciennitätsprinzip im Kündigungsschutzrecht der größeren sozialen Schutzbedürftigkeit älterer Arbeitnehmer Rechnung tragen und durch die Anknüpfung an ein leicht überprüfbares Kriterium Rechtssicherheit für die Betroffenen gewährleisten, zielt es im Vergütungs- und Beamtenrecht auf die Herstellung von Besitzstands- und Leistungsgerechtigkeit (vgl. dazu supra S. 64 ff.)[431]. Insbesondere hier sieht es sich als Verteilungsprinzip harscher Kritik ausgesetzt. *Tomuschat* geißelt es als rückwärtsgewandtes Prinzip, das »zu einer Herrschaft der alten Leute« führe, »zu einer Klasseentscheidung zwischen Jung und Alt, die letzten Endes nur sozialen Unfrieden schaffen kann«[432]. *Voßkuhle* sieht es auf einer »sehr pauschalen und durchaus zweifelhaften Vermutung« ruhen, die da schlicht laute: »Ältere sind besser!«[433]. *Kunz* hält es für »mit der Wirtschaftsfreiheit (...) nicht vereinbar«[434].

Besteht auch nicht notwendig ein Konnex zwischen dem Dienstalter und dem beruflichen Leistungsvermögen einer Person, so kann das Dienstalter ein Leistungsaspekt sein, der die Qualifikation des Arbeitnehmers erhöht. Mit der Anciennität geht eine höhere Berufserfahrung einher, die für das Arbeitsergebnis von nicht unerheblicher Tragweite sein kann. Die durch längere Berufserfahrung erworbene größere Eignung findet zwar regelmäßig bereits in der dienstlichen Beurteilung – also unmittelbar im Rahmen der Leistungsbewertung – ihren Niederschlag. Eine zweifache Berücksichtigung als Eignungs- und als ausschlaggebendes Hilfskriterium verleiht ihm ein recht-

derte der Gerichtshof indes ein Stück weit zurück. Den pauschalen Konnex zwischen Eignung und Dienstalter wollte er im Fall *Nimz* nicht mehr in dieser Allgemeinheit gelten lassen (EuGH, Urt. v. 7.2.1991, Slg. 1991, I-297, Rdnr. 14 – Nimz). Ob das Dienstalter eine Bevorzugung erlaube, hänge von allen Umständen des Einzelfalles und insbesondere davon ab, welche Beziehung zwischen der Art der ausgeübten Tätigkeit und der Erfahrung besteht, welche die Ausübung dieser Tätigkeit nach einer bestimmten Anzahl geleisteter Arbeitsstunden verschaffe. Es bedürfe daher genauerer Prüfung. Wenn der Arbeitnehmer Anhaltspunkte dafür liefert, die geeignet sind, ernsthafte Zweifel daran aufkommen zu lassen, dass der Rückgriff auf das Kriterium des Dienstalters zur Erreichung des Ziels legitimer Entgeltpolitik geeignet sind, muss der Arbeitgeber die Kriterienwahl besonders rechtfertigen (EuGH, Urt. 3.10.2006, NJW 2007, S. 47 [48], Rdnr. 38 – Cadmann). Auch das Bundesarbeitsgericht lässt eine Regelung, die gewachsenes Erfahrungswissen mit beruflichem Aufstieg verknüpft, zwar grundsätzlich zu, stellt aber an den Nachweis unterschiedlichen Erfahrungswissens erhöhte Anforderungen (BAG, AP BAT §23 a Nr. 28).

[431] Steht es dem Arbeitgeber bei der Entlohnung noch frei, der Anciennität Rechnung zu tragen, legt der Gesetzgeber ihm bei der Verteilung von Härten im Kündigungsschutz eine gesetzliche Verpflichtung zur Berücksichtigung auf: Der Arbeitgeber muss die Dauer der Betriebszugehörigkeit und das Lebensalter der Arbeitnehmer bei der betriebsbedingten Kündigung berücksichtigen (§ 1 Abs. 3 S. 1 KSchG); vgl. dazu *Kiel*, in: Ascheid/Preis/I. Schmidt, Kündigungsrecht, 2. Aufl. 2004, § 1 KSchG Rdnr. 707; *Dörner*, in: Ascheid/Preis/I. Schmidt, Großkommentar zum Kündigungsrecht, 2004, § 1 KSchG Rdnr. 38.

[432] *Tomuschat*, Der Staat 12 (1973), S. 433 (444).

[433] *Voßkuhle*, Die Verwaltung 1999, S. 21 (28).

[434] *Kunz*, Verfahren und Rechtsschutz bei der Vergabe von Konzessionen, 2004, S. 204.

fertigungsbedürftiges Gewicht. Es ist mit dem Leistungsgrundsatz nicht per se vereinbar, aber auch nicht per se unvereinbar[435]. Wenn auch nur beschränkt zur leistungsorientierten Steuerung in einem System der Verteilungslenkung geeignet, so erweist sich das Anciennitätsprinzip als ein denkbarer und in engen Grenzen zulässiger Zuteilungsmechanismus.

b) Verfahren vergleichender Bewerberauswahl

Klassisches Instrument leistungsorientierter Zuteilungsverfahren in der öffentlich-rechtlichen Verteilungslenkung sind Verfahren vergleichender Bewerberauswahl (Sachausleseverfahren, comparative tender). Sie zielen auf eine Auswahl des am besten geeigneten Bewerbers anhand inhaltlicher, nicht monetärer Auswahlkriterien.

Am Beginn eines vergleichenden Auswahlwettbewerbs steht regelmäßig die Ausschreibung. Sie soll eine umfassende Bewerberteilnahme und die Sammlung und Auswertung möglichst umfassender Informationen über die Bewerber ermöglichen (»joint fact finding«[436]). Sie soll zugleich allen Interessierten die gleiche Chance eröffnen, am Zuteilungsverfahren teilzunehmen und die Interessierten in den Stand versetzen, sich tatsächlich bewerben zu können. Sie sichert die Chancengleichheit der Grundrechtsträger verfahrensrechtlich ab und wirkt einem möglichen Beeinflussungsverdacht proaktiv entgegen[437]. Die Ausschreibung fordert die Bewerber zum Nachweis ihrer Eignung mit Hilfe einzureichender Geschäfts-, Projekt- und Finanzierungspläne als Leistungsnachweise auf. Sie verschaffen dem zuteilenden Staat Informationen über ihre Eignung zur Erreichung des Zuteilungszwecks. Die Bewerbungen werden einer abwägenden Auslese anhand eines Vergleiches zwischen Anforderungs- und Leistungsprofil unterzogen. Die Interessenten treten in einen auf einem komplexen Kriterienmix aufsetzenden Wettbewerb.

Die Auswahlkriterien reichen von fachlicher Eignung[438], Zuverlässigkeit, Wirtschaftlichkeit des Angebots[439] über Solidität des Planes[440], Innovationskraft, Breite des Angebots bis zu Tariftreue[441]. Auch die Gewichtung der Auswahlkriterien kann sehr unterschiedlich gestaltet sein. Sie

---

[435] A. A. *Kunz* (Fn. 434), S. 204: »leistungsunabhängiges Kriterium«; vgl. zum Leistungsprinzip *Laubinger*, VerwArch. 82 (1992), S. 246 ff.

[436] Vgl. *Susskind/Cruikshank*, Breaking the Impasse. Consensual Approaches to Resolving Public Disputes, 1987, S. 113 ff.

[437] Vgl. auch supra S. 86 ff.

[438] Vgl. z. B. Art. 33 Abs. 2 GG; § 7 Abs. 1 Nr. 3 BBG; § 1 BLV; § 61 Abs. 6 S. 2 TKG; § 6 Abs. 3 S. 1 BNotO.

[439] Vgl. § 97 Abs. 5 GWB; § 25 Nr. 3 VOL Teil A.

[440] Vgl. § 61 Abs. 6 S. 2 TKG.

[441] Vgl. z. B. Anlage zu § 2 Abs. 3 der Verordnung zur Durchführung des Landesvergabegesetzes vom 23. 1. 2003, Nds. GVBl. S. 25.

kann (in einem Punktekatalog) im Voraus festgelegt oder im Interesse der Flexibilität des Abwägungsprozesses einem diskretionären, ermessensgesteuerten Entscheidungsprogramm überantwortet sein.

So unterschiedlich wie die Auslesekriterien sind die Anwendungsbereiche von Verfahren vergleichender Bewerberauswahl. Sie finden bei der bei der Besetzung von Beamtenstellen (vgl. etwa § 8 BBG) oder anderen öffentlichen Ämtern und staatlich gebundenen Berufen, wie Notarstellen[442] (BNotO), ebenso Anwendung wie (unter primär ökonomischem Vorzeichen) bei der Vergabe öffentlicher Aufträge (§ 97 Abs. 4 GWB) oder der Zuteilung von knappen natürlichen Ressourcen, wie Rundfunk- und Mobilfunkfrequenzen (§ 61 Abs. 6 TKG)[443].

aa) Gegenleistungsfreie Zuteilungsmechanismen

Verfahren vergleichender Bewerberauswahl stellen sich der Herausforderung, durch ringendes Abwägen zwischen den unterschiedlichen betroffenen Interessen und Befähigungen Einzelfallgerechtigkeit herzustellen und den betroffenen Grundrechtspositionen das ihnen zustehende Gewicht zukommen zu lassen. Sie reagieren flexibel auf unterschiedliche Verteilungslagen und sind dadurch im Interesse einer grundrechtsoptimierenden Verteilungslenkung ein Höchstmaß an Sachgerechtigkeit zu erreichen in der Lage. Ihre verteilungstheoretische Treffsicherheit ist sehr hoch. Mit der Flexibilität des Entscheidungsprozesses geht freilich notwendig ein Verlust an Entscheidungstransparenz und Kontrolldichte einher. Subjektive, nicht messbare Auswahlkriterien halten Einzug in das Entscheidungsprogramm. Die Entscheidungskriterien bleiben für die Bewerber nicht selten im Dunkeln. Da für die Auswahl häufig Informationen relevant sind, die aufgrund ihrer Vertraulichkeit den konkurrierenden Bewerbern nicht zugänglich gemacht werden können, setzen Verfahren vergleichender Bewerberauswahl hohes Vertrauen in die Unabhängigkeit und Unbeeinflussbarkeit des Auswählenden voraus. Sie eröffnen faktisch einen weiten Spielraum für nicht nachvollziehbare und willkürliche Entscheidungen[444] und laden ein zur Einflussnahme und zur Bevorzugung. Die Praxis der Verteilungslenkung hält für die Missbrauchsanfälligkeit dieser Verfahren zahlreiche Beispiele parat[445].

---

[442] Vgl. dazu etwa BVerfG, Beschl. v. 20.4.2004, BVerfGE 110, S. 304 ff.

[443] Bei der Zuteilung von Mobilfunkfrequenzen findet das Ausschreibungsverfahren nach § 61 Abs. 2 S. 1 TKG grundsätzlich subsidiär Anwendung. Vorrang hat das Versteigerungsverfahren. Dazu im Einzelnen S. 643 ff.

[444] Vgl. 13. Hauptgutachten der Monopolkommission 1998/1999, BT-Drucks, 14/4002, Tz. 46.

[445] Vgl. zu Beispielen unsachlicher Beeinflussung des Entscheidungsvorgangs bei Ausschreibungen von Telekommunikationsfrequenzen in Frankreich und Südkorea *McMillan*, Telecommunications Policy 19 (1995), S. 191 (194 u. 196); vgl. auch *Keuter/Nett/Stumpf*, Regeln für das Verfahren zur Versteigerung von ERMES-Lizenzen/Frequenzen

Rechtssicherheit und Vertrauen in die getroffene Entscheidung schwinden dadurch. An die Durchführung eines Ausschreibungsverfahrens schließen sich häufig lange Rechtsstreitigkeiten an, die den Nutzungsprozess behindern und Rechtsunsicherheit erzeugen. Sie binden ebenso wie die Durchführung der Auswahlverfahren selbst Zeit und Ressourcen der betroffenen Akteure wie des Staates. Ihre Transaktionskosten sind hoch[446]. Die Durchführung von Verfahren vergleichender Bewerberauswahl nahm etwa bei der Zuteilung knapper Frequenzen in den Vereinigten Staaten empirischen Erhebungen zufolge durchschnittlich 18 Monate in Anspruch und damit erheblich mehr Zeit als alle anderen dort eingesetzten Zuteilungsmechanismen[447]. Der Faktor Zeit kann für die sachgerechte Erledigung der Zuteilungsaufgabe durchaus eine wichtige Rolle spielen. Insbesondere bei technologischen Innovationen ist es von Bedeutung, dass das knappe Gut schnell dem Verwertungs- und Nutzungsprozess zugeführt wird.

Die Hauptschwierigkeit von Verfahren vergleichender Bewerberauswahl liegt in der Überwindung der Informationsasymmetrie zwischen zuteilendem Staat auf der einen und den Bewerbern auf der anderen Seite: Bei der Entscheidung über die Zuteilung knapper Güter fehlen dem Staat regelmäßig die erforderlichen Informationen darüber, welcher der Bewerber am ehesten geeignet ist, dem Zuteilungsziel gerecht zu werden. Die Bewerber sind über ihre Fähigkeiten, ihre Nutzenvorstellungen und ihre Verwendungsmöglichkeiten wesentlich besser informiert als der Staat. Diese Informationen sollen Verfahren vergleichender Bewerberauswahl den Parteien entlocken. Sie rufen die Interessenten, die über das erforderliche Wissen ihrer Fähigkeiten und ihres Nutzens verfügen, auf, durch Abgabe einer Bewerbung diese Informationsasymmetrie überwinden zu helfen und eine Vergleichsmöglichkeit zu schaffen. Die Interessenten haben dabei einen Anreiz, ihre wahren Einschätzungen nicht zu offenbaren, sondern ihre Fähigkeiten in bunten Farben zu malen. Die Überprüfung der von den Bewerbern abgegebenen (Selbst-)Einschätzungen ist für den zuteilenden Staat schwerlich oder nur unter sehr hohem Aufwand möglich und künftige Entwicklungen sind nicht sicher prognostizierbar. Die Neigung, in Projekt- und Geschäftsplänen viel zu versprechen, was nur schwer oder nur unter

---

sowie regionaler ERMES-Frequenzen, 1996, S. 39; *R. H. Weber*, Wirtschaftsregulierung in wettbewerbspolitischen Ausnahmebereichen, 1986, S. 305 ff.

[446] Vgl. *Straubel*, North Carolina Journal of International Law and Commercial Regulation 1992, S. 205 (236 f.); *Grünwald*, MMR 2001, S. 721 (722); *Keuter/Nett/Stumpf*, ibid., S. 39. Zu Begriff und Bedeutung der Transaktionskosten siehe infra S. 162 mit Fn. 80.

[447] *Federal Communications Commission*, Report to Congress on Spectrum Auctions, FCC 97–353, S. 10; *Hook*, Indiana International and Comparative Law Review 3 (1993), S. 319 (347); *Kwerel/Felker*, Using Auctions to Select FCC Licensees, OPP Working Paper No. 16, 1985, S. 17; *Halm*, Administrative Law Review 50 (1998), S. 491 (513 f. mit Fn. 191); *Hazlett/Boloniek*, Federal Communications Law Journal 51 (1999), S. 639 (642).

günstigsten äußeren Entwicklungsbedingungen einzuhalten ist, ist groß. Der Informationswert der Angaben ist dann beeinträchtigt. Nur eine Zuweisung auf dem Boden der wahren Wertschätzungen und Fähigkeiten führt aber zu einer Zuteilung an den geeignetesten Bewerber. Derjenige Bewerber, der seine Leistungsbereitschaft und -fähigkeit wahrheitsgemäß kritisch analysiert, steht in der Gefahr, bei der Auswahl zu kurz zu kommen. Es erhält nicht unbedingt derjenige den Zuschlag, der dem Zuteilungsziel am besten entspricht, sondern derjenige, der seiner Bewerbung die optimistischsten Annahmen und Versprechungen zugrundelegt. Verfahren vergleichender Bewerberauswahl beschwören das Menetekel herauf, in ein Schaulaufen der Bewerber zu münden, das nicht Leistungsfähigkeit, sondern Darstellungsfähigkeit misst. Honoriert wird dann nicht die beste Eignung, sondern das »schönste« Prospekt. Diese Gefahr hat den Verfahren vergleichender Bewerberauswahl auch die Bezeichnung »beauty contests« eingetragen.

bb) Gegenleistungsorientierte Zuteilungsverfahren

Die zwischen Bürger und Staat bestehende Informationsasymmetrie lässt sich erst dann wirksam ausgleichen, wenn falsche Angaben überprüft oder sanktioniert werden, d. h. für die Bewerber mit entsprechenden Kosten verbunden sind. Als Sanktionsmechanismus, der die Bewerber zur vorsichtigen wahrheitsgemäßen Abfassung ihrer Bewerbungsaussagen veranlasst, sind Auflagen oder Bedingungen geeignet, die als Nebenbestimmungen der Zuteilung das von den Unternehmen Versprochene zur Voraussetzung des Behaltendürfens machen.

Diese Sanktionsmechanismen entfalten freilich nur dort ihre Wirksamkeit, wo es sich um messbare Variablen handelt. Bei qualitativen Leistungskriterien, wie zum Beispiel der Zuverlässigkeit, mangelt es daran typischerweise. Auf Durchsetzungsprobleme stoßen sie auch dort, wo die versprochenen Leistungen lediglich zu einem (geringen) Teil oder gar nicht erbracht werden, eine Rückgängigmachung der Zuteilung aufgrund erbrachter Vorinvestitionen oder langer Investitionszeiträume aber unverhältnismäßig scheint oder sich die der Zuteilung zu Grunde liegende Tatsachenbasis verschiebt.

Die Steuerungsdefizite der bislang in der öffentlich-rechtlichen Verteilungslenkung eingesetzten Zuteilungsmechanismen haben in jüngerer Zeit in zunehmendem Maße Bemühungen auf den Plan gerufen, ökonomische Instrumente und die Erkenntnisse der Ökonomik in der öffentlich-rechtlichen Primärzuteilung knapper Güter fruchtbar zu machen. Die Ökonomik erhebt den Anspruch, einen Beitrag zur rationalen Bewältigung von Knappheitsproblemen erbringen zu können. Ausgehend vom angelsächsischen Rechtskreis und den sie prägenden Ideen einer Ökonomisierung der

Gesellschaft sowie einer Effizienzorientierung staatlichen Handelns, hat der Gedanke marktgesteuerter hoheitlicher Verteilungslenkung die Pforten des europäischen Rechtskreises und des öffentlichen Rechts erobert. Welchen Spielraum das Verfassungsrecht dem Wirken marktlicher Primärzuteilungsmechanismen lässt, soll im folgenden zweiten und dritten Teil dieser Untersuchung näher beleuchtet werden. Auf den Spuren effizienzorientierter Verteilungsideen, ihrer geistesgeschichtlichen Ursprünge und ihres Menschenbildes (§§ 4–5; S. 142 ff.) sollen die Wirkmacht eines Effizienzprinzips in der Verfassung (§ 7, S. 197 ff.) und seine Grenzen (§ 8, S. 232 ff.) ausgeleuchtet werden, bevor die Versteigerung als Allokationsinstrument fiskalischen Tätigwerdens des Staates (§ 9, S. 273 ff.) und hoheitlicher Verteilungslenkung (§ 10, S. 283 ff.) in den Blick genommen und auf ihre Verfassungsfestigkeit durchleuchtet wird. Ihre grundrechtlichen (S. 343 ff.) und finanzverfassungsrechtlichen (S. 450 ff.) Implikationen werfen grundlegende Fragen der Verfassungsordnung auf, die es zu enträtseln gilt. Die hieraus gewonnenen Erkenntnisse sollen abschließend auf denkbare Anwendungsfelder des Versteigerungsmechanismus als Instrument staatlicher Erstallokation von Gütern anhand von Referenzbereichen heruntergebrochen werden (S. 640 ff.).

II. Sekundärallokation

Mit der hoheitlichen Primärallokation ist der Prozess staatlicher Verteilungslenkung nicht abgeschlossen. Sie zielt auf einen dauerhaften gemeinwohlorientierten Ausgleich komplexer Interessenkonkurrenzen. Dieser Ausgleich ist kein ein für allemal erreichter Zustand, sondern ein ständiger Auftrag an den Gesetzgeber. Die Verteilungslenkung muss den Anforderungen einer gleichmäßigen Grundrechtsverwirklichung genügen und die Wirkungen der Verteilungsentscheidung in der Zeit beachten. Die staatliche Erstzuteilung enthebt den Staat nicht der Verantwortung für die durch sie geschaffenen Zuteilungsergebnisse, sondern bedarf ständiger Kontrolle und Revision.

Der zuteilende Staat behält sich daher regelmäßig Steuerungseinfluss auf die Güterverteilung vor, indem er die Erstverteilung von Handlungsrechten, die er dem Zuteilungsadressaten zur alleinigen und ausschließlichen Nutzung zuweist, mit einer befristeten Handlungsmacht ausstattet und sie nach Ablauf der Nutzungszeit einer Neuverteilung zuführt. Frequenzen etwa werden in der Regel für einen begrenzten Zeitraum zugeteilt (§ 55 Abs. 8 TKG)[448]. Auch Taxikonzessionen und Güterverkehrsgenehmigun-

[448] Im Falle der Zuteilung der UMTS-Frequenzen im Jahre 2000 beträgt der Nutzungszeitraum beispielsweise 20 Jahre.

gen werden nur befristet erteilt (§11 GüKG, §50 PBefG). Der Nutzungszeitraum ist dabei im Interesse einer grundrechtsschonenden und -optimierenden Verteilungslenkung so zu bemessen, dass er eine wirtschaftlich sinnvolle Ausnutzung des Gutes, insbesondere eine Amortisation des Anlagekapitals, ermöglicht, auf der anderen Seite potenzielle Neuinteressenten nicht faktisch von jeglicher Grundrechtswahrnehmung ausschließt[449]. Anderenfalls fehlt der Befristung die verfassungsrechtliche Rechtfertigung; sie ist unverhältnismäßig.

1. Staatliche Sekundärverteilung

Mit wachsender Nutzungszeit erstarkt das Interesse des Zuteilungsadressaten an der Wahrung des bestehenden Besitzstandes. Für die nicht berücksichtigten Bewerber hinterlässt der Ausschluss mit jedem Tag tiefere Risse in dem grundrechtlichen Entfaltungsraum. Das Bestandsschutzinteresse der Altsassen tritt in Konflikt mit dem Zugangsinteresse von Neubewerbern. Die staatliche Sekundärverteilung steht vor einem schwierigen Spagat. Beide Interessen sind in schonender Weise zu einem Ausgleich zu bringen. Die Lösungswege, die der Gesetzgeber insoweit beschreitet, unterscheiden sich vor allem in dem Gewicht, das sie dem Bestandsschutzinteresse der Altsassen beimessen. Gebräuchlich sind vornehmlich das Grandfathering-System (infra a), das Referenzverfahren (infra b), rollierende Systeme (infra c) und Mischsysteme (infra d).

a) Grandfathering

Das Grandfathering (historisches Verteilungssystem, Besitzstandsmethode)[450] misst dem Besitzstandsinteresse einen prioritätsbegründenden Stellenwert bei. Es schützt den bisherigen Inhaber eines knappen Gutes, indem es ihm bei der Neuzuteilung einen absoluten Zuteilungsvorrang einräumt. Die Rechtsregel »prior tempore, potior iure« verschafft sich hier in der Neuverteilungssituation Geltung; das Grandfathering ist eine sekundärverteilungsrechtliche Anwendungsvariante des Prioritätsprinzips[451]. Es bemüht sich, verfassungsrechtlichen Notwendigkeiten Rechnung zu tragen,

---

[449] In diesem Sinne auch für das europarechtliche Verhältnismäßigkeitsprinzip: Mitteilung der Kommission zu Auslegungsfragen im Bereich Konzessionen im Gemeinschaftsrecht, ABl. EG Nr. C 121 v. 29.4.2000, S. 2 (8).

[450] Vgl. dazu z. B. *Kloepfer/Reinert*, Zuteilungsgerechtigkeit im Umweltstaat aus juristischer Sicht, in: Gethmann/Kloepfer/Reinert (Hrsg.), Verteilungsgerechtigkeit im Umweltstaat, 1995, S. 47 (52 u. 71); *Kühling*, Sektorspezifische Regulierung in den Netzwirtschaften, 2004, S. 177; *Voßkuhle*, Die Verwaltung 1999, S. 21 (26f.); *R.-H. Weber*, Wirtschaftsregulierung in wettbewerbspolitischen Ausnahmebereichen, 1986, S. 254f.

[451] Vgl. dazu supra S. 101ff.

die das im Eigentumsgrundrecht des Art. 14 Abs. 1 GG angelegte Vertrauensschutzprinzip der Verteilungsordnung abringt.

Eine Vielzahl gesetzlicher Sekundärverteilungsregeln ist von dem Grandfathering-Gedanken beseelt. So ist bei der Neuzuteilung von Taxikonzessionen der Umstand, dass der Unternehmer den Verkehr in einer dem öffentlichen Verkehrsinteresse entsprechenden Weise betrieben hat, angemessen zu berücksichtigen (§ 13 Abs. 3 S. 1 PBefG). Überwiegend wird daraus die grundsätzliche Pflicht abgeleitet, ausgelaufene Taxikonzessionen zugunsten des bisherigen Inhabers zu verlängern[452]. Bei der Vergabe von Start- und Landerechten (sog. »slots«) auf Flugplätzen sind bereits früher koordinierte Flüge vor erstmals geplanten Flügen bevorrechtigt. Luftfahrtunternehmen haben grundsätzlich ein Anrecht auf die Zeitnischen, die ihnen in der vergangenen Flugplanperiode zugewiesen worden waren (Art. 8 Abs. 2 der Verordnung Nr. 95/93 des Rates über gemeinsame Regeln für die Zuweisung von Zeitnischen auf Flughäfen in der Gemeinschaft[453] i. V. m. § 27a Abs. 1 LuftVG)[454]. Der Gesetzgeber geht davon aus, dass der bisherige Inhaber des Rechts eine schutzwürdige Rechtsposition erworben hat und ihm daher der Vorrang gebührt. Grundrechtliche Plausibilität hat diese Erwägung, soweit der bisherige Zuteilungszeitraum eine Amortisation der getätigten Investitionen nicht in ausreichendem Umfang ermöglicht. Sie verliert freilich an Überzeugungskraft dort, wo die Zuteilungszeit gerade so bemessen ist bzw. zu sein beansprucht, dass dies bereits innerhalb der Zuteilungszeit geschieht[455]. Für eine weitere Bevorrechtigung fehlt dann die grundrechtliche Legitimationsbasis.

Die Verteilung nach der Besitzstandsmethode entzieht knappe Güter dem Verteilungskreislauf. Sie verringert die Verteilungsmasse und engt den Zuteilungsspielraum des Zuteilenden ein. Bei konsequenter Anwendung schließt sie Newcomer langfristig oder auf Dauer von der Nutzung des

---

[452] Vgl. *Bidinger*, Personenbeförderungsrecht, 2. Aufl. 1971 ff., Bd. 1, PBefG, § 13 Rdnr. 91 f.

[453] ABl. EG Nr. L 14 vom 22. 1. 1993; geändert durch die Verordnung Nr. 793/2004 des Europäischen Parlamentes und des Rates vom 21. 4. 2004, ABl. EG Nr. L 138/50 vom 30. 4. 2004, S. 50.

[454] Auch die Zuteilung von Kohlendioxid-Zertifikaten im Rahmen des durch das Treibhausemissionshandelsgesetz geschaffenen Zertifikatehandelssystems erfolgte in der ersten Handelsperiode nach der Grandfathering-Methode: Die Berechtigungen werden grundsätzlich auf der Basis historischer Emissionen zugeteilt (§ 7 Zuteilungsgesetz 2007 i. V. m. § 7 TEHG); vgl. dazu im Einzelnen infra S. 683 ff. Es handelt sich hier streng genommen nicht um eine staatliche *Sekundär*allokation, da die Zuteilung von Emissionszertifikaten der erstmaligen Etablierung eines staatlichen Bewirtschaftungssystems an der Umweltressource Luft zu dienen bestimmt ist, das aus dem öffentlichen Gut ein wirtschaftliches Gut macht. Die Zuteilung knüpft aber an bereits stattfindende Nutzungen und faktische Besitzstände an, die die in der Vergangenheit bestehende freie Berechtigung zur Emission klimarelevanter Gase geschaffen hat. Es trägt insoweit Mischelemente zwischen Primär- und Sekundärallokation. Die Grenzen zwischen ihnen fließen ineinander.

[455] Vgl. supra S. 122.

Gutes aus und verletzt den Gleichheitssatz. An die Bevorzugung von Altrechteinhabern sind daher besondere Rechtfertigungsanforderungen zu stellen. Alleine das Bestehen vorhandener Altinteressentenpositionen rechtfertigt eine Differenzierung in der Verteilung noch nicht als solche. Hinzukommen muss ihre besondere unter dem Schutz der Eigentumsordnung stehende Schutzwürdigkeit. Die Vertrauensschutzposition ist dabei umso höher zu gewichten, je mehr sie eigenen Leistungen des Inhabers entspricht und entspringt[456].

b) Referenzverfahren (»bekannt und bewährt«)

Wie das Grandfathering stellt das Referenzverfahren eine – allerdings mit qualitativen Kriterien aufgeladene – Spielart des Prioritätsprinzips dar. Es lässt in knappen Verteilungssituationen solche Antragsteller zum Zuge kommen, die bereits in der Vergangenheit entsprechende Dienste angeboten bzw. Leistungen erbracht haben und sich darin bewährt haben.

aa) Verteilungsrationalität und grundrechtliche Verteilungswirkung

Der Grundgedanke dieses Zuteilungsmechanismus liegt in der Präjudizwirkung von Leistungen der Vergangenheit für die Zukunft: In der Vergangenheit erbrachte Leistungen lassen durchaus einen Schluss auf die Leistungsfähigkeit und die Zuverlässigkeit in der Zukunft zu. Dass neue oder in der Vergangenheit nicht berücksichtigte Bewerber dieses Leistungsniveau nicht erfüllen, ist damit freilich nicht e contrario indiziert. Hier liegt auch der neuralgische Punkt des Referenzverfahrens: Für Altbewerber wird die Auswahl zum weitgehend risikofreien perpetuum mobile; neue Bewerber hingegen können ihre Auswahlchancen nicht durch ihr eigenes Verhalten beeinflussen. Sie erhalten faktisch kaum eine reelle Chance, den erforderlichen Grad an Bekanntheit und Bewährung zu erreichen, der für die Berücksichtigung bei der Auswahl erforderlich ist. Ihnen verbleibt keine faire Chance zur Grundrechtswahrnehmung. Als alleiniges Auswahlprinzip ist das Referenzverfahren mit den Grundrechten der Zuteilungsadressaten nicht vereinbar[457]; es ist den Anforderungen an die grundrechtlich gebotene Chancengleichheit im Zuteilungsverfahren nicht zu genügen in der Lage. Auch das Interesse an der Vermeidung von Auswahl- und Beobach-

[456] Vgl. zur Kritik am Grandfathering auch *Breyer*, Regulation and Its Reform, 1982, S. 121 ff.; *R.-H. Weber*, Wirtschaftsregulierung in wettbewerbspolitischen Ausnahmebereichen, 1986, S. 254 f.

[457] Ganz überwiegende Meinung, vgl. nur BVerwG, Urt. v. 27.4.1984, Buchholz 451.20 § 70 GewO Nr. 1; VG Karlsruhe, Urt. v. 7.4.2005, GewArch 2005, S. 341 ff.; *Pitschas*, BayVBl. 1982, S. 641 (645); *C. Koenig* (Fn. 392), S. 146 ff.; *Lässig*, NVwZ 1983, S. 18 (20); *Schmidt-Preuß*, Kollidierende Privatinteressen im Verwaltungsrecht, 2. Aufl. 2005, S. 408 f., *Voßkuhle*, Die Verwaltung 1999, S. 21 (28 f.).

tungsaufwand vermag sich als Abwägungsbelang gegenüber den Grundrechten der Bewerber nicht durchzusetzen. Ihm kommt kein dem grundrechtlich gebotenen Anspruch auf gleiche Verfahrenschancen gleichwertiges Gewicht zu.

bb) Anwendungsfelder

Ungeachtet seiner verteilungsrechtlichen Schieflage hat das Referenzverfahren in der staatlichen Verteilungsordnung einen langen Atem.

(1) Messen, Ausstellungen und Märkte

Insbesondere bei der Verteilung von begehrten Standplätzen für Messen, Ausstellungen und Märkte gem. § 70 Abs. 1 GewO zeigt das Referenzverfahren in der Ermessenspraxis eine hohe Beharrungstendenz. Wurde es dort lange Zeit einschränkungslos als zulässig behandelt[458], hat das Bundesverwaltungsgericht in einer Grundsatzentscheidung dieser Praxis enge rechtliche Daumenschrauben angelegt[459]: Ein Auswahlsystem, das denjenigen Bewerbern, die nicht zum Kreis der bekannten und bewährten Bewerber gehören, auf unabsehbare Zeit den Zugang zu einem Markt verwehrt, stuft das Gericht als ermessensfehlerhaft ein. Neubewerbern sei zumindest eine gewisse Mindestzuteilungsquote vorzubehalten, die ihnen in einem erkennbaren zeitlichen Turnus eine reelle Zulassungschance einräumt[460]. Es stuft das Referenzverfahren nur insoweit als zulässig ein, als es nicht alleiniger Inhalt, sondern Teil eines (multiplen) Zuteilungsverfahrens ist. Das entspricht heute einhelliger Anschauung[461]. Die *praktische* Bedeutung des Referenzverfahrens ist gleichwohl nahezu unvermindert hoch: Die Gerichte billigen Verteilungsregeln, die einen Großteil der verfügbaren Kontingente, auch zwei Drittel[462], sogar bis zu 80 %[463], dem Grundsatz »bekannt und bewährt« vorbehalten.

---

[458] Vgl. z. B. BayVGH, Urt. v. 3.3.1980, S. 403 f.; BayVGH, Beschl v. 11.9.1981, GewArch. 1982, S. 98 ff.

[459] BVerwG, Urt. vom 27.4.1984, NVwZ 1984, S. 585 (585).

[460] Das Gericht lässt dabei ausdrücklich offen, ob bei *jeder* turnusmäßigen Veranstaltung Quoten für Neubewerber vorgesehen werden müssen.

[461] BGH, Urt. v. 16.10.2001, NZBau 2002, S. 107 f. – Bieterbevorzugung nach dem Kriterium »bekannt und bewährt«; VGH Baden-Württemberg, Urt. v. 17.3.2000, NVwZ-RR 2001, S. 159 ff.; VGH Baden-Württemberg, Urt. v. 30.4.1991, NVwZ-RR 1992, S. 132 ff.; OVG Niedersachsen, Urt. v. 18.7.2002, NJW 2003, S. 531 ff.; OVG Bremen, Urt. v. 27.4.1993, NVwZ-RR 1994, S. 24 f.; OVG Nordrhein-Westfalen, Urt. v. 12.11.1990, NVwZ-RR 1991, S. 297 f.; VG Chemnitz, Urt. v. 28.6.1995, LKV 1996, S. 301 f.; VG Gießen, Urt. v. 14.12.2000, NVwZ-RR 2001, S. 436 (439).

[462] OVG Nordrhein-Westfalen, Urt. v. 12.11.1990, NVwZ-RR 1991, S. 551.

[463] VG Freiburg, Urt. v. 10.11.1987, VBlBW. 1988, S. 312 (314).

(2) Auswahl von Insolvenzverwaltern, Verfahrenspflegern und anderen gerichtlich bestellten Amtswaltern

Im Schlagschatten der richterlichen Freiheit fristet das Referenzverfahren bei der gerichtlichen Bestellung von Insolvenzverwaltern, Sachverständigen, Betreuern, Verfahrenspflegern, Nachlassverwaltern und Pflichtverteidigern[464] ein lange Zeit unbeachtetes, grundrechtlich fragwürdiges Dasein.

Für ihre Auswahl führen die Gerichte vielerorts Listen – zum Teil offene, zum Teil geschlossene Listen[465] – aus denen die Amtswalter ausgewählt werden. Nicht selten erfolgt dies nach dem Closed-job-Prinzip: Andere Interessenten finden keine Berücksichtigung[466]. Die Beschränkung auf in der Liste erfasste Personen entspringt dem Wunsch, den Kreis der Betrauten bei dem jeweiligen Gericht klein zu halten, um eine einheitliche Abwicklungspraxis zu sichern und die Zusammenarbeit zwischen ihnen, dem Gericht und dem Rechtspfleger auf eine vertrauensvolle Grundlage zu stellen, die zugleich die Aufsicht erleichtert. Für Newcomer werden diese Listen freilich zu einem unüberwindlichen Hindernis.

Wiewohl namentlich die Auswahl des Insolvenzverwalters auch als die Schicksalsfrage des Insolvenzverfahrens gilt und ihr für die grundrechtliche Entfaltung der Ausübungsinteressenten erhebliche Tragweite zukommt[467], steuert das Gesetz das Auswahlprogramm nur sehr beschränkt: Zum Insolvenzverwalter ist nach §56 Abs. 1 der Insolvenzordnung eine »für den jeweiligen Einzelfall geeignete, insbesondere geschäftskundige und von den Gläubigern und dem Schuldner unabhängige natürliche Person« zu bestellen. Ähnlich sibyllinisch bleibt die Zivilprozessordnung hinsichtlich der Sachverständigenauswahl: Die Auswahl der zuzuziehenden Sachverständigen und die Bestimmung ihrer Anzahl erfolgt nach §404 Abs. 1 S. 1 ZPO durch das Prozessgericht. Nach welchen Kriterien diese Auswahl zu erfolgen hat, lässt das Gesetz weitgehend im Dunkeln: Öffentlich bestellten Sachverständigen *soll*, von den Parteien übereinstimmend vorgeschlagenen Sachverständigen *muss* das Gericht den Vorzug geben (§406 Abs. 2 und 4 ZPO). Der geringen gesetzlichen Steuerungsdichte korrespondiert ein wei-

---

464 Vgl. *Vallender/Heucamp*, NZI 2002, S. 513 (519); zur Vergabe von Bettenplätzen an vom Sozialamt unterzubringende Personen durch die Vergabeleitstelle OVG Berlin, Beschl. v. 25.2.2005 – 1 S 69.03 –, Juris-Dok.Nr. MWRE115580500.

465 Vgl. für die Praxis der Insolvenzgerichte: *Bund-Länder-Arbeitsgruppe »Insolvenzrecht«*, Abschlussbericht: Probleme der praktischen Anwendungen und Schwachstellen des Regelinsolvenzverfahrens, 2002, S. 23 u. 25; abrufbar unter http://www.jm.nrw.de/JM/justizpolitik/schwerpunkte/insolvenzrecht/pdf/abschlussbericht.pdf (1. 10. 2004); *Holzer/Kleine-Cosack/Prütting*, Die Bestellung des Insolvenzverwalters, 2001, S. 4; *Schick*, NJW 1991, S. 1328 (1330); *Holzer*, Entscheidungsträger im Insolvenzverfahren, 3. Aufl. 2004, Rdnr. 221 ff.

466 Vgl. *Graeber*, FPR 2006, S. 74 (76).

467 Vgl. *H. Wagner*, InsO, 1998, §56 Rdnr. 4; *Pape*, ZIP 1993, S. 737 (738); *Uhlenbruck*, NZI 2006, S. 489 (489).

tes Auswahlermessen des Richters. Ketzerisch sprechen manche von einem »beharrlich verteidigten Willkürsystem unter dem Deckmantel der richterlichen Unabhängigkeit«[468].

Das Auswahlermessen enthebt den Richter freilich nicht der Bindung an Art. 3 Abs. 1 GG und die Grundrechte der Betroffenen. Das ergibt sich zwanglos aus Art. 1 Abs. 3 GG[469]. Die Auswahl gestaltet unmittelbar die Konkurrenzbeziehungen zwischen den Interessenten; die Tätigkeit eines Insolvenzverwalters eröffnet den Zugang zu einem wichtigen wirtschaftlichen Tätigkeitsbereich. Sie hat sich zu einem eigenen Beruf entwickelt; ihren Charakter als eine Nebentätigkeit zum Beruf des Rechtsanwalts oder Kaufmanns hat sie abgestreift zugunsten eines ausdifferenzierten Tätigkeitsfeldes, das die alleinige Lebensgrundlage der dort Beschäftigten darstellt[470]. War die Bestimmung des Konkurs- bzw. Insolvenzverwalters vormals noch als Akt der Inpflichtnahme Privater für die Erfüllung öffentlicher Aufgaben konzipiert, öffnet sie heute die Schleuse zu einem eigenen, spezialisierten Berufsfeld. Die Tätigkeit eines Insolvenzverwalters kann nur aufgrund der Zuteilung durch einen Träger öffentlicher Gewalt ausgeübt werden. Die Auswahl des Insolvenzverwalters hat nicht nur Bedeutung für die Gesamtheit der Gläubiger, die durch einen ungeeigneten Verwalter erheblichen Schaden erleiden können. Sie wirkt sich auch und insbesondere auf die grundrechtliche Betätigungsfreiheit der Interessenten aus. Diese haben deshalb einen Anspruch auf willkürfreie Einbeziehung in ein faires, Chancengleichheit herstellendes Verfahren, das auf der Grundlage sachgerechter Kriterien eine Auswahlentscheidung trifft[471]. Eine Auswahl, die sich ausschließlich nach dem Closed-job-Prinzip an geschlossenen Listen orientiert, genügt den Anforderungen an ein faires Verfahren nicht[472]. Sie verwehrt geeigneten Bewerbern, die nicht Eingang in die Liste der Verwalter gefunden haben, den Zugang zu einer beruflichen Tätigkeit; sie kommt einem Berufsausübungsverbot gleich[473]. Geeignete Bewerber haben einen

---

[468] *Hess*, in: Hess/Weis/Wienberg, InsO, 2. Aufl. 2001, § 56 Rdnr. 9.

[469] A. A. *Kesseler* (ZIP 2000, S. 1565 [1571 f.]; *ders.*, ZInsO 2002, S. 201 [205 f.]). Er stellt die These auf, das Gericht werde bei der Auswahl des Verwalters als Stellvertreter der Gläubigerversammlung tätig. Den Grundrechten abgewiesener Verwalter bei der Auswahlentscheidung komme daher praktisch keine Bedeutung zu. *Kesseler* setzt sich damit jedoch über die Aussage des Art. 1 Abs. 3 GG, der keine grundrechtsungebundene Ausübung staatlicher Gewalt zulässt, hinweg.

[470] *Haarmeyer*, InVo 1997, S. 57 (59); *Kesseler*, ZIP 2000, S. 1565.

[471] Vgl. etwa BVerfG, Beschl. v. 3. 8. 2004, NJW 2004, S. 2725 (2727); BVerfG, Beschl. v. 23. 5. 2006, NZI 2006, S. 453 (454 ff.).

[472] Das stellt § 56 InsO n. F. mit der Wendung »aus dem Kreis aller zur Übernahme von Insolvenzverwaltungen bereiten Personen« jüngst ausdrücklich klar. Vgl. dazu die Begründung der Begründung in BT-Drucks. 16/3227, S. 18 f.

[473] Offen gelassen in BVerfG (2. Kammer), Beschl. v. 3. 8. 2004, NJW 2004, S. 2725 (2727); vgl. dazu auch OLG Düsseldorf, Beschl. v. 24. 6. 1996, NJW-RR 1996, S. 1273; *Bund-Länder-Arbeitsgruppe »Insolvenzrecht«* (Fn. 465), S. 34 u. 51 ff.; *Haarmeyer* (Fn. 470), S. 60; *Römermann*, NJW 2002, S. 3729 (3732); *Vallender/Heucamp* (Fn. 464),

Anspruch darauf, zumindest in den Findungsprozess des Gerichtes einbezogen zu werden, ohne dass daraus ein klagbarer Anspruch erwächst, in einem bestimmten Verfahren als Verwalter bestellt zu werden.

Ob dem Anspruch auf Berücksichtigung im Verfahren ein Rechtsweganspruch zur Durchsetzung dieses Rechtes korrespondiert, ist damit noch nicht entschieden. Soweit die Auswahl des Insolvenzverwalters der rechtsprechenden richterlichen Tätigkeit i. S. d. Art. 92 GG zuzuordnen ist, ist Rechtsschutz nur nach Maßgabe des einfachen Gesetzes gegeben und verfassungsrechtlicher Rechtsschutz nicht geboten: Rechtsprechende Tätigkeit unterfällt nicht dem Begriff der »öffentlichen Gewalt« i. S. d. Art. 19 Abs. 4 GG. Darunter sind lediglich Maßnahmen der vollziehenden Gewalt zu verstehen, nicht aber Akte der Rechtsprechung. Art. 19 Abs. 4 garantiert Rechtsschutz *durch* den Richter, nicht *gegen* ihn[474].

Bei der Auswahl und Bestimmung eines Insolvenzverwalters wird der Richter freilich nicht in seiner Funktion als Instanz der unparteilichen Streitbeilegung tätig. Es handelt sich nicht um materielle Rechtsprechung[475]. Sie ist verwaltende Tätigkeit des Richters, die die Voraussetzungen eines Justizverwaltungsaktes i. S. d. § 24 EGGVG erfüllt. Nach § 23 EGGVG ist sie gerichtlicher Überprüfung durch die betroffenen Interessenten nicht verschlossen, sondern ihr grundsätzlich zugänglich. Das gilt nicht nur für die abstrakte *Vorauswahl* als geeignet in Frage kommender Insolvenzverwalter[476], sondern grundsätzlich auch für die *Bestellung* des

S. 519; a. A. *Graeber*, in: H. Kirchhof/Lwowski/Stürner (Hrsg.), Münchener Kommentar zur Insolvenzordnung, 2001, § 56 Rdnr. 67: »Die Insolvenzrichter haben die Interessen der Verfahrensbeteiligten zu beachten, nicht aber dafür zu sorgen, dass jemand, der bislang nicht als Insolvenzverwalter tätig war, die Gelegenheit erhält, Zugang zu diesem ›Markt‹ zu erhalten«. Ähnlich Gutachterliche Gegenstellungnahme von dreizehn Mitgliedern des Gravenbrucher Kreises zur Frage der Bestellung des Insolvenzverwalters, ZInsO 2001, S. 730 (731 f.); AG Potsdam, Beschl. v. 30.11.2001, NZI 2002, S. 391 (392).

474 BVerfG, Beschl. v. 5.2.1963, BVerfGE 15, S. 275 (280); BVerfG, Beschl. v. 11.10.1978, BVerfGE 49, S. 329 (340) – prozessuale Überholung; BVerfG, Beschl. v. 12.7.1983, BVerfGE 65, S. 76 (90); BVerfG, Beschl. v. 22.10.1986, BVerfGE 73, S. 339 (372); BVerfG, Beschl. v. 16.6.1987, BVerfGE 76, 93 (98); *Jarass*, in: Jarass/Pieroth (Hrsg.), Grundgesetz-Kommentar, 9. Aufl. 2007, Art. 19 Rdnr. 45.

475 Kann der Gesetzgeber der Dritten Gewalt auch solche Aufgaben zuweisen, die nicht materielle Rechtsprechung im Sinne des Art. 92 GG sind, aber gleichwohl an den Garantien und Prinzipien teilhaben, die für die richterliche Tätigkeit nach der Verfassung und den einschlägigen Verfahrengesetzen gelten (sog. funktioneller Rechtsprechungsbegriff; vgl. *Kissel*, Gerichtsverfassungsgesetz, 4. Aufl. 2005, Einl. Rdnr. 145), so etwa im Falle der Freiwilligen Gerichtsbarkeit, bei der der Gesetzgeber ein gerichtsförmiges Verfahren hoheitlicher Streitbeilegung vorgesehen und den dort zu treffenden Entscheidungen eine Rechtswirkung beigelegt, die unabhängigen Gerichten vorbehalten ist), so fehlt es bei der Vorauswahl im Rahmen der Zulassung zu einer Auswahlliste potenzieller Insolvenzverwalter an einer letztverbindlichen Klärung der Rechtslage im Rahmen besonders geregelter Verfahren: Sie erfolgt ohne Bezug zu einem konkreten Insolvenzverfahren.

476 Dazu BVerfG, Beschl. v. 3.8.2004, NJW 2004, S. 2725 ff.; vgl. dazu *Graeber*, NJW 2004, S. 2715 ff.; *Höfling*, NJW 2005, S. 2341 (2344); a. A. noch OLG Koblenz, Beschl. v. 16.12.1999, NJW-RR 2000, S. 1074; OLG Düsseldorf, Beschl. v. 24.6.1996, NJW-RR

Insolvenzverwalters selbst[477]. Diese steht zwar in unmittelbarem Konnex mit einem konkreten Insolvenzverfahren und der rechtsprechenden Tätigkeit des Insolvenzgerichtes (vgl. § 27 Abs. 2 Nr. 2 InsO)[478], bleibt aber von dieser sachlich trennbar und getrennt (vgl. § 27 Abs. 1 InsO), hat daher

---

1996, S. 1273; *Vallender/Heucamp* (Fn. 464), S. 519; *Henssler*, ZIP 2002, S. 1053 (1057); *Bund-Länder-Arbeitsgruppe »Insolvenzrecht«* (Fn. 465), S. 35 ff.

[477] BVerfG, Beschl. v. 23.5.2006, ZIP 2006, S. 453 ff.; dazu *Wieland*, ZIP 2007, S. 462 ff. sowie *Frind*, ZInsO 2006, S. 841 ff. Zu dieser Frage auch (einen Rechtsschutz nach §§ 23 ff. EGGVG verneinend) OLG Hamm, Beschl. v. 14.10.2004, NZI 2005, S. 111 f.; *Frind*, ZInsO 2005, S. 225 ff.; *ders./Schmidt*, NZI 2004, S. 533 (538); *Köster*, NZI 2004, S. 538 (542); anders hingegen *Hess/Ruppe*, NZI 2004, S. 641 (644 f.); *Römermann*, NZI 2003, S. 134 f.; *Wieland*, ZIP 2005, S. 269 ff. Sie fordern die Zulassung einer Konkurrentenklage auch für die Bestellung des Insolvenzverwalters.

[478] Mit der Verfahrenseröffnung endet die Verwaltungs- und Verfügungskompetenz des Schuldners. Sie geht uno actu auf den Insolvenzverwalter über (§ 80 InsO). Auf diese Weise wird ein rechtsfreies Vakuum vermieden, das die Masse zeitweise ohne Verfügungsberechtigten dastehen ließe. Der Zeitdruck, unter dem die Verwalterauswahl stattfinden muss, lässt ein besonderes Bedürfnis nach Verbindlichkeit der Entscheidung und Rechtssicherheit zu Tage treten. Die Verwalterbestellung entscheidet über eine Vielzahl betroffener Interessen und erfüllt eine zentrale, komplexe Funktion in dem gläubigerschützenden Verfahren der Insolvenz. Sie ist aber nicht allein deshalb der Rechtsprechung zuzuordnen, weil die Entscheidung von einem staatlichen Gremium gefällt wird, das mit unabhängigen Richtern i. S. d. Art. 92 GG besetzt ist. Die Frage entscheidet sich vielmehr daran, ob der Sachbereich nur von der rechtsprechenden Gewalt oder auch von der Verwaltung wahrgenommen werden kann. Kennzeichnend ist insoweit das Element der Entscheidung, der letztverbindlichen, der Rechtskraft fähigen Feststellung und des Ausspruchs dessen, was im konkreten Fall rechtens ist (BVerfG, Beschl. v. 28.1.1957, BVerfGE 7, S. 183 [188 f.]; BVerfG, Beschl v. 27.4.1971, BVerwGE 31, S. 43 [46]; BVerfG, Beschl. v. 20.4.1982, BVerfGE 60, S. 253 [269 f.]; BVerfG, Urt. v. 8.2.2001, BVerfGE 103, S. 111 [137 f.]). Die Einsetzung eines Insolvenzverwalters und seine Auswahl berührt den Schuldner in besonders intensiver Weise in seiner Rechtsstellung und setzt ihn einem schwerwiegenden hoheitlichen Eingriff aus. Die Person des Insolvenzverwalters hat für ihn als Inhaber der Handlungs- und Gestaltungsmacht besondere Bedeutung. Gleichermaßen ist sie von großer Tragweite für die Interessen der Gläubiger. Die Bestellung soll mit verbindlicher Wirkung die Beziehungen zwischen Schuldnern und Gläubigern gestalten. Die Vielseitigkeit der berührten Interessen setzt Unabhängigkeit und Weisungsfreiheit des Entscheiders voraus. Die Bestellung des Insolvenzverwalters weist insoweit große Ähnlichkeit mit der Einsetzung eines Vormundes durch das Vormundschaftsgericht (§ 1789 BGB) und der Bestellung eines Pflegers für das minderjährige Kind (§ 50 FGG) auf. Diese sind als Akte funktionaler Rechtsprechung nur mit der Beschwerde angreifbar. Art. 19 Abs. 4 GG hält über diesen Rechtsbehelf nicht seine schützende Hand. Anders als bei der Vormundschaft oder der Pflegschaft können die Gläubiger bei der Insolvenzverwalterbestellung der gerichtlichen Bestellung die intendierte verbindliche Wirkung nehmen, indem sie eine andere Person als den vom Gericht bestellten Insolvenzverwalter wählen (§ 57 InsO). Die richterliche Entscheidung hat insoweit anders als diese eher vorläufigen und curatorischen als – für Rechtsprechungsakte typisch – letztverbindlichen und streitentscheidenden Charakter. Das Verhältnis zwischen Schuldner und Gläubigern bestimmt sie bis zu dem Datum der Abbestellung freilich mit verbindlicher Wirkung. Die Grenzlinie zwischen verwaltender richterlicher Tätigkeit und Rechtsprechung im Sinne des Art. 92 GG ist hier besonders dünn. Mit der Regelung des § 27 Abs. 1 InsO (wenn das Gericht »das Insolvenzverfahren eröffnet«, dann »ernennt das Insolvenzgericht einen Insolvenzverwalter«) gibt der Gesetzgeber indes zu erkennen, dass er die Bestimmung der Person des Insolvenzverwal-

nicht an der Unabhängigkeit und verbindliche Rechtsfolgen anordnenden Tätigkeit des Gerichts teil, die die Privilegien des Richtervorbehalts des Art. 92 GG genießt[479]. Eine Konkurrentenklage unterlegener Bewerber gegen die Bestellung anderer Insolvenzverwalter durfte der Gesetzgeber jedoch in verfassungsrechtlich beanstandungsfreier Weise ausschließen, ohne gegen Art. 19 Abs. 4 GG zu verstoßen. Die multipolare Konfliktlage, in der die Entscheidung über die Bestellung des Insolvenzverwalters getroffen wird, insbesondere das durch Art. 14 Abs. 1 GG geschützte Interesse der Gläubiger an einer reibungslosen und zügigen Fortsetzung des Insolvenzverfahrens, rechtfertigen es, den Rechtsschutz des Insolvenzverwalters im Wege praktischer Konkordanz auf einen Amtshaftungsanspruch (Art. 34 GG i. V. m. § 839 BGB) und die Feststellung der Rechtswidrigkeit der Verwalterbestellung wegen fehlerhafter Ausübung des Verwalterermessens zu beschränken (§§ 23, 28 Abs. 1 S. 4 EGGVG)[480].

(3) Zuteilung von Import- und Exportgenehmigungen

Neben der Zuteilung von Plätzen auf Messen, Ausstellungen und Märkten sowie der Bestellung von Insolvenzverwaltern und Sachverständigen findet das Referenzverfahren im Außenwirtschaftsrecht ein Anwendungsresiduum[481]. Werden für bestimmte Güter Import- und Exportgenehmigungen kontingentiert, greifen die Behörden gerne auf es als Zuteilungskriterium zurück: Diejenigen Marktteilnehmer, die bereits in der Vergangenheit entsprechende Ein- bzw. Ausfuhren getätigt haben[482], werden gegenüber Neubewerbern bevorzugt berücksichtigt. Dafür lassen sich sachlich einleuchtende Gründe finden: Import- bzw. Exportbeschränkungen können den eingerichteten und ausgeübten Gewerbebetrieb eines im Markt etablierten Akteurs in seiner Substanz berühren. Häufig haben diese Importeure bzw. Exporteure finanzielle Vorleistungen erbracht, indem sie ausländische Käu-

---

ters (das »Wie«) von der Eröffnung des Insolvenzverfahrens (das »Ob«) trennen will. Beides folgt nicht dem gleichen rechtlichen Schicksal: Die Bestimmung des Insolvenzverwalters ist nicht Teil der richterlichen, dem Schutzgehalt des Art. 19 Abs. 4 GG entzogenen Tätigkeit »Anordnung des Insolvenzverfahrens«.

[479] BVerfG, Beschl. v. 23.5.2006, ZIP 2006, S. 453 (453 f.); anders etwa OLG Hamm, Beschl. v. 14.10.2004, NJW 2005, S. 834 (835), das die Verwalterbestellung als integralen Bestandteil des Eröffnungsbeschlusses eingestuft hat.

[480] Vgl. dazu im Einzelnen BVerfG, ibid. S. 456 f.; *Graeber*, NZI 2006, S. 499 ff.; *Uhlenbruck*, NZI 2006, S. 489 (493 f.); *Vallender*, NJW 2006, S. 2597 ff.; *Wieland*, ZIP 2007, S. 462 ff.

[481] Vgl. dazu *Rummer*, NJW 1998, S. 225 ff.; *Kuschel*, RIW 1998, S. 122 (132); BVerwG, Urt. v. 8.11.1957, BVerwGE 5, S. 334 (339); BVerwG, Urt. vom 14.2.1969, BVerwGE 31, 289 (290); BVerwG, Urt. v. 21.1.1972, DVBl. 1972, S. 895 (896).

[482] Vgl. z. B. Ausschreibung Nr. 620239/40, BAnz. Nr. 69/4 vom 13.4.1977; Ausschreibung des Bundesamtes für Ernährung und Forstwirtschaft Nr. 24 1024 über den Import von Schafen und Lämmern, BAnz. Nr. 224 S. 4.

fer- bzw. Verkäufermärkte erschlossen haben. Eine Quotenbeschränkung trifft sie besonders hart.

Sind Leistungen der Vergangenheit auch ein Indiz für die im Rahmen der Genehmigung maßgebliche Zuverlässigkeit des Antragstellers, ist der Umkehrschluss nicht zulässig, dass solche Interessenten, die bisher keine Leistungen angeboten haben, nicht zuverlässig sind und Neubewerber benachteiligt oder ausgeschlossen werden dürfen. Die mit dem Referenzverfahren verbundene Beeinträchtigung der Chancengleichheit von Neubewerbern ist rechtfertigungsbedürftig.

Eine solche gesetzliche Rechtfertigung scheint § 3 Abs. 2 S. 3 AWG zu enthalten. Die Vorschrift ermöglicht es, Gebietsansässige, die durch eine Beschränkung in der Ausübung ihres Gewerbes besonders betroffen werden, bevorzugt zu berücksichtigen. Ihr liegt der Gedanke des Vertrauensschutzes zu Grunde[483]. Ihre praktische Bedeutung ist freilich sehr beschränkt. Das Außenwirtschaftsrecht unterliegt der Regelungskompetenz der Europäischen Union und ihren Bestrebungen einer gemeinsamen Handelspolitik. Die Bedeutung der nationalen Zuteilungsregeln reduziert sich auf Bereiche, in denen das gemeinschaftsrechtliche Außenwirtschaftsrecht für bestimmte Sachbereiche Öffnungsklauseln enthält[484].

Soweit die Gemeinschaft aufgrund der Sensibilität bestimmter Bereiche der Gemeinschaftsindustrie[485] gemeinschaftsrechtliche Kontingentierungssysteme zulässt und die Zuteilung nicht dem Ausfuhr- bzw. Einfuhrstaat überlässt, greift sie teilweise auf die historischen Handelsströme als Zuteilungsmaßstab zurück und behält einzelne Kontingente den traditionellen Ein- oder Ausführern vor. Der gebotenen Berücksichtigung von Newcomern und der Gefahr eines vollständigen Grundrechtsausschlusses kann dabei in sachgerechter, grundrechtsschonender Weise durch eine Aufteilung des verfügbaren Kontingents auf zwei Zuteilungsmassen – ein Neubewer-

---

[483] Eine generelle Privilegierung von Altsassen rechtfertigt sie nicht, schließt sie aber auch nicht. Ein gänzlicher Ausschluss von Newcomern von der Verteilung durch das Referenzverfahren wäre insbesondere mit der Berufsfreiheit der Interessenten auch nicht vereinbar. Sie setzt dem Referenzverfahren hier eine verfassungsrechtliche Grenze. Vgl. BVerwG, Urt. vom 14.2.1969, BVerwGE 31, 289 (290); BVerwG, Urt. v. 21.1.1972, DVBl. 1972, S. 895 (896); a. A. *Rummer* (Fn. 481), S. 225 (227): »In seltenen Ausnahmefällen kann die Bevorzugung sogar so weit gehen, dass der Newcomer von der Verteilung völlig ausgeschlossen wird«.

[484] Vgl. insbesondere Art. 26 Abs. 2 lit. a 1. Spstr. der Verordnung (EG) Nr. 517/94 des Rates vom 7.3.1994 über die gemeinsame Regelung der Einfuhren von Textilwaren aus bestimmten Drittländern, die nicht unter bilaterale Abkommen, Protokolle und andere Vereinbarungen oder eine spezifische gemeinschaftliche Einfuhrregelung fallen, ABl. EG Nr. L 67 vom 10.3.1994, S. 1 ff.; vgl. auch *Hocke/Berwald/Maurer*, AWG-Kommentar, Loseblatt (Stand: Feb. 1999), § 3 S. 10.

[485] Vgl. etwa Erwägungsgrund Nr. 6 der Verordnung (EG) Nr. 519/94 des Rates vom 7.3.1994 über die gemeinsame Regelung der Einfuhren aus bestimmten Drittländern und zur Aufhebung der Verordnungen (EWG) Nrn. 1765/82, 1766/82 und 3420/83, ABl. EG Nr. L 67 vom 10.3.1994, S. 89 ff.

ber- und ein Altbewerberkontingent – Rechnung getragen werden, die für die jeweilige Bewerbergruppe unterschiedlichen Zuteilungsregeln folgen[486].

c) *Rollierendes System*

Das rollierende System ist Gegenstück und Konterpart des Prioritätsprinzips. Güter werden hier nicht den Inhabern bisheriger Rechte zugeteilt, sondern ausschließlich unter den Neubewerbern aufgeteilt. Die Bewerber werden abwechselnd nach einem periodischen Turnus zugelassen. Bisherige Rechteinhaber bleiben dabei unberücksichtigt. Die Rotation kann einem formalen Verteilungsschlüssel folgen (*formelle Rotation*[487]) oder die Neuverteilung unter den Neuinteressenten nach inhaltlichen Auslesekriterien vornehmen (*materielle Rotation*). Allen Bewerbern wird dadurch in einem kalkulierbaren zeitlichen Turnus eine reelle Zuteilungschance eingeräumt; der Grundsrechtszugang ist gesichert. Das rollierende System nimmt im Interesse der Chancengleichheit der Bewerber temporäre Ausfälle von fachlich besonders gut qualifizierten Bewerbern in Kauf. Darin liegt zugleich auch seine Legitimationsbruchstelle: Es vermag nicht ohne Weiteres zu erklären, weshalb Bewerber ohne Rücksicht auf ihre Qualifikation zwingend von der Zuteilung ausgeschlossen bleiben sollen. Eine Rechtfertigung dafür besteht grundsätzlich nur dort, wo die Rechtsinhaberschaft dem bisherigen Gutsinhaber im Wettbewerb mit den bislang ausgeschlossenen Interessenten einen Chancengleichheit unter den Interessenten verdrängenden Vorsprung verschafft. Möglich ist dies durchaus dort, wo die Investitionen,

---

[486] Vgl. Art, 6 Abs. 1 der Verordnung (EG) Nr. 520/94, a. a. O. Eine solche Aufteilung der Zuteilungsmassen ist dem deutschen Außenwirtschaftsrecht bereits seit langem vertraut. Großer Beliebtheit erfreute sich insbesondere das Quoten-Referenzverfahren (vgl. dazu mit praktischen Beispielen *Rummer* [Fn. 481], S. 225 [231 f.]). Das verfügbare Kontingent wird in eine Grundquoten-Masse, die nach dem Kopf-Prinzip auf alle Interessenten zugeteilt wird und eine Referenzquoten-Masse aufgeteilt, die den Altsassen entsprechend ihren nachgewiesenen Referenzeinfuhren vorbehalten ist, vgl. zum Beispiel § 2 der die Verordnung über die Grundsätze für die Verteilung des deutschen Anteils des Gemeinschaftszollkontingents 1986 für Sperrholz mit Ursprung in Entwicklungsländern vom 17. 12. 1985, BAnz. Nr. 69/4 vom 10. 11. 1975: »Von den Zollkontingentmengen, die der Bundesrepublik Deutschland zugeteilt werden, wird eine Quote in Höhe von 50 v. H. auf alle Antragsteller gleichmäßig verteilt. Die restliche Quote in Höhe von 50 v. H. wird auf solche Antragsteller verteilt, die in mindestens einem der Kalenderjahre 1982, 1983 und 1984 die betroffenen Präferenzwaren (§ 1 Abs. 1) aus den jeweils begünstigten Entwicklungsländern auf eigene Rechnung eingeführt haben; die Verteilung erfolgt im Verhältnis des nachgewiesenen Umfangs ihrer in diesen Kalenderjahren auf eigene Rechnung getätigten Einfuhren«. Diese Kompromisslösung sucht die Vorteile beider Systeme, die Qualitätsorientierung des Referenzverfahrens und die formale Gleichbehandlung des Kopf-Prinzips, miteinander zu vereinen, kumuliert aber auch die Nachteile beider: die Zufälligkeit formaler Zuteilungskriterien und die Chancenungleichgewichtigkeit des Referenzverfahrens.

[487] Hier stellt sich die Frage, wie Newcomer in ein schon bestehendes Rotationssystem in fairer Weise einbezogen werden können.

das Know-how oder die Machtposition des bisherigen Inhabers die Chancen von Neubewerbern unterspülen könnten. Das Rotationssystem politischer Parteien und Amtszeitbegrenzungen für politische Ämter (vgl. zum Beispiel Art. 54 Abs. 2 S. 2 GG) gründen darauf ihre innere Rechtfertigung. Bei der Zuteilung des Zugangs zu Messen, Ausstellungen und Märkten (§ 70 Abs. 1 GewO) – ein zweites wichtiges Anwendungsfeld des rollierenden Prinzips – gebricht es dieser Argumentation indes an der Überzeugungskraft.

d) Mischsysteme

Sekundärverteilungsmechanismen finden in praxi nicht immer in Reinkultur Anwendung; es sind zahlreiche Mischsysteme anzutreffen, die durch eine Kombination mehrerer Zuteilungsmodi einen Ausgleich zwischen den auf ihr Bestandsschutzinteresse pochenden Altbewerbern und den Chancengleichheit fordernden Newcomern herzustellen suchen, wie etwa das Quoten-Referenzverfahren[488]. Eine Aufteilung von Zuteilungsmengen in Neubewerber- und Altbewerberkontingente ist einem reinen Grandfathering- oder Referenzverfahren aus verfassungsrechtlicher Perspektive, insbesondere dem Gebot grundrechtssichernder Mängelverwaltung, regelmäßig verfassungsrechtlich vorzuziehen.

2. Privatautonome Sekundärverteilung: Übertragbarkeit knapper, staatlich verwalteter Ressourcen

Eine unter alleiniger staatlicher Hegemonie stehende Zuteilungsordnung zeitigt nicht immer ausschließlich Verteilungswirkungen, die den Interessen der betroffenen Grundrechtsträger und einer volkswirtschaftlich sinnvollen Zuordnung entsprechen. Unter den Destinären kann ein Bedürfnis entstehen, auf der Basis individueller Vereinbarungen eine Neuverteilung knapper, staatlicher Verwaltung unterstellter Güter vorzunehmen. Es stellt sich dann die Frage nach der Disponibilität staatlicher Verteilungsentscheidungen.

a) Sekundärverteilung im Spannungsbogen zwischen hoheitlichem Zuteilungsziel und Privatautonomie

Eine Antwort auf die Frage nach den Möglichkeiten der Übertragbarkeit staatlicher Handlungserlaubnisse scheint in der Differenzierung zwischen der Personen- und der Sachbezogenheit staatlicher Erlaubnisse vorgezeichnet: Einer Übertragung staatlicher Handlungsrechte steht grundsätzlich

---

[488] Vgl. dazu Fn. 486.

dort nichts im Wege, wo die Zuweisung eines staatlichen Handlungsrechtes nicht an die Person des Erwerbers, sondern an den zu übertragenden Gegenstand anknüpft. Staatliche Handlungsrechte, die an Eigenschaften eines Gegenstandes anknüpfen, sind grundsätzlich mit diesem Gegenstand übertragbar[489]. Sie wandern mit dem übertragenen Gegenstand mit, verhalten sich also akzessorisch zum dinglichen Recht, auf das sie sich beziehen. Die Baugenehmigung etwa ist ein solches sachbezogenes Handlungsrecht. Sie wird grundstücksbezogen, ohne Ansehen der Person, erteilt. Sie gilt für und gegen den Rechtsnachfolger des Grundstücks[490]. Der Rechtsnachfolger wird in gleicher Weise wie der Rechtsvorgänger aus der Genehmigung berechtigt und verpflichtet. Gleiches gilt etwa für die Genehmigung zum Abgraben von Bodenschätzen (vgl. §7 Abs. 2 S. 2 nrw.AbgrG[491], Art. 4 Abs. 2 S. 3 bay.AbgrG[492]).

Hoheitliche Entscheidungen der Knappheitsverwaltung sind freilich häufig durch eine Anknüpfung an personenbezogene Elemente, etwa die Würdigkeit, die Zuverlässigkeit, die Bedürftigkeit, gekennzeichnet. Sie versuchen dort, wo für die Zuteilung eines Handlungsrechts gleichberechtigte Interessen aufeinanderprallen, durch Errichtung einer Zuteilungsordnung Verteilungsgerechtigkeit zwischen Personen (austeilende Gerechtigkeit[493]) herzustellen oder – häufiger – durch die Anknüpfung an die Person des Erlaubnisinhabers Gefahrentatbeständen, die der Gesetzgeber mit der Ausübung einer Tätigkeit verbunden sieht, Rechnung zu tragen. Die daran knüpfenden staatlichen Handlungsrechte weist der zuteilende Staat dementsprechend den Destinären in der Regel zur persönlichen und exklusiven Nutzung zu; die Aufgabe, frei werdende Altrechte zu verteilen, sieht der Gesetzgeber regelmäßig als seine alleinige Sache an. Das Handlungsrecht soll der Nutzer nur im Wege der Zuweisung durch die Genehmigungsbehörde erlangen dürfen. Die freihändige Übertragbarkeit schließt der Gesetzgeber ausdrücklich oder konkludent aus. So heißt es in §10 Abs. 3 s-h.RettungsdienstG: »Die Unternehmerin oder der Unternehmer hat den Betrieb in eigenem Namen, in eigener Verantwortung und auf eigene Rechnung zu führen. Rechte und Pflichten aus der Genehmigung sind nicht übertragbar«[494]. Ebenso erklärt etwa §30 Abs. 1 S. 2 AWG Außenwirtschaftsgenehmigungen für grundsätzlich nicht übertragbar (sofern

489 *Dietlein*, GewArch. 1999, S. 89ff.; *Fluck*, BB 1990, S. 1716 (1719 u. 1722); *Hummel*, K & R 2000, S. 479 (480); *Lenhard/Rickert*, K & R 2002, S. 578 (581).

490 Vgl. etwa §58 Abs. 2 bw.LBauO, Art. 60 Abs. 2 S. 3 bay.BauO, §69 Abs. 2 S. 2 hmb.BauO, §75 Abs. 2 nrw.BauO.

491 Gesetz zur Ordnung von Abgrabungen in der Fassung der Bekanntmachung vom 23.11.1979, GVBl. Nordrhein-Westfalen S. 922, zuletzt geändert durch Art. 7 UVP-ÄndRL-UmsetzungsG vom 4.5.2004 (GVBl. S. 259).

492 Bayerisches Abgrabungsgesetz vom 27.12.1999, GVBl. S. 532, 535.

493 Vgl. supra S. 56.

494 Vgl. auch §11 Abs. 1 GüKG a. F.: »Die Genehmigung wird dem Unternehmer für seine Person erteilt. Sie ist nicht übertragbar«. Das Gewährenlassen eines Handels mit kontingentierten Güterfernverkehrsgenehmigungen hat das Bundesverfassungsgericht

in ihnen nicht ausdrücklich etwas anderes bestimmt ist). Ausdrücklich ordnet der Gesetzgeber das Verbot der Übertragung von Rundfunkzulassungen[495], Schifffahrtserlaubnissen (vgl. § 4 Abs. 1 S. 2 bay.Schifffahrtsordnung) und Grundstoffnutzungserlaubnissen (§ 7 Abs. 1 S. 3 Grundstoffüberwachungsgesetz) an[496]. Zulässig ist die Übertragung von staatlich zugewiesenen Handlungsrechten regelmäßig nur als Annex zu einem Betriebsübergang, nicht aber isoliert. So können nach § 2 Abs. 3 PBefG die aus einer Taxikonzession erwachsenden Rechte und Pflichten nur übertragen werden, wenn gleichzeitig das ganze Unternehmen oder wesentliche selbstständige und abgrenzbare Teile des Unternehmens übertragen werden. Für die ersten beiden Jahre einer Neugenehmigung schließt der Gesetzgeber die Übertragungsmöglichkeit gar gänzlich aus (§ 13 Abs. 5 S. 5 PBefG). Ähnliches galt bis zum 1.7.2004 auch für die Übertragung von knappen Telekommunikationsfrequenzen. Sie durften gem. § 47 Abs. 6, § 9 TKG a. F. nur bei gleichzeitigem Wechsel der Eigentumsverhältnisse an dem Unternehmen übertragen werden[497]. Den isolierten Handel mit Frequenzen zu unterbinden, war erklärtes Ziel des Gesetzgebers[498]. Ihm war es darum bestellt zu verhindern, dass die Übertragung staatlich verwalteter knapper Güter dem grundrechtlich und rechtsstaatlich ungebundenen Willen des Rechtsvorgängers anheim fällt, für den Verwandtschaft, Freundschaft oder Geld die einzige Rolle spielen. Knappe Güter der Allgemeinheit sollten nicht zum regellosen Handelsobjekt werden[499], um die Chancengleichheit der Bewerber nicht zu verletzen[500].

(Beschl. v. 14.10.1975, BVerfGE 40, S. 196 [232)] bereits in einem obiter dictum aus dem Jahre 1975 als eine Verletzung von Art. 12 Abs. 1 und 3 Abs. 1 GG verurteilt.

[495] Vgl. zum Beispiel § 8 Abs. 2 nrw.Landesmediengesetz vom 2.7.2002, GVBl. Nordrhein-Westfalen. S. 334.

[496] Gesetz zur Überwachung des Verkehrs mit Grundstoffen, die für die unerlaubte Herstellung von Betäubungsmitteln missbraucht werden können vom 7.10.1994 (BGBl. I S. 2835).

[497] Für die im Jahre 2000 versteigerten UMTS-Frequenzen hat sich daran durch das Inkrafttreten des TKG 2004 nichts geändert. Denn nach § 150 Abs. 8 TKG findet § 62 TKG auf nach dem TKG a. F. zugeteilten Frequenzen oder Lizenzen keine Anwendung. Vgl. zur alten Rechtslage etwa *Kruhl*, Die Versteigerung knapper Frequenzen, 2003, S. 128 f., der den Ausschluss der Übertragbarkeit von Frequenzen trotz Erstallokation im Wege der Versteigerung zu Recht als nicht zu rechtfertigenden Systembruch geißelt, sowie *Hummel*, K & R 2000, S. 479 (481 ff.); *Lenhard/Rickert*, K & R 2002, S. 578 (581 ff.); *Wissmann/Kreitlow*, K & R 2003, S. 257 (257 ff.).

[498] Vgl. für die isolierte Übertragbarkeit von Frequenzen: *Regulierungsbehörde für Post und Telekommunikation*, ABl.RegTP 2000, Vfg. 13/2000, S. 516 (553); *Wissmann/Kreitlow*, K & R 2003, S. 257 (257 f.) m. w. N.; a. A. *Lenhard/Rickert*, K & R 2002, S. 578 (581); *Spies*, MMR 2003, S. 230 (232); für die Übertragung von Taxikonzessionen: Begründung zum Gesetzesentwurf eines 5. Änderungsgesetzes zum Personenbeförderungsgesetz vom 24.11.1982, BT-Drucks. 9/2128, S. 7; BGH, Urt. v. 27.9.1989, BGHZ, S. 364 (367).

[499] Vgl. Begründung zum Gesetzesentwurf eines 5. Änderungsgesetzes zum Personenbeförderungsgesetz vom 24.11.1982, BT-Drucks. 9/2128, S. 7.

[500] Der Gesetzgeber reagierte damit im Falle der Taxikonzession auf ein Urteil des Bundesverwaltungsgerichts vom 27.11.1981, BVerwGE 64, S. 238 (245), das dem Gesetzgeber aufgab, »nicht nur die Verteilung der neu auszugebenden Genehmigungen gesetz-

Die Unterscheidung zwischen sachbezogenen und personenbezogenen Handlungsrechten stößt als Maßstab für eine exakte Trennlinie zur Bestimmung der Übertragbarkeit hoheitlicher Berechtigungen alsbald an ihre Grenzen[501]. Zahlreiche staatliche Handlungsrechte tragen Mischelemente eines sachgebundenen und eines personenbezogenen staatlichen Handlungsrechtes. So wird die Gaststättenerlaubnis für bestimmte Räume erteilt (§3 Abs. 1 S. 1; §4 Abs. 1 Nr. 2 u. 3 GaststättenG), knüpft über das Element der Zuverlässigkeit aber auch an die Person des Antragstellers an (§4 Abs. 1 Nr. 1 GaststättenG). Ähnliches gilt für die immissionsschutzrechtliche Genehmigung (§5 BImSchG), die Genehmigung zur Errichtung einer gentechnischen Anlage (§13 GenTG)[502] und die Genehmigung von atomrechtlich genehmigungspflichtigen Anlagen (§7 Abs. 2 AtG). Sie enthalten sowohl anlagenbezogene als auch personenbezogene Genehmigungsvoraussetzungen. Der Versuch, sie den Kategorien von Sach- oder Personalkonzession dichotomisch zuzuordnen, ist zum Scheitern verurteilt; es handelt sich um Mischgenehmigungen. Das personenbezogene Genehmigungselement löst das staatliche Kontrollbedürfnis der Genehmigungspflicht aus; der sachbezogene Teil der Genehmigung bleibt übertragbar. Er hat Anteil an dem Bestandsschutz der genehmigten Anlage. Lässt sich der dadurch entstehenden Zuordnungsschwierigkeit noch auf dem Wege Rechnung tragen, dass im Übertragungsfall lediglich die persönlichen Genehmigungsvoraussetzungen und nicht das gesamte Tableau der Genehmigungsvoraussetzungen auf den Prüfstand gestellt werden, versagt die Aussagekraft und Stringenz der Unterscheidung zwischen sachbezogenen und personenbezogenen Elementen in zahlreichen anderen Fällen. Es gibt Rechte, die an die Leistung einer Person anknüpfen und gleichwohl übertragbar sind, wie etwa das Geschmacksmuster- und das Markenrecht, welche (anders als das Urheberrecht [§29 S. 2 UrhG]) grundsätzlich übertragbar sind (§§1, 3 GeschmMG, §§14, 27 Abs. 1 MarkenG)[503] oder das Patentrecht, das an personenbezogene Leistungen anknüpft und allein dem Patentinhaber die Befugnis zuweist, die patentierte Erfindung im Rahmen des geltenden Rechts zu benutzen (§9 S. 1 PatG), aber des ungeachtet unbeschränkt übertragbar ist (§15 Abs. 1 PatG). Die Unterscheidung zwischen personen- und

---

lich zu regeln, sondern darin auch diejenigen (alten) Genehmigungen einzubeziehen, die aufgrund besonderer, aber gesetzlich nicht näher ausgestalteter behördlicher Genehmigung (§2 Abs. 2 PBefG) auf einen anderen übertragen werden sollen«. Die Chancengleichheit sei nicht mehr gewährleistet, wenn die Übertragung von Genehmigungen zum »regellosen Handelsobjekt mit erheblichen Preisen gemacht werden kann, wie dies offenbar bisher geschehen ist«.

[501] Vgl. dazu auch für die Nachfolgefähigkeit öffentlich-rechtlicher Rechtspositionen *Dietlein*, Nachfolge im öffentlichen Recht, 1999, S. 188ff.

[502] Vgl. dazu *Fluck* (Fn. 489), S. 1719ff.

[503] Ähnliches gilt auch für die Übertragbarkeit von Internet-Domains, vgl. LG Essen, Beschl. v. 22.9.1999, MMR 2000, S. 286ff.

sachbezogenen Handlungsrechten geht im Hinblick auf die Frage nach der Übertragbarkeit über eine Vorrasterung nicht hinaus: Die Sachbezogenheit eines Handlungsrechts erweist sich als eine notwendige, nicht aber eine hinreichende Bedingung seiner Übertragbarkeit. Einer freien Übertragbarkeit sachbezogener Handlungsrechte kann ebenso wie personenbezogenen Handlungsrechten ein legitimes Interesse des Gesetzgebers entgegenstehen: Die Übertragbarkeit macht den Preis, d. h. die Zahlungsbereitschaft und -fähigkeit, zum Allokationsmaßstab und erklärt die Effizienz zum Zuteilungsregime. Die mit ihr verbundenen, als negativ wahrgenommenen gesellschaftspolitischen Begleiterscheinungen eines solchen Zuteilungskonzepts vermögen die Zielvorstellungen des Gesetzgebers zu durchkreuzen: Die Zahlungsbereitschaft und -fähigkeit als Voraussetzung eines Tauschäquivalents widerstrebt der Zielsetzung, Chancengleichheit herzustellen[504]. Es sind häufig gerade die Schattenseiten marktwirtschaftlichen Wirtschaftens, die staatliche Verteilungslenkung aktivieren und den Gesetzgeber dazu motivieren, ein sachbezogenes Handlungsrecht der staatlichen (Um-)Verteilungsordnung zu unterstellen und dem marktwirtschaftlichen Verkehr zu entziehen. Staatliche Verteilungslenkung ist typischerweise die Reaktion auf unerwünschte Ergebnisse eines Gebrauchs von Freiheit und das Vermächtnis eines gesellschaftlichen Versagens des Marktes. Sie ist von einem Misstrauen gegen das Verteilungsergebnis beseelt, das die Bürger in Gebrauch ihrer Freiheit im Marktaustausch zu Tage fördern. Behält der Staat Güter der staatlichen Verteilungsordnung vor, verknüpft sich damit eine (widerlegliche) Vermutung, dass ihre freie Übertragbarkeit unter Privatrechtssubjekten der Regelungsintention des Gesetzgebers zuwider läuft. Zuteilungsentscheidungen, die über die Möglichkeiten zur Ausübung grundrechtlicher Handlungsrechte entscheiden, sind von disparaten Zuteilungszielen und -interessen gesteuert. Die Effizienz ist dabei nur *ein* denkbarer, nicht aber der allein maßgebliche Zuteilungsmaßstab staatlicher Knappheitsentscheidungen[505]. Der Schlüssel zur Beantwortung der Frage nach der privatautonomen Übertragbarkeit von Handlungsrechten liegt mithin nicht in der Eigenschaft des zuzuteilenden Gegenstandes, sondern in dem mit der (Primär-)Zuteilung des Gegenstandes verfolgten Ziel[506]. Die Übertragbarkeit bestimmt sich nach gesetzlicher Dezision. Entscheidend ist insoweit, ob die Erreichung des gesetzgeberischen Zuteilungsziels

---

504 Vgl. dazu auch im Einzelnen S. 396ff.

505 Vgl. dazu infra S. 138ff.

506 Das wird häufig übersehen, vgl. etwa *C. Koenig*, Die öffentlich-rechtliche Verteilungslenkung, 1994, S. 422; *Lenhard/Rickert*, K & R 2002, S. 578 (581): »Im Wirtschaftsverwaltungsrecht gilt nämlich der Grundsatz, dass hoheitliche Befugnisse jedenfalls immer dann durch Rechtsgeschäft zwischen Privaten übertragbar sind, wenn es sich um ausschließlich gegenstands- bzw. sachbezogene öffentlich-rechtliche Befugnisse handelt«.

notwendig voraussetzt, dass der Zuteilungsgegenstand bei dem Adressaten verbleibt, dem die staatliche Zuteilungsordnung es zugedacht hat[507].

Zielt etwa die Zuteilung knapper staatlicher Handlungsrechte auf eine Privilegierung Bedürftiger oder eine Bestenauslese, schließt dies die Übertragbarkeit des Gegenstandes grundsätzlich aus. Die Übertragbarkeit von Rechten konterkariert auch ein Wartelisten- oder Anciennitätsprinzip. Grosso modo gilt: Ein staatliches Zuteilungssystem, das die Sekundärverteilung anderen Regeln als die Primärzuteilung folgen lässt, öffnet seiner Aushöhlung das Tor. Die Zulassung eines Handels mit knappen staatlich verwalteten Gütern bedeutet eine Umgehung nichtmarktlicher Primärzuteilungssysteme. Sie nimmt einen Regimewechsel im gesetzlichen Steuerungsprogramm vor, der die staatlichen Regulierungsziele zu unterspülen vermag. Ein widerspruchsfreies Zuteilungssystem unterwirft beide Regelungssysteme demselben Zuteilungsregime. Einer Handelbarkeit staatlich verwalteter Güter steht daher nur dort nichts im Wege, wo die Erstzuteilung selbst marktlichen Prinzipien folgt.

b) Systeme übertragbarer Nutzungsrechte: Frequenz- und Emissionshandel – ein Paradigmenwechsel?

Der deutsche und europäische Gesetzgeber bekennen sich in jüngster Vergangenheit in zunehmendem Umfang zu den Verteilungswirkungen einer marktorientierten *Sekundärverteilung* und setzen sie bewusst als Instrument der staatlichen Verteilungslenkung ein. Veranlasst durch Initiativen der Europäischen Gemeinschaft und angeregt durch Erfahrungen mit Handelssystemen für staatlich verwaltete Rechte, die in den USA Verwendung fanden, hat der deutsche Gesetzgeber in zwei rechtlichen Feldern Systeme übertragbarer Nutzungsrechte geschaffen und sich damit ausdrücklich zum ökonomischen Ansatz eines Systems übertragbarer Handelsrechte bekannt: Seit 1.7.2004 sieht der Gesetzgeber in § 62 TKG die Möglichkeit eines Handels von Frequenznutzungsrechten vor (infra § 12, S. 734 ff.). Auch für das Recht zum Ausstoß von Treibhausgasen hat der Gesetzgeber im Emissionshandelsgesetz ein System übertragbarer Nutzungsrechte geschaffen (infra § 13, S. 757). Das Emissionshandelssystem ist ein marktwirtschaftliches Instrument der Knappheitsbewältigung, das den Knappheitspreis natürlicher Umweltgüter abzubilden und das Instrument des Marktes in den Dienst des Umweltschutzes zu stellen sucht. In eine ähnliche Richtung stößt vorsichtig auch die Verordnung Nr. 95/93 des Rates über gemeinsame Regeln für die Zuweisung von Zeitnischen auf Flughäfen in der Gemein-

[507] Vgl. ähnlich Thüringer OVG, Urt. v. 3.2.2004, NVwZ-RR 2004, S. 781 f.; *Roth*, in: Rebmann/Säcker/Rixecker (Hrsg.), Münchener Kommentar zum BGB, Bd. 2a, 5. Aufl., 2007, § 399 Rdnr. 14; *Heinrichs*, in: Palandt (Hrsg.), BGB, 66. Aufl. 2007, § 399 Rdnr. 4, alle jeweils m. w. N.

schaft vor[508]. Sie lässt zwar keinen offenen Handel mit Zeitnischen zu, wohl aber eine Zeitnischenmobilität: Slots können zwischen Luftfahrtunternehmen getauscht werden, sofern der Koordinator zustimmt[509]. Diesen Vorschriften könnte Modellcharakter für die Sekundärverteilung von Knappheitsrechten insgesamt zuwachsen.

Systeme handelbarer Nutzungsrechte an staatlich verwalteten Gütern werfen zahlreiche verfassungsrechtliche, insbesondere grundrechtliche Fragen auf. Sie stellen die nationale Rechtsordnung vor eine Herausforderung. Einer dem Frequenz- und Emissionsrechtehandel rahmengebenden Ordnung fehlt es bislang an rechtlichen Vorbildern. Der Gesetzgeber betritt – wie schon mit der Zulassung der marktwirtschaftlichen Primärallokation von Rechten – rechtsdogmatisches Neuland. In diesem Neuland Orientierung zu geben, gangbare Wege aufzuzeigen und Tretminen aufzudecken, ist Ziel des vierten Teils dieser Untersuchung (vgl. dazu infra S. 721 ff.).

---

[508] ABl. EG Nr. L 14 vom 22.1.1993; geändert durch die Verordnung Nr. 793/2004 des Europäischen Parlamentes und des Rates vom 21.4.2004, ABl. EG Nr. L 138/50 vom 30.4.2004, S. 50.

[509] Für Neubewerber gelten Einschränkungen (Art. 8a der Verordnung Nr. 95/93).

Zweiter Teil

(Allokations-)Effizienz als Credo einer Verteilungsordnung

Unter dem Eindruck wachsender Ressourcenverknappung und diagnostizierter Steuerungsdefizite sieht sich die staatliche Verteilungsordnung einem wachsenden Veränderungsdruck ausgesetzt. Überkommene Steuerungsmodelle der Verteilungslenkung werden zunehmend als dem Auftrag der Knappheitsbewältigung nicht genügend wahrgenommen. Den Beitrag, den die Ökonomik zur Bewältigung von Knappheit und zur Ausschöpfung von Effizienzpotenzial erbringen kann, scheint die hoheitliche Verteilungslenkung über lange Zeit aus ihrem Blickfeld ausgeblendet zu haben. Sie galt als Vorbehaltsbereich administrativer Auswahlentscheidungen, der marktlichen Modellen nicht offen steht. Der Markt blieb als Instrument zur Bewältigung des Mangels dem Radius des Privatrechts vorbehalten.

§ 4 Die Ökonomik als Motor einer effizienzorientierten Verteilungslenkung

Die Ökonomik reklamiert für sich mit immer deutlicher wahrnehmbarer Stimme den Anspruch, einen sinnvollen Beitrag zur Optimierung der staatlichen Verteilungsordnung erbringen zu können. Ihre Wirkkraft erreicht in zunehmendem Maße auch das Recht. Sie versteht sich nicht lediglich als Theorie der Märkte oder des bestmöglichen Unternehmenserfolges, sondern als Wissenschaft von der ressourcenschonenden Bewältigung sozialer Knappheitssituationen, deren Gegenstand alle Arten von Allokationsentscheidungen bilden[1]. Nicht allein materieller Knappheit sieht sie sich geschuldet, sondern der condicio humana und der Knappheit als menschlichem Existenzphänomen. Die Ökonomik reflektiert die Beziehung zwischen alternativen Zielen und knappen Mitteln und untersucht das dabei anzuwendende menschliche Wahlverhalten. In einer Welt knapper Ressourcen betrachtet sie es als ihre Aufgabe, Verschwendung zu vermeiden, d. h. suboptimale gesellschaftliche Zustände zu identifizieren und Vorschläge für eine Verbesserung zu entwickeln. Sie interessiert sich dafür, wie grundsätzlich knappe Mittel auf miteinander konkurrierende Verwendungsalternativen aufzuteilen sind, damit insgesamt größtmöglicher Nutzen daraus gezogen werden kann. Sie ist eine Entscheidungswissenschaft, die der Frage des rationalen Entscheidens in Knappheitssituationen verschrieben ist. Als *science of rational choice* ist sie auf der Suche nach Antworten auf die Frage nach der fairen Verteilung größtmöglicher individueller Lebenschancen[2]. In diesem gedanklichen Ausgangspunkt geht sie mit der Idee staatlicher Knappheitsverwaltung Hand in Hand. Beide sind Schwestern, die sich

---

[1] Vgl. auch die klassische Definition von *L. Robbins* (An Essay on the Nature and Significance of Economic Science, 2. Aufl. 1935, S. 16), »Economics is the science, which studies human behaviour as a relationship between ends and scarce means which have alternative uses«. Vgl. auch *Gawel*, Ökonomische Effizienzforderungen und ihre juristische Rezeption, in: ders. (Hrsg.), Effizienz im Umweltrecht, 2001, S. 9 (11); *Hensel*, Wirtschaftssysteme – Zwangsläufigkeit oder alternative Gestaltung?, in: F. Blaich/Bog/Gutmann/Hensel (Hrsg.), Wirtschaftssysteme zwischen Zwangsläufigkeit und Entscheidung, 1971, S. 3 (6); *Kirchner*, Ökonomische Theorie des Rechts, 1997, S. 10ff.

[2] Vgl. *Rawls*, Eine Theorie der Gerechtigkeit, 2003 (1971), S. 23; *Dahrendorf*, Die neue Freiheit: Überleben und Gerechtigkeit in einer veränderten Welt, 1980, S. 12; *Pigou*, The Economics of Welfare, 4. Aufl. 1932, S. 129f.; *Weisser*, Beiträge zur Gesellschaftspolitik, 1978, S. 360.

dem Ziel einer gelungenen Verteilungsordnung und der Kunst der Mangelbewältigung von verschiedenen Blickrichtungen her nähern. Die staatliche Knappheitsbewältigung fragt nach den zu schulternden Aufgaben und ihren Zielen, die Ökonomik nach den Möglichkeiten einer Maximierung des dabei mit den verfügbaren Mitteln erzielbaren Erfolgs.

Auf der Suche nach der Deduktion vernünftiger Allokationsresultate und einer Ausschöpfung verfügbarer Optimierungspotenziale erweist sich, mit der Brille der Ökonomik betrachtet, eine den klassischen administrativen Verteilungsmechanismen entsprechende, gegenleistungsfreie Zuteilung knapper Güter, die die Güterverteilung zentral auf der Basis der Informationen des Staates regelt, als defizitär: Indem sie den Nutzern keinen Anreiz vermittelt, den Knappheitswert der Ressource beim Verbrauch zu berücksichtigen und die Präferenzen, die die Nutzer dem Gut beimessen, nur eingeschränkt wahrheitsgemäß zu ermitteln vermag, ist sie nur bedingt in der Lage, Güter einer knappheitsgerechten Verwendung zuzuführen. Eine Fehlleitung knapper Ressourcen vermag sie nicht zu verhindern. Zu einem schonenden Umgang mit knappen Ressourcen kommt es in den Augen der Ökonomik erst dann, wenn die Knappheit dem Nutzer durch Preise signalisiert und die Steuerungsfunktion des Marktes fruchtbar gemacht wird. Preise sind Mittel der Präferenzartikulation. Sie bringen Angebot und Nachfrage zum Ausgleich.

Warum der Marktgedanke in der staatlichen Verteilungslenkung anders als im vom Effizienzgedanken durchtränkten Privatrecht bislang keine Tradition gefunden und die effizienzsteuernde Kraft marktlicher Mechanismen nicht fruchtbar gemacht hat, ist zumindest begründungsbedürftig. In beiden Bereichen stellt sich das Bedürfnis nach einer knappheitsgerechten Zuteilung und einer effizienten Nutzung der knappen Ressourcen in gleichem und immer drängenderem Maße. Ein ineffizienter Mitteleinsatz vermindert die Gestaltungsmöglichkeiten, die in den knappen Gütern angelegt sind. Je knapper die Mittel sind, umso augenfälliger tritt die Notwendigkeit zu Tage, die verfügbaren Ressourcen möglichst schonend einzusetzen[3]. Der Druck effizienter Ressourcenausnutzung nimmt zu. Es wächst das Bewusstsein, dass der Staat im Interesse der seiner Gewalt unterworfenen Güter verschwendungsfrei zu agieren hat[4]. Gerade die unmittelbare Verteilung staatlicher Ressourcen hat grundsätzlich dem Gebot effizienten Mitteleinsatzes zu genügen. Genauso wenig wie beim privaten Güteraustausch kann dem Walten von Verschwendung bei der Zuteilung staatlich verwalteter

---

[3] Vgl. *Winter*, Über Nutzen und Kosten der Effizienzregel im öffentlichen Recht, 2001, S. 97 (107); *Hoffmann-Riem*, Effizienz als Herausforderung des Verwaltungsrechts, in: ders. (Hrsg.), Effizienz als Herausforderung an das Verwaltungsrecht, 1998, S. 245 (249).

[4] So etwa ausdrücklich *Gawel*, Ökonomische Effizienzanforderungen und ihre juristische Rezeption, in: ders. (Hrsg.), Effizienz im Umweltrecht, 2001, S. 9 (39).

Ressourcen Eigenwert zukommen. Die Verpflichtung des Staates, vorhandene Kapazitäten an knappen Gütern auszuschöpfen[5], scheint hier im Gewande einer Forderung nach einem ressourcenschonenden, kapazitätsausschöpfenden Verteilungsmechanismus wieder auf. Im Windschatten dieser Forderung hält die Ökonomik in zunehmendem Umfang Eingang in die staatliche Verteilungslenkung; traditionelle Zuteilungsmechanismen werden abgelöst durch ökonomische Prozesse. Die Verteilungsordnung öffnet sich ökonomischen Modellierungen und lotet die rechtlichen Möglichkeiten und Schranken einer marktgesteuerten Allokation im öffentlichen Recht aus. Sich an der Suche nach der legitimen Rolle des Marktmechanismus in der staatlichen Verteilungsordnung zu beteiligen und sie zu befruchten, ist eine wichtige Berufung heutiger Rechtswissenschaft.

I. Geistesgeschichtliche Grundlagen der Forderung nach Effizienz: eine philosophische Zeitreise

Die Forderung, marktliche Verteilungsstrukturen in die staatliche Verteilungslenkung zu integrieren und den gesellschaftlichen Nutzen zum Bewertungsmaßstab für politische Handlungen zu erheben, hat eine lange geistesgeschichtliche Tradition, deren Wurzeln tiefer liegen als die Oberfläche tagespolitischer Diskussion freizulegen vermag. Sie reichen weit über das vorletzte Jahrhundert hinaus. Eine ihrer wichtigsten Wurzeln findet sich in der ethischen Philosophie des Utilitarismus. Er bereitete dem Effizienzgedanken in der praktischen Rechtspolitik und der Ökonomik den Boden.

Die Kolorierungen, in denen der Nutzen als Wertmaßstab der ethischen Qualität die Philosophiegeschichte durchzieht, sind sehr zahlreich. Als wohl Erster machte der altchinesische Denker *Mo Tse* (ca. 500–396 v. Chr.) den Nutzen zum zentralen Gegenstand eines philosophischen Gesamtkonzepts. Er entwarf seine Philosophie als reine Nützlichkeitsphilosophie. Den Reichtum für das Land zu mehren, das Übel zu bekämpfen und die Bevölkerung zu vergrößern, erklärte *Mo Tse* zum Maßstab einer guten Herrschaft. Ihnen seien alle anderen Ziele unterzuordnen[6].

Eine entscheidende Rolle spielte der Nutzen auch in der ethischen Lehre *Epikurs* (341–271 v. Chr.). Er ist das zentrale Leitbild seiner Gerechtigkeits- und Rechtsphilosophie: »Das der menschlichen Anlage entsprechende Recht« versteht er als »ein Abkommen mit Rücksicht auf den Nutzen, einander nicht zu schädigen und sich nicht schädigen zu lassen«[7]. Der Staat

---

[5] Vgl. supra S. 212ff.

[6] Der Konfuzianismus betrachtete den Mohismus als Irrlehre und verdrängte ihn im 2. Jahrhundert v. Chr.

[7] *Epikur*, Kyriai doxai 31–33, in: Briefe, Sprüche, Werkfragmente, hrsg. u. übersetzt v. H. W. Krautz, 1980, S. 75.

ist Mittel zum Zweck. Er ist nur insoweit erforderlich und rechtfertigbar, als er dem Nutzen der Menschen dient. »Was sich von dem, was als ›Recht‹ anerkannt ist, als wirklich nutzbringend bestätigen lässt im Verkehr der wechselseitigen Gemeinschaft, das trägt den Stempel des Rechts, ob es sich nun für alle als dasselbe herausstellt oder nicht[8]«. Der Nutzen ist gleichermaßen zentrales Motiv menschlicher Handlungen und menschlicher Beziehungen. »Jede Freundschaft ist um ihrer selbst willen zu wählen. Ihr Ursprung freilich besteht im Nutzen«. Als Inhalt des Nutzens und Ziel allen menschlichen Strebens definiert *Epikur* die Glückseligkeit (Lust). Das Ziel des Lebens sei die Gewinnung von Lust und die Vermeidung von Unlust und Schmerz. *Epikur* knüpft damit an die Lehren der Kyrenaiker, einer vom Sokratiker *Aristippos* (435–360 v. Chr.) gegründeten Philosophenschule von Kyrene, an. Die Kyrenaiker lassen als Erkenntnisgründe und Wertmaßstäbe nur Empfindungen gelten. Die Menschen sollten ihr Leben ganz auf die Erfüllung durch Lust ausrichten, zugleich jedoch Urteilsvermögen beweisen und Zurückhaltung üben. Sinnbildlich kommt diese philosophische Grundrichtung in einem apodiktischen Ausspruch *Aristippos*' zum Ausdruck: Als er mit einigen Begleitern das Haus einer *Hetäre*, einer gebildeten Prostituierten, betrat und einer von ihnen zögerte, meinte er: »Nicht im Eintritt liegt das Bedenkliche, aber nicht wieder loskommen können, das ist's!«. *Aristippos* gilt als Begründer des Hedonismus.

Die Lehre von der Lust als Zentralbegriff Epikurs und des Hedonismus sind häufig missverstanden worden. *Epikur* versteht darunter nicht Gelüste, sondern einen Zustand inneren Seelenfriedens und der Furchtlosigkeit, in dem die Vernunft das Streben nach Glück leitet und zügelt[9]. »Es ist nicht möglich, lustvoll zu leben, ohne einsichtsvoll, vollkommen und gerecht zu leben, ebenso wenig, einsichtsvoll, vollkommen und gerecht zu leben, ohne lustvoll zu leben[10]«. Die Kardinaltugenden der epikureischen Ethik sind Gerechtigkeit, Ehrlichkeit und Vernunft bzw. die Ausgewogenheit zwischen Lust und Leid[11].

---

[8] *Epikur*, Entscheidende Lehrsätze, Lehrsatz 37, in: Hossenfelder (Hrsg.), Epikur – Originalausgabe, 2. Aufl. 1998.

[9] In einem Brief schrieb *Epikur*: »Wenn wir also die Lust als das Endziel hinstellen, so meinen wir damit nicht die Lüste der Schlemmer und solche, die in nichts als dem Genusse selbst bestehen, wie manche Unkundige und manche Gegner oder auch absichtlich Missverstehende meinen, sondern das Freisein von körperlichem Schmerz und von Störung der Seelenruhe« (*Epikur*, Briefe an Menoikeus, hrsg. u. übersetzt von W. Krautz, 1980, S. 131 f.).

[10] *Epikur*, Entscheidende Lehrsätze, Lehrsatz 33, in: Hossenfelder (Hrsg.), Epikur – Originalausgabe, 2. Aufl. 1998.

[11] Der Nutzen als philosophischer Wert nimmt auch bei anderen Philosophen der Antike einen zentralen Platz in der Philosophie ein. So ist die *utilitas communis* (bzw. die *utilitas publica*) bei *Cicero* die wichtigste Säule seiner Staatsphilosophie. Der gemeinsame Nutzen ist die Grundlage der staatlichen Tätigkeit, auf der die *res publica* fußt. Er verbindet die Menschen zu einer Schicksalsgemeinschaft. Auf ihn ist alle staatliche Tätigkeit

In der neuzeitlichen Philosophie rückt als wohl erster der englische Philosoph und anglikanische Bischof *Richard Cumberland* (1631–1718) den Nutzen in den Mittelpunkt seiner Wertlehre. Bei ihm wird die Maxime »Greatest happiness of all« in »De legibus naturae« (1672) zum obersten Handlungsgrundsatz. Ähnliche Ansätze eines »Greatest-happiness-Prinzips« finden sich bei dem italienischen Juristen *Cesare Beccaria* (1738–1894) und dem schottischen Philosophen *Francis Hutcheson* (1694–1796). Stark beeinflusst von *Hutcheson* stellte auch der schottische Moralphilosoph *David Hume* (1711–1776) den gesellschaftlichen Nutzen in den Brennpunkt seiner Staatslehre. Grund und Rechtfertigung staatlichen Handelns sieht er in dem davon ausgehenden gesellschaftlichen Frieden und dem damit verbundenen Nutzen für die Menschen: »Es ist offensichtlich, dass, wenn die Regierung gänzlich nutzlos wäre, sie niemals hätte bestehen können und dass die einzige Rechtfertigung für die Untertanentreue der Vorteil ist, den sie der Gesellschaft bringt, indem Frieden und Ordnung unter den Menschen erhalten bleiben«[12]. Ethische Normen aus dem Sein herzuleiten, entlarvt *Hume* als Fehlschluss: »No Ought from an Is« (»Aus dem Sein folgt kein Sollen«); dieser ist seither als naturalistischer Fehlschluss[13] bekannt; moralisch gute Eigenschaften erkenne man an ihrer Nützlichkeit; die Nützlichkeit sei die Grundlage aller Tugend.

Der englische Philosoph *Jeremy Bentham* (1748–1832) bekannte in seinem »Fragment on Government«, es sei ihm »wie Schuppen von den Augen gefallen«, als er jene Passagen bei *Hume* zum ersten Mal gelesen habe. *Hume* wurde auf diese Weise zu einem Wegbereiter des Bentham'schen Utilitarismus. *Bentham* formte die bis dato fragmentarischen Ansätze des Utilitarismus zu einem konsistenten ethischen System. Wie *Epikur* geht *Bentham* von einer hedonistischen Grundposition aus: Das Streben nach Lust und die Vermeidung von Schmerz bestimmen alles menschliche Handeln und Verhalten. Ihnen seien alle anderen Zwecke untergeordnet. Glücklich

---

auszurichten. In »De officiis« I, 22 schreibt *Cicero*: »(…) so müssen wir der Natur als Führerin folgen, den gemeinsamen Nutzen in den Mittelpunkt stellen, durch Ausgleich der Pflichten – durch Geben und Nehmen – durch Fertigkeiten und Opferbereitschaft und (finanzielle) Mittel unter den Menschen das Band menschlicher Zusammengehörigkeit festigen«. Die *utilitas communis Ciceros* ist nicht der Vorreiter eines modernen utilitaristischen Nützlichkeitsdenkens, das den Staat auf die Maximierung des Nutzens seiner Bürger reduzieren will, sondern das Mittel, die Zusammengehörigkeit und Verbundenheit der Menschen zum gegenseitigen Vorteil zu stärken. Insofern lässt sich *Cicero* nicht in eine utilitaristische Denkschule einreihen.

[12] *Hume*, Eine Untersuchung über die Prinzipien der Moral, 1751.

[13] Vgl. im Anschluss an ihn auch *Max Weber*, Gesammelte Aufsätze zur Wissenschaftslehre, 6. Aufl. 1985, S. 502f. Er bestreitet, dass »eine ›realistische‹ Wissenschaft vom Ethischen, d. h. die Aufzeichnung der faktischen Einflüsse, welche die jeweilig in einer Gruppe von Menschen vorwiegenden ethischen Überzeugungen durch deren sonstige Lebensbedingungen erfahren und umgekehrt wieder auf diese geübt haben, ihrerseits eine Ethik ergebe, welche jemals über das Gelten*sollende* etwas aussagen könne«. Vgl. dazu auch *Hagel*, Effizienz und Gerechtigkeit, 1993, S. 43ff.

ist, wem es gelingt, diesen Zustand zu erreichen: »Nature has placed mankind under the governance of two sovereign masters, pain and pleasure. It is for them alone to point out, as well as to determine what we shall do«[14]. Die naturgegebene Unterwerfung des Menschen unter das Glücksstreben müsse anerkannt werden[15]. Lust versteht *Bentham* daher nicht nur als einen empirischen Befund, sondern auch als normativ erwünschtes Verhalten. Jede Handlung soll danach beurteilt werden, ob sie in der Summe Leid oder Freude hervorruft. *Bentham* bezieht dies – das ist das Novum seines Ansatzes – nicht alleine auf das Individuum, sondern auf die gesamte Gesellschaft; die Folgen für alle Betroffenen sind zu berücksichtigen[16]. *Bentham* betrachtet die Gemeinschaft als fiktiven Körper, der aus individuellen Personen zusammengesetzt ist, welche als konstitutiv betrachtet werden, als seien sie ihre Glieder[17]. Wenn Glück zu erstreben das wichtigste ethische Ziel des Individuums sei, dann hänge umgekehrt das Gemeinwohl von dem Glück der Individuen ab und sei das Glück der Individuen die wichtigste Aufgabe der Gemeinschaft[18]. Aus den individuellen Zwecken schließt *Bentham* auf einen gemeinsamen Zweck der Gemeinschaft, der wie bei den Individuen darin besteht, die Gesamtsumme des Glücks zu erhöhen bzw. die Gesamtsumme der Leiden zu verringern: »An action then may be said to be conformable to the principle of utility (...) when the tendency it has to augment the happiness of community is greater than any it has to diminish it«[19]. Jede Handlung muss danach in ihrer Wirkung auf das Glück der Gesellschaft beurteilt werden (nicht nach dem inneren Motiv oder der Gesinnung)[20]. Die pikante Frage, wie diese Wirkung bemessen werden soll, lässt

---

[14] *Bentham*, An Introduction to the Principles of Morals and Legislation (1789), Kap. 1, Abschnitt 1, S. 11 (hrsg. v. Burns/Hart, 1970).

[15] Eine weitere Begründung für seinen Befund lehnt *Bentham* (Fn. 14, Kap. 1, Abschnitt 11, S. 13) mit den Worten ab: »For what is proof of every thing else, cannot itself be proved: a chain of proofs must have their commencement somewhere. To give such a proof is as impossible as it is needless«. *Bentham* begeht hier selbst den von *Hume* gegeißelten naturalistischen Fehlschluss: Er schließt von dem Sein auf das Sollen.

[16] Hier findet sich der erste Ansatz des ökonomischen Modells externer Effekte; vgl. dazu bereits S. 13 ff.

[17] »The community is a fictious *body*, composed of the individual persons who are considered as constituting as if it were its *members*«, *Bentham* (Fn. 14), Kap. 1, Abschnitt 4, S. 12.

[18] »It is in vain to talk of the interest of the community, without understanding what is the interest of the individual«, *Bentham* (Fn. 14), Kap. 1, Abschnitt 5, S. 12.

[19] *Bentham* (Fn. 14), Kap. 1, Abschnitt 6, S. 12 f.

[20] Der Utilitarismus geht damit einen völlig anderen Weg als das nahezu zeitgleich entstandene vernunftethische Konzept des kategorischen Imperativs Immanuel Kants (*Kant*, Kritik der praktischen Vernunft, 1788). Während die Kantische Pflichtethik sich an der Verallgemeinerungsfähigkeit von Handlungsgrundsätzen orientiert, für die allein der sittliche Eigenwert eines Tuns, das Motiv des Handelnden, ohne Rücksicht auf seine Folgen entscheidend ist (vgl. dazu insbesondere *Böckenförde*, Gemeinwohlvorstellungen bei Klassikern der Rechts- und Staatsphilosophie, in: Münkler/K. Fischer [Hrsg.], Gemeinwohl und Gemeinsinn im Recht, 2002, S. 43 [60]), fragt der Utilitarismus ausschließ-

Bentham nicht unbeantwortet: Das Glück der Gemeinschaft ist eine Funktion des Glücks der Gemeinschaftsangehörigen; das Glück der Gemeinschaft ergibt sich aus der Summe der Glückszustände der Individuen[21]. Um das Glück der Gemeinschaft zu ermitteln, sind daher zunächst *pain* and *pleasure* einer Handlung für den unmittelbar Betroffenen (individueller Gratifikationswert[22]) in einem moralischen Budget gegeneinander aufzurechnen, um anschließend in gleicher Weise die positiven und negativen Folgen der Handlung für jede andere von der Handlung betroffene Person zu berechnen. Die so ermittelten Salden werden in einer Gesamtbilanz zu einem Gesamtsaldo, dem kollektiven Gratifikationswert, addiert (sog. hedonistischer Kalkül). Ist der Saldo insgesamt positiv, hat die Handlung für die Gemeinschaft eine gute Tendenz. Ist er negativ, schadet sie der Gesellschaft und ist ethisch zu missbilligen. Als ethisch wertvollste ist diejenige Handlung zu wählen, die das größtmögliche Glück der größtmöglichen Anzahl (»the greatest happiness of the greatest number«) verwirklicht, d. h. im Vergleich zu anderen Handlungsalternativen insgesamt den größten Nutzen für die Gesellschaft mit sich bringt. Oberstes Ziel sittlichen Handelns ist die Maximierung des kollektiven Gratifikationswertes einer Handlung.

Die Empfindungen und das Leid aller von einer Handlung Betroffenen gehen dabei mit gleichem Zählwert in das hedonistische Kalkül ein, ohne Abstufungen nach Einkommen, Klasse oder sozialer Herkunft vorzunehmen. Im England des beginnenden 19. Jahrhunderts mit seinen gesellschaft-

---

lich nach dem Ergebnis, das ein Verhalten erzeugt. Er richtet sein Wertesystem in der normativen Beurteilung einer Handlung an dem Nutzen aus, den ein Verhalten für den Einzelnen und die Gesellschaft haben kann. Er repräsentiert ein konsequentialistisches ethisches Konzept.
Die Gräben zwischen Utilitarismus und der Kantischen Pflichtethik versucht der sog. Regelutilitarismus zu überbrücken. Er beurteilt nicht die einzelne Handlung mit dem hedonistischen Kalkül, sondern die Folgen, welche eintreten würden, falls alle Individuen in einer bestimmten Situation auf die gleiche Weise handeln würden. Eine Handlung ist danach dann gerechtfertigt, wenn sie einer moralischen Regel folgt. Nicht das Ergebnis der einzelnen Handlung ist Gegenstand der Untersuchung, sondern die Nützlichkeit der Regel, der sie folgt. Der Regelutilitarismus hat seit den fünfziger Jahren des 20. Jahrhunderts zu einer Wiederbelebung und Vertiefung der Utilitarismusdiskussion geführt. Entwickelt wurde er insbesondere von *Urmson* (The Philosophical Quarterly 3 [1953], S. 33ff.), *R. B. Brandt* (University of Colorado Studies in Philosophy 3 [1967], S. 39ff. und *Rawls* (The Philosophical Review 64 [1955], S. 3ff. Kritische Stimmen sehen im Regelutilitarismus den Utilitarismus vor Kants Pflichtethik kapitulieren.

[21] »The interest of the community (...) is (...) the sum of the interest of the several members who compose it«. *Bentham* (Fn. 14), Kap. 1, Abschnitt 4, S. 12. *Bentham* legte damit einen Grundstein für eine zentrale Aussage der Wohlfahrtsökonomik, die diese bis heute beherrscht. Sie wird üblicherweise als *Welfarismus* bezeichnet. Vgl. dazu auch infra S. 224.

[22] Der individuelle Gratifikationswert bemisst sich nach *Bentham* erstens nach der Intensität des aus der Handlungsfolge zu erwartenden Lustgewinns, zweitens nach der Dauer und dem Grad der Wahrscheinlichkeit, mit der der Lustgewinn zu erwarten ist, sowie drittens danach, ob mit diesen Handlungsfolgen weitere (sekundäre) positive oder negative Folgen verbunden sind. Vgl. dazu *Bentham* (Fn. 14), Kap. 4, Abschnitt 2, S. 38.

lichen Verwerfungen, einer sehr inhomogenen Bevölkerungsstruktur und einer Konzentration von Macht und Reichtum in den Händen einiger weniger verbarg sich darin ein nachgerade revolutionärer Sprengsatz. Unter *Benthams* Utilitarismus brodelte eine aggressive Gesellschaftskritik. *Bentham* zählte zu den »Philosophical Radicals« seiner Zeit[23]. »Jeder zählt als einer und keiner mehr als für einen«, lautete sein politisch-philosophisches Credo. Indem *Bentham* individuelle Gratifikationswerte addiert, unterstellt er, dass diese kardinal messbar, d. h. in absoluten Zahlen ausgedrückt werden können, und intersubjektiv vergleichbar sind – eine Annahme, die seine Ethik starkem Beschuss ausgesetzt hat[24]. *Benthams* Leistung besteht darin, dem Utilitarismus als philosophischer Strömung eine feste Architektur und systematische Basis gegeben zu haben, indem er das Nutzenprinzip nicht nur zur Erklärung beobachteten Verhaltens heranzog, sondern zu einer kollektiven Entscheidungsregel ausbaute, die einen Gradmesser für staatliches Handeln und die moralische Verantwortbarkeit individuellen Handelns abbilden will[25].

Die erfolgreichste Weiterentwicklung des Bentham'schen Utilitarismus gelang *John Stuart Mill* (1806–1873) mit seinen Schriften »Utilitarism« und »On Liberty«. *Mill* verteidigt den Utilitarismus gegen den Vorwurf, er sei eine animalische, gottlose Philosophie, die zu befolgen allenfalls einem Schwein angemessen sei (»doctrine worthily only of swine«[26]) und erkennt die mit dem Bentham'schen Utilitarismus verbundene Gefahr, dass ein allein am Glück der größten Zahl ausgerichtetes ethisches Prinzip zu einer Diktatur der Mehrheit über die Minderheit und zu einer Verfügbarkeit des Menschen für die Interessen der Gesellschaft führen kann: »Protection therefore against the tyranny of the magistrate is not enough: there needs protection also against the tyranny of the prevailing opinion and feeling«[27]. *Mill* sieht, dass eine reine Additionslogik eine Entfremdung des Menschen von seinen Handlungen und eine Preisgabe der Autonomie des Menschen zeitigen kann. Er stemmt sich gegen eine völlige utilitaristische Vereinnahmung der Wünsche und Ziele des Individuums und dagegen, unter Glück alleine das zu verstehen, was die Mehrheit der Menschen sich im Allgemeinen wünscht. Er sichert den Utilitarismus gegen eine totale Inanspruchnahme des Einzelnen für die Gesellschaft ab. Den anzustrebenden Glückszustand definiert er weniger quantitativ als qualitativ; nicht nur das größtmögliche Glück, sondern die Qualität des Glücks ist für ihn der ent-

---

[23] Vgl. *Schumpeter*, Geschichte der ökonomischen Analyse, 2 Bände, 1965, S. 184.

[24] Siehe dazu infra S. 189.

[25] Vgl. *Sen/Williams*, Introduction, in: dies. (Hrsg.), Utilitarism and Beyond, 1982, S. 1 (1): »Utilitarism has always been discussed (...) in two different roles: on the one hand as a theory of personal morality, and on the other as a theory of public choice (...)«.

[26] *Mill*, Utilitarism, in: ders., Utilitarism and On Liberty, 1861, hrsg. v. Warnock, 2. Aufl. 2003, S. 181 (186).

[27] *Mill*, On Liberty, in: ders., a. a. O. (Fn. 26), S. 88 (91).

scheidende Wertmaßstab, »(...) findet doch in der Wertbestimmung aller anderen Dinge neben der Quantität auch die Qualität Berücksichtigung«[28]. Bildung und Erfahrung sind für ihn eine wichtige Voraussetzung, um Glück beurteilen zu können: »Es ist besser, ein unzufriedener Mensch zu sein als ein unzufriedenes Schwein und besser, ein unzufriedener Sokrates als ein zufriedener Narr. Und wenn der Narr oder das Schwein anderer Ansicht sind, dann deshalb, weil sie nur die eine Seite der Angelegenheit kennen: Die andere Partei hingegen kennt beide Seiten«[29]. *Mill* verbindet Individualität und kollektives Glück. Für das wahre, nicht exakt aufrechenbare Glück des Menschen erklärt er die freie Entfaltung der Persönlichkeit. Die Freiheit des Einzelnen und die Respektierung seiner Individualität sind für das Glück des Menschen zwingend erforderlich: »Wäre die ganze Menschheit einer Meinung und nur ein einziger Mensch der gegenteiligen Ansicht, so hätte die Menschheit nicht mehr das Recht, ihn zum Schweigen zu verurteilen, als er das Recht hätte, die Mehrheit zum Schweigen zu bringen«[30].

Mit seiner Modifizierung des Utilitarismus hat *Mill* diesem als einflussreichster nicht-theologischer Ethik zum Durchbruch verholfen. Die Thesen des englischen Philosophen *Henry Sidgwick* (1838–1900) runden das Gedankengebäude ab. Er erkannte die Problematik der gerechten Verteilung des Nutzens als offene Flanke des Utilitarismus und versuchte sie in das Gedankengebäude des Utilitarismus zu integrieren[31], indem er sie als Element des Nutzens dekretiert.

Der Utilitarismus tritt heute in nahezu ungezählten Facetten auf; seine Erscheinungsformen und Spielarten sind disparat[32]. Wer von Utilitarismus

---

[28] *Mill*, Utilitarism, in: ders., a. a. O. (Fn. 26), S. 181 (187): »It is quite compatible with the principle of utility to recognize the fact, that some kinds of pleasure are more desirable and more valuable than others. It would be absurd that while, in estimating all other things, quality is considered as well as quantity, the estimation of pleasures should be opposed to depend on quantity alone«.

[29] *Mill*, Utilitarism, in: ders., a. a. O. (Fn. 26), S. 181 (187). An anderer Stelle seines Utilitarism schreibt er: »(...) wobei der Maßstab, an dem die Qualität gemessen wird und mit der die Qualität verglichen wird, die Bevorzugung derer ist, die ihrem Erfahrungshorizont nach – einschließlich Selbsterfahrung und Selbstbeobachtung – die besten Vergleichsmöglichkeiten besitzen«.

[30] *Mill*, On Liberty, 1859, hrsg. und übersetzt v. Else Wentscher, 1991, S. 31.

[31] Vgl. dazu ausführlich infra S. 238 ff.

[32] Zu den wichtigsten Unterformen zählen der Handlungs- und Regelutilitarismus sowie (als moderne Ausgestaltungsform) der Präferenzutilitarismus. Der klassische Handlungsutilitarismus beurteilt eine Handlung ohne Rücksicht auf ihre allgemein-abstrakte Bewertung ausschließlich nach den aus ihr zu erwartenden Konsequenzen; der Regelutilitarismus macht die Bewertung von der Übereinstimmung der Handlung mit Handlungsregeln abhängig. Sie ist dann ethisch billigenswert, wenn sie einer Handlungsregel entspricht, deren Befolgung im Vergleich zu anderen Handlungsregeln die nützlichsten Folgen hat. Der Präferenzutilitarismus sieht die Präferenzen des einzelnen Individuums als äußerste Grenze der gesellschaftlichen Handlungsmacht und ausschließlichen Entscheidungsmaßstab an.

spricht, meint eine polymorphe philosophische Strömung, deren Fundament darin besteht, sich nicht auf religiöse oder politische Autoritäten zu gründen, sondern auf den Rationalitätsgedanken des Nutzens[33]. Dem Utilitarismus kommt das philosophiegeschichtliche Verdienst zu, die Sozialethik aus der Metaphysik der theologischen Moralphilosophie herausgeführt zu haben. Er säkularisiert und rationalisiert die Ethik: Im Utilitarismus bestimmt nicht mehr Gott, sondern definieren die Menschen selbst die richtigen Zwecke des Handelns. Der Utilitarismus ist ein philosophischer Ansatz rationaler Normbegründung. Er zielt darauf, eine Interessenharmonie zwischen Menschen durch eine rationale Handlungswahl herzustellen. Er kleidet das Prinzip zweckrationalen Handelns in eine ethische Handlungsnorm und liefert dem Gedanken effizienz- und ergebnisorientierten Handelns damit eine moralische Untermauerung.

Sichtbare Spuren hinterließ der Utilitarismus vor allem in der Nationalökonomie. Sie ist nicht nur durch den Utilitarismus inspiriert worden, sondern kann in weiten Teilen, insbesondere in der Wohlfahrtsökonomie, nachgerade als Versuch der Übersetzung und Operationalisierung utilitaristischer Ideen in wirtschaftstheoretische Kategorien qualifiziert werden. Die utilitaristische Ethik lässt sich in Anlehnung an *Max Weber*[34] zugespitzt als »Moralphilosophie einer modernen Kaufmannsseele« beschreiben. Im anglo-amerikanischen Raum stellt er eine der wichtigsten und meistdiskutierten, allerdings auch umstrittensten ethischen Theorien dar.

II. Das Recht als Rahmenordnung für die Entfaltung wirtschaftlicher Freiheit im Fokus der Ökonomik

Der Utilitarismus liefert insbesondere solchen politischen Strömungen gedanklichen Nährboden, die die Verteilungswirkung des Marktes als optimale gesellschaftliche Verteilungsfunktion ansehen und in alle Bereiche des gesellschaftlichen Lebens ausdehnen wollen: Ist der Nutzen der Maßstab

---

[33] Ungeachtet der vielen Schattierungen und Subformen lassen sich mit *Otfried Höffe* (Sittlich-politische Diskurse, 1981, S. 54 f.) vier Prinzipien als für den Utilitarismus kennzeichnend herausschälen: 1. *Folgenprinzip*: Die Richtigkeit einer Handlung bestimmt sich nicht aus sich selbst heraus, sondern vom Handlungserfolg her; 2. *Nutzenprinzip*: Maßstab für die (ethische) Beurteilung einer Handlung ist ihr Nutzen; 3. *Hedonistisches Prinzip*: Der Nutzen bestimmt sich nach dem Gratifikationswert der Handlung, d. h. dem Maß an Lust, das sie erzeugt, vermindert um das damit verbundene Maß an Unlust; 4. *Universalisierungsprinzip*: Entscheidend ist nicht der Gratifikationswert allein für den Handelnden, sondern das Wohl aller von der Handlung Betroffenen, das größte Glück der größten Zahl.

[34] *M. Weber*, Die Grenznutzenlehre und das »psycho-physische Grundgesetz«, in: ders. (Hrsg.), Gesammelte Aufsätze zur Wissenschaftslehre, hrsg. v. J. Winckelmann, 4. Aufl. 1973, S. 384 (396).

des gesellschaftlich und ethisch Erwünschten, dann scheint dies nach solchen gesellschaftlichen Verteilungsmechanismen zu rufen, die den größten Nutzen für den Wohlstand der Betroffenen erzielen[35]. Der Markt als Verteilungsmechanismus erfüllt diese Voraussetzung in besonders prominenter Weise. Er ist der Prototyp eines nutzenmaximierenden Verteilungsmechanismus: Er bildet Tauschrelationen zwischen den angebotenen Gütern oder Leistungen heraus und bringt die Individuen auf diese Weise über den Mechanismus des Preises dazu, ihre Nutzenvorstellungen in der Weise zu offenbaren, dass sie ihre Bereitschaft zu wertäquivalenten Gegenleistungen erklären. Sämtliche individuellen Präferenzen gehen (ausreichende Zahlungsfähigkeit unterstellt) in den Tauschprozess als potenzielle Tauschgebote ein. Nur die höchste Präferenz setzt sich dabei durch. Der aus der Sicht der Individuen größte Nutzen spiegelt sich in dem höchsten angebotenen Preis. Der Markt informiert über die relativen Knappheiten bzw. den gesellschaftlichen Wert der jeweiligen Ressource und führt sie grundsätzlich einer nützlicheren Verwendung zu. Er setzt als gesamtgesellschaftlicher Indikator von Knappheit Anreize, mit knappen Ressourcen effizient umzugehen[36].

Die »Philosophie des Marktes« ist eine Wohlfahrts- und Effizienzphilosophie. Sie geht davon aus, dass Nutzen und Kosten einer bestimmten Ressourcenverwendung nicht von einer zentralen Instanz, sondern am besten von den individuellen Wirtschaftssubjekten selbst, die die Ressourcen in Anspruch zu nehmen beabsichtigen, bewertet werden können. Der Markt macht sich dieses dezentral vorhandene Wissen zu Nutze und soll den Ego-

[35] Zwingend ist dieser Schluss – auch wenn er häufig gezogen wird und die Entwicklung der Wohlfahrtsökonomik entscheidend geprägt hat – freilich nicht. Der utilitaristische Begriff des Nutzens und der ökonomische Nutzenbegriff sind nicht identisch. Der ökonomische Nutzenbegriff bleibt in seiner Aussagebreite und Komplexität weit hinter dem utilitaristischen Nutzenbegriff zurück. Utilitaristischer Nutzen umfasst eine Vielfalt von menschlichen Empfindungen. *Bentham* definiert Nutzen als die »Eigenschaft eines Objektes, die Freude oder Glück hervorbringt oder den Eintritt von Leid bzw. Unglück verhindert« (»by utility is meant that property in any object, whereby it tends to produce benefit, advantage, pleasure, good, or happiness [...] or [what comes again to the same thing] to prevent the happening of mischief, pain, evil, or unhappiness to the party whose interest is considered«, *Bentham*, Introduction to the Principals of Morals and Legislation [1789], hrsg. v. Burns/Hart, 1970, Kapitel 1, Abschnitt 7, S. 12). Freude erschöpft sich nicht in der Verfügungsgewalt über einen ökonomischen Wert, sondern dazu gehören insbesondere »(...) 1. The pleasures of sense, 2. The pleasures of wealth, 3. The pleasures of skill, 4. The pleasures of amity (....)« (*Bentham*, a. a. O., Kapitel 5, Abschnitt 2, S. 42). Der Utilitarismus sieht wirtschaftliche Prosperität weder als notwendige Bedingung für Freude und Glück an noch ordnet er diese allen anderen Formen von Nutzen über.

[36] Dass es einer marktgesteuerten Verteilungsordnung unter der Ägide des Eigeninteresses und der Freiheit der Wirtschaftssubjekte bedarf, um eine maximale Produktion von Gütern zu erreichen und den Nutzen des Volkes zu mehren, formte am nachhaltigsten *Adam Smith* im Jahre 1776 in seinem Werk »Inquiry into the Nature and Causes of the Wealth of Nations« den Gedanken zu einem konsistenten Gebäude. Er legte damit den Grundstein für die klassische Schule der Nationalökonomie.

ismus des Einzelnen nach dem Anspruch der Wohlfahrtsökonomie so transformieren, dass sich für die Gesellschaft ein positiver Effekt ergibt; dem eigennützigen Handeln des Einzelnen wachsen in der Tauschrelation wohlfahrtsfördernde Nebenwirkungen zu[37]: Das Gut wandert dorthin, wo es seinen größten Nutzen erbringt. In dem Sinne ist auch die Aussage *David Humes* zu verstehen, wenn er behauptet: »Im Markt ist es selbst im Interesse des schlechten Menschen, im Sinne des allgemeinen Wohls zu handeln«[38].

In der Fruchtbarmachung des Wissens der Wirtschaftssubjekte über Nutzungsmöglichkeiten liegt auch das Geheimnis der wirtschaftlichen Überlegenheit der marktwirtschaftlichen Wirtschaftsordnung gegenüber einem System zentraler Planwirtschaft. Marktwirtschaftlich strukturierte Ordnungen sammeln eine Unzahl von Informationen über die Präferenzen ihrer Teilnehmer, welche einzuholen und zu sammeln eine zentral planende Instanz überfordern bzw. in ihren Informationsanforderungen an den Bedürfnissen der Bürger vorbeiplanen lassen würde[39]. »Der Herrscher wird dadurch vollständig von einer Pflicht entbunden, bei deren Ausübung er stets unzähligen Täuschungen ausgesetzt sein muss und zu deren Erfüllung keine menschliche Weisheit oder Kenntnis jemals ausreichen könnte (…)«, räsoniert *Adam Smith* im Jahre 1776[40]. Der Markt maximiert das Wissen über konkurrierende Nutzungsmöglichkeiten und drückt sie im Preis aus. Er muss für seinen Vollzug weder die Nutzenvorstellungen noch die subjektive Rationalität seiner Teilnehmer kennen. Für sein Verständnis ist es völlig unerheblich, ob die Teilnehmer den eigenen oder fremden Nutzen maximieren[41]. Der Markt orientiert sich allein an Güterwahlentscheidungen seiner Teilnehmer, die er als Spiegel der individuellen Präferenzen ausdeutet[42]. »Nicht vom Wohlwollen des Metzgers, Brauers und Bäckers erwarten wir das, was wir zum Essen brauchen, sondern davon, daß sie ihre eigenen Interessen wahrnehmen. Wir wenden uns nicht an ihre Menschen-, sondern an ihre Eigenliebe, und wir erwähnen nicht die eigenen Bedürfnisse, sondern sprechen von ihrem Vorteil,« drückt *Adam Smith*[43] diese

---

[37] Kritisch dazu bspw. *Lepsius*, Die Verwaltung 32 (1999), S. 429 (440).

[38] *Hume*, Essays, Moral, Political, and Literary, 1875, Bd. 1, S. 99; *Adam Smith* (Der Wohlstand der Nationen, hrsg. von H. Recktenwald, 1993 [1776], S. 371) versteigt sich gar zu der Behauptung: »(…) gerade dadurch, daß er (s. c. der wirtschaftlich Handelnde) das eigene Interesse verfolgt, fördert er häufig das der Gesellschaft nachhaltiger, als wenn er wirklich beabsichtigt, es zu tun«.

[39] Vgl. *von Hayek*, Freiburger Studien, 1969, S. 11.

[40] *A. Smith* (Fn. 38), S. 582.

[41] Sog. Wicksteed-Theorem. Vgl. dazu *Ritzmann*, Zur Biographie des homo oeconomicus und seiner Moral, in: ders. (Hrsg.), Wirtschaftswissenschaft als Hobby und Beruf, 1999, S. 343 (363).

[42] *Breunung*, Umweltschutz unter dem Optimalitäts- und Effizienzpostulat, in: Gawel (Hrsg.), Effizienz im Umweltrecht, 2001, S. 127 (150).

[43] *A. Smith* (Fn. 38), S. 17.

Rationalität plastisch aus. Der Markt als Steuerungsmechanismus bedeutet einen Verzicht auf die staatliche Steuerung der Allokationsentscheidung. Die Allokation vollzieht sich durch die Interaktion von Nachfragern und Anbietern. Als ein Koordinationsmechanismus für dezentral getroffene individuelle Entscheidungen führt der Markt nach der Grundvorstellung der Ökonomik wie eine unsichtbare Hand (»invisible hand«)[44] Nachfrager und Anbieter eines bestimmten Gutes, die ihre individuellen Zwecke verfolgen, zusammen und lenkt die Güter in der Tendenz dorthin, wo sie ihren höchsten Nutzen erwirtschaften. Er ist ein institutionalisierter Regelmechanismus zur effizienten Lösung von Verteilungsfragen[45].

1. *Die Chicago School of Economics und ihr verteilungspolitischer Impetus*

Die Forderung, dem Marktmechanismus in allen gesellschaftlichen Bereichen Raum zu geben, hat in theoretisch fundiertester und prägnantester Weise die *Chicago School of Economics*[46] zum theoretischen Modell praktischer Politik und zum Credo ihrer Lehre erhoben. Sie hält Mechanismen marktwirtschaftlicher Selbststeuerung staatlichen Interventions-, Steuerungs- und Verteilungsmechanismen generell für überlegen und fordert ihre Ausdehnung auf alle Bereiche staatlichen Handelns. Jeder administrativ organisierten Verteilung knapper Güter tritt sie kritisch gegenüber[47]. Ausgehend von den Ansätzen *Friedrich August von Hayeks*[48] und *Ludwig Edler von Mises'*[49] (der sog. Wiener Schule der Nationalökonomie) entwi-

[44] Das Konzept der »invisible hand« hat *Adam Smith* in seinem Werk »Der Wohlstand der Nationen« (Fn. 38), S. 371 grundgelegt: »Wenn er (s. c. das Wirtschaftssubjekt) es vorzieht, die nationale Wirtschaft anstatt die ausländische zu unterstützen, denkt er eigentlich nur an die eigene Sicherheit und wenn er dadurch die Erwerbstätigkeit so fördert, daß ihr Ertrag den höchsten Wert erzielen kann, strebt er lediglich nach eigenem Gewinn. Und er wird in diesem wie auch in vielen anderen Fällen von einer unsichtbaren Hand geleitet, um einen Zweck zu fördern, den zu erfüllen er in keiner Weise beabsichtigt hat«.

[45] *Samuelson* spricht von einer »analogue calculating machine« (*Samuelson*, Review of Economics and Statistics 36 [1954], S. 387 [388]).

[46] Aufgrund ihres starken Fokus auf die Geldtheorie werden die Lehren der Chicago School of Economics auch häufig als »Monetarismus« bezeichnet.

[47] Vgl. zur Chicago School of Economics z. B. *Rose-Ackermann*, Recht und Ökonomie: Paradigma, Politik oder Philosophie, in: C. Ott/H. B. Schäfer (Hrsg.), Allokationseffizienz in der Rechtsordnung, 1989, S. 269 (273 ff.).

[48] Vgl. *von Hayek*, Die Verfassung der Freiheit, 1971, insb. S. 105 ff., 387 ff.; *ders.*, Wirtschaft, Wissenschaft und Politik, 1963; *ders.*, Individualismus und wirtschaftliche Ordnung (1948). *Von Hayek* (1899–1992) ist Vertreter des Neoliberalismus und Verfechter einer liberalen Wirtschafts- und Gesellschaftsordnung. Er erhielt für seine Arbeiten auf dem Gebiet der Geld- und Konjunkturtheorie sowie für seine Analysen der wechselseitigen Abhängigkeit von wirtschaftlichen, sozialen und institutionellen Verhältnissen 1974 (zusammen mit *G. Myrdal*) den Nobelpreis für Wirtschaftswissenschaften.

[49] *Von Mises* zeichnete sich vor allem durch Arbeiten zur Finanzwissenschaft, Geld- und Konjunkturtheorie aus. Er gilt als strenger Kritiker der Planwirtschaft. Vgl. *von Mi-*

ckelte sich die Chicago School zu einer der einflussreichsten volkswirtschaftlichen Strömungen des 20. Jahrhunderts. In dem von Liberalismus, Individualismus und utilitaristischem Gedankengut geprägten geistigen Klima der Vereinigten Staaten fand sie einen fruchtbaren Nährboden. Mit ihr verbinden sich die Namen bekannter neo-liberaler Ökonomen wie etwa *Milton Friedman*[50], *George Joseph Stigler*[51], *James McGill Buchanan*[52] und *Robert Nozick*[53]. Die Chicago School hat insbesondere die Administration *Ronald Reagan* und die *Thatcher*-Ära in ihrem politischen Handeln entscheidend beeinflusst[54].

Die Chicago School versteht sich als Antwort und Reaktion auf einen verstärkt verteilungslenkend agitierenden Staat. Dem Zutrauen in die Heilswirkung klassischer hoheitlicher Verteilungsmechanismen setzt sie ein Misstrauen in die Gemeinwohlorientierung der Herrschenden und einen starken Glauben an die Selbstheilungskräfte des Marktes gegenüber. Staatsorgane haben in ihren Augen nicht per se das gesellschaftliche Gesamtwohl im Auge, sondern primär ihre eigene Machterhaltung und -ausdehnung. »Regierungen lernen nie, nur die Leute lernen«, bringt etwa *Milton Friedman* die skeptische Grundhaltung der Chicago School gegenüber

---

ses, Theorie des Geldes und der Umlaufmittel, 1912; *ders.*, Kritik des Interventionismus, 1929; *ders.*, Nationalökonomie, 1940.

50 Vgl. etwa *M. Friedman*, Capitalism and Freedom, 1962, S. 1 ff. *Friedman* (*1911) gilt als Begründer des modernen Monetarismus. Seine Erkenntnisse haben maßgeblichen Einfluss auf die Politik der Zentralbanken. In seinen Werken hat *Friedman* stets die Stabilität marktwirtschaftlicher Systeme unterstrichen und staatliche Interventionen als theoretisch wie empirisch gleichermaßen fragwürdig gegeißelt.

51 *Stigler* (1911–1991) war einer der ersten, der sein Forschungsgebiet an der Schnittstelle zwischen Ökonomie und Rechtswissenschaft ansiedelte. Er setzte sich insbesondere kritisch mit den Wirkungen staatlicher Regulierung auseinander. Für seine Arbeiten über die Funktionsweise und Strukturen von Märkten erhielt er 1982 den Nobelpreis für Wirtschaftswissenschaften.

52 *Buchanan* (*1919) ist einer der umstrittensten Ökonomen und Sozialphilosophen des 20. Jahrhunderts. Er gilt als Mitbegründer der ökonomischen Theorie der Politik (sog. *Public Choice Theorie*), die den ökonomischen Ansatz für eine Analyse politischer Vorgänge fruchtbar machen will. Sie durchleuchtet politische Entscheidungsmechanismen mit ökonomischer Brille und nimmt eine Fundamentalkritik an den Vertretern der traditionellen Wirtschaftswissenschaften auf. Im Brennpunkt der Arbeiten *Buchanans* steht der Entwurf einer »Verfassung der Wirtschaftspolitik«, die den staatlichen Organen Fesseln anlegt, um eine schleichende Abkehr von den marktwirtschaftlichen Ordnungsprinzipien durch einen alles regulierenden Staat zu verhindern (vgl. dazu auch infra Fn. 178).

53 *Nozick* (1938–2002) entwarf in seinem bekanntesten Werk »Anarchy, State and Utopia« (1976) auf vertragstheoretischer Grundlage das liberalistische Modell eines »Minimalstaats«, der einen Mittelweg zwischen Anarchismus und staatsinterventionistischen Lehren beschreitet.

54 Die Affinität der Reagan-Administration zu ökonomischen Steuerungsideen bildet die Wortschöpfung »Reagonomics« ab, die die rigorose Beschneidung staatlicher Leistungen im Interesse der (wegen erhöhter Rüstungsausgaben allerdings nicht erfolgreichen) Sanierung öffentlicher Haushalte und der Förderung der Wirtschaft unter Reagan zu beschreiben sucht.

staatlichen Organisations- und Verteilungsprozessen auf den Punkt. Der »Mythos vom gemeinwohlfördernden, wohlwollenden Staat«[55] ist für sie eine ideologische Verbrämung für die Wahrung von Einzel- und Gruppeninteressen durch Rent-seeking-Absichten[56]. Die Funktionsfähigkeit der politischen Ordnung müsse daher möglichst von der Gemeinwohlorientierung und Güte der Herrschenden entkoppelt werden. Das gelinge umso mehr, je weniger die Individuen gezwungen werden, ihre Nutzenvorstellungen den Nutzenvorstellungen anderer Individuen anzupassen[57]. Denn durch Zwang werde »ein Individuum als denkendes und wertendes Wesen ausgeschaltet und zum bloßen Werkzeug zur Erreichung der Zwecke eines anderen gemacht[58]«. Gemeinwohl kann danach nicht unabhängig von den Nutzenvorstellungen der jeweiligen Individuen bestimmt werden[59]. Gesellschaftliche Wohlfahrt ergibt sich aus der Summe der individuellen Wohlfahrten der Gesellschaftsmitglieder. Staatsziele und -aufgaben müssen durch Rekurs auf die Ziele und Präferenzen der Gesellschaftsmitglieder bestimmt werden. Staatstätigkeiten, die an den Präferenzen der Betroffenen vorbeigehen, sind abzulehnen. Die Antwort auf die Frage nach einer gerechten Verteilung der Güter ist in den Augen der Ökonomik auf die indi-

---

[55] In diesem Sinne ausdrücklich etwa *G. Brennan/J. M. Buchanan*, Die Begründung von Regeln, 1993, S. 43 ff.

[56] Von Rent-seeking-Aktivitäten spricht man allgemein dann, wenn (kleine) Interessengruppen, welche keine Chance haben, eine Mehrheit von Bürgern hinter ihrer Position zu vereinigen, versuchen, Einfluss auf den demokratischen Prozess der Meinungsbildung oder auf den bürokratischen Prozess der Umsetzung der Beschlüsse des Parlaments und der Regierung zu nehmen, um dadurch Vorteile zu erwirtschaften, die sie im marktwirtschaftlichen Prozess nicht erreichen könnten. Vgl. *G. Brennan/J. M. Buchanan* (Fn. 55), S. 62 ff.; *Tollison*, Rent-Seeking, in: D. C. Müller (Hrsg.), Perspectives on Public Choice: A Handbook, 1997, S. 506 ff.; *A. Krueger*, American Economic Review 64 (1974), S. 291 ff.

[57] Vgl. etwa *von Hayek*, Die Verfassung der Freiheit, 1971, S. 13: »Freiheit ist der Zustand des Menschen, in dem Zwang auf einige von Seiten anderer Menschen so weit herabgemindert ist, als dies im Gesellschaftsleben möglich ist«.

[58] *Von Hayek* (Fn. 57), S. 28.

[59] Der Einzelne ist – anders als beispielsweise in der katholischen Soziallehre (vgl. dazu *Utz*, Der Gemeinwohlbegriff der katholischen Soziallehre und seine Anwendung auf die Bestimmung der Wohlfahrt, in: H. Müller [Hrsg.], Wohlfahrtsökonomik und Gemeinwohl, 1987, S. 83 ff.) – nicht auf das Gemeinwohl verpflichtet; seine individuellen Präferenzen sind entscheidend. Er erscheint nicht zuerst als Glied des gesellschaftlichen Organismus und Teil des sozialen Ganzen, sondern als individueller Akteur, der durch bestimmte Interessen geleitet ist (sog. *methodologischer Individualismus*). Das Recht erscheint als Ergebnis von Organisationsentscheidungen, die Individuen im Hinblick auf die künftige Koordination ihrer Entscheidungen treffen. Zum methodologischen Individualismus der Ökonomik im Allgemeinen etwa *Behrens*, Die ökonomischen Grundlagen des Rechts, 1986, S. 34 ff.; *Bitter*, Spieltheorie und öffentliche Verwaltung, 2005, S. 92; *Endres/Qurner*, Die Ökonomie natürlicher Ressourcen, 2. Aufl. 2000, S. 157; *Grzeszick*, JZ 2003, S. 647 (649); *Hackmann*, Die normative Basis der paretianischen Wohlfahrtsökonomik, in: H. Müller (Hrsg.), Wohlfahrtsökonomik und Gemeinwohl, 1987, S. 9 (13 ff.); *Kirchner*, Ökonomische Theorie des Rechts, 1997, S. 18 f.; *Richter/Furubotn*, Neue Institutionenökonomik, 3. Aufl. 2003, S. 3.

viduellen Werturteile der Gesellschaftsmitglieder zurückzuführen; neben diesen werden keine anderen Werturteile akzeptiert (sog. normativer Individualismus)[60].

Gerechtigkeit ist nach diesem Verständnis weniger durch ein bestimmtes materiell zu definierendes Verteilungsergebnis gekennzeichnet als vielmehr durch die Art, wie die Verteilung auf der Grundlage präferenzbestimmter Verteilungsverfahren zustande gekommen ist[61]: Gerechtigkeit ist Fairness der gesellschaftlichen Spielregeln[62]. Das Ergebnis, das sie hervorbringen, ist so lange gerecht, als die Spielregeln selbst gerecht sind und die Spieler gegen diese nicht verstoßen haben. Als Ideal tritt die Übereinstimmung von verantwortlichen Individuen in Erscheinung, die aufgrund freier Diskussion erzielt worden ist. Eine solche erreicht die Demokratie als Herrschaft der Mehrheit über die Minderheit nach der Vorstellungswelt der Ökonomik nicht zwingend[63], sondern alleine der auf freiwilligem Austausch beruhende Koordinationsmechanismus marktförmiger Entscheidungsverfahren. Gerecht ist in den Augen der Chicago School daher diejenige Verteilung, die sich durch marktförmige Transaktionen zwischen den Rechtsgenossen ergibt – Gerechtigkeit ist insoweit in nuce ausgleichende Gerechtigkeit[64]. Eine Korrektur des Marktes, eine zwangsweise Umverteilung zur Herstellung von Gleichheit, gelte es dagegen zu vermeiden. Die Chicago School ist von einer tiefen Ablehnung gegenüber Umverteilungsmechanismen gekennzeichnet: »Wir sind nicht gegen Gleichheit. Es ist nur einfach so, dass die Forderung nach Gleichheit das erklärte Motiv der meisten ist, die der Gesellschaft ein vorher zurechtgelegtes Verteilungssystem aufdrücken wollen. Wir sind gegen alle Versuche, der Gesellschaft ein willkürliches Verteilungssystem aufzuzwingen, ob es nun eine Ordnung der

[60] Vgl. zum normativen Individualismus als politischer Philosophie der Ökonomik etwa *Kirchner* (Fn. 59), S. 20f.; *von der Pforten*, Rechtsethik, 2001, S. 229ff.; *Koller* (Das Konzept des Gemeinwohls, in: Brugger/Kirste/Anderheiden [Hrsg.], Gemeinwohl in Deutschland, Europa und der Welt, 2002, S. 41 [57]) bezeichnet den normativen Individualismus als »heute weithin akzeptierte Auffassung«.

[61] Vgl. *Nozick* (Fn. 53), S. 146.

[62] Plastisch wird dies an dem Beispiel des Roulettespiels: Wenn sich die Akteure freiwillig auf das Spiel eingelassen haben, müsse das Ergebnis nach dem Maßstab der prozeduralen Gerechtigkeitslehre auch dann als gerecht akzeptiert werden, wenn einer der Akteure alles gewonnen und alle anderen Akteure alles verloren haben. Im Übrigen sind gesellschaftliche Zustände einem Gerechtigkeitsurteil nicht zugänglich. Ein Resultat, das aus den Interaktionen der Marktakteure nach fairen Spielregeln zustande komme, entziehe sich dem Gerechtigkeitsurteil.

[63] Zwang kann in den Augen der Vertreter der Chicago School von einem Diktator genauso wie von einer demokratischen Mehrheit ausgehen. Vgl. *von Hayek*, Die Verfassung der Freiheit, 1971, S. 129: Wird »die Herrschaft der Mehrheit« für »unbeschränkt und unbeschränkbar« deklariert, wird damit »das Ideal der Demokratie, die ursprünglich alle willkürliche Gewalt verhindern sollte, (...) zur Rechtfertigung für neue willkürliche Gewalt«.

[64] Vgl. dazu S. 55.

Gleichheit oder Ungleichheit ist«[65,66]. Staatliche Regulierung sei im Regelfall überflüssig oder gar schädlich[67]. Die mit ihr beabsichtigte Korrektur von Marktversagen sei in der in der Regel die Quelle neuer zusätzlicher Ineffizienzen[68]. Der ordnungs- und wettbewerbspolitisch eingreifende Staat erweise sich ökonomisch weniger als Stabilisator denn als Störfaktor[69]. Knappheitserscheinungen und ökonomische Fehlsteuerungen seien

---

[65] *Von Hayek* (Fn. 57), S. 107. Ähnlich *ders.*, Recht, Gesetzgebung und Freiheit, Bd. 2 – Die Illusion der sozialen Gerechtigkeit, 1976 (1981), S. 98: »Womit wir es im Falle der ›sozialen Gerechtigkeit‹ zu tun haben, ist einfach ein quasi-religiöser Aberglaube von der Art, dass wir ihn respektvoll in Frieden lassen sollten, solange er lediglich seine Anhänger glücklich macht, den wir aber bekämpfen müssen, wenn er zum Vorwand wird, gegen andere Menschen Zwang anzuwenden. Und der vorherrschende Glaube an ›soziale Gerechtigkeit‹ ist gegenwärtig wahrscheinlich die schwerste Bedrohung der meisten anderen Werte einer freien Zivilisation«.

[66] Für die Chicago School stellt sich auch das Phänomen der Inflation, also die Vergrößerung des Geldangebots im Verhältnis zum Güterangebot, als ein Prozess der Umverteilung von Wohlstand dar. Das durch staatliche Aktivität entstehende inflationäre Geldangebot führe zu Überinvestition in die Kapitalgüter- und zu Unterinvestition in die Konsumgüterindustrien. Die private Nachfrage werde durch den staatlichen Sektor verdrängt (sog. Crowding-out-Effekt). Die notwendige Folge daraus seien Rezession und Depression, wodurch sich der Markt von den schädlichen Außeneinflüssen selbst zu reinigen versuche. Vgl. zu den geldpolitischen Ideen der Chicago School etwa *von Mises*, Theorie des Geldes und der Umlaufsmittel, 1912, S. 282ff.; *M. Friedman*, Die Theorie der Preise, 1977.

[67] Vgl. *von Hayek*, Die Verfassung der Freiheit, 1971, S. 286f.: »Es bestehen (...) gute Gründe für das Misstrauen gegen jegliche staatliche Befassung mit Wirtschaftsangelegenheiten und insbesondere für eine starke Voreingenommenheit gegen aktive Teilnahme der Regierung an wirtschaftlichen Tätigkeiten. (...) Sie beruhen auf der Tatsache, dass die meisten staatlichen Maßnahmen, die auf diesem Gebiet befürwortet werden, tatsächlich unzweckmäßig sind, entweder weil sie fehlschlagen oder weil ihre Kosten größer sind als die Vorteile«. Dieser Grundsatz gilt für *von Hayek* freilich nicht ausnahmslos: »Es gibt Gebiete, in denen eine staatliche Betätigung zweifellos wünschenswert ist« (ibid., S. 288; ähnlich S. 287: »Eine funktionierende Marktwirtschaft setzt gewisse Tätigkeiten des Staates voraus«). Er bejaht dies etwa für die Zurverfügungstellung vieler öffentlicher Einrichtungen, die »von wettbewerblichen Unternehmungen nicht bereitgestellt werden«.

[68] Mit den Wirkungen staatlicher Regulierung hat sich vor allem *Stigler* kritisch auseinander gesetzt. Er kam in seinen Forschungen zu der Erkenntnis, dass staatliche Eingriffe in den Markt bestenfalls einen geringen gesamtwirtschaftlichen Nutzen haben: Obwohl Staatseingriffe dem Schutz und Interesse der Verbraucher dienen sollten, benachteiligen sie in den meisten Fällen die Konsumenten. Der Ausschluss potenzieller Wettbewerber und die damit verbundene Monopolstellung einzelner Unternehmen in einem bestimmten Markt führe zu ineffizienten Marktergebnissen in Form einer schlechteren Versorgung bzw. Qualität, höheren Preisen und höheren Gewinnen. Bei steigendem Wachstum des regulierten Sektors erhöhen sich die Gewinne der geschützten Unternehmen zusätzlich. Firmen, die sich bereits im Markt befinden, würden über politische Einflussnahme versuchen, Markteintrittsbarrieren auszubauen, um potenzielle Anbieter vom Marktzutritt abzuhalten. Regulierungsbehörden verfolgen bei der Korrektur angeblichen Marktversagens nicht das Ziel der sozialen Wohlfahrt, sondern unterliegen dem Einfluss verschiedener Interessengruppen.

[69] Eine antizyklische Wirtschaftspolitik sei ungeeignet, konjunkturellen Schwankungen zu begegnen. Die Güterverteilung werde am besten den privaten Wirtschaftsakteuren überlassen. Wenn sich ein Unternehmen langfristig gegenüber seinen Konkurrenten am

nicht im Mechanismus des Marktes selbst begründet, sondern vielmehr die Folge der Behinderung der Selbstheilungskräfte des Marktmechanismus im Gefolge schädlichen staatlichen Eingreifens. Der Königsweg zur Knappheitsbewältigung ist für die Chicago School insoweit nicht die Ausweitung staatlicher Eingriffe, sondern ihre Beschränkung und die Ausweitung der Macht des Marktes auf hoheitliche Zuteilungsverfahren. Politische, auf staatlicher Abwägung beruhende Entscheidungsverfahren seien auf ein Minimum zu begrenzen – eine Forderung, die bei *Nozick*[70] in der Forderung nach einem »Minimalstaat« seine klarste Prononcierung gefunden hat.

Unbeschadet ihres umfassenden marktwirtschaftlichen Credos ist der Staat in den Augen der Chicago School nicht funktionslos. Sein Aufgabenbereich hat lediglich einen eingeschränkten Radius. »Der Markt ersetzt nicht die Notwendigkeit einer Regierung. Die Regierung ist einmal wichtig als das Forum, das die ›Spielregeln‹ bestimmt, und zum anderen als der Schiedsrichter, der über die Regeln wacht und sagt, ob sie auch richtig ausgelegt wurden«[71]. Soweit der Staat den ungestörten Ablauf des Austausches zwischen den Akteuren gewährleistet, sei die Funktionsfähigkeit eines sich selbst überlassenen Wettbewerbssystems und allgemeine Wohlfahrt gesi-

---

Markt durchsetzt, selbst wenn es als einziges auf dem Markt verbleibt, stellt dies in den Augen der Chicago School kein wirtschaftspolitisches Problem dar, das regulierendes Eingreifen rechtfertigt, sondern belegt nur die überlegene Leistungsfähigkeit und Effizienz des Unternehmens (sog. survival of the fittest; der Begriff »survival of the fittest«, der gerne *Charles Darwin* zugeschrieben wird, geht auf den englischen Philosophen und Soziologen *Herbert Spencer* [1820–1903] zurück). Das gelte jedenfalls so lange, als produktive Effizienzgewinne in einer Kosten-Nutzen-Abwägung mögliche allokative Fehlsteuerungen überwiegen. Überlegene Marktpositionen sind der ständigen Erosion durch Wettbewerb ausgesetzt. Sie lassen sich nur so weit aufrechterhalten, wie sie auf Effizienz beruhen. Will ein überlegenes Unternehmen seine Marktmacht dazu ausnutzen, überhöhte Preise zu fordern, dann besteht für Wettbewerber ein starker Anreiz, niedrigere Preise anzubieten und die Produktion auszudehnen. Marktungleichgewichte gleichen sich in der Lehre der Chicago School im unregulierten Markt von selbst aus. Etwas anderes gelte nur dort, wo Marktzutrittsschranken bestehen. Diese seien aber, soweit nicht staatlich errichtet, von den Unternehmen in der Regel nicht aufrechtzuerhalten, da sie durch den Wettbewerb überrollt werden. Bereits potenzieller Wettbewerb, also die Möglichkeit des Markteintritts konkurrierender Unternehmen, wirke disziplinierend auf Monopolisten und sorge dafür, dass die unbeabsichtigten Nebenwirkungen einer Regulierung unterbleiben. Vgl. zu den wettbewerbspolitischen Vorstellungen der Chicago School of Economics auch *Behrens*, Die ökonomischen Grundlagen des Rechts, 1986, S. 145 ff.; *Bittlingmayer*, WuW 1987, S. 710 ff.; *Kalfass*, WuW 1980, S. 596 ff.

[70] Vgl. *Nozick* (Fn. 53), S. 11: »Unsere Hauptergebnisse bezüglich des Staates lauten, dass ein Minimalstaat, der sich auf einige eng umgrenzte Funktionen wie den Schutz gegen Gewalt, Diebstahl, Betrug oder die Durchsetzung von Verträgen beschränkt, gerechtfertigt ist; dass jeder darüber hinausgehende Staat Rechte der Menschen, zu gewissen Dingen nicht gezwungen werden zu können, verletzt und damit ungerechtfertigt ist; und dass der Minimalstaat durchaus attraktiv wie auch das Rechte ist: Zwei interessante Folgerungen sind, dass der Staat seinen Zwangsapparat nicht dazu verwenden darf, einige Bürger dazu zu bringen, anderen zu helfen, und ebenso wenig dazu, den Menschen um ihres eigenen Wohls oder Schutzes willen etwas zu verbieten«.

[71] *M. Friedman*, Kapitalismus und Freiheit, 1976, S. 36.

chert. Gute Politik bestehe darin, die positive Anreizfunktion des Wettbewerbs in möglichst vielen Bereichen wirken zu lassen und ein effizientes System rechtlich durchsetzbarer Handlungsrechte zu schaffen. Dort, wo der Staat in seiner Funktion als ordnende Kraft regulierend eingreifen muss, seien marktnahe Verteilungsmechanismen zu wählen, die dem Prinzip der Effizienz zum Durchbruch verhelfen. »Der Staat enthalte sich aller Sorgfalt für den Wohlstand der Bürger und gehe keinen Schritt weiter, als zu ihrer Sicherstellung gegen sich selbst und gegen auswärtige Feinde erforderlich ist; zu keinem anderen Endzwecke beschränke er ihre Freiheit«[72], diese frühliberale Forderung *Wilhelm von Humboldts* spiegelt das gesellschaftspolitische Programm und Staatsverständnis der Chicago School treffend wider.

Die liberale Entpolitisierung und Entstaatlichung der Verteilungsfrage durch die Chicago School wirft bei einem modernen, von einem interventionistischen Staat und sozialstaatlichem Denken geprägten Staatsverständnis Fragen auf: Das uneingeschränkte, mit einem Ausschließlichkeitsanspruch verknüpfte Credo der Marktgeltung in der Chicago School droht ein Opfer seiner Einseitigkeit zu werden. Die Pforten der Verfassung, an die die Chicago School klopft, können für sie in ihrer reinen Lehre zu einem unüberwindlichen Hindernis werden.[73] Die Ideen der Chicago School müssen deshalb für die staatliche Verteilungsordnung aber nicht wertlos sein. Ihre Einflussmacht beruht nicht auf einer glaubensbekenntnisähnlichen Übernahme aller Ideen, sondern in der Akzentuierung und Neuentdeckung des Marktes als eines wohlfahrtsgewährleistenden Entscheidungsmechanismus. Das Verdienst der Chicago School liegt darin, staatliche Regulierung wohlfahrtsökonomisch zu hinterfragen und sie als freiheitsbeschränkende Maßnahme einem ökonomischen wie rechtswissenschaftlichen Rechtfertigungsdruck auszusetzen, der das Verhältnis zwischen Staat und Markt einer ständigen Evaluation und Austarierung unterwirft und die Freiheit aller Gesellschaftsmitglieder gegenüber staatlichem Zwang wahrt.

2. *Die ökonomische Analyse des Rechts als methodischer Ansatz*

Im Sog der geistigen Tradition der Chicago School hat sich in den Vereinigten Staaten eine rechtswissenschaftliche Denkrichtung entwickelt, die das

---

[72] *W. v. Humboldt*, Ideen zu einem Versuch, die Grenzen der Wirksamkeit des Staates zu bestimmen, 1792 (Neuaufl. 1967), S. 52.

[73] Der Markt gibt insbesondere nur demjenigen Tauschmacht, der bereits über tauschfähige Positionen verfügt. Für die Freiheitsentfaltung sind auch die Chancen und Möglichkeiten zu ihrer Ausübung erforderlich. Das Unvermögen, von der Freiheit tatsächlichen Gebrauch machen zu können, stellt die Freiheit als solche in Frage. Vgl. dazu im Einzelnen infra S. 238ff.

Recht durch die Erkenntnisse der Ökonomik zu befruchten trachtet. Sie hinterfragt das Rechtssystem auf seine ökonomische Effizienz und durchleuchtet die ökonomische Rationalität seiner Verteilungsstrukturen kritisch. Sie hat sich zur Aufgabe gemacht, das Rechtssystem darauf abzufragen, wie es ökonomisch relevantes Verhalten, wirtschaftliche Zusammenhänge und die Art der Ressourcennutzung beeinflusst. Die Ökonomik nimmt Kurs auf das Recht. Ihren ersten sichtbaren Ausdruck fand die Bewegung in zwei nahezu zeitgleich erschienenen, nicht in Verbindung zueinander stehenden Aufsätzen: *Guido Calabresi* versuchte 1961 in seinem Aufsatz »Some Thoughts on Risk Distribution and the Law of Torts«[74] eine rationalere Interpretation der Deliktshaftungsregeln des common law. Er unternahm als Erster den Versuch, ein Rechtsgebiet, das nicht von Haus aus wirtschaftliche Beziehungen regelt, systematisch mit der Brille der Ökonomik zu durchleuchten. Fast zum gleichen Zeitpunkt stellte der Ökonom *Ronald Coase* in einem viel beachteten Aufsatz »The Problem of Social Cost«[75] als Nebenprodukt seiner empirischen Forschungen über die Zuteilung von Rundfunk- und Fernsehfrequenzen[76] anhand von Beispielen aus der amerikanischen Rechtsprechung eine zentrale These der traditionellen Wohlfahrtsökonomik[77] in Frage. Er bezweifelt darin, dass die Effizienzprobleme, die durch externe Effekte[78] ausgelöst werden, immer ein staatliches Einschreiten erforderlich machen und rechtfertigen. Die Effizienzprobleme entstünden nicht, weil der Markt nicht zur Bewältigung der externen Effekte in der Lage sei, sondern weil die mit den Gütern verbundenen Handlungsrechte[79] nicht sachgerecht ausgestaltet seien. Sobald die Handlungs-

[74] Yale Law Journal 1961, S. 499 ff.

[75] Journal of Law & Economics 3 (1960), S. 1 ff.

[76] Ibid., S. 1 mit Fn. 1; dazu im Einzelnen infra S. 289 ff. und S. 643 ff.

[77] Die traditionelle Wohlfahrtsökonomik stützt sich auf die These *Pigous*, nach der sich Marktunvollkommenheiten, die durch externe Effekte bedingt sind, am besten durch staatliche Einflussnahme bereinigen lassen. Vgl. *Pigou*, The Economics of Welfare, 4. Aufl. 1932, S. 129 f.

[78] Vgl. dazu supra S. 13.

[79] Handlungsrechte (Verfügungsrechte, property rights) begründen Verfügungs- und Nutzungsprivilegien aller Art über knappe Ressourcen. Sie repräsentieren ein Bündel von Rechten, die ihrem Inhaber von der Rechtsordnung zum Gebrauch oder zum Tausch knapper Ressourcen zugewiesen werden. Als sanktionierte sozioökonomische Interaktionsbeziehungen definieren sie die Position, die Rechtssubjekten im Hinblick auf die Nutzung eines knappen Gutes zukommt. Der Begriff der Handlungsrechte (»rights of action«) geht (nicht auf Coase, sondern erst) auf *Demsetz* zurück. (Vgl. *Demsetz*, Journal of Law and Economics 7 [1964], S. 11 ff. Vgl. zu Begriff und Wesen von Handlungsrechten auch *Furubotn/Pejovich*, Journal of Economic Literature, 19 [1972], S. 1137 [1139]; *Richter/Furubotn*, Neue Institutionenökonomik, 3. Aufl. 2003, S. 90 ff.) Als wichtigsten (absoluten) Typus eines exklusiven Handlungsrechts kennt unsere Rechtsordnung das private Eigentum. Der Eigentümer einer Sache kann grundsätzlich mit der Sache nach Belieben verfahren und andere von jeder Einwirkung auf die Sache ausschließen (vgl. § 903 S. 1 BGB). Den Kerngehalt dieser umfassenden Rechtsstellung bringt die Wurzel des Wortes »privat« plastisch zum Ausdruck. »Privat« geht auf das lateinische Wort »privare« (berau-

rechte auch die Auswirkungen auf Dritte berücksichtigten, erreichen die Teilnehmer eines Marktes in seinen Augen durch Verhandlungen von selbst eine effiziente Allokation, wenn sie die Güter ohne Kosten (sog. Transaktionskosten[80]) tauschen können. Staatliches Eingreifen stelle dann in der

---

ben) zurück. Eigentumsrechte sind ihrem Wesen nach gleichwohl keine einschränkungslos gewährten Handlungsrechte. Würde ein Grundstück uneingeschränkte absolute Eigentumsrechte genießen, wäre auf ihm immer auch der Betrieb eines Atomkraftwerks oder eines Flughafens zu erlauben; sonst wäre der Wert des Eigentums beeinträchtigt. Ist aber umgekehrt der Betrieb eines Atomkraftwerks erlaubt, so mindert dies den Wert der benachbarten Wohnbebauung. »Ein System, in dem die Rechte des Einzelnen unbegrenzt wären, wäre eines, in dem man keine Rechte erwerben könnte,« resümiert *Coase* treffend (*Coase*, Das Problem der sozialen Kosten, in: Assmann/Kirchner/Schanze (Hrsg.), Ökonomische Analyse des Rechts, S. 129 [182]). Der Gesetzgeber kann und muss den Umfang der eigentumsrechtlichen Handlungsrechte ausgestalten und gegeneinander abgrenzen (Art. 14 Abs. 1 S. 1 GG). Er gestaltet z. B. die baurechtliche Nutzbarkeit eines Grundstücks durch gesetzliche Nutzungsregeln aus. Er legt Eigentümern Haftungspflichten für die Schäden auf, die ihre Sachen verursachen.

Handlungsrechte erschöpfen sich nicht in Eigentumsrechten juristischer Lesart. Sie können sehr unterschiedliche Formen annehmen. Ihre (nicht selten anzutreffende) Gleichsetzung mit zivilrechtlichem Eigentum kommt einer groben Verkennung der Inhalte und Zielrichtung des Begriffs gleich. Handlungsrechte können sich auf das Recht beschränken, ein Gut zu benutzen (*usus*; Bsp. Miete), auf das Recht, sich den Ertrag aus der Nutzung eines Gutes anzueignen (*usus fructus*; Bsp. Pacht), auf das Recht, eine Ressource in ihrer Form, Örtlichkeit oder Substanz zu verändern (z. B. aufgrund eines Dienstvertrages, der den Zugriff auf Güter des Auftraggebers erfordert; *abusus*) oder auf das Recht, das Gut und die an es geknüpften Handlungsrechte ganz oder teilweise zu veräußern (*ius sucessionis*). Sie können Abwehrrechte und Leistungsrechte sein, können öffentlich-rechtlicher Natur (Bsp. die Grund- und Menschenrechte) wie auch privatrechtlicher Natur sein.

[80] *Coase* (ibid., S. 15) spricht von »costs of carrying out market transactions«. Transaktionskosten beschreiben die »Betriebs«kosten des Marktmechanismus: Jeder Vertragsschluss am Markt ist stets mit Kosten für die Suche nach geeigneten Vertragspartnern (Anbietern oder Nachfragern) und ihren Interaktionsbedingungen verbunden. Die für eine Entscheidung erforderlichen Informationen müssen unter Einsatz des knappen Gutes Zeit beschafft werden. Es entstehen *Such-*, *Informations-* und *Entscheidungskosten*, zum Beispiel Kosten für Werbung, Wegekosten etc., ferner Kosten für das Aushandeln der Vertragsbedingungen und für die Überwachung der Vertragseinhaltung (*Kontrollkosten*). Sie firmieren unter dem Sammelbegriff der Transaktionskosten. *Coase* hatte ihre Bedeutung schon viel früher (dort noch unter dem Begriff der *marketing costs*, den Kosten der Nutzung des Preismechanismus) in seinem Aufsatz »The Nature of the Firm« (*Coase*, Economia 4 (1937), S. 386 [392, 403]) entdeckt. Mit ihrer Hilfe vermochte *Coase* nicht nur die Existenz und den Sinn von Unternehmungen überzeugend zu erklären (Je höher die Transaktionskosten sind, umso geringer ist der Vorteil, den Akteure aus dem Tauschgeschäft erzielen und umso günstiger ist es, eine hierarchische Organisationsform mit geringen Durchsetzungs- und Suchkosten zu wählen). Mit der Entdeckung von Transaktionskosten hat *Coase* auch eine wesentliche Funktionsbedingung des Marktes aufgezeigt: Der Markt erreicht seine erwünschten Ergebnisse nur dann, wenn seine Betriebskosten die entstehenden Vorteile des Austausches nicht aufsaugen. (Vgl. *Coase*, The Firm, the Market and the Law, 1988, S. 1 [6]: »Without the concept of transaction costs… it is my contention that it is impossible to understand the working of the economic system, to analyze many of its problems in a useful way, or to have a basis for determining policy«). Sind die Transaktionskosten so hoch, dass sie den Nutzen, den die Interessenten von der Transaktion haben, übersteigen, ziehen die Beteiligten die Möglichkeit einer alternativen

Regel keine günstigere Allokation her als der Markt. Anhand von Beispielen aus der amerikanischen Rechtsprechung versucht *Coase* zu zeigen, dass eine eingeführte unflexible gesetzliche Haftungsregel nicht selten zu einer Besserstellung des Schädigers auf Kosten der Allgemeinheit geführt habe.

Die Arbeit von *Coase* eröffnete der Ökonomik einen neuen Problemzugang zu ihrem Gegenstand, der Bewältigung von Knappheitsphänomenen. Betrachtete sie Produktionsfaktoren bis dahin als physische Einheiten und verstand sie das Recht weitgehend als vorgegebene Rahmenbedingung wirtschaftlichen Handelns und ökonomischer Forschung, sah sie den Wert von Gütern nun in erster Linie durch die mit ihr verbundenen Handlungsrechte bestimmt und machte das Recht selbst zum Gegenstand ihrer Bewertung. *Coase* schärfte den Blick für die erhebliche Tragweite, die der konkreten Ausgestaltung von Handlungsrechten durch die Rechtsordnung für die verschwendungsfreie Nutzung der Ressourcen zukommt. Er erkannte, dass der Nutzen, den Güter spenden, in entscheidendem Umfang von den durch die Rechtsordnung an ihnen eingeräumten Verfügungs- und Nutzungsmöglichkeiten abhängt. Nicht Güter an sich erzeugen Nutzen, sondern die ihnen zugeordneten »property rights«. Ihr Wert ist mit den an ihnen bestehenden Nutzungsmöglichkeiten untrennbar verknüpft. »Zwar können wir davon sprechen, dass jemand Land besitzt und dies als Produktionsfaktor einsetzt, aber was der Landeigentümer in Wahrheit besitzt, ist das Recht, bestimmte umschriebene Handlungen auszuführen,« formuliert *Coase*[81]. Physisch identische Güter können durch unterschiedliche mit ihnen verbundene Handlungsrechte einen vollends unterschiedlichen Wert entfalten. Unterschiedliche Verfügungsrechtestrukturen schaffen für die Betroffenen insbesondere unterschiedliche Anreize bzw. Hemmnisse zu einem wirtschaftlichen Umgang mit einem Gut und beeinflussen damit deren Verhalten signifikant[82].

Ressourcenverwendung durch einen Dritten nicht in Betracht; an sich (gemessen an den Präferenzen und Effizienzaspekten) erwünschte Transaktionen der Interessenten kommen nicht zustande. Die individuellen Präferenzen werden verzerrrt. Der Markt erfasst die individuellen Bewertungen nicht zutreffend und verfehlt das Allokationsziel effizienter Ressourcenzuteilung. Die bis dahin herrschende nationalökonomische Lehre litt an der logischen Bruchstelle, diese Betriebskosten bei dem Vergleich gesellschaftlicher Organisationsformen nicht zu berücksichtigen und war daher nicht in der Lage, viele wirtschaftliche Phänomene befriedigend zu erklären. Vgl. zu Begriff, Inhalt und Folgen der Transaktionskosten *Behrens*, Die ökonomischen Grundlagen des Rechts, 1986, S. 106 u. 155 ff.; *Eidenmüller*, Effizienz als Rechtsprinzip, 3. Aufl. 2005, S. 91 ff.; *Richter/Furubotn*, Neue Institutionenökonomik, 3. Aufl. 2003, S. 53 ff.

[81] *Coase*, Das Problem der sozialen Kosten, in: Assmann/Kirchner/Schanze (Hrsg.), Ökonomische Analyse des Rechts, 1993, S. 182 f.

[82] Handlungsrechte können etwa unterschiedlich stark konzentriert oder verdünnt sein, exklusiv wie auch kollektiv sein. Exklusive, umfassende Handlungsrechte sind für den Inhaber grundsätzlich wirtschaftlich wertvoller als solche Handlungsrechte, die nur einen eingeschränkten Zugriff auf das Gut erlauben. Je geringer die Möglichkeit ist, Dritte von der Aneignung potenzieller Erträge aus eigenen Ressourcen auszuschließen, umso

Entscheidend ist unter dem Blickwinkel effizienter Ressourcenallokation für *Coase*, dass die Handlungsrechte sowohl über die volkswirtschaftlichen Produktionsfaktoren und deren Ertrag als auch über die Güter so definiert werden, dass sie Handlungsmöglichkeiten eröffnen und durch sie bewirkte Handlungsfolgen ihrem Verursacher zugerechnet werden können. Ob der Nutzen, der aus knappen Gütern gezogen werden kann, tatsächlich gezogen wird, bestimmt sich danach, ob die Rechtsordnung die an ihnen bestehenden Handlungsrechte so ausgestaltet und zuordnet, dass verhaltenssteuernde Anreize zu wirtschaftlichem Umgang mit ihnen gesetzt und konkurrierende Nutzungsmöglichkeiten sinnvoll voneinander abgegrenzt werden. Die Ökonomik entdeckte im Gefolge dieser Erkenntnisse das Recht und die ökonomischen Implikationen rechtlicher Arrangements für sich. Sie fasst Rechtsnormen nicht nur als Teil eines invariablen Datenkranzes auf, sondern entwickelt Handlungsanweisungen an die Rechtsordnung. Die ökonomische Analyse des Rechts als rechtswissenschaftliche Teildisziplin[83]

---

mehr vermindert sich grundsätzlich auch der Anreiz zu eigenen Anstrengungen und effizienter Ressourcenverwertung. Die Ökonomie spricht von einer Ausdünnung der Handlungsrechte (vgl. dazu etwa *Ullrich*, Verdünnte Verfügungsrechte, 2004; *H.-B. Schäfer/Ott*, Lehrbuch der ökonomischen Analyse des Zivilrechts, 4. Aufl. 2005, S. 99f.). Je größer die Zahl der potenziellen Nutzer ist und je mehr die verschiedenen Rechte an einer Ressource auf verschiedene Personen verteilt sind, umso mehr steigt der Grad der Verdünnung der Handlungsrechte und umso weniger können Handlungsfolgen einem Subjekt zugerechnet werden. Die Zurechnung von Handlungsfolgen auf den Verursacher schafft – ökonomisch betrachtet – ein wertvolles Leistungsanreizsystem. Sie setzt Anreize für Eigeninitiative, Innovationsbereitschaft und effizienten Gütereinsatz. Dies ist auch zentrale Funktion des Eigentums. Dieser handlungsrechteorientierte Gedanke klingt auch schon bei *Bentham* an, der in seiner »Theory of Legislation. Principles of the Civil Code« (hrsg. v. Hildreth, 1931, S. 111f.) formuliert: »Eigentum ist nichts anderes als eine Grundlage von Erwartungen, Vorteile aus einer Sache zu ziehen, von der wir aufgrund unserer Beziehung zu ihr annehmen, dass wir sie besitzen«. Das individuelle Verhalten wird durch die dem Individuum eingeräumten Verfügungs-, Dispositions- bzw. Handlungsrechte bestimmt. Ein Unternehmen wird etwa im Zweifel nur dann gegründet, wenn der Unternehmer über seine Maschinen und seinen Gewinn verfügen kann. Haushalte fragen grundsätzlich nur solche Güter nach, über deren Verwendung sie auch selbst bestimmen können. Des ungeachtet können Formen des Gemeinschaftseigentums – insbesondere bei einer überschaubaren Nutzerzahl – viele allokative Vorteile haben, die eine Überlegenheit gegenüber einem Alleineigentum begründet. So können durch Mehrheitsentscheidungen der Miteigentümer hohe Transaktionskosten eingespart und Einschränkungen der Nutzungsintensität leicht überwacht und Verstöße sanktioniert werden. Die Allokationseffizienz wird durch eine Vielzahl von Parametern bestimmt.

[83] Die Literatur zur ökonomischen Analyse des Rechts ist nahezu unübersehbar. Vgl. grundlegend *Adams*, Ökonomische Theorie des Rechts, 2. Aufl. 2004; *Behrens*, Die ökonomischen Grundlagen des Rechts, 1986, S. 81ff.; *Cooter/Ulen*, Law and Economics, 5. Aufl. 2007; *Demsetz*, Journal of Legal Studies 1 (1972), S. 13ff.; *Eidenmüller*, Effizienz als Rechtsprinzip, 3. Aufl. 2005, S. 1ff.; *Kirchner*, Ökonomische Analyse des Rechts, in: Assmann/Kirchner/Schanze (Hrsg.), Ökonomische Analyse des Rechts, 1993, S. 62 (64f.); *ders.*, Ökonomische Theorie des Rechts, 1997, S. 1ff.; *Ott/H.-B. Schäfer* (Hrsg.), Allokationseffizienz in der Rechtsordnung, 1989; *H.-B. Schäfer/Ott*, Lehrbuch der ökonomischen Analyse des Zivilrechts, 4. Aufl. 2005, S. 1ff.; *Posner*, Economic Analysis of

und die Institutionenökonomik[84] als Teildisziplin der Ökonomik waren geboren. Beide nähern sich dem Ziel einer ökonomischen Optimierung des Rechts aus unterschiedlichen Disziplinen und vereinigten sich zu einer wissenschaftlichen Strömung, der Law-and-Economics-Bewegung.

Aus der Beschäftigung mit der Effizienz von Regulierungs- und Verteilungsstrukturen wurde eine rechtswissenschaftliche Denkbewegung. Sie fand in den USA bald Eingang in das Curriculum der Law Schools[85]. Zu ihrem spiritus rector wird der an der Universität Chicago lehrende *Richard Posner*, der mit seinem Lehrbuch »Economic Analysis of Law« einen Markstein in der Beschäftigung mit der ökonomischen Analyse des Rechts setzt[86]. Die Argumentationsmuster der ökonomischen Analyse des Rechts fanden zunächst über das Zivilrecht, vor allem das Vertrags- und das Deliktsrecht sowie das Gesellschaftsrecht, das Recht der Handelsgeschäfte, das Insolvenzrecht und das Arbeitsrecht Eingang in die Rechtspraxis[87].

So amorph die Entstehung der ökonomischen Analyse des Rechts verlief, so wenig klar umrissen ist ihr Anwendungsbereich und ihr Geltungsanspruch. Sehen manche, insbesondere in der deutschen Rechtswissenschaft, diesen mit der Durchleuchtung des Privatrechts durch die Brille der Ökonomik als erschöpft an, hat die amerikanische Forschung den Anwendungsbereich und Geltungsanspruch der ökonomischen Analyse des Rechts nie auf das Privatrecht begrenzt. Sie verstand die ökonomische Analyse des Rechts als universellen Erklärungsansatz und nahm die Optimierung der öffentlich-rechtlichen Verteilungslenkung von Anfang an in ihr Fadenkreuz. Ihr galt mit der Regulierungspolitik sogar einer ihrer Haupt-

---

Law, 7. Aufl. 2007; *Stephen*, The Economics of Law, 1988; *Weigel*, Rechtsökonomik, 2003; *van Aaken*, »Rational Choice« in der Rechtswissenschaft, 2003.

[84] Die Neue Institutionenökonomik untersucht die verhaltensbeeinflussenden Wirkungen alternativer sozialer Regel- und Normsysteme (»Institutionen«, wie zum Beispiel Eigentum, Ehe, Staat, Unternehmung) auf die Wirtschaftseinheiten. Sie geht der Frage nach, wie diese zu gestalten sind, damit die Ziele der Wirtschafts- und Gesellschaftsordnung, insbesondere eine effiziente Nutzung der knappen Güter, erreicht werden. Zu ihren Begründern gehören neben *Coase J. Buchanan*, *H. Demsetz* und *A. Alichian*. Der Begriff (»Neue Institutionenökonomik«) geht auf *Williamson* (Markets and Hierarchies. Analysis and Antitrust Implications, 1975, S. 1 ff.) zurück; vgl. zur Neuen Institutionenökonomik allgemein *Richter/Furubotn*, Neue Institutionenökonomik, 3. Aufl., 2003; *Göbel*, Neue Institutionenökonomik, 2002; *Erlei/Leschke/Sauerland*, Neue Institutionenökonomik, 2. Aufl. 2007; *Williamson*, Journal of Economic Literature 38 (2000), S. 595 ff.; *Hall/Taylor*, Political Studies 44 (1996), S. 936 ff.; aus juristischer Perspektive: *Denkhaus*, Die neue Institutionenökonomik und das Governancekonzept – Zum Wandel der ökonomischen Theorie und ihren Implikationen für die Verwaltungswissenschaft, in: Bungenberg u. a. (Hrsg.), Recht und Ökonomik, 2004, S. 33 ff.

[85] Vgl. *Lovett*, Journal of Legal Education 26 (1974), S. 385.

[86] Vgl. *Posner*, Economic Analysis of Law, 7. Aufl. 2007.

[87] Vgl. dazu beispielhaft auch *Kötz/H. B. Schäfer*, Judex oeconomicus, 2003 sowie die Beiträge in *Ott/H.-B. Schäfer* (Hrsg.), Allokationseffizienz in der Rechtsordnung, 1989.

augenmerke[88]. Die Arbeiten von *Calabresi* und *Coase* waren eine Antwort auf Krisenerscheinungen in der amerikanischen Regulierungspolitik, insbesondere der Arbeit der »Commissions«, die als Interventionsinstanzen Einfluss auf den Wirtschaftsprozess nahmen (die Interstate Commerce Commission, die Federal Trade Commission, die Securities and Exchange Commission, die Federal Communications Commission und das Civil Aeronautics Board)[89]. Sie wollten Anstoß zur Überprüfung der überkommenen Verteilungsstrukturen zwischen Staat und Gesellschaft geben. Die amerikanische ökonomische Analyse sieht keinen Anlass dafür, das – das Privatrecht beherrschende[90] – Ziel einer ökonomisch sinnvollen Verteilungsordnung vor den Toren des öffentlichen Rechts Halt machen zu lassen. Effizienz versteht sie nicht nur als ein rechtspolitisches Ziel unter vielen anderen. Sie sieht die Effizienz vielmehr als ein die Rechtsordnung schlechthin überragendes und überspannendes Ziel[91]. Das gesamte Spektrum des Rechtssystems müsse so gestaltet werden, dass das ökonomisch erwünschte, das heißt effiziente Ergebnis realisiert, umgekehrt gewendet Verschwendung vermieden wird. Es sei Aufgabe des Gesetzgebers wie auch der Rechtsprechung, die ökonomischen Implikationen rechtlicher Regelungen zu analysieren und zu bewerten sowie aufgrund dieser Erkenntnisse Rechtsfolgen anzuordnen, die die gesamtgesellschaftliche Wohlfahrt so weit wie möglich erhöhen. Gefragt sei eine Politik ohne Romantik[92]. Nicht das wünschenswerte, Idealen entsprechende Verhalten der Menschen, son-

[88] Deutlich wird dies etwa daran, dass der Aufsatz von *Coase* das Nebenprodukt seiner empirischen Forschungen über die Zuteilung von Rundfunk- und Fernsehfrequenzen durch die Federal Communications Commission war, die er in dem Beitrag »The Federal Communications Commission« (Journal of Law & Economics [1959], S. 1 ff.) zusammengefasst hat.

[89] Die Kommissionen gerieten in den Ruf, unter dem Druck der jeweils regulierten Industrie- und Gewerbelobby zu stehen und infolge von Interessenverfilzung tatsächlich den Lobbyinteressen der im Markt präsenten Anbieter, insbesondere deren Abschottung gegenüber Marktneulingen zu dienen und dadurch einer effizienten Regulierung eher im Wege zu stehen als zu dienen – zum Schaden potenzieller Neubewerber (sog. regulatory capture). *Coase* resümiert: »Was die Kommissionen tun, ist schwer zu erkennen; welche tatsächlichen Auswirkungen die Arbeit der Kommissionen hat, ist weitgehend unbekannt, soweit Wirkungen festgestellt werden konnten, sind sie häufig absurd«; *Coase*, American Economic Review 54 (1964), S. 194; dazu etwa auch *Engel*, Nebenwirkungen wirtschaftsrechtlicher Instrumente, in: ders./Morlok (Hrsg.), Öffentliches Recht als ein Gegenstand ökonomischer Forschung, 1998, S. 173 (180 f.).

[90] Vgl. dazu *H.-B. Schäfer*, Allokationseffizienz als Grundprinzip des Zivilrechts, in: Ott/H.-B. Schäfer (Fn. 87), S. 1 ff.; *Ott*, Allokationseffizienz, Rechtsdogmatik und Rechtsprechung – die immanente ökonomische Rationalität des Zivilrechts, in: *H.-B. Schäfer/Ott* (Fn. 83), S. 25 ff.

[91] »I continue to believe that wealth maximization should guide public policy in all spheres«, formuliert *Posner* den universellen Anspruch der ökonomischen Analyse des Rechts unmissverständlich. *Posner*, Hofstra Law Review 9 (1981), S. 775 (S. 780). Vgl. zu dieser Forderung *Eidenmüller* (Fn. 83), S. 166 u. 170; *H.-B. Schäfer/Ott* (Fn. 83), S. 4.

[92] *J. M. Buchanan*, Politics Without Romance, Zeitschrift des Instituts für Höhere Studien 3 (1979), S. 1 ff.

dern die tatsächliche Verhaltenswirkung eines Gesetzes bilde das entscheidende Kriterium für seine Bewertung. Dort, wo der Markt wegen hoher Transaktionskosten oder externer Effekte versagt, ist nach *Posner* nicht eine aufgrund staatlicher Informationen erfolgende Verteilungslösung zu wählen, sondern das Recht solle dort den Markt durch eine entsprechende Ausgestaltung der Handlungsrechte zu simulieren versuchen. Die ökonomische Analyse des Rechts begnügt sich insoweit nicht damit, das Verhalten der Akteure und die Folgen rechtlicher Regelungen zu beschreiben und daraus Handlungswissen abzuleiten (*positive* ökonomische Analyse des Rechts), sondern sie zieht normative Schlussfolgerungen für die Gestaltung der Rechtsordnung und entwirft Handlungsanleitungen für den Gesetzgeber (*normative* ökonomische Analyse des Rechts[93]). Sie erhebt den Anspruch, Aussagen darüber zu treffen, wie die Staatsgewalt rechtlich verfasst sein soll (nicht darüber, wie sie rechtlich verfasst ist)[94]. Unter mehreren zur Wahl stehenden Entscheidungs- und Regelungsalternativen solle diejenige gewählt werden, die dem Ziel eines effizienten Ressourceneinsatzes am ehesten entspricht. Ihr ist es darum bestellt, den Rationalitätsgrad bei allen Entscheidungen zu erhöhen, die auf die Ausgestaltung und Abänderung sozialer Arrangements zielen. Wenn auch in jüngerer Zeit etwas zurückgenommen[95], zeichnet sich der universelle normative Anspruch in Selbstverständnis und Sprache der Protagonisten der ökonomischen Rechtsanalyse nicht gerade durch Bescheidenheit aus[96]. Kritiker sprechen bereits von einem ökonomischen Imperialismus[97], einem Terror der Ökonomie[98], der

[93] Vgl. zur Unterscheidung zwischen positiver und normativer ökonomischer Analyse des Rechts *Posner* (Fn. 86), S. 24ff.; *Eidenmüller* (Fn. 83), S. 21; *Kirchner* (Fn. 59), S. 8f.; *van Aaken*, »Rational Choice« in der Rechtswissenschaft, 2003, S. 45ff. und S. 181ff.; zusammengefasst in: *dies.*, Vom Nutzen der ökonomischen Theorie für das öffentliche Recht: Methode und Anwendungsmöglichkeiten, in: Bungenberg u. a. (Hrsg.), Recht und Ökonomik, 2004, S. 1 (4ff. und 22ff.); *Terhechte*, Zu den rechtsphilosophischen Grundlagen der ökonomischen Analyse des Rechts und den Critical Legal Studies, in: Bungenberg u. a. (Hrsg.), a. a. O., S. 91 (98).

[94] Vgl. *Brennan/J. M. Buchanan* (Fn. 55), S. 2f., 12ff., 25ff., 30f.; *J. M. Buchanan*, Die Grenzen der Freiheit, 1984, S. 76ff.

[95] Vgl. *Posner* (Fn. 86), S. 11: »(...) the term ›efficiency‹, when used as in this book to denote that allocation or resources in which value is maximized, has limitations as an ethical criterion of social decision-making«. Ähnlich *ders.*, ibid., S. 15f.

[96] Vgl. z. B. *Posner*, The Problems of Jurisprudence, S. 352: »The most ambitious and probably most influential effort in recent years to elaborate an overreaching concept of justice that will both explain judicial decision making and place it on an objective basis is that of scholars working in the interdisciplinary field of ›law and economics‹, as economic analysis of law is usually called«.

[97] *Boulding*, Ökonomie als eine Moralwissenschaft, in: Vogt (Hrsg.), Seminar: Politische Ökonomie, 1973, S. 103 (118).

[98] *Forrester*, Der Terror der Ökonomie, 2002; *dies.*, Die Diktatur des Profits, 2002. *Forrester* klagt eine Determinierung des politischen Denkens und Handelns durch die Prinzipien profitablen Wirtschaftens an, die als globaler Totalitarismus das Leben bestimmte: Der Primat der Bilanzen werde zum universellen Gesetz.

der grenzenlosen ökonomischen Kolonialisierung aller Lebensbereiche den Weg ebnet und qualitätsorientiertes Denken mit buchhalterischem Monetisierungseifer in sein Gegenteil verkehrt[99]. An Kritik an der ökonomischen Analyse des Rechts mangelt es nicht. Sie reicht von dem Anwurf der »begrenzten heuristischen Nützlichkeit«[100], die dem Rechtspolitiker viel Raum lässt, seine eigene politische Agenda unter dem Deckmantel der ökonomischen Effizienz zu verfolgen[101], über den »Verlust an tradierter Rechtskultur«[102] bis zum Beschuss ökonomischer Theorien als ihrer gedanklichen Grundlagen. Auch unter Ökonomen traf *Posner* mit seinen Thesen nicht nur auf Beifall. So moniert etwa *Williamson:* »It is of interest in this connection that what *Posner* has referred to as the ›economic approach to law‹ (1975) is characteristically deficient in micro analytic respects. (...) However powerful and useful it is for classroom purposes and as a check against loose public policy prescriptions, it easily leads to extreme and untenable solutions«[103].

---

[99] Vgl. neben den in den Fn. 97 und 98 genannten auch *Gray*, Die falsche Verheißung. Der globale Kapitalismus und seine Folgen, 2. Aufl. 2002; *Rifkin*, Access – Das Verschwinden des Eigentums, 3. Aufl. 2007; *Saul*, Der Markt frisst seine Kinder, 2. Aufl. 1998.

[100] *Kennedy*, Stanford Law Review 33 (1981), S. 387 (444).

[101] *Eidenmüller* (Fn. 83), S. 167.

[102] *Kübler*, Effizienz als Rechtsprinzip – Überlegungen zum rechtspraktischen Gebrauch ökonomischer Argumente, in: J. Baur/Hopt/Mailänder (Hrsg.), Festschrift für Ernst Steindorff zum 70. Geburtstag, 1990, S. 687 (701).

[103] *Williamson*, Bell Journal of Economics 7 (1976), S. 73 (74).

§ 5 Das Menschenbild der Ökonomik in der Begegnung mit dem Menschenbild des Grundgesetzes

Die ökonomische Analyse des Rechts sieht ihre Thesen als logische Schlussfolgerung eines verhaltenswissenschaftlichen Befundes. Sie versteht sich als eine Antwort auf das Verhalten des Menschen, das sie untersucht und vorzufinden glaubt – namentlich das Bild des *homo oeconomicus*, der sein Verhalten an seinem eigenen Wohl ausrichtet und seinen Nutzen konsequent zu mehren sucht[104].

I. Der homo oeconomicus und seine Grenzen

Der homo oeconomicus ist ein relationsoptimierendes Wesen. Er setzt die knappen Mittel für diejenigen Handlungsmöglichkeiten ein, die den größten Nutzen versprechen, und baut sein gesamtes Handlungsprogramm darauf auf. Bei seinem Ressourceneinsatz folgt er demjenigen Plan, der möglichst viele seiner präferierten Bedürfnisse befriedigt und eine gute Aussicht auf erfolgreiche Verwirklichung bietet[105]. Er versucht unter den gegebenen Knappheitsbedingungen und Handlungsrestriktionen eine Bedürfnisbefriedigung mit möglichst geringen Kosten zu erreichen bzw. mit gegebenen Mitteln das größtmögliche Ausmaß an Erfolg zu erzielen. Eine nutzenstiftende Aktivität dehnt er solange aus, wie der damit verbundene Nutzen größer ist als die dadurch entstehenden Kosten[106]; er optimiert seinen Res-

---

[104] Vgl. zum Modell des homo oeconomicus im Einzelnen etwa *Eidenmüller*, Effizienz als Rechtsprinzip, 3. Aufl. 2005, S. 28 ff.; *Kirchgässner*, Homo oeconomicus, 2. Aufl. 2000, S. 12 ff. *Jost*, Die Spieltheorie im Unternehmenskontext, in: ders. (Hrsg.), Die Spieltheorie in der Betriebswirtschaftslehre, 2001, S. 9 (10 ff.); *Gröschner*, Der homo oeconomicus und das Menschenbild des Grundgesetzes, in: Engel/Morlok (Hrsg.), Öffentliches Recht als ein Gegenstand ökonomischer Forschung, 1998, S. 31 ff.

[105] *Rawls*, Eine Theorie der Gerechtigkeit, 2003 (1971), S. 166 f.; *Homann/Suchanek*, Ökonomik, 2000, S. 68 ff.; *Kirchner*, Ökonomische Analyse des Rechts, in: Assmann/Kirchner/Schanze (Hrsg.), Ökonomische Analyse des Rechts, 1993, S. 62 (63); *ders.*, Ökonomische Theorie des Rechts, 1997, S. 7.

[106] »Kosten« versteht die Ökonomie dabei in einem umfassenden Sinn. Die Kosten von Handlungsweisen bestehen nicht – wie noch die klassische Nationalökonomie annahm – allein in der für die Herstellung eines Gutes gewöhnlich notwendigen Arbeitszeit und den realen Kosten eines Ressourcenverbrauchs, sondern im Verzicht auf die Realisierung alternativer Handlungsmöglichkeiten. Die ökonomische Theorie spricht von »Op-

sourceneinsatz im Hinblick auf alternative Verwendungsmöglichkeiten. Seine Handlungen sind zweckrational, d.h. er orientiert sich an den Vor- und Nachteilen, die sich aus seinem Handeln in der spezifischen Entscheidungssituation für die Erreichung seiner Ziele ergeben[107].

Der nutzenmaximierende homo oeconomicus reinsten Wassers wählt unter den Bedingungen der Knappheit solche Ressourcennutzungen aus, die seinen eigenen Nettonutzen maximieren, und blendet die Auswirkungen seiner Handlungen auf Dritte aus, soweit diese nicht rechtlich sanktioniert sind. Er wird etwa eine Umweltnutzung, die für ihn selbst mit Vorteilen, für die Allgemeinheit aber mit Schäden (sog. negativen Externalitäten[108]) verbunden ist, so lange fortsetzen, wie die Kosten dieser Handlung nicht teurer sind als der daraus erzielbare Vorteil. Er leistet Geboten dann Folge, wenn ihre Befolgung sich für ihn günstiger als ihre Nichtbefolgung darstellt. So wird er im Zweifel einen Vertrag brechen, wenn der Vorteil, der daraus erwächst, größer ist als die damit verbundenen Sanktionen. Wer sich mit seinem Auto einer innerstädtischen Verkehrsampel nähert, die auf »Rot« zeigt, ohne dass sich andere Autos der Kreuzung nähern, steht aus der Sicht der ökonomischen Analyse des Rechtes (auch) vor einer ökonomischen Abwägungsentscheidung[109]: Bei einem Verstoß gegen das Haltegebot würde sich kein Unfall ereignen und der Autofahrer würde früher seinen Bestimmungsort erreichen. Auf der anderen Seite hat er im Falle eines Verkehrsverstoßes eine empfindliche Sanktion zu befürchten. Der Autofahrer wird abwägen zwischen der Wahrscheinlichkeit der Aufdeckung seines Verstoßes, seinen Zeitvorteilen und der Höhe der Sanktion. Die Abwägung kann bei der gleichen Person zu einem anderen Ergebnis führen, je nach dem ob sie als Autofahrer am Verkehr teilnimmt oder sich als Fußgänger oder Radfahrer im Verkehr bewegt. Sanktionen erreichen ihre Steuerungswirkung nach dem Modell der ökonomischen Analyse nur insoweit, als sie

---

portunitätskosten«: Wer studiert, kann in dieser Zeit seine Arbeitskraft dem Markt nicht gegen Entgelt andienen. Er verzichtet auf Einkommen und hat Opportunitätskosten in dieser Höhe. Wer sein Vermögen in Aktien investiert, der kann nicht mit dem gleichen Kapital die Sicherheit und Rendite des Rentenmarktes für sich in Anspruch nehmen. Alle Entscheidungen für eine Alternative sind zugleich Entscheidungen gegen andere ebenfalls erwünschte Alternativen. Die Opportunitätskosten bestehen im Unterschied zwischen der besten und der zweitbesten Alternative (vgl. dazu z.B. *Posner*, Recht und Ökonomik: Eine Einführung, in: Assmann/Kirchner/Schanze (Hrsg.), Ökonomische Analyse des Rechts, 1993, S. 79 [83f.]); *Behrens*, Die ökonomischen Grundlagen des Rechts, 1986, S. 33f.).

[107] Vgl. die klassisch gewordene Definition *Max Webers*: »Zweckrational handelt, wer sein Handeln nach Zweck, Mitteln und Nebenfolgen orientiert und dabei sowohl die Mittel gegen die Zwecke wie die Zwecke gegen die Nebenfolgen, wie endlich auch die verschiedenen möglichen Zwecke gegeneinander rational abwägt«; *M. Weber*, Wirtschaft und Gesellschaft, Bd. 1, 5. Aufl. 1980, S. 17f.

[108] Vgl. dazu supra S. 13.

[109] Vgl. *Coase*, Das Problem der sozialen Kosten, in: Assmann/Kirchner/Schanze (Hrsg.), Ökonomische Analyse des Rechts, S. 129 (170).

so eingerichtet sind, dass es für das Individuum rational ist, sie zu befolgen[110]. Ihnen fällt in der Sichtweise der Ökonomik die Aufgabe zu, ein individuell nutzenstiftendes Verhalten für einen rationalen Normadressaten so zu verteuern, dass die Befolgung der Norm günstiger ist als alle anderen Handlungsvarianten; ihnen kommt die Funktion von Preisen zu[111].

Die Ökonomik versteht es nicht als ihr Anliegen, das Verhalten des nutzenmaximierenden Menschen, der »with guile« (»mit List und Tücke«)[112] seinem Eigeninteresse nachgeht, normativ zu rechtfertigen oder den Menschen auf diese Eigenschaften zu reduzieren. Sie will die »menschliche Natur erforschen, so wie wir sie kennen«[113]. Das Recht steuert die Wahlentscheidungen des nutzenmaximierenden Menschen. Es gibt ihm einen Handlungsrahmen vor. Es muss sich dann auch mit seiner Denkweise und seinen wirtschaftlichen Reaktionen auseinandersetzen, d. h. die verhaltenssteuernden Wirkungen seines Tuns in Rechnung stellen. Da der homo oeconomicus rational strukturiert ist, reagiert er auf Veränderungen der äußeren Umstände in vorhersagbarer Weise. Die ökonomische Analyse des Rechts will sich dies zunutze machen und untersucht den Einfluss von Normveränderungen auf das Handlungsfeld und die Wahlentscheidungen der Regelungsadressaten. Sie wendet ökonomisches Kalkül auf rechtliche Regelungen an. Das Bild des nutzenmaximierenden Menschen dient ihr als Grundlage für die Beurteilung von Normen und Institutionen.

David Ricardo (1722–1823) – der Ahnherr des homo oeconomicus – entwarf den homo oeconomicus als Idealtyp, der zeigen sollte, wie sich jeder Mensch von Natur aus verhalte, nämlich dass er sich die größtmögliche Befriedigung gegen das geringstmögliche Opfer zu verschaffen trachte und in seinem Handeln durch das Eigeninteresse regiert werde. Die Idealwelt des homo oeconomicus war für ihn die natürliche Wirklichkeit. Er setzte das Menschenbild und die ökonomischen Grundannahmen damit zugleich dem Menetekel einer ideologischen Verkürzung der Realitätswahrnehmung und eines ideologischen Kurzschlusses aus. Diese Gefahr wird in Anlehnung an *Schumpeter* auch gerne als Ricardianisches Übel (»the Ricardian Vice«) bezeichnet[114].

---

110 Mit diesen Worten fasst *Luhmann*, Das Recht der Gesellschaft, 1993, S. 515, den Kerngehalt der Neuen Politischen Ökonomie zusammen.

111 Vgl. *D. Friedman*, Law's Order, 2000, S. 11: »Legal rules are to be judged by the structure of incentives they establish and the consequences of people altering their behaviour in response to those incentives«; vgl. auch *Kirchgässner*, Homo oeconomicus, 2. Aufl. 2000, S. 35.

112 *Williamson*, Die ökonomischen Institutionen des Kapitalismus, 1985/1990, S. 7.

113 *Williamson* (Fn. 112), S. 3.

114 *J.A. Schumpeter*, Geschichte der ökonomischen Analyse (hrsg. v. E. Schumpeter), 1965, S. 584; vgl. *H. Arndt*, The Ricardian Vice, in: Stammer/Thalheim (Hrsg.), Festgabe für Friedrich Bülow, 1960, S. 37 ff.

Die Ökonomik hat das Ricardianische Bild des homo oeconomicus weiter entwickelt und in seiner Bedeutung für die Theoriebildung relativiert. Die Wohlfahrtsökonomik der Gegenwart versteht den homo oeconomicus nicht als originalgetreues Abbild des Menschen, das diesen als solchen beschreiben könnte und ihn ausnahmslos erfasst, sondern als theoretisches Konstrukt zu Zwecken der Modellbildung[115]. Der homo oeconomicus ist eine methodische Hilfsfigur, ein Retortenwesen, um wirtschaftstheoretische Phänomene zu vereinfachen und zu erklären. Er beschreibt eine auf typische Situationen zugeschnittene Verhaltensgesetzlichkeit: Bei Vorliegen konfligierender Interessen – die Ökonomik spricht von Dilemmastrukturen – handeln Menschen nicht systematisch und auf Dauer gegen ihre Eigeninteresseanreize. Ihr Handeln wird grundsätzlich von individuellen Vorteils-/Nachteils-Kalkulationen geprägt. Das Gemeinwohl ist für den homo oeconomicus in der Regel nicht handlungsleitend und tritt in Konfliktsituationen gegenüber dem Eigeninteresse zurück. Von mehreren Entscheidungsalternativen wählt er im Zweifel diejenige, die aus der Sicht der Mehrung des eigenen Nutzens die vorzugswürdige ist. Er handelt entsprechend seinen Präferenzen. Die Anreize, die sein Verhalten steuern, brauchen dabei nicht wirtschaftlicher Natur zu sein; sie können materieller wie immaterieller Natur sein. Eine Person handelt auch dann modellkonform, wenn sie die teurere (kostenintensivere) Möglichkeit wählt, dafür aber die Variante nimmt, die beispielsweise ihren ethischen Zielen entspricht oder ihr mehr Freizeit verschafft.

Das moderne Menschenbild des homo oeconomicus schließt irrationale Verhaltensweisen nicht aus. Es bezieht die beschränkte Fähigkeit des Menschen zu rationaler Problemverarbeitung als soziale Tatsache in seine Modellbildung mit ein. Menschen handeln nicht immer rational im Interesse einer bestmöglichen Nutzenmaximierung. Sie verfügen nur über eine eingeschränkte Rationalität (»bounded rationality«)[116,117]. Ihnen steht nur be-

[115] *Brennan/J. M. Buchanan* (Die Begründung von Regeln, 1993, S. 69) sprechen etwa von einer »›nützlichen‹ Fiktion«; vgl. zum modernen Bild des homo oeconomicus *Kirchgässner*, Homo oeconomicus, 2. Aufl. 2000; *ders.*, JZ 1991, S. 104 ff.; *Gröschner*, Der homo oeconomicus und das Menschenbild des Grundgesetzes, in: Engel/Morlok (Hrsg.), Öffentliches Recht als ein Gegenstand ökonomischer Forschung, 1998, S. 31 ff.; *Lüdemann*, Die Grenzen des homo oeconomicus und die Rechtswissenschaft, in: Engel et al. (Hrsg.), Recht und Verhalten, 2007, S. 7 ff.; *Rittner*, JZ 2005, S. 668 ff.; *Wieland*, Die Bedeutung der Figur des »homo oeconomicus« für das Recht, in: Dölling (Hrsg.), Festschrift für Ernst-Joachim Lampe zum 70. Geburtstag, 2003, S. 371 ff.

[116] *Simon* stellt deshalb dem homo oeconomicus den *administrative man* gegenüber. Der *administrative man* hat mit seinen kognitiven Grenzen zu leben gelernt und begnügt sich je nach Situation mit beschränkter Rationalität. Er bricht die Suche nach Problemlösungen ab, sobald eine befriedigende Antwort gefunden ist, auch wenn noch bessere Alternativen existieren. Die Optimierungsvorstellung wird abgelöst vom Konzept der Suche nach zufrieden stellenden Handlungsalternativen. *Simon*, Models of Man, 1957, S. 196 ff.; *March/Simon*, Organisation und Individuum, 1976, S. 129 ff.

[117] Vgl. dazu *G. S. Becker*, Irrational behavior and Economic Theory, Journal of Poli-

grenzte Information über die Entscheidungsalternativen sowie deren Konsequenzen und eine begrenzte Informationsverarbeitungskapazität zur Seite[118]. Rational sind Entscheidungen nur aus der Sicht der handelnden Akteure (zum Zeitpunkt der Entscheidung). Der Mensch besitzt zudem kein geschlossenes, widerspruchsfreies System von Zielen, Wünschen und Motiven, nach denen er handelt. Die menschliche Präferenzordnung ist weder strikt logisch strukturiert noch bleibt sie konstant.

Entscheidungen finden insbesondere häufig unter Risiko und Ungewissheit statt, sei es, weil die möglichen Umweltzustände, die eintreten können, nicht bekannt sind (*Ungewissheit Zweiter Ordnung*), sei es, weil zwar die möglichen Umweltzustände, nicht aber deren Wahrscheinlichkeitsverteilung bekannt sind (*Ungewissheit Erster Ordnung*) oder zwar die möglichen Umweltzustände und deren Wahrscheinlichkeitsverteilung bekannt sind, nicht aber das konkret eintretende Ergebnis (*Risiko*)[119]. Unter den Bedingungen der Ungewissheit steht dem homo oeconomicus keine rationale Entscheidungsregel zur Seite. Es lassen sich nur subjektive Wahrscheinlichkeiten bilden. Die Entscheidung beispielsweise, ein größeres Risiko mit größeren Gewinnaussichten oder aber ein geringeres Risiko mit niedrigen Chancen auf ein gutes Ergebnis zu wählen, bleibt subjektiv. Die Wahlentscheidung ist umso willkürlicher, je niedriger das Informationsniveau und je einzigartiger die Entscheidung ist, d. h. je weniger vergleichbare Fälle

---

tical Economy 70 (1962), S. 1 ff.; *Richter/Furubotn*, Neue Institutionenökonomik, 3. Aufl. 2003, S. 552; *Gäfgen*, Theorie der wirtschaftlichen Entscheidung, 3. Aufl. 1974, S. 18 ff.; *H. A. Simon*, Bounded Rationality, in: The New Palgrave Dictionary of Economics and the Law, Utility and Probability, 1987, S. 15 ff.

118 Dieser Umstand wird auch nicht selten strategisch eingesetzt: Akteure legen Kontrollorganen, zum Beispiel dem Aufsichtsrat oder dem Parlament, nicht selten so viele Informationen vor, dass diese aufgrund ihres Entscheidungsdrucks und ihrer begrenzten Zeit die relevanten Informationen mit hoher Wahrscheinlichkeit nicht finden werden. *Churchill* etwa soll diese Strategie systematisch als Element seiner Politik benutzt haben. Im Anschluss an eine Rede, in der er seine politischen Gegner mit einer Vielzahl von – zudem auswendig vorgetragenen – Zahlen förmlich erschlagen hatte, soll er auf die Frage, wie er sich diese großartige Dokumentation verschafft habe, für die man mindestens sechs Monate brauche, schadenfroh geantwortet haben: »So lange wird auch die Opposition brauchen, um zu beweisen, dass meine Zahlen falsch waren«.

119 Lässt sich eine statistische Erwartungssicherheit bilden (sog. Risiko-Entscheidung bzw. Quasi-Gewissheit vgl. dazu *Gäfgen* [Fn. 117], S. 288 ff.), wie zum Beispiel beim Würfelspiel, beim Roulette, bei den meisten versicherungsvertraglichen Entscheidungssituationen, ist die Entscheidungsfindung einfacher als in Konstellationen der Ungewissheit Erster und Zweiter Ordnung: Der rationale Akteur wird sich an der Entscheidungsregel orientieren, diejenige Aktion zu wählen, deren Wahrscheinlichkeitsverteilung den höchsten Erwartungswert des Nutzens ergibt (sog. *Bayes-Regel*; vgl. dazu *Holler/Illing*, Einführung in die Spieltheorie, 6. Aufl. 2006, S. 50 u. 78 ff.). Die Entscheidungssituation lässt sich durch Anwendung der Wahrscheinlichkeitsrechnung auf eine Situation der Gewissheit zurückführen. Beruht die Unsicherheit der Entscheidung auf der Unsicherheit des Ausgangs von Aktionen autonomer Entscheidungsträger, d. h. sozialer Interdependenz des Akteurs mit sog. Gegenspielern, spricht die Ökonomie von strategischer Ungewissheit. Ihrer Erforschung widmet sich die Spieltheorie. Vgl. dazu infra S. 176.

der Informationsstand des handelnden Subjekts enthält. Psychische und soziale Faktoren beeinflussen die Entscheidungsqualität ebenso wie die Risikobereitschaft[120].

Auch wenn die Ungewissheitsfaktoren gering, alle Informationen, die für die Wahl der optimalen Entscheidung notwendig sind, also verfügbar sind, wählen Menschen nicht immer die Entscheidungsalternative, die sich nach objektiven Maßstäben als Königsweg erweist. Menschen handeln häufig weniger rational als situationsbedingt. Viele lassen beispielsweise eine geschenkte Theaterkarte eher verfallen als eine gekaufte (zum Beispiel wenn eine Terminkollision besteht), wiewohl der Vermögensverlust in beiden Fällen genau gleich groß ist. Sie wenden oft mehr Ressourcen zur Verteidigung eines Vermögensbestandes als zur Neuerwerbung desselben Vermögensbestandes auf. In der Vergangenheit bereits unwiderruflich aufgewendete Kosten werden häufig bei Entscheidungen berücksichtigt, obschon für eine rationale Entscheidung ausschließlich der künftige Nutzen und die künftig aufzuwendenden Kosten von Bedeutung sind (sog. Sunk cost-Effekt[121]). Öffentliche oder private Investitionsvorhaben etwa werden fortgeführt, nur weil bereits recht hohe Summen investiert wurden. Studenten, die hohe Studiengebühren zahlen oder schon lange mit mäßigem Erfolg und geringer Begeisterung studieren, führen ein Studium mit Blick auf die bereits getätigten Investitionen häufig auch dann fort, wenn sie erkennen, dass das gewählte Studienfach nicht ihren Neigungen und Begabungen entspricht und sie in anderen Berufsfeldern im Vergleich schneller zu einem größeren Erfolg gelangen[122]. Direkte Kosten werden im Vergleich zum entgangenen Gewinn überschätzt (sog. Opportunity cost-Effekt): Wer umziehen muss und sein früher einmal für 400.000 € gekauftes Haus aufgrund eines Preisverfalls im Immobilienmarkt jetzt nur für 350.000 € verkaufen könnte, wird es in vielen Fällen lieber behalten, obwohl er am neuen Wohnort ein Haus, das ehemals 400.000 € wert war, nun wahrscheinlich auch für 350.000 € erstehen könnte. Auch der Umgang mit kleinen und bedingten Wahrscheinlichkeiten ist für viele Menschen intrikat[123]. Ähnliche

---

[120] Treffend schlussfolgert *Niehans* (Schweizerische Zeitschrift für Volkswirtschaft und Statistik 84 [1948], S. 433 [450]), »(…) dass in einem theoretischen Bild der Wirtschaft, in der das Unsicherheitselement ausgeschaltet ist, gewisse Züge der Wirtschaft, wie wir sie kennen, fehlen müssen. Die Preise, die eine solche Theorie erklärt, können nicht die wirklichen Preise sein, die Entwicklung, die sie voraussagt, nicht die wirkliche Entwicklung, und die Motive, die sie den Entscheidungen unterlegt, nicht die wirklichen Motive«.

[121] Zu seiner Bedeutung im Rahmen des Zuteilungsmodells der Versteigerung siehe infra S. 352 ff.

[122] Zu berücksichtigen sind dabei freilich soziale Faktoren, insbesondere von dem sozialen Umfeld ausgeübter tatsächlicher und von den Betroffenen vermuteter Entscheidungsdruck.

[123] So wurde in empirischen Untersuchungen Fachleuten beispielsweise der Lebenslauf eines Schülers vorgelegt, der als kontaktarm dargestellt wurde. Sie sollten eine Prog-

Defizite sind beim Umgang mit neuen Informationen zu beobachten. Menschen neigen dazu, neue Informationen zu überschätzen und zu stark zu gewichten, wie *Kahneman* mit seiner »Theorie der Frösche« am Beispiel der Dollarschwankungen belegen konnte. Diese Handlungsbedingungen der Irrationalität (sog. Verhaltensanomalien)[124] muss die ökonomische Analyse des Rechts in ihre Betrachtungen einbeziehen.

Sie steht auch vor der Herausforderung, die sozialen Implikationen des Entscheidungsverhaltens in ihr Bild aufzunehmen. In einem sozialen Umfeld sind Präferenzen keineswegs nur durch wirtschaftliche Eigennutzüberlegungen bestimmt. Menschen geben Trinkgeld in Restaurants, die sie nie wieder besuchen werden. Sie leisten freiwillige Dienste beim Roten Kreuz, spenden und helfen anderen in der Not. Freundschaft und Solidarität sind ebenso wie Mitgefühl und Aufopferung mit dem Gedanken eines eigeninteressegeleiteten Menschen kompatibel[125]; sie können in die Struktur individueller Präferenzsysteme eingebettet sein[126]: Der Nutzen eines Menschen kann – positiv oder negativ[127] – vom Nutzen anderer Personen beeinflusst sein, gar entscheidend von ihm abhängen. Wessen eigenes Wohl dadurch gefördert wird, dass es anderen Menschen besser geht, handelt in diesem Sinne auch eigennützig. Selbstsucht und Eigennutz sind nicht dasselbe[128]. Die Wohlfahrtstheorie bezeichnet diese Aspekte des Eigennutzes als einmischende Präferenzen (meddlesome preferences)[129]. Bereits *Adam Smith* konzedierte in seiner »Theory of Moral Sentiments« ihre Bedeutung für

nose darüber abgeben, ob der Schüler mit größerer Wahrscheinlichkeit Lehrer oder Bibliothekar werden würde. Auch erfahrene Berufspädagogen schrieben ihm den Werdegang Bibliothekar zu, ohne zu berücksichtigen, dass es – absolut gesehen – im Vergleich zu Lehrern nur sehr wenige Bibliothekare gibt und dieser Umstand bei der Beurteilung der Wahrscheinlichkeit einer Berufsentscheidung zu berücksichtigen ist. Vgl. *Dawes*, Rational Choice in an Uncertain World, 1988, S. 67.

124 Weitere Verhaltensanomalien sind der sog. Endowment-Effekt (vgl. dazu infra S. 728), der Certainty-Effekt (sichere Alternativen werden vor probabilistischen Alternativen mit gleichem Erwartungswert bevorzugt), das Ellsberg-Paradox (auch Ambiguitäts-Paradox genannt: Unsichere Alternativen werden grundsätzlich gemieden) und der Isolation-Effekt (Menschen richten ihre Aufmerksamkeit eher auf Unterschiede zwischen Alternativen als auf Gemeinsamkeiten). Vgl. zu Verhaltensanomalien *Dawes* (Fn. 123), S. 165; *Kahneman/Tversky*, The Journal of Business, 59 (1986), S. 251 ff.; illustrativ dazu *H.-B. Schäfer/Ott*, Lehrbuch der ökonomischen Analyse des Zivilrechts, 4. Aufl. 2005, S. 66 ff.

125 Vgl. dazu etwa auch *Isensee*, in: Dassmann/Depenheuer/Heinze (Hrsg.), Solidarität in Knappheit, 2. Aufl. 1999, S. 103: »Solidarität ist in ihrer Tendenz utilitaristisch.«

126 Vgl. etwa *Musgrave*, Finanztheorie, 2. Aufl. 1969, S. 13.

127 Vgl. zu negativen einmischenden Präferenzen und den mit ihnen verbundenen Problemen für die Wohlfahrtstheorie infra S. 253 ff.

128 *Posner*, Recht und Ökonomik: Eine Einführung, in: Assmann/Kirchner/Schanze (Hrsg.), Ökonomische Analyse des Rechts, 1993, S. 79 (80).

129 Einmischende Präferenzen können sowohl positiver (Wohlwollen, Nächstenliebe) wie negativer (Neid, Schadenfreude, Hass) Natur sein. *Sen* hat die Abgrenzung zwischen »sympathy« und »commitment« eingeführt: Eine Handlung zugunsten anderer aus Sympathie erhöht auch den eigenen Nutzen, eine Handlung aus Pflicht dagegen nicht (*Sen*,

menschliches Handeln: »Man mag den Menschen für noch so egoistisch halten, es liegen offenbar gewisse Prinzipien in seiner Natur, die ihn dazu bestimmen, an dem Schicksal anderer Anteil zu nehmen, und die ihm selbst die Glückseligkeit dieser anderen zum Bedürfnis machen, obgleich er keinen anderen Vorteil daraus zieht als das Vergnügen, Zeuge davon zu sein«[130].

Dem modernen homo oeconomicus sind altruistische Verhaltensweisen und Fairness weder fremd noch unwichtig. Er bemüht sich nicht ausschließlich unbeirrbar um die Maximierung des eigenen materiellen Nutzens. Er achtet auf die Einhaltung gerechter Spielregeln. In sozialen Verhandlungssituationen, in denen Fairnessüberlegungen bei der Aufteilung eines Gutes mit dem individuellen Nutzen des Einzelnen konkurrieren, setzt sich nicht immer das Eigennutzverhalten des nutzenmaximierenden homo oeconomicus durch. Die Spieltheorie[131] kann dies in Experimenten belegen. Sie stellen das Bild des klassischen homo oeconomicus auf eine ernste Probe, so etwa die Ergebnisse des sog. Ultimatum-Spiels: Nehmen wir an, zwei Personen erhalten 1000 Euro als Geschenk und sollen diese unter sich

---

Rational Fools: A Critique of the Behavioural of Economic Theory, in: ders. (Hrsg.), Choice, Welfare and Measurement, 1983, S. 92).

[130] *A. Smith*, Sein Leben und sein Werk, hrsg. von H. Recktenwald, 1976, S. 87.

[131] Die Spieltheorie analysiert das rationale, strategische Entscheidungsverhalten in solchen Situationen, in denen das Ergebnis nicht nur vom eigenen Handeln, sondern auch von den Aktionen anderer abhängt. Sie liefert Instrumente, mit denen sich das strategische Verhalten in solchen Situationen untersuchen und erklären lässt. Sie geht dabei davon aus, dass jeder Spieler in der Entscheidungssituation grundsätzlich das Ziel verfolgt, seinen individuellen Nutzen zu maximieren. *Von Neumann* und *Morgenstern* (Theory of games and economic behavior, 1944) haben sie begründet. Die beiden verwendeten noch Gesellschaftsspiele wie Poker und Schach, um ihre Ideen zu illustrieren. Poker und Schach sind Nullsummenspiele: Was ein Spieler gewinnt, verliert ein anderer. Bald bezog die Spieltheorie auch echte, auf einen gemeinschaftlichen symbiotischen Erfolg ausgerichtete Wirtschaftsbeziehungen in ihre Betrachtung ein (sog. Gemeinwohlspiele). Hier fand sie ihren eigentlichen praktischen Anwendungsbereich und konnte nachhaltigen Einfluss auf die Ökonomik ausüben. Die Verleihung des Nobelpreises für Wirtschaftswissenschaften im Jahr 1994 an *John C. Harsanyi* (*1920), *John F. Nash* (*1928) und den Deutschen *Reinhard Selten* (*1930) legt dafür ein beredtes Beispiel ab. Inzwischen ist die experimentelle Spieltheorie zu einer umfassenden, interdisziplinären Spezialdisziplin, einer interaktiven Entscheidungstheorie, geworden. Die Spieltheorie unterscheidet sequenzielle Spiele und simultane Spiele. Bei simultanen Spielen handeln die Spieler gleichzeitig unabhängig voneinander; sie kennen die jeweiligen Aktionen der anderen nicht. Jeder Spieler muss sich über die potenziellen Züge der anderen Gedanken machen, versuchen, deren Entscheidungen vorauszusehen und in die eigene Planung einzubeziehen. Bei sequenziellen Spielen handeln die Spieler abwechselnd. Sie reagieren auf vorangegangenes Verhalten anderer Spieler und können ihr Verhalten davon abhängig machen. Der Spieler, der am Zug ist, muss den Einfluss seiner Entscheidung auf die künftigen Handlungen seiner Gegner und deren Interaktion mit seinen Handlungen einplanen. Klassische Gesellschaftsspiele sind sequenzielle Spiele. Um eine sequenzielle »Spiel«situation handelt es sich beispielsweise in der Situation des Gefangenendilemmas (vgl. dazu infra Fn. 148). Vgl. zur Bedeutung der Spieltheorie für die öffentliche Verwaltung den Überblick bei *Bitter*, Spieltheorie und öffentliche Verwaltung, 2005.

nach festem Reglement aufteilen: Die eine Person muss der anderen ein Angebot machen, wie viel diese erhalten soll. Diese kann dem Angebot zustimmen oder es ablehnen. Tertium non datur; das Angebot ist ein Ultimatum. Wenn der Angebotsadressat dem Ultimatum zustimmt, wird das Geld dem Vorschlag gemäß an beide aufgeteilt, anderenfalls gehen beide leer aus. Beide Personen dürfen nicht miteinander kommunizieren; ein Aushandeln und eine Wiederholung des Spiels sind nicht möglich[132]. Der rein rational handelnde, nutzenmaximierende homo oeconomicus müsste den kleinstmöglichen Beitrag vorschlagen und den Rest für sich behalten. Denn er kann sich darin sicher sein, dass der andere ebenfalls sein Einkommen maximieren will und rational handelt. Dieser müsste dann bei rationalem Verhalten jedes, auch das geringste Angebot, akzeptieren, welches über Null liegt. Denn mit der Annahme des Gebots kann er nur gewinnen; bei einer Ablehnung des Angebots geht er vollkommen leer aus.

Die meisten Menschen verhalten sich indes anders. Das Experiment liefert Ergebnisse, die mit dem klassischen Modell des rationalen Nutzenmaximierers nicht vereinbar und nicht zu erklären sind. Es bringt das überkommene Gedankengebäude des homo oeconomicus alter Prägung ins Wanken: Die überwiegende Zahl der Angebote (zwischen 60 und 80 von Hundert) beläuft sich nicht – wie zu erwarten wäre – auf einen Betrag von einem Euro, sondern auf 400 bis 500 Euro. Nur drei vom Hundert der Angebote liegen unter 200 Euro. Die paritätische Aufteilung ist mit Abstand am häufigsten anzutreffen. Die wenigsten Anbieter wagen es, eine »unfaire« Verteilung anzubieten. Die Erklärung für dieses dem Bild des homo oeconomicus widersprechende Verhalten ist wohl darin zu suchen, dass die Anbieter eine Ablehnung des Angebots zu erfahren und damit bestraft zu werden befürchten, wenn sie sich zu begehrlich verhalten und ein aus der

---

[132] Das Ultimatum-Spiel hat vor etwa zwanzig Jahren der Experimentalökonom *Werner Güth* entwickelt. Es handelt sich um ein *sequenzielles* Spiel. Es stellt eines der am meisten untersuchten Phänomene der experimentellen Wirtschaftsforschung dar. Vgl. zu ihm *Güth/Schmittberger/Schwarze*, An experimental analysis of ultimatum bargaining, Journal of Economic Behavior and Organization 3 (1982), S. 367 ff.; *Güth/Tietz*, Strategic Power versus distributive justice: an experimental analysis of ultimatum bargaining, in: Brandstätter/Kirchler, E. (Hrsg.), Economic Psychology, 1985, S. 129 ff.; vgl. auch *Alvard*, The Ultimatum Game, Fairness and Cooperation Among Big Game Hunters, in: *Henrich* u. a. (Hrsg.), Foundations of Human Sociality, 2004, S. 413 ff.; *Bethwaite*, Economic Notes 22 (1993), S. 37 ff.; *Boyes*, Economic Notes 25 (1996), S. 21 ff.; *Gale/Binmore/Samuelson*, Learning to be imperfect: The Ultimatum Game, 1993; *Holler/Illing*, Einführung in die Spieltheorie, 6. Aufl. 2006, S. 27; *Magen*, Fairness, Eigennutz und die Rolle des Rechts, in: Engel et al. (Hrsg.), Recht und Verhalten, 2007, S. 261 (272 ff. u. 277 f.); *Nagel*, reasoning and learning in guessing games and ultimatum games with incomplete information, 1994; *Ockenfels*, Fairness, Reziprozität und Eigennutz, 1999, S. 5 ff.; *Ortona*, Economic Notes 20 (1991), S. 324 ff.; *Sartorius*, Die Evolution von Verteilungsgerechtigkeit, in: Held/Kubon-Gilke/Sturn (Hrsg.), Gerechtigkeit als Voraussetzung für effizientes Wirtschaften, 2002, S. 231 (233 f.); *Tompkinson*, Journal of economic Behavior & Organization 27 (1995), S. 439 ff.

Sicht des anderen zu niedriges Gebot abgeben. Sie antizipieren das Verhalten ihres Gegenüber – und zwar in zutreffender Weise: Angebote unter 300 Euro werden in der Regel von der anderen Person verworfen. Mehr als die Hälfte aller Versuchspersonen weisen Angebote zurück, die unter zwanzig Prozent liegen. Und dies, obwohl sie sich damit auch selbst schaden: Sie gehen völlig leer aus. Sie verzichten lieber auf einen Anteil an einem geschenkten Betrag, als sich mit einem sehr geringen Betrag abspeisen zu lassen. Sie sanktionieren eher das unfaire Verhalten des anderen, als sich in der angebotenen Weise (unfair) behandeln lassen. Sie senden dem Anbietenden damit unmissverständlich ein Erziehungs- und Fairnesssignal altruistischer Bestrafung und stufen die faire Behandlung höher ein als den eigenen materiellen Vorteil. Das gilt selbst dann, wenn Geber und Nehmer anonym bleiben. Die moralische Empörung und der Erziehungsreflex siegen über das Gewinnstreben.

Das Ultimatum-Experiment wurde mit unterschiedlichen Anfangsbeträgen und in verschiedenen Kulturkreisen hundertfach wiederholt[133]. Die Resultate erwiesen sich als bemerkenswert robust[134]. Das Verhalten der Spieler hängt nur wenig von Geschlecht, Alter, Ausbildung[135] oder Rechenfertigkeit ab. Auch die Größe des zu verteilenden Betrags hat einen überraschend geringen Einfluss auf die Resultate[136]. Alleine Kinder verhal-

---

[133] Es wurde auch in zahlreiche Varianten gekleidet. Deren Ergebnisse sind sehr aufschlussreich. Eine Variante überlässt die Entscheidung, wer von beiden Spielern das Angebot macht, nicht dem Zufall (etwa des Münzwurfs), sondern einem vorausgehenden Geschicklichkeitsspiel. Die Angebote des Siegers des Geschicklichkeitsspiels liegen hier unter denjenigen bei einer Zufallsermittlung; der Unterlegene nimmt umgekehrt niedrigere Gebote bereitwilliger an als im Originalfall. Die Ungleichheit wird also eher akzeptiert – und zwar von beiden Teilnehmern. Macht ein Computer das Angebot, stoßen noch geringere Anteile ohne Weiteres auf Akzeptanz. Ähnliches gilt, wenn mehrere Spieler um die Gunst eines einzigen Partners werben. Die Monopolsituation des Anbieters erhöht die Gebotsakzeptanz. Auch solche Spieler, die ein Angebot von nur zehn Prozent im Ausgangsfall empört ablehnen würden, nehmen es nun in der Konkurrenzsituation an. Ähnlich verhält es sich in der umgekehrten Konstellation, in der mehrere Anbieter um die Zustimmung eines einzigen Nachfragers buhlen, der lediglich einem von ihnen den Zuschlag erteilen kann. Die Anbieter offerieren dann bis zu achtzig oder neunzig Prozent der Gesamtsumme. Fairnessüberlegungen treten in einem von Konkurrenz geprägten Umfeld zurück. Sie können hier dem Marktergebnis nichts mehr anhaben, da die Teilnehmer die Verteilung durch ihr eigenes Verhalten nur bedingt beeinflussen können (sie lassen sich von dem Handlungsmotiv leiten: »Wenn ich nicht annehme, wird es ein anderer tun«). Unter extremen Wettbewerbsbedingungen hat die Eigennutzhypothese insoweit hohen Voraussagewert für das menschliches Verhalten.

[134] Vgl. dazu etwa *Ockenfels*, Fairness, Reziprozität und Eigennutz, 1999, S. 6 m. w. N.

[135] Wirtschaftswissenschaftler verlassen das Experimentierlabor des Ultimatum-Spiels interessanterweise am häufigsten mit leeren Händen. Sie bieten häufiger kaltschnäuzig einen niedrigen Betrag und werden für dieses »unfaire« Verhalten mit der Ablehnung des Angebots bestraft.

[136] Bei einer in Indonesien durchgeführten Versuchsreihe stand die Aufteilung von Summen auf dem Spiel, die dem Dreifachen des durchschnittlichen Monatseinkommens

ten sich bei Laborexperimenten strikt rational. Sie geben sich anders als erwachsene Annehmende auch mit geringen Beträgen zufrieden. Auch kulturelle Traditionen des Schenkens und der Geschenkannahme haben auf das Ergebnis teilweise nicht unerheblichen Einfluss. Ungeachtet aller kulturellen Variationen war das Resultat indes stets weit entfernt von dem, was eine rationale Analyse des Verhaltens von eigennützigen Spielern vorhersagen würde. Im entschiedenen Gegensatz zur bloßen Maximierung des eigenen Einkommens legen die meisten Menschen überall auf der Welt hohen Wert auf Fairness. Noch augenfälliger wird der Befund dann, wenn der Anbietende für die von ihm vorgesehene Zuteilung nicht auf die Zustimmung des anderen angewiesen ist (sog. Diktator-Spiel)[137]. Auch hier geben die Teilnehmer ihrem Partner in der Regel etwas ab, im Durchschnitt ein Viertel ihres Gewinns, wiewohl sie im Falle der Einverleibung des Geldbetrages nicht einmal eine Sanktion fürchten müssten. Andere spieltheoretische Experimente, wie das Gemeinwohl-Spiel bzw. das Öffentliches-Gut-Spiel[138], bestätigen die eigennutzüberlagernde Wirkmächtigkeit von Fairnessanreizen für das menschliche Verhalten.

Erklärungsanker für das altruistische, faire Verhalten der Menschen lassen sich in unterschiedliche Richtungen auswerfen[139]. Plausibel erscheint

der Teilnehmer entsprachen. Gleichwohl verwarfen manche von ihnen empört Angebote, die ihnen unfair erschienen.

[137] Beim Diktator-Spiel bestimmt ein Spieler (der »Diktator«) die Aufteilung einer fixen Geldsumme zwischen sich und einem anonymen Spielpartner, dem anderen steht kein Vetorecht zu. Vgl. dazu etwa *Ockenfels*, Fairness, Reziprozität und Eigennutz, 1999, S. 5 ff. m. w. N.

[138] Beim Gemeinwohl-Spiel (auch »Öffentliches Gut-Spiel« genannt) erhalten vier Spieler je einen festen Geldbetrag. Die Teilnehmer müssen unabhängig voneinander entscheiden, wie viel davon sie in eine Gemeinschaftskasse investieren. Das in die Gemeinschaftskasse investierte Kapital wird verdoppelt und zu gleichen Teilen an die Spieler ausgeschüttet, und zwar unabhängig davon, wie viel jeder Einzelne eingezahlt hat. Ein rein eigennutzorientierter Nutzenmaximierer würde nichts in die Gemeinschaftskasse legen und statt dessen als Trittbrettfahrer von dem Verhalten der Übrigen profitieren. Denn von jedem Euro, den er investiert, erhält er nur die Hälfte zurück (der Versuchsleiter verdoppelt das eingesetzte Geld und teilt es anschließend durch vier). Tatsächlich investieren die meisten Teilnehmer zumindest die Hälfte des Kapitals. Sie verhalten sich kooperativ und nutzen den Kooperationsvorteil und -anreiz, der mit der Chance verbunden ist, das Spiel mit mehr als dem Einstiegsbetrag zu verlassen. Die Kooperationsbereitschaft lässt im Laufe des Spiels allerdings stark nach. Nach einer Vielzahl gespielter Runden investieren die meisten Teilnehmer meist gar nichts mehr. Das scheint auf einen Lernprozess hinzudeuten, der die Spieler auf Grund enttäuschter Erwartungen selbstsüchtiges Verhalten erlernen lässt. Damit geht allerdings nicht zusammen, dass die gleichen Spieler dann, wenn die personelle Zusammensetzung der Gruppen neu zugeordnet wird, neuerlich hohe Beträge in die Gemeinschaftskasse zahlen. Dies lässt sich nur dadurch plausibel erklären, dass der Mensch sein Kooperationsverhalten von der Kooperation der anderen Gesellschaftsmitglieder abhängig macht und dieses reziprok beantwortet. Er verhält sich nicht egoistisch, sondern fair, solange die anderen Gesellschaftsmitglieder es ebenso tun.

[139] Ein Erklärungsstrang geht beispielsweise dahin, die Spieler verstünden nicht, dass sie nur ein einziges Mal aufeinander treffen; sie sähen das Ultimatum-Spiel fälschlich als

ein evolutionstheoretischer Ansatz[140]: Der Mensch ist für ein gedeihliches Zusammenleben der Gesellschaft auf die Einhaltung gesellschaftlicher Grundregeln angewiesen. Nur die Einhaltung von Fairnessregeln ermöglicht ein weitgehend reibungsfreies Miteinander, einen Zusammenhalt der Gesellschaft und die Bewältigung von Krisen und Gefahrensituationen[141]. Sie sind für das Bestehen einer Gesellschaft elementar. Das Angewiesensein des Einzelnen auf andere Gesellschaftsmitglieder, sein fundamentales Bedürfnis nach gesellschaftlicher Anerkennung verlangt eine Anpassung an ein auf Gegenseitigkeit angelegtes Gemeinschaftsleben. Fairness in gesellschaftlichen Interaktionen ist eine Grundvoraussetzung für die sinnvolle Gestaltung von Gesellschaftsbeziehungen. Dort, wo die Gesellschaftsmitglieder sich nicht auf die Einhaltung gesellschaftlicher Fairnessregeln verlassen können, wird die Basis gesellschaftlichen Austausches zerrüttet; die Transaktionskosten von Interaktionsbeziehungen werden zu hoch. Fairnessverhalten erscheint dann als Phänomen sozial-kognitiven Lernens und der Gruppenselektion im Zuge der Sozialisierung und moralischen Entwicklung menschlicher Individuen, die ein reines Kosten-Nutzen-Kalkül verdrängt[142]. Der homo sapiens ist nicht nur homo oeconomicus, sondern auch homo sociologicus. Der Mensch orientiert sich nicht alleine am Erfolg, sondern interessiert sich auch für die Wirkungen des Handelns auf andere.

Die moderne Ökonomik nimmt eine sozialwissenschaftliche Korrektur des (neo-)klassischen Menschenbildes der Ökonomik vor und versteht sich stärker als ökonomische Theorie menschlichen Verhaltens[143]. Sie sieht den Menschen stärker in soziale Institutionen eingebettet. Der Ökonom *Hans Albert* spricht von einer »Soziologisierung der Nationalökonomie«[144]. Der homo oeconomicus wird zum »resourceful evaluative maxi-

---

Auftakt eines Verhandlungsprozesses an. Es erscheint jedoch wenig plausibel, dass die Akteure nicht in der Lage sind, den Unterschied zwischen Ein- und Mehrrunden-Spielen zu begreifen.

[140] Kompendiarisch etwa *Ockenfels*, Fairness, Reziprozität und Eigennutz, 1999, S. 188 m. w. N.

[141] Vgl. auch *Gintis/Bowles/Boyd/Fehr*, Evolution and Human Behavior 24 (2003), S. 153 ff. sowie den Ansatz von *Nowak/Sigmund* (Journal of Theoretical Biology 194, 1998, S. 561 ff.). Ihr Erklärungsansatz, wonach unser emotionaler Apparat durch Jahrmillionen des Zusammenlebens in kleinen Gruppen geprägt, also nicht auf strikte Anonymität eingestellt ist, sondern darauf, dass die Gesellschaftsmitglieder unsere Entscheidungen erfahren und achten, kontrastiert indes mit der Beobachtung, dass die Anonymität der Spieler auf das Ergebnis des Ultimatum-Spiels keinen signifikanten Einfluss hatte.

[142] Diese Hypothese vermag auch die oben beschriebene Beobachtung strikt ökonomisch rationalen Verhaltens bei Kindern zu erklären. Vgl. dazu auch *Sartorius* (Fn. 132), S. 238 ff. Er vermutet eine durch Wiederholung und Konsistenz entsprechender Erfahrungen bedingte Verstärkung von Lernprozessen, die zu einer Überschätzung des (Opportunitäts-)Kosten-Nutzen-Verhältnisses kooperativen Verhaltens führt.

[143] Vgl. *Schanz*, Soziale Welt 30 (1979), S. 257 ff.

[144] *Albert*, Kyklos 13 (1960), S. 1 ff.; *ders.*, Politische Ökonomie und rationale Politik, in: ders. (Hrsg.), Aufklärung und Steuerung, 1976, S. 91 ff.

mizing man« (REMM)[145]. Der REMM ist nicht auf eine bestimmte Zielsetzung wie Gewinnmaximierung fixiert. Er verfügt nicht über lückenlose Information über sämtliche Entscheidungsalternativen, sondern er begnügt sich mit den nötigen geistigen Ressourcen *(resourceful)*, um unter Berücksichtigung aller ihm ersichtlichen Aspekte sorgfältig seine Bedürfnisse und Präferenzen subjektiv zu bewerten *(evaluative)* und so zu handeln, dass die gewählte Alternative ihm insgesamt – und nicht nur in materieller Hinsicht – den größten Gesamtnutzen oder Gratifikationswert bietet *(maximizing man)*. Angesichts seiner unvollständigen Information berücksichtigt er stets auch den Aufwand und die Kosten der Informationsbeschaffung und -verarbeitung[146]. Er ist ein verallgemeinerter, über nur unvollständige Informationen verfügender, in soziale Beziehungen eingebetteter, kluger Gratifikationsmaximierer, der seine realen Möglichkeiten ebenso wie seine Restriktionen kennt und sorgfältig evaluiert[147]. Er orientiert sich nicht ausschließlich an seinem unmittelbaren, kurzfristigen Eigennutzen, sondern lässt sich auch von Fairnessmotiven und Reziprozitätsvorstellungen leiten[148]. Das Bild des REMM versteht sich als

---

[145] *Lindenberg* modifiziert den homo oeconomicus zum »resourceful, restricted, expecting, evaluating, maximizing man« (RREEMM); *Lindenberg*, Sociological Theory 3 (1985), S. 99 ff.

[146] Vgl. *Meckling*, Schweizerische Zeitschrift für Volkswirtschaft und Statistik 112 (1976), 545 (548 ff.); *H.-B. Schäfer/Ott* (Fn. 124), S. 58 ff.

[147] Noch weiter von der Handlungsrationalität des homo oeconomicus losgelöst als der REMM ist das Bild des *social man*. Der *social man* lässt sich stark von seinen Bedürfnissen nach sozialer Anerkennung und nach Integration in soziale Gruppen leiten (vgl. *Schein*, Organizational Psychology, 1965). *Dahrendorf* (Homo sociologicus, 1959) hat dem *homo oeconomicus*, den er als eine »seltsame Kreatur« bezeichnet, das Bild des *homo sociologicus* polar entgegen gesetzt. Der *homo sociologicus* handelt anders als der *homo oeconomicus* nicht als autonomes Subjekt zweckorientiert, sondern verhält sich nur noch als gleichsam willenloses Quasiobjekt entsprechend den an ihn gerichteten sozialen Verhaltenserwartungen.

[148] Diesen Erklärungsansatz verfolgt insbesondere die von *Gary Bolton* und *Axel Ockenfels* entwickelte sog. ERC-Theorie der Verhaltensökonomie (vgl. dazu *dies*., American Economic Review 100 (2000), S. 166 ff. sowie *Ockenfels*, Fairness, Reziprozität und Eigennutz, 1999, S. 131 ff.). ERC steht für »equity«, »reciprocity« und »competition«. Die ERC-Theorie untersucht das Verhältnis von Nutzenmehrungs- und Fairnessanreizen des Menschen in der allgemeinen Nutzungsfunktion. Altruismus spielt in den Augen von *Bolton/Ockenfels* in gesellschaftlichen bzw. wirtschaftlichen Entscheidungssituationen nicht als solcher eine bedeutende Rolle. Vielmehr motiviert der natürliche Anreiz, faires Verhalten von anderen Gesellschaftsmitgliedern zu erwirken, dazu, dieses Verhalten selbst an den Tag zu legen. Denn nur wer sich selbst fair verhält, kann erwarten, dass andere es tun. Faires Verhalten stellt sich dann als Teil einer Tit-for-tat-Strategie (Wie-du-mir-so-ich-dir-Strategie), die nicht-kooperatives Verhalten mit nicht-kooperativem Verhalten vergilt. Stützen lassen sich diese Ergebnisse durch das verhaltensökonomisches Laborexperiment des sog. Gemeinwohlspiels (bzw. Öffentliches-Gut-Spiel; vgl. dazu supra Fn. 138). Das Fairnessverhalten nimmt dabei tendenziell mit der Möglichkeit der Vergeltung ab. Deutlich wird dies etwa an dem in der Spieltheorie eingehend untersuchten Gefangenendilemma (der spieltheoretischen Grundkonstellation des Gemeinwohlspiels). Es illustriert in besonderer Deutlichkeit, wie nahe Fairness- und Eigennutzüberlegungen beieinander

grundsätzlich umfassender Erklärungsansatz menschlichen Verhaltens, der sämtliche sozialen Lebens- und Systembereiche modellhaft zu erklären versucht[149]. Es sucht, menschliches Verhalten in verschiedenen sozialen Kontexten, in Unternehmen, in öffentlichen Verwaltungen, auf Märkten oder in politischen Entscheidungsprozessen zu rekonstruieren und daraus Folgerungen für ihre rationale Gestaltung herzuleiten. Am weitesten hat sich auf diesem Weg *Gary Becker* gewagt, der nicht nur Verhaltensweisen des Wirtschaftslebens, sondern schlechthin alle Formen sozialer Knappheitsphänomene und menschlichen Verhaltens, etwa auch das Verhalten von potenziellen Straftätern (»economics of crime«) und Heiratswilligen (»economics of marriage«) mit ökonomischen Modellen zu analysieren versucht[150].

Auch das Bild des REMM bleibt dabei nicht frei von Brüchen; es erklärt menschliches Verhalten nicht in jeder Situation ausnahmslos und widerspruchsfrei, vermag den Menschen insbesondere nicht abschließend als sittliche Person abzubilden. Es ist eine in ihren Grundelementen bislang nicht falsifizierte Hypothese, die Erklärungen für menschliches Verhalten zu liefern und Schlüsse für Gestaltungen der Sozialordnungen zu ziehen ver-

---

liegen und miteinander konkurrieren können: Das Gefangenendilemma beschreibt die Entscheidungssituation zweier Häftlinge, die gemeinsam eine Straftat begangen haben und in getrennten Verfahren vor der Wahl stehen, entweder zu gestehen oder zu leugnen. Leugnen beide Gefangene, werden beide freigelassen. Gesteht einer und überführt damit den anderen, so erhält er eine milde, der andere aber die volle Strafe. Gestehen beide, erhalten beide eine mildere Strafe. Das für beide optimale Ergebnis bestünde darin, dass beide leugnen. Das Leugnen ist für jeden Einzelnen aber mit dem Risiko behaftet, dass der jeweils andere ihn überführt, so dass er selbst die volle Strafe erhielte. Um des eigenen Schutzes willen besteht ein Anreiz, den anderen zu überführen, gleichgültig was der andere tut. Die Folgen unkooperativen Verhaltens des anderen sind zu schwerwiegend und die Entscheidungssituation zu einmalig, als dass sich faires, kooperatives Verhalten herausbilden würde. Rationale Entscheidungen jedes Einzelnen führen zu einer für die Parteien insgesamt suboptimalen Entscheidung. Die Beteiligten schädigen sich bei rationalem Verhalten gegenseitig, obgleich sie durch Kooperation ihre Lage verbessern könnten. Wenn die Spielsituation des Gefangenendilemmas im Laborexperiment (mit den gleichen Personen) häufig genug wiederholt wird, sind die Spieler bereit zu kooperieren, wenn dies auch der andere tut. Sie verhalten sich reziprok. In der finalen Spielrunde sinkt die Kooperationsbereitschaft allerdings wieder auf ein Mindestmaß. Die Spieler suchen ausschließlich ihren eigenen Vorteil. Ein quid pro quo lässt sich nicht mehr erzielen. Vgl. zum Gefangenendilemma etwa *Holler/Illing*, Einführung in die Spieltheorie, 6. Aufl. 2006, S. 2ff.; *Luce/Raiffa*, Games and Decisions, 1957, S. 95; *H.-B. Schäfer/Ott*, Lehrbuch der ökonomischen Analyse des Zivilrechts, 4. Aufl. 2005, S. 92ff.).

[149] Auch der REMM ist nicht über jede Kritik erhaben. Der Figur wird vorgeworfen, es fehle ihr jeder humane Eigenwert kommunikativer Verständigungslösungen in sozialen Konflikten. Menschen verhalten sich oft als REMM. Aber sie tun es nicht notwendig. Ihr Vernunftpotenzial ist damit keineswegs ausgeschöpft.

[150] Vgl. *G. S. Becker*, Ökonomische Erklärung menschlichen Verhaltens, 2. Aufl. 1993, S. 1ff., z. B. S. 187ff. (eine ökonomische Analyse der Fruchtbarkeit), S. 225ff. (eine Theorie der Heirat).

sucht. Sie stellt eine Approximation an die Realität menschlichen Handelns dar[151].

II. Der homo constitutionalis – das Menschenbild des Grundgesetzes

Das Menschenbild der Ökonomik und der Effizienzgedanke der ökonomischen Analyse des Rechts treffen auf eine Verfassung, die auf den nutzenmaximierenden Menschen nicht unvorbereitet ist. Ihr liegt ein eigener Entwurf eines Menschen zugrunde, der auf Gemeinschaft angelegt und angewiesen ist und sich deshalb einer Gemeinschaftsordnung unterwirft[152]. »Das Menschenbild des Grundgesetzes ist nicht das eines isolierten souveränen Individuums; das Grundgesetz hat vielmehr« – so fasst das Bundesverfassungsgericht in einer frühen Entscheidung zusammen – »die Spannung Individuum-Gemeinschaft im Sinne der Gemeinschaftsbezogenheit und Gemeinschaftsgebundenheit der Person entschieden, ohne dabei deren Eigenwert anzutasten«[153]. Die Verfassung sieht den Menschen als soziales

---

[151] Die Auffassungen über den theoretischen Bedeutungsgehalt des REMM-Bildes gehen in der Ökonomik im Detail auseinander. Es lassen sich im Wesentlichen drei unterschiedliche Erklärungsversuche ausmachen: (1.) *F. Hayek* (The Counter Revolution of Science, 1952, S. 42f.) und *K. Popper* (Das Elend des Historizismus, 7. Aufl. 2003, S. 110) verstehen das Bild des REMM bzw. homo oeconomicus als falsifizierbare, aber nicht falsifizierte Hypothese. Der Ökonomik gehe es nicht um Erklärungen im Detail, sondern um Erklärungen im Prinzip. (2.) *M. Friedmann* (The Methodology of Positive Economics, 1953, S. 14) sieht das Bild des REMM noch opportunistischer: Es sei außerordentlich schwierig nachzuweisen, ob sich eine Person im Einzelfall im Sinne der REMM-Hypothese verhalte. Über die Wahrheit oder Falschheit der REMM-Hypothese solle man sich solange aber keine Gedanken machen, solange man mit ihrer Hilfe zu guten Prognosen über das Verhalten von Wirtschaftssubjekten komme: »The relevant question to ask about the ›assumptions‹ of a theory is not whether they are descriptively ›realistic‹, for they never are, but whether they are sufficiently good approximations for the purpose at hand« (3.) *Malchup* (Southern Economic Journal 23 [1956], S. 486ff.) hält die REMM-Hypothese für nicht falsifizierbar (allenfalls in Grundlagenkrisen der wissenschaftlichen Entwicklung aufgebbar). Sie sei Teil des innersten, unzerstörbaren Kerns der Wirtschaftswissenschaft. Vgl. zu diesen Erklärungsversuchen allgemein *Tietzel*, Jahrbuch für Sozialwissenschaft 32 (1981), S. 115ff.

[152] Vgl. dazu etwa *U. Becker*, Das »Menschenbild des Grundgesetzes« in der Rechtsprechung des Bundesverfassungsgerichts, 1996; *Bitter*, Spieltheorie und öffentliche Verwaltung, 2005, S. 171ff.; *Gröschner*, Der homo oeconomicus und das Menschenbild des Grundgesetzes, in: Engel/Morlok (Hrsg.), Öffentliches Recht als ein Gegenstand ökonomischer Forschung, 1998, S. 31 (42); *Häberle*, Das Menschenbild im Verfassungsstaat, 3. Aufl. 2005; *P. M. Huber*, Jura 1998, S. 505ff.; allgemein *Böckenförde*, Vom Wandel des Menschenbildes im Recht, 2001; *Schünemann/J. P. Müller/Philipps* (Hrsg.), Das Menschenbild im weltweiten Wandel der Grundrechte, 2002; *Radbruch*, Der Mensch im Recht, 1927; *Zippelius*, Rechtsphilosophie, 5. Aufl. 2007, S. 121ff.

[153] BVerfG, Urt. v. 20.7.1954, BVerfGE 4, S. 7 (15f.) – Investitionshilfegesetz; vgl. auch BVerfG, Beschl. v. 12.11.1958, BVerfGE 8, S. 274 (329); BVerfG, Beschl. v.

Wesen, das sich als freiheitsstrebendes und zugleich gemeinschaftsbezogenes Geschöpf einer Ordnung eingliedert, die auf Achtung der Freiheit aller Gesellschaftsmitglieder angelegt ist und kollidierende Freiheitsbestrebungen der Gesellschaftsmitglieder zu einem schonenden Ausgleich bringt, indem sie Einschränkungen individueller Freiheit zulässt, dabei aber den Selbstwert des Menschen, seine Würde, der Verfügbarkeit entzieht. Das Grundgesetz entwirft den Menschen als »plastes et fictor«, d. h. als schöpferischen Gestalter, der fähig ist, sein Leben nach eigenem geistigem Entwurf zu planen[154]. Er ist in seinem Wirken nicht anthropisch festgelegt, sondern zur Selbstbestimmung fähig und geboren[155]. Würde und Wert des Menschen werden gerade durch seine Fähigkeit zu eigener Lebensgestaltung und -planung begründet. Der verfassungsgebundene Staat des Grundgesetzes hat die Bedingungen seiner Freiheitsentfaltung zu gewährleisten und seine Autonomie zu achten. Er hat einen Rechtsrahmen zu entwerfen, unter dem der freiheitliche Mensch sich entwickeln kann. Recht tritt hier im kantischen Sinn als Inbegriff der Bedingungen in Erscheinung, unter denen die Willkür des einen mit der Willkür des anderen nach einem allgemeinen Gesetz der Freiheit vereinigt werden kann.

Das Grundgesetz verdrängt nicht den nutzenmaximierenden Menschen als soziologischen Befund. Im Gegenteil verbürgt es ihm die Freiheit, sich nach seinen Fähigkeiten, Talenten und Eigenschaften zu entfalten. Freiheit schließt die Entfaltung nutzenmaximierenden Verhaltens ein. Sie ist ihre notwendige Grundlage. Die Freiheitsgrundrechte, die das Grundgesetz in den Brennpunkt seiner Werteordnung rückt, sind Ausdruck einer individualistischen und liberalen Geisteshaltung, die Privatheit und Entfaltungsmöglichkeiten des Einzelnen zu zentralen Wertelementen erklären[156]. Die Ausübung staatlicher Herrschaft ist ausdrücklich auf die Sicherung persönlicher Entfaltung bezogen; die staatlichen Handlungsbefugnisse sind von der Freiheit des Einzelnen her definiert. Die Grundrechte des Grundgesetzes stehen in der Tradition der bürgerlichen Freiheitsdeklarationen. Sie sind als eine Antwort auf die ökonomischen und rechtlichen Schranken der Ständegesellschaft und des merkantilistischen Wirtschaftssystems entstanden, die das Bürgertum in ihrer Entfaltung behinderten. Es war das wirt-

16.7.1969, BVerfGE 27, S. 1 (7) – Mikrozensus; BVerfG, Beschl. v. 15.1.1970, BVerfGE 27, S. 344 (351); BVerfG, Urt. v. 15.12.1970, BVerfGE 30, S. 1 (20) – Notstandgesetzgebung; BVerfG, Urt. v. 18.7.1972, BVerfGE 33, S. 303 (334) – numerus clausus I; BVerfG, Urt. v. 21.6.1977, BVerfGE 45, S. 187 (227) – lebenslange Freiheitsstrafe; BVerfG, Urt. v. 1.3.1970, BVerfGE 50, S. 290 (353) – Mitbestimmung.

[154] In diesem Sinn *Pico della Mirandola*, Über die Würde des Menschen, hrsg. v. A. Buck, 1990, S. 6.

[155] Vgl. *Gröschner* (Fn. 152), S. 42.

[156] Vgl. dazu *Schmidt-Jortzig*, Grundrechte und Liberalismus, in: Merten/Papier (Hrsg.), Hdb. der Grundrechte, 2004, § 10 Rdnr. 10ff.; *Volkmann*, Grundrechte und Sozialismus, ibid., § 12 Rdnr. 5ff.

schaftlich aufstrebende, leistungsorientierte Bürgertum, das die Grundrechte als Grundlage neuer Entfaltungsmöglichkeiten einforderte, sie als politische Forderung formte und formulierte. Die Grundrechte sind Errungenschaften bürgerlicher Revolutionen und das Produkt bürgerlicher Interessenlagen[157]. Aus der Perspektive des konstitutionellen Liberalismus speisen sich Freiheit, Markt und Demokratie aus denselben Wurzeln: Sie sind Instrumente der Herrschaftskontrolle; der Einzelne arbeitet in ihrem System dem Gemeinwohl dadurch zu, dass er seinem Eigennutz dient. Der junge *Karl Marx* feindete die liberalen Grundrechte dementsprechend als Rechte des »egoistischen Menschen, des vom Menschen und vom Gemeinwesen getrennten Menschen« an. »Das Menschenrecht der Freiheit« sah er »nicht auf der Verbindung des Menschen mit dem Menschen, sondern vielmehr auf der Absonderung des Menschen« basieren. Dass die Freiheitsrechte nur wirksam werden können, wenn die sie bedingenden sozialen und politischen Umstände im Allgemeinen und für den Einzelnen gegeben sind, sah er nicht ausreichend in dem liberalen Grundrechtsmodell berücksichtigt[158]. In seinen Augen lag diesem das Bild eines »auf sich, auf sein Privatinteresse und seine Privatwillkür zurückgezogenen und vom Gemeinwesen abgesonderten Individuums«[159] zu Grunde. Dass die Vereinigungsfreiheit in den klassischen Menschenrechtsdokumenten der Virginia Bill of Rights von 1776 und der französischen Déclaration des droits de l'homme et du citoyen von 1789 keine Erwähnung fand und Zusammenschlüsse in der Frühphase der französischen Revolution durch die Loi Le Chapelier sogar untersagt waren, scheint für diese These ein beredter Ausweis zu sein[160]. In den bürgerlichen Freiheitsrechten findet der normative Individualismus der ökonomischen Analyse des Rechts insoweit einen geistesgeschichtlichen Verbündeten[161].

Das Grundgesetz reduziert den Menschen nicht rechtsdogmatisch auf das Bild des Nutzenmaximierers; es verweist außer-ökonomische Sachver-

---

[157] Das Bürgertum war vorrangiger Profiteur der Grundrechtsidee; auf ihre Bedürfnisse waren die Grundrechte zugeschnitten. Adel und Klerus kostete sie demgegenüber einen Teil ihrer Privilegien; die unteren Bevölkerungsschichten sahen sich in ihnen nicht repräsentiert; sie brachten nicht die Voraussetzungen mit, um von den neuen Freiheiten Nutzen ziehen zu können. Vgl. *Volkmann*, Grundrechte und Sozialismus, a. a. O., § 12 Rdnr. 7.

[158] Diese Erkenntnis formulierte *Lorenz von Stein* im 19. Jahrhundert in besonders prägnanter Weise: »Die Freiheit ist eine wirkliche erst in dem, der die Bedingungen derselben, den Besitz der materiellen und geistigen Güter, als die Voraussetzung der Selbstbestimmung sind, besitzt«. *Von Stein*, Das Königstum, die Republik und die Souveränität der französischen Gesellschaft seit der Februarrevolution 1848 (Nachdruck 1959), S. 104.

[159] *K. Marx*, Zur Judenfrage, in: Marx/Engels, Werke, hrsg. v. Institut für Marxismus-Leninismus beim ZK der SED, Bd. 1, 1972, S. 364 u. 366.

[160] Vgl. dazu *E. R. Huber*, Deutsche Verfassungsgeschichte, Bd. 4, 1982, S. 988 f.; *Stourzh*, Wege zur Grundrechtsdemokratie, 1989, S. 342 ff.; *Volkmann* (Fn. 156), § 12 Rdnr. 12.

[161] *Volkmann* (Fn. 156), § 12 Rdnr. 9 u. 12.

halte, die mit ökonomischen Modellen nicht erfassbar sind, nicht in den Datenkranz außerdisziplinärer Betrachtung[162], es unterstellt dem homo constitutionalis nicht fortwährende Nutzenmaximierung, räumt ihm in einem zentralen Bestandteil seiner Werteordnung aber die Freiheit dazu ein und zeigt sich gegenüber drittschädigendem eigennützigen Verhalten wehrhaft und vorbereitet. Der Einzelne muss sich diejenigen Schranken seiner Handlungsfreiheit gefallen lassen, die der Gesetzgeber zur Pflege und Förderung des sozialen Zusammenlebens in den Grenzen des allgemein Zumutbaren vorsieht, vorausgesetzt, dass dabei die Eigenständigkeit und Würde der Person gewahrt bleibt[163]. Insbesondere sieht es entsprechende Sicherungsinstrumente dort vor, wo eigennütziges Verhalten die Rechte anderer oder die verfassungsmäßige Ordnung beeinträchtigt (Art. 2 Abs. 2 GG). Das Grundgesetz zieht hier aus empirisch-soziologischen Befunden normative Schlüsse.

Will das Recht normativ erwünschtes Verhalten der Menschen steuern, dann muss es auch die rechtlichen Handlungsbedingungen so ausgestalten, dass sie dem soziologischen Befund entsprechen und ihre steuernde Wirkung überhaupt entfalten können. Hier trifft sich das Verfassungsrecht mit dem Anliegen des Menschenbildes der Ökonomik[164]. Es begreift das Streben nach Eigennutz als empirische Tatsache (nicht als moralischen Imperativ) und überlegt, welche Schlussfolgerungen daraus für die Gestaltung von Einrichtungen und Rechtsinstituten zu ziehen und welche Grenzen der Freiheit zu setzen sind. Dort, wo sich die Menschen mit einer signifikanten Wahrscheinlichkeit als Nutzenmaximierer verhalten[165], kann das Modell des nutzenmaximierenden Menschen seine hilfreiche prognostische Wirkung entfalten. In letzter Konsequenz lässt sich selbst das Bestehen einer Verfassung als Produkt des Eigennützigkeitsbefundes des Menschen deu-

[162] Dieser Gefahr erliegt die ökonomische Analyse des Rechts bisweilen, indem sie Verhaltensbereiche, die den Rahmen des rein-ökonomischen Modells sprengen, aus ihrer Betrachtung ausklammert und damit bisweilen zu unausgewogenen Ergebnissen kommt. Vgl. zu dieser Kritik bspw. *Kirchner*, in: ders. (Hrsg.), Ökonomische Analyse des Rechts, in: Assmann/Kirchner/Schanze (Hrsg.), Ökonomische Analyse des Rechts, 1993, S. 62 (70ff.).

[163] BVerfG, Urt. v. 18.7.1972, BVerfGE 33, S. 303 (334) – numerus clausus I.

[164] Kritisch zu dem Vorgehen, den homo oeconomicus pauschal dem homo constitutionalis gegenüberzustellen auch *Fehling*, VerwArch. 95 (2004), S. 443 (457).

[165] An der umfassenden Geltungsreichweite des ökonomischen Verhaltensmodells, die Voraussetzung für seine umfassende Geltungskraft ist, übt *Morlok* Kritik (Vom Reiz und Nutzen, von den Schwierigkeiten und den Gefahren der ökonomischen Theorie für das öffentliche Recht, in: Engel/Morlok [Hrsg.], Öffentliches Recht als ein Gegenstand ökonomischer Forschung, 1998, S. 1 [18, 20f.]). Entscheidende Voraussetzung für eine aussagefähige ökonomische Analyse sei, dass geklärt werden könne, mit welcher Regelmäßigkeit, in welchem Umfang und mit welcher Wertschätzung Menschen bestimmte Interessen verfolgen, sowie ob und wie diese Interessen im Kollisionsfall mit anderen Interessen zu verrechnen sind. Im Verfassungsrecht hält er diese Voraussetzungen nicht für erfüllt (*Morlok*, a. a. O., S. 10ff.).

ten. Dass gerade deshalb die Menschen einen Staat bilden müssten, weil der Mensch seinem Nächsten aufgrund seines eigennützigen Kalküls ein Wolf sein kann, klingt bereits bei *Hobbes* an[166]. Auch *Kant* betont, dass auch ein Volk von Teufeln eine Verfassung einrichten würde – wenn sie nur Verstand haben[167]. Es ist jene Verbindung von Bedürftigkeit, wechselseitigem Angewiesensein und Missbrauchsanfälligkeit gesellschaftlicher Spielregeln, die die Menschen in einer Verfassung als Grundordnung des Zusammenlebens zusammenbringt[168]. Die Verfassung nimmt diesen Befund auf und versucht auf seiner Grundlage sinnvolle gesellschaftliche Interaktionsbeziehungen zu organisieren.

---

[166] *Hobbes*, Vom Bürger, 1642; hrsg. v. G. Gawlick, 1994, S. 59, 69, 83; *ders.*, Leviathan, 1651, hrsg. v. I. Fetscher, 1966, S. 94 ff. u. 131 ff.

[167] *Kant*, Zum ewigen Frieden, Ein philosophischer Entwurf, 1795, Erster Zusatz, 1., A 60, in: *ders.*, Werksausgabe, hrsg. v. Weischedel, Bd. XI 1977, S. 191 (224).

[168] Mit der Erkenntnis der Bedeutung der Eigennützigkeit menschlichen Verhaltens ist freilich nicht geklärt, welchen Raum diese Verfassung und die Rechtsordnung insgesamt als Grundordnung individueller, freier Menschen dem Effizienzgedanken als wünschenswertem Prinzip einräumen sollte. Dazu im Einzelnen infra S. 197 ff.

§ 6 Kriterien der Effizienzermittlung; Begriff und Inhalt der Effizienz

Dem empirischen Befund eines nach Maximierung des Nutzens strebenden Wesens entnimmt die Ökonomik die Nutzenmaximierung als philosophisches Desiderat und gesellschaftliche Forderung, an der sich die Rechtsordnung auszurichten hat. Sie geht von der Überlegung aus, dass eine funktionierende soziale Ordnung die tatsächlichen Bedingungen menschlichen Handelns und die Anreize, denen menschliches Handeln folgt, fortwährend im Blick behalten muss. Sind die verfügbaren Mittel knapp und ist das Streben nach Nutzen maßgebliches Motiv menschlichen Verhaltens, dann erwächst daraus in ihrer Perspektive als zentrale Handlungsanweisung realer rationaler Politik, die grundsätzlich knappen Mittel auf miteinander konkurrierende Verwendungsalternativen so aufzuteilen, dass damit insgesamt größtmöglicher Nutzen gezogen werden kann. Im Brennpunkt staatlichen Bemühens hat für sie die Beantwortung der Frage zu stehen, wie eine Gesellschaft unter den jeweils gegebenen Bedingungen zu größtmöglicher gemeinsamer Wohlfahrt und maximalem Nutzen ihrer Mitglieder gelangen kann: Können nicht alle gesellschaftlichen Bedürfnisse durch die vorhandenen Ressourcen bis zur Sättigungsmenge, d. h. nicht konfliktfrei bzw. ohne Zieleinbußen an anderer Stelle befriedigt werden, ist diejenige Entscheidungsalternative auszuwählen, die sich durch das jeweils günstigste Verhältnis aus eingesetzten Mitteln (Kosten, Ressourcen) zu erzieltem Erfolg (Nutzen, Ziel) auszeichnet. Die gesellschaftlich verfügbaren Ressourcen sind jeweils denjenigen Verwendungsmöglichkeiten zuzuführen, in denen sie in ihrer Gesamtheit das größtmögliche Potenzial zur Befriedigung der in einer Gesellschaft vorhandenen individuellen Bedürfnisse entfalten.

Eine Verteilung der Ressourcen, die jene Bedingungen erfüllt, ist im Sinne der wohlfahrtsökonomischen Ansätze der Ökonomik und der ökonomischen Analyse des Rechts »effizient«. Sie gewährleistet unter den möglichen Alternativen die beste Ausbeute der zur Verfügung stehenden Ressourcen mit Blick auf die erstrebte Zielerfüllung und gewährt damit eine höchstmögliche Wohlfahrt der Mitglieder einer Gesellschaft. Die zur Disposition stehenden Ressourcen gelangen in ihre jeweils gesellschaftlich ergiebigsten Verwendungen. Das Effizienzprinzip versteht sich als abstraktes

Entscheidungskriterium für die zweckrationale Bewältigung sozialer Knappheitssituationen. Es verkörpert einen technisch-methodischen Algorithmus, der dem Anliegen einer möglichst verschwendungsfreien Nutzung zum Durchbruch zu verhelfen sucht. Indem über knappe Ressourcen rational, genauer zweckrational, disponiert wird, realisieren die Entscheider effiziente Lösungen sozialer Knappheitsprobleme.

Das Ziel, die gesellschaftlichen Ressourcen ihrer effizientesten Verwendung zuzuführen, liefert noch keine Antwort auf die Frage nach den Kriterien, anhand derer die Effizienz zu messen ist. Die Zielsetzung, die Auswirkungen von Maßnahmen auf eine Vielzahl von Individuen nach dem Maßstab gesamtgesellschaftlicher Wohlfahrt zu bewerten, legt einen Rekurs auf überindividuelle Messgrößen wie »Gemeinwohl« oder »Gesamtinteresse« nahe, die die individuellen Nutzwerte zu einem kollektiven Gesamtwert aggregieren. Diesen Weg ging im Gefolge des hedonistischen Nutzenkalküls *Jeremy Benthams*[169] zunächst die Wohlfahrtstheorie des 19. und des beginnenden 20. Jahrhunderts. Ein überindividueller Wertmaßstab setzt freilich eine interpersonelle Vergleichbarkeit der relevanten Nutzenwerte voraus. Kategorien wie das Gemeinwohl oder persönliches Wohlbefinden sind als Werturteile einer Überprüfbarkeit nicht zugänglich[170]. Sie beziehen sich indes auf fremde innerseelische Empfindungen und Bewusstseinszustände, die nicht miteinander verrechenbar und nicht kardinal messbar sind, da niemand wissen kann, was in dem Geist eines anderen vorgeht. Das Verdienst, darauf hinzuweisen, kommt dem Ökonomen *Lionel Robbins* zu. Er stellte den wissenschaftlichen Aussagegehalt interpersoneller Nutzenvergleiche prinzipiell in Frage: »There is no means of testing the magnitude of A's satisfaction as compared with B's. If we tested the state of their blood-streams, that would be a test of blood, not satisfaction«[171]. Das Einzige, was beobachtbar und messbar sei, sei das Wahlverhalten eines Menschen zwischen zwei Alternativen, nämlich ob ein Mensch, wenn er vor die Wahl zwischen zwei Alternativen gestellt wird, eine von ihnen der anderen vorzieht oder nicht. Beobachtbar seien Präferenzentscheidungen in ordinalen Relationen, nicht aber über kardinale Nutzenvergleiche. Damit läutete er einen Paradigmenwechsel in der Wohlfahrtstheorie ein. Sie bemühte sich fortan um einen Verzicht auf interper-

---

[169] *Bentham* (1748–1832) machte die Nützlichkeit einer Handlung (das größtmögliche Glück für die größtmögliche Zahl von Menschen) zum Maßstab für ihre sittliche Qualität. In seinen »Principles of Morals and Legislation« skizziert er ein hedonistisches Kalkül, das es erlauben soll, alle erdenklichen Empfindungen von Freude und Leid gegeneinander aufzurechnen und eine Gesamtbilanz des menschlichen Glücks aufzustellen. Vgl. dazu ausführlich supra S. 144 ff.

[170] *H. Albert*, Traktat über rationale Praxis, 1978, S. 114 f. spricht von einer »kommunistischen Fiktion«, die bei solchen Gesamtbewertungen leicht untergeschoben werde.

[171] *Robbins*, An Essay on the Nature and Significance of Economic Science, 2. Aufl. 1935, S. 137 (139 f.).

sonelle Nutzenvergleiche[172]. Das Gemeinwohl wurde hinfort ausschließlich als Funktion der Präferenzentscheidungen der einzelnen Individuen definiert; die Präferenzentscheidung löste den utilitaristischen Begriff des Glücks und der Wohlfahrt ab.

I. Pareto-Effizienz

Durch den Verzicht auf eine interpersonelle Nutzenaufrechnung wird in der modernen Ökonomik der Weg frei für neue wohlfahrtsökonomische Beurteilungskriterien rationaler Entscheidungen. Kann ein Individuum kaum über fremde, wohl aber über eigene Nutzenvorstellungen eindeutige Aussagen treffen, bedeuten Entscheidungen, die den Präferenzen aller Betroffenen entsprechen (denen also alle Mitglieder einer Gesellschaft zustimmen würden) – so schlussfolgerte der italienische Nationalökonom *Vilfredo Pareto* (1848–1923) –, eine Effizienzverbesserung. Er entwickelte auf diese Weise einen bis heute in der Wohlfahrtsökonomik und der Gesellschaftstheorie maßgeblichen operationalen Prüfstein für eine gesellschaftlich effiziente Ressourcenallokation – das so genannte Pareto-Kriterium. Nach dem Pareto-Kriterium ist ein sozialer Zustand einem anderen vorzuziehen, wenn zumindest ein Individuum eine Erhöhung seines Nutzenniveaus erfährt und kein anderes benachteiligt wird. Im Pareto-Optimum (Pareto-Effizienz; Pareto-Optimalität) kann nicht ein einziges Individuum besser gestellt werden, ohne dass dadurch gleichzeitig ein anderes schlechter gestellt wird[173]. Solange die Möglichkeit besteht, die Befriedigung eines bestimmten Bedürfnisses zu erhöhen, ohne die Befriedigung eines anderen Bedürfnisses zu Lasten eines anderen zu vermindern, ist eine Verteilung der

[172] An Versuchen, interpersonelle Nutzenvergleiche operationabel zu machen und den Nachweis der wissenschaftlichen Durchführbarkeit solcher Vergleiche zu erbringen, hat es – auch in der jüngeren Vergangenheit – nicht gemangelt. Namhafte Versuche stammen insbesondere von *Harsanyi* und *Arrow*, die mit der Idee der Introspektion, des Sichhineinversetzens, arbeiten (vgl. *Harsanyi*, Journal of Political Economy 63 [1955], S. 309ff.; *Arrow*, Social Choice and Individual Values, 2. Aufl. 1963, S. 114f.). Ein behavioristischer Ansatz zur Begründung stammt von *Little*, A Critique of Welfare Economics, 2. Aufl. 1957, S. 54ff. Vgl. dazu umfassend *R. Möller*, Interpersonelle Nutzenvergleiche, 1983 wie auch *Eidenmüller*, Effizienz als Rechtsprinzip, 3. Aufl. 2005, S. 189ff.

[173] *Pareto*, Manuel d'économie politique, 1909, S. 617ff.; vgl. dazu *Baßeler/J. Heinrich/Utecht*, Grundlagen und Probleme der Volkswirtschaft, 17. Aufl. 2002, S. 43; *Behrens*, Die ökonomischen Grundlagen des Rechts, 1986, S. 84ff.; *Breunung*, Umweltschutz unter dem Optimalitäts- und Effizienzpostulat, in: Gawel (Hrsg.), Umweltschutz unter dem Optimalitäts- und Effizienzpostulat. 2001, S. 127; *Gäfgen*, Theorie der wirtschaftlichen Entscheidung, 3. Aufl. 1974, S. 422ff.; *Eidenmüller* (Fn. 172), S. 48ff.; *Kirchgässner*, Gemeinwohl in der Spannung von Wirtschaft und politischer Organisation: Bemerkungen aus ökonomischer Perspektive, in: Brugger/Kirste/Anderheiden (Hrsg.), Gemeinwohl in Deutschland, Europa und der Welt, 2002, S. 289 (295ff.); *H.-B. Schäfer/Ott*, Lehrbuch der ökonomischen Analyse des Zivilrechts, 4. Aufl. 2005, S. 24ff.

Ressourcen demgegenüber ineffizient. Maßstab ist die subjektive Präferenz, d. h. das beobachtbare Wahlverhalten der Betroffenen[174]. Die Individuen entscheiden darüber, ob eine Zustandsveränderung einen Nutzengewinn bewirkt oder nicht[175]. Das Wahlverhalten setzt keine kardinalen Nutzenmessungen voraus, sondern kommt mit ordinalen Nutzenmessungen aus: Es ist ausreichend, wenn die Individuen ihre Präferenzen (schwach) ordinal ordnen können. Das macht das Pareto-Kriterium bestechend einfach handhabbar und praktikabel. Eine externe Entscheidungsinstanz zur Erfassung und Bewertung der Präferenzen ist nicht erforderlich. An die Stelle einer wertenden Suche nach einem volkswirtschaftlichen Optimum tritt die sozialpragmatische kollektive Präferenzentscheidung zwischen zwei sozioökonomischen Zuständen. Zurück bleibt eine formale Entscheidungslogik.

Der Paradefall der Pareto-Effizienzsteigerung ist die Markttransaktion. Tauschen Wirtschaftssubjekte Güter aus, so tun sie dies, weil sie durch den Austausch der Güter eine Erhöhung ihres individuellen Nutzenniveaus erwarten. Die Übertragung des Gutes an ein anderes Wirtschaftssubjekt führt das Gut einer effizienteren Verwendung als zuvor zu. Die übertragenen Ressourcen werden in der Hand ihres neuen Inhabers wertvoller. Durch die Abfolge von Tauschaktionen werden die Beteiligten besser, niemand[176] aber wird schlechter gestellt. Ist die bestehende Zuweisung der Rechte nicht pareto-optimal, so werden die Individuen die Güter so lange tauschen, bis ein Zustand erreicht ist, der im Verhältnis zum Ausgangszustand pareto-superior ist[177]. Haben die Akteure das Potenzial für freiwillige Transaktionen ausgeschöpft, ist das Gut dort angelangt, wo ihm die höchste Wertschätzung entgegen gebracht wird. Der Zustand des Pareto-Optimums ist erreicht[178].

---

[174] Vgl. dazu *Bohnen*, Die utilitaristische Ethik als Grundlage der modernen Wirtschaftsökonomik, 1964, S. 61 ff.

[175] Vgl. *Behrens*, Die ökonomischen Grundlagen des Rechts, 1986, S. 85.

[176] Das gilt allerdings nur unter der einschränkenden Voraussetzung, dass keine negativen Externalitäten (vgl. dazu S. 333 ff.) vorliegen.

[177] Dies ist zentraler Inhalt des sog. Coase-Theorems; siehe *Coase*, Journal of Law & Economics 3 (1960), S. 1 ff.; vgl. dazu auch infra S. 725 ff. und supra S. 161 ff.

[178] *Buchanan/Tullock* haben das Kriterium der Pareto-Effizienz in ihrem Werk »The Calculus of Consent« auch für die Verfassungstheorie fruchtbar zu machen versucht. Sie wenden das Pareto-Kriterium als Maßstab an, um das Maß an Übereinstimmung zu bestimmen, das erreicht sein muss, damit eine Entscheidung für alle verbindlich ist. Sie fragen, auf welche Regeln der demokratischen Entscheidungsfindung sich rationale Individuen in einer Art Verfassungsvertrag (»konstitutionelle Phase«) einstimmig einigen könnten, wenn sie hinter einem »Schleier des Nichtwissens« keine Kenntnis davon haben, ob sie später von den festgelegten Regeln persönlich profitieren oder nicht. Da jeder Beteiligte kalkulieren müsse, bei Festlegung einer unfairen Regel später permanent zu den Benachteiligten zu gehören, werde nur eine allgemein akzeptierte, faire Lösung anerkannt werden. Nur der freiwillige Konsens aller Individuen könne sicherstellen, dass niemandem eine Regel aufgezwungen wird, von der er auf Dauer Nachteile erwartet. Die in Demokratien weit verbreitete Mehrheitsregel erweise sich bestenfalls zufällig als fair. Zum

Pareto verzichtet auf den Vergleich verschiedener Wohlfahrtszustände, wenn durch eine Maßnahme bei verschiedenen Personen gegenläufige Nutzenveränderungen eintreten, d.h. Verbesserungen für die einen und Verschlechterungen für die anderen. Durch die Rückbindung an die Zustimmung vermeidet das Effizienzkriterium den extremen Subjektivismus und die Willkürlichkeit eines Prinzips, das jeglichen Interventionismus der Regierung rechtfertigt, der das größte Glück der größten Zahl fordert, ohne anzugeben, wie diese Gesamtgröße berechnet werden soll. Die Pareto-Formel eignet sich dadurch indes zugleich nicht als Konfliktschlichtungsformel. Indem sie keine belastenden Maßnahmen zu Lasten Einzelner zulässt, sondern Einstimmigkeit verlangt, gibt sie jedem Mitglied der Gesellschaft ein Veto-Recht in die Hand. Sie beschränkt sich in den Worten von *Hackmann*[179] auf ein »Verbot von Missgunst oder Schadenfreude«. Die Pareto-Formel verteidigt damit den status quo[180]. Konfliktschlichtung durch Recht, insbesondere Umverteilung, ist im Regelfall aber nicht ohne die Zufügung von Nachteilen möglich. Bei knappen zu verteilenden Rechtspositionen führt die Verbesserung der Lage eines Individuums stets zu einer relativen Verschlechterung der Rechtsposition aller anderen Individuen, die um dieselben Güter konkurrieren. In der politischen Wirklichkeit sind intersubjektive Nutzenabwägungen notwendig, auch wenn sie noch so wissenschaftlich angreifbar sind. Für die praktische Rechts- und Wirtschaftpolitik ist die Pareto-Formel daher als Handlungsanleitung nur von begrenztem Wert. Sie klammert die wertende Frage nach der gesellschaftlich wünschenswerten Güterverteilung aus[181].

II. Kaldor-Hicks-Kriterium

Die Ökonomen *Nicholas Kaldor* und *John Hicks* haben das Pareto-Effizienz-Kriterium zur Kollektiventscheidungsregel ausgeweitet und damit für die praktische Rechtspolitik weiter entwickelt. Sie lassen eine Verschlechterung für einzelne oder mehrere Personen zu – vorausgesetzt die

---

Schutz der individuellen Freiheit sei es ideal, wenn alle kollektiven Entscheidungen nur noch einstimmig getroffen würden.

[179] *Hackmann* (Fn. 59), S. 9 (19).

[180] Vgl. *Eidenmüller* (Fn. 172), S. 49; *Gäfgen* (Fn. 173), S. 423; *Kirchgässner* (Fn. 173), S. 289 (303); *Knobloch*, Einmalige Festlegung versus fortlaufende Gewährleistung einer gerechten Ressourcenausstattung, in: Held/Kubon-Gilke/Sturn (Hrsg.), Normative und institutionelle Grundfragen der Ökonomik, Bd. 1, 2002, S. 173 (175); *Meßerschmidt*, Ökonomische Effizienz und juristische Verhältnismäßigkeit, in: Gawel (Hrsg.), Effizienz im Umweltrecht, 2001, S. 215 (232); *Koch/Rüßmann*, Juristische Begründungslehre, 1982, S. 357; zur Kritik am Status-quo-Einwand vgl. *Hackmann* (Fn. 59), S. 9 (15).

[181] Sie könnte – wie *Rawls* (Eine Theorie der Gerechtigkeit, 1998 [1971], S. 90) kritisch konstatiert – auch die Sklaverei als effizient rechtfertigen.

Vorteile der Gewinner sind so groß, dass sie die Verlierer kompensieren *könnten*[182].

Effizienz bestimmt sich danach durch eine Kosten-Nutzen-Rechnung[183]. Es ist diejenige Entscheidungsalternative auszuwählen, die sich durch das jeweils günstigste Verhältnis aus eingesetzten Mitteln (Kosten, Ressourcen) zum erzielten Erfolg (Nutzen, Ziel) auszeichnet. Eine staatliche Maßnahme ist dann gerechtfertigt, wenn ihr in Geld bewerteter Gesamtnutzen höher als die in Geld bewerteten Gesamtkosten ist[184]. Eine Verschlechterung für Einzelne ist dann akzeptabel, wenn die Vorteile in der Summe die Nachteile überwiegen. Das Kaldor-Hicks-Kriterium will soziale Zustandsveränderungen beurteilbar machen, bei denen es sowohl Gewinner wie Verlierer gibt (in denen sich die Präferenzen der Individuen also widersprechen), ohne dass interpersonelle Nutzenvergleiche stattfinden. *Kaldor* entwickelte seine These an einem konkreten historischen Beispiel: In England verbot das Recht zum Schutz der inländischen Bauern den Import von ausländischem billigerem Getreide. Die Brotpreise waren für die Konsumenten daher künstlich überhöht. Eine Aufhebung des Importverbots würde nach Auffassung von *Kaldor* die Konsumenten in einem Maße besser stellen, dass sie die Landwirte für den Verlust entschädigen könnten und dennoch in einer besseren Situation als vor der Änderung wären. Die Gesamtwohlfahrt des Landes erhöht sich, selbst wenn die Kompensation nicht gezahlt wird. Zwei Gesellschaften mit gleicher Ausgangslage, von denen die eine Pareto-Verbesserungen, die andere auch staatliche Entscheidungen nach dem Kaldor-Hicks-Kriterium zulässt, erreichen danach unterschiedliche Wohlstandsniveaus. Die letztgenannte Gesellschaft ist, indem sie nicht die Einstimmigkeit für Veränderungen voraussetzt, der erstgenannten volkswirtschaftlich überlegen.

---

[182] Ob die Kompensation tatsächlich stattfindet, ist nicht entscheidend. Dabei handelt es sich für die beiden Ökonomen um eine verteilungspolitische Frage, die von derjenigen nach der allokationseffizienten Zuteilung zu trennen ist. Vgl. *Kaldor*, Economic Journal 49 (1939), S. 549 ff.; *Hicks*, Economic Journal 49 (1939), S. 696 ff.

[183] Das Kaldor-Hicks-Kriterium gilt deshalb auch als geistige Mutter der Kosten-Nutzen-Analyse. Zur Einführung in die Kosten-Nutzen-Analyse und zu ihren Einsatzmöglichkeiten insbesondere bei umweltrelevanten Großvorhaben vgl. *Adler/Posner*, Yale Law Journal 109 (1999), S. 165 (176 u. 190 ff.); *Fehling*, VerwArch. 95 (2004), S. 443 ff.; *ders.*, Verwaltung zwischen Unparteilichkeit und Gestaltungsaufgabe, 2001, S. 82 f., 134 ff., 171 ff.; *Mühlenkamp*, Kosten-Nutzen-Analyse, 2. Aufl. 2007; *Mishan*, Elements of Cost-Benefit-Analysis, 2. Aufl. 1978; *Sunstein*, Michigan Law Review 99 (2001), S. 1651 ff. Kosten-Nutzen- (bzw. Wirtschaftlichkeits-)Analysen ordnen etwa § 7 Abs. 2 BHO, Sec. 39 des britischen Environmental Protection Act von 1995 sowie die Executive Order 12866 der Regierung Clinton vom 30.9.1993 (58 F.R. 51735) an; eine Kosten-Nutzen-Analyse für die Rechtsetzung fordert allgemein etwa auch der aus einer vom Europäischen Rat eingesetzten Beratergruppe hervorgegangene Mandelkern-Bericht »Towards better Regulation«; Bundesministerium des Innern (Hrsg.), Moderner Staat – Moderne Verwaltung: der Mandelkern-Bericht, 2001, S. 30 f.

[184] Vgl. *H.-B. Schäfer/Ott* (Fn. 173), S. 32 ff.

Glänzt das Kaldor-Hicks-Kriterium auch durch einfache Handhabbarkeit, sind die mit seiner praktischen Anwendung verbundenen Verwerfungen beachtlich. Selbst wenn logische Unebenheiten[185] des Kaldor-Hicks-Kriteriums ausgeräumt sind, bleibt die Schwierigkeit, die Vor- und Nachteile, die in die Kosten-Nutzen-Analyse einzustellen sind, zutreffend und unverzerrt zu ermitteln. Das Kaldor-Hicks-Kriterium setzt praktikable Prüfsteine voraus, mit deren Hilfe Kosten und Nutzen bewertet werden können, ohne dass subjektive Wertungen eines externen Entscheiders einfließen, die mit denjenigen der betroffenen Personen nicht identisch sein müssen. Das Kaldor-Hicks-Kriterium liefert diese Kriterien nicht selbst.

Als Entscheidungskriterium zur Bestimmung von Nutzen und Kosten einer Maßnahme greift die Wohlfahrtsökonomik üblicherweise auf die Zahlungsbereitschaft der Beteiligten zurück. Der private Nutzen wird in Geldeinheiten gemessen. Dieses Verfahren ist grundsätzlich wertungsfrei. Es setzt keine interpersonellen Nutzenvergleiche voraus. Sobald aus dem daraus gezogenen Saldo ein Schluss auf eine Wohlfahrtssteigerung gezogen wird, nimmt es inzident jedoch einen Vergleich verschiedener Nutzungen vor: Die gezogene Schlussfolgerung setzt verschiedene Nutzenniveaus zueinander in Beziehung. Sie impliziert, dass der höhere individuelle Nutzen sozial vorzugswürdig ist und enthält daher eine Wertung[186]. Hier liegt eine

---

[185] Es sind unter bestimmten Bedingungen Situationen vorstellbar, in denen ein Zustand nach dem Kaldor-Hicks-Kriterium einem anderen Zustand vorzuziehen ist, aber auch umgekehrt die Rückkehr dieses Zustands zu dem ursprünglichen Zustand mit dem Kaldor-Hicks-Kriterium gerechtfertigt werden kann. Diesen logischen Bruch hat *Tibor de Scitovsky* aufgedeckt (*De Scitovsky*, Review on Economic Studies 9 [1941], S. 77 ff.; vgl. dazu auch *Sohmen*, Allokationstheorie und Wirtschaftspolitik, 1976, S. 310, 312; *Little*, A Critique of Welfare Economics, 2. Aufl. 1957, S. 96 ff.) Das *Scitovsky*-Paradox lässt sich nur durch eine zusätzliche, durch *Scitovsky* eingeführte Bedingung aufheben: Der Übergang von einem sozialen Zustand in einen anderen sozialen Zustand ist dann vorzuziehen, wenn der Übergang das Kaldor-Hicks-Kriterium erfüllt, nicht aber das Aufrechterhalten des Zustands (*De Scitovsky*, ibid., S. 77 [86]). Die Problematik intransitiver Reihungen, die beim Vergleich von drei oder mehr Zuständen auftreten können, bleibt dadurch bestehen: A ist B vorzuziehen, B ist C vorzuziehen, gleichzeitig ist aber auch der Zustand C dem Zustand A vorzugswürdig (*Gormann*, Oxford Economic Papers New Series 7 [1955], S. 25 ff.). Sie lassen sich nur durch eine zusätzliche Bedingung ausschließen. Eine solche hat *Sen* entwickelt (*Sen*, Collective Choice and Social Welfare, 1970, S. 32).

[186] Vgl. *Arrow*, Social Choice and Individual Values, 2. Aufl. 1963, S. 38 unter Berufung auf *Baumol*: »The Kaldor compensation principle carries with it an implicit interpersonal comparison of utility since the potential (but not actual) compensations which are used in reckoning are measured in money terms, and the social value of a unit of money is reckoned to be the same in the hands of a rich man and in the hands of a poor man«; ähnlich *Chipman*, Compensation Principle, in: The New Palgrave: A Dictionary of Economics, Bd. 1, 1987, S. 524 (526): »Seit *Kaldor* 1939 Passagen von *Harrod* 1938 und *Robins* 1938 zitiert hat, die besagen, dass eine Bewegung hin zum Freihandel für unterschiedliche Klassen unterschiedliche Auswirkungen hat, kann keine wissenschaftliche Aussage über den wohlfahrtsfördernden Effekt des Freihandels ohne interpersonelle Nutzenvergleiche gemacht werden«.

Schwachstelle des Kaldor-Hicks-Kriteriums, das der Kritik eine offene Flanke liefert[187].

III. Reichtumsmaximierungsprinzip und Auktionsregel

Das Kaldor-Hicks-Kriterium hat *Posner* in der ökonomischen Analyse des Rechts zum Reichtumsmaximierungsprinzip bzw. zur Auktionsregel zugespitzt: Für *Posner* sind Wohlfahrt und Effizienz »value in dollars or dollar equivalents«[188]. Wem ein Recht zugeordnet werden solle, soll sich danach bestimmen, wer bereit ist, den höchsten Preis dafür zu zahlen; Effizienz wird in Zahlungsbereitschaft (»willingness to pay«) gemessen. »It is measured by what people are willing to pay for something or, if they already own it, what they demand in money to give it up. The only kind of preference that counts in a system of wealth maximation is thus one that is backed up by money – in other words that is registered in a market«[189]. Der Weg, auf dem die Zahlungsbereitschaft mit Sicherheit bestimmt werden kann, ist die tatsächliche Beobachtung eines freiwilligen Austausches. Dort, wo der Markt aufgrund hoher Transaktionskosten oder externer Effekte versagt und ein Austausch auf dem Markt nicht stattfindet, ist nach Auffassung von *Posner* nicht eine aufgrund staatlicher Informationen erfolgende Verteilungslösung zu wählen, sondern das Recht soll dort den Markt durch eine entsprechende Ausgestaltung der Handlungsrechte und eine gegebenenfalls hypothetische Versteigerung zu simulieren versuchen. »If transaction costs are positive, the wealth maximation principle requires the initial vesting of rights in those who are likely to value them most«[190]. Das Recht soll demjenigen zufallen, dem es zufallen würde, wenn die Transaktionskosten null wären und der Markt deshalb perfekt funktionieren würde. *Posner* unternimmt den Versuch, die wahrscheinlichen Bedingungen eines marktvermittelten Geschäfts unter Umständen nachzubilden, unter denen stattdessen ein erzwungener Austausch stattfand[191]. Sein Ansatz entspricht

---

[187] Vgl. zu der Schwachstelle des Konnexes von Zahlungsfähigkeit und Zahlungsbereitschaft und zur Grundrechtsblindheit des Kaldor-Hicks-Kriteriums infra S. 239 ff.; zu weiteren Schwachstellen des Kaldor-Hicks-Kriteriums siehe etwa *Sen*, On Ethics and Economics, 1997, S. 33 (aus seiner Sicht ist das Kompensationskriterium, wenn keine Kompensation durchgeführt wird, nicht überzeugend und, wenn kompensiert wird, überflüssig); *van Aaken* (Fn. 93), S. 218 ff.; *Eidenmüller* (Fn. 172), S. 53 ff.; *Mathis*, Effizienz statt Gerechtigkeit?, 2004, S. 56 ff.

[188] *Posner*, Journal of Legal Studies 8 (1979), S. 103 (119 ff.); *ders.*, Notre Dame Journal of Law, Ethics & Public Policy, 1985, S. 85 ff.; *ders.*, Economic Analysis of Law, 7. Aufl. 2007, S. 15 f.; vgl. dazu etwa auch *Eidenmüller* (Fn. 172), S. 55 f.; *Mathis* (Fn. 187), S. 147 ff.

[189] *Posner*, Journal of Legal Studies 8 (1979), S. 103 (119 ff.).

[190] *Posner*, ibid., S. 103 (126).

[191] *Posner*, Economic Analysis of Law, 7. Aufl. 2007, S. 15: »If for example, the question were whether clean water was more valuable as an input into paper production than

im Wesentlichen dem Kaldor-Hicks-Kriterium[192]. Er setzt sich der gleichen Kritik wie dieses aus[193].

---

into boating, we might try to determine, using whatever quantitative or other data might be available to help us, whether in a world of zero transaction costs the paper industry would purchase from the boaters the right to use the water. This approach attempts to reconstruct the likely terms of a market transaction in circumstances where instead a forced exchange took place – to mimic or simulate the market, in other words«. *Posner* steht damit vor der schwierigen Aufgabe, die hypothetische Zahlungsbereitschaft zuverlässig zu ermitteln. Wird die Zahlungsbereitschaft nicht tatsächlich abgeschöpft, sind die Kontrahenten geneigt, ihre wahre Zahlungsbereitschaft zu übertreiben. Der Informationswert einer solchen Präferenzermittlung ist gering. Ihre Schätzung durch staatliche Instanzen lässt notwendig eine die Präferenzen, die der Markt sich zuverlässig zu ermitteln anschickt, verzerrende Wertung in die Effizienzmessung einfließen. Nimmt die Auktion eine Abschöpfung der tatsächlichen Zahlungsbereitschaften vor, bedarf es jedoch der Auktionsregel nicht mehr. Dann kann grundsätzlich der Markt die Aufgabe der Zuteilung übernehmen. *Coleman* schließt daraus: »Posners rule may be either otiose or unworkable«. (*Coleman*, The Economic Analysis of Law, in: Pennoch/Chapman (Hrsg.), Ethics, Economics and the Law, 1982, S. 83 [98]).

[192] Das betont *Posner* (ibid., S. 13) selbst: »In the less austere concept of efficiency mainly used in this book – called the Kaldor-Hicks concept of efficiency or wealth maximation – (...)«.

[193] Vgl. dazu supra Fn. 187 sowie infra S. 239ff.

§ 7 Rechtliche Ausprägungen und verfassungsrechtliche Anker eines Effizienzprinzips

Das Bemühen der Ökonomik um eine Ausgestaltung des Rechts im Interesse einer effizienten Ausnutzung der vorhandenen Ressourcen ist auf rechtpolitische Vorstellungen und die Verfassungsdogmatik nicht ohne Einfluss geblieben. Es spiegelt sich in zahlreichen Versuchen, das Recht de lege ferenda auf eine effiziente Verteilungsregulierung einzuschwören, aber auch de lege lata mit den Mitteln juristischer Hermeneutik den bestehenden Rechtsregeln effizienzorientierte Zielsetzungen zu entlocken. Das effizienzorientierte Verständnis von Rechtsnormen macht dabei längst nicht mehr bei der Ausgestaltung und Auslegung des einfachen Gesetzesrechtes Halt, sondern hat – spätestens seit der Begründung der ökonomischen Verfassungstheorie durch *James McGill Buchanan*[194] – auch das Epizentrum der Rechtsordnung, die Verfassung, erreicht: Das Ziel einer Ausrichtung der Rechtsordnung an dem Gedanken der Effizienz wird der Verfassung selbst entnommen, ihr als immanent unterstellt. Die Effizienz reklamiert für sich die Weihen eines Verfassungsprinzips[195], das die Verteilungsord-

[194] *Buchanan* entwirft in seinem oeuvre, insbesondere seinem Hauptwerk »The Limits of Liberty«, 1975, sowie (gemeinsam mit seinem Kollegen *Gordon Tullock*) in dem Werk »The Calculus of Consent«, 1962 (vgl. dazu bereits Fn. 178) eine ökonomische Theorie der Politik und der Staatsverfassung, welche die für die ökonomische Theorie des Marktes zentralen Ideen der rationalen individuellen Wahl zwischen Alternativen und des Tauschs auf die kollektive, politische Wahl zwischen alternativen Spielregeln für Wirtschaft, Gesellschaft und Politik überträgt. Er untersucht, auf welche Staatsverfassung sich rationale Individuen einigen würden. Aus freiheitlicher Sicht sei die Anarchie ein anzustrebendes Ideal. Ohne den Staat, der individuelle Rechte vor dem Zugriff Dritter schützt, bedeute die Anarchie indes nur unproduktives Chaos. Übertrügen die Bürger umgekehrt dem Staat unbeschränkte hoheitliche Befugnisse, sähen sie sich alsbald einem ausbeuterischen »Leviathan« ausgeliefert. *Buchanan* plädiert für eine Ordnung zwischen 'Anarchie und Leviathan' (so auch der Untertitel von 'The Limits of Liberty', 1975) in der die individuelle Freiheit durch Regeln begrenzt ist. Rationale Individuen würden sich in seinen Augen auf eine Staatsverfassung verständigen, die den Staat zwar befähigt, die Anarchie zu verhindern, ihn aber gleichzeitig so beschränkt, dass er nicht zur Bedrohung der Bürger wird. Vgl. zur politischen Ökonomie Buchanans etwa *Pies*, James Buchanans konstitutionelle Ökonomik, 1996; *Keck*, Zwischen evolutionärer und gesellschaftsvertraglicher Fundierung des Staates, 1998.

[195] So etwa ausdrücklich der Österreichische Verfassungsgerichtshof in seinem Austro-Control Erkenntnis, VfSlg. 14473/1996: »Wie jeder Akt der Gesetzgebung muss die Beleihung ausgegliederter Rechtsträger den bundesverfassungsrechtlichen Vorgaben, wie [...] dem verfassungsrechtlichen Effizienzgebot entsprechen«. Vgl. auch *Korinek/Holou-*

nung zwar nicht in ihrer Gänze, so aber doch als wichtiger Abwägungsbelang zu determinieren vermag. Die Effizienzdiskussion spaltet seither die verfassungsjuristische Welt[196]. Beginnend mit *Herbert Krüger*, der seine Allgemeine Staatslehre 1964 als Erster geradezu als Lehre von der Leistungsfähigkeit und Effizienz des Staates geschrieben hat[197], entnehmen viele Rechtswissenschaftler der Verfassung das Gebot, die verfügbaren Mittel effizient einzusetzen und die Rechtsordnung auf eine effiziente Ressourcenallokation auszurichten. *Walter Leisner* hat dem die These von Effizienzneutralität der Verfassung entgegen gesetzt[198]. Für ihn stellt sich die Effizienz nicht als staatstypischer Grundsatz oder Zentralbegriff des öffentlichen Rechts dar. Er verwirft sie als »Staatsromantik der Technokratie«[199], die von außen in die Staatlichkeit hineingetragen werde[200].

Die sachliche Auseinandersetzung wird dadurch verkompliziert und erschwert, dass dem Begriff der Effizienz – explizit oder implizit – sehr unterschiedliche Deutungen unterlegt werden. Das Panorama vorgeschlagener Interpretationen reicht von einem Gebot der Wirtschaftlichkeit des Verwaltungshandelns, das dem Normanspruch möglichst umfassend und zielentsprechend Geltung zu verschaffen versteht[201], über »das Gegenteil von

---

bek, Grundlagen staatlicher Privatwirtschaftsverwaltung, 1993, S. 173ff.; *Lachmayer*, Effizienz als Verfassungsprinzip, in: Bungenberg u. a. (Hrsg.), Recht und Ökonomik, 2004, S. 135 ff; kritisch *Eidenmüller* (Fn. 172), S. 443ff.

[196] Vgl. zur Diskussion um die Bedeutung der Effizienz als Rechts-, insbesondere verfassungsrechtliches Prinzip allgemein etwa *Britz*, Die Verwaltung 1997, S. 185ff.; *Eidenmüller* (Fn. 172), S. 443ff.; die Beiträge in Gawel (Hrsg.), Effizienz im Umweltrecht, 2001; *Häberle*, AöR 98 (1973) S. 625ff.; *Hoffmann-Riem*, Effizienz als Herausforderung des Verwaltungsrechts, in: ders./Schmidt-Assmann (Hrsg.), Effizienz als Herausforderung an das Verwaltungsrecht, 1998, S. 11 (25); *Lachmeyer* (Fn. 195), S. 135ff.; *Kübler*, Effizienz als Rechtsprinzip in: J. Baur/Hopt/Mailänder (Hrsg.), Festschrift für Ernst Steindorff zum 70. Geburtstag, 1990, S. 687ff.; *Leisner*, Effizienz als Rechtsprinzip, 1971; *Musil*, Wettbewerb in der staatlichen Verwaltung, 2005, S. 75ff.; *Müller-Franken*, Maßvolles Verwalten, 2004; *Pietzner*, VVDStRL 41 (1983), S. 193 (196ff.); *Voßkuhle*, Die Verwaltung 2001, S. 347ff.; *Wahl*, VVDStRL 41 (1983), S. 151ff.

[197] *Krüger* sah insbesondere eine enge Verbindung zwischen dem Verhältnismäßigkeits- und dem Effizienzprinzip. Das Verhältnismäßigkeitsprinzip bedinge eine »Gebundenheit an die Ökonomie« (*Krüger*, Allgemeine Staatslehre, 1957, S. VI und S. 835).

[198] *Leisner*, Effizienz als Rechtsprinzip, 1971; ähnlich etwa *Wahl*, VVDStRL 41 (1983), S. 151 (163 mit Fn. 32): »Effizienz ist ein rechtlich anerkanntes Gut, aber selbst kein (Verfassungs-)Rechtsprinzip. Die Rechtsordnung anerkennt die Verwaltungseffizienz als eines der Güter und Ziele, die im Gesamtauftrag der Verfassung enthalten sind. Die Rechtsordnung macht die Effizienz aber nicht zu einem Maßstab für die Beurteilung der Rechtmäßigkeit des Verwaltungshandelns«. Ferner ibid., S. 294: »Die Rechtsordnung stellt nicht neben jede Kompetenz, die sie der Verwaltung einräumt, noch ein zusätzliches Rechtsgebot an die Verwaltung, diese Kompetenz effizient auszuüben, sondern die Rechtsordnung begnügt sich damit, Zuständigkeiten und Handlungspflichten zu statuieren; Effizienz ist ein Sammelbegriff für weitere Ziele, die die Verwaltung im Rahmen der Rechtsordnung zu verfolgen hat«. Ebenso *Häberle*, AöR 98 (1973), S. 625 (631).

[199] *Leisner* (Fn. 198), S. 61.

[200] *Leisner* (Fn. 198), S. 59.

[201] In diesem Sinne etwa *Leisner* (Fn. 198), S. 38ff.; *Musil*, Hochschulen und Wettbe-

Vollzugsdefizit«[202] bis zu einem die staatliche Gesetzgebung bindenden Gebot der Ausrichtung des Rechts am Gedanken der effizienten Ressourcenausnutzung[203]. Die Begriffsverwirrung ist babylonisch, ein konsensfähiger Ausgangspunkt nur schwer auszumachen. Teilweise wird dabei auch nicht zwischen Effizienz und Effektivität unterschieden[204]. Effektives Handeln braucht nicht notwendig effizient zu sein. Effektivität ist eine Maßgröße für den Zielerreichungsgrad. Effektivität des Rechts meint dessen Wirkungs- bzw. Steuerungskraft und damit seine Wirksamkeit als Grad der Verwirklichung des normativen Programms. Sie stellt einen Soll-Ist-Vergleich zwischen den Zielsetzungen und dem Grad ihrer Umsetzung an. Sie schaut allein auf die Verwirklichung des angestrebten Zustands; die dafür erforderlichen Kosten bleiben unberücksichtigt. Das Siegel der Effektivität verdient sich auch der kompromisslose Einsatz von Ressourcen zur Zielverwirklichung, der mit ungerechtfertigten Übersteigerungen eines Ziels zu Lasten anderer verbunden ist, für die es dann an den erforderlichen Ressourcen mangelt[205]. Effizientes Handeln fragt auch nach den Kosten des Ressourceneinsatzes. Es verliert die Beziehung zwischen Zweck und Mittel nicht aus den Augen, sondern erhebt seine Untersuchung zum Programm. Effizienz beschreibt diejenige Form der Ressourcenverwendung, die sich durch das jeweils günstigste Verhältnis aus eingesetzten Mitteln (Kosten, Ressourcen, Aufwand) zu erzieltem Erfolg (Nutzen, Ziel; Ertrag) auszeichnet[206]. Effizienz ist zweckrationale Auswahl einer unter mehreren zur Verfügung stehenden Handlungsmöglichkeiten. Sie kann darin bestehen, ein festgelegtes Ziel mit minimalem Aufwand zu erreichen, oder darin, mit be-

werb, in: Bungenberg u. a. (Hrsg.), Recht und Ökonomik, 2004, S. 339 (343); zum Verhältnis von Wirtschaftlichkeit und Effizienz vgl. *Gersdorf*, Öffentliche Unternehmen im Spannungsfeld zwischen Demokratie- und Wirtschaftlichkeitsprinzip, 2000, S. 415f.

[202] *Wahl* (Fn. 198), S. 162.

[203] Am prononciertesten *Posner*, Hofstra Law Review 9 (1981), S. 775 (S. 780): »I continue to believe that wealth maximization should guide public policy in all spheres.« In jüngerer Zeit nimmt er den Ausschließlichkeitsanspruch selbst etwas zurück: »(...) the term ›efficiency‹, when used as in this book to denote that allocation or resources in which value is maximized, has limitations as an ethical criterion of social decision-making« (*Posner* [Fn. 191], S. 11). Ähnlich *ders.*, ibid., S. 15f.

[204] Vgl. etwa *Gaentzsch*, DÖV 1998, S. 954 (954); *Häberle*, AöR 1973, S. 625 (627); *Wahl* (Fn. 198), S. 163.

[205] Ähnlich *Schmidt-Aßmann*, Effizienz als Herausforderung an das Verwaltungsrecht, in: Hoffmann-Riem/Schmidt-Aßmann (Hrsg.), Effizienz als Herausforderung an das Verwaltungsrecht, S. 245 (248); *Hoffmann-Riem* (Fn. 196), S. 16ff.; *Gawel* (Fn. 363), S. 42; *Gröpl*, Haushaltsrecht und Reform, 2001, S. 346.

[206] In diesem Sinne etwa *Breunung*, Umweltschutz unter dem Optimalitäts- und Effizienzpostulat, in: Gawel (Hrsg.), Effizienz im Umweltrecht, 2001, S. 127 (127); *Gawel*, Ökonomische Effizienzforderungen und ihre juristische Rezeption – Ein problemstrukturierender Überblick, in: ders. (Hrsg.), ibid., S. 9 (13); *Gäfgen*, Theorie der wirtschaftlichen Entscheidung, 1963, S. 159 u. 163; *Hoffmann-Riem* (Fn. 196), S. 246; *Keuper/Brösel*, ZögU 2005, S. 1 (5f.).

stehenden Mitteln ein maximales Ergebnis zu erreichen. Effizienz beschreibt einen formalen Mechanismus zur Optimierung der Zielerreichung.

Über die Ziele, die optimiert werden sollen, gibt der Begriff keine Auskunft. Er setzt sie voraus. Das wohlfahrtsökonomische Effizienzprinzip[207] geht insoweit einen Schritt weiter und nimmt zugleich eine wichtige Verengung vor: Es definiert den Nutzen und die ökonomische Wohlfahrt der Gesellschaftsmitglieder als selbstständiges Ziel staatlichen Handelns und ermittelt diese unter Rückgriff auf ihre Präferenzen. Es erlegt dem Staat die Verpflichtung auf, sein gesamtes Handeln, insbesondere die Ausgestaltung der Rechtsordnung, an dem Ziel einer effizienten Ressourcenallokation, d. h. einer möglichst günstigen Relation der eingesetzten Ressourcen zu dem Maß an damit erzielter Bedürfnisbefriedigung auszurichten. Mit den gegebenen Mitteln ist ein Maximum an Bedürfnissen der Gesellschaftsmitglieder zu befriedigen. Insoweit erfährt der Begriff der Effizienz in dem wohlfahrtsökonomischen Effizienzprinzip einen bedeutsamen Strukturwandel: Nutzenmaximierung wird zu einem staatlichen Zweck[208].

Es leuchtet unmittelbar ein, dass in einer Rechtsordnung, in der die Ressourcen endlich sind, dem Walten von Verschwendung kein Eigenwert zukommen kann[209]. Verschwendung verkürzt individuelle Bedürfnisbefriedigungsmöglichkeiten. Ineffizienz ist ein Risiko für das Ziel der Aufgabenerfüllung. Effizienter Ressourceneinsatz ist eine Form rationaler Rechtsfolgenwahl und eine politische Klugheitsregel, die der dienenden bzw. treuhänderischen Funktion staatlicher Gewalt geschuldet ist. Sie erweitert den Möglichkeitenraum für die Rechtsverwirklichung und schafft Freiräume für Gestaltungen, die sonst entfielen[210]. Müssen Entscheidungen des Ressourcenverbrauchs Mindestanforderungen der Rationalität entsprechen, kommt der Forderung, immer dann, wenn die Mittel zur Verfolgung von Zielen knapp sind, unter mehreren verfügbaren Lösungen der effizientesten Lösung den Vorzug einzuräumen, eine nicht abstreitbare Plausibilität zu[211]. *Jeremy Bentham* hielt sein utilitaristisches Prinzip der Nutzenmaximierung sogar einem Rechtfertigungsbedürfnis für enthoben. Einen Beweis für seine Lehren lehnte er mit den Worten ab: »To give such a proof is as impossible as it is needless«[212]. *Mill*, der zweite utilitaristische Klassiker, gab sich we-

---

207 Vgl. zu den Unschärfen des Begriffs und den sich daran unter Ökonomen entzündenden Diskussionen um seine Sinnhaftigkeit infra Fn. 258.

208 Ähnlich *Behrens*, Die ökonomischen Grundlagen des Rechts, 1986, S. 83 ff.; *Eidenmüller* (Fn. 172), S. 56; *Janson*, Ökonomische Theorie im Recht, 2004, S. 88 f.; *H.-B. Schäfer/Ott*, Lehrbuch der ökonomischen Analyse des Zivilrechts, 4. Aufl. 2005, S. 1.

209 *Wahl* (Fn. 198), S. 162.

210 *Hoffmann-Riem* (Fn. 196), S. 11 (25).

211 Vgl. etwa *Winter*, Über Nutzen und Kosten der Effizienzregel im öffentlichen Recht, in: *Gawel* (Hrsg.), Effizienz im Umweltrecht, 2001, S. 97 (107); *Führ*, Ökonomische Effizienz und juristische Rationalität, in: Gawel, ibid., S. 157 (162 f.).

212 *Bentham* (Fn. 14), Kap. 1, Abschnitt 11, S. 13.

niger zugeknöpft: Für ihn ergab sich die Rechtfertigung des Nutzenprinzips aus der schlichten Tatsache, dass die Menschen nach Nutzenmaximierung und Glück streben: »The sole evidence it is possible to produce that anything is desirable, is that people do actually desire it«[213].

Der Jurist kann sich damit nicht zufrieden geben. Eine Herleitung normativer Aussagen aus deskriptiven Befunden, der Schluss vom Sein auf das Sollen, ist – wie *G. Moore* herausgearbeitet hat[214] – dem Verdacht eines naturalistischen Fehlschlusses ausgesetzt[215]. Muss eine funktionierende soziale Ordnung die tatsächlichen Bedingungen menschlichen Handelns und die Anreize, denen es folgt, fortwährend im Blick behalten, und entspricht das Bedürfnis nach effizientem Gütereinsatz möglicherweise dem soziologischen Bauplan des Menschen, so ist damit die Frage nach seiner normativen Wirkung nicht beantwortet, sondern nur gestellt. Aus dem Sein folgt auch insoweit kein Sollen. Der bisweilen lauthals vorgetragene Anspruch auf Ausschließlichkeit effizienten Gütereinsatzes, der den Gott der Scholastik unversehens und bruchlos in eine unsichtbare Hand verwandelt[216], mahnt zu Misstrauen und besonderer Vorsicht[217]. Vor allem macht die politische Rationalität des Effizienzprinzips dieses noch nicht selbstredend zum Verfassungsprinzip, das andere Verfassungsziele im Konfliktfall zu verdrängen in der Lage ist. Ihre normative Wirksamkeit bedarf der Verankerung in der Verfassung und die normative Rolle des Effizienzprinzips in der staatlichen Verteilungsordnung einer kritischen Durchleuchtung.

I. Nationales Verfassungsrecht

Die Verfassung erwähnt ein allgemeines verfassungsrechtliches Leitmotiv der (Allokations-)Effizienz an keiner Stelle ausdrücklich. Die Ansatzpunkte für ein Gebot effizienten Umgangs mit vorhandenen Ressourcen – seien sie allgemeiner Natur (infra 1.–6. und 9.) oder auf spezielle staatliche Aufgaben bezogen (infra 7. und 8.) – sind jedoch reich an Zahl.

---

[213] *Mill*, Utilitarism, in: ders., On Liberty and Utilitarism, 1861, hrsg. v. Warnock, 2003, S. 181 (210).

[214] *Moore*, Principia Ehtica, 1903, S. 10.

[215] *Moore*, ibid, S. 66: »Mill has made a naive and artless use of the naturalistic fallacy as anybody could desire«. Wenn das Gute als das definiert wird, was alle erstreben, dann könne man sinnvoll immer noch fragen, ob das, was alle erstreben, auch wirklich gut ist (»[...] whatever definition be offered, it may be always asked, with significance, of the complex so defined, whether it is itself good«), *Moore*, a. a. O., S. 15.

[216] *Salin*, Politische Ökonomie, 5. Aufl. 1967, S. 75.

[217] Vgl. *Heinrichs*, in: Palandt (Hrsg.), BGB-Kommentar, 66. Aufl. 2007, Einl. Rdnr. 38; ähnlich *Koller*, Die Risikozurechnung bei Vertragsstörungen in Austauschverhältnissen, 1979, S. 79 mit Fn. 6: »Die Effizienz im ökonomischen Sinn ist sicherlich nicht das einzige Ziel, das die Rechtsordnung zu verwirklichen hat«. *Fezer*, JZ 1988, S. 223 (226); *Hager*, Verkehrsschutz durch redlichen Erwerb, 1990, S. 238.

1. Der Nutzenmehrungsauftrag des Art. 56 S. 1 bzw. Art. 64 Abs. 2 GG

Ein verfassungsrechtliches Gebot, den Nutzen zu mehren, findet sich in der Verfassung an versteckter Stelle, dafür in unmissverständlich ausgesprochener Form: Nach Art. 56 S. 1 bzw. Art. 64 Abs. 2 GG schwören der Bundespräsident, der Bundeskanzler und die Bundesminister, den »Nutzen« des deutschen Volkes zu »mehren«[218]. Verleihen die Vorschriften den dort genannten Staatsorganen auch keine zusätzlichen Rechte oder Kompetenzen[219], so manifestieren sich in ihnen doch staatspolitische Ordnungs- und Zielvorstellungen des Verfassungsgebers. Im Eid drückt das betreffende Organ seine Identifikation mit den dort niedergelegten Werten aus[220]. Die Verfassung spricht ein Bekenntnis zu verfassungsrechtlichen Zielvorstellungen und Grundwerten aus, die die Staatsorgane feierlich bekräftigen und in ihrer Amtsführung leiten sollen. Die Erwähnung der Nutzenmehrung gibt diese als verfassungsrechtlichen Grundwert zu erkennen.

Was die Verfassung unter dem »Nutzen« des Volkes versteht, bleibt offen. Weder die Rechtsprechung noch die Wissenschaft bieten eine inhaltliche Präzisierung des Begriffes an. Mehrere unterschiedliche Begriffsdeutungen sind vorstellbar. Nutzen kann wirtschaftlich interpretiert werden als Wohlergehen des Volkes bzw. der individuellen Belange seiner Mitglieder oder als gesamtgesellschaftliche Wohlfahrt. Aus dem Amtseid des Art. 56 S. 1 bzw. Art. 64 Abs. 2 GG ließe sich dann zwanglos ein Auftrag zu effizientem Einsatz knapper Ressourcen herauslesen, der Verschwendung zu unterbinden bzw. die vorhandenen Güter einer den Nutzen für die Gesamtgesellschaft optimierenden Verwendung zuzuführen trachtet. Eine rein ökonomische Ausdeutung des Nutzenbegriffs griffe jedoch zu kurz. Wirtschaftlicher Nutzen ist nicht der einzige Wertmaßstab für gesellschaftliches Wohlergehen[221]. Dem Kontext fehlt ein wirtschaftlicher Bezug, der ein solches enges Verständnis nahe legt. Der Begriff weist auf weitere Bedeutungssphären hin, die sich in einer ökonomische Dimension nicht erschöpfen[222].

---

[218] Ähnlich für die Ministerpräsidenten und Minister der Länder etwa Art 88 S. 1 bbg.Verf; Art. 48 S. 1 bw.Verf.; Art. 53 S. 1 nrw.Verf.; Art. 61 S. 2 sächs.Verf; Art. 89 S. 2 saarl.Verf.; Art. 28 Abs. 1 S. 1 s-h.Verf.

[219] Vgl. nur *Herzog*, in: Maunz/Dürig (Hrsg.), Grundgesetz-Kommentar, Bd. IV, Art. 56 Rdnr. 20, (Loseblatt; Stand: Februar 2004); *Pernice*, in: Dreier (Hrsg.), Grundgesetz-Kommentar, 2. Aufl. 2006, Art. 56 Rdnr. 7.

[220] Vgl. BVerfG, Beschl. v. 11. 4. 1972, BVerfGE 33, S. 23 (31).

[221] Hier setzt auch die Kritik der modernen Wohlfahrtstheorie an, wie sie etwa von *Sen* vorgetragen wird. Vgl. *Sen*, On Ethics and Economics, 1997, S. 46 f.: »It is arguable, that since the claim of utility to be the only source of value rests allegedly on identifying utility with well-being, it can be criticized both: 1. on the ground that well-being is not the only thing that is valuable; 2. on the ground that utility does not adequately represent well-being«.

[222] Ein (zumindest auch) wirtschaftliches Verständnis ist dadurch allerdings nicht ausgeschlossen. »Nutzen« schließt auch nicht wirtschaftlich erfassbare Wohlfahrtselemente ein. Die Wendung lässt sich etwas grundsätzlicher auch als allgemeiner Gemeinwohlauf-

2. Das haushaltsrechtliche Wirtschaftlichkeitsgebot

Den augenfälligsten Ausdruck einer verfassungsrechtlichen Forderung nach einem günstigen Verhältnis zwischen einem zu erreichenden Ziel und den hierfür eingesetzten Mitteln enthält das Grundgesetz in seinem Art. 114 Abs. 2 S. 1[223]. Die Vorschrift nennt die Wirtschaftlichkeit als einen der Kontrollmaßstäbe der Rechnungsprüfung; sie macht die Wirtschaftlichkeit des Handelns zu einer alle staatlichen Exekutivbereiche verpflichtenden Handlungsmaxime[224]. Staatliche Handlungen sind dann wirtschaftlich, wenn die Bedeutung der durch sie erreichten Ziele für das Gemeinwohl den eingesetzten Aufwand an Zeit, Arbeitskraft, Finanzmitteln – unter Einschluss etwaiger erträglicher Nebenfolgen – als gerechtfertigt erscheinen lässt und wenn die gleichen Ziele nicht auch mit geringerem Aufwand erreicht werden können[225]. Die Verwaltung soll politische Ziele mit einem möglichst geringen Aufwand an Haushaltsmitteln erreichen (Kostenminimierung) bzw. mit einem bestimmten Mitteleinsatz das bestmögliche Ergebnis erzielen (Nutzenmaximierung), kurz: Sie soll kosteneffizient arbeiten[226].

Die Vorschrift des Art. 114 S. 2 GG geht über einen Programmsatz hinaus. Auf die Rechtsstellung des Einzelnen wirkt sich ihre Verletzung freilich nicht aus. Sie räumt ihm nicht die klagbare Berechtigung ein, unwirtschaftlichem Finanzgebaren des Staates Einhalt zu gebieten[227]. Vor allem

---

trag verstehen, auf die Bedürfnisse der Menschen Rücksicht zu nehmen, denen die Staatsorgane zu dienen verpflichtet sind. Sie hat dann freilich mit der im unmittelbaren Kontext ausdrücklich ausgesprochenen Verpflichtung, die Kraft »dem Wohle des deutschen Volkes (zu) widmen«, eine sehr hohe Schnittmenge. Beide Bekräftigungen sind nahezu inhaltsgleich, dem Verfassungsgeber wird Redundanz unterstellt. Vollends überraschend ist eine solche Redundanz in feierlichen Bekräftigungsformeln allerdings nicht.

[223] Ausgeformt wird das haushaltsrechtliche Wirtschaftlichkeitsprinzip im einfachen Gesetzesrecht insbesondere in § 6 HGrG und § 7 BHO, ferner § 69 Abs. 2 SGB IV für die Sozialversicherungsträger sowie die Kommunalgesetze für die Gemeinden und Gemeindeverbände.

[224] Vgl. zum Wirtschaftlichkeitsprinzip *von Arnim*, Wirtschaftlichkeit als Rechtsprinzip, 1988, S. 71 u. 82; *Heintzen*, in: v. Münch/Kunig (Hrsg.), Grundgesetz-Kommentar, Bd. 3, 5. Aufl. 2003, Art. 114 Rdnr. 7; *Gersdorf*, Öffentliche Unternehmen im Spannungsfeld zwischen Demokratie- und Wirtschaftlichkeitsprinzip, 2000, S. 431; *Gröpl*, Haushaltsrecht und Reform, 2001, S. 348; *Müller-Franken*, Maßvolles Verwalten, 2004, S. 78 f.

[225] *K. Vogel/P. Kirchhof*, in: Dolzer/K. Vogel/Graßhoff (Hrsg.), Bonner Kommentar zum Grundgesetz, Art. 114 Rdnr. 90 (Stand der Bearbeitung: März 1973). § 7 Abs. 2 BHO sieht »für alle finanzwirksamen Maßnahmen« zur Feststellung der Wirtschaftlichkeit Kosten-Nutzen-Untersuchungen vor. Sie werden entweder als Kosten-Nutzen-Analysen i. e. S. durchgeführt, bei denen Kosten und Nutzen geldlich bewertet werden, oder als Kostenwirksamkeitsanalysen (Nutzwertanalysen), bei denen einzelne qualitative Werturteile gegeneinander abgewogen werden.

[226] Vgl. dazu *Schmidt-Aßmann* (Fn. 205), S. 245 (255); *Fischer-Menshausen*, in: von Münch/Kunig (Hrsg.), GG, 3. Aufl. 1996, Art. 114 Rdnr. 23.

[227] Überwiegend werden Verstößen gegen das Gebot der Wirtschaftlichkeit – so wie dem Haushaltsrecht als staatlichem Binnenrecht – auch Wirkungen auf die (Au-

erstreckt sich der Anwendungsbereich des Wirtschaftlichkeitsprinzips ausschließlich auf die Verwendung öffentlicher Haushaltsmittel, namentlich des Bundes[228] und (mittelbar) das Handeln der mittelbaren Bundesverwaltung[229], aber nicht auf andere staatliche Ressourcen, erst recht nicht andere als staatliche Ressourcen. Insbesondere für die hier zu untersuchenden knappen staatlich verwalteten Ressourcen der Allgemeinheit, die der Staat seiner Verwaltung unterworfen, aber nicht selbst geschaffen hat, beansprucht das Wirtschaftlichkeitsprinzip keine unmittelbare Geltungshoheit. Es begründet auch keine Handlungsanleitung für jegliches staatliches Handeln, sondern adressiert sich an die Exekutive; es nimmt nicht den die grundrechtlichen Verteilungsmaßstäbe festlegenden Gesetzgeber in die Pflicht, sein gesamtes Wirken in den Dienst einer effizienten Ressourcen-

ßen-)Wirksamkeit und -rechtmäßigkeit abgesprochen. In diesem Sinne etwa *Hoffmann-Riem*, Effizienz als Herausforderung des Verwaltungsrechts – Einleitende Problemskizze, in: ders./Schmidt-Aßmann (Hrsg.), Effizienz als Herausforderung an das Verwaltungsrecht, 1998, S. 1 (24) (vgl. aber auch einschränkend S. 50); *Papier*, Der Wandel der Lehre von den Beurteilungs- und Ermessensspielräumen als Reaktion auf die staatliche Finanzkrise, ibid., S. 231 (232 f.); a. A. *Gröpl*, Haushaltsrecht und Reform, 2001, S. 350 f.

[228] Für die Haushaltswirtschaft der Länder entfaltet Art. 114 S. 2 GG keine Geltungskraft. Die Landesverfassungen enthalten zwar dem Art. 114 S. 2 GG entsprechende Regelungen, die die Finanzkontrolle abgabenfinanzierter Haushalts- und Wirtschaftsführung institutionell verankern (siehe Art. 80 bay.Verf.; Art. 83 bw.Verf; Art. 94 f. bln.Verf.; Art. 106, 107 bbg.Verf.; Art. 131 brem.Verf.; Art. 70 hmb.Verf.; Art. 144 hess.Verf.; Art. 67 f. m.-v.Verf.; Art. 53 nds.Verf.; Art. 86, 87 nrw.Verf.; Art. 120 rp.Verf.; Art. 106 saarl.Verf.; Art. 99, 100 sächs.Verf.; Art. 97 f. sachs.-anh.Verf.; Art. 55–57 s.-h.Verf.; Art. 102 f. thür.Verf.). Das Wirtschaftlichkeitsprinzip findet sich dort als Prüfungsmaßstab freilich nicht überall. Auch soweit es zum Prüfprogramm gehört, ist nicht immer auch das Finanzgebaren der kommunalen Gebietskörperschaften dem kontrollierenden Auge der Rechnungshöfe unterworfen. Das Wirtschaftlichkeitsprinzip als Maßstab zur Überprüfung der Haushalts- und Finanzwirtschaft gilt nicht lückenlos. Vgl. dazu ausführlich *Gersdorf* (Fn. 224), S. 440 ff. Zur Geltung des Effizienzgebots im kommunalen Haushaltsrecht instruktiv *Pünder*, Haushaltsrecht im Umbruch, 2003, S. 57 ff. und 271 ff.

[229] Unmittelbar erfasst Art. 114 Abs. 2 S. 2 GG nur die unmittelbare Bundesverwaltung, nicht aber selbstständige juristische Personen des öffentlichen Rechts sowie Eigen- und Beteiligungsgesellschaften des Bundes (sog. mittelbare Bundesverwaltung). Das ergibt sich insbesondere aus dem systematischen Zusammenhang des Art. 114 Abs. 2 S. 1 GG mit Art. 114 Abs. 1 und Art. 110 Abs. 1 GG (vgl. nur *Knöpfle*, Die Zuständigkeit der Rechnungshöfe für die Prüfung der Körperschafen des öffentlichen Rechts, 1988, S. 51 ff.; *Tiemann*, Die staatsrechtliche Stellung der Finanzkontrolle des Bundes, 1974, S. 83). Aus dem Demokratieprinzip lässt sich aber eine Geltung des Wirtschaftlichkeitsprinzips auch für die mittelbare Bundesverwaltung begründen. Das Demokratieprinzip lässt keine lückenhafte Prüfung der Exekutive zu, sondern gebietet eine Bindung der gesamten Verwaltung an die Prüfungsmaßstäbe des Rechnungshofes. Ebenso *Haverkate*, Prüfungsfreie Räume – Welche Türen in der öffentlichen Verwaltung bleiben dem Rechnungshof verschlossen?, in: Zavelberg (Hrsg.), Festschrift zur 275. Wiederkehr der Errichtung der Preußischen General-Rechen-Kammer, 1989, S. 197 (219 f.); *Gersdorf* (Fn. 224), S. 434 ff. Im Übrigen ergibt sich eine Erstreckung der Rechnungshofkontrolle auf diese Verwaltungsträger auch aus einer einfachgesetzlichen Wahrnehmung der Regelungsbefugnis aus Art. 114 Abs. 2 S. 3 GG. Vgl. *Musil*, Wettbewerb in der staatlichen Verwaltung, 2005, S. 76; *Jarass*, in: Jarass/Pieroth (Hrsg.), GG, 9. Aufl. 2007, Art. 114 Rdnr. 6.

allokation zu stellen. Es ist ein Rechtsprinzip des Haushaltsrechts mit begrenztem Wirkungsradius[230].

3. Die abgaberechtlich relevanten Grundrechte (Art. 2 Abs. 1, Art. 14 Abs. 1, Art. 12 Abs. 1 GG) als objektive Wertordnung; Rechtsstaatsprinzip

Verschwenderischer Umgang des Staates mit öffentlichen Mitteln geht in der Regel mit einem erhöhten staatlichen Finanzbedarf und damit einer höheren Abgabenbelastung des Bürgers einher. Jede Abgabenbelastung ist mit einem Eingriff in grundrechtliche Positionen der Bürger verbunden, die die Abwehrfunktion der Grundrechte auf den Plan ruft[231].

Die Verschwendung ist dem Abgabezugriff zwar nachgelagert. Sie liegt indes auch einem erneuten staatlichen Finanzbedarf voraus. Die Abwehrfunktion der Grundrechte könnte insoweit als vorbeugender Schutzwall gegen drohende abgabenrechtliche Eingriffe instrumentalisiert werden, die den Staat in die Pflicht nimmt, sein Verhalten so auszurichten und Maßnahmen zu dem Zweck zu ergreifen, dass es nicht zu einem Eingriff in die Grundrechte kommt bzw. ein notwendiger Grundrechtseingriff auf ein Mindestmaß reduziert wird. Der Grundrechtsschutz würde um eine proaktive Funktion erweitert. Die abgaberechtlich relevanten Grundrechte der Art. 2 Abs. 1, Art. 14 Abs. 1 und Art. 12 Abs. 1 GG würden als Heimstätte eines Effizienzgebotes den Staat zu wirtschaftlichem Umgang mit knappen Ressourcen zwingen[232]. Dogmatisches Unterfutter scheint einer solchen Grundrechtsfunktion die staatliche Schutzpflicht zu liefern, die das Bundesverfassungsgericht in ständiger Rechtsprechung den Grundrechten entnimmt: Der Staat hat sich schützend und fördernd vor die grundrechtlichen Freiheiten der Bürger zu stellen und sie vor rechtswidrigen Übergriffen Dritter zu bewahren[233]. Eine solche dogmatische Parallele gebricht freilich

---

[230] Optimistischer insoweit *Gröpl*, Haushaltsrecht und Reform, 2001, S. 348f.; wie hier skeptisch gegenüber der Wirkmacht des Art. 114 Abs. 2 GG *Kämmerer*, Privatisierung, 2001, S. 354f.

[231] Zu der umstrittenen Frage, welche Grundrechte konkret betroffen sind, siehe infra S. 431ff.

[232] In diesem Sinne etwa *von Arnim* (Fn. 224), S. 72f.; zustimmend etwa *Musil*, Wettbewerb in der staatlichen Verwaltung, 2005, S. 79.

[233] Vgl. etwa BVerfG, Urt. v. 25.2.1975, BVerfGE 39, S. 1 (41); BVerfG, Urt. v. 16.10.1977, BVerfGE 46, S. 160 (154) – Schleyer; BVerfG, Beschl. v. 8.8.1978, BVerfGE 49, S. 89 (140ff.) – Kalkar; BVerfG, Beschl. v. 20.12.1979, BVerfGE 53, S. 30 (57); BVerfG, Beschl. v. 7.2.1990, BVerfGE 81, S. 242 (254ff.); BVerfG, Urt. v. 22.5.1990, BVerfGE 81, S. 310 (339); BVerfG, Urt. v. 28.1.1992, BVerfGE 85, S. 191 (212); BVerfG, Beschl. v. 17.11.1992, BVerfGE 87, S. 363 (386) – Nachtbackverbot; BVerfG, Urt. v. 28.5.1993, BVerfGE 88, S. 203 (251ff.), BVerfG, Beschl. v. 16.11.1993, BVerfGE 89, S. 276 (286f.); BVerfG, Beschl. v. 9.3.1994, BVerfGE 90, S. 107 (114ff.); BVerfG, Beschl. v. 9.3.1994, BVerfGE 90, S. 145 (195), BVerfG, Urt. v. 6.2.2001, BVerfGE 103, S. 89.

daran, dass der Staat im Falle verschwenderischen Umgangs mit Ressourcen nicht in seiner Garantenstellung als Beschützer der Grundrechte vor Übergriffen durch Dritte gefragt ist, sondern den schutzpflichtauslösenden Gefahrentatbestand selbst setzt. Er ist Störer und Gefahrenverursacher wie Grundrechtsverpflichteter. Der Staat tritt dem Bürger in der klassischen grundrechtlichen Zweier-Beziehung gegenüber, auf die die Grundrechte durch den Verfassungsgeber angelegt sind. Die Schutzpflicht verlässt ihre dogmatische Umhegung, wenn sie auf die Herleitung von Abwehransprüchen gegenüber dem gefahrenverursachenden Staat ausgedehnt wird[234]. Eine eingriffsvorbeugende Funktion der Grundrechte lässt sich nur in den klassischen Bahnen der grundrechtlichen (Abwehr-)Funktionen begründen[235].

---

[234] Ebenso *Gersdorf* (Fn. 224), S. 447; *Dietlein*, Die Lehre von den grundrechtlichen Schutzpflichten, 2. Aufl. 2005, S. 90ff.; *Unruh*, Zur Dogmatik der grundrechtlichen Schutzpflichten, 1996, S. 75.

[235] Der status negativus seinerseits beschränkt sich auf die Störungsabwehr und die Eingriffsunterlassung, verlangt aber nicht positive Maßnahmen des Staates (Vgl. etwa *Denninger*, Staatliche Hilfe zur Grundrechtsausübung durch Verfahren, Organisation und Finanzierung, in: Isensee/P. Kirchhof [Hrsg.], HStR V, 2. Aufl. 2000, § 113 Rdnr. 4; *Gersdorf* [Fn. 224], S. 470). Sein Bereich wird dort verlassen, wo ein effizienter, abgabenvermeidender Ressourceneinsatz mit einer an den Staat herangetragenen Verhaltenserwartung einhergeht, aktive Maßnahmen zum wirksamen Schutz der betroffenen Grundrechte zu ergreifen. Denn der effiziente Einsatz vorhandener Mittel verlangt dem Staat grundsätzlich nicht zwingend zusätzliche Maßnahmen ab, sondern eine bestimmte Art der vorgeschriebenen Aufgabenerledigung. Das Effizienzgebot bezieht sich auf das »Wie« vorgeschriebener Aufgabenerledigung. Es will einen drohenden Grundrechtseingriff verhindern, verbindet damit freilich auch positive Verhaltenserwartungen an das staatliche Tätigwerden. Wo der Schwerpunkt der an den Staat herangetragenen Verhaltenserwartung liegt, lässt sich aus grundrechtlicher Perspektive nur unter Schwierigkeiten bestimmen. Die Grundrechtskonstruktion der Eingriffsvorbeugung liegt auf der Scheidelinie zwischen status positivus und status negativus.
Gersdorf (Fn. 224), S. 465ff. hält den Bereich des status negativus für überschritten, sieht ein Gebot grundrechtsschonenden Einsatzes knapper abgabenfinanzierter Mittel aber im status positivus, genauer unter dem Aspekt des Grundrechtsschutzes durch Organisation und Verfahren, verankert. Das Wirtschaftlichkeitsprinzip sei eine Funktion der abgabenrelevanten Grundrechte in ihrer objektiv-rechtlichen Ausprägung als Organisations- und Verfahrensgarantien. Anerkanntermaßen kommt den Grundrechten über ihre Einwirkungen auf das materielle Recht hinaus die Wirkung zu, als »Vorposten materieller Grundrechtspositionen«. (…) »Maßstäbe für eine den Grundrechtsschutz effektuierende Organisations- und Verfahrensgestaltung sowie für eine grundrechtsfreundliche Anwendung vorhandener Verfahrensvorschriften zu setzen« (BVerfG, Beschl. v. 14.5.1985, BVerfGE 69, S. 315 (355) – Brokdorf; BVerfG, Beschl. v. 20.12.1979, BVerfGE 53, S. 30 (65f. u. 62f.) sowie das Sondervotum von *Simon* und *Heußner* zu der Entscheidung BVerfGE 53, S. 30 (69ff.) (*Pieroth/Schlink*, Grundrechte, 23. Aufl. 2007, Rdnr. 107). Die Verfahrens- und Organisationskomponente zielt darauf, der Gefahr einer Entwertung der materiellen Grundrechtspositionen vorzubeugen (BVerfG, Beschl. v. 18.2.1983, BVerfGE 63, S. 131 [143]). Ob ein Gebot grundrechtsschonenden Einsatzes knapper abgabenfinanzierter Mittel sich in einer organisations- bzw. verfahrensrechtlichen Wirkung erschöpft, muss jedoch bezweifelt werden. Es zieht dem Modus staatlicher Aufgabenerledigung materielle Grenzen und verlagert den Grundrechtsschutz sehr weit in Bereiche vor, die nicht dem

Selbst wenn man sie – allen dogmatischen Unebenheiten zum Trotz – aus den Grundrechten destillierte, ist damit für unseren Kontext kein weiterführender Erkenntnisgewinn verbunden: Ein vorgelagerter Grundrechtsschutz gegen Abgaben, die durch Grundrechtsbelastungen auslösende staatliche Ineffizienzen induziert sind, reicht grundsätzlich nicht weiter als ein durch die objektive Funktion der Grundrechte untermauertes, verfassungsrechtliches Wirtschaftlichkeitsprinzip aus Art. 114 S. 2 GG. Wie das Wirtschaftlichkeitsgebot gebietet ein grundrechtlich radiziertes Wirtschaftlichkeitsprinzip den effizienten Umgang mit staatlichen Finanzmitteln, die aus *Abgaben* resultieren[236]. Von einer Verpflichtung des Gesetzgebers, sein gesamtes Handeln, insbesondere die Ausgestaltung der staatlichen Verteilungs- und sonstigen Rechtsordnung, an dem Ziel einer effizienten Ressourcenallokation, d. h. einer möglichst günstigen Kosten-Nutzen-Relation, auszurichten, ist dies allerdings noch weit entfernt.

Nichts anderes gilt für den Versuch, die Legislative und die Judikative auf der Grundlage des rechtsstaatlichen Gewaltenteilungsprinzips und eines daraus abgeleiteten Verbots gegenläufiger, sich wechselseitig konterkarierender Handlungsprogramme in die haushaltsrechtliche Wirtschaftlichkeitsverpflichtung des Art. 114 S. 2 GG einzubinden[237]. Eine Ausdehnung des Wirtschaftlichkeitsprinzips auf die Feststellung des Haushalts- bzw. Wirtschaftsplans durch den Gesetzgeber legt die haushaltsrechtlichen Kleider des Prinzips nicht vollends ab; über die Zwecke, denen die staatlichen Mittel zur Verfügung gestellt werden müssen, ob sozialen oder ökonomischen Zwecken, vermag es seiner Natur nach nichts auszusagen: Es verändert als Optimierungsgebot nicht den Kanon der zu erreichenden Aufgaben; es trifft keine Aussage darüber, was zu optimieren ist, sondern dass zu optimieren ist[238]. Es vermag dann auch nicht mit Hilfe des Rechtsstaatsprinzips zu einem umfassenden Gebot zu mutieren, staatliche Verteilungsentscheidungen an dem Leitgedanken effizienter Ressourcenallokation auszurichten.

4. *Das Verhältnismäßigkeitsprinzip*

Der ungebundenen Wahl von Gestaltungsalternativen und einer ungünstigen Relation von gegebenem Aufwand und staatlicher Zielsetzung zieht das Grundgesetz über das Wirtschaftlichkeitsprinzip hinaus durch das unge-

---

unmittelbaren grundrechtlichen Betätigungsfeld des Bürgers zugeordnet sind. Die akzessorische Funktion der grundrechtlichen Verfahrens- und Organisationskomponente verändert hier ihren Charakter.

236 Vgl. etwa *Musil*, Wettbewerb in der staatlichen Verwaltung, 2005, S. 79.

237 In diesem Sinne etwa *Gröpl*, Haushaltsrecht und Reform, 2001, S. 348 f. m. w. N.; zustimmend *Musil*, ibid., S. 80.

238 *Von Arnim* (Fn. 224), S. 36 f.; *Gersdorf* (Fn. 224), S. 423 f.; *Selmer*, Die Verwaltung 23 (1990), S. 1 (6).

schriebene Prinzip der Verhältnismäßigkeit verfassungsrechtliche Grenzen: Es begrenzt den Spielraum verfügbarer staatlicher Handlungsalternativen.

Effizienz- wie Verhältnismäßigkeitsprinzip verlangen eine rationalisierte Abwägung in Zweck-Mittel-Relationen. Sie stellen Methoden zur Lösung von Zielkonflikten zwischen zu erreichenden Zielen und den dafür zur Verfügung stehenden Mitteln dar. Sie fordern eine Optimierung des Verhältnisses zwischen Aufwand und Zielen und sind damit auf eine freiheitssichernde Rationalität staatlichen Handelns gerichtet: Gegebene Ziele sind mit einem möglichst geringen Einsatz an Mitteln zu erreichen. Knappe Mittel sind auf konkurrierende Nutzungsmöglichkeiten so aufzuteilen, dass insgesamt daraus größtmöglicher Nutzen gezogen werden kann. Beide sind strukturell miteinander verwandte Mechanismen zur Lösung von Allokationsproblemen[239].

Eine *ungeeignete* Maßnahme ist zugleich unwirtschaftlich, weil die für die Maßnahme benötigten Kosten ohne Nutzen sind und besser anderen, Nutzen versprechenden Verwendungen zugeführt werden sollten[240]. Nicht *erforderliche* Maßnahmen, die den gleichen Nutzen mit einem höheren Aufwand erreichen, genügen den Anforderungen an Effizienz ebenso wenig wie denjenigen an Verhältnismäßigkeit. Gibt es Alternativen, die das gleiche Regelungsziel mit milderen Mitteln erreichen, d. h. einen Betroffenen besser, niemanden anderen aber schlechter stellen, ist die gewählte Maßnahme nicht nur nicht erforderlich (im Sinne des Verhältnismäßigkeitsprinzips), sondern auch (pareto-)ineffizient[241]. Auch das Prinzip der *Angemessenheit* lässt sich bruchlos in wohlfahrtsökonomische Kategorien kleiden: Das wertvollere Gut darf nicht dem weniger wertvollen Gut geopfert werden[242]; der Aufwand darf den Ertrag nicht deutlich übersteigen. Die Nähe zum Kaldor-Hicks-Kriterium, das diejenige Entscheidungsalternative auszuwählen gebietet, die sich durch das jeweils günstigste Verhältnis aus eingesetzten Mitteln (Kosten, Ressourcen) zum erzielten Erfolg (Nutzen, Ziel) auszeichnet[243], ist augenfällig. Beide Prinzipien erheischen, vorgegebene Ziele unter möglichst geringem Mitteleinsatz zu erreichen und mit Rechtsgütern möglichst schonend umzugehen[244].

---

[239] Vgl. *von Arnim* (Fn. 224), S. 36; *Meßerschmidt*, Ökonomische Effizienz und juristische Verhältnismäßigkeit, in: Gawel (Hrsg.), Effizienz im Umweltrecht, 2001, S. 215 (216ff.); *Schlink*, Abwägung im Verfassungsrecht, 1976, S. 181f.

[240] Vgl. *von Arnim* (Fn. 224), S. 54. Daraus, dass im Falle der Ungeeignetheit einer Maßnahme nicht nur die Effizienz, sondern auch die Effektivität der Maßnahme in Frage steht, weist zu Recht *Meßerschmidt* (Fn. 239), S. 215 [226f.]) hin. Vgl. auch *Gersdorf* (Fn. 224), S. 421. Zur Unterscheidung zwischen Effizienz und Effektivität auch supra S. 199.

[241] Vgl. *Schlink* (Fn. 239), S. 171ff.; vgl. zum Pareto-Kriterium supra S. 190ff.

[242] *Meßerschmidt* (Fn. 239), S. 215 (225).

[243] Vgl. dazu supra S. 192ff.

[244] Vgl. zum Verhältnis von Erforderlichkeits- und Effizienzprinzip bereits *von Arnim* (Fn. 224), S. 54; *Eidenmüller* (Fn. 172), S. 470 (mit Fn. 55); *Führ*, Ökonomisches Prinzip

In der Offenlegung der Beziehung zwischen beiden Prinzipien sieht *von Arnim* ein Scharnier für die Zusammenführung und Filterung von Ökonomie und Rechtswissenschaft[245]. Das Verhältnismäßigkeitsprinzip könnte ein Türöffner für ökonomische Effizienzerwägungen sein. Manchem hingegen erscheint es als Trojanisches Pferd, das eine »feindliche Übernahme« ökonomischer Erwägungen in die Rechtswissenschaft vorbereitet[246].

Das Verhältnismäßigkeitsprinzip ist als Kollisionsregel für Rechtsgüterkonflikte in seinem Anwendungsbereich zwar grundsätzlich allein auf staatliche Eingriffe in die Freiheit der Bürger ausgerichtet. Sein heutiges Verständnis bleibt dabei jedoch nicht stehen: Ihm wird der Rang einer umfassenden Maxime staatlichen Verwaltungshandelns zugesprochen[247]. Es gilt als allgemeinster Satz des Staatsrechtes[248] und Ausdruck rationaler Verhaltenswahl, das unabhängig von konkreter Rechtsbetroffenheit des Einzelnen Geltung beansprucht. Dieser Ausweitung korrespondiert die Gefahr, das Verhältnismäßigkeitsprinzip als »Weichmacher«[249] von seinem rechtsdogmatischen Mutterboden zu lösen und es einem Eigenleben neben der Verfassung zuzuführen, das nicht mehr auf seinen Ursprung in der Verfassung verpflichtet ist. *Reiner Schmidt* weist zu Recht auf das Risiko hin, das Verhältnismäßigkeitsprinzip zu einem »vagabundierenden Generalmaßstab« ohne konkreten Bezug zu System und Text der Verfassung werden zu lassen[250]. Das Verhältnismäßigkeitsprinzip kann nur so weit reichen, wie seine normative Verankerung reicht. Es bedarf eines rechtsdogmatischen Unterbaus. Nur insoweit vermag es auch den Geltungsanspruch des Effizienzprinzips verfassungsrechtlich zu untermauern[251]. Auch wer die Reichweite

---

und juristische Rationalität, 2000, S. 27; *Gersdorf* (Fn. 224), S. 420 ff.; *Dechsling*, Das Verhältnismäßigkeitsgebot, 1989, S. 68; *Schlink* (Fn. 239), S. 154 ff.

245 *Von Arnim* (Fn. 224), S. 53. Als Erster stellte *H. Krüger* in seiner Allgemeinen Staatslehre die Verbindung von Verhältnismäßigkeit und Effizienzprinzip her. Im Übermaßverbot sieht er den rechtlichen Ausdruck einer Verpflichtung des Staates zum Einsatz von »den Anforderungen der Ökonomie entsprechenden Mitteln« (ders., Allgemeine Staatslehre, 1957, S. 834 f.).

246 Vgl. dazu *Meßerschmidt* (Fn. 239), S. 220.

247 BVerfG, Beschl. v. 5.3.1968, BVerfGE 23, S. 127 (133) m. w. N.: »übergreifende Leitregel allen staatlichen Handelns«; *von Arnim* (Fn. 224), S. 76; *Haverkate*, Rechtsfragen des Leistungsstaates, 1983, S. 11 ff.; *C. Koenig*, Die öffentlich-rechtliche Verteilungslenkung, 1994, S. 324 f.; *Schmidt-Aßmann* (Fn. 205), S. 268; vgl. zu der Diskussion auch *Ossenbühl*, Maßhalten mit dem Übermaßverbot, in: Badura/Scholz (Hrsg.), Wege und Verfahren des Verfassungslebens, Festschrift für Peter Lerche, 1993, S. 151 ff.

248 So *Haverkate* (Fn. 247), S. 11 ff.

249 *Schnapp*, JuS 1983, S. 850.

250 *R. Schmidt*, Öffentliches Wirtschaftsrecht. Allgemeiner Teil, 1990, S. 180 f.; ähnlich *Schnapp*, Verhältnismäßigkeitsgrundsatz und Verwaltungsverfahrensrecht, in: Festschrift für Scupin, 1983, S. 899 (922); *Gersdorf* (Fn. 224), S. 446 f.

251 Das Verhältnismäßigkeitsprinzip findet seine Wurzel zum einen in dem Prinzipiencharakter der Grundrechte, namentlich der darin enthaltenen Grundsatzentscheidung der Verfassung für die größtmögliche Freiheitsentfaltung der Bürger: Kollidieren die umfassend angelegten Freiheitsrechte mit gegenläufigen legitimen Zwecken, sind staatliche Be-

des Verhältnismäßigkeitsprinzips nicht erst bei staatlichem Eingriffsverhalten enden lassen will, stößt gleichwohl bald an die Schranken seiner Optimierungswirkung: Nicht nur kann das Verbot unangemessener Eingriffe in bestehende Rechtspositionen und offensichtlicher Fehlgewichtungen des Abwägungsmaterials mit der Verpflichtung zur Wahl der besten denkbaren Alternative, einem Gebot des optimalen Entscheidungsergebnisses nicht strukturell gleichgesetzt werden[252]. Vor allem gibt das Verhältnismäßigkeitsprinzip nicht die Ziele, die Gegenstand der Zweck-Mittel-Relation sind, selbst vor. Es setzt sie voraus. Es gebietet, einen zu erzielenden Nutzen mit möglichst geringem Aufwand und angemessenen Mitteln zu erreichen[253], sagt aber nichts über Zuteilungsziele selbst aus, die im Falle einer Zuteilungsentscheidung angewendet werden dürfen, etwa ob bei der Zuteilung von knappen Gütern der Zuverlässigkeit, der Bedürftigkeit oder der Leistungsfähigkeit der Primat gebührt[254]. Verhältnismäßigkeit lässt sich nur vom angestrebten Ziel aus definieren[255]. Das Verhältnismäßigkeitsprinzip schränkt nicht den Entscheidungsspielraum des Gesetzgebers bei der Zielbestimmung ein. Es lässt dem Gesetzgeber die Freiheit, Zuteilungsziele nach seinem Gutdünken festzulegen. Sein normativer Gehalt gebietet lediglich, dass das Zuteilungsziel, wenn es angestrebt wird, nicht unangemessen auf Kosten anderer Prinzipien, namentlich der Freiheitsrechte, verfolgt werden darf. Zuteilungsziele müssen freiheitsschonend durchgesetzt werden[256].

---

schränkungen des Freiheitsanspruchs nicht in jedem Umfang zulässig, sondern nur insofern, als dies zur Wahrung der anderen Interessen angemessen ist (vgl. etwa BVerfG, Beschl. v. 15.12.1965, BVerfGE 19, S. 342 [348f.]). In dem Schutz individueller Freiheitsrechte muss sich das Verhältnismäßigkeitsprinzip bei einem weiten Verständnis freilich nicht erschöpfen. Es ist zugleich Ausdruck der treuhänderischen Funktion aller staatlichen Verfügungsgewalt. Wird der Staat in der Tradition vernunftrechtlicher Staatsrechtslehren (vgl. *Jellinek*, Allgemeine Staatslehre, 3. Aufl., Neudruck 1959, S. 232; *Bull*, Die Staatsaufgaben nach dem Grundgesetz, 2. Aufl. 1977, S. 17ff.) als Mittel zum Zweck verstanden, findet sein Handeln in den ihm aufgegebenen Zwecken seinen Grund und seine Grenze. Dann müssen auch die Mittel, die der Staat einsetzt, den ihm zukommenden Zwecksetzungen angemessen, d.h. verhältnismäßig sein. Der umfassende Geltungsanspruch des Verhältnismäßigkeitsprinzips folgt hernach auch aus der universellen Gebundenheit staatlicher Gewalt, die in dem Rechtsstaatsprinzip seinen verfassungsrechtlichen Ausdruck gefunden hat.

252 Vgl. *Fehling*, VerwArch. 95 (2004), S. 443ff.; *Winter*, KJ 2001, S. 300 (310f.).

253 Insoweit korrespondiert es dem wirtschaftlichen Minimalprinzip, das die Forderung beinhaltet, ein zu erreichendes wirtschaftliches Ziel mit möglichst geringem Aufwand zu erreichen.

254 Vgl. zu den widerstreitenden Gerechtigkeitsprinzipien und ihren Hintergründen supra S. 59ff.

255 Vgl. etwa *Lerche*, Übermaß und Verfassungsrecht, S. 19; *Isensee*, Subsidiaritätsprinzip und Verfassungsrecht, 2. Aufl. 2001, S. 91; für den Begriff der Effizienz als solchen gilt insoweit nichts anderes; vgl. S. 200 sowie *Eidenmüller* (Fn. 172), S. 56; *Richter/Furubotn*, Neue Institutionenökonomik, 3. Aufl. 2003, S. 117. Die Wohlfahrtsökonomik verengt den Begriff der Effizienz jedoch in seiner Begriffsweite. Dazu sogleich im Text sowie im Einzelnen supra S. 188ff.

256 Ähnlich *Haverkate* (Fn. 247), S. 15f.; *Meßerschmidt* (Fn. 239), S. 215 (229).

Das wohlfahrtsökonomische Effizienzprinzip geht über die Forderung nach einem angemessenen Verhältnis zwischen Zweck und Mittel hinaus[257]. Es geht ihm nicht nur um die Optimierung einer Zweck-Mittel-Relation bei einen beliebig vorgegebenen Ziel, sondern es will Wohlfahrtszustände vergleichen und Effizienz, verstanden als maximalen Nutzen und maximale Wohlfahrt auf der Grundlage der zur Verfügung stehenden Ressourcen, als solche zu dem Ziel erklären, an dem alle anderen Ziele gemessen werden[258]; das Effizienzprinzip erhebt die wohlfahrtsökonomisch maximale Lösung zu dem vorrangig zu verfolgenden Ziel. Ressourcen sollen in diejenige Verwendung geführt werden, in der sie den höchsten Nutzen erbringen. Die Wohlfahrtsökonomie und die ökonomische Analyse des Rechts verfolgen insoweit einen über den verfassungsdogmatischen Gehalt des Verhältnismäßigkeitsprinzips hinausgehenden verfassungspolitischen Ansatz. Das Verhältnismäßigkeitsprinzip taugt daher nicht zur verfassungsrechtlichen Rechtfertigung einer wohlfahrtsökonomischen Effizienzforderung.

5. Der Gleichheitssatz

Als verfassungsrechtlicher Anker einer gesetzgeberischen Verpflichtung zur effizienten Ausgestaltung der Rechtsordnung wird neben dem Verhältnismäßigkeitsprinzip verschiedentlich auch der Gleichheitssatz gehandelt[259]. Verteilungsentscheidungen müssen rationale Zuteilungskriterien zu Grunde liegen, die intersubjektiv nachvollziehbar sind und damit dem gleichheitssatzeigenen Verbot der Vornahme sachwidriger Differenzierungen entsprechen (vgl. supra S. 49 ff.). Das aus dem Gleichheitsgebot fließende Sachlichkeitsgebot »verlangt« in der Auslegung des Österreichischen Verfassungs-

---

[257] Vgl. S. 200.

[258] *Eidenmüller* (Fn. 172), S. 56. Dem Begriff der Effizienz ist diese Einengung – wie *Eidenmüller* a. a. O. zutreffend hervorhebt – nicht wesenseigen. Das effiziente Ergebnis ist abhängig von dem vorgegebenen Ziel, dessen Erreichung angestrebt wird. Inhalt und Sinnhaftigkeit des wohlfahrtsökonomischen Effizienzbegriffs sind – unbeschadet der Einigkeit in der Stoßrichtung – unter Ökonomen keineswegs unumstritten. Da der Effizienzbegriff zu seiner Folgerichtigkeit und Eignung als Wohlfahrtsgradmesser auf zahlreiche Nebenbedingungen, etwa die Prämisse umfassender Information der Akteure, angewiesen ist, sprechen viele ihm nur die Funktion einer Näherungsgröße zu, die den Erfordernissen letzter logischer Einwandfreiheit nicht mehr genügt (etwa *Richter/Furubotn*, Neue Institutionenökonomik, 3. Aufl. 2003, S. 117 u. 573 f. m. w. N.). Für eine Abkehr von einem Effizienzprinzip in der Ökonomik hin zu einem konsenstheoretischen Ansatz, der die komparativen Nutzenerwartungen und die freie Entscheidung der individuellen Akteure zum Legitimationsmaßstab erhebt, plädiert etwa *Kirchner*, Ökonomische Theorie des Rechts, 1997, S. 25 ff.

[259] Vgl. *Korinek/Holoubek*, ÖZW 1995, S. 1 (12); *Schmidt-Aßmann*, Effizienz als Herausforderung an das Verwaltungsrecht, in: Hoffmann-Riem/Schmidt-Aßmann (Hrsg.), Effizienz als Herausforderung an das Verwaltungsrecht, S. 245 (267); *Lachmayer*, Effizienz als Verfassungsprinzip, in Bungenberg u. a. (Hrsg.), Recht und Ökonomik, 2004, S. 135 (142).

gerichtshofes »eine an den Kriterien der Sparsamkeit, Wirtschaftlichkeit und Zweckmäßigkeit orientierte Verwaltungstätigkeit, d. h. es besteht ein verfassungsrechtlicher Auftrag zur Optimierung der Effizienz«[260].

Ein solcher Ansatz verfängt nicht. Können auch die Vermeidung von Verschwendung und das Ziel effizienten Ressourceneinsatzes sachgerechte Gesichtspunkte sein, dürfen sie mithin nach dem Gleichheitssatz als Differenzierungsgesichtspunkte herangezogen werden, so verdichtet sich der Gleichheitssatz nicht zu einer Effizienzverpflichtung, die den Gesetzgeber an die kurze Leine einer nutzenmaximierenden Optimierungspflicht nimmt. Art. 3 Abs. 1 GG gebietet, *dass* ein sachliches Differenzierungskriterium besteht, lässt aber breiten Spielraum dafür, worin es besteht[261]. Wiewohl die durch den Gesetzgeber mit dem Differenzierungskriterium gewählte Unterscheidung *sach*angemessen, d. h. von dem gewählten Regelungszweck getragen sein muss (vgl. supra S. 79 ff.), folgt daraus nicht die Festlegung auf ein Differenzierungskriterium der Effizienz und eine Einengung des gesetzgeberischen Entscheidungsspielraums. Anderenfalls würden das Differenzierungskriterium und die Überprüfung seiner Anwendung verwechselt. Art. 3 Abs. 1 GG verbietet die Effizienz nicht pauschal als sachlichen Differenzierungsgrund, gebietet aber auch nicht seine Anwendung. Aus ihm lässt sich kein Gebot zur Auswahl der Effizienz als Differenzierungskriterium herleiten.

6. *Teilhaberechtliches Kapazitätsausschöpfungsgebot*

Wenn nicht aus dem allgemeinen Gleichheitssatz als solchem, so scheint sich eine gesetzgeberische Verpflichtung zu wirtschaftlichem Umgang mit knappen Ressourcen (namentlich eine Eingrenzung der dem Gesetzgeber im Bereich der staatlichen Knappheitsverwaltung bei der Zuteilung von knappen Gütern zu Gebote stehenden Gestaltungsspielraums[262]) durchaus aus einem Konnex des Gleichheitssatzes mit den durch die Verteilung betroffenen Freiheitsrechten zu ergeben. Treffen im Knappheitsfall die Grundrechte prinzipiell gleichberechtigter Interessenten aufeinander, erwächst daraus zwar kein Anspruch auf Bereitstellung neuer Kapazitäten[263]. Aus dem grundrechtlichen Freiheitsanspruch ergibt sich aber grundsätzlich ein Anspruch auf sachgerechte Zuteilung und Ausschöpfung der vorhandenen Kapazitäten[264]. Beschränkungen des Zugangs sind nur unter der Bedin-

[260] Österreichischer Verfassungsgerichtshof, VfgSlg. 14805/1997.

[261] Vgl. dazu im Einzelnen S. 65 ff.

[262] Vgl. dazu supra S. 25 f. und 65 ff.

[263] Die vorhandene Kapazität ist grundsätzlich die Schranke des grundrechtlichen Anspruchs. Der Anspruch steht – in den Worten des Bundesverfassungsgerichts – unter dem Vorbehalt des Möglichen im Sinne dessen, was der Einzelne vernünftigerweise von der Gesellschaft beanspruchen kann. BVerfG, Urt. v. 18.7.1972, BVerfGE 33, S. 303 (331 f.) – numerus clausus I.

gung einer vollständigen Ausnutzung der verfügbaren Kapazitäten zulässig[265]. Vorhandene Ressourcen dürfen nicht ungenutzt bleiben, d.h. verschwendet werden. Aus der Verpflichtung, die vorhandenen Kapazitäten auszuschöpfen und den Berechtigten vollumfänglich zur Nutzung zuzuführen, scheint wie aus einem artesischen Brunnen eine Verpflichtung zur Optimierung der Nutzung vorhandener Kapazitäten auch bei der Verteilung knapper Güter aufzusteigen[266]. Eine Zuteilung eines knappen Gutes an jemanden, der das Gut nicht zweckgerecht nutzt, kommt einer staatlichen Vorenthaltung vorhandener Nutzungskapazitäten nahe. Besteht eine Verpflichtung zu optimaler Mängelverwaltung[267] und effizienter Zuteilung knapper Kapazitäten, muss möglicherweise der Auswahlmechanismus selbst dem Gebot der Effizienz und Verschwendungsfreiheit genügen. Der gesetzgeberische Gestaltungsspielraum würde sich unter dem Eindruck des gleichberechtigten Nutzungsanspruchs aller Interessenten zu einem Optimierungsgebot verengen. Eine Legitimation und Verortung für ein verfassungsrechtliches Effizienzprinzip wäre geboren.

Aus dem Verbot, vorhandene Nutzungskapazitäten zu verschwenden, folgt freilich noch nicht zwingend, dass Nutzungskapazitäten nur demjenigen zukommen dürfen, der den höchsten individuellen Nutzen aus dem Gut zu ziehen in der Lage ist. Das aus den Grundrechten fließende Kapazitätsausschöpfungs- und Optimierungsgebot sagt nur, *dass* vorhandene Kapazitäten zweckgerecht zugeteilt werden müssen, d.h. nicht der Freiheitsausübung der Berechtigten vorenthalten werden dürfen und grundrechtsadäquaten Zuteilungszielen zugeteilt werden müssen, enthält aber keine Aussage zu den zu verfolgenden Differenzierungszielen selbst, namentlich zu der Frage, ob Nutzungskapazitäten im Kollisionsfall auf konkurrierende Nutzungsinteressen nach Maßgabe des Wohlfahrtsnutzens aufzuteilen sind. Lässt sich ihm negativ das Verbot verschwenderischen Umgangs mit knappen Ressourcen entnehmen, folgt aus ihm umgekehrt nicht

---

264 Etwas anderes gilt lediglich dann, wenn der Gesetzgeber den grundrechtlichen Zugangsanspruch in verfassungskonformer Weise durch ein repressives Verbot mit Befreiungsvorbehalt gekappt hat.

265 BVerfG, Urt. v. 18.7.1972, BVerfGE 33, S.303 (331f.) – numerus clausus I; BVerfG, Urt. v. 8.2.1977, BVerfGE 43, S.291 (314ff.) – numerus clausus II; vgl. dazu auch *Haverkate* (Fn. 247), S. 206ff.; *Musil* (Fn. 201), S. 339 (348f.); insbesondere für die Teilnahme an Messen und Märkten: OVG Saarland, Urt. v. 16.9.1991, GewArch. 1992, S.236 (237); *Tettinger*, in: Tettinger/Wank (Hrsg.), GewO, 7. Aufl. 2004, § 70 Rdnr. 36 m.w.N.

266 In diese Richtung tendierend etwa *Kloepfer/Reinert*, Zuteilungsgerechtigkeit im Umweltstaat aus juristischer Sicht, in: Gethmann/Kloepfer/Reinert (Hrsg.), Verteilungsgerechtigkeit im Umweltstaat, 1995, S.47 (55 u. 63); *Hoffmann-Riem*, Effizienz als Herausforderung an das Verwaltungsrecht – Einleitende Problemskizze, in: ders./Schmidt-Aßmann (Hrsg.), Effizienz als Herausforderung an das Verwaltungsrecht, 1998, S. 11 (20).

267 Vgl. etwa für das Marktwesen OVG Saarlouis, Beschl. v. 26.9.1991, GewArch. 1992, S.236 (236); BezG Dresden, Beschl. v. 3.12.1991, LKV 1992, S.336 (336); VG Oldenburg, Beschl. v. 1.7.2004, NVwZ-RR 2005, S.128 (128).

das Gebot, knappe Güter nur demjenigen zukommen zu lassen, der das Gut der besten verfügbaren Ressourcenverwendung zuführt. Es verdichtet den gesetzgeberischen Gestaltungsspielraum nicht zu einem verfassungsrechtlichen Effizienzprinzip im wohlfahrtsökonomischen Sinne[268].

7. Das umweltrechtliche Nachhaltigkeitsprinzip

Der Staat ist nach Art. 20a GG und Art. 2 EG aufgerufen, die natürlichen Lebensgrundlagen auch in Verantwortung für die künftigen Generationen zu schützen. Das natürliche Erbe ist nachfolgenden Generationen so zu übergeben, dass diesen eine Vielfalt von Möglichkeiten der Lebens- und Sozialgestaltung bleibt und nicht durch vorangegangene Generationen entzogen wird. Art. 20a GG und Art. 2 EG verpflichten den (Mitglied-)Staat auf intergenerationelle Gerechtigkeit als Grundprinzip des nationalen und europäischen Umweltrechts[269]. Die Vorschriften bekennen sich damit zum Prinzip der Nachhaltigkeit des Wirtschaftens (sustainable development)[270], das seit der UN-Konferenz für Umwelt und Entwicklung von 1992 in Rio de Janeiro zum übergreifenden Leitbild der Umweltpolitik avancierte[271]. Sie berücksichtigen, dass diejenigen, die in Zukunft die Lasten der heutigen Ressourcennutzung tragen, mit den heutigen Nutzern nicht identisch sind. Aufgeschreckt durch den Bericht des *Club of Rome* über die »Grenzen des Wachstums«[272], der dem herkömmlichen System quantitativen Wachstums der Volkswirtschaften einen durch Umweltzerstörung und Ressourcener-

---

[268] Zu den unterschiedlichen Konzeptionen des Effizienzbegriffs und der hier zugrunde gelegten Begrifflichkeit des Effizienzprinzips vgl. S. 197ff.

[269] Das Gebot des Art. 20a GG deckt sich in seiner Grundkonzeption mit dem von *Rawls* (Eine Theorie der Gerechtigkeit, 1998 [1971], S. 322) entwickelten sog. Spargrundsatz: »Wenn alle Generationen (…) Gewinn haben sollen, müssen sich die Beteiligten offenbar auf einen Spargrundsatz einigen, der dafür sorgt, dass jede Generation ihren gerechten Teil von ihren Vorfahren empfängt und ihrerseits die gerechten Ansprüche ihrer Nachfahren erfüllt«. Vgl. zur Generationengerechtigkeit allgemein *U. Steiner*, NZS 2004, S. 505ff.; *Welti*, KJ 2004, S. 255ff.

[270] Vgl. etwa *Bernsdorff*, NuR 1997, S. 328 (332); *Epiney*, in: v. Mangold/Klein/Starck (Hrsg.), GG-Kommentar, 2. Aufl. 2005, Art. 20a, Rdnr. 30; *Murswiek*, in: Sachs (Hrsg.), GG-Kommentar, 4. Aufl. 2007, Art. 20a, Rdnr. 37 m. w. N.; *Ronellenfitsch*, NVwZ 2006, S. 385 (386).

[271] Vgl. dazu *Enquête-Kommission »Schutz des Menschen und der Umwelt«*, Die Industriegesellschaft gestalten, 1994, S. 42ff. Zehn Jahre später fand vom 26.8.2002 bis 4.9.2002 der UN-Gipfel für nachhaltige Entwicklung (World Summit on Sustainable Development) in Johannesburg mit Vertretern aus über 190 Nationen zu Fragen der nachhaltigen Entwicklung im 21. Jahrhundert statt. Ziel war die Entwicklung eines Aktionsplans, um die grundlegenden Probleme der Menschheit im Geiste der Idee der Nachhaltigkeit zu lösen und die Erde schonender zu bewirtschaften als bisher. Dazu wurden neue Ziele und Umsetzungsprogramme für Umweltschutz und Armutsbekämpfung weltweit beschlossen.

[272] Vgl. *D. H. Meadows/D. L. Meadows/Renders/W. W. Behrens*, The Limits to Growth, 1972.

schöpfung bedingten Kollaps voraussagte und mangelnde Nachhaltigkeit vorwarf, eroberte der Gedanke der Nachhaltigkeit in den siebziger und achtziger Jahren die Umwelt- und Wirtschaftspolitik.

Der Begriff der Nachhaltigkeit entstammt der Forstwirtschaft. Er bezeichnet dort das Bewirtschaftungsprinzip, nicht mehr Holz zu ernten, als jeweils nachwachsen kann; der Holzschlag soll im Gleichgewicht mit dem Holzwachstum gehalten werden (vgl. § 1 Nr. BWaldG)[273]. Den Gedanken hat der *Brundtland-Bericht* der WCED[274] »Our Common Future« auf sämtliche Umweltgüter ausgedehnt und zum Handlungsziel einer rationalen Umwelt- und Wirtschaftspolitik erhoben. Nachhaltigkeit versteht er als Entwicklung, die weltweit die Bedürfnisse der gegenwärtigen Generation befriedigt, ohne die Lebenschancen künftiger Generationen zu gefährden[275]. Das Zeitmaß anthropogener Einträge bzw. Eingriffe in die Umwelt muss im ausgewogenen Verhältnis zum Zeitmaß des Reaktionsvermögens der Umwelt stehen[276, 277].

Das Effizienzprinzip und das Konzept der Nachhaltigkeit haben eine hohe Schnittmenge. Sie sind beide dem Gedanken rationaler Alternativen-

---

[273] Vgl. zum Konzept der nachhaltigen Ernte auch *Endres/Qurner*, Die Ökonomie natürlicher Ressourcen, 2. Aufl. 2000, S. 105 und 109 ff.

[274] WCED steht als Akronym für »World Commission on Environment and Development«. Die Vereinten Nationen hatten diese Kommission im Jahre 1983 unter Vorsitz des damaligen norwegischen Ministerpräsidenten *Gro Harlem Brundtland* einberufen. Ihre Aufgabe bestand darin, Strategien für eine dauerhafte Entwicklung vorzulegen.

[275] Erneuerbare Ressourcen dürfen danach nur in dem Maße verbraucht werden, in dem sie sich regenerieren; die Abbaurate *erneuerbarer Ressourcen* soll deren Regenerationsraten nicht überschreiten. *Nicht erneuerbare Ressourcen* sollen nur in dem Umfang verbraucht werden, wie gleichzeitig ein physisch und funktionell gleichwertiger Ersatz in Form erneuerbarer Ressourcen oder höherer Produktivität geschaffen wird. Stoffeinträge in die Umwelt sollen sich an der Belastbarkeit der Umweltmedien orientieren; sie sollen insbesondere die Abbaukapazität der Umweltmedien nicht übersteigen.

[276] Das Konzept der Nachhaltigkeit wird, auch wenn in seinen Grundsätzen überwiegend Übereinstimmung herrscht, kontrovers diskutiert. Natur- und Umweltwirkungen lassen sich nur schwer quantifizieren; darüber hinaus gibt es keine allgemein anerkannten Indikatoren für ökologisches Wirtschaften. Die neoklassische Denkschule geht von einer *»schwachen Nachhaltigkeit«* aus: Ein schwindendes Naturkapital (Umweltschäden, schrumpfende Ressourcen) ist für künftige Generationen hinnehmbar, wenn dafür ein gleichwertiger Ersatz an produktivem Potenzial geschaffen wird. Voraussetzung ist lediglich, dass der aus Naturkapital und anthropogen geschaffenem Kapital aggregierte Kapitalbestand im Zeitverlauf nicht sinkt. Die Anhänger einer ökologischen Ökonomie vertreten dagegen eine *»strikte Nachhaltigkeit«*: Der Bestand des Naturkapitals muss danach im Zeitablauf mindestens konstant gehalten werden. Eine Reduktion des Naturkapitalbestandes ist (anders als aus der Sicht des Konzepts der schwachen Nachhaltigkeit) grundsätzlich auch nicht durch eine noch so große Ausweitung des Bestandes nicht naturbezogenen Kapitals kompensierbar. Denn nachhaltiges Wirtschaften könne nicht auf einen bestimmten kritischen Kapitalstock an Naturvermögen verzichten. Das Konzept der *»kritischen Nachhaltigkeit«* sucht eine Kompromisslinie zwischen dem Konzept der schwachen und der strikten Nachhaltigkeit. Sie lässt in Grenzen eine Substituierbarkeit von Naturkapital durch sonstige Wohlfahrtssteigerungen zu, definiert dafür aber feste Grenzen. Sie definiert Tabuzonen, in denen für ökonomisches Nutzenmaximierungsstreben kein Raum

wahl im Interesse einer wirtschaftlich sinnvollen Ausnutzung von Ressourcen verschrieben. Der Gedanke der Nachhaltigkeit zielt auf eine Maximierung des Umweltschutzniveaus. Er gebietet einen schonenden Einsatz knapper Ressourcen, der der Verschwendung knapper Ressourcen entgegenwirkt. Durch ineffiziente umwelt- und ressourcenpolitische Ausnutzung werden Ressourcen verschwendet, die auch für künftige Generationen erforderlich, aber verloren sind. Das Effizienz- wie das Nachhaltigkeitsprinzip finden in dem Gedanken des Marktes im Grundsatz durchaus ein geeignetes Durchsetzungsinstrument. Der Markt dient dem Ziel effizienten Ressourceneinsatzes wie nachhaltigen Wirtschaftens gleichermaßen: Bei Fehlen externer Effekte[278] und Abwesenheit von Unsicherheit ordnet er erschöpfbare Ressourcen intertemporal effizient zu. Er gewährleistet – unter diesen (realiter allerdings selten vorfindlichen) Prämissen – einen effizient dosierten Verbrauch knapper Ressourcen in der Zeit (sog. Hotelling-Theorem[279]).

Wer in der Nachhaltigkeit den Effizienzgedanken als gesetzgeberische Handlungsanweisung präsent zu sehen und das Effizienzprinzip insoweit zu einem verfassungsrechtlichen Ziel erkoren glaubt[280], droht jedoch leichtfertig Trennlinien zu verwischen. Das Effizienzprinzip ist am Ziel der sozialen Wohlfahrtsmaximierung orientiert, das Nachhaltigkeitskonzept ist hingegen verteilungsorientiert. Nachhaltigkeit verschreibt sich einem Ausgleich zwischen verschiedenen Generationen, die Wohlfahrtsoptimalität orientiert sich grundsätzlich an der gegenwärtigen Nutzeneinschätzung der jeweiligen Generation[281]. Art. 20a GG verbietet es nachgerade, das Umweltschutzniveau der subjektiven Nutzeneinschätzung der jeweiligen Marktteilnehmer zu unterwerfen. Die Vorschrift kann den Gesetzgeber dazu zwingen, ein Umweltschutzniveau herzustellen, das über dem nach den subjektiven Nutzeneinschätzungen der Gesellschaftsmitglieder geforderten Umweltschutzniveau liegt[282]. Wohlfahrtsoptimalität[283] impliziert

ist. Vgl. zu den unterschiedlichen Nachhaltigkeitskonzepten ausführlich *Endres/Qurner*, Die Ökonomie natürlicher Ressourcen, 2. Aufl. 2000, S. 174ff.

[277] Im nationalen einfachen Gesetzesrecht hat das Konzept der Nachhaltigkeit insbesondere in § 1 Nr. 2 BNatSchG, § 1 Abs. 5 S. 1 BauGB und § 1 Abs. 2 ROG seinen normativen Niederschlag gefunden.

[278] Vgl. zu dem Begriff supra S. 13.

[279] Vgl. dazu infra S. 725 mit Fn. 10.

[280] So ausdrücklich *Gröpl*, Haushaltsrecht und Reform, 2001, S. 349; zustimmend *Musil*, Wettbewerb in der staatlichen Verwaltung, 2005, S. 80. In diese Richtung tendierend auch *Schmidt-Assmann* (Effizienz als Herausforderung an das Verwaltungsrecht – Perspektiven der verwaltungsrechtlichen Systembildung, in: Hoffmann-Riem/Schmidt-Assmann, [Hrsg.], Effizienz als Herausforderung an das Verwaltungsrecht, 1998, S. 245 [249f.]).

[281] Es sei denn, der Effizienzbegriff wird um eine intertemporale Komponente erweitert.

[282] *Britz*, Die Verwaltung 1997, S. 185 (205).

[283] Das gilt jedenfalls, soweit sie auf die heute lebenden Akteure bezogen ist (vgl. auch Fn. 281).

keineswegs notwendig Nachhaltigkeit. Umgekehrt bedingt Nachhaltigkeit nicht notwendig Nutzungseffizienz. Sie begrenzt das absolute Maß der zulässigen Nutzungsmöglichkeiten (nach Maßgabe der Aufnahmefähigkeit der Natur) – das *Ob* –, trifft aber keine verbindlich Aussage dazu, *wie* die zulässigerweise nutzbaren Ressourcen genutzt werden. Legt sie auch einen effizienten Umgang mit den einsetzbaren Ressourcen als politische Klugheitsregel nahe – denn jede ineffiziente Nutzung verkürzt den vorhandenen Nutzungsraum –, impliziert sie Nutzungseffizienz nicht notwendig[284]. Das Prinzip der Nachhaltigkeit und das Effizienzprinzip sind – ungeachtet der bereichsspezifischen Beschränkung des Art. 20a GG auf natürliche Lebensgüter – nicht vollständig kongruent.

8. Art. 87e Abs. 3 und Art. 87f Abs. 2 GG

In den Bestimmungen der Art. 87e Abs. 3 und Art. 87f Abs. 2 GG hat der Gesetzgeber für den Bereich des Eisenbahn-, Post- und Telekommunikationsverfassungsrechts bewusst eine Systementscheidung zugunsten privatrechtlicher Organisationsformen getroffen. Eisenbahn-, Post- und Telekommunikationsdienstleistungen sollen durch Unternehmen erbracht werden, die ihre Leistungen wettbewerbsorientiert auf dem Markt erbringen, nicht durch staatliche Monopolbetriebe. Die Vorschriften erheben die privatwirtschaftliche Aufgabenerledigung zum verfassungsrechtlichen Ordnungsprinzip[285]. Welches Unternehmen die benötigten Leistungen anbietet, bestimmt nicht der Gesetzgeber durch Zuweisung an einen Aufgabenträger, sondern grundsätzlich der Wettbewerb der Angebote, in dem sich – jedenfalls nach der Philosophie des Marktes – durchsetzt, wer die nachgefragten Leistungen am wirtschaftlichsten zu erbringen in der Lage ist[286]. Der Verfassungsgeber verschreibt sich durch die Vorgabe einer privatrechtlichen Rechtsform mittelbar dem Ziel einer effizienzorientierten Leistungserbringung. Er lässt sich von dem regelungspolitischen Gedanken tragen, dass eine wettbewerbliche Ordnung der Befriedigung der Konsumentenbedürfnisse dem Ziel der Bereitstellung ebenso innovativer wie qualitativ hochwertiger und preiswerter Produkte und damit mittelbar dem Gemeinwohl grundsätzlich besser dienen kann als eine monopolistische staatliche

---

284 Eine nachhaltige Bewirtschaftung lässt sich insbesondere auch dann erreichen, wenn die eingesetzten Ressourcen nicht effizient verwendet werden. Der Preis für Ineffizienz ist dann der Verzicht auf an sich mögliche Nutzungsoptionen.

285 Öffentlich-rechtliche Bindungen der Aufgabenerledigung schließt dies nicht aus. Sie sind jedoch nicht mehr in der Unternehmensrechtsform repräsentiert, sondern werden als Rahmenbedingungen des Wirtschaftens von außen an die Unternehmen herangetragen.

286 Vgl. zu der Frage, inwieweit die staatliche Auswahlentscheidung auch bei Leistungen, die den Zugriff auf knappe Ressourcen erfordern, dem Effizienzprinzip folgen muss bzw. darf, etwa infra S. 283 ff. und S. 642 ff.

Aufgabenerledigung[287]. Die Vorschriften der Art. 87e Abs. 3 und Art. 87f Abs. 2 GG enthalten eine Verfassungsentscheidung zugunsten des Wettbewerbs in diesen Bereichen und bekennen sich zu dem Ziel der Wirtschaftlichkeit der Aufgabenerbringung. Insoweit schlagen sie auch eine Kerbe in die wirtschaftspolitische Offenheit des Grundgesetzes[288]. Sie setzen dem Gestaltungsspielraum des Gesetzgebers Grenzen. Ihre Aussagen sind freilich nicht generalisierbar. Sie lassen sich als bereichsspezifische Ausnahmen nicht auf andere Sachbereiche übertragen; ebenso wenig lassen sie einen Umkehrschluss auf eine bestimmte Art der Aufgabenerbringung in anderen Bereichen zu. Das aus diesen Vorschriften (mittelbar) destillierbare verfassungsrechtliche Wirtschaftlichkeitsgebot geht über das Gebot einer bestimmten Organisationsform der Aufgabenerbringung und das Bekenntnis zum Wettbewerb in den betroffenen Sachbereichen nicht hinaus[289].

9. Das Gemeinwohl als Verfassungsprinzip

Zielt das Effizienzprinzip auf eine Maximierung und Nutzungsoptimierung des zur Bedürfnisbefriedigung zur Verfügung stehenden Güterangebotes im gesamtgesellschaftlichen Interesse und gebietet einen rationalen Ressourceneinsatz, weist es insoweit Berührungspunkte zu dem in der Verfassung angelegten Gemeinwohlgedanken auf[290]: Der Staat des Grundgesetzes ist ein Gemeinwohlstaat, der dem Ziel der Stärkung des gesamtgesellschaftlichen Nutzens und der Gesamtheit der öffentlichen Interessen verpflichtet ist[291]. Effizienter Einsatz knapper Ressourcen scheint dem Staat insoweit als Gemeinwohlauftrag aufgegeben. Als auf das Gemeinwohl ausgerichtete Entscheidungsmaßstäbe sind auch das Pareto-Prinzip und das Kaldor-Hicks-Kriterium in der Wohlfahrtsökonomik bewusst entwickelt worden.

---

[287] *Fehling*, AöR 121 (1996), S. 59 (81); *Kämmerer*, Privatisierung, 2001, S. 493ff.

[288] Vgl. dazu supra S. 25.

[289] Ebenso etwa *Musil*, Wettbewerb in der staatlichen Verwaltung, 2005, S. 77; zum Teil anders *Gersdorf*, Öffentliche Unternehmen im Spannungsfeld zwischen Demokratie- und Wirtschaftlichkeitsprinzip, 2000, S. 429f.

[290] In diesem Sinne ausdrücklich *von Arnim*, Wirtschaftlichkeit als Rechtsprinzip, 1988, S. 72ff.; *Brugger*, Gemeinwohl als Integrationskonzept von Rechtssicherheit, Legitimität und Zweckmäßigkeit, in: ders./Kirste/Anderheiden (Hrsg.), Gemeinwohl in Deutschland, Europa und der Welt, 2002, S. 17 (30); *Pabst*, Verfassungsrechtliche Grenzen der Privatisierung im Fernstraßenbau, 1997, S. 114; ablehnend *Gersdorf*, Öffentliche Unternehmen im Spannungsfeld zwischen Demokratie- und Wirtschaftlichkeitsprinzip, 2000, S. 443f.; vgl. dazu auch Anderheiden, Gemeinwohl in Republik und Union, 2006, S. 37ff.

[291] Vgl. ähnlich BVerfG, Beschl. v. 21.9.1976, BVerfGE 42, S. 312 (332): »Das Grundgesetz hat nicht eine virtuell allumfassende Staatsgewalt verfasst, sondern den Zweck des Staates materialiter auf die Wahrung des Gemeinwohls beschränkt, in dessen Mitte Freiheit und soziale Gerechtigkeit stehen«; BVerfG, Beschl. v. 8.8.1978, BVerfGE 49, S. 89 (132); *Isensee*, Gemeinwohl und Staatsaufgaben im Verfassungsstaat, in: ders./Kirchhof (Hrsg.), HStR III, 1996, § 57 Rdnr. 1ff.

Sie verstehen sich nicht nur als Effizienz-, sondern auch und vor allem als Gemeinwohlmaßstäbe[292]. Sie definieren Handlungsempfehlungen, die auf eine Mehrung des gesamtgesellschaftlichen Wohls ausgerichtet sind. Beiden ist der Bezug zu den Präferenzen der Gesellschaftsmitglieder eigen. *Koller* etwa definiert das Gemeinwohl als die Gesamtsumme *des Nutzens*, den alle Mitglieder eines Gemeinwesens aus einer Regelung oder Maßnahme insgesamt ziehen[293]. Eine Regelung diene dem Gemeinwohl, wenn sie den kollektiven Gesamtnutzen aller ihrer Mitglieder möglichst steigere.

a) Verfassungsrechtliche Radizierung des Gemeinwohlprinzips

Der Begriff des Gemeinwohls taucht ausdrücklich nur an wenigen Stellen des Grundgesetzes auf, namentlich in Art. 14 Abs. 2 S. 2, dort als Leitlinie für den Gesetzgeber bei der Inhalts- und Schrankenbestimmung des Eigentums (»Sein Gebrauch soll zugleich dem Wohle der Allgemeinheit dienen.«), in Art. 14 Abs. 3 S. 1 GG als Enteignungsvoraussetzung (»nur zum Wohle der Allgemeinheit«)[294], ferner in Art. 87e Abs. 4 GG als Auftrag der Gewährleistungsverantwortung des Bundes beim Eisenbahnbetrieb durch Wirtschaftsunternehmen (»Der Bund gewährleistet, dass dem Wohle der Allgemeinheit [...] Rechnung getragen wird.«)[295]. Auch im Amtseid als feierlich bekräftigtem Amtsauftrag des Bundeskanzlers, der Bundesminister und des Bundespräsidenten (Art. 56 S. 1 und Art. 64 Abs. 2 GG) findet er sich (»dem Wohle des deutschen Volkes widmen«) und weist auf die gesamtstaatliche Verantwortlichkeit der Amtsträger hin. Eine Verpflichtung der Staatsorgane auf die Interessen des Volkes deutet auch Art. 38 Abs. 1 S. 2 GG an. Er nimmt die Abgeordneten als »Vertreter des ganzen Volkes« in die Pflicht. Der den Abgeordneten eingeräumte Unabhängigkeit korrespondiert die Aufgabe, das Gemeinwohl zu realisieren[296]. Für die Beamten drückt dies § 35 BRRG als mit den verfassungsrechtlichen Weihen des Art. 33 Abs. 5 GG gesegneter hergebrachter Grundsatz des Berufsbeamtentums[297] aus. Die Beamten dienen »dem ganzen Volk, nicht einer Partei« und haben bei ihrer Amtsführung »auf das Wohl der Allgemeinheit Bedacht zu nehmen«.

Formuliert das Grundgesetz über diese bereichsspezifischen Gemeinwohlaufträge hinaus auch nicht als solches und ausdrücklich einen weiter-

---

[292] Vgl. dazu supra S. 190 ff.

[293] *Koller*, Das Konzept des Gemeinwohls, in: Brugger/Kirste/Anderheiden (Hrsg.), Gemeinwohl in Deutschland, Europa und der Welt, 2002, S. 41 (66).

[294] Vgl. dazu u. a. *E. Hofmann*, Das Wohl der Allgemeinheit als Enteignungsvoraussetzung, in: Bungenberg u. a. (Hrsg.), Recht und Ökonomik, 2004, S. 161 (163).

[295] Vgl. zum Bedeutungsgehalt dieser Vorschrift im Einzelnen *Kämmerer*, Privatisierung, 2001, S. 497 ff. m. w. N.

[296] Vgl. *von Arnim*, Gemeinwohl und Gruppeninteressen, 1977, S. 388 ff.

[297] Vgl. BVerwG, Urt. v. 7.3.1992, BVerwGE 90, S. 104 (110).

gehenden staatsübergreifenden Gemeinwohlgedanken, auf den alles staatliche Handeln ausgerichtet ist, so klingt ein solcher immerhin in Art. 1 Abs. 1 S. 2 GG an. Er verpflichtet die gesamte staatliche Gewalt auf den Schutz und die Achtung der Würde des Menschen als oberstem Verfassungsgebot. Er beschreibt und begrenzt damit die Aufgabe jeglicher staatlichen Gewalt: Der Staat ist um der seiner Gewalt zugeordneten Menschen willen da[298]. In Art. 1 Abs. 1 des Entwurfs des Herrenchiemsee-Verfassungskonvents hieß es noch prägnant: »Der Staat ist um des Menschen willen da, nicht der Mensch um des Staates willen«[299]. Er erfüllt eine Dienstfunktion im Interesse seiner Menschen. Der Begriff der staatlichen Gewalt ist im Grundgesetz in der Weise verwirklicht und zu verstehen, dass alle Staatsgewalt um des Schutzes der Würde und der Freiheit aller und der sozialen Gerechtigkeit gegenüber allen anvertraut ist, mithin stets am Wohl aller Bürger auszurichten ist[300]. Die dienende, auf das Gemeinwohl verpflichtete Funktion des Staates klingt vorsichtig auch im Republikprinzip des Art. 20 Abs. 2 GG an[301]: Der Staat ist ein Gemeinwesen, eine res publica; er ist dem Wohlergehen seiner Bürger und der Allgemeinheit der Interessen verpflichtet. Staatliche Gewalt ist nicht um ihrer selbst willen begründbar, sondern nur im Interesse seiner Bürger rechtfertigbar. Sie bezieht ihre Existenzberechtigung aus ihrem Dienst an den Menschen und dem Nutzen, den sie für diese erbringt: Die Sache aller, das Gemeinwohl, liefert die ethische Legitimation staatlicher Herrschaft und begrenzt sie zugleich. Die Ausrichtung der staatlichen Tätigkeit auf den allgemeinen Nutzen, nicht den Vorteil der Regierenden ist in der römischen Staatslehre Ciceros konstitutiver Wesenszug der res publica. Sie ist treuhänderischer Dienst,

---

[298] Vgl. etwa BVerfG, Beschl. v. 8. 8. 1978, BVerfGE 49, S. 89 (132) – Kalkar: »(...) sind die staatlichen Organe, mithin auch der Gesetzgeber, aus ihrer verfassungsrechtlichen Pflicht, dem gemeinen Wohl zu dienen, insbesondere wegen der aus Art. 1 Abs. 1 Satz 2 folgenden objektiv-rechtlichen Verpflichtung aller staatlichen Gewalt, die Würde des Menschen zu achten, gehalten, alle Anstrengungen zu unternehmen, um mögliche Gefahren frühzeitig zu erkennen und ihnen mit den erforderlichen, verfassungsmäßigen Mitteln zu begegnen«. Ähnlich *von Arnim*, Wirtschaftlichkeit als Rechtsprinzip, 1988, S. 74f.

[299] Der Verfassungsgeber machte sich diesen Vorschlag wegen seiner staatsabwehrenden Haltung und seines nicht klar erkennbaren Rechtscharakters nicht zu Eigen. Vgl. dazu die Rede des Abgeordneten Theodor Heuss in der 2. Plenarsitzung vom 8. 9. 1948, Stenographische Berichte, S. 44.

[300] BVerfG, Urt. v. 2. 3. 1977, BVerfGE 44, S. 125 (141).

[301] Vgl. dazu *Anderheiden*, Gemeinwohlförderung durch die Bereitstellung kollektiver Güter, in: Brugger/Kirste/Anderheiden, Gemeinwohl in Deutschland, Europa und der Welt, 2002, S. 391 (436ff.); *ders.*, Ökonomik, Gemeinwohl und Verfassungsrecht, in: Bungenberg u. a. (Hrsg.), Recht und Ökonomik, 2004, S. 113 (124ff.); *ders.*, Gemeinwohl in Republik und Union, 2006, S. 267ff.; *Gröschner*, Die Republik, in: Isensee/Kirchhof (Hrsg.), HStR II, 3. Aufl. 2004, § 23 Rdnr. 34ff.; *Isensee*, JZ 1981, S. 1ff.; *ders.*, Gemeinwohl und Staatsaufgaben im Verfassungsstaat, in: ders./Kirchhof, HStR III, 1996, § 57 Rdnr. 100ff. und 124; *Maihofer*, Prinzipien freiheitlicher Demokratie, in: Benda u. a. (Hrsg.), Hdb. des Verfassungsrechts, 2. Aufl. 1994, § 12 Rdnr. 48ff.

Herrschaft für das Volk (nicht zwingend zugleich Herrschaft durch das Volk), die von dem Ziel der Verwirklichung des gemeinsamen Nutzens und der Anerkennung des Rechts getragen ist[302]. Das Gemeinwohl avanciert bei *Cicero* folgerichtig zum höchsten Gesetz: »Salus rei publicae suprema lex esto«[303]. Der Begriff der Republik impliziert die Gemeinwohlbindung des Staates. Er erschöpft sich nicht in der Verwerfung der Staatsform der Monarchie.

Auch die Landesverfassungen lassen in weitem Umfang, zum Teil mit bestechender Deutlichkeit, die Gemeinwohlverpflichtung des Staates zum Ausdruck kommen. Die rheinland-pfälzische Verfassung weist dem Staat die Aufgabe zu, »das Wohlergehen des Einzelnen und der innerstaatlichen Gemeinschaften durch die Verwirklichung des Gemeinwohls zu fördern« (Art. 1 Abs. 2)[304]. Sie formuliert das Gemeinwohl ausdrücklich als Schranke der staatlichen Gewalt: »Die Rechte und Pflichten der öffentlichen Gewalt werden durch die naturrechtlich bestimmten Erfordernisse des Gemeinwohls begründet und begrenzt« (Art. 1 Abs. 3). In ähnlich erfreulicher Fasslichkeit heißt es in Art. 3 der bayerischen Landesverfassung: »Bayern ist ein Rechts-, Kultur- und Sozialstaat. Er dient dem Gemeinwohl«. Als Spiegel der staatspolitischen Ordnungs- und Zielvorstellungen des Verfassungsgebers verpflichten die Landesverfassungen die Verfassungsorgane (wie das Grundgesetz[305]) in ihren Amtseiden auf das Gemeinwohl[306]; sie

---

[302] *Cicero*, De re publica I, 25, 39: »est igitur [...] res publica res populi, populus autem non omnis hominem coetus quoquo modo congregatus, sed coetus multitudinis iuris consensu et utilitatis communione sociatus«. (Es ist also die res publica die Sache des Volkes; ein Volk aber ist nicht jede irgendwie zusammengeführte Vereinigung von Menschen, sondern die Vereinigung einer Menschenmenge, verbunden durch die Anerkennung des Rechts und die Gemeinsamkeit des Nutzens).

[303] *Cicero*, De legibus, III, 3, 8: »Das Wohl des Gemeinwesens möge das höchste Gesetz sein«. Die Ursprünge dieses Gemeinwohl- und Staatsverständnisses sind der griechischen Staatslehre entlehnt, aus deren Schatz die römische Verfassungstheorie in reichem Umfang schöpfte. *Aristoteles* unterscheidet die gute und die verderbte Verfassung daran, ob sie auf den allgemeinen Nutzen oder auf den eigenen Vorteil der Regierenden angelegt ist (*Aristoteles*, Politeia III, 6 [1279a]). Im Interesse seiner Rechtsgenossen hat der Staat ein Mindestmaß an Gütern zur Verfügung zu stellen, die der Allgemeinheit zu dienen bestimmt sind, etwa kollektive Sicherheit, bestimmte Leistungen der Daseinsvorsorge.

[304] Andere Landesverfassungen schränken den Begriff des Wohls der Allgemeinheit auf den Radius des Landes und seiner Bürger ein: Der brandenburgische Ministerpräsident und seine Minister leisten ihren Amtseid auf die Landesbevölkerung: »Ich schwöre, dass ich meine ganze Kraft dem Wohle der Menschen des Landes Brandenburg widmen, ihren Nutzen mehren (...) werde«. Ähnlich schwören die Mitglieder des Senats der Freien und Hansestadt Hamburg nach Art. 38 Abs. 1 der Verfassung vor der Bürgerschaft, dass sie »(...) das Wohl der Freien und Hansestadt Hamburg (...) fördern (...)«.

[305] Vgl. dazu S. 202.

[306] Vgl. z. B. Art. 53 Abs. 3 thür.Verf. (»Jeder Abgeordnete hat die Pflicht, die Verfassung zu achten und seine Kraft für das Wohl des Landes und aller seiner Bürger einzusetzen«.); Art. 71 Abs. 1 thür.Verf.: »Der Ministerpräsident und die Minister leisten bei der Amtsübernahme vor dem Landtag folgenden Eid: ›Ich schwöre, dass ich meine Kraft dem Wohle des Volkes widmen (...) werde‹«.

instrumentalisieren darüber hinaus den Topos des Gemeinwohls, um Pflichten des Einzelnen zu begründen: So hat nach Art. 9 der Bremer Landesverfassung jeder Einzelne »die Pflicht, (...) seine Kräfte zum Wohle der Allgemeinheit einzusetzen«. Die hamburgische Landesverfassung spricht in ihrer Präambel (Abs. 4) von einer »sittlichen« (also nicht einer rechtlichen) »Pflicht, für das Wohl des Ganzen zu wirken«. Das Gemeinwohl ist auch der Maßstab und die Legitimationsgrenze für Gemeindeauflösungen oder -umgliederungen. So heißt es in Art. 59 Abs. 1 der niedersächsischen Verfassung: »Aus Gründen des Gemeinwohls können Gemeinden und Landkreise aufgelöst, vereinigt oder neu gebildet und Gebietsteile von Gemeinden oder Landkreisen umgegliedert werden«[307].

b) Der Inhalt des Gemeinwohlprinzips

Der Inhalt des Gemeinwohls bzw. des Wohls der Allgemeinheit bleibt sowohl in den Landesverfassungen wie im Grundgesetz meist ohne nähere begriffliche Präzisierung. Für den Bereich der Wirtschaftsverfassung lehnt sich Art. 151 Abs. 1 der bayerischen Landesverfassung mit einer aufschlussreichen Präzisierung etwas weiter aus dem Fenster. Es heißt dort: »Die gesamte wirtschaftliche Tätigkeit dient dem Gemeinwohl, insbesondere der Gewährleistung eines menschenwürdigen Daseins für alle und der allmählichen Erhöhung der Lebenshaltung aller Volksschichten«. Wirtschaftlicher Wohlstand betritt hier als Teilaspekt des Gemeinwohlbegriffs die Bühne des Verfassungsrechts. Die Verbindung von Gemeinwohl, Wirtschaftlichkeit und Effizienz klingt als harmonischer Dreiklang an. In ähnlicher Weise hat der Staatsgerichtshof Baden-Württemberg im Kontext der Gemeinwohlprüfung von Gemeindeauflösungen den Grundsatz der Wirtschaftlichkeit ausdrücklich als ein Element des Gemeinwohls anerkannt und ihm verfassungsrechtliches Gewicht bescheinigt[308].

Scheint dem Gemeinwohl eine natürliche Verbindung zu dem Gedanken der Verschwendungsfreiheit, der Rationalität staatlicher Entscheidungen und der sinnvollen Ressourcenallokation in Angelegenheiten der res publica inhärent, so ist ihre Deckungsgleichheit damit noch nicht ausreichend untermauert und die Rolle eines Effizienzgedankens in einem übergeordneten Gemeinwohlkonzept noch nicht bestimmt.

Als allgemeinstes Staatsziel ist das Gemeinwohlprinzip in besonderer Weise darauf angewiesen, sich gegen eine Inanspruchnahme durch verfas-

---

307 Ähnlich Art. 74 Abs. 1 b.-w.Verf.; Art. 92 Abs. 1 thür.Verf.; vgl. auch die verfassungsrechtliche Herleitung aus Art. 28 Abs. 2 GG in BVerfG, Beschl. v. 12.5.1992, BVerfGE 86, S. 90ff.; BVerfG, Beschl. v. 27.11.1978, BVerfGE 50, S. 50ff. – Mitbestimmung.

308 StGH Baden-Württemberg, Urt. v. 14.2.1975, ESVGH 15, S. 1 (8); StGH Baden-Württemberg, Urt. v. 24.3.1977, ESVGH 28, S. 1 (4).

sungspolitische Rhetorik zu immunisieren, die den Begriff des Gemeinwohls unter Berufung auf die Autorität und Integrität der Verfassung durch subjektive Interpretation auflädt. Der Begriff des Gemeinwohls ist anfällig für eine Instrumentalisierung; er musste seiner Ausbeutung durch totalitäre Regime des 20. Jahrhunderts unter dem Leitmotiv »Gemeinnutz geht vor Eigennutz«[309] ebenso zusehen wie seiner Vereinnahmung durch despotische Herrscher im Mittelalter und der frühen Neuzeit[310]. *Johann Jacob Moser* verspottet im 18. Jahrhundert die stereotype Berufung der Landesherren auf den Topos des Gemeinwohls als »Universal-Staats-Medicin«[311]. Bereits 1791 formulierte *W. von Humboldt* die Befürchtung, »dass das Prinzip, dass die Regierung für das Glück und das Wohl, das physische und moralische, der Nation sorgen muss, unter allen Regierungsformen, also auch in einer Republik, der ärgste (…) Despotismus ist[312]«. Und so verwirklichte das oberste Exekutivorgan des französischen Nationalkonvents, das »*Comité de Salut Public*« (1793–1795), unter der Führung *Robespierres* alles andere als Wohlfahrt; es wurde zum Instrument der jakobinischen Schreckensherrschaft. *Dostojewskij* lässt seine Romanfigur Iwan Karamasow sagen: »Die Leute rechtfertigen jede Schurkerei mit dem Interesse des Gemeinwohls«. Der Begriff muss sich gegen den Vorwurf der Beliebigkeit und Inhaltslehre verteidigen. Mit seiner inhaltlichen Anreicherung, insbesondere der Bestimmung seiner möglichen Rolle als Anker eines Effizienzprinzips, tun sich die Ökonomik (infra aa) und die Verfassungslehre (infra bb) gleichermaßen nicht leicht.

aa) Gemeinwohldefinitionen der Ökonomik – zum Verhältnis von Gemeinwohl und Demokratie

Den idealen Zustand des Gemeinwesens, den Inbegriff der Ziele, die tatsächlich erstrebt oder verwirklicht werden sollten und ihre relative Wirkmächtigkeit im Rahmen des Zielbündels, diskutiert die Ökonomik im Anschluss an *Bergson*[313] unter dem Begriff der sozialen Wohlfahrtsfunktion (*social welfare function*). Den Inhalt der sozialen Wohlfahrt bzw. das

---

309 Vgl. dazu *Stolleis*, Gemeinwohlformeln im nationalsozialistischen Recht, 1974.

310 Zur Instrumentalisierung des Gemeinwohltopos als Deckmantel der Durchsetzung von Individualinteressen in der Parteien- und Verbändedemokratie der Bundesrepublik Deutschland vgl. *von Beyme*, Gemeinwohlorientierung und Gemeinwohlrhetorik bei Parteieliten und Interessengruppen, in: Münkler/Fischer (Hrsg.), Gemeinwohl und Gemeinsinn – Rhetoriken und Perspektiven sozial-moralischer Orientierung, 2002, S. 137 (139ff.); *Neidthardt*, Öffentlichkeit und Gemeinwohl – Gemeinwohlrhetorik in Pressekommentaren, ebenda, S. 157 (160ff.); *Meuser/Hitzler*, Gemeinwohlrhetorik ärztlicher Berufsverbände im Streit um die Gesundheitsreform, ebenda, S. 177ff.

311 *Johann Jacob Moser*, Von der Teutschen Reichsstände Landen, 1769, S. 1187.

312 *Von Humboldt*, Ideen über die Staatsverfassung durch die Französische Konstitution veranlasst, 1792.

313 *Bergson*, Quarterly Journal of Economics 52 (1938), S. 30ff.

Gemeinwohl definiert die Ökonomik von den Interessen der Gesellschaftsmitglieder her, denen die Staatsordnung zu dienen bestimmt ist[314]. Gesellschaftliche Wohlfahrt ergibt sich für sie aus den Wohlfahrten der Gesellschaftsmitglieder. Das Gemeinwohl hängt von der Wohlfahrt von Individuen ab und die Wohlfahrt jedes Individuums hat Gemeinwohlbedeutung[315]. »Es hat keinen Sinn, vom Interesse der Gemeinschaft zu sprechen, ohne zu wissen, was das Interesse des Individuums ist«, begründet *Jeremy Bentham* den individualistischen Ansatzpunkt[316]. In diesem Ausgangspunkt scheint sie sich mit dem freiheitlichen, auf die Interessen der Menschen ausgerichteten Konzept des Grundgesetzes zu treffen, das den Staat in den Dienst der Menschen und nicht umgekehrt die Menschen in den Dienst des Staates stellt[317]. In einer aufgeklärten Gesellschaft und Verfassungsordnung, die davon ausgeht, dass jedes Individuum in der Lage ist, sich selbst zu erkennen, ist nach dem Verständnis der modernen Ökonomik wie auch des Grundgesetzes ein Rekurs auf die (aufgeklärten) Interessen der Individuen zur Ermittlung des Gemeinwohls nicht entbehrlich[318]. Ein von den Interessen der Gesellschaftsmitglieder losgelöstes, höheren Gesetzlichkeiten, etwa einer Nation als solcher, verschriebenes Gemeinwohl stößt hier auf Rechtfertigungshürden, die jedenfalls der Ökonomik unüberwindlich erscheinen. Den Rekurs auf die Interessen der Individuen zur Ermittlung des Gemeinwohls empfindet die Ökonomik dabei nicht als einen Widerspruch. Zwischen individueller und gesellschaftli-

[314] Sie greift auf die individuellen Präferenzordnungen der Gesellschaftsmitglieder zurück, enthält sich dabei jeder Aussage über eine »richtige Präferenzordnung«. Einen Wertedespotismus lehnt sie ab. Sie versteht sich als wertfreie Wissenschaft, die keinen Anspruch erhebt, menschliches Verhalten moralisch zu bewerten. Der Versuch, zu erstrebende gesellschaftliche Ziele zu definieren, unterschiedliche Präferenzen der Gesellschaftsmitglieder in eine Rangordnung zu bringen und daraus ein Gemeinwohl zu destillieren, beschäftigt alle Geisteswissenschaften in unterschiedlichen Nuancierungen. Vgl. aus der umfangreichen Literatur etwa *von Arnim*, Gemeinwohl und Gruppeninteressen, 1977; Bluhm/Münkler (Hrsg.), Gemeinwohl und Gemeinsinn, 4 Bände, 2002; *Bußhoff*, Gemeinwohl als Wert und Norm, 2001; *Euchner*, Egoismus und Gemeinwohl, 1973; *Messner*, Das Gemeinwohl: Idee, Wirklichkeit, Aufgaben, 2. Aufl. 1968; *Mollnau*, Der Mythos vom Gemeinwohl: Zur Kritik der politisch-klerikalen Sozial- u. Staatsideologie, 1962; *Sutor*, Das Gemeinwohl in der Krise, 1998; *von Zezschwitz*, Das Gemeinwohl als Rechtsbegriff, 1967; *Kettern*, Sozialethik und Gemeinwohl, 1992.

[315] Zum methodologischen Individualismus der Ökonomik vgl. auch oben S. 156.

[316] »It is in vain to talk of the interest of the community, without understanding what is the interest of the individual«. *Bentham*, An Introduction to the Principles of Morals and Legislation (1789), Kap. 1, Abschnitt 5, S. 12.

[317] Ähnlich bspw. *Koller*, Das Konzept des Gemeinwohls, in: Brugger/Kirste/Anderheiden (Hrsg.), Gemeinwohl in Deutschland, Europa und der Welt, 2002, S. 41 (57); kritisch dazu *Ladwig*, Gemeinwohl und Eigensinn, ebenda, S. 71 (71): »Das Gemeinwohl aber ist mehr als die Summe individueller Vorteile, da es zumindest auch das Gedeihen eines Gemeinwesens als solchem einschließt«.

[318] Vgl. *Kirchgässner*, Gemeinwohl in der Spannung von Wirtschaft und politischer Organisation: Bemerkungen aus ökonomischer Perspektive, in: Brugger/Kirste/Anderheiden (Hrsg.), Gemeinwohl in Deutschland, Europa und der Welt, 2002, S. 289 (291).

cher Wohlfahrt besteht für sie ein positiver Konnex; Eigenwohl und Gemeinwohl befinden sich für sie in Übereinstimmung. *Adam Smith* legte dafür bereits 1776 die geistige Grundlage: »(...) ja gerade dadurch, dass er [s. c. der Einzelne[319]] das eigene Interesse verfolgt, fördert er das der Gesellschaft nachhaltiger, als wenn er wirklich beabsichtigt, es zu tun. Alle, die jemals vorgaben, ihre Geschäfte dienten dem Wohl der Allgemeinheit, haben meines Wissens niemals etwas Gutes getan. Und tatsächlich ist es lediglich eine Heuchelei, die unter Kaufleuten nicht weit verbreitet ist, und es genügen schon wenige Worte, um sie davon abzubringen«[320]. Entscheidend ist für sie nicht die Intention, mit der eine Handlung vorgenommen wird, sondern ihr Ergebnis.

Erfordert das Gemeinwohl eine unparteiische Berücksichtigung der Interessen aller Gesellschaftsmitglieder, lehnt die moderne Wohlfahrtstheorie aber im Anschluss an die Arbeiten von *Lionel Robbins*[321] intersubjektive Nutzenvergleiche zwischen den Individuen, um die unterschiedlichen Interessen der Akteure gegeneinander abwägungsfähig zu machen und größtmögliche Wohlfahrt festzustellen, als weder hilfreich noch erforderlich ab[322], steht sie damit zugleich vor der Schwierigkeit zu bestimmen, wie auf der Basis individueller Präferenzen gesellschaftliche Ziele eruiert werden sollen und erstrebenswerte soziale Zustände in eine Rangordnung gebracht werden können.

(1) Arrowsches Unmöglichkeitstheorem

Einen Durchbruch in der Lösung der Frage erzielte der amerikanische Volkswirtschaftler *Kenneth Joseph Arrow*[323]. *Arrow* wollte ein politisches Verfahren ermitteln[324], das aus individuellen Präferenzen eine transitive ge-

---

[319] Einschub des Verf.

[320] *A. Smith*, Der Wohlstand der Nationen, hrsg. von H. Recktenwald, 1993 (1776), S. 371.

[321] *Robbins*, An Essay on the Nature and Significance of Economic Science, 2. Aufl. 1935, S. 137ff.

[322] Sie verzichtet auf die Abwägung der Interessen verschiedener Individuen gegeneinander, da sie als Aussagen über fremde innerseelische Empfindungen eines nachvollziehbaren Bewertungsmaßstabes entbehren, nicht miteinander Vergleichbares verrechenbar machen und insofern einer wissenschaftlichen Unterfütterung ermangeln.

[323] Vgl. *Arrow*, Social Choice and Individual Values, 1951 (2. Aufl. 1963); *ders.*, A Difficulty in the Concept of Social Welfare, Journal of Political Economy 58 (1950), S. 328ff.; siehe dazu etwa *Behrens*, Die ökonomischen Grundlagen des Rechts, 1986, S. 280ff.; *Gaertner*, Jahrbuch für Sozialwissenschaft 29 (1978), S. 288ff.; *Rose-Ackermann*, Recht und Ökonomie, in: Ott/H.-B. Schäfer (Hrsg.), Allokationseffizienz in der Rechtsordnung, 1989, S. 269 (281ff.); *H.-B. Schäfer/Ott*, Lehrbuch der ökonomischen Analyse des Zivilrechts, 4. Aufl. 2005, S. 42; *J. Schmidt*, Gerechtigkeit, Wohlfahrt und Rationalität, 1991, S. 35ff.; *Söllner*, Wirtschaftswissenschaftliches Studium 22 (1993), S. 29ff.

[324] Ihm ging es nicht um die Entwicklung eines bestimmten zu entwickelnden inhaltlichen Entscheidungsmaßstabs, dessen Tauglichkeit zu testen war. Ihn interessierte das Entscheidungs*verfahren* und dessen Brauchbarkeit.

sellschaftliche Präferenzordnung aggregiert. Er postulierte zu diesem Behufe bestimmte Kriterien, die ein akzeptables bzw. sinnvolles Entscheidungsverfahren erfüllen müsste und versuchte, durch diese Axiomatisierung die Zahl der grundsätzlich in Frage kommenden Verfahren einzugrenzen, auf die sich dann weitergehende Untersuchungen konzentrieren könnten: Er forderte, dass eine erstrebenswerte soziale Ordnung die Skalierung alternativer sozialer Zustände nicht von der Präferenzwahl einer einzigen Person abhängig macht. Kein Individuum soll befugt sein, ausschließlich die Entscheidung für die Gesellschaft zu treffen (Nicht-Diktator-Prinzip). Wenn umgekehrt alle Gesellschaftsmitglieder einen bestimmten sozialen Zustand besser finden als einen anderen, solle er auch besser und sozial vorzugswürdig sein, da sonst die Respektierung der Interessen aller gefährdet wäre (schwaches Pareto-Prinzip). Die Wahl zwischen zwei Alternativen soll ferner nicht davon abhängen, wie eine dritte Alternative in Beziehung zu den beiden ersten bewertet wird. Die Entscheidung soll nur zwischen den relevanten Interessen fallen (Unabhängigkeit von irrelevanten Alternativen). Schließlich müssen die Interessen der Individuen unabhängig von ihrem Inhalt zugelassen werden. Sie unterliegen keiner Qualitätskontrolle. Es darf kein Einstimmigkeitszwang ausgeübt werden. Keine logisch mögliche Kombination individueller Präferenzen darf ausgeschlossen werden (sog. unbegrenzter Präferenzbereich, unrestricted domain).

(Für ihn) überraschenderweise stellte sich jedoch heraus, dass schon einige wenige, sinnvoll und harmlos erscheinende Bedingungen (wie zum Beispiel das schwache Pareto-Prinzip und das Verbot einer absoluten Diktatur) denklogisch nicht miteinander vereinbar waren. Mit Hilfe mathematischer Logik konnte er zeigen, dass es kein einziges Entscheidungsverfahren gibt, das alle vier postulierten Mindestbedingungen gleichzeitig erfüllt und dementsprechend erst recht kein Verfahren, an das weitergehende Anforderungen gestellt würden. »Keine Verfassung kann zugleich die Bedingung der kollektiven Rationalität, das Pareto-Prinzip, das Postulat der Unabhängigkeit von irrelevanten Alternativen und jenes der Unzulässigkeit einer Diktatur erfüllen«[325]. Die Aufgabe, eine soziale Wohlfahrtsfunktion zu konstruieren, erwies sich als unlösbar. Der Marktmechanismus des schwachen Pareto-Prinzips etwa verstößt selbst bei vollständiger Konkurrenz gegen das Prinzip des unbegrenzten Bereichs. Er kann keine vollständige Ordnung sozialer Zustände herbeiführen, da die Anfangsausstattung der Ressourcen durch einen anderen als den Marktmechanismus erfolgen muss, für den seinerseits das Unmöglichkeitstheorem gilt. *Arrow* fand heraus, dass es bei einer demokratischen Entscheidungsfindung mit einer binären sequenziellen Abstimmung unmöglich ist, aus individuellen Präfe-

[325] *Arrow*, Öffentliche und private Wertvorstellungen, in: Pommerehne/Frey (Hrsg.), Ökonomische Theorie der Politik, 1979, S. 130 (145).

renzen eine logisch widerspruchsfreie soziale Wohlfahrtsfunktion abzuleiten. Die individuellen Präferenzen lassen sich nicht widerspruchsfrei zu einer minimalen normativen Anforderungen genügenden kollektiven Präferenzordnung, aggregieren. Vielmehr hängt das Ergebnis einer Abstimmung über mehrere Alternativen von der Reihenfolge ab, in der sie zur Wahl stehen. Um eine Entscheidung zu treffen, wäre ein Diktator notwendig. Ein solcher ist als Prämisse jedoch gerade ausgeschlossen. Der Beweis der Unmöglichkeit, aus individuellen Präferenzen durch ein politisches Abstimmungsverfahren eine Kollektiventscheidung zu destillieren, ist als Wohlfahrtsparadoxon (Arrows Paradoxon bzw. Arrowsches Unmöglichkeitstheorem) berühmt geworden.

Arrow begründete damit die moderne Sozialwahltheorie (Social Choice Theory), die sich mit den Möglichkeiten, Voraussetzungen und Grenzen befasst, wie aus individuellen Präferenzen bzw. Wertvorstellungen Kollektivurteile über die gesellschaftliche Wohlfahrt gewonnen werden können[326]. Sie versucht nicht a priori zu bestimmen, was Gemeinwohl ist und fragt nicht nach den Gründen, weshalb ein Individuum eine bestimmte gesellschaftliche Situation einer anderen vorzieht, sondern sucht Verfahren einer kollektiven Urteilsbildung, die das Gemeinwohl hervorbringen können. Ihre zentrale Fragestellung lautet: »Is there a democratic collective choice process capable of allocating societal resources efficiently, even when markets cannot?«. Die Antwort Arrows war ebenso klar wie ernüchternd: »social welfare functions do not exist«[327]. Demokratie taugt nicht als Instrument zur Präferenzaggregation. Sie sei »either an illusion or a fraud«.

[326] Wegweisend für die Sozialwahltheorie sind neben den Arbeiten Arrows insbesondere die Arbeiten von *Bergson*, Quarterly Journal of Economics 52 (1938), S. 30 ff.; *Samuelson*, Foundations of Economic Analysis, 1963; *Rawls*, A Theory of Justice, 1971; *Coleman*, Markets, Morals and the Law, 1988.

[327] Ähnliches hatte der französische Mathematiker *Marquis de Condorcet* schon 1785 nachgewiesen. Sein Nachweis war aber nur für *einfache* Mehrheitsabstimmungen gültig. *Condorcet* zeigte, dass es bei Mehrheitswahlen nicht zwingend zu einem Gleichgewicht kommen muss, sondern auch ein Paradoxon zyklischer Mehrheiten eintreten kann: Angenommen, eine Familie erwägt die Anschaffung eines neuen Autos. Drei Optionen stehen zur Wahl: ein großes, ein mittelgroßes oder ein kleines Auto. Entscheiden dürfen darüber der Vater, der Sohn und die Tochter durch Angabe von Präferenzen. Der Vater votiert für ein großes Auto, seine schwächste Präferenz liegt bei einem kleinen Wagen. Der Sohn mag am liebsten ein mittelgroßes Auto, am wenigsten ein großes; die Tochter am liebsten ein kleines, am wenigsten ein mittelgroßes. Keine der Präferenzen findet bei einer Abstimmung eine Mehrheit: groß schlägt mittel, mittel schlägt klein, klein schlägt groß. Das Abstimmungsergebnis ist intransitiv und damit nicht brauchbar. Auf dem gleichen Prinzip beruht die Patt-Situation bei dem Spiel »Papier-Stein-Schere«. Die Faust als Symbol des Steins wird von der flachen Hand, dem Papier, eingewickelt; dies wird von der Schere (gespreizte Mittel- und Zeigefinger) geschnitten, jedoch kann der Stein die Schere schleifen. Einen begrenzten Ausweg bietet die sog. Borda-Regel: Hier können die Entscheider den Alternativen Präferenzpunkte zuordnen, die dann zusammengezählt werden. Die Alternative mit der höchsten Bewertung gewinnt. Es entsteht dann allerdings das Problem der Abhängigkeit der sozialen Rangordnung von irrelevanten Alternativen. Das Ergebnis

(2) Das liberale Paradoxon

Die Sozialwahltheorie stand damit vor einem Dilemma. Ihre Vertreter waren in der Folge bemüht, Arrows Axiome aufzuweichen, um zu sinnvollen Ergebnissen zu gelangen. Der indische Volkswirtschaftler *Amartya Sen* führte die Sozialwahltheorie aus dieser Ratlosigkeit heraus. In seinen Augen lud »Arrows mächtiges ›Unmöglichkeitstheorem‹ (...) zum Engagement ein, eher als zur Resignation«[328]. Er hielt gar eine Erweiterung von *Arrows* Inkonsistenzbehauptung für unumgänglich[329]. Denn *Arrow* hatte eine grundlegende Bedingung einer demokratisch verfassten Gesellschaft in seinen Axiomen noch gar nicht berücksichtigt – die individuelle Freiheit. *Sen* fügte zu den Grundaxiomen *Arrows* ein weiteres hinzu: Er postulierte für ein wohlfahrtorientiertes Entscheidungssystem einen autonomen Entscheidungsspielraum jedes Menschen, innerhalb dessen er unabhängig von anderen verbindliche Entscheidungen treffen können muss (sog. Liberalitäts-Axiom)[330]. *Sen* gelang es, die Ursache für den Befund eines nicht exis-

---

hängt von einer Alternative ab, die gar keine Siegchance hat. Ein Beispiel, das *Amartya Sen* zugeschrieben wird, verdeutlicht das Paradoxon. Drei Freunde gehen in ein Lokal, in dem es »Essen für drei« gibt, so dass sie sich bei der Bestellung abstimmen müssen. Sie haben die Wahl zwischen Krabben, Schweine- oder Rindfleisch. Alle drei mögen Krabben weniger als Rind- oder Schweinfleisch. Sie stimmen nach der Borda-Regel ab und bestellen Rindfleisch. Nach einigen Minuten erfahren die Freunde, dass es an diesem Tag gar keine Krabben gibt. In dem Fall müssten die Freunde ihre Präferenzwahl ändern und Schweinefleisch bestellen, obwohl Krabben für alle drei nicht in die engere Wahl kamen. Durch den Wegfall der dritten Alternative tritt eine Präferenzumkehr ein.

[328] *Sen*, American Economic Review 89 (1999), S. 349 (350).

[329] *Sen*, Journal of Political Economy 78 (1970), S. 152ff.

[330] Er gelangte damit zu Erkenntnissen, die für die Wohlfahrtstheorie wegweisend sein sollten und löste damit das Arrowsche Unmöglichkeitstheorem aus seinem Dilemma. *Sen* untersucht die Vereinbarkeit der erweiterten Axiome (vgl. zu den übrigen Axiomen supra S. 226) an einem konkreten Beispiel: Angenommen, es gibt in einem Haushalt zwei Personen, den prüden A und den Freigeist B. Sie verfügen für kurze Zeit über ein Exemplar des erotischen Romans »Lady Chatterley's Lover« von *D. H. Lawrence*. Beide stehen vor der Frage, was mit dem Buch geschieht. A sähe es am liebsten, wenn niemand derartige Literatur liest. Wenn schon jemand das Buch liest, dann lieber er als sein Mitbewohner, damit der Unmoral nicht Vorschub geleistet wird. Bei dem Freigeist B sieht die Präferenzreihenfolge ganz anders aus. Er hätte es gerne, wenn der prüde A etwas aufgeklärt würde. Seine erste Präferenz ist daher, dass A das Buch liest. Wenn das nicht möglich ist, würde er das Buch gerne selbst lesen, bevor es niemand liest. Nach dem liberalen Axiom sollte die Entscheidung der Frage, ob der verschämte A oder niemand das Buch liest, bei diesem liegen, da sie seinen Freiheitsbereich unmittelbar berührt. Dann würde niemand das Buch lesen. Die Frage, ob der Freigeist B das Buch liest oder niemand, dürfte allein B beantworten, da ihn diese Frage allein und unmittelbar angeht. Dann würde B das Buch lesen. Nach dem liberalen Kriterium wäre das Lesen des Buches durch den Freigeist B einem Nichtlesen und dieses wiederum einem Lesen durch A vorzugswürdig. Dieses Ergebnis verletzt aber ein anderes aufgestelltes Axiom, nämlich das schwache Pareto-Prinzip: Sowohl der Prüde wie der Freigeist ziehen es nach den Prämissen vor, dass nicht der Freigeist, sondern der Prüde das Buch liest. Die axiomatischen Bedingungen sind nicht alle gleichzeitig erfüllbar. Es gibt keine Entscheidung, die allen gleichermaßen Rechnung trägt. Ein universelles gesellschaftliches Konzept allgemeiner Wohlfahrt, das individuelle Präferenzen zu einer kol-

tenten universellen Konzepts allgemeiner Wohlfahrt, das individuelle Präferenzen zu einer kollektiven Präferenz zusammenfasst, aufzuspüren: Sie liegt in der unbeschränkten Präferenzautonomie der Beteiligten selbst (liberales Paradoxon)[331]. Er konnte damit das Arrowsche Unmöglichkeitstheorem nicht lösen (»The Arrow Possibility Theorem is true; there is no escaping that fact«.). Trotzdem hat *Sen* grundlegend zu dessen Enträtselung beigetragen, indem er das Gemeinwohl als einen von demokratischen Entscheidungsprozessen zu trennenden Gesellschaftswert enttarnte[332].

---

lektiven Präferenz zusammenfasst, existiert nicht. Es kann sich nur um eine Annäherung an einen Idealzustand handeln, der im Wege des Ringens um einen gesellschaftlichen Konsens ständig neu zu bestimmen ist.

[331] Die unbegrenzte Freiheit des Einzelnen, autonom ein Präferenzsystem zu entwickeln und alle seine Präferenzen – auch solche, die sich auf die Privatsphäre bzw. den Lebensstil anderer beziehen (sog. externe bzw. einmischende Präferenzen; der Begriff der »externen Präferenzen« geht auf *Dworkin* zurück. Er begründet sie in seinem Werk »Taking Rights seriously«, 2. Aufl. 1978, S. 234, 275) – zum Bestandteil einer sozialen Entscheidungsfunktion zu machen, kollidiert mit den Freiheitsrechten anderer. Ist der Gedanke der Präferenzautonomie auch selbst Ausfluss des Freiheitsgedankens, namentlich des Gedankens der freien Entfaltung der Persönlichkeit, bedroht völlige Präferenzautonomie in letzter Konsequenz die Autonomie und das Selbstbestimmungsrecht der Menschen, solange nicht das Prinzip der Einstimmigkeit die Grundlage der sozialen Entscheidungsregel ist. Denn sie bezieht auch Präferenzen ein, die sich nicht auf die eigene Person beziehen, sondern auf die Freiheit Dritter auswirken. Individuelle Präferenzsysteme alleine sind ohne Hinterfragung der Motive, auf denen sie beruhen, kein tragfähiges Fundament eines sozialen Entscheidungsmechanismus (*Sen*, Economica 43 [1976], S. 217 [226, 235]; *ders.*, Collective Choice and Social Welfare, 1970, S. 86; *ders.*, Journal of Political Economy 78 [1970], S. 152 [155 f.]).

[332] Er machte transparent, dass gesellschaftliche Entscheidungsregeln, die den Anforderungen an Rationalität und Übereinstimmung mit den Präferenzen der Betroffenen entsprechen, nicht auf dem Reißbrett logischer Deduktion im Wege »politischer Arithmetik« (*Behrens*, Die ökonomischen Grundlagen des Rechts, 1986, S. 281) zu entwickeln sind. Es ist nicht möglich, allein durch Anwendung der Spielregeln der Demokratie aus dem Datenkranz vorhandener unterschiedlicher Präferenzvorstellungen der Gesellschaft ein Gemeinwohl zu destillieren. Demokratische Entscheidungen sind nicht notwendig Gemeinwohlentscheidungen. Die Demokratie taugt nicht dazu, ein Gemeinwohl treffsicher zu ermitteln. Die nahe liegende Schlussfolgerung, die Demokratie als Entscheidungsmechanismus in Frage zu stellen und sich auf die Suche nach Alternativen zu dem Demokratieprinzip zu begeben, wie beispielsweise *Riker* fordert (*Riker*, American Political Science Review 74 [1980], S. 456 ff.), führt jedoch in die Irre. Sie verstellt den Blick auf die sich aus dem Arrowschen Unmöglichkeitstheorem und dem Liberalen Paradoxon ergebenden Erkenntnisse: Die Theoreme beider Untersuchungen offenbaren, dass die Demokratie nicht immer ein Rationalitätskriterien genügendes Ergebnis hervorbringt; die Mehrheitsentscheidung der Demokratie repräsentiert nicht per se das Gemeinwohl; dogmatisch gewendet: das Demokratieprinzip ist keine dogmatische Grundlage *des Gemeinwohls*. Die Demokratie kann das Gemeinwohl verfehlen, sie verliert deshalb aber nicht ihre Sinnhaftigkeit als (bestes unter den verfügbaren) Entscheidungsverfahren (für eine Herleitung des Gemeinwohls aus dem Demokratieprinzip demgegenüber *Dürig*, Die konstanten Voraussetzungen des Begriffs »öffentliches Interesse«, 1949, S. 186 ff.; er argumentiert, aus dem Interesse der Mehrheit ergebe sich das allgemeine, das öffentliche Interesse [S. 45, 91 f.]. Das beste Verfahren zur Ermittlung des öffentlichen Interesses sei damit der Volksentscheid. *Wegener*, Rechtsschutz für gesetzlich geschützte Gemeinwohlbelange als Forde-

bb) Gemeinwohl als Verweis auf die Inhalte der Verfassung

Was unter Gemeinwohl zu verstehen ist, lässt sich mithin nicht einer abstrakten Präferenzaddition entnehmen, sondern nur derjenigen Ordnung, die einen Grundkonsens gesellschaftlicher Wertvorstellungen formuliert und diesen der Disposition der Mehrheit in stärkerem Umfang entzieht – der Verfassung selbst[333]. Die Verfassung enthält einen Entwurf von der richtigen Ordnung des Staatswesens. Sie konkretisiert Gemeinwohlvorstellungen und richtet damit einen Schutzmechanismus gegen die Willkür und ggf. Irrationalität der Entscheidungen der Mehrheit auf. Sie schreibt einen Grundbestand an Werten fest, der die Herstellung des Gemeinwohls nicht ausschließlich dem gesellschaftlichen Interessenkampf überlässt.

Ist der Inhalt des Gemeinwohls der Verfassung zu entnehmen, muss ein als Gemeinwohlaspekt zu begründendes Schutzgut zumindest in der Verfassung angelegt sein. Sein Inhalt darf nicht in das Verfassungsprinzip des Gemeinwohls hineingelegt werden, um es anschließend im Wege eines juristischen Kunstgriffs aus diesem wieder herauszulesen. Erforderlich ist ein verfassungsrechtlicher Anker außerhalb des Gemeinwohlprinzips als solchem. Andernfalls wird der Gemeinwohlbegriff durch subjektive Wertungen und interpretatorische Vorlieben extra constitutionem inhaltlich aufgeladen, kurz: Nur soweit das Effizienzprinzip in der Verfassung selbst (außerhalb des Gemeinwohlprinzips) angelegt ist, ist es auch Inhalt des Gemeinwohlprinzips. Konsequenterweise erkennt auch das Bundesverfassungsgericht als Schranke vorbehaltlos gewährter Grundrechte nicht das Gemeinwohlprinzip als solches an, sondern nur solche Belange, die im Grundgesetz ausdrücklich Anerkennung gefunden haben[334]. Der Gemeinwohlbegriff ist

---

rung des Demokratieprinzips?, in: Bertschi u. a. [Hrsg.], Demokratie und Freiheit, 1999, S. 19 [25 ff.]. Wie hier dagegen: *Anderheiden*, Ökonomik, Gemeinwohl und Verfassungsrecht, in: Bungenberg u. a. [Hrsg.], Recht und Ökonomik, 2004, S. 113 [119]; *Kirchgässner*, Gemeinwohl in der Spannung von Wirtschaft und politischer Organisation: Bemerkungen aus ökonomischer Perspektive, in: Brugger/Kirste/Anderheiden [Hrsg.], Gemeinwohl in Deutschland, Europa und der Welt, 2002, S. 289 [306]; *Uerpmann*, Das öffentliche Interesse, 1999, S. 8 f.).

[333] Ähnlich *Isensee*, Gemeinwohl und Staatsaufgaben im Verfassungsstaat, in: Isensee/P. Kirchhof (Hrsg.), HStR III, 2. Aufl. 1999, § 57 Rdnr. 108, 112 ff.; allerdings *ders.*, a. a. O., Rdnr. 113: »Die Bestimmung wie die Hervorbringung des Gemeinwohls vollzieht sich wesentlich im außerstaatlichen, meta-rechtlichen Bereich (...)«; prägnant auch *Rupp*, Wohl der Allgemeinheit und öffentliche Interessen – Bedeutung der Begriffe im Verwaltungsrecht, in: Ule u. a. (Hrsg.), Wohl der Allgemeinheit und öffentliche Interessen, 1968, S. 116 (125): »Wenn also überhaupt Aussagen für den Gemeinwohlbegriff, wie ihn das Grundgesetz verstanden wissen will, gewonnen werden können, dann nur aus dem Grundgesetz selbst und nicht aus der Sphäre überirdischer Harmonien (...)«.

[334] Vgl. BVerfG, Beschl. v. 26. 5. 1970, BVerfGE 28, S. 243 (260 f.) – Dienstpflichtverweigerung; BVerfG, Beschl. v. 24. 2. 1971, BVerfGE 30, S. 173 (193) – Mephisto; BVerfG, Beschl. v. 19. 10. 1971, BVerfGE 32, S. 98 (108) – § 330c StGB; BVerfG, Beschl. v. 1. 3. 1978, BVerfGE 47, S. 327 (369, 380 ff.); BVerfG, Urt. v. 24. 4. 1985, BVerfGE 69, S. 1 (21) – Kriegsdienstverweigerung; kritisch dazu *W. Schmidt*, AöR 106 (1981), S. 497 (508).

kein Blankoscheck an den Gesetzgeber, sondern der Konkretisierung durch die Verfassung überantwortet[335]. Eine Herleitung eines Effizienzprinzips aus dem Gemeinwohlprinzip als selbstständigem Begründungsanker – wie sie etwa *von Arnim* vornimmt – steht daher auf tönernen Füßen[336].

Dem Gemeinwohlgedanken ist eine Forderung, die wirtschaftlich vernünftigste, allokationseffiziente Entscheidung zu treffen, nicht notwendig eigen. Vielmehr kann die Verfassung und das darin konkretisierte Gemeinwohl es vice versa gebieten, Güter in Verteilungskonflikten *nicht* denjenigen zur Verfügung zu stellen, die kraft ihrer Leistungsfähigkeit den höchsten Nutzen aus einem Gut ziehen, sondern denjenigen, die ihren Bedarf nicht aus eigenen Kräften decken können. Die gesellschaftliche Legitimität und Ordnungskraft einer Verfassung beruht nicht allein auf Nützlichkeitserwägungen, sondern auf einem normativen Grundkonsens aller ihr Unterworfenen – der Entscheidung des Souveräns über die Grundordnung des Gemeinwesens. Die technische Rationalität des effizienten Wirtschaftens schöpft noch nicht die ganze Dimension des Verfassungskonsenses aus. Er bezieht auch andere Bereiche menschlichen Handelns und menschlicher Identität ein, die mit ökonomischen Wertkategorien nicht erfassbar sind, wie etwa die kulturelle und politische Identität, die Religion, die Zufriedenheit, die Autonomie. Auch diese sind nicht frei von Nutzenkalkülen der betroffenen Menschen, lassen sich darauf aber nicht reduzieren. Die Verfassung sprengt die Dimension utilitaristischer Rationalität. Sie gibt ihr einen Rahmen vor und setzt ihr Grenzen. Gemeinwohl ist mit ökonomischer Effizienz nicht identisch. Dass eine Nutzenerhöhung der Individuen auch eine Nutzenerhöhung für die Gesellschaft bedeuten kann, lässt nicht den Umkehrschluss zu, dass Nutzenerzielung der einzig gangbare Weg der Gemeinwohlfeststellung und der einzige Wertmaßstab für gesellschaftliches Wohlergehen ist[337]. Der (wirtschaftliche) Nutzen als Maßstab reduziert den Gemeinwohlsbegriff auf eine politisch denkbare, aber nicht notwendig zwingende Maßeinheit[338]. Das Konzept der Allokationseffizienz kann ein Aspekt des Gemeinwohls sein, ist mit diesem aber nicht gleich zu setzen.

---

335 *Isensee*, Gemeinwohl und Staatsaufgaben im Verfassungsstaat, in: Isensee/P. Kirchhof (Hrsg.), HStR III, 2. Aufl. 1999, §57 Rdnr. 108, 110.

336 Ebenso *Gersdorf*, Öffentliche Unternehmen im Spannungsfeld zwischen Demokratie- und Wirtschaftlichkeitsprinzip, 2000, S. 429f.

337 Vgl. *Sen*, On Ethics and Economics, 1997, S. 46f.: »It is arguable, that since the claim of utility to be the only source of value rests allegedly on identifying utility with well-being, it can be criticized both: 1. on the ground that well-being is not the only thing that is valuable; 2. on the ground that utility does not adequately represent well-being«.

338 In diesem Sinne vgl. etwa die Kritik von *Sen*, Equality of what?, in: ders. (Hrsg.), Choice, Welfare and Measurement, 1997, S. 353 (364ff.); vgl. auch den Prozessnutzenansatz bei *B. Frey*, Vorteile und Grenzen des ökonomischen Denkansatzes, in: Sitter-Liver (Hrsg.), Der Mensch – ein Egoist?: Für und wider die Ausbreitung des methodischen Utilitarismus in den Kulturwissenschaften, 1998, S. 165ff.

10. Zwischenergebnis

Die wohlfahrtsökonomische Forderung nach einer Ausrichtung der Rechtsordnung an einem Effizienzprinzip findet in der Verfassungsordnung nur wenige, sachlich begrenzte Ankerstellen, aber keine umfassende Legitimation. Eine verfassungsrechtliche Verpflichtung des Gesetzgebers, bei der Ausgestaltung der Rechtsordnung dem ökonomischen Effizienzziel Rechnung zu tragen, lässt sich dem Grundgesetz nicht entnehmen. Dem ökonomischen Modell des homo oeconomicus kommt keine normative, sondern lediglich empirische Legitimation zu. Gegenüber der politischen Entscheidung des Souveräns kommt dem wohlfahrtsökonomischen Effizienzziel keine normative Vorrangstellung zu. Normative Kraft hat es nur so weit, wie das Recht sie selbst verankert.

Käme dem Prinzip der ökonomischen Effizienz prinzipiell das Siegel eines eigenen Verfassungsprinzips zu, fiele ihm ein eigener verfassungsrechtlicher Abwägungsgehalt zu, der sich gegenüber anderen Rechtsprinzipien durchsetzen kann. Der Konflikt wäre im Wege der praktischen Konkordanz unter möglichster Schonung der betroffenen Prinzipien zu lösen. Ist der Verfassung aber kein umgreifendes Prinzip ökonomischer Effizienz zu entnehmen, bringt es ein verfassungsrechtliches Gewicht nur dort auf die Waage, wo es als Teilgehalt anderer verfassungsrechtlicher Gebote im Einzelfall eine abwägungsfähige Wehrkraft aufweist. Im Übrigen mangelt es ihm grundsätzlich an einer auf eigenen Füßen stehenden verfassungsrechtlichen Durchschlagskraft. Es muss gegenüber anderen Verfassungsprinzipien zurücktreten, soweit es mit diesen unvereinbar ist.

Der Bereich, auf den die heuristische Kraft des wohlfahrtsökonomischen Effizienzprinzips angewendet werden kann, ist weitgehend auf die Ebene der Ausfüllung der Verfassungsinhalte, d. h. die unterverfassungsrechtliche Ebene, begrenzt[339]. Dort kann ihre analytische Kraft allerdings von großer Hilfe sein. Sie kann die ökonomischen Folgen rechtlicher Entscheidungen und die politische Rationalität der Verfassungskonsenses transparenter machen und dadurch die Akzeptanz von rechtlichen Regelungen erhöhen sowie das Risiko von Fehlentscheidungen mindern. Rechtliche Regelungen können auch, dürfen aber nicht ausschließlich unter ökonomischen Aspekt betrachtet werden[340]. Gibt das Grundgesetz dem Gesetzgeber kein vorgeformtes wirtschaftliches Konzept vor, verankert es insbesondere nicht die

[339] *Buchanan*, The Limits of Liberty. Between Anarchy and Leviathan, 1975, S. 35ff.; *Krüsselberg*, Property-Rights-Theorie und Wohlfahrtsökonomik, in: Schüller (Hrsg.), Property Rights und ökonomische Theorie, 1983, S. 45 (76).

[340] In diesem Sinne etwa *Grzeszick*, JZ 2003, S. 647 (652ff.); *Schmidt-Aßmann*, Effizienz als Herausforderung an das Verwaltungsrecht – Perspektiven der verwaltungsrechtlichen Systembildung, in: Hoffmann-Riem/ders. (Hrsg.), Effizienz als Herausforderung an das Verwaltungsrecht, 1998, S. 245 (251); *Kirchner* (Fn. 162), S. 62 (67 und 76f.); *Kübler*, Effizienz als Rechtsprinzip – Überlegungen zum rechtspraktischen Gebrauch ökono-

Soziale Marktwirtschaft als Verteilungsprinzip, gilt dies in Sonderheit für ein wohlfahrtsökonomisches Effizienzprinzip[341]. Das Grundgesetz macht die Herstellung einer effizienten Ressourcenallokation nicht zum direkten Ziel staatlichen Handelns, verbietet sie aber auch nicht ausdrücklich[342]. Dem Gesetzgeber verbleibt ein erheblicher Gestaltungsspielraum bei der Festlegung seiner Zuteilungsziele.

II. Gemeinschaftsrechtliches Primärrecht

Als Zweckgemeinschaft mit primär wirtschaftlicher Zielrichtung gegründet (vgl. Art. 2 EGV), sind die Europäischen Gemeinschaften deutlicher als die nationalstaatlichen Verfassungsordnungen kraft ihrer Natur auf Effizienzkriterien festgelegt. Der Gedanke wirtschaftlicher Effizienz durchzieht das Vertragswerk und die Vorgaben für die Politiken der Mitgliedstaaten stärker als das Grundgesetz.

Effizienz als Erwartung an das staatliche Verhalten scheint im EG-Vertrag zum einen im Kontext des Haushaltsvollzugs der Kommission auf. Der EG-Vertrag legt die Haushaltsführung auf den Grundsatz der Wirtschaftlichkeit fest (Art. 274 S. 1 EG) und macht diesen – wie auch das Grundgesetz[343] – zum Maßstab einer Überprüfung durch den Rechnungshof der Gemeinschaft (Art. 248 Abs. 2 S. 1 EG). Wie nach dem Grundgesetz beschränkt sich die Kontrolle freilich auf die Verwendung von Haushaltsmitteln. Sie erheischt nicht eine generelle Ausrichtung der gemeinschaftsrechtlichen (oder gar mitgliedstaatlichen) Zuteilungsordnung am Leitgedanken einer effizienten Ressourcenallokation. In ähnlicher Weise bleibt auch der Wirkungsradius des Art. 174 Abs. 1 3. Spstr. EG, der die Umweltpolitik der Gemeinschaft auf das Ziel einer »umsichtigen und rationellen Verwendung der natürlichen Ressourcen« verpflichtet, durchaus begrenzt[344]: Er kann zwar als Ausprägung des Gedankens einer nachhaltigen, der Idee der Generationengerechtigkeit verpflichteten Entwicklung gelesen werden[345], dem im Interesse eines verschwendungsfreien Gebrauchs der vorhandenen Umweltgüter das Gebot einer »rational choice« in der Umweltpolitik innewohnt. Der Nachhaltigkeitsgedanke und das

mischer Argumente, in: J. Baur/Hopt/Mailänder (Hrsg.), Festschrift für Ernst Steindorff zum 70. Geburtstag, 1990, S. 687 (701).

[341] In diesem Sinne etwa auch *Eidenmüller*, Effizienz als Rechtsprinzip, 3. Aufl. 2005, S. 145 u. 443 ff.

[342] *Eidenmüller*, ibid., S. 145 u. 443 ff.

[343] Vgl. dazu supra S. 203 ff.

[344] Der in Art. 6 EG angelegte Nachhaltigkeitsgedanke schließt als solcher Effizienz nicht notwendig ein. Vgl. dazu supra S. 214.

[345] Ebenso etwa *Calliess*, in: ders./Ruffert (Hrsg.), EUV/EGV, 3. Aufl. 2007, Art. 174 Rdnr. 10 m. w. N.

wohlfahrtsökonomische Effizienzprinzip sind jedoch – wie bereits gezeigt wurde – keineswegs vollständig deckungsgleich[346].

Über einzelne Ausprägungen des Effizienzgedankens hinaus findet der Begriff der Effizienz anders als im Grundgesetz im EG-Vertrag ausdrückliche Erwähnung. In Art. 98 S. 2 heißt es: »Die Mitgliedstaaten und die Gemeinschaft handeln im Einklang mit dem Grundsatz einer offenen Marktwirtschaft mit freiem Wettbewerb, wodurch ein effizienter Einsatz der Ressourcen (efficient allocation of resources) gefördert wird«. Eine ähnliche Formulierung findet sich in Art. 105 Abs. 1 S. 3 EG für die Politik der Europäischen Zentralbank.

Der Passus »wodurch ein effizienter Einsatz der Ressourcen gefördert wird« kann als normative Vorgabe von Handlungsdirektiven für die Gesetzgeber der Mitgliedstaaten verstanden werden, der zu effizientem Ressourceneinsatz verpflichtet und einer ineffizienten Ressourcennutzung entgegenzuwirken gebietet. So verstehen ihn auch die meisten Kommentatoren[347]. Der Halbsatz lässt aber Spielräume offen. Er lässt sich ebenso auch als beschreibender Programmsatz interpretieren, der lediglich eine Erläuterung des Begriffs »offene Marktwirtschaft« gibt[348]: Das Konzept der offenen Marktwirtschaft, zu dem Art. 98 S. 2 EG die Mitgliedstaaten und die Gemeinschaft anhält, führt effizienten Einsatz knapper Ressourcen im Schlepptau. Die Vorschrift beschreibt damit die Konsequenzen, die die Europäische Union erhofft, wenn die Mitgliedstaaten ihrer vertraglichen Verpflichtung nachkommen. Sie gibt eine Rechtfertigung für das Vertragsgebot der offenen Marktwirtschaft ab. Die Idee der Marktwirtschaft versteht sie nicht als Selbstzweck, sondern als unmittelbar dem Ziel der effizienten Nutzung und Verteilung knapper Ressourcen sowie der Erreichung der Gemeinschaftsziele verschriebenes ökonomisches Modell. Die Steigerung der wirtschaftlichen Ausnutzung von Gütern, wohlfahrtsökonomische Prosperität und die Vermeidung der Verschwendung volkswirtschaftlicher Ressourcen erscheint nach dem Wortlaut der Vorschrift des Art. 98 S. 2 EG als nahezu zwangsläufige Folge einer offenen Marktwirtschaft. Die Legitimität des Ziels effizienten Ressourceneinsatzes setzt sie dabei voraus und leitet daraus die Verpflichtung auf das Prinzip offener Marktwirtschaft ab. Insoweit erklärt der Vertrag effizienten Ressourceneinsatz mittelbar zu einem erstrebenswerten Politikziel. Er macht

[346] Vgl. dazu bereits S. 214 ff.

[347] In diesem Sinne etwa *Kahl/Häde*, in: Calliess/Ruffert (Fn. 345), Art. 98 Rdnr. 4; *Hattenberger*, in: Schwarze (Hrsg.), EU-Kommentar, 2000, Art. 98 Rdnr. 7; *Hoffmann-Riem*, Effizienz als Herausforderung an das Verwaltungsrecht – Einleitende Problemskizze, in: ders./Schmidt-Aßmann (Hrsg.), Effizienz als Herausforderung an das Verwaltungsrecht, 1998, S. 11 (21); *Kempen*, in: Streinz (Hrsg.), EUV/EGV, 2003, Art. 99, Rdnr. 6.

[348] Ebenso *Bandilla*, in: Grabitz/Hilf (Hrsg.), EUV/EGV, Art. 98 EGV, Rdnr. 5 (Stand: Jan. 2000).

Effizienz aber nicht zu einer eigenständigen mitgliedstaatlichen Verpflichtung, die über das Gebot der Befolgung einer offenen Marktwirtschaft hinausreicht und sich notwendig auf alle Staatsbereiche erstreckt. Ressourceneffizienz ist den Mitgliedstaaten nur insoweit geboten, wie sie die Folge des Konzepts offener Marktwirtschaft ist und das Europäische Primärrecht den Markt als Zuteilungsprinzip gebietet[349]. Art. 98 EG erfasst dabei auch nicht jegliches staatliches Handeln, insbesondere nicht notwendig das hoheitliche Tätigwerden des Staates, sondern beschränkt sich in seiner Aussage auf das Gebiet der Wirtschaftspolitik[350] und die Geltungsreichweite des unter dem Vorbehalt der begrenzten Ermächtigung stehenden Vertrages. Seine Geltungsmacht bleibt insoweit begrenzt. Art. 98 EG hebt das Ziel der Ressourceneffizienz nicht als selbstständiges vertragsrechtliches Prinzip auf den Schild der europäischen Vertragsordnung, aus welchem sich konkrete mitgliedstaatliche Verpflichtungen destillieren lassen[351]. Der EuGH hat denn auch in seiner Entscheidung zur Buchpreisbindung dem Art. 98 S. 2 EG die Eignung abgesprochen, »den Mitgliedstaaten klare und unbedingte Verpflichtungen aufzuerlegen, auf die sich die Einzelnen vor den nationalen Gerichten berufen können«. Es handele sich dabei um einen allgemeinen Grundsatz, dessen Anwendung komplexe wirtschaftliche Beurteilungen erfordere, die in die Zuständigkeit des Gesetzgebers oder der nationalen Verwaltung fallen[352]. Dieser Befund soll indes nicht darüber hinwegtäuschen, dass das Prinzip des Wettbewerbs und der marktwirtschaftlichen Ordnung zu den zentralen Eckpfeilern der gemeinschaftsrechtlichen Ordnung gehört. Die Gemeinschaft versteht sich als offenes System von Staaten, das auf die Beseitigung von wechselseitigen Marktzutrittshindernissen angelegt und dem Prinzip wohlfahrtsfördernden wirtschaftlichen Wettbewerbs sowie dem Marktmechanismus als Zuteilungsprinzip in besonderer Weise verschrieben ist. Die unbedingte Verpflichtung auf den Wettbewerb als Kernbestand der Gemeinschaftsverfassung findet neben Art. 98 S. 2 EG seinen wohl sichtbarsten Ausdruck in dem Einschwören der Gemeinschaft auf ein System unverfälschten Wettbewerbs (Art. 3 lit. g EG), dem in Art. 4 Abs. 1 u. 2 EG festgeschriebenen Grundsatz einer offenen Marktwirtschaft mit freiem

---

349 Es bleibt insbesondere den Mitgliedstaaten überlassen, inwieweit sie über das Prinzip der offenen Marktwirtschaft hinaus die Effizienz in anderen Politikbereichen für ihre gesetzlichen Regelungen maßgeblich sein lassen wollen.

350 Der Begriff der Wirtschaftspolitik ist allerdings sehr weit zu verstehen. Zu ihr gehören die Haushaltspolitik ebenso wie die Strukturpolitik, die Unternehmenspolitik oder die Umweltpolitik.

351 So etwa *Bandilla*, in: Grabitz/Hilf (Hrsg.), Das Recht der Europäischen Union, Loseblatt (Stand: Jan. 2004), Art. 98 Rdnr. 5; *Britz*, Die Verwaltung 1997, S. 185 (192f.); *Wittelsberger*, in: von der Groeben u. a. (Hrsg.), Kommentar zum EU-/EG-Vertrag, 6. Aufl. 2003, Art. 98 Rdnr. 14; wohl auch *von Estorff/Molitor*, in: von der Groeben u. a. (Hrsg.), Kommentar zum EU-/EG-Vertrag, Bd. 3, 6. Aufl. 2003, Art. 102a Rdnr. 4.

352 EuGH, Urt. v. 3. 10. 2000, Slg. 2000, I-8207, Rdnr. 25 – Buchpreisbindung.

Wettbewerb sowie dem Verbot von Wettbewerbsbeschränkungen (Art. 81 EG). Alle drei erheben den Wettbewerb als Vehikel zur Erreichung der allgemeinen Vertragsziele zu einem Eckpfeiler der europäischen Vertragsordnung und legen eine Affinität des Europäischen Vertragswerkes zu ordoliberalen Vorstellungen offen. Sie schützen den Wettbewerb als System der Selbststeuerung des Marktes durch dezentrale Koordinierung der individuellen Wirtschaftsakteure sowie als Verhaltensprozess der Marktteilnehmer im Interesse einer Erhöhung der gesellschaftlichen Wohlfahrt. Getragen von der Überzeugung, dass der unverfälschte Wettbewerb als gesellschaftliches Entdeckungsverfahren eine effiziente Verteilung der Ressourcen, ferner technischen und wirtschaftlichen Fortschritt, einen »spill over« wachsender gemeinschaftsrechtlicher Integrationskraft sowie die erhoffte Innovation zur Verbesserung des allgemeinen Lebensstandards am zuverlässigsten gewährleistet, stellt die Gemeinschaft den Wettbewerb als Instrument zur Erreichung ihrer Ziele auf den Posten[353]. Der objektivrechtliche Gehalt des gemeinschaftsrechtlichen Grundsatzes der Wettbewerbsfreiheit erfährt dabei eine zusätzliche Verstärkung in Gestalt einer subjektiv-rechtlichen Aufladung über das Gemeinschaftsgrundrecht der Berufsfreiheit, das – wenn auch die Wettbewerbsfreiheit im Gemeinschaftsrecht nicht ausdrücklich zu einem eigenen Grundrecht erhoben ist – als Teil seines Gewährleistungsgehalts auch die Integrität von wettbewerblichen Entfaltungsräumen in Gestalt eines »Ordnungsraums Wettbewerb« einschließt, insbesondere der gemeinschaftlichen Hoheitsgewalt zurechenbare Änderungen der Wettbewerbsstellung zu einem rechtfertigungsbedürftigen Grundrechtseingriff werden lässt[354].

III. Ergebnis

Eine selbstständige Verpflichtung, ökonomische Effizienz zum Ziel seiner Politik zu erheben, lässt sich der Verfassung als Rahmenordnung des Staates nicht entnehmen. Versteht sich das Europäische Gemeinschaftsrecht auch als eine dem Prinzip des Wettbewerbs verschriebene Marktordnung, fließt eine autonome mitgliedstaatliche Verpflichtung, aus der konkrete, über einen allgemeinen wirtschaftspolitischen Rahmen hinausgehende Pflichten herleitbar wären, auch aus Art. 98 S. 2 EG entgegen häufig vertretener Ansicht nicht. Ökonomische Effizienz ist des ungeachtet ein legiti-

[353] Vgl. dazu etwa den »Spaak-Bericht« vom 21.4.1956 (Bericht der Delegationsleiter des von der Konferenz von Messina eingesetzten Regierungsausschusses an die Außenminister, der die Römischen Verträge vorbereitete), Dok. MAE 120 d/56, S. 15f.

[354] Vgl. dazu EuGH, Urt. v. 5.10.1994, Slg. 1994, I-S. 4973, Rdnr. 62 i.V.m. 81 – Deutschland/Kommission; *Rengeling/Szczekalla*, Grundrechte in der Europäischen Union, 2004, § 20 Rdnr. 801f.; *Hilf/Hörmann*, NJW 2003, S. 1 (5) jeweils m. w. N.

mes Regelungsziel des Gesetzgebers, dessen er sich im einfachen Gesetzesrecht bei der Ausgestaltung der verfassungsrechtlichen Ordnung bedienen darf[355].

[355] Der Gesetzgeber hat davon in zahlreichen Vorschriften auch Gebrauch gemacht: So schreibt er etwa in § 10 S. 2 VwVfG die einfache, zweckmäßige und zügige Durchführung von Verwaltungsverfahren vor (vgl. dazu insbesondere *Wahl*, VVDStRL 41 [1983], S. 151 ff.; *Voßkuhle*, Die Verwaltung 2001, S. 347 ff.). Schlägt seine Verletzung regelmäßig auch nicht auf die Rechtmäßigkeit der entstandenen Rechtsakte durch, bindet sie die handelnden Verwaltungsbeamten doch unmittelbar und kann unter Umständen Ersatzansprüche wegen Amtspflichtverletzung auslösen.

§ 8 Verfassungsrechtliche Grenzen des Effizienzstrebens

Legt die Rechtsordnung dem Gesetzgeber keine selbstständige verfassungsrechtliche Verpflichtung auf, Güter in der Weise zu verwenden und zu verteilen, dass sie dem Nutzer mit der höchsten Wertschätzung zufallen, und ökonomische Effizienz per se als politisches Ziel zu verfolgen, kommt dem Gesetzgeber vielmehr grundsätzlich die Freiheit zu, ökonomische Effizienz zum Ziel seiner politischen Anstrengungen zu machen, so rückt mit umso größerer Schärfe die Frage ins Blickfeld, inwieweit diesem Gestaltungsspielraum vice versa Grenzen gesetzt sind.

Dem Streben des Gesetzgebers nach ökonomischer Effizienz sind so lange keine rechtlichen Hindernisse gesetzt, wie seine Verwirklichung sich nicht nachteilig auf die Erfüllung sonstiger rechtlicher Vorgaben auswirkt. Rechtfertigungshürden tauchen auf, sobald die Bemühungen um eine Ausrichtung der Rechtsordnung an dem Gedanken der Allokationseffizienz in Konflikt mit anderen Rechtsnormen geraten, ökonomische Effizienz also nur auf Kosten anderer rechtlicher Prinzipien verwirklicht werden kann. Versteht sich das Prinzip der Allokationseffizienz auch als aus Rationalitätserwägungen fließendes Verbot verschwenderischen Umgangs mit Ressourcen und Gebot rationaler Entscheidungswahl, kann es mit anderen verfassungsrechtlichen Verteilungsprinzipien kollidieren, die die Verfassung dem Gesetzgeber auferlegt. Zielkonflikte können sich insoweit vor allem mit dem (insbesondere im Sozialstaatsprinzip angelegten) Gedanken der Verteilungsgerechtigkeit (infra I.) und den Grundrechten (infra II.) ergeben.

I. Das Effizienzkriterium im Konflikt mit der Idee der Verteilungsgerechtigkeit

Der Vergleich wirtschaftlicher Zustände nach den wohlfahrtsökonomischen Effizienzkriterien des Pareto-Maßstabs, des Kaldor-Hicks-Kriteriums bzw. des Posnerschen Reichtumsmaximierungsprinzips[356] geht immer von einer bestimmten Ausgangsverteilung der Ressourcen aus; auf die

[356] Vgl. dazu supra S. 190 ff.

Frage, wie die Anfangsverteilung aussehen soll, geben sie keine Antwort. Sie nehmen die Ausgangssituation der Verteilung als gegeben an.

Die Anfangsverteilung hat aber Einfluss auf das Verteilungsergebnis. Die Bewertung, die Menschen einem Gut entgegenbringen, hängt davon ab, inwieweit sie bereits über es verfügen, d. h. wie die Güter unter den Gesellschaftsmitgliedern verteilt sind. Die gegebene Ausstattung mit Gütern beeinflusst auch die Präferenzordnung[357]. Der Markt gibt nur demjenigen Tauschmacht, der bereits über tauschfähige Positionen verfügt. Wer nicht geben kann, bekommt auch nichts. Individuen ohne Rechte und Güter sind hier systematisch benachteiligt. Sie haben eine weitaus geringere Möglichkeit, ihren Präferenzen Geltung zu verschaffen. Der Markt misst die zahlungskräftige Nachfrage. *Adam Smith*[358] beschreibt die Problemlage plastisch: »So kann man in einem gewissen Sinne sagen, ein sehr armer Mann habe eine Nachfrage nach einem Sechsspänner, da er diesen gern haben möchte, doch handelt es sich hier nicht um eine wirksame Nachfrage«. Will die Gesellschaft die Frage, ob sie ein landwirtschaftlich wertvolles Flussgebiet für eine Fabrik oder als Erholungsgebiet zur Verfügung stellen soll, nach dem Kaldor-Hicks-Kriterium[359] bzw. der Auktionsregel[360] entscheiden, macht sie die Entscheidung also von einer fiktiven Versteigerung abhängig, die die Zahlungsbereitschaft der betroffenen Akteure misst, so fließt unweigerlich die Zahlungsfähigkeit der Betroffenen und die bestehende Zuteilungsordnung in die Entscheidung ein. Je weniger vermögend die Anlieger sind, umso weniger werden sie die Fabrik überbieten können. Die Auktionsregel gibt dem, der schon viel hat[361].

Das Konzept der Effizienz klammert das Problem der Verteilung aus; über die Gerechtigkeit von wirtschaftlichen Zuständen sagt es als solches nichts aus[362]. Effizienz und Gerechtigkeit gehen nicht Hand in Hand: Allokationseffizienz ist an einem maximalen gesellschaftlichen Möglichkeitenraum zur Bedürfnisbefriedigung interessiert, Verteilung hingegen an der

---

[357] Diese Erkenntnis ist auch der Grundgedanke der Grenznutzenlehre, die im Anschluss an Arbeiten von *H. Gossen* entstanden ist (sog. Gossensche Gesetze). Sie betont die subjektivistische Grundlage des Wertes von Gütern. Mit ihr sind die Namen *C. Menger*, *L. Walras* und *W. Jevons* verbunden.

[358] *A. Smith*, Der Wohlstand der Nationen, hrsg. v. C. Recktenwald, 1993 (1776), S. 49.

[359] Vgl. dazu S. 192.

[360] Vgl. dazu S. 195.

[361] Die Auktionsregel (dazu im Einzelnen S. 195 ff.) und das Kaldor-Hicks-Kriterium (dazu S. 192 ff.) verschärfen, indem sie eine fiktive Versteigerung durchführen und auf eine tatsächliche Kompensation verzichten wollen, das Problem der ungleichen Ausgangsvoraussetzungen zusätzlich: Die Vermögenden werden bei der Zuteilung gegenüber den Ärmeren tendenziell bevorzugt, ohne dass die Ärmeren dafür realiter entschädigt würden bzw. die Reicheren dafür einen Vermögensausgleich zahlen müssten. Ähnlich *Ackerman/Heinzerling*, University of Pennsylvania Law Review 150 (2002), S. 1562 (1574); *Fehling*, VerwArch. 95 (2004), S. 443 (462); *Gotthold*, ZHR 114 (1980), S. 545 (555); *Kronman*, Journal of Legal Studies 9 (1980), S. 227 (240).

[362] Vgl. dazu auch bereits supra S. 63.

individuellen Teilhabe daran[363]. Während Effizienz danach strebt, den Kuchen zu vergrößern und den Saldo aus Vor- und Nachteilen zu maximieren, interessiert sich die Gerechtigkeit dafür, bei wem die Vor- und Nachteile anfallen, d. h. wie der Kuchen auf die Gesellschaftsmitglieder verteilt wird[364]. Der Preis für den Verzicht auf die intersubjektive Vergleichbarkeit und die dadurch erwirkte »relative Wertfreiheit« (Paul Samuelson) des darin liegenden Urteils in der modernen Wohlfahrtsökonomik ist die Ausblendung von Verteilungsfragen und die Auflösung der Einheit von Allokation und Distribution, wie sie sich etwa im aristotelischen und scholastischen Konzept des »pretium iustum« manifestierte[365], die jedem Produkt und jeder Leistung einen bestimmten gerechten Preis zuordnet[366] und die ausgleichende Gerechtigkeit durch denjenigen verletzt sieht, der nicht den gerechten Preis zu zahlen bereit ist[367].

---

[363] *Gawel*, Ökonomische Effizienzforderungen und ihre juristische Rezeption – Ein problemstrukturierender Überblick, in: ders. (Hrsg.), Effizienz im Umweltrecht, 2001, S. 9 (32f.).

[364] *Eidenmüller*, Effizienz als Rechtsprinzip, 3. Aufl. 2005, S. 171.

[365] *Sen* resümiert zu Recht: »Der Versuch, gesellschaftliche Wahlhandlungen ohne interpersonelle Vergleichbarkeit oder kardinale Messbarkeit zu untersuchen (...), macht diesen Untersuchungsrahmen so außerordentlich ungeeignet für die Untersuchung von Verteilungsfragen«; *Sen*, Ökonomische Ungleichheit, 1975, S. 26; ähnlich *Führ*, Ökonomisches Prinzip und juristische Rationalität, 2000, S. 30; *Meßerschmidt*, Ökonomische Effizienz und juristische Verhältnismäßigkeit, in: Gawel (Hrsg.), Effizienz im Umweltrecht, 2001, S. 215 (231); vgl. auch die treffende Analyse bei *Homann*, Sinn und Grenze der ökonomischen Methode in der Wirtschaftsethik, in: Aufderheide/Dabrowski (Hrsg.), Wirtschaftsethik und Moralökonomik, 1997, S. 11 (23f.): »In der wohlfahrtsökonomischen Allokationstheorie (...) hat man die grundlegenden Probleme, die immer soziale Probleme sind, aus der Ökonomik herausdefiniert. In der wohlfahrtsökonomischen Allokationstheorie geht es paradigmatisch um die effiziente Nutzung von Ressourcen; Fragen der Gerechtigkeit, der Verteilung, einschließlich der Verteilung der Anfangsausstattung und ihrer Änderung sowie der sozialen Absicherung werden entweder c. p. gesetzt oder einer von der Allokationstheorie separierten – nicht selten als irrational, weil effizienzmindernd eingestuften – Ethik zugewiesen, obwohl jeder Ökonomiestudent um die Interdependenz von Allokation und Verteilung und die Reziprozität von Zuweisung von Rechten an A und Entzug dieser Rechte gegenüber B weiß«. Ähnlich *Nutzinger*, Freiheit – Gerechtigkeit – Effizienz: Gesellschaftliche Leitvorstellungen oder Konfliktfelder, in: Held/Kubon-Gilke/Sturn (Hrsg.), Normative und institutionelle Grundfragen der Ökonomik, Bd. 1, 2002, S. 97 (114f.); *ders.*, Wirtschaftsethik als methodisches Problem der Ökonomik: Die Herausforderung der Ökologischen Ökonomie, in: Schluchter (Hrsg.), Kolloquien des May-Weber-Kollegs der Universität Erfurt, 2000, S. 77 (77f.).

[366] *Aristoteles*, Nikomachische Ethik, V 8. Eine Definition des pretium iustum findet sich bei *de Azpilcueta* (Enchiridion sive Manuale confessariorum et poenitentium, 1573, n. 78, S. 567): »Pretium iustum rei est pretium pecuniarum [sic], quo communiter aestimatu res valere tunc, attenta illius intrinseca bonitate, et vendentis utilitate, loco, tempore, et copia vel defectu rerum illius generis, et emptorum, et venditorum earum, et modo vendendi eam, statutum a gubernatore loci, vel domino rei«. Vgl. zu dem Konzept des pretium iustum auch *Martini*, DVBl. 2008, S. 21ff. m. w. N.

[367] Die ausgleichende Gerechtigkeit sah *Aristoteles* etwa durch den Kaufmann verletzt, der Güter nur tauscht, »um den größten Gewinn zu erzielen«. Denn ein Gewinn lässt sich nur erzielen, wenn man »zu billig einkauft oder zu teuer verkauft«. Zinserhebung lehnt

An Versuchen, das Effizienzprinzip mit dem Gedanken der Verteilungsgerechtigkeit in Einklang zu bringen, mangelt es in der ökonomischen Analyse des Rechts und der ökonomischen Verfassungstheorie nicht. Im Zentrum der Begründungsstränge steht die (reale[368] bzw. auf den gesellschaftsvertraglichen Urzustand projezierte artifizielle[369]) Unsicherheit der Entscheidungssituation, unter der gesellschaftliche Zuteilungsentscheidungen getroffen werden. Aus ihr leiten zahlreiche Vertreter der ökonomischen Analyse – soweit sie den Gedanken der Umverteilung nicht schon prinzipiell als unzulässigen Angriff auf die Freiheit der Individuen ablehnen, der unrechtmäßig »einigen rechtmäßig erworbenes Eigentum wegnimmt, um es anderen, die dessen nicht unrechtmäßig beraubt wurden, zu transferieren« (Antony Flew)[370] – eine Zustimmungsfähigkeit

---

Aristoteles strikt ab. Ein Tausch ist für ihn nur dann gerecht, wenn er nicht nur freiwillig ist, sondern auch der Würdigkeit der beteiligten Personen Rechnung trägt. Vgl. *Aristoteles*, Politeia I 9; *ders.*, Nikomachische Ethik, V 5–8. Bei *Thomas von Aquin*, dem einflussreichsten Scholastiker, ist der Gewinn und das kaufmännische Geschäft immerhin erlaubt, wenn der Gewinn auf irgendeinen notwendigen oder auch ehrenamtlichen Zweck hingeordnet wird. »Wie dann, wenn jemand den maßvollen Gewinn, den er als Kaufmann sucht, auf die Erhaltung seines Hauses hinordnet, oder auch, um den Bedürftigen zu helfen; oder auch, wann einer sich auf den Handel verlegt des öffentlichen Nutzens wegen, damit nämlich nicht die notwendigen Dinge für das Leben im Vaterlande fehlen, und er den Gewinn nicht sozusagen als Zweck, sondern als Lohn der Mühe erstrebt.« *Th. v. Aquin*, Summa theologica, Bd. 3, S. 353.

[368] In diesem Sinne etwa *Hicks*, *Hotelling* und *C. C. von Weizsäcker* sowie *Posner*. Vgl. dazu Fn. 377 und Fn. 378. Sie gehen von der Entscheidungssituation eines Akteurs aus, dem seine persönliche Identität, seine Talente, persönlichen Einstellungen und Fähigkeiten bekannt sind.

[369] Den Gedanken der Entscheidung unter vollständiger Unsicherheit als Bestimmungsfaktor einer gerechten Gesellschaftsordnung hat am weitesten *John Rawls* ausgedehnt und für seine Philosophie fruchtbar gemacht (*Rawls*, A Theory of Justice, 1971). Ähnlich geht auch – noch vor ihm – *Harsanyi* von einer Entscheidungssituation aus, in der dem Akteur sein Platz in der Gesellschaft, sein sozialer Status, seine Talente und Fähigkeiten nicht bekannt sind. Ein sinnvolles Urteil über die Konsensfähigkeit gesellschaftlicher Entscheidungsmechanismen kann nach *Harsanyi* nur in einer gedachten Ausgangssituation gefällt werden, in der jeder die gleiche Wahrscheinlichkeit besitzt, irgendeine der denkbaren sozialen Situationen in der Gesellschaft einzunehmen (Gleichwahrscheinlichkeitstheorem) *Harsanyi*, Journal of Political Economy 61 (1953), S. 434 f.; *ders.*, Journal of Political Economy 63 (1955), S. 309 (316). Von ihrem gleichen Ausgangspunkt gelangen beide jedoch zu völlig unterschiedlichen Ergebnissen. Während *Rawls* aus der Entscheidungsunsicherheit soziale Gerechtigkeitsgrundsätze herleitet (vgl. dazu im Einzelnen Fn. 371), sieht *Harsanyi* (a. a. O.) die Akteure sich in der Situation vollständiger Unwissenheit auf das Prinzip der Maximierung des Durchschnittsnutzens einigen.

[370] Zu ihnen gehören etwa *Nozick* und *M. Friedman*. Letzterer (Capitalism and Freedom, 1962 [1982], S. 174) bringt seine ebenso radikale wie konsequente Position mit den Worten auf den Punkt: »I find it hard, as a liberal, to see any justification for graduated taxation solely to redistribute income. This seems a clear case of using coercion to take from some in order to give to others and thus to conflict head-ob with individual freedom«. Wer Umverteilung zulässt, gibt in ihren Augen den Begünstigten ein Recht auf die Früchte der Arbeit anderer und damit auch indirekt ein (Teilhabe-)Recht an diesen. Sie bedeutet in den Augen dieser Vertreter der Chicago School eine Verleihung eines »proper-

der Auktionsregel und des Kaldor-Hicks-Kriteriums als Maxime staatlichen Handelns auch unter Verteilungsgesichtspunkten und eine Verzichtbarkeit von Kompensationsmaßnahmen der Umverteilung im Einzelfall ab[371]: Da jeder Mensch im Laufe seines Lebens in unterschiedliche Lebenslagen geraten kann, lasse sich die konkrete Betroffenheit für den Einzelnen nicht voraussehen. Wer im Einzelnen in welcher Situation gewinne

---

ty right in other people« (*Nozick*). Soziale Gerechtigkeit erscheint dann als eine besondere Form des Aberglaubens und der Ausübung von Zwang. »The concept of ›social justice‹ is necessarily empty and meaningless (…) ›Social justice‹ can be given a meaning only in a directed or ›command‹ economy (such as an army) in which the individuals are ordered what to do … Indeed no system of rules of just individual conduct, and therefore no free action of the individuals, could produce results satisfying any principle of distributive justice«, schreibt *von Hayek* (Law, Legislation and Liberty, Bd. 2, 1976, S. 69). Je stärker die individuelle Freiheit in den Mittelpunkt eines gesellschaftlichen Wertsystems rückt, umso unverträglicher wird eine inhaltliche Festlegung von Gerechtigkeitsnormen mit ihr. Gerechtigkeit versteht die liberale Ökonomik dementsprechend weniger ergebnis- als verfahrensorientiert: Gerecht ist danach dasjenige Ergebnis, das nach fairen Spielregeln, namentlich aufgrund der freiwilligen Interaktionen der Akteure im Marktprozess, zustande kommt; Allokationseffizienz ist für sie eine Forderung der Gerechtigkeit (vgl. dazu bereits supra S. 157). Dahinter verbirgt sich eine nicht-konsequentialistische Ethik, die ihre geistigen Wurzeln in einer liberalen Tradition sieht.

[371] Zu einem anderen Ergebnis, nämlich zu einer Legitimation staatlicher Umverteilungsmaßnahmen, gelangt vom gleichen Ausgangspunkt aus *John Rawls*. Er geht vom präkonstitutionellen und pränatalen Urzustand der vollständigen Unwissenheit aus, in dem Geschlecht, Hautfarbe, Geburtsland und Talente dem Einzelnen nicht bekannt sind. Dies entspreche dem Gedanken der sozialvertraglichen Verhandlungsfairness am ehesten. Da die Wahrscheinlichkeit des Eintretens von gesellschaftlichen Zuständen unter dem Schleier der Unwissenheit für alle Beteiligten gleich ist, hängt die rationale Entscheidung nicht nur von dem aktuellen, sondern auch von seinem möglichen Nutzen (im Falle zum Beispiel eines Einkommensausfalls) ab. Umverteilung ist dann für ihn die rationale, zustimmungsfähige Handlungsmaxime, die zum eigenen Vorteil gereicht, wiewohl nur wenige von ihr profitieren, viele aber benachteiligt werden. *Rawls* folgert daraus, jeder müsse ein Interesse daran haben, aus den denkbaren Wahlmöglichkeiten diejenige zu wählen, die das Wohl der am schlechtesten gestellten Personen maximiere (sog. *Maximin-Prinzip; Differenzprinzip:* »….the ›difference principle‹ directs that the basic structure be arranged so that the lifetime expectations of the least advantaged, estimated in terms of income and wealth, are as greatest as possible given fixed background institutions…« (*Rawls*, Eine Theorie der Gerechtigkeit, 1998 [1971], S. 92). »Soziale und wirtschaftliche Ungleichheiten sind so zu gestalten, dass (a) vernünftigerweise zu erwarten ist, dass sie zu jedermanns Vorteil dienen, und (b) sie mit Positionen und Ämtern verbunden sind, die jedem offen stehen« (*ders.*, ibid., S. 63). Das entspricht einem Versicherungsmotiv risikoaversen Verhaltens (vgl. dazu auch *Varian*, Journal of Public Economics 14 [1980], S. 49ff.; *J. Schmidt*, Gerechtigkeit, Wohlfahrt und Rationalität, 1991, S. 207ff.). Ein Teil der gesetzlichen Sozialversicherungssysteme, wie etwa die Arbeitslosenversicherung, beruht auf diesem Leitgedanken. Unter dieser Prämisse vereinigen sich in einer Gesellschaft Effizienz und Gerechtigkeit zu einem »Unternehmen der Zusammenarbeit zum gegenseitigen Vorteil«. Zwischen Effizienz und Verteilungsgerechtigkeit wird eine Brücke geschlagen (*Rawls*, Eine Theorie der Gerechtigkeit, 1998, S. 105). Die Prämissen dieser Annahme stehen jedoch auf tönernen Füßen. Sie können nicht eine reale Zustimmung, sondern allenfalls eine Zustimmungs*fähigkeit* von Umverteilungsmodellen belegen, die wiederum auf der nicht allgemein zutreffenden Prämisse einer starken Risikoaversität des Entscheiders aufbaut.

und wer verliere, sei in der Ex-ante-Situation unter dem »Schleier der Unwissenheit« versteckt. In einer solchen Lage sei es ein Postulat der Rationalität, für eine soziale Ordnung zu optieren, die nicht nur vom Standpunkt der speziellen aktuellen Lage, in der sich jemand befindet, sondern auch vom Standpunkt aller Situationen, in die er geraten kann, vernünftig ist[372]. Entscheidend sei dann die Zustimmungsfähigkeit einer gesellschaftlichen Entscheidungsregel[373]. Führe die Effizienzregel des Kaldor-Hicks-Kriteriums bzw. der Auktionsregel auch dazu, dass im konkreten Fall einige verlieren und andere gewinnen, seien alle einmal Verlierer und Gewinner, so dass im Ergebnis grundsätzlich ein stochastischer Ausgleich eintritt, auch wenn es jeweils Bevorzugte und Benachteiligte gibt. Jedes Gesellschaftsmitglied könne damit rechnen, später einmal für einen erlittenen Verlust durch den gesellschaftlichen Zugewinn entschädigt zu werden (Konzept der Generalkompensation). Da mit der Nutzenerhörung der Individuen auch eine gesellschaftliche Wohlfahrtsverbesserung einhergehe und alle profitieren, wenn die gesellschaftliche Wohlfahrt wächst und der Kuchen größer wird, löse sich die Verteilungsfrage über den entstehenden gesellschaftlichen Zugewinn und die eigene Gewinnchance von selbst. »If the pie can be sliced in any way desired, then clearly there is no conflict with a bigger pie, everyone can get a bigger piece«[374]. Es besteht dann ein positiver Konnex zwischen individueller und gesellschaftlicher Wohlfahrt. Wohlfahrt und Gerechtigkeit werden gemeinsam maximiert. In der Theorie des internationalen Handels tragen die theoretischen Grundlagen dieser maßgeblich von *Hicks*[375], *Hotelling*[376] und *C. C. von Weizsäcker*[377]

---

[372] Bei *John Rawls* ist diese Entscheidungssituation der »Urzustand«. *Buchanan* beschreibt sie als Gegenstand des Grundkonsenses der konstitutionellen Ökonomik. Vgl. *Buchanan*, The Limits of Liberty, 1975; *Buchanan/Tullock*, The Calculus of Consent, 1962. Vgl. dazu auch Fn. 178.

[373] Dieser Gedanke ist auch in dem auf Begründung eines allgemeines Sittengesetzes gerichteten kategorischen Imperativ *Immanuel Kants* angelegt. Seine Forderung »Handle so, dass die Maxime deines Willens jederzeit zugleich als Prinzip einer allgemeinen Gesetzgebung gelten könne,« versteht sich als eine Funktionsweise der praktischen Vernunft, die von dem konkreten sozialen und gesellschaftlichen Standort abstrahiert und die Folgen eines Tuns nicht nach dem konkreten Eigennutzen, sondern nach einem abstrakten Maßstab bestimmt. Vgl. zur Kantischen Ethik, insbesondere dem Gemeinwohlkonzept Kants, z. B. *Böckenförde*, Gemeinwohlvorstellungen bei Klassikern der Rechts- und Staatsphilosophie, in: Münkler/K. Fischer (Hrsg.), Gemeinwohl und Gemeinsinn im Recht, 2002, S. 43 (60f.).

[374] *Polinsky*, An Introduction to Law and Economics, 2. Aufl. 1989, S. 7f.

[375] *Hicks*, The Rehabilitation of Consumer's Surplus, in: Arrow/Scitovsky (Hrsg.), Readings in Welfare Economics, 1969 (1938), S. 325 (329f.).

[376] *Hotelling*, The General Welfare in Relation to Problems of Taxation and of Railway and Utility Rates, in: Arrow/Scitovsky (Hrsg.), Readings in Welfare Economics, 1969 (1938), S. 284 (299f.).

[377] *C. C. von Weizsäcker*, Was leistet die Property Rights Theorie für aktuelle wirtschaftspolitische Fragen?, in: N. Neumann (Hrsg.), Ansprüche, Eigentums- und Verfügungsrechte, 1984, S. 123 (129). Vgl. auch *Polinsky*, Quarterly Journal of Economics 86

bzw. *Posner*[378] in unterschiedlicher Nuancierung entwickelten Idee[379] erkennbare Früchte. Der Gedanke regionaler Freihandelsabkommen wie das Nordamerikanische Freihandelsabkommen (NAFTA) oder allgemeine Zoll- und Handelsabkommen wie das GATT und die WTO beruhen auf der gedanklichen Grundlage, dass internationaler Handel, insbesondere der gegenseitige Abbau von Handelsbarrieren, sich zum Vorteil aller betroffenen Länder auswirkt – und seien ihre Ausgangspositionen auch noch so unterschiedlich.

Die Hypothese allgemeiner Zustimmungsfähigkeit des Konzepts einer auf Einzelsteuerung verzichtenden Generalkompensation darf als optimistisch bezeichnet werden. Führt Effizienz auch durch Kooperationsgewinne zu einer Erhöhung der Wohlfahrt einer Gesellschaft insgesamt, so ist es Menschen nicht gleichgültig, wie die durch gesellschaftliche Kooperation erzeugten Güter(-zuwächse) auf die Individuen verteilt werden[380]. Sie sehen ihren Wohlstand nicht isoliert, sondern definieren ihn im Vergleich zu den anderen Gesellschaftsmitgliedern. Die Menschen sind bei der Verteilung von Gütern nicht nur an einer Erhöhung ihres absoluten Wohlstands, sondern immer auch an ihrer relativen Position zu anderen in der Gesellschaft interessiert und messen der Fairness der Zuteilungsentscheidung im Einzelfall einen hohen Stellenwert zu. Vom Anstieg der verfügbaren Güter kann nicht logisch zwingend auch auf einen subjektiven Wohlfahrtsgewinn geschlossen werden. Die Spieltheorie liefert dafür mit den verteilungspolitischen Erkenntnissen des Ultimatum-Spiels[381] und des Gemeinwohl-Spiels mit Sanktionsmöglichkeit[382] aufschlussreiche Belege. Menschen verzichten

---

(1972), S. 407 (423) sowie den Überblick bei *Veljanovski*, International Review of Law and Economics 1981, S. 5 ff.

378 *Posner*, Journal of Legal Studies 8 (1979), S. 103 ff.; *ders.*, Hofstra Law Review 8 (1980), S. 487 ff. (491 ff.); *ders.*, The Economics of Justice, 1981, S. 100 f.

379 Während *Posner* stärker auf den Gesichtspunkt der Ex-ante-Unsicherheit rekurriert, der die Zustimmungsfähigkeit der Auktionsregel begründen soll, nähern *Hicks, Hotelling* und *C. C. von Weizsäcker* sich der Behauptung der Konsensfähigkeit von der Zustimmungsfähigkeit des zu erwartenden Ex-post-Zustandes. Vgl. dazu *Eidenmüller*, Effizienz als Rechtsprinzip, 3. Aufl. 2005, S. 236.

380 Vgl. auch *Rawls*, Eine Theorie der Gerechtigkeit, 1998 (1971), S. 20; *Steden*, Zur normativen Ökonomik privater Umverteilung, in: H. Müller (Hrsg.), Wohlfahrtsökonomik und Gemeinwohl, 1987, S. 45 ff.

381 Vgl. dazu auch bereits supra S. 177.

382 Beim Gemeinwohl-Spiel mit Sanktionsmöglichkeit (vgl. zu Aussage und Spielregeln der Grundkonstellation bereits S. 179 mit 138) erhalten die Spieler die Möglichkeit, einen rein eigennutzorientierten Nutzenmaximierer, der nichts in die Gemeinschaftskasse legt und stattdessen als Trittbrettfahrer von dem Verhalten der Übrigen profitiert, zu bestrafen. Für die Strafenden ist das nicht kostenlos: Das Strafen kostet sie einen Geldbetrag; der Erlös kommt überdies nicht ihnen selbst, sondern dem Versuchsleiter zugute. Ein unmittelbarer ökonomischer Anreiz zur Bestrafung besteht daher nicht. Die Bereitschaft der Teilnehmer, Strafen für diejenigen Mitspieler auszusprechen, die mit ihren Beiträgen hinterher hinken, erweist sich in Laborexperimenten des ungeachtet als außerordentlich hoch. Das gilt selbst dann, wenn die Beteiligten in weiteren Runden nicht mehr

lieber auf einen wirtschaftlichen Erfolg, als eine als ungerecht empfundene Einzelfallentscheidung zu akzeptieren. Sie lassen sich bei ihrem Urteil über Entscheidungsregeln nicht allein von einem wirtschaftlichen Vorteil leiten, sondern auch von der (subjektiv gefärbten) Fairness der gesellschaftlichen Regel. Es hieße den Menschen zu verkennen, ihn auf einen rationalen Nutzenmaximierer zu reduzieren[383]. Die Aussicht auf einen volkswirtschaftlichen Kooperationsgewinn wiegt eine als ungerecht empfundene Behandlung im Einzelfall nicht notwendig auf. Das gilt erst recht dann, wenn – wie im Falle der Generalkompensation – der kurzfristigen Einbuße eine unsichere Hoffnung auf eine Kompensation zu einem entfernten Zeitpunkt gegenübersteht, von der der Einzelne nicht weiß, ob er an ihr (noch) partizipieren kann. Wem es in einer gesellschaftlichen Ordnung am Nötigsten mangelt, der wird sich nicht damit trösten lassen, dass die Verteilungsordnung im Durchschnitt zu einer Wohlstandserhöhung führt und er davon früher oder später profitiert[384]. Die Unterwerfung des Menschen unter

---

aufeinander treffen können, weil die Gruppen jeweils neu gemischt werden. Die Teilnehmer verzichten lieber auf einen wirtschaftlichen Erfolg, als ein unfaires Verhalten der Mitspieler zu dulden. Sie lassen sich nicht allein von dem eigenen absoluten wirtschaftlichen Wohlstand leiten, sondern auch von der Fairness der gesellschaftlichen Regeln und davon, wie sie selbst im Verhältnis zu anderen Personen in der Gesellschaft stehen und behandelt werden. Entscheidend ist für sie nicht nur das wirtschaftliche Ergebnis, sondern auch, wie es zustande gekommen ist.

[383] Vgl. dazu auch ausführlich supra S. 170ff.

[384] In besonderer Weise trifft diese Kritik diejenigen konsenstheoretischen Modelle, die von einer realen Unsicherheitslage des Optierenden – in Kenntnis der eigenen Talente, Fähigkeiten und Vermögensverhältnisse – ausgehen (vgl. Fn. 368, 377 und Fn. 378). Die Verlierer und Gewinner getroffener politischer Entscheidungen sind hier in der Regel im Voraus bekannt. Sie können die Auswirkungen auf ihre Rechtsstellung konkret einschätzen und ihr Nutzenkalkül danach ausrichten. Der Schleier der Unwissenheit ist insoweit sehr durchsichtig. Einige sind nicht nur im Einzelfall, sondern systematisch benachteiligt, andere systematisch bevorzugt. So lässt sich etwa voraussehen, dass eine Liberalisierung der Weltmärkte zu einer Erhöhung des Sozialproduktes der am Handel teilnehmenden Staaten führt, die Gewinne und Verluste aber bei unterschiedlichen Personengruppen eintreten. Während es in Industriestaaten zu Einbußen bei Anbietern von solchen Leistungen kommt, die geringe Qualifikationen erfordern (und deren Leistungen daher durch kostengünstigere auf dem Weltmarkt ersetzt werden), können die Anbieter höherwertiger Leistungen und Produkte ihren Produktionsbereich ausdehnen und von der Liberalisierung profitieren. Steht die politische Entscheidung über einen Flughafenausbau an, sind die Betroffenen schnell ausgemacht und die unterschiedlichen Interessen schnell eruiert. Die Ausgangssituation der Akteure, der Kranz der möglichen Szenarien und die Betroffenheiten sind sehr unterschiedlich und eingrenzbar. Die politische und gesellschaftliche Realität lüftet den Schleier der Unwissenheit. Unter ihm bleibt nichts verborgen. (Ähnlich etwa für den Prozess der Entstehung von Verfassungen am Beispiel der Entwicklungen in Osteuropa nach 1989: *Adamovich*, Entstehung von Verfassungen – ökonomische Theorie und Anwendung auf Mittel- und Osteuropa nach 1989, 2004. Er hält auch in der revolutionären Situation des zusammenbrechenden Kommunismus einen »constitutional moment«, in dem altruistische Verfassungsgeber unter einem Schleier der Ungewissheit verfassungspolitische Entscheidungen im Interesse des Gemeinwohls treffen, für eine unrealistische Fiktion). Entrinnen die konsenstheoretischen Modelle der artifiziellen Unsicherheit von *Harsanyi* und *Rawls* diesem Vorwurf der Durchsichtigkeit des Schleiers der

eine staatliche Ordnung entspricht nicht nur der Hoffnung auf wirtschaftliche Wohlfahrt, sondern auch dem Wunsch nach einer gesellschaftlich gerechten Ordnung. Ein höheres Sozialprodukt, dessen Verteilung als ungerecht empfunden wird, muss einer Gesellschaft nicht notwendig günstiger erscheinen als ein niedriges, aber ›gerecht‹ verteiltes Sozialprodukt[385]. Eine

---

Unwissenheit, indem sie den Entscheider in den Urzustand der vollständigen pränatalen und präkonstitutionellen Unwissenheit versetzen, entziehen sie sich dadurch gleichwohl nicht der Angreifbarkeit. Sie setzen nicht nur die Gleichverteilung der Risiken zwischen den von der Entscheidung Betroffenen voraus, sondern auch eine Gleichverteilung der Risikoneigungen der Betroffenen. Auf diese kommt es aber für die Zustimmungsfähigkeit einer gesellschaftlichen Entscheidungsregel entscheidend an. Dass jemand, der in der Ex-ante-Situation risikofreudig ist, für eine Option gesellschaftlicher Erhöhung des Durchschnittsnutzens optiert, erscheint grundsätzlich plausibel. Umgekehrt erscheint es prima facie eingängig, dass ein risikoaverser Akteur seine Zustimmung zu einer gesellschaftlichen Entscheidungsregel nur von einem Ausgleich für die von Natur aus Benachteiligten abhängig macht und das Konzept des Durchschnittsnutzens ablehnt. Die Konsensfähigkeit hängt dann von der Prämisse der Risikoneigung und damit der persönlichen Einstellung ab. *Harsanyi* und *Rawls* setzen damit voraus, was es zu begründen gilt. So ist es auch wohl kein Zufall, das beide von ihrem ähnlichen Ausgangspunkt, dem Schleier der Unwissenheit, zu völlig unterschiedlichen Ergebnissen und gesellschaftlichen Entscheidungsregeln gelangen.

385 Eine Verteilungsordnung, die extreme Wohlfahrtsunterschiede zwischen den gesellschaftlichen Gruppen hervorbringt und zulässt, kann nur eingeschränkt von sich behaupten, eine gesunde gesellschaftliche Ordnung zu erzeugen; sie ist auch ein Pulverfass des inneren Friedens, das die Grundlagen der sozialen Kohäsion innerhalb einer Gesellschaft und damit die Voraussetzung der Wohlfahrt zu sprengen droht. Die fehlende soziale Akzeptanz der Verteilungsstrukturen gefährdet die Stabilität der politischen Institutionen und damit auch die Voraussetzungen der Investitionssicherheit und des Wachstums. Das Verteilungsproblem deckt einen sozioökonomischen Interessenkonflikt auf, der den auf Nutzemmaximierung ausgerichteten Trichter des homo oeconomicus zu sprengen droht. Der Begründer der Wohlfahrtsökonomie *Pigou* kam auf dem Nährboden dieser Erkenntnisse zu dem Schluss, dass eine Einkommensumverteilung von einem reichen Mann auf einen armen die Gesamtsumme der gesellschaftlichen Befriedigung erhöhe. Maßnahmen der Einkommensumverteilung steigerten in seinen Augen die Wohlfahrt der Gesamtgesellschaft. Der höchste Gesamtnutzen der Gesellschaft werde bei einer Gleichverteilung der Einkommen erreicht: »Any cause which increases the proportion of the national dividend received by poor persons (…) will, in general, increase economic welfare« (*Pigou*, The Economics of Welfare, 1920, S. 539). Dem armen Mann nütze zusätzliches Einkommen mehr als dem reichen: Wenn man dem Reichen einen Euro wegnimmt, steigt der Nutzen des Armen dadurch stärker an, als der des Reichen sinkt (sog. Gesetz vom sinkenden Grenznutzen des Einkommens). Die Nutzensumme der Gesellschaftsmitglieder steigt. Ähnliche Ansätze zu einer wohlfahrtserhöhenden Umverteilungspolitik finden sich auch bei dem Begründer des Utilitarismus *Jeremy Bentham*. *Bentham* kommt in seiner Schrift »Value of a Pain or a Pleasure« zu der Schlussfolgerung, dass eine Gleichverteilung des Einkommens ein Maximum des aggregierten Glücks bewirke und daher erstrebenswert sei (ähnlich *Gossen*, Die Entwicklung der Gesetze des menschlichen Verkehrs und der daraus fließenden Gesetze für menschliches Handeln, 1854, S. 85). Die Prämisse für die Richtigkeit ihrer These erkennen beide, *Pigou* wie *Bentham*, klar: »(…) provided that it does not lead to a contraction in the size of national dividend from any point of view«. Die Umverteilung darf nicht zu einem Verlust von Produktionsanreizen führen. In dieser Voraussetzung liegt zugleich die offene Flanke der Pigouschen Wohlfahrtstheorie. Umverteilungen sind in der Regel mit direkten Effizienzverlusten verbun-

Rationalität, die sich auf die Formel gründet »Die Welt ist wohlhabend. Jedenfalls im Durchschnitt gesehen«, kann nicht auf eine allgemeine Zustimmungsfähigkeit rechnen[386]. Eine ethische oder konsenstheoretisch überzeugende Rechtfertigung dafür, auf eine Verteilungsordnung zugunsten der Maximierung des gesamtwirtschaftlichen Nutzens zu verzichten, bleibt die ökonomische Analyse des Rechts schuldig[387].

Ob ein Gesellschaftssystem dem Ordnungsmodell der Effizienz oder der Verteilungsgerechtigkeit zu folgen hat, lässt sich mithin nicht im Wege logischer Deduktion aus der Situation artifizieller Unsicherheit auflösen, sondern ist eine Wertungsfrage, die zu lösen Aufgabe des gesellschaftlichen Diskurses und verfassungsrechtlicher Wertentscheidungen ist; ob der Nutzenzuwachs der Reichen, den eine Güterzuordnung mit sich bringt, die Opfer, die unteren Einkommensschichten auferlegt werden, dadurch aufwiegt, dass es diesen oder späteren Generationen zu einem späteren Zeitpunkt besser geht, lässt sich nicht wissenschaftlich-logisch und konsenstheoretisch, sondern nur wertend beantworten. Die Konzepte der Verteilungsgerechtigkeit und der Effizienz stehen insoweit in einem Zielkonflikt[388]; beide stellen zwar legitime, indes im Ergebnis gegensätzliche Lösungen des Gerechtigkeitsproblems dar. »We can't have our cake of market efficiency and share it equally«, bringt *Okun* es auf den Punkt[389]. Während das Effizienzkonzept auf eine intersubjektive Vergleichbarkeit der betroffenen Interessen und einen Blick auf die ungleichen Ausgangsvoraussetzungen grundsätzlich verzichtet, setzt das Ziel der Herstellung von Verteilungsgerechtigkeit geradezu voraus, Menschen zueinander in Beziehung zu setzen.

---

den. Sie führen zu einer Minderung des Leistungsanreizes; das zu verteilende Gesamteinkommen schrumpft; Wachstum und Produktivität bleiben gering. *Bentham* verwarf daher im Gegensatz zu *Pigou* die Idee einer staatlichen Umverteilungspolitik wieder. Vgl. in jüngerer Zeit zu der Problematik etwa *Mirrlees*, Review in Economic Studies 38 (1971), S. 175 ff.; *Easterly/Rebelo*, Journal of Monetary Economics 32 (1993), S. 417 ff. und *Perotti*, Journal of Economic Growth 1 (1996), S. 149 ff., die zeigen, dass Umverteilung positive Auswirkungen auf die Wachstumsraten entfalten kann. Ähnlich *Worldbank* (The East Asian Miracle, 1993) unter Hinweis auf die wachstumsfördernden Wirkungen der Umverteilung von Grundbesitz in Entwicklungsländern.

[386] Ähnlich etwa *Sohmen*, Allokationstheorie und Wirtschaftspolitik, 1976, S. 3; *Sartorius*, Die Evolution von Verteilungsgerechtigkeit, in: Held/Kubon-Gilke/Sturn (Hrsg.), Normative und institutionelle Grundfragen der Ökonomik, Bd. 1, 2002, S. 231 (250); *Barro*, Journal of Economic Growth 5 (2000), S. 5 ff.

[387] Ähnlich *Meßerschmidt*, Ökonomische Effizienz und juristische Verhältnismäßigkeit, in: Gawel (Hrsg.), Effizienz im Umweltrecht, 2001, S. 215 (224); *Britz*, Die Verwaltung 1997, S. 185 (192 f.).

[388] *Okun* (Equality and Efficiency, 1975, S. 91 ff.) benutzt das Bild vom Wassereimer mit einem Loch. Die Umverteilung von Arm und Reich sei wie das Umgießen des Wassers von einem vollen in einen leeren Behälter. Der Eimer verliere auf dem Weg von einem zum anderen Behälter Wasser. Bei den Empfängern komme weniger an, als man den Reichen wegnehme. Es komme darauf an, Eimer mit kleinen Löchern zu finden.

[389] *Okun*, Equality and Efficiency, 1975, S. 2.

Eine allein auf dem Marktgedanken und der Präferenzautonomie ihrer Mitglieder aufbauende umverteilungsblinde Rechtsordnung gewährleistet noch keine Verteilung der gesellschaftlichen Ressourcen, die der Forderung der Verfassung nach einer freiheitlichen, gerechten, sozialstaatlichen Ordnung (Art. 3 Abs. 1 GG i. V. m. Art. 20 Abs. 2 GG) entspricht. Sie wäre – wie *Koslowski*[390] treffend formuliert hat – »wahrscheinlich kein angenehmer Aufenthaltsort«. Das Effizienzprinzip stellt als solches keine verfassungsrechtlich hinnehmbare Güterverteilung her. Der Staat des Grundgesetzes darf die gesellschaftliche Ordnung nicht vollends dem freien Spiel der Kräfte überlassen. Er ist als Sozialstaat zu ihrer Gestaltung aufgerufen und legitimiert[391]. Er hat ein Mindestmaß an Gleichheit der Entwicklungschancen, die existenziellen Voraussetzungen für die Entfaltung von Freiheit und ein menschenwürdiges Dasein seiner Bürger zu sichern[392]. Er ist zur sozialen Hilfe für diejenigen verpflichtet, die wegen körperlicher oder geistiger Gebrechen an ihrer persönlichen oder sozialen Entfaltung gehindert sind. Die Verwirklichung von Lebenschancen darf nicht ausschließlich oder ganz überwiegend von der unterschiedlichen Anfangsausstattung an Zahlungsmitteln abhängig gemacht werden. Der Markt als solcher darf nicht das alleinige Verteilungskonzept bilden[393]. Er bedarf der Korrektur. Der Staat muss sicherstellen, dass der Marktprozess nicht zu einer Verletzung schutzpflichtfester verfassungsrechtlicher Verpflichtungen führt, anderenfalls steuernd in den Markt eingreifen. Die Frage nach der Rolle des Marktes in der Ordnung des Grundgesetzes ist nicht eine solche nach einem Entweder-oder, sondern eine solche nach einem Mehr-oder-weniger.

Das Spannungsverhältnis zwischen Gerechtigkeit und Allokation kann dadurch gelockert werden, dass Allokation und Verteilungsgerechtigkeit institutionell getrennt, d. h. die Verwirklichung des Ziels der effizienten Ressourcenallokation und das Ziel bedürfnisorientierter Verteilungsgerechtigkeit unterschiedlichen Regelungsmechanismen übertragen werden[394].

---

[390] *Koslowski*, Die Ethik des Kapitalismus, 3. Aufl. 1986, S. 63.

[391] Vgl. etwa BVerfG, Beschl. v. 12.11.1958, BVerfGE 8, 274 (329) – Preisgesetz.

[392] Vgl. etwa BVerfG, Urt. v. 17.8.1956, BVerfGE 5, S. 85 (198) – KPD-Urteil: »(...) annähernd gleichmäßige Förderung des Wohles aller Bürger und annähernd gleichmäßige Verteilung der Lasten wird grundsätzlich erstrebt«; *Herzog*, in: Maunz/Dürig (Hrsg.), GG, Art. 20 Rdnr. 39f. (Stand: August 2005): »Auch und gerade im freiheitlich-rechtsstaatlichen Sozialstaat geht es darum, neben einer möglichst formal-gleichen Absicherung der Grundbedürfnisse eine möglichst weitgehende faktische Gleichheit der Entwicklungschancen für jedermann zu sichern«.

[393] *Schmidt-Assmann*, Effizienz als Herausforderung an das Verwaltungsrecht – Perspektiven der verwaltungsrechtlichen Systembildung, in: Hoffmann-Riem/Schmidt-Assmann (Hrsg.), Effizienz als Herausforderung an das Verwaltungsrecht, 1998, S. 245 (251).

[394] In diesem Sinne etwa *Polinsky*, An Introduction to Law and Economics, 2. Aufl. 1989, S. 129: »In disputes in which the parties are in contractual or market relationship – as in the breach of contract and product liabilities examples – efficiency usually should be the only criterion...«; *Posner*, The Problems of Jurisprudence, 1990, S. 388; vgl. dazu auch *Britz* (Fn. 387), S. 185 (200); *Hagel*, Effizienz und Gerechtigkeit, 1993, S. 263ff.; *H.-B.*

Der Gesetzgeber überlässt dann die Primärverteilung im Interesse optimaler Ressourcenallokation grundsätzlich dem Markt und überantwortet die Bereinigung unerwünschter allokatorischer Wirkungen zur Herstellung von Bedürfnisgerechtigkeit öffentlich-rechtlichen Subsystemen der Verteilung, insbesondere dem Steuer- und Sozialrecht[395]. Ein solches System lässt sich grundsätzlich mit ökonomischen Effizienzvorstellungen ebenso in Einklang bringen wie mit dem Ziel der Herstellung von Verteilungsgerechtigkeit. Die Effizienzfunktion des Marktes wird nicht kategorial beeinträchtigt, weil die Bedingungen der Effizienz nicht verändert werden. Lediglich das Ergebnis bzw. die Ausgangsverteilung des Allokationsprozesses wird korrigiert, das effizienzsteuernde Verfahren aber bleibt erhalten[396]. Redistributive Maßnahmen (Steuern, Transfers) können nach diesem Grundgedanken die gewünschte Umverteilung zielsicherer bewirken als eine mit Umverteilungszielen befrachtete Effizienznorm. Je effizienter gewirtschaftet wird, umso größer wird – so der Leitgedanke des Konzepts – das Verteilungspotenzial, das zur Realisierung von Gerechtigkeitsvorstellungen vorhanden ist[397]: Ökonomisch erweist sich ein solches System einer Vermischung beider Ziele grundsätzlich überlegen[398].

Das Konzept der sozialen Marktwirtschaft folgt diesem Leitgedanken im Ansatz, ohne eine strenge Trennung der Ebenen »Allokation« und »Distribution« vorzunehmen. Auch grundsätzlich effizienzgesteuerte Normen,

---

Schäfer/Ott, Lehrbuch der ökonomischen Analyse des Zivilrechts, 4. Aufl. 2005, S. 7 und 36f.

395 *Britz* (Fn. 387), S. 185 (200); *H.-B. Schäfer/Ott*, Lehrbuch der ökonomischen Analyse des Zivilrechts, 4. Aufl. 2005, S. 7; *Gawel*, ökonomische Effizienzforderungen und ihre juristische Rezeption, 2001, S. 9 (37).

396 Vgl. etwa *C. C. von Weizsäcker*, Leistet der Markt die optimale intertemporale Allokation von Ressourcen?, in: Siebert, (Hrsg.), Erschöpfbare Ressourcen, 1980, S. 795 (797): »Die Herstellung einer als gerechter angesehenen Verteilung benötigt im Allgemeinen nicht den Eingriff in besondere Gütermärkte, sondern die Umverteilung von Einkommen, d. h. von allgemeinen Konsumchancen. Eine Analogie aus der atemporalen Verteilungsproblematik macht dies deutlich. Führt ein pareto-optimales Marktergebnis zu einer Verteilung, die als ungerecht empfunden wird, weil z. B. die einen zu reich, die anderen zu arm sind, dann ist eine Umverteilung der Einkommen gefordert, nicht aber eine staatlich organisierte Umverteilung der Kartoffeln, Bohnen, Ferienreisen etc., die die Einzelnen verbrauchen. Die Umverteilung dieser Güter wird sich im Marktprozess dann als Ergebnis der Umverteilung der Einkommen einstellen«.

397 *Britz* (Fn. 387, S. 185 [200]) leitet daraus sogar für den Bereich des Umweltrechtes eine verfassungsrechtliche Verpflichtung des Gesetzgebers ab, das Umweltrecht nach Effizienzgesichtspunkten auszugestalten und die Korrektur der Vermögensverteilung dem Steuer- und Sozialrecht vorzubehalten. Die verfassungsdogmatische Begründung für diese These bleibt sie allerdings schuldig.

398 Vgl. etwa *Rowe*, Environmental Justice as an Ethical, Economic and Legal Principle, in: Richardson/Bosselmann (Hrsg.), Environmental Justice and Market Mechanismus, 1999, S. 1; *Britz* (Fn. 387), S. 185 (200); *H. B. Schäfer/Ott*, Lehrbuch der ökonomischen Analyse des Zivilrechts, 4. Aufl. 2005, S. 7. Zu berücksichtigen sind bei diesem Systemvergleich indes auch die (insbesondere durch die entstehende Sozialbürokratie bedingten) Transaktionskosten der Umverteilung.

etwa des Zivilrechts, nehmen Aspekte der Verteilungsgerechtigkeit, etwa im sozialen Mietrecht, mit auf. Sie stehen nicht als getrennte Systeme nebeneinander. Die von den Volkswirtschaftlern *Walter Eucken* (1891–1950)[399] und *Alfred Müller-Armack* (1901–1978)[400] entwickelte und durch den Bundeswirtschaftsminister und späteren Bundeskanzler *Ludwig Erhard* politisch durchgesetzte Idee kann als einer der gelungensten Versuche angesehen werden, das Prinzip der Freiheit mit dem des sozialen Ausgleichs und der sozialen Gerechtigkeit zu verknüpfen. Sie vereinigt Elemente des Ordoliberalismus wie der christlichen Soziallehre. Sie wurde zum Inbegriff gesellschaftlicher Wohlfahrt. *Müller-Armack* beschrieb sie als eine »politische Ordnungsidee, deren Ziel es ist, auf der Basis der Wettbewerbswirtschaft die freie Initiative mit einem gerade durch die marktwirtschaftliche Leistung gesicherten sozialen Fortschritt zu verbinden«[401]. Plastischen Ausdruck findet das Konzept in dem Bild des von Pferden (den leistungsfähigen Gesellschaftsmitgliedern) gezogenen Wagens (s. c. der Volkswirtschaft). Der Weg wird durch die Bedürfnisse der Konsumenten vorgezeichnet. Der Wettbewerb hält die Pferde in Trab. Falls die Pferde den richtigen Weg zu verlieren drohen, bringt der wirtschaftspolitische Lenker auf dem Kutschbock des Wagens sie durch die Zügel wieder auf den richtigen Weg zurück. Für alle Bürger, die ganz oder teilweise nicht mithalten können, werden dauerhaft oder zeitweise Sitzplätze in der Kutsche bereitgehalten. Sozial Schwächere werden durch ein soziales Netz (zum Beispiel durch Arbeitslosenversicherung, Kinder- und Erziehungsgeld, Wohngeld, Sozialhilfe) abgesichert. Weitere Instrumente solcher wirtschaftspolitischen Maßnahmen sind progressive Einkommen- und Vermögenssteuern, Sparprämien und lohnpolitische Maßnahmen[402].

Die Bemühungen um einen Ausgleich zwischen Allokationseffizienz und Verteilungsgerechtigkeit vermögen nicht darüber hinweg zu täuschen, dass auch die Umverteilungsmaßnahmen der Besteuerung von Einkommen

---

[399] *Eucken*, Die Grundlagen der Nationalökonomie, 1940; *ders.*, Grundsätze der Wirtschaftspolitik, 1952.

[400] Vgl. *Müller-Armack*, Studien zur sozialen Marktwirtschaft, 1960; *ders.*, Genealogie der sozialen Marktwirtschaft, 2. Aufl. 1981.

[401] *Müller-Armack*, Soziale Marktwirtschaft, in: von Beckerath (Hrsg.), Handwörterbuch der Sozialwissenschaften, Bd. 9, 1956, S. 390. Vgl. auch *ders.*, Wirtschaftslenkung und Marktwirtschaft, 1947, S. 88: »Soziale Marktwirtschaft bedeutet, dass uns die Marktwirtschaft notwendig als das tragende Gerüst der künftigen Wirtschaftsordnung erscheint, nur dass dies eben keine sich selbst überlassene, liberale Marktwirtschaft, sondern eine bewusst gesteuerte, und zwar sozial gesteuerte Marktwirtschaft sein soll«.

[402] Inhaltlich lassen sich beide nicht bruchlos trennen. Sind sie auch unterschiedlichen Zielen verpflichtet – die Verteilungsgerechtigkeit zielt auf die angemessene Befriedigung der dem Einzelnen zukommenden Bedürfnisse, das Effizienzprinzip zielt auf einen ressourcenschonenden Einsatz der knappen Mittel –, ist die Verteilung knapper Ressourcen doch ihr gemeinsamer Inhalt. Zwischen ihnen bestehen nicht auflösbare Wechselwirkungen.

und Vermögen nicht gänzlich effizienzneutral sind. Sie wirken sich auf die Arbeitsmotivation und die Kapitalintensität der Produktion aus; eine Trennung von Allokation und Verteilung löst das Spannungsverhältnis zwischen Allokationseffizienz und Verteilungsgerechtigkeit nicht. Sie präjudiziert auch nicht das Maß und den Umfang, in dem beide ausgeübt werden sollen: Ihr Verhältnis zueinander bleibt in einem Zielkonflikt verhaftet, den zu lösen dem Gestaltungsraum der rechtspolitischen Entscheidung vorbehalten ist[403].

Die Ökonomik vermag des ungeachtet einen hilfreichen Beitrag zur Ermittlung der mit unterschiedlichen Handlungsoptionen verbundenen Sozial- und Alternativkosten zu erbringen und damit dazu beizutragen, dass die konkrete Entscheidung für ein Sozialmodell in bestmöglicher Kenntnis ihrer Konsequenzen getroffen wird. In ihrem verbleibenden legitimen Anwendungsbereich kommt ihr der Verdienst zu, die unterschiedlichen Geltungsbereiche und »Hoheitsräume« der Allokations- und Verteilungsmechanismen transparent zu machen und beiden Prinzipien Entfaltungs- und Geltungschancen einzuräumen, die sie nicht mit der Last einer Aufgabe belasten, welche sie jeweils nicht zu erreichen in der Lage sind: Der Markt erreicht keine sozial gerechte Verteilung von Gütern, die Umverteilung von Gütern erreicht keine effiziente Allokation knapper Güter.

II. Die Grundrechte als Grenze gesetzgeberischen Effizienzzugriffs und Differenzierungsschranke

Indem eine am Gedanken der Allokationseffizienz ausgerichtete Verteilung der gesellschaftlichen Güterressourcen es zu ihrem Programm erhebt, Güter in diejenigen Verwendungen zu lenken, in denen sie den größten gesamtgesellschaftlichen Nutzen stiften, und sich am gesamtgesellschaftlichen

[403] Die institutionelle Trennung und nachfolgende Kompensation erreicht namentlich dort eine problematische Demarkationslinie, wo Gegenstand der Zuteilung der Zugang zu unteilbaren Freiheitsräumen ist (vgl. dazu auch sogleich). Allokation entscheidet auch über Lebenschancen und die Verwirklichung von Freiheitschancen. Können im Normalfall hoheitlicher Zuteilungsentscheidungen, insbesondere bei finanziellen Begünstigungen, die nachteiligen Folgen eines Vorrangs für effizienzorientierte Lösungen durch Umverteilung einigermaßen aufgefangen werden, kann die Ausübung eines Freiheitsrechtes nicht durch eine finanzielle Kompensation ersetzt werden. Die Ausübung von Freiheitsrechten hat einen der Persönlichkeitsentfaltung geschuldeten Eigenwert, dessen Vorenthaltung nicht durch finanzielle Entschädigung aufgewogen werden kann. Dass einige Grundrechtsträger alles erhalten, andere aber von der Grundrechtsausübung und den damit zu verwirklichenden Lebenschancen ausgeschlossen bleiben, lässt sich nicht dadurch rechtfertigen, dass dadurch insgesamt größere gesellschaftliche Wohlfahrt zu erzielen ist. Das Modell einer Trennung von Allokation und Verteilung steht in der Gefahr, freiheits- und gerechtigkeitsblind zu werden. Es vermag eine Homöostase zwischen Allokationseffizienz und Gerechtigkeit nicht in einer wissenschaftlichen Formel zu definieren.

Möglichkeitenraum der Güternutzung orientiert[404], wirft sie Fragen nach ihrer Vereinbarkeit mit einem System autonomer Freiheiten auf.

Der Utilitarismus und das Effizienzprinzip im Sinne eines Kaldor-Hicks- bzw. Reichtumsmaximierungskriteriums setzen als Grundlage einer sozialen Entscheidungsregel[405] der Vorrangstellung höher präferierter Nutzungen und der Aufrechnung subjektiver Nutzenvorstellungen keine Grenzen. Sie stellen alle zu vergleichenden Werte zur Disposition. Indem sie in einer utilitaristischen Additionslogik den Nachteil des einen durch den Vorteil des anderen aufwiegen, geben sie die persönliche Freiheit zum Vorteil des gesamtgesellschaftlichen Kollektivs frei. Subjektive Rechte stellen sie unter die einschränkende Bedingung des optimalen Gesamtnutzens. Vor Grundrechten, die die Rechtsordnung als unverfügbar versteht, machen sie keinen Halt[406]; der Gedanke unveräußerlicher individueller Rechte reibt sich mit dem Nutzenmaximierungsprinzip. *Dworkin* veranlasst dieser Befund zu der provokanten Frage: »Suppose radical bigots are so numerous and so sadistic that torturing an innocent black man would improve the overall happiness in the community as a whole. Would this justify the torture?«[407]. Der Utilitarist müsste die Folter von Gefangenen, auch die Tötung eines Menschen oder die Forschung mit Embryonen zulassen, wenn dadurch das Leben einer Vielzahl von Menschen gerettet werden kann[408].

---

[404] Hier trifft sich das Effizienzprinzip mit dem utilitaristischen Ansatz und sieht sich in einer utilitaristischen Tradition wieder: Der Utilitarismus *Benthams* fordert von dem Einzelnen, von der eigenen Identität zu abstrahieren und seine Handlungen nach der Nützlichkeit für das kollektive Glück auszurichten. Im Interesse des gesamtgesellschaftlichen Nutzens werden die Interessen des Einzelnen verfügbar. Das Individuum zählt als Teil des Ganzen. Vgl. dazu im Einzelnen supra S. 144 ff.

[405] Anders hingegen das Pareto-Prinzip (dazu S. 190 ff.). Es lässt als Effizienzkriterium keine Eingriffe in die Autonomie der Entscheidungsträger zu, sondern erklärt ihre Zustimmung zur condicio sine qua non, disqualifiziert sich dadurch aber als Grundlage einer gesellschaftlichen Entscheidungsregel.

[406] Vgl. *Dworkin*, Journal of Legal Studies 9 (1980), S. 191 (207 f.); *Behrens*, Die ökonomischen Grundlagen des Rechts, 1986, S. 60. In einem regelutilitaristischen System (zu Begriff und Inhalt des Regelutilitarismus vgl. supra. S. 147, Fn. 22) wären Grundrechte als grundsätzlich unantastbare Rechte durchaus konstruierbar. Grundrechte als Freiräume zur Entfaltung der eigenen Persönlichkeit können als Regeln nutzenmaximierend sein. Auch in einer regelutilitaristischen Sicht wären die Grundrechte jedoch nicht um ihrer selbst willen eingeräumt, sondern Mittel zum Zweck. Individuelle Rechte hätten in einer utilitaristischen Rechtsordnung nur insoweit einen Platz, als sie für die Gemeinschaft insgesamt einen Nettonutzen stiften. Dies kontrastiert mit dem Grundverständnis der Grundrechte: Sie sind als unverfügbarer Eigenwert konzipiert, der nicht unmittelbar nutzengebunden ist, und vor dem Hintergrund der historischen Erfahrungen der Vergangenheit gerade für solche Fälle konstituiert, in denen die Mehrheit die Minderheit oder Einzelpersonen bedroht. Sie begründen ein Schwellengewicht gegenüber der Realisierung kollektiver Ziele. *Dworkin*, Harvard Law Review 88 (1975), S. 1057 (1069); *Eidenmüller*, Effizienz als Rechtsprinzip, 3. Aufl. 2005, S. 216 f.

[407] *Dworkin*, Law's Empire, 1986, S. 290.

[408] Das wohl bekannteste Gedankenexperiment stammt von der US-amerikanischen Bio-Ethikerin *Judith Jarvis Thomson* (Philosophy and Public Affairs 1 [1971], S. 47

Der Verkauf von lebenswichtigen Organen gegen Geld, das Angebot der Entjungferung gegen Meistgebot liegen in der logischen Gesetzmäßigkeit eines streng marktorientierten Blicks auf die Rechtsordnung. Das Kaldor-Hicks-Kriterium hat keine Scheu, die Grenze grundlegender Freiheitsgewährleistungen und der Autonomie des Einzelnen zu überschreiten. Einen Grundbestand unverzichtbarer Rechte kennt es nicht. Sie müssen ihm als Grenzen seiner Geltung vorgezeichnet werden.

Eine wichtige Ursache für den Befund, dass eine auf die Präferenzen der Gesellschaftsmitglieder rekurrierende Gesellschaftsordnung die Freiheit gefährden kann, ist schnell geortet: Indem eine am Effizienzkriterium orientierte Ordnung die Präferenzen der Individuen ungefiltert zum Maßstab ihrer Entscheidung macht, lässt sie auch solchen Präferenzen freien Raum, die sich nicht nur auf den eigenen Genuss von Gütern beziehen, sondern auf den Genuss von Gütern durch andere, sog. externe (einmischende) Präferenzen[409]. Die unbegrenzte Freiheit des Einzelnen, autonom ein Präferenzsystem zu entwickeln und alle seine Präferenzen – auch solche, die sich auf die Privatsphäre bzw. den Lebensstil anderer beziehen – zum Bestandteil einer sozialen Entscheidungsfunktion zu machen, macht vor der Freiheit der anderen nicht Halt. Ein effizienzorientiertes Nutzenkalkül berücksichtigt auch solche Präferenzen, die die Würde anderer Menschen verletzen, ihnen das Lebensrecht absprechen oder ihnen die Äußerung bestimmter Meinungen untersagen etc. Das influenzierende Wirksamwerden externer Präferenzen kann dazu führen, dass sie sich im Effizienzkalkül gegen persönliche Freiheitsrechte durchsetzen. Im Fall des Schwarzen im Beispiel von *Dworkin* verdrängt die externe Präferenz der Mehrheit, einen Menschen zu foltern, die persönliche Präferenz des Betroffenen, seine persönliche Integrität. Völlige Präferenzautonomie bedroht als soziale Entscheidungsregel im Ergebnis die Autonomie und das Selbstbestimmungsrecht der Menschen. Ist der Gedanke der Präferenzautonomie auch selbst Ausfluss des Freiheitsgedankens, namentlich des Gedankens der freien Ent-

---

[48 ff.]; bekannt auch unter dem Begriff »Thomson-Komplex«). Sie malt das Bild eines Menschen mit einer seltenen Blutgruppe, der eines Morgens aufwacht und sich in einem Krankenhausbett wieder findet; er ist durch eine Kanüle an einen bewusstlosen Mann, einen bekannten Geiger mit einem Nierenleiden, angeschlossen. Dieser kann nur überleben, wenn sein Kreislauf für neun Monate an das Kreislaufsystem eines anderen Menschen mit derselben Blutgruppe angeschlossen wird. Da der angeschlossene Mann die einzige Person ist, deren Blut geeignet ist, hat eine Gesellschaft von Musikliebhabern ihn gekidnappt und die Operation des Ankoppelns vollziehen lassen. Nach der utilitaristischen Ethik *Benthams* wäre dieses Vorgehen ethisch nicht angreifbar und dürfte der Gekidnappte sich nicht durch Herauslösen der Kanülen befreien. Denn seine (erzwungene) Blutspende verhilft dem größten Glück der größten Zahl zum Durchbruch.

[409] Vgl. zu dem Begriff etwa *Eidenmüller*, Effizienz als Rechtsprinzip, 3. Aufl. 2005, S. 220 ff.; *P. Weise*, Effizienz versus Gerechtigkeit: Tragweite und Folgen eines Trade-offs, in: Held/Kubon-Gilke/Sturn (Hrsg.), Normative und institutionelle Grundfragen der Ökonomik, Bd. 1, 2002, S. 51 (63).

faltung der Persönlichkeit und die Säule der Effizienz, gefährdet unbeschränkte Präferenzautonomie die Freiheit als ihre eigene Grundlage. Dass das Prinzip der Effizienz mit dem Prinzip der individuellen Freiheit in einem auf dem Gedanken unumschränkter Präferenzautonomie beruhenden Entscheidungsmechanismus nicht vereinbar ist, hat *Sen* in seinem liberalen Paradoxon eindrucksvoll nachgewiesen (vgl. dazu supra S. 228 ff.). Individuelle Präferenzsysteme alleine sind ohne Hinterfragung der Motive, auf denen sie beruhen, keine tragfähige Grundlage eines sozialen Entscheidungsmechanismus[410].

Nahe liegend erscheint, eine Lösung des Konflikts darin zu sehen, externe Präferenzen aus den werthaltigen Präferenzen der Präferenzautonomie auszuklammern[411]. Das haben insbesondere *Farrell*[412] und *Harsanyi*[413] vorgeschlagen. Sie konstruieren eine soziale Entscheidungsfunktion, in der es keine freiheitsgefährdenden externen Präferenzen gibt[414]. So einleuchtend dieser Therapievorschlag im ersten Zugriff das Parkett der Diskussion betritt, so gering ist seine Heilungswirkung: Die Präferenzen, die ein Wahlverhalten bestimmen, sind Dritten außer dem Betroffenen selbst regelmäßig nicht zugänglich[415]. Externe Präferenzen werden nicht ausdrücklich offenbart, auch wenn sie tatsächlich wirksam werden. Wer einen türkischen Mietinteressenten aus ausländerfeindlichen Motiven als Mieter ablehnt, wird seine Entscheidung mit anderen als ausländerfeindlichen Motiven zu begründen wissen. Externe und interne Präferenzen sind auch psychologisch eng miteinander verwoben. Die Komplexität von Wahrnehmungs- und Präfe-

---

[410] *Sen*, Economica 43 (1976), S. 217 (226, 235); *ders.*, Collective Choice and Social Welfare, 1970, S. 86; *ders.*, Journal of Political Economy 78 (1970), S. 152 (155 f.).

[411] Die Zahl der Versuche, Korrekturen an dem Konzept der Präferenzautonomie vorzunehmen, um ausschließlich sinnvolle bzw. erwünschte Präferenzen in die Präferenzaggregation einfließen zu lassen, ist nahezu unübersehbar. *Hare* (Ethical Theory and Utilitarism, in: Sen/Williams (Hrsg.), Utilitarism and Beyond, 1982, S. 23) will etwa nicht von den aktuellen faktischen Präferenzen der Individuen ausgehen, sondern von »wohldurchdachten Präferenzen, die die Individuen hätten, wenn sie voll informiert und nicht verwirrt wären«. Zu dem Konzept der meritorischen Güter, das die Herstellung bzw. den Verbrauch bestimmter Güter von den Präferenzen der Gesellschaftsmitglieder entkoppelt, vgl. supra S. 36 mit Fn. 136.

[412] *Farrell*, Review of Economic Studies 43 (1976), S. 3 (3 ff.).

[413] *Harsanyi*, Morality and the Theory of Rational Behaviour, in: Sen/Williams (Hrsg.), Utilitarism and Beyond, 1982, S. 39 (56). Der Versuch, dem Utilitarismus eine kontraktualistische Basis zu geben, wurde mitverantwortlich für eine Renaissance utilitaristischen Denkens in der Ökonomik.

[414] *Dworkin* (Taking Rights seriously, 2. Aufl. 1978, S. 234 ff.) sieht eine Stütze dieses Ansatzes insbesondere in dem Gedanken der Gleichheit aller Gesellschaftsmitglieder: Alle individuellen Präferenzen sollen mit dem gleichen Gewicht in die soziale Entscheidungsfunktion eingehen. Derjenige, der externe Präferenzen besitzt, lasse seine Präferenzen gleich zweimal in ein soziales Entscheidungskalkül eingehen: Zum einen hat er autonome Präferenzen für seine Person, zum anderen auch heteronome Präferenzen für andere Personen.

[415] *Dworkin* (Fn. 414), S. 276.

renzbildungsvorgängen lässt die zwischen ihnen bestehenden Grenzen verwischen. Wiewohl externe Präferenzen, wie Neid und Missgunst, Sympathie oder Antipathie, nicht bewusst und gewollt wirksam werden, schleichen sie sich gerne unbesehen als Teil einer internen Präferenz ein, ohne dass sie unterdrückt oder wahrgenommen werden könnten[416]. Der Ausschluss bzw. die moralische Bewertung von zulässigen und unzulässigen Präferenzen führt überdies zu einer Verschiebung der tatsächlichen Präferenzvorstellungen der Betroffenen[417] und beeinträchtigt damit das Effizienzresultat; jeder Eingriff in die Präferenzautonomie führt zu Effizienzverlusten, da beabsichtigter Nutzen von Gütern nicht realisiert werden kann[418].

Externe Präferenzen sind zugleich nicht die einzige Ursache einer Bedrohung der Freiheit. Ihre Gefährdung kann auch von persönlichen Präferenzen ausgehen: Wer eine Anlage betreiben will, die mit gefährlichen Stoffen arbeitet, kann dadurch die Freiheit anderer mindestens ebenso gefährden wie durch die Präferenz, keine Ausländer als Nachbarn haben zu wollen[419]. Drittschädigende persönliche Präferenzen gehen in eine effizienzorientierte (etwa auf dem Kaldor-Hicks-Kriterium bzw. der Auktionsre-

---

[416] Vgl. *Dworkin* (Fn. 414), S. 276: »Personal and external preferences are sometimes so inextricably combined, moreover, that the discrimination is psychologically as well as institutionally impossible«.

[417] Vgl. auch *Sunstein*, The University of Chicago Law Review 53 (1986), S. 1129 (1173): »The risks created by rejecting private preferences are formidable (...). Such a system raises the spectre of tyranny«.

[418] *Posner* sah dementsprechend zunächst keine Bedenken, das Effizienzkriterium auch auf die Fälle externer Präferenzen anzuwenden. Alle Präferenzen seien als gleichberechtigt anzusehen, auch rassistische. Wenn das nationalsozialistische Deutschland die Juden habe loswerden wollen, so hätte es sich auskaufen sollen (»If Nazi Germany wanted to get rid of the Jews, in a system of wealth maximation it would have had to buy them out«), schreibt *Posner* im Journal of Legal Studies 8 (1979), S. 103 (133). Er geht davon aus, dass die Zahlungsbereitschaft der Durchschlagskraft externer Präferenzen natürliche Grenzen setzt, die für einen ausreichenden Schutz der Individualrechte sorgen: Der unendlich hohen Zahlungsbereitschaft der Juden für ihr Lebens- und Bleiberecht steht nach Auffassung *Posners* zwar eine externe Präferenz, aber eine geringe Zahlungsbereitschaft gegenüber. *Posner* räumt inzwischen jedoch ein, dass die Hürde der vermutet geringeren Zahlungsbereitschaft für externe Präferenzen keinen hinreichenden Schutzmantel gegen Übergriffe in die Freiheit der Individuen darstellt und insoweit das Reichtumsmaximierungsprinzip an seine ethischen Grenzen stoße: Es sei nicht auszuschließen, dass das Reichtumsmaximierungsprinzip bei strenger effizienzorientierter Anwendung Folter auch bei Bagatelldelikten gebieten könne (»Nevertheless, even the most degrading forms of torture would not necessarily be ruled out, even in the investigation of ordinary crimes«. *Posner*, The Problems of Jurisprudence, 1990, S. 377).

[419] Ebenso *Eidenmüller*, Effizienz als Rechtsprinzip, 3. Aufl. 2005, S. 224 f.: »Wenn etwa die Meinung vertreten wird, die Meinungsfreiheit sei gefährlich, weil sie umstürzlerische Tendenzen gegen die bestehende Eigentumsordnung fördere, dann ist das eine nur zu persönliche Präferenz, die allein von der Sorge um eigene Besitzstände gespeist wird. Nichtsdestotrotz ist sie deshalb im Hinblick auf die Bedrohung fundamentaler individueller Rechtspositionen weniger gefährlich«. Vgl. auch *Markovits*, Hofstra Law Review, 8 (1980), S. 811 (874): »An individual's right to invite a guru to live with him in his own home may both offend others in his environment psychologically and injure them

gel aufbauende) Präferenzordnung ebenso ungefiltert ein wie externe Präferenzen. Sie können den Autonomiebereich und die Freiheitssphäre des Einzelnen majorisieren und der Verfügbarkeit des Mehrheitswillens im Interesse des Gesamtnutzens opfern. Vor dem Geltungsanspruch des Einzelnen machen sie nicht Halt.

Es bedarf eines Sicherungsmechanismus gegen die auf ungefilterten Präferenzen beruhende Willkür des demokratischen Mehrheitswillens und die Verfügungsmacht staatlichen Handelns, der einem an den Präferenzen der Gesellschaftsmitglieder orientierten Effizienzkalkül im Interesse der Autonomie des Einzelnen Grenzen setzt. Wenn es praktisch unmöglich ist, externe Präferenzen zu eliminieren, dann – so folgert *Dworkin* in seinem Werk »Taking Rights Seriously« richtig – müssen Vorkehrungen getroffen werden, die deren schädlichen Einfluss dort kompensieren, wo sie auftreten: beim Prozess der demokratischen Entscheidung. Der Einzelne muss gegen das Wirken externer Präferenzen der Mehrheit hinreichend sicher abgeschirmt werden. Derartige Schutzvorkehrungen seien unantastbare Grundrechte. *Dworkin* gelingt damit eine Herleitung der Grundrechte aus dem Grundgedanken der Sicherung der Präferenzautonomie[420]. Sie wirken als Schutzwall gegen im Interesse gesellschaftlicher Nutzenmaximierung erfolgende staatliche Zugriffe auf die Autonomie des Einzelnen (infra 1.) wie auch als Grenze effizienzorientierter Zuteilungsmaßstäbe in der Verteilungslenkung (infra 2.).

1. Die Freiheitsrechte als Grenze gesetzgeberischen Effizienzzugriffs

Eine solche Tabuzone staatlichen Handelns zeichnet das Grundgesetz, indem es eine grundrechtliche Wertordnung errichtet, die einen festen Kanon subjektiver Abwehrrechte des Individuums gegen Übergriffe der demokratischen Mehrheit absichert. Das Grundgesetz bekennt sich in Art. 1 Abs. 2 zu unverletzlichen und unveräußerlichen Menschenrechten als Grundlage jeder menschlichen Gemeinschaft und erklärt damit einen universellen Mindestbestand menschenrechtlicher Gewährleistungsgehalte, der der staatlichen Ordnung vorgelagert ist, zum unverzichtbaren Bestandteil seines Wertesystems. Zentraler Anker und Fundamentalnorm dieses menschenrechtlichen Gewährleistungssystems ist die Würde des Menschen als höchster Wert und tragendes Konstitutionsprinzip[421]. Ihr erkennt das

materially by lowering property values. However, I do not think these psychological and material interests give them any rights in relation to the choice in question«.

[420] Ähnlich *von Hayek*, Die Verfassung der Freiheit, 1971, S. 130: »Die Anerkennung der Rechte der Minderheiten setzt voraus, dass sich die Gewalt der Mehrheit in letzter Linie von Grundsätzen ableitet, die auch die Minderheiten anerkennen, und dass sie durch diese Grundsätze beschränkt ist«.

[421] BVerfG, Urt. v. 17.8.1956, BVerfGE 5, S. 85 (204) – KPD-Urteil; BVerfG, Urt. v. 16.1.1957, BVerfGE 6, S. 32 (36, 41) – Elfes; BVerfG, Urt. v. 29.5.1959, BVerfGE 10,

Grundgesetz einen absoluten Geltungsanspruch zu. Die Menschenwürde betrachtet den Menschen nicht als Träger von Nutzen, sondern schreibt ihm – ohne Rücksicht auf seine Eigenschaften, seinen körperlichen oder geistigen Zustand, seine Leistungen und seinen sozialen Status[422] – einen unverfügbaren Selbstwert zu, den das Wohl der Allgemeinheit, Grundrechte Dritter oder sonstige Werte von Verfassungsrang nicht tangieren können. Der nutzenmaximierenden Abwägung von Kosten und Nutzen lässt sie keinen Raum. Sie entzieht einen Kernbereich menschlicher Existenz der Verfügungsmacht des Staates und der Gesellschaft und setzt der Ökonomisierung des Rechts, der Kommerzialisierung von Gütern wie dem Zugriff der Gesellschaft auf den Autonomiebereich des Individuums damit eine Schranke der Unverfügbarkeit[423]. Ihre Unantastbarkeit (Art. 1 Abs. 1 S. 2 GG[424]) markiert eine absolute staatliche Handlungsgrenze[425]. Die Unverfügbarkeit der Menschenwürde betont das Bundesverfassungsgericht in erfreulicher Deutlichkeit: »Die Menschenwürde als Fundament aller Grundrechte ist mit keinem Einzelgrundrecht abwägungsfähig«[426]. Sie entzieht

---

S. 59 (81); BVerfG, Beschl. v. 16.7.1969, BVerfGE 27, S. 1 (6) – Mikrozensus; BVerfG, Urt. v. 21.6.1977, BVerfGE 45, S. 187 (227f.) – lebenslange Freiheitsstrafe; BVerfG, Beschl. v. 24.4.1986, BVerfGE 72, S. 105 (115) – § 57a StGB; BVerfG, Beschl. v. 20.10.1989, BVerfGE 87, S. 209 (228) – »Tanz der Teufel«; BVerfG, Beschl. v. 12.11.1997, BVerfGE 96, S. 375 (399) – Kind als Schaden.

[422] In diesem Sinne ausdrücklich BVerfG, Beschl. v. 20.2.1992, BVerfGE 87, S. 209 (228) – »Tanz der Teufel«; BVerfG, Beschl. v. 12.11.1997, BVerfGE 96, S. 375 (399); BVerfG, Urt. v. 15.2.2006, NJW 2006, S. 751 (757) – Luftsicherheitsgesetz.

[423] Vgl. auch *Behrens*, Die ökonomischen Grundlagen des Rechts, 1986, S. 102ff., 195ff.; *Eidenmüller*, Effizienz als Rechtsprinzip, 3. Aufl. 2005, S. 445ff.; *Walz*, Ökonomische und rechtssystematische Überlegungen zur Verkehrsfähigkeit von Gegenständen, in: Ott/H.-B. Schäfer (Hrsg.), Allokationseffizienz in der Rechtsordnung, 1989, S. 93 (101ff.).

[424] Vgl. dazu *Dreier*, in: ders. (Hrsg.), GG-Kommentar, Bd. 1, 2. Aufl. 2004, Art. 1 Abs. 1 Rdnr. 131; *Kunig*, in: von Münch/Kunig (Hrsg.), GG-Kommentar, 5. Aufl. 2000, Art. 1 Abs. 1, Rdnr. 25f.

[425] Ganz überwiegende Meinung; vgl. *Geddert-Steinacher*, Menschwürde als Verfassungsbegriff 1990, S. 81ff.; *Heun*, JZ 2002, S. 518 (518); *Herdegen*, in: Maunz/Dürig (Hrsg.), Grundgesetz-Kommentar, Art. 1 Rdnr. 69 (Stand: Feb. 2003); *Höfling*, in: Sachs (Hrsg.), Grundgesetz-Kommentar, 4. Aufl. 2007, Art. 1 Rdnr. 10f.; *Jarass*, in: ders./Pieroth (Hrsg.), Grundgesetz-Kommentar, 9. Aufl. 2007, Art. 1 Rdnr. 2 u. 11; *Lerche*, Grundrechtlicher Schutzbereich, Grundrechtsprägung und Grundrechtseingriff, in: Isensee/P. Kirchhof (Hrsg.), HStR V, 2. Aufl. 2000, § 121 Rdnr. 19; *Robbers*, in: Umbach/Clemens (Hrsg.), Grundgesetz-Kommentar, Bd. 1, 2002, Art. 1 Rdnr. 14; *Pieroth/Schlink*, Grundrechte, 23. Aufl. 2007, Rdnr. 265; *Wittreck*, DÖV 2003, S. 873 (874, 877f.); a. A. *Brugger*, Menschenwürde, Menschenrechte, Grundrechte, 1997, S. 22; *Kloepfer*, JZ 2002, S. 417 (420f., 422f.).

[426] BVerfG, Beschl. v. 10.10.1995, BVerfGE 93, S. 266 (293) – »Soldaten sind Mörder«; BVerfG, Beschl. v. 11.3.2003, NJW 2003, S. 1303 (1304) – Benetton; missverständlich insoweit BayVGH, Beschl. v. 21.2.2003, NJW 2003, S. 1618 (1620) in seiner Körperweltenentscheidung: »(…) bildet die in Art. 1 Abs. 1 GG garantierte Menschenwürde als oberster bzw. höchster Wert den Gegenpol in der Abwägung«. Vgl. zu der umstrittenen Problematik kollidierender Menschenwürdepositionen BVerfG, Urt. v. 15.2.2006, NJW 2006,

den unverfügbaren Eigenwert des Menschen dem Markt und beschränkt damit die Reichweite eines an individuelle Präferenzen anknüpfenden Nutzenkalküls. Nicht alles, wofür der Markt einen Preis zahlen würde, ist dem Markt zugänglich. Auch der Nutzen der Mehrheit oder der Gesellschaft insgesamt rechtfertigt keinen Zugriff auf die Würde des Einzelnen.

Jenseits der Menschenwürde öffnet sich ein der Abwägung (und damit auch ökonomischer Modellierung) zugänglicher Bereich. Eingriffe in den grundrechtlichen Schutzgehalt sind hier rechtfertigungsbedürftig, aber rechtfertigbar. Auch sie dürfen in ihrem Wesensgehalt (Art. 19 Abs. 3 GG) und in ihrem Menschenwürdegehalt durch Zugriffe des Gesetzgebers indes nicht angetastet werden[427]. In den grundsätzlich eingriffsoffenen Bereich darf der Gesetzgeber überdies nicht mit jeder Intention eingreifen; er ist auch hier nicht gänzlich frei, einer effizienzorientierten Beschränkung der Grundrechte unbeschränkt Geltung zu verschaffen. Die Verfassung gibt die Zwecke, die eine Grundrechtseinschränkung rechtfertigen, vielfach ausdrücklich vor: So darf die Freiheit des Art. 11 GG »nur für die Fälle eingeschränkt werden, in denen eine ausreichende Lebensgrundlage nicht vorhanden ist und der Allgemeinheit daraus besondere Lasten entstehen würden oder in denen es zur Abwehr einer drohenden Gefahr (...) erforderlich ist«; in die Freiheit des Art. 13 GG darf außer bei Durchsuchungen (Abs. 2 GG) nur aus den in Abs. 3 bis 7 genannten Gründen eingegriffen werden. Allokationseffizienz gehört zu diesen Zielsetzungen nicht. Qualifizierte Gesetzesvorbehalte lassen für eine effizienzorientierte Einschränkung der Grundrechte keinen Raum. So wäre eine Regelung verfassungsrechtlich nicht haltbar, die die Wahrnehmung des Grundrechtes der Freizügigkeit unter den Vorbehalt ausreichender Zahlungsbereitschaft stellt.

Soweit Grundrechte keinem ausdrücklichen Gesetzesvorbehalt unterstehen (wie Art. 5 Abs. 3 GG und Art. 4 Abs. 1 GG), schließt dies Eingriffe in das Grundrecht zwar nicht aus. Sie sind aber nur durch kollidierende Grundrechte Dritter und andere mit Verfassungsrang ausgestattete Rechtsgüter einschränkbar[428]. Spannt das Bundesverfassungsgericht den Bogen

---

S. 751 ff. – Luftsicherheitsgesetz; *Dreier* (Fn. 424), Rdnr. 133; *Herzberg*, JZ 2005, S. 321 ff.; *Wittreck* (Fn. 425), S. 879 ff.; *Starck*, in: von Mangoldt/F. Klein/Starck (Hrsg.), GG-Kommentar, Bd. 1, 5. Aufl. 2005, Art. 1 Rdnr. 31 u. 34 ff.

[427] Vgl. BVerfG, Beschl. v. 3. 6. 1987, BVerfGE 75, S. 369 (380): »Soweit das allgemeine Persönlichkeitsrecht allerdings unmittelbar Ausdruck der Menschenwürde ist, wirken die Schranken absolut ohne die Möglichkeit eines Güterausgleiches«.

[428] BVerfG, Beschl. v. 26. 5. 1970, BVerfGE 28, S. 243 (261) – Dienstpflichtverweigerung; seither st. Rspr.; vgl. z. B. BVerfG, Beschl. v. 7. 3. 1990, BVerfGE 81, S. 278 (292 ff.) – Verunglimpfung der Bundesflagge; BVerfG, Beschl. v. 27. 11. 1990, BVerfGE 83, S. 130 (139) – Josefine Mutzenbacher; BVerfG, Beschl. v. 26. 6. 1991, BVerfGE 84, S. 212 (228) – Aussperrung; BVerfG, Beschl. v. 16. 5. 1995, BVerfGE 93, S. 1 (21) – Kruzifix; BVerfG, Urt. v. 24. 9. 2003, NJW 2003, S. 3111 (3112) – Kopftuch.

des kollidierenden Verfassungsrechtes auch weit, hat es etwa die sichere Krankenversorgung[429] oder die Sicherstellung der Energieversorgung[430] als sonstige mit Verfassungsrang ausgestattete Rechtsgüter anerkannt, kennt die Verfassung ein selbstständiges Prinzip der Allokationseffizienz, das einen Eingriff in diese Grundrechte rechtfertigen könnte, indes nicht[431]. Verpflichtet sie auch zu wirtschaftlicher Haushaltsführung[432], zur Nachhaltigkeit im Umweltschutz[433] und auf das Gemeinwohl[434], finden von dem Gedanken der Effizienz getragene Eingriffe in vorbehaltlos gewährleistete Grundrechte eine (kollidierendes Verfassungsrecht tragende) Stütze nicht in einem allgemeinen verfassungsrechtlichen Effizienzprinzip, sondern lediglich in den verfassungsrechtlichen Einzelausprägungen des Effizienzgedankens im Grundgesetz. Die vorbehaltlos gewährleisteten Grundrechte des Grundgesetzes setzen einer Ausrichtung der Rechtsordnung am Ziel der ökonomischen Effizienz eine verfassungsrechtliche Grenze. Sie definieren einen Freiheitsbereich, der gegen Übergriffe der demokratischen Mehrheit und gegen Wirtschaftlichkeits- bzw. Nutzenüberlegungen in weitem Umfang abgeschirmt ist.

Grundrechte, die weder in den Schutzmantel eines vorbehaltlos gewährleisteten Freiheitsbereiches gekleidet noch mit einem qualifizierten Gesetzesvorbehalt gegen Effizienzüberlegungen immunisiert sind, sind dem Zugriff des Gesetzgebers und des Willens der demokratischen Mehrheit in weitaus stärkerem Umfang ausgesetzt. Sie bilden den Korridor, in dem der Einzelne dem Zugriff des Mehrheitswillens ausgesetzt ist und in dem sich ökonomische Effizienzüberlegungen des Gesetzgebers entfalten können. Der Durchschlagskraft des Allokationseffizienzarguments setzen die Grundrechte jedoch ein Schwellengewicht entgegen. Die Grundrechte lassen dem Nutzenkalkül nur insoweit Raum, als es keine unangemessene Beschränkung des verfassungsrechtlich garantierten Freiheitsbereichs provoziert. Die Tragweite eines im Interesse gesamtgesellschaftlichen Nutzens und effizienten Ressourceneinsatzes erfolgenden Eingriffs darf nicht außer Verhältnis zu der Bedeutung des betroffenen Grundrechtes stehen; sie darf das Grundrecht nicht im Interesse des gesellschaftlichen Ziels effizienter Ressourcenallokation entleeren. Je stärker das betroffene Grundrecht in Beziehung zu der Menschenwürde als unantastbarem Wert des Grundgesetzes steht, umso weniger ist das ökonomische Effizienzziel dabei in der Lage, die grundrechtliche Wertung zu verdrängen. Eine Änderung des Strafrechts beispielsweise, die im Interesse der Schonung staatlicher und

---

[429] BVerfG, Beschl. v. 8.4.1981, BVerfGE 57, S. 70 (99) – 3. Rundfunkentscheidung.
[430] BVerfG, Beschl. v. 20.3.1984, BVerfGE 66, S. 248 (258).
[431] Vgl. supra S. 197ff.
[432] Vgl. supra S. 203ff.
[433] Siehe dazu supra S. 214ff.
[434] Siehe dazu supra S. 218ff.

gesellschaftlicher Ressourcen eine extreme Reduzierung der Strafverfolgungskosten durch Einsparung von Richtern, Polizisten und Staatsanwälten anordnet, dies aber mit einer drastischen Erhöhung der Strafen kompensiert, um den Abschreckungseffekt für den risikoneutralen Täter gleich zu halten, hat zwar ökonomische Argumente auf ihrer Seite[435]; mit dem in Art. 2 Abs. 2 S. 1 in Verbindung mit Art. 1 Abs. 1 GG angelegten Schuldprinzip ist sie aber unvereinbar: Jede Strafe muss in einem gerechten Verhältnis zur Schwere der Straftat und zur Schuld des Täter stehen (nulla poena sine culpa). Sie darf nicht schlechthin (schuld-)unangemessen sein[436].

2. *Die Freiheitsrechte im Konzert mit den Gleichheitsrechten als Differenzierungsschranken einer effizienzorientierten Verteilungsordnung*

Freiheitsrechte wirken nicht nur als Schutzschilde gegen staatliche Eingriffsmacht. Sie legen nicht nur einen Schutzmantel um die Integrität und Entfaltung des Individuums, der es vor einer Inanspruchnahme durch gesellschaftliche Zwecksetzungen schützt. Sie wirken über ihren Charakter als Eingriffsverbote auch als gleichheitsrechtliche Differenzierungsverbote: Die Freiheitsrechte enthalten Wertentscheidungen, die die Freiheit des Gesetzgebers einschränken, zu bestimmen, was ›gleich‹ oder ›ungleich‹ sein soll[437]. Sie laden den Begriff der Gleichheit durch ihr Wertesystem inhaltlich auf und strahlen insoweit in die Verteilungsordnung und die Prüfung des Gleichheitssatzes hinein[438]. Sie begrenzen damit den Differenzierungs-

[435] Vgl. etwa die Argumentation von *G. S. Becker*, Ökonomische Erklärung menschlichen Verhaltens, 2. Aufl. 1993, S. 56ff. und *Polinsky*, An Introduction to Law and Economics, 2. Aufl. 1989, S. 78.

[436] Vgl. BVerfG, Urt. v. 21.6.1977, BVerfGE 45, S. 187 (228) – lebenslange Freiheitsstrafe; BVerfG, Beschl. v. 16.3.1994, BVerfGE 91, S. 1 (27); BVerfG, (Kammer-)Beschl. v. 24.4.97, NJW 1979, S. 1910; BVerfG, (Kammer-)Beschl. v. 11.8.1999, NJW 1999, S. 3399 (3403) – Transplantationsgesetz.

[437] BVerfG, Urt. v. 5.3.1974, BVerfGE 36, S. 321 (330); ähnlich bereits BVerfG, Urt. v. 24.1.1962, BVerfGE 13, S. 290 (298); BVerfG, Beschl. v. 12.2.1964, BVerfGE 17, S. 210 (217); a. A. wohl *Kruhl*, Die Versteigerung knapper Frequenzen, 2003, S. 182: »Können daher aus Art. 12 Abs. 1 GG für die Verteilung knapper Güter durch den Staat keine Maßstäbe für eine inhaltliche Anreicherung des Gleichheitsgrundsatzes gewonnen werden (...)«. Vgl. dazu im Einzelnen bereits S. 82ff.

[438] Das Differenzierungskonzept des Gesetzgebers darf sich im Bereich der Berührung grundrechtlicher Freiheitsrechte insbesondere nicht auf die Willkürfreiheit beschränken; es muss Inhalt und Bedeutung der betroffenen Grundrechte Rechnung tragen. Die gleiche Würde der Menschen und die gleiche Freiheitsgewährleistung, die die Verfassung den Bürgern zuteil werden lässt, schränken den Kreis zulässiger Differenzierungen ein. Vgl. zur Ableitung von Differenzierungsge- und -verboten aus der Verfassung bereits supra S. 82 und *P. Kirchhof*, Der allgemeine Gleichheitssatz, in: Isensee/P. Kirchhof (Hrsg.), HStR V, 2. Aufl. 2000, §124 Rdnr. 99ff.; *Starck*, in: von Mangoldt/F. Klein/Starck (Hrsg.), GG, 5. Aufl. 2005, Art. 3 Abs. 1, Rdnr. 16ff. Beide haben dieses Konzept maß-

spielraum des Gesetzgebers bei der Anordnung von Rechtsfolgen auf Zuteilungskriterien, die zu dem durch die Zuteilung berührten grundrechtlich gewährten Recht in einem sachgerechten Zusammenhang stehen. Kann der Zugang zu einem grundrechtlichen Betätigungsbereich nicht allen Berechtigten gleichermaßen eröffnet werden, ist jedem Zugangsberechtigten, der auf den gleichen freiheitsrechtlichen Abwehranspruch verweisen könnte, eine faire Chance zur Grundrechtswahrnehmung nach Kriterien zu eröffnen, die dem Inhalt des durch die Zuteilung betroffenen Freiheitsrechts gerecht werden. Der freiheitsrechtliche Anspruch wirkt auf der Verteilungsebene fort. Die Verfassung engt damit – zusätzlich zu ihren expliziten gleichheitsrechtlichen Differenzierungsverboten[439] – den legitimen Anwendungsbereich eines an die Zahlungsbereitschaft anknüpfenden Verteilungsregimes ein.

a) *Allokationseffizienz, Menschenwürde und Persönlichkeitsentfaltung*

Während das Differenzierungskriterium der Zahlungsbereitschaft darauf abzielt, knappe Güter demjenigen zukommen zu lassen, der sie am besten nutzt, d. h. den höchsten wirtschaftlichen oder gesellschaftlichen Nutzengrad erreicht, weisen zahlreiche Grundrechte des Grundgesetzes dem Individuum einen Freiheitsbereich zu, der von dem Wert der Tätigkeit oder ihrem gesellschaftlichen Nutzwert emanzipiert sein soll. Sie zielen darauf, dem Einzelnen einen Freiheitsbereich der Entfaltung zu eröffnen, der seinen Sinngehalt nicht in seiner ökonomischen Nützlichkeit, sondern in seinem autonom definierten Eigenwert hat. Die Zahlungsbereitschaft als Ausdruck des Ziels der Allokationseffizienz steht mit dem gewährten Recht dann nicht in einem Konnex. Die Meinungsfreiheit (Art. 5 Abs. 1 GG) etwa soll einen Freiheitsbereich der Entfaltung unabhängig von den Nutzen der fraglichen Meinung gewähren. Die Versammlungsfreiheit (Art. 8

---

geblich geprägt. Vgl. auch *Zippelius*, VVDStRL 47 (1989), S. 7 (29 ff.); *Robbers*, DÖV 1988, S. 749 (751 ff.); *Schoch*, DVBl. 1988, S. 874 ff.

[439] Die speziellen Gleichheitssätze des Grundgesetzes, insbesondere die Art. 38 Abs. 1 S. 1 GG und Art. 33 GG, sprechen für die politischen und staatsbürgerlichen Rechte zusätzlich ausdrückliche Differenzierungsgebote bzw. -verbote aus, die dem Differenzierungsziel der Allokationseffizienz Schranken ziehen. Das in Art. 38 Abs. 1 S. 1 GG niedergelegte Gebot der Gleichheit der Wahl gebietet die formale Zählwertgleichheit der Stimmen. Allen abgegebenen Stimmen muss ein gleicher Einfluss auf das Wahlergebnis zukommen – unabhängig von dem Alter, dem Geschlecht, dem Intellekt und dem Einkommen des Wählenden (»one man, one vote«). Die demokratische Ermittlung des Volkswillens schließt eine Differenzierung des Stimmgewichts nach der Zahlungsbereitschaft aus. Für den Zugang zu öffentlichen Ämtern gibt Art. 33 Abs. 2 GG – abweichend von dem Grundsatz der Enthaltsamkeit des Grundgesetzes in der Vorgabe von positiven Differenzierungskriterien – die Auslesekriterien ausdrücklich vor: Die Auswahl hat allein nach Eignung, Befähigung und fachlicher Leistung zu erfolgen. Für eine Vergabe von Beamten-, Richter- oder Soldatenpositionen nach Allokationseffizienzkriterien ist unter dem Grundgesetz – auch als Hilfskriterium – kein Raum (vgl. auch S. 713 mit Fn. 1645).

Abs. 1 GG) schafft als Funktionselement eines demokratischen Gemeinschaftswesens[440] und politisches Freiheitsrecht einen Kommunikationsbereich freier Entfaltung der Persönlichkeit in Gruppenform, der sich nicht in die Kategorien der Effizienz und ökonomischen Nützlichkeit pressen und nach ihnen messen lässt; sie kennt als Wert nur die Demokratie und die Entfaltung der Persönlichkeit. Das Recht auf Leben und körperliche Unversehrtheit (Art. 2 Abs. 2 S. 1 GG) wie die Freiheit der Person (Art. 2 Abs. 2 S. 2 GG) bestehen als Teil der Achtung vor der Autonomie und dem Eigenwert des Menschen um ihrer selbst willen, nicht als Funktion gesellschaftlichen Nutzens. Sie sind unabhängig von dem ökonomischen »Wert« des Menschen und seiner Handlungen für die Gesellschaft gewährleistet. Ähnlich knüpft der Persönlichkeitsschutz des Art. 2 Abs. 1 i. V. m. Art. 1 Abs. 1 GG nicht an den Wert einer Tätigkeit, sondern an das Personsein an. Er soll dem Einzelnen einen autonomen Freiheitsbereich der Entfaltung garantieren, der unabhängig von dem gesellschaftlichen oder wirtschaftlichen Nutzwert einer Tätigkeit besteht. Die genannten Rechte stehen in engem Bezug zur Menschenwürde. Sie sollen den Menschen frei machen, nach seinen Zwecken und den Zielen seines eigenen Lebensplanes zu streben. Wirtschaftliche Wertkategorien sind ihnen nach der Wertordnung der Verfassung fremd. Wie sie selbst ist auch ihr Freiheitsbereich einem Nutzenkalkül entzogen. Sie sind nicht monetarisierbar, der Veräußerbarkeit und dem Tausch entzogen[441]. Ihr Wert lässt sich nicht in das Prokrustesbett ökonomischer Wertkategorien pressen. Er ist inkommensurabel. Der Mensch hat eine Würde und keinen Preis. Er »verstattet« – in den Worten Kants – »kein Äquivalent«[442].

---

440 BVerfG, Beschl. v. 14. 5. 1985, BVerfGE 69, S. 315 (344 f.) – Brokdorf.

441 Verträgen, die diese grundrechtlichen Gewährleistungsgehalte zum Gegenstand eines Tauschgeschäftes machen wollen, verweigert die Rechtsordnung die Anerkennung. Sie sind unwirksam, so zum Beispiel der Verkauf lebenswichtiger Organe, die eigene Versklavung, das Angebot der Entjungferung gegen Meistgebot. Die Grundrechte wirken insoweit als Elemente einer objektiven Wertordnung über die zivilrechtlichen Generalklauseln als Einbruchstellen in das Vertragsrecht hinein; st. Rspr. seit BVerfG, Urt. v. 15. 1. 1958, BVerfGE 7, S. 198 (205) – Lüth. Vgl. zur Verkehrsfähigkeit von Gütern *Calabresi/Melamed*, Property Rules, Harvard Law Review 85 (1972), 1089, 1102 ff.; *Epstein*, Columbia Law Review 85 (1970), S. 970 ff.; *Holch*, in: Rebmann/Säcker/Rixecker (Hrsg.), Münchener Kommentar zum BGB, Bd. 1, 6. Aufl. 2006, § 90 Rdnr. 29 ff.; *Kliemt*, Unveräußerliche Güter und Enteignung, in: Tietzel (Hrsg.), Ökonomische Theorie der Rationierung, 1998, S. 279 ff.; *Koslowski*, Grenzen der Verkehrsfähigkeit und der Privatrechtsautonomie in der Verfügung über den menschlichen Leib, in: Ott/H.-B. Schäfer (Hrsg.), Allokationseffizienz in der Rechtsordnung, 1989, S. 93 (101); *Radin*, Harvard Law Review 100 (1987), S. 1849 ff.; *Walz*, Ökonomische und rechtssystematische Überlegungen zur Verkehrsfähigkeit von Gegenständen, in: Ott/H.-B. Schäfer (Hrsg.), Allokationseffizienz in der Rechtsordnung, 1989, S. 93 (101).

442 *Kant*, in: Deutsche Akademie der Wissenschaften (Hrsg.), Kants gesammelte Schriften, Bd. 4, S. 435, 1910 ff.

Der Freiheitsbereich, in dem sich die Würde und Personhaftigkeit des Menschen spiegelt, darf deshalb auch im Falle des Knappheitskonflikts nicht nach ökonomischen Wertkategorien zuerkannt werden. Der Markt, die Zahlungsbereitschaft und der Grundgedanke der Allokationseffizienz stoßen hier an Grenzen ihres legitimen Geltungsanspruchs als Zuteilungsprinzip. Als Ausdruck der Würde des Menschen setzen sie als solche der Kommerzialisierung eine absolute Grenze der Verfügbarkeit[443]. Steht die Zuteilung solcher Güter oder Berechtigungen in Rede, die für das Leben, für die Persönlichkeitsentfaltung oder zur Wahrnehmung eines in seinem Menschenwürdegehalt betroffenen Grundrechtes wichtig sind, vermag die Zahlungsbereitschaft (und allgemein das ökonomische Effizienzziel) keinen sinnvollen Beitrag zur Knappheitsbewältigung zu erbringen[444]. Je existenzieller ein Grundrecht für die persönliche Lebensführung ist und je mehr die Ungleichbehandlung den Gebrauch solcher grundrechtlich geschützten Freiheiten erschwert, die in einem engen Bezug zu der Menschenwürde und dem darin zum Ausdruck kommenden gleichen Achtungsanspruch aller Menschen oder politischen Freiheitsrechten stehen, umso höhere Anforderungen sind an die Zumutbarkeit der Auswahlkriterien zu stellen und umso weniger kann dem ökonomischen Effizienzziel eine legitime Rolle als Differenzierungskriterium zukommen. So wäre es etwa sachfremd, bei der Konkurrenz zweier geplanter Versammlungen, die zur gleichen Zeit am gleichen Ort stattfinden sollen, bei der Zuweisung von knappen Studienplätzen oder der Zuteilung einer Sondernutzungserlaubnis, um die ein Gewerbetreibender und ein Straßenkünstler konkurrieren, die Auswahlentscheidung ausschließlich an der Zahlungsbereitschaft der Teilnehmer auszurichten. Die Zahlungsbereitschaft steht zu dem gewährten Recht nicht in einem sachlichen Konnex.

b) Allokationseffizienz, Berufsfreiheit und Wettbewerb

Je stärker ein Verteilungsvorgang umgekehrt ausschließlich die wirtschaftliche Entfaltungsfreiheit der Gesellschaftsmitglieder berührt, je mehr Gegenstand der Zuteilung also Wettbewerbspositionen und Güter des Wirtschaftsverkehres sind, umso stärker tritt grundsätzlich das personale Schutzelement zurück und umso eher öffnet sich der Idee effizienzorientierter Knappheitsbewältigung das Tor. Der Gewährleistungsgehalt der Berufsfreiheit scheint für die Aufnahme marktwirtschaftlicher Zuteilungsprinzipien offen und gerüstet: Während ausschließlich persönlichkeits-

---

[443] Vgl. BVerfG, Beschl. v. 12.11.1997, BVerfGE 96, S. 375 (400) – Kind als Schaden.

[444] Ähnlich *Britz*, Die Verwaltung 1997, S. 185 (207); *Hoffmann-Riem*, Effizienz als Herausforderung an das Verwaltungsrecht – Einleitende Problemskizze, in: ders./ Schmidt-Assmann (Hrsg.), Effizienz als Herausforderung an das Verwaltungsrecht, 1998, S. 11 (34).

gebundenen Rechten jeglicher Sachbezug zur Wirtschaftlichkeit des grundrechtlichen Handelns fehlt, liegt das Wesen des Berufs in der wirtschaftlichen Zwecksetzung: Er ist auf die Schaffung und Erhaltung einer wirtschaftlichen Lebensgrundlage ausgerichtet. »Das Grundrecht zielt« in den Worten des Bundesverfassungsgerichts »auf den Schutz der wirtschaftlich sinnvollen Arbeit«[445]. Berufliche Tätigkeit ist darauf gerichtet, aus wirtschaftlichem Handeln Erträge zur Erhaltung der Lebensgrundlage zu erzielen und diesen Gewinn nach Möglichkeit zu maximieren. Die Berufsfreiheit gewährleistet die Rahmenbedingungen für eine selbstverantwortliche Existenzsicherung und wirtschaftliche Entfaltung des Individuums[446]. Sie enthält ein Bekenntnis zur freien wirtschaftlichen Betätigung. Freier Marktzutritt und eine von staatlichem Zugriff freie Erwerbsbetätigung sind integraler Bestandteil ihres Gewährleistungsgehalts[447]. Ihr Schutzbereich steht damit in enger Verbindung zu dem Prinzip der Nutzenmaximierung und des Wettbewerbs. Die Berufsfreiheit schützt grundsätzlich nicht gegen eine Wettbewerbsorientierung, sondern soll umgekehrt freien Wettbewerb gewährleisten; sie schützt nicht vor Konkurrenz, sondern vor staatlichen Eingriffen in die wettbewerbliche Konkurrenzordnung[448]. Die Vorstellung ei-

---

[445] BVerfG, Urt. v. 11.6.1958, BVerfGE 7, S. 377 (397) – Apothekenurteil; BVerfG, Urt. v. 21.2.1961, BVerfGE 14, S. 19 (22): »Der Begriff des Berufs im Sinne des Art. 12 Abs. 1 GG umfasst grundsätzlich jede sinnvolle, erlaubte Tätigkeit (...)«. Bisweilen wird gar die ökonomische Nützlichkeit einer Tätigkeit bzw. ihr Beitrag zur wirtschaftlichen Gesamtleistung als konstitutiv für die Eröffnung des Schutzbereichs der Berufsfreiheit gehalten. Das überspannt den Bogen jedoch. Die Tätigkeit muss lediglich auf einen wirtschaftlichen Erfolg, die Sicherung der Lebensgrundlage, *gerichtet* sein. Dass sie diesen tatsächlich erreicht, ist nicht Voraussetzung für, sondern lediglich Folge des grundrechtlichen Schutzes. Die Entscheidung darüber, ob eine (möglicherweise verlustreiche) Tätigkeit in Angriff genommen werden soll, fällt in die Macht und die Risikosphäre des Einzelnen. Dem Staat ist insoweit keine Definitionsmacht anvertraut und das Grundrecht keinem inhaltsbestimmenden Vorbehalt des Gesetzgebers unterworfen. Die missverständliche Formulierung des Bundesverfassungsgerichts lässt sich nur als deskriptive Aussage über die typischen Wirkungen einer Berufsausübung aufrechterhalten, nicht aber als Einschränkung des grundrechtlichen Gewährleistungsgehaltes (vgl. *Scholz*, in: Maunz/Dürig (Hrsg.), GG-Kommentar, Loseblatt (Stand: 1981), Art. 12 Rdnr. 23, *Tettinger*, in: Sachs (Hrsg.), Grundgesetz-Kommentar, 4. Aufl. 2007, Art. 12 Rdnr. 35). Dass die ökonomische Nützlichkeit nicht als Schutzbereichskriterium in Frage kommt, heißt nicht, dass ihr nicht eine legitime Rolle als Differenzierungskriterium für den Zugang zum Wettbewerb, den Art. 12 Abs. 1 GG gewährleistet, zukommen könnte.

[446] BVerfG, Urt. v. 11.6.1958, BVerfGE 7, S. 377 (397) – Apothekenurteil.

[447] Vgl. auch *Isensee*, Grundrechtserwartungen und Verfassungsvoraussetzungen an die Grundrechtsausübung, in: ders./P. Kirchhof (Hrsg.), HStR V, 2. Aufl. 2000, §115 Rdnr. 156f.; *R. Scholz*, Entflechtung und Verfassung, 1981, S. 92.

[448] BVerfG, Beschl. v. 16.10.1968, BVerfGE 24, S. 236 (251); BVerfG, Beschl. v. 1.2.1973, BVerfGE 34, S. 252 (256); BVerfG, Beschl. v. 3.12.1980, BVerfGE 55, S. 261 (269); BVerfG, Beschl v. 22.5.1996, BVerfGE 94, S. 372 (390ff.) – Werbeverbot für Apotheker; st. Rspr. Als Standardformel findet sich in der Rechtsprechung des Verfassungsgerichts die Wendung: »Das Grundrecht gibt weder einen Anspruch, dem Beruf ungestört von Konkurrenten nachgehen zu können, noch einen Anspruch auf Erhaltung eines bestimmten Geschäftsumfangs und auf Sicherung weiterer Erwerbsmöglichkeiten«. Vgl.

ner Freiheit von Wettbewerb ist mit ihr geradewegs unverträglich. »Art. 12 Abs. 1 GG ist darauf gerichtet, die eigenpersönliche, selbstbestimmte Lebensgestaltung gegen Zwänge oder Verbote im Zusammenhang mit Wahl und Ausübung des Berufes abzuschirmen«, formuliert es das BVerfG in seinem Numerus clausus-Urteil[449]. Die Berufsfreiheit lädt die Gesellschaftsmitglieder zur Teilnahme am wirtschaftlichen Wettbewerb ein[450].

Gewährleistet und fördert Art. 12 Abs. 1 GG das Verhalten am Markt nach den Grundsätzen des Wettbewerbs, scheint es grundsätzlich sachgerecht, dort, wo ein Wettbewerb *im* Markt aufgrund verfassungsrechtlich gerechtfertigter Schranken des Berufszugangs nicht oder nur eingeschränkt stattfinden kann, einen vorgezogenen Wettbewerb *um* den Marktzugang durchzuführen und dem ökonomischen Effizienzziel Raum zu geben[451]. Marktwirtschaftlicher Wettbewerb ist der Rahmen, in dem sich das Recht des Art. 12 Abs. 1 GG störungsfrei entfalten kann. Grundrechtliche Individualgewährleistung und gesamtgesellschaftlicher Nutzen scheinen hier Hand in Hand zu gehen und der wettbewerbliche Gedanke der Allokationseffizienz seinen legitimen Ort zu finden. Die Allokationseffizienz tritt als Zuteilungskriterium in einen Sinnzusammenhang zu dem gewährleisteten Recht.

Dabei darf freilich nicht übersehen werden, dass Art. 12 Abs. 1 GG sich nicht in der Gewährleistung der Gewerbefreiheit und Effizienzentfaltung erschöpft. Eine ausschließlich markt- und nutzenorientierte Verteilungslenkung droht den Art. 12 Abs. 1 GG seines persönlichkeitsorientierten Gewährleistungsgehalts zu berauben; sie stuft ihn zu einem Grundrecht der Unternehmerfreiheit herab. Die wirtschaftliche Grundlage, deren Erarbeitung die Arbeit als Beruf dient, ist nicht nur materielle Voraussetzung für die Wahrnehmung anderer persönlichkeitsgebundener Freiheitsrechte, in ihr selbst vollzieht sich auch Persönlichkeitsentfaltung. Arbeit dient der Selbsterhaltung und Selbstentfaltung[452]; sie ist Lebensaufgabe und Lebens-

---

auch *Grzeszick*, DÖV 2003, S. 649 (654); *P. Huber*, Konkurrenzschutz im Verwaltungsrecht, 1991, S. 299 f. u. 317 ff.; *Jarass*, in: Jarass/Pieroth (Hrsg.), GG, 9. Aufl. 2007, Art. 12 Rdnr. 15; *ders.*, DÖV 2002, S. 489 (492 ff.); *Pieroth/Hartmann*, DVBl. 2002, S. 421 (425 f.); *Storr*, Der Staat als Unternehmer, 2001, S. 155 f.; *Wieland*, Die Verwaltung 36 (2003), S. 225 (228).

[449] BVerfG, Urt. v. 3.5.1972, BVerfGE 33, S. 303 (331) – numerus clausus I.

[450] Anders als Art. 151 Abs. 3 WRV versteht sich Art. 12 Abs. 1 GG nicht als Proklamierung der Gewerbefreiheit als eines objektiven Prinzips der Gesellschafts- und Wirtschaftsordnung, schützt diese aber auch. Vgl. BVerfG, Urt. v. 11.6.1958, BVerfGE 7, S. 377 (397) – Apothekenurteil; BVerfG, Beschl. v. 29.11.1967, BVerfGE 22, S. 380 (383) – Kuponsteuer; BVerfG, Urt. v. 1.3.1979, BVerfGE 50, S. 290 (362 f.) – Mitbestimmung.

[451] Die Unterscheidung zwischen Wettbewerb im Markt (»Competition within the Field of Service«) und Wettbewerb um den Markt (»Competition for the Field«) geht auf den Nationalökonomen *E. Chadwick* zurück. Er hat sie in seinem Aufsatz »Results of Different Principles of Legislation and Administration in Europe«, Journal of Royal Statistical Society 22 (1859), S. 381 ff. begründet. Vgl. dazu auch infra S. 285.

[452] *H.-P. Schneider*, VVDStRL 43 (1985), S. 7 (15).

grundlage. Art. 12 Abs. 1 GG steht in enger Beziehung zur Persönlichkeit des Menschen und seiner Würde[453]. Er schützt die Arbeit – im hegelianischen Sinne[454] – als vornehmsten Ausdruck menschlicher Selbstbestimmung. Art. 12 Abs. 1 GG konkretisiert das Grundrecht auf freie Entfaltung der Persönlichkeit im Bereich der individuellen Leistung und Existenzerhaltung[455] und repräsentiert damit das zentrale Freiheits- und Persönlichkeitsrecht für den Lebensentwurf des Menschen[456]. In diesem Umfang immunisieren die Menschwürde und der Persönlichkeitsschutz den Einzelnen auch gegen einen Nutzenkalkül der Gesellschaft in einem personalen Kernbereich.

Steht der vorrangig personale Gehalt des Art. 12 Abs. 1 GG einer wettbewerbsorientierten Knappheitszuteilung auch nicht bereits a limine entgegen, darf die wettbewerbsorientierte Ausrichtung der Verteilungsordnung den personalen Kern der Berufsfreiheit nicht auflösen. Die Anwendung eines Differenzierungskriteriums, das das personale Substrat des Art. 12 Abs. 1 GG völlig ausblendet, wird seinem grundrechtlichen Auftrag nicht gerecht. »Die Arbeit als ›Beruf‹ hat für alle gleichen Wert und gleiche Würde«, hebt das Bundesverfassungsgericht im Mitbestimmungsurteil hervor[457]. Ein fairer Zugangswettbewerb setzt ein Mindestmaß an Chancengleichheit der Teilnehmer voraus. Der Markt interessiert sich nicht für unterschiedliche Ausgangsvoraussetzungen, insbesondere den Unterschied zwischen kapitalstarken Großunternehmen, die über erhebliche liquide Mittel und Handlungsmöglichkeiten verfügen, kleinen und mittelständischen Unternehmen, die womöglich über ein innovatives Konzept, aber geringe Rückstellungen verfügen, sowie der Individualperson, die als Kapital nur ihre eigene Arbeitskraft in den Ring des Marktes werfen kann[458]. Er fragt nach der Zahlungsbereitschaft, lässt dabei aber die unterschiedliche Zahlungsfähigkeit unberücksichtigt. Er räumt der effizienteren Nutzung den Primat ein, ohne den personalen Bezug des Art. 12 Abs. 1 GG in den Blick zu nehmen. Er blendet den Aspekt der Persönlichkeitsentfaltung als

---

[453] Art. 12 Abs. 1 GG ist in den Worten des Bundesverfassungsgerichts »in erster Linie persönlichkeitsbezogen« (BVerfG, Beschl. v. 16. 3. 1976, BVerfGE 30, S. 292 [334]).

[454] *Hegel*, Grundlinien der Philosophie des Rechts, 1821, § 127 und §§ 196 ff.; dazu *Lim*, Der Begriff der Arbeit bei Hegel, 2. Aufl., 1966.

[455] So ausdrücklich BVerfG, Beschl. v. 18. 6. 1980, BVerfGE 54, S. 301 (313); BVerfG, Beschl. v. 5. 5. 1987, BVerfGE 75, S. 284 (292); BVerfG, Beschl. v. 29. 10. 1997, BVerfGE 97, S. 12 (25); BVerfG, Beschl. v. 20. 3. 2001, BVerfGE 103, S. 172 (183); *Jarass*, in: ders./Pieroth (Hrsg.), Grundgesetz, 9. Aufl. 2007, Art. 12 Rdnr. 2.

[456] *H.-P. Schneider*, VVDStRL 43 (1985), S. 7 (19).

[457] BVerfG, Urt. v. 1. 3. 1979, BVerfGE 50, S. 290 (362 f.) – Mitbestimmung.

[458] Gleiches gilt für den Unterschied zwischen etablierten Unternehmen, die bereits Vorinvestitionen getätigt, etwa einen Kundenstamm erworben haben, und Neueinsteigern. Für jene hat das gleiche Gut einen höheren Wert. Sie setzen sich im Markt leichter durch. Vgl. dazu bereits supra S. 238 ff. sowie grundlegend *Hubin*, Economics and Philosophy 10 (1994), S. 169 (183 u. 185).

zentralen Gewährleistungsaspekt aus. Der Persönlichkeitsbezug einer beruflichen Tätigkeit verhält sich zu ihrer Markteffizienz nicht selten antiproportional[459].

Erlangt ökonomische Effizienz ihren Entfaltungsspielraum insbesondere im Rahmen der wirtschaftlichen Betätigungsfreiheit des Art. 12 Abs. 1 GG, so schmilzt ihr legitimer Anwendungsbereich umso mehr zusammen, je stärker der personale Gewährleistungsgehalt des Art. 12 Abs. 1 GG und die Verteilung von Lebenschancen und Entfaltungsmöglichkeiten betroffen ist[460]. Das personale Substrat schließt das Differenzierungskriterium der ökonomischen Effizienz zwar nicht zwingend aus, setzt ihm aber Grenzen. Die Gewinnorientierung einer Tätigkeit macht die Zahlungsbereitschaft noch nicht selbstredend zu einem legitimen Zuteilungsmaßstab. Sie ist eine notwendige, nicht aber eine hinreichende Bedingung für die Zulässigkeit des Zuteilungsmaßstabes Zahlungsbereitschaft. Je mehr der personale Gehalt des Art. 12 Abs. 1 GG – wie bei Großunternehmen – demgegenüber in den Hintergrund tritt, umso größer wird der Gestaltungsspielraum des Gesetzgebers[461] und umso breiteren Raum dürfen effizienzorientierte Differenzierungskriterien einnehmen.

Was für die Berufsfreiheit des Grundgesetzes gilt, hat in besonderer Weise auch für die gemeinschaftsrechtlichen Gewährleistungen der Grundfreiheiten des EG-Vertrages Gültigkeit. Die Grundfreiheiten begründen als Stützpfeiler der gemeinschaftsrechtlichen Wirtschaftsverfassung marktbezogene Differenzierungs- und Beschränkungsverbote, die auf die Entstehung und Festigung des Gemeinsamen Marktes ohne Binnengrenzen gerichtet sind[462]. Sie sichern nicht nur die auf die Bildung eines Gemeinsamen Marktes angelegte marktwirtschaftliche Ordnung gegen die Errichtung von Marktzugangshindernissen und wettbewerblicher Schranken subjektivrechtlich ab. Als Herzstück der grenzüberschreitenden Ausübung von

---

459 So weist ein Großunternehmen in der Regel eine hohe Marktmacht und Effizienz auf, der Persönlichkeitsbezug der Tätigkeit geht hingegen nahezu vollständig verloren (Vgl. BVerfG, Urt. v. 1. 3. 1979, BVerfGE 50, S. 290 [362] – Mitbestimmung). Das Auftreten des Einzelnen auf dem Arbeitsmarkt und seine Absicht, mit seinem Beruf seinen Lebensunterhalt zu sichern, weist einen hohen Persönlichkeitsbezug auf. Seine Marktmacht ist gleichwohl nicht selten gering, kann sich insbesondere nicht mit der gebündelten Effizienz eines Unternehmens messen.

460 In diese Richtung bereits BVerfG, Urt. v. 18. 7. 1972, BVerfGE 33, S. 303 (337 und 344) – numerus clausus I; ähnlich *Papier*, in: Benda/Maihofer/Vogel (Hrsg.), Hdb. des Verfassungsrechts, 2001, S. 799 (821).

461 So auch das Bundesverfassungsgericht in seinem Mitbestimmungsurteil (Fn. 457), S. 362 f.

462 *Ehlers*, in: ders., Europäische Grundrechte und Grundfreiheiten, 2005, § 7 I 1, Rdnr. 1 m. w. N.; plastisch *Kingreen*, Grundfreiheiten, in: von Bogdandy (Hrsg.), Europäisches Verfassungsrecht, 2002, S. 631 (645), der die Grundfreiheiten als subjektiv-rechtliches Trampolin beschreibt, das den Wirtschaftsteilnehmern die Möglichkeit eröffnet, die normativen Schlagbäume zwischen den nationalen Teilmärkten zu überspringen.

wirtschaftlicher Freiheit in der Europäischen Union und als Garant einer auf unverfälschten Wettbewerb angelegten Ordnung des Wirtschaftslebens (Art. 3 lit. g, Art. 4 Abs. 1 u. 2, Art. 81 f. EG) sind sie auch genuin auf die Ausrichtung von Zuteilungsentscheidungen nach wettbewerblichen, diskriminierungsfreien Maßstäben angelegt[463]. Eine Zuteilung knapper wirtschaftlicher Ressourcen nach Effizienzkriterien entspricht dem Grundanliegen der Grundfreiheiten und des europäischen Wettbewerbsrechts grundsätzlich in besonderer Weise. Ähnliches gilt – vorbehaltlich der herausgearbeiteten Kautelen – auch für die umfassend als fester Bestandteil des Kanons der Gemeinschaftsgrundrechte geschützte Berufsfreiheit (Art. 6 Abs. 2 EG), die der Europäische Gerichtshof erstmals in der Rechtssache Nold[464] als allgemeinen Rechtsgrundsatz des Gemeinschaftsrechts anerkannt hat[465]. Die durch die Berufsfreiheit geschützte Teilnahme am Wirtschaftsleben öffnet wettbewerblichen Zuteilungsmechanismen grundsätzlich das Tor.

Die Ausrichtung der Verteilungsordnung an dem Effizienzgedanken der Ökonomik gleicht dem Versuch einer Projektion von Längen- und Breitengraden auf die Fläche einer Karte[466]: Dort, wo die Karte zentriert ist,

---

[463] Den Mitgliedstaaten erwachsen daraus nach der Rechtsprechung des EuGH nicht nur Unterlassungspflichten für eigene Handlungen und Verhaltensweisen, die zu einer Beeinträchtigung des funktionierenden Wettbewerbs und der Grundfreiheiten führen können, sondern als Ausfluss des Prinzips des Art. 10 Abs. 2 EG (»*effet utile*«) auch die Verpflichtung, die praktische Wirksamkeit des Gemeinschaftsrechts durchzusetzen, namentlich alle erforderlichen und geeigneten Maßnahmen zu ergreifen, um in ihrem Gebiet die Beachtung der Grundfreiheiten durch Private sicherzustellen. EuGH, Urt. v. 9.12.1997, Slg. 1997, I-6959, Rn. 53 – Kommission/Frankreich; EuGH, Urt. v. 6.6.2000, EuZW 2000, S. 468 ff. Rdnr. 31 ff. – Angonese; EuGH, Urt. v. 6.12.2003, Slg. 2003, I-5659, Rn. 60 f. – Schmidberger; Vgl. zu den Grenzen staatlicher Schutzpflichten für die Ausübung von Grundfreiheiten und der Problematik der Drittwirkung der Grundfreiheiten etwa *Ganten*, Die Drittwirkung der Grundfreiheiten, 2000; *Jaensch*, Die unmittelbare Wirkung der Grundfreiheiten, 1997; *Streinz/Leible*, EuZW 2000, S. 459 ff.; *L. Michaelis*, NJW 2001, S. 1841 ff.

[464] EuGH, Urt. v. 14.5.1974, Slg. 1974, S. 491 Rdnr. 14 – Nold.

[465] Das Recht auf freie Berufsausübung umschließt – wie Art. 12 Abs. 1 GG – die Wahl eines Berufes ebenso wie seine Ausübung (vgl. etwa EuGH, Urt. v. 13.12.1979, Slg. 1979, S. 3727 ff. – Hauer), gewährleistet die selbstständige wie die unselbstständige Arbeit (vgl. dazu *A. Borrmann*, Der Schutz der Berufsfreiheit im deutschen Verfassungsrecht und im europäischen Gemeinschaftsrecht, 2002, S. 249 ff.), insbesondere die Handelsfreiheit (vgl. etwa EuGH, Urt. v. 7.2.1985, Slg. 1985, S. 531 Rdnr. 12 – Procureur de la République), die wirtschaftliche Betätigungsfreiheit (EuGH, Urt. v. 19.9.1985, Slg. 1985, S. 2857, Rdnr. 13 f. – Finsider; EuGH, Urt. v. 21.2.1991, Slg. 1991, I-S. 415, Rdnr. 72 ff. – Zuckerfabrik Süderdithmarschen) und die Freiheit der Arbeit (EuGH, Urt. v. 14.5.1974, Slg. 1974, S. 491 Rdnr. 13) als wichtige Bausteine. In diesem Geiste schreibt auch die europäische Grundrechtecharta die europarechtliche Berufsfreiheit fort: Sie stellt das Berufswahl- und -ausübungsrecht (Art. 15 Abs. 1), die Personenverkehrsfreiheiten (Art. 15 Abs. 2 Grundrechtecharta) und die unternehmerische Freiheit (Art. 16 Grundrechtecharta) unter einen besonderen Schutz.

[466] Dieses Bild geht zurück auf *Radin*, Harvard Law Review 100 (1987), S. 1849 (1878).

wo die Verteilungsordnung für den Gedanken des Wettbewerbs offen ist und sich nach ihm ausrichtet, erzielt sie brauchbare Ergebnisse, je mehr man sich vom Projektionszentrum dem Kartenrand nähert, d. h. je mehr der grundrechtliche Schutzgehalt menschenrechtlicher Berechtigungen betroffen ist, umso korrekturbedürftiger wird sie jedoch. Sie ziehen dem Geltungsspielraum des ökonomischen Effizienzziels Grenzen.

III. Zusammenfassung

Auf die Frage, was er an der ökonomischen Analyse des Rechts und seinem Effizienzansatz am interessantesten finde, soll ein Lehrer von *Posner* geantwortet haben: »deren Grenzen«[467]. Der Ausschließlichkeitsanspruch, mit dem die Forderung nach einer Verwirklichung von Effizienzüberlegungen in allen Lebensbereichen phasenweise aufgetreten ist, fordert nicht nur zu kritischer philosophischer Reflexion heraus. Er stößt auch auf eine verfassungsrechtliche Verteilungsordnung, die dem Primat rationaler Verteilungsstrukturen eine (das Hierarchieverhältnis umkehrende) wehrhafte Wertordnung gegenübersetzt. Vermag die Ökonomik mit ihrem Ziel der Ableitung vernünftiger Allokationsresultate auch im Bereich der rechtlichen Bewältigung von Knappheit Optimierungspotenziale offen zu legen und alternative Modelle anzubieten, durch die rational handelnde Menschen zu sparsamem Umgang mit knappen Ressourcen angehalten werden und Ressourcen zielgenau der erwünschten Verwendung zugeführt werden, muss sich ihr Rationalisierungsanspruch in die Wertordnung der Verfassung einfügen und ihr Geltungsanspruch dem Primat der Verfassung unterwerfen. Die Verfassungsordnung des Grundgesetzes kennt keine umfassende Verpflichtung zur Rationalisierung der Verteilungsstrukturen mit Hilfe des Marktes. Über sektorale effizienzorientierte Einzelregulierungen hinaus lässt sich ihr keine allgemeine verfassungsrechtliche Verpflichtung des Gesetzgebers entnehmen, bei der Ausgestaltung der Rechtsordnung dem ökonomischen Effizienzziel Rechnung zu tragen. Sie setzt ihm vielmehr klare Schranken. Die rechtspolitische Durchschlagskraft des politischen Ziels der Allokationseffizienz erfährt eine Begrenzung namentlich durch den in der Verfassung (insbesondere im Sozialstaatsprinzip angelegten) Gedanken der Verteilungsgerechtigkeit wie auch durch die insbesondere aus dem personalen, menschenwürdenahen Gehalt grundrechtlicher Gewährleistungen fließenden Differenzierungsschranken. Die Grundrechte lassen dem Einsatz der Effizienz als Differenzierungsziel bei der Vornahme von Auswahl- und Verteilungsentscheidungen nur einen schmalen Korridor legitimer Anwendung. Allein die Berufsfreiheit als Gewährleis-

[467] *Posner*, Texas Law Review 53 (1975), S. 757 (772).

tung wettbewerblich orientierter Entfaltungsfreiheit tritt zu dem Ziel effizienzorientierter Nutzenmaximierung in einen sachgerechten Auswahlzusammenhang, soweit sie deren personalen, menschenwürdenahen Schutzgehalt nicht aushöhlt.

Dritter Teil

Staatliche Primärallokation durch den Markt – die Versteigerung als Allokationsmodell der Verteilungsordnung

Soweit der verteilungslenkende Staat sich in den Grenzen des ihm verbleibenden Verteilungsspielraums[1] ausgehend von den Vorstellungen der Ökonomik unter dem Eindruck wachsender Knappheit verfügbarer Ressourcen die effiziente, verschwendungsfreie Nutzung der Güter zur Aufgabe macht, erweist sich als Instrument der Zielerreichung ein Zuteilungsmechanismus als prädestiniert: der Allokationsmechanismus der Versteigerung. Versteigerungen genügen den Effizienzbedingungen verschwendungsfreien Einsatzes knapper Güter in vorbildhafter Weise. Sie verkörpern eine »forme pure du marché«[2,3]. Die Versteigerung ist der Prototyp eines knappheitsgerechten Zuteilungsinstruments.

Ihre Attraktivität als Allokationsmechanismus gründet sich insbesondere auf ihre Fähigkeit zur Überwindung von Informationsasymmetrien. Die Versteigerung eignet sich allgemein für Zuteilungssituationen, in denen einer Vielzahl von Nachfragern ein Anbieter (oder eine kleine Zahl von Anbietern) gegenübersteht, der (bzw. die) über den Nutzen, den die Interessenten aus dem knappen Gut zu ziehen in der Lage sind, nur unvollständig

---

[1] Vgl. dazu supra S. 49ff.

[2] *Quemin*, Genèses 17 (1994), S. 52 (52); wenigstens irreführend ist es daher, die Versteigerung als alternative Zuteilungsform neben den Steuerungsmechanismus des Marktes zu plazieren; so etwa *Schmehl*, Das Äquivalenzprinzip im Recht der Staatsfinanzierung, 2004, S. 17; *R. H. Weber*, Wirtschaftsregulierung in wettbewerbspolitischen Ausnahmebereichen, 1986, S. 259f.

[3] Während im gewöhnlichen Marktgeschehen üblicherweise feste Preise gesetzt werden, die den Nachfragern lediglich die Möglichkeit geben, sich zwischen Kauf oder Nichtkauf zu diesem Preis zu entscheiden (*take-it-or-leave-it-pricing*), und nach dem First-come-Prinzip verfahren wird, falls der Anbieter keine Präferenzen in Bezug auf einen bestimmten Nachfrager hat, entscheiden bei der Auktion allein Angebots- und Nachfragehöhe über den Preis und den Erwerber des Gutes. Die Auktion vergleicht Angebot und Nachfrage miteinander und bringt sie über das Instrument des Preises zum Ausgleich. Sie konzentriert Angebot und Nachfrage lokal, zeitlich und personell. Solange ein Nachfrageüberhang besteht, wird der Preis erhöht, bis sich Angebot und Nachfrage in einem Preis treffen, bei dem weder ein Angebots- noch ein Nachfrageüberhang besteht (so genannter Gleichgewichtspreis). Unter der Bedingung vollständiger Konkurrenz bringt der Markt den Knappheitspreis eines Gutes, der Angebot und Nachfrage ins Gleichgewicht bringt, hervor (vgl. *Borchert/Großkettler*, Preis- und Wettbewerbstheorie, 1985, S. 14). Er spiegelt die relative Knappheit eines Gutes wider.

informiert sind[4,5]. In einer solchen Situation der Informationsasymmetrie befindet sich der Staat grundsätzlich dann, wenn er knappe Güter nach Leistungsgesichtspunkten zuteilen will. Ihm fehlen hier regelmäßig die erforderlichen Informationen darüber, welcher der Bewerber am ehesten geeignet ist, dem Zuteilungsziel gerecht zu werden. Die Bewerber sind über ihre Fähigkeiten, ihre Nutzenvorstellungen und ihre Verwendungsmöglichkeiten sehr gut informiert, haben aber einen Anreiz, diesen Wissensvorsprung in der Auswahlsituation opportunistisch auszunutzen. Der Preismechanismus der Versteigerung veranlasst die Bewerber dann den Nutzen wahrheitsgemäß zu offenbaren, den sie aus einem Gut zu ziehen in der Lage sind, und lenkt das knappe Gut dorthin, wo die höchste Nutzenerwartung besteht[6].

Erscheint die Versteigerung als Allokationsinstrument in der Verteilungsordnung im ersten Zugriff mit der Rolle des Staates auch geradewegs unverträglich, sind der Rechtspraxis staatliche Versteigerungen seit Alters her weniger fremd, als ein unbefangener Blick zunächst vermuten lässt. Namentlich der fiskalisch tätig werdende Staat bedient sich der Versteigerung als Handlungsinstrument seit jeher in reichem Umfang[7].

---

[4] Vgl. *Bitter*, Spieltheorie und öffentliche Verwaltung, 2005, S. 66; *Cassady*, Auctions and Auctioneering, 1967, S. 20; *Homann/Suchanek*, Ökonomik, 2000, S. 278 f.; *Krishna*, Auction Theory, 2002, S. 3; *McAfee/McMillan*, Journal of Economic Literature 25 (1987), S. 699 (701 f.).

[5] Im Falle privater Austauschvorgänge stellt sich diese Situation insbesondere bei Unikaten ein, wie etwa bei Kunstgegenständen oder Antiquitäten, die am jeweiligen Ort und zu der gegebenen Zeit nur einmal existieren und deren Verkaufswert dem jeweiligen Eigentümer aufgrund ihrer Einzigartigkeit nicht bekannt sind. Der Anbieter scheut sich dann, einen Festpreis für das Gut festzusetzen. Er ermittelt den Marktwert des Gutes im Wege der Auktion. Nicht zufällig finden Versteigerungen bei Antiquitäten und Kunstgegenständen einen ihrer angestammten Anwendungsbereiche. Sie entwickelten sich insbesondere in dem in Wohlstand blühenden England des 18. Jahrhunderts. Zwei der größten Auktionshäuser der Welt haben in dieser Zeit ihren Ursprung: Sotheby's (1744) und Christie's (1766); vgl. zu ihnen etwa *Herrmann*, Sotheby's: Portrait of an Auction House, 1972; *Thorncroft*, Art. »auction«, in: Turner (Hrsg.), The Dictionary of Art, Bd. 1, 1996, S. 706 (706). Sotheby's wurde als Buch-Auktionshaus gegründet; Christie's erlebte als das erste große Kunst-Auktionshaus seine Blütezeit. Künstler nutzten das Auktionshaus, um ihre Werke auszustellen, und machten Christie's auf diese Weise bekannt. Auch in Deutschland begann sich im 18. Jahrhundert die Tradition der Kunstauktionen zu entwickeln. Bücherauktionen waren schon mindestens seit dem 17. Jahrhundert bekannt. Ein recht frühes Zeugnis legt die Verordnung der Stadt Leipzig aus dem Jahre 1680, »wie es mit Verauktionierung der Bücher und Bibliothek zu halten sei«, ab. Die Auktion leitete ein von der Universität ernannter Ausrufer (praeco, später »Proklamator« genannt).

[6] Vgl. dazu bereits supra S. 118 sowie im Einzelnen infra S. 296.

[7] Für die rheinischen Provinzen ordnete etwa eine Verordnung aus dem Jahre 1790 für Veräußerungen des Fiskus, der Gemeinden, Kirchen, Schulen und Hospitäler das Instrument der Versteigerung verbindlich an: Art. 5 f. des Décret relatif à la vente et à l'administration des biens nationaux, aux créanciers particuliers des différentes maisons, et à l'indemnité de la dîme inféodée vom 28.10.1790.

§ 9 Der Fiskus als Versteigerer – ein Überblick

Bereits in römischer Zeit begegnen uns Versteigerungs- und versteigerungsähnliche Verfahren als Instrument der Staatsbewirtschaftung. *Thielmann* vermutet gar den Ursprung und das Vorbild der Auktion als formalisiertem Veräußerungsmechanismus der römischen Rechtspraxis im öffentlichen Recht[8]. Die Versteigerung hat sich wohl aus der (in der römischen Literatur bereits im 5. Jahrhundert v. Chr. bei *Livius* Erwähnung findenden) Zuteilung der Kriegsbeute, insbesondere der Kriegsgefangenen, als staatlicher Zuteilungsmechanismus[9] entwickelt[10]. Darauf deutet etwa die Verwendung des Speers als Symbol der Versteigerung hin. Der praetor kennzeichnete den Versteigerungsort mit einem Speer; die Versteigerung fand »sub haste« statt[11].

Die Anwendungsfelder der Versteigerung als Rechtsinstrument staatlicher Zuteilung erstreckten sich in römischer Zeit insbesondere auch auf das Beschaffungswesen. Da die Erledigung öffentlicher Aufgaben durch staatliche Bedienstete die Ausnahme war, wurden Bau- und Beschaffungsaufträge, insbesondere die Erstellung und Unterhaltung von öffentlichen Anlagen, z. B. Tempeln und Wasserleitungen, in weitem Umfang im Wege der auctio licitatio verdungen[12]. Sie wurden nach römischem Recht im Wege eines öffentlichen, mündlichen Absteigerungsverfahrens[13] vergeben,

[8] *Thielmann*, Die römische Privatauktion, 1961, S. 36.

[9] *Thielmann*, ibid., S. 36.

[10] *Livius* 2, 17, 6; vgl. *v. Ihering*, Vorgeschichte der Indoeuropäer, 1894, S. 402.

[11] Daraus entwickelte sich die Bezeichnung »Subhastation« (venditio sub haste), die sich bis in die heutige Zeit zur Beschreibung der Zwangsversteigerung erhalten hat. Gelegentlich wird der Begriff der »Subhastation« auch für den öffentlichen Verkauf schlechthin verwendet.

[12] Neben den Zensoren konnten auf Beschluss des Senats auch die Konsulen und Quaestoren bzw. in den Munizipien ein Zweimännerkollegium (»duoviri«) ein staatliches Bauvorhaben verdingen. Vgl. *Ries*, Bauverträge im Römischen Recht, 1989, S. 53 f. mit Nachweisen aus römischen Rechtsquellen.

[13] Im engeren Sinn des Wortes handelt es sich hier nicht um Versteigerungen. Versteigerungen sind – jedenfalls nach dem hier zu Grunde gelegten Begriffsverständnis – dadurch gekennzeichnet, dass ein Gut im Wege des Preiswettbewerbs an den *Meistbietenden* veräußert wird (vgl. S. 305). Bei staatlichen Beschaffungsaufträgen verhält es sich indes umgekehrt: Sie werden nicht zum Höchstgebot, sondern zum günstigsten Preis vergeben (vgl. heute § 97 Abs. 5 GWB). Es handelt sich nicht um Verkaufs-, sondern um Einkaufsveranstaltungen. Sie werden deshalb auch in der Spieltheorie »reverse auctions« bzw. »procurement auctions« genannt. Vgl. dazu auch infra S. 279 ff.

bei dem sich die Interessenten gegenseitig im Preis zu unterbieten hatten, bis keiner der Interessenten einen niedrigeren Preis mehr bot[14]. Die leges locationes enthielten eine Beschreibung des Bauvorhabens und der durchzuführenden Arbeiten sowie der Vertragsbestimmungen; der zu zahlende Preis wurde im Lizitationsverfahren ermittelt[15]. Durch Aufnahme einer Bessergebotsklausel in die leges locationes konnte sich der Staat innerhalb bestimmter Frist von der Bindungswirkung des Zuschlags lösen, wenn ein anderer Bieter ein niedrigeres Gebot vorlegte – eine Verwaltungspraxis, die aus dem ptolemäischen Rechtskreis bereits für die Ausbeutung der Steinbrüche, den Verkauf von Ländereien und die Vergabe von Priesterstellen bekannt war[16]. Die mündliche römische licitatio diente ab dem 16. Jahrhundert als Paradigma für die staatliche Auftragsvergabe in Deutschland[17]; erst im 19. Jahrhundert, als zusehends negative Begleiterscheinungen des Versteigerungsverfahrens, insbesondere ruinöser Preiswettbewerb, übereilte, unrealistische Gebote und in deren Gefolge Qualitätsmängel mit teilweise erheblichen Folgen beklagt wurden, wurde sie durch schriftliche Verfahren mit qualitätsorientierten Entscheidungskriterien ersetzt (siehe dazu im Einzelnen infra S. 279 ff. und S. 410 ff.).

In heutiger (wie auch schon in römischer) Zeit tritt der Staat als Versteigerer etwa bei der Versteigerung von Fundsachen (§ 979 BGB)[18], der Versteigerung sichergestellter Sachen[19] oder bei der Verwertung gepfändeter körperlicher Sachen im Rahmen der zivilprozessualen Zwangsversteigerung (§§ 814 ff. ZPO; § 866 ZPO i. V. m. § 869 ZPO, §§ 15 ff. ZVG) auf. Der Staat nimmt eine hoheitliche Verfügung über das Vermögen von Privatrechtssubjekten vor und ordnet das Eigentum an Gegenständen im Versteigerungswege Dritten zu. Die Versteigerung ist ein staatlicher Hoheitsakt. Die Rechtsbeziehungen zwischen dem Staat (repräsentiert insbesondere durch den Gerichtsvollzieher) und dem Ersteigerer sind dem öffentlichen Recht zuzuordnen[20]. Nicht zuletzt ist die Versteigerung ein Instrument

---

[14] Vgl. dazu *Madvig*, Die Verfassung und Verwaltung des römischen Staates, Bd. 2, 1882, S. 354 f.; *O. Mayer*, AöR 3 (1887), S. 7; *F. C. Huber*, Das Submissionswesen, 1885, S. 421; *Wallerath*, Die Verwaltung 1987, S. 137 (144); *Thielmann* (Fn. 8), S. 20 u. 252.

[15] *Ries*, Bauverträge im Römischen Recht, 1989, S. 56.

[16] *Thielmann* (Fn. 8), S. 22 ff. (insbesondere S. 34); *Ries*, Bauverträge im Römischen Recht, 1989, S. 56; allgemein dazu *Sieg*, Bessergebotsklausel, 1933; vgl. auch *Rudolf*, in: Byok/Jaeger (Hrsg.), Kommentar zum Vergaberecht, 2. Aufl. 2005, Rdnr. 3 f.

[17] Vgl. dazu *Wallerath* (Fn. 14), S. 146 ff.; *Glahs*, in: Reidt/Stickler/dies. (Hrsg.), Vergaberecht-Kommentar, 2. Aufl. 2003, Einl. Rdnr. 1.

[18] Vgl. zur Einordnung der Vorschrift *Quack*, in: Rebmann/Säcker/Rixecker (Hrsg.), Münchener Kommentar zum BGB, 4. Aufl. 2004, § 979 Rdnr. 2.

[19] Vgl. etwa § 49 Abs. 3 S. 1 BPolG, Art. 27 Abs. 3 bay.PAG, § 40 Abs. 3 S. 1 ASOG Bln., § 14 Abs. 5 S. 1 hmb.SOG, § 28 Abs. 3 S 1 nds.PolG, § 45 Abs. 3 S 1 PolG NRW, § 23 Abs. 3 S. 1 sächs.PolG.

[20] Vgl. RG, Urt. v. 15. 12. 1936, RGZ 153, S. 257 (261); RG, Urt. v. 21. 1. 1938, RGZ 156, S. 395 (397); BGH, Urt. v. 11. 11. 1970, BGHZ 55, S. 20 (25). Die Willenseinigung zwischen dem Gerichtsvollzieher und dem Ersteigerer wird zum Teil als kaufähnlicher

der öffentlich-rechtlichen Zwangsvollstreckung, mit deren Hilfe der Staat seine Forderungen vollstreckt[21].

Der Staat bedient sich des Instruments der Versteigerung auch im Rahmen der staatlichen Ausgabenwirtschaft: Der Fiskus versteigert Nutzungsrechte an forstfiskalischen Eigenjagdbezirken und gemeinschaftlichen Jagdbezirken (infra I.). Die Deutsche Finanzagentur versteigert jede Woche für Rechnung des Bundes Bundeswertpapiere; das Versteigerungsverfahren ist ferner fester Bestandteil der Offenmarktpolitik des Europäischen Zentralbanksystems (dazu infra II.). Auch das heutige staatliche Beschaffungswesen bedient sich mit der Ausschreibung auf der Basis des Zuschlagskriteriums des wirtschaftlichsten Angebots in ähnlicher Weise wie das römische Recht eines versteigerungs*nahen* Zuteilungsinstruments (dazu infra III.).

I. Die Versteigerung von forstfiskalischen Eigenjagd- und gemeinschaftlichen Jagdbezirken

Der Staat bzw. die Gemeinden verfügen über zahlreiche Eigenjagdbezirke, d. h. zusammenhängende Grundflächen mit einer land-, forst- oder fischereiwirtschaftlich nutzbaren Fläche von mindestens 75 Hektar, die in ihrem Eigentum stehen. Das daran bestehende Jagdrecht üben sie in der Regel nicht selbst (etwa durch angestellte Jäger) aus, sondern überlassen es Dritten zur Pacht[22]. Mit der Verpachtung übertragen sie dem Pächter gegen Entgelt die Ausübung des Jagdrechts in dem Jagdbezirk, und zwar in seiner Gesamtheit[23]. Der Staat bzw. die Gemeinde als Eigenjagdbesitzer werden hier als privatrechtliche Eigentümer von Grundstücken tätig, ohne hoheit-

öffentlich-rechtlicher Vertrag angesehen (so z. B. OLG München, DGVZ 1980, S. 122; *Schilken*, in: Lüke/Wax [Hrsg.], MüKoZPO, 4. Aufl. 2005, § 817 ZPO, Rdnr. 3 u. 5; *Thomas/Putzo*, ZPO, 22. Aufl. 2007, § 817 Rdnr. 2), zum Teil als einseitige hoheitliche Maßnahme des Gerichtsvollziehers, die einen öffentlich-rechtlichen Anspruch des Erstehers auf Aushändigung und Eigentumserwerb an der Pfandsache begründet (*Rosenberg*, Lehrbuch des deutschen Zivilprozessrechts, 9. Aufl. 1961, § 191 IV 3; *Stöber*, in: Zöller, ZPO, 26. Aufl. 2007, § 817 Rdnr. 7).

[21] Vgl. § 296 Abs. 1 AO; § 5 Abs. 1 VwVG i. V. m. § 296 Abs. 1 AO; § 49 Abs. 3 BGSG; §§ 36, 58 hess.VwVG; §§ 34, 58 nds.VwVG; § 30 nrw. VwVG; § 34 rp.VwVG; § 49 Abs. 1 hmb.VwVG; § 48 saarl.VwVG; § 34 Abs. 1 sachs.-anh.VwVG; § 292 sh.VwVG.

[22] Dem Eigenjagdbesitzer ist grundsätzlich freigestellt, auf welche Weise er das ihm zustehende Jagdausübungsrecht nutzen will bzw. an wen und zu welchen Bedingungen er seinen Jagdbezirk verpachtet. Vgl. VG Karlsruhe, Urt. v. 9. 5. 1985 – 9 K 45/85 –, abgedruckt in: Prützel (Hrsg.), Jagdrechtliche Entscheidungen der ordentlichen Gerichte, der Arbeitsgerichte, der allgemeinen Verwaltungsgerichte sowie der Finanz- und Sozialgerichte, III Nr. 72.

[23] Ein Teil des Jagdausübungsrechts kann nicht einbehalten werden (§ 11 Abs. 1 S. 1 u. 2 BJagdG). Unzulässig ist daher eine Klausel, nach der der Verpächter den Abschuss von Schwarzwild an den Pächter A und den Abschuss des Niederwilds (Hasen, Kaninchen etc.) an den Pächter B verpachtet.

liche Sonderrechte geltend zu machen. Sie treten als Wirtschaftssubjekte auf dem Markt auf. In der Regel schreiben Länder und Gemeinden die Pachtnutzung aus und vergeben sie im Wege der Versteigerung an den Meistbietenden[24].

Bei Grundflächen, die nicht die Ausmaße eines Eigenjagdbezirkes erreichen, sondern eine gemeinschaftlichen Jagdbezirk[25] bilden, tritt die als Körperschaft des öffentlichen Rechts verfasste[26] Jagdgenossenschaft an die Stelle des Eigenjagdbesitzers. Sie setzt sich aus den Eigentümern der Grundflächen zusammen, die zu einem Jagdbezirk gehören. Ihr steht das Nutzungs- und damit auch das Verpachtungsrecht zu. Die Jagdgenossenschaft ist grundsätzlich frei darin, wie sie die Jagdnutzung ausgestaltet. Dritte haben keinen Anspruch auf Abschluss eines Nutzungsvertrages mit der Jagdgenossenschaft. Soweit die Jagdgenossenschaft sich für eine Verpachtung entscheidet, geben die Jagdgesetze ihr verschiedene Möglichkeiten der Zuteilung an die Hand: Sie kann Verpachtungen (außer im Wege der Einholung schriftlicher Gebote, der freihändigen Vergabe oder der Verlängerung laufender Pachtverträge) insbesondere im Wege der Öffentlichen Versteigerung[27] vornehmen[28]. Macht die Jagdgenossenschaft von dem Versteigerungsverfahren Gebrauch, ist sie an besondere Verfahrensregeln gebunden: Die Versteigerung muss ordnungsgemäß bekannt gemacht werden. Der Zuschlag darf nur Jagdpachtfähigen[29] erteilt werden. Die Verfahrensregeln einer Englischen Versteigerung[30] sind zu beachten[31]. Die Jagdgenossenschaft nimmt (wenn auch Körperschaft des öffentlichen Rechts) keine hoheitliche Zuteilungsentscheidung über staatliche Rechte vor, sondern schließt mit dem Interessenten im Wege der Versteigerung ein privatrechtliches Rechtsverhältnis, nämlich einen Pachtvertrag[32].

---

[24] Vgl. z.B. die Ausschreibung des Landesbetriebes Hessen-Forst zur Versteigerung von Eigenjagdbezirken gegen schriftliches Meistgebot vom Oktober 2004, abrufbar unter http://hessen-forst.de/deutsch/_infods/Produktinfos/jagd/jagdver_1004.htm (1.5.2005). Vgl. auch *Ch. König*, Die öffentlich-rechtliche Verteilungslenkung, 1994, S. 408.

[25] Gemeinschaftliche Jagdbezirke sind alle Grundflächen einer Gemeinde oder abgesonderten Gemarkung, die nicht zu einem Eigenjagdbezirk gehören und im Zusammenhang mindestens 150 Hektar umfassen (§8 Abs. 1 BJagdG).

[26] Vgl. z.B. §16 Abs. 1 nds.JagdG.

[27] Vgl. die Legaldefinition der öffentlichen Versteigerung in §383 Abs. 3 BGB.

[28] Vgl. etwa §3 der Durchführungsverordnung zum thüringischen JagdG v. 7.12.1992 (GVBl. 1993, S. 3); §7 der Verordnung zur Durchführung des saarländischen JagdG v. 27.1.2000 (Amtsbl. S. 268); Art. 12 Abs. 1 S. 4 bay. JagdG; vgl. auch §5 Abs. 3 der Anlage 1 der rp. Verwaltungsvorschrift zum LandesjagdG (Mustersatzung für Jagdgenossenschaften).

[29] Jagdpachtfähig ist nur, wer einen Jagdschein besitzt und einen solchen schon vorher während dreier Jahre in Deutschland besessen hat (§11 Abs. 5 S. 1 BJagdG).

[30] Vgl. dazu S. 313.

[31] Vgl. z.B. §3 Abs. 5–14 der Durchführungsverordnung zum thüringischen JagdG v. 7.12.1992 (Fn. 28).

[32] BGH, Urt. v. 4.7.1991, BGHZ 115, S. 116 (121); BGH, Urt. v. 5.2.1987, NJW-RR 1987, S. 839 (839); OVG Schleswig-Holstein, Urt. v. 20.6.1991 – 3 L 54/91 –, Juris-Dok. Nr. MWRE002279213, Rdnr. 22; vgl. dazu auch *Altmeppen/Bunte*, Kartellrechtliche Probleme des deutschen UMTS-Versteigerungsverfahrens, in: Piepenbrock/Schuster (Hrsg.), UMTS-Lizenzvergabe, 2001, S. 443 (484).

II. Das Tenderverfahren der Deutschen Bundesbank und der Europäischen Zentralbank

Zur Deckung ihres staatlichen Finanzbedarfs emittiert die Bundesrepublik Deutschland – Finanzagentur GmbH[33] für Rechnung des Bundes Wertpapiere des Bundes (Bundesanleihen, Bundesobligationen, Bundesschatzanweisungen und Unverzinsliche Schatzanweisungen) auf dem Finanzmarkt[34]. Sie plaziert diese, indem sie die Wertpapiere zum Erwerb ausschreibt und die Nachfrage darauf wöchentlich im Wege eines Versteigerungsverfahrens, dem Tenderverfahren, zuteilt[35]. Bietberechtigt sind (allein) die Mitglieder der »Bietergruppe Bundesemissionen«, die aus den ca. 40 wichtigsten deutschen Großbanken besteht. Die Mindestbiethöhe beträgt eine Million Euro.

Auch das Europäische Zentralbanksystem bedient sich des Tenderverfahrens im Rahmen der Offenmarktpolitik, d. h. beim An- und Verkauf von Wertpapieren am offenen Markt[36]. Die Offenmarktpolitik ist eine Säule des geldpolitischen Instruments der Zentralbank: Die Banken benötigen im täglichen Geschäftsverkehr nicht selten kurzfristig Geldmittel, die sie nicht selbst beschaffen können, so etwa wenn ein Teil der Kunden sich kurzfristig einen Teil seiner Einlagen ausbezahlen lässt. Die Zentralbank bietet den Banken dann die Möglichkeit, sich kurzfristig Geldmittel zu beschaffen, d. h. sich zu refinanzieren: Sie verpflichtet sich, ein Wertpapier entweder vorübergehend[37] oder endgültig anzukaufen (»in Pension zu nehmen«) und der verkaufenden Geschäftsbank dafür liquide Geldmittel zur Verfügung

---

[33] Die Bundesrepublik Deutschland – Finanzagentur GmbH ist ein privatrechtlich organisiertes Unternehmen im Geschäftsbereich des Bundesministeriums der Finanzen. Es erbringt Dienstleistungen bei der Haushalts- und Kassenfinanzierung der Bundesrepublik Deutschland und ihrer Sondervermögen an den Finanzmärkten. Ihre Aufgabe ist es, das Schuldenmanagement des Bundes kostensparend und risikooptimiert auszurichten.

[34] § 13 i. V. m. § 6 Gesetz zur Neuordnung des Schuldbuchrechts des Bundes und der Rechtsgrundlagen der Bundesschuldenverwaltung (Bundeswertpapierverwaltungsgesetz).

[35] Vgl. dazu die »Verfahrensregeln für Tender bei der Begebung von Bundesanleihen, Bundesobligationen, Bundesschatzanweisungen und Unverzinslichen Schatzanweisungen des Bundes«, abrufbar unter http://www.bundesbank.de/kredit/kredit_tenderverfahren.php (20. 1. 2007).

[36] Vgl. dazu *Nautz*, Der Zinstender bei den Wertpapierpensionsgeschäften der Deutschen Bundesbank, 1994; *ders.*, Die Geldmarktsteuerung der Europäischen Zentralbank und das Geldangebot der Banken, 2000; *ders./Oechsler*, Scandinavian Journal of Economics 105 (2003), S. 207 ff.; zur Rolle der Zentralbank im System der Gemeinschaftswährung *Kämmerer*, Grenzen des Europarechts. Die Europäische Zentralbank als Hüterin der Gemeinschaftswährung, in: März (Hrsg.), An den Grenzen des Rechts, 2003, S. 79 ff.

[37] Bei einem vorübergehenden Ankauf, d. h. wenn das Papier in Pension genommen wird, muss sich die verkaufende Bank verpflichten, die Papiere nach einer bestimmten Zeit (zum Beispiel nach vierzehn Tagen) wieder zurückzukaufen. Man spricht dann von Wertpapierpensionsgeschäft. Der Rückkaufpreis liegt hierbei stets über dem Ankaufpreis. Die Differenz zwischen Ankaufs- und Rückkaufpreis ist der Preis (Zinssatz, Pensionssatz) für die befristete Überlassung von Liquidität durch die Zentralbank an eine Geschäftsbank.

zu stellen. Sie kauft bzw. verkauft am offenen Markt Wertpapiere (daher auch »Offenmarktpolitik«). Die dafür vorgesehenen Mittel schreibt die Zentralbank wöchentlich aus[38]. Die Verschaffung von Liquidität ist dabei nicht kostenlos; die Zentralbank erhebt dafür Zinsen. Sie können im Mengentender-[39] oder im Zinstenderverfahren ermittelt werden. Das Zinstenderverfahren ist ein Versteigerungsverfahren[40]. Es überlässt die Findung des Refinanzierungszinssatzes dem Markt: Die Zentralbank legt lediglich die zuzuteilende Menge und einen Mindestbietungssatz fest[41]. Die Geschäftsbanken geben nicht nur Gebote über die gewünschte Menge ab, sondern sie nennen in ihrem Gebot auch den Zins, zu dem sie Refinanzierungsgeschäfte abzuschließen bereit sind. Die festgelegte Gesamtverkaufsmenge wird dann entweder zu einem für alle einheitlichen (marginalen) Zins (holländische Methode) oder zu den individuellen Bietungssätzen (amerikanische Methode) zugeteilt. Gebote zu dem gerade noch zum Zuge kommenden Satz werden gegebenenfalls repartiert[42]. Die Banken müssen bei ihren Geboten eine Chance-Risiko-Abwägung treffen: Bieten sie zu niedrige Zinsen, laufen sie Gefahr, bei der Zuteilung leer auszugehen. Bieten sie umgekehrt höher als der Markt, zahlen sie einen höheren Zinssatz als nötig. Je höher sie bieten, umso höher ist die Chance einer vollen Zuteilung. Die Zinstender-Auktionen der Europäischen Zentralbank bilden die wichtigste Refinanzierungsquelle des europäischen Bankensektors. Über sie werden rund drei Viertel des Refinanzierungsvolumens der Banken bereitgestellt. Der dabei ermittelte Zinssatz ist der entscheidende Leitzinssatz der Geldpolitik.

---

[38] Die Laufzeit des Refinanzierungsgeschäfts beträgt in der Regel eine Woche. Man spricht dann von einem Hauptrefinanzierungsgeschäft. Einmal im Monat wird ein Refinanzierungsgeschäft mit einer Laufzeit von drei Monaten, der sog. Basistender, angeboten.

[39] Bei einem Mengentender (fixed rate tender; volume tender) gibt die Europäische Zentralbank den Zinssatz vor und holt zu diesem Zinssatz Mengengebote der Kreditinstitute ein. Die Kreditinstitute geben Gebote über den Betrag ab, den sie zu diesem Refinanzierungszinssatz abnehmen möchten, um Liquidität zu erhalten. Die Zentralbank teilt bei einem Nachfrageüberhang die von ihr vorgesehene Liquiditätsmenge anteilsmäßig zu, d. h. alle Gebote der Geschäftsbanken werden gleichmäßig mit demselben Prozentsatz »bedient« oder »repartiert« (vgl. zur Repartierung als Zuteilungsverfahren supra S. 100). Eine Geschäftsbank erhält von ihrem Gebot den Vomhundertsatz zugeteilt, der sich aus der Relation der von der Zentralbank bestimmten Zuteilungsmenge zur Summe aller Gebote ergibt. Die Zentralbank wendete das Mengentenderverfahren bis Juni 2000 an. Es bewährte sich in das Praxis nicht: Die Banken gaben bald so hohe Gebote ab, dass der Anteil der bedienten Gebote (die sog. Repartierungsquote) schließlich auf verschwindend niedrige Werte (von unter einem Prozent) sank. Die Refinanzierung wurde insbesondere für kleinere Banken uninteressant. Die Europäische Zentralbank wechselte daher vom Mengen- zum Zinstenderverfahren.

[40] Vgl. zum hier zu Grunde gelegten Begriff der Versteigerung infra S. 305 ff.

[41] Mit dem Mindestbietungssatz setzt die Zentralbank zum einen geldpolitische Signale und kann mit seiner Hilfe zum anderen einen unerwünschten Zinsrückgang am Geldmarkt verhindern.

[42] Vgl. zur Repartierung als Modell hoheitlicher Verteilungslenkung supra S. 100.

III. Der Staat als Nachfrager auf dem Markt – die Vergabe von öffentlichen Aufträgen

Eines versteigerungsnahen Zuteilungsmechanismus bedient sich der Staat auch dort, wo er zur Deckung des staatlichen Bedarfs am Markt Leistungen nachfragt[43] und sich für die Erfüllung öffentlicher Zwecke benötigte Waren, Bau- und Dienstleistungen im Wege eines Einkaufswettbewerbs beschafft. Der Staat nimmt als Nachfrager am Markt teil. Seiner Rolle kommt erhebliche volkswirtschaftliche Tragweite zu[44]. Nicht selten, etwa im Fernstraßenbau, ist der Staat einziger Nachfrager bestimmter Leistungen.

Der öffentliche Auftraggeber fordert eine unbeschränkte Vielzahl von Unternehmen zur Abgabe von Angeboten auf, vergleicht die Angebote und erteilt dem wirtschaftlich günstigsten Anbieter den Zuschlag[45]. Die Anbieter treten in einen durch den Staat als Nachfrager induzierten Wettbewerb. Anliegen des in hohem Maße durch europarechtliche Vorgaben prädeterminierten Vergabeverfahrens ist es, eine sparsame und wirtschaftliche Verwendung der eingesetzten öffentlichen Haushaltsmittel sicherzustellen, die Gleichbehandlung der Interessenten zu garantieren und zu verhindern, dass der Staat als Nachfrager auf dem Markt seine Marktstärke usurpiert. Auf das preisgünstigste Angebot ist der Auftraggeber dabei nicht festgelegt. Der Preis ist nur ein notwendiges, nicht aber hinreichendes Auslesekriterium. Zu berücksichtigen sind auch andere durch den Auftragsgegenstand gerechtfertigte Kriterien, insbesondere die Qualität, Rentabilität, Kundendienst, ferner die Zuverlässigkeit, Leistungsfähigkeit und Fachkunde; es findet nicht nur ein Preis-, sondern auch ein Qualitätswettbewerb statt (§ 97 Abs. 5 GWB, § 25 Abs. 3 der VOB/A). Die Gebote werden grundsätzlich verdeckt abgegeben; (Nach-)Verhandlungen sind grundsätzlich[46] nicht zulässig. Ein offenes gegenseitiges Überbieten, wie es für die römische auctio licitatio typisch war, findet damit nicht statt.

---

[43] Die Ähnlichkeit wird schon an der einheitlichen Bezeichnung des Zuteilungsaktes als »Zuschlag« deutlich. Vgl. etwa § 97 Abs. 5 GWB.

[44] In der Europäischen Union beschafften im Jahre 1996 öffentliche Auftraggeber und die den einschlägigen Gemeinschaftsvorschriften unterliegenden Unternehmen jährlich Güter und Dienstleistungen im Wert von ca. 720 Mrd. Euro. Auf den einzelnen Unionsbürger umgerechnet, entspricht dies 2000 Euro jährlich (vgl. Grünbuch »Das öffentliche Auftragswesen in der Europäischen Union«, KOM [96] 583, S. 1). Im Jahr 1998 überschritt die geschätzte Jahressumme öffentlicher Aufträge erstmals die Grenze von einer Billion Euro (EG-Kommission, Mitteilung KOM [2000] 26 v. 26. 1. 2000, S. 20 mit Tabelle 18, S. 52). Das öffentliche Vergabewesen erwirtschaftet heute einen Anteil von ca. 16 % des Bruttoinlandsprodukts der Europäischen Union (vgl. http://www.europa.eu.int/publicprocurement/index_de.htm [20. 5. 2007]). Vgl. auch *Prieß*, Hdb. des europäischen Vergaberechts, 3. Aufl. 2005, S. 1 ff.; *Boesen*, Vergaberecht, 2000, Einl. Rdnr. 8.

[45] § 97 Abs. 5 GWB.

[46] Verhandlungen, bei denen der öffentliche Auftraggeber die Vergabebedingungen im Wege der freihändigen Vergabe erörtert, sind nach § 101 Abs. 4 u. 5 GWB in Ausnahme-

Das soll sich nach dem Willen der Europäischen Union ändern: Die Mitgliedstaaten dürfen nunmehr – nach dem Vorbild privatwirtschaftlicher Beschaffungsvorgänge im Business-to-Business-Geschäft[47] – elektronische Auktionen als Vergabeinstrument vorsehen (Art. 56 der Vergaberichtlinie Wasser, Energie, Verkehr und Post[48]; Art. 54 der Vergaberichtlinie Bau-, Liefer- und Dienstleistungsaufträge[49]). Elektronische Auktionen sind iterative Verfahren, bei denen mittels einer elektronischen Vorrichtung jeweils neue, nach unten korrigierte Preise und/oder neue, auf bestimmte Komponenten der Angebote abstellende Werte vorgelegt werden[50]. Die Sachlage verhält sich spiegelbildlich zum Veräußerungswettbewerb der klassischen Versteigerung: Der Wettbewerb ist nicht auf eine Erhöhung des Preises ausgerichtet, sondern auf den Erwerb zum Niedrigstgebot. Die Bieter sind aufgerufen, sich wechselseitig zu unterbieten, statt – wie im Falle der klassischen Versteigerung – zu überbieten. Es liegt kein Nachfrager-, sondern ein Anbieterwettbewerb vor; es handelt sich um eine inverse Auktion (reverse auction), die auf einen transparenten preisgesteuerten Einkaufswettbewerb zielt[51].

---

fällen erlaubt, namentlich wenn die Art des zu vergebenden Auftrages, insbesondere seine Komplexität, Verhandlungen erfordert. Im letztgenannten Fall lässt das Gesetz nunmehr auch einen wettbewerblichen Dialog zu (§ 101 Abs. 4 GWB; dazu *Pünder/Franzius*, ZfBR 2006, S. 20 ff.). Grundsätzlich ist das offene Verfahren i. S. d. § 101 Abs. 2 GWB anzuwenden (§ 101 Abs. 6 GWB). Vgl. zur grundsätzlichen Unvereinbarkeit des vergaberechtlichen Verhandlungsverbots mit Absteigerungsverfahren auch *Noelle*, NZBau 2002, S. 197 (198 ff.).

[47] Im privaten Business-to-Business-Geschäft haben sich bereits seit geraumer Zeit elektronische Marktplattformen herausgebildet, die einen Einkaufswettbewerb für gewerbliche Produkte eröffnen und im Wege der Versteigerung durchführen. Sie erfreuen sich dort wachsender Beliebtheit.

[48] Richtlinie 2004/17/EG des Europäischen Parlamentes und des Rates zur Koordinierung der Zuschlagserteilung durch Auftraggeber im Bereich der Wasser-, Energie- und Verkehrsversorgung sowie der Postdienste, ABl. EG Nr. L 134 vom 30. 4. 2004, S. 1 ff.; im Folgenden: Vergaberichtlinie Wasser, Energie, Verkehr und Post. Vgl. zu dem Richtlinienpaket im Einzelnen etwa *Holoubek*, Das neue Richtlinienpaket der EU, in: Pünder/Prieß (Hrsg.), Vergaberecht im Umbruch, 2005, S. 7 ff.

[49] Richtlinie 2004/18/EG des Europäischen Parlamentes und des Rates über die Koordinierung der Verfahren zur Vergabe öffentlicher Bauaufträge, Lieferaufträge und Dienstleistungsaufträge vom 31. 3. 2004, ABl. EG Nr. L 134 vom 30. 4. 2004, S. 134 ff.; im Folgenden: Vergaberichtlinie Bau-, Liefer- und Dienstleistungsaufträge; vgl. nun auch § 101 Abs. 6 GWB in der Fassung des Referentenentwurfs für ein Gesetz zur Modernisierung des Vergaberechts vom 3. 3. 2008.

[50] Art. 1 Abs. 6 S. 1 Vergaberichtlinie Wasser, Energie, Verkehr und Post (Fn. 48) und sowie Art. 1 Abs. 7 S. 1 der Vergaberichtlinie Bau-, Liefer- und Dienstleistungsaufträge (Fn. 49); vgl. dazu *Knauff*, EuZW 2004, S. 141 (142); *Mader*, EuZW 2004, S. 425 (428); *M. Müller/Ernst*, NJW 2004, S. 1768 (1772 f.); *Opitz*, NZBau 2003, S. 190 (190 f.); *Rechten*, NZBau 2004, S. 366 (370 f.); *Probst*, ThürVBl. 2002, S. 245 ff.

[51] Die reverse auction kann (wie die klassische Versteigerung) – technisch gesehen – in sehr unterschiedlichen Auktionsformaten durchgeführt werden (vgl. zu den unterschiedlichen Auktionstypen im Einzelnen auch infra S. 305 ff.): Sie kann mit einem über dem erwarteten Marktpreis liegenden Erstgebot beginnen, der von den Interessenten unterboten werden muss (Englische reverse auction), mit einem unter dem erwarteten günstigsten

Zu Beginn einer elektronischen Auktion werden alle zugelassenen Bieter, die bereits ein erstes Angebot abgegeben haben, gleichzeitig auf elektronischem Wege aufgefordert, neue Preise und/oder Werte für ihr Angebot vorzulegen. Die neuen Gebote werden mit Hilfe einer im Voraus bekannten Verrechnungsformel in eine Rangordnung gebracht. Im Laufe jeder Phase übermittelt der öffentliche Auftraggeber allen Bietern auf elektronischem Wege die erforderlichen Informationen, damit diese ihren jeweiligen Rang im Bietprozess erkennen können. Die Identität der Bieter bleibt dabei geheim. Die Auktion schließt mit einem Zuschlag, der an eine festgelegte Bietzeit, ein Versiegen der Bietaktivität (ein Ausbieten) oder an eine im Voraus festgelegte Bietrundenzahl, anknüpft[52]. Mit der elektronischen Auktion verbindet sich die Hoffung auf besonders günstigen Erwerb von hochwertigen Produkten und Leistungen bei gleichzeitiger hoher Transparenz. Ein Einsparpotenzial in den öffentlichen Haushalten von 10–15 % gilt als realistisch[53].

Die in dem neuen Richtlinienpaket vorgesehene elektronische Auktion scheint die Tradition der Lizitation wieder aufzunehmen[54], die bereits in römischer Zeit als Instrument des Beschaffungswesens Anwendung fand und bis in das 19. Jahrhundert hinein in Deutschland ihr Paradigma blieb[55]. Sie teilt als Mechanismus preisgesteuerter Auftragsvergabe auch deren Gefahren. Sie kann unüberlegte Angebote und einen ruinösen Preiswettbewerb provozieren, der kurzfristige Kosteneinsparungen für die öffentlichen Haushalte mit kurzsichtigen Qualitätseinbußen bei der Auftragserfüllung erkauft. Die Erfahrungen, die zur Ablösung der Lizitation durch ein am wirtschaftlichsten Gebot orientiertes Verfahren der Auftragsvergabe führten, vermögen dafür beredtes Zeugnis abzulegen und böse Vorahnungen wach zu rufen. So soll etwa ein mehrere Menschenleben forderndes Eisen-

---

Gebot liegenden Preis, der schrittweise erhöht wird, bis der erste Bieter zuschlägt (Holländische reverse auction) oder mit verdeckten Geboten operieren, die nicht verhandelt werden und unter denen das preisgünstigste den Zuschlag erhält. Mit verdeckten Geboten kann die Auktion als geheime Niedrigstpreisauktion wie auch als reverse Vickrey-Auktion durchgeführt werden. Hat der günstigste Bieter die Leistung zu dem von ihm gebotenen Preis zu entrichten, handelt es sich um eine der geheimen Höchstpreisauktion entsprechende geheime Niedrigstpreisauktion. Hat der Ausschreibende nicht den niedrigsten, sondern den zweitniedrigsten gebotenen Preis zu zahlen, liegt eine reverse Vickrey-Auktion vor.

[52] Art. 56 Abs. 7 der Vergaberichtlinie Wasser, Energie, Verkehr und Post (Fn. 48) bzw. Art. 54 Abs. 7 der Vergaberichtlinie Bau-, Liefer- und Dienstleistungsaufträge (Fn. 49).

[53] Vgl. zu entsprechenden Erfahrungen im gewerblichen Einkaufsgeschäft *Noelle*, NZBau 2002, S. 197 ff.

[54] Vgl. zu gleichläufigen Entwicklungen zunehmender Nutzung elektronischer Auktionssysteme durch die staatliche Beschaffungsverwaltung in den USA *Burke*, Online Reverse Auctions, 14.00–11 Briefing Papers 2000, S. 1 ff.; *Palmer/Dover/McGovern*, Government Contractor 26 (2000), S. 263 ff.; *Ratterman*, Construction Lawyer 24 (2004), S. 22 ff.

[55] Vgl. dazu supra S. 274 und infra S. 410 ff.

bahnunglück in Hugstetten (Taunus) im Jahre 1882 auf die mangelhafte Ausführung der im Lizitationsverfahren ausgeschriebenen Bahnbauarbeiten zurückzuführen gewesen sein[56]. Eine Reduzierung des Auswahlvorgangs auf quantifizierbare Parameter droht wichtige Aspekte des Auswahlvorgangs zu eliminieren. Qualität lässt sich nur schwer in das Prokrustesbett quantifizierbarer Parameter pressen. Eine elektronische Auktion setzt sachlogisch voraus, dass ausschließlich quantifizierbare, nicht von komplexen Wertungen abhängige Komponenten Gegenstand des Zuteilungswettbewerbs sind. Der zu beschaffende Gegenstand bzw. die zu beschaffende Dienstleistung muss in Art und Umfang so genau beschrieben werden, dass lediglich noch der Preis oder eine andere quantifizierbare Einheit zu vereinbaren ist. Eine nachträgliche Veränderung des im Zeitpunkt der Bekanntmachung ausgeschriebenen Auftragsgegenstandes im Laufe des Auktionsprozesses ist nicht mehr möglich[57]. Leistungen, bei denen eine geistige Komponente zu erbringen ist, insbesondere viele Dienstleistungen, scheiden als Gegenstand einer elektronischen Auktion aus[58]. Nicht alle Vergabevorgänge eignen sich also insoweit für eine arithmetische Erfassung und Verrechnung von Geboten. Um den Gefahren von preisbedingten Qualitätseinbußen zu begegnen, ist es angezeigt, dem Auktionsverfahren ein qualitätsorientiertes Sachausleseverfahren vorzuschalten, das eine anschließende Auswahlentscheidung nach quantifizierbaren Kriterien ermöglicht[59]. Ex-post-Opportunismus der Bieter schließt dies zugleich nicht aus. Den Gefahren rein preisorientierter Zuteilung kann es nicht begegnen. Eine Einbeziehung weiterer Zuteilungsvariablen in den Auktionsprozess zur Ermittlung des wirtschaftlichsten Angebots[60] erreicht schnell eine Komplexität, deren Bewältigung mit quantifizierenden Methoden nicht mehr möglich ist. Das Instrument der elektronischen Auktion beschreitet hier eine Gratwanderung, die die Leistungsfähigkeit des Auktionsmechanismus auf die Probe stellt – um den Preis der Gefährdung des Vergabeziels. Es bleibt zu hoffen, dass die Mitgliedstaaten und die Vergabestellen von ihm mit Bedacht und Vorsicht Gebrauch machen.

---

[56] *Adam*, Öffentliche Auftragsvergabe und culpa in contrahendo, 2005, S. 26 m. w. N.

[57] So ausdrücklich auch Art. 54 Abs. 8 S. 2 der Vergaberichtlinie öffentliche Bauaufträge, Lieferaufträge und Dienstleistungsaufträge (Fn. 49).

[58] Art. 1 Abs. 6 S. 2 der Vergaberichtlinie Wasser, Energie, Verkehr und Post (Fn. 48) bzw. Art. 1 Abs. 7 S. 2 der Vergaberichtlinie Bau-, Liefer- und Dienstleistungsaufträge (Fn. 49).

[59] Eine solche schreibt das Richtlinienpaket der Europäischen Union auch ausdrücklich vor: Vor der Durchführung der elektronischen Auktion nehmen danach die öffentlichen Auftraggeber eine vollständige Evaluierung der Angebote anhand der Zuschlagskriterien vor (Art. 54 Abs. 4 der Vergaberichtlinie öffentliche Bau-, Liefer- und Dienstleistungsaufträge [Fn. 49] bzw. Art. 56 Abs. 4 der Vergaberichtlinie Wasser, Energie, Verkehr und Post [Fn. 48]).

[60] Das ermöglichen 54 Abs. 2 S. 3 Spstr. 2 (Fn. 49) bzw. Art. 56 Abs. 2 S. 3 Spstr. 2 (Fn. 48) des Richtlinienpakets ausdrücklich.

§ 10 Versteigerungen als Instrument der hoheitlichen Verteilungslenkung

Wo der Staat Eigenjagdbezirke, Wertpapiere oder öffentlichen Aufträge versteigert, tritt er als Anbieter oder Nachfrager von Leistungen auf dem Markt auf. Er ist dort zwar kein Anbieter oder Nachfrager wie jedermann; insbesondere dort, wo er eine Monopolstellung einnimmt, muss er sich besonderen Regelungen unterwerfen. Er beteiligt sich jedoch grundsätzlich wie ein privater Dritter am Marktgeschehen und bedient sich der effizienzfördernden Wirkung des Marktes zur Erfüllung seiner Aufgaben, statt sie mit eigenen Mitteln selbst zu erbringen. Der Markt als Handlungsform ist dem Staat hier weder verwehrt noch ist er mit dem Nimbus gesteigerter Rechtfertigungsbedürftigkeit belegt.

Wo der Staat dem Bürger als Hoheitsträger gegenübertritt und die Verteilungslenkung in hoheitlicher Funktion wahrnimmt, insbesondere bei der Zuteilung kontingentierter hoheitlicher Erlaubnisse und Konzessionen, hat die Rechtsordnung den Markt demgegenüber bislang regelmäßig nicht in den Köcher seiner Verteilungsinstrumente aufgenommen. Stellt sich auch hier das Bedürfnis nach einer knappheitsgerechten Zuteilung und einer effizienten Nutzung der knappen Ressourcen, gilt die hoheitliche Verteilungslenkung als Tabuzone des Marktes, die seiner Verteilungswirkung und Ausbreitung keinen Entfaltungsspielraum lässt. Die staatliche Verteilungsordnung erscheint als domaine réservé administrativer Auswahlentscheidungen, der marktlichen Modellen nicht offen steht. Ob der Versteigerungsmechanismus auch bei der Verteilung knapper, staatlich verwalteter Ressourcen durch den Staat eine legitime Rolle als Regelmechanismus zur Lösung von Verteilungsfragen einnehmen kann, nimmt die Rechtswissenschaft unter dem Eindruck verstärkten Effizienzstrebens und dem Vordringen der Ökonomik in das Recht erst in der jüngsten Vergangenheit als erwägenswerte Option in den Blick[61]. Die rechtlichen Möglichkeiten und Schranken einer marktgesteuerten Allokation in der hoheitlichen Verteilungslenkung sind bislang weitgehend ungeklärt.

---

[61] Erste wegweisende Ansätze einer Diskussion finden sich bereits bei *Tomuschat*, Der Staat 12 (1973), S. 433 ff.; *C. Koenig*, Die öffentlich-rechtliche Verteilungslenkung, 1994, S. 390 ff.

Heißt es bei *Paul Kirchhof* noch ebenso apodiktisch wie unmissverständlich: »Rechte werden individuell je nach Berechtigung, nicht nach Zahlungsbereitschaft zugeteilt«[62], hat der Gesetzgeber inzwischen die »Schamgrenze« durchbrochen und der Versteigerung den Schlagbaum zur öffentlich-rechtlichen Verteilungslenkung geöffnet. Die Idee, die Allokationsfunktion des Preises als Instrument auch der Verteilung knapper, staatlich verwalteter Güter einzusetzen, hat die Pforten des öffentlichen Rechts erobert. Sie mag Abbild einer wachsenden Hemmungslosigkeit des Staates und eines staatlichen Feudalismus sein, der vor einem Ausverkauf von Entscheidungspflichten nicht zurückschreckt[63]. Sie legt aber auch Zeugnis dafür ab, dass die Grenzen zwischen hoheitlicher Verwaltung und privatrechtlicher Betätigung des Staates zusehends verschwimmen und ihre Handlungsformen sich einander annähern. Die vielfarbigen Formen der Beteiligung Privater an der Ausübung öffentlicher Gewalt[64] belegen dies. Der Markt als Handlungsform der öffentlich-rechtlichen Verteilungslenkung oszilliert zwischen Sumpfblüte des Ökonomismus[65], Kommerzialisierungsstreben und Allzweckwaffe. Seine Funktion als Instrument der verschwendungsfreien Zuteilung knapper Güter fordert dazu heraus, der legitimen Rolle des Marktes in der öffentlich-rechtlichen Verteilungslenkung nachzuspüren.

I. Der Marktgedanke in der öffentlich-rechtlichen Verteilungslenkung im Spiegel der Zeit – ein geschichtlicher und rechtsvergleichender Überblick

Die ersten Ansätze einer preisgesteuerten Zuteilung knapper, staatlich verwalteter Güter sind älter, als eine unbefangene Betrachtung vermuten lässt. Sie finden sich bereits in griechischer und römischer Zeit: Die Griechen kannten die Versteigerung von Ausbeutungsrechten an Minenfeldern[66]; in Rom erfüllte der Versteigerungsmechanismus schon früh bei der Zuteilung öffentlicher Aufgaben und Ämter eine wichtige Rolle. Da der römische Be-

[62] *P. Kirchhof*, Staatliche Einnahmen, in: Isensee/P. Kirchhof (Hrsg.), HStR IV, 2. Aufl. 1999, §88 Rdnr. 187; ähnlich *ders.*, Mittel staatlichen Handelns, in: Isensee/P. Kirchhof (Hrsg.), HStR III, 2. Aufl. 1996, §59 Rdnr. 127: »Staatliches Handeln ist grundsätzlich nicht auf Entgeltlichkeit angelegt und darf in der Regel nicht je nach Zahlungsfähigkeit und Zahlungsbereitschaft des Betroffenen bestimmt werden«.

[63] *Schmidt-Jortzig*, Staatlicher Ausverkauf von Entscheidungspflichten, FAZ v. 9.10.2000, S. 16.

[64] Vgl. dazu etwa *Fehling*, Verwaltung zwischen Unparteilichkeit und Gestaltungsaufgabe, 2001, S. 355ff.; *Kämmerer*, Privatisierung, 2001, S. 56ff.

[65] *Schachtschneider*, Lizenzversteigerung – eine Sumpfblüte des Ökonomismus, FAZ v. 7.9.2000, S. 11.

[66] *Klemperer*, Auctions: theory and practice, 2004, S. 1.

hördenapparat nur rudimentär ausgeprägt war, zog der Staat seine Zölle und Steuern nicht selbst durch einen eigenen Verwaltungsapparat ein, sondern vergab das Recht zur Einziehung der Staatseinkünfte (»publica vectigalia«) an den Meistbietenden im Wege der Versteigerung (auctio licitatio)[67]. Die Verwalter, die »publicani«, durften von den Zahlungspflichtigen mehr einziehen, als sie an den Staat abzuführen hatten. Die Differenz verblieb den publicani als Gewinn[68]. Die Verwaltung eines Territoriums – die anfangs noch als Übertragung der res privata des Princeps eingestuft wurde und erst im Laufe der Zeit in die Sphäre des öffentlichen Rechts wanderte – umfasste dabei auch die Gestattung der Gewerbeausübung, etwa des Barbier- und Schusterhandwerks oder der Gewinnung von Mineralien und ihrer Ausübungsmodi[69]. Die Parallele zu heutigen Formen von Public Private Partnerships, etwa der Übertragung der Wasserver- oder Abfallentsorgung auf private Anbieter, sind unverkennbar. Markierte die auctio licitatio in Ermangelung eines eigenen Behördenapparates eine grundsätzlich sinnvolle Verantwortungsteilung zwischen Staat und Gesellschaft, trieb der Marktgedanke im Jahre 193 n. Chr. mit der Versteigerung der Kaiserwürde seltsame Blüten: Nachdem die prätorianische Leibgarde den Kaiser *Pertinax* getötet hatte und unter den Prätorianern die Diskussion entbrannte, wer künftig Kaiser von Rom und der übrigen Welt sein solle, wurde die Kaiserwürde in einer öffentlichen Versteigerung feilgeboten[70]. Die Gier hatte sich in das Staatsrecht verirrt. Die Anwendung der marktlichen Allokationsidee war untrügliches Wegmarke des Niedergangs des römischen Reiches.

Eine neue Blüte erlebt der Gedanke der Versteigerung staatlicher oder staatlich verwalteter Güter im 19. und 20. Jahrhundert. Vordenker einer Nutzung des Wettbewerbsgedankens für den Zugang zu knappen Gütern war der englische Sozialreformer *Edwin Chadwick* (1859). Er schlug vor, den Wettbewerbsmechanismus auch bei nicht teilbaren knappen Gütern, insbesondere beim Zugang zu beschränkten Wettbewerbspositionen, anzuwenden. Er begründete in seinem Aufsatz »Results of Different Principles of Legislation and Administration in Europe; of Competition for the Field, as compared with the Competition within the Field of Service«[71] die Unterscheidung zwischen Wettbewerb *im* Markt (»Competition within the

[67] Vgl. *Kaser*, Römische Rechtsgeschichte, 2. Aufl. 1993, S. 83; *Kaser/Knütel*, Römisches Privatrecht, 18. Aufl. 2005, § 85 Rdnr. 7; *Thielmann*, Die römische Privatauktion, 1961, S. 20.

[68] *Kaser*, ibid.; *Kunkel/Schermaier*, Römische Rechtsgeschichte, 15. Aufl. 2005, S. 54.

[69] Ein anschauliches Beispiel gibt die (im Jahre 1876 in Portugal entdeckte) »lex territorio metalli Vipascensis dicta«, welche die Einräumung des Rechts, in dem Bergwerksdistrikt von Vipasca bestimmte Gewerbe auszuüben, an die Entrichtung einer »locatio vectigalium« bindet und die Einnahmen dem Verwalter zuschreibt; abgedruckt bei *Thielmann*, Die römische Privatauktion, S. 267 ff.

[70] Vgl. dazu *Martini*, BLJ 1 (2007), S. 68 (70 f.).

[71] Journal of Royal Statistical Society 22 (1859), S. 381 ff.

Field of Service«) und Wettbewerb *um* den Markt (»Competition for the Field«). Kann Wettbewerb *im* Markt aufgrund Knappheit und Unteilbarkeit nur eingeschränkt stattfinden, solle ein Wettbewerb *um* den Marktzugang durchgeführt werden. Derjenige, der die besten Konditionen biete, solle den Zuschlag erhalten und ein Zugangswettbewerb den fehlenden Marktwettbewerb ersetzen. Chadwicks Vorstoß sollte im Bereich der hoheitlichen Verteilungslenkung vorerst ohne nachhaltige Wirkung bleiben.

Lediglich im Bereich der Zuteilung von Rohstoffabbaurechten etablierte sich der Gedanke einer wettbewerbsorientierten Zuteilung im Wege der Versteigerung recht früh. Die USA begannen Mitte der 50er Jahre des 20. Jahrhunderts, die Erdöl- und Erdgasförderrechte auf ihrem Festlandsockel[72] zu versteigern[73]. Die gesetzliche Grundlage dafür entstand 1953. Der »Outer Continental Shelf Lands Act«[74] autorisierte das Innenministerium, Förderrechte an Festlandsockelflächen gegen Meistgebot zu versteigern. Die natürlichen Schätze des Meeresgrundes und Meeresuntergrundes in ihrem Festlandsockel betrachteten die Vereinigten Staaten sehr früh als »natural prolongation of the land territory« ihrer Hoheitsgewalt unterworfen[75]. Das Genfer Übereinkommen über den Festlandsockel von 1958 und das UN-Seerechtsübereinkommen von 1982 verliehen dieser Praxis rechtliche Weihen[76]. Zur Versteigerung wurden in der Regel Förderrechte für

---

[72] Festlandsockel ist der (nicht zum staatlichen Gebiet gehörende) Meeresboden, der sich über die gesamte natürliche Verlängerung des küstenstaatlichen Landgebiets bis zur äußersten Kante des Kontinentalrandes (continental margin) erstreckt. Er reicht grundsätzlich 200 sm ab der Basislinie in das Meer hinein, kann aber auch ausnahmsweise bis 350 sm oder darüber hinaus reichen (vgl. Art. 76 Abs. 1–8 des UN-Seerechtsübereinkommens [SRÜ]). Die Definition des Genfer Übereinkommens über den Festlandsockel von 1958 war noch enger gefasst. Als Ausgleich für die starke Ausweitung des staatlichen Hoheitseinflusses über die bislang festgelegten Festlandsockelgrenzen hinaus sind die Küstenstaaten nach Art. 82 SRÜ zu Zahlungen und Leistungen aus der Ausbeutung des Festlandsockels jenseits von 200 Seemeilen verpflichtet. Die Einziehung und Verteilung der Beiträge obliegt der Internationalen Meeresbodenbehörde (Art. 82 Abs. 4 SRÜ).

[73] Vgl. *Hartung*, Verfahren zur Nutzung erschöpfbarer Ressourcen, 1986; aus auktionstheoretischer Sicht *Cox/Isaac/V. Smith*, Supreme Court Economic Review 2 (1983), S. 43 ff.; *Dam*, Oil resources – who gets what how?, 1976, S. 147 ff.

[74] 43 U. S. C. § 1801. Vgl. dazu *Uisdean*, Tulsa Law Journal 21 (1985), S. 23 ff.; *Hossain*, Law and Policy in Petroleum Development, 1979, S. 83 ff.; *Ransom*, Boston College Environmental Affairs Law Review 31 (2004), S. 465 (474 ff.); *E. Smith*, Tulsa Law Journal 27 (1992), S. 493 (503 ff.).

[75] Vgl. die Truman-Proklamation vom 28. 9. 1945. Sie beginnt mit den Worten: »Having concern for the urgency of conserving and prudently utilizing its natural resources, the Government of the United States regards the natural resources of the subsoil and seabed of the continental shelf beneath the high seas but contiguous to the coasts of the United States as appertaining to the United States, subject to its jurisdiction and control«. (Proclamation No. 2667, 10 Fed. Reg. 12, 303). Die amerikanische Administration bewegte sich damit in völkerrechtlich alles andere als gesichertem Terrain. Noch 1951 sah der Abu Dhabi-Schiedsspruch (The International and Comparative Law Quarterly 1 [1952], S. 247) ein besonderes Recht der Küstenstaaten an dem Festlandsockel nicht als allgemein gesichert an.

eine quadratisches Meeresgebiet von max. 22 km^2 gebracht. Die Gebote wurden in verschlossenen Umschlägen geheim abgegeben und zu einem bestimmten Termin öffentlich bekannt gegeben (first price sealed bid auction). Mit dem Zuschlag war eine Explorationsverpflichtung verbunden[77,78]. Um die Ausbeutungstätigkeit zu fördern, darf der Minister den Förderzins seit 1978 auch reduzieren oder gar ganz aussetzen[79].

In den europäischen Nordseeanrainerstaaten setzte sich das Zuteilungssystem der Auktionierung nicht durch, wiewohl es auch intensiv diskutiert und teilweise versuchsweise eingesetzt wurde. So versteigerte Großbritannien beispielsweise 1971 experimentell einen Teil seiner Offshore-Lizenzen[80]. Ihr Erschließungsregime orientierte sich an inhaltlichen, nicht quan-

---

[76] Art. 81 des Seerechtsübereinkommens weist den jeweiligen Küstenstaaten das »ausschließliche Recht zu, Bohrarbeiten auf dem Festlandsockel für alle Zwecke zu genehmigen und zu regeln«.

[77] *Hartung*, Verfahren zur Nutzung erschöpfbarer Ressourcen, 1986, S. 77.

[78] Die Ex-ante-Unsicherheit über den Wert des Rohstofffeldes macht eine zuverlässige Wertschätzung für die bietenden Unternehmen sehr schwierig. Fehleinschätzungen waren an der Tagesordnung (vgl. dazu im Einzelnen sowie zu den damit einhergehenden Folgen infra S. 555 ff.). Das Gebot und der Auktionspreis bestehen daher heute nicht allein in feststehenden Vorauszahlungen. Gebräuchlich ist eine Mischung aus einem festen Explorationspreis (cash bonus) und einem Förderzins (sog. royalty). Der Förderzins besteht aus einem Vomhundertsatz des Wertes der produzierten Rohstoffe. Er soll den Preis an den Wert des tatsächlich geförderten Rohstoffes rückbinden. Als *Mindest*förderzins ist gesetzlich ein Zinssatz von 12,5 % festgelegt; üblich sind 16,6 %. Das Zuteilungssystem des 43 U. S. C. § 1337 (a) (1) (H) lässt den staatlichen Instanzen zahlreiche Gestaltungsmöglichkeiten offen. Dort heißt es: »The bidding shall be by sealed bid and, at the discretion of the Secretary, on the basis of
(1) a cash bonus with a royalty of 12 1/2 percent or more;
(2) a variable royalty with either a fixed work commitment or a fixed cash bonus;
(3) a cash bonus bid or a work commitment bid with a fixed cash bonus, and a diminishing or sliding scale royalty, but not less than 12 1/2 percent at the beginning of the lease;
(4) a fixed cash bonus with a net profit share reserved as the bid variable;
(5) a cash bonus with a royalty at no less than 12 1/2 percent, and a fixed share of net profits at no less than 30 percent;
(6) a work commitment bid with a fixed cash bonus and a fixed royalty; or
(7) any other bidding system with variables, terms, and conditions that the Secretary of Energy determines to be useful to accomplish the purposes and policies of the Act, except that no such bidding system shall have more than one bid variable.« Vgl. zu den verteilungswirksamen Vor- und Nachteilen von Royalties infra S. 325 und 576 ff.

[79] 43 U. S. C. § 1337 (a) (3) (A).

[80] Vgl. *Hossain* (Fn. 74), S. 85; *Dam*, Journal of Law and Economics 17 (1974), S. 213 (215 f.). Die britische Regierung stand der Versteigerung als Instrument zur Allokation knapper Förderrechte auch nach dem Experiment aus dem Jahr 1971 unverändert skeptisch gegenüber. Befragt, warum die Versteigerung nicht generell zum Verteilungsinstrument erhoben werde, erklärte der Minister, ein Auktionssystem erschwere die Durchsetzung von Explorationsverpflichtungen und die bevorzugte Berücksichtigung britischer Interessen. Auf den Einwand, diese Aspekte könnten in das Auktionsformat als Versteigerungsregel implementiert werden, entgegnete er: »The important point to be taken about this is that the more you elaborate the conditions attaching to the auction type system the nearer it comes to a discretionary type and the more liable you are to be brought into the area of judgements which are very difficult to administer if the purpose

titativen Kriterien, die sehr vielgestaltig, teilweise komplex und einzelfallorientiert waren (sog. beauty contests; discretionary licensing)[81]. Meist wurden sie nicht ausdrücklich normiert[82]. Vielfach erhielt derjenige Bewerber den Zuschlag, der das umfangreichste Explorationsprogramm oder eine rasche Ausbeutung der vorhandenen Ressourcen in Aussicht stellte oder sich in der Vergangenheit als sehr zuverlässig erwiesen hatte. Auch die Nationalität und die Bereitschaft, nationale Produktionsfaktoren einzusetzen, spielten häufig eine Rolle. Getragen waren diese Überlegungen – ausgesprochen oder unangesprochen – nicht nur von dem Gedanken nationaler Wirtschaftsförderung, sondern auch von dem Anliegen, in dem sensiblen Bereich der nationalen Rohstoffversorgungen nicht von dem Wirken ausländischer Firmen abhängig zu sein. Der Staat behielt sich aus diesen Erwägungen heraus auch nach der Vergabe der Förderrechte einen entscheidenden Einfluss auf den Verlauf der Erschließung vor. Zusätzlich wurden vertraglich ausbedungene oder einseitig festgesetzte Förderabgaben erhoben, die eine Gewinnabschöpfung ermöglichten[83]. In Deutschland enthielt erstmals §2 Abs. 5 des Gesetzes zur vorläufigen Regelung der Rechte am Festlandsockel aus dem Jahre 1964 eine gesetzliche Ermächtigung für die Erhebung bergrechtlicher Förderabgaben für Rohstoffe des Festlandsockels[84]. Die Erteilung der Erlaubnis zur Gewinnung von Bodenschätzen durfte danach von

is that it should be on a clear-cut auctioning basis«. First Report on North Sea Oil and Gas, Public Accounts Committee, House of Commons, Session 1972–73, S. 3, 66.

[81] Vgl. dazu *Dam*, Oil resources – who gets what how?, 1976, S. 23ff.; *ders.*, Journal of Law and Economics 8 (1965), S. 51ff.; *ders.*, Journal of Law and Economics 17 (1974), S. 213ff.; *Hossain* (Fn. 74), S. 85ff.

[82] Vgl. *Dam*, Journal of Law and Economics 8 (1965), S. 51 (56f.).

[83] Vgl. dazu etwa *Wieland*, Die Konzessionsabgaben, 1991, S. 54ff.; *Horn*, Die Feldes- und Förderabgabe nach dem Bundesberggesetz, 1990.

[84] Gesetz vom 24. Juli 1964, BGBl. I S. 497. Das Recht, Bergbau zu betreiben, ist in Deutschland bereits seit dem Mittelalter mit der Pflicht verbunden, eine förderabhängige Abgabe zu zahlen. Die Geschichte der Förderzinsen nimmt ihren Anfang mit Regalabgaben, die an die Zuteilung von Regalien (iura regalia) geknüpft waren. Das Bergregal ist seit dem 13. Jahrhundert bekannt. Der Merkantilismus des 18. Jahrhunderts weitete den Einfluss des Staates auf den Bergbau in Übereinstimmung mit den Grundsätzen der merkantilistischen Wirtschaftstheorie aus. Teil II, 16, Abschnitt 4 des Preußischen ALR unterwarf den Bergbau umfassend dem Direktionsrecht des Bergamtes (§315 II 16 ALR). Dem Staat standen von allen zum Bergwerksregal gehörenden Metallen und Mineralien, die gewonnen wurden, ein Zehntel zu (§98 II 16 ALR). Auch der Wirtschaftsliberalismus, der den Bergbau in seiner Funktion als wirtschaftliche Freiheit ansprach, änderte an der Belegung des Bergbaurechts mit einer Abgabepflicht nichts. Als Ausgleich für den besonderen Vorteil, Bodenschätze abzubauen, hatte der Erlaubnisinhaber eine besondere Gegenleistung zu erbringen. Heute sehen §§30, 31 BBergG eine Abgabepflicht vor, die an die Verleihung der »uneingeschränkten und ausschließlichen Aneignungsbefugnis und die damit verbundene Sicherung einer wirtschaftlichen Position« anknüpft (Begründung des Regierungsentwurfs zum Erlass eines Bundesberggesetzes, BT-Drucks. 8/1315, S. 95). Die Förderabgabe beträgt zehn vom Hundert des Marktwertes der gewonnenen Bodenschätze (§31 Abs. 2 BBergG). Vgl. dazu umfassend *Nicolaysen*, Bewilligung und Förderabgabe nach dem BBergG, 1982, S. 28ff.; *Horn* (Fn. 83), S. 1ff.

der Zahlung eines Entgelts abhängig gemacht werden. Eine andere in europäischen Ländern, insbesondere in Norwegen, verbreitete Methode der Gewinnabschöpfung kennt eine staatliche Beteiligungsoption an den Kosten und Gewinnen, die der Staat während der Rohstoffausbeutungsphase ausüben kann: Wird in dem auszubeutenden Gebiet der vermutete Rohstoff entdeckt, kann der Staat eine Beteiligung an den Gewinnen (und Kosten) verlangen. Er wird – entsprechend dem ausgehandelten oder einseitig staatlich festgelegten Beteiligungsanteil – mitspracheberechtigter Gesellschafter der Ausbeutungsgesellschaft (carried interest system[85]).

Blieb der Versteigerung von offshore-Förderrechten auch ein rechtspolitisches Schattendasein vorbehalten und gehört sie dort, wo Staaten Rohstofffelder als staatliches Eigentum behandeln, nur in einem weiteren Sinne in den Dunstkreis der hoheitlichen Verteilungslenkung, erregte die Versteigerungsidee bald in einem anderen Feld der staatlichen Verteilungslenkung großes Aufsehen und hinterließ sichtbare Spuren mit weit reichenden Folgen für das System der Verteilungslenkung: in der Frequenzverwaltung. Ausgangspunkt waren abermals die USA.

Der Student der Chicago Law School *Leo Herzel* warf im Jahre 1951 die durchaus kühne Idee, einen Konnex zwischen öffentlichem Interesse an gemeinwohlorientierter Zuteilung und individuellem Nutzstreben herzustellen und das individuelle Nutzstreben für eine öffentlich-rechtliche Verteilungslenkung fruchtbar zu machen, in den Ring der wissenschaftlichen Diskussion. Er schlug in seinem Aufsatz »›Public Interest‹ and the Market in Color Television Regulation« vor, Rundfunkfrequenzen nach dem Preismechanismus zu vergeben und dem höchsten Bieter zukommen zu lassen[86]. Stieß sein Vorstoß zunächst auch auf eine eiserne Wand der Kritik[87], nahm sich bald der spätere Nobelpreisträger *Ronald H. Coase* der Überlegungen *Herzels* an[88]. Zahlreiche Volkswirtschafter griffen den Gedanken auf und formten ihn zu einem konsistenten Gedankengebäude. *Herzel* befruchtete die Ideenwelt amerikanischer Ökonomen. Die Forderung nach einer marktlichen Allokation bei knappen Frequenzen verstummte nicht mehr[89]. Die Protagonisten argumentierten, die Allokationsfunktion des Preises sei – ebenso wie im privatwirtschaftlichen Rechtsverkehr – am ehesten in der

[85] Vgl. dazu *Dam*, Oil resources, 1976, S. 56ff.; *ders.*, Journal of Law and Economics 17 (1974), S. 213 (231f.).

[86] *Herzel*, Univ. Chicago Law Review 18 (1951), S. 802 (809); wie es zu dieser Idee kam, beschreibt *Herzel* 47 Jahre später in seinem Artikel »My 1951 Color Television Article«, Journal of Law and Economics 41 (1998), 523ff.

[87] *Smythe*, Univ. Chicago Law Review 20 (1952), S. 96ff.

[88] *Coase*, Journal of Law & Economics 2 (1959), S. 1ff. sowie *ders.* ein Jahr später: The Problem of Social Cost, Journal of Law and Economics 3 (1960), S. 1ff.; zur Kritik an seinen Vorschlägen später *ders.* unter der prägnanten Überschrift »Why did FCC license auctions take 67 years?«, Journal of Law and Economics 41 (1998), S. 577ff.

[89] *Owen*, Spectrum Allocations: A Survey of Alternative Methodologies, 1971; *Rosston/Steinberg*, Federal Commission Law Journal 50 (1997), S. 87ff.

Lage, eine effiziente Ausnutzung knapper Ressourcen im öffentlichen Interesse sicherzustellen. Die Wettbewerber verfügten wesentlich besser als staatliche Regulierungsbehörden über das notwendige Wissen, den Wert eines Gutes für ihr Unternehmen zu beurteilen[90]. Warum sie als Nutznießer der Zuteilung knapper, staatlich verwalteter Güter diesen Vorteil, der ihnen wirtschaftliche Gewinne in erheblichem Umfang ermöglicht, gegenüber ihren Wettbewerbern kostenlos erhalten[91], sei überdies nicht ersichtlich.

Als die Forderung von *Herzel*, *Coase* und *Chadwick* schon nahezu verhallt schien, ohne sichtbare Spuren in Rechtspolitik und Gesetzgebung zu hinterlassen, griffen *Demsetz* und *de Vany* sie in den Jahren 1968 und 1969 wieder auf. *De Vany*[92] forderte, das Frequenzspektrum im Interesse einer ökonomisch effizienten Nutzung zu einem property right auszugestalten, das im Auktionswege zugeteilt wird und grundsätzlich jederzeit frei übertragbar ist. In einem viel beachteten Aufsatz »Why Regulate Utilities?« untersuchte *Demsetz* die Möglichkeiten ökonomisch effizienter Regulierung natürlicher Monopole, d. h. von Wettbewerbssituationen, in denen Märkte auf Dauer nur wenigen oder sogar nur einem Unternehmen eine Gewinnchance bieten[93], und verlieh den Erkenntnissen von *Chadwick* neuen Schub[94], indem er eine Versteigerung der Zugangsrechte forderte.

---

[90] *Coase*, Journal of Law & Economics 2 (1959), S. 1 (20).

[91] *Coase* (Fn. 90), S. 1 (23).

[92] *De Vany* et al., Stanford Law Review 21 (1969), S. 1488 ff.; vgl. auch später *ders.*, Journal of Law and Economics 41 (1998), S. 627 ff.

[93] *Demsetz*, Journal of Law and Economics 11 (1968), 55 ff.; *Schmalensee*, The Control of Natural Monopolies, 1979, S. 3; vgl. auch supra S. 21 ff.

[94] Die axiomatische Verknüpfung von natürlichen Monopolen und Regulierung hält in seinen Augen einer ökonomischen Analyse nicht Stand: Daraus, dass es im Falle eines natürlichen Monopols nur einen einzigen Anbieter geben soll, folge nicht unbedingt, dass in der anfänglichen Bietphase ein Wettbewerb zwischen den Interessenten unmöglich sei. Selbst wenn nur ein Anbieter im Markt zugelassen werden kann, ein Wettbewerb *im* Markt also nur sehr eingeschränkt stattfinden kann, sei doch ein vorgezogener Wettbewerb *um* den Marktzugang denkbar. Eine Versteigerung ersetze und antizipiere den fehlenden Wettbewerb im Markt. Werde das knappe Gut versteigert, seien die Gebote nicht durch die später eintretende, Wettbewerb ausschließende Monopolmacht bestimmt und werde »der zum Zuge kommende Preis nur unerheblich von den Produktionsstückkosten abweichen« (*Demsetz* [Fn. 93], S. 61). *Demsetz* glaubt, dass »die Rivalität auf dem offenen Markt stärker disziplinierend wirkt als die Regulierungstätigkeit der Kommission« (*Demsetz* [Fn. 93], S. 65). Mit dem Wort »Kommission« nimmt *Demsetz* die staatlichen Regulierungsbehörden in Bezug, die die Auswahl der Inhaber natürlicher Monopole nach administrativen Kriterien vornahmen (vgl. dazu auch supra S. 161). Langfristige Verträge über die Belieferung mit knappen Monopolgütern können nach Meinung von *Demsetz* »auf dem Markt in befriedigender Weise ohne Zuhilfenahme einer Regulierung abgeschlossen werden« (*Demsetz* [Fn. 93], S. 64). Ähnlich *Stigler*, The Organisation of Industry, 1968, S. 19: Er behauptet, dass »Kunden das Recht, Elektrizität zu verkaufen, versteigern können, indem sie den Staat als Auktionator gebrauchen« (Übersetzung des Verf.); vgl. auch *Posner*, Bell Journal of Economics and Management Science 3 (1969), S. 98 ff. Die Versteigerung führe zu dem gleichen Ergebnis, das auch auf einem vollständigen Markt für ein Förderrecht zu erwarten wäre. Voraussetzung sei lediglich ein ausreichen-

Die Vorschläge *Chadwicks*, *Herzels*, *Coases* und *Demsetz'* hatten eine intensive Diskussion über die Instrumente der Regulierung angestoßen. Die gesetzgeberische Realisierung ihrer Ideen ließ freilich lange auf sich warten. Von der Forderung *Herzels* bis zur ausdrücklichen gesetzlichen Zulassung und Verwendung von Versteigerungen als Mittel der Allokation von Gütern vergingen vier Dekaden. Als weltweit erster Staat führte Neuseeland im Jahre 1989 Auktionen für Frequenznutzungsrechte durch. Im Zuge der Privatisierung des Telekommunikationswesens teilte es die bis dahin staatlich genutzten Frequenzen in einem preisgesteuerten Verfahren an private Interessenten zu. Die Privatisierung und Auktionierung erschien Neuseeland als probates Mittel, in einer wirtschaftlichen Talsohle Wachstum zu erzeugen und die Misswirtschaft staatlicher Betriebe – verbunden mit entsprechenden Risiken für den Staatshaushalt – einzuschränken. Der Radio Communications Act von 1989 schuf dafür die gesetzliche Grundlage. Australien folgte 1992. Der Broadcasting Services Act gestattete hier die Vergabe von Funkfrequenzrechten für die Satellitenübertragung von Pay-TV-Programmen im Wege von Auktionen[95]. Die USA taten sich

---

der Bieterwettbewerb auf den Inputmärkten und der Ausschluss von Absprachen zwischen den Bietern. Der Vorstoß *Chadwicks* spiegelt und prägt das Wirken und den Einfluss der Law-and-Economics-Bewegung, die ab der zweiten Hälfte des 20. Jahrhunderts maßgeblichen Einfluss auf die wirtschaftspolitische Diskussion nehmen und eine Welle pangesellschaftlicher Ökonomisierung lostreten sollte (vgl. dazu auch supra S. 151 ff.). Die Erkenntnisse Chadwicks ernteten hierzulande mit der Privatisierung staatlicher Monopolanbieter in den Netzwirtschaften und der Eröffnung des Marktzugangs für private Wettbewerber jüngst ihre Früchte. Vgl. dazu *Kämmerer*, Privatisierung, 2001, S. 282 ff. Unangefochten blieben seine Ideen freilich auch unter Ökonomen nicht. *Williamson* (Bell Journal of Economics 7 [1976], S. 73 ff.; ähnlich *ders.*, Die ökonomischen Institutionen des Kapitalismus, 1990, S. 46 f.) und *Goldberg*, Bell Journal of Economics 7 (1976), S. 426 ff. weisen bald auf die ökonomischen Probleme hin, die mit der Regulierung langfristiger Verträge verbunden sind. *Chadwick* wie *Demsetz* klammerten nach ihrer Einschätzung den Aspekt der Ex-ante-Unsicherheit aus (*Goldberg*, ibid., S. 426 [431]. Sie würden davon ausgehen, dass die tatsächlichen Voraussetzungen, die im Zeitpunkt der Zuteilung bestehen, unverändert über die gesamte Laufzeit des Vertrages erhalten bleiben. Das entspreche in einer sich dynamisch entwickelnden Welt aber nicht der Wirklichkeit. Die Parteien müssten sich daher von Anfang an auf ein Neuverhandlungsverfahren einigen, um die Vertragsparität aufrechtzuerhalten (*Goldberg*, ibid., S. 426 [438]; *Williamson*, [Bell Journal of Economics 7 [1976], S. 73 [82]). Das sei zugleich für beide Seiten eine Einladung zu opportunistischem Verhalten, die große Abwicklungsschwierigkeiten für die gesamte Laufzeit der Vereinbarung nach sich ziehe. Das Kriterium der Zahlungsbereitschaft als Erstvergabekriterium könne »artificial or obscure« sein (*Williamson*, Bell Journal of Economics 7 [1976], S. 73 [80]). Es begünstige diejenigen, die Risiken am besten abzupuffern in der Lage seien. Eine Zuteilung im Wege der Versteigerung sei daher nicht immer sinnvoll.

[95] Die Auktionen wurden zunächst – aufgrund der negativen Erfahrungen in Neuseeland mit Zweitpreisauktionen – als first price-Auktionen durchgeführt. Die Bieter durften ihre Gebote sanktionslos zurückziehen, indem sie ihr Gebot innerhalb der Zahlungsfrist unbezahlt ließen. Der Zuschlag fiel dann automatisch an den jeweils nächsthöchsten Bieter. Der Zuteilungsvorgang erstreckte sich dadurch über mehrere Monate. Die Auktionsgestaltung lockte Bieter mit spekulativem Hintergrund an, die alleine die Weiterveräuße-

schwerer damit, sich dem Gedanken einer Versteigerung knapper Frequenzen de lege ferenda zu öffnen[96]. Ein erster Vorschlag, knappe Frequenzen im Wege der Versteigerung zuzuteilen, die so genannte *Van Deerlin Bill*[97], die 1979 in das Repräsentantenhaus eingebracht wurde, hielt dem starken politischen Gegenwind nicht Stand; er wurde wieder zurückgezogen. Wiewohl die Präsidenten *Carter*[98], *Reagan*[99] und *Bush sen.*[100] eine Versteigerung als Allokationsinstrument politisch befürworteten, blieb ihre gesetzgeberische Realisierung ein regulierungspolitischer Tagtraum. Erst unter dem Eindruck eines großen Haushaltsdefizits drehte unter der Regierung *Clinton* der politische Wind und fielen die bislang hoch gehaltenen Bedenken der finanziellen Zwangslage zum Opfer[101]. Die im Zuge der Haushaltsberatungen immer augenfälliger zu Tage tretende Notwendigkeit, zusätzliche staatliche Einnahmen zu erzielen, leistete der Durchsetzung der Versteigerungsidee als Allokationsmodell des öffentlichen Rechts Geburtshilfe[102]. Der *Omnibus Budget Reconciliation Act* von 1993 ermächtigte die Federal Communications Commission (FCC), Funkfrequenzen im Wege der Auktion an den Meistbietenden zuzuteilen. Ausgenommen von dem Versteigerungsregime blieben lediglich Frequenzen, die der öffentlichen Sicherheit vorbehalten sind, Frequenzen für digitales Fernsehen sowie für nicht kommerzielle »educational broadcast stations« und öffentliche Rundfunksender (47 U. S. C. § 309 (j) [2])[103]. Die Auktionsgestaltung blieb weit-

---

rung der Frequenzen mit Gewinn im Auge hatten. Deutlich wird dies etwa daran, dass die Erwerber die Frequenzen unmittelbar nach der Annahme des Zuschlags weiter veräußerten. Vgl. dazu *Productivity Commission 2002*, Radiocommunications, Report no. 22, 2002, S. 170; *Felder*, Frequenzallokation in der Telekommunikation, 2004, S. 264 f.

[96] Vgl. zur geschichtlichen Entwicklung der Idee marktorientierter Regulierung in den Vereinigten Staaten des 20. Jahrhunderts *Hazlett*, Journal of Law and Economics 33 (1990), S. 133 ff. sowie *ders.*, The Journal of Law and Economics 41 (1998), S. 529 (533).

[97] H. R. 3333, 96th Cong. 1st. Sess., 1979.

[98] Vgl. President's Message to Congress Regulatory Reform of the Telecommunications Industry, pub. Papers 1980, S. 1699 (1702).

[99] Vgl. Office of Management & Budget, Budget of the U. S. Government, Fiscal Year 1987/1988, S. 2 ff.

[100] Office of Management & Budget, Budget of the U. S. Government, Fiscal Year 1988/1989, S. 2 ff.

[101] Vgl. *Bourdeau de Fontenay*, Communications & Strategies 36 (1999), S. 111 (114); *Noam*, Journal of Law & Economics 41 (1998), 765 (772): »Allocating spectrum resources efficiently was a secondary goal in the political process (…). Spectrum auctions are doomed to serve as collection tools first and allocation mechanism second«; Auktionstheoretiker heben den Aspekt staatlicher Einnahmeerzielung gerne unverhohlen als Vorteil von Auktionen hervor, vgl. z. B. *McMillan*, Telecommunications Policy 19 (1995), S. 191 (193). Zu der daraus erwachsenden Problematik siehe infra S. 414 ff.

[102] Vgl. zur Gesetzgebungsgeschichte *Allard*, Seton Hall Legislation Journal 18 (1993), S. 13 (30 ff.); zusammenfassend *Ph. Hess*, Das Versteigerungsverfahren nach dem Telekommunikationsgesetz, 2003, S. 32 ff.

[103] Rundfunkfrequenzen wurden demjenigen zugeteilt, der »maximum diffusion of control of the media of mass communications and best practicable service to the public« gewährleisten konnte (Re-examination of the Policy Statement on Comparative Broadcast

gehend der FCC vorbehalten[104]. Die FCC wählte ein simultanes und mehrstufiges Auktionsverfahren, das als elektronische Auktion in einem System vernetzter Computer durchgeführt wird[105]. Seit Einführung des Omnibus Budget Reconciliation Act hat die FCC bereits mehr als 50 Auktionen durchgeführt und dabei mehrere Mrd. US-$ erwirtschaftet[106]. Die Feuerprobe im Rechtskreis des common law blieb nicht ohne Nachahmer. Inzwischen kennt die Mehrzahl der Industriestaaten die Versteigerung als Allokationsmodell der Zuteilung von Funkfrequenzen[107]. Deutschland schreibt

Hearings, 7 F. C. C. R. 2664 [1994]). Die Bandbreite der einer Auktion zugänglichen Frequenzen hat der Balanced Budget Act von 1997 gegenüber dem Omnibus Budget Reconciliation Act von 1993 noch einmal erweitert: Die ursprünglich von einer Versteigerung ausgenommenen Radio- und Fernsehfrequenzen sind nun grundsätzlich in das Versteigerungsregime einbezogen.

[104] 47 U. S. C. § 309 (j) (3). Sie hat dabei nach § 309 (j) (3) lit. A-D aber eine Reihe gesetzlicher Zielvorgaben zu beachten, namentlich: (A) die rasche Versorgung der Bevölkerung mit neuen Technologien, (B) Wettbewerbsförderung unter den Marktteilnehmern (C), Vorteilsabschöpfung bei den Frequenznutzern, insbesondere Vermeidung einer ungerechtfertigten Bereicherung (zum Beispiel infolge Frequenzhandels), (D) effiziente Nutzung des Frequenzspektrums. Die Versteigerungsregeln müssen Netzabdeckungsverpflichtungen enthalten, um einem möglichen »warehousing« entgegenzuwirken – § 309 (j) (3) (B)-(C). Sie müssen sicherstellen, dass kleine und ländliche Anbieter sowie von Minderheiten und Frauen betriebene Unternehmen gleiche Startchancen wie sehr wettbewerbsfähige »global player« haben, den Zugang zu den Frequenzen zu erzielen. Dies kann insbesondere durch Sonderregeln im Versteigerungsdesign geschehen – 47 U. S. C. § 309 (j) (4) (D).

[105] In re Implementation of Section 309 (j) of the Communications Act Competitive Bidding, Second Report and Order, 9 FCC Rcd. 2348, paras. 106 (1994); vgl. dazu aus auktionstheoretischer Sicht etwa *McMillan/McAfee*, Journal of Economic Perspectives 19 (1996), S. 159 ff.; *Cramton*, Journal of Economics and Management Strategy 4 (1997), S. 431 (446); *ders.*, Journal of Economics and Management Strategy 4 (1995), S. 267 ff. Im Zuge der ersten Versteigerung von Interactive Video Data Services (IVDS) im Juli 1994 führte die FCC noch eine »oral cry«-Versteigerung durch. Ein kollektiver Bietrausch war die Folge. Für 594 IVDS-Lizenzen wurden 200 Mrd. US-$ erzielt. Der in Miami erfolgreiche Bieter, der 4,3 Mrd. US-$ geboten hatte, sah sich als Opfer eines Fluchs des Gewinners und weigerte sich bald, den gebotenen Betrag zu zahlen (vgl. dazu *Kummel*, Federal Communications Law Journal 48 [1996], S. 512 [530]). Zu Inhalt und Besonderheiten simultaner Versteigerungsverfahren siehe supra S. 309 ff.

[106] Vgl. zu dem US-amerikanischen Versteigerungsregime seit 1993 allgemein *Abramowicz*, American University Law Review 49 (1999), S. 327 ff.; *Cramton*, Journal of Law and Economics 41 (1998), S. 727 ff.; *Logan*, Practising Law Institute 698 (2002), S. 309 ff.; *Rau*, Catholic University Law Review 37 (1987), S. 149 ff.; *Fritts*, Federal Communications Law Journal 51 (1999), S. 849 ff.; *Schroepfer*, Hastings Communications and Entertainment Law Journal 14 (1991), S. 35 ff.; *White*, Media Law & Policy, 2000, S. 19 ff.; kritisch *Noam*, Journal of Law & Economics 41 (1998), S. 765 ff.

[107] Einen internationalen Überblick über die Anwendungsbereiche des Versteigerungsmechanismus als Mittel der Frequenzallokation liefern bspw. *Felder*, Frequenzallokation in der Telekommunikation, 2004, S. 249 ff.; *Ph. Jehiel/B. Moldovanu*, The European UMTS/IMT-2000 Licence Auctions; *P. Klemperer*, How (not) to Run Auctions: The European 3G Telecom Auctions, Discussion Paper, Centre for Economic Policy Research, 2002, 1 ff.; *ders.*, Auctions: theory and practice, 2004, S. 151 ff.; *Pat/Valetti*, Rivista

sie seit 1994 als Regelverfahren der Zuteilung knapper Frequenzen vor (§61 Abs. 2 u. 5 TKG).

Die erwirtschafteten Erlöse überraschen selbst die größten Optimisten. Sie lassen die Staaten an dem Instrument der Versteigerung Gefallen finden. Seit die Versteigerung mit der Frequenzzuteilung den Rubikon überschritten hat, durchläuft sie als Allokationsinstrument der hoheitlichen Verteilungslenkung international eine beeindruckende juristische Blitzkarriere. Die Knappheit der dem Staat zur Verfügung stehenden Mittel bricht der Ökonomisierung der Verteilungslenkung zusehends Bahn. Längst macht die Versteigerung vor anderen, staatlicher Verwaltung unterworfenen Gütern nicht mehr Halt. Ihr Siegeszug scheint nicht aufzuhalten. Über das Paradigma des Telekommunikationsrechts hinaus scheint ihr für die Knappheitsverwaltung insgesamt Modellcharakter zuzuwachsen. In New York werden knappe Taxikonzessionen versteigert; bis zu 360.000 $ zahlen Interessenten je Konzession[108]. Singapur versteigert monatlich Neuzulassungsanträge für PKW[109]. Zur Begrenzung des Verkehrschaos wurden dort in den 90er Jahren Neuzulassungsquoten für PKW (gestaffelt nach Hubraumklassen) eingeführt. In der Schweiz werden Importkontingente seit geraumer Zeit im Wege der Versteigerung zugeteilt[110]. Die neue polnische Gewerbeordnung sieht für die Vergabe zahlenmäßig beschränkter Konzessionen generell das Vergabeverfahren der Versteigerung vor (Art. 52ff. FWtG [Gesetz über die Freiheit der Wirtschaftstätigkeit][111]). Hierzulande hat der Gesetzgeber den Startschuss für die Erstzuteilung von handelbaren Emissionszertifikaten im Wege der Versteigerung (als rechtspolitische Forderung seit geraumer Zeit insbesondere von Ökonomen allenthalben erhoben[112]) gegeben (§21 ZuG 2012)[113]. Die Versteigerung von Rundfunkfrequenzen[114] wird de lege ferenda ebenso wie die Auktionierung von Start- und Landerechten auf Flughäfen (sog. Slots) nach dem Vorbild US-amerikanischer Mo-

---

di Politica Economica 91 (2001), 59ff.; *Sokol*, Virginia Journal of Law & Technology 2001 (17), S. 1ff.

[108] Vgl. spiegel-online vom 22.10.2004: »Bangladeshi zahlt Rekordsumme für Taxi-Lizenz« (http://www.spiegel.de/wirtschaft/0,1518,323916,00.html [1.11.2007]).

[109] *Viedebantt*, Die wenigen Nummernschilder werden versteigert, FAZ vom 25.8.1992, S. 8; *Huckestein*, Effizienzbedingungen ökonomischer Instrumente in der EU-Umweltpolitik, 1996, S. 86.

[110] Vgl. zu ersten rechtspolitischen Überlegungen bereits *Richli*, Zur Leitung der Wirtschaftspolitik durch Verfassungsgrundsätze, 1983, S. 251ff.; skeptischer *Gygi*, Rechtsgrundsätze der Einfuhrkontingentierung, in: ders., Beiträge zum Verfassungs- und Verwaltungsrecht, 1986, S. 339ff. (344).

[111] Vgl. dazu *Gralla*, WiRO 2005, S. 161 (164).

[112] Als Erster stimmte interessanterweise der deutsche Finanzminister lauthals in den Chor der Befürworter einer Erstzuteilung im Wege der Versteigerung ein. Vgl. dazu »Finanzminister fordert Versteigerung der Emissionszertifikate«, FAZ vom 5.4.2006, S. 13. Zu der sich damit verbindenden rechtsstaatlichen Problematik infra S. 414ff.

[113] Vgl. dazu infra S. 681ff.

[114] Dazu infra S. 663ff.

delle[115] diskutiert[116]. Das Bundesverfassungsgericht zieht in einem obiter dictum die Versteigerung von Spielbankerlaubnissen in Betracht[117]. In den USA werden Pflichtverteidigungsmandate und Insolvenzverwalteraufträge als geeignete Objekte eines Allokationsmechanismus gehandelt.

Wie Markt und Preismechanismus den Egoismus des Einzelnen so transformieren sollen, damit sich für die Gesellschaft ein positiver Effekt ergibt[118], wirft Fragen auf. Markt und Preis haben nicht die Interessen der Allgemeinheit im Auge. Der Markt sucht sich unter den Verteilungsoptionen nicht diejenige heraus, die nach einem übergeordneten Wohlfahrtskriterium die beste ist. Er interessiert sich nicht dafür, ob eine Güterverteilung als gut, gerecht oder gesellschaftlich wünschenswert anzusehen ist[119]. Die Zurückhaltung der Rechtsordnung gegenüber marktlichen Zuteilungsformen staatlich verwalteter Güter ist nicht ohne Gründe. Dass der Siegeszug von Versteigerungen mit einer staatlichen Finanzkrise seinen Anfang nahm, weckt Verdacht. Erinnerungen an den feudalistischen Regalien- und Pfründestaat sowie die Gepflogenheiten des mittelalterlichen Ablasshandels werden wieder wach. Die Seele der Grundrechtsverwirklichung scheint dem Diktat des Geldes und der Losung anvertraut: »Die Seele in den Himmel springt, wenn die Münze erst im Kasten klingt«[120]. Zweifel werden laut, ob die Ökonomik der Rechtswissenschaft nicht ein juristisches Kuckucksei ins Nest gelegt hat, das die Rechtstreue mit der Verlockung des großen Geldes korrumpiert[121]. Die Versteigerung bewegt sich zwischen einem

---

[115] Dazu etwa die wirtschaftswissenschaftlichen Untersuchungen von *Cornelius*, Zur effizienten Allokation knapper Ressourcen – Das Beispiel der Vergabe von Start- und Landerechten an überlasteten Flughäfen in den USA, 1993; *Grether/Isaac/Plott*, The Allocation of Scarce Resources – Experimental Economics and the Problem of Allocating Airport Slots, 1989; *Grundmann*, Marktöffnung im Luftverkehr, 1999; *Hüschelrath*, Infrastrukturengpässe im Luftverkehr, 1998.

[116] Vgl. dazu infra S. 717ff.

[117] BVerfG, Beschl. v. 19.7.2000, BVerfGE 102, S. 197 (218) – Spielbank II. Dazu infra S. 699.

[118] Kritisch dazu bspw. *Lepsius*, Die Verwaltung 32 (1999), S. 429 (440).

[119] Vgl. *Posner*, Economic Analysis of Law, 7. Aufl. 2007, S. 14; *Endres/Qurner*, Die Ökonomie natürlicher Ressourcen, 2. Aufl. 2000, S. 156ff.; *C. C. von Weizsäcker*, Leistet der Markt die optimale intertemporale Allokation von Ressourcen?, in: H. Siebert (Hrsg.), Erschöpfbare Ressourcen, 1980, S. 795 (797); *Knobloch*, Einmalige Festlegung versus fortlaufende Gewährleistung einer gerechten Ressourcenausstattung, in: Held/Kubon-Gilke/Sturn (Hrsg.), Normative und institutionelle Grundfragen der Ökonomik, Bd. 1, 2002, S. 173 (175); *Meßerschmidt*, Ökonomische Effizienz und juristische Verhältnismäßigkeit, in: Gawel (Hrsg.), Effizienz im Umweltrecht, 2001, S. 215 (236f.).

[120] Die Losung geht zurück auf die dem Ablasskrämer *Johann Tetzel* zugeschriebenen Worte »sobald der pfennige ins becken geworffen und clünge sobalde vere die sele, dafür es geleget, ym himmel«. *Hans Sachs* machte daraus 1532 in seinem Sang »Die Wittenbergisch Nachtigall, die man yetz höret vberall«: »(...) bald der guldin im Kasten klinget, die Seel sich auff gem hymel schwinget«.

[121] So ausdrücklich *Schmidt-Jortzig*, Staatlicher Ausverkauf von Entscheidungspflichten, FAZ vom 9.10.2000, S. 16; *ders.*, Diskussionsbeitrag, VVDStRL 60 (2001), S. 628f.

Symptom eines neuen Feudalismus, der vor dem Sündenfall eines Ausverkaufs von staatlichen Entscheidungspflichten nicht zurückschreckt[122], und einem innovativen Zuteilungsverfahren, das Erkenntnisse der Ökonomik für die staatliche Verteilungslenkung fruchtbar macht.

II. Die Verteilungsidee der Versteigerung – rechtspolitische, insbesondere wohlfahrtsökonomische Vorteile einer Auktion als Instrument der Zuteilung staatlich verwalteter Güter

Den Bedenken und Vorbehalten, die sich gegen die Versteigerung als Instrument der hoheitlichen Verteilungslenkung aufbauen, vermag diese zahlreiche Vorzüge gegenüberzusetzen, die ihr einen besonderen Stellenwert unter den Zuteilungsmodi zuzuweisen vermögen. Die Vorteile, welche die Versteigerung als Mittel des Güteraustausches im privaten Geschäftsverkehr kennzeichnen[123], lassen sich grundsätzlich auch in der öffentlich-rechtlichen Verteilungslenkung nachweisen. Ihre Attraktivität gründet sich in nuce auf vier Funktionen: ihre Allokationseffizienzfunktion (infra 1.), ihre Abschöpfungsfunktion (infra 2.), ferner ihre Transparenz (infra 3.) sowie ihre Verfahrensschnelligkeit (infra 4.). Die mit ihr verbundene Einnahmeerzielung nimmt in dem Köcher der Verteilungserwägungen dabei eine schillernde Rolle ein (infra 5.).

1. Allokationseffizienzfunktion

Bei der Entscheidung über die Zuteilung knapper Güter steht der zuteilende Staat vor der intrikaten Aufgabe, eine Entscheidung darüber zu treffen, welcher der Bewerber am besten geeignet ist, dem Zuteilungsziel gerecht zu werden. Aus eigenen Informationen kann der Staat diese Frage nicht beantworten. Die Bewerber sind über ihre Fähigkeiten, ihre Nutzenvorstellungen und ihre Verwendungsmöglichkeiten wesentlich besser informiert als der Staat. Zwischen zuteilendem Staat und Zuteilungsadressaten besteht eine Informationsasymmetrie[124].

Zu ihrer Überwindung kann der zuteilende Staat versuchen, alle relevanten und nachprüfbaren Parameter, etwa durch Befragungsverfahren, Anfor-

[122] *Schmidt-Jortzig*, ibid., S. 16.

[123] Vgl. dazu supra S. 271.

[124] Vgl. zur wirtschaftlichen Problematik von Informationsasymmetrien *G. Akerlof* in seinem in der Ökonomik berühmt gewordenen Aufsatz »The Market for ›Lemons‹: Quality and the Market Mechanism«, Quarterly Journal of Economics 84 (1970), S. 488 ff.; *Picory*, Communications & Strategies 36 (1999), S. 71 (73); *Homann/Suchanek*, Ökonomik, 2000, S. 108 ff.

derung von Projektplänen etc. zu erfassen, mit deren Hilfe er einen Rückschluss auf die tatsächlichen Nutzungsmöglichkeiten der einzelnen Teilnehmer und ihre Leistungsfähigkeit ziehen kann. Ein derartiges Vorgehen ist nicht nur sehr mühsam, zeitaufwändig und mit vergleichsweise hohen administrativen Erhebungskosten verbunden, sondern vor allem von begrenztem Ertragswert: Die Destinäre haben einen Anreiz, ihre wahren Wertschätzungen des Gutes und ihre Effizienzpotenziale nicht zu offenbaren. Ihnen ist es darum bestellt, in den Genuss des Gutes vor den anderen (grundsätzlich gleichermaßen berechtigten) Interessenten zu kommen. Sie werden ihr Möglichstes tun, ihre Fähigkeiten und Nutzungsabsichten in einem glänzenden Licht erscheinen zu lassen. Da sie wissen, dass ihre Nutzungsabsichten für den Staat als Zuteilendem grundsätzlich nicht oder nur eingeschränkt überprüfbar sind, bleibt eine falsche Angabe weitgehend folgenlos. Sie versuchen, von der zwischen zuteilendem Staat und Adressaten bestehenden Informationsasymmetrie strategisch zu profitieren und sich opportunistisch zu verhalten. Ausschreibungsverfahren können dann in ein Schaulaufen der Bewerber münden, das nicht Leistungsfähigkeit, sondern Darstellungsfähigkeit misst. Honoriert wird dann nicht die beste Eignung, sondern das »schönste« Prospekt. Die Erfahrungen, die Behörden bei der Zuteilung von knappen wirtschaftlichen Berechtigungen auf der Basis vergleichender Bewerberauswahl machten, legen Zeugnis für die Schwierigkeit der Behörden ab, Befragungen und vergleichenden Anhörungen über Nutzungsabsichten einen zuverlässigen Informationswert abzugewinnen. Die häufig verwendete Bezeichnung »beauty contest« deutet das an.

Die Kunst, die zwischen Staat und Adressaten bestehende Informationsasymmetrie aufzubrechen, ist das Geheimnis leistungsgerechter Zuteilung. Der Ansatz der Versteigerung besteht darin, die Neigung der Destinäre zu opportunistischem Verhalten durch das Instrument des Preises aufzuweichen. Der Preismechanismus veranlasst die Individuen, private Informationen über die eigene Wertschätzung und eigene Nutzenerwartungen preiszugeben. Indem er die Zuteilung an Prämissen knüpft und einen Wettbewerb der Interessenten entfacht, bringt er die Interessenten dazu, den Nutzen wahrheitsgemäß zu offenbaren, den sie aus einem Gut zu ziehen in der Lage sind. Nur die wahrheitsgemäße Angabe von Nutzenerwartungen erscheint dabei sinnvoll: Bietet der Interessent einen Preis oberhalb seiner Wertschätzung, erweist sich die Zuteilung für ihn als verlustreich. Liegt sein Angebot deutlich unter seiner wahren Wertschätzung, wird in dem Wettbewerb der Bieter im Zweifel ein anderer das Gut erwerben. Die Interessenten werden im Gefolge der preisgeleiteten Wettbewerbssituation ihre gesamten verfügbaren privaten Informationen über ihren möglichen Nutzen im Auswahlprozess einsetzen und ihn im Preis ausdrücken. Derjenige, der die relativ höchste Gewinnerwartung besitzt und damit die höchste Wertschätzung für das Gut aufweist, wird nach der ökonomischen Logik des Verfahrens das höchste Gebot abgeben. Der zahlungsbereiteste Nachfrager wird – rationales, eigennütziges und nicht durch Unsicherheitsfaktoren beeinträchtigtes Bietverhalten vorausgesetzt – zugleich den größten individualwirtschaftlichen Nutzen aus dem Gut ziehen[125]. Der Preis lenkt das Gut dorthin, wo die höchste Nutzenerwartung besteht. Ihm fällt eine Zuteilungsfunktion zu. Der zuteilende Staat kann sich weitgehend sicher sein, die aktuellen Präferenzen der Interessenten in den Grenzen des Möglichen zuverlässig zu erfassen. Indem die Versteigerung als dezentraler Allokationsmechanismus die Entscheidung über alternative Verwendungsmöglichkeiten denjenigen überlässt, die sich im Besitz der Informationen über Ressourcenmöglichkeiten befinden, macht sie den Wettbewerb als Entdeckungsverfahren[126] für die öffentlich-rechtliche Verteilungslenkung fruchtbar. Sie instrumentalisiert den Preismechanismus, um die Informationen über Produktivität und Nutzen, die bei den Nutzern alloziert sind, bei einer (allein) auf der Grundlage staatlicher Informationen erfolgenden Entscheidung aber ungenutzt bzw. unbekannt blieben, im Interesse einer knappheitsgerechten Zuteilung aufzudecken. Unter der Voraussetzung vollkommener Information und rationalen Verhaltens der Akteure führt die Versteigerung zu einer pareto-effizienten Verteilung knapper Güter. Sie erweist sich als zur Verwirklichung des Ziels einer effizienten Verteilung knapper Ressourcen prädestiniert. Die Versteigerung ist ein geeigneter Mechanismus zur effizienzorientierten Lösung von Verteilungsfragen (vgl. dazu auch bereits S. 271 ff.[127]). Die in ihr ermittelten Preise sind gesellschaftliche Indikatoren von Knappheit.

2. *Abschöpfungsfunktion: Der Versteigerungserlös als quid pro quo*

Staatliche Zuteilung vermittelt den exklusiven, Gewinn versprechenden Zugriff auf eine knappe, ökonomisch wertvolle Ressource. Die Höhe des

[125] Vgl. *Keuter/Nett/Stumpf*, Regeln für das Verfahren zur Versteigerung von ERMES-Lizenzen/Frequenzen sowie regionaler ERMES-Frequenzen, 1996, S. 37; *Korioth*, Verfassungsrechtliche und verfassungsprozessuale Aspekte einer Beteiligung der Länder an den Erlösen aus der Versteigerung der UMTS/IMT-2000-Lizenzen, 2001, S. 32.

[126] *Von Hayek*, Freiburger Studien, 1969, S. 249. Ähnlich *ders.*, Recht, Gesetzgebung und Freiheit, Bd. 2: 1976/81, S. 161: »Die Summe an Information, die sich in den Preisen widerspiegelt oder niederschlägt, ist vollständig das Ergebnis des Wettbewerbs oder zumindest der Offenheit des Marktes für jeden, der relevante Informationen über irgendeine Nachfrage- oder Angebotsquelle für das fragliche Gut besitzt. Der Wettbewerb wirkt als ein Entdeckungsverfahren, nicht nur dadurch, dass er jedermann, der die Gelegenheit hat, besondere Umstände auszunutzen, die Möglichkeit gibt, dies profitabel zu tun, sondern auch dadurch, dass er den anderen Parteien die Informationen vermittelt, dass es eine solche Gelegenheit gibt. Dank dieser Vermittlung von Information in kodierter Form sichern die konkurrierenden Anstrengungen des Marktspiels die Nutzbarmachung weit verstreuten Wissens«.

[127] Sowie allgemein für den Markt als Verteilungsmechanismus supra S. 151 ff.

mit der Nutzung des Gutes verbundenen Gewinns ist auch eine Folge der durch die Zuweisung zur exklusiven Nutzung ermöglichten Sonderstellung. Dem Erwerber wird ein Sondervorteil zuteil, der ihm im Wettbewerb eine privilegierte Position gegenüber all denjenigen vermittelt, denen ein ebenbürtiger Teilhabeanspruch zukommt, die Nutzung des betreffenden Gutes aber versagt bleibt. Mit der Zuteilung geht insoweit eine Erweiterung seiner aktuellen Rechtsposition einher. Der Empfänger erhält den Zugang zu einem knappheitsbedingt zugangsbeschränkten Markt, der ihn faktisch weitgehend vor Konkurrenz schützt[128]. Diesen Vorteil als Frucht einer durch die Auswahl bedingten Privilegierung zugunsten der Allgemeinheit einzuziehen, erscheint verteilungspolitisch legitim[129].

Versteigerungserlöse zielen auf eine Ermittlung und Abschöpfung des Knappheitspreises des zuzuteilenden Gutes, der die relative Knappheit einer Ressource spiegelt, und lassen diesen Sondervorteil aus dem bevorrechtigten exklusiven Zugriff auf ein Rechtsgut der Allgemeinheit zufließen. Derjenige, der eine Ressource für sich in Anspruch nimmt und dadurch anderen eine bestimmte Mittelverwendung unmöglich macht, entschädigt in der staatlichen Versteigerung die anderen Interessenten – ähnlich wie im Marktprozess des privaten Güteraustausches – mittelbar durch eine äquivalente Gegenleistung für die ihnen entgangene Nutzungschance. Deren Höhe drückt die Versteigerung in einem in transparentem Verfahren ermittelten Geldbetrag aus. Markt und Versteigerung nehmen insoweit auch eine Gerechtigkeitsfunktion der Verteilungslenkung für sich in Anspruch. Sie stellen einen Vorteilsausgleich zwischen denjenigen her, die eine Nutzung ausüben dürfen und denjenigen, die davon ausgeschlossen bleiben. Die Abschöpfung ist Ausfluss austeilender Gerechtigkeit zwischen den grundsätzlich gleichberechtigten Teilhabeberechtigten[130]. Der abgeschöpfte Geldbetrag, die marktliche Gegenleistung, stellt einen lump sum-Transfer dar, der dem Staat als Treuhänder der Interessen der Allgemeinheit zufließt; der Gewinn, der mit dem knappen staatlich verwalteten Gut erwirtschaftet wird, fließt im Gefolge des Zuteilungsprozesses in die Kassen des Staatshaushalts als dem Umverteilungskonto der Gesellschaft statt in die Gewinne von Un-

---

[128] Vgl. dazu etwa *Engel*, Nebenwirkungen wirtschaftsrechtlicher Instrumente, in: ders./Morlok (Hrsg.), Öffentliches Recht als ein Gegenstand ökonomischer Forschung, 1998, S. 173 (180 f.).

[129] Auf die Abschöpfungsfunktion der Versteigerung weist auch früh *R. Coase* in seinem Aufsatz The Federal Communications Commission, Journal of Law and Economics 2 (1959), 1, 23, hin; vgl. auch *Hendler*, Umweltabgaben und Steuerstaatsdoktrin, AöR 115 (1990), 577, 605 f.; *Logan*, California Law Review 85 (1997), S. 1687 (1690 f.; 1726); *McMillan*, Telecommunications Policy 19 (1995), S. 191 (197 f.); *Rubin*, George Washington Law Review 66 (1998), S. 686 (688); 13. Hauptgutachten der Monopolkommission 1998/99, BT-Drucks. 14/4002 Tz. 50. Als Achillesferse der Versteigerung erweist sich dabei, dass dem Vorteil der Leistungsempfänger kein staatlicher Aufwand gegenübersteht (vgl. dazu im Einzelnen S. 414 ff. und S. 499 ff.).

[130] Vgl. zum Begriff der austeilenden Gerechtigkeit supra S. 56.

ternehmen oder individuellen Wirtschaftsakteuren[131]. Die Versteigerung eröffnet eine Quid-pro-quo-Strategie in der staatlichen Verteilungspolitik.

Der mit der Zuteilung knapper Güter verbundene Sondervorteil war auch in den USA Ausgangspunkt der Rechtfertigung besonderer Pflichten und ein wichtiger argumentativer Markstein auf dem Weg zur gesetzlichen Etablierung von Versteigerungen[132]. Einen ersten Pflock schlug der Supreme Court insoweit in seinem Urteil Red Lion Broadcasting vs. FCC ein[133]: Ein privater Rundfunkanbieter und die Federal Communications Commission stritten darum, ob die Auferlegung von Programmverpflichtungen, hier konkret einer Gegendarstellungspflicht, gegenüber den Rundfunkanbietern mit den »freedoms of speech and press« vereinbar waren. Der Supreme Court bejahte dies. Er vermochte darin insbesondere keine »unconstitutional condition«, keine Verknüpfung einer hoheitlichen Erlaubnis mit unzulässigen Bedingungen, erkennen[134]. Das ergebe sich aus der Zuteilungsaufgabe des Staates und der privilegierten Knappheitsposition der Rundfunkanbieter, die andere Interessenten von der Nutzungsmöglichkeit ausschließt[135]. Aus der Knappheit eines staatlich verwalteten Gutes leitete das Gericht die Verpflichtung seines Inhabers ab, besondere im öffentlichen Interesse liegende Pflichten, insbesondere Auflagen und

---

131 *McMillan*, Telecommunications Policy 19 (1995), S. 191 (198).

132 Vgl. 47 USCA §309 (j) (3) (C): »The Commission shall [...] seek to promote [...] the following objectives [...] recovery for the public of a portion of the value of the public spectrum resource made available for commercial use and avoidance of unjust enrichment through the methods employed to award uses of that resource«.

133 395 U. S. (1969), S. 369. Vgl. dazu bspw. *Logan* (Fn. 129), S. 1699 ff.; *Rainbow*, Cardozo Arts and Entertainment Law Journal 4 (1985), S. 169 (167 f.); *Spitzer*, New York University Law Review 64 (1989), S. 990 (1008 ff.).

134 Nach der amerikanischen Unconstitutional-conditions-Doktrin ist es dem Staat untersagt, die Gewährung einer Vergünstigung mit der Bedingung zu verknüpfen, dass der Begünstigte dafür ein verfassungsrechtlich geschütztes Recht aufgibt – selbst wenn der Staat den in Aussicht gestellten Vorteil dem Begünstigten auch gänzlich vorenthalten dürfte. Der Gedanke eines »volenti non fit iniuria« und der Aspekt, dass die Teilgewährung unter Auflagen oder Bedingungen ein Minus gegenüber der gänzlichen Versagung darstellt, schlagen nicht durch. Bleibt dem Begünstigten bei einer Gewährung unter unconstitutional conditions auch ein Vorteil, ist diese Gewährung gleichwohl unzulässig. Denn sie wird nur um den Preis der Aufgabe einer verfassungsrechtlich geschützten Position gewährt. Grundgedanke ist die Überlegung: Der Staat soll nicht mit der »condition« indirekt ein Verhalten erreichen können, das er direkt, nämlich im Wege eines Verbots, eines Eingriffs in die verfassungsrechtlich geschützte Rechtsposition, nicht erreichen könnte. Vgl. zur Unconstitutional-conditions-Doktrin *Logan* (Fn. 129), S. 1734 ff.; umfassend *Epstein*, Harvard Law Review 102 (1989), S. 4 ff.; *Note*, Harvard Law Review 73 (1960), S. 1595 ff.; *Rosenthal*, Stanford Law Review 39 (1987), S. 1103 ff.; *Sullivan*, Harvard Law Review 102 (1989), S. 1413 ff.

135 395 U. S. (1969), S. 369 (400): »(...) in view of the scarcity of broadcast frequencies, the Government's role in allocating access to those frequencies, and the legitimate claims of those unable without governmental assistance to gain access to those frequencies for expression of their views«. Das Gericht argumentierte: Da die Ausübung der Rundfunkfreiheit allen gleichermaßen zustehe, aber den Zugriff auf knappe Güter voraussetze, die nicht allen zur Verfügung gestellt werden können, komme dem Einzelnen kein exklusives Zugriffsrecht auf die Frequenzen zu: »The First Amendment confers no right on licensees to prevent others from broadcasting on ›their‹ frequencies and no right to an unconditional monopoly of a scarce resource which the Government has denied others the right to use« (395 U. S. [1969], S. 369 (391).

sonstige Nebenbestimmungen, zu dulden und zu erfüllen: »There are substantially more individuals who want to broadcast than there are frequencies to allocate«[136]. Da der Zugang zu dem knappen Gut »Frequenz« auf wenige Interessenten beschränkt sei, korrespondiere der Sonderstellung eine Ausgleichsverpflichtung gegenüber denjenigen, die nicht in den Genuss des Privilegs gekommen sind und die Möglichkeit der Freiheitsausübung nicht haben, insbesondere die Verpflichtung der Inhaber privilegierter Sonderrechte, auch andere Meinungen zu Wort kommen zu lassen, die sonst keine Möglichkeit der Verlautbarung ihrer Meinung hätten[137]. »They are obligated to present those views and voices which are representative of the community and which would otherwise, by necessity, be barred from the airwaves«[138]. Die inhaltlichen Programmverpflichtungen wurden als ein quid pro quo für die exklusive Zuweisung eines knappen Gutes, d. h. einer grundrechtlichen Sonderrolle, gehandelt. Von der Auferlegung öffentlicher Verpflichtungen (public obligations) bis zur Abschöpfung des Sondervorteils und dem Einsatz des Preismechanismus als quid pro quo der Zuteilung war es zwar in den USA, zeitlich gesehen, noch ein weiter Weg, aber gedanklich nur noch ein kleiner Schritt[139]. Ihr Grundgedanke hat in Zeiten der Ökonomisierung der Beziehungen zwischen Staat und Bürger in besonderem Maße Konjunktur.

Bei dem Blick auf die Abschöpfungsfunktion der Versteigerung darf nicht aus den Augen verloren werden, dass das Ziel einer Abschöpfung als solches nicht notwendig eine Versteigerung als Handlungsinstrument voraussetzt, sondern sich grundsätzlich auch – zielgenauer und grundrechtsschonender – über das Instrument des Steuerrechts, insbesondere eine (nachgelagerte) Gewinnbesteuerung, erreichen lässt[140]. Die Versteigerung nimmt eine Vorabschöpfung *erwarteter* Gewinne und Nutzungsmöglichkeiten vor. Mit den tatsächlich entstehenden Vorteilen und Gewinnen müssen diese nicht notwendig übereinstimmen[141]. Die Vorwegabschöpfung führt dazu, dass zunächst einmal keine Gewinne generiert werden, die be-

---

[136] 395 U. S. (1969), S. 369 (388).

[137] »Because of the scarcity of radio frequencies, the Government is permitted to put restraints on licensees in favour of others whose views should be expressed on this unique medium – 395 U. S. (1969), S. 369 (389f.).

[138] 395 U. S. (1969), S. 369 (389). Mit den wachsenden technischen Möglichkeiten der Frequenzgestaltung geriet die scarcity-Argumentation des Supreme Court als Säule besonderer Programmverpflichtungen in den USA indes verstärkt unter Druck. Vgl. dazu *Logan* (Fn. 129), S. 1700ff.

[139] Bis zur Versteigerung von *Rundfunk*frequenzen vergingen in den USA von der Red-Lion-Entscheidung des Supreme Court noch 38 Jahre; vgl. Fn. 103. Zur Quid-pro-quo-Doktrin in den USA siehe *Logan* (Fn. 129), S. 1730ff.

[140] *H.-W. Arndt* (Finanzverfassungsrechtliche Zulässigkeit der Versteigerung der UMTS-Lizenzen durch die RegTP, in: Piepenbrock/F. Schuster [Hrsg.], UMTS-Lizenzvergabe, 2001, S. 207 [228]) sieht daher in der Versteigerung einen Verstoß gegen das verfassungsrechtliche Leistungsfähigkeitsprinzip, der schon deshalb dieses Instrument unzulässig mache. Richtigerweise handelt es sich dabei wohl weniger um eine Frage der Leistungsfähigkeit als der Sachgerechtigkeit der Entscheidung unter den Bedingungen der Wertunsicherheit (dazu infra S. 378ff.) und des Äquivalenzprinzips (dazu infra S. 527ff.).

[141] Vgl. zu den damit verbundenen Folgerungen und Problemen im Einzelnen infra S. 378ff.

steuert werden könnten. Unter Abschöpfungsgesichtspunkten handelt es sich insoweit grundsätzlich um einen Verschiebebahnhof. Die Abschöpfungsfunktion der Versteigerung alleine vermag ihren Einsatz als Instrument der Zuteilung knapper Güter nicht als solche, sondern nur in Verbindung mit anderen Zuteilungsfunktionen der Versteigerung zu rechtfertigen.

3. *Transparenzfunktion und Neutralität des Verfahrens*

Versteigerungsverfahren sind ihrer Natur nach auf ein formalisiertes Verfahren angelegt, das nach vollumfänglich im Voraus festgelegten und den Teilnehmern offenbarten Zuteilungsregeln abläuft[142]. Sie zwingen den Zuteilenden, seine Zuteilungskriterien offen zu legen. Der Entscheidungsprozess ist transparent. Anders als im Falle eines Ausschreibungsverfahrens, das häufig entweder die genauen Kriterien der Vergabeentscheidung oder deren Gewichtung nicht detailliert offen legt[143], reduziert sich im Versteigerungsverfahren der Spielraum für willkürliche, intransparente und nicht nachvollziehbare Entscheidungen auf Null[144]. Sie laden nicht ein zum Lobbying, Nepotismus oder zur verdeckten Bevorzugung nationaler Bewerber. Der Verdacht unsachlicher Beeinflussung des Entscheidungsvorgangs kommt gar nicht erst auf[145]. Versteigerungen stellen eine diskriminierungsfreie Form der Vergabe dar. Sie erfüllen die (auch europarechtlich geforderte[146]) Transparenzfunktion des Zuteilungsprozesses in paradigmatischer Weise[147].

4. *Verfahrensschnelligkeit*

Während Verfahren vergleichender Bewerberauswahl die Sammlung und Offenlegung einer Fülle von Informationen der Antragsteller erfordern,

---

142 *McMillan*, Telecommunications Policy 19 (1995), S. 191 (194).

143 Dazu *Keuter/Nett/Stumpf*, Regeln für das Verfahren zur Versteigerung von ERMES-Lizenzen/Frequenzen sowie regionaler ERMES-Frequenzen, 1996, S. 40f.; *Berg*, Der Staat 15 (1976), S. 1 (26); *R. H. Weber*, Wirtschaftsregulierung in wettbewerbspolitischen Ausnahmebereichen, 1986, S. 305f.; 13. Hauptgutachten der Monopolkommission 1998/1999, BT-Drucks. 14/14002, S. 57 Tz. 46.

144 In diese Kerbe haut auch die Begründung zum Gesetzesentwurf der Fraktionen der CDU/CSU, SPD und FDP für ein Telekommunikationsgesetz, BT-Drucks. 13/3609, S. 39. Ausgeschlossen ist damit aber nicht, dass die Wahl des Versteigerungsverfahrens als solches von sachwidrigen Motiven, etwa allein dem Ziel staatlicher Einnahmeerzielung motiviert ist. Vgl. dazu infra S. 429ff.

145 Vgl. zu Beispielen unsachlicher Beeinflussung des Entscheidungsvorgangs bei Ausschreibungen von Telekommunikationsfrequenzen in Frankreich und Südkorea *McMillan*, Telecommunications Policy 19 (1995), S. 191 (194 u. 196); *Keuter/Nett/Stumpf* (Fn. 143), S. 39; *R. H. Weber*, Wirtschaftsregulierung in wettbewerbspolitischen Ausnahmebereichen, 1986, S. 305f.; 13. Hauptgutachten der Monopolkommission 1998/1999, BT-Drucks. 14/14002, S. 57 Tz. 46.

146 Vgl. dazu supra S. 90ff.

147 *Keuter/Nett/Stumpf* (Fn. 143), S. 39.

die durch die Vergabestelle zur Kenntnis genommen, überprüft und zueinander in Bezug gesetzt werden müssen, und überdies häufig zeitraubende und kostspielige gerichtliche Auseinandersetzungen über Definition, Auslegung und Anwendung des Zuteilungsmaßstabes nach sich ziehen, bevor es zu einer rechtsbeständigen Zuteilung knapper Ressourcen kommt, nehmen Auktionen der Behörde die komplexe Beurteilungsaufgabe ab. Sie legen diese in die mitwirkende Entscheidungsmacht der Destinäre und führen die entscheidungsrelevanten Informationen in einem Bieterwettbewerb zusammen, der jedem Bieter das Risiko für die Richtigkeit und Realisierbarkeit der gebotenen Beträge überantwortet. Sie zeichnen sich dadurch auch durch besondere Entscheidungsstringenz und Verfahrensschnelligkeit aus. Während die Vorbereitung und Durchführung von Ausschreibungsverfahren in den USA – empirischen Erhebungen zufolge – durchschnittlich eine Zeitspanne von 18 Monaten in Anspruch nahmen und Losverfahren einen Zeitraum von zwölf Monaten banden, werden Auktionen dort in durchschnittlich sieben Monaten abgewickelt[148]. Da die Zuteilungsregeln den Akteuren im Voraus bekannt sind und sie in den Entscheidungsfindungsprozess maßgeblich einbezogen werden, ist die Akzeptanz der Auswahlentscheidung erhöht und die Wahrscheinlichkeit sich an den Zuteilungsprozess anschließender, die Investitionssicherheit hemmender Rechtsstreitigkeiten auf ein Minimum reduziert. Versteigerungsverfahren führen zu einer zeitgerechten Zuteilung. Der Faktor »Zeit« kann bei der Verteilungsaufgabe eine wichtige Rolle spielen. Insbesondere bei technologischen Innovationen[149] ist die ungesäumte Zuteilung, die knappe Güter alsbald dem Verwertungs- und Nutzungsprozess zuführt, für die sachgerechte Entscheidung nicht ohne Bedeutung.

5. *Fiskalfunktion – Staatliche Einnahmeerzielung und Minimalisierung des staatlichen Verteilungsaufwandes als Verteilungsziel?*

Versteigerungsverfahren warten für den zuteilenden Staat mit fiskalischen Anreizen auf: Anders als andere Zuteilungsmechanismen spülen sie Einnahmen in die Taschen des staatlichen Budgets. Indem sie die auswahlbedingte Privilegierung der Auswahlempfänger an die Abforderung eines den

[148] FCC Report to Congress on Spectrum Auctions, Report FCC 97–353, WT Docket No. 97–150, S. 17; *Hazlett/Boloniek*, Federal Communications Law Journal 51 (1999), S. 639 (642); *Hook*, Indiana International and Comparative Law Review 3 (1993), S. 319 (347); *Kwerel/Felker*, Using Auctions to Select FCC Licensees, OPP Working Paper 16, 1985, S. 17; *McMillan*, Telecommunications Policy 19 (1995), S. 191 (193f.); vgl. auch *Settanni*, Common Law Conspectus 2 (1994), S. 117 (130).

[149] Vgl. etwa Erwägungsgrund Nr. 22 der Richtlinie 2002/21/EG des Europäischen Parlaments und des Rates vom 7.3.2002 für einen gemeinsamen Rechtsrahmen für elektronische Kommunikationsnetze und -dienste (Rahmenrichtlinie), ABl. EG Nr. L 108 vom 24.4.2002, S. 33 (»zügige, nichtdiskriminierende und transparente Verfahren«).

Nutzungsvorteil abschöpfenden Äquivalents knüpfen, führen sie als Folge der Zuteilung dem Staathaushalt und der Allgemeinheit in signifikantem Umfang Mittel zu. Der ausgleichenden Abschöpfungsfunktion von Versteigerungen[150] korrespondieren als Kehrseite des Zuteilungsprozesses Einnahmen des Staates. Amerikanische Juristen und Ökonomen heben den Aspekt staatlicher Einnahmeerzielung gerne unverhohlen als entscheidenden Vorteil von Auktionen hervor[151].

Die Möglichkeit, durch die Wahl des Zuteilungskriteriums dem Staat in reichem Umfang finanzielle Mittel zu erschließen, macht die Auswahlentscheidung indes anfällig für fiskalische Ertragsanliegen. Sie sät die Gefahr eines Missbrauchs staatlicher Verteilungsentscheidungen zu Zwecken staatlicher Haushaltssanierung. Der Segen staatlicher Einnahmeerzielung, der dem Versteigerungsmechanismus als Reflex und integraler Bestandteil seiner Zuteilungsfunktion anhaftet, kann sich zugleich als sein Fluch entpuppen[152].

Über die Generierung von Einnahmen hinaus reduzieren Versteigerungen die Kosten des staatlichen Auswahlprozesses auf ein Minimum. Sie binden nicht in gleichem Maße Personal und Kapital der am Zuteilungsprozess beteiligten Akteure für das Zusammentragen und den Vergleich der Interessentenbewerbungen wie andere Verfahren. Die Kosten für die Durchführung von Auktionen betragen nach US-amerikanischen Erfahrungen im Schnitt 15 v. Hundert der Kosten für die Durchführung von Ausschreibungen oder Lotterien[153]. Versteigerungen sind als Auswahlmechanismus ein fiskalischer Glücksfall[154].

Einnahmeerzielung und Kostengünstigkeit vermögen eine fehlende sachliche Rechtfertigung freilich nicht zu ersetzen. Sie können diese allenfalls unterstreichen und ergänzen. Grundrechtsdienende staatliche Verteilungslenkung steht nicht unter einem Kostenvorbehalt und darf nicht auf dem Altar einer Kostenorientierung geopfert werden. Die volkswirtschaftlichen Kosten eines Verteilungsvorgangs für die Beteiligten dürfen nur ad-

---

[150] Vgl. dazu supra 2., S. 298.

[151] Vgl. z. B. *J. McMillan*, Telecommunications Policy 19 (1995), S. 191 (193); *Settanni*, Common Law Conspectus 2 (1994), S. 117 (130); *Logan* (Fn. 129), S. 1726.

[152] Siehe dazu im Einzelnen infra S. 414ff.

[153] Vgl. FCC Report to Congress on Spectrum Auctions (Fn. 148), S. 7f.; *Straubel*, North Carolina Journal of International Law and Commercial Regulation 1992, S. 205 (236f.); *Hook* (Fn. 148), S. 319 (347); *Kwerel/Felker* (Fn. 148), S. 20.

[154] Die Komplexität des Versteigerungsverfahrens kann diesen Vorteil relativieren. Ein funktionstüchtiges Versteigerungsdesign, das die staatlichen Zuteilungsziele sicher zu erreichen in der Lage ist, setzt hinreichende Expertise voraus. Ohne fachkundige Beratung, sorgfältige Konzeption und Testung ist sie nicht zu erreichen. Bei der Versteigerung gleichartiger Güter (vgl. dazu infra S. 309ff.) kann die Versteigerung ein Komplexitätsniveau erreichen, das eine langwierige Vorbereitung und für die Teilnehmer der Auktion eine professionelle Beratung erforderlich macht (bzw. dringend nahe legt).

ditiv in dem Köcher verschiedener sachgerechter Verteilungsmodi Berücksichtigung finden.

III. Typologie der Auktionen – Begriff, Erscheinungsformen und Gestaltungsmöglichkeiten

Wer von »Versteigerung« spricht, kann damit sehr unterschiedliche Zuteilungs- und Austauschvorgänge meinen. Der Begriff lässt eine erhebliche Bandbreite unterschiedlicher Deutungsvarianten zu.

Eine gesetzliche Definition der Versteigerung sucht man in Rechtsvorschriften vergebens. Das BGB, die ZPO, die GewO und die VerstVO etwa kennen zwar den Begriff der Versteigerung[155], setzen ihn aber als bekannt voraus. Entwicklungsgeschichtlich bleibt das Wort »Versteigerung«, wiewohl in Deutschland schon seit dem 15. Jahrhundert belegt[156], bis in die zweite Hälfte des 19. Jahrhunderts wenig gebräuchlich. Bis dahin ist zumeist von »Subhastation«, der Zwangsversteigerung von Immobilien oder der »Vergantung« als Versteigerung eines verfallenen Pfandes die Rede[157]. Die freiwillige Versteigerung fand sich meist unter dem Begriff »Auktion«[158]. Heute sind die Begriffe »Versteigerung« und »Auktion« Synonyme. Sie bilden den Oberbegriff für eine Vielzahl von Erscheinungsformen der öffentlichen Zuteilung von Gütern gegen Meistgebot, die durch einen überschaubaren Strauß von Essentialia und eine gemeinsame ökonomische Logik miteinander verbunden sind: Versteigerungen zielen auf eine Preisfindung durch einen Wettbewerb der Nachfrager. Sie dienen als ökonomisch sinnvolles Zuteilungsverfahren, wenn die Nutzungspotenziale der Interessenten und der Wert eines Gutes unbekannt sind. Sie laden die Interessenten ein, im Wettbewerb mit anderen um das Recht zum Erwerb des Gutes auf der Grundlage eines Preiswettbewerbs zu bieten[159]. Ein Anbieter offeriert einer Anzahl von Nachfragern das Versteigerungsobjekt nach vorher bestimmten Regeln zum Höchstpreis[160]. Zuteilungskriterium ist alleine

---

[155] Vgl. § 34b GewO, §§ 156, 383, 489, 753, 966, 975, 979, 983, 1233 ff. BGB; §§ 373, 376, 389 HGB, insbesondere § 7 VerstV.

[156] Vgl. *Mannheims/Oberem*, Versteigerung, 2003, S. 3 m. w. N.

[157] Vgl. dazu *Grimm*, Deutsches Wörterbuch, sub »Versteigerung«; »versteigern«, 1984, *Henning*, Art. Versteigerung, in: Erler (Hrsg.), Handwörterbuch zur deutschen Rechtsgeschichte, Bd. 5, 1998, Sp. 829.

[158] Dass der Zuschlag immer an den Höchstbietenden erteilt wird, ändert daran nichts.

[159] *Cassady*, Auctions and Auctioneering, 1967, S. 8.

[160] Dementsprechend lautet die klassische wirtschaftwissenschaftliche Definition der Versteigerung nach *McAfee* und *McMillan* (Journal of Economic Literature 25 (1987), S. 699 [701]): »eine Markttransaktion auf der Basis expliziter Regeln, die die Ressourcenallokation und die Preise auf der Grundlage eines Vergleichs von Geboten der Marktteilnehmer vornimmt« (Übersetzung des Verf.).

der Preis oder ein anderes quantifizierbares Leistungskriterium. Darin unterscheiden sich Versteigerungen von Zuteilungsvorgängen, die nur qualitativ erfassbare Sachauslesekriterien in die Entscheidung einbeziehen. Sie stellen eine *Markttransaktion* dar, *bei der ein Gut im Wege eines Preis- (oder auf andere quantifizierbare Kriterien rekurrierenden) Wettbewerbs der Interessenten an den Meistbietenden veräußert wird*[161].

Die konkrete Modellierung des Ablaufs einer Versteigerung in der Vielzahl möglicher Gestaltungstypen (infra 1. und 2.) ist maßgeblich dafür, ob sie als Mechanismus der Verteilungslenkung ihre Zielsetzung erreicht (infra 3.). Jedes Urteil über die Zulässigkeit der Versteigerung als Handlungsform der öffentlich-rechtlichen Verteilungslenkung bleibt ohne Rekurs auf ihre konkrete Gestaltungsform gehaltlos.

1. *Differenzierungskriterien*

Versteigerungen können den Zuschlagspreis an sehr unterschiedliche Variablen anknüpfen (infra a), die Bietrichtung in unterschiedlicher Richtung ausrichten (infra b), mit offenen oder geheimen Geboten operieren (infra c), zur Ermittlung des erfolgreichen Gebotes mehrere Gebote oder ein einziges Gebot eines Bieters zulassen (infra d), mündlich, schriftlich oder elektronisch durchgeführt werden. Mit der Zahl der zur Versteigerung stehenden Gegenstände vervielfacht sich das Spektrum der Gestaltungsformen zusätzlich (infra e). Gemeinsam ist allen Auktionsformen (neben den oben genannten konstitutiven Eigenschaften) lediglich, dass derjenige den Zuschlag erhält, der für das jeweilige Auktionsobjekt das höchste Gebot abgegeben hat.

---

161 Ähnlich mit unterschiedlichen Nuancierungen *Fackler/Konermann*, Praxis des Versteigerungsrechts, 2. Aufl. 2004, S. 10; *Wicher*, Der Versteigerer, 1961, S. 50: »Versteigern ist der Verkauf eines Gegenstandes oder Rechts zu höchstmöglich erzielbarem Preis unter Wettbewerb zwischen den bietenden Kaufinteressenten«. *Schafft*, CR 2001, S. 393 (395): »Jede organisatorisch eingegrenzte, durch zuvor festgelegte Regeln gesteuerte Verhandlungssituation zwischen dem Einzelnen einerseits und einer Mehrzahl von Personen andererseits mit dem Ziel der Preisfindung kann man als Versteigerung im weitesten (oder wirtschaftlichen Sinn) bezeichnen«. Enger hingegen im Hinblick auf die spezielle gewerberechtliche Zielsetzung *Bleutge*, in: Landmann/Rohmer, GewO, §34b Rdnr. 6a: »Versteigern heißt, innerhalb einer zeitlich und örtlich begrenzten Veranstaltung eine Mehrzahl von Personen auffordern, eine Sache oder ein Recht in der Weise zu erwerben, dass diese Personen im gegenseitigen Wettbewerb Vertragsangebote in Form des Überbietens dem Versteigerer gegenüber abgeben, der das höchste Gebot im eigenen oder fremden Namen annimmt«. Ebenso *Ernst*, Gewerberechtliche Einordnung, in: Spindler/Wiebe (Hrsg.), Internet-Auktionen, 2. Aufl. 2005, Rdnr. 4; *Heckmann*, NJW 2000, S. 1370 (1374); *Tettinger*, in: ders./Wank (Hrsg.), GewO, 7. Aufl. 2004, §34b Rdnr. 3.

a) Bestimmung des Versteigerungserlöses – Erstpreis- und Zweitpreisauktionen

Den zu zahlenden Preis bestimmen die meisten Auktionsformen nach der nahe liegenden Erstpreisregel: Der Meistbietende hat den von ihm gebotenen Preis zu zahlen (*Erstpreisauktion*; *first-price-auction*). Zwingend ist diese Regel nicht. Der Auktionspreis muss nicht mit dem eigenen Gebot übereinstimmen, sondern kann auch dem Preis des zweithöchsten, dritthöchsten Gebots oder dem Durchschnitt der abgegebenen Gebote entsprechen (Zweitpreis-, Drittpreis- oder Durchschnittspreis-Auktion). Dafür, nicht das Höchstgebot den zu zahlenden Preis bestimmen zu lassen, sondern etwa das zweithöchste Gebot, sprechen sogar gute allokative Gründe (vgl. infra S. 321).

b) Bietrichtung – aufsteigende und absteigende Auktion

Der Begriff »Ver*steigerung*« wie auch der synonym verwendete Begriff der »Auktion« deuten darauf hin, dass Versteigerungen einen Wettbewerb im gegenseitigen Überbieten voraussetzen: »Auktion« geht auf das lateinische Wort »augere« (»erhöhen«) zurück[162]; das seit dem 19. Jahrhundert verstärkt gebrauchte Wort »Versteigerung« hat seine Wurzel in dem mittelhochdeutschen Wort »steigen« (erhöhen, aufrichten) bzw. »steigern«. Meist sind Versteigerungsgebote dementsprechend aufsteigend abzugeben: Versteigerungen beginnen mit einem Mindestgebot und steigern sich in jeder Auktionsrunde, bis niemand mehr bietet (sog. aufsteigende Auktion). Derjenige, der das letzte Gebot abgibt, erhält den Zuschlag. Es lassen sich auch Auktionen mit umgekehrter Bietrichtung konstruieren (und in der deutschen Versteigerungsgeschichte finden)[163], die den intendierten Zuteilungszielen gleichermaßen entsprechen: Der Versteigerer beginnt mit dem denkbaren Höchstgebot und senkt dieses so lange, bis ein Bieter zu dem gebotenen Preis zuschlägt[164] (sog. Holländische Versteigerung, Abwärtsversteigerung; vgl. infra S. 315).

---

[162] Das Wort ist seit dem 16. Jahrhundert bekannt. Der britische Autor *William Warner* soll das Wort »auction« bei der Übersetzung des Werkes *Menaechmi* des römischen Dichters Plautus in die englische Sprache eingeführt haben. In der Mitte des 19. Jahrhunderts bezeichnet »auction« jegliche Versteigerung, die »gezwungene oder freiwillige«, die »öffentliche oder private«, »je nachdem [ob] die Obrigkeit sie anordnet und die Aufsicht über sie führt oder nicht«. Vgl. Artikel »Auction«, in: Pierer (Hrsg.), Universal-Lexikon der Gegenwart und Vergangenheit, 2. Aufl. 1840, S. 336.

[163] *Henning*, Art. »Versteigerung«, in: Erler u. a. (Hrsg.), Handwörterbuch zur Rechtsgeschichte, Bd. 5, 1998, Sp. 829 (830).

[164] Nach *Henning* (Fn. 163, Sp. 830f.) schloss sich in der deutschen Versteigerungsgeschichte an das »Absteigern« teilweise der Versuch eines erneuten »Aufbietens« an.

c) Transparenz der Gebotsabgabe – offene und verdeckte Auktionen

Ob die Gebote der Teilnehmer für alle Bieter sichtbar sind oder verdeckt abgegeben werden, hat für den Verlauf der Auktion nicht unerhebliche Bedeutung. Werden die Gebote für jedermann sichtbar abgegeben (*offene Auktion*), ist jeder Bieter über das gültige Höchstgebot jederzeit informiert; er erhält über die Preisofferten der anderen Bieter genaue Kenntnis und kann darauf ggf. reagieren. Der Prozess der Versteigerung generiert dadurch den Teilnehmern Informationen über die Wertschätzung der anderen Teilnehmer und reduziert ihre strategische Unsicherheit[165].

Bei *verdeckten Auktionen (sealed-bid-Auktion)* sind die Gebote für die anderen Auktionsteilnehmer nicht erkennbar. Sie werden geheim abgegeben, typischerweise in der Weise, dass alle Teilnehmer gleichzeitig im verschlossenen Umschlag ein Gebot abgeben. Die Bieter bleiben über das Verhalten der anderen Teilnehmer im Dunkeln, was Auswirkungen auf ihr Bietverhalten hat. Ihre Entscheidungsunsicherheit ist größer als bei offenen Auktionen.

Bei verdeckten Auktionen haben die Bieter regelmäßig nur einmal die Möglichkeit, ein verbindliches Gebot für den Auktionsgegenstand abzugeben[166]. Danach ist die Auktion beendet. Bei offenen Auktionen gilt meist das Gegenteil: Hier haben die Bieter typischerweise die Möglichkeit, mehrere Gebote abzugeben. Die Auktionsteilnehmer bestimmen das Ende der Auktion durch ihr Verhalten: Die Auktion endet typischerweise dann, wenn keiner der Auktionsteilnehmer ein neues Gebot abgibt. Notwendig ist auch das aber nicht: Absteigende Auktionen[167] lassen – obwohl ihrer Natur nach offene Auktionen – nur einmal die Möglichkeit der Gebotsabgabe zu: Mit der Abgabe des ersten Gebots ist die Auktion beendet. Die Unterscheidung zwischen offenen und verdeckten Auktionen korreliert folglich nicht mit der Unterscheidung zwischen einmalig und mehrmalig zulässiger Gebotsabgabe.

d) Zahl der zulässigen Gebote – einstufige und mehrstufige Auktionen

Dürfen die Auktionsteilnehmer in Versteigerungen nur einmalig ein verbindliches Gebot für den Auktionsgegenstand abgeben, spricht man von

---

[165] Vgl. *McAfee/McMillan*, Journal of Economic Literature 25 (1987), S. 699 (722).

[166] Auch hiervon gibt es Ausnahmen. In der Versteigerungspraxis finden (aufsteigende) Auktionen Anwendung, bei denen die Gebote verdeckt abgegeben werden, die Bieter nach ihrer Aufdeckung und Auswertung durch den Versteigerer aber die Möglichkeit haben, ihre Gebote in Kenntnis anderer Höhergebote (wiederum verdeckt) zu erhöhen. Elektronische staatliche Frequenzauktionen laufen in ihrem Grundgedanken nach diesem Strickmuster ab. Vgl. zu einem Fall aus der privatrechtlichen Versteigerungspraxis OLG Oldenburg, GewArch. 1990, S. 171.

[167] Siehe dazu supra S. 307.

einstufigen Versteigerungen. Haben sie mehrmals die Möglichkeit ein Gebot abzugeben, handelt es sich um *mehrstufige Auktionen*. Mehrstufige Auktionen weisen den allokativen Vorteil auf, jedem Bieter im Laufe des Auktionsprozesses Informationen über die Wertschätzungen der anderen Teilnehmer zu vermitteln, die dieser bei seinem Gebot berücksichtigen kann. Sie laden aber auch zum Taktieren ein und können den Bieter dazu verleiten, sich von der Auktionsatmosphäre beeinflussen zu lassen und in einen Bietrausch zu verfallen[168]. Mehrstufige Auktionen sind überdies anfällig für unzulässige (Preis-)Absprachen der Bieter (sog. Bieterkollusion)[169]. Dieser Gefahr sind *einstufige Auktionen* nicht in gleichem Maße ausgesetzt. Da die Auktionsteilnehmer nur einmalig ein Gebot für den Auktionsgegenstand abgeben dürfen, können andere Mitglieder eines Bieterkartells abweichendes Verhalten von ursprünglichen geheimen Absprachen hier nicht mehr ahnden.

e) Zahl der versteigerten Güter – singuläre und multiple Auktionen

Meist werden bei Versteigerungen privater Güter Unikate zur Veräußerung gebracht (sog. einfache Auktion; *singuläre Auktion*). Bei der Versteigerung staatlich verwalteter Güter werden demgegenüber in der Regel mehrere Einheiten eines Gutes (seien es identische oder nicht-identische) allokiert, von denen jeder Bieter für mehr als eines Verwendung hat (sog. *multiple Auktion)*[170]. So werden bei Frequenzauktionen regelmäßig mehrere gleichartige Frequenzbänder zugeteilt, die häufig auch kumulativ erforderlich sind, um einen zuverlässigen Telekommunikationsbetrieb zu ermöglichen. Die Versteigerungsregeln und Konzeptionserwägungen verkomplizieren sich dadurch. Es bieten sich sehr unterschiedliche Gestaltungsmöglichkeiten. Die Gegenstände können alle gleichzeitig (simultan) oder nacheinander (sequenziell) versteigert werden.

Sequenzielle Versteigerung

Die sequenzielle Versteigerung lässt die Versteigerungsteilnehmer den Versteigerungsrunden Informationen über die Wertschätzung der anderen Teilnehmer entnehmen und ihr Bietverhalten danach ausrichten. Für gleichartige Güter werden dementsprechend mitunter unterschiedliche Preise erzielt. Dem Vorteil der Erhöhung des Informationsstandes der Bieter durch die Beendigung einer Auktionsrunde stehen nicht unerhebliche Nachteile ge-

---

[168] Vgl. dazu im Einzelnen infra S. 335 und S. 551 ff.

[169] Vgl. dazu auch infra S. 315 und 365 ff.

[170] Vgl. *Vickrey*, Journal of Finance 16 (1961), S. 8 (24); *Götzke*, Ökonomische Analyse der Frequenzallokation, 1994, S. 198 ff.; der Sprachgebrauch ist nicht ganz einheitlich. *Krishna*, Auction Theory, 2002, S. 165 versteht darunter Auktionen, bei denen Gegenstände veräußert werden, ohne dass sich die Veräußerungsvorgänge gegenseitig beeinflussen.

genüber: Bestehen zwischen den versteigerten Gütern Wechselwirkungen, lassen sich durch ihre Kombination etwa Synergien erzeugen oder sind die Interessenten gar auf eine Mindestmenge gleichartiger Güter angewiesen, um mit der mindestoptimalen Betriebsgröße operieren zu können[171], müssen die Bieter für ein Gut ein abschließendes Gebot abgeben, ohne zu wissen, ob sie die Komplementäre, die die Abgabe des Gebots für das erste Gut rechtfertigen, ersteigern werden. Es entsteht ein versteigerungsendogener Unsicherheitsfaktor, der strategisches und spekulatives Bietverhalten herausfordert und die Effizienz des Auktionsergebnisses beeinträchtigt[172]. Für etablierte Marktanbieter etwa entsteht ein Anreiz, den Markteintritt von Newcomern unter Ausnutzung dieser Unsicherheit durch geschicktes Agieren zu torpedieren: Ist der Newcomer in der ersten Versteigerungsrunde zum Zuge gekommen, können die etablierten Anbieter versuchen, in einer zweiten Versteigerungsrunde Höchstgebote einzubringen, bei denen der Newcomer nicht mehr mitbieten kann. Die bis dahin erworbenen Güter kann der Newcomer dann (wenn überhaupt) nur mit hohem Wertverlust an die Etablierten veräußern.

Simultane Versteigerung

Diese Gefahren vermeidet in Teilen eine *gleichzeitige (simultane) Versteigerung* mehrerer Güter. Hier stehen alle zu versteigernden Güter gleichzeitig, nicht nacheinander zur Zuteilung an. Komplementäreffekte zwischen den Gütern können die Bieter dadurch noch während des Laufs der Auktion in ihren Geboten und Strategien berücksichtigen. Die Informationsunsicherheit reduziert sich, die Effizienz des Verteilungsergebnisses steigt. Simultane Versteigerungen finden sich etwa bei den meisten Frequenzauktionsverfahren sowie (im fiskalischen Bereich) bei der Versteigerung amerikanischer Bundesanleihen (sog. treasury bonds[173]). Die simultane Versteigerung kann so ausgestaltet sein, dass alle Gegenstände nur einer Auktion unterworfen werden und Gebote sich auf eine Kombination von Einzelgütern beziehen (sog. *kombinatorisches Bieten* [package bidding]; simultane abhängige Auktion[174]), oder in der Weise, dass jeweils mehrere Einzelauktionen parallel stattfinden und für jedes Versteigerungsobjekt separat ein Angebot abgegeben werden kann (*simultane unabhängige Auktion*)[175].

---

171 Vgl. dazu etwa für Frequenzen Fn. 345.

172 Vgl. etwa für australische Frequenzauktionen *Productivity Commission 2002*, Radiocommunications, Report no. 22, 2002, S. 176.

173 Vgl. dazu *Downes/Goodman*, Dictionary of Finance and Investment Terms, 1985, S. 303 (443); *Milgrom*, Putting Auction Theory to Work, 2004, S. 264 und 293.

174 Vgl. dazu etwa *Felder*, Frequenzallokation in der Telekommunikation, 2004, S. 232 f.; *Milgrom*, Putting Auction Theory to Work, 2004, S. 296 ff.

175 *Niemeier*, Die deutsche UMTS-Auktion – eine spieltheoretische Analyse, 2002, S. 62.

Bei *kombinatorischem Bieten* muss eine spezielle Regel entwickelt werden, nach der die Auktionsgegenstände zuzuordnen sind[176]. Das Gebot besteht hier sowohl aus einem Höchststückpreis, den der Interessent zu zahlen bereit ist, als auch aus einer Mengenangabe, die der Bieter zum angegebenen Preis abzunehmen bereit ist. Die Gebote werden nach absteigenden Preisen geordnet und die zugehörigen Nachfragemengen solange befriedigt, bis das Angebot erschöpft ist. Bieter mit niedrigeren Geboten gehen leer aus.

Bei *simultanen unabhängigen Auktionen* stellt sich die Schwierigkeit der Zuordnung von Geboten nicht. Die Bieter geben in mehreren Bietrunden unabhängige (in der Regel verdeckte) Gebote für einzelne Auktionsgegenstände ihrer Wahl ab. Am Ende einer Versteigerungsrunde gibt der Versteigerer das aktuelle Höchstgebot sowie – wenn auch nicht zwingend – die Identität des aktuellen Höchstbieters bekannt[177]. Der Bietprozesses ist beendet, wenn innerhalb einer Aktivitätsphase kein gültiges Gebot mehr abgegeben wird. Die simultane unabhängige Auktion hat die Federal Communications Commission in Zusammenarbeit mit Auktionstheoretikern für ihre Frequenzauktionen entwickelt[178]. Sie findet als »silent auction« auch in einem völlig anderen Bereich Anwendung – bei Wohltätigkeitsauktionen in den USA[179].

Bei simultanen Auktionen fungibler Gegenstände sind sub specie des zu zahlenden Preises wiederum zwei Varianten gebräuchlich: Meist hat jeder Bieter den Preis seines eigenen Gebots zu zahlen, was unterschiedliche hohe Zahlungspflichten der Ersteigerer bedingt (sog. *diskriminierende Auktion*)[180]. Die Versteigerung kann aber auch so gestaltet werden, dass je-

---

[176] Das ist nicht einfach; vgl. dazu *McMillan*, Journal of Economic Perspectives 8 (1994), S. 145 (157): »in the judgment most of the economists involved in the auction design, the complexity costs outweighed the potential efficiency gains: the full-combinational mechanism was ahead of its time«.

[177] Meist gilt für die Gebotsabgabe eine Aktivitätsregel: Wer für einen Gegenstand nicht (mehr) aktiv ist, verliert seine weitere Bietberechtigung für diesen. Aktiv ist er so lange, wie er für den Gegenstand das aktuelle Höchstgebot aus der ausgelaufenen oder aktuellen Runde hält oder mindestens ein gültiges Gebot (d. h. ein Übergebot) in der aktuellen Bietrunde abgegeben hat.

[178] Vgl. dazu etwa *Federal Communications Commission*, Second Report and Order, FCC PP Docket No. 93–253, 1993; *Cramton*, Journal of Economics & Management Strategy 4 (1997), S. 431 ff.; *Felder*, Frequenzallokation in der Telekommunikation, 2004, S. 266 ff.; *McMillan*, Journal of Economic Perspectives 8 (1994), S. 145 ff.; *Milgrom*, Putting Auction Theory to Work, 2004, S. 13 ff.

[179] Der Auktionator legt hier zu versteigernde Gegenstände (bzw. ihre Substitute) auf Tischen aus und bringt neben ihnen einen Zettel an, auf dem die Bieter ihren Namen und ein Gebot hinterlassen. Die Auktion endet zu einem festen Zeitpunkt. Der aktuelle Höchstbieter erhält den Zuschlag und ist damit zur versprochenen Zahlung verpflichtet. Vgl. *Milgrom*, Putting Auction Theory to Work, 2004, S. 268.

[180] Unter dem verfassungsrechtlichen Blickwinkel der Belastungsgleichheit von Abgabepflichtigen wirft diese Preisregel Fragen auf; vgl. dazu infra S. 635.

der erfolgreiche Bieter denselben Stückpreis zahlt. Man spricht dann von einer *uniformen Auktion*[181]. Der Zahlbetrag ergibt sich aus dem Durchschnitt der erfolgreichen Gebote, dem niedrigsten bzw. höchsten erfolgreichen Gebot oder dem höchsten gerade nicht mehr erfolgreichen Gebot. Im letztgenannten Fall entspricht die Auktionsgestaltung der Zweitpreis-Auktion für Einzelgüter[182]. Die erfolgreichen Bieter zahlen für den Zuschlag dann den Preis, der ohne ihre Teilnahme an der Auktion entstanden wäre[183].

Noch komplizierter wird die Versteigerungsgestaltung dann, wenn sich nicht nur mehrere Bieter, sondern auch mehrere Anbieter gegenüberstehen (sog. *double auction*[184]). Für diese Fälle wurde die sog. *Auktion mit Preisdifferenzierung* entwickelt. Sie findet insbesondere bei dem Handel mit Emissionslizenzen Anwendung[185]. Es handelt sich um eine verdeckte Auktion. Potenzielle Verkäufer legen in ihrem Verkaufsgebot einen Minimalpreis fest, den sie mindestens erzielen wollen, die Käufer dementsprechend einen individuellen Höchstgebotspreis. Das höchste Kaufgebot erhält den Zuschlag für das niedrigste Kaufangebot, das zweithöchste Kaufgebot wird dem zweitniedrigsten Verkaufsgebot zugeschlagen usw. Bei diesem Verfahren werden Anbieter ihre Berechtigungen so billig wie möglich anbieten, um den höchsten Zuschlag zu erhalten. Die Nachfrager orientieren sich bei der Abgabe des Preisangebots an ihren Grenzvermeidungskosten, da sie den gebotenen Preis auch zahlen müssen.

2. *Wichtige Auktionsformate – Synopse der Auktionsformate*

a) Standardformen der Auktion

Aus der Vielzahl konstruierbarer Auktionsgestaltungsmöglichkeiten haben sich vier Hauptformen herausgeschält, die in der Versteigerungspraxis typischerweise Verwendung finden (sog. Standardformen der Auktion): die Englische Auktion (infra aa), die Holländische Auktion (infra bb), die ge-

---

[181] *Grether/Isaac/Plott*, The Allocation of Scarce Resources – Experimental Economics and the Problem of Allocating Airport Slots, 1989, S. 54; *Krishna*, Auction Theory, 2002, S. 185f.; *McAfee/McMillan*, Journal of Economic Literature 25 (1987), S. 699 (728); *Milgrom*, Putting Auction Theory to Work, 2004, S. 255ff.; *Vickrey*, Journal of Finance 16 (1961), S. 8 (24ff.).

[182] Vgl. dazu supra S. 307 und infra S. 321 ff.

[183] Der erfolgreiche Bieter mit der niedrigsten Zahlungsbereitschaft bestimmt hier den von allen zu zahlenden Preis. Jeder Bieter berücksichtigt bei seinem Gebot, dass er möglicherweise der Bieter mit dem niedrigsten erfolgreichen Gebot ist, der die Zahlungshöhe bestimmt. Die wahre Zahlungsbereitschaft zu offenbaren, ist daher keine dominante Strategie. Vgl. *Hüschelrath*, Infrastrukturengpässe im Luftverkehr, 1998, S. 314 (mit Fn. 149); *Cox/Isaac/V. Smith*, Supreme Court Economic Review 2 (1983), S. 43 (67f.).

[184] Vgl. dazu *Kräkel*, Auktionstheorie und interne Organisation, 1992, S. 220f.

[185] *Bader*, Europäische Treibhauspolitik mit handelbaren Emissionsrechten, 2000, S. 73.

heime Höchstpreisauktion (infra cc) und die Vickrey-Auktion (infra dd). Sie unterscheiden sich in ihren konstruktiven Eigenschaften und ihrer Fähigkeit zur Erreichung der Zuteilungsziele[186] nicht unerheblich.

aa) Englische Auktion

Die Englische Auktion (ascending bid-auction, open-outcry auction) ist die bekannteste und am häufigsten verwendete Auktionsform[187]. Für viele ist sie der Inbegriff der Versteigerung[188]. Sie liegt etwa auch dem Versteigerungsbegriff des BGB zu Grunde[189]. Bekannt wurde sie durch die Auktionen der englischen Kunstauktionshäuser. Diesen verdankt sie auch ihren Namen. Die Englische Auktion ist eine aufsteigende, offene, mehrstufige Erstpreisauktion: Ein Auktionator verkündet zunächst ein *Mindestgebot*, das von einem Auktionsteilnehmer überboten werden muss, oder wartet auf Gebote aus dem Bieterkreis. Die Teilnehmer sind aufgefordert, höhere Gebote abzugeben und sich wechselseitig fortlaufend zu überbieten. Jedes zulässige neue Gebot wird automatisch geltendes neues Höchstgebot. Die Auktion ist dann beendet, wenn keiner der Auktionsteilnehmer ein höheres Gebot abgibt. Derjenige, der das Höchstgebot abgegeben hat, erhält den

---

[186] Vgl. dazu supra S. 296 ff.

[187] *McAfee/McMillan*, Journal of Economic Literature 25 (1987), S. 699 (702).

[188] Leider wird dieser Sündenfall unzulässiger Reduzierung häufig auch in der gegenwärtigen rechtswissenschaftlichen Diskussion über Versteigerungen begangen. Oft ist nur von »der Versteigerung« die Rede, ohne dass die große Vielzahl von unterschiedlichen Gestaltungsmöglichkeiten in Betracht gezogen wird.

[189] Vgl. § 156 S. 2 BGB: »Ein Gebot erlischt, wenn ein Übergebot abgegeben wird (...)«. Die (freiwillige) zivilrechtliche Versteigerung ist keine besondere Form des Vertrages, sondern ein Mittel, um einen synallagmatischen Vertrag zu einer (aus Sicht des Veräußerers) besonders günstigen Gegenleistung zustande zu bringen. An dem Geschäft sind grundsätzlich drei Personen beteiligt: der Verkäufer, der Sachen oder Rechte versteigern will, der Versteigerer, der im Auftrag des Verkäufers tätig wird (wenn er nicht mit dem Verkäufer identisch ist) und der erfolgreiche Bieter. Die Versteigerung als solche, insbesondere der einem Versteigerer schriftlich erteilte Ersteigerungsauftrag, ist nach der Konzeption des BGB – anders als nach der gemeinrechtlichen Konzeption der Versteigerung nach *Windscheid* – noch nicht als Angebot des Versteigerers aufzufassen. Sie ist eine Aufforderung zur Abgabe von Geboten. Das Gebot ist der Antrag im Sinne von § 156 BGB des Bieters an den Versteigerer zum Abschluss eines Kaufvertrages. Es erlischt mit der Abgabe eines Übergebots. Mit dem Zuschlag nimmt der Versteigerer dieses Angebot an und der Kaufvertrag kommt zustande. Der Zuschlag i. S. d. § 156 BGB ist eine (nicht empfangsbedürftige; vgl. § 15 S. 2 BeurkG) Willensklärung, die den Regeln der §§ 116 ff. BGB unterliegt. (Bei Internet-Auktionen soll es nach [angreifbarer] Auffassung des BGH an einer solchen Willenserklärung, die den Erfordernissen eines Zuschlags genügt, fehlen. BGH, Urt. v. 24.4.1998, BGHZ 138, S. 339 [342]; anders noch die Vorinstanz). Der Versteigerer ist keineswegs verpflichtet, dem Meistbietenden den Zuschlag zu erteilen. Er hat es in der Hand, den schließlich gebotenen Preis anzunehmen oder abzulehnen, je nachdem, ob dieser seinem Interesse entspricht oder nicht. Der Bieter hat keinen Anspruch auf den Zuschlag.

Zuschlag und zahlt den von ihm gebotenen Preis für den Auktionsgegenstand[190].

Die rationale Strategie eines Bieters in einer Englischen Versteigerung ist darauf gerichtet, solange mitzubieten, wie der Preis nicht über dem Wert liegt, den er selbst dem zu ersteigernden Gut beimisst. Die Interessenten steigen nach und nach aus dem Bietprozess aus, sobald das aktuelle Gebot ihre persönliche Wertschätzung übertrifft. Da die Auktion offen ist, kann die Wertschätzung jederzeit (insbesondere in Abhängigkeit vom Verhalten der anderen Teilnehmer) korrigiert werden. Der vorletzte Bieter verlässt die Auktion, wenn der Preis den Wert seiner eigenen Wertschätzung, d. h. die zweithöchste Wertschätzung unter den Bietern, erreicht hat. In diesem Moment hat der Bieter, der dem Gut die höchste Wertschätzung entgegenbringt, die Auktion gewonnen und zahlt den Preis, der dem aktuellen Höchstgebot entspricht[191].

Die Englische Versteigerung kann in sehr unterschiedlichen Formen durchgeführt werden. Der Bietprozess kann in der Weise ablaufen, dass der Auktionator Gebote verkündet, die Bieter selbst Gebotsschritte festlegen oder Gebote elektronisch allen Teilnehmern angeboten und angezeigt werden[192]. Eine Sonderform der Englischen Auktion ist die *Auktion mit open-exit*, auch Japanische Auktion genannt: Sie zeichnet sich dadurch aus, dass nur solche Personen an dem Bietprozess teilhaben dürfen, die das aktuelle Gebot mittragen. Wer das aktuelle Gebot nicht (mehr) zu zahlen bereit ist, scheidet aus der Auktion aus und darf nicht wieder einsteigen. In der Regel beginnt der Auktionator mit einer Preisforderung, die auf einer Englischen Uhr angezeigt wird und dann mit vorgegebener Geschwindigkeit ansteigt. Die Auktion ist beendet, wenn der vorletzte Bieter ausscheidet, d. h. lediglich ein Bieter verbleibt, der den gebotenen Preis zu zahlen bereit ist. Er erhält den Zuschlag zu dem beim Ausscheiden des vorletzten Bieters aktiven Gebot[193]. Bei dieser Auktionsform erhalten die Teilnehmer während des Bietprozesses noch mehr Informationen über die Wertschät-

---

[190] Vgl. *Amor*, Dynamic Commerce, 2000, S. 47 ff.; *Cassady*, Auctions and Auctioneering, 1967, S. 56 ff.; *Cox/Isaac/V. Smith*, Supreme Court Economic Review 2 (1983), S. 43 (63); *Krishna*, Auction Theory, 2002, S. 2; *McAfee/McMillan*, Journal of Economic Literature 25 (1987), S. 699 (702); *Milgrom/Weber*, Econometrica 50 (1982), S. 1089 (1105).

[191] Das aktuelle Höchstgebot entspricht nahezu der zweithöchsten Wertschätzung unter den Bietern (sog. Zweite Ordnungsstatistik). Die Englische Auktion ist deshalb einer Zweitpreisauktion strategisch äquivalent, erbringt in der Regel insbesondere keine höheren Erlöse als diese (sog. Revenue Equivalence-Theorem); vgl. dazu infra S. 326 ff.

[192] *McAfee/McMillan* (Fn. 190), S. 699 (702).

[193] *Allard*, Seton Hall Legislation Journal 18 (1993), S. 13 (54); *Nalebuff/Bulow*, Designing the PCS Auction, in: Comments of Bell Atlantic Personal Communications, Implementation of Section 309 (j) of the Communications Act Competitive Bidding, PP Docket No. 93–253, Nov. 10, 1993, S. 11; *Keuter/Nett/Stumpf*, Regeln für das Verfahren zur Versteigerung von ERMES-Lizenzen/Frequenzen sowie regionaler ERMES-Frequenzen, 1996, S. 45; *Milgrom*, Putting Auction Theory to Work, 2004, S. 187.

zung der anderen Teilnehmer als in der Grundkonstellation der Englischen Auktion, bei der Teilnehmer sich zeitweise aus dem Bietprozess verabschieden, aber jederzeit zurückkehren können. Sie bringt die Vorzüge der Englischen Versteigerung damit noch besser zur Geltung. Zahlreiche staatliche Frequenzauktionen integrieren Züge der Japanischen Auktion in ihre Gestaltung.

Generiert die Englische Versteigerung als offene Auktionsform auch Informationen über die Wertschätzung der anderen Teilnehmer und ist jeder Teilnehmer über die Höhe des aktuellen Höchstgebots jederzeit informiert, erkauft sie diese Vorzüge durch eine erhöhte Anfälligkeit für unzulässige Absprachen der Bieter über die Preishöhe, die gegenseitige Konkurrenz unterbinden soll (sog. Bieterkollusion)[194]. Bieterkartelle können in einer Englischen Auktion unerkannt arbeiten. Abweichler aus den eigenen Reihen können sofort erkannt und ihr Verhalten aufgedeckt werden. Die anderen Bieter können auf die Abweichung unverzüglich reagieren, indem sie weiter bieten. Das Unterlaufen einer Kollusion (sog. cheating) hat somit keine Vorteile für den einzelnen Bieter und wird in der Regel unterlassen[195]. Das Kartell ist stabil. Ihr Ziel allokationseffizienter Verteilung kann die Versteigerung unter diesen Bedingungen nicht erreichen. Denn die auf eine Preisfindung unter den Bedingungen der Informationsasymmetrie abzielende ökonomische Logik des Versteigerungsverfahren setzt voraus, dass die Bieter sich nicht über ihre Wertschätzungen untereinander austauschen.

Unter der Ägide echten Bieterwettbewerbs aber ist bei der Englischen Auktion grundsätzlich zu erwarten, dass derjenige, der das höchste Gebot abgegeben hat, den Auktionsgegenstand am höchsten bewertet. Ihr kommt eine hohe allokative Effizienz zu. Sie erreicht einen der Zwecke der Versteigerung, die Überwindung der Informationsasymmetrie, zielsicher.

bb) Holländische Auktion

Die Holländische Auktion (umgekehrte Versteigerung, absteigende Versteigerung, top-down-Auktion, descending-bid-Auktion) als zweite Standardauktionsform kehrt das Prinzip der Englischen Auktion um. Bei ihr beginnt der Versteigerer mit dem Aufruf eines Gebots, welches typischerweise deutlich über dem erwarteten Zuschlagspreis liegt. Nimmt keiner der Interessenten dieses Gebot an, ruft der Versteigerer ein niedrigeres auf und fährt solange mit der Senkung seiner eigenen Gebote fort, bis entweder einer der Interessenten durch Wiederholung des genannten Betrages zuschlägt oder der vom Auftraggeber festgesetzte Mindestpreis erreicht ist[196]. Der erste Bieter ist der Gewinner der Auktion. Je länger ein Bieter

---

[194] Vgl. *McAfee/McMillan*, Journal of Economic Literature 25 (1987), S. 699 (725).

[195] Vgl. *Götzke*, Ökonomische Analyse der Frequenzallokation, 1994, S. 207; *Amor* (Fn. 190), S. 135.

mit seinem Gebot zuwartet, umso preisgünstiger erwirbt er es, umso wahrscheinlicher ist es aber auch, dass ein anderer Bieter ihm zuvorkommt. Die Holländische Auktion ist eine absteigende, offene, einstufige Erstpreisauktion[197].

In der Praxis des Wirtschaftslebens erfreut sich die umgekehrte Versteigerung in neuerer Zeit zunehmender Beliebtheit: Die Unternehmen haben sie als Mittel aggressiven Marketings wieder entdeckt. Die Holländische Auktion findet insbesondere bei der Versteigerung von verderblichen Waren, Tickets sowie dem Verkauf von Neu- und Gebrauchtwagen rege Anwendung[198].

---

[196] Vgl. *Cassady*, Auctions and Auctioneering, 1967, S. 60ff.; *Krishna* (Fn. 190), S. 2.

[197] Ihren Namen verdankt sie einem ihrer ersten Anwendungsfälle, der Veräußerung von Schnittblumen in den Niederlanden. Als praktische Anwendungsbeispiele gelten auch der Verkauf von Fisch in England und Israel sowie der Tabakverkauf in Kanada. Vgl. dazu *McAfee/McMillan*, Journal of Economic Literature 25 (1987), S. 699 (702); *Vickrey*, Journal of Finance 16, S. 8 (14).

[198] Umgekehrte Versteigerungen werfen in privatrechtlichen Austauschverhältnissen zahlreiche wettbewerbsrechtliche Fragen auf. Die deutschen Gerichte stufen die Werbung mit einer umgekehrten Versteigerung bislang überwiegend als wettbewerbswidrig ein. 1986 hatte der Bundesgerichtshof über den Fall eines Gebrauchtwarenhändlers zu entscheiden, der für den Verkauf eines gebrauchten Kraftfahrzeugs mit dem Hinweis warb, dass das Fahrzeug bis zum Verkauf jeden Tag um 100 DM preiswerter werde. Dieses Vorgehen verband nach Auffassung des BGH in unzulässiger Weise aleatorische Elemente mit der Werbereklame. Es handele sich um eine unsachliche Beeinflussung des Verkehrs durch sachfremde Lockmittel. Der Anreiz zur Befassung mit dem Angebot werde von Zeitintervall zu Zeitintervall immer stärker und gewinne mit dem Anstieg der Gewinnchance einen zunehmend suggestiven Charakter. Das könne zur Außerachtlassung von Vergleichsangeboten und zum Kaufentschluss allein aufgrund des Gewinnanreizes des Spiels führen (*Übereilungsgefahr*). Außerdem bestehe *Nachahmungsgefahr* und die Möglichkeit des Missbrauchs dieser Werbemethode durch unseriöse Anbieter, die die Auktion entweder mit unseriös kalkulierten Ausgangspreisen (Mondpreisen) beginnen und/oder jeweils dann abbrechen, wenn die Gewinnschwelle unterschritten zu werden droht. Mit dieser Rechtsprechung haben die deutschen Gerichte den Rahmen der wettbewerbsrechtlichen Zulässigkeit von Versteigerungen sehr eng gezogen (BGH, Urt. v. 20.3.1986, GRUR 1986, S. 622f.; OLG Köln, Urt. v. 27.11.1987, WRP 1988, S. 326ff.; OLG Hamburg, Urt. v. 7.12.2000, MMR 2000, S. 539; OLG Hamburg, Urt. v. 25.4.2002, NJW-RR 2002, S. 1042ff.; LG Dresden, Urt. v. 24.9.2002, WRP 2003, 403ff.; wohl auch *Köhler/Piper*, UWG, 3. Aufl. 2002, §1, Rdnr. 332; kritisch *Huppertz*, MMR 2000, S. 65ff.; ablehnend *Schafft*, CR 2001, S. 393 (397ff.).
Versteigerungen sind ihrer Natur nach zwar eine besondere Form des Spiels (vgl. dazu auch im Einzelnen S. 355), deswegen aber nicht ein Spiel i. S. d. §762 BGB und nicht generell unzulässig. Denn die Ergebnisse der Versteigerung hängen nicht vom Zufall, sondern von der Einwirkung der Parteien ab. So auch ausdrücklich OLG Hamm, Urt. v. 14.12.2000, NJW 2001, S. 1142ff.; *Wiebe*, MMR 2000, S. 284 (285); *Wilkens*, DB 2000, S. 666 (668). Allen Versteigerungsveranstaltungen ist der Spielcharakter eigen. So wie die Übereilungsgefahr bei der absteigenden Versteigerung ist auch der Bietrausch bei der aufsteigenden Auktion bekannt (vgl. dazu etwa 378 und 551 ff). Der Bieter bleibt in seiner Entscheidung, ob er den Gegenstand erwerben will, in beiden Fällen gleichermaßen frei oder unfrei. Dass der Wettbewerb der Bieter in einer Versteigerung die Kaufsituation psychologisch beeinflusst, macht die Handlungsform nicht schon per se wettbewerbswidrig. Aleatorische Veranstaltungen, wie Preisausschreiben, Gewinnspiele etc., verstoßen, auch

Als Holländische Auktionen werden häufig irreführend auch die preisgesteuerten elektronischen Auktionsverfahren des staatlichen Beschaffungswesens eingestuft, die das EG-Vergaberecht nunmehr zulässt[199]. Beiden Auktionsgestaltungsformen ist gemeinsam, dass die Bietrichtung nach unten gerichtet ist. Die Interessenten unterbieten sich gegenseitig im Preis, bis kein niedrigeres Gebot mehr abgegeben wird. Ziel des Zuteilungsverfahrens in der elektronischen Beschaffung ist indes nicht der Zuschlag zum

---

wenn sie im geschäftlichen Verkehr zu Zwecken des Wettbewerbs eingesetzt werden, überdies nicht generell gegen die Grundsätze lauteren Wettbewerbs. Erst das Hinzutreten besonderer Unlauterkeitsumstände, insbesondere die Auslösung unmittelbaren oder mittelbaren Kaufzwangs, führt unter bestimmten Umständen dazu, dass solche Veranstaltungen als wettbewerbsrechtlich anstößig einzustufen sind. Die Annahme der Rechtsprechung, jedes Absenken des Startpreises stelle einen »Gewinn« bzw. eine »Vorteilszuwendung ohne konkrete Gegenleistung« dar, deutet auf ein Missverständnis in der konzeptionellen Gestaltung der Holländischen Auktion hin. Die hoch angesetzten Startpreise sind bei ihr systembedingt. Es handelt sich nicht um festgesetzte Mondpreise oder reelle Kaufpreise. Weder der Käufer noch der Verkäufer gehen davon aus, dass der Vertrag bereits zu dem Erstgebotspreis zustande kommt. Dieser stellt vielmehr den Ausgangspunkt dar, von dem aus sich die Gebote dem Marktpreis annähern. Bei der Englischen Versteigerung ist lediglich der Ausgangspunkt ein anderer (Die Versteigerung beginnt mit einem unter dem vermuteten Marktpreis liegenden Preis und nähert sich dem Marktpreis von diesem aus an); Ziel und Ergebnis, die Ermittlung des Knappheitspreises, sind jedoch dasselbe (vgl. dazu auch infra S. 326). Bei umgekehrten Versteigerungen, die im Internet betrieben werden, handelt es sich schließlich regelmäßig um Fernabsatzgeschäfte, bei denen den Käufern regelmäßig ein Widerrufs- oder Rückgaberecht zukommt (§§ 312d, 355, 356 BGB). Die Grenze der sittenwidrigen Marktbeeinflussung erreichen Holländische Auktionen mithin nicht schon wegen ihrer besonderen Versteigerungsform. Erfreulicherweise ist der Bundesgerichtshof (Urt. v. 13.3.2003, MMR 2003, S. 465 ff. [Umgekehrte Versteigerung II]) inzwischen in Übereinstimmung mit dem OLG München (Urt. v. 14.12.2000, MMR 2001, S. 233 ff.) teilweise – beschränkt auf den Gebrauchtwagenkauf – von seiner bisherigen Rechtsprechung abgerückt. Angesichts der mit einem Gebrauchtwagenkauf verbundenen beträchtlichen Investition führe die umgekehrte Versteigerung erfahrungsgemäß nicht dazu, dass der durchschnittlich informierte, situationsadäquat aufmerksame und verständige Verbraucher von einer Prüfung der Preiswürdigkeit des Angebots absehe und sich wegen des »Spiels« zu einem Kauf verleiten lasse. Die bloße Befürchtung, dass ein anderer Kaufinteressent ihm bei weiterem Abwarten zuvorkomme, könne die Sittenwidrigkeit des Gebots nicht begründen. Denn sie gehöre zum Wesen des Angebots eines bestimmten Gegenstands. Dem ist zuzustimmen (ebenso *Leible/Sosnitza*, MMR 2003, S. 466 f.; *Trube*, LMK 2003, 153 ff.; BGH, Urt. v. 13.11.2003, NJW 2004, 852 ff. [dazu *Ernst*, MDR 2004, 522 ff.]; ähnlich auch LG Karlsruhe, Urt. v. 8.8.2001, EWiR 2001, S. 1019). Offen bleibt allerdings, weshalb die Sittenwidrigkeit nur bei wesentlichen Investitionen entfallen soll. Bei Alltagsgeschäften ist die Schutzwirkung des Wettbewerbsrechts grundsätzlich weniger induziert als bei wesentlichen Investitionen. Eine zuverlässige selbstständige Wertschätzung bzw. ein Preisvergleich ist dem Kunden hier viel eher zuzutrauen als bei anderen Gütern. Der Kunde kennt den Wert der Güter aus dem Alltagsleben und seiner Geschäftserfahrung. Die Gefahrenquellen für Fehleinschätzungen sind weitaus geringer als bei Investitionsvorhaben, die er nur wenige Male in seinem Leben unternimmt. Die Rechtsprechung sollte den Kunden auch hier in die Mündigkeit des Wettbewerbs entlassen und die umgekehrte Versteigerung ohne Rücksicht auf den Wert des Gegenstandes grundsätzlich wettbewerbsrechtlich zulassen.

[199] Vgl. dazu supra S. 279.

höchsten, sondern zum niedrigsten bzw. günstigsten Preis. Es handelt sich – anders als bei einer Versteigerung im klassischen Sinne – nicht um eine Verkaufs-, sondern um eine Einkaufsveranstaltung; dem Veranstalter steht nicht eine Vielzahl von Nachfragern, sondern von Anbietern gegenüber. Die Spieltheorie spricht von reverse auctions bzw. procurement auctions[200,201].

Wiewohl die umgekehrte Versteigerung auch aus dem gewerbe- und zivilrechtlichen Begriff der Versteigerung ausgeklammert ist[202], präjudiziert dies nicht ihre Unzulässigkeit in der hoheitlichen Verteilungslenkung. Die GewO und das BGB beschreiben sub specie ihres besonderen Blickwinkels eine spezielle Form der Versteigerung. Ihr Anspruch ist es nicht, den zulässigen Bereich einer marktgerechten Zuteilung knapper, staatlich verwalteter Güter abschließend zu beschreiben oder andere Formen der Allokation dieser Güter zu präkludieren. Die Holländische Versteigerung findet als Gestaltungsform der Versteigerung in dem Köcher der Allokationsinstrumente hoheitlicher Verteilungslenkung Platz.

Unter den Standardauktionsformen ist die Holländische Versteigerung eine der am wenigsten kollusionsgefährdeten[203]. Da das erste abgegebene Gebot den Zuschlag erhält, kann ein Bieterkartell das Unterlaufen einer Kartellabsprache (cheating) nicht mehr im gleichen Bietprozess ahnden. Der Anreiz, sich nicht an eine Kollusionsvereinbarung zu halten, ist dadurch relativ hoch. Für einen Bieter mit hinreichend hoher Wertschätzung kann es vorteilhaft sein, die Kartellabsprache zu brechen. Die Wahrscheinlichkeit für kollusives Verhalten wird deutlich geringer; die Kartellstabilität ist reduziert.

---

[200] *Milgrom*, Putting Auction Theory to Work, 2004, S. 211 f. Der Sprachgebrauch ist freilich auch in der Auktionstheorie nicht einheitlich.

[201] Auch reverse auctions können in dem Auktionsformat der Holländischen Versteigerung durchgeführt werden. Soll der strategische Ansatz des holländischen Auktionsformats (das erste zuschlagende Gebot ist das Sieggebot) erhalten bleiben, dann muss die Auktion bei einem Einkaufswettbewerb entsprechend spiegelbildlich mit einem *unter*, nicht *über* dem erwarteten Marktpreis liegenden Erstgebot eröffnen. Beginnt der Bieterwettbewerb – wie in der Lizitation – mit einem über dem Marktpreis liegenden Gebot, findet ein Bieterwettbewerb im gegenseitigen Unterbieten statt, der strategisch dem Konzept der Englischen Versteigerung entspricht.

[202] Abwärtsversteigerungen unterfallen weder den gewerberechtlichen Sonderregeln des §7 Versteigererverordnung noch der Vorschrift des §156 BGB. Versteigerungen in diesem Sinne setzen als Wesensmerkmal Übergebote voraus: Es muss ein Wettbewerb im gegenseitigen Überbieten stattfinden (»Der Versteigerer darf den Zuschlag erst erteilen, wenn nach dreimaligem Wiederholen des Höchstgebotes *kein Übergebot* abgegeben wird« bzw. »Ein Gebot erlischt, wenn ein Übergebot abgegeben […] wird.«); bei Holländischen Versteigerungen fehlt es daran. Sie zielen zwar auch auf den höchsten Verkaufspreis, dies jedoch nicht im Wege von Übergeboten.

[203] Vgl. *Götzke*, Ökonomische Analyse der Frequenzallokation, 1994, S. 208; *Güth*, ZWS 115 (1995), S. 1 (25); kritisch, allerdings wenig überzeugend dazu *Cassady*, Auctions and Auctioneering, 1967, S. 63.

Diesem Vorteil der Holländischen Versteigerung korrespondiert allerdings tendenziell eine geringere ökonomische Verteilungswirksamkeit: Der Ersteigerer gewinnt aus dem Vorgang der Versteigerung keine Informationen über die Wertschätzung der anderen Teilnehmer. Er ist bei seiner Bietstrategie noch mehr darauf angewiesen, das strategische Verhalten der anderen Teilnehmer abzuschätzen und in sein Bietverhalten aufzunehmen. Gibt er sein Gebot zu früh ab, reduziert sich seine Gewinnzone bzw. liegt das Gebot gar möglicherweise über dem wahren Wert des Gutes. Verhält er sich zu risikoscheu, erhält ein anderer das Gut, der eine optimistischere Erwartung an den Wert des Gutes hegt. Die Wahrscheinlichkeit, ein lukratives Gebot abzugeben, steigt mit der Senkung des Gebotes, zugleich aber auch die Wahrscheinlichkeit das Bietlokal mit leeren Händen zu verlassen. Der Bieter muss zwischen der Wahrscheinlichkeit des Sieges und dem zu erwartenden Profit optimieren. Bei der optimierenden Abwägungsentscheidung gibt der Bieter mit der höchsten Wertschätzung nicht selten ein zu niedriges Gebot ab und kommt daher nicht zum Zuge. Das Versteigerungsobjekt wird nicht unbedingt von demjenigen Bieter ersteigert, der es ex post am meisten schätzt. Die Holländische Auktion ist insoweit nicht in gleichem Maße ökonomisch zielsicher wie die Englische Auktion[204].

cc) Geheime Höchstpreisauktion

Als dritte Standardauktionsform ist die geheime Höchstpreisauktion (verdeckte Auktion zum Gebotspreis, first-price sealed bid-Auktion) bekannt. Bei ihr geben die Bieter ihr Gebot anders als in der Englischen und der Holländischen Versteigerung verdeckt, zum Beispiel in einem verschlossenen Umschlag, ab. Jeder Bieter darf grundsätzlich nur ein Gebot abgeben. Nachdem alle Gebote eingegangen sind, werden die Gebote aufgedeckt. Sieger ist der Bieter mit dem höchsten Gebot. Er zahlt den von ihm gebote-

---

[204] *Cox/Isaac/V. Smith*, Supreme Court Economic Review 2 (1983), S. 43 (49); *Vickrey*, Journal of Finance 16, S. 8 (17 u. 20). Mit diesem auktionstheoretischen Befund scheint sich die Beobachtung nicht zu vertragen, dass die Gebote der Holländischen Versteigerung in empirischen Studien nicht selten tendenziell unter denjenigen der Englischen Auktion liegen. Für dieses Phänomen bietet die Auktionspsychologie drei unterschiedliche Erklärungsversuche an: 1. Das Warten erzeugt möglicherweise eine als positiv empfundene Spannung, die die Bietbereitschaft hemmt. 2. Während des Wartens nehmen die Bieter möglicherweise die Wahrscheinlichkeit, dass andere Bieter »gerade jetzt« zuschlagen als gering wahr oder 3. Solange kein anderer Bieter eine hohe Zahlungsbereitschaft äußert, findet eine Korrektur der Wertschätzungen nach unten statt, die sich auf das Auktionsergebnis negativ auswirkt. Vgl. dazu *Feess*, Mikroökonomie, 3. Aufl., 2004, S. 699f. Das empirische Phänomen verminderter Erlöse ändert an der geringeren ökonomischen Verteilungswirksamkeit der Holländischen Versteigerung nichts; die Verteilungswirksamkeit ist nicht notwendig an die Erlöshöhe gekoppelt. Die geringere Verteilungswirksamkeit der Holländischen Versteigerung beruht darauf, dass die Risikoneigung einen größeren Einfluss auf das Auktionsergebnis hat und damit nicht die Zahlungsbereitschaft als Maßstab des ökonomischen Nutzens notwendig zuverlässig erfasst wird.

nen Preis. Die geheime Höchstpreisauktion ist eine einstufige, verdeckte Erstpreisauktion[205].

Sie findet häufig bei der Versteigerung von Ölbohrrechten Anwendung[206]. Auch die gegenwärtige Praxis der Vergabe von staatlichen Aufträgen weist eine große Affinität zu dem Verfahren der verdeckten Höchstpreisauktion auf[207]. Die Auswahlentscheidung reduziert sich hier – anders als für Versteigerungen charakteristisch und begrifflich kennzeichnend[208] – freilich nach deutschem Recht bislang nicht allein auf den Preis, sondern bezieht ein Bündel von nicht quantifizierten Entscheidungskriterien, insbesondere Qualitätsanforderungen, ein (§97 Ab. 4 GWB, §25 Nrn. 2 u. 3 VOB/A)[209,210].

Die verdeckte Auktion lässt den Bieter über die Wertschätzung der anderen Teilnehmer im Unklaren. Sie gibt ihm keine Gelegenheit, auf das Bietverhalten der anderen Bieter zu reagieren und sein Bietverhalten an deren Wertschätzung auszurichten. Er muss den höchsten Preis festlegen, zu dem er bereit ist, das versteigerte Gut zu erwerben, ohne die Gebote der anderen Teilnehmer zu kennen. Um einen Gewinn mit dem Gut erzielen zu können, wird er ein Gebot abgeben, das etwas unterhalb seiner eigenen Wertschätzung für das zu ersteigernde Gut liegt[211]. Wie weit er unterhalb seiner eigenen Wertschätzung bietet, hängt von seiner Risikobereitschaft, der Zahl der Mitbieter und seiner Einschätzung der konkurrierenden Gebote ab. Die Bietstrategie gestaltet sich insofern ähnlich wie bei der Holländischen Auktion. Beide Auktionstypen sind strategisch äquivalent[212].

Die geheime Höchstpreisauktion teilt auch die strategischen Nachteile der Holländischen Auktion: Es gewinnt unter den Bedingungen der Wertunsicherheit nicht unbedingt derjenige die Auktion, der das Gut ex post am meisten schätzt, sondern derjenige, der das höchste Risiko einzugehen

---

[205] Vgl. *Amor*, Dynamic Commerce, 2000, S. 51f.; *Krishna* (Fn. 190), S. 2; *McAfee/McMillan*, Journal of Economic Literature 25 (1987), S. 699 (702).

[206] Vgl. dazu S. 287 sowie S. 703.

[207] Sie wird auch häufig als deren Anwendungsfall genannt; vgl. *Amor* (Fn. 205), S. 51 (einschränkend aber S. 52); *Niemeier*, Die deutsche UMTS-Auktion – eine spieltheoretische Analyse, 2002, S. 31 f.

[208] Vgl. dazu supra S. 305.

[209] Etwas anderes gilt indes grundsätzlich für die ausschließlich preisgesteuerte elektronische Auktion, die der Rechtsrahmen des Europäischen Vergaberechts nunmehr zulässt (vgl. dazu supra S. 318).

[210] Ferner handelt es sich nicht um einen Verkauf gegen Meistgebot, mithin nicht eine Versteigerung im engeren Sinne, sondern um einen Verkauf gegen Niedrigstgebot, also eine reverse auction. Die Sachlage verhält sich spiegelbildlich zum Veräußerungswettbewerb der Versteigerung: Die Bieter sind aufgerufen, sich gegenseitig zu unterbieten (statt zu unterbieten). Es liegt kein Nachfrager-, sondern ein Anbieterwettbewerb vor (vgl. dazu bereits supra S. 318).

[211] *McAfee/McMillan* (Fn. 205), S. 699 (702).

[212] *Kräkel*, Auktionstheorie und interne Organisation, 1992, S. 20; *Milgrom*, Journal of Economic Perspectives 1989, S. 3 (7).

bereit ist. Die geheime Erstpreisauktion und die Holländische Auktion begünstigen den risikofreudigen Bieter. Den Allokationsvorsprung der Englischen Auktion vor der geheimen Höchstpreisauktion (und der Holländischen Auktion) hat *Johnson*[213] in der Praxis nachweisen können. Ausgehend von der plausiblen Prämisse, dass Wiederverkäufe nach der Versteigerung dort wahrscheinlicher sind, wo die Versteigerung keine optimale allokationseffiziente Verteilung erzielt hat, hat er die Wiederverkäufe bei der Englischen Auktion und der geheimen Höchstpreisauktion in Fällen miteinander verglichen, in denen der Staat als Anbieter aufgetreten war. Von den untersuchten Versteigerungen stammten alle Wiederverkäufe von Versteigerungen, in denen die Erstverteilung über eine geheime Höchstpreisauktion erzielt wurde.

Die Holländische Auktion und die geheime Erstpreisauktion sind auch in ihren Vorzügen vereint: Wie die Holländische Auktion erweist sich die verdeckte Erstpreisauktion als weitgehend kollusionsfest. Denn über die Einhaltung von abgesprochenen Geboten können die Kartellmitglieder keine Kontrolle ausüben. Die Cheatinganreize, d. h. die Versuchung des Bieters, um des eigenen Vorteils willen die Kartellabsprache zu brechen, sind hoch und daher eine Kollusion unwahrscheinlicher. Auch die in offenen Auktionen häufig zu beobachtende Errichtung von strategischen Markteintrittsbarrieren durch etablierte Marktteilnehmer ist bei der verdeckten Auktion seltener anzutreffen. Die verdeckte Auktion bietet sich für den Anbieter eines Gutes daher insbesondere dann an, wenn eine Absprache der Teilnehmer nahe liegend bzw. Gewinn versprechend und/oder die Zahl der Bieter gering ist.

dd) Vickrey-Auktion

Die Vickrey-Auktion (verdeckte Auktion zum zweitletzten Gebot, second-price sealed-bid-Auktion) ist wie die geheime Erstpreisauktion eine einstufige, verdeckte Auktion[214]: Die Bieter haben nur einmal die Möglichkeit, ein Gebot abzugeben. Die Gebotsabgabe erfolgt geheim; die Bieter haben keine Informationen über das Bietverhalten der anderen Teilnehmer[215]. Von der Erstpreisauktion und anderen Auktionsformen hebt sich die Vickrey-Auktion durch ihre besondere Art der Bestimmung des Versteigerungspreises ab: Der Gewinner, d. h. der Bieter, der das höchste Gebot ab-

---

[213] *Johnson*, Natural Research Journal (1979), S. 315 ff.

[214] *Vickrey*, Journal of Finance 16 (1961), S. 8 (20 ff.); allgemein zur Vickrey-Auktion vgl. *Krishna* (Fn. 190), S. 181 ff.; *Nett*, Das Problem unvollständiger Information für eine effiziente Regulierung, 1991, S. 8 f.

[215] Wären die Bieter über die Gebote anderer Teilnehmer informiert, verlöre die Zweitpreisregel ihre innere Rechtfertigung. Denn Höchstgebot und Zweitgebot würden sich aufgrund der Kenntnis der Bieter über die Konkurrenzgebote nicht nennenswert voneinander unterscheiden.

geben hat, zahlt nicht den von ihm gebotenen Preis, sondern den Preis des zweithöchsten Gebots.

Für den Veräußerer scheint dies prima facie nachteilig und als Auktionsformat nicht rational: Warum sollte der Veräußerer den Preis des zweithöchsten Gebot akzeptieren, wenn er auch den Preis des höchsten Gebotes erzielen könnte? Alle erfolgreichen Bieter bezahlen hier weniger, als sie selbst geboten haben. Die Antwort erschließt sich erst im zweiten Zugriff: Die Zweitpreisregel verändert das Bieterverhalten der Teilnehmer. Ihr gelingt es grundsätzlich besser, die negativen Auswirkungen strategischen Bieterverhaltens auf den Versteigerungsprozess auszuschalten als die Englische Versteigerung. Die Bieter können ihre Bietentscheidung weitgehend unabhängig davon treffen, wie sich die anderen Auktionsteilnehmer verhalten: Während bei Erstpreis-Auktionen, insbesondere der Englischen Versteigerung, das strategisch formulierte Gebot von den Vermutungen abhängt, die die Bieter über die Wertschätzung der Mitbewerber anstellen, und jeder Bieter einen Anreiz erhält, seine wahre Zahlungsbereitschaft nicht voll zu offenbaren, sondern einen geringeren Wert zu bieten, da er weiß, dass er mit der Höhe seines Gebots zugleich den Preis festlegt, den er im Falle des Zuschlags zahlen muss[216], hat das Gebot des Bieters bei einer Zweitpreisauktion demgegenüber keinen unmittelbaren Einfluss auf das Verhalten der anderen Teilnehmer und auf die Höhe des tatsächlich zu entrichtenden Preises. Es entscheidet nur darüber, ob der Bieter die Auktion gewinnt oder nicht; der Preis, der für das Gut zu zahlen ist, ist davon unabhängig. Er wird durch die Gebote der anderen Teilnehmer bestimmt. Da der Bieter die Gebote der anderen Teilnehmer nicht kennt, kann und braucht er strategisches Bieterverhalten der Mitbewerber nicht in sein Kalkül einzustellen. Er weiß nicht, um wie viel die Gebote anderer Bieter und der Zuschlagspreis sein Gebot unterschreiten. Er weiß nur, dass er auf jeden Fall weniger als sein eigenes Gebot für den Gegenstand zahlen muss. Rationale Bietstrategie ist es dann, ein Gebot abzugeben, welches der wahren eigenen Zahlungsbereitschaft entspricht. Weniger zu bieten als die wahre Zahlungsbereitschaft würde die Erfolgschancen die Bieters gefährden; er müsste das Gut in dem Wettbewerb wahrscheinlich einem anderen überlassen, obwohl er eine höhere Zahlungsbereitschaft hat; mehr zu bieten, würde die Gewinnchancen zwar erhöhen, aber nur um den Preis, ein aus seiner Sicht unprofitables Geschäft einzugehen, bei dem der Preis die eigene Zahlungsbereitschaft überschreitet. Erfolgs- und Gewinnchancen sind nur bei einem Gebot in Höhe der eigenen Zahlungsbereitschaft optimiert. Die Offenbarung der wahren Zahlungsbereitschaft ist bei der Vickrey-Auktion

[216] *Cox/Isaac/V. Smith*, Supreme Court Economic Review 2 (1983), S. 43 (67 f.). Als dominante Strategie bezeichnet die Spieltheorie eine Strategie, die unabhängig von den Aktionen des anderen dem Handelnden eine höhere Auszahlung garantiert als andere Strategien.

mit anderen Worten die dominante Strategie[217]. Die Wahrscheinlichkeit, dass strategische Anreize verzerrend auf den Bietprozess einwirken, ist reduziert, demgegenüber die Wahrscheinlichkeit erhöht, dass das zur Versteigerung anstehende Objekt zu dem Bieter gelangt, der es am höchsten schätzt[218].

Die Vickrey-Auktion verdankt ihren Namen dem Nobelpreisträger *William Vickrey*, der sie im Jahre 1961 als ökonomisches Verteilungsmodell entwickelt hat[219]. Anwendung fand sie aber schon mindestens 164 Jahre vor ihrer wissenschaftlichen Durchdringung: Zweitpreisregeln sind bereits seit 1893 bei Briefmarken-Auktionen als häufig eingesetzte Versteigerungsform bekannt[220]. Schon 1797 benutzte *Johann Wolfgang von Goethe* eine Zweitpreisauktion, um sein Manuskript »Hermann und Dorothea« zu verwerten. Da er argwöhnte, von seinen Verlegern übervorteilt zu werden, indem sie Auflagenhöhe und Verkaufszahlen nach Kräften zu verbergen suchen und den Schriftstellern nur feste Honorare pro Manuskriptseite anbieten, versuchte er durch das Gebotsverfahren die Informationsasymmetrie zu überwinden und herauszufinden, wie hoch sein »tatsächlicher Marktwert« als Autor war. Die Vickrey-Auktion fand auch bei der ersten weltweit durchgeführten Versteigerung von Frequenznutzungsrechten Anwendung: Neuseeland bediente sich 1989 einer sequenziellen, geheimen Zweitpreisauktion[221], um Frequenzbänder zuzuteilen, bevor es in späteren Verfahren zu einer Erstpreisauktion wechselte[222,223].

---

217 *Götzke*, Ökonomische Analyse der Frequenzallokation, 1994, S. 210; *Krishna* (Fn. 190), S. 181; *Hüschelrath*, Infrastrukturengpässe im Luftverkehr, 1998, S. 297f.; *McAfee/McMillan*, Journal of Economic Literature 25 (1987), S. 699 (708, 710 u. 711); *Nett*, Das Problem unvollständiger Information für eine effiziente Regulierung, 1991, S. 8f.; *Skiera/Revenstorff*, Schmalenbachs Zeitschrift für betriebswirtschaftliche Forschung 1999, S. 224 (226 und 241); *Vickrey*, Journal of Finance 16 (1961), S. 8 (20).

218 *Krishna* (Fn. 190), S. 182f.

219 *Vickrey*, Journal of Finance 16 (1961), S. 8ff.

220 *Lucking-Reiley*, Journal of Economic Perspectives 14 (2000), S. 183ff.

221 Von einer klassischen Zweitpreisauktion im Sinne Vickreys unterschied sich die neuseeländische Auktion dadurch, dass sie nicht als Eingüter-, sondern als Mehrgüterauktion durchgeführt wurde: Die Bieter boten nicht einmalig für ein Gut, sondern gleichzeitig für mehrere Frequenzbänder.

222 Vgl. zu den Erfahrungen, die zu dem Wechsel der Auktionsformen geführt haben, infra S. 571. Seit 1996 bedient sich Neuseeland des Internet als Auktionsplattform. Zu der Versteigerung von Frequenznutzungsrechten in Neuseeland vgl. *Felder*, Frequenzallokation in der Telekommunikation, 2004, S. 257ff.; *Götzke*, Ökonomische Analyse der Frequenzallokation, 1994, S. 228ff.; *M. Mueller*, Information Economics and Policy 5 (1993), S. 159ff.; *Pritchard-Kelly*, Maryland Journal of International Law and Trade 20 (1996), S. 155 (161ff.).

223 Ungeachtet ihrer hilfreichen theoretischen Eigenschaften findet die *Vickrey*-Auktion in der Praxis nicht sehr häufig Anwendung (vgl. *McAfee/McMillan*, Journal of Economic Literature 25 [1987], S. 699 [702]; vgl. auch S. 570): Das Auseinanderfallen von siegreichem Höchstgebot und zu zahlendem Betrag stößt häufig auf psychologische Akzeptanzschwierigkeiten. Die Vickrey-Auktion legt offen, dass die Zahlungsbereitschaft des Gewinners der Auktion höher war als der ihm abverlangte Versteigerungserlös. Dabei

b) Auktionssonderformate

Über die vier Standardformen der Auktion hinaus ist eine große Zahl unterschiedlicher Sonderauktionsformate in Gebrauch, die sich nicht abschließend erfassen lassen und sich teilweise auch vom genuinen Charakter der Versteigerung als marktanalogem Verfahren der Ex-ante-Ermittlung von Zahlungsbereitschaft nicht unerheblich entfernen. Hervorgehoben seien hier beispielhaft die anglo-holländische Auktion (infra aa), die amerikanische Auktion (infra bb) sowie Tantiemenauktionen (infra cc).

aa) Anglo-holländische Auktion

Die anglo-holländische Versteigerung verwebt Elemente der Englischen und der Holländischen Auktionsform und soll damit die Vorzüge beider Auktionsformen miteinander vereinen[224]. *Paul Klemperer* hat sie für die britische Regierung zum Zwecke der Versteigerung von Mobilfunkfrequenzen entwickelt[225]. Ihr Konzept besteht in der Stufung einer Englischen und einer Holländischen Auktion: In einem ersten Schritt wird eine aufsteigende Auktion durchgeführt, bis eine bestimmte Zahl von Bietern verbleibt. Damit soll der Kreis der ernsthaften Interessenten selektiert und ihnen Informationen über die grundsätzliche Wertschätzung der anderen Bieter verschafft werden. Im zweiten Schritt geben die verbliebenen Bewerber in einer verdeckten Auktion nochmals Gebote ab, die das im ersten Schritt erreichte Gebot übersteigen müssen. Der- bzw. diejenige(n), die hier das höchste Gebot abgeben, gewinnen die Auktion und zahlen den von ihnen gebotenen Preis bzw. (bei einer Versteigerung mehrerer gleichartiger Güter) den Preis des niedrigsten erfolgreichen Gebots[226].

bb) Amerikanische Auktion (All pay-Auktion)

In der All pay-Auktion (Amerikanische Auktion)[227] ist der Name sprichwörtlich Programm: Jeder, auch der nicht erfolgreiche Bieter, zahlt einen Teil des Versteigerungserlöses. Jedes Gebot (das auch vorher in seiner Höhe festgelegt sein kann) deckt nicht den Gesamtpreis, sondern jeweils nur einen Bruchteil (nämlich die Differenz zu dem letzten abgegebenen Gebot). Es muss sofort bezahlt werden und trägt zum Versteigerungserlös

---

wird jedoch leicht die strategische Erkenntnis übersehen, dass gerade die Belohnung der erfolgreichen Bieter durch einen niedrigeren Versteigerungspreis zu aggressiveren Geboten führt (*McAfee/McMillan*, a. a. O., S. 699 [707]).

[224] Vgl. *Cassady*, Auctions and Auctioneering, 1967, S. 76f.

[225] Siehe dazu *Klemperer*, Auctions: Theory and Practice, 2004, S. 178ff.

[226] In einer dritten Stufe findet dann eine konkrete Zuordnung der Güter zu den einzelnen Bietern und ggf. eine Preisdifferenzierung statt. *Klemperer*, ibid., S. 179f.

[227] Vgl. dazu etwa *Milgrom*, Putting Auction Theory to Work, 2004, S. 119; *Klemperer*, Auctions: Theory and Practice, 2004, S. 78ff.

bei. Gewinner ist nicht derjenige, der das höchste Gebot abgeben hat, sondern derjenige, der als letzter vor dem vom Auktionator bestimmten Ende der Auktion bezahlt[228]. Der Gewinner muss damit nicht notwendig den höchsten Beitrag zur Deckung des Gesamtpreises bezahlt haben. Die Amerikanische Auktion bewerten die meisten Bieter daher als unfair. Auch unter Allokationsgesichtspunkten ist diese eher ungewöhnliche Form der Allokation zweifelhaft: Sie legt die Zahlungsbereitschaften der Bieter nicht offen und hat daher eher Glücksspielcharakter. Sie eignet sich als Instrument der Spendenaggregation für karitative Zwecke, ferner wenn die Bieter in der Finanzierung ihrer Gebote beschränkt sind, da sie mit vergleichsweise geringen Geboten an dem Zuteilungsprozess teilnehmen können[229], nicht aber als Instrument der Zuteilung staatlich verwalteter Güter.

cc) Tantiemenauktionen

In zahlreichen Versteigerungskonstellationen, insbesondere bei der Versteigerung von Ölförderrechten oder Frequenzen, besteht sowohl auf der Veräußerer- wie auf der Erwerberseite im Zeitpunkt der Veräußerung erhebliche Unsicherheit über den Wert des zu versteigernden Gutes[230]. Um das mit der Nutzung des Gegenstandes verbundene wirtschaftliche Risiko zwischen Anbieter und Interessent in solchen Situationen gerecht zu verteilen, kann es sich empfehlen, Auktionsgegenstände nicht zu einer ex ante feststehenden unveränderlichen Geldsumme zu versteigern, sondern den Auktionspreis in einem Vomhundertsatz des mit dem Gegenstand erwirtschafteten Nettoumsatzes[231] oder des Gewinns auszudrücken[232]. Man spricht in diesen Fällen von einer Tantiemenauktion. Der Gebotspreis ist nicht bereits

---

[228] In ihrer besonderen Zeitorientierung hat die amerikanische Auktion eine hohe Ähnlichkeit mit der Kerzenauktion, die sich im England des 15. und 16. Jahrhunderts entwickelt hat: Zu Beginn der Versteigerung wurde hier eine Kerze von 1 Zoll Höhe (ca. 2,54 cm) angezündet. Wer das letzte Gebot abgab, bevor die Flamme erlosch, erhielt den Zuschlag. Obgleich es häufig zu heftigen Auseinandersetzungen darüber kam, wer das letzte Angebot abgegeben hatte, entwickelte sich die Kerzen-Auktion zur beliebtesten Auktionsform des 17. Jahrhunderts, bevor die Kerze dem Hammer als Instrument der Zuschlagserteilung (und Mittel der Ordnungswiederherstellung) Platz machte. Art. 707 f. des Code de Procédure Civile erhob eine Spielart der Kerzen-Auktion zum gesetzlichen Institut: »Vergantung bei brennender Kerze. Art. 707 (...) gleich nachdem die Versteigerung ihren Anfang genommen hat, werden nach und nach Lichter angezündet, die so eingerichtet sind, dass jedes ungefähr eine Minute dauert. Art. 708. Kein Zuschlag kann geschehen, wenn nicht vorher drey Lichter, die man vor und nach angezündet hat, verlöscht sind«. Ähnlich § 23 der 1822 erlassenen Subhastationsordnung für die Rheinprovinzen. Kerzen-Auktionen sind auch für Deutschland, insbesondere Hamburg und Bremen, nachgewiesen. Ihre Erscheinungsformen waren disparat. Vgl. dazu im Einzelnen *Wohlhaupter*, Die Kerze im Recht, 1940, S. 154 f.

[229] Dazu *Laffont/Robert*, Economic Letters 52 (1996), S. 181 ff.

[230] Vgl. zu den damit verbundenen rechtlichen Problemen im Einzelnen S. 335 und S. 378 ff.

[231] Der Nettoumsatz ist definiert als Bruttoverkaufserlös abzüglich Kundenrabatt, Re-

vor Zuteilung des Nutzungsrechtes an den Ersteigerer zu zahlen, sondern er wird aus dem mit dem Gut erwirtschafteten Erlös amortisiert. Der Veräußerer des Gutes wird über laufende Zahlungen (sog. running royalties) an den Gewinnen des Erwerbers beteiligt und der Versteigerungserlös dadurch an den Wert des Gutes[233] rückgebunden. Die Risikominimierung vermindert die Unterschiede in den Bewertungen der Bieter[234]. Die Bietbereitschaft risikoaverser Unternehmen steigt und das kompetitive Verhalten der Auktionsteilnehmer erhöht sich.

Ein derartiges Profit-sharing kann allerdings auch negative Auswirkungen auf die Investitionstätigkeit des Erwerbers zeitigen. Die Gewinnanreize sind für die Bieter geringer, als wenn der Erwerber das volle wirtschaftliche Erwerbsrisiko alleine trägt. Je höher der Prozentsatz der Tantieme, umso geringer ist der Investitionsanreiz des Erwerbers und umso höher die Neigung, die beschränkt profitable Tätigkeit einzustellen[235]. Die Zurechnung der Gewinne zu dem auktionierten Gegenstand gestaltet sich ferner äußerst intrikat und verursacht hohe administrative Kosten.

3. Vergleich der Auktionsformen und ihrer Erlöse: Der Versteigerungserlös und seine Determinanten

Die Vielzahl unterschiedlicher Auktionsformate stellt den Versteigerer vor die Frage, welche Auktionsform er für die Veräußerung seines Gutes wählen soll, insbesondere wie sich das Bietverhalten so steuern lässt, dass das Ergebnis der Auktion, der Versteigerungserlös, dem Wert des zuzuteilenden Gegenstandes entspricht und eine effiziente Güterverteilung erreicht werden kann.

a) Äquivalenz der Standardauktionen (Revenue Equivalence-Theorem)

Die Antwort, die die Auktionstheorie im Anschluss an die theoretischen Arbeiten von *William Vickrey*[236] gibt, überrascht auf den ersten Blick: Es kommt für den erzielten Versteigerungserlös grundsätzlich nicht darauf an,

touren, Transportkosten (einschließlich Fracht bei Lieferung), Versicherungen, Zölle, Steuern und sonstiger Aufwand.

[232] Vgl. *Hartung*, Verfahren zur Nutzung erschöpfbarer Ressourcen, 1986, S. 38; *McAfee/McMillan*, Journal of Economic Literature 25 (1987), S. 699 (703, 716); *Ramsey*, Bidding and Oil Leases, 1980, S. 1 ff.

[233] Vgl. zu den finanzverfassungsrechtlichen Implikationen des Wertes als Grenze zulässiger Gebührenerhebung infra S. 532 ff.

[234] Vgl. *McAfee/McMillan*, Rand Journal of Economics 17, S. 326 ff.; *dies.*, Journal of Economic Literature 25 (1987), S. 699 (734); *McMillan*, Journal of Economic Perspectives 8 (1994), S. 145 (159).

[235] *McAfee/McMillan*, Journal of Economic Literature 25 (1987), S. 699 (718); *Dam*, Oil resources – Who gets what how?, 1976, S. 148 ff.

[236] *Vickrey*, Journal of Finance 16 (1961), S. 8 ff.

ob der Versteigerer eine Holländische Auktion, eine Englische Auktion, eine verdeckte Zweitpreisauktion (Vickrey-Auktion) oder eine verdeckte Erstpreisauktion wählt (sog. *Revenue Equivalence-Theorem*)[237]. Alle vier Standardauktionsformen erbringen ihren konzeptionellen Unterschieden zum Trotz im Durchschnitt den gleichen Versteigerungserlös, wenn alle Bieter risikoneutral sind, sich nicht kollusiv zu verhalten versuchen, in ihrer Wertschätzung voneinander unabhängig sind und sich ex ante nicht voneinander unterscheiden[238].

Die Erklärung für diesen Befund liegt in der grundsätzlichen strategischen Äquivalenz der Versteigerungsdesigns der wichtigsten Auktionsformen begründet: In der verdeckten Erstpreis-Auktion und der Holländischen Auktion etwa sehen sich die Teilnehmer der Situation gegenüber entscheiden zu müssen, welcher Preis für sie akzeptabel ist, ohne irgendeine weitere Information über die Entscheidungen ihrer Mitbieter zu besitzen. Insbesondere haben sie keine Gelegenheit, auf das Bietverhalten der anderen Bieter zu reagieren und ihr Bietverhalten an deren Wertschätzung auszurichten; und in beiden Auktionen zahlt jeder Bieter genau den Preis seines eigenen Gebots. Dass die Gebote in dem einen Fall offen, in dem anderen verdeckt abgegeben werden, hat auf das Bietverhalten keine strategischen Auswirkungen. Die verdeckte Erstpreis-Auktion und die Holländische Auktion erweisen sich als strategisch äquivalent. In beiden Auktionsformen geht die dominante Bietstrategie dahin, das Bieten zu beenden, sobald die Grenze der eigenen Zahlungsbereitschaft erreicht ist. Um einen Gewinn mit dem Gut erzielen zu können, wird der Bieter ein Gebot abgeben, das etwas unterhalb seiner eigenen Wertschätzung für das zu ersteigernde Gut liegt (vgl. auch supra S. 320)[239].

In gleicher Weise sind die Englische Auktion und die Vickrey-Auktion zueinander strategisch äquivalent. In der Englischen Auktion steigt der vorletzte Bieter aus dem Bietprozess aus, sobald der aktuelle Preis seine Bewertung übersteigt. Zu zahlen hat der erfolgreiche Bieter dann nicht den Preis, der seiner eigenen Wertschätzung entspricht, sondern den Preis, bei dem der vorletzte Bieter aus der Auktion ausgestiegen ist[240]. Das entspricht

---

237 *Beckmann*, Ökonomische Analyse deutscher Auktionen, 1999, S. 37; *Felder*, Frequenzallokation in der Telekommunikation, 2004, S. 246f.; *Hüschelrath*, Infrastrukturengpässe im Luftverkehr, 1998, S. 294; *Klemperer*, Auctions: theory and practice, 2004, S. 2 u. 77; *Krishna*, Auction Theory, 2002, S. 29ff.; *McAfee/McMillan* (Fn. 232), S. 699 (707 und 710); *P. Milgrom*, Journal of Economic Perspectives 1989, S. 3 (6ff.); *Milgrom/Weber*, Econometrica 50 (1982), S. 1089 (1092f.); *Niemeier*, Die UMTS-Auktion – eine spieltheoretische Analyse, 2002, S. 33ff.

238 Das gilt auch dann, wenn der Verkäufer zusätzlich einen Mindestpreis verkündet, unterhalb dessen er nicht zum Verkauf bereit ist. Vgl. *Myerson*, Mathematics of Operations Research 6 (1981), S. 58ff.

239 *McAfee/McMillan* (Fn. 205), S. 699 (702).

240 Das gilt in besonderem Maße bei der Auktion mit open-exit (vgl. supra S. 314). Hier dürfen nur diejenigen Teilnehmer mitbieten, die den Gegenstand zu dem aktuellen

dem zweithöchsten Gebot und damit dem Versteigerungsergebnis der Vickrey-Auktion (bzw. Zweitpreisauktion). Die rationale Bietstrategie ist in beiden Auktionsformaten dieselbe: Biete so lange bzw. so hoch, bis der Wert deiner eigenen Wertschätzung erreicht ist. Der Bieter mit der höchsten Wertschätzung entrichtet in beiden Fällen nicht den Preis, der seiner eigenen Wertschätzung entspricht, sondern den Preis, bei dem der zweithöchste Bieter die Preisspirale verlassen hat. Es handelt sich um Demand-revealing-Auktionen[241]. Beide Auktionsformate bringen in der Regel identische Ergebnisse hervor und weisen nahezu identische allokative Eigenschaften auf[242].

Auch die verdeckten Auktionen, die verdeckte Erstpreisauktion und die Vickrey-Auktion, sind zueinander äquivalent. Bestimmen sie das erfolgreiche Gebot auch in unterschiedlicher Weise, kommen sie auf unterschiedlichen Wegen nahezu zu dem gleichen Ergebnis. In der *geheimen Erstpreis-Auktion* bieten die Teilnehmer einen Betrag in Höhe des erwarteten Maximums der anderen Bewertungen[243]. Da der Gewinner den Betrag seines eigenen Gebots bezahlt, bietet der Interessent vorsichtig, insbesondere nicht in der Höhe seiner vollen Zahlungsbereitschaft. Das (höchste) Gebot spiegelt ziemlich genau den Erwartungswert der zweithöchsten Wertschätzung wieder. In einer Vickrey-Auktion bieten die Interessenten aggressiver, nämlich in der Höhe ihrer eigenen Wertschätzungen, zahlen aber nur den zweithöchsten gebotenen Preis und damit denselben erwarteten Zuteilungspreis wie in einer verdeckten Erstpreis-Auktion.

Alle vier Standardauktionen bringen damit, wie die Auktionstheorie inzwischen auch empirisch belegen kann, das gleiche Ergebnis hervor. Sie zielen auf ein Bayes'sches Gleichgewicht, d. h. eine Maximierung des erwarteten Nutzens[244].

Gebot zu erwerben bereit sind. Wer das aktuelle Gebot nicht (mehr) zu zahlen bereit ist, scheidet aus der Auktion aus. Die Auktion ist beendet, wenn der vorletzte Bieter ausgeschieden ist. Der Sieger hat den Preis zu zahlen, bei dem der vorletzte Bieter aus der Auktion ausgestiegen ist.

241 *Cox/Isaac/V. Smith*, Supreme Court Economic Review 2 (1983), S. 43 (49 i. V. m. 67 f.); *Milgrom*, Journal of Economic Perspectives 1989, S. 3 (7 f.).

242 *Hüschelrath*, Infrastrukturengpässe im Luftverkehr, 1998, S. 298; *Kräkel*, Auktionstheorie und interne Organisation, 1992, S. 20; *Milgrom/Weber*, Econometrica 50 (1982), S. 1089 (1091). In Fällen der Wertunsicherheit gilt dies jedoch nur eingeschränkt (a. a. O., S. 1095). Offene und geschlossene Auktionen führen hier zu unterschiedlichen Ergebnissen, da die im Laufe der Auktion gewonnenen Erkenntnisse über die Wertschätzung der anderen Teilnehmer in das Bietverhalten einfließen.

243 Vorausgesetzt, dieses Maximum liegt niedriger als die eigene Wertschätzung. Vgl. *McAfee/McMillan*, Journal of Economic Literature 25 (1987), S. 699 (710).

244 Von einem Bayes'schen Gleichgewicht spricht die Spieltheorie allgemein dann, wenn die Gleichgewichtsstrategie jedes Spielers in einem Spiel mit unvollständiger Information seinen erwarteten Nutzen maximiert, vorausgesetzt, dass alle anderen Spieler ihre Gleichgewichtsstrategie verfolgen.

b) Voraussetzungen und Grenzen des Revenue Equivalence-Theorems: das benchmark model

Das Revenue Equivalence-Theorem scheint den Sinn der Ausdifferenzierung von Versteigerungsdesigns in Frage zu stellen. Warum soll der Auktionator zwischen unterschiedlichen Versteigerungsformen wählen, wenn alle zu dem gleichen Ergebnis führen?

Den verschiedenen Versteigerungsarten die Wahlbedeutung bzw Existenzberechtigung vollständig abzusprechen, hieße den Inhalt des Theorems verkennen: Das Revenue Equivalence-Theorem baut auf einer Reihe von Prämissen, dem sog. *benchmark model*, auf: Alle Bieter müssen risikoneutral sein, dürfen nicht versuchen sich kollusiv zu verhalten, sind in ihrer Wertschätzung voneinander unabhängig und unterscheiden sich ex ante nicht voneinander, d. h. sind symmetrisch verteilt[245]. Diese Prämissen sind in der Versteigerungspraxis seltenst geben: Häufig verhalten sich Bieter risikoavers, versuchen kollusiv zusammenzuarbeiten; nicht selten sind die Bietinteressen asymmetrisch verteilt. Nicht jede der Standardauktionsformen führt unter diesen Umständen zu einer allokationseffizienten Lösung. Auf die Frage nach dem Königsweg der Auktionsgestaltung gibt es dann keine eindeutige, für alle Konstellationen gleiche Antwort mehr[246].

aa) Bieterasymmetrie

Sind die Bieter nicht symmetrisch verteilt, d. h. weichen ihre Wertschätzungen stark voneinander ab, gibt es etwa einerseits Neueinsteiger und etablierte Anbieter andererseits, deren Wertschätzung aufgrund getätigter Vorinvestitionen höher ist als die der Newcomer, können die unterschiedlichen Wertschätzungen der Teilnehmer und ihre fehlende Orientierung über die Wertschätzung der Mitbieter in den verschiedenen Auktionen zu einer Veränderung des Bieterverhaltens und des Versteigerungserlöses führen.

In der Englischen Auktion verharren Bieter solange in der Auktion, bis der aktuelle Gebotspreis die Wertschätzungen der Bieter erreicht. Ist die eigene Wertschätzung des Bieters überschritten, lohnt sich ein weiteres Bieten für ihn grundsätzlich auch dann nicht, wenn er dadurch die Auktion nicht gewinnen kann. Da der Bietprozess ihm ständig Informationen über die Wertschätzung der anderen Teilnehmer liefert, braucht er keine Wahrscheinlichkeitsüberlegungen sub specie der Wertschätzung der anderen Bieter anzustellen. Des damit verbundenen Risikos ist er enthoben. Sind zwei Bieter an der Auktion beteiligt, hat der Bieter mit der hohen Wertschätzung wenig mehr als den Wert zu zahlen, den der Bieter mit der niedrigen Wert-

[245] Vgl. *McAfee/McMillan* (Fn. 243), S. 699 (706); *Milgrom*, Putting Auction Theory to Work, 2004, S. 119ff.

[246] Vgl. *Milgrom*, Journal of Economic Perspectives 3 (1989), S. 3 (17).

schätzung dem Gut beimisst. Die Auktion endet früher als bei symmetrischer Verteilung der Wertschätzung. Je ungleicher die Wertschätzungen verteilt sind, umso mehr bleibt der Auktionserlös hinter der wahren Wertschätzung des Höchstbietenden zurück und umso weniger schöpft die Versteigerung die tatsächliche Wertschätzung der Teilnehmer ab. Anders in der verdeckten Höchstpreisauktion sowie der Holländischen Auktion: Da der Bieter hier keine Informationen über die tatsächliche Wertschätzung der Konkurrenzbieter erhält, neigt ein Bieter mit einer hohen Wertschätzung dazu, höhere Gebote abzugeben, als er im Falle der Kenntnis der anderen Gebote, etwa einer Englischen Auktion, sich veranlasst sähe[247]. Der Versteigerungserlös ist bei asymmetrischen Bietern in einer Höchstpreisauktion und einer Holländischen Auktion daher höher als in einer Englischen Auktion[248]. Das Revenue Equivalence-Theorem hat keine Gültigkeit mehr; die Auktionsformate zeitigen unterschiedliche Ergebnisse. Für den gewinnorientierten Auktionator empfiehlt sich bei asymmetrischen Bietern dementsprechend eher die Durchführung einer geheimen Höchstpreisauktion bzw. einer Holländischen Auktion als einer Englischen Auktion. Der Auktionator, der hingegen an der Allokationseffizienz des Versteigerungsvorganges interessiert ist, wird bei asymmetrischen Bietern eher die Englische Auktion präferieren[249].

bb) Risikoaversion

Anders als das Revenue Equivalence-Theorem voraussetzt, verhalten Bieter sich in der Versteigerungspraxis nicht immer risikoneutral, sondern lassen sich – insbesondere unter den Bedingungen der Wertunsicherheit[250] – auch von anderen Motiven und Leitlinien als dem mit dem Versteigerungsobjekt erzielbaren Erlös, insbesondere ihrer Risikobereitschaft, steuern. Bieter sind umso weniger risikoavers, je wichtiger ihnen die Wahrscheinlichkeit des Sieges in der Auktion im Vergleich zu dem Profit ist, der sich im Falle des Sieges realisieren lässt. Nicht risikoavers verhielten sich beispielsweise die Bieter in der Versteigerung der UMTS-Frequenzen in Deutschland und Großbritannien. Das Bedürfnis nach Präsenz auf dem neuen Markt der

[247] *McAfee/McMillan*, Journal of Economic Literature 25 (1987), S. 699 (715). Ähnliches berichten *Avery/Kagel* (Second-Price Auctions with Asymmetric Payoffs: An Experimental Investigation, in: Kagel/Levin [Hrsg.], Common Value Auctions and the Winner's Curse, 2002, S. 284 [304]) in ihren empirischen Untersuchungen auch von denjenigen Bietern, für die als asymmetrische Bieter der Gegenstand aufgrund bestimmter Umstände einen niedrigeren Wert hat. Sie erliegen nicht selten dem sog. Fluch des Gewinners. Vgl. dazu ausführlich S. 378 und S. 551 ff.

[248] *Maskin/Riley*, Asymmetric Auctions, in: Klemperer (Hrsg.), The Economic Theory of Auctions (Vol. 1), 2000, S. 417 ff.; *Niemeier*, Die deutsche UMTS-Auktion – eine spieltheoretische Analyse, 2002, S. 48 ff.

[249] *Hausch*, Rand Journal of Economics 18 (1987), S. 611 ff.; *Niemeier*, ibid., S. 50.

[250] Vgl. dazu bereits S. 173.

Mobiltelefonie war bei den Auktionsteilnehmern derart hoch ausgeprägt, dass der mit den Frequenzen erzielbare Profit nicht das alleinige Entscheidungskriterium bildete. Der kurzfristige Bieterfolg schien ihnen wichtiger als die langfristige Profitabilität des Unternehmens. Einen plausiblen Ansatz zur Enträtselung dieses scheinbar irrationalen Verhaltensmusters bietet die Principal-Agent-Theorie[251]: Unternehmerische Fehlentwicklungen haben bisweilen ihre Ursache darin, dass die Entscheidungsträger (*Agents*) nicht identisch mit den Anteilseignern (*Principals*) sind und damit die Blickrichtungen und Interessen beider Gruppen auseinander fallen können. Den Agents, d. h. dem Management der Unternehmen, werden kurzfristige Erfolge bzw. Misserfolge in vollem Umfang zugeschrieben, langfristige Resultate sind dagegen schwer zurechenbar. Die Agents sind daher geneigt, sich eher an einer kurzfristig erfolgreichen Strategie zu orientieren als an der den Interessen der Anteilseigener entsprechenden langfristigen Profitabilität des Unternehmens, und stellen Zweifel an der dauerhaften Profitabilität zugunsten einer Erhöhung der kurzfristig orientierten Risikobereitschaft zurück.

Ein risikofreudiger Bieter wird seine Siegeschance in einer verdeckten Erstpreisauktion und der Holländischen Auktion dadurch erhöhen, dass er zu Lasten seines eigenen Profits mit seinem Gebot nahe an den Wert herangeht, den er selbst dem Gut beimisst. Er wird nicht – wie im Falle der Risikoneutralität – lediglich einen Betrag in Höhe des erwarteten Maximums der anderen Bewertungen bieten[252]. Der Erlös für den Verkäufer wird sich dadurch erhöhen.

In der Englischen Auktion sowie in der Vickrey-Auktion wird sich der Bieter demgegenüber nicht dadurch besser stellen, dass er früher oder später aus der Auktion aussteigt. Er wird solange bieten, bis der Preis die Höhe seiner eigenen Wertschätzung erreicht hat. An seiner Bietstrategie ändert sich – anders als bei der verdeckten Erstpreisauktion – nichts[253]. Die verdeckte Höchstpreisauktion und die Holländische Auktion führen daher im Falle erhöhter Risikoneigung der Bieter zu einem höheren Versteigerungserlös als die Englische und die Vickrey-Auktion[254]. Der Erlös ist dort

---

[251] Die Principal-Agent-Theorie geht auf die Wirtschaftswissenschaftler *Stephen Ross*, *Arment A. Alchian*, *Harold Demsetz* und *Joseph E. Stiglitz* zurück; *Alchian/Demsetz*, American Economic Review 72 (1972), S. 777 ff.; *Ross*, American Economic Review 63 (1973), S. 134 ff.; *Nalebuff/Stiglitz*, Bell Journal of Economics 14 (1983), S. 21 ff.; dazu etwa *Richter/Furubotn*, Neue Institutionenökonomik, 3. Aufl., 2003, S. 173 ff.; *Kleine*, Entscheidungstheoretische Aspekte der Principal-Agent-Theorie, 1996.

[252] Vgl. *Beckmann*, Ökonomische Analyse deutscher Auktionen, 1999, S. 38; vgl. auch Fn. 243.

[253] Vgl. *Kräkel*, Auktionstheorie und interne Organisation, 1992, S. 30.

[254] *Beckmann*, Ökonomische Analyse deutscher Auktionen, 1999, S. 38; *Hüschelrath*, Infrastrukturengpässe im Luftverkehr, 1998, S. 302; *McAfee/McMillan*, Journal of Economic Literature 25 (1987), S. 699 (719); *Niemeier* (Fn. 248), S. 48 ff.

dann am größten, wenn die anderen Bieter nicht wissen, wie viele andere Bieter mit ihnen mitbieten[255].

cc) Bieterkollusion

Die Auktionsformate führen auch dann zu unterschiedlichen Ergebnissen, wenn die Bieter versuchen, durch Bieterabsprache (Kollusion) den Preis des Versteigerungsobjekts niedrig zu halten. Tauschen Bieter durch Signalisieren oder geheime Absprachen unzulässigerweise Informationen über ihr Bietverhalten aus, verändert dies den Lauf und das Ergebnis der Auktion. Die Standardauktionsformate sind in unterschiedlichem Maße gegen Bieterkollusion gesichert (kollusionsfest). Einstufige, geheime Auktionsverfahren (geheime Höchstpreisauktion und Vickrey-Auktion) erweisen sich als grundsätzlich weniger anfällig für kollusives Verhalten als mehrstufige, offene Auktionen, da abweichendes Verhalten von zuvor getroffenen Vereinbarungen während des Auktionsverfahrens nicht sanktioniert werden kann. Am stärksten kollusionsgefährdet ist die Englische Auktion (vgl. dazu bereits oben S. 315; zur verfassungsrechtlichen Relevanz der Bieterkollusion siehe S. 365 ff.)[256].

dd) Budgetgrenzen

Das Revenue Equivalence-Theorem klammert auch die Existenz von Budgetgrenzen aus seinen Prämissen aus. Bieter sind in ihren Geboten häufig nicht allein in ihrer durch den Wert der Sache bestimmten Zahlungsbereitschaft begrenzt, sondern auch durch Beschränkungen des Kapitalmarktes und ihrer eigenen Zahlungsfähigkeit. Nicht immer können sie sich in ausreichendem Umfang und gebotener Schnelligkeit notwendige liquide Mittel am Kapitalmarkt beschaffen, um ein Gebot in Höhe ihrer eigenen Wertschätzung abgeben zu können. Budgetgrenzen der Bieter können zu allokativen Ineffizienzen der Versteigerung führen[257]: Aufgrund der Budgetgrenzen ersteigert nicht derjenige das Gut, der ihm den höchsten Wert beimisst, sondern derjenige, der die beste Kombination aus Wertschätzung und Budget aufweist. In einer Englischen Auktion schlägt die Budgetlimitierung unmittelbar und für Dritte erkennbar auf das Bietverhalten durch und beeinflusst damit das Versteigerungsergebnis. Englische Auktionen sind für Eingriffe in die Gebotshöhe durch Budgetgrenzen daher anfälliger als die

---

[255] *McAfee/McMillan*, ibid., S. 699 (720).

[256] Die Kollusionsgefahr kann hier nur teilweise durch Festsetzung eines Mindestpreises eingedämmt werden; vgl. *Cassady*, Auctions and Auctioneering, 1967, S. 228. Je geringer das Mindestgebot, umso anfälliger ist die Auktion für Kollusionen. Vgl. *Felder*, Frequenzallokation in der Telekommunikation, 2004, S. 308.

[257] *Maskin*, European Economic Review 44, S. 667 ff.; vgl. dazu im Einzelnen S. 365 ff.

verdeckten Auktionsformate Holländische Auktion, verdeckte Höchstpreisauktion und Vickrey-Auktion[258].

ee) *Wechselseitige Bietereinflüsse (sog. identitätsabhängige Externalitäten)*

Versteigerungen sind ein öffentlicher Verkauf und ein Verkauf in der Öffentlichkeit. In Englischen Versteigerungen abgegebene Gebote sind öffentliche Willensäußerungen, die auch mit Rücksicht auf ihre öffentliche Wirkung abgeben werden und den Zuteilungsprozess zur Bühne werden lassen können, auf der jeder Bieter als Darsteller mitwirkt[259]. Die Wirkung des Gebotes auf die Öffentlichkeit kann als strategisches Instrument der Beeinflussung anderer Bieter eingesetzt werden (infra S. 356 ff.) wie auch Prestigeeffekte auslösen, die einen Siegesdrang und Irrationalitätsfallen induzieren (infra S. 379 ff.).

Die Englische Versteigerung ist für derartiges strategisches Verhalten besonders anfällig, da die Bieter das Bietverhalten der anderen Auktionsteilnehmer hier jederzeit beobachten und darauf reagieren können.

Die wechselseitigen Einflüsse der Bieter[260] können die Allokationseffizienz des Versteigerungsmechanismus beeinträchtigen, namentlich zur Folge haben, dass nicht der Bieter mit der höchsten Wertschätzung das zu versteigernde Gut ersteigert[261]. Andere Auktionen als die Englische sind für negative Externalitäten weniger empfänglich, da den Bietern nicht mehr die Möglichkeit offen steht, ihr Gebot im Laufe der Auktion erneut zu überdenken und Externalitäten bei ihren Geboten zu berücksichtigen. Soweit die Wertschätzungen der Teilnehmer voneinander abhängen (sog. Affiliation der Werte[262]), ist die Wahrscheinlichkeit, dass derjenige Bieter die Auktion gewinnt, der dem Gut den höchsten Wert beimisst, bei ihnen höher; der durchschnittliche Versteigerungserlös ist demgegenüber geringer als bei der Englischen Auktion (zu den verfassungsrechtlichen Implikationen identitätsabhängiger Externalitäten siehe infra S. 356 ff.).

ff) *Schlussfolgerungen*

Die Ideal-Allokationsbedingungen des Benchmark-Modells sind unter realen Versteigerungsbedingungen selten verwirklicht. Im Regelfall führen die

---

[258] *Niemeier* (Fn. 248), S. 37 ff.

[259] Vgl. dazu auch infra S. 386 mit Fn. 442; vgl. auch *C. Smith*, Auctions, 1989, S. 131: »The ability to reveal the theatrical aspect of everyday life and the practical side of dramaturgical paradigm is one of the striking strengths of auctions«.

[260] Die Auktionstheorie spricht auch von identitätsabhängigen Externalitäten; vgl. dazu etwa *P. Cramton*, Journal of Law and Economics 41 (1998), S. 727 (731); *Das Varma*, Rand Journal of Economics 33 (2002), S. 689 ff.

[261] *Das Varma*, ibid., S. 689 (691); *Niemeier* (Fn. 248), S. 44 ff.

[262] Vgl. dazu auch infra S. 338.

unterschiedlichen Versteigerungsformen ungeachtet des Revenue Equivalence-Theorems nicht zu den gleichen, sondern zu unterschiedlichen Verteilungsergebnissen. Die Allokationseffizienz wie auch die Höhe der erzielten Einnahmen von Auktionen hängen entscheidend von dem gewählten Auktionsdesign ab. Für ihre Eignung zur Zielerreichung ist von besonderer Bedeutung, inwieweit sie eine Kollusion der Bieter verhindern, wechselseitige Bietereinflüsse gering halten oder Auswirkungen von Budgetgrenzen, Risikoaversion und Bieterasymmetrien abpuffern sollen. Welcher Auktionstyp diesen Anforderungen an eine erfolgreiche Abschöpfung am besten gerecht wird, darauf gibt es nicht für jede Versteigerungssituation die gleiche Antwort. Maßgeblich sind die jeweiligen situativen Bedingungen, unter denen die Versteigerung stattfindet, insbesondere das Ausmaß der Abweichung von den Voraussetzungen des Benchmark-Modells. Erst wenn der Auktionator das strategische Verhalten der Bieter und die Ziele der Versteigerung korrekt antizipieren kann, ist eine Beantwortung der Frage nach der optimalen Auktionsform zuverlässig möglich.

c) Sonstige Determinanten des Versteigerungsergebnisses

Nicht alleine die Wahl des Auktionsformats, das Maß der Abweichung von den Voraussetzungen des Benchmark-Modells und die Eigenheiten des versteigerten Gutes sind für den Versteigerungserfolg entscheidend. Zahlreiche weitere Bestimmungsfaktoren, die weit über die Preiseinflussgrößen eines gewöhnlichen Güterkaufs hinausgehen, beeinflussen das Versteigerungsergebnis: insbesondere die Anzahl der Bieter (infra a), die unterschiedlichen privaten Schätzungen (infra b) sowie Einflussnahmen des Auktionators (infra c).

aa) Anzahl der Bieter

Nach der Qualität des Versteigerungsobjektes hat die Auktionstheorie die Zahl der Bieter als wichtigsten Bestimmungsfaktor für den finanziellen Erfolg von Auktionen identifiziert. Der Versteigerungserlös liegt im Durchschnitt umso höher, je größer die Zahl der Bieter ist[263].

Zahlreiche empirische und auktionstheoretische Untersuchungen belegen diesen Zusammenhang. *Brannman/J. Klein/Weiss*[264] haben beispielsweise anhand von 639 Holzauktionen, die der National Forest Service in einigen Staaten des Nordwestens der USA durchgeführt hat, den Konnex

---

[263] Vgl. dazu auch *Cassady*, Auctions and Auctioneering, 1967, S. 163; *Holt*, American Economic Revue 69 (1979), S. 697 ff.; *Krishna*, Auction Theory, 2002, S. 85; *McAfee/McMillan*, Journal of Economic Literature 25 (1987), S. 699 (708, 711 u. 729); *Brannman/J. Klein/Weiss*, Antitrust Bulletin 29 (1984), S. 27 ff.

[264] *Brannman/J. Klein/Weiss*, Review of Economics and Statistics 69 (1987), S. 24 ff.

zwischen Bieterzahl und Preis untersucht. Sie wiesen nach, dass das Versteigerungsgut im Durchschnitt mit einem umso höheren Preis abgesetzt werden konnte, je mehr Bieter an der Auktion teilnahmen. Zu dem gleichen Ergebnis kamen auch *Kuhlman/Johnson*[265] und *Nelson*[266] für vergleichbare Sachverhalte: Ist die Zahl der Bieter gering, liegen die Gebote meist unterhalb der wahren Wertschätzung der Bieter und des durchschnittlichen Marktwertes. Bei einer hohen Zahl der Bieter (ab sieben Bietern aufwärts[267]), sind die Interessenten hingegen versucht, aggressive Bietstrategien anzuwenden, um das Gut zu ersteigern. Auch erfahrene Bieter neigen dann dazu, den Wert des Gutes zu überschätzen[268]. Für denjenigen, der sich mit seinem Gebot gegen eine Vielzahl von Mitbietern durchsetzt, kann die Nachricht vom Auktionssieg dann auch eine schlechte Nachricht sein: Er erfährt, dass alle anderen Bieter den Wert des Gutes geringer eingeschätzt haben und daher niemand außer ihm bereit war, mehr zu zahlen. Das kann bedeuten, dass er den Wert des Gutes von allen Bietern am meisten überschätzt hat und mehr zahlt, als das Gut tatsächlich wert ist. Man spricht dann auch vom Fluch des Gewinners (winner's curse; vgl. dazu im Einzelnen infra S. 374 ff. und S. 559 ff.). Bei bietaggressiven Versteigerungen ist er keine seltene Erscheinung.

Rational handelnde Bieter antizipieren das Menetekel des Fluchs des Gewinners, indem sie umso vorsichtiger bieten, je größer die Konkurrenz um einen Auktionsgegenstand ist. Antizipieren einige die Gefahr, andere hingegen nicht, kommt es zu einer allokativen Fehlleitung des Gutes. Verhalten sich alle Auktionsteilnehmer in dieser Weise rational, kann dies im Extremfall dazu führen, dass der Preis für einen Auktionsgegenstand bei einem hohen Bieterwettbewerb niedriger ausfällt als bei geringer Bieterkonkurrenz. Zwischen der Bieterzahl und dem Versteigerungspreis besteht dann ausnahmsweise eine negative Korrelation. Das weisen *Gilley/Karels* am Beispiel der simultanen Versteigerung küstennaher Erdölfelder in den USA nach[269]. Zu beobachten ist diese negative Korrelation bei verdeckten Auktionsformaten sowie der Holländischen Auktion. Bei der Englischen

---

[265] *Kuhlman/Johnson*, Southern Economic Journal 50 (1983/84), S. 213 ff.

[266] *Nelson*, Journal of Economic Behavior and Organization 27 (1995), S. 421 (432 ff.).

[267] *Kagel/Levin/Harstad*, Comparative Static Effects of Number of Bidders and Public Information on Behavior in Second-Price Common Value-Auctions, in: Kagel/Levin (Hrsg.), Common Value Auctions and the Winner's Curse, 2002, S. 149 (150).

[268] Vgl. auch *Kagel/Levin*, Bidding in Common Value Auctions: A Survey of Experimental Research, in: dies. (Hrsg.), Common Value Auctions and the Winner's Curse, S. 1 (12); *Kagel/Levin/Battalio/Meyer*, First Price Common Value Auctions: Bidder Behavior and the »Winner's Curse«, in: Kagel/Levin (Hrsg.), Common Value Auctions and the Winner's Curse, S. 85 (101); *Krishna*, Auction Theory, 2002, S. 85; *Thaler*, Journal of Economic Perspectives, 2, S. 191 (192, 195).

[269] *Gilley/Karels*, Bell Journal of Economics 12 (1981), S. 637 ff. Bei sequenziellen Versteigerungen kann sich dieser Effekt aufgrund der durch den Versteigerungsprozess generierten Informationen reduzieren. Das räumen *Gilley/Karels* (S. 637 [647]) auch ein.

Auktion verhält es sich anders: Eine hohe Auktionsteilnehmerzahl zieht hier immer eine intensive aktive Bieterbeteiligung nach sich, die zu hohen Zuschlagspreisen führt; die steigende Bieterzahl verstärkt das Auftreten von Eskalationseffekten in jedem Fall.

bb) Unsicherheiten der Bieter – Auktionstheoretische Modellierungen

Die Versteigerung verlangt den Teilnehmern Entscheidungen unter Unsicherheitsbedingungen ab. Als eine besondere Form des Spiels macht sie den Erfolg des Einzelnen nicht nur vom eigenen Handeln, sondern auch von den Aktionen anderer, den Mitkonkurrenten, abhängig[270]. Zahlreiche Unsicherheitsfaktoren und private Informationen begleiten die Entscheidungen der Bieter über die Wertschätzung des Gutes.

In welcher Weise die einzelnen Bieter die Bewertung des zu versteigernden Gegenstandes vornehmen, hängt entscheidend von Art und Ausmaß der Unsicherheitsfaktoren über den Wert des Gutes sowie der Streuung der individuellen Informationen und Einschätzungen sub specie des vorhandenen Nutzungspotenzials und der damit verbundenen Gewinnerwartungen ab. Sie haben entscheidenden Einfluss auf die Strategie der Bieter und den Ausgang der Auktion. Insoweit lassen sich typisierend drei verschiedene Grundkonstellationen unterscheiden, die sich in drei Auktionsmodellen abbilden lassen:

(1) Wertunsicherheit

In vielen Versteigerungskonstellationen messen alle Teilnehmer der Auktion dem Auktionsgegenstand im Grundsatz den gleichen Wert zu. Dieser Wert ist jedoch zu dem Zeitpunkt, zu dem er angeboten wird, insbesondere aufgrund von Unsicherheiten über die Qualität des Gutes unbekannt. Die Bieter kennen den tatsächlichen Wert des zu versteigernden Gutes nicht, sondern müssen ihn auf der Grundlage ihrer privaten Informationen über das Gut für sich schätzen[271]. Die Auktionstheorie spricht dann von einer Common value-Versteigerung (Common value-Modell; Auktionsmodell bei Qualitätsunsicherheit)[272].

Die meisten Auktionen, insbesondere typischerweise Versteigerungen staatlich verwalteter Güter, haben einen Common value-Aspekt[273]. Die be-

[270] Die rationale Entscheidungsstrategie der Akteure in solchen Entscheidungssituationen untersucht die Spieltheorie. Vgl. dazu supra S. 176.

[271] *Beckmann*, Ökonomische Analyse deutscher Auktionen, 1999, S. 32 f.; *Felder*, Frequenzallokation in der Telekommunikation, 2004, S. 211 f.; *Hüschelrath*, Infrastrukturengpässe im Luftverkehr, 1998, S. 294; *McAfee/McMillan* (Fn. 254), S. 699 (705).

[272] Vgl. dazu etwa *Feess*, Mikroökonomie, 3. Aufl., 2004, S. 701 ff.; *Kagel/Levin*, The Winner's Curse and Public Information in Common Value Auctions, in: dies. (Hrsg.), Common Value Auctions and the Winner's Curse, 2002, S. 107 (107); *Cornelius*, Zur effizienten Allokation staatlicher Ressourcen, 1994, S. 149 f.

kanntesten Beispiele für echte Common value-Auktionen sind Versteigerungen von Offshore-Förderrechten. Die Bieter können hier zu Beginn der Versteigerung lediglich eine überschlägige Schätzung des Wertes der Rohstoffe abgeben; der wahre Wert lässt sich erst ermitteln, wenn der gesamte Rohstoff gefördert und seine Qualität bestimmt ist. Da sich die Kosten- und Erlösfunktionen der Bieter kaum unterscheiden, hängt die Einschätzung des Wertes weniger von der Individualität der Bieter als davon ab, wie viel Öl sich in dem projektierten Feld tatsächlich befindet.

Bei Common value-Auktionen sind Fehleinschätzungen der Bieter über den Wert des Versteigerungsgegenstandes häufig zu beobachten[274]. Nicht selten übersteigen die Gebote den Wert des versteigerten Gegenstandes. Es kommt zum Fluch des Gewinners (winner's curse; vgl. dazu bereits S. 335 sowie im Einzelnen infra S. 379ff. und S. 551 ff.).

(2) Unsicherheit über die Wertschätzung der anderen Bieter

Den Gegenpol zu Common value-Versteigerungen bilden solche Versteigerungssituationen, bei denen jeder Teilnehmer seine persönliche Wertschätzung des Auktionsgegenstandes im Vorfeld exakt bestimmen kann, ihm lediglich die Wertschätzungen der anderen Bieter nicht bekannt sind. Diese Ausgangsbedingungen beschreibt die Auktionstheorie mit dem Begriff »independent private value-model« (bzw. Auktionsmodell bei Präferenzunsicherheit)[275]. Jeder Bieter bildet hier einen privaten, individuellen Wert für das Auktionsobjekt entsprechend seinen Präferenzen und seiner Anfangsausstattung, seinen Produktionskosten etc., der nur ihm bekannt ist (Reservationswert[276]). Er führt seine Bewertung des Auktionsobjekts grundsätzlich vollkommen unabhängig von den Bewertungen seiner Kombattanten aus. Seine Wertschätzung ist statistisch unabhängig von der Wertschätzung der anderen Bieter. Die maximale Zahlungsbereitschaft eines Bieters ist für die anderen Bieter eine Zufallsgröße. Sie können nicht von der eigenen Bewertung auf die Bewertung des Auktionsgegenstandes durch die anderen Teilnehmer schließen. Für das Versteigerungsobjekt existiert dementsprechend kein einheitlicher monetärer Wert.

Als Folien für eine solche Versteigerungssituation können im Bereich privaten Güteraustausches Versteigerungen von Kunstgegenständen dienen, bei denen die Bieter das Gut für den eigenen Gebrauch, nicht für den Wie-

---

273 *Kagel/Levin*, ibid., S. 107 (107).

274 *Beckmann*, Ökonomische Analyse deutscher Auktionen, 1999, S. 280; *Wolff*, WISU 2001, S. 1390 (1392). Allgemein dazu *Kagel/Levin* (Hrsg.), Common Value Auctions and the Winner's Curse, 2002, S. 1 ff.

275 *Beckmann*, ibid., 1999, S. 32f.; *Hüschelrath*, Infrastrukturengpässe im Luftverkehr, 1998, S. 294; *Klemperer*, Auctions: Theory and Practice, 2004, S. 22f., *Milgrom*, Putting Auction Theory to Work, 2004, S. 40.

276 *Kräkel*, Auktionstheorie und interne Organisation, 1992, S. 15.

derverkauf erwerben möchten, ebenso der Verkauf von Konsumgegenständen, die nicht für den Weiterverkauf bestimmt sind. Hier hängt der Wert des Gutes grundsätzlich allein von der individuellen, unbeeinflussten Wertschätzung ab. Auch die Ausschreibung von öffentlichen Aufträgen trägt im Hinblick auf die individuellen Herstellungskosten und Kalkulationen signifikante Züge einer Private-value-Auktion[277].

(3) Gemengelagen

Meist weisen Versteigerungen einzelne Elemente der beiden vorgenannten Extremmodelle auf, ohne sie vollumfänglich zu verwirklichen: Jeder Bieter ordnet dem Gegenstand einen eigenen Wert entsprechend seinen individuellen Präferenzen und Nutzungsmöglichkeiten zu; zugleich bestehen aber auch bei allen Bietern gemeinsame Unsicherheiten über den Wert des Gutes sowie Korrelationen zwischen den Wertschätzungen einzelner Bieter; die eigene Wertschätzung hängt auch vom Urteil anderer ab; sie ist *affiliiert*. Für diese Versteigerungssituationen hat die Auktionstheorie den Begriff »correlated value-Modell« geprägt. Es firmiert nach seinen Begründern auch unter dem Begriff »Milgrom-Weber-Modell«[278]. Der Realität der Bedingungen, unter denen staatlich verwaltete Ressourcen versteigert werden, kommt es am nächsten. Werden beispielsweise Mobilfunkfrequenzen versteigert, sind den Bietern die technologischen Einsatzmöglichkeiten und der Wert der Frequenzen häufig nicht abschließend bekannt. Ihre Marktstrategien, vorhandene Netzinvestitionen und technologische Kenntnisse vermitteln ihnen zugleich aber feste Vorstellungen davon, was der Mobilfunkmarkt für ihr Unternehmen und seine Ressourcen wert ist[279]. Eine Folge der Affiliation der Wertschätzungen ist das Auftreten ähnlicher Verhaltensweisen unter den Bietern: Nimmt ein Bieter ein Qualitätssignal wahr, werden mit hoher Wahrscheinlichkeit andere Bieter ebenfalls ein hohes Qualitätssignal wahrnehmen. Insbesondere bei aufsteigenden Bietformaten kann es dadurch zu aggressiverem Bietverhalten und einem Dominoeffekt der Gebote kommen. Jeder Bieter versucht, aus den Geboten und dem Ausstiegszeitpunkt der anderen Bieter Rückschlüsse auf deren Wertschätzung zu ziehen und diese in seinem Gebot zu berücksichtigen. Je mehr Informationen die Versteigerung den Bietern über das Verhalten der

---

[277] *Genty*, Communications & Strategies 35 (1999), S. 11 (16); *Hüschelrath*, Infrastrukturengpässe im Luftverkehr, S. 292; *McAfee/McMillan* (Fn. 254), S. 699 (705). Um Versteigerungen im eigentlichen Sinne des Wortes handelt es sich dabei freilich nicht. Vgl. dazu bereits S. 279.

[278] *Milgrom/Weber*, Econometrica 50 (1982), S. 1089 (1097 ff.); dazu etwa *Felder*, Frequenzallokation, 2004, S. 213; *Klemperer*, Auctions: Theory and Practice, 2004, S. 23 f.

[279] In gleicher Weise verfügen Einzelhändler als Bieter einer Kunst- und Antiquitätenauktion über Informationen hinsichtlich des wahren Marktwertes, die nicht von der Wertschätzung der anderen abhängen. Sie können sich aber in ihren Verkaufsfertigkeiten unterscheiden.

Mitbieter zur Verfügung stellt und der Affiliation Raum gibt, umso höher ist dann tendenziell der Versteigerungserlös. Die einzelnen Auktionsformate unterscheiden sich insoweit erheblich:

Die geheime Erstpreisauktion und die Holländische Auktion enthüllen keine Informationen über die Wertschätzung der Teilnehmer; der Versteigerungserlös wird ausschließlich durch die Wertschätzung des Höchstbieters determiniert. In der Vickrey-Auktion sind immerhin die Wertschätzung des Höchstbieters und des zweithöchsten Gebots miteinander verkettet: Der Meistbietende erhält den Zuschlag, das zweithöchste Gebot bestimmt die Höhe des zu zahlenden Preises. Das wirkt sich unter den Bedingungen der Wertunsicherheit versteigerungserlöserhöhend aus; die Vickrey-Auktion erzielt dann im Schnitt einen höheren Verkaufserlös als die Holländische Auktion und die geheime Erstpreisauktion. Die deutlichste Verkettung zwischen der privaten Wertschätzung der Bieter und ihrem Informationsstand weist unter den Standardauktionsformaten die Englische Versteigerung auf[280]. Die Wertschätzungen aller Teilnehmer sind hier im Versteigerungsprozess eng miteinander verkettet: Der Erlös wird durch die Wertschätzungen sämtlicher aktiver Auktionsteilnehmer bestimmt. Indem sie den Bietern Informationen über das Verhalten und die Wertschätzungen der Mitbieter liefert und deren eigene Wertschätzungen dem jeweiligen Informationsstand anpassen lässt (während die geheime Erstpreisauktion, die Holländische Auktion wie die Vickrey-Auktion die Bieter über das Verhalten der Mitbieter nahezu gänzlich im Unklaren lassen[281]), führt die Englische Auktion (bzw. allgemein mehrstufige Versteigerungen) unter Wertunsicherheitsbedingungen zu aggressiveren Geboten und damit zu dem höchsten Versteigerungserlös unter allen Auktionsformen. Der höhere Versteigerungserlös ist eine Folge (subjektiv) verbesserter Informationsstände und reduzierter Risikoprämien der Bieter. Das Revenue Equivalence-Theorem[282] hat keine Gültigkeit mehr. Die hohe Erlöswahrscheinlichkeit der Englischen Auktion bildete einen der Beweggründe für die amerikanische Federal Communications Commission, bei der Versteigerung von Frequenzen eine offene, ansteigende Auktion zu wählen.

---

[280] Vgl. dazu S. 312ff.

[281] Vgl. *Milgrom/Weber*, Econometrica 50 (1982), S. 1089ff.; *Wolfstetter*, Auktionen und Ausschreibungen – Bedeutung und Grenzen des »linkage«-Prinzips, in: Tietzel (Hrsg.), Ökonomische Theorie der Rationierung, 1998, S. 139 (156ff.); *Kräkel*, Auktionstheorie und interne Organisation, 1992, S. 102f. Es lassen sich jedoch auch Auktionsregeln mit verdeckten Geboten konstruieren, die sowohl ertragreicher für den Veräußerer als auch weniger anfällig für Kollusionen sind als die Englische Auktion. Vgl. dazu *Perry/Wolfstetter/Zamir*, A Simple Auction Rule that Beats the English Auction under Affiliation, Technical report, 1998.

[282] Vgl. dazu S. 326ff.

cc) Die Rolle des Auktionators als Herr des Verfahrens

Auf den Preisbildungsprozess der Versteigerung nimmt außer den Bietern auch die versteigernde Instanz selbst in entscheidendem Maße Einfluss. Ihr Verhalten hat neben den Eigenschaften des Gutes, der Versteigerungsart, der Zahl der Bieter und ihren Präferenzen den nachhaltigsten Einfluss auf den erzielten Versteigerungserlös. Das gilt sowohl für das Tätigwerden im Vorfeld der Versteigerung, insbesondere das Ausmaß der durch den Auktionator zur Verfügung gestellten Informationen über den Gegenstand der Versteigerung (infra 1), wie auch im Versteigerungsverfahren selbst (infra 2).

(1) Information des Veräußerers – linkage-Prinzip

Umfassende Informationen über den Versteigerungsgegenstand und die Nutzungsbedingungen entsprechen nicht nur einer rechtsstaatlichen Verpflichtung des Staates. Sie garantieren auch am ehesten, dass der Zuteilungsprozess den erwünschten Erfolg erzielt. Das überrascht prima facie. Eine umfassende Information der Bieter scheint dem Eigeninteresse des versteigernden Staates an einem der Knappheit des zuzuteilenden Gutes entsprechenden Versteigerungserlös zuwiderzulaufen. Die Auktionstheorie widerlegt diese Hypothese: Keine andere Informationspolitik geht im Durchschnitt mit einem höheren Zuschlagspreis einher als die Strategie, alle über das Auktionsgut bekannten Informationen aufzudecken[283]. Die Strategie vollständiger Informationsaufdeckung maximiert den erwarteten Gewinn insbesondere unabhängig von der verwendeten Auktionsform (sog. linkage-Prinzip)[284]. Das gilt auch im Vergleich zu einer Filterungsstrategie, bei der nur die vorteilhaften Informationen über den Versteigerungsgegenstand an die Kaufinteressenten weitergegeben werden[285]. Dem an einem maximalen Gewinn ausgerichteten Versteigerer ist zu empfehlen[286], sich auf die Weitergabe guter wie schlechter Nachrichten festzulegen.

Der Erfolg einer offenen Informationsstrategie erklärt sich damit, dass die Preisgabe eigener Anbieterinformationen die Unsicherheit der Bieter

---

[283] Für die Englische Auktion und die Vickrey-Auktion lässt sich dies uneingeschränkt nachweisen, für die verdeckte Höchstpreisauktion aber nur bei risikoneutralen, nicht hingegen bei risikoaversen Bietern. *Milgrom/Weber*, Econometrica 50 (1982), S. 1089 (1116f.).

[284] *Milgrom/Weber*, Econometrica 50 (1982), S. 1089 (1111); *Milgrom*, Journal of Economic Perspectives 3 (1989), S. 3 (16); *McAfee/McMillan*, Journal of Economic Literature 25 (1987), S. 699 (730); *Wolfstetter*, Auktionen und Ausschreibungen – Bedeutung und Grenzen des »linkage«-Prinzips, in: Tietzel (Hrsg.), Ökonomische Theorie der Rationierung, 1998, S. 139ff.

[285] *Milgrom*, The Economics of Competitive Bidding, A selective survey, in: Hurwicz/Schmeidler/Sonnenschein (Hrsg.), Social Goals and Social Organization, 1985, S. 261 (278).

[286] Dazu, dass dieses Ziel dem Staat als Versteigerer verwehrt ist, infra S. 414ff.

über die Qualität des Auktionsgutes reduziert. Der gleiche Informationsstand der Bieter verschärft ihre Konkurrenzbeziehungen beim Preisbildungsprozess und führt zu aggressiveren Geboten[287]. Die private Wertschätzung und der Informationsstand der Bieter sind affiliiert: Je höher der Informationsstand ist, umso höher ist der Versteigerungserlös. Das Verschweigen relevanter Qualitätsmerkmale führt zu einem Misstrauen der Bieter gegenüber den getätigten Angaben des Verkäufers und damit zu vorsichtigerem Bietverhalten.

Wird nicht nur eine Einheit, sondern eine Vielzahl identischer Güter zur Versteigerung gebracht (sog. multiple Versteigerung[288]), lässt sich die positive Verknüpfung von Informationsweitergabe und Versteigerungserlös nicht in der gleichen Allgemeinheit beobachten. Das linkage-Prinzip ist hier außer Kraft gesetzt. Ähnliches gilt, wenn die Bieter asymmetrisch verteilt sind, d. h. einige Bieter eine signifikant höhere Wertschätzung haben, und dieser Sachverhalt bekannt ist[289].

(2) Verhalten während der Auktion

Ebenso wichtig wie die Informationspolitik des Versteigerers ist sein Verhalten in der Auktion selbst – namentlich die abstrakte Festlegung der Versteigerungsregeln wie ihre Ausfüllung in der konkreten Entscheidungssituation, insbesondere in der in besonderem Maße auf Interaktion angelegten Englischen Versteigerung. Der Versteigerer kann die Bieter zur Abgabe von Geboten motivieren und durch ein zu ihnen aufgebautes Vertrauen eine positive Atmosphäre und einen Gemeinschaftssinn entstehen lassen, der die Bietbereitschaft fördert[290]. Die Festlegung von hohen Gebotssprüngen, die Geschwindigkeit, in der der Auktionator die Steigerungssätze ausruft[291] und die Reihenfolge, in der die Güter zur Versteigerung gebracht werden, können das Versteigerungsergebnis maßgeblich steuern[292]. Einflussnahmen der versteigernden Einheit auf das Versteige-

[287] Auf dem gleichen Grundgedanken beruht auch die Erkenntnis, dass die Englische Versteigerung bei affiliierten Werten zu höheren Versteigerungserlösen führt als andere Auktionsformen. Vgl. dazu supra S. 338.

[288] Vgl. dazu supra S. 309.

[289] Vgl. dazu *Landsberger/Rubinstein/Wolfstetter/Zamir*, First-price auctions when the ranking of valutations is common knowledge, Discussions Paper, 1997; vgl. auch *Klemperer*, European Economic Revue 42 (1998), S. 757 ff.

[290] Vgl. etwa *C. Smith*, Auctions, 1989, S. 121.

[291] Nicht selten ist bei privatrechtlichen Versteigerungen zu beobachten, dass der Auktionator die Preisfindung durch den sofortigen Ausruf nächst höherer Gebote derart beschleunigt, dass eine gewisse Hektik im Bieterpublikum erzeugt wird. Die Bieter werden dadurch gezwungen, entweder zügig zu bieten oder das Risiko einzugehen, eine Kaufgelegenheit zu verpassen (Vgl. *Cassady*, Auctions and Auctioneering, 1967, S. 107). Den Bieter erfasst eine Auktionsstimmung, die ihn den Gegenstand zu einem höheren Preis erwerben lässt, als er ursprünglich vorgesehen hatte.

[292] Von besonderer Bedeutung ist die Rolle des Auktionators bei privatrechtlichen

rungsergebnis erweisen sich im Kontext der Versteigerung knapper, staatlich verwalteter Ressourcen vor dem Hintergrund des verfassungsrechtlichen Prinzips vom Vorbehalt des Gesetzes als außerordentlich problemträchtig. Sie lassen sich durch eine weitgehende Festschreibung und Auto-

Versteigerungen. Sein Renommé, nicht zuletzt auch sein Unterhaltungswert, hat erheblichen Einfluss auf das Versteigerungsergebnis. »The first thing an auctioneer must do is get the crowd on his side«, berichtet die Auktionatorin *Bailey* aus ihrer Erfahrung (Sold to the Lady in the Green Hat, 1962, S. 167). Die Fähigkeit des Auktionators, das Publikum zu fesseln und durch geeignete Bemerkungen die Bietbereitschaft zu fördern, ist mitunter entscheidend für den Verlauf des Versteigerungsprozesses. Humor ist dabei eine seiner wichtigsten Waffen. Bekannt ist beispielsweise die Praxis von Auktionatoren, niedrige Einstiegsgebote mit der Bemerkung zu kommentieren: »Sie wollen den Gegenstand offenbar nicht erwerben; sie wollen ihn leihen« (vgl. zur kulturgeschichtlichen Funktion des Humors als Stimulationsinstrument der Versteigerung auch *Thurgood*, Canadian Folklore (1994), S. 103 [109]). Die Nürnberger Auktionsordnung von 1770 (»Auctions-Ordnung« eines Hochlöblichen Raths der freyen Stadt Nürnberg vom 6.6.1770) sah sich ob des entstehenden Zielkonflikts gar veranlasst, die Auktionatoren anzuweisen, »unter den Ausruffen sich alles unanständigen Scherzes« zu enthalten. Ähnlich heißt es in einer Verfügung des zuständigen Justizministers vom 10. Oktober 1853 an alle Oberprokuratoren im Rheinland: »Es ist wahrgenommen worden, dass nicht selten bei öffentlichen Versteigerungen die Ausrufer, deren die Beamten sich bedienen, in Ausübung ihrer Funktion sich unanständige oder politisch ungeeignete Anspielungen und Witzworte erlauben, welche auf den Beifall oder die Lachlust berechnet, nicht nur die Missbilligung des bessern Teils des Publikums erregen, sondern auch an sich insbesondere den unter der Autorität von Beamten vorgenommenen Geschäften durchaus ferngehalten werden müssen. [...] Die Beamten verletzen ihre Amtspflicht, wenn sie dergleichen Unfug durch die von ihnen zugezogenen Ausrufer dulden«. Auch dem Ort der Versteigerung kommt Einfluss auf das Versteigerungsergebnis zu. Versteigerungen, die an herausgehobenen, mondänen Örtlichkeiten, zum Beispiel im Ambiente eines Schlosses, durchgeführt werden, erzielen im Durchschnitt höhere Versteigerungserlöse. Vgl. etwa *Quemin*, Genèses 17 (1994), S. 52 (70); *C. Smith*, Auctions, 1989, S. 108ff. Über die Jahrhunderte der Versteigerungsgeschichte haben sich neben humoristischen Einlagen zahlreiche Mechanismen herausgebildet, mit denen Auktionatoren auf die Bietlaune einzuwirken versuchen. Die Abstimmung von Versteigerungsterminen auf die Ausgabe der Lohntüten an Arbeitnehmer (vgl. *Olshausen*, Jahrbuch für Gesetzgebung, Verwaltung und Volkswirtschaft im Deutschen Reich 30 [1906], S. 57 [104]) gehörte dazu ebenso wie der Ausschank kostenfreien Alkohols (bzw. die Veranstaltung von Auktionen in Gasthäusern). »Es war uralte Sitte bei diesen Versteigerungen Freitrunk zu reichen, am Rhein, an der Mosel und Saar Wein, auf den Höhen Branntwein«, berichtet der Notar *Weisweiler* für die linksrheinischen Gegenden des 17. und 18. Jahrhunderts (*Weisweiler*, Geschichte des rheinpreußischen Notariats, Bd. 2, 1916, S. 233). Versteigerungen waren neben Festen und Märkten eine der maßgeblichen öffentlichen Trinkgelegenheiten zu jener Zeit. Der Alkohol sollte die Bietlust anreizen und enthemmen sowie zugleich eine große Schar von Besuchern an den Versteigerungsort locken, um den Absatz der Versteigerungsgüter zu fördern. Der durch den Verkäufer initiierte Ausschank verfehlte seine Wirkung nicht. Er wuchs sich zusehends zum öffentlichen Problem aus. Immer wieder wird von der Abgabe unsinniger Gebote und der Störung des ordnungsgemäßen Ablaufs infolge Alkoholgenusses berichtet: »Thätlichkeiten und Schlägereien unter den durch Wein und Branntwein erhitzten Landleuten« waren keine Seltenheit (»Erneutes Verbot gegen Verabreichung geistiger Getränke bei Versteigerungen« der Königlichen Immediat-Justiz-Commission vom 17.5.1819). Ähnlich verbreitet wie der Alkoholausschank war in der Mitte des 19. Jahrhunderts im Rheinland der Brauch des Weißbrotwerfens, das vermutlich in der Absicht des Verkäufers seinen Urmatisierung der Auktionsregeln und -abläufe zwar begrenzen, nicht aber beseitigen (vgl. dazu im Einzelnen infra S. 429 ff.).

IV. Versteigerungen als Auswahlmechanismus – zur Sachgerechtigkeit des Zuteilungskriteriums »Zahlungsbereitschaft« in der hoheitlichen Verteilungslenkung

Gewährleisten Versteigerungen bei zielgerechter Ausgestaltung auch eine effiziente, transparente, zeitnahe und ausgleichende Gerechtigkeit herstellende Verteilung knapper staatlich verwalteter Güter[293], sind die rechtlichen Vorbehalte und Rechtfertigungshürden, denen sich Versteigerungen als Instrument der Zuteilung knapper, staatlich verwalteter Güter ausgesetzt sehen, nicht minder zahlreich. Insbesondere erscheint es rechtferti-

---

sprung findet, mittels einer Bietbelohnung die Bietbereitschaft anzuheizen und das verbotene Alkoholreichen zu substituieren. Eine ähnliche Intention wie dem Weißbrotwerfen und dem Alkoholausschank lag – in ungleich nüchterner, aber wirksamer Verpackung – der teilweise verbreiteten Bietregel des ius primi liciti zu Grunde: Derjenige, der das erste Gebot machte, erwarb das Recht, den Gegenstand durch eine entsprechende Erklärung zum Gebot des Höchstbieters zu erwerben (*Henning*, Art. »Versteigerung«, in: Erler u. a. [Hrsg.], Handwörterbuch zur Rechtsgeschichte, Bd. 5, 1998, Sp. 829 [830]). Als subtiler wirkende Methode war und ist die Bekanntgabe schriftlicher Preisofferten (sog. book bids) zu einem Zeitpunkt verbreitet, zu dem die Saalgebote nachlassen (*Cassady*, Auctions and Auctioneering, 1967, S. 165 f.). Bisweilen werden auch in unzulässiger Weise fingierte schriftliche Gebote eingestreut, um die Bietbereitschaft zu erhöhen bzw. Bieter wieder in den Bietwettbewerb zurückzuführen, die aufgrund des Scheingebots davon ausgehen, dass das Objekt doch einen höheren Wert besitzt, als sie selbst ursprünglich angenommen hatten (sog. *Lift lining*). *Graham/Marshall/Richard* (Economic Letters 32 [1990], S. 13) behaupten, durch *lift lining* herbeigeführte Bieterbeeinflussungen seien in vielen Auktionshäusern Beurteilungskriterien für die Kompetenz von Auktionatoren. Mit Hilfe des Scheingebots schöpft der Auktionator die Konsumentenrente, d. h. denjenigen Geldbetrag ab, der über den eigentlichen Kaufpreis hinausgeht, den ein Kaufinteressent jedoch zusätzlich eher zu zahlen bereit wäre, als vom Kauf ganz abzusehen. Der Auktionator geht mit dem *Lift lining* nicht nur das Risiko ein, den Zuschlag an ein nicht existentes Gebot erteilen und die Ware zurücknehmen zu müssen, obwohl unter Umständen bereits ein über dem Mindestpreis liegendes Gebot vorlag, und einen Reputationsverlust für den Fall zu erleiden, dass sich das Verhalten bei den Kaufinteressenten herumspricht. Vor allem muss der Versteigerer auch mit ordnungsrechtlichen Konsequenzen rechnen. § 34b GewO und die Versteigererverordnung (insbesondere in ihrer alten Fassung; vgl. dort namentlich § 14 f.) verstehen sich als eine Reaktion des Ordnungsrechts auf in der Vergangenheit beobachtete Missbräuche der treuhänderischen Stellung des Versteigerers. Sie belegen abweichendes Verhalten nicht nur mit einem Verbotsverdikt, das zum Entzug der Versteigerererlaubnis führen kann, sondern mit Sanktionen des Ordnungswidrigkeitenrechts (vgl. § 144 Abs. 2 Nr. 3, § 144 Abs. 2 Nr. 1 GewO i. V. m. § 10 VerstV; § 144 Abs. 3 GewO, § 9 VerstV, § 49 Abs. 2 Nr. 3 VwVfG). Auf die zivilrechtliche Wirksamkeit des zwischen Bieter und Versteigerer geschlossenen Vertrages bleibt ein Verstoß gegen § 34b Abs. 6 GewO und die VerstV freilich ohne Einfluss. Sie sind keine Verbotsgesetze i. S. d. § 134 BGB.

[293] Vgl. dazu supra S. 296 ff.

gungsbedürftig, den Staat sich ohne Weiteres vorbehaltlos dort des Marktes als Zuteilungsmechanismus bedienen zu lassen, wo er Güter zuvor dem Zugriff des Marktes durch Hoheitsakt entzogen und seiner Verwaltung vorbehalten hat[294]. In dem Gebrauchmachen von dem Marktmechanismus scheint nachgerade eine Verweigerung der geforderten Sachentscheidung zu liegen, die das Feld dem Wettlauf der Geschäftsinteressen und Finanzkräfte überlässt, obwohl der demokratische Rechtsstaat zu gemeinwohlorientiertem Handeln verpflichtet wäre[295]. Der Glaube an den Markt im Bereich der staatlichen Verteilungslenkung gerät in den Verdacht, sich von dem Glauben an den Staat nur in der Richtung, nicht aber im Ausmaß des Irrtums zu unterscheiden.

Kommt dem Gesetzgeber bei der Bestimmung der Zuteilungsziele grundsätzlich auch ein weiter Beurteilungs- und Gestaltungsspielraum zu[296] – gibt das Grundgesetz ihm insbesondere kein vollständiges System der zu verfolgenden Ziele vor und verwehrt es ihm nicht als solches, das Ziel effizienter Zuteilung knapper Mittel zum Gegenstand seines gesetzlichen Zielprogramms zu erheben[297] – so ziehen einer allein am Gedanken der Allokationseffizienz orientierten Verteilungsordnung zugleich (wie wir bereits andeutungsweise gesehen haben[298]) aber auch die Grundrechte und der im Sozialstaatsprinzip angelegte Gedanke der Verteilungsgerechtigkeit Grenzen. Sie errichten eine Tabugrenze des gesetzgeberischen Effizienzzugriffs, die die Wahl der legitimen gesetzgeberischen Verteilungsziele einschränkt. Wo der Nutzen der Gesellschaft und die Effizienzorientierung des Staates nur um den Preis der Opferung eines grundrechtlich gewährleisteten Freiheitsbereichs zu verwirklichen sind, hält die Verfassung dem Effizienzprinzip ein Gegengewicht entgegen, das dem Zuteilungsspielraum des Gesetzgebers Daumenschrauben anlegt. Die Freiheitsrechte schützen gegen eine effizienzorientierte Verknappung zur Freiheitsausübung erforderlicher Güter und die Errichtung einer staatlichen Bewirtschaftungsordnung[299]. Dort, wo sie eine Verknappung des Gutes nicht zu verhindern vermögen, schwächt sich ihre Durchschlagskraft zwar ab. Die staatliche Zuteilungsordnung muss sich dann als Differenzierungsprogramm aber (nicht nur an dem Verbot willkürlichen Handelns, sondern) auch an den Freiheitsrechten messen lassen, zu denen sie den Zugang eröffnet. Für die Auswahl genügt nicht

[294] Vgl. zu der Funktion der Knappheitsverwaltung als Instrument der Korrektur marktlicher Verteilungsergebnisse insbesondere supra S. 11 ff.

[295] In diesem Sinne ausdrücklich *Schmidt-Jortzig*, FAZ v. 9.10.2000, S. 16.

[296] Vgl. dazu im Einzelnen supra S. 94 ff. (sowie hinsichtlich des »Ob« knappheitsverwaltenden Eingreifens supra S. 25 ff.).

[297] Vielmehr erscheint es grundsätzlich dort, wo Mittel knapp sind, legitim, sie effizienter, verschwendungsfreier Nutzung zuzuführen. Vgl. dazu im Einzelnen supra S. 197 ff.

[298] Vgl. dazu bereits supra S. 251 ff.

[299] Vgl. dazu bereits supra S. 25 ff.

jedes willkürfreie Argument. Der Realisierungsgrad der Chancen muss durch objektiv sachgerechte und individuell zumutbare Kriterien bestimmt werden[300]. Das Differenzierungskriterium muss sachlich auf einen legitimen Zuteilungszweck bezogen sein, der die Wertung des betroffenen Freiheitsbereichs nicht konterkariert, und mit dem Ziel der Zuteilung in einem angemessenen Zusammenhang stehen. Es darf den Zugang zu dem knappheitsbedingt zugangsbeschränkten Freiheitsrecht nicht unverhältnismäßig erschweren.

Ob das Zuteilungskriterium der Zahlungsbereitschaft objektiv sachgerecht und individuell zumutbar ist, dazu gibt es zwar viele Meinungen; Judikate deutscher Gerichte gibt es zu der Frage aber nicht. Die Versteigerung der UMTS-Frequenzen, die als prominenter Anwendungsfall zu einer Klärung hätte beitragen können, hat den gordischen Knoten nicht zerschlagen. Wiewohl die Mobilcom AG unter lautem Säbelrasseln gegen die Zuteilungsentscheidung Klage erhoben hatte, verließ sie bald die Angriffslust, als ihr Aktienkurs deshalb wegbrach und das Gespenst eines Pyrrhussieges umging; sie nahm die Klage zurück[301]. Der Gelegenheit, sich anlässlich der Auseinandersetzung zwischen Bund und Ländern um die finanzverfassungsrechtliche Ertragskompetenz für die UMTS-Versteigerungserlöse zur Sachgerechtigkeit von Versteigerungsverfahren zu äußern, hat das Bundesverfassungsgericht geflissentlich verstreichen lassen[302]. Die Antwort auf die Frage trägt Iustitia weiter unter ihrem Schleier.

Der Faden soll hier geduldig entwirrt werden. Pauschale Wahrheiten sind insoweit auch nicht zu gewinnen. Eine Antwort muss differenzieren nach dem Sachbereich, der Gegenstand der Zuteilung ist (dazu infra 1.–3.).

---

[300] Vgl. BVerfG, Urt. v. 8.2.1977, BVerfGE 43, S. 291 (316 f.) – numerus clausus II; ferner BVerfG, Urt. v. 18.7.1972, BVerfGE 33, S. 303 (338) – numerus clausus I; BVerfG, Beschl. v. 5.11.1980, BVerfGE 55, S. 159 (166 f.) – Falknerjagdschein; BVerfG, Urt. v. 16.6.1981, BVerfGE 57, S. 295 (327) – 3. Rundfunkentscheidung; BVerfG, Urt. v. 5.2.1991, BVerfGE 83, S. 238 (319) – 6. Rundfunkentscheidung; vgl. dazu auch bereits S. 82 ff.

[301] Ob es zwischen dem Einbrechen des Aktienkurses, den bald geäußerten Befürchtungen, ein Klageerfolg führe notwendig zur Aufhebung der an sich erwünschten Frequenzzuteilung, und der Klagerücknahme einen nicht nur zeitlichen, sondern auch kausalen Zusammenhang gibt, verliert sich im Dunkel von Spekulationen. Die Mobilcom AG hat ihren Schritt nicht offiziell begründet. Zum (verneinten) Schadensersatzanspruch von Aktionären der Deutschen Telekom gegen die Bundesrepublik (als herrschendes Unternehmen der Deutschen Telekom AG) wegen des Erwerbs von UMTS-Lizenzen BGH, Urt. v. 3.3.2008 (noch nicht veröffentlicht); OLG Köln, Urt. v. 27.4.2006, NZG 2006, S. 547 ff.

[302] BVerfG, Urt. v. 28.3.2002, BVerfGE 105, S. 185 ff.; dazu *F. Becker*, DÖV 2003, S. 177 ff.; *Selmer*, NVwZ 2003, S. 1304 ff.

1. Markt und Menschenwürde; ausgleichende Gerechtigkeit versus Verteilungsgerechtigkeit

An einem Bezug zum Zuteilungszweck fehlt es dem Markt und dem Kriterium der Zahlungsbereitschaft a limine dort, wo die Zuteilung der Herstellung aristotelischer Verteilungsgerechtigkeit (iustitia distributiva), einer Umverteilung nach Bedürftigkeit, dient. Hier im Kontext der Zuteilung an die Zahlungsbereitschaft anzuknüpfen, hieße den Bock zum Gärtner machen. Der Markt ist weder geeignet noch dazu gedacht, eine verteilungspolitisch motivierte Umverteilung von Rechten herzustellen. Er verteilt Rechte nach dem Leistungsprinzip: Er pocht auf die absolute Gleichheit von Leistung und Gegenleistung. Wer nicht gibt (leistet), bekommt auch nichts. Die Ausgeschlossenen sind ihm gleichgültig. Bedürftigkeit sowie ein unverfügbarer Eigenwert, eine Würde des Einzelnen, ist ihm fremd. Der schutzpflichtfeste Bereich, die soziale Fürsorge für die Würde des Einzelnen, ist dem Zuteilungsprinzip des Marktes a priori entzogen[303]. Dort, wo der Staat Güter in Wahrnehmung seiner Schutzpflicht zuteilt, ist ihm der Markt als Zuteilungsmechanismus generell verschlossen[304].

2. Markt und Menschenrechte – der Zugang zu nichtwirtschaftlichen Freiheitsrechten

Der Sachgerechtigkeit und Zumutbarkeit ermangelt es der Zahlungsbereitschaft als Zuteilungskriterium auch dort, wo die Zuteilung der Entfaltung eines verfassungsrechtlich geschützten Freiheitsraumes dient, der seinen Sinngehalt nicht in der ökonomischen Nützlichkeit einer Tätigkeit findet, sondern seinen autonom definierten Eigenwert hat und Ausdruck der gleichen und unverfügbaren Würde des Menschen ist. Ist der gewährte Freiheitsbereich dem ökonomischen Nutzenkalkül entzogen, definiert er sich namentlich weder für den Einzelnen noch für die Gesellschaft durch den ökonomischen Nutzen der Tätigkeit, dann darf er auch nicht nach ökonomischen Wertkategorien zugeteilt werden. Die Zahlungsbereitschaft fällt aus dem Köcher sachgerechter Differenzierungskriterien heraus; ihr fehlt es an einem Bezug zu dem gewährten Freiheitsraum. Je mehr die Ungleichbehandlung den Gebrauch solcher grundrechtlich geschützten Freiheiten er-

[303] Dort, wo eine Zuteilung Ausfluss einer verfassungsrechtlichen Schutzpflicht des Staates ist, d. h. wo der Staat Leistungen um des Schutzes der Grundrechte Betroffener willen erbringt, zum Beispiel zum Schutz des Lebens oder der Gesundheit, scheidet der Markt daher a priori als sachgerechtes Zuteilungsinstrument aus. Das meint nicht, dass der Staat alle menschenwürderelevanten Güter dem Zugriff des Marktes entziehen müsste. So muss er nicht etwa das Angebot an verfügbarem Wohnraum seinem Zugriff unterwerfen, um eine drohende Obdachlosigkeit abzuwehren.

[304] Ähnlich *Berg*, Der Staat 15 (1976), S. 1 (13); *C. Koenig*, Die öffentlich-rechtliche Verteilungslenkung, 1994, S. 394 ff.; *Tomuschat*, Der Staat 12 (1973), S. 433 (449).

schwert, die in einem engen Bezug zu der Menschenwürde stehen und den in Art. 1 Abs. 1 GG, Art. 1 GRCh sowie Art. 1 EMRK zum Ausdruck kommenden gleichen Achtungsanspruch aller Menschen spiegeln, umso weniger kann dem ökonomischen Effizienzziel eine legitime Rolle als Differenzierungskriterium zukommen. Nicht zielführend ist der Markt als Zuteilungskriterium namentlich dort, wo die knappheitsverwaltende Zuteilungsentscheidung der Wahrnehmung unverletzlicher und unveräußerlicher Menschenrechte dient, insbesondere im Bereich der Zuteilung lebenswichtiger oder für die Persönlichkeitsentfaltung elementarer Güter, der freien Entfaltung der Persönlichkeit, der Meinungsfreiheit, der Gesundheit, des Lebens und staatsbürgerlicher Rechte.

3. Die Versteigerungsidee und der Zugang zur Ausübung wirtschaftlicher Freiheitsrechte – die Versteigerung zwischen Büchse der Pandora und zielgenauer Verteilungssteuerung

In einen Bezug zu dem sachlich gewährten Recht tritt das Zuteilungskriterium der Zahlungsbereitschaft alleine dort, wo der Freiheitsbereich, den die staatliche Zuteilung öffnet, eine wirtschaftliche Zielsetzung hat. Dieser Bezug ist der Berufsfreiheit, insbesondere den Grundfreiheiten als »besonderen Berufsfreiheiten« der Marktbürger, eigen. Sie halten ihre Hand über das wirtschaftliche Verhalten am Markt nach den Grundsätzen des Wettbewerbs[305]. Sie schützen nicht vor Konkurrenz, sondern öffnen einen Freiheitsraum wirtschaftlicher Konkurrenz und Entfaltungsfreiheit, der in enger Verbindung zu dem Prinzip der Nutzenmaximierung und des Wettbewerbs steht. Die berufliche Tätigkeit ist darauf gerichtet, aus wirtschaftlichem Handeln Erträge zur Erhaltung der Lebensgrundlage zu erzielen und diesen Gewinn nach Kräften zu maximieren. Dort, wo der wirtschaftliche Freiheitsraum nicht allen Grundrechtsträgern gleichermaßen eröffnet werden kann, wo also Wettbewerb im Markt nur eingeschränkt stattfinden kann, erscheint es grundsätzlich nicht gänzlich sachfremd, einen vorgezogenen wirtschaftlichen Wettbewerb *um* den Marktzugang durchzuführen. Die Auslese nach wirtschaftlicher Leistungsfähigkeit tritt als Zuteilungskriterium der Allokationseffizienz in einen Sinnzusammenhang zu dem gewährleisteten Recht. Verteilungszweck und Verteilungskriterium scheinen hier Hand in Hand zu gehen.

Aus dem Blickfeld darf dabei nicht verloren werden, dass wirtschaftliche und nichtwirtschaftliche Nutzungsinteressen regelmäßig nicht berührungslos nebeneinander stehen, sondern miteinander konkurrieren. Nicht selten finden sich Gemengelagen von wirtschaftlicher und privater Zielsetzung:

[305] Vgl. BVerfG, Beschl. v. 26.6.2002, BVerfGE 105, S. 252 (265) – Glykol; BVerfG, Urt. v. 20.4.2004, BVerfGE 110, S. 274 (288) – Ökosteuer.

Während einige Nutzer Güter mit wirtschaftlicher Zielsetzung in Anspruch nehmen, zielen andere auf einen Gütereinsatz zu Zwecken individueller Lebens- und Freizeitgestaltung. Insbesondere bei der Inanspruchnahme von Umweltgütern begegnen sich privates, nichtwirtschaftliches Verbrauchsinteresse und wirtschaftliche Zielsetzung in handgreiflicher Konkurrenz: Wasser ist Lebenselixier des privaten Konsums wie auch wichtiges industrielles Produktionsmittel. Fossile Brennstoffe sind Teil privaten Konsums und Schmiermittel der Wirtschaft. Frequenzen dienen der Nutzung wissenschaftlicher Zwecke, dem Freizeit- und Amateurfunk und dem kommerziellen Einsatz zur Übertragung von Mobilfunksignalen. Autobahnen und sonstige öffentliche Straßen sind Orte der Entfaltung individueller Fortbewegungsfreiheit einerseits und logistische Nutzungsräume der Transportwirtschaft andererseits. Wirtschaftliche und private Güternutzung können sich gegenseitig ausschließen und verdrängen. Der Markt erteilt der wirtschaftlich profitableren Nutzung Vorrang: Für ein Unternehmen haben Fahrten auf öffentlichen Transportwegen einen anderen wirtschaftlichen Wert als für Freizeitfahrer. Für die Nutzung von Wasser zu Kühlungszwecken in der Produktion sind industrielle Nutzer unter Umständen einen Preis zu zahlen bereit, den private, auf gesundes Trinkwasser angewiesene Nutzer nicht zu zahlen in der Lage sind. Eine Selektion der Nutzungsinteressenten nach dem Maßstab der höchsten Zahlungsbereitschaft drängt nichtwirtschaftliche Freiheitsbetätigungsmöglichkeiten zurück. Eine marktorientierte, auf die effiziente Allokation wirtschaftlicher Freiheitsausübungsmöglichkeiten zielendes Verteilungskonzept kann sich auf die Wahrnehmung von nichtwirtschaftlichen Freiheitsrechten auswirken und sie in ihrer von wirtschaftlichen Zielsetzungen freien Zweckbestimmung tangieren[306].

Der Markt und die Versteigerung als ihr Prototyp genügen nur dann den Anforderungen eines verfassungsrechtlich legitimen Zuteilungsinstruments, wenn sie nichtwirtschaftliche Betätigungen, die von einem grundrechtlichen Zugangsanspruch unterfüttert sind, nicht einem Effizienzwettbewerb aussetzen, in dem sie konkurrierenden wirtschaftlichen Nutzungen notwendig unterliegen. Ein verfassungsgerechter Effizienzwettbewerb setzt eine Auswahlentscheidung zwischen vergleichbaren Nutzungsformen voraus. Angezeigt erscheint insoweit eine Separierung der Zuteilungssysteme wirtschaftlicher und nichtwirtschaftlicher Freiheitsbetätigungen. Von ihr macht die Rechtsordnung nicht selten Gebrauch: Die Kohlendioxid-Emissionen von Industrieanlagen etwa unterliegen dem Handelssystem des Treibhaus-Emissionshandelsgesetzes, nicht aber Emissionen, die von Anlagen für Forschungszwecke oder dem privaten Verbrauch ausgehen. Einem drohenden Kommerzialisierungsdruck nichtwirt-

[306] Vgl. auch *Wilke*, Gebührenrecht und Grundgesetz, 1973, S. 268.

schaftlicher Betätigungen in der Konkurrenz zu wirtschaftlichen Zielsetzungen nimmt eine solche Separierung den Schrecken und die grundrechtliche Gefährdungsintensität. Der Gesetzgeber ist bei der Wahl eines marktgesteuerten Zuteilungssystems aufgerufen, nichtwirtschaftlichen Freiheitsbetätigungen, die mit wirtschaftlichen Nutzungen konkurrieren, den ihnen zukommenden grundrechtlichen Entfaltungsbereich einzuräumen. Die Abgrenzung zwischen ihnen darf er nicht dem Markt und der Botmäßigkeit seiner Teilnehmer überlassen[307]. Sie bedarf einer gesetzgeberischen Verteilungsentscheidung.

Beschränkt sich der legitime Anwendungsbereich von Versteigerungen knapper, staatlicher Verwaltung unterworfener Güter danach auf den Zugang zu wirtschaftlichen Freiheitsrechten und ihren Ausübungsressourcen, so ist damit der Bereich seiner Zulässigkeit nur negativ umhegt, aber noch nicht bestimmt. Auch dort, wo die Versteigerung konstruktiv als Zuteilungsmechanismus grundsätzlich geeignet, ja prädestiniert erscheint, keimen gewichtige verfassungsrechtliche Zweifel, die sich (neben finanzverfassungsrechtlichen Fragestellungen [dazu infra S. 450ff.]) insbesondere aus der Gefahr einer Beschränkung des durch die Zuteilung berührten grundrechtlichen Betätigungsraumes (infra a), ihrem Spielcharakter und der Unsicherheit ihrer Entscheidungsbedingungen (infra b) sowie den Anforderungen an ein chancengleiches Zugangsverfahren speisen (infra c). Die Versteigerung muss sich ferner Fragen nach ihrer Eignung stellen, die Komplexität grundrechtlicher Wertungen mit Hilfe der Variable des Preises einzufangen und auszuschöpfen (infra d), sowie den Verdacht der Instrumentalisierung hoheitlicher Verteilungslenkung zu Zwecken staatlicher Pleonexie wirksam aus dem Weg räumen (infra e). Hürden stellt das Rechtsstaatsprinzip dem Entfaltungsrahmen versteigerungsbasierter Zuteilungsmodelle auch in Gestalt des Gesetzes- und Parlamentsvorbehalts (infra f) sowie des grundrechtlichen Bestandsschutzes für wohlerworbene Rechte (infra g).

a) Auszehrung des durch die Zuteilung zu eröffnenden freiheitsrechtlichen Betätigungsraumes

Indem Versteigerungen staatlich verwalteter Güter den Zugangsberechtigten einen Preis für den Zutritt zu einem freiheitsrechtlichen Betätigungsraum abverlangen, wecken sie die bange Sorge, dass sie den Grundrechtsadressaten die Mittel entziehen, die gerade für die mit der Verwendung des Zuteilungskriteriums beabsichtigte effiziente Güternutzung erforderlich wären und damit den grundrechtlichen Betätigungsraum aushöhlen. Es erscheint prima facie nachgerade widersprüchlich, die Zuteilung nach dem

[307] Vgl. dazu auch infra S. 396ff.

Differenzierungskriterium der Leistungsfähigkeit vorzunehmen, dann aber die Leistungsfähigkeit dadurch zu gefährden, dass die Vorteile des überlassenen Gutes durch die Abschöpfung des zugeteilten Vorteils wieder entzogen werden. Im Vergleich zu einer kostenfreien Zuteilung scheinen Versteigerungen das Ziel rascher, effizienter Ausnutzung knapper, staatlich verwalteter Güter eher zu torpedieren als zu befördern[308]. Ist es nicht sachgerechter (und volkswirtschaftlich sinnvoller), die Zuteilungsadressaten Gelder in die wirtschaftliche Nutzung eines knappen Gutes investieren zu lassen als in Auktionsgebote, die den Unternehmen Ressourcen entziehen und ihre wirtschaftliche Leistungsfähigkeit beeinträchtigen? Für die europäischen Nordseeanrainerstaaten etwa war diese Überlegung ein entscheidendes Argument, bei der Zuteilung der Offshore-Förderrechte beauty contests einem Auktionsverfahren vorzuziehen[309]. Auch viele Juristen sehen aus diesem Grunde über Versteigerungen von Nutzungsrechten, die für die Ausübung von wirtschaftlichen Freiheitsrechten erforderlich sind, das Verdikt der Unzulässigkeit gesprochen[310].

So schlagkräftig und plausibel diese Überlegung als Kassandra die Bühne betritt, so sehr sind die dargebotenen Alternativen verkürzt. Die Behauptung, dass Versteigerungen den Grundrechtsträgern investitionserforderliche Mittel entziehen, geht stillschweigend davon aus, dass Geld, das nicht in Auktionsgebote fließt, selbstredend dem Investitionsprozess und der effizienten Nutzung des knappen Gutes zugeführt würde. Sie vernachlässigt die Möglichkeit, dass eingesparte Beträge dem Investitionsprozess vorenthalten und als Gewinn des Nutzungsrechtsinhabers eingestrichen werden. Diese ist die realistischste. Versteigerungspreise zielen darauf ab, den Sondergewinn, die Monopolrendite, abzuschöpfen, der aus dem bevorrechtigten exklusiven Zugriff auf ein Rechtsgut der Allgemeinheit herrührt. Als solche beeinträchtigen sie zwar den Freiheitsraum, dessen Ausübung sie eröffnen sollen[311], nicht aber das Investitionsverhalten der Akteure. Verstei-

[308] Diese Gefahr haben viele von Versteigerungsverfahren betroffene Unternehmen beschworen; vgl. *Europäische Kommission*, Green Paper on Radio Spectrum Policy in the Context of Communities such as Telecommunications, Broadcasting, Transport and R & D, COM (1988) 596 endg., S. 23; vgl. auch Entscheidung 128/1999/EG des Europäischen Parlaments und des Rates vom 14.12.1998 über die koordinierte Einführung eines Drahtlos- und Mobilkommunikationssystems (UMTS) der dritten Generation in der Gemeinschaft, ABl. EG Nr. L 17 vom 22. März 1999, S. 1 ff., Erwägung 10.

[309] Vgl. *Dam*, Journal of Law and Economics 8 (1965), S. 51 (61 ff.); vgl. auch *Hossain*, Law and Policy in Petroleum Development, 1979, S. 85.

[310] In diese Richtung etwa *Degenhart*, K & R 2001, S. 32 (34 u. 39); *C. Koenig*, Anforderungen des deutschen Telekommunikationsrechts und des europäischen Gemeinschaftsrechts an die Vergabe von UMTS-Lizenzen und die Aufhebung rechtswidriger Zuschlags- und Zahlungsbescheide, in: Piepenbrock/Schuster (Hrsg.), UMTS-Lizenzvergabe, 2001, S. 318 (338, 370 ff.); *Kunz*, Verfahren und Rechtsschutz bei der Vergabe von Konzessionen, 2004, S. 235 mit Fn. 1160.

[311] Vgl. dazu und zu ihrer Rechtfertigung im Einzelnen S. 518 ff.

gerungskosten sind Marktzutrittskosten[312] und damit versunkene Kosten (sunk costs[313]), d. h. irreversibel vordisponierte Ausgaben, die nicht mehr rückgängig gemacht werden können und damit auf rationale Investitionsentscheidungen ohne Einfluss bleiben[314]. Wer eine Fahrt in die Stadt unternommen hat, um sich neu einzukleiden und dadurch Kosten auf sich genommen hat, wird die Kaufentscheidung bei rationalem Verhalten von der Qualität des Produktes und dessen Preis abhängig machen, nicht von den aufgewendeten Fahrtkosten. Die Fahrtkosten sind im Zeitpunkt des Kaufes irreversibel erbracht. Das englische Sprichwort »Don't cry about spilt milk« (Jammere nicht über verschüttete Milch) bildet diese prima facie wenig eingängige Logik ab. Wer den Versteigerungspreis gezahlt hat, wird seine weiteren Investitionsentscheidungen von einer Abwägung der *künftigen* Kosten-Nutzen-Relation, nicht von dem bereits erbrachten Marktzutrittspreis abhängig machen. Er wird sich nicht anders verhalten, als wenn die knappen Güter kostenlos zugeteilt worden wären. Ob Investitionen stattfinden, hängt nicht von dem Marktzutrittspreis ab, sondern von den Gewinnerwartungen[315].

Die Wahl des Versteigerungsverfahrens hat entgegen landläufiger Meinung keine Auswirkungen auf den Preis, den die Ersteigerer ihren Kunden für Produkte und Dienstleistungen abverlangen, die sie mit Hilfe des knappen Gutes herstellen oder anbieten. Die Versteigerung staatlich verwalteter Güter führt nicht zu einer Preisverlagerungskette, an deren Ende die Nutzer die Zeche zu zahlen haben[316].

---

[312] Vgl. zu Inhalt und Bedeutung des Begriffs der Marktzutrittsschranken etwa *Knieps*, Wettbewerbsökonomie, 2. Aufl. 2005, S. 14ff.

[313] Vgl. etwa *Klein/Lefler*, Journal of Political Economy 89 (1981), S. 615 (619).

[314] Marktwirtschaftlich operierende, eigennutzorientierte Handlungsträger richten ihre Investitionsentscheidung daran aus, ob die damit verbundenen Aufwendungen einen größeren Aufwand als Nutzen zeitigen oder nicht. Sie tätigen Investitionen so lange und so weit, wie die erwarteten Erlöse die Investitionskosten übersteigen. Erwarten sie durch Investitionen höhere Erträge in der Zukunft, führen sie Kapital dem Investitionszyklus zu; liegen die Gewinnerwartungen unter den dafür aufzubringenden Kosten, verzichten sie auch dann auf Investitionen, wenn sie in der Vergangenheit hohe Kosten für den Marktzugang aufgebracht haben.

[315] Vgl. Gutachten der Monopolkommission 1998/99, BT-Drucks. 14/4002, Tz. 47; vgl. zum Problemkreis *H. Schaub*, Sunk Costs, Rationalität und ökonomische Theorie: eine Querschnittsanalyse zum Einfluss von Irreversibilität auf Entscheidungen und Institutionen unter Berücksichtigung psychologischer Effekte, 1997; *Blum/Mönius*, Wirtschaftswissenschaftliches Studium 27 (1998), S. 7ff.; *Posner*, Economic Analysis of Law, 7. Aufl. 2007, S. 7; kritisch *Noam*, Telecommunications Policy 21 (1997), S. 461 (465f.).

[316] So aber für die UMTS-Versteigerung *Breuer*, Verfassungsrecht und Versteigerungsverfahren, in: Geis/Lorenz (Hrsg.), Festschrift für Maurer, 2001, S. 25 (36): »Es ist zu berücksichtigen, dass letztlich weder die natürlichen noch die juristischen Bietpersonen die Zeche des Spiels zahlen, sondern die Spielkosten auf die Allgemeinheit der Telekommunikationsnutzer abgewälzt werden. Die nutzer- und versorgungsbezogene Zweckrationalität der staatlichen Regulierung bleibt dabei auf der Strecke«; *Beese/Neumann*, MMR 2000, S. 145 (147); *Genty*, Communications & Strategies 35 (1999), S. 11 (31); *Grünwald*,

In einem zugangsbeschränkten Markt können die Akteure zwar höhere Preise durchsetzen als in einem offenen Markt. Dass sie dies können, ergibt sich jedoch nicht aus der staatlichen Erhebung eines Marktzutrittspreises, sondern aus der Beschränkung des Marktzutritts als solcher, mit anderen Worten: Die natürliche bzw. staatlich herbeigeführte Knappheit des Angebots ist für die höheren Preise verantwortlich[317], nicht der gewählte Zuteilungsmechanismus. Der Anbieter verlangt den Preis, der der Knappheit des Angebots und der Größe der Nachfrage entspricht[318]. Würden die Güter nicht versteigert, sondern kostenlos zugeteilt oder würde der Versteigerungserlös zurückgezahlt, hätte dies keine Auswirkungen auf die Preise. Die Begünstigten würden die erlangten Vorteile als *windfall profits* einstreichen, ähnlich wie jemand ein Haus nicht deshalb günstiger verkauft, weil ihm das Grundstück geschenkt wurde[319]. Nicht die Marktzutrittskosten bestimmen die später im Markt erzielbaren Preise, sondern umgekehrt bestimmen die Erwartungen an die erzielbaren Preise den erwarteten Wert eines knappen zu versteigernden Gutes; anders gewendet: Preise sind Spiegelbild der Knappheit, nicht ihre Ursache. Die Versteigerung schöpft ihrem Ziel und ihrer gedanklichen Logik nach lediglich den Vorteil eines höheren Gewinns, die Knappheitsrente einer Bevorzugung im Markt ab, die die Destinäre anderenfalls für sich einstreichen könnten. Der Marktzutrittspreis, den sie erhebt, beeinflusst grundsätzlich nur den Unternehmensgewinn, nicht aber den Preis, der der Ersteigerer seinen Kunden in Rechnung stellen kann oder will. Er bewirkt eine Umverteilung zulasten der Anteilseigner und zugunsten des Staates[320].

Sind versunkene Kosten für den rationalen Akteur auch nicht entscheidungserheblich, sieht die empirische Wirklichkeit der Entscheidungswahl bisweilen anders aus.

MMR 2001, S. 721 (722); *Kötter*, DVBl. 2001, S. 1556 (1563): »Abgeschöpft werden dann nur die höheren Endverbraucherkosten«; *Noam*, Journal of Law & Economics 41 (1998), S. 765 (775f.); ähnlich auch für die Verleihungsgebühr BVerfGE 86, S. 148 (226): Konzessionsabgaben werden »ganz überwiegend über den Preis auf die Abnehmer überwälzt, also von diesen aufgebracht«.

[317] Vgl. *A. Smith*, Der Wohlstand der Nationen, hrsg. von H. Recktenwald, 1993, S. 49. Vgl. auch für den Bereich von Spielbanken BVerfG, Beschl. v. 19.7.2000, BVerfGE 102, S. 197 (216) – Spielbank II; *Lauer*, Staat und Spielbanken, 1993, S. 81f.

[318] Denn – so begründet bereits der Nationalökonom *Adam Smith* – »der Marktpreis eines einzelnen Gutes hängt von dem Verhältnis der am Markt tatsächlich angebotenen Menge und der Nachfrage jener ab, welche bereit sind, den natürlichen Preis dafür zu bezahlen (...)«; *A. Smith*, Der Wohlstand der Nationen, hrsg. von H. Recktenwald, 1993 (1776), S. 49.

[319] Erwägenswert erscheint es gleichwohl, den Versteigerungspreis nicht einmalig vor der Nutzung, sondern über die Nutzungszeit verteilt zu erheben. Das erleichtert insbesondere kleineren, aber innovativen Unternehmen den Markteintritt. Ebenso *Bundesministerium für Post und Telekommunikation* (Hrsg.), Frequenzregulierung in der Bundesrepublik Deutschland, 1991, S. 10ff.; *Ritgen*, AöR 127 (2002), S. 351 (397).

[320] *Lengwiler*, Schweizerische Zeitschrift für Volkswirtschaft und Statistik 137 (2001), S. 199 (203f.).

Die Verhaltensforschung hat festgestellt, dass Menschen nicht selten in der Vergangenheit aufgewendete irreversible Kosten bei Entscheidungen berücksichtigen (sog. Sunk cost-Effekt)[321]. Sie verhalten sich insoweit irrational. Personen, die ein Theaterabonnement für eine Saison zum regulären Preis gekauft haben, nutzen ihr Abonnement wesentlich regelmäßiger als solche, die die Tickets verbilligt oder geschenkt erhielten, obwohl der Nutzen derselbe ist[322]. An Produkten, die sich als nicht marktgängig erwiesen haben, halten Unternehmen bisweilen nur deshalb fest, weil sie mit hohen Einführungs- und Entwicklungskosten verbunden waren[323]. Je mehr Geld, Zeit oder Arbeit Menschen in der Vergangenheit für eine Handlungsalternati-

---

321 Vgl. dazu *Arkes/Ayton*, Psychological Bulletin 125 (1999), S. 591 ff.; *Arkes/Blumer*, Organizational Behavior and Human Decision Processes 35 (1985), S. 124 ff.

322 Die nahe liegende Erklärung, dass in den weniger zahlreichen Theaterbesuchen lediglich eine geringere Zahlungsbereitschaft und damit ein geringerer Individualnutzen zum Ausdruck kommt, die sich in dem Erwerb zum geringeren Preis manifestiert, konnte in den empirischen Untersuchungen ausgeklammert werden. Zeigen lässt sich dies an einer Experimentvariante: Menschen, die auf dem Weg zum Theater ihre im Vorverkauf erworbene Karte im Wert von 20 € verlieren, verzichten – am Theater angekommen und den Verlust feststellend – eher auf den Theaterbesuch, als wenn sie auf dem Weg den für den Kartenkauf vorgesehenen Geldbetrag von 20 € verlieren, obwohl der Wertverlust in beiden Fällen genau der gleiche ist. In 70 vom Hundert der Fälle entscheidet sich der Verlierer der Karte gegen einen erneuten Kartenkauf: Die schon für den Theaterbesuch ausgegebenen 20 € erscheinen dem Handelnden als versunkene Kosten, die ihn davon abhalten, den Theaterbesuch zweimal zu zahlen. Der verlorene Geldbetrag von 20 € steht demgegenüber nicht bereits in einer geistigen Verbindung mit dem Theaterbesuch, so dass sie den Handelnden als versunkene Kosten nicht in seinem weiteren Handeln beeinflussen.

323 Obwohl sich beispielsweise bei der Entwicklung des Überschallflugzeugs Concorde bald zeigte, dass die Kosten dessen Nutzen bei weitem übersteigen würden, hielten die Regierungen Frankreichs und Englands an ihrem Bau fest, weil sie bereits viel Geld und Zeit in dessen Entwicklung gesteckt hatten. Dieser Fehlschluss trug dem Sunk cost-Effekt auch den Namen *Concorde fallacy* ein. *Arkes/Blumer* (Fn. 321) konnten diese Entscheidungsanomalie anhand des Concorde-Falles als systematischen Entscheidungsfehler, nicht lediglich als fehlerhafte Einzelfallentscheidung empirisch belegen. Sie konfrontierten Versuchspersonen mit der Entscheidungssituation, als Geschäftsführer eines Luftfahrtunternehmens zu agieren, das in die Entwicklung eines Flugzeugs 10 Mio. € investiert hat; als das Projekt zu 90 vom Hundert beendet ist, kommt ein neues Flugzeug eines Konkurrenzunternehmens auf den Markt, das dem eigenen technisch überlegen und kostengünstiger ist. Auf die Frage, ob die letzten 10 % noch investiert werden sollen, antworteten 85 % der Versuchspersonen mit »Ja«, obwohl dies nicht die rationale Entscheidungsvariante darstellt. Vgl. dazu etwa auch *Mérö*, Die Logik der Unvernunft, 5. Aufl. 2007, S. 20. Dem Sunk cost-Effekt verdankt auch der Tennessee-Tombigbee Waterway, ein 373 Kilometer langer Kanal zwischen dem Tennessee und dem Tombigbee-Fluss, seine Existenz. Als sich abzeichnete, dass er das ursprünglich für den Bau vorgesehene Budget um das Sechsfache sprengen und den zusätzlichen Kosten kein das Projekt tragender äquivalenter Nutzen gegenüberstehen würde, stimmte die Mehrheit der Senatoren und Kongressabgeordnete gleichwohl für dessen Fortführung. Die Mehrheitslogik brachte der Senator *Denton* auf den Punkt: »To terminate a project in which $1.1 billion has been invested represents an unconscionable mishandling of taxpayers' dollars« (vgl. *Arkes/Blumer* [Fn. 321], S. 124). Dass es eine noch größere Verschwendung darstellt, zusätzliche Steuergelder auf Projekte zu verwenden, deren wirtschaftliche Unhaltbarkeit deutlich wird, blieb dabei unberücksichtigt. Über lange Jahre hinweg wurde der Tennessee-Tombigbee-Kanal schließlich fast ausschließlich von Wassersportlern und Privatbooten genutzt. Erst als 1988 eine Dürre den Wasserpegel im Mississippi so stark senkte, dass er für manche Frachtschiffe nicht mehr nutzbar war, generierte das Tennessee-Tombigbee-

ve bereits eingesetzt haben, umso eher halten sie an ihr fest, auch wenn sie dadurch aussichtsreichere Investitionen in den Wind schlagen müssen[324]. Der Grad der Nutzung eines Gutes steigt dabei mit der Höhe der Investitionen, die für dieses Gut getätigt wurden. Rational ist dieses Verhalten nicht (denn, wer einen Fehler gemacht hat und ihn nicht korrigiert, der begeht einen zweiten), entspricht aber der empirischen Realität[325]. Der psychologische Umstand, dass es Menschen vergleichsweise schwer fällt, sich selbst Fehler einzugestehen, spielt dabei wohl eine nicht unerhebliche Rolle[326].

Gegen den Sunk cost-Effekt sind Menschen nicht immunisiert. Der rational, folgenorientiert handelnde homo oeconomicus[327] ist im Netz der Irrationalität gefangen. Auch die Teilnehmer von staatlichen Versteigerungen erliegen ihm. Kann er als empirische Tatsache auch nicht ausgeklammert oder weggedichtet werden, hat er auf die verschiedentlich bezweifelte Investitionstätigkeit der Ersteigerer freilich – selbst wenn er eintritt – keinen negativen Einfluss: Er führt dazu, dass Investitionen auch dann getätigt werden, wenn sie aus betriebswirtschaftlicher Sicht nicht rentabel sind und bei rationaler Betrachtung nicht vorgenommen worden wären. Erwerber bemühen sich, den eingesetzten Marktzutrittspreis in jedem Fall zu erwirtschaften, auch wenn alternative Investitionen lukrativer wären und sie diese Bemühungen bei kostenloser Zuteilung nicht unternommen hätten, obwohl der gewährte Vorteil gleich hoch war. Der Sunk cost-Effekt stärkt die beabsichtigte Nutzungsintensität und den verschwendungsfreien Einsatz knapper, staatlich verwalteter Güter (statt ihn wie bisweilen befürchtet zu beeinträchtigen).

Soweit die Versteigerung sich in der Abschöpfung des mit der Zuteilung verbundenen Knappheitsvorteils erschöpft, den der Ersteigerer durch die Zuweisung des Gutes zur ausschließlichen Nutzung empfängt, und den Wert des zugedachten Knappheitsvorteils zugunsten der Allgemeinheit einzieht, tastet sie die allgemeine wirtschaftliche Leistungsfähigkeit der Grundrechtsträger mithin nicht an. Sie geht nicht ohne Weiteres mit einer

---

Waterway-Project auch für die kommerzielle Schifffahrt zumindest teilweise den ursprünglich erhofften wirtschaftlichen Nutzen.

[324] Bekannt ist dieses Phänomen auch aus dem Entscheidungsverhalten von Anlegern auf dem Kapitalmarkt: Verlustreiche Anlageentscheidungen, die sich als Fehlinvestition herausgestellt haben werden, korrigieren Investoren häufig auch dann nicht zugunsten anderer Anlageentscheidungen, wenn deren Gewinnaussichten sich als deutlich besser darstellen. Die Verluste werden laufen gelassen, während Gewinne aus ertragreichen Anlageformen frühzeitig realisiert werden. Vgl. *Greitemeyer/Schulz-Hardt/Popien/Frey*, Zeitschrift für Arbeits- und Organisationspsychologie 49 (2005), S. 35 ff.

[325] In empirischen Untersuchungen erwies sich der Effekt als umso größer, je höher der Anteil der Sunk costs an den Gesamtkosten ist, je weiter eine Investition schon fortgeschritten ist, je seltener Entscheider eine solche Situation kennengelernt haben und je kryptischer die Entscheidungssituation und die Handlungsalternativen für sie sind.

[326] Die von *Tversky* und *Kahneman* entwickelte sog. Prospekttheorie (vgl. *Kahneman/Tversky*, Econometrica 47 [1979], S. 263 ff. vgl. dazu auch infra S. 729) erklärt diese Verhaltensanomalie damit, dass die Nutzenwahrnehmung des Menschen in bestimmten Entscheidungskonstellationen verzerrt ist: Menschen sind relativ risikofreudig, wenn sie die momentane Situation (wie beim »Sunk cost-Effekt«) als Verlustsituation auffassen, meiden aber umgekehrt das Risiko, wenn sie sich bereits in einer Gewinnsituation wähnen, die sie sichern möchten.

[327] Vgl. dazu supra S. 169 ff.

unverhältnismäßigen Beschränkung des durch die Zuteilung betroffenen wirtschaftlichen Freiheitsrechts einher, sondern zielt auf einen im Namen der Verteilungsgerechtigkeit erfolgenden abstrakten Ausgleich zwischen den begünstigten und den nicht begünstigten Zuteilungsinteressenten, die auf den gleichen Zugangsanspruch verweisen können. Ob die Versteigerung dieses Versprechen immer mit Selbstverständlichkeit einzulösen vermag, wird mit aufmerksamem Blick näher zu untersuchen sein (vgl. dazu insbesondere S. 379ff. sowie S. 554ff. sowie 593ff.).

b) Der Spielcharakter der Versteigerung als Zulässigkeitsschranke

Die Versteigerung ist eine spezielle Form des Spiels[328]. Ihr Ergebnis hängt nicht von dem Handeln eines Einzelnen, sondern von der Interaktion mehrerer autonomer Akteure ab. Die Akteure handeln unter strategischer Unsicherheit. Sie sind über das Verhalten der Konkurrenten nicht informiert, müssen die Aktionen von Konkurrenten und die Wechselwirkungen eigener Aktionen mit anderen aber in ihr Entscheidungskalkül einbeziehen. Die optimale Höhe des eigenen Gebots hängt regelmäßig nicht allein von der eigenen Zahlungsbereitschaft ab, sondern auch von den Geboten (und der zugrunde liegenden Zahlungsbereitschaft) der Mitbieter. Die Akteure sind dadurch genötigt, nach dem für sie optimalen Ergebnis zu suchen, das eine Maximierung des Erwartungswertes der eigenen Handlungen verspricht. Diese für das Verhalten in der Entscheidungssituation optimale Strategie bezeichnet die Spieltheorie auch als sog. Nash-Gleichgewicht[329].

Mit der Versteigerung als Allokationsinstrument zieht die Spieltheorie in die hoheitliche Verteilungslenkung ein. »Die Verrückten übernehmen das Ruder«[330], kommentierte der Economist einmal bissig die spieltheoretische Aufladung des Auswahlprozesses. Der Staat vertraut das Ergebnis der Zuteilung der unsichtbaren Hand und dem Spiel des Marktes an und überlässt die Entscheidung über die Allokation der Ressourcen damit dem Wettstreit der Interessenten selbst[331]. Indem die Versteigerung die Teilnehmer in eine strategische Entscheidungssituation versetzt, deren Ergebnis nicht von staatlicher Informationssuche, sondern strategischen Entscheidungen der Teilnehmer abhängig ist, trägt sie auch strategisches Bietverhalten und Anomalien des Marktes in die Auswahlentscheidung hinein. Sie öffnet die Schleusen für einen interaktiven Prozess, der eine weder im Einzelnen kon-

---

328 Zu Inhalt und Wesen von Spielen und der Spieltheorie vgl. supra S. 176f.

329 Vgl. dazu etwa *Bitter*, Spieltheorie und öffentliche Verwaltung, 2005, S. 53; *Holler/Illing*, Einführung in die Spieltheorie, 6. Aufl. 2006, S. 57ff.

330 Der Economist spielt damit auf ein altes Vorurteil an: In den fünfziger Jahren des 20. Jahrhunderts galten die jungen, damals wenig erfolgreichen Spieltheoretiker als die verschrobensten unter den Mathematikern.

331 Vgl. zu den sich daran anschließenden Fragen des Gesetzes- und Parlamentsvorbehalts infra S. 429ff.

trollierbare noch im Voraus absehbare Eigendynamik entfaltet. »No two auctions are ever quite alike, but they are all exciting, and the possibility of surprise is always present[332]«, beschreibt die Auktionatorin *Bailey* die Ergebnisoffenheit der Versteigerung als eines Prozesses sozialer Interaktion. Der Spielcharakter ist Teil des Faszinosums, der von der Versteigerung ausgeht, aber auch eine Schranke seiner verfassungsrechtlichen Zulässigkeit. Schranken ergeben sich insoweit – vor dem Hintergrund der durch die Zuteilung berührten grundrechtlichen Schutzpositionen, insbesondere des verfassungsrechtlichen Gebots objektiv sachgerechter und individuell zumutbarer Bewerberauswahl – namentlich im Hinblick auf die der Versteigerung eigene Möglichkeit wettbewerbswidriger Konkurrentenabwehr (infra aa), der Bieterkollusion (infra bb) und der Fehlallokation unter den Bedingungen der Wertunsicherheit (infra cc).

aa) Konkurrentenabwehr und wettbewerbswidriges Verhalten

Die staatliche Versteigerung knapper Nutzungsrechte entscheidet über den Zutritt zu einem freiheitlichem Nutzungsraum, der nur wenigen Anbietern Raum bietet. Den Bietern ist es darum bestellt, den Zutritt zu Bedingungen zu erreichen, deren Kosten die damit verbundenen Gewinnmöglichkeiten deutlich unterschreiten. Der Wert dieses Marktzutritts kann für die Interessenten dabei auch davon abhängen, wer neben ihnen an dem zu verteilenden Gut teilhat und mit ihnen auf dem Markt konkurriert[333]. Die Versteigerung gibt den Bietern die Möglichkeit, dies mittelbar zu beeinflussen. Da vom eigenen Verhalten des Bieters abhängt, wer zu welchem Preis in den Markt eintritt, ist für die Konkurrenten die Versuchung groß, die eigene Bietmacht zu nutzen, Konkurrenten durch geeignete Maßnahmen am Markteintritt zu hindern. Die Absicht, bestimmte Konkurrenten vom Markt zu verdrängen, insbesondere keinen Neueinsteiger in den Markt dringen zu lassen (infra 1) oder den zu zahlenden Versteigerungspreis durch strategische Beeinflussung der Konkurrenten niedrig zu halten (infra 2), können das Bietverhalten steuern.

(1) Strategische Bieterbeeinflussung

Die strategischen Möglichkeiten, Einfluss auf das Verhalten der Mitbieter zu nehmen, sind zahlreich[334]. Ein nicht selten zu beobachtendes Instrument sind gezielte Fehlinformationen einzelner Bieter über den Auktionsgegenstand oder Tatsachen, die Rückschlüsse auf die eigene Zahlungsfähigkeit oder Zahlungsbereitschaft zulassen. Ähnliches gilt für offene oder ver-

---

[332] *Bailey*, Sold to the Lady in the Green Hat, 1962, S. 90.

[333] Die Auktionstheorie spricht von wechselseitigen Bietereinflüssen (identitätsabhängigen Externalitäten). Vgl. dazu bereits supra S. 333.

[334] Vgl. dazu *Cassady*, Auctions and Auctioneering, 1967, S. 170.

steckte Warnungen an die Mitkonkurrenten, die darauf zielen, einzelne Bieter von der Teilnahme an der Auktion abzuhalten oder ihre Wertschätzung zu beeinflussen. Aus der Praxis von Unternehmensübernahmen ist dieses Phänomen hinlänglich bekannt[335] und bei staatlichen Versteigerungsmechanismen ebenso wenig auszumerzen. Der amerikanische Mobilfunkanbieter *Pacific Telephone* etwa ließ vor der Versteigerung der kalifornischen Telefonlizenzen im *Wall Street Journal* verkünden: »If somebody takes California away from us, they'll never make any money«[336].

Lassen sich solche direkten Beeinflussungsversuche durch einen Ausschluss des Bieters von der Versteigerung noch prohibitiv sanktionieren, wachsen der Nachweis und die Unterbindungsinstrumente bei subtileren Methoden der Teilnehmerbeeinflussung und Signalisierung sich zu einem intrikaten Problemfeld aus. Das gilt etwa für das bei Versteigerungen häufig zu beobachtende sog. jump bidding (preemptive bidding)[337]. Der Bieter gibt hier eine Preisofferte ab, die augenfällig über dem geforderten Mindestpreis oder über der aktuellen Preissteigerungsrate des Auktionators liegt. Das jump bidding soll der Konkurrenz die Zahlungsfähigkeit und -bereitschaft des Bieters signalisieren, ihr verdeutlichen, dass ein weiterer Wettbewerb sinnlos bzw. für die Konkurrenten mit hohen finanziellen Verlusten verbunden ist, und diese dadurch entmutigen. Der Bieter sendet an seine Konkurrenten Preissignale aus, die einen Rückschluss auf die Wertschätzung des Bieters zulassen und dadurch die Konkurrenz ausschalten oder verringern sollen. Von »oft chikanösen Übergeboten auf Grundstücke, welche ein Steigliebhaber der nachbarlichen Lage wegen um jeden Preis erstehen möchte«, berichten Notare schon in der Mitte des 19. Jahrhunderts[338]. Jump bidding war auch bei der deutschen Versteigerung der UMTS-Frequenzen im Sommer 2000 zu beobachten. Insbesondere die T-Mobile AG und die Mobilcom AG fielen in den Anfangsrunden der Auktion wiederholt durch aggressive Sprunggebote auf, die teilweise 60 % über dem jeweiligen Vorgebot lagen[339]. In Runde 91 überbot sich die Mobilcom AG auf zwei zu versteigernden Frequenzblöcken sogar selbst. Das kühne Verhalten feierte die Presse wie einen sportlichen Wettkampferfolg. Die Süddeutsche Zeitung berichtete über den zweiten Tag der Auktion: »Nach wie vor gilt die Bestmarke von Mobilcom aus der ersten Run-

---

[335] Bei der Übernahme von *Wellcome* durch *Glaxo* ließ etwa *Glaxo* verlautbaren, dass man »mit ziemlicher Sicherheit ein rivalisierendes Gebot überbieten würde«. Zitiert nach *Klemperer*, Auctions: theory and practice, 2004, S. 108.

[336] *Cauley/Carnevale*, Wireless Giants, The Wall Street Journal vom 31.10.1994, S. A4.

[337] Vgl. dazu. *McAfee/McMillan*, Journal of Economic Perspectives 10 (1996), S. 159 (169); *Fishman*, Rand Journal of Economics 19 (1988), S. 88ff.

[338] Schreiben des Notars Stündeck vom 31.8.1843 (zitiert nach *Mannheims/Oberem*, Versteigerung, 2003, S. 173).

[339] *Avery*, Review of Economic Studies 65 (1998), S. 185ff.

de«[340]. Am Ende des dritten Tages schreibt die Financial Times Deutschland: »Mobilcom verteidigt die Spitze«[341]. Die Presse wurde im Verlaufe des Auktionsprozesses zu einem wichtigen Sprachrohr der Kommunikation zwischen den Bietern. Die Unternehmen benutzten Presseorgane, um ihre Bietstrategien zu verkünden und das Bietverhalten der Konkurrenten zu beeinflussen[342].

Soweit das jump bidding Wirkung zeigt, steigen die Konkurrenten aus dem Bieterwettbewerb aus und gewinnt der Bieter die Auktion zu einem vergleichsweise günstigen Preis. Das jump bidding ist für den Bieter freilich mit hohen Signalisierungskosten verbunden. Er setzt sich dem Risiko aus, dass seine Offerte wesentlich höher ist als die Wertschätzungen der anderen Bieter. Er bezahlt daher möglicherweise einen Preis, der höher ist als zum Erwerb des Gegenstandes erforderlich[343].

Neben der Höhe der Gebote kann auch der Zeitpunkt des Eingreifens in das Bietgeschehen Teil einer Beeinflussungs- und Verdrängungsstrategie sein. Gibt der Bieter sein erstes Gebot zu einem Zeitpunkt ab, in dem sich schon viele Bieter beteiligt haben, der Versteigerungsvorgang also schon weit fortgeschritten scheint, signalisiert er seinen Konkurrenten damit einen hohen Grenzpreis[344], der ihnen die Chancenlosigkeit von Gegeninterventionen vor Augen führen und die Motivation zu weiteren Geboten jäh ersticken soll. Umgekehrt kann auch ein frühes Eingreifen in den Bietprozess ein erfolgreiches strategisches Instrument der Bieterbeeinflussung sein, wenn – wie bei Versteigerungen staatlich verwalteter Güter regelmäßig[345] –

---

[340] »Aufregung um vermeintliches Angebot«, Süddeutsche Zeitung vom 2.8.2000, S. 22.

[341] »UMTS: Kein zweistelliger Milliardenbetrag in Sicht«, FTD online vom 2.8.2000.

[342] Debitel etwa verkündete öffentlich die Strategie: »Keine Mark zuviel ausgeben, zermürben und ausbluten heißt die Strategie der ersten Tage«. Vgl. *Niemeier*, Die deutsche UMTS-Auktion – eine spieltheoretische Analyse, 2002, S. 167. Am zweiten Tag der Auktion sendete der Mobilcom-Chef Schmidt in einem Interview mit der französischen Zeitung »La Tribune« Signale an den Konkurrenten Debitel: Falls Debitel keine Frequenz erhalte, werde sein Unternehmen den Debitel-Kunden gerne die UMTS-Dienste zur Verfügung stellen. Dies konnte als Kooperationsangebot verstanden werden, das Debitel zum Ausstieg aus der Auktion bewegen sollte, um ein schnelles Ende der Auktion zu niedrigen Versteigerungserlösen zu erreichen. Das Interview veranlasste die Regulierungsbehörde zu Nachforschungen bei den Bietern. Sie vermochte indes keine Beeinträchtigung der wettbewerblichen Unabhängigkeit erkennen, die einen Ausschluss der Bieter gerechtfertigt hätte. Die Vermutung drängt sich auf, dass bei den Überlegungen der Regulierungsbehörde auch das Schreckensgespenst eines frühen Auktionsendes (und damit niedrigeren Auktionserlöses) eine Rolle spielte.

[343] Zu weiteren empirischen Belegen für jump bids vgl. *Cramton*, Journal of Economics and Management Strategy 4 (1997), S. 431 (446).

[344] Der Grenzpreis ist diejenige Preisschwelle, jenseits derer kein Gewinn mehr erwirtschaftet wird.

[345] Sub specie der Gleichartigkeit liegt der Teufel freilich nicht selten im Detail. Sind Frequenzen grundsätzlich auch gleichartig, so müssen sie für einen Bieter nicht immer denselben Wert haben. Sie können sich für einen Bieter sowohl als Substitut wie auch als

mehrere gleichartige Güter in aufeinander folgenden Auktionsrunden zur Versteigerung gebracht werden (sog. multiple sequenzielle Auktion[346]). Hier kann der Bieter in einer ersten Runde durch aggressives (nicht von einer ernsthaften Erwerbsabsicht getragenes) Bieten (»predatory bidding«[347]) einen Preiswettbewerb induzieren, der zu einem hohen Endpreis für den konkurrierenden Erwerber führt, um in einer zweiten oder späteren Runde ein gleichartiges Nutzungsrecht zu einem günstigeren Preis zu erwerben, wenn entweder die finanziellen Grenzen der engsten Konkurrenz erreicht sind oder sie an einem zusätzlichen Erwerb nicht mehr interessiert ist. Tatsächlich lässt sich bei sequenziellen Auktionen im Auktionsverlauf häufig ein stetiges Absinken des für das versteigerte Gut jeweils zu zahlenden Versteigerungspreises konstatieren[348]. Die Ersteigerer machen sich hier im Verlaufe des Versteigerungsvorganges die Informationen zu Nutze, die der Versteigerungsprozess über die Wertschätzung der Bieter hervorbringt. Die Englische Versteigerung ist für derartiges strategisches Verhalten besonders anfällig, da die Bieter das Bietverhalten der anderen Auktionsteilnehmer jederzeit beobachten und darauf reagieren können. Andere Auktionsformen[349] lassen dies nach ihrem Zuschnitt konstruktiv nicht zu. Sie eröffnen den Bietern nicht mehr die Möglichkeit, ihre Wertschätzung im Laufe der Auktion zu überdenken oder die Identität anderer Interessenten bei ihren Geboten zu berücksichtigen. Über die Gebote ihrer Konkurrenten sind sie nicht informiert, nicht einmal notwendig über deren Identität. Für negative Externalitäten sind diese Auktionsformen wenig empfänglich.

(2) Marktverdrängung

Das Allokationsmodell der (Englischen) Versteigerung gibt den Konkurrenten nicht nur die Möglichkeit, die Höhe des Endpreises durch strategisches Bieterverhalten zu beeinflussen, sondern mittelbar auch die Person der konkurrierenden Marktteilnehmer zu bestimmen, die neben ihnen an dem Markt teilhaben.

Komplementär darstellen: Frequenzpakete, die für eine Region vergeben werden und für sich ausreichen, um eine effiziente Leistung anzubieten, stellen Substitute dar; sie haben für einen Interessenten im Grundsatz den gleichen Wert. Frequenzpakete für unterschiedliche Regionen sind für ihn dagegen Komplementäre. Sie können Synergien hervorrufen. Vgl. zum Begriff der Substitutiv- und Komplementärgüter *Fisher*, Transactions of the Connecticut Academy of Arts and Sciences 9 (1892), S. 1 (64 ff.), auf den die Unterscheidung zurückgeht.

[346] Vgl. dazu bereits supra S. 309.

[347] Vgl. dazu *Morch von der Fehr*, Oxford Economic Papers 46 (1994), S. 345 ff.; *McMillan*, Journal of Economic Perspectives 8 (1994), S. 145 (153); zum Vorliegen des gemeinschaftsrechtlichen Missbrauchstatbestandes bei »predatory pricing« EuGH, Urt. v. 3.7.1991, Slg. 1991, I-S. 3359 Rdnr. 63 ff.

[348] Vgl. *Morch von der Fehr* (Fn. 347), S. 345 ff.

[349] Vgl. zu den unterschiedlichen Auktionsformaten supra S. 312 ff.

Für die Bieter kann es einen Unterschied machen, wer das versteigerte Gut in den Versteigerungsrunden, in denen er nicht selbst erfolgreich ist, statt seiner oder neben ihm erwirbt. Die eigene Wertschätzung kann davon in entscheidendem Umfang abhängen: Die Zahlungsbereitschaft wird auch durch die wirtschaftlichen Vorteile bestimmt, die aus der Abwehr konkurrierender Interessenten hervorgehen[350]. Strategische Marktüberlegungen, insbesondere beabsichtigte Kooperationen mit einem anderen Mitbieter oder das Interesse daran, keinen Neueinsteiger in den Markt dringen zu lassen, können Bieter dazu veranlassen, den Versteigerungserlös hochzutreiben und länger in der Auktion zu verharren als ursprünglich beabsichtigt[351]. Insbesondere kann es sich für den Bieter unter Umständen lohnen, ein Gebot deshalb abzugeben, weil er mit einem Sieg in der Auktion einen negativen Profit verhindert, den der Sieg eines anderen Bieters für ihn generieren würde. Die konkurrenzverdrängende Absicht kann im Extremfall so weit reichen, ein knappes Gut nur deshalb zu ersteigern, um es einem Konkurrenten vorzuenthalten, ohne selbst eine eigene Nutzungsabsicht für das Gut mitzubringen. Das Gut wird dann gehortet, statt genutzt[352].

Die wechselseitigen Einflüsse der Bieter können die Effizienz des Verteilungsvorgangs und die Chancengleichheit des Grundrechtszugangs beeinträchtigen, namentlich dazu führen, dass nicht der Bieter mit der höchsten Wertschätzung das zu versteigernde Gut ersteigert[353]. Die Wahrscheinlichkeit, dass derjenige Bieter die Auktion gewinnt, der dem Gut den höchsten Wert beimisst, ist umso geringer, je stärker identitätsabhängige Externalitäten den Auswahlvorgang beeinflussen[354].

Besonders großen Spielraum lässt die Versteigerung identitätsabhängigen Externalitäten dort, wo sie nicht nur die Identität der aus der Auktion als Sieger hervorgehenden Marktteilnehmer, sondern auch deren Zahl dem Verlauf des Auktionsprozesses und dem Verhalten der Teilnehmer überlässt[355]. Die Versteigerung der UMTS-Frequenzen im Jahre 2000 in

---

350 Der Wert eines knappen Gutes in der Hand eines einzelnen Wirtschaftssubjekts bestimmt sich auch danach, mit wie viel Konkurrenten am Markt zu rechnen ist. Für einen etablierten Anbieter ist ein Gut mehr wert, wenn er damit den alleinigen Zugang zum Markt erlangt, als wenn er es auf dem Markt in Konkurrenz zu anderen Anbietern feilbietet. Vgl. auch *Breuer*, Verfassungsrecht und Versteigerungsverfahren, in: Geis/Lorenz (Hrsg.), Festschrift für Maurer, 2001, S. 25 (37f.); *Cramton*, Journal of Law and Economics 41 (1998), S. 727 (731); *C. Koenig/Neumann*, ZRP 2001, S. 255; *Schumacher*, NJW 2000, S. 3096 (3097); *Ritgen*, AöR 127 (2002), S. 351 (368); *Varadinek*, CR 2001, S. 22.

351 *Das Varma*, Rand Journal of Economics 33 (2002), S. 689 (701).

352 Vgl. etwa für die Versteigerung von Umweltnutzungsrechten *P. Michaelis*, Ökonomische Instrumente in der Umweltpolitik, 1996, S. 56; *Siebert*, Analyse der Instrumente der Umweltpolitik, 1976, S. 78.

353 *Das Varma*, Rand Journal of Economics 33 (2002), S. 689 (691); *Niemeier* (Fn. 248), S. 44ff.

354 Vgl. zu dem verzerrenden Einfluss von Externalitäten auf die Präferenzermittlung bereits supra S. 253 und S. 333.

355 Die Auktionstheorie spricht von einer Auktion mit sog. endogenen Werten.

Deutschland bietet eine Folie für eine derartige Auktionsgestaltung. Jeder zur Versteigerung zugelassene Teilnehmer konnte dort nach seiner Wahl für drei Frequenzblöcke (»große Lizenz«) oder zwei Blöcke (»kleine Lizenz«) bieten[356]. Der Erwerb von zwei Frequenzblöcken war dabei technisch mindestens erforderlich, um wirtschaftlich sinnvolle Übertragungsleistungen zu erreichen[357]. Vom Auktionsverlauf hing es ab, ob die verfügbaren zwölf Frequenzblöcke auf (minimal) vier, fünf oder (maximal) sechs Unternehmen aufgeteilt wurden[358]. Wie viele Bieter zum Zuge kamen, beeinflusste die Gewinnchancen und damit den Wert der Frequenzen für die Unternehmen entscheidend. Kommen nur wenige Anbieter zum Zuge, so ist die Wettbewerbsintensität auf dem entstehenden Markt geringer; die individuellen Gewinnchancen steigen. Erreichen viele Bieter den Marktzutritt, teilt sich der Gewinn auf eine größere Zahl von Konkurrenten auf; die Gewinnchancen sinken. Die Versuchung, durch die Höhe des Gebots potenzielle Marktinteressenten vom Markt zu drängen, stellt sich für die Interessenten als besonders verlockend dar. Es kann sich für sie auszahlen, den aus der Verringerung der Wettbewerberzahl erwarteten zusätzlichen Profit in die Höhe des Gebots fließen zu lassen, statt einen zusätzlichen Marktkonkurrenten neben sich zuzulassen. Es war voraussehbar, dass es bei der Versteigerung der UMTS-Frequenzen zu einem Verdrängungswettbewerb der Interessenten und einer krisenhaften Eskalation der Gebote kommen würde, bei dem die Bieter versuchen würden, auf die Zahl der Marktteilnehmer Einfluss zu nehmen[359]. Das Bietverhalten war durch strategisch geprägte Überlegungen der (potenziellen) Marktteilnehmer über den Marktzutritt (potenzieller) Konkurrenten angeheizt. Die T-Mobile AG verhielt sich insoweit besonders aggressiv. Sie – wie auch einige andere Kombattanten – boten auch noch zu einem Zeitpunkt für eine sog. große Lizenz, als die Zahl der Interessenten ebenso groß wie die Zahl der zu vergebenden kleinen Lizenzen war, bei einer auf kleine Lizenzen beschränkten

[356] *RegTP*, Vfg. 13/2000 (Entscheidung der Präsidentenkammer v. 18.2.2000 über die Festlegungen und Regeln im Einzelnen zur Vergabe von Lizenzen für Universal Mobile Telecommunications System (UMTS)/International Mobile Telecommunications 2000 (IMT-2000) Mobilkommunikation der dritten Generation (Az. BK-1b-98/005–1), ABl. RegTP 4/2000, S. 516 (610).

[357] Mit drei Frequenzblöcken ließ sich ein höheres Leistungsspektrum von Diensten und eine technisch effizientere Ausnutzung des Frequenzspektrums erreichen.

[358] Grundgedanke war, eine Flexibilität bei der Zuordnung des Frequenzspektrums und damit eine bedarfsgerechte Zuteilung sicherzustellen.

[359] Kritisch äußerten sich bereits im Vorfeld der Auktion die Spieltheoretiker *Jehiel/Moldovanu* (A critique of the planned rules of the German UMTS/IMT-2000 license auction, Diskussionspapier Universität Mannheim). Ebenso 13. Hauptgutachten der Monopolkommission 1998/1999, BT-Drucks. 14/4002, Tz. 10, S. 46 und 51. *Moldovanu* bezeichnete die Regulierungsbehörde für Post und Telekommunikation als »beratungsresistent«, zitiert nach *Rauner*, Die Mathematik des Auktionators, Die Zeit 2000 Nr. 31, S. 46.

Zuteilung also keine Knappheit mehr gegeben gewesen wäre[360]. Sie trug damit in erheblichem Maße zur exorbitanten Höhe des Versteigerungserlöses bei[361]. Eine pikante Note erlangt dieses Verhalten insbesondere dadurch, dass der Bund Hauptaktionär der Deutschen Telekom ist und damit indirekt selbst am Versteigerungsverfahren als Bieter beteiligt war, von den Einnahmen aber auch profitierte[362].

Der durch die endogene Festlegung der Marktteilnehmer erreichten Flexibilität bei der Zuordnung des Frequenzspektrums steht eine geringere Wettbewerbsintensität auf dem entstehenden Markt und die Gefahr einer wechselseitigen Bieterverdrängung gegenüber. Im Extremfall kann eine marktgesteuerte Allokation, die das Verteilungsergebnis vollständig dem Wirken der Marktkräfte überlässt, zu einer Monopolisierung des Marktes führen. Der Effizienz des Verteilungsergebnisses tut dies zwar nicht notwendig Abbruch. Der Aufgabe sachgerechter Wahrnehmung der Auswahlentscheidung, insbesondere der Eröffnung der Chance gleichmäßiger Grundrechtsverwirklichung, die die Verfassung dem knappheitsverwaltenden Staat auferlegt, entspricht dies jedoch nicht. Erforderlich ist in einem System marktgesteuerter Allokation die staatliche Festlegung von Zuweisungsobergrenzen, die den Umfang des maximal dem einzelnen Interessenten zugänglichen Güterspektrums begrenzt. Eine Auktionsgestaltung, welche die Festlegung der Zahl der Begünstigten dem Auktionsverlauf über-

---

[360] Zu diesem Zeitpunkt, d. h. beim Ausscheiden des ersten Bieters der sieben Auktionsteilnehmer aus der Auktion betrug der Preis für eine sog. kleine Lizenz noch 8 Mrd. DM, am Ende der UMTS-Auktion wurde den Versteigerungsteilnehmern eine kleine Lizenz für 16,5 Mrd. DM zugeschlagen.

[361] Vgl. dazu z. B. *Niemeier*, Die deutsche UMTS-Auktion – eine spieltheoretische Analyse, 2002, S. 66ff. u. 154ff. Dass als Ergebnis des Auktionsprozesses gleichwohl sechs Marktteilnehmer aus dem Versteigerungsverfahren hervorgegangen sind, begründet in den Augen von *Kruhl* (Die Versteigerung knapper Frequenzen, 2003, S. 294) eine Heilung des Auktionsdesignmangels (ebenso wohl auch *Kleinschmidt*, Die Versteigerung von Telekommunikationslizenzen, 2004, S. 183). Eine solche gedankliche Anleihe an die Folgenregelung des § 46 VwVfG ist bei komplexen spieltheoretischen Prozessen wie der Versteigerung der UMTS-Frequenzen ein grundrechtlicher Sprengsatz, der der Rechtfertigung entbehrt. Sie übersieht die teilweise fatalen Auswirkungen der Auktionsregel auf den Auktionspreis und die Komplexität des spieltheoretischen Prozesses. Bereits kleinste Veränderungen der Spielregeln können zu grundstürzenden Veränderungen des Zuteilungsergebnisses und auch zu einer Durchbrechung der Wertgrenze führen (vgl. etwa das Beispiel der Dollar-Auktion infra S. 388). Die Folgenlosigkeit von Spielregeländerungen ist bei komplexen Spielen eine Chimäre. Die verfahrensrechtlichen Auswirkungen von Spielregeländerungen lassen sich in einem interaktiven Prozess, dessen Ergebnis nicht von dem Handeln eines Einzelnen, sondern von dem Zusammenwirken mehrerer autonomer Akteure abhängt, ex post nicht mehr rekonstruieren. Zuteilungsvorgänge, die das Ergebnis des Zuteilungsvorgangs in die Hände der beteiligten Akteure legen, verwirklichen Grundrechtsschutz durch Verfahren. Verletzungen oder Fehler des Verfahrens führen im Zweifel zu einer Verletzung des durch die Zuteilung berührten Grundrechtes.

[362] Vgl. zu den damit verbundenen Rechtsfragen *Kruhl*, ibid., S. 295f.; *Luttermann*, K&R 2000, S. 273ff.; BGH, Urt. v. 3.8.2008 (noch nicht veröffentlicht); OLG Köln, Urt. v. 27.4.2006, NZG 2006, S. 547 (548ff.).

lässt, macht die staatliche Verteilungslenkung zu einer Spielwiese privater Marktverdrängungsmacht; sie ist mit der Aufgabe der sachgerechten staatlichen Verteilungslenkung grundsätzlich unvereinbar[363].

(3) Schutzinstrumente; rechtliche Schlussfolgerungen

Eine sachgerechte Wahrnehmung der Aufgabe staatlicher Verteilungslenkung gebietet es, präferenzverzerrende wechselseitige Bietereinflüsse einzudämmen, soll nicht die Versteigerung als Allokationsmechanismus dem Verdikt der Unzulässigkeit anheim fallen. Übernimmt der Staat die hoheitliche Zuteilung knapper Güter unter Inanspruchnahme des Marktes, ist er zum Schutz der dadurch berührten grundrechtlichen und grundfreiheitlichen Betätigungsräume gegen wettbewerbswidrige Eingriffe und drittschädigende Präferenzen, die die Integrität des intendierten Auswahlprozesses gefährden, aufgerufen. Er muss alle Gestaltungs- und Schutzmöglichkeiten ausschöpfen, die einer Ausnutzung wechselseitiger Bietereinflüsse und der Beeinflussung eines rechtsstaatlich zu sichernden Entscheidungsprogramms die verfassungsrechtlich notwendigen Schranken weisen.

Die Versteigerung als hoheitliches Allokationsinstrument steht wechselseitigen Beeinflussungen der Interessenten nicht vollends schutzlos gegenüber. Anders als andere Zuteilungsverfahren, die (wie etwa das Prioritätsprinzip) gleichfalls die Möglichkeit bieten, ein knappes Gut deshalb zu beantragen, um es einem Konkurrenten vorzuenthalten, trägt sie einen ersten vorsichtigen Schutzmechanismus in ihrer Gegenleistungsbezogenheit: Indem sie dem Bieter für die Bevorzugung gegenüber einem anderen Interessenten einen Preis abverlangt, verbindet sie die Verdrängung von Konkurrenten mit hohen Kosten, die den Vorteil einer Verdrängungswirkung in einen Verlustbetrag umkehren können. Gebote abgekoppelt vom Nutzwert des versteigerten Gegenstandes abzugeben, widerspricht der ökonomischen Logik eines auf Gewinnerzielung ausgerichteten rationalen Akteurs. Ein konkurrenzverdrängendes Bieten oder Horten knapper Güter ist nur in engen Grenzen eine zielführende und sinnvolle Bietstrategie. Für den Bieter ist es nur dann attraktiv, wenn die Verdrängungsvorteile des Bieters die Nutzungsvorteile des verdrängten Bieters übersteigen.

Einen zweiten Schutzwall gegen wettbewerbswidrige Verhaltensweisen ziehen die Gestaltungsmöglichkeiten der Versteigerung. Die Missbrauchsmöglichkeiten, die sie bietet, reichen nur soweit, wie die Spielregeln, nach denen sie abläuft, sie nicht unterbinden. Ein Horten von Gütern in der Ab-

[363] A. A. (für die Versteigerung der UMTS-Frequenzen) *Kleinschmidt*, Die Versteigerung von Telekommunikationslizenzen, 2004, S. 183 u. 202 (»sachdienlich und gerechtfertigt«); wohl auch *Storr*, K & R 2002, S. 67 (73); wie hier dagegen *C. Koenig/Neumann*, ZRP 2001, S. 252 (256); *C. Koenig*, K & R 2001, S. 41 (53); *Kruhl* (Fn. 361), S. 294. Zu den Folgen dieses Befundes für die Zulässigkeit des Frequenzhandels siehe S. 749.

sicht, das knappe Gut einem Konkurrenten vorzuenthalten, steht dem Bieter nur dann offen, wenn die Versteigerung die Nutzung des Gutes freistellt. Verpflichtet die Erteilung des Zuschlages demgegenüber nicht nur zur Zahlung des Zuteilungspreises, sondern auch dazu, das Gut im Sinne des mit der Zuteilung verfolgten Zweckes zu nutzen, so sind die Anreize spekulativen Bietens zu Zwecken des Hortens deutlich reduziert. Der Bieter riskiert den Bestand des erworbenen Rechtes, wenn er nicht binnen einer ex ante festgelegten Frist Nutzen von dem Gut ergreift. Eine »use it or lose it«-Regel[364] verdrängt konkurrenzgetriebene Bietpräferenzen. Sie entleert eine blockadeorientierte Bietabsicht ihrer wirtschaftlichen Logik und sichert die Versteigerung damit gegen spieltheoretische Gefährdungen einer effizienten Ausnutzung knapper Güter ab[365]. Eine ähnliche (zugleich durch den Gedanken der gleichmäßigen Eröffnung von Freiheitsräumen legitimierte) Missbrauchsabsicherung erreicht eine Begrenzung der Zahl der knappen Güter, die ein Bieter erwerben darf. Gleiches gilt für eine Anonymisierung der Gebotsabgabe, etwa in einer elektronischen Auktion, die den Bietern die Identität der Konkurrenten verbirgt. Dem feindlichen Bieten und der Gefahr einer Monopolstellung einzelner Bieter auf dem entstehenden Markt lassen sich dadurch zusätzliche Zügel anlegen.

Die Missbrauchsmöglichkeiten konkurrenzschädigenden Verhaltens, die eine Versteigerung ihren Teilnehmern eröffnet, lassen sich durch Modifikationen der Versteigerungsregeln und durch die Wirkung der wirtschaftlichen Vernunft begrenzen. Bekämpfen lässt sich freilich nur der *Missbrauch*, nicht aber jede Form wechselseitiger Bietereinflüsse namentlich der Englischen Versteigerung. Sollen die Vorteile, die aus der Abwehr konkurrierender Interessenten hervorgehen, die Wertschätzung und damit die Zahlungsbereitschaft nicht mehr beeinflussen, lässt sich dies nur außerhalb des Konzepts der Englischen Versteigerung erreichen. Wechselseitige Bietereinflüsse gehören zu deren Wesen und Auswahlprogramm – auch ihre negativen Implikationen. Sie setzt voraus, dass die Bieter ihre Gebote in Kenntnis der Gebote anderer Teilnehmer abgeben[366]. Negative Externalitäten bleiben grundsätzlich spieltheoretisches Risikopotenzial dieses Alloka-

[364] Eine gesetzliche Ermächtigung zum Erlass einer »use it or lose it«-Regel findet sich etwa in §63 Abs. 1 TKG. Ähnliche Versteigerungsregeln sind aus der Versteigerung von Start- und Landerechten in den USA und aus der Zuteilung von Verschmutzungsrechten im Wege der Versteigerung bekannt.

[365] Indem sie auch das wirtschaftlich sinnvolle vorsorgend-planerische Erwerben von Nutzungsrechten, das von dem Ziel getragen ist, einem künftigen Wachstum der Nachfrage gerecht zu werden, unterbindet, engt sie die Planungsfreiheit der Wirtschaftssubjekte stark ein und kann über das Ziel der Verhinderung unzulässiger Marktverdrängung leicht hinausschießen. Der Grat zwischen vorsorgender Planung und dem verteilungspolitisch unerwünschten Horten ist bisweilen schmal; die »use it or lose it«-Regel erweist sich insoweit als ein nicht ungefährliches scharfes Schwert.

[366] Das schließt nicht notwendig die Kenntnis der Identität der konkurrierenden Bieter ein. Englische Versteigerungen können auch – insbesondere als elektronische Auktio-

tionsverfahrens. Was für die Englische Versteigerung gilt, gilt freilich – was häufig übersehen wird – nicht für Versteigerungen als solche. Andere Auktionsformen als die Englische Versteigerung, insbesondere die Vickrey-Auktion, kennen keine versteigerungsimmanente Interaktion zwischen den Bietern. Der erfolgreiche Bieter wird durch Abgabe eines einzigen Gebots bestimmt. Gegen wechselseitige Bieterbeeinflussungen und Verkettungen zwischen den Wertschätzungen der Teilnehmer sind sie grundsätzlich immunisiert. Aus verfassungsrechtlicher Sicht sind sie – jedenfalls im Angesicht der Gefahr wechselseitiger Bieterbeeinflussung – einer Englischen Auktion überlegen und grundsätzlich vorzuziehen.

Das Gleiche gilt für simultane im Verhältnis zu sequenziellen Versteigerungsverfahren[367], soweit Gegenstand der Versteigerung Güter mit Komplementäreffekten sind. Sequenzielle Verfahren erhöhen das Risiko schädlicher wechselseitiger Bieterbeeinflussung. Soweit Modifikationen in der Gestaltung Englischer bzw. sequenzieller Auktionen nicht bereits wechselseitige Bietereinflüsse auf ein verfassungsrechtlich zumutbares Maß zu reduzieren vermögen, halten andere Auktionsformen verfassungsrechtlich unbedenkliche Alternativen bereit. Versteigerungen sind damit als Allokationsmechanismus der hoheitlichen Verteilungslenkung nicht bereits aufgrund der Gefahr wechselseitiger Bietereinflüsse und wettbewerbswidrigen Verhaltens der Bieter verfassungsrechtlich verfemt.

bb) Kollusion

Eine der wichtigsten Funktionsbedingungen der Versteigerung ist die strategische Unsicherheit der Versteigerungsteilnehmer: Die ökonomische Logik des Versteigerungsmechanismus setzt voraus, dass die Teilnehmer über das Verhalten der anderen Teilnehmer nicht vollständig informiert sind. Sie dürfen ausschließlich ihre eigene Zahlungsbereitschaft kennen, aber nicht über vollständige Informationen über den Wert verfügen, den die anderen Bieter dem Gut beimessen. Dadurch ist die Versteigerung einen Konkurrenzwettbewerb der Bieter zu induzieren in der Lage, der über den Preis denjenigen ermittelt, der die höchste Wertschätzung für das zuzuteilende Gut mitbringt. Sie macht die Bieter zu strategischen Gegenspielern, die ihren individuellen Nutzen im Widerstreit mit ihren Konkurrenten zu mehren trachten, und ist dadurch den Knappheitspreis des Gutes in freier Konkurrenz der Bieter zu ermitteln in der Lage.

Für die Bieter entsteht dadurch freilich ein starker Anreiz, den feindlichen Überbietungswettbewerb, der mit steigender Intensität ihre Interessen zu beschädigen droht, durch konkurrenzbeschränkende Absprachen zu un-

nen – anonymisiert durchgeführt werden. Von klassischen Versteigerungen sind Gebotsabgaben durch Stellvertreter bekannt.

[367] Vgl. dazu supra S. 309ff.

terlaufen und ein Bieterkartell zum Nachteil des Versteigernden zu schmieden[368]: Die Kartellmitglieder vereinbaren untereinander, nicht bzw. nur zum Schein in Konkurrenz zu treten. Sie bestimmen eine Person, die das Objekt auf gemeinsame Rechnung für alle ersteigern soll; das Kartell hebt den Wettbewerbsmechanismus auf[369], täuscht aber eine unverfälschte Bieterkonkurrenz vor.

Erhält das Kartell den Zuschlag, teilt es das Gut entweder in einem neuen Verfahren unter den Mitgliedern neu zu, sei es durch erneute Versteigerung, sei es durch Verlosung, sei es in anderer Weise, oder der Ersteigerer behält es, entschädigt aber die anderen Mitglieder durch einen im Voraus bestimmten Betrag für den Verzicht auf die Zuordnung des Gutes[370]. Den Kooperationsgewinn teilen sich die Kartellmitglieder untereinander auf. Bei sequenziellen Auktionen gleichartiger Güter kommt das Kartell ohne Seitenzahlungen aus[371]: Die Kartellmitglieder können sich abwechselnd

---

[368] Vgl. zur Kollusionsgefahr auch *Breuer*, Verfassungsrecht und Versteigerungsverfahren, in: Geis/Lorenz (Hrsg.), Festschrift für Maurer, 2001, S. 25 (37f.); *C. Koenig/Neumann*, ZRP 2001, S. 252 (255); *Leist*, Versteigerungen als Regulierungsinstrument, 2004, S. 80f.; *Schumacher*, NJW 2000, S. 3096 (3097); *Varadinek*, CR 2001, S. 17 (22).

[369] Der Kartellführer bietet in der Englischen Auktion und in der Vickrey-Auktion bis zur Grenze der Wertschätzung des Kartells; in der Holländischen Auktion und in der geheimen Höchstpreisauktion bleibt das Gebot unterhalb der Wertschätzung des Kartells, denn das erste eigene Gebot legt hier zugleich die Höhe des Versteigerungspreises unwiderruflich fest. Vgl. dazu infra Fn. 403.

[370] Kollusionsmechanismen können im Einzelnen nach sehr unterschiedlichen Reglements ablaufen. Auch die Art der Seitenzahlung kann sehr unterschiedlich ausgestaltet sein. Sie muss nicht notwendig in Geldzahlungen bestehen, die die Kartellbildung leicht nachweisbar und dadurch gefährlich macht. Sie kann ebenso auch in Kooperationsangeboten, etwa dem Zusammenschluss von konkurrierenden Unternehmen, der Gründung gemeinsamer Tochtergesellschaften oder der Übernahme einer Gesellschaft bestehen. Die gemeinsame Teilnahme an der Auktion vermindert die Wettbewerbsintensität des Zuteilungsprozesses. (Sie löst zugleich positive externe Effekte für die anderen Bieter aus, die von den Zusammenschlüssen profitieren. Das senkt ihre Attraktivität für die Kooperationspartner). Bei der Vergabe von UMTS-Frequenzen in der Schweiz gaben beispielsweise zwei Bieter zwei Tage vor der Auktion ihren Zusammenschluss bekannt. Die Zahl der Bieter entsprach dadurch der Zahl der zu vergebenden Frequenzen. Die Auktion wurde verschoben. Ein Verdacht auf einen ähnlichen Kooperationsversuch kam im Verlaufe der deutschen UMTS-Auktion auf: Am zweiten Tag der Auktion äußerte der Mobilcom CEO *Schmidt* in einem Interview mit der französischen Zeitung »La Tribune«: Falls Debitel keine Frequenz erhalte, werde sein Unternehmen den Debitel-Kunden gerne die UMTS-Dienste zur Verfügung stellen. Dies konnte als Kooperationsangebot verstanden werden, das Debitel zum Ausstieg aus der Auktion bewegen sollte, um ein schnelles Ende der Auktion zu niedrigen Versteigerungserlösen zu erreichen. Das Interview veranlasste die Regulierungsbehörde zu Nachforschungen bei den Bietern. Vgl. zu den unterschiedlichen Kooperationsmechanismen in Auktionen etwa den Preauction-Knockout-Mechanismus nach *Graham* und *Marshall* (Journal of Political Economy 95 [1987], S. 1217ff.); hier sind die Seitenzahlungen unter den Bietern nur ex ante, nicht unbedingt auch ex post ausgeglichen; das Kartell benötigt einen außenstehenden, risikoneutralen Agenten, der die Seitenzahlungen abwickelt; vgl. ferner den Kollusionsmechanismus nach *Mailath* und *Zemsky* (Games and Economic Behavior 3 [1991], S. 467ff.); er benötigt keinen Agenten; die Seitenzahlungen der Bieter gleichen sich untereinander aus.

den Auktionssieg in den Versteigerungsrunden unter Verzicht auf echte Bieterkonkurrenz zuweisen; sie teilen die zu versteigernden Güter zu einem niedrigen Preis unter sich auf. Die Kartellmitglieder müssen dazu nicht zwingend während der Auktion miteinander kommunizieren; sie müssen nicht einmal notwendig vor der Auktion in Kontakt treten. Eine Kollusionsvereinbarung kann insbesondere subkutan und spontan, zum Beispiel durch Signale während des Bietprozesses, entstehen (sog. tacit collusion). Das erschwert die (ohnehin beschränkte) Nachweisbarkeit der Kartellbildung zusätzlich.

Empirische Befunde von Kollusionen sind nicht nur von der Vergabe von öffentlichen Aufträgen[372], sondern auch von Versteigerungen von Rohstoffförderrechten sowie Funkfrequenzen in den USA und Deutschland bekannt[373]. Die Verlockung zur Kartellbildung ist so alt wie das Instrument der Versteigerung selbst: Wo das Geld regiert, schweigt die Wahrheit, sagt man in Russland. Bereits das römische Recht kannte Schutzmechanismen gegen das »pactum de non petendo«. Methoden, bei der Versteigerung der »opera publica« unerwünschte Konkurrenz auszuschalten und erforderlichenfalls zusätzlich zur Vortäuschung einer echten Konkurrenz einen Scheinbieter an der Lizitation mitwirken zu lassen[374], waren zu Zeiten der Republik durchaus üblich[375]. Konkurrierende »publicani« traten vor der Auktion miteinander in Verbindung, um ein gegenseitiges Über- oder Unterbieten zu vermeiden. Das Zusammenwirken von Interessenten bei Lizitationen war dabei nicht gänzlich untersagt, überstieg doch die Durchführung der auszuführenden öffentlichen Arbeiten häufig das Kapital eines Einzelnen und war insoweit eine Kooperation mehrerer Unternehmer nicht selten erforderlich; das offene Bieten als »societas« war daher erlaubt, unzulässig grundsätzlich lediglich ein »pactum de non petendo«, das mit der Vortäuschung einer Konkurrenz einherging[376]: Von einer unzulässigen

---

[371] Seitenzahlungen sind wichtige Instrumente der Aufdeckung von Kartellen. Sie machen Kartellbildungen nachweisbar.

[372] Vgl. dazu etwa *Finsinger*, Jahrbücher für Nationalökonomie und Statistik 199 (1984), S. 575 ff.; *Hendricks/Porter*, Annales d'économie et de statistique 15/16 (2000), S. 217 (218).

[373] Vgl. zu empirischen Untersuchungen etwa *Laffont*, European Economic Review 41 (1997), S. 1 ff.; *Pesendorfer*, Review of Economic Studies 67 (2000), S. 381 ff.; über Erfahrungen privater Auktionatoren berichtet *Beckmann*, Ökonomische Analyse deutscher Auktionen, 1999, S. 343 ff.; die Frage nach der Häufigkeit von Kollusionen bei privaten Versteigerungen beantwortet *Charles W. Smith* mit dem sibyllinischen Hinweis »it is not as common as many auction cynics would assert but more common than most auction houses would admit«(*C. Smith*, Auctions, 1989, S. 154).

[374] Vgl. dazu *Thielmann*, Die römische Privatauktion, 1961, S. 259 f.

[375] Vgl. etwa *Cicero*, de off. 3, 15, 61.

[376] Vgl. *Ulpian* Dig. 17, 2, 33. Ulpian behandelt an dieser Stelle den Fall, dass mehrere publicani die Konkurrenz ausschließen und das Geschäft auf gemeinsame Rechnung durch einen Boten machen wollen. Er nimmt an der Abrede solange keinen Anstoß, als sie nicht von einer Täuschung über die Echtheit der Konkurrenz begleitet ist.

Einflussnahme auf die Bieterkonkurrenz sollten die Bieter insbesondere durch eine auf *Cato* zurückgehende Vertragsaufhebungsklausel abgehalten werden, nach der der Ersteher seine Rechte aus dem Vertrag verliert, wenn er den (wohl nach der Versteigerung oder im Verdachtsfall) verlangten Eid nicht leistet, er habe andere nicht vom Bieten abgehalten[377]. § 270 des Einführungsgesetzes zum neuen Strafgesetzbuch für die preußischen Staaten von 1851 sah gar ein Bedürfnis, das Abhalten vom Bieten »bei den von öffentlichen Behörden oder Beamten vorgenommenen Versteigerungen (...) durch Zusicherung oder Gewährung eines Vortheils« in einer eigenen Vorschrift unter Strafe zu stellen[378].

Die Methoden der Kartellbildung haben sich in ihrer Subtilität gewandelt, nicht aber in ihrer Gefährlichkeit für die Erreichung des Zuteilungsziels verändert. Bei amerikanischen Funkfrequenzauktionen wurden etwa Bieterkartelle ruchbar, bei denen mutmaßliche Koalitionsführer ihren Kartellmitgliedern durch die letzten drei Ziffern des Gebots signalisierten, für welche Frequenzpakete diese keine Gebote abgeben sollen[379]. Die Bieter, die kodierte Gebote abgegeben haben, zahlten im Durchschnitt augenfällig niedrigere Preise für Frequenzen als andere Bieter. Ein beliebtes Instrument der Kartellsignalisierung und -bildung sind strategische Gebotsrücknahmen[380]. Sie ließen sich ebenfalls bei amerikanischen Frequenzauktionen in gehäufter Form nachweisen[381]. Durch eine Gebotsrücknahme signalisieren sich die Kartellmitglieder, dass sie dem Kontrahenten das Gut in einer Auktionsrunde überlassen wollen (obwohl ihre eigene Wertschätzung höher liegt), um in der nächsten Runde gleichermaßen zu einem unterhalb der Wertschätzung liegenden Preis aus der Auktion als Sieger hervorzugehen;

---

377 *Cato*, de agri cul. 144, 13. Vgl. zu der in der Auslegung im Einzelnen umstrittenen Klausel *Thielmann* (Fn. 374), S. 246ff.; *Kaser*, Das römische Privatrecht, Bd. 1, 1955, S. 467 mit Fn. 104.

378 Ähnlich bereits Art. 27 einer französischen Police Correctionnelle vom 19.-22. Juli 1791 »(...) ou empêcheraient que les adjudications ne s'élevassent à leur véritable valeur, soit par offre d'argent, soit par des conventions frauduleuses (...)« abgedruckt in: Gräff (Hrsg.), Chronologische Sammlung der rheinpreußischen Rechtsquellen mit Ausschluss der fünf Gesetzbücher, 1846, S. 164f. Fast wortgleich Art. 412 Code pénal. Allgemein zu Kollusionen und anderen Erscheinungsformen des Abhaltens vom Mitbieten in den Rechtsordnungen des 19. Jahrhunderts *von Christensen*, Abhalten vom Mitbieten bei Versteigerungen, 1896, S. 1ff. Die Zulässigkeit des »pactum des non licitando« bei nicht-öffentlichen, d.h. nicht durch das Gesetz angeordneten Versteigerungen (vgl. heute § 383 Abs. 3 BGB) war im 19. Jahrhundert durchaus umstritten. Vgl. dazu etwa *Thielmann*, Die römische Privatauktion, 1961, S. 264 mit Fn. 19.

379 *Cramton/Schwartz*, Journal of Regulatory Economics 17 (2000), S. 229ff.

380 Die Rücknahme von Geboten soll nach der ratio der Auktionsregeln bei simultanen Auktionen komplementärer Güter einem Bieter einen Ausstieg dann ermöglichen, wenn er erkennt, dass der Erwerb eines Gutes für ihn deshalb keinen Sinn mehr hat, weil er das erforderliche komplementäre Gut – wie sich im Verlauf der Auktion zeigt – nicht mehr erwerben kann.

381 *Cramton/Schwartz*, Collusive Bidding in the FCC Spectrum Auctions, Working Paper, 1999, S. 12.

ein Bieterkartell ist geschmiedet. Die Bieter teilen die knappen Güter untereinander koordiniert auf. Auch im Rahmen der deutschen GSM-1800-Versteigerung, der ersten in Deutschland durchgeführten Frequenzauktion, ist Kollusionsverdacht aufgekommen. Der seinerzeit niedrige Auktionserlös und Besonderheiten des Auktionsverlaufs deuten auf eine friedliche Aufteilung des Frequenzspektrums zwischen den Bietern unter Verzicht auf Konkurrenz hin[382].

(1) Schranken des nationalen und europäischen Verfassungsrechts

Die Kollusionsabsprache bringt den Veräußerer um einen Teil seines Erlöses. Die mit dem Allokationsmechanismus beabsichtigte Ermittlung des Gegenstandswertes im freien Wettbewerb der Teilnehmer findet nicht statt. Verfassungsrechtlich relevanter Flurschaden entsteht damit allein nicht. Dem Einnahmeerzielungsinteresse[383] des Staates kommt kein legitimes selbstständiges verfassungsrechtliches Gewicht zu[384]. Erfolgt die Neuzuteilung bzw. Güterzuordnung innerhalb des Kartells nach dem Maßstab der Zahlungsbereitschaft und damit nach demselben Maßstab wie die Auktion selbst, geht mit der Kartellbildung auch keine Umgehung der hoheitlichen Verteilungsordnung einher. *Kruhl*[385] misst aus diesem Grunde Submissionskollusionen keine verfassungsrechtliche Relevanz bei. Es handele sich dabei lediglich um eine vorgezogene Form des Handels. Die Allokation im Wege der Bieterabsprache richte sich damit nach denselben ökonomischen Regeln wie die Auktion selbst.

Wird in einem Kollusionskartell auch im Zweifel der effizientere den ineffizienteren Bieter entschädigen und nicht umgekehrt und lassen sich als Methoden der Neuzuteilung auch Versteigerungen innerhalb des Kartells selbst vorstellen[386], so ist dies indes nur ein denkbares, aber nicht zwingendes Szenario. Effizienzneutral ist ein Bieterkartell nur dann, wenn innerhalb des Kartells immer und notwendig derjenige das Gut erhält, der ihm den höchsten Wert beimisst, und es außerhalb des Kartells keinen Auktionsteilnehmer gibt, der dem Gut einen höheren Wert beimisst[387]. Das ent-

[382] Vgl. dazu *Menzel*, Kollusion in Auktionen, 2000, S. 122 f.; *Milgrom*, Putting Auction Theory to Work, 2004, S. 29 f.; *Klemperer*, Auctions: Theory and Practice, 2004, S. 104 f.

[383] Vgl. zu ihm S. 303. Das Interesse, Einnahmen zu erzielen, ist zu unterscheiden von dem durch Gerechtigkeitserwägungen getragenen Interesse an der Abschöpfung von Zuteilungsvorteilen; dazu S. 296 sowie passim. Vgl. zur Beeinträchtigung der Abschöpfungsfunktion S. 370.

[384] Es ist eine Nebenfolge des staatlichen Zuteilungsprozesses, nicht aber rechtfertigende Säule, das die verfassungsrechtliche Relevanz von Kollusionen begründen kann.

[385] *Kruhl* (Fn. 361), S. 210.

[386] *Cooper*, Under the hammer, 1977, S. 35 ff.; *McAfee/McMillan*, Journal of Economic Literature 25 (1987), S. 699 (725).

[387] Vgl. *McAfee/McMillan* (Fn. 386), S. 699 (725); *Niemeier* (Fn. 248), S. 54.

spricht nicht immer der empirischen Wirklichkeit. Die Aufteilung innerhalb des Kartells ist nicht alleine und zwingend von Effizienzüberlegungen getragen. Sie kann und wird regelmäßig auch von strategischen Kooperationsabsichten, tatsächlicher Kartellmacht oder anderen Faktoren und Interessen geprägt sein, die mit der Wertschätzung der Interessenten und der Effizienz der Nutzung nichts gemein haben. Vernachlässigt würden bei einer verfassungsrechtlichen carte blanche für Versteigerungskartelle auch diejenigen Bieter, die nicht Mitglieder des Kartells sind und dadurch um gleiche Bietchancen gebracht werden. Bieterkartelle sind nicht zuletzt Instrumente der Abschottung und Errichtung von Marktzutrittsschranken gegenüber Neulingen[388]. Das Kartell beeinträchtigt die Verteilungswirkung der Versteigerung: Das Gut wird nicht unbedingt demjenigen zugeteilt, der es am höchsten bewertet. Die Effizienzgarantie des Allokationsmechanismus der Versteigerung setzt voraus, dass Bieter nicht durch geheime Absprachen oder verdeckte Signale an Mitbieter (Kollusion) den Ausgang der Auktion zu beeinflussen versuchen. Die Kartellabsprache lässt den Mitgliedern des Kartells überdies windfall profits zufließen, die eine – dem Einnahmeerzielungsinteresse des Staates nahe, davon aber zu trennende[389] – Abschöpfung des dem erfolgreichen Bieter zufließenden Vorteils zugunsten der Gesellschaft verhindern. Bieterkollusionen konterkarieren die zentralen Rechtfertigungselemente dieses Allokationsmechanismus. Sie zu unterbinden ist verfassungsrechtlich geboten, soll die Versteigerung als legitimer Allokationsmechanismus Bestand haben.

Zu der verfassungsrechtlichen, dem Gebot sachgerechter Zuteilung entspringenden Wertung des nationalen Rechts tritt ergänzend und überlagernd das (unmittelbar an die Unternehmen adressierte) Kartellverbot des Art. 81 EG hinzu, dessen erklärte Zielsetzung es ist, Gefährdungen des wirksamen, unverfälschten Wettbewerbs auf dem einheitlichen Markt durch kollusives Verhalten zweier oder mehrerer Unternehmen zu verhindern. Es untersagt grundsätzlich alle Spielarten unternehmensüberschreitenden Zusammenwirkens, die eine den Wettbewerb beeinträchtigende Zusammenarbeit an die Stelle des Wettbewerbs treten lassen wollen[390]. Art. 81 EG verbürgt die Integrität des Wettbewerbs als Funktionsvoraussetzung des Marktes und die wirtschaftliche Entscheidungs- und Handlungsfreiheit der Unternehmen. Er bildet damit das funktionale Korrelat zu den im EG-Vertrag garantierten Grundfreiheiten des Personen-, Waren-, Dienstleis-

---

[388] Vgl. *Götzke*, Ökonomische Analyse der Frequenzallokation, 1994, S. 206.

[389] Das fiskalische Einnahmeerzielungsinteresse (jedenfalls im hier verstandenen Sinne) fragt allein nach den Möglichkeiten staatlicher Einnahmenbeschaffung, um andere staatliche Aufgaben zu erledigen, nicht danach, ob die Einnahmeerzielung als solche durch Gerechtigkeitserwägungen gerechtfertigt ist.

[390] Vgl. *Weiß*, in: Calliess/Ruffert (Hrsg.), EUV/EGV, 3. Aufl. 2007, Art. 81 Rdnr. 59; *Schröter*, in: von der Groeben/Schwarze (Hrsg.), EUV/EGV, 6. Aufl. 2003, Art. 81 Rdnr. 99.

tungs- und Kapitalverkehrs als subjektiv-rechtlichen Sicherungen der individuellen Freiheit. Sein Schutz umfasst sowohl den aktuell stattfindenden als auch den möglichen (potenziellen) Wettbewerb, den Anbieter- wie den Nachfragerwettbewerb. Wiewohl Art. 81 EG nicht primär die hoheitliche Verteilungslenkung als Schutzgut in den Blick nimmt, sondern den freien wettbewerblichen Tätigkeitsradius der Unternehmen, kommt ihm dort, wo der Staat sich in der hoheitlichen Verteilungslenkung für eine wettbewerbliche Zuteilungsmethode entscheidet und damit einen unter der Ägide der Grundfreiheiten stehenden Wettbewerb eröffnet, gleichermaßen Geltungskraft zu. Art. 81 EG schützt den Wettbewerb dort und in dem Umfang, in dem Wettbewerb besteht. Der Informationsaustausch zwischen Konkurrenten mit dem Ziel, von vornherein die Ungewissheit über ihr zukünftiges Wettbewerbsverhalten (in einem aktuellen oder potenziellen Wettbewerb) auszuräumen, ist dabei Mittel der durch Art. 81 EG sanktionierten Verhaltensabstimmung par excellence[391].

Ob eine Kollusion auch den Handel zwischen den Mitgliedstaaten zu beeinträchtigen geeignet ist, wie Art. 81 EG veraussetzt, scheint auf den ersten Blick weniger gesichert: Durch die Kollusion wird weder die Zahl der knappen Berechtigungen noch unmittelbar das im Gemeinsamen Markt verfügbare Waren- und Dienstleistungsangebot beeinflusst. Auswirkungen auf die mit der Ausschöpfung der Berechtigungen initiierten Handelsströme sind nicht absehbar. Es genügt insoweit jedoch auch die mittelbare Beeinträchtigung, die im Vorfeld wettbewerblicher Aktivitäten einen potenziellen Wettbewerb zu unterbinden sucht. Dort, wo ein Wettbewerb im Markt nur eingeschränkt stattfinden kann, setzt die Schutzwirkung des Art. 81 EG auf der Ebene des Wettbewerbs um den Markt an. Es ist insbesondere nicht erforderlich, dass eine Wettbewerbsbeschränkung zwischenstaatliche Dimension erlangt. Es genügt, wenn eine Kartellvereinbarung als solche bedeutsam für den zwischenstaatlichen Wirtschaftsverkehr ist, indem sie auf die wirtschaftliche Handlungsfreiheit der an der Vereinbarung Beteiligten oder dritter Marktteilnehmer einwirkt[392].

(2) Instrumentelle Optionen der Kollusionsabwehr

Die Wahrscheinlichkeit von Kartellbildungen verhält sich zur Markttransparenz und Wettbewerbsintensität proportional: Kartelle können sich dort am besten entfalten, wo die Intensität des Wettbewerbs am geringsten ist. Je transparenter der Markt, insbesondere je kleiner die Zahl der Bieter ist, umso geringer sind die Transaktionskosten[393] des Kartells, umso eher kann

---

[391] *Schröter*, ibid., Art. 81 Rdnr. 71 m. w. N.

[392] EuGH, Urt. v. 25.2.1986, Slg. 1986, S. 611 Rdnr. 97 – Windsurfing International; *Weiß*, in: Calliess/Ruffert, EUV/EGV, 3. Aufl. 2007, Art. 81 Rdnr. 83.

[393] Vgl. zum Begriff der Transaktionskosten supra S. 162.

das Kartell seine Absprachen gegenüber den externen Bietern durchsetzen und umso höher sind auch die Gewinnanreize der Mitglieder. Der Erfolg von Kartellen hängt von ihrer Durchsetzungsfähigkeit ab. Kartellabsprachen leben als Unrechtsvereinbarung von dem Vertrauen der Mitglieder in die Erfüllung des Versprochenen. Sie lassen sich nur dann mit Leben erfüllen und durchsetzen, wenn die Kartellmitglieder einen ausreichenden Anreiz haben, die Absprache einzuhalten und nicht opportunistisch von ihr abzuweichen (sog. cheating). Eine Kollusionsvereinbarung ist daher grundsätzlich nur dann stabil, wenn der zusätzliche Gewinn, den eine Partei dadurch erhält, dass sie von der Vereinbarung abweicht, geringer ist als der Kollusionsgewinn, auf den sie bei abweichendem Verhalten verzichten müsste[394]. Bei der Entscheidung, eine Kartellabsprache zu unterwandern, müssen die Mitglieder nicht nur den kurzfristigen Vorteil bedenken, den sie erzielen, wenn sie sich opportunistisch der eingegangenen Verpflichtung entziehen, sondern auch die langfristigen Einbußen, die ein Ausbrechen aus dem Kartell mit sich bringt. Das Kartell kann einen Verstoß intern sanktionieren, sei es, indem es sich damit begnügt, den Abweichler schlicht aus dem Kartell zu verbannen, sei es, indem es Vergeltungsmaßnahmen gegen ihn verhängt (sog. Trigger-Strategien[395]). Die glaubhafte Drohung der Anwendung von Sanktionen gegen Abweichler kann die Einhaltung von Preisabsprachen jedenfalls dann als Drohkulisse sichern, wenn der kurzfristige Gewinn, der aus einem Bruch der Kartellvereinbarung erwächst, den abdiskontierten künftigen Verlust durch die dann folgende Bestrafung übersteigt.

Gegen Kollusion ist der zuteilende Staat als Versteigerer nicht schutzlos. Durch die Auktionsgestaltung kann er die Kartellbildung erschweren. Eine erste Sanktionsmöglichkeit eröffnet ihm die Wahl des Auktionstypus (infra a), darüber hinaus steht ihm ein bunter Strauß sonstiger auktionstypunabhängiger Schutzmechanismen zu Gebote (infra b).

(a) Die Wahl des Auktionstypus

Auktionstypen sind tendenziell umso kollusionsanfälliger, je mehr Interaktionen und Kartellsanktionsmöglichkeiten sie den Bietern eröffnen. In der Englischen Versteigerung können Kartellmitglieder, die die Kartellvereinbarung unterlaufen, sofort erkannt werden; ihre Abweichung kann das Kartell unverzüglich sanktionieren, indem es ein Übergebot abgibt. Das Unterlaufen einer Kollusion hat für den einzelnen Bieter keine Vorteile. Cheating unterbleibt daher in der Regel. Die Kooperationsbereitschaft und die Kar-

---

394 Ist das Abweichen von der Preisabsprache eine individuell rationale Handlungsweise, spricht die Spieltheorie von Defektion.

395 Vgl. dazu etwa *Felder*, Frequenzallokation in der Telekommunikation, 2004, S. 298f.; *Holler/Illing*, Einführung in die Spieltheorie, 6. Aufl. 2006, S. 138ff. u 146ff.

tellstabilität sind hoch. Kollusion kann unbehelligt stattfinden[396]. Die Englische Auktion bildet – indem sie eine Vielzahl von Interaktionen zwischen den Bietern ermöglicht – einen idealen Nährboden für Kollusionsabreden. Die Kollusionsanfälligkeit von Versteigerungen verstärkt sich auch dann, wenn gleichartige Güter nacheinander (sequenziell) versteigert werden[397]. Jede neue Versteigerungsrunde bietet die Möglichkeit der Sanktionierung vorangegangenen kartellwidrigen Verhaltens. Das Kartell kann Kartellabweichler etwa dadurch bestrafen, dass es diejenigen Gegenstände ersteigert, die für den Kartellabweichler von besonderem Interesse wären oder den Preis dafür in eine Höhe treiben, die den Abweichler schwer schädigt. Der Abweichler kann unbeobachtet aus dem Kartell ausgeschlossen und für sein Verhalten bestraft werden. Das Kartell erweist sich als besonders stabil.

Aus dem Gedanken des Schutzes vor den bei Englischen Versteigerungen nicht selten beobachteten, von Verkäufern gefürchteten Bieterkartellen heraus entwickelte sich bei Großhandels-, insbesondere Tabakauktionen im 19. Jahrhundert die in Holland entwickelte »Einschreibung«[398]: Hier waren die Gebote nicht mündlich, sondern am Verkaufstag in verschlossenen Umschlägen vorzulegen. Der Höchstbieter erhielt den Zuschlag. Es handelte sich um eine geheime Höchstpreisauktion[399]. Die diesem Auktionsmechanismus (wie auch der Vickrey-Auktion) inhärente geheime Gebotsabgabe erschwert die kollusive Koordination der Gebote während der Auktion und die Identifikation eines Kartellabweichlers. Da die Bieter nur ein Gebot abgeben, ist eine Sanktionierung einer Kartellabweichung in der Auktion nicht mehr möglich. Der Anreiz, die Kartellabsprache zu unterlaufen, ist hoch. Das Kartell ist weniger stabil[400]. Die geheime Höchstpreisauktion wie auch die Vickrey-Auktion

---

[396] *J. Kruse* (Lizensierung und Wettbewerb im Mobilfunk, 1993, S. 193) hält deshalb eine Englische Auktion bei staatlichen Zuteilungsprozessen für ungeeignet.

[397] Vgl. zu sequenziellen Versteigerungen supra S. 309.

[398] Vgl. *Hirsch*, Marktwesen, in v. Beckerath (Hrsg.), Handwörterbuch der Sozialwissenschaften, Bd. 7, 1961, S. 170 (178f.); *Ehrenberg*, Art. »Auktion«, in Elster/Ad. Weber/Eieser (Hrsg.), Hdb. der Staatswissenschaften, Bd. 1, 1924, S. 19 (20).

[399] Vgl. dazu supra S. 319ff.

[400] In der Vickrey-Auktion kann dieser Schutzmechanismus etwas schwächer ausgeprägt sein. Das Kartell kann in einer Vickrey-Auktion zwei Parameter kontrollieren: die Höhe des Gebots des designierten Gewinners und das niedrigere Gebot des Kartells. Das Gebot des Kartells bestimmt als zweithöchstes Gebot den als Versteigerungserlös zu zahlenden Preis. Das höhere Gebot des designierten Gewinners bestimmt den Gewinner, es muss aber nicht in dieser Höhe gezahlt werden. Seine Höhe ist grundsätzlich unschädlich. Das Kartell wird dieses Gebot daher hoch (mindestens in der Höhe der tatsächlichen Wertschätzung des Kartells) ansetzen, um zum einen eine Ersteigerung durch das Kartell zu sichern und zum anderen mögliche Abweichler davon abzuhalten, das Gebot des designierten Gewinners zu überbieten. Ein vertragsbrüchiges Kartellmitglied müsste seine eigene Wertschätzung überbieten, um das Kartell zu gefährden. Das erschwert das cheating und stärkt die Einhaltung der Kartellabsprache zusätzlich. Die Vickrey-Auktion ist daher kollusionsanfälliger als die geheime Erstpreisauktion; vgl. dazu auch *Wolfstetter*, Auktionen und Ausschreibungen – Bedeutung und Grenzen des »linkage«-Prinzips, in: Tietzel (Hrsg.), Ökonomische Theorie der Rationierung, 1998, S. 139 (148).

sind weniger kollusionsgefährdet als die Englische Auktion und damit grundsätzlich verfassungsrechtlich weniger angreifbar. Am besten ist die Holländische Auktion gegen Kollusionsabsprachen immunisiert[401]. Mit der Abweichung von der Kartellvereinbarung geht hier unmittelbar und unkorrigierbar die Zuschlagserteilung einher[402]. Sobald das erste Gebot den Zuschlag erhält und der Kartellabweichler den Preisbildungsprozess stoppt, kann das Bieterkartell das Unterlaufen der Kartellabsprache nicht mehr ahnden und seine preissenkenden Vereinbarungen[403] nicht mehr durchsetzen. Der Anreiz, sich nicht an eine Kollusion zu halten, ist dadurch relativ hoch. Die Wahrscheinlichkeit für kollusives Verhalten wird deutlich geringer; die Kartellstabilität ist reduziert. Stehen mehrere Güter zur Versteigerung an, reduziert gleichzeitiger Aufruf und zeitlich parallele Versteigerung die Kollusionsgefahr[404]. Simultanes Bieten schränkt die Möglichkeiten strategischen Bietens und der Kartellkontrolle ein: Dem Kartell wird eine Sanktionsmöglichkeit genommen. Ein Unterlaufen der Kartellabsprache kann in folgenden Versteigerungsrunden nicht mehr sanktioniert werden.

Kollusionsverhinderung darf dabei nicht zu einem Selbstzweck entarten. Sie darf nicht die Verteilungsziele des Allokationsmechanismus in Frage stellen. Eine kollusionsabwehrende Auktionsgestaltung kann sich insbesondere negativ auf die Effizienz des Verteilungsvorgangs auswirken. So ist die Holländische Auktion zwar kollusionsresistent, weist aber eine geringere Verteilungswirksamkeit auf. Sie schöpft die vorhandene Zahlungsbereitschaft umgreifend ab, stellt aber nicht in gleichem Maße wie die Vickrey-Auktion und die Englische Auktion eine pareto-optimale Verteilung des Gutes sicher[405]. Sie zwingt den Bieter noch mehr als andere Auktionsfor-

---

[401] Siehe zu ihr supra S. 315 ff.

[402] Die geheime Erstpreisauktion und die Vickrey-Auktion sichern dem Abweichler die Zuschlagserteilung demgegenüber noch nicht mit letzter Gewissheit: Es kann immer noch ein anderer Bieter ein höheres Gebot abgeben.

[403] Im Rahmen der Holländischen Auktion (wie auch der geheimen Erstpreisauktion) kann das Kartell aufgrund der Eigenart ihres Bietmechanismus nur dann den Preis senken und einen Gewinn erzielen, wenn es sich im Voraus auf einen Kartellpreis festlegt, der unterhalb der wahren Wertschätzung der Kartellmitglieder liegt: Das Gebot des erfolgreichen Bieters legt anders als bei der Vickrey-Auktion zugleich den Versteigerungspreis fest. Dann ist für ein Kartellmitglied der Anreiz groß, die Kartellabsprache zu brechen und entsprechend der Höhe der eigenen Zahlungsbereitschaft zu bieten.

[404] Für die Englische Versteigerung gilt dies jedoch nicht. Hier ist die simultane Versteigerung von Gütern kollusionsanfälliger. Sie bietet dem Kartell die Möglichkeit, nicht nur für ein zu versteigerndes Gut, sondern für alle zu versteigernden Güter Vergeltungsschritte auszuüben. Die simultane Englische Versteigerung ermöglicht überdies – anders als andere Versteigerungen – eine Kollusion ohne vorherige Absprache der Kartellmitglieder, zum Beispiel durch Signalisierung. Das erleichtert die Kommunikation und den Handlungsradius des Kartells in besonderem Maße. Vgl. dazu *Menzel*, Kollusion in Auktionen, 2000, S. 99 f.

[405] Vgl. *J. Cox/R. Isaac/V. Smith*, Supreme Court Economic Review 2 (1983), S. 43 (49); *Vickrey*, Journal of Finance 16 (1961), S. 8 (17 u. 20).

men dazu, das strategische Verhalten der anderen Teilnehmer abzuschätzen. Sie prämiert den besonders risikofreudigen Bieter, der bei der Abwägung zwischen der Wahrscheinlichkeit des Sieges und dem zu erwartenden Profit seinen Gewinn am ehesten zu opfern bereit ist. Das muss nicht derjenige Bieter sein, der die höchste Wertschätzung für das Gut mitbringt. Der effizienteste, risikoneutrale Bieter kommt mitunter nicht zum Zuge. Die Holländische Auktion ist insoweit nicht in gleichem Maße ökonomisch zielsicher und sachgerecht wie andere Auktionsformen. Das Ziel der Kollusionsabwehr und die sonstigen Verteilungsziele der Auktion müssen gegeneinander abgewogen werden. Eine für alle Konstellationen geeignete Auktionsgestaltung kann die Auktionstheorie nicht anbieten.

Weder die simultane Versteigerung noch die Holländische Auktion oder verdeckte Auktionsformen vermögen eine Kollusion gänzlich auszuschließen. Sie können nur auktionsinterne Sanktionsmechanismen des Kartells unterbinden, nicht aber die Wirkung sonstiger formeller oder informeller Sanktionen beschränken, die das Kartell gegenüber dem Abweichler verhängt. Einer Kollusionsabsprache vermag die Auktionsgestaltung insbesondere dann nichts entgegenzusetzen, wenn die Einhaltung der Kartellabsprache die einzig rationale Handlungsstrategie ist, namentlich der Vorteil, den die Kartellmitglieder aus dem Kartell erzielen, so hoch ist, dass der Anreiz aus dem Kartell auszuscheren gen Null tendiert. Das Kartell funktioniert und bleibt unerkannt. Auch die gesetzliche Drohung eines Ausschlusses aus der Auktion bzw. der nachträgliche Entzug des zugeteilten Gutes vermag dann die Kartellbildung und -durchsetzung nicht zu beschränken. Ohne die beweiskräftige Aufdeckung bleibt die Drohung eines Auktionsausschlusses bzw. der Entzug des knappen Gutes ein zahnloser Tiger.

(b) Auktionstypunabhängige Maßnahmen

Räumliche und zeitliche Gestaltungen des Versteigerungsablaufs, die auf eine Beschränkung von Kollusionsabsprachen zielen, etwa die räumliche Isolierung der Bieter, die Abkürzung der Zeitspanne zwischen der Bekanntgabe der teilnehmenden Bieter und der Durchführung der Auktion, können zusätzlich zu einer Einschränkung von Kollusionskartellen beitragen[406]. Gleiches gilt für eine rasche Abfolge der Bieterrunden sowie eine

[406] Zur Beeinträchtigung der Kartellstabilität sehr geeignet, verfassungsrechtlich indes außerordentlich problematisch sind eine restriktive Informationspolitik des versteigernden Staates sowie eine Reduzierung des Angebots an zu versteigernden Gütern. Sie konterkarieren den grundrechtlichen Zugangsanspruch der betroffenen Bieter. Erfolgversprechend ist ebenso eine kurzfristige Veränderung der Auktionsbedingungen, etwa der Closing-Rules (unvermittelte Ankündigung einer letzten Bietrunde; vgl. dazu etwa *Menzel*, Kollusion in Auktionen, 2000, S. 134 f.). Das Kartell kann sich auf die neuen Funktionsbedingungen in der Regel nicht hinreichend schnell einstellen. Eine Kollusionsabsprache kann daher unter den veränderten Bedingungen nicht mehr mit der gleichen Zuverlässigkeit durchgesetzt werden. Solche Maßnahmen sind jedoch geeignet, die Effizienz des Al-

Beschränkung der Informationen über die Ergebnisse jeder Auktionsrunde. Diese Maßnahmen können Austauschmöglichkeiten der Bieter einschränken, aber nicht sicher unterbinden, muss doch eine Kartellabsprache insbesondere nicht einmal ausdrücklich eingegangen sein. Ein Verbot der Rücknahme einmal abgegebener Gebote[407] und die Vorgabe einer festen Gebotsabfolge[408] können Signalisierungsmöglichkeiten beschneiden. All diese Bemühungen kämpfen jedoch gegen Windmühlen an, solange der Vorteil der Kollusionsabsprache groß genug und die Bieter hinreichend ideenreich sind.

Zielgerichteter kann ein von dem versteigernden Staat festgesetzter Mindestpreis (Reservationspreis) das Wirken einer Kollusion erschweren. Mindestpreise beschränken die Gewinnspanne und damit die Anreizwirkung des preissenkenden Kartells. Mit der Höhe des Reservationspreises steigt grundsätzlich die Wahrscheinlichkeit, eine Kollusion erfolgreich zu verhindern. Das gilt insbesondere dann, wenn der staatlich festgesetzte Mindestpreis nicht bekannt gegeben und dadurch die Kalkulierbarkeit für das Kartell erschwert wird[409]. Mit der Höhe des Reservationspreises steigt aber auch die Wahrscheinlichkeit, dass er die tatsächliche Wertschätzung der Bieter übertrifft und damit die Auktion ihr Zuteilungsziel unwiderruflich verfehlt, soll doch die Versteigerung die Wertschätzung der Bieter ermitteln, nicht durch eine staatliche Wertung ersetzen. Die kollusionsbeschränkende Wirkung des Reservationspreises bleibt daher notwendig begrenzt[410].

Wohl wirksamstes Mittel der Kollusionsabwehr ist eine Intensivierung des Bieterwettbewerbs. Den Kreis der Bieter durch eigenes Einwirken zu erhöhen, etwa selbst auf die Preisbildung einzuwirken, steht dem Staat freilich nicht zu[411]. Eine artifizielle Erhöhung des Bieterwettbewerbs gefährdet

lokationsmechanismus zu gefährden. Sie schießen über das zu erreichende Ziel der Kollusionsabwehr in einer die Grundrechte der Bieter beeinträchtigenden Weise hinaus.

[407] Vgl. zur Gebotsrücknahme als Instrument der Signalisierung supra S. 368.

[408] Unterbunden werden können damit etwa Gebote, die durch eine bestimmte Gebotshöhe (etwa die letzten zwei Ziffern des gebotenen Geldbetrages) den Kartellmitgliedern das Frequenzspektrum andeuten, für das sich der Bieter interessiert und die Mitbewerber auf diesem Wege zum Verzicht auf Konkurrenz auffordert. Vgl. dazu auch infra S. 379.

[409] Vgl. *Coase*, Antitrust Bulletin 30 (1985), S. 897 (902, 905); *McAfee/McMillan*, American Economic Review 82 (1992), S. 579 (591 f.).

[410] In der deutschen UMTS-Auktion betrug der Reservationspreis beispielsweise lediglich 1,5 % des tatsächlich erzielten Auktionserlöses, in der GSM-1800 Auktion lediglich 2,5 %.

[411] Problematisch ist deshalb insbesondere eine preistreibende Mitwirkung staatlicher Unternehmen an der Versteigerung. Vgl. etwa zur Rolle der Deutschen Telekom AG in der deutschen UMTS-Auktion *Kruhl* (Fn. 361), S. 295 f. sowie *Luttermann* (Fn. 362), S. 273 ff. Scheingebote sind seit Alters her ein beliebtes Instrument der Veräußerer, um einer möglichen Bieterkollusion entgegenzuwirken (bzw. den Versteigerungskreis zur Sicherung des eigenen Erlöses künstlich in die Höhe zu treiben). Die römischen Juristen erwähnen den »inlicitator«, den vom dominus angestellten Scheinbieter, und geben dem

den freiheitsrechtlich unterfütterten Zugangsanspruch der Bürger. Er kann es immerhin aber unterlassen, den Bieterwettbewerb durch die Gestaltung des Auswahlmechanismus einzuschränken. In Betracht kommt insoweit allenfalls ein Verzicht auf Zulassungsschranken für die Teilnahme an dem Versteigerungsprozess oder ein Diskont auf den Versteigerungspreis für kapitalschwächere Bietergruppen mit dem Ziel, unterschiedliche Ausgangsvoraussetzungen der Zahlungsfähigkeit auszugleichen und gleiche Grundrechtsteilhabe zu gewährleisten[412]. Der Diskont kann gleichermaßen als Nebeneffekt chancengleichheitsorientierter Maßnahmen in den Dienst der Kollusionsabwehr treten. In den USA, wo entsprechende Regeln bei Frequenzauktionen Anwendung fanden, wirkten diese zugleich als legitime Katalysatoren des Bieterwettbewerbs[413], die der Kollusion entgegenwirkten. Ein Verzicht auf eine die Eignung der Bieter sicherstellende Vorauswahl der Bietinteressenten heißt demgegenüber, die grundrechtlich überformte Zuteilungsentscheidung contra constitutionem auf einen Zahlungstransfer zu reduzieren[414]. Mit den verfassungsrechtlichen Anforderungen an eine grundrechtskonforme Verteilungslenkung erscheint dies schwerlich vereinbar[415].

Geschädigten die actio de dolo und die exceptio doli (*Cicero*, de officiis 3, 15, 61; *Ulpian*, Dig. 4, 4, 7, 8). *Regelsberger* (Die Vorverhandlungen bei Verträgen, Angebot, Annahme, Traktate, Punktation nebst der Lehre von der Versteigerung und der Auslobung, 1868, S. 192) beschreibt im Jahre 1868 »Umtriebe, welche die Versteigerer zuweilen zur Herbeiführung eines für sie günstigeren Gantergebnisses anwenden«, ausgeführt von »Personen, welche nur zum Schein mitbieten sollen, um die Angebote der wirklichen Vertragslustigen höher zu treiben«. Die Bezeichnungen für das Phänomen des Scheinbietens sind bunt. Von »Schwindelauktionen«, »Scheinbietern«, »Zutreibern«, »Indiehöhtreibern« ist die Rede. Die Vielfalt der Begriffe deutet darauf hin, dass die Problematik die Menschen als Versteigerungsphänomen immer wieder beschäftigte. Nicht erst das Königliche Obertribunal zu Berlin ahndete das scheinbare Bieten in einem Urteil vom 20.9.1878 (Zeitschrift für das Notariat 23 [1878], S. 250f.) strafrechtlich als Betrug: »Das scheinbare Mitbieten von Personen bei Waaren-Auktionen, um unbeteiligte Dritte in den irrigen Glauben zu versetzen, dass der angebotene Gegenstand mehr werth sei, als er wirklich werth ist, und sie zu höherem Gebot zu veranlassen, ist als Betrug zu bestrafen«. Schon *Cicero* beschäftigte sich mit dieser unzulässigen Beeinflussung des Preisfindungsvorgangs am Beispiel von Fällen, in denen Vormünder bei Versteigerungen des Mündeleigentums Dritte zum Schein mitbieten lassen. Er stufte das Scheinbieten ebenfalls als Betrug ein (*Cicero*, De officiis, Bd. 3, S. 15).

412 Der Zuteilungsvorgang muss allen Grundrechtsberechtigten eine gleichmäßige Chance der Grundrechtswahrnehmung eröffnen. Grundrechtsberechtigte, die aufgrund ihrer beschränkten Zahlungsfähigkeit ihre Zahlungsbereitschaft nicht in der Versteigerung ausreichend zur Geltung bringen können, darf und muss der versteigernde Staat an dem Zuteilungsprozess grundsätzlich unter besonderen Regelbedingungen teilhaben lassen; vgl. dazu im Einzelnen infra S. 396ff.

413 Dazu *Ayres/Cramton*, Stanford Law Review 48 (1996), S. 761ff.

414 Sie erhöht überdies die Gefahr einer Überschätzung des Wertes durch die Versteigerungsteilnehmer (sog. winner's curse) drastisch. Vgl. dazu supra S. 334 sowie infra S. 551ff.

415 Die Zahlungsbereitschaft ist nicht isoliert als staatliches Zuteilungskriterium zulässig, sondern nur als Teilapsekt eines umfangreicheren Auswahlköchers. Vgl. dazu infra S. 405ff.

Ist die Erhöhung der Wettbewerbsintensität auch ein probates Mittel der Kollusionsabwehr, so eignet sie sich im Kontext hoheitlicher Verteilungslenkung nur beschränkt. Der versteigernde Staat befindet sich in einer Dilemma-Situation: Erhöht er die Anforderungen an die Vorauswahl der Bieter, steigt die Kollusionsgefahr; senkt er die Anforderungen, gerät die Rechtfertigungsgrundlage des Zuteilungskriteriums ins Wanken, indem die Filterwirkung eines Vorverfahrens entfällt – ein Drahtseilakt.

(3) Zwischenfazit

Bieterkollusion lässt sich nur erschweren und sanktionieren, nicht aber ausschließen[416]. Sie gehört zu den typischen spieltheoretischen Risiken jedes Versteigerungsvorgangs. Als Verfahren, dessen Verlauf und Ergebnis von dem Zusammenspiel mehrerer Personen abhängt, ist die Versteigerung gegen eine Usurpation ihrer Regeln, die zu einer Unterwanderung des Bieterwettbewerbs führt, nicht mit dreifachem Erz gepanzert. Folgt der Missbrauch ihr auch nicht notwendig auf dem Fuß, ist der Anreiz zu konkurrenzbeschränkenden Absprachen dem Auswahlmechanismus indes systemimmanent.

Das muss die Versteigerung nicht als Allokationsmechanismus diskreditieren. Entwertet ist sie als Auswahlmechanismus erst dann, wenn das ihm inhärente Kollusionsrisiko eine sachgerechte Auswahlentscheidung torpediert.

Die Versteigerungsgestaltung kann das Risiko einer die Zuteilungsziele gefährdenden Kollusion in einer beherrschbaren Weise eingrenzen, ohne den grundrechtlich gesicherten Anspruch auf sachgerechte Zuteilung in einer grundrechtsverletzenden Weise zu beschneiden. Die Möglichkeit einer Unterwanderung der Auktionsspielregeln durch Kollusion steht der Zulässigkeit der Versteigerung nicht entgegen, soweit die Auktionsgestaltung die Möglichkeiten der Kollusionsunterbindung hinreichend ausschöpft, ohne die sachgerechten Verteilungsziele zu gefährden. Entscheidende Funktion kommt dabei der passgenauen Auktionsgestaltung zu. Tendenziell vereint die Vickrey-Auktion die strategischen Vorteile weitgehender Kollusionsresistenz und hoher Allokationseffizienz am besten[417]. Sie erscheint aus ver-

---

[416] A. A. *Kleinschmidt*, Die Versteigerung von Telekommunikationslizenzen, 2004, S. 162f.; *Leist*, Versteigerungen als Regulierungsinstrument, 2003, S. 80.

[417] Ganz frei von Nachteilen ist auch die Vickrey-Auktion nicht. Das gilt insbesondere bei der Versteigerung mehrerer gleichartiger Güter, insbesondere wenn es sich dabei um Komplementäre (d. h. um Güter, deren Nutzen durch andere gleichartige Güter positiv beeinflusst wird) handelt: Indem die Bieter (in einer Auktionsrunde) nur einmal die Möglichkeit haben, ihr Gebot abzugeben, können sie ihren Erfolg in anderen Versteigerungsrunden nicht berücksichtigen, obwohl ihre Wertschätzung für das Gut und seine Verwendungsmöglichkeiten von dem dortigen Erfolg abhängen. Es besteht die Gefahr, dass die Bieter nur unvollständige Aggregationen erwerben und gleichartige Güter zu un-

fassungsrechtlicher Sicht im Grundsatz anderen Versteigerungsformaten überlegen.

cc) Fehlallokationen unter den Bedingungen der Wertunsicherheit

Das ökonomische Modell der Versteigerung als effizienzgesteuerter Zuteilungsmechanismus vermag seinen Anspruch einer Effizienzgarantie des Verteilungsergebnisses unter der Voraussetzung uneingeschränkter Rationalität der Akteure und umfassender Information über die wertbildenden Faktoren des zu versteigernden Gegenstandes mühelos einzulösen: Es weist das Gut dann demjenigen Bieter zu, der die höchste Wertschätzung aufweist.

Die tatsächlichen Bedingungen, unter denen Menschen ihre Entscheidungen in Versteigerungen staatlich verwalteter Güter treffen, stimmen mit den Modellannahmen, auf denen das Effizienzpostulat der Versteigerung aufbaut, indes nicht immer überein. Menschen treffen nicht nur nicht immer diejenige Entscheidung, die sich objektiv als die vernünftigste und beste im Interesse einer bestmöglichen Nutzenmaximierung darstellt. Sie handeln nicht immer rational, sondern sind in einer eingeschränkten Rationalität (»bounded rationality«) gefangen[418]. Sie verfügen auch nicht in allen Entscheidungssituationen über ein vollständiges Wissen über sämtliche Entscheidungsalternativen und deren Konsequenzen[419]. Ihnen steht nur begrenzte Information und eine begrenzte Informationsverarbeitungskapazität zur Verfügung. Sie fällen Entscheidungen unter den Bedingungen unvollständiger Information. Das gilt für Versteigerungen staatlich verwalteter Güter in besonderem Maße. Diese Entscheidungsbedingungen wirken sich auf das Effizienzresultat des spieltheoretischen Prozesses in signifikanter Weise aus.

---

terschiedlichen Preisen erlöst werden. Das kann die Effizienz des Verteilungsergebnisses beeinträchtigen.

[418] Vgl. dazu *G. S. Becker*, Irrational behavior and Economic Theory, Journal of Political Economy 70 (1962), S. 1 ff.; *Richter/Furubotn*, Neue Institutionenökonomik, 3. Aufl. 2003, S. 552; *Gäfgen*, Theorie der wirtschaftlichen Entscheidung, 3. Aufl. 1974, S. 18 ff.; *H. A. Simon*, Bounded Rationality, in: The New Palgrave Dictionary of Economics and the Law, Utility and Probability, 1987, S. 15 ff. sowie supra S. 172 ff.

[419] *Simon* stellt deshalb dem homo oeconomicus den *administrative man* gegenüber. Der *administrative man* hat mit seinen kognitiven Grenzen zu leben gelernt und begnügt sich je nach Situation mit beschränkter Rationalität. Er bricht die Suche nach Problemlösungen ab, sobald eine befriedigende Antwort gefunden ist, auch wenn noch bessere Alternativen existieren. Die Optimierungsvorstellung wird abgelöst vom Konzept der Suche nach zufriedenstellenden Handlungsalternativen. *Simon*, Models of Man, 1957, S. 196 ff.; *March/Simon*, Organisation und Individuum, 1976, S. 129 ff.

(1) Versteigerungen knapper, staatlich verwalteter Güter als Entscheidungen unter Unsicherheit

Die Entscheidung über die Abgabe eines Gebots in einer Versteigerung ist nicht nur von spielbedingtem Zeitdruck und strategischer (endogener) Unsicherheit[420] geprägt[421]. Vor allem ist der Wert des zu versteigernden Gutes im Zeitpunkt der Entscheidung im Falle der Versteigerung knapper, staatlich verwalteter Güter in der Regel nicht vollständig bekannt und typischerweise nicht vollständig ermittelbar[422]. Gegenstand der Versteigerung ist die Zuteilung von (meist zeitlich befristeten) Verfügungsrechten für einen zwar zeitlich bestimmten, aber noch nicht im Einzelnen abschätzbaren Zukunftsraum. Der Wert der Güter hängt von zukünftigen Entwicklungen ab, die sich nur ex post beurteilen, ex ante aber nicht sicher abschätzen lassen. Der Wert einer bergrechtlichen Konzession etwa hängt von den Fördermöglichkeiten und tatsächlich vorfindlichen Rohstoffvorräten ab, deren Förderung die Konzession erst ermöglicht. Der Wert einer Funkfrequenz zum Betrieb von Mobilfunk, die dem Nutzungsinhaber für einen Zeitraum von 20 Jahren überlassen wird, steht und fällt mit der weiteren technischen Entwicklung des dynamischen Mobilfunkmarktes, die über diesen Zeitraum zuverlässig niemand vorherzusagen vermag[423]. Der Wert einer Taxikonzession hängt von der allgemeinen gesellschaftlichen und technischen Mobilitätsentwicklung sowie der Infrastrukturentwicklung ihres Einsatzgebietes ab. Die Wertbestimmung setzt eine Prognose voraus, die auf unsicherer Tatsachengrundlage erfolgt. Die Interessenten können den Wert des zu versteigernden Gutes zwar besser beurteilen als der versteigernde Staat[424]; sie können namentlich die Effizienz des eigenen Gütereinsatzes, ihre individuelle Kostenstruktur (Private value-Aspekt[425]) zuverlässig beurteilen. Ihrer Beurteilung entzieht sich jedoch die künftige (technische, wirtschaftliche, gesellschaftliche) Entwicklung während der Nutzungszeit und damit der äußere Rahmen, der dem mit dem knappen Gut unter idealen individuellen Rahmenbedingungen objektiv erzielbaren wirtschaftlichen

---

[420] Vgl. zum Begriff der strategischen Unsicherheit in der Spieltheorie etwa *Güth*, Spieltheorie und ökonomische (Bei)Spiele, 2. Aufl. 1999, S. 5.

[421] Die Ergebnisse der Wahlhandlungen hängen von den nicht vorhersehbaren Aktionen anderer Akteure ab. Der Interessent kennt das Verhalten seiner Konkurrenten und die Auswirkungen seines eigenen Verhaltens auf das Verhalten seiner Konkurrenten nicht im Detail. Er muss ihr Verhalten in seine Überlegungen einbeziehen, ohne es im Zeitpunkt der Entscheidung sicher zu kennen oder voraussehen zu können.

[422] Vgl. dazu auch bereits supra S. 336ff.

[423] Die möglichen Anwendungsfelder, in denen etwa UMTS-Frequenzen einen Mehrwert erzeugen, waren zum Zeitpunkt ihrer Versteigerung nicht annäherungsweise bekannt.

[424] Diese Informationsasymmetrie rechtfertigt überhaupt erst, das Versteigerungsverfahren als staatliches Zuteilungsverfahren in Betracht zu ziehen (vgl. dazu supra S. 271ff.).

[425] Vgl. dazu supra S. 337.

Erfolg Grenzen zieht. Insoweit sind die Bewerber auf Schätzungen angewiesen. Versteigerungen staatlicher Nutzungsrechte haben einen hohen common value-Aspekt[426]. Common value- und Private value-Aspekt determinieren gemeinsam den Wert und die Wertschätzung für das Gut. Erst eine Komposition beider Elemente ermöglicht eine zuverlässige Wertbeurteilung.

Für die Bewältigung der Wertunsicherheit steht dem homo ludens keine rationale Entscheidungsregel zur Seite[427]. Es lassen sich nur subjektive Wahrscheinlichkeiten bilden. Die Entscheidung beispielsweise, ein größeres Risiko mit größeren Gewinnaussichten oder aber ein geringeres Risiko mit niedrigen Chancen auf ein gutes Ergebnis zu wählen, bleibt subjektiv. Die Entscheidung ist umso willkürlicher, je niedriger das Informationsniveau ist und je einzigartiger die Entscheidung ist, d. h. je weniger vergleichbare Fälle der Informationsstand des handelnden Subjekts enthält. Je länger die avisierte Nutzungszeit ist, je dynamischer die Entwicklung sich in dem Freiheitsbereich darstellt, zu dem die Zuteilung den Zugang eröffnet, umso intrikater und unsicherer ist die Prognoseentscheidung. Psychische und soziale Faktoren beeinflussen die Entscheidungsqualität ebenso wie auch die individuell unterschiedlich ausgeprägte Risikobereitschaft.

(2) Auswirkungen der Wertunsicherheit auf das Allokationsziel

Mit dem Grad der Unsicherheit über den Wert des Gutes steigt die Gefahr irrationalen und zufallsgesteuerten Entscheidungsverhaltens und damit auch die Gefahr einer Beeinträchtigung der Auswahlwirkung des Versteigerungsprozesses. Die Aussagekraft des Auswahlprozesses sinkt; seine ökonomische Prämisse gerät ins Wanken[428]: Dass der Markt als Güterzuteilungsmechanismus unter den Bedingungen der Unsicherheit nicht selbstredend die intendierte effiziente Güterallokation generiert, hat *Akerlof* am einfachen Beispiel des Marktes für gebrauchte PKW gezeigt[429] und daran ein Modell der Auswirkungen von Unsicherheit auf den Marktmechanis-

---

[426] Im Hinblick auf die Common value-Komponente hat der versteigernde Staat einen größeren Einfluss auf die Erlösmöglichkeiten während der Nutzungszeit als die Bieter. Er setzt die wirtschaftlichen Rahmenbedingungen des Handelns, unter denen sich das Tätigwerden der Destinäre vollzieht.

[427] Inwieweit es dem Bieter zumutbar ist, dieses Risiko zu tragen, wird im Rahmen der Untersuchung der finanzverfassungsrechtlichen Zulässigkeit des Versteigerungserlöses näher zu beleuchten sein. Vgl. dazu infra S. 554 ff.

[428] So schon *Williamson* für das sog. franchise-bidding: »Insbesondere wenn die Dienstleistung unter den Bedingungen der Unsicherheit geliefert werden soll und nichttriviale Investitionen in transaktionsspezifisches Kapital hinzukommen, ist die Wirksamkeit von Franchise-Geboten höchst problematisch«. *Williamson*, Die ökonomischen Institutionen des Kapitalismus, 1990, S. 46.

[429] *Akerlof*, Quarterly Journal of Economics 84 (1970), S. 488 ff. *Akerlof* legte damit den Grundstein für die Informationsökonomik. Für seine Leistungen erhielt er zusammen mit *Michael Spence* und *Joseph Stiglitz* im Jahre 2001 den Wirtschaftsnobelpreis.

mus entwickelt[430]. Mit Hilfe seines Zitronenprinzips arbeitet er umfassende Information als Funktionsbedingung des Marktes heraus[431] und entlarvt Unsicherheit als Störung der Effizienzfunktion des Marktes[432]. Die Versteigerung als konzentrierte, spieltheoretisch aufgeladene Form des Markt-

[430] Der Nachfrager eines gebrauchten PKW kann vor Vertragsabschluss die Qualität des Wagens in der Regel nicht vollständig beurteilen. Ob es sich um einen gut gepflegten Wagen handelt, der den angebotenen Preis wert ist, oder um ein geschundenes Fahrzeug, dessen weitere Lebensdauer gering ist, entzieht sich seiner Kenntnis. Er orientiert sich in seiner Zahlungsbereitschaft daher an der durchschnittlich vorhandenen Qualität: Er ist nur einen Preis für einen durchschnittlichen Wagen zu zahlen bereit. Auch gute Wagen vermögen dann nur den durchschnittlichen, nicht aber den an sich angemessenen überdurchschnittlichen Preis am Markt zu erzielen; bei schlechten Wagen ist die Gewinnrelation umgekehrt: Sie erzielen trotz unterdurchschnittlicher Qualität einen durchschnittlichen Preis. Nur Produkte minderer Qualität (*Akerlof* nennt sie »lemons«) werfen für die Anbieter von Gebrauchtwagen einen größeren Gewinn ab. Sie tragen dem Markt daher überwiegend solche Produkte an. Das wirkt sich wiederum negativ auf die Zahlungsbereitschaft des Nachfragers aus. Infolge dieser Negativauslese entsteht kein Markt für qualitativ hochwertige gebrauchte Produkte. Die »lemons« verdrängen die guten Produkte; diese werden auf dem Markt überhaupt nicht angeboten. Es kommt zu einer adversen Selektion: Die Wertunsicherheit, unter der die Akteure am Gebrauchtwagenmarkt ihre Entscheidungen treffen, führt dazu, dass die erwünschte effiziente Allokation (Transfer qualitativ hochwertiger PKWs) nicht zustandekommt. Asymmetrische Information verhindert, dass die Nachfrage nach diesen Produkten befriedigt wird (sog. Zitronenprinzip). *Akerlofs* Zitronenprinzip vermag modellhaft zahlreiche ökonomische und auch rechtliche Phänomene des Alltags zu erklären. Es findet in allen Situationen Anwendung, in denen Nachfrager die Qualität einer ihnen angebotenen Dienstleistung nicht beurteilen können (sog. *Problematik der versteckten Handlungen*). Es erklärt beispielsweise, warum Arbeitgeber sich aus ökonomischen Gründen weigern, Angehörige von Minderheiten für bestimmte Arten von Arbeitsplätzen einzustellen, warum Menschen ab einer bestimmten Altersstufe Schwierigkeiten beim Abschluss einer Krankenversicherung haben (vgl. dazu *Akerlof*, a. a. O., S. 492 u. 494). Die adverse Selektion vermag auch eine Begründung für die Notwendigkeit der gesetzlichen Kontrolle von Allgemeinen Geschäftsbedingungen zu liefern: Der durchschnittliche Kunde kann die Wirkungen und die Bedeutung von Geschäftsbedingungsklauseln nicht zuverlässig einschätzen. Er vermag nicht zwischen »guten« und »schlechten« Vertragsklauseln zu unterscheiden. Jedenfalls wäre ihr individuelles Studium mit zu hohen Informationskosten verbunden. Es besteht daher die nahe liegende Gefahr, dass sich nur die »schlechten«, d. h. in besonderem Maße paritätsstörenden Geschäftsbedingungen auf dem Markt durchsetzen. Volkswirtschaftlich erwünschte Transaktionen finden dann nicht mehr oder nicht in ausreichendem Umfang statt (vgl. dazu auch *Adams*, Ökonomische Theorie des Rechts, 2. Aufl. 2004, S. 119ff.; *H.-B. Schäfer/Ott*, Lehrbuch der ökonomischen Analyse des Zivilrechts, 4. Aufl. 2005, S. 513ff.). Das Zitronenprinzip vermag nicht zuletzt eine Rechtfertigung für berufsständische Regelungen in Dienstleistungsberufen zu geben: Die Leistungsqualität von Rechtsanwälten, Vermögensberatern, Steuerberatern oder Ärzten kann der Auftraggeber ex ante nicht zuverlässig beurteilen. Er orientiert sich daher an der Durchschnittsqualität derartiger Leistungen. Trifft er auf eine schlechte Einzelleistung, sinkt seine Zahlungsbereitschaft für künftige Transaktionen. Er ist nicht mehr ohne Weiteres bereit, in Zukunft das Risiko einer schlechten Dienstleistung gegen hohes Entgelt einzugehen. Dies trifft nicht nur den individuellen Anbieter, sondern den ganzen Berufsstand. Die Zahlungsbereitschaft der Nachfrager sinkt. Die schlechten Leistungen verdrängen die guten. Um dem entgegenzuwirken, sah bereits der Codex Hammurabi drastische Strafen für ärztliche Fehlleistungen vor. Berufsständische Ethiken und Sanktionsmaßnahmen verfolgen eine ähnliche Zielrichtung. Sie

prozesses, die den Bietern Entscheidungen und Interaktionen unter engem Zeithorizont im Wettbewerb abverlangt und nicht durch einseitige, sondern beiderseitige Wertunsicherheit gekennzeichnet ist, offenbart die Einschränkungen der Effizienzgarantie des Marktes in besonderer Weise:

---

tragen dem Gesichtspunkt Rechnung, dass der Schutz des Vertrauens durch die Rechtsordnung mit steigender Informationsasymmetrie und steigenden Informationskosten notwendiger wird (vgl. *H.-B. Schäfer/Ott*, a. a. O., S. 506 f.). Neben berufsständischen Verpflichtungen kommen als Maßnahmen, die dem Auftreten des Zitronenprinzips, der adversen Selektion, entgegenwirken, Zertifizierungen (staatliche oder private Prüfungen etc.), die Abgabe von Garantien sowie Investitionen in den Aufbau eines Markennamen-Kapitals in Betracht. Diese Ausweise senden ein vertrauensbildendes Signal an die schlechter informierte Vertragspartei aus, die das erforderliche Ex-ante-Vertrauen durch eine Antizipation möglicher späterer Kosten rechtfertigen. Sie erschweren der besser informierten Seite in den Fällen asymmetrischer Informationsverteilung ein opportunistisches Ausnutzen ihres Informationsvorsprungs.

[431] Das Akerlofsche Zitronenprinzip hat eine hohe Affinität zu dem bereits viel früher entdeckten sog. Greshamschen Prinzip, das sich mit den Auswirkungen von Münzverrufungen (der im Mittelalter üblich gewordenen Verringerung des Metallwertes von Münzen) auf Wirtschaft und Gesellschaft befasst. Es ist nach dem Finanzberater der Königin Elisabeth I. von England, dem Gründer der Londoner Börse, *Sir Thomas Gresham* (1519–1579), benannt. *Gresham* analysierte, dass schlechteres Geld (d. h. Geld mit geringerem Metallwert) stets das bessere Geld (Geld mit besserem Metallwert) aus dem Umlauf verdrängt. Vorausgesetzt, jemand hat die Wahl, zwei oder mehrere Münzen mit gleichem Nominalwert in Umlauf zu setzen, so wird die betreffende Person in der Regel die Münze mit dem geringsten Metallwert zur Zahlung verwenden, die Münze mit dem höchsten Metallwert möglichst horten. Die schlechten Münzen bleiben in Umlauf, die guten verschwinden. Ähnliche Überlegungen stellten 200 Jahre vor *Gresham* bereits *Nikolaus Kopernikus* und *Nicolaus Oresmius* in seinem »Tractatus de Moneta« an. Akerlofs Zitronenprinzip und das Greshamsche Gesetz unterscheiden sich freilich in wesentlicher Hinsicht. Das Zitronenprinzip beruht auf der Qualitätsunsicherheit der Käufer. Das Greshamsche Gesetz setzt keine Unsicherheit der Käufer voraus. Käufer wie Verkäufer können gutes von schlechtem Geld unterscheiden.

[432] Die Annahmen, die *Akerlof* seinem Beispiel eines Gebrauchtwagenmarkts zugrunde legt, dürfen als restriktiv bezeichnet werden. Die Anbieter guter Gebrauchtwagen werden sich nicht damit zufrieden geben, diese lediglich zum Durchschnittspreis verkaufen zu können, sondern nach Möglichkeiten suchen, den Kunden die überlegene Qualität ihrer Wagen zu demonstrieren. Das werbende Anpreisen, ein Auto besonderer Qualität anzubieten, wird dabei von beschränktem Erfolg bleiben: Der Wahrheitsgehalt dieser Aussage ist für die Nachfrager ebenso wenig überprüfbar wie die Qualität des Wagens. Sie werden statt dessen nach glaubhaften Signalisierungsstrategien suchen, die sich nur für solche Marktteilnehmer lohnen, welche tatsächlich hochwertige Produkte anbieten (vgl. auch Fn. 430 a. E.). Sie werden etwa ihren Wagen von Werkstätten prüfen und zertifizieren lassen, die ein glaubwürdiges Werturteil über den Wagen abgeben, oder eine Garantieerklärung aussprechen, die für den Anbieter von »lemons« kostspielig, für sie als Anbieter guter Leistungen hingegen mit geringen Kosten verbunden ist (denn ihr Produkt erfüllt die versprochene Garantieleistung). Wenngleich solche Strategien die Qualität der Autos nicht als solche erhöhen (es sei denn, es werden Reparaturmaßnahmen durchgeführt), haben sie für die Nachfrager einen hohen ökonomischen Nutzen und für den Marktaustausch einen hohen Effizienznutzen: Sie verbessern den Informationsstand der Nachfrager. Die Informationsasymmetrie zwischen Anbietern und Nachfragern verringert sich. Der Suche nach geeigneten Strategien zur Erhöhung der Effizienz von Transaktionsvor-

Die Wertunsicherheit verleitet die Bieter dazu, sich bei ihrer Bietentscheidung in der Englischen Auktion an dem Nachfrageverhalten anderer Bieter zu orientieren: Jeder Bieter versucht aus den Geboten und dem Ausstiegszeitpunkt der anderen Bieter Rückschlüsse auf deren Wertschätzung zu ziehen und diese als Qualitätssignal[433] in seinem Gebot zu berücksichtigen, soweit das Versteigerungsformat dies zulässt[434]. Hinter hohen Geboten von Wettbewerbern vermuten sie bessere Informationen über den Wert des Gutes als bei sich selbst. Sie korrigieren ihre eigene Wertschätzung nach oben. Das Abwarten der Reaktion anderer Akteure soll die eigene Unsicherheit über den Wert des Gutes abbauen und das eigene Urteil absichern. Dieses Verhaltensmuster ist aus dem Herdenverhalten bekannt[435]: Es kann Situationen geben, in denen es den Akteuren rational erscheint, private Informationen zu ignorieren und dem Verhalten eines anderen Akteurs zu folgen, von dem der Akteur glaubt, dieser habe bessere Informationen als er selbst[436]. Es bestehen positive Korrelationen zwischen den Wertschätzungen einzelner Bieter; die Wertschätzungen sind miteinander verkettet (*affiliiert)*[437]. Nimmt ein Bieter ein Qualitätssignal wahr, werden mit hoher Wahrscheinlichkeit andere Bieter ebenfalls ein hohes Qualitätssignal wahrnehmen. Sie verbleiben länger in der Auktion, als sie es basierend auf ihren eigenen ursprünglichen Informationen getan hätten. Es setzt eine Auktionsstimmung ein, bei der es zu einem emotional geprägten Überbieten kommt. Der Sieg in der Auktion wird nahezu zum Selbstzweck. Ein Domi-

---

gängen hat sich namentlich die Neue Institutionenökonomik verschrieben; vgl. dazu etwa *Richter/Furubotn*, Neue Institutionenökonomik, 3. Aufl. 2003.

433 Vgl. zur Informationsfunktion des Preises als Signal für die Qualität eines Produkts bereits *Scitovsky*, Review of Economic Studies 12 (1945), S. 100ff.

434 Vgl. zu den Auswirkungen der unterschiedlichen Versteigerungsformate auf die Bewältigung der Unsicherheitssituation insbesondere infra S. 390.

435 Vgl. dazu *A. Banerjee*, Quarterly Journal of Economics 107 (1998), S. 797ff.; *Scharfstein/J. Stein*, American Economic Review 80 (1990), S. 465ff.; Herdenverhalten lässt sich auch beim Güterkonsum beobachten. Konsumenten erwerben Güter nicht selten deshalb (und erst dann), wenn andere Konsumenten dieses Produkt bereits erworben haben (sog. Mitläufer-Effekt; Bandwaggon-Effekt). Die Konsumenten orientieren sich an anderen als Leit- und Vorbild. Sie legen imitativen Konsum an den Tag. Der Mitläufer-Effekt tritt beispielsweise bei Kleidermodebewegungen in Erscheinung. Mode nutzt den Mitläufer-Effekt zur Warenverbreitung.

436 *C. Smith*, Auctions, 1989, S. 88, geht in seinem Erklärungsansatz noch weiter: Er erklärt die Orientierung am Urteil der Mitbieter damit, dass »participants are generally more concerned in maintaining a sense of a community of shared interests, values, and interdependance than in maximizing their own economic position«. Den konsensualen Prozess der Preisfindung, das Gemeinschaftsgefühl, das einen als von allen Teilnehmern als fair und angemessen akzeptierten Preis hervorbringt, stuft er als stärker ein als das individuelle Bedürfnis nach Nutzenmaximierung. Geht er damit wohl auch etwas weit, legt er doch treffend den Finger in die Wunde des notwendig verzerrenden Bildes eines kühl kalkulierenden homo oeconomicus.

437 Vgl. dazu und zu den sich daraus ergebenden Konsequenzen supra S. 338f. und infra S. 566.

no- (oder Eskalations-)Effekt der Gebote ist die Folge[438]. Der erfolgreiche Bieter stellt dann am Ende des Bietprozesses bzw. nach Ablauf der Nutzungszeit unter Umständen fest, dass er den Zuschlag deshalb erhielt, weil er den Wert des Gutes von allen Bietern am meisten überschätzt hatte. Er erlag dem Fluch des Gewinners (sog. winner's curse)[439].

Ein flammender Überbietungswettbewerb kann auch die Folge des in der Konsumtheorie beobachteten Veblen-Effekts (bzw. Prestige-Effekts) und der Öffentlichkeit des Überbietungsprozesses sein: Der mit dem Erwerb des Gutes als solchem verbundene Prestigegewinn, den etwa die Aktienmärkte und die öffentliche Meinung sehr stark wahrnehmen und ggf. honorieren, kann die Entscheidungsträger dazu veranlassen, im Bieterwettbewerb die eigene Wertschätzung um des Sieges willen zu überschreiten[440]. *Veblen* zeigte, dass die Nachfrage nach einem Gut mit steigendem Preis zu- (statt ab-)nehmen kann, wenn und weil der Kauf von Gütern zu »auffälligen« Preisen dem Erwerber einen zusätzlichen Nutzen (insbesondere ein höheres soziales Prestige) bringt[441]. In die Bietentscheidung fließt auch die

---

[438] Vgl. *Kagel/Levin*, Bidding in Common Value Auctions: A survey of Experimental Research, in: dies. (Hrsg.), Common value auctions and the winner's curse, 2002, S. 1 (11f.); vgl. dazu auch *Beckmann*, Ökonomische Analyse deutscher Auktionen, 1999, S. 286f.; *Kahnemann/Knetsch/Thaler*, Journal of Economic Perspectives 5 (1991), S. 193 (199ff.); dazu allgemein auch S. 378ff. und S. 551ff.

[439] In der Auktionstheorie findet der Begriff des Fluchs des Gewinners in unterschiedlicher Weise Verwendung. Viele Auktionstheoretiker verstehen ihn als Abweichung des Ex-ante-Erwartungswertes (vor Beginn der Versteigerung) vom Ex-post-Erwartungswert (unmittelbar nach Zuschlagserteilung). Stellt der Bieter fest, nachdem alle anderen Bieter ihre Wertschätzung offen gelegt haben und der Gewinner bekannt gegeben wird, dass alle anderen ein niedrigeres Gebot abgegeben haben, verwirkliche sich der Fluch des Gewinners. Er schätze den Wert des Gutes nun objektiv geringer ein als zum Zeitpunkt der Abgabe seines Gebots; vgl. etwa *Beckmann*, Ökonomische Analyse deutscher Auktionen, 1999, S. 43; *Kräkel*, Auktionstheorie und interne Organisation, 1992, S. 87f. Für unsere Zwecke ist diese Definition zu eng. Die verfassungsrechtliche Beurteilung hat den Wert zu berücksichtigen, wie er sich nach Beseitigung aller Wertunsicherheitsfaktoren, d. h. nach Ablauf der Nutzungszeit darstellt. Maßgebliche Vergleichspunkte sind insoweit also nicht allein die Zeitpunkte vor und nach der Versteigerung, sondern vor der Versteigerung und nach Ablauf der Nutzungszeit. Empirische Untersuchungen zur Problematik des winner's curse legen regelmäßig diesen Maßstab zu Grunde (was sich nicht zuletzt auch daraus ergibt, dass sich in empirischen Studien Fehler im Prozess der Entscheidungsfindung weitaus weniger gut als Fehler im Entscheidungsergebnis decouvrieren lassen).

[440] Vgl. *Beckmann*, Ökonomische Analyse deutscher Auktionen, 1999, S. 288; *T. Koch*, Wirtschaftswissenschaftliches Studium 20 (1991), S. 133 (136).

[441] Ein erhöhter Preis muss damit nicht zwingend zu einer Einschränkung des Konsums und der Nachfrage führen, sondern kann auch den gegenteiligen Effekt auslösen. Mit dem Kauf eines hochpreisigen Produkts geht nicht selten die Erwartungshaltung der Konsumenten einher, nicht nur eine entsprechend höhere Qualität, sondern auch ein höheres Prestige o.ä. (»Schaut her, was ich mir leisten kann«) zu erhalten. Dieser Prestige-Aspekt als solcher kann die Käufer veranlassen, ein höherpreisiges Produkt einem niederpreisigen vorzuziehen. Ein höherer Preis führt zu einer höheren Nachfrage. Nachfrage und Preis sind dann nicht negativ, sondern positiv korreliert. Es liegt ein Fall von Geltungskonsum vor. Man spricht dann vom Veblen-Effekt. Die Preisbildung wird hier nicht

Wahrnehmung der Öffentlichkeit ein, die von dem Gebot und dem Sieg in dem öffentlichen Auswahlprozess der Auktion ausgeht[442]. Der mit dem Auktionssieg als solchem verbundene Prestigegewinn lockt manchen Bieter in einen Bietrausch[443]. Die Öffentlichkeitswirksamkeit der Versteigerung

allein durch ökonomische Gesetzmäßigkeiten gesteuert. Sie ist auch eine Funktion der Interdependenz zwischen den Konsumentscheidungen verschiedener Wirtschaftseinheiten.

[442] Die der Versteigerung eigene soziale Interaktion, ihr Wesen als gesellschaftliches Schauspiel, ist integraler Bestandteil der Faszination, die sie seit Jahrhunderten auf die Menschen ausübt. *C. Smith* kleidet diesen Befund treffend in die Worte: »Whatever else an auction might be, it is generally a good show: the intense emotionality, the expressive gestures, the plots and counterplots (...). The actors, staging, props, audiences and scripts may vary, but all auctions are public dramatic performances« (*C. Smith*, Auctions, 1989, S. 108). Die Versteigerung erschöpft sich nicht in einem harten ökonomischen Tatbestand, einer Zuteilung unter Laborbedingungen, sondern ist immer auch ein soziales Ereignis. Sie ist ein Schauspiel des Wettkampfes, eine Begegnung von überraschendem Gewinn und enttäuschter Hoffnung, ein Zusammentreffen von gesellschaftlichem Ereignis und ökonomischem Tauschvorgang. Ihre Facetten sind bunt: Sie ist Marktplatz sozialer Interaktion und Phänomen des Wirtschafts-, Rechts- und Soziallebens. Gesellschaftliche Anteilnahme und Sensationslust, Inszenierung und Entdeckergeist gehören zu ihr ebenso wie wirtschaftliches Kalkül und Berechnung »It (s. c. the auction) is an event of economic and cultural value: economically it provides an opportunity for purchasing cheap (...); it also serves a similar function of social interaction, as do the Grange, camp meetings, county fairs and family reunions. As a semi-formal institution the public sale reflects cultural patterns of the region where it is held«, beschreiben *Marsh/Aspinall/Leightley* (Keystone Folklore Quarterly 16 [1971], S. 133 f.) den kommunikativen Aspekt der Versteigerung treffend. *C. Smith* vergleicht sie als »paradigm of human behaviour« (*C. Smith*, ibid., S. 162) mit Bühnen im Sinne Shakespeares: »All the world's a stage, and all the men and women merely players«. *C. Smith*, ibid., S. 108; ähnlich *ders.*, S. 131: »The ability to reveal the theatrical aspect of everyday life and the practical side of dramaturgical paradigm is one of the striking strengths of auctions«. Bereits der römische Kaiser *Caligula* soll den Spielcharakter der Versteigerung und seine Anziehungskraft für das Volk erkannt und regelmäßig Auktionen abgehalten haben. Nicht nur Wohltätigkeitsauktionen nutzen gezielt den Öffentlichkeitscharakter der Versteigerung, indem sie Bieter motivieren, Gebote um des sozialen Status willen abzugeben, der durch die Öffentlichkeit der Versteigerung vermittelt wird (vgl. dazu *C. Smith*, ibid., S. 39 und 78): Das Gebot wird zu einem Akt der Selbstdarstellung. Auch bei gewöhnlichen Versteigerungen fließen die öffentliche Wirkung der Gebotsabgabe, der von ihr und einem Auktionssieg getragene soziale Prestigegewinn und die kommunikativen Aspekte und Prozesse des öffentlichen Auswahlprozesses als Sekundärfaktoren in die Wertzuweisungen der Bieter ein, sei es bewusst als Werbeinstrument, das die Aufmerksamkeit der Öffentlichkeit auf den Namen des Auktionssiegers zu lenken trachtet, sei es unbewusst als faktische Wirkung der Öffentlichkeit der Versteigerung, die den Bieter nach dem Zuschlag reut. *Süßheim* (Das moderne Auktionsgewerbe, 1900, S. 85) spricht im letztgenannten Fall von der »empfindlichen Gefährlichkeit« der Versteigerung. Beredte Beispiele für erstgenannte Funktion legen spektakuläre Internetauktionen ab, bei denen das Bieten vorrangig zu einem Werbeinstrument wurde, so zum Beispiel die Steigerung eines Party-Sixpacks durch einen Geschäftsmann der Gastronomiebranche für 25.000 Euro, die Steigerung des Namensrechts an einer neu entdeckten Affenart für 650.000 Euro oder des gebrauchten VW Golf des Papstes Benedikts XVI. für 188.938 Euro durch den Online-Kasino-Betreiber Golden Palace.com (vgl. »Online-Auktion: Ratzingers Golf brachte knapp 190.000 Euro«, spiegel-online vom 6. 5. 2005; http://www.spiegel.de/netzwelt/netzkultur/0,1518,354745,00.html [11. 5. 2005]). Mit dem Sieg in der päpstlichen

und das ihr innewohnende Prinzip des Wettbewerbs lösen eine soziale Wirkung und einen Siegesdrang aus, der unter den Bedingungen der Wertunsicherheit die wirtschaftliche Vernunft auszuschalten vermag. Die Hoffnung auf den kurzfristigen Siegeffekt lässt den Entscheider die langfristigen Wirkungen der Entscheidung aus den Augen verlieren[444]. Der Erwerb des knappen Gutes wird als Handlungsmotivation dann weniger dominant als der Wille des Sieges in der Auktion. Es kommt zu einem Emotionskauf. Der »calor licitantis«, der bereits dem römischen Klassiker *Paulus* als Begleiterscheinung der Versteigerung bekannt war, kann die Rationalität überwinden[445]. *Süßheim* beschreibt den Effekt bereits im Jahre 1900[446] mit den Worten: »Die Lockung, welche auf die bei der Versteigerung Anwesenden ausgeübt wird, der Reiz, in dem Wettbewerb um den vorgelegten anscheinend so preiswerten Gegenstand Sieger zu bleiben, wirkt (...) auf viele Personen bestimmend. Der Vorsatz, denselben zu erwerben, ist hier freilich nicht das Produkt eines sorgsam und mit Überlegung gefassten Beschlusses, sondern das Ergebnis des raschen Augenblicks«. Meyers Konversations-Lexikon mahnt im Hinblick auf das in seiner Zeit verstärkte Aufkommen von Auktionen im Jahre 1890: »Die Erregung des Käufers beim Bieten beeinträchtigt (...) wesentlich die zu Geschäftsabschlüssen nötige Ruhe[447]«.

Golf-Auktion (die 8,4 Mio. Menschen angeklickt und die Medien zu einem öffentlichen Ereignis stilisiert haben) verband *Golden Palace* keinen wirtschaftlichen Ertragswillen, sondern vor allem Öffentlichkeitswirksamkeit. Die Auktion wurde zu einer Werbeplattform in eigener Sache und der Versteigerungspreis zu einer Werbeausgabe. Der Geschäftsführer *Rowe* kommentierte den Auktionssieg mit den Worten: »Vielleicht wird der Name ›GoldenPalace.com‹ eines Tages so verbreitet sein wie ›Richard‹«. *Golden Palace* hat spektakuläre Auktionssiege konsequent zum festen Bestandteil seiner Marketingstrategie erhoben, so etwa auch bei der Ersteigerung eines Käse-Sandwichs für 28.000 Dollar, das nach Meinung der Verkäuferin das Antlitz der Mutter Gottes widerspiegelt oder eines ausrangierten Brustimplantats mit skurrilem Vorleben für 170.000 Dollar (vgl. *Stöcker*, Die bizarre Sammlung der Berufs-Ersteigerer, spiegel-online vom 6.5.2005, http://www.spiegel.de/netzwelt/netzkultur/0,1518,354806,00.html [10.5.2005]).

[443] Vgl. *M. Beckmann*, Ökonomische Analyse deutscher Auktionen, 1999, S. 288; *T. Koch*, WISU 20 (1991), S. 133 (136).

[444] Besonderes Gefahrenpotenzial besteht hierfür dann, wenn die handelnden Organe (»agents«) und die von der Entscheidung langfristig Betroffenen (»principals«) auseinander fallen. Das ist bei Unternehmen typischerweise der Fall. Die Blickrichtungen des Managements und der Anteilseigner können divergieren. Den Agents werden kurzfristige Erfolge bzw. Misserfolge in vollem Umfang zugeschrieben, langfristige Resultate sind schwer zurechenbar. Die Agents verfolgen daher nicht notwendigerweise die langfristigen Interessen der Anteilseigner. Sie sind geneigt, sich eher an einer kurzfristig erfolgreichen Strategie zu orientieren als an einer langfristigen Profitabilität des Unternehmens, die den Anteilseignern (Principals) zugute kommt, die Agents aber vielleicht nicht mehr zu verantworten haben (sog. Principal-Agent-Theorie). Vgl. dazu bereits S. 331.

[445] *Paulus*, Dig. 39, 4, 9.

[446] *Süßheim*, Das moderne Auktionsgewerbe, 1900, S. 56.

[447] *Meyers Konversations-Lexikon*, sub »Warenversteigerung«, Bd. 16, 4. Aufl. 1890.

Spieltheoretisch lässt sich der emotionale Einfluss der Selbstbehauptung und des Siegeswillens auf das Versteigerungsergebnis durch eine sog. Dollar-Auktion abbilden und bis zur äußersten Grenze treiben[448]. In der Dollar-Auktion wird eine Ein-Dollar-Note im Wege der Englischen Versteigerung gegen Meistgebot feilgeboten. Gebote sind schon ab einer Höhe von einem Cent zulässig. Bietet niemand mehr, kann er den Dollar behalten. Es gilt lediglich eine Sonderregel: Auch der Bieter, der das vorletzte Gebot macht, muss zahlen, was er geboten hat, geht aber leer aus. Die Auktion scheint den Teilnehmern einen leicht verdienten Gewinn zu ermöglichen. Bis zu einem Gebot von einem Dollar kann jeder Spieler hoffen, einen Gewinn zu erzielen. Sobald die Gebotsschwelle von 51 Cent erreicht ist, ändert sich für den Höchstbietenden an der Attraktivität des Gebots nichts, wohl aber für den Versteigerer: Er ist schon jetzt der eigentliche Gewinner der Auktion, da Höchst- und Zweitgebot zusammen den Wert von einem Dollar übersteigen. Die Gewinnaussicht des Höchstbietenden lässt die Gebote rasch in die Nähe der Ein Dollar-Grenze schnellen. Bei einer Gebotshöhe von 100 Cent müsste die Versteigerung bei rationalem Verhalten spätestens enden; für die Teilnehmer hat sich die Gewinnmarge dann auf Null reduziert. Sie bieten in allen in Laborexperimenten durchgeführten Versuchsreihen tatsächlich aber ungebremst weiter: Der aktuell zweithöchste Bieter weiß, dass er sicher einen Dollar verliert, wenn er nun aufgibt, aber möglicherweise nur einen Cent einbüßt, wenn er ein Übergebot abgibt. Er folgt diesem Entscheidungskalkül und bietet weiter. Der bis dahin Höchstbietende wird dadurch seinerseits zur Abgabe eines neuerlichen Gebots veranlasst. Es kommt eine Spirale gegenseitigen Überbietens in Gang, die sich ungebrochen nach oben schraubt[449]. Die Kontrahenten wissen sicher, dass sie nur noch verlieren können. Ein point of no return ist erreicht. Sie haben zu viel investiert, um aufzuhören[450]. Die Auktionsgestaltung spielt die Versteigerungsteilnehmer gegeneinander aus; die Psychologie spielt der Rationalität einen Streich. Um ihren individuellen Verlust möglichst gering zu halten bzw. den anderen nicht gewinnen zu lassen, bieten die Teilnehmer

---

[448] Der Mathematiker *Shubik (*Spieltheorie und Sozialwissenschaften, 1965) hat sie als spieltheoretisches Experiment entwickelt, um die Mechanismen von Suchtverhalten erfassen zu können.

[449] Der Dynamik der Bietspirale und der Irrationalitätsfalle des Auktionsvorganges entrinnen die Teilnehmer am ehesten dann, wenn sie sich vor der Versteigerung ein Höchstgebot vornehmen, ab dem sie in jedem Falle aussteigen möchten, zum Beispiel 75 Cent. Erkennen die Teilnehmer die Perfidie des Auktionsmechanismus nicht, sind sie allerdings versucht, ihr Gebot bei 99 Cent anzusetzen, und sind damit in der Falle des Auktionsmechanismus gefangen. Um negative Effekte sicher zu vermeiden, ist rationale Entscheidungsstrategie und goldene Regel, gar nicht erst mitzubieten. Nur so lässt sich vermeiden, dass andere veranlasst werden, ein Gegengebot abzugeben.

[450] So auch der gleichnamige Titel des Werkes von *Teger*, Too Much Invested To Quit, 1980. Insoweit spiegelt sich hier auch die Entscheidungsanomalie des Sunk cost-Effekts (vgl. dazu S. 352 ff.).

weiter, verlieren dabei den Auktionator als Gewinner des Spiels aus dem Auge. Das ursprüngliche Motiv der Gewinnmaximierung tritt in den Hintergrund; es wird abgelöst durch das Bemühen, nicht als Verlierer dazustehen, sich im Konkurrenzkampf und Wettbewerb zu behaupten und einen Ansehensverlust zu vermeiden. Die Furcht, zweiter zu werden, das Motiv der Gesichtswahrung und Selbstbehauptung, überflügeln die Rationalität[451]. Die eingeschlagene Tit-for-tat-Strategie[452] führt unweigerlich zur Eskalation. Der Sieg in der Auktion wird zum Selbstzweck. Die Teilnehmer werfen der jeweils anderen Seite irrationales Verhalten vor, erklären ihr eigenes Verhalten damit, irrationales Verhalten des anderen sanktionieren zu wollen. Die Auktionsspirale kommt erst deutlich jenseits der Ein-Dollar-Grenze zum Erliegen – durchschnittlich bei 340 Cent[453]. Der Auktionator trägt einen Gewinn von durchschnittlich sechs Dollar nach Hause[454]. Gelegentlich bieten die Teilnehmer in den durchgeführten Experimenten das gesamte Geld, dass sie (zufällig) bei sich haben und hören erst auf, wenn sie nichts mehr einsetzen können. Selbst erfahrene Teilnehmer vermeiden bei erneuten Spielen die Eskalationsfalle nur selten. Wird der Dollar als Versteigerungsobjekt ersetzt durch einen konkreten Gegenstand, tritt zu der entscheidungstheoretischen Dilemma-Struktur eine Wertunsicherheit hinzu. Es stellt sich eine schwer endenwollende Bietspirale ein.

---

[451] Die verbliebenen Teilnehmer zeigen in dieser Phase physiologische Stressreaktionen (Schwitzen, unsicherer Blick, laute Stimme etc.). Vgl. *Mérö*, Die Logik der Unvernunft, 5. Aufl. 2007, S. 17. Das hohe emotionale Engagement schränkt die Einsicht in die Konsequenzen des eigenen Verhaltens ein; eine Perspektivübernahme scheint kaum möglich.

[452] Die Tit-for-tat-Strategie (»Wie-Du-mir-so-ich-Dir-Strategie«) beschreibt ein Verhalten, das nicht-kooperatives Verhalten mit nicht-kooperativem Verhalten vergilt. Vgl. zur Tit-for-tat-Strategie als spieltheoretischer Figur bereits supra S. 181 mit Fn. 148.

[453] Bei Männern lässt sich die Bietspirale leichter auslösen als bei Frauen. Sie bieten statistisch etwas mehr als ihre weiblichen Geschlechtsgenossen. Vgl. *Mérö*, Die Logik der Unvernunft, 5. Aufl. 2007, S. 18.

[454] Der »Gewinner« erhält einen Dollar, zahlt dafür aber 340 Cent. Er trägt einen Verlust von 240 Cent davon; der zweithöchste Bieter erhält nichts und zahlt sein letztes Gebot, also etwas weniger als 340 Cent. Er erleidet einen Verlust in dieser Höhe.
Die Dollar-Auktion weist eine dem Chicken-race-Spiel (Feigling-Spiel) vergleichbare Dilemma-Struktur auf: Beim chicken race rasen zwei Autos aufeinander oder auf einen steilen Abgrund zu. Derjenige, der als erster aussteigt, gilt als Angsthase (»chicken«). Wenn keiner von beiden ausweicht, endet das Spiel für beide tödlich. Weichen beide aus, bleibt der Kampf unentschieden. Das Chicken-race-Spiel ist dem Gruppenverhalten amerikanischer Jugendlicher in den fünfziger Jahren der USA entnommen. Sie setzten das Chicken-race-Spiel als Mutprobe zur Lösung von Gruppenkonflikten bzw. Anführungskonflikten ein (vgl. *Holler/Illing*, Einführung in die Spieltheorie, 6. Aufl. 2006, S. 90f. u. 93). Durch den 1955 produzierten Film »Denn sie wissen nicht, was sie tun« (»Rebel without a cause«) erlangte es Berühmtheit. Das Chicken-race-Spiel vermag politische Entscheidungsphänomene und politische Eskalationsmechanismen zu beschreiben. Die Kuba-Krise 1962 etwa wies die klassische Entscheidungsstruktur des chicken-race auf. Kennedy gab zu erkennen, dass er nicht ausweichen, sondern es zum Zusammenstoß kommen lassen würde.

Die Differenz zwischen dem eigenen Einsatz und dem Wert des ersteigerten Gegenstandes verlieren die siegreichen Teilnehmer hier vollends aus den Augen. Für die Teilnehmer eröffnet sich eine Entscheidungssituation, die *Shakespeare* in seinem Drama »Macbeth« mit den Worten beschreibt: »Ich bin einmal so tief in Blut gestiegen, dass, wollt' ich nun im Waten stille stehen, Rückkehr so schwierig wär' als durchzugehn«[455]. Die Spieltheorie spricht deshalb auch vom sog. Macbeth-Effekt. Steht anfänglich ein rationales Ziel im Vordergrund, wird das rationale wirtschaftliche Ziel im Laufe des Prozesses abgelöst durch die Motivation der Selbstbehauptung[456]. Eine Irrationalitätsspirale kommt in Gang.

Der Dominoeffekt der Gebote wird möglich durch die Wechselwirkungen zwischen den Handlungen der Versteigerungsteilnehmer. Er folgt aus der durch die Versteigerung eröffneten Möglichkeit, das Verhalten der anderen Bieter zu beobachten und in das eigene Entscheidungskalkül einzubeziehen. Die Versteigerung als konsensualer Prozess der Preisfindung bringt einen Preis hervor, der nicht das Kondensat isolierter individueller Entscheidungen, sondern eine Folge der Interaktion zwischen den Teilnehmern ist. Diese Interaktionswege eröffnen mehrstufige bzw. Englische Versteigerungen in besonderem Maße. Sie sind für ein emotional geprägtes Bieten besonders anfällig[457]. Indem sie den Bietern Informationen über das Verhalten und die Wertschätzung der Mitbieter liefert, verleitet sie unter den Bedingungen der Wertunsicherheit zu aggressiveren Geboten und damit zu einem höheren Versteigerungserlös als alle anderen Standardauktionsformen[458]. Die Preisbildung wird zu einem gruppendynamischen Prozess. Die anderen Standardauktionsformen, namentlich die geheime Erstpreisauktion, die Holländische Auktion sowie die Vickrey-Auktion[459], lassen die Bieter über das Verhalten der Mitbieter demgegenüber nahezu gänzlich im Unklaren. Sie eröffnen den Bietern dadurch aber auch nicht

---

[455] *Shakespeare*, Macbeth, 1606, Dritter Aufzug, Vierte Szene.

[456] Die Dollar-Auktion bildet die Entscheidungsstruktur zahlreicher realer sozialer Entscheidungsvorgänge ab. Die Rüstungsspirale des Kalten Krieges, Übernahmepoker im internationalen Börsengeschäft, die mit irrationalen Gebotshöhen enden und den Bieter nicht selten in wirtschaftliche Schwierigkeiten trudeln lassen, überhöhte Lohnabschlüsse mit Streiks und Aussperrungen, die allein von dem Ziel der Gesichtswahrung und dem Ziel getrieben sind, nicht als Verlierer dazustehen, weisen das Entscheidungsmuster der Dollar-Auktion auf.

[457] Diese Zusammenhänge verkennt *Weigel*, Rechtsökonomik, 2003, S. 144 f., der zur Behebung des Phänomens des Fluchs des Gewinners eine (Englische) Versteigerung vorschlägt. Der Fluch des Gewinners ist – wie gezeigt – just eine Erscheinung (auch) der Englischen Versteigerung. Ähnlich wie *Weigel: Kruhl*, Die Versteigerung knapper Frequenzen, 2003, S. 133; *Cramton*, Journal of Law and Economics 41 (1998), S. 727 (728).

[458] Vgl. *Milgrom/Weber*, Econometrica 50 (1982), S. 1089 ff. Es lassen sich jedoch auch Auktionsregeln mit verdeckten Geboten konstruieren, die sowohl ertragreicher für den Veräußerer als auch weniger anfällig für Kollusionen sind als die Englische Auktion. Vgl. dazu *Perry/Wolfstetter/Zamir*, Technical Report 1998.

[459] Vgl. zu ihnen im Einzelnen supra S. 315 ff.

die Möglichkeit, aus dem Verhalten der anderen Bieter Rückschlüsse auf deren Wertschätzung zu ziehen und ihre eigene Wertschätzung diesen Informationen anzupassen. Sie legen keine Informationen über die private Wertschätzung der anderen Bieter offen, aus denen die Mitbieter lernen können. Die Bieter sind in einer strategischen Unsicherheit über das Verhalten der anderen Teilnehmer gefangen. Bieten die Interessenten zu vorsichtig, erhalten sie den Zuschlag nicht; bieten sie wesentlich mehr als ihre Konkurrenten, zahlen sie mehr als für den Erwerb unbedingt erforderlich. Besteht auch nicht die für mehrstufige Versteigerungen typische Gefahr eines »calor licitantis«, bleibt die Gefahr individueller Fehleinschätzungen erhalten oder erhöht sich; das Risiko kollektiver Wertüberschätzung ist nicht gebannt. Seine Ausmaße können durch die Gestaltung der Versteigerung verstärkt oder gemindert, aber nicht beseitigt werden. Der Dominoeffekt der Gebote ist eine Folge der allen Bietern gemeinsamen Wertunsicherheit, nicht aber die Ursache der Wertüberschätzung selbst. Er ist umso ausgeprägter, je größer die Unsicherheit über den wahren Wert des zu versteigernden Gutes ist und je größer die Zahl der an der Versteigerung teilnehmenden Bieter ist[460]. Auch professionelle Bieter sind vor ihm nicht gefeit[461].

Indem die Versteigerung demjenigen den Zuschlag erteilt, der das höchste Wertsignal erhalten hat, ist unter den Bedingungen der Wertunsicherheit die Wahrscheinlichkeit deutlich erhöht, dass der Zuschlagspreis den Wert des Gutes überschreitet. Nicht nur zahlt der Bieter dann möglicherweise für das zu ersteigernde Gut, d. h. die privilegierte Eröffnung eines freiheitlichen Betätigungsraumes, mehr als Nutzen mit diesem Gut erzielbar ist[462]. Die rechtliche Problematik liegt tiefer: Der Auswahlmechanismus der Versteigerung begünstigt dann denjenigen Bieter, der das höchste Risiko einzugehen bereit ist und auf die Gefahr eines eigenen (erst ex post feststellbaren) Verlustes hin um des Sieges in der Auktion willen seine eigene Gewinnchance aufs Spiel setzt[463]. Es erwirbt nicht unbedingt derjenige das Gut, der es am effizientesten nutzt, sondern derjenige, der die optimistischsten Erwartungen an seinen Wert hat. Der effizienteste Bieter erhält den Zuschlag möglicherweise deshalb nicht, weil er anders als der erfolgrei-

[460] Vgl. *Kräkel*, Auktionstheorie und interne Organisation, 1992, S. 90f. unter Hinweis auf zahlreiche empirische Forschungsergebnisse.

[461] *Kagel/Levin*, Bidding in Common Value Auctions: A Survey of Experimental Research (Fn. 438), S. 1, 14 u. 22; *dies.*, The Winner's curse and Public Information in Common Value Auctions, ibid., S. 107 (108); *Kagel/Levin/Battalio/D. Meyer*, Frist-Price Common Value Auctions: Bidder Behavior and the »Winner's Curse«, ibid., S. 85 (101). Diese ökonomischen Rahmenbedingungen übersieht etwa *Storr*, K & R 2002, S. 67 (70), wenn er behauptet: »Ein großes Missverhältnis zwischen dem Wert der Lizenz und dem Versteigerungserlös kann es (...) nicht geben«.

[462] Vgl. dazu (und den damit verbunden finanzverfassungsrechtlichen Fragen) im Einzelnen infra S. 551ff.

[463] Vgl. *J. Kruse*, Lizensierung und Wettbewerb im Mobilfunk, 1993, S. 145.

che Bieter vorsichtig geboten und zur Vermeidung des Fluchs des Gewinners einen Sicherheitsabschlag vorgenommen hat. Die Prämisse für die Effizienzgarantie des Marktes ist dann gefährdet. Die Versteigerung verfehlt das angestrebte Effizienzziel[464]: Will ein Bieter an dem Freiheitsbereich partizipieren, zu dem die Versteigerung den Zugang eröffnet, wird es für ihn in engen Zuteilungssituationen rational und praeter propter zwingend, seine Risikoscheu zu überwinden und seinem Gebot eine hohe Werterwartung zu Grunde zu legen. Die Versteigerung verleitet die Bieter insoweit in eine intrikate Entscheidungssituation. *Milgrom* bringt sie in die Formel: »You can't make any money, if you never win a bid, and you can't win if you are too cautious«[465]. Unter den Bedingungen der Wertunsicherheit prämiert die Versteigerung Risikobereitschaft, nicht unbedingt Effizienz. Sie nimmt keine strenge Effizienzauslese, sondern eine Risikoselektion vor.

Risikobereitschaft mag man als Voraussetzung für eine erfolgreiche wirtschaftliche Betätigung ansehen und ihm insofern die Sachgerechtigkeit nicht kategorisch absprechen. Besteht das Risiko freilich in der Gefährdung eines grundrechtlich geschützten Freiheitsraumes durch einen staatlichen Marktzutrittspreis, wird die Risikoauslese zu einem Instrument der Freiheitseinschränkung. Sie wählt tendenziell denjenigen Bieter aus, der sich als erster erbietet, auf die Gewinn versprechende Ausübung des grundrechtlichen Freiheitsraumes zu verzichten. Der Hasardeur, der bereit ist, sich das Fell abnehmen zu lassen in der Hoffnung, die Knochen behalten zu dürfen, droht cum grano salis zum Paradigma des Auswahlprozesses zu werden. Einem apologetischen »volenti non fit iniuria«[466] ist dann eine bemerkenswerte Perfidie eigen. Die Risikobereitschaft als Auslesekriterium tritt in Widerspruch zu der grundrechtlichen Wertung. Sie unterwandert die sachliche Rechtfertigung des preisgesteuerten Auswahlprozesses, eine Effizienzauslese vorzunehmen. Die Wahrscheinlichkeit, dass derjenige Bieter die Versteigerung gewinnt, der den Effizienzanforderungen am besten entspricht, sinkt umso deutlicher, je mehr die Common value-Komponente der Versteigerung die Bietentscheidung steuert. Die Auswahlwirkung des Verteilungsvorgangs nimmt mit dem Grad der Unsicherheit über den Wert des Gutes ab.

(3) Schlussfolgerungen für die Vereinbarkeit von Versteigerungen mit dem nationalen und eruopäischen Verfassungsrecht

Versteigerungen zeitigen unter den Bedingungen der Wertunsicherheit nicht als solche selbstredend effiziente Ergebnisse; die ex-ante höchste private

[464] Vgl. dazu aus auktionstheoretischer Sicht *Goeree/Offerman*, American Economic Revue 92 (2002), S. 625 ff.; *dies.*, The Economic Journal 113 (2003), S. 598 ff.

[465] *Milgrom*, Journal of Economic Perspectives, 1989, S. 3 (6).

[466] Vgl. dazu auch ausführlich infra S. 598 ff.

Wertschätzung geht nicht notwendig mit der höchsten Nutzungseffizienz einher. Die Zulässigkeit von Versteigerungen als staatlichem Allokationsmechanismus hängt entscheidend von dem Ausmaß der Wertunsicherheit über das zu versteigernde Gut ab, namentlich von dem Verhältnis zwischen der allen Bietern gemeinsamen Wertunsicherheit (Common value-Komponente der Versteigerung) und den zwischen den Bietern bestehenden Effizienzunterschieden (Private value-Komponente). Je größer die Wertunsicherheit der Bieter und je geringer die Effizienzunterschiede zwischen ihnen, umso weniger vermag die Versteigerung das intendierte Allokationsziel zu erreichen und umso weniger hält die Versteigerung als Allokationsmodell den Anforderungen verfassungsrechtlicher Rechtfertigung Stand.

Dort, wo die Wertunsicherheit die Effizienzunterschiede zwischen den Bietern nivelliert, wo der Wert für die Marktteilnehmer zu einer Spekulationsgröße wird, ist der Markt und ist die Versteigerung als Verteilungsmechanismus ungeeignet[467]. Die durch die Versteigerung erzielte Allokation ist dann nicht in solch signifikantem Maße effizienter als eine zufällige Verteilung, dass das Ziel der Allokationseffizienz die Gefährdung des grundrechtlichen Freiheitsraumes zu legitimieren vermag, der von ihr ausgeht; das Eis, auf dem die Versteigerung ihre Legitimation aufbaut, hält dem grundrechtlichen Rechtfertigungsdruck, den die wirtschaftlichen Freiheitsrechte aufbauen, dann nicht mehr Stand. Insbesondere die Grundfreiheiten begründen als spezifische Marktzugangsrechte der Marktbürger ein Schwellengewicht gegen Beschränkungen grenzüberschreitender wirtschaftlicher Freiheitsausübung. Vor ihrem Angesicht sind Versteigerungsentgelte als Marktzutrittspreise einer Zuteilungsregelung nur insoweit rechtfertigbar, als sie von einem zwingenden Allgemeininteresse der Effizienzauslese getragen sind, d. h. eine zielführende Auswahlfunktion zu übernehmen vermögen.

Nur dort vermag die Versteigerung ihr Effizienzversprechen einzulösen und damit die von ihr ausgehende Freiheitsbeschränkung zu legitimieren, wo die Effizienzunterschiede zwischen den Interessenten ausgeprägter sind als die allen Bietern gemeinsame Wertunsicherheit. Will der Staat von dem Zuteilungsinstrument der Versteigerung Gebrauch machen, muss er sicherstellen, dass die Rahmenbedingungen für eine hinreichend zuverlässige bieterische Wertprognose gegeben sind. Er steht bei der Entscheidung über

[467] Die Problematik der Entscheidung unter Ungewissheit hat auch das Vergaberecht erkannt und aus diesem Grunde Sonderregeln eingeführt: Nach § 3a Nr. 1 Abs. 4b der VOL/A können »in Ausnahmefällen, wenn es sich um Dienstleistungsaufträge handelt, die ihrer Natur nach oder wegen der damit verbundenen Risiken eine vorherige Festlegung eines Gesamtpreises nicht zulassen«, Verhandlungsverfahren statt öffentlichen Ausschreibungsverfahren durchgeführt werden. Hier wird nicht ein vorheriger Gesamtpreis bestimmt, sondern der Auftraggeber wendet sich an Unternehmen seiner Wahl und verhandelt mit mehreren oder einem einzigen dieser Unternehmen über die Auftragsvergabe.

die Wahl des Vergabeinstruments vor der schwierigen Aufgabe, das Ausmaß der Wertunsicherheit und ihre Auswirkungen auf die Effizienz einzuschätzen.

Indem Versteigerungen staatlich verwalteter Güter eine Verfügung über zukünftige Nutzungsmöglichkeiten an knappen Gütern vornehmen, ist ihnen notwendig ein gerüttelt Maß an Wertunsicherheit eigen, dessen Ausmaß über die Zulässigkeit des Instruments das Fallbeil wirft. Die Aufgabe, die Wertunsicherheit und die Verantwortbarkeit eines gegenleistungsabhängigen Zuteilungsmechanismus unter Unsicherheitsbedingungen einzuschätzen, kann sich nur auf die im Zeitpunkt der Entscheidung vorfindlichen Wahrscheinlichkeits- und Erfahrungswerte stützen und steht insoweit auf einer unsicheren Tatsachengrundlage. Die Einschätzung lässt sich nicht mit mathematischem Kalkül und der Präzision eines Seziermessers, sondern nur wertend wahrnehmen. Die gerichtliche Überprüfung der Wahl der Versteigerung als Zuteilungsmechanismus hat dies zu berücksichtigen. Mag sich die Effizienz des Auswahlvorgangs später anders als vermutet darstellen, muss dies der Rechtmäßigkeit der getroffenen Entscheidung nicht notwendig den Boden entziehen, soweit die im Zeitpunkt der Entscheidung getroffene Prognose auf nachvollziehbaren Bewertungen des verfügbaren Tatsachenmaterials beruht[468]. Man wird dem Gesetzgeber hinsichtlich der sich aus den zum Zeitpunkt der Entscheidung vorfindlichen Erkenntnissen gezogenen Schlussfolgerungen einen Prognosespielraum zubilligen müssen, der den im Rahmen der Verteilungslenkung bei der Auswahl der Zuteilungsziele zukommenden Gestaltungs- und Beurteilungsspielraum respektiert[469]. Erweist sich die Versteigerung im Zeitpunkt der Entscheidung als zielsicherer als die Zuteilungsalternativen, insbesondere eine auf der Basis (unvollkommener, prognoseunsicherer) staatlicher Information getroffene Auswahlentscheidung, stellt sich ihre Wahl solange als vertretbar dar, als dem mit einer Versteigerung verbundenen Kalkulationsrisiko nicht eine (ex ante erkennbare) unverhältnismäßige Beschränkung des grundrechtlichen Zugangsanspruchs korrespondiert[470].

Wenn der zuteilende Staat sich für das Instrument der Versteigerung entscheidet, ist er omni modo aufgerufen, nach Kräften zur Verminderung der Wertunsicherheit beizutragen, indem er den Bietern alle ihm zugänglichen Informationen zur Verfügung stellt, die den Wert des zu versteigernden Gutes beeinflussen können, und die Wertunsicherheit nicht durch eigenes Zutun, insbesondere durch die Gestaltung der Auktionsregeln[471] oder das Offenlassen von Handlungsverpflichtungen, die sich an

[468] Das schließt eine Korrektur eingetretener, ex ante nicht erkennbarer unverhältnismäßiger Ergebnisse nicht aus. Vgl. dazu infra S. 620ff.

[469] Vgl. zu dem gesetzgeberischen Beurteilungs- und Gestaltungsspielraum supra S. 81ff.

[470] Vgl. zu der Frage, ob und unter welchen Umständen eine Versteigerung den grundrechtlichen Zugangsanspruch in Frage stellt, im Einzelnen infra S. 593ff.

[471] Die Auktionsregeln dürfen insbesondere nicht so gestaltet sein, dass sie die Zahl

die Zuteilung knüpfen[472], verstärkt. Jede zusätzliche Wertunsicherheit erhöht das Risiko spekulativer Gebote und verkürzt die Tragweite der Effizienzunterschiede zwischen den Bietern als Auslesekriterium in der Auktion.
Die Möglichkeiten, das Prognoserisiko zu vermindern, sind begrenzt. Ein probates Mittel ist die Begrenzung der Nutzungszeit. Je überschaubarer die Nutzungszeit ist, umso geringer sind die Kalkulationsunsicherheiten, umso zuverlässiger ist die Wertanalyse und umso effizienter ist das Ergebnis der Auktion[473]. Im Idealfall vollzieht sich eine Abkehr von langfristig ausgerichteten exklusiven Nutzungsrechten hin zu einem offenen Zugangssystem, das Verfügungsrechte im Einzelfall bereitstellt[474]. Auf verfassungsrechtliche Grenzen stößt die Verkürzung der Nutzungszeit freilich dort, wo sie eine Amortisation notwendiger Investitionen nicht mehr gewährleistet. Der Zugang zu exklusiven, staatlicher Verwaltung unterworfenen Märkten geht regelmäßig mit der Vornahme von irreversiblen Investitionen einher, die als versunkene Kosten[475] auf langfristige Amortisation angelegt sind. Sie erfordern sachkapitalspezifische, zweckgebundene Investitionen. Das Bedürfnis nach Prognosesicherheit kontrastiert mit dem Bedürfnis nach Investitionsschutz. Es begrenzt die Möglichkeiten der Laufzeitverkürzung. *Williamson* spricht von einem »contracting dilemma«[476].

---

der Marktteilnehmer, denen die Versteigerung den Zugang eröffnen, dem Lauf der Versteigerung überlässt. Vgl. dazu S. 360 ff.

472 Als sehr problematisch erwies sich insoweit die deutsche UMTS-Versteigerung im Jahr 2000. Sie ließ die Höhe der Infrastrukturverpflichtungen, die die erfolgreichen Bieter im Detail zu erfüllen hatten, vor der Versteigerung offen. Vgl. dazu *Niemeier*, Die deutsche UMTS-Auktion – eine spieltheoretische Analyse, S. 94.

473 Zusätzlich erliegen kurze Nutzungsperioden auch nicht der Gefahr, Neuinteressenten auf unabsehbar lange Zeit von der Nutzung auszuschließen und damit den Grundrechtszugang zu versperren (vgl. dazu bereits supra S. 121).

474 Für den Zugang zum Frequenzspektrum hat *Ely Noam* (Journal of Law & Economics 41 [1998], S. 765 ff.; *ders.*, Telecommunications Policy 21 [1997], S. 461 ff.) ein solches Gedankenmodell entworfen. Er schlägt einen »open spectrum access« vor, der auf einem nicht exklusiven System von Einzelfallzugangsrechten beruht. Verliehen wird danach kein abstraktes, exklusives, sondern ein konkretes, einzelfallbezogenes Nutzungsrecht: Soweit ein Nutzer Frequenznutzungen beansprucht, kauft er danach die dazugehörigen Rechte von Fall zu Fall ein und zahlt dafür einen Preis, der sich nach der Höhe der Nachfrage im Einzelfall richtet und von Nutzungsfall zu Nutzungsfall schwankt (pay-as-you-go-fee). Ein dauerhaftes Ausschlussregime, das Frequenzen den Interessenten langfristig (wie z. B. bei der UMTS-Lizenzvergabe auf die Dauer von 20 Jahren) ausschließlich zur eigenen Nutzung vorbehält, sei zur ordnungsgemäßen Knappheitsbewältigung nicht zwingend erforderlich. Es sei ähnlich unangemessen wie eine Autobahnverkehrsregelung, die jedem Fahrzeugtyp (Bus, LKW, Personenwagen) immer eine eigene Spur vorbehalte. Es ignoriere Zeiten größerer und geringerer Nutzungsintensität. Frequenzen seien nicht generell knapp. Um eine effiziente Regulierung zu gewährleisten, genüge ein dynamisches Nutzungsregime, das nur für den Einzelfall eines Nutzungsengpasses Interessenten ein zeitlich begrenztes Nutzungsrecht zuweise und im Übrigen freien Zugang zulasse. Dem Gedanken einer grundrechtsschonenden Knappheitsregulierung stehen indes die gegenwärtig hohen Investitionskosten und das damit einhergehende Erfordernis hoher Verlässlichkeit und Planbarkeit für die Unternehmen sowie die gegenwärtig fehlenden technischen Voraussetzungen gegenüber (vgl. dazu auch im Text). Sobald diese freilich hergestellt sind bzw. sich herstellen lassen, tragen sie dem grundrechtlichen Anspruch einer freiheitsschonenden Knappheitsregelung in der Tat angemessener Rechnung als ein dauerhafter Ausschluss durch langfristige Nutzungsrechte.

475 Vgl. zu dem Begriff der versunkenen Kosten insbesondere S. 350.

476 *Williamson*, Bell Journal of Economics 7 (1976), S. 73 (83 ff.).

(4) Zusammenfassung

Versteigerungen erzielen – entgegen nicht selten laut verbreitetem Credo – nicht selbstredend eine effiziente Allokation knapper Güter. Unter den Bedingungen der Wertunsicherheit vermag der Versteigerungsmechanismus seine Effizienzgarantie nicht vollständig einzulösen; die Bietentscheidung kann dann den Charakter einer Zufallsvariablen annehmen.

Macht der Gesetzgeber sich im Einklang mit den Vorgaben der Verfassungsordnung und dem ihm dort zugestandenen weiten Beurteilungs- und Gestaltungsspielraum das Ziel der Allokationseffizienz zur Aufgabe, steht ihm die Versteigerung als Instrument der Verteilungslenkung grundsätzlich so lange offen, wie sie das avisierte Ziel sicherer als die Alternativen zu erreichen in der Lage ist. Die Versteigerung ist mit einer Belastung der Grundrechtsträger verbunden, die den freiheitsrechtlichen Zugangsanspruch zu gefährden vermag. Das für die Grundrechtsbetroffenen mit einer Versteigerung verbundene Kalkulationsrisiko darf sich nicht zu einer unverhältnismäßigen Beschränkung ihres grundrechtlichen bzw. grundfreiheitlichen Zugangsanspruchs auswachsen. Dem freiheitsrechtlichen Konzept des Grundgesetzes bzw. des EG-Vertrages entspricht es insbesondere, die Zulässigkeit des Zuteilungsinstruments der Versteigerung nicht ausschließlich von den Erfordernissen der Allokationseffizienz her zu bestimmen, sondern umgekehrt das Ziel der Allokationseffizienz an den Grundrechten respektive Grundfreiheiten und den weiteren verfassungsrechtlichen Vorgaben zu messen. Da sich die Wahrscheinlichkeit effizienter Zuteilung und die Gefahr einer Verkürzung des Grundrechtszugangs zueinander antiproportional verhalten, sinkt die Kraft einer Versteigerungsrechtfertigung umso deutlicher, je unsicherer die Prognose im Zeitpunkt der Zuteilungsentscheidung ist.

c) Chancengleichheit

Das Zuteilungsinstrument der Versteigerung macht sich zur Aufgabe, die Präferenzen der Interessenten wahrheitsgemäß zu ermitteln. Über den Preis fragt sie die Wertschätzung für die Zuteilung ab und ermittelt damit den Betrag, den der Übergang des Gutes für den Einzelnen als Nutzen verspricht. In dem Umfang gibt sie den individuellen Präferenzen eine Chance. Das verfassungsrechtliche Zuteilungsprogramm verlangt dem Gesetzgeber freilich nicht nur ein Zuteilungsprogramm ab, in dem der Realisierungsgrad der Chancen durch objektiv sachgerechte Kriterien bestimmt wird. Es gebietet auch, dass der Zugang zur Ausübung auf die Gewährleistung individueller Freiheitsräume gerichteter Freiheitsrechte sich nach Kriterien bemisst, die für den Einzelnen erfüllbar sind[477]: Die Individuen müs-

---

[477] Vgl. BVerfG, Urt. v. 8.2.1977, BVerfGE 43, S. 291 (316f.) – numerus clausus II;

sen eine möglichst gleichmäßige Chance haben, ihre Ausübungsinteressen zur Geltung bringen zu können. Dem kommt umso größeres Gewicht zu, je mehr die Zuteilungsentscheidung über die Verteilung von Lebenschancen befindet.

aa) Vom Konnex zwischen Zahlungsbereitschaft und Zahlungsfähigkeit; das Gesetz vom sinkenden Grenznutzen des Geldes

In einem preisgeleiteten Zuteilungssystem können sich nur die Präferenzen derjenigen auswirken, die über die notwendigen Mittel verfügen. Die Möglichkeit eines Wirtschaftssubjektes, Präferenzen in dem Versteigerungsprozess wirksam werden zu lassen, erfährt eine Begrenzung durch die Mittel, über die es bereits verfügt. Wer nichts gibt, bekommt auch nichts. Die Zahlungs*bereitschaft* hängt mithin von der Zahlungs*fähigkeit* ab. Derjenige, der über wenige Geldmittel verfügt, hat eine geringere Möglichkeit, seine Präferenzen zur Geltung zu bringen als jemand, der über viele Geldmittel verfügt. Bei ihm steht hinter dem gleichen gebotenen Betrag ein stärkerer Wunsch, eine Sache zu erwerben, als bei dem, der über mehr Zahlungsmittel verfügt[478]. Die unterschiedliche Anfangsausstattung verleiht den Präferenzen der Interessenten ein unterschiedliches Gewicht. Geld hat nicht für jeden den gleichen Wert. Die Ökonomie spricht vom sinkenden Grenznutzen des Geldes[479].

Die unterschiedliche Zahlungsfähigkeit blendet der Markt als Problem aus. Er gibt nur demjenigen Tauschmacht, der tauschfähige Positionen anzubieten in der Lage ist. Er gibt dem, der schon viel hat. Maßgeblich sind

---

ferner BVerfG, Urt. v. 18.7.1972, BVerfGE 33, S. 303 (338) – numerus clausus I; BVerfG, Beschl. v. 5.11.1980, BVerfGE 55, S. 159 (166f.) – Falknerjagdschein; BVerfG, Urt. v. 16.6.1981, BVerfGE 57, S. 295 (327); BVerfG, Urt. v. 5.2.1991, BVerfGE 83, S. 238 (319) – 6. Rundfunkentscheidung.

[478] Vgl. *A. Smith* (Der Wohlstand der Nationen, hrsg. v. C. Recktenwald, 1993 [1776], S. 49) drückt dies plastisch aus: »So kann man in einem gewissen Sinne sagen, ein sehr armer Mann habe eine Nachfrage nach einem Sechsspänner, da er diesen gern haben möchte, doch handelt es sich hier nicht um eine wirksame Nachfrage«.

[479] Das Prinzip des abnehmenden Grenznutzens des Einkommens geht auf den Ökonomen *Daniel Bernoulli* (1700–1782) zurück. Der Begriff des Grenznutzens beschreibt in der Ökonomie allgemein die Erkenntnis, dass mit jeder Erhöhung der Güterversorgung zwar der Nutzen der verfügbaren Gesamtmenge (absolut betrachtet) steigt, der Nutzen der zuletzt hinzugefügten Teilmenge jedoch geringer ist als der einer gleich großen zuvor hinzugefügten Teilmenge. Mit zunehmender Menge des Gutes nimmt zwar der Nutzen zu, aber die Nutzenzuwächse nehmen ab. Der Nutzen, den eine zusätzliche Einheit eines Gutes bringt, sinkt mit zunehmender Sättigung (1. Gossensches Gesetz): »Die Größe eines und desselben Genusses nimmt, wenn wir mit Bereitung des Genusses ununterbrochen fortfahren, fortwährend ab, bis zuletzt Sättigung eintritt« (*Gossen*, Entwicklung der Gesetze des menschlichen Verkehrs, und der daraus fließenden Regeln für menschliches Handeln, 1854, S. 4f.; vgl. zum Begriff des Grenznutzens etwa auch *Behrens*, Die ökonomischen Grundlagen des Rechts, 1986, S. 91f.; *Lieth*, Die ökonomische Analyse des Rechts, 2006, S. 51).

für ihn ausschließlich die Zahlungsbereitschaften, die tatsächlich am Markt geäußert werden. Er teilt demjenigen zu, dessen individuelle Präferenzen als höchste in den Tauschprozess eingehen. In seinem Regime sind Wirtschaftssubjekte mit einer geringen Ausstattung an Gütern systematisch benachteiligt. Die Anfangsausstattung hat unmittelbaren Einfluss auf die Präferenzordnung und das effiziente Verteilungsergebnis[480]. Der Markt gewährleistet nicht aus sich selbst heraus ein Mindestmaß an Gleichheit der Ausgangschancen; er setzt sie voraus. Der zuteilende Staat ist aufgerufen, dies im Rahmen des Versteigerungsprozesses zu berücksichtigen, soll die Versteigerung den Zugang zur Ausübung knappheitsbeschränkter Freiheitsrechte nicht unverhältnismäßig beschränken und die Grundrechte ihres personalen Charakters nicht berauben.

Das Ausmaß, in dem die unterschiedliche Anfangsausstattung Chancen verzerrt, hängt dabei von dem Zweck ab, dem das Gut zu dienen bestimmt ist. Für Güter, die unmittelbar der menschlichen Bedürfnisbefriedigung dienen (Konsumgüter)[481], wirkt sich die Schieflage der Ausgangsbedingungen stärker aus als für Sachgüter und Leistungen, die zur Erstellung anderer Güter eingesetzt oder benötigt werden (sog. Produktionsmittel). Während der wirtschaftliche Wert von Konsumgütern sich regelmäßig in der Verbrauchsmöglichkeit erschöpft und die Nachfragemöglichkeit insoweit eng an den vorhandenen Vermögensstamm gekoppelt ist, bestimmt sich der Wert von Produktionsgütern demgegenüber nach der mit ihnen verbundenen Aussicht auf Gewinnerzielung. Für die Nachfrage nach ihnen ist das vorhandene Tauschpotenzial weniger entscheidend als der zu erwartende Ertrag.

Unternehmen fragen Produktionsmittel grundsätzlich unabhängig von ihrem gegenwärtigen Vermögen nach. Ihre Entscheidungen sind weniger auf das erworbene Vermögen beschränkt als auf die Aussicht auf Gewinnerzielung gerichtet. Notwendige Mittel beschaffen sie sich auf den Kapitalmärkten. Die Befürchtung, dass die Vergabe nach dem Höchstgebot faktisch zu einem Ausschluss kleinerer Unternehmen führt, erscheint angesichts der Möglichkeiten der Fremdkapitalfinanzierung überprüfungsbedürftig. Der Kapitalmarkt stellt auch kleineren Bietern und Bieterkonsortien ausreichend Kapital zur Verfügung, soweit sie innnovationsfreudig sind und daher eine effiziente Nutzung der wirtschaftlichen Nutzungsrechte erwarten lassen[482]. Das staatlich vermittelte Nutzungsrecht stellt eine veritable Kreditsicherheit dar. Möglichkeiten der Fremdkapitaldeckung mindern die Auswirkungen unterschiedlicher Zahlungsfähigkeit. Der Konnex zwischen Zahlungsbereitschaft und Zahlungsfähigkeit schwächt sich ab.

---

[480] Vgl. dazu auch supra S. 238 ff.

[481] Die Volkswirtschaftslehre unterscheidet insoweit (zum einmaligen Verbrauch bestimmte) Verbrauchsgüter und (länger nutzbare) Gebrauchsgüter.

[482] Vgl. *Freytag/Jäger*, ORDO 47 (1996), S. 215 (221).

Auch hier sind die Ausgangsbedingungen jedoch nicht paritätisch verteilt. Kapitalbeschaffungsmaßnahmen sind nicht kostenfrei. Rücklagenstarke Unternehmen haben gegenüber Unternehmen mit einer schwachen Kapitaldecke, die die Mittel auf dem Kapitalmarkt teuer beschaffen müssen, Startvorteile. Die Gefahr der Überforderung ist groß. Nicht allein der Macht des Zufalls ist es wohl zuzuschreiben, dass etwa aus den europäischen UMTS-Versteigerungsverfahren nahezu ausschließlich etablierte Anbieter als Sieger hervorgegangen sind[483] oder dass in den USA im zeitlichen Umfeld von Frequenzauktionen eine auffällige Häufung von Insolvenzen gerade kleinerer und mittlerer (und damit typischerweise kapitalschwacher) Unternehmen zu beobachten war[484]. Lässt sich dem noch durch besondere Zahlungsbedingungen, etwa zeitlich gestreckte Amortisationszahlungen, Rechnung tragen[485], so sind dadurch nicht alle Auswirkungen unterschiedlicher Ausgangsvoraussetzungen beseitigt. So verfügen etablierte Unternehmen, die bereits Vorinvestitionen getätigt, etwa einen Kundenstamm erworben haben, über Effizienzvorteile gegenüber neuen (aber vielleicht innovativen) Anbietern[486]. Jene haben in der Vergangenheit (versunkene) Kosten aufgebracht, die zum Zeitpunkt der Versteigerung nicht mehr entscheidungsrelevant sind, während neue Anbieter diese Kosten noch als Markteintrittskosten stemmen müssen. Für jene hat das gleiche Gut einen höheren Wert. Sie setzen sich im Markt leichter durch. Größen-

---

[483] Vgl. dazu *P. Klemperer*, How (Not) to Run Auctions: the European 3G Telecom Auctions, Discussion Paper, Centre for Economic Policy Research, 2002, S. 1 ff.

[484] Häufig gaben die Bieter Gebote in der Hoffnung auf, die notwendige Finanzierung zu erzielen, ohne dies ausreichend sichergestellt zu wissen. Vgl. etwa *Abramowicz*, American University Law Review 49 (1999), S. 327 (406) m. w. N. Ähnliches gilt auch im Grundsatz in Deutschland im Falle der UMTS-Auktion. Von den erfolgreichen Bietern sind angesichts der mit dem Zuschlagspreis verbundenen horrenden Belastungen insbesondere die kleineren alsbald in Zahlungsschwierigkeiten geraten und zum Teil vom Markt verschwunden. Die erhoffte effiziente Nutzung blieb aus. Die Federal Communication Commercial versucht den Belastungen hoher Einmalzahlungen durch flexible Formen der Zahlungsmodalitäten entgegenzuwirken.

[485] Hohe Einmalzahlungen erweisen sich auch insoweit nicht als unbegrenzt sinnvoll, als der Staat wesentlich niedrigere Liquiditätskosten hat als jedes private Wirtschaftssubjekt. Die Versteigerung als Allokationsinstrument setzt nicht voraus, dass die Versteigerungsleistung in einer einmaligen Vorauszahlung erbracht wird; entscheidend ist nach ihrem ökonomischen Modell alleine, dass die Höhe der zu erbringenden Zahlungen im Voraus *festgelegt* wird.

[486] *Beese/Naumann*, MMR 2000, S. 146; *Felder*, Frequenzallokation in der Telekommunikation, 2004, S. 294 ff.; *Noam*, Journal of Law & Economics 41 (1998), S. 765 ff.; *Degenhart*, K & R 2001, S. 32 (33 und 39); *Dam*, Oil resources – Who gets what how?, 1976, S. 153 ff.; *Wimmer/Tiedrich*, Common Law Conspectus 3 (1995), 17 ff. Darauf, dass auch Ausschreibungsverfahren zu einer Begünstigung etablierter Anbieter führen kann, da sie – anders als Neulinge – bereits ihre Eignung unter Beweis stellen konnten, weist *Heilbock*, MMR 1999, S. 23 (27) hin. Für den Kontext des Zugangs zu öffentlichen Märkten vgl. etwa OVG Nordrhein-Westfalen, Urt. v. 12. 11. 1990, NVwZ-RR 1991, S. 551 m. w. N.; *Tettinger*, DÖV 1993, S. 236 (240).

vorteile (economies of scale)[487] verleihen großen Unternehmen gegenüber kleinen eine höhere Produktivität. Der Größe des Unternehmens korrespondieren dann Kostenersparnisse und Effizienzvorteile. Woraus die Effizienzvorteile Einzelner herrühren, wie ihre Ausgangsvoraussetzungen aussehen, interessiert den Markt nicht[488]. Kleinere Unternehmen, Newcomer und kapitalschwache Unternehmen sind hier systematisch benachteiligt[489].

bb) Verfassungsrechtliche Schlussfolgerungen

Die Verfechter marktorientierter liberaler Ansätze, wie die Chicago School of Economics, sehen aus der ungleichen Verteilung der Ausgangsvoraussetzungen keinen Remedurbedarf erwachsen. Die Effizienzvorteile sind für sie Ausdruck eines Wettbewerbs um die effizienteste Organisationsform[490]. Der effizientesten Nutzung gebühre hierbei der Primat. Sonst werde der Verschwendung der Weg geebnet und würden mögliche Wohlfahrtsgewinne nicht erzielt. An den Vorstellungen der Verfassung geht dieses Wettbewerbs-

[487] Nach dem Gesetz der steigenden Skalenerträge fallen die durchschnittlichen Produktionskosten bei steigender Menge eines produzierten Gutes und steigender Betriebsgröße bis zu einem Minimum. Vgl. *Baßeler/Heinrich/Utecht*, Grundlagen und Probleme der Volkswirtschaft, 17. Aufl. 2002, S. 199.

[488] Vgl. grundlegend *D.C. Hubin*, Economics and Philosophy 10 (1994), S. 169 (183 u. 185).

[489] Größenvorteile können Unternehmen bei Versteigerungen auch im Hinblick auf die Möglichkeit steuerrechtlicher Verlustabschreibung zukommen: Indem die erfolgreichen Bieter die Belastung, die mit der Versteigerung einhergeht, mit Gewinnen aus anderen Geschäftsfeldern verrechnen können, entstehen für größere Unternehmen mit vielen Geschäftsfeldern und hohen kompensierbaren Gewinnen zusätzliche Größenvorteile in dem Bieterwettbewerb, die ihre Erfolgschancen in dem Auswahlprozess positiv verbessern können. Die Bieter beziehen diese in ihre Bietentscheidung als Rahmendatum ein. Die (je nach Zuschnitt und Größe des Unternehmens) unterschiedlichen Möglichkeiten steuerrechtlicher Verlustabschreibung können die Auswahlwirkung des Versteigerungsvorgangs beeinflussen. Im Zuge der deutschen UMTS-Versteigerung haben die Bieter in reichem Umfang von der Möglichkeit der Abschreibung Gebrauch gemacht. Dies führte zu entsprechenden massiven Steuerausfällen in den Haushalten der Bundesländer, denen diese Einnahmen anderenfalls zugeflossen wären. Sie bildeten den Anlass für ein von den Ländern angestrengtes Verfahren vor dem Bundesverfassungsgericht, mit dem die rechtsschutzsuchenden Bundesländer einen Anteil an dem durch den Bund vereinnahmten Versteigerungserlös forderten. Vgl. dazu BVerfG, Urt. v. 28. 3. 2002, BVerfGE 105, S. 185 ff. – UMTS-Versteigerungserlös; *Korioth*, Verfassungsrechtliche und verfassungsprozessuale Aspekte einer Beteiligung der Länder an den Erlösen aus der Versteigerung der UMTS/IMT-2000-Lizenzen, 2001; *Kruhl*, Die Versteigerung knapper Frequenzen, 2003, S. 256 ff.; *Leist*, Versteigerungen als Regulierungsinstrument, 2004, S. 146 ff.; *Selmer*, NVwZ 2003, S. 1304 ff.

[490] Vgl. etwa *Demsetz*, Two Systems of Belief about Monopoly, in: Goldschmid/Mann/Weston (Hrsg.), Industrial Concentration, 1974, S. 166: »Denn die Größe einer Unternehmung oder der Konzentrationsgrad eines Wirtschaftszweigs zeigen nicht, dass hier der Wettbewerb beschränkt ist. Eine Unternehmung ist nicht notwendigerweise wettbewerbsbeschränkend, weil sie groß ist, sondern sie ist möglicherweise groß, weil sie wettbewerblich ist«. Vgl. zum Wettbewerbsmodell der Chicago School ausführlich S. 151 ff.

und Gesellschaftsmodell indes vorbei. Das Grundgesetz setzt dem Effizienzdenken mit den Grundrechten ein gesellschaftspolitisches Leitbild entgegen, das Grundrechte um der Persönlichkeitsentfaltung willen, nicht um der Effizienz willen einräumt. In dem trade-off zwischen Effizienz und Verteilungsgerechtigkeit zieht es dem Geltungsraum der Effizienz Grenzen[491]. Es gebietet ein Mindestmaß an Chancengleichheit zwischen den Interessenten. Für den Einzelnen muss eine realistische Chance bestehen, die Zugangskriterien erfüllen zu können und nicht auf Dauer von dem Grundrechtsgebrauch ausgeschlossen zu sein. Die Verwirklichung von Lebenschancen darf nicht ausschließlich oder ganz überwiegend von der unterschiedlichen Anfangsausstattung an Zahlungsmitteln abhängig gemacht werden.

Je weniger demgegenüber das personale Substrat einer grundrechtlichen Gewährleistung betroffen ist, umso breiterer Raum öffnet sich dem Gesetzgeber für eine effizienzorientierte Ausfüllung grundrechtlicher Betätigungsräume. In Frage kommen insoweit insbesondere Tätigkeiten, die ihrer Natur nach eine hohe Kapitalintensität und Organisationsstruktur voraussetzen, die einer Einzelperson typischerweise nicht zugänglich sind, wie der Betrieb von Mobilfunk, einer Fluglinie etc. Der personale Bezug der Tätigkeit geht hier nahezu vollständig verloren. Berufsfreiheit wird dann zur Unternehmerfreiheit. Entbehrt sie auch nicht des grundrechtlichen Schutzes[492], tritt die Forderung nach einem Mindestmaß an Chancengleichheit hier weitgehend als Teilelement einer gerechten gesetzlichen Wettbewerbsordnung in Erscheinung (wie etwa in § 2 Abs. 2 Nr. 2 TKG), die weitgehend gesetzgeberischer Gestaltung obliegt (vgl. dazu insbesondere infra S. 403).

Unternehmerfreiheit und personale Grundrechtsentfaltung stehen dabei nicht berührungslos nebeneinander. Sie können aufeinander prallen und in Konkurrenz um knappe Zugangsrechte treten. Effizienzstreben kann die personale Freiheit majorisieren und den grundrechtlichen Entfaltungsraum dem Ausverkauf preisgeben[493]. Effizienz verliert dann den für die Grundrechte wesentlichen Aspekt der Persönlichkeitsverwirklichung aus dem Blick. Der Gesetzgeber ist aufgerufen, durch ein rechtsstaatliches, Chancengleichheit gewährendes Verfahren eine Austarierung der unterschiedlichen Interessen und Entfaltungsräume wahrzunehmen und das personale Substrat gegen die Übergriffe unterschiedlicher Ausgangsvoraussetzungen der Zahlungsfähigkeit zu schützen. Daraus können Schranken für die Zulässigkeit des Versteigerungsverfahrens als Mittel der Allokation knapper, staatlich verwalteter Güter erwachsen.

---

[491] Vgl. dazu im Einzelnen supra S. 251 ff.

[492] Art. 16 der Grundrechtecharta nimmt die unternehmerische Freiheit mit einem gegenüber den anderen Verbürgungen deutlich abgeschwächten Schutzgehalt in seinen Katalog der Grundrechte auf. Vgl. zum Grundrechtsschutz von Unternehmen im europäischen Verfassungsverbund im Einzelnen *Hilf/Hörmann*, NJW 2003, S. 1 ff.

[493] Vgl. dazu auch supra S. 263 ff. sowie S. 347 ff.

In diese Richtung deuten auch die Judikate des Bundesverfassungs- und des Bundesverwaltungsgerichts in ihren Entscheidungen zu Güterfernverkehrsgenehmigungen und Taxikonzessionen, in denen sie die Chancengleichheit als grundrechtliches Gebot betonen: »Die Chancengleichheit der Bewerber ist wesentlich berührt und würde nicht mehr bestehen, wenn die Übertragung von Genehmigungen zum regellosen Handelsobjekt mit erheblichen Preisen gemacht werden kann«, urteilten sie[494]. Aus diesen Äußerungen gar ein präjudizielles Verbot der Erstzuteilung knapper, staatlicher Erlaubnisse nach dem Maßstab der Zahlungsbereitschaft herauszulesen – wie teilweise vorgeschlagen[495] –, wird der Bedeutung der Grundrechte, dem Sinngehalt der Entscheidungen und den Notwendigkeiten der Chancengleichheit indes nicht gerecht. Gegenstand der Entscheidungen war nicht die monetäre Erstzuteilung knapper, staatlich verwalteter Güter, sondern die käufliche Umgehung einer rechtsstaatlich abgesicherten Warteliste: Der Gesetzgeber hatte eine Zuteilung nach dem Prioritätsprinzip angeordnet, die durch einen schwunghaften Handel umgangen wurde; das gesetzgeberische Zuteilungsziel wurde konterkariert und die Chancengleichheit der Bewerber insofern beeinträchtigt, als ihre Chancen, von dem Angebot Kenntnis zu erlangen, durch die mangelnde Informationstransparenz ungleich verteilt waren. Einer Öffnung des staatlichen Zuteilungssystems für eine monetäre Erstzuteilung steht dies nicht im Wege. Das Bundesverfassungsgericht hat damit nicht schon frühzeitig mit der Lanze der Chancengleichheit den Vormarsch der Versteigerung als Instrument der Zuteilung staatlich verwalteter Güter gestoppt[496]. Es spricht kein absolutes Instrumentenverbot aus. Eine carte blanche erteilt es indes ebenso wenig.

Zwischenfazit

Die Verfassung gebietet eine hinreichende Absicherung personal orientierter grundrechtlicher Freiheit gegen eine Majorisierung durch entpersonalisierte Effizienzentitäten und eine Verdrängung grundrechtlicher Betätigungsräume. Das Zuteilungsinstrument der Versteigerung benachteiligt tendenziell solche Nutzungen, die einen hohen personalen Entfaltungs-, aber einen geringen Effizienzwert haben. Verfassungsrechtlich unverdächtig ist dies nur dort, wo für die personale Entfaltungsfreiheit nach der Art der Nutzung kein Raum bleibt[497], die Unternehmerfreiheit also nicht in Konkurrenz zum personalen Grundrechtsgehalt tritt. Wo indes die perso-

---

[494] BVerfG, Beschl. v. 14.10.1975, BVerfGE 40, 196 (232); BVerwG, Urt. v. 27.8.1981, BVerwGE 64, S. 238 (245); vgl. dazu *Frotscher/Becht*, NVwZ 1986, S. 81 (83).

[495] So etwa *Rummer*, NJW 1988, S. 225 (233).

[496] Ebenso *C. Koenig*, Verteilungslenkung, 1994, S. 428f.; *Kruhl*, Die Versteigerung knapper Frequenzen, 2003, S. 188 f.; *Storr*, K & R 2002, S. 67 (71 f.).

[497] Zu denken ist etwa an den Betrieb eines Atomkraftwerks oder eines Mobilfunkunternehmens, die ihrer Art nach eine aggregierte Form der Aufgabenwahrnehmung erfordern.

nale Freiheitsentfaltung in der Konkurrenz mit entpersonalisierten Effizienzeinheiten zu unterliegen droht, bedarf es eines Chancengleichheit herstellenden Schutzinstruments, das einer unverhältnismäßigen Beschränkung des Zugangs zur Freiheitsbetätigung durch marktliche Verteilungsmechanismen entgegenwirkt.

cc) Chancengleichheit und Wettbewerbsfreiheit – das Risiko asymmetrischer Marktzutrittsbedingungen

Chancengleichheit erweist sich nicht nur als ein Gebot personalen Freiheitsschutzes, sondern auch als eine Strukturvoraussetzung unverfälschten Wettbewerbs, dessen Schutz insbesondere die gemeinschaftsrechtlichen Wettbewerbsregeln verschrieben sind. Nur dort kann ein funktionierender Wettbewerb zwischen Wirtschaftssubjekten entstehen, wo ein Mindestmaß an Chancengleichheit zwischen den Wettbewerbern sichergestellt ist[498]. Ist der Staat auch nicht gehalten, tatsächliche Unterschiede in den Ausgangsvoraussetzungen der Wirtschaftssubjekte zu nivellieren, so ist er aufgerufen und berechtigt, eine Ungleichheit von Chancen, die seine Zuteilungsordnung für die Wirtschaftssubjekte schafft, nach Kräften zu verhindern:

Indem die Versteigerung einen knappheitsspiegelnden Marktzutrittspreis in die Verteilungsordnung einführt, kann sie als Zuteilungsmechanismus asymmetrische Marktzutrittsvoraussetzungen für Neubewerber und Altsassen begründen. Der Auktionsmechanismus bringt als tagesaktueller Spiegel der Knappheitsrelation nicht nur auf dem Zeitstrahl mitunter völlig unterschiedliche Zuteilungspreise für als grundsätzlich gleichwertig anzusehende Ressourcen hervor, die die Zugangsgleichheit zwischen Wettbewerbern gefährden können. Insbesondere der Systemwechsel von einer kostenfreien auf eine gegenleistungsbezogene Zuteilung kann eine Zugangsasymmetrie nach sich ziehen. Wurde Altsassen in der Vergangenheit der Segen einer kostenfreien Zuteilung zuteil und können sie deshalb kostenlos auf Ressourcen zugreifen, während Neubewerber für den Zugang nunmehr einen wertäquivalenten Marktpreis zu entrichten haben, kann darin eine wettbewerbsverzerrende Diskriminierung und die Förderung einer marktbeherrschenden Stellung eines Unternehmens in Gestalt eines Verstoßes gegen Art. 86 Abs. 1 i. V. m. Art. 82 EG liegen[499], der die Versteigerung als Zuteilungsmechanismus verfemt. Dass in der Versteigerung für den marktetablierten Altsassen die gleichen Zuteilungsregeln gelten, ändert an den asymmetrischen Ausgangsvoraussetzungen nichts[500]. Die Ungleichbe-

---

[498] EuGH, Urt. v. 13.12.1991, Slg. 1991, I-5941 (5981) – RTT/GB-Inno-BM; EuGH, Urt. v. 20.10.2005, NJW 2006, S. 37 (39), Rdnr. 39 – ISIS/O2; EuGH, Urt. v. 22.5.2003, Slg. 2003, I-S. 5197, Rdnr. 83 – Connect Austria.

[499] Ibid.

[500] Vgl. dazu auch infra S. 633.

handlung liegt gerade in der formalen Gleichbehandlung. Der versteigernde Staat gerät durch den unbedachten, nicht in ein Zuteilungssystem eingebetteten Gebrauch der Versteigerung leicht in eine Steuerungsfalle, die ihn in die Rolle des Zauberlehrlings versetzt, der die Geister, die er rief, nicht wieder los wird.

dd) Die Verwirklichung von Chancengleichheit im System der Versteigerung: Diskont und Reservation

Die Versteigerung ist für die Forderung nach Herstellung von Chancengleichheit nicht prinzipiell taub[501]. Stellt sie diese als effizienzorientiertes Verteilungsinstrument auch nicht kraft ihrer Natur eo ipso her, können ihr weitere Ziele als Versteigerungsregel implementiert werden: Chancengleichheit lässt sich einer Versteigerung durch eine Modifikation der Versteigerungsregeln einpflanzen. Teile des zuzuteilenden Kontingents können für solche Nutzergruppen reserviert werden, die im Effizienzwettbewerb zu unterliegen drohen, so etwa kleine und mittlere Unternehmen oder Unternehmen, die von Minderheiten, Frauen oder anderen als förderungswürdig erkannten Gruppen geführt werden etc. Die Separierung des Nutzungsspektrums schaltet den Effizienzwettbewerb zwischen Gruppen ungleicher Ausgangsbedingungen aus und initiiert einen Wettbewerb ausschließlich unter als gleich Erkannten.

Die Chancengleichheit erkauft die Reservation mit einem diskretionären Element, das die Exklusivität mit der harten Münze der Inflexibilität des Zuteilungsprozesses bezahlt. Als flexibler erweist sich insoweit die Gewährung eines Diskonts auf den Versteigerungspreis. Ein Diskont vermag die Funktion der Herstellung von Chancengleichheit in gleichem Maße zu erfüllen, ohne das Risiko zu eröffnen, knappe Güter infolge unzureichender Nachfrage ungenutzt zu lassen[502].

Sinnhaft sind solche Privilegierungsmaßnahmen freilich nur so lange, als die Begünstigten ihre Privilegierung tatsächlich zur Nutzung des Gutes verwenden, statt sie im Anschluss an die Auktion sogleich als windfall profit zu versilbern, um einer zahlungskräftigeren, gegebenenfalls effizienteren Nutzung Platz zu machen. Die Versuchung dazu kann je nach Höhe des gewährten Vorteils groß sein. Die gute Absicht der Herstellung von Chancengleichheit wird dann unterlaufen. Die grundrechtliche Freiheit erliegt

---

[501] Irrig insoweit *Kleinschmidt*, Die Versteigerung von Telekommunikationslizenzen, 2004, S. 167 f: » (…) ist der Staat hier (s. c. bei der Versteigerung) weder in der Lage noch in der Verantwortung, allen Wettbewerbern ausreichende Marktchancen zu verschaffen«; ähnlich *H. Zuck*, Auswahl- und Verteilungsentscheidungen beim Bewerberüberhang, 1994, S. 201.

[502] Vgl. zu den Erfahrungen amerikanischer Frequenzauktionen mit Diskont- und Reservationsmodellen *K. Wimmer/L. Tiedrich*, CommLaw Conspectus 3 (1995), S. 17 (25 ff.).

dem Ökonomisierungsdruck. Soll der Gedanke der Chancengleichheit in dem Konzept marktlicher Zuteilung mit Erfolg etabliert und nicht durch die Durchsetzungskraft der Effizienz verdrängt werden, muss der als Teil der Erstzuteilung erfolgenden Privilegierung eine Beschränkung im Rahmen der Sekundärallokation korrespondieren. Das bedeutet notwendig eine Einschränkung der Verfügungsbefugnis der Destinäre: An die bevorrechtigte Zuteilung muss sich ein Übertragungsverbot (zwischen den Zuteilungsgruppen) knüpfen, soll die Bemühung um Chancengleichheit Früchte tragen. Die Privilegierung führt eine Einschränkung der Sekundärallokation im Schlepptau (vgl. dazu infra S. 721 ff.). Die Verteilungsgerechtigkeit setzt der Effizienz insoweit eine Schranke.

d) Gemeinwohlbindung des Zuteilungsprozesses und Komplexitätsverarbeitungsdefizit des Versteigerungsverfahrens

»Es ist ein Irrtum zu glauben, dann wenn jeder ausschließlich an sich selbst denkt, sei schließlich auch an jeden gedacht«. (Bernhard Vogel)

Die Versteigerung als Allokationsinstrument probt den Spagat zwischen hoheitlicher Zuteilungsaufgabe und privatautonomem Steuerungsmechanismus. Ihre Legitimation als Baustein einer öffentlich-rechtlichen Verteilungsordnung und die Unterwerfung der ihr anvertrauten Güter unter einen staatlichen Zuteilungsvorbehalt bewegt sich solange auf ungesichertem Boden, wie sich ihre Funktion als öffentlich-rechtlicher Zuteilungsvorgang darin erschöpft, das Ergebnis eines privatwirtschaftlichen Vorgangs abzubilden und dem freien Spiel des Marktes Raum zu geben. Entreißt der Staat zuzuteilende Güter der privaten Güterordnung und überführt sie in die Obhut der staatlichen Verteilungsordnung, um sie anschließend unter dem Siegel hoheitlicher Verteilungsmacht wieder der weitgehend ungezähmten Kraft des Marktes anzuvertrauen, steht ein solcher Modus der Aufgabenwahrnehmung in der Gefahr, die Rechtfertigung hoheitlicher Zuteilungsmacht und die Ordnungsfunktion öffentlich-rechtlicher Verteilungslenkung aus den Augen zu verlieren.

Öffentlich-rechtliche Verteilungslenkung ist mehr als leistungsgerechter Güteraustausch; mit Allokationseffizienz alleine gibt sie sich nicht zufrieden. Sie zielt auf eine gemeinwohlorientierte, durch die Rechtfertigungskraft grundrechtlicher Freiheitseinschränkung getragene, nicht lediglich effiziente Nutzung. Effizienz muss sich insbesondere mit öffentlichem Nutzen nicht decken (dazu infra aa). Marktzuteilung durch Versteigerung in Reinkultur ist ein Gegenentwurf zu Regulierung und staatlicher Verteilungsaufgabe. Sie bedeutet den Verzicht auf regulatorische Feinsteuerung und auf Regulierungsziele, die der Markt nicht ohne Weiteres erreichen kann, wenn sie nicht um korrigierende Elemente angereichert wird (dazu infra bb).

aa) Rechtfertigungsgrenzen des Marktes in der öffentlich-rechtlichen Verteilungsordnung

Der Markt stellt zunächst nur betriebswirtschaftlich gewinnorientierten Ressourceneinsatz und damit mittelbar eine dem Wohlfahrtsziel dienende effiziente Nutzung, nicht aber zwingend sozialen Nutzen sicher. Er hat nicht die Interessen der Allgemeinheit im Auge und sucht sich unter den Verteilungsoptionen nicht diejenige heraus, die nach einem übergeordneten Wohlfahrtskriterium die beste ist. Er interessiert sich nicht dafür, ob eine Güterverteilung als gut, gerecht oder gesellschaftlich wünschenswert anzusehen ist[503]. Die Ausgeschlossenen sind ihm gleichgültig. Der Effiziente bietet denjenigen seine Leistungen an, die ihm den höchsten Gewinn versprechen. Ältere Menschen zählen dazu im Zweifel weniger als jüngere, ländliche Regionen weniger als Ballungsgebiete. Der Markt kennt keinen Infrastrukturauftrag; das Ziel einer gleichmäßigen Versorgung der Bevölkerung ist ihm fremd. Er stellt als solcher nicht sicher eine verfassungsrechtlich hinnehmbare Güterverteilung her[504]. Er ist nicht in der Lage und dazu konzipiert, die Interessen der Allgemeinheit in ihrer ganzen Komplexität zu rekonstruieren und unterschiedliche konkurrierende Belange gegeneinander abzuwägen[505]. Für die Erreichung *bestimmter* Zuteilungswirkungen, die außerhalb des Ziels effizienter Ressourcennutzung liegen, ist hoheitliche Steuerung erforderlich. Der Markt erreicht sie nicht aus sich selbst heraus. Das Recht muss sie dem Marktprozess als Rahmenbedingungen vorgeben. Der Marktprozess bedarf insoweit der Korrektur. Diesen Zwang auszuüben, ist Aufgabe hoheitlicher Zuteilungsinstrumente und zentraler Rechtfertigungsanker einer hoheitlichen Verteilungsordnung[506]. Ohne ihre übergeordneten Zuteilungsziele fehlt einer hoheitlichen Zuteilungsordnung die innere Legitimation. Vermag die Versteigerung diese Ziele nicht zu integrieren, taugt sie nicht als Zuteilungsinstrument des öffentlichen Rechts. Erst eine komplexe Bandbreite von Kriterien erlaubt eine Antwort auf die Frage, welche Auswahlentscheidung dem die öffentlich-rechtliche Verteilungslenkung rechtfertigenden Interesse am besten dient[507]. Die Versteige-

---

[503] Vgl. *Albert*, Traktat über rationale Praxis, 1978, S. 148; *A. Endres/Qurner*, Die Ökonomie natürlicher Ressourcen, 2. Aufl. 2000, 156 ff.; *Posner*, Recht und Ökonomik: Eine Einführung, in: H. D. Assmann/Kirchner/Schanze, Ökonomische Analyse des Rechts, 1993, S. 79 (86); *C. von Weizsäcker*, Leistet der Markt die optimale intertemporale Allokation von Ressourcen?, in: H. Siebert (Hrsg.), Erschöpfbare Ressourcen, 1980, S. 795 (797).

[504] Vgl. dazu auch im Einzelnen S. 238 ff.

[505] Ebenso *Borenstein*, The Quarterly Journal of Economics 103 (1988), S. 103; *Cramton*, Journal of Law and Economics 41 (1998), S. 727 ff.; *Europäische Kommission*, Green Paper on Radio Spectrum Policy in the Context of Communities such as Telecommunications, Broadcasting, Transport and R & D, COM (1988) 596 endg. 22.

[506] Vgl. dazu im Einzelnen supra S. 5 ff.

[507] Vgl. auch *Genty*, Communications & Strategies 35 (1999), S. 11 (26).

rung weist isoliert eine geringe Komplexitätsverarbeitungskapazität[508] auf. Der Zahlungsbereitschaft kommt nur als Facette eines multidimensionalen öffentlich-rechtlichen Zuteilungsmodells und Teil eines breiter gefächerten Zielbündels, zu dessen Verwirklichung sie beiträgt, eine legitime Verteilungsfunktion in der öffentlich-rechtlichen Verteilungsordnung zu. Sie ist nicht als solche, sondern nur im Verbund mit anderen ein zulässiges Zuteilungskriterium. Der Versteigerung kann als Teil eines Instrumentenmix die Aufgabe zufallen, die Auswahlentscheidung um die Zielgröße »Allokationseffizienz« anzureichern, nicht aber diese an die Stelle der hoheitlichen Zuteilungsaufgabe zu setzen.

bb) Sachbezogene Gegenleistungen als Instrument der Durchsetzung öffentlich-rechtlicher Zwecke – ein Plädoyer

Die sonstigen Zuteilungsziele können einer anderen Stufe eines mehrstufigen Auswahlprozesses, etwa einer Zuverlässigkeitsprüfung der Bewerber, überantwortet und damit dem Marktprozess der Versteigerung als Teil eines mehrstufigen Auswahlprozesses vorgeschaltet oder sie können in diese eingebunden werden. Die Problembewältigungskompetenz der Versteigerung muss sich bei sachgerechter Ausgestaltung nicht in dem effizienten Leistungsaustausch erschöpfen. Sie kann weitere Zuteilungsziele in sich aufnehmen und unmittelbar in den Versteigerungsprozess integrieren. Durch eine entsprechende Gestaltung kann die Versteigerung als Zuteilungsinstrument zahlreiche Nebenziele erreichen, sofern sich diese exakt formulieren lassen[509]. Das gilt nicht nur für das Ziel der Herstellung von Chancengleichheit der Teilnehmer, sondern auch für weitere öffentlich-rechtliche Zwecksetzungen. Jedes Kriterium, das bei Sachausleseverfahren als Auslesekriterium Verwendung findet, kann auch bei Versteigerungen als Auslesekriterium herangezogen werden, sofern es ausdrücklich und präzise gefasst werden kann und im Voraus bekanntgegeben wird[510].

Eine in den Dienst öffentlicher Interessen gestellte Sicherungsfunktion kann insbesondere dem Versteigerungspreis selbst zuwachsen. Der Zuteilungspreis muss nicht notwendigerweise in Geld ausgedrückt werden. Preismechanismus und Geldmechanismus sind keine Synonyme. Das wird in der Diskussion um das Instrument der Versteigerung in der öffentlich-

[508] *Fehling*, Versteigerungen und Ausschreibungen aus europarechtlicher Perspektive, in: Knieps (Hrsg.) Versteigerungen und Ausschreibungen in Verkehrs- und Versorgungsnetzen, 2005, S. 54 (87f.); *Engel*, Diskussionsbeitrag, VVDStRL 60 (2001), S. 636f. bezeichnet Auktionen als »konstitutiv abwägungsunfähig«.

[509] Vgl. *McMillan*, Telecommunications Policy 19 (1995), S. 191 (194f.); irrig insoweit etwa *Grünwald*, MMR 2001, S. 721 (722f.): »Ein (...) entscheidender Nachteil von (...) Auktionen besteht in der Beschränkung auf das finanzielle Höchstgebot als einziges Entscheidungskriterium«.

[510] *McMillan*, Telecommunications Policy 19 (1995), S. 191 (195).

rechtlichen Verteilungslenkung häufig verkannt. Der Marktmechanismus schreibt nur die Gegenleistungsabhängigkeit der Leistung vor, nicht aber ihren Inhalt[511]. Treffend weist *Posner* darauf hin, zu den beharrlichsten Irrtümern der Ökonomie gehöre die Fehlvorstellung, diese handele vom Geld. Im Gegenteil handele sie von der alternativen Verwendung von Ressourcen. Geld sei lediglich ein Anrecht auf Ressourcen[512]. Der Preis kann auch, zumindest teilweise, in nicht monetären öffentlichen Leistungen, insbesondere Auflagen ausgedrückt werden, zum Beispiel einer Netzabdeckungsverpflichtung bei Frequenznutzungen, der Zahl der Flugbewegungen bei Slots oder einer Investitionsverpflichtung[513].

Geld zeichnet sich durch die Eigenart aus, zu der zuzuteilenden Leistung keinerlei Sachbezug aufzuweisen; es handelt sich um ein universelles Tausch-, Wertmessungs- und Wertaufbewahrungsmittel, das verschiedenartige Güter in ihrem Wert vergleichbar macht und abstrakt in der Gesellschaft vorhandene Tauschchancen und Ressourcenverwendungsmöglichkeiten ausdrückt[514], die dem jeweiligen Inhaber die Entscheidung über die Nutzungsmöglichkeiten des Gutes freistellen. Der Geldpreis eines Gutes bildet das Maß der Tauschbarkeit ab, das zwischen ihm und der Gesamtheit der übrigen Güter besteht. Geld kommt die Aufgabe zu, die Transaktionskosten[515] eines Tausches, d.h. die Kosten der Suche nach geeigneten Tauschpartnern, durch eine austauschbare Verrechnungseinheit zu minimieren[516]. Es verwandelt den einstufigen, suchintensiven direkten Tausch von Waren und Dienstleistungen in einen zweistufigen Tausch, der die Güter in geldvermittelte Verrechnungseinheiten umrechnet und Tauschchan-

---

[511] Der (eine Geldzahlung suggerierende) Begriff der Zahlungsbereitschaft ist insoweit irreführend. Treffender müsste bei strenger Lesart von Leistungsbereitschaft gesprochen werden.

[512] *Posner*, Recht und Ökonomik: Eine Einführung, in: H. D. Assmann/Kirchner/Schanze (Hrsg.), Ökonomische Analyse des Rechts, 1993, S. 79 (83). Konsequent fasste das Preußische OVG unter den Begriff der öffentlichen Abgabe neben Geldleistungen »auch Beiträge in anderen fungiblen Sachen als in Gelde« (Preuß. OVG, Urt. v. 1.3.1879, PrOVGE 5, S. 98 [101]; ähnlich Urt. v. 18.3.1890, PrOVGE 19, S. 70 (72).

[513] Ähnlich für den Rundfunk *C. Engel*, Medienordnungsrecht, 1996, S. 64f. u. 84f.; *Logan*, California Law Review 85 (1997), S. 1687 (1734); Supreme Court, 105 F.3d, S. 723 (728) – Time Warner II.

[514] Vgl. *Luhmann*, Grundrechte als Institution, 4. Aufl. 1999, S. 111; vgl. zu Begriff und verfassungsrechtlicher Funktion des Geldes auch *K. Vogel/Waldhoff*, Grundlagen des Finanzverfassungsrechts, 1999, Rdnr. 270ff.

[515] Vgl. zu dem Begriff S. 162 mit Fn. 80.

[516] Eine eingängige Illustration dieser Funktion liefert *W. Röpke*. Er erinnert sich eines eigentümlichen Vertrages, den sein Vater als Landarzt mit dem Friseur des Dorfes abgeschlossen hatte. »Sie waren übereingekommen, sich gegenseitig keine Rechnungen auszustellen, sondern ihre Forderungen gegeneinander aufzurechnen. Nun führte aber nach einiger Zeit die Kränklichkeit des Friseurs dazu, dass auf Seiten meines Vater ein Überschuss (...) entstand, der dadurch beseitigt wurde, dass wir Kinder uns weit häufiger die Haare schneiden lassen mussten, als uns lieb war«. (*W. Röpke*, Die Lehre von der Wirtschaft, 12. Aufl., 1937/1979, S. 72f.).

cen von den konkreten Bedürfnissen ebenso wie von der Zeit unabhängig macht[517]. Im Kontext der öffentlich-rechtlichen Verteilungslenkung ist diese – für den privatrechtlichen Rechtsverkehrt hilfreiche – Abstrahierungs- und Vereinfachungsfunktion des Geldes weder unbedingt erforderlich noch unbegrenzt förderlich. Mit sachbezogenen Gegenleistungen verbindet sich die Chance, den Empfänger der Leistung über den Güteraustausch hinaus zu einer im öffentlichen Interesse erwünschten Leistung zu verpflichten. Sie können als preisäquivalente Geldsubstitute zu einem Katalysator der Durchsetzung verschiedener Zuteilungsziele werden[518]. Durch sachbezogene Gegenleistungen kann der Staat die Kontrolle über die gemeinwohlorientierte Verwendung des Gutes auch noch in der Nutzungszeit aufrechterhalten. Wo der Markt im Einzelfall dem Effizienzziel nicht gehorcht, vermögen sie eine sachbezogene Verhaltenssteuerung auch dann noch sicherzustellen, wenn eine zweckfreie Geldzahlung ohne steuernde Wirkung bleibt[519]. Sie können Fehlallokationen noch während der Nutzungszeit durch staatlichen Einzelfallzugriff korrigieren und damit die Risiken begrenzen, die für die Gesellschaft mit einer marktlichen Allokation einhergehen[520]. Wenn Ziel der marktlichen Zuteilung die effiziente Nutzung

---

[517] Geld hat sich aus dem Tauschhandel heraus entwickelt. Um die Such- und Tauschkosten zu minimieren, wurden die zu tauschenden Waren zunächst in leichter tauschbare Waren umgerechnet. Als Verrechnungseinheiten dienten zunächst Muscheln, Tierfelle, Steine, Salz oder Vieh. Die lateinische Bezeichnung für Geld »pecunia« bildet dies deutlich ab: Das Wort leitet sich von pecus »Kleinvieh« ab. Später trat im Interesse der Lagerfähigkeit und Transportierbarkeit Gold, Silber oder Bronze an ihre Stelle. Aus den Formen prämonetären Zahlungsverkehrs entwickelte sich ca. 640 v. Chr. bei den Lydern das Geld als Zahlungsmittel.

[518] Nicht nur das Instrument der Leibrente und des Nießbrauchs machen sich diese Funktion nichtmonetärer Pflichten im Privatrecht zu Nutze, sondern auch etwa die Auflage und andere Nebenbestimmungen ermöglichen als besondere Formen einer Gegenleistung eine verwaltungsrechtliche Feinsteuerung des Verhaltens ihres Adressaten. Sie repräsentieren eine besondere Form eines Preises und vermögen als solche das Ziel der Allokationseffizienz mit dem öffentlichen Nutzen des Gutes zu verbinden.

[519] Das übersieht *Kruhl*, Die Versteigerung knapper Frequenzen, 2003, S. 124, wenn er behauptet, es erscheine mehr als fraglich, ob durch sachbezogene Gegenleistungen tatsächlich in vergleichbarem Maße das Gemeinwohl gefördert werden könne.

[520] Die ex ante höchste private Wertschätzung geht – wie wir gesehen haben (siehe dazu S. 391) – insbesondere nicht notwendig mit der höchsten Nutzungseffizienz einher. Der Markt ist gegen Fehlentscheidungen seiner Teilnehmer nicht gefeit. Er führt Güter nicht immer der effizientesten Nutzung zu und die effizienteste Nutzung geht nicht immer mit dem erwünschten öffentlichen Nutzen einher. Das Allokationsmodell der Versteigerung geht in seiner gedanklichen Logik von der Eigennutzannahme und damit davon aus, dass die Teilnehmer des Entscheidungsprozesses eine (rationale) für sie selbst vernünftige Entscheidung treffen. Die Verluste, die anderenfalls entstehen, sieht er als Motivation für rationales Handeln ausreichend an. Wo die Teilnehmer des Entscheidungsprozesses keine rationale Entscheidung treffen (können), vermag der Markt das erwünschte Effizienzergebnis nicht mehr zu garantieren. Unter den Bedingungen der Unsicherheit zeitigt eine Versteigerung mitunter irrationales Marktverhalten. Auch der Kassandra-Ruf eines Verlustes kann Akteure dann mitunter nicht davor bewahren, eine irrationale Entscheidung zu treffen. Es kommt zu Fehleinschätzungen und Fehlallokationen

des knappen staatlich verwalteten Gutes ist und der zuteilende Staat als sachwaltender Prokurator tätig wird, dann ist es durchaus konsequent, den Ertrag des Bieterwettbewerbs in den Dienst der Nutzung des knappen Gutes zu stellen, statt ihn in die Zweckungebundenheit allgemeiner Haushaltsmittel zu entlassen. Die Gegenleistung dient dann unmittelbar dem Zuteilungszweck und der Zuteilungsaufgabe.

Kriterientransparente, gegenleistungsorientierte Ausschreibungen und Versteigerungen stehen mithin einander näher, als die Diskussion um die Instrumente der Verteilungslenkung glauben macht. Beide sind Bieterwettbewerbe, welche die Leistungsbereitschaft der Interessenten über den (wirtschaftlichen) Preis abfragen[521]. In der amerikanischen Literatur werden die Begriffe »competitive bidding« und »auction« bezeichnenderweise gemeinhin als Synonyme verwendet[522]. Ausschreibungen und Versteigerungen unterscheiden sich grundsätzlich lediglich in der Art des festgelegten Preises. Der ökonomische Begriff der Versteigerung ist insoweit weiter als der juristische.

cc) Exkurs: Zur Nähe zwischen Versteigerung und Ausschreibung – die Folie des Vergaberechts

Die gedankliche Nähe von Ausschreibungen und Versteigerungen wird nicht nur sprachlich daran augenfällig, dass qualitätsorientierte Ausschreibungen des Vergaberechts wie Versteigerungen den Zuteilungsakt als »Zuschlag« bezeichnen[523]. Sie wird auch in der historischen Rückschau am Beispiel des Beschaffungswesens der öffentlichen Hand augenfällig: Die sachbezogenen Ausschreibungsverfahren des heutigen Rechts der Leistungsvergabe haben sich aus umgekehrten Versteigerungen (sog. reverse auctions) heraus entwickelt: Im Deutschland des 17., 18. und frühen 19. Jahrhunderts wurden öffentliche Aufträge (soweit sie ausgeschrieben wurden[524]) in Anlehnung an die römische auctio licitatio verbreitet noch im Wege von mündlichen Versteigerungsverfahren vergeben[525]. Die Inte-

---

(vgl. dazu im Einzelnen supra S. 379 ff.). Eine sachbezogene Gegenleistung wird diese Fehlentscheidungen nicht verhindern; sie kann sie aber korrigieren.

[521] Vgl. z. B. *Beckmann*, Ökonomische Analyse deutscher Auktionen, S. 275.

[522] So z. B. ausdrücklich *Munson*, Michigan Telecommunications and Technology Law Review 7 (2001), S. 217 (222 mit Fn. 31); *Dam*, Oil resources – Who gets what how?, 1976, S. 8.

[523] Das französische Wort »adjudication« etwa steht sowohl für Ausschreibung als auch für Lizitation.

[524] Der größte Teil des staatlichen Bedarfs wurde durch Eigenproduktion in Domänen oder durch unfreie Arbeit von in Diensten des Territorialherrn oder der Städte stehenden Handwerkern gedeckt.

[525] Vgl. dazu bereits S. 274 sowie *Dreher*, in: Immenga/Mestmäcker (Hrsg.), GWB-Kommentar, 3. Aufl. 2001, § 97 Rdnr. 139; *Glahs*, in: Reidt/Stickler/dies. (Hrsg.), Vergaberecht-Kommentar, 2. Aufl. 2003, Einl. Rdnr. 1.

ressenten kamen auf eine staatliche Ausschreibung hin zu einem angegebenen Termin zusammen und unterboten sich gegenseitig so lange in dem Preis, den sie für die Durchführung des Auftrags verlangten, bis keine weiteren Gebote mehr abgegeben wurden. Der Bewerber, der das niedrigste Gebot abgegeben hatte, erhielt den Zuschlag[526] (sog. Lizitation bzw. »Absteigerung«). Auslesekriterium war alleine der Preis. Die Lizitation war insoweit eine umgekehrte Versteigerung. Sie unterscheidet sich von ihr ausschließlich darin, eine Einkaufs-, nicht eine Verkaufsveranstaltung abzubilden und damit nicht auf das Höchst-, sondern das Niedrigstgebot ausgerichtet zu sein (daher auch die Bezeichnung reverse auction)[527,528].

Das mündliche Absteigerungsverfahren, das die persönliche Anwesenheit der Bieter voraussetzte, erwies sich alsbald nicht nur angesichts der wachsenden räumlichen Verflechtung der Märkte als bisweilen unzweckmäßig. Vor allem kam es infolge des durch das mündliche Absteigern hervorgerufenen teilweise ruinösen Preiswettbewerbs häufig zu unüberlegten

---

[526] Vgl. dazu *Rößle*, Submissionswesen, in: Elster et al., Handwörterbuch der Staatswissenschaften, Bd. 7, 4. Aufl., 1926, S. 1158; *A. Schneider*, Die Vergebung von Arbeiten und Lieferungen durch Staat und Gemeinden, 1922, S. 1.; *Noelle/Rogmanns*, Öffentliches Auftragswesen, 3. Aufl. 2002, S. 21.

[527] Der vielfach verwendete Begriff der Absteigerung ist daher irreführend. Die Lizitation ist – anders als die Versteigerung (vgl. zum Begriff der Versteigerung supra S. 305 ff.) – ihrem Wesen nach gerade nicht auf eine Steigerung des Preises, sondern auf einen Einkauf zum niedrigsten Preis ausgerichtet.

[528] Urkundlich belegt ist das Lizitationsverfahren erstmals in einer französischen »Ordonance« aus dem Jahr 1535 (vgl. *Rößle* [Fn. 526], S. 1158); durchgesetzt hatte es sich aber wohl erst im 17. und 18. Jahrhundert (zu weiteren [urkundlich allerdings nicht nachgewiesenen] Hinweisen auf Einsatzbereiche der Lizitation *Wallerath*, Die Verwaltung 1987, S. 137 [144 f.]). Der entscheidende Durchbruch auf dem Weg zum Lizitationssystem gelang am 13. Mai 1751: *Friedrich der Große* ordnete allgemein an, dass die Ausführung notwendiger Bauten und Reparaturen nach öffentlicher Verdingung dem Wenigstfordernden zu übertragen sei; er machte damit den Weg frei für preisorientierte staatliche Vergabeverfahren. Die Aufträge wurden fortan im mündlichen Lizitationsverfahren vergeben (*Heller*, Das Submissionswesen in Deutschland, 1907, S. 4, 12, 17 f.). Ähnlich machte in Bayern eine Verordnung vom 26.12.1825 den Kreisregierungen zur Pflicht, Neubauten und Reparaturen in der Regel auf dem Weg der öffentlichen Versteigerung zur Ausführung zu übertragen. Bevor sich das Lizitationsverfahren etablieren konnte, hatte es zunächst den Widerstand der Zünfte zu überwinden, die nach ihrem Wettbewerbskodex einen freien Preiswettbewerb bei der Vergabe ausschlossen und nur eine Qualitätskonkurrenz zulassen wollten (*Wallerath*, ibid., S. 137 [143 f.]; *A. Schneider* [Fn. 526], S. 7). Besonders schwierig war die Etablierung des Preiswettbewerbs dementsprechend in den großen Städten. Beispielhaft für diese Schwierigkeiten kann der Kampf zwischen der örtlichen Handwerkerschaft und dem Senat der Stadt Frankfurt a. M. um die »Visitations-Ordnung« Kaiser Karls VI. aus dem Jahre 1726 gelten, in der dieser bestimmte, dass als Bauhandwerker nur ausgewählt werden sollten, die meistermäßige Arbeit für den »billigsten Preis und gegen accordierten Lohn« erbringen. Bis sich das preisorientierte Vergabeverfahren in der Stadt Frankfurt durchsetzte, vergingen noch rund 130 Jahre. Häufig etablierte sich in den Städten die preisorientierte Vergabe auf dem Umweg über einen künstlerischen Leistungswettbewerb, wie *Wallerath*, Die Verwaltung 1987, S. 137 (146 f.) unter Berufung auf *Mühlberg* (Bau- und Kunstgeschichte des alten Rathauses zu Köln, 1973, S. 14, 84) am Beispiel des Baus der Kölner Rathauslaube berichtet.

oder unvollständigen Angeboten, die in der Kürze der Zeit ohne echte Kostenkalkulation abgegeben wurden und nicht oder nur unter Qualitätseinbußen eingehalten werden konnten[529]. Die Preise herabzusetzen fiel leichter, als die versprochene Qualität zu den gebotenen Preisen zu liefern. Der rein preisorientierte Auswahlansatz vermochte das Auswahlziel kostengünstiger Leistungserbringung zu angemessener Qualität nicht zu erreichen. Viele Unternehmer beherrschten die Grundlagen der Kalkulation nicht in ausreichendem Maße. Im Geschäft mit privaten Auftraggebern waren sie risikolose Kostenerstattungsverträge gewöhnt, bei denen sie Preise nach Erbringung der erbrachten Leistung auf der Grundlage des tatsächlich verursachten Aufwandes berechneten. In der Lizitation sahen sie sich genötigt, bereits vor der Leistungserbringung auf der Grundlage einer Schätzung eine Risikokalkulation abzugeben. Diese Kalkulation gelang nicht allen in wünschenswertem Maße. Der calor licitantis verursachte Leichtsinn und Bietleidenschaft. So berichtet *Heller* im Jahre 1907: »Unzweifelhaft wird durch die Lizitation, das mündliche Unterbieten, die billigste Forderung ermittelt; aber man ist allseits davon abgekommen, weil die persönliche Leidenschaft der Bieter, die Aufregung des Augenblicks, die Kürze der Zeit die reifliche Überlegung beschränkt«[530]. Fehlkalkulationen waren an der Tagesordnung. Ungünstige Vertragsabschlüsse versuchten viele Unternehmer mit Schlechtleistungen zu kompensieren. Schwere Folgeschäden waren mitunter das Resultat. Ein schweres Eisenbahnunglück in Hugstetten (Taunus) führte die Öffentlichkeit auf die mangelhafte Ausführung der Bahnbauarbeiten zurück[531]. Den staatlichen Auftraggebern wurde klar: Schlechte Ware ist niemals billig. H. Gordon Selfridge kleidet diese Erkenntnis treffend in die Worte: »Qualität bleibt bestehen, wenn der Preis längst vergessen ist«.

Zahlreiche Länder kehrten daher bald vom Mündlichkeitsprinzip und der ihm innewohnenden zeitlichen Gedrängtheit ab und führten schriftliche Vergabeverfahren, die »Submission«, ein, hielten aber zunächst an dem Prinzip fest, ausschließlich an den Mindestfordernden zu vergeben; es fand weiterhin allein ein Preiswettbewerb statt[532]. Aus dem mündlichen Versteigerungsverfahren wurde ein schriftliches Bietverfahren, das die Möglichkeit

---

[529] Vgl. dazu *Beutinger*, Das Submissionswesen, 1914, S. 13; *F. C. Huber*, Das Submissionswesen, 1885, S. 343; *A. Schneider* (Fn. 526), S. 8 und 17f.

[530] *Heller*, Das Submissionswesen in Deutschland, 1907, S. 19.

[531] *Adam*, Öffentliche Auftragsvergabe und culpa in contrahendo, 2005, S. 26 m. w. N.

[532] *Wallerath*, Die Verwaltung 1987, S. 137 (148); *H. Müller*, Staatliche Preislenkung bei öffentlichen Aufträgen, 1970, S. 25; *Kunert*, Staatliche Bedarfsdeckungsgeschäfte und öffentliches Recht, 1977, S. 30. In Bayern sah etwa die Verordnung vom 7.9.1864 die »allgemeine Submission«, die »beschränkte Submission«, »die freihändige Vergabe« und die »mündliche Absteigerung« vor. Für die preußische Zivilverwaltung führte ein Erlass des preußischen Finanzministers vom 8.3.1868 die regelmäßige Pflicht zur öffentlichen Ausschreibung mit schriftlichen Offerten an. Vgl. *F. C. Huber* (Fn. 529), S. 6.

des gegenseitigen Unterbietens in Kenntnis der Gebote der Mitkonkurrenten nicht mehr bot und damit die Übereilungsgefahr einschränkte. Das Verfahren wechselte – in der Terminologie der Auktionstheorie – von einer inversen Englischen Versteigerung[533] zu einer geheimen Niedrigstpreisauktion[534].

Die Beschwerden von Gewerbetreibenden wie Auftraggebern über das preisfixierte, Qualitätsaspekte nur eingeschränkt berücksichtigende Vergabeverfahren hielten des ungeachtet an. Der schriftliche Preiswettbewerb erwies sich nicht in der Lage, ungeeignete Bieter oder unseriöse Angebote herauszufiltern und eine vertragsgerechte Erfüllung der ausgeschriebenen Leistungen sicherzustellen. Als »Ermuthigung der schlechten Arbeit« und »wirtschaftliches Mordsystem« wurde es in der zeitgenössischen Literatur gescholten[535]. Sinnbildlich für diese Front gegen das Submissionswesen steht der Leitspruch der Nürnberger Gewerbeausstellung im Jahre 1882: »Dem Handwerk hilft kein Reichsstatut, wenn Submission es macht kaputt«. Erst anhaltende und immer wieder vorgetragene Proteste[536] führten zu einer Reform des Vergaberechts: Der Circular-Beschluss des preußischen Arbeitsministers vom 17. Juli 1885 betreffend die Vergebung von Leistungen und Lieferungen (revidierte Submissionsordnung) gab den Grundsatz auf, dass der Zuschlag dem niedrigsten Gebot zu erteilen sei. Die Versteigerungsverfahren wurden durch qualitätsorientierte Ausschreibungsverfahren abgelöst. Das wirtschaftlichste Angebot, dessen Preis-Leistungsverhältnis sich von den Konkurrenzgeboten abhebt, sollte den Zuschlag erhalten. Es sollte fortan nicht nur das niedrigste Gebot, sondern auch die Zuverlässigkeit und Leistungsfähigkeit des Bieters Berücksichtigung finden: »Der Zuschlag darf nur auf in jeder Beziehung annehmbares, die tüchtige und rechtzeitige Ausführung der betreffenden Arbeit oder Lieferung gewährleistendes Gebot erteilt werden (...). Ausgeschlossen von der Berücksichtigung sind solche Angebote (...), welche eine in offenbarem Missverhältnis zu der betreffenden Leistung oder Lieferung stehende Preisforderung enthalten, so dass nach dem geforderten Preis an und für sich eine tüchtige Ausführung an sich nicht erwartet werden kann«. Bald passten auch andere Länder des deutschen Rechtskreises ihre Vergabebestimmungen dem Vorbild Preußens an. Das klassische Ausschreibungsverfahren heutigen Zuschnitts war geboren. Die Lehren der Ausschreibungspraxis wirken noch heute in den Verdingungsordnungen weiter: In § 25 Abs. 3 der VOB/A heißt es: »In die engere Wahl kommen nur solche Angebote, die unter Berücksichtigung rationellen Baubetriebs und sparsamer Wirt-

---

533 Vgl. dazu S. 313 ff.

534 Vgl. dazu S. 319 ff.

535 Vgl. die Nachweise bei *F.C. Huber* (Fn. 529), S. 8.

536 Vgl. den Überblick bei *Beutinger*, Das Submissionswesen, 1915, S. 30 ff.; *F.C. Huber* (Fn. 529), S. 462 ff.

schaftsführung eine einwandfreie Ausführung einschließlich Haftung für Mängelansprüche erwarten lassen. Unter diesen Angeboten soll der Zuschlag auf das Angebot erteilt werden, das unter Berücksichtigung aller Gesichtspunkte (...) als das wirtschaftlichste erscheint. Der niedrigste Angebotspreis allein ist nicht entscheidend«. Das reverse Versteigerungsverfahren und das Ausschreibungsverfahren zeigen im Spiegel der geschichtlichen Entwicklung ihre enge Affinität. Versteigerungen und Ausschreibungsverfahren unterscheiden sich in ihrer konzeptionellen Grundanlage weniger, als ihre häufig geübte Darstellung vermuten lässt. Sie sind wettbewerbsorientierte Modelle, die sich in dem Grad monetärer Instrumente graduell unterscheiden, nicht aber konzeptionell in der wettbewerblichen Art ihres Auslesemechanismus. Die Versteigerung bleibt in ihrer Problemverarbeitungskompetenz dabei strukturell auf quantifizierbare Parameter als Entscheidungsvariablen beschränkt.

e) Kommerzialisierung der staatlichen Verteilungslenkung: Die Versteigerung zwischen staatlicher Pleonexie und sachgerechter Auswahlentscheidung

Die Versteigerung verbindet als einziges der verfügbaren Zuteilungskriterien einer hoheitlichen Verteilungslenkung mit der Auswahl der Interessenten eine den zugeteilten Vorteil abschöpfende finanzielle Belastung des Zuteilungsadressaten, die als Kehrseite der Zuteilungsaufgabe dem zuteilenden Gemeinwesen zufließt. Als Abfallprodukt des Zuteilungsvorgangs spülen Versteigerungen dem staatlichen Haushalt massiv Mittel zu. Die Wahl des Versteigerungsmodells als Allokationsinstrument kann dem Staat den Segen einer sprudelnden Geldquelle zuteil werden lassen, die finanzielle Begehrlichkeiten des chronisch klammen Staates wach zu küssen und dadurch subkutan auch das staatliche Zuteilungsermessen in nicht sachgerechter Weise zu beeinflussen vermag.

Das Verfahren der Versteigerung als solches ist zwar in seinem Ablauf gegen eine Beeinflussung der Vergabeentscheidung durch sachfremde Kriterien immunisiert; es zeichnet sich durch hohe Transparenz und Klarheit aus. Die Verwaltungsentscheidung ist in ihrer Struktur für jeden Dritten rekonstruierbar und frei von unsachlichen Beeinflussungen[537]. Die Möglichkeit, durch die Wahl einer erlösoptimierenden Auktionsgestaltung, erst recht durch die Wahl der Versteigerung unter alternativen Zuteilungsinstrumenten[538], dem Staat erhebliche finanzielle Mittel zu erschließen, macht die

---

[537] Vgl. dazu bereits S. 302.

[538] Wenig hilfreich erscheint daher der Vorschlag von *Leist* (Die Versteigerung als Regulierungsinstrument, 2004, S. 88), eine Lösung des Kommerzialisierungsproblems ausschließlich in der Herstellung von Öffentlichkeit und Rechtsschutzmöglichkeiten, insbesondere gegen die Festlegung der Versteigerungsregeln, zu suchen. Dieser Ansatz bändigt

Auswahlentscheidung allerdings anfällig für fiskalische Ertragsanliegen. Sie sät die Gefahr eines Missbrauchs staatlicher Verteilungsentscheidungen zu Zwecken staatlicher Haushaltssanierung. Unter dem Diktat knapper Kassen wird für Gesetzgeber und Verwaltung die Vorstellung verlockend, den Verteilungsvorgang als Gelegenheit zur Sanierung angespannter Haushalte zu nutzen. Es lässt aufhorchen, dass der US-Kongress nach Jahren vorsichtiger Zurückhaltung seine Vorbehalte gegen Versteigerungsverfahren erst unter dem Eindruck eines großen Haushaltsdefizits beiseite geschoben hat. Die Motivation zur Etablierung monetärer Auktionen speiste sich nach Einschätzung vieler Beobachter in den USA nicht vorrangig aus der ökonomischen Effizienz des Verfahrens, sondern aus seiner Transparenz und der unausgesprochenen Absicht, Einnahmen für den Staatshaushalt zu generieren[539]. Den Aspekt staatlicher Einnahmeerzielung heben amerikanische Ökonomen und Juristen gerne unverhohlen als entscheidenden Vorteil von Auktionen hervor[540]. Der Anreiz, vor einer künstlichen Verknappung des Angebots knapper Güter zu Zwecken staatlicher Einnahmeerzielung nicht zurückzuschrecken, um Einnahmen aus dem Zuteilungsvorgang der Versteigerung zu erzielen, kann dabei zu einer unwiderstehlichen Verlockung werden[541]. »Wer unter dem Joch des Geldes steht, dürfte wohl niemals gerecht sein können«, mahnt der griechische Philosoph *Demokrit*.

Das Motiv eigener Einnahmeerzielung verträgt sich nicht mit der Aufgabe rechtsstaatlicher Bewältigung von Knappheit und der durch sie berührten Freiheitsrechte[542]. Es ist nicht an dem Ziel der Zuteilung, nament-

---

nicht die zentrale Problematik, die Festlegung des Auswahlinstruments der Versteigerung durch den Gesetzgeber zu erfassen, sondern nur einzelne Erscheinungsformen auf nachgelagerten Stufen. Ähnlich die Bedeutung der Kommerzialisierungsproblematik unterschätzend *S. Bumke*, Frequenzvergabe nach dem TKG, 2006, S. 239 und *Petzel*, Das Versteigerungsverfahren nach dem TKG, 2006, S. 249 u. 267.

539 Vgl. *Bourdeau de Fontenay*, Communications & Strategies 36 (1999), S. 111 (114); *Noam*, Journal of Law & Economics 41 (1998), S. 765 (772): »Allocating spectrum resources efficiently was a secondary goal in the political process (...). Spectrum auctions are doomed to serve as collection tools first and allocation mechanism second«.

540 *McMillan*, Telecommunications Policy 19 (1995), S. 191 (193).

541 Staatlich induzierte Knappheit in amerikanischen Frequenzauktionen meint etwa *Hazlett* (The Wireless Craze, 2001, S. 132) diagnostizieren zu können.

542 Ebenso *F. Becker*, Die Verwaltung 2002, S. 1 (7); *Degenhart*, in: Piepenbrock/Schuster, UMTS-Lizenzvergabe, 259, 286 ff.; *Faber*, GewArch. 2002, S. 264 (267); *Grzeszick*, DVBl. 1997, S. 878 (883); *Klöck*, RTKom 2000, S. 280 (287); *Heimlich*, Die Verleihungsgebühr als Umweltabgabe, 1996, S. 208 ff.; *Hufeld*, JZ 2002, S. 871 (874); *Kämmerer*, NVwZ 2002, S. 161 (164); *F. Kirchhof*, DÖV 1992, S. 233 (237); *P. Kirchhof*, Staatliche Einnahmen, in: Isensee/Kirchhof (Hrsg.) HStR IV, 2. Aufl. 1999, § 88 Rdnr. 183; *Ritgen*, AöR 127 (2002), S. 351 (390); *Sacksofsky*, Umweltschutz durch nicht-steuerliche Abgaben, 2000, S. 199 f.; *K. Schumacher*, NJW 2000, S. 3096 (3098); *Selmer*, NVwZ 2003, S. 1304 (1311); *Storr*, K & R 2002, S. 67 (69); *Varadinek*, CR 2001, S. 17 (24); *K. Vogel*, Vorteil und Verantwortlichkeit, in: Faller (Hrsg.), Verantwortlichkeit und Freiheit, Festschrift für Willi Geiger, 1989, S. 518 (530 ff.); wenig beeindruckt vom Gefahrenpotenzial einer Kommerzialisierung demgegenüber *Kruhl*, Die Versteigerung knapper Frequenzen, 2003,

lich den von der Zuteilung betroffenen Grundrechten und den die Grundrechtseinschränkung rechtfertigenden staatlichen Gemeinwohlzielen, orientiert. Wird es wirksam, missbraucht der Staat seine Sachwalteraufgabe als zuteilende Einheit und seinen grundsätzlich bestehenden Auswahl- und Gestaltungsspielraum dazu, bei Gelegenheit eines staatlichen Zuteilungsvorgangs seine Taschen zu füllen.

Das grundrechtliche Gebot der Sachgerechtigkeit soll die Verwaltungsentscheidung gegen fiskalische Ertragsanliegen abschirmen. Es soll sicherstellen, dass alleine die Zuteilungsziele die Zuteilungsentscheidung, insbesondere die Wahl des Zuteilungsinstruments beeinflussen, nicht aber andere, insbesondere fiskalische Interessen des Staates, wirksam werden. Nur solche Differenzierungskriterien sollen an die Zuteilungsentscheidung angelegt werden, die für die Erreichung des Zuteilungszwecks wesentlich sind; andere Entscheidungskriterien, die mit dem Zuteilungszweck nicht in Zusammenhang stehen, haben außer Betracht zu bleiben. Ihnen gebricht es – auch als Nebenzweck[543] – an der verfassungsrechtlichen Dignität.

Allenfalls als Neben*folge*, nicht als Neben*zweck* ist eine fiskalische Einnahmeerzielung bei Versteigerungserlösen zulässig. Bei der Wahl des Zuteilungsmodus entlarvt sie sich als ein sachfremdes Motiv. Die staatliche Ertragserwirtschaftung darf nicht zum eigentlichen Ziel des Zuteilungsvorgangs werden[544]. Diese Erkenntnis entspricht einer überkommenen Überzeugung rechtsstaatlicher Staatsgestaltung, die bereits im 18. Jahrhundert bei *von Justi* in der Forderung anklingt, dass »Einkünfte« erhoben werden sollen, »ohne dass die gemeinschaftliche Glückseligkeit des Staates Nachteil dabey leiden darf[545]«. Der Staat dürfe die Einkünfte niemals zum Hauptzwecke oder zu einem wichtigen Nebenzwecke machen, sondern müsse in allen dahin eingeschlagenen Unternehmungen und Entschließungen bloß das wahre Beste des Staates und die Beschaffenheit, Gerechtigkeit und Billigkeit der Sache vor Augen haben, ohne auf die dabei entfallenden Ein-

---

S. 114 (»subjektive Wertung mit dem Inhalt, ein solches Verhalten ›gehöre‹ sich für den Staat nicht«), S. 251 ff. (»reine Schlagworte ohne verfassungsrechtlichen Gehalt«); ähnlich für Konzessionsabgaben aus fiskalischen Gründen *Wieland*, Die Konzessionsabgaben, 1991, S. 303 ff. u. S. 394.

[543] A. A. *Breuer*, Verfassungsrecht und Versteigerungsverfahren, in: Geis/D. Lorenz (Hrsg.), Festschrift für Maurer, 2001, S. 25 (38 f. u. 41); *S. Bumke*, Frequenzvergabe nach dem TKG, 2006, S. 322; *Kruhl*, Die Versteigerung knapper Frequenzen, 2003, S. 161.

[544] Vgl. bereits *P. Kirchhof* (Fn. 542), § 87 Rdnr. 187; *ders.*, Der Verfassungsauftrag zum Länderfinanzausgleich als Ergänzung fehlender und als Garant vorhandener Finanzautonomie, S. 28 f.: »Die Maxime staatlichen Verwaltungsrechts ist die rechtsstaatliche Qualität, nicht die ertragswirtschaftliche Quantität staatlichen Handelns«. Ähnlich BVerfG, Urt. v. 28. 3. 2006, NJW 2006, S. 1261 (1264) – Sportwette; BVerfG, Urt. v. 26. 3. 2007 – 1 BvR 2228/02 –, GewArch. 2007, S. 242 (243, Rdnr. 37).

[545] *Von Justi*, Staatswirthschaft oder systematische Abhandlung aller ökonomischen und Cameralwissenschaften, die zur Regierung eines Landes erfordert werden, Teil 2, 2. Aufl., 1758 (1963), S. 95.

künfte den geringsten Bedacht zu nehmen[546]. Die Unbefangenheit der staatlichen Zuteilungsentscheidung gegenüber fiskalischen Ertragsanliegen ist eine Errungenschaft des Rechtsstaates und der Gleichheitsrechte des Art. 3 GG. Ihr dient nicht zuletzt die Trennung von staatlicher Zuteilungsentscheidung und Deckung des allgemeinen Finanzbedarfs durch Steuern im Steuerstaat[547]. Mag im Kontext der Anknüpfung staatlicher, einseitig durch behördliche Entscheidung festgesetzter Abgaben an die Verleihung knapper staatlicher Rechte die Trennung der Sach- von der Gebührenentscheidung die Kommerzialisierungsproblematik noch entschärfen[548], reißt diese Argumentationslinie im Falle der Versteigerung ein: Die Versteigerung hebt die Trennung zwischen Zuteilung und Vorteilsabschöpfung auf. Sie verquickt die Zuteilungsentscheidung unmittelbar mit der Erhebung einer staatlichen Zahlung und öffnet der Einnahmeerzielungsabsicht als Schattenseite der Ökonomisierung damit eine offene Flanke[549].

aa) Das Koppelungsverbot als rechtsstaatlicher Sicherungsmechanismus

Sichtbare rechtsstaatliche Ausprägungen des Gedankens der Trennung von Zuteilung und Abschöpfung finden sich in der Rechtsordnung zuhauf. Insbesondere § 36 Abs. 3 und § 56 Abs. 1 S. 2 Alt. 2 VwVfG ziehen mit Rücksicht auf das Rechtsstaatsprinzip der Koppelung verschiedener Verwaltungszwecke eine Grenze.

§ 56 Abs. 1 S. 2 Alt. 2 VwVfG verankert das von der Judikatur schon vor Jahrzehnten entwickelte Koppelungsverbot gesetzlich als Rechtmäßigkeitsvoraussetzung jedes Austauschvertrages: In einem Austauschvertrag dürfen keine Leistungen miteinander verknüpft werden, die nicht schon ohnedies im inneren Zusammenhang zueinander stehen. Ferner dürfen hoheitliche Leistungen ohne entsprechende gesetzliche Ermächtigung nicht von wirtschaftlichen Gegenleistungen abhängig gemacht werden, es sei denn, erst die Gegenleistung beseitigt ein der Entscheidung entgegenstehendes rechtliches Hindernis (sog. Verbot des Verkaufs von Hoheitsrechten)[550]. Das Erfordernis eines Konnexes zwischen Leistung und Gegenleistung soll eine

---

[546] *Von Justi*, ibid., S. 402.

[547] Vgl. *H.-W. Arndt*, WiVerw. 1990, S. 1 (36); *P. Kirchhof* (Fn. 542), § 88 Rdnr. 187. Vgl. zum Begriff des Steuerstaates und seiner (umstrittenen) Verankerung im GG infra S. 477 ff.

[548] *S. Meyer*, Gebühren für die Nutzung von Umweltressourcen, 1995, S. 166.

[549] Vgl. dazu auch unter finanzverfassungsrechtlichem Blickwinkel infra S. 510 ff.

[550] BVerwG, Urt. v. 6.7.1973, BVerwGE 42, S. 331 (338 f.); BVerwG, Urt. v. 6.5.1983, BVerwGE 67, S. 177 (182); BVerwG, Urt. v. 11.2.1993, BVerwGE 92, S. 56 (65); BVerwG, Urt. v. 16.12.1993, BVerwG, Buchholz 316 § 56 VwVfG Nr. 9 S. 5; BVerwG, Urt. v. 16.5.2000, BVerwGE 111, S. 162 (169); BGH, Urt. v. 2.10.1998, NJW 1999, S. 208; BVerwG, Urt. v. 20.3.2003, NVwZ-RR 2003, S. 874 (875); *Bonk*, in: Stelkens/Bonk/Sachs, VwVfG, 6. Aufl. 2001, § 56 Rdnr. 3 ff und 49 f.; *Fehling*, in: ders. u. a. (Hrsg.), Handkommentar Verwaltungsrecht, 2006, § 56 VwVfG, Rdnr. 3 u. 32 ff.

Kommerzialisierung des Verwaltungshandelns verhindern. Hoheitliches Handeln soll nicht wie private Dienstleistungen oder Waren zum Gegenstand eines Wirtschaftsgeschäftes gemacht werden. Nur solche Gegenleistungen sollen für staatliche Leistungen vereinbart werden dürfen, die in einem inneren Zusammenhang mit dieser stehen[551]. Als Beispiel für das Fehlen eines sachlichen Konnexes zwischen Leistung und Gegenleistung nennt die gesetzliche Begründung einen »Vertrag baulichen Inhalts«, nach dem die Gegenleistung des Bürgers in einer Zahlung »zugunsten einer beliebigen öffentlichen Aufgabe der Behörde« besteht[552]. Ein klarer Verstoß gegen das Koppelungsverbot liegt etwa auch dann vor, wenn die Behörde eine Gegenleistung verspricht, auf die der Bürger nach dem einschlägigen Bundes- oder Landesrecht ohnehin Anspruch hat[553].

Mit gleicher Intention untersagt § 36 Abs. 3 VwVfG Nebenbestimmungen, die in keinem sachlichen Konnex mit der Gewährung stehen. Durch Nebenbestimmungen sollen keine solchen Leistungen auferlegt werden dürfen, die mit der durch die Hauptregelung gewährten Vergünstigung in keinem sachlichem Zusammenhang stehen. Unzulässig ist etwa eine Nebenbestimmung zu einer Subventionsbewilligung, die nicht dem Subventionszweck, sondern rein fiskalischen Interessen, etwa den Interessen von wirtschaftlichen Betrieben des Subventionsgebers dient. Nebenbestimmungen dürfen dem Zweck der Gewährung nicht zuwider laufen[554]. Ob auf die Gewährung der Leistung ein verfassungsrechtlicher Anspruch besteht, ist dabei ohne Belang[555].

---

[551] An einem solchen Zusammenhang fehlt es grundsätzlich, wenn die vom Bürger zu erbringende Leistung einem anderen öffentlichen Interesse zu dienen bestimmt ist als die von der Behörde zu erbringende oder von ihr in Aussicht gestellte Leistung. Vgl. auch *S. Meyer*, Gebühren für die Nutzung von Umweltressourcen, 1995, S. 152.

[552] BT-Drucks. 7/910 vom 18.7.1973, S. 80.

[553] Vgl. BVerwG, Urt. v. 24.8.1994, BVerwGE 93, S. 326 (335); Beschl. v. 24.1.1991, Buchholz 316 § 54 VwVfG S. 14; BVerwG, Urt. v. 16.5.2000, BVerwGE 111, S. 162 (169).

[554] Bsp. aus der Rechtsprechung zu § 36 Abs. 3 VwVfG etwa BGH, Urt. v. 25.10.1984, NJW 1985, 1992; OVG Nordrhein-Westfalen, Urt. v. 13.1.1972 – X A 188/71 –, nicht veröffentlicht; VG Bremen, NJW 1965, S. 1196 (1198).

[555] Eine ähnliche Intention liegt der amerikanischen »unconstitutional conditions«-Doktrin zu Grunde. Sie untersagt es dem Staat eine Leistungsgewährung mit der Nebenbestimmung zu verknüpfen, die in verfassungsgemäße Rechte des Bürgers eingreift. Der facettenreiche Lehre entnehmen die Gerichte insbesondere das Gebot eines Sachzusammenhangs zwischen Leistung und Gegenleistung: Die Gewährung staatlicher Leistung darf nicht von Voraussetzungen abhängig gemacht werden, die mit der Leistungsgewährung nicht in einem sachlichen Zusammenhang stehen. Das staatliche Instrument der Leistung soll nicht dazu missbraucht werden dürfen, indirekt Eingriffe in verfassungsrechtlich geschützte Güter zu erreichen, die im Gebots- bzw. Verbotswege nicht in zulässiger Weise erreicht werden könnten. So hielt in dem Fall *Lawson v. Housing Authority*, 70 N. W. 2 d 605 (1955) ein Gericht die Verknüpfung der Vergabe von Wohnungen des öffentlichen Wohnungbaus mit der Ablegung eines »loyality oath« wegen fehlenden Sachzusammenhangs für unzulässig. In der Entscheidung *Torcaso v. Watkins* 367 U. S. 488, 81 S. Ct. 1680, 6 L.Ed. 2d 982 /1961) befand der Supreme Court, dass ein öffentliches Amt

Das Koppelungsverbot begegnet der marktwirtschaftlichen, d. h. an finanzielle Gegenleistungen geknüpften Zuteilung von Gütern mit äußerster Vorsicht und Zurückhaltung. Indem die Versteigerung knapper, staatlich verwalteter Ressourcen die hoheitliche Entscheidung über die Zuteilung eines knappen Gutes von einer wirtschaftlichen Gegenleistung abhängig macht, tritt sie mit diesem regelungspolitischen Anliegen des Koppelungsverbots, die Käuflichkeit von Hoheitsleistungen zu verhindern, in Widerstreit. Adressat der §§ 36 Abs. 3 und 56 Abs. 1 S. 2 VwVfG ist indes die Verwaltung; sie binden nicht den Gesetzgeber. Das Koppelungsverbot stützt sich namentlich auf das Prinzip der Gesetzmäßigkeit der Verwaltung als dem Gebot der »Verwaltung auf Antrieb des Gesetzes und innerhalb dessen Schranken«[556], das den Gesetzgeber nicht beschränkt[557]. Das Koppelungsverbot untersagt der Verwaltung, hoheitliche Leistungen ohne entsprechende gesetzliche *Ermächtigung* von wirtschaftlichen Gegenleistungen abhängig zu machen. Es ist der Verwaltung mithin nicht stets verboten, die Gewährung von Hoheitsakten von Geldzahlungen abhängig zu machen. Sie darf nicht eigenmächtig die Gewährung von Hoheitsakten mit in der Ermächtigung nicht angestrebten, sachfremden Zielen verbinden. Gestattet der Gesetzgeber gesetzlich die Versteigerung knapper, staatlich verwalteter Ressourcen, stellt das Gesetz zwischen Leistung und Gegenleistung den erforderlichen gesetzlichen Konnex her: Bei demjenigen, der am meisten für den Erwerb eines Gutes zu zahlen bereit ist, vermutet der Gesetzgeber die beste Verwendung; Leistung und Gegenleistung werden durch die gesetzliche Ermächtigung miteinander verbunden.

Der Gesetzgeber bleibt von rechtsstaatlichen Sicherungen des Koppelungsverbots freilich nicht frei. Er darf eine Gegenleistung nur insoweit zulässigerweise mit einer Zuteilung verknüpfen, als die Gegenleistung das Ziel der Zuteilung, namentlich den Schutzgehalt der von der Zuteilung betroffenen Grundrechte, nicht konterkariert. Die Zuteilung hat sich – wie die Entscheidung der Verwaltung über die Beifügung einer Nebenbestimmung oder den Abschluss eines öffentlich-rechtlichen Vertrages – an dem durch die Grundrechte gesteuerten Zuteilungsziel zu orientieren. Gesetzliche Verteilungsentscheidungen müssen der Versuchung widerstehen, dass entgeltabhängige Zuteilungskriterien zu Zwecken staatlicher Haushaltssanierung missbraucht werden und andere rechtsstaatliche Vergabekriterien, die den Freiheitsrechten, zu denen sie Zugang gewähren, und den Zuteilungszielen eher gerecht werden, verdrängen. Sonst ist das staatliche Auswahler-

---

einem Bürger nicht deshalb verwehrt werden darf, weil er nicht bereit ist, seine religiöse Überzeugung zu offenbaren.

[556] *Fleiner*, Institutionen des deutschen Verwaltungsrechts, 8. Aufl. 1928, S. 131.

[557] *S. Meyer*, Gebühren für die Nutzung von Umweltressourcen, 1995, S. 152 m. w. N.; *F. Kirchhof*, Die Höhe der Gebühr, 1981, S. 128.

messen weniger von rechtsstaatlicher Objektivität getragen als von fiskalischen Ertragsanliegen infiziert.

bb) Die Kommerzialisierungsgefahr zwischen unzulässiger Koppelung von Zwecken und legitimer Zielsetzung

Allein die (nicht auszuschließende) Möglichkeit, dass die Wahl des Versteigerungsverfahrens von fiskalischen Ertragsanliegen mitbestimmt sein könnte, hebt die Sachgerechtigkeit der Auswahlentscheidung freilich nicht zwingend auf[558]. Die *Gelegenheit* zum Missbrauch ist nicht der Missbrauch selbst. Arzneien sind etwa nicht schon deshalb verboten, weil sie auch in hoher Dosis zur Selbstschädigung verwendet werden können; die Freiheit der Wissenschaft ist nicht deshalb aufzugeben, weil sie auch zur Bedrohung der Freiheit anderer eingesetzt werden kann. Freiheit ist nicht deshalb zu versagen, weil sie auch missbraucht werden kann. Lässt sich aus der Verfassung auch nicht eine Vermutung für die Handlungsfreiheit des Staates herauslesen wie aus den Grundrechten eine Vermutung für die Freiheit des Bürgers, verwehrt sie dem zuteilenden Staat die Effizienz als Zuteilungsziel nicht prinzipiell[559]. Die Festlegung der Zuteilungsziele fällt grundsätzlich in den durch die Grundrechte, namentlich das Gebot der Sachgerechtigkeit, begrenzten Beurteilungs- und Gestaltungsspielraum des Gesetzgebers[560]. Grenzen sind ihm (erst) dort gesetzt, wo sachwidrige Zielsetzungen wirksam werden.

Ist die Zuteilung nach dem Maßstab der Zahlungsbereitschaft selbst sachgerecht, erzeugt das Wirksamwerden des Nebenziels der Einnahmeerzielung nicht sachwidrige Ergebnisse. Die mögliche Absicht der Einnahmeerzielung hindert die Erreichung des dem Gesetzgeber offen stehenden Effizienzziels nicht. Sie bleibt für die Erreichung eines legitimen Sachziels solange unschädlich, wie dieses als solches sachgerecht ist. Allein die mögliche böse Absicht macht aus der guten Tat nicht zwingend eine schlechte.

Dass sachwidrige Zielsetzungen im Entscheidungsprozess wirksam geworden sind, lässt sich im Regelfall der Versteigerung ebenso wenig ausschließen wie mit Leichtigkeit feststellen. Den Nachweis, *nicht* von fiskalischen Interessen beeinflusst zu sein, kann der Gesetzgeber nicht erbringen.

---

558 Ebenso *Kämmerer*, NVwZ 2002, S. 161 (164); *Selmer*, NVwZ 2003, S. 1304 (1311); ähnlich für die Verleihungsgebühr *Heimlich* (Fn. 542), S. 310; a. A. wohl *Geppert*, in: ders. et al. (Hrsg.), Beck'scher TKG-Kommentar, 3. Aufl. 2006, § 61 Rdnr. 34.

559 Vgl. dazu supra S. 197 ff.

560 BVerfG, Beschl. v. 25.10.1977, BVerfG, Beschl. v. 25.10.1977, BVerfGE 46, S. 246 (257) – Halbfettmargarine; BVerfG, Beschl. v. 16.1.1980, BVerfGE 53, S. 135 (145); BVerfG, Beschl. v. 17.11.1992, BVerfGE 87, S. 363 (383) – Nachtbackverbot; BayVGH, Beschl. v. 29.1.1991, NVwZ-RR 1991, S. 550; *C. Koenig*, Die öffentlich-rechtliche Verteilungslenkung, 1994, S. 357 ff.; *Storr*, K & R 2002, S. 67 (69); *Tettinger*, DÖV 1993, S. 236 (240).

Negativa non sunt probanda[561]. Der Geruch der Einnahmeerzielungsabsicht wird der Versteigerung auch dann anhaften, wenn sie tatsächlich ausschließlich von dem Motiv der Allokationseffizienz und der Vorteilsabschöpfung getragen ist. Einnahmeerzielung und (zulässige) Abschöpfung sind untrennbar miteinander verwoben. Der Grat zwischen staatlicher Pleonexie und pflichtgemäßer Aufgabenwahrnehmung, zwischen Unersättlichkeit und Sachgerechtigkeit, ist in einer marktorientierten Verteilungslenkung schmal. Die Entscheidung zwischen dem vorsorglichen verdachtsgestützten Verbot und der Zulassung bleibt eine Risikoentscheidung.

Der Weg der Vorsicht besteht darin, die Versteigerung als Verteilungsform auf das Abstellgleis ökonomischer Ideen zu verbannen und vor den Toren des öffentlichen Rechts abzufangen – dem *Albert Einstein* zugeschriebenen Kassandraruf folgend: »Das Geld zieht nur den Eigennutz an und verführt stets unwiderstehlich zum Missbrauch«. Die Missbrauchsgefahr zum Maßstab der Grenzziehung zwischen Recht und Unrecht zu machen, ist der sicherste Weg, staatliche Zuteilungsvorgänge von dem Verdacht der Infektion rechtsstaatlicher Entscheidungen durch fiskalische Interessen frei zu halten. Er geht zugleich mit einem Verzicht auf ökonomische Steuerungsmöglichkeiten und dem Realisierungsverlust gesetzgeberischer Handlungsziele einher, um eine Gefährdung staatlicher Zuteilungsvorgänge nicht in Kauf nehmen zu müssen, und zahlt insofern einen hohen Preis. Die Vorsicht zum Prinzip zu erheben und die Versteigerung als Gestaltungsform staatlicher Verteilungslenkung unbesehen zur Büchse der Pandora zu erklären, die aus dem Reigen der Verteilungsinstrumente auszuschließen sei, schneidet sinnvolle politische Gestaltungsmöglichkeiten aus dem Handlungsinstrumentarium des Gesetzgebers heraus. Ein Verbot vermag zwar das Risiko des Missbrauchs sicher zu eliminieren, schüttet freilich solange das Kind mit dem Bade aus, wie nicht dargetan ist, dass die Realisierung des Nebenziels der Einnahmenerzielung grundrechtliche Gefahrenzonen unvertretbaren Ausmaßes hinterlässt.

Ob eine Verknappung und das Effizienzziel als solches legitim sind, ist nach rechtlichen Maßstäben überprüfbar. Die Grundrechte und Grundfreiheiten setzen seiner Wirkkraft objektive Grenzen. Sie sind für die Zuteilung nach Effizienzmaßstäben nur in begrenztem Umfang offen, namentlich nur, soweit die Herstellung eines Zusammenhangs zwischen Leistung und Gegenleistung mit ihrem Gewährleistungsgehalt vereinbar ist. Die Freiheitsrechte setzen dem Wirken fiskalischer Einnahmeinteressen namentlich dort eine Grenze, wo der fiskalische Zweck die Auswahlentscheidung bestimmend beeinflusst, d. h. andere ebenso zielführende Vergabekriterien auf dem Altar fiskalischer Interessen geopfert werden [infra (2)] oder der Staat

---

[561] Glosse »ei incumbit« zu Dig. 22, 3, 2.

die Knappheit des Gutes mit dem Ziel herbeiführt, aus dem Zuteilungsvorgang Erlöse zu erzielen [infra (1)].

(1) Die Freiheitsrechte als Verknappungsschranken

Die Grundrechte und Grundfreiheiten errichten einen Schutzwall gegen die fiskalisch motivierte Verkürzung des freiheitsrechtlichen Betätigungsraumes; sie stehen einer künstlichen Verknappung des Güterangebots, die nicht von überwiegenden Allgemeininteressen, sondern von finanziellen Begehrlichkeiten des Staates getragen sind, entgegen. Als Eingriff in die Freiheitsausübung unterliegt die gewillkürte Verknappung strengen Verhältnismäßigkeitsanforderungen. Die Möglichkeit ihres Missbrauchs zu fiskalischen Zwecken allein begründet – entgegen teilweise vertretener Auffassung – zwar noch nicht selbstredend das Verdikt der Unzulässigkeit darauf bezogener Verteilungsmechanismen[562]. Lassen sich einmischende finanzielle Interessen des Staates bei der Verknappung eines Freiheitsraumes, wie zum Beispiel im Falle des staatlichen Glücksspielmonopols oder der Etablierung eines Systems vorsorgender marktwirtschaftlicher Bewältigung der Ressourcenknappheit im Dienste des Umweltschutzes, etwa eines Emissionslizenzsystems[563], auch nicht a priori ausschließen, so ist diesen Gefahren aber an ihrer Wurzel, d. h. im Rahmen der freiheitsrechtrechtlichen Schutzwirkung der Grundrechte und Grundfreiheiten, mit anderen Worten der Zulässigkeit der Verknappung (»Ob«), zu begegnen, nicht erst bei der Bestimmung des Zuteilungsmechanismus (»Wie« der Knappheitsbewältigung): Nimmt der Staat auf die Knappheitssituation von Gütern bewusst Einfluss und verknappt das verfügbare Güterangebot, um im Wege der Versteigerung Haushaltssanierung zu betreiben, liegt a priori keine verfassungsgerechte Verknappungsentscheidung, sondern ein unzulässiger Eingriff in die Freiheit der Bürger vor[564]. Die Frage nach dem zu wählenden Verteilungsmechanismus (»wie« der Knappheitsbewältigung) stellt sich

---

[562] So aber *Leist*, Die Versteigerung als Regulierungsinstrument, 2004, S. 26 f.; aus finanzverfassungsrechtlichen Gründen *Kruhl*, Die Versteigerung knapper Frequenzen, 2003, S. 224 f., 311 f. Sie halten den Versteigerungsmechanismus in Konstellationen gewillkürter Knappheit generell für unzulässig.

[563] Emissionshandelssysteme knüpfen zwar an eine natürliche Knappheit von Umweltressourcen an, nehmen aber eine durch Gründe des vorsorgenden Umweltschutzes getragene gewillkürte Verknappung von Umweltverschmutzungsrechten vor. Anderenfalls könnten sie ihre Wirkung vorsorgenden Umweltschutzes nicht erreichen (a. A. *Kruhl*, Die Versteigerung knapper Frequenzen, 2003, S. 72 u. 310 f.). Emissionshandelssysteme sind zwar nicht notwendig auf eine staatliche Einnahmeerzielung angelegt – sie können auch eine kostenfreie Erstzuteilung vorsehen –, erreichen ihre Zielsetzung durch eine kostenpflichtige Zuteilung aber noch zielgerechter. Vgl. dazu im Einzelnen infra S. 681 ff.

[564] Ähnlich für das U. S.-amerikanische Recht auch der Omnibus Budget Reconciliation Act von 1993, der die Federal Communication Commission ermächtigt, Versteigerungen als Allokationsinstrument einzusetzen. Er bestimmt in 47 U. S. C. §309 j (7): »(…) the Commission may not base a finding of public interest, convenience, and neces-

hier mangels verfassungsrechtlich gerechtfertigter Knappheitssituation nicht.

(2) Die Freiheitsrechte als Leitlinien bei der Wahl der Zuteilungsinstrumente

Liegt eine verfassungsgerechte Knappheitssituation vor, kommt dem Gesetzgeber zwar eine grundsätzliche Freiheit in der Wahl der Zuteilungsziele vor. Sie darf sich aber weder von den Zielen der Verknappung lösen, etwa das Zuteilungs*ziel* der Effizienz zu wählen, um staatliche Einnahmen zu generieren, noch über das gewählte legitime Zuteilungsziel hinausschießen. Je eher zur Verwirklichung des Effizienzziels auch alternative Zuteilungsinstrumente in Betracht kommen, umso mehr engt sich der Spielraum in der Wahl der Zuteilungsinstrumente ein und umso größer wird die Rechtfertigungslast für den zuteilenden Staat bei der Wahl des Versteigerungsverfahrens. Der staatliche Zugriff auf die Freiheit muss konsequent in seiner Ausgestaltung an dem Ziel ausgerichtet sein, der den verknappenden Eingriff trägt. Er darf insbesondere über das hinausgehen, was zur Erreichung des staatlichen Verknappungszugriffs erforderlich ist[565]. Das mit einem Eingriff in ein Freiheitsrecht verfolgte Zuteilungsziel steuert auch das Zuteilungsermessen des knappheitsverwaltenden Staates und die Sachgerechtigkeit der Zuteilung.

Beruht die Knappheit des Gutes auf einem gewillkürten Verknappungszugriff des Staates, d. h. einer bewussten Entscheidung des Gesetzgebers, das Gut in seiner Verfügbarkeit einzuschränken, ergeben sich aus der Rechtfertigung der Verknappung auch Vorgaben für die Zulässigkeit des Verteilungskriteriums[566]. Verknappt der Gesetzgeber beispielsweise ein Gut, um aus Gründen sozialer Gerechtigkeit eine gleichmäßige Partizipation breiter Bevölkerungsschichten daran zu ermöglichen oder kontingentiert er den Zugang zu bestimmten Berufen, um eine ordnungsgemäße Ausübung der beruflichen Betätigung zu sichern[567], verbietet sich im Zweifel eine marktwirtschaftliche Vergabe der knappen Sonderpositionen bereits aufgrund der mit der Verknappung verfolgten Zielsetzung. Der Verknappungsgrund schränkt hier das Zuteilungsermessen ein. Der rechtfertigende

sity solely or predominantly on the expectation of Federal revenues from the use of a system of competitive bidding under this subsection«.

[565] Dazu BVerfG, Urt. v. 28.3.2006, BVerfGE 115, S. 276 (300ff.) – staatliches Wettmonopol; ähnlich für die europarechtliche Beschränkung von Grundfreiheiten durch Abgaben auf Glücksspiele bereits EuGH, Urt. v. 6.11.2003, NVwZ 2004, S. 87 (87, Rdnr. 62) – Gambelli; EuGH, Urt. v. 21.10.1999, EuZW 2000, S. 151 (153, Rdnr. 36) – Zenatti.

[566] Ebenso *Badura*, Verteilungsordnung und Zuteilungsverfahren bei der Bewirtschaftung knapper Güter durch die öffentliche Verwaltung, in: Festschrift Friauf, 1996, S. 529 (533); *Gramm*, Privatisierung und notwendige Staatsaufgaben, S. 313; *Kruhl*, Die Versteigerung knapper Frequenzen, 2003, S. 173.

[567] Vgl. dazu im Einzelnen infra S. 675ff.

Grund für die gesetzliche Zuteilungsregulierung wirkt auf der Stufe der Verteilungsordnung fort[568]. Eine Zuteilungsordnung, die straßenrechtliche Nutzungserlaubnisse allein von der Zahlungsbereitschaft abhängig macht, ist ebenso sachfremd wie eine Regelung, die die Befreiung von einem baurechtlichen Dispens von der Zahlungsbereitschaft des Antragstellers abhängig macht. Es fehlt an einem Bezug zu dem grundrechtlich gewährten Recht.

(a) Erforderlichkeit einer preisgeleiteten Zuteilung

Wo der Staat eine allokationseffiziente Auswahlentscheidung auch ohne die Informationen des Marktes vorzunehmen in der Lage ist, insbesondere die ihm zugänglichen oder beschaffbaren Informationen über die Eignung der Bewerber ausreichen, um eine Effizienz-Auswahl zu treffen (Bsp.: Unter den sieben Bewerbern für sechs Marktzutrittsrechte befindet sich einer, der ersichtlich aufgrund seiner erkennbaren Qualifikationsmängel nicht die gleiche Effizienz wie die anderen Bewerber aufweist), bedarf es des Marktes als Zuteilungsmechanismus nicht[569]. Die Abschöpfungsfunktion des Marktes[570] alleine vermag dann den Versteigerungsmechanismus nicht zu rechtfertigen: Die Abschöpfung kann von der Zuteilungsentscheidung entkoppelt und damit von dem die Auswahlentscheidung beeinträchtigenden Risiko der Ex-ante-Unsicherheit zugunsten einer Ex-post-Abschöpfung

---

[568] *Badura* (Fn. 566), S. 529 (533); *Ruffert*, AöR 124 (1999), S. 239 (264).

[569] Dass andere Zuteilungsverfahren, insbesondere das Ausschreibungsverfahren, die Grundrechte der Bewerber weniger intensiv als die Versteigerung betreffen und die Interessen im Versteigerungsverfahren abgelehnter Bieter besser berücksichtigen, stellen *Ritgen* und *Ruffert* in Frage (*Ritgen*, AöR 127 [2002], S. 351 [381]; *Ruffert*, AöR 124 [1999], S. 239 [262 f.]; ähnlich *Hufeld*, JZ 2002, S. 871 [875]). Sie bezweifeln, dass die Grundrechte weniger beeinträchtigt würden, wenn die Leistungsfähigkeit der Bewerber durch eine staatliche Behörde eingehend überprüft werde, als wenn ihnen ein vorteilsabschöpfender Versteigerungserlös abgerungen wird. Je komplizierter und differenzierter das Vergabeverfahren, umso größer sei das Maß des Markteingriffs durch staatliches Handeln. Legen Ausschreibungsverfahren den Beteiligten auch Mitwirkungsobliegenheiten auf, die für die Betroffenen mit einem bisweilen nicht unerheblichen Aufwand verbunden sind, bleibt ihr Beeinträchtigungsgewicht gleichwohl hinter dem der Versteigerung zurück. Es höher einzustufen als eine Vorteilsabschöpfung im Wege der Versteigerung nimmt die Relationen und Funktionen der Beeinträchtigung verzerrt wahr. Der bürokratische Aufwand von Ausschreibungsverfahren zielt auf eine Zuteilungsentscheidung unter Einbeziehung aller mit der Zuteilung verbundenen Zuteilungskriterien und der Sicherstellung einer gleichmäßigen Teilhabe aller am Zuteilungsverfahren Beteiligten, will den dem Destinären zufließenden Sondervorteil jedoch nicht nehmen. Er ist notwendige Voraussetzung für eine sachgerechte, polyvalente behördliche Zuteilung und trägt insoweit zum Grundrechtsschutz durch Verfahren bei. Die Versteigerung reduziert den Zuteilungsmechanismus demgegenüber grundsätzlich auf die Allokationsfunktion, ohne weitere ordnungspolitische Aspekte ins Visier zu nehmen und zieht den mit der Zuteilung verbundenen Vorteil soweit zugunsten der Allgemeinheit wieder ein, als die Bieter dazu in einem Konkurrenzwettbewerb bereit sind.

[570] Vgl. dazu supra S. 298 ff.

im Wege der Gewinnbesteuerung entlastet werden. Bedient der Staat sich gleichwohl des Versteigerungsmechanismus, missbraucht er den Zuteilungsvorgang zur Freiheitsbeschränkung. Die Zahlungsbereitschaft ist ein Reservekriterium, das erst dort Einsatz finden kann, wo die dem Staat zugänglichen Informationsquellen nicht ausreichen, um eine allokationseffiziente Auswahlentscheidung zu treffen. Erst dann wird der gegenleistungsorientierte, auf eine Überwindung bestehender Informationsasymmetrien angelegte[571] Wettbewerb als Entdeckungsverfahren[572] erforderlich. Ein genereller Primat der Versteigerung vor der Ausschreibung – wie ihn etwa § 61 Abs. 2 S. 1 TKG anordnet[573] – ist verfassungsrechtlichen Zweifeln ausgesetzt. Dem freiheitsrechtlichen Regime des Grundgesetzes und des europäischen Primärrechts entspricht eine umgekehrte Rangfolge. Das gilt jedenfalls dort, wo der Zugang zu der Freiheitsbetätigung grundsätzlich grundrechtlich verfestigt ist.

(b) Sicherungsinstrumente gegen die Wirkmächtigkeit fiskalischer Interessen

Wo nur der Preis die gewünschte (und mit den durch die Zuteilung betroffenen Grundrechten vereinbare) effiziente Allokation sicherzustellen vermag, sind der Entfaltung von Kommerzialisierungsabsichten geringere verfassungsrechtliche Kontrollmöglichkeiten entgegengesetzt. Das aus den durch die Zuteilung betroffenen Freiheitsrechten erwachsende Gebot der Sachgerechtigkeit breitet über den Allokationsvorgang freilich einen ausreichenden verfassungsrechtlichen Schutzmantel aus, der dem Anwendungsbereich der Versteigerung wie dem Wirken von Einnahmeerzielungsinteressen ausreichende Grenzen setzt, ohne zugleich dem politischen Gestaltungsspielraum des Gesetzgebers allzu enge Daumenschrauben anzulegen. Drückt sich in der Zuteilung nach Maßgabe der Zahlungsbereitschaft eine sachgerechte Entscheidung aus, zeitigt das Entstehen von Einnahmen und das Einwirken des Einnahmeerzielungsziels als Nebenfolge des Zuteilungsvorgangs selbst dann nicht zwingend verfassungswidrige Ergebnisse, wenn das Wirksamwerden des Nebenziels der Einnahmeerzielung nicht ausgeschlossen werden kann. Für das scharfe Schwert eines konstitu-

---

[571] Vgl. dazu S. 298ff.

[572] *Von Hayek*, Wettbewerb als Entdeckungsverfahren, in: Walter Eucken Institut Freiburg i. Br., Gesammelte Ausätze von F. A. von Hayek, 1969, S. 249ff.

[573] Noch deutlicher § 11 Abs. 2 TKG a. F. Dort hieß es: »Die Vergabe der Lizenzen erfolgt nach § 8, nachdem das in Absatz 4 geregelte Verfahren (s. c. das Versteigerungsverfahren, der Verf.) durchgeführt worden ist, es sei denn, dieses Verfahren ist nicht geeignet, die Regulierungsziele nach § 2 Abs. 2 sicherzustellen«. Einen Primat der Versteigerung vor der Ausschreibung befürwortend auch *Kupfer*, Verteilung, S. 538 (»[…] in wirtschaftsverwaltungsrechtlichen Kontexten sind Versteigerungen im Verhältnis zu anderen Vergabeverfahren regelmäßig vorzugswürdig«).

tionellen Verbots des Versteigerungsmechanismus mit Rücksicht auf die Möglichkeit eines Missbrauchs fehlt es an einer tragfähigen Grundlage[574].

Auch wer das Gewicht der Gefahr höher einschätzt als den Gestaltungsspielraum des Gesetzgebers, darf nicht unbesehen zum Abgesang auf das Instrument der Versteigerung anstimmen. Die Missbrauchsgefahr zum Anlass zu nehmen, die Versteigerung aus dem Kreis zulässiger Zuteilungsinstrumente als unzulässig zu verbannen, hieße einen Ausweg aus der Kommerzialisierungsfalle zu übersehen. Insbesondere zwei Wege kommen in Betracht, mit denen der Gefahr der Kommerzialisierung auch auf der Grundlage einer restriktiven Ausgangshaltung begegnet werden kann: Eine Zweckbindung des monetären Versteigerungserlöses [infra (aa)] sowie eine Entmonetarisierung des Versteigerungserlöses [infra (bb)].

(aa) Gesetzliche Zweckbindung der in der Versteigerung erzielten Versteigerungserlöse

Die im Wege der Versteigerung erzielten Erlöse können mit einer gesetzlichen Zweckbestimmung verknüpft werden, die sie in den Dienst des Zuteilungszwecks stellt, etwa der Förderung der Telekommunikationsinfrastruktur bei Frequenzen[575]. Sie schützen das Versteigerungsinstrument vor sei-

---

[574] A. A. *Breuer*, Verfassungsrecht und Versteigerungsverfahren, in: Geis/Lorenz (Hrsg.), Festschrift für Maurer, 2001, S. 25 (39). Das Versteigerungsverfahren erweise sich durch die gesetzlich angesteuerte Maximierung des Versteigerungserlöses – im eigentlichen Sinne des Wortes – als maßloser Eingriff. Denn Richtmaß der Geldleistungspflicht bilde hier nicht mehr der Vorteil des Zuteilungsempfängers, sondern die fiskalische Einnahmenerzielung zur Deckung des Staatshaushalts. Indem die Versteigerung ausschließlich an die von den Interessenten unterbreiteten, nicht als solche erzwingbaren Gebote anknüpft, löst sie sich freilich – anders als *Breuer* unterstellt – regelmäßig nicht (jedenfalls nicht notwendig) von dem dem Zuteilungsempfänger zuwachsenden Vorteil, sondern sucht diesen gerade zu ermitteln. *Breuer* blendet die ökonomische Logik des Versteigerungsverfahrens als eines Vorteilsabschöpfungsverfahrens aus. Dass die Einnahmeerzielung zum Hauptzweck der Geldleistung wird, ist eine nicht gänzlich auszuschließende Möglichkeit, die aber mit den Abwehrinstrumenten der Verfassung beherrschbar ist.

[575] Im Zuge der Etablierung der Versteigerung als Zuteilungsmodus im Telekommunikationsgesetz hatte der Bundesrat im Gesetzgebungsverfahren eine echte Zweckbindung des Versteigerungserlöses angeregt: Die Erlöse sollten nicht dem Bundeshaushalt zufließen, sondern einem Sonderfonds zugeführt werden, dessen Aufgabe die Förderung flächendeckender Verfügbarkeit von Telekommunikationsdiensten in öffentlichen Einrichtungen (zum Beispiel Schulen, Hochschulen, Bibliotheken) sein sollte (BT-Drucks. 13/4438, Anlage 2, Nr. 24). Die Bundesregierung lehnte den Vorschlag jedoch ab. Eine Zweckbindung war nach Ansicht der Bundesregierung »über einen Sonderfonds rechtlich nicht möglich« (BT-Drucks. 13/4438, Anlage 3, Erwiderung der Bundesregierung zu Nr. 24). Die verfassungsrechtliche Grundlage dieser Bedenken der Bundesregierung ist zweifelhaft. Wiewohl Gebühren auch dem haushaltsrechtlichen Prinzip der Non-Affektation unterliegen und damit in den allgemeinen Staatshaushalt fallen, ist eine Zweckbindung ihres Aufkommens verfassungsrechtlich durchaus zulässig, sofern das Prinzip nicht als solches aufgegeben wird. Vgl. *K. Vogel/Waldhoff*, Grundlagen des Finanzverfassungsrechts, 1999, Rdnr. 424. Zur Zweckbindung von Einnahmen vgl. allgemein etwa *Schmehl*, Das Äquivalenzprinzip im Recht der Staatsfinanzierung, 2004, S. 221 ff.; *Wittman*,

ner Inanspruchnahme durch fiskalische Zielsetzungen[576]. Der Gefahr der Bildung eines Schattenhaushalts und den damit verbundenen finanzverfassungsrechtlichen Klippen lässt sich wirksam durch den Vorbehalt parlamentsgesetzlicher Entscheidung über die Zweckbindung der Versteigerungserlöse begegnen[577].

(bb) Sachbezogene Gegenleistungen

Der zur Überwindung der zwischen Staat und Bürger bestehenden Informationsasymmetrie erhobene Versteigerungspreis muss überdies – wie bereits gezeigt wurde[578] – nicht notwendig in Geldleistungen, sondern kann auch in sachbezogenen öffentlich-rechtlichen Verpflichtungen bestehen. Indem sie den Versteigerungspreis nicht als abstrakten monetären Tauschwert verstehen, sondern als feststehende öffentlich-rechtliche Verpflichtungen der Destinäre definieren, die in einem Bezug zu dem knappen Gut stehen, wie etwa Infrastrukturauflagen, führen sachbezogene Gegenleistungen den Staat nicht in die Versuchung, fiskalische Gesichtspunkte in die Verteilungsentscheidung hineinzutragen, insbesondere eine staatliche Verknappung eines Gutes herbeizuführen, um aus dem Zuteilungsmechanismus der Versteigerung Haushaltseinnahmen zu generieren. Sachbezogene Gegenleistungen entschärfen die Kommerzialisierungsproblematik. Sie weisen aus der Gefahr einen eleganten Ausweg.

Mit sachbezogenen Gegenleistungen können freilich – anders als bei monetären Vorleistungspflichten[579] – Informations- und Durchsetzungsprobleme einhergehen. Es besteht die Gefahr, dass Leistungen versprochen, aber nicht mehr erbracht werden, wenn die Destinäre sich erst einmal im Besitz der Vergünstigung befinden. Der zuteilende Staat ist gegenüber solch opportunistischem Verhalten freilich nicht hilflos. Das öffentliche Recht gibt ihm mit den Mitteln des Vollstreckungsrechts die hoheitlichen Instrumente zur Durchsetzung übernommener, nicht freiwillig befolgter Verpflichtungen an die Hand. Kommt der Destinär seinen Verpflichtungen

---

Zweckbindung öffentlicher Einnahmen, in: Pohmer (Hrsg.), Beiträge zum Äquivalenzprinzip und zur Zweckbindung öffentlicher Einnahmen, 1981, S. 9 ff.

[576] Ähnlich auch *Jarass*, Nichtsteuerliche Abgaben und lenkende Steuern unter dem Grundgesetz, 1999, S. 38, der daraus eine finanzverfassungsrechtliche Forderung ableitet: »Es sprechen gute Gründe dafür, dass im Fall der Nutzung eines Guts der Allgemeinheit der Ertrag der Vorteilsabschöpfungsabgabe eben dem Zweck zugeführt werden muss, dem auch die Nutzungsbegrenzung dient. Auf diese Weise wird sichergestellt, dass die Abgabe nicht zur Erzielung genereller Einkünfte missbraucht und damit das Steuerverfassungsrecht unterlaufen wird«.

[577] Vgl. dazu *Kilian*, Nebenhaushalte des Bundes, 1993; *Puhl*, Budgetflucht und Haushaltsverfassung, 1996, S. 75; *Schmehl* (Fn. 575), S. 225 ff.; vgl. zur Zweckbindung des Wasserpfennigs auch BVerfG, Beschl. v. 7. 11. 1995, BVerfGE 93, S. 319 (348) – Wasserpfennig.

[578] Vgl. dazu bereits supra S. 407 ff.

[579] Eine monetäre Vorleistungspflicht geht diesem Problem aus dem Weg. Sie bringt die Destinäre nicht in die Versuchung, eingegangene Verpflichtungen in Frage zu stellen.

nicht nach, bleibt als ultima ratio der Entzug der Vergünstigung durch Widerruf (vgl. §49 Abs. 2 Nr. 2 VwVfG). Nur gegen das Risiko der Vermögenslosigkeit bleibt das Vollstreckungsrecht ungeschützt.

Der Umfang, in dem sachbezogene Gegenleistungen verwaltungs- und rechtspolitisch sinnvoll wirken können, ist nicht unbegrenzt. Sachbezogene Auflagen erfüllen nur insoweit ihre verfassungsrechtliche Mission, als sie in einem sachgerechten Zusammenhang mit der zuzuteilenden Leistung stehen. Koppeln sie mit dem Zuteilungsvorgang Leistungsverpflichtungen, die mit dem Gegenstand der Zuteilung nicht in einem inneren Konnex stehen, sind sie einer Kommerzialisierungsgefahr in gleichem Maße ausgesetzt wie monetäre Leistungen. Auch ist nicht jede sachgerechte Leistungsverpflichtung volkswirtschaftlich sinnvoll und wünschenswert. Eine Infrastrukturauflage etwa sollte die ex ante nicht immer voraussehbaren Bedürfnisse des Marktes nicht ganz aus den Augen verlieren. Eine Versorgungsverpflichtung, die eine Penetration von Gebieten mit Leistungen gebietet, die dort nicht nachgefragt werden, kann einer Verschwendung Vorschub leisten, die zu verhindern gerade erklärtes Ziel des ökonomischen Modells der Versteigerung ist. Nicht immer werden sachbezogene Gegenleistungen in ausreichendem Umfang in der Lage sein, den Wert des Gutes zu spiegeln[580]. Insbesondere wird ein einziger sachbezogener Leistungsparameter in der Regel zur Abbildung des Wertes nicht ausreichen. Es werden dann Verrechnungseinheiten erforderlich, die die Gewichtung der unterschiedlichen Gegenleistungen austarieren. Es bietet sich insoweit ein Punktesystem an, das die unterschiedlichen Sachkriterien zueinander in Beziehung setzt und ihr Verhältnis zueinander transparent werden lässt. Ausschreibungs- und Versteigerungsverfahren rücken dann sehr nahe beieinander.

Wenn auch nicht verfassungsrechtlich zwingend geboten, sind sachbezogene Gegenleistungen ein sinnvolles Instrument zur Anreichung monetär ausgerichteter Auktionsinstrumente. Der Gesetzgeber sollte ihnen – wo immer möglich – den Vorrang vor monetären Gegenleistungen einräumen. Es empfehlen sich Mischmodelle von Versteigerungen und Ausschreibungen: In einem zweistufigen Verfahren könnte – im Anschluss an eine Vorselektion der Bewerber anhand nicht gegenleistungsorientierter Kriterien – zunächst ein versteigerungsähnlicher Bieterwettbewerb auf der Basis sachbezogener Gegenleistungen, wie zum Beispiel Netzabdeckungsgrad, stattfinden. Ist deren Auswahlwirkung nach Maßgabe des verteilungspolitisch

[580] Das gilt insbesondere dort, wo mit der Zuteilung der Einsatz des Gutes nicht gefördert werden soll, so etwa bei dem Zugang zu an sich unerwünschten Tätigkeiten, wie dem Betrieb von Spielbanken. Der Spielraum sinnvoller sachbezogener Gegenleistungen kann sich dadurch reduzieren. In diesen Fällen stellt sich freilich auch die Frage, ob dann die Allokationseffizienz ein sachgerechtes Zuteilungskriterium sein kann. Vgl. dazu insbesondere S. 699.

Sinnvollen und Verhältnismäßigen ausgereizt, könnte in einer zweiten Stufe der Preis im Übrigen durch ein monetäres Verfahren ermittelt werden.

(3) Zusammenfassung

Versteigerungen sind als Allokationsmechanismus nicht alleine schon aufgrund der ihnen immanenten Gefahr staatlicher Pleonexie als solche schlechthin verfassungsrechtlich verfemt. Das gilt sowohl für Konstellationen natürlicher Knappheitslagen, bei denen, wie etwa bei Frequenzen, gleichberechtigte konkurrierende Nutzungen auf naturgegebene Grenzen stoßen, als auch für gewillkürt durch knappheitssteuernden staatlichen Eingriff herbeigeführte Knappheitskonstellationen, wie etwa Emissionslizenzen, bei denen der Verknappungsgrund die allokationseffiziente Verteilung knapper Güter deckt. Der Versteigerungserlös ist grundsätzlich als unausweichliche Nebenfolge des Zuteilungskriteriums »Zahlungsbereitschaft« soweit hinzunehmen, wie das Zuteilungskriterium selbst sachgerecht und verhältnismäßig[581] ist[582]. Das aus den durch die Zuteilung betroffenen Freiheitsrechten erwachsende Gebot der Sachgerechtigkeit wie die Freiheitsrechte in ihrer Funktion als Beschränkungsverbote entfalten als Bollwerk gegen staatliche Verknappungsmaßnahmen eine ausreichende verfassungsrechtliche Wehrhaftigkeit, die dem Anwendungsbereich der Versteigerung wie dem Wirken von Einnahmeerzielungsinteressen ausreichende Grenzen setzt, ohne zugleich den politischen Gestaltungsspielraum des Gesetzgebers zu sehr zu verengen.

f) Gesetzes- und Parlamentsvorbehalt sowie rechtsstaatliche Bestimmtheit als Schranken

Die Versteigerung überlässt die Bestimmung des Grundrechtsberechtigten wie die Höhe der hierfür geforderten Gegenleistung grundsätzlich den Teilnehmern des Auswahlprozesses. Sie verzichtet auf die autoritativ-einseitige Festlegung des Allokationsergebnisses, beschränkt sich vielmehr lediglich auf die Festlegung von Regeln, nach denen die Zuteilungsentscheidung in einem interaktiven Prozess ermittelt wird. Der Staat greift die innere Logik des Marktes auf, nach der Nutzen und Kosten der Ressourcenverwendung nicht von einer zentralen Instanz, sondern von den individuellen Wirt-

---

[581] Vgl. zur Verhältnismäßigkeit des Versteigerungserlöses im Einzelnen insbesondere S. 593ff.

[582] Ähnlich für die Verleihungsgebühr *Heimlich*, Die Verleihungsgebühr als Umweltabgabe, 1996, S. 159 u. 209; *S. Meyer*, Gebühren für die Nutzung von Umweltressourcen, 1995, S. 165 u. 212; ähnlich für die europarechtliche Beschränkung von Grundfreiheiten durch Abgaben auf Glücksspiele bereits EuGH, Urt. v. 6.11.2003, NVwZ 2004, S. 87 (87, Rdnr. 62) – Gambelli; EuGH, Urt. v. 21.10.1999, EuZW 2000, S. 151 (153; Rdnr. 36) – Zenatti.

schaftssubjekten selbst am besten bewertet werden können, und sucht sie für den Bereich der hoheitlichen Verteilungslenkung fruchtbar zu machen. Die Zuteilungsentscheidung orientiert sich an den Güterwahlentscheidungen ihrer Teilnehmer, die diese als Spiegel der individuellen Präferenzen ausdeutet und das Zuteilungsergebnis dem Spiel des Marktprozesses anvertraut. Die unsichtbare Hand des Marktes soll die Güter dorthin lenken, wo sie ihren höchsten Nutzen erwirtschaften und das ökonomisch effiziente Ergebnis von selbst herstellen.

Entscheidungen über die Zuteilung von grundrechtlichen Entfaltungsräumen darf der Gesetzgeber nicht ohne Weiteres und unbegrenzt delegieren. Das Parlament als die durch das Volk bestellte, demokratisch legitimierte Einheit darf seine vornehmste Aufgabe, die grundsätzliche Ordnung der Lebensbereiche vorzunehmen, nicht anderen Stellen innerhalb oder außerhalb der Staatsorganisation entäußern. Seine Entscheidungsbefugnis ist in signifikantem Umfang auch Entscheidungspflicht. Sie ist nicht auf *Eingriffe* in Eigentum und Freiheit beschränkt. Die Entscheidungspflicht des demokratisch legitimierten Gesetzgebers erstreckt sich auf »die Entscheidung aller grundsätzlichen Fragen, die den Bürger unmittelbar betreffen«[583]. Insbesondere im Bereich der Grundrechtsausübung muss der Gesetzgeber alle wesentlichen Entscheidungen selbst treffen[584]. Die normativen Grundlagen grundrechtsrelevanter Entscheidungen unterliegen einem zum Rechtssatzvorbehalt verdichteten Delegationsverbot.

Der Staat scheint mit der Versteigerung das Feld dem Wettlauf der Geschäftsinteressen und Finanzkräfte zu überlassen und die ihm aufgetragene Sachentscheidung über die Verwendung begrenzter Ressourcen zugunsten eines Ausverkaufs von Entscheidungspflichten zu verweigern[585] – ähnlich wie Buridans Esel, der zwischen zwei gleich großen Heuhaufen stehend, keinem von beiden den Vorrang einzuräumen vermochte – mit dem einzigen Unterschied, dass Buridans Esel an Hunger verendete, während die Versteigerung dem Staat das erfreulichere Schicksal zuteil werden lässt, seine Haushaltskasse zu sanieren. Inwieweit die Versteigerung den Anforderungen, die sich aus dem Gesetzes- und Parlamentsvorbehalt für ihre Zu-

---

[583] BVerfG, Beschl. v. 28.10.1975, BVerfGE 40, S. (249); zum Wesentlichkeitskriterium weiterhin etwa BVerfG, Beschl. v. 9.5.1972, BVerfGE 33, S. 125 (158ff.) – Facharzt; BVerfG, Urt. v. 6.12.1972, BVerfGE 34, S. 165 (192 f.); BVerfG, Beschl. v. 27.1.1976, BVerfGE 41, S. 251 (259 f.); BVerfG, Beschl. v. 22.6.1977, BVerfGE 45, S. 400 (417 f.) – Oberstufenreform; BVerfG, Beschl. v. 21.12.1977, BVerfGE 47, S. 46 (78ff.) – Sexualerziehung; BVerfG, Beschl. v. 19.4.1978, BVerfGE, S. 210 (2ff.); BVerfG, Urt. v. 16.6.1981, BVerfGE, S. 295 (319 f.) – 3. Rundfunkentscheidung; BVerfG, Beschl. v. 20.10.1981, BVerfGE 58, S. 257 (268f.).

[584] Vgl. dazu auch bereits supra S. 88ff.

[585] *Schmidt-Jortzig*, Staatlicher Ausverkauf von Entscheidungspflichten, FAZ v. 9.10.2000, S. 16; für einen Verstoß gegen den Vorbehalt des Gesetzes (sub specie des Parlamentsvorbehalts) ebenso *F. Becker*, Die Verwaltung 2002, S. 3 (19f.); *Gramlich*, CR 2000, S. 101 (106).

lässigkeit und ihre Gestaltung ergeben zu genügen vermag, wirft tiefgehende Fragen auf, die einer Antwort harren.

aa) Die Versteigerung zwischen Eingriff und »Verwaltungsakt auf Unterwerfung«

Die Versteigerung knapper, staatlich verwalteter Ressourcen ist nicht nur mit einer finanziellen Belastung für die Interessenten des knappen Gutes verbunden, sondern entscheidet auch über die Befugnis zur Ausübung beschränkter Grundrechtspositionen. Die Auferlegung einer Zahlungspflicht greift in die Grundrechte der Bewerber ein[586].

Welches Grundrecht durch eine Zahlungspflicht betroffen ist, beantworteten Wissenschaft und Praxis bis in die jüngste Vergangenheit unterschiedlich. Das Bundesverfassungsgericht, genauer der 2. Senat, sah durch die Auferlegung von Geldleistungspflichten den Schutzbereich des Eigentumsgrundrechts aus Art. 14 Abs. 1 S. 1 GG grundsätzlich nicht berührt. Etwas anderes sollte nur dann gelten, wenn sie den Betroffenen übermäßig belastet und seine Vermögensverhältnisse grundlegend beeinträchtigt[587]. Diese Differenzierung verfing nicht. Ob der Schutzbereich eines Grundrechts eröffnet ist, kann nicht vom Ausmaß des belastenden Eingriffs abhängig gemacht werden. Warum eine Geldzahlungspflicht nur dann in Art. 14 Abs. 1 S. 1 GG eingreifen soll, wenn sie übermäßig ist, leuchtet nicht ein. Das Bundesverfassungsgericht hat die Differenzierung denn auch zu Recht jüngst weitgehend aufgegeben[588]. Geldleistungspflichten sind danach jedenfalls dann an Art. 14 Abs. 1 S. 1 GG zu messen, wenn sie an den Erwerb, den Bestand oder die Verwendung von konkreten eigentumsrechtlich geschützten Eigentumspositionen anknüpfen[589]. Auf Zahlungspflichten, die für die Zuteilung eines knappen staatlich verwalteten Gutes im Wege der Versteigerung zu entrichten sind, trifft dies im Regelfall zu[590]. Jeden-

---

[586] Vgl. dazu auch S. 205 ff.

[587] St. Rspr. BVerfG, Urt. v. 20.7.1954, BVerfGE 4, S. 7 (17) – Investitionshilfe; BVerfG, Beschl. v. 13.5.1986, BVerfGE 72, S. 175 (195); BVerfG, Beschl. v. 8.4.1987, BVerfGE 75, S. 108 (154); BVerfG, Beschl. v. 31.5.1988, BVerfGE 78, S. 214 (230); ebenso *Papier*, Die finanzrechtlichen Gesetzesvorbehalte und das grundgesetzliche Demokratieprinzip, 1973, S. 46 f.; *Wilke*, Gebührenrecht und Grundgesetz, 1973, S. 307 ff. u. 311 ff.

[588] BVerfG, Beschl. v. 18.1.2006, NJW 2006, S. 1191 ff. – Halbteilungsgrundsatz; dazu *Sacksofsky*, NVwZ 2006, S. 661 (662); *Wernsmann*, NJW 2006, S. 1169 ff.

[589] So auch die überwiegende Meinung in der Wissenschaft, vgl. *von Arnim*, VVDStRL 39 (1981), S. 286 (299 ff.); *P. Kirchhof*, Staatliche Einnahmen, in: Isensee/P. Kirchhof (Hrsg.), HStR IV, 2. Aufl. 1999, § 88 Rdnr. 86 ff.; *ders.*, VVDStRL 39 (1981), S. 213 (234 ff.); *Jarass*, Nicht-steuerliche Abgaben und lenkende Steuern unter dem Grundgesetz, 1999, S. 83 ff.; weitergehend *Heimlich*, Die Verleihungsgebühr als Umweltabgabe, 1996, S. 161 f. und 263 (»jede Art von Geldleistungspflichten«). *Wieland* (WUR 1991, S. 132) differenziert: Art. 14 GG schütze nur gegen Sonderlasten, nicht aber gegen Gemeinlasten (Steuern) und kommt damit im vorliegenden Kontext zum gleichen Ergebnis.

[590] Das ist nicht gleichbedeutend damit, dass die staatlich auferlegte Geldleistungspflicht deshalb zielstrebig dem Verdikt der Unzulässigkeit entgegensteuert, sondern begründet lediglich ihre Grundrechtswesentlichkeit. Soweit sie sich insbesondere auf die Abschöpfung eines durch staatliche Leistung entstandenen Vermögenszuwachses beschränkt, tastet sie das Vermögen des Bürgers nicht an. Die Vermögensbilanz des Zah-

falls fängt Art. 2 Abs. 1 GG den grundrechtlichen Schutzbedarf in seinem weit gespannten, aber großmaschigen Netz auf[591].

Über Art. 14 Abs. 1 bzw. Art. 2 Abs. 1 GG hinaus berührt die dem Bürger mittels der Versteigerung abgerungene Geldleistungspflicht auch die Ausübung derjenigen Grundrechte, deren Verwirklichung die zugeteilten Güter dienen, insbesondere das Grundrecht der Berufsfreiheit[592]. Die Ersteigerung ist regelmäßig[593] Voraussetzung für die Ausübung der grundrechtlich geschützten Tätigkeit. Die Versteigerung erhebt einen staatlichen Marktzutrittspreis, der vollständig das Maß der Verknappung, d. h. des Eingriffs in das Freiheitsrecht abbildet, dessen Nutzung das Gut dient. Er muss sich daher auch an den Grundrechtsschranken messen lassen, denen das betroffene Freiheitsrecht unterfällt. Dient das ersteigerte Gut der Ausübung einer beruflichen Betätigung, wird die Versteigerungssumme in einer inneren und äußeren Verbindung mit der beruflichen Betätigung bzw. der sonstigen freiheitsrechtlichen Betätigung erhoben; sie weist eine objektiv-berufsregelnde Tendenz auf, die einen Eingriff in den Schutzbereich darstellen kann[594].

---

lungspflichtigen bleibt unverändert. Eine Verletzung des Art. 14 Abs. 1 GG kommt dann nicht in Betracht. Vgl. dazu, dass der Versteigerungserlös im Einzelfall auch über eine Abschöpfung eines zugewendeten Vorteils hinausgehen kann, infra S. 554ff.

[591] Ob der Schutzbereich des Art. 14 Abs. 1 GG oder des Art. 2 Abs. 1 GG einschlägig ist, erschöpft sich nicht nur in einem akademischen Glasperlenspiel. Die Frage erlangt Bedeutung im Rahmen der Prüfung des Verhältnismäßigkeitsprinzips (sowie unter Umständen des Gleichheitssatzes). Die Eigentumsgarantie wiegt in einer verfassungsrechtlichen Zumutbarkeitsabwägung schwerer als die allgemeine Handlungsfreiheit. Wer einen Eingriff in die allgemeine Handlungsfreiheit des Art. 2 Abs. 1 GG nicht als Schwellengewicht für eine strengere Prüfung des allgemeinen Gleichheitssatzes an Verhältnismäßigkeitsanforderungen ausreichen lässt, wohl aber einen Eingriff in ein spezielles Grundrecht, wird die Abgabenbelastung mit einer anderen Elle messen, wenn er sie als einen Eingriff in die Eigentumsfreiheit einstuft.

[592] Voraussetzung ist dafür nach der gefestigten Judikatur des Bundesverfassungsgerichts, dass die Erhebung in einem engen Zusammenhang mit der Ausübung des Berufs im Konnex mit der Ausübung steht und der Maßnahme eine berufsregelnde Tendenz innewohnt; dazu sogleich; vgl. BVerfG, Beschl. v. 30.10.1961, BVerfGE 13, S. 181 (184ff.) – Schankerlaubnissteuer; BVerfG, Beschl. v. 5.3.1974, BVerfGE, 37, S. 1 (17) – Weinwirtschaftsabgabe; BVerfG, Beschl. v. 29.11.1989, BVerfGE 81, S. 108 (121f.); BVerfG, Urt. v. 7.5.1998, BVerfGE 98, S. 83 (97) – Landesrechtliche Abfallabgabe; BVerfG, Urt. v. 6.7.2005, NVwZ 2005, S. 1171 (1172) – Solidarfonds Abfallrückführung; VGH Baden-Württemberg, DÖV 2000, S. 874 (876); *Manssen*, in: v. Mangoldt/Klein/Starck (Hrsg.), GG, 5. Aufl. 2005, Art. 12 Rdnr. 127; *Ritgen*, AöR 127 (2002), S. 351 (392f.); *K. Vogel*, Grundzüge des Finanzverfassungsrechts des GG, in: Isensee/P. Kirchhof (Hrsg.), HStR IV, 2. Aufl. 1999, § 87 Rdnr. 84.

[593] Vgl. zu den einzelnen Anwendungsfeldern, in denen die Versteigerung in Betracht kommt infra S. 640ff.

[594] Vgl. BVerfG, Beschl. v. 30.10.1961, BVerfGE 13, S. 181 (186): »Jedenfalls besteht eine innere und äußere Verbindung mit der beruflichen Betätigung dann, wenn ein Steuergesetz gerade die Erlangung der Erlaubnis zur Ausübung eines bestimmten Berufes als steuerbegründenden Tatbestand erhält, also die Berufszulassung als Anfang der Berufsausübung mit wirtschaftlichen Nachteilen verbindet«. Vgl. auch *Faber*, GewArch. 2002, S. 264 (266); *Kluth*, ZHR 1998, S. 657 (669); *Ritgen*, AöR 127 (2002), S. 351 (392).

Ob der Interessent mitbietet, beruht dabei indes auf seinem freien Entschluss. Der Verpflichtungsgrund der Zahlungspflicht ruht auf dem Gebot des Zuteilungsadressaten. Das lässt den Schluss angezeigt erscheinen, den gesamten Zuteilungsprozess der Versteigerung unter Rekurs auf den Gedanken des »volenti non fit iniuria«[595] und die von *Otto Mayer* ins Leben gerufene Rechtsfigur einer Gewährung auf Unterwerfung[596] aus dem Regime des Gesetzesvorbehalts zu entlassen. Unter Rückgriff auf diese Überlegungen hat etwa das Bundesverwaltungsgericht den verwaltungsrechtlichen Vertrag grundsätzlich von dem Wirkungsregiment des Vorbehalts des Gesetzes freigestellt: Angesichts der einverständlichen Mitwirkung der am Vertrag Beteiligten komme es nicht zu Eingriffen, wie sie der Vorbehalt des Gesetzes voraussetze[597].

An die Bereitschaft der Grundrechtsträger zur Preisgabe ihrer Freiheit generell eine Befreiung des Staates aus seiner Grundrechtsbindung zu knüpfen, stellt freilich das System der grundrechtlichen Freiheit auf den

---

[595] Vgl. dazu allgemein *Sachs*, VerwArch. 1985, S. 398 (412ff.).

[596] *Otto Mayer* versuchte die Rechtsnatur der Beamtenernennung dadurch zu erfassen, dass er die erforderliche Mitwirkung des Beamten bei seiner Ernennung als Unterwerfung deutete und behauptete, diese Unterwerfung ermächtige die Verwaltung zum Erlass des entsprechenden Verwaltungsaktes. Die Einwilligung des Bürgers in den Erlass eines Verwaltungsaktes beseitige »die Schranke des verfassungsmäßigen Vorbehaltes, die zugunsten der Untertanen errichtet ist, und der Verwaltungsakt« werde »frei«. Nach seiner Auffassung kann insoweit »auch ein belastender Verwaltungsakt ergehen ohne gesetzliche Grundlage auf Grund der Einwilligung des Betroffenen. [...] Insofern haben die verfassungsmäßigen Vorbehalte, welche die Belastung ohne Gesetz ausschließen, die stillschweigende Klausel: es sei denn, dass der Betroffene zulässiger Weise seine Einwilligung erklärt«. (*O. Mayer*, Deutsches Verwaltungsrecht, Bd. 1, 3. Aufl. [1924], S. 98). Der Vorbehalt des Gesetzes stand damit unter dem Vorbehalt der Zustimmung des Betroffenen. Die Rechtsprechung hat sich dieser Gedankenlogik im Kontext der Rechtfertigung belastender Nebenbestimmungen zu Subventionen angeschlossen. Die Unterwerfungserklärung mache eine besondere gesetzliche Ermächtigung zum Erlass der Zweckbestimmung entbehrlich. Sie stelle keine selbstständige Belastung dar, sondern diene der Durchführung des Subventionszweckes. Vgl. BVerwG, Urt. v. 28.6.1968, NJW 1969, S. 809ff.; BVerwG, Urt. v. 6.11.1986, BVerwGE 75, S. 109 (117); BSG, Urt. v. 16.2.1983, NVwZ 1984, S. 62 (63); OVG Nds., Urt. v. 25.10.1984, NVwZ 1985, S. 500 (501); ablehnend dagegen noch: BVerwG, Urt. v. 24.10.1956, BVerwGE 4, S. 111 (116): »[...] bedarf es indessen der Grundlage im Gesetz selbst. Die ohne eine solche Grundlage geschlossene Vereinbarung vermag sie nicht zu ersetzen. Eine solche Unterwerfung mit öffentlich-rechtlicher Wirkung kann weder der Bürger vornehmen noch die Behörde entgegennehmen«. Vgl. dazu auch umfassend etwa *Haverkate*, Rechtsfragen des Leistungsstaates, 1983, S. 158ff.; *Huber*, Konkurrenzschutz im Verwaltungsrecht, 1991, S. 497ff.; *Lübbe-Wolff*, Die Grundrechte als Eingriffsabwehrrechte, 1988, S. 215ff.; *Rodi*, Die Subventionsrechtsordnung, 2000, S. 683ff.; *Ch. Schimpf*, Der verwaltungsrechtliche Vertrag unter besonderer Berücksichtigung seiner Rechtswidrigkeit, 1982, S. 207f.; *Zacher*, VVDStRL 25 (1967), S. 308 (338ff.).

[597] BVerwG, Urt. v. 6.3.1973, BVerwGE 42, S. 331 (335f.); zustimmend *Göldner*, JZ 1976, S. 352 (354f.): »vorbehaltsneutrale Inhaltsbestimmungsfreiheit«; dazu etwa *Krebs*, VVDStRL 52 (1993), S. 248 (265); *von Mutius*, VerwArch. 65 (1974), S. 208ff.; *Gurlit*, Verwaltungsvertrag und Gesetz, 2000, S. 389ff.

Kopf. Kann sich individuelle Freiheit auch gerade in dem Verzicht auf die Freiheitsausübung äußern[598] und kann die Übernahme von Pflichten selbstbestimmter Grundrechtsgebrauch (statt Grundrechtseingriff) sein, ist die in dem Gebot des Bürgers zum Ausdruck kommende Mitwirkungsbereitschaft auch eine Folge der bei fehlender Kooperation drohenden Konsequenzen und der beschränkten Alternativenwahl: Die Alternativen bestehen im Verzicht auf die Ausübung der grundrechtlich geschützten Tätigkeit und der Zahlung eines Knappheitspreises. Die Koppelung der Zuteilung an eine Gegenleistung verkürzt die gewährte Rechtsposition; sie kann der imperativen Einwirkung einer einseitigen Zahlungspflicht gleichkommen[599] und greift insoweit in die grundrechtliche Rechtsposition ein[600]. Da der Einzelne die Tätigkeit nur dann ausüben kann, wenn er bereit ist, den höchsten gebotenen Geldbetrag zu zahlen, werden Freiwilligkeit und Grundrechtsverzicht zur Fiktion. Die Bereitschaft des Bieters, sich der Zahlungspflicht zu unterwerfen, ersetzt nicht die rechtsstaatlich gebotene Ermächtigungsgrundlage[601]. Sie kann auch nicht unter Hinweis auf einen positiven Saldo zwischen dem Wert der Vergünstigung und seiner Belastung als entbehrlich beiseite geschoben werden[602]. Ein gesamtheitlich an-

[598] Vgl. *O. Mayer*, Verwaltungsrecht, Bd. 1, 1. Aufl. 1895, S. 98: »Der Vorbehalt des Gesetzes, wie er namentlich in den sogenannten Freiheitsrechten formuliert wird, ist zugunsten des einzelnen gemeint und wirkt für ihn; eine Verletzung dieses Vorbehalts zu seinem Nachteil ist das Unrecht gegen ihn. Die Freiheit selbst aber wäre verleugnet, wenn dieser Schutz unbedingt gemeint wäre«.

[599] Ob der Bürger die von ihm beabsichtigte Verhaltensweise wegen eines gesetzlichen Verbots rechtlich nicht verwirklichen *darf* oder ob er sie aufgrund der Verknüpfung der Ausübungsfreiheit mit einer Gegenleistungspflicht nicht verwirklichen *kann*, liegt in seiner faktischen Wirkung vielfach nicht weit auseinander. Dazu bereits (für Nebenbestimmungen zu Subventionen) *Evers*, NJW 1961, S. 289 (291): »Die rechtliche Wirkung folgt [...] aus der Einwilligung, die im Wege des ›do ut des‹ eingehandelt wird. Ist nun der Berechtigte in der Willensbildung nicht frei, dann benutzt ihn die Verwaltung als Werkzeug, um mit Hilfe seiner Verfügung eine rechtlich bindende Wirkung zu erzielen, die im Ergebnis der Wirkung des Verwaltungsaktes gleichkommt«.

[600] Vgl. etwa *Lübbe-Wolff*, Die Grundrechte als Eingriffsabwehrrechte, 1988, S. 267 m. w. N. Dass die rechtliche Freiwilligkeit der Pflichtenübernahme einen faktischen Zwang nicht notwendig grundrechtsneutral stellt, hat auch das BVerwG in seinem Transparenzlistenurteil hervorgehoben: Die Freiwilligkeit der Auskunftserteilung zur Erstellung einer Transparenzliste ist wegen des Konkurrentenverhaltens tatsächlich »unausweichlich« und deshalb einem Eingriff gleich zu achten (BVerwG, Urt. v. 18.4.1985, BVerwGE 71, S. 183 [198]); a. A. *Haverkate*, Rechtsfragen des Leistungsstaates, 1983, S. 159: »Es ist in der Tat das Element der freiwilligen Akzeptierung der Zweckbindung staatlicher Leistungen, das der Gleichstellung mit ›Eingriffen‹ in die Grundrechte entgegensteht«.

[601] Ähnlich *P. Kirchhof*, Mittel staatlichen Handelns, in: Isensee/P. Kirchhof (Hrsg.), HStR III, 2. Aufl. 1996, § 59 Rdnr. 128: »Nicht die Einwilligung des Betroffenen ermächtigt zu staatlichen Belastungen, sondern nur die gesetzliche Ermächtigung«; *Ch. Schimpf*, Der verwaltungsrechtliche Vertrag unter besonderer Berücksichtigung seiner Rechtswidrigkeit, 1982, S. 211 m. w. N.

[602] Vgl. zur sog. Saldotheorie *Schleich*, NJW 1988, S. 236 (237 f.); *Zuleeg*, Die Rechtsform der Subventionen, 1965, S. 74.

setzender Saldierungsversuch lässt außer Acht, dass bereits die Verknüpfung der Leistung mit einer Gegenleistung als solche den grundsätzlichen Zugangsanspruch des Begünstigten in Frage zu stellen und ein verfassungsrechtliches Rechtfertigungsbedürfnis auszulösen geeignet ist[603]. Die Versteigerung entscheidet über die Verwirklichung und Begrenzung von Grundrechtsausübungsmöglichkeiten und dringt damit in den delegationsfesten Vorbehaltsbereich des Gesetzgebers vor, in allen grundrechtswesentlichen Bereichen selbst zu entscheiden. Der Gesetzgeber muss angesichts der mit der Versteigerung verbundenen Grundrechtsbelastungen Rahmenbedingungen für »Ob« und »Wie« vorgeben. Das Vergabeverfahren muss er in den Grundzügen im Gesetz selbst festlegen; die Entscheidung über die anzuwendenden Zuteilungsmaßstäbe darf er (wie auch sonst im Bereich der öffentlich-rechtlichen Verteilungslenkung) nicht der Verwaltung überlassen[604].

bb) Die Versteigerung zwischen Zuteilungsverantwortung des Parlaments und Mitwirkungsbefugnis der Zuteilungsadressaten

Der Vorbehalt des Gesetzes und der Parlamentsvorbehalt berühren nicht nur das Verhältnis zwischen Verwaltung und Gesetzgeber und damit die Frage, ob die Versteigerung im Bereich hoheitlicher Verteilungslenkung einer gesetzlichen Anordnung bedarf; sie haben auch das Verhältnis zwischen Staat und Gesellschaft als solche im Blick[605]. So wie die Freiheitsrechte des Individuums als dem Staat vorausliegende Gewährleistungen die staatliche Handlungsmacht auf solche rechtliche Titel begrenzen, die zur Erreichung eines gesetzlichen Zwecks erforderlich sind[606], verpflichten sie als Vertei-

---

[603] Dieser Gedanke liegt auch der amerikanischen Unconstitutional-conditions-Doktrin zu Grunde. Sie erklärt die staatliche Gewährung eines Vorteils, die nur um den Preis der Aufgabe einer verfassungsrechtlich geschützten Position gewährt wird, für unzulässig; der Staat soll nicht mit der »condition« indirekt ein Verhalten erreichen können, das er direkt, nämlich im Wege eines Verbots, d. h. eines Eingriffs in die verfassungsrechtlich geschützte Rechtsposition, nicht erreichen könnte; vgl. dazu bereits im Einzelnen supra S. 300 mit Fn. 134.

[604] Vgl. etwa für die Zuteilung knapper Taxikonzessionen BVerwG, Urt. v. 27.11.1981, BVerwGE 64, S. 238ff.; für die Vergabe von Standplätzen auf Messen und Märkten *Lässig*, NVwZ 1983, S. 18 (20); *Püttner/Lingemann*, JA 1984, S. 121 (128), a. A. *Wirth*, Marktverkehr, Marktfestsetzung, Marktfreiheit, 1985, S. 206; er ist der Auffassung, die Handhabung der Auswahlkriterien müsse der Konkretisierung durch die Praxis sowie der gerichtlichen Überprüfung vorbehalten bleiben, da das Marktwesen gerade durch die Gemengelage unterschiedlichster und vielfältigster Veranstaltungen geprägt sei. Für die Zuteilung von Rundfunkfrequenzen BVerfG, Urt. v. 16.6.1981, BVerfGE 57, S. 295 (327) – 3. Rundfunkentscheidung.

[605] Vgl. zum Verhältnis zwischen Staat und Gesellschaft grundlegend *Böckenförde*, Die verfassungsrechtliche Unterscheidung zwischen Staat und Gesellschaft als Bedingung der individuellen Freiheit, 1973; *ders.*, Staat und Gesellschaft, 1976.

[606] Deutlich kommt dies in der Präambel und Art. 2 der déclaration des droits de l'homme et du citoyen vom 26.8.1798 zum Ausdruck. Dort heißt es, dass der Staat um der Gesellschaft willen, die er zunächst hervorgebracht hat, da sei.

lungsnormen den Gesetzgeber, die Zuweisung der Ausübung begrenzt verfügbarer Grundrechtspositionen weder der Verwaltung noch außerhalb der Staatsorganisation stehenden Entscheidungsgewalten zu überlassen. Ein Verfahren, das die Entscheidung über die Grundrechtsausübung einem spieltheoretischen Mechanismus und der Interaktion der Interessenten anvertraut[607], muss sich danach befragen lassen, ob es noch den Anforderungen an eine staatliche Verteilungsverantwortung im Bereich zugangsbeschränkter Grundrechte gerecht zu werden vermag.

Eine bedingungslose Delegation der Entscheidung an den Markt eigennutzorientierter Interessen scheint den grundrechtlichen Verteilungskampf sich selbst und dem Vorrecht des Stärkeren zu überlassen. Der Staat droht zum Beobachter eines Zuteilungsprozesses zu werden, der sich mit dem Klingelbeutel vor den Interessen der Destinäre verneigt, statt als Akteur eine eigenverantwortliche Zuteilungsentscheidung zu treffen[608].

Die Versteigerung ausschließlich auf eine Delegation von Entscheidungsmacht an die Interessenten zu reduzieren und als eine Kapitulation vor den Interessen der Destinäre zu deuten, nimmt die Funktion der Versteigerung als Zuteilungsmechanismus freilich verzerrt wahr: Die Versteigerung hat als Allokationsinstrument Zuteilungskonstellationen im Auge, die durch eine Informationsasymmetrie zwischen dem zuteilenden Staat und den Destinären der Zuteilung gekennzeichnet sind[609]: Der zuteilende Staat kann aus eigenen Informationen die Frage nicht beantworten, wer dem Zuteilungsziel am besten Rechnung trägt. Er ist auf die Destinäre angewiesen, um die Zuteilungsentscheidung an dem politischer Entscheidungsmacht offen stehenden Effizienzziel[610] ausrichten zu können. Die Versteigerung dient dabei als Informationsgewinnungsprozess, der dem zuteilenden Staat Informationen über die Leistungsbereitschaft der Interessenten verschafft. Sie zielt darauf ab, mit Hilfe der in ihrem Verlauf zu Tage geförderten Informationen die Informationsasymmetrie zwischen Staat und Interessenten aufzubrechen und dadurch eine Entscheidung über die Eignung der Interessenten, das Zuteilungsziel effizienter Nutzung zu erreichen, zu ermöglichen. Aus den geäußerten und mit Geboten belegten Präferenzen schließt der Gesetzgeber auf ihre Effizienz. Auf der Basis der durch den Versteigerungsprozess den Bietern entlockten Präferenzentscheidungen trifft der Staat die Entscheidung über die Zuteilung nach seinen vorher festgelegten Regeln selbst, indem er die Zuteilung kraft seiner Entscheidung über das Zuteilungssystem von der Gegenleistung abhängig macht, die er zuvor in dem Verfahren der Versteigerung ermittelt hat. Er

---

[607] Vgl. zu den spieltheoretischen Implikationen des Versteigerungsmechanismus insbesondere supra S. 355 ff.

[608] Vgl. die Nachweise in Fn. 585.

[609] Vgl. dazu allgemein auch supra S. 271 ff.

[610] Vgl. dazu und den Grenzen im Einzelnen S. 197 ff.

entscheidet durch den nach seinen Regeln zustande kommenden Zuschlag, ob und unter welchen Bedingungen das Leistungsgebot die Zuteilung rechtfertigt[611]. Die Versteigerung verhandelt insofern nicht die Zuteilungsentscheidung ohne den Staat. Sie delegiert die Zuteilungsentscheidung bei sachgerechter Gestaltung[612] nicht an die Kombattanten, sondern bezieht sie als Mitwirkende in die Zuteilungsentscheidung ein. Diese haben die Hände im Spiel, nicht aber das Spiel in der Hand. Dazwischen liegt nur ein schmaler, aber bedeutungsvoller Grat.

Die aus dem Parlamentsvorbehalt fließende Entscheidungspflicht des Gesetzgebers schließt eine Mitwirkung Dritter, insbesondere der Betroffenen, an der Entscheidungsfindung nicht prinzipiell aus. Ist der zuteilende Staat für das beabsichtigte Zuteilungsziel auf Informationen angewiesen, über die nur die Interessenten verfügen, darf er diese Informationen aus der Quelle schöpfen und sich ihrer bedienen[613]. Auch die Ausschreibung bedient sich derjenigen Informationen als Entscheidungsgrundlage, die die Interessenten der zuteilenden Einheit zur Verfügung stellen. Es handelt sich um zulässige Mitwirkung, nicht um Delegation, solange der Gesetzgeber die Zuteilungsentscheidung selbst und die Spielregeln, nach denen sie getroffen wird, nicht aus der Hand gibt. Die Zulässigkeit der Mitwirkung findet ihre Grenze dort, wo für den Zuteilenden sichtbare Anhaltspunkte einer missbräuchlichen Nutzung der Mitwirkungsmöglichkeiten bestehen, die eine rechtsstaatliche Sicherung der Entscheidung in Frage stellen. Die *Möglichkeit* des Missbrauchs allein schließt dabei die Zulässigkeit der Mitwirkung nicht aus: Kann der zuteilende Staat den Wahrheitsgehalt der Aussagen aufgrund der bestehenden Informationsasymmetrie auch nicht selbst verifizieren, muss er durch verfahrensrechtliche Vorkehrungen und durch eine Verfahrenskontrolle sicherstellen, dass der Zuteilungsprozess die Präferenzen der Interessenten möglichst unverzerrt abbildet und nicht durch unzulässige Interaktionen der Teilnehmer die Informationsbeschaffungsfunktion der Versteigerung entscheidend gestört ist. Ihn trifft insbesondere bis zuletzt die Verantwortung für die Entscheidung, ob das Zuteilungsverfahren die Leistungsfähigkeit der Interessenten zu ermitteln geeignet ist und damit einen Zuschlag zu erteilen rechtfertigt oder aufgrund besonderer Umstände im Versteigerungsverlauf, etwa Anzeichen für eine Kollusion, die unterstellte Effizienzvermutung und Rechtsstaatlichkeit des Verfahrensablaufs nicht zu tragen vermag; dann darf er den Zuschlag nicht erteilen. Die Mitwirkung der Destinäre muss die erwünschte Informationsbeschaf-

---

[611] A. A. *F. Becker*, Die Verwaltung 2002, S. 3 (19f.).

[612] Vgl. zu den insoweit bei der UMTS-Versteigerung im Jahre 2000 bestehenden Zweifeln S. 360.

[613] Dort, wo der Staat über die Informationen, deren Ermittlung die Versteigerung dienen kann, bereits verfügt oder sie sich leicht beschaffen kann, ist die Versteigerung als Allokationsinstrument der staatlichen Verteilungslenkung unzulässig. Vgl. dazu S. 424.

fung zu gewährleisten vermögen. Die Gebote der Teilnehmer dürfen nicht zu einem bedingungslosen Zuteilungsautomatismus führen, der die Zuteilungsverantwortung des Gesetzgebers sich im Nebel der Willfährigkeit verflüchtigen lässt.

cc) Die Reichweite des Gesetzesvorbehalts – das Bestimmtheitsgebot

Aus dem Parlamentsvorbehalt erwächst dem Gesetzgeber nicht nur die Pflicht, einen Regelungsbereich überhaupt einer gesetzgeberischen Regelung zuzuführen (»Ob«), sondern entspinnen sich auch Vorgaben an die inhaltliche Dichte der von ihm zu treffenden Regelungen (»Wie«). Die gesetzliche Ermächtigung muss hinreichend bestimmt sein, um eine Steuerung des Zuteilungsprozesses zu gewährleisten und der Judikative eine Kontrolle der Rechtsanwendung zu ermöglichen. Anderenfalls löste sich der Parlamentsvorbehalt in einem Formalismus auf[614]. Der Parlamentsvorbehalt und das Bestimmtheitsgebot gesetzlicher Regelungen nehmen nicht nur Tuchfühlung auf[615]; sie sind untrennbar miteinander verzahnt. Das Bestimmtheitsgebot ist integraler Teil des Parlamentsvorbehalts; es ergänzt und konkretisiert ihn. Eingriffe müssen messbar und in ausreichendem Umfang für den Staatsbürger voraussehbar und berechenbar sein. Der Gesetzgeber ist rechtsstaatlich verpflichtet, seine Maßnahme tatbestandlich so klar und unmissverständlich zum Ausdruck zu bringen, »dass die davon Betroffenen die Rechtslage erkennen und ihr Verhalten danach bestimmen können«[616].

Die Anforderungen, die an die Bestimmtheit der gesetzlichen Ermächtigungsnorm zu stellen sind, steigen mit der Eingriffsintensität der Regelung. Je mehr eine Regelung auf die Rechtsstellung der Betroffenen einwirkt, umso präziseren Anforderungen an die Feinjustierung muss das parlamentarische Gesetz genügen[617]. Die Bestimmtheit der Ermächtigungsnorm muss der Grundrechtsrelevanz der Regelungen entsprechen, zu denen sie ermächtigt[618].

---

[614] BVerfG, Beschl. v. 27.1.1976, BVerfGE 41, S. 251 (262 f.) – Speyer-Kolleg.

[615] So die Sentenz des Bundesverfassungsgerichts in seiner Entscheidung zur Kriegsopferversorgung vom 8. Januar 1981 (BVerfGE 56, S. 1 [13]), nach der sich »das Bestimmtheitsgebot mit dem Verfassungsgrundsatz des Vorbehalts des Gesetzes [...] berührt«.

[616] BVerfG, Beschl. v. 7.4.1964, BVerfGE 17, 306 (314) – Mitfahrzentrale; BVerfG, Beschl. v. 12.11.1958, BVerfGE 8, S. 274 (325) – Preisgesetz; BVerfG, Beschl. v. 3.2.1959, BVerfGE 9, S. 137 (147) – Einfuhrgenehmigung; vgl. etwa auch *Wendt*, Die Gebühr als Lenkungsmittel 1975, S. 85 f.

[617] Vgl. etwa BVerfG, Beschl. v. 20.10.1981, BVerfGE 58, S. 257 (277 ff.) – Schulentlassung.

[618] BVerfG, ibid., S. 257 (277).

(1) Eingrenzung der Höhe des Versteigerungserlöses?

Nicht nur die Anknüpfung der Zuteilungsentscheidung an eine Geldleistungspflicht selbst, sondern auch die Bestimmung der Gegenleistungshöhe stehen grundsätzlich im Dunstkreis des Gesetzesvorbehalts. Steuerpflichtige Tatbestände etwa müssen so bestimmt sein, dass der Steuerpflichtige die auf ihn entfallende Steuer vorausberechnen kann (sog. Tatbestandmäßigkeit der Steuer[619]). Die staatlicher Steuerzugriffsmöglichkeit offen stehende Rechtssphäre muss der Gesetzgeber selbst klar abgrenzen. Bei Gebühren liegen die Hürden nach überkommener Auffassung niedriger[620]: Indem ihr Gegenleistungsbezug ihrer Höhe wesensgemäß Grenzen zieht, kann der Gesetzgeber die Bestimmung der Gegenleistungshöhe in den Grenzen des Art. 80 Abs. 1 S. 2 GG dem Verordnungsgeber anvertrauen[621]. Die gesetzliche Grundlage für eine Gebührenerhebung kann danach so strukturiert sein, dass das Parlamentsgesetz nur die grundsätzliche Möglichkeit einer Gebührenerhebung vorsieht, die Ausarbeitung entsprechender Detailregelungen, insbesondere die Höhe der Abgabe aber an den Verordnungsgeber delegiert wird. Das Grundgesetz kennt keinen Vorbehalt des formellen Gesetzes zur Gebührenerhebung[622].

Die Versteigerung entbehrt im Grundsatz *jeder* gesetzgeberischen Determinierung der den Interessenten zulässigerweise abverlangbaren Leistungspflicht. Weder Gesetzgeber noch Verwaltung bestimmen ihre Betragshöhe ausdrücklich. Der von den Interessenten zu zahlende Geldbetrag ist nicht durch objektivierbare Daten begrenzt, sondern in die Hände der Interessenten und ihrer subjektiven Wertschätzungen im Zeitpunkt der Versteigerung gelegt.

Den demokratischen Legitimationszusammenhang sehen manche dadurch unterbrochen. Die Delegation der Verantwortung an den Markt unterwerfe die Festsetzung der Zahlungspflicht einer Rationalität, die nicht an Gemeinwohl und Verfassung, sondern am Eigennutz orientiert sei[623]. Der

---

619 Vgl. BVerfG, Urt. v. 14.12.1965, BVerfGE 19, 253, 267; BVerfG, Beschl. v. 28.2.1973, BVerfGE 34, S. 348 (365); BVerfG, Beschl. v. 12.10.1978, BVerfGE 49, S. 343 (362); BVerfG, Beschl. v. 23.10.1986, BVerfGE 73, S. 388 (400); BVerfG, Beschl. v. 17.7.2003, BVerfGE 108, S. 184 (235).

620 Vgl. aber zur Tatbestandsmäßigkeit der Gebühr *Selmer*, NVwZ 2003, S. 1304 (1308) sowie *ders.*, Zur Tatbestandsmäßigkeit öffentlich-rechtlicher Geldleistungspflichten, in: Festschrift für Starck, 2007, S. 435ff. Er sieht in der Auferlegung der Gebühr nach allgemeinem Maßstab eine Tatbestandsvoraussetzung (nicht nur eine Rechtmäßigkeitsvoraussetzung der Gebühr). Vgl. dazu infra S. 464.

621 Vgl. etwa BVerfG, Beschl. v. 11.10.1966, BVerfGE 20, S. 257 (269); *Kloepfer*, AöR 97 (1972), S. 232 (265ff.); *Papier*, Die finanzrechtlichen Gesetzesvorbehalte und das grundgesetzliche Demokratieprinzip, 1973, S. 114ff.; *K. Vogel/Waldhoff*, Grundlagen des Finanzverfassungsrechts, 1999, Rdnr. 485; *Wilke*, Gebührenrecht und Grundgesetz, 1973, S. 168.

622 *Kloepfer*, AöR 97 (1972), S. 232 (265).

623 *F. Becker*, Die Verwaltung 2002, S. 3 (22).

Gesetzgeber stehle sich mit der Durchführung einer Versteigerung aus der ihm aufgetragenen Verantwortung, die Gegenleistungshöhe zu bestimmen[624].

Der mahnende Hinweis auf die Geltungskraft des Parlamentsvorbehalts kann nicht leichter Hand damit weggewischt werden, das Konzept der Versteigerung und das in ihr angelegte System marktgesteuerter Preisfindung erforderten ihrem Wesen nach die Offenheit der Gegenleistungshöhe[625]. Die Herleitung einer Befreiung von den Anforderungen des Parlamentsvorbehalts aus der Unvereinbarkeit einer gesetzgeberischen Vorausfestlegung einer Erlösobergrenze mit dem Marktprozess der Preisfindung verfängt sich in den Wirrungen einer petitio principii. Sie setzt voraus, was es zu begründen gilt: Ob der Marktprozess mit seiner nach oben offenen Erlöshöhe Gegenstand der öffentlich-rechtlichen Verteilungslenkung sein darf, insbesondere die Bestimmung einer Geldleistungspflicht dem Markt überlassen werden darf, ist gerade die Frage, die es zu beantworten gilt.

Eine sachgerechte Analyse der Problematik muss ansetzen an der gebotenen Reichweite des verfassungsrechtlichen Parlamentsvorbehalts. Die Verpflichtung des parlamentarischen Gesetzgebers zur Festlegung einer Leistungspflichtgrenze reicht (nur) so weit, wie die Grundrechte die Bestimmbarkeit von Zahlungspflichten durch den Gesetzgeber erfordern, um ihre Funktion als abwehrrechtliche Schutzschilde gegen Übergriffe des Staates, insbesondere der Exekutive, entfalten zu können. Eine betraggenaue Festlegung einer gesetzlichen Leistungspflicht erheischen die Grundrechte dabei insoweit, als das Maß der auferlegten Belastung nicht durch absolut bestimmte Faktoren in einer gerichtlicher Prüfung zugänglichen Weise präzisierbar wird.

Wird das Maß des dem Einzelnen Auferlegten demgegenüber durch andere Variablen als durch einen gesetzlichen Festbetrag konkretisierbar, besteht eine zwingende Verpflichtung zur betraggenauen gesetzgeberischen Festlegung oder Begrenzung staatlicher Zahlungspflichten nicht. Darauf gründen insbesondere Wertgebühren, ihre verfassungsrechtliche Dignität und Parlamentsvorbehaltskonformität. Ihre Höhe ergibt sich nicht primär aus einer gesetzgeberischen Höchstgrenze, sondern bemisst sich nach dem Wert eines Gegenstandes[626]. Für das Abgabenrecht sind sie kein Novum

---

624 *F. Becker*, ibid.

625 So aber *Leist*, die Versteigerung als Regulierungsinstrument, 2004, S. 190.

626 Art. 6 Abs. 2 S. 4 bay.KostenG definiert Wertgebühren als »Gebühren, deren Höhe nach dem Wert des Gegenstandes der Amtshandlung (Gegenstandswert) zu berechnen ist«. Ähnlich § 5 Nr. 2 hess.VerwKostenG. Es definiert Wertgebühren als Gebühren, die sich »nach dem Wert des Gegenstandes, auf den sich die Amtshandlung bezieht«, bestimmen. Vgl. zu Wertgebühren etwa BVerwG, Urt. v. 24.3.1971, BVerwGE 12, S. 162 (169); *Heimlich*, Die Verleihungsgebühr als Umweltabgabe, 1996, S. 274 ff.; *F. Kirchhof*, Die Höhe der Gebühr, 1981, S. 63; *Wilke*, Gebührenrecht und Grundgesetz, 1973, S. 193 und 199.

oder Fremdkörper, sondern Teil einer langen abgabenrechtlichen Tradition. In bürgerlichen Rechtsstreitigkeiten werden etwa die Gebühren nach dem »Wert des Streitgegenstandes« erhoben (§ 11 Abs. 2, § 25 GKG); ähnlich lässt der für die Freiwillige Gerichtsbarkeit maßgebende § 18 Abs. 1 KostenO die Berechnung der Gebühren nach dem »Wert« zu, »den der Gegenstand des Geschäfts zur Zeit der Fälligkeit hat«. Nach § 4 VerwKostG sind die Gebühren durch »feste Sätze, Rahmensätze oder nach dem Wert des Gegenstandes« zu bestimmen. In äquivalenter Weise schreiben die Gebührengesetze der Länder eine Berücksichtigung des wirtschaftlichen Wertes der Amtshandlung bei der Gebührenbemessung vor[627]. Die Höhe einer Verwaltungsgebühr für die Erteilung einer Baugenehmigung etwa orientiert sich an dem wirtschaftlichen Wert, den die Baugenehmigung für den Antragsteller hat[628]. Der Gesetzgeber lässt sich dabei von der Vorstellung leiten, dass der höhere Nutzen, den ein Bürger aus einer staatlichen Leistung zieht, auch eine höhere Zahlungspflicht legitimiert[629]. Auch die (in ihrer Anerkennung umstrittene) Verleihungsgebühr[630] ist als Wertgebühr konstruiert.

Im Interesse der Wertermittlung auferlegen die Gebührengesetze den Gebührenschuldnern teilweise – ähnlich wie die Versteigerung – auch Mitwirkungspflichten, so etwa § 9 Abs. 2 bw.LGebG. Der Gebührenschuldner hat danach auf Verlangen den Wert des Gegenstandes nachzuweisen[631]. Auch die Einbeziehung von Sachverständigen ist ein – insbesondere im Gerichtskostenrecht – beliebtes Instrument versuchter Wertannäherung. Das Unterfangen, den Begriff des Wertes und des Nutzens mit dem Anspruch auf Objektivität abzubilden, ist dabei den gleichen Schwierigkeiten ausgesetzt wie die Pigousche Wohlfahrtsökonomik[632]: Es fehlt häufig an intersubjektiven Vergleichsmaßstäben für die Beurteilung des Nutzens etwa einer Einbürgerung, einer Aufenthaltserlaubnis oder eines Baudispenses. Der Nutzen und objektive Wert bleiben in einer Metaphysik gefangen[633]; sie bleiben eine relative Kategorie.

Diesen Nutzen durch den Rückgriff auf die Zahlungsbereitschaft einzufangen, ist der plausible Therapieansatz der Versteigerung. Sie setzt den Wert dort an, wo die Zahlungsbereitschaft der Interessenten endet: Sie

---

[627] Vgl. etwa § 3 rp.LGebG; § 2 Abs. 1 S. 2 bw.LGebG; § 6 Abs. 3 S. 3 saarl.LGebG.

[628] vgl. dazu etwa OVG Rheinland-Pfalz, Urt. v. 17.3.2005, DVBl 2005, S. 720 (nur Ls.); OVG Rheinland-Pfalz, Urt. v. 10.12.1998 – 12 A 10600/98.OVG –.

[629] Vgl. *Wilke*, Gebührenrecht und Grundgesetz, 1973, S. 199.

[630] Vgl. dazu ausführlich infra S. 493 ff.

[631] Ganz ähnlich etwa § 8 Abs. 2 saarl.LGebG.

[632] Vgl. zu ihr und der Problematik der intersubjektiven Vergleichbarkeit von Nutzen supra S. 189.

[633] *Robinson* (Doktrinen der Wirtschaftswissenschaft, 2. Aufl. 1968. S. 60) bezeichnet den Begriff des Nutzens daher als »metaphysischen Begriff von unüberwindlicher Zirkularität«.

hebt das Wertproblem damit aus ihrem metaphysischen Untergrund an die Oberfläche pragmatischer Tauschrelationen am Markt. Der Versteigerungserlös erscheint in diesem Lichte als besonders präziser, exakt berechneter Prototyp der Wertabgabe, der Geld in seiner Funktion als unmittelbarsten Ausdruck von Wert und den Markt als besondere Erhebungs- und Berechnungsmethode verwendet[634].

Schöpft die Versteigerung auch Gewinnerwartungen der Interessenten und nicht tatsächliche Nutzungsvorteile ab und verweist damit auf Hoffnungen und subjektive Vorstellungswelten, so muss dies ihrer Vereinbarkeit mit dem Bestimmtheitsgebot und dem Parlamentsvorbehalt nicht notwendig Abbruch tun. Vertraut die Versteigerung die Festlegung der Gebührenhöhe den Marktteilnehmern an und bindet der Gesetzgeber die Zahlungspflicht an Erwartungen der Versteigerungsteilnehmer, ist ihre Höhe dadurch nicht gänzlich undefiniert. Die Zahlungshöhe ist begrenzt durch den in einem mit rechtsstaatlichen Verfahrensicherungen ermittelten, an die Zahlungsbereitschaft der Destinäre anknüpfenden Zuschlag und die absolu-

---

[634] So auch *Kruhl*, Die Versteigerung knapper Frequenzen, 2003, S. 255f. Er spricht von einer »Ressourcennutzungswertgebühr«; ähnlich *Ritgen*, AöR 127 (2002), S. 351 (365): »Versteigerungen und die dabei erzielten Erlöse erscheinen im Vergleich etwa zu Verleihungs- oder Ressourcennutzungsgebühren nur als eine besondere Erhebungs- und Berechnungsmethode«. Den vermuteten oder erwarteten Nutzenvorteil mit dem tatsächlichen Nutzen und dem Wert unbesehen gleich zu setzen, trifft den Nagel freilich nicht ganz auf den Kopf. Die Versteigerung bindet den zu zahlenden Betrag nicht an den Wert des Gutes, sondern an die Erwartungen der Teilnehmer. Der Versteigerungserlös und der Wert des Gutes können dementsprechend (auch erheblich) auseinander fallen. Vgl. dazu im Einzelnen supra S. 335ff. und S. 379ff. sowie ausführlich infra S. 551ff. Inhalt der Wertgebühr ist es aber nicht, einen erhofften, sondern nur einen tatsächlich realisierbaren (nicht notwendig realisierten) Nutzen abzuschöpfen. Nicht von ungefähr knüpfen die gesetzlichen Vorschriften über Wertgebühren für die Berechnung des Wertes an den »Zeitpunkt der Beendigung der Leistung« an (vgl. etwa § 12 bw.LGebG, § 6 Abs. 1 hess.VerwKostG). Sie wollen die Abweichung zwischen dem Ex-ante- und dem Ex-post-Horizont vermeiden. § 31 Abs. 2 BBergG etwa erhebt eine an den Marktpreis anknüpfende Wertgebühr nur auf tatsächlich »gewonnene« Bodenschätze, nicht Nutzungserwartungen ex ante, die von den tatsächlichen Möglichkeiten erheblich abweichen können. (Die bergrechtliche Förderabgabe »beträgt zehn vom Hundert des Marktwertes, der für im Geltungsbereich dieses Gesetzes gewonnene Bodenschätze dieser Art innerhalb des Erhebungszeitraums durchschnittlich erzielt wird« [§ 31 Abs. 2 S. 1 BBergG]). Ein Abheben auf Nutzenerwartungen ex ante (d.h. den vermuteten Rohstoffbestand) ohne Rückbindung an den tatsächlich erzielbaren Nutzen (d.h. das tatsächlich vorhandene Rohstoffvorkommen) trüge dem Anspruch der Wertabgabe, die Zahlungspflicht an einen tatsächlich bestehenden Nutzen zu binden, nicht hinreichend Rechnung. Die Versteigerung kennt eine solche Anpassung grundsätzlich nicht. Die Versteigerungsregeln schließen Erstattungs- oder Gewährleistungsregeln in der Regel aus. Der Versteigerungserlös ist insoweit ein aliud gegenüber der Wertgebühr; er geht über sie hinaus. Für die Bestimmbarkeit der Zahlungshöhe ist dies von nicht unwesentlicher Bedeutung. Er ist keine echte Wert-, sondern eine Erwartungsabgabe. Das gilt jedenfalls dann, wenn ein Gut zur Versteigerung ansteht, das einen längeren Nutzungszeitraum aufweist. Vgl. zur Diskussion um die finanzverfassungsrechtliche Einstufung des Versteigerungserlöses ausführlich infra S. 450ff.).

ten grundrechtlichen Grenzen, die die Verfassung staatlichen Zahlungspflichten setzt. Der Gesetzgeber ermächtigt zur Einforderung solcher Gegenleistungen, die die Interessenten zu zahlen bereit sind. Er ermittelt damit in einem staatlicher Steuerung und Durchführung vorbehaltenen Verfahren den aktuellen Knappheitspreis eine Gutes. Die gesetzliche Zweckbestimmung gewährleistet eine ausreichende Begrenzung und Bestimmbarkeit der zulässigen Zahlungshöhe[635].

Eine Zahlungshöchstgrenze festzulegen, wäre (wenn auch nicht zwingend verfassungsrechtlich geboten) dann sinnvoll, wenn der Gesetzgeber eine Bestimmung der Nutzungschancen vorzunehmen in der Lage wäre. Dass der Gesetzgeber den Nutzen, der aus dem knappen Gut gezogen werden kann, weitaus schlechter beurteilen kann als die Marktteilnehmer, begründet indes gerade die Legitimation, die die Durchführung der Versteigerung als Instrument der Verteilungslenkung und die Erhebung eines Knappheitspreises rechtfertigt. Der tatsächliche Nutzwert des Gutes ist zu dem Zeitpunkt, zu dem die Zuteilungsentscheidung zu treffen ist, dem Gesetzgeber regelmäßig weder bekannt noch ermittelbar.

Eine Bestimmung der Zahlungspflicht in einem transparenten Verfahren, das den aktuellen Knappheitspreis eines Gutes sich zu ermitteln anschickt, lässt den Gesetzgeber die Zügel der Entscheidung nicht aus der Hand geben und in eine rechtsstaatlich bedenkliche Unbestimmtheit abgleiten, sondern versucht, als Konsequenz aus der nicht auflösbaren Informationsasymmetrie die im Zeitpunkt der Entscheidung denkbare Annäherung an den erzielbaren Nutzen mit Hilfe der Mitwirkung der Interessenten zu erreichen und den gesetzgeberischen Gestaltungsspielraum bei der Gestaltung von Zuteilungsregeln in der öffentlich-rechtlichen Verteilungslenkung wahrzunehmen[636].

(2) Anforderungen an die Auktionsgestaltung

Mit dem Begriff der »Versteigerung« verbinden sich sehr disparate Systeme preisgebundener öffentlicher Zuteilung von Gütern im Wege eines Nachfragerwettbewerbs; der Zahl denkbarer Auktionsgestaltungen sind nahezu

---

[635] Ganz ähnlich für Lenkungsabgaben schon *F. Kirchhof*, Die Höhe der Gebühr, 1981, S. 132f.: »Sofern ein konkret-sachlich definiertes Lenkungsziel für eine Gebühr vorgegeben und quantitativ bestimmt ist (etwa eine Nachfragedämpfung einer staatlichen Leistung um 30 %) bedarf sie nicht mehr aus Gründen verfassungsrechtlich geforderter Bestimmtheit einer in absoluten Zahlen gesetzlich ausgeworfenen Höchstgrenze«. Vgl. zu der Frage, ob der Versteigerungserlös als Lenkungsabgabe eingestuft werden kann, infra S. 582ff.

[636] Ob der Versteigerungserlös aufgrund der Freiheitswirkung der Grundrechte an den tatsächlich erzielbaren Nutzen, der erst ex post feststellbar ist, rückgebunden werden muss oder den tatsächlich erzielbaren Nutzen auch überschreiten darf, ist eine andere Frage, deren Antwort sich nicht aus dem Wesentlichkeitsvorbehalt, sondern aus dem Verhältnismäßigkeitsprinzip ergibt. Vgl. dazu infra S. 551ff.

keine Grenzen gesetzt[637]. Sie reichen von einfachen Standardauktionsformaten, über Sonderregeln, wie Mindestgebote, Aktivitätsregeln[638] oder feste Gebotsabfolgen bis hin zu komplexen Auktionsgestaltungen bei der Versteigerung multipler Einheiten[639]. Wiewohl häufig schlicht von »der Versteigerung« die Rede ist, ist »Versteigerung« nicht gleich Versteigerung: Insbesondere kommt es einer unzulässigen Verkürzung eines vielgestaltigen Zuteilungsmechanismus gleich, sie unbesehen mit dem klassischen Vorstellungsbild einer Englischen Versteigerung gleichzusetzen. Die Versteigerung repräsentiert einen Blankettbegriff für eine Vielzahl hybrider wettbewerblicher Auswahlmechanismen mit disparaten Ergebnissen und Erscheinungsformen[640]. Ähnliches gilt für die Zielsetzungen, in deren Dienst sie zu treten in der Lage ist; sie kann unter der Flagge sehr unterschiedlicher Dienstherren segeln. In den Dienst staatlicher Einnahmeerzielung[641] kann sie ebenso gestellt werden wie in den Dienst der Allokationseffizienz oder auch scheinbar versteigerungsfremder Zielsetzungen wie der Infrastrukturgewährleistung oder der Gewährleistung von Chancengleichheit unter den Interessenten[642]. Ob sie ihre Zielsetzung als zielflexibles Verteilungsinstrument erreicht, hängt entscheidend von der konkret gewählten Auktionsgestaltung und ihrer Anpassung an die Zuteilungsziele ab. Bereits geringfügige Modifikationen der Auktionsgestaltung können zu einschneidenden Veränderungen des Versteigerungsergebnisses führen[643].

---

[637] Vgl. den Überblick zu den typischen Auktionsgestaltungen supra S. 305 ff.

[638] Vgl. dazu Fn. 177.

[639] Vgl. dazu supra S. 309 ff.

[640] Vgl. dazu supra S. 329 ff.

[641] Vgl. dazu supra S. 303 ff. und S. 414 ff.

[642] Vgl. dazu supra S. 396 ff. und S. 407 ff.

[643] Wie stark sich Modifikationen des Auktionsdesigns auf das Ergebnis auswirken können, zeigt etwa eine von dem Mathematiker *Shubik* entwickelte Versteigerungsvariante, die sog. Dollar-Auktion. In der Dollar-Auktion wird ein Dollar nach den Regeln der Englischen Auktion mit einer leichten Modifikation versteigert: Nicht nur der letzte Bieter, sondern auch der vorletzte Bieter hat den von ihm gebotenen Preis zu entrichten. Die von *Shubik* und anderen mit diesem Versteigerungsdesign durchgeführten Feldexperimente (*Shubik*, Spieltheorie und Sozialwissenschaften, 1965) zeitigten frappierende Ergebnisse: Die Auktion endet nicht – wie bei einer Englischen Auktion zu erwarten – bei Geboten unterhalb von einem Dollar; der Ersteigerer erlöst im Durchschnitt einen Versteigerungserlös von *sieben* Dollar (Das höchste abgegebene Gebot liegt in der Regel bei 340 Cents. Zusammen mit dem zweithöchsten Gebot ergibt dies eine Versteigerungssumme von 678 Cents, also knapp sieben Dollar). Der Erlös entspricht danach nicht– wie zu erwarten wäre – annähernd dem Wert des Gutes, sondern übersteigt ihn um das Siebenfache. Die Erklärung für diesen Befund liegt darin, dass die scheinbar kleine Veränderung der Zweitbieterregel die Teilnehmer beständig zu irrationalem Verhalten verleitet; die Auktion spielt die Teilnehmer gegeneinander aus (vgl. dazu im Einzelnen supra S. 388 ff.). Eine ähnlich einschneidende Wirkung hatte etwa die endogene Festlegung der Zahl der Marktteilnehmer nach dem von der RegTP (heute: Bundesnetzagentur) festgelegten Versteigerungsdesign für die im Jahre 2000 durchgeführten deutschen UMTS-Versteigerung: Indem die Bieter nach ihrer Wahl für zwei oder drei Frequenzblöcke bieten konnten, war es möglich, dass sich ebenso viele Marktzutrittsberechtigte wie Mindestfre-

Als nicht monofinales, sondern facetten- und variantenreiches Konglomerat unterschiedlicher Zuteilungsformate und -ziele stellt die Versteigerung besondere Anforderungen an die Bestimmtheit der gesetzgeberischen Zuteilungsermächtigung und Versteigerungsgestaltung. Eröffnet sie den Zugang zur Ausübung knapper grundrechtlicher Betätigungsformen, darf der Gesetzgeber sich nicht damit bescheiden, die Versteigerung als Zuteilungsform zuzulassen und ihre Ausgestaltung sowie Zielsetzung vollständig dem Gutdünken der Verwaltung oder Auktionsmathematikern zu überantworten. Er darf nicht das Spiel ansetzen, zugleich aber offen lassen, nach welchen Spiel- (d. h. Auktions-)regeln gespielt werden soll. Er muss die Ziele, die er dem Zuteilungsmechanismus der Versteigerung beilegen will, zweifelsfrei definieren, um eine sinnvolle Auswahl der Auktionsgestaltung zu ermöglichen[644]. Die sachgerechte Anwendung des Instruments der Versteigerung hängt von der umsichtigen Steuerung seines Einsatzes und einem klaren Zielköcher ab. Die Festlegung der Auktionsziele ist keine technische, sondern eine hochpolitische, grundrechtswesentliche Aufgabe.

Wiewohl die Wahl der Auktionsform (offen oder geschlossen, einstufig oder mehrstufig, simultan oder sequenziell), die Gebots- und Zahlungsbedingungen bzw. die Sonderregeln für Newcomer für die Auswahlwirkung des Zuteilungsvorgangs entscheidend sind, wird der Gesetzgeber zugleich in einer abstrakt-generellen Regelung nicht ex ante alle künftigen Zuteilungskonstellationen avisieren und ein für alle Fälle passendes Auktionsdesign entwerfen können. Eine sachgerechte Auktion bedarf der Anpassung an den Einzelfall. Das Design hat Ähnlichkeit mit einem maßgeschneiderten Kleid: Nur auf den Einzelfall und seine Zielsetzung abgestimmt passt es zu seinem Träger und erreicht es die erwünschte Wirkung. Der Grundsatz »one size fits all« gilt für es nicht. Die gesetzliche Regelung muss nolens volens auf einer gewissen Abstraktionshöhe stehen bleiben, um die sachgerechte Anwendung des Zuteilungsinstruments der Versteigerung sicherstellen und die gesetzliche Zielsetzung erreichen zu können. Die Anpassung an den Einzelfall bleibt notwendig der Verwaltung überlassen; parlamentarischer Festlegung ist sie nur eingeschränkt zugänglich. Insoweit ist die Versteigerung in einem grundrechtlichen Zwiespalt zwischen den Anforderungen an Flexibilität und rechtsstaatlicher Bestimmtheit gefangen.

---

quenzblöcke gegenüberstanden, der Versteigerungspreis sich aber gleichwohl ungebrochen nach oben schraubte. Der Versteigerungserlös stieg um ca. 8 Mrd. Euro je »kleiner Lizenz«. Vgl. dazu bereits supra S. 360.

[644] A. A. *Kube*, Finanzgewalt in der Kompetenzordnung, 2004, S. 675 (»[…] erscheint es zur Wahrung des aufgabenrechtlichen Parlamentsvorbehalts hier im Übrigen auch nicht notwendig, die entgeltende Abgabeerhebung […] im ausdrücklichen Regelungswortlaut auf ein bestimmtes Verwaltungsziel, in abgaberechtlicher Terminologie auf das Ziel der Vollendung eines bestimmten Verwaltungsprogramms, zu beziehen«); ähnlich wie er mit anderer Nuancierung *S. Bumke*, Frequenzvergabe nach dem TKG, 2006, S. 303 f.

Diese Spannungslage hindert den Gesetzgeber freilich nicht, die Zügel der Entscheidungssteuerung in der Hand zu behalten und die Auktionsgestaltung in einer Weise zu determinieren, die den Auswahlspielraum der Verwaltung auf grundrechtlich vertretbare Weise verengt. Soweit der Gesetzgeber aufgrund der Vielgestaltigkeit der Zuteilungskonstellationen nicht selbst die Auktionsgestaltung festzulegen vermag, muss er durch gesetzliche Zielbestimmungen eine überprüfbare Destillierung einer Auktionsgestaltung aus dem Kreis der denkbaren Gestaltungsformen ermöglichen, die einer gesetzlichen Anwendungskontrolle zugänglich ist. Dazu sind die (nicht selten miteinander konkurrierenden) gesetzgeberischen Zuteilungsziele (Allokationseffizienz, Abschöpfungsfunktion, Förderung bestimmter Sachziele, Erlösfunktion) nicht nur zu bestimmen, sondern in ihrem Verhältnis zueinander zu gewichten. Die Zielsteuerung hat insbesondere negativ sicherzustellen, dass die Versteigerung nicht lediglich auf eine staatliche Einnahmeverschaffung ausgerichtet ist[645], die grundrechtlichen Erfordernisse von Newcomern beachtet und einer Errichtung unverhältnismäßiger Zugangsschranken nach Kräften entgegenwirkt. Auf diese Weise wird das Versteigerungsdesign auf seine Übereinstimmung mit den gesetzlichen und verfassungsrechtlichen Zielvorgaben überprüfbar und der Auswahlspielraum auf eine weitgehend technische Umsetzung reduziert, die einer politischen Gestaltung der Verwaltung in einer grundrechtlich vertretbaren Weise den Boden entzieht.

Die Versteigerungsermächtigung des Telekommunikationsgesetzes gibt insoweit ein negatives Vorbild ab. Sie bleibt eine Antwort auf die konkreten Ziele des Zuteilungsmechanismus der Versteigerung schuldig und unterschreitet damit das Maß, das grundrechtlich verantwortungsvoller Zielsteuerung abverlangt werden muss. Enthält das TKG auch eine allgemeine, nicht zuteilungsspezifische gesetzliche Zielbestimmung (§2 Abs. 2 TKG) und einen – deklaratorischen, weil in dem Wesen der Versteigerung liegenden – Hinweis auf das mit der Zuteilung verfolgte Ziel der Nutzungseffizienzauslese (§61 Abs. 4 S. 1 TKG[646]), bleibt der konkrete Aussagegehalt der Regulierungsziele für die Zuteilungskonstellation der Frequenzknappheit offen und lässt das TKG eine Gewichtung der (teilweise konkurrieren-

[645] In eine ähnliche Richtung argumentiert das Bundesverfassungsgericht in anderem rechtlichem Kontext in seiner Wettmonopol-Entscheidung: »Die mit erheblichen Einnahmeeffekten für den Staat einhergehende Eröffnung eines Betätigungsfeldes für die in der Bevölkerung vorhandene Wettleidenschaft lässt sich nicht ohne weiteres eine konsequente und wirkliche Ausrichtung an der Bekämpfung und Begrenzung von Wettsucht und problematischem Spielverhalten erkennen. Vielmehr muss sich dies in der rechtlichen und tatsächlichen Gestaltung ausdrücken«. BVerfG, Urt. v. 28.3.2006, BVerfGE 115, S. 276 (311 f.) – staatliches Wettmonopol.

[646] Nach dieser Vorschrift soll mit dem Vergabeverfahren der Frequenzzuteilung »festgestellt werden, welcher oder welche Antragsteller am besten geeignet sind, die zu vergebenden Frequenzen effizient zu nutzen«.

den) Zuteilungsziele vermissen. Klare Handlungsanweisungen sucht die rechtsanwendende Verwaltung vergeblich; zentrale grundrechtliche Fragen der Zuteilung konkurrierender Grundrechtspositionen bleiben unbeantwortet. Den breiten Korridor möglicher Gestaltungen der Versteigerung engen die Zielvorgaben des TKG nicht nennenswert ein, wiewohl ihre erklärte, durch das Bestimmtheitsgebot geforderte Aufgabe darin besteht, die Zuteilungsverantwortung des Staates vor dem Hintergrund der durch sie betroffenen Grundrechte wahrzunehmen. Ein überprüfbares Versteigerungsdesign ist aus ihnen schwerlich destillierbar.

g) *Das Vertrauensschutzprinzip als Grenze*

Hoheitliche Zuteilungsentscheidungen sind in einen Zeitkontext und einen bestehenden Handlungsrahmen eingebunden, der auf die Zulässigkeit der Zuteilungsentscheidung Einfluss haben kann. Nimmt der knappheitsverwaltende Staat eine Neuzuordnung von Handlungsbefugnissen vor und errichtet ein hoheitliches Verteilungssystem, greift er damit in bereits bestehende Handlungsrechte ein. Er muss mitunter Nutzungsbefugnisse entziehen, die den Bürgern bisher zur zulassungsfreien Nutzung zugeordnet waren und sich zu einer verfassungsrechtlichen Eigentumsposition verfestigt haben können, um die Bewältigung einer entstehenden bzw. politisch intendierten Knappheitssituation vornehmen zu können. Etabliert der Gesetzgeber etwa ein System der Bewirtschaftung von klimarelevanten Treibhausgasen an dem bisher der Allgemeinheit zugeordneten Gut der Luft, berührt er damit Bestandsschutzinteressen der bisherigen Nutzer[647]. Diese haben im Vertrauen auf den Fortbestand bestehender Nutzungsbefugnisse Investitionen in Betriebsanlagen getätigt, die entwertet werden können und die Schutzwirkung der Eigentumsfreiheit auf den Plan rufen, wenn unvermittelte Veränderungen des Nutzungsregimes einen wirtschaftlichen Betrieb unter Rückgriff auf bisher frei zugängliche Güter unmöglich machen[648]. Die Verknüpfung einer bislang zulassungsfrei eingeräumten Nutzungsbefugnis mit einer Zahlungspflicht ist an der Eigentumsfreiheit jedenfalls dann zu messen, wenn jene an den Bestand oder die Verwendung einer konkreten Eigentumsposition, etwa das Sacheigentum an Betriebsanlagen, anknüpft[649]. In Art. 14 Abs. 1 S. 1 GG und Art. 17 Abs. 1 S. 1 GRCh hat das Prinzip des Vertrauensschutzes für die vermögenswerten

[647] Vgl. dazu im Einzelnen infra S. 774 ff.

[648] Zur verfassungsrechtlichen Schutzwürdigkeit dieser Position infra S. 681 ff.

[649] Die hoheitliche, ohne Rücksicht auf eine eigene Leistung des Destinärs erfolgende Zuweisung eines Nutzungsrechtes (etwa im Wege eines Los- oder Quotenverfahrens) vermittelt als solche demgegenüber noch keine eigentumskräftige Schutzposition. Sie sind nicht das Korrelat eigener Leistung und haben daher nicht an dem Eigentumsschutz des Art. 14 Abs. 1 S. 1 GG teil. Vgl. etwa BVerfG, Urt. v. 1.7.1953, BVerfGE 2, S. 380 (399 ff.); BVerfG, Beschl. v. 18.2.1998, BVerfGE 97, S. 271 (284).

Güter eine besondere Ausprägung und verfassungsrechtliche Ordnung erfahren[650]. Bereits im Rechtsstaatsprinzip wie auch im europäischen Gemeinschaftsrecht als primärrechtlicher Grundsatz angelegt, will es allgemein die Wirtschaftsteilnehmer vor einer Entwertung ihrer im Vertrauen auf die bestehende Rechtslage erworbenen Rechtspositionen schützen[651]. Die Eigentumsfreiheit soll dem Bürger Rechtssicherheit hinsichtlich der durch sie geschützten Güter gewährleisten und das Vertrauen auf das durch die verfassungsmäßigen Gesetze ausgeformte Eigentum sichern. Ihre grundrechtliche Funktion der Sicherung eines Freiheitsraumes im vermögensrechtlichen Bereich kann die Zuweisung von Eigentumsrechten nur erfüllen, wenn der Bürger grundsätzlich auf den Bestand gesetzmäßig erworbener vermögenswerter Rechte vertrauen darf[652].

Die vertrauensbildende Kraft des Eigentums (*W. Leisner*[653]) geht nicht mit einer Unantastbarkeit der gewährten Rechtsposition oder der zwangsläufigen Unzulässigkeit von Eingriffen einher[654]. Die Verfassungsordnung immunisiert die Wirtschaftssubjekte nicht vollständig gegen jegliche Veränderung der Rahmenbedingungen, denen ihr Handeln unterliegt. Der Gesetzgeber hat die Befugnis, in bereits begründete Rechtspositionen einzugreifen und ihnen einen neuen Inhalt zu geben, ohne die Eigentumsgarantie zu verletzen[655]. Er muss freilich die Privatnützigkeit des den Bürgern zugeordneten Eigentums beachten und Rücksichtnahme gegenüber nach altem Recht erworbenen Rechten üben[656]. Wenn er von der Ermächtigung zur Inhalts- und Schrankenbestimmung Gebrauch macht, ist er verpflichtet, die Interessen der Beteiligten in einen gerechten Ausgleich und ein ausgewogenes Verhältnis zu bringen[657]. Es hat eine Abwägung zwischen dem Maß des Vertrauensschadens und der Tragweite des mit der Bewirtschaftung und Neuzuteilung verfolgten gesetzlichen Anliegens für die Allgemeinheit stattzufinden[658], die der Spannungslage zwischen dem Freiheits-

---

650 BVerfG, Beschl. v. 8.6.1977, BVerfGE 45, S. 142 (168) – rückwirkende Verordnungen; *Jarass*, in: ders./Pieroth (Hrsg.), GG, 9. Aufl. 2007, Art. 14 Rdnr. 47; *Wieland*, in: Dreier (Hrsg.), Grundgesetz, Bd. 1, 2. Aufl. 2004, Art. 14 Rdnr. 130.

651 Vgl. EuGH, Urt. v. 28.4.1988, Slg. 1998, S. 2344 Tz. 24-26 – Mulder; *Müller-Michaels*, Grundrechtlicher Eigentumsschutz in der Europäischen Union, 1996, S. 57.

652 *Bryde*, in: von Münch/Kunig (Hrsg.), GG, 5. Aufl. 2000, Art. 14 Rdnr. 64; *Wieland* (Fn. 650), Art. 14 Rdnr. 130.

653 *W. Leisner*, Eigentum, in: Isensee/P. Kirchhof (Hrsg.), HStR VI, 2. Aufl. 2001, § 149 Rdnr. 95.

654 Vgl. nur BVerfG, Beschl. v. 8.7.1971 – BVerfGE 31, S. 275 (284) – Urheberrechte.

655 BVerfG, ibid., S. 284 f.

656 BVerfG, Beschl. v. 14.1.1974, BVerfGE 36, S. 281 (293 f.); BVerfG, Urt. v. 8.7.1976, BVerfGE 42, S. 263 (294) – Contergan; BVerfG, Beschl. v. 10.5.1977, BVerfGE 45, S. 297 (331 f.); BVerfG, Beschl. v. 9.1.1991, BVerfGE 83, S. 201 (212); *Bryde*, in: von Münch/Kunig (Hrsg.), GG, 5. Aufl. 2000, Art. 14 Rdnr. 64.

657 BVerfG, Beschl. v. 22.5.2001, BVerfGE 104, S. 1 (11) – Baulandumlegung.

658 BVerfG, Beschl v. 4.6.1985, BVerfGE 70, S. 101 (114).

raum des Einzelnen und den Anforderungen der sozialstaatlichen Ordnung gerecht wird.

Je mehr das Eigentumsobjekt in einem sozialen Bezug und einer sozialen Funktion steht, umso mehr weitet sich der Gestaltungsspielraum des Gesetzgebers und umso stärker wiegen die Belange des Gemeinwohls, die einen Eingriff tragen können. Die Gemeinwohlbelange müssen so bedeutsam sein, dass es gerechtfertigt ist, ihnen den Primat vor dem Vertrauen des Bürgers in den durch die Eigentumsgarantie gesicherten Fortbestand seines Rechtes einzuräumen[659]. Unter dem Schutz der Eigentumsordnung ins Werk gesetzte Dispositionen und Aufwendungen des Eigentümers genießen dabei im Verhältnis zu möglichen, aber nicht realisierten Nutzungsformen ein besonderes Maß an Integrität[660].

Die Eigentumsfreiheit setzt der Verknappung bestandsgeschützter Rechte wie auch der Abverlangung eines Knappheitspreises anlässlich einer Neuzuteilung eine verfassungsrechtliche Grenze. Eine abrupte Entwertung von eingesetztem Kapital und geleisteter Arbeit, welche zur Aufnahme einer Tätigkeit erforderlich sind, widerstreitet dem Grundrechtsgehalt der Eigentumsgarantie und dem in ihr angelegten Gedanken des Schutzes der eigenverantwortlichen Lebensgestaltung im vermögensrechtlichen Bereich[661]. Bei einem Konflikt mit Rechtspositionen, die nach altem Recht begründet worden sind, ist der Gesetzgeber regelmäßig gehalten, »durch Überleitungsvorschriften einen schonenden Übergang vom alten ins neue Recht zu ermöglichen«[662]. Nur ausnahmsweise kommt eine übergangs- und ersatzlose Beseitigung in Betracht. Eine unverhältnismäßige Beschränkung der Privatnützigkeit einer durch die Eigentumsgarantie gewährleisteten vermögenswerten Position wird dabei nicht dadurch verhältnismäßig, dass der Eigentümer sie auf Grund seines sonstigen Vermögens ausgleichen und ertragen kann[663].

Ob die Versteigerung von Gütern, die bisher den Nutzern frei zugänglich waren und sich zu einer verfassungsrechtlich schutzwürdigen Rechtsposition verdichtet haben, mit den Anforderungen des Vertrauensschutzprinzips in Einklang zu bringen ist, hängt entscheidend von dem Ausmaß ab, in dem der Gesetzgeber eine Verknappung bisheriger Nutzungsmöglichkeiten vornimmt. Die Versteigerung von Gütern und Nutzungsrechten,

---

659 BVerfG, Beschl. v. 19.6.1969, BVerfGE 26, S. 215 (222); Beschl. v. 8.7.1971 – BVerfGE 31, S. 275 (289f.) – Urheberrechte; BVerfG, Beschl. v. 9.1.1991, BVerfGE 83, S. 201 (212) – Bundesberggesetz; *Wieland* (Fn. 650), Rdnr. 130.

660 Vgl. dazu etwa *Ehlers*, VVDStRL 51 (1992), S. 211 (229).

661 In diesem Sinne ausdrücklich BVerfG, Beschl. v. 15.7.1981, BVerfGE 58, S. 300 (349) – Nassauskiesung.

662 BVerfG, Beschl. v. 12.3.1980, BVerfGE 53, S. 336 (351) m. w. N.; *Papier*, in: Maunz/Dürig (Hrsg.), Grundgesetz, Art. 14 Rdnr. 327 (Juni 2002); *Wieland* (Fn. 650), Rdnr. 130.

663 BVerfG, Beschl. v. 16.2.2000, BVerfGE 102, S. 1 (23) – Altlasten.

macht Nutzungen in dem Umfang kostenpflichtig, in dem sie der Knappheit unterworfen sind; in dem Versteigerungspreis spiegelt sich die Knappheit und Verknappung des Gutes. Je stärker er das Angebot an verfügbaren Gütern verknappt, umso stärker stellt er das Vertrauen in die Fortsetzung der Nutzung auf die Probe. Nur in dem Maß, in dem eine Verknappung zulässig ist, ist auch eine Versteigerung zulässig; den Gesetzgeber trifft die Pflicht, die Verknappung schonend herbeizuführen und damit einen Bruch von verfassungsrechtlich legitimen Vertrauensschutzinteressen zu vermeiden. Die Verknappung begründet eine besondere Verantwortung des Staates für die Zugangschancen und die Sicherung in der Vergangenheit begründeter schutzwürdiger verfassungsrechtlicher Positionen. Die Grundrechte, deren Ausübung sie berührt, ziehen ihr eine Zulässigkeitsgrenze[664].

V. Versteigerungserlöse im System der Finanzverfassung

Der Auswahlmechanismus der Versteigerung fordert den erfolgreichen Bietern für die Zuteilung hoheitlicher Verwaltung unterworfener Güter eine finanzielle Gegenleistung ab, die den Knappheitspreis des mit der Versteigerung zugeteilten Gutes abschöpft. Indem er die ressourcensteuernde Kraft des Preises als Instrument staatlicher Zuteilung nutzt, verschafft er dem Staat aufwandsfrei erhebliche Einnahmen und stellt damit die Finanzverfassung vor eine Herausforderung.

[664] Umgekehrt kann der Eigentumsgarantie nach Durchführung der Versteigerung eine neue verfassungsrechtlich bedeutsame Schutzfunktion zuwachsen: Sie kann dem Inhaber des im Wege der Versteigerung zugewiesenen staatlich verwalteten Gutes besonderen eigentumsrechtlichen Vertrauensschutz vermitteln. Der Zuschlag ist ein Äquivalent eines vermögensrechtlichen Opfers. Dem Erwerb des knappen Gutes korrespondiert eine eigene Leistung, die dem Knappheitswert der Befugnis entspricht und einen Gegenwert für die erbrachte Zahlung ausdrückt (statt aller *Kottmeier*, Recht zwischen Umwelt und Markt, 2000, S. 187). Subjektive öffentliche Rechtspositionen können (anders als etwa im Falle einer unentgeltlichen Zuweisung von Rechtsgütern im Wege des Los- oder des Quotenverfahrens) an dem Schutz der Eigentumsfreiheit teilhaben, soweit sie das Korrelat eigener Leistung sind und der Sicherung seiner Existenz dienen, so dass die Stellung des Rechteinhabers derjenigen eines Eigentümers vergleichbar ist (vgl. etwa BVerfG, Urt. v. 1.7.1953, BVerfGE 2, S. 380 [399 ff.]; BVerfG, Beschl. v. 18.2.1998, BVerfGE 97, S. 271 [284]). Sie vermitteln dann – nach Maßgabe der in der Versteigerung enthaltenen Zuweisungsbestimmungen – grundsätzlich einen Vertrauensschutz gegen nachträgliche Zugriffe auf die im Wege der Versteigerung zugeteilte Rechtsposition. Der spätere Entzug oder die nachträgliche Veränderung der verfassungsrechtlich geschützten Rechtsposition sind nicht mehr ohne Weiteres, sondern nur unter den in Art. 14 GG bzw. Art. 17 GRCh festgezurrten Voraussetzungen zulässig. Der Gestaltungsmacht des Gesetzgebers im Rahmen eines öffentlich-rechtlichen Regimes der Knappheitsverwaltung, etwa eines umweltrechtlichen Zertifikatesystems oder eines Frequenznutzungsregimes, sind dadurch Grenzen gesetzt (vgl. dazu im Einzelnen infra S. 721 ff.). Die verteilungsoffene Manövriermasse schrumpft.

1. Der Versteigerungserlös als Abgabe – Überlegungen zum finanzverfassungsrechtlichen Abgabenbegriff

Das finanzverfassungsrechtliche Regime des Grundgesetzes knüpft an Geldzahlungspflichten an, die dem Bürger gegenüber einem erhebungsberechtigten Gemeinwesen einseitig und hoheitlich auferlegt werden. Abgaben sprechen die Sprache des Geldes. Sonstige gegenüber dem Staat zu erbringende Leistungspflichten, wie Sachleistungspflichten[665] oder Erlöse aus dem Verkauf von staatlichen Grundstücken oder Beteiligungen, sind vom Anwendungsbereich der Art. 104a ff. GG ausgenommen[666]. Soweit Versteigerungen als wertspiegelnde Gegenleistung nicht Geld-, sondern Sachleistungspflichten auferlegen (vgl. dazu supra S. 407 ff.), sind sie dem Anwendungsbereich und den Anforderungen des Finanzverfassungsrechts daher insoweit a priori entrückt.

Auch soweit Versteigerungen Geldleistungen auferlegen, steht ihre Einordnung als Abgaben i. S. d. Finanzverfassungsrechts nicht auf gesichertem Boden: Die Pflicht zur Zahlung entsteht aufgrund eines Gebots des Zahlungspflichtigen; das Gebot beruht auf dem freien und eigenverantwortlich gefassten Beschluss des Bieters, der auf den festgesetzten Preis unmittelbar Einfluss hat. Die Freiwilligkeit der Gebotsabgabe in einer Versteigerung deutet eher auf das Zustandekommen eines (Kauf-)Vertrages, dessen Gegenstand das Recht zur Nutzung des ersteigerten Gutes ist, als auf eine (einseitig auferlegte) öffentlich-rechtliche Abgabe hin. Erfüllen Versteigerungserlöse die Voraussetzungen eines von der öffentlichen Hand im freihändigen Verkauf erzielten privatrechtlichen Veräußerungsentgelts, ist der Abgabencharakter ausgeschlossen und stellt sich die Frage nach der finanzverfassungsrechtlichen Rechtfertigung der Zahlungspflicht nicht (infra a). Gleiches gilt, wenn die als Zuschlagspreis gezahlten Entgelte zwar öffentlich-rechtlicher Natur sind, aber nicht einseitig auferlegt, sondern als freiwillige Zahlung des öffentlichen Rechts zustande gekommen sind (infra b

---

[665] Das Preußische OVG fasste unter den Begriff der öffentlichen Abgabe neben Geldleistungen »auch Beiträge in anderen fungiblen Sachen als in Gelde« (Preuß. OVG, Urt. v. 1.3.1879, PrOVGE 5, S. 98 [101]; ähnlich Urt. v. 18.3.1890, PrOVGE 19, S. 70 (72). Ähnlich versteht *Wolff*, in: Wolff/Bachof/Stober, Verwaltungsrecht I, 12. Aufl. 2007, § 42 III a unter »Abgaben« alle positiven Leistungen und fasst Geldleistungen als Abgaben im engeren Sinne auf. Vereinzelt spricht auch das Bundesverfassungsgericht missverständlich von einer »Naturalleistungspflicht in Form einer Abgabe« (BVerfG, Urt. v. 14.7.1981, BVerfGE 58, S. 137 (144). Treffender ist der Begriff der »öffentlichen Last« als gemeinsamer Oberbegriff von öffentlichen Abgaben und Naturalleistungspflicht (in diesem Sinne etwa *Drüen*, in: Tipke/Kruse (Hrsg.), Abgabenordnung, § 3 AO Rdnr. 6 [März 2003]).

[666] Vgl. nur – mit Blick auf Steuern – *K. Vogel/Waldhoff*, in: Dolzer/K. Vogel/Graßhoff (Hrsg.), Bonner Kommentar zum Grundgesetz, vor Art. 104a GG, Drittbearbeitung Rdnr. 376 (Stand: Nov. 1997); eingehend zum Begriff der Abgabe, insbesondere im Hinblick auf Versteigerungserlöse *Selmer*, Zur Tatbestandsmäßigkeit öffentlich-rechtlicher Geldleistungspflichten, in: Festschrift für Starck, 2007, S. 435 ff.

und c) oder als finanzierungszweckfreie Geldleistungen dem Regime des Abgabenrechts entzogen sind (infra d).

a) Öffentlich-rechtlicher versus privatrechtlicher Veräußerungserlös

Die im Wege staatlicher Versteigerung zugeteilte Leistung und die hierfür den Bürgern abverlangte Gegenleistung stehen in einem synallagmatischen Verhältnis zueinander, das eine hohe Affinität mit einem privatrechtlichen Kaufvertrag aufweist: Der Staat teilt eine knappe Ressource zu und knüpft die Zuteilung an die Erbringung einer den Knappheitswert des Gutes abfragenden Gegenleistung. Sie folgt dem Credo: »Do something good for me and I'll do something good for you«. Der Versteigerungserlös lässt sich bei unbefangener Betrachtung bruchlos als Kaufpreis für ein knappes Nutzungsrecht einordnen[667]. *Altmeppen/Bunte*[668] sehen diesen Weg als dogmatisch zwingend vorgezeichnet an. Sie stufen die Versteigerung als »originär privatrechtliches Rechtsinstitut«[669] und den Ersteigerungserlös als kaufvertraglichen Preis ein. Der Staat habe etwa im Falle der Versteigerung von Telekommunikationslizenzen deren Anzahl und die Höhe ihres Entgelts dem von Privatautonomie getragenen Handlungstyp der Versteigerung und nicht der Festsetzung kraft Hoheitsaktes überlassen wollen. Folgerichtig handele beispielsweise das Telekommunikationsgesetz nicht davon, dass der Versteigerungserlös etwa als Gebühr angesehen oder festgesetzt werden könnte.

Lässt sich die Einordnung des Versteigerungsentgeltes als Kaufpreis auch nicht unter Hinweis darauf zur Seite schieben, dass den Verkäufer nach §433 Abs. 1 S. 1 Var. 1 BGB eine Eigentumsverschaffungspflicht trifft, die der Staat als Vertragspartner bei Versteigerungen staatlich verwalteter Güter regelmäßig nicht erfüllen kann[670], steht die Vereinnahmung der Ver-

---

[667] So *Altmeppen/Bunte*, Kartellrechtliche Probleme des deutschen UMTS-Versteigerungsverfahrens, in: Piepenbrock/Schuster (Hrsg.), UMTS-Lizenzvergabe, 2001, S. 443 u. 493; *Klöck*, RTKom 2000, S. 280 (286); *Gramlich*, CR 2000, S. 101 (106).

[668] *Altmeppen/Bunte*, ibid., S. 443 (493).

[669] *Altmeppen/Bunte*, ibid. S. 443 (457f. u. 493).

[670] Das zu versteigernde knappe Gut steht meist gar nicht im Eigentum des Staates bzw. ist nicht eigentumsfähig, so dass das Eigentum daran nicht übertragen werden kann. Beispielsweise stehen im Wege der Versteigerung zugeteilte Telekommunikationsfrequenzen nicht im Eigentum des Staates; sie sind als Schwingungen der Luft körperlich nicht fassbare Gegenstände, die (nach deutschem Recht) nicht eigentumsfähig sind (in anderen Rechtsordnungen ist dies anders: Die bulgarische Verfassung etwa führt Frequenzen in Art. 18 unter der Überschrift »staatliches Eigentum« auf. Auch die amerikanische FCC stuft das Frequenzspektrum als staatliches Eigentum ein. Vgl. *Robinson*, Journal of Law and Economics, S. 609 [620 mit Fn. 39]). Auch nach der befristeten exklusiven Zuordnung an den Ersteigerer sind und bleiben sie öffentlich bewirtschafteter Gegenstand. Ebenso *Arndt*, K & R 2001, S. 23 (24); *Hufeld*, JZ 2002, S. 871 (872); *Kruhl*, Die Versteigerung knapper Frequenzen, 2003, S. 145ff.; *Robert*, Die Versteigerung von Frequenzen, 2004, S. 85ff.; offen gelassen bei *Kötter*, DVBl. 2001, S. 1556 (1560); *Gramlich*, CR 2000, S. 752 (757). Das Gleiche gilt für Emissionszertifikate an der Luft. §433 BGB kennt freilich

steigerung als Handlungstyp des Zivilrechts gleichwohl auf mehr als wackeligen Füßen: Die Rechtsform der Versteigerung ist mitnichten der Rechtsordnung des Zivilrechts vorbehalten[671]. Das zeigt bereits ein Blick auf das Zivilprozessrecht und das Rechtsinstitut der Zwangsversteigerung[672]. Es konstruiert die Versteigerung gepfändeter Sachen bereits seit Alters her als *öffentlich-rechtliche* Handlungsform: Die Rechtsbeziehungen zwischen dem Staat (repräsentiert durch den Gerichtsvollzieher) und dem Ersteigerer im Falle der zivilprozessualen Versteigerung gem. §§ 814 ff. ZPO sind dem öffentlichen Recht zuzuordnen[673]. Ob die Versteigerung öffentlich-rechtlich oder privatrechtlich einzustufen ist, bestimmt sich nicht nach Tradition und Herkommen oder einer ihr a priori eigenen Rechtsnatur, sondern nach der Art des zu versteigernden Gutes und der Funktion, die die Zuteilungsentscheidung erfüllt.

Nimmt der Staat die Zuteilung staatlich verwalteter Güter, die den Zugang zu grundrechtlichen Betätigungsmöglichkeiten vermitteln, statt im Wege eines Ausschreibungs- oder sonstigen Zuteilungsverfahrens im Wege einer Versteigerung vor, bedient er sich ihrer zur Erfüllung hoheitlicher

---

nicht nur den Sach-, sondern auch den Rechtskauf. Gegenstand des Vertrages ist hier nicht die Verpflichtung des Verkäufers zur Verschaffung des Eigentums an der verkauften Sache, sondern die Verschaffung des Rechts an dem verkauften Gegenstand. Recht in diesem Sinne kann auch ein subjektives öffentliches Recht sein, soweit der Vertragspartner – wie hier der Staat – über das Recht verfügen kann (*Huber*, in: Soergel [Hrsg.], BGB, 12. Aufl. 1991, § 433 Rdnr. 63). Die Zuteilung eines knappen Gutes kann prinzipiell Gegenstand eines Kaufvertrages sein. Dort, wo Benutzungsrechte für einen begrenzten Zeitraum vergeben werden und dann automatisch zurück an den Staat fallen (wie zum Beispiel für 20 Jahre im Falle der UMTS-Telekommunikationsfrequenzen), kommt anstelle eines Rechtskaufs (mit ggf. zeitlich befristeter Pflicht zur Eigentumsverschaffung) auch eine Miete oder eine dingliche Belastung in Form eines Nießbrauchs in Betracht. Läuft die Lizenz aus, fällt das zugeteilte Gut eo ipso in die staatliche Regulierung zurück. Vgl. auch *Kötter*, DVBl. 2001, S. 1556 (1560).

[671] *Altmeppen/Bunte* (Fn. 667) verkennen, dass das öffentliche Recht und das Zivilrecht sich zur Regelung ihrer Sachfragen und Regelungsziele gleicher Instrumente bedienen können und dies auch in reichem Umfang tun. So kennen beide Rechtsordnungen beispielsweise gleichermaßen die Rechtsform des Vertrages, des Erstattungs- bzw. Bereicherungsanspruches und des Unterlassungsanspruches wie auch die Zuteilungsinstrumente des Losverfahrens und des Prioritätsprinzips. Vgl. dazu und zu einzelnen Beispielen supra S. 96 ff. und S. 101 ff.

[672] Vgl. auch die vielfältigen Anwendungsformen der Versteigerung als öffentlich-rechtliches Handlungsinstrument in der Antike supra S. 273 ff.

[673] Die Willenseinigung zwischen dem Gerichtsvollzieher und dem Ersteigerer wird zum Teil als kaufähnlicher öffentlich-rechtlicher Vertrag (z. B. OLG München, DGVZ 1980, S. 122; *Schilken*, in: Lüke/Wax [Hrsg.], MüKoZPO, § 817 ZPO, 4. Aufl. 2005, Rdnr. 3 u. 5; *Thomas/Putzo*, ZPO, 27. Aufl. 2005, § 817 Rdnr. 2; *Baur/Stürner*, Zwangsvollstreckungs-, Konkurs- und Vergleichsrecht, 6. Aufl. 1989, Rdnr. 29.6.) angesehen, zum Teil als einseitige hoheitliche Maßnahme des Gerichtsvollziehers, die einen öffentlich-rechtlichen Anspruch des Erstehers auf Aushändigung und Eigentumserwerb an der Pfandsache begründet (*Münzberg*, in: Stein/Jonas, Kommentar zur ZPO, 21. Aufl. 1993, § 817 Rdnr. 20; *Rosenberg*, Lehrbuch des deutschen Zivilprozessrechts, 9. Aufl. 1961, § 191 IV 3; *Stöber*, in: Zöller, ZPO, 26. Aufl. 2007, § 817 Rdnr. 7).

Aufgaben, nämlich zur Wahrnehmung der Aufgabe sachgerechter hoheitlicher Verteilungslenkung[674]. Die Versteigerung knapper, staatlich verwalteter Ressourcen kann wie die Ausschreibung, der Losentscheid oder die First-come-first-served-Methode eine Form hoheitlicher Zuteilung knapper Güter sein. Sie ist dem öffentlichen Recht zuzuordnen, soweit – wie regelmäßig im Bereich der öffentlich-rechtlichen Verteilungslenkung – der zuteilende Staat mit der Zuteilungsentscheidung nicht lediglich von privatrechtlicher Rechtsmacht, etwa seiner privatrechtlichen Eigentumsmacht, sondern von einem hoheitlichen Sonderrecht Gebrauch macht[675,676]. Der dem Meistbietenden abverlangte Geldbetrag teilt die Rechtsnatur der (öffentlich-rechtlichen) Zuteilung. Er stellt kein privatrechtliches Entgelt, sondern eine öffentlich-rechtliche Geldleistungspflicht dar[677], soweit Gegenstand der Versteigerung knappe Nutzungsrechte sind, deren Zuteilung der Staat hoheitlicher Rechtsmacht vorbehält.

b) Öffentlich-rechtlicher Vertrag versus Abgabe?

Abgaben i. S. d. Art. 104a GG sind nicht allein durch ihre öffentlich-rechtliche Rechtsnatur, sondern grundsätzlich auch durch hoheitliche, d. h. ein-

[674] Ähnlich etwa EuGH, Urt. v. 26.6.2007, IStR 2007, S. 512 (513, Rdnr. 44).

[675] Die Grenzlinien können insoweit fließend sein. So legt die Entscheidung über die Einräumung des Rechts zur Benutzung öffentlicher Verkehrswege für die Verlegung und den Betrieb von Leitungen zur Versorgung von Letztverbrauchern mit Strom und Gas eine hoheitliche Rechtsnatur der Entscheidung nahe. Die Straßengesetze konzipieren die Entscheidung freilich explizit nicht als kommunale Verfügung über die Wegehoheit, sondern als privatrechtliche Gestattung des Wegeeigentümers. Mit der Konzessionierung macht die Gemeinde von ihrer privatrechtlichen Rechtsmacht an dem Straßenuntergrund Gebrauch (vgl. etwa §8 Abs. 10 BFStrG). Das dafür erhobene Entgelt, die sog. Konzessionsabgabe, teilt deren Rechtsnatur, vgl. §§46, 48 EnWG, §1 Abs. 2 Konzessionsabgabenverordnung. Dazu auch *Fehling*, JuS 2003, S. 246 (249); *ders.*, Konzessionsabgaben, in: Henneke/Pünder/Waldhoff (Hrsg.), Recht der Kommunalfinanzen, 2006, Rdnr. 5; *Püttner*, NVwZ 1992, S. 350ff.; *Tüngler*, JuS 2001, S. 739 (742); zu verfassungsrechtlichen Bedenken *Wieland*, Die Konzessionsabgaben, 1991, S. 381ff.

[676] Ob es sich dabei um ein *zulässiges* Instrument der Verteilungslenkung handelt, insbesondere ob die staatliche Zuteilungsverantwortung durch eine Versteigerung in sachangemessener Weise ausgeübt werden kann, ist von der Frage nach ihrer *Rechtsnatur* zu trennen.

[677] Ebenso für die Versteigerung von Telekommunikationsfrequenzen z. B. *S. Bumke*, Frequenzvergabe nach dem TKG, 2006, S. 310f.; *Hufeld*, JZ 2002, S. 871 (876); *Kötter*, DVBl. 2001, S. 1556 (1560); ähnlich in der Sache EuGH, Urt. v. 26.6.2007, IStR 2007, S. 512 (513, Rdnr. 44). Berechtigt scheint gleichwohl die Frage, ob Güter, deren Verteilung durch das Instrument der Versteigerung zugeteilt werden können, in der staatlichen Verteilungsordnung zutreffend aufgehoben sind, scheint doch eine ordnende Sonderrolle des Staates nicht zwingend erforderlich. Sorgen die Kräfte des Marktes für eine den Regelungszielen ausreichend Rechnung tragende Verteilung, entstehen Zweifel, welche Berechtigung die staatliche Sonderordnung des öffentlichen Rechts hier noch haben kann. Wo der Markt eine gerechte Verteilungsordnung sicherstellt, kann sich die Funktion des Staates auf eine Initialisierungsfunktion beschränken.

seitige Auferlegung gekennzeichnet[678]: Ihr Rechtsgrund wird durch einseitige Verpflichtung bestimmt. Auf das Einverständnis desjenigen, dem die Verpflichtung auferlegt wird, kommt es grundsätzlich nicht an. »(...) Das rechtliche Fundament für die Entstehung einer Gebührenforderung liegt eben nicht in einem Vertrage und dessen einseitiger Erfüllung, sondern in der (...) Machtbefugnis des Staates, die ihm unterworfenen Vermögen mit Auflagen[679] zu belasten«, urteilte bereits früh das Preußische Oberverwaltungsgericht[680]. Ergibt sich die Zahlungspflicht nicht aus einer einseitigen Verpflichtung, sondern aus einer auf der Ebene der Gleichordnung getroffenen freiwilligen vertraglichen Übernahme des Bürgers, fehlt es an der Einseitigkeit, an die der Begriff der Abgabe anknüpft. Öffentlich-rechtliche Zahlungsverpflichtungen, die aufgrund eines koordinationsrechtlichen öffentlich-rechtlichen Vertrages entstehen, fallen nicht unter den Begriff der Abgabe[681].

Versteigerungen stehen der Rechtsnatur eines koordinationsrechtlichen öffentlich-rechtlichen Vertrages i. S. d. § 54 S. 1 VwVfG mindestens nahe: Der im Rahmen einer Versteigerung Zahlungspflichtige entscheidet durch sein nicht erzwingbares Gebot wie beim Kaufvertrag über die Höhe seiner Zahlungspflicht mit. Wer nicht an dem Versteigerungsverfahren teilnehmen und mitbieten will, den kann der Staat durch das Instrument nicht zu einer Zahlung verpflichten. Erst das Gebot rechtfertigt die Auferlegung der Leistungspflicht. Es lässt sich auch als Angebot auf Abschluss eines öffentlich-rechtlichen Vertrages verstehen, der Zuschlag als Annahme des Meistgebots, der zwei übereinstimmende, auf einen Rechtserfolg gerichtete Willenserklärungen zu einer Einigung amalgamiert, ohne auf die einseitige Herbeiführung von Rechtswirkungen gerichtet zu sein[682]. Mit der Abgabe

---

[678] BVerfG, Beschl. v. 30.10.1961, BVerfGE 13, S. 181 (198); *Bay*VGH Urt. v. 23.2.1956, BayVGHE NF 9 I, S. 29 (34); vgl. nur *Birk*, in: Hübschmann/Hebsch/Spitaler (Hrsg.), § 3 AO Rdnr. 20 (Stand: 1993); *Heimlich*, Die Verleihungsgebühr als Umweltabgabe, 1996, S. 26; *Heintzen*, in: v. Münch/Kunig (Hrsg.), GG, Bd. 3, 5. Aufl. 2003, Art. 105 Rdnr. 10; *Jarass*, Nichtsteuerliche Abgaben und lenkende Steuern unter dem Grundgesetz, 1999, S. 4; *Wendt*, Die Gebühr als Lenkungsmittel, 1975, S. 44 ff.; *Wilke*, Gebührenrecht und Grundgesetz, 1973, S. 36 ff.

[679] Der Begriff der »Auflage« wurde zu jener Zeit synonym zu dem Begriff der »Abgabe« verwendet.

[680] PrOVG, Urt. v. 1.5.1889, PrOVGE 18, S. 23 (29); ähnlich PrOVG, Urt. v. 9.1.1884, PrOVGE 26, S. 51 (53); PrOVG, Urt. v. 3.2.1897, PrOVGE 31, S. 53 (53, 60 f.); PrOVG, Urt. v. 6.3.1897, PrOVGE 31, S. 67 (67); PrOVG, Urt. v. 5.2.1904, PrOVGE 45, S. 96 (101).

[681] Anders ist es bei subordinationsrechtlichen öffentlich-rechtlichen Verträgen. Das übersieht *Kruhl* (Die Versteigerung knapper Frequenzen, 2003, S. 157), wenn er behauptet: »Da das Versteigerungsentgelt nicht als vertraglich vereinbarter Preis, sondern als hoheitlich auferlegte Leistungspflicht anzusehen ist, könnte eine Einordnung als öffentlich-rechtliche Abgabe in Betracht kommen«.

[682] Ähnlich wie bei der Zwangsversteigerung gepfändeter beweglicher Sachen durch den Gerichtsvollzieher. Ob es sich hierbei um einen Vertrag oder einen Verwaltungsakt

des Gebots bzw. dem Zuschlag ist dann für die Beteiligten eine Bindungswirkung verbunden, die unmittelbar Ansprüche auf Zahlung bzw. Rechtsverschaffung begründet. Inhalt des Vertrages ist die Verpflichtung des Zuteilenden, dem Ersteigerer die Rechte an dem versteigerten Gegenstand zu verschaffen, und die Verpflichtung des Meistbietenden, den im Zuschlag festgelegten Preis zu bezahlen. Die Zahlungspflicht entsteht unmittelbar mit dem Zuschlag. Mit der Entscheidung für eine marktliche Zuteilung scheint dann die Vergabeentscheidung aus den Bindungen des Finanzverfassungsrechts in die Regie des Vertragsrechts entlassen[683].

Die den Meistbietenden in einer Versteigerung treffende Zahlungspflicht lässt sich gleichwohl ebenso umstandslos in die Gestaltungsformen einseitig-hoheitlicher Rechtsmacht kleiden. § 61 Abs. 5 i. V. m. § 132 Abs. 1 S. 2 TKG etwa sieht dies für die Versteigerung knapper Frequenzen ausdrücklich vor[684]: Den Meistbietenden erreicht die Zahlungspflicht hier hoheitlich durch Verwaltungsakt. Im Anschluss an die Zuteilung spricht der versteigernde Staat aufgrund des in den Zuschlag mündenden Gebotes des Zahlungspflichtigen eine hoheitliche Zahlungsaufforderung aus, die einseitig verbindlich – und mit den Instrumenten hoheitlichen Zwangs vollstreckbar – die Zahlung des versprochenen Geldbetrages einfordert. Das Gebot ist dann (ähnlich wie die Beteiligung an einer Ausschreibung) ein Mitwirkungsakt im Rahmen der durch öffentlich-rechtlichen Zuteilungsverwaltungsakt erfolgenden Zuteilung[685]. Der Grat zwischen vertraglicher Frei-

handelt, ist in der zivilprozessualen Dogmatik allerdings nach wie vor umstritten (vgl. dazu die Nachweise supra Fn. 673).

683 *Wilke* (Fn. 678), S. 43 etwa würde den Abgabencharakter der Versteigerungserlöse kategorisch bestreiten. Öffentlich-rechtliche Vertragsentgelte verdienen seiner Einschätzung nach generell nicht das Prädikat der Abgabe: »Verträge können in allen Stadien eines Gebührenschuldverhältnisses entstehen, nur nicht bei dessen Begründung«. Möglich sind Verträge nach seiner Meinung »hinsichtlich der Höhe der Gebühr, der Zahlungsmodalitäten, der Vollstreckung, der Sicherheitsleistung, der Haftung und ähnlicher Fragen, wenn auch nicht immer rechtlich zulässig«. Ähnlich *Wendt*, Die Gebühr als Lenkungsmittel, 1975, S. 45.

684 Die Vorschrift lässt sich zwar einschränkend dahin verstehen, dass sie nur die Beschränkung der Zahl der Frequenzen und die Festlegung der Regeln des Versteigerungsverfahrens, nicht aber den (nicht als solchen in der Vorschrift erwähnten) Zuschlag selbst umfasst. Für diese Sichtweise scheint auch die Gesetzesbegründung eine Lanze zu brechen, die als Gegenstand der Zuständigkeit (nur) »Art und Bedingungen des Vergabeverfahrens bei knappen Frequenzen« nennt (BT-Drucks. 15/2316, S. 100). Der umgreifend weiten Formulierung des § 121 Abs. 1 S. 2 TKG und der Bedeutung der Zuschlags- und Zahlungsverpflichtungsentscheidung wird eine solche Abspaltung jedoch nicht gerecht. Sie nimmt den gesamten § 61 TKG und damit auch die gesamte mit ihr verbundene Auferlegung von Verpflichtungen in Bezug. Ebenso für das TKG a. F. *Kämmerer*, NVwZ 2002, S. 161 (161 mit Fn. 8); *Hahn*, in: Scheuerle/Mayen (Hrsg.), TKG, 2002, § 11 Rdnr. 49; vgl. auch *Hufeld*, JZ 2002, S. 871 (876).

685 Durch mitwirkungsbedürftigen Verwaltungsakt hat die Regulierungsbehörde für Post und Telekommunikation (heute Bundesnetzagentur) etwa auch die Zahlung der Versteigerungserlöse gegenüber den Bietern der UMTS-Versteigerung im Jahre 2000 durchgesetzt. Kritisch zur Rechtsfigur des mitwirkungsbedürftigen Verwaltungsaktes bereits

willigkeit und mitwirkungsbedürftigem, aber einseitigem Einforderungsakt ist schmal.

Die Rechtsform der Versteigerung und die Qualität der ihr eigenen Zahlungspflicht liegt mithin nicht schon aufgrund einer ihr eigenen, originären Rechtsnatur fest. Sie ist auf eine Ausfüllung durch den Gesetzgeber angewiesen. Dem Gesetzgeber kommt insoweit eine grundsätzliche Gestaltungsfreiheit zu. Den Gestaltungsspielraum auch auf die finanzverfassungsrechtliche Einordnung und Ausgestaltung des Versteigerungserlöses zu erstrecken, birgt Gefahrenpotenzial in sich. Kann der Gesetzgeber allein durch die Formenwahl Geldleistungspflichten dem ausgefeilten Kompetenzregime des Finanzverfassungsrechts entziehen, öffnet sich damit das Tor zur Umgehung finanzverfassungsrechtlicher Anforderungen und Schutzbedürfnisse. Das System des Finanzverfassungsrechts und die ihm eigenen Anforderungen wären mit leichter Hand aushöhlbar. Sollen die Vorschriften der Finanzverfassung die ihnen zugedachte verfassungsrechtliche Schutzwirkung entfalten, kann der Abgabecharakter des Versteigerungserlöses nicht zur Disposition des einfachen Gesetzgebers stehen und mit der rechtlichen Konstruktion der Zuschlagserteilung zwischen Abgabe und Nicht-Abgabe changieren. Entscheidend muss insoweit der materielle Gehalt der ihr innewohnenden Zahlungspflicht sein. Nicht nur die Handlungsform als solche, sondern auch ihr Verpflichtungsgehalt muss der die Abgabe charakterisierenden Einseitigkeit abschwören, soll eine Geldleistungspflicht dem Regime des Finanzverfassungsrechts entrinnen dürfen[686]. Eine Befreiung aus den Bindungen des Abgabenrechts hat daher nicht (wie häufig angenommen[687]) alleine an die Handlungsform anzuknüpfen, in der eine Zahlungspflicht entsteht, sondern auch ihren materiellen Verpflichtungsgehalt in den Blick zu nehmen[688].

---

früh *Thieme*, Zur Systematik verwaltungsrechtlicher Handlungsformen, in: Festschrift für Friedrich Schack, 1966, S. 157 (159): Es stelle sich »die Frage, ob es nicht an der Zeit ist, die Rechtsfigur des mitwirkungsbedürftigen Verwaltungsaktes fallen zu lassen und überall dort, wo die Mitwirkung des Adressaten des Verwaltungshandelns Wirksamkeitsvoraussetzung für das Handeln selbst ist, den Begriff des Vertrages zu bejahen«.

[686] Das BVerfG hebt in seinem Beschl. v. 9.1.1996, NJW 1997, S. 573 (573) zum Stromeinspeisungsgesetz etwa für den Begriff der Abgabe einschränkend ausschließlich auf die »Aufkommenswirkung zugunsten der öffentlichen Hand« ab.

[687] So etwa *Wilke* (Fn. 678), S. 39ff.; VGH Baden-Württemberg, Urt. v. 14.12.1995, NVwZ 1997, S. 204, der die vertragliche Festlegung einer Stellplatzpflicht nicht für eine Abgabe hält. Die Zahlungsverpflichtung beruhe auf der vertraglichen Übernahme. Es fehle an einer eine Abgabe kennzeichnenden hoheitlich auferlegten Zahlungsverpflichtung.

[688] Die Einsatzfähigkeit der Vertragsform hängt nicht von der Möglichkeit der inhaltlichen Einflussnahme auf die Vertragsregelung ab; aus der Rechtswidrigkeit eines Vertragsinhalts kann insbesondere nicht notwendig auf die Unzulässigkeit der Vertragsform geschlossen werden. Der verfassungsrechtliche Grundsatz der Gesetzmäßigkeit der Verwaltung (Art. 20 Abs. 3 GG) zieht der Handlungsform des öffentlich-rechtlichen Vertrages keine prinzipiellen Zulässigkeitsschranken. Umgekehrt befreit die Handlungsform des öffentlich-rechtlichen Vertrages aber nicht von den materiell-rechtlichen Anforderungen,

Den *inhaltlichen* Anforderungen an die eine Abgabe ausschließende Freiwilligkeit scheint die Zahlungspflicht der Versteigerung prima facie in leichtem Ritt zu genügen: Sowohl die Abgabe eines Gebots als auch die Zahlungshöhe obliegen allein der nicht erzwingbaren Entscheidung des Bieters. Diesem Befund allein für ein finanzverfassungsrechtliches Unbedenklichkeitsattest hinreichen zu lassen, griffe jedoch zu kurz. Leicht gerät dabei aus dem Blick, dass das Gebot Teil einer hoheitlichen Zuteilungsentscheidung ist, die über die Wahrnehmung von Grundrechten entscheidet; der Staat tritt dem Bürger in seiner Eigenschaft als Hoheitsträger, d. h. als Träger der ihm vorbehaltenen Aufgabe gegenüber, über die Ausübung grundrechtlicher Positionen zu befinden. Ist der Bürger auch nicht zur Teilnahme an der Auktion verpflichtet, stellt die Abgabe des höchsten Gebots für den Bürger die einzige Möglichkeit dar, in den Genuss der Wahrnehmung der begehrten grundrechtlichen Entfaltungsmöglichkeiten zu gelangen, die das zuzuteilende knappe staatlich verwaltete Gut vermittelt. Er kann nur zwischen dem staatlichen Angebot und dem Verzicht auf die Ausübung einer grundrechtlich geschützten Tätigkeit entscheiden. Seine Zahlungsbereitschaft folgt der Erkenntnis, dass ihm die Möglichkeit zur Ausübung einer grundrechtlichen Betätigung anderenfalls gänzlich verschlossen bliebe.

Der Versteigerungserlös findet sich insoweit in enger Verwandtschaft zu den (in der älteren finanzverfassungsrechtlichen Diskussion diskutierten) kraft Unterwerfung auferlegten Gebühren, sog. »Unterwerfungsgebühren«[689], sowie Verwarnungsgeldern des Ordnungswidrigkeitenrechts (§ 56 OWiG) wieder[690]. Sie entstehen ebenfalls auf der Grundlage der Mitwirkung des Zahlungspflichtigen. Ihre wirksame Erhebung ist an das Einverständnis des Betroffenen geknüpft. Ein Verwarnungsgeld darf nur erhoben werden, wenn der Betroffene einverstanden und zur Zahlung bereit ist. Es deshalb als freiwillige, abgabefremde Geldleistung herabzustufen, weil die Zahlungspflicht erst im Zusammenwirken von Leistungsgläubiger und Leistungsschuldner entsteht, trüge der ihr eigenen Zwangswirkung freilich

---

die an die Abgabeerhebung im Wege eines Verwaltungsaktes gestellt werden. Die inhaltlichen Anforderungen an die Zulässigkeit der Abgabenerhebung bestehen grundsätzlich unabhängig von der Rechtsform, in der die Behörde handelt.

[689] Vgl. OVG Hamburg, Urt. v. 10.11.1951, VerwRspr. 4 Nr. 6, S. 316 (318); *Hatschek*, Lehrbuch des deutschen und preußischen Verwaltungsrechts, 7./8. Aufl. 1931, S. 502; *Jellinek*, Verwaltungsrecht, 3. Aufl. 1931, S. 387 u. 514; *Jellinek* nennt als Beispiel Gebühren für die Benutzung »öffentlicher Anstalten«, die – nach seiner dogmatischen Konstruktion – durch die Unterwerfung unter die Benutzungsregelungen zustande kommen.

[690] Vgl. auch § 55 sächs.WaldG, § 86 Abs. 1 bw.WaldG; das Ordnungswidrigkeitenrecht bezeichnete sie bis vor nicht allzu langer Zeit als »gebührenpflichtige Verwarnungen« (vgl. Art. 154 EGOWiG vom 24.05.1968 [BGBl. I S. 503]); dazu *Wilke* (Fn. 678) S. 45. Zu der Frage, ob Sanktionsmechanismen Abgaben im Sinne des Finanzverfassungsrechts sind, siehe infra S. 468 ff.

nicht ausreichend Rechnung[691]: Unterwirft der Betroffene sich dem Verwarnungsgeld nicht, so ist er damit nicht des staatlichen Zugriffs enthoben. Ihn erwarten andere Sanktionen. Die Zahlung soll lediglich diese und die mit ihnen verbundene anderweitig drohende Zwangswirkung abwenden. Der Zahlende findet sich in einer »coactus volui«-Situation: Ihm stehen zwei Entscheidungsalternativen zur Wahl, die beide für ihn mit Einbußen verbunden sind. Er entscheidet sich unter dem Eindruck zweier zur Wahl gestellter Handlungsalternativen für eine der beiden, ohne ihnen als solchen zuzustimmen. Die Entscheidung zwischen den verfügbaren Alternativen erfolgt freiwillig; die Alternativen entsprechen aber nicht dem gewünschten Handlungsspielraum des Akteurs[692]. Ein im Ansatz ähnliches Muster ist der Zwangswirkung hoheitlicher Lenkungsabgaben eigen: Sie belassen dem Einzelnen grundsätzlich die Wahl, auf ein mit einer Lenkungsabgabe belegtes Verhalten zu verzichten oder das abgabepflichtige Verhalten auszuüben, zum Beispiel Alkohol zu trinken (Alkoholsteuer), Zigaretten zu rauchen (Tabaksteuer), Einweg- statt Mehrweggeschirr zu verwenden, dann aber der Abgabelast unterworfen zu sein[693]. Die Abgabe erweitert im Verhältnis zu einem Verbot die Handlungsoptionen des Bürgers; sie lässt dem Bürger die Handlungsmöglichkeit zwischen zwei Handlungswegen, entbehrt deshalb aber nicht einer abgabeeigenen Zwangswirkung[694].

---

[691] In diese Richtung aber *Schiedermaier*, Der Verwaltungsakt auf Unterwerfung, 1967, S. 175 (einschränkend aber S. 177) mit dem bemerkenswerten, eines Hauchs an Zynismus nicht entbehrenden Hinweis »Er wird sie [s. c. die gebührenpflichtige Verwarnung; der Verf.] gerne zahlen, da er froh ist, einer gerichtlichen Verfolgung seiner Übertretung entgehen zu können«. Wie hier dagegen OVG Rheinland-Pfalz, Urt. v. 14.4.1965, AS 9, S. 348 (355 f.); *Wilke*, Gebührenrecht und Grundgesetz, 1973, S. 45 f.

[692] Diese in Anlehnung an *Paulus*, Dig. 4, 2, 21 § 5 Mitte, »coactus volui«-Paradoxon (wörtlich übersetzt: »ich wollte, wenn auch gezwungen«) genannte Entscheidungssituation führt in eine motivationstheoretische Problematik gemischter Beweggründe: Die Grenzziehung zwischen Freiwilligkeit und Unfreiwilligkeit scheint sich in einer von Nebelschwaden durchzogenen Grauzone der Erkenntnis zu verlieren. Schon *Aristoteles* (Nikomachische Ethik, III 1 [1110 a]) erkannte die Abgrenzungsschwierigkeiten: »Was aus Angst vor größerem Übel geschieht oder wegen etwas Edlem, etwa wenn ein Tyrann eine schändliche Tat befiehlt und dabei Eltern und Kinder in seiner Gewalt hat und diese gerettet werden können, wenn man sie tut, dagegen sterben müssen, wenn man sie nicht tut, so besteht hier kein Zweifel, ob man das freiwillig oder unfreiwillig nennen soll. Ähnliches geschieht auch, wenn man im Sturm etwas von sich wirft. Denn im Allgemeinen wirft niemand freiwillig Wertgegenstände weg, dagegen tun es alle Verständigen, wenn ihre eigene Rettung auf dem Spiele steht. Solche Handlungen sind also gemischt, gleichen aber eher den freiwilligen«. *Aristoteles* löst die Handlung von dem sie umhegenden Kontext und fragt nur danach, ob der Handelnde den unmittelbaren Willensimpuls zu der Aktion setzt. In seinen Augen »muss man von freiwillig bzw. unfreiwillig reden für den Augenblick, in dem es getan wird« (*Aristoteles*, Nikomachische Ethik, III 1 [1110 a): Er sieht mithin jedes Handeln, das auf einer Willensbetätigung des Handelnden beruht, als freiwillig an, gleichviel, ob seine Handlungsoptionen beschränkt sind und was zur Beschränkung seiner Handlungsoptionen geführt hat: »Was an sich ein unfreiwilliges Tun ist, in einer bestimmten Lage aber einer andern Möglichkeit vorgezogen wird, so dass der Ursprung im Handelnden ist, dergleichen ist an sich zwar unfreiwillig, wird aber, da eine

Eröffnet der Staat mit der Wahlmöglichkeit zwischen verschiedenen Sanktionsmechanismen auch eine Handlungsoption, die von einer freiwilligen Präferenzentscheidung zwischen vorgegebenen Optionen getragen und insoweit auf seinen Willen zurückzuführen ist, so realisiert er mit der Verengung des Handlungsspektrums auf eingreifende Maßnahmen doch Zwang. Er diktiert mittels seiner hoheitlichen Rechtsmacht Bedingungen und beeinflusst die situationsbezogenen Ziele des Handelnden. Indem er neue Realisierungsmöglichkeiten für gegebene Wünsche und Präferenzen dieser Person schafft, erweitert er nicht lediglich den Freiheitsraum des Einzelnen, sondern schränkt seine Freiheit durch die Anordnung alternativer Rechtseinbußen ein. Die Wahlhandlung des Sanktionierten ändert daran nichts. Verliert eine hoheitliche Maßnahme ihren Charakter danach nicht

---

Entscheidung gegen eine andere Möglichkeit liegt, zu einem freiwilligen« (*Aristoteles*, Nikomachische Ethik, III 1 1110]). Aus der Freiwilligkeit von Wahlhandlungen folgt ein Paradoxon der Freiwilligkeit, das den Begriff der Freiwilligkeit aufzulösen droht. *Hans Kelsen* beschreibt es mit den Worten: »Sieht man näher zu, so kann überhaupt keine Handlung gegen den Willen des Handelnden erreicht, also im eigentlichen Sinne ›erzwungen‹ werden« (*Kelsen*, Allgemeine Staatslehre, 1925, S. 41). Jedes menschliche Tun ist immer ein Handeln aus Motiven, für das die jeweils stärksten Motive handlungsleitend werden. Das »coactus volui«-Paradoxon lässt sich analytisch wohl nur durch die Unterscheidung zwischen den verschiedenen Elementen des Willens, nämlich Wünschen, Präferenzen und Zielen einer Person, auflösen: Der »coactus«-Handelnde agiert entsprechend seinen Präferenzen, d. h. seinen Vorzugsrelationen zwischen verschiedenen Wünschen. Die zur Wahl stehenden Optionen entsprechen aber nicht seinen Zielen. Der Handelnde wird gezwungen, seine Ziele situationsbezogen den Bedingungen des Zwingenden anzupassen. Der Zwingende bestimmt die Realisierungsbedingungen seiner Wünsche und benutzt die Präferenzstruktur des Opfers, um seine Zwecke zu erreichen. Vgl. dazu *Baumann*, Conceptus 72 (1995), S. 21 (30); *Dworkin*, Noûs 4 (1970), S. 367 (375); *Zimmerman*, Philosophy and Public Affairs 10 (1981), S. 121 (129 f.). Im Strafrecht hat diese Konstellation etwa im Rahmen der Beurteilung der Widerrechtlichkeit einer Drohung Bedeutung. Dazu etwa *Eisele/Eser*, in: Schönke/Schröder (Hrsg.), StGB, 27. Aufl. 2006, Vor §§ 234–241a Rdnr. 31.

[693] Die lenkende Abgabe greift nicht zu dem Mittel des Verbots bestimmter Handlungsweisen, sondern steuert das Verhalten der Bürger mit Hilfe der Anreizwirkung des Preises, um als flexibles Regelungsinstrument regelungspolitische Ziele zu erreichen. Im Verhältnis zu ordnungsrechtlichen Maßnahmen wohnt ihr insbesondere der Vorteil der Vollzugsfreundlichkeit inne. Lenkende Abgaben kommen ohne allzu große Kontrollkosten aus, während ordnungsbehördliches Eingreifen behördliche Kenntnisse voraussetzt. Informationsmangel zieht Vollzugsdefizite nach sich. Die lenkende Abgabe ersetzt imperatives Handeln durch die Anreizwirkung des Marktmechanismus; vgl. zu der Diskussion um die Steuerungswirkung von Abgaben etwa BVerfG, Urt. v. 7. 5. 1998, BVerfGE 98, S. 106 (121) – kommunale Verpackungssteuer; *Hendler/Heimlich*, ZRP 2000, S. 325 ff.; *F. Kirchhof*, DVBl. 2000, S. 1166 ff.; *P. Kirchhof*, NVwZ 1988, S. 97 (102); *Meßerschmidt*, Umweltabgaben als Rechtsproblem, 1986, S. 50 ff.; *S. Meyer*, Gebühren für die Nutzung von Umweltressourcen, 1995, S. 203 ff.; *Sacksofsky*, Umweltschutz durch nicht-steuerliche Abgaben, 2000, S. 13 ff.; *dies.*, NJW 2000, S. 2619 ff.; *Selmer/Brodersen*, DVBl. 2000, S. 1153 ff.; *Trzaskalik*, Gutachten E zum 63. Deutschen Juristentag, 2000, S. 1 ff.; *Weber-Grellet*, NJW 2001, S. 3657 ff.

[694] Vgl. etwa BVerfG, Urt. v. 16. 12. 1997, BVerfGE 98, S. 106 (117) – kommunale Verpackungssteuer.

dadurch, dass der Sanktionierte zwischen zwei verschiedenen Hoheitsakten wählen kann, ist für den (abgabenrechtlichen) Begriff der Freiwilligkeit daher nicht hinreichend, dass der Akteur überhaupt eine Wahlentscheidung getroffen hat; entscheidend ist auch, ob und gegebenenfalls in welchem Maße die Wahlentscheidung auf die Handlungswahlfreiheit des Handelnden zurückgeht oder ob diese einseitig eingeschränkt worden ist. Soll eine Geldzahlung lediglich einen drohenden Grundrechtseingriff abwenden, bleibt von der Freiwilligkeit, die negatives Begriffsmerkmal der Abgabe und Voraussetzung für die Annahme eines auf der Basis der Gleichordnung ermittelten Preises ist, nur eine Fiktion[695]. So dient eine Stellplatzablösesumme[696] dazu, die anderenfalls drohende Ablehnung einer baurechtlichen Genehmigung abzuwenden. Sie hat Surrogatfunktion für eine Naturalleistungsverpflichtung[697]. Dass der Zahlende bereit ist, der Geldleistungspflicht nachzukommen, macht sie nicht zu einer freiwilligen Zahlung. Die Zwangswirkung der drohenden Ablehnung wirkt in der Zahlung fort[698]. Die Freiwilligkeit reduziert sich auf die Wahl zwischen zwei verschiedenen Übeln unterschiedlichen Ausmaßes[699]. Was als staatliche »Offerte« daherkommt, stellt ein zwangausübendes Angebot[700] dar, das alle Voraussetzungen einer staatlichen Abgabe erfüllt. In welcher Rechtsform Gesetzgeber bzw. Verwaltung die Geldzahlungspflicht, etwa die Stellplatzablösesumme, auferlegen, ob als vertragliche Vereinbarung oder als mitwirkungsbedürftiger Verwaltungsakt, ist für die ihr innewohnende Zwangswirkung und ihre rechtliche Einstufung als Abgabe nicht von weichenstellender Bedeutung,

---

[695] Vgl. ähnlich für den Kontext des sog. Verwaltungsakts auf Unterwerfung *Friauf*, DVBl. 1971, S. 674 (680f.); *Schleich*, NVwZ 1988, S. 236 (237); *Menger/Erichsen*, VerwArch 1961, S. 174ff.; in anderem Kontext *P. Kirchhof*, Staatliche Einnahmen, in: Isensee/P. Kirchhof (Hrsg.), HStR IV, 2. Aufl. 1999, § 88 Rdnr. 318; ähnlich *F. Becker*, Die Verwaltung 2002, S. 3 (20); *Leist*, Die Versteigerung als Regulierungsinstrument, 2004, S. 114.

[696] Vgl. etwa § 49 Abs. 1 S. 1 hmb.LBauO; § 29 Abs. 2 S. 1 sächs.BauO; § 55 Abs. 1 S. 4 hess.BauO; § 47 Abs. 4 rp.BauO; dazu etwa BVerwG, Urt. v. 16.9.2004, BVerwGE 122, S. 1ff. = JuS 2005, S. 478 Nr. 13 (*Selmer*); das Gericht misst die Ablösesumme an den Anforderungen einer Sonderabgabe ohne Finanzierungsfunktion; vgl. auch *Schröer*, NVwZ 1997, S. 140ff.

[697] Zugleich ist ihnen eine Ausgleichsfunktion gegenüber anderen Verpflichteten eigen. Die Zahlungspflicht soll Kostenverzerrungen und Bevorteilungen gegenüber denjenigen entgegenwirken, die ihrer Verpflichtung nachkommen können. Vgl. auch BVerwG, Urt. v. 16.9.2004, BVerwGE 122, S. 1 (4); *Burmeister*, VVDStRL 52 (1993), S. 190 (227).

[698] Zweifelhaft daher VG Gera, Urt. v. 21.11.2002 – 4 K 1149/00 GE –, juris-Dok., Rdnr. 9: »Die Kläger hatten jederzeit die Möglichkeit sich frei zu entscheiden, den Ablösevertrag nicht zu unterzeichnen. [...] Konsequenz wäre dann entweder gewesen, dass sie den gestellten Bauantrag nicht weiter verfolgt hätten oder dass sie eine Umplanung des Vorhabens vorgenommen hätten mit dem Ziel, dass eine Stellplatzablöse nicht oder in wesentlich geringerem Umfang erforderlich gewesen wäre«.

[699] Ähnlich OVG Rheinland-Pfalz, Urt. v. 14.4.1965, AS 9, S. 348 (355f.); *Wilke* (Fn. 678), S. 45f.

[700] Vgl. dazu ausführlich auch infra S. 611ff.

solange in der Zahlung Zwang fortwirkt[701]. Dem Begriff des Zwangs ist die Minderung der Freiheit des Gezwungenen, die dem Zwingenden zurechenbar ist, inhärent[702].

In einer Versteigerung staatlicher Knappheitsverwaltung unterworfener, grundrechtlich geschützter Güter steht der Bieter vor der Wahl, entweder auf die erwünschte Grundrechtsausübung zu verzichten oder ein Gebot in der Höhe der Zahlungsbereitschaft abzugeben. Die Geldzahlung ist Voraussetzung für die Ausübung einer grundsätzlich grundrechtlich geschützten Tätigkeit; sie übt insoweit eine Zwangswirkung aus, die die Freiwilligkeit ausschließt. Der Gesetzgeber stellt den Interessenten vor die Wahl. Er öffnet grundsätzlich nicht lediglich einen bislang versperrten Freiheitsraum, sondern bindet das Recht zu Ausübung eines vorrangigen Nutzungsrechts an eine Zahlungspflicht. Diese entfaltet so lange Zwangswirkung, wie in seiner Vorenthaltung ein Grundrechtseingriff, etwa ein repressives Verbot oder eine Kontingentierung verfügbarer Güter, fortwirkt. Die Bereitschaft der Grundrechtsberechtigten, die Zahlung zu erbringen, schließt die mit der Zahlung verbundene Zwangswirkung dann nicht aus[703]. Die Vertragspartner ermitteln nicht einen auf der Basis der Gleichordnung ausgehandelten Kaufpreis, sondern sie stehen in einem Subordinationsverhältnis zueinander. Kleidet der Gesetzgeber die Erfüllung der Leistungspflicht in die Rechtsform des öffentlich-rechtlichen Vertrages, befreit diese nicht von dem bestehenden Subordinationsverhältnis und den an es zu stellenden finanzverfassungsrechtlichen Anforderungen.

Zwischenfazit

Ausschlaggebend für den Begriff der Abgabe ist nicht allein die rechtliche Konstruktion der Handlungsform, sondern der Inhalt der auferlegten Leistung, d. h. die Freiwilligkeit bzw. inhaltliche Zwangswirkung der Zahlung. Der Begriff der Abgabe knüpft in seiner ratio nicht allein an die einseitige Durchsetzbarkeit der auferlegten Zahlungspflicht an, sondern primär an den Verpflichtungsgrund und an die Machtbefugnis des Staates, dem Bürger Zahlungspflichten abzuringen, die mit einem Zugriff auf das Vermögen des Bürgers einhergehen können. Ob der Bürger die Zahlungspflicht auf-

---

[701] Vgl. dazu auch *Ehlers*, DVBl. 1986, S. 529ff.; *Franz*, Gewinnerzielung durch kommunale Daseinsvorsorge, 2005, S. 693.

[702] *Gutmann*, Freiwilligkeit als Rechtsbegriff, 2001, S. 182.

[703] Nur wenn Gesetzgeber bzw. Verwaltung mit der Zuteilung einen Freiheitsraum eröffnen, der dem Betroffenen an sich verschlossen wäre, die gänzliche Versagung der Betätigungsmöglichkeit mithin keinen unzulässigen Eingriff in ein Grundrecht darstellen würde, so etwa wenn der Staat aus seinen Mitteln Leistungen bereitstellt, beruhen die Zahlungen nicht auf der Ausübung von grundrechtlichem Zwang. Ihnen ist ein Abgabencharakter nicht eigen. In allen anderen Fällen der Anknüpfung einer Zuteilung an die Zahlungsbereitschaft übt diese eine Zwangswirkung aus, die eine von den Anforderungen des Finanzverfassungsrechts entbindende Freiwilligkeit der Zahlung grundsätzlich ausschließt.

grund einer Wahlhandlung selbst übernimmt, ist insoweit ein wichtiges Indiz, nicht aber zwingendes Ausschlusskriterium für das Vorliegen einer Abgabe. Die Beschränkung des finanzverfassungsrechtlichen Abgabenbegriffs auf einseitig auferlegte Zahlungen erweist sich als zu eng. Die Freiwilligkeit, die eine Abgabe ausschließt, hängt immer auch von den zur Verfügung gestellten Entscheidungsalternativen ab. Übernimmt der Bürger eine Zahlungspflicht, um einer anderweit drohenden Sanktion oder Einbuße zuvorzukommen, namentlich die Versagung einer grundrechtlich geschützten Freiheitsausübung abzuwenden, schließt die Wahlmöglichkeit den Abgabencharakter nicht aus, solange die Verknüpfung der Grundrechtsausübung mit einer Zahlungspflicht das abgaberechtliche Merkmal des Zwangs begründet. Bleibt dem Bürger nur die Wahl zwischen der Übernahme einer Zahlungspflicht und dem Verzicht auf die Ausübung einer grundrechtlich geschützten Tätigkeit, liegt in der Verkürzung des Handlungsspielraums eine Zwangswirkung, die den Abgabencharakter auch dann nicht in Frage stellt, wenn der Bürger die Zahlungsalternative ohne weiteren Entscheidungsdruck autonom wählt.

Die Vertragsform ist für die Versteigerung zwar nicht konstruktiv ausgeschlossen. Sie vermag an der abgabenrechtlichen Einstufung des Versteigerungserlöses aber nichts zu ändern. Auch das Versteigerungsentgelt bleibt grundsätzlich eine Geldleistungspflicht, die aufgrund öffentlichen Rechts hoheitlich (nämlich statt einen Verwaltungsakt zu erlassen) erhoben wird, mithin eine Abgabe im Sinne der Finanzverfassung[704]. Der zuteilende Staat kann sich nicht durch die Wahl der Vertragsform von den strengen finanzverfassungsrechtlichen Anforderungen lossagen, die das Grundgesetz an Zahlungspflichten anlegt[705]. Ähnlich wie ein Vertrag, der einen Gegenstand des öffentlichen Rechts zum Inhalt hat, nicht deshalb in einen privatrechtlichen Vertrag mutiert, weil er als öffentlich-rechtliche Vereinbarung unzulässig ist, wird eine finanzverfassungsrechtlich unzulässigerweise erhobene Zahlung nicht dadurch zulässig, dass der Abgabegläubiger sich zur Erreichung seines Ziels einer anderen Rechtsform bedient[706]. Der Versteigerungserlös ist kein Veräußerungsentgelt, sondern eine Abgabe i. S. d. Art. 104a ff. GG, soweit er die Ausübung von knappen grundrechtlich geschützten Nutzungsrechten an die Abgabe des Meistgebots bindet[707].

---

[704] Ebenso *Hufeld*, JZ 2002, S. 871 (876); *Kötter*, DVBl. 2001, S. 1556 (1560); *Ritgen*, AöR 127 (2002), S. 351 (365).

[705] Ähnlich *F. Becker*, Die Verwaltung 2002, S. 3 (14).

[706] A. A. noch etwa RG, Urt. v. 17. 12. 1920, RGZ 101, S. 131 (134 f.). Dort ordnete das Gericht die Vereinbarung über die Erhebung einer gesetzlich nicht vorgesehenen Gebühr als privatrechtlichen Vertrag ein, eben weil die gesetzliche Grundlage für die Erhebung der Gebühr durch Verwaltungsakt nicht gegeben sei.

[707] In welcher Rechtsform Versteigerungen durchzuführen sind, ist damit freilich nicht präjudiziert. Dass die Zahlungspflicht den Pflichtigen bei der Versteigerung einseitig hoheitlich durch Verwaltungsakt erreicht, wie bei der Versteigerung knapper Frequenzen, ist

c) Auferlegung nach einem allgemeinen Merkmal – Tatbestandsmäßigkeit als abgabespezifisches Begriffsmerkmal

Entflieht der Versteigerungserlös den Bindungen des Finanzverfassungsrechts nicht schon deshalb, weil er dem Bürger auch in der Rechtsform eines öffentlich-rechtlichen Vertrages abgerungen werden kann, so steht seiner Rubrizierung als Abgabe möglicherweise aber entgegen, dass er nicht *nach allgemeinen Merkmalen* auferlegt wird. Die Fachgerichte sehen für Abgaben die Erfüllung eines gesetzlichen Tatbestandes als charakteristisch an[708]. Das Bundesverfassungsgericht spricht bisweilen beiläufig von gesetzlicher Auferlegung als Merkmal der Gebühr[709].

In der Versteigerung entsteht die Zahlungspflicht nicht nach einem durch den Gesetzgeber festgelegten allgemeinen Maßstab, der für alle potenziell Zahlungspflichtigen gleichermaßen gilt, sondern sie ist an die individuelle Zahlungsbereitschaft (und -fähigkeit) des Interessenten rückgebunden. Der Versteigerungsprozess ermittelt sowohl die Person des Zahlungspflichtigen wie auch die Höhe des zu zahlenden Betrages in einem ergebnisoffenen Verfahren. Allenfalls eine Mindesthöhe des Erlöses liegt im Voraus fest. Der zu zahlende Zuschlagspreis kann sich auch bei identischen Zuteilungsobjekten um nennenswerte Millionenbeträge unterscheiden – so etwa bei der UMTS-Versteigerung im Jahre 2000, wo sich zwischen der Zahlungspflicht des erfolgreichen Bieters Deutsche Telekom AG und der Mobilcom AG eine Differenzschere von 212,2 Mio. DM auftat[710]. Der Gesetzgeber legt nicht nach einem allgemeinen Maßstab jedermann eine Geldzahlungspflicht auf, bei dem abstrakt bestimmte Tatbestandsvoraussetzungen erfüllt sind, sondern die Person des Zahlungspflichtigen wie auch die Höhe ihrer Zahlungspflicht hängen allein von der Mitwirkung der Interessenten ab. Eine nicht von dem Willen des Zahlungspflichtigen getra-

---

nicht zwingend, sondern eine von mehreren in Betracht kommenden rechtskonstruktiven Möglichkeiten.

[708] Sie definieren Abgaben als »(…) Geldforderungen, die bei Erfüllung eines gesetzlich festgelegten Tatbestandes von allen erhoben werden«, auf die der normative Tatbestand zutrifft. Vgl. etwa BayVGH, Beschl. v. 2.4.1985, NVwZ 1987, S. 63 (64); OVG Nordrhein-Westfalen, Beschl. v. 3.9.1992, NVwZ-RR 1993, S. 269 (269f.); VG Bremen, Urt. v. 31.5.2001, NZM 2000, S. 80 (80). Ebenso auch schon *B. Becker*, Reichsabgabenordnung, 5. Aufl. 1926, §1 Anm. 5: »Der Begriff der Gebühr im Sinne der AO fordert außer (…) der Allgemeinheit der Auferlegung nur, dass die Gebühr für eine besondere Inanspruchnahme der Verwaltung (Benutzungs- oder Verwaltungsgebühr) auferlegt wird«.

[709] BVerfG, Urt. v. 19.3.2003, BVerfGE 108, S. 1 (13) – Rückmeldegebühr. Das Gericht gibt dabei allerdings nicht zu erkennen, ob es die gesetzliche Auferlegung als für den Abgabenbegriff konstitutiv ansieht.

[710] Zu diesem Punkt kritisch *Kötter*, DVBl. 2001, S. 1556 (1564). Er sieht in den unterschiedlichen Erlöshöhen einen Verstoß gegen das abgabenrechtliche Grundprinzip der Belastungsgleichheit der Abgabepflichtigen. Abgaben für identische staatlich verliehene Rechte müssten in jedem Fall von identischer Höhe sein.

gene Geldzahlung ist die Versteigerung nicht einzufordern ermächtigt. Einzige die Zahlungspflicht auslösende Tatbestandsvoraussetzung ist die in einen Zuschlag mündende Gebotsabgabe, nicht eine nach allgemein bestimmten Merkmalen bestimmte Leistungspflicht.

Die Versteigerung entfernt sich damit von dem klassischen Bild einer Abgabe: Sie auferlegt nicht all denjenigen eine Zahlungspflicht, bei denen der Tatbestand zutrifft, an den das Gesetz die Leistungspflicht knüpft, sondern sie bindet eine Zahlungspflicht an die nicht erzwingbare Mitwirkung der Betroffenen. *Selmer* sieht dadurch den begrifflichen Boden der Abgabe verlassen und bringt starke Argumente gegen die Abgabequalität von Versteigerungserlösen auf das Tapet der wissenschaftlichen Diskussion[711]. Der Gesetzgeber müsse die Voraussetzungen, unter denen der Abgabeanspruch entsteht, ebenso benennen wie die sich für den Fall der Tatbestandsverwirklichung gleichmäßig ergebende finanzielle Leistungspflicht. Tue er dies nicht, handele es sich nicht um eine Abgabe. Die im Steuerbegriff angelegte Tatbestandsmäßigkeit (im engeren Sinne), d. h. die gesetzlich ausgeformte unmittelbare Verknüpfung von (seitens des Normadressaten) zu verwirklichendem Tatbestand und als Rechtsfolge an die Verwirklichung des Tatbestandes gebundener (gleichmäßiger) Leistungspflicht, bilde eine Begriffsvoraussetzung jeglicher Abgabe[712]. Der Versteigerungserlös unterliege demzufolge a priori nicht den Anforderungen des Finanzverfassungsrechts.

Die Tatbestandsmäßigkeit als Topos des Abgabenrechts kann auf feste Wurzeln im Rechtsstaatsprinzip, insbesondere im Prinzip des Vorbehalts des Gesetzes, verweisen. Das Bundesverfassungsgericht stuft sie »als Ausdruck des Rechtsstaatsprinzips im Bereich des Abgabewesens«[713] ein. Für das Steuerrecht ist sie allgemein anerkannt: Steuerpflichtige Tatbestände müssen gesetzlich so bestimmt sein, dass der Steuerpflichtige die auf ihn entfallende Steuer vorausberechnen kann (sog. Tatbestandmäßigkeit der Steuer[714]). Für die Steuer ergibt sich dies – wie bereits *Otto Mayer* hervorhebt[715] – aus der inhaltlichen Eigenart dieser Abgabe: Ist die Steuer durch

---

[711] *Selmer*, NVwZ 2003, S. 1304 (1308), *ders*., Zur Tatbestandsmäßigkeit öffentlichrechtlicher Geldleistungspflichten, in: Festschrift für Starck, 2007, S. 435 ff., *Arndt* (Finanzverfassungsrechtliche Zulässigkeit der Versteigerung der UMTS-Frequenzen durch die RegTP, in: Piepenbrock/Schuster [Hrsg.]: UMTS-Lizenzvergabe, 2001, S. 207 [225]) und *Storr* (K & R 2002, S. 67 [74]) begründen mit der fehlenden Tatbestandsmäßigkeit der Versteigerungserlöse ihren nichtsteuerlichen Charakter. In ihren Augen fehlt es im Falle des Versteigerungserlöses an einer allgemeinen Zahlungspflicht. Vgl. dazu auch infra Fn. 745.

[712] *Selmer*, NVwZ 2003, S. 1304 (1308).

[713] BVerfG, Urt. v. 14. 12. 1965, BVerfGE 19, S. 253 (267).

[714] BVerfG, Urt. v. 14. 12. 1965, BVerfGE 19, 253, 267; BVerfG, Beschl. v. 28. 2. 1973, BVerfGE 34, S. 348 (365); BVerfG, Beschl. v. 12. 10. 1978, E 49, S. 343 (362); BVerfG, Beschl. v. 23. 10. 1986, BVerfGE 73, S. 388 (400); BVerfG, Beschl. v. 17. 7. 2003, BVerfGE 108, S. 184 (235).

die Auferlegung einer Leistungspflicht des Bürgers als Beitrag zur allgemeinen Staatsfinanzierung konzipiert, die nicht an eine Gegenleistung des Bürgers anknüpft[716], kann ihre Höhe sich nur aus der gesetzlichen Bestimmung durch den Gesetzgeber selbst ergeben[717]. Der Verwaltung kommt hinsichtlich der materiellen Leistungspflicht des Bürgers keine eigene Gestaltungsmacht, insbesondere kein Ermessen, zu[718]. Insoweit geht der Grundsatz der Tatbestandsmäßigkeit auch über den allgemeinen Gesetzesvorbehalt hinaus[719]. § 3 Abs. 1 AO 1977 erwähnt die Auferlegung nach allgemeinen Merkmalen dementsprechend auch als begriffliches Kennzeichen der Steuer. Für sonstige staatlich auferlegte Zahlungspflichten besteht diese Notwendigkeit nicht in gleichem zwingendem Maße, begrenzt bei ihnen doch die Notwendigkeit sachlicher Rechtfertigung zusätzlich auch die Abgabenhöhe; sie empfangen ihr Maß aus ihrer sachlichen Rechtfertigung, etwa dem empfangenen besonderen Vorteil oder dem Zweck, den Pflichtigen zu einem bestimmten Verhalten zu veranlassen[720]. Eine betraggenaue Festlegung der zulässigen Abgabenhöhe stößt hier bisweilen, wie etwa im Falle der Wertgebühr, ihrer Natur nach auch an sachliche Grenzen. Die Forderung nach Festlegung eines allgemeinen Maßstabes der Zahlungspflicht der Bürger hat aber auch hier ihre innere Berechtigung als Element der Gebührenrechtfertigung: Die Belastungsgleichheit der Abgabepflichtigen wie auch das Prinzip vom Vorbehalt des Gesetzes brechen eine Lanze dafür, den Bürgern Zahlungspflichten nur nach einem allgemeinen, für alle gleichen Maßstab aufzuerlegen[721].

---

[715] Er sah es als zum »Wesen der Steuer« gehörig an, dass ihre Auferlegung »nach einem allgemeinen Maßstab« erfolge. Denn eine steuerliche Inanspruchnahme nach der »Willkür des Einzelfalls« sei »gerade wegen ihrer Losgelöstheit von bedingenden Zusammenhängen im geordneten Staate undenkbar«. *O. Mayer*, Deutsches Verwaltungsrecht, Bd. 1, 3. Aufl. 1924, S. 315 f.

[716] Vgl. dazu BVerfGE 19, S. 253 (267); BVerfGE 34, S. 348 (365); BVerfG, Beschl. v. 12.10.1978, BVerfGE 49, S. 343 (362), *Papier*, Die finanzrechtlichen Gesetzesvorbehalte und das grundgesetzliche Demokratieprinzip, 1973, S. 153 ff. sowie infra S. 471 ff.

[717] Vgl. *K. Vogel/Waldhoff*, Grundlagen des Finanzverfassungsrechts – Vorbemerkungen zu Art. 104a-115 GG, 1999, Rdnr. 485.

[718] *Otto Mayer* formulierte bereits 1924: »Die Steuerauflage bedarf, als Eingriff, selbstverständlich der gesetzlichen Grundlage. Sie muss überdies (…) rechtssatzmäßig geregelt sein, ohne Zutat irgendwelchen freien Ermessens« *O. Mayer* (Fn. 715), S. 316.

[719] Der Vorbehalt des Gesetzes schließt ein Ermessen der handlungsermächtigten Behörde (etwa bei der Konkretisierung von Steuerschulden) nicht aus. Ein Handlungsspielraum der Behörde auf der Rechtsfolgenseite ist mit ihm vereinbar. Diesen Handlungsspielraum hinsichtlich »Ob« und »Wie« des Eingriffs nimmt erst der Grundsatz der Tatbestandsmäßigkeit. Vgl. dazu auch überzeugend *Papier* (Fn. 716), S. 155 ff.; *Selmer*, Zur Tatbestandsmäßigkeit öffentlich-rechtlicher Geldleistungspflichten, in: Festschrift für Starck, 2007, S. 435 (439 f.).

[720] Vgl. dazu auch ausführlich infra S. 450 ff.

[721] Die Definition des § 3 Abs. 1 AO deutet insbesondere darauf hin, die Tatbestandsmäßigkeit als eine Begriffsvoraussetzung für alle Abgaben zu erfassen, deren Aussagekraft nicht durch den Vorbehaltsgrundsatz verbraucht ist. In diesem Sinne *Selmer* (Fn. 719),

Die Frage, auf welcher Ebene und in welcher Weise der Gedanke wirkt, ob als Rechtmäßigkeits- oder als Begriffsvoraussetzung, ist damit indes noch nicht beantwortet. Je enger der Kreis um den Begriff der Abgabe gezogen wird, umso weniger weit reicht der Schutzschirm, den das Finanzverfassungsrecht über die Freiheit der Bürger vor finanziellen Lasten ausbreitet. Der finanzverfassungsrechtliche Begriff der Abgabe hat eine Schleusen- und Weichenfunktion, die über die Anforderungen entscheidet, die an Zahlungspflichten des Bürgers zu stellen sind. Fehlt ein abgabebegriffsbestimmendes Merkmal, ist die Zahlungspflicht der Anforderungen enthoben, die die Finanzverfassung an Zahlungspflichten stellt.

Der Schutzfunktion der finanzverfassungsrechtlichen Vorschriften, den Bürger vor unzulässigen Zugriffen des Staates auf sein Vermögen zu schützen, entspricht es, den Abgabebegriff grundsätzlich auf alle hoheitlich auferlegten Geldleistungspflichten zu erstrecken, die in eine Nähe zu steuerlichen Einnahmetatbeständen geraten können. Versteigerungserlöse können sachlich eine Funktion übernehmen, wie sie klassischen hoheitlichen (insbesondere gegenleistungsbezogenen) Abgaben zukommt. Für den Gesetzgeber kann insbesondere die Vorstellung verlockend werden, etwa die Höhe der Spielbankenabgabe (Art. 104a Abs. 2 Nr. 6 GG) nicht durch einseitige Festsetzung, sondern im Wege der Versteigerung von Spielbankerlaubnissen zu ermitteln, oder bergrechtliche Bewilligungen zu versteigern, statt eine in gesetzlich bestimmter Höhe abschöpfende Abgabe auf die geborgenen Bodenschätze zu erheben (§ 31 BBergG). Auf diese Weise könnte er sich außerhalb des Bouquets klassischer Abgabetatbestände Einnahmen in einer Höhe verschaffen, die er sich in den Bahnen des finanzverfassungsrechtlichen Systems möglicherweise nicht verschaffen dürfte. Die Nähe des Versteigerungserlöses zu klassischen (insbesondere gegenleistungsbezogenen) Abgabenformen, insbesondere ihre Affinität mit Wertabgaben, rechtfertigt es, sie einer Prüfung an den Maßstäben der Finanzverfassung zu unterziehen und den Besonderheiten des Erhebungsmechanismus im Rahmen der Analyse der finanzverfassungsrechtlichen Voraussetzungen und den spezifischen Erfordernissen der Schutz- und Begrenzungsfunktion der Finanzverfassung im System des Abgabenrechts Rechnung zu tragen[722].

S. 442. *Selmer* weist zu Recht darauf hin, dass es des in § 3 Abs. 1 AO enthaltenen Hinweises auf die Gegenleistungsabhängigkeit der nichtsteuerlichen Abgaben nicht bedurft hätte, wenn Abgaben nicht auch alle übrigen Voraussetzungen des Steuerbegriffs erfüllten (*Selmer*, ibid., S. 444 ff.) Die konsentierte Form ihrer Auferlegung weist auf eine begriffliche Unterscheidbarkeit von anderen Abgabeformen hin.

[722] Die Ergebnisse beider Herangehensweisen müssen sich dabei nicht unterscheiden. Sie liegen näher beieinander, als es auf den ersten Blick den Anschein hat. Wir werden sehen, dass Versteigerungserlöse den aus der Finanzverfassung fließenden Anforderungen grundsätzlich zu genügen vermögen, insbesondere auf eine von Steuern hinreichend unterscheidungsfähige finanzverfassungsrechtliche Legitimation zu verweisen vermögen. Dazu insbesondere infra S. 512 ff.

d) Öffentlich-rechtliche Geldleistungspflicht ohne Finanzierungszweck versus Abgabe?

Die finanzverfassungsrechtlichen Vorschriften der Art. 105 ff. GG nehmen grundsätzlich auf solche Abgaben Bezug, die dem Ziel staatlicher Einnahmeerzielung verschrieben sind[723]. Das Bundesverfassungsgericht versteht dementsprechend unter Abgaben »Geldleistungen (...), die der Staat oder andere Körperschaften *zur Erzielung von Einnahmen*[724] kraft öffentlichen Rechts in Anspruch nehmen«[725]. Die Finanzierungsfunktion ist ein typisches Erkennungszeichen der Abgabe. Abgaben ohne Finanzierungszweck, wie zum Beispiel Bußgelder, Zwangsgelder, Verspätungszuschläge und Geldstrafen, unterfallen nach diesem Begriffsverständnis den Anforderungen der Finanzverfassung nicht[726].

Mit Verspätungszuschlägen und Geldstrafen weisen Versteigerungserlöse in ihrer Steuerungswirkung eine funktionale Affinität auf: So wie die Geldstrafe ohne eine Abschöpfung des abverlangten Geldes ohne Wirksamkeit bleibt, nicht aber auf staatliche Einnahmeerzielung gerichtet ist (und nicht sein darf), so ist eine über den Preismechanismus gesteuerte Güterallokation notwendig auf eine Abschöpfung versprochener Preise angewiesen, um ihre Verteilungswirkung erreichen zu können, ohne (notwendig) Finanzierungszweck zu entfalten. Die Versteigerung dient in ihrer konstruktiven Ausrichtung als Instrument der Verteilungslenkung dem Ziel der Ermittlung des zur Nutzung des Gutes am besten geeigneten Anbieters, nicht der staatlichen Einnahmeerzielung. Die Einnahmeerzielung erweist sich lediglich als zwangsläufige Folge und Nebeneffekt (nicht als Nebenzweck[727]) eines nicht auf Einnahmeerzielung gerichteten Vertei-

---

[723] *Pieroth*, in: Jarass/Pieroth, GG, 9. Aufl. 2007, Art. 105 Rdnr. 20; *Heintzen*, in: von Münch/Kunig (Hrsg.), GG, Bd. 3, 5. Aufl. 2003, Art. 105 Rdnr. 10.

[724] Hervorhebung des Verf.

[725] BVerfG, Beschl. v. 30.10.1961, BVerfGE 13, S. 181 (198). Ebenso etwa *Wilke*, Gebührenrecht und Grundgesetz, 1973, S. 10 ff. Ähnlich versteht auch das Verwaltungsprozessrecht in § 80 Abs. 2 S. 1 Nr. 1 VwGO – im Hinblick auf die Zwecksetzung der Vorschrift – unter Abgaben ausschließlich Geldzahlungspflichten, die eine Finanzierungsfunktion erfüllen. Dazu BVerwG, Urt. v. 17.12.1992, NVwZ 1993, S. 1112; *Martini*, Verwaltungsprozessrecht, 3. Aufl. 2003, S. 162 f.; *Pietzner/Ronellenfitsch*, Das Assessorexamen im öffentlichen Recht, 2005, § 54 Rdnr. 2 ff.; *Schoch*, in: Schmidt-Aßmann/Schoch/Pietzner, VwGO, § 80 Rdnr 112 (Loseblatt: Stand der Bearbeitung: 12. EL 2005).

[726] Vgl. z. B. *K. Vogel/Waldhoff*, Grundlagen des Finanzverfassungsrechts – Vorbemerkungen zu Art. 104a-115 GG, 1999, Rdnr. 485; *Heimlich* (Fn. 678), S. 26 f. unter Berufung auf BVerfG, Rechtsgutachten v. 16.6.1954, BVerfGE 3, S. 407 (435 f.) – Baurechtsgutachten, das sich allerdings nur auf die Abgrenzung zwischen Steuern und sonstigen Geldleistungspflichten bezieht.

[727] Ist die Einnahmeerzielung Nebenzweck der auferlegten Geldleistungspflicht, steht dies dem Abgabencharakter nach einhelliger Auffassung nicht entgegen. Vgl. nur BVerfG, ibid., S. 407 (435 f.) – Baurechtsgutachten; *Heimlich*, Die Verleihungsgebühr als Umweltabgabe, 1996, S. 27.

lungsvorganges, der der sachangemessenen und allokationseffizienten Verteilung knapper Güter zu dienen bestimmt ist. Eine maßgeblich von dem Nebenziel fiskalischer Einnahmeerzielung getriebene Güterverteilung fiele gar dem Odium der Verfassungswidrigkeit anheim[728]. Das Motiv staatlicher Einnahmeerzielung soll und darf den Staat bei der Auswahl des Zuteilungskriteriums nicht bestimmend leiten (vgl. dazu im Einzelnen S. 414 ff.).

Der Versteigerungserlös unterscheidet sich von finanzierungszweckfreien Sanktionen wie Geldstrafen, Säumniszuschlägen etc. lediglich in einem Aspekt: Er ist Gegenleistung für ein staatlicherseits verliehenes Vorzugsrecht und entgilt einen gewährten Knappheitsvorteil. Die mit dem Versteigerungserlös verbundene Einnahmeerzielung dient dem Vorteilsausgleich zwischen berücksichtigten und nicht berücksichtigten Interessenten, zwischen dem Begünstigten und der Gesellschaft. Dem Versteigerungserlös ist eine Abschöpfungsfunktion eigen[729]. Die Einnahmeerzielung zur Herstellung eines Ausgleichs zwischen den am Zuteilungsvorgang Beteiligten ist insoweit einem klassischen Abgabenzweck, dem Vorteilsausgleich, verschrieben. Knüpft er auch nicht an einen staatlichen Aufwand an, so bezieht er seine Legitimation aus der mit der Rechtszuweisung verbundenen Gegenleistung. An der (jedenfalls idealerweise) fehlenden Einnahmeerzielungsabsicht ändert sich dadurch freilich nichts. Wer diese Absicht zum konstitutiven Merkmal des Abgabenbegriffs erklärt, begibt sich in die Schwierigkeit, den Versteigerungserlös in das Prokrustesbett des Begriffs der Abgabe zu pressen[730].

Faber[731] zieht daraus den Schluss, den Versteigerungserlös als Geldleistungspflicht ohne Finanzierungsfunktion zu qualifizieren und ihm a priori jeden Konflikt mit den Vorschriften der Finanzverfassung abzusprechen.

Erscheint die Diagnose auch konsequent, so kuriert die vorgeschlagene Therapie an dem Symptom, nicht aber an der Ursache der Malaise. Die Wurzel der Problematik liegt in dem Begriffsmerkmal der Einnahmeerzielungsfunktion selbst. Ihm fehlt es an der Eignung, den Begriff der Abgabe mit verbindlicher Wirkung in abgrenzbarer Weise zu beschreiben. Seine beschränkte Verifizierbarkeit disqualifiziert ihn als Begriffsmerkmal. Solange staatlich auferlegte Geldleistungspflichten dazu instrumentalisiert werden können, Einnahmeerzielungsabsichten zu verfolgen, ohne dass das Vorliegen einer solchen Einnahmeerzielungsabsicht mit hinreichender Präzision festgestellt, jedenfalls nicht mit hinreichender Sicherheit ausgeschlossen

---

[728] Anders etwa *Kruhl*, Die Versteigerung knapper Frequenzen, 2003, S. 161; *Breuer*, Verfassungsrecht und Versteigerungsverfahren, in: Geis/D. Lorenz (Hrsg.), Festschrift für Maurer, 2001, S. 25 (38 f. u. 41).

[729] Vgl. dazu supra S. 298 ff.

[730] Anders diejenigen, die die Einnahmeerzielung als Nebenzweck des Versteigerungserlöses zulassen, so etwa *Kruhl*, Die Versteigerung knapper Frequenzen, 2003, S. 160 f.

[731] *Faber*, GewArch. 2002, S. 264 (267).

werden kann, eignet sich die Finanzierungsfunktion nur als typisches Beschreibungs-, nicht aber als trennscharfes Begriffsmerkmal, das eine staatliche Abgabe erst konstituiert. Staatliche Geldleistungspflichten, die dem Einzelnen auf der Grundlage hoheitlicher Rechtsmacht auferlegt werden, müssen den Anforderungen, die an Abgaben zu stellen sind, unabhängig davon gerecht werden, ob der Staat eine Einnahmeerzielungsfunktion mit ihnen verfolgt oder nicht[732].

Die Herauslösung der Geldstrafen, Buß- und Zwangsgelder aus dem Blickfeld des Finanzverfassungsrechts hat historische Gründe: Sie haben sich als Teil des staatlichen Sanktionsrechts gesondert vom Abgabenrecht entwickelt; das Grundgesetz hält für sie in den Art. 103 Abs. 2 und 3 GG zudem gesonderte Regelungen vor, die ihre zulässige Höhe begrenzen. Das mag es rechtfertigen, ihnen insoweit eine Sonderrolle zuzugestehen[733] – wiewohl es sich systematisch um Lenkungsabgaben handelt, die auch finanzverfassungsrechtlich als solche behandelt werden sollten[734]. Für gegenleistungsbezogene Geldzahlungspflichten, die einseitig auferlegt wurden, besteht eine solche sachliche Privilegierungsrechtfertigung nicht. Alleine die fehlende oder normativ als fehlend unterstellte Absicht des einnahmeerzielenden Staates legitimiert einen Dispens von finanzverfassungsrechtlichen Anforderungen noch nicht: Finanzierungszweckfreie Geldleistungspflichten, die der Staat seinen Bürgern einseitig auferlegt, generell von Anforderungen freizustellen, die für staatliche Geldleistungspflichten bestehen, hieße, eine offene Flanke für den Zugriff des Staates auf das Vermögen der Bürger zu eröffnen. Versteigerungserlöse lösen, indem sie als besondere Berechnungsmethode zur Ermittlung der Höhe klassischer hoheitliche Abgaben, wie bergrechtliche Förderabgaben oder Rufnummernnutzungsgebühren, instrumentalisiert werden können, aufgrund dieser Nähe das Bedürfnis nach einer Prüfung an den finanzverfassungsrechtlichen Anforderungen aus, soweit der Staat mit ihrem Einsatz von hoheitlicher Sondermacht Gebrauch macht. Sie müssen sich an den finanzverfassungsrechtlichen Vorgaben, die aus den Art. 104a ff. GG (jedenfalls mittel-

---

[732] Die einseitige Auferlegung einer Geldleistungspflicht auf der Grundlage des öffentlichen Rechts erweist sich insoweit als ausreichend. Deutlich wird die Inkonsistenz des Begriffsmerkmals der Einnahmenerzielungsabsicht etwa an dem Konjunkturzuschlag aus dem Jahre 1970, der Investitionshilfeabgabe oder dem Begriff der Erdrosselungs»abgabe«. Sie sind als nicht rückzahlbare Geldleistungspflichten nicht auf eine Einnahmeerzielung gerichtet, werden aber gleichwohl einhellig begrifflich als Abgaben eingestuft. Vgl. dazu etwa *Brockmeyer*, in: Schmidt-Bleibtreu/F. Klein (Hrsg.), Grundgesetz, 11. Aufl. 2007, Art. 105 Rdnr. 7b; *Birk*, in: Hübschmann/Hebsch/Spitaler, § 3 AO Rdnr. 21 (Stand: 1993).

[733] Vgl. etwa *K. Vogel*, Grundzüge des Finanzrechts des GG, in: Isensee/P. Kirchhof (Hrsg.), HStR IV, 2. Aufl. 1999, § 87 Rdnr. 50.

[734] So auch konsequent *K. Vogel*, ibid., Rdnr. 50; *Dickertmann/Gelbhaar*, Die Verwaltung 1995, S. 475 ff.

bar) für einseitig auferlegte staatliche Geldleistungspflichten fließen, messen lassen[735].

2. Der Ort des Versteigerungserlöses im System der Abgaben

Das Grundgesetz knüpft besondere finanzverfassungsrechtliche Anforderungen unmittelbar grundsätzlich lediglich an Steuern. Das ausdifferenzierte System der Gesetzgebungs-, Verwaltungs- und (primären) Ertragszuständigkeit, welches die Art. 104a ff. GG etablieren, lässt besondere Schranken für die Erhebung staatlicher Geldleistungspflichten erwachsen[736].

a) Der Versteigerungserlös – eine Steuer?

Den Begriff der Steuer verwendet das Grundgesetz, definiert ihn aber nicht selbst. Vielmehr knüpft es an die tradierte Definition der Reichsabgabenordnung[737] an, die das Finanzverfassungsrecht unter Rückgriff auf *Otto Mayer*[738] entwickelt hat[739]. Im Einklang mit dieser Tradition konzipiert

---

[735] Ähnlich *Arndt*, K & R 2001, S. 23 (24); *F. Becker*, Die Verwaltung 2002, S. 3 (14): »Es wäre […] unvertretbar, hoheitlich erhobene Einnahmen bloß deswegen aus dem Einwirkungsbereich der Finanzverfassung heraus zu definieren, weil sie nur *en passant* anfallen, solange ihre Erhebung doch zwangsläufig und gezielt zur Verfolgung öffentlicher Zwecke erfolgt«; *Grzeszick*, DVBl. 1997, S. 878 (883); *Ritgen*, AöR 127 (2002), S. 351 (365); *K. Schumacher*, NJW 2000, S. 3096 (3098).

[736] Zur Nähe der Versteigerungserlöse zu Steuern vgl. auch *Arndt*, K & R 2001, S. 23 (26); *Breuer*, Verfassungsrecht und Versteigerungsverfahren, in: Geis/D. Lorenz (Hrsg.), Festschrift für Maurer, 2001, S. 25 (27); *Kleinschmidt*, Die Versteigerung von Telekommunikationslizenzen, 2004, S. 40 ff.; *Kruhl*, Die Versteigerung knapper Frequenzen, 2003, S. 219 f.; *Leist*, Versteigerungen als Regulierungsinstrument, 2004, S. 113; *Robert*, Die Vergabe der UMTS-Lizenzen durch Auktion gem. § 11 Abs. 4 TKG, 2004, S. 170 ff.

[737] § 1 Abs. 1 S. 1 RAO in der Fassung des Gesetzes vom 22. 5. 1931 lautete: »Steuern sind einmalige oder laufende Geldleistungen, die nicht eine Gegenleistung für eine besondere Leistung darstellen und von einem öffentlich-rechtlichen Gemeinwesen zur Erzielung von Einnahmen allen auferlegt werden, bei denen der Tatbestand zutrifft, an den das Gesetz die Leistungspflicht knüpft«. RGBl. I (1931), S. 161.

[738] *Otto Mayer*, Deutsches Verwaltungsrecht, Bd. 1, 3. Aufl. 1924, S. 326 ff. Das Verdienst Otto Mayers lag darin, als Charakteristikum der Steuer ihre gänzliche »Losgelöstheit von bedingenden Zusammenhängen« herauszuarbeiten und sie von nichtsteuerlichen Abgaben dadurch abzugrenzen, dass ihr Verpflichtungsgrund »rein und voraussetzungslos« in ihrer Erhebung selbst zu suchen sei, um den Untertanen »zur Vermehrung der Staatseinkünfte in Anspruch zu nehmen«, während sonstige Abgaben durch einen besonderen Zweck und Zusammenhang gekennzeichnet sind, der ihre Erhebung rechtfertigt, namentlich »bei der *Geldstrafe* die obrigkeitliche Zufügung eines Übels wegen missbilligten Verhaltens, beim *Kostenersatz* die Deckung der dem Staate erwachsenen besonderen Auslagen durch den, der sie veranlasst hat, bei der *Gebühr* ein Entgelt dafür, dass der Einzelne die öffentliche Anstalt oder Einrichtung in besonderer Weise für sich in Anspruch nimmt und beim Beitrag ein *Entgelt* dafür, dass der Einzelne an dem Bestande des öffentlichen Unternehmens besonders beteiligt erscheint«.

[739] BVerfG, Rechtsgutachten v. 16. 6. 1954, BVerfGE 3, S. 407 (435 f.) – Baurechtsgutachten, BVerfG, Beschl. v. 4. 2. 1958, BVerfGE 7, S. 244 (251) – Badische Weinabgabe;

das Grundgesetz Steuern als nicht an eine Gegenleistung gebundene Gemeinlast zur Finanzierung der allgemeinen Staatstätigkeit. Ihnen kommt der Beruf zu, Bund und Länder im Rahmen der verfügbaren Gesamteinnahmen mit einem Maß an staatlichen Finanzmitteln auszustatten, welches ihnen ermöglicht, die zur Wahrnehmung ihrer Aufgaben erforderlichen Ausgaben tätigen zu können. Sie sollen in den Worten *Johann Heinrich G. von Justis*[740] die staatlichen Handlungsträger in Stand setzen, »den Staat zu bilden und einzurichten, wie es den Absichten einer weisen Regierung gemäß sey« und einen voraussetzungslosen[741], zweckfreien Geldtransfer von Privaten an erhebungsberechtigte Gebietskörperschaften ermöglichen[742]. Steuern treten in dieser Funktion schon bei *Cicero* als die Nerven des Staates (»nervos rei publicae«[743]) in Erscheinung – jedem Synallagma entrückt, frei von jeder Anknüpfung an irgendeine Form staatlicher Leistung[744]. In ihrer Zielsetzung als allgemeine Finanzierungsquelle zur allgemeinen Deckung der Aufgaben des Staates stehen sie nicht in engem, unmittelbarem Sachzusammenhang zu den in Art. 72ff. GG geregelten Sachaufgaben. Für sie wurde daher eine eigene föderale Verteilungsregelung zur Abgrenzung der Steuerkompetenzen von Bund und Ländern erforderlich. Diese hat das Grundgesetz in den Art. 105ff. GG geschaffen und damit eine neben die Art. 72ff. GG tretende föderale Kompetenz- und Verteilungsordnung für die Sachaufgabe »allgemeine Staatsfinanzierung« begründet.

Nicht an einen eigenen staatlichen Aufwand anzuknüpfen, haben Steuern mit Versteigerungserlösen gemeinsam. Beide entgelten nicht lediglich einen durch den Bürger induzierten Kostenaufwand. Das rückt beide

---

BVerfG, Beschl. v. 15.12.1970, BVerfGE 29, S. 402 (408) – Konjunkturabgabe; BVerfG, Beschl. v. 17.7.1974, BVerfGE 38, S. 61 (79f.) – Leberpfennig. *K. Vogel*, Grundzüge des Finanzrechts des GG, in: Isensee/P. Kirchhof (Hrsg.), HStR IV, 2. Aufl. 1999, § 87 Rdnr. 43f.

[740] *Von Justi*, System des Finanzwesens, 1766, § 721.

[741] Vgl. *O. Mayer*, Deutsches Verwaltungsrecht, Bd. 1, 2. Aufl. 1914, S. 331: »Wir haben es bei der Steuerauflage nur mit solchen Zahlungspflichten zu tun, in welchen diese (d. h. die Finanzgewalt) dem Untertan rein und voraussetzungslos entgegentritt«.

[742] Dass Steuern auch zur Verfolgung anderer Zwecke neben dem der Einnahmeerzielung insbesondere als Steuerungs- und Lenkungsinstrumente eingesetzt werden können, schließt dies keineswegs aus; vgl. *Heun*, in: Dreier (Hrsg.), GG-Kommentar, Bd. III, 5. Aufl. 2003, Art. 105, Rdnr. 16; *Pietzcker*, DVBl. 1987, S. 774 (781); *Sacksofsky*, Umweltschutz durch nicht-steuerliche Abgaben, 2000, S. 192; *Siekmann*, in: Sachs, GG-Kommentar, 4. Aufl. 2007, vor Art. 104a, Rdnr. 79; *Wolff/Bachof/Stober*, Verwaltungsrecht I, 12. Aufl. 2007, § 42 Rdnr. 18 sowie infra S. 593ff.

[743] *Cicero*, De imperio Cn. Pompei, 7, 17: »vectigalia nervos esse rei publicae«.

[744] Vgl. BVerfG, Beschl v. 17.12.1964, BVerfGE 18, S. 274 (287): Es ist »das konstituierende Merkmal der Steuer, dass nämlich die Geldleistung in keiner Beziehung zu einer Gegenleistung oder einem sonstigen Vorteil steht«; BVerfG, Beschl. v. 12.10.1978, BVerfGE 49, S. 343 (353); BVerfG, Urt. v. 10.12.1980, BVerfGE 55, S. 274 (299) – Berufsbildungsabgabe; BVerfG, Beschl. v. 6.12.1983, BVerfGE 65, S. 325 (344) – Zweitwohnungssteuer; BVerwG, Urt. v. 3.3.1994, BVerwGE 95, S. 188 (194).

in eine gedankliche Nähe. Der Versteigerungserlös entsteht freilich nicht nur bei Gelegenheit, sondern als Gegenleistung der Rechtszuteilung. Versteigerungserlöse ersetzen den Knappheitswert, den die Interessenten einer bevorrechtigten Zuteilung von Rechten oder Gütern im Zeitpunkt der Zuteilung beimessen. Zwischen der an die Versteigerung anknüpfenden Zuteilung der knappen, staatlich verwalteten Ressource und der den erfolgreichen Bietern auferlegten Geldleistungspflicht besteht insofern eine synallagmatische Beziehung; die Erhebung des Versteigerungserlöses ist nicht als voraussetzungslos konzipiert, sondern knüpft an den Zuschlag und die Vermittlung eines Sondervorteils in einer Knappheitssituation an. Der Staat erbringt eine »besondere Leistung«, die der Erlös abgilt[745]. Versteigerungserlösen fehlt es aufgrund ihres synallagmatischen Charakters ihrer Grundidee nach an der für Steuern vorausgesetzten Gegenleistungsfreiheit[746,747].

---

[745] Ebenso etwa *Arndt*, Finanzverfassungsrechtliche Zulässigkeit der Versteigerung der UMTS-Lizenzen durch die RegTP, in: Piepenbrock/F. Schuster (Hrsg.), UMTS-Lizenzvergabe, 2001, S. 207 (225); *F. Becker*, Die Verwaltung 2002, S. 3 (15); *Burgi/Selmer*, Verfassungswidrigkeit einer entgeltlichen Zuteilung von Emissionszertifikaten, 2007, S. 20 ff.; *Hufeld*, JZ 2002, S. 871 (876); *Kötter*, DVBl. 2001, S. 1556 (1560); *Kloepfer*, Informationsrecht, 2002, § 11 Rdnr. 102; *Kruhl*, Die Versteigerung knapper Frequenzen, 2003, S. 160 f., *Ritgen*, AöR 127 (2002), S. 351 (367); *Storr*, K & R 2002, S. 67 (74).

[746] So auch das BVerfG, Urt. v. 28.3.2002, BVerfGE 105, S. (193) – Verteilung des UMTS-Versteigerungserlöses; ebenso die Nachweise in Fn. 745. Ob auch die fehlende Tatbestandsmäßigkeit des Versteigerungserlöses, die ihm fehlende allgemeine Zahlungspflicht, seine Einordnung als Steuer ausschließt, bedarf insoweit keiner Entscheidung (dafür etwa *Arndt (*Finanzverfassungsrechtliche Zulässigkeit der Versteigerung der UMTS-Frequenzen durch die RegTP, in: Piepenbrock/Schuster [Hrsg.]: UMTS-Lizenzvergabe, 2001, S. 207 [225]) und *Storr* (K & R 2002, S. 67 [74]); dagegen *Jarass*, Nichtsteuerliche Abgaben und lenkende Steuern unter dem Grundgesetz, 1999, S. 9; *Papier*, Die finanzrechtlichen Gesetzesvorbehalte und das grundgesetzliche Demokratieprinzip, 1973, S. 137 f.; *Tipke/J. Lang*, Steuerrecht, 17. Aufl. 2002, § 4 Rdnr. 65. In ihren Augen stellt die Tatbestandsmäßigkeit keine Begriffs-, sondern eine Rechtmäßigkeitsvoraussetzung der Steuer dar.

[747] Seinen nicht-steuerlichen Charakter vermag der Versteigerungserlös konstruktiv allenfalls dann zu verlieren, wenn er den Bezug zu der staatlichen Leistung, etwa aufgrund der Wertunsicherheit der Versteigerungsteilnehmer oder durch eine erlösmaximierende Gestaltung, verliert und die synallagmatische Beziehung im Einzelfall aufgehoben ist. Der Versteigerungserlös kann – wie wir sehen werden (infra S. 554 ff.) – aufgrund Wertunsicherheit der Versteigerungsteilnehmer oder durch eine erlösmaximierende Gestaltung im Einzelfall den Bezug zu seiner Gegenleistung freilich auch verlieren, diese insbesondere übersteigen, wenngleich er auf den versteigerten Gegenstand als Gegenleistung bezogen ist. Leistung und Gegenleistung stehen dann nicht mehr in einem Gleichwertigkeitsverhältnis; die synallagmatische Beziehung scheint aufgehoben. Die nichtsteuerliche Abgabe scheint dann ihre Rechtsnatur zu verändern: Sie wird nach Einschätzung einiger zur Steuer (in diesem Sinne etwa *Sander*, DVBl. 1990, S. 18 (19); *Kreft*, Die begriffliche Abgrenzung von Steuer und Gebühr, 1968, S. 46 ff.; *ders.*, DVBl. 1977, S. 369 (373); *von Mutius/Lüneburger*, DVBl. 1995, S. 1205 (1213); *Wendt*, Die Gebühr als Lenkungsmittel, 1975, S. 54 ff.). Der gedankliche Ansatz eines solchen materiellen Begriffsverständnisses der Abgrenzung zwischen Steuern und anderen Abgaben sucht die Art. 105 ff. GG vor einer Aufweichung der dort austarierten bundesstaatlichen Finanzverfassung durch Mutationen gegenleistungsbezogener nichtsteuerlicher Abgaben zu bewah-

b) Der Versteigerungserlös als nichtsteuerliche Abgabe

Erwachsen aus den Art. 104a ff. GG lediglich Vorgaben für die Verfassungsmäßigkeit von Steuern, so sind Versteigerungserlöse als nicht-steuerliche Abgaben von diesen Vorgaben weder unbeeinflusst noch als unzulässig exkludiert. Das Grundgesetz versteht Steuern nicht als ausschließliche Quelle der Deckung des staatlichen Finanzbedarfs. In Art. 74 Abs. 1 Nr. 22 und Art. 80 Abs. 2 S. 1 GG erwähnt es den Begriff der »Gebühr«, in Art. 74 Abs. 1 Nr. 18 GG den Begriff des »Beitrages«, ebenso kennt das Grundgesetz Zölle (Art. 106 Abs. 1 Nr. 1 GG) und Kredite (Art. 115 GG) als staatliche Einnahmequellen und erkennt damit ihre verfassungsrechtliche Zulässigkeit an.

aa) Verfassungsrechtliche Anforderungen an die Zulässigkeit nichtsteuerlicher Abgaben

(1) Die Grundrechte und das Rechtsstaatsprinzip insbesondere

Auf nichtsteuerliche Abgaben finden unmittelbar lediglich diejenigen materiellrechtlichen Anforderungen der Verfassung Anwendung, die sich aus den Grundrechten, der allgemeinen Kompetenzordnung und den allgemeinen Verfassungsprinzipien, insbesondere dem Rechtsstaatsprinzip, dem Verhältnismäßigkeitsprinzip und dem Bestimmtheitsgrundsatz, ergeben. Die Kompetenz für die Abgabenerhebung stützt sich auf Normen über Sachkompetenzen als Annex; bisweilen sind sie dort auch ausdrücklich erfasst. Die Abgabenkompetenz verhält sich zur Sachregelungskompetenz akzessorisch[748].

(2) Vorrang der Steuer? – Prinzip des Steuerstaates

Aus den Vorschriften der Finanzverfassung als tragendem Eckpfeiler der bundesstaatlichen Ordnung des Grundgesetzes[749] lassen sich aber durchaus

---

ren. Er zielt darauf, dem Gesetzgeber die Möglichkeit aus der Hand zu schlagen, nichtsteuerliche Abgaben zu einem zweiten Instrument der Finanzierung des allgemeinen staatlichen Finanzbedarfs auszubauen. Der Versuch, solche Verwerfungen durch eine materielle Ausdeutung einzufangen und sie an die Regeln der Art. 105 ff. GG zu binden, hat den Charme eines finanzverfassungsrechtlichen Schutzmechanismus. Zum Schutz der in den Art. 105 ff. GG enthaltenen Verteilungsbestimmungen gegen Umgehungsversuche bedarf es einer solchen materiellen Abgrenzung freilich nicht: Eine nichtsteuerliche Abgabe, die ihre zulässige Höhe überschreitet, ist unter Zugrundelegung eines formellen Abgrenzungsmaßstabes bereits als solche (nicht erst, wenn sie sich auch nicht nach den Art. 105 ff. rechtfertigen lässt) dem Verdikt verfassungsrechtlicher Unzulässigkeit verfallen. Vgl. dazu im Einzelnen infra S. 581.

[748] Vgl. BVerfG, Urt. v. 19.3.2003, BVerfGE 108, S. 1 (13) – Rückmeldegebühr; st. Rspr. seit BVerfG, Urt. v. 20.7.1954, BVerfGE 4, S. 7 (13) – Investitionshilfe.

[749] BVerfG, Urt. v. 10.12.1980, BVerfGE 55, S. 274 (300) – Berufsbildungsabgabe; BVerfG, Urt. v. 19.3.2003, BVerfGE 108, S. 1 (15) – Rückmeldegebühr.

mittelbar Anforderungen an die Verfassungsmäßigkeit von nichtsteuerlichen Abgaben herausdestillieren.

(a) Herleitung und Inhalt eines Steuerstaatsprinzips

Wenn neben den Steuern unter Rückgriff auf die Sachgesetzgebungskompetenzen von Bund und Ländern beliebig Abgaben unter Umgehung der bundesstaatlichen Verteilung der Gesetzgebungs- und Ertragskompetenz für das Steuerwesen erhoben werden könnten, wären die finanzverfassungsrechtlichen Verteilungsregeln der Art. 105 ff. GG, die auf eine angemessene Beteiligung des Gesamtstaates und der Gliedstaaten am Gesamtertrag der Volkswirtschaft abzielen und eine sachgerechte Ausstattung zur Wahrnehmung der erforderlichen Aufgaben sicherstellen sollen[750], mühelos aushöhlbar[751]. Die grundgesetzliche Finanzverfassung verlöre dann ihren Sinn und ihre Funktion[752]. Die Architektur der Finanzverfassung geriete ins Wanken. Der schon als Steuerpflichtige zur Finanzierung der Gemeinlasten herangezogene Bürger würde in einer zweiten »apokryphen Steuerverfassung«[753] einem zusätzlichen Zugriff auf sein Vermögen ausgesetzt, die dem Gesetzgeber ein Finanzierungswahlrecht zukommen ließe. Indem das Grundgesetz Steuern unter der Überschrift »Das Finanzwesen« als staatliche Einnahmequelle an hervorgehobener Stelle einem eigenen Regelungsregime zuführt und ihnen ein eigenes bundesstaatliches Verteilungssystem zuordnet, während nicht-steuerliche Abgaben nur beiläufige Erwähnung finden, scheint es sich von der Vorstellung leiten zu lassen, dass »die Finanzierung der staatlichen Aufgaben in Bund und Ländern (...) in erster Linie aus dem Ertrag der in Art. 105 ff. GG geregelten Einnahme-

[750] BVerfG, Urt. v. 10.12.1980, BVerfGE 55, S. 274 (300) – Berufsbildungsabgabe; BVerfG, Beschl. v. 8.6.1988, BVerfGE 78, S. 249 (266) – Fehlbelegungsabgabe; BVerfG, Beschl. v. 7.11.1995, BVerfGE 93, S. 319 (342) – Wasserpfennig; BVerfGE 105, S. 185 (194) – UMTS-Versteigerungserlöse; BVerfG, Urt. v. 19.3.2003, BVerfGE 108, S. 1 (15) – Rückmeldegebühr.

[751] BVerfG, Beschl. v. 8.6.1988, BVerfGE 78, S. 249 (266) – Fehlbelegungsabgabe; BVerfG, Urt. v. 19.3.2003, BVerfGE 108, S. 1 (16) – Rückmeldegebühr; *Friauf* (Zur Zulässigkeit von außersteuerlichen Sonderabgaben, in: Schmölders/Wöhe/Buchholz [Hrsg.], Festschrift für Haubrichs, 2. Aufl. 1977, S. 103 [106]) spricht (im Bezug auf Sonderabgaben) davon, »der Kernbereich der bundesstaatlichen Struktur« würde »schutzlos einer willkürlichen Aushöhlung preisgegeben«. Ähnlich betont *F. Kirchhof* (Die Verwaltung 21 [1988], S. 137 [151]), dass Sonderlasten mit Finanzierungsfunktion »das mühsam aufgebaute und abgewogene föderalistische Steuersystem unterlaufen« könnten.

[752] Vgl. BVerfG, Beschl. v. 8.6.1988, BVerfGE 78, S. 249 (266) – Fehlbelegungsabgabe; BVerfG, Beschl. v. 7.11.1995, BVerfGE 93, S. 319 (342) – Wasserpfennig; BVerfG, Urt. v. 19.3.2003, BVerfGE 108, S. 1 (16) – Rückmeldegebühr.

[753] *Selmer*, Steuerinterventionismus und Verfassungsrecht, 1972, S. 183 f.; plastisch auch *Friauf* (Fn. 751), S. 103 (107): Einer »der am sorgfältigsten behauenen und in einer Kette von Verfassungsänderungen mehrfach modifizierten Ecksteine aus dem Gefüge der bundesstaatlichen Finanzverfassung« würde gebrochen.

quellen erfolgen soll«[754]. So sieht es das Bundesverfassungsgericht in inzwischen ständiger Rechtsprechung. Es misst Steuern die wesentliche Bedeutung für die Gewährleistung einer aufgabengerechten allgemeinen (d. h. von der konkreten Aufgabenwahrnehmung unabhängigen) Finanzausstattung zu. Die Gewährleistung einer Finanzausstattung, die den Staat bei der sachgerechten Erbringung von Leistungen und der Erledigung von Sachaufgaben nicht in die Verlegenheit fiskalischer Nöte bringt, sichert ihn gegen die Gefahr ab, staatliche Aufgaben in Abhängigkeit von fiskalischen Ertragsanliegen und -nöten erbringen zu müssen und garantiert damit die durch die Verfassung angestrebte rechtsstaatliche Aufgabenerledigung[755]. Die Trennung von staatlicher Rechtseinräumung und Deckung des allgemeinen Finanzbedarfs durch Steuern ist eine Errungenschaft des Verfassungsstaates[756]; sie eröffnet dem Staat die finanzielle Dispositionsfreiheit für die Erledigung seiner Aufgaben und steht insoweit im Dienst und in unmittelbarem Zusammenhang mit dem rechtsstaatlichen Gebot der sachgerechten Aufgabenerledigung[757]. Den Art. 105 ff. GG lässt sich bei nüchterner dogmatischer Betrachtung prima vista eine Grundsatzentscheidung der Verfassung für die aufgabenunabhängige Finanzierung allgemeiner Staatsaufgaben durch Steuern entnehmen[758]. Die nichtsteuerliche Abgabe darf die – abgabenrechtliche und bundesstaatliche – Ordnungsfunktion der Finanzverfassung nicht gefährden. Der bundesstaatlichen Finanzverfassung kommt eine Begrenzungs- und Schutzfunktion gegenüber Zugriffen

[754] BVerfG, Beschl. v. 8.6.1988, BVerfGE 78, S. 249 (266 f.) – Fehlbelegungsabgabe; 82, 159 (178); BVerfG, Beschl. v. 7.11.1995, BVerfGE 93, S. 319 (342) – Wasserpfennig; dazu eingehend etwa *Sacksofsky*, Umweltschutz durch nicht-steuerliche Abgaben, 2000, S. 153 ff.

[755] Vgl. zu diesem auf *P. Kirchhof* zurückgehenden Gedanken einer rechtsstaatlichen Begründung des Steuerstaatsprinzips: *P. Kirchhof*, Staatliche Einnahmen, in: Isensee/P. Kirchhof (Hrsg.), HStR IV, 2. Aufl. 1999, § 88 Rdnr. 187; *H.-W. Arndt*, WiVerw. 1990, S. 1 (36); sowie bereits supra S. 415.

[756] Über das Ausmaß, in dem der Staat Geldleistungen von den Bürgern in Abhängigkeit von Gegenleistungen verlangen darf, ist dadurch freilich nicht zwingend befunden. Es folgt daraus nur, dass der Staat sich Gelder sachwahrnehmungsunabhängig beschaffen können muss, nicht dass er seine Aufgaben immer gegenleistungsunabhängig erbringen müsste, d. h. nicht von einer Gegenleistung abhängig machen darf. Ein Untermaßverbot, das eine bestimmte Steuerquote anordnet, ist damit nicht zwingend vorgegeben. Das Verhältnis zwischen Steuern und sonstigen Abgaben kann ebenso der politischen Entscheidung des Parlaments überantwortet bleiben. Das Erfordernis der rechtsstaatlichen Aufgabenerledigung besteht – unabhängig davon, ob Sachaufgaben vorwiegend gekoppelt an eine Gegenleistung wahrgenommen werden oder davon losgelöst durch den Ertrag von Steuern – daneben als *Rechtmäßigkeitsvoraussetzung* an nicht-steuerliche Abgaben fort.

[757] In diesem Sinn etwa *Isensee*, Steuerstaat als Staatsform, in: Stödter/Thieme (Hrsg.), Festschrift für Ipsen zum 70. Geburtstag, 1977, S. 409 (436). Der Steuerstaat sei »in seiner konkreten verfassungsrechtlichen Gestalt sowohl die Bedingung als auch die Folge des sozialen Rechtsstaats und der föderativen Demokratie« und lasse zwar Ausnahmen zu, »er duldet aber nicht, dass seine Identität angetastet wird«.

[758] Vgl. etwa *Siekmann*, in: Sachs (Hrsg.), Grundgesetz, 4. Aufl. 2007, vor Art. 104a Rdnr. 71 m. w. N.

des Staates auf das Vermögen seiner Bürger zu, aus der mittelbar Anforderungen an die Zulässigkeit nichtsteuerlicher Abgaben fließen[759].

Die Schutzfunktion der Finanzverfassung firmiert in der Rechtsprechung schlaglichtartig unter dem (interpretationsoffenen[760]) Begriff des Steuerstaatsprinzips. Er bringt die grundsätzliche verfassungsrechtliche Unbedenklichkeit der Steuer und die grundsätzliche Legitimationsbedürftigkeit nichtsteuerlicher Abgaben auf eine Kurzformel[761]. Als erster hat *Schumpeter*[762] 1918 den Begriff des Steuerstaates in einer Replik auf kurz zuvor veröffentlichte Thesen *Goldscheids*[763] geprägt[764]. *Schumpeter* verstand den Begriff als Gegenbegriff zum »Unternehmerstaat«. Der Begriff des Steuerstaates sollte zum Ausdruck bringen, dass der Staat seine nach dem Ende des Ersten Weltkrieges bestehenden finanziellen Probleme nicht

---

[759] BVerfG, Beschl. v. 8.6.1988, BVerfGE 78, S. 249 (266) – Fehlbelegungsabgabe; BVerfG, Beschl. v. 7.11.1995, BVerfGE 93, S. 319 (342f.) – Wasserpfennig; BVerfG, Urt. v. 19.3.2003, BVerfGE 108, S. 1 (15 u. 17) – Rückmeldegebühr; BVerfG, Beschl. v. 17.7.2003, NVwZ 2003, S. 1241 (1242). Trotz dieses eng gezogenen verfassungsrechtlichen Korsetts sieht das BVerfG zahlreiche nicht-steuerliche Abgaben als gerechtfertigt an. Das gilt nicht nur im Falle der Vorzugslasten der Gebühren und Beiträge, die sich aus ihrer Ausgleichsfunktion legitimieren, sondern auch für Abgaben, die auf der Inanspruchnahme eines Kompetenztitels beruhen, der bereits aus sich heraus – wie etwa Art. 74 Abs. 1 Nr. 12 GG – auch auf die Regelung der Finanzierung der in ihm bezeichneten Aufgaben bezogen ist, sowie für gruppennützige Sonderabgaben, die bestimmte Gruppen von Bürgern oder Unternehmen zur Finanzierung von parafiskalischen Sonderfonds oder juristischen Personen des öffentlichen Rechts heranziehen, sofern sie ausschließlich den Interessen der Angehörigen der Gruppe dienen (sog. *echte Sonderabgaben*). Bei diesen rechtfertigt sich die Abgabenerhebung aus der spezifischen Sachnähe der Abgabepflichtigen zu der zu finanzierenden Sachaufgabe. Vgl. *P. Kirchhof*, Staatliche Einnahmen, in: Isensee/P. Kirchhof (Hrsg.), HStR IV, 2. Aufl. 1999, § 88 Rdnr. 237; *Selmer*, Die sogenannte Gruppennützigkeit der Sonderabgabe – eine Zulässigkeitsvoraussetzung im Wandel, in: Grupp/Hufeld (Hrsg.), Festschrift für Mußgnug, 2005, S. 217ff. sowie infra S. 483.

[760] Vgl. zu den verschiedenen Deutungsweisen etwa *Franz*, Gewinnerzielung durch kommunale Daseinsvorsorge, 2005, S. 390ff.; *Drömann*, Nichtsteuerliche Abgaben im Steuerstaat, 2000, S. 142.

[761] Vgl. *Jakob*, Sonderabgaben – Fremdkörper im Steuerstaat?, Festschrift für Franz Klein, 1994, S. 663 (679f.); *K. Vogel/Waldhoff*, Grundlagen des Finanzverfassungsrechts, 1999, Rdnr. 327ff.; ferner ist in diesem Sinne wohl auch BVerfG, Beschl. v. 7.11.1995, BVerfGE 93, S. 319 (342f.) – Wasserpfennig, zu verstehen, wo von der Ordnungsfunktion lediglich auf die Notwendigkeit einer besonderen sachlichen Rechtfertigung (unabhängig von Art. 3 Abs. 1 GG) geschlossen wird.

[762] *Schumpeter*, Die Krise des Steuerstaates, 1918.

[763] *Goldscheid*, Staatssozialismus oder Staatskapitalismus, 1917.

[764] Nahezu zeitgleich findet er sich bei *Max Weber*, Wirtschaft und Gesellschaft, 1922, S. 117 in Gestalt des »Geldabgabenstaates«. Die Idee des Steuerstaates hatte in der Sache bereits *Lorenz von Stein* (Lehrbuch der Finanzwissenschaft, Zweiter Theil, Erste Abtheilung, 5. Aufl. 1885, S. 250) Ende des 19. Jahrhunderts entwickelt (ohne allerdings den Begriff zu verwenden). Er sah den modernen Staat und die Steuer auf das engste miteinander verknüpft: Die Steuern nähmen »jetzt die bei weitem überwiegende Stelle in der Gesamtheit der Staatseinnahmen in Anspruch (...), und zwar nicht bloß im allgemeinen Bewusstsein, sondern auch in der neuen Wissenschaft. (...) So ist der Schwerpunkt aller Finanzwirthschaftsfragen seit dem Beginn unseres Jahrhunderts in die Steuerfragen gefallen«.

vorrangig durch eigene erwerbswirtschaftliche Betätigung (»Unternehmerstaat«), sondern über Steuern decken solle.

Aus dem Prinzip des Steuerstaates und der daraus destillierten Schutz- und Begrenzungsfunktion der Finanzverfassung leitet das Bundesverfassungsgericht drei Grenzen für die verfassungsrechtliche Zulässigkeit nichtsteuerlicher Abgaben ab, im Hinblick auf die jede Abgabe dem Grunde und der Höhe nach gerechtfertigt werden muss[765]: Einnahmen außerhalb des (unmittelbar) von der Finanzverfassung erfassten Bereichs dürfen nur ausnahmsweise, d. h. unter besonderen Voraussetzungen, erschlossen werden. Die nichtsteuerliche Abgabe bedarf einer besonderen sachlichen Rechtfertigung (infra aa), muss der Belastungsgleichheit der Abgabepflichtigen (infra bb) und der Vollständigkeit des Haushaltsplanes (infra cc) Rechnung tragen.

(aa) Besondere sachliche Rechtfertigung

Nicht-steuerliche Abgaben sind zum Schutz der in erster Linie an der Steuer ausgerichteten Finanzverfassung des Steuerstaates – über die Einnahmeerzielung hinaus oder an deren Stelle – an eine *besondere sachliche Rechtfertigung* gebunden[766]. Sie müssen sich ihrer Art nach *von der Steuer*, die voraussetzungslos auferlegt und geschuldet wird, *deutlich unterscheiden*[767]. Es muss einen einleuchtenden Grund dafür geben, dass der Gesetzgeber sein von der in Anspruch genommenen Sachkompetenz gedecktes Regelungsanliegen gerade durch die Auferlegung einer Geldleistungspflicht zu realisieren sucht[768].

(bb) Belastungsgleichheit der Abgabepflichtigen

Der Schuldner einer nicht-steuerlichen Abgabe ist regelmäßig zugleich Steuerpflichtiger und wird als solcher schon zur Finanzierung der die Gemeinschaft treffenden Lasten herangezogen[769]. Die Erhebung einer nicht-

[765] BVerfG, Beschl. v. 11.10.1994, BVerfGE 91, 186 (202f.); BVerfG, Beschl. v. 7.11.1995, BVerfGE 93, S. 319 (345) – Wasserpfennig; BVerfG, Urt. v. 19.3.2003, BVerfGE 108, S. 1 (17) – Rückmeldegebühr; BVerfG, Beschl. v. 17.3.2003, NVwZ 2003, S. 1241 (1242). Diese Vorgaben betreffen nicht nur Sonderabgaben, sondern alle nichtsteuerlichen Abgabeformen. Zustimmend etwa *von Mutius/Lüneburger*, NVwZ 1996, S. 1061 ff.

[766] BVerfG, Beschl. v. 8.6.1988, BVerfGE 78, S. 249 (266f.) – Fehlbelegungsabgabe; BVerfG, Beschl. v. 7.11.1995, BVerfGE 93, S. 319 (343) – Wasserpfennig; BVerfG, Urt. v. 19.3.2003, BVerfGE 108, S. 1 (16) – Rückmeldegebühr; *Pieroth*, in: Jarass/Pieroth (Hrsg.), GG, 9. Aufl. 2007, Art. 105 Rdnr. 8.

[767] BVerfG, Urt. v. 10.12.1980, BVerfGE 55, S. 274, (298f.); BVerfG, Beschl. v. 7.11.1995, BVerfGE 93, S. 319 (343) – Wasserpfennig; BVerfG, Urt. v. 19.3.2003, BVerfGE 108, S. 1 (16) – Rückmeldegebühr.

[768] Vgl. *Ritgen*, AöR 127 (2002), S. 351 (372).

[769] BVerfG, Urt. v. 10.12.1980, BVerfGE 55, S. 274 (300ff.); BVerfG, Beschl. v. 8.6.1988, BVerfGE 78, S. 249 (266) – Fehlbelegungsabgabe; BVerfG, Beschl. v.

steuerlichen Abgabe muss deshalb über die besondere sachliche Rechtfertigung hinaus der Belastungsgleichheit der Abgabepflichtigen Rechnung tragen; sie darf die Lastengleichheit der Bürger nicht aufheben.

(cc) Vollständigkeit des Haushaltsplanes

Nichtsteuerliche Abgaben müssen mit dem Verfassungsgrundsatz der Vollständigkeit des Haushaltsplanes (Art. 110 Abs. 1 GG) vereinbar sein. Sie dürfen nicht dazu führen, dass dem Parlament ein voller Überblick über das dem Staat verfügbare Finanzvolumen und die dem Bürger auferlegte Abgabenlast nicht mehr möglich ist. Das gesamte staatliche Finanzvolumen muss – auch bei Einsatz nichtsteuerlicher Abgaben – der Budgetplanung und -entscheidung von Parlament und Regierung unterstellt bleiben. Als berührt sieht das Bundesverfassungsrecht den Verfassungsgrundsatz der Vollständigkeit des Haushaltsplans für nichtsteuerliche Abgaben dann an, wenn der Gesetzgeber Einnahmen- und Ausgabenkreisläufe außerhalb des Budgets organisiert.

(b) Zur argumentativen Standfestigkeit und Aussagekraft des Steuerstaatsarguments

Von dem argumentativen Ausgangspunkt eines Primats der Steuer ausgehend erscheint es konsequent und angezeigt, einen quantitativen Primat der Steuer im Verhältnis zu nicht-steuerlichen Abgaben zu fordern. Soll die Finanzierung der staatlichen Aufgaben in Bund und Ländern in erster Linie aus dem Ertrag der in Art. 105 ff. GG geregelten Einnahmequellen erfolgen, streitet dies prima facie dafür, quantitative Anforderungen an das Verhältnis zwischen Steuern und sonstigen Abgaben aus der Verfassung abzuleiten[770]. Eine solche Forderung nach einem quantitativen Primat der Steuer würde erhebliche Restriktionen für die Durchführung von Versteigerungen im Schlepptau führen. Eine Versteigerung mit erheblichen Einnahmepotenzialen, wie etwa die UMTS-Versteigerung im Jahre 2000, deren Erlöse ein Viertel des Bundeshaushalts in die Kassen des Finanzministers spülte, geriete leicht mit einem Vorranggebot in Konflikt[771].

Ein Primat der Steuer deckt sich mit der empirischen Realität der Staatseinnahmengestaltung in der Bundesrepublik Deutschland nur bedingt. Bezogen auf die Gesamtheit der öffentlichen Haushalte (einschließlich der Sozialversicherungsträger) stehen sich steuerliche und nichtsteuerliche Ab-

7.11.1995, BVerfGE 93, S. 319 (343) – Wasserpfennig; BVerfG, Urt. v. 19.3.2003, BVerfGE 108, S. 1 (16) – Rückmeldegebühr.

[770] In diesem Sinne etwa *Hendler*, Staatsfinanzierung durch Gebühren oder Steuern, in: Sacksofsky/Wieland (Hrsg.) Vom Steuerstaat zum Gebührenstaat, 2000, S. 68 (81).

[771] In diesem Sinne auch *H. W. Arndt*, Finanzverfassungsrechtliche Zulässigkeit der Versteigerung der UMTS-Lizenzen, in: Piepenbrock/F. Schuster (Hrsg.), UMTS-Lizenzvergabe, 2001, S. 207 (225 f.).

gaben nahezu paritätisch gegenüber[772]. Aus der Schutz- und Begrenzungsfunktion der Finanzverfassung normativ quantitative Anforderungen an die Aufkommensrelation zwischen Steuern und nichtsteuerlichen Abgaben herzuleiten[773], überschreitet auch schnell die Grenzen der Praktikabilität und der Sinnhaftigkeit: Da der Ertrag der jeweiligen Abgaben erst am Ende des Haushaltsjahres, nicht zum Zeitpunkt ihrer gesetzlichen Fixierung feststeht, lässt sich ein Verstoß gegen eine quantitative Vorrangrelation zuverlässig erst feststellen, wenn er schon nahezu unumkehrbar vollzogen ist. Stattdessen die Haushalts*planung* zum Maßstab eines angemessenen Verhältnisses zwischen Steuern und sonstigen Abgaben zu erheben, nimmt einer quantitativ verstandenen Steuerquote die Verlässlichkeit und Planbarkeit: Die zu erwartenden Erträge hängen von wirtschaftlichen Entwicklungen ab (die Höhe von Versteigerungserlösen etwa von wirtschaftlichen Werterwartungen), die ex ante nur schwer kalkulierbar sind[774]. Mag man diese Klippen noch für überwindbar halten, verliert sich die rechtliche Sanktionswirkung einer solchen Grenze bei dem Versuch, sie auf die einzelne Abgabe herunterzubrechen, bald vollends im Nebel: Eine Steuer-Quote lässt sich sowohl durch Erhöhung der Steuereinnahmen wie auch durch Senkung der nichtsteuerlichen Abgaben, durch deren anteilige Reduzierung wie auch durch deren Aufhebung bewirken. Der Versuch einer strikten quantitativen Grenzziehung endet entweder in einem sanktionslosen Programmsatz oder einer äußerst problematischen Einengung des gesetzgeberischen Gestaltungsspielraums[775].

Als streng quantitatives Konzept hat das Bundesverfassungsgericht das Steuerstaatsprinzip auch nicht verstanden wissen wollen[776]. Dem aus der Verfassung herausgelesenen Primat der Steuer entnimmt es keine Volumenmaße für das Verhältnis steuerlicher und nichtsteuerlicher Abgaben, sondern inhaltliche Anforderungen an die Rechtfertigung nichtsteuerlicher Abgaben. Dem Bundesverfassungsgericht ist es darum bestellt, *das System der Finanzverfassung* »vor Störungen zu schützen« und es nicht durch ein »Wahlrecht« zwischen Steuer und sonstigen Abgaben zur Disposition des einfachen Gesetzgebers zu stellen[777]. Der Ausnahmecharakter nichtsteuerlicher Abgaben dient dem Gericht als Argumentationsanker, um Überschneidungskreise zwischen Steuern und sonstigen Abgaben einzufangen,

---

[772] *Sacksofsky* und *F. Kirchhof* weisen dies anhand von Referenzjahren nach (*F. Kirchhof*, Die Verwaltung 21 [1988], S. 137 [145]; *Sacksofsky* (Fn. 754), S. 154 f.

[773] Vgl. etwa *Gramm*, Der Staat 36 (1997), S. 267 (274); er hält eine Staatsfinanzierung »in größerem Umfang« für verfassungswidrig m. w. N.

[774] Die deutsche UMTS-Versteigerung etwa legt dafür ein lebhaftes Beispiel ab. Dazu im Einzelnen infra S. 643 ff.

[775] *Sacksofsky* (Fn. 754), S. 156; *Franz* (Fn. 760), S. 393 ff.

[776] Ebenso *Selmer/Brodersen*, DVBl. 2000, S. 1153 (1164).

[777] BVerfG, Urt. v. 10. 12. 1980, BVerfGE 55, S. 274 (302) – Berufsbildungsabgabe; *Friauf* (Fn. 751), S. 103 (106 f.).

insbesondere dem Eindringen steuerähnlicher Abgabetatbestände in die bundesstaatliche Finanzverfassung entgegenzuwirken. Die rechtlichen Anforderungen, die es aus dem Steuerstaatsprinzip herleitet, konzentrieren sich auf das Ziel, eine klare Grenzlinie zwischen Steuern und sonstigen Abgaben zu ziehen. Die formale Einordnung der Abgabe ist für das Gericht von weitaus größerer Bedeutung als der Umfang der Einnahmen oder deren Verhältnis zueinander.

Die Frage mag berechtigt erscheinen, wie viel von dem normativen Gehalt eines wörtlich verstandenen »Steuerstaats«prinzips dann noch übrig bleibt. Das Steuerstaatsprinzip und der Vorrang der Steuer als normatives Konzept scheinen sich in einer falsa demonstratio aufzulösen. Nicht zuletzt deshalb sieht sich der Gedanke eines Primats der Steuer starkem verfassungsrechtlichem Gegenwind ausgesetzt[778]. Allen voran beantwortet *Sacksofsky* die Frage nach den besonderen finanzverfassungsrechtlichen Anforderungen an nicht-steuerliche Abgaben knapp und »verblüffend einfach« mit den Worten: »Es gibt keine finanzverfassungsrechtlichen Anforderungen[779]«. Der Gesetzgeber sei frei darin, ob er Einnahmen durch die Einführung von nicht-steuerlichen Abgaben oder durch Steuern erzielen will[780].

Befürworter und Misanthropen einer Steuerstaatsdoktrin stehen einander dabei in der Sache viel näher, als der Schlachtrauch einer erhitzt geführten Diskussion bisweilen vermuten lässt. Während die Gegner eines Steuerstaatskonzepts die Konkurrenz von Steuern und sonstigen Abgaben durch eine besondere Betonung der begrifflichen Trennlinien zwischen beiden Abgabenarten auflösen[781], laden seine Befürworter die Abgrenzung zwischen beiden durch die Annahme eines Grundsatz-Ausnahme-Verhältnisses zwischen Steuern und sonstigen Abgaben inhaltlich auf. Von unter-

---

[778] Vgl. etwa *Heintzen*, in: von Münch/Kunig (Hrsg.), Grundgesetz, Bd. 3, 5. Aufl. 2003, Art. 105 Rdnr. 2: »Die Annahme einer ungeschriebenen Verfassungsentscheidung (...) ist abzulehnen, soweit sie eine ›wesentliche‹ Steuerfinanzierung der öffentlichen Ausgaben fordert«. *Kloepfer*, AöR 97 (1972), S. 232 (242): »Die Einnahmefunktion der Steuern (...) ist Verfassungsaussage, nicht aber ein entsprechender Funktionsvorbehalt. Ihn in das Steuerrecht hineinzulesen, bliebe eine leere Behauptung«.

[779] *Sacksofsky* (Fn. 754), S. 189; zustimmend *Franz*, Gewinnerzielung durch kommunale Daseinsvorsorge, 2005, S. 393 ff.; ebenso *Schmehl*, Das Äquivalenzprinzip im Recht der Staatsfinanzierung, 2004, S. 71 ff.

[780] *Sacksofsky* (Fn. 754), S. 168. Weder lasse sich aus der Staatspraxis der Bundesrepublik ein Prinzip vorrangiger Staatsfinanzierung durch Steuern empirisch belegen noch gebe es eine normative Basis für qualitative Anforderungen an nicht-steuerliche Abgaben. Die Finanzausgleichsregelung des Grundgesetzes orientiere sich zwar an Steuern, verlöre ihren Sinn aber nicht, wenn die verteilungsgegenständlichen Staatseinnahmen in stärkerem Maße durch nichtsteuerliche Abgaben erwirtschaftet würden. Die Finanzverfassung sei flexibel genug, um Einnahmeverschiebungen zwischen Bund und Ländern in dynamischer Weise zu erfassen.

[781] *Sacksofsky* (Fn. 754), S. 167: »Sind Steuern und nicht-steuerliche Abgaben unterschiedlich definiert, ist jede Abgabe entweder das eine oder das andere. Eine ›beliebige Umgehung‹ ist dann nicht mehr möglich«.

schiedlichen argumentativen Ausgangspunkten nähern sich beide Positionen dem gleichen Ergebnis. Sie zielen auf eine klare Trennlinie zwischen beiden Abgabetypen, um Umgehungsgefahren auszuschließen. In der Sache geht das Bundesverfassungsgericht mit seinem Rekurs auf das Steuerstaatsprinzip nicht über die Anforderungen hinaus, die an sich schon für eine begriffliche Trennung zwischen Steuern und nicht-steuerlichen Abgaben erforderlich wären[782].

Löst man die Abgrenzung zwischen Steuern und sonstigen Abgaben von dem Dunst eines nicht näher spezifizierten Primats der Steuer, verliert die normative Zurückhaltung der Verfassung zu nicht-steuerlichen Abgaben auch nicht ihre innere Rechtfertigung. Sie wird dadurch erklärlich, dass nicht-steuerliche Abgaben wegen ihres unmittelbaren Konnexes mit der Erfüllung einer bestimmten öffentlichen Aufgabe schon auf die Regelung der Sach- und Verwaltungskompetenzen gestützt werden können. Indem das Grundgesetz für sie eine Verteilungsregelung schon mit den Gesetzgebungskompetenzen vorhält, bedürfen sie insoweit nicht zwingend einer eigenen Verteilungsregelung, während Steuern mangels eines klaren Zusammenhangs zu einer spezifischen Sachaufgabe einer ausdrücklich auf sie bezogenen Kompetenzordnung bedürfen. An der Notwendigkeit der Zuordnung und Abgrenzung zwischen beiden Kompetenzmassen, insbesondere der Gefahr der Umgehung der finanzverfassungsrechtlichen Kompetenzregeln, ändert dies freilich nichts. Die Verfassung ist auf eine klare Trennbarkeit zwischen Steuern und sonstigen Abgaben angewiesen. Es bleibt die normative Anforderung, dass nicht-steuerliche Abgaben von Steuern hinreichend klar abgrenzbar sein müssen, um einen Formenmissbrauch des Gesetzgebers und eine Gefährdung der Kompetenzordnung zu verhindern[783]. Die hinreichende Unterscheidbarkeit der Kompetenzmassen als Zielgröße legt zugleich die eigentliche Aufgabe des Steuerstaatsprinzips frei, die sachlich erforderliche begriffliche Trennung zwischen Steuern und sonstigen Abgaben zu ermöglichen.

---

[782] Die durch das Gericht geforderte besondere sachliche Rechtfertigung und Belastungsgleichheit lassen sich auch als Teil der grundrechtlichen Rechtfertigungsbedürftigkeit und der Forderung nach einer klaren Trennbarkeit zwischen Steuern und sonstigen Abgaben darstellen. Das Gebot der Vollständigkeit des Haushaltsplans als Schutzinstrument der parlamentarischen Einnahmen- und Ausgabenhoheit bedarf einer spezifischen Verankerung in den Vorschriften der Finanzverfassung nicht. Ebenso *Schmehl*, Das Äquivalenzprinzip im Recht der Staatsfinanzierung, 2004, S. 78 ff.

[783] Vgl. etwa *Kloepfer*, AöR 97 (1972), S. 232 (243); *Leisner*, Verwaltungspreis – Verwaltungssteuer, in: Konrad/Jahrreiß (Hrsg.), Gedächtnisschrift für Hans Peters, 1967, S. 730 (745).

bb) Einordnung des Versteigerungserlöses in das System der nichtsteuerlichen Abgaben

Mit der Steuer nimmt der Staat teil an privatem Reichtum und legt sie als Gemeinlast allen finanziell leistungsfähigen Bürgern auf; mit der nichtsteuerlichen Abgabe verlangt er einem Teil der Bürger, die besondere Voraussetzungen erfüllen, eine Sonderlast ab. Die Sonderlast kann an eine konkrete staatliche Leistung und die dadurch eingeräumte Vorzugsstellung (Vorzugslast) anknüpfen oder Einzelne leistungsunabhängig zur Finanzierung einer besonderen staatlichen Aufgabe heranziehen (Sonderabgabe). Die Vorzugslast (infra 1) kompensiert einen staatlich geschaffenen Vorteil, die Sonderabgabe (infra 2) folgt einer zu finanzierenden Aufgabe.

(1) Grenzlinien zwischen Vorzugslasten und Sonderabgaben

Während die Vorzugslast sich durch ihre Gegenleistungsabhängigkeit trennscharf von der Steuer unterscheiden lässt, gerät die Sonderabgabe durch ihre leistungsunabhängige Finanzierungsfunktion in eine bedenkliche Nähe zu dem verfassungsrechtlich umfassend geregelten Institut der Steuer: Sie wird wie die Steuer voraussetzungslos, d. h. ohne Rücksicht auf eine korrespondierende Gegenleistung der öffentlichen Hand auferlegt[784], stützt sich anders als diese freilich nicht auf eine Abgabenkompetenz, sondern auf die Inanspruchnahme einer Sachregelungskompetenz aus den Art. 70ff. GG. Die Konkurrenzsituation zur Steuer wird hier besonders sichtbar. Sie beschwört die Gefahr einer Umgehung der finanzverfassungsrechtlichen Verteilungsregelungen herauf und muss insoweit sehr eingeschränkten Zulässigkeitsvoraussetzungen unterliegen[785].

Einer Prüfung an den Anforderungen der Verfassung halten Sonderabgaben nach der inzwischen gefestigten Rechtsprechung des Bundesverfassungsgerichts nur dann Stand, wenn sie von einer homogenen, d. h. nach einer gemeinsamen Interessenlage oder durch besondere gemeinsame Merkmale abgrenzbaren Gruppe erhoben werden, der für die mit der Abgabe zu finanzierende Aufgabe eine besondere Finanzierungsverantwortung zukommt; zwischen der durch die Erhebung der Sonderabgabe bewirkten Belastung einerseits und der durch sie bewirkten Vergünstigung andererseits

---

[784] BVerfG, Urt. v. 23.1.1990, NVwZ 1991, S. 52 (53).

[785] BVerfG, Urt. v. 10.12.1980, BVerfGE 55, S. 274 (308) – Berufsbildungsabgabe; BVerfG, Beschl. v. 17.7.2003, BVerfGE 108, S. 186 (217); st. Rspr. Sinn und Zweck dieser einschränkenden Voraussetzungen ist es, eine Umgehung der Finanzverfassung in den Fällen zu verhindern, in denen der Gesetzgeber unter Rückgriff auf seine Kompetenzen aus Art. 70 ff. GG den Bürger jenseits der finanzverfassungsrechtlichen Verteilungsregeln mit nichtsteuerlichen Abgaben belegt. Vgl. auch BVerfG, Urt. v. 18.5.2004, BVerfGE 110, S. 370 (387f.) – Klärschlamm-Entschädigungsfonds; m. w. N.

muss eine sachgerechte Verknüpfung bestehen[786], was im Regelfall eine gruppennützige Verwendung des Abgabeaufkommens bedingt[787].

Versteigerungserlöse genügen weder diesen Zulässigkeitsvoraussetzungen[788] noch erfüllen sie die begrifflichen Merkmale von Sonderabgaben. Kennzeichen der Sonderabgabe ist die Auferlegung einer Leistungspflicht, der keine Gegenleistung der öffentlichen Hand korrespondiert[789]. Versteigerungserlöse zahlt der Bürger freilich als Gegenleistung für eine ihm durch den Zuschlag zuteil werdenden Leistung. Sie sind nicht als voraussetzungslos konzipiert, sondern knüpfen synallagmatisch an den Zuschlag und die Rechtsverleihung an. Ihnen kommt auch keine (sonderabgabentypische) Finanzierungsintention zu, sondern sie entstehen regelmäßig lediglich als Nebenfolge eines auf andere Ziele, nämlich die sachgerechte Zuteilung, gerichteten Prozesses. Die Versteigerung zielt auf einen Vorteilsausgleich zwischen dem durch die Zuteilung begünstigten Einzelnen und der von der Nutzung ausgeschlossenen Allgemeinheit. Die aus ihr erzielten Erlöse sind keine Sonderabgaben, sondern allenfalls besondere Formen von Vorzugslasten[790].

(2) Grenzlinien zwischen Gebühren und Beiträgen

So wie die Steuer eine gegenleistungsfreie Abgabe zur Finanzierung staatlich herzustellenden Gemeinwohls ist und die Sonderabgabe den Einzelnen voraussetzungslos zur Finanzierung einer besonderen Aufgabe heranzieht, entgilt die Vorzugslast das staatlich hergestellte Individualwohl.

Ihre wichtigsten Phänotypen sind Gebühren und Beiträge. Beide knüpfen an die Erbringung einer staatlichen Leistung an[791]. Die Gebühr wird für die *tatsächliche* Inanspruchnahme einer staatlichen Einrichtung oder

[786] Auf das Kriterium der gruppennützigen Verwendung verzichtet das Bundesverfassungsgericht dann, wenn »die Natur der Sache eine finanzielle Inanspruchnahme der Abgabepflichtigen zugunsten fremder Begünstigter aus triftigen Gründen eindeutig rechtfertigt«.

[787] Das Bundesverfassungsgericht spricht dann von einer Sonderabgabe im engeren Sinne. Vgl. etwa BVerfG, Urt. v. 6.7.2005, NVwZ 2005, S. 1171 (1173). Dazu instruktiv *Selmer*, Die sogenannte Gruppennützigkeit der Sonderabgabe – eine Zulässigkeitsvoraussetzung im Wandel, in: Grupp/Hufeld, (Hrsg.), Festschrift für Mußgnug, 2005, S. 217ff.

[788] Fließen sie – wie im Falle der Erlöse aus Frequenzversteigerungen – dem allgemeinen Staatshaushalt zur Finanzierung allgemeiner Staatsaufgaben zu, fehlt es bereits an einer gruppennützigen Verwendung der erzielten Einnahmen. Die erfolgreichen Bieter weisen regelmäßig auch keine Finanzierungsverantwortlichkeit für die Aufgabe auf, die mit den Erlösen finanziert werden soll.

[789] Vgl. etwa ausdrücklich BVerfG, Urt. v. 23.1.1990, NVwZ 1991, S. 52 (53).

[790] Ebenso etwa *H.-W. Arndt*, Finanzverfassungsrechtliche Zulässigkeit der Versteigerung der UMTS-Lizenzen durch die RegTP, in: Piepenbrock/F. Schuster (Hrsg.), UMTS-Lizenzvergabe, S. 207 (232f.); *F. Becker*, Die Verwaltung 2002, S. 3 (19); *Kötter*, DVBl. 2001, S. 1556 (1562); *Kruhl*, Die Versteigerung knapper Frequenzen, 2003, S. 218.

[791] *Pieroth*, in: Jarass/Pieroth, GG, 9. Aufl. 2007, Art. 105 Rdnr. 3ff.; *Trzaskalik*, StuW 1992, 135 (141).

Leistung erhoben, ein Beitrag für die rechtliche Möglichkeit, den Vorteil in Anspruch zu nehmen, d. h. den *potenziellen* Vorteil[792]. Die Verknüpfung zwischen Leistung und Gegenleistung ist in dem einen Fall unmittelbarer, im anderen Fall mittelbarer Natur. Wesentlich ist für die Abgrenzung, ob die Leistung dem Abgabeschuldner individuell zurechenbar ist und andere Personen von dem Effekt der Leistung ausgeschlossen werden[793]. Der Beitrag soll denjenigen, der aus einer staatlichen Leistung, insbesondere einer öffentlichen Einrichtung potenziell einen besonderen wirtschaftlichen Vorteil zieht, zu deren Finanzierung heranziehen[794]; die Gebühr will die dem Bürger aus der tatsächlichen Nutzung erwachsenden, individuell zurechenbaren wirtschaftlichen Vorteile abschöpfen, durch die er Kosten verursacht hat oder gegenüber anderen bevorzugt worden ist. Der Beitrag vergütet die Möglichkeit der Leistungsinanspruchnahme, die Gebühr die Leistung selbst.

Die Versteigerung weist dem Meistbietenden mit der Zuweisung eines subjektiven öffentlichen Rechts zur alleinigen Nutzung einen konkreten und individualisierbaren wirtschaftlichen Vorteil zu. Der Versteigerungserlös entgilt die privilegierte Zuweisung eines exklusiven Nutzungsrechts in einer knappheitsbestimmten Zuteilungssituation. Er knüpft an den Zuschlag als die individualisierte staatliche Leistung, die als solche einen rechtlich erheblichen Vorteil vermittelt, nicht erst an eine potenzielle Möglichkeit der Leistungsinanspruchnahme, die die Zuweisung verschafft[795]. Abgabenauslösendes Element der Leistung ist nicht die Nutzung der mit der Leistung verbundenen Vorteile, sondern die Vermittlung des mit der Versteigerung verbundenen (Knappheits-)Vorteils, den das exklusive Nutzungsrecht ermöglicht. Versteigerungserlöse, die aus einer Zuweisung

---

792 Vgl. etwa BVerfG, Beschl. vom 24.1.1995, BVerfGE 92, 91 (115); BVerfG, Urt. v. 19.3.2003, BVerfGE 108, S. 1 (17 u. 26) – Rückmeldegebühr; BVerfG, Urt. v. 18.5.2004, BVerfGE 110, S. 370 (388) – Klärschlamm-Entschädigungsfonds; BVerfG, Urt. v. 6.7.2005, NVwZ 2005, S. 1171 (1172); *Jarass*, Nichtsteuerliche Abgaben und lenkende Steuern unter dem Grundgesetz; 1999, S. 27; *K. Vogel/Waldhoff*, Grundlagen des Finanzverfassungsrechts, 1999, Rdnr. 416; *Wilke*, Gebührenrecht und Grundgesetz, 1973, S. 117f.

793 In diesem Sinne etwa treffend *F. Kirchhof*, Die Höhe der Gebühr, 1981, S. 18ff.; *P. Kirchhof*, in: Isensee/P. Kirchhof (Hrsg.), HStR IV, 2. Aufl. 1999, § 88 Rdnr 192. Das BVerwG spricht von »generalisierter« Erhebung im Falle des Beitrages und »anlassorientierter« Erhebung im Falle der Gebühr (BVerwG, Urt. v. 22.11.2000, BVerwGE 112, S. 194 [207]; BVerwG, Urt. v. 19.9.2001, BVerwGE 115, S. 125 [134f.]).

794 BVerfG, Beschl. v. 16.10.1962, BVerfGE 14, S. 312 (317); BVerfG, Beschl. v. 26.5.1976, BVerfGE 42, S. 223 (228) – kommunale Fremdenverkehrsabgabe.

795 Das verwechselt *Kruhl*, Die Versteigerung knapper Frequenzen, 2003, S. 217f., wenn er die in der Versteigerung erfolgende Zuweisung von Frequenznutzungsrechten nicht ausreichen lässt, um den Tatbestand der Gebühr zu begründen, sondern auf die tatsächliche Nutzung durch die Ersteigerer abhebt. Die abgabenrechtliche Einordnung des Versteigerungserlöses hängt nicht davon ab, ob der Zuweisung des Gutes auch eine Nutzungspflicht (sog. »use it or lose it«-Regel) beigegeben ist oder ob der Versteigerungsteilnehmer es tatsächlich nutzt. Der individualisierbar zurechenbare Vorteil ist bereits mit der Zuweisung des Rechtes im Wege des Zuschlags eingetreten.

knapper, staatlich verwalteter Nutzungsrechte an den Meistbietenden hervorgehen, lassen sich danach nicht in die Abgabenkategorie der Beiträge pressen, sondern allenfalls in diejenige der Gebühren.[796].

(3) Der Versteigerungserlös – eine Gebühr?

Die Gebühr stellt eine Wertabschöpfung sicher, die an die Gewährung einer individuell zurechenbaren Leistung anknüpft. Ihre finanzverfassungsrechtliche Legitimation gründet sich auf die »individuelle Zurechenbarkeit« einer Verwaltungsleistung zu dem Gebührenschuldner, die beide als Leistung und Gegenleistung erscheinen lässt[797]. Ihr liegt der Gedanke eines »do ut des« zu Grunde. Sie kann – in den Worten des geistigen Vaters der neuzeitlichen Gebührendogmatik *Karl Heinrich Rau* – »als eine partielle Vergütung für den Aufwand angesehen werden, welchen der Regierung die einzelne Aeußerung der Staatsgewalt verursacht,« und hat »insofern mit der Bezahlung für geleistete Dienste Aehnlichkeit«[798].

Die Heranziehung für zurechenbar inanspruchgenommenen Aufwand findet seine Rechtfertigung letztlich in dem Gebot der Gleichbehandlung. Würde der staatliche Aufwand für eine gebührenpflichtige Leistung, die mit einem wirtschaftlichen Vorteil verbunden ist, aus dem allgemeinen Steueraufkommen finanziert, müssten alle Steuerbürger für einen Aufwand aufkommen, von dessen Ertrag nur einige profitieren. Schon *Otto Mayer*[799] sah es als eine »Forderung der natürlichen Billigkeit« an, dass derjenige, der »Vorteile auf Kosten des Gemeinwesens« erlange, »diesem eine angemessene Vergütung« schulde, denn »es wäre ungerecht den übrigen Staatsgenossen gegenüber, welche mit ihren Steuerlasten den Aufwand decken helfen müssen, wenn Einzelne den Vorteil des Unternehmens ohne Ausgleich ge-

---

[796] (Im Ergebnis) allgemeine Meinung vgl. etwa *Arndt*, Finanzverfassungsrechtliche Zulässigkeit der Versteigerung der UMTS-Lizenzen, in: Piepenbrock/F. Schuster (Hrsg.), UMTS-Lizenzvergabe, 2001, S. 207 (233 f.); *Kleinschmidt*, Die Versteigerung von Telekommunikationslizenzen, 2004, S. 44 f.

[797] *F. Becker*, Die Verwaltung 2002, S. 3 (16); *Wolff/Bachof/Stober*, Verwaltungsrecht, 12. Aufl. 2007, § 24 Rdnr. 23; BVerwG, Buchholz 401.81 Benutzungsgebühren Nr. 83 (S. 63).

[798] *Rau*, Grundsätze der Finanzwissenschaften, Erste Abtheilung, 1864, S. 384 f.; an anderer Stelle (Lehrbuch der politischen Ökonomie, Bd. 3, Grundsätze der Finanzwissenschaften, 4. Aufl. 1859, S. 105) beschreibt er Gebühren als »Auflagen, die aus einer besonderen Berührung der Bürger mit der Regierung gefordert werden und daher als Vergütung für eine einzelne mit Kosten verbundene Maßregel der vollziehenden Gewalt erscheinen«. Ähnlich später *Lorenz von Stein*, Lehrbuch der Finanzwissenschaft, Zweiter Theil, Erste Abtheilung, 5. Aufl. 1885, S. 250: Für ihn ist eine Gebühr »der individuelle wirtschaftliche Ersatz«, den der Staat von dem Einzelnen »für die ausschließlich in seinem Interesse benutzte Gesamtleistung […] fordert«. Ähnlich heißt es bei *F. J. Neumann* (Die Steuer und das öffentliche Interesse, 1887, S. 392): »Gebühren sind die zum Gewinn von Staats- und Gemeindeeinnahmen […] angeordneten Zahlungen, soweit sie Entgelte für spezielle Gegenleistungen des Staates oder der Gemeinden von öffentlichem Interesse sind«.

[799] *O. Mayer*, Deutsches Verwaltungsrecht, Bd. 2, 3. Auflage (1924), S. 289.

nießen dürften«. Ähnlich klingt es schon 1859 bei *Karl Umpfenbach* an[800]. Er sprach dem Staat nicht nur das Recht, sondern auch die Pflicht zu, Gebühren zu erheben, »damit nicht von einzelnen Staatsangehörigen, durch stärkere Inanspruchnahme von Staatseinrichtungen zu ihren Privatzwecken, auf die Gesammtheit eine ungerechte Belastung gewälzt werde«. *Lorenz von Stein* sah es gar als Widerspruch an, wenn ein Einzelner den Staat für seine Privatinteressen in Anspruch nehmen kann, so »dass der, welcher die Staatsfähigkeit nicht für sein Interesse braucht, für den zahlt, der sie für sich in Anspruch nimmt; das Einzelinteresse würde sich wenigstens wirtschaftlich zum Gesamtinteresse machen«[801].

Ob Anknüpfungspunkt einer solchen ausgleichenden Geldleistungspflicht und Zurechnungsgrund der Gebühr neben dem von dem Einzelnen individuell verursachten und zu verantwortenden staatlichen Aufwand auch schlicht der als Folge eines staatlichen Verhaltens dem Einzelnen zugeflossene individuelle Vorteil und die Intention seiner Abschöpfung sein kann[802], gehört zu den intrikatesten Fragen der Gebührendogmatik; ihr wird im Einzelnen auf den Grund zu gehen sein[803].

Das Grundgesetz kennt zwar keinen eigenständigen Gebührenbegriff, aus dem sich unmittelbar Prüfungsmaßstäbe für die Verfassungsmäßigkeit von Gebührenmaßstäben, Gebührensätzen oder Gebührenhöhen ergäben[804]. Auf der Grundlage der Ausgleichsfunktion von Gebühren und der Notwendigkeit der Abgrenzung zur Steuer lässt sich der verfassungsrechtlichen Gebührenbegriff – in Anlehnung an landesrechtliche Bestimmungen des Kommunalabgabenrechts – in einer vorsichtigen Annäherung aber dahingehend konkretisieren, dass es sich bei ihnen um öffentlich-rechtliche Geldleistungspflichten handelt, die aus Anlass individuell zurechenbarer öffentlicher Leistungen dem Gebührenschuldner durch eine öffentlich-rechtliche Norm oder sonstige hoheitliche Maßnahme auferlegt werden[805, 806].

---

800 *Umpfenbach*: Lehrbuch der Finanzwissenschaft, Erster Theil, 1859, S. 63.

801 *Von Stein*, Lorenz von: Lehrbuch der Finanzwissenschaft, Zweiter Theil, Erste Abtheilung, 5. Aufl., 1885, S. 130.

802 Die Rede ist dann vom doppelgliedrigen Gebührenbegriff; vgl. etwa *K. Vogel/Waldhoff* (Fn. 792), Rdnr. 407. Im dem einen Fall soll die Gebühr die durch eben diese Inanspruchnahme entstehenden Vorteile teilweise wieder abschöpfen, im zweiten Fall die entstandenen Kosten ausgleichen.

803 Siehe dazu insbesondere infra S. 499 ff.

804 BVerfG, Beschl. v. 6.2.1979, BVerfGE 50, S. 217 (226) – Widerspruchsgebühr; *Heimlich*, Die Verleihungsgebühr als Umweltabgabe, 1996, S. 83 ff.; *P. Kirchhof*, Staatliche Einnahmen, in: Isensee/P. Kirchhof (Hrsg.), HStR IV, 2. Aufl. 1999, § 88, Rdnr. 187; *ders.*, NVwZ 1987, S. 1031 (1034); *Murswiek*, NuR 1994, S. 170 (174); *Sacksofsky* (Fn. 754), S. 107 ff; *Schmehl*, Das Äquivalenzprinzip im Recht der Staatsfinanzierung, 2004, S. 96 f.; kritisch *K. Vogel/Waldhoff* (Fn. 792), Rdnr. 410 mit Fn. 181.

805 Vgl. BVerfG, Beschl. v. 4.2.1958, BVerfGE 7, S. 244 (251) – badische Weinabgabe; BVerfG, Beschl. v. 3.3.1965, BVerfGE 18, S. 392 (396); BVerfG, Beschl. v. 11.10.1966, BVerfGE 20, S. 257 (269); BVerfG, Beschl. v. 24.2.1979, BVerfGE 28, S. 66 (86 ff.); BVerfG, Beschl. v. 6.2.1979, BVerfGE 50, S. 217 (226) – Widerspruchsgebühr; BVerfG,

Versteigerungserlöse stehen im Hinblick auf ihren synallagmatischen Charakter den Gebühren als »marktanalogem Tauschvorgang«[807] für eine Leistung der öffentlichen Hand sehr nahe: Mit einer Versteigerung wird dem Meistbietenden der Zugriff auf ein staatlich verwaltetes Gut als konkreter Vorteil zuteil, den er vor allen anderen Interessenten erlangt und für den ihm als Versteigerungserlös ein Knappheitspreis abverlangt wird. Der Versteigerungserlös schöpft einen individuellen Sondervorteil ab[808]; hier trifft er sich mit der Abschöpfungsfunktion der Gebühr.

Lässt er sich in einer der klassischen, allgemein anerkannten Gebührenkategorien, namentlich der Verwaltungs- oder der Nutzungsgebühr rubrizieren, wird seine verfassungsrechtliche Zulässigkeit finanzverfassungsrechtlich handhabbar[809]. Beide Kategorien unterscheiden sich in ihrem Veranlassungsgrund.

(a) Verwaltungsgebühr

Die Verwaltungsgebühr ist Kostenersatz für eine individuell gewidmete Amtshandlung der Verwaltung[810]. Sie kann erhoben werden, wenn der Bürger Leistungen der Verwaltung, etwa die Dienste der Kfz-Zulassungsstelle, in Anspruch nimmt. Den im Interesse oder auf Veranlassung des Pflichtigen erfolgenden Verwaltungsaufwand hat er als kostenverantwortlicher Verursacher zu vergüten.

Für Versteigerungserlöse trifft dies nicht zu. Sie sollen nicht den *Verwaltungsaufwand* abdecken, den der Allokationsvorgang der Versteigerung hervorruft, sondern ausschließlich den bei dem Auktionsgewinner im Ver-

---

Urt. v. 19.3.2003, BVerfGE 108, S. 1 (13) – Rückmeldegebühr. Vgl. zu diesem sog. formalen Gebührenbegriff in der Literatur: *Wilke*, Gebührenrecht und Grundgesetz, 1973, S. 50, 89, 105, 195; ferner etwa *Heimlich* (Fn. 804), S. 83ff.; *K. Vogel/Waldhoff* (Fn. 792), Rdnr. 407ff.

[806] Ob sie auch dazu bestimmt sein müssen, in Anknüpfung an die erbrachte staatliche Leistung deren Kosten ganz oder teilweise zu decken, wird intensiv diskutiert (vgl. dazu im Einzelnen S. 499ff.).

[807] *Gawel*, Die kommunalen Gebühren, 1995, S. 102.

[808] Vgl. dazu bereits supra S. 298ff.

[809] Vgl. etwa §4 Abs. 2 nrw.KAG: »Gebühren sind Geldleistungen, die als Gegenleistung für eine besondere Leistung – Amtshandlung oder sonstige Tätigkeit – der Verwaltung (Verwaltungsgebühren) oder für die Inanspruchnahme öffentlicher Einrichtungen (Benutzungsgebühren) erhoben werden«.

[810] Vgl. §6 PrKAG, der die klassische Definition der Verwaltungsgebühren enthält: Die Gemeinden und Ämter »dürfen, soweit nicht Gebührenfreiheit gesetzlich angeordnet ist, für einzelne Handlungen ihrer Organe (für eine Tätigkeit), die im Wesentlichen im Interesse Einzelner erfolgen, Verwaltungsgebühren erheben«; ferner BVerfG, Beschl. v. 6.2.1979, BVerfGE 50, S. 217 (226) – Widerspruchsgebühr; BVerfG, Beschl. v. 10.3.1998, BVerfGE 97, S. 332 (345) – einkommensabhängige Kindergartengebühr; BVerwG, Urt. v. 3.3.1994, BVerwGE 95, 188 (200) – Luftsicherheitsgebühr; BVerwG, Urt. v. 25.9.2003, DVBl. 2004, S. 320ff. (keine Gebühr für 2. juristische Staatsprüfung von Rechtsreferendaren).

hältnis zur Allgemeinheit eingetretenen Nutzenvorteil abschöpfen[811]. Die mit der Erteilung des Zuschlags verbundene Einräumung eines Sonderrechtes bei der Zuteilung knapper, staatlich verwalteter Güter erfüllt die Voraussetzungen einer Verwaltungsgebühr nicht[812].

(b) Benutzungsgebühr

Bei Benutzungsgebühren besteht die besondere staatliche Leistung in der Inanspruchnahme einer öffentlichen Einrichtung (also eines Bestands an Sachmitteln, die ein Träger öffentlicher Gewalt durch Widmung dazu bestimmt hat, der Allgemeinheit [bzw. dem vom Widmungszweck erfassten Personenkreis] aufgrund besonderer Zulassung zur Verfügung zu stehen, zum Beispiel Badeanstalten, Schulen, Universitäten, Theater, Büchereien, Museen, Freizeit-, Bildungs-, Begegnungsstätten) oder einer sonstigen staatlichen Sachleistung. Die Benutzungsgebühr entgilt den Vorteil, der dem Pflichtigen durch die Inanspruchnahme der Einrichtung zugute kommt[813]. Sie steht im Dienst der Zielsetzung, einen Ausgleich konkurrierender Nutzungsinteressen an öffentlicher Zweckbestimmung unterstellten Gütern herzustellen und einen Aufwand zu vergüten, der mit der Inanspruchnahme der staatlichen Leistung einhergeht. Wichtige Folien geben die Studiengebühr[814], Kindergartengebühren[815], Abfall-[816] und Kanalisationsgebühren ab[817].

Der Erlös aus der Versteigerung knapper Güter lässt sich dann als Benutzungsgebühr begreifen, wenn er sich als mietähnliches Entgelt für die Benut-

---

811 Bei der Versteigerung von Frequenzen nach dem TKG wird beispielsweise zusätzlich zum Versteigerungserlös eine Verwaltungsgebühr für die Durchführung des Versteigerungsverfahrens erhoben. Die Verwaltungsgebühr wird zwar auf den Versteigerungserlös angerechnet. Der Gesetzgeber zeigt aber damit deutlich, dass er den Versteigerungserlös nicht als Verleihungsgebühr einstuft.

812 Vgl. für die Zuteilung von Frequenzen *Kruhl*, Die Versteigerung knapper Frequenzen, 2003, S. 218; für die Verleihungsgebühr *Wieland*, Konzessionsabgaben, 1991, S. 297; allgemein *Leist*, Versteigerungen als Regulierungsinstrument, 2004, S. 132.

813 Ihren ersten Niederschlag fanden Benutzungsgebühren in § 4 Abs. 1 des preußischen Kommunalabgabengesetzes: »Die Gemeinden können für die Benutzung der von ihnen im öffentlichen Interesse unterhaltenen Veranstaltungen (Anlagen, Anstalten und Einrichtungen) besondere Vergütungen (Gebühren) erheben«. Vgl. auch *Heimlich* (Fn. 804), S. 233 f.; *Kirchhof*, DVBl. 1987, S. 554 (555); *Rinke*, Öffentliche Straßenbaufinanzierung, in: Kodal/Krämer (Hrsg.), Straßenrecht, 6. Aufl. 1999, Kap. 16 Rdnr. 9; *Sacksofsky* (Fn. 754), S. 92 f.; *Wilke*, Gebührenrecht und Grundgesetz, 1973, S. 111.

814 BVerwG, Urt. v. 25.7.2001, BVerwGE 115, S. 32 (38); VGH Baden-Württemberg, Urt. v. 6.4.2000, ESVGH 50, S. 219 ff.

815 Vgl. dazu etwa BVerfG, Beschl. v. 10.3.1998; BVerfGE 97, S. 332 ff.; BVerwG, Urt. v. 15.9.1998, BVerwGE 107, S. 188 ff.; BVerwG, Beschl. v. 15.3.1995, NVwZ 1995, S. 790 f.

816 Vgl. etwa OVG Nordrhein-Westfalen, Urt. v. 29.1.1980, KStZ 1980, S. 112 f.; OVG Schleswig-Holstein, Urt. v. 24.6.1998, NVwZ 2000, S. 102 ff.

817 Vgl. etwa VGH Baden-Württemberg, Urt. v. 7.4.1975, DÖV 1975, S. 857.

zung eines knappen Gutes (zum Beispiel von Frequenzen) konstruieren lässt, das die Voraussetzungen für eine öffentliche Einrichtung erfüllt. Wiewohl viele dies mit leichter Hand ohne nähere Begründung verneinen[818], steht der Versteigerungserlös den Benutzungsgebühren bei näherer Betrachtung viel näher, als dies ein flüchtiger Blick freizulegen vermag. Er weist eine konstruktive Nähe zu (Sondernutzungs-)Gebühren auf. Benutzungsgebühren wohnt ebenso wie Versteigerungserlösen eine Ausgleichs- und Verteilungsfunktion inne, die der besonderen, mit der Verschaffung einer Nutzungsmöglichkeit verbundenen Privilegierung eines eingeschränkten Nutzerkreises Rechnung trägt. Wie diese verschaffen Versteigerungserlöse die tatsächliche Nutzungsmöglichkeit an einem knappen Gut der Allgemeinheit zur exklusiven, Dritte ausschließenden Nutzung[819]. Das Recht der öffentlichen Sachen könnte insoweit als Referenzgebiet Ansatzpunkte und Vorbilder für eine rechtliche Lösung der Versteigerungsproblematik liefern[820].

Dass die zu versteigernden Güter nicht (jedenfalls nicht immer) die Sachqualität im Sinne der zivilrechtlichen Dogmatik aufweisen, steht der Einstufung als öffentliche Sache dabei nicht als solches zwingend entgegen. Das Recht der öffentlichen Sachen knüpft nicht an den zivilrechtlichen

[818] Vgl. z. B. *F. Becker*, DÖV 2003, S. 177 (179).

[819] Es erscheint nicht fern liegend, das mit der Versteigerung verbundene Entgelt ähnlich wie die Nutzung von Straßen, die den widmungsgemäßen und verkehrsbehördlich erlaubten Gebrauch der Straße zum Verkehr (*Gemeingebrauch*) überschreitet und abstrakt die widmungsgemäße Nutzung der Straße durch Dritte beeinträchtigt (*Sondernutzung*), als hoheitliche Abgabe einzustufen, die für die Verschaffung einer tatsächlichen Nutzungsmöglichkeit an dem knappen Gut und deren Unterhaltung entrichtet wird und die dem Staat eine Beschränkung seiner Eigentums- bzw. Dienstbarkeitsrechte auferlegt, soweit sie die Sondernutzung stören. In diesem Sinne *Fehling*, JuS 2003, S. 246 (249). Dafür spricht im Bereich zuzuteilender Frequenzen insbesondere die Gewährleistungsfunktion des Bundes nach Art. 87f Abs. 1 GG (ebenso *Hufeld*, JZ 2002, S. 871 [872]). Sie begründet eine besondere öffentlich-rechtliche Verantwortung des Staates für die Sicherstellung telekommunikationsrechtlicher Infrastruktur.
Über die rechtliche Einordnung der Sondernutzungsgebühr ist zwar lange gestritten worden. Heute wird sie jedoch überwiegend als Benutzungsgebühr im Sinne der abgabenrechtlichen Dogmatik eingestuft. Das gilt allerdings nicht schlechthin, sondern nur insoweit, als sie eine staatliche Sachleistung (und sei es auch nur die staatliche Duldung einer Nutzung) entgelten, d. h. soweit die staatliche Leistung in der Eröffnung der tatsächlichen Nutzungsmöglichkeit besteht. Anderenfalls stellen sie andere Abgabeformen dar, für die andere Zulässigkeitsvoraussetzungen gelten. Vgl. *Heimlich* (Fn. 804), S. 234; *F. Kirchhof*, Die Höhe der Gebühr, 1981, S. 34 (beachte dort auch Fn. 12); *ders.*, DVBl. 1987, S. 554 [556]); *Wilke*, Gebührenrecht und Grundgesetz, S. 57. Nur Benutzungsgebühr dagegen: *Friauf*, Verleihungsgebühren als Finanzierungsinstrument für öffentliche Aufgaben?, in: Festschrift der Rechtswissenschaftlichen Fakultät zur 600-Jahr-Feier der Universität zu Köln, S. 679 (691).

[820] Ähnlich wie hier *Fehling*, JuS 2003, S. 246 (249); *Lorenz*, NVwZ 1989, S. 812 ff.; *Hendler*, NuR 1989, S. 22 (24); a. A. *Sacksofsky* (Fn. 754), S. 203 f.: Der Ertrag der Einordnung von Umweltabgaben als öffentliche Sachen sei gering. In ihren Augen ist das Recht der öffentlichen Sachen nicht passgenau auf die hier relevanten Fragestellungen übertragbar. Sie übersieht dabei, dass das Recht der öffentlichen Sachen für viele der hier zu klärenden Fragestellungen bewährte Regelungen bereithalten kann.

Sachbegriff an[821]; es geht darüber hinaus und erfasst konstruktiv auch nicht-körperliche Gegenstände, wie Luft, Wasser, Strom und elektromagnetische Wellen, etwa Frequenzen. Entscheidend ist die öffentlich-rechtliche Zweckbestimmung[822], nicht die Sachqualität. Voraussetzung ist freilich die Widmung, d. h. die Begründung der öffentlich-rechtlichen Sachherrschaft an dem zuzuteilenden Gegenstand. Das engt den Kreis der als Benutzungsgebühren rubrizierbaren Leistungen signifikant ein. Abstrakte Rechtsgewährungen, wie etwa Taxi- oder Spielbankerlaubnisse, scheiden insoweit a priori aus[823]. Ihre Zuteilung lässt sich nicht als Gegenstand einer Benutzungsgebühr darstellen.

Auch die verbleibenden Nutzungsrechte, die unmittelbar den Zugang zu knappheitsbeschränkten öffentlichen Sachen oder öffentlichen Einrichtungen betreffen, setzen hinter den Versteigerungserlös als Nutzungsgebühr zahlreiche Fragezeichen. Versteigerungserlöse sollen nicht primär die tatsächliche Inanspruchnahme einer öffentlichen Einrichtung vergüten, für die der Verwaltungsträger abstrakt eine Gegenleistung festgelegt hat, sondern den Zugang zu der Einrichtung im Fall des Bewerberüberhangs steuern. Sie knüpfen weniger an die Zurverfügungstellung der tatsächlichen Nutzungsmöglichkeit als an die bevorrechtigte Zuteilung im Falle des Kapazitätsengpasses an. Anders als die Benutzungsgebühr entgelten sie nicht die tatsächliche Nutzung (das »Wie«)[824], sondern das durch staatliche Leistung vermittelte Nutzungs*recht* (das »Ob«).

Aus verwaltungsökonomischer Perspektive ist zunächst nichts dagegen zu erinnern, bei der Höhe der Gegenleistung für die tatsächliche Inanspruchnahme einer öffentlichen Einrichtung deren Knappheitswert zu berücksichtigen. Im Gegenteil erscheint dies als ein sinnvoller Beitrag zu effizienter Güterallokation und insofern auch als Baustein verfassungsrechtlich legitimer Verwaltungseffizienz. So wäre es grundsätzlich verfassungsrechtlich bedenkenfrei, wenn die Nutzungsgebühr für eine öffentlich-rechtlich betriebene Badeanstalt nach stark und schwach frequentierten Besuchszeiten differenziert und damit den marktwirtschaftlichen Knappheitspreis an-

---

[821] Ebenso *Pappermann/Löhr/Andriske*, Recht der öffentlichen Sachen, 1987, S. 4f., 8f.; *Schmidt-Jortzig*, NVwZ 1987, S. 1025 (1027); a. A. *Stern*, VVDStRL 21 (1964), S. 183 (193ff.); *W. Weber*, VVDStRL 21 (1964), S. 145 (173).

[822] Die Sachqualität ist nicht entscheidend. Öffentliche Einrichtungen sind nicht an den zivilrechtlichen Eigentumsbegriff gebunden.

[823] Sie nehmen von vornherein nicht an dem Begriff der öffentlichen Sache teil, da sie einen Widmungsakt an einem Gegenstand voraussetzt, der die öffentlich-rechtliche Sachherrschaft an dem zuzuteilenden Gegenstand begründet. Bei ihrer Zuteilung erzielte Versteigerungserlöse lassen sich a priori nicht als Benutzungsgebühren darstellen.

[824] Die Sondernutzungserlaubnis knüpft an die tatsächliche Nutzung, nicht an die Erlaubniserteilung an. Dementsprechend ist eine Sondernutzungsgebühr für eine öffentliche Straße auch dann zu entrichten, wenn keine Sondernutzungserlaubnis erteilt wurde, die Sondernutzung aber tatsächlich in Anspruch genommen wurde (vgl. BVerwG, Urt. v. 21.10.1970, VkBl. 1971, 218).

näherungsweise abbildet oder eine Straßenbenutzungsgebühr für eine Verkaufsfläche die Lage des Grundstücks berücksichtigt[825]. §8 Abs. 3 S. 6 BFStrG schreibt den Gemeinden beispielsweise sogar ausdrücklich eine Berücksichtigung der wirtschaftlichen Interessen des Gebührenschuldners vor[826]. Dann erscheint es auch nicht mehr gänzlich fernliegend, die Höhe des Nutzungspreises im Wege der Versteigerung zu bestimmen. Die Trennung zwischen Zulassung und Nutzung (»ob« und »wie«, insbesondere der Höhe des Nutzungspreises von der Zuweisung des Nutzungsrechts) nach dem Modell der Zweistufentheorie mag man insofern nachgerade als künstliche Aufspaltung eines einheitlichen Lebensverhältnisses und damit als anachronistisch empfinden[827], die Versteigerung demgegenüber als sinnvolle Anreicherung der Benutzungsgebühr mit marktwirtschaftlichen Elementen der Knappheitsbewirtschaftung. Sie erscheint dann als besonderes Verfahren zur Berechnung der Gebührenhöhe, die die Trennung von Zulassung und Nutzung überwindet, indem sie die Zulassung zur Nutzung an die Zahlung des Benutzungswertes knüpft und sich die ressourcensteuernde Kraft des Preises zu Eigen macht.

Indem der Versteigerungserlös den Vorgang der Zuteilung und der hierfür erhobenen Zahlung zu einer Einheit verwebt und den erlangten Vorteil nicht im Anschluss an eine erfolgte Zuteilung abschöpft, sondern *Voraussetzung* für den Rechtserwerb ist und als solche ein bevorrechtigtes Nutzungsrecht einräumt, verlässt sie freilich den dogmatisch gefestigten Dunstkreis der Benutzungsgebühr. Deren dogmatischer Fokus und vorrangige finanzverfassungsrechtliche Legitimation liegt in der Vergütung der tatsächlichen Inanspruchnahme einer staatlichen Leistung und des durch sie entstandenen tatsächlichen Nutzungsvorteils, nicht in der Verleihung des Nutzungsrechts und der Vergütung des durch sie entstehenden rechtlichen Vorteils. Sie knüpft nicht an die Knappheit des Gutes und den Akt der Zuteilung, sondern an die Nutzung an. Sie wird auch dann erhoben, wenn kein Knappheitskonflikt der Nutzungsinteressenten vorliegt. Die Versteigerung setzt ihrem Sinn nach die Knappheit des Gutes demgegenüber voraus. Sie beschränkt sich nicht darauf, eine tatsächliche Nutzung zu vergüten, sondern entgilt die Einräumung einer Vorzugsstellung. Die zu vergütende Leistung liegt bei ihr weniger in der Benutzung als solcher als in der

---

[825] Vgl. *Grote*, Die Sondernutzung öffentlichen Rechts, in: Kodal/Krämer (Hrsg.), Straßenrecht, 6. Aufl. 1999, Kap. 26 Rdnr. 20.1.

[826] Ähnlich schreiben die Gebührengesetze der Länder eine Berücksichtigung des wirtschaftlichen Wertes der Amtshandlung bei der Gebührenbemessung vor. Vgl. etwa §3 rp.LGebG. Vgl. dazu OVG Rheinland-Pfalz, Urt. v. 10.12.1998 – 12 A 10600/98.OVG –.

[827] Vgl. zur Kritik an der Zweistufentheorie *von Danwitz*, JuS 1995, S. 1ff.; *Hufen*, VerwProzR, 6. Aufl. 2005, §11, Rdnr. 44; *Röhl*, VerwArch. 86 (1995), S. 531 (565); *Zuleeg*, Die Zweistufenlehre, in: Oberndorfer/Schambeck (Hrsg.), Festschrift für Ludwig Fröhler zum 60. Geburtstag, 1980, S. 275 (296).

(bevorrechtigten) Verschaffung des Zugangsrechts zu dem knappen Gut. Sie besteht in dem rechtlichen Akt der Zuteilung eines knappen Gutes, d. h. der Verwandlung eines Teilhaberechtes in einen unbedingten Zulassungsanspruch. Aus ökonomischer Sicht sind Versteigerungserlöse marktwirtschaftliche Knappheitspreise für eine eingeräumte Nutzungsmöglichkeit. Die Versteigerung ist ein Mittel zur Bestimmung des Zugangsanspruchs. Dass sie auch die Nutzung vergütet, ändert daran nichts. Der Versuch, Benutzungsgebühren über eine Nutzungsvergütungs- auch eine Rechtszuteilungsfunktion zuzuweisen, kann sich mithin nicht auf die verfestigte Typisierungswirkung des Begriffs der Benutzungsgebühr stützen, die den erhobenen Entgelten qua verfestigter verfassungsdogmatischer Rubrizierung die Vermutung der Zulässigkeit vermittelt. Der Versteigerungserlös bezieht sich nicht primär auf die Vergütung der Benutzung, sondern auf die Verschaffung eines privilegierten Zugangs zu der Einrichtung. Das ist finanzverfassungsdogmatisch ein aliud[828, 829].

(c) Verleihungsgebühr

Lassen sich Versteigerungserlöse nicht bruchlos in das System der anerkannten Gebührentypen der Verwaltungs- und Benutzungsgebühr einordnen, ist damit das Urteil der Unzulässigkeit über die Versteigerung und ihre Erlöse nicht gefällt. Neben Verwaltungs- und Benutzungsgebühren diskutiert die Abgabendogmatik als dritten zulässigen Gebührentyp die Verleihungsgebühr[830]. Sie wird in solchen Fällen als zulässig erwogen, in denen

---

[828] Vgl. für die sog. Verleihungsgebühr ähnlich *Wieland*, Die Konzessionsabgaben, 1991, S. 297 f. m. w. N.

[829] Konstruierbar erscheint allenfalls eine gedankliche Aufspaltung des Versteigerungserlöses: Lässt er sich dahin interpretieren, dass er die Benutzung, d. h. die Gebrauchsüberlassung der Sache, entgilt, zugleich aber auch Zuteilungskriterium ist, dann hat er eine Doppelnatur. Der Versteigerungserlös verknüpft dann Zuteilung und Wertermittlung untrennbar miteinander. Er vergütet die Nutzung und dient der Ermittlung ihres Wertes. Der Versteigerungserlös erscheint dann als besonderes Verfahren zur Bestimmung der Höhe einer Benutzungsgebühr. Haltbar ist die Konstruktion des Versteigerungserlöses als Benutzungsgebühr nur dann, wenn sie grundsätzlich von jedem Nutzungsinteressenten erhoben wird, nicht ausschließlich im Falle des Bewerberüberhangs. Bei der Versteigerung von Telekommunikationsfrequenzen nach dem TKG ist dies beispielsweise jedoch nicht der Fall: Sie versteht sich ausschließlich als Zugangsregelung für den Fall des Bewerberüberhangs.

[830] Die Zulässigkeit bejahend etwa *Arndt*, WiVerw 1990, S. 1 (25); *Balmes*, DStZ 1990. S. 198 (199); *de Buhr*, IUR 1992, S. 236 f.; *F. Kirchhof*, DVBl. 1987, S. 554 ff.; *ders.*, NVwZ 1987, S. 1031 (1035); *Heimlich* (Fn. 804), S. 217 ff.; *Henneke*, Jura 1990, S. 113 (114); *O. Horn*, Die Feldes- und Förderabgabe nach dem BBergG, 1990, S. 96 ff.; 187 ff.; *Kretz*, BWVP 1994, S . 30; *Meßerschmidt*, DVBl. 1987, S. 932; *S. Meyer*, Gebühren für die Nutzung von Umweltressourcen, S. 125 ff.; *Schollmeier*, WUR 1991, S. 2; *Wieland*, Die Konzessionsabgaben, S. 298 ff.; *ders.*, WUR 1991, S. 133 f.; *Wolff/Bachof/Stober*, Verwaltungsrecht, Bd. I, 12. Aufl. 2007, § 42 Rdnr. 35.
Ablehnend: *Donner/Fischer*, Umweltschutz durch Abgaben, in: Donner u. a. (Hrsg.), Umweltschutz zwischen Staat und Markt, 1989, S. 359 f. (373 ff.); *Friauf*, Verleihungsge-

der Staat dem Bürger die Möglichkeit verschafft, von einer öffentlich-rechtlichen Erlaubnis, Bewilligung oder sonstigen Verleihung dauernd Gebrauch zu machen. Von den beiden anderen Gebührenarten unterscheidet sie sich durch den Gegenstand der staatlichen Leistung: Geleistet wird nicht (allein) ein faktischer Vorteil, sondern ein Recht[831].

Die Verleihungsgebühr soll den Vorteil abschöpfen, den der Bürger aus der Zuteilung von staatlichen Rechten erfährt. Sie ist Entgelt für die Erteilung von Verleihungen oder die Ausübung von hoheitlich verliehenen Rechten, die zu einem materiellen Rechtsgewinn bei dem Betroffenen führt und einen vermögenswerten Vorteil ausgleichen soll; die Verleihungsgebühr ist Entgelt für die Verschaffung eines subjektiven öffentlichen Rechts[832]. *Lorenz von Stein* bezeichnete sie – er sprach noch von Konzessionsgebühr – als »Preis für die Überlassung eines Werthes«[833], der eine Differentialrente erfassen soll. Sie knüpft an die Einräumung eines Wettbewerbsvorteils in einer Knappheitssituation an, welcher gegenüber den Nachteilen der Allgemeinheit oder nicht berücksichtigter Bewerber ausgeglichen werden soll. Als Anwendungsfälle werden insbesondere Wettkonzessionsabgaben, die Feldes- und Förderabgabe nach dem Bundesberggesetz[834] sowie die Spielbankenabgabe gehandelt. Einige stufen auch Entgelte für Sondernutzungserlaubnisse als Verleihungsgebühren ein.

Die Zuteilung von Rechten im Wege der Versteigerung und deren Abgeltung durch einen Versteigerungserlös steht dem Gedanken der Verlei-

---

bühren als Finanzierungsinstrument für öffentliche Aufgaben?, in: FS Universität Köln, 1988, S. 679ff.; *Heun*, DVBl. 1990, S. 666 (673f.); *ders.*, in: Dreier, GG, Kommentar, Bd. III, 2000, Art. 105, Rdnr. 19; *Hofmann*, VBlBW 1988, S. 427f.; *Jarass*, DÖV 1989, S. 1013 (1016); *P. Kirchhof*, Staatliche Einnahmen, in: Isensee/P. Kirchhof (Hrsg.), HStR IV, 2. Aufl. 1999, § 88 Rdnr. 187; *ders.*, Jura 1983, S. 505 (511f.); *Kober*, BWVPr 1991, S. 73 (76f.); *Manssen*, DÖV 1996, S. 12 (16); *ders.*, Verfassungsrechtliche Rahmenbedingungen einer ökologischen Steuerreform, in: JbUTR 1996, S. 140f.; *Morgenthaler*, SächsVBl. 1994, S. 99f.; *von Mutius/Lüneburger*, DVBl. 1995, S. 1205 (1207f.); *Sander*, DVBl. 1990, S. 18 (23); *Wiß*, Finanzverfassungsrechtliche Probleme der Einführung einer Wasserentnahmeabgabe auf Landesebene, S. 152ff.
Nur eingeschränkt anerkennend: *Ch. Müller*, Möglichkeiten und Grenzen der Verhaltenssteuerung durch Abgaben im Umweltrecht, S. 146f.; *Pietzcker*, DVBl. 1987, S. 774 (779); *Schaefer*, Der verfassungsrechtliche Steuerbegriff, 1997, S. 171ff.

[831] *F. Kirchhof*, DÖV 1992, S. 233 (237); *Wieland*, Die Konzessionsabgaben, 1991, S. 297f. m. w. N.

[832] Ebenso *Heimlich* (Fn. 804), S. 217ff. m. w. N.; *Schimpf*, Die Verleihungsgebühr, 1998, S. 45f.; *Sacksofsky*, Umweltschutz durch Abgaben, S. 95; ebenso *Wieland*, Konzessionsabgaben, S. 297: »Die Verleihungsgebühr ist das Entgelt für die rechtliche Möglichkeit, von einer erteilten Verleihung oder Bewilligung – also einem dem Bürger vom Staat eingeräumten Recht – Gebrauch zu machen«; *Arndt*, K & R 2001, S. 29: »Gebühren, die für die hoheitliche Verleihung eines Rechts erhoben werden«; *C. Koenig*, Die öffentlich-rechtliche Verteilungslenkung, 1994, S. 281 (283).

[833] *Von Stein*, Lehrbuch der Finanzwissenschaft, Zweiter Theil, Erste Abtheilung, 5. Aufl. 1885, S. 302.

[834] Vgl. dazu *O. Horn*, Die bergrechtliche Feldes- und Förderabgabe, 1990; *Nicolaysen*, Bewilligung und Förderabgabe nach dem BBergG, 1982, S. 24ff.

hungsgebühr nahe. Versteigerungserlöse wie Verleihungsgebühren zielen auf die Abschöpfung eines Sondervorteils, der mit der Zuteilung einer knappheitsbeschränkten Rechtsposition einhergeht. Sie beruhen auf der gleichen rechtspolitischen Leitvorstellung: Sie gründen ihre Legitimation auf den Gedanken, dass nicht ohne Weiteres einzusehen ist, weshalb Rechtsträger, die von der Zuteilung knapper Güter profitieren und dadurch im wirtschaftlichen Wettbewerb einen Vorteil haben, diesen unentgeltlich sollen genießen dürfen, ohne dafür einen Ausgleich zu erbringen. Es entspricht durchaus den Geboten rationaler Verteilungserwägungen, für die Nutzung eines Gemeingutes einen »Preis« zu verlangen, wenn diese Nutzung gesamtwirtschaftliche Kosten zeitigt, um auf diese Weise die Kosten nach dem Verursacherprinzip bei den sie jeweils auslösenden Produktionseinheiten zu internalisieren[835, 836].

Das Instrument der Verleihungsgebühr findet aufgrund seiner volkswirtschaftlichen Verteilungsfunktion häufig auch als modernes Instrument des Finanzstaates Beifall, dem sich neue Aufgaben öffnen und das von einem abgabenrechtlichen Fossil weit entfernt sei[837]. Es stößt aber auch auf erbitterte Ablehnung. Was für die einen ein Steuerungs- und Ausgleichsinstrument darstellt, repräsentiert für die anderen ein Relikt eines patrimonialisti-

---

[835] Vgl. *Tomuschat*, Der Staat 1973, S. 433 (456); *Salzwedel*, Studien zur Erhebung von Abwassergebühren, 1972, S. 13, 52f.

[836] Der Gedanke der Vorteilsabschöpfung findet sich in vielen Bereichen der Rechtsordnung wieder: Die strafrechtlichen Vorschriften der §§ 73ff. StGB etwa sind darauf abgerichtet, dem Täter die Vorteile zu nehmen, die er aus einer rechtswidrigen Tat erlangt hat. Derjenige, der etwa ohne behördliche Erlaubnis ein Gewässer verunreinigt, um es für sich als Wirtschaftsgut zu nutzen (§ 324 StGB) und derjenige, der unter Verletzung fremden Fischereirechts fischt (§ 293 StGB), soll aus seinem Tun keinen wirtschaftlichen Vorteil behalten (vgl. zum strafrechtlichen Verfall *Güntert*, Gewinnabschöpfung als strafrechtliche Sanktion, 1983, S. 12; *Podolsky/Brenner*, Vermögensabschöpfung im Strafverfahren, 3. Aufl. 2007; *Rönnau/Hohn*, wistra 2002, S. 445ff.; *Wallschläger*, Die strafrechtlichen Verfallsvorschriften, 2002; kritisch zur Reklamierung öffentlicher Ausgleichsinteressen als Rechtfertigung für eine strafrechtliche Ausgleichsvorschrift *Julius*, ZStW 109 [1997], S. 58 [91]). Den Gedanken der Vorteilsabschöpfung atmet auch eine Vielzahl zivilrechtlicher Vorschriften: Der aus dem Tätigwerden in einem fremden Rechtskreis erwirtschaftete Gewinn führt zum Abschöpfungsanspruch des Geschäftsherrn (§ 687 Abs. 2 BGB). Die § 812ff. BGB gleichen den Vermögensvorteil aus, den jemand ohne rechtlichen Grund erlangt hat. Ähnlich begründet der ungerechtfertigte Vermögenszuwachs im Rahmen öffentlich-rechtlicher Rechtsverhältnisse eine Ausgleichspflicht des Begünstigten, dem das Gesetz zur Durchsetzung verhilft (Vgl. etwa die öffentlich-rechtlichen Erstattungsansprüche des § 87 Abs. 2 BBG, § 12 Abs. 2 BBesG, § 52 Abs. 2 BeamtVG, § 37 Abs. 2 AO, § 50 SGB X, § 49a VwVfG, § 21 Abs. 1 Hs. 2 VwKostG sowie das Rechtsinstitut des allgemeinen öffentlich-rechtlichen Erstattungsanspruchs). Der Vorteilsausgleichsgedanke greift auch bei der Bemessung von Ansprüchen Platz: Er beansprucht sowohl für das zivilrechtliche Schadensersatzrecht Geltung wie auch für staatshaftungsrechtliche Rechtsgrundlagen (vgl. etwa § 93 Abs. 3 BauGB, § 17 Abs. 2 Schutzbereichsgesetz, § 13 Nr. 1 Eisenbahnkreuzungsgesetz, § 67 bw.WasserG, § 126 nds.WasserG, § 32 Abs. 1 BleistG, § 17 Abs. 1 GrdstVG, § 9 Abs. 1 BEntschädG).

[837] *F. Kirchhof*, DVBl. 1987, S. 557; ihm zustimmend *Heimlich* (Fn. 804), S. 305.

schen Staatsverständnisses, das an mittelalterliche Regalien und Abgaben für Standeserhöhungen und Privilegien erinnere. Die Verleihungsgebühr entfernt sich von dem Aufwandsentschädigungs- und Gegenleistungsgedanken der Gebühr. Indem sie nicht an einen staatlichen Aufwand anknüpft und keine der Verwaltung entstandenen Kosten ersetzt, sondern einen nur durch eine Rechtsverleihung bewirkten individuellen Vorteil ausgleicht[838], steht ihre finanzverfassungsrechtliche Zulässigkeit keineswegs auf vollständig gesicherten Füßen.

(aa) Finanzverfassungsrechtliche Zulässigkeit von Verleihungsgebühren

Die um ihre Zulässigkeit geführte Auseinandersetzung entscheidet und entzündet sich nicht daran, ob die Verleihungsgebühr sich den gebräuchlichen Begriffen etwa der Gebühr oder des Beitrags einfügt[839]. Die Verfassung enthält keinen abschließenden Kanon, keinen Numerus clausus von Abgabentypen[840]. Fragen der Systematisierung und Katalogbildung sind keine Verfassungsfragen; sie dienen der Abschichtung von Problemkreisen[841]. Entscheidend für die verfassungsrechtliche Zulässigkeit von Abgaben ist vielmehr, ob sie den inhaltlichen Vorgaben standhalten, die sich aus der bundesstaatlichen Finanzverfassung ergeben.

α) Die Rechtsprechung des Bundesverfassungsgerichts – der Wasserpfennig-Beschluss

Inwieweit die Verleihungsgebühr den verfassungsrechtlichen Anforderungen an nichtsteuerliche Abgaben genügt, dazu hat das Bundesverfassungsgericht erstmals im sog. Wasserpfennig-Beschluss vom 7.11.1995 entscheiden müssen[842]. Die Entscheidung hat die Verleihungsgebühr aus ihrem verfassungsdogmatischen Schattendasein herausgeführt und verstärkt das Interesse der Wissenschaft auf sie gelenkt.

Gegenstand des Beschlusses waren § 17a Abs. 1 Nr. 2 des baden-württembergischen Wassergesetzes sowie § 1 Abs. 1 des hessischen Gesetzes über

---

[838] Vgl. zu der damit verbundenen Problematik im Einzelnen infra S. 499.

[839] BVerfG, Beschl. v. 7.11.1995, BVerfGE 93, S. 319 (345) – Wasserpfennig; ähnlich *Schimpf*, Die Verleihungsgebühr, 45 f.; 58 f., *Arndt*, K & R 2001 S. 23 (26); *ders.*, Finanzverfassungsrechtliche Zulässigkeit der Versteigerung der UMTS-Lizenzen, in: Piepenbrock/F. Schuster (Hrsg.), UMTS-Lizenzvergabe, 2001, S. 207 (214).

[840] BVerfG, Beschl. v. 7.11.1995, BVerfGE 93, S. 319 (342) – Wasserpfennig; BVerfG, Urt. v. 19.3.2003, BVerfGE 108, S. 1 (15) – Rückmeldegebühr; BVerfG, Beschl. v. 17.7.2003, NVwZ 2003, S. 1241 (1242); *Arndt*, K & R 2001 S. 23 (25); *Heimlich* (Fn. 804), S. 31; *Ritgen*, AöR 127 (2002), S. 351 (368); *Selmer/Brodersen*, DVBl. 2000, S. 1153 (1154 f.).

[841] BVerfG, Beschl. v. 7.11.1995, BVerfGE 93, S. 319 (342) – Wasserpfennig.

[842] BVerfG, Beschl. v. 7.11.1995, BVerfGE 93, S. 319 ff. – Wasserpfennig; vgl. auch OVG Hamburg, Beschl. v. 20.3.1990, NJW 1990, S. 1003; bestätigend zur schleswig-holsteinischen Grundwasserentnahmeabgabe: BVerfG, Beschl. v. 18.12.2002 (3. Kammer), NVwZ 2003, S. 467 ff.

die Erhebung einer Abgabe für Grundwasserentnahmen. Sie sehen – wie die Wassergesetze der meisten anderen Bundesländer – eine Abgabe auf Wasserentnahmen vor. Deren gebührendogmatische Besonderheit liegt darin begründet, dass die Wasserentnahmen nicht auf einer gegenständlichen staatlichen Leistung beruhen[843]. Der Staat stellt nicht das Wasser bereit. Er ist nicht Eigentümer des Wassers[844]. Er erlaubt lediglich kraft seiner wasserrechtlichen Regelungskompetenz durch Rechtsakt die Nutzung. Eine Benutzungsgebühr kommt nicht in Betracht.

Das Gericht vermeidet es, sich ausdrücklich darauf festzulegen, ob der Wasserpfennig eine Gebühr oder eine Sonderabgabe ist[845]. Es anerkennt der Sache nach aber den Wasserpfennig als verfassungsrechtlich zulässigen Abgabentatbestand. Der Wasserpfennig widerspreche nicht dem Prinzip des Steuerstaates, der Belastungsgleichheit der Abgabepflichtigen oder dem Grundsatz der Vollständigkeit des Haushaltsplans.

(αα) Besondere sachliche Rechtfertigung

Nach Auffassung des Bundesverfassungsgerichts ergibt sich die sachliche Legitimation der Wasserentnahmegebühr aus ihrem Charakter als Vorteilsabschöpfungsabgabe im Rahmen einer öffentlich-rechtlichen Nutzungsregelung. Knappe natürliche Ressourcen, wie etwa das Wasser, seien Güter der Allgemeinheit. Werde Einzelnen die Nutzung einer solchen der Bewirtschaftung unterliegenden Ressource eröffnet, werde ihnen die Teilhabe an einem Gut der Allgemeinheit verschafft. Sie würden dadurch gegenüber all denjenigen, die das betreffende Gut nicht oder nicht in gleichem Umfang nutzen dürfen, einen besonderen Vorteil empfangen, der es rechtfertigt, sie zur Tragung der Kosten der öffentlichen Leistung heranzuziehen und die durch die öffentliche Leistung gewährten Vorteile ganz oder teilweise abzuschöpfen[846]. Dieser Ausgleichsgedanke liege auch der herkömmlichen Rechtfertigung der Gebühr zugrunde. Die Unterscheidbarkeit zur Steuer sieht das Gericht durch die Gegenleistungsabhängigkeit der Wasserentnah-

---

[843] Eine Benutzungsgebühr scheidet daher aus.

[844] Das Oberflächen- und Grundwasser steht aufgrund seiner mangelnden Zuordnungsfähigkeit nach der baden-württembergischen Rechtslage in niemandes Eigentum; vgl. *Bulling/Finkenbeiner*, BadWürttWassG, 3. Aufl. 2006, § 4 Rdnr. 1 und § 12 Rdnr. 1; *Habel/Kuckuck*, BadWürttWassG, 1982, § 4 Anm. 1; *F. Kirchhof*, NVwZ 1987, S. 1031 (1034).

[845] Kritisch hierzu *Birk*, Vorteilsabschöpfung durch Abgaben, in: Kley (Hrsg.), Festschrift für Ritter, S. 46 ff.; *Sanden*, UPR 1996, S. 182; *Raber*, NVwZ 1997, S. 220; *Schaefer*, Der verfassungsrechtliche Steuerbegriff, 1997, S. 125 f.

[846] BVerfG, Beschl. v. 7. 11. 1995, BVerfGE 93, S. 319 (344) – Wasserpfennig; BVerfG, Beschl. v. 18. 12. 2002 (3. Kammer), NVwZ 2003, S. 467 (469); ebenso VG Karlsruhe, Urt. v. 10. 5. 2000, BWGZ 2000, S. 546 ff.; *Murswiek*, NuR 1994, S. 170 (175); vgl. *Trzaskalik*, Gutachten E zum 63. Deutschen Juristentag, 2000, S. 106; *Vogel*, in: Festschrift für Geiger, 1989, S. 518 ff.

meentgelte gesichert[847]. Sie würden für eine individuell zurechenbare Leistung, nämlich erlaubnispflichtige Wassernutzungen, erhoben.

(ββ) Belastungsgleichheit der Abgabepflichtigen

Der Schuldner einer nicht-steuerlichen Abgabe ist regelmäßig zugleich Steuerpflichtiger und wird als solcher schon zur Finanzierung der die Gemeinschaft treffenden Lasten herangezogen[848]. Die Erhebung einer nicht-steuerlichen Abgabe ist deshalb nur gerechtfertigt, wenn sie der Belastungsgleichheit der Abgabepflichtigen Rechnung trägt. Bei Wasserentnahmegeldern folgt die Gleichbehandlung der Abgabepflichtigen nach Auffassung des Bundesverfassungsgerichts aus dem Umstand, dass den Zahlungspflichtigen als Gegenleistung ein Recht verliehen und damit ein Sondervorteil gewährt wird, der ihnen entweder im Wettbewerb einen Startvorteil gegenüber allen anderen Marktteilnehmern oder ein mehr an Rechten verschafft.

(γγ) Verfassungsgrundsatz der Vollständigkeit des Haushaltsplanes

Dem Verfassungsgrundsatz der Vollständigkeit des Haushaltsplans[849], der darauf abzielt, das gesamte staatliche Finanzvolumen der Budgetplanung und -entscheidung von Parlament und Regierung zu unterstellen und zu gewährleisten, dass das Parlament in regelmäßigen Abständen den vollen Überblick über das dem Staat verfügbare Finanzvolumen und damit auch über die dem Bürger auferlegte Abgabenlast erhält[850], genügt die Wasserentnahmegebühr in den Augen des Bundesverfassungsgerichts dadurch, dass das Aufkommen aus den Einnahmen in den jeweiligen Haushalt fließt und dort eingestellt wird.

β) Kritik und Grenzen

Die verfassungsgerichtliche Anerkennung des Instituts der Verleihungsgebühr ist auf ein geteiltes Echo gestoßen. Angesichts der Vielzahl von Erlaubnistatbeständen namentlich im Wirtschaftsrecht, die sich als Anknüpfungspunkt für die Erhebung von Verleihungsgebühren verwenden lassen, nährt sie die Befürchtung, einen Dammbruch zuzulassen, der nahezu jede

[847] BVerfG, Beschl. v. 7.11.1995, BVerfGE 93, S. 319 (346) – Wasserpfennig.

[848] BVerfG, Beschl. v. 8.6.1988, BVerfGE 78, S. 249 (266) – Fehlbelegungsabgabe; BVerfG, Beschl. v. 7.11.1995, BVerfGE 93, S. 319 (343) – Wasserpfennig.

[849] Vgl. Art. 110 Abs. 1 GG bzw. Art. 81 Abs. 2 S. 1 GG nrw.Verf.; Art. 116 Abs. 1 S. 1 rp.Verf., Art. 65 Abs. 1 S. 1 nds.Verf., Art. 98 Abs. 1 S. 1 thür.Verf.; vgl. dazu etwa *Kämmerer*, Privatisierung, 2001, S. 358 ff.

[850] »Nur so können Einnahmen und Ausgaben vollständig den dafür vorgesehenen Planungs-, Kontroll- und Rechenschaftsverfahren unterworfen werden«. BVerfG, Urt. v. 19.3.2003, BVerfGE 108, S. 1 (16) – Rückmeldegebühr; BVerfG, Beschl. v. 7.11.1995, BVerfGE 93, S. 319 (343) – Wasserpfennig unter Rückgriff auf BVerfG, Beschl. v. 31.5.1990, BVerfGE 82, S. 159 (179) – Absatzfondsgesetz und BVerfG, Beschl. v. 11.10.1994, BVerfGE 91, S. 186 (202) – Kohlepfennig.

Form staatlicher Rechtsverleihung zu einer abgabenfähigen Leistung erhebt. Der gesetzgeberischen Abgabenphantasie eröffnet eine Verleihungsgebühr ein weites Feld, um die Finanzierung bestimmter Aufgaben einzelnen Gruppen anzulasten[851]. Wer Sinn für Freiheit habe, müsse – so etwa die Befürchtung *Trzaskaliks* – skeptisch gegenüber der staatlichen Einschätzung des wirtschaftlichen Interesses des Privaten an der jeweiligen Amtshandlung sein, zumal vom Schätzergebnis die Höhe der staatlichen Einnahmen abhänge[852]. Nur *reale* Leistungen aus dem staatlichen Vermögen oder Leistungen, mit denen ein besonderer staatlicher Aufwand verbunden ist, nicht aber bloße Rechtsverleihungen kämen daher als Anknüpfungspunkte für außersteuerliche Geldleistungspflichten in Betracht[853]. Die Verleihungsgebühr wirft damit die Frage nach dem verfassungsrechtlich unangreifbaren Kern der Freiheit und nach dem Verhältnis zwischen Freiheit und staatlichem Auftrag zum Ausgleich zwischen den Bürgern auf. Indem sie nicht an eine sächliche Gegenleistung des Staates, sondern an die Befugnis des Pflichtigen anknüpft, von einem ihm verliehenen Recht Gebrauch zu machen, gerät sie in die Nähe eines vom Staat erhobenen Preises für Freiheit (infra ββ)[854]. Der in ihr angelegte Gedanke der Vorteilsabschöpfung sieht sich zwar dem Ziel der Gleichbehandlung der Abgabepflichtigen verpflichtet; sie kann insoweit den Gerechtigkeitsgedanken für sich ins Feld führen. Die Gegenleistung, die für eine Gebühr konstitutiv ist und alleine die verfassungsrechtlich gebotene Abgrenzung zur Steuer möglich macht, droht jedoch leicht in einer juristischen Abstraktion stecken zu bleiben (infra αα)[855].

αα) Rechtsstaatliche und kompetenzordnungsrechtliche Bedenken: Gewinnerzielung durch Gebühren?

Verleihungsgebühren können den Staat dazu verleiten, durch die Einführung entsprechender Erlaubnistatbestände neue Einnahmequellen anzuzapfen[856] und die an eine Rechtsverleihung anknüpfende Verleihungsgebühr dazu zu missbrauchen, seine Einnahmesituation zu verbessern und Wirtschaftsgüter zu kommerzialisieren, die er nicht hergestellt hat und die ihn

---

[851] *Friauf*, »Verleihungsgebühren«als Finanzierungsinstrument für öffentliche Aufgaben?, in: Festschrift Universität Köln, S. 679 (683).

[852] *Trzaskalik*, Gutachten E zum 63. Deutschen Juristentag, 2000, S. 106.

[853] *Heun*, in: Dreier (Hrsg.), GG, Kommentar, Bd. III, 2000, Art. 105, Rdnr. 19; *ders.*, DVBl. 1990, S. 666 (673f.); *F. Kirchhof*, NVwZ 1987, S. 1031 (1034), *Köck*, UPR 1991, S. 7 (8); *Pietzcker*, DVBl. 1987, S. 774 (777ff.); *Selmer/Brodersen*, DVBl. 2000, S. 1153 (1161ff.); *Weyreuther*, UPR 1988, S. 161 (164).

[854] *Friauf* (Fn. 851), S. 679 (683).

[855] *Pietzcker*, DVBl. 1987, S. 774 (777); kritisch etwa auch *Trzaskalik* (Fn. 852), S. 106ff.

[856] *P. Kirchhof*, Der Verfassungsauftrag zum Länderfinanzausgleich als Ergänzung fehlender und Garant vorhandener Finanzautonomie, 1982, S. 79ff.

nichts gekostet haben[857]. Indem sie nicht lediglich einen individuell dem Abgabenschuldner zurechenbaren Abfluss staatlicher Finanzkraft ausgleicht, führt die Abgabenerhebung nicht nur zu einer massiven Aufstockung des staatlichen Vermögenssaldos, sondern tritt, indem sie dem allgemeinen Staatshaushalt zufließt, auch wie die Steuer in den Dienst der Erfüllung allgemeiner Staatsaufgaben. Mit dem Hauptanliegen der Finanzverfassung, die Gewinnung von Mitteln für den allgemeinen Finanzbedarf und die damit verbundene Antastung des allgemeinen Vermögens der Bürger dem Instrument der Steuer und ihre Verteilung der abschließenden Verteilungsregelung der Art. 105ff. GG vorzubehalten, scheint sich dies nur bedingt zu vertragen. Bleibt die Erzielung fungibler Staatseinnahmen und zusätzlicher Einnahmequellen des Staates der Steuer vorbehalten, verengt sich der Spielraum für Abgaben, die dem Staat kostenunabhängig Einnahmen für den allgemeinen Staatshaushalt zuführen.

Aus der Notwendigkeit der Abgrenzung zwischen Steuern und Abgaben folgert bereits *Adolf Wagner* im Jahre 1888, dass eine Abgabe, die die Aufwendungen der öffentlichen Hand für die besondere Leistung übersteigt, keine Gebühr, sondern eine Steuer sei[858]. Wesen und Rechtfertigung der Gebühr sieht er wie viele nach ihm in dem Ersatz für individuell zurechenbare Kosten einer staatlichen Leistung und beschränkt den Kreis der gebührenfähigen Staatsleistungen auf solche, die mit Kosten für den abgabenerhebenden Staat verbunden sind[859].

Eine Herauslösung aufwandsunabhängiger staatlicher Abgaben aus dem Areal zulässiger Gebühren verdient Beifall, soweit nur sie eine hinreichende Abgrenzbarkeit zwischen Gebühren und Steuern gewährleistet, namentlich die Gegenleistungsabhängigkeit der Gebühr als Trennlinie zwischen Steuern und Abgaben anderenfalls aufgegeben zu werden droht, indem der Staat das Mittel der Gebühr dazu instrumentalisieren kann, allgemeinen staatlichen Finanzbedarf ohne Rücksicht auf eine staatliche Leistung zu er-

---

[857] *F. Kirchhof*, DÖV 1992, S. 233 (237); *Sacksofsky*, Umweltschutz durch nicht-steuerliche Abgaben, 2000, S. 199; vgl. dazu bereits supra S. 414.

[858] *A. Wagner*, Finanzwissenschaft, Bd. 2, 1880, S. 25.

[859] In diesem Sinne etwa *Balmes*, Verfassungsmäßigkeit und rechtliche Systematisierung von Umweltsteuern, 1997, S. 56f.; *F. Becker*, Die Verwaltung 2002, S. 3 (17); *Birk*, Vorteilsabschöpfung durch Abgaben, in: Kley (Hrsg.), Festschrift für W. Ritter zum 70. Geburtstag, 1997, S. 41 (51); *Friauf*, »Verleihungsgebühren« als Finanzierungsinstrument für öffentliche Aufgaben?, in: Festschrift der Rechtswissenschaftlichen Fakultät zur 600-Jahr-Feier der Universität zu Köln, 1988, S. 679 (682f.); *Heun*, DVBl. 1990, S. 666 (673f.); *Jachmann*, in: Mangoldt/Klein/Starck (Hrsg.), Das Bonner Grundgesetz, Bd. III, 4. Aufl. 2001, Art. 105 Rdnr: 9; *P. Kirchhof*, Staatliche Einnahmen, in: Isensee/P. Kirchhof (Hrsg.), HStR IV, 2. Aufl. 1999, §88 Rdnr. 187; *Pietzcker*, DVBl. 1987, S. 774ff. (777f.); *Sander*, DVBl. 1990, S. 18 (23); *Trzaskalik* Fn. 852), S. 106; einen restriktiven Gebührenbegriff legt das Bundesverfassungsgericht neuerdings seiner Rechtsprechung zugrunde, indem es wieder deren Bestimmung betont, »in Anknüpfung an« die »Leistung deren Kosten ganz oder teilweise zu decken«. Vgl. BVerfG, Urt. v. 6.7.2005, NVwZ 2005, S. 1171 (1172).

wirtschaften. Beide Abgabetypen, Steuern und sonstige Abgaben, müssen hinreichend deutlich voneinander abgrenzbar sein, sollen die Art. 105 ff. GG nicht ad absurdum geführt und eine zweite apokryphe Abgabenverfassung verhindert werden. Die Art. 105 ff. GG wirken insoweit als negative Kompetenzschranke auf die allgemeinen Zuständigkeitsnormen ein. Der Staat darf nicht das Instrument der Gebühr dazu benutzen, Geldquellen neben der Steuer zu dem ausschließlichen Zweck der Deckung des allgemeinen Finanzbedarfs gezielt zu erschließen. Die Funktion der Trennlinie zwischen Steuern und sonstigen Abgaben übernimmt dabei das Merkmal der Gegenleistungsabhängigkeit. Es gewährleistet eine ausreichende Trennbarkeit zwischen Steuern und Gebühren.

Eine Leistung als Anknüpfungspunkt einer auferlegbaren Zahlungspflicht setzt bei unbefangener Betrachtung konstruktiv nicht notwendig Vermögenseinbußen oder finanzielle Aufwendungen auf Seiten des Leistenden voraus. Auch ein aktives staatliches Handeln, das die Leistung hervorbringt, ist nicht unbedingt erforderlich. Entscheidend ist, ob der Zahlungspflicht des Schuldners ein Vorteil korrespondiert, der durch die Geldzahlung abgeschöpft wird. Die Unterscheidung zwischen Steuern und sonstigen Abgaben hat nicht die Veränderung des Vermögenssaldos beim Abgaben*gläubiger* im Auge, sondern den Vermögenszu- oder -abfluss beim Abgaben*schuldner*. Die Gebühr ist dadurch charakterisiert, dass sie die Vermögensbilanz des Abgabenschuldners nicht negativ angreift; sie neutralisiert bzw. reduziert einen Vorteil, der durch eine Leistung zugeflossen ist; die Steuer kennzeichnet demgegenüber ein Zugriff auf das allgemeine Vermögen des Bürgers. Sie ringt dem Einzelnen einen Beitrag zur Finanzierung der allgemeinen Staatsaufgaben ab; böse Zungen sprechen vom einzigen Fall des erlaubten Raubes. Definiert sich der Begriff der Gebühr durch die mit ihr verbundene Leistung, ist er nicht notwendig darauf beschränkt, einen Abfluss staatlicher Finanzkraft auszugleichen, sondern kann auch mit der Zuwendung eines wirtschaftlichen Vorteils einhergehen, der keinen Aufwand des Staates verursacht hat, gleichwohl nicht ungeschmälert in dem Vermögen des Abgabenschuldners erhalten bleiben soll. Die Gebühr knüpft dann nicht notwendig an den staatlichen Aufwand, sondern an den Vorteil des Bürgers an. Die Gebühr kann insoweit ein Instrument zur Herstellung von Belastungs- und Vorteilsausgleich zwischen den Rechtsgenossen sein, die keiner Kostenverursachung bedarf.

Fließt das mit der vorteilsabschöpfenden Gebühr erwirtschaftete Geld – ebenso wie die Steuereinnahme – dem allgemeinen Staatshaushalt zu und erhöht den staatlichen Vermögenshaushalt, stellt dies die Rechtfertigung der Gebühr nicht in Frage[860]. Die Verwendung des Abgabenauf-

[860] Anders insoweit *Jarass*, Nichtsteuerliche Abgaben und lenkende Steuern unter dem Grundgesetz, 1999, S. 38: »Es sprechen gute Gründe dafür, dass im Fall der Nutzung eines Guts der Allgemeinheit der Ertrag der Vorteilsabschöpfungsabgabe eben dem Zweck zu-

kommens ist von dem Erhebungsgrund der Abgabe zu unterscheiden. Das Gebührenaufkommen muss insbesondere nicht zur Finanzierung der gebührenfähigen Leistung verwendet werden; es muss lediglich der juristischen Person zufließen, die die Leistung erbracht hat (Prinzip der Non-Affektation)[861]. Auch Verwaltungsgebühren fließen dem allgemeinen Staatshaushalt zu, ohne in einer Verbindung zu den Verwaltungskosten fortzubestehen, und dienen insoweit der Finanzierung allgemeiner Staatsaufgaben. Der Verwendungszweck des gezahlten Geldes ist für die Unterscheidungskraft zwischen Steuern und sonstigen Abgaben nicht entscheidend; entscheidend ist vielmehr der besondere Grund ihrer Erhebung. Solange der Geldleistungsverpflichtung ein entsprechender Vorteil des Bürgers gegenübersteht, d. h. die Mehrung des staatlichen Vermögenssaldos lediglich Nebenfolge der Abgabenerhebung, nicht ihr alleiniges Ziel ist[862], und die Vermögensbilanz des Bürgers per Saldo nicht negativ tangiert, indem sie auf die allgemeine Leistungsfähigkeit des Bürgers zugreift, also nicht das Vermögen des Pflichtigen verringert, sondern nur dessen Zuwachs, tritt sie grundsätzlich nicht in unauflösbaren Konflikt mit dem Verbot der Kommerzialisierung und der Schutz- und Begrenzungsfunktion der Finanzverfassung.

Die gebührenrechtliche Leistung liegt bei der Verleihungsgebühr in der Erweiterung der *individuellen Rechtssphäre des Begünstigten* durch den Staat. Sie ist eine besondere Leistung des Staates, wenn der Betroffene durch die Verleihung einen tatsächlichen Rechtsgewinn erhält. Ob der Leistung ein staatlicher Aufwand zugrunde liegt, kann für die Höhe der zulässigen Gebühr von Bedeutung sein, nicht aber für das »Ob« ihrer Erhe-

---

geführt werden muss, dem auch die Nutzungsbegrenzung dient. Auf diese Weise wird sichergestellt, dass die Abgabe nicht zur Erzielung genereller Einkünfte missbraucht und damit das Steuerverfassungsrecht unterlaufen wird«.

[861] Vgl. §§ 8 BHO, 7 HGrG; *Heimlich* (Fn. 804), S. 108 ff. und S. 156; *Jarass*, Nichtsteuerliche Abgaben und lenkende Steuern unter dem Grundgesetz, 1999, S. 28; *Schmehl*, Das Äquivalenzprinzip im Recht der Staatsfinanzierung, 2004, S. 223 ff.; *K. Vogel/Waldhoff*, Grundlagen des Finanzverfassungsrechts – Vorbemerkungen zu Art. 104a-115 GG, 1999, Rdnr. 37, 383 und 424; *Wilke*, Gebührenrecht und Grundgesetz, 1973, S. 51 ff.; *Wittman*, Zweckbindung öffentlicher Einnahmen, in: D. Pohmer (Hrsg.), Beiträge zum Äquivalenzprinzip und zur Zweckbindung öffentlicher Einnahmen, 1981, S. 9 ff.

[862] *Wilke* (Gebührenrecht und Grundgesetz, 1973, S. 303) will noch etwas weitergehen. Er hält es nicht für beanstandenswert, »wenn ein Gebührengesetzgeber darauf ausgeht, im Wege der Gebührenerhebung Überschüsse zu erwirtschaften, die den allgemeinen Haushaltsmitteln zugeführt werden können«. Ähnlich anerkennt *Leisner* (Verwaltungspreis – Verwaltungssteuer. Betrachtungen zu den Gebührengrundsätzen, in: Konrad/Jahrreiß (Hrsg.), Gedächtnisschrift für Hans Peters, 1967, S. 730 [742]) staatliches Gewinnstreben als Gebührenzweck; dazu zu Recht kritisch *Heimlich* (Fn. 804), S. 208 ff. Wie hier ferner *Arndt*, Wiverw. 1990, S. 1 (7); *Beese/Naumann*, MMR 2000, S. 145 (146); *S. Meyer*, Gebühren für die Nutzung von Umweltressourcen, S. 165; *F. Kirchhof*, Die Höhe der Gebühr, 1981, S. 127 ff.; *ders.*, Die Verwaltung 1988, S. 137 (150 f.); *ders.*, DVBl. 1987, S. 554 (558); *F. Schuster/U. Müller*, MMR 2000, S. 26 (29).

bung[863]. Eine auf die Abschöpfung beschränkte nichtsteuerliche Abgabe lässt die allgemeine Leistungsfähigkeit der Bürger, die zu schützen der Grundgedanke des Steuerstaatsprinzips ist, unberührt[864].

Auch das Bundesverfassungsgericht sieht die Gebührenhöhe nicht durch die Kosten der öffentlichen Leistung allgemein oder im Einzelfall begrenzt[865]. Betont es auch in seiner frühen Rechtsprechung noch (wie auch bemerkenswerterweise neuerdings wieder[866]), dass Gebühren dazu bestimmt seien, speziell die Kosten einer individuell zurechenbaren öffentlichen Leistung ganz oder teilweise zu decken[867], und folgert es aus dem allgemeinen Gleichheitssatz des Art. 3 Abs. 1 GG, »dass Gebühren nicht völlig unabhängig von den Kosten der gebührenpflichtigen Staatsleistung festgesetzt werden dürfen«, die »Verknüpfung zwischen Kosten und Gebührenhöhe muss sachgerecht sein«[868], will es das Erfordernis der Kostendeckung allenfalls auf die Verwaltungsgebühr, nicht aber das Institut der Gebühr als solches bezogen sehen. Es sieht kein verfassungsrechtliches Gebot, nach dem Gebühren die Kosten der Leistung der öffentlichen Hand nicht übersteigen oder unterschreiten dürfen[869]; spätestens mit dem Wasserpfennig-Beschluss[870] anerkennt es ausdrücklich auch die Vorteilsaus-

---

[863] Ähnlich *Breuer*, Verfassungsrecht und Versteigerungsverfahren, in: Geis/Lorenz (Hrsg.), Festschrift für Maurer, 2001, S. 25 (39); *Murswiek*, NuR 1994, S. 170, (174).

[864] Ebenso aus der Literatur: *H. W. Arndt*, Finanzverfassungsrechtliche Zulässigkeit der Versteigerung der UMTS-Lizenzen, in: Piepenbrock/F. Schuster (Hrsg.), UMTS-Lizenzvergabe, 2001, S. 207 (237ff.); *Heimlich* (Fn. 804), S. 188ff. u. 280; *K. Vogel*, Vorteil und Verantwortlichkeit: der doppelgliedrige Gebührenbegriff des Grundgesetzes, in: Faller et al. (Hrsg.), Festschrift für Willi Geiger, 1989, S. 518 (530ff.); *Wieland*, Die Konzessionsabgaben, 1991, S. 305.

[865] Vgl. BVerfG, Beschl. v. 7.11.1995, BVerfGE 93, S. 319 (347) – Wasserpfennig. Ähnlich schon früh auch das BVerwG; es judizierte, dass »es auch Gebühren gibt, deren Höhe nicht nach den Kosten des Arbeitsaufwandes der damit befassten Behörde bemessen wird, sondern nach dem Wert, den die Leistung für den Antragsteller hat«. BVerwG, Urt. v. 20.6.1958, DBStZ 1959, S. 90 (91); ähnlich BVerwG, Urt. v. 24.3.1961, BVerwGE 12, S. 162 (165ff.), BVerwG, Urt. v. 8.12.1961, BVerwGE 13, S. 214 (222); BVerwG, Beschl. v 6.2.1984, Buchholz, 401.8 Nr. 16, OVG Nordrhein-Westfalen, Urt. v. 6.12.2001 – 9 A 589/01; vgl. dazu auch *Wienbracke*, Bemessungsgrenzen der Verwaltungsgebühr, 2004, S. 1ff.; *ders.*, DÖV 2005, S. 201 ff.

[866] Vgl. etwa BVerfG, Urt. v. 6.7.2005, NVwZ 2005, S. 1171 (1172).

[867] BVerfG, Beschl. v. 6.2.1979, BVerfGE 50, S. 217 (226) – Widerspruchsgebühr.

[868] BVerfG, ibid., S. 217 (226); BVerfG, Beschl. v. 10.3.1998, BVerfGE 97, S. 332 (345) – einkommensabhängige Kindergartengebühr.

[869] BVerfG, Beschl. v. 6.2.1979, BVerfGE 50, S. 217 (226) – Widerspruchsgebühr; bestätigt etwa in BVerfG, Beschl. v. 10.3.1998, BVerfGE 97, S. 332 (345) – einkommensabhängige Kindergartengebühr; zu trennen davon sind Äußerungen des Bundesverfassungsgerichts (wie z. B. in BVerfG, Beschl. v. 7.11.1995, BVerfGE 93, S. 319 [347] – Wasserpfennig), nach denen die Abhängigkeit von einer Gegenleistung nur erhalten bleibt, wenn die Abgabe den Wert der öffentlichen Leistung nicht überschreitet. Diese prima facie gegensätzlich klingende Äußerung steht dazu nicht in Widerspruch. Denn sie stellt nicht auf den staatlichen *Aufwand*, sondern auf den *Wert* der durch den Abgabepflichtigen erhaltenen Leistung ab.

[870] BVerfG, Beschl. v. 7.11.1995, BVerfGE 93, S. 319ff. – Wasserpfennig.

gleichung als legitimen Sachgrund der Gebührenerhebung, der neben den finanzverfassungsrechtlich gerechtfertigten Gebührenzweck der Kompensation der Kostenverursachung tritt. Der Ausgleich von Vorteilen, die dem Einzelnen aufgrund einer ihm zurechenbaren öffentlichen Leistung zufließen, ist ein legitimer Gebührenzweck[871], der grundsätzlich einen unterscheidungsfähigen Grund für die Abgabenerhebung darstellt[872]. Dass dieser Vorteil nicht an eine sächliche Gegenleistung des Staates anknüpft, nimmt der von dem Gleichheitsgedanken getragenen Abschöpfung nicht die Rechtfertigung[873]; sie schließt einen (Gegen-)Leistungscharakter der Gebühr nicht aus.

ββ) Grundrechtliche Bedenken

Setzt die hinreichende Abgrenzbarkeit zwischen Steuern und Gebühren auch nicht notwendig eine gegenständliche Leistung des Staates voraus, steht der Gedanke der Vorteilsabschöpfung freilich in der Gefahr, die Schutzwirkung der Grundrechte zu missachten und dadurch freiheitsfeindlich zu wirken. Wenn eine Gebühr schon allein in dem Akt der Rechtsverleihung ihre Legitimation findet und der Staat sich etwas bezahlen lassen kann, was ihn nichts gekostet hat, fällt es prima vista schwer, überhaupt noch Gegenargumente gegen die prinzipielle Gebührenbelegung auch des grundrechtlichen Freiheitsgebrauchs, dem eine Erlaubnis vorgeschaltet ist, vorzubringen. Verschärft wird diese Gefahr dadurch, dass der Wert einer Leistung umso größer ist, je notwendiger der Einzelne für den Freiheitsgebrauch auf sie angewiesen ist[874]. Würde jede Wertsteigerung in dem Vermögen des Abgabenschuldners deren Abschöpfung im Wege der Gebühr rechtfertigen, würden die Grundrechte entwertet[875]; der Gedanke der Vorteilsabschöpfung birgt die Gefahr der Uferlosigkeit in sich. Es hieße beispielsweise den Sinn einer Baugenehmigung zu verkennen, die Genehmigungserteilung als Verschaffung eines Vermögenswertes zu deuten, der zu bezahlen ist[876]. Ordnet das Gesetz vor Durchführung eines Bauvorhabens die Durchführung eines Genehmigungsverfahrens an, realisiert sich für den Bauherrn mit der Genehmigungserteilung zwar ein ökonomischer Vorteil. Dieser gebührt dem Bauherrn aber schon kraft der mit Art. 14 Abs. 1 S. 1

[871] BVerfG, Urt. v. 19.3.2003, BVerfGE 108, S. 1 (18) – Rückmeldegebühr; BVerfG, Beschl. v. 7.11.1995, BVerfGE 93, S. 319 (344) – Wasserpfennig; *Jarass*, Nichtsteuerliche Abgaben und lenkende Steuern unter dem Grundgesetz, 1999, S. 35 ff.

[872] BVerfG, Beschl. v. 7.11.1995, BVerfGE 93 S. 319 (344) – Wasserpfennig; BVerfG, Urt. v. 19.3.2003, BVerfGE 108, S. 1 (18) – Rückmeldegebühr.

[873] Ebenso etwa *S. Meyer*, Gebühren für die Nutzung von Umweltressourcen, 1995, S. 165; *Murswiek*, NuR 1994, S. 170 (174 f.); *Sacksofsky*, Umweltschutz durch nichtsteuerliche Abgaben, 2000, S. 114 ff.; *Wieland*, Die Konzessionsabgaben, 1991, S. 305; *Wilke*, Gebührenrecht und Grundgesetz, 1973, S. 271 ff.

[874] *Trzaskalik* (Fn. 852), S. 106; *Suhr*, BB 1968, S. 611 (612).

[875] *F. Becker*, Die Verwaltung 2002, S. 3 (17).

[876] *Trzaskalik* (Fn. 852), S. 106.

GG grundrechtlich garantierten Baufreiheit[877]. Er darf nicht über die finanzielle Belastung in Form einer nichtsteuerlichen Abgabe ganz oder teilweise wieder abgeschöpft werden[878]. Das baurechtliche Genehmigungsverfahren hat eine Ordnungs-, nicht aber eine Rechtsbegründungsfunktion. Die Behörde darf daher dem Bauherren zwar eine Verwaltungsgebühr für Amtshandlungen auferlegen, die im Konnex mit der Erteilung der Baugenehmigung stehen; sie darf bei der Festsetzung ihrer Höhe auch den wirtschaftlichen Wert berücksichtigen, der mit der Rechtsverleihung verknüpft ist[879], nicht aber mit Hilfe einer Verleihungsgebühr den aufwandsunabhängigen Nutzwert der Vermittlung des Baurechts abschöpfen.

Die Verleihungsgebühr ist mithin nur dort zulässig, wo sie sich durch einen besonderen Sachgrund rechtfertigen lässt, der nicht allein in dem wirtschaftlichen Vorteil, den sie vermittelt, liegt. Sie muss beim Begünstigten jedenfalls einen *materiellen* Rechtsgewinn bewirken, d. h. seine Rechtsstellung materiell-rechtlich erweitern[880]. Sie darf nicht den Bestand des grundrechtlich gewährleisteten Freiheitsraumes verringern, sondern nur dessen Zuwachs[881]. Es kommt für die Zulässigkeit der Verleihungsgebühr danach darauf an, ob es dem Staat verfassungsrechtlich erlaubt ist, das in Rede stehende Verhalten gänzlich zu verbieten. Eine Verleihungsgebühr ist nur in dem Bereich menschlichen Handelns denkbar, den der Staat dem Bürger ohne Verstoß gegen Grundrechte auch vollständig versperren darf[882].

Zur Bestimmung des insoweit den Verleihungsgebühren offen stehenden Bereichs greift die Wissenschaft meist auf die Unterscheidung zwischen präventiven Verboten mit Erlaubnisvorbehalt und repressiven Verboten mit Befreiungsvorbehalt zurück[883].

---

[877] Vgl. dazu etwa BVerfG, Beschl. v. 19.6.1973, BVerfGE 35, S. 263 (276) – behördliches Beschwerderecht; BVerfG, Beschl. v. 22.5.2001, BVerfGE 104, S. 1 (11) – Baulandumlegung; BVerwG, Beschl. v. 11.5.1966, Buchholz 406.11 § 35 BBauG Nr. 28; BVerwG, Urt. v. 6.6.1975, BVerwGE 48, S. 271 (273) f.; *Dähne*, Jura 2003, S. 455 ff.; *H. Hofmann*, in: Schmidt-Bleibtreu/F. Klein, GG, 11. Aufl. 2007, Art. 14, Rdnr. 13; *Krautzberger*, in: Battis/Krautzberger/Löhr, BauGB, 10. Aufl. 2007, § 1 Rdnr. 7 m. w. N.; *Reidt*, in: Gelzer/Bracher/Reidt (Hrsg.), Bauplanungsrecht, 7. Aufl. 2004, Rdnr. 15. Die Gegenauffassung geht davon aus, dass die bauliche Nutzbarkeit eines Grundstücks auf einer öffentlich-rechtlichen Verleihung durch die Vorschriften der Bauleitplanung bzw. die Planersatzvorschriften der §§ 34 f. BauGB beruht; siehe dazu etwa *Breuer*, Die Bodennutzung im Konflikt zwischen Städtebau und Eigentumsgarantie, 1976, S. 162 ff.

[878] *Hufeld*, JZ 2002, S. 871 (876); *Trzaskalik* (Fn. 852), S. 106.

[879] Die Gebührengesetze der Länder schreiben eine Berücksichtigung des wirtschaftliches Wert der Amtshandlung bei der Gebührenbemessung vor. Vgl. etwa § 3 rp.LgebG; dazu OVG Rheinland-Pfalz, Urt. v. 10.12.1998 – 12 A 10600/98.OVG.

[880] Vgl. *Murswiek*, NuR 1994, S. 170 (172); *Hendler*, Ökonomische Instrumente des Umweltrechts unter besonderer Berücksichtigung der Umweltabgaben, in: Dolde (Hrsg.) Umweltrecht im Wandel, 2001, S. 285 (306); *Schimpf*, Die Verleihungsgebühr, 1982, S. 45 f.

[881] *Heimlich* (Fn. 804), S. 267; *Kötter*, DVBl. 2001, S. 1556 (1563).

[882] *Wieland*, Konzessionsabgaben, 1991, S. 302 f.

[883] *F. Kirchhof*, DVBl. 1987, S. 554 (559); *Heimlich* (Fn. 804), S. 258; vgl. zur Unterscheidung allgemein *Maurer*, Allg. Verwaltungsrecht, 16. Aufl. 2006, § 9 Rdnr. 51 ff.; *Fri-*

(I.) Präventive Verbote mit Erlaubnisvorbehalt

Präventive Verbote mit Erlaubnisvorbehalt errichten rechtliche Schranken in einem Bereich, der grundrechtlich gegen Beeinträchtigungen gesichert ist. Klassische Folie ist die bereits oben erwähnte baurechtliche Genehmigung. Auf ihre Erteilung besteht kraft der Eigentumsgarantie ein verfassungskräftiger Anspruch. Liegen alle gesetzlichen Genehmigungsvoraussetzungen vor, hat die Behörde die Genehmigung zu erteilen. Präventive Verbote mit Erlaubnisvorbehalt stellen bloße Unbedenklichkeitsbescheinigungen dar. Sie begründen nicht selbst ein subjektives öffentliches Recht, sondern sie stellen die schon vorher vorhandene, materielle Freiheit aus Überwachungsgründen im Einzelfall fest, ohne die Tätigkeit inhaltlich zu steuern. Ermöglicht die Erteilung einer Erlaubnis auch wirtschaftliche Nutzungen von erheblichem Wert, stehen die damit verbundenen Vorteile dem Bürger schon kraft der Grundrechte zu[884] und können daher nicht mittels einer Verleihungsgebühr abgeschöpft werden. Die Erträge wirtschaftlichen Handelns gebühren insoweit dem jeweiligen Wirtschaftssubjekt. Auf sie kann der Staat nur über die Steuer zugreifen. Der Staat darf dem Bürger nicht durch Erhebung von Verleihungsgebühren die Möglichkeit zum Genuss grundrechtlich geschützter (insbesondere wirtschaftlicher) Betätigungsfreiheit »verkaufen«, die er ihm zuvor durch Einführung entsprechender Tätigkeitsverbote entzogen hatte[885]. Anderenfalls würde er den Freiheitsgebrauch kommerzialisieren; grundrechtliche Freiheitsausübung würde entgeltpflichtig.

(II.) Repressives Verbot mit Befreiungsvorbehalt

Ein abschöpfungs- und entgeltfähiger Sondervorteil kommt auf der Grundlage dieser Erkenntnisse allenfalls in den Fällen in Betracht, in denen die Interessenten keinen grundrechtsbewehrten Anspruch auf die Erteilung der Erlaubnis haben, sondern das in Rede stehende Verhalten grundsätzlich ohne Verfassungsverstoß gänzlich verboten werden kann[886]. Mit dem Dispens von dem repressiven Verbot verleiht der Staat konstitutiv Rechte, die nicht bereits unter dem Schutzmantel der Verfassung stehen, und erlangt der Begünstigte einen Sondervorteil, der seine individuelle materielle Rechtsposition erweitert. Der Dispens ist – in den Worten des Bundesverfassungsgerichts – »eine materielle Voraussetzung für das Recht überhaupt. Durch die Genehmigung wird das Recht (...) erst konstitutiv begrün-

---

auf, JuS 1962, S. 422 ff.; *Schwabe*, JuS 1973, S. 133 ff.; *Gusy*, JA 1981, S. 80 ff.; *Gromitsaris*, DÖV 1997, S. 401 ff.

[884] *F. Kirchhof*, DVBl. 1987, S. 554 (559).

[885] *Friauf*, »Verleihungsgebühren« als Finanzierungsinstrument für öffentliche Aufgaben?, in: Festschrift der Rechtswissenschaftlichen Fakultät zur 600-Jahr-Feier der Universität zu Köln, 1988, S. 679 (696).

[886] Vgl. zum repressiven Verbot mit Befreiungsvorbehalt auch supra S. 38 ff.

det«[887]. Die für die Rechtsverleihung erhobene Gebühr ist dann deshalb kein »Preis für Freiheit«, weil Freiheit hier nicht bereits in abwehrsicherer Verfestigung besteht, sondern ihre Gewährleistung erst mit der Aufhebung des Verbots garantiert wird[888]. Die Abgabepflicht stellt sich als Gegenleistung des Bürgers für die Einräumung eines Rechts und den damit verbundenen Vermögensvorteil dar. Diesen Vermögensvorteil, der anderen Interessenten vorenthalten bleibt, will und darf eine Verleihungsgebühr als Entgelt abschöpfen.

(III.) Konturen einer Trennlinie zwischen präventivem Verbot mit Erlaubnisvorbehalt und repressivem Verbot mit Befreiungsvorbehalt

Die historisch gewachsene dogmatische Unterscheidung zwischen präventiven Verboten mit Erlaubnisvorbehalt und repressiven Verboten mit Befreiungsvorbehalt[889] deutet die Möglichkeit einer kristallklaren Scheidelinie zwischen den Rechtsinstituten an. Diese Hoffnung vermag sie jedoch nicht mit leichter Münze einzulösen. Die Trennlinie überschneidungsfrei zu ziehen, entpuppt sich bei dem Versuch, sie auf den Einzelfall herunterzubrechen, als intrikat[890].

Eine Vielzahl vorgeschlagener Abgrenzungskriterien[891] legt beredtes Zeugnis für die Schwierigkeiten ab, eine Abgrenzungsformel zu entwi-

[887] BVerfG, Urt. v. 5. 8. 1966, BVerfGE 20, S. 150 (157). Etwas anderes gilt allerdings in den Fällen, in denen die Dispenserteilung erforderlich ist, um besonderen grundrechtlichen Härten des Einzelfalls, die anderenfalls entstehen würden, insbesondere unzumutbaren Belastungen des Einzelnen, zu begegnen. Hier erweitert der Dispens nicht einen Freiheitsraum, sondern stellt ihn lediglich wieder her.

[888] *Hendler*, Ökonomische Instrumente des Umweltrechts unter besonderer Berücksichtigung der Umweltabgaben, in: Dolde (Hrsg.) Umweltrecht im Wandel, 2001, S. 285 (306); *Heimlich* (Fn. 804), S. 260.

[889] Die Unterscheidung zwischen präventiven Verboten mit Erlaubnisvorbehalt und repressiven Verboten mit Befreiungsvorbehalt hat in ihren Grundlinien als erster *Otto Mayer* vorgezeichnet. Er beschrieb das »Polizeiverbot mit Erlaubnisvorbehalt« als eine staatliche Maßnahme, die »sich gegen solche Lebensäußerungen (wendet), welche nicht unbedingt als störend für die gute Ordnung des Gemeinwesens angesehen sind, welche aber störend werden können je nach der Person, von der sie ausgehen, nach der Art und Weise, wie das Unternehmen begründet, eingerichtet und geführt wird« (*O. Mayer*, Deutsches Verwaltungsrecht, Bd. 1, 3. Aufl. 1924.) Stellte *Otto Mayer* dem noch nicht ausdrücklich das repressive Verbot mit Befreiungsvorbehalt entgegen, führte *Richard Thoma* (VerwArch. 32 [1927], S. 247 ff.) wenig später die Unterscheidung der beiden Begriffe in ihrer heutigen Diktion ein.

[890] Vgl. auch *Rupp*, NJW 1966, S. 2039, der die Unterscheidung zwischen präventiven Verboten mit Erlaubnisvorbehalt und repressiven Verboten mit Befreiungsvorbehalt generell als Relikt einer obrigkeitsstaatlichen Rechtsauffassung verwerfen will. Für eine Bezeichnung als »Verbot mit Verleihungsvorbehalt« bei der Nutzung von Umweltgütern *Lorenz*, NVwZ 1989, S. 812 (819).

[891] Angeboten werden etwa Differenzierungen nach der Art des betroffenen Grundrechts, der Zielrichtung des gesetzgeberischen Verbots oder der Vorschlag, von einem präventiven Verbot nur dann zu sprechen, wenn spezielle Freiheitsrechte betroffen sind, von einem repressiven dann, wenn lediglich die allgemeine Handlungsfreiheit betroffen ist.

ckeln, die eine punktgenaue Zuordnung der staatlichen Eingriffsmaßnahmen zu einer der beiden Institute zweifelsfrei ermöglicht: Es bleibt eine Grauzone der Unschärfen. Sie gründet sich darauf, dass das repressive Verbot und die Befreiung von ihm, das präventive Verbot wie die Erlaubniserteilung, dieselbe gedankliche Wurzel haben. Das Grundgesetz kennt keine grundrechtsfreien menschlichen Betätigungen. Die Grundrechte decken in ihrem heutigen Verständnis die Handlungsfreiheit *vollständig* ab. Durch eine staatliche Erlaubnis kann der allgemeinen Handlungsfreiheit daher nichts mehr hinzugefügt werden. Der Begriff der »Rechtsverleihung« ist insoweit grundrechtsdogmatisch notwendig schief. Ist jegliches menschliche Verhalten von dem Schutzbereich der Grundrechte erfasst, kann dieser Bereich nicht mehr erweitert, sondern allenfalls von einem verfassungsrechtlichen Verbot, das bestimmte Verhaltensweisen generell untersagt, verschont werden. Die Grenzlinie zwischen präventiven Verboten mit Erlaubnisvorbehalt und repressiven Verboten mit Befreiungsvorbehalt verläuft also nicht entlang der Schutzbereichszone von Grundrechten – auch nicht notwendig parallel zu der Unterscheidung zwischen präventiven Verboten und repressiven Verboten[892]. Sie verläuft dort, wo sich die Grenze des ver-

---

Letzterer erweist sich deshalb nicht als fruchtbringend, weil die Unterscheidung die allgemeine Handlungsfreiheit zu einem Grundrecht minderer Wertigkeit macht und damit einer rechtlichen, insbesondere verfassungsrechtlichen Absicherung entbehrt (ebenso *Wieland*, Die Konzessionsabgaben, 1991, S. 118). Auch die Unterscheidung nach der Zielsetzung des Gesetzgebers führt nicht entscheidend weiter: Eine Kontrollerlaubnis soll danach vorliegen, wenn der Gesetzgeber die Tätigkeit als sozial wertvoll oder wenigstens neutral ansieht, ein repressives Verbot hingegen, wenn eine Tätigkeit tatsächlich unterdrückt werden soll, weil der Gesetzgeber sie als grundsätzlich sozialschädlich ansieht (so wenigstens im Ansatz *Wieland*, ibid., S. 117). Das Kriterium der Sozialschädlichkeit liefert jedoch keine tauglichen Abgrenzungskriterien. Es ist zu vage, um eine Unterscheidung zu tragen. Auch eine Differenzierung nach dem grundrechtlichen Schutzgehalt der in Rede stehenden Tätigkeit ist nicht frei von Problemen. Dazu sogleich im Text.

[892] Ermessensentscheidungen liegen nicht außerhalb des Bereichs grundrechtlicher Freiheit. Ob mit der Erteilung einer staatlichen Erlaubnis der Freiheitsbereich des Einzelnen ausgedehnt wird, beantwortet sich nicht daran, ob der Gesetzgeber der Verwaltung bei der Entscheidung über die Erlaubniserteilung Ermessen einräumt oder nicht. Ermessensentscheidungen und präventive Verbote mit Erlaubnisvorbehalt schließen sich nicht aus. Wie weit die Freiheit des Einzelnen reicht, ergibt sich nur aus der Verfassung, namentlich aus den Grundrechten, nicht aus dem einfachen Recht. Es kann auch dann ein verfassungsrechtlicher Anspruch auf die Leistung bestehen (und damit eine Verleihungsgebühr ausgeschlossen sein), wenn der Gesetzgeber der Verwaltung Ermessen hinsichtlich des Entscheidungsergebnisses einräumt, die Verfassung aber dem Begünstigten (in verfassungswidriger Weise) einen Anspruch auf die Leistung einräumt. Umgekehrt kann ein entgeltfähiger Sondervorteil auch dann bestehen, wenn ein Gesetz einen Anspruch auf die Erlaubnis vorsieht, der Gesetzgeber aber nicht von Verfassungs wegen verpflichtet wäre, den Anspruch einzuräumen. In diesem Fall liegt die staatliche Leistung zwar nicht in der Bevorzugung des Gebührenpflichtigen; denn auf die Rechtsverleihung hat hier jeder einen Anspruch, der die tatbestandlichen Voraussetzungen erfüllt; die Leistung liegt bereits in der Normierung des Gesetzgebers: Das Gesetz gewährt einen Sondervorteil, den die Wirtschaftsverwaltung nur noch bestätigt, und erweitert damit den materiellen Rechtskreis des Betroffenen. Der Gesetzgeber kann sie in gleicher Weise entgeltpflichtig

fassungsrechtlich zulässigerweise Untersagbaren findet, d. h. dort, wo eine grundrechtlich geschützte Tätigkeit von Verfassungs wegen verboten werden dürfte oder nicht[893]. Diese Grenze zu erkennen, erweist sich angesichts der Interpretationsoffenheit der Grundrechte auf der einen Seite und der Gestaltungsfreiheit des Gesetzgebers auf der anderen Seite als schwieriger Drahtseilakt. Präventive und repressive Verbote sind insoweit nur begrenzt trennscharf abgrenzbar, aber nicht unabgrenzbar; sie unterscheiden sich nur quantitativ[894]. Die Unterscheidung ist dadurch, wiewohl sie für die Beantwortung der Frage nach der Zulässigkeit einer Verleihungsgebühr nur von begrenztem Wert ist[895], entgegen vielfach zu hörenden Stimmen[896] gleichwohl nicht ganz obsolet geworden. Sie hat wichtige Indizfunktion, die freilich nicht der Schwierigkeit enthebt, den Bereich des verfassungsrechtlich zulässigerweise Verbietbaren im Einzelfall zu bestimmen. Ihre Unschärfe bleibt die Achillesferse der Verleihungsgebühr. Nur in einem klar abgrenzbaren Bereich hinreichend verdichteter verfassungsrechtlicher Zugriffsmacht des Gesetzgebers wird ihr ein legitimer Anwendungsbereich zugestanden werden können. Dort kann die Verleihungsgebühr freilich ein sinnvolles gestalterisches Mittel der Politik sein. Dürfte der Staat ein Verhalten im Einklang mit den Vorgaben der Verfassung auch vollständig verbieten, kann er grundsätzlich nicht von Verfassungs wegen gehindert werden, das Verhalten im Einzelfall zuzulassen, den damit verbundenen unteilbaren Sondervorteil aber durch eine Ausgleichszahlung zugunsten der Allgemeinheit teilweise einzuziehen, soweit die Zahlung in einem sachgerechten Zusammenhang zu dem gewährten Recht steht[897]. Diese Freiheit gehört zu der politischen Gestaltungsmacht, die ihm die Verfassung zugesteht. Verleihungsgebühren dürfen danach grundsätzlich als Vorteilsausgleich erhoben

---

machen wie eine Verwaltungsleistung. Ebenso etwa *Heimlich* (Fn. 804), S. 262; *Wieland*, Konzessionsabgaben, S. 295; *C. Koenig*, Die öffentlich-rechtliche Verteilungslenkung, 1994, S. 284; *Jarass*, Nichtsteuerliche Abgaben und lenkende Steuern unter dem Grundgesetz, 1999, S. 37.

893 Es ist daher in jedem Einzelfall genau zu prüfen, ob hinter der einfachgesetzlichen Vergaberegelung ein grundrechtsbewehrter Zulassungsanspruch steht, welcher eine abschöpfungsfähige Sonderleistung ausschließt, oder ob die Rechtsverleihung ohne grundrechtliche Fundierung erfolgt. Stellt das behördliche Prüfverfahren lediglich das Vorliegen der gesetzlichen Voraussetzungen der grundrechtlich geschützten Freiheitsbetätigung fest, handelt es sich um ein präventives Verbot mit Erlaubnisvorbehalt. Verbietet es ein Verhalten, auf das kein verfassungsrechtlicher Anspruch besteht, handelt es sich um ein repressives Verbot mit Befreiungsvorbehalt.

894 *Schwabe*, JuS 1973, S. 133; *Gusy*, JA 1981, S. 80 (81); *Wieland*, Die Konzessionsabgaben, 1991, S. 119, anders *ders.*, S. 124 oben.

895 Ähnlich *Ritgen*, AöR 127 (2992), S. 351 (385).

896 Vgl. etwa *Gromitsaris*, DÖV 1997, S. 401 (407 f).

897 In dem Umfang, in dem der Staat Zahlungen erhebt, macht er sie auch zum Differenzierungskriterium. Die Zahlungsbereitschaft muss insoweit auch als Differenzierungskriterium sachgerecht sein, damit die erhobene Zahlung den Anforderungen der Verfassung genügt. Vgl. dazu S. 520.

werden, wenn Rechtsverleihungen einen *individuellen materiellen Rechtsgewinn* bewirken, der über die verfassungsrechtliche Gewährleistung hinausgeht und sich als sachgerechte Ausübung seines gesetzgeberischen Gestaltungsspielraums darstellt.

(bb) Der Versteigerungserlös – eine zulässige Verleihungsgebühr?

Verleihungsgebühren sind regelmäßig eine Begleiterscheinung der Bewältigung von Zuteilungsprozessen; sie knüpfen an Zuteilungsentscheidungen an, die die Folge der Knappheit eines Gutes sind. Die Verleihung von Rechten erlaubt die Nutzung eines begrenzt zugänglichen Gutes, die anderen interessierten Rechtsgenossen in der gleichen Lage versagt bleibt und schöpft diesen Vorteil wieder ab. Der Wasserpfennig[898] etwa schöpft den Vorteil ab, den der Bewilligungsinhaber aus der Nutzung des knappen Gutes Wasser im Verhältnis zur Allgemeinheit und wirtschaftlichen Konkurrenten erlangt; die Feldes- und Förderabgabe schöpft den Vorteil aus der Nutzung knapper natürlicher Bodenschätze ab und die Spielbankenabgabe schöpft den Vorteil ab, den der Inhaber der Erlaubnis aus der Konzession einer an sich verbotenen Tätigkeit zieht. Die Verleihungsgebühr steuert damit die Nutzung knapper Güter im öffentlichen Interesse; sie unterwirft die Teilhabe an einem wirtschaftlich nutzbaren Gut der Allgemeinheit einer Gegenleistungspflicht und lässt den Staat an den mit der Zuteilung verbundenen Vorteilen teilhaben[899].

Die Versteigerung staatlich verwalteter Güter ist ähnlichen Zielsetzungen verschrieben: Sie bewältigt Knappheitsprobleme, indem sie knappe Güter, die allen Rechtsgenossen grundsätzlich in gleichem Maße zustehen, aufgrund ihrer Unteilbarkeit aber nur Einzelnen zukommen können, dem zahlungsbereitesten Bieter zur Nutzung zuweist. Sie vermittelt ihm den Gewinn versprechenden Zugriff auf eine ökonomisch wertvolle Ressource und den Zugang zu einem Markt, auf dem die Anzahl der möglichen Konkurrenten a limine begrenzt ist. In den Versteigerungserlösen spiegelt sich damit der wirtschaftliche Wert wider, den die Zuweisung des Nutzungsrechts nach der Einschätzung der Interessenten mit sich bringt. Den aus der Zuweisung erwachsenden Vorteil schöpft der Staat im Wege des Versteigerungsentgeltes ab, soweit die Zahlungsbereitschaft des Meistbietenden reicht. Die den Meistbietenden aufgrund der Versteigerung treffende Zahlungspflicht weist eine auffällige Affinität zur Verleihungsgebühr auf[900].

---

[898] Vgl. dazu supra S. 496.

[899] Vgl. auch *Wieland*, Die Konzessionsabgaben, 1991, S. 136; *Jarass*, Nichtsteuerliche Abgaben und lenkende Steuern unter dem Grundgesetz, 1999, S. 35ff.

[900] Vgl. *F. Becker*, DÖV 2003, S. 177 (178); *Grzeszick*, DVBl. 1997, S. 878 (883); *Kämmerer*, NVwZ 2002, S. 161 (162f., 168); *Kloepfer*, Informationsrecht, 2002, S. 487; *Kötter*, DVBl. 2001, S. 1556 (1560ff.); *Leist*, DVBl. 2002, S. 903; *Ritgen*, AöR 127 (2002), S. 351 (384ff.); eine Verleihungsgebühr ablehnend rechtfertigt *Kruhl* (Die Versteigerung knapper

Zahlreiche Befürworter einer Abschöpfung des durch die Rechtsverleihung bewirkten Vorteils mittels der Versteigerung sehen denn auch im Versteigerungserlös eine zulässige Verleihungsgebühr, die im Einklang mit der Rechtsprechung des Bundesverfassungsgerichts im Wasserpfennig-Beschluss[901] sowie im Rückmeldegebühr-Beschluss[902] steht[903]. Der durch eine Versteigerung von Allgemeingütern erlangte Vorteil scheint es gemessen an den Vorgaben des Bundesverfassungsgerichts zu rechtfertigen, den erzielten wirtschaftlichen Gegenwert nicht bei den Begünstigten alleine zu belassen, sondern zugunsten der Allgemeinheit einzuziehen[904]. Denn mit der Versteigerung wird Einzelnen die Nutzung einer der Bewirtschaftung unterliegenden Ressource eröffnet, d. h. Teilhabe an einem Gut der Allgemeinheit verschafft. Der Versteigerungserlös erscheint dann als eine besondere Methode zur Berechnung eines verliehenen Vorteils.

Den Versteigerungserlös unversehens generell als Verleihungsgebühr einzustufen, verkürzt freilich die Spezifika einer Versteigerung staatlich verwalteter Güter. Der Versteigerungserlös weist als Mittel der Allokation von Gütern gegenüber den klassischen Fällen der Erhebung einer Verleihungsgebühr zwei signifikante Besonderheiten auf, die leicht übersehen werden, indes von verfassungsrechtlicher Tragweite sein können.

– Die Verleihungsgebühr schöpft den Vorteil ab, der aus der Zulassung einer *an sich verbotenen Tätigkeit*, insbesondere einer Befreiung von einem repressiven Verbot, resultiert. Sie knüpft an die Einräumung eines Rechtes an, das nicht von Verfassungs wegen bereits bestanden hat; sie erweitert den Rechtskreis des Bürgers über den Bereich hinaus, der ihm bereits nach den Grundrechten als verfassungsrechtlicher Bestand zugewiesen ist. Die Versteigerung als Handlungsform knüpft demgegenüber nicht notwendig an das Recht zur Ausübung einer grundsätzlich verbotenen Tätigkeit an; auf die Ausübung des Verhaltens, für das der Versteigerungserlös zu zahlen ist, kann vielmehr grundsätzlich ein verfassungsrechtlich gesicherter Anspruch bestehen, der sich lediglich aufgrund der Vielzahl gleichberechtigter Interessenten und der damit verbundenen Knappheit des Gutes auf ein derivatives Teilhaberecht reduziert. Der Versteigerungserlös ist mithin dann, an-

---

Frequenzen, 2003, S. 232 ff.) den Versteigerungserlös als »Ressourcennutzungswertgebühr«.

[901] BVerfG, Beschl. v. 7.11.1995, BVerfGE 93, S. 319 (344) – Wasserpfennig; *Murswiek*, NuR 1994, S. 170 (175). Der Vorteilsausgleichsgedanke stammt aus der Finanzwissenschaft des 19. Jahrhunderts; vgl. *Trzaskalik* (Fn. 852), S. 106; *K. Vogel*, Vorteil und Verantwortlichkeit, in: Faller (Hrsg.), Festschrift für Geiger, 1989, S. 518 ff.

[902] BVerfG, Urt. v. 19.3.2003, BVerfGE 108, S. 1 ff. – Rückmeldegebühr.

[903] So etwa *Petzel*, Das Versteigerungsverfahren nach dem TKG, 2006, S. 244 f.; *Schuhmacher*, NJW 2000, S. 3096 (3098 f.) jeweils m. w. N.

[904] Auch diejenigen, die der Zulässigkeit einer Verleihungsgebühr entgegentreten, sehen eine Gebührenpflicht bisweilen dann als begründet an, wenn jemand öffentliche Güter individuell in gesteigertem Maße in Anspruch nimmt. Vgl. z. B. *P. Kirchhof*, Staatliche Einnahmen, in: Isensee/P. Kirchhof (Hrsg.), HStR IV, 2. Aufl. 1999, § 88 Rdnr. 188.

ders als im klassischen Fall der Verleihungsgebühr, nicht Ausgleich für die Gestattung einer verbotenen Tätigkeit, sondern Abschöpfung eines Gewinns, der sich aus der Bevorzugung in einer Knappheitssituation ergibt. Die Abschöpfung stößt hier in eine grundrechtlich von dem Grundgedanken der Verleihungsgebühr sich lösende Problemzone vor [vgl. dazu im Einzelnen infra 3 a) aa) u. bb), S. 515 ff.].

– Der Vorgang der Rechtsverleihung ist bei der Verleihungsgebühr im Zeitpunkt der Erhebung der Gebühr bereits abgeschlossen; die Verleihungsgebühr knüpft an einen (nach anderen als monetären Kriterien vorgenommenen) beendeten Zuteilungsvorgang an und schöpft den entstandenen Vorteil ab. Die Sachentscheidung der Rechtsverleihung als solche ist von der Geldzahlung grundsätzlich unbeeinflusst. Sie erfolgt *vor*, nicht *aufgrund* der Zahlung. Die Höhe der gebührenrechtlich abverlangten Zahlung liegt nicht mit der Rechtsverleihung fest, sondern bestimmt sich nach dem Maß der tatsächlichen Nutzung[905]. Bei der Versteigerung ist es umgekehrt: Sie ermöglicht die Zuteilung; sie ist Zuteilungskriterium. Die Versteigerung trennt Rechtsverleihung und Abschöpfung nicht, sondern verwebt sie. Sie schöpft den erlangten Vorteil nicht im Anschluss an die Zuteilung ab, sondern sie ist *Voraussetzung* für den Rechtserwerb. Die Zahlung ist Mittel zum Rechtserwerb. Der Zuschlag knüpft die Erteilung einer Leistung an die vorherige Erbringung einer Zahlung, die dem vermuteten Nutzen des Interessenten entspricht. Indem die Versteigerung die Trennung von staatlicher Rechtseinräumung und Abgabenpflichtigkeit überwindet, setzt sie sich in besonderer Weise dem Verdacht der Beschneidung der Freiheitsrechte und der Gefahr aus, fiskalische Gesichtspunkte in hoheitliche Verteilungsentscheidungen hineinzutragen[906], welche die Verleihungsgebühr durch die Anknüpfung an eine bereits abgeschlossene Zuteilung zu überwinden scheint [vgl. dazu bereits supra S. 414 ff. sowie infra 3. a) cc), S. 520 ff.].

3. *Zur besonderen sachlichen Rechtfertigung des Versteigerungserlöses neben steuerlichen Lasten des Bürgers*

Die Funktion einer Verleihungsgebühr kann die Versteigerung in einzelnen Bereichen dort übernehmen, wo sie den Gewinn aus einer an sich verbotenen, im Einzelfall zugelassenen Tätigkeit dadurch abschöpft, dass sie die Zuteilung der wenigen Berechtigungen nach dem Knappheitswert der Zuteilung unter Rekurs auf die Präferenzen der Interessenten ermittelt, und sich insofern als besonderer Berechnungsmodus zur Ermittlung der Höhe der

[905] Vgl. etwa für den Fall des Wasserpfennigs BVerfG, Beschl. v. 7.11.1995, BVerfGE 93, S. 319 (346) – Wasserpfennig.

[906] Vgl. *Hook*, Indiana International and Comparative Law Review 3 (1993), S. 319 (346); *Schroepfer*, Hastings Communications Entertainment Law Journal 14 (1991), S. 35 (44).

Verleihungsgebühr entpuppt, wie etwa bei der Versteigerung von Spielbankkonzessionen oder der Zuteilung bergbaurechtlicher Berechtigungen[907].

Anders stellt sich die Situation dann dar, wenn der Staat Rechte zuteilt, auf deren Ausübung dem Bewerber grundsätzlich ein verfassungsrechtlich garantierter Anspruch zukommt, wie zum Beispiel bei der Zuteilung von Frequenznutzungsrechten[908] oder Taxikonzessionen[909]. Die Beschränkung des Zugangs beruht hier nicht darauf, dass die Tätigkeit als solche verboten werden könnte (oder sollte), sondern dass die Zahl der Bewerber eine Verteilungsordnung erzwingt[910]. Das zuzuteilende Gut ist nicht in ausreichender Zahl vorhanden, um allen Interessenten Zugang zu dem Gut verschaffen zu können. Aufgrund der Knappheitssituation wandelt sich das unbedingte Anspruchsrecht in ein Teilhaberecht um[911]. Die Knappheit der Ressourcen erlaubt eine Bewirtschaftungsordnung, die es ermöglicht (und

---

[907] Der Erlös einer Versteigerung schöpft dann den Gewinn aus einer an sich verbotenen Tätigkeit ab, die nur wenigen Ausübungsberechtigten als Sondervorteil vorbehalten ist und niemandem einen unbedingten, verfassungsrechtlich nicht entziehbaren Ausübungsanspruch zuspricht. Darf der Gesetzgeber die Ausübung der Tätigkeit ohne Verstoß gegen die Freiheitsrechte als solche verbieten und den Zugang zu einer an sich *verbotenen* Tätigkeit durch das Zuteilungskriterium der Leistungsfähigkeit steuern, stellt der Zuteilungsvorgang, der Einzelnen ein Nutzungsrecht einräumt, einen abschöpfungsfähigen Vorteil dar. Der durch die Zuteilung Begünstigte erweitert m. a. W. seinen Freiheitsraum über den Bereich hinaus, der ihm nach den Grundrechten zusteht. Die Verknüpfung einer Erweiterung der grundrechtlich gesicherten Handlungsmöglichkeiten mit einer Zahlungspflicht greift als solche dann nicht unzulässig in die Handlungsfreiheit ein. Soweit die Zahlungsbereitschaft und -fähigkeit in einem sachgerechten, mit Verhältnismäßigkeitserwägungen vereinbaren Zusammenhang mit dem durch das Verbot gesteuerten Zuteilungsziel tritt, kann sie als Verleihungsgebühr eine verfassungsgerechte Zuteilungs- und Abschöpfungsfunktion übernehmen. Vgl. zu einzelnen Referenzfeldern ihres Einsatzes infra S. 685 ff.

[908] A. A. *S. Bumke*, Frequenzvergabe nach dem TKG, 2006, S. 327 und *Ritgen*, AöR 127 (2002), S. 351 (388). Ihrer Auffassung nach wird hier mit der Verleihung der Frequenznutzungsrechte die Freiheit nicht wiederhergestellt; sie werde vielmehr erst gewährt. Eine Frequenzbewirtschaftung, bei der einzelne Interessenten ganz von der Nutzung ausgeschlossen werden können, sei hier verfassungsrechtlich nicht nur zulässig, sondern sogar geboten. Wie hier dagegen *Degenhart*, Verfassungs- und verwaltungsrechtliche Rechtsfragen der Versteigerung der UMTS-Lizenzen, in: Piepenbrock/Schuster (Hrsg.), UMTS-Lizenzvergabe, 2001, S. 259 (286). Vgl. zu der Versteigerung von Funkfrequenzen im Einzelnen infra S. 643 ff.

[909] Vgl. dazu im Einzelnen infra S. 675 ff.

[910] Diesen Unterschied übersieht *Ritgen*, AöR 127 (2002), S. 351 (388), indem er von der Möglichkeit, Einzelne ganz von der Nutzung auszuschließen auf das gänzliche Fehlen eines Nutzungsanspruchs schließt. Die Bewirtschaftungsordnung schließt den freiheitsrechtlichen Zugangsanspruch nicht aus. Sie wandelt ihn vielmehr in einen Teilhabeanspruch um. Der Zuteilungsinteressent hat ein verfassungsrechtlich abgesichertes Recht auf ermessensfehlerfreie Entscheidung über die Zuteilung, das von den Freiheitsrechten getragen ist. Es darf nicht unbesehen mit einem repressiven Verbot mit Befreiungsvorbehalt gleichgesetzt werden, bei dem die Nutzung nur im Ausnahmefall erlaubt werden soll.

[911] Vgl. supra S. 35; vgl. auch *C. Koenig*, Die öffentlich-rechtliche Verteilungslenkung, 1994, S. 189; *Ph. Hess*, Das Versteigerungsverfahren nach dem Telekommunikationsgesetz, 2003, S. 110 f.

erzwingt), einzelne Interessenten ganz von der Nutzung auszuschließen. Der dem Meistbietenden gewährte Vorteil besteht demgemäß bei einer Versteigerung solcher Güter nicht in der Aufhebung eines repressiven Verbots mit Befreiungsvorbehalt, sondern darin, dass aus dem gleichen Teilhaberecht ein Vorrecht des Einzelnen, ein Anspruch auf die Zuteilung der konkreten Leistung, wird. Anders als im klassischen Fall der Verleihungsgebühr liegt der Versteigerung damit in der Regel ein subjektives öffentliches Recht voraus, nämlich ein Anspruch darauf, dass das knappe Gut zugeteilt und nicht dem Freiheitsbereich des Einzelnen entzogen bzw. vorenthalten wird. Der Versteigerungserlös lässt sich dann nicht mehr als Verleihungsgebühr rechfertigen. Er wird nicht unmittelbar für die Befreiung von einem repressiven Verbot und damit für die Verleihung eines dem Adressaten an sich nicht zustehenden, erst verliehenen Rechtes erhoben, sondern als Differenzierungskriterium im Rahmen eines freiheitsrechtlich unterfütterten Zuteilungsprozesses eingesetzt.

Für diese Konstellationen stellt sich die grund- und finanzverfassungsrechtliche Situation anders und zugleich zugespitzter als in den Konstellationen der Verleihungsgebühr dar. Sie wirft die Frage auf, ob der grundsätzlich bestehende Anspruch auf Zugang zu einem knappen Gut, etwa das grundrechtlich abgesicherte Recht auf Frequenznutzung oder das Recht, ein Taxiunternehmen zu betreiben oder den Beruf des Schornsteinfegers auszuüben, der Abschöpfung eines Zuteilungsvorteils und damit der Erhebung eines Versteigerungserlöses entgegensteht[912].

Diese Frage brauchte das Bundesverfassungsgericht bislang nicht zu entscheiden. Es interessierte sich in den ihm zur Entscheidung gebrachten Fällen für die Grenzen der Abschöpfungsfunktion staatlicher Geldleistungspflichten in Gestalt der Verleihungs- bzw. Ressourcennutzungsgebühr, war mit der Instrumentalisierung staatlicher Geldleistungspflichten zu Zwecken der Zuteilung knappheitsbeschränkter Zugangsrechte demgegenüber nicht befasst. Es hebt in seiner Rechtsprechung zur Rechtfertigung staatlicher Abschöpfungstatbestände dementsprechend unterschiedslos auf die These ab, dass derjenige, der eine öffentliche Leistung in Anspruch nimmt, einen besonderen Vorteil empfängt, der es rechtfertigt, die durch die Leistung

[912] Ob das zu verteilende Gut vom Staat bzw. einem anderen Hoheitsträger zur Verfügung gestellt oder als Gut der Allgemeinheit von Natur aus gegeben ist, ist dabei entgegen teilweise geäußerter Auffassung nicht von Belang (anders *Kruhl*, Die Versteigerung knapper Frequenzen, 2003, S. 310f.; *Ruffert*, AöR 124 [1999], S. 239 [262]: »Frequenzen werden aber nicht vom Staat oder anderen Hoheitsträgern zur Verfügung gestellt, nicht geleistet. Daher liegt auch keine Teilhabesituation vor«). Denn die staatliche Aufgabe der Verteilungsverantwortung und die grundrechtliche Bindung des Staates stellt sich in beiden Fällen gleich dar. Die staatliche Leistung ist nicht notwendig an einen staatlichen Aufwand bei der Bereitstellung des Gutes gebunden. Die grundrechtliche Schutzwirkung greift bereits allein deshalb ein, weil der Staat einigen seiner Bürger Vorteile zukommen lässt, die er anderen versagt, und damit Ungleichbehandlungen schafft.

gewährten Vorteile ganz oder teilweise abzuschöpfen[913]. Wie die finanzverfassungsrechtliche Literatur begnügt es sich zur Abgrenzung des finanzverfassungsrechtlich zulässigerweise abschöpfbaren Bereichs bislang dementsprechend unausgesprochen mit der Unterscheidung zwischen präventiven Verboten mit Erlaubnisvorbehalt und repressivem Verbot mit Befreiungsvorbehalt[914]. Für die Fälle der Knappheit von hoheitlichen Erlaubnissen, auf die grundsätzlich ein verfassungsrechtlich untermauerter Zugangsanspruch besteht, ist diese Kategorisierung nicht hinreichend. Besteht grundsätzlich ein Anspruch auf die Leistung, welcher sich im Einzelfall auf ein Teilhaberecht reduziert, ist ein verfassungsrechtlich problematischer Grenzfall und eine neue Dimension der Abschöpfung erreicht, die mit besonderer Dringlichkeit die Frage nach den durch die Grundrechte gesetzten Grenzen staatlicher Abschöpfung und der Rechtfertigung staatlicher Abgabenmacht aufwirft. Der Versteigerungserlös als staatliche Abgabe stößt insoweit in eine neue Zone abgabenrechtlicher Kategorien vor. Die Frage nach ihrer verfassungsrechtlichen Rechtfertigung stellt sich sowohl dem Grunde (infra a) wie auch der Höhe der vereinnahmten Beträge nach (infra b) in besonderer Schärfe.

a) Rechtfertigung dem Grunde nach

Dort, wo dem Bürger ein grundsätzlicher Anspruch auf Zugang zu einem Freiheitsbereich zur Seite steht, kommt nicht die Freiheitsgewährung und -erweiterung als solche als Gegenstand eines abschöpfungsfähigen Vorteils in Betracht – sie steht den Bürgern bereits zu –, sondern allenfalls der mit der bevorrechtigten Zuteilung verbundene Vorteil, die Bevorzugung gegenüber den nicht zum Zuge kommenden Interessenten, durch das Zuteilungsergebnis (infra aa).

Die Abschöpfungsmacht des Gesetzgebers droht dann in einen Konflikt mit dem Zugangsanspruch des Einzelnen zu treten (infra bb und cc), auf dessen sachgerechte Berücksichtigung im Rahmen der Ausübung des Verteilungsermessens ihm ein verfassungskräftiger Anspruch zur Seite steht.

aa) Der Versteigerungserlös als Abschöpfungsgebühr – Abschöpfung als Instrument der Herstellung von Verteilungsgerechtigkeit

Steht der Freiheit des einen der gleiche Anspruch der anderen gegenüber, verbindet sich mit der Bevorzugung in einer Knappheitssituation für den Zuteilungsempfänger bei unbefangener Betrachtung ein konkreter, geldwerter Vorteil: Verteilt der Staat nur in beschränkter Zahl zur Verfügung

---

[913] BVerfG, Beschl. v. 7.11.1995, BVerfGE 93, S. 319 (344) – Wasserpfennig; BVerfG, Urt. v. 19.3.2003, BVerfGE 108, S. 1 (18) – Rückmeldegebühr.

[914] Vgl. dazu S. 504ff. sowie *Wieland*, Konzessionsabgaben, 1991, S. 295; *Drömann*, Nichtsteuerliche Abgaben im Steuerstaat, 2000, S. 314ff.

stehende Güter unter den Bewerbern, vergibt er nicht nur Nutzungsrechte, sondern er teilt auch privilegierte Erwerbs- und Nutzungschancen zu. Der Meistbietende erlangt den Gewinn versprechenden Zugriff auf eine ökonomisch wertvolle, knappe Ressource, der ihm im Wettbewerb eine gesicherte Position und einen bisweilen nicht einholbaren Vorsprung zu anderen Interessenten vermittelt. Er wird aus der Zahl der Bewerber, die einen ebenbürtigen Teilhabeanspruch haben, einseitig hervorgehoben; ihm wird dadurch gegenüber all denjenigen, die das betreffende Gut nicht oder nicht in gleichem Umfang nutzen dürfen, ein besonderer Vorteil zuteil. Mit der Zuteilung geht (ungeachtet des ihm schon zustehenden grundrechtlich abgesicherten Teilhaberechtes) insoweit eine Erweiterung seiner Rechtsposition einher: Aus einem Teilhaberecht wird ein unbedingter Zugangsanspruch; das Teilhaberecht erstarkt zum Vollrecht. Diesen Vorteil abzuschöpfen, nimmt der Gedanke der Verteilungsgerechtigkeit als Forderung für sich in Anspruch. Hier trifft sich der Versteigerungserlös mit dem Anliegen der Verleihungsgebühr; auch sie stützt sich auf den Gedanken der Verteilungsgerechtigkeit zwischen den Rechtsgenossen.

Entscheidet sich der Staat bei der Verteilung knapper Güter dafür, den in der Zuteilung liegenden individuellen Sondervorteil zugunsten der Allgemeinheit einzuziehen, um so die mit der Zuteilung verbundene Ungleichbehandlung jedenfalls zu einem Teil wieder rückgängig zu machen, muss dies nicht zwingend als a priori verfassungsrechtlich nicht zu rechtfertigende Ungleichbehandlung erscheinen[915]. Die Ungleichbehandlung kann auch als Gebot der Verteilungsgerechtigkeit aufgefasst werden.

Grundsätzlich ist es dem Staat durch die Diskriminierungsverbote des deutschen und europäischen Verfassungsrechts nicht verwehrt, eine von ihm selbst geschaffene ungleiche Sachlage mit Hilfe einer Abgabenerhebung zu entschärfen. Das gilt jedenfalls dann, wenn mit der Leistung, an die der Gebührentatbestand anknüpft, Kosten verbunden sind, die sonst die Gemeinschaft der Bürger mit ihren Steuern finanzieren müsste. Die klassischen Vorzugslasten Gebühren und Beiträge speisen daraus ihre Rechtfertigung. Staatlichen Aufwand, der einzelnen Bürgern zugute kommt, nicht von der Gemeinschaft der Bürger, sondern von den Personen tragen zu lassen, die von der Leistung profitieren, erscheint als Gebot der Gerechtigkeit und hinreichender Zurechnungsgrund. So hat das Bundesverwaltungsgericht beispielsweise zu Recht die Luftsicherheitsgebühr, die für die Kosten der Überprüfung von Fluggästen und mitgeführtem Gepäck erhoben wird, für verfassungsgemäß erklärt[916]. Es entspreche – so das Gericht – dem Grundsatz einer Verteilungsgerechtigkeit, die Kosten eines gewählten und durchgesetzten Sicherheitsstandards im Luftverkehr jenen

---

[915] Ähnlich *S. Meyer*, Gebühren für die Nutzung von Umweltressourcen, 1995, S. 176ff., insbesondere S. 178f., *Ritgen*, AöR 127 (2002), S. 371 (389f.).

[916] BVerwG, Urt. v. 3.3.1994, BVerwGE 95, S. 188ff.

aufzubürden, die bei grober und typisierender Betrachtungsweise einen Vorteil daraus ziehen[917]. Den Gedanken des Ausgleichs zwischen Steuerpflichtigen und einzelnen Profiteuren staatlicher Leistungen sah bereits *Otto Mayer* als »Forderung der natürlichen Billigkeit«[918].

Bei staatlichen Zuteilungsentscheidungen, die – anders als staatliche Ressourcen verbrauchende Leistungen – nicht mit einem staatlichen Aufwand verbunden sind, findet keine Vermögensverschiebung von der Gruppe der Steuerzahler auf die Gruppe der Zuteilungsempfänger statt; der Steuerzahler muss nicht für einen Aufwand aufkommen, der einer anderen Gruppe zugute kommt. Insofern ist der Gedanke der Konnexität von Kostenverursachung und Kostenverantwortlichkeit nicht berührt. Ein Ausgleich ist aus Gründen der Verteilungsgerechtigkeit allenfalls zwischen den berücksichtigten und den nicht berücksichtigten Bewerbern, nicht aber zwischen Steuerzahlern und Begünstigten geboten[919]. Das verschiebt die Frontlinien. Der fehlende staatliche Aufwand muss indes nicht mit der gleichen Kraft dafür streiten, den mit der Zuteilung verbundenen ökonomischen Vorteil dem Zuteilungsempfänger ungeschmälert zu belassen[920]. Ein Ausgleich zwischen den von der Leistung Begünstigten und den Nicht-Begünstigten erscheint dann nicht vollends ausgeschlossen, wenn, wie im Fall knappheitsbeschränkter, nicht vermehrbarer Positionen, der Begünstigung des einen der grundsätzlich gleiche Zugangsanspruch der anderen Freiheitsträger gegenübersteht und der abgeschöpfte Vorteil als staatliche Leistungsressource der Gemeinschaft der Bürger wieder zufließt und insofern abstrakt einen Ausgleich zwischen den Begünstigten und den Nicht-Begünstigten herstellt. Teilhabe nicht als Siegeszug eines Einzigen zu verstehen, sondern als fortgesetztes Teilen bis in den Zuteilungsvorgang hinein, erscheint als ein plausibles rechtspolitisches Verteilungskonzept, dem der nachvollziehbare Gedanke des (abstrakten) Vorteilsausgleichs zugrunde

---

917 BVerwG, Urt. v. 3.3.1994, BVerwGE 95, S. 188 (203).

918 Vgl. auch die Nachweise der Verbindung des Gerechtigkeits- und Abschöpfungsdenkens in der frühen Gebührendogmatik supra S. 486.

919 *Jarass* (Nichtsteuerliche Abgaben und lenkende Steuern unter dem Grundgesetz, 1999, S. 38) schlägt deshalb vor, den Ertrag der nicht durch einen staatlichen Aufwand gedeckten Vorteilsabschöpfungsabgabe zwingend dem Zweck zuzuführen, dem auch die Nutzungsbegrenzung dient. Vgl. dazu auch supra S. 425.

920 So z. B. *Heimlich*, Die Verleihungsgebühr als Umweltabgabe, 1996, S. 140; *Korioth*, Verfassungsrechtliche und verfassungsprozessuale Aspekte einer Beteiligung der Länder an den Erlösen aus der Versteigerung der UMTS/IMT-2000-Lizenzen, 2001, S. 34 f.; *Storr*, K & R 2002, S. 67 (71); *Monopolkommission*, Gutachten 1998/99, BT-Drucks. 14/4002 Tz. 50: »Eine preisgünstige Vergabe, insb. Ausschreibung der Lizenzen käme einem Geschenk des Steuerzahlers an die Aktionäre der Mobilfunkunternehmen gleich. Die Frequenzen gehören zunächst allen Bürgern gemeinsam. Es ist daher nicht einzusehen, warum von den Frequenzen die Aktionäre der Mobilfunkfirmen überproportional profitieren sollten«.

liegt. Geht mit der Bevorzugung des einen die Zurücksetzung des anderen einher, erscheint ein Ausgleich zwischen ihnen sachlich rechtfertigbar.

bb) Grenzen der Abschöpfungsmacht in Teilhabevorgängen

Die Bevorzugung im Rahmen der gesetzlichen Differenzierung vollzieht sich zugleich nicht ohne innere Grundlage und Rechtfertigung. Für sie gibt es einen sachlichen Grund: den sachlichen Differenzierungsgrund und das verfassungsrechtlich verbriefte Zugangsrecht. Die Auswahl ist nicht das Kondensat staatlicher Freigebigkeit oder Willkür, sondern Ausfluss eines rechtsstaatlichen Verfahrens, auf dessen Durchführung der Begünstigte einen verfassungskräftigen Anspruch hat. Art. 3 Abs. 1 GG, die Diskriminierungsverbote der Grundfreiheiten ebenso wie Art. 12 EG sichern den Rechtsinhaber im Zuteilungsvorgang gegen die unzulässige Beeinflussung des Verteilungsverfahrens ab, welche den Anspruch auf chancengleiche Behandlung und gleichberechtigten Zugang in Frage stellt. Aus den Gleichheitsrechten im Verbund mit der Ausstrahlungswirkung der in ihrem Zugang betroffenen Freiheitsrechten fließt ein Recht auf sachgerechte Ausübung des Verteilungsermessens in Knappheitssituationen.

In der sachgerechten *Ausübung* des Verteilungsermessens als solcher liegt grundsätzlich keine abschöpfungsfähige Erweiterung seines Rechtskreises, die der Staat zum Anknüpfungspunkt einer Zahlungspflicht erheben darf, solange der Zuteilungs*vorgang* dem Rechtsinhaber keine Erweiterung seiner materiellen Rechtsposition verleiht. Den Akt der Zuteilung selbst, die sachgerechte Auswahlentscheidung, darf der Staat nicht zum Anknüpfungspunkt einer Zahlungspflicht erheben. Gibt die Zuteilung dem Bürger nur das, was ihm ohnehin kraft des verfassungsrechtlichen Teilhabeanspruchs bereits zusteht, fehlt es an einer Erweiterung des Rechtskreises, den eine Verleihungsgebühr alleine abzuschöpfen legitimiert ist. Die an den Gleichheitssatz gebundene Auswahlentscheidung als »Sondervorteil« zu verstehen, der eine Zahlungspflicht des Begünstigten rechtfertigt, scheint an den verfassungsrechtlich verbürgten Teilhaberechten des Bewerbers zu rühren[921].

Die Vorstellung, dass der Staat als Sachwalter der Verteilungsaufgabe aus der Knappheit des Gutes, der Konkurrenzsituation mehrerer Bewerber und der ihm abverlangten Lösung des Verteilungsproblems Profit soll ziehen können, wirft die Grundsatzfrage auf, ob das grundrechtliche Teilhaberecht

[921] In diesem Sinne dezidiert *C. Koenig*, Die öffentlich-rechtliche Verteilungslenkung, 1994, S. 284: »Ist die öffentliche Hand nach Maßgabe von Zulassungsansprüchen wie zum Beispiel bei öffentlichen Einrichtungen nach den Gemeindeordnungen, der Marktfreiheit nach § 70 GewO oder der Berufsfreiheit nach Art. 12 GG verpflichtet, den Bewerbern die beantragten Nutzungserlaubnisse zu erteilen bzw. diese bei einer Kapazitätserschöpfung ermessensfehlerfrei zu bescheiden, so liegt in der Erlaubniserteilung kein entgeltfähiger Sondervorteil«; ähnlich *Trzaskalik* (Fn. 852), S. 106.

durch die Anknüpfung einer Zahlungspflicht an die Zuteilung gefährdet wird. Wer das Interesse der Allgemeinheit an einer ökonomisch effizienten Verteilung des knappen Gutes und den Gedanken der Abschöpfung in den Vordergrund rückt, droht die grundrechtliche Absicherung des derivativen Teilhaberechts der Antragsteller und insbesondere die Zweistufigkeit des in Rede stehenden Rechtsverhältnisses sowie die Ausstrahlungswirkung der hinter dem Zuteilungsvorgang stehenden Grundrechte aus den Augen zu verlieren. Indem der Zuteilungsvorgang und die Zuteilung im Regelfall Voraussetzung für die Ausübung von verfassungsrechtlich gewährleisteten Freiheitsrechten sind, stehen sie im Dienste der Freiheitsgewährung und des Zugangs zur Freiheitsausübung. Sie sind Teil eines Findungsprozesses, der das Gut demjenigen zuzuführen bestimmt ist, dem die verfassungsrechtliche Freiheitsgewährleistung es zugesteht[922]. Wiewohl die Interessen der Allgemeinheit bei der Bestimmung des sachgerechten Vergabekriteriums Gewicht haben, dürfen sie das Teilhaberecht des einzelnen Bürgers nicht konterkarieren oder vollkommen ersetzen und nicht die hoheitliche Aufgabe grundrechtssichernder Verteilungslenkung als Teil genuin staatlicher Aufgabenverantwortung negieren. Der den Zuteilungsvorgang orchestrierende derivative verfassungsrechtliche Teilhabeanspruch darf durch eine abschöpfende, dem sachgerechten Differenzierungsgrund widersprechende Abgabe nicht ausgehöhlt werden.

Das Instrument der Vorteilsabschöpfung in Teilhabevorgängen steht insoweit in der Gefahr maß- und grenzenlos zu werden[923]. Die Verknüpfung einer Auswahlentscheidung etwa nach Art. 33 Abs. 2 GG mit einer den Vorteil abschöpfenden Zahlungspflicht läge zwar in der Konsequenz eines durch die Verteilungsgerechtigkeit inspirierten Abschöpfungsgedankens, würde den von finanziellen Belangen freien Zugangsanspruch des Bewerbers i. S. d. Art. 33 Abs. 2 GG aber gefährden. Sie würde einen Vorteil abschöpfen, der dem Bürger schon kraft der Verfassung zukommt[924].

---

[922] Vgl. dazu auch *Voßkuhle*, VVDStRL 62 (2002), S. 266 (270 ff.).

[923] Wer dafür plädiert, den aus einem Zuteilungsprozess dem Begünstigten zufließenden Gewinn aus Gründen der Verteilungsgerechtigkeit, insbesondere des Vorteilsausgleichs, generell abzuschöpfen, müsste sie in der Konsequenz grundsätzlich bei jeder staatlichen Zuteilung und für alle Vergabearten, etwa auch das Losverfahren, die First-come-first-served-Methode oder das Sachauslesekriterium zulassen. Der dem Begünstigten zufließende Vorteil ist in allen Fällen der gleiche. Staatliche Zuteilungsprozesse, die Knappheitsprobleme bewältigen, wären generell abschöpfungsfähig.

[924] Die ermessensgerechte Auswahlentscheidung folgt unmittelbar aus Art. 33 Abs. 2 GG als subjektives öffentliches Recht des Bürgers. Sie hat nach den Kriterien von Eignung, Befähigung und fachlicher Leistung zu erfolgen; andere Kriterien sind unzulässig, auch eine an den Zuteilungsvorgang anknüpfende Zahlungspflicht. Bei gleicher Eignung kommt dem Dienstherrn bzw. Gesetzgeber ein Ermessensspielraum hinsichtlich anzuwendender Hilfskriterien zu, anhand welcher sonstigen (sachlichen) Kriterien er die Auswahl trifft. Die Hilfskriterien müssen aber sachlich gerechtfertigt sein, d. h. in einem Bezug zu dem auszuübenden Amt, insbesondere der Qualifikation des Bewerbers stehen. Vgl. etwa BVerwG, Urt. v. 24.11.1988, NJW 1989, S. 921 (922); BVerwG, Beschl. v.

cc) Konnex von sachgerechter Auswahl und Abschöpfung

Der dem Zuteilungsempfänger mit der Zuteilung zufließende Sondervorteil darf mithin nur dann abgeschöpft werden, wenn dadurch das verfassungsrechtlich abgesicherte Teilhaberecht nicht beeinträchtigt wird, d. h. der Zuteilungsempfänger durch die Abschöpfung nicht verfahrensrechtlich um Chancen der Zuteilung (die Teilhabe am Zuteilungsergebnis) gebracht wird (infra 1) und die Abschöpfung den durch das Zugangsrecht abgesicherten Freiheitsraum nicht als solchen gefährdet (infra 2).

(1) Der teilhaberechtliche Anspruch auf sachgerechte Zuteilung als Grenze der Abschöpfung

Verfassungsrechtlich unbedenklich sind an Zuteilungsvorgänge anknüpfende Gebühren nur dann, wenn die Anknüpfung einer Geldzahlung an den Zuteilungsvorgang sachgerechte Zuteilungskriterien nicht verdrängt. Jede Abgabe, die dieses Recht beeinträchtigt, d. h. den Akt der Ausübung des Zuteilungsermessens an eine Zahlungspflicht knüpft, die nicht Element sachgerechter Auswahl ist, ist mit der Verfassung nicht vereinbar. Das Teilhaberecht stellt eine Schranke der zulässigen Abschöpfung dar.

Hoheitliche Vorteilsabschöpfung beeinflusst, indem sie an den Zuteilungsvorgang eine Zahlungspflicht knüpft, mittelbar auch den Vorgang sachgerechter Zuteilung knapper Güter. Die Verknüpfung einer Zuteilungsentscheidung, die sich auf der Grundlage des Prinzips der Sachauslese als sachgerechte Verteilungsentscheidung erweist, mit einer Abgabepflicht hat jedenfalls mittelbar auf die Zuteilungsentscheidung Einfluss. Eine Abgabe, die die Bevorzugung in einer Teilhabesituation als eingeräumtes Recht entgilt, kann daher nur dann mit der Verfassungsordnung vereinbar sein, soweit die Zahlungswilligkeit und -fähigkeit selbst ein sachgerechtes Auswahlkriterium darstellt. Die Sachgerechtigkeit des Zuteilungskrite-

---

10.11.1993, DVBl. 1994, S. 118 (119); *Sannwald*, in: Schmidt-Bleibtreu/F. Klein (Hrsg.), Grundgesetz-Kommentar, 11. Aufl. 2007, Art. 33, Rdnr. 49. Die mit der Zuteilung verbundene Ermessensausübung räumt insoweit keinen zusätzlichen, über die dem Bürger verbürgten Rechte hinausgehenden Vorteil ein. Das Ermessen ist nicht lediglich (wie in den Fällen der Verleihungsgebühr) ein den Zwecken des Gesetzgebers überantwortetes gesetzlich freies, sondern ein verfassungsrechtlich determiniertes. Die Auswahl ist die Folge einer verfassungsrechtlichen Pflicht. Derjenige, dem aufgrund des Zuteilungsvorgangs das Recht zufällt, erfährt dadurch keine Erweiterung seines Rechtskreises über die Grenzen des bereits durch die Verfassung Eingeräumten hinaus. Er erhält nicht mehr, als ihm ohnehin schon nach der Verfassung zusteht. Eine an den Zuteilungsvorgang anknüpfende, vorteilsabschöpfende Verleihungsgebühr ist dann, wiewohl dem Hoheitsträger ein Zuteilungsermessen zukommt, nicht schon aus Gründen der Verteilungsgerechtigkeit und des Vorteilsausgleichs zulässig, sondern fiele dem Odium der Verfassungswidrigkeit anheim. Die Vorteilsabschöpfung findet ihre Grenzen in dem verfassungsrechtlich markierten Teilhaberecht der Begünstigten, das einen abschöpfungsfesten Anspruch auf die Vorteilsgewährung als Folge der Anwendung sachgerechter Zuteilungskriterien umschließt.

riums »Zahlungsbereitschaft« ist eine notwendige Bedingung für die finanzverfassungsrechtliche Zulässigkeit einer vorteilsabschöpfenden Abgabe.

Das gilt nicht nur für die Zuteilung im Wege von Versteigerungen, sondern (was häufig nicht gesehen wird) auch für die Erhebung von Verleihungsgebühren, die die Zuteilung von Rechten an die Zahlung eines Geldbetrages knüpfen. Knüpfen sie rechtstechnisch auch nicht an die bevorstehende, sondern an die bereits erfolgte Zuteilung an, erheben sie die Zahlungsbereitschaft und -fähigkeit in dem Umfang, in dem sie eine Vorteilsabschöpfung vornehmen, mittelbar zum Maßstab der Zuteilung von Rechten; sie halten einer verfassungsrechtlichen Prüfung daher nur Stand, soweit die Zahlungsbereitschaft und -fähigkeit ein zulässiges Differenzierungskriterium darstellt. Für wirtschaftsrechtliche Erlaubnisse, die den Zugang zu einem wirtschaftlichen Vorteil vermitteln, dessen Ausübung dem Bürger im Einklang mit der Verfassung auch gänzlich verwehrt werden könnte, kann das zu bejahen sein, für andere Erlaubnisse, die nicht auf eine wirtschaftliche Nutzung ausgerichtet sind, wie etwa eine Aufenthaltserlaubnis, ist das im Regelfall zu verneinen[925].

Besteht kein sachgerechter Konnex zwischen der Zahlung und der Zuteilung, ist die Abschöpfung der Zahlungsbereitschaft nicht nur eine unzulässige Verkürzung des verfassungsrechtlich verbrieften Teilhaberechts, sondern auch – mangels besonderer Rechtfertigung ihrer Erhebung – eine finanzverfassungsrechtlich unzulässige Abgabe. Eine wertabschöpfende Gebühr für das bevorrechtigte Recht, etwa eine Versammlung an einem Ort durchzuführen, an dem bereits eine andere Versammlung angemeldet ist, verletzt nicht nur das verfassungsrechtliche Zugangsrecht aus Art. 8 Abs. 1 GG, sondern entbehrt auch der erforderlichen finanzverfassungsrechtlichen Rechtfertigung.

Besteht die Ausübung sachgerechten Verteilungsermessens umgekehrt gerade darin, dem Zahlungsbereitesten das Gut zukommen zu lassen, dann ist die Zahlungspflicht elementarer Bestandteil der Feststellung der Besteneignung und des Findungsprozesses. Anerkennt man die Versteigerung als Mittel sachgerechter Zuteilung, umschließt ihr Einsatz notwendig auch die Abschöpfung des als Zahlung versprochenen Betrages[926]. Der Versteigerungserlös zeichnet sich als Abschöpfung eines Zuteilungsvorgangs insoweit durch die Besonderheit aus, dass sich in der Abschöpfung vorhandener

[925] Vielfach wird der wirtschaftliche Vorteil bereits als begriffliches Element der Verleihungsgebühr gehandelt; vgl. etwa VG Hamburg, IUR 1992, S. 235; *Arndt*, WiVerw. 1990, S. 1 (25 f.); *Pietzcker*, DVBl. 1987, S. 774 (777); *Heimlich* (Die Verleihungsgebühr, 1996, S. 265) stuft ihn zutreffend als Rechtfertigungselement der Verleihungsgebühr ein, ohne allerdings die innere Begründung in dem grundrechtlichen Gebot der Sachgerechtigkeit zu erkennen.

[926] Ebenso z. B. *Faber*, GewArch. 2002, S. 264 (266); *Ritgen*, AöR 127 (2002), S. 351 (396 f.).

Zahlungsbereitschaft sachgerechte Zuteilung konkretisiert. In der Zahlung und Zahlungsbereitschaft liegt dann gerade der Tatbestand, der das derivative Teilhaberecht zu einem unbedingten Leistungsrecht erstarken lässt. Eine Zahlungspflicht, die die Zuteilung des Gutes erst rechtfertigt, greift dann nicht in unzulässiger Weise in das verfassungsrechtlich verbürgte Recht auf sachgerechte Ausübung des Zuteilungsermessens ein, soweit die Zahlungsfähigkeit und -bereitschaft zulässiges Differenzierungskriterium ist. Die Versteigerung und ihr Erlös beeinflussen dann nicht den Zuteilungsvorgang in unsachlicher Weise, sondern sollen eine sachgerechte Auswahl gerade verwirklichen. Es wird nicht der gesetzlich gewährte Freiheitsbereich beschnitten, sondern das Teilhaberecht nach dem Anspruch des Zuteilungsmechanismus in rechtmäßiger Weise durch eine Zuteilung nach Zahlungsbereitschaft ausgeübt.

(2) Erforderlichkeit der Abschöpfung

Es genügt dabei zur Feststellung der Sachgerechtigkeit nicht einfach, dass die Auswahl nach Zahlungsbereitschaft *ein* denkbares Zuteilungskriterium ist. Die Zuteilungsaufgabe muss die Auswahlentscheidung – auch im Vergleich mit anderen Auswahlmaßstäben – mit Blick auf die mit ihr verbundenen grundrechtlichen Belastungen als sachgerechte Entscheidung tragen. Der Gesetzgeber hat das Zuteilungskriterium zu wählen, welches das Zuteilungsziel am besten erreicht. Ihn trifft eine Optimierungspflicht.

Wo sich die den zulässigen gesetzgeberischen Effizienzzielen entsprechende sachgerechte Zuteilung mit anderen Zuteilungskriterien in grundrechtsschonenderer Weise als durch eine Versteigerung erreichen lässt[927], fehlt es an der besonderen sachlichen Rechtfertigung, die für die Erhebung einer nichtsteuerlichen Abgabe und die damit verbundene Belastung der Teilhabeberechtigten durch eine Zahlungspflicht erforderlich ist. Das Zuteilungskriterium der Zahlungsbereitschaft steht unter dem Vorbehalt des sachnäheren Zuteilungskriteriums[928]. Die Zahlungsbereitschaft könnte an-

[927] Zielt etwa eine Verteilung darauf, ein Gut dem fachlich Geeignetesten zukommen zu lassen, so lässt die Zahlungsbereitschaft zwar einen (schwachen) Rückschluss auf die Eignung zu; ist die Eignungsfeststellung aber unmittelbar durch Leistungstests möglich, so ist diese zwingend dem Kriterium der Zahlungsbereitschaft vorzuziehen. Unzulässig wäre deshalb (abgesehen von dem personalen Charakter der Zuteilungsentscheidung) beispielsweise eine Versteigerung knapper Studienplätze in zulassungsbeschränkten Studiengängen oder eine Versteigerung von Notarstellen (dazu infra S. 680 u. S. 713).

[928] Maßstab ist dabei nicht das Ziel einer beliebigen sachgerechten Zuteilung, sondern das im Rahmen der grundrechtlichen Grenzen zulässigerweise gesetzte Zuteilungsziel, hier der Allokationseffizienz. Würde man den Gesetzgeber auf dasjenige Verfahren verpflichten, das insgesamt mit den geringsten grundrechtlichen Einschnitten verbunden ist, wäre ihm der Weg zum Versteigerungsverfahren als zulässigem Verteilungsmechanismus und zum Differenzierungskriterium der Zahlungsbereitschaft nur insoweit eröffnet, als die Zuteilung nach finanziellen Kriterien der einzige sachgerechte Weg der Zuteilung ist. Da freilich regelmäßig mehrere sachgerechte Zuteilungskriterien zur Verfügung stehen,

derenfalls zu einem Vehikel der Erzielung fiskalischer Ertragsanliegen des Staates dort missbraucht werden, wo alleine die (zuvörderst durch die Grundrechte gesteuerten) Zuteilungsziele die Zuteilungsentscheidung, insbesondere die Wahl des Zuteilungsinstruments, beeinflussen dürfen[929].

Sind diese Grenzen nicht überschritten, drückt sich also in der Wahl der Zahlungsbereitschaft als Differenzierungskriterium eine sachgerechte, zur Erreichung des freiheitskompatiblen Zuteilungsziels *erforderliche* Entscheidung aus, dann steht der Umstand, dass dem Staat durch den Mechanismus der Versteigerung Einnahmen zufließen, der Zulässigkeit der Abschöpfung und der Abgabenerhebung nicht entgegen[930]. Die Einnahmen des Staates sind dann als notwendige Nebenfolge (nicht aber als Motiv des Zuteilungs- und Abschöpfungsvorgangs) verfassungsrechtlich dem Grunde nach rechtfertigbar.

---

die mit geringeren grundrechtlichen Belastungen verbunden sind, würde das im Ergebnis eine nahezu einschränkungslose Unzulässigkeit der Versteigerung staatlich verwalteter Güter bedeuten. Der Zuteilungsweg der Versteigerung wäre generell versperrt.
Verkannt würde damit indes der dem Gesetzgeber bei der Verteilungslenkung zukommende Spielraum (vgl. dazu insbesondere S. 81 ff). Dem Gesetzgeber steht es grundsätzlich frei, die Zwecke der Verteilungsordnung zu wählen. Ihm kommt insoweit eine Einschätzungsprärogative zu. Er ist nicht darauf beschränkt, irgendein sachgerechtes Zuteilungsergebnis mit dem geringsten grundrechtlichen Einschränkungspotenzial zu erreichen, sondern kann – vorbehaltlich anderweitiger verfassungsrechtlicher Vorgaben – sich ein Ziel einer sachgerechten Zuteilungsordnung setzen und es mit Grundrechtseingriffen verbinden, sofern er sich in den Grenzen seiner Einschätzungsprärogative eines verhältnismäßigen Mittels bedient. Die Erforderlichkeit einer grundrechtsbeeinträchtigenden Maßnahme sowie allgemein ihre Verhältnismäßigkeit sind nicht allgemein an dem Ziel der Herstellung von Sachgerechtigkeit der Maßnahmen zu messen, sondern an dem – im Rahmen der Prärogative und der durch die betroffenen Grundrechte gesteckten Grenzen – legitimerweise avisierten gesetzgeberischen Verteilungsziel (ebenso wohl auch im Ergebnis *Ritgen*, AöR 127 [2002], S. 351 [381]). Es kommt für die Verhältnismäßigkeit der Maßnahme nicht allein darauf an, ob ein anderes, weniger grundrechtsbeeinträchtigendes Zuteilungsverfahren existiert, sondern ob die durch den Gesetzgeber selbst gesetzten, zulässigerweise verfolgten Zuteilungszwecke sich mit dem gewählten Zuteilungsverfahren in verhältnismäßiger Weise erzielen lassen. Der Gesetzgeber muss dasjenige Mittel wählen, welches das von ihm grundsätzlich zulässigerweise gewählte Ziel verfahrenstransparenter Allokation (nicht unbedingt das Ziel sachgerechter Zuteilung) in geeigneter, erforderlicher und angemessener Weise zu erreichen geeignet ist. Verhältnismäßige Alternativen zu Versteigerungen müssen sich daran messen lassen, ob sie eine allokationseffiziente Zuteilung knapper staatlich verwalteter Güter in gleichem Maße wie eine Versteigerung erreichen, ohne mit den Belastungen verbunden zu sein, die der Versteigerung eigen sind. Ist ein anderes Zuteilungskriterium greifbar, welches das Sachziel ohne eine Abschöpfung der Zahlungsbereitschaft erreicht, so hat der Gesetzgeber dieses vorzuziehen.

[929] Vgl. dazu bereits supra S. 414 ff.

[930] A. A. *Breuer*, Verfassungsrecht und Versteigerungsverfahren, in: Geis/Lorenz (Hrsg.), Festschrift für Maurer, 2001, S. 25 (39). Das Versteigerungsverfahren erweise sich durch die gesetzlich angesteuerte Maximierung des Versteigerungserlöses – im eigentlichen Sinne des Wortes – als maßloser Eingriff. Denn Richtmaß der Geldleistungspflicht bilde hier nicht mehr der Vorteil des Zuteilungsempfängers, sondern die fiskalische Einnahmenerzielung zur Deckung des Staatshaushalts.

dd) Zusammenfassung

Versteigerungserlöse erfüllen nicht die Voraussetzungen einer Verleihungsgebühr, soweit auf die Ausübung eines knappheitsbeschränkten Rechtes grundsätzlich (d. h. in den Fällen, in denen keine Knappheitssituation überbordender Nachfrage besteht) ein verfassungsrechtlich garantierter Anspruch besteht. Der Zuteilungsvorgang verleiht insoweit (noch) nicht ein nicht bestehendes subjektives öffentliches Recht, dessen Ausübung jederzeit verboten werden könnte, sondern teilt Rechte zu, die den Betroffenen nicht ohne weiteres entzogen werden dürften und auf deren Ausübung ein für alle grundsätzlich gleicher (durch die Verfügbarkeit beschränkter) Anspruch besteht. Dem Gesetzgeber steht es dann nicht (wie in Fällen der Verleihungsgebühr) frei, den Vorteil zukommen zu lassen; in seinem gesetzgeberischen Ermessen liegt allein, *wem* der Vorteil zukommt. Derartige nichtsteuerliche Abgaben sind als Zahlungspflichten durch den Vorteil getragen, den der durch den Auswahlprozess der Versteigerung Ausgewählte vor den anderen Interessenten davonträgt.

Das freiheitsrechtlich unterfütterte, im Fall der Knappheit auf ein Teilhabrecht ausgedünnte Zugangsrecht steht der Erhebung eines Versteigerungserlöses dem Grunde nach solange nicht entgegen, als die Zahlungsbereitschaft und -fähigkeit sich als mit den Freiheitsrechten vereinbares sachgerechtes Differenzierungskriterium darstellt, das von dem gesetzgeberischen Verteilungsspielraum gedeckt und zur Erreichung des (legitimen) Effizienzziels erforderlich ist. Seine besondere sachliche Rechtfertigung speist sich aus der Abschöpfungs- und Verteilungswirkung des Erlöses: Er schöpft den Sondervorteil der Bevorzugung in einer Knappheitssituation ab, den der Ersteigerer durch die Zuweisung des Gutes zur alleinigen wirtschaftlichen Nutzung empfängt.

b) Rechtfertigung der Höhe nach – die Höhe des Versteigerungserlöses und die Grenzen seiner finanzverfassungsrechtlichen Zulässigkeit

Legt die Verfassung dem Gesetzgeber für die Auferlegung von Gebühren auch keine ausdrücklichen Vorgaben auf, so ist er in der zulässigen Höhe einer nichtsteuerlichen Abgabe nicht vollends frei. Schranken zulässiger Gebührenerhebung ergeben sich aus den Grenzen ihrer Legitimation und den Geboten rechtsstaatlicher Bestimmtheit: Soll die Gebühr als nichtsteuerliche Abgabe von der Steuer unterscheidbar bleiben und die in der Finanzverfassung niedergelegte bundesstaatliche Verteilungsordnung nicht durch die unbeschränkte Auferlegung außersteuerlicher Abgaben gefährdet werden, muss sie nicht nur dem Grunde nach, sondern auch der Höhe nach als Gegenleistung für eine besondere Leistung des Staates verstanden werden können, die auf einem besonderen, über die Einnahmeerzielung hinausgreifenden Sachgrund fußt. Alleine die kausale Verknüpfung zwischen Leistung und Gegenleistung, die Erhebung bei Gelegenheit der Erbringung einer öffentlichen Leistung ohne inhaltlichen Bezug zu der Leistung, reicht insoweit als Unterscheidungslinie zwischen Gebühren und Steuern nicht aus[931]. Anderenfalls öffnete sich dem Gesetzgeber ein elegantes Schlupfloch, die Empfänger einer individuell zurechenbaren Staatsleistung über die Abgeltung des Vorteils hinaus bei Gelegenheit der Inanspruchnahme staatlicher Leistungen steuergleich zur Finanzierung allgemeiner Staatsaufgaben heranzuziehen[932]. Die Gebühr muss in ihrer Höhe deutlich von der Steuer unterscheidbar bleiben, soll dem Gebührengesetzgeber nicht das Tor zu einer verdeckten, gleichheitswidrigen Besteuerung[933] unter Umgehung der Art. 105 ff. GG geöffnet und die Gebührenkompetenz zu einer allgemeinen Finanzierungskompetenz ausgedehnt werden, die dem Gebührengesetzgeber finanzielle Ressourcen nutzbar macht, welche dem Steuergesetzgeber zustehen[934]. Gebührenhöhe und Gebührenrechtfertigung sind untrennbar miteinander verwoben[935].

---

[931] Anders noch *B. Becker*, Reichsabgabenordnung, 5. Aufl. 1926, § 1 Anm. 5: »Der Begriff der Gebühr im Sinne der AO fordert außer (…) der Allgemeinheit der Auferlegung nur, dass die Gebühr für eine besondere Inanspruchnahme der Verwaltung (Benutzungs- oder Verwaltungsgebühr) auferlegt wird. Die gemeine Meinung verlangt zwar, dass die Gebühren im Allgemeinen nicht höher bemessen werden dürfen, als dass durch sie die Kosten der Einrichtung gedeckt werden (…) Das sind finanzwissenschaftliche Forderungen, die gewiß berechtigt sind, aber rechtlich, wofern sie nicht, wie vielfach im Kommunalrecht durch Gesetz oder Gewohnheit anerkannt sind, nicht gelten«. Ähnlich *Kloepfer*, AöR 97 (1972), S. 232 (246, 251 f.); *Wilke*, Gebührenrecht und Grundgesetz, 1973, S. 283 ff., 86 ff., 105 ff., 133 ff. (einschränkend aber S. 244). Er ist der Auffassung, dass der Unterschied zwischen Gebühren und Steuern allein in den Tatbeständen der die jeweiligen Abgabenpflichten begründenden Vorschriften liegt: Knüpft eine solche Norm an eine individuell zurechenbare öffentliche Leistung an und macht sie zur Voraussetzung der Zahlungspflicht, handelt es sich danach bei der Abgabe um eine Gebühr; enthält der Abgabentatbestand dagegen keine öffentliche Leistung als pflichtbegründendes Tatbestandsmerkmal, hat man eine Steuer vor sich.

[932] Vgl. *F. Kirchhof*, Die Höhe der Gebühr, 1981, S. 128 f.; *Friauf*, Öffentliche Sonderlasten und Gleichheit der Bürger, in: Festsschrift für Jahrreiß, 1974, S. 45 (55); *Heimlich*, Die Verleihungsgebühr als Umweltabgabe, 1996, S. 157.

[933] Vgl. BVerfG, Beschl. v. 10. 3. 1998, BVerfGE 97, S. 332 (343) – einkommensabhängige Kindergartengebühr. Hier stellt das Bundesverfassungsgericht die Frage, ob in der Erhebung einer einkommensabhängigen Kindergartengebühr eine »verdeckte Einkommensbesteuerung« liegt. Ähnlich auch schon *Stephan*, Juristische Analysen 2 (1970), S. 867 (871): »Wäre der Gebührenrechtsetzer frei, die Gebühren in beliebiger Höhe zu verlangen, wäre der Aufbau eines parallelen zusätzlichen Steuersystems zu befürchten«. Er spricht von einer verkappten Steuer (a. a. O., S. 867), die »den Rechtsstaat auf das Äußerste gefährden könnte« (a. a. O., S. 869 f.).

[934] Selbst wenn Gebührengesetzgebungskompetenz und Steuergesetzgebungskompetenz in unterschiedlichen Händen liegen, entschärft dies die Problematik nicht. Denn die Art. 105 ff. GG teilen nicht allein die Steuergesetzgebungskompetenz, sondern auch die Steuerertragskompetenz zwischen Bund und Ländern abweichend von der Gesetzgebungskompetenz auf. Erschließt der Bund eine Finanzierungsquelle im Wege der Gebühr statt im Wege der Steuergesetzgebung, entzieht er den Ländern den ihnen nach den

aa) Die doppelte Legitimationsgrundlage des Versteigerungserlöses als Bezugspunkt

Versteigerungserlöse beziehen ihre spezifische, von der Steuer unterscheidungsfähige Rechtfertigung aus zwei Funktionen:

1. Der Erlös schöpft einen Sondervorteil ab, der sich aus der Bevorzugung in einer Knappheitssituation ergibt. Mit der exklusiven Zuweisung eines Nutzungsrechtes im Wege der Versteigerung empfängt der Einzelne einen besonderen Vorteil, der es rechtfertigen kann, die durch die Leistung gewährten Vorteile ganz oder teilweise abzuschöpfen. Der Erlös ringt dem Begünstigten als Ausgleich für den erlangten geldwerten Vorteil eine Zahlung ab, die die durch die Zuteilung entstandene Ungleichbehandlung zwischen Begünstigten und Nichtbegünstigten abmildern und den durch die Zuteilung gegenüber anderen Grundrechtsträgern erzielten Vorteil ausgleichen soll (*Abschöpfungsfunktion*)[936].

2. Der durch die Versteigerung erlöste Geldbetrag dient als Preis für die eingeräumte Vorzugsstellung zugleich dazu, die Präferenzen der Interessenten zu ermitteln. Er ist ein Kommunikationsmedium, mit dem sich die am Zuteilungsprozess Beteiligten über ihre Präferenzen verständigen. Der Preis entfacht einen Wettbewerb der Nachfrager, der die Individuen veranlasst, private Informationen über ihre eigene Wertschätzung und Nutzenvorstellungen preiszugeben. Er bringt sie dazu, den Nutzen wahrheitsgemäß zu offenbaren, den sie aus dem knappen Gut ziehen können. Die Interessenten setzen ihre gesamte verfügbare private Information im Auswahlprozess ein und drücken ihn im Preis aus. Dem Preis fällt Zuteilungsfunktion zu. Er lenkt das Gut grundsätzlich dorthin, wo die höchste Nutzenerwartung besteht, und es einer knappheitsgerechten, wirtschaftlich sinnvollen Nutzung zugeführt wird (*Allokationseffizienzfunktion*[937]).

Die Versteigerung und der auf ihrer Grundlage dem Staat zufließende Erlös rechtfertigen sich mithin als ein Zuteilungsverfahren, das dem Ziel der effizienten Allokation knapper, staatlich verwalteter Güter dienen und einen Vorteilsausgleich zwischen begünstigtem und nicht begünstigtem Nutzer herstellen soll.

Art. 104a ff. GG an der Abgabe zustehende Anteil an der Steuerertragskompetenz. Auch bei gleicher Gesetzgebungskompetenz kann die Erhebung einer Steuer als Gebühr mithin die Steuerertragskompetenz des anderen Hoheitsträgers verletzen.

[935] Vgl. BVerfG, Beschl. v. 7.11.1995, BVerfGE 93, S. 319 (347) – Wasserpfennig, seither st. Rspr. (anders noch z. B. BVerfG, Beschl. v. 6.2.1979, BVerfGE 50, S. 217 (227) – Widerspruchsgebühr; vgl. *K. Vogel/Waldhoff*, Grundlagen des Finanzverfassungsrechts – Vorbemerkungen zu Art. 104a -115 GG, 1999, Rdnr. 406 und 485; *K. Vogel*, in: Festschrift für Geiger, 1989, S. 518 (529); *ders.*, Grundzüge des Finanzrechts des GG, in: Isensee/P. Kirchhof (Hrsg.), HStR IV, 2. Aufl., 1999, § 87 Rdnr. 87, 96 f. m. w. N.; *Wendt*, Die Gebühr als Lenkungsmittel, 1975, S. 54 ff.

[936] Vgl. dazu supra S. 298.

[937] Vgl. dazu supra S. 271 u. 296.

Den Segen der Verfassung genießt die Abverlangung von Gebühren als Mittel der Zuteilung knapper Güter dabei nur insoweit, als sie geeignet, erforderlich und angemessen sind, um einen Zustand zu verwirklichen, der mit dem durch die Gebührenerhebung angestrebten verfassungsrechtlich legitimen Zustand in einem durch bewährte Hypothesen über die Wirkungszusammenhänge vermittelten Zusammenhang steht[938]. Das Prinzip der Verhältnismäßigkeit beansprucht für das Gebührenrecht umfassende Geltung[939].

bb) Angemessenheit, insbesondere Äquivalenz

Auch soweit das Versteigerungsverfahren als das mildeste, weil einzig umfassend zur Erreichung von Allokationseffizienz und Vorteilsausgleich geeignete Mittel anzusehen ist[940], ist ihm das Verdikt verfassungsrechtlicher Unzulässigkeit beschieden, soweit die mit ihm für die betroffenen Grundrechtsträger verbundene Belastung in ihrer Höhe außer Verhältnis zu dem mit ihm verfolgten Zweck steht.

Steht dem Staat bei der Gebührenbemessung auch ein gerichtlich nur eingeschränkt überprüfbarer Entscheidungs- und Gestaltungsspielraum zu, liegt es insbesondere grundsätzlich in seiner Entscheidungsmacht, welche Gebührenmaßstäbe und Gebührensätze er für eine individuell zurechenbare öffentliche Leistung aufstellen will und welche Zwecke er mit der Gebührenregelung anstrebt[941], so sind die Grenzen des gesetzgeberischen Bewertungsspielraums dort überschritten, wo die Gebühr den Sondervorteil, den die staatliche Leistung vermittelt, erkennbar überschreitet. Der Wert der mit der Gebühr abgegoltenen Leistung der öffentlichen Hand darf nicht in einem krassen Missverhältnis zu der Höhe der Gebühr stehen[942]. Die Verhältnismäßigkeit von Gebührenhöhe und Nutzen bzw. Wert der Leistung muss in jedem Einzelfall gewahrt sein, damit noch von einer

---

[938] *C. Koenig*, Die öffentlich-rechtliche Verteilungslenkung, 1994, S. 358; *Ritgen*, AöR 127 (2002), S. 351 (393 ff.).

[939] BVerfG, Beschl. v. 6.2.1979, BVerfGE 50, S. 217 (227) – Widerspruchsgebühr; BVerfG, Beschl. v. 10.10.1972, NJW 1973, S. 451 (452); OVG Hamburg, Urt. v. 2.7.1953, DVBl. 1953, S. 631 (633); *Heimlich*, Die Verleihungsgebühr als Umweltabgabe, 1996, S. 164; *P. Kirchhof*, Jura 1983, S. 505 (512); *Kloepfer*, AöR 97 (1972), S. 254; *Rogosch*, KStZ 1988, S. 2; *K. Vogel*, Grundzüge des Finanzrechts des GG, in: Isensee/P. Kirchhof (Hrsg.), HStR IV, 2. Aufl. 1999, § 87 Rdnr. 98 f.; *F. Kirchhof* (Fn. 932), S. 55.

[940] Vgl. dazu im Einzelnen S. 424 u. 522.

[941] BVerfG, Urt. v. 19.3.2003, BVerfGE 108, S. 1 (19) – Rückmeldegebühr.

[942] BVerfG, Beschl. v. 11.10.1966, BVerfGE 20, S. 258 (270) – Bundesrecht in Berlin; BVerfG, Beschl. v. 7.2.1991, BVerfGE 83, S. 363 (392) – Krankenhausumlage; BVerfG, Urt. v. 19.3.2003, BVerfGE 108, S. 1 (19) – Rückmeldegebühr; BVerwG, Urt. v. 14.4.1967, BVerwGE 26, S. 305 (311); 20, S. 257 (270); BVerwG, Urt. v. 15.7.1988, BVerwGE 80, S. 36 (39); BVerwG, Urt. v. 25.8.1999, BVerwGE 109, 272 (274); BVerwG, Urt. v. 25.7.2001, BVerwGE 115, S. 32 (44); *K. Vogel* (Fn. 939), § 87 Rdnr. 97; *Jarass*, Nichtsteuerliche Abgaben und lenkende Steuern unter dem Grundgesetz, 1999, S. 38.

Trennbarkeit von Steuern und Gebühren gesprochen werden kann und es nicht zu einer unverhältnismäßigen Verkürzung betroffener Freiheitsrechte der Bürger kommt. Diese Anforderung findet ihren Ausdruck im sog. gebührenrechtlichen Äquivalenzprinzip. Es verlangt von dem Gesetzgeber, zwischen der Leistung und der hierfür erhobenen Gebühr ein Verhältnis herzustellen, das eine unangemessene Belastung der Gebührenschuldner vermeidet. Das Äquivalenzprinzip ist eine besondere Ausprägung des Verhältnismäßigkeitsprinzips. Als solches hat es insbesondere in §3 S. 1 VwKostG seine einfachrechtliche Ausprägung gefunden.

Die Forderung nach einem »richtigen Verhältnis zwischen Leistung und Gegenleistung« hat bereits das Preußische OVG aus dem Wesen der Gebühr hergeleitet[943]. Es verlangte der Gebühr ein »grundsätzliches Gleichgewicht von Leistung und Gegenleistung« ab[944] und entnahm insoweit der Gegenleistungsfunktion der Gebühr einen Maßstab ihrer zulässigen Höhe. Diesen Faden nahm die Rechtsprechung der obersten Gerichte nach dem Zweiten Weltkrieg auf[945, 946], tauschte aber bald, phasenweise den Verfassungsrang des Äquivalenzprinzips ausdrücklich offen lassend[947], die rechtliche Fundierung aus: Das Bundesverwaltungsgericht und das Bundesverfassungsgericht sehen das Äquivalenzprinzip als auf dem Verhältnismäßigkeitsprinzip fußend an[948].

---

943 Vgl. etwa PrOVG, Urt. v. 30.10.1908, PrOVGE 53, S. 96 (97).

944 *Bettermann* und *Wilke* verstehen diese Rechtsprechung einschränkend als Gebot gleichmäßiger Gebührenerhebung, das Gleichheit innerhalb der Gebührenschuldner herzustellen trachtet. *Bettermann*, Legislative ohne Posttarifhoheit, 1967, S. 48ff.; *Wilke*, Gebührenrecht und Grundgesetz, 1973, S. 218ff. und 220. Kritisch dazu *Wendt*, Die Gebühr als Lenkungsmittel, 1975, S. 60ff.

945 BVerfG, Beschl. v. 11.10.1966, BVerfGE 20, S. 258 (270) – Bundesrecht in Berlin; BVerwG, Urt. v. 24.3.1961, BVerwGE 12, S. 162 (166); BVerwG, Urt. v. 24.3.1961, BVerwGE 12, S. 162 (166); BVerwG, Urt. v. 27.6.1957, BVerwGE 5, S. 136 (141f.); BGH, Urt. v. 19.6.1986, BGHZ 98, S. 115 (121f.); kritisch zur Herleitung eines Rechtsinstituts aus der Wesensimmanenz eines Begriffes *Scheuerle*, AcP 163 (1964), S. 429 (450ff.).

946 BVerfG, Beschl. v. 9.2.1991, BVerfGE 83, 363 (392) – Krankenhausumlage.

947 BVerfG, Beschl. v. 19.1.1965, BVerfGE 18, S. 302 (304); BVerfG, Beschl. v. 6.2.1979, BVerfGE 50, S. 217 (233) – Widerspruchsgebühr.

948 BVerwG, Urt. v. 14.4.1967, BVerwGE 26, S. 305 (309). Eine Begründung für diesen Wandel findet sich nicht. Man darf vermuten, dass ihm die Erwägung zugrunde gelegen hat, dass es einen allgemein feststehenden einheitlichen bundesrechtlichen Gebührenbegriff und einen einzigen Gebührenzweck nicht gibt, die Relationsprüfung zwischen Leistung und Gegenleistung insoweit eines Rekurses auf einen allgemeineren Prüfungsmaßstab bedarf. Die Gegenleistungsfunktion der Gebühr vermag zwar den Gedanken einer absoluten Grenze zwischen Leistung und Gebührenhöhe zu stützen, gibt aber das zulässige Maß zwischen ihnen hierfür nicht abschließend vor.

(1) Verfassungsrechtliche Verankerung und Verortung des Äquivalenzprinzips

Die verfassungsrechtliche Verankerung des Äquivalenzprinzips ist keineswegs unangefochten. An ihr zweifeln etwa *Kloepfer*[949], *F. Kirchhof*[950] *und Wilke*[951]. Sie kritisieren das Äquivalenzprinzip als universell einsetzbares »argumentatives Versatzstück«[952], das sich durch »sachliche Leere«[953] hervortue. Es habe sich von einer »Lehrbuchsentenz« zum »Verfassungsprinzip« entwickelt. Es handele sich um einen weitgehend »zahnlosen Tiger«, der nur gröbliche Verletzungen zu erfassen in der Lage sei und für dessen Anwendung die Rechtsprechung keine brauchbaren Abwägungskriterien entwickelt habe[954]. An das Verhältnismäßigkeitsprinzip als Relationsbegriff sehen *F. Kirchhof* und *Kloepfer* den Gesetzgeber nur bei gesetzlicher Normierung eines Gebührenzwecks gebunden[955]. Die Anwendung des Verhältnismäßigkeitsprinzips setze notwendig eine Zweck-Mittel-Abwägung voraus; die Gebühr verfolge als »freies Instrument staatlicher Tätigkeit« jedoch nicht notwendig einen bestimmten Zweck.

Dem kann nicht beigepflichtet werden: Kann die Gebühr ihrer Natur nach auch mehrere Zwecke verfolgen und haucht erst die Zweckanordnung der Gebühr der Prüfung des Verhältnisses von Zweck und Mittel Leben ein[956], bedarf jede Gebühr zu ihrer verfassungsrechtlichen Rechtfertigung einer erkennbaren gesetzgeberischen Festlegung eines legitimen Gebührenzwecks. Nur dann, wenn legitime Gebührenzwecke nach der tatbestandlichen Ausgestaltung der konkreten Gebührenregelung von einer erkennbaren gesetzgeberischen Motivation getragen sind, vermögen sie sachlich rechtfertigende Gründe für die Gebührenbemessung abzugeben[957]. Fehlt

---

[949] *Kloepfer*, AöR 97 (1972), S. 232 (252 f.).

[950] *F. Kirchhof* (Fn. 932), S. 80 ff.

[951] Die Kritik an dem Äquivalenzprinzip hat viele Väter und eine lange Tradition. Vor dem Zweiten Weltkrieg etwa sprach *Domschke* (Der Gebührenbegriff, 1928, S. 5 ff. und 43) dem Äquivalenzprinzip die Rechtfertigung ab, ähnlich auch mit anderem Ansatz *Amonn*, Grundsätze der Finanzwissenschaft, Erster Teil, 1947, S. 163.

[952] *Wilke* (Fn. 944), S. 245. An anderer Stelle (a. a. O., S. 302) spricht er von einer »unbrauchbare(n) Erfindung der gebührenrechtlichen Judikatur«.

[953] *Wilke* (Fn. 944), S. 262. Das Äquivalenzprinzip ermögliche es dem Verwaltungsrichter, »nahezu beliebige Leitlinien für die Gebührenrechtsetzung vorzuzeichnen, von denen er sich aber jetzt wieder zu distanzieren vermag, wenn sich ihm ›das Wesen‹ oder der ›Begriff‹ der Gebühr in anderer Beleuchtung darbietet«.

[954] Insbesondere *Wilke* (Fn. 944), S. 253 und 301 ff; *F. Kirchhof* (Fn. 932), S. 81.

[955] *F. Kirchhof* (Fn. 932), S. 81; *Kloepfer*, AöR 97 (1972), S. 232 (253); ähnlich auch *S. Meyer*, Gebühren für die Nutzung von Umweltressourcen, 1995, S. 201: »Die Berufung auf das Äquivalenzprinzip ist daher zu kurz gegriffen, denn es muss zuerst geklärt werden, welche Zwecke mit der Gebührenerhebung zulässigerweise verfolgt werden«.

[956] Ebenso etwa *Feigenbutz*, Die Bindungen des Post- und Fernmeldewesens an und durch das Institut der Gebühr, 1977, S. 189; *S. Meyer*, Gebühren für die Nutzung von Umweltressourcen, 1995, S. 201.

[957] BVerfG, Urt. v. 19. 3. 2003, BVerfGE 108, S. 1 (20) – Rückmeldegebühr.

es daran, ist die Gebühr schon deshalb nicht mit dem Grundgesetz vereinbar. Der Verfassungsgrundsatz der Verhältnismäßigkeit jedes staatlichen Handelns ist in seiner Geltungskraft nicht der Botmäßigkeit des verfassungsunterworfenen einfachen Gesetzgebers anheim gestellt, insbesondere nicht davon abhängig, ob der Gesetzgeber der Gebühr einen legitimen verfassungsrechtlichen Zweck zugedenkt. Dass die Gebühr eine Vielzahl unterschiedlicher Zwecke verfolgen kann, sie insoweit zweck*offen* ist, darf nicht mit einer generellen Zweck*freiheit* der Gebühr verwechselt werden. Jede Gebühr ist Entgelt für eine staatliche Leistung und kann jedenfalls insoweit auf die Verhältnismäßigkeit von Zweck und Mittel untersucht werden. Das Verhältnismäßigkeitsprinzip steht namentlich selbstständig neben dem verfassungsrechtlichen Prinzip der Normenklarheit. Zieht das Äquivalenzprinzip dem Ermessen des Gebührengesetzgebers keine engen Grenzen und ist die Schutzwirkung des Verhältnismäßigkeitsprinzips zugegebenermaßen auch gering, so spiegelt sich darin die Weite des gesetzgeberischen Gestaltungsspielraums, den die Verfassung dem Gesetzgeber bei der Verfolgung seiner Sachziele zuerkennt, diskreditiert aber nicht den verfassungsrechtlichen Abgrenzungsmaßstab selbst. Aufgrund seiner Rückführung auf das Verhältnismäßigkeitsprinzip genießt das Äquivalenzprinzip verfassungsrechtlichen Rang.

Das Äquivalenzprinzip erschöpft sich dabei zugleich nicht in einer eingeschränkten Umsetzung des Verhältnismäßigkeitsprinzips auf den Bereich des Gebührenrechts. Es verfängt nicht, seine rechtliche Tragweite alleine in dem Verhältnismäßigkeitsprinzip zu suchen[958]. Unterscheiden sich beide Prinzipien auch weder in der Zielrichtung noch in den verwendeten materiellen Abwägungsfaktoren[959], würde mit seiner Reduzierung auf die grundrechtliche Verhältnismäßigkeit die spezifisch finanzverfassungsrechtliche Rechtfertigungsflanke der Forderung nach einem ange-

---

[958] So aber etwa *Heimlich*, Die Verleihungsgebühr als Umweltabgabe, 1996, S. 174f.; *S. Meyer*, Gebühren für die Nutzung von Umweltressourcen, 1995, S. 200; wie hier *Kloepfer*, AöR 97 (1972), S. 232 (255); einige leiten das Äquivalenzprinzip aus Art. 3 Abs. 1 GG ab (etwa *Rüfner*, in: Dolzer/K. Vogel/Graßhoff [Hrsg.], Bonner Kommentar zum Grundgesetz, Art. 3 Abs. 1 Rdnr. 291 [Stand: Mai 1996]). Sie argumentieren: Würde die Höhe der Gebühr vom Wert der Leistung abgekoppelt, läge eine Ungleichbehandlung der Abgabepflichtigen vor. Jede Abweichung von dem Grundsatz der leistungsidentischen Gebührenbelastung sei mit Art. 3 Abs. 1 GG nicht vereinbar. Ein alleiniger Rekurs auf Art. 3 Abs. 1 GG heißt aber, die Vielfalt möglicher Gebührenzwecke zu verkennen. Die Gebühr kann sowohl der Kostendeckung, dem Vorteilsausgleich, der Verhaltenslenkung sowie sozialen Zwecken dienen (vgl. BVerfG, Urt. v. 19. 3. 2003, BVerfGE 108, S. 1 [18ff.] – Rückmeldegebühr). Angesichts dieser Streubreite unterschiedlicher Regelungszwecke ist eine Verankerung des Äquivalenzprinzips im Gleichheitssatz argumentativ sehr schwach unterfüttert. Auch eine Herleitung des Äquivalenzprinzips aus einem relativierten Schenkungsverbot, wie sie z. B. *Leisner* (Gedächtnisschrift für Peters, 1967, S. 730 [743]) vorschlägt, verfängt nicht.

[959] *Heimlich*, ibid., S. 174f.; *S. Meyer*, Gebühren für die Nutzung von Umweltressourcen, 1995, S. 712f.

messenen Verhältnis zwischen staatlicher Leistung und gebührenrechtlicher Forderung ausgeblendet: Das Äquivalenzprinzip rechtfertigt sich nicht nur aus dem die gesamte Verfassung durchziehenden, von den Grundrechten getragenen Prinzip einer Bindung jeder Art belastenden Staatshandelns an die Angemessenheit von Zweck und Mittel, sondern auch aus dem Erfordernis eines Schutzes der finanzverfassungsrechtlichen Kompetenzordnung und einer klaren begrifflichen Trennlinie zwischen Steuern und Gebühren. Die Verfassung nimmt dem Staat nicht prinzipiell das Recht, den Bürger zu Geldleistungspflichten heranzuziehen, die nicht in einem angemessenen Verhältnis zu der Gegenleistung stehen. Er behält sie aber dem Instrument der Steuer vor. Die Gebühr darf nicht diesen, sondern aufgrund der verfassungsrechtlichen Konzeption der Kompetenzordnung nur einen eingeschränkten Kreis von Zwecken verfolgen. Rechtfertigt sich die Erhebung einer Gebühr als nichtsteuerlicher Abgabe aus ihrer Gegenleistungsbezogenheit, kann von einer Beziehung zwischen Leistung und Gegenleistung nicht mehr gesprochen werden, wenn öffentliche Leistung und die als Gegenleistung geforderte Gebühr in einem auffälligen Missverhältnis stehen. Die Gebühr verliert dann den Charakter als Gegenleistung für eine individuell zurechenbare öffentliche Leistung; sie wird zur voraussetzungslos erhobenen Geldzahlung, die lediglich an eine öffentliche Leistung anknüpft. Sie tritt in eine Nähe zur Steuer, die die Schutz- und Begrenzungsfunktion der Finanzverfassung berührt[960]. Die Forderung nach einem Konnex zwischen Gebührenhöhe und Gebührenrechtfertigung findet seine verfassungsrechtliche Grundlage danach sowohl in dem besonderen Bedürfnis nach Schutz der finanzverfassungsrechtlichen Kompetenzverteilungsordnung[961] als auch in dem allgemein alles staatliche Handeln begrenzenden Prinzip der Verhältnismäßigkeit[962]. Das Verhältnismäßigkeitsprinzip gibt das Maß an, nach dem Zweck und Mittel gemessen werden, die Finanzverfassung die zulässigerweise verfolgbaren Zwecke[963].

[960] Ähnlich bereits *Strutz*, Artikel »Gebühren«, in: Elster/A. Weber/Wieser (Hrsg.), Handwörterbuch der Staatswissenschaften, 4. Aufl. 1927, S. 616 (624 f.).

[961] Diesen Aspekt betont das Bundesverfassungsgericht auch seit dem Wasserpfennig-Beschluss (v. 7. 11. 1995, BVerfGE 93, S. 319 ff.) – zutreffend in herausgehobener Weise.

[962] Insoweit ist *Kloepfer*, AöR 97 (972), S. 232 (255) zuzustimmen.

[963] Unbeschadet der verfassungsrechtlichen Geltungskraft des Äquivalenzprinzips drängt sich bei Versteigerungen im Hinblick auf die Freiwilligkeit der Gebotsabgabe die Frage nach seiner unmodifizierten Anwendbarkeit auf: Der Bieter eines Versteigerungsverfahrens wirkt durch sein Gebot an der Höhe des Versteigerungserlöses mit. Er trägt selbst zu dessen Höhe bei. Anders als im üblichen Fall der Gebührenerhebung ordnet der Staat nicht einseitig eine Zahlungspflicht in im Voraus festgelegter Höhe an, sondern die Zahlungshöhe ist die Folge eines auf Freiwilligkeit und Mitwirkung angelegten kooperativen Wertermittlungsprozesses. Vgl. dazu im Einzelnen infra S. 598 ff. Eine erste wichtige Weichenstellung in der Beantwortung dieser Frage ist bereits mit der Einordnung in das System der Finanzverfassung vorgenommen: Die Mitwirkung des Bürgers

(2) Abgrenzung zum finanzwissenschaftlichen Äquivalenzprinzip

Auch die Finanzwissenschaft kennt den Begriff des Äquivalenzprinzips. Sie misst ihm aber einen anderen Gehalt zu. Sie versteht darunter die (politische) Leitidee (staatlicher Finanzpolitik), die Staatsbürger zur Finanzierung der staatlichen Leistungen nach dem erhaltenen Nutzen, dem realisierten Vorteil bzw. dem erreichten Grad an Interessenbefriedigung beitragen zu lassen[964]. Die Nutznießer staatlicher Leistungen sollen in vollem Umfang mit den volkswirtschaftlichen Konsequenzen ihrer Handlungen konfrontiert werden und diese in ihre Entscheidungen einfließen lassen. Gebühren sind danach am gesamtwirtschaftlichen Werteverzehr, insbesondere am volkswirtschaftlichen Ressourcenverbrauch zu orientieren. Ziel ist eine volkswirtschaftlich sinnvolle, allokationseffiziente Lenkung der Ressourcen. Das finanzwissenschaftliche und das juristische Äquivalenzprinzip haben damit zwar einen gemeinsamen Ansatz: Sie enthalten Vorgaben für die Höhe der Gebühr. Ihre Schutzrichtungen und -adressaten sind jedoch verschieden: Das finanzwissenschaftliche Äquivalenzprinzip hat die volkswirtschaftliche Wohlfahrt und eine effiziente Güterlenkung im Interesse aller Wirtschaftsteilnehmer im Auge; das rechtswissenschaftliche Äquivalenzprinzip schützt den Bürger vor übermäßigen Eingriffen des Staates in sein privates Vermögen.

(3) Der Versteigerungserlös und das Äquivalenzprinzip – Der Wert als Grenze der Gebührenäquivalenz

Äquivalenz im finanzverfassungsrechtlichen Verständnis des Wortes erfordert eine angemessene Beziehung zwischen dem Wert der Leistung und der Gebührenhöhe, d. h. eine leistungsgerechte Gebühr. Das Äquivalenzprinzip vergleicht die finanzielle Einbuße des Gebührenschuldners mit dem Vorteil, den die Leistung dem Empfänger verschafft. Es rechnet die Nutzen stiftende Wirkung einer öffentlichen Leistung auf das Geldopfer an, das der Einzelne zu erbringen hat. Seine Mission liegt darin, sicherzustellen, dass der Einzelne im Wege der Gebühr nur zu solchen Leistungen herangezogen

---

ändert an dem abgabenrechtlichen Charakter der geforderten Leistung nichts (vgl. dazu bereits supra S. 452 ff.). Die Zahlungspflicht entsteht ungeachtet der Mitwirkung kraft öffentlichen Rechts: Der Staat knüpft an die Zuteilung eine Zahlungspflicht. Der Bieter muss, wenn er an der Nutzung des ersteigerten Gutes teilhaben will, einen dem Wert des Gutes äquivalenten Betrag bieten. Die Zwangswirkung der Zahlungspflicht bleibt erhalten. Das Äquivalenzprinzip als Schutzwall der Abgrenzung zwischen Steuern und sonstigen Abgaben ist damit nicht ohne Weiteres bereits durch die Zustimmung der Beteiligten überwindbar; vgl. dazu infra S. 598 ff.

[964] Grundlegend dazu *Buchanan*, The political Efficiency of General Taxation, in: National Tax Journal, Vol. 46, No. 4, S. 401 (403 f.); *Hansjürgens*, Äquivalenzprinzip und Staatsfinanzierung, 2001, S. 17; *Schmehl*, Das Äquivalenzprinzip im Recht der Staatsfinanzierung, 2004, S. 7 ff.

wird, die ihm tatsächlich einen individuell zurechenbaren Vorteil verschafft haben. Der Wert einer Staatsleistung für den Betroffenen ist der Maßstab für die Last, die ihm im Wege der Gebühr zugemutet werden darf.

Ob das Verhältnis zwischen dem Wert der Leistung und dem bei der öffentlichen Hand anfallenden *Aufwand*[965] angemessen ist, ist demgegenüber nicht entscheidend. Die äquivalente Gebühr muss leistungsgerecht, nicht notwendigerweise kostengerecht sein[966]. Das Äquivalenzprinzip und das ausschließlich für Verwaltungsgebühren Geltung beanspruchende Kostendeckungsprinzip[967] bewegen sich auf unterschiedlichen Ebenen[968]. Der gegen die Versteigerung als Allokationsmechanismus ins Feld geführte Einwand, der Staat bereichere sich hier ungerechtfertigterweise an Gütern der Allgemeinheit, die ihm nicht gehören und die ihn nichts gekostet haben[969], findet daher im Äquivalenzprinzip insoweit keinen Bundesgenossen. Er holt die überwundene Kostentheorie[970] in das Gebührenrecht zurück: Die Gebühr findet die zulässige Grenze ihrer Höhe nicht in den Kosten, die dem Staat infolge der Leistungserbringung entstanden sind, sondern in der Höhe des dem Einzelnen aus der Staatstätigkeit zugeflossenen Nutzens[971]. Sind die Kosten einer staatlichen Leistung auch eine verlässlichere Berech-

---

[965] BVerwG, Beschl. v. 22.1.1996, NVwZ 1986, S. 483 (484); *F. Kirchhof* (Fn. 932), S. 79, 86 ff. u. 92.

[966] Diese in der Literatur häufig verwendete eingängige Formulierung geht auf VG Stuttgart, Urt. v. 10.12.1969, KStZ 1971, S. 38 (39) zurück.

[967] Vgl. dazu ausführlich supra S. 499 ff.

[968] Einhellige Meinung; vgl. etwa schon *Bohley*, Gebühren und Beiträge, 1977, S. 122; *Hansmeyer/Fürst*, Die Gebühren, 1968, S. 123.

[969] In diesem Sinne beispielsweise *F. Kirchhof*, DÖV 1992, S. 233 (237).

[970] Die Kostentheorie wollte die Höhe der Gebühr ausschließlich an den Kosten orientieren, die dem Staat infolge der Leistungserbringung entstanden sind. Vgl. zu ihr etwa *Umpfenbach*, Lehrbuch der Finanzwissenschaft, Erster Theil 1893, S. 64; *Fleiner*, Institutionen des Verwaltungsrechts, 8. Aufl. 1928, S. 426 f.; *Gutmann*, Mängel der Leistung und missbräuchliche Gebührenerhebung kommunaler Anstalten, 1933, S. 28 f.; *Toepfer*, FinArch. 26 (1909), S. 491 (512 ff. u. 544 ff.).

[971] Vorreiter dieses nutzenorientierten Verständnisses des Äquivalenzprinzips, des sog. benefit principle, im Unterschied zum cost of service principle war *Otto Ehlers* (FinArch. 13 [1896], S. 439 ff.) Er postulierte (a. a. O., S. 475): »Nicht die Höhe der vom Staat aufgewandten Kosten, sondern die Höhe des dem Einzelnen aus der Staatstätigkeit zugeflossenen Nutzens bezeichnet den äußersten Betrag, den eine Gebühr erreichen kann«. Anders BVerwG, Urt. v. 30.4.2003, BVerwGE 118, S. 123 (126 f.) m. w. N. – Gebühr für Rufnummernzuteilung; BVerfG, Beschl. v. 6.2.1979, BVerfGE 50, S. 217 (227) – Widerspruchsgebühr: »Das Äquivalenzprinzip verbietet die Festsetzung einer Gebühr völlig unabhängig von den Kosten der gebührenpflichtigen Leistung«. Das folge aus dem Zweck der Gebühr, die dem Gebührenschuldner vom Staat anlässlich einer individuell zurechenbaren öffentlichen Leistung in der Absicht auferlegt werde, die Kosten der Leistung ganz oder teilweise zu decken. Der Zweck einer Gebühr erschöpft sich indes nicht alleine in der Kostendeckung. Er kann auch in der Abschöpfung von Vorteilen bestehen, die dem Einzelnen aus Anlass einer öffentlichen Leistung zufließen, ebenso in der Verhaltenslenkung oder der Verfolgung sozialer Zwecke. Vgl. BVerfG, Urt. v. 19.3.2003, BVerfGE 108, S. 1 (18) – Rückmeldegebühr.

nungsgrundlage als der zugewandte Vorteil[972], so sind sie nicht der einzige Maßstab der Gebührenbemessung und ist umgekehrt der Kostenersatz nicht der einzige legitime Gebührenzweck. Auch Gebühren, die den Verwaltungsaufwand der Behörde erheblich übersteigen, verstoßen nicht gegen das Äquivalenzprinzip, sofern der (zulässige) gesetzliche Erhebungszweck in der Vorteilsabschöpfung liegt[973]. Das Äquivalenzprinzip ist in seiner normativen Begrenzungsfunktion auf den (zulässigen) Zweck auszurichten, den die Gebühr verfolgt.

Die äußerste Grenze zulässiger Gebührenäquivalenz ist dabei nach der Rechtsprechung des Bundesverfassungsgerichts dort erreicht, wo die Gebühr den Wert der öffentlichen Leistung übersteigt[974]. Eine den Wert der Leistung übersteigende Gebühr wird – wie die Steuer – »voraussetzungslos« erhoben. Sie dient nicht mehr nur der Abschöpfung eines dem Abgabeschuldner zugewandten Vorteils, sondern greift zugleich auf seine allgemeine Leistungsfähigkeit zur Finanzierung von Gemeinlasten zu. Die für die Abgrenzung zur Steuer unerlässliche Abhängigkeit von der Gegenleistung würde durchbrochen und entgegen Art. 104a ff. GG dem Gesetzgeber der Weg geebnet, den Einzelnen neben der Steuer zur Finanzierung von Gemeinlasten heranzuziehen[975].

---

[972] *Pietzcker* (DVBl. 1987, S. 774 [778]) etwa schlussfolgert daraus, Verleihungsgebühren, die den mit der Gewährung eines subjektiven öffentlichen Rechts verbundenen Vorteil abzuschöpfen beabsichtigen, seien unzulässig. Ähnlich *Arndt*, WiVerw. 1990, S. 1 (35 f.). Die schwierige Operationalisierbarkeit eines als individuellen Nutzenäquivalents verstandenen Gebührenprinzips räumt auch sein gedanklicher Vater *Otto Ehlers* (Fn. 971, S. 485) ein: »Es kann das Kostenmoment als Notbehelf bei Normierung der Gebührenhöhe dienen, wenn nämlich die sonstigen Anhaltspunkte, insbesondere die Berechnung des Nutzens, versagen«.

[973] BVerwG, Urt. v. 8. 12. 1961, BVerwGE 13, S. 214 (222); BVerwG, Urt. v. 15. 3. 1968, BVerwGE 29, S. 214 (215); noch etwas restriktiver: BVerwG, Urt. v. 24. 3. 1961, BVerwGE 12, S. 162 (170): »Dagegen verstößt es nicht gegen das Äquivalenzprinzip, dass Gebühren erhoben werden, die den Aufwand der Behörde übersteigen, wenn die Gebühren so niedrig sind, dass sie weder eine abschreckende Wirkung ausüben noch nennenswerte Kostenfaktoren darstellen können«.

[974] BVerfG, Beschl. v. 7. 11. 1995, BVerfGE 93, S. 319 (347) – Wasserpfennig; *Breuer*, Grundrechte als Anspruchsnormen, in: Festschrift für Maurer, 2001, S. 25 (39); *Ritgen*, AöR 127 (2002), S. 351 (368), *Schimpf*, Die Verleihungsgebühr, S. 45 f.; *Sacksofsky*, Umweltschutz durch nicht-steuerliche Abgabe, 2000, S. 225; ähnlich für das amerikanische Recht im Rahmen der Quid-pro-quo-Doktrin *Logan*, California Law Review 85 (1997), S. 1687 (1737 ff.): »It (s. c. the First Amendment; der Verfasser) provides a safeguard against unjustified government burdens on speech. And these burdens are unjustified when the quid is qualitatively disproportionate to the quo«. Vgl. zur Quid-pro-quo-Doktrin supra S. 300.

[975] In diesem Sinne auch schon OVG Hamburg, JW 1928, S. 3290 f. Es argumentierte, die Steuerhoheit anderer öffentlich-rechtlicher Körperschaften solle nicht durch die Erhebung von hohen Gebühren zulasten der Steuerhoheit geschwächt werden.

(a) Der Begriff des Wertes bzw. Nutzens

Mit der Vorgabe einer angemessenen Leistungsrelation bringt das Äquivalenzprinzip den Juristen in die Verlegenheit, den Wert bzw. Nutzen einer staatlichen Leistung zu bemessen. Eine operable Begriffsdefinition gibt es ihm dafür nicht an die Hand. Auch das einfache Recht ist ihm dabei keine entscheidende Hilfe. Verwendet es den Begriff des Wertes auch vielerorts – kennt es insbesondere den »Streitwert«[976], den »Nutzwert«[977], den »Verkehrswert«[978], den »Geschäftswert«[979] als wichtige Messgrößen[980] – und macht es den Wert eines Gegenstandes etwa im Rahmen der Wertgebühr[981] ausdrücklich zum Maßstab für die Bestimmung der zulässigen Gebührenhöhe, so verflüchtigt sich sein Detaillierungsgrad bei der Suche nach einer Antwort auf die Frage, welcher Begriffsinhalt damit verbunden sein soll. Konkret werden für den Bereich der Kosten in Angelegenheiten der Freiwilligen Gerichtsbarkeit immerhin die KostenO und für bundesrechtliche geregelte Abgaben das BewG: Sie verstehen unter dem Wert den gemeinen Wert – ein Begriff, den schon das Preußische Allgemeine Landrecht kannte und im Zweifel als maßgeblichen Wertmesser seinen rechtlichen Schlussfolgerungen zugrunde legte[982]. Das ALR beschrieb ihn in § 112 des Ersten Theils Zweyter Titel als den »Nutzen, welche die Sache einem jeden Besitzer gewähren kann«. Die KostenO und das BewG werden in § 19

---

[976] Vgl. etwa § 11 Abs. 2, §§ 12 ff. GKG.

[977] § 39 Abs. 1 S. 3 Nr. 4 Zweite Berechnungsverordnung, § 2 Abs. 6 u. § 11 Abs. 1 Dienstwohnungsverordnung.

[978] Die Zahl der Vorschriften, die den Verkehrswert zum Maßstab erheben, ist nahezu unübersehbar, vgl. etwa § 25 Abs. 1 S. 1, Abs. 2 BBodSchG, § 34 Abs. 1 AGGVG, § 36 Abs. 3 WaStrG, § 74a Abs. 5 S. 1 ZVG.

[979] Etwa §§ 18 Abs. 1, 31, 39 ff. KostenO, § 48 Abs. 3 WEG, § 34 Abs. 2 LwVG, § 19 HöfeVfO.

[980] Zahlreiche Vorschriften des Rechts der staatlichen Ersatzleistungen erheben den Wert eines Gegenstandes zum Maßstab der Zahlungspflicht, so etwa § 27 Flurbereinigungsgesetz; § 42 Abs. 2 und 3 BauGB; (»Wert des Grundstücks«); § 109 Abs. 3 S. 2 BBergG; § 128 Abs. 1 S. 2 BauGB (»Wert der [...] zur Verfügung gestellten Fläche«); § 67 Abs. 1 TierseuchenG (»gemeine[r] Wert des Tieres«); § 31 Abs. 2 S. 1 BJagdG (»Wert [...] der Ernte«).

[981] Nach § 4 VerwKostG sind die Gebühren durch »feste Sätze, Rahmensätze oder nach dem Wert des Gegenstandes« zu bestimmen. Bei der Bemessung einer Rahmengebühr ist nach § 9 Abs. 1 Nr. 2 VerwKostG der wirtschaftliche Wert und der sonstige Nutzen für den Gebührenschuldner zu berücksichtigen. Ähnlich schreiben die Gebührengesetze der Länder eine Berücksichtigung des wirtschaftlichen Wertes der Amtshandlung bei der Gebührenbemessung vor (vgl. etwa § 3 rp.LGebG; § 2 Abs. 1 S. 2 bw.LGebG; § 6 Abs. 3 S. 3 saarl.LGebG). Die Höhe einer Verwaltungsgebühr für die Erteilung einer Baugenehmigung etwa orientiert sich an dem wirtschaftlichen Wert, den die Baugenehmigung für den Antragsteller hat. Vgl. OVG Rheinland-Pfalz, Urt. v. 17.3.2005, DVBl 2005, S. 720 (nur Ls.); OVG Rheinland-Pfalz, Urt. v. 10.12.1998 – 12 A 10600/98.OVG –. Vgl. auch etwa §§ 39 ff. GKG, §§ 22 ff. RVG, §§ 3 ff. ZPO.

[982] Nach § 117 des Ersten Theils Zweyter Titel des Preuß.ALR sollte »in allen Fällen, wo nicht die Gesetze ein Anderes ausdrücklich vorschreiben« in der Regel »nur auf dem gemeinen Werth der Sache Rücksicht genommen« werden.

Abs. 1 S. 2 bzw. § 9 Abs. 2 noch präziser. Sie verstehen darunter den Preis, der im gewöhnlichen Geschäftsverkehr erzielt werden könnte, und zwar nach der Beschaffenheit der Sache und unter Berücksichtigung aller den Preis beeinflussenden Umstände[983]. Der Verkehrswert ist danach der Marktwert. Er richtet sich nach Angebot und Nachfrage. Ungewöhnliche oder nur persönliche Umstände, wie etwa ein Notverkauf oder ein besonderer Liebhaberwert, haben dabei im Rahmen der Wertbestimmung außer Betracht zu bleiben (vgl. § 19 Abs. 1 S. 2 KostenO; § 9 Abs. 2 S. 3 BewG)[984]. Erfreut sich diese Wertdefinition auch erfreulicher Klarheit, so bleibt ihre Aussagekraft für die Präzisierung des Wertbegriffs des verfassungsrechtlichen Äquivalenzprinzips freilich beschränkt: Als einfaches Gesetzesrecht kann sie den verfassungsrechtlichen Wertbegriff nicht determinieren; ob dessen Wertbegriff mit dem Marktwert übereinstimmt, ist der Verfassung zu entnehmen. Dem § 19 KostenO bzw. § 9 BewG kommt allenfalls eine indizielle, nicht aber präjudizielle Wirkung zu. Die Vorschriften beziehen sich überdies nicht auf öffentliche Leistungen, sondern auf den Wert einer Sache (§ 19 KostenO) bzw. von Wirtschaftsgütern[985]. Sind diese einem Marktwert zugänglich, fehlt für Leistungen des Staates typischerweise der zur Bestimmung des Marktwertes erforderliche Vergleichsmarkt, da der Staat regelmäßig ihr einziger Anbieter ist und sich die Preisbildung nicht auf der Grundlage gleicher Verhandlungsmacht vollzieht, sondern der »Verwaltungspreis« in der Regel durch Auferlegung einer Zahlungspflicht einseitig bestimmt wird. Es fehlt insoweit an einer Strukturbedingung für die Richtigkeitsvermutung des Marktprinzips und an intersubjektiven Vergleichsmaßstäben, die für die Bestimmung des Wertes derartiger Leistungen herangezogen werden könnten. Für die Beurteilung des Wertes etwa einer Einbürgerung, einer Aufenthaltserlaubnis oder eines Baudispenses lassen sich operationalisierbare, monetäre Bewertungsmaßstäbe nicht bilden.

---

[983] Ähnlich etwa § 194 BauGB, §§ 3 ff. WertV, § 29 FlurbG und § 85 Abs. 2 BBergG für den Begriff des Verkehrswertes. Sie präzisieren den Verkehrswert eines Grundstücks bzw. einer Grundabtretung übereinstimmend als den Preis, der in dem Zeitpunkt auf den sich die Ermittlung bezieht, im gewöhnlichen Geschäftsverkehr nach den rechtlichen Gegebenheiten und tatsächlichen Eigenschaften, der sonstigen Beschaffenheit und der Lage des Grundstücks ohne Rücksicht auf ungewöhnliche oder persönliche Verhältnisse zu erzielen wäre.

[984] Ähnlich auch schon § 118 des Erste Theil Zweyter Titel des Preuß.ALR. Er bestimmte, dass »der außerordentliche Werth«, (d. h. »der Werth, der aus der Berechnung des Nutzens erwächst, welchen die Sache nur unter gewissen Bestimmungen oder Verhältnissen leisten kann«, § 114) so wie »der Werth der besonderen Vorliebe« (d. h. »der Werth«, der aus »bloß zufälligen Eigenschaften oder Verhältnissen einer Sache« entsteht, »die derselben in der Meinung ihres Besitzers einen Vorzug vor allen andern Sachen gleicher Art beylegen«, § 115) »nur in Fällen, wo es die Gesetze ausdrücklich billigen, in Anschlag gebracht wird«.

[985] Bzw. im Falle des § 194 BauGB, §§ 3 ff. WertV, § 29 FlurbG (vgl. Fn. 983) »eines Grundstücks«.

Hat eine gebührenpflichtige Amtshandlung keinen wirtschaftlichen, in Geld ausdrückbaren Wert, versagt die Korrekturfunktion des Äquivalenzprinzips. Eine Wertrelation zwischen Leistung und Gegenleistung ist hier nicht feststellbar[986]. Besonders intrikat wird die Wertbestimmung dann, wenn es sich um eine den Gebührenpflichtigen belastende und damit für ihn »wertlose« Maßnahme, etwa die Ablehnung einer Erlaubnis oder das Abschleppen eines verbotswidrig geparkten PKW handelt[987]. Als Verpflichtungsgrund für die Erhebung einer Gebühr kommt hier nur die mit einem Aufwand verbundene Veranlassung hoheitlicher Tätigkeit in Frage[988]. Das Äquivalenzprinzip gibt dem Rechtsanwender eine Bestimmung der Wertrelation auf, bleibt aber eine Antwort auf die sich daran anknüpfende Frage, was der Wert einer öffentlichen Leistung ist, schuldig[989].

Die Kalamität und Verwirrung um den Äquivalenzmaßstab erhöht sich dadurch, dass zur Bestimmung des Bezugspunktes der Äquivalenz unterschiedliche Begriffe im Umlauf sind: Der Begriff des »Wertes« findet sich ebenso als Gradmesser der Leistungsproportionalität wie derjenige des »Nutzens«[990], des »Vorteils« oder des »Interesses«. Während der Begriff des Wertes auf einen objektivierten Maßstab hindeutet, der eine Präzisierung des Äquivalenzbegriffs erschwert, weist der Nutzenbegriff auf eine strikt auf die Sicht des Gebührenschuldners bezogene individuell-subjektive Sichtweise hin[991]. Der subjektive Nutzenvorteil, den der Empfänger der

[986] Entsprechend bestimmte schon § 119 des ersten Theils Zweyter Titel des Preuß. ALR: »Sachen, deren Wert durch kein Verhältniß mit anderen im Verkehr befindlichen Sachen bestimmt werden kann, heißen unschätzbar«.

[987] Das Bundesverwaltungsgericht hat aus diesem Grunde in seiner frühen Rechtsprechung einen Verstoß gegen das Äquivalenzprinzip angenommen, wenn »die geforderte Gebühr (genauer müsste es heißen: die gebührenpflichtige Leistung; der Verf.) für den Gebührenpflichtigen offensichtlich keinerlei Wert hat«. (BVerwG, Urt. v. 24.3.1961, BVerwGE 12, S. 162 [166, 169 f.]); ähnlich bereits OVG Hamburg, Urt. v. 2.7.1953, DVBl. 1953, S. 631 (632), wonach »für eine wertlose Leistung [...] keine Gebühr erhoben werden darf«. Später hat das BVerwG jedoch klargestellt, dass auch die Ablehnung einer beantragten Erlaubnis eine gebührenpflichtige Leistung sein kann (BVerwG, Urt. v. 8.12.1961, BVerwGE 13, S. 214 (219), und damit einer alten gebührenrechtlichen Tradition entsprochen (vgl. etwa § 9 Abs. 1 HS. 1 Preußische Verwaltungsgebührenordnung, nach der »bei Ablehnung des Antrags auf Vornahme [...] 1/10 bis 1/2 der Gebühr [...], mindestens jedoch 0,50 Reichsmark erhoben« werden; § 12 Abs. 1 rp.LGebG; § 5 Abs. 2 S. 1 nrw.KAG; § 131 Abs. 1 Nr. 1 KostenO). Dass auch die Ablehnung beantragter Amtshandlungen einer Gebührenpflicht unterworfen werden kann, entspricht heute einhelliger Auffassung. Vgl. etwa *Wilke*, Gebührenrecht und Grundgesetz, 1973, S. 68 f.

[988] *Lischke*, Tauschgerechtigkeit und öffentlich-rechtlicher Vertrag, 2000, S. 113.

[989] Darauf, dass weithin unklar bleibt, was man sich unter dem Wert bzw. Nutzen einer öffentlichen Leistung vorzustellen hat, stützt insbesondere *Wilke*, Gebührenrecht und Grundgesetz, 1973, S. 254 seine Kritik am Äquivalenzprinzip.

[990] OVG Nordrhein-Westfalen, Urt. v. 19.4.2001, NVwZ-RR 2002, S. 530 (530); OVG Nordrhein-Westfalen, Beschl. v. 1.3.2004, DStR 2004, S. 2071 f.

[991] Ebenso *F. Kirchhof*, Die Höhe der Gebühr, 1988, S. 88 f.; im Anschluss an ihn ebenso *Lischke*, Tauschgerechtigkeit und öffentlich-rechtlicher Vertrag, 2000, S. 112 f.; *S. Meyer*, Gebühren für die Nutzung von Umweltressourcen, 1995, S. 201.

gebührenpflichtigen Leistung für seine Zwecke verwirklicht sieht, und ein verobjektivierter, von der Person abstrahierender Wert können auseinanderfallen. Der Begriff des Wertes lässt sich aber auch durch eine subjektive Brille betrachten. So verwendete etwa das Preußische Allgemeine Landrecht beide Begriffe synonym. Es verstand in §111 seines Ersten Theils Zweyter Titel unter dem »Werth« den »Nutzen, welchen eine Sache ihrem Besitzer leisten kann«[992], will diesen aber nach objektivierbaren Maßstäben, nämlich »durch die Abschätzung vereydeter Sachverständiger«[993], bestimmen.

(aa) Der Begriff des Wertes bzw. Nutzens in der wirtschaftswissenschaftlichen und philosophischen Werttheorie

Der Jurist, der sich – abgeschreckt von der Vorstellung an einen Begriff Rechtsfolgen zu knüpfen, dessen Inhalt er nicht begrifflich fassen kann – von einer Anleihe bei den Erkenntnissen der Wirtschaftswissenschaft und Philosophie Klarheit bei der Konkretisierung des Wertbegriffs verspricht, sieht sich alsbald desillusioniert. Er trifft (auch hier) auf einen bunten Strauß unterschiedlicher Wertbegriffe und entdeckt dabei zugleich manche Parallele[994].

Als erster begründete *Adam Smith* 1776 in seinem Hauptwerk »Wohlstand der Nationen« eine konsistente Wertlehre, der er – im Anschluss an *Aristoteles* und *Quesnay* – die Unterscheidung zwischen Gebrauchswert (value in use) und Tauschwert (value in exchange) zugrunde legte: »Man sollte zunächst bedenken, dass das Wort ›Wert‹ zwei voneinander abweichende Bedeutungen hat. Es drückt manchmal die Nützlichkeit einer Sache aus, manchmal die Fähigkeit, mit Hilfe eines solchen Gegenstandes andere Güter im Tausch zu erwerben, eine Fähigkeit, die sein Besitz verleiht. Den einen kann man ›Gebrauchswert‹, den anderen ›Tauschwert‹[995] nennen[996]«. Den Tauschwert von Gütern sieht *Adam Smith* durch die zu ihrer Her-

---

[992] §109 des Ersten Theils Zweyter Titel Preuß.ALR enthält zwar noch eine davon unabhängige Definition des Nutzens. Sie beschreibt den Nutzen als jeden »Gebrauch, welchen jemand von derselben zu machen berechtigt ist«. Die Vorschrift rüttelt nicht an der Gleichsetzung von Wert und Nutzen, sondern betont lediglich in besonderer Weise die Nutzungsberechtigung als Vorraussetzung eines zurechenbaren Nutzens.

[993] §116 des Ersten Theil Zweyter Titel des Preußischen ALR hatte folgende Fassung: »In allen Fällen, wo nicht die Gesetze ein Anderes ausdrücklich vorschreiben, wird der Werth einer Sache bei entstehendem Streit durch die Abschätzung vereydeter Sachverständiger bestimmt«.

[994] Vgl. dazu eingehend und auch heute noch immer lesenswert etwa *Böhm-Bawerk*, Stichwort »Wert«, in: Elster/A. Weber/Wieser (Hrsg.), Handwörterbuch der Staatswissenschaften, Bd. 8, 4. Aufl. 1928, S. 988ff. mit einem Nachtrag von *Weifs*, ibid., S. 1007ff.; *W. Weber/H. Albert/Kade*, Stichwort »Wert«, in: Beckerath u. a. (Hrsg.), Handwörterbuch der Sozialwissenschaften, 11. Bd., 1961, S. 641ff.; vgl. auch *Engisch*, Auf der Suche nach Gerechtigkeit, 1971, S. 163.

[995] *A. Smith* nennt ihn an anderer Stelle auch den »relativen Wert«.

[996] *A. Smith*, Wohlstand der Nationen, hrsg. von H. Recktenwald, 1974 (1776), S. 27.

stellung erforderlichen Produktionskosten, insbesondere die zu ihrer Herstellung erforderliche Arbeit, bestimmt: »Arbeit ist (…) das wahre oder tatsächliche Maß für den Tauschwert aller Güter«[997]. Indem er den (Tausch-)Wert, den der Besitz eines Gutes vermittelt, in dem ersparten persönlichen Opfer an Leid, Anstrengung oder Plage misst, der für die Erlangung des Gutes aufgewendet werden müsste, nicht an dem Marktpreis, legt *Adam Smith* den Grundstein für eine objektivistische Werttheorie, die *David Ricardo* und *John Stuart Mill* später fortgeschrieben haben. Ihre Wertlehre ist als eine Kostentheorie konzipiert. Ihr liegt die Vorstellung eines substanzgebundenen, dem Gut unabhängig von einer wertenden Anerkennung durch die Wirtschaftssubjekte anhaftenden Wertes zu Grunde, der durch die zur Herstellung erforderlichen, im Gut objektivierten Realkosten bedingt ist. Sie ist von dem (schon seit Aristoteles erkennbaren) Bestreben getragen, den den Gütern innewohnenden Normalwert (bzw. wahren, wirklichen, inneren Wert) aufzuspüren[998].

Der objektivistischen Wertlehre wird niemand die Richtigkeit der Erkenntnis streitig machen wollen, dass Kosten einen wertbestimmenden Faktor darstellen. Die Frage stellt sich indes nach der Zuverlässigkeit und Validität einer objektivierten Wertmessung. Ein überindividueller (Kosten-)Maßstab setzt eine interpersonelle Vergleichbarkeit der relevanten verwendeten Wertmaßstäbe voraus. Solche intersubjektiv anerkannten Wertmaßstäbe dafür, ob etwa eine kürzere Zeit schwerer, gefährlicher oder unangenehmer Arbeit einer längeren Zeit gewöhnlicher Arbeit gleichzuachten ist, fehlen. Die körperliche und die geistige Arbeit, eine sportliche Höchstleistung und eine künstlerische Darbietung etwa sind nur schwerlich kommensurabel. »Es ist (…) nicht leicht, irgendein akkurates Maß für die Schwere oder die geistige Anstrengung zu finden«, konzediert *Adam Smith*[999]. Er sieht die Problematik durch einen Rekurs auf den (nicht allei-

---

[997] *A. Smith*, ibid., 1974 (1776), S. 28. Weiter heißt es: »Arbeit ist (…) das wahre oder tatsächliche Maß für den Tauschwert aller Güter. Der wirkliche oder reale Preis aller Dinge, also das, was sie einen Menschen, der sie haben möchte, in Wahrheit kosten, sind die Anstrengung und Mühe, die er zu ihrem Erwerb aufwenden muss. Was Dinge wirklich für jemanden wert sind, der sie erworben hat und der über sie verfügen oder sie gegen etwas anderes tauschen möchte, sind die Anstrengung und Mühe, die er sich damit ersparen und die er anderen aufbürden kann. Was jemand gegen Geld kauft oder gegen andere Güter eintauscht, erwirbt er mit ebensoviel Arbeit wie etwas, zu dem er durch eigene Mühe gelangt. In der Tat ersparen uns dieses Geld und diese Güter eine solche Anstrengung. Beide enthalten den Wert einer bestimmten Menge Arbeit, die wir gegen etwas tauschen, von dem wir annehmen, es enthalte zu dieser Zeit dem Wert nach die gleiche Arbeitsmenge. Arbeit war der erste Preis oder ursprünglich das Kaufgeld, womit alles andere bezahlt wurde. Nicht mit Gold oder Silber, sondern mit Arbeit wurde aller Reichtum dieser Welt letztlich erworben. Und sein Wert ist für die Besitzer, die ihn gegen neue Güter austauschen möchten, genau gleich der Arbeitsmenge, die sie damit kaufen oder über die sie mit seiner Hilfe verfügen können«.

[998] *W. Weber/H. Albert/Kade*, Stichwort »Wert«, in: Beckerath u. a. (Hrsg.), Handwörterbuch der Sozialwissenschaften, 11. Bd., 1961, S. 641 (643 f.).

ne von dem Verhältnis von Angebot und Nachfrage bestimmten) »natürlichen Preis« entschärft, auf den der Marktpreis mit seinen Anreizmechanismen aber in seinen Augen unentwegt hinstrebe[1000]. Der natürliche Preis versteht sich nicht als empirische Größe, sondern als ein normatives Kriterium für die Gerechtigkeit des Preises. Der Marktpreis ist für ihn der Versuch einer Annäherung an den wahren Wert, der mit diesem nicht identisch sein muss[1001].

Er setzt sich damit notwendig dem Angriff der Unexaktheit und Unwissenschaftlichkeit aus. Werturteile sind einer wissenschaftlichen Überprüfung nicht zugänglich[1002]. Dem Versuch einer objektivierten Wertbestimmung, die den Wert von Gütern als aus objektiv-physischen Elementen entstanden und mit ihrer Hilfe messbar ansieht, hält die auf den Gossenschen Gesetzen aufbauende Grenznutzenschule eine subjektivistische Sichtweise entgegen: Zur Bestimmung des (Gebrauchs- und Tausch-)Wertes orientiert sie sich an dem subjektiven Nutzen, den die am Tausch Beteiligten dem Gut zuschreiben[1003]. Sie greift auf die in den Wahlentscheidungen der Interessenten zum Ausdruck kommenden Präferenzen zurück. Güter erlangen für sie Wert nur als Mittel für einen dahinter liegenden Zweck.

---

[999] »Oft fällt es nämlich schwer, das Verhältnis zweier verschiedener Arbeitsmengen zueinander zu ermitteln. So kann die Zeit allein, die auf zwei verschiedene Arten von Arbeit verwendet wird, nicht immer dieses Verhältnis ausdrücken. Man muss auch die Unterschiede der aufgewandten Mühe und geistigen Anstrengung auf gleiche Weise berücksichtigen. So kann in einer anstrengenden Tätigkeit von einer Stunde mehr Arbeit stecken als in einer leichten Beschäftigung von zwei Stunden oder in einer einstündigen Ausübung eines Berufes, der zehn Jahre Ausbildung voraussetzt, mehr als in einer einfachen und leichten Beschäftigung in einem ganzen Monat. Tatsächlich werden beide in gewisser Weise berücksichtigt, wenn man verschiedene Produkte verschiedenartiger Arbeit gegeneinander tauscht. Das geschieht aber nicht nach einem exakten Maß, sondern in einem Aushandeln und Feilschen auf dem Markt, ein zwar grober Interessenausgleich, aber, obwohl nicht exakt, immerhin ausreichend, um die Geschäfte im täglichen Leben abwickeln zu können« (*A. Smith* [Fn. 996], S. 29).

[1000] *A.* Smith (Fn. 996), S. 49f.

[1001] »Eine Ware wird dann zu dem verkauft, was man als ihren natürlichen Preis bezeichnet, wenn der Preis genau dem Betrag entspricht, der ausreicht, um nach den natürlichen Sätzen die Grundrente, den Arbeitslohn und den Kapitalgewinn zu bezahlen, welche anfallen, wenn das Produkt erzeugt, verarbeitet und zum Markt gebracht wird« (*A. Smith* [Fn. 996], S. 48f.).

[1002] *H. Albert*, Traktat über rationale Praxis, 1978, S. 114f. spricht von einer »kommunistischen Fiktion«, die bei solchen Gesamtbewertungen leicht untergeschoben werde.

[1003] *C. Menger*, Grundsätze der Volkswirtschaftslehre, 1871, S. 77ff.; *Walras*, Éléments d'Économie Politique pure, 1874; *Gossen*, Die Entwicklung der Gesetze des menschlichen Verkehrs, und der daraus fließenden Gesetze für menschliches Handeln, 1854. Die Anfänge einer Nutzenlehre finden sich (neben ersten Anfängen bei *Davanzati* im Jahre 1588, der auf den subjektiven Charakter des Wertes im wirtschaftlichen Bereich verwies [*ders.*, Lezione delle monete, 1588]) schon zur Zeit *Adam Smiths*. Für *Galiani* (1750) und *Condillac* (1776) machten die Nützlichkeit einer Sache bzw. die Intensität des Bedürfnisses und die Knappheit des Gutes den Wert einer Sache aus (*Galiani*, Della moneta 1750; *de Condillac*, Le commerce et le gouvernement considérés relativement l'un à l'autre, 1776).

Sie sind Mittel zur Erreichung von Zwecken. Ihr Wert bestimmt sich folglich nach dem Nutzen der durch sie erlangbaren Güter. Den Wert (wie *A. Smith* in seiner objektiven Wertlehre) durch die Kosten eines Ressourcenverbrauchs zu bestimmen, erscheint ihr insoweit als eine Verengung, als nicht nur Mühe und Aufwand Kosten produzieren können, sondern auch – und vor allem – nicht genutzte Ressourcenoptionen. Kosten versteht und erklärt sie als eine Nutzen- und Knappheitserscheinung. In einer Welt der Knappheit, in der nicht alle Bedürfnisse gleichzeitig und unbegrenzt gestillt werden können, bestehen die Kosten von Handlungen darin, durch die Entscheidung für eine Nutzungsoption auf alternative Nutzungsmöglichkeiten zu verzichten: Wer seine Arbeitskraft als Tellerwäscher andient, kann sie nicht gleichzeitig als Programmierer einsetzen und den damit verbundenen Nutzen ziehen. Wer studiert, kann in dieser Zeit seine Arbeitskraft dem Markt nicht gegen Entgelt andienen. Er verzichtet auf Einkommen und hat Kosten in dieser Höhe. Alle Entscheidungen für eine Alternative sind zugleich Entscheidungen gegen andere ebenfalls erwünschte Alternativen. Kosten bestehen in dem durch Verzicht auf den anderweitigen Gebrauch der verwendeten Güter entgangenen Nutzen. Sie bestehen im Unterschied zwischen der besten und der zweitbesten Alternative; Kosten sind Opportunitätskosten. Ihre Höhe lässt sich in den Augen der subjektiven Werttheorie nur durch die tatsächlichen Wahlhandlungen der Akteure, die die individuelle Präferenzordnung zum Ausdruck bringen, messen. Sie sind nicht ordinal messbar, sondern nur in kardinalen Relationen erfassbar. *Schäffle* führte als erster die Definition des Wertes als einer »Bedeutung für die menschlichen Zwecke« ein[1004]; *Menger* vervollkommnete den subjektiven Wertbegriff, indem er ihn durch das Merkmal der »Abhängigkeit von der menschlichen Bedürfnisbefriedigung« klar von der Nützlichkeit[1005] trennte[1006] und den Wert definierte als »Urteil, welches die wirtschaftenden Menschen über die Bedeutung der in ihrer Verfügung be-

[1004] *Schäffle*, Ethische Seite der national-ökonomischen Lehre vom Werte, 1862. Der Begriff des Wertes gibt in den Worten *Mengers* (vgl. dazu auch Fn. 1006) Auskunft über die Bedeutung, »welche konkrete Güter oder Güterquantitäten für uns dadurch erlangen, dass wir in der Befriedigung unserer Bedürfnisse von der Verfügung über dieselben abhängig zu sein uns bewusst sind«.

[1005] Nützlichkeit beschreibt eine allgemeine Voraussetzung der Güterqualität, die unabhängig von der Knappheit des Gutes besteht. Freie, d. h. den Bedarf übersteigende Güter zeichnen sich zwar durch Nützlichkeit aus, mangels Knappheit sind sie jedoch anders als wirtschaftliche, d. h. in der Verfügbarkeit beschränkte Güter, »wertlos«. Güter werden nicht nach ihrer Nützlichkeit, sondern nach ihrem im Einzelfall erzielbaren Nutzen bewertet. Die Nützlichkeit und der Preis eines Gutes müssen daher nicht identisch sein (sog. Wertparadoxon der Volkswirtschaftslehre). Das hat bereits *A. Smith* ([Fn. 996], S. 27) erkannt: »Dinge mit dem größten Gebrauchswert haben vielfach nur einen geringen oder keinen Tauschwert, umgekehrt haben solche mit dem größten Tauschwert häufig wenig oder keinerlei Gebrauchswert. Nichts ist nützlicher als Wasser, und doch läßt sich damit kaum etwas kaufen oder eintauschen. Dagegen besitzt ein Diamant kaum einen Gebrauchswert, doch kann man oft im Tausch dafür eine Menge anderer Güter bekommen«.

findlichen Güter für die Aufrechterhaltung ihres Lebens und ihrer Wohlfahrt fällen«. Der Wert von Gütern erklärt sich für die subjektive Werttheorie nicht aus einem unveränderlichen inneren objektiv-physischen Maßstab, sondern aus dem Missverhältnis zwischen ihrer Menge und der Summe der Bedürfnisse nach ihnen. Er wird determiniert durch die individuelle Bedürfnisstruktur, die verfügbare Menge des Gutes und die verfügbare Menge andersartiger Güter[1007]. Das individuell bereits vorhandene Ausmaß der Bedürfnisbefriedigung hat entscheidenden Anteil an der Wertbildung: Für den Wüstenreisenden hat ein Liter Wasser einen anderen Wert als für den Inhaber einer reichen Wasserquelle; für denjenigen, der einen halben Liter Bier getrunken hat, hat jeder weitere Liter einen anderen (Grenz-)Nutzen als für jemandem, der noch durstig seinen ersten Durst zu löschen trachtet (sog. Gesetz vom abnehmenden Grenznutzen, Erstes Gossensches Gesetz[1008]). Die akademische Reflexion darüber, welchen Wert etwa das Getränk »Bier« in abstracto für das Menschengeschlecht haben mag, entzieht sich in den Augen der subjektiven Wertlehre einer sinnvollen Aussagekraft und einer realistischen Messbarkeit[1009]: Der Nutzen eines Gutes müsse notwendig mit Blick auf die sonstige Versorgungslage des Wirtschaftssubjekts gemessen werden. Der subjektive Wertbegriff begnügt sich folglich damit, die Bedeutung zu beschreiben, die einem Gut im Hinblick auf die Bedürfnisbefriedigung beigemessen wird; er setzt den Wert mit dem Nutzen gleich; wie die Bedürfnisse und Präferenzen entstehen und zu bewerten sind, entzieht sich seinem Ehrgeiz; er setzt sie voraus.

Ein von objektiven Maßstäben und objektivierbaren wertbildenden Faktoren losgelöster subjektiver Wert stößt in Extremlagen der Knappheit, in denen etwa allgemeine Not herrscht oder lebenswichtige Wirtschaftsgüter knapp werden, intuitiv auf Unverständnis. Die Menschen empfinden es als unangemessen und ungerecht, den Preis für Wasser oder Brot etwa in Kriegszeiten ausschließlich nach der Wertschätzung der am Zuteilungsprozess Beteiligten zu bestimmen. Der Ruf nach dem gerechten Preis und einer Überwindung der bedürfnisorientierten Wertbestimmung wird laut[1010]. Für die objektive Wertlehre ist dies Anlass und ausreichender Grund, nicht nach dem aktuellen Tauschwert, sondern nach dem verobjektivierten Tausch-

---

Vgl. dazu etwa *W. Weber/Streissler*, Stichwort »Nutzen«, in: Handwörterbuch der Sozialwissenschaften, Bd. 8, 1964, S. 1 f.

1006 *Menger*, Grundsätze der Volkswirtschaftslehre, 1871, S. 77 ff.

1007 Vgl. *Weiſs*, Stichwort »Wert« (Nachtrag), in: Elster/A. Weber/Wieser (Hrsg.), Handwörterbuch der Staatswissenschaften, Bd. 8, 4. Aufl. 1928, S. 1007 (1009).

1008 Abstrakt gewendet bringt das erste Gossensche Gesetz zum Ausdruck, dass der Konsum eines Gutes mit zunehmender Menge einen immer geringeren Zusatznutzen stiftet. Es tritt zunehmende Sättigung ein. Der (absolute) Nutzen steigt mit wachsender Gütermenge; gleichzeitig sinken die Nutzenzuwächse mit wachsender Gütermenge. *Gossen* (Fn. 1003), S. 4 f.

1009 Vgl. *Böhm-Bawerk* (Fn. 994), S. 988 (1000).

1010 Vgl. zur Problematik des pretium iustum im Spiegel der historischen Entwicklung *Martini*, DVBl. 2008, S. 21 ff.

verhältnis eines Gutes gegenüber anderen Gütern zu fragen[1011]. Die subjektive Wertlehre sieht sich dadurch im Ergebnis nicht angefeindet. Dass Knappheit zu einem hohen Wert führt, prädeterminiert für sie nicht zwingend, dass der Wert zugleich auch den Maßstab bildet, nach dem die Verteilung zu erfolgen hat. Der Wert und die Verteilungsordnung von Gütern lassen sich voneinander trennen.

Der subjektive und der objektive Wertbegriff haben sich als Antipoden des Wertverständnisses herausgebildet, die denselben Begriff von unterschiedlichen Ausgangspunkten her zu beschreiben versuchen. Sie bilden den Spannungsbogen der Deutungsvarianten, die dem Wertbegriff im Sprachgebrauch zukommen, schlaglichtartig ab. Die Auseinandersetzung um ihn wie einen gordischen Knoten zerschlagen zu wollen, erscheint insoweit müßig. *Böhm-Bawerk* resümiert treffend: »Jener Name (s. c. der Begriff des Wertes; der Verf.) ist einmal durch die wissenschaftliche und die populäre Sprachübung mit beiden Phänomenen so stark verknüpft, dass der Wissenschaft kaum etwas anderes übrig bleibt, als jenen Namen in seiner doppelten Bedeutung zu bestätigen und den aus seiner zweideutigen Terminologie hervorgehenden Gefahren durch die nachdrückliche Betonung des Artunterschiedes zwischen subjektivem und objektivem Wert zu begegnen«[1012].

(bb) Der verfassungsrechtliche Wert- bzw. Nutzenbegriff

Der Widerstreit zwischen objektivem und subjektivem Wertbegriff findet seine verfassungsrechtliche Fortschreibung in der juristischen Frage, ob der Wert einer staatlichen Leistung allein den subjektiven Nutzenvorteil bezeichnet, den der Gebührenpflichtige für seine Zwecke verwirklicht sieht oder die Äquivalenz zugleich auf der Basis eines verobjektivierten Wertes beurteilt werden muss. Beide Sichtweisen finden in der juristischen Zunft glühende Verfechter. Die juristische Diskussion bildet unausgesprochen die wirtschaftswissenschaftliche und die philosophische Wertdiskussion in einem vielstimmigen Chor ab.

Das Bundesverwaltungsgericht stellt zur Bestimmung des Wertes auf den »Nutzen der begehrten Amtshandlung für den Gebührenschuldner« ab[1013]. Wert und Nutzen verwendet es synonym. In die gleiche Kerbe haut etwa *O. Ehlers*. Dass der Nutzen für den Einzelnen maßgeblich sein muss, ergibt sich für ihn daraus, dass »die Gebühr [...] nicht ein Entgelt für

---

1011 *A. Smith* unterscheidet den natürlichen Wert und den momentanen Marktwert oder Marktpreis. Während Letzterer durch die augenblickliche Gestalt von Angebot und Nachfrage bestimmt wird, sieht er den natürlichen Preis durch die Höhe der Kosten gekennzeichnet, zu welchen die Ware dauernd auf dem Markt gebracht werden kann. Siehe dazu S. 539.

1012 *Böhm-Bawerk* (Fn. 994), S. 988 (993).

1013 BVerwG, Urt. v. 24.3.1961, BVerwGE 12, S. 162 (169); BVerwG, Urt. v. 14.4.1967, BVerwGE 26, S. 305 (310); BVerwG, Urt. v. 15.3.1968, BVerwGE 29, S. 214 (215): »Wert der Amtshandlung für den Betroffenen«.

Staatstätigkeit überhaupt, sondern ein Entgelt für nützliche Staatstätigkeit« ist[1014]. *Sacksofsky* will den Wert und die Äquivalenz dagegen nicht aus der Perspektive des Abgabeschuldners bestimmen, sondern an dem »objektiven Wert der öffentlichen Leistung« festmachen[1015]. Faktoren, die seinen individuellen Nutzen prägen, hätten bei der Bemessung der Abgabe außer Betracht zu bleiben[1016]. Ähnlich hält es *W. Leisner* für »natürlich«, dass »der Wert der Verwaltungsleistung nicht nach dem bestimmt werden kann«, was sie dem Gebührenschuldner »wert sein mag«[1017]. Er will den Wert als (verobjektivierten) Marktpreis verstanden wissen[1018]. Auch eine an den Kosten und dem Aufwand der Verwaltung orientierte Bestimmung des angemessenen Verhältnisses zwischen Leistung und Gegenleistung konnte in der juristischen Gebührendogmatik über lange Zeit auf eine große Anhängerschaft zählen[1019]. So sieht *Ehle* die Kosten des Verwaltungsaufwands, der für die einzelne Verwaltungsleistung erforderlich ist, als die verfassungsrechtlich durch das Äquivalenzprinzip abgesicherte Grenze jeder Gebühr an[1020].

(Weitgehende) Einigkeit besteht nur insoweit, als der Wert bzw. Nutzen ausschließlich die in Geld ausdrückbare wirtschaftliche Bereicherung erfasst, immaterielle Vorteile also a priori ausklammert[1021]. In der farbenfrohen Vielfalt möglicher Deutungen, die dem Wertbegriff als Grenze zulässiger Gebührenerhebung zukommen kann, hat sich der Versuch einer Präzisierung des verfassungsrechtlichen Wertbegriffs als Leitstern an dem Zweck zu orientieren, der dem Äquivalenzprinzip in der Verfassung zukommt. Seine Funktion ist eine zweifache: Es will den Bürger vor finanziellen Belastungen bewahren, die seine grundrechtlich geschützte Vermögenssphäre dadurch unverhältnismäßig tangieren, dass der Staat ihn zu Geldleistungs-

---

1014 *O. Ehlers*, FinArch. 13 (1896), S. 1 (23).

1015 *Sacksofsky*, Umweltschutz durch nicht-steuerliche Abgaben, 2000, S. 102 und 225.

1016 Ebenso *S. Meyer*, Gebühren für die Nutzung von Umweltressourcen, 1995, S. 201.

1017 *Leisner*, Verwaltungspreis – Verwaltungssteuer, in: Conrad u. a. (Hrsg.), Gedächtnisschrift für Hans Peters, 1967, S. 730 (741 f.).

1018 *Leisner*, a. a. O., S. 730 (742).

1019 Vgl. etwa *Umpfenbach*, Lehrbuch der Finanzwissenschaft, Erster Theil, 1859, S. 66; vgl. auch die Nachweise in Fn. 970.

1020 *Ehle*, DÖV 1962, S. 45 ff. Er will »dem Kostendeckungsprinzip bereits im Rahmen des Äquivalenzprinzips eine entscheidende Rolle« zukommen lassen (a. a. O., S. 45). »Die Gebührenerhebung findet aus dem Grundsatz der Verhältnismäßigkeit ihre natürliche Grenze im Kostendeckungsprinzip« (a. a. O., S. 47). Ähnlich *Haller*, Finanzarchiv N. F. 21 (1961), S. 248 (248 f.): »In Ermangelung eines besseren Maßstabs kann man den Wert der staatlichen Dienste deren Kosten gleichsetzen«. Beide zahlen für ihre Zugrundelegung des Wertbegriffs allerdings den (hohen) Preis, den verfassungsrechtlichen Unterschied zwischen Äquivalenz- und Kostendeckungsprinzip einzuebnen. Vgl. dazu bereits supra S. 533.

1021 *K. Vogel*, Grundzüge des Finanzrechts des GG, in: Isensee/P. Kirchhof (Hrsg.), HStR IV, 2. Aufl. 1999, § 87 Rdnr. 99; *Heimlich*, Die Verleihungsgebühr als Umweltabgabe, 1996, S. 277 m. w. N.

pflichten heranzieht, die zu der empfangenen staatlichen Leistung nicht in einem angemessenen Verhältnis stehen; die Heranziehung des Steuerpflichtigen zur Finanzierung von Gemeinlasten behält die Verfassung dem Instrument der Steuer vor. Das Äquivalenzprinzip hat insoweit auch den Schutz der finanzverfassungsrechtlichen Kompetenzordnung im Auge: Es will die Trennlinie zwischen Steuern und sonstigen Abgaben gegen eine subkutane Aufweichung absichern: Nur wenn eine als Gebühr erhobene Geldzahlungspflicht als Gegenleistung für eine öffentliche Leistung darstellbar ist, lässt sie sich noch begrifflich als Gebühr fassen, von der Steuer hinreichend deutlich unterscheiden und damit vor der Kompetenzordnung der Finanzverfassung rechtfertigen.

Dient das Äquivalenzprinzip auch der Wahrung und Verteidigung der staatlichen Kompetenzordnung gegen Übergriffe des Gesetzgebers, nicht alleine der Verteidigung der subjektiven Rechte des Gebührenpflichtigen, stößt es auf Bedenken, die Wertgrenze in das Belieben des einzelnen Gebührenpflichtigen zu stellen und von seinem Verhalten abhängig zu machen, ob es sich bei einer Geldleistungspflicht um eine Steuer oder eine sonstige Abgabe handelt[1022]. Eine unterscheidungsfähige begriffliche Trennung zwischen Steuern und Gebühren mit Hilfe des Merkmals der Gegenleistung und der Äquivalenz erfordert einen operationalisierbaren und gerichtlich überprüfbaren Maßstab zur Bestimmung der Wertgrenze. Das bedingt es nicht notwendig, die Bestimmung des Wertes von dem Nutzen, der dem Gebührenschuldner zukommt, vollständig zu entkoppeln[1023]. Wert und Nutzen zu trennen, heißt Zusammengehörendes aufzuspalten und einer Metaphysik des Wertes freimütig das Feld zu räumen. Der Nutzen des Einzelnen ist der passgenaue Ausgangspunkt einer individuellen Verhältnismäßigkeitsprüfung zwischen Leistung und Gegenleistung: Was sich noch als Gegenleistung darstellen lässt, hängt grundsätzlich von dem konkreten Nutzen ab, den der Leistungsempfänger zu ziehen in der Lage ist. Nur soweit der Gebührenpflichtige Nutzen ziehen kann, kann von einem Äquivalent zwischen Leistung und Gegenleistung die Rede sein. Ihm eine Geldzahlung abzuringen, die für ihn keinerlei Nutzen erbringt, macht die Gebühr zur Gemeinlast und ist mit Verhältnismäßigkeitsmaßstäben grundsätzlich nicht in Einklang zu bringen[1024]. Der Nutzen des Einzelnen bleibt für die Zwecke der Äquivalenzprüfung solange der taugliche Maßstab zur Bestimmung des Äquivalenzverhältnisses, als er zuverlässig feststellbar und als Messgröße operationalisierbar ist[1025].

1022 Ebenso *F. Kirchhof*, Die Höhe der Gebühr, 1981, S. 89f.

1023 So aber *Hansmeyer/Fürst*, Die Gebühren, 1968, S. 50f.

1024 Etwas anderes kann freilich in den Fällen gelten, in denen der Gebührenpflichtige Kosten veranlasst hat, etwa wenn er eine Leistung beantragt hat, die abschlägig beschieden wird.

Ist die Nutzenfeststellung auch mit allerlei Schwierigkeiten und Hindernissen verbunden, fehlt es insbesondere an validen, intersubjektiven Maßstäben zur Feststellung des individuellen Nutzens[1026], ist ein solcher Nutzen immerhin ex post, d. h. mit der Ausnutzung durch den Gebührenschuldner[1027], im Wege einer Annäherung in nachprüfbarer Weise feststell- und messbar[1028]. Er besteht bei wirtschaftlich verwertbaren Vorteilen in dem finanziellen Nutzenertrag, der infolge der wirtschaftlichen Ausnutzung des Gutes, den die staatliche Leistung ermöglicht, erzielt werden kann[1029,1030]. Der finanzverfassungsrechtlichen Äquivalenzbetrachtung (als

[1025] Dass der Nutzen mit dem Grad der Abhängigkeit und des Angewiesenseins auf die Leistung steigt, stellt seine Eignung als Mittel der Wertbestimmung und die Äquivalenzbeziehung nicht in Frage. Es stellt kein »groteskes Ergebnis« (*Sacksofsky*, Umweltschutz durch nicht-steuerliche Abgaben, 2000, S. 102; ähnlich *Bohley*, Gebühren und Beiträge, 1977, S. 107; *Hansmeyer/Fürst*, Die Gebühren, 1968, S. 52; *Lischke*, Tauschgerechtigkeit und öffentlich-rechtlicher Vertrag, 2000, S. 115; *Wilke*, Gebührenrecht und Grundgesetz, S. 270) dar, dass für den Bedürftigeren die Äquivalenzgrenze höher liegt als für den, der die Leistung nicht dringend benötigt. Denn es ist nicht Auftrag des Äquivalenzprinzips, die Sozialverträglichkeit der Gebührenerhebung zu überwachen, sondern die Grenze zwischen Steuer und Gebühr, das Verhältnis zwischen Leistung und Gegenleistung, zu wahren. Für eine sozialstaatliche Aufladung des Äquivalenzprinzips besteht weder eine Legitimation noch ein Bedürfnis (kritisch auch *F. Kirchhof*, Die Höhe der Gebühr, 1981, S. 90 mit Fn. 66).

[1026] Die Höhe des Nutzens ist nicht nur von dem Bestand an sonstigen Gütern abhängig, über die sein Inhaber bereits verfügt. Nutzen entspringt meist auch nicht einer einzelnen Motivation, sondern einem multiplen Motivationsbündel, das auf unterschiedlichen Motivationsebenen empfunden wird und sich nur schwer auf eine eindimensionale Größe reduzieren lässt (vgl. dazu kompendiarisch etwa *W. Weber/Streissler*, Stichwort »Nutzen«, in: Beckerath et al. (Hrsg.), Handwörterbuch der Sozialwissenschaften, 1964, Bd. 8, S. 1 [4 ff.]). Nutzen ist auch kein zeitkonstantes Phänomen, sondern im Zeitverlauf variabel (vgl. dazu grundlegend *Shackle*, Time in Economics, 1958). Nutzen stellt sich schließlich für jede Person unterschiedlich dar. Er ist nicht ordinal, sondern nur kardinal messbar. Allenfalls dort lässt sich der individuelle Nutzen hinreichend zuverlässig feststellen, wo der Nutzer eine von Zwang und Opportunismus unbeeinflusste Wahlhandlung trifft, die die individuelle Präferenzordnung zum Ausdruck bringt. Bei der hoheitlichen Auferlegung von staatlichen Geldleistungspflichten fehlt es daran. Die Festlegung der Gebührenhöhe beruht regelmäßig nicht auf einer Präferenzentscheidung des Nutzers, sondern auf einseitiger Festlegung durch einen staatlichen Hoheitsträger, der über den Nutzen des Gebührenpflichtigen nur Vermutungen anstellen kann.

[1027] Vgl. zur volkswirtschaftlichen Unterscheidung zwischen den Begriffen des »erwarteten« und des »erreichten« Nutzens *W. Weber/Streissler*, ibid., S. 3. Sie verstehen unter »erwartetem Nutzen« die nicht vollkommen klar vorausgesehene Nutzwirkung eines Ereignisses, dessen Eintritt ebenfalls nicht mit vollkommener Gewissheit vorausgesehen werden kann. Der erwartete Nutzen ist der Zustand gedachter Bedürfnisbefriedigung. An ihm richten Wirtschaftssubjekte ihre Wirtschaftsrechnung aus. Der erreichte Nutzen knüpft demgegenüber an die tatsächlich erfahrene Nutzenerlangung an.

[1028] Ebenso *F. Kirchhof*, Die Höhe der Gebühr, 1981, S. 89 f.

[1029] Als sehr modern und vorausschauend erweist sich insoweit auch die Wertdefinition des § 111 des Ersten Theils Zweyter Titel des Preußischen Allgemeinen Landrechts: »Der Nutzen, welchen eine Sache ihrem Besitzer leisten kann, bestimmt den Werth derselben«; ähnlich auch § 110 des Ersten Theils Zweyter Titel des Preußischen ALR, der »Nutzen« als »die Vortheile« beschrieb, »welche eine Sache ihrem Inhaber, unbeschadet äußerster Grenze der zulässigen Gebührenerhebung) liegt eine am Wirklichkeitsmaßstab orientierte Ex-post-Perspektive zu Grunde, die die Kenntnis aller wertbildenden Tatsachenumstände einschließt. Sie hat die Wertrelation von Leistung und Gegenleistung nach Wirklichkeitsmaßstäben[1031] im Auge[1032]. Der realisierbare Nutzen als Fluchtpunkt der gerech-

---

ihrer Substanz, gewähren kann«. Ebenso BFH, Urt. v. 18.12.1970, BFHE 101, S. 100 (103): »Der gemeine Wert entspricht [...] der in der Rechtsposition liegenden Gewinnchance«, d. h. »der Chance, auf dem behördlich begrenzten Markt Gewinne zu erzielen«; ebenso *Heimlich*, Die Verleihungsgebühr als Umweltabgabe, 1996, S. 280ff. Ähnlich *F. Kirchhof* (Die Höhe der Gebühr, 1981, S. 89): Er versteht den Wert als »Verkehrswert« im Sinne der »Typisierung des Werts auf im Wettbewerb vergleichbare Leistungen«.

[1030] Dieser Betrag muss mit dem tatsächlich erzielten Nutzen nicht notwendig übereinstimmen. Sonst hätte der Gebührenschuldner es in der Hand, einen tatsächlich ziehbaren Nutzen nicht zu ziehen. Die Grenzlinie zwischen zulässiger und unzulässiger Gebühr, Äquivalenz und Inäquivalenz kategorisch an dem erzielten Nutzen festzumachen, käme einer Einladung zu opportunistischem Verhalten und einer Preisgabe des Äquivalenzprinzips an die Beliebigkeit gleich. Für die Äquivalenzbetrachtung des Äquivalenzprinzips zwischen Leistung und Gegenleistung muss es daher ohne Auswirkungen bleiben, ob der Nutzer eine ihm eingeräumte, erzielbare Nutzungsmöglichkeit wahrnimmt oder nicht. Der Wert einer Leistung ist mit dem gezogenen Nutzen nicht notwendig identisch (ähnlich in der Tendenz, wenn auch nicht ganz konsequent im Ergebnis *Heimlich*, Die Verleihungsgebühr als Umweltabgabe, 1996, S. 281f. Er will den Maßstab des tatsächlich Erwirtschafteten nur dann verlassen, wenn »keine oder nur unwesentliche Gewinne erzielt wurden«). Die Äquivalenz von Leistung und Gegenleistung ist mithin auf den tatsächlich erzielbaren, nicht den tatsächlich erzielten oder den vermuteten Nutzen zu beziehen. Insoweit erfordert der verfassungsrechtliche Äquivalenzmaßstab als operationalisierbare Größe notwendig ein Mindestmaß an Abstraktion und Typisierung. Der Maßstab des »erzielbaren Nutzens« verlangt einen Rekurs auf Vergleichsgrößen. Als solcher empfehlen sich der Nutzen, den andere Inhaber des Gutes als Nutzen unter vergleichbaren Bedingungen tatsächlich erzielt haben (insoweit ebenso *Heimlich*, a. a. O., S. 286: In seinen Augen »[...] bietet es sich an, das [...] Instrument des äußeren und inneren Betriebsvergleichs fruchtbar zu machen. Denn in der Regel wird es so sein, dass ein Recht nicht nur einzelnen, sondern mehreren Personen verliehen wird«) sowie die Präferenzen, die dem Gut bzw. vergleichbaren Gütern in Transaktionen entgegengebracht werden. Die individuelle Nutzenbetrachtung mündet dann in eine den realisierbaren Nutzen ermittelnde Verkehrswertanalyse. Sie gewährleistet eine sachnahe Annäherung an die durch das Äquivalenzprinzip intendierte Bestimmung des Wertes einer staatlichen Leistung.

[1031] Der Begriff des Wirklichkeitsmaßstabs entstammt ursprünglich der Terminologie der kommunalen Benutzungsgebühren. Seine Mission liegt in der Herstellung von Gleichheit der Gebührenpflichtigen. Bei gebührenpflichtigen kommunalen Leistungen, die der Staat als Gebührengläubiger für eine Vielzahl von Leistungsempfängern erbracht hat, etwa die Bereitstellung von Frischwasser, entsteht die Schwierigkeit, die Leistungsentnahme des Benutzers nach dem Umfang und der Art der tatsächlichen Inanspruchnahme zu erfassen und auf den einzelnen Gebührenschuldner im Verhältnis zu den anderen Schuldnern sachgerecht umzulegen. In dem gleichen Maße, in dem die Benutzung zu- oder abnimmt, soll auch die Gebührenbelastung steigen oder fallen. Für gleiche Leistungsmengen sind gleiche Gebühren zu erheben (sog. Leistungsproportionalität; Prinzip der speziellen Entgeltlichkeit). Die Leistungsproportionalität verlangt eine Ausgewogenheit der Gebührenbemessung im Verhältnis der Gebührenschuldner untereinander, d. h. Leistungsgerechtigkeit bei der Anlastung von Kosten. Das Gebot der Leistungsproportionalität war dem Preußischen Oberverwaltungsgericht schon als Gebot der Gleichmäßigkeit der Gebührenbelastung bekannt; vgl. PrOVGE 13, S. 229 (231); 53, S. 96 (97); 62, ten Wertbemessung stellt sicher, dass Leistung und Gegenleistung einander entsprechen und lässt der Gebühr keine Einbruchstellen in das Kraftfeld der Gemeinlast Steuer zu.

S. 137 (142, 144); die Rechtsprechung ist ihm treu geblieben; vgl. BVerwG, Urt. v. 20.12.2000, BVerwGE 112, S. 297 (301 f.); VGH Baden-Württemberg, Beschl. v. 31.8.1993, NVwZ 1994, S. 194 (197); OVG Nordhein-Westfalen, Urt. v. 17.3.1998, NVwZ-RR 1998, S. 775 ff., OVG Sachsen, Urt. v. 11.12.2002, NVwZ-RR 2003, S. 887 (888); vgl. dazu *Wilke*, Gebührenrecht und Grundgesetz, 1973, S. 202 ff.; *F. Kirchhof*, Die Höhe der Gebühr, 1981, S. 121 ff.; *Sacksofsky*, Umweltschutz durch nicht-steuerliche Abgaben, 2000, S. 102 f.

In seiner auf die Gerechtigkeit gegenüber anderen Gebührenschuldnern gerichteten Vergleichsperspektive unterscheidet sich das Prinzip der speziellen Entgeltlichkeit von dem Kostendeckungs- und dem Äquivalenzprinzip. Diese leuchten nur das Verhältnis des Gebührenpflichtigen zu dem Gebührengläubiger aus, nicht aber das Verhältnis der Gebührenschuldner untereinander. Eine konkrete Begrenzung der absoluten Höhe einer Gebühr im Einzelfall lässt sich aus dem Prinzip der speziellen Entgeltlichkeit daher nicht herleiten (*Wilke*, a. a. O., S. 208). Dem Prinzip der Leistungsproportionalität entspricht es, Gebühren grundsätzlich nach dem Umfang der exakt ermittelten tatsächlichen Inanspruchnahme, d. h. dem Wirklichkeitsmaßstab, abzurechnen. Im Hinblick auf die technischen Schwierigkeiten bzw. erheblichen Kosten, die damit verbunden sein können, kann es aber ausnahmsweise gerechtfertigt sein, einen *Wahrscheinlichkeitsmaßstab* heranzuziehen, d. h. die Leistungsentnahme des Benutzers nicht unmittelbar zu erfassen, sondern über Korrelationsgrößen, die Rückschlüsse auf die Leistungsmenge zulassen, indirekt zu bestimmen versuchen. Die Gebühr wird dann nicht nach der realen, sondern der wahrscheinlichen Leistungsmenge bemessen; von der Ermittlung der im Einzelfall beanspruchten Leistungsmenge wird abgesehen (BayVerfGH, E. v. 5.4.1963, DBStZ 1963, S. 74 [75]). Der Beweis der Leistung wird durch die Wahrscheinlichkeit abgelöst (PrOVG, Urt. v. 26.11.1907, PrOVGE 51, S. 59 [61]). Die Ungleichbehandlung, die durch die Inanspruchnahme des Wahrscheinlichkeitsmaßstabs zwischen den Gebührenschuldnern geschaffen wird, kann durch einen besonderen Sachgrund gerechtfertigt werden, sofern der Wahrscheinlichkeitsmaßstab nicht in einem offensichtlichen Missverhältnis zu der tatsächlichen Inanspruchnahme steht (vgl. etwa § 5 Abs. 3 nds.KAG; § 6 Abs. 3 S. 2 nrw.KAG). Es muss sichergestellt sein, dass jeder Benutzer im Wesentlichen den gleichen Preis für die Leistungseinheit zahlt, obwohl von der Ermittlung der tatsächlichen Leistungsmenge abgesehen wird (*Wilke*, a. a. O., S. 214). Zwischen dem Wahrscheinlichkeitsmaßstab und der tatsächlichen Inanspruchnahme muss eine nachweisbare Korrelation bestehen. Er muss – in den Worten des Preußischen Oberverwaltungsgerichts – den Schluss zulassen, »dass bei seiner Anwendung nach allgemeinen Erfahrungen die geschuldete Gebühr dem Ausmaß der Benützung wahrscheinlich im großen und ganzen entspricht« (PrOVG, Urt. v. 26.11.1907, PrOVGE 51, S. 59 (61). Zu bejahen ist das etwa bei der Bemessung der Abwassergebühren nach dem Frischwasserbezug. Der Frischwasserbezug lässt einen Schluss auf die Abwassermenge zu. Normalerweise (wenn auch nicht notwendigerweise) wird eine entsprechende Abwassermenge der Kanalisation zugeführt. Zugleich wäre die Messung der Menge und Zusammensetzung des in die Kanalisation eingeleiteten Schmutzwassers außerordentlich kompliziert und im Verhältnis zur Gebührenlast mit sehr hohen Kosten verbunden. Ungeeignet ist hingegen der Maßstab des Grundstückswertes als Wahrscheinlichkeitsmaßstab für die Berechnung der Entwässerungsgebühren. Denn zwischen dem Grundstückswert und der Menge des Abwassers besteht kein erhärtbarer Zusammenhang (vgl. PrOVG, Urt. v. 30.10.1908, PrOVGE 53, S. 96 [97]); wie hier dagegen im Grundsatz *Heimlich*, Die Verleihungsgebühr als Umweltabgabe, 1996, S. 282 und 289 f.

Fallen Ex-post- und Ex-ante-Perspektive bei staatlichen Leistungen ausnahmsweise einmal auseinander[1033], so ist der im Laufe der Nutzungszeit realisierbare Wert, nicht der vermutete Nutzen der Wertanalyse zu Grunde zu legen. Das Äquivalenzprinzip erfordert eine Überprüfung auf die tatsächlich erzielbaren Wertverhältnisse und ggf. eine Korrektur der Gebührenhöhe auf der Grundlage der realen (nicht der vermuteten) Nutzenmöglichkeiten. Eine Rechtfertigung für die Gebührenzahlung besteht nur solange, wie sie durch einen realisierbaren Vorteil des Bürgers getragen ist. Übersteigt die Gebührenhöhe den durch sie erzielbaren Nutzen, schöpft sie nicht mehr einen Sondervorteil ab, dessen Ausgleich das Gebot der Gleichbehandlung rechtfertigt, sondern greift – wie die Steuer – voraussetzungslos auf die allgemeine Leistungsfähigkeit des Bürgers zur Finanzierung von Gemeinlasten zu. Die Grundlage für das Behaltendürfen der durch den Gebührenschuldner geleisteten Zahlung kann dann entfallen[1034].

[1032] Ähnlich etwa *P. Kirchhof*, Staatliche Einnahmen, in: Isensee/P. Kirchhof (Hrsg.), HStR IV, 2. Aufl. 1999, § 88 Rdnr. 206: »Eine als Wertabschöpfung [...] bemessene Gebühr hat grundsätzlich den Wert der Leistung [...] realitätsgerecht zu erfassen«; a. A. noch BVerwG, Urt. v. 11.10.1955, BVerwGE 2, S. 244 (249): »Es genügt, wenn auf das im Regelfall eintretende wahrscheinliche Leistungsverhältnis abgestellt wird«.

[1033] Bei staatlichen Leistungen, die ein auf einmalige Nutzung, etwa einer kommunalen Einrichtung, ausgerichtetes Nutzungsrecht zum Gegenstand haben, stellt sich diese Problematik regelmäßig nicht. In Betracht kommt dies lediglich bei Leistungen, die auf eine langfristige Nutzung angelegt sind, wie etwa bergrechtlichen Förderabgaben. Ob eine Geldzahlung noch als eine angemessene Gegenleistung für eine Leistung angesehen werden kann, kann hier zuverlässig erst ex post nach Ablauf einer Nutzungsperiode beurteilt werden.

[1034] Die *ex ante* erfolgende Schätzung zum verbindlichen und abschließenden Maßstab der Grenzziehung zwischen Steuern und sonstigen Abgaben zu erheben, hieße die Grenzlinie zwischen Steuern und sonstigen Abgaben von der Einschätzung des Gebührengesetzgebers abhängig zu machen und einen gewinnbaren Realitätsmaßstab ohne tiefere Legitimation und zwingende Notwendigkeit zugunsten eines Zufallsfaktors auszublenden. Wer das Äquivalenzprinzip als Mittel der Grenzziehung zwischen Steuern und sonstigen Abgaben ernst nimmt, muss alle verfügbaren Mittel zur Bestimmung der Wertrelation ausschöpfen, um seine Schutzwirkung Wirksamkeit entfalten zu lassen und die Finanzverfassung nicht einer Aushöhlung preiszugeben. Verbinden sich mit der Bestimmung des Wertes auch erhebliche Schwierigkeiten und steht das Äquivalenzprinzip in der Gefahr, zu einem zahnlosen Papiertiger zu mutieren, so sind umso mehr alle verfügbaren Optionen der Wertbestimmung heranzuziehen, um dem Äquivalenzprinzip seine zum Schutz der Finanzverfassung erforderliche Begrenzungswirkung zu vermitteln. Der legitimen finanzverfassungsrechtlichen Aufgabe des Äquivalenzprinzips, Vorteilsabschöpfungsabgaben vor der Maßlosigkeit gesetzgeberischen Zugriffs zu bewahren, entspricht es mithin, den Vorteil, den sie abschöpfen, mit dem Anspruch der möglichen Genauigkeit zu messen und die Willkürmacht des Zufalls nach Kräften zu begrenzen. Nur so lässt sich verhindern, dass die Gebühr nicht als funktionaler Ersatz für Steuern einsetzbar wird.

(cc) Unverhältnismäßigkeit als Maßstab der Wertrelation in der gerichtlichen Prüfung

Lässt sich der Bezugspunkt der Wertermittlung auch verfassungsrechtlich klar umreißen, so vermag dies mit der Wertfeststellung verbundene Unwägbarkeiten nicht gänzlich aus dem Weg zu räumen[1035]. Ungeachtet allen Bemühens um die im Interesse des Schutzes der Finanzverfassung erfolgende Genauigkeit der Wertermittlung gelingt die Bestimmung des Wertes nicht als Punktlandung, sondern erfordert eine wertende Dezision[1036]. Es kann sich nur um eine Annäherung an eine gedachte Ideallinie handeln, die mit Unwägbarkeiten übersät bleibt. Das Äquivalenzprinzip versteht sich daher nicht als rechnerische Formel, die sich an das Verhältnis von Leistung und Gegenleistung mit dem Rechenschieber annähert, sondern als ein Wertungsprinzip, das im Interesse des Schutzes der finanzverfassungsrechtlichen Kompetenzregeln mit großer Vorsicht und Respekt vor den damit verbundenen Schwierigkeiten die Trennlinie zwischen Steuern und Vorteilsabschöpfungsabgaben zu wahren versucht. Das Äquivalenzprinzip ist dementsprechend nicht schon bei Anhaltspunkten für eine Wertüberschreitung verletzt, sondern erst dann, wenn die Gebühr den Sondervorteil, den die staatliche Leistung vermittelt, erkennbar überschreitet, d. h. wenn der Wert der mit der Gebühr abgegoltenen Leistung der öffentlichen Hand in einem krassen Missverhältnis zu der Höhe der Gebühr steht[1037]. Dieser abgeschwächte Maßstab ist der Tribut, den das Äquivalenzprinzip der nicht ausräumbaren Schwierigkeit der Wertbestimmung und der Befugnis des Gesetzgebers zur Pauschalierung zollt[1038]. Spricht das Bundesverfassungs-

---

[1035] Insoweit ebenso *Kloepfer*, AöR 97 (1972), S. 232 (253).

[1036] *K. Vogel*, Grundzüge des Finanzrechts des GG, in: Isensee/P. Kirchhof (Hrsg.), HStR IV, 2. Aufl. 1999, § 87 Rdnr. 99.

[1037] BVerfG, Beschl. v. 11.10.1966, BVerfGE 20, S. 258 (270) – Bundesrecht in Berlin; BVerfG, Beschl. v. 7.2.1991, BVerfGE 83, S. 363 (392) – Krankenhausumlage; BVerfG, Urt. v. 19.3.2003, BVerfGE 108, S. 1 (19) – Rückmeldegebühr; BVerwG, Urt. v. 14.4.1967, BVerwGE 26, S. 305 (311); 20, S. 257 (270); BVerwG, Urt. v. 15.7.1988, BVerwGE 80, S. 36 (39); BVerwG, Urt. v. 25.8.1999, BVerwGE 109, 272 (274); BVerwG, Urt. v. 25.7.2001, BVerwGE 115, S. 32 (44); *Vogel*, Grundzüge des Finanzrechts des GG, in: HStR IV, 2. Aufl. 1999, § 87 Rdnr. 97; *Jarass*, Nichtsteuerliche Abgaben und lenkende Steuern unter dem Grundgesetz, 1999, S. 38; *Wendt*, Die Gebühr als Lenkungsmittel, 1975, S. 64 u. 74.

[1038] Das Äquivalenzprinzip findet sich in der Rechtsprechung in unterschiedlichen Varianten: zum Teil in einer positiven Ausdeutung als Forderung nach einem »angemessenen Verhältnis zwischen Gebühr und Leistung« (vgl. z. B. BVerwG, Urt. v. 13.10.1955, BVerwGE 2, S. 246 [249]; BVerwG, Urt. v. 15.3.1968, BVerwGE 29, S. 214 [215]); zum Teil in einer negativen Ausdeutung als Verbot eines Missverhältnisses zwischen Gebühr und Leistung (vgl. etwa BVerfG, Beschl. v. 11.10.1966, BVerfGE 20, S. 257 (270); BVerwG, Beschl. v. 14.4.1967, BVerwGE 26, S. 305 (308, 310, 311); OVG Niedersachsen, Urt. v. 14.8.1968, OVGE 24, S. 406 (407). Beide verstehen sich jedoch nur als terminologische Varianten, die das Gleiche mit unterschiedlichen Blickrichtungen aussprechen, sich im Ergebnis im gerichtlichen Prüfungsmaßstab aber nicht unterscheiden.

gericht auch in deutlicher Diktion davon, dass die Äquivalenz (als die für die Abgrenzung zur Steuer unerlässliche Abhängigkeit der Gebühr von einer Gegenleistung) nur erhalten bleibt, wenn die Höhe der nicht-steuerlichen Abgabe »den Wert der öffentlichen Leistung nicht übersteigt«[1039], so will das Gericht damit nicht den Weg für einen abweichenden strengeren Prüfungsmaßstab öffnen und den Wert selbst als äußerste Grenze zulässiger Gebührenerhebung festzurren, sondern vielmehr den Maßstab ausdrücken, an dem der Gesetzgeber seine Bemessung von Gebühren auszurichten hat, nicht die Prüfungsreichweite der Gerichte, die sie bei der Überprüfung des Äquivalenzprinzips anzulegen haben[1040].

(b) Zum Verhältnis von Preis und Wert im Zuteilungsmodell der Versteigerung

»Wir werden alle am Tag der Versteigerung unseren ökonomischen Sachverstand an der Tür des Versteigerungsraumes abgeben und fleißig mitbieten«[1041].

Die Versteigerung sucht den Nutzen, der den Gegenstand der Äquivalenzprüfung darstellt, durch den Rückgriff auf die Zahlungsbereitschaft einzufangen. Sie setzt den Wert dort an, wo die Zahlungsbereitschaft der Interessenten endet und erhebt damit den Anspruch, das Wertproblem aus ihrem metaphysischen Untergrund an die Oberfläche pragmatischer Tauschrelationen am Markt zu heben. Besteht der im Sinne des Äquivalenzprinzips maßgebliche Wert in dem Nutzen, der mit Hilfe des Gutes erwirtschaftet werden kann, dann wirkt der Schluss, den Wert einer staatlichen Leistung – entsprechend den Ansätzen der modernen Wohlfahrtstheorie – nach dem marktwirtschaftlichen Prinzip zu ermitteln, nachvollziehbar. Der Preis zeigt an, wie die Nachfrager die Leistung bewerten und welche Geldsumme ihnen die Leistung wert ist[1042]. In ihm drückt sich die vermutete Wertgleichheit mit der dafür im Tausch erhaltenen Leistung aus. Preise sind das Sprachrohr der Wertschätzung der Bieter. Zweifel an dem Verhältnis von Wert und Gegenwert scheinen sich bei einer Zuteilung von Gütern im

---

[1039] BVerfG, Beschl. v. 7.11.1995, BVerfGE 93, S. 319 (347) – Wasserpfennig.

[1040] Ebenso *Sacksofsky*, Umweltschutz durch nicht-steuerliche Abgaben, 2000, S. 226. Dass das Äquivalenzprinzip ein angemessenes Verhältnis zwischen Leistung und Gegenleistung verlangt, aber erst bei klarer Überschreitung dieser Korrelation verletzt ist, entspricht überkommenem Konsens; vgl. etwa BVerwG, Urt. v. 24.3.1961, BVerwGE 12, S. 162 (166); BVerwG, Urt. v. 14.4.1967, BVerwGE 26, S. 305 (308f.); OVG Nordrhein-Westfalen, Urt. v. 14.5.1969, OVGE 25, S. 47 (51); *Wilke*, Gebührenrecht und Grundgesetz, 1973, S. 253f.; *S. Meyer*, Gebühren für die Nutzung von Umweltressourcen, 1995, S. 200; (vorsichtiger) *Sacksofsky*, Umweltschutz durch nicht-steuerliche Abgaben, 2000, S. 101.

[1041] Der Geschäftsführer der Viag-Interkom *Maximilian Ardelt* vor Beginn der deutschen UMTS-Auktion im Sommer 2000 (zitiert nach *Dohmen/Krbusk*, Ritt auf der Rasierklinge, Der Spiegel 17/2000 vom 20.4.2000, S. 77f.).

[1042] *Wilke*, Gebührenrecht und Grundgesetz, 1973, S. 229.

Wege der Versteigerung schon im Ansatz zerstreuen zu lassen. Das Äquivalenzprinzip scheint geradezu danach zu drängen, dass sich – wie im Falle der Versteigerung – »Staat und Private wie unter Wettbewerbsbedingungen am Markt verhalten und die öffentliche Leistung entsprechend der marginalen Zahlungsbereitschaft des Privaten zum Grenzkostenpreis abgegeben« wird[1043]. Gegen den Einwand der Inäquivalenz sieht sich der Versteigerungserlös seinem Anspruch nach a limine dadurch immunisiert, dass die Versteigerung gerade dem Ziel der Wertermittlung des zu verteilenden Gutes dient[1044]. Die Antwort auf die Frage nach dem Verhältnis von Wert und Preis und damit der Wertäquivalenz des Versteigerungserlöses scheint in einem Rückgriff auf die bereits dem römischen Recht vertraute wertphilosophische Doktrin gefunden: »Res tantum valet, quantum vendi potest«[1045]: Alles ist so viel wert, für wie viel es verkauft werden kann, d. h. der Käufer zu zahlen bereit ist.[1046, 1047]. Es mutet zunächst nachgerade bizarr an, die Höhe des Versteigerungserlöses im Hinblick auf das Verhältnis von Preis und Leistung zu überprüfen, zielt doch der Marktprozess gerade darauf ab, den Wert eines Gutes zu ermitteln[1048]. Die Versteigerung generiert In-

---

[1043] *Blankart*, Öffentliche Finanzen in der Demokratie, 4. Aufl. 2001, S. 188 und 189; *Schmehl*, Das Äquivalenzprinzip im Recht der Staatsfinanzierung, 2004, S. 14.

[1044] Zu diesem Ergebnis kommen etwa *S. Bumke*, Frequenzvergabe nach dem TKG, 2006, S. 338; *Kruhl*, Die Versteigerung knapper Frequenzen, 2003, S. 244f.; *Kötter*, DVBl. 2001, 1556 (1564f.); *Storr*, K & R 2002, S. 67 (70); *Stumpf et al.*, Eckpunkte zur Ausgestaltung eines möglichen Handels mit Frequenzen, 2003, S. 48: »Da der von einem (prospektiven) Nutzen gebotene Preis den wirtschaftlichen Wert widerspiegelt, den die Frequenznutzung für den Bieter hat, dürften unter dem Aspekt des Äquivalenzprinzips keine Bedenken gegen eine Entgeltermittlung durch Frequenzhandel bestehen«.

[1045] Glossen »Redempturus fuit« zu Dig. 9, 2, 33 und »invenerit« zu Dig. 13, 1, 14 (*Accursius* unter Berufung auf ein vulgare); siehe auch Dig. 35, 2, 45 § 1 (*Paulus* unter Berufung auf Proculus); Dig. 36, 1, 1 § 16 gegen Ende (*Ulpian* unter Berufung auf *Iulian*).

[1046] Ähnlich Dig. 18, 4, 21 Mitte: »Pretium non ex re, sed propter negationem percepitur«: Der Preis wird nicht aus der Sache, sondern durch Handeln erzielt. Der Markt bestimmt die Höhe des Preises.

[1047] Einen solchen Weg schlagen auch *Heimlich* (Die Verleihungsgebühr als Umweltabgabe, 1996, S. 278f.) und *Wieland* (Die Konzessionsabgaben, 1991, S. 319f.) für Konzessionsabgaben ausdrücklich vor. *Wieland* regt an, den Vorteil, der sich in aller Regel nur schwer in Geld objektiv messen lasse, nach marktwirtschaftlichen Gesichtspunkten zu ermitteln. »Setzen Gesetzgeber oder Verwaltung die Konzessionsgebühr zu hoch an, werden sie keinen Interessenten mehr finden: ist die Konzessionsgebühr zu niedrig, wird die Zahl der Interessenten die Zahl der Konzessionen deutlich übersteigen«. Eine Rolle misst *Heimlich* (a. a. O., S. 278f.) auch »der von den einzelnen Nachfragenden signalisierten Bereitschaft« zu, »die Gebühr bis zu einer bestimmten Höhe zu akzeptieren. Anhand der Nachfragesituation ist es der gebührenerhebenden Behörde daher möglich, festzustellen, wie viel das Recht wert ist«. Die Konsequenz, den Zugang zu knappen Gütern zu versteigern, ziehen sie indes nicht. Auch *F. Kirchhof*, Die Höhe der Gebühr, 1981, S. 89 (mit Fn. 61) misst dem (Markt-)Preis bei marktgängigen Leistungen »gut vorausbestimmbare Ergebnisse« bei. Er sei »bei funktionierendem Wettbewerb überdies ohne gesetzliche Normierung oft faktisch Gebührenobergrenze«.

[1048] In diesem Sinne für Frequenzauktionen *Klöck*, RTKom 2000, S. 280 (285): »Die Einschätzung, wie viel UMTS-Lizenzen letztlich wert sind, entzieht sich einer juristiformationen über den Wert des Gutes. Bei idealem Wettbewerb ermittelt der Versteigerungserlös den subjektiven Wert des Gutes, obschon niemand diesen sicher kennt und kein Informationsaustausch zwischen den Versteigerungsteilnehmern stattfindet[1049].

Erscheint der Versteigerungserlös in diesem Lichte prima facie als besonders präziser, exakt berechneter Prototyp der Wertabgabe, der Geld in seiner Funktion als unmittelbarsten Ausdruck von Wert und den Markt als besondere Erhebungs- und Berechnungsmethode verwendet und damit sich dem Verdacht eines Verstoßes gegen das Äquivalenzprinzip a priori entzieht[1050], und ist der von gewichtigen Stimmen geführte Generalangriff auf die Verhältnismäßigkeit des Versteigerungserlöses, der diesem schon sub specie seiner absoluten Höhe oder des versteigerungseigenen Konzepts des maximierenden Nutzenvergleiches einzelfallunabhängig ein Unverhältnismäßigkeitsattest der Voraussetzungslosigkeit ausstellt[1051], nicht angezeigt, wäre es freilich verkürzt, die Frage nach dem Verhältnis von Preis

---

schen Bewertung«. Ähnlich *Kötter*, DVBl. 2001, S. 1556 (1564): »Die Lizenzkosten werden immer dem zu ermittelnden Wert entsprechen«. Ebenso für die Versteigerung von Emissionsrechten: *Manssen*, Verfassungsrechtliche Rahmenbedingungen einer ökologischen Steuerreform, in: *Hendler et al.* (Hrsg.), Jahrbuch des Umwelt- und Technikrechts 1996, S. 137 (144 f.) sowie für den Frequenzhandel *Binzel*, Frequenzhandel in Deutschland und Großbritannien, 2006, S. 238.

[1049] *McAfee/McMillan*, Journal of Economic Literature 25 (1987), S. 699 (721 f. u. 733). Ob der Versteigerer in der Absicht eigener Gewinnerzielung handelt oder nicht, ändert daran grundsätzlich nichts.

[1050] In diesem Sinne etwa *Kruhl*, Die Versteigerung knapper Frequenzen, 2003, S. 255 f. Er spricht von einer »Ressourcennutzungswertgebühr«. Ähnlich *Ritgen*, AöR 127 (2002), S. 351 (365): »Versteigerungen und die dabei erzielten Erlöse erscheinen im Vergleich etwa zu Verleihungs- oder Ressourcennutzungsgebühren nur als eine besondere Erhebungs- und Berechnungsmethode«. Der Sache nach ebenso (wenn auch ohne Bezug zu Versteigerungen als Modell staatlicher Zuteilung) *Wilke*, Gebührenrecht und Grundgesetz, 1973, S. 229: »Der auf einem von Wettbewerb beherrschten Markt erzielte Preis ist somit Ausdruck für die wirtschaftliche Gleichwertigkeit von Preis und Leistung«.

[1051] So mit Blick auf die UMTS-Versteigerung *Arndt*, K & R 2001, S. 23 (29 ff.); *Kube*, Finanzgewalt in der Kompetenzordnung, 2004, S. 665 f. (»Unverhältnismäßig ist ein Eingriff dabei jedenfalls im Hinblick auf die im Rahmen der UMTS-Versteigerung entstandenen konkreten Zahlungspflichten der Lizenzversteigerung in Milliardenhöhe. Der Anwendungsrahmen ist hier in grundrechtswidriger Weise ausgedehnt worden«; ähnlich *Breuer*, Verfassungsrecht und Versteigerungsverfahren, in: Geis/Lorenz (Hrsg.), Festschrift Maurer, 2001, S. 25 (39). Das Versteigerungsverfahren erweise sich durch die gesetzlich angesteuerte Maximierung des Versteigerungserlöses – im eigentlichen Sinne des Wortes – als maßloser Eingriff. Denn Richtmaß der Geldleistungspflicht bilde hier nicht mehr der Vorteil des Zuteilungsempfängers, sondern die fiskalische Einnahmenerzielung zur Deckung des Staatshaushalts. Der Staat dürfe mit der Wahl eines Versteigerungsverfahrens nicht aus den Anforderungen der iustitia distributiva ausbrechen, die Finanzverfassung hinter sich lassen und – ökonomisch behände – in die arithmetische und individualistische Proportionalität eines maximierten Knappheitspreises enteilen. Ähnlich wie hier dagegen *Selmer*, Zur Tatbestandsmäßigkeit öffentlich-rechtlicher Geldleistungspflichten, in: Festschrift für Starck, 2007, S. 435 (447); vgl. zu der Problematik der Erforderlichkeit und möglichen Abschöpfung des Versteigerungserlöses supra S. 518 ff.

und Wert damit als endgültig beantwortet zu betrachten. Die Lösung liegt nicht in den äußeren Polen pauschaler Wahrheiten, sondern in ihrer Mitte.

(aa) Zum Verhältnis von Preis und Wert bei Entscheidungen unter Unsicherheit – die Problematik des Winner's curse (Fluch des Gewinners)

Eine Richtigkeitsgewähr kann dem im Wege der Versteigerung ermittelten Preis nur dort zukommen, wo eine sichere Grundlage für eine Bewertung der zuzuteilenden Güter besteht[1052, 1053]. Bei Unsicherheit über den tatsächlichen Wert des versteigerten Gegenstandes beruhen die Gebote auf einer Schätzung des Wertes. Die Wahrscheinlichkeit dafür, dass der Bieter den Zuschlag deshalb erhält, weil er den Wert des Gutes im Verhältnis zu den Mitbietern aufgrund unzureichender Information über den Versteigerungsgegenstand am meisten überschätzt hat und das siegreiche Gebot den realisierbaren Wert des zugeteilten Gutes nicht zutreffend abbildet, sondern ihn übersteigt[1054], ist dann signifikant erhöht.

[1052] Vgl. dazu etwa *Niehans*, Schweizerische Zeitschrift für Volkswirtschaft und Statistik 84 (1948), S. 433 (434ff.).

[1053] *Bach/Erber*, DIW-Wochenbericht 30/2000, S. 490 (492); *F. Becker*, Die Verwaltung 2002, S. 3 (9). Dass Preis und Wert auseinander fallen können, ist für die – als vergleichsweise transparent geltenden – Finanzmärkte keine neue Erkenntnis. Die Investmentstrategie des sog. Value-Ansatzes macht sich dies strategisch zu Nutze: Sie sucht nach »unterbewerteten« Papieren, deren aktueller Marktpreis den tatsächlichen Wert des Gutes nicht ausreichend widerspiegelt. Die Value-Strategie baut darauf auf, dass das Handeln der Akteure in Märkten nicht immer vollständig rational ist und Marktpreise nicht immer den Substanzwert von Rechten bzw. Gütern angemessen wiedergeben.

[1054] Die Gefahr der Wertüberschätzung firmiert auch unter dem Begriff des Fluchs des Gewinners (winner's curse). Ausführlich dazu *Thaler*, Journal of Economic Perspectives 2 (1988), S. 191ff.; *Quirk/Katsuaki*, The Winner's curse and Cost Estimation Bias in Pioneer Projects, 1984; *Kagel /Levin*, Common value auctions and the winner's curse, 2002, S. 1ff.; *Roth/Ockenfels*, American Economic Review, 92 (2002), S. 1093ff., *Wilson*, Management Science 13 (1967), S. 816ff.; vgl. auch *Abramowicz*, American University Law Review 49 (1999), S. 327 (397); *Amor*, Dynamic Commerce, 2000, S. 69f.; *Beckmann*, Ökonomische Analyse deutscher Auktionen, 1999, S. 43; *Bolle/Hoven*, Finanzarchiv N. F. 47, S. 461 (462); *F. Becker*, Die Verwaltung 2002, S. 3 (9); *Feess*, Mikroökonomie, 3. Aufl., 2004, S. 702f.; *Felder*, Frequenzallokation in der Telekommunikation, 2004, S. 211ff.; *Keuter/Nett/Stumpf*, Regeln für das Verfahren zur Versteigerung von ERMES-Lizenzen/Frequenzen sowie regionaler ERMES-Frequenzen, 1996, S. 52; *Klemperer*, Auctions: theory and practice, 2004, S. 107f.; *Kräkel*, Auktionstheorie und interne Organisation, 1992, S. 82ff.; *ders.*, Wirtschaftwissenschaftliches Studium 25 (1996), S. 462ff.; *Krishna*, Auction Theory, 2002, S. 84f.; *Lindstädt*, Die Versteigerung der UMTS-Lizenzen – eine ökonomische Analyse des Bieterverhaltens, S. 12; *McAfee/McMillan*, Journal of Economic Literature 25 (1987), S. 699 (720ff.); *McMillan*, Telecommunications Policy 19 (1995), S. 191 (198); *Milgrom*, Journal of Economic Perspectives, 1989, S. 3 (5f. und 20f.); *Milgrom/Weber*, Econometrica 50 (1982), S. 1089 (1094); *Weigel*, Rechtsökonomik, 2003, S. 144f. (der allerdings irrigerweise das Problem des Fluchs des Gewinners ausschließlich als Anomalie öffentlicher Ausschreibungen versteht und dem Fluch des Gewinners durch eine [Englische] Versteigerung entkommen will. Er übersieht, dass der Fluch des Gewinners gerade auch ein Phänomen der Englischen Versteigerung ist.

Nicht zufällig ist das systematische Auftreten von Fehleinschätzungen bei Versteigerungsgeboten, die unter den Bedingungen der Wertunsicherheit vollzogen werden, seit Alters her Legion. Die römischen Klassiker kennen bereits den »calor licitantis« als Begleiterscheinung der Versteigerung[1055]. *Westerfield*[1056] berichtet aus dem frühen 19. Jahrhundert: »A most prominent auctioneer declared an investigation committee of the New York Legislature in 1829 that goods sold higher at auction than at private sale (...): ›The psychology of auction sales, with the excitement of a crowd of buyers bidding against each other, tends to raise prices‹«. Ähnlich sieht *Ehrenberg*[1057] 1924 die Käufer »durch das rasche, aufregende Ueberbieten leicht verleitet, die Ware über Wert zu bezahlen«. Gesteigerte Aufmerksamkeit in der Wissenschaft erlangte das Phänomen der Wertüberschreitung erst mit der Versteigerung von Ölbohrrechten[1058]. Bei der Versteigerung von Offshore-Lizenzen für Ölfelder in den USA hatten die Auktionsgewinner häufig Gebote abgegeben, die sich später nicht erwirtschaften ließen[1059]. Weil die gewonnenen geologischen Daten der Interessenten über den Ölgehalt und die Qualität des Areals sich voneinander unterschieden und ein erhebliches Maß an Unsicherheit über die Richtigkeit der Schätzung verblieb, lagen ihre Gebote nicht selten um ein Vielfaches auseinander und stellte der Bieter, der das höchste Wertsignal erhielt, und dafür mit dem Zuschlag belohnt wurde, bald fest, dass er mehr geboten hatte, als das Ölfeld tatsächlich wert war[1060]. Anstelle eines einträglichen Nutzungsrechts erhält er ein eher unattraktives Terrain, für das niemand bereit war, mehr zu bieten.

In experimentellen Laboruntersuchungen ist das Phänomen des Fluchs des Gewinners zuerst von *Dyer/Kagel/Levin*[1061] sowie *Bazermann/Samuelson*[1062] nachgewiesen worden. Sie führten mit Studenten verschiedene

---

[1055] *Paulus*, Dig. 39, 4, 9.

[1056] *Westerfield*, Transactions of the Connecticut Academy of Arts and Sciences 23 (1920), S. 159 (182 f.).

[1057] *Ehrenberg*, Art. »Auktion«, in Elster/Ad. Weber/Eieser (Hrsg.), Handwörterbuch der Staatswissenschaften, Bd. 1, 1924, S. 19 (20).

[1058] *Capen/Clapp/Campbell*, Journal of Petroleum Technology 23 (1971), S. 641 ff.

[1059] *Bolle/Hoven*, Wettbewerb um das exklusive Angebotsrecht, Finanzarchiv N. F. 47, S. 461 (463); *Bach/Erber*, Die UMTS-Lizenzvergabe in Deutschland – Auktionsverfahren unbefriedigend, DIW-Wochenbericht 30/2000, S. 490 (492).

[1060] Ein markantes Beispiel: Venezuela auktionierte 1997 einige Ölfelder. Die staatliche China Natural Petroleum Corp., die erstmalig in der Region tätig wurde, bot für das Feld Intercampo Norte 118 Millionen Dollar – fast dreimal so viel wie der nächsthöchste Wettbewerber – und erhielt den Zuschlag. Ein Sprecher der chinesischen Gesellschaft erklärte das hohe Gebot mit dem starken Interesse des chinesischen Volkes an Ölprivatisierungen in Südamerika. Näher liegt die Vermutung, dass sie den Zuschlag deshalb erhalten hatte, weil sie den Wert des Gegenstandes am meisten überschätzt hatte und es sich hier in Wahrheit um einen Fall des Fluchs des Gewinners handelt.

[1061] *Dyer/Kagel/Levin*, Economic Journal 99 (1989), S. 108 ff.; vgl. zusammenfassend *Kagel/Levin*, Common value auctions and the winner's curse, 2002.

Experimente durch, die den Fluch des Gewinners als systematisches Entscheidungsproblem der Versteigerung offenbarten: Sie boten den Inhalt eines mit einer großen Zahl unterschiedlicher Münzen gefüllten Glases zum Kauf an. Die Studenten durften es sich für einen kurzen Zeitraum anschauen. Im Anschluss wurde es an den Meistbietenden versteigert. Das durchschnittliche Gebot war deutlich niedriger als der wahre Wert der Münzen von $ 8. Das höchste und damit in der Versteigerung erfolgreiche Gebot überstieg den tatsächlichen Wert regelmäßig deutlich. Es betrug durchschnittlich $ 10,01. Der Ersteigerer erlitt damit einen durchschnittlichen Verlust von $ 2,01. Die Versteigerung strafte damit den vermeintlichen Gewinner ab, statt ihm einen Gewinn zu vermitteln[1063]. Zu ähnlichen Ergebnissen kommen Experimente und Felddatenuntersuchungen, die für Bietstrategien bei der Übernahme von Unternehmen (sog. Takeover-Verfahren) durchgeführt wurden. Die überwiegende Mehrzahl der Versuchspersonen überschätzte den Wert der Zielunternehmung und realisierte Verluste. Manager wurden vielfach Opfer ihrer Selbstüberschätzung, indem sie gerade dann aggressive Takeover-Bietstrategien anwendeten, als ihre private Schätzung über dem Marktwert des Zielunternehmens lag. Mit dem Zuschlag realisierte sich für sie das der Versteigerung inhärente Risiko, mit seiner Schätzung über dem tatsächlichen Wert des Gutes gelegen zu haben und für das Gut mehr zu bezahlen, als dieses wert ist.

Erhält ein Bieter den Zuschlag, erfährt er zugleich, dass er selbst seinem Gebot die optimistischste Bewertung unter allen Bietern zugrunde legte. Dass alle anderen Angebote niedriger sind, ist damit auch eine schlechte Nachricht. Je größer der Abstand zwischen erfolgreichem Erst- und Zweitgebot, umso mehr spricht dafür, dass der Höchstbieter den Wert des Gutes schlicht überschätzt hat[1064]. *Capen/Clapp/Campell* ermittelten, dass bei den von ihnen untersuchten Höchstpreisversteigerungen von Öl- und Gasbohrrechten das jeweilige Höchstgebot durchschnittlich 5–10 mal so hoch ausfiel wie das niedrigste (seriöse) Gebot. Im Durchschnitt erreichte das jeweilige zweithöchste Gebot nur 41 % des Höchstgebots, das Siegergebot lag in einem Viertel der Fälle gar um das Vierfache höher als das zweithöchste Gebot[1065].

[1062] *Bazermann/Samuelson*, Journal of Conflict Resolution 27 (1983), S. 618 ff.

[1063] Vgl. *Bazerman/Samuelson*, The winner's curse: An empirical Investigation, in: Tietz (Hrsg.), Aspiration levels in bargaining and decision making, 1983, S. 186 (192 ff.); *Giliberto/Varaiya*, Journal of Finance 44 (1989), S. 59 ff.; *Thaler*, Journal of Economic Perspectives 2 (1988), S. 191 (193 f.).

[1064] *Beckmann*, Ökonomische Analyse deutscher Auktionen, 1999, S. 281.

[1065] *Capen/Clapp/Campell*, Journal of Petroleum Technology 23 (1971), S. 641 (642 ff.); *Mead* (Natural Resources Journal 7 [1967)], S. 194 [212]) berichtet über ähnliche Ergebnisse von einem Versteigerungszyklus von Öl- und Gasbohrrechten im Jahr 1959 im Golf von Mexiko. Das siegreiche Gebot war hier in einem Fall mehr als doppelt so hoch wie das zweithöchste Gebot, in einer anderen Auktion übertraf das Höchstgebot das Zweitgebot um den Faktor 95.

Die wichtigste Ursache für einen Fluch des Gewinners liegt in der unvollkommenen Information über potenziell erzielbare Erträge[1066]. Der Fluch des Gewinners ist eine typische Begleiterscheinung von Auktionen mit Wertunsicherheit, d. h. von Auktionen, bei denen das zu versteigernde Gut für jeden Bieter den gleichen, unbekannten Wert hat, jeder Bieter seinen Erwartungswert aber unabhängig von den anderen Bietern bildet (sog. Common value-Auktionen [vgl. supra S. 336])[1067]. Versteigerungen staatlich verwalteter Güter haben typischerweise einen hohen Common value-Aspekt der Wertunsicherheit[1068]. Mit steigendem Grad der Unsicherheit über den erwarteten Wert des Auktionsobjektes erhöht sich die Wahrscheinlichkeit des Auftretens und das Ausmaß des winner's curse. Die Unsicherheit der Auktionsteilnehmer über den Wert des Auktionsgegenstandes führt in dem System der Versteigerung als ausschließlich am Höchstgebot orientierten Verfahren dazu, dass derjenige den Zuschlag erhält, der seinem Gebot die optimistischste Schätzung zugrunde gelegt. Zielt die Versteigerung auch darauf ab, den Wert des Gutes abzubilden, ist es unter nicht idealen Marktbedingungen nicht ausgeschlossen, dass der Versteigerungserlös den Wert des Gutes übersteigt. Und gerade bei knappen staatlich verwalteten Gütern[1069] ist aufgrund ihrer langfristigen Nutzenperspektive, der hoheitlichen Sonderrolle des Staates und der Schwierigkeiten der Wertermittlung bei nicht marktgängigen Gütern die Wahrscheinlichkeit nicht gering, dass es sich nicht um ideale Marktbedingungen handelt.

Insbesondere in der Startphase eines Marktes ist die Gefahr einer Überschätzung des Gebots sehr hoch[1070]. Antizipiert der vorsichtige Bieter auch

---

[1066] *McAfee/McMillan* (Fn. 1071), S. 699 (705).

[1067] In Fällen des Independent-private-value-Modells stellt sich diese Gefahr in weitaus weniger signifikantem Ausmaß.

[1068] Vgl. dazu 338 und 381 ff.

[1069] Das gilt zumal, wenn sie auf lange Nutzungszeiten angelegt sind.

[1070] Bieter ohne Bieterfahrung in dem Segment, der Gegenstand der Versteigerung ist, gleich welcher Profession, erweisen sich nach den Erkenntnissen der Auktionstheorie regelmäßig als für den Fluch des Gewinners sehr empfänglich. Das belegen *Kagel/Levin/Battalio/Meyer* (First-Price Common Value Auctions: Bidder Behavior and the »Winner's Curse«, in: Kagel/Levin [Hrsg.], Common value auctions and the winner's curse, 2002, S. 85 ff.) in Laboruntersuchungen, vgl. dazu auch die empirischen Untersuchungen *Kagel/Levin*, Bidding in Common Value Auctions: A survey of Experimental Research, in: dies. (Hrsg.), Common value auctions and the winner's curse, 2002, S. 1 (7 und 46 f.); *Thaler*, Journal of Economic Perspectives 2 (1988), S. 191 (194); *Bolle/Hoven*, Finanzarchiv N. F. 47, S. 461 (462, Fn. 3). Im Laufe der Zeit erlernen die Akteure Erfahrungs-Daumenregeln, die sie in die Lage versetzen, die spätere Korrektur in ihrem Gebot zu berücksichtigen und ihr Gebot nach unten zu korrigieren (Mit diesen Erfahrungsregeln erklären *Dyer/Kagel/Levin* [The winner's curse in low price auctions, 1987, S. 23 f.] auch, dass das Phänomen des Fluchs des Gewinners in der Versteigerungspraxis weniger häufiger beobachtet wurde als in Feldexperimenten. Vgl. auch *McAfee/McMillan*, Journal of Economic Literature 25 [1987], S. 699 [721]; *Capen/Clapp/Campbell*, Journal of Petroleum Technology 23 [1971], S. 641 [643]; *Kräkel*, Auktionstheorie und interne Organisation, 1992, S. 82 f.; *ders.*, Wirtschaftwissenschaftliches Studium 25 [1996], S. 462 [464]). Dass den Eintritt des Fluchs des Gewinners bei der Abgabe der Gebote und nimmt einen Sicherheitsabschlag auf seine Ex-ante-Einschätzung vor[1071], bleibt ihm dafür aber umso weniger Raum, je enger der Wettbewerb der Bieter ist und je mehr es sich um ein nicht substituierbares Monopolgut handelt, auf das er angewiesen ist. Die Versteigerung staatlich verwalteter Güter bringt ihn insoweit in eine intrikate Entscheidungssituation: Bietet er zu vorsichtig, erhält er den Zuschlag nicht und überlässt damit den grundrechtlichen Betätigungsraum auf unabsehbare Zeit den Wettbewerbern. Bietet er zu optimistisch, erwirtschaftet er Verluste. Je höher der Bieter seinen Preis ansetzt, umso größer wird die Wahrscheinlichkeit, den Zuschlag zu erhalten, umso geringer aber der Gewinn für den Fall des Zuschlags. Der Bieter kann seine Aussicht auf den Zuschlag nur durch Verzicht auf Gewinn vergrößern bzw. umgekehrt seine Gewinnspanne nur auf Kosten der Zuschlagschance erhöhen. Starker Bieterwettbewerb infolge verengten Marktzugangs veranlasst auch erfahrene Bieter zu einer Überschätzung des mit dem Zuschlag verbundenen Gewinns. Insbesondere dort, wo die Effizienzunterschiede zwischen den Interessenten geringer sind als die dem Gut anhaftende Wertunsicherheit, kommt es zu Fehleinschätzungen.

Die Gefahr eines winner's curse steigt mit der Zahl der Bieter[1072]. Ist sie hoch (als kritische Maßgröße hat sich nach den Erkenntnissen der Auktionstheorie die Zahl von sechs bis sieben Bietern erwiesen)[1073], sind die Interessenten versucht, den Wert des Gutes zu überschätzen und aggressive Bietstrategien anzuwenden, die den Wert des Gutes hinter sich lassen[1074].

---

im Verlaufe der zeitlich gestaffelten europäischen UMTS-Auktionen die Erlöse in den europäischen Ländern von Auktion zu Auktion sanken, scheint diese Einschätzung zu bestätigen. Die mögliche Lernfähigkeit der Akteure freilich ändert nichts an der im Falle der hier diskutierten *Erstversteigerung* knapper staatlich verwalteter Güter deutlich erhöhten Gefahr der Wertüberschätzung.

[1071] *Beckmann* (Fn. 1064), S. 44 f.; *Kagel/Levin*, Bidding in Common Value Auctions: A survey of Experimental Research, in: dies. (Hrsg.), Common value auctions and the winner's curse, 2002, S. 1 (36); *McAfee/McMillan*, Journal of Economic Literature 25 (1987), S. 699 (721); *McMillan*, Journal of Economic Perspectives 8 (1994), S. 145 (152); *Milgrom*, Putting Auction Theory to Work, 2004, S. 255 f.; *Niemeier*, Die deutsche UMTS-Auktion – eine spieltheoretische Analyse, 2002, S. 55.

[1072] Vgl. dazu auch oben S. 334 sowie *Holt*, American Economic Revue 69 (1979), 697 ff.; *Krishna*, Auction Theory, 2002, S. 85; *McAfee/McMillan*, Journal of Economic Literature 25 (1987), S. 699 (708 u. 711); *Brannman/J. Klein/Weiss*, Antitrust Bulletin 29 (1984), S. 27 ff.

[1073] *Kagel/Levin/Harstad*, Comparative Static Effects of Number of Bidders and Public Information on Behavior in Second-Price Common Value-Auctions, in: Kagel/Levin (Hrsg.), Common value auctions and the winner's curse, 2002, S. 149 (150).

[1074] Ist die Zahl der Bieter demgegenüber gering, liegen die Gebote meist unterhalb der wahren Wertschätzung der Bieter. Der Versteigerungserlös liegt im Durchschnitt umso höher, je größer die Zahl der Bieter ist. Vgl. auch *Kagel/Levin*, Bidding in Common Value Auctions: A Survey of Experimental Research, in: *dies.*, Common Value Auctions and the Winner's Curse, 2002, S. 1 (12); *Kagel/Levin/Battalio/Meyer*, First Price Com-

Der Fluch des Gewinners ist häufig eine Antwort auf einen aggressiven Bieterwettbewerb, der mit einer krisenhaften Eskalation der Gebote einhergeht[1075]. *Capen/Clapp/Campbell* geben dem Bieter ironisierend die Entscheidungsregel an die Hand: »If one wins a tract against two or three others he may feel fine about his good fortune. But how should he feel if he won against 50 others?: ill«[1076].

Man mag den Fluch des Gewinners als nicht einer Auktion notwendig inhärentes Problem ansehen, sondern als Resultante einer falschen Angebotsstrategie bzw. falschen Voraussetzungen der Bietenden[1077]. Die empirischen Untersuchungen der Auktionstheorie sprechen jedoch eine andere Sprache: Der Fluch des Gewinners befällt nicht nur wenige irrationale Bieter, sondern ist – wie Laborexperimente zeigen – auch (wenngleich eingeschränkt) bei professionellen Bietern zu beobachten. Er gründet sich nicht allein auf fehlende Erfahrung der Bieter, sondern ist ein Phänomen enger Märkte, in denen die Zahl der Bieter eine kritische Masse übersteigt und Unsicherheit über den Wert des Auktionsgegenstandes besteht[1078]. Starker Bieterwettbewerb veranlasst auch erfahrene Bieter zu einer Überschätzung des mit dem Zuschlag verbundenen Gewinns. Es gewinnt dann häufig nicht der rationale Bieter, sondern derjenige, der den Wert des Gutes am meisten überschätzt[1079]. Die Wahrscheinlichkeit dafür, dass derjenige, der den Wert eines Gutes überschätzt, eine Versteigerung als Höchstbieter und »Sieger« verlässt, ist – systembedingt – ungleich größer als die Wahrscheinlichkeit, dass ein (effizienter) Bieter, der den Wert des Gutes unterschätzt, den Auktionssieg nach Hause trägt. *Capen/Clapp/Campbell*[1080] halten fest: »In competitive bidding, the winner tends to be the player who most overestimates the true tract value. [...] He who bids on a parcel what he thinks it is worth will,

mon Value Auctions: Bidder Behavior and the »Winner's Curse«, in: *Kagel/Levin* (Hrsg.), Common Value Auctions and the Winner's Curse, S. 85 (101); *Kräkel*, Auktionstheorie und interne Organisation, 1992, S. 94; *Krishna*, Auction Theory, 2002, S. 85; *Thaler*, Journal of Economic Perspectives, 2, S. 191 (192, 195).

[1075] Vgl. *Kagel/Levin*, Bidding in Common Value Auctions: A Survey of Experimental Research, in: dies., Common Value Auctions and the Winner's Curse, 2002, S. 1 (11); *dies.*, The Winner's Curse and Public Information in Common Value Auctions, in: dies., Common Value Auctions and the Winner's Curse, 2002, S. 107 (135).

[1076] *Capen/Clapp/Campbell*, Journal of Petroleum Technology 23 (1971), S. 641 (645).

[1077] *Bolle/Hoven*, Finanzarchiv N. F. 47, S. 461 (462).

[1078] *Kagel/Levin*, Bidding in Common Value Auctions: A Survey of Experimental Research, in: dies., Common Value Auctions and the Winner's Curse, 2002, S. 1 (14 und 22); *dies.*, The Winner's curse and Public Information in Common Value Auctions, a. a. O., S. 107 (108); *Kagel/Levin/Battalio/Meyer*, First-Price Common Value Auctions: Bidder Behavior and the »Winner's Curse«, a. a. O., S. 85 (101).

[1079] Vgl. *Schroepfer*, Allocation Spectrum Use by the Use of Auctions, Hastings Communications Entertainment Law Journal 14 (1991) S. 35 (43f.); *McMillan*, Telecommunications Policy 19 (1995), S. 191 (198); *Milgrom*, Journal of Economic Perspectives, 1989, S. 3 (4–6); *Wolff*, WISU, 2001, S. 1390 (1392).

[1080] *Capen/Clapp/Campbell*, Journal of Petroleum Technology 23 (1971), S. 641 (643).

in the long run, be taken for a cleaning«. Der Fluch des Gewinners stellt einen ernst zu nehmenden, in der Auktionstheorie anerkannten systematischen Entscheidungsfehler dar[1081]. Dass der Versteigerungserlös den Wert nicht selten überschreitet, ist eine voraussehbare (wenn auch nicht zwingende) Folge der Entscheidungsbedingungen, in die der Staat als zuteilender Sachwalter die Akteure versetzt.

Zwischenfazit

Die Versteigerung kann mit der Wertgrenze als Grenze zulässiger staatlicher Gebührenmacht in Konflikt geraten, wiewohl sie der Ermittlung des Wertes eines Gutes dient. Sie bindet den zu zahlenden Betrag nicht an den Wert des Gutes, sondern an die Erwartungen der Teilnehmer. Die Zahlungshöhe entspricht dem Nutzenvorteil, den sich der Bieter von dem Erwerb verspricht. Die Versteigerung schöpft Nutzungs*erwartungen* ab. Der tatsächlich erzielbare Nutzen steht im Zeitpunkt der Versteigerung weder fest noch lässt er sich abschließend ermitteln. Der ex ante erwartete Nutzen muss dementsprechend mit dem ex post realisierbaren Nutzen nicht übereinstimmen. Der Versteigerungserlös und der Wert des Gutes (im Sinne des finanzverfassungsrechtlichen Äquivalenzprinzips) können (auch erheblich) auseinander fallen. Indem die Versteigerung den Interessenten eine Entscheidung unter Unsicherheit abverlangt[1082] und ihnen einseitig das Risiko der Wertbemessung und Fehleinschätzung des Gutes auferlegt, ist ihr das Risiko systemimmanent, dass der Versteigerungserlös über eine Abschöpfung des gewonnen Vorteils hinausgeht. Den vermuteten oder erwarteten Nutzenvorteil mit dem tatsächlichen Nutzen und dem Wert unbesehen gleich zu setzen, verschlägt nicht.

(bb) Antizipierte Abgabenerhebung im Recht der Benutzungsgebühren – ein Vergleich

Eine antizipierte Abschöpfung von Leistungen durch Abgaben und die mit ihr verbundene Unsicherheit der Entscheidung ist dem Gebührenrecht nicht gänzlich fremd; es lässt etwa im Recht der Benutzungsgebühren eine antizipierte Gebührenerhebung zu, die nicht vor dem Zeitpunkt der vollständigen Leistungserbringung bzw. mit dem Beginn eines Nutzungsrechtes ansetzt. So kann eine Gemeinde eine Abfallbeseitigungsgebühr für die im Laufe einer Periode entstehenden Kosten als Jahresgebühr im Voraus erheben oder die Kosten für den Abbau und die Entsorgung eines Grabmals bereits im Voraus bei Aufstellung des Grabmals einfordern (vgl. §6 Abs. 4

1081 Vgl. etwa *Kräkel*, Auktionstheorie und interne Organisation, 1992, S. 93.

1082 Vgl. zur Theorie der Entscheidung unter Unsicherheit *Ch. Engel*, Rechtliche Entscheidungen unter Unsicherheit, 2001; *Gäfgen*, Theorie der wirtschaftlichen Entscheidung, 3. Aufl. 1974, S. 18 ff; *Spiecker*, Staatliche Entscheidungen unter Unsicherheit, in: Bungenberg u. a. (Hrsg.), Recht und Ökonomik, 2004, S. 61 ff.

nrw.KAG; § 7 Abs. 5 S. 1 rp.KAG; § 8 Abs. 4 S. 3 s-h.KAG)[1083]. Für Beiträge lässt etwa § 133 Abs. 3 S. 1 BauGB eine Vorausleistungspflicht als Vorschuss auf die endgültige Beitragsforderung zu: Auf die später entstehende Zahlungspflicht können vorläufig Vorausleistungen erhoben werden, die mit dem später festzusetzenden Erschließungsbeitrag (mit der Möglichkeit der Nacherhebung bzw. Rückerstattung) zu verrechnen sind[1084]. Die Beteiligten können gar bereits vor Entstehen der Beitragspflicht vertragliche Regelungen über die *Ablösung* des Erschließungsbeitrags im Ganzen treffen (§ 133 Abs. 3 S. 1 BauGB)[1085] oder vertragliche Vereinbarungen über die Ablösung der Stellplatzpflicht gegen Entgelt treffen[1086], [1087]. Einer Vorwegabschöpfung des wirtschaftlichen Erfolges, den die staatliche Leistung bewirken soll, steht das Gebührenrecht und der Gedanke des Schutzes der finanzverfassungsrechtlichen Verteilungsregeln gegen Aushöhlung grundsätzlich solange nicht entgegen, als dem Einzelnen ein individuell zurechenbarer Vorteil für die Zukunft zuteil wird, der im Zeitpunkt der Gebührenerhebung bereits festliegt[1088,1089]. Im Falle der Versteigerung wie im

[1083] OVG Nordrhein-Westfalen, Urt. v. 31.8.1990, NWVBl. 1991, S. 163 ff.; OVG Nordrhein-Westfalen, Urt. v. 3.6.1996, NVwZ-RR 1997, S. 653 (654); OVG Rheinland-Pfalz, Urt. v. 31.10.2002, NVwZ 2003, S. 1001; OVG Mecklenburg-Vorpommern, Urt. v. 23.2.2000, LKV 2000, S. 502 (503); OVG Mecklenburg-Vorpommern, Urt. v. 7.11.1996, LKV 1997, S. 422; HessVGH, Beschl. v. 16.9.2004, DÖV 2005, S. 208 (209 f.); a. A. OVG Schleswig-Holstein, Urt. v. 22.1.2003, NordÖR 2003, S. 424 ff. (unter Hinweis auf die in Schleswig-Holstein fehlende Ermächtigungsgrundlage).

[1084] Vgl. dazu und zur Erstattung im Falle etwa des späteren Erlöschens der Baugenehmigung BVerwG, Urt. v. 4.4.1975, BVerwGE 48, S. 117 ff.; *Ossenbühl*, Staatshaftungsrecht, 5. Aufl. 1998, S. 426 mit Fn. 4; *Nierwetberg*, NVwZ 1989, S. 535 ff.

[1085] Der Ablösungsvertrag bringt eine künftige Beitragsschuld durch eine neu geschaffene Schuld an Erfüllungs statt zum Erlöschen (vgl. § 364 BGB). Der Vertragspartner kann durch Zahlung eines bestimmten Geldbetrages eine anders geartete Schuld tilgen. Der Ablösungsvertrag lässt sich rechtstechnisch als Novation auffassen. Vgl. dazu etwa BVerwG, Urt. v. 27.1.1982, BVerwGE 64, S. 361 (363 f.), es spricht von einem »›vorgezogenen‹ Erschließungsbeitrag«; BVerwG, Urt. v. 9.11.1990, BVerwGE 87, S. 77 ff.; OVG Nordrhein-Westfalen, Urt. v. 6.12.1990, NVwZ 1991, S. 1106 f.

[1086] Vgl. dazu etwa *Ehlers*, DVBl. 1986, S. 529 ff.; *Ziegler*, DÖV 1984, S. 831 ff.

[1087] Die Vereinbarungen weisen als Risikoabreden eine ähnliche Struktur wie der Versteigerungspreis auf. Im Zeitpunkt des Vertragsschlusses bestehen noch erhebliche Unsicherheiten über den weiteren Geschehensablauf bis zum Ende der Nutzungszeit bzw. zur endgültigen Herstellung der beitragsfähigen Erschließungs- bzw. Stellplatzanlage und die Höhe des dafür entstehenden Aufwands. Das BVerwG sieht der Vertragsbindung bei extremem Missverhältnis zwischen der ex ante vermuteten Belastung und dem ex post ermittelten Vorteil Grenzen gesetzt; BVerwG, Urt. v. 9.11.1990, BVerwGE 87, S. 77 (83); vgl. dazu auch infra S. 598 ff.

[1088] Ebenso insoweit BVerwG, Urt. v. 19.9.2001, BVerwGE 115, S. 125 (134).

[1089] *Arndt* (K & R 2001, S. 23 [27]) sieht in der mit der Versteigerung vorgenommenen Vorwegabschöpfung einen Verstoß gegen das steuerrechtliche Prinzip der Leistungsfähigkeit. Er ist der Auffassung, der Staat könne erst dann am wirtschaftlichen Erfolg des Bürgers teilhaben, wenn dieser Erfolg auch tatsächlich eingetreten sei, nicht vorab im Wege der Versteigerung. Dem Abgabepflichtigen die Grundlage seiner wirtschaftlichen Tätigkeit vorab teilweise zu entziehen und dadurch den potenziellen zukünftigen wirtschaft-

Falle der antizipierten Erhebung von Benutzungsgebühren findet die Festlegung der Abgabenhöhe zu einem Zeitpunkt statt, zu dem die tatsächliche Kostenentwicklung und der Umfang der tatsächlichen Inanspruchnahme bzw. des erzielbaren Vorteils noch nicht abschließend erkennbar ist. Beide Abgabetypen nehmen eine Zuweisung des mit der Kalkulation verbundenen Prognoserisikos vor.

Das kommunale Abgabenrecht weist das Prognoserisiko dem Gebührengläubiger zu. Macht der Gebührengläubiger von der Möglichkeit antizipierter Gebührenerhebung Gebrauch, muss er sich für den Erhebungszeitraum mit einer Gebühr der zum Jahresanfang festgesetzten Höhe be-

---

lichen Erfolg, den der Staat allein als Anknüpfungspunkt und Legitimation der Abgabenerhebung nehmen dürfe, zu gefährden, sei unzulässig. Die Gewinne der Unternehmen müssten abgewartet werden; an ihnen dürfe der Staat nur durch Besteuerung partizipieren. Das sei verfassungsrechtlich unter dem finanzverfassungsrechtlichen Gesichtspunkt der Leistungsfähigkeit zwingend.

Das steuerrechtliche Prinzip der Leistungsfähigkeit gebietet, die Steuerlast eines jeden nach seiner Fähigkeit zu bemessen, Steuerleistungen aus seinem Einkommen zu erbringen. Die Verpflichtung, zur Erbringung von Gemeinlasten beizutragen, soll ihre Grenze in der tatsächlich erzielten, nicht einer potenziellen wirtschaftlichen Leistungsfähigkeit des Einzelnen finden. Über die Besteuerung darf der Staat nur real erwirtschaftete Leistungsfähigkeit abschöpfen. Diese normative Grenze fließt aus dem allgemeinen Gleichheitssatz des Art. 3 Abs. 1 GG. Es war bereits in Art. 134 WRV positiviert. Vgl. dazu etwa BVerfG, Beschl. v. 23.11.1976, BVerfGE 43, S. 108 [120]; BVerfG, Beschl. v. 22.2.1984, BVerfGE 66, S. 214 [223] jeweils m. W. N.; allgemein *Birk*, Das Leistungsfähigkeitsprinzip als Maßstab der Steuernormen, 1983; *K. Vogel/Waldhoff*, Grundlagen des Finanzverfassungsrechts, 1999, Rdnr. 516 ff.)

Treffen *Arndts* Argumente auch inhaltlich den Kern der verfassungsrechtlichen Schwachstelle des Instruments der Versteigerung, so ist das Leistungsfähigkeitsprinzip gleichwohl nicht der dogmatisch treffende Hebel, um der mit dem Instrument der Versteigerung verbundenen rechtlichen Gefahren Herr zu werden. Der Versteigerungserlös schöpft seinem Anspruch nach lediglich den Vorteil ab, der dem Bürger als wirtschaftlicher Wert und ggf. beleihungsfähige wirtschaftliche Sicherheit bereits mit seiner Zuweisung in vollem Umfang zur Verfügung steht. Die steuerrechtliche Leistungsfähigkeit des Bürgers wird durch die Abschöpfung insoweit nicht beeinträchtigt, als dem Bürger im Gegenzug zu der ihm auferlegten Zahlungspflicht eine unmittelbar verfügbare Leistung zuteil wird, die die Einbuße an wirtschaftlicher Leistungsfähigkeit aufzuwiegen bestimmt ist. Die staatliche Leistung ist im Fall der Versteigerung überdies bereits mit der Zuteilung erbracht: Sie liegt in der Zuweisung des Nutzungsrechtes; mit dem Zuschlag wird dem Bürger ein konkreter zurechenbarer Vorteil für eine exklusive Nutzungszeit zugeschrieben, auf den er unmittelbar zugreifen kann; er ist ihm grundsätzlich (etwas anderes kann etwa bei Verstößen gegen Sachleistungspflichten, die dem Bewerber als geldäquivalenter Versteigerungspreis mit dem Zuschlag abverlangt werden; vgl. dazu im Einzelnen S. 407 ff.) nicht mehr entziehbar und verselbständigt sich als subjektives öffentliches Recht. Solange die Leistungspflicht sich auf eine Abschöpfung des zugewendeten Vorteils beschränkt, ist unter dem Gesichtspunkt des Leistungsfähigkeitsprinzips nicht entscheidend, wann die Leistungsabschöpfung erfolgt. Nicht dass der Versteigerungsmechanismus einen Vorteil abschöpft, den der Ersteigerer erst später nutzt, sondern dass die Höhe des ihm zukommenden Vorteils im Zeitpunkt der Abschöpfung unbekannt ist und die Gleichwertigkeit von Leistung und Gegenleistung infolge der unbegrenzten Verlagerung des Risikos der Wertunsicherheit in Frage steht, ist die verfassungsrechtliche Achillesferse des Versteigerungsmechanismus.

scheiden. Einer Anpassung der Jahresgebühr aufgrund laufender Kostensteigerungen durch rückwirkende Satzungsänderung hat daher etwa das OVG Nordrhein-Westfalen eine klare Absage erteilt: Habe sich der Satzungsgeber in Kenntnis des Prognoserisikos für eine antizipierte Gebührenerhebung entschieden, müsse er sich daran auch dann festhalten lassen, wenn sich die Verhältnisse in der Zwischenzeit wesentlich ändern[1090].

Bei der Versteigerung verläuft die Risikozuweisung in umgekehrter Richtung: Sie verlagert das Risiko, dass die zu erbringende Geldzahlung den Wert des Zuteilungsobjektes überschreitet, vom Gebührengläubiger auf den Gebührenschuldner. Sie lässt ihn mit der Gefahr alleine, dass der Versteigerungspreis über eine Abschöpfung des zugewendeten Vorteils hinausgeht. Unter den Bedingungen der Wertunsicherheit ist diese Gefahr – wie der Topos des Fluchs des Gewinners zeigt – in dem Höchstpreismechanismus der Versteigerung eine reelle Größe. Das Benutzungsgebührenrecht der einfachgesetzlichen Abgabengesetze trüge eine solche Risikozuweisung ebenso wenig mit. Erhellend ist insoweit, dass alle Gebührengesetze der Länder (mit Ausnahme Mecklenburg-Vorpommerns[1091]) den Ausgleich von Überdeckungen zugunsten des Gebührenpflichtigen innerhalb eines festen Zeitraums vorschreiben[1092]. Sind die Gebührengesetze auch nicht der Maßstab, an dem der Versteigerungserlös zu messen ist[1093], so sind sie gleichermaßen Ausdruck des Äquivalenzprinzips und des Gebots der Gegenleistungsabhängigkeit von Gebühren. Es hieße, den Grundgedanken des Äquivalenzprinzips zu verkennen, ihn rundweg auf die formale Funktion einer Marktpreisfeststellung zur Zeit der Gebührenerhebung zu reduzieren[1094]. Das Äquivalenzprinzip soll sicherstellen, dass der Staat sich nicht anlässlich der Gebührenerhebung auf Kosten des Bürgers bereichert. Es hebt dazu nicht auf die formale Marktpreisfestsetzung, sondern auf den tatsächlich erzielbaren Wert des Gutes als äußerste Grenze zulässiger Gebührenerhebung ab. Das entspricht auch der Zuteilungsverantwortung des Staates im Bereich der hoheitlichen Verteilungslenkung.

Zwar wären – wie etwa *Ritgen*[1095] einwendet – auch alternative Wertbestimmungsmechanismen, namentlich eine administrative Wertfestset-

---

[1090] OVG Nordrhein-Westfalen, Urt. v. 31.8.1990, NWVBl. 1991, S. 163ff.; OVG Nordrhein-Westfalen, Urt. v. 3.6.1996, NVwZ-RR 1997, S. 653 (654).

[1091] § 6 Abs. 2 S. 5 m-vKAG.

[1092] Vgl. § 6 Abs. 2 S. 3 Hs. 1 nrwKAG; § 5 Abs. 2 S. 3 Hs. 1 nds.KAG; § 8 Abs. 1 S. 5 rp.KAG; Art. 8 Abs. 6 S. 2 Hs. 1 bay.KAG.

[1093] Bedarf die Zuteilung staatlich verwalteter Güter – wie oben (S. 429ff.) festgestellt – einer gesetzlichen Anordnung, so ist die Erlöserhebung nicht seinerseits den Gebührengesetzen, sondern den Vorgaben dieser Sonderregelung als lex specialis unterworfen.

[1094] Anders aus aktienrechtlicher Sicht im Hinblick auf den Schadensersatzanspruch eines Aktionärs gegen den Vorstand eines in der Versteigerung erfolgreichen Unternehmens (konsequent) LG Bonn, Urt. v. 27.4.2005, NZG 2005, S. 856 (857).

[1095] *Ritgen*, AöR 127 (2002), S. 351 (368).

zung, irrtumsbehaftet. Das rechtfertigt aber nicht eine Verlagerung des Wertunsicherheitsrisikos auf die Gebührenschuldner, sondern lässt die Frage nach einem Ausgleichsmechanismus bzw. der Vereinbarkeit eines Gebührenerhebungsmechanismus mit dem Finanzverfassungsrecht aufkommen, der ein strukturelles Risiko einer über den Wert der staatlichen Leistung hinausgehenden Abschöpfung in sich trägt. Ist der Staat als Gebührengläubiger zur Bestimmung des Wertes nicht in der Lage, darf er nicht ohne Weiteres die Augen davor verschließen, dass der von ihm gewählte mitwirkungsorientierte Bestimmungsmechanismus für die Gebührenschuldner eine signifikant hohe Wahrscheinlichkeit einer Wertüberschreitung mit sich bringt.

Die finanzverfassungsrechtlich gebotene Äquivalenz von Leistung und Gegenleistung und die Zuteilungsverantwortung des Staates für die Zuteilung knapper grundrechtlich geschützter Güter vereinen sich zu der rechtlichen Verpflichtung des versteigernden Staates, dafür Sorge zu tragen, dass die Versteigerung als Allokationsinstrument nicht einen Betrag abschöpft, der über den Wert des versteigerten Gegenstandes deutlich hinausgeht. Der versteigernde Staat hat alle Maßnahmen zu ergreifen, die das Risiko einer Wertüberschreitung begrenzen können.

(c) Möglichkeiten zur Begrenzung bzw. Vermeidung eines Fluchs des Gewinners

Mit Blick auf die Vielgestaltigkeit des Versteigerungsmechanismus öffnen sich dem Gesetzgeber zahlreiche Möglichkeiten, einer drohenden Überschreitung des Versteigerungserlöses über den Wert des Nutzungsrechtes entgegenzuwirken. Insbesondere das Mittel der Information der Versteigerungsteilnehmer über die wertbildenden Faktoren des Versteigerungsgegenstandes (infra aa) wie auch die Ausschöpfung aller Möglichkeiten einer dem Fluch des Gewinners abhelfenden Auktionsgestaltung (infra bb) wecken die Hoffnung, das Instrument der Versteigerung mit dem Äquivalenzprinzip in Aussöhnung bringen zu können.

(aa) Information – Reduzierung der Unsicherheit

Öffentliche Informationen über den Wert des Versteigerungsgegenstandes können das Phänomen des Fluchs des Gewinners zuverlässig begrenzen[1096]. Je besser die Versteigerungsteilnehmer über die wertbildenden Faktoren des zu versteigernden Gutes informiert sind, umso präziser ist ihr Gebot den Wert des zu versteigernden Gutes zu spiegeln geeignet. Soll die Versteigerung eine effiziente Allokation knapper Güter erreichen (statt dem Staat möglichst viele Einnahmen zu generieren), so korrespondiert

[1096] *Beckmann*, Ökonomische Analyse deutscher Auktionen, 1999, S. 284; *Kagel/Levin*, The Winner's Curse and Public Information in Common Value Auctions, in: dies., Common Value Auctions and the Winner's Curse, S. 107 (135 und 141 ff.).

eine möglichst umfassende Information der Nutzungsinteressenten über das zu verteilende Gut auch der inneren Rechtfertigung ihrer Zielsetzung. Nur sie stellt sicher, dass derjenige, der die höchste Wertschätzung für das Gut mitbringt, auch tatsächlich die beste Verwendungsmöglichkeit für es hat[1097]. Der versteigernde Staat muss dafür Sorge tragen, dass die Versteigerungsteilnehmer über zutreffende und zureichende Informationen über die wertbildenden Faktoren des Gegenstandes verfügen. Alle Informationen über die wertbildenden Faktoren des Versteigerungsgegenstandes müssen den Interessenten zugänglich gemacht werden, insbesondere alle zumutbaren Informations- und Erkenntnisquellen ausgeschöpft und den Interessenten zur Verfügung gestellt werden[1098]. Nur dann ist sichergestellt, dass die Gebote den Wert des Gegenstandes abbilden können. Ein hilfreiches Mittel, die Bietereinschätzung zu erleichtern, ist namentlich die Offenlegung eines Schätzpreises für das zu versteigernde Gut. An ihm können die Bieter ihre Schätzung ausrichten und Überschätzungseffekte eingedämmt werden.

Trotz Ausschöpfung aller Informationsquellen über einen zu versteigernden Gegenstand kann der Wert eines Gutes gleichwohl für die Nutzungsinteressenten im Dunkeln und mit erheblichen Unsicherheiten behaftet bleiben. Der Staat verfügt zum einen regelmäßig nicht über ausreichende Informationen, um selbst eine abschließende Wertbeurteilung vornehmen zu können. Die Nutzbarkeit eines knappen Gutes können die Versteigerungsteilnehmer vielmehr häufig besser beurteilen als der versteigernde Staat. Die zwischen Staat und Bürger bestehende Informationsasymmetrie ist eine der zentralen Rechtfertigungssäulen ihres Einsatzes als Allokationsinstrument[1099]. Das grundlegende, allen gemeinsame Informationsdefizit ist die Ungewissheit über die Zukunft. Der Versuch, eine Schätzung über die zukünftig zu erwartende Entwicklung anzustellen, stößt allseitig bald an seine Grenzen. So war beispielsweise im Falle der UMTS-Auktion sowohl das Verwendungsspektrum wie die Nutzungsintensität der versteigerten Frequenzen (*marktseitige Unsicherheit*) als auch die Entwicklung alternativer Technologien und Standards innerhalb der Nut-

---

[1097] Das belegen auch *Milgrom/Weber*, Econometrica 50, S. 1089ff.; wie hier etwa auch *Kruhl*, Die Versteigerung knapper Frequenzen, 2003, S. 202f.

[1098] Ähnlich schreiben im Recht der Auftragsvergabe die Verdingungsordnungen vor, dass der Auftraggeber in den Ausschreibungsunterlagen alle die Preisermittlung beeinflussenden Umstände festzustellen und in den Verdingungsunterlagen so eindeutig und erschöpfend anzugeben hat, dass sie eine einwandfreie Preisermittlung ermöglichen. Der Auftraggeber ist verpflichtet, zumutbaren finanziellen Aufwand zu treiben, um die Grundlagen der Leistungsbeschreibung zu ermitteln. Sind Details der Ausführung besonders schadenstrāchtig, müssen diese nach § 9 Nr. 3 Abs., 3 und 4 VOB/A im Einzelnen geplant und den Bietern in einer jedes Risiko ausschließenden Weise verdeutlicht werden. Vgl. *Prieß*, NZBau 2004, S. 87 (90); *Vygen*, BauR 1992, S. 135 (140); BGH, Beschl. v. 25.10.2001, IBR 2002, S. 3; OLG Düsseldorf, Urt. v. 20.8.2001, BauR 2002, S. 652 (654f.); OLG Jena, Beschl. v. 2.8.2000 6 Verg 4 und 5/2000, BauR 2000, S. 1630.

[1099] Vgl. dazu supra S. 296ff.

zungszeit (*technologische Unsicherheit*) für die Marktinteressenten schwer abschätzbar. Die Wertunsicherheit hat hier in erheblichem Maße zu der erwirtschafteten Höhe des Versteigerungserlöses beigetragen[1100]. Haften dem Gegenstand Unsicherheiten an, die seine Werthaltigkeit schwer bestimmbar erscheinen lassen, ist das Risiko stark erhöht, dass der Versteigerungserlös den Wert des Gegenstandes überschreitet. Je unsicherer die Prognose sub specie des tatsächlichen Nutzungswertes des Versteigerungsgutes ausfällt, desto größeren Einfluss gewinnen sachfremde Elemente auf die Wertzumessung[1101].

(bb) Fluch des Gewinners und Auktionsgestaltung – Wahl des Auktionstypus

Neben Informationen über die wertbildenden Faktoren des Versteigerungsobjektes können die Auswahl und Modifikation der Auktionsgestaltung der Gefahr einer Wertüberschreitung entgegenwirken und das Risiko der Überbewertung des Gutes begrenzen. Versteigerungen lassen vielfältige Gestaltungsmöglichkeiten zu, die die Versteigerungsgebote und den realisierbaren Nutzwert zuverlässiger einander annähern können. Die Spieltheorie vermag hier eine Vielzahl von Angeboten im Hinblick auf sinnvolle alternative Auktionsgestaltungsmöglichkeiten zu unterbreiten. Die Hoffnung darauf, mit Hilfe der Auktionsgestaltung das Phänomen des Fluchs des Gewinners zu besiegen, nährt der Altmeister der Auktionstheorie *John McMillan*[1102] mit den Worten: »Experience teaches you to see the trees, game theory helps you to see the forest«.

α) Mehrstufige versus einstufige Auktionsformate

Gegen unangenehme Überraschungen in unmittelbarem Nachgang zu Versteigerungsvorgängen sind mehrstufige Bietverfahren, insbesondere die Englische Auktion, grundsätzlich besser immunisiert als einstufige[1103] (etwa die Holländische Auktion oder die geschlossene Erstpreisauktion[1104]): Einstufige Verfahren generieren während des Auktionsverfahrens keine Informationen über die Einschätzung des Wertes des Auktionsgegen-

---

[1100] Vgl. *Lindstädt*, Die Versteigerung der UMTS-Lizenzen – eine ökonomische Analyse des Bieterverhaltens, S. 14; *Hallscheidt*, Sicherung von Property Rights bei komplexer Leistungserstellung, 2005, S. 70.

[1101] *C. Koenig/Neumann*, ZRP 2001, S. 252 (254).

[1102] *McMillan*, Games, Strategies & Managers, 1992, S. 9.

[1103] Bei einstufigen Versteigerungsverfahren geben die Teilnehmer jeweils einmalig ein Gebot für den jeweiligen Auktionsgegenstand ab, danach ist die Auktion beendet. Dazu im Einzelnen supra S. 308 ff.

[1104] Vgl. auch *Beckmann*, Ökonomische Analyse deutscher Auktionen, 1999, S. 284; *McMillan*, Telecommunications Policy 19 (1995), S. 191 (198); *McAfee/McMillan*, Journal of Economic Literature 25 (1987), S. 699 (722 f.); irrig *Weigel*, Rechtsökonomik, 2003, S. 144 f. Zu den unterschiedlichen Auktionstypen und ihren Spezifikationen siehe ausführlich supra S. 305 ff.

standes durch die anderen Teilnehmer; Risikofreudigkeit und Erwartungen hinsichtlich des Bietverhaltens der anderen Auktionsteilnehmer sowie hinsichtlich des wahren Lizenzwertes bestimmen das Auktionsergebnis. Ein allokativ effizientes Ergebnis ist grundsätzlich weniger gesichert als bei mehrstufigen Versteigerungsverfahren, bei denen die Teilnehmer mehrmals die Möglichkeit haben, für einen bestimmten Gegenstand ein Gebot abzugeben. Durch das wechselseitig beobachtbare Bieterverhalten können die Teilnehmer hier ihre Erwartungen hinsichtlich des Wertes des Auktionsgegenstandes revidieren. Sie erhalten während des gesamten Bietprozesses Informationen über die Einschätzungen der Mitbieter. Das aufsteigende Bietformat erlaubt ihnen, ihre jeweiligen Vermutungen über die Bewertungen der Konkurrenten in Echtzeit anzupassen. Dies reduziert die Wahrscheinlichkeit, im Nachhinein festzustellen, einfach zu viel geboten zu haben. Es ist grundsätzlich zu erwarten, dass derjenige, der das höchste Gebot abgegeben hat, den Auktionsgegenstand am höchsten bewertet.

Ähnliches gilt, wenn mehrere Gegenstände zur Auktion anstehen. Hier setzen sequenzielle Auktionen die Versteigerungsteilnehmer weniger stark dem Risiko von Überraschungen aus als simultane Auktionen[1105]. In sequenziellen Auktionen werden die Gegenstände nacheinander versteigert und wird in jeder Runde das Ergebnis der letzten mitgeteilt. Die Teilnehmer haben dadurch die Möglichkeit, die im Verfahren gewonnenen Informationen zu verarbeiten und aus den Ergebnissen der Vorrunden zu lernen. Der damit verbundene Zeitgewinn und die gewonnenen Informationen mildern die Gefahr unerfreulicher Überraschungen.

Sichern mehrstufige Auktionen die Bieter auch gegen die Unsicherheiten ab, die von dem unbekannten Verhalten *anderer Bieter* ausgehen, vermögen sie gleichwohl nicht gegen die Unsicherheiten zu immunisieren, die von dem unbekannten Wert des Versteigerungsgegenstandes ausgehen. Besteht große Unsicherheit über den Wert des zu versteigernden Gegenstandes, kann das wechselseitige Beobachten des Bietverhaltens gerade bei mehrstufigen bzw. Englischen Versteigerungen zu einem Dominoeffekt der Gebote führen, der eine Wertüberschreitung provoziert. Indem sie den Bietern Informationen über das Verhalten und die Wertschätzung der Mitbieter liefern, führen sie bei engen Zugangsrelationen unter den Bedingungen der Wertunsicherheit zu aggressiveren Geboten und damit im Ergebnis sogar zu einem höheren Versteigerungserlös als andere Standardauktionsformen[1106]: Bei Ungewissheit über den Wert eines Gutes versucht jeder Bieter

---

1105 *McMillan*, Telecommunications Policy 19 (1995), S. 191 (197); vgl. zu den Begriffen supra Seite 309.

1106 Vgl. *Milgrom/Weber*, Econometrica 50 (1982), S. 1089ff. Es lassen sich jedoch auch Auktionsregeln mit verdeckten Geboten konstruieren, die sowohl ertragreicher für den Veräußerer als auch weniger anfällig für Kollusionen sind als die Englische Auktion. Vgl. dazu *Perry/Wolfstetter/Zamir*, Technical report 1998.

aus den Geboten und dem Ausstiegszeitpunkt der anderen Bieter Rückschlüsse auf deren Wertschätzung zu ziehen und diese in seinem Gebot zu berücksichtigen. Die Wertschätzungen der Bieter sind miteinander verkettet (affiliiert[1107]). Vermutet ein Bieter bei einem anderen bessere Informationen über den Wert des zu versteigernden Gegenstandes und eine höhere Wertschätzung als bei sich selbst, so korrigiert er seine Wertschätzung nach oben und verbleibt länger in der Auktion, als er es basierend auf seinen eigenen ursprünglichen Informationen getan hätte. Ein hohes Gebot eines Bieters interpretieren die Konkurrenten dahingehend, dass er über bessere Informationen als sie selbst verfügt[1108]. Eine unbeeinflusste Entscheidungsfindung findet bei den Akteuren umso weniger statt, je mehr andere Teilnehmer bereits eine andere Wahl getroffen haben[1109]. Es kommt zu einer Bietspirale, die den seit Alters her bekannten »calor licitantis« der Versteigerung induziert[1110].

Auch wenn der Anbieter sich auf seine eigenen Informationen über den Versteigerungsgegenstand verlassen möchte und erkennt, dass die Gebote eine bedenkliche Höhe erreicht haben, wird er den Markt nicht ohne Weiteres seinen Wettbewerbern überlassen wollen. Keines der in einer Auktion versteigerten, für die Grundrechtswahrnehmung essenziellen Güter zu ersteigern und die Wettbewerber den Markt im Wege der Auktion unter sich aufteilen zu lassen, kann sich ein etablierter Anbieter grundsätzlich nicht erlauben. Die Markt- und Gewinnchancen würden sich anderenfalls in der Zukunft verengen und die Kapitalmärkte dies mit der Herunterstufung des Marktwertes beantworten[1111]. Die Zuteilung im Wege der Versteigerung bringt die Entscheidungsträger in eine Dilemmasituation, die *Milgrom* in die Erkenntnis kleidet: »You can't make any money, if you never win a bid, and you can't win if you are too cautious«[1112]. In einer solchen Situa-

---

[1107] *Kagel/Levin*, Bidding in Common Value Auctions: A Survey of Experimental Research, in: dies. (Hrsg.), Common Value Auctions and the Winner's Curse, S. 1 (14 und 22); *Kagel/Levin/Harstadt*, Comparative Static Effects of Number of Bidders and Public Information on Behavior in Second-Price Common Value Auctions, in: Kagel/Levin (Hrsg.), Common value auctions and the winner's curse, 2002, S. 149 (149); *McAfee/McMillan* (Fn. 1071), S. 699 (722); *Niemeier*, Die deutsche UMTS-Auktion – eine spieltheoretische Analyse, S. 56.

[1108] Dieses in der Spieltheorie untersuchte Verhaltensmuster ist aus dem Herdenverhalten bekannt: Es kann Situationen geben, in denen es den Akteuren rational erscheint, ihre privaten Informationen zu ignorieren und dem Verhalten eines anderen Akteurs zu folgen, von dem der Akteur glaubt, dieser habe bessere Informationen als er selbst. Vgl. dazu *Scharfstein/Stein*, American Economic Review 80 (1990), S. 465 ff.; *Banerjee*, Quarterly Journal of Economics 107 (1998), S. 797 ff.

[1109] *Banerjee*, ibid., S. 797 (812).

[1110] *Kagel/Levin*, Bidding in Common Value Auctions: A survey of Experimental Research, in: dies. (Hrsg.), Common Value Auctions and the Winner's Curse, 2002, S. 1 (11 f.).

[1111] *Bach/Erber*, DIW-Wochenbericht 30/2000, S. 490 (492), *F. Becker*, Die Verwaltung 2002, S. 3 (9); *Thaler*, Journal of Economic Perspectives, 2, S. 191 (200).

tion befand sich beispielsweise die Deutsche Telekom AG bei der Versteigerung der UMTS-Frequenzen im Jahre 2000. Nachdem sie bei anderen Vergabeverfahren für den UMTS-Markt im europäischen Ausland nicht zum Zuge gekommen war, war sie darauf angewiesen, bei der deutschen Auktion erfolgreich zu sein, wenn sie auf dem UMTS-Markt Fuß fassen wollte[1113]. Verschärfen lässt sich der Entscheidungsdruck dadurch, dass die Auktion die Zahl der Teilnehmer an dem Markt, zu dem die Auktion den Zugang eröffnet, dem Verlauf der Auktion und damit dem Verhalten der Teilnehmer überlässt[1114]. Die Versteigerung der UMTS-Frequenzen im Jahre 2000 hat dies getan und bildet insoweit ein (wenig ruhmreiches) Paradigma einer winner's curse-anfälligen Auktionsgestaltung (vgl. dazu im Einzelnen supra S. 360 f.).

Die emotionale Aufladung der Entscheidungssituation, die bei Versteigerungen in engen Wettbewerbssituationen einsetzen kann, beschreibt *Runkel* plastisch am Beispiel eines Bietgefechtes, das die Konkursmassenversteigerung einer Fleischwarenfabrik auslöste: »(...) Es entsteht diese von Versteigerern geliebte Stimmung, in der die Bieter wie Kampfhähne in einen Wettstreit geraten, in dem es immer weniger um den zu ersteigernden Gegenstand und immer mehr um das Übertrumpfen des Mitbieters geht. Wer aufhört, ist ein Loser, mehr noch: ein Feigling. Wie bei einer Wirtshausschlägerei, wo der Einzelne gar nicht weiß, warum geprügelt wird, werfen sie sich ins Getümmel – freilich fast ohne Körpereinsatz und ohne die Pokergesichter zu verlieren. Alle sind sich einig: Der angemessene Preis ist längst überschritten, und trotzdem steigen einige erst jetzt ein«[1115]. Wie sehr eine Versteigerung in der Lage ist, in einer zugespitzten Konkurrenzsituation rationale Wettbewerbsteilnehmer in eine Irrationalitätsfalle und einen Fluch des Gewinners zu treiben, illustriert die von dem Mathematiker *Shubik* entwickelte Variante der Englischen Versteigerung, die sog. Dollar-Auktion[1116]. Der Ersteigerer erlöst hier durch die Induzierung einer Auktionsspirale auf der Grundlage besonderer Zuteilungsregeln im Schnitt rund das Sechsfache des Versteigerungsgegenstandswertes. Eine besondere Form des Fluchs des Gewinners realisiert sich[1117]. Die Versteigerung wird zu einem Dilemma-Spiel, das die Interessenten in einen flammenden Bietwettbewerb führt, der

[1112] *Milgrom*, Journal of Economic Perspectives, 1989, S. 3 (6).

[1113] Vgl. auch BGH, Urt. v. 3.3.2008, Rdnr. 13 (noch nicht veröffentlicht); OLG Köln, Urt. v. 27.4.2006, NZG 2006, S. 547 (548); *Beckmann*, Ökonomische Analyse deutscher Auktionen, 1999, S. 282.

[1114] Die Auktionstheorie spricht von einer Auktion mit sog. endogenen Werten.

[1115] *Runkel*, Deutschland unterm Hammer, Zeitmagazin Nr. 19 v. 2.5.1997, S. 16 (24).

[1116] Vgl. dazu im Einzelnen S. 388.

[1117] Wird der Dollar als Versteigerungsobjekt ersetzt durch einen konkreten Gegenstand, tritt zu der entscheidungstheoretischen Dilemma-Struktur eine Wertunsicherheit hinzu. Es stellt sich eine schwer enden wollende Bietspirale ein. Die Differenz zwischen dem eigenen Einsatz und dem Wert des ersteigerten Gegenstandes verlieren die siegreichen Teilnehmer hier vollends aus den Augen.

sie gegeneinander ausspielt. Die Dollar-Auktion illustriert eindrucksvoll, dass rationale Akteure durch die Wahl besonderer Versteigerungsregeln einem Entscheidungsdruck ausgesetzt werden können, der sie zu irrationalem Handeln treibt. Bei dem Zugang zur Ausübung grundrechtswesentlicher Rechte kann die Versteigerung unter den Bedingungen deutlicher Wertunsicherheit eine ähnliche Rationalitätsstruktur annehmen.

β) Zweitpreisauktion versus Erstpreisauktion – die Vickrey-Auktion als Ausweg aus dem Fluch des Gewinners?

Da der Fluch des Gewinners nicht selten auf einer Überschätzung der Mitbewerbergebote und einer Überhitzung der konkurrenzgeprägten Bietsituation beruht, birgt eine Versteigerungskonzeption, die den vom Ersteigerer tatsächlich zu entrichtenden Preis nicht an dem höchsten Gebot, sondern an einem niedrigeren Vergleichsgebot festmacht, die Chance, dem Fluch des Gewinners entgegenzuwirken. Diese Idee hat *William Vickrey* mit seiner Zweitpreis-Auktion verfolgt. Sie schlägt das zu versteigernde knappe Gut – wie alle Versteigerungen – dem Höchstbietenden zu, verlangt ihm aber nicht den von ihm gebotenen (möglicherweise über dem Wert des Gutes liegende) Preis ab, sondern lediglich den Preis, der dem zweithöchsten Gebot entspricht. Die Vickrey-Auktion lässt sich als eine Antwort auf die Erkenntnis verstehen, dass die Wahrscheinlichkeit eines den Wert des Versteigerungsgegenstandes übersteigenden Gebots umso größer ist, je augenfälliger der Abstand zwischen erfolgreichem Erst- und Zweitgebot ist. Indem sie alleine auf die Höhe des Zweitgebots abstellt, begegnet sie der der Versteigerung immanenten Gefahr, dass der Höchstbietende den Wert des Gutes als einziger überschätzt.

Eine Zweitpreisauktion veranlasst einen rationalen Versteigerungsteilnehmer, ein Gebot abzugeben, welches seiner wahren Zahlungsbereitschaft entspricht[1118]. Da der Bieter die Gebote der anderen Teilnehmer nicht kennt, ist die Bietentscheidung weitgehend unabhängig davon, wie sich die anderen Auktionsteilnehmer verhalten. Er braucht strategisches Bieterverhalten der anderen Interessenten nicht in sein Kalkül einzustellen. Das Gebot entscheidet nur darüber, ob der Bieter die Auktion gewinnt oder nicht; der Preis, der für das Gut zu zahlen ist, ist davon losgelöst; er wird ausschließlich durch die Gebote der anderen Teilnehmer bestimmt. Die Offenbarung der wahren Zahlungsbereitschaft ist eine dominante Strategie[1119]. Eine ressourcengerechte Verteilung wird ermöglicht. Viele amerikanische

[1118] *Vickrey*, Journal of Finance 16 (1961), S. 8 (20); *Götzke*, Ökonomische Analyse der Frequenzallokation, 1994, S. 210; *McAfee/McMillan*, Journal of Economic Literature 25 (1987), S. 699 (708, 710 u. 711).

[1119] Von einer dominanten Strategie spricht die Auktionstheorie dann, wenn sie den Erwartungsnutzen des Bieters unabhängig von den Strategien der anderen Bieter maximiert, d. h. der Bieter mit keiner anderen Strategie einen ebenso hohen Erwartungsnutzen erzielen könnte. Vgl. *Jost*, Theoretische Grundlagen der Spieltheorie, in: ders. (Hrsg.)

Wissenschafter empfehlen sie als Königsweg der Versteigerung knapper, staatlich verwalteter Ressourcen[1120].

Ungeachtet ihrer hilfreichen theoretischen Eigenschaften findet die *Vickrey*-Auktion in der Praxis nur selten Anwendung[1121], da sie häufig auf gesellschaftliche Akzeptanzprobleme stößt: Der Gewinner der Auktion zahlt im Verhältnis zu seiner mit dem Gebot offenbarten hohen Nutzungseinschätzung einen geringeren Betrag. Die Vickrey-Versteigerung legt der Gesellschaft schonungslos offen, dass der Gewinner selbst den ersteigerten Gegenstand höher bewertet als den Versteigerungserlös. Das Auseinanderfallen von siegreichem Höchstgebot und zu zahlendem Zweitgebot erregte beispielsweise bei der ersten weltweit durchgeführten Versteigerung staatlich verwalteter Ressourcen, der Versteigerung von Funkfrequenzen in Neuseeland, wiederholt Aufsehen. Zum Stein des Anstoßes wurde insbesondere eine Versteigerung von Frequenzen für Radio, Fernsehen und zellulare Telefone, die zu einem Höchstgebot in Höhe von 100.000 NZ$[1122] führte. Da lediglich ein Zweithöchstgebot in Höhe von 6 NZ$[1123] abgegeben wurde, hatte der Auktionsgewinner nur diesen Betrag und damit einen geringen Bruchteil des von ihm vermuteten Wertes des Gegenstandes als Zuteilungspreis zu entrichten[1124]. In einem weiteren Fall wurde für eine TACS-B-Lizenz ein Zweitgebot von 300 NZ$ abgegeben, während das Erstgebot um ein Vielfaches höher lag und alle Beobachter ihren Wert als wesentlich höher einschätzten, insbesondere die Versteigerung der technisch und ökonomisch äquivalenten TACS-A-Lizenz in einem früheren Verfahren einen Preis von 25,1 Mio. NZ$ erbrachte. Die Regierung brach daraufhin das Verfahren ab. Die Gefahr eines Auseinanderfallens von Erst- und Zweitgebot paarte sich im neuseeländischen Auktionsformat in ungünstiger Weise mit dem Konstruktionsfehler eines fehlenden Mindestgebots[1125]. So war es beispielsweise möglich, dass ein Student der Universität Otago für eine Fernsehübertragungslizenz einer Kleinstadt einen Preis von 1 NZ$ bot und diese, da kein zweites Gebot abgegeben wurde, kostenlos erhielt. Aufgrund ihrer als unbefriedigend empfundenen Ergebnisse fand die Vickrey-

Spieltheorie in der Betriebswirtschaftslehre, 2001, S. 43 (45 f.); *Krishna*, Auction Theory, 2002, S. 280; Milgrom, Journal of Economic Perspectives 1989, S. 3 (8).

1120 *Schroepfer*, Hastings Communications Entertainment Law Journal 14 (1991), S. 35 (45); *Hook*, Indiana International and Comparative Law Review 3 (1993), S. 319 (347); vgl. auch *Cox* (Das Angebot von Universaldienstleistungen und Probleme ihrer Vergabe im öffentlichen Bieterwettbewerb, in: *ders.* (Hrsg.), Daseinsvorsorge und öffentliche Dienstleistungen in der Europäischen Union, S. 73 [84]), der allerdings kritisch anmerkt, dass dem Problem auch durch einen entsprechenden Risikozuschlag beim Höchstgebot Rechnung getragen werden könnte.

1121 Vgl. *McAfee/McMillan*, Journal of Economic Literature 25 (1987), S. 699 (702); vgl. auch S. 323.

1122 Das entspricht rund 50.000 €.

1123 Das entspricht rund 3 €.

1124 *McMillan*, Journal of Economic Perspectives 8 (1994), S. 145 (148).

1125 Mindestpreise sind dann sinnvoll, wenn – wie in einem kleinen Land mit überschaubaren Märkten wie Neuseeland – angesichts einer geringen Bieterzahl kein ausreichender Wettbewerb der Bieter gewährleistet ist. Viel spricht dafür, dass das eigentliche konstruktive Defizit des neuseeländischen Auktionsdesigns nicht in der Wahl der Vickrey-Auktion, sondern in den fehlenden Strukturvoraussetzungen eines ausreichenden Nachfragerwettbewerbs und im Fehlen eines Mindestgebots zu suchen ist. In großen Flächenstaaten mit intaktem, intensiven Wettbewerb wie in Deutschland stellen sich die Ergebnisse der neuseeländischen Auktionen in der Regel anders dar.

Auktion in Neuseeland nur zwischen Dezember 1989 und Juli 1990 Anwendung. Danach wechselte das Land zur Erstpreisauktion. Mögen die Differenzen zwischen Erst- und Zweitpreis gesellschaftlich auch schwer vermittelbar erscheinen, sind die Akzeptanzschwierigkeiten aus rechtlicher Sicht ohne Gewicht. Sie sind eher psychologischer Natur. Eine verfassungsrechtliche Verpflichtung, den ermittelten Marktpreis zu erheben, besteht grundsätzlich nicht[1126].

Sind die politischen Vermittlungsschwierigkeiten der Vickrey Auktion auch aus verfassungsrechtlicher Sicht vernachlässigbar, so vermag sie gleichwohl eine Überschreitung der Wertgrenze nicht sicher auszuschließen, sondern nur zu begrenzen: Die Zweitpreisregel erhöht die Risikobereitschaft der Bieter[1127]. Da sie nicht den Betrag zahlen müssen, der ihrer wahren Wertschätzung entspricht, bieten sie höher als in einer Erstpreisauktion[1128]. Während rationale Bieter einer Erstpreisauktion ihre eigene avisierte Gewinnmarge einpreisen und ein Gebot unterhalb ihrer vollen Zahlungsbereitschaft abgeben[1129], geht bei der Zweitpreisauktion die dominante Bietstrategie dahin, seine Gebotshöhe immer bis zur Grenze seiner eigenen Zahlungsbereitschaft auszureizen. Nicht selten sehen sich die Bieter gar ermutigt, einen höheren Betrag als denjenigen zu bieten, der ihre wahre Zahlungsbereitschaft ausmacht. Die Auktionstheorie kommt gar zu dem (prima facie verblüffenden) Ergebnis, dass die Vickrey-Auktion unter Standardbedingungen identische Ergebnisse wie die anderen Standardauktionsformen hervorbringt (sog. *Revenue Equivalence Theorem*)[1130, 1131].

[1126] Etwas anderes kann sich aus europarechtlichen Vorschriften, insbesondere dem Europäischen Beihilferecht, ergeben.

[1127] Das wird in der juristischen Literatur häufig übersehen, vgl. etwa *Kupfer*, Verteilung, 2005, S. 362 f., der die Vickrey-Auktion als »milderes Mittel« gegenüber der Englischen Versteigerung versteht.

[1128] *McAfee/McMillan*, Journal of Economic Literature 25 (1987), S. 699 (707).

[1129] Sie kalkulieren einen Abschlag für ihren eigenen Gewinn bei der Abgabe des Gebots ein.

[1130] Vgl. dazu bereits supra S. 326 ff.

[1131] Gelingt es der Vickrey-Auktion als Modifikation der geheimen Höchstpreisauktion nicht, den Fluch des Gewinners wirksam zu bekämpfen, so scheint prima facie eine Modifikation der Holländischen Auktion auf der Basis einer Zweitpreisregel erwägenswert. Auch die Holländische Auktion kann zu einer Zweitpreisauktion umgestaltet werden, die die auktionstheoretischen, effizienzfördernden Vorteile der Zweitpreisregel fruchtbar macht. Der Auktionsmechanismus könnte und müsste dazu in elektronischer Form durchgeführt werden: Anders als bei der einfachen Holländischen Auktion endet die Versteigerung dann nicht bei dem ersten abgegebenen Gebot (hier wird lediglich die Identität des Höchstbieters erfasst), sondern bei dem zweithöchsten Gebot (das die Auktion beendet). Der Höchstbieter erhält den Zuschlag, muss aber nur den Preis des Zweitgebots entrichten. Das Bietverhalten ändert sich gegenüber der klassischen Holländischen Auktion: Während bei der klassischen Holländischen Auktion der Bieter, um einen Gewinn mit dem Gut erzielen zu können, ein Gebot abgeben wird, das etwas unterhalb seiner eigenen Wertschätzung für das zu ersteigernde Gut liegt (Wie weit er unterhalb seiner eigenen Wertschätzung bietet, hängt von seiner Risikobereitschaft, der Zahl der Mitbieter und seiner Einschätzung der konkurrierenden Gebote ab. Vgl. dazu supra S. 315 ff.), geht bei der absteigenden Zweitpreisauktion – wie bei der Vickrey-Auktion – die dominante

Unterscheiden sich die unterschiedlichen Standardauktionsformate auch in ihrer Eignung, den Fluch des Gewinners zu begrenzen, ist keines von ihnen hinreichend zuverlässig in der Lage, ihn mit hinreichender Sicherheit ausschließen[1132]. In Fällen der Wertunsicherheit lässt sich bei einer Versteigerung von Gütern auch durch ein geschicktes Auktionsdesign eine Wertüberschreitung des zu zahlenden Gutes und damit ein Verstoß gegen das Äquivalenzprinzip nicht ausschließen.

γ) Durchschnittspreis-Versteigerung

Kann die Zweitpreisregel den Fluch des Gewinners nicht bannen, so kommt dem Gedanken einer noch weitergehenden Fortentwicklung der Überlegungen *Vickreys* umso größere Anziehungskraft zu: Spiegeln weder das höchste noch das zweithöchste Gebot sicher den Knappheitspreis des Gutes ohne die Gefahr einer Wertüberschreitung wider, so liegt der Durchschnitt der Gebote in der Regel unterhalb der Wertgrenze und damit jenseits der Gefahr verfassungswidriger Wertüberschreitung. Das legt die Idee einer Durchschnittspreisauktion nahe. Zu zahlen hat der Meistbietende dann nicht den zweithöchsten gebotenen Preis, sondern den Durchschnittspreis aller abgegeben Gebote. Argumentatives Unterfutter liefern diesem Versteigerungsformat Laborexperimente, die mit Studenten zur Erforschung des winner's curse durchgeführt wurden. Die Höchstgebote lagen hier zwar meist über dem wahren Wert des Gutes, erlagen also dem winner's curse. Der Durchschnitt aller abgegebenen Gebote lag jedoch regelmäßig unterhalb des wahren Wertes[1133]. Der Durchschnittspreis ist ein zuverlässiger Indikator für einen wertspiegelnden Marktwert. Das spricht dafür, dass ein Auktionsdesign, das auf den Durchschnittspreis der abgegebenen Gebote abhebt, dem winner's curse mit hinreichender Zuverlässigkeit begegnen und damit dem Äquivalenzprinzip Genüge tun kann.

Strategie des Bieters dahin, ein Gebot in der Höhe der eigenen Zahlungsbereitschaft abzugeben. Selbst wenn – wie *Vickrey* (Journal of Finance 16, S. 8 [23]) andeutet – die inverse Zweitpreisauktion nicht in den Geltungsbereich des Revenue Equivalence-Theorems fallen sollte und ihr Versteigerungserlös niedriger sein sollte, so kann auch sie die Gefahr einer Überschreitung des Wertes des versteigerten Gutes nicht vollständig bannen: Die Zweitpreisregel erhöht wie bei der Vickrey-Auktion die Risikobereitschaft der Bieter. Da sie nicht den Betrag zahlen müssen, der ihrer wahren Wertschätzung entspricht, bieten sie höher als in einer Erstpreisauktion (*McAfee/McMillan*, Journal of Economic Literature 25 [1987], S. 699 [707]). Der Ersteigerer erlangt aus dem Vorgang der Versteigerung keine Informationen über die Wertschätzung der anderen Teilnehmer. Er ist bei seiner Bietstrategie darauf angewiesen, das strategische Verhalten der anderen Teilnehmer abzuschätzen bzw. in sein Bietverhalten aufzunehmen. Es stellen sich insofern ähnliche strategische Probleme wie bei der Vickrey-Auktion, die eine vollständige, dem Äquivalenzprinzip genügende Sicherheit gegen den Fluch des Gewinners ausschließen.

[1132] *Kagel/Levin*, Bidding in Common Value Auctions: A survey of Experimental Research, in: dies. (Hrsg.), Common value auctions and the winner's curse, 2002, S. 1 (66).

[1133] Vgl. dazu supra S. 509.

In Vergessenheit gerät darüber indes leicht, dass die Veränderung der Zuteilungsregeln auch das Bietverhalten der Versteigerungsteilnehmer verändert: Da sich in einer Durchschnittspreisversteigerung die Wahrscheinlichkeit erhöht, dass die durchschnittliche Höhe der Gebote den wahren Wert des Gutes unterschreitet[1134], gibt der rationale Versteigerungsteilnehmer hier nicht mehr – wie in einer Erstpreisversteigerung – ein Gebot unterhalb seiner eigenen Wertschätzung oder – wie in einer Zweitpreisversteigerung – ein Gebot in der Höhe seiner eigenen Wertschätzung ab, sondern dominante Bietstrategie einer Durchschnittspreisversteigerung ist es, ein Gebot *oberhalb* seiner eigenen Wertschätzung abzugeben. Nur wenn das Gebot deutlich über dem Durchschnitt der Gebote liegt, kann der Bieter hoffen, überhaupt bei dem Zuschlag Berücksichtigung zu finden. Das Menetekel, durch ein über der eigenen Wertschätzung liegendes Gebot einen Pyrrhussieg davon zu tragen, wird hier nicht gebannt, sondern tritt bereits in der dominanten Bietstrategie offen zu Tage. Sie ist eine realistische und konsequente Folge dieses Bietmechanismus. Es kommt zu einem deutlich aggressiveren Bietverhalten, bei dem der Bieter zwischen seiner eigenen Wertschätzung und der Wahrscheinlichkeit eines Sieges abwägen muss. Da ihm die Wahrscheinlichkeitsverteilungen unbekannt sind, er insbesondere die Gebote der anderen Teilnehmer nicht kennt, wird der Bietprozess zu einem Roulettespiel, statt eine pareto-optimale Verteilung des Gutes sicherzustellen. Das verliert *Abramowicz*[1135] aus dem Auge, wenn er die Gefahr eines winner's curse durch eine Durchschnittspreisauktion abgewehrt sieht. Eine Durchschnittspreis-Auktion erweist sich (ebenso wie eine Drittpreisauktion[1136]) nicht als besser gegen den Fluch des Gewinners gesichert als eine Zweitpreis-Auktion.

δ) Plafond-Lösungen: Höchstpreisfestsetzung

Wirksam bekämpfen und konstruktiv ausschließen, lässt sich die Gefahr einer Wertüberschreitung durch staatliche Festsetzung eines deckelnden Höchstpreises: So könnte der versteigernde Staat (in einer aufsteigenden Bietrichtung) eine verdeckte Gebotshöchstgrenze festsetzen, die den Bietprozess stoppt, sobald die Plafond-Marke überschritten ist[1137].

[1134] Vgl. *Vickrey*, Journal of Finance 16 (1961), S. 8 (23).

[1135] *Abramowicz*, American University Law Review 49 (1999), S. 327 (399); ähnlich *Kremer*, Quarterly Journal of Economics 113 (1998), S. 1146 f.

[1136] So ausdrücklich auch *Vickrey* (Fn. 1134), S. 8 (23); *Wolfstetter*, Third- and Higher-Price Auctions, in: Berninghaus/Braulke (Hrsg.), Festschrift f. Hans Jürgen Ramser, 2001, S. 495 ff. Praktische Erfahrungen mit dieser Bietregel hat man im 19. Jahrhundert in Mannheim gesammelt, als die leidvollen Erfahrungen mit der auftragsrechtlichen Mindestpreisregel dieser Zeit Überlegungen nach alternativen Bietmodi beflügelten. *Dörner* berichtet, die Durchschnittspreisregel habe sich im Ergebnis als preissteigernd entpuppt (*Dörner*, Kommunale Submissions-Politik, 1908, S. 48 ff.).

[1137] Ähnlich könnte eine (absteigende) Holländische Auktion mit einem Höchstgebot beginnen, das nicht (wie sonst im Falle der Holländischen Versteigerung) bewusst über

Setzt der versteigernde Staat den Höchstpreis vorsichtig-konservativ an, um dem Äquivalenzprinzip genügen zu können, steigt die Wahrscheinlichkeit, dass mehrere Bieter ein Höchstgebot abgeben, das über dem staatlichen Höchstpreis (bzw. in Höhe des staatlich festgesetzten Höchstpreises) liegt, indes stark an. Die Auslesewirkung des Versteigerungsmechanismus verpufft und konterkariert das Effizienzziel des Auslesemechanismus[1138]. Jenseits des Höchstpreises und seiner Auswahlwirkung müsste dann ein anderes Zuteilungsverfahren, etwa das Losverfahren als transparente Zuteilungsvariante, die Auswahlfunktion übernehmen[1139]. Das kommt allerdings in der Sache einer Ersetzung des Versteigerungsmechanismus durch das Losverfahren – verbunden mit einer gewillkürten, mitwirkungsfreien Festsetzung einer Zuteilungsgebühr durch staatliche Behörden – gleich. Der Verzicht auf die Nachteile des Versteigerungsverfahrens wird durch die Akzidenzien des Losverfahrens eingetauscht[1140]. Dem Gesetzgeber steht es grundsätzlich frei, ein solches Verfahren zum Gegenstand seiner Zuteilungspolitik zu erklären; den Namen »Versteigerung« und den Anspruch eines effizienzorientierten Verteilungssystems verdient dieses Zuteilungsmodell allerdings nicht.

Soll der Charakter der Versteigerung und die Effizienzauslese auch unter dem Regime eines staatlichen Höchstpreises erhalten bleiben, verbleibt ein letzter Konstruktionsweg: Von einem *über* dem Wert des Versteigerungsgegenstandes liegenden Preis ausgehend könnte der versteigernde Staat diesen Preis so lange senken, bis der erste Bieter zuschlägt und diesen dann nicht den gebotenen Preis zahlen lassen, sondern den Preis, der dem verdeckten Höchstgebot entspricht[1141]. Ähnlich könnte ein verdeckter Höchstpreis in einem aufsteigenden Bietformat den Lauf der Auktion unbeeinflusst lassen, aber den Preis, den der Höchstbieter zu zahlen hat, bestimmen. Beendet der Höchstpreis nicht die Auktion, sondern bestimmt lediglich den Preis, den der Höchstbieter zahlt, scheint die Auslesewirkung des Auktionsmechanismus grundsätzlich unangetastet. Diese Logik erweist sich jedoch als verkürzt; der Stein der Weisen ist nur vordergründig gefunden: Der Höchstpreis verändert zugleich das strategische Verhalten der Interessenten in ähnlicher Weise wie die Durchschnittspreisauktion: Können die Bieter des Umstands gewiss sein, dass ihre Zahlungspflicht den erzielbaren Nutzen aufgrund einer Deckelung des Preises nicht übersteigt, dann verliert ein

---

dem Marktpreis liegt, sondern den wahren Wert des Gutes nicht überschreitet, und dieses solange senken, bis der erste Bieter den zuletzt genannten Preis akzeptiert.

1138 Eine absteigende Auktion entfaltet nur dann die erhoffte allokative Wirkung, wenn das gewählte Erstgebot über dem tatsächlichen Marktwert liegt. Vgl. auch *Ladeur*, ArchivPT 1998, S. 243 (249); *Selmer*, NVwZ 2003, S. 1304 (1312); *Storr*, K & R 2002, S. 67 (73).

1139 In diesem Sinne *Schumacher*, NJW 2000, S. 3096 (3100).

1140 Vgl. zum Losverfahren supra S. 96 ff.

1141 Analog lässt sich auch die Englische Auktion konstruieren.

über die eigene Zahlungsbereitschaft hinausgehendes Gebot in der Regel seinen Schrecken; das Bieten wird vergleichsweise gefahrlos; die Bieter orientieren ihr Gebot nicht ausschließlich an der eigenen Zahlungsbereitschaft, sondern an der Wahrscheinlichkeit, den Zuschlag zu dem vermuteten Marktpreis zu erhalten. Die Effizienzauswahlwirkung des Preises reduziert sich erneut. Sie nimmt Lotterieelemente an.

Damit könnte der Allokationsmechanismus sich arrangieren, wenn der administrativ festgesetzte Höchstpreis eine valide Aussage über den erzielbaren Nutzen zu treffen in der Lage wäre. Das ist ex ante indes gerade nicht möglich. Der Wert des Gutes ist dem versteigernden Staat zu dem Zeitpunkt der Zuteilung noch viel weniger bekannt als den Bietern. Die Versteigerung schöpft ihre Legitimation aus dem Umstand, dass der erzielbare Wert des Gutes und die den Interessenten zukommenden Nutzungsmöglichkeiten durch eine administrative Entscheidung nicht nachvollziehbar erfasst werden kann[1142]. Die staatliche Festsetzung des Höchstpreises hat notwendig aleatorischen Charakter. Sie vermag mangels ausreichender Tatsachenbasis den tatsächlich erzielbaren Nutzen, der aus dem Gut gezogen werden kann, nicht zutreffend abzubilden und kann insoweit zu einer Effizienzauslese nichts beitragen. Ein festgesetzter Höchstpreis bleibt eine administrative Zufallsvariable, die aleatorische Elemente in den Bietprozess implementiert. Die absteigende Auktion mit Werthöchstgrenze bleibt eher eine konstruktive Idee als ein praktikabler *Allokations*mechanismus.

ε) Tantiemen-Auktion

Als archimedischer Punkt des wertüberschreitenden Versteigerungserlöses bei der Zuteilung staatlicher Nutzungsrechte erweist sich die im Zuteilungszeitpunkt nicht auflösbare Unbestimmbarkeit des mit der Zuteilung eröffneten künftigen Nutzens[1143]. Eine allein auf die Ex-ante-Perspektive fokussierte Auktionsgestaltung vermag dieser Unsicherheit per definitionem nicht Rechnung zu tragen. Wahrscheinlichkeit und Ausmaß eines wertüberschreitenden Versteigerungserlöses lassen sich auf dieser Grundlage lediglich reduzieren, nicht aber ausschließen.

Als einziger zuverlässiger Ausweg aus dem verfassungsrechtlichen Dilemma des wertüberschreitenden Versteigerungserlöses kommt die Berücksichtigung von nach dem Versteigerungszeitpunkt liegenden Aspek-

---

[1142] Vgl. dazu supra S. 271 ff.

[1143] Staatliche Nutzungsrechte, die im Wege der Versteigerung zugeteilt werden, eröffnen in der Regel eine Nutzung, die sich auf einen langfristigen künftigen Nutzungsraum bezieht. Es besteht im Zeitpunkt der Entscheidung eine tatsachengestützte, signifikante Unsicherheit über den Wert des Versteigerungsgegenstandes. Der realisierbare Nutzen ist ausschließlich ex post ermittelbar. Vorherzusagen ist er ebenso wenig wie die Zukunft. Die Gefahr der Verfehlung des Ziels des Zuteilungsvorgangs besteht, wenn auch nicht als typische Begleiterscheinung, sondern als Ausfallerscheinung, grundsätzlich bei jeder Auktion, deren Gegenstand ein langfristiges Nutzungsrecht ist.

ten in Betracht, die die tatsächliche, zum Zeitpunkt der Zuteilung offene künftige Entwicklung in die Festsetzung des Versteigerungspreises einfließen lassen.

Diese Quadratur des Kreises zu verwirklichen, verheißen Tantiemen-Auktionen[1144]. Der Gebotspreis ist hier nicht bereits vor Verleihung des Nutzungsrechtes an den Ersteigerer zu zahlen, sondern der Staat wird als zuteilende Einheit an den Einnahmen des Erwerbers mit ihrem Entstehen beteiligt. Der Erwerber verspricht als Versteigerungspreis nicht einen absoluten, feststehenden Geldbetrag, sondern einen bestimmten Vomhundertsatz der mit Hilfe des Gutes erwirtschafteten Einnahmen[1145]. Die Höhe des Satzes wird mit Hilfe des Auktionsmechanismus als Ergebnis eines Bieterwettbewerbes ermittelt[1146]. Er ist nicht unmittelbar im Gegenzug zu der Zuteilung zu entrichten, sondern über die Laufzeit des ersteigerten Nutzungsrechtes zu amortisieren. Der Vorteil wird abgeschöpft, sobald er entsteht.

Der Zahlbetrag wird dadurch an den sich im Laufe der Nutzungszeit herauskristallisierenden tatsächlichen Nutzungswert des Gutes rückgebunden. Das mit der Nutzung des Gegenstandes verbundene wirtschaftliche Risiko wird zwischen Staat und Interessenten gerechter verteilt. Lässt sich mit dem ersteigerten Gegenstand, zum Beispiel aufgrund neuer technologischer Entwicklungen oder einer unvorhersehbaren Marktentwicklung, innerhalb der Laufzeit kein dem Höchstgebot entsprechender Gewinn erwirtschaften, ist der Ersteigerer insoweit von seiner Pflicht befreit. So ist zum Beispiel bei der Versteigerung von Rohstofffeldern in den USA die Höhe des Zahlbetrages von dem tatsächlich erwirtschafteten Rohstoffertrag abhängig[1147]. Der Bieter ist gegen eine Überzahlung des ersteigerten Gegenstandes wirtschaftlich gesichert[1148]. Ziel ist es, alleine die Ressourcen-

---

[1144] In diesem Sinne z.B. *Bach/Erber*, DIW-Wochenbericht 30/2000, S. 490 (492); *Dam*, Journal of Law and Economics 17 (1974), S. 213 (263); *Kendler*, University of Pennsylvania Journal of International Economic Law 23 (2002), S. 153 (210); *Hartung*, Verfahren zur Nutzung erschöpfbarer Ressourcen, 1986, S. 126f.; *Schumacher*, NJW 2000, S. 3096 (3100); zu solchen Tantiemen-Lösungen bei Wirtschaftkonzessionen, insbesondere Ölförderrechten vgl. *E. Smith*, Tulsa Law Journal 27 (1992), S. 493 (509).

[1145] Eine ähnliche Wirkung entfalten insoweit auch Sachleistungspflichten als Versteigerungspreis (dazu im Einzelnen S. 407ff.). Sie sind nicht als Vorausleistungspflichten zu erbringen, sondern erst im Verlaufe der Nutzungszeit. Anders als bei Tantiemenzahlungen liegt ihre Höhe und ihr Umfang grundsätzlich im Zeitpunkt der Versteigerung abschließend fest. Insofern bleibt das Risiko der Wertunsicherheit für den Bieter hier erhalten.

[1146] Wird der Satz a priori staatlich festgelegt (und die Auswahlentscheidung als solche dann anhand anderer Auswahlkriterien getroffen), dann bleibt seine Selektionswirkung ähnlich bescheiden wie ein administrativ festgesetzter Höchstpreis.

[1147] Vgl. etwa *Hartung*, Verfahren zur Nutzung erschöpfbarer Ressourcen, 1986, S. 126; *McAfee/McMillan*, Journal of Economic Literature 25 (1987), S. 699 (703).

[1148] Ist Auslesekriterium nicht mehr ein im Voraus zu zahlender absoluter Geldfestbetrag, sondern ein Vomhundertsatz der Erlöse oder Umsätze, steigt die Bietbereitschaft risikoaverser Unternehmen und erhöht sich das kompetitive Verhalten der Auktionsteilrente, nicht aber den normalen Unternehmensgewinn oder die Eigenkapitalverzinsung zu belasten und damit die Grenzlinie zwischen Steuern und sonstigen Abgaben nicht anzutasten. Die bei Auktionen zu beobachtende Gefahr, dass kleine Unternehmen von einer Teilnahme am Bietprozess wegen der Höhe des aufzubringenden Kapitals zurückschrecken, besteht bei der Tantiemen-Versteigerung nicht in gleichem Maße. Denn das Kapital ist nicht im Zeitpunkt der Zuteilung aufzubringen, sondern wird aus den Einnahmen erwirtschaftet[1149]. Der Staat mindert die Liquiditätserfordernisse in der Anfangsphase der Investitionen und damit auch die Marktzutrittsbarrieren.

Ihre Vorzüge erkauft die Tantiemen-Auktion freilich mit Nachteilen: Macht sich die zu zahlende Gegenleistung an einem durch den Bieter erst zu erzielenden Gewinn fest (sog. *Gewinntantieme*), sinkt im Vergleich zu vorwegabschöpfenden Auktionen die Bereitschaft erfolgreicher Bieter zu amortisierenden Investitionen, welche das Gut einer raschen und effizienten Verwendung zuführen. Der Gewinn- und Investitionsanreiz für einen effizienten Einsatz des knappen Gutes sinkt umso mehr, je höher die gebotene Tantieme ist[1150]. Nicht nur gestaltet sich die Zurechnung der Gewinne zu dem auktionierten Gegenstand als äußerst schwierig und verursacht hohe administrative Kosten; sie lädt den Bieter auch zu opportunistischem Verhalten ein: Ob der Bieter Gewinn erwirtschaftet, hängt allein von seinem Verhalten ab. Erzielt er mit dem staatlich verwalteten Gut keinen Gewinn, sei es aus Unvermögen, sei es aufgrund sonstiger Umstände, ist er grundsätzlich von der Entrichtung eines Zuteilungspreises befreit und trägt kein wirtschaftliches Risiko. Die Gewinntantieme begrenzt das Verlustrisiko in besonderem Maße auch für ineffiziente Unternehmen; sie hält sie nicht – wie durch die Versteigerung als Zuteilungsmodell erwünscht – zu einem effizienten Einsatz des Gutes an. Bei einer am tatsächlich erzielten Gewinn ansetzenden Abschöpfung leidet das mit der Versteigerung beabsichtigte gesetzgeberische Hauptziel der effizienten Allokation knapper Ressourcen.

---

nehmer. Denn die Unterschiede in den Bewertungen der Bieter vermindern sich. Es klingt paradox, einer drohenden Wertüberschreitung durch eine Bietmethode zu begegnen, die die Risikobereitschaft der Bieter erhöht und dadurch zu im Zweifel höheren Erlösen gelangt. Dabei handelt es sich indes nur um einen Scheinwiderspruch: Die Tantiemenauktion erlaubt eine Bietentscheidung auf einer gesicherteren Tatsachengrundlage. Sie nimmt dem Bieter das schwer abschätzbare Risiko der Wertunsicherheit ab und erlaubt ihm damit eine Gebotsabgabe, die sich dem tatsächlich realisierbaren Wert des Gutes annähert, ohne das Risiko der Wertunsicherheit einpreisen zu müssen. Die Wahrscheinlichkeit dafür, dass derjenige die Auktion gewinnt, der die größte Risikobereitschaft (nicht aber die höchste Wertschätzung) aufweist, sinkt.

[1149] Das Gewicht dieser Nachteile ist allerdings insofern beschränkt, als der Kapitalmarkt leistungsfähigen Wirtschaftssubjekten Geldmittel im Hinblick auf die mit dem Wirtschaftsgut erzielbaren Gewinne bereitstellt.

[1150] *McAfee/McMillan*, Journal of Economic Literature 25 (1987), S. 699 (718); *Hossain*, Law and Policy in Petroleum Development, 1979, S. 203f.

Knüpft die Tantieme nicht an den Gewinn, sondern an den Umsatz an (*Umsatz-Tantieme*)[1151], werden zwar nicht nur profitable, sondern auch verlustschreibende Unternehmen gleichmäßig belangt. Der Anreiz zu profitablem Einsatz hält sich gleichwohl in Grenzen. Denn bei niedrigem Umsatz fallen die Tantiemen auch entsprechend gering aus; der Erwerber, der von dem Gut keinerlei Gebrauch macht, wird nicht zu einer den Knappheitswert des Gutes rechtfertigenden Zahlung herangezogen. Wirtschaftlicher Umgang mit dem knappen Gut, Investitionen in seinen zweckgerechten Einsatz und effiziente Verwendung im Interesse der Allgemeinheit können auf diese Weise nicht garantiert werden. Die Versuchung zu vorzeitiger Aufgabe und nicht optimalem Einsatz des knappen Gutes ist für die Bieter groß[1152]. Anders als gewöhnliche Auktionsentgelte, die im Voraus zu entrichten sind und den Erwerber das volle wirtschaftliche Erwerbsrisiko alleine tragen lassen, sind die Kosten für den Erwerb des Zugangsrechtes keine versunkenen Kosten[1153]. Sie liegen im Zeitpunkt der Zuteilungsentscheidung nicht unwiderruflich fest und beeinflussen damit das Investitionsverhalten des Belasteten. Der Gewinn- bzw. Umsatzanteil als solcher stellt nicht sicher, dass das Gut einer effizienten Verwendung zugeführt wird. Er sorgt lediglich dafür, dass dem Staat aus der Nutzung des Gutes Einnahmen zufließen, d. h. er an dem wirtschaftlichen Erfolg des Nutzers des knappen Gutes beteiligt wird. Die Abschöpfungsfunktion der Versteigerung wird damit bedient, ihre Allokationsfunktion hingegen nicht in hinreichendem Maße[1154]. Es spricht zwar eine Prima-facie-Vermutung dafür, dass derjenige, der einen höheren Gewinnanteil abzugeben verspricht als ein anderer Anbieter, einen höheren Umsatz und effizienteren Ressourceneinsatz erreicht und deshalb auch mit einem geringeren relativen Gewinnanteil eine angemessene absolute Gewinnhöhe erzielen kann. Zwingend ist dies jedoch nicht. Ein Gewinnanteil drückt die Wertschätzung für ein Gut nicht in gleichem Maße aus wie das in einem feststehenden Geldbetrag ausgedrückte Gebot. Es ist als Differenzierungskriterium nicht in gleichem Maße geeignet, eine effiziente Verwendung des knappen Gutes sicherzustellen.

Die Allokationseffizienz eines Verteilungsmechanismus hängt weniger davon ab, inwiefern der Ersteigerer den Staat am Gewinn beteiligt, sondern davon, inwiefern er das Nutzenpotenzial der Bewerber wahrheitsgemäß zu ermitteln geeignet ist. Eine Korrelation zwischen einer versprochenen Gewinnbeteiligung des Staates und dem effizienten Einsatz des knappen

---

[1151] Diese Methode hat den Vorteil leichterer Handhabbarkeit. Der Umsatz eines Unternehmens lässt sich leichter feststellen als der von vielen Faktoren abhängige Gewinn.

[1152] *Dam*, Journal of Law and Economics 17 (1974), S. 213 (252 und 263).

[1153] Vgl. zum Begriff der versunkenen Kosten supra S. 313.

[1154] So im Ergebnis auch *Abramowicz*, 49 American University Law Review 1999, S. 327 (340f.).

Gutes lässt sich nicht in gleichem Maße nachweisen wie zwischen einem Preisgebot und der Allokationseffizienz. Die relative Risikolosigkeit des Gebotes beschwört auch die Gefahr der Abgabe unrealistischer Gebote herauf[1155]. Ohne das Risiko fehlinvestiven Kapitaleinsatzes ist der Anreiz zu spekulativem Erwerb vergrößert. Insoweit sind Tantiemen-Lösungen in der Regel nicht in gleichem Maße geeignet, das gesetzgeberische Ziel allokationseffizienter Zuteilung zu erreichen. Eine letzte Sicherheit dafür, dass sie nur die Ressourcenrente abschöpfen, die auf den Wert des Gutes zurückzuführen ist, nicht aber auf den normalen Unternehmensgewinn oder die Eigenkapitalverzinsung zugreifen und damit eine verdeckte Gewinnbesteuerung vornehmen, vermag eine umsatz- oder gewinnorientierte Tantieme ebenso wenig zu geben[1156]. Die Gewinn- bzw. Umsatztantieme nimmt auf den Unterschied zwischen dem Wert des knappen Gutes und dem Wert von sonstigen Erträgen und Nutzungen keine Rücksicht. Sie kann den Charakter einer verdeckten Unternehmensgewinnbesteuerung annehmen und damit die Schutzfunktion der finanzverfassungsrechtlichen Kompetenzordnung gefährden. Insbesondere eine Umsatztantieme kann im Ergebnis wie eine Umsatzsteuer wirken. Die Grenzlinie zwischen Steuern und sonstigen Abgaben beginnt dann zu verschwimmen. Wie nahe Gewinnbesteuerung und gebührenrechtliche Abschöpfung beieinander liegen können, wird auf der Folie des Instruments der Tantieme überdeutlich.

η) Zusammenfassung und Schlussfolgerungen – materielle Abgrenzung zwischen Gebühren und Steuern?

Indem Versteigerungen staatlicher Nutzungsrechte den Grundrechtsträgern Entscheidungen unter Unsicherheitsbedingungen abringen, stehen sie in der Gefahr, die Trennlinie zwischen Steuern und sonstigen Abgaben zu verwischen, insbesondere die Wertgrenze als Grenze der zulässigen Gebühren-

---

[1155] Darauf weist zu Recht *Ritgen*, AöR 127 (2002), S. 351 (397) hin; ebenso *Kruse*, Lizensierung und Wettbewerb im Mobilfunk, 1993, S. 147; zustimmend *Kruhl*, Die Versteigerung knapper Frequenzen, S. 306 f.

[1156] *Bach/Erber*, DIW-Wochenbericht 30/2000, S. 490 ff. schlagen als besondere Form der Gewinn-Tantieme deshalb eine nach dem Cashflow-Verfahren berechnete Lizenzabgabe vor. Ziel der Cashflow-Abgabe ist es, lediglich den Kapitalwert der Investition zu belasten, namentlich den Teil der Rendite, der die kalkulatorische Verzinsung übersteigt. Zur Bemessungsgrundlage der Abgabe macht sie die realwirtschaftlichen Zahlungsströme eines Investitionsprojektes, also den Saldo aus sämtlichen Ein- und Auszahlungen, die auf die Investitionen sowie den laufenden Betrieb dieses Geschäftsfeldes entfallen. Die Abgabe ist erst zu entrichten, wenn sich die Investition amortisiert hat und eine interne Rendite in Höhe des Kalkulationszinssatzes erzielt. Darüber hinaus anfallende Einzahlungsüberschüsse, die dann ein ökonomisches Renteneinkommen darstellen, werden belastet. Die Cashflow-Tantieme teilt jedoch alle Nachteile einer Tantieme: Sie reizt nicht zu effizientem Einsatz eines knappen Gutes an, wie dies ein üblicher Auktionspreis tut, sondern beteiligt den Staat an den Einnahmen privater Wirtschaftssubjekte, nähert sich damit einer progressiven Gewinnbesteuerung an.

belastung zu überspringen, und dadurch die Finanzverfassung ins Wanken zu bringen.

Die Auktionsgestaltung kann das Risiko einer Wertüberschreitung begrenzen, nicht aber hinreichend sicher ausschließen[1157]. Das Instrument der Versteigerung enthält keine Sicherung gegen wertunsicherheitsbedingte Inäquivalenzen. Sie bildet nicht notwendig den Wert einer Sache ab. Erweist sich ex post, dass der tatsächliche Wert der Sache die Ex-ante-Erwartungen nicht rechtfertigt, geht der Versteigerungserlös über eine Abschöpfung des dem Abgabeschuldner zugewendeten Vorteils, d. h. eine synallagmatische Beziehung zwischen Leistung und Gegenleistung, hinaus und wird insoweit voraussetzungslos erhoben. Vom Gebührenzweck der Abschöpfung ist er nicht mehr getragen. Der Staat greift steuergleich auf die allgemeine Leistungsfähigkeit des Bürgers zu. In seinem wertüberschießenden Teil rückt der Versteigerungserlös dann materiell in eine enge Nähe zur Steuer.

Nahe liegend erscheint es, auf diesen dann die Vorschriften der Art. 104a ff. GG anzuwenden und nach ihrem Maßstab zu rechtfertigen[1158]. Die nicht-steuerliche Abgabe ändert dann ihre Rechtsnatur: Sie wird zur Steuer. Damit würden indes Begriff und Rechtmäßigkeit staatlicher Abgaben verwechselt. Dass eine nichtsteuerliche Abgabe die Grenzen der Verhältnismäßigkeit wahrt, ist eine Voraussetzung für ihre rechtmäßige Erhebung, nicht aber Gegenstand ihrer begrifflichen Einordnung. Ist eine Abgabe dem Grunde nach als Gegenleistung für eine staatliche Leistung konzipiert, so bleibt es bei ihrer formalen Zuordnung zu den allgemeinen Sachgesetzgebungskompetenzen der Art. 70 ff. GG auch dann, wenn die Bemessung der Gebühr sachlich nicht gerechtfertigt oder möglicherweise unzulässig überhöht ist. Eine unzulässige nichtsteuerliche Abgabe im Wege einer geltungserhaltenden Reduktion begrifflich in eine Steuer umzudeuten, stellt ohne Not das auf Formenklarheit und Formenbindung angelegte

---

[1157] Die Vielfalt der Gestaltungsmöglichkeiten macht zugleich aber deutlich, dass die Festlegung der Grundprinzipien des Auktionsdesigns grundrechtswesentlich ist (vgl. dazu supra S. 429 ff.).

[1158] In diesem Sinne allgemein *E. Sander*, DVBl. 1990, S. 18 (19); *Kreft*, Die begriffliche Abgrenzung von Steuer und Gebühr, 1968, S. 46 ff.; *ders.*, DVBl. 1977, S. 369 (373); von *Mutius/S. Lüneburger*, DVBl. 1995, S. 1205 (1213); *R. Wendt*, Die Gebühr als Lenkungsmittel, 1975, S. 54 ff. Der Grundgedanke des materiellen Gebührenbegriffs geht auf *Adolf Wagner* zurück, der die Verbindung von Kosten und Gebührenrechtfertigung als für die Gebühr wesentlich postuliert hat (*A. Wagner*, Finanzwissenschaft, 2. Theil, 1880, S. 25 f.). Der gedankliche Ansatz einer solchen materiellen Abgrenzung zwischen Steuern und anderen Abgaben sucht die Art. 105 ff. GG vor einer Aufweichung der dort austarierten bundesstaatlichen Finanzverfassung im Falle von Exzessen gegenleistungsbezogener nichtsteuerlicher Abgaben zu sichern. Er begegnet der Gefahr, das Vermögen des Bürgers im Gefolge der Definitionsmacht des Gesetzgebers entgegen Art. 105 ff. GG nahezu unbegrenzt dem Zugriff des Staates zur Deckung des allgemeinen Finanzbedarfs auszusetzen und die dort festgezurrten Schutz- und Verteilungsbestimmungen zu umgehen.

und angewiesene System der Finanzverfassung auf die Probe[1159]. Sie schafft Möglichkeiten der Austauschrechtfertigungen und der Wahl zwischen dem Abgabentypus der Steuer und sonstigen Abgaben, die das System der Finanzverfassung der Beliebigkeit und Aushöhlbarkeit preiszugeben droht. Eine nichtsteuerliche Abgabe, die ihre zulässige Höhe übersteigt, fällt unwiderruflich dem Verdikt der verfassungsrechtlichen Unzulässigkeit anheim.

cc) Der Versteigerungserlös – eine Lenkungsgebühr?

Kann die Versteigerung mit der Wertgrenze als der Grenze der zulässigen Abschöpfung in Konflikt geraten und vermag die Vorteilsabschöpfung die gebührenrechtliche Zahlungspflicht nicht immer zu rechtfertigen, so wird das Eis, auf dem die finanzverfassungsrechtliche Rechtfertigung des Versteigerungserlöses ruht, dünn. Allenfalls ein Lenkungszweck, namentlich das Ziel der Allokationseffizienz als zweite Säule der Legitimation des Versteigerungserlöses[1160], verbleibt dann (jedenfalls nach herkömmlicher finanzverfassungsrechtlicher Dogmatik) als Rettungsanker, um die finanzverfassungsrechtliche Konstruktion des Versteigerungserlöses vor der Apokalypse zu bewahren und die Wertüberschreitung zu rechtfertigen.

(1) Zur Zulässigkeit lenkender Gebühren

Gebühren dürfen zulässigerweise auch Lenkungszwecke verfolgen[1161]. Der Gebührengesetzgeber kann sich ihr als Gestaltungsmittel seines Ordnungswillens bedienen[1162], da die mit Gebührenregelungen anzustrebende Belastungsgleichheit ihm nicht die Befugnis nimmt, mit seiner Gebührenregelung eine begrenzte Verhaltenssteuerung zu verbinden. Die Steuer vermag kein Monopol für die Verfolgung interventionistischer Zielsetzungen für sich beanspruchen[1163].

[1159] In diesem Sinne etwa BVerfG, Urt. v. 19.3.2003, NVwZ 2003, S. 715 (715) – Rückmeldegebühr; noch offen gelassen in BVerfG, Beschl. v. 10.3.1998, BVerfGE 97, S. 332 (343) – Einkommensstaffelung der Kindergartengebühr; *S. Meyer*, Gebühren für die Nutzung von Umweltressourcen, 1995, S. 63 ff.; *Sacksofsky*, Umweltschutz durch nicht-steuerliche Abgaben, 2000, S. 112 ff.; *Wieland*, Die Konzessionsabgaben, 1991, S. 262 ff; vgl. auch *Wendt*, Gebührenrecht und Grundgesetz, 1973, S. 105 ff.

[1160] Vgl. dazu bereits supra S. 298 ff und S. 526.

[1161] Vgl. etwa *Kloepfer*, AöR 97 (1972), S. 232 (238 ff.); *Jarass*, Nichtsteuerliche Abgaben und lenkende Steuern unter dem Grundgesetz, 1999, S. 30 ff.; *S. Meyer*, Gebühren für die Nutzung von Umweltressourcen, 1995, S. 204 ff.; *P. Kirchhof*, Staatliche Einnahmen, in: Isensee/P. Kirchhof (Hrsg.) HStR IV, 2. Aufl. 1999, § 88 Rdnr. 189; *F. Kirchhof*, DVBl. 2000, S. 1166 ff.; *Selmer/Brodersen*, DVBl. 2000, S. 1153 (1162); *Wilke*, Gebührenrecht und Grundgesetz, 1973, S. 267 u. 303 ff. jeweils m. w. N.

[1162] *Friauf*, VVDStRL 27, S. 1 (42); *F. Kirchhof*, Die Höhe der Gebühr, 1981, S. 131, *Wendt*, Die Gebühr als Lenkungsmittel, 1975, S. 3.

[1163] So aber *W. Leisner*, Verwaltungspreis – Verwaltungssteuer, in: Konrad/Jahrreiß (Hrsg.), Gedächtnisschrift für Hans Peters, 1967, S. 730 (732); zu den Zulässigkeitsgrenzen der Lenkung durch Steuern siehe infra Fn. 1182. Eine interventionistische Zielsetzung

Ein Minimum an Lenkungswirkung ist Gebühren bereits insoweit eigen, als der für eine Inanspruchnahme von staatlichen Leistungen erhobene Preis den Umfang ihrer Inanspruchnahme steuert[1164]: Preise üben eine Lenkungsfunktion aus. Sie verteuern bestimmte Handlungsalternativen, setzen Verhaltensanreize und beeinflussen damit die Handlungswahl; sie entfalten motivations- und handlungsleitenden Einfluss. Gebühren sind ein Mittel der Nachfragelenkung[1165] und ein Baustein indirekter staatlicher Interventionspolitik[1166]. Die unpolitische Gebühr ist eine Chimäre[1167]. Schon der Entschluss, Leistungen des Staates nur gegen Entgelt abzugeben, stellt eine Entscheidung zugunsten der Steuerung der Leistungsnachfrage dar[1168]. Sondernutzungsgebühren steuern etwa durch ihre Höhe das Ausmaß der Verdrängung von Gemeingebrauch durch Sondergebrauch. Eine nach Tageszeiten differenzierende Benutzungsgebühr lenkt die Nachfrage nach öffentlichen Leistungen. Umweltlenkungsabgaben steuern den Einsatz und den Verbrauch knapper Ressourcen, insbesondere eine Internalisierung externer Kosten[1169] in den Preis. Sie führen dem Nutzer die Knappheit des angebotenen Gutes vor Augen – Ökonomen sprechen von der Indikatorfunktion des Preises – und wirken einer ökonomischen Fehlsteuerung der Ressourcenverwendung entgegen.

Die Möglichkeit sachregelnder Lenkungswirkung gründet sich zwanglos auf die kompetenzielle Grundlage der Gebühr: Fließt die Gesetzgebungskompetenz für den Erlass von Gebührentatbeständen als Annex aus der Kompetenz zur Regelung der betroffenen Sachmaterie, darf sie grundsätzlich auch als Instrument zur Durchsetzung von Sachzwecken und der (indirekten) Verhaltenssteuerung eingesetzt werden. Gebührenrecht ist Teil der Sachaufgabenwahrnehmung und insoweit zweckakzessorisch. Die Len-

---

hat bereits das Reichsgericht der Steuer zugestanden: »Anderweitige Ziele des Gesetzgebers können auch als Zwecke der Steuer betrachtet werden; aber gerade die Steuer in ihrem begrifflichen Charakter bildet das Mittel für deren Verfolgung, sie hört deshalb nicht auf, Steuer zu sein«. RG, Urt. v. 17.9.1901, RGZ 49, S. 66 (70f.).

1164 Vgl. etwa auch BVerfG, Beschl. v. 6.2.1979, NJW 1979, S. 1345 (1346), wonach »von jeder nennenswerten Gebühr eine gewisse Hemmungswirkung für den Gebührenschuldner auf die Inanspruchnahme der gebührenpflichtigen Staatsleistung ausgeht«. Die finanzverfassungsrechtliche Literatur lässt diesen Tatbestand üblicherweise noch nicht ausreichen, um von einer Lenkungsgebühr zu sprechen. Erforderlich sei darüber hinaus eine aus der Norm selbst deutlich erkennbare Steuerungstendenz: Die Gebühr muss eine objektive Lenkungstendenz verfolgen. Vgl. *F. Kirchhof*, Die Höhe der Gebühr, 1981, S. 131; *ders.*, DVBl. 2000, S. 1166 (1167f.); *Wendt*, Die Gebühr als Lenkungsmittel, 1975, S. 18ff. im Anschluss an *Friauf*, Verfassungsrechtliche Grenzen der Wirtschaftslenkung und Sozialgestaltung durch Steuergesetze, 1966, S. 22f., der diesen Maßstab für die Steuer entwickelt hat.

1165 So schon *Domschke*, Der Gebührenbegriff, 1928, S. 43.

1166 Vgl. dazu bereits allgemein supra S. 37.

1167 *Kloepfer*, AöR 97 (1972), S. 232 (247); *Lübbe-Wolff*, NVwZ 2001, S. 481 (487).

1168 *Wilke*, Gebührenrecht und Grundgesetz, 1973, S. 304.

1169 Vgl. zu Begriff und Bedeutung externer Effekte bereits supra S. 13.

kung ist Verwaltung im dogmatischen Gewand des Abgabenrechts. Anders als ein hoheitliches Verbot einer Tätigkeit ermöglichen Lenkungsgebühren eine verwaltungsrechtliche Feinsteuerung des Verhaltens der Rechtsunterworfenen. Sie sind die schonendste Alternative gegenüber einem staatlichen Verhaltensbefehl: Sie gebieten weder, was der Staat erreichen will, noch untersagen sie, was er unterbinden will. Sie belassen dem Einzelnen die Entscheidung, ob er sich im Sinne der staatlichen Erwartung verhalten oder sich für eine Zahlung entscheiden will; sie setzen über den Preis aber Verhaltensanreize[1170]. In ihrer Flexibilität bilden sie eine sinnvolle feinstufige Ergänzung des verwaltungsrechtlichen Steuerungsinstrumentariums. Lenkende Abgaben sind Instrumente der dynamischen Gestaltungsfunktion des Staates. Das Bundesverfassungsgericht hat den Zweck der »begrenzten Verhaltenssteuerung« denn auch als legitimen Gebührenzweck ausdrücklich anerkannt[1171].

Lenkungszwecke beeinflussen die Höhe von Gebühren. Sie erreichen ihre beabsichtigte Wirkung nur dann, wenn ihre Höhe auf das Verhalten des Pflichtigen motivatorischen Einfluss zu üben vermag. Soll eine Lenkungsgebühr ein bestimmtes Verhalten als repressives oder präventives Lenkungsinstrument unterbinden, muss sie so bemessen sein, dass ihre verhaltenslenkende Wirkung den Bürger tatsächlich erreicht und die Nachfrage nach der staatlichen Leistung beeinflusst: Die Anreizwirkung des Preises beruht auf der ökonomisch nachvollziehbaren Grundvorstellung, dass der Bürger einer Pflicht freiwillig nachkommt, wenn die Kosten ihrer Nichterfüllung höher sind als die Kosten, die die Pflichterfüllung mit sich bringt. Meist sind Lenkungsgebühren Vermeidungsgebühren: Ihre Intention ist die Unterbindung eines unerwünschten Verhaltens. So haben Säumnisgebühren im Auge, die Einhaltung von Leistungen oder Pflichten sicherzustellen. Missbrauchsgebühren sanktionieren die zweckfremde Inanspruchnahme öffentlicher Leistungen (vgl. etwa §34 Abs. 2 BVerfGG[1172], §66 Abs. 2

[1170] Anders *F. Kirchhof*, Die Höhe der Gebühr, 1981, S. 136: »Da die lenkende Gebühr den staatlichen Verhaltensbefehl durch Eigentumsbelastung übermittelt, bewirkt sie grundsätzlich einen schwerwiegenderen Eingriff als ein rechtlich unmittelbar verpflichtender Verwaltungsakt«. Das Abgabenrecht dürfe erst zur Lenkung verwendet werden, wenn das materielle Verwaltungsrecht zu grob steuert (F. *Kirchhof*, DVBl. 1987, 554 (560).

[1171] BVerfG, Beschl. v. 6.2.1979, BVerfGE 50, S. 217 (226f.) – Widerspruchsgebühr; BVerfG, Beschl. v. 10.3.1998, BVerfGE 97, S. 332 (345) – Einkommensstaffelung der Kindergartengebühr; BVerfG, Urt. v. 19.3.2003, BVerfGE 108, S. 1 (18) – Rückmeldegebühr; BVerwG, Urt. v. 20.12.2000, BVerwGE 112, S. 297; BVerwG, Urt. v. 5.7.2001, BVerwGE 115, S. 32 (44). Im Wasserpfennig-Beschluss (BVerfG, Beschl. v. 7.11.1995, BVerfGE 93, S. 319 [345]) hat das Bundesverfassungsgericht die Frage der Lenkungswirkung als nicht entscheidungserheblich dahinstehen lassen. Ob es sich bei dem Lenkungszweck um eine selbstständige, als solche hinreichende Gebührenlegitimation handeln kann, erscheint dabei durchaus fraglich. Vgl. dazu sogleich im Text.

[1172] Vgl. dazu etwa *Schoreit*, ZRP 2002, S. 148ff.

hmb.VerfGG, § 21 Abs. 2 rp.VerfGHG, § 192 SGG)[1173]. Die Lenkungswirkung kann bedingen, dass die Gebühr den Wert der Leistung übersteigen muss, wenn sie die erwünschte Motivationswirkung erreichen will. So entfaltet ein Säumniszuschlag den erwünschten Effekt nur dann, wenn er über die durch die Zahlungsverzögerung hervorgerufenen Kapitalvorhaltekosten hinausgeht. Sonst erschöpft er sich in einer Kostendeckung; seine Lenkungswirkung verpufft[1174].

Viele gestehen der Gebühr daher um des Lenkungszwecks willen zu, auch den Wert des Gutes zu überschreiten[1175]. Sofern das zur Erreichung der Lenkungswirkung erforderlich ist, dürfe sie sich vom Äquivalenzprinzip entkoppeln. Nicht der Vorteilsausgleichszweck allein, sondern der gesamte Strauß zulässiger Gebührenzwecke sei insoweit der Maßstab, an dem die Verhältnismäßigkeit der Maßnahme gemessen werden müsse. Das Übermaßverbot und das Äquivalenzprinzip hinderten daher nicht die Lenkung, sondern steuerten sie[1176].

Die Schutz- und Begrenzungsfunktion der Finanzverfassung gerät dabei freilich sichtbar ins Wanken; die Gebühr begibt sich in eine bedenkliche Nähe zur voraussetzungslos erhobenen Steuer. Beide Instrumente werden

---

[1173] Der Sache nach sind Bußgelder und Geldstrafen Lenkungsgebühren. Sie zielen darauf ab, durch ihre Signal- und Sanktionswirkung eine Verhaltenssteuerung der Bürger zu erreichen. Vgl. dazu auch supra S. 470.

[1174] *F. Kirchhof*, Die Höhe der Gebühr, 1981, S. 134.

[1175] Vgl. *Kloepfer*, Die lenkende Gebühr, AöR 97 (1972), 232 (252f.); *F. Kirchhof*, Die Höhe der Gebühr, 1981, S. 141; *Hansmeyer/Fürst* (Die Gebühren, 1968, S. 34) wollen Gebühren generell als Leistungen verstehen, deren Höhe sich nach politischen Zielen unter Berücksichtigung der Nachfragestruktur richtet; *S. Meyer*, Gebühren für die Nutzung von Umweltressourcen, 1995, S. 214ff.; *H. Schimpf*, Die Verleihungsgebühr, 1998, 155f.: »Diese Gebühr (s. c. die Lenkungsgebühr, der Verf.) darf über das Äquivalenzprinzip hinausgehen, wenn der Gesetzgeber das durch die Lenkungsgebühr angeregte Verhalten auch rechtlich vorschreiben darf. Denn die verteuerte Gebühr ist die schonendste Alternative gegenüber einem Verhaltensbefehl. Gebühren dürfen somit grundsätzlich zur Lenkung den Wert der staatlichen Leistung übersteigen. Während der Wert der Rechtsverleihung grundsätzlich die Höhe der Verleihungsgebühren begrenzt, dürfen Verleihungsgebühren diesen Wert übersteigen, sofern das zur Lenkung erforderlich ist«. Wohl auch *Rüfner*, in: Dolzer/K. Vogel/Graßhoff (Hrsg.), Bonner Kommentar zum Grundgesetz, Art. 3 Abs. 1 Rdnr. 291 (Stand: Mai 1996); *Heimlich*, Die Verleihungsgebühr als Umweltabgabe, 1996, S. 207f.; kritisch etwa *Schiller*, NVwZ 2003, S. 1337 (1340).

[1176] *Kloepfer*, AöR 97 (1972), S. 232 (255). Das Bundesverfassungsgericht hat nicht ausdrücklich entschieden, ob der Lenkungszweck eine Überschreitung des Wertes der staatlichen Leistung rechtfertigt (ausdrücklich offen gelassen etwa in BVerfG, Beschl. v. 7.11.1995, BVerfGE 93, S. 319 (345) – Wasserpfennig). Es will aber dem Gesetzgeber, der sich des Mittels der Abgabe zur indirekten Verhaltenssteuerung bedient, einen weiten Gestaltungsspielraum zugestehen (vgl. etwa für die Steuer BVerfG, Urt. v. 20.4.2004, BVerfGE 110, S. 274 (293) – Ökosteuer; vgl. supra Fn. 1171) und sieht die Bemessung einer Gebühr als verfassungsrechtlich gerechtfertigt an, soweit sie durch zulässige Gebührenzwecke getragen ist. Zählt es zu den zulässigen Gebührenzwecken ausdrücklich auch die Lenkung (BVerfG, Urt. v. 19.3.2003, BVerfGE 108, S. 1 [18] – Rückmeldegebühr), so liegt es in der Logik dieser Rechtsprechung, eine wertüberschreitende Gebühr zuzulassen.

austauschbar[1177]: Steuern wie Gebühren üben ihre Lenkungsfunktion durch das Mittel des Preises aus. Der Bürger kann sich unter ihrer Ägide in unterschiedlichen Rollen demselben Zahlungszweck durch unterschiedliche Zugriffe ausgesetzt sehen[1178]. Die Finanzverfassung will dem Gesetzgeber kein Wahlrecht zwischen Gebühren und Steuern einräumen[1179]. Es erlaubt ihm nicht nach Belieben die Zuordnung zu der Sachgesetzgebungs- bzw. Ertragskompetenz der Art. 70ff. bzw. Art. 105ff. GG. Die sachkompetenzannexe lenkende Gebühr muss einen hinreichenden Abstand zu der Steuerverfassung der Art. 105ff. GG wahren, soll dem Gesetzgeber keine abgabenrechtliche Qualifikationskompetenz zukommen[1180]. Zulässig ist diese Gebühr nur dann, wenn sie einen engen, unlösbaren Zusammenhang mit einer der Materien der Art. 73f. GG aufweist, der sie als Annex der Sachregelung erscheinen lässt (umgekehrt dürfen Lenkungszwecke lediglich die Ausgestaltung der Steuer beeinflussen, nicht aber zum Austausch des Belastungsgrundes der Finanzierung der Staatsausgaben führen[1181]; die steuerrechtliche Lenkungsbefugnis ist durch die Sachkompe-

---

[1177] So wie die Finanzierungsfunktion der Steuer nicht die Lenkung ausschließt, steht auch die Einnahmeerzielung der sachregelnden Lenkung mittels der Gebühr nicht prinzipiell entgegen. Lenkende Abgaben sind sowohl im Finanzverfassungs- wie auch im Sachbereichsrecht beheimatet (vgl. *F. Kirchhof*, DVBl. 2000, S. 1166 [1169]). Der Zweck einer Verhaltenslenkung kann dann durch das Instrument der Steuer ebenso wie der Gebühr erreicht werden. Die Steuerungswirkung der Gebühr kann dabei stärker individualisiert werden als diejenige der Steuer. Die Steuer leidet in ihrer vom Einzelfall losgelösten Konzeption an einer prognostischen Unschärfe des angestrebten Lenkungserfolgs. Ob ihre Zielrichtung den Normadressaten erreicht und zu dem erwünschten Verhalten bewegt, ist ex ante schwer abschätzbar. Es besteht keine Gewähr dafür, dass die steuerliche Maßnahme sich gerade dort auswirkt, wo die betreffende Verhaltensweise nach der gesetzgeberischen Vorstellung am ehesten vermieden werden soll (vgl. etwa *Friauf*, Verfassungsrechtliche Grenzen der Wirtschaftslenkung und Sozialgestaltung durch Steuergesetze, 1966, S. 33f.; *Selmer/Brodersen*, DVBl. 2000, S. 1153 [1157]). Die am Einzelfall orientierte Gebühr kann die Lenkungstendenzen dagegen stärker bündeln und ermöglicht insofern eine gezieltere Feinsteuerung (*Kloepfer*, AöR 97 [1972], S. 232 [255]; *Wendt*, Die Gebühr als Lenkungsmittel, 1975, S. 84, *Wilke*, Gebührenrecht und Grundgesetz, 1973, S. 305). Das vermag jedoch nicht darüber hinwegzutäuschen, dass Steuern und Gebühren im Hinblick auf die Gefahr einer Aushöhlung der finanzverfassungsrechtlichen Verteilungsregelungen einer klaren Trennlinie bedürfen. Vgl. zur Zulässigkeit der Lenkungssteuer und ihren Grenzen etwa BVerfG, Urt. v. 16.12.1997, BVerfGE 98, S. 106 (117ff.) – kommunale Verpackungssteuer; BVerfG, Urt. v. 20.4.2004, BVerfGE 110, S. 274 (292) – Ökosteuer; umfassend *Kube*, Finanzgewalt in der Kompetenzordnung, 2004, S. 216ff.; Steuerinterventionismus und Verfassungsrecht, 1972; *Wernsmann*, Verhaltenslenkung in einem rationalen Steuersystem, 2005, S. 62ff.

[1178] *Trzaskalik*, Gutachten E zum 63. Deutschen Juristentag, 2000, S. 96f.

[1179] BVerfG, Urt. v. 10.12.1980, BVerfGE 55, S. 274 (302) – Berufsbildungsabgabe; BVerfG, Beschl. v. 7.11.1995, BVerfGE 93, S. 319 (346) – Wasserpfennig; *Friauf*, Zur Zulässigkeit von außersteuerlichen Sonderabgaben, in: Schmölders/Wöhe/Buchholz (Hrsg.), Festschrift für Haubrichs, 2. Aufl. 1977, S. 103 (106f.).

[1180] *Selmer/Brodersen*, DVBl. 2000, S. 1153 (1153f.).

[1181] *Trzaskalik*, StuW 1992, S. 135 (140f.); *Köck*, JZ 1991, S. 692 (695); *Selmer/Brodersen*, DVBl. 2000, S. 1153 (1159).

tenz des nach Art. 70 ff. GG für die Sachregelung zuständigen Gesetzgebers begrenzt[1182]). Grund und Höhe der Gebühr bedürfen im Verhältnis zur Steuer einer *unterscheidungskräftigen* Legitimation[1183]. Die lenkende Gebühr muss sich in materiellrechtlicher Weise eindeutig von einer gemeinlastorientierten, voraussetzungslosen Steuer unterscheiden lassen[1184]. Sie

---

[1182] Die Lenkungssteuer kann Wirkungen in einem Bereich entfalten, in welchem dem Steuergesetzgeber die Sachgesetzgebungskompetenz fehlt. Sie darf diese Sachkompetenz des nach Art. 70 ff. GG für die Sachregelung zuständigen Gesetzgebers nicht völlig konterkarieren. Steuern sind in ihrer Zielsetzung als allgemeine Finanzierungsquelle zur allgemeinen Deckung der Aufgaben des Staates dadurch gekennzeichnet, dass sie *nicht* in engem, unmittelbarem Sachzusammenhang zu den in Art. 72 ff. GG geregelten Sachaufgaben stehen. Gerade deshalb hat das GG für sie eine eigene föderale Verteilungsregelung zur Abgrenzung der Steuerkompetenzen von Bund und Ländern geschaffen; die Art. 105 ff. GG ziehen daraus ihre Rechtfertigung. Schlägt die zulässige Finanzierungsfunktion der Steuer in eine rein sachregelnde Verwaltungs- und Steuerungsnorm mit Einnahmeeffekt um, verlässt sie den Boden ihrer Rechtfertigung und unterspült die Sachkompetenzregelung der Art. 70 ff. GG. Wann diese Grenze überschritten ist, wird im Einzelnen sehr unterschiedlich beantwortet. Das Bundesverfassungsgericht legt mit seiner Forderung nach Widerspruchsfreiheit in seiner Entscheidung zur kommunalen Verpackungssteuer sehr enge Maßstäbe an (BVerfG, Urt. v. 16.12.1997, BVerfGE 98, S. 106 [117]). Dürfte es damit auch einen Schritt zu weit gegangen sein, so erscheint es gleichwohl als Ausgangspunkt überzeugend, den Steuergesetzgeber, der im Bereich der konkurrierenden Gesetzgebungszuständigkeit eine sachregelungsorientierte Steuervorschrift erlässt, grundsätzlich so zu behandeln, als sei er mit einer sachlich-rechtlichen Normierung tätig geworden. In diesem Sinne wegweisend *Selmer*, Steuerinterventionismus und Verfassungsrecht, 1972, S. 164; *ders.*, FinArch. n. F. 52 (1995), S. 234 (239). Zu der Problematik der Konkurrenz lenkender Steuergesetzgebung und inhaltlicher Sachgesetzgebung vgl. etwa *Bothe*, NJW 1998, S. 2333; *Bumke*, ZG 1999, S. 376 ff.; *Sendler*, NJW 1998, S. 2875 ff.; *Sodan*, JZ 1999, S. 864 ff.; *Trzaskalik*, Gutachten E zum 63. Deutschen Juristentag, 2000, S. 32 ff.; *Weber-Grellet*, NJW 2001, S. 3657 (3662 f.).

[1183] Vgl. etwa BVerfG, Urt. v. 19.3.2003, BVerfGE 108, S. 1 (17) – Rückmeldegebühr; *K. Vogel*, Grundzüge des Finanzrechts des GG, in: Isensee/P. Kirchhof (Hrsg.), HStR IV, 2. Aufl. 1999, § 87 Rdnr. 87 u. 96 f.

[1184] Das Sachziel der Verhaltenslenkung erfüllt diese Voraussetzung nicht als solche. Sie ist Dienerin zweier Herren. Die Lenkungswirkung allein vermag die Lenkungsgebühr nicht von Steuer zu unterscheiden (ebenso [bezogen auf ertraglose Lenkungsabgaben] etwa *Jarass*, Nichtsteuerliche Abgaben und lenkende Steuern unter dem Grundgesetz, 1999, S. 49; *Wilke*, Gebührenrecht und Grundgesetz, 1973, S. 304 f.) Sachzweckorientierung und Ertragsfunktion der Abgabe können sich zu einem gordischen Knoten verwirren. Eine unterscheidungskräftige, von der Steuer abgrenzbare Legitimation vermag der Lenkungsgebühr auch nicht das Kriterium der Einnahmeerzielungsabsicht einzuhauchen (so aber *Tipke*, Die Steuerrechtsordnung, 1993, Bd. 1, S. 6, 79, 83, 123). Eine Differenzierung danach, ob der Gesetzgeber eine Abgabe alleine zu Zwecken der Sachregelung oder (zumindest auch) zu Zwecken der Einnahmeerzielung erhebt, entbehrt der Praktikabilität und der Nachvollziehbarkeit, auf die die Finanzverfassung mit ihren auf Formenbindung angelegten Regeln angewiesen ist (so schon *Selmer*, FinArch. n. F. 52 [1995], S. 234 [238 f.]; *Selmer/Brodersen*, DVBl. 2000, S. 1153 [1156 und 1162]; *Wendt*, Die Gebühr als Lenkungsmittel, 1975, S. 67 f.). Wie nahe Sachlenkungs- und Einnahmeerzielungszwecke beieinander liegen, wird deutlich am Beispiel der »doppelten Dividende« der Mineralölsteuer. Nicht selten verfolgt der Gesetzgeber mit einer Lenkungsabgabe Ertragsziele, rechtfertigt sie aber mit Lenkungszielen, um unter diesem Etikett seinen Finanzhunger zu befriedigen (vgl. *F. Kirchhof*, DVBl. 2000, S. 1166 (1174). Um die hehre Forderung muss sich als Gegenleistung für eine Leistung der Verwaltung verstehen lassen; der lenkende Zweck vermag nicht den Gegenleistungszusammenhang der Gebühr zu ersetzen. Er kann (schon wegen der gemeinsamen Zielschnittmenge mit der Steuer) nicht die Gebühr als solche, sondern lediglich ihre Bemessung rechtfertigen[1185]. Die Lenkung muss sich grundsätzlich innerhalb der Grenzen bewegen, die das Äquivalenzprinzip zieht[1186]. Eine unterscheidungskräftige steuerferne Legitimation kann der wertüberschreitenden Lenkungsgebühr nur ausnahmsweise insoweit zukommen, als der Lenkungszweck in einem unmittelbaren Bezug zu der Gegenleistung steht, die die Gebühr erhebt. Es muss sich um eine *gegenleistungsbezogene* Lenkungswirkung handeln. Dient die Abverlangung einer Geldzahlung dazu, die Erbringung der Gegenleistung für eine Leistung der Verwaltung zu sichern, wie zum Beispiel eine Mahngebühr, dann lässt sie sich von einer voraussetzungslosen Geldleistungspflicht zur Erbringung einer Gemeinlast hinreichend deutlich unterscheiden. Die Lenkung ist dann Annex zu der Gegenleistung. Sie setzt einen Anreiz, die Gegenleistung zu erbringen.

---

von Justis, Gebühreneinkünfte niemals zum Hauptzweck zu machen, sondern die Gerechtigkeit und Billigkeit der Sache vor Augen zu haben, ohne auf die dabei fallenden Einkünfte den geringsten Bedacht zu nehmen (*von Justi*, Staatswirthschaft oder systematische Abhandlung aller oekonomischen und Cameral-Wissenschaften, die zur Regierung eines Landes erfordert werden, Teil 2, 2. Aufl., 1758 [1963], S. 402) ist es in der politischen Realität des gesetzgeberischen Alltags bisweilen nicht gut bestellt. Der Maßstab der Einnahmeerzielungsabsicht erweist sich nicht als hinreichend präzise, um eine klare Trennung zwischen Steuern und sonstigen Abgaben zu erzielen. Er gibt die Finanzverfassung der Gefahr des Ausverkaufs preis und implementiert ihr einen wesensfremden Weichspüler.

[1185] Ebenso *Kloepfer*, Umweltrecht, 3. Aufl. 2004, § 5 Rdnr. 254; *K. Vogel/Waldhoff*, Grundlagen des Finanzverfassungsrechts, 1999, Rdnr. 419.

[1186] Ebenso etwa BVerwG, Urt. v. 24.3.1961, BVerwGE 12, S. 162 (170); *P. Kirchhof*, in: Staatliche Einnahmen, in: Isensee/P. Kirchhof (Hrsg.) HStR IV, 2. Aufl. 1999, § 88 Rdnr. 207; *Schiller*, NVwZ 2003, S. 1337 (1340); *Schoreit*, ZRP 2002, S. 148 (150); *K. Vogel*, Grundzüge des Finanzrechts des GG, in: Isensee/P. Kirchhof (Hrsg.), HStR IV, 2. Aufl. 1999, § 87 Rdnr. 100; wohl auch *Hendler/Heimlich*, ZRP 2000, S. 325 (329); *Selmer/Brodersen*, DVBl. 2000, S. 1153 (1163: »So wenig, wie die Lenkungsambition einen fehlenden steuerbaren Sachverhalt zu ersetzen vermag, so wenig ersetzt sie den spezifischen Gegenleistungszusammenhang der (Verleihungs-)Gebühr«; *Wendt*, Die Gebühr als Lenkungsmittel, 1975, S. 74 u. 304 f., der ein scharf konturiertes Äquivalenzprinzip ablehnt, ihm aber nicht jegliche Bedeutung abspricht: »Nur ganz unverhältnismäßige Erhebungen können nicht mehr als ausgleichende Gegenleistung angesehen werden. Innerhalb dieser Grenzen bestimmt der Gebührengesetzgeber über die Modalitäten, nach denen der Ausgleich für die gebotene öffentliche Leistung vollzogen werden soll. Er kann dabei belastungspolitische, sozial- und gesellschaftspolitische Ziele mitverfolgen«. In der Sache unterscheidet sich die Ansicht von *Wilke* nicht von einer Anwendung des Äquivalenzprinzips auf lenkende Abgaben.

(2) Lenkungswirkung des Versteigerungserlöses? – das Ziel der Allokationseffizienz als unterscheidungsfähiger Legitimationsgrund

Versteigerungserlöse verfolgen nicht unmittelbar und als solche wie eine Lenkungsgebühr den Zweck, ein Verhalten des Zahlungspflichtigen zu unterbinden oder sein Verhalten gezielt zu beeinflussen. Sie werden nicht erhoben, um den Zahlungspflichtigen durch die Zahlung zu einer bestimmten Nutzung des Gutes anzuhalten, die er ohne die Zahlungspflicht nicht ausgeübt hätte[1187]. Ihr Ziel ist nicht die direkte, individuelle Verhaltenssteuerung, sondern die sachgerechte Zuteilung eines knappen Gutes: Sie zielen darauf ab, ein Gut demjenigen zukommen zu lassen, der die effizienteste Nutzung sicherstellt, nicht aber dessen Verhalten zu ändern[1188]. Insbesondere haben Versteigerungspreise für das Verhalten der erfolgreichen Bieter im Markt grundsätzlich keine unmittelbare Bedeutung[1189]. Für sie handelt es sich bei Versteigerungserlösen um sog. versunkene Kosten, d. h. irreversibel erbrachte Zahlungen, die das Investitionsverhalten nicht beeinflussen.

Die Wirkung des Versteigerungserlöses als Zuteilungspreis darf auch nicht mit der Lenkungswirkung einer staatlichen Güterverknappung verwechselt werden[1190]: Preise für Emissionszertifikate etwa, die im Zuge der Zuteilung von Verschmutzungsrechten erzielt werden, steuern zwar die Nutzung eines Umweltgutes und rufen im Idealfall Vermeidungsmaßnahmen der Umweltnutzer hervor. Diese verhaltensbeinflussenden Wirkungen gründen sich jedoch auf die staatliche Verknappung des verfügbaren Angebots an Umweltnutzungsrechten als solche, nicht auf den sich daran knüpfenden Zuteilungsmodus. Sie entstehen grundsätzlich unabhängig davon, ob die Zuteilung im Wege der Marktallokation oder durch staatliche Zuteilungsmaßnahmen vorgenommen wurde.

[1187] Eine verhaltenslenkende Wirkung im Rahmen des gegenleistungsorientierten Zuteilungsprozesses der Versteigerung kommt Sachleistungspflichten zu, die die Bieter als wirtschaftlichen Zuschlagspreis übernehmen (vgl. zu ihnen, ihrer Sinnhaftigkeit und ihren Grenzen im Rahmen von Versteigerungsverfahren supra S. 407ff.). Bei Ihnen handelt es sich indes nicht um Abgaben im Sinne des Finanzverfassungsrechts (vgl. dazu supra S. 451ff.).

[1188] Die ökonomische Logik der Lenkungsgebühr besteht in einer rechtlichen Verpflichtung zur Geldzahlung bei Erfüllung eines Tatbestandes, der nach der ratio legis nicht verwirklicht werden soll. Ihr liegt die staatliche Verhaltenserwartung, ein bestimmtes Verhalten zu unterlassen, zu Grunde (vgl. *F. Kirchhof*, DVBl. 2000, S. 1166 [1171]). Indem der Staat die Zuteilung knapper, staatlich verwalteter Güter von bestimmten Voraussetzungen abhängig macht, vermag er das Verhalten der Adressaten zu lenken. Vgl. etwa *Friauf*, DVBl. 1971, S. 674 (680); *Schüle*, VVDStRL 11 (1954), S. 75ff. (95). Davon macht er etwa bei der Vergabe von Subventionen in reichem Umfang Gebrauch, indem er an die Zuteilung Nebenbestimmungen knüpft, die dem Destinär Verhaltenspflichten auferlegen.

[1189] Vgl. dazu auch im Einzelnen supra S. 350.

[1190] So aber *Kluth*, NuR 1997, S. 105 (110f.); *Mehrbrey*, Verfassungsrechtliche Grenzen eines Marktes handelbarer Emissionsrechte, 2003, S. 182f.

Gleichwohl kommt dem Versteigerungserlös eine Steuerungswirkung zu. Sie setzt allerdings an einer anderen Stellschraube an: Der Versteigerungspreis soll denjenigen ermitteln, der kraft seiner Effizienz die erwünschte Nutzung des knappen Gutes garantiert[1191]. Versteigerungserlöse haben keine Verhaltens-, sondern eine (Güter-)Lenkungsfunktion. Sie sollen das knappe Gut dorthin lenken, wo seine effizienteste Nutzung gesichert erscheint[1192]. Der Marktpreis fragt die Präferenzen der Interessenten ab, indem er einen Wettbewerb der Nachfrager entfacht, der die Individuen veranlasst, private Informationen über ihre eigene Wertschätzung und Nutzenvorstellungen preiszugeben. Er bildet die Knappheit des Gutes und die gesamten verfügbaren Informationen der Interessenten über die Nutzungsmöglichkeiten ab. Er erteilt dabei derjenigen Nachfrage den Vorrang, die den größten wirtschaftlichen Nutzen aus dem Gut zu ziehen verspricht und führt die Güter durch den Tauschprozess einer knappheitsgerechten, wirtschaftlich sinnvollen Nutzung zu. Dieses Ziel erreichen Versteigerungen nur dann, wenn der nach den Auktionsregeln ermittelte Zahlbetrag den Ersteigerern auch tatsächlich abverlangt wird[1193].

Bedienen sich Versteigerungserlöse auch nicht wie (Verhaltens-)Lenkungsabgaben der Anreizfunktion des Preises, so ist beiden der Einsatz des Preises als Steuerungsmittel gemeinsam: Wird hier die verhaltenssteuernde Anreizfunktion des Preises wirksam, aktiviert dort der Auswahlmechanismus die (Güter-)Lenkungsfunktion des Preises. Beide sind marktwirtschaftliche Steuerungsmittel mit gegensätzlichen Wirkungsmechanismen: Die eine ist ein Preisfindungsinstrument, die andere ein Preissteuerungsinstrument. Die Lenkungsabgabe wirkt auf den Preis ein, die Versteigerung sucht ihn zu ermitteln. Beide machen sich unterschiedlicher Preisfunktionen dienstbar.

Ist der Versteigerungserlös keine Lenkungsabgabe im überkommenen Sinne, so kommt seine Lenkungswirkung freilich zugleich nicht mit gleicher Zwangsläufigkeit wie diese mit dem Wirkungs- und Geltungsradius der lenkenden Steuer in Konflikt. Ihr Lenkungseffekt wird auf unterschiedlichen Ebenen wirksam. Die (Güter-)Lenkungswirkung des Versteigerungserlöses besteht in der unverzerrten Präferenzermittlung auf der Grundlage der Zahlungsbereitschaft. Sie knüpft unmittelbar an die abverlangte Gegenleistung an und geht über das Ziel ihrer Feststellung nicht hinaus (wenngleich sie eine Überschreitung des Wertes nicht sicher auszuschließen vermag). Ihre Höhe ergibt sich ausschließlich aus den Präferenzen der Bieter, während die Höhe einer Steuer als voraussetzungsloser Allgemeinlasttatbe-

---

[1191] Die effiziente Nutzung ist nicht die Folge der Geldzahlung, sondern in dem gezahlten Geldpreis offenbaren sich die Zahlungsbereitschaft und damit die Nutzenerwartungen eines Interessenten.

[1192] Vgl. z. B. *Schöler*, Grundlagen der Mikroökonomik, 2. Aufl. 2004, S. 123.

[1193] Darauf weist *Ritgen*, AöR 127 (2002), S. 351 (397) zu Recht hin.

stand zur allgemeinen Staatsfinanzierung[1194] sich demgegenüber denknotwendig allein auf gesetzgeberische Festlegung zu gründen vermag. Sie begründet damit eine präferenzunabhängige, voraussetzungslose Zahlungspflicht, die der Gesetzgeber allen auferlegt, auf die der Leistungstatbestand zutrifft, an den das Gesetz die Leistungspflicht knüpft. Indem die Zahlung der Versteigerung demgegenüber notwendig präferenzgestützt ist und auf die unbeeinflusste Ermittlung der Präferenzen und die Mitwirkung der Interessenten notwendig angewiesen ist, um ihre sachliche, auf die Kompetenzen der Art. 70ff. GG gestützte[1195] Funktion einer sachgerechten effizienten Zuteilung erfüllen zu können, bleibt sie (anders als lenkende Gebühren, die den Wert der Gegenleistung überschreiten) von der als solche als voraussetzungslos konzipierten Steuer (wenn auch nicht von anderen Abgabearten) omni modo hinreichend unterscheidungsfähig. Sie vermag mit der Zuteilungsfunktion des Preises auf einen von der Steuer unterscheidungsfähigen Legitimationsgrund und Erhebungsmodus zu verweisen, der von den (Verhaltens-)Lenkungseffekten und dem Instrument der Steuer einen hinreichend abgrenzbaren Abstand wahrt[1196]. Liegt die innere Mission der finanzverfassungsrechtlichen Schutzvorschriften, insbesondere des Äquivalenzprinzips, in dem Ziel, eine hinreichende Abgrenzbarkeit von Steuern und sonstigen Abgaben zu ermöglichen, um eine Umgehung der kompetenzrechtlichen Bestimmungen der Finanzverfassung zu verhindern, so stehen sie solange der Erhebung von Geldzahlungen nicht entgegen, als diese von einem von der Steuer klar unterscheidungsfähigen Sachziel getragen sind und sich als zu dessen Erreichung unabdingbar erweisen.

Macht die Allokationsfunktion als (von der Steuer unterscheidungsfähiges) Sachziel die Steuerungswirkung des Preises zur Erfüllung der aus den Art. 70ff. GG erwachsenden Sachaufgabe erforderlich, kann sie auch das Risiko der Wertüberschreitung rechtfertigen, sofern nur eine Entscheidung unter Unsicherheitsbedingungen und das damit verbundene Risiko der Fehlkalkulation das (sachlich gerechtfertigte) Ziel der Allokationseffizienz zu erreichen vermag[1197].

1194 Vgl. dazu BVerfG, Urt. v. 15.12.1965, BVerfGE 19, S. 253 (267); BVerfG, Beschl. v. 28.2.1973; BVerfGE 34, S. 348 (365); BVerfG, Beschl. v. 12.10.1978, BVerfGE 49, BVerfGE 49, S. 343 (362), *Papier*, Die finanzrechtlichen Gesetzesvorbehalte und das grundgesetzliche Demokratieprinzip, 1973, S. 153ff. sowie infra S. 471ff.

1195 Vgl. dazu, dass der Gesetzgeber seine Gesetzgebungskompetenz bei der Verteilung knapper Ressourcen auch zur Erzielung von Lenkungswirkungen einsetzen kann etwa BVerfG, Beschl. v. 13.3.2007, NVwZ 2007, S. 937 (939f.) m. w. N.

1196 Ebenso in der Sache *Selmer* (Zur Tatbestandsmäßigkeit öffentlich-rechtlicher Geldleistungspflichten, in: Festschrift für Starck, 2007, S. 435ff.; *ders.*, NVwZ 2003, S. 1304ff.), der Versteigerungserlöse deshalb bereits nicht als öffentliche Abgaben behandelt wissen will (vgl. dazu supra S. 464ff.).

1197 Aus dem Ziel der Allokationseffizienz unversehens auf die Zulässigkeit einer wertüberschreitenden Gebühr zu schließen, vertauscht indes Ursache und Wirkung und muss sich zumindest den Vorwurf der Ungenauigkeit gefallen lassen: Das Sachziel der

Das Erfordernis der Äquivalenz ist dann als Erfordernis der Abgrenzung zwischen Steuern und sonstigen Abgaben solange nicht verletzt, als die Wertüberschreitung entscheidungssituationsbedingte, atypische Begleiterscheinung eines nicht auf Wertüberschreitung, sondern die Ermittlung der Gegenleistung angelegten Allokationsprozesses ist. Nur in dem Umfang, in dem die Wertüberschreitung in unmittelbarem und notwendigem Zusammenhang[1198] mit dem Sachziel der Ermittlung einer knappheitsäquivalenten Gegenleistung steht, vermag ihre Funktion, Güter in die effizienteste Verwendung zu bringen, die Auferlegung des Wertrisikos als gegenleistungsbezogene Wahrnehmung der Sachaufgabe hoheitlicher Verteilungslenkung in einer von der Steuer unterscheidungsfähigen Weise auch kompetenzrechtlich zu stützen und dem Versteigerungserlös als nichtsteuerlicher Abgabe eine unterscheidungskräftige Legitimation zu unterfüttern, die ihre finanzverfassungsrechtliche Rechtfertigung auch im Falle einer Wertüberschreitung zu tragen vermag.

Allokationseffizienz erfordert grundsätzlich nicht als solches eine Wertüberschreitung des Versteigerungserlöses. Es zielt auf eine dem Nutzen des Ersteigerers entsprechende Wertermittlung. Zu einem Auseinanderfallen von Wert und Versteigerungserlös kommt es bei Versteigerungen nicht aufgrund des Ziels der Allokationseffizienz, sondern aufgrund der im Zeitpunkt der Entscheidung über die Zuteilung bestehenden Unsicherheit über die Entwicklung während der Nutzungszeit und der dadurch bedingten eingeschränkten Möglichkeit, den Nutzen abzuschätzen; die Unsicherheit und Gefahr der Wertüberschreitung beeinträchtigen vice versa das Ziel der Allokationseffizienz: Sie ebnen Effizienzunterschiede zwischen den Interessenten ein. Es erwirbt nicht unbedingt derjenige das Gut, der den größten Nutzen aus einem Gut zu ziehen in der Lage ist, sondern derjenige, der die optimistischsten Erwartungen an seinen Wert hat. Der risikobereite Hasardeur wird dem grübelnden Zweifler vorgezogen. Mit dem Grad der Unsicherheit nimmt die Effizienzgarantie des Marktes ab (vgl. dazu aus auktionstheoretischer Sicht *Goeree/Offerman*, American Economic Revue 92 [2002], S. 625 ff.; *dies.*, The Economic Journal 113 [2003], S. 598 ff.). Die Ex-ante-Unsicherheit über die künftige Entwicklung lässt sich in der Entscheidungssituation zugleich aber mitunter ex ante nicht ausräumen. Sie ist Teil der Bedingungen, unter denen die Entscheidung über die Zuteilung getroffen wird, soll eine Zuteilung nach dem Preismechanismus des Marktes vorgenommen werden. Insoweit kann das Ziel allokationseffizienter Zuteilung es unter Umständen erfordern, eine Unsicherheit der Nutzungserwartungen in Kauf zu nehmen und den Interessenten eine Entscheidung unter Unsicherheit abzuverlangen, um die erwünschte Steuerungswirkung der »invisible hand« des Marktes wirken zu lassen.

[1198] Diese Grenze ist etwa dort überschritten, wo die Nutzenschätzung für die Marktteilnehmer im Zeitpunkt der Zuteilungsentscheidung zu einer bloßen Spekulationsgröße und das Ergebnis der Marktzuteilung ein Zufallsprodukt vermuteter Effizienz wird, das den risikobereitesten, nicht aber den effizientesten Bieter prämiert (dazu bereits supra S. 392). Sind die Effizienzunterschiede zwischen den Interessenten geringer als die dem Gut anhaftende Wertunsicherheit, so ist eine Versteigerung nicht durch das Allokationseffizienzziel gerechtfertigt und a priori unzulässig. Ein wertüberschreitender Versteigerungserlös ist dann in Ermangelung einer gebührenrechtlichen Legitimation auch finanzverfassungsrechtlich unzulässig.

(3) Grenzen verteilungslenkender Gebühren – die Freiheitsrechte und das Prinzip der Verhältnismäßigkeit als Grenze wertüberschreitendender, nicht-steuerlicher Zahlungspflichten

Auch dort, wo die staatlich auferlegte Geldleistungspflicht von der Steuer kompetenzrechtlich hinreichend unterscheidungsfähig bleibt, findet die Ansteuerung von Sachzielen mit Hilfe staatlicher Geldzahlungspflichten ihre Grenze in den gemeinschaftsrechtlichen und nationalen Grundrechten der Zahlungspflichtigen und dem sie absichernden Prinzip der Verhältnismäßigkeit; sie dürfen diese nicht verletzen[1199]. Soll die Verfolgung von Zuteilungszwecken mit den Mitteln des Abgabenrechts nicht zu einer Freistellung von grundrechtlichen Anforderungen führen, dann darf der Zweck der Allokationseffizienz als Mittel der Zuteilung keine unverhältnismäßige Beeinträchtigung des durch die Zuteilung betroffenen grundrechtlichen Betätigungsraumes mit sich bringen[1200]. Dem freiheitsrechtlichen Konzept der Verfassungsordnung entspricht es, die Zulässigkeit der Versteigerung nicht zunächst von den Erfordernissen der Allokationseffizienz her zu bestimmen, sondern umgekehrt das gesetzliche Ziel der Allokationseffizienz an den Grundrechten und den sonstigen verfassungsrechtlichen Vorgaben zu messen[1201]. Die Grundrechte bilden insoweit eine Schranke der gesetzgeberischen Steuerungs- und Gestaltungsfreiheit.

Die Belegung grundrechtsverwirklichender Leistungen mit einer Zahlungspflicht beeinträchtigt die Ausübung jener Grundrechte, deren Verwirklichung die Leistung dient. Sie genügt nur insoweit verfassungsrechtlichen Anforderungen, als die Zahlungsfähigkeit und -bereitschaft einen spezifischen Bezug zu der Tätigkeit aufweist und der Freiheitsraum durch die auferlegte Zahlungspflicht nicht in grundrechtswidriger Weise beschnitten wird, d. h. über die Möglichkeit der Verwirklichung von Grundrechten im Interesse des Ziels der Allokationseffizienz nach dem Maßstab der Zahlungsbereitschaft entschieden werden darf[1202]. Kann ihm auch bei der Zu-

---

[1199] Allgemeine Meinung, vgl. nur BVerfG, Beschl. v. 6.2.1979, BVerfGE 50, S. 217 (227) – Widerspruchsgebühr; *Kloepfer*, AöR 97 (1972), S. 232 (270ff.); *S. Meyer*, Gebühren für die Nutzung von Umweltressourcen, 1995, S. 205ff.; *Selmer/Brodersen*, DVBl. 2000, S. 1153 (1165); *Wendt*, Die Gebühr als Lenkungsmittel, 1975, S. 128ff.

[1200] Der Hinweis auf die Interessen der Allgemeinheit an einer ökonomisch sinnvollen Allokation des knappen Gutes, bei dem die Vermögensvermehrung nicht Ziel des Zuteilungsvorgangs, sondern seine Folge ist, scheint das zwar zu entkräften Vgl. *Ritgen*, AöR 127 (2002), S. 351 (390). Er argumentiert, ausschlaggebend für die Vergabeentscheidung seien nicht die individuellen Interessen der Einzelnen, sondern vielmehr das Interesse der Allgemeinheit an einer möglichst effizienten Ausnutzung des knappen Gutes. Die freiheitliche Ordnung des Grundgesetzes sieht jedoch eine umgekehrte Prioritätenreihung vor. Dazu sogleich im Text.

[1201] Das wird in der Diskussion leider nicht selten übersehen. Das Argument, die Allokationseffizienz erfordere eine volle Übernahme des Kosten- und Wertrisikos durch die Ersteigerer ist daher nur begrenzt tragfähig. Vgl. dazu auch infra S. 620 ff.

[1202] Vgl. dazu bereits S. 238ff. und S. 343ff.

teilung solcher knappen Güter, die Voraussetzung für die Ausübung eines wirtschaftlichen Freiheitsrechts sind, grundsätzlich ein zulässiger Wirkbereich und eine sachgerechte Funktion als Mittel allokationseffizienter Zuteilung zuwachsen (vgl. im Einzelnen supra S. 251 ff.), muss die mit ihr verbundene Zahlungspflicht sich auch in ihrer Höhe vor dem grundrechtlichen Zugangsanspruch und der Funktion des Zuteilungsvorgangs rechtfertigen lassen. Die im Wege der Versteigerung erhobene Versteigerungssumme wird in der Regel in einer inneren und äußeren Verbindung mit der beruflichen Betätigung erhoben; sie soll den Entschluss zur Wahl oder Ausübung eines Berufes in einem Bereich beeinflussen, der nur wenigen Interessenten den Zugriff auf Ressourcen ermöglicht, die für die Ausübung einer auf Gewinnerzielung gerichteten Tätigkeit erforderlich sind. Der Gesetzgeber macht die Ausübung einer beruflichen Tätigkeit von der voraufgehenden Zahlung eines Geldbetrages abhängig und schränkt damit die grundrechtliche Freiheit als Teil einer Zugangsregelung ein[1203, 1204]. Die Verknüpfung des Zuteilungsvorgangs mit einer Zahlungspflicht weist eine objektiv-berufsregelnde Tendenz auf, die als über die ggf. vorgenommene Verknappung hinausgehende Grundrechtsbelastung einen Eingriff in den Schutzbereich darstellt[1205]. Dass zur Berufsausübung erforderliche Ressourcen, etwa

---

1203 Im Fall der Zuteilung von Telekommunikationsfrequenzen etwa hängt die zugangsbeschränkende Wirkung der Abgabe vor allem davon ab, ob der Nutzung der Frequenzen ein eigenes Berufsbild korrespondiert oder ob diese lediglich Teil einer bereits stattfindenden Berufsausübung ist. Für die UMTS-Frequenzen trifft (insbesondere angesichts der Bedeutung des im Zeitpunkt der Versteigerung insoweit erwarteten Marktes) Ersteres zu; wie hier u. a. *Breuer*, Verfassungsrecht und Versteigerungsverfahren, in: Geis/Lorenz (Hrsg.), Festschrift für Maurer, 2001, S. 25 (39 ff.); *Ritgen*, AöR 127 (2002), S. 351 (374 mit Fn. 87 u. 392 f.); *Ruffert*, AöR 124 (1999), S. 237 (263); a. A. (nur Berufsausübungsregel): *S. Bumke*, Frequenzvergabe nach dem TKG, 2006, S. 261 ff.; *Ehlers*, Die Bestandskraft der von der RegTP vor der Vergabe der UMTS-Lizenzen erlassenen verfahrensleitenden Verfügungen, in: Piepenbrock/F. Schuster (Hrsg.), UMTS-Lizenzvergabe, 114, 139; *Faber*, GewArch. 2002, S. 264 (267) (in seinen Augen ist lediglich die Güterverknappung selbst als Zulassungsschranke anzusehen, nicht aber die Verteilung durch Höchstgebot. Die finanzielle Belastung sei lediglich bloße Konsequenz des Versteigerungsverfahrens. Er übersieht dabei, dass mit der Zahlungspflicht [anders als bei anderen Zuteilungsverfahren] eine zusätzliche Grundrechtsbelastung im Zuteilungsakt verbunden ist, die ebenso einer besonderen Rechtfertigung bedarf.); *Kloepfer*, Informationsrecht, 2002, § 11 Rdnr. 103; *Varadinek*, CR 2002, S. 17 (23). Zu beachten ist darüber hinaus, dass Eingriffe in die Berufsausübung aufgrund ihrer Schwere auch Eingriffe in die Berufswahl darstellen können. Bei der Versteigerung der UMTS-Frequenzen ist dies wohl jedenfalls zu bejahen (ebenso *Ehlers*, ibid., S. 114 [139 mit Fn. 79]).

1204 Ob der Interessent mitbietet, beruht zwar auf seinem freien Entschluss. Das schließt einen Eingriff in das Grundrecht jedoch nicht aus. Eine Parallele zu der Rechtsfigur des Verwaltungsakts auf Unterwerfung ist nicht angezeigt. Vgl. dazu bereits supra S. 433 sowie infra S. 598 ff.

1205 Vgl. etwa BVerfG, Beschl. v. 30. 10. 1961, BVerfGE 13, S. 181 (186) – Schankerlaubnissteuer; »Jedenfalls besteht eine innere und äußere Verbindung mit der beruflichen Betätigung dann, wenn ein Steuergesetz gerade die Erlangung der Erlaubnis zur Ausübung eines bestimmten Berufes als steuerbegründenden Tatbestand erhält, also die Be-

Frequenzen, Luft, etc. dem Einzelnen nicht bereits a priori zugeordnet sind, sondern auf das grundsätzlich gleiche Zugangsrecht aller Interessenten treffen, entzieht sie dem Schutzmantel, den die Berufsfreiheit über die freiheitsrechtliche Betätigung und den Zuteilungsvorgang ausbreitet, nicht[1206]. Die Zahlungspflicht muss sich daher auch an den Grundrechtsschranken messen lassen, denen das betroffene Freiheitsrecht unterfällt – ebenso an den Schranken der Grundfreiheiten als »besonderen Berufsfreiheiten« der Marktbürger. Sie begründen Abwehrpositionen gegen Marktzutrittsbeschränkungen, die den gemeinschaftlichen Waren-, Personen-, Dienstleistungs- oder Kapitalverkehr als Essenzialia des Binnenmarktes behindern. Versteigerungsentgelte sind Marktzutrittspreise, die sich auf die Wahrnehmung der Grundfreiheiten auswirken. Als solche dürfen sie nicht über das hinausgehen, was zur Erreichung eines durch zwingende Gründe des Allgemeininteresses gedeckten Sachziels erforderlich ist. Der zuteilende Staat darf das mit der Zuteilung verfolgte Ziel allokationseffizienter Verteilung des Freiheitszugangs nicht um den Preis der Entleerung des Freiheitsrechts durchsetzen, dessen Verwirklichung es dienen soll. Es darf den freiheitsrechtlich überformten Zweck der sachwalterischen Zuteilung und das freiheitsrechtliche Zugangsrecht bei der Avisierung des Effizienzziels nicht aus den Augen verlieren. Die der effizienten Zuteilung dienende Zahlungspflicht muss in einem angemessenen Verhältnis zu dem Ziel der Zuteilung der knappen Berechtigungen stehen, darf insbesondere den durch das nationale und europäische Verfassungsrecht geschützten Freiheitsraum nicht

---

rufszulassung als Anfang der Berufsausübung mit wirtschaftlichen Nachteilen verbindet«. BVerfG, Beschl. v. 5.3.1974, BVerfGE, 37, S. 1 (17); BVerfG, Beschl. v. 29.11.1989, BVerfGE 81, S. 108 (121 f.), VGH Baden-Württemberg, DÖV 2000, S. 874 (876); *Faber*, GewArch. 2002, S. 264 (266); *Ritgen*, AöR 127 (2002), S. 351 (392).

[1206] Erfordert eine grundrechtliche Betätigung den Zugriff auf Ressourcen, die als Güter der Allgemeinheit nicht dem Einzelnen ausschließlich zugewiesen sind, ändert dies – entgegen *Murswiek*, DVBl. 1994, S. 77 (79 ff.); *ders.*, JZ 1988 S. 985 (992 f.); *ders.*, in: Sachs (Hrsg.), Grundgesetz, 4. Aufl. 2007, Art. 2 Rdnr. 120, der von einer Trennung von Freiheitsgebrauch und seiner Voraussetzungen ausgeht – an ihrer Teilhabe an dem umfassenden freiheitsrechtlichen Schutzanspruch der betroffenen Grundrechte und der Rechtfertigungsbedürftigkeit ihrer Beschränkung nichts. Das Schutzsystem der Verfassung ist auf eine umfassende freiheitsrechtliche Erfassung allen menschlichen Verhaltens angelegt. Der Schutzschild der Freiheit erstreckt sich auch auf die Inanspruchnahme von Gütern, die für die Freiheitsausübung erforderlich sind. Die staatliche Beschränkung des Zugriffs auf sie ist nicht deshalb der grundrechtlichen Rechtfertigungsbedürftigkeit und dem Schutzregime des Art. 12 Abs. 1 GG entzogen und alleine dem Regime der Teilhabe überantwortet, weil die Ausübung der Freiheit Güter voraussetzt, die der Einzelne nicht bereits als solche in seinem Güterbestand vorfindet. Wie hier *Degenhart*, K & R 2001, S. 32, 39; *Kämmerer*, NVwZ 2002, S. 161 (166); *Manssen*, in: von Mangoldt/F. Klein/Starck (Hrsg.), GG-Kommentar, 5. Aufl. 2005, Art. 12 Rdnr. 127; *Ritgen*, AöR 127 (2002), S. 351 (392 f.); *K. Vogel*, Grundzüge des Finanzrechts des GG, in: Isensee/P. Kirchhof (Hrsg.), 2. Aufl. 1999, § 87 Rdnr. 84; *Kloepfer*, AöR 97 (1972), S. 232 (272). Vgl. dazu im Einzelnen bereits supra S. 27 ff.

aushöhlen[1207]. Die Zugangskosten dürfen nicht so hoch sein, dass sie einen grundsätzlichen Zugangsanspruch und den zur Verteilung stehenden grundrechtlichen Freiheitsbereich in Frage stellen.

Soweit der Versteigerungserlös den Wert des zugedachten Knappheitsvorteils zugunsten des Staates einzieht, stellt er eine verhältnismäßige Beschränkung der Berufsfreiheit und der Grundfreiheiten dar. Er stellt einen (abstrakten) Ausgleich zwischen den begünstigten und den nicht begünstigten Zuteilungsinteressenten her, die auf den gleichen freiheitsrechtlichen Zugangsanspruch verweisen können: Der durch die Zuteilung Begünstigte entschädigt die anderen Nutzungsinteressenten durch einen wertäquivalenten Preis abstrakt für den Verzicht auf die ihnen entgangene Nutzungsmöglichkeit. Der zuteilende Staat kann sich insofern bei der Vereinnahmung der Zahlungsbeträge, die den Sondervorteil des Prätendenten[1208] zugunsten der Allgemeinheit einziehen, auf seine Funktion als Statthalter der Interessen aller Grundrechtsträger, insbesondere eine sachgerechte Wahrnehmung der Zuteilungsaufgabe berufen. Auch die Eigentumsfreiheit ist dann, selbst wenn man das Vermögen zum Schutzgegenstand erheben will[1209], nicht verletzt: Das Vermögen, wird durch die Abschöpfung nicht insgesamt verringert, sondern bleibt ob des zugeflossenen Sondervorteils in seinem Bestand unverändert[1210]. Grundsätzlich bilden Auktionen den Marktwert eines Gutes zutreffend ab und können insoweit als geeignetes Mittel zur Wertermittlung angesehen werden.

Unter den Bedingungen der Wertunsicherheit kann der Versteigerungserlös aber auch eine Höhe erreichen, die außer Verhältnis zu dem tatsächlichen Wert des mit ihm verbundenen Vorteils steht, und damit das freiheitsrechtliche Zugangsrecht, dessen sachgerechte Zuteilung die Versteigerung sichern soll, für die Interessenten durch die Auferlegung des Wertrisikos zu einer nahezu leeren Hülle werden lassen[1211]. Die für die Aufnahme einer beruflichen Tätigkeit abgerungene Zahlungspflicht entleert dann

---

[1207] Vgl. etwa BVerfG, Beschl. v. 22.12.1976, NJW 1977, S. 671 – Sondernutzungsgebühr für Informationsstand: »Auch gegen die Erhebung einer Sondernutzungsgebühr in derartigen Fällen bestehen keine durchgreifenden verfassungsrechtlichen Bedenken, sofern sich – wie hier – die Gebühr innerhalb eines vertretbaren Gebührenrahmens hält, so daß die beabsichtigte Meinungskundgabe dadurch nicht wesentlich erschwert oder gar unmöglich gemacht wird«. Ähnlich VG Kassel, Urt. v. 27.4.2005 – 6 E 2424/04 –.

[1208] Vgl. dazu im Einzelnen S. 515ff.

[1209] Vgl. zu dieser Streitfrage etwa *Depenheuer*, in: v. Mangoldt/F. Klein/ Starck (Hrsg.), GG, 5. Aufl. 2005, Art. 14 Rdnr. 141ff.; *Wieland*, in: Dreier (Hrsg.), GG, 2. Aufl. 2004, Art. 14 Rdnr. Rdnr. 53ff. jeweils m. w. N.

[1210] Ähnlich etwa (für Umweltabgaben) *Sacksofsky*, Umweltschutz durch nicht-steuerliche Abgaben, 2000, S. 228.

[1211] Das wird leider bislang in der wissenschaftlichen Diskussion nicht beachtet; vgl. *Ruffert*, AöR 124 (1999), 237, 262; *Degenhart*, Verfassungs- und verwaltungsrechtliche Rechtsfragen der Versteigerung der UMTS-Lizenzen in: Piepenbrock/F. Schuster (Hrsg.), UMTS-Lizenzvergabe, 2001, S. 259 (309f.).

das damit verfolgte Ziel der Schaffung und Erhaltung einer Lebensgrundlage und der Gewinnerwirtschaftung; der Zuteilungsmechanismus, der den Freiheitsgebrauch ermöglichen und sachgerecht zuteilen soll, verliert seine freiheitsdienende Funktion. Er stößt die Tür zu, die er öffnen soll und schüttet das Kind mit dem Bade aus. Der Marktzutrittspreis hat dann faktisch, wenn auch ungewollt, erdrosselnde Wirkung[1212]. Aus einer sachwaltenden Zuteilung wird ein Zugriff auf den zuzuteilenden Freiheitsbereich selbst; die grundrechtlich überformte Zuteilungsaufgabe wird konterkariert. Der Versteigerungsmechanismus schließt dies nicht aus und kann dies auch nicht ausschließen. Er enthält keine Sicherung gegen wertunsicherheitsbedingte Inäquivalenzen und eine damit verbundene Aushöhlung des Freiheitsraumes. Macht der Staat die Zuteilung eines für die Grundrechtswahrnehmung erforderlichen Freiheitsbereiches von der voraufgehenden Zahlung eines Geldbetrages auf der Grundlage eines geschätzten Knappheitswertes abhängig, setzt er diesen der Gefahr einer unzulässigen Verkürzung aus: Denn dort, wo sich die Aufgabe des Staates auf die sachwalterische Funktion der Zuteilung beschränkt, darf er den Freiheitsraum, dessen Eröffnung die Zuteilung dient, in seiner Ausübung nicht einschränken, sondern hat ihn unter vollständiger Ausnutzung der verfügbaren Kapazitäten zuzuteilen[1213]. Eine bei Gelegenheit der Zuteilung auferlegte Zahlungspflicht, der nicht annähernd ein entsprechender Wert gegenübersteht, kann dann einen unverhältnismäßigen Eingriff in das durch die Zuteilung betroffene Freiheitsrecht induzieren. Der freiheitsrechtliche Abwehranspruch gegen Verknappung schlägt dann auf die Verteilungsebene als Schranke der Abgabenerhebung durch[1214].

[1212] Vgl. zur (unzulässigen) erdrosselnden Wirkung von Gebühren BVerfG, Beschl. v. 1.4.1971, BVerfGE 31, S. 8 (23) – Vergnügungssteuer; BVerfG, Beschl. v. 17.7.1974, BVerfGE 38, S. 61 (81) – Leberpfennig; BVerfG, Beschl. v. 11.10.1977, BVerfGE 47, S. 1 (21 f.); BVerwG, Beschl. v. 24.5.1961, BVerwGE 12, S. 162 (170); BVerwG, Urt. v. 8.12.1961, BVerwGE 13, S. 214 (222), wonach es »[...] nicht gegen das zum Wesen der Gebühr gehörende Äquivalenzprinzip verstößt, sofern der Wert der Amtshandlung für den Betroffenen und die Höhe der Gebühr in einem angemessenen Verhältnis stehen und die Gebühr nicht so hoch festgesetzt ist, dass sie von der Beantragung der Amtshandlung abzuschrecken geeignet ist«; BVerwG, Urt. v. 21.10.1970, Buchholz 401.84 Benutzungsgebühren Nr. 1; BVerwG, Urt. v. 15.7.1988, BVerwGE 80, S. 36 (41); BVerwG, Beschl. v. 30.5.2002, TMR 2002, S. 468; BVerwG, Beschl. v. 30.4.2003, BVerwGE 118 S. 128 (135 u. 143); *Kloepfer*, AöR 97 (1972), S. 232 (255 f. und 262 f.); *F. Kirchhof*, DVBl. 2000, S. 1166 (1170); *Wilke*, Gebührenrecht und Grundgesetz, 1973, S. 321 f.

[1213] Etwas anderes gilt dort, wo der Staat mit der Zuteilung ausschließlich einen individuellen materiellen Rechtsgewinn bewirkt, d. h. den Zugang zur Ausübung von Freiheitsbereichen eröffnet, auf deren Ausübung kein verfassungsrechtlich verfestigter Anspruch besteht. Die Verknüpfung einer Erweiterung der grundrechtlich gesicherten Handlungsmöglichkeiten mit einer Zahlungspflicht greift (vorbehaltlich ihrer Sachgerechtigkeit) nicht als solche unzulässig in die Handlungsfreiheit oder die Berufsfreiheit ein.

[1214] Vgl. ähnlich für Subventionen etwa *Haverkate*, Rechtsfragen des Leistungsstaates, 1983, S. 174 ff.; *Krüger*, DVBl. 1955, S. 450 (451): »Die quantitative Relation zwischen Wohltat und Auflage [...] muss durch den Grundsatz der Verhältnismäßigkeit beherrscht sein«.

(a) Das Wertrisiko zwischen Privatautonomie, unternehmerischem Investitionsrisiko und Verhältnismäßigkeitsprinzip

Scheint die vollständige Zuweisung des Wertunsicherheitsrisikos in die Sphäre der Bürger mit dem Schutzgedanken des Verhältnismäßigkeitsprinzips als eines Schutzmantels gegen staatliche Zugriffe auf das Vermögen der Bürger unter den Bedingungen der Wertunsicherheit prima facie in unvereinbarer Weise zu kollidieren, bewegt sich eine unbesehene Anwendung des Verhältnismäßigkeitsprinzips auf Versteigerungserlöse zugleich auf unsicherem dogmatischem Boden und vermintem Feld: Die Geltung des Verhältnismäßigkeitsprinzips bezieht die Rechtfertigung seiner Anwendbarkeit auf Abgaben insbesondere daraus, dass die mit der Gebühr verbundenen Zahlungspflichten dem Bürger einseitig auferlegt werden, ohne dass der Bürger auf ihre Höhe Einfluss nehmen kann. Sie zollt dem Privileg einseitiger Zugriffsbefugnis des Staates auf die grundrechtlichen Freiheitsräume der Bürger Tribut. Die besondere Schutzbedürftigkeit gegen Übergriffe auf das Vermögen der Bürger entspringt der Machtbefugnis des Staates, die Höhe der Zahlungspflichten einseitig festzulegen.

Die Versteigerung setzt die Bieter dem Risiko der Wertüberschreitung nicht vollends schutzlos aus. Sie legt den zu zahlenden Preis nicht einseitig fest, sondern ermittelt ihn aus den Geboten der Teilnehmer. Anders als im Regelfall der Gebührenerhebung ordnet der Staat nicht einseitig eine Zahlungspflicht in im Voraus festgelegter Höhe an, sondern der Bieter trägt durch sein Gebot selbst zur Höhe des Versteigerungserlöses bei. Allein die Bieter bestimmen durch ihr Verhalten in der Versteigerung den Preis des zu versteigernden Gutes. Sie haben es in der Hand, die Unsicherheiten und Risiken im Rahmen ihres Bieterverhaltens zu berücksichtigen und dem Fluch des Gewinners durch die Höhe ihres Gebotes entgegenzuwirken. Die Zahlungshöhe ist die Folge eines auf Mitwirkung angelegten kooperativen Wertermittlungsprozesses.

Wirkt der Bürger an der Bestimmung der Zahlungshöhe selbst durch die Abgabe entsprechender Gebote mit, reduziert sich zwar nicht das Maß der Entscheidungsunsicherheit, wohl aber das Maß seiner Schutzwürdigkeit. Die Unsicherheit lässt sich in strenger Lesart als äußere Rahmenbedingung einer Investitionsentscheidung verstehen, die der Bieter in seine Kalkulationen ebenso einzupreisen hat wie sonstige Risiken einer Veränderung der Umweltbedingungen. Die durch den zuzuteilenden Staat gesetzten Rahmenbedingungen sind dann Faktoren des Marktmechanismus, denen das nationale und gemeinschaftsrechtliche Verfassungsrecht mit ähnlicher Indolenz begegnen kann, mit der es auch sonst den Risiken des Marktes gegenübertritt[1215]. Mit dem Risiko, dass sich eine Investition als Fehlschlag

[1215] In diesem Sinne für die Lenkungswirkung von Steuerungsmaßnahmen des Staates etwa *H. Wagner*, VVDStRL 27 (1969), S. 47 (68); ebenso ausdrücklich für die Versteigeerweist, sind Investoren immer konfrontiert, wenn sie an dem Prozess des Wettbewerbs teilhaben wollen. Investitionen finden unter den Bedingungen der Unsicherheit über die Zukunft statt. Die Berufsfreiheit und die Grundfreiheiten schützen sie davor nicht. Sie laden zur Teilhabe am Wettbewerb nach Maßgabe der Funktionsbedingungen des Marktes und der Veränderung der ihm zugrunde liegenden tatsächlichen Verhältnisse ein, vermitteln aber keinen Anspruch auf eine erfolgreiche Marktteilhabe oder künftige Erwerbsmöglichkeiten[1216]. Den Staat trifft keine Garantenstellung für den wirtschaftlichen Erfolg privater Unternehmungen. Die Wettbewerbsposition und damit auch der Umsatz sowie die Erträge unterliegen – ebenso wie die ihnen zugrunde liegenden tatsächlichen Verhältnisse – dem Risiko laufender Veränderung je nach den Marktverhältnissen[1217]. Wer als Unternehmer auf dem Markt tätig wird, muss die Dynamik der seine Erwerbstätigkeit beeinflussenden gesellschaftlichen Rahmenbedingungen in Rechnung stellen[1218]. Das Verschwinden nicht wettbewerbsfähiger Anbieter ist dabei Teil und Voraussetzung des Funktionierens einer auf dem Gedanken des Wettbewerbs und des Marktes aufbauenden Ordnung.

Das bei der Versteigerung staatlich verwalteter Güter auferlegte Wertrisiko ausschließlich als Datenkranz eines allgemeinen wirtschaftlichen Risikos des Bieters aufzufassen, das auch sonst nicht auf den Staat abgewälzt werden darf (dazu im Einzelnen infra aa)[1219], schöpft freilich die Tiefe der

---

rung *Kurth*, FAZ vom 16.9.2002, S. 17: »Das Risiko und die Marktchancen zu bewerten war und ist Sache der Unternehmen«. Ähnlich *Mussler*, FAZ vom 28.3.2002, S. 17 (Bezug nehmend auf die wirtschaftlichen Schwierigkeiten der Bietsieger des deutschen UMTS-Versteigerungsverfahrens: »Man muss die Firmen jetzt, wo sie in Schwierigkeiten geraten, nicht bemitleiden; enttäuschte Geschäftserwartungen gehören zur Marktwirtschaft«.

[1216] Vgl. etwa für die europarechtlich gewährleistete Berufsfreiheit EuGH, Urt. v. 21.5.1987, Slg. 1987, S. 2289 (2338f.) – Rau; für das deutsche Verfassungsrecht etwa BVerfG, Beschl. v. 16.10.1968, BVerfGE 24, S. 236 (251) – Aktion Rumpelkammer; BVerfG, Urt. v. 1.2.1973, BVerfGE 34, S. 252; BVerfG, Beschl. v. 26.6.2002, BVerfGE 105, S. 252 (262) – Glykolwein; BVerfG, Urt. v. 20.4.2004, BVerfGE 110, S. 274 (288) – Ökosteuer; BVerwG, Urt. v. 18.4.1985, BVerwGE 71, S. 183 (193); *Lübbe-Wolff*, Die Grundrechte als Eingriffsabwehrrechte, 1988, S. 269 u. 234f.; *Huber*, Konkurrenzschutz im Verwaltungsrecht, 1991, S. 317; *Frenz*, NuR 2004, S. 429 (429f.).

[1217] Ibid.

[1218] BVerwG, Urt. v. 18.4.1985, BVerwGE 71, S. 183 (193) – Arzneimittel-Transparenzliste.

[1219] So ausdrücklich *Leist*, Versteigerungen als Regulierungsinstrument, 2004, S. 143; ähnlich *S. Bumke*, Frequenzvergabe nach dem TKG, 2006, S. 339; *Ritgen*, AöR 127 (2002), S. 351 (395f.); *Kreitlow*, in: Wissmann (Hrsg.), Telekommunikationsrecht, 2. Aufl. 2006, Kap. 7 Nr. 209; *Kleinschmidt*, Die Versteigerung von Telekommunikationslizenzen, S. 104f.; *Kupfer*, Verteilung, 2005, S. 360ff., er ist der Auffassung, dass der Bieter »das Risiko der Fehleinschätzung zu tragen hat«, ähnlich *J. Kruse*, Lizensierung und Wettbewerb im Mobilfunk, 1993, S. 203; wie hier für Emissionslizenzen hingegen *Rehbinder*, Umweltlizenzen (Zertifikate) im Bereich der Luftreinhaltung, in: Endres et al. (Hrsg.), Umweltzertifikate und Kompensationslösungen aus juristischer Sicht, 1994, S. 92 (127): »Insofern trifft die Parallele zu anderen auf dem Markt zu erwerbenden Produktionsfaktoren nicht zu«.

freiheitsrechtlichen Problematik nicht vollständig aus. Der Vergleich des Versteigerungspreises mit einer gewöhnlichen Investitionsentscheidung verstellt den Blick auf die mit ihm verbundene freiheitsrechtliche Zugangsbeschränkung. Der Versteigerungspreis ist keine gewöhnliche Marktinvestition, die in ihrer »Ungewissheit zum Wesen wirtschaftlicher Tätigkeit gehört«[1220]; er ist Teil einer staatlichen Zuteilungsentscheidung, der unmittelbar über die Möglichkeit zur Ausübung grundrechtlicher und grundfreiheitlicher Rechte befindet, und als solcher ein staatlich auferlegter, gewillkürter Marktzutrittspreis zu einer freiheitsrechtlich geschützten Tätigkeit, der an eine Mitwirkungshandlung der betroffenen Akteure anknüpft[1221]. Der Staat wird bei der Zuteilung des versteigerten Gegenstandes und der Erhebung des Versteigerungspreises als verteilungslenkender Staat, der hoheitlich über Ausmaß und Umfang von Freiheitsausübungsmöglichkeiten entscheidet. Er erhebt den Versteigerungspreis als Voraussetzung für die Ausübung eines Grundrechts und löst damit gleichzeitig den Reaktionsanspruch der Grundfreiheiten als grundsätzlichen Verboten von Marktzutrittsschranken aus. Der römische Rechtsgrundsatz »ubi periculum, ubi lucrum« findet auf diesen Preis nicht unbesehen Anwendung (dazu im Einzelnen infra bb u. cc).

Vermittelt die Berufsfreiheit auch ebenso wenig wie die Grundfreiheiten einen Anspruch auf Behauptung im Wettbewerb und nehmen sie dem Einzelnen nicht das Risiko des Fehlschlags von Investitionsentscheidungen, so wohnt ihnen doch ein Abwehranspruch gegen staatliche Zugangsschranken inne, die die Ausübung durch sie geschützter Betätigungen an unverhältnismäßige staatlichen Beschränkungen knüpfen. Als Teil einer Zuteilungsordnung errichtete Zugangsschranken dürfen das Recht, das sie berühren, nicht aushöhlen, wenn der Zuteilungsordnung ein verfassungsrechtlich nicht entziehbarer Zugangsanspruch zugrunde liegt[1222]. Der Staat trägt im Bereich der Verteilung knapper, staatlich verwalteter Güter eine Verantwortung für eine den Freiheitsrechten Rechnung tragende Verteilungsordnung. Die Verlagerung des Wertunsicherheitsrisikos muss dort ihre Grenze finden, wo sie als Teil einer Verteilungsregelung zu einer unverhältnismäßigen Beschränkung des Zugangs zur verfassungsrechtlich geschützten Freiheitsausübung führt[1223] (dazu im Einzelnen infra dd).

[1220] EuGH, Urt. v. 14.5.1974, Slg. 1974, S. 491 (507f.) – Nold.

[1221] In besonderem Maße wird dies dort deutlich, wo die Knappheit des Gutes auf einer gewillkürten Entscheidung des Staates beruht, wie etwa bei der Etablierung eines Systems von Emissionslizenzen. Auch dort, wo die Knappheit nicht auf eine staatliche Beschränkung des verfügbaren Güterangebots, sondern ausschließlich auf eine naturwissenschaftlich bedingte Begrenztheit und Unvermehrbarkeit von Gütern zurückgeht, wie etwa bei Frequenzen, gilt in der Sache nichts anderes.

[1222] Das gilt jedenfalls dann, wenn der Zuteilungsordnung ein verfassungsrechtlich nicht entziehbarer Zugangsanspruch zugrunde liegt.

[1223] A. A. etwa *Leist*, Versteigerungen als Regulierungsinstrument, 2004, S. 143: »Das (aa) Vertragsgerechtigkeit und Geschäftsgrundlage als Vergleichsparadigmen? – Volenti non fit iniuria, Grundrechtsverzicht und der Versteigerungserlös

Die Mitwirkung der Bieter an dem Preisfindungsprozess der Versteigerung lässt die Frage auf den Plan treten, ob die Bieter mit ihren Geboten das Risiko der Wertunsicherheit als Teil ihrer Grundrechtsausübung freiwillig übernommen und damit auf entsprechenden Grundrechtsschutz verzichtet haben. Dass die freiwillige Übernahme eines Risikos die Zumutbarkeitsgrenze zu verschieben geeignet ist, entspricht einer gefestigten Rechtsüberzeugung. »Das freiwillig übernommene Risiko mindert die Schutzwürdigkeit des Eigentümers«, urteilte das Bundesverfassungsgericht etwa in seiner Entscheidung zu den Grenzen der Haftung für die Sanierung von Altlasten[1224] Die bewusste vertragliche Übernahme von Risiken schließt auch nach den allgemeinen Lehren der Geschäftsgrundlage[1225] eine Korrektur

noch immer verbleibende Restrisiko von Überbewertungen und damit überhöhter Abgaben verbleibt bei den Abgabeschuldnern«.

[1224] BVerfG, Beschl. v. 16.2.2000, NJW 2000, S. 2573 (2575 f.). Weiters heißt es: »Die Zumutbarkeit kann ferner davon beeinflusst werden, ob der Eigentümer Vorteile aus dem Risiko – etwa durch einen reduzierten Kaufpreis oder einen erhöhten Pachtzins – erzielt hat«.

[1225] Das Institut der Geschäftsgrundlage des Vertrages, das etwa in § 313 BGB und § 60 VwVfG seinen legislativen Niederschlag gefunden hat, lässt Durchbrechungen des Grundsatzes der Vertragsfreiheit durch richterliche Eingriffe zu. Es teilt das Vertragsbeziehungen inhärente Risiko des Auseinanderfallens von Vorstellung und Wirklichkeit, das auf die Veränderung solcher Umweltbedingungen zurückgeht, auf denen der Vertrag aufbaut und auf die die Beteiligten keinen Einfluss haben, nach Wertungsgesichtspunkten auf die Beteiligten neu zu. Die Neuzuordnung zugunsten der einen Partei bedeutet in vertraglichen Beziehungen nahezu zwangsläufig eine Zuordnung zum Nachteil der Gegenpartei, die die Veränderung der Umweltbedingungen im Zweifel als glückliche Fügung und verdienten Vorteil versteht, der ihr kraft des Vertrages zukomme. Die Lehre von der Geschäftsgrundlage wagt insoweit eine Gratwanderung zwischen der Vertragsgerechtigkeit und Vertragsbindung der Parteien, insbesondere der Versuchung der Parteien, sich Vertragspflichten zu entziehen. Sie verfolgt das legitime Ziel, Verteilungsgerechtigkeit zu realisieren und Zufallsgewinne bzw. -verluste zu verhindern, die die Parteien bei der vertraglichen Risikozuordnung nicht berücksichtigt und beabsichtigt hatten, begibt sich damit aber in die Gefahr, den Vertrag als selbstbestimmte Vereinbarung von Rechtssubjekten zu zersetzen und die richterliche Wertung, an die Stelle des Rechts und der durch das Recht und die Parteivereinbarung bestimmten Risikoverteilung zu setzen. Die Selbstverantwortung der Vertragsparteien und das Interesse an einer Planungssicherheit gebieten grundsätzlich einen Primat der Vertragstreue vor dem Anpassungsinteresse des benachteiligten Vertragspartners. Eine Durchbrechung des das Privatrecht beherrschenden Grundsatzes der Vertragstreue darf die Rechtsordnung nicht mit leichter Hand zulassen, will sie das Rechtsinstitut des Vertrages nicht gefährden. Sie bedarf einer besonderen Rechtfertigung. Dem Institut der Geschäftsgrundlage bleibt daher grundsätzlich ein enger Anwendungsbereich. Auch bei einer schwerwiegenden Änderung der Vertragsgrundlagen greift es grundsätzlich nur dort Platz, wo die zwischen den Parteien bestehende vertragliche Risikoverteilung unvollständig ist, d. h. wo es sich um den Eintritt von unwahrscheinlichen oder außerordentlichen Ereignissen handelt, die die Parteien nicht bedacht und daher nicht einer Partei zugewiesen haben.

vertraglicher Leistungspflichten grundsätzlich aus[1226]: Wer sich in Kenntnis eines Risikos auf einen Vertrag eingelassen hat, muss sich auch dann daran festhalten lassen, wenn sich dieses Risiko in größerem Umfang als erwartet verwirklicht.

Die Situation des Bieters in einer Versteigerung staatlich verwalteter Güter unterscheidet sich prima facie nicht von derjenigen des Vertragspartners, der die Höhe von Transaktionsvorteilen überschätzt. Der Pächter eines staatlichen Grundstücks etwa, der einen langfristigen Kiesabbauvertrag mit dem staatlichen Eigentümer abschließt, welcher sich aufgrund einer Veränderung der wirtschaftlichen Rahmenbedingungen aber als nicht rentabel erweist, trägt (auch nach den Lehren der Geschäftsgrundlage) allein das Risiko, dass der Abbau des vorhandenen Kieses rentabel ist[1227]. Bei Verträgen, die sich auf langfristige Laufzeiten beziehen, gehört es zum üblichen Vertragsrisiko, dass sich die den Wert der sich gegenüberstehenden Leistungen beeinflussenden Verhältnisse während der Vertragsdauer zugunsten des einen oder anderen Vertragspartners ändern können[1228]. Umstände, die die Parteien erkannt haben, aber in den Risikobereich einer Partei fallen sollen, sind nicht geeignet, eine Vertragskorrektur zu begründen[1229]. Die Geschäftsgrundlage schreibt einen privatautonom gefundenen Interessenaus-

[1226] Vgl. etwa OVG Nordrhein-Westfalen, Urt. v. 6.12.1990, NVwZ 1991, S. 1106 (1106f.); *Schlette*, Die Verwaltung als Vertragspartner, 2000, S. 615; vgl. für das Zivilrecht etwa BGH, Urt. v. 13.11.1975, NJW 1976, S. 565 (566) m. w. N.; BGH, Urt. v. 1.6.1979, BGHZ 74, S. 370 (374); BGH, Urt. v. 4.5.1983, NJW 1983, S. 2034 (2036); ebenso *Brockmeyer*, Das Rechtsinstitut der Geschäftsgrundlage aus der Sicht der ökonomischen Analyse des Rechts, 1993, S. 73 u. 96; *Grüneberg*, in: Bamberger/H. Roth (Hrsg.), BGB, 2004, §313 Rdnr. 27f.; *Lettl*, JuS 2001, S. 347 (352); *G. Roth*, in: Münchener Kommentar zum BGB, 5. Aufl. 2007, §313 BGB, Rdnr. 35ff.; *Vollkommer*, in: Jauernig (Hrsg.), BGB, 12. Aufl. 2007, §313 Rdnr. 20f.

[1227] BGH, Urt. v. 17.3.1982, NJW 1982, S. 2062.

[1228] Vgl. BGH, Urt. v. 31.5.1990, NJW 1991, S. 1478 (1479) – Salome, m. w. N.; *Henneke*, in: Knack, VwVfG, 8. Aufl. 2004, §60 Rdnr. 11. So kann der Mieter sich nicht auf Wegfall der Geschäftsgrundlage berufen, wenn er wegen Umsatzrückgangs für einen geleasten LKW keine Verwendung mehr hat; er trägt das Verwendungsrisiko (vgl. OLG Dresden, Urt. v. 26.7.1995, OLG-NL 1996, S. 193ff.). Etwas anderes gilt lediglich dann, wenn der Verkäufer sich die geplante Verwendung so weit zu Eigen gemacht hat, dass es widersprüchliches Verhalten wäre, sich einer Vertragsanpassung zu verschließen; *Grüneberg*, in: Bamberger/H. Roth, BGB-Kommentar, 2003 (Aktualisierung 2004), §313 Rdnr. 31; vgl. zur Risikoabgrenzung zwischen Vermieter und Mieter auch: BGH, Urt. v. 16.2.2000, NJW 2000, S. 1714 (1716): »Im Verhältnis zwischen Vermieter und Mieter trägt grundsätzlich der Mieter das Verwendungsrisiko bezüglich der Mietsache (…). Dazu gehört bei der gewerblichen Miete vor allem das Risiko, mit dem Mietobjekt Gewinne erzielen zu können. Erfüllt sich diese Erwartung des Mieters nicht, so verwirklicht sich damit ein typisches Risiko des gewerblichen Mieters, das dieser nicht auf den Vermieter verlagern kann«. Vgl. auch OLG Hamm, Urt. v. 8.12.1995, NJWE-MietR 1996, S. 79f. (Verteilung des Verwendungsrisikos bei gewerblichem Spielcasinovertrag nach Glücksspielverbot); Thaler/Tachezy, NZM 2001, S. 184 (187).

[1229] Vgl. etwa für die vertragliche Vereinbarung einer Stellplatzablösepflicht VGH Baden-Württemberg, Urt. v. 9.3.1999, NVwZ-RR 2000, S. 206 (207).

gleich bei einer Veränderung der Umweltbedingungen in die Zukunft fort, gibt den Parteien aber kein Instrument an die Hand, sich vertraglich übernommener Verpflichtungen zu entledigen, die sich ex post betrachtet als nachteilig herausstellen. Die Korrektur darf nicht dazu dienen, das von den Parteien intendierte und gültig determinierte Vertragsgleichgewicht zum Nachteil der Gegenpartei zu verschieben[1230]. Verwirklicht sich ein Risiko, das nach dem Inhalt des Vertrages derjenige zu tragen hat, der sich auf die Störung beruft, kann er seit Vertragsschluss eingetretene Änderungen der Tatsachengrundlage nicht der anderen Seite anlasten, um sie an dem Risiko zu beteiligen[1231]. Namentlich bei Risikogeschäften scheidet im Rahmen des übernommenen vertragstypischen Risikos eine Berufung auf den Wegfall der Geschäftsgrundlage grundsätzlich aus[1232]. Wer sich etwa auf eine Vergleichsvereinbarung und ihre friedensstiftende Wirkung einlässt, um eine bestehende Rechtsunsicherheit auszuräumen und damit das Risiko vermeidet, bei einer gerichtlichen Auseinandersetzung vollends leer auszugehen, kann grundsätzlich nicht auf eine Korrektur des Vertrages hoffen, wenn sich sein Kalkül nicht erfüllt und sich die Sach- oder Rechtslage später tatsächlich anders darstellt[1233]. Vergleichsvereinbarungen ist nach ihrer vertragstypischen Struktur eigen, dass ihre Verbindlichkeit durch nachfolgende Entwicklungen nur berührt wird, wenn die Entwicklung Tatsachen betrifft, die die Vertragsparteien beim Abschluss des Vertrages übereinstimmend »als feststehend zugrunde« gelegt haben[1234].

Die Entscheidung über die Abgabe eines Gebots in einer Versteigerung weist für die Bieter ähnliche Elemente einer Risikovereinbarung wie eine Vergleichsvereinbarung auf. Die Versteigerung ist in ihrer Natur als Risikogeschäft[1235] konzipiert. Der Bieter muss das Risiko abwägen, dass sich die

---

[1230] *G. Roth*, in: Münchener Kommentar zum BGB, 5. Aufl. 2007, § 313 Rdnr. 37.

[1231] BGH, Urt. v. 17.6.1992, NJW 1992, S. 2690 (2690 f.); BGH, Urt. v. 1.6.1979, BGHZ 74, S. 370 (373).

[1232] Vgl. etwa BGH, Urt. v. 23.3.1982, BGHZ 83, S. 283 (288 ff.) m. w. N. Risikogeschäfte, auch Vergleichsverträge, sind auch nach der Rechtsprechung des BGH dem Anwendungsbereich der Geschäftsgrundlage aber nicht prinzipiell, sondern nur grundsätzlich entzogen. Unvorhergesehene Spätfolgen eines Abfindungsvergleichs, die zu einem ganz ungewöhnlichen Missverhältnis zwischen Schaden und Abfindung führen, unerwartete Wertveränderungen etc. können auch hier ausnahmsweise einen Wegfall der Geschäftsgrundlage begründen, soweit sie die Grenze des vergleichstypischen Risikos überschreiten (Vgl. dazu etwa BGH, Urt. v. 29.1.1992, NJW-RR 1992, S. 714 f.; BGH, Urt. v. 25.5.1970, BB 1970, S. 1191).

[1233] Vgl. etwa *Löwer*, VerwArch. 56 (1965), S. 236 (269 f.); *Schimpf*, Der verwaltungsrechtliche Vertrag unter besonderer Berücksichtigung seiner Rechtswidrigkeit, 1982, S. 309; *Schlette*, Die Verwaltung als Vertragspartner, 2000, S. 616 f.; a. A. *Thieme*, NJW 1974, S. 2201 (2203).

[1234] Vgl. § 55 VwVfG i. V. m. § 779 Abs. 1 BGB.

[1235] Den Charakter des Rechtsinstruments der Versteigerung als Risikogeschäft untermauern insbesondere für das Zivilrecht etwa für § 312d Abs. 4 Nr. 5 BGB (Ausschluss des Widerrufsrechts für gewillkürte Fernabsatzversteigerungen) sowie etwa § 445 BGB, § 806 tatsächliche Wertentwicklung des Versteigerungsgutes anders darstellt, als er seinem Gebot zu Grunde legt. Mit der Abgabe eines Gebots verbindet sich grundsätzlich die vollständige Zuweisung des Risikos der Wertentwicklung. Das Verwendungs- und Ertragsrisiko ist damit kraft Übernahme des Risikos in seiner Risikosphäre beheimatet und für eine nachträgliche Korrektur des Versteigerungsergebnisses regelmäßig nicht offen; der Weg zur Geschäftsgrundlage als Korrekturmechanismus scheint versperrt, da das Risiko abzuschätzen und einzustufen dem Bieter freisteht[1236]. Der Rechtsgedanke des »volenti non fit iniuria«[1237] und des Vorrangs der privatautonomen Risikozuordnung scheint uns hier in einem seiner klassischen Anwendungsfälle zu begegnen[1238]. Wer das Risiko nicht übernehmen will, der – so scheint eine nahe liegende Handlungsempfehlung – soll sich an dem Versteigerungsprozess nicht beteiligen. Niemand zwingt ihn, daran teilzunehmen.

(bb) Schranken des Primats formeller Vertragsgerechtigkeit im öffentlichen Recht

Eine wichtige Voraussetzung für die Rechtfertigung des Primats privatautonomer Risikozuordnung gerät dabei freilich leicht aus dem Blickfeld. Der Gedanke der Risikoübernahme als Ausschlusstatbestand nachträglicher Vertragskorrektur geht von einer auf der Grundlage autonomer Willensbildung entworfenen Risikozuordnung[1239] und der sich daran knüpfenden

---

ZPO, § 56 S. 3 ZVG, § 283 AO, § 25 nrw VwVG (Ausschluss der Gewährleistung für Zwangsversteigerungen).

1236 Ähnlich für den Fall wesentlicher Änderungen der Sachlage nach Abschluss eines Ablösungsvertrages BVerwG, Urt. v. 9. 11. 1990, BVerwGE 87, S. 77 (83): »(...) muss dem Umstand Rechnung getragen werden, dass der Abschluss eines Ablösungsvertrages der Gemeinde ebenso wie dem Grundeigentümer freisteht (...)«.

1237 Dig. 47, 10, 1 § 5 a. E. (Ulpian).

1238 Vgl. dazu *Franz*, Gewinnerzielung durch kommunale Daseinsvorsorge, 2005, S. 694 ff.; *Pietzcker*, Die Rechtsfigur des Grundrechtsverzichts, Der Staat 1978, S. 527 ff.; *Sachs*, VerwArch. 1985, S. 398 (424) ([...] »gebietet es, die Auslegungsarbeit auch auf die Frage zu erstrecken, ob ein Grundrecht überhaupt gegenüber Einwirkungen eingreift, die ein Bürger verbindlich übernommen hat. Daran kann es zumal im wirtschaftlichen Grundrechtsbereich des Art. 12 und 14 GG fehlen«). Den Rechtsgedanken des »volenti non fit iniuria« im öffentlichen Recht ablehnend etwa *Forsthoff*, Lehrbuch des Verwaltungsrechts, 10. Aufl. 1973, S. 279; *P. Kirchhof*, Mittel staatlichen Handelns, in: Isensee/P. Kirchhof (Hrsg.), HStR III, 2. Aufl. 1996, § 59 Rdnr. 128: »Die grundsätzlich dem Gesetzgeber vorbehaltene Verpflichtung des Bürgers stützt sich nicht auf Einverständnis, sondern auf Gesetzesunterworfenheit. (...) Im öffentlichen Recht gilt deshalb nicht der Satz ›volenti non fit iniuria‹«; *Thieme*, NJW 1974, S. 2201 (2204). Kritisch zum Einsatz des Rechtsgedankens im Recht des Verwaltungsvertrages auch *Burmeister*, VVDStRL 52 (1993), S. 190 (212 f.). Da staatliche Kompetenzausübung »gerade durch die Nichtexistenz von Autonomie und Freiheit gekennzeichnet« sei, könne dieser Satz im Umfeld des Verwaltungsvertrages keine Gültigkeit beanspruchen.

1239 Vgl. BGH, Urt. v. 13. 11. 1975, NJW 1976, S. 565 (566): »Für die Frage der Rechtsfolgen des Fehlens oder des Wegfalls der Geschäftsgrundlage kommt der Risikoverteilung [....] besondere Bedeutung zu. In der Rechtsprechung ist anerkannt, dass Umstände, die

Richtigkeitsvermutung[1240], d. h. davon aus, dass die Parteien die Risiken, die sie für vertragswesentlich hielten, unter den Bedingungen privatautonomer Handlungsfreiheit zugeordnet und einem Interessenausgleich zugeführt haben[1241]. Er setzt ein Vertragsgleichgewicht voraus[1242]. Mangelt es an einem von Selbstbestimmung getragenen Kräftegleichgewicht der Parteien und ist der Vertragsschluss nicht mehr voller Ausdruck der Dispositionsfreiheit, auf die sich die Parteien zur Erreichung ihrer Ziele aus freien Stücken eingelassen haben, erfolgt namentlich eine einseitige Auferlegung von Risiken, die nicht von Vertragsparität und Autonomie der Handlungssubjekte geprägt ist, sondern davon, dass die Entscheidungsfreiheit einer der Parteien in ihrem Entschluss, einen Vertrag zu schließen oder der inhaltlichen Gestaltungsfreiheit ausgeschaltet ist, fehlt es an der Prämisse, die den Primat der vertraglichen Risikozuordnung rechtfertigt[1243]. Der Vertrag

---

nach dem Vertragszweck ersichtlich in den Risikobereich nur der einen Partei fallen, dieser grundsätzlich kein Recht geben, sich auf eine Störung der Geschäftsgrundlage zu berufen«. M. w. N.; ebenso etwa *Grüneberg*, in: Bamberger/Roth (Hrsg.), BGB, Aktualisierung 2004, § 313 Rdnr. 27 f.; *G. Roth*, in: Münchener Kommentar zum BGB, 5. Aufl. 2007, § 313 BGB, Rdnr. 37.

[1240] Vgl. zur Richtigkeitsgewähr des Vertrages die grundsätzliche Auseinandersetzung zwischen *Ludwig Raiser* und *Flume* mit *Schmidt-Rimpler*: *Schmidt-Rimpler*, Grundfragen einer Erneuerung des Vertragsrechts, AcP 147 (1941), S. 130 ff.; *ders.*, Zum Vertragsproblem, in: F. Baur (Hrsg.), Festschrift für Ludwig Raiser (1974), S. 3 ff.; *Raiser*, JZ 1958, S. 1 ff.; *ders.*, Vertragsfunktion und Vertragsfreiheit, Festschrift 100 Jahre Deutscher Juristentag Bd. 1 (1960), S. 101 ff.; *Wolf*, Rechtsgeschäftliche Entscheidungsfreiheit und armgleicher Interessenausgleich (1970), S. 8 ff.; *G. Hönn*, Kompensation gestörter Vertragsparität, 1982.

[1241] Vgl. etwa *G. Roth*, in: Münchener Kommentar zum BGB, 5. Aufl. 2007, § 313 BGB, Rdnr. 35.

[1242] Hinsichtlich übersehener oder nicht vollständig erfasster Vertragsrisiken nimmt die Geschäftsgrundlage dann eine Lückenfüllung vor: Sie rekonstruiert den vollständigen Vertrag, d. h. diejenige vertragliche Regelungsstruktur, auf die Parteien sich redlicherweise eingelassen hätten, wenn sie die veränderten Bedingungen erkannt hätten. Unter dem Topos des »vollständigen Vertrages« versteht die ökonomische Analyse des Rechts einen Vertrag, bei dem die Parteien alle denkbaren und möglichen Risiken rational gewichtet, verteilt und in voller Kenntnis der Risiken abgeschlossen haben. Vgl. dazu etwa *H.B. Schäfer/Ott*, Lehrbuch der ökonomischen Analyse des Zivilrechts, 4. Aufl. 2005, S. 423 ff.

[1243] Unter Hinweis auf die fehlende Vertragsparität korrigiert auch die zivilrechtliche Rechtsprechung selbst klassische Formen des Risikovertrages wie die Bürgschaft. Ein besonders grobes Missverhältnis zwischen dem Verpflichtungsumfang und der Leistungsfähigkeit des Bürgen vermag danach die Nichtigkeit einer aus Geschäftsunerfahrenheit ohne wesentliches Eigeninteresse eingegangenen Bürgschaft zu begründen (vgl. etwa BGH, Urt. v. 24.2.1994, BGHZ 125, S. 206 [210]; BVerfG, Beschl. v. 5.8.1994, NJW 1994, S. 2749 (2750); vgl. auch BVerfG, Beschl. v. 7.2.1990, BVerfGE 81, S. 242 (255) – Wettbewerbsverbot für Handelsvertreter; anders noch etwa BGH, Urt. v. 16.3.1989, NJW 1989, S. 1605 f.). Als Einbruchstellen einer vom Prinzip der formellen Vertragsgerechtigkeit abrückenden Äquivalenzkontrolle wirken insbesondere die Generalklauseln. Sie halten Instrumente bereit, die es möglich machen sollten, auf strukturelle Störungen der Vertragsparität angemessen zu reagieren und über die die Grundrechte in die Zivilrechtsordnung hineinwirken (BVerfG, Beschl. v. 19.10.1993, BVerfGE 89, S. 214 (234) – Bürgschaftsverträge; dazu insbesondere BVerfG, Urt. v. 15.1.1958, BVerfGE 7, S. 198 ff. –

als Instrument des Interessenausgleichs verliert dann seine richtigkeitsgewährende Funktion. Es kann zur Sicherung des Grundrechtsschutzes eine Korrektur der in kooperativer Handlungsform getroffenen Risikozuordnung geboten sein[1244].

Die im zivilrechtlichen Vertragsmodell vorausgesetzte Gleichordnungsebene der Vertragspartner, welche als Garant für den gerechten Ausgleich der sich gegenüberstehenden Interessen die Privatautonomie und die Richtigkeitsvermutung des vertraglich vereinbarten Entgelts trägt[1245], existiert als sachliche Grundlage und Anknüpfungspunkt einer formellen Vertragsgerechtigkeitsidee in der öffentlich-rechtlichen Verteilungslenkung nicht. Begegnen sich im zivilrechtlichen Vertragsmodell Grundrechtsrechtsberechtigte in ihrer Freiheit und steht die privatautonome Entfaltungsfreiheit der Privatrechtssubjekte einer gerichtlichen Kontrolle des Verhältnisses von Leistung und Gegenleistung als Ausdruck der Staatsbevormundung über die Vertragsparteien, die die Selbstverantwortung des Einzelnen zu negieren droht[1246], entgegen, so treten Staat und Bürger in der öffentlich-rechtlichen Verteilungslenkung einander als Verfügender und Empfänger gegenüber. Gegenstand der Mitwirkung des Bürgers ist die hoheitliche Verfügung über grundrechtliche Freiheitsräume. Der Staat handelt nicht in Ausübung grundrechtlicher Freiheit, sondern auf der Grundlage hoheitlicher Rechtsmacht und ihm zugewiesener Kompetenzen[1247, 1248]. Den Gedanken der Privatautonomie der Beteiligten der hoheitlichen Verteilungslenkung unterzuschieben, hieße daher den Gegenstand und die Rechtsform des Zuteilungsmechanismus zu verwechseln. Marktliche Handlungsformen heben Bürger und Staat bei der Gestaltung hoheitlicher Rechtsbeziehungen nur formell auf die Ebene der Gleichheit. Die Sonderrechte des Staates wirken materiell fort[1249]. Sie eröffnen (ungeachtet ihrer Rechtsform) keinen »herr-

---

Lüth; umfassend *Ruffert*, Vorrang der Verfassung und Eigenständigkeit des Privatrechts, 2001, S. 15 u. 122ff.). Über eine Instrumentalisierung des Vertrages als Mittel der Fremdbestimmung hält das Grundgesetz nicht seine schützende Hand (BVerfG, ibid.). »Das Prinzip der Äquivalenz von Leistung und Gegenleistung« zählt die Judikatur inzwischen in ständiger Rechtsprechung zu »den wesentlichen Grundgedanken der für schuldrechtliche gegenseitige Verträge geltenden Regeln des bürgerlichen Rechts«. Vgl. BGH, Urt. v. 5.4.1978, BGHZ 71, S. 196 (204f.); BGH, Urt. v. 28.10.1981, BGHZ 82, S. 121 (127); BGH, Urt. v. 9.10.1985, BGHZ 96, S. 103 (109); BGH, Urt. v. 12.6.2001, MMR 2001, S. 806 (808).

1244 BVerfG, Beschl. v. 7.2.1990, BVerfGE 81, S. 242 (255).

1245 Vgl. dazu grundlegend *Schmidt-Rimpler*, AcP 147 (1941), S. 130 (149ff.).

1246 Vgl. etwa *Zöllner*, JuS 1988, S. 329 (329).

1247 Er streift daher auch als Vertragspartner nicht die ihm auferlegten Schranken ab; dazu sogleich.

1248 *Gurlit*, Verwaltungsvertrag und Gesetz, 2000, S. 245 und 333f.; *P. Kirchhof*, Mittel staatlichen Handelns, in: Isensee/P. Kirchhof (Hrsg.), HStR III, 2. Aufl. 1996, §59 Rdnr. 126: »Der Staat ist […] nicht frei, sondern freiheitsverpflichtet«. *Spannowsky*, Grenzen des Verwaltungshandelns durch Verträge und Absprachen, 1994, S. 272ff.

1249 Im Falle eines subordinationsrechtlichen öffentlich-rechtlichen Vertrages etwa schaftsfreien Diskurs«[1250], sondern verbinden Wesensverschiedenes, nämlich Gestaltungsfreiheit und Zwang, zu einer Synthese und strafen den Namen ihrer Rechtsform insoweit in Teilen Lügen. Die auf dieser Basis zu Stande gekommene Vereinbarung vermag nicht die gleiche Richtigkeitsgewähr wie eine privatautonome Vereinbarung für sich in Anspruch zu nehmen. *Otto Mayer* bedachte die anstelle des Erlasses eines Verwaltungsaktes zustande gekommene Vereinbarung daher mit den Worten: »Sie ist kein wahrer Vertrag; die hoheitliche Natur des einen Kontrahenten schließt die im Begriffe eines solchen liegende Rechtsgleichheit aus«[1251]. Der Staat kann sich durch die Wahl eines marktlichen Prozesses nicht der öffentlich-rechtlichen Bindungen entledigen[1252].

In der Erkenntnis der beschränkten Richtigkeitsgewähr vertraglicher Rechtsinstrumente in durch Sonderrechte geprägten Rechtsverhältnissen zieht das öffentliche Recht der Dispositionsbefugnis des Staates vielerorts konsequent besondere Grenzen. So fordern § 56 VwVfG bzw § 55 SGB X für den verwaltungsrechtlichen Austauschvertrag sowie § 11 Abs. 2 S. 1 BauGB und § 124 Abs. 3 S. 1 BauGB für den städtebaulichen Vertrag in Ausgestaltung des Verhältnismäßigkeitsprinzips die Angemessenheit der Gegenleistung, anderenfalls der Vertrag dem Verdikt der Nichtigkeit anheim fällt (§ 59 Abs. 2 Nr. 4 i. V. m. § 56 S. 2 VwVfG)[1253]. Die Forderung nach Angemessenheit bildet das Korrelat der in subordinationsrechtlichen Rechtsverhältnissen strukturell gestörten Vertragsparität[1254]. Sie trägt dem

---

wirken die Sonderrechte als Drohpotenzial unvermindert fort. Die formelle Vertragsparität und Gestaltungsfreiheit steht unter dem Damoklesschwert einer hoheitlichen Regelungsmacht. Vgl. *Burmeister*, VVDStRL 52 (1993), S. 190 (227 f.); *Hoffmann-Riem*, AöR 115 (1990), S. 400 (425); *Graf Vitzthum*, Diskussionsbeitrag, VVDStRL 52 (1993), S. 331 ff.; *Schilling*, VerwArch. 87 (1996), S. 191 (201); *Spannowsky* (Fn. 1248), S. 51 f.; kritisch dazu *Schlette*, Die Verwaltung als Vertragspartner, 2000, S. 44 ff.

[1250] *Hoffmann-Riem*, AöR 115 (1990), S. 400 (425). Drastisch *Murswiek*, JZ 1988, S. 985 (988): »Einstmals war das Zeigen der Folterinstrumente die erste Stufe der Folter. Heute zeigt der Umweltminister den Entwurf einer Rechtsverordnung vor; so entsteht die Bereitschaft zu ›freiwilligen Zusagen‹«.

[1251] *Otto Mayer*, Verwaltungsrecht, Bd. 1, 1895, S. 113; ähnlich *Forsthoff*, Lehrbuch des Verwaltungsrechts, 10. Aufl. 1973, S. 278; *Püttner*, DVBl. 1982, S. 122 (123 f.); auch *Burmeister* (VVDStRL 52 [1992], S. 190 [227 f.]) hält den subordinationsrechtlichen Vertrag für eine Fehletikettierung. In Wahrheit handele es sich um einen »Verwaltungsakt auf Unterwerfung«.

[1252] Für ihn besteht nicht privatautonome Vertragsfreiheit, sondern Grundrechtsgebundenheit; vgl. ähnlich zu dem Prinzip der Gesetzmäßigkeit der *Verwaltung* bereits BVerwG, Urt. v. 24.10.1956, BVerwGE 4, S. 111 (114 ff.); *Löwer*, VerwArch. 56 (1965), S. 142 (154 ff.) m. w. N.; *Spannowsky* (Fn. 1248), S. 278 f. u. 293.

[1253] Vgl. dazu eingehend *Lischke*, Tauschgerechtigkeit und öffentlich-rechtlicher Vertrag, 2000.

[1254] Offen bleibt dabei allerdings die Antwort auf die treffend von *Ule/Laubinger* (Verwaltungsverfahrensrecht, 4. Aufl. 1995, § 68 Rdnr. 43) gestellte Frage: »Welchen Sinn soll es haben, den Abschluss von Verträgen zuzulassen, in denen praktisch keine andere Regelung getroffen werden kann als die, die von der Behörde und einseitig durch Verwaltungsakt festgelegt werden könnte«.

Umstand Rechnung, dass das Sonderrecht des Staates einer von Privatautonomie geprägten Richtigkeitsgarantie des Vertrages nur begrenzt zugänglich ist[1255]. Als rechtsstaatlicher Sicherungsmechanismus legt sie dem Staat hinsichtlich der Leistungen, die er sich im Wege eines subordinationsrechtlichen Vertrags versprechen lässt, Fußfesseln an. Staat und Verwaltung sollen ihre hoheitliche Stellung und das zum Bürger bestehende Machtgefälle nicht dazu missbrauchen dürfen, sich durch die vertragliche Ausgestaltung der Rechtsbeziehungen Leistungen versprechen zu lassen, auf die sie bei einer einseitigen hoheitlichen Regelung der Rechtsbeziehungen keinen Anspruch hätte[1256]. Gesetzliche Schutzstandards sollen nicht zur clandstinen Unterwanderung freigegeben und der Bürger vor selbstschädigender Preisgabe seiner eigenen Gestaltungsinteressen geschützt werden. Die Behörde darf sich auch auf der Grundlage einer von dem Willen des Bürgers getragenen Einigung keine Vorteile gegenüber zwingenden gesetzlichen Vorschriften verschaffen; sie darf mit ihren Leistungen und Sonderrechten nicht wuchern[1257]. Die Mitwirkung des Vertragspartners vermag das rechtsstaatliche Gebot der Verhältnismäßigkeit und das Koppelungsverbot nicht zu überspielen: Die Gegenleistung darf nach den Gesamtumständen nicht außer Verhältnis zu dem Wert der von der Behörde erbrachten Leistung stehen und muss dem Leistungsverpflichteten zumutbar sein: Sie darf ihm kein untragbares Opfer auferlegen[1258]. § 56 VwVfG ist Ausdruck des Gedankens materieller Vertragsgerechtigkeit. Sie führt die laesio enormis als Schutzinstrument in das Verwaltungsrecht ein[1259, 1260].

[1255] Treffend *Burmeister*, VVDStRL 52 (1993), S. 190 (212 f.): »Wenn es so ist, dass der Vertrag als Rechtsinstitut etwa die Geltung des Satzes ›volenti non fit iniuria‹ voraussetzt […], so kann das Rechtsinstitut nicht ohne Deformationswirkungen in ein rechtliches Umfeld verlagert werden, in dem dieser Satz nicht gilt«.

[1256] VG Berlin, Urt. v. 27.11.1979 – 8 A 397.78 –, juris Dok.Nr BWRE102538000, Rdnr. 11; *Bonk*, in: Stelkens/Bonk/Sachs, VwVfG, 6. Aufl. 2001, § 56 Rdnr. 56; *Püttner*, DVBl. 1982, S. 122 (125).

[1257] Vgl. *Bonk* (Fn. 1256), § 56 Rdnr. 54; *Fehling*, in: ders./Kastner/Wahrendorf (Hrsg.), Handkommentar Verwaltungsrecht, 2006, § 56 VwVfG Rdnr. 26 f.; *Ule/Laubinger*, Verwaltungsverfahrensrecht, 4. Aufl. 1995, § 68 Rdnr. 42.

[1258] Vgl. etwa BVerwG, Urt. v. 6.7.1973, BVerwGE 42, S. 331 (345); *Bonk* (Fn. 1256), § 56 Rdnr. 54 f.; *Fehling* (Fn. 1257), § 56 VwVfG Rdnr. 28; *Henneke*, in: Knack, VwVfG, 8. Aufl. 2004, § 56 Rdnr. 14; *Kopp/Ramsauer*, VwVfG, 9. Aufl. 2005, § 56 Rdnr. 13; *Schlette*, Die Verwaltung als Vertragspartner, 2000, S. 483; kritisch dazu *Lischke* (Fn. 1253), S. 55 ff.

[1259] Vgl. *Bleckmann*, NVwZ 1990, S. 601 (607). Er hält allgemein »›ungleiche‹ Verträge, also die so genannte laesio enormis im Verwaltungsrecht für verboten und damit nichtig«; ähnlich *Schlette*, Die Verwaltung als Vertragspartner, 2000, S. 481: »Mit der Forderung eines angemessenen Verhältnisses der sich gegenüberstehenden Leistungen oder Leistungspflichten erhebt das VwVfG das ›iustum pretium‹, die materielle Vertragsgerechtigkeit, jedenfalls dem Grunde nach zum rechtlichen Gebot«. Ebenso *Fehling* (Fn. 1257), § 56 VwVfG Rdnr. 26. Ähnlich für den verwaltungsrechtlichen Vertrag über Erschließungsbeiträge BVerwG, Urt. v. 9.11.1990, BVerwGE 87, S. 77 (84): »In Anbetracht dessen (s. c. der vertraglichen Freiwilligkeit auf der einen Seite und der Gesetzes-

Die Handlungsform des Vertrages bzw. des mitwirkungsbedürftigen Verwaltungsaktes entlässt die Beteiligten folglich nicht insgesamt in die Privatautonomie des Zivilrechts und ihre formale Vertragsgerechtigkeit. Sie eröffnet dem verwaltenden Staat nicht den Weg, vor der Unsicherheit, die im Zeitpunkt der Entscheidung über den weiteren Geschehensablauf besteht, vollständig die Augen zu verschließen. Im Lichte dieser Erkenntnisse entnimmt etwa auch das Bundesverwaltungsgericht[1261] dem »Gebot der Abgabengerechtigkeit« für vertragliche Ablösevereinbarungen[1262] eine »Missbil-

---

bindung der Verwaltung, der Verf.) setzt das Erschließungsbeitragsrecht (...) Ablösungsverträgen eine absolute (Missbilligungs-)Grenze, die überschritten ist, wenn sich im Rahmen einer von der Gemeinde durchgeführten Beitragsrechnung herausstellt, dass der Beitrag, der dem Grundstück als Erschließungsbeitrag zuzuordnen ist, das Doppelte oder mehr als das Doppelte bzw. die Hälfte oder weniger als die Hälfte des vereinbarten Ablösungsvertrages ausmacht«.

[1260] Die gleiche Funktion wie das Angemessenheitsgebot des § 56 für den öffentlich-rechtlichen Vertrag erfüllt für die Gebühr das finanzverfassungsrechtliche Äquivalenzprinzip. Beide sind der Gleichgewichtigkeit von Leistung und Gegenleistung verschrieben. Sucht das gebührenrechtliche Äquivalenzprinzip den Charakter der Gebühr als »gerechten Preis« für Staatsleistungen von öffentlichem Interesse (in diesem Sinne bereits im 19. Jahrhundert *F. J. Neumann*, Die Steuer und das öffentliche Interesse, 1887, S. 306) und damit die Gegenleistungsfunktion der Gebühr als finanzverfassungsrechtlich erforderliches Abgrenzungskriterium zur Steuer zu wahren, hat die Angemessenheitsklausel des § 56 VwVfG die Ausgewogenheit des vertraglichen Leistungsaustausches im Auge, um den Bürger vor einem Missbrauch der staatlichen Verhandlungsmacht in einem Bereich zu schützen, in dem Vertragsparität typischerweise nicht besteht. Beide zollen dem Umstand Tribut, dass die die Richtigkeitsvermutung der vertraglichen Vereinbarung sichernde Privatautonomie in hoheitlichen Austauschbeziehungen strukturell nicht gewährleistet ist. Sie setzen die Leistung des Staates und des Bürgers als relationale Maßstäbe zueinander in Beziehung und ziehen ihrer Ungleichgewichtigkeit äußerste Zulässigkeitsgrenzen. Vgl. dazu auch *Lischke* (Fn. 1253), S. 122; *Fehling* (Fn. 1257), § 56 VwVfG Rdnr. 29; *Kopp/Ramsauer* (Fn. 1258), § 56 Rdnr. 15a; die überwiegende Meinung im Schrifttum sieht auch das Verhältnismäßigkeitsprinzip als gemeinsame Klammer beider Prinzipien; vgl. etwa *Bonk* (Fn. 1256), § 56 Rdnr. 54; *Ule/Laubinger*, Verwaltungsverfahrensrecht, 4. Aufl. 1995, § 68 Rdnr. 42; kritisch dazu *Lischke* (Fn. 1253), S. 37 ff.

[1261] BVerwG, Urt. v. 9. 11. 1990, BVerwGE 87, S. 77 ff.: Das Gericht hatte über einen Sachverhalt zu entscheiden, in dem sich eine Gemeinde und der Kläger vertraglich über die Ablösung der Erschließungsbeiträge für die später erfolgende Herstellung einer Straße geeinigt hatten. Aufgrund einer Änderung der Verhältnisse lagen die tatsächlichen Herstellungskosten weit unter den vertraglich vor der Herstellung übernommenen Zahlungspflichten. Der Kläger begehrte daraufhin eine Rückzahlung des überzahlten Betrages unter Berufung auf den Gedanken der Geschäftsgrundlage. Vgl. zu der Problematik der Vertragsbindung bei abgaberechtlichen Verträgen auch (den Vorrang der Vertragsbindung betonend) OVG Rheinland-Pfalz, Urt. v. 13. 11. 2003, NVwZ-RR 2004, S. 243 ff.; VGH Baden-Württemberg, Urt. v. 9. 3. 1999, NVwZ-RR 2000, S. 206 ff.; VGH Baden-Württemberg, Beschl. v. 11. 7. 1990, DVBl 1991, S. 219 f.; OVG Nordrhein-Westfalen, Urt. v. 5. 9. 1996, NVwZ-RR 1998, S. 15 ff.; OVG Nordrhein-Westfalen, Beschl. v. 21. 11. 2000, BRS 2000 (63) Nr. 165; VG Gera, Urt. v. 21. 11. 2002, juris-Dok.Nr. MWRE104080300.

[1262] Im Erschließungsbeitragsrecht können Abgabegläubiger und -schuldner auch bereits vor Entstehen der Beitragspflicht vertragliche Regelungen über die *Ablösung* des Erschließungsbeitrags im Ganzen treffen (§ 133 Abs. 3 S. 1 BauGB). Der Vertragspartner kann durch Zahlung eines bestimmten Geldbetrages eine anders geartete Schuld tilgen.

ligungsgrenze«, die einem Missverhältnis zwischen der Belastung des Grundstückseigentümers und dem ihm vermittelten Vorteil auch im Vertragsrecht »ohne Rücksicht« auf »ablösungstypische Risiken (...) eine absolute Grenze« setzt[1263]. Der Vorrang der vertraglichen Risikozuweisung[1264] und der Vertragsbindung finden hier eine Schranke[1265].

(cc) Risikoübernahme im Zuteilungsmodell der Versteigerung

Die Grundrechtsbindung des Staates setzt Versuchen, die Äquivalenzbeziehung zwischen Leistung und Gegenleistung im Kontext der Versteigerung staatlich verwalteter Güter einem kontrollierenden Zugriff im Hinblick auf eine gleiche Verhandlungsmacht und eine Freiwilligkeit der Bietentscheidung des Bürgers zu entziehen, ebenfalls Grenzen. Die Chance der Verwirklichung freiheitsrechtlicher Betätigungsräume als besonderen Gegenstand der Austauschbeziehung auszublenden und mit der Elle der Vertragsparität zu messen, wäre verkürzt. Damit würde die Richtigkeitsvermutung der vertraglichen Risikoverteilung in einen Bereich übertragen, in dem sie strukturell nicht gewährleistet ist. Die in einer Versteigerung staatlich verwalteter Güter erfolgende Risikozuordnung ist nicht Ausdruck der Vertragsfreiheit, sondern die Folge staatlicher Regelsetzung und einer Zuweisung von Risiken, die der Staat an die Möglichkeit zur Verwirklichung von Freiheitsrechten knüpft.

Die Abgabe eines Gebotes ist für die Teilnehmer einer Versteigerung staatlich verwalteter Güter die einzige Möglichkeit zur Ausübung der er-

---

Der Ablösungsvertrag lässt sich rechtstechnisch als Novation auffassen. Vgl. dazu etwa BVerwG, Urt. v. 27.1.1982, BVerwGE 64, S. 361 (363f.), es spricht von einem »›vorgezogenen‹ Erschließungsbeitrag«; BVerwG, Urt. v. 9.11.1990, BVerwGE 87, S. 77ff.; OVG Nordrhein-Westfalen, Urt. v. 6.12.1990, NVwZ 1991, S. 1106f. Vgl. zu den strukturell ähnlichen Stellplatzablösevereinbarungen etwa *Ehlers*, DVBl. 1986, S. 529ff.; *Ziegler*, DÖV 1984, S. 831ff.

1263 BVerwG, Urt. v. 9.11.1990, BVerwGE 87, S. 77 (83).

1264 Vgl. dazu supra Fn. 1226.

1265 Ablösevereinbarungen weisen eine ähnliche Risikostruktur wie Versteigerungen auf: Sie treffen unter den Bedingungen der Unsicherheit über die weitere Entwicklung eine als abschließend gedachte (Risiko-)Entscheidung. Im Zeitpunkt des Vertragsschlusses bestehen noch erhebliche Unsicherheiten über den weiteren Geschehensablauf bis zum Ende der Nutzungszeit bzw. zur endgültigen Herstellung der beitragsfähigen Erschließungs- bzw. Stellplatzanlage und die Höhe des dafür entstehenden Aufwands. Die Parteien gehen das Schätzrisiko im Fall der Ablösevereinbarung ein, weil die vorgezogene Abgeltung für sie mit wirtschaftlichen Kalkulationsvorteilen, insbesondere dem Gewinn an Rechts- und Planungssicherheit, verbunden ist. Während sie den Vertragspartnern freistellen, ob sie sich auf die vertragliche Vereinbarung einlassen oder bis zur endgültigen Herstellung warten, um dann kostenecht hoheitlich abzuwickeln, und es daher rechtfertigen, den Beteiligten grundsätzlich das ablösungstypische, d. h. mit der Unsicherheit einer Vorabregelung verbundene Risiko zuzumuten (ebenso BVerwG, ibid., S. 81f.), eröffnet die Versteigerung den Interessenten dieses Wahlrecht nicht; sie schränkt die Abschlussfreiheit ein. Den Bietern bleibt nur die Entscheidung zwischen der Übernahme des Wertrisikos und dem Verzicht auf den zuzuteilenden Freiheitsraum.

wünschten freiheitsrechtlich geschützten, insbesondere beruflichen Tätigkeit. Sie müssen das Risiko der Wertunsicherheit tragen, wenn sie in den Genuss des staatlicher Zuteilungsverantwortung unterliegenden Rechts kommen wollen. Staat und Bürger begegnen sich nicht als gleichberechtigte Träger von Grundrechten in Ausübung privatautonomer Gestaltungsfreiheit, sondern in einer hoheitlichen Verteilungsfunktion, die von Sonderrechten und Grundrechtsbindungen des Staates geprägt ist. Das Preissystem eröffnet nicht lediglich Handlungsmöglichkeiten[1266]; es spricht ein »zwangausübendes Angebot«[1267] aus: Den Interessenten bleibt nur die Entscheidung zwischen dem Verzicht auf die ausgeübte Tätigkeit und der Übernahme des Wertrisikos. Tertium non datur[1268]. An die fehlende Bereit-

---

[1266] *Samuelson*, The Collected Scientific Papers of P.A. Samuelson, 1966, Bd. 2, S. 1415: »(...) the price system is, and ought to be, a method of coercion«.

[1267] Den Begriff des zwangausübenden Angebots (»coercive offer«) hat insbesondere der Ökonom *David Zimmerman* (Philosophy and Public Affairs 10 [1981], S. 121 [132]) geprägt. Die Frage, ob und unter welchen Voraussetzungen es zwangausübende Gebote gibt, beschäftigte die Philosophen aller Jahrhunderte. Aristoteles hielt es für ausgeschlossen, dass ein Handeln, das sich (nur) von positiven Anreizen leiten lässt, in irgendeinem relevanten Sinne unfreiwillig sein kann (*Aristoteles*, Nikomachische Ethik, III 1 1110 b). *Kant* legte dar, dass die Befugnis, ein Angebot auszusprechen, das bei den Adressaten »das Ihre nicht schmälert, wenn sie sich dessen nur nicht annehmen wollen«, nicht freiheitsvermindernd sein könne (*Kant*, Metaphysik der Sitten, Einteilung der Rechtslehre, B, 345). *Zimmerman* versteht als zwangausübend ein Angebot, das der Adressat dem Status quo vorzieht, aber zugleich eine alternative Entscheidungssituation denkbar ist, die er sowohl dem Status quo als auch dem Angebot eindeutig vorzieht: »An offer is coercive only if Q would prefer to move from the normally expected pre-posal situation to the proposal situation, but he would strongly prefer even more to move from the actual pre-posal situation to some alternative pre-posal situation«. Er erläutert dies an folgendem Beispiel: P kidnappt Q, bringt ihn auf eine abgelegene Insel, auf der sich P's Fabrik befindet und lässt ihn dort am Strand zurück. Am nächsten Tag bietet er Q an, eine (gegenüber allen Arbeitsmöglichkeiten auf dem Festland erheblich schlechtere) unterbezahlte Stelle in seiner Fabrik anzunehmen, um nicht zu verhungern. In dem Angebot des P sieht *Zimmerman* ein zwangausübendes Angebot, da ihm die Genese der Notsituation, in der Q sich gezwungen sieht, das Angebot anzunehmen, zuzurechnen ist – anders als bei einem Dritten, der dem Q ein gleichhohes Angebot macht, aber zur Entstehung der Notlage nicht beigetragen hat. Er nutze die Zwangslage lediglich aus, schaffe aber keine Zwangsituation.

[1268] In einem ähnlichen Entscheidungsdilemma befindet sich der Empfänger einer Subvention, die als Nebenbestimmung belastende Leistungspflichten auferlegt. Stimmt er nolens volens der Erfüllung der ihm auferlegten Verpflichtungen zu, folgt daraus noch nicht, dass diese grundrechtlicher Selbstbestimmung und Freiwilligkeit entspringt. Vielfach bleibt dem Subventionsempfänger – so auch die subventionsrechtliche Literatur treffend – »keine Wahl [...], als die Subvention zu akzeptieren und sich dabei den Subventionsvoraussetzungen und -auflagen anzupassen, um nicht von einem subventionierten Konkurrenten aus dem Markt gedrängt zu werden« (*Friauf*, DVBl. 1971, S. 674 [680]). Der darin liegende Einfluss auf die Willensbestimmung des Subventionsempfängers erweise sich »häufig stärker als jeder Zwang« (*Scheuner*, VVDStRL 11 (1954), S. 1 (41). Ob der Bürger die von ihm beabsichtigte Verhaltensweise wegen eines gesetzlichen Verbots rechtlich nicht verwirklichen *darf* oder ob er sie aufgrund der interventionistischen Wirkungen des Subventionstatbestandes unter den gegebenen Verhältnissen faktisch nicht verwirklichen *kann*, sei insoweit nicht von ausschlaggebender Bedeutung. »Die Situation des Bürgers bzw. Unternehmers ist dabei – jedenfalls vom Ergebnis her gesehen – die schaft zur Übernahme des Wertrisikos knüpft es die Vorenthaltung von grundrechtlich eröffneten Freiheitsräumen.

Dass der Bürger sich auf die Risikozuordnung der Versteigerung einlässt, ist nicht gleichbedeutend damit, dass er die Bedingungen, unter denen die Entscheidung getroffen wird, als gerechten Interessenausgleich und Gebrauch autonomer Gestaltungsfreiheit wahrnimmt und eine solche Risikozuordnung als zulässig akzeptiert. Aus der Wahl zwischen zwei verfügbaren Optionen folgt nicht eine Zustimmung zu den Restriktionen, welche die zur Auswahl stehenden Alternativen auferlegen[1269]. Die Wahl verleiht den Bedingungen, unter denen entschieden wird, nicht unbedingt Legitimität und den Nimbus der Freiwilligkeit[1270]. Der Studierwillige, der einer Röntgen-Untersuchung zustimmt, weil ihm die Verweigerung der Immatrikulation angedroht wird[1271], handelt etwa trotz Wahloption ebenso wenig frei von Zwang wie derjenige, dem die Behörde die Verhängung eines Zwangsgeldes für den Fall androht, dass er nicht von einer ehrverletzenden Meinungsäußerung Abstand nimmt. Dass niemand ihn zwingt, die fragliche Tätigkeit auszuüben, ihre Unterlassung ihm freisteht, vermag als Argumentationsstrang dem rechtsstaatlich sensibilisierten Betrachter sublimen Zynismus nicht zu verhehlen. Die unterstellte Freiwilligkeit der Risikoübernahme entpuppt sich als Chimäre; der Grundrechtsverzicht wird zur Fiktion[1272]. Deutlich führt uns dies das drastische Beispiel der Geisel vor Augen: Wer als Geisel vor der Wahl steht, getötet zu werden oder eine Lö-

---

gleiche«. (*Friauf*, DVBl. 1971, S. 674 [680]; ähnlich etwa *Lübbe-Wolff*, Die Grundrechte als Eingriffsabwehrrechte, 1988, S. 264 ff.; *Heinze*, Autonome und heteronome Verteilung, 1970, S. 81). Vgl. ähnlich zur Problematik des sog. »unfreiwilligen Vertrages« *Lischke* (Fn. 1253), S. 229 ff.; *Schilling*, VerwArch. 87 (1996), S. 191 ff.; *Schmidt-Aßmann/Krebs*, Rechtsfragen städtebaulicher Verträge, S. 186 ff.; *Spannowsky* (Fn. 1248), S. 301 ff., 417 ff.; *Burmeister*, VVDStRL 52 (1993), S. 190 (226 ff.) m. w. N.

1269 Ähnlich *Peter*, Wahlfreiheit versus Einwilligung – Legitimation in Markt und Staat, in: Held/Kubon-Gilke/Sturn (Hrsg.), Gerechtigkeit als Voraussetzung für effizientes Wirtschaften, 2002, S. 153 (162 ff.); *Scitovsky*, The Joyless Economy, 1976, S. 7 f. für die Konsumentensouveränität: »People exercise freedom of choice whether they use to pay for goods and services and are free to decide what to pay and in what quantities. That freedom must not be confused with sovereignty. The consumer is sovereign insofar as his choices influence the nature and quantity of the goods and services produced«.

1270 Vgl. *Scanlon*, The Significance of Choice, in: *McMurrin/Sterling* (Hrsg.), The Tanner Lectures on Human Values, Bd. 8, 1988, S. 149 (186): »The background conditions under which choices are made in a laissez-faire system are ›arbitrary from a moral point of view‹ in this sense: they could be almost anything. All we know is that they will be conditions which arose from a series of voluntary transactions and this does nothing to ensure that they will be good conditions under which to choose. Consequently, there is no assurance that these conditions will have the moral property of being conditions under which choices confer legitimacy on their outcomes«.

1271 A. A. VGH Baden-Württemberg, Beschl, v. 17. 1. 1979, DÖV 1979, S. 338 ff. mit kritischer Anmerkung *v. Olshausen*, DÖV 1979, S. 340 ff.

1272 Vgl. auch bereits (in anderem Zusammenhang) supra S. 433; zu den Anforderungen und Grenzen an die Freiwilligkeit auch *Amelung*, Die Einwilligung in die Beeinträchtigung eines Grundrechtsguts, 1981, S. 86; *Zacher*, VVDStRL 25 (1967), S. 308 (339 mit sesumme zu zahlen, willigt mit der Zahlung nicht in seine Geiselnahme ein. Er wählt unter zwei angedrohten Beeinträchtigungen seiner Freiheit lediglich das kleinere Übel. Seine Entscheidung ist nicht ungezwungene Freiheitsverwirklichung, sondern Ohnmachtskalkül: Er drückt mit seiner Wahlhandlung nur eine Präferenz zwischen zwei Zuständen aus, handelt aber deshalb noch nicht frei von Zwang. Er nimmt eine Freiheitsbeeinträchtigung in Kauf, um einer anderen ihm gesetzten freiheitsbedrohenden Alternative zu entrinnen, bleibt ihm doch lediglich die Wahl, welche von zwei Freiheitsbeeinträchtigungen er als weniger einschneidend empfindet. Den Blick allein auf die Selbstbestimmtheit der Wahlhandlung zu richten und die Freiheitsbeschränkung auszublenden, die in den Beschränkung der zu Grunde liegenden Entscheidungsalternativen liegt, griffe zu kurz[1273]. Das Verhältnismäßigkeitsprinzip als Schranke des Missbrauchs von staatlicher Hoheitsmacht liefe leer, wollte man die Freiwilligkeit eines Verzichts allein deshalb bejahen, weil der Bürger der Beschränkung im Angesicht von Handlungsrestriktionen zugestimmt hat[1274]. Beschränken die zur Wahl gestellten Handlungsalternativen die Freiheit und werden dem Betroffenen lediglich Handlungsoptionen zur Verfügung gestellt, die mit (verfassungsrechtlich nicht rechtfertigbaren) Eingriffen in seine Freiheit einhergehen bzw. ihm umgekehrt verfassungsrechtlich grundsätzlich eröffnete Handlungsoptionen abschneiden, dann schlägt dies auf die Freiwilligkeit der Handlungswahl durch[1275]. Freiwilligkeit setzt verfassungsgerechte Hand-

Fn. 141); vgl. zu den Einschränkungen der Wahlfreiheit im Markt aus ökonomischer Sicht *Peter* (Fn. 1269), S. 153 ff.

1273 Ähnlich hat das Bundesverfassungsgericht bei der Entscheidung über die Freiwilligkeit des Einsatzes eines Lügendetektors die Umstände der Entscheidung, die die Autonomie beeinträchtigen, berücksichtigt und die Freiwilligkeit der Entscheidung über die Verwendung des Lügendetektors im Strafverfahren mit den Worten verneint: »Diese Freiheit hat der von empfindlicher Freiheitsstrafe bedrohte Angeklagte tatsächlich nicht, dem sich die Untersuchung durch den ›Lügendetektor‹ als eine günstige Gelegenheit darstellen muss, die er nicht ausschließen darf« (BVerfG, Beschl. v. 18. 8. 1981, NJW 1982, S. 375. Ähnlich warnt *Amelung* (Die Einwilligung in die Beeinträchtigung eines Grundrechtsgutes, 1981, S. 10), dass »der vom Staat in Anspruch genommene Einzelne oft auch nur seine schwachen Kräfte gegen die vielfältigen Einflussmöglichkeiten seines mächtigen Gegenübers« abwägt und »aus bloßer Furcht in Beeinträchtigungen seiner Rechtssphäre« einwilligt, »ohne lange nach Recht oder Unrecht zu fragen«.

1274 Zirkulär daher m. E. *Lischke* (Fn. 1253), S. 61, die auf das Erfordernis der Zumutbarkeit einer in einem Vertrag versprochenen Verwaltungsleistung für den Bürger im Hinblick auf die Einwilligung des Bürgers verzichten will: »Bei vertraglichem Handeln wird die von dem Grundsatz der Zumutbarkeit gewährleistete Schutzfunktion von der Wirksamkeitsvoraussetzung der freiwilligen Einwilligung ersetzt«.

1275 Ähnlich bereits *Amelung*, Die Einwilligung in die Beeinträchtigung eines Grundrechtsgutes, 1981, S. 83: »Eine gesetzesvertretende Einwilligung erfolgt nur dann freiwillig, wenn sie frei von Zwängen erteilt wird, die als staatliche ›Eingriffe‹ zu bezeichnen sind«; *Pietzcker*, Der Staat 1978, S. 527 (541): »Nur die autonome Entscheidung gilt als Freiheitsgebrauch; sofern der Verzicht fremdbestimmt, also nicht freiwillig erfolgt, stößt die Gleichsetzung von Verzicht und Freiheitsgebrauch auf Skepsis«. Vgl. auch *Dürig*, AöR 81 (1956), S. 153 ff.

lungsalternativen voraus[1276]. Entscheidend für die Beantwortung der Frage nach der Freiwilligkeit einer Handlung ist danach, ob die Beschränkung einer Handlungsalternative einen unzulässigen Eingriff in die Handlungsautonomie des Adressaten darstellt.

Einer Ausdeutung eines Versteigerungsgebots und des mit ihm bewusst eingegangenen Risikos der Wertüberschreitung als Ausdruck der Freiwilligkeit und der Dispositionsbefugnis über seine finanziellen Ressourcen, lässt die öffentlich-rechtliche Verteilungslenkung nur begrenzten Raum; die Freiwilligkeit einer Zahlungsverpflichtung im Bereich des öffentlichen Abgabenrechts steht im Hinblick auf die beschränkte Alternativenwahlfreiheit in Frage[1277].

(dd) Schlussfolgerungen – Rekonstruktion der Freiheitsrechte als verfassungsrechtliche Grenze der Risikozuweisung

Stellt der Prozess der Versteigerung die Bieter auch nicht einseitig vor die Wahl eines »take it or leave it«, bleiben ihnen namentlich vielfältige Gestaltungsmöglichkeiten, die sie in den Preisfindungsprozess der Versteigerung einbringen können, legen sie insbesondere die Höhe der Zugangsschranke in einem komplexen Prozess autonom fest und können dabei Unsicherheitsfaktoren als Risikoprämie in ihrer Kalkulation berücksichtigen, so fehlt ihnen für die Kalkulation der Unsicherheitsfaktoren, die mit der Entscheidung über eine unsichere Zukunft einhergehen, freilich regelmäßig die sichere Entscheidungsgrundlage, sofern die mit der Zuteilung verbundene Nutzung auf einen längerfristigen Zeitraum angelegt ist. Über die Entwicklung der Zukunft mangelt es den Bietern an Sonderwissen, das ihnen eine sichere Kalkulation erlaubt. Sie sind auf Schätzungen angewiesen, die auf unsicherer Tatsachengrundlage zu Zufallsvariablen werden. Das Risiko, dass diese Entwicklung anders verläuft, als im Zeitpunkt der Entscheidung absehbar, tragen nach dem Verteilungsmodell der Versteigerung die Bieter. Das Risiko lässt sich nicht sicher quantifizieren; der Versteigerungsmechanismus zwingt sie indes dazu, das Risiko in eine quantifizierbare Größe zu pressen – auf die Gefahr hin, dass die Schätzung sich als unzutreffend erweist. Die Instrumentarien einer Bedingung oder eines Rücktrittsvorbehalts etwa, die der schutzbedürftigen oder risikoscheuen Partei in privatautonomen Vereinbarungen eine Absicherung gegen Risiken ermöglichen und dadurch einen Risikoausgleich herbeiführen, stellt das Instrument der Versteigerung ihnen nicht zu Gebote[1278]. Die Bieter müssen das Risiko, Ver-

---

[1276] Vgl. Zum Begriff der Handlungsalternative als Grundbegriff menschlicher Freiheit *Alexy*, Theorie der Grundrechte, 5. Aufl. 2006, S. 197ff.

[1277] Vgl. dazu supra S. 454ff. und S. 598ff.

[1278] Dem mag man entgegen halten, dass derjenige, der eine Vereinbarung abschließt, obwohl die Gegenseite sich nicht auf die von ihm gewünschten Bedingungen eingelassen hat, seine Schutzwürdigkeit dadurch einbüßt. Trifft dies bei privatautonomen Vereinbaluste zu erleiden, ihrer Bietentscheidung als Rahmenbedingung ihres Handeln zu Grunde legen und in Kauf nehmen, wenn sie die grundrechtlich geschützte Betätigung ausüben möchten. Der Mechanismus der Versteigerung belohnt dabei denjenigen Bieter, der das Risiko am geringsten bewertet. Er setzt die Bieter dem Risiko einer freiheitsverkürzenden Entscheidung aus.

Der Zwang zur Entscheidung unter den Bedingungen der Wertunsicherheit, der von der Versteigerung ausgeht, bedingt eine Grundrechtsgefährdung, die mit einer (mittelbaren) Verkürzung des verfassungsrechtlich gewährleisteten Freiheitsbereichs einhergehen kann. Soweit der Bieter das Wertrisiko nicht sicher abschätzen kann, ist er gezwungen, eine Verkürzung des Freiheitsraums in Kauf zu nehmen, um die Freiheit in Anspruch nehmen zu können. Verwirklicht sich das Risiko, dem der Staat die Bürger ausgesetzt hat, darf er die Augen nicht vor den Wirkungen verschließen, die er mit der Wahl des Entscheidungsmechanismus hervorgerufen hat, soweit diese die Grenze der Zumutbarkeit überschreiten. Darf der Staat den zuzuteilenden Freiheitsbereich nicht unmittelbar im Eingriffswege einschränken, so darf er auch nicht mittelbar durch die Etablierung eines freiheitsgefährdenden Zuteilungsmechanismus eine faktische Freiheitsverkürzung vornehmen, die das Risiko, ob eine angemessene Grundrechtsverwirklichung möglich ist, alleine den Grundrechtsträgern belässt und den zuzuteilenden Freiheitsraum faktisch leer laufen lässt[1279,1280]. Wenn der Bürger ei-

rungen zu, so verliert diese Argumentation ihre Überzeugungskraft bei Zuteilungsprozessen, die grundrechtliche Rechte zum Gegenstand haben, welche den Bürgern nicht als solche entzogen werden dürften und auf die sie zur Freiheitsentfaltung angewiesen sind.

1279 Den Schutz des Bürgers vor einer Verknüpfung der Rechtegewährung mit verfassungswidrigen Kautelen hat in ähnlicher Weise auch die in (ihren Konturen allerdings unscharfe und disparate) amerikanische unconstitutional-conditions-Doktrin im Auge. Sie untersagt die Verknüpfung der Gewährung einer Vergünstigung mit einer Bedingung, die zum Verzicht auf verfassungsgemäß gewährleistete Rechte zwingt, und damit einen Grundrechtsverzicht durch die Hintertür einführt (vgl. Frost Trucking Co. v. Railroad Commission of State of California, 271 U. S. 583, 593 f. [1926]. Bis dahin herrschte in der amerikanischen Judikatur die Auffassung vor, die Staaten seien in der Auferlegung von Bedingungen frei, soweit es ihnen frei steht, die Erlaubnis ganz zu versagen. Die Verknüpfung mit Nebenbestimmungen sei als Minus-Maßnahme in dem Recht zur gänzlichen Versagung enthalten. In den USA galten fast alle öffentlichen Leistungen als »privileges«, auf die der Bürger keinen Anspruch hatte, wie etwa die staatliche Fürsorge, die Berufszulassung, government contracts. Berühmt wurde das Epigramm des Judges Holmes aus dem Jahre 1892 in einem Fall eines wegen seiner politischen Betätigung entlassenen Polizisten: »Der Kläger mag ein verfassungsgemäßes Recht haben, sich politisch zu äußern, aber er hat kein verfassungsgemäßes Recht, ein Polizist zu sein« (Mc Auclif v. Mayor of New Bedford, 29 N. E. 517 (1892). Der mit diesem Grundsatz brechende »Unconstitutional-conditions-Doktrin« liegt der Gedanke zu Grunde, der Staat soll nicht mit einer an die staatliche Leistung geknüpften »condition« indirekt ein Verhalten erreichen können, das er direkt, nämlich im Wege eines Verbots, eines Eingriffs in die verfassungsrechtlich geschützte Rechtsposition, nicht erreichen dürfte (vgl. *Perry v. Sinderman*, 408 U. S. 593, 597–598 (1972) »For at least a quarter-century this court has made clear that even though a person has not ›right‹ to a valuable governmental benefit and even though nen verfassungsrechtlich gesicherten Anspruch auf die Zuteilung des knappen Gutes hat, die Funktion des Staates sich also verfassungsrechtlich auf die sachwaltende Zuteilung beschränkt, schließt eine unbegrenzte Auferlegung des grundrechtlichen Verwirklichungsrisikos vor der Grundrechtsgebundenheit des zuteilenden Staates und der grundrechtlichen Zwangslage die Augen. Die Risikotragung findet hier eine Grenze in den Freiheitsrechten, die durch die Zuteilung betroffen sind, soweit sich Risiken verwirklichen, auf deren Eintritt die Destinäre weder Einfluss haben noch ihre Verwirklichung mit hinreichender Sicherheit voraussehen können und den grundrechtlichen Freiheitsraum in unverhältnismäßiger Weise beschränken.

Anders verhält es sich dort, wo der freiheitsrechtliche Betätigungsraum, der durch eine Zuteilung eröffnet wird, nicht als solcher gegen Entzug gesichert ist. Zu Recht erfolgt nicht nur bei der Vergabe öffentlicher Aufträge eine vollständige zulässige Überantwortung des Wirtschaftlichkeits- und Rentabilitätsrisikos auf den Bieter[1281], wiewohl sich auch hier die Alterna-

---

the government may deny him the benefit for any number of reasons, there are some reasons upon the government may not rely. It may not deny a benefit to a person on a basis that infringes his constitutionally protected interests (...). For if the government could deny a benefit because of his constitutionally protected speech or associations, his exercise of those freedoms would in effect be penalized and inhibited. This would allow the government to ›produce a result which (it) could not command directly‹«). Die Unconstitutional-conditions-Doktrin legt insoweit einen Schutzmantel gegen subkutane Grundrechtsaushöhlungen unter Rekurs auf den Gedanken des volenti non fit iniuria um die Verfassung. Ihr liegt ein ähnlicher Grundgedanke zu Grunde wie dem Koppelungsverbot des §36 Abs. 3 VwVfG und dem Verhältnismäßigkeitsprinzip: Der Bürger soll vor einer Übernahme von Verpflichtungen geschützt werden, die nicht mehr in einem Konnex mit dem Zweck ihrer Erhebung stehen und zu einer allgemeinen Zuschlagsabgabe mutieren. Vgl. zur Unconstitutional-conditions-Doktrin *Logan* (Fn. 129), S. 1734ff.; umfassend *Epstein*, Harvard Law Review 102 (1989), S. 4ff.; *Note*, Harvard Law Review 73 (1960), S. 1595ff.; *Rosenthal*, Stanford Law Review 39 (1987), S. 1103ff.; *Sullivan*, Harvard Law Review 102 (1989), S. 1413ff.

[1280] Ähnlich für den verwaltungsrechtlichen Vertrag unter Berufung auf den Gedanken des Rechtsstaatsprinzips *Spannowsky* (Fn. 1248), S. 416f.

[1281] Der Anbieter eines Bauauftrages hat das von ihm angebotene Werk zu dem Preis zu erbringen, den er bei der Auftragserteilung versprochen hat; ob er zu diesem Preis einen wirtschaftlichen Gewinn erzielt, fällt grundsätzlich in seinen Risikobereich. Das Kalkulationsrisiko fällt ihm zur Last (vgl. z.B. BGH, Urt. v. 7.7.1998, NJW 1998, S. 3192 (3195) – Kalkulationsirrtum des Bieters im Verfahren öffentlicher Ausschreibung). Der Staat als Auftraggeber hat zwar bei der Vergabe eines öffentlichen Auftrages auf die Angemessenheit des Preises zu achten (§2 Nr. 1 VOB/A und §2 Abs. 2 Nr. 3 VOL/A). Auf Angebote, deren Preis in einem offenbaren Missverhältnis zur Leistung steht, darf der Zuschlag nicht erteilt werden (§25 Nr. 2 Abs. 3 VOL/A, §25 Nr. 3 Abs. 1 VOB/A). »Angemessenheit des Preises« ist aber nicht gleichbedeutend mit einer Garantie eines auskömmlichen Preises, der eine Kostendeckung garantiert und einen variablen Gewinnzuschlag draufsattelt. Ziel dieser Vorschriften ist es insbesondere nicht, die vertragliche Risikozuordnung zu Lasten des Staates zu verschieben und den Bieter vor Verlustgefahren zu bewahren. Sie schützt nicht den Bieter vor sich selbst, sondern will eine wettbewerbsgerechte Auftragsvergabe im Interesse des Preiswettbewerbs der seriösen Bieter sicherstellen, tiven für den Bürger angesichts der faktischen Markt- und Machtmachtverhältnisse auf die Wahl zwischen dem Abschluss des Vertrages zu den Bedingungen der öffentlichen Hand und dem Verzicht auf den entsprechenden Umsatz reduzieren mögen. Bau- und Dienstleistungskonzessionen[1282]

---

um unrealistische Schleuderangebote unseriöser Bieter auszuschließen und den öffentlichen Auftraggeber sowie die dahinter stehenden öffentlichen Haushaltsmittel vor Schaden bewahren, der mit der Auftragsvergabe an einen ungeeigneten Dumping-Bieter einhergehen kann (Diesen Schutzaspekt betonen etwa BGH, Urt. v. 4.10.1979, NJW 1980, S. 180 [180]; BGH, Beschl. v. 31.8.1994, NJW 1995, S. 737 [737]; OLG Rostock, Beschl. v. 10.5.2000, NZBau 2001, S. 286 [288], *Pünder*, NZBau 2003, S. 530 [538]): Bei einer Unterdeckung des Auftragnehmers besteht namentlich die Gefahr, dass der Auftrag nicht oder nicht ordnungsgemäß, d. h. unter Qualitätseinbußen oder nicht fristgerecht, zu Ende ausgeführt wird, sei es, weil der zu niedrige Preis den Auftraggeber in wirtschaftliche Schwierigkeiten bringt, sei es, weil er sich in solchen bereits befindet und den Preis deshalb unangemessen niedrig ansetzt. Unangemessen niedrige Preise lassen Zweifel an der Fähigkeit oder der Bereitschaft des Bieters zur Vertragserfüllung im Rahmen der geltenden Gesetze aufkommen. »Viel versprechen schwächt das Vertrauen«, sagt ein jüdisches Sprichwort. Angebote, die ein auf den ersten Blick abzulesendes Missverhältnis zwischen Preis und Leistung aufweisen, sollen erst gar nicht in den Auswahltrichter der zuschlagsfähigen Angebote gelangen. Erfolgt die Auftragsvergabe gleichwohl wettbewerbswidrig und wird einem unangemessen niedrigen Preisangebot der Zuschlag erteilt, führt dies nicht zu einer automatischen Preisanpassung zugunsten eines höheren angemessenen Kostendeckungspreises. Der Anbieter kann sich nicht darauf berufen, dass sein Angebot hätte ausgeschieden werden müssen. Das Vergaberecht immunisiert den Bieter nicht gegen Risiken, die mit der Übernahme eines öffentlichen Auftrags verbunden sein können. Der Staat als Nachfrager von Leistungen muss die Anbieter nicht vor Verlustgefahren bewahren, die in ihren Risikobereich fallen (vgl. zur Diskussion um den »pretium iustum« im staatlichen Auftragswesen, der die vergaberechtliche Literatur über lange Zeit sehr intensiv beschäftigt hat, etwa *Kirsch*, Das deutsche Verdingungswesen, 1936, S. 110ff.). Das wettbewerbswidrig zustande gekommene Ergebnis steht grundsätzlich unter dem Schutz der Rechtsordnung (den Auftraggeber kann freilich ausnahmsweise eine besondere Aufklärungspflicht treffen, die eine Haftung aus culpa in contrahendo begründen kann). Treten durch Veränderungen der Umweltbedingungen Äquivalenzstörungen ein oder erreicht das Verhältnis von Preis und Gegenleistung ein deutliches Missverhältnis, beantworten der Markt und das Vergaberecht aufkommende Fragen nach der Wertäquivalenz der beiderseitigen Leistungen grundsätzlich mit einem Hinweis auf die Vertragsfreiheit, den Grundsatz der Vertragstreue und die Autonomie der Parteien. Selbst das vergaberechtliche Verbot, den Bietern ein ungewöhnliches Wagnis aufzubürden für Umstände und Ereignisse, auf die er keinen Einfluss hat und deren Einwirkung auf die Preise und Fristen er nicht im Voraus schätzen kann (§ 9 Nr. 2 VOB/A und § 8 Abs. 3 S. 1 VOF), soll nach *Quack* (BauR 2003, S. 26 [27f.]) keine Ersatzansprüche zugunsten des erfolgreichen Bieters begründen.

[1282] Baukonzessionen sind von Dienstleistungskonzessionen nicht immer leicht abgrenzbar. Die Unterscheidung ist freilich von großer praktischer Tragweite: Baukonzessionen unterliegen dem Kartellvergaberecht, Dienstleistungskonzessionen hingegen nicht (vgl. Art. 17 der Richtlinie 2004/18/EG des Europäischen Parlamentes und des Rates über die Koordinierung der Verfahren zur Vergabe öffentlicher Bauaufträge, Lieferaufträge und Dienstleistungsaufträge vom 31.3.2004, ABl. EG Nr. L 134 vom 30.4.2004, S. 134ff.; *Burgi*, Die Dienstleistungskonzession ersten Grades, 2004, S. 57ff.; zur alten (in der Sache gleichen) Rechtslage vgl. EuGH, Urt. v. 7.12.2000, NZBau 2001, S. 148 – Teleaustria Verlags GmbH u. a.; *Endler*, NZBau 2002, S. 125 (126); *Gröning*, NZBau 2001, S. 123ff.; *Voßkuhle*, VVDStRL 62 (2002), S. 266 (316).

sind gar etwa ihrem Wesen nach dadurch gekennzeichnet, dass der Konzessionär das Risiko der Nutzung übernimmt[1283]. Die Auferlegung des Nutzungsrisikos konfligiert mit dem Geltungsanspruch der Freiheitsrechte nicht; der Staat ist nicht kraft der Wirkung der Grundrechte verpflichtet, einen öffentlichen Auftrag bzw. eine Bau- oder Dienstleistungskonzessionen zu vergeben; ob er die für seine Aufgabenerledigung erforderlichen Mittel mit eigenen Kräften beschafft oder sich der Hilfe Dritter bedient, steht ihm frei[1284]. Macht er von der Möglichkeit der Vergabe an Dritte Gebrauch, erweitert er Freiheit; tut er es nicht, greift er deshalb grundsätzlich

---

[1283] Bau- und die Dienstleistungskonzessionen weichen von öffentlichen Bauaufträgen bzw. öffentlichen Dienstleistungsaufträgen insoweit ab, als die Gegenleistung für die Erbringung der Dienstleistungen bzw. die Errichtung des Bauwerks ausschließlich in dem Recht zur Nutzung derselben oder in diesem Recht zuzüglich der Zahlung eines Preises besteht (vgl. dazu auch die Nachweise auf S. 22 mit Fn. 85). Wie bei öffentlichen Aufträgen wird hier ein Wettbewerb um den Markt einer bislang von der Verwaltung erbrachten Leistung eröffnet. Anders als bei diesen fehlt es aber an der Entgeltlichkeit der Zuteilung: Die Konzessionäre erhalten (jedenfalls grundsätzlich) keine Vergütung für die Erbringung der Leistung. Es findet keine Verfügung über öffentliche Finanzmittel statt; der Anwendungsbereich des klassischen Vergaberechts ist daher nicht eröffnet. An die Stelle einer staatlichen Vergütung für die erbrachte Leistung tritt das exklusive Recht auf Nutzung. Das Risiko für den Umfang der Nutzung, namentlich die Unsicherheit über die aus dem Nutzungsrecht erzielbaren Erträge, trägt der Auftragnehmer. Das schließt ein Verlustrisiko ein. Es gehört zu den Essentialia des Vertrages. Es muss im Moment der Entscheidung die Möglichkeit und die signifikante Wahrscheinlichkeit einer Abweichung des tatsächlichen vom erwarteten Handlungsablauf bestehen. Das wirtschaftliche Ergebnis muss von Umständen abhängen, die im Zeitpunkt der Entscheidung nicht umfassend vorhersehbar, wenn auch von dem Handelnden beeinflussbar sind. Indizien sind die Übernahme des Abnahme- und Preisrisikos durch den Konzessionär. Während der Staat als Auftraggeber bei dem Dienstleistungs- und Bauauftrag für die Leistung des Privaten einen Preis zahlt, der die Kosten des Werkes decken soll, erzielt der Konzessionär bei der Dienstleistungs- und Baukonzession die Vergütung aus der Nutzung und von den Nutzern, insbesondere aus Nutzungsgebühren. Es kommt – anders als bei der staatlichen Auftragsvergabe – typischerweise zu unmittelbaren Rechtsbeziehungen zwischen dem privaten Unternehmen und den Nutzern. Es entsteht ein Dreiecksverhältnis zwischen dem Auftraggeber, dem Erbringer der Dienstleistung und ihrem Nutzer. Anwendungsbereiche für Dienstleitungskonzessionen finden sich etwa im Baurecht, namentlich in den §§ 123, 124 BauGB: Die Erschließung ist eine kommunale Pflichtaufgabe, der die Gemeinde sich nicht entledigen kann; einem privaten Erschließungsunternehmer können aber sämtliche technischen Leistungen übertragen werden. Er refinanziert sich durch die Veräußerung der Grundstücke bei den späteren Bauherren. Dienstleistungskonzessionen sind etwa auch die Übertragung der Hausmüllentsorgung auf der Grundlage des § 16 Abs. 2 KrW-/AbfG, die Durchführung des Rettungsdienstes und die Übertragung der Abwasserbeseitigung. Bekanntestes Beispiel einer Baukonzession sind Straßenbaufinanzierungsprojekte, bei denen der Staat einen privaten Bauträger vertraglich verpflichtet, eine Autobahn auf eigene Kosten zu errichten und ihm im Gegenzug die entstehenden Einnahmen zuspricht, so geschehen zum Beispiel bei der Travequerung in Lübeck und der Warnowquerung in Rostock.

[1284] Dem liegt die staatstheoretische Vorstellung *Labands* zu Grunde, dass der Staat über die Freiheit der Entstaatlichung und den Umfang der Teilhabe des Bürgers an den Aufgaben des Staates verfügt. Vgl. dazu etwa *Burgi*, NZBau 2001, S. 64 (66); *Wallerath*, Öffentliche Bedarfsdeckung und Verfassungsrecht, 1988.

noch nicht in unzulässiger Weise in Freiheitsrechte ein[1285]. Er setzt die Grundrechte durch die Auferlegung des Wertrisikos nicht dem Risiko unzulässiger Verkürzung aus, sondern eröffnet Freiheitsräume, zu deren Eröffnung das Verfassungsrecht ihn nicht zwingt[1286]. Seine Auswahlmacht ist lediglich durch das Gebot der Sachgerechtigkeit begrenzt: Er darf die Zuteilung nicht von Voraussetzungen abhängig machen, die mit dem Zweck der Zuteilung nicht in Einklang zu bringen sind, darf den zugeteilten Freiheitsbereich aber jederzeit verkürzen.

Steht dem Bürger demgegenüber ein freiheitsrechtlich geschützter Anspruch darauf zur Seite, dass der Freiheitsbereich, um dessen Zuteilung es geht, nicht beschnitten werden darf, dann erlangt das Risiko der Wertunsicherheit verfassungsrechtliche Tragweite. Der Staat darf die Zuteilung dann nicht zum Anlass nehmen, den zuzuteilenden Freiheitsbereich einzuschränken; die Grundrechte und Grundfreiheiten bilden eine Grenze der Risikoverlagerung aus, die die Zumutbarkeitsschwelle definiert. Auch aus der Wahl der Bürgers zwischen der Übernahme des Wertrisikos und dem Verzicht auf die ausgeübte Tätigkeit lässt sich dann nicht die verfassungsrechtliche Unbedenklichkeit der zur Verfügung gestellten Wahlalternativen und der abverlangten Zahlungspflicht destillieren. Einer Verlagerung der Risikogrenze hat der Bürger nicht stillschweigend zugestimmt. Aus seiner Teilnahme an dem Auswahlprozess kann nicht auf eine entsprechende Zustimmung geschlossen werden.

ee) Fazit

Die versteigerungsbedingte unbegrenzte Verlagerung des Wertrisikos ist solange unzulässig, als der zuzuteilende Freiheitsraum verfassungsrechtlich abgesichert ist, d. h. nicht verkürzt werden darf, weil sich die Aufgabe des Staates auf die sachwalterische Funktion der Zuteilung beschränkt, und das Wertrisiko nicht sicher kalkuliert werden kann. Die Freiheitsrechte wirken im Verhältnis zwischen Staat und Bürger insoweit auch als Risikogrenze. Sie errichten eine Missbrauchsschranke für die Auferlegung solcher Risiken, die sich dem Einflussbereich des Bürgers entziehen und die Verwirklichung eines Grundrechts gefährden. Bleibt dem Bürger nur die Entscheidung zwischen der Übernahme des Wertrisikos und dem Verzicht auf den zuzuteilenden Freiheitsraum, ist also die Übernahme der Risikolast nicht von Freiwilligkeit, sondern von fehlender Wahlfreiheit und faktischem

---

[1285] Vgl. zu der zunehmend den akademischen Meinungskampf beschäftigenden Frage, ob die Auftragserteilung einen Eingriff in die Grundrechte der nicht von dem Zuschlag profitierenden Unternehmer darstellen kann, etwa (bejahend) *Jarass*, in: ders./Pieroth, GG, 9. Aufl. 2007, Art. 12 Rdnr. 15; *Höfling*, in: Sachs (Hrsg.), GG, 4. Aufl. 2007, Art. 1 Rdnr. 103; *Mallmann*, VVDStRL 19 (1961), S. 165 (202); *Pietzcker*, Der Staatsauftrag als Instrument des Verwaltungshandelns, 1978, S. 366 ff.

[1286] Die Zuteilung führt eine im Allgemeininteresse dem Staat vorbehaltene Aufgabe dem grundrechtlichen Freiheitsbereich der Berufsfreiheit (wieder) zu.

Zwang bestimmt, ergibt sich die Zumutbarkeitsschwelle nicht aus einem Vertragsgleichgewicht und der in ihr vorgesehenen Zuweisung von Risikosphären, sondern vornehmlich aus den durch die Zuteilung betroffenen Freiheitsrechten. Sie verschieben den Maßstab des von den Destinären bei einer Abweichung von vorgestellter und eingetretener Wirklichkeit Hinzunehmenden und füllen insoweit die Geschäftsgrundlage mit neuem Leben[1287]. Soweit der Zuteilungsvorgang die Übernahme von ex ante nicht vorhersehbaren Risiken abverlangt, die die verfassungsrechtlich gegen Entzug abgesicherte Freiheitsverwirklichung zu einem »nudum ius« werden lassen können, stehen die Freiheitsrechte einer unbegrenzten Risikotragung entgegen und verlangen jenseits der Opfergrenze nach einer Korrektur.

(b) Auswirkungen einer Unverhältnismäßigkeit des Versteigerungserlöses – Möglichkeiten und Grenzen eines Kompensationsausgleichs

Schließt die Versteigerung als Allokationsmechanismus einen unverhältnismäßigen Eingriff in das Freiheitsrecht, dessen Verwirklichung die Zuteilung dient, nicht aus, knüpft sich an diesen Befund die Frage nach seinen Auswirkungen auf die Zulässigkeit der Versteigerung als Allokationsmechanismus des öffentlichen Rechts: Die Versteigerung als Auswahlmechanismus auf den Scheiterhaufen der Verteilungslenkung zu verbringen, soweit sie der Zuteilung von Gütern dient, deren Zuteilung dem Staat nicht freisteht, sondern freiheitsrechtlich abgesichert ist, stößt insoweit auf Bedenken, als sie grundsätzlich sachgerechte Verteilungsergebnissen zu zeitigen vermag, die sich in den Grenzen des Verhältnismäßigen und Zumutbaren halten und ihre Verstöße sich auf krasse Ausnahmefälle beschränken[1288]. Versteigerungen überschreiten den Wert des Versteigerungsgegenstandes nicht per se, sondern bilden ihn grundsätzlich treffend ab. Die Gefahr der Verfehlung des Ziels des Zuteilungsvorgangs tritt lediglich in Ungewissheitssituationen über den Wert des Gutes, insbesondere sich neu entwickelnden Märkten sowie asymmetrischer Informationsverteilung über das zu versteigernde Gut, auf. Auch dort realisiert er sich grundsätzlich nur in atypischen Ausnahmesituationen. Eine Verbannung der Versteigerung aus dem Köcher der Verteilungsinstrumente schießt dann über das Ziel hinaus. Hält die Versteigerung auch kein Sicherungsinstrument gegen eine Unverhältnismäßigkeit vor und kann sie zu verfassungswidrigen Ergebnissen führen, muss sie dies nicht prinzipiell als Verteilungsinstrument diskreditieren.

Die unverhältnismäßigen Auswirkungen bedürfen indes einer Korrektur. Kann der Gesetzgeber die Folgen marktbasierter Verteilungsmechanismen auch nur sehr eingeschränkt vorhersehen und ist ihm daher ein Prognose-

[1287] Vgl. dazu auch Fn. 1299.
[1288] Vgl. dazu etwa S. 296 ff.

spielraum zuzugestehen[1289], so ist das nicht gleichbedeutend damit, dass im Einzelfall eintretende unverhältnismäßige Folgerungen eines Lenkungstatbestandes hinzunehmen sind. Der Gesetzgeber muss im nicht vorhersehbaren Falle unverhältnismäßiger Ergebnisse für eine Korrektur sorgen, die den Folgen der Unverhältnismäßigkeit abhilft (und die Zumutbarkeitsschwelle wahrt). Es bedarf namentlich eines Sicherungsinstruments gegen eine unverhältnismäßige Überabschöpfung, die die Grenzen zulässiger Risikozuweisung absichert, soweit diese sich als unverhältnismäßig erweist.

Ist ein Ausgleichsmechanismus in der Lage, die unverhältnismäßigen Auswirkungen des Zuteilungsmechanismus im Einzelfall zu kompensieren, stehen seiner Zulässigkeit keine durchgreifenden Bedenken entgegen: Dem Gesetzgeber ist es grundsätzlich nicht verwehrt, Maßnahmen, die er im öffentlichen Interesse für geboten hält, auch in Härtefällen durchzusetzen, wenn er durch kompensatorische Vorkehrungen unverhältnismäßige oder gleichheitswidrige Belastungen des Betroffenen vermeidet[1290]. Wo ausnahmsweise die Anwendung des Gesetzes zu einer unzumutbaren, nicht ex ante voraussehbaren Belastung des Bürgers führt, können Ausgleichsregelungen die Verhältnismäßigkeit der Maßnahme im Einzelfall herstellen. Der Gesetzgeber darf mithin das grundsätzlich sachgerechte Ergebnisse erzielende Versteigerungsverfahren im überwiegenden Gemeinwohlinteresse zulassen und sich seiner Verteilungswirkung bedienen, solange die dem Entscheidungsprozess eigene Wertunsicherheit nicht bereits – ex ante erkennbar –

[1289] Vgl. zum dem Prognosespielraum des Gesetzgebers für die Folgen staatlicher Eingriffe allgemein BVerfG, Urt. v. 1.3.1979, BVerfGE 50, S. 290 (334) – Mitbestimmung; BVerfG, Urt. v. 15.12.1983, BVerfGE 65, S. 1 (55) – Volkszählung sowie bereits supra S. 32ff. Ebenso für den Fall im Einzelfall unverhältnismäßiger überschießender Interventionseffekte einer Lenkungssteuer BVerfG, Beschl. v. 17.7.1974, BVerfGE 38, S. 61 (82) – Leberpfennig. In der Leberpfennig-Entscheidung hat sich das Bundesverfassungsgericht mit den im Einzelfall auftretenden unverhältnismäßigen Auswirkungen gesetzlicher Maßnahmen und den Auswirkungen auf ihre Zulässigkeit beschäftigt und den überschießenden Interventionseffekt von Lenkungsabgaben, der in einer Gruppe von Fällen auftritt, als zulässig eingestuft, wenn er nicht beabsichtigt war. Zutreffend weist das Gericht im Anschluss an *Selmer* (Steuerinterventionismus und Verfassungsrecht, 1972, S. 213) darauf hin, dass das Gebot der Messbarkeit und Berechenbarkeit staatlichen Eingriffshandelns sich nur auf die Stellung des einzelnen Normadressaten gegenüber dem ihn verpflichtenden gesetzlichen Eingriff bezieht, nicht aber darüber hinaus auch auf die allgemeinen Auswirkungen eines Gesetzes (BVerfG, a. a. O., S. 61 [82] – Leberpfennig). Die Steuerungswirkung und -absicht einer gesetzlichen Maßnahme muss nicht gegenüber dem einzelnen Bürger hinreichend konkret sein und nicht sämtliche bei den einzelnen Lenkungsadressaten eintretenden konkreten Auswirkungen müssen voraussehbar sein.

[1290] So für das Grundrecht des Art. 14 Abs. 1 GG ausdrücklich BVerfG, Beschl. v. 2.3.1999, BVerfGE 100, S. 226 (244) – Denkmalschutz; ähnlich bereits BVerfG, Beschl. v. 14.7.1981, BVerfGE 58, S. 137 (149f.) – Pflichtexemplar; BVerfG, Beschl. v. 30.11.1988, BVerfGE 79, S. 174 (192) – Straßenverkehrslärm; BVerfG, Beschl. v. 9.1.1991, BVerfGE 83, S. 201 (212f.) – Bundesberggesetz; *Schenke*, NJW 1988, S. 857 (861f.); allgemein dazu *Guthke*, Ökonomische Gesichtspunkte im Rahmen der Herstellung der Verhältnismäßigkeit staatlichen Handelns im multipolaren Verhältnis, 2003, S. 20ff.

die Sachgerechtigkeit des Zuteilungsergebnisses torpediert[1291] und ex ante nicht erkennbare, im Einzelfall sich ex post als unverhältnismäßig kristallisierende Auswirkungen des Versteigerungsprozesses durch einen Korrekturmechanismus kompensierbar sind, der die Zumutbarkeitsschwelle im Hinblick auf die durch die Zuteilung berührten Grundrechte wahrt.

Als Korrekturmechanismus kommt ein effizienzorientierter Erstattungsanspruch in Betracht[1292], der für die Ausnahmefälle eines ex ante nicht voraussehbaren, groben Missverhältnisses zwischen dem Versteigerungspreis und der mit ihm tatsächlich erzielbaren Wertentwicklung die mit einer Zahlungspflicht verbundene, im Einzelfall unverhältnismäßige Belastung von Freiheitsrechten durch eine Kompensationszahlung wieder ausgleicht. Solche Ausgleichsmechanismen einer Ex-post-Korrektur ex ante tolerierter Risiken, die sich als unverhältnismäßig entpuppen, sind nicht nur dem öffentlichen Recht (insbesondere im Recht der staatlichen Ersatzleistungen[1293]) als grundrechtswahrendes Gestaltungsmittel nicht

---

[1291] Vgl. dazu supra S. 379ff.

[1292] Vgl. dazu bereits in den Grundzügen *Martini*, Die Versteigerung – ein Allokationsmodell auf dem Siegeszug, in: Bungenberg et al (Hrsg.), Recht und Ökonomik, 2004, S. 249 (280); dazu, dass das finanzverfassungsrechtliche Erfordernis der Gegenleistungsabhängigkeit der Gebühr auch durch einen Rückerstattungsanspruch erfüllt werden kann *Sacksofsky*, Umweltschutz durch nicht-steuerliche Abgaben, 2000, S. 209; *K. Vogel/Waldhoff*, Grundlagen des Finanzverfassungsrechts, 1999, Rdnr. 384.

[1293] Das Gesetz lässt hier im übergeordneten Allgemeininteresse Maßnahmen und Eingriffe zu, die (in atypischen Fällen) zu unverhältnismäßigen Eingriffen führen können, etwa zu einem Gesundheitsschaden als Folge eines Impfzwangs (vgl. dazu BGH, Urt. v.19.2.1953, BGHZ 9, S. 83ff.; BGH, Urt. v. 18.3.1957, BGHZ 24, S. 45), zu Waldschäden, die als Folge des allgemeinen Betretungsrechts die Opferschwelle überschreiten (BGH, Urt. v. 10.12.1987, BGHZ 102, S. 350 [359f.]), zu einer im Einzelfall unzumutbaren Belastung des Verlegereigentums durch die Ablieferungspflicht für Druckwerke (BVerfG, Beschl. v. 14.7.1981, BVerfGE 58, S. 137 [149f.] – Pflichtexemplar) etc., gewährt im Falle der Risikorealisierung zum Schutz der durch den Eingriff betroffenen Grundrechte jedoch eine Kompensation und stellt dadurch den status negativus (soweit möglich) vermögensrechtlich wieder her. Die Liste der Beispiele und Anwendungsfälle ist lang. Zu Prominenz gelangten ferner die Beispiele des Betriebs einer Mülldeponie, die Möwen und Krähen anlockt und zu Ernteverlusten führt (BGH, Urt. v. 13.12.1979, NJW 1980, S. 770 [771]), sowie die Durchführung von Artillerieschießübungen, die im Gefolge fehlgehender Geschosse auf benachbarten Grundstücken Brandschäden zeitigte [BGH, Urt. v. 15.3.1962, BGHZ 37, S. 44 (47)]. Auch das Naturschutzrecht, das Landschaftsschutzrecht und das Denkmalschutzrecht sind von ähnlichen Regelungskonstellationen durchdrungen, in denen unvorhergesehen im Einzelfall die Intensität der Inanspruchnahme einer Sache die Privatnützigkeit als Wesensmerkmal des Eigentums beseitigt und eine Entschädigung erforderlich macht. Den mit höherrangigem Recht, insbesondere den grundrechtlichen Rechtspositionen, an sich nicht vereinbaren Eingriff untersagt es nicht ex ante, sondern nimmt auf der grundrechtlichen Primärebene das Risiko eines im Einzelfall unverhältnismäßigen Eingriffs in Kauf, fängt die als Folge des Eingriffs entstehenden, die Zumutbarkeitsschwelle überschreitenden Schäden jedoch durch einen Übermaßausgleich auf der haftungsrechtlichen Sekundärebene auf. Vgl. dazu, dass der Anspruch ausgeschlossen ist, wenn der nachteilig Betroffene sich »freiwillig in eine Gefahr« begeben hat, die ganz allgemein von ihm grundsätzlich selbst zu tragen ist, oder die von ihm selbst erst herbeigeführt worden ist, etwa BGH, Urt. v. 14.2.1952, BGHZ 5, S. 144

fremd[1294]. Anwendungsbeispiele sind etwa die Ausgleichsansprüche für ausgleichspflichtige Inhalts- und Schrankenbestimmungen, enteignende Eingriffe, Aufopferung sowie die polizeirechtlichen Ersatzansprüche für Nicht- und Anscheinsstörer (primärrechtliche Polizeipflichtigkeit ex ante, Ersatzanspruch ex post).

Eine Anpassung von langfristigen Vertragsbeziehungen an veränderte Umstände sowie die Herstellung von Vertragsgerechtigkeit in Konstellationen, in denen das Instrument des Vertrages zu einem Instrument der Fremdbestimmung über den anderen Vertragsteil wird, ist auch für das Vertragsrecht kein unverträglicher Fremdkörper, sondern eine ständige Bewährungsaufgabe[1295]. Für Situationen, in denen die Parteien über grundrechtlich verbürgte Positionen verfügen, entnimmt das Bundesverfassungsgericht dem Grundgesetz allgemein den gesetzgeberischen Auftrag, ausgleichende staatliche Regeln zu schaffen, die den Grundrechtsschutz sichern, soweit es an einem Kräftegleichgewicht der Parteien fehlt und ein Vertrag einen sachgerechten Ausgleich der Interessen nicht zu gewährleisten vermag[1296]. Einen solchen dogmatischen Hebel bildet für das Recht der öffentlich-rechtlichen Verträge nicht zuletzt auch die Vorschrift des § 60 VwVfG als spezielle verwaltungsrechtliche Positivierung eines vertraglichen Korrekturtatbestandes, der auf wesentliche Veränderungen der für sein Zustandekommen maßgeblichen Verhältnisse reagiert, soweit das Festhalten an dem ursprünglich Vereinbarten dadurch unzumutbar

---

(152 f.); BGH, Urt. v. 2.5.1955, BGHZ 17, S. 172 (175); BGH, Urt. v. 18.9.1959, BGHZ 31, S. 1 (4); zur »Freiwilligkeit« der Teilnahme an der Versteigerung siehe supra S. 598 ff.

[1294] Im Recht der staatlichen Ersatzleistungen stellt sich zusätzlich die Schwierigkeit, dass Kompensationsleistungen die Grundrechtsbeeinträchtigung nicht immer zu kompensieren vermögen. So verlangt die Bestandsgarantie des Art. 14 Abs. 1 S. 1 GG, dass in erster Linie Vorkehrungen getroffen werden, die eine unverhältnismäßige Belastung des Eigentümers real vermeiden und die Privatnützigkeit des Eigentums so weit wie möglich erhalten. Kompensationsregelungen können sich insoweit als unzulänglich erweisen. In diesem Sinne BVerfG, Beschl. v. 2.3.1999, NJW 1999, S. 2877 (2879). Vgl. zu den Grenzen finanzieller Kompensationsmodelle zur Herstellung von Verhältnismäßigkeit allgemein *Guthke* (Fn. 1290), S. 105 ff.

[1295] Dem allgemeinen Vertragsrecht sind dementsprechend derartige Korrekturansprüche, die das Risiko des Auseinanderfallens von Vorstellung und Wirklichkeit nach Wertungsgesichtspunkten (allerdings unter den Vorzeichen und Prämissen der Vertragsparität) auf die Beteiligten neu verteilen, nicht fremd. Man denke an das Institut des Wegfalls der Geschäftsgrundlage (§ 313 BGB), das in gestörten Vertragsbeziehungen, insbesondere Äquivalenzstörungen, den Grundsatz der Vertragsbindung (»pacta sunt servanda«) bei Überschreitung der Opfergrenze durchbricht (vgl. dazu etwa *Falkner*, Geschäftsirrtum über Zukünftiges und Wegfall der Geschäftsgrundlage, 2003; *Haarmann*, Wegfall der Geschäftsgrundlage bei Dauerrechtsverhältnissen, 1979; *Köbler*, Die »clausula rebus sic stantibus« als allgemeiner Rechtsgrundsatz, 1991; *Quass*, Die Nutzungsstörung – Zur Problematik der Störung des Verwendungszwecks und des Wegfalls der Geschäftsgrundlage, 2003) und die Kondiktion wegen Zweckverfehlung gem. § 812 Abs. 1 S. 2 Alt. 2 BGB (condictio causa data causa non secuta); vgl. dazu *Mediger*, Die Kondiktion wegen Zweckverfehlung im System der gesetzlichen Rückforderungsansprüche, 1978.

[1296] BVerfG, Beschl. v. 7.2.1990, BVerfGE 81, S. 242 (255).

wird[1297, 1298]. Für die Versteigerung staatlich verwalteter Ressourcen, die in der Rechtsform des öffentlich-rechtlichen Vertrages durchgeführt werden, beansprucht sie – wenngleich sie die inhaltliche Anreicherung der Zumutbarkeitsgrenze durch andere Vorschriften, insbesondere die Grundrechte, voraussetzt, nicht aber selbst zu definieren vermag[1299] – unmittelbare Geltung[1300].

[1297] Vgl. dazu allgemein bereits supra S. 601 mit 1225 sowie etwa BVerwG, Urt. v. 25.11.1966, BVerwGE 25, S. 299 (302ff.); BGH, Urt. v. 31.5.1990, NJW 1991, S. 1478 (1479) – Salome (Vergütung für langfristigen Opernaufführungsvertrag); *Fiedler*, VerwArch. 1976, S. 125ff.; *Littbarski*, Der Wegfall der Geschäftsgrundlage beim verwaltungsrechtlichen Vertrag, 1982; *Lorenz*, DVBl. 1997, 865ff.; *Schlette*, Die Verwaltung als Vertragspartner, 2000, S. 606ff.; *Schimpf*, Der verwaltungsrechtliche Vertrag unter besonderer Berücksichtigung seiner Rechtswidrigkeit, 1982, S. 303ff.; *Spannowsky* (Fn. 1248), S. 284ff.; *Tobler*, Die »clausula rebus sic stantibus« bei verwaltungsrechtlichen Verträgen, 1970; *P. M. Weiß*, Pacta sunt servanda im Verwaltungsvertrag, 1998, S. 75ff.; schon vor der Normierung des §60 VwVfG griff das Bundesverwaltungsgericht auf das Rechtsinstitut der »clausula rebus sic stantibus« zurück und wandte es auf das Recht des Verwaltungsvertrages an; vgl. BVerwG, Beschl. v. 21.1.1956, DÖV 1956, S. 410.

[1298] Auch bei den Konzessionsabgaben, insbesondere der bergrechtlichen Förderabgabe, sehen die landesgesetzlichen Vorschriften zumeist Anpassungen der Abgabehöhe an die wirtschaftliche Entwicklung vor; vgl. z. B. Verordnung zur Änderung der Niedersächsischen Verordnung über Feldes- und Förderabgaben vom 11. September 1986, GVBl. 299.

[1299] §60 VwVfG zieht Leistungspflichten eine Grenze, die zu untragbaren, mit Recht und Gerechtigkeit nicht mehr zu vereinbarenden und damit der betroffenen Partei nach Treu und Glauben nicht zuzumutenden Ergebnissen führen. Ist die Homöostase zwischen Leistung und Gegenleistung so stark erschüttert, dass das von jedem Vertragspartner normalerweise zu tragende, längerfristigen Vertragsbeziehungen immanente Risiko weit überschritten ist und es dem benachteiligten Partner unmöglich wird, in der betroffenen Regelung seine Interessen auch nur annähernd noch gewahrt zu sehen, mutet das Gesetz der belasteten Partei keine weitere unveränderte Bindung an die vertraglich vereinbarten Leistungspflichten zu (vgl. statt aller BVerwG, Urt. v. 25.11.1966, BVerwGE 25, S. 299 [303]; VGH Baden-Württemberg, Urt. v. 19.12.1995, NVwZ 1996, S. 1230 [1230]; OVG Berlin, Beschl. v. 24.6.1997, NVwZ-RR 1997, S. 712 [713]; OVG Rheinland-Pfalz, Urt. v. 3.6.1992, AS 24, S. 12 [17]; *Fehling*, in: ders. [Hrsg.], Handkommentar Verwaltungsrecht, 2006, §60 Rdnr. 15; *Henneke*, in: Knack [Hrsg.], VwVfG, 8. Aufl. 2004, §60 Rdnr. 3; *Schlette*, Die Verwaltung als Vertragspartner, 2000, S. 614 f.; *Ule/Laubinger*, Verwaltungsverfahrensrecht, 4. Aufl. 1995, §71 Rdnr. 12). Mission des §60 VwVfG ist es, auch unter veränderten oder verkannten Bedingungen Vertragsgerechtigkeit herzustellen. Maßgebend dafür, ob nachträgliche Änderungen der Sach- oder Rechtslage eine Vertragsänderung erzwingen, ist grundsätzlich die von den Parteien in dem Vertrag gefundene Zuordnung von Risiken (deutlich insoweit §313 Abs. 1 BGB, der »insbesondere« die »vertragliche oder gesetzliche Risikoverteilung« zum Beurteilungsmaßstab für die Anpassung eines Vertrages erhebt). In diese will und soll das Institut der Geschäftsgrundlage grundsätzlich nicht hineinregieren (vgl. *H.-B. Schäfer/Ott*, Lehrbuch der ökonomischen Analyse des Zivilrechts, 4. Aufl. 2005, S. 436; *Köbler*, Die »clausula rebus sic stantibus« als allgemeiner Rechtsgrundsatz, 1991, S. 231f.), sondern es geht zur Bestimmung der Zumutbarkeit von der Richtigkeitsvermutung der vertraglichen Risikozuordnung und des auf der Grundlage privatautonomer Dispositionen erfolgenden Interessenausgleichs aus (vgl. BGH, Urt. v. 13.11.1975, NJW 1976, S. 565 [566]; etwa *Grüneberg*, in: Bamberger/H. Roth [Hrsg.], BGB, Aktualisierung 2004, §313 Rdnr. 27f.). Realisiert sich ein Risiko, das eine der Parteien nach der vertraglichen Vereinbarung über-

Ein Erstattungsausgleich findet in dem durch verfassungsrechtliche Vorgaben umhegten System der Versteigerung auf der anderen Seite nur insoweit einen legitimen Platz, als er in dem Bemühen um die Herstellung von Verhältnismäßigkeit nicht seinerseits die Auslesefunktion des Preises und damit den Allokationsmechanismus der Versteigerung gefährdet. Er darf die Zuteilungswirkung der Versteigerung und das Verteilungsinstrument nicht als solches in Frage stellen. Insbesondere darf er keine Garantieversicherung schaffen, die unternehmerische Risiken und Verluste sozialisiert, Gewinnchancen aber individualisiert und den Bietern damit sorgloses Bieten gestattet. Eine vollständige arithmetische Äquivalenzsicherung des Versteigerungserlöses verleitet die beteiligten Interessenten dazu, unrealistische Gebote abzugeben, indem sie die Risikoverteilung zwischen Staat und Bürger verschiebt und damit auch in das Allokationskonzept der Versteigerung eingreift. Die Sicherheit, grundsätzlich kein Verlustrisiko zu tragen, kann Mondgebote provozieren, die ohne Rücksicht auf Effizienzüberlegungen und die Fähigkeit, den gebotenen Betrag wieder zu erwirtschaften, allein um des Sieges in der Auktion willen in der Gewissheit der Risikolosigkeit abgegeben werden. Der Allokationsmechanismus der Versteigerung verlöre seine Funktion und seine Auswahlwirkung, nähme er den Interessenten jedes Effizienzrisiko durch eine Ausgleichsregelung. Der Preismechanismus beruht auf der ökonomischen

---

nommen hat und damit in ihren Risikobereich fallen soll, ermöglicht § 60 VwVfG grundsätzlich keine nachträgliche Korrektur der vertraglichen Risikozuordnung (vgl. dazu etwa *Bonk* [Fn. 1256], § 60 Rdnr. 20; für das Zivilrecht etwa Urt. v. 1.6.1979, BGHZ 74, S. 373 ff. m. w. N.; *Lettl*, JuS 2001, S. 347 (352); *G. Roth*, in: Münchener Kommentar zum BGB, 5. Aufl. 2007, § 313 BGB, Rdnr. 35 ff.; *H.-B. Schäfer/Ott*, ibid., S. 435; treffend *Vollkommer*, in: Jauernig (Hrsg.), BGB, 12. Aufl. 2007, § 313 Rdnr. 20). Denn der Geschäftsgrundlage ist es nicht um die Veränderung des Interessengleichgewichts zwischen den Parteien bestellt, sondern um die Einbeziehung und Zuweisung von Risiken, die die Parteien in ihrer Risikozuordnung nicht vollständig erfasst und nicht zugeordnet haben, wohl aber erfasst hätten, wenn sie die tatsächliche Entwicklung vorausgesehen hätten (vgl. etwa *Lettl*, JuS 2001, S. 347 [349]; *G. Roth*, in: Münchener Kommentar zum BGB, 4. Aufl. 2003, § 313 Rdnr. 29). Sie geht von einer fairen, durch die Dispositionsbefugnis und Richtigkeitsvermutung der vertraglichen Einigung getragenen Risikozuordnung aus und fragt danach, wer etwas übernommen hat, weniger wie weit die Risikozuordnung mit den Grundrechten vereinbar ist. Die Risikozuordnung wird jedoch auch durch die Einstrahlung der Grundrechte bestimmt. Wann eine Veränderung der vorgesehenen Risikozuordnung erforderlich ist und wo die Zumutbarkeitsgrenze liegt, ergibt sich nicht unmittelbar aus § 60 VwVfG und der Lehre von der Geschäftsgrundlage. Sie gibt den Maßstab der Zumutbarkeit vor, füllt ihn aber nicht selbst aus. Ob die Grenzen der Zumutbarkeit überschritten sind, ist der Wertung der Grundrechte zu entnehmen, die Gegenstand des Zuteilungsvorgangs in der Versteigerung sind, und dem in ihnen angelegten verfassungsrechtlichen Verhältnismäßigkeitsprinzip. Ihnen obliegt die Lokalisierung der Zumutbarkeitsschwelle.

[1300] Erreicht den Bürger die durch den Zuschlag ausgelöste Zahlungspflicht nicht im Wege eines Vertrages, sondern eines mitwirkungsbedürftigen Verwaltungsaktes, gilt nichts anderes als im Falle der vertraglichen Versteigerungsgestaltung. Die Rechtsform der Versteigerung ändert an der Schutzfunktion der Grundrechte nichts.

Logik, die Interessenten zu einer wahrheitsgemäßen Offenbarung ihrer Nutzenerwartungen zu veranlassen, indem er sie zwingt, ihre Nutzenerwartungen als Äquivalent in dem zu zahlenden Preis ausdrücken. Das Äquivalent erfüllt seine Auswahlwirkung deshalb und ist zuverlässiger Gradmesser der wahrheitsgemäßen Wertschätzung, weil es die fehlerhafte Angabe oder fahrlässige Fehleinschätzung der Präferenz sanktioniert[1301]: Wird das auf fehlender Effizienz beruhende Verlustrisiko aus dem Datenkranz des Preissystems herausgebrochen und bleibt eine falsche Angabe der Nutzungspräferenzen weitgehend folgenlos, ist seine Auswahlwirkung gestört und die innere Logik des ökonomischen Prinzips aus den Angeln gehoben. Ohne das Risiko fehlinvestiven Kapitaleinsatzes ist der Anreiz zu spekulativem Erwerb vergrößert und die beabsichtigte Allokationseffizienz des Verteilungsvorgangs gefährdet[1302]. Die Versteigerung spiegelt dann die Wertschätzung der Bieter nicht mehr zutreffend wider. Es gewinnt nicht derjenige die Auktion, der die höchste Wertschätzung für das zu versteigernde Gut mitbringt, sondern derjenige, der am unverfrorensten auf eine Rückerstattung spekuliert. Ein Kompensationanspruch, der den Bietern jedes Risiko nimmt, ist mit dem ökonomischen Prinzip der Versteigerung nicht kompatibel und daher an enge Voraussetzungen zu binden (dazu im Einzelnen infra aa – ee).

(aa) Realisierung des Wertrisikos – schwerwiegende Veränderung der Umstände nach Zuschlagserteilung

Ein Erstattungsanspruch, der zur Herstellung der Verhältnismäßigkeit des Zuteilungsvorgangs ebenso geeignet wie auch für die Effizienzauslese des Versteigerungsvorgangs und die Effizienz der Nutzung weitgehend unschädlich sein soll, muss sich durch die Eigenschaft auszeichnen, dem Bieter nicht das Risiko eigenen effizienten Wirtschaftens (*Effizienzrisiko)* zu nehmen, sondern lediglich das *Wertrisiko* abzufedern, welches darin besteht, dass sich der ex ante nicht abschließend bestimmbare Wert des Gutes ex post trotz aller Bemühungen vollends anders als erwartet darstellt[1303].

[1301] Ein unter der wahren Wertschätzung liegendes Gebot setzt sich im Wettbewerb um das höchste Gebot im Zweifel nicht durch; ein über der wahren Wertschätzung liegendes Gebot führt zu wirtschaftlichen Verlusten. Der Offenbarung der Nutzenpräferenz korreliert das Risiko, den gebotenen Betrag tatsächlich amortisieren zu können.

[1302] In diesem Sinne etwa *Ritgen*, AöR 127 (2002), S. 351 (397); *Kruse*, Lizensierung und Wettbewerb im Mobilfunk, 1993, S. 147; ihnen zustimmend *Kruhl*, Die Versteigerung knapper Frequenzen, 2003, S. 306f.

[1303] Das Wertrisiko von dem Effizienzrisiko zu separieren, ist dabei eine äußerst diffizile und herausfordernde Aufgabe. Die Feststellung einer unverhältnismäßigen Wertüberschreitung ist insbesondere mit großen praktischen Schwierigkeiten verbunden. Bei international tätigen Unternehmen mit zahlreichen durch vielfältige Verflechtungen und Synergien geprägten Geschäftsfeldern etwa ist eine Zurechnung von Kosten und Gewinnen zu einzelnen Geschäftsfeldern sehr schwierig. Der Nutzen einer Kundenbindung, das Weiterwirken von Vorteilen über die Nutzungszeit hinaus lassen sich als »good will« nur

Ein Verhältnismäßigkeitsausgleich ist aus diesem Grunde nicht schon alleine deshalb vorzunehmen, wenn und weil ein einzelner erfolgreicher Bieter mit dem Gut keinen Gewinn erwirtschaftet hat und der erzielte Nutzen damit hinter dem gezahlten Betrag zurückbleibt. Auf eine Überschätzung des eigenen Effizienzpotenzials braucht der Staat keine Rücksicht zu nehmen und darf er auch keine Rücksicht nehmen, wenn er sich eines effizienzorientierten Ausleseverfahrens bedienen will. Das Risiko ineffizienten Wirtschaftens fällt dem Einzelnen zur Last[1304]. Eine Unverhältnismäßigkeit der Wertrelation ist erst dann von rechtlicher Bedeutung, wenn der *erzielbare* Nutzen hinter der Zahlungspflicht zurückbleibt[1305]. Die Verhältnismäßigkeitsprüfung ist an der wirtschaftlich effizientesten Nutzung auszurichten. Das gebietet einen Effizienzvergleich[1306]: War es (mindestens) ei-

---

schwer erfassen und kapitalisieren. Der Versuchung bieterischen Ex-post-Opportunismus öffnet sich ein Tor (vgl. zu der Figur des Ex-post-Opportunismus als Problem der Unvollständigkeit eines langfristigen Vertrages auch *Richter/Furubotn*, Neue Institutionenökonomik, 3. Aufl. 2003, S. 162f. und 374f.; *Williamson*, Bell Journal of Economics 7 (1976), S. 73ff.). Der Versuch, eine Unverhältnismäßigkeitsgrenze zu lokalisieren ist – bei der gebotenen Zurückhaltung – aber nicht zum Scheitern verurteilt. Auf der Basis eines Vergleichs tatsächlich erzielter Umsätze, Kosten und Gewinne lässt sich betriebswirtschaftlich ex post – zumindest annäherungsweise – eine Wertbestimmung vornehmen und die Frage beantworten, ob ein erdrückendes Missverhältnis zwischen Leistung und Wert der Gegenleistung besteht. Einen geeigneten Anhaltspunkt für die Eingrenzung des Wertes können auch die Preise bilden, die im Rahmen eines zulässigen Sekundärhandels mit staatlich verwalteten Nutzungsrechten (vgl. dazu infra S. 721ff.) den Transaktionen zugrunde gelegt wurden. Sonstige mit der Zuteilung verbundenen Vorteile, wie zum Beispiel Synergien in anderen Märkten, das Weiterwirken von Vorteilen über die Nutzungszeit hinaus, staatliche Beeinflussungen des Marktgeschehens durch andere Instrumente der Verhaltenslenkung, etwa Subventionen oder vorhandene Kompensationsmöglichkeiten, wie zum Beispiel die ertragssteuerrechtliche Verlustabschreibung, die die Unternehmen nur bis zu der Grenze der eigenen Leistungsfähigkeit tragen lässt, sind anzurechnen. Die Wertüberschreitung muss dabei nachweisbar und augenfällig sein. Die Last des Nachweises liegt bei den Bietern.

1304 Ähnlich für die Verleihungs- bzw. Ressourcennutzungsgebühr *Heimlich*, Die Verleihungsgebühr als Umweltabgabe, 1996, S. 268 u. 280ff. sowie das BVerfG in seiner Wasserpfennig-Entscheidung, BVerfG, DVBl. 1996, 357, 360: Das Gericht stellt fest, dass die Länder derartige Gebühren rechtmäßigerweise für die *Möglichkeit* der Wasserentnahme erheben.

1305 Vgl. dazu bereits im Einzelnen supra S. 535ff.; ähnlich für das europäische Recht und die Vergabe von Wirtschaftskonzessionen: Mitteilung der Kommission zu Auslegungsfragen im Bereich Konzessionen im Gemeinschaftsrecht, ABl. EG Nr. C 121 v. 29.4.2000, S. 2 (3f. und 8): »Der Grundsatz der Verhältnismäßigkeit macht es erforderlich, Wettbewerb und finanzielle Ausgewogenheit in Einklang zu bringen. (...) Hierbei ist jedoch das mit der Nutzung verbundene Risiko für den Konzessionär beizubehalten«.

1306 Es lässt sich einwenden: Nicht immer wird der Staat mehrere Güter versteigern und wird damit der Effizienzvergleich möglich sein. Es besteht insbesondere die Gefahr, dass der Staat einen Effizienzvergleich durch die Zahl bzw. den Zuschnitt der zu versteigernden Güter verhindert. Dem lässt sich durch eine wertende Abwägung Rechnung tragen. Effizienzvergleiche sind dem Recht etwa mit dem Maßstab der kosteneffizienten Leistungsbereitstellung nach § 31 Abs. 1 u. 2 TKG oder § 21 Abs. 2, § 21a Abs. 5 EnWG bekannt.

nem der erfolgreichen Bieter möglich, aufgrund seiner Effizienz den in der Versteigerung eingesetzten Geldbetrag durch seine Nutzung zu amortisieren, spricht eine Vermutung dafür, dass ein kompensationsbedürftiges Missverhältnis zwischen dem Versteigerungspreis und dem Wert des versteigerten Gegenstandes nicht besteht[1307]. Vermochte demgegenüber keiner der Marktteilnehmer, auch der effizienteste, den Versteigerungspreis annähernd zu amortisieren, etwa weil nicht ex ante vorhersehbare technische Neuentwicklungen das auktionierte Gut ersetzen oder nutzlos machen, spricht eine Vermutung dafür, dass sich das dem Gut eigene, niemandem zurechenbare Prognoserisiko der Wertunsicherheit im Gefolge des Allokationsmechanismus der Versteigerung in unverhältnismäßiger Weise verwirklicht. Ein legitimes öffentliches Interesse daran, eine Belastung der Gebührenschuldner über den tatsächlich erzielbaren Wert der Leistung hinaus aufrechtzuerhalten, besteht dann nicht; das durch die Zuteilung betroffene Zugangsrecht kann dann einen Verhältnismäßigkeitsausgleich erforderlich werden lassen.

(bb) Grobes Missverhältnis zwischen gezahltem Betrag und erzielbarem Erfolg – schwerwiegende Äquivalenzstörung

Die Kompensationszahlung gleicht ihrem Anspruch und ihrer Zielsetzung nach lediglich eine eingetretene Unverhältnismäßigkeit aus[1308]. Ihr Auftrag ist nicht eine mathematische Feinjustierung des Versteigerungspreises, sondern die Begrenzung grober Inäquivalenzen. Sie korrigiert im Interesse des Schutzes der Freiheitsrechte eine sich im Einzelfall als unangemessen erweisende Risikoverteilung zwischen Staat und Bürgern, die die Freiheitsräume, deren Zuteilung betroffen sind, in unverhältnismäßiger Weise berührt. Der Ruf nach ihr ist nicht schon bei jeder Verwirklichung des Wertrisikos und jeder Überschreitung des Wertes des zu versteigernden Gegenstandes berechtigt. Erst bei grobem Missverhältnis zwischen dem erzielbaren Wert und dem Versteigerungspreis kommt eine Kompensationszahlung in Betracht. Sie stellt nicht rechnerische Äquivalenz her, sondern korrigiert Inäquivalenz durch die Anpassung an die Zumutbarkeitsgrenze[1309]. Diese Zurückhaltung nachträglicher richterlicher Eingriffe in den

[1307] Für die Ersteigerer, die ihren Marktzutrittspreis nicht zu amortisieren in der Lage waren, realisiert sich das markttypische (Effizienz-)Risiko, ihr individuelles Nutzenziehungspotenzial überschätzt zu haben, nicht das Risiko der Unsicherheit hinsichtlich der Veränderung der Umweltbedingungen.

[1308] Vgl. dazu bereits supra S. 620.

[1309] Insoweit gilt nichts anderes als für das Anpassungsverlangen nach §60 VwVfG; vgl. dazu *Fehling*, in: ders. u. a. (Hrsg.), Handkommentar Verwaltungsrecht, 2006, §60 Rdnr. 16; *Henneke*, in: Knack (Hrsg.), VwVfG, 8. Aufl. 2004, §60 Rdnr. 10; *Ule/Laubinger*, Verwaltungsverfahrensrecht, 4. Aufl. 1995, §71 Rdnr. 15; wenigstens missverständlich *Schlette*, Die Verwaltung als Vertragspartner, 2000, S. 618 (»Die Anpassung soll das ursprüngliche Verhältnis zwischen den diversen Leistungspflichten wiederherstellen«) und *Bonk*, in: Stelkens/Bonk/Sachs, VwVfG, 6. Aufl. 2001, §60 Rdnr. 24 (»Mit der Ändekomplexen Zuteilungsvorgang der Versteigerung entspricht ihrer Funktion, einen *Verhältnismäßigkeits*ausgleich herzustellen, der die Funktion des Zuteilungsmechanismus nicht torpediert, und ist nicht zuletzt – wie die regelungstechnische Bescheidenheit des Äquivalenzprinzips auch[1310] – den praktischen Schwierigkeiten geschuldet, die mit einer Wertberechnung einhergehen.

Ohne Wertungen wird ein solcher Anspruch nicht auskommen[1311]. Erforderlich ist eine – für das öffentliche Recht typische – Abwägung aller beteiligten Interessen, ihrer Schutzwürdigkeit und der Umstände, unter denen die Entscheidung getroffen wurde[1312].

(cc) Überschreiten der Zumutbarkeitsschwelle und fehlende Vorhersehbarkeit

Bei der Abwägung, die die Entscheidung über einen Verhältnismäßigkeitsausgleich erfordert, kommt der Vorhersehbarkeit der Fehlentwicklung, die zu einem unangemessenen Verhältnis zwischen der Leistung und dem Wert der Gegenleistung geführt hat, besondere Bedeutung zu. War die spätere Veränderung der Verhältnisse bereits in dem Zeitpunkt der Bietentscheidung in einer Weise voraussehbar, dass ihre Nichtberücksichtigung einem Verschulden gegen sich selbst gleich kommt, so ist die Zumutbarkeitsschwelle für die erfolgreichen Bieter nicht überschritten. Eine Anpassung ist dann nicht geboten[1313]. Ist dagegen ein ganzer Markt einer Fehleinschätzung erlegen, spricht eine Vermutung dafür, dass die Umstände, die alle Beteiligten (als nach dem normalen Gang der Dinge zu erwarten) zur Grundlage ihrer Wertbeurteilung gemacht haben, sich später aber anders entwickeln, nicht per se als voraussehbar einzustufen sind und als außergewöhnliche, nicht schuldhaft übersehene Entwicklungen einen Korrekturanspruch nicht ausschließen.

---

rung wird das Äquivalent von Leistung und Gegenleistung herzustellen sein«); vgl. zur Geltung des Verhältnismäßigkeitsprinzips bei der Vertragsanpassung nach dem allgemeinen Gedanken der Geschäftsgrundlage *Köbler*, Die »clausula rebus sic stantibus« als allgemeiner Rechtsgrundsatz, 1991, S. 259f. m. w. N.

[1310] Vgl. dazu supra S. 535ff.

[1311] Vgl. zur Wertungsabhängigkeit des Korrekturanspruchs wegen Wegfalls der Geschäftsgrundlage etwa *Köbler* (Fn. 1309), S. 220ff.; treffend bemerkt *Haarmann*, keiner der üblichen oder neu gefassten Formeln zum »clausula«-Problem sei es bisher gelungen, den Wertungsprozess vom Richtertisch in einen Tatbestand zu verlegen (*Haarmann*, Wegfall der Geschäftsgrundlage bei Dauerrechtsverhältnissen, 1979, S. 39).

[1312] Ähnlich für die Rückerstattung bei abgabenrechtlichen Ablösungsverträgen, die die Beitragspflicht unter den Bedingungen der Wertunsicherheit im Voraus festlegen BVerwG, Urt. v. 9.11.1990, BVerwGE 87, S. 77 (83).

[1313] Vgl. zu dem Merkmal der Unvorhersehbarkeit als Tatbestandsvoraussetzung der Vertragsanpassung im Vertragsrecht etwa *Vollkommer*, in: Jauernig (Hrsg.), BGB, 12. Aufl. 2007, § 313 Rdnr. 24; *Lembke*, Vorhersehbarkeit und Geschäftsgrundlage, 1991.

(dd) Sachwalterfunktion des Staates

Wo die Demarkationslinie der grundrechtlichen Zumutbarkeit verläuft, hängt von der Intensität der freiheitsrechtlichen Schutzfunktion ab, die durch die Zuteilung berührt ist, insbesondere davon, inwiefern der Freiheitsraum, der Gegenstand der Zuteilung ist, als solcher gegen einen gesetzgeberischen Zugriff geschützt ist. Eröffnet die Zuteilung den Zugang zu einer Freiheitsbetätigung, auf die ein verfassungsrechtlich geschützter, nicht entziehbarer Anspruch besteht, reduziert sich die Aufgabe des Staates also auf die sachwalterische Funktion gerechter Zuteilung, kann mit der Überantwortung des Wertrisikos auf die Bieter im Einzelfall eine unverhältnismäßige Beschränkung des Zugangsrechts einhergehen. Besteht ein solcher Anspruch hingegen nicht, erweitert der Staat also den verfassungsfesten Handlungsrahmen des Bürgers, steht es ihm frei, den zuzuteilenden Freiheitsraum beliebig zu verkürzen oder das erstrebte Verhalten auch insgesamt zu untersagen. Übt er durch die Auferlegung des Wertrisikos keinen verfassungsrechtlich nicht rechtfertigbaren Zwang aus und setzt das grundrechtliche Freiheitsrecht nicht in verfassungswidriger Weise dem Risiko der Verkürzung aus, besteht für einen Wertunsicherheitsausgleich in der Regel keine zwingende verfassungsrechtliche Verpflichtung[1314].

(ee) Vereinbarkeit mit dem Allokationskonzept der Versteigerung

Ein effizienzorientierter Erstattungsanspruch muss schließlich seine Auswirkungen auf die Auswahlwirkung des Versteigerungsprozesses, insbesondere das Bietverhalten (infra α) und die Effizienzbemühungen der Destinäre (infra β) im Auge behalten.

α) Auswirkungen auf das Bietverhalten

Ein als Verhältnismäßigkeitsausgleich für Fälle extremer Inäquivalenzen konzipierter Erstattungsanspruch, der sich an der effizientesten Nutzung ausrichtet und (ausschließlich) einen Ausgleich bis zur Opfergrenze herstellt, verändert die Bietstrategie nicht in prinzipieller Weise. Dominante Strategie bleibt es für die Bieter, bis zur Höhe der eigenen Wertschätzung zu bieten. Insbesondere ist es für die Bieter nicht rational, in der frommen Hoffnung auf eine risikofreie Zuteilung unrealistische oder spekulative Gebote abzugeben, die sich vom geschätzten Nutzwert lösen. Denn jedes unrealistische Gebot vernichtet auch den Gewinn, der Ziel des Tätigwerdens auf dem Markt ist. Der diskutierte Erstattungsanspruch ist als Ausnahmeszenario konzipiert und verschont den Bieter bis zur Zumutbarkeitsgrenze auch nicht vor Verlusten. Auf eine Erstattung kann ein Bieter nur in der Höhe eines Verhältnismäßigkeitsausgleichs und nur nach Maßgabe der effizientesten Nutzung spekulieren. Er steht als effizienzorientierter Ausgleich

[1314] Vgl. dazu bereits supra S. 619.

grundsätzlich überdies unter dem Vorbehalt eines Verlustes aller Ersteigerer[1315,1316]. Das Risiko ineffizienten Wirtschaftens trägt der Bieter nach wie vor in vollem Umfang. Die Auswahlwirkung des Verteilungsvorgangs nach Effizienzgesichtspunkten bleibt erhalten. Es reduziert sich für die Bieter lediglich das mit der Wertunsicherheit verbundene Risiko, das eine unzulässige Freiheitsverkürzung mit sich bringen kann. Der Auswahlabstand zwischen effizienten und ineffizienten Bietern verändert sich nicht. Ein verfassungsrechtlicher Erstattungsanspruch hat auf die Auswahlwirkung des Zuteilungsvorgangs insoweit auch positive Auswirkungen: Die Wahrscheinlichkeit dafür, dass nicht derjenige die Auktion gewinnt, der die optimistischsten Erwartungen an den Wert hat, sondern derjenige, der am effizientesten ist, steigt eher, als dass sie sinkt.

β) Auswirkungen auf das Investitionsverhalten und die Effizienz der Güternutzung

Die Aussicht auf einen Erstattungsanspruch kann die Investitionsbereitschaft der Ersteigerer untergraben, wenn sich die Gewinnaussichten eintrüben und die Gewinnzone für sie in weite Ferne zu rücken droht. Der Versteigerungserlös verliert dann den Charakter versunkener Kosten[1317]: Versteigerungserlöse sind als Marktzutrittskosten nur solange auf das Investitionsverhalten ohne negativen Einfluss, als sie irreversibel vordispo-

[1315] Damit tun sich indes zugleich wettbewerbsrechtliche Probleme auf: Zum einen lässt sich nicht gänzlich ausschließen, dass sich Marktwettbewerber absprechen, um einen Erstattungsanspruch zu erstreiten. Zum anderen kann der Anspruchssteller seine Wettbewerber nicht ohne Weiteres zu einer Gewinn- und Verlustrechnung zwingen; eine Gewinn- und Verlustrechnung vermag er nur für seine Person, nicht aber für andere vorzunehmen. Die Versuchung von Wettbewerbern, bei Gelegenheit der Geltendmachung von Sekundäransprüchen der Konkurrenz zu schaden, etwa dem Gericht falsche Angaben zu Gewinnen und Verlusten zu unterbreiten, kann reale Gestalt annehmen. Sie gehört indes zum Risiko jeder gerichtlichen Wahrheitsfindung und ist Teil des Wahrheitsrisikos in allen Wettbewerbsprozessen. Die Gefahr der Wahrheitsverfälschung obliegt der Wertung und Glaubwürdigkeitsbeurteilung des Gerichts, das über den Sachverhalt befindet und auch sonst zu bewältigen hat. Aufgabe des Gerichts ist insbesondere keine buchhalterische Anspruchsberechnung, sondern die wertende Beurteilung eines drastischen Missverhältnisses zwischen Leistung und Gegenleistung, die nach Maßgabe der ermittelbaren Fakten zu erfolgen hat. Dem legitimen Geheimhaltungsinteresse der Bieter hinsichtlich ihrer Geschäftszahlen gegenüber ihrer Konkurrenz lässt sich durch ein In-camera-Verfahren Rechnung tragen. Ist die Durchsetzung des Anspruchs auch mit prozessualen Hürden verbunden, ist er damit aber nicht auf die Papierhalde der Rechtsdogmatik zu verbannen.

[1316] Die Versteigerungszahlungen sind dabei überdies nicht die einzigen Kosten, die die Ersteigerer zu tragen haben. Teil des »Preises« sind neben dem Versteigerungserlös auch Investitionskosten. Diese bleiben unternehmerisches Risiko; sie sind als Investitionsrisiko einem Ausgleich nicht zugänglich. Insofern sind Amortisationsanreize und Verlustgefahren in jedem Fall vorhanden. Der Anspruch eilt dem erfolgreichen Bieter nur als Verhältnismäßigkeitsausgleich und nur nach Maßgabe der effizientesten Nutzung zur Hilfe.

[1317] Vgl. dazu supra S. 350f. sowie für den vorliegenden Zusammenhang *J. Kruse*, Lizenzierung und Wettbewerb im Mobilfunk, 1993, S. 150.

niert sind und damit bei Entscheidungen nicht mehr berücksichtigt zu werden brauchen. Liegen sie nicht mehr irreversibel fest, können sie auch für rationale Investitionsentscheidungen relevant werden.

Die von einem Verhältnismäßigkeitsausgleich ausgehende Anreizwirkung zu ineffizienter Nutzung ist für den Bieter jedoch von sehr beschränkter Anziehungskraft: Er ist an die vergleichend zu berücksichtigende Nutzungseffizienz gekoppelt; sobald andere Unternehmen Gewinne erzielen, scheidet auch für die übrigen in aller Regel eine Erstattung aus. Nachweisbare Missbrauchsabsichten schließen den Anspruch aus. Er ist auf Fälle drastischer Wertüberschreitung beschränkt und schützt den Ersteigerer nicht vor Verlusten, sondern begleitet ihn nur bis zur Zumutbarkeitsschwelle. Die Hürden des Anspruchs liegen hoch. Die Auswirkungen eines als effizienzorientiertem Verhältnismäßigkeitsausgleich konzipierten Erstattungsanspruchs auf die Effizienz des Versteigerungsvorgangs sind damit bei einer Abwägung mit den durch die Zuteilung betroffenen Freiheitsrechten verantwortbar. Die mit ihm verbundenen Friktionen sind Teil der Schwierigkeit marktwirtschaftlicher Knappheitsbewältigung in der öffentlich-rechtlichen Verteilungslenkung und der Anpassung von Leistungen an veränderte Lebenswirklichkeiten, rechtfertigen es aber nicht, ihn in die Mottenkiste der Rechtsdogmatik zu verbannen. Der Versuch eines Ausgleichs ist nicht nur Teil einer auch im Zivilrecht versuchten fairen Risikoverteilung, sondern vor allem Ausfluss der aus dem nationalen wie europäischen Verfassungsrecht fließenden Verpflichtung, gesetzliche Effizienzziele nur in den Grenzen der Zumutbarkeitsschwelle von Freiheitsbeeinträchtigungen zu verwirklichen (und nicht umgekehrt)[1318].

Indem sich das Bestehen des Anspruchs erst ex post, d. h. nach Ablauf der zugesprochenen Nutzungszeit, feststellen lässt, steht auch die Bestandskraft der Zuteilungsentscheidung[1319] einem solchen Anspruch nicht entgegen und muss der Ersteigerer die Auferlegung der Zahlungspflicht nicht aufgrund der bestehenden (aber unsicheren) Möglichkeit einer Wertüberschreitung im Vorratswege angreifen, um eines Ausgleichsanspruchs im Falle der Unverhältnismäßigkeit nicht verlustig zu gehen[1320,1321]. Die Kla-

---

[1318] Das wird in der Diskussion leider nicht selten übersehen. Das Argument, die Allokationseffizienz erfordere eine volle Übernahme des Kosten- und Wertrisikos durch die Ersteigerer ist daher nur begrenzt tragfähig. Vgl. dazu auch infra S. 620 ff.

[1319] Vgl. dazu *Ehlers*, Bestandskraft von vor Vergabe der UMTS-Lizenzen erlassenen verfahrensleitenden Verfügungen, in: Piepenbrock/Schuster (Hrsg.), UMTS-Lizenzvergabe, 2001, S. 114 ff.; *Sachs*, Zur Frage der Bestandskraft der Entscheidungen der RegTP im Versteigerungsverfahren zur Vergabe der UMTS-Lizenzen im Versteigerungsverfahren, ibid., S. 152 ff.

[1320] Insoweit gilt aufgrund der anders gearteten tatsächlichen Sachlage etwas anderes als im Falle (im Einzelfall) unverhältnismäßiger Beeinträchtigungen des Eigentums; vgl. dazu BVerfG, Beschl. v. 2. 3. 1999, BVerfGE 100, S. 226 (246) – Denkmalschutz; BVerfG, Beschl. v. 15. 7. 1981, BVerfGE 58, S. 300 (324) – Nassauskiesung.

[1321] Da der Ausgleichsanspruch auch erst mit Ablauf der Nutzungszeit fällig wird, gefristen der Prozessordnungen und die Erstattungsregeln des Verwaltungskostenrechts, namentlich § 21 Abs. 1 Hs. 2 VwKostG, können als Vorschriften des einfachen Rechts seinem verfassungsrechtlichen, materiellrechtlichen Geltungsanspruch daher keine Daumenschrauben anlegen. Das Verfassungsrecht setzt den prozessualen Bindungen Grenzen und nicht umgekehrt – wie *Leist*[1322] unterstellt – die prozessualen Bindungen des einfachen Rechts dem Verfassungsrecht.

(ff) Ergebnis

Kann die Erhebung von Versteigerungserlösen im Interesse des Sachziels allokationseffizienter Zuteilung auch auf eine besondere sachliche Rechtfertigung verweisen, die sie von Steuern hinreichend abgrenzbar werden lässt, setzen die Freiheitsrechte einer unbegrenzten Auferlegung des Wertrisikos dort eine Grenze der Zulässigkeit, wo der zuzuteilende Freiheitsraum als solcher gegen seinen Entzug gesichert ist und die Auferlegung des Risikos der Wertunsicherheit im Einzelfall ausnahmsweise das verfassungsrechtlich abgesicherte Freiheitsrecht auf dem Altar des Ziels allokationseffizienter Zuteilung opfert. Ein ex post auf der Grundlage realer Nutzenmöglichkeiten ansetzender effizienzorientierter Verhältnismäßigkeitsausgleich kann hier die Versteigerung als Zuteilungsinstrument von dem Verdikt der Unzulässigkeit verschonen.

c) Der Versteigerungserlös und die Belastungsgleichheit der Abgabepflichtigen

Indem die Versteigerung als einziges der verfügbaren Zuteilungsinstrumente einer hoheitlichen Verteilungslenkung mit der Auswahl der Interessenten eine den zugeteilten Vorteil abschöpfende abgaberechtliche Belastung des Zuteilungsadressaten verbindet, muss sie nicht nur auf eine besondere sachliche Rechtfertigung verweisen können, um vor den Anforderungen der Finanzverfassung und der Freiheitsrechte bestehen zu können, sondern auch Anforderungen an die Belastungsgleichheit der Belastungspflichtigen genü-

---

stellt sich die Frage nach einer Verzinsung und einem etwaigen Wertausgleich des Versteigerungspreises nicht als Teil eines Verzugsschadens auf der Grundlage einer analogen Anwendung bürgerlich-rechtlicher Vorschriften (vgl. zur Verzinsungspflicht in Fällen der Äquivalenzstörung bei abgabenrechtlichen Ablösungsverträgen OVG Nordrhein-Westfalen, Urt. v. 16.3.1995, NWVBl. 1995, S. 391 f.; *Nierwetberg*, NVwZ 1989, S. 535 ff.), sondern als Teil der im Rahmen des Erstattungsanspruchs selbst vorzunehmenden Wertfeststellung.

[1322] *Leist*, Versteigerungen als Regulierungsinstrument, 2004, S. 142 f.: »Die verwaltungsgerichtliche Überprüfung der Bemessung von Versteigerungserlösen kann, soll sie Erfolg haben, nur innerhalb von vergleichsweise kurzen Rechtsbehelfsfristen (d. h. der Monats- bzw. Jahresfrist der §§ 70 Abs. 1 S. 1 bzw. § 58 Abs. 2 S. 1 VwGO, der Verf.) erfolgen. […] Die Überprüfung ist auf formale Kontrolle beschränkt […] Weitere, inhaltliche Kontrolle ist nicht möglich«.

gen: Da der Schuldner einer nicht-steuerlichen Abgabe regelmäßig zugleich Steuerpflichtiger ist und als solcher schon zur Finanzierung der die Gemeinschaft treffenden Lasten herangezogen wird, darf die nicht-steuerliche Abgabe nicht die Lastengleichheit der Bürger aufheben[1323].

Der Versteigerungserlös wird dem Bürger als Gegenleistung für die Gewährung des Sondervorteils und die damit einhergehende Privilegierung gegenüber grundsätzlich gleichberechtigten Interessenten abgerungen. Er legt dem Bürger insoweit keine Sonderlast auf, die ihn zusätzlich zu seiner Steuerpflicht zur Finanzierung der Gemeinschaftslasten heranzieht, solange er sich in der Abschöpfung zugewendeter Vorteile erschöpft. Der Bürger sieht sich nicht einer abgabenrechtlichen Doppelfront gegenüber, sondern wird nach Maßgabe des ihm zukommenden Vorteils zur Zahlung herangezogen. Die Höhe des zu zahlenden Betrages wie auch die Person des Zahlungspflichtigen überlässt die Versteigerung dabei einem ergebnisoffenen Verfahren. Sie hängen allein von der Mitwirkung der Interessenten ab. Der Gesetzgeber legt lediglich einen Regelungsrahmen für ein Preisermittlungsverfahren fest. Einzige die Zahlungspflicht auslösende Tatbestandsvoraussetzung ist die in einen Zuschlag mündende Gebotsabgabe, nicht eine nach allgemein bestimmten Merkmalen bestimmte Leistungspflicht. Sie teilt nach Maßgabe des individuell empfangenen Vorteils, insoweit nach gleichem Maß, zu[1324].

Die Gleichheitsfrage ist darin freilich nicht erschöpft: Sie stellt sich mit Brisanz nicht nur zwischen den Abgabepflichtigen und Abgabearten, sondern auch im Verhältnis der Zuteilungsadressaten ein und desselben Versteigerungsvorgangs (infra aa) wie auch unterschiedlicher Zuteilungsvorgänge in der Zeit (infra bb).

aa) Belastungsgleichheit der erfolgreichen Bieter

Werden (wie im Regelfall staatlicher Versteigerungen) mehrere gleichartige Güter einer knappen Einheit simultan oder sequenziell zur Versteigerung gebracht[1325], erreichen die erfolgreichen Gebote in den verschiedenen Versteigerungsrunden regelmäßig eine unterschiedliche Höhe. Als Ergebnis eines spieltheoretischen Prozesses und unterschiedlicher subjektiver Nutzeneinschätzung münden die durch strategische Absichten mitgeprägten Ge-

---

[1323] Vgl. BVerfG, Urt. v. 10.12.1980, BVerfGE 55, S. 274 (300 ff.); BVerfG, Beschl. v. 8.6.1988, BVerfGE 78, S. 249 (266) – Fehlbelegungsabgabe; BVerfG, Beschl. v. 7.11.1995, BVerfGE 93, S. 319 (343) – Wasserpfennig; BVerfG, Urt. v. 19.3.2003, BVerfGE 108, S. 1 (16) – Rückmeldegebühr; st. Rspr.

[1324] Genügt die Versteigerung insoweit auch nicht den Anforderungen abgaberechtlicher Tatbestandsmäßigkeit, bedürfen diese im Hinblick auf die rechtfertigbare Zielsetzung des Zuteilungsverfahrens einer Modifikation. Ebenso (wenn auch außerhalb der Bahnen des Abgabenrechts) *Selmer*, Zur Tatbestandsmäßigkeit öffentlich-rechtlicher Geldleistungspflichten, in: Festschrift für Starck, 2007, S. 435 (446 f.).

[1325] Vgl. dazu supra S. 309 ff.

bote nur selten in identische Ergebnisse, solange jeder Bieter den Preis seines eigenen Gebots zu zahlen hat; die Zahlungspflichten der erfolgreichen Bieter können sich um millionenschwere Beträge unterscheiden. So tat sich im Falle der deutschen UMTS-Versteigerung im Jahre 2000 zwischen der Zahlungspflicht der Deutschen Telekom und der Mobilcom AG für gleichartige Frequenzpakete eine Differenz von 212,2 Mio. DM auf; in der Schweiz differierten die Preisunterschiede der Versteigerung von Wireless Local Loop-Frequenzen zwischen 30 und 381%[1326]; in anderen europäischen Frequenzauktionen verhielt es sich nicht anders[1327].

Erfahrungsgemäß sinkt im Verlaufe sequenzieller Versteigerungsvorgänge die Höhe des erfolgreichen Höchstgebotes (sog. declining price anomaly[1328]). Wahrscheinlich ist dies eine Folge eines versteigerungsinternen Lernprozesses der Bieter: Sie ziehen aus den Geboten der Konkurrenten Rückschlüsse auf den Wert des Gutes und entrinnen mit zunehmender Zuverlässigkeit einem drohenden Fluch des Gewinners[1329]. Eine Affiliation der Werte[1330] und predatory bidding[1331] kann aber auch die erfolgreichen Gebote von Auktionsrunde zu Auktionsrunde hochschnellen lassen.

Mit unterschiedlich hohen Zahlungspflichten für gleichartige Gegenstände verbindet sich nicht nur für die Bieter eine versteigerungspsychologische Hürde: Sie müssen nach Ablauf der Auktion feststellen (und ggf. ihren Anteilseignern erklären), dass ihre Konkurrenten für gleichartige Gegenstände weniger als sie selbst zu zahlen brauchten. Vor allem tritt der Gleichheitssatz als verfassungsrechtlicher Lackmustest auf das Tapet: Es scheint sich in der unterschiedlichen Höhe der in multiplen Auktionen abverlangten Zahlungspflichten ein klarer Verstoß gegen das Gebot der Belastungsgleichheit der Abgabepflichtigen abzuzeichnen[1332]. Abgaben für identische staatlich verliehene Rechte müssen grundsätzlich von identischer Höhe sein. Der Gleichheitssatz verlangt auch zwischen den Schuldnern derselben Abgabe Beachtung. Einzelne Gebührenschuldner dürfen im Ver-

---

[1326] Vgl. *Felder*, Frequenzallokation in der Telekommunikation, 2004, S. 284.

[1327] Vgl. dazu etwa *Felder*, ibid., S. 321 ff.

[1328] Zuerst ist das bei Auktionen von Wein und Kunstgegenständen beobachtet worden. Vgl. dazu *Ashenfelter*, Journal of Economic Perspectives 3 (1989), S. 23 ff.; *McAfee/Vincent*, Journal of Economic Theory 60 (1993), S. 191 ff.; *Milgrom*, Putting Auction Theory to Work, 2004, S. 255 f.

[1329] Vgl. dazu auch supra S. 557. Bezeichnend erscheint insoweit, dass im Verlaufe der europäischen UMTS-Auktionen die Auktionserlöse je Frequenzband im Zeitverlauf stetig sanken.

[1330] Vgl. dazu supra S. 338.

[1331] Vgl. dazu supra S. 359.

[1332] In diesem Sinne *Kötter*, DVBl. 2001, S. 1556 (1564): »Erforderlich ist in jedem Fall, dass der Lizenzwert im Anschluss an die Versteigerung für alle Teilnehmer verbindlich festgelegt und zur Grundlage der Lizenzvergabe gemacht wird. Ob dabei zum Beispiel auf das niedrigste Gebot oder auf das Mittel abgestellt wird oder ein ganz anderer Wert, ist vom Gesetzgeber zu entscheiden«.

hältnis zu anderen nicht übermäßig hoch belastet werden. Das ist finanzverfassungsrechtlich anerkannt[1333].

Der Anwurf des Verstoßes gegen das Gebot der Gleichbehandlung trifft das Versteigerungsmodell nicht als solches: Preisdiskriminierende Versteigerungen, in denen der Bieter den Preis seines eigenen Gebots zahlt, repräsentieren lediglich *eine* mögliche Form der Auktionsgestaltung. Versteigerungen gleichartiger Güter lassen sich bruchlos auch in preisuniformen Formaten konstruieren, bei denen jeder erfolgreiche Bieter für gleichartige Güter – ungeachtet seines eigenen Gebots – denselben Stückpreis zu zahlen hat (sog. uniform price auction; vgl. dazu bereits supra S. 312). Der Zahlbetrag knüpft dann an den Durchschnitt der erfolgreichen Gebote, die Höhe des niedrigsten bzw. höchsten erfolgreichen Gebots oder das höchste gerade nicht mehr erfolgreiche Gebot an. Die Einheitspreis-Auktion realisiert die Forderung nach Belastungsgleichheit, erfreut sich deshalb in staatlichen Auktionen knapper Güter international wachsender Beliebtheit[1334]. Das Urteil über die verfassungsrechtliche (Un-)Zulässigkeit preisdifferenzierender Auktionen ist damit ungeachtet dessen noch nicht endgültig gesprochen: Abgabenrechtliche Ungleichbehandlungen sind rechtfertigungsbedürftig und nur in Grenzen rechtfertigungsfähig, deshalb aber nicht ausnahmslos ausgeschlossen. Eine Rechtfertigung einer unterschiedlichen abgabenrechtlichen Belastung für gleichartige Leistungen kann sich etwa aus dem Ziel einer begrenzten Verhaltenssteuerung speisen. Auch einen politischen Gestaltungswillen lässt die Rechtsprechung als sachlichen Differenzierungsgrund ungleicher Gebühren für gleichartige Leistungen ausreichen. Sie sieht etwa die von vielen Kommunen eingeführte einkommensabhängige Staffelung von Kindergartengebühren (und damit die Abverlangung unterschiedlicher Zahlungspflichten für gleichartige Leistungen) von dem Spielraum des Gesetzgebers getragen[1335]. Als Rechtfertigung unterschiedlich hoher Zahlungspflichten kommt im Falle der Versteigerung allenfalls das Ziel der Herstellung von Allokationseffizienz in Betracht. Wenn nur eine preisdiskriminierende Zuteilungsregel, die jedem Bieter den Preis abringt, den er selbst geboten hat, das mit der Auferlegung der Zahlungspflicht verbundene Zuteilungsziel zu erreichen vermag, kann sie unterschiedlich hohe Zahlungspflichten rechtfertigen. Gänzlich ausgeschlossen ist dies nicht: Eine Abweichung der Zahlungspflicht des Bieters von seinem Gebot bleibt nicht ohne Auswirkungen auf das strategische Verhalten der Bieter. Zahlt der erfolgreiche Bieter weniger als sein eigenes Gebot,

[1333] Vgl. BVerwG, Urt. v. 20.12.2000, BVerwGE 112, S. 297 (301 f.); vgl. dazu *Wilke*, Gebührenrecht und Grundgesetz, S. 208 f.; *Sacksofsky*, Umweltschutz durch nicht-steuerliche Abgaben, 2000, S. 103.

[1334] *Milgrom*, Putting Auction Theory to Work, 2004, S. 256.

[1335] BVerfG, Beschl. v. 10.3.1998, BVerfGE 97, S. 332 (345) – Kindergartengebühr; VGH Baden-Württemberg, Beschl. v. 31.8.1993, NVwZ 1994, S. 194 (197).

etwa den Preis des letzten nicht mehr zum Zuschlag gelangten Gebots (multiple Zweitpreisauktion), veranlasst dies die Bieter zu aggressiverem Bietverhalten als in einer preisdiskriminierenden Auktion. Die Aussicht auf einen unter dem eigenen Gebot liegenden Stückpreis lässt die Bieter Gebote in der Höhe mindestens der eigenen Zahlungsbereitschaft abgeben[1336]. Kennen die Bieter den Preis nicht, den sie als Gegenleistung für die Zuteilung eines Gutes zu entrichten haben, erhöht dies insbesondere die Unsicherheit sowie die Wechselwirkungen zwischen den Bietern und ihren Geboten. Damit können eine Nachfragereduktion wie auch negative Auswirkungen auf die Effizienz des Verteilungsvorgangs einhergehen[1337]. Für eine preisdifferenzierende Auktion kann es unter bestimmten Umständen des Einzelfalls mithin einen sachlichen Grund geben. Sie verfällt nicht schlechthin dem Odium verfassungsrechtlicher Unzulässigkeit.

bb) Belastungsgleichheit der Zuteilungsvorgänge – Gleichheit in der Zeit als Verfassungsproblem

Hat der Gesetzgeber das Instrument der Versteigerung einmal zum Gegenstand seiner Zuteilungsordnung erhoben und sich entschieden, knappe Güter nach dem Maßstab der Effizienz zuzuteilen und aus dem Zuteilungsvorgang erwachsende Vorteile abzuschöpfen, vollzieht er damit in der hoheitlichen Verteilungslenkung einen Systemwechsel mit Folgen; aus der donatorischen Zuteilung wird ein prokuratorisches Austauschverhältnis.

Die Gleichbehandlung der Bürger und der Gedanke der Systemgerechtigkeit[1338] gebieten es, Vorteilsabschöpfung nach gleichem Maß zu betreiben und nicht – einzelne Zuteilungsvorgänge herauszugreifend – mal einen Vorteil abzuschöpfen, mal den Destinären den zugewendeten Vorteil ungeschmälert zu belassen. Verfügt der Gebührengesetzgeber auch über einen weiten Entscheidungs- und Gestaltungsspielraum, welche individuell zurechenbaren öffentlichen Leistungen er einer Abgabepflicht unterwerfen und welche Maßstäbe er bei der Zuteilung knapper Güter zu Grunde legen will,

---

[1336] Vgl. *Hüschelrath*, Infrastrukturengpässe im Luftverkehr, 1998, S. 314 (mit Fn. 149); *J. Cox/Isaac/V. Smith*, Supreme Court Economic Review 2 (1983), S. 43 (67f.).

[1337] Vgl. *Milgrom*, Putting Auction Theory to Work, 2004, S. 258f. u. 296.

[1338] Vgl. zu dem Prinzip der Systemgerechtigkeit BVerfG, Urt. v. 24.1.1962, BVerfGE 13, S. 331 (340); BVerfG, Beschl. v. 16.2.1965, BVerfGE 18, S. 366 (372); BVerfG, Beschl. v. 9.3.1971, BVerfGE 30, S. 250 (271f.); BVerfG, Beschl. v. 9.2.1982, BVerfGE 60, S. 16 (40); BVerfG, Beschl. v. 19.10.1982, BVerfGE 61, S. 138 (149); BVerfG, Beschl. v. 1.7.1987, BVerfGE 76, S. 130 (139f.); BVerfG, Urt. v. 23.1.1990, BVerfGE 81, S. 156 (207); BVerfG, Beschl. v. 11.2.1992, BVerfGE 85, S. 238 (244f.); *Degenhart*, Systemgerechtigkeit und Selbstbindung des Gesetzgebers als Verfassungspostulat, 1976, S. 9ff.; *Kempen*, NVwZ 1995, S. 1163 (1165ff.); *Peine*, Systemgerechtigkeit, 1985, S. 287ff.; *Robbers*, Der Gleichheitssatz, 1988, S. 749ff., 755; *Rüfner*, in: Dolzer/K. Vogel/Graßhoff (Hrsg.), Bonner Kommentar zum GG, Art. 3 Abs. 1ff., Rdnrn. 38ff. (Stand: Mai 1996); *Schoch*, DVBl. 1988, S. 863 (878).

so kommt der Entscheidung für die Zuteilung nach dem Maßstab der Zahlungsbereitschaft (und -fähigkeit) eine maßstabs- und systembildende Funktion zu. Entscheidet er sich für eine Zuteilung knapper Güter im Wege der Versteigerung, nimmt er damit auch eine künftige Zuteilungsentscheidungen präjudizierende Weichenstellung vor[1339]. In der Konsequenz des Versteigerungsmechanismus liegt es, eine einmal eingeleitete Marktallokation mit der Handelbarkeit des Gutes und seiner Überantwortung an den Markt als Instrument der Sekundärallokation zu verbinden[1340] bzw. eine staatliche Primärallokation als gegenleistungsbezogenen Zuteilungsmechanismus fortzusetzen. Das Gebot der Gleichmäßigkeit der Gebührenbelastung, das bereits dem Preußischen Oberverwaltungsgericht bekannt war[1341], verpflichtet den zuteilenden Staat dabei zur Gleichbehandlung bei der Auferlegung von Lasten. Eine Verletzung der vom Gesetzgeber selbst statuierten Sachgesetzlichkeit[1342] kann einen Verstoß gegen den Gleichheitssatz begründen.

Systemgerechtigkeit bedingt dabei nicht eine Versteinerung der politischen Reaktionsmöglichkeiten des Gesetzgebers. Nicht jede Abweichung von einer politischen systemgestaltenden Entscheidung, nicht jeder Wechsel des Zuteilungsregimes, stellt einen Verfassungsverstoß dar. Gleichbehandlung verlangt nicht Uniformität, sondern Gleichmäßigkeit; Differenzierungen müssen sich auf einen einleuchtenden Grund zurückführen lassen. Die Systemdurchbrechung indiziert allenfalls einen Verfassungsverstoß; sie erhöht die Rechtfertigungslast[1343]. Die Rechtfertigungsanforderungen liegen dabei umso höher, je stärker die Wirkungen des Systemwechsels auf die Wahrnehmung grundrechtlicher Freiheitsrechte sind. Die Auferlegung einer Zahlungspflicht für die Zuteilung knapper, staatlich verwalteter Ressourcen wirkt sich auf die Wahrnehmung der Freiheitsrechte aus, deren Verwirklichung die Leistung dient, im Regelfall also auf die Berufsfreiheit und die Grundfreiheiten. Ein Wechsel zwischen entgeltlichen und entgeltfreien Zuteilungsprinzipien hat insbesondere Einfluss auf die Wettbewerbspositionen der am Markt agierenden Akteure. Erhalten Einzelne aufgrund entgeltfreier Zuteilungskriterien die Chance eines kostenfreien Zugangs zu Ressourcen, die für die Freiheitsausübung erforderlich

[1339] Diesen Anliegen ist etwa auch die Regelung des §61 Abs. 2 S. 2 Var. 1 TKG verschrieben, nach der ein Versteigerungsverfahren dann nicht durchzuführen ist, wenn auf dem sachlich und räumlich relevanten Markt bereits Frequenzen ohne vorherige Durchführung eines Versteigerungsverfahrens zugeteilt wurden.

[1340] Vgl. dazu auch infra S. 721 ff.

[1341] Vgl. etwa PrOVG, Urt. v. 30.10.1908, PrOVGE 53, S. 96 (97).

[1342] BVerfG, Beschl. v. 7.11.1972, BVerfGE 34, S. 103 (115); BVerfG, Beschl. v. 10.11.1981, BVerfGE 59, S. 36 (49).

[1343] Vgl. BVerfG, Beschl. v. 7.11.1972, BVerfGE 34, S. 103 (115); BVerfG, Beschl. v. 19.10.1982, BVerfGE 61, S. 138 (148 f.); BVerfG, Urt. v. 23.1.1990, BVerfGE 81, S. 156 (207).

sind, während andere Ausübungswillige infolge des Zufalls späteren Marktzugangs mit einer vorteilsabschöpfenden Zahlungspflicht belegt werden, entstehen asymmetrische Marktzutrittsbedingungen. Die Frage nach der Systemgerechtigkeit der Zuteilungsinstrumente tritt dann mit besonderer Schärfe auf den Plan[1344].

Hat der zuteilende Staat in einem Marktsegment ein zu verteilendes Gut in der Vergangenheit an Interessenten kostenfrei zugeteilt, nimmt er mit der Umstellung auf eine gegenleistungsbezogene Zuteilung einen Regimewechsel vor, der Neueinsteigern den Zugang zum Markt erheblich erschweren und den Altsassen die Möglichkeit eröffnen kann, eine marktbeherrschende Stellung mit Hilfe des Staates auszudehnen und zu missbrauchen. Sie hebt die Wettbewerbsgleichheit der Neubewerber auf, indem sie ungleiche Zugangsvoraussetzungen schafft. In der Umstellung auf ein entgeltliches Zuteilungssystem kann eine wettbewerbswidrige Diskriminierung liegen. Behandelt die Versteigerung Altsassen und Neubewerber auch formal pro futuro gleich[1345], indem beide einen wertäquivalenten Preis für die Zuteilung weiterer Güter zu entrichten haben, so liegt in der Außerachtlassung der kostenlosen Zuteilung an den Altsassen in der Vergangenheit und der damit geschaffenen asymmetrischen Marktzutrittsvoraussetzungen eine die Chancengleichheit in Frage stellende Ungleichbehandlung.

Ein funktionierender Wettbewerb zwischen Wirtschaftssubjekten kann nur dort entstehen, wo ein Mindestmaß an Chancengleichheit zwischen den Wettbewerbern sichergestellt ist[1346]. Ist der Staat auch nicht aufgerufen, tatsächliche Unterschiede in den Ausgangsvoraussetzungen der Wirtschaftssubjekte zu nivellieren, ist ihm eine Förderung marktbeherrschender Stellungen und eine Verfälschung des Wettbewerbs durch den willkürlichen Austausch von marktzugangsrelevanten Zuteilungssystemen (die einmal die Zuteilung mit einer Zahlungspflicht belegen, mal knappe Güter unentgeltlich zuteilen) verwehrt. Begründet er durch die Versteigerung knapper Güter Marktzutrittsvoraussetzungen für Neubewerber in einem bereits etablierten Marktfeld, zu dem etablierte marktbeherrschende Anbieter kos-

---

[1344] Vgl. für die Zuteilung von Emissionslizenzen infra S. 785 ff. sowie *Mehrbrey*, Verfassungsrechtliche Grenzen eines Marktes handelbarer Emissionsrechte, 2003, S. 127 ff; *Rehbinder*, Umweltlizenzen (Zertifikate) im Bereich der Luftreinhaltung, in: Endres et al. (Hrsg.), Umweltzertifikate und Kompensationslösungen aus juristischer Sicht, 1994, S. 92 (123).

[1345] Zur Unzulässigkeit einer Privilegierung marktbeherrschender öffentlicher Unternehmen im Zuteilungsverfahren selbst vgl. Entscheidung der Kommission 97/181/EG vom 18.12.1996 über die dem zweiten spanischen GSM-Mobilfunknetzbetreiber auferlegten Bedingungen, ABl. EG Nr. L 76 vom 18.3.1997, S. 19.; Entscheidung der Kommission 95/489/EG vom 4.10.1995 über die in Italien dem zweiten Betreiber von GSM-Mobilfunkdiensten auferlegten Bedingungen, ABl. EG Nr. L 280 vom 23.11.1995, S. 49 ff.

[1346] EuGH, Urt. v. 20.10.2005, NJW 2006, S. 37 (39), Rdnr. 39 – ISIS/O2; EuGH, Urt. v. 22.5.2003, Slg. 2003, I-S. 5197, Rdnr. 83 – Connect Austria; EuGH, Urt. v. 19.3.1991, Slg. 1991, I-S. 1223, Rdnr. 51 – Frankreich/Kommission.

tenfreien Zugang erhielten, kann darin insbesondere ein Verstoß gegen Art. 86 Abs. 1 i. V. m. Art. 82 EG liegen, der zur Unzulässigkeit der Versteigerung führen kann[1347], wenn sie nicht, sei es durch Sonderzuteilungsregeln für Neubewerber, sei es durch eine Belastung der Altsassen für die bereits zugeteilten Güter, Chancengleichheit zwischen den Wettbewerbern herstellt[1348].

VI. Referenzbereiche einer marktwirtschaftlichen Primärallokation in der hoheitlichen Verteilungslenkung

Kann die Versteigerung das Bouquet der Zuteilungsinstrumente staatlicher Knappheitsverwaltung um ein sinnvolles Element bereichern und verfassungsrechtlichen Anforderungen dem Grunde nach gerecht werden, erlangt die Frage, in welchen Segmenten der weiten Verästelungen der Knappheitsverwaltung ihr Einsatz diesen Zielsetzungen und Vorgaben passgenau zu entsprechen vermag, umso größere Brisanz. Dem soll anhand von Referenzbereichen nachgegangen werden. Angesichts der Omnipräsenz von Knappheitskonstellationen muss der Versuch einer Systematisierung notwendig ein bruchstückhaftes, unvollständiges Schlaglicht bleiben, das vor der Vielfalt der denkbaren Anwendungsbereiche staatlicher Knappheitsverwaltung in der Rechtswirklichkeit kapitulieren und sich auf eine beispielhafte Annäherung an typische und wichtige Fallgruppen beschränken muss.

Einen erste Eingrenzung ihres legitimen Anwendungsbereich erfährt die Versteigerung als Allokationsinstrument dadurch, dass sie nur dort als Zuteilungsinstrument taugt, wo die Effizienz der Güternutzung zu den legitimen staatlichen Zuteilungszielen gehört[1349]. Die von der Zuteilung betroffenen Grundrechte grenzen den Kanon der zulässigerweise verfolgbaren Differenzierungsziele ein: Sie wirken sich als (relative) Differenzierungsverbote aus[1350], die solche Unterscheidungsmerkmale untersagen, welche der

---

[1347] Ibid.

[1348] EuGH, Urt. v. 20.10.2005, NJW 2006, S. 37 (39), Rdnr. 40 – ISIS/O2; EuGH, Urt. v. 22.5.2003, Slg. 2003, I S. 5197, Rdnr. 90 – Connect Austria.

[1349] Dem Gesetzgeber kommt bei der Bestimmung der Zuteilungsziele ein weiter Spielraum zu. Die Verfassung legt ihm insoweit keine engen Daumenschrauben an, sondern stellt es ihm grundsätzlich frei, die Ziele, die er mit einer Zuteilung verfolgt, als Teil originärer politischer Gestaltungsmacht selbst zu bestimmen. Er darf grundsätzlich diejenigen Merkmale zum Anknüpfungspunkt einer Unterscheidung machen, die ihm für die Erreichung eines von ihm verfolgten Differenzierungsziels angemessen sind. Vgl. dazu im Einzelnen S. 49ff.

[1350] Vgl. dazu auch *Murswiek*, Grundrechtsdogmatische Fragen gestufter Teilhabe-/Freiheitsverhältnisse, in: Hailbronner/Ress/T. Stein (Hrsg.), Staat und Völkerrechtsordnung, Festschrift für Karl Doehring, 1989, S. 647 (655).

Wertung des Freiheitsraumes zuwider laufen, dessen Eröffnung die Zuteilung dient.

Dient die Zuteilung der Eröffnung eines Freiheitsraumes, der nicht durch wirtschaftlichen Wettbewerb, sondern durch personale Entfaltung bestimmt ist, insbesondere der Wahrnehmung unverletzlicher und unveräußerlicher Menschenrechte, etwa der Meinungsfreiheit, fehlt es der Effizienz an einem Zusammenhang zu dem Zweck, dem die Leistung dient und spricht eine Vermutung für die Unzulässigkeit von Zuteilungskriterien, die an die Zahlungsbereitschaft und -fähigkeit anknüpfen. Dem ökonomischen Effizienzziel und der Zahlungsbereitschaft als Differenzierungskriterium kommt umso weniger eine legitime Rolle zu, je mehr die Zahlungspflicht den Gebrauch solcher grundrechtlich geschützten Freiheiten berührt, die in einem engen Bezug zu der Menschenwürde und dem darin zum Ausdruck kommenden gleichen Achtungsanspruch aller Menschen stehen. Der Mensch hat eine Würde und keinen Preis. Er »verstattet« – in den Worten Kants – »kein Äquivalent«[1351]. Der Freiheitsbereich, in dem sich die Würde des Menschen spiegelt, darf deshalb auch nicht nach ökonomischen Wertkategorien zugeteilt werden. Weite Bereiche staatlicher Knappheitsverwaltung sind damit dem ökonomischen Nutzenkalkül entzogen.

Betrifft der Zuteilungsraum hingegen Freiheitsrechte, die einen Raum (nur einer begrenzten Zahl von Interessenten offen stehender) wettbewerblicher Freiheit eröffnen, steuert der Staat mit seiner Zuteilungsentscheidung also den Zutritt zu einem Markt, in dem Wettbewerb nur eingeschränkt stattfinden kann, aber durchaus stattfinden soll und darf, spricht eine Vermutung für die Zulässigkeit eines vorgezogenen Wettbewerbs um den Marktzugang. Bei berufsbezogenen Zuteilungsentscheidungen findet das Allokationsinstrument der Versteigerung seine Heimstatt; jenseits dessen wird ihr legitimer Anwendungskorridor schmal.

Die grundsätzliche Offenheit der wirtschaftlichen Freiheitsrechte für die Aufnahme wettbewerblicher Auswahlmechanismen bedingt nicht zwingend die Zulässigkeit des Preises als Differenzierungskriterium und der Allokationseffizienz als Differenzierungsziel. Sie ist lediglich ein notwendiges, nicht aber ein hinreichendes Differenzierungsmoment für den Einsatz der Versteigerung als Instrument staatlicher Knappheitsverwaltung. Auch dort, wo die Allokationseffizienz legitimes Zuteilungsziel ist, kommen neben der Versteigerung auch nicht-monetäre Wettbewerbsmechanismen als Zuteilungsinstrument in Betracht, die dem Zuteilungsziel je nach Sachbereich in geeigneterer Weise Rechnung tragen können[1352].

1351 *Kant*, in: Deutsche Akademie der Wissenschaften (Hrsg.), Kants gesammelte Schriften, Bd. 4, S. 435, 1910ff.

1352 Vgl. dazu im Einzelnen supra S. 117ff., S. 407ff. sowie infra 674ff.

1. Verteilung als Folge der Unterwerfung von Gütern unter (sachwalterische) staatliche Knappheitsverwaltung

Knappheitsverwaltung stellt sich in zentralen Bereichen staatlicher Regulierung als Versuch des Staates dar, Güter, die im Zustand ungeordneter freier Verfügbarkeit ihre Nutzbarkeit einbüßen und dem Schicksal öffentlicher Güter erliegen, einer staatlichen Nutzungsordnung zuzuführen, die sich darauf beschränkt, den verfügbaren freiheitsrechtlich geschützten Nutzungsraum durch die Ausgestaltung von Nutzungsrechten zuzuordnen, ohne ihn anzutasten. Der Staat wird dann als Sachwalter der Verteilungslenkung tätig; die ordnende Aufgabe des Staates erschöpft sich hier in einer bloßen treuhänderischen Verteilerrolle. So verhält es sich grundsätzlich etwa bei der Unterstellung von Frequenzen (infra a) und Nummerierungsressourcen (infra b) unter die staatliche Knappheitsverwaltung.

a) Frequenzen

Wer drahtlose Telekommunikationsdienstleistungen erbringen will, ist auf die Nutzung von Frequenzen angewiesen. Wiewohl sie sich durch den Gebrauch nicht verbrauchen, sind Frequenzen nicht unbegrenzt verfüg- und vermehrbar: Nicht nur ist nicht jeder Teil des elektromagnetischen Spektrums für jede Anwendung nutzbar. Dasselbe Frequenzband kann auch in demselben geographischen Raum zur selben Zeit nicht von mehreren Nutzern gleichzeitig sinnvoll genutzt werden. Anderenfalls kommt es zu wechselseitigen Störungen (Interferenzen), die eine geordnete Nutzung unmöglich machen[1353]. Da ihre Ausgestaltung als öffentliches Gut[1354] die Nutzbarkeit der mit Hilfe der Frequenzen übertragenen Informationen zum Erliegen bringen kann, entreißt der Gesetzgeber sie einem Regime freier Zugänglichkeit und unterstellt ihre Nutzung staatlicher Verwaltung: Er legt fest, für welche Dienste welche Teile des verfügbaren Frequenzspektrums verwendet werden dürfen[1355], und behält seiner Entscheidung vor, welcher Nutzer die Frequenzen für seine Dienste in Anspruch nehmen darf. Ihre Nutzung steht nicht jedermann frei, sondern bedarf der vorherigen behördlichen Erlaubnis (§55 Abs. 1 S. 1 u. 2 TKG).

[1353] Vgl. BVerfG, Urt. v. 28.2.1961, BVerfGE 12, S. 205 (227) – 1. Rundfunkurteil; Red Lion Broadcasting Co., Inc. v. Federal Communications Commission, 395 U. S. 367, 380; *Götzke*, Ökonomische Analyse der Frequenzallokation, 1994, S. 168f.; *Kruhl*, Die Versteigerung knapper Frequenzen, 2003, S. 42 ff; *Lenhard/Rickert*, K & R 2002, S. 578 (580); *Shobaki*, UCLA Law Review 52 (2004), S. 333 (339); *Stumpf et. al.*, Eckpunkte zur Ausgestaltung eines möglichen Handels mit Frequenzen, 2003, S. 10.

[1354] Vgl. zu dem Begriff supra S. 14 mit Fn. 61.

[1355] Vgl. zur Zuweisung des Frequenzspektrums auf einzelne Nutzungsarten im Rahmen der nationalen und internationalen Frequenzverwaltung etwa *Clausi*, Rechtsfragen des Frequenzhandels, 2003, S. 17ff.; *Kruhl* (Fn. 1353), S. 47ff. m. w. N.

Sofern die Frequenz verfügbar ist, besteht auf die Zuteilung von Frequenzen (wenn auch nicht einer bestimmten Einzelfrequenz[1356]) grundsätzlich ein gebundener Anspruch (§ 55 Abs. 5 S. 1 TKG)[1357]. Übersteigt die Nachfrage nach Frequenzen das verfügbare Angebot, sind also für eine Frequenz mehrere Anträge gestellt (akute Knappheit) oder gelangt die Regulierungsbehörde aufgrund einer prognostischen Bewertung der zu erwartenden Marktentwicklung zu der Auffassung, dass nicht in ausreichendem Umfang verfügbare Frequenzen vorhanden sind (prognostische Knappheit), kann sie die Durchführung eines Vergabeverfahrens anordnen, das die Knappheitszuteilung übernimmt (§ 55 Abs. 9 S. 1 TKG). Dann ist der Staat in seiner Funktion als Garant der öffentlich-rechtlichen Verteilungslenkung gefragt[1358]. Er steht vor der Aufgabe, konkurrierende Ausübungsinteressen grundsätzlich gleichberechtigter Grundrechtsträger durch eine hoheitliche Zuteilungsentscheidung gegeneinander abzugrenzen. Der grundsätzlich gebundene Anspruch auf Frequenzzuteilung wandelt sich in einen Anspruch auf chancengleiche Teilnahme an einem dem berührten grundrechtlichen Freiheitsanspruch Rechnung tragenden sachgerechten Zuteilungsverfahren um. Als Vergabemodi sieht der Gesetzgeber zwei Verfahren vor: das Ausschreibungs- und das Versteigerungsverfahren (§ 61 Abs. 1 S. 1 TKG). Welches der beiden zur Anwendung kommt, überlässt er – in Respekt vor der Grundrechtswesentlichkeit der Entscheidung[1359] – nicht der Wahlentscheidung der Verwaltung: Der Gesetzgeber ordnet einen Primat des Versteigerungs- vor dem Ausschreibungsverfahren an. Das Ausschreibungsverfahren ist nur dann anzuwenden, wenn das Versteigerungsverfahren die Regulierungsziele i. S. d. § 2 Abs. 2 TKG nicht sicherzustellen geeignet ist (§ 55 Abs. 2 S. 1 TKG). Zu unterscheiden ist insoweit zwischen Mobilfunk- (infra aa) und Rundfunkfrequenzen (infra bb).

aa) Mobilfunkfrequenzen

Bei der Zuteilung der chronisch knappen Mobilfunkfrequenzen hat das Versteigerungsverfahren als Instrument hoheitlicher Verteilungslenkung in der Bundesrepublik Deutschland seinen bislang prominentesten Anwendungsbereich errungen: Es ist bis dato viermal zur Anwendung gelangt[1360].

1356 § 55 Abs. 5 S. 2 TKG.

1357 Nach der gesetzlichen Begründung soll die Formulierung des § 55 Abs. 5 TKG klarstellen, »dass es sich bei der Frequenzzuteilung um eine gebundene Entscheidung handelt«. Gesetzesentwurf der Bundesregierung, BT-Drucks. 15/2316, S. 77.

1358 Vgl. dazu bereits früh *Selmer/Brodersen*, NJW 1983, S. 1088 ff., am Beispiel einer Konstellation aus dem Fernmeldegebührenrecht.

1359 Vgl. dazu supra S. 429 ff.

1360 Im September 1996 versteigerte das Bundesministerium für Post und Telekommunikation vier bundesweite Lizenzen bzw. Frequenzen sowie zehn regionale Frequenzen für Rundfunkdienste auf der Basis des europäischen ERMES-Standards. Für die vier bundesweiten Lizenzen fanden sich lediglich drei Interessenten. Es flossen 3,86 Millionen

Fanden die ersten beiden Zuteilungsverfahren kaum die Aufmerksamkeit der Öffentlichkeit, zog die dritte Versteigerungstranche, die Versteigerung der UMTS-Frequenzen[1361] im Jahre 2000, in prominenter Weise das Aufsehen auf sich. Grund für die allseitige Anteilnahme waren ihre exorbitanten Erlöse. Sie spülte im Bann des Börsen- und Technologiefiebers der New Economy rund 50 Mrd. Euro in die Kassen des Finanzministers Hans Eichel. Das entspricht rund einem Fünftel des (seinerzeitigen) Bundeshaushalts. Das Wort vom »Hans im Glück« machte seiner Zeit die Runde. Es entspann sich eine hitzig geführte Diskussion über die Rechtmäßigkeit des gewählten Verfahrens[1362]. Verlauf[1363], Ergebnisse[1364] und auktionstechni-

DM in die Staatskassen (vgl. *Ruhle/Geppert*, MMR 1998, S. 175 [177ff.]). Im Oktober 1999 wurden Lizenzen für den digitalen zellularen Mobilfunk (GSM-1800) unter den schon bestehenden GSM-Mobilfunknetzbetreibern (D1, D2, E1, E2) versteigert. Die Versteigerung erbrachte 416 Millionen DM. Im August 2000 schloss sich die Versteigerung der Frequenzbänder für den Mobilfunkstandard der dritten Generation (sog. UMTS-Frequenzen; vgl. dazu im Einzelnen Fn. 1361) an. Nach den ernüchternden Erfahrungen der UMTS-Frequenzauktion verging eine geraume Zeit, bis die Bundesnetzagentur die nächste Frequenzversteigerung anordnete. Erst im Jahre 2006 kam es (aufgrund der hohen Nachfrage nach WIMAX-Frequenzbändern) zur WIMAX-Frequenzauktion. WIMAX (Worldwide Interoperability for Microwave Access)-Frequenzen ermöglichen in einem Versorgungsradius von durchschnittlich 2–3 km und bis zu 50 km eine funkgestützte Breitbandzugangstechnologie für IP-Netze (z. B. das Internet). Sie sind daher für Telekommunikationsbetreiber vor allem in ländlichen Regionen, in denen die Investitionskosten für drahtgebundene DSL-Netze im Verhältnis zum wirtschaftlichen Ertrag besonders hoch sind, als kostengünstige Alternative interessant. Die Erlöse der WIMAX-Frequenzversteigerung blieben hinter den Erwartungen zurück. 56 Mio € hat die Bundesnetzagentur für je vier 4 Frequenzpakete in 28 Regionen erlöst.

[1361] UMTS ist ein neuer Mobilfunkstandard, der eine wesentlich höhere Datenübertragungsrate (2 Mbit/s gegenüber den heutigen GSM-Handys von 9,6 Kbits/s) als der bisherige GSM-Standard ermöglicht. Die Abkürzung steht für »Universal Mobile Telecommunications System«. Böse Zungen übersetzen das Akronym mit »Unerwartete Mehreinnahmen zur Tilgung von Schulden«. Gegenüber der heutigen Handy-Generation bietet UMTS eine Fülle neuer technischer Möglichkeiten, deren genauer Umfang noch nicht abschließend feststellbar ist. Allein durch die ungleich größere Datengeschwindigkeit macht UMTS es möglich, große Mengen an Text, Bildern, Tönen oder Videokonferenzen per Handy zu übertragen. Das Handy wird damit grundsätzlich universell einsetzbar.

[1362] Dazu *Altmeppen/Bunte*, Kartellrechtliche Probleme des deutschen UMTS-Versteigerungsverfahrens, in: Piepenbrock/Schuster (Hrsg.), UMTS-Lizenzvergabe, 2001, S. 443ff.; *Arndt*, K & R 2001, S. 23ff.; *F. Becker*, Die Verwaltung 2002, 3ff.; *Beese/Neumann*, MMR 2000, S. 145ff.; *Breuer*, Verfassungsrecht und Versteigerungsverfahren, in: Geis/D. Lorenz (Hrsg.), Festschrift für Hartmut Maurer, 2001, S. 25ff.; *Degenhart*, K & R 2001, S. 32ff.; *Faber*, GewArch. 2002, S. 264ff.; *Ph. Hess*, Das Versteigerungsverfahren nach dem TKG, 2003; *Hufeld*, JZ 2002, S. 871ff.; *Kämmerer*, NVwZ 2002, S. 161ff.; *Kleinschmidt*, Die Versteigerung von Telekommunikationslizenzen, 2004; *Klöck*, RTkom 2000, S. 280ff.; *C. Koenig/Schäfer*, K & R 1998, S. 243ff.; *C. Koenig/A. Neumann*, ZRP 2001, S. 252ff.; *Kösling*, Verwaltungsverfahren und verwaltungsgerichtlicher Rechtsschutz bei der Lizenzierung und der Frequenzzuteilung nach dem Telekommunikationsgesetz, 2005, S. 174ff.; *Kötter*, DVBl. 2001, S. 1556ff.; *Kruhl* (Fn. 1353), insb. S. 143ff. und 282ff.; *Leist*, Versteigerungen als Regulierungsinstrument, 2004; *Martini*, Die Versteigerung – ein Allokationsmodell auf dem Siegeszug?, in: *Bungenberg* u. a. (Hrsg.), Recht und Ökonomik, 2004, S. 249ff.; *Niemeier*, Die deutsche UMTS-Auktion – eine spieltheoretische

sche Besonderheiten des angewendeten Versteigerungsverfahrens sind umfassend aufgearbeitet. Sie sollen hier nicht in all ihren einzelfallbezogenen Frontlinien nachgezeichnet[1365], sondern im Hinblick auf die grundsätzlichen telekommunikationsrechtlichen Besonderheiten und Grenzen untersucht werden, die das höherrangige Recht Frequenzversteigerungen setzt. Die telekommunikationsrechtliche Frequenzzuteilung sieht sich insoweit (zusätzlich zu den oben herausgearbeiteten allgemeinen Schranken einer marktlichen Zuteilung knapper, staatlich verwalteter Güter) besondern gemeinschaftsrechtlichen (infra 1) wie telekommunikationsverfassungsrechtlichen Vorgaben (infra 2) ausgesetzt.

(1) Gemeinschaftsrechtliche Vorgaben

Das Gemeinschaftsrecht als vorrangiger Bestandteil der mitgliedstaatlichen Rechtsordnung zurrt den regelungspolitischen Spielraum des deutschen Gesetzgebers bei der Ausgestaltung der Telekommunikationsordnung und der Zuteilung knapper Frequenzen in nicht unerheblichem Umfang fest. Sowohl das europäische Vertragsrecht (infra a) als auch das gemeinschafts-

---

Analyse, 2002; *Ritgen*, AöR 127 (2002), S. 351 ff.; *Scheuerle*, MMR 2000, S. 577 f.; *C. Schulz*, Lizenzvergabe bei Frequenzknappheit, 2003; *K. Schumacher*, NJW 2000, S. 3096 ff.; *Storr*, K & R 2002, S. 67 ff.; *Varadinek*, CR 2001, S. 17 ff.

1363 Die Regulierungsbehörde legte ein simultanes und mehrstufiges Bietverfahren fest, das alle zu versteigenden Frequenzen zum selben Zeitpunkt aufruft. Die Bewerber gaben dann gleichzeitig mit Hilfe eines Computers geheime und voneinander unabhängige Gebote ab. Nach jeder zeitlich bestimmten Versteigerungsrunde werden den Bietern die jeweils höchsten Gebote für die einzelnen Auktionsgüter und der Name des Höchstbieters mitgeteilt. Sie haben dann in einer neuen Runde die Möglichkeit, das eigene Gebot zu erhöhen. Die Ernsthaftigkeit eines Bietinteresses muss dadurch belegt werden, dass die Interessenten eine Kaution in Höhe des Mindestgebotes (200 bzw. 300 Mio. DM pro Frequenzblock je nach Ausstattung) hinterlegen und darüber hinaus zum Nachweis der Zahlungsfähigkeit eine Bankbürgschaft vorlegen. Die Rücknahme des Gebotes ist ausgeschlossen. Bei Anzeichen für ein kollusives Bieterverhalten kann die Regulierungsbehörde die betroffenen Unternehmen von der Versteigerung ausschließen. Die Auktion findet ihr Ende, wenn kein Bieter mehr ein valides (erhöhtes) Angebot abgibt. Die Konzeption der UMTS-Auktion geht auf Gestaltungsvorschläge zurück, die *Keuter/Nett/Stumpf* im Auftrag des Bundeswirtschaftsministeriums entwickelt haben. Siehe dazu im Einzelnen *Keuter/Nett/Stumpf*, Regeln für das Verfahren zur Versteigerung von ERMES-Lizenzen/Frequenzen sowie regionaler ERMES-Frequenzen, 1996, sowie die die Versteigerungsregeln festzurrenden Entscheidungen der Präsidentenkammer der Regulierungsbehörde für Post und Telekommunikation vom 10. Mai 1999, ABl. RegPT 1999, S. 1519, sowie vom 18. Februar 2000, ABl. RegTP 2000, S. 516 ff. und S. 564 ff.

1364 Vgl. dazu Mitteilung Nr. 597/2000 der RegTP vom 6. September 2000, ABl. RegPT 2000, S. 3435 ff.

1365 Überdies hat sich die rechtliche Grundlage der durchgeführten Versteigerungsverfahren durch die sog. TK-Novelle wie auch den veränderten europäischen Rechtsrahmen verschoben. Die in Fn. 1363 zitierte Literatur nimmt die zur Zeit der UMTS-Versteigerung geltende Rechtslage in den Blick, ist daher auf die gegenwärtige Rechtslage nicht vorbehaltlos übertragbar.

rechtliche Sekundärrecht (infra b) geben der nationalen Frequenzverwaltung eine feste Ordnung vor.

(a) Gemeinschaftsrechtliches Primärrecht

Die Bereitstellung elektronischer Kommunikationsnetze oder -dienste mit Hilfe von Frequenzen genießt den Schutz der Grundfreiheiten des europäischen Vertragsrechts. Sie kann als selbstständige gewerbliche Erwerbstätigkeit die Dienstleistungs- (Art. 49ff. EG) wie die Niederlassungsfreiheit (Art. 43ff. EG) berühren. Während die Dienstleistungsfreiheit nur vorübergehende selbstständige Tätigkeiten zwischen Wirtschaftssubjekten, die sich als Gebietsfremde gegenüberstehen, unter ihren Schutzmantel stellt – der Leistende begibt sich vorübergehend in einen anderen Mitgliedstaat, um dort seine Leistung anzubieten oder zu erbringen –, beschreibt die Niederlassungsfreiheit die Ausübung einer wirtschaftlichen Tätigkeit auf der Grundlage einer festen und dauerhaften Einrichtung des Leistungserbringers im Mitgliedstaat[1366]. Beide Freiheitsbereiche sind überschneidungsfrei; sie schließen sich in ihrem Anwendungsbereich aus. Für ihre Abgrenzung sind die Dauer, Häufigkeit, Regelmäßigkeit und Kontinuität der erbrachten Leistungen maßgeblich[1367].

Die Erbringung von Kommunikationsdienstleistungen setzt die dauerhafte und feste Einrichtung des Leistungserbringers in dem Land voraus, in dem die Leistung erbracht werden soll: Sie bedarf des Netzaufbaus, der Bereitstellung der Dienstleistungen und des Vertriebs vor Ort. Ihre Ausübung unterfällt regelmäßig dem Anwendungsbereich der Niederlassungsfreiheit, ausnahmsweise der Dienstleistungsfreiheit[1368].

(aa) Diskriminierungsverbot

Die Niederlassungsfreiheit schützt die Gemeinschaftsbürger vor diskriminierenden Niederlassungsbeschränkungen im Hoheitsgebiet eines anderen Mitgliedstaates. Sie untersagt den Mitgliedstaaten in Bereichen, die für eine Erwerbstätigkeit von Bedeutung sind, eine Unterscheidung nach der Staatsangehörigkeit. Die Versteigerung als Zuteilungsform gerät nicht in diesen Verdacht. Sie knüpft die Zuteilung nicht an die Staatsangehörigkeit der Interessenten, sondern an ihre Wirtschaftlichkeit. Für alle Bewerber gelten insoweit die gleichen Bedingungen[1369]. Eine offene Diskriminierung ist ihr

---

[1366] EuGH, Urt. v. 25.7.1991, Slg. 1991-I, S. 3905, Rdnr. 20 – Faktortame; EuGH, Urt. v. 30.11.1995, Slg. 1995-I, S. 4165 ff. Rdnr. 25 – Gebhard.

[1367] EuGH, Urt. v. 30.11.1995, Slg. 1995-I, S. 4165ff. Rdnr. 26 – Gebhard.

[1368] Ebenso etwa *Kruhl* (Fn. 1353), S. 265; *Leist* (Fn. 1362), S. 173; wenig überzeugend hingegen *Kupfer*, Verteilung, 2005, S. 470, der unter Rekurs auf den Charakter der Telekommunikation als »Korrespondenzdienstleistung« die Dienstleistungsfreiheit angesprochen sieht.

[1369] Der teilweise im Hinblick auf die unterschiedlichen Zuteilungsmechanismen in als solcher nicht eigen[1370]. Auch soweit inländische etablierte Anbieter gegenüber ausländischen Petenten im Preiswettbewerb der Versteigerung mittelbar aufgrund von Skalen- oder Verbundvorteilen einen Startvorteil genießen, indem sie bereits Vorinvestitionen getätigt, etwa einen hohen Bekanntheitsgrad in der Öffentlichkeit, einen Kundenstamm erworben haben oder auf vorhandene technische Netzeinrichtungen zurückgreifen können, die Kostenvorteile bei der Etablierung eines neuen Systems zeitigen und zum Zeitpunkt der Versteigerung als versunkene Kosten nicht mehr entscheidungsrelevant sind, liegt darin grundsätzlich keine unzulässige versteckte Diskriminierung ausländischer Bewerber. Der Effizienzvorsprung etablierter Anbieter geht nicht auf eine spezifisch an die Inländereigenschaft anknüpfende Bevorzugung zurück, sondern trifft unterschiedslos inländische wie ausländische Marktneulinge in gleichem Maße. Der grundrechtlichen Schieflage sub specie der Chancengleichheit, die für (inländische wie ausländische) Bewerber von der Anknüpfung an die Effizienz ausgeht, kann der Zuteilungsmechanismus der Versteigerung durch ihre Ausgestaltung grundsätzlich entgegenwirken[1371].

Soweit die erstmalige Erhebung eines Marktzutrittspreises nicht eine *Erstzuteilung* staatlicher Güter berührt, sondern auf eine bereits bestehende Verteilungsordnung trifft, die in der Vergangenheit Frequenzen, etwa an staatliche Monopolisten, kostenlos zugeteilt hat, zieht das Gebot der Chancengleichheit der Zulässigkeit der Versteigerung demgegenüber besondere Schranken[1372]: Die Einführung eines Zuteilungspreises schafft für Altsassen und Neubewerber asymmetrische Marktzutrittsbedingungen, die Wettbewerbsverzerrungen zwischen den Wirtschaftssubjekten begründen und ei-

den Mitgliedstaaten der Europäischen Union unterstellte Verstoß gegen die Dienstleistungsrichtlinie (*C. Koenig*, K & R 2001, S. 41 [54]): In Spanien und skandinavischen Ländern etwa werden Ausschreibungsverfahren angewendet, in den meisten Ländern Versteigerungsverfahren; die Marktzutrittskosten sind unterschiedlich), übersieht den Unterschied zwischen dem Erfordernis gleicher Zuteilungsvoraussetzungen in einem Zuteilungsverfahren und der politischen Forderung nach einer gemeinschaftsweiten Gleichheit der Zuteilungsmechanismen. Aus den unterschiedlichen Marktzutrittsvoraussetzungen einen Verstoß gegen die Dienstleistungsfreiheit abzuleiten, hieße in der Konsequenz, gemeinschaftsweit uniforme Zuteilungsverfahren zu postulieren. Die gemeinschaftsrechtlich bewusst gewollte und akzeptierte Freiheit der Mitgliedstaaten in der Bestimmung ihrer Zuteilungsmechanismen würde aufgelöst. Die Dienstleistungsfreiheit gebietet keine Uniformität mit anderen in der Gemeinschaft gebräuchlichen Zuteilungsverfahren. Wie hier etwa *Fehling*, Versteigerungen und Ausschreibungen aus europarechtlicher Perspektive, in: Knieps (Hrsg.) Versteigerungen und Ausschreibungen in Verkehrs- und Versorgungsnetzen, 2005, S. 54 (76 f); *Grünwald*, MMR 2001, S. 721 (724).

1370 Allenfalls die Ausgestaltung der Zuteilungsregeln kann eine solche Diskriminierung herbeiführen, indem sie Sonderzuteilungsregeln für inländische Unternehmen einführt, die zu einer höheren Gewichtung ihrer Gebote führen. Zu asymmetrischen Marktzutrittsvoraussetzungen sogleich im Text.

1371 Vgl. dazu supra S. 396 ff.

1372 Vgl. dazu allgemein supra S. 403 und S. 637.

nem chancengleichen Wettbewerb im Wege stehen können. Dass die Versteigerungsbedingungen für alle Wettbewerber in gleichem Maße gelten, ändert daran nichts[1373] – die formale Gleichbehandlung beseitigt nicht die wettbewerbswidrige Diskriminierung, sondern begründet sie. Die Zuteilungsordnung muss ihrer wettbewerblichen Zuteilungswirkung in der Zeit Tribut zollen und gleichmäßigen Marktzutritt ermöglichen, will sie nicht dem Odium der Unzulässigkeit, insbesondere einem Verstoß gegen Art. 86 Abs. 1 i. V. m. Art. 82 EG[1374], anheim fallen[1375].

(bb) Beschränkungsverbot

In der Abwehr diskriminierender Behandlungen erschöpft sich die Schutzwirkung der Niederlassungsfreiheit nicht. Sie fordert jeglichen »Beschränkungen der freien Niederlassung« (Art. 43 Abs. 1 S. 1 EG), die deren Ausübung behindern oder weniger attraktiv machen können, eine Rechtfertigung ab. Der Europäische Gerichtshof nimmt den Text des Art. 43 EG insoweit beim Wort und interpretiert ihn als Beschränkungsverbot[1376]. Die (diskriminierungsfreie, unterschiedslos für Inländer und EG-Angehörige geltende) telekommunikationsrechtliche Beschränkung der Zahl verfügbarer Frequenzen i. S. d. § 55 Abs. 9 S. 1 TKG beeinträchtigt die Möglichkeiten der Aufnahme einer Erwerbstätigkeit in einem Mitgliedstaat und muss sich daher an den Schranken des Art. 43 ff. EG messen lassen: Sie muss (außer in nichtdiskriminierender Weise angewendet) aus zwingenden Gründen des Allgemeininteresses gerechtfertigt sein, die Verwirklichung des mit ihnen verfolgten Ziels gewährleisten und darf nicht über das hinausgehen, was zur Erreichung dieses Ziels erforderlich ist[1377].

Diesen Schranken unterliegt zunächst nur die Beschränkung des Frequenzzugangs als solche, nicht aber notwendig die Auswahlregelung selbst[1378]: Die Beschränkung der Niederlassungsfreiheit beruht auf der na-

---

1373 Ebenso EuGH, Urt. v. 20.10.2005, NJW 2006, S. 37 (38), Rdnr. 32 – ISIS/O2.

1374 Dazu EuGH, Urt. v. 20.10.2005, NJW 2006, S. 37 (39), Rdnr. 39 – ISIS/O2; EuGH, Urt. v. 22.5.2003, Slg. 2003, I-S. 5197, Rdnr. 83 – Connect Austria.

1375 Das TKG trägt dem dadurch Rechnung, dass es den grundsätzlichen Primat der Versteigerung dort aufhebt, wo auf dem sachlich und räumlich relevanten Markt, für den die Funkfrequenzen unter Beachtung des Frequenznutzungsplans verwendet werden dürfen, Frequenzen bereits ohne Durchführung eines Versteigerungsverfahrens zugeteilt wurden (§ 61 Abs. 2 S. 2 TKG).

1376 EuGH, Urt. v. 30.11.1995, Slg. 1995-I, S. 4165 ff. Rdnr. 37 – Gebhard.

1377 In diesem Geist bestimmen Art. 3 Abs. 2 und 5 Abs. 1 der Genehmigungsrichtlinie, dass die Mitgliedstaaten die Bereitstellung elektronischer Kommunikationsnetze oder -dienste und die Nutzung von Funkfrequenzen grundsätzlich, vor allem wenn die Gefahr von funktechnischen Störungen unbedeutend ist, nicht von der Erteilung individueller Nutzungsrechte, sondern nur von einer Allgemeingenehmigung abhängig machen, um »für die Genehmigung elektronischer Kommunikationsnetze und -dienste (...) das am wenigsten schwerfällige Genehmigungssystem« zu wählen (Erwägungsgrund Nr. 7 der Genehmigungsrichtlinie).

1378 Ebenso *Kruhl* (Fn. 1353), S. 268; a. A. wohl Erwägungsgrund Nr. 12 S. 4 der Getürlichen Knappheit der Frequenzen, nicht auf dem Versteigerungsmechanismus selbst. Dieser knüpft an eine bestehende, niederlassungsbeschränkende Knappheit an und versucht aus ihr angemessene verteilungspolitische Konsequenzen zu ziehen, ruft sie aber nicht hervor. Zwischen der Anordnung einer staatlichen Verteilungsentscheidung und ihrer Ausfüllung durch den Mechanismus der Versteigerung ist zu unterscheiden.

Den Rechtfertigungsschranken der Niederlassungsfreiheit unterliegt die Versteigerung selbst mithin nur insoweit, als ihre *Auswahlwirkung* auf die Wahrnehmung der Niederlassungsfreiheit ausstrahlt. Das kann sich aus dem Umstand ergeben, dass sie (anders als entgeltfreie Zuteilungsmechanismen) die Aufnahme einer Frequenznutzungstätigkeit an die Erhebung eines die Knappheit des Gutes spiegelnden Preises bindet und damit dem Aufnahmewilligen eine besondere Last aufbürdet, die die Niederlassungsfreiheit beschränkt, ohne sich notwendig aus dem Wesen der Zuteilung zu ergeben: Sie wirkt sich als staatliche Abgabe mittelbar auf die Wahrnehmung der Niederlassungsfreiheit aus und muss sich insoweit an ihren Schranken messen lassen[1379]. Ihren Rechtfertigungsschranken vermag sie freilich grundsätzlich zu genügen: Die Versteigerung ist als Auswahlmechanismus durch das Ziel getragen (und grundsätzlich gerechtfertigt), eine effiziente Nutzung der knappen Ressource Funkfrequenzen zu erzielen. Um die beabsichtigte Effizienzauslese zu erzielen und die zwischen zuteilendem Staat und Bürger bestehende Informationsasymmetrie aufzulösen, erweist sich die Abverlangung eines gegenleistungsbezogenen, vorteilsabschöpfenden Knappheitspreises grundsätzlich als notwendiges und angemessenes Instrument[1380].

(b) Gemeinschaftsrechtliches Sekundärrecht

Mit der Rahmen-[1381] und der Genehmigungsrichtlinie[1382] gibt das sekundäre Gemeinschaftsrecht dem Wettbewerb elektronischer Kommunikationsdienste und -netze und seiner Regulierung eine Architektur vor, die

---

nehmigungsrichtlinie; *Korioth*, Verfassungsrechtliche und verfassungsprozessuale Aspekte einer Beteiligung der Länder an den Erlösen aus der Versteigerung der UMTS/IMT-2000-Lizenzen, 2001, S. 52.

1379 Das übersieht *Kruhl* (Fn. 1353), S. 268.

1380 Ebenso etwa *S. Bumke*, Frequenzvergabe nach dem TKG, 2006, S. 370f.; *Korioth* (Fn. 1378), S. 52f.; *Leist* (Fn. 1362), S. 175f. Etwas anderes gilt freilich ausnahmsweise dort, wo die der Frequenznutzung anhaftende Wertunsicherheit ein solches Maß erreicht, dass die Auswahlwirkung der Versteigerung ihr intendiertes Regelungsziel nicht zu erreichen vermag. Vgl. dazu supra 378ff. und 593ff.

1381 Richtlinie 2002/21/EG des Europäischen Parlaments und des Rates vom 7.3.2002 über einen gemeinsamen Rechtsrahmen für elektronische Kommunikationsnetze und -dienste, ABl. EG Nr. L 108 vom 24.2.2002, S. 33ff.

1382 Richtlinie 2002/20/EG des Europäischen Parlaments und des Rats vom 7.3.2002 über die Genehmigung elektronischer Kommunikationsnetze und -dienste, ABl. EG Nr. L 108 vom 24.2.2002, S. 21ff.

die Regulierungsfreiheit der Mitgliedstaaten beschränkt[1383]. Es ist dem Ziel verschrieben, die Bereitstellung elektronischer Kommunikationsnetze und -dienste in der Gemeinschaft nach Kräften zu erleichtern und Zugangshindernisse abzubauen. Die Aufnahme derartiger Tätigkeiten, insbesondere die Nutzung von Frequenzen, dürfen die Mitgliedstaaten danach grundsätzlich nicht (mehr) an die Erteilung individueller Nutzungsrechte durch eine präventive einzelfallbezogene Marktzutrittskontrolle knüpfen, sondern lediglich einer (ggf. mit Bedingungen versehenen) Allgemeingenehmigung unterwerfen[1384]. Nur im Falle der Knappheit der verfügbaren Frequenzen, in dem eine individuelle Zuteilungsentscheidung über die konkurrierenden Nutzungsinteressen erforderlich wird, öffnet das Gemeinschaftsrecht die Schleuse für eine individuelle zugangsbeschränkende staatliche Genehmigungsentscheidung[1385].

In der Wahl der Zuteilungskriterien, die der dann stattfindenden Vergabe zu Grunde liegen, sind die Mitgliedstaaten nicht gänzlich frei: Die Zuteilung muss – im Gleichklang mit den allgemeinen gemeinschaftsrechtlichen Prinzipien der Knappheitsverwaltung[1386] – nach objektiven, transparenten, nichtdiskriminierenden und verhältnismäßigen Auswahlkriterien erfolgen[1387] und den regulatorischen Grundsätzen des Art. 8 der Rahmenrichtlinie, auch den demokratischen, sozialen, sprachlichen und kulturellen Interessen, angemessen Rechnung tragen[1388].

Ob die Versteigerung als Zuteilungskriterium zur Anwendung gelangen darf oder gar muss, dazu äußert sich das sekundäre Gemeinschaftsrecht nicht ausdrücklich. Weder die Genehmigungs- noch die Rahmenrichtlinie erwähnen – anders als noch der Vorschlag der Kommission[1389] – die Ver-

---

[1383] Erwägungsgrund Nr. 1 und Art. 1 Abs. 1 der Rahmenrichtlinie (Fn. 1381). Den äußeren Rahmen füllen für die einzelnen Teilbereiche des Telekommunikationsrechts insbesondere die *Zugangsrichtlinie* (Richtlinie 2002/19/EG des Europäischen Parlaments und des Rates vom 7.3.2002 über den Zugang zu elektronischen Kommunikationsnetzen und zugehörigen Einrichtungen sowie deren Zusammenschaltung, ABl. EG Nr. L 108 vom 24.4.2002, S. 7ff.), die *Universaldienstrichtlinie* (Richtlinie 2002/22/EG des Europäischen Parlaments und des Rates vom 7.3.2002 über den Universaldienst und Nutzerrechte bei elektronischen Kommunikationsnetzen und -diensten, ABl. EG Nr. L 108 vom 24.4.2002, S. 51ff.), die *Datenschutzrichtlinie* (Richtlinie 2002/58/EG des Europäischen Parlaments und des Rates vom 12.7.2002 über die Verarbeitung personenbezogener Daten und den Schutz der Privatsphäre in der Telekommunikation, ABl. EG Nr. L 202 vom 31.7.2002, S. 37ff.) und die *Wettbewerbsrichtlinie* (Richtlinie 2002/77/EG der Kommission vom 16.9.2002 über den Wettbewerb auf den Märkten für elektronische Kommunikationsnetze und -dienste, ABl. EG Nr. L 249 vom 17.9.2002, S. 21ff.) aus.

[1384] Art. 5 Abs. 1 i. V. m. Art. 3 Abs. 2 S. 1 Genehmigungs-RL (Fn. 1382).

[1385] Art. 5 Abs. 2 i. V. m. Art. 3 Abs. 2 S. 1 Genehmigungs-RL (Fn. 1382).

[1386] Vgl. dazu supra S. 90ff.

[1387] Art. 9 Abs. 1 S. 2 der Rahmenrichtlinie (Fn. 1381) und Art. 7 Abs. 3 S. 1 der Genehmigungsrichtlinie (Fn. 1382).

[1388] Erwägungsgrund Nr. 12 S. 3, Nr. 22 und 23, Art. 5 Abs. 2 S. 2, Art. 7 Abs. 3 S. 2, Art. 13 Abs. 1 S. 2 Genehmigungs-RL (Fn. 1382); Erwägungsgrund Nr. 19 und Art. 9 Abs. 1 S. 2 der Rahmenrichtlinie (Fn. 1381).

steigerung als Zuteilungsverfahren als solche. Lediglich mittelbar im Gewand des Oberbegriffs der »wettbewerbsorientierten Auswahlverfahren«[1390] betritt sie das Parkett des sekundären Gemeinschaftsrechts. Das Gemeinschaftsrecht übt sich in Respekt vor dem Zuteilungsspielraum der Mitgliedstaaten[1391]: Es bleibt ihre hoheitliche Aufgabe und Freiheit, die Kriterien und Verfahren zur Vergabe von Nutzungsrechten zur Verfolgung von Gemeinwohlzielen festzulegen, solange sie sich in den durch das Gemeinschaftsrecht gezogenen Grenzen bewegen[1392]. Der insbesondere dem Ziel der Wettbewerbsförderung und der Effizienz der Frequenznutzung[1393] verschriebene Regelungsansatz der Rahmenrichtlinie steht dabei in seinem gedanklichen Ansatz einem monetären Zuteilungswettbewerb mittels der Versteigerung nicht im Wege. Die Versteigerung ist ein transparentes[1394], wettbewerbliches Verfahren, das knappe Güter einer effizienten, wohlfahrtsmaximierenden Nutzung zuzuführen beabsichtigt. Sie behindert nicht den Wettbewerb, sondern fördert ihn grundsätzlich[1395], beeinträchtigt

---

1389 Der Vorschlag der Kommission für eine Rahmenrichtlinie (ABl. EG Nr. C 365 E vom 19. 12. 2000, S. 199) enthielt in Art. 8 Nr. 3 die Formulierung, dass »die nationalen Regulierungsbehörden (...) auf Auktionen oder administrative Preisbildung zurückgreifen können«. Der Gemeinsame Standpunkt Nr. 38/2001 vom 17. September 2001 im Hinblick auf den Erlass einer Richtlinie des Europäischen Parlaments und des Rates über einen gemeinsamen Rechtsrahmen für elektronische Kommunikationsnetze und -dienste (Rahmenrichtlinie), ABl. EG C 337 v. 30. 11. 2001, S. 34, nahm diese Formulierung nicht mehr auf, sondern ersetzte sie durch die Formulierung des Art. 9 Abs. 2 der Rahmenrichtlinie.

1390 Vgl. Erwägungsgrund Nr. 23 S. 1 und Art. 7 Abs. 4 der Genehmigungs-RL (Fn. 1382).

1391 In Erwägungsgrund Nr. 21 der Rahmenrichtlinie (Fn. 1381) heißt es: »Die Mitgliedstaaten können für die Zuteilung von Funkfrequenzen (...) unter anderem wettbewerbsorientierte oder vergleichende Auswahlverfahren vorsehen«.

1392 Erwägungsgrund Nr. 12 S. 3 und Art. 5 Abs. 2 S. 2 der Genehmigungsrichtlinie (Fn. 1382).

1393 Art. 8 Abs. 2 lit. d der Rahmenrichtlinie (Fn. 1381).

1394 Die Zuteilungsregeln und Kriterien, nach denen die Vergabeentscheidung gefällt wird, liegen im Voraus fest und sind allen Versteigerungsteilnehmern bekannt. Wer den Zuschlag erhält, hängt nicht von einer wertenden Entscheidung des Zuteilenden, sondern allein von dem Verhalten der Bietenden ab. Vgl. zur Transparenzfunktion der Versteigerung supra S. 302 ff.

1395 Etwas anderes gilt ausnahmsweise dann, wenn der monetäre Zugangswettbewerb zu einer marktverdrängenden Monopolisierung der Frequenznutzungsrechte in einer Hand oder (insbesondere aufgrund einer in der Vergangenheit erfolgenden kostenfreien Zuteilung) zu asymmetrischen Marktzutrittsvoraussetzungen führt (vgl. dazu EuGH, Urt. v. 20. 10. 2005, NJW 2006, S. 37 [39], Rdnr. 38 ff. – ISIS/O2) und es dadurch auf dem nachgelagerten Markt nicht zu dem erwünschten Teilnehmerwettbewerb kommt oder der Bieterwettbewerb im Gefolge missbräuchlicher Bieterstrategien, etwa unzulässigen Kartellabsprachen, strategischer Bieterbeeinflussung unterlaufen wird. Dem Versteigerungswettbewerb ist diese Gefahr immanent; er vermag ihr jedoch durch seine Ausgestaltung wirksam zu begegnen. Der knappheitsverwaltende Staat ist aufgerufen, marktverdrängende Bieterstrategien zu unterbinden und ihren Anreiz durch das Design der Versteigerungsregeln zu begrenzen. Dazu gehört grundsätzlich auch, die Zahl der Begünstigten, denen der Marktzugang eröffnet wird, nicht dem Auktionsverlauf zu überlassen, sondern nicht Preis und Qualität der Dienste zu Lasten der Nutzer[1396], sondern bleibt – indem sie als Folge der Angebotsknappheit anfallende Oligopolrenditen als versunkene Kosten lediglich abschöpft – auf sie grundsätzlich ohne negativen Einfluss[1397].

Den weiteren, über das Ziel der Effizienz hinausgehenden und damit nicht versteigerungstypischen, aber durch Art. 8 der Rahmenrichtlinie avisierten Regelungszielen kann – und muss – sie durch die Gestaltung der Versteigerungsregeln Rechnung tragen. Das gilt nicht nur für die versteigerungsimmanente Gefahr von Wettbewerbsverzerrungen und -beschränkungen durch den Missbrauch von Bietmacht[1398], sondern auch für das sekundärrechtliche Ziel der Förderung effizienter Infrastrukturinvestitionen[1399]. Die Versteigerung als Zuteilungsform verdient insoweit nicht das Siegel eines vorbehaltlosen Unbedenklichkeitsattestes, sondern steht unter Kautelen. Als wollte die Genehmigungsrichtlinie die herstellbare Gemeinschaftsrechtskonformität der Versteigerung unterstreichen, stellt sie klar, dass sie es nicht als inneren Widerspruch zu ihren gemeinschaftsrechtlichen Regelungszielen ansieht, »wenn die Anwendung von wettbewerbsorientierten Auswahlverfahren dazu führt, dass bestimmte Unternehmen von einem wettbewerbsorientierten oder vergleichenden Auswahlverfahren für eine bestimmte Funkfrequenz ausgeschlossen werden«[1400]. Sie lässt die Erhebung von Nutzungsentgelten an Frequenzen, die dem Ziel dienen, – vermittels der Steuerungsfunktion des Preises – »die optimale Nutzung dieser Güter« sicherzustellen, ausdrücklich zu[1401]. Der Versteigerungserlös verknüpft als solches den Knappheitspreis ermittelndes Nutzungsentgelt[1402] die Zuteilung knapper Ressourcen mit der Effizienz- und Auswahlwirkung des Marktes. Die Versteigerung genügt – soweit ihre Gestaltung in geeigne-

---

(etwa durch die Festlegung von Erwerbshöchstgrenzen) seiner Zuteilungsverantwortung zu unterstellen. Vgl. dazu im Einzelnen supra S. 359 ff.

1396 Vgl. die Anforderung des Art. 8 Abs. 2 lit. a der Rahmenrichtlinie (Fn. 1381).

1397 Vgl. dazu supra S. 349 ff.

1398 Art. 8 Abs. 2 lit. b der Rahmenrichtlinie (Fn. 1381).

1399 Art. 8 Abs. 2 lit. c der Rahmenrichtlinie (Fn. 1381). Das Maß der vorzunehmenden Infrastrukturinvestitionen kann entweder als sachbezogene Gegenleistung selbst zum Gegenstand eines Versteigerungswettbewerbs erhoben oder als staatlich fixierte Nebenbestimmung dem Versteigerungserwerb vorgelagert werden und insoweit mittelbar in den Versteigerungspreis einfließen. Vgl. dazu und zu der verminderten Komplexitätsverarbeitungskapazität des Versteigerungsverfahrens im Allgemeinen supra S. 405 ff.

1400 Erwägungsgrund Nr. 23 S. 2 der Genehmigungs-RL (Fn. 1382).

1401 Erwägungsgrund Nr. 32 S. 1, Art. 13 S. 1 der Genehmigungs-RL (Fn. 1382).

1402 Vgl. zu dem Verständnis von Versteigerungserlösen als Nutzungsentgelt unter dem Regime der vormaligen Genehmigungsrichtlinie 1997 (Richtlinie 97/13/EG des Europäischen Parlaments und des Rats vom 10. 4. 1997 über einen gemeinsamen Rahmen für Allgemein- und Einzelgenehmigungen für Telekommunikationsdienste, ABl. EG Nr. L 117/15 vom 7. 5. 1997, S. 15 ff.): *Europäische Kommission*, Ergebnisse der öffentlichen Anhörung zum Kommunikationsbericht 1999, KOM (2000) 239, S. 24; *Kruhl* (Fn. 1353), S. 268 ff. mit zahlreichen weiteren Nachweisen; *Schütz/Nüsken*, MMR 1998, S. 523 (524).

ter Weise den mit der Versteigerung verbundenen Gefahren der Marktverdrängung[1403] und Konkurrentenabwehr, der Vernachlässigung weiterer regulatorischer Regelungsziele, der Beeinträchtigung der Chancengleichheit sowie der Fehlallokation und Erlösunangemessenheit[1404] unter den Bedingungen der Unsicherheit Rechnung trägt – den Anforderungen des sekundären Gemeinschaftsrechts; dieses steht einer Versteigerung grundsätzlich nicht im Wege, gebietet sie aber auch nicht.

Das Telekommunikationsgesetz hält in § 61 Abs. 3 und 5 sowie § 63 Abs. 1 TKG geeignete Instrumente bereit, um die gemeinschaftsrechtlichen Anforderungen in die nationale Rechtsordnung zu transponieren: Es gibt der Bundesnetzagentur die Möglichkeit, einen Bieter, dessen erfolgreiches Gebot chancengleichen Wettbewerb gefährdet, auszuschließen und einer wettbewerbsbeschränkenden Frequenzhortung nach Zuteilung durch einen Widerruf der Zuteilung entgegenzuwirken (»use it or lose it«-Regel); als wichtigstes Steuerungsinstrument steht ihr die Festlegung der Regeln für das Versteigerungsverfahren zu Gebote (§ 61 Abs. 5 TKG). Die gemeinschaftsrechtlichen Zielvorgaben, die die Zuteilungskriterien steuern, nimmt das TKG dabei nur unvollständig und lakonisch (»objektiv, nachvollziehbar und diskriminierungsfrei«) auf[1405], verlangt im Übrigen lediglich die Berücksichtigung der »Belange kleiner und mittlerer Unternehmen«. Die Steuerungswirkung des TKG ist schwach, der Spielraum für die Regelfindung groß. Es entlässt die Bundesnetzagentur deshalb freilich noch nicht in die Ungebundenheit vollständiger frequenzpolitischer Steuerungsfreiheit. Aus der beschränkten Aufnahme von Steuerungstatbeständen in § 61 Abs. 5 TKG folgt insbesondere nicht, dass andere als die dort genannten Zielsetzungen nicht zu beachten wären. Die gesetzlichen Leitlinien des § 2 Abs. 2 TKG wirken als gesetzliches Steuerungsprogramm in die Frequenzzuteilung unvermindert hinein. Das folgt nicht zuletzt mittelbar aus § 61

[1403] Vgl. Fn. 1395 m. w. N.

[1404] Art. 13 S. 2 der Genehmigungsrichtlinie (Fn. 1382) schreibt ausdrücklich fest, dass Nutzungsentgelte für Funkfrequenzen »objektiv gerechtfertigt« und »ihrem Zweck angemessen« sein müssen.

[1405] Die Transparenz (insbesondere Art. 7 Abs. 3 S. 1 der Genehmigungs-RL [Fn. 1382]) ist der Versteigerung ihrer Natur nach in hinreichendem Maße eigen. Für die in Art. 7 Abs. 3 S. 1 bzw. Art. 13 S. 2 der Genehmigungs-RL fixierte Vorgabe der Verhältnismäßigkeit des Auswahlkriteriums und Angemessenheit wie objektive Rechtfertigung des Nutzungsentgelts gilt dies nicht in gleichem Maße. Die Versteigerung kann die Grenze der Verhältnismäßigkeit sprengen; ihr Erlös kann zu der Höhe des mit ihr verbundenen Vorteils in ein Verhältnis der Unangemessenheit treten (vgl. dazu allgemein supra S. 524 ff.). Die Gestaltung der Versteigerungsregeln kann entscheidenden Beitrag dazu leisten. Auch die Ziele des Art. 8 der Rahmenrichtlinie (Fn. 1381), denen nach Art. 7 Abs. 3 S. 2 der Genehmigungs-RL (Fn. 1382) gebührend Rechnung zu tragen ist, finden in den Text des § 61 Abs. 5 TKG nicht ausdrücklich Eingang. Wollen die Ziele des Art. 8 Abs. 2 der Rahmenrichtlinie auch dem Unionsbürger keine subjektiven Rechte einräumen, so gilt für die Verhältnismäßigkeit und objektive Rechtfertigung des Nutzungsentgelts etwas anderes (vgl. dazu auch Fn. 1409).

Abs. 2 S. 2 TKG, der die Versteigerung als Zuteilungsmechanismus nur zulässt, wenn sie geeignet ist, die Regulierungsziele des §2 Abs. 2 TKG sicherzustellen. An ihnen ist auch die behördliche Festlegung der Versteigerungsregeln zu messen.

Das Gemeinschaftsrecht fordert für die Umsetzung von Sekundärrechtsakten nicht notwendigerweise eine förmliche und wörtliche Wiedergabe der gemeinschaftsrechtlichen Vorgaben in einer ausdrücklichen besonderen Gesetzesvorschrift[1406]. Es kann auch ein allgemeiner rechtlicher Rahmen genügen, wenn er tatsächlich die vollständige Anwendung der Richtlinie in klarer, bestimmter und verbindlicher Weise gewährleistet[1407]. Ob eine allgemeine Abbildung des gemeinschaftsrechtlichen Zielprogramms in einer abstrakten Zielnorm, die nicht in einem konkreten Bezug zu der Zuteilungsaufgabe steht, dem gemeinschaftsrechtlichen Erfordernis der Rechtssicherheit unter den kritischen Augen des Europäischen Gerichtshofs standhält, erscheint insoweit nicht gesichert. Eine konkrete Steuerung der Zuteilungsentscheidung durch ein klares gesetzliches Zielprogramm, das fiskalischen Verlockungen der Mitgliedstaaten ausdrücklich abschwört[1408], das gemeinschaftsrechtliche[1409] Erfordernis objektiver Rechtfertigung und Angemessenheit der Entgelte in sich aufnimmt[1410] und eine Gewichtung der unterschiedlichen entscheidungsrelevanten Zuteilungsziele vornimmt, um ein destillierbares Auktionsdesign zu entwickeln, wäre im Hinblick auf die grundrechts- und grundfreiheitenausstrahlende Wirkung der Zuteilungsentscheidung geboten (dazu auch infra S. 662).

(2) (Telekommunikations-)Verfassungsrechtliche Vorgaben des nationalen Rechts

Spezifische Vorgaben für die telekommunikationsrechtliche Zuteilungsordnung erwachsen außer aus dem dichten Regulierungsgeflecht des Gemeinschaftsrechts auch aus dem Grundgesetz. Es trifft in Art. 87f eine objektivrechtliche verfassungsrechtliche Grundsatzentscheidung für die Gestaltung der Kommunikationsordnung: Der Staat des Grundgesetzes erhebt die privatwirtschaftliche Aufgabenerledigung zum verfassungsrechtlichen

[1406] EuGH, Urt. v. 30. 5. 1991, Slg. 1991, I-S. 2567 Rdnr. 15 bzw. I-S. 2607 Rdnr. 24 ff. – TA Luft.

[1407] Ibid.

[1408] Dieses Gebot nimmt Erwägungsgrund Nr. 32 S. 5 der Genehmigungsrichtlinie (Fn. 1382) – wenn auch in sibyllinisch anmutender Formulierung – ausdrücklich auf; dazu auch infra. Fn. 1439.

[1409] Das Erfordernis der Angemessenheit und objektiver Rechtfertigung folgt allgemeinen ungeschriebenen rechtsstaatlichen Prinzipien des Verfassungsrechts. Dass der Europäische Gerichtshof gleichwohl ihre ausdrückliche Erwähnung als gemeinschaftsrechtlich den Bürgern eingeräumte Rechte verlangen würde, erscheint ebenso wenig zwingend wie ausgeschlossen.

[1410] Art. 13 S. 2 der Genehmigungsrichtlinie (Fn. 1382).

Ordnungsprinzip[1411]. Der Verfassungsgeber lässt sich von dem regelungspolitischen Gedanken leiten, dass eine wettbewerbliche Ordnung der Befriedigung der Konsumentenbedürfnisse dem Ziel der Bereitstellung ebenso innovativer wie qualitativ hochwertiger und preiswerter Produkte und damit mittelbar dem Gemeinwohl grundsätzlich besser als eine monopolistische staatliche Aufgabenerledigung dienen kann[1412]. Er sichert mit Art. 87f GG nicht nur mittelbar die berufliche Freiheit der Anbieter gegen ihre Einschränkung unter Berufung auf das Primat staatlicher Aufgabenerledigung ab, sondern trifft auch eine institutionenökonomische[1413] Systementscheidung zugunsten marktwirtschaftlichen Wettbewerbs in der Telekommunikation. Er verzichtet auf eine Aufgabenerledigung durch gemeinwohlorientierte Staatswirtschaftsunternehmen und vertraut sie dem Ordnungsprinzip marktwirtschaftlichen Wettbewerbs an.

Die Verfassung entlässt den Bund dadurch freilich nicht aus der regelungspolitischen Verantwortung. Dem Rückzug des Staates aus der eigenen Aufgabenerfüllung korreliert eine Gewährleistungsgarantie des Bundes. Sie trägt insbesondere der sich mit der Aufgabenerledigung durch privatwirtschaftliche Unternehmen verbindenden Gefahr der Konzentration von Leistungen auf wirtschaftsstarke Regionen bzw. lukrative Geschäftsbereiche Rechnung[1414]: Im Wettbewerb agierende Unternehmen sind nicht als solche dem Gemeinwohl, sondern kaufmännischen Leitprinzipien der Gewinnerzielung verschrieben. Ein »cream skimming« liegt in der Rationalität ihrer betriebswirtschaftlichen Zielsetzung. Art. 87f Abs. 1 GG begründet im Lichte dieses Befundes einen Infrastruktursicherungsauftrag, der dem Ziel der Herstellung gleichwertiger Lebensverhältnisse und dem Gedanken sozialstaatlich motivierter Daseinsvorsorge[1415] verschrieben ist. Dieser nimmt nicht die Unternehmen selbst in die Pflicht, sondern den Gesetzgeber, der ihre gesetzlichen Rahmenbedingungen gestaltet. Er muss ein Regulierungsinstrumentarium entwickeln, mit dem er im Interesse einer gleichmäßigen Versorgung der Bevölkerung mit Telekommunikationsdienstleistungen auf die Art und Mittel der Aufgabenerfüllung durch die privaten Rechtsträger einwirken kann, um seine Privatisierungsfolgeverantwortung wahrzunehmen[1416]. Der Bund hat eine flächendeckend angemessene und

[1411] Eine Wahrnehmung als Verwaltungsaufgabe in öffentlich-rechtlicher oder privatrechtlicher Rechtsform ist ausgeschlossen. In diesem Sinne ausdrücklich die Begründung des Gesetzesentwurfs der Bundesregierung, BT-Drucks. 12/7269, S. 4.

[1412] *Fehling*, AöR 121 (1996), S. 59 (81); *Kämmerer*, Privatisierung, 2001, S. 493 ff.

[1413] Vgl. zu Begriff und Inhalt der Institutionenökonomik supra S. 165.

[1414] *Fehling*, VerwArch. 1995, S. 600 (608 ff.); *Kämmerer* (Fn. 1412), S. 502; vgl. dazu allgemein auch supra S. 406 ff.

[1415] Vgl. zur Wandlung des Begriffs und zum Einfluss des Europarechts *Kämmerer*, NVwZ 2002, S. 1041 ff.; *ders.*, NVwZ 2004, S. 28 ff.; *Scharpf*, EuZW 2005, S. 295 ff.

[1416] Vgl. zur Privatisierungsfolgenverantwortung *H. Bauer*, VVDStRL 54 (1995), S. 243 (268 ff.); *Kämmerer*, JZ 1996, S. 1042 (1047 ff.); *ders.* (Fn. 1412), S. 267 ff. u. 423 ff.

ausreichende Versorgung zu gewährleisten, die Defizite und Ausfallerscheinungen marktwirtschaftlicher Aufgabenerledigung kompensieren und damit die Privatisierungsentscheidung verantwortbar machen soll. Die »Angemessen«heit in Art. 87f Abs. 1 GG bezieht sich dabei auf die Qualität der Dienstleistung und »ausreichend« auf deren Quantität[1417]. Muss diese Versorgung mit Dienstleistungen auch flächendeckend, d. h. im gesamten Territorium der Bundesrepublik gewährleistet sein, verbindet sich damit keine Verpflichtung zum Ausbau einer optimalen Infrastruktur[1418]. Gemeint ist ein Sockel von Leistungen, eine Grundversorgung[1419], die den Zugang zu Telekommunikationsdienstleistungen vermittelt, ohne die eine Teilhabe am wirtschaftlichen und gesellschaftlichen Leben nicht oder sehr eingeschränkt möglich wäre[1420].

Die objektiv-rechtlichen verfassungsrechtlichen Verpflichtungen des Art. 87f GG begrenzen den Spielraum des Gesetzgebers bei der Wahl und Ausgestaltung des Zuteilungsverfahrens für knappe Frequenzen. Sie strahlen auf die Verteilungsordnung aus: Da Frequenzen condicio sine qua non für das Angebot und die Nutzung von Telekommunikationsdienstleistungen sind, muss auch ihre Zuteilung der Gewährleistungsverantwortung des Staates (infra a), dem Wettbewerbsprinzip des Art. 87f GG sowie dem freiheitlich unterfütterten Zuteilungsanspruch aus Art. 12 Abs. 1 i. V. m. Art. 3 Abs. 1 GG (infra b) Tribut zollen.

(a) Der Gewährleistungsauftrag des Art. 87f Abs. 1 GG

Soweit die Nutzung von Frequenzen die Grundversorgung der Bevölkerung mit Telekommunikationsdienstleistungen berührt[1421], hat der zutei-

[1417] Vgl. Beschlussempfehlung und Bericht des Berichts des Rechtsausschusses, BT-Drucks. 12/8108, S. 6; zur Auslegung der Begriffe etwa auch *S. Bumke*, Frequenzvergabe nach dem TKG, 2006, S. 292 ff.; *Kämmerer*, Privatisierung, 2001, S. 502; *Gersdorf*, in: von Mangoldt/F. Klein/Starck (Hrsg.), GG, Bd. 3, 4. Aufl. 2001, Art. 87 f. Rdnr. 39.

[1418] Vgl. die Begründung des Gesetzesentwurfs der Bundesregierung, BT-Drucks. 12/7269, S. 5.

[1419] *Gramlich*, NJW 1994, S. 2785 (2787) im Anschluss an die Begründung der Bundesregierung zum Gesetzesentwurf, BT-Drucks. 12/7269, S. 4 (5); *Gersdorf* (Fn. 1417), Rdnr. 43; allgemein dazu *Eifert*, Grundversorgung mit Telekommunikationsdienstleistungen im Gewährleistungsstaat, 1998.

[1420] Vgl. *Eifert*, ibid., S. 194; *Gersdorf* (Fn. 1417), Rdnr. 45.

[1421] Insbesondere bei Frequenzen, die neuartigen technischen Diensten dienen, kann dies problematisch sein. Unterfällt die avisierte Leistung im Zeitpunkt der Zuteilung noch nicht der verfassungsrechtlich garantierten Grundversorgung, kann sich dies freilich im Laufe des Nutzungszeitraums, für den die Frequenzen zugeteilt werden, mit dem Fortschreiten technischer Standards und gesellschaftlicher Entwicklungen ändern. Da der zuteilende Staat diese Entwicklungslinien nicht vollständig antizipieren kann, die Kautelen der Knappheitszuteilung aber – jedenfalls bei gegenleistungsbezogenen Zuteilungen – im Zeitpunkt der Zuteilung grundsätzlich festliegen müssen, verlangt die Zuteilung ihm eine Prognoseentscheidung ab, für die man ihm einen Einschätzungsspielraum wird zuerkennen müssen. Vgl. zu der kontrovers diskutierten Frage, ob die Versorgung der Bevöllende Staat der Gefahr zu begegnen, dass wettbewerblich orientierte Unternehmen die Ausnutzung knapper Frequenzbänder ausschließlich zur Versorgung lukrativer Marktsegmente nutzen, um ihre Investitionskosten rasch amortisieren und alsbald Gewinne erzielen zu können, strukturschwache oder ländliche Regionen aber in einer Unterversorgungssenke verharren lassen. Die Versteigerung und die mit ihr einhergehende Belastung erhöht diese Gefahr – entgegen häufig vorgetragenen Bedenken[1422] – grundsätzlich nicht als solche. Der Marktzutrittspreis, den sie den Akteuren abverlangt, ist als versunkener Kostenansatz für das Verhalten im Wettbewerb ökonomisch grundsätzlich irrelevant[1423].

Sie wendet die mit einer privatwirtschaftlichen Aufgabenerledigung verbundene typische Gefahr der Verfehlung des Gewährleistungsauftrags aber auch nicht mit Selbstverständlichkeit ab. Die Versteigerung als Zuteilungsmodell steht der Herausforderung des Gewährleistungsauftrags aus Art. 87f Abs. 1 GG freilich nicht hilflos gegenüber: Die Gewährleistung einer angemessenen und ausreichenden Infrastruktur kann zum Gegenstand einer Nebenbestimmung der Frequenzzuteilung (§ 61 Abs. 4 Nr. 3 TKG) oder auch zum Gegenstand des Zuteilungswettbewerbs selbst erhoben werden[1424]. Der Zuschlagspreis muss mitnichten notwendig in Geld ausgedrückt werden. Er kann auch in sachbezogenen Gegenleistungen bestehen[1425]. Die Infrastrukturverpflichtung geht dann als Preis in das gegenleistungsbezogene Zuteilungsverfahren der Versteigerung ein. Mit ihrer Höhe sinkt die Zahlungsbereitschaft der Bieter und damit die in der Versteigerung erwirtschaftete monetäre Gegenleistung; beide verhalten sich antiproportional zueinander. Handelt es sich bei den abverlangten Gegenleistungen um Preise im wirtschaftlichen Sinne, die Monopolrenten zugunsten der Allgemeinheit abschöpfen, welche sonst in die Gewinne fließen würden, steht der Vorwurf, der Versteigerungsmechanismus entziehe den er-

kerung mit einem Mindestmaß an UMTS-Dienstleistungen Teil der verfassungsrechtlich gebotenen Grundversorgung ist, *Korioth*, Verfassungsrechtliche und verfassungsprozessuale Aspekte einer Beteiligung der Länder an den Erlösen aus der Versteigerung der UMTS/IMT-2000-Lizenzen, 2001, S. 43.

[1422] Vgl. etwa *Degenhart*, K & R 2001, S. 32 (34 u. 39); *Kunz*, Verfahren und Rechtsschutz bei der Vergabe von Konzessionen, 2004, S. 235 mit Fn. 1160.

[1423] Vgl. dazu bereits insbesondere supra S. 350.

[1424] Der Wortlaut des § 61 Abs. 4 Nr. 3 TKG, der auf die Bestimmung »vor Durchführung des Vergabeverfahrens« abhebt, steht dem nicht entgegen. Die Vorschrift versteht sich als regulierungspolitische Mindestverpflichtung, will damit aber nicht verhindern, dass die Infrastrukturgewährleistung zum Gegenstand eines Bieterwettbewerbs erhoben werden darf.

[1425] Vgl. dazu bereits supra S. 407. *McMillan*, Telecommunications Policy 19 (1995), S. 191 ff. berichtet von einer argentinischen Versteigerung des Nutzungsrechts an dem Telefonnetz einer ländlichen Region, die nicht Geld als Gebot akzeptierte, sondern den schnellsten Aufbau eines funktionierenden Netzes. Versteigerung und Ausschreibung nähern sich dann einander methodisch sehr stark an. Gemeinsam ist beiden dann freilich die Gefahr eines Ex-post-Opportunismus des erfolgreichen Bieters. Vgl. dazu auch S. 410 ff.

folgreichen Bietern die Mittel, die sie für den Aufbau der Infrastruktur benötigen und verstoße daher gegen Art. 87f Abs. 1 GG[1426], ebenfalls auf einer schwachen argumentativen Grundlage. Allenfalls die mit exorbitanten Versteigerungserlösen verbundene – etwa in den Vereinigten Staaten[1427] und im Zuge der deutschen UMTS-Auktion[1428] empirisch zu beobachtende – erhöhte Insolvenzanfälligkeit erfolgreicher Bieter vermag die Befürchtung zu nähren, dass vorhandene knappe Frequenzen im Gefolge einer Versteigerung nicht angemessen genutzt und die erhoffte Versorgung der Bevölkerung mit Telekommunikationsdienstleistungen nicht mit Sicherheit gewährleistet werden kann[1429]. Dieser Sorge kann (und muss) durch geeignete Zahlungs-, insbesondere Stundungsregeln begegnet werden[1430].

(b) Wettbewerbsprinzip des Art. 87f Abs. 2 GG sowie grundrechtliche Chancengleichheit und Sachgerechtigkeit i. S. d. Art. 12 Abs. 1 GG i. V. m. Art. 3 Abs. 1 GG als Schranke

Außer im Gewährleistungsauftrag des Art. 87f Abs. 1 GG findet die Versteigerung als Allokationsmechanismus eine telekommunikationsverfassungsrechtliche Zulässigkeitsgrenze in der Anforderung, den in Art. 87f GG institutionell als Ordnungsprinzip des Telekommunikationsrechts festgeschriebenen privatwirtschaftlichen Wettbewerb nicht zu torpedieren.

[1426] In diese Richtung etwa *Degenhart*, K & R 2001, S. 32 (34, 36 u. 39); *Kunz*, Verfahren und Rechtsschutz bei der Vergabe von Konzessionen, 2004, S. 235 mit Fn. 1160.

[1427] Im zeitlichen Kontext von Auktionen ist dort eine signifikante Häufung von Insolvenzen festzustellen, die nicht nur eine Diskussion um die Effizienzfunktion von Auktionen, sondern auch eine Diskussion um die Rechte der FCC im Konkurs des Bieters ausgelöst hat. Auslöser war der Fall *Nextwave*. *Nextwave* hatte sich mit seinem Gebot für ein Frequenzpaket übernommen und geriet in Zahlungsschwierigkeiten, die es dem Regime des Bankruptcy Codes unterfallen ließ. Die FCC versteigerte daraufhin die für *Nextwave* vorgesehene Frequenzpakete an dritte Interessenten. Dagegen setzte sich *Nextwave* zur Wehr. Der *Supreme Court* (537 U. S. 293 [2003]) gab dem Unternehmen Recht. Vgl. dazu *Ryan*, Michigan Telecommunications and Technology Law Review 10 (2004), S. 285 (308 ff.); kritisch *N. Smith*, American Bankruptcy Institute Law Review 13 (2005), S. 387 ff.

[1428] Von den erfolgreichen Bietern agiert heute nur noch ein Bruchteil als UMTS-Anbieter am Markt. Nicht nur *Quam* ereilte alsbald die Überschuldung; auch die anderen Auktionssieger, allen voran die Mobilcom AG, hatten im Gefolge der Auktion mit massiven wirtschaftlichen Schwierigkeiten zu kämpfen und rissen den gesamten Telekommunikationsmarkt in eine mehrjährige Krise.

[1429] Es handelt sich um eine ernsthafte Bedrohung der Zuteilungswirkung der Versteigerung. Da die Versteigerung die erhoffte Allokationseffizienz nur zu erreichen mag, wenn die erfolgreichen Bieter die knappen Ressourcen auch tatsächlich nutzen, ist der versteigernde Staat ihr durch geeignete Maßnahmen zu begegnen verpflichtet.

[1430] Verhält sich ein Unternehmen opportunistisch und kommt den ihm auferlegten Infrastrukturverpflichtungen nicht nach, obwohl sie dies könnte, steht dem gewährleistungsverantwortlichen Staat die Stellschraube des Zwangsmittelrechts bzw. der Widerrufsregeln zur Verfügung.

Ist die Versteigerung auch ein wettbewerbliches Verfahren par excellence, das den Wettbewerb der Teilnehmer grundsätzlich fördert, ist sie gegen Missbräuche der Handlungsmöglichkeiten, die sie eröffnet, etwa marktverdrängendes, kollusives Verhalten, nicht vollständig immunisiert[1431]. Der Gesetzgeber und die Bundesnetzagentur müssen insoweit ausreichende Vorsorge treffen. Das gilt in Sonderheit für die Gewährleistung von Chancengleichheit als struktureller Bedingung eines privatwirtschaftlichen Wettbewerbs und grundrechtlich aus Art. 12 Abs. 1 i. V. m. Art. 3 Abs. 1 GG fließendem Zuteilungsgebot. Die Versteigerung darf nicht zu einer Marktzutrittshürde auswachsen, die bestimmten Interessengruppen den Zugang zum privatwirtschaftlichen Wettbewerb strukturell versperrt.

Die nationalen Grundrechte entfalten dabei, wiewohl das Telekommunikationsrecht intensiv gemeinschaftsrechtlich überformt ist, auch neben den Grundfreiheiten unvermindert ihre Schutzwirkung[1432]: Da der gemeinschaftsrechtliche Rechtsrahmen die Wahl des Zuteilungsmodus nicht kategorisch determiniert, sondern grundsätzlich der grundrechtlichen Verantwortung der Mitgliedstaaten anvertraut, sind die Verteilungsregeln an den Maßstäben der nationalen Grundrechte zu messen[1433].

Der Übernahme der Frequenzverwaltung in das Kraftfeld staatlicher Knappheitsverwaltung korrespondiert ein grundrechtsbewehrter Anspruch der Bewerber auf chancengleiche Teilnahme am Zuteilungsverfahren. Der Realisierungsgrad der grundrechtlichen Wahrnehmungschancen muss durch objektiv sachgerechte und individuell zumutbare Kriterien bestimmt werden, die dem Schutzgehalt der Berufsfreiheit als betroffenem Freiheitsbereich Rechnung tragen. In dem Maße, in dem die Verfassung das Verwaltungsmonopol des Staates im Feld der Telekommunikation objektiv-rechtlich beschneidet, stärkt sie zugleich mittelbar die verfassungsrechtliche Steuerungs- und Abwehrkraft der beruflichen Entfaltungsfreiheit. Der freiheitsrechtliche Anspruch auf Zuteilung von Frequenzen, der seine Schranke in der natürlichen Begrenztheit und Unvermehrbarkeit der Frequenzen findet, wirkt im Falle der Knappheit auf der Verteilungsebene als Auswahl-

---

[1431] Vgl. dazu im Einzelnen supra S. 355 ff.

[1432] Vgl. zum Verhältnis von nationalen und Gemeinschaftsgrundrechten bereits S. 32.

[1433] Ob die Mitgliedstaaten bei der Ausfüllung gemeinschaftsrechtlicher Umsetzungsspielräume, die sich jenseits zwingender Umsetzungspflichten bewegen, auch an die Gemeinschaftsgrundrechte gebunden sind (es sich dabei insbesondere um die Durchführung von Gemeinschaftsrecht handelt, vgl. Art. 51 Grundrechtecharta), wird in Rechtsprechung und Schrifttum kontrovers diskutiert (dazu etwa *Jarass*, EU-Grundrechte, 2005, § 4, Rdnr. 13; *Schaller*, Die EU-Mitgliedstaaten als Verpflichtungsadressaten der Gemeinschaftsgrundrechte, 2003, S. 38 ff.). Mehr spricht dafür, dass ein Mitgliedstaat, der selbstständige Grundrechtseingriffe jenseits der Vorgaben einer Richtlinie verantwortet, damit kein Unionsrecht durchführt, das einheitlicher Anwendung bedürfte und eine (zusätzliche) Bindung an die Unionsgrundrechte geböte (ebenso *Kingreen*, in: Calliess/Ruffert [Hrsg.], EUV/EGV, 3. Aufl. 2007, Art. 51 GR Rdnr. 10; *A. Weber*, NJW 2000, S. 537 [542]).

leitlinie und Differenzierungsverbot fort; der grundsätzlich unbedingte Zugangsanspruch wird zum Anspruch auf sachgerechte Auswahl zwischen den Bewerbern; Art. 12 Abs. 1 i.V.m. Art. 3 Abs. 1 GG setzt dem Zuteilungsspielraum des Gesetzgebers eng definierte Grenzen.

Verhindert die Knappheit der Frequenzen einen unbegrenzten Wettbewerb der Anbieter *im* Markt, widerstrebt es dem aus Art. 12 Abs. 1 GG fließenden Gebot der Sachgerechtigkeit grundsätzlich nicht, die Auswahlentscheidung von einem vorgezogenen Wettbewerb *um* den Markt abhängig zu machen. Die Berufsfreiheit schützt das Verhalten am Markt nach den Grundsätzen des Wettbewerbs, d.h. die Teilhabe am Wettbewerb nach Maßgabe der Funktionsbedingungen des Marktes[1434]. Ein Zugangswettbewerb entspricht ihrem grundrechtlichen Schutzgehalt. Die zwischen zuteilendem Staat und Zuteilungsinteressenten bestehende, die Vergleichbarkeit der Wettbewerber beeinträchtigende Informationsasymmetrie[1435] kann dann, soweit sie nicht auf andere Weise überwindbar ist[1436], den Einsatz des Preismechanismus und eine Abschöpfung des Knappheitsvorteils erfordern und rechtfertigen[1437]. Das Zuteilungsziel der Effizienz ist dem Gesetzgeber bei der Zuteilung knapper Frequenzen nicht versperrt; die Anknüpfung an die Zahlungsbereitschaft kann insoweit als (subsidiäres) Auswahlkriterium ein geeigneter und sachgerechter Zuteilungsmechanismus sein; ein prinzipieller Vorrang der Versteigerung – wie ihn §61 Abs. 2 S. 1 TKG etabliert – ist damit freilich nur schwer vereinbar.

Seine Effizienzgarantie vermag der Markt nur dort sicher einzulösen, wo den Bietern eine zureichende Grundlage für eine Bewertung zur Seite steht[1438]. Im Falle der Zuteilung von Telekommunikationsfrequenzen ist diese Prämisse angesichts der äußerst schnelllebigen Entwicklung dieses Wirtschaftszweiges nur bedingt sichergestellt. Die Bieter sind hier gezwungen, über die Abgabe des eigenen Gebots in unvollständiger Kenntnis über die weitere technologische Entwicklung und die Veränderung der gesellschaftlichen Rahmenbedingungen zu entscheiden. Die Versteigerung ringt ihnen eine Entscheidung unter Wertunsicherheit ab. Die Petenten sind auf Schätzungen und Vermutungs- und Erfahrungsregeln angewiesen,

---

[1434] Vgl. etwa BVerfG, Beschl. v. 26.6.2002, BVerfGE 105, S. 252 (262) – Glykolwein; BVerfG, Urt. v. 20.4.2004, BVerfGE 110, S. 274 (288) – Ökosteuer.

[1435] Vgl. dazu im Einzelnen supra S. 118 u. S. 271ff.

[1436] Lässt sich eine effiziente Zuteilung auch ohne die Generierung staatlicher Einnahmen erzielen, fehlt ihrer Vereinnahmung und damit auch der Versteigerung die sachliche Grundlage. Auch das Interesse an der Abschöpfung der mit der bevorrechtigen Zuteilung verbundenen Oligopolrenten alleine vermag dann eine Versteigerung nicht als solche zu rechtfertigen, da es sich auch (unabhängig von der Auswahlentscheidung) ex post auf der Grundlage realisierter Erlöse, denen das Risiko der Ex-ante-Wertunsicherheit nicht anhaftet, verwirklicht. Vgl. dazu im Einzelnen supra S. 414ff.

[1437] Vgl. dazu supra S. 343ff.

[1438] Vgl. dazu etwa *Niehans*, Schweizerische Zeitschrift für Volkswirtschaft und Statistik 84 (1948), S. 433 (434ff.).

deren Prognosekraft in dem hochdynamischen Umfeld der Telekommunikation äußerst gering ist. Mit dem Grad der Unsicherheit nimmt die (Effizienz-)Auslesewirkung der Versteigerung ab[1439]. Es bedarf insoweit einer sorgfältigen wertenden Abwägung, die die Grundrechte der Betroffenen ausreichend in den Blick nimmt. Eine solche verlangt das TKG der Bundesnetzagentur nicht mit ausreichender Entschiedenheit ab. Es hebt bei der Entscheidung über die Wahl des Zuteilungsverfahrens ausschließlich auf die Regulierungsziele des §2 Abs. 2 TKG ab (§61 Abs. 2 S. 1 TKG), schenkt der grundrechtlichen Gefährdungslage der Betroffenen dabei indes nicht die – auch gemeinschaftsrechtlich gebotene[1440] – Beachtung. Indem die Versteigerung demjenigen den Zuschlag erteilt, der das höchste Wertsignal erhalten hat, ist unter den Bedingungen der Wertunsicherheit die Wahrscheinlichkeit deutlich erhöht, dass der Zuschlagspreis den Wert des Gutes überschreitet. Das für die Grundrechtsbetroffenen mit einer Versteigerung verbundene Kalkulationsrisiko kann in eine unverhältnismäßige Beschränkung ihres grundrechtlichen Zugangsanspruchs münden; die Versteigerung opfert dann die Grundrechte auf dem Altar des Allokationseffizienzziels[1441]. In Extremfällen unvorhersehbaren und groben

[1439] Vgl. dazu bereits im Einzelnen S. 381 ff. In diesem Sinne lassen sich bei unbefangener Lesart auch dem Erwägungsgrund Nr. 32 S. 5 der gemeinschaftsrechtlichen Genehmigungsrichtlinie (Fn. 1382) Schranken für die Versteigerung von Frequenzen entnehmen. Er legt den Mitgliedstaaten im Fall von Auswahl- bzw. Vergleichswettbewerben, die Entgelte für Frequenznutzungsrechte ausschließlich oder teilweise als Pauschalbetrag festlegen, Zahlungsregelungen nahe, die sicherstellen, »dass diese Entgelte in der Praxis nicht zu einer Auswahl nach Kriterien führen, die nicht in Beziehung zu dem Ziel der optimalen Nutzung von Frequenzen stehen«. Ihr intendiertes Regelungsziel ist ursprünglich freilich ein anderes. Diese auf Vorschlag des Ausschusses für Industrie, Außenhandel, Forschung und Energie in die Richtlinie aufgenommene Regelung zielt darauf zu verhindern, dass die öffentliche Hand die Vergabe nicht in erster Linie als Einnahmequelle betrachtet, sondern Entgelte ausschließlich eine ordnungspolitische Funktion erfüllen (Empfehlung des Ausschusses für Industrie, Außenhandel, Forschung und Energie für die zweite Lesung betreffend den Gemeinsamen Standpunkt des Rates im Hinblick auf den Erlass der Genehmigungsrichtlinie vom 28.11.2001, A5–0433/2001, vgl. ABl. EG Nr. C 177 E v. 25.7.2002, S. 155).

[1440] Art. 7 Abs. 3 S. 1 und Art. 13 S. 2 der Genehmigungsrichtlinie (Fn. 1382).

[1441] Vgl. zu den finanzverfassungsrechtlichen Grenzen von Versteigerungserlösen supra S. 450 ff. (zur Unverhältnismäßigkeit langfristig angelegter, auf Schätzungen beruhender Marktzutrittsgebühren im hochdynamischen Telekommunikationssektor EuGH, Urt. v. 19.6.2006, Slg. 2006, I-S. 8559 Rdnr. 38 f. – Arcor). Der Versteigerungserlös wird im Falle der Versteigerung von Frequenzen nicht unmittelbar für die Befreiung von einem repressiven Verbot und damit für die Verleihung eines dem Adressaten an sich nicht zustehenden, sondern erst verliehenen Rechtes erhoben. Die Nutzung von Frequenzen unterliegt ausweislich des Art. 12 Abs. 1 GG i. V. m. Art. 87f Abs. 2 S. 1 GG nicht einem Verbotsvorbehalt. Auf sie besteht vielmehr grundsätzlich ein grundrechtlich unterfütterter Anspruch, der sich lediglich im Fall der Knappheit auf einen teilhaberechtlichen Zugangsanspruch verengt. Es handelt sich daher nicht um eine Verleihungsgebühr, sondern um eine Abschöpfungsgebühr, die den Vorteil abschöpft, der sich aus der Bevorzugung in einer Knappheitssituation ergibt (vgl. zu der Abgrenzung von Abschöpfungs- und Verleihungsgebühr auch supra S. 515 ff.).

Missverhältnisses zwischen Versteigerungserlös und erzielbarem Zuteilungsvorteil kann auch ein effizienzorientierter Erstattungsausgleich geboten sein[1442].

Auch soweit die verfassungsrechtlichen Kautelen, denen die Frequenzversteigerung unterliegt, nicht ihrer Zulässigkeit also solcher entgegenstehen, muss der zuteilende Staat den Gefahren, denen eine marktgesteuerte Allokation durch die Einbindung des ungebundenen Willens der Marktakteure in den Prozess der staatlichen Knappheitsverwaltung ausgesetzt ist, bei ihrer Ausgestaltung wirksam begegnen. Sie muss sicherstellen, dass der Marktprozess die verfassungsgerechten Ziele, die sie anstrebt, tatsächlich auch zu erreichen in der Lage ist und nicht den Gefahren erliegt, die die Übernahme der Frequenzen in die staatliche Verteilungsmacht gerade begründet haben. Der Versteigerung steht insoweit ein bunter Strauß von Instrumenten zur Gewährleistung der Wettbewerbs- und Grundrechtsneutralität des Zuteilungsverfahrens, auch seiner individuellen Zumutbarkeit im Hinblick auf die unterschiedlichen Ausgangsvoraussetzungen (insbesondere Zahlungsfähigkeit) der Destinäre[1443], zu Gebote. Sie ist ein flexibles Handlungsinstrument, das eine Vielzahl verschiedener Regelungsziele in sich aufnehmen kann, sofern sie ihr in geeigneter Weise implementiert werden. Entscheidende Stellschraube sind die Versteigerungsregeln. Sie nehmen als Surrogat einer behördlichen Einzelfallabwägung eine antizipierte Abwägung der widerstreitenden Belange und Ziele vor, die die Zuteilungsentscheidung steuern und grundsätzlich die Übereinstimmung mit den telekommunikationsverfassungsrechtlichen Anforderungen des Art. 87f Abs. 1 und des Art. 12 Abs. 1 i. V. m. Art. 3 Abs. 1 sicherzustellen vermögen. Nur soweit sie die Zuteilungsziele treffsicher spiegeln, erreicht die Zuteilung das erwünschte Ergebnis. Sie sind der Lackmustest der verfassungsrechtlichen Zulässigkeit der Versteigerung.

Ihre Festlegung legt der Gesetzgeber in die Hände der Bundesnetzagentur (§ 61 Abs. 5 TKG). Das ist insoweit konsequent, als die Gestaltung der Versteigerung einem maßgeschneiderten Kleid gleicht, das individueller Anpassung an den Einzelfall bedarf und sich einer sinnvollen abstrakt-generellen Festlegung verschließt. Die Erforderlichkeit einer Individualsteuerung entlässt den Gesetzgeber aber nicht aus seiner Verantwortung für die Zuteilungsergebnisse. Da die Versteigerung von Frequenzen über die Möglichkeit zur Grundrechtsverwirklichung im Bereich der Telekommunikation befindet, kommt der Festlegung klarer Zuteilungsziele wie ihrer Gewichtung eine grundrechtswesentliche Bedeutung zu. Ihre Festlegung steht der Verwaltung nicht frei. Sie ist eine Vorbehaltsaufgabe des Gesetzgebers, die einer Delegation an die Verwaltung nicht offen steht[1444]. Das Zielpro-

[1442] Vgl. dazu im Einzelnen supra S. 620 ff.
[1443] Vgl. dazu supra S. 404 ff.

gramm, das § 61 Abs. 4 TKG entwirft, erweist sich insoweit als unterentwickelt. Seine Steuerungswirkung ist schwach; grundrechtswesentliche Fragen lässt es offen. Es setzt der nahezu unbegrenzten Vielzahl von Gestaltungsformen der Versteigerung keine klare Auswahlvorgabe gegenüber, bezieht insbesondere die grundrechtlich berührten Interessen der Destinäre nicht angemessen in den Zielkanon ein, schützt sie namentlich nicht vor unangemessenen Preiskampf und strategisches Verhalten schürenden Bieterregeln, legt einer fiskalisch motivierten Gestaltung der Versteigerungsregeln durch die Verwaltung keine Daumenschrauben an und gewichtet die Zuteilungsziele nicht in operationalisierbarer Weise gegeneinander. Ein überprüfbares, die Grundrechtsverantwortung des Parlaments sicherndes Versteigerungsdesign ist daraus nicht destillierbar.

bb) Rundfunkfrequenzen – an der Schnittstelle zwischen Telekommunikationsrecht und Rundfunkrecht

Wie Mobilfunkfrequenzen unterliegen knappe Frequenzen, die für Rundfunkdienste bestimmt sind, dem telekommunikationsrechtlichen Frequenzverwaltungsregime der §§ 52 ff. TKG; in Abweichung von der Vorrangregelung des § 61 Abs. 2 S. 1 TKG sieht der Gesetzgeber für sie indes ein Sonderregime der Zuteilung vor: Auf sie findet das Versteigerungsverfahren keine Anwendung. Im Interesse der Sicherung der Vielfalt des Rundfunkangebots und zum Schutz vor einer vertikalen Medienkonzentration werden sie ausschließlich im Ausschreibungsverfahren zugeteilt (§ 61 Abs. 2 S. 3 TKG)[1445]. Der Gesetzgeber verneigt sich damit *nicht* vor gemeinschaftsrechtlichen Anforderungen; der gemeinschaftsrechtliche Rechtsrahmen unterscheidet grundsätzlich nicht zwischen Mobil- und Rundfunkfrequenzen; er behandelt beide als Elemente des Wirtschaftsrechts. Der Gesetzgeber trägt damit vielmehr der verfassungsrechtlichen Vorordnung der Inhalte Rechnung, deren Übermittlung diese Frequenzen dienen, namentlich der Wertentscheidung des Art. 5 Abs. 1 S. 2 GG und der Verzahnung von Rundfunk- und Telekommunikationsrecht, die auch in die Entscheidung über die Zuteilung von knappen Rundfunkfrequenzen ausstrahlt. Die

[1444] Anders verhält es sich mit Detailsteuerung der Auktionsregeln und ihrer maßgeschneiderten Anpassung an den Einzelfall. Sie eignet sich für eine abstrakt-generelle Festlegung grundsätzlich nicht.

[1445] Die Regelung fand auf Vorschlag des Bundesrates Eingang in das Gesetzeswerk des Telekommunikationsgesetzes; sie geht zurück auf die Stellungnahme des Bundesrates auf den Gesetzesentwurf der Bundesregierung gem. Art. 76 Abs. 2 GG, BT-Drucks. 15/2316, S. 109 (118); dieser sah noch einen Vorrang des Versteigerungsverfahrens für alle Formen der Frequenzzuteilung vor. Hielt die Gegenäußerung der Bundesregierung zur Stellungnahme des Bundesrats daran zunächst noch unter Hinweis auf den Ermessensspielraum der Regulierungsbehörde fest (BT-Drucks. 15/2345, S. 5), setzte sich der Bundesrat mit seinem Vorschlag im Vermittlungsausschuss durch (vgl. BT-Drucks. 15/3063, S. 6).

Regelungen zur Signalübertragung haben auch inhaltsbezogene Aus- und Vorwirkungen. Die Vergabe von Rundfunkfrequenzen bewegt sich an der Schnittstelle zwischen Rundfunk- und Telekommunikationsrecht und damit in dem komplizierten Wechselspiel zwischen landesrechtlicher Rundfunkkompetenz und bundesrechtlicher Frequenzplanungskompetenz, die von dem im Grundgesetz angelegten Grundsatz der Bundestreue geprägt ist. Dem Bund fällt hier die Befugnis zur Regelung des sendetechnischen Bereichs des Rundfunks (mit Ausnahme der Studiotechnik) zu, die inhaltliche Ausgestaltung der Rundfunkordnung gehört zum Kompetenzbereich der Länder[1446]. Bund und Länder haben bei Wahrnehmung ihrer Kompetenzen die gebotene und ihnen zumutbare Rücksicht auf das Gesamtinteresse des Bundesstaates und die Belange der Länder zu nehmen[1447]. Der Bund hat seine Befugnis zur Regelung des Fernmeldewesens in den Dienst des der Meinungsvielfalt verschriebenen Rundfunks zu stellen. Seine Mission liegt darin, die technische Empfangbarkeit des Rundfunks sicherzustellen und die frequenztechnischen Vorgaben im Hinblick auf die Anforderungen des Rundfunks auszugestalten. Das TKG hat die Betreiber von Sendenetzen und Übertragungssystemen im Blick, das Rundfunkrecht die Anbieter von Rundfunkinhalten und den Inhalt der mittels der Frequenzen ausgestrahlten Programme. Die Regulierung der technischen Übertragung und die Regulierung der Inhalte sind – wenn auch sachlich miteinander eng verzahnt – kompetenziell getrennt[1448].

Die rundfunkrechtliche Zuteilungsentscheidung erfolgt auf der Grundlage des Rundfunkstaatsvertrages[1449] und der Landesmediengesetze[1450]. Sie liegt – als Resultante des Gebots der Staatsferne des Rundfunks – in den Händen der staatsfrei organisierten Landesmedienanstalten. Als Maßstäbe der Zuteilung geben die Landesmediengesetze inhaltliche Auswahlkriterien, insbesondere die programmliche und veranstalterbezogene Vielfalt, den Programmanteil von Eigen- und Auftragsproduktionen etc., vor[1451]. Ob auch eine Versteigerung den Anforderungen, die die Rundfunkfreiheit an die Zuteilung von Frequenzen an Rundfunkveranstalter stellt, als Auswahlverfahren genügen würde, steht insoweit nicht de lege lata, sondern de lege ferenda zur Disposition. Die rechtspolitische Idee schart einige Sym-

[1446] BVerfG, Urt. v. 28.2.1961, BVerfGE 12, S. 205 (227ff.) – 1. Rundfunkurteil.

[1447] BVerfG, Urt. v. 22.5.1990, BVerfGE 81, S. 310 (337).

[1448] Die Verzahnung zwischen telekommunikationsrechtlicher Frequenzzuteilung und rundfunkrechtlicher Genehmigung stellt insbesondere die Vorschrift des § 57 Abs. 1 TKG her. Sie soll verhindern, dass es weder zur Ausstrahlung nicht genehmigten Rundfunks kommt noch eine Ausstrahlung von genehmigtem Rundfunk wegen der Hortung von Rundfunkfrequenzen durch Zuteilungsinhaber unterbleiben muss (BT-Drucks. 15/2316, S. 78).

[1449] §§ 50 und 52a RStV.

[1450] Vgl. etwa §§ 18ff. bw.LMedienG; Art. 31f. bay.MedienG; §§ 12ff. nrw.LMedienG.

[1451] Vgl. etwa § 21 bw.LMedienG; Art. 32 Abs. 2 bay.MedienG; § 25a Abs. 3 hmb.MedienG; § 8 nds.MedienG; § 14 nrw.LMedienG.

pathisanten um sich. Soweit eine ausreichende Vorauswahl durch einen »Qualitätssockel« als Basis für die eigentliche Auktion gewährleistet werde, hält etwa *Grünwald* – eine Zuteilungsentscheidung anhand eines monetären Höchstgebots für möglich[1452]. Es sei damit einerseits gewährleistet, dass nur diejenigen zur Versteigerung der Frequenzen zugelassen würden, welche die Meinungsvielfalt fördern, und zum anderen die Transparenz des Versteigerungsverfahrens für die Zuteilung fruchtbar gemacht werde.

Der Maßstab der Zahlungsbereitschaft für die Zuteilung von Übertragungskapazitäten an private Rundfunkveranstalter ist konfliktträchtig. Er fordert den aus Art. 5 Abs. 1 S. 2 GG folgenden Auftrag zur Schaffung einer Rundfunkordnung, in der die Vielfalt der bestehenden Meinungen im Rundfunk in größtmöglicher Breite und Vollständigkeit Ausdruck findet[1453], heraus. Anders als im Falle des Angebots von Telekommunikationsdienstleistungen ist die Nutzungseffizienz und der wirtschaftliche Ertrag des Rundfunkprogramms nicht das vorrangige grundrechtliche Ausleseziel der Zuteilung von Übertragungskapazitäten. Relevanter Maßstab für die Entscheidung zwischen mehreren Bewerbern um das Angebot von Rundfunkinhalten muss sein, welchen Beitrag der Bewerber mit seinem Programm zur Sicherung eines ausgewogenen und vielfältigen Meinungsangebots und zur Versorgung der Bevölkerung mit umfassender Information im Dienste des Art. 5 Abs. 1 S. 2 GG zu leisten vermag[1454].

Aus der Höhe eines monetären Versteigerungsgebots lassen sich keine Rückschlüsse auf den Beitrag des Bewerbers zur Meinungsvielfalt ziehen. Der wirtschaftliche Nutzen steht zu dem mit dem Rundfunkauftrag beabsichtigten Regelungsziel nicht in einem sachlichen Zusammenhang. Die Vielfalt von Meinungen lässt sich nicht mit der Elle der wirtschaftlichen Verwertbarkeit ihrer Inhalte messen. Im Gegenteil verdrängt ein zum Gegenstand des Auswahlmechanismus erhobener wirtschaftlicher Nutzen tendenziell die Vielfalt des Programmangebots und leistet der Meinungskonzentration Vorschub. Er führt zu einer Ausrichtung des Programms und der Meinungsinhalte an wirtschaftlich interessanten (Werbe-)Zielgruppen, lässt demgegenüber solche unberücksichtigt, die als Werbemarkt nicht von nennenswertem Interesse sind[1455]; die Attraktivität des Kunden für den Werbemarkt entscheidet über das zur Verfügung gestellte Angebot.

[1452] *Grünwald*, MMR 2001, S. 721 (726); *ders.*, Analoger Switch-off, 2001, S. 210 ff.; in ähnlicher Tendenz für die Kabelbelegung wohl auch SächsVGH, NVwZ-RR 1998, S. 345 (350). Ebenso allerdings offenbar ohne inhaltliche Vorprüfung *Kupfer*, Verteilung, 2005, S. 377 ff., insbesondere S. 383.

[1453] BVerfG, Urt. v. 16.6.1981, BVerfGE 57, S. 295 (327) – 3. Rundfunkentscheidung; BVerfG, Urt. v. 4.11.1968, BVerfGE 73, S. 118 (152 f.) – 4. Rundfunkentscheidung; BVerfG, Urt. v. 17.2.1998, BVerfGE 97, S. 228 (267) – Kurzberichterstattung; *Stumpf et al.*, Eckpunkte zur Ausgestaltung eines möglichen Handels mit Frequenzen, 2003, S. 49.

[1454] BVerfG, Urt. v. 16.6.1981, BVerfGE 57, S. 295 (320) – 3. Rundfunkentscheidung.

Die in Zuschaltquoten und Werbeeinnahmen sich manifestierende tatsächliche Nachfrage der Zuschauer vermag die Vielfalt der Meinungen nicht abzubilden. Vielfalt als Voraussetzung umfassender Meinungsbildung entsteht nicht zwingend aus sich selbst, namentlich einem von ökonomischem Kalkül bestimmten Markt, heraus. Insbesondere laufen die Notwendigkeit der Finanzierung und das Ziel der Gewinnerzielung mit den Präferenzen der Zuschauer nicht parallel[1456]. Wer die Zahlungsbereitschaft und Finanzkraft der Rundfunkanbieter zum Maßstab des Zugangs zur Verbreitung von Rundfunkinhalten erhebt, beschwört die Gefahr herauf, dass auf Verbreitung angelegte Meinungen von der öffentlichen Meinungsbildung ausgeschlossen bleiben und Meinungsträger, die sich im Besitz von Sendefrequenzen und Finanzmitteln befinden, eine vorherrschende öffentliche Meinungsmacht erlangen[1457]. Dem zu begegnen, gehört zum verfassungsrechtlichen Auftrag des Gesetzgebers. Der Auftrag der Rundfunkfreiheit und ihre in den Dienst der öffentlichen Meinungsbildung gestellte Funktion verbieten es, wie es das Bundesverfassungsgericht formuliert hat, die Frage, wem eine der knappen Möglichkeiten zur Programmgestaltung zukommen soll, »dem Zufall oder dem freien Spiel der Kräfte« zu überantworten[1458]. Der Gesetzgeber hat Vorsorge dafür zu treffen, »dass der Rundfunk seine Funktion unbeeinflusst von jeglicher Indienstnahme für außerpublizistische Zwecke, seien sie politischer oder ökonomischer Natur, erfüllen kann«[1459].

Eine Ausrichtung der Auswahlentscheidung am Maßstab wohlfahrtsökonomischer Effizienz berücksichtigt die in dem Dienst der Meinungsbildung stehende Funktion der Rundfunkfreiheit, die von ökonomischen Wertkategorien nicht eingefangen werden kann, nicht in ausreichendem Maße. Sie läuft dem Ziel und verfassungsrechtlichen Auftrag eines hohen Maßes gleichgewichtiger Vielfalt und der Verhinderung von Medienkonzentration – auch im privaten Rundfunk – diametral entgegen[1460]. Ist auch eine wirtschaftliche Mindestausstattung, die einen technischen und formalen Basisstandard für die Veranstaltung von Rundfunksendungen und eine Professionalität des Betriebs sicherstellt, für die Realisierung der programmatischen Vorstellungen erforderlich, so wird eine Ausrichtung der Zutei-

---

1455 Vgl. etwa BVerfG, Urt. v. 4.11.1968, BVerfGE 73, S. 118 (155f.) – 4. Rundfunkentscheidung.

1456 Von einem (teilweise beschworenen) Unterschied zwischen tatsächlichen und normativ gesollten Präferenzen der Zuschauer, einem staatlichen Meinungs-Paternalismus (vgl. *Kupfer*, Verteilung, 2005, S. 382), kann insoweit nicht die Rede sein.

1457 BVerfG, Urt. v. 16.6.1981, BVerfGE 57, S. 295 (323) – 3. Rundfunkentscheidung.

1458 BVerfG, ibid., S. 295 (327) – 3. Rundfunkentscheidung; *Stumpf et al.* (Fn. 1453), S. 49.

1459 BVerfG, Urt. v. 17.2.1998, BVerfGE 97, S. 228 (266f.) – Kurzberichterstattung.

1460 Ebenso *Fehling*, Die Konkurrentenklage bei der Zulassung privater Rundfunkveranstalter, 1994, S. 87ff., 129; *Wegmann*, Regulierte Marktöffnung in der Telekommunikation, 2001, S. 194.

lungsentscheidung an dem maximalen wirtschaftlichen Nutzen, dem rundfunkspezifischen Ausgestaltungsvorbehalt grundsätzlich nicht gerecht[1461].

Eine Lanze für das Zuteilungskriterium der Zahlungsbereitschaft als Maßstab vermag lediglich (aber immerhin) die Berufsfreiheit der privaten Rundfunkanbieter zu brechen. Die Ausstrahlung von Rundfunkprogrammen ist einem betriebswirtschaftlichen Ziel der Gewinnerzielung zu dienen bestimmt, das den Schutz der Berufsfreiheit genießt. Die insoweit auch die Zuteilungsentscheidung steuernde Wertung des Art. 12 Abs. 1 GG tritt zu dem Grundrecht der Rundfunkfreiheit des Art. 5 Abs. 1 S. 2 GG als verfassungsrechtlicher Gewährleistung freier, individueller und öffentlicher Meinungsbildung, in ein Spannungsverhältnis. Soweit der für die freiheitliche demokratische Grundordnung konstitutive Auftrag der Rundfunkfreiheit reicht, hat die Berufsfreiheit gegenüber dem Ziel der Sicherung von Meinungsvielfalt zurückzutreten; sie hat dem Stellenwert des verfassungsgeschützten Prozesses der freien individuellen und öffentlichen Meinungsbildung in der Verfassung, namentlich der grundlegenden Bedeutung der Rundfunkfreiheit für das gesamte öffentliche, politische und verfassungsrechtliche Leben in der Bundesrepublik[1462], Tribut zu zollen.

Erscheint es auch gerechtfertigt, an die Breite des Programmangebots und die Sicherung gleichgewichtiger Vielfalt im privaten Rundfunk nicht gleich hohe Anforderungen zu stellen wie im öffentlich-rechtlichen Rundfunk, solange die Vielfalt der bestehenden Meinungsrichtungen jedenfalls durch den öffentlich-rechtlichen Rundfunk zum Ausdruck gelangt, so geht damit nicht ein vollständiger Dispens des privaten Rundfunks von den verfassungsrechtlichen Anforderungen im Sinne einer Dichotomie der Vielfalt einher[1463]. Nur wenn die wesentlichen Voraussetzungen gleichgewichtiger Meinungsvielfalt durch das Gesamtangebot *aller* Veranstaltungen erfüllt werden und die Gefahr der Konzentration von Meinungsmacht wie des Missbrauchs zum Zweck einseitiger Einflussnahme mit hinreichender Gewähr abgewendet sind, bleibt angesichts der wertsetzenden Bedeutung der

---

[1461] Ähnlich in der Tendenz BVerfG, Beschl. v. 24.3.1987, BVerfGE 74, S. 297 (336): »Gewiss muss ein privater Anbieter, um im Programmwettbewerb bestehen zu können, wirtschaftlich lebensfähig sein. Insofern kann es gerechtfertigt sein, wenn der Gesetzgeber diese Vorbedingung zu sichern sucht. Im Rahmen seiner Ausgestaltungsbefugnis darf er dazu jedoch nicht den Weg einer Einschränkung des publizistischen Wettbewerbs wählen«. Ähnlich auch BVerfG, Urt. v. 11.6.1981, BVerfGE 57, S. 295 (327) – 3. Rundfunkentscheidung: »Die Frage, wem eine der knappen Möglichkeiten zur Programmgestaltung zugute kommen soll, darf nicht dem Zufall oder dem freien Spiel der Kräfte anheim gegeben werden«.

[1462] Vgl. BVerfG, Urt. v. 11.6.1961, BVerfGE 13, S. 54 (80); BVerfG, Urt. v. 5.6.1973, BVerfGE 35, S. 202 (221) – Lebach; BVerfG, Beschl. v. 1.10.1987, BVerfGE 77, S. 65 (74); BVerfG, Urt. v. 5.2.1991, BVerfGE 83, S. 238 (295) – 6. Rundfunkentscheidung; BVerfG; Urt. v. 22.2.1993, BVerfGE 90, S. 60 (87) – 8. Rundfunkentscheidung.

[1463] BVerfG, Urt. v. 4.11.1986, BVerfGE 73, S. 118 (158f.) – 4. Rundfunkentscheidung; BVerfG, Urt. v. 5.2.1991, BVerfGE 83, S. 238 (297) – 6. Rundfunkentscheidung.

Rundfunkfreiheit Raum für die Durchschlagskraft kommerzieller Interessen. Für wirtschaftliche Effizienz öffnet sich jenseits der Grundversorgung das Tor.

Die durch technische Entwicklungen mögliche Ausweitung der Übertragungskapazitäten ebnet als digitale Dividende einem Wettbewerb der Meinungen zusehends den Weg und schwächt dabei das Gefahrenpotenzial ab. Ein einseitiger Rekurs auf die wirtschaftliche Einträglichkeit von Meinungsinhalten kann des ungeachtet das Gleichgewicht des ›Zu-Wort-Kommens‹ der gesellschaftlichen Gruppen stören, wenn nicht aufheben[1464]. Mag der dem Gesetzgeber bei der Gewährleistung von Grundversorgung zukommende Spielraum einer beschränkten Berücksichtigung der Wirtschaftlichkeit eines Anbieters und Programmangebots verfassungsrechtlich nicht im Wege stehen, so ist ein Rekurs auf die Zahlungsbereitschaft als letztentscheidendes Kriterium nicht nur eine verfassungsrechtlich fragwürdige, sondern jedenfalls de lege ferenda abzulehnende Option[1465].

b) Rufnummern und Domainnamen

Ist der Nummernraum – anders als Frequenzen – auch nicht physisch begrenzt, so ist er für die Zwecke, zu denen Nummern verwendet werden, ebenfalls nicht unbegrenzt vermehrbar. Durch internationale Vorgaben, technische Restriktionen sowie eine ineffiziente Verteilung der Rufnummern in der Vergangenheit ist die an sich technisch vorhandene Nummernkapazität stark eingeschränkt[1466].

Der begrenzten Verfügbarkeit von Nummerierungsadressen steht überdies ein eskalierender Bedarf an Nummern für die wachsende Zahl von Kommunikationsinstrumenten und -nutzern gegenüber. Die Bedeutung von Rufnummern wächst. Da ohne sie als dem Nadelöhr der Kommunikation eine Teilnahme an der modernen Telekommunikation nicht möglich ist, kommt nicht nur dem originären Zugang zu Nummern und ihrer Zuteilung ein hoher Stellenwert für die Ermöglichung des Wettbewerbs zwischen den Anbietern von Telekommunikationsdiensten im Bereich der

[1464] Vgl. die wortgleiche Formulierung des BVerfG in seinem Urt. v. 16.6.1981, BVerfGE 57, S. 295 (324) – 3. Rundfunkentscheidung; sehr ähnlich BVerfG, Urt. v. 5.2.1991, BVerfGE 83, S. 238 (317) – 6. Rundfunkentscheidung.

[1465] Ähnlich *Gersdorf*, AfP 1997, S. 424 (425); *Wegmann*, in: Säcker (Hrsg.), Berliner Kommentar zum TKG, 2006, §61 Rdnr. 18; für die Kabelbelegung etwa OVG Bremen, Urt. v. 14.9.1999, K & R 2000, S. 43 (45).

[1466] Bei konsequenter Vergabe von zehnstelligen Rufnummern bestünde in Deutschland theoretisch eine Kapazität von 8,1 Mrd. Rufnummern. Aufgrund des Systems der Ortsnetz-, Dienste- und Netzkennzahlen reduziert sich die Zahl auf 2,38 Mrd. Aufgrund der großzügigen Vergabepraxis, die über lange Zeit, insbesondere in ländlichen Regionen, nur siebenstellige Nummern vergab und damit die Nummern nachfolgender Zehnerpotenzen blockierte, können hiervon nur 5,6 % tatsächlich genutzt werden. Vgl. dazu OVG Nordrhein-Westfalen, Urt. v. 6.2.2001, MMR 2002, S. 569 (570) m. w. N.

elektronischen Kommunikation zu[1467]. Nummern haben als Verbindungs- und Identifikationsmerkmal auch für die Nutzer, insbesondere Unternehmen, eine wachsende Tragweite[1468]. Das gilt namentlich für solche Nummern, die durch ihre Zahlenkombination ihrem Inhaber einen besonderen Nutzwert vermitteln. Rufnummern erweisen sich insoweit als eine knappe Ressource, die eine hoheitliche Verwaltung des Staates und Auswahlentscheidungen erforderlich machen kann[1469].

Die Aufgabe der Zuteilung und Verwaltung von Nummern erhebt der Staat daher zu einer öffentlichen Aufgabe. Das TKG weist sie der Bundesnetzagentur zu (§ 66 Abs. 1 S. 1 und 2 TKG)[1470]. Nach welchen Zuteilungsregeln die Zuteilung der – ihren Nutzern entsprechend ihrem Identifikationszweck grundsätzlich unbegrenzt zur Verfügung stehenden – Nummern erfolgen soll, legt das Gesetz nicht ausdrücklich fest. Es hebt lediglich Ziel- und Berücksichtigungsvorgaben für eine verordnungsrechtliche Umsetzung hervor, gibt sich im Übrigen recht wortkarg, überlässt die Regelung vielmehr dem Verordnungsgeber (§ 66 Abs. 4 TKG)[1471]. Der gemeinschaftsrechtliche Rechtsrahmen weist auf »objektive, transparente und nichtdiskriminierende Verfahren für die Zuteilung der nationalen Nummerierungsressourcen« hin[1472]. Das Bedürfnis nach einer effizienten Verteilung der Nummerierungsressourcen heben beide Rechtsordnungen dabei unisono hervor[1473].

Das Effizienzziel legt den Verteilungsmechanismus der Versteigerung als Zuteilungsoption nahe, verkörpert sie doch wie kein anderes Zuteilungsinstrument den Gedanken der Nutzungseffizienz. Sie ist der Effizienzarchetyp staatlicher Verteilungslenkung. Indem sie knappe Güter demjenigen

---

[1467] Vgl. Erwägungsgrund Nr. 20 der Rahmenrichtlinie (Fn. 1381); vgl. auch *Geppert/Ruhle/Schuster*, Hdb. Recht und Praxis der Telekommunikation, 2001, Rdnr. 652 ff.

[1468] Bei der Zuteilung von Rufnummern an Teilnehmer spricht man auch von abgeleiteter Zuteilung. Vgl. § 20 Abs. 1 S. 2 Telekommunikations-Kundenschutzverordnung.

[1469] Vgl. etwa BVerwG, Beschl. v. 30.4.2003, BVerwGE 118, S. 128 (137 f.); OVG Nordrhein-Westfalen, Urt. v. 6.12.2001, MMR 2002, S. 569 (570); *Haucap*, European Journal of Law and Economics 15 (2003), S. 91 (93).

[1470] Der Kunde von Telekommunikationsleistungen erhält nach § 20 Abs. 1 der Telekommunikations-Kundenschutzverordnung grundsätzlich die benötigten Teilnehmerrufnummern von seinem Anbieter zugeteilt, es sei denn die Bundesnetzagentur nimmt ausnahmsweise eine unmittelbare Zuteilung vor.

[1471] § 5 Abs. 2 S. 1 der Telekommunikations-Nummerierungsverordnung (TNV) sieht grundsätzlich eine Rufnummernzuteilung nach dem Prioritätsprinzip vor, lässt aber bei »Nummern von außerordentlichem wirtschaftlichen Wert« die Anwendung wettbewerbsorientierter oder vergleichender Auswahlverfahren zu (§ 5 Abs. 3 S. 1 TNV).

[1472] Art. 10 Abs. 1 S. 2 der Rahmenrichtlinie (Fn. 1381).

[1473] Art. 8 Abs. 2 lit. d der Rahmenrichtlinie (Fn. 1381); § 2 Abs. 2 Nr. 8, § 66 Abs. 4 S. 2 TKG. Ein ökonomisches Plädoyer auf eine effizienzorientierte Nummernallokation stimmt aus ökonomischer Sicht etwa *Haucap*, European Journal of Law and Economics 15 (2003), S. 91 (97 ff.) an. Er spricht sich für eine Versteigerung von Nummern aus. Differenzierend *Nett*, Marktorientierte Allokationsverfahren bei Nummern, 2001, S. 50 ff.

zukommen lässt, für den das Gut mit dem höchsten (erwarteten) wirtschaftlichen Vorteil verbunden ist, macht sie die Entdeckungs- und Informationsfunktion des Marktes im Dienste verschwendungsfreier Ressourcennutzung fruchtbar[1474].

Ihre Anordnung steht der Bundesnetzagentur jedoch nicht frei, sondern bedarf zu ihrer Zulässigkeit einer ausdrücklichen parlamentarischen Entscheidung: Die Zuteilung von Nummerierungsressourcen wirkt sich in signifikantem Ausmaß auf die Wahrnehmung grundrechtlicher Rechtspositionen, insbesondere die Berufsfreiheit der Anbieter, aus: Anbieter von Telekommunikationsdienstleistungen sind zur Ausübung ihrer Tätigkeit auf die Zuteilung von Nummern angewiesen[1475]. Die Verfügbarkeit von Nummerierungsressourcen entscheidet über die wettbewerbliche Position der Anbieter im Markt. Die Zuteilung im Wege eines gegenleistungsbezogenen Austauschaktes hat neben rein auswahlbezogenen auch belastende, abgaberechtliche Wirkungen, die das Schutzbedürfnis des Parlamentsvorbehalts auslösen[1476]. Die Entscheidung über ihr Wirksamwerden ist nicht dem Gutdünken der Verwaltung überantwortet, sondern dem Parlament vorbehalten. Spricht das TKG an versteckter Stelle in § 142 Abs. 2 S. 5 TKG auch explizit die Möglichkeit der Vergabe von Nummern von »außerordentlichem wirtschaftlichem Wert im Wege wettbewerbsorientierter oder vergleichender Auswahlverfahren« an[1477] und setzt insoweit eine Zulässigkeit der Versteigerung von Nummern voraus, so ordnet die Vorschrift eine solche Zuteilung nicht an. Auch dem § 66 Abs. 4 TKG ist eine entsprechende (den Anforderungen des Art. 80 Abs. 1 S. 2 GG genügende) Ermächtigung nicht

---

1474 Das Bestreben, eine ökonomische Knappheitsbewältigung herbeizuführen, veranlasste die Regulierungsbehörde bereits in der Vergangenheit, den wirtschaftlichen Wert der Ressourcen, der mit ihrer Zuteilung zur Nutzung verbunden ist, bei der Entscheidung über die Zuteilung von Nummern durch eine wertadäquate Gebühr abzubilden. Die Gerichte haben dem unter Rekurs auf das Äquivalenzprinzip und das Verwaltungskostengesetz Grenzen gezogen. Die Gebühr dürfe sich nicht vollends von den Kosten der Verwaltungshandlung lösen, die sie abgelten soll. Das Verhältnis zwischen den Kosten des Verwaltungsaufwandes und der Höhe der Gebühr dürfe nicht die Grenzen der Angemessenheit sprengen. Vgl. dazu BVerwG, Beschl. v. 30. 4. 2003, BVerwGE 118, S. 123 (125 ff.); BVerwG, Urt. v. 30. 3. 2003, BVerwGE 118, S. 128 (135); OVG Nordrhein-Westfalen, Urt. v. 6. 12. 2001, MMR 2002, S. 490 ff.; OVG Nordrhein-Westfalen, Beschl. v. 18. 2. 2005, MMR 2005, S. 395 ff. Das Inkrafttreten des § 142 Abs. 2 S. 4 TKG, der die Gebühren so festzusetzen gebietet, dass sie als Lenkungszweck die optimale Nutzung und eine den Zielen des TKG verpflichtete effiziente Verwendung der Nummern sicherstellt, dürfte aus der Sicht der Verwaltungsgerichte nichts ändern, leiten sie das Verbot der völligen Abkoppelung des Äquivalenzprinzips von den Kosten des Verwaltungsvorgangs doch aus der Verfassung ab (vgl. BVerwG, Urt. v. 30. 3. 2003, BVerwGE 118, S. 128 [135]).

1475 Vgl. EuGH, Urt. v. 20. 10. 2005, NJW 2006, S. 37 (38), Rdnr. 30 – ISIS/O2; BVerwG, Beschl. v. 30. 4. 2003, BVerwGE 118, S. 128 (144).

1476 Vgl. dazu auch im Einzelnen supra S. 429 ff.

1477 Für diesen Fall befreit der Gesetzgeber nämlich hier ausnahmsweise von den Schranken der sonst Geltung beanspruchenden telekommunikationsrechtlichen Gebührenbemessungsprinzipien.

zu entnehmen. § 5 Abs. 3 TNV sucht des ungeachtet jüngst auf seiner Grundlage eine Versteigerung von Nummern mit außerordentlichem Wert zu ermöglichen. Er überschreitet damit nicht nur die Grenzen seiner Delegationsnorm, sondern auch die Grenzen verfassungsrechtlich zulässiger Delegationsmacht: Die Entscheidung über eine Versteigerung von Nummerierungsressourcen ist kraft des verfassungsrechtlichen Parlamentsvorbehalts delegationsfeindlich. Eine Versteigerung von Nummerierungsressourcen ist de lege lata unzulässig[1478].

Auch de lege ferenda liegen ihr – jedenfalls soweit Rufnummern in Rede stehen – gegenwärtig schwer ausräumbare gemeinschaftsrechtliche Hindernisse im Wege: Der größte Teil des verfügbaren Rufnummernbestandes ist in der Vergangenheit kostenfrei zugeteilt worden. Er befindet sich ganz überwiegend in den Händen der Deutschen Telekom AG als eines Unternehmens mit beträchtlicher Marktmacht, das die Nummern als Rechtsnachfolgerin eines ehemaligen Staatsmonopolunternehmens übernommen hat und diese kostenlos nutzen kann. Müssen ihre auf den Markt drängenden Konkurrenten bei einer Zuteilung im Wege der Versteigerung nunmehr für *jede* ihrer Nummern eine wertäquivalente Höchstgebotszahlung erbringen, während die Deutsche Telekom AG auf einen nahezu unerschöpflichen Nummernbestand von 400 Mio. kostenfreien Nummern zurückgreifen kann, entstehen asymmetrische Marktzutrittsvoraussetzungen, die den Wettbewerb zwischen Altsassen und Neubewerbern verfälschen, statt ihn – wie das Gemeinschaftsrecht, insbesondere Art. 8 Abs. 2 der Rahmenrichtlinie i. V. m. Art. 13 S. 2 der Genehmigungsrichtlinie, es gebietet – zu fördern. Altsasse und Neubewerber konkurrieren nicht auf der Grundlage gleicher Augenhöhe; sie treffen trotz gleicher Geschäftstätigkeit und gleicher Nummernabhängigkeit ungleiche Zugangsvoraussetzungen an. Dass die Deutsche Telekom AG für ihre neu erworbenen Nummern in der Versteigerung ebenso einen wertäquivalenten Preis zahlt und insofern eine (formale) Gleichbehandlung erfährt, ändert an der Disparität der Marktzugangsvoraussetzungen, die in die Gegenwart fortwirkt, nichts. Die Gleichbehandlung in der Versteigerung behandelt wesentlich Ungleiches gleich und begründet damit eine Diskriminierung. Sie fördert die marktbeherrschende Stellung des Altsassen, animiert ihn zur Ausnutzung dieser Position und induziert damit einen Verstoß gegen Art. 86 Abs. 1 i. V. m. Art. 82 EG sowie Art. 13 S. 2 der Genehmigungsrichtlinie i. V. m. Art. 8 Abs. 2 der Rahmenrichtlinie[1479]. Allenfalls eine nachträgliche Heranziehung des Altsassen zu wertäquivalenten Zahlungen für die kostenlos zugeteilten Rufnummern[1480] oder ein Diskont für Neubewerber könnte hier Chancengleichheit herstellen. Erstere ist freilich rechtlich

[1478] Das übersehen etwa *Büning/Weißenfels*, in: Geppert et al. (Hrsg.), Beck'scher TKG-Kommentar, 3. Aufl. 2006, § 66 Rdnr. 23 a. E.

[1479] EuGH, Urt. v. 20.10.2005, NJW 2006, S. 37 (38), Rdnr. 30ff. – ISIS/O2.

kaum konstruierbar[1481], letztere vermag die Asymmetrie der Zugangsvoraussetzungen kaum aufzuheben, es sei denn, sie besteht in einem Volldiskont, der dann aber den Charakter der Versteigerung aufhebt. Für den sachlichen Bereich der Nummernverwaltung verbleibt dem Zuteilungsmechanismus der Versteigerung insoweit (auch) de lege ferenda nur ein schmaler Streifen der Anwendbarkeit, der jenseits der originären Zuteilung von Ortsnetzkennzahlen verläuft[1482].

Sachlich und konstruktiv offen für eine Zuteilung im Wege der Versteigerung erweist sich grundsätzlich die Vergabe von Domainnamen. Sie unterliegt freilich (bisher) nicht hoheitlicher Knappheitsverwaltung[1483], insbesondere nicht dem Nummernregime des TKG, sondern einem nichtstaatlichen Verteilungsverfahren, das die International Corporation for Assigned Names and Numbers (ICANN) und, unterhalb der Toplevel-Domain .DE, die zentrale Registrierungsstelle für Domains (DENIC) vornehmen. Die zunehmende wirtschaftliche und gesellschaftliche Bedeutung der Domainnamen sowie ihre wachsende Knappheit wird in absehbarer Zeit

---

[1480] Vgl. EuGH, ibid., Rdnr. 40; EuGH, Urt. v. 22.5.2003, Slg. I-2003, S. 5219, Rdnr. 90 ff.

[1481] Vgl. dazu etwa *Baumgarten*, in: Wissmann (Hrsg.), Telekommunikationsrecht, 2. Aufl. 2006, Kap. 9 Rdnr. 77. Die Verpflichtung der Deutschen Telekom zu Universaldienstleistungen und zur Übernahme der Beamten und ihrer Altersversorgung dürften einem Knappheitspreis nicht wirtschaftlich gleichwertig sein.

[1482] Als ökonomisch sinnvoll und de lege ferenda unter Kautelen realisierbar stellt sich grundsätzlich eine Zuteilung im Wege der Versteigerung bei der Zuteilung von einzelnen Nummern, insbesondere (Mobilfunk-)Nummern von außerordentlichem wirtschaftlichem Wert dar (vgl. auch Art. 5 Abs. 4, Art. 13 der Genehmigungsrichtlinie [Fn. 1381]; Erwägungsgrund Nr. 21, Art. 10 Abs. 1 S. 3 der Rahmenrichtlinie [Fn. 1381]). Sie unterliegt grundsätzlich den gleichen gemeinschafts- und verfassungsrechtlichen Schranken wie die Zuteilung von Frequenznutzungsrechten. Da Nummern auf eine grundsätzlich unbegrenzte Nutzungszeit angelegt sind, stehen die Bieter bei der Abgabe eines Gebots freilich in besonderer Weise vor der Schwierigkeit, eine zuverlässige Prognose des mit der Nummernvergabe verbunden Nutzens abzugeben. Die Wertunsicherheit nimmt hier verfassungsrechtlich problematische Ausmaße an. Sinnvoller als eine Fixpreis- erscheint hier eine Tantiemenauktion, die an den mit der Nummernressource erzielten Umsatz anknüpft und damit die Steuerungswirkung des Preises in einer verantwortbaren Weise fruchtbar macht. Mit ihr geht der Vorzug der Berechenbarkeit und der Minderung der Marktzutrittschranken gerade für kleine Wettbewerber einher. Denn das Kapital ist nicht im Zeitpunkt der Zuteilung aufzubringen, sondern wird aus den Einnahmen erwirtschaftet (vgl. dazu auch S. 576 ff.). Im Bereich der abgeleiteten, d. h. an die Rufnummernnutzer adressierten, Zuteilung kommt de lege ferenda eine Auktionierung für *gewerblichen* Zwecken dienende Rufnummern in Betracht (vgl. dazu *Nett*, Marktorientierte Allokationsverfahren bei Nummern, 2001, S. 41 ff.). Für *privaten* Zwecken dienende Nummern stellt sich eine Auktionierung als rechtspolitisch nicht sinnvoll und verfassungsrechtlich höchst fragwürdig dar.

[1483] § 66 Abs. 1. S. 4 TKG nimmt die Verwaltung von Domainnamen aus dem Aufgabenbereich hoheitlicher Verwaltung des Nummernraumes ausdrücklich aus. Vgl. dazu auch die gesetzliche Begründung BT-Drucks. 15/2316, S. 82 sowie Erwägungsgrund Nr. 20 S. 5 der Rahmenrichtlinie (Fn. 1381); zu rechtspolitischen Überlegungen auch *Holznagel*, MMR 2003, S. 219 ff.

eine Übernahme ihrer Zuteilung in das Kraftfeld staatlicher Verteilungslenkung unvermeidlich machen. Die eskalierende Zahl von Rechtsstreitigkeiten um die Berechtigung zur Führung von Domain-Namen legt dafür ein beredtes Zeugnis ab[1484].

2. *Verteilung in Fällen gekorener Knappheit*

Dort, wo die Knappheit von Gütern nicht das Ergebnis naturgegebener Ressourcenbeschränkungen, sondern die Folge staatlich gewillkürter Herbeiführung von Knappheitslagen ist, sieht sich ein marktwirtschaftliches Zuteilungsinstrument der Knappheitsbewältigung gesteigertem Rechtfertigungsdruck gegenüber: Es setzt sich noch mehr als in anderen Fällen dem Verdacht aus, die Verknappung als Deckmantel staatlicher Fiskalinteressen zu betreiben, um bei Gelegenheit staatlicher Knappheitsverwaltung der chronisch klammen Staatskasse einen Geldsegen zuteil werden zu lassen. »Keine Festung ist so stark, dass Geld sie nicht einnehmen kann«, orakelte *Marcus Tullius Cicero* in seinen Briefen »ad familiares«.

Führt der Staat gewillkürt Knappheit herbei und greift dadurch in ein Grundrecht oder eine Grundfreiheit ein, um aus der Zuteilung Einnahmen zu erzielen, fällt die Verknappung und die mit ihr verbundene Beschränkung als Hypokrisie zweifelsfrei dem Odium verfassungsrechtlicher Unzulässigkeit anheim; der Staat missbraucht seine Freiheitsbeschränkungsmacht zu illegitimen Zielen. Das rechtfertigt freilich nicht den Umkehrschluss, dass immer dort, wo der Staat eine gewillkürte Verknappung von Freiheitsräumen vornimmt und ihm als Folge der Zuteilung Geld zufließt, die Versteigerung als Handlungsinstrument zwingend verfemt sein muss[1485].

Erfolgt eine Verknappung aus anderen als fiskalischen Gründen im Interesse einer sachgerechten staatlichen Güterbewirtschaftung, so ist das angewendete Zuteilungsverfahren noch nicht deshalb sakrosankt, weil dabei auch Einnahmen des Staates anfallen. Ein vollständiger Ausschluss des Zuteilungsinstruments der Versteigerung im Segment staatlich herbeigeführter

[1484] Vgl. Beschl. v. 25.11.2002, K & R 2003, S. 189 (191) – presserecht.de; OLG Hamburg, Urt. v. 24.7.2003, MMR 2003, S. 668 (669) – schuhmarkt.de; ÖOGH, Urt. v. 25.9.2001, K & R 2002, S. 324 ff. – bundesheer.at; BGH, Urt. v. 19.2.2004, WRP 2004, 769 (771) – kurt-biedenkopf.de; BGH, Urt. v. 22.11.2001, MMR 2002, S. 382 (385) – shell.de; BGH, Urt. v. 17.5.2001, BGHZ 148, S. 13 ff. – ambiente.de ; OLG Frankfurt, Urt. v. 13.2.2003, GRUR-RR 2003, S. 143 ff. – viagrabestellung.de; LG Magdeburg, Urt. v. 18.6.1999, K & R 1999, S. 426 (429) – foris.de; *G. Wagner*, ZHR 162 (1998), S. 701 (702); *Kloepfer*, Informationsrecht, 2002, § 6 Rdnr. 90; *C. Koenig/Neumann*, EuZW 2002, S. 485 (485 f.); *Nägele*, WRP 2002, S. 138 ff.; kritisch *Ubber*, K & R 2001, S. 593 (594 f.); *Jacobs*, Gesetzliche Teilhabe an Domain-Names, 2003. Zum Eigentumsschutz von Internet-Domains vgl. BVerfG, Beschl. v. 24.11.2004, NJW 2005, S. 589 ff.

[1485] In diesem Sinne (aus finanzverfassungsrechtlichen Gründen) *Kruhl*, Die Versteigerung knapper Frequenzen, 2002, S. 311 f.; ähnlich für Kontingentierungszuteilungen *Leist*, Versteigerungen als Regulierungsinstrument, 2004, S. 26 f.

Knappheitslagen aus dem gesetzgeberischen Handlungs- und Zuteilungsspielraum schießt über das Ziel der Zügelung staatlicher Handlungsmacht hinaus. Es begibt sich sachgerechter Möglichkeiten zur Erreichung steuerungspolitischer Ziele und der Bewältigung von Zuteilungskonflikten[1486]. Die Versteigerung kann auch im Kontext gewillkürt herbeigeführter Knappheitslagen eine sinnvolle Zuteilungsfunktion ausüben, die mit den Instrumenten des nationalen und gemeinschaftsrechtlichen Verfassungsrechts gebändigt werden kann. Der der Versteigerung eigenen zusätzlichen Belastung der Grundrechtsträger korrespondieren besondere grundrechtliche Rechtfertigungshürden, die hoch, aber nicht unüberwindbar sind. Die Abwehrkraft der Grundrechte und Grundfreiheiten sowie die rechtsstaatlichen Sicherungsinstrumente sind stark genug, um Missbräuchen von Kontingentierungs- (infra a) und Konzessionierungsmaßnahmen (infra b) im Einzelfall Einhalt zu gebieten[1487].

a) Kontingentierung

Greift der Staat verknappend in die Freiheit seiner Bürger ein, indem er grundsätzlich grundrechtlich gewährleistete Betätigungen einem Mengenvorbehalt unterstellt und Zulassungen nur soweit erteilt, als ein quantitativ festgelegtes Kontingent von Betätigungserlaubnissen nicht ausgeschöpft ist (sog. Kontingentierung), nimmt er eine besonders intensive Beschränkung des Freiheitsbereichs seiner Bürger vor. Als Eingriff in die berufliche Entfaltungsfreiheit der Bürger handelt es sich um eine objektive Marktzugangsbeschränkung, die den Reaktionsanspruch des verfassungsrechtlich bzw. gemeinschaftsrechtlich abgesicherten Rechts auf freien Marktzutritt auslöst. Sie ist nur im Interesse eines überragend wichtigen Gemeinschaftsguts[1488] bzw. eines zwingenden Grundes des Allgemeininteresses[1489] rechtfertigbar, um nachweisbare oder höchstwahrscheinliche schwerwiegende Gefahren für dieses zu beseitigen. Die Verknappung unterliegt – verfassungsrechtlich wie gemeinschaftsrechtlich – strengen Verhältnismäßigkeitsanforderungen.

Ist sie als solche zulässig, besteht auf die Zuteilung des Kontingents ein Anspruch, der durch das Freiheitsrecht gesichert ist, in das die Kontingentierung als Knappheitsbeschränkung eingreift. Solange die Kapazitäten nicht voll ausgeschöpft sind, schlägt der grundsätzlich bestehende Zu-

---

[1486] Vgl. dazu etwa infra S. 681 ff.

[1487] Vgl. dazu supra S. 422.

[1488] Grundlegend BVerfG, Urt. v. 11.6.1958, BVerfGE 7, 377 (408) – Apothekenurteil.

[1489] Diesen funktional äquivalenten Maßstab hat der Europäische Gerichtshof als »Schranken-Schranke« mitgliedstaatlicher Eingriffsmaßnahmen in die Grundfreiheiten entwickelt. Vgl. etwa für die Dienstleistungsfreiheit aus der jüngeren Rechtsprechung des Gerichtshofs EuGH, Urt. v. 3.10.2000, EuZW 2000, S, 763 (766), Rdnr. 33 m. w. N.; st. Rspr.

lassungsanspruch als teilhaberechtliches Kapaziätsausschöpfungsgebot durch[1490]. Wie der Staat das knappe Kontingent zuteilt, steht nicht seinem Belieben anheim, sondern wird durch das durch die Verknappung berührte Freiheitsrecht gesteuert. Es determiniert gemeinsam mit dem die Verknappung rechtfertigenden Zweck die Zulässigkeit der Differenzierungskriterien. Das Zuteilungsziel muss sich aus der ratio der Begrenzung rechtfertigen; der Zweck der Verknappung, der den Eingriff in die grundrechtliche Entfaltungsfreiheit rechtfertigt, darf durch das Differenzierungskriterium nicht konterkariert werden.

aa) Kontingentierung zur Sicherung einer geordneten Berufsausübung, insbesondere zur Abwendung der Gefahren ruinösen Wettbewerbs

Nicht selten macht der Gesetzgeber von Kontingentierungsmaßnahmen Gebrauch, um einen befürchteten ruinösen Wettbewerb der Marktteilnehmer zu verhindern. Er errichtet im Wege der Kontingentierung Marktzutrittsschranken, die die Zahl der Wettbewerber auf das dem Gesetzgeber angemessen erscheinende Maß reduzieren. Das gilt etwa für den Gelegenheitsverkehr mit Taxen (infra 1) wie auch den Zugang zum Beruf des Schornsteinfegermeisters (infra 2).

(1) Taxikonzession

Das deutsche Personenbeförderungsgesetz begrenzt den Marktzutritt von Taxiunternehmern im Wege einer variablen Kontingentierung[1491]: Die Genehmigung ist zu versagen, wenn durch die Ausübung des beantragten Verkehrs das örtliche Taxengewerbe in seiner Funktionsfähigkeit beeinträchtigt wird (§ 13 Abs. 4 S. 1 PBefG). Eine Existenzgefährdung des Gewerbes ist dafür nicht erforderlich[1492]. Es genügen schwerwiegende Mängel in der Verkehrsbedienung, die im Gefolge ruinösen Wettbewerbs entstehen, etwa überlange Einsatzzeiten[1493]. Durch die Begrenzung des Angebots an Taxidienstleistungen will der Gesetzgeber eine durch unbegrenztes Hinzutreten weiterer Anbieter befürchtete apokalyptische Marktentwicklung im Taxen-

---

[1490] Vgl. dazu auch bereits S. 212 ff.

[1491] Bis zur Mitte des 20. Jahrhunderts war die Berufszulassungsvoraussetzung noch als positive Bedürfnisklausel ausgestaltet: Eine Taxierlaubnis war nicht zu erteilen, wenn kein Bedürfnis für einen weiteren Betrieb bestand, d. h. »wenn der Verkehr mit den vorhandenen Verkehrsmitteln befriedigend bedient werden kann« (§ 9 Abs. 2 PBefG 1955). Das Bundesverfassungsgericht erklärte diese Vorschrift als mit Art. 12 Abs. 1 GG für unvereinbar und nichtig, BVerfG, Beschl. v. 8.6.1960, BVerfGE 11, S. 168 (188 f.).

[1492] BVerwG, Urt. v. 7.9.1989, BVerwGE 82, S. 295 (302); anders noch § 13 Abs. 3 PBefG 1961 lautete: »[...] ist die Genehmigung zu versagen, wenn die öffentlichen Verkehrsinteressen dadurch beeinträchtigt werden, dass das örtliche Droschkengewerbe durch die Ausübung des beantragten Verkehrs in seiner Existenz bedroht wird«.

[1493] BVerwG, Urt. v. 7.9.1989, BVerwGE 82, S. 295 (302).

gewerbe abwenden, um ein ausreichendes Beförderungsangebot mit Taxen für die Öffentlichkeit sicherzustellen. Die Kontingentierung ist dem öffentlichen Interesse an bestmöglicher Befriedigung des Verkehrsinteresses geschuldet, nicht dem Schutz der Unternehmer vor Konkurrenz (wiewohl sie faktisch diese Wirkung auch entfaltet) [1494, 1495].

Steht der Aufnahmekapazität des örtlichen Taxenmarktes ein Überhang an Bewerbern gegenüber, sieht das Gesetz eine »angemessene« Aufteilung der freien Genehmigungspositionen zwischen den Gruppen der Altkonzessionäre und Neubewerber vor (§ 13 Abs. 5 S. 1 PBefG). Innerhalb der Gruppen erfolgt die Verteilung grundsätzlich nach dem Prioritätsprinzip (§ 13 Abs. 5 S. 2 PBefG). Für die »beati possidentes« geht mit der Teilhabe an dem knappheitsbeschränkten Markt ein ökonomischer Sondervorteil einher, der überdurchschnittliche Gewinnchancen ermöglicht. Er vermittelt ihnen einen Anreiz, den windfall profit ihrer privilegierten Marktstellung beim Ausscheiden in klingende Münze umzuwandeln und meistbietenden Neubewerbern die Marktzulassung zu überlassen. Diesem ökonomischen Mechanismus erlag das Regime der Wartelistenregelung des PBefG schon bald nach ihrem Inkrafttreten: Insbesondere in den siebziger Jahren des vorigen Jahrhunderts kam es zu einem schwunghaften Handel mit Taxikonzessionen, der das für die Zuteilung knapper Taxikonzessionen bestehende Wartelistensystem bisweilen faktisch abgelöst hat[1496]. Dies rief zwar bald den Gesetzgeber auf den Plan, der – wachgerüttelt durch das Bundesverfassungsgericht[1497] – die isolierte Übertragung einer Konzession und Umgehung einer rechtsstaatlich abgesicherten Warteliste untersagte und die Übertragung der Konzession nunmehr nur noch gemeinsam mit der Übertragung des gesamten Betriebes gestattete (§ 2 Abs. 3 PBefG). Es änderte sich dadurch zwar die Therapie, nicht aber den Befund: Der Handel mit Taxikonzessionen (eingekleidet in die Gestalt der Betriebsübertragung)

1494 BVerwG, ibid., S. 295 (302); BVerwG, Urt. v. 15.4.1988, BVerwGE 79, S. 208 (210 ff.).

1495 Die rechtspolitische Prämisse der Kontingentierung erweist sich vor dem Hintergrund der tiefen Einschnitte in die Berufs- und Niederlassungsfreiheit, die sie vornimmt, und der Funktionsfähigkeit eines durch ordnungsrechtliche Vorgaben begleiteten Marktes als fragwürdig. Eine Beeinträchtigung der Funktionsfähigkeit des Taxengewerbes ist durch eine Freigabe des Marktzugangs im Taxengewerbe ebenso wenig zu befürchten wie eine Beeinträchtigung der Volksgesundheit im Anschluss an das Apothekenurteil des Bundesverfassungsgerichts. Vgl. zu dieser hier nicht weiter zu vertiefenden Problematik etwa *Deregulierungskommission*, Marktöffnung und Wettbewerb, 1991, Vorschlag 30 (54); *Kupfer*, Verteilung, 2005, S. 331 ff. u. 511 ff.; mit gleicher Stoßrichtung auf der Grundlage einer ökonomischen Analyse zum US-amerikanischen Recht *Hardaway*, Hamline Journal of Public Law and Policy 21 (2000), S. 319.

1496 Vgl. etwa BVerfG, Beschl. v. 4.10.1989, BVerfGE 81, S. 40 (46).

1497 BVerfG, Beschl. v. 14.10.1975, BVerfGE 40, 196 (232); BVerwG, Urt. v. 27.8.1981, BVerwGE 64, S. 238 (245); vgl. dazu *Frotscher/Becht*, NVwZ 1986, S. 81 (83).

blüht[1498]. In dem Dualismus von rechtsgeschäftlicher Übertragung und staatlicher Warteliste unterspülen sich beide Systeme wechselseitig.

Die Stadt New York hat die Not zu einer Tugend erhoben. Sie gestaltet in ihrem »municipal code« ein Kontingent von 400 Taxilizenzen als frei übertragbare Lizenzen aus und teilt sie im Wege einer Versteigerung zu[1499]. Die als Folge der Knappheitsbeschränkung eintretende Oligopolrente fällt nicht mehr bei den (Alt-)Taxiunternehmern an, die von der Sonderstellung im Markt profitieren, sondern bei derjenigen Gruppe, die nicht an den Vorteilen des verknappten Marktes teilhat: der Allgemeinheit. Demjenigen, der durch staatliche Maßnahmen von Konkurrenz befreit ist, eine Abschöpfung des durch die Zuteilung ermöglichten geldwerten wirtschaftlichen Oligopolrenten-Sondervorteils zuzumuten, erscheint mit Gerechtigkeitsvorstellungen vereinbar[1500]. Der Knappheitsvorteil entspringt nicht eigener grundrechtsbewehrter, insbesondere eigentumsrechtlich verfestigter Leistung, sondern ist die Folge eines gesetzlichen Eingriffaktes, der (andere) Grundrechtsträger von der Freiheitssausübung ausschließt[1501]. In dem bevorrechtigten Zugang zu einem knappheitsbeschränkten und dadurch erhöhte Renditen ermöglichenden Markt liegt bei unbefangener Betrachtung ein geldwerter wirtschaftlicher Sondervorteil, dessen Einziehung zugunsten der Allgemeinheit verteilungspolitisch rechtfertigbar ist.

Eröffnet die Zuteilung von Taxikonzessionen den Zugang zu einem Markt, *in* dem Wettbewerb nur eingeschränkt stattfinden darf, erscheint ein vorgezogener Wettbewerb *um* den Marktzugang prima vista auch mit der Schutzrichtung der Berufsfreiheit und der Grundfreiheiten kompatibel. Die Zuteilung im Wege eines Wettbewerbes führt das Gut demjenigen zu, der ihm die höchste Wertschätzung entgegenbringt und im Zweifel die Marktinteressen am besten zu bedienen in der Lage ist. Es kommt zur effizienten Verteilung der Marktpositionen. Die Versteigerung macht den der

---

1498 Dazu auch kritisch BVerwG, Urt. v. 15.4.1988, Buchholz 442.01, § 13 PBefG, Nr. 28.

1499 Dazu *Hardaway*, Hamline Journal of Public Law and Policy 21 (2000), S. 319 (335 mit Fn. 35).

1500 Ebenso etwa *Kruhl*, Die Versteigerung knapper Frequenzen, 2002, S. 110f.; vgl. auch supra S. 298; a. A. *C. Koenig*, Die öffentlich-rechtliche Verteilungslenkung, 1994, S. 284: »Ist die öffentliche Hand nach Maßgabe von Zulassungsansprüchen wie zum Beispiel bei öffentlichen Einrichtungen nach den Gemeindeordnungen, der Marktfreiheit nach § 70 GewO oder der Berufsfreiheit nach Art. 12 Abs. 1 GG verpflichtet, den Bewerbern die beantragten Nutzungserlaubnisse zu erteilen bzw. diese bei einer Kapazitätserschöpfung ermessensfehlerfrei zu bescheiden, so liegt in der Erlaubniserteilung kein entgeltfähiger Sondervorteil.«

1501 Ebenso etwa *Dietlein*, GewArch. 1999, S. 89 (93), *Frotscher/Becht*, NVwZ 1986, S. 81 (86); ebenso für das US-amerikanische Recht *Oxenhandler*, Transportation Law Journal 27 (2000), S. 113 (127); a. A. BVerfG, Beschl. v. 4.10.1989, NJW 1990, S. 1352 (1353), das auf die Interessen »verdienter Altkonzessionäre« rekurriert, die mit der Übertragung einer Taxikonzession an Dritte »den Ertrag ihres Berufslebens« zu realisieren suchen.

Berufsfreiheit und den Grundfreiheiten inhärenten Wettbewerbsgedanken fruchtbar.

In den Dienst des Verknappungsziels, das den Eingriff in die Berufsfreiheit und die Niederlassungsfreiheit rechtfertigen soll, stellt sie sich allerdings nicht. Die (massiv in die Grundrechte und den Binnenmarkt eingreifende) Verknappung zielt auf eine Beschränkung des Wettbewerbs im Interesse der Erhaltung der Funktionsfähigkeit des Taxengewerbes. Effizienz ist nicht die Zielsetzung des Zuteilungsvorgangs und der Knappheitsbeschränkung. Die Effizienzauslese fördert den Wettbewerb und beschwört, indem sie ihn verschärft, die Gefahren herauf, die die Kontingentierung gerade abzuwenden trachtet: Der Amortisations- und Wirtschaftlichkeitsdruck setzt Anreize, Fahrtzeitenbeschränkungen nicht einzuhalten, wenig lukrative Beförderungsaufträge abzulehnen und gefährdet dadurch die erhoffte ordnungsgemäße Verkehrsbedienung, statt sie zu befördern. Die mit der Verknappung angeordnete Verschonung von Wettbewerb geht mit dem Ziel der Stärkung der Wirtschaftlichkeit nicht zusammen. Die Versteigerung hält zum Wettbewerb an, die Kontingentierung begrenzt ihn. Beide Stellschrauben arbeiten in gegensätzliche Richtungen. Ist der befürchtete (ruinöse) Wettbewerb selbst der Grund gesetzgeberischen Eingreifens in die Berufsfreiheit und das Wirken des Marktes, erscheint es nachgerade widersprüchlich, diesen Mangel mit den Kräften des Marktes heilen zu wollen. Wo die Verknappung der Beschränkung von Wettbewerb und der Verhinderung seiner unerwünschten Folgen dient, ist ein schlagendes Bedürfnis für eine Zuteilung verknappter Grundrechtspositionen nach Effizienzkriterien nicht erkennbar. Die Verknappung zur Schonung des Wettbewerbs und anschließende Zuteilung in einem wettbewerbsfördernden Verfahren gleicht dem Versuch, den Teufel mit dem Beelzebub auszutreiben[1502]. Dem Ziel der Erhaltung der Funktionsfähigkeit des Taxengewerbes lässt sich durch andere Zuteilungsmechanismen besser Rechnung tragen als durch einen wettbewerbsanimierenden monetären Versteigerungsmechanismus. Der Marktzutrittspreis gefährdet nicht nur den personalen Gewährleistungsgehalt der Berufsfreiheit[1503], lässt aufgrund unterschiedlicher Zuteilungszeitpunkte asymmetrische Marktzutrittsbedingungen entstehen, die die Chancengleichheit im Markt bedrohen und setzt die Berufsfreiheit wie die Niederlassungsfreiheit im Gefolge der Wertunsicherheit einer Verkürzungsgefahr aus. Er geht vor allem mit einem Eingriff einher, der nicht

[1502] Auch das rechtspolitische Bedürfnis nach Abschöpfung eines Knappheitsvorteils rechtfertigt den Einsatz der Versteigerung als Zuteilungsinstrument als solches nicht. Vgl. dazu im Einzelnen supra S. 414 ff.

[1503] Die Auktionserfahrungen in New York zeigen, dass der durchschnittliche Fahrer sich den Erwerb einer der begehrten Taxikonzessionen nicht zu leisten in der Lage ist, sondern in der Regel fortan als Angestellter für eine der wohlhabenden Investorengruppen tätig wird. Dazu *Hardaway*, Hamline Journal of Public Law and Policy 21 (2000), S. 319 (335).

durch das Verknappungsziel getragen ist[1504]. Den strengen Verhältnismäßigkeitsanforderungen, denen die Versteigerung als Zuteilungsmechanismus bei gewillkürt verknappten Gütern genügen muss, hält dieses Vorgehen nicht Stand. Steht schon die Kontingentierung auf dünnem verfassungsrechtlichem Eis[1505], ist das Duett einer grundrechtsbeschränkenden Verknappung mit dem Ziel der Wettbewerbsbeschränkung und anschließender wettbewerblicher, grundrechtsbeschränkender Verteilungsregel verfassungsrechtlich nicht rechtfertigbar. Es verkürzt den im nationalen wie gemeinschaftsrechtlichen Verfassungsrecht garantierten Freiheitsbereich in unzulässiger Weise.

(2) Schornsteinfegerregal

Ähnliches gilt für die wettbewerbsbeschränkende Kontingentierungsregelung des Schornsteinfegerregals, die § 2 Abs. 1 S. 2 des Schornsteinfegergesetzes etabliert. Auch sie ist durch das Ziel der Verhinderung exzessiven Wettbewerbs getragen: Indem die Schornsteinfeger im Windschatten eingeschränkten Wettbewerbs auf ein gesichertes Auskommen zählen können, das eine ordnungsgemäße Erledigung der ihnen anvertrauten feuerpolizeilichen Aufgaben sichert und sie nicht zu Abstrichen an der Qualität der von ihnen angebotenen Leistungen zwingt, soll sie der Betriebs- und Feuersicherheit der kehr- und überprüfungspflichtigen Anlagen dienen[1506]. Der Gesetzgeber fürchtet die Folgen übermäßigen Marktwettbewerbs, der das öffentliche Interesse an dem Gemeinschaftsgut der Feuersicherheit beeinträchtigen kann.

Soll der damit verbundene Eingriff in die Berufsfreiheit und die Grundfreiheiten Wettbewerb beschränken, um den Schornsteinfegermeistern durch die Verknappung ein angemessenes Auskommen zu sichern, läuft eine Abschöpfung dieses Knappheitsvorteils zugunsten der Allgemeinheit im Wege der Versteigerung diesem Ziel diametral zuwider. Der Knappheitsvorteil ist die bewusste und gewollte Folge des gesetzgeberischen Handlungsprogramms, der als Reaktion auf die befürchteten unerwünschten Begleiterscheinungen des Marktes konzipiert ist. Eine Effizienzauslese im Wege der Versteigerung arbeitet der ordnungsgemäßen Erledigung der Aufgabe feuerpolizeilicher Sicherheit, die die (gemeinschaftsrechtlich zwei-

---

[1504] Nicht überzeugend daher *Kupfer*, Verteilung, 2005, S. 542 mit Fn. 55, der die allokative Effizienz zum Maßstab der Verteilung von Taxikonzessionen machen will (soweit die Verknappung sich nicht als verfassungswidrig erweist).

[1505] Vgl. dazu etwa *Bardarsky*, Objektive Marktzutrittsbeschränkungen im Taxengewerbe, 1998; *Kupfer*, Verteilung, 2005, S. 172 ff., 331 u. 511 ff.

[1506] Vgl. § 22 SchfG Nr. 3 SchfG. Danach sind die Kehrbezirke so einzuteilen, dass »3. die Einnahmen aus den regelmäßig wiederkehrenden Entgelten aus seinen Aufgaben (...) dem Bezirksschornsteinfeger ein angemessenes Einkommen sichern«.

felhafte) Beschränkung der Freiheitsgewährleistung rechtfertigen soll, nicht zu; sie läuft ihm entgegen.

(3) Notarbestellung

Dass die Gründe, die den Staat zur Verknappung der Möglichkeiten des Grundrechtszugangs steuern und dem Einsatz des Marktes als Verteilungsmechanismus im Wege stehen können, tritt mit besonderer Deutlichkeit im Fall der Zuteilung knapper Notarstellen hervor. Die Beschränkung des Zugangs zum Notarberuf soll den Erfordernissen einer geordneten Rechtspflege und der ordnungsgemäßen Wahrnehmung der staatlichen Aufgabe Rechnung tragen. Das Auswahlverfahren soll denjenigen ermitteln, der am ehesten den wahrzunehmenden Aufgaben gerecht wird, die seine Ausgestaltung als öffentliches Amt und die damit verbundene Einschränkung des Berufszugangs rechtfertigen[1507]. Als sachgerechte Auswahlkriterien für die mit besonderen Befugnissen versehene Tätigkeit erweisen sich insoweit die Eignung, Befähigung und fachliche Leistung der Bewerber[1508]; die durch die Ermittlung der Zahlungsbereitschaft abgefragte Effizienz und Wirtschaftlichkeit der Aufgabenerledigung steht zu dem Beschränkungsziel (auch als Hilfskriterium) nicht in einem sachgerechten Zusammenhang.

[1507] Nicht die Ausgestaltung als öffentliches Amt und seine Heranführung an den öffentlichen Dienst rechtfertigt dabei als solche den Eingriff in die Berufsfreiheit, sondern die mit der Sachaufgabenwahrnehmung verbundenen Notwendigkeiten und öffentlichen Interessen können einen mit der Ausgestaltung als öffentliches Amt verbundenen Eingriff in Art. 12 Abs. 1 GG rechtfertigen. Die von *Triepel* (Staatsdienst und staatlich gebundener Beruf, in: Festschrift für Binding, Bd. 2, 1911, S. 1 ff.) begründete und in die Rechtsprechung des Bundesverfassungsgerichts eingeflossene Rechtsfigur des staatlich gebundenen Berufs täuscht über diesen Zusammenhang hinweg. Sie weckt die Vorstellung, der Gesetzgeber könne sich dadurch der Bindungen des Art. 12 Abs. 1 GG entledigen, dass er die Tätigkeit durch Beschränkungen und Bindungen an den öffentlichen Dienst heranführt. Kritisch zum Begriff der staatlich gebundenen Berufs und für eine Dichotomie von Art. 12 Abs. 1 und Art. 33 GG etwa *Sodan*, Freie Berufe als Leistungserbringer, 1997, S. 143 m. w. N.; zustimmend etwa *W. Weiß*, NZS 2005, S. 67 (70 f.); zur (zweifelhaften) Vereinbarkeit des Staatsangehörigkeitsvorbehalts für Notare mit der Niederlassungsfreiheit (Art. 43 und 45 EG) vgl. die Vertragsverletzungsklage der Kommission gegen die Bundesrepublik v. 12. 2. 2008 (Rs. C-54/08) sowie *Schill*, NJW 2007, S. 2014 ff.

[1508] Nach der Rechtsprechung des BVerfG zu staatlich gebundenen Berufen ergibt sich dies aus Art. 12 Abs. 1 i. V. m. Art. 33 Abs. 2 GG. Das Bundesverfassungsgericht sieht zwar keine »unmittelbare Bindung an die für den öffentlichen Dienst geltenden materiellen Auswahlgesichtspunkte des Art. 33 Abs. 2 GG«. Sie sei nicht verfassungsrechtlich vorgeschrieben, wenngleich ihr »im Ergebnis erhebliche Bedeutung« zukomme, »weil die in ihr aufgeführten Kriterien (...) wesentliche Voraussetzungen der verfassungsrechtlich gebotenen Chancengleichheit bezeichnen, die bei der Vergabe der Notarstellen nicht unberücksichtigt bleiben können«. BVerfG, Beschl. v. 18. 6. 1986, NJW 1987, S. 887 (888); vgl. auch BVerfG, Beschl. v. 20. 4. 2004, NJW 2004, S. 1935 (1937); BVerfG, Beschl. v. 28. 4. 2005, NJW-RR 2005, S. 998 ff.; ebenso BGH, Beschl. v. 13. 12. 1993, NJW 1994, S. 1874 (1875); *Ronellenfitsch*, DNotZ 1990, S. 75 (76 f.). Vgl. zur Kritik auch Fn. 1507.

(4) Fazit

Dort, wo die gewillkürte Verknappung Ausdruck eines Misstrauens gegen die Verteilungsergebnisse ist, die der Markt hervorbringt, verbleibt der Versteigerung als Zuteilungsmechanismus kein legitimer Anwendungsbereich.

bb) Kontingentierung aus außenwirtschaftlichen Gründen – Import- und Exportkontingente

Nicht vorrangig aus Gründen des Wettbewerbsschutzes, sondern aus außenwirtschaftlichen Gründen hat der Gesetzgeber im Außenwirtschaftsgesetz die Möglichkeit der Kontingentierung außenwirtschaftlicher Einfuhr- oder Ausfuhrerlaubnisse geschaffen. Er trägt damit der Wahrung des nationalen Sicherheitsinteresses des Staates oder auswärtigen Interessen (insbesondere internationale Verpflichtungen [vgl. § 7 AWG]) Rechnung.

Die knappen Genehmigungen sind nach dem Willen des nationalen Gesetzgebers in der Weise zuzuteilen, dass die gegebenen Möglichkeiten volkswirtschaftlich zweckmäßig ausgenutzt werden können (§ 3 Abs. 2 S. 2 AWG[1509]). Eine Zuteilung im Wege der Versteigerung läuft dieser Zielsetzung nicht zuwider, sondern stellt sich in ihren Dienst. Sie führt durch die Allokationsfunktion des Preises Güter grundsätzlich einer volkswirtschaftlich effizienten Verwendung zu und kommt – die Berücksichtigung der herausgearbeiteten Kautelen einer verfassungsgerechten Verteilungslenkung im Rahmen der Festlegung der Versteigerungsregeln vorausgesetzt[1510] – als Zuteilungsmechanismus grundsätzlich in Betracht[1511]. Die Schweizer Eidgenossenschaft macht davon etwa bei der Zuteilung von landwirtschaftlichen Importkontingenten in nicht unerheblichem Umfang Gebrauch. In Deutschland mangelt es dafür nicht nur an der aufgrund der besonderen grundrechtlichen Wirkungen des Versteigerungsmechanismus erforderlichen ausdrücklichen gesetzlichen Ermächtigung[1512]. Ihr im nationalen

---

[1509] Für Einfuhren schränkt § 12 Abs. 2 AWG den Spielraum dahin ein, dass die zuständigen Stellen bei Einfuhren an Richtlinien gebunden sind, die das Bundesministerium für Wirtschaft und Arbeit und das Bundesministerium für Verbraucherschutz, Ernährung und Landwirtschaft im beiderseitigen Einvernehmen und im Benehmen mit dem Bundesministerium der Finanzen sowie der Deutschen Bundesbank erlassen.

[1510] Vgl. S. 429 ff.

[1511] Vgl. auch *Tumlir*, GATT-Regeln und Gemeinschaftsrecht, in: M. Hilf/Petersmann (Hrsg.), GATT und Europäische Gemeinschaft, 1986, S. 87 (92 f.); offen gelassen bei *von Bogdandy*, VerwArch. 83 (1992), S. 53 (72); a. A. *Rummer*, NJW 1988, S. 225 (233); er stuft die Versteigerung nicht als staatlichen Hoheitsakt ein und hält sie deshalb für unzulässig. Ihm zustimmend *Zuck*, Auswahl- und Verteilungsentscheidungen beim Bewerberüberhang, 1994, S. 144 f. Beide verkennen den Charakter des Zuteilungsmechanismus der Versteigerung als zweckakzessorisches Instrument, das den Charakter des Zuteilungsregimes teilt, dem er dient. Vgl. dazu S. 452 ff. Die weiteren Bedenken, die sie gegen die Zulässigkeit der Versteigerung anführen, sind Kautelen ihrer verfassungsgerechten Ausgestaltung, nicht aber Unzulässigkeitsgründe.

Recht sich entfaltender Wirkbereich bliebe auch de lege ferenda denkbar gering: Das nationale außenwirtschaftliche Zuteilungsregime ist inzwischen weitgehend durch das Europäische Gemeinschaftsrecht überformt[1513]. Das Außenwirtschaftsrecht ist Teil der gemeinsamen Handelspolitik der Mitgliedstaaten der Europäischen Union und als solches gemeinschaftsrechtlich durch unmittelbar geltende Vorschriften determiniert.

Diese entwerfen ein vielschichtiges Kontingentierungs- und Zuteilungssystem konzipiert, das vornehmlich dem Schutz der Erzeuger gleichartiger Waren des europäischen Binnenmarktes vor Schäden durch eine unkontrollierte Einfuhr aus Nicht-Mitgliedstaaten verschrieben ist und damit der »Sensibilität bestimmter Bereiche der Gemeinschaftsindustrie«[1514] Rechnung tragen soll. Die Kontingentierungen gehen entweder auf Vereinbarungen zwischen der Gemeinschaft und den Ursprungsländern (sog. bilaterale Kontingente) oder Festsetzungen der Gemeinschaft (autonome Kontingente) zurück. Deren Verteilung kann den Ursprungsländern[1515] oder dem gemeinschaftsrechtlichen System für die Verwaltung der mengenmäßigen Kontingente obliegen[1516]. Als Zuteilungsmaßstäbe sieht das Gemeinschaftssystem namentlich eine Aufteilung unter Berücksichtigung der traditionellen Handelsströme, das Windhund- oder das Repartierungsverfahren vor[1517]. Für eine Versteigerung knapper Kontingente lässt es, wiewohl diese im Außenwirtschaftsrecht einen grundsätzlich sachgerechten Zuteilungsmaßstab darstellt, de lege lata kaum Raum: Art. 17 Abs. 2 u. 3. der für Textilwaren geltenden Verordnung Nr. 517/94 des Rates[1518] etwa öffnet sich

---

1512 Vgl. dazu S. 429ff.

1513 Die Bedeutung der nationalen Zuteilungsregeln beschränkt sich auf Bereiche, in denen das gemeinschaftsrechtliche Außenwirtschaftsrecht für bestimmte Sachbereiche Öffnungsklauseln enthält. Vgl. insbesondere Art. 26 Abs. 2 lit. a 1. Spstr. der Verordnung (EG) Nr. 517/94 des Rates vom 7.3.1994 über die gemeinsame Regelung der Einfuhren von Textilwaren aus bestimmten Drittländern, die nicht unter bilaterale Abkommen, Protokolle und andere Vereinbarungen oder eine spezifische gemeinschaftliche Einfuhrregelung fallen, ABl. EG Nr. L 67 vom 10.3.1994, S. 1ff.; vgl. auch *Hocke/Berwald/Maurer*, AWG-Kommentar, Loseblatt (Stand: Feb. 1999), § 3 S. 10.

1514 Vgl. etwa Erwägungsgrund Nr. 6 der Verordnung (EG) Nr. 519/94 des Rates vom 7.3.1994 über die gemeinsame Regelung der Einfuhren aus bestimmten Drittländern und zur Aufhebung der Verordnungen (EWG) Nrn. 1765/82, 1766/82 und 3420/83, ABl. EG Nr. L 67 vom 10.3.1994, S. 89ff.

1515 Für dieses Zuteilungsverfahren findet häufig der Begriff »Exportlizenzverfahren« Verwendung. Vgl. *von Bogdandy* (Fn. 1511), S. 53 (72); *Zuck*, (Fn. 1511), S. 144.

1516 *Schydlo*, Wareneinfuhr, in: Bieneck (Hrsg.), Hdb. Außenwirtschaftsrecht, 2005, § 9 Rdnr. 5ff.

1517 Art. 2 Abs. 2 der Verordnung (EG) Nr. 520/94 des Rates vom 7.3.1994 zur Festlegung eines Verfahrens der gemeinschaftlichen Verwaltung mengenmäßiger Kontingente, ABl. EG Nr. L 66 vom 10.3.1994, S. 1ff.; Art. 17 Abs. 2 u. 3 der Verordnung (EG) Nr. 517/94 des Rates vom 7.3.1994 über die gemeinsame Regelung der Einfuhren von Textilwaren aus bestimmten Drittländern, die nicht unter bilaterale Abkommen, Protokolle und andere Vereinbarungen oder eine spezifische gemeinschaftliche Einfuhrregelung fallen, ABl. EG Nr. L 67 vom 10.3.1994, S. 1ff.

anderen als den dort genannten Zuteilungsverfahren nicht. Die Verordnung Nr. 520/94 des Rates lässt immerhin – aber nur – dort, wo keine der formalen Zuteilungsmethoden (Referenz-, Windhund- bzw. Repartierungsverfahren) »den besonderen Anforderungen eines eröffneten Kontingents gerecht wird«, der Kommission Spielraum für die Festlegung einer anderen Zuteilungsmethode (Art. 2 Abs. 4). Kommt insoweit die Versteigerung als Allokationsmechanismus dort ausnahmsweise in Betracht, wo *in besonderem Maße* ein gemeinschaftsrechtliches Bedürfnis an einer effizienten Verteilung der knappen Kontingente im Interesse maximalen volkswirtschaftlichen gemeinschaftsrechtlichen Nutzens besteht[1519], wirkt sich die mit ihr verbundene Erhebung eines Marktzutrittspreises für die Herkunftsstaaten freilich wie ein Zoll auf ihre Waren aus und stellt für die Importeure eine Beschränkung der Warenverkehrsfreiheit dar, welcher gegen Vorschriften des GATT verstoßen und deshalb völkerrechtswidrig sein[1520] bzw. eine unverhältnismäßige Beschränkung der Warenverkehrsfreiheit darstellen kann. Die Versteigerung bleibt damit im Außenwirtschaftsrecht ein konstruktiv-denkbarer, allerdings de lege lata unzulässiger Zuteilungsmodus.

cc) Kontingentierung als Maßnahme des Ressourcenschutzes für verbrauchbare Umweltgüter – Verschmutzungsrechte, insbesondere Emissionshandelsrechte

Kontingentierungen nimmt der Gesetzgeber längst nicht allein im Bereich des Wirtschaftsrechts vor. Sie sind insbesondere in jüngerer Zeit auch zu einem bedeutungsvollen Instrument des Umweltschutzes avanciert: Der Gesetzgeber legt die Menge zugelassener Umweltnutzungen durch die Definition von Umweltqualitätszielen fest, spaltet sie in Umweltnutzungsrechte auf und verbrieft sie in Zertifikaten, die zwischen den Akteuren gegebenenfalls frei übertragen werden können [1521]. Er macht aus öffentlichen

---

1518 Siehe Fn. 1517.

1519 Das in Art. 18 der Verordnung festgelegte Verbot des Quotenhandels und der Übertragung von Einfuhrerlaubnissen steht der Verwendung des Versteigerungsmechanismus nicht entgegen. Denn von ihm kann die Kommission ausweislich des Art. 18 Hs. 1 der Verordnung in dem Beschlussfassungsverfahren des Art. 23 der Verordnung dispensieren.

1520 Namentlich Art. II:1 lit. b S. 2 GATT setzt Abgaben und Zöllen jeder Art, die bei der Einfuhr oder aus Anlass der Einfuhr für die dort genannten Waren erhoben werden, eine Grenze, soweit sie die Belastungen übersteigen, die bei Inkrafttreten des GATT bestanden. Auch Art. VIII:1 lit. a Hs. 2 beschränkt die Zulässigkeit von Gebühren und Belastungen, die von den Vertragsparteien anlässlich oder im Zusammenhang mit der Ein- oder Ausfuhr erhoben werden, auf die Kosten erbrachter Dienstleistungen. Ob diese Vorschriften auch auf *innerstaatliche* Verteilungsregeln für Zollkontingente Anwendung finden, die auf eine innerstaatliche Abschöpfung von Knappheitsvorteilen der Importeure zugunsten der Allgemeinheit sicherstellen wollen, harrt näherer Untersuchung. Dazu etwa Schweizer Bundesgericht, Urt. v. 14.7.1997 – 2A.496/1996 –.

1521 Vgl. zu diesem umweltökonomischen Modell ausführlich infra S. 758 ff.

Gütern[1522] knappe Wirtschaftsgüter, die einen Marktpreis erhalten und dadurch zu einem verschwendungsfreien Einsatz der Ressource anhalten. So beschränkt der Gesetzgeber den zulässigen Ausstoß von Kohlendioxid im Treibhausgas-Emissionshandelsgesetz auf eine bestimmte Höchstmenge und teilt entsprechende Handlungsrechte (sog. Emissionslizenzen) an dem knappen Gut den Nutzungsinteressenten nach Maßgabe der Verfügbarkeit zu (vgl. dazu im Einzelnen infra S. 757 ff.). Das Umweltgut Luft wird nach seiner gedanklichen Logik einem Bewirtschaftungssystem unterworfen[1523]. Bestehende Nutzungsmöglichkeiten werden entzogen und durch ein System von Umweltnutzungsrechten ersetzt.

Knüpft das Bewirtschaftungssystem auch an eine natürliche Knappheit begrenzt vorhandener Umweltgüter an, erschöpft sich seine Wirkung nicht in einer deklaratorischen Feststellung einer natürlichen Knappheit, sondern nimmt vorsorgend eine gewillkürte Reduzierung vorhandener Nutzungsmöglichkeiten vor. Der Gesetzgeber wirkt aktiv auf ein verfügbares Güterangebot verbrauchbarer Ressourcen ein, indem er die Entscheidung über den Umfang, in welchem das Gut der Nutzung zur Verfügung steht, gewillkürter staatlicher Festsetzung unterstellt. Emissionshandelssysteme sind (entgegen vielfach vertretener Auffassung) Ordnungen *gewillkürter* Verknappung[1524].

[1522] Vgl. zur Bedeutung des Begriffs supra S. 14.

[1523] Ob das TEHG, das der Gesetzgeber zur Errichtung eines Emissionshandelssystems etabliert hat, bereits de lege lata allen Anforderungen an ein Bewirtschaftungssystem genügt, ist umstritten (ablehnend *Burgi/Selmer*, Verfassungswidrigkeit einer entgeltlichen Zuteilung von Emissionszertifikaten, 2007, S. 51 ff.; *Rebentisch*, NVwZ 2006, S. 747 (751 f.): »Die Luft ist (…) im Unterschied zum Wasser nach wie vor kein öffentliches Gut«; *Burgi*, NJW 2003, S. 2486 (2491): »Es [geht] nicht um eine Bewirtschaftungs-, sondern um eine Handelsordnung«; letztere Aussage beschreibt allerdings nur scheinbar einen Gegensatz: Das Emissionshandelssystem stellt ein Bewirtschaftungs- (= Knappheitsverwaltungs-)system dar, das mit den Mitteln des Marktes operiert. Darauf kommt es im Rahmen der hier anzustellenden Betrachtungsweise, die das System staatlich ausgegebener Umweltnutzungsrechte und seiner Verteilungsmodi abstrakt *de lege ferenda* analysiert, indes nicht an. Auch die Aussage des Bundesverfassungsgerichts, das noch am 26. 5. 1998 in seinem Waldschadens-Beschluss ausdrücklich festgestellt hat, dass »das Medium ›Luft‹ keiner öffentlich-rechtlichen Benutzungsordnung« unterliegt (3. Kammer des BVerfG, NJW 1998, S. 3264), präjudiziert nicht, dass sich dies nicht durch das TEHG geändert haben könnte oder die Einführung eines solchen Bewirtschaftunsgsystems verfassungswidrig wäre.

[1524] Welche Schwierigkeiten die Einordnung von Emissionshandelssystemen in die Typologie der gesetzgeberischen Handlungsformen provoziert, zeigt die Vielzahl der vorgeschlagenen Einordnungskategorien: *Kruhl* (Die Versteigerung knapper Frequenzen, 2003, S. 72 u. 311) schlägt sie den natürlich knappen Gütern zu, »da auch bei Wegfallen der staatlichen Nutzungsbeschränkung die Güterknappheit erhalten bliebe«. (Ebenso *Kupfer*, Verteilung, 2005, S. 105: »Da unbelastete Luft nur begrenzt vorhanden ist, handelt es sich um einen Fall natürlicher Knappheit«.) Diese Einstufung setzt sich über den kategorialen Unterschied zwischen Knappheit und Verknappung hinweg. Alle Güter, die der Staat verteilt, sind in gewisser Hinsicht knapp: Die Nachfrage nach ihnen übersteigt das verfügbare Angebot. Von der Frage nach dem Bestehen einer Knappheitslage ist die Frage zu un-

Als Modus der sich an die Verknappung anschließenden öffentlich-rechtlichen Zuteilung der staatlich geschaffenen Umweltnutzungsrechte kommt neben der kostenlosen Zuteilung an die bisherigen Nutzer auf der Grundlage historischer Nutzungswerte oder technischer benchmarks (dazu S. 785 ff. und S. 691) sowie der Abgabe von Emissionsrechten nach Maßgabe eines staatlich festgesetzten Preises, d. h. einer Fixgebühr (infra 1) bzw. Mischmodellen dieser Zuteilungsformen insbesondere eine entgeltliche Erstallokation im Wege der Versteigerung (infra 2) in Betracht[1525, 1526].

(1) Zuteilung zu einem staatlich festgesetzten Preis

Die Zuteilung gegen eine staatlich festgesetzte Gebühr[1527, 1528] trägt der tatsächlichen Knappheit der Verschmutzungsrechte und der Aufgabe einer

---

terscheiden, ob der Staat durch eigenes Eingreifen, eine Verknappung, einen vorhandenen Nutzungsraum zusätzlich einschränkt oder nicht. Das Emissionshandelssystem knüpft zwar an eine natürliche Knappheitslage an, nimmt aber eine gewillkürte Verknappung eines vorhandenen Nutzungsraumes vor. Zwischen beidem besteht ein Unterschied. Wie hier etwa *Schweer/von Hammerstein*, TEHG, 2004, Einl. Rdnr. 35; *Vierhaus*, in: Körner/Vierhaus, TEHG, 2005, § 7 Rdnr. 2; *Rehbinder*, Übertragbare Emissionsrechte aus juristischer Sicht, in: Endres et al. (Hrsg.), Umweltzertifikate und Kompensationslösungen aus juristischer Sicht, 1994, S. 92 (127); *Schmidt-Preuß*, Flexible Instrumente des Umweltschutzes, in: Dolde (Hrsg.), Umweltrecht im Wandel, 2001, S. 309 (318 f.) m. w. N.

1525 Vgl. dazu etwa auch *Rat der Sachverständigen für Umweltfragen*, Umweltgutachten 2004, BT-Drucks. 15/3600, Tz. 51 ff.; *Burgi/Selmer*, Verfassungswidrigkeit einer entgeltlichen Zuteilung von Emissionszertifikaten, 2007, S. 6 ff.; *Heister/Michaelis et al.*, Umweltpolitik mit handelbaren Emissionsrechten, 1991, S. 102 ff.; *Mehrbrey*, Verfassungsrechtliche Grenzen eines Marktes handelbarer Emissionsrechte, 2003, S. 40, 45 und 74 ff.; *Rebentisch*, NVwZ 2006, S. 747 ff.; *Weimann*, Umweltökonomik, 3. Aufl. 1995, S. 229 ff.; *Zimmer*, CO_2-Emissionsrechtehandel in der EU, 2004, S. 110 ff.; vgl. zu den im Rahmen der nordamerikanischen Clean Air Act-Novelle angewendeten Erstzuteilungsverfahren *Schmitt-Rady*, Die Umsetzung des Zertifikatemodells im Luftreinhalterecht der USA, 1999, S. 74 ff.

1526 Indem der Zuteilungsmodus über die Möglichkeit zur Wahrnehmung der grundrechtlichen Betätigungsmöglichkeiten, denen die Umweltnutzungsrechte dienen, entscheidet, insbesondere die Berufsfreiheit und die Eigentumsfreiheit berührt, ist es nicht mit den Grundrechten vereinbar, seine Bestimmung einer Rechtsverordnung zu überlassen. Der Gesetzgeber des TEHG hatte zunächst die Absicht, die Bestimmung des Zuteilungsmaßstabes der Entscheidung des Verordnungsgebers zu überantworten, ist davon jedoch zu Recht aufgrund der grundrechtlichen Zweifelhaftigkeit dieses Vorgehens später wieder abgekommen. Vgl. dazu etwa *Vierhaus*, in: Körner/Vierhaus, TEHG, 2005, § 7 Rdnr. 4.

1527 Vermittelt die Erhebung eines Knappheitspreises für die bevorrechtigte Zuteilung von Emissionszertifikaten ein subjektiv-öffentliches Vorzugsrecht auf die Nutzung von Umweltgütern, ist eine solche staatliche Abgabe entgegen teilweise vertretener Auffassung (etwa *Enders*, LKV 2007, S. 193 [196]) gleichwohl finanzverfassungsrechtlich nicht als Verleihungsgebühr einzustufen: Nach dem Konzept dieses Abgabetyps wäre das nur dann zu bejahen, wenn die Freisetzung von CO_2-Emissionen auch vollständig verboten werden dürfte. Auf die Nutzung der Umweltressource Luft besteht freilich – bis zur Höhe der aufgrund der gesetzlichen Knappheitsverwaltung festgesetzten Menge – ein knappheitsgerechten Zuteilung an die Nutzungsinteressenten dann angemessen Rechnung, wenn die Gebührenhöhe den markträumenden Preis der Umweltnutzung, namentlich die durchschnittlichen Grenzvermeidungskosten der Interessenten, punktgenau trifft. Anderenfalls birgt sie die Gefahr, ihre steuerungspolitische Aufgabe der Zuteilung vorhandener Umweltnutzungskontingente zu verfehlen: Liegt der Preis über den Vermeidungskosten der Nutzer, bleibt die Nachfrage nach Umweltnutzungsrechten unter dem verfügbaren Nutzungskontingent; der Preis entfaltet prohibitive Wirkung und errichtet unverhältnismäßige Zugangshürden. Unterschreitet der Preis umgekehrt die durchschnittlichen Vermeidungskosten der Nutzer, erweist es sich für die Interessenten als ökonomisch vorteilhaft, Verschmutzungsrechte zu erwerben, statt leicht realisierbare Emissionsreduktionen vorzunehmen. Das verfügbare Angebot vermag die Nachfrage dann nicht zu befriedigen. Es kommt zu einem Nachfragestau; die Zuteilungsaufgabe, die dem staatlich festgesetzten Preis zukommen soll, bleibt im Ergebnis ungelöst. Sie muss dann durch weitere Zuteilungsmechanismen, etwa das Prioritätsprinzip oder ein Losverfahren, ausgefüllt werden.

Dem Staat fehlen regelmäßig die erforderlichen Informationen darüber, welcher Preis zur Erreichung des umweltpolitischen Steuerungsziels führt; denn er kennt die Grenzvermeidungskosten der Emittenten nicht. Der Versuch, ihn zu bestimmen, beschreitet ein steuerungspolitisch gewagtes Trial-and-error-Verfahren. Die Erstzuteilung im Wege eines staatlich festgesetzten Festpreises erweist sich als Zuteilungsmethode zweiter Wahl[1529].

(2) Versteigerung

Die Steuerungsdefizite eines staatlich festgesetzten Zuteilungspreises meidet eine Erstzuteilung im Wege eines Versteigerungsverfahrens. Bei ihr bestimmt das Zusammenwirken der nachfrageinteressierten Akteure den Knappheitspreis der Zuteilung. Sie bringt das Angebot an Umweltnutzungsrechten und die daran bestehende Nachfrage in dem Gleichgewichtspreis zusammen. Der staatlich abverlangte Zuschlagspreis stellt einen exakt berechneten Prototyp der Wertabgabe dar[1530]. Bei rationalem Bietverhalten wird ein Emittent für ein Umweltnutzungsrecht so lange ein Gebot abge-

---

verfassungsrechtlich abgesicherter Anspruch. Vgl. zu den sich daran knüpfenden finanzverfassungsrechtlichen Fragen supra S. 493 ff.

[1528] *Mehrbrey* (Fn. 1525), S. 102 u. 104 stuft dieses Modell fälschlich als »Variation des Versteigerungsmodells« ein. Ist beiden Modellen auch der Abgabencharakter der durch sie erhobenen Preise gemeinsam, verkennt er dabei den grundlegenden allokativen Unterschied zwischen staatlicher und marktlicher Preisfestsetzung.

[1529] Ebenso etwa *Kerth*, Emissionshandel im Gemeinschaftsrecht, 2004, S. 205; *Voßkuhle*, Rechtsfragen der Einführung von Emissionszertifikaten, in: Hendler et al. (Hrsg.), Energierecht zwischen Umweltschutz und Wettbewerb, 2002, S. 159 (166).

[1530] Vgl. dazu supra S. 442.

ben, als der Zuteilungspreis unter den Kosten eigener Emissionsvermeidungsmaßnahmen liegt. Übersteigt der Preis diese Marke, ist es für ihn günstiger, Maßnahmen der Emissionsvermeidung vorzunehmen[1531]. Er wird nicht weiter bieten.

Der Preis für eine Umweltnutzungseinheit steigt so lange, als er die Kosten der Vermeidung einer zusätzlichen Emissionseinheit für einzelne Interessenten noch nicht überschreitet. Den Zuschlag erhalten diejenigen Nutzungen, bei denen die Kosten der Vermeidung der Umweltbeanspruchung am höchsten sind. Der Zuschlagspreis pendelt sich damit in einer Höhe ein, bei der die Kosten der Vermeidung zusätzlicher Emissionen für alle Emittenten gleich sind[1532]; die Verschmutzungsrechte werden effizient verteilt: Emissionsvermeidungen werden dort vorgenommen, wo sie am kostengünstigsten sind; umgekehrt werden Emissionen dort getätigt, wo sie nicht kostengünstiger durch Reduktionsmaßnahmen vermeidbar sind, d. h. der Emissionsvermeidung hohe Kosten und ein wirtschaftlicher Nutzen gegenüberstehen, der die Zahlung des Preises und den Verzicht auf die Emissionsvermeidung rechtfertigen. Das politisch fixierte Ziel der Reduktion der Emissionsmenge wird mit minimalen volkswirtschaftlichen Kosten erreicht[1533]. Die Versteigerung lässt das knappe Gut »Umweltnutzungsrecht« im Zuge der staatlichen Erstzuteilung in diejenige Nutzung wandern, in der es den volkswirtschaftlich höchsten Nutzen spendet, d. h. dem Verzicht auf die Emission ein hoher wirtschaftlicher Nutzen und hohe Emissionsvermeidungskosten gegenüberstehen. Das Instrument des Emissionshandels erreicht dann bereits in seinem ersten Schritt (nicht erst als Folge eines Handels) einen wichtigen Teil des von ihm erstrebten Ergebnisses einer kosteneffizienten Emissionsreduktion. Ökonomen stimmen ob dieser allokativen Effizienzvorteile, mit großem Impetus ein Loblied auf die Versteigerung an[1534].

Über die Versteigerung kontingentierter Umweltnutzungsrechte ist auch nicht prinzipiell der Stab fehlender Sachgerechtigkeit zu brechen[1535]. In-

---

[1531] Das kann im Extremfall auch die Einstellung der Produktion bedeuten.

[1532] Sei es, weil sie auf ein Verschmutzungsrecht verzichten und Emissionsreduktionen zu Kosten vornehmen, die unterhalb des Preises für das Verschmutzungsrecht liegen, sei es, weil sie für Emissionsrechte einen Preis zahlen müssen. *Endres/Ohl*, Der Handel mit Emissionsrechten aus wirtschaftswissenschaftlicher Sicht, in: Hendler/Marburger/Reinhardt/Schröder (Hsrg.), Emissionszertifikate und Umweltrecht, UTR 74 (2003), S. 11 (14 und 22).

[1533] Die Kosten der Einrichtung, Überwachung und Kontrolle des Systems bleiben dabei zunächst unberücksichtigt. Vgl. dazu auch *Bader*, Europäische Treibhauspolitik mit handelbaren Emissionsrechten, 2000, S. 252; *Brockmann/Stronzik/Bergmann*, Emissionsrechtehandel, 1999, S. 58; *Koschel/Brockmann et al.*, Handelbare SO_2-Zertifikate für Europa, 1998, S. 58.

[1534] Etwa *Dales*, Pollution, Property and Prices, 1968, S. 93; *Jochem*, ZfU 1999, S. 349 (355); *Diekmann/Schleich*, ZfE 30 (2006), S. 299 ff.; aus juristischer Sicht zustimmend bereits früh *Tomuschat*, Der Staat 12 (1973), S. 433 (456).

dem sie den Nutzer vor die Wahl stellt, entweder – insbesondere durch Einsatz entsprechender Vermeidungstechnologien – auf die Emission zu verzichten oder den Preis zu zahlen, der annähernd den Kosten der Emissionsvermeidung entspricht, stellt sie sicher, dass die externen Kosten der Umweltbeanspruchung in die Kostenrechnung der Beteiligten einfließen. Sie macht die Verknappung des Umweltgutes in dem Zertifikatpreis sichtbar. Sie bemüht sich um einen gesellschaftlich fairen Ausgleich zwischen denjenigen, die unter Einsatz von Kosten Emissionen vermeiden, sowie denjenigen, die an der unveränderten Umweltnutzung festhalten und daraus einen wirtschaftlichen Nutzen ziehen und nähert damit die Umweltnutzungskosten aller Akteure einander an. Sie weiß sich im Einklang mit dem Geist des umweltrechtlichen Verursacherprinzips, dem Allokationseffizienzziel der Emissionshandelsrichtlinie und dem Gedanken einer Abschöpfung ungerechtfertigter windfall profits, welche mit der staatlichen Zuteilung übertragbarer und veräußerbarer knapper Berechtigungen einhergehen können[1536].

Ein Rekurs auf die Zahlungsbereitschaft als Zuteilungsmaßstab wird auch dem grundrechtlichen Freiheitsraum gerecht, dessen Eröffnung die Zuteilung der Umweltnutzungsrechte für wirtschaftliche Zwecke dient. Sie vermittelt den Interessenten die grundsätzlich gleiche und faire Chance auf den transparenten Erwerb der gewünschten Emissionsanteile[1537]. Soweit ihre Ausgestaltung durch die Versteigerungsregel den oben[1538] herausgearbeiteten Kautelen, insbesondere den Gefahren, die mit der strategischen Ausnutzung von Marktmacht[1539] und der Beeinträchtigung von Chancengleichheit als Folge des Konnexes von Zahlungsfähigkeit und Zahlungsbereitschaft[1540] verbunden sind, angemessen begegnet, kann sie sich grundsätzlich als ein sachgerechter, handhabbarer Zuteilungsmaßstab erweisen[1541].

1535 Die Begeisterung für den Zuteilungsmechanismus der Versteigerung löst sich auch noch nicht deshalb auf, weil sie ihre Vorteile nur dort zu erreichen vermag, wo die Vermeidungskosten der Emittenten unterschiedlich hoch sind. Denn die unterschiedliche Höhe der Emissionsvermeidungskosten ist nicht nur Voraussetzung für die Versteigerung, sondern auch Funktionsbedingung des Emissionshandelssystems. Wo die Effizienzvermeidungskosten der Emittenten nahezu gleich sind, ist nicht nur die Versteigerung, sondern das marktwirtschaftliche Instrument des Zertifikatemodells insgesamt als steuerungspolitisches Instrument einem ordnungsrechtlichen Modell nicht mehr überlegen. Vgl. dazu auch infra S. 806ff.

1536 Vgl. dazu auch S. 352.

1537 Grünbuch zum Handel mit Treibhausgasemissionen in der Europäischen Union, KOM (2000) 87, S. 21.

1538 Vgl. S. 343ff.

1539 Vgl. dazu supra S. 356ff.

1540 Dazu supra S. 396ff.

1541 A. A. *Rebentisch*, NVwZ 2006, S. 747 (750f., 753); *Burgi/Selmer*, Verfassungswidrigkeit einer entgeltlichen Zuteilung von Emissionszertifikaten, 2007, S. 65f.; *Burgi*, Die Rechtsstellung der Unternehmen im Emissionshandelssystem, NJW 2003, S. 2486 (2491);

Die Versteigerung belastet die Verursacher von Umweltbelastungen mit Nutzungskosten. Sie ringt ihnen ebenso wie ein staatlich festgesetzter »Festpreis«[1542] eine staatliche Abgabe für ein knappes Nutzungsrecht ab, dessen Knappheit der Staat durch die Kontingentierung der zulässigen Umweltnutzung selbst herbeigeführt hat (vgl. dazu supra S. 450 ff.). Die finanzverfassungsrechtlichen Hürden, denen sie als Knappheitspreis für die Ausübung grundrechtlicher Freiheit ausgesetzt ist, sind hoch[1543]. Dem Odium unzulässiger Kommerzialisierung des Freiheitsgebrauchs kann sie nur entrinnen, soweit die Verknappung des Freiheitszugriffs selbst verfassungsgemäß, insbesondere nicht allein durch ein Einnahmeerzielungsinteresse des Staates, sondern durch Gründe vorsorgenden Umweltschutzes getragen ist[1544]. Unterwirft der Staat ein Gut in zulässiger Weise einem Bewirtschaftungssystem, das nicht dem Regime unbegrenzten freiheitsrechtlichen Zugriffs, sondern dem Gedanken gleichen Freiheitszugangs Gleichberechtigter folgt, stellt die Verknüpfung der Zuteilung mit einem Knappheitspreis so lange keinen unzulässigen Preis für Freiheit dar, als die Zuteilung nach dem Maßstab der Effizienz selbst sachgerecht ist, namentlich dem Freiheitsbereich Rechnung trägt, zu dem die Zuteilung den Zugang eröffnet, und die Erhebung eines Preises zur Erreichung des Effizienzzieles selbst erforderlich ist. Ist das Umweltnutzungsrecht der Ausübung einer wirtschaftlichen Tätigkeit im Wettbewerb zu dienen bestimmt, ist es grundsätzlich sachgerecht, die Zuteilung einem Wettbewerb zu unterwerfen, der dem Ziel verschwendungsfreier Zuteilung verschrieben ist. Sie entspricht dem mit dem Emissionshandelssystem beabsichtigten Ziel einer Emissionsreduktion zu volkswirtschaftlichen Minimalkosten in vorbildlicher Weise[1545]. Die Zuteilung des kontingentierten Umweltnutzungsrechts vermittelt dem Destinär einen wirtschaftlichen Sondervorteil gegenüber anderen, grundsätzlich gleichberechtigten Ausübungsinteressenten. Als Abschöpfungsgebühr[1546] vermag die Erhebung eines Knappheitspreises für die bevorrechtigte Zuteilung den tragenden Grundsätzen der Finanzverfassung – jedenfalls dem Grunde nach – zu genügen. In ihrer Höhe ist sie den Schranken des Verhältnismäßigkeitsprinzips unterworfen. Sie darf den Zugang zu dem (wenn auch verknappten, so doch) grundrechtlich gewährleisteten Frei-

---

Becker-Neetz, Rechtliche Probleme der Umweltzertifikatmodelle in der Luftreinhaltepolitik, 1988, S. 149 f.; *Kottmeier*, Recht zwischen Umwelt und Markt, 2000, S. 182 f.

[1542] Vgl. dazu S. 685.

[1543] Generell ablehnend etwa *P. Kirchhof*, NVwZ 1988, S. 97 (102).

[1544] Vgl. dazu supra S. 414 ff. und S. 493 ff.

[1545] Irrig daher insoweit *Reuter/Kindereit*, DVBl. 2004, S. 537 (538), die die Verpflichtung zum Kauf von Zertifikaten für »ungeeignet« halten, »das Ziel der Richtlinie (kosteneffiziente Vermeidung von CO_2-Emissionen) zu fördern«. Ähnlich *Becker-Neetz*, Rechtliche Probleme der Umweltzertifikatemodelle in der Luftreinhaltepolitik, 1988, S. 149: »Damit kann der Zweck der Anfangsverteilung nicht erreicht werden«.

[1546] Vgl. dazu supra S. 515 ff.; *Giesberts/J. Hilf*, Handel mit Emissionszertifikaten, 2002, Rdnr. 20 sprechen irreführend von einer »Emissionssteuer«.

heitsbereich nicht unverhältnismäßig beschränken[1547]. Der gegen die Zulässigkeit der Versteigerung von Emissionszertifikaten häufig vorgetragene Einwand, die Versteigerung ziehe eine Erhöhung der Endverbraucherpreise im Schlepptau, erweist sich dabei bei näherer Betrachtung als nicht haltbar; er ist ein Opfer der »opportunity-cost-fallacy«: Die Versteigerung verändert nicht die Höhe der Kosten, sondern die Gewinnrelation der Unternehmen: Sie macht aus (in die Endkundenpreise eingestellten und damit als windfall profits eingestrichenen) Opportunitätskosten reale Kosten der Unternehmen[1548]. Als reell kann sich allerdings eine andere Gefahr erweisen: Kommt es in anderen Ländern nicht zu einer Bepreisung der Emissionstätigkeit, nutzen die Unternehmen dies mit erhöhter Wahrscheinlichkeit zu Arbitrageprozessen, indem sie ihre Emissionstätigkeit dorthin verlagern. Die in Deutschland unterbundene Emissionstätigkeit nimmt dann anderenorts ungebremst zu und die internationale Wettbewerbsfähigkeit der heimischen Wirtschaft ab. Die konstruktiv kluge Idee der Versteigerung kann in der rechtspolitischen Bewertung dann zu einem Danaergeschenk mutieren.

Die Zuteilungs- und Bewirtschaftungsentscheidung, mit der der Gesetzgeber ein Emissionshandelssystem für knappe Umweltnutzungsrechte be-

---

[1547] Eine solche Unverhältnismäßigkeit kann in extremen Ausnahmefällen die Unsicherheit induzieren, unter der die Interessenten die Entscheidung über die Abgabe des Gebotspreises treffen. Der Versteigerungspreis ist auf eine Nutzungszeit ausgerichtet, deren Dauer der Einzelne nicht vollständig überblicken kann. Zu der Unsicherheit kann insbesondere auch die Möglichkeit späteren Einwirkens des Gesetzgebers auf die Knappheitssituation beitragen. Verknappt der Gesetzgeber aufgrund autonomer, nach der Zuteilung liegender Entscheidung das verfügbare Angebot an Umweltnutzungsrechten zusätzlich, erhöht sich der Marktwert des zugeteilten Rechtes; erhöht er die Zuteilungsmenge, sinkt der Wert. Da der Gesetzgeber die Wirkungen des Systems kontingentierter handelbarer Umweltnutzungsrechte und seiner Preise auf die Wirtschaftssubjekte nicht a priori voraussehen kann, ist ihm hier ein Prognosespielraum zuzugestehen (vgl. dazu bereits supra S. 32ff.; wie hier auch *Mehrbrey* [Fn. 1525], S. 114). Erweist sich die auf nachvollziehbaren Erwägungen und einer Ermittlung der vorfindlichen Tatsachen beruhende Prognose ex post als nicht zutreffend, darf und muss der Gesetzgeber seine Prognose den tatsächlichen Entwicklungen anpassen. Ihn trifft eine Nachbesserungspflicht. Insoweit darf der Gesetzgeber auf die Knappheitssituation grundsätzlich in dem erforderlichen Umfang einwirken und als Systemadministrator in den Markt eingreifen. Die Befugnis, auf die Knappheitssituation steuernd einzuwirken, relativiert die Anforderungen, denen die Verhältnismäßigkeit zwischen dem Zuschlagspreis für ein Verschmutzungsrecht und seinem Wert genügen muss. Die Bieter müssen spätere Veränderungen der Knappheitssituation gewärtigen und in ihrem Gebot einstellen und dem Gesetzgeber steht zur Herstellung eines Grundrechtsausgleichs zwischen den konkurrierenden Interessen der Grundrechtsträger ein breites Handlungsinstrument zur Verfügung, das der Staat schonend anzuwenden hat. Die Voraussetzungen für eine Unverhältnismäßigkeit liegen insofern hoch; ihr Eintreten ist nicht ausgeschlossen, ihre Wahrscheinlichkeit aber – insbesondere angesichts der kurzen Gültigkeitszeiträume von Zertifikaten – gering. Vgl. zur Planungssicherheit der Emittenten auch *Heister/Michaelis*, Umweltpolitik mit handelbaren Emissionsrechten, 1991, S. 53.

[1548] Vgl. dazu im Einzelnen bereits S. 351.

gründet, ist nicht losgelöst von durch die Vergangenheit geschaffenen rechtlich geschützten Vertrauensinteressen, sondern knüpft an eine bestehende Zuteilungsordnung und Vorinvestitionen an, die die Nutzer in der Vergangenheit im Hinblick auf die Nutzungsmöglichkeit vorgenommen haben: Das Umweltgut Luft war der Allgemeinheit bis dahin zur freien Nutzung zugewiesen, ihre Inanspruchnahme zu wirtschaftlichen Zwecken gestattet. Die Versteigerung aberkennt diese bestehende Nutzungsbefugnis ex nunc und teilt sie pro futuro gegen Entgelt neu zu. Sie löst die Befugnis zur Nutzung des Umweltmediums Luft aus dem Kreis der entgeltfreien Nutzungsmöglichkeiten heraus und setzt an ihre Stelle eine Zuteilung nach Maßgabe der Zahlungsbereitschaft[1549]. Vertrauensschutzinteressen blendet sie aus. Ihr Blick richtet sich ausschließlich in die Zukunft, nicht in die Vergangenheit. Sie weist damit eine offene Bestandsschutzflanke auf und stellt das – im Rechtsstaatsprinzip und im europäischen Vertragsrecht angelegte – Vertrauensschutzprinzip[1550], das in der Eigentumsgarantie eine besondere Ausprägung erfahren hat, auf die Probe. Die Nutzung kann sich als verfassungsrechtliche Eigentumsposition verfestigt haben, die nicht ohne Übergangsregelung entzogen werden darf. Vor der bestehenden Nutzungssituation und den an ihr bestehenden verfestigten Nutzungsinteressen darf die Zuteilung die Augen nicht gänzlich verschließen. Dass sie Bestandteil einer staatlichen Erstallokation ist und erstmals knappe Umweltgüter einzelnen Rechtsträgern zur *ausschließlichen* Nutzung zuordnet, ändert daran nichts.

Die Eigentumsgarantie gebietet nicht, einmal ausgestaltete Rechtspositionen für alle Zukunft in ihrem Inhalt unangetastet zu lassen[1551]. Erweist sich eine Reform des geltenden Rechts als notwendig, kann eine Beschränkung einer bisher eingeräumten rechtlichen Befugnis gerechtfertigt sein, ohne dass die Eigentumsgarantie dem als unüberwindliche Schranke entgegensteht[1552]. Der Gesetzgeber hat die Befugnis, in bereits begründete Rechtspositionen einzugreifen und ihnen einen neuen Inhalt zu geben, ohne die Eigentumsgarantie zu verletzen[1553]. Selbst die völlige Beseitigung bisher bestehender, durch die Eigentumsgarantie geschützter Rechtspositionen kann unter bestimmten Voraussetzungen zulässig sein. Voraussetzung dafür ist, dass der Gesetzgeber bei der Gestaltung des Rechtsüber-

---

[1549] *Burgi*, RdE 2004, S. 29 (31); *Körner*, in: ders./Vierhaus (Hrsg.), TEHG, 2005, § 7 ZuG Rdnr. 32; *Schweer/von Hammerstein*, TEHG, 2004, § 6 Rdnr. 31.

[1550] Vgl. dazu bereits supra S. 447 ff.

[1551] Vgl. BVerfG, Beschl. v. 8.7.1971, BVerfGE 31, 275 (284 ff.) – Urheberrechte; BVerfG, Beschl. v. 15.1.1974, BVerfGE 36, 281 (293) – Patentanmeldungen; BVerfG, Urt. v. 8.7.1976, BVerfGE 42, S. 263 (294) – Contergan; BVerfG, Beschl. v. 15.7.1981, BVerfGE 58, 300 (351) – Nassauskiesung; BVerfG, Beschl. v. 9.1.1991, BVerfGE 83, S. 201 (212) – Bundesberggesetz.

[1552] BVerfG, Beschl. v. 8.3.1988, BVerfGE 78, S. 58 (75) – Ausstattungsschutz.

[1553] BVerfG, ibid., S. 284 f.

gangs die Grenzen der Verhältnismäßigkeit beachtet. Nicht jedes nur denkbare öffentliche Interesse vermag eine Beschränkung der Handlungsfreiheit im Bereich der Eigentumsordnung zu rechtfertigen[1554]; es müssen vielmehr solche Gründe des gemeinen Wohls vorliegen, denen der Vorrang vor dem grundsätzlichen Freiheitsanspruch des Bürgers zukommt. Geboten ist ein freiheitssichernder Ausgleich zwischen der Zwecksetzung der Eigentumsgarantie und den Belangen des Umweltschutzes. Der Gesetzgeber muss die Privatnützigkeit des den Bürgern zugeordneten Eigentums beachten und Rücksichtnahme gegenüber nach altem Recht erworbenen Rechten üben[1555]. Eine abrupte Entwertung von eingesetztem Kapital und geleisteter Arbeit, welche zur Aufnahme einer Tätigkeit erforderlich sind, widerstreitet dem Grundrechtsgehalt der Eigentumsgarantie und dem in ihr angelegten Gedanken des Schutzes der eigenverantwortlichen Lebensgestaltung im vermögensrechtlichen Bereich[1556]. Unter dem Schutz der Eigentumsordnung ins Werk gesetzte Dispositionen und Aufwendungen des Eigentümers, die mit hohen Investitionskosten verbunden waren, dürfen daher grundsätzlich nicht übergangslos entzogen werden[1557]. Die Herauslösung von Emissionsbefugnissen an der Luft aus dem Grundeigentum an Anlagen, die ohne diese Emissionsbefugnis nicht mehr sinnvoll genutzt werden können, ist nur in dem Umfang zulässig, in dem individuellen Härten entgegengewirkt ist[1558]. Das Maß der Verknappung, das sich in dem Preis der Umweltnutzungsrechte spiegelt, hat den berechtigten Vertrauensinteressen der Beteiligten Rechnung zu tragen[1559]. Die Verknappung muss

---

[1554] So ausdrücklich BVerfG, Beschl. v. 19.6.1969, BVerfGE 26, 215 (222).

[1555] BVerfG, Beschl. v. 14.1.1974, BVerfGE 36, S. 281 (293 f.); BVerfG, Urt. v. 8.7.1976, BVerfGE 42, S. 263 (294) – Contergan; BVerfG, Beschl. v. 10.5.1977, BVerfGE 45, S. 297 (331 f.); BVerfG, Beschl. v. 9.1.1991, BVerfGE 83, S. 201 (212); *Bryde*, in: von Münch/Kunig (Hrsg.), GG, 5. Aufl. 2000, Art. 14 Rdnr. 64.

[1556] In diesem Sinne ausdrücklich BVerfG, Beschl. v. 15.7.1981, BVerfGE 58, S. 300 (349) – Nassauskiesung.

[1557] Vgl. für Emissionszertifikate etwa *Enders*, LKV 2007, S. 193 (196 ff.); *Heister/Michaelis*, Umweltpolitik mit handelbaren Emissionsrechten, 1991, S. 42 ff. Ein Orientierungspunkt kann dabei insbesondere die Amortisation getätigter Investitionen sein.

[1558] Eine unverhältnismäßige Beschränkung der Privatnützigkeit einer durch Art. 14 Abs. 1 GG gewährleisteten vermögenswerten Position wird dabei nicht dadurch verhältnismäßig, dass der Eigentümer sie auf Grund seines sonstigen Vermögens ausgleichen und ertragen kann. BVerfG, Beschl. v. 16.2.2000, BVerfGE 102, S. 1 (23) – Altlasten.

[1559] Das häufig beschworene Szenario einer erdrosselnden, den Betrieb der Anlage gefährdenden Versteigerungszuteilung (vgl. etwa *Zimmer*, CO_2-Emissionsrechtehandel in der EU, 2004, S. 244) ist der Versteigerung nicht notwendig immanent. Es steht grundsätzlich nur dann zu befürchten, wenn das Maß der Knappheit krisenhafte Formen der Eskalation annimmt, d. h. der vorhandenen Nachfrage an Umweltnutzungsrechten ein – gemessen an der Ausgangssituation – deutlich reduziertes Angebot gegenübersteht. Der Versteigerungspreis bildet die Knappheitsrelation zwischen Angebot und Nachfrage ab. Erfolgt die Verknappung schonend, erzeugt sie einen Preis, der zu einer Verteuerung der Produktionsfaktoren führt und eine Internalisierung von Kosten bewirkt, die der Eigentümer der Anlage verursacht, ohne die Fortführung des Betriebes zu gefährden. Eine schonend erfolgen und damit den Marktverbleib zu zumutbaren Bedingungen sichern. Nur in dem Umfang vermag eine Zuteilung im Wege der Versteigerung verfassungsrechtlichen Vertrauensschutz sicherzustellen[1560].

Erweist sich eine einschneidende Verknappung des verfügbaren Angebots an Nutzungsrechten zur Erreichung eines übergeordneten Gemeinwohlziels als notwendig, kann der Vertrauensschutz einen Verzicht auf die Erhebung eines Knappheitspreises und eine kostenfreie Vergabe der genutzten Umweltnutzungsrechte erfordern[1561]. Dem Gesichtspunkt des Vertrauensschutzes trägt dann nur eine Zuteilung der knappen Nutzungsrechte auf der Grundlage historischer Emissionen Rechnung (sog. Grandfathering)[1562]. Das Grandfathering knüpft als Zuteilungsmaßstab an die tatsächliche Nutzungssituation[1563] zu einem Referenzzeitpunkt vor Errichtung des Bewirtschaftungssystems oder an eine technische benchmark an und

---

schonende Verknappung einerseits und das umweltpolitische Regelungsziel der Minderung der Umweltbelastung andererseits gleichermaßen zu erreichen, stellt einen gesetzgeberischen Drahtseilakt dar. Die Zuteilung gegen Höchstgebot bleibt daher angesichts der mit der Preisbildung verbundenen Unwägbarkeiten mit einem nennenswerten verfassungsrechtlichen Risikopotenzial behaftet. Das Gebot des Vertrauensschutzes ist insoweit ein Gebot schonender Verknappung.

1560 Zu berücksichtigen ist dabei, dass auch die ordnungsrechtlich verliehene Emissionsbefugnis nicht uneingeschränkt, sondern unter dem Vorbehalt der Einschränkung durch Verschärfung der Emissionswerte gewährt wurde – vgl. § 17 BImSchG. In dem Umfang, in dem das Ordnungsrecht eine Verknappung zulässt, ist auch eine Verknappung im Rahmen eines Emissionshandelssystems mit anschließender kostenfreier Zuteilung zulässig (*Schweer/von Hammerstein*, TEHG, 2004, § 6 Rdnr. 21 u. 36).

1561 Eine drastische Reduzierung der Angebotsmenge mit anschließender kostenloser Zuteilung und eine schonende Reduzierung der Angebotsmenge mit kostenpflichtiger Zuteilung erweisen sich zwar unter Vertrauensschutzgesichtspunkten als grundsätzlich äquivalent. Die Versteigerung weist freilich insoweit ein zusätzliches Risikoelement auf, das seine Vertrauensschutzvalidität begrenzt: An die Stelle einer (technische Möglichkeiten und wirtschaftliche Zumutbarkeit des Einzelfalls ausleuchtenden) Verhältnismäßigkeitsprüfung setzt das Instrument der Versteigerung eine typisierende Prognoseentscheidung. Sie verzichtet auf eine Einzelfallprüfung. Individuelle Härten vermag sie nicht auszuschließen. Die Höhe des im Findungsprozess des Marktes ermittelten Preises entzieht sich dem Einflussbereich staatlicher Steuerung. Nur durch die angebotene Gütermenge kann der Staat auf sie Einfluss nehmen. Die Versteigerung begrenzt damit die durch das Vertrauensschutzprinzip gebotenen Möglichkeiten, individuellen Härten der Erstzuteilung zielgenau zu begegnen. Indem sie die Preissetzung und die Allokation der knappen Güter der ungebundenen Kraft des Marktes überlässt, vermag sie nur sehr begrenzt verfassungsrechtlich unterfütterten Vertrauensschutzinteressen Rechnung zu tragen, wenn die Verknappung ein einschneidendes Ausmaß annimmt. In diese Richtung ebenso *Rehbinder*, Übertragbare Emissionsrechte aus juristischer Sicht – Herkömmliche Kompensationen im Bereich der Luftreinhaltung – Umweltlizenzen (Zertifikate) im Bereich der Luftreinhaltung, in: Endres et al. (Hrsg.), Umweltzertifikate und Kompensationslösungen aus juristischer Sicht, 1994, S. 92 (127f.); *Voßkuhle*, Rechtsfragen der Einführung von Emissionszertifikaten, in: Hendler et al. (Hrsg.), Energierecht zwischen Umweltschutz und Wettbewerb, 2002, S. 159 (195).

1562 Vgl. dazu bereits supra S. 122ff.; zu den unterschiedlichen Typen eines Grandfathering-Modells im Emissionshandel siehe *Rat der Sachverständigen für Umweltfragen*, Umweltgutachten 2004, BT-Drucks. 15/3600, Tz. 52ff.

schreibt die Faktizität der Vergangenheit grundsätzlich für die Zukunft fort. Der Gesetzgeber leistet einen Ausgleich für den Entzug in der Vergangenheit unter dem Schutz der Eigentumsordnung tatsächlich genutzter Emissionsrechte. Er respektiert den verfassungsrechtlichen Schutz überkommener Nutzungsberechtigungen und drückt ihn in der kostenlosen Zuteilung von befristeten Berechtigungen aus, die einen schonenden Rechtsübergang ermöglichen. Die Besitzstände der bisherigen Nutzer bleiben grundsätzlich unangetastet. Das erhöht nicht nur die Akzeptanz bei den betroffenen Wirtschaftssubjekten; auch ein Höchstmaß an Rechtssicherheit und Vertrauensschutz wird erreicht[1564]. Für die Grandfathering-Methode hat sich aus diesen Gründen nicht nur der US-amerikanische Gesetzgeber im Rahmen seines Programms gegen sauren Regen[1565], sondern auch der deutsche Gesetzgeber in der ersten Zuteilungsperiode des Kohlendioxid-Emissionshandels entschieden (§7 TEHG i. V. m. §7 ZuG)[1566]. Die typisierte Übergangsregelung, die sie etabliert, abstrahiert von den Besonderheiten des Einzelfalls und ist dadurch gegen Unverhältnismäßigkeiten des Einzelfalls nicht vollumfänglich gepanzert. Sie bedarf daher gegebenenfalls der Feinkorrektur durch staatliche Detailsteuerung.

Eine vorsichtige Abkehr von dem Prinzip unentgeltlicher Zuteilung von Emissionszertifikaten unternimmt der Gesetzgeber nunmehr für die zweite Zuteilungsperiode (2008–2012) mit dem ZuG 2012. Es sieht erstmals die Versteigerung von Emissionszertifikaten[1567] im Umfang von (praeter propter) einem Zehntel der insgesamt zur Verfügung stehenden Gesamtemissionsmenge vor. Der Gesetzgeber schöpft damit das gemeinschaftsrechtlich zulässige Potenzial entgeltlicher Zuteilung (Art. 10 Emissionshandelsrichtlinie[1568]) vollständig aus. Zur Veräußerung sind Berechtigungen aus der Zuteilungsreserve zur Deckung der Systemverwaltungskosten (§5 Abs. 3 S. 1 ZuG) sowie 40 Mio. weitere Berechtigungen vorgesehen, die durch Kür-

---

[1563] Soweit nach dem alten Rechtszustand ein größerer Umfang an Emissionen zulässig gewesen wäre, haben die Emittenten für das Emissionskontingent keine schutzwürdigen Investitionen getätigt. Sie zum Anknüpfungspunkt einer Zuteilung zu erheben, hieße eine Verschlechterung der Umweltsituation in Kauf zu nehmen. Vgl. *Kottmeier*, Recht zwischen Umwelt und Markt, 2000, S. 183; *Schweer/von Hammerstein*, TEHG, 2004, §6 Rdnr. 33.

[1564] Diesem Anliegen sieht sich im Rahmen des Allokationssystems der Emissionshandelsrichtlinie etwa §7 Abs. 11 ZuG 1997 verschrieben.

[1565] Vgl. dazu *Schmitt-Rady*, Die Umsetzung des Zertifikatemodells im Luftreinhalterecht der USA, 1999, S. 74ff.

[1566] Vgl. dazu etwa *Körner*, in: ders./Vierhaus (Hrsg.), TEHG, 2005, §7 ZuG, Rdnr. 31ff.; *Kobes*, NVwZ 2004, S. 1153 (1157).

[1567] Bzw. alternativ die entgeltliche Veräußerung von Zeritifikaten an den Handelsplätzen (§21 Abs. 1 S. 1 u.2 ZuG 2012).

[1568] Richtlinie 2003/87/EG des Europäischen Parlaments und des Rates vom 12.10.2003 über ein System für den Handel mit Treibhausgasemissionszertifikaten in der Gemeinschaft und zur Änderung der Richtlinie 96/61/EG des Rates, ABl. EG Nr. L 275 vom 25.10.2003, S. 32ff.

zung der auf die Produktion von Strom entfallenden Zuteilungsmengen aufgebracht werden (§§ 19–21 ZuG). Da die sachgerechte Durchführung und sorgfältige Vorbereitung einer Auktion eines zeitlichen Vorlaufs bedarf, hat der Gesetzgeber zunächst alternativ auch den freihändigem Verkauf zugelassen[1569]; spätestens 2010 ist eine Versteigerung vorzunehmen (§ 21 Abs. 1 S. 2 ZuG 2012). Das Gesetz zurrt die Versteigerungsregeln dabei nicht selbst fest, sondern räumt der Bundesregierung insoweit eine Verordnungsermächtigung zur Festlegung der Versteigerungsregeln ein (§ 21 Abs. 2 ZuG 2012).

Erweist sich eine Teilauktionierung als solche auch grundsätzlich als verfassungsrechtlich zulässig[1570], weckt die in dem ZuG 2012 vorgesehene Realisierung gleichwohl substanzielle verfassungsrechtliche Zweifel, die sich namentlich aus dem Parlamentsvorbehalt und Art. 80 Abs. 1 S. 2 GG speisen: Die Entscheidung über die Zuteilung der Berechtigungen ist grundrechtswesentlich. Sie darf nur unter strikter Wahrung der Steuerungsverantwortung des Gesetzgebers an die Verwaltung delegiert, insbesondere der grundsätzlich ungebundenen Kraft des Marktes anvertraut werden. Der parlamentarische Gesetzgeber muss die maßgeblichen Entscheidungen sub specie des »Ob« und »Wie« der Zuteilung selbst treffen. Nicht nur das Ausmaß der zuzuteilenden Berechtigungen, sondern auch das Ziel des Zuteilungsprozesses muss er dabei in einer Weise determinieren, die die Gestaltung des Zuteilungsmechanismus nicht dem Belieben der Verwaltung anheim fallen, sondern in ihren Grundelementen aus den gesetzlichen Vorgaben destillierbar und insoweit vorhersehbar werden lässt[1571]. Angesichts der erheblichen Bandbreite wie Komplexität möglicher Auktionsgestal-

---

1569 Ein als Emissions- und Preisermittlungsverfahren gewähltes book-building-Verfahren, wie es etwa im angeslsächsischem Raum bei der Emission von Aktien gebräuchlich ist, kommt in seiner Verteilungswirkung und Funktionalität einem Versteigerungsverfahren in nuce sehr nahe.

1570 Bei einer Teilauktionierung entstehen im Vergleich zu einer vollständigen Versteigerung neue grundrechtliche Gefahrenherde. Insbesondere birgt eine Teilauktionierung, indem sie nicht allen, sondern nur einigen Systemunterworfenen einen knappheitspreisermittelnden Abschöpfungbetrag abringt, die Gefahr asymmetrischer Marktzutrittsbedingungen und erhöht das (versteigerungstypische) Risiko strategischen Bieterverhaltens: Erhalten Altanlagen aus Bestandsschutzgründen Emissionszertifikate kostenlos, während Newcomer sich am Versteigerungsmarkt bedienen müssen, kann die wettbewerbliche (grundrechtlich sub specie der Berufsfreiheit relevante) Chancengleichheit in eine Schieflage geraten, im Extremfall in eine Versperrung des Marktzugangs münden. Da eine Teiversteigerung nur ein begrentes Volumen der insgesamt verfügbaren Berechtigungen aufnimmt, erleichtert sie ferner (mehr noch als eine vollständige Versteigerung) einzelnen Bietern eine strategische Beeinflussung der Versteigerung. Emittenten, die über viele kostenlos zugeteilte Berechtigungen verfügen, können etwa ein besonderes Interesse daran haben, die Preise der zu versteigernden Zeritifkate in dem Preisfindungsverfahren der Versteigerung in die Höhe zu treiben, zumal der Wert ihrer eigenen Zertifikate mittelbar von dem Versteigerungspreis beeinflusst wird. Dieser Anreiz findet allerdings seine Grenzen in der ökonomischen Logik des Verfahrens, das jedem Akteur für sein Gebot Oppotunitätskosten abverlangt.

tungsformen[1572] und der Vielfalt durchaus gegenläufiger Zielsetzungen, in deren Dienst die Versteigerung als Allokationsmechanismus gestellt werden kann[1573], sind insoweit hohe Anforderungen zu stellen. Die Steuerungsintensität muss der verfassungsrechtlichen Sensibilität des Mechanismus korrespondieren. §21 ZuG 2012 lässt eine Zielbestimmung des Auktionsdesigns vermissen. Zur Erhellung trägt insoweit weder das dort erwähnte Erfordernis objektiver, transparenter und diskriminierungsfreier Versteigerungsregeln noch die Zielbestimmung des §1 ZuG 2012 entscheidend bei. Alleine die Emissionshandelsrichtlinie vermag mit ihrer Abrichtung des Systems auf das Ziel effizienter Verringerung von Treibhausgasemissionen ein wenig Licht in das Dunkel zu bringen. Ein konkretes Auktionsdesign wird auch dadurch indes gleichwohl nicht destillierbar. Grundrechtswesentliche Fragen, die für die Verfassungsmäßigkeit der Wahl des Versteigerungsmechanismus von Bedeutung sind, bleiben unbeantwortet. Offen bleibt etwa, wie dem Einwirken genuiner Einnahmeinteressen des Deleganten Bundesregierung in der Auktionsgestaltung Einhalt geboten werden kann und soll, ob und wie spekulativen Erwerbsinteressen einzelner Bieter zu begegnen ist (insbesondere, ob die Teilnahme an der Versteigerung jedermann offen stehen soll oder – was zur Vermeidung von Spekulationsinteressen zu empfehlen ist – auf diejenigen Teilnehmer zu beschränken ist, die dem Anwendungsbereich des TEHG unterworfen sind), wie Chancengleichheit zwischen disparaten Bietergruppen (insbesondere kleinen und großen Unternehmen) und zwischen den systemunterworfenen Emittentengruppen (insbesondere im Verhältnis zwischen Industrie und Stromproduzenten [aus deren Zuteilungskontingent die versteigerten Zertifikate durch Kürzung gewonnen werden][1574]) herzustellen ist, wie der Gefahr der Entstehung asymmetrischer Marktzutrittsbedingungen für Altsassen und Newcomer zu begegnen ist und wie unbillige Härten für einzelne Systemteilnehmer im Einzelfall ausgeglichen werden sollen, insbesondere ob und wie Ungleichbehandlungen und Bestandsschutzgefährdungen[1575]

[1571] Vgl. dazu bereits S. 435 ff. Zur Vorhersehbarkeitsformel des BVerfG siehe etwa BVerfG, Beschl. v. 10. 6. 1953; BVerfG, Beschl. v. 25. 5. 1975, BVerfGE 42, S. 191 (200).

[1572] Vgl. dazu im Einzelnen S. 305 ff.

[1573] Vgl. dazu S. 296 ff. Insbesondere Vorteilsabschöpfung und und staatliche Einnahmeerzielung liegen dabei zwar durchaus nahe beeinander, sind aber nicht lediglich verschiedene Seiten derselben Medaille, sondern ziehen sehr unterschiedliche Auktionsgestaltungsformen nach sich.

[1574] Inwieweit eine *General*sanktionierung der Stromkonzerne für die mit dem Emissionshandel eröffnete Möglichkeit, die kostenfrei zugeteilten Zertifikate als Opportunitätskosten in die Energiepreise einzustellen und damit in der ersten Handelsperiode windfall profits zu generieren, verfassungsrechtlich haltbar ist, bedarf genauerer Untersuchung. Zweifel bestehen daran insofern, als die Akteure der ersten und zweiten Handelsperiode nicht notwendig personenidentisch sind und damit Branchennewcomer möglicherweise einer Subform der »branchenspezifischen Sippenhaft« unterzogen werden, die die Berufsfreiheit in unzulässiger Weise beschränkt.

(z. B. durch Sonderregeln) kompensiert werden sollen. Die Programmierungsleistung des § 21 ZuG 2012 bei der Implementation des verfassungsdogmatisch hochsensiblen Instruments der Versteigerung in das komplexe grundrechtliche Feld der Zuteilung von Emissionsberechtigungen bleibt hinter dem verfassungsrechtlich gebotenen Steuerungsminimum zurück. Konkreter als § 19 i. V. m. § 21 ZuG 2012 scheint in der Zielbestimmung immerhin § 5 Abs. 3 ZuG 2012 zu werden: Er erhebt die Deckung der Systemverwaltungskosten des Bundes zum Verwendungs- und Erhebungszweck der Veräußerung von Berechtigungen aus der Reserve. Diese Verknüpfung der Zuteilung mit Kostendeckungszielen gibt der Rechtmäßigkeit der Regelung indes Steine statt Brot: Sie bringt in unglücklicher Weise verfassungsrechtlich Inkompatibles, nämlich das Sachziel effizienter Zuteilung und der Einnahmeerzielung, in einen Konnex und rückt die Versteigerung von Berechtigungen in eine verfassungsrechtlich bedenkliche Grauzone der Missbrauchsoffenheit von Zuteilungsvorgängen. Der Versteigerungs- bzw. Veräußerungserlös muss seine Rechtfertigung allein aus den Zielen des Vorteilsausgleichs und der Allokationseffizienz speisen, wenn er vor der Finanzverfassung Bestand haben soll. Staatliche Einnahmeerhebungsinteressen haben dort keinen Platz; sie dürfen die Entscheidung über den Zeitpunkt und die Regeln der Veräußerung nicht beeinflussen § 5 Abs. 3 ZuG erhebt die Erlösdeckung zumindest zu einem Ziel der Versteigerung und distanziert sich damit nicht hinreichend von Ertragsinteressen als möglichem Ziel der Versteigerung, sondern scheint sie im Gegenteil nachgerade hoffähig zu machen[1576]. Sowohl die konkrete Menge der veräußerbaren Berechtigungen[1577] (und damit das Ausmaß der Ermächtigung) als auch, ob die Versteigerung auch auf das Ziel der Erlösmaximierung ausgerichtet werden darf, lässt die Regelung in verfassungsrechtlich fragwürdiger Weise offen.

[1575] Vgl. auch die gesetzliche Bestandsschutzgarantieerklärung des § 11 Abs. 1 S. 6 ZuG 2007, die für die ersten 14 Jahre ab Inbetriebnahme der Anlage eine kostenfreie Zuteilung der Berechtigungen zusichert.

[1576] Durchaus bedenklich insoweit auch die Mitteilung der Kommission »Neue Hinweise zu den Zuteilungsplänen für den Zuteilungszeitraum 2008–2012 des Systems für den Emissionshandel« v. 22. 12. 2005, KOM 2005 (703) endg, S. 10 Rdnr. 32, die die Mitgliedstaaten daran »erinnert [...] dass Einkünfte aus der Versteigerung unter anderem zur Deckung der durch das System entstehenden Verwaltungskosten und den Kauf von Kyoto-Einheiten durch die Regierung verwendet werden können.«

[1577] In § 5 Abs. 3 ZuG 2012 heißt es lediglich: »Die Kosten, die dem Bund durch die Wahrnehmung der ihm im Rahmen des Emissionshandels zugewiesenen Aufgaben entstehen, werden [...] durch Veräußerung von Berechtigungen aus der Reserve gedeckt«. Eine konkrete Berechtigungsmenge wird nicht genannt. Es bleibt erheblicher Kostenzurechnungsspielraum.

b) Konzessionierung; Verbot mit Befreiungsvorbehalt

Anders als Kontingentierungen vermitteln Konzessionierungen den Interessenten keinen Anspruch auf Zuteilung einer bestimmten Zuteilungsmenge. Der Staat verschließt dem Bürger hier einen Bereich grundrechtlicher Entfaltungsfreiheit, indem er die Nutzung des Gutes einem Bewirtschaftungsvorbehalt unterwirft, grundsätzlich vollständig und behält Art und Umfang der Ausnahmeerteilung seiner Entscheidung vor. Die Konzessionierung ist eine wirtschaftsrechtliche Spielart eines repressiven Verbots mit Befreiungsvorbehalt[1578]. Die Befreiung vom repressiven Verbot verleiht insoweit dem Bürger einen individuellen materiellen Rechtsgewinn; sie gestattet ihm eine Tätigkeit, die ihm ohne Verstoß gegen die Freiheitsrechte verwehrt werden darf. Entgelte, die der Staat für die Einräumung einer solchen Rechtsstellung erhebt, um den einzelnen Bürgern (anders als anderen) dadurch entstehenden wirtschaftlichen Sondervorteil abzuschöpfen, stellen sich als Verleihungsgebühr dar[1579]. Sie sind dem Staat als Handlungsinstrument grundsätzlich insoweit nicht verwehrt, als sie nicht den Bestand, sondern nur den Zuwachs eines grundrechtlich gewährleisteten Freiheitsraumes verringern, d. h. den individuellen materiellen Rechtsgewinn abschöpfen, der über die verfassungsrechtliche Gewährleistung hinausgeht, und nicht in einen sachwidrigen Zusammenhang zu dem gewährten Recht treten[1580]: Der Staat, der eine Tätigkeit auch gänzlich verbieten dürfte, darf sie auch gegen Entgelt zulassen, sofern die Entgelterhebung in einem sachgerechten Regelungszusammenhang mit der Befreiung von dem Verbot steht.

Der Versteigerungsmechanismus als Methode der Zuteilung knapper Konzessionsbefugnisse perfektioniert die vorteilsabschöpfende Funktion der Verleihungsgebühr zu einem Auswahlinstrument. Er setzt die Gebührenhöhe als Differenzierungsprogramm ein, um über die Person des Berechtigten zu entscheiden. Der Versteigerungserlös avanciert zum Prototypen der Wertabgabe in Gestalt einer Verleihungsgebühr[1581], der den

---

[1578] Vgl. dazu bereits S. 38 ff.

[1579] Das gilt jedenfalls insoweit, als der Staat mit der Zuteilung von hoheitlicher Rechtsmacht Gebrauch macht; vgl. zu dem Grenzfall der Konzessions»abgaben« für die Einräumung des Rechts zur Benutzung öffentlicher Verkehrswege für die Verlegung und den Betrieb von Leitungen supra S. 454 mit Fn 675. Die Grenze zu Steuerleistungen, insbesondere Verkehrssteuern, kann dabei durchaus schwierig zu ziehen sein (vgl. auch S. 471 ff.). Das gilt nicht zuletzt dann, wenn die Konzessionszahlung – wie die Spielbankabgabe – durch die gleichzeitige Befreiung von sonstigen Steuerzahlungen Steuerelemente in sich vereinigt. Die Festsetzung einer Steuer im Wege eines Versteigerungsmechanismus scheidet a priori aus. Sie ist der Festlegung durch den Gesetzgeber vorbehalten (sog. Tatbestandsmäßigkeit der Steuer; vgl. dazu supra S. 465).

[1580] Vgl. S. 493 ff. u. 520 ff.

[1581] Der Vorschlag von *Wieland* (Die Konzessionsabgaben, 1991, S. 319 f.) und *Heimlich* (Die Verleihungsgebühr als Umweltabgabe, 1996, S. 278), die Höhe der Verleihungsgebühr nach marktwirtschaftlichen Methoden zu berechnen, stellt in der Sache nichts an-

Knappheitswert der zugewendeten staatlichen Leistung spiegelt. Zulässig ist das nur in dem Umfang, in dem die Zahlungsbereitschaft sachgerechtes und individuell zumutbares Zuteilungskriterium ist. Der Zweck, der den Staat bewogen hat, das Gut dem Freiheitsbereich des Bürgers vorzuenthalten, erweist sich dabei als Lackmustest für die Zulässigkeit des einzusetzenden Differenzierungskriteriums.

Der Anwendungsbereich staatlicher Konzessionierungsentscheidungen, in dem die Versteigerung als Zuteilungsmechanismus für knappe Berechtigungen in Betracht kommt, ist disparat. Der Staat setzt sie als Instrument der Verteilungslenkung etwa bei der begrenzten Zulassung sozial schädlicher Tätigkeiten (infra aa), der Entscheidung über den Zugriff auf natürliche Ressourcen (infra bb) wie auch bei der Auswahl von Personen, die in die Erfüllung öffentlicher Aufgaben eingebunden werden (infra cc), ein.

aa) Sozial schädliches Verhalten

Die Konzessionierung ist ein traditionelles Mittel der kontrollierten Zulassung als sozial schädlich eingestuften Verhaltens. Zum Schutz der Bürger vor einer Ausnutzung der Spielleidenschaft verbietet der Staat etwa grundsätzlich den Betrieb von Spielbanken und behält die Ausnahmeerteilung seiner Entscheidung bzw. den Betrieb seiner eigenen Ausübung vor[1582]. Die Konzession vermittelt ihrem Inhaber, indem sie ihm eine Sonderstellung im Markt zufallen lässt, erhöhte Gewinnchancen. Das lässt eine Abschöpfung der damit verbundenen windfall profits verteilungspolitisch gerechtfertigt erscheinen. Nicht nur widerstreben die erhöhten Gewinne dem Interesse an Zurückdrängung gesellschaftlich unerwünschter Tätigkeiten[1583]; sie sind auch zu einem signifikanten Teil nicht das Kondensat eige-

---

deres als den Vorschlag einer Anwendung des Versteigerungsmechanismus auf Konzessionen dar.

[1582] Die Regelungen in den Bundesländern sind sehr disparat. Es finden sich neben Konzessionierungs- auch Kontingentierungsmodelle, die – bis zur Ausschöpfung des Kontingents – einen grundsätzlichen Anspruch auf Erteilung einer Erlaubnisse vermitteln, so z. B. Brandenburg, §§ 1, 2 bw.SpielbG. Ein repressives Verbot mit Befreiungsvorbehalt begründen z. B. Sachsen-Anhalt (§ 1 Abs. 1 S. 3 sachs-anh.SpielbG), Hessen (§ 1 hess.SpielbG), Niedersachen (§ 2 Abs. 2 S. 1 nds.SpielbG), das Saarland (§ 2 Abs. 2 S. 2 saarl.SpielbG), Thüringen § 2 Abs. 1 S. 2 thür.SpbkG. Verbote ähnlicher Strukturierung bestehen in unterschiedlichen Ausgestaltungen (bislang noch) in vielen Bundesländern auch für Sportwetten und Lotterien. Dass der Staat den Betrieb von Wettbüros zur Eindämmung der Spielleidenschaft wegen der mit ihr verbundenen Gefahren grundsätzlich gänzlich verbieten bzw. ausschließlich seiner eigenen Ausübung vorbehalten darf, hat das Bundesverfassungsgericht nicht prinzipiell verneint, wohl aber in seiner konkreten Ausgestaltung im Bayerischen Staatslotteriegesetz für verfassungswidrig erklärt. BVerfG, Urt. v. 28. 3. 2006, BVerfGE 115, S. 276 ff – staatliches Wettmonopol. Vgl. zu der Problematik *Voßkuhle/Bumke*, Rechtsfragen der Sportwette, S. 53 ff.; *Rausch*, GewArch. 2001, S. 96 ff.; aus europarechtlicher Sicht *C. Koenig*, EWS 2001, Beilage 1, S. 1 ff.; allgemein *Korte*, Das staatliche Glücksspielwesen, 2003, S. 157 ff.; *Voßkuhle*, VerwArch. 87 (1996), S. 395 ff.

[1583] BVerfG, Beschl. v. 19. 7. 2000, BVerfGE 102, S. 197 (216 f.) – Spielbank II.

ner Leistung, sondern staatlicher Eingriffsverwaltung, die den Konzessionsinhaber von Konkurrenz befreit und weitgehend risikolose Erwirtschaftung ermöglicht[1584]. Das Grundgesetz trägt dem durch die Zulassung von Spielbankenabgaben Rechnung[1585].

Als Instrument der Abschöpfung der mit der Befreiung von der grundrechtlichen Verbotsschranke verbundenen Knappheitsrente eignet sich eine Versteigerung der Spielbankerlaubnisse unter konkurrierenden Bewerbern in vorbildlicher Weise. Das Bundesverfassungsgericht schlägt ihre Verwendung in einem obiter dictum ausdrücklich vor[1586]. Wiewohl sich die Versteigerung auch als ein gegenüber dem Verbot milderes Mittel erweist und die Abschöpfung der mit der Erlaubnis einhergehenden Knappheitsrente gerechtfertigt ist[1587], wäre es verkürzt, die Frage nach ihrer Sachgerechtigkeit als Auswahlmechanismus damit bereits positiv beschieden zu sehen. So, wie die mit dem Verbot des Spielbankbetriebs verbundene Einschränkung der Berufs- und Niederlassungsfreiheit nur insoweit zulässig ist, als sie geeignet ist, die Verwirklichung des Verbotszwecks zu gewährleisten und nicht über das hinausgehen darf, was zur Erreichung dieses Zieles erforderlich ist[1588], muss die Zuteilungsentscheidung den Zielen und Gründen, die das Verbot tragen, Rechnung tragen; sie darf ihnen nicht zuwider laufen.

Das Instrument des Spielbankbetriebsverbots dient dem Ziel, das illegale Glücksspiel einzudämmen und dem nicht zu unterdrückenden Spieltrieb des Menschen staatlich überwachte Betätigungsmöglichkeiten zu verschaffen[1589]. Eine Auslese der Erlaubnisinhaber nach Maßgabe ihrer Zahlungsbereitschaft und die dadurch intendierte effiziente Ausnutzung der bewusst verknappten Bewilligungen befördert tendenziell die Spielleidenschaft, statt dem gesetzlichen Ziel ihrer kontrollierten und begrenzten Ausübung zu die-

---

1584 Vgl. BVerfG, ibid.

1585 Art. 106 Abs. 2 Nr. 6 GG; zu ihrer Rechtsnatur vgl. BFH, Gutachten, v. 21.1.1954, BFHE 58, S. 556; BFH, Urt. v. 8.3.1995, NVwZ-RR 1996, S. 167ff. (Einordnung als Steuer); zustimmend *Wieland* (Fn. 1581), S. 273f. m. w. N.

1586 BVerfG, Beschl. v. 19.7.2000, BVerfGE 102, S. 197 (218) – Spielbank II. Dieser Vorschlag ist wohl dahin zu verstehen, dass die Gebotszahlung nicht zugleich – wie im Falle der Spielbankenabgabe de lege lata – von sonstigen Steuern befreit. Anderenfalls würde die Festlegung der Höhe von Steuern unter Verstoß gegen das Prinzip der Tatbestandsmäßigkeit nicht dem Gesetzgeber, sondern der Ermittlung in einem Verhandlungsverfahren überantwortet. Vgl. supra S. 465. Zustimmend *Kraas*, in: Kaminski (Hrsg.), Rechtshandbuch E-Business, 2001, S. 908 (932); *Korte*, Das staatliche Glücksspielwesen, 2003, insbesondere S. 383ff.; *C. Koenig*, EWS 2001, Beilage 1 S. 1 (18); vorsichtiger *Ritgen*, AöR 127 (2002), S. 351 (398f.).

1587 BVerfG, Beschl. v. 19.7.2000, BVerfGE 102, S. 197 (218) – Spielbank II.

1588 Vgl. EuGH, Urt. v. 30.11.1995, Slg. 1995, I-S. 4165 – Gebhard; EuGH, Urt. v. 31.3.1993, EuGH, Slg. 1993, I-S. 1663 – Kraus sowie supra S. 40.

1589 Vgl. BVerfG, Beschl. v. 19.7.2000, BVerfGE 102, S. 197 (218) – Spielbank II; EuGH, Urt. v. 6.11.2003, NVwZ 2004, S. 87ff., Rdnr. 62f. – Gambelli (vgl. dazu Korte, NVwZ 2004, S. 1449ff.).

nen: Der effiziente Anbieter zeichnet sich dadurch aus, dass er das vorhandene Marktpotenzial besser als andere Anbieter abzuschöpfen vermag. Er hat die höchsten Gewinnerwartungen, weil er aus der Berechtigung – etwa aufgrund aggressiven Marketings[1590] – den höchsten Nutzen, insbesondere Gewinn zu ziehen vermag. Ein regelungspolitisches Bedürfnis, ihm bei der Zuteilung der bewusst verknappten Erlaubnisse den Vorzug einzuräumen, ist nicht erkennbar. Das Höchstgebot als Auswahlmaßstab und die ihm eigene Anreizwirkung zu effizientem Einsatz der beschränkten Erlaubnis laufen dem durch das Verbotsziel gesteuerten Auswahlziel diametral entgegen. Steht einer abgabenrechtlichen Vorteilsabschöpfung in Gestalt einer an den Umsatz anknüpfenden Konzessionsabgabe auch nichts im Wege, so ist ihre Perfektionierung zum effizienzorientierten Auswahlmechanismus sachwidrig. Das Ziel einer anreizbegrenzenden Abschöpfung lässt sich auch durch einseitige Festsetzung eines Abgabesatzes, etwa die Festsetzung einer umsatzabhängigen Tantieme, bedienen; einer Versteigerung bedarf es dazu nicht. Die Maximierung des Abschöpfungserlöses ist nicht als solche legitimes Auswahlziel[1591]. Auch das Bedürfnis nach Sicherstellung ausreichender wirtschaftlicher Leistungsfähigkeit der Betreiber[1592] rechtfertigt nicht eine Effizienzauslese, die den Preis der Ausweitung der an sich unerwünschten Tätigkeiten zahlt[1593]. Begrenzt der Gesetzgeber Erlaubnisse im Interesse der Eindämmung einer Tätigkeit, setzt er sich zu seinem Verbotskonzept in Widerspruch, wenn er nach Maßgabe bestmöglicher Ausnutzung zuteilt. Allenfalls unter engen Kautelen und nur im Konzert mit anderen, den Verbotszielen Rechnung tragenden Auswahlkriterien kommt eine an umsatzbasierten *Tantiemen*geboten ausgerichtete Versteigerung als knappheitspreisermittelnder Abschöpfungsmechanismus in Betracht, nicht aber als effizienzgeleitete, an maximierte Gewinnerwartungen anknüpfende Versteigerung.

Nichts anderes gilt für die Zuteilung anderer Erlaubnisse, die ein sozial unerwünschtes Verhalten in Ausnahmefällen zulassen und unter einer Viel-

---

[1590] Vgl. etwa zu den aggressiven Werbestrategien des Online-Kasino-Betreibers Golden-Palace.com supra Fn. 442.

[1591] BVerfG, Beschl. v. 19.7.2000, BVerfGE 102, S. 197 (216) – Spielbank II; a. A. *Korte*, Das staatliche Glücksspielwesen, 2003, S. 253; er lässt die »bestehenden Fiskalinteressen ausreichen, um als staatlicher Zweck eines staatlichen Kasinomonopols zu gelten«, missversteht damit die Rechtsprechung des Bundesverfassungsgerichts und die Legitimation der Abschöpfung indes.

[1592] Da die Spieler in Vorleistungen treten, dürfen sie erwarten, dass erzielte Gewinne auch ausbezahlt werden. Vgl. etwa § 5 Abs. 1 Nr. 3 und 4 m-v.SpielbG, § 3 Abs. 6 Nr. 4 nds.SpielbG, § 2 Abs. 5 Nr. 3–4 rp.SpielbG.

[1593] Effizienzauslese und ein wirtschaftliches Mindestmaß an Leistungsfähigkeit sind nicht dasselbe. Diese lässt sich durch behördliche Prüfung hinreichend zuverlässig ermitteln; die Versteigerung erreicht diese Feststellung nur um den Preis der Ausweitung der unerwünschten Tätigkeit: Je höher der Versteigerungserlös ist, umso intensiver nutzt der Ersteigerer die Erlaubnis aus.

zahl von Interessenten aufgeteilt werden müssen, wie etwa Erlaubnisse zur Sperrzeitverlängerung. Vermittelt ihre Zuteilung auch einen wirtschaftlichen Sondervorteil, der sich in erhöhten Umsatz- und Gewinnchancen äußert, konterkariert eine Auswahl der Bewerber nach Maßgabe der höchsten Gewinnerwartung den mit der Beschränkung beabsichtigten Verbotszweck. Die Anknüpfung an die Zahlungsbereitschaft erweist sich nicht als sachgerechter Auswahlmaßstab. Er korreliert nicht der Rechtfertigung der Beschränkung.

bb) Ressourcenschutz verbrauchbarer Umweltgüter

Im Interesse der Schonung der knappen Umweltressourcen macht der Gesetzgeber von dem Instrument der Konzessionierung (ebenso wie von dem Instrument der Kontingentierung) im Umweltrecht in reichem Umfang Gebrauch. Angesichts ihrer Unvermehrbarkeit und gleichzeitig existenziellen Unverzichtbarkeit für die Allgemeinheit entzieht er wichtige Lebensgrundlagen dem Freiheitszugriff des Einzelnen grundsätzlich vollständig und unterwirft sie einem haushälterischen Bewirtschaftungsregime[1594], um ihre Verfügbarkeit auch für zukünftige Generationen zu sichern. Über eine Kontingentierung geht die Konzessionierung dabei insoweit hinaus, als der Nutzungsanspruch nicht nur in der Menge beschränkt, sondern dem Bürger dem Grunde nach gänzlich abgesprochen wird. So nimmt er die Nutzung des Grundwassers aus der Nutzungsbefugnis des Eigentümers heraus (§ 1a Abs. 4 WHG) und trennt das Gewinnungsrecht an bergfreien Bodenschätzen vom Eigentum an Grund und Boden (§ 3 Abs. 2 S. 2 BBergG), um sie der Allgemeinheit als Rohstoff- und Ressourcenreserve zuzuordnen. Dass Umweltgüter, wie Grund und Boden und das Grundwasser, unvermehrbar und unentbehrlich sind, verbietet es auch nach Einschätzung des Bundesverfassungsgerichts, »ihre Nutzung dem unübersehbaren Spiel der freien Kräfte und dem Belieben des Einzelnen« vollständig zu überlassen[1595]. Es hat das grundsätzliche Verbot der Nutzung des Grundwassers und des Zugriffs auf Bodenschätze verfassungsrechtlich gebilligt[1596].

Die Begrenzung der Nutzungsmöglichkeiten an Grundwasser und Bodenschätzen lässt die Frage nach der Zuteilung derjenigen Berechtigungen, die als Ausnahme von dem grundsätzlichen Nutzungsverbot gewährt werden, auf den Plan treten. Dem beschränkten Ausmaß an Bewilligungen steht eine Schar von Interessenten gegenüber. Der Staat muss eine Auswahlentscheidung zwischen grundsätzlich Gleichberechtigten treffen, die

---

1594 BVerfG, Beschl. v. 15.7.1981, BVerfGE 58, S. 300 (339, 344), *Lorenz*, NVwZ 1989, S. 812 (814).

1595 BVerfG, Beschl. v. 12.1.1967, BVerfGE 21, S. 73 (83) – Grundstücksverkehrsgesetz; BVerfG, Beschl. v. 15.7.1981, BVerfGE 58, S. 300 (344) – Nassauskiesung.

1596 Ibid.

nicht auf einen rechtlich verfestigten Anspruch auf den Nutzungszugang verweisen können. Die Auswahlentscheidung vermittelt den Inhabern der Bewilligung eine herausgehobene Position, die mit einer Privilegierung gegenüber den Rechtsgenossen einhergeht. Sie verleiht ihnen ein subjektiv-öffentliches Recht, das ihnen einen Sondervorteil zuwachsen lässt, der im Namen der Verteilungsgerechtigkeit die Forderung nach einem Ausgleich erhebt. Die Idee, die Auswahlentscheidung mit einer Vorteilsabschöpfung zu verbinden und die Umweltressourcen im Wege der Versteigerung zuzuteilen, erscheint da im ersten Zugriff als eine konsequente Fortsetzung der durch das grundsätzliche Verbot begründeten Verteilungsidee.

(1) Bergrechtliche Bewilligungen

Die haushälterische Bewirtschaftung des Bodens und seiner Schätze unter Zuhilfenahme von vorteilsabschöpfenden Zahlungen hat im Bergbaurecht eine lange Tradition. Welch intrikate Gratwanderung zwischen fiskalischen Einnahmeinteressen und gerechter staatlicher Ressourcenverwaltung sich damit verbindet, klingt nicht erst in *Goethes Faust* an, der *Mephistopheles* zur Lösung der kaiserlichen Finanznöte (»Ich habe satt das ewige Wie und Wenn; es fehlt an Geld, so schaff es denn«[1597]) die Begebung von Schuldscheinen auf noch ungehobene Bodenschätze vorschlagen lässt[1598].

Bergwerksabgaben finden sich als Verleihungen des Landesherrn bereits im frühen Mittelalter. Sie waren, sei es aus dem Bergregal, sei es aus dem Grundeigentum abgeleitet, Entgelte für die Verleihung des ausschließlichen Nutzungsrechts an den Bodenschätzen[1599]. In stark abgewandeltem Gewand haben sie sich bis heute als bergrechtliche Förderabgaben[1600] erhalten. Sie werden als Abgabe für die mit einer bergrechtlichen Bewilligung verbundene ausschließliche Aneignungsbefugnis erhoben und schöpfen den Gewinn ab, der als Sondergewinn aus der Möglichkeit zur Verwertung von der Allgemeinheit zugeordneten Gütern erwächst (§§ 30ff. BBergG)[1601]. Sie

[1597] *Goethe*, Faust, Der Tragödie Zweiter Teil, Erster Akt, Vers 198f.

[1598] »Ein solch Papier, an Gold und Perlen Statt, ist so bequem, (…) Pokal und Kette wird verauktioniert, und das Papier, sogleich amortisiert« (*Goethe*, Faust, Der Tragödie Zweiter Teil, Erster Akt, Vers 1520f.).

[1599] Vgl. dazu im Einzelnen *Wieland* (Fn. 1581), S. 56ff. sowie S. 288 mit Fn. 84.

[1600] Die Zuordnung der Abgaben zum öffentlichen Recht erschien der Rechtsordnung auch nach der Einführung eines Staatsvorbehalts über die Bodenschätze nicht immer als eine Selbstverständlichkeit. Über lange Zeit einigten sich Fiskus und Bergbauunternehmen über die zu zahlenden Entgelte auf der Grundlage eines Konzessionsvertrages, der als privatrechtlicher Ausdruck der Privatautonomie verstanden wurde. Vgl. dazu *Nicolaysen*, Bewilligung und Förderabgabe, 1982, S. 20ff.; *Wieland* (Fn. 1581), S. 56ff.

[1601] Vgl. zu der insbesondere während der Ölkrise der siebziger Jahre des 20. Jahrhunderts intensiv geführten rechtspolitischen Diskussion um die Höhe der Förderabgabe etwa *Nicolaysen*, ibid., S. 37ff.

sind als Verleihungsgebühren[1602] von dem Gedanken des Vorteilsausgleichs getragen.

Die Abschöpfungsfunktion der bergrechtlichen Förderabgabe und die Notwendigkeit einer Auswahl der Ausübungsinteressenten können sich in dem Zuteilungsmodus der Versteigerung zu der Symbiose vereinigen, die Abschöpfung und die Auswahlwirkung verbindet. Überzeugungskraft kommt diesem Gedanken insoweit zu, als dem Interesse der Allgemeinheit an der Abschöpfung von windfall profits beim Abbau von Bergschätzen das Interesse an der effizienten Ausbeutung zum Abbau freigegebener Bodenschätze korreliert. Gestattet der Staat den Abbau von Bergschätzen, hat er ein Interesse daran, dass die knappen Ressourcen sowohl in einer die sonstigen Umweltgüter schonenden als auch das Bodenschatzpotenzial wirtschaftlich effizient ausnutzenden Weise abgebaut werden. Eine unwirtschaftliche Ausbeutung eines Rohstofffeldes erhöht den Abbaudruck auf andere noch unberührte Lagerstätten, die sonst von einem Abbau verschont bleiben könnten. Das Bundesberggesetz spricht denn auch von »den Anforderungen einer sinnvollen und planmäßigen Aufsuchung oder Gewinnung« (§14 Abs. 2 S. 1 BBergG) und dem Ziel der »Sicherung der Rohstoffversorgung (...) bei sparsamem und schonendem Umgang mit Grund und Boden« (§1 Nr. 1 BBergG). Der Staat hat bei der Bewirtschaftung des Bodens und seiner Bodenschätze ein legitimes Interesse an der effizienten Ausnutzung vorhandener Rohstofflager[1603].

Die Idee, die Förderung effizienter Ausnutzung von Rohstoffabbaurechten mit einer Abschöpfung des mit der Zuteilung verbundenen Knappheitspreises zu verbinden, haben die Vereinigten Staaten von Amerika früh zum Gegenstand ihrer Knappheitsbewirtschaftungspolitik erhoben. Seit der zweiten Hälfte des 20. Jahrhunderts teilten sie Erdöl- und Erdgasförderrechte auf ihrem Festlandsockel im Wege der Versteigerung zu[1604]. Der »Outer Continental Shelf Lands Act«[1605] autorisierte das Innenministe-

[1602] In diesem Sinne auch die Begründung der Bundesregierung zum Entwurf des BBergG, BT-Drucks. 8/1315, S. 95; zustimmend *F. Kirchhof*, Die Höhe der Gebühr, S. 29 mit Fn. 37; *Nicolaysen* (Fn. 1600), S. 33ff.; *Wieland* (Fn. 1581), S. 274f.

[1603] Das Bedürfnis nach Verbesserung der Ausnutzung von Lagerstätten und angemessener Versorgung des Marktes mit Rohstoffen bei sparsamem Umgang mit Grund und Boden sprechen auch §32 Abs. 2 S. 1 und §79 Abs. 1 S. 1 BBergG ausdrücklich an. Für eine Berücksichtigung wirtschaftlicher Belange bei der Auswahlentscheidung nach §14 BBergG auch OVG Sachsen-Anhalt, Beschl v. 11.5.1994, ZfB 135, S. 230ff.; VG Leipzig, Urt. v. 3.3.1994, ZfB 135, S. 143ff.

[1604] Vgl. dazu supra S. 286ff.

[1605] 43 U.S.C. §1801. Vgl. dazu *Uisdean*, Tulsa Law Journal 21 (1985), S. 23ff.; *Hossain*, Law and Policy in Petroleum Development, 1979, S. 83ff.; *Ransom*, Boston College Environmental Affairs Law Review 31 (2004), S. 465 (474ff.); *E. Smith*, Tulsa Law Journal 27 (1992), S. 493 (503ff.).

[1606] 43 U.S.C. §1801 (14): »The oil and gas resources of the Outer Continental Shelf are limited, nonrenewable resources which must be developed in a manner which takes into consideration the Nation's long-range energy needs and also assures adequate protecrium, Förderrechte an Festlandsockelflächen gegen Meistgebot zu versteigern[1606]. In Europa stieß der Gedanke nicht auf den gleichen Widerhall. In dieser Tradition steht auch das deutsche BBergG. Es lässt eine Versteigerung von Abbaurechten de lege lata nicht zu[1607]. De lege ferenda ist für eine Versteigerung – als Teil eines mehrstufigen Entscheidungsprozesses, der auch nicht effizienzbezogene Aspekte der Bewilligungsentscheidung, insbesondere die Betriebssicherheit und den Umweltschutz in das Auswahlprogramm einbindet – im deutschem Bergrecht prima vista grundsätzlich durchaus Raum, führt doch die Versteigerung das gesellschaftliche Effizienz- und Abschöpfungsziel wie kein anderes Zuteilungsinstrument zusammen.

Eine effiziente Ressourcenallokation erreicht sie freilich nur dort zielsicher, wo die in den Entscheidungsprozess eingebundenen Bewerber über ausreichende Informationen über den zuzuteilenden Gegenstand verfügen. Die Effizienzhypothese baut auf der Voraussetzung vollständiger Information der Akteure auf. Bergbaurechtliche Bewilligungen werden unter den Bedingungen massierter Entscheidungsunsicherheit zugeteilt. Menge und Wert des mit Hilfe der Bewilligung zu gewinnenden Rohstoffs lassen sich erst nach Beginn der Abbauarbeiten, nicht aber ex ante zum Zeitpunkt der Auswahlentscheidung hinreichend zuverlässig bestimmen. Wiewohl die Interessenten mit Hilfe ihrer technischen Mittel den Wert der Rohstoffe zuverlässiger als staatliche Entscheidungsinstanzen zu beurteilen vermögen (und insoweit also eine die Versteigerung grundsätzlich rechtfertigende Informationsasymmetrie besteht), verbleibt ein signifikantes Maß an Entscheidungsunsicherheit. Die Bieter sind auf Schätzungen auf sehr unsicherer Tatsachengrundlage angewiesen. Nicht selten muss der Auktionssieger alsbald nach der Zuschlagerteilung erkennen, dass er den Zuschlag deshalb erhalten hat, weil er das Potenzial der zu gewinnenden Rohstoffe von allen Interessenten am meisten überschätzt hat und dem Fluch des Gewinners erlegen ist. Bei Versteigerungen von Ölfeldern ist dies mit besonderer Häufigkeit festgestellt worden. Damit verbindet sich nicht allein eine finanzver-

---

tion of the renewable resources of the Outer Continental Shelf which are a continuing and increasingly important source of food and protein to the Nation and the world«. Als seine gesetzliche Zielsetzung beschreibt er es, »to provide […] orderly leasing of these lands, while affording protection of the environment and ensuring that the federal government receives fair value for both landsleased and the production that might result«.

[1607] Ist das Zuteilungskonzept des § 14 BBergG, das sich grundsätzlich ausschließlich beim Zusammentreffen konkurrierender Anträge aktiviert auch für die Berücksichtigung von Abbaueffizienz offen, liegt die Entscheidung über den Einsatz des Zuteilungsinstruments der Versteigerung nicht in den Händen der Verwaltung. Sie bedarf einer ausdrücklichen gesetzlichen Anordnung des parlamentarischen Gesetzgebers. Vgl. dazu auch S. 429 ff. Vgl. zu den völkerrechtlichen Aspekten der Zuweisung von Ausbeutungsrechten am Meeresraum etwa *Stoll*, Meeresschutz im Küsten- und Offshore-Bereich im Hinblick auf nicht-stoffliche Einflüsse, in: Czybulka (Hrsg.), Naturschutz und Rechtsregime im Küsten- und Offshore-Bereich, 2003, S. 25 (28 ff.).

fassungsrechtliche Problematik[1608]; auch die Auswahlwirkung und Aussagekraft des Entscheidungsvorgangs versagt: Die Versteigerung teilt nicht dem Effizientesten die Abbauberechtigung zu, sondern demjenigen, der die optimistischsten Erwartungen an den Wert des Rohstofffeldes hat. Sie misst nicht Effizienz, sondern Risikobereitschaft und konterkariert damit das Effizienzziel des Auslesemechanismus[1609]. Übertrifft die gemeinsame Wertunsicherheit die Effizienzunterschiede zwischen den Bietern, ist die Versteigerung als Verteilungsmechanismus ungeeignet[1610]. Die durch sie erzielte Allokation ist dann nicht signifikant effizienter als eine zufällige Verteilung. Eine Versteigerung von bergrechtlichen Bewilligungen zu einem fixen Versteigerungspreis genügt daher – vorbehaltlich besonderer technischer Möglichkeiten zur Feststellung der vorhandenen Rohstoffressourcen, die sich von Rohstoff zu Rohstoff unterscheiden können – nur ausnahmsweise verfassungsrechtlichen Anforderungen an den Auswahlprozess.

Es verbleibt die Option einer Tantiemen-Versteigerung, die an den mit Hilfe der Bewilligung und der gewonnen Rohstoffe erwirtschafteten Umsatz oder Gewinn anknüpft[1611]. Sie vermindert die Wertunsicherheit der Bieter, bleibt aber auf die Anreizstruktur der Bewilligungsinhaber nicht ohne nachteilige Auswirkung: Tantiemen schlagen sich anders als vorweg abgeschöpfte Versteigerungserlöse nicht als versunkene Kosten[1612] in der Kalkulation der Bewilligungsinhaber nieder. Sie senken die Gewinnanreize und die Investitionsbereitschaft der Bewilligungsinhaber. Je höher der Prozentsatz der Tantieme, umso stärker vermindert sich der Investitionsanreiz des Erwerbers und umso größeres Gewicht erlangt die Neigung, ein Rohstofffeld nicht weiter zu nutzen, weil die Ausbeute die eigenen Gewinner-

[1608] Vgl. S. 532 ff. Diese stellt sich in den Fällen einer Versteigerung von bergrechtlichen Bewilligungen (als Befreiungen von repressiven Verboten) zwar nicht mit der gleichen Schärfe wie im Falle von kontingentierten Erlaubnissen, auf deren Zuteilung grundsätzlich (bis zur Ausschöpfung des Kontingents) ein grundrechtlich unterfütterter Anspruch besteht (vgl. supra S. 554 ff. und S. 598 ff.). Erreicht das Ausmaß der Entscheidungsunsicherheit indes in ex ante erkennbarer Weise ein solches Maß, dass die Gegenleistungsbezogenheit des Versteigerungserlöses zu einer Zufallsgröße wird, fehlt es an einer hinreichenden Abgrenzbarkeit des Erlöses von der Steuer und damit an seiner sachlichen Rechtfertigung.

[1609] Vgl. *Selmer*, NVwZ 2003, S. 1304 (1312); *Storr*, K & R 2002, S. 67 (73); *Ladeur*, ArchivPT 1998, S. 243 (249).

[1610] Die Problematik der Entscheidung unter Ungewissheit hat auch das Vergaberecht erkannt und aus diesem Grunde Sonderregeln eingeführt: Nach § 3a Nr. 1 Abs. 4b der VOL/A können »in Ausnahmefällen, wenn es sich um Dienstleistungsaufträge handelt, die ihrer Natur nach oder wegen der damit verbundenen Risiken eine vorherige Festlegung eines Gesamtpreises nicht zulassen«, Verhandlungsverfahren statt öffentlichen Ausschreibungsverfahren durchgeführt werden. Hier wird nicht ein vorheriger Gesamtpreis bestimmt, sondern der Auftraggeber wendet sich an Unternehmen seiner Wahl und verhandelt mit mehreren oder einem einzigen dieser Unternehmen über die Auftragsvergabe.

[1611] Vgl. dazu im Einzelnen S. 325 und S. 576.

[1612] Vgl. zu dem Begriff S. 351.

wartungen nicht mehr trägt[1613]. Lässt sich dem auch durch eine im Auswahlverfahren festgelegte Explorationsverpflichtung begegnen, so nähert sich die Versteigerung dann nicht nur in der Sache sichtbar bekannten Ausschreibungsverfahren an[1614]. Es bleiben vor allem letzte Zweifel, ob einem sich im Wesentlichen auf die staatliche Erlöspartizipation kaprizierenden Verfahren ein adäquater regelungspolitischer Gewinn gegenübersteht.

(2) Gewässererlaubnisse bzw. -bewilligungen

Dort, wo einer Erlaubnis oder Bewilligung für Gewässerbenutzungen (in Abweichung von dem Verbotsgrundsatz des Wasserhaushaltsgesetzes) keine zwingenden Hindernisse entgegenstehen, aber mehrere Anträge respektive Nutzungsinteressen zusammentreffen, die einander auch bei Festsetzung von Benutzungsbedingungen und Auflagen ausschließen, steht der die haushälterische Bewirtschaftung des Wassers übernehmende Staat vor einem Verteilungsproblem. Er muss eine Vorrangentscheidung unter grundsätzlich gleichberechtigten genehmigungsfähigen Anträgen treffen. Diese hat sich an dem Zweck zu orientieren, dem die Herauslösung des Wassers aus dem Grundeigentum und seine Übernahme in das Kraftfeld staatlicher Bewirtschaftung und Verteilungslenkung dient. Die Wassergesetze heben folgerichtig auf die Bedeutung[1615] bzw. den größten Nutzen[1616] des Vorhabens für das Wohl der Allgemeinheit[1617] ab. Sie nehmen damit auf die wichtigste Bewirtschaftungsleitlinie des öffentlichen Wasserrechts, das Wohl der Allgemeinheit, Bezug (vgl. § 1a Abs. 1 S. 2 und § 6 Abs. 1 WHG). Das »Wohl der Allgemeinheit« umschließt vorrangig wasserwirtschaftliche Aspekte, insbesondere die ausreichende Verfügbarkeit

---

[1613] *McAfee/McMillan* (Fn. 232), Journal of Economic Literature 25 (1987), S. 699 (718); *Dam*, Oil resources – Who gets what how, 1976, S. 148 ff.

[1614] Mit der Höhe der Tantieme schwindet auch die letzte Gewähr dafür, dass sie nur die Ressourcenrente abschöpft, die auf den Wert des Gutes zurückzuführen ist, nicht aber auf den normalen Unternehmensgewinn oder die Eigenkapitalverzinsung zugreift und damit eine verdeckte Gewinnbesteuerung vornimmt. Geht eine formale Abgrenzung zwischen Steuern und sonstigen Abgaben dem auch großräumig aus dem Weg, so sind damit Zweifel an der Einordnung, nicht aber an der Rechtmäßigkeit der Abgabe aus dem Weg geräumt (vgl. zur Diskussion um die Grenzziehung zwischen Förderkonzessionssteuern und -abgabe *Wieland* [Fn. 1581], S. 275 f. m. w. N.). Die Unverhältnismäßigkeitsgrenze des Äquivalenzprinzips liegt freilich hoch. Anders als bei kontingentierten Erlaubnissen, auf deren Zuteilung ein grundrechtsbewehrter Anspruch besteht, kommt bei der Zuteilung von Befreiungen von repressiven Verboten auch dem Gedanken der eigenverantwortlichen Risikoübernahme stärkere rechtliche Bedeutung zu. Vgl. dazu auch S. 598 ff. sowie *Wieland* (Fn. 1581), S. 302.

[1615] Art. 19 S. 1 bay.WasserG; § 18 S. 1 bln.WasserG, § 33 S. 1 bbg.WasserG; § 9 S. 1 brem.WasserG; § 28 nrw.WasserG; § 30 S. 1 rp.WasserG; § 23 thür.WasserG.

[1616] In diesem Sinne § 18 Abs. 1 S. 1 bw.WasserG; § 7 S. 1 m-w.WasserG, § 16 sächs. WasserG; § 18 S. 1 saarl.WasserG.

[1617] Allgemein auf »Wohl der Allgemeinheit« heben § 80 Abs. 1 S. 1 hmb.WasserG, § 9 S. 1 nds.WasserG, § 10 S. 1 sachs-anh.WasserG ab.

nutzbaren Wassers und die Gewährleistung der öffentlichen Wasserversorgung[1618], bindet aber auch sonstige durch die Wassernutzung berührte öffentliche Interessen der Gesellschaft, wie etwa Belange des Naturschutzes und der Landschaftspflege, des Gesundheitsschutzes, ein. Der Begriff bildet damit ein vielschichtiges ökosystemares Prüfprogramm ab[1619], für das die Versteigerung als komplexitätsreduzierendes Zuteilungsprogramm[1620] nicht ohne Weiteres offen ist.

Soweit die Vorhaben sub specie ihres Nutzens für das Allgemeinwohl indifferent sind, bleibt Raum für Reservekriterien. Einige Landesgesetze erheben dann die »Bedeutung« der Nutzung »für die Volkswirtschaft«[1621] bzw. ihre »wirtschaftliche Bedeutung«[1622] zum Entscheidungskriterium[1623]. Hier scheint die Versteigerung als Auswahlmechanismus berufen. Sie ermittelt ökonomischen Nutzen mit unerbittlicher Präzision. Ihr deshalb blind als Auswahlinstrument des Wasserrechts zu huldigen, wäre indes voreilig. Sie bezieht den Nutzen, den sie ermittelt, nicht primär auf die Gesellschaft als Ganzes, sondern die individuelle Präferenz des bietenden Unternehmens; sie folgt einer betriebswirtschaftlichen, nicht vorrangig einer volkswirtschaftlichen Rationalität[1624]. Entspricht die betriebswirtschaftlich effiziente Nutzung von Ressourcen auch einem gesamtgesellschaftlichen Interesse, bleibt volkswirtschaftliches Kalkül dabei nicht notwendig stehen. Es nimmt auch strukturpolitische, konjunkturpolitische und ordnungspolitische Aspekte in den Fokus, die sich nicht auf Gewinnerwartungen reduzieren lassen, und verlangt damit der zuteilenden Behörde nach ihrer Intention eine komplexe wertende Entscheidung ab, für die die Versteigerung strukturell denkbar wenig geeignet ist (vgl. dazu auch S. 406ff.). Wiewohl sich auch im Wasserrecht das Interesse an der Abschöpfung von wirtschaftlichen Sondervorteilen des Bewilligungs- bzw. Erlaubnisinhabers zugunsten der Allgemeinheit[1625] mit dem Interesse

[1618] Das saarländische und mecklenburg-vorpommersche Wassergesetz heben ausdrücklich die öffentliche Wasserversorgung und die Abwasserbeseitigung als wichtige Allgemeinwohlbelange hervor (§7 S. 1 m-v.WasserG, §18 S. 1 saarl.WasserG). Ebenso für die anderen Landesgesetze *Breuer*, Öffentliches und privates Wasserrecht, 3. Aufl. 2004, Rdnr. 428 m. w. N.

[1619] Vorhaben der öffentlichen Wasserversorgung vermittelt es einen grundsätzlichen Vorrang gegenüber privatwirtschaftlichen Nutzungsabsichten. Vgl. zum Begriff des Wohls der Allgemeinheit im Wasserrecht etwa BVerwG, Urt. v. 17.3.1989, BVerwGE 81, S. 347ff.; *Breuer*, ibid., Rdnr. 372ff.; *Stortz*, ZfW 1972, S. 274ff.

[1620] Vgl. dazu im Einzelnen supra S. 405ff.

[1621] §18 S. 1 bln.WasserG, §9 S. 1 brem.WasserG, §122 S. 1 s-h.WasserG.

[1622] §23 thür.WasserG, §33 S. 1 bbg.WasserG.

[1623] Damit bringen sie zugleich zum Ausdruck, dass sie »Wohl für die Allgemeinheit« nicht mit der wirtschaftlichen Bedeutung gleichgesetzt wissen wollen.

[1624] Zur Bedeutung des Unterschieds zwischen betriebswirtschaftlicher und volkswirtschaftlicher Rationalität treffend *Fehling*, Versteigerungen und Ausschreibungen aus europarechtlicher Perspektive, in: Knieps (Hrsg.) Versteigerungen und Ausschreibungen in Verkehrs- und Versorgungsnetzen, 2005, S. 54 (89f.).

an der effizienten Nutzung knapper Ressourcen paart, bleibt der sinnvolle praktische Anwendungsbereich des Allokationsinstrumentes der Versteigerung hier gering[1626]. Der Zuteilungsspielraum wasserrechtlicher Verteilungsentscheidungen bezieht sich überdies regelmäßig auf örtlich gebundene Nutzungen, die einen auktionsgeeigneten Markt nur selten entstehen lassen. Nur in vereinzelten Non-liquet-Konstellationen kann der Versteigerung als Letztkriterium einer polyvalenten Entscheidungskette ein sinnvoller Einsatzbereich zuwachsen, dessen Verwendung in den Auswahl- und Gestaltungsspielraum des zuteilenden Staates fällt und als abgabeerhebender Zuteilungsmechanismus de lege ferenda einer ausdrücklichen gesetzlichen Anordnung bedürfte[1627].

cc) Unmöglichkeit von Wettbewerb in natürlichen Monopolen der Daseinsvorsorge; Einbeziehung Privater in die Erfüllung öffentlicher Aufgaben

Wo ein natürliches Monopol aufgrund der besonderen Höhe versunkener Infrastrukturinvestitionskosten funktionsfähigen Wettbewerb im Markt ausschließt, insbesondere im Bereich leitungsgebundener Netzwirtschaften[1628], sieht der Gesetzgeber sich regelmäßig im Interesse der angemessenen Erledigung einer Aufgabe der Daseinsvorsorge[1629] zur Regulierung veranlasst. In der Vergangenheit behielt er die Aufgabenwahrnehmung häufig seiner eigenen Ausübung vor oder er überließ sie Privaten und verlieh ihnen ausschließliche Nutzungsrechte (an Leitungs- und Versorgungsein-

---

[1625] Vgl. zur Vorteilsabschöpfung wasserrechtlicher Nutzungen durch die landesgesetzlichen Wasserentnahmeabgaben und zu der sich daran entspinnenden Diskussion etwa *F. Kirchhof*, NVwZ 1987, S. 1031 ff.; *S. Meyer*, Gebühren für die Nutzung von Umweltressourcen, 1995, S. 42 ff.; *Heimlich*, Die Verleihungsgebühr als Umweltabgabe, 1996, S. 319 ff.; *von Mutius/Lüneburger*, DVBl. 1995, S. 1205 ff.; *Wiß*, Finanzverfassungsrechtliche Probleme der Einführung einer Wasserentnahmeabgabe auf Landesebene, 1992.

[1626] Das gilt etwa auch für den Ausgleich von Nutzungen gemäß § 18 WHG in Konstellationen, in denen wasserwirtschaftliche Berechtigungen zum Wohl der Allgemeinheit, insbesondere im Interesse der öffentlichen Wasserversorgung, beschränkt werden, weil das Wasser nicht für alle Nutzungen ausreicht oder diese sich wechselseitig beeinträchtigen. Das Wasserrecht gestattet es den betroffenen Beteiligten, sich über ihre Benutzungsbefugnisse mit öffentlich-rechtlicher Gestaltungswirkung zu einigen (vgl. etwa § 19 Abs. 1 b-w.WasserG). Sie können ihre Zuteilungsvereinbarung – vorbehaltlich eines Widerspruchs zu Gemeinwohl-, insbesondere wasserwirtschaftlichen Belangen – grundsätzlich auch nach dem Maßstab der Zahlungsbereitschaft ausrichten. In der Ermöglichung privatautonomer Vereinbarungen liegt ein rationaler Weg der Knappheits- und Konfliktbewältigung. Praktische Bedeutung hat das Ausgleichsverfahren bislang in der Praxis indes nicht erlangt. Vgl. dazu auch *Breuer*, Öffentliches und privates Wasserrecht, 3. Aufl. 2004, Rdnr. 658; *Kotulla*, WHG, 2003, § 18 Rdnr. 11.

[1627] Vgl dazu S. 429 ff.

[1628] Vgl. dazu und zu Beispielen supra S. 21 ff.

[1629] Vgl. zur Wandlung des Begriffs und zum Einfluss des Europarechts *Kämmerer*, NVwZ 2002, S. 1041 ff.; *ders.*, NVwZ 2004, S. 28 ff.; *Scharpf*, EuZW 2005, S. 295 ff.

richtungen oder Wegen), die den Inhabern eine wettbewerbliche Sonderposition mit gesteigerten Gewinnmöglichkeiten vermitteln. Die singuläre Rolle des Konzessionsinhabers erfordert eine verfassungsrechtlichen und gemeinschaftsrechtlichen Anforderungen genügende Auswahlentscheidung. Ähnliche Entscheidungslagen stellen sich dort, wo der Staat Private in die Erfüllung anderer öffentlicher Aufgaben einbezieht, die der Staat als Verwaltungsmonopole grundsätzlich seiner Erledigung vorbehält, wie beispielsweise die Übertragung der Hausmüllentsorgung auf der Grundlage des §16 Abs. 2 KrW-/AbfG, die Durchführung des Rettungsdienstes und die Übertragung der Abwasserbeseitigung. Der Staat tritt hier als Nachfrager auf dem Markt auf. Der klassische Bereich hoheitlicher Verteilungslenkung ist hier überschritten.

Wettbewerbliche Zuteilungsmechanismen entsprechen den berührten Zugangsinteressen und betroffenen Schutzgütern in sachgerechter Weise. Insbesondere im Gefolge des gemeinschaftsrechtlichen Drangs nach wettbewerblichen Auswahlmechanismen[1630] haben sich Letztere als status normalis etabliert. Soweit die Versteigerung (wie von den meisten) als rein monetäres Instrument verstanden wird (vgl. dazu aber S. 306 u. 408ff.), erweist sie sich hier unter den gegenleistungsorientierten Auswahlmechanismen regelmäßig nur als zweitbeste Wahl: Den durch die Verwaltung des Mangels berührten Regelungszielen lässt sich durch an Sachkriterien orientierte Auswahlverfahren, die dem durch die Vereinnahmung als öffentliche Aufgabe gerechtfertigten öffentlichen Interesse an der ordnungsgemäßen Leistungserbringung Rechnung tragen, in der Regel angemessener als durch monetäre Zahlungspflichten dienen[1631]. Die Zweckfreiheit des Geldes erweist sich hier leicht als Schranke seiner Steuerungsgenauigkeit und Problemlösungskapazität[1632].

3. Staatlich bereitgestellte Güter, Verteilung als Folge staatlicher Angebotsknappheit

Vor der Aufgabe, Knappheitsprobleme zu bewältigen steht der Staat nicht alleine dort, wo er aus Gründen des Gemeinwohls Freiheitsräume beschneidet und den Zugang zu ihnen wenigen Interessenten vorbehält. In besonderer Weise ist er als Zentrum der Verteilungslenkung dort gefordert, wo er aus eigenen Mitteln Leistungen für seine Bürger bereitstellt. Auch hier tritt das Bedürfnis nach einer knappheitsgerechten Zuteilung und einer effizienten Nutzung der knappen Güter auf den Plan. Die staatlichen Ressourcen sind nicht unbegrenzt vermehrbar; ihre Verfügbarkeit ist durch die

[1630] Vgl. auch S. 90ff.
[1631] Vgl. auch bereits S. 281.
[1632] Treffend *Fehling* (Fn. 1624), S. 54 (78f.).

staatliche Leistungsfähigkeit und den Vorrang konkurrierender staatlicher Zielsetzungen beschränkt. Die Berechtigung des Einzelnen steht daher grundsätzlich[1633] unter dem Vorbehalt des Möglichen im Sinne dessen, was der Einzelne vernünftigerweise von der Gesellschaft erwarten kann[1634]. Je knapper die Mittel sind, umso dringlicher tritt das Bedürfnis zu Tage, sie schonend und zielgerecht einzusetzen. Dem Walten von Verschwendung kann dabei kein Eigenwert zukommen. Ineffizienz ist ein Risiko für das Ziel der Aufgabenerfüllung. Sie verkürzt individuelle Bedürfnisbefriedigungsmöglichkeiten und vorenthält Möglichkeiten der Freiheitsbetätigung[1635]. Hat der Einzelne grundsätzlich auch keinen Anspruch auf Bereitstellung staatlicher Ressourcen und ist die vorhandene Kapazität grundsätzlich die Schranke des grundrechtlichen Anspruchs, korrespondiert dem Angewiesensein auf die Leistung zur Entfaltung von Freiheit ein Anspruch, die vorhandenen Kapazitäten auszuschöpfen und den Berechtigten vollumfänglich zur Nutzung zuzuführen. Den Staat trifft eine Verpflichtung zu optimaler Mängelverwaltung[1636].

Das Ziel effizienten Ressourceneinsatzes und der Anspruch auf Kapazitätsausschöpfung reden dabei nicht selbstverständlich dem Instrument des Marktes das Wort[1637]. Das Effizienzziel sagt über die Mittel, mit denen es erreicht wird, nur wenig aus. Ob ein Mittel effizient ist, hängt von dem Zweck ab, den es erreichen soll. Effizienz ist ein Relationsbegriff, der das Verhältnis zwischen dem Zweck und den dafür eingesetzten Mitteln als Optimierungsgröße rationaler Rechtsfolgenwahl in den Blick nimmt. Über die Ziele, die optimiert werden sollen, gibt der Begriff keine Auskunft. Er setzt sie voraus. Besteht die Mission einer staatlichen Leistung etwa darin, ein Gut Bedürftigen zuteil werden zu lassen, erweist es sich als hochgradig ineffizient, es nach dem Maßstab der Zahlungsbereitschaft zuzuteilen; die Mittel erreichen die Bedürftigen nicht.

Stellt der Staat seinen Bürgern Leistungen bereit, tut er dies regelmäßig, um die Lebenssituation seiner Bürger in Bereichen zu verbessern, in denen

---

1633 Etwas anderes gilt dort, wo dem Einzelnen ausnahmsweise originäre Teilhabeansprüche zur Seite stehen, die ihm als Ausfluss der Leistungsfunktion des Sozialstaates unmittelbare grundrechtliche Leistungsansprüche vermitteln, wie etwa der aus Art. 2 Abs. 1 i. V. m. 1 Abs. 1 GG fließende Anspruch auf staatliche Hilfe zur Sicherung des Existenzminimums. Vgl. dazu etwa *Lübbe-Wolff*, Grundrechte als Eingriffsabwehrrechte, 1988, S. 223.

1634 BVerfG, Urt. v. 18.7.1972, BVerfGE 33, S. 303 (331 u. 333) – numerus clausus I; *Badura*, Verteilungsordnung und Zuteilungsverfahren bei der Bewirtschaftung knapper Güter durch die öffentliche Verwaltung, in: Festschrift für Karl-Heinrich Friauf, 1996, S. 529 (531).

1635 *Hoffmann-Riem*, Effizienz als Herausforderung des Verwaltungsrechts, in: ders./ Schmidt-Assmann (Hrsg.), Effizienz als Herausforderung an das Verwaltungsrecht, 1998, S. 11 (25).

1636 Vgl. dazu bereits S. 212.

1637 Vgl. dazu auch S. 212 ff.

der Markt keine befriedigenden Ergebnisse zeitigt. Er korrigiert die Ergebnisse privatautonomen Güteraustausches, indem er den Bürgern Teilhabe an Gütern vermittelt, die der Markt ihnen nicht in ausreichendem Umfang zuteil werden lässt. Er lässt Hilfebedürftigen direkte monetäre Transferleistungen der sozialen Sicherung zukommen oder er bietet Güter und Leistungen an, die ohne sein Tätigwerden nicht in ausreichender Menge oder zu ihm als angemessen erscheinenden Preisen angeboten werden, insbesondere öffentliche Einrichtungen, wie Museen, Bibliotheken oder Begegnungsstätten. Staatliche Leistungen sind ein Instrument gesellschaftlicher Umverteilung[1638]. Aus überwiegend nach Maßgabe der Leistungsfähigkeit von den Bürgern erhobenen Mitteln finanziert, kommen sie den Bürgern unabhängig von ihrem Finanzierungsbeitrag nach gleichem Maßstab zugute. Für viele der als Leistungsstaat wahrgenommenen Aufgaben und Leistungen halten *Birk/Eckhoff*[1639] treffend fest: »Wer sie benötigt, kann sie nicht finanzieren; wer sie finanzieren könnte, benötigt sie nicht«. Die Idee, sie nach Maßgabe des erhaltenen Nutzens zuzuteilen und die Nutzer vollständig an den Kosten ihrer Finanzierung zu beteiligen[1640], stößt hier alsbald an ihre Sinngrenze. Beruht die Intervention des Staates gerade auf dem Gedanken einer Korrektur der Verteilungsergebnisse, die der Markt hervorgebracht hat und der Intention der Ermöglichung der Voraussetzungen von gleichem Freiheitsgebrauch, bietet sich marktlichen Verteilungsmechanismen nur ein schmaler Grat sinnvoller Anwendung.

Der Aufgabenbereich sozialrechtlicher Leistungserbringung verschließt sich dem Instrument des Marktes daher grundsätzlich ebenso wie die Wirtschaftsförderung durch Subventionen[1641]. Auch die Bereitstellung öffentlicher Einrichtungen würde der Funktion, der diese dienen sollen, in vielen Bereichen nicht gerecht, würde der Zugang zu ihnen allein nach Maßgabe der Zahlungsbereitschaft und des mit dem Zugang verbundenen Nutzens eröffnet. Hindert den Einrichtungsträger die von einem Fürsorgegedanken getragene Bereitstellung der Einrichtung auch nicht, einen Preis für ihre Nutzung zu erheben und kommt diesem, indem er den Zugang zur Nutzung steuert, auch verteilungspolitische Funktion zu, sind öffentliche Einrichtungen ferner auch nach wirtschaftlichen Gesichtspunkten zu betrei-

---

[1638] Vgl. zu dem Spannungsverhältnis zwischen Verteilungsgerechtigkeit und Allokationseffizienz supra S. 238 ff.

[1639] *Birk/Eckhoff*, Staatsfinanzierung durch Gebühren und Steuern, in: Sacksofsky/Wieland (Hrsg.), Vom Steuerstaat zum Gebührenstaat, 2000, S. 54 (65).

[1640] Diese Idee bildet den Grundgedanken des finanzwissenschaftlichen Äquivalenzprinzips ab. Vgl. dazu bereits S. 532.

[1641] Sie knüpft bereits begrifflich daran an, dass der Staat ohne marktgerechte Gegenleistung zur Förderung eines bestimmten im öffentlichen Interesse liegenden Verhaltens der Bürger vermögenswerte Zuwendungen gewährt. Vgl. etwa Beschl. v. 13.5.1986, BVerfGE 72, S. 175 (193); *Haverkate*, NVwZ 1988, S. 769 (773).

ben[1642], so entspricht eine vollständige knappheitsorientierte Abschöpfung der Zahlungsbereitschaft durch Versteigerung im Falle des Zuteilungskonfliktes den Zwecken, deren Bereitstellung die Einrichtung ausweislich der Widmung dient, und den grundrechtlichen Entfaltungsräumen, die sie eröffnen sollen, regelmäßig nicht[1643]. Eine Zuteilung nach Maßgabe der Zahlungsbereitschaft kommt allenfalls dort als sachgerecht in Betracht, wo die Bereitstellung staatlicher Ressourcen der Entfaltung der Berufsfreiheit und der grundfreiheitlichen Eröffnung des Marktzugangs dient. Je stärker dabei der personale Gewährleistungsgehalt und die Verteilung von Lebenschancen und Entfaltungsmöglichkeiten betroffen ist, umso stärker dünnt sich der legitime Anwendungsbereich des Zuteilungskriteriums der Zahlungsbereitschaft aus. Bei der Zuteilung von Studienplätzen verschließt sich dieser Anwendungsbereich unter Zugrundelegung der herausgearbeiteten Maßstäbe vollständig (infra aa), offener erweist sich insoweit der Bereich der Zuteilung von Markt- und Messeplätzen sowie der Verteilung von Start- und Landerechten (sog. slots) auf Flughäfen.

a) *Zulassung zum Hochschulstudium*

Die Zulassung zum Hochschulstudium und die Zuteilung knapper Studienplätze entscheidet über die Möglichkeit zur Verwirklichung beruflicher Entfaltungschancen; sie fällt über Lebenschancen das Fallbeil. Die Verwirklichung von Lebenschancen in grundrechtlich wesentlichen Bereichen allein von der Zahlungsbereitschaft und -fähigkeit abhängig zu machen, läuft nicht nur dem Gewährleistungsgehalt der Berufsfreiheit als eines Bereichs persönlicher Entfaltung diametral zuwider. Der Zahlungsbereitschaft fehlt es auch an jedem Bezug zu der Zielsetzung der Auswahlentscheidung: Mag die Zahlungsbereitschaft auch einen Hinweis auf die *Bereitschaft* des Studierwilligen (respektive seiner Familie) enthalten, seine Kraft in den Dienst eines erfolgreichen Studiums zu stellen und die angebotene Leistung erfolgreich zu nutzen, so ist ihr keine Aussage zu der dafür erforderlichen *Fähigkeit* zu entnehmen. Die Versteigerung von Studienplätzen ist verfassungsrechtlich unter keinen Umständen rechtfertigbar[1644, 1645].

1642 Vgl. etwa § 69 Abs. 2 nrw.GemO.

1643 Je stärker der Einzelne auf die Einrichtung als Voraussetzung der Grundrechtsausübung angewiesen ist, umso stärker steuern die Freiheitsrechte den Zuteilungsspielraum des Zuteilenden. Die berührte grundrechtliche Freiheit und die Nähe des Auswahlkriteriums zum Widmungszweck determinieren entscheidend die Rechtmäßigkeit der Zuteilungsentscheidung. Vgl. auch *Ossenbühl*, DVBl. 1973, S. 294 (296 ff.) m. w. N.

1644 Das sieht auch der Gesetzgeber nicht anders; vgl. Begründung der Bundesregierung zum Entwurf eines Telekommunikationsgesetzes, BT-Drucks. 15/2316, S. 80: »Im Unterschied zu anderen Bereichen, in denen es um die Verteilung knapper Güter geht, wie zum Beispiel bei der Vergabe von Studienplätzen, ist das ökonomische Auswahlkriterium im Bereich der Frequenzvergabe rechtsstaatlich unbedenklich«.

b) Zuteilung von Standplätzen auf kommunalen Volksfesten, Messen und Märkten

Die Zuweisung knapper Standplätze auf festgesetzten Volksfesten, Messen und Märkten stößt in das Herz eines klassischen wirtschaftsrechtlichen Verteilungskonfliktes vor. Die Begrenztheit des verfügbaren Platzangebots macht im Falle des Bewerberüberhangs eine Zuteilungsentscheidung erforderlich, die dem Veranstalter einen Auswahlspielraum öffnet. Wie dieser auszufüllen ist, dazu schweigen sich die Gewebeordnung bzw. die Gemeindeordnungen[1646] leidlich aus. Aus ihnen lässt sich lediglich das Gebot der Sachgerechtigkeit der Auswahlkriterien unter Beachtung des Grundsatzes der Marktfreiheit[1647] destillieren (vgl. §70 Abs. 3 GewO). Es ist im Lichte der durch die Zugangseröffnung berührten Freiheitsgewährleistungen der Berufsfreiheit sowie der Niederlassungs- und Dienstleistungsfreiheit zu lesen.

[1645] Ähnliches gilt mit gleicher Eindeutigkeit für den Zugang zu öffentlichen Ämtern. Kommt hier dem Gesichtspunkt der Verwirklichung von Lebenschancen auch nicht ein gleichrangiges Gewicht zu, so hält das Grundgesetz auf die Verteilungsfrage – abweichend von seiner grundsätzlichen Enthaltsamkeit in Verteilungsfragen – eine unmissverständliche, abweichungsfeindliche Antwort bereit: Für öffentliche Ämter, die der Staat vergibt, gibt die Verfassung die anzuwendenden Verteilungsmaßstäbe in Art. 33 Abs. 2 GG – als lex specialis zu Art. 12 Abs. 1 GG – ausdrücklich vor: Auswahlentscheidungen sind nach Maßgabe von Eignung, Befähigung und fachlicher Leistung vorzunehmen. Andere Kriterien sind grundsätzlich unzulässig. Lediglich wenn Bewerber gleich qualifiziert sind, ist für Hilfskriterien Raum. Es ist dann in das pflichtgemäße Ermessen des Dienstherrn gestellt, welchen zusätzlichen Gesichtspunkten er bei seiner Entscheidung das größere bzw. ausschlaggebende Gewicht beimisst (BVerwG, Urt. v. 27.2.2003, NVwZ 2003, S. 1397f.; BVerwG, Urt. v. 25.8.1998, BVerwGE 80, S. 123 (126); Hessischer VGH, Beschl. v. 16.5.1995, NVwZ-RR 1996, S. 279f.; OVG Nordrhein-Westfalen, Beschl. v. 19.10.2001, NWVBl. 2002, S. 236 (237); OVG Nordrhein-Westfalen, Beschl. v. 14.8.2001, DÖD 2001, S. 312 (313); OVG Nordrhein-Westfalen, Beschl. v. 23.12.1999, DÖD 2000, S. 137). Dieses Ermessen ist nicht schrankenlos. Es muss sich um sachgerechte Hilfskriterien handeln. Das gewählte Auswahlkriterium darf den Grundsatz der Bestenauslese als Prinzip nicht in Frage stellen. Unter den rechtlich bedenkenfreien Hilfskriterien ist das sachnächste heranzuziehen (Hessischer VGH, Beschl. v. 19.11.1993, NVwZ-RR 1994, S. 347 [349]). Verbietet das Grundgesetz die Zahlungsbereitschaft als Hilfskriterium auch nicht ausdrücklich, steht sie in keinem unmittelbaren Bezug zur Eignung der Bewerber. Ihr fehlt es an jedem Bezug zu dem zuzuteilenden Gut. Die Zahlungsbereitschaft und -fähigkeit gibt keine aussagekräftige Auskunft darüber, ob eine Person die Aufgabe, die das Amt ihr abfordert, zu erfüllen in der Lage ist. Für eine Kommerzialisierung des Zugangs zu öffentlichen Ämtern lässt das Grundgesetz keinen Raum. Eine Vergabe von Beamten-, Richter- oder Soldatenpositionen nach Allokationseffizienzkriterien ist mit ihm unvereinbar.

[1646] Der in ihnen geregelte Zulassungsanspruch findet auf nicht festgesetzte Veranstaltungen Anwendung.

[1647] Vgl. BVerwG, Urt. v. 27.4.1984, DVBl. 1984, S. 1071 (1072). Ähnlich VGH Baden-Württemberg, Urt. v. 17.3.1982, GewArch. 1983, S. 159 (169): »Auswahlentscheidungen aufgrund §70 Abs. 3 GewO erfordern mehr als die Beachtung des allgemeinen Gleichheitssatzes. Sie müssen positiv dahin tendieren, die Marktfreiheit zu erhalten«.

Die Auswahlkriterien befinden über die Möglichkeiten der Wahrnehmung der Marktfreiheit; sie gestalten die Wettbewerbsbeziehungen zwischen den Interessenten. Sie müssen daher einen Bezug zu der Eigenart des Marktgeschehens aufweisen[1648]; die Auswahl hat sich an dem Beitrag der Beschicker zu dem Veranstaltungszweck zu orientieren und darf dabei nicht zu einer Vereitelung jeder reellen Zuteilungschance führen. Indem sie über den Zugang zum wettbewerblichen System des Marktes entscheidet, ist ihr der Gedanke einer wettbewerbsorientierten Zuteilung nicht fremd. Die Eröffnung eines Wettbewerbs um den Marktzugang wird der Marktfreiheit, der Zielsetzung der Veranstaltung und der durch die Zuteilungsentscheidung betroffenen Berufsfreiheit grundsätzlich gerecht. Die Versteigerung kann ihre Zielsetzungen einer transparenten, allokationseffizienten und abschöpfungsorientierten Zuteilung im Grundsatz bei dem Zugang zu Standplätzen auf Messen, Volksfesten und Märkten durchaus fruchtbar machen. Indem sie die Zuteilung mit einem den ökonomischen Zugangsvorteil abschöpfenden Knappheitspreis verbindet und das Gut demjenigen zukommen lässt, der den größten wirtschaftlichen Nutzen aus der Berechtigung erwarten lässt, bildet sie mittelbar die Anziehungskraft für die Besucher ab. Die Abschöpfung, die sie vornimmt, trägt dem Sondervorteil Rechnung, den der Standnutzer durch die Bevorzugung gegenüber anderen grundsätzlich gleichberechtigten Interessenten erlangt. Sie ist unter dem Gesichtspunkt des Vorteilsausgleichs und der Verteilungsgerechtigkeit zwischen privilegierten und ausgeschlossenen Nutzern rechtfertigbar.

Die Entscheidung über die Zulassung mit der Entscheidung über die Nutzungsbedingungen zu verknüpfen, erreicht ungeachtet seines regelungspolitisch sinnvollen Ansatzes seine Zulässigkeitsgrenze freilich dort, wo der Gestaltungsspielraum für Nutzungsbedingungen endet: Die Freiheit der Zuteilungsentscheidung kann nicht weiter reichen als die Freiheit der Festsetzung der Nutzungsbestimmungen. Da Zugangsentgelte Auswirkungen auf die durch die Gewerbeordnung geschützte Marktfreiheit der Veranstalter haben, begrenzt der Gesetzgeber ihren zulässigen Umfang. Insbesondere § 71 GewO stellt sich in diesen Dienst. Die Vorschrift will der prohibitiven Erhebung von Entgelten an Beschicker Grenzen ziehen, indem sie die Vergütung auf die Überlassung von Raum und Ständen sowie die Inanspruchnahme von Versorgungseinrichtungen und Werbungskosten beschränkt (»nur für [...]«)[1649].

Schwebte dem Gesetzgeber auch bei Erlass der Vorschrift im Interesse der Marktfreiheit »eine restriktive Anwendung der Regelung nach § 71 GewO«, insbesondere eine rein kostenorientierte Berechnung zulässiger

---

[1648] *Wirth*, Marktverkehr, Marktfestsetzung, Marktfreiheit, 1985, S. 196.

[1649] Vgl. *Schönleiter*, in: Landmann/Rohmer (Hrsg.), GewO, § 71 Rdnr. 1 (Loseblatt – Stand: 49. EL 2007). Die Vorschrift gilt allerdings nur für Volksfeste, Wochen- und Jahrmärkte, nicht aber für Messen, Ausstellungen, Großmärkte und Spezialmärkte.

Marktentgelte vor[1650], so kommt diese im Wortlaut des Gesetzes selbst freilich nicht unmissverständlich zum Ausdruck. Die Vorschrift regelt – wie sich auch mittelbar aus §71 S. 3 GewO ergibt – die zulässige Höhe der Vergütung für die Überlassung von Raum und Ständen nicht[1651]. Eine Begrenzung ihrer Höhe ergibt sich für öffentlich-rechtlich geregelte Standnutzungsverhältnisse (jedenfalls) aber aus dem Abgabenrecht der Länder, namentlich den Kommunalabgabengesetzen. Sie lassen eine kostendeckende Gebühr zu – nicht aber eine den Knappheitsvorteil der Zuteilung vorteilsabschöpfende Gebührenerhebung in Gestalt einer Verleihungsgebühr[1652]. Die Zulässigkeit einer Versteigerung stößt hier de lege lata an unüberwindliche Grenzen. Macht der kommunale Veranstalter von seiner Formenwahlfreiheit Gebrauch und gestaltet die Nutzungsbestimmungen privatrechtlich aus, ändert sich daran in nuce nichts: Die Formenwahlfreiheit geht nicht mit einer inhaltlichen Bindungsfreiheit einher. Sie ermächtigt nicht, Entgelte für Leistungen zu erheben, für die bei öffentlich-rechtlicher Ausgestaltung des Rechtsverhältnisses Abgaben nicht erhoben werden dürften[1653]. Eine Versteigerung von Standplätzen kommunaler Messen, Ausstellungen und Märkte kommt auch hier lediglich de lege ferenda in Betracht. Ob sie der Attraktivität und Vielfalt dieser Veranstaltungsformen, dem personalen Charakter der Berufsfreiheit und dem mit ihnen verfolgten Zweck der Förderung der Wirtschaft in rechtspolitisch wünschenswerter Weise zuträglich ist, bleibt dabei allerdings äußerst zweifelhaft.

c) Start- und Landerechte (sog. Slots)

Wer einen Flughafen anfliegen oder von ihm abfliegen will, ist auf die Zurverfügungstellung von Infrastruktur angewiesen, namentlich auf die Berechtigung, während des fraglichen Zeitraums Start- bzw. Landebewegun-

---

[1650] Der Ausschuss für Wirtschaft des Bundestages hat die Aufnahme einer Aussage im Gesetz geprüft, wonach die Gemeinkosten nur insoweit berücksichtigt werden, »als sie in unmittelbarem Zusammenhang mit der jeweiligen Veranstaltung stehen« (BT-Drucks. 7/4846, S. 3), begnügte sich jedoch mit einer entsprechenden Feststellung im Bericht. Wörtliche Aufnahme fand diese Kostenbeschränkung in die Allgemeine Verwaltungsvorschrift für den Vollzug des Titels IV der Gewerbeordnung (MarktgewVwV).

[1651] Viele entnehmen der Vorschrift eine kostenorientierte Bemessungsgrenze. In diesem Sinne etwa *Schönleiter* (Fn. 1649), §71 Rdnr. 11; *Tettinger*, in: Tettinger/Wank (Hrsg.), GewO, 7. Aufl. 2004, §71 Rdnr. 75.

[1652] Vgl. etwa §6 Abs. 1 S. 2 nrw.KAG; §5 Abs. 1 S. 2 sachs-anh. KAG; §10 Abs. 1 sächs.KAG.

[1653] BGH, Urt. v. 5.4.1984, NJW 1985, S. 197 (200); Tettinger (Fn. 1651), §71 Rdnr. 11f.; vgl. zu privaten Veranstaltern i.S.d. §71 GewO einerseits Tettinger, ibid., §71 Rdnr. 12: Hier »kann die Bestimmung der Vergütungshöhe Marktmechanismen überlassen bleiben«; anders *Schönleiter* (Fn. 1649), §71 Rdnr. 11, der eine Beschränkung auf eine kostenorientierte Berechnung »auch und gerade für private Veranstalter« aufrechterhalten will, »die oftmals ihre marktbeherrschende Stellung zur Gewinnmaximierung zu nutzen suchen«.

gen unter Nutzung der Flughafeneinrichtungen durchzuführen (sog. Slot)[1654]. Die Kapazitäten der Flughäfen für die Abwicklung von Start- und Landebewegungen sind begrenzt. Ihre Auslastung stößt vor dem Hintergrund dynamisch wachsenden Flugaufkommens und eingeschränkten Expansionsspielraums[1655] an ihre Grenzen. Viele Drehscheiben des internationalen Luftverkehrs vermögen die Nachfrage nach Slots insbesondere zu verkehrsstarken Zeiten nicht mehr angemessen zu bedienen. Start- und Landerechte bedürfen nicht nur sub specie der von den Flugbewegungen ausgehenden Gefahren der Koordinierung, sondern auch der angemessenen Verteilung unter der Vielzahl der Interessenten: Optimale Kapazitätsauslastungen für Flugzeuge lassen sich nur durch Slots zu Spitzenzeiten erzielen. Ungünstige Slot-Zeiten gehen umgekehrt regelmäßig mit Rentabilitätsengpässen einher. Die Zuweisung einer attraktiven Start- und Landezeit an einen Bewerber verengt den Wettbewerbsspielraum abgelehnter Bewerber. Slots sind das Nadelöhr des Eintritts in den europäischen Luftverkehrsmarkt. Ihre Zuteilung entscheidet unmittelbar über die wettbewerblichen Beziehungen und die Markterfolgschancen konkurrierender Luftfahrtunternehmen. Das Ausmaß der durch den Zugriff auf Flughafenressourcen erlangten Wettbewerbsposition determiniert die Rentabilität und Überlebensfähigkeit des Unternehmens. Ihre Knappheit löst einen Verteilungskampf zwischen den in den Markt drängenden Newcomern und den Beharrungs- und Expansionsinteressen etablierter Anbieter aus.

Transparenten, neutralen und diskriminierungsfreien Zuteilungsverfahren zu den Flughafeninfrastrukturkapazitäten, die die aufeinander prallenden Interessen gerecht gegeneinander abwägen, kommt hier eine entscheidende Rolle für die Gewährleistung des Marktzugangs und der weiteren Entwicklung des europäischen Luftverkehrs zu[1656]. Der Aufgabe der Zu-

---

[1654] Die Verordnung (EWG) Nr. 95/93 des Rates vom 18.1.1993 über gemeinsame Regeln für die Zuweisung von Zeitnischen auf Flughäfen in der Gemeinschaft (ABl. EG Nr. L 14 v. 22.1.1993, S. 1 ff.) definiert Slots (»Zeitnischen«) als »die von einem Koordinator (...) gegebene Erlaubnis, die für den Betrieb eines Luftverkehrsdienstes erforderliche Flughafeninfrastruktur eines koordinierten Flughafens an einem bestimmten Tag und zu einer bestimmten Uhrzeit, die von einem Koordinator (...) zugewiesen wurden, in vollem Umfang zum Starten und Landen zu nutzen«.

[1655] Neu- bzw. Ausbaupläne der Flughafenverwaltungen stoßen zunehmend auf politische Widerstände und können wegen der langwierigen Planfeststellungsverfahren erst mit erheblicher zeitlicher Verzögerung realisiert werden.

[1656] Vgl. zu ähnlichen Regulierungsnotwendigkeiten und -bemühungen der Europäischen Union für den Zugang zu Hafendienstleistungen den (im Ergebnis gescheiterten) Geänderten Vorschlag für eine Richtlinie des Europäischen Parlaments und des Rates über den Marktzugang für Hafendienste, ABl. EG Nr. C 181 E vom 30.7.2002, S. 160 ff. (sog. Port Package I) sowie den Vorschlag für eine Richtlinie des Europäischen Parlaments und des Rates über den Zugang zum Markt für Hafendienste, KOM (2004) 654 endg. vom 30.10.2004 (sog. Port Package II). Er unterwirft das Anbieten von Hafendienstleistungen einer Genehmigungspflicht (Art. 7) und lässt insbesondere aufgrund von Kapazitätsengpässen der vorhandenen Infrastruktureinrichtungen eine Beschränkung der teilung der für die Grundrechtsverwirklichung wesentlichen Zeitnischen hat sich folgerichtig der Staat als Aufgabe hoheitlicher Verteilungslenkung angenommen[1657]. Er überträgt die Zuteilungsaufgabe im Falle so genannter koordinierter Flughäfen einem Flughafenkoordinator[1658]. Dieser verleiht den Luftfahrtunternehmen durch hoheitliche Entscheidung für die Dauer des Zeitraums, für den die Erlaubnis erteilt wird, die Zugangs- und Nutzungsberechtigung, einen Flughafen in einer bestimmten Zeitnische anzufliegen bzw. von ihm zu starten[1659].

Die Knappheit der zur Verfügung stehenden Kapazitäten begründet nicht nur das verteilungspolitische Bedürfnis nach einem gerechten Ausgleich zwischen den Wettbewerbern; es provoziert auch das Bedürfnis nach einer effizienten Nutzung der vorhandenen Kapazitäten. Ungenutzte Zeitnischenkapazitäten verringern das insgesamt verfügbare Nutzungspotenzial und verschärfen das strukturelle Knappheitsproblem. Sie erhöhen den Druck auf die Ausweitung vorhandener Infrastruktur und die damit verbundene Beanspruchung von Umweltressourcen.

Der Flugplankoordinator verfügt als Zentralinstanz nur über ein eingeschränktes Potenzial an Wissen darüber, welches Luftverkehrsunternehmen einen zugewiesenen Slot am besten auszulasten vermag. Das Wissen ist bei den Luftfahrtunternehmen selbst dezentral alloziert. Es fruchtbar zu machen und die Informationsasymmetrie zwischen Regulierer und Regulierten aufzuheben, ist in besonderer Weise der Preismechanismus geeignet. Er veranlasst die Bewerber zur wahrheitsgemäßen Offenbarung ihres voraussichtlich aus der Inanspruchnahme des knappen Gutes zu ziehenden Nutzens und lässt die Knappheit der in Anspruch genommenen Infrastrukturleistung und (zumindest ansatzweise auch die externen Effekte, die von der Beanspruchung des knappen Gutes auf Dritte ausgehen) in die unternehmerischen Kostenrechnungen einfließen. Die Wahrscheinlichkeit, dass das Nutzungsrecht in die Verfügungsmacht desjenigen Bewerbers gelangt, der die zu erwerbende Kapazität am effizientesten, d. h. knappheitsgerecht,

---

Marktzugangsberechtigungen zu, die in einem versteigerungsnahen Ausschreibungsverfahren unter den Bewerbern verteilt werden (Art. 8).

[1657] Vgl. zur Grundrechtswesentlichkeit der Slotzuteilungsregeln BVerwG, Urt. v. 26.7.1989, BVerwGE 82, S. 246 (254 f.).

[1658] Art. 2 lit. g der Verordnung Nr. 95/93 des Rates vom 18.1.1993 über gemeinsame Regeln für die Zuweisung von Zeitnischen auf Flughäfen in der Gemeinschaft, ABl. EG Nr. L 14 v. 22.1.1993, S. 1 ff. (zuletzt geändert durch Verordnung [EG] Nr. 793/2004 des Europäischen Parlaments und des Rates vom 21.4.2004) definiert koordinierte Flughäfen als Flughäfen, auf denen »ein Luftfahrtunternehmen oder ein anderer Fluggerätebetreiber zum Starten oder Landen eine vom Koordinator zugewiesene Zeitnische benötigt«. Vgl. zur Rechtslage nach dem alten LuftVG *Tschentscher/C. Koenig*, NVwZ 1991, S. 219 ff; zu den Herausforderungen, die mit der Privatisierung der Flugsicherung einhergehen, *Kämmerer*, Privatisierung, 2001, S. 282 ff.

[1659] Es handelt sich um einen begünstigenden Verwaltungsakt. Vgl. etwa *Tschentscher/C. Koenig*, NVwZ 1991, S. 219 (220).

auslasten könnte, ist dann deutlich erhöht. Den wirtschaftlichen Sondervorteil, der mit einer Privilegierung gegenüber anderen Bewerbern und der bevorrechtigten Nutzung verbunden ist, teilweise einzuziehen, entspricht auch einem verteilungspolitisch legitimen Ansinnen. Soweit sie durch geeignete Schutzmaßnahmen die Unterschiede in der Zahlungsfähigkeit und den Startbedingungen austariert, vermag die Versteigerung einen Ausgleich und chancengleichen Zugang zwischen Newcomern und Altsassen ebenso wie eine effiziente Nutzung der Slots sicherzustellen. Ihrer Verwendung als Zuteilungsprogramm – s. c. als Teil eines multipolaren mehrstufigen Auswahlprozesses, der zugleich auch andere Auswahlkriterien einbezieht und damit die begrenzte Problembewältigungskapazität des Versteigerungsverfahrens abmildert – mangelt es bei der Zuweisung von Start- und Landerechten nicht an legitimierenden Argumenten.

Das Zuteilungsregime der Europäischen Gemeinschaft erteilt der Versteigerung (bislang[1660]) jedoch eine klare Absage. Es sieht im Interesse eines stetigen Betriebsablaufs die Wiederzuweisung von Zeitnischenabfolgen vor, die den Luftfahrtunternehmen in der vergangenen Flugplanperiode zugewiesen wurden, sofern sie diese tatsächlich in einem Mindestumfang von 80 % genutzt haben[1661]. Das Gemeinschaftsrecht etabliert ein System von Großvaterrechten, das den Markteintritt von Neubewerbern erschwert. Den vollständigen Ausschluss von Marktzugangschancen soll ein Zeitnischenpool verhindern, der neu geschaffene, ungenutzte, aufgegebene oder in anderer Weise verfügbar gewordene Zeitnischen enthält. Das Effizienzpotenzial, das die Infrastruktur europäischer Flughafen bereithält, schöpft dieses Allokationssystem nicht vollständig aus. Es legt den Fokus stärker auf die Gewährung von Kontinuität im Luftverkehr, den behutsamen Schutz des Bestandes vorhandener Luftunternehmensressourcen als auf die sinnvolle volkswirtschaftliche Nutzung der Infrastrukturkapazitäten.

Die Versteigerung erweist sich diesem System ökonomisch, verteilungspolitisch sowie sub specie des grundlegenden gemeinschaftsrechtlichen Ziels der Marktöffnung überlegen[1662]. Sie besticht ungeachtet des von Ökonomen beständig gesungenen regelungspolitischen Lobliedes freilich

[1660] Vgl. aber das Commission Staff Working Document »commercial slot allocation mechanism in the context of a further revision of Council Regulation (EEC) 95/93 on common rules for the allocation of slots at Community Airports« vom 17.9.2004, abrufbar unter http://europa.eu.int/comm/transport/air/rules/competition2/consultation_revision_95_93_en.htm (20.10.2005). Es erwägt die Versteigerung eines Zehntels der verfügbaren Zeitnischen an den europäischen Flughäfen bzw. eines Teils der Zeitnischenpoolressourcen; vgl. auch die Mitteilung der Kommission »Ein Aktionsplan für Kapazität, Effizienz und Sicherheit von Flughäfen in Europa«, KOM (2006) 819 endg.

[1661] Art. 8 Abs. 2 der Verordnung Nr. 95/93 des Rates über gemeinsame Regeln für die Zuweisung von Zeitnischen auf Flughäfen in der Gemeinschaft (ABl. EG Nr. L 14 vom 22.1.1993; geändert durch die Verordnung Nr. 793/2004 des Europäischen Parlamentes und des Rates vom 21.4.2004, ABl. EG Nr. L 138/50 vom 30.4.2004, S. 50) i. V. m. § 27a Abs. 1 LuftVG.

nicht nur durch verteilungspolitische Vorzüge. Sie verlangt den Flughafenunternehmen erhebliche Belastungen ab, die Friktionen im europäischen Luftverkehrsmarkt auslösen sowie den Bestand bestehender Unternehmen und ihrer Grundfreiheiten auf die Probe stellen können. Sie ringt ihnen auch eine Entscheidung unter Unsicherheit ab, die angesichts der Überschaubarkeit der maßgeblichen Zeiträume verfassungs- und gemeinschaftsrechtlich zwar beherrschbar sein, sich aber wirtschaftspolitisch als Bumerang entpuppen kann. Nicht zuletzt ihre Konzeptionierung stellt die Akteure vor ungeahnte Komplementaritätsprobleme: Die Unternehmen benötigen zeitliche abgestimmte Slots für Start und Landung an unterschiedlichen Orten; eine isolierte Ersteigerung von Start- bzw. Landerechten erweist sich für sie als wertlos. Die Koordination von Start- und Landerechtezuteilungen stößt an Grenzen praktikabler Komplexitätsverarbeitungskompetenz. Das Zuteilungsprogramm der Versteigerung ist ausgesprochen anspruchsvoll und risikobehaftet. Welchem der beiden Systeme der Vorrang gebührt, ist indes grundsätzlich weniger eine gemeinschaftsvertragliche oder verfassungsrechtliche als eine im Gestaltungsspielraum der verantwortlichen politischen Handlungsorgane liegende politische Entscheidung. Die von der Kommission gegenwärtig diskutierte Versteigerung *eines Teils* der Zeitnischen[1663] in einem System von Großvaterrechten verdient dabei wenig Beifall. Sie beschwört in der gegenwärtigen Luftverkehrsstruktur die Gefahr unzumutbarer asymmetrischer Marktzutrittsbedingungen für Alt- und Neubewerber herauf.

[1662] Vgl. dazu auch mit einem Plädoyer für den Einsatz der Versteigerung als Instrument der Slotzuteilung *J. Borrmann*, WuW 1991, S. 678 (686ff.); *Cornelius*, Zur effizienten Allokation knapper Ressourcen, 1993, S. 143ff.; *Grether/Isaac/Plott*, The Allocation of scarce Resources – Experimental Economics and the Problem of Allocating Airport Slots, 1989; *Hüschelrath*, Infrastrukturengpässe im Luftverkehr, 1998, S. 175ff.; *Schmitt*, Wettbewerb und Effizienz im Luftverkehr, 2003, S. 133ff.; *H. Wolf*, Die Weltwirtschaft 1991, S. 187 (195ff.); kritisch *Grundmann*, Marktöffnung im Luftverkehr, 1999, S. 197f.

[1663] Vgl. das Commission Staff Working Document »Commercial Slot Allocation Mechanism in the Context of a further Revision of Council Regulation (EEC) 95/93 on common rules for the allocation of slots at Community Airports« (Fn. 1660).

Vierter Teil

Staatliche Sekundärallokation durch den Markt – Chancen und Grenzen eines Systems übertragbarer Nutzungsrechte

Hoheitliche Verteilungslenkung ist kein mit der staatlichen Erstallokation abgeschlossener Vorgang oder ein einmal abschließend erreichter Zustand, sondern ein im Fluss befindlicher Prozess und eine ständige Herausforderung. Nicht nur die einzelne staatliche Erstzuteilungsentscheidung, sondern das gesamte Konzept, auf dem sie beruht, und ihre Verteilungswirkungen bedürfen einer Rechtfertigung und Kontrolle im Lichte des nationalen und europäischen Verfassungsrechts. Die Verteilungslenkung muss den Anforderungen einer gleichmäßigen Grundrechtsverwirklichung genügen und die Wirkungen der Verteilungsentscheidung in der Zeit beachten, darf insbesondere später Geborenen den Grundrechtszugang nicht unzumutbar verschließen. Hoheitliche Verteilungslenkung muss offen bleiben für den Neuzugang Dritter. Sie darf eine bestehende Verteilungsordnung nicht zementieren.

Um die ihm abgeforderte Steuerungsfunktion erfüllen und seine Zuteilungsverantwortung wahrnehmen zu können, räumt der zuteilende Staat in der Regel keine unbefristeten und unbegrenzten Handlungsrechte ein, sondern hält seine steuernde Funktion durch die Befristung von Handlungsrechten und begleitende Kontrollmechanismen aufrecht. Die Aufgabe, freiwerdende Altrechte zu verteilen, sieht der Gesetzgeber dabei regelmäßig als seine exklusive Aufgabe an; das Handlungsrecht soll der Nutzer nur im Wege der Erteilung durch die Genehmigungsbehörde erlangen dürfen. Die Knappheitsverwaltung ist in den Händen des Staates zentralisiert; die dezentrale, freihändige Übertragbarkeit schließt der Gesetzgeber regelmäßig ausdrücklich oder konkludent aus[1]. Zulässig ist die Übertragung von staatlich zugewiesenen Handlungsrechten regelmäßig nur als Annex zu einem Betriebs- oder Eigentumsübergang, auf das sich das Recht bezieht, nicht aber isoliert. So können nach §2 Abs. 3 PBefG die aus einer Taxikonzession erwachsenden Rechte und Pflichten nur übertragen werden, wenn gleichzeitig das ganze Unternehmen oder wesentliche selbstständige und abgrenzbare Teile des Unternehmens übertragen werden. Eine entgegenste-

[1] Vgl. etwa §11 Abs. 1, §9 Abs. 2 S. 2 GüKG, §30 Abs. 1 S. 2 AWG, §4 Abs. 1 S. 2 bay. Schifffahrtsordnung.

hende Vereinbarung ist unwirksam[2]. Für die ersten beiden Jahre einer Neugenehmigung schließt der Gesetzgeber die Übertragungsmöglichkeit gar gänzlich aus (§ 13 Abs. 5 S. 5 PBefG). Mit der Ermöglichung einer dezentralen Sekundärallokation außerhalb des staatlichen Zuteilungssystems öffnet der Gesetzgeber vorsichtig ein Ventil, mit dem sich die wirtschaftlichen Interessen von Bewerbern und der Effizienzgedanke Bahn brechen. Die Zufälligkeit, die die Verteilung nach dem Modell des Prioritätsprinzips zeitigt, wird durch eine Anpassung an die wirtschaftlichen Bedürfnisse der Nutzer korrigiert. Sie droht indes, das Prioritätsprinzip als System der Erstallokation trocken zu legen. In den siebziger Jahren hat ein schwunghafter Handel mit Taxikonzessionen das für die Zuteilung knapper Taxikonzessionen bestehende Wartelistensystem bisweilen faktisch abgelöst und das gesetzgeberische Zuteilungsziel konterkariert. Es kam zu einer käuflichen Umgehung der rechtsstaatlich abgesicherten Warteliste: Das Bundesverfassungsgericht sah darin eine Verletzung der grundrechtlich gebotenen Chancengleichheit[3]. Die heutige gesetzliche Regelung ist die Antwort auf die Umgehungserfahrungen und insoweit das Resultat einer Verschärfung. Sie hat die Problemlage freilich nur abgemildert, aber nicht entspannt und abschließend gelöst[4]. Der Handel mit Taxikonzessionen blüht[5]. Die Brüche und Spannungsfelder im Zuteilungssystem bleiben erhalten[6]. Das System der Zuteilung gerät im Dualismus von rechtsgeschäftlicher

---

[2] Vgl. BGH, Urt. v. 27.9.1989, NJW 1990, S. 1354 f.

[3] »Die Chancengleichheit der Bewerber ist wesentlich berührt und würde nicht mehr bestehen, wenn die Übertragung von Genehmigungen zum regellosen Handelsobjekt mit erheblichen Preisen gemacht werden kann«, judizierten die Richter. BVerfG, Beschl. v. 14.10.1975, BVerfGE 40, S. 196 (232); BVerwG, Urt. v. 27.8.1981, BVerwGE 64, S. 238 (245); vgl. dazu etwa *Frotscher/Becht*, NVwZ 1986, S. 81 (83).

[4] Vgl. dazu etwa *Dietlein*, GewArch. 1999, S. 89 ff.

[5] Dazu auch kritisch BVerwG, Buchholz 442.01, § 13 PersBefG, Nr. 28.

[6] Die Zulassung einer rechtsgeschäftlichen Übertragung der Taxigenehmigung ist von dem Anliegen getragen, die schutzwürdigen Interessen von Taxiunternehmen zu wahren, denen ohne gleichzeitige Übertragung der bestehenden Genehmigung eine sinnvolle Verwertung ihres Unternehmens nicht möglich wäre (vgl. BT-Drucks. 3/2450, S. 3 zu § 2). Das Bundesverfassungsgericht sieht in dieser Verteilungserwägung keinen Anlass für verfassungsrechtliche Bedenken (BVerfG, Beschl. v. 4.10.1989, BVerfGE 81, S. 40 ff.). Das Übertragungsinteresse könne auch bei Bestehen eines Bewerberüberhangs Beachtung verdienen und vom Gesetzgeber höher bewertet werden als die zeitliche Reihenfolge des Eingangs der Anträge. Der Gewerbebetrieb beim Kraftdroschkenverkehr könne insbesondere einen wirtschaftlichen Wert erlangen, der als Ergebnis unternehmerischer Leistung (good will) den Schutz der Eigentumsgarantie zu beanspruchen hat. Zwingend erscheint eine solche Goodwill-Konstruktion nicht. Die mit der Genehmigungserteilung vorgenommene Befristung der staatlich erteilten Erlaubnis stellt das subjektiv-öffentliche Recht unter den Vorbehalt der Diskontinuität; sie lässt ihren Inhalt nicht weiter reichen als die zeitliche Genehmigungsgrundlage. Treffend *Dietlein*, GewArch. 1999, S. 89 (93 f.); vgl. auch BVerfG, Beschl. v. 15.7.1981, BVerfGE 58, S. 300 (353) – Nassauskiesung. Ist der Gesetzgeber danach auch nicht aufgrund grundrechtlicher Verteilungserwägungen verpflichtet, eine Übertragbarkeit von staatlichen Erlaubnissen zuzulassen, so ist er freilich nicht daran gehindert, die Effizienz der Nutzung knapper Wirtschaftserlaubnisse zur

Übertragung und staatlicher Warteliste in die Gefahr eines Orientierungs- und Systemgerechtigkeitsverlustes. Beide Systeme vermögen sich wechselseitig zu unterspülen. Sie wachsen nicht zu einem konsistenten Verteilungssystem zusammen.

Primär- und Sekundärallokation stehen nicht unverbunden nebeneinander; sie bedingen sich und wirken aufeinander ein. Läuft die Übertragbarkeit den Zuteilungszielen des knappheitsverwaltenden Staates zuwider, so steht es dem Gesetzgeber frei sie zu untersagen, ja kann ihre Untersagung grundrechtlich geboten sein.

Das Menetekel eines Dualismus zwischen rechtsgeschäftlicher Übertragbarkeit und staatlicher Zuteilungsordnung besteht dort nicht in gleichem Maße, wo vorrangige ordnungspolitische Zielvorstellung der Verteilungsordnung der verschwendungsfreie Einsatz des knappen Gutes ist, insbesondere die Versteigerung das Mittel der Erstzuteilung bildet. Teilt der Staat Güter mit Hilfe des Marktmechanismus der Versteigerung zu, realisiert er die Idealbedingungen eines marktlichen Austauschprozesses: Er aggregiert Angebot und Nachfrage an einem Ort und führt beide über das Instrument des Preises zu einem Ausgleich. In dem durch die Versteigerung unter den Bedingungen vollständiger Konkurrenz hervorgebrachten Knappheitspreis kommen aktuelles Angebot und aktuelle Nachfrage ins Gleichgewicht; er spiegelt die relative Knappheit eines Gutes wider.

Von der staatlichen Erstzuteilung mit Hilfe des Marktes zur Zulassung der Übertragbarkeit knapper Güter ist es dann nur noch ein kleiner Schritt: Ein System übertragbarer Nutzungsrechte dehnt die auf eine Momentaufnahme konzentrierte Allokationsfunktion der Versteigerung örtlich und zeitlich aus. Es eröffnet die Chance eines effizienzfördernden Austausches außerhalb des engen Zeitkorridors der Versteigerung.

---

staatlichen Verteilungserwägung zu erheben, sofern er sich damit nicht in offenen Widerspruch zu seinen Regelungszielen und grundrechtlichen Wahrnehmungspflichten setzt.

§ 11 Ökonomisches Konzept und verfassungsrechtlicher Rahmen eines Systems übertragbarer Nutzungsrechte

Bei übertragbaren Rechten kommt es zu einem Handel zwischen Wirtschaftssubjekten (ohne eine staatliche Induzierung durch einen Versteigerungsmechanismus) grundsätzlich immer dann, wenn ein potenzieller Nutzer dem Nutzungsrecht eine höhere ökonomische Wertschätzung beimisst als der aktuelle Nutzer. Das Wirtschaftssubjekt, das aus dem Gut einen höheren Nutzen zu ziehen vermag, entschädigt den Altnutzer dafür, dass er ihm die Nutzung unmöglich macht, durch eine über dessen eigener Wertschätzung liegende Gegenleistung und erwirtschaftet zugleich einen über dieser Messlatte liegenden eigenen Nutzen. Beide profitieren von einem Austausch; es handelt sich um eine Win-win-Situation. Die Gesellschaft trägt davon insoweit Nutzen, als die knappen verfügbaren Güter durch Markttransaktionen einem knappheitsgerechten, effizienteren Nutzen zugeführt werden. Dem eigennützigen Handeln des Einzelnen wachsen in der Tauschrelation wohlfahrtsfördernde Nebenwirkungen zu[7]. Es transportiert Güter dorthin, wo sie ihren größten Nutzen erbringen. Insoweit ist der Aussage *David Humes* ein Wahrheitsgehalt nicht abzusprechen, wenn er behauptet »Im Markt ist es selbst im Interesse des schlechten Menschen, im Sinne des allgemeinen Wohls zu handeln«[8]. Der Markt befördert freiwillige Transaktionsvorgänge zwischen denjenigen Marktteilnehmern, welche die geringste Wertschätzung für das Gut mitbringen, und denjenigen, welche die höchste Wertschätzung aufweisen. Ihm ist die Tendenz eigen, Ressourcen an den Ort ihres höheren Nutzens wandern zu lassen[9]. Indem

---

[7] Kritisch dazu bspw. *Lepsius*, Die Verwaltung 32 (1999), S. 429 (440): »Hier mutiert das negative Menschenbild zum heilsbringenden Markt, wohingegen es sich auf der parlamentarisch-demokratischen Ebene offenbar nur fortpflanzt und potenziert«.

[8] *Hume*, Essays, Moral, Political, and Literary, 1875, Bd. 1, S. 99; *Adam Smith* (Der Wohlstand der Nationen, hrsg. von H. Recktenwald, 1993 [1776], S. 371) versteigt sich gar zu der Behauptung: »[...] gerade dadurch, daß er (s. c. der wirtschaftlich Handelnde) das eigenen Interesse verfolgt, fördert er häufig das der Gesellschaft nachhaltiger, als wenn er wirklich beabsichtigt, es zu tun«.

[9] Ein Beispiel mag dies verdeutlichen: Angenommen in einem Wirtschaftssegment gibt es drei Umweltnutzungsrechte. Die Inhaber bringen diesen eine Wertschätzung von 3, 5 bzw. 7 entgegen. Es tritt ein neuer Akteur hinzu, der dem Gut eine Wertschätzung in Höhe von 8 entgegenbringt. In einer Marktsituation kommt es unter Idealbedingungen

er die Entscheidung über die Verwendung von Ressourcen denjenigen überlässt, die im Besitz der Information über die Nutzungsoptionen sind und sich das dezentral vorhandene Wissen über die Nutzungsmöglichkeiten von Ressourcen zu Nutze macht, ordnet der Markt unabhängig von der örtlich und zeitlich konzentrierten Form der Versteigerung erschöpfbare Ressourcen bei Abwesenheit von Unsicherheit intertemporal effizient zu. Er gewährleistet einen effizient dosierten Verbrauch knapper Ressourcen[10]. Ist der Austausch zwischen den Akteuren rechtlich untersagt, bleibt die erwünschte effiziente Verteilung aus; das Potenzial alternativer Nutzungsmöglichkeiten bleibt ungenutzt. Die staatliche Verteilungsordnung vermag dann ein effizientes Verteilungsergebnis nicht zu erreichen.

I. Das Coase-Theorem als Leitgedanke einer dezentralisierten Verteilungslenkung – eine Idee und ihre Prämissen

Aus der Zuteilungsfunktion des Marktes leitet der Ökonom *Ronald Coase* (und im Anschluss an ihn die Chicago School of Economics) sehr weitgehende Schlussfolgerungen für die staatliche Regulierung ab: In seinen Augen sind eine staatlich organisierte Verteilung von Rechten und das Verbot einer freien Übertragbarkeit nicht zwingend geboten. Er redet einem teilweisen Rückzug aus der staatlichen Verteilungsordnung das Wort.

Wenn der Markt, insbesondere aufgrund externer Effekte, als Mechanismus zur Regelung von Verteilungsfragen versage, müsse dies nicht bedeuten, dass die Verteilung der staatlichen Obhut überantwortet werden müsse. Vorzugswürdige Handlungsstrategie sei dann nicht der staatliche Eingriff in den Markt, sondern die sinnvolle Ausgestaltung der Verfügungsrechte, die der Markt austauscht. Denn die Ursache des Marktversagens liege nicht im Marktmechanismus selbst begründet, sondern in der unzureichenden Ausgestaltung seiner rechtlichen Rahmenbedingungen. Würden die zu verteilenden Handlungsrechte sachgerecht ausgestaltet, komme es

---

zu einem Austausch zwischen den Akteuren: Für die bisherigen Inhaber der Nutzungsrechte ist der Verkauf interessant, da das Gut (mindestens) eines Nachfragers den Wert übersteigt, den das Gut für ihn hat, wenn er es behalten und selbst nutzen würde.

[10] Sog. Hotelling-Theorem, zurückgehend auf den Ökonomen *Hotelling*, der in seinem Aufsatz »The Economics of Exhaustible Resources« (Journal of Political Economy 39 [1931], S. 137ff.) zeigen wollte, wie die Förderer von Naturressourcen im Markt ihre Produktionsmenge in Abhängigkeit von Förderzinsen, Produktionsbedingungen und Kapitalmarktzinsen bestimmen. Die Hotelling-Regel wird gerne auch als »Hauptsatz der Ökonomie erschöpflicher Ressourcen« bezeichnet. Er begründete mit ihr die neoklassische Ressourcenökonomie. Vgl. *Böske/Heuterkes*, Absolute und relative Knappheit, 2005, S. 3ff.; *C. C. von Weizsäcker*, Leistet der Markt die optimale intertemporale Allokation der Ressourcen?, in: Siebert (Hrsg.), Erschöpfbare Ressourcen, 1980, S. 795 (796); *Endres/Qurner*, Die Ökonomie natürlicher Ressourcen, 2. Aufl. 2000, S. 42 u. 51.

nicht zu einem Marktversagen. Der Staat müsse lediglich die rechtlichen Rahmenbedingungen für einen Austausch zwischen den Akteuren schaffen, insbesondere für die Durchsetzbarkeit von Handlungsrechten sorgen[11]. Diese würden sich dann von selbst auf eine effiziente Zuteilung einigen. Die bloße Institutionalisierung des Tauschprinzips bewirke dann stets eo ipso eine effiziente Allokation: Die Wirtschaftssubjekte gruppieren diese Nutzungsrechte so lange durch entsprechende Transaktionen um, bis die optimale Allokation erreicht ist. »Das Endergebnis ist unabhängig von der rechtlichen Gestaltung, solange das Preissystem ohne Kosten arbeitet«[12]. Die Erstverteilung spielt für die Erreichung einer effizienten Güterallokation dann keine Rolle, wenn die Handlungsrechte frei übertragbar und die Transaktionskosten, d. h. die Kosten der Information, Übertragung und Durchsetzung von Rechten gleich null sind. Im Rahmen eines Systems frei übertragbarer Handlungsrechte stelle sich dann eine optimale Allokation auf Grund von Transaktionen zwischen den Beteiligten von selbst her, ganz unabhängig davon, wie diese Handlungsrechte anfangs verteilt sind (sog. Invarianz-These). Eines staatlichen Eingreifens bedarf es – abgesehen von der Festlegung von Verfügungsrechten – grundsätzlich nicht[13].

Die daraus herleitbare, sich förmlich aufzudrängen scheinende weitergehende Schlussfolgerung, die Erstverteilung als für die Erreichung einer effizienten Güterallokation wenig bedeutsam zu erklären und alle Überlegungen zu den Methoden staatlicher Erstzuteilung knapper Güter auf den Scheiterhaufen der Dogmatik zu verbringen, stößt freilich bald an ihre Grenzen. Nicht nur muss die Zulassung freier Handelbarkeit – wenn auch ökonomisch und unter Effizienzgesichtspunkten sinnvoll – in vielen Berei-

---

[11] *Coase*, Journal of Law & Economics 2 (1959), S. 1 (25). Vgl. zum Coase-Theorem etwa *Callen*, Journal of Law and Economics 24 (1981), S. 175 ff.; *Cooter*, Journal of Legal Studies 11 (1982), S. 14 ff.; *Endres*, Jahrbuch für Sozialwissenschaft 27 (1976), S. 430 ff.; *Stigler*, Yale Law Journal 98 (1999), S. 631 ff.; *Wegehenkel*, Coase-Theorem und Marktsystem, 1980.

[12] *Coase*, Journal of Law & Economics 3 (1960), S. 1 (6): »The ultimate result (which maximizes the value of production) is independent of the legal position if the pricing system is assumed to work without cost«; vgl. dazu *Behrens*, Die ökonomischen Grundlagen des Rechts, 1986, S. 118 ff.; *Eidenmüller*, Effizienz als Rechtsprinzip, 3. Aufl. 2005, S. 116 ff., 166 u. 170; *H.-B. Schäfer/C. Ott*, Lehrbuch der ökonomischen Analyse des Zivilrechts, 4. Aufl. 2005, S. 100 ff.

[13] *Coase* wendet sich damit entschieden gegen den von *Pigou* vorgeschlagenen Ansatz staatlichen Eingreifens im Wege einer Steuer zur Überwindung des Problems externer Effekte (*Coase*, ibid. S. 1 [1]). *Pigou* schlug vor, den Verursacher eines externen Effektes mit einer Steuer zu belegen, deren Höhe exakt dem Schaden entsprechen solle, der durch die Externalität entstanden sei (sog. Pigou-Steuer). So solle der Fabrikeigentümer mit einer Abgabe belastet werden, die sich in ihrer Höhe nach dem Maß der Rauchentwicklung und des dadurch verursachten Schadens richtet. Diese Messgröße festzulegen erweist sich nicht nur als sehr schwierig. *Coase* behauptet, dass die von *Pigou* vorgeschlagenen Lösungen »nicht sachgerecht seien, weil sie zu Ergebnissen führen, die nicht unbedingt wünschenswert sind oder die dies in der Regel nicht sind« (*Coase*, ibid., S. 1[1]).

chen gesellschaftlicher Verteilungsentscheidungen den ordnungspolitischen Zielvorstellungen des handelnden Staates nicht immer entsprechen; die Prämissen des Coase-Theorems, namentlich das Fehlen von Transaktionskosten (vgl. zu diesem Begriff supra S. 162), sind in der Realität staatlicher Knappheitsentscheidungen auch nur selten erfüllt. Es beschreibt ein ökonomisches Idealbild, das der Realität des Wirtschaftens nicht immer entspricht[14].

In nahezu allen realen Lebenssituationen sind – anders als das Coase-Theorem voraussetzt – die Transaktionskosten größer als null. Sie können prohibitiv hoch sein und einen ökonomisch sinnvollen Austausch verhindern[15]. So ist die Übertragung von Frequenzrechten für den Betrieb von Mobilfunk mit erheblichen Investitionskosten für die betroffenen Unternehmen verbunden. Ohne entsprechende Infrastruktur sind die Frequenzen für Dritte nicht sinnvoll wirtschaftlich nutzbar. Sofern diese Infrastrukturinvestitionen für eine potenziell alternative Nutzung nicht verwendbar sind, stehen diese versunkenen Kosten als Transaktionskosten einem Austausch im Wege und beeinträchtigen als Kostendifferenz die Chancengleichheit zwischen etablierten Anbietern und Newcomern. Das Coase-Theorem hat überdies nur bei vollständiger Information der Akteure über wertbildende Faktoren des zu veräußernden Gegenstandes und die Vertrauenswürdigkeit des Veräußerers[16] uneingeschränkte Gültigkeit[17]. Sind die Teilnehmer nur unvollständig informiert, kommt es infolge der aus-

---

[14] *Coase* hat diese Prämissen, insbesondere die Bedeutung der Transaktionskosten, bereits selbst herausgearbeitet: »Bisher beruhte der Argumentationsstrang auf der Annahme, dass die erforderlichen Markttransaktionen nicht mit Kosten verbunden sind. Dies ist natürlich eine sehr wirklichkeitsfremde Annahme. Um eine Markttransaktion durchzuführen, muss man herausfinden, mit wem man eine Übereinkunft erzielen will, muss man wissen, dass und unter welchen Bedingungen man einen Abschluss sucht, muss man Verhandlungen führen, die zu einer Übereinkunft führen [...]. Diese Tätigkeiten sind oft äußerst kostspielig, jedenfalls aber so teuer, dass viele Transaktionen, die in einer Welt, in der das Preissystem ohne Kosten funktioniert, durchgeführt würden, verhindert werden«. *Coase*, Das Problem der sozialen Kosten, in: Assmann/Kirchner/Schanze (Hrsg.), Ökonomische Analyse des Rechts, 1993, S. 129 (148).

[15] Auch wenn die Transaktionskosten niedrig wären und es zu zahlreichen Übertragungsakten käme, bedeutet die bis zur Herstellung der effizienten Allokation verstrichene Zeit einen Wohlfahrtsverlust für die Gesellschaft. Die Ausgangsverteilung ist insoweit für das Verteilungsergebnis zumindest für den Zeitraum der Verhandlungsvorgänge von Einfluss.

[16] Vgl. etwa *Farrell*, Journal of Economic Perspectives 1 (1987), S. 113 ff.: »Wenn die Leute die Präferenzen und die wirtschaftlichen Möglichkeiten der anderen nicht kennen, so bestätigen Erfahrung, Theorie und empirische Versuche, dass Verhandlungen langwierig, kostspielig und erfolglos sein können«. Er schließt daraus: »Die stärkste Form des Coase-Theorems – die Behauptung, dass freiwillige Verhandlung zu völlig effizienten Ergebnissen führt – ist unplausibel, es sei denn, die Leute kennen einander außergewöhnlich gut« (ibid.).

[17] Vgl. zu der Problematik des Marktversagens bei unvollständiger Information auch S. 378 ff.

tauschimmanenten Unsicherheitsfaktoren zu volkswirtschaftlich erwünschten Transaktionsvorgängen häufig nicht oder genügen die stattfindenden Austauschvorgänge den Effizienzbedingungen nicht, weil das Gut nicht zum effizientesten, sondern risikobereitesten Subjekt wechselt[18]. Nur ein transparentes Handelssystem, namentlich eine Börse, vermag diese Bedingungen als ökonomisches Modell annäherungsweise zu erfüllen[19].

Das Coase-Theorem lässt auch strategisches Verhalten[20] und die ungleiche Vermögensverteilung der Beteiligten unberücksichtigt: Die gegebenen Strukturen der Verfügungsrechte beeinflussen die Nachfrage nach Gütern und Dienstleistungen und damit die Allokation. Die Güterverteilung ist (auch) eine Folge der gegebenen Einkommens- und Vermögensverteilung innerhalb einer Gesellschaft. Die Ökonomik spricht vom *Einkommenseffekt*[21]. Wie Einkommenseffekte nehmen auch Besitzeffekte auf die Bereitschaft zum Tausch Einfluss (sog. *endowment effect*[22]) und stellen die Gültigkeit der Invarianz-These von *Coase* in Frage: Allein die Tatsache, dass sich potenzielle Verkäufer im Besitz eines zu verteilenden Gegenstandes befinden, kann dazu führen, dass ihre Wertschätzung dafür steigt und volkswirtschaftlich sinnvolle, im Coase-Theorem vorausgesagte Transaktionen nicht stattfinden, obschon die Transaktionskosten nahezu gleich

[18] Vgl. dazu für den Fall der Versteigerung ausführlich S. 378 ff.

[19] Umgekehrt darf der Informationsstand der Bieter nicht so hoch sein, dass es zu strategischem Bieterverhalten kommt. Besitzen die Akteure über die Präferenzen aller übrigen Marktteilnehmer und ihre ökonomische Lage umfassende Kenntnis, öffnet sich ihnen die Chance strategischer Ausnutzung von Handlungsrestriktionen, etwa zwecks Aufbaus einer Drohkulisse oder um als Trittbrettfahrer (vgl. dazu etwa S. 172) von dem Verhalten anderer zu profitieren (vgl. etwa *Richter/Furubotn*, Neue Institutionenökonomik, 3. Aufl. 2003, S. 113). Es kommt nicht zu einem funktionierenden Markt, sondern zu einem Hobbes'schen Kampf aller gegen alle. Das Coase-Theorem blendet die effizienzbeeinflussenden Auswirkungen strategischen Verhaltens auf das Verhalten von Akteuren aus seinen Annahmen aus und nimmt damit wichtige Determinanten des Entscheidungsprozesses von der Betrachtung aus (vgl. zu den Auswirkungen strategischen Verhaltens auf marktliche Zuteilungsprozesse, insbesondere Versteigerungen supra S. 176 ff. und 355 ff.).

[20] Siehe Fn. 19.

[21] Deutlich wird dies beispielsweise an dem – von *Posner (Posner*, The Problems of Jurisprudence, 1990, S. 380) diskutierten – Fall zweier Kinder unterschiedlich vermögender Eltern, die unterschiedlich groß sind: Das Kind der reichen Eltern sei durchschnittlich groß, das Kind der armen Eltern sei zwergwüchsig. Beide Eltern überlegen, ein Wachstumshormon einzusetzen. Steht das Wachstumshormon nur einmal zur Verfügung, fällt das knappe Gut bei einer marktlichen Allokation im Zweifel dem Kind reicher Eltern zu, wiewohl diese Verteilung ethisch problematisch erscheint. Die gegebene Vermögensverteilung hat grundsätzlich Auswirkungen auf die Ressourcenallokation. Vgl. zu der Kritik auch *H.-B. Schäfer/Ott*, Lehrbuch der ökonomischen Analyse des Zivilrechts, 4. Aufl. 2005, S. 106 m. w. N.

[22] Die Bezeichnung geht auf *Thaler* zurück, der diesen Effekt in seinem Aufsatz »Towards a Positive Theory of Consumer Choice« (Journal of Economic Behavior and Organization 1 [1980], S. 39 ff.) als Erster entdeckt und beschrieben hatte.

null sind[23]. Menschen verlangen für die Aufgabe eines Gutes einen höheren Preis, als sie für den Erwerb eines Gutes zu zahlen bereit sind[24].

Sind die Idealbedingungen des Coase-Theorems auch nur selten gegeben, so schmälert dies nicht die Richtigkeit seiner Aussage und seine Funktion bei der Erklärung von Effizienzergebnissen wie seine Bedeutung für die denkbare Ausgestaltung einer am Effizienzziel ausgerichteten Regulie-

---

[23] Die Ökonomen *Kahneman, Knetsch und Thaler* wiesen dies in einem einfachen Experiment nach. Sie teilten 70 Studenten in 35 Paare auf und gaben jeweils einem von beiden einen Schokoladenriegel (*Kahneman/Knetsch/Thaler*, Journal of Political Economy 98 [1990], S. 1325 ff.). Nach dem Coase-Theorem müsste die Hälfte der Schokoriegel den Eigentümer wechseln, da die Verteilung zwischen Schoko-Liebhabern und Nicht-Schokoliebhabern rein zufällig ist. Tatsächlich wurden statt der erwarteten 17,5 Riegel lediglich 7 gehandelt. Es kam nicht zu der zu erwartenden effizienten Allokation. Für die Besitzer eines Schokoriegels wog der Verlust durchschnittlich schwerer als der mit dem Kaufpreis erlangte Gewinn. Für diejenigen, die umgekehrt ursprünglich nicht über einen Schokoriegel verfügten, wog der Verlust des Geldes durchschnittlich schwerer als der mit dem Erwerb des Schokoriegels erzielte Vorteil. Der von den Inhabern des Schokoriegels angebotene Preis (sog. Angebots-Preis) war im Schnitt höher als der Preis, den die Nachfrager durchschnittlich zu zahlen bereit waren. Angebots- und Nachfragepreis kamen nicht zueinander. Die bestehende Besitzlage verfestigte sich.

[24] Die Ursache für diese Ergebnisse liegen vermutlich in der Besitzpsychologie und der Psychologie der Wahrnehmung von Veränderungen: Zustandsänderungen werden jeweils von einem bestimmten Referenzpunkt aus bewertet (*Kahneman/Knetsch/Thaler*, Journal of Political Economy 98 [1990], S. 1325 [1343 f.]; *Kelman*, A Guide to Critical Legal Studies, 1987, S. 148). Potenzielle Verluste werden dabei als schwerer wiegend wahrgenommen als potenzielle Gewinne in gleicher Höhe (sog. Prospekttheorie). Vgl. *Kahneman/Knetsch/Thaler*, Journal of Economic Perspectives 5 (1991), S. 193 (199): »Changes that make things worse (losses) loom larger than improvements or gains«. Vgl. dazu auch *Kahneman/Tversky*, Econometrica 47 (1979), S. 263 ff.; *Ding*, Journal of multinational financial management 14 (2004), S. 425 ff., *Kahneman/Tversky*, Prospect theory: An Analysis of Decision under Risk, in: dies. (Hrsg.), Choices, values and frames, 2005, S. 17 ff. Zu beobachten ist dieses Phänomen beispielsweise bei Aktionären: Viele neigen dazu, die Börsengewinne relativ schnell durch Verkäufe glattzustellen und dadurch die Chance weiterer Gewinne aufzugeben, während sie verlustreiche Aktien länger halten, in der Hoffnung, dass sich die Kurse wieder erholen und dabei das Risiko eingehen, noch höhere Verluste zu erleiden und ertragreiche Investitionsalternativen ihnen dadurch entgehen. Die Erträge aus zu frühen Gewinnmitnahmen sind in der Regel dabei zu klein, um die Verluste zu kompensieren, die durch die Verlustaversion entstehen. Die Verlustaversion, die mit der Aufgabe von Konsumgegenständen einhergeht, ist dabei noch größer als diejenige bei der Weggabe von Geld. Wer eine Flasche Wein für 4 € kauft, liegen lässt und Jahre später, nachdem diese im Wert gestiegen ist, ein Angebot über 40 € von einem Weinhändler erhält, lehnt dieses Angebot eher ab, als wenn es sich um einen entsprechenden Geldbetrag handeln würde, auch wenn er noch nie mehr als 40 € für eine Flasche Wein ausgegeben hat und dies auch jetzt nicht tun würde (Beispiel nach *Thaler*, Journal of Economic Behavior and Organization 1 [1980], S. 39 [43]; *Kelman*, Southern California Law Review 52 [1979], S. 678 f). Eine Erklärung für dieses Phänomen könnte wiederum darin liegen, dass die Zuweisung eines Gegenstandes das Gefühl vermittelt, diese Rechtsposition zu Recht innezuhaben. Ein Abweichen von dieser Zuweisungsentscheidung durch den Verkauf einer Rechtsposition weckt für den Inhaber das Bedürfnis, sich dies teuer bezahlen zu lassen (vgl. *Kelman*, a. a. O., S. 695; *ders.*, A Guide to Critical Legal Studies, 1987, S. 147). Rechtspositionen, über die er noch nicht verfügt, bewertet er umgekehrt deshalb niedriger, weil er über diese noch nicht verfügt.

rung. Es weist auf einen wichtigen Zusammenhang hin: Die Eröffnung des Austausches von Gütern und die rechtliche Ausgestaltung ihrer Übertragbarkeit sind ein wichtiger Beitrag zu einer volkswirtschaftlich sinnvollen Ressourcenverteilung. Zielt eine staatliche Ressourcenallokation auf die effiziente Ausnutzung knapper, staatlich verwalteter Ressourcen, so ist die Handelbarkeit der betroffenen Güter ein zusätzlicher sinnvoller Baustein einer effizienzorientierten staatlichen Verteilungslenkung. Sie erlangt mindestens ebenso große Tragweite wie der Modus der Erstverteilung selbst, ja kann dessen Bedeutung sogar verdrängen. Das gelingt ihr umso mehr, je niedriger die Transaktionskosten des Austauschvorganges sind. Der Handel mit knappen staatlich verwalteten Gütern kann die Allokationswirkung der Versteigerung im Zeitstrahl optimieren. Sie ermöglicht auch den Marktzutritt solcher Bewerber, die zu dem Zeitpunkt der staatlichen Erstzuteilung am Markt nicht vorhanden waren oder nicht berücksichtigt wurden. Je höher umgekehrt die Transaktionskosten sind, umso größer wird die Bedeutung der genuin staatlichen Zuordnung von Handlungsrechten für die Verteilungseffizienz und die Wohlfahrt einer Gesellschaft[25].

II. Verfassungsrechtliche Rahmenbedingungen und Schranken einer dezentralisierten Verteilungslenkung

Der deutsche und europäische Gesetzgeber bekennen sich in jüngster Vergangenheit in zunehmendem Umfang zu den Verteilungswirkungen einer marktorientierten Sekundärverteilung und setzen sie bewusst als Instrument der staatlichen Verteilungslenkung ein. Angeregt durch die Forschungsarbeiten von *Coase* und der Chicago School und angesteckt durch Erfahrungen mit Handelssystemen für staatlich verwaltete Rechte in den USA, hat der Gesetzgeber in zwei rechtlichen Feldern Systeme übertragbarer Nutzungsrechte geschaffen und sich damit ausdrücklich zum ökonomischen Ansatz eines Systems übertragbarer Handelsrechte bekannt:

Seit Mitte 2004 sieht der Gesetzgeber in §62 TKG die Möglichkeit eines Handels von Frequenznutzungsrechten vor (dazu infra §12, S. 734ff.). Auch für das Recht zum Ausstoß von Treibhausgasen hat der Gesetzgeber im Emissionshandelsgesetz ein System übertragbarer Nutzungsrechte geschaffen (dazu infra §13, S. 757ff.). In eine ähnliche Richtung dringt vorsichtig auch die Verordnung Nr. 95/93 des Rates über gemeinsame Regeln für die Zuweisung von Zeitnischen auf Flughäfen in der Gemeinschaft

[25] Vgl. *Coase*, Journal of Law, Economics and Organization 4 (1988), S. 33 (34): »I showed, as I thought, that if transaction costs were not introduced into the analysis, for the range of problems considered, the law has no purpose«.

vor[26]. Sie lässt zwar keinen offenen Handel mit Zeitnischen zu, wohl aber eine Zeitnischenmobilität: Slots können zwischen Luftfahrtunternehmen, die bereits über Zeitnischen verfügen, getauscht werden, sofern der Koordinator zustimmt. Für Neubewerber gelten Einschränkungen (Art. 8a der Verordnung Nr. 95/93[27]). Diesen Vorschriften könnte Modellcharakter für die Sekundärverteilung von Knappheitsrechten insgesamt zuwachsen.

Systeme handelbarer Nutzungsrechte stellen die nationale Rechtsordnung vor eine Herausforderung. Einer dem Frequenz- und Emissionsrechtehandel rahmengebenden Ordnung fehlt es bislang im deutschen Recht an rechtlichen Vorbildern. Der Gesetzgeber betritt – wie schon mit der Zulassung der marktwirtschaftlichen Primärallokation von Rechten – rechtsdogmatisches Neuland.

Neuland birgt Gefahren. Indem die Handelbarkeit staatlich verwalteter Güter die Güterallokation an die ungebundene Auswahlmacht der privaten Akteure bindet, scheint die Zuteilungsverantwortung des Staates, die ihn verpflichtet, alle grundrechtswesentlichen Fragen selbst zu entscheiden und nicht außerstaatlichen Intermediären zu überlassen, in Frage gestellt. Die Legitimation, mit der der Staat in den Markt eingreift und sich eine Verteilung vorbehält, um die Güter sogleich der freien Handelbarkeit zu überantworten, erschließt sich nicht im ersten Zugriff. Handelssysteme staatlich verwalteter Güter lassen die Frage nach der Legitimation des Verbleibs staatlich verwalteter Güter im System der staatlichen Verteilungslenkung auf den Plan treten.

Ihnen erschließt sich dort schwerlich ein legitimer Anwendungsbereich, wo der Staat knappe Güter der Kraft des Marktes entzogen hat, um seine negativen Ausfallerscheinungen zu begrenzen, so etwa dort, wo – wie beim Schornsteinfegerregal oder der Kontingentierung von Taxierlaubnissen – übermäßiger Marktwettbewerb zur Beeinträchtigung öffentlicher Interessen führt. Ist staatliche Verteilungslenkung die Reaktion auf unerwünschte Ergebnisse eines Gebrauchs von marktlicher Handlungsfreiheit und Ausdruck des Misstrauens gegen das Verteilungsergebnis, das die Bürger in Gebrauch ihrer Freiheit im Marktaustausch zu Tage fördern, spricht eine Vermutung gegen die Zulässigkeit eines Systems frei handelbarer Handlungsrechte. Behält der Staat Güter der staatlichen Verteilungsordnung vor, verknüpft sich damit eine (widerlegliche) Vermutung, dass ihre freie Über-

---

[26] ABl. EG Nr. L 14 vom 22.1.1993; geändert durch die Verordnung Nr. 793/2004 des Europäischen Parlamentes und des Rates vom 21.4.2004, ABl. EG Nr. L 138/50 vom 30.4.2004, S. 50.

[27] Vgl. Fn. 26; kritisch zur Eröffnung eines Handelssystems für Start- und Landerechte auf Flughäfen *Tschentscher/C. Koenig*, NVwZ 1991, S. 219 (225), befürwortend dagegen *Cornelius*, Zur effizienten Allokation knapper Ressourcen, 1993, S. 198 ff.; ausführlich zu den wettbewerbspolitischen Problemen einer Freigabe des Slothandels *Hüschelrath*, Infrastrukturengpässe im Luftverkehr, 1998, S. 237 ff. und 283 ff.

tragbarkeit unter Privatrechtssubjekten der Regelungsintention des Gesetzgebers zuwider läuft.

Die nichtstaatliche dezentrale Sekundärallokation birgt das gleiche Gefahrenpotenzial wie die Primärallokation mit Hilfe des Marktmechanismus der Versteigerung. An die Zulassung des Handels sind daher grundsätzlich die gleichen verfassungsrechtlichen Anforderungen zu stellen wie an die Zulassung der Versteigerung als Instrument staatlicher Primärallokation. Nur wenn die Zahlungsbereitschaft (und -fähigkeit) ein sachgerechtes Zuteilungskriterium ist, das zulässigerweise über den Zugang zu dem Genuss knapper staatlicher Berechtigung entscheiden darf, steht das hoheitliche Zuteilungsregime einem sekundärverteilenden Handel offen. Soweit eine staatliche Primärallokation im Wege der Versteigerung sich als unzulässig darstellt (vgl. dazu S. 343 ff.), gilt dies in gleichem Maße auch für die Zulassung eines Handels mit dem betroffenen Gut. Beide Zuteilungssysteme ergänzen und bedingen sich.

Wo umgekehrt der Staat durch die Schaffung staatlicher Handlungsrechte an Gütern der Allgemeinheit das Allmendeproblem öffentlicher Güter im Wege effizienzorientierter Verteilungslösungen zu bewältigen sucht, stellt sich die Aufgabe der Verteilungslenkung in anderem Licht dar. Erschöpft sich die Aufgabe des Staates weitgehend in einer durch das Effizienzziel gesteuerten Rechtezuordnungs- und Ordnungsfunktion, vermag die Zulassung des Handels die Aufgabe, die eine effizienzorientierte staatliche Erstallokation zu erreichen sucht, zu unterstützen. Systeme handelbarer Nutzungsrechte können hier eine sinnvolle Ergänzungsfunktion wahrnehmen.

Das Handelssystem muss dabei den Gefahren begegnen, denen die Versteigerung selbst ausgesetzt ist[28], sowie zusätzlich den Risiken, die eine dezentrale Entscheidungssteuerung außerhalb eines staatlich festgesetzten Regelmechanismus mit sich bringen kann. Sie darf dabei zugleich das System staatlicher Primärzuteilung nicht unterspülen. Den Staat trifft hier in besonderem Maße die Verantwortung, eine regelungspolitisch unerwünschte Verdrängung nichtkommerzieller Nutzungen durch konkurrierende wirtschaftliche Nutzungsarten[29] wie auch eine völlige Versperrung des Freiheitszugangs zu verhindern sowie den Wettbewerb gegen Beeinträchtigungen monopolistischer Konzentration, Kollusion und strategischer Verdrängungsabsicht zu schützen. Der Handel darf den Wettbewerb, den er ermöglichen will, nicht unterminieren. Indem der Markt nur die Allokationseffizienz in den Blick fasst, nimmt er auf die unterschiedlichen Ausgangsvoraussetzungen der Teilnehmer, insbesondere ihre unterschiedliche

[28] Siehe dazu im Einzelnen S. 343 ff.

[29] Handelssysteme erreichen ihre beabsichtigte Steuerungswirkung nur dort, wo durch wirtschaftlichen Nutzen gekennzeichnete gleichartige Nutzungsarten in einen Wettbewerb treten.

Zahlungs*fähigkeit*[30], sowie die gesellschaftliche Funktion der Nutzungsarten, denen knappe Güter dienen, keine Rücksicht[31]. Es bedarf legislatorischer Schutzmechanismen, die der ungebundenen Kraft des Marktes durch eine begleitende Steuerung des dezentralen Allokationsvorgangs Schranken in dem Umfang auferlegen, in dem konkurrierenden staatlichen Regulierungszielen, welche der Markt in seinem effizienzfokussierten, komplexitätsreduzierten Entscheidungsprogramm nicht auf seinen Radarschirm nimmt, nur unzureichend entsprochen würde.

[30] Vgl. dazu supra S. 396 ff.
[31] Vgl. dazu auch supra S. 405 ff.

§ 12 Frequenzhandel

Kommt ein Handel mit staatlicher Verwaltung unterstellten Gütern grundsätzlich dort in Betracht, wo die Verteilungsordnung dem Ziel der Effizienz verpflichtet ist, gehört der Handel mit Frequenzen zu den prädestinierten Zielobjekten einer dezentralisierten Verteilungsordnung. Die Zahlungsbereitschaft kann – wenn auch nicht ausschließlich, so doch im Verbund mit anderen Zuteilungsmechanismen – bei der Zuteilung knapper Frequenzen im Einklang mit dem nationalen und europäischen Verfassungsrecht grundsätzlich eine Zuteilungsrolle als Differenzierungskriterium zur Sicherstellung einer effizienten Frequenzallokation wahrnehmen. Weder die Grundrechte und Grundfreiheiten der Altnutzer noch diejenigen der Erwerber stehen der Eröffnung eines Handels a priori zwingend im Wege[32].

Frequenzhandel nutzt ergänzend zur staatlichen Erstallokation die Effizienzpotenziale des Marktes, um in beschränktem Umfang vorhandene Güter einer knappheitsgerechten Nutzung zuzuführen, die die Erstallokation nicht immer in ausreichendem Umfang zu gewährleisten vermag: Fallen ursprüngliche Nutzungsabsichten der Ersterwerber weg oder bleiben sie hinter der Effizienz anderer Nutzungen zurück, kann ein Bedürfnis nach einem die Erstallokation korrigierenden Frequenzaustausch entstehen. Dieses Bedürfnis vermag ein Frequenzhandel zu befriedigen: Er bringt Nutzungs- und Abgabewillige zusammen. Der bisherige Frequenzinhaber verzichtet auf das ihm zugewiesene Nutzungsrecht, um einem anderen Interessenten, der dem Gut eine höhere Wertschätzung entgegenbringt, die Nutzung dauerhaft oder zeitweise zu überlassen. Für die Altnutzer öffnet der Handel die Möglichkeit, den wirtschaftlichen Wert des ihnen zugeteilten Nutzungsrechts durch Veräußerung zu realisieren[33]; für die Neunutzer

---

[32] Ebenso etwa *Binzel*, Frequenzhandel in Deutschland und Großbritannien, 2006, S. 214ff.; a. A. *Mayen*, CR 1999, S. 690 (696), *ders.*, in: Scheuerle/Mayen (Hrsg.), TKG, 2002, § 9 Rdnr. 51, der aus der Rechtsprechung zum Verbot eines Handels mit knappen Taxikonzessionen (vgl. dazu supra S. 402) eine Unzulässigkeit des Handels mit knappen Frequenzen destilliert. Diese Rechtsprechung fußt indes auf dem Gedanken der Absicherung einer rechtsstaatlich abgesicherten Warteliste als staatlichem Erstzuteilungsverfahren gegen ihre Aushöhlung durch ein marktliches Sekundärallokationssystem. Decken sich – wie im Falle der Versteigerung und der Zulassung des Handels – die Ziele des Modus der Primär- und Sekundärallokation, verfangen diese Einwände gegen einen Frequenzhandel nicht.

[33] *Stumpf et al.*, Eckpunkte zur Ausgestaltung eines möglichen Handels mit Frequenzen, 2003, S. 43f. sehen darin zugleich eine Belastung der Neunutzer, die verfassungs-

entsteht (neben der staatlichen Neuzuteilung befristet zugeteilter Frequenzen) ein zusätzlicher Weg, den Zutritt zu einem knappheitsbeschränkten Markt zu erlangen. Frequenzen gelangen in die Nutzung, die der Markt am höchsten bewertet. Als Komplementär einer marktlichen Erstallokation kann der Frequenzhandel ein entscheidender Beitrag sein, die verschwendungsfreie Nutzung der knappen Ressource Frequenzen intertemporal sicherzustellen und Technologieinnovationen zu fördern[34].

Der effizienzfördernden Funktion des Marktaustausches bringt der deutsche Gesetzgeber Vertrauen entgegen. Er lässt den Handel mit knappen Frequenzen in § 62 TKG grundsätzlich zu. Die Vorschrift vollzieht im deutschen Frequenzverwaltungsrecht einen Paradigmenwechsel. War bis zu seiner Implementierung in das TKG die Übertragung von Frequenzen nur in eingeschränktem Umfang zulässig – § 47 Abs. 6 i. V. m. § 9 TKG a. F. gestattete die Frequenzübertragung nur bei gleichzeitigem Wechsel der Eigentumsverhältnisse an dem Unternehmen, nicht aber isoliert[35] –, kann die

---

rechtliche Bedenken auf den Plan rufe. Denn die durch Verwertung der Nutzungsrechte erzielten Gewinne könnten die Altnutzer dazu instrumentalisieren, um mit den Neunutzern zu konkurrieren und ihre Marktposition zu beeinträchtigen. Gewinne aus der Veräußerung knapper Nutzungsrechte entstehen den Altnutzern freilich grundsätzlich nur dort, wo die Nutzungsrechte den Nutzern entgeltfrei zugeteilt wurden. Haben sie dagegen im Zuge einer Versteigerung einen Marktpreis für die Zuteilung des knappen Gutes erbracht, realisieren sie durch die Veräußerung Beträge, die eigenen vorausgegangenen Zahlungen entsprechen und insoweit ihrem Vermögensstamm bereits früher abgeflossen sind. Die Vermögensbilanz ändert sich grundsätzlich nicht. Eine wettbewerbswidrige Belastung ist mit der Freigabe dieser Mittel nicht verbunden. Fallen bei den Altnutzern durch die Verwertung kostenfrei zugeteilter Nutzungsrechte Gewinne an, die nicht eigenen vorangegangenen Leistungen entsprechen (sog. windfall profits), müssen diese einer Zulassung des Frequenzhandels freilich ebenso wenig zwingend entgegenstehen. Sie können, ohne den Frequenzhandel als solchen unzulässig werden zu lassen, einer Abschöpfung zugeführt werden. Mindert dies auch die Bereitschaft der Marktteilnehmer zur effizienzfördernden Frequenzübertragung, geht damit eine verteilungspolitisch sinnvolle Befreiung des Frequenzhandels von dem Anreiz der Verwirklichung von windfall profits und eine Stringenz der Zuteilungssystematik zwischen Erst- und Zweitallokation einher. Vgl. dazu auch infra 2. (S. 744) und 6. (S. 754).

[34] Vgl. dazu etwa *Stumpf et al.*, ibid., S. 144 u. 146 sowie die ökonomische Betrachtung von *Coenen*, Der Handel mit Funkfrequenzen zwischen Wettbewerb und Regulierung, 2006, S. 113 ff.

[35] Das war nicht unumstritten, sondern Gegenstand heftiger juristischer Gefechte. Der Wortlaut des § 47 Abs. 6 TKG a. F., auf den die Rechtspraxis die Unzulässigkeit des Handelns stützte, war insoweit interpretationsoffen: Die Vorschrift verwies ohne Einschränkungen auf den gesamten Inhalt des § 9 TKG a. F. Dieser gestattete nicht nur den Eigentümerwechsel (§ 9 Abs. 2 Var. 2), sondern auch die Übertragung, den anderweitigen Übergang und die Überlassung der Lizenz. Das legt die Deutung nahe, dass das TKG a. F. alle Formen der Frequenzübertragung zulassen wollte (in diesem Sinne etwa *Lenhard/Rickert*, K & R 2002, S. 578 [581 ff.], *Spies*, MMR 2003, S. 230 [232]; *Spoerr*, in: Trute/Spoerr/Bosch [Hrsg.], TKG mit FTEG, 2001, § 47 Rdnr. 32). Andererseits knüpfte § 47 Abs. 6 TKF a. F. in seinem Tatbestand ausdrücklich nur an die Übertragung im Falle eines »Wechsel(s) der Eigentumsverhältnisse bei demjenigen, dem Frequenzen zugeteilt sind« an und schränkte damit den Kreis der nach dieser Vorschrift zulässigen Übertragungsakte von vornherein auf diese Fälle ein (wohl ü.M.; vgl. etwa RegTP, Vfg. 160/1999, ABl.-

Frequenz nunmehr als solche übertragen werden[36]. Es werden dadurch neuartige, disparate öffentlich-rechtliche Nutzungs- und Übertragungsformen vorstellbar, die über die reine vollständige Übertragung hinaus partiellen (namentlich temporär oder auf einen bestimmten technischen Ausschnitt des Frequenznutzungsspektrum beschränkten) Nutzungsrechteüberlassungen den Weg ebnen, etwa ein Frequenz-Leasing, die Sicherungsübereigung als Instrument der Kreditsicherung oder die Ausgestaltung von Frequenznutzungsrechten als Optionsrechte. Das bis dato durch punktuelle und exklusive staatliche Zuweisungsentscheidungen geprägte Zuteilungsregime könnte abgelöst werden durch einen flexiblen Handlungsrahmen mit vielfältigen Zugangs- und Nutzungswegen, der das Effizienzpotenzial des Frequenzraumes umfassend ausschöpft[37].

I. Internationale Vorbilder

Der Frequenzhandel des deutschen Telekommunikationsrechts greift auf Vorbilder in ausländischen Rechtsordnungen zurück. Die Pionierrolle kommt insoweit – wie schon bei der Etablierung eines Systems marktlicher Erstallokation – Neuseeland zu; als erstes Land der Welt machte es den Weg frei für den Handel mit Frequenznutzungsrechten: Als Teil einer umfassenden, von der Gedankenwelt der Chicago School of Economics[38]

RegTP 23/1999, S. 4095; RegTP, Vfg. 13/2000, ABl.RegTP 2000, S. 516 [553 f.]; *Kruhl*, Die Versteigerung knapper Frequenzen, 2003, S. 128 f., *Hummel*, K & R 2000, S. 479 [481 ff.]; *Wissmann/Kreitlow*, K & R 2003, S. 257 [258]; *Clausi* [Fn. 39], S. 34 ff.). Das TKG a. F. ließ die Übertragung der Lizenz zu, die Übertragung der dafür erforderlichen Frequenz aber nur im Falle des Unternehmenskaufs. In allen anderen Fällen verblieb die Frequenz bei dem bisherigen Lizenzinhaber. Die Lizenz wurde substratlos. Ein Wechsel des Nutzers von Frequenzen erforderte eine neue Zuteilung (in diesem Sinne auch ausdrücklich die Begründung des Gesetzesentwurfs, BT-Drucks. 13/4864, S. 80). Die Praxis behalf sich dann mit einem Kunstgriff: Der bisherige Lizenzinhaber gab die ihm zugeteilte Frequenz an die Regulierungsbehörde zurück; die frei gewordene Frequenz teilte die Regulierungsbehörde dann dem neuen Inhaber der Lizenz im Wege einer koordinierten Neuzuteilung zu. In den Fällen der Frequenzknappheit war dieses Verfahren indes zum Scheitern verurteilt: Die Zuteilung erfolgt hier nicht im Antragsverfahren, sondern hat zum Schutz der von dem Zuteilungsvorgang betroffenen Grundrechte in einem (für alle Interessenten) offenen, transparenten und diskriminierungsfreien Verfahren zu erfolgen. Eine Bevorzugung des neuen Lizenzinhabers ist hier nicht möglich, eine Zuteilung der Frequenz an ihn daher nicht gesichert (vgl. auch dezidiert RegTP, Vfg. 158/99, ABl. RegTP 1999, S. 4092).

[36] Vgl. Begründung zum Entwurf eines Telekommunikationsgesetzes, BT-Drucks. 15/2316, S. 81.

[37] Vgl. auch die Überlegungen der Gemeinschaft zur Fortentwicklung des Rechtsrahmens für die elektronische Kommunikation in der Initiative »i2010«: Mitteilung der Kommission v. 29. 6. 2006 über die Überprüfung des EU-Rechtsrahmens für elektronische Kommunikationsnetze und -dienste, KOM(2006) 334 endg., S. 9 f.

[38] Vgl. dazu im Einzelnen supra S. 154 ff.

beatmeten Wirtschaftsreform ließ der Radio Communications Act vom 19.12.1989 Übertragungsschranken fallen: Frequenzen können danach grundsätzlich ohne staatlichen Vorbehalt übertragen werden; die Übertragung wird mit der Eintragung in das Frequenzregister wirksam[39]. Der Staat gibt die Kontrolle über die Verteilung der Frequenznutzungsrechte weitgehend aus den Händen. Australien[40] und Kanada[41] beschritten mit einem dualen System des Lizenzmanagements (das für bestimmte Lizenzen eine eingeschränkte, für andere eine uneingeschränkte Übertragbarkeit vorsieht) wenig später einen ähnlichen Weg; auch die Vereinigten Staaten von Amerika öffnen der Übertragbarkeit von Frequenzen einen Spalt breit die Tür, bleiben aber hinter den liberalen Modellen Neuseelands, Australiens und Kanadas zurück: Die Übertragung ist grundsätzlich möglich, steht aber unter staatlichem Genehmigungsvorbehalt. Sec. 301 Communications Act betont, dass Lizenzen kein Eigentumsrecht an den Frequenzen vermitteln, sondern zeitlich begrenzte und mit Bedingungen verknüpfte Nutzungsrechte, die unter der Kontrolle des Staates bleiben[42, 43].

---

[39] Vgl. *Stumpf et al.* (Fn. 33), S. 68; *Clausi*, Rechtsfragen des Frequenzhandels, 2003, S. 69ff.

[40] Der Radio Communications Act 1992 unterscheidet zwischen »apparatus licences« und »spectrum licences«. Die ersten sind nur unter Einschränkungen übertragbar (das Gesetz spricht von »transfer«), die letztgenannten grundsätzlich unbeschränkt handelbar (hier spricht das Gesetz von »trading«). Die apparatus licence berechtigt für die Dauer von höchstens fünf Jahren zum Betrieb eines Funkgerätes (Sec. 96 [1] und 103 [3] Radio Communications Act). Ihre Übertragung setzt eine Bewilligung der Australian Communications Authority voraus, der insoweit ein weiter Entscheidungsspielraum zukommt und bestimmte Übertragungen generell durch Verordnung untersagen kann. Spectrum licences sind anders als apparatus licences nicht auf die Nutzung bestimmter Geräte bezogen. Sie vermitteln ein geräteunabhängiges subjektives öffentliches Recht auf Nutzung eines bestimmten Teils des elektromagnetischen Frequenzspektrums. Ihre Laufzeit erstreckt sich auf maximal 15 Jahre. Der Handel mit spectrum licences unterliegt grundsätzlich keinen Beschränkungen – mit Ausnahme solcher Einschränkungen, die die angemessene Nutzung der Frequenzen sicherstellen sollen (vgl. dazu aber auch die Handelsregeln der Trading Rules for Spectrum licences Determination, 1998). Der Handel muss der Australian Communications Authority angezeigt werden; er wird erst mit der Eintragung in das Funkkommunikationslizenzregister wirksam. Vgl. dazu im Einzelnen *Productivity Commission 2002*, Radiocommunications, Report no. 22, 2002, S. 81 ff. u. 143ff. sowie *Binzel*, Frequenzhandel in Deutschland und Großbritannien, 2006, S. 156f.

[41] Das kanadische Lizenzmanagementsystem ähnelt dem australischen. Es unterscheidet zwischen gerätegebundenen »radio licences« und allein frequenzbezogenen »spectrum licenses«. Erstere sind grundsätzlich nicht frei übertragbar, ihre Übertragung ist einem staatlichen Genehmigungsvorbehalt unterworfen; letztere sind grundsätzlich handelbar. Vgl. dazu den Radio Communications Act 1996.

[42] In den Vereinigten Staaten haben sich vier Formen der Frequenzübertragung herausgebildet: die (a) vollständige oder (b) geographisch (»geographic portioning«) bzw. (c) technisch beschränkte (»spectrum disaggregation«) Frequenzübertragung unter Mitwirkung der FCC sowie (d) die Verpachtung einer Frequenz (spectrum leasing), Vgl. dazu etwa *Fishman*, Federal Communications Law Journal 50 (1997), S. 2 (6ff.).

[43] Die Federal Communications Commission ist bestrebt, die Möglichkeiten eines Frequenzhandels zu erweitern, um eine effiziente Nutzung des Frequenzspektrums zu

Ungeachtet seiner rechtsdogmatischen Novizenrolle und der an die Zulassung des Handels geknüpften Erwartungen nehmen sich die praktischen Erfahrungen des Frequenzhandels in seinem Erfinderland Neuseeland bescheiden aus[44]; er fristet dort ein Schattendasein[45]. Die Ursachen dürften insbesondere in einer geringeren Wettbewerbsintensität des neuseeländischen Frequenzmarktes sowie darin zu suchen sein, dass der Aufbau von Netzinfrastruktur Investitionskosten zeitigt, die als Transaktionskosten eine Übertragung der Frequenzen erschweren und den Handel weniger attraktiv machen[46]: Ein Handel findet nur dann statt, wenn der erwartete Nutzen die mit dem Austausch verbundenen Kosten übersteigt. Die Coase'sche Idealprämisse fehlender Transaktionskosten ist im Frequenzhandel regelmäßig nicht verwirklicht. Wie häufig Übertragungsvorgänge in einem Markt stattfinden, hängt überdies nicht nur von den entstehenden Transaktionskosten, sondern auch davon ab, wie nahe bereits die Erstverteilung dem Zustand der Pareto-Effizienz kommt. Eine gelungene Erstallokation dünnt das Bedürfnis nach einer effizienzfördernden Sekundärübertragung aus. Neuseeland hat mit der Erstzuteilung via Versteigerung bereits früh und in weitem Umfang das Bedürfnis nach einem Sekundärhandel reduziert.
Indem die USA sich schwerer mit der Zulassung der Versteigerung als staatlichem Zuteilungssystem taten, löste die hohe Wettbewerbsintensität des Marktes dort ein Bedürfnis nach Aggregierung der Frequenzen zu sinnvollen Einheiten aus; Lizenzübertragungen erfreuen sich in dem amerikanischen Markt hoher Popularität: Wiewohl die Übertragung von Lizenzen mit höheren ordnungsrechtlichen Hürden versehen ist, kommt es zu einem schwunghaften Handel mit Frequenzen[47]. Nicht zuletzt öffnet die Übertragungsmöglichkeit ein wichtiges ökonomisches und verteilungspolitisches Ventil, da Lizenzinhaber in den USA mit einer Lizenzerneuerung rechnen können, wenn sie die Lizenzbedingungen beständig erfüllen.

II. Europarechtlicher Rechtsrahmen

Ihren Anstoß fand die gesetzliche Zulassung des Frequenzhandels im deutschen TKG in Vorschriften der Europäischen Union. § 62 TKG fußt auf der Rahmenrichtlinie der Europäischen Union über einen gemeinsamen Rechtsrahmen für elektronische Kommunikationsnetze und -dienste[48]. Sie stuft die Übertragung von Frequenzen grundsätzlich als ein »wirksames Mittel (...)« ein, um ihre regelungspolitische Zielvorstellungen effizienter

fördern: Ungenutztes oder ineffizient genutztes Spektrum soll der Vergangenheit angehören und die kurzfristige Nutzungsüberlassung wie auch die vollständige mittel- bis langfristige Übertragung möglich werden.

[44] Ähnliches gilt in Australien. Vgl. *Productivity Commission 2002*, Radiocommunications, Report no. 22, 2002, S. 149 ff.

[45] Vgl. dazu *Stumpf et al.* (Fn. 33), S. 69 f.

[46] Vgl. zu den Auswirkungen von Transaktionskosten auf die Bereitschaft zum Frequenzhandel auch *Productivity Commission 2002*, Radiocommunications, Report no. 22, 2002, S. 156 ff.

[47] Vgl. dazu *Stumpf et al.* (Fn. 33), S. 51 f.

[48] Richtlinie 2002/21/EG des Europäischen Parlamentes und des Rates vom 7.3.2002 über einen gemeinsamen Rechtsrahmen für elektronische Kommunikationsnetze und -dienste, ABl. EG Nr. L 108, S. 33 ff.

Frequenznutzung zu erreichen, »solange es hinreichende Sicherungsmaßnahmen zum Schutz der öffentlichen Interessen gibt«[49]. Sie lässt sich dabei von der institutionenökonomischen Vorstellung leiten, dass die dezentrale Güterlenkungsfunktion des Marktes zu einer verschwendungsfreien Nutzung knapper wirtschaftlich nutzbarer Frequenzen führen kann. Art. 9 Abs. 3 der Rahmenrichtlinie räumt den Mitgliedstaaten dementsprechend die Möglichkeit ein, einen Handel mit Frequenzen zuzulassen, ohne eine entsprechende Rechtspflicht zu begründen: Sie »können Unternehmen die Übertragung von Frequenznutzungsrechten an andere Unternehmen gestatten«. Mit rechtlichen Vorgaben für die Ausgestaltung des Frequenzhandels hält sie sich diesem restriktiven Ansatz entsprechend weitgehend zurück. Sie statuiert lediglich einen Mindestkanon von Anforderungen, denen ein zulässiger Frequenzhandel genügen muss: Der Frequenzhandel darf sich nicht allein in einem bilateralen Vertrag zwischen Privaten erschöpfen, sondern die Übertragung muss nach einem von der nationalen Regulierungsbehörde festgelegten Verfahren erfolgen; der Frequenzinhaber hat insbesondere die Absicht, ein Frequenznutzungsrecht zu übertragen, der nationalen Regulierungsbehörde mitzuteilen, damit diese die Transparenz und Beaufsichtigung derartiger Übertragungen sicherstellen kann (Art. 9 Abs. 4 S. 1 i. V. m. Erwägungsgrund Nr. 19 S. 2 Hs. 2 Rahmenrichtlinie)[50]. Die Übertragungen dürfen nicht dazu führen, dass der Wettbewerb zwischen den Marktteilnehmern verzerrt oder eine vorgeschriebene Nutzung der Frequenz verändert wird (Art. 9 Abs. 4 S. 2 Rahmenrichtlinie). Die Erwerber einer Frequenz sollen den Handel ferner nicht als Instrument zur Beeinflussung des Wettbewerbs nutzen dürfen und es nicht in der Hand haben, für welchen Zweck sie die erworbenen Frequenzen nutzen. Sie dürfen nicht von einer Nutzung abweichen, die durch gemeinschaftsrechtliche Harmonisierungsmaßnahmen, etwa im

---

[49] Erwägungsgrund Nr. 19, S. 3 der Rahmenrichtlinie.

[50] Im ursprünglichen Vorschlag der Kommission war nicht nur eine Mitteilungspflicht, sondern auch das Erfordernis vorgesehen, dass die Übertragung von Frequenzen unter der Aufsicht und mit Zustimmung der Regulierungsbehörde erfolgt (Art. 8 Abs. 5 des Vorschlags für eine Richtlinie des Europäischen Parlaments und des Rates über einen gemeinsamen Rechtsrahmen für elektronische Kommunkationsnetze und -dienste, Abl. EG Nr. C v. 19.12.2000, S. 204 f.). Der Gemeinsame Standpunkt gab das Erfordernis der Zustimmung auf, ohne dies näher zu begründen (Art. 8 Abs. 5 des Gemeinsamen Standpunktes, ABl. EG Nr. C 377 v. 30.11.2001, S. 42). Vermutlich lagen dem Deregulierungsüberlegungen zu Grunde: Die Behörde sollte nicht zwingend jeder Übertragung von Frequenznutzungsrechten zustimmen müssen, damit die Übertragung wirksam werden kann; ein Ingerenzrecht, das eine Übertragung im Einzelfall zu verhindern vermag, wenn ausnahmsweise durch die Übertragung öffentliche Interessen berührt werden, wird dem Regelungsanliegen ebenso in ausreichendem Umfang gerecht. Die Behörde hat die Zulässigkeit der Übertragung zu prüfen; unter ausnahmslosen Genehmigungsvorbehalt müssen die Mitgliedstaaten sie jedoch nicht stellen.

Rahmen der Frequenzentscheidung des Europäischen Parlamentes und des Rates[51], festgelegt wurde.

III. Das Frequenzhandelsregime des §62 TKG und seine Schranken

In Ausfüllung der Vorgaben der Rahmenrichtlinie ebnet das deutsche Telekommunikationsgesetz der Bundesnetzagentur den Weg, Frequenzbereiche für den Handel freizugeben, sofern ein Interesse daran besteht, d. h. sofern einer vorhandenen Nachfrage nach dem entsprechenden Frequenzspektrum die Bereitschaft der derzeitigen Nutzer gegenübersteht, das Frequenzspektrum zu veräußern[52]. Die Bundesnetzagentur kann dann als Tauschmittler tätig werden und eine von der behördlichen Frequenzzuteilung abweichende Übertragung möglich machen. Die Übertragung vollzieht sich nicht in einem horizontalen privatrechtlichen Übertragungsakt, der lediglich der Behörde anzuzeigen ist, sondern notwendig im Dreieck unter Mitwirkung der Behörde: Es kommt nicht zu einer unmittelbaren Verfügung über das Handlungsrecht an der knappen Ressource; die Behörde hebt die behördliche Frequenzzuteilung auf und erlässt eine neue behördliche Frequenzzuteilung (§62 Abs. 1 S. 2 TKG). Das Übertragungsverfahren ähnelt insoweit der unter dem Regime des alten TKG praktizierten koordinierten Neuzuteilung[53]. Von einem Handel zu sprechen erscheint durchaus euphemistisch; das Telekommunikationsgesetz schmückt sich mit einem anspruchsvollen Titel, dessen Anspruch es aber nur bedingt einlöst; treffender wäre die Bezeichnung »Übertragung« (unter Mitwirkung der Behörde).

Der Frequenzaustausch des §62 TKG reicht den Frequenznutzern gleichwohl nicht lediglich alten Wein in neuen Schläuchen: Eine Übertragung ist nunmehr isoliert ohne Rücksicht auf einen gleichzeitigen Wechsel der Eigentumsverhältnisse an dem übertragenden Unternehmen möglich; sie ist – anders als nach §47 Abs. 6 TKG a. F. – auch bei knappen Frequenzen zulässig, die im Zuteilungsverfahren der Ausschreibung oder Versteigerung zugeteilt wurden. Alle Frequenzfelder, auch Frequenzen, die für Rundfunkdienste vorgesehen sind, stehen – wie sich mittelbar der Zustän-

---

[51] Entscheidung Nr. 676/2002/EG des Europäischen Parlaments und des Rates vom 7.3.2002 über einen Rechtsrahmen für die Frequenzpolitik in der Europäischen Gemeinschaft, ABl. EG Nr. L 108 v. 24.4.2002, S. 5. Sie legt ein Verfahren fest, nach dem Harmonisierungsmaßnahmen mit dem Ziel der effizienten Nutzung des Frequenzspektrums und der Vermeidung schädlicher Störungen erlassen werden sollen (vgl. Art. 1 Abs. 1 u. 2 der Frequenzentscheidung).

[52] In diesem Sinn konkretisiert die Begründung zum Entwurf des Telekommunikationsgesetzes den Begriff des Interesses, BT-Drucks 15/2316, S. 80.

[53] Vgl. dazu supra Fn. 35.

digkeitsregel des § 62 Abs. 2 S. 3 TKG entnehmen lässt[54] – nach der Vorstellung des Gesetzgebers dem Handel grundsätzlich offen: Indem der Gesetzgeber für die Übertragung von Rundfunkfrequenzen das Einvernehmen der nach Landesrecht zuständigen Stelle fordert, setzt er implizit die prinzipielle Zulässigkeit einer Übertragung von Rundfunkfrequenzen voraus.

Dem Ziel eines Frequenzhandels nähert sich der Gesetzgeber mit Vorsicht: Ob der Handel zustande kommt, unterliegt nicht den freien Austauschbedingungen des Marktes, sondern ist einem Rahmen unterworfen, den die Bundesnetzagentur unter Beachtung der gesetzlichen Zielvorstellungen festlegt[55]: Sie schränkt die Möglichkeiten einer Übertragung mit dem Ziel ein, den Gefahren Rechnung zu tragen, die sich mit der Eröffnung der Handelbarkeit verbinden können. Sie hat insbesondere sicherzustellen, dass die Übertragung dem Ziel der Effizienz der Frequenznutzung als ordnungspolitischem Legitimationsgrund für eine Abweichung von der behördlichen Zuteilungsordnung zuträglich (vgl. § 62 Abs. 2 Nr. 1 TKG, infra 1.) und eine Beeinträchtigung konkurrierender Regelungsziele durch den Austausch nicht zu besorgen ist (vgl. § 62 Abs. 2 Nr. 2–5 TKG, infra 2–5)[56]. Zielkonkurrenzen sieht der Gesetzgeber insoweit zu Recht auf vier Feldern: Der Handel kann die Ziele des Verfahrens der Primärallokation torpedieren (infra 2.), den Wettbewerb auf dem relevanten Markt verzerren (infra 3.), die Zweckbindung der Frequenznutzung (infra 4.) und die Erreichung sonstiger Regulierungsziele des TKG (infra 5.) beeinträchtigen. Inhalt und Reichweite dieser Regelungsschranken geben dem Rechtsanwender in ihrer sibyllinischen Formulierung im Detail freilich zahlreiche Rätsel auf.

---

[54] Das Erfordernis eines Einvernehmens soll der Gefahr vertikaler Medienkonzentration entgegenwirken, die mit einem Frequenzhandel verbunden sein kann. Vgl. Stellungnahme des Bundesrates zum Gesetzesentwurf der Bundesregierung gem. Art. 76 Abs. 2 GG, BT-Drucks. 15/2316, S. 118.

[55] Neben der Formulierung von Regeln über die Voraussetzungen und das Verfahren des Frequenzhandels empfehlen sich insoweit die Einrichtung eines Registers für Frequenzzuteilungen sowie die Zuverfügungstellung von Informationen über Übertragungsakte und -offerten, auf die interessierte Akteure leicht zugreifen können. Die Zentralisierung bündelt die Nachfrage nach Frequenzen, reduziert die Suchkosten der Marktteilnehmer (vgl. zur Bedeutung von Transaktionskosten für das Effizienzziel supra S. 726) und generiert aussagekräftige Knappheitspreissignale für das Frequenzspektrum, an denen sich die Interessen bei ihren Planungsentscheidungen ausrichten können.

[56] Die Vorgaben des § 62 Abs. 2 TKG für die Rahmenbedingungen und das Verfahren gehen zurück auf die Eckpunkte zur Ausgestaltung eines möglichen Frequenzhandels, die die WIK-Consult im Auftrag des Bundesministeriums für Arbeit in einem Gutachten zusammengefasst haben; *Stumpf et al.* (Fn. 33), S. 79 (Eckpunkt 2).

1. Effizienz der Frequenznutzung

Das Telekommunikationsgesetz will keine Übertragung legitimieren, die die Effizienz der Frequenznutzung weder steigert noch wahrt (§62 Abs. 2 Nr. 1 TKG). Ist die Zulassung einer Frequenzübertragung von dem gesetzlichen Leitgedanken getragen, zu einer Steigerung der Effizienz der Frequenznutzung beizutragen[57], hat die Bundesnetzagentur nach der Vorstellung des Gesetzgebers auch sicherzustellen, dass die Übertragung dieses Ziel nicht verfehlt.

Was das Gesetz unter »Effizienz der Frequenznutzung« als Rahmenbedingung eines zulässigen Frequenzaustausches konkret versteht und welche Instrumente der Bundesnetzagentur zur Sicherstellung der Effizienz zu Gebote stehen, bleibt offen. Die gesetzliche Begründung gibt sich wortkarg. Beschreibt der Begriff der Effizienz als Relationsbegriff einen zweckrationalen Mechanismus zur Verbesserung des Verhältnisses von Aufwand und Ertrag[58], lässt er zugleich offen, was optimiert werden soll.

Das Effizienzziel i. S. d. §62 Abs. 2 Nr. 1 TKG kann technische Effizienz wie auch ökonomische Effizienz meinen[59]: Es kann die Verbesserung der Nutzungsintensität des Funkfrequenzspektrums (ohne Rücksicht auf den damit verbundenen ökonomischen Nutzen – technische Effizienz) wie auch Optimierung des wirtschaftlichen Ertrags, der aus der Frequenznutzung gezogen wird (ökonomische Effizienz), bezeichnen. Beides muss sich nicht decken: Eine intensive Nutzung des Frequenzbandes ist auch dann technisch effizient, wenn der mit der Nutzung verbundene wirtschaftliche Nutzen sehr gering ist. Umgekehrt geht eine hohen wirtschaftlichen Nutzen spendende Frequenzverwendung nicht notwendig mit einer intensiven Nutzung des Spektrums einher. Zwischen ökonomisch und technisch effizienter Nutzung können sich Spannungslagen auftun.

Das TKG scheint – wie sich aus der Zusammenschau mit der Vorschrift des §2 Abs. 2 Nr. 7 (»Sicherstellung einer effizienten *und störungsfreien* Nutzung von Frequenzen«) ergibt – vorrangig die technische Effizienz, d. h. die intensive, verschwendungsfreie Nutzung des Frequenzspektrums anzusprechen. §62 Abs. 2 Nr. 1 TKG ist dann nicht allein an dem Ziel ökonomischer Effizienzsteigerung ausgerichtet, das der Frequenzhandel garantiert[60], sondern um die Sicherung technisch effizienter, insbesondere stö-

---

[57] Vgl. §2 Abs. 1 Nr. 7 TKG.

[58] Vgl. zum Begriff der Effizienz bereits supra S. 199f.

[59] Vgl. *Clausi* (Fn. 39), S. 114 m. w. N.

[60] Das Institut des Frequenzhandels als solches fördert die *ökonomische* Effizienz des Austausches. Es trägt dafür Sorge, dass ein Gut in diejenige Verwendung gelangt, die den höchsten vermuteten wirtschaftlichen Ertrag verspricht. Ob mit dem Austausch eine hohe Nutzungsintensität der betroffenen Frequenzen einhergeht, die zu einer effizienten Ausnutzung vorhandener Ressourcen beiträgt und dem Brachliegen vorhandener Frequenzen entgegenwirkt, gehört nicht zu seinem vorrangigen Zielradius.

rungsfreier Nutzung[61] als Voraussetzung des Wettbewerbs bemüht[62]. Die zu erwartende technische Effizienz zu beurteilen oder ein Auseinanderfallen von technischer und ökonomischer Effizienz festzustellen, stellt den Staat indes vor eine nahezu unlösbare Aufgabe, die sich der der Beurteilungskraft der Bundesnetzagentur regelmäßig entzieht. Der Gesetzgeber vertraut sich mit dem Gedanken des Frequenzhandels und der Konzeption des § 62 TKG der Vermutung an, dass eine ökonomische Effizienzsteigerung grundsätzlich auch zu einer Steigerung der technischen Nutzungsintensität führt und Handel der sicherste und einzige Garant für Nutzungseffizienz ist. Die Tatsache, dass die Akteure einen wirtschaftlichen Austausch vornehmen, begründet die Vermutung eines Effizienzgewinns[63]. Der Gesetzgeber stellt technische Effizienz durch ökonomische Effizienz her. Insoweit enthält § 62 Abs. 2 Nr. 1 TKG keinen Auftrag zur isolierten Prüfung der technischen Effizienz, sondern erschöpft sich in nuce in dem Auftrag, die Rahmenbedingungen für einen wirtschaftlich (und dadurch auch technisch) effizienten Austausch sicherzustellen (etwa durch die Bereitstellung eines zentralen Registers der Übertragungs- und Erwerbsinteressenten, die die Transparenz[64], Chancengleichheit und Effizienz des Aus-

---

[61] Ob die Störungsfreiheit der Nutzung auch zum Prüfungskatalog des § 62 Abs. 2 Nr. 1 TKG gehört, erscheint nicht gesichert. Die Vorschrift selbst spricht allein von der Effizienz der Frequenznutzung, nicht auch – wie das Telekommunikationsgesetz im Übrigen – von störungsfreier Frequenznutzung. Das Gesetz unterscheidet durchgängig zwischen effizienter und störungsfreier Frequenznutzung (vgl. auch § 2 Abs. 2 Nr. 7 TKG). Die ähnlichen Zwecken verschriebene Vorschrift des § 55 Abs. 7 S. 3 TKG etwa erhebt die »Sicherstellung der effizienten und störungsfreien Frequenznutzung« zur Zulässigkeitsvoraussetzung einer Übertragung. Schließt Effizienz grundsätzlich auch die Störungsfreiheit ein, deutet die konsequente gesetzgeberische Unterscheidung darauf hin, dass der Gesetzgeber beide Begriffe nicht als vollständig kongruent verstanden wissen will. Die Sachnähe des § 62 Abs. 2 Nr. 1 und des § 55 Abs. 7 S. 3 TKG kann allerdings auch auf eine redaktionelle Ungenauigkeit des Gesetzgebers hindeuten. Freilich kann der Umstand, dass der Gesetzgeber die störungsfreie Effizienznutzung in § 62 Abs. 2 Nr. 1 TKG nicht ausdrücklich erwähnt, seine Ursache auch darin finden, dass er dieses Erfordernis durch andere Vorschriften des § 62 Abs. 2 TKG (etwa Nr. 4 oder Nr. 5) abgedeckt oder im Kontext des Frequenzhandels insoweit kein Gefahrenpotenzial eröffnet sieht. Letzteres darf als unrealistische Unterstellung eingestuft werden; ersteres hat indes Plausibilität: § 62 Abs. 2 Nr. 5 nimmt die störungsfreie Frequenznutzung über die Regulierungsziele des § 2 Abs. 2 (insbesondere Nr. 7) TKG ausdrücklich in Bezug (§ 62 Abs. 2 Nr. 1 erfasst dann die Effizienz der Frequenznutzung, ihre Störungsfreiheit ist vorrangig durch § 62 Abs. 2 Nr. 5 TKG erfasst). Insoweit bleibt ein gesetzgeberisches Redaktionsversehen eine nicht gänzlich auszuschließende, aber nicht verifizierbare Ausdeutungsvariante.

[62] In diese Richtung wohl *Clausi* (Fn. 39), S. 114.

[63] Allenfalls außergewöhnliche, offensichtliche Konstellationen eines Auseinanderfallens von ökonomischer und technischer Nutzungseffizienz vermögen eine Unzulässigkeit des Handels zu begründen.

[64] Vgl. Art. 9 Abs. 4 S. 1 i. V. m. Erwägungsgrund Nr. 19 S. 2 Hs. 2 Rahmenrichtlinie: »Insbesondere ist die Transparenz und Beaufsichtigung derartiger Übertragungen sicherzustellen«.

tausches gleichermaßen fördert) und die institutionellen Hemmnisse für einen Austausch solange möglichst gering zu halten, als es nicht zu einem Konflikt mit sonstigen Regulierungszielen kommt[65] sowie dort einer Übertragung Grenzen zu ziehen, wo sie offensichtlich dem Effizienzgebot zuwider läuft.

2. Zielkonflikte mit dem ursprünglichen Vergabeverfahren

Auch wenn die Übertragung einer Frequenz zu einer effizienteren Nutzung führt, will das Gesetz einen avisierten Austausch nicht zulassen, wenn nach der Wertung des Gesetzes »das ursprüngliche Vergabeverfahren einer Frequenzzuteilung entgegensteht« (§ 62 Abs. 2 Nr. 2 TKG). Die kryptische Regelung gibt dem Rechtsanwender Rätsel auf[66]. Unter welchen Voraussetzungen ihr Verhaltensbefehl einer Übertragung entgegensteht, liegt im Verborgenen.

Wissmann/Kreitlow[67] verstehen die Norm als Vertrauensschutzvorschrift. Sie berücksichtige zugunsten der Marktteilnehmer Vertrauensschutzaspekte im Rahmen der Zulassungsentscheidung: Soweit die bisherigen Marktteilnehmer sich auf einen unveränderten Fortbestand der Vergabebedingungen, etwa die wettbewerbliche Unabhängigkeit der Marktteilnehmer, eingestellt hätten, wolle die Vorschrift dieses Vertrauen schützen. Eine solche Ausdeutung legt der Norm indes keinen sachgerechten Inhalt bei. Weder besteht ein grundrechtlich schutzwürdiges Vertrauen auf Fortbestand der Vergabebedingungen[68] (die Teilnehmer eines Zutei-

---

[65] *Stumpf et al.* (Fn. 33), S. 76 f., schlagen die Einführung eines Big-bang-Auktionsverfahrens nach dem Vorbild amerikanischer Modellierungen vor. Danach sollen an einem Stichtag sämtliche, in einem Spektrumsbereich verfügbaren Frequenzen zu einem Stichtag im Wege einer Versteigerung neu vergeben werden. Der aktuelle Nutzer einer Frequenz soll entscheiden dürfen, ob er weiterhin Inhaber der Frequenz bleiben will oder ob er auf die Restlaufzeit seines Nutzungsrechts zugunsten einer Nutzungsentschädigung verzichtet.

[66] Klarheit lässt sich ihr lediglich in einer Hinsicht abringen: Die Vorschrift findet nur Anwendung, wenn der Zuteilung (aufgrund des Missverhältnisses von Frequenzangebot und -nachfrage) ein Vergabeverfahren (i. S. d. § 59 TKG), d. h. eine Ausschreibung oder eine Versteigerung, vorausgegangen ist, nicht dagegen, wenn im Zeitpunkt der Zuteilung (§ 55 TKG) in ausreichender Zahl Frequenzen vorhanden waren, die Zuteilung also als gebundene Entscheidung erfolgte (§ 55 Abs. 5 TKG; vgl. BT-Drucks. 15/2316, S. 77). § 62 Abs. 2 Nr. 2 TKG setzt dem Handel dann keine Schranken.

[67] *Wissmann/Kreitlow*, K & R 2003, S. 257 (263 f.): »Regelung, die offenbar dem Vertrauensschutz dienen soll«.

[68] Die Vergabebedingungen werden überwiegend nicht im Interesse der Destinäre erlassen und können insoweit auch keine schutzwürdige Vertrauensposition entstehen lassen. *Wissmann/Kreitlow*, ibid., S. 264 kritisieren die Vorschrift daher selbst, um die Fragwürdigkeit der Regelung zu unterstreichen. Mehr spricht aber dafür, dass sie der Vorschrift nicht den ihr zugedachten Zweck unterlegt haben. Vgl. zur (fehlenden) verfassungsrechtlichen Schutzwürdigkeit des Vertrauens von Altnutzern in einen Fortbestand der Zuteilungsordnung auch *Stumpf et al.* (Fn. 33), S. 41 ff.

lungsprozesses erwerben keinen Anspruch auf unveränderten Fortbestand der Zuteilungsordnung. Ihnen kommt insbesondere kein Anspruch auf Schutz vor Marktzutritten Dritter zu. Art. 12 Abs. 1 und 14 Abs. 1 GG schützen nicht vor dem wirtschaftlichen Nachteil, der durch die Konkurrenz Privater entsteht[69]) noch hat der Gesetzgeber einen solchen intendiert. Die Zulassung eines Frequenzhandels will die Freiheit der Frequenzinhaber erweitern, sie nicht beschränken.

Vogelsang[70] will der Vorschrift des § 62 Abs. 2 Nr. 2 TKG eine gegenläufige Intention unterlegen. In seinen Augen zielt sie darauf, die Bevorzugung zu verhindern, die mit der nachträglichen Einführung des Frequenzhandels für die jeweiligen Altinhaber von Frequenzen »insbesondere bei Auktionen« verbunden ist. Auch diese Auslegung trifft den Regelungskern der Vorschrift nicht. Das Regelungsbedürfnis, einen nachträglichen Frequenzhandel in den Fällen zu verhindern, in denen die Zuteilung nach altem Recht ohne die Perspektive einer Übertragungsoption erfolgte, hat der Gesetzgeber gesehen und bereits an anderer, systematisch treffender Stelle, nämlich in der Übergangsvorschrift des § 150 Abs. 8 TKG, geregelt: Sie untersagt bewusst einen Frequenzhandel für die nach dem alten Telekommunikationsgesetz zugeteilten Frequenzen bis zum Ablauf der Nutzungszeit[71]. § 62 Abs. 2 Nr. 2 TKG liefe daneben bei diesem Verständnis leer.

Die Zielrichtung des § 62 Abs. 2 Nr. 2 TKG liegt vielmehr jenseits der vorgeschlagenen Ausdeutungen. Sie ist motiviert durch das Bestreben, einen regelungspolitischen trade-off zwischen Erstzuteilung und Sekundärallokation zu verhindern: Der Frequenzhandel kann das Ziel des ursprünglichen staatlichen Zuteilungsverfahrens torpedieren (soweit dieses nicht vorrangig von dem Leitgedanken der Effizienz getragen ist) und kann verteilungspolitisch ungerechtfertigte Gewinne (sog. windfall profits) dort hervorrufen, wo die Erstzuteilung unentgeltlich erfolgte. Die Vorschrift trägt der Erkenntnis Rechnung, dass zwischen dem Modus der Erst- und Sekundärallokation Wechselwirkungen bestehen[72]: Erfolgt die Erstzuteilung im Wege eines gegenleistungsfreien Zuteilungsmechanismus, etwa eines Losverfahrens, hat die Zulassung der Übertragbarkeit verteilungspolitische Nachwirkungen, die auf das Auswahlverfahren ausstrahlen. Die Übertragbarkeit setzt Anreize, mit spekulativen Hintergrund an dem Auswahlverfahren teilzunehmen, um das unentgeltlich erworbene Gut auf dem Sekundärmarkt alsbald zu veräußern und die mit Gütern der Allgemeinheit

[69] Vgl. dazu bereits supra S. 264 sowie etwa BVerwGE 65, S. 167 (173); *Binzel*, Frequenzhandel in Deutschland und Großbritannien, 2006, S. 223 ff.

[70] *Vogelsang*, MMR 2003, S. 509 (512).

[71] Anders die Empfehlung des im Auftrag des Bundesministeriums für Wirtschaft und Arbeit erstellten gesetzesvorbereitenden Gutachtens des Wissenschaftlichen Instituts für Kommunikationsforschung von *Stumpf et al.* (Fn. 33), S. 35.

[72] Vgl. dazu auch bereits supra S. 722.

erwirtschafteten windfall profits einzustreichen. Eine krisenhafte Eskalation von spekulativen Absichten getragener Anträge ist die Folge. Das Losverfahren vermag die ihm zugedachte Funktion, eine Auswahl unter Bewerbern vorzunehmen, die an der Nutzung des Gutes interessiert sind, dann nicht zu erreichen[73]. Die USA etwa haben darin leidvolle Erfahrungen gesammelt. Dort führte die Übertragbarkeit bei nationalen Frequenzzulosungsverfahren zu einem ungebremsten Anschwellen der Teilnehmerzahlen[74]; Dienstleistungsunternehmen spezialisierten sich auf die Unterstützung bei der Teilnahme an Losverfahren, so dass jeder die Chance auf den glücklichen Losgewinn wahrnehmen konnte; Studenten sowie findige Geschäftsleute veräußerten die Frequenzen, die das Losglück ihnen zuwies, alsbald nach der Zuteilung mitunter für mehrere Mio. US-$ an Großkonzerne[75]. Die Veräußerer verwirklichen dann Vermögenszuwächse, die nicht eigener Leistung korrespondieren, sondern auf der technischen Knappheit des Gutes und dem ihm unentgeltlich staatlich eingeräumten Knappheitsvorteil beruhen. Sieht das deutsche TKG Losverfahren auch nur im Ausnahmefall vor[76], stellt sich die Problematik im Falle von Ausschreibungsverfahren i. S. d. § 61 Abs. 6 TKG in ähnlicher Weise dar: Erfolgt die Zuteilung weitgehend gegenleistungsfrei[77], können die Destinäre durch einen Handel windfall profits generieren und kann die Übertragungsmöglichkeit das Ziel des staatlichen Primärallokationsverfahrens unterwandern.

Der Staat steht dem nicht hilflos gegenüber. Er kann die Veräußerungsgewinne durch ihre Abschöpfung an der Quelle ihres Entstehens neutralisieren. Erforderlich ist dafür nach dem Grundsatz vom Vorbehalt des Gesetzes jedoch eine ausdrückliche gesetzliche Regelung eines Abschöpfungstatbestandes[78]. § 62 Abs. 2 Nr. 2 TKG enthält ein solche nicht[79]. Vielmehr gesteht § 62 Abs. 3 TKG im Gegenteil die Erlöse aus dem Frequenz-

---

[73] Solange dem Losverfahren keine substanziellen Überprüfungsverfahren vor- oder nachgeschaltet sind, findet keine Self-Selection statt, die die Anzahl der Bewerber auf zahlungswillige und ernsthafte Bewerber reduziert.

[74] Bei einigen Lotterien gingen innerhalb weniger Tage mehr als 65.000 Bewerbungen ein.

[75] In einem Fall hatte eine ominöse Gruppe mit dem Namen »RACDG« eine Mobilfunklizenz für die Halbinsel Cape erlost, um sie wenig später für $ 41 Mio. an Southwestern Bill zu veräußern (vgl. *McMillan*, Telecommunications Policy 1995, S. 191 [192]).

[76] Das TKG sieht ein Losverfahren lediglich im Fall der Eignungsgleichheit der Bewerber vor (§ 61 Abs. 6 S. 5 TKG).

[77] Etwas anderes gilt dann, wenn die Zuteilung mit wertäquivalenten Sachleistungspflichten verknüpft ist.

[78] Vgl. zur Geltung und Reichweite des Vorbehalts des Gesetzes im Finanzverfassungsrecht bereits supra S. 524.

[79] Soll die Bundesnetzagentur auch »sicherstellen, dass das ursprüngliche Vergabeverfahren einer Frequenzzuteilung (…) nicht entgegensteht«, ergibt sich aus der Vorschrift nicht eine Bestimmtheitsanforderungen genügende gesetzliche Abschöpfungsermächtigung, um dieses Ziel zu erreichen. Überdies ist die Abschöpfung nicht effizienzneutral: sie hemmt die Motivation, eine effizienzfördernde Übertragung vorzunehmen.

handel ausdrücklich dem Veräußerer der Frequenznutzungsrechte zu. Der Gesetzgeber gibt sublim zu erkennen, dass er nicht jeden windfall profit mit dem Verdikt eines Übertragbarkeitsverbots belegen will[80]. Im Zweifel soll der mit der Zulassung des Handels verknüpfte Effizienzgewinn[81] über das rechtspolitische Anliegen der Verhinderung ungerechtfertigter windfall profits obsiegen. Etwas anderes soll nur dann gelten, wenn der Zuteilung ein knappheitssteuerndes (gegenleistungsfreies) Vergabeverfahren i. S. d. § 61 TKG vorausgegangen ist (»das ursprüngliche Vergabeverfahren [...] entgegensteht«) und damit zusätzlich die Gefahr einer Unterspülung der gesetzgeberischen Zuteilungsziele droht[82]. Anders als wenn im Zeitpunkt der Zuteilung eine ausreichende Zahl von Frequenzen zur Verfügung stand[83] (und damit kein Zuteilungsverfahren i. S. d. § 61 TKG durchgeführt worden ist), kann der freihändige Austausch hier die Zielerreichung des gesetzlichen Zuteilungsprogramms beeinträchtigen.

So verhält es sich regelmäßig im Fall des im Verhältnis zur Versteigerung subsidiären Ausschreibungsverfahrens (§ 61 Abs. 6 TKG). Findet das Ausschreibungsverfahren entsprechend dem gesetzlichen Normprogramm – als nicht alleine effizienzorientierter, sondern auf eine materielle Eignungsfeststellung auf der Basis eines breiten Kriterienkanons gerichteter Auslesemechanismus – statt, wenn und weil eine marktliche Allokation im Wege der (vorrangig anzuwendenden) Versteigerung die Regulierungsziele des Tele-

[80] Auch dann, wenn kein Vergabeverfahren stattgefunden hat, kann der Veräußerer durch die Veräußerung bisweilen windfall profits verwirklichen, die im Falle nachträglich eingetretener Knappheitslagen auch nennenswerte Ausmaße erreichen können, ohne dass der Handel deshalb nach § 62 Abs. 2 Nr. 2 TKG unzulässig wird. Nicht ganz fern liegend erscheint es auch, diese gesetzliche Wertung dahin einzuschränken, dass sie überproportionale windfall profits nicht zulassen will und daher auf Fälle, in denen kein Vergabeverfahren stattgefunden hat, analog anzuwenden ist. Mehr spricht jedoch dafür, dass der Gesetzgeber den Wortlaut des § 60 Abs. 2 Nr. 1 bewusst gewählt hat und der Fokus der Regelung nicht auf dem Entstehen von windfall profits alleine liegt (zumal diese durch eine entsprechende gesetzliche Regelung abschöpfbar wären), sondern der Beeinträchtigung der Steuerungsfunktion des Vergabeverfahrens vorbeugen will.

[81] Mit der Übertragung geht auch dann ein Effizienzgewinn einher, wenn der Veräußerer dadurch windfall profits realisiert: Der Erwerber misst dem knappen Gut eine höhere Wertschätzung bei als der bisherige Inhaber; Effizienzdefizite des Ausgangsverfahrens werden korrigiert.

[82] Die Nutzungsbestimmungen, die Bestandteil der Frequenzzuteilung waren und nach § 62 Abs. 2 Nr. 4 TKG einem Handel entgegenstehen können, stellen insbesondere nicht bereits notwendig als solche sicher, dass es zu einer derartigen Beeinträchtigung des Ziels der Zuteilung nicht kommt. Insoweit ist § 62 Abs. 2 Nr. 4 TKG nicht vollständig kohärent und bleibt bei der vorgeschlagenen Interpretation des § 62 Abs. 2 Nr. 2 TKG für beide Vorschriften ein sinnvoller Anwendungsbereich.

[83] Das einzige Gefahrenpotenzial, das von einem windfall profit dann ausgeht, besteht darin, Anreize dafür zu setzen, dass die Nutzer Frequenzen auf Vorrat beantragen, um im Falle späterer Verknappung mögliche Veräußerungsgewinne einstreichen zu können. Solange im Zeitpunkt der Zuteilung kein Nachfrageüberhang vorliegt, fehlt es für eine Modifikation dieses Verfahrens jedoch an einer Grundlage. Dem Gefahrenpotenzial kann durch die Schaffung eines Abschöpfungstatbestandes Rechnung getragen werden.

kommunikationsgesetzes nicht zu erreichen vermag (§61 Abs. 2 S. 1 TKG), so sprechen diese Gründe grundsätzlich auch gegen eine Zulassung der späteren Handelbarkeit. Solange sie fortbestehen[84], streitet eine Vermutung für die Unzulässigkeit einer Handelbarkeit[85].

Bei einem Versteigerungsverfahren als ursprünglichem Vergabeverfahren besteht diese Beeinträchtigungsgefahr grundsätzlich[86] nicht: Nicht nur ist die Wahrscheinlichkeit von windfall profits hier sehr gering; die Versteigerung schöpft den im Zeitpunkt der Zuteilung bestehenden Knappheitspreis markträumend ab. Vor allem beeinträchtigt ein Marktaustausch die Zielsetzung des Versteigerungsverfahrens nicht – im Gegenteil: Die Effizienzsteigerung durch das Mittel des Marktes ist (neben der Abschöpfung) die maßgebliche verteilungspolitische Zielvorstellung des Versteigerungsmechanismus[87]. Die Zulassung eines Frequenzhandels kann nachgerade positive Auswirkungen auf die Effizienz des Zuteilungsvorgangs zeitigen. Stellt die staatliche Erstzuteilung nicht die einzige Möglichkeit dar, Zugriff auf ein staatlich verwaltetes Nutzungsrecht zu erlangen, reduziert sich für die Interessenten die Entscheidungszwangslage und das Wertunsicherheitsrisiko, die mit einer einmaligen Zuteilung für langfristige Nutzungszeiträume verbunden sind: Die Bieter sind nicht mehr darauf angewiesen, à tout prix

---

[84] Etwas anderes mag dort gelten, wo das Zuteilungsverfahren der Versteigerung nicht rechtmäßigerweise gewählt wurde.

[85] Wie hier *Kämmerer*, Spectrum Allocation in Germany: A Changing Regime, in: Seoul National University, Tagungsbeiträge 2004, Bd. I, S. 252ff.

[86] Etwas anderes ergibt sich freilich dort, wo die Versteigerung sich nicht als strikt gegenleistungsbezogener Austausch versteht, sondern – aus ordnungspolitischen und verfassungsrechtlichen Gründen der Chancengleichheit (vgl. dazu supra S. 396ff.) – Sonderregeln für solche Nutzungsinteressenten vorsieht, denen der Markt nicht die gleichen Zugangschancen einräumt. Enthält der Versteigerungsmechanismus Sonderregeln für kleine und mittlere Unternehmen, Marktneulinge, wissenschaftliche Nutzungszwecke oder besonders innovative Nutzungsgruppen, etwa eine Preisdiskontierung oder eine Frequenzreservation (vgl. supra S. 404ff.), so läuft eine Übertragung der Frequenz an andere Nutzergruppen der Privilegierungsregel des Zuteilungsmechanismus diametral entgegen. Sie konterkariert die Zuteilungsregel und steht nach §62 Abs. 1 Nr. 2 TKG einer Übertragung grundsätzlich entgegen. (Vergleichbare Schutzvorkehrungen im Falle der Festlegung von Vorzugsregeln verlangt auch der amerikanische Radio Communications Act. 47 USCA §309 (j) (13) (D) (ii) nimmt die Federal Communications Commission in die Pflicht, Regelungsmechanismen vorzusehen, which »shall include such other procedures as may be necessary to prevent unjust enrichment by ensuring that the value of any such contribution justifies any reduction in the amounts paid for comparable licenses under this subsection«). Ähnliches gilt für Zuteilungsobergrenzen, die das Versteigerungsverfahren setzt (sog. spectrum caps). Beschränken die Versteigerungsregeln das maximal zuteilbare Frequenzspektrum, um eine Konzentration von Marktmacht in den Händen einzelner Wettbewerber auszuschließen, so würde diese Beschränkung unterlaufen, wenn das Ergebnis der Frequenzkonzentration sich im Wege des Handels erzielen ließe. Beschränkungen des Vergabeverfahrens wirken insoweit grundsätzlich als Grenzen der Handelbarkeit weiter, um die Steuerungswirkung des Vergabeverfahrens zu sichern, und stehen insoweit dem Austausch des Gutes entgegen.

[87] Vgl. dazu im Einzelnen supra S. 296ff.

Zutritt zu dem Markt zu einem bestimmten Zeitpunkt zu erlangen. Erstallokation durch Versteigerung und Sekundärallokation im Wege der Handelbarkeit sind vollständig kompatibel. Ein Interessenkonflikt, der einer Handelbarkeit entgegenstehen könnte, ergibt sich nicht[88].

Dem § 62 Abs. 2 Nr. 2 TKG ist daher die Wertung eines Systemgerechtigkeitsvorbehalts zu entnehmen, der einem Handel grundsätzlich nicht im Wege steht, wenn eine Versteigerung als Vergabeverfahren vorausgegangen ist, den Handel aber grundsätzlich untersagt, sofern die Erstzuteilung im Wege einer Ausschreibung erfolgte[89].

Dieses Ergebnis scheint prima facie mit einer anderen Wertung des Gesetzes nicht zusammenzugehen: § 62 Abs. 2 S. 3 TKG geht von der Handelbarkeit auch von Rundfunkfrequenzen aus, wiewohl diese nicht im Versteigerungsverfahren verteilt werden (vgl. § 61 Abs. 2 S. 3 TKG). Nicht alle Rundfunkfrequenzen unterliegen jedoch notwendig einem knappheitssteuernden Vergabeverfahren i. S. d. § 55 Abs. 9 TKG[90], ferner steht die Ausschreibung einem Handel nur grundsätzlich, nicht aber ausnahmslos im Wege. Die Besonderheiten des Einzelfalls können ausnahmsweise eine andere Beurteilung rechtfertigen. Die verfassungsrechtliche Wertentscheidung der Rundfunkfreiheit begründet für Rundfunkfrequenzen eine solche[91]. Sie ist verfassungskonform dahin auszulegen, dass ein Handel mit Rundfunkfrequenzen nur im Ausnahmefall einer Nichtbeeinträchtigung der Rundfunkfreiheit zulässig ist.

3. *Verhinderung von Wettbewerbsverzerrungen*

Das Instrument des Frequenzhandels steht in der Gefahr, zur Beeinträchtigung des Wettbewerbs instrumentalisiert werden zu können. Das ungebundene Wirken der Kräfte des Marktes kann dazu führen, dass einzelne Akteure im Wege des Handels oder abgestimmten Verhaltens eine marktbe-

---

[88] A. A. *Vogelsang* (Fn. 70), S. 509 (512).

[89] Die (wenig materialreiche) Entstehungsgeschichte der Vorschrift untermauert diese These. Während die gesetzliche Begründung sich zu der Zielsetzung der Vorschrift nicht äußert, sondern lediglich ihren Inhalt paraphrasiert, bringt das im Auftrag des Bundesministeriums für Wirtschaft und Arbeit erstellte Gutachten des Wissenschaftlichen Instituts für Kommunikationsforschung von *Stumpf et al.* (Fn. 33) ein wenig Licht in das Dunkel. Die §§ 60 Abs. 2 Nrn. 1–4 decken sich nahezu wörtlich mit dem »Eckpunkt 2« des Gutachtens (ibid., S. 3 u. 79: »[...] Vereinbarkeit mit dem ursprünglichen Vergabeverfahren«). Sie stellen die Frage (ibid., S. 23): »Ist die Art des Frequenzhandels unabhängig oder abhängig vom ursprünglichen Vergabeverfahren (Auktion, beauty Contest)?«. Darauf bezogen diskutieren die Gutachter unter der Überschrift »Implikationen des ursprünglichen Vergabeverfahrens auf den Handel mit Frequenzen« (S. 27 ff.) ausführlich, inwieweit bei den unterschiedlichen Zuteilungsverfahren die Gefahr von windfall profits besteht. Sie konstatieren: »Windfall profits, die aufgrund eines reinen Handels entstehen, sind unter verteilungspolitischen Aspekten als problematisch anzusehen. Ökonomische Effizienzüberlegungen werden davon zunächst nicht negativ tangiert« (Ibid., S. 17; vgl. auch S. 6 f. u. 65).

[90] Ordnet die Regulierungsbehörde kein Vergabeverfahren an, stellt die Zuteilungsentscheidung eine gebundene Entscheidung dar (§ 55 Abs. 5 TKG).

[91] Vgl. dazu bereits supra S. 663 ff.

herrschende Position aufbauen, die den Wettbewerb erdrückt. Es kann zu einer Monopolisierung oder Oligopolisierung des Marktes kommen, die zwar nicht eine effiziente Nutzung ausschließt, den Zugang zu der grundrechtsrelevanten Nutzung für Dritte aber erheblich erschwert bzw. nahezu unmöglich macht.

Marktakteure streben im Wettbewerb strategische Vorteile gegenüber ihren Konkurrenten an. Frequenzen, die sie selbst nutzen können, stehen ihren Konkurrenten nicht zur Verfügung; das Nutzungsrecht an Frequenzen erzeugt für die Konkurrenten negative externe Effekte[92]. Diese können ein Motiv bilden, Wettbewerbern einen möglichen Nutzen vorzuenthalten. Insbesondere kann für die Nutzer ein Anreiz entstehen, Frequenznutzungsrechte allein mit dem Ziel zu erwerben, sie zu horten statt sie effizient einzusetzen, um ihre Stellung auf dem Markt für Frequenzrechte zu stärken oder den Marktzutritt neuer Wettbewerber zu verhindern. Auch die spekulative Absicht, ohne Nutzungsinteresse erworbene Frequenzen zu einem späteren Zeitpunkt mit Gewinn zu veräußern, kann das Ziel einer Frequenzhortung tragen[93].

Die Sorge um die Wirksamkeit des Wettbewerbs in einem von Monopolsituationen gefährdeten Frequenzmarkt hat den Richtliniengeber veranlasst, den Mitgliedstaaten aufzugeben, darüber zu wachen, dass der Wettbewerb zwischen den Nutzern erhalten bleibt, wenn sie Frequenzen für den Handel freigeben (Art. 9 Abs. 4 S. 2 der Rahmenrichtlinie). Welche Maßnahmen zum Schutz des Wettbewerbs auf dem Markt von Funkfrequenzen angewendet werden sollen, bleibt den Mitgliedstaaten überlassen. § 62 Abs. 2 Nr. 3 TKG nimmt diese Vorgabe auf. Die Vorschrift setzt dem Handel dort Schranken, wo als Folge eines Handels eine Verzerrung des Wettbewerbs auf dem sachlich und räumlich relevanten Markt zu besorgen ist (§ 62 Abs. 2 Nr. 3 TKG). Welche Maßnahmen zu treffen sind, lässt die Vorschrift offen. Sie verpflichtet die Bundesnetzagentur zu einer Ex-ante-Kontrolle, die die Auswirkungen des Übertragungsaktes auf den Wettbewerb untersucht.

Dem mit der Zulassung des Handels verbundenen Menetekel der Frequenzhortung bietet insbesondere das Instrument der »use it or lose it«-Regel die Stirn: Wird die Frequenz nicht innerhalb der gesetzlichen Frist der bestimmungsgemäßen Nutzung zugeführt, droht dem Nutzer der Widerruf der Zuteilung. Die Verpflichtung des Frequenzinhabers, von einer erworbenen Frequenz tatsächlich Gebrauch zu machen, raubt dem nicht

92 Vgl. zu dem Begriff supra S. 13 ff.

93 Umgekehrt kann mit der Zulassung des Handels auch die Gefahr eines Wettbewerbsungleichgewichts dann verbunden sein, wenn Marktneulinge, die im Wege des Handels den Zugang zu dem knappen Markt erlangen, einen von dem Marktzutrittspreis ihrer Wettbewerber wesentlich verschiedenen Preis zahlen.

von Nutzungsinteressen getragenen Erwerb die Attraktivität. Eine solche »use it or lose it«-Regel festzusetzen, ermächtigt § 63 TKG[94].

Dass der Gesetzgeber insoweit gegen eine Frequenzhortung bereits legislativ Vorsorge getroffen hat, weist zugleich darauf hin, dass das in § 62 Abs. 2 Nr. 3 TKG bezeichnete Prüfungsprogramm sich in diesem Ziel nicht erschöpfen, sondern darüber hinausgehen soll. § 62 Abs. 2 Nr. 3 TKG zielt allgemein auf eine Verhinderung wettbewerbsbehindernder Machtkonzentration. Die Vorschrift ist von dem Leitgedanken getragen, dass Handelbarkeit Wettbewerb ermöglichen, nicht aber erwürgen und nicht verzerren soll. Die Grenze der Wettbewerbsverzerrung kann dort überschritten sein, wo ein Frequenzinhaber ein Maß an Frequenzressourcen auf sich vereinigt, das einen chancengleichen Wettbewerb von Konkurrenten behindert oder ausschließt und damit der beabsichtigten Vielfalt des Angebots keinen ausreichenden Raum mehr belässt. Für diesen Fall legt die Vorschrift des § 62 Abs. 2 Nr. 3 TKG die Festlegung von Obergrenzen des Frequenzspektrums (sog. spectrum caps), welche ein Frequenzinhaber maximal erwerben darf, als »Rahmenbedingung des Handels« nahe. Nicht zuletzt kann auch der Zweck des ursprünglichen Vergabeverfahrens Beschränkungen des erwerbbaren Frequenzspektrums einfordern: Hat das ursprüngliche Vergabeverfahren die Menge des zuteilbaren Frequenzspektrums beschränkt, um einen breiten Marktzugang und funktionierenden Wettbewerb zu ermöglichen, so würde dieses Ziel durch eine Zulassung unbegrenzten Handels mühelos unterlaufen, wenn die Rechtsordnung ihm keine Schranke setzt. Eine Grenze der Handelbarkeit folgt insoweit auch aus § 62 Abs. 2 Nr. 2 TKG. § 62 Abs. 2 Nr. 2 und 3 TKG sind ähnlichen Zielen verschrieben.

Die Eröffnung des Handels schließt unterschiedliche Marktzugangspreise für die Marktteilnehmer nicht aus, sei es, dass der Markteintritt für Konkurrenten zu wesentlich höheren, sei es, zu erheblich niedrigeren Preisen als im Zeitpunkt der staatlichen Erstzuteilung möglich wird[95]. Dieses Risi-

---

[94] Der Grat zwischen dem planerisch-vorsorgenden Erwerb von Frequenzen und dem verteilungspolitisch unerwünschten Horten bleibt dabei bisweilen schmal; die »use it or lose it«-Regel ist ein nicht ungefährliches, scharfes Schwert: Ein Frequenzerwerb kann ebenso von der Absicht getragen sein, zusätzliche Kapazitäten zu erwerben, um einem künftigen Wachstum der Nachfrage gerecht zu werden wie auch von dem Bestreben der Konkurrenzbehinderung. Welche der beiden Motivationen den Akteur bewegt, ist für das Ziel des Wettbewerbsschutzes von hoher Tragweite, für Dritte, insbesondere die Bundesnetzagentur, aber nicht erkennbar (Kritisch insoweit auch *Productivity Commission 2002*, Radiocommunications, Report no. 22, 2002, S. 165). Die Abgrenzung vorzunehmen, ermächtigt § 63 Abs. 1 TKG die Behörde. Vgl. dazu für die Erstzuteilung knapper Güter supra S. 364. Irreführend ist die Bezeichnung »use it or-lose it« insofern, als ihr kein Automatismus inne wohnt, die unterbliebene Nutzung also nicht selbstredend zu einem Verlust der Zuteilung führt, sondern erst dann, wenn die zuteilende Behörde ihr Ermessen dahin ausübt.

[95] Ist die unterschiedliche Höhe des Marktzutrittspreises die Folge des Umstands, dass die staatliche Erstzuteilung im Wege eines gegenleistungsfreien Ausschreibungsverfahrens

ko ist dem Institut des Frequenzhandels als Transaktion zu dem aktuellen Knappheitspreis immanent. Der Gesetzgeber nimmt es im Interesse der Steigerung der Frequenznutzungseffizienz grundsätzlich in Kauf. Insoweit vermag allenfalls eine außerordentlich große Asymmetrie der Marktzutrittsbedingungen die Beschränkung der Handelbarkeit i. S. d. §62 Abs. 2 Nr. 3 TKG zu rechtfertigen.

4. Zweckgebundenheit der Frequenznutzungsrechte

Handelssysteme erreichen ihre beabsichtigte Steuerungswirkung nur dort, wo durch wirtschaftlichen Nutzen gekennzeichnete, gleichartige Nutzungsarten in einen Wettbewerb treten. Ein ungebundener Frequenzhandel führt Frequenzen in diejenigen Nutzungen, die die höchste ökonomische Nutzungseffizienz aufweisen. Er bedingt eine Intensivierung des Nutzungsspektrums. Als solcher kann er mit einer Verdrängung ökonomisch profitabler Nutzungsarten durch ökonomisch weniger ertragreiche Nutzungsformen einhergehen. Der Handel macht vor einer Veränderung der Nutzungsart nicht Halt. In einem unregulierten Markt drohen etwa Hörfunk- und Rundfunkfrequenznutzungen durch ökonomisch profitablere Mobilfunknutzungen, Frequenznutzungen für wissenschaftliche Anwendungen durch wirtschaftliche profitable Kommunikationsdienste ersetzt zu werden. Eine vertikale Medienkonzentration und ein Verlust an Nutzungsvielfalt ist die Folge. Ein intermodaler Frequenzwettbewerb dient zwar uneingeschränkt den Zielen der Nutzungseffizienz, aber nur bedingt den Zielvorstellungen des in Art. 87f GG zum Ausdruck kommenden Verfassungskonsenses und der gesetzgeberischen Frequenzplanungsbemühungen. Die gesellschaftliche Funktion der Nutzungsarten, denen die Frequenz dient, interessiert den Markt nicht. Sie fließt nicht in das Entscheidungskalkül der Marktakteure ein[96]. Der Markt hat ausschließlich die ökonomische Effizienz im Auge, nicht aber kulturellen und sozialen Nutzen. Das gesamte Spektrum der Belange des Gemeinwohls zu rekonstruieren, ist nicht sein Anspruch und seine Aufgabe.

Soll es nicht zu einer Verdrängung konkurrierender Nutzungsformen kommen, muss der Handel sich auf den Austausch zwischen gleichartigen Nutzungsarten beschränken und der Gesetzgeber dem Frequenzhandel eine Schranke ziehen. Diese Funktion kommt §62 Abs. 2 Nr. 4 TKG zu: Er erlaubt den Austausch und Erwerb von Frequenznutzungsrechten – um den Preis einer Einschränkung des Wettbewerbs um die effizienteste Nut-

---

erfolgte, so steht grundsätzlich die Vorschrift des §62 Abs. 2 Nr. 2 TKG einem Handel entgegen.

[96] Vgl. dazu bereits im Einzelnen supra S. 12ff. sowie S. 405ff.

zung – lediglich in den Grenzen der bestehenden rechtlichen Frequenzplanungs- und Nutzungsvorgaben[97].

Der Erwerber ist zwar nicht notwendig an alle Frequenznutzungsbestimmungen gebunden, die dem Vorinhaber auferlegt wurden. Er tritt nicht lediglich in die bestehende Rechtsstellung des Veräußerers, insbesondere die ihm auferlegten Nutzungsbeschränkungen, ein[98]: Die Bundesnetzagentur hebt mit dem Frequenzhandel nach § 60 TKG die ursprüngliche Frequenzzuteilung gerade auf (§ 62 Abs. 1 S. 2 TKG); die neue Frequenzzuteilung, die sie vornimmt, eröffnet grundsätzlich die Chance, eine Änderung der Nutzungsbestimmungen herbeizuführen; sie darf sich aber nicht über die rechtlichen Rahmenbedingungen hinwegsetzen, die die Frequenzordnung für die Nutzung der in Frage stehenden Frequenzen setzt. Insbesondere darf die Übertragung nicht eine solche Nutzungsveränderung der Frequenz induzieren, die einer Harmonisierung der Frequenznutzung auf der Grundlage der Frequenzentscheidung oder anderer Gemeinschaftsmaßnahmen zuwiderläuft (Art. 9 Abs. 4 S. 3 der Rahmenrichtlinie)[99]. Frequenznutzungen bleiben ferner auch im Falle der Übertragung eingebunden in die planerischen Strukturen der Frequenzordnung durch internationale Vereinbarungen zur Frequenznutzung sowie den Frequenzbereichszuweisungsplan (§ 53 TKG) und den Frequenznutzungsplan (§ 54 TKG) sowie die darin verankerte Aufteilung des Frequenzspektrums nach Nutzungsarten. So wie die Erstzuteilung an die Vorgaben des Frequenznutzungsplans gebunden ist und Frequenzen nicht zu beliebigen, sondern nur zu den in der Zuteilung angegebenen Zwecken genutzt werden dürfen (§ 55 Abs. 5 Nr. 1 TKG[100]), soll dies nach dem Willen des Gesetzgebers in gleichem Maße im Gefolge der Übertragung der Nutzung an Dritte gelten; eine auf Einzelfälle beschränkte Ausnahme gestattet insoweit lediglich § 58 TKG. Dem Erwerber steht es nicht völlig frei, über die Nutzungsart zu disponieren. Auch die Grundrechte der durch den Handel betroffenen Grundrechtsträger wie auch die Vorgaben des Art. 87f GG dürfen durch den Frequenzhandel nicht unterspült werden.

---

[97] Anders die Vorschläge des im Auftrag des Bundeswirtschaftsministeriums erstellten, vorbereitenden Gutachtens von *Stumpf et al.* (Fn. 33), S. 14, die auch für die Einführung eines intermodalen Frequenzhandels plädieren. In diesem Sinne auch *Clausi* (Fn. 39), S. 117.

[98] Hier liegt ein wesentlicher Unterschied zu der Übertragung von Frequenzen nach dem Regime des § 55 Abs. 7 TKG. Vgl. dazu infra 6. (S. 754).

[99] Dort heißt es: »Soweit die Frequenznutzung durch Anwendung der Entscheidung Nr. 676/2002/EG (Frequenzentscheidung) oder anderweitige Gemeinschaftsmaßnahmen harmonisiert wurde, darf eine solche Übertragung nicht zu einer veränderten Nutzung dieser Frequenzen führen«.

[100] Vgl. auch die Begründung der Bundesregierung zum Entwurf eines Telekommunikationsgesetzes, BT-Drucks. 15/2316, S. 77.

5. Sicherstellung der Regulierungsziele

Ebenso wenig wie von den Nutzungsbestimmungen dispensiert der Frequenzhandel des §62 TKG von den Regulierungszielen des §2 Abs. 2 TKG. Die Steigerung der Effizienz repräsentiert lediglich einen kleinen Ausschnitt aus dem Zieltableau des Telekommunikationsgesetzes. Die Bundesnetzagentur hat darüber zu wachen, dass das gesamte Zielspektrum des TKG erreicht, insbesondere die Störungsfreiheit der Frequenznutzung sichergestellt (§2 Abs. 2 Nr. 7 TKG)[101] und nicht durch die Zulassung eines Frequenzhandels unterspült wird. §62 Abs. 2 Nr. 5 TKG begründet eine Reservemacht der Regulierungsbehörde, im Einzelnen ex ante nicht vorhersehbaren Steuerungsdefiziten des Frequenzhandels entgegenzuwirken.

6. Veräußerungserlös und Abschöpfung

Den Erlös aus dem Frequenzhandel spricht das Telekommunikationsgesetz – abzüglich der Verwaltungskosten – vollständig dem Veräußerer zu (§62 Abs. 3 TKG). Das Gesetz schafft damit Anreize, den effizienzfördernden Austausch zu suchen, verzichtet damit aber auch auf eine (teilweise) Abschöpfung von windfall profits, die als Folge des Frequenzhandels bei dem Veräußerer entstehen können. Es verpasst die rechtspolitische Chance, den Frequenzhandel von dem Anreiz der Verwirklichung von windfall profits zu befreien und dadurch verteilungspolitische Fehlsteuerungen zu vermeiden, die windfall profits als Folge einer kostenfreien Zuteilung mit sich bringen. Der Frequenzhandel des Telekommunikationsgesetzes bleibt dadurch hinter seinen Möglichkeiten, eine verteilungspolitisch befriedigende wie die Frequenznutzung fördernde Sekundärallokation zu etablieren, zurück[102].

IV. Rechtsnachfolge und Handel im Regime des Telekommunikationsgesetzes – zum Verhältnis von §55 Abs. 7 TKG und §62 TKG

Mit dem Frequenzhandel des §62 TKG öffnet das Telekommunikationsgesetz nicht die einzige Schleuse zur Übertragung von Frequenzen zwischen Nutzern. Zusätzlich zu dem – unter dem Vorbehalt der Zulassung durch die Bundesnetzagentur stehenden – Handel ebnet §55 Abs. 7 TKG dem Frequenzübergang im Wege der Rechtsnachfolge den Weg. Die Änderung der Frequenzzuteilung ist bei der Bundesnetzagentur zu beantragen. Sie ist

[101] Vgl. dazu auch supra S. 742.
[102] A. A. *Binzel*, Frequenzhandel in Deutschland und Großbritannien, 2006, S. 176.

an ähnliche Voraussetzungen gebunden wie die Zulassung des Handels: Es darf keine Verzerrung des Wettbewerbs zu besorgen sein und die Sicherstellung der effizienten und störungsfreien Frequenznutzung muss gewährleistet sein (§ 55 Abs. 7 S. 3 TKG). Auf die Erteilung der Zustimmung besteht unter den dort genannten Voraussetzungen ein gebundener Anspruch. Die Vorschrift schreibt die Regelung des § 47 Abs. 6 i. V. m. § 9 TKG a. F.[103] fort und erweitert sie um zusätzliche Übertragungsoptionen (etwa die Übertragung nach § 15 AktG – § 55 Abs. 7 Nr. 2 TKG). Ihr Wortlaut greift weit: Sie lässt insbesondere jeden Frequenzübergang »durch Einzel- oder Gesamtrechtsnachfolge« (§ 55 Abs. 7 Nr. 1 TKG) zu. Da der Handel eine besondere Form der Einzelrechtsnachfolge ist, tritt mit Macht die Frage nach dem Verhältnis der Übertragungsoptionen des Frequenzhandels und der Rechtsnachfolge nach § 55 Abs. 7 TKG auf den Plan: Der Gesetzgeber sieht den Frequenzhandel nicht durch die Möglichkeit der Übertragung ausgeschlossen; umgekehrt auch nicht die Übertragung nach § 55 Abs. 7 TKG durch die Eröffnung der Handelbarkeit[104]. Beide Vorschriften scheinen unverbunden nebeneinander zu stehen, ohne in ihrem Anwendungsbereich überschneidungsfrei zu sein: Warum § 55 Abs. 7 TKG den Beteiligten des Übertragungsaktes einen Übertragungsanspruch einräumt, § 62 TKG die Handelbarkeit von der Freigabe durch die Regulierungsbehörde abhängig macht, gibt ein akademisches Rätsel auf. Der Sinn dieser Doppelregelung von Übertragungsoptionen bleibt im Verborgenen[105].

Ein nahe liegender Ansatz der Enträtselung liegt darin, dem § 62 TKG die Fälle rechtsgeschäftlicher Rechtsnachfolge zuzuschreiben, während § 55 Abs. 7 TKG alle anderen Konstellationen der Übertragung beschreibt. Auch dies erscheint jedoch nicht trennscharf, ist doch auch der Unternehmenskauf eine Form rechtsgeschäftlicher Übertragung. Plausibler ist es, eine Trennlinie entlang des Modus der Zuteilung verlaufen und den Anwendungsbereich des Frequenzhandels dort verankert zu sehen, wo ein knappheitsinduziertes Vergabeverfahren stattgefunden hat, eine Übertragung nach § 55 Abs. 7 TKG hingegen lediglich in den Fällen gebundener Zuteilung zuzulassen. Diese Funktionstrennung trüge der systematischen Stellung des § 55 Abs. 7 vor dem Absatz 9 TKG bzw. dem systematischen

---

[103] Vgl. dazu bereits supra S. 735.

[104] Vgl. die Begründung der Bundesregierung zum Entwurf eines Telekommunikationsgesetzes, BT-Drucks. 15/2316, S. 77 f.: »Stimmt die Regulierungsbehörde dem Änderungsantrag (s. c. nach § 55 Abs. 7 n. F.; der Verf.) nicht zu, schließt dies die Möglichkeit des § 60 (Frequenzhandel) nicht aus«.

[105] In der Begründung zu § 55 Abs. 7 (§ 47 Abs. 7 der Regierungsbegründung) heißt es nur lakonisch: »Abs. 7 regelt die erforderlichen Angaben, die die RegTP benötigt, um eine Fortsetzung der Frequenznutzungsrechte zu gewähren, wenn es zu einer Firmenübernahme oder einer Rechtsnachfolge kommt, Frequenzen auf ein verbundenes Unternehmen oder von einer natürlichen Person auf eine juristische Person, an der die natürliche Person beteiligt ist, übertragen werden oder ein Erbe Frequenzen weiter nutzen will«.

Konnex zwischen § 61 und 62 TKG sowie dem Gedanken Rechnung, dass die Zuteilung knapper Frequenzen zum Schutz der von dem Zuteilungsvorgang betroffenen Grundrechte ausschließlich in einem (für alle Interessenten) offenen, transparenten und diskriminierungsfreien Verfahren zu erfolgen hat. Freilich setzt § 62 TKG nicht zwingend ein Vergabeverfahren i. S. d. § 61 TKG voraus. Spricht das Gesetz in Abs. 2 Nr. 2 TKG auch von »dem« (und nicht »einem etwaigen«) »ursprünglichen Vergabeverfahren«, begrenzt die Vorschrift den Anwendungsbereich des Frequenzhandels nicht auf Frequenzen, für die ein Vergabeverfahren durchgeführt worden ist[106]. Der Gesetzgeber gibt in der Begründung zu § 55 Abs. 7 TKG implizit zu erkennen, dass er den Frequenzhandel auch in den Fällen, in denen die Zuteilung im Antrags- (nicht im Vergabe)Verfahren stattgefunden hat, zulassen will[107]. Entsteht nach der Zuteilung eine Knappheit des Gutes, setzt weder der Wille des Gesetzgebers noch die an dem Ziel der effizienten Frequenznutzung ausgerichtete ratio der Vorschrift der Handelbarkeit ein Hindernis entgegen. § 62 TKG ist danach in seinem Anwendungsbereich weiter als die Vorschrift des § 55 Abs. 7 TKG, die ausschließlich die gebundenen Antragsverfahren nach § 55 Abs. 5 TKG erfasst, in denen keine Frequenzknappheit besteht. § 55 Abs. 7 TKG erweist sich insofern als die kleine Schwester des § 62 TKG. Auch in der Reichweite ihrer Wirkungen bleibt sie hinter dem Frequenzhandel zurück. Sie lässt den Erwerber in die Rechtsstellung eintreten, die seinem Veräußerer zukam. Veräußerer und Erwerber sind an die gleichen Nutzungsbestimmungen und -bedingungen gebunden, die die Frequenzzuteilung auferlegte. Eine Änderungen der Nutzungsbestimmungen ist nicht möglich[108]. Im Falle des Frequenzhandels hebt die Bundesnetzagentur demgegenüber die alte Frequenzzuteilung auf. Die neue Frequenzzuteilung kann mit einer Änderung der Nutzungsbestimmungen einhergehen. Sie muss sich lediglich in dem Rahmen halten, den der Frequenznutzungsplan, die Frequenzbereichszuweisung und die internationalen Vereinbarungen zur Frequenznutzung als rechtliche Rahmenbedingung für die Nutzung der in Frage stehenden Frequenzen setzen (§ 62 Abs. 2 Nr. 4 TKG).

---

[106] Dafür spricht auch, dass der Gesetzgeber den Frequenzhandel auch dann für zulässig hält, wenn die Regulierungsbehörde der Übertragung nach § 55 Abs. 7 TKG nicht zugestimmt hat.

[107] Vgl. dazu Fn. 104.

[108] So ausdrücklich die Begründung der Bundesregierung zum Entwurf eines Telekommunikationsgesetzes, BT-Drucks. 15/2316, S. 77.

§ 13 Handel mit kontingentierten (Umwelt-)Nutzungsrechten

Während dem Frequenzhandel des § 62 TKG bisher in der öffentlichen und wissenschaftlichen Wahrnehmung die Aufmerksamkeit weitgehend versagt bleibt, hat der Gedanke eines Handels mit Umweltnutzungsrechten das Kleid eines dogmatischen Aschenputtels längst abgestreift. Spätestens mit der Einrichtung eines Systems gemeinschaftsrechtlicher Kohlendioxidzertifikate ist es in den Brennpunkt der öffentlichen Debatte gerückt. Die Aufmerksamkeit, die ihm zuteil wird, korrespondiert der Bedeutung, die dem Klimaschutz als Schicksalsaufgabe der Menschheit und Lackmustest in der Bewältigung der »tragedy of commons« zukommt. Das System handelbarer Umweltnutzungsrechte, das die Europäische Union im Jahre 2003 für CO_2-Emissionen eingeführt hat, zielt darauf ab, die Emission von Treibhausgasen kostenpflichtig zu machen. Es verlangt Unternehmen für die Freisetzung von Treibhausgasen eine staatliche Genehmigung ab[109]. Damit weckt es prima vista Erinnerungen an die Gesetzgebung des römischen Kaisers *Pescennius Niger*, der nach der spätantiken Geschichtsschreibung im Jahre 193 n. Chr. seinen Untertanen Abgaben auf das Atmen abverlangt haben soll, und den Verdacht, von staatlichem Finanzhunger getrieben zu sein.

Die Motivation beider Instrumente ist freilich grundverschieden[110]: Das Emissionshandelssystem ist ein marktwirtschaftliches Instrument der Knappheitsbewältigung, das den Knappheitspreis natürlicher Umweltgüter abzubilden und das Instrument des Marktes in den Dienst des Umweltschutzes zu stellen sucht. Es geht von der Prämisse aus, dass es zu einem schonenden Umgang mit knappen Ressourcen immer dann kommt, wenn die Knappheit dem wirtschaftlichen Entscheidungsträger durch Preise signalisiert wird. Die Externalitäten, die mit der Nutzung von Umweltressourcen für Dritte verbunden sind, will es in das Entscheidungskalkül der Ak-

---

[109] Art. 4 der Richtlinie über ein System für den Handel mit Treibhausgasemissionszertifikaten in der Gemeinschaft und zur Änderung der Richtlinie 96/61/EG des Rates (im Folgenden »Emissionshandelsrichtlinie«), ABl. EG Nr. L 275 v. 25.10.2003, S. 32 ff.; § 4 Abs. 1 Treibhausgas-Emissionshandelsgesetz (TEHG).

[110] Zugleich wird an diesem Beispiel einmal mehr die Janusköpfigkeit marktwirtschaftlicher Allokationsinstrumente des Staates deutlich.

teure integrieren[111], indem es einen Markt für solche Umweltnutzungsrechte schafft, deren Wert der Marktpreis als Folge externer Effekte bisher nicht angemessen abbildet. Die Umweltnutzung bleibt den Inhabern von Emissionszertifikaten vorbehalten, die über ein verbrieftes Recht verfügen, die Umwelt bis zur Höhe der von ihm gehaltenen Emissionsrechte zu belasten. Die Beschränkung des Maßes zulässiger Umweltnutzung und ihre Zuordnung zur jeweils ausschließlichen Nutzung zwingt die an der Nutzung eines Umweltgutes interessierten Akteure, deren Zertifikate zur Erreichung ihrer Handlungsziele nicht ausreichen, Inhabern von Nutzungsrechten die Nutzungsmöglichkeit im Tauschwege abzukaufen und die externen Handlungsfolgen, die als Folge der Nutzung von Umweltgütern eintreten, in ihr Handlungskalkül einzustellen. Die am Markt erzielten Preise spiegeln dann den gesellschaftlichen Knappheitswert der Umweltnutzung wider.

I. Das umweltökonomische Grundmodell

Die Idee, ein System handelbarer Umweltnutzungsrechte zu schaffen und als Instrument der praktischen Umweltpolitik zu nutzen, geht auf den kanadischen Umweltökonom *John H. Dales* zurück[112]. Er machte sich die Erkenntnisse des Coase-Theorems zur Beseitigung externer Effekte zu Eigen und goss sie in ein Konzept praktischer Umweltpolitik: Mit *Coase* sieht *Dales* die Ursache von Marktversagen und der unzureichenden Bewältigung von Umweltproblemen nicht im Wesen des Marktes als solchem angelegt, sondern in der unzureichenden Ausgestaltung der rechtlichen Rahmenbedingungen, die die Rechtsordnung ihm setzt. Die Effizienzprobleme entstünden nicht, weil der Markt nicht zur Bewältigung der externen Effekte[113] in der Lage sei, sondern weil die Rechtsordnung die Akteure nicht veranlasst, die Auswirkungen von Handlungen auf Dritte einzubeziehen: Blenden die von der Rechtsordnung vorgesehenen Handlungsrechte selbst die Folgen von Handlungen auf Dritte aus, beziehen die Akteure diese nicht aus eigenem Antrieb in ihre Kalkulation ein. Berücksichtigen die Handlungsrechte demgegenüber auch die Auswirkungen auf Dritte, gehen sie in das Entscheidungskalkül der Akteure ein und erreichen die Teilnehmer eines Marktes durch Verhandlungen von selbst eine effiziente Allokation, die externe Effekte von Handlungen internalisiert, sofern sie die Güter ohne Kosten (sog. Transaktionskosten) tauschen könnten[114]. Ob es zu einer

[111] Vgl. zu der Problematik bereits supra S. 13 mit Fn. 58.

[112] *Dales*, Pollution, Property and Prices, 1968, S. 77ff., 93ff.

[113] Vgl zu Begriff und Bedeutung externer Effekte S. 13.

[114] Das gilt dann ganz unabhängig davon, wie diese Handlungsrechte anfangs verteilt sind (sog. Invarianz-These); *Coase*, Journal of Law & Economics 3 (1960), S. 1 (6); vgl. dazu *Behrens*, Die ökonomischen Grundlagen des Rechts, 1986, S. 118ff.; *Eidenmüller*,

verschwendungsfreien Nutzung von Ressourcen kommt, hängt dann entscheidend davon ab, wie die Rechtsordnung die Handlungsrechte ausgestaltet, die sie den Akteuren zuordnet. Institution matter's[115]. *Dales* entwickelt daraus am Beispiel des Gewässerschutzes in Ontario die Idee, die Effizienzfunktion des Marktes für die Bewältigung von Umweltproblemen durch die Verbriefung von Umweltnutzungsrechten fruchtbar zu machen. Er schlägt vor, Märkte für Umweltgüternutzungen zu schaffen: Der Staat kreiert in beschränktem Umfang zur Verfügung stehende Umweltnutzungsrechte, die den Individuen zur jeweils ausschließlichen Nutzung zugewiesen werden. Durch die Institutionalisierung von Ausschließlichkeitsrechten und die Begrenzung des Maßes zulässiger Umweltnutzung werden die Wirtschaftssubjekte gezwungen, Nutzungsrechte, die sie ausüben möchten, im Austausch gegen andere Güter zu erwerben (sog. Cap-and-trade-System). Es entsteht die Voraussetzung dafür, dass die mit der Umweltnutzung verbundenen externen Effekte in den Preis eingehen können und von den Wirtschaftssubjekten als Kosten bzw. Nutzen in ihre individuelle Kalkulation einbezogen werden. Die Umweltnutzung erhält einen Marktpreis und die Anreizstruktur für den Umgang mit dem Umweltgut ändert sich: Statt seiner maximalen kostenfreien Ausbeutung auf Kosten aller wird sein verschwendungsfreier Einsatz für die Wirtschaftssubjekte zum rationalen Handlungsprogramm. Die Suche nach dem kostengünstigsten Weg der Emissionsreduktion wird zum Leitmotiv des Handelnden. Es entsteht ein Anreiz für emissionsmindernde Innovationen und einen Preis- und Leistungswettbewerb für Vermeidungstechnologien, der Gestaltungskräfte jenseits ordnungsrechtlichen Oktrois freisetzt[116]. Der Markt sorgt dafür, dass es zu einer effizienten Allokation der Umweltnutzungsrechte kommt. Er transportiert sie in diejenigen Hände, in denen sie den größten Nutzen spenden. Die gesellschaftlichen Kosten der Emissionsvermeidung werden minimiert und das beabsichtigte Umweltentlastungsziel gleichermaßen schonend wie ökologisch treffsicher angesteuert[117]. Ökonomie und Ökologie reichen sich insoweit die Hand.

Effizienz als Rechtsprinzip, 3. Aufl. 2005, S. 116ff. u. 170; *H.-B. Schäfer/C. Ott*, Lehrbuch der ökonomischen Analyse des Zivilrechts, 4. Aufl. 2005, S. 100ff. sowie bereits supra S. 162 mit Fn. 80 und S. 724f.

[115] In diesem Grundgedanken liegt die Wurzel der sog. Institutionenökonomik. Vgl. dazu bereits m. w. N. supra S. 165 mit Fn. 84.

[116] Vgl. etwa *Kommission der Europäischen Gemeinschaften*, Grünbuch zum Handel mit Treibhausgasen in der Europäischen Union, KOM (2000) 87, S. 8; *Endres/Ohl*, Der Handel mit Emissionsrechten aus wirtschaftswissenschaftlicher Sicht, in: Hendler/Marburger/Reinhardt/Schröder (Hsrg.), Emissionszertifikate und Umweltrecht, UTR 74 (2003), S. 11 (13 u. 26f.); *Körner*, in: ders/Vierhaus, TEHG, Einl. Rdnr. 23; *Zimmer*, CO_2-Emissionsrechtehandel in der EU, 2004, S. 89 u. 189.

[117] Vgl. dazu etwa *Burgi*, NJW 2003, S. 2486 (2487); *Endres/Ohl* (Fn. 116), S. 11 (19ff.); *Körner*, in: ders./Vierhaus, TEHG, 2005, Einl. 21.

Indem Emissionshandelsmodelle den Emittenten die Entscheidung darüber belassen, ob und an welcher Stelle des Produktionsprozesses sie Emissionsvermeidungsmaßnahmen vornehmen oder ob sie Zertifikate hinzukaufen, geht von ihnen eine flexible staatliche Steuerungswirkung aus, die ordnungsrechtlichen Umweltschutzinstrumenten nicht in gleichem Maße eigen ist[118]. Führen sie auch nicht als solche zu mehr Umweltschutz, erreichen sie den gleichen umweltpolitischen Effekt zu geringeren Kosten bzw. zu den gleichen Kosten einen höheren umweltpolitischen Ertrag als eine ordnungsrechtliche Regelung[119]. Mit rein abgabenrechtlichen Modellen[120], die invariable staatliche Preise für Umweltnutzungen setzen, ist ihnen die Fruchtbarmachung der Steuerungs- und Effizienzwirkung des Preises für die Erreichung von Umweltzielen gemeinsam. Anders als diese setzen sie nicht einen staatlichen Preis für die Nutzung eines Gutes, der zu einer Anpassung der nachgefragten Gütermenge an das politisch erstrebte Ziel führen soll. Ihre Stellschraube arbeitet in umgekehrter Richtung: Sie legen eine handelbare Gesamtmenge von Umweltnutzungsrechten fest, deren Preis der Markt bestimmt[121]; ihnen ist kein Preisansatz, sondern ein Mengenansatz eigen. Der Staat ist dadurch der kaum zu bewältigenden Aufgabe enthoben, den Grenzvermeidungspreis der Akteure[122] treffsicher zu ermitteln, die die Abgabenfestsetzung ihrem steuerungspolitischen An-

---

[118] Wiewohl auch ordnungsrechtliche Steuerungsmechanismen unter dem verfassungsrechtlichen Gesichtspunkt der Verhältnismäßigkeit zu einer Schonung der wirtschaftlichen Interessen der Verfügungsadressaten verpflichten, erreichen sie dieses Ziel nicht mit derselben Flexibilität. Sie legen dem Einzelnen durch hoheitlichen Direktzugriff ein spezifiziertes Verhalten auf, das Ausweichverhalten oder alternative Verhaltensstrategien nicht ohne Weiteres zulässt (vgl. zu Kompensationsmöglichkeiten im Umweltordnungsrecht *Voßkuhle*, Kompensationsprinzip, 1999), während ökonomische Anreizinstrumente nur ein umweltpolitisches Steuerungsziel vorgeben, die Wahl der Mittel aber dem Adressaten belassen und damit seinen Wissensvorsprung bei der Ausschöpfung (nur ihm bekannter) Einsparungspotenziale für die Erreichung des Umweltziels ausnutzen; die zwischen Staat und Umweltnutzer bestehende Informationsasymmetrie wird dadurch aufgebrochen. Marktwirtschaftliche Umweltschutzinstrumente zielen dabei nicht darauf ab, das Regime ordnungsrechtlicher Instrumente zu ersetzen. Sie erweisen sich zur Abwehr von akuten Gefahrenlagen (anders als das Ordnungsrecht) regelmäßig als nicht geeignet (vgl. dazu auch infra S. 802ff.). Ihr Anwendungsfeld ist die Umweltvorsorge. Hier können sie Hand in Hand mit den Instrumenten des Ordnungsrechts zu einer effizienten Realisierung umweltpolitischer Zielvorstellungen beisteuern. Kritisch zum teilweise in der Vergangenheit anzutreffenden »Entweder-oder-Denken (...) in der wirtschaftsverfassungs- und umweltrechtlichen Literatur« etwa auch *C. Koenig*, Die öffentlich-rechtliche Verteilungslenkung, 1994, S. 394.

[119] Vgl. etwa *Bothe*, NVwZ 1995, S. 937 (938); *Wasmeier*, NuR 1992, S. 219 (220).

[120] Vgl. dazu, insbesondere zur Pigou-Steuer, bereits supra S. 37.

[121] Vgl. *Rat der Sachverständigen für Umweltfragen*, Umweltgutachten 2002, BT-Drucks. 14/8792, Tz. 470; *Kloepfer*, Der Handel mit Emissionsrechten im System des Umweltrechts, in: Hendler/Marburger/Reinhardt/Schröder (Hsrg.), Emissionszertifikate und Umweltrecht, UTR 74 (2003), S. 71 (78); *Zimmer* (Fn. 116), S. 86f.

[122] Der Begriff des Grenzvermeidungspreises beschreibt die (Opportunitäts-)Kosten, die die Vermeidung einer bestimmten Umweltnutzungseinheit hervorruft.

spruch nach zu erreichen beabsichtigt. Dem Staat fehlen insoweit meist die erforderlichen Informationen, welcher Preis zur Erreichung des umweltpolitischen Steuerungsziels führt. Er ist auf ein steuerungspolitisch gewagtes Trial-and-error-Verfahren angewiesen. Der Mengenansatz eines Zertifikatemodells hebt sich insoweit durch besondere Einfachheit, Flexibilität und ökologische Treffsicherheit ab. Ihm korrespondiert allerdings eine geringere Vorhersehbarkeit der ökonomischen Belastung, die er für die Verpflichteten entfaltet: Dynamische Veränderungen der Umweltbedingungen wirken sich nach der gedanklichen Logik des Zertifikatesystems grundsätzlich ausschließlich auf den Zertifikatpreis, nicht auf die zur Verfügung stehende Emissionsmenge aus. Da der Preis sich am Markt bildet, ist seine Höhe seiner Gestaltungskraft überantwortet. Er ist nicht sicher bestimmbar, sondern nur mittelbar über die angebotene Menge steuerbar[123]. Seine ökologische Treffsicherheit erkauft das Zertifikatesystem mit dem Preis ökonomischer Handlungsunsicherheit.

II. Anwendungsfelder und internationale Paradigmen

Systeme handelbarer Umweltnutzungsrechte können nach ihrem Grundgedanken auf alle knappen Umweltgüter Anwendung finden – auf die Gewässernutzung[124] ebenso wie auf die Luftreinhaltung und den Klimaschutz[125], auf die Einführung von Produktionsquoten[126] und Mehrweg-

---

[123] *Lübbe-Wolff*, NVwZ 2001, S. 481 (487); *P. Michaelis*, Ökonomische Instrumente in der Umweltpolitik, 1996, S. 45 f.

[124] Vgl. etwa das »Fox River Water Permits-System« in den USA, dazu *Brenck*, Ökonomische Lösungen des Problems der Gefährlichkeit von Stoffen, 1996, S. 84; rechtspolitische Überlegungen für das deutsche Recht entwickeln etwa *Gawel/van Mark*, Marktorientiertes Gewässergütemanagement, 1993.

[125] Vgl. dazu infra III (S. 764 ff.). Für Stoffe, die zum Abbau der Ozonschicht führen, kennt die Europäische Gemeinschaft bereits seit dem Jahr 2000 ein Emissionsrechtesystem. Art. 4 Abs. 5 der Verordnung (EG) Nr. 2037/2000 des Europäischen Parlaments und des Rates vom 29. 6. 2000 über Stoffe, die zum Abbau der Ozonschicht führen (ABl. EG Nr. L 244 vom 29. 9. 2000, S. 1) erlaubt Herstellern oder Importeuren, die berechtigt sind, ozonschichtschädigende Stoffe in den Verkehr zu bringen oder zu verwenden, dieses Recht anderen Herstellern oder Einführern zu übertragen.

[126] Erste (durchaus leidvolle) Erfahrungen hat die Europäische Gemeinschaft insoweit mit seinem Milchquotensystem gesammelt: Die Gemeinschaft setzte zur Beschränkung der Überproduktion von Milch eine gemeinschaftsweite Obergrenze für die Milchproduktion fest. Die Gesamtmenge wurde nach einem Quotensystem auf die Landwirte verteilt. Die Quoten waren zunächst zwischen den Landwirten übertragbar (vgl. Art. 5c Abs. 1 lit. a der Verordnung Nr. 804/68 in der durch die Verordnung (EWG) Nr. 2998/87 geänderten Fassung, ABl. 1987, L 285, S. 1). Bei Überschreiten der zugeteilten Referenzmenge wurde eine Abgabe fällig, die die Produktion unrentabel machen sollte. Das Milchquotensystem war nicht als Maßnahme des Umweltschutzes konzipiert, sondern als Teil der Marktregulierung in der Landwirtschaftspolitik – ähnlich wie die Bananenmarktordnung und die Bekämpfung von Überschussproduktionen auf Zucker- und Ge-

quoten bei Abfällen[127] ebenso wie auf Fischerei-[128] und Flächenausweisungsrechte[129]. Ihre Saat fällt grundsätzlich dort auf fruchtbaren Boden, wo die Einsicht in die Notwendigkeit der Bewirtschaftung knapper Umweltressourcen sich mit dem Bedürfnis nach Kosteneffizienz und Berücksichtigung ökonomischer Interessen paart. Sie spiegeln den Zeitgeist einer durch Ökonomisierung geprägten umweltpolitischen Effizienzdiskussion.

Von der konstruktiven Idee eines Umweltrechtehandels bis zu ihrer Umsetzung in harte dogmatische Münze war es freilich ein steiniger Weg. Nach ersten zaghaften Annäherungsversuchen[130] und pragmatischen Re-

---

treidemärkten. Der Grundgedanke einer Produktionsquote zur Marktregulierung ist auf die Herstellung gefährlicher umweltschädigender Stoffe grundsätzlich übertragbar.

[127] Vgl. dazu etwa *Rehbinder*, Kompensationen und Umweltlizenzen (Zertifikate) außerhalb der Luftreinhaltung, in: Endres et al. (Hrsg.), Umweltzertifikate und Kompensationslösungen aus juristischer Sicht, 1994, S. 216 (241 f.), *Wicke*, Umweltökonomie, 4. Aufl. 1993, S. 391 ff.

[128] Eines der ersten internationalen Fangquoten-Abkommen bildete das Fangquoten-Abkommen zwischen dem Deutschen Reich und der Republik Litauen über die Fischerei im Kurischen Haff, im Skirwieth-, Ruß- und Memelstrom sowie im Wystiter See, in der Lepone, Schirwindt und Schesuppe vom 19. 1. 1928, RGBl. 1929 II, S. 232. Auch die Europäische Gemeinschaft kennt ein System von in Grenzen übertragbaren Fischfangquoten als Teil ihrer Gemeinsamen Fischereipolitik: Die Mitgliedstaaten können die ihnen zugeteilten Fangrechte austauschen (Art. 9 Abs. 1 Verordnung Nr. 3760/92 des Rates vom 20. Dezember 1992 zur Einführung einer gemeinschaftlichen Regelung für die Fischerei und die Aquakultur, ABl. EG Nr. L 389, S. 1 ff.). Der effizienzfördernde Austausch bleibt dabei allerdings auf die Mitgliedstaaten als Handelsakteure beschränkt. Vgl. zum System von Fischereirechten in Neuseeland *Huckestein*, Effizienzbedingungen ökonomischer Instrumente in der EU-Umweltpolitik, 1996, S. 127 m. w. N.

[129] Vgl. den Vorschlag des Rates von Sachverständigen für Umweltfragen in seinem Umweltgutachten aus dem Jahre 2000, BT-Drucks. 14/3363, Tz. 536 f.; vgl. auch die Regelungen zum Ökokonto in §6b Abs. 5 hess.NatschG, §9 Abs. 6 S. 1 s-h.NatschG, die einem ähnlichen Grundgedanken folgen, sowie den Handel mit Sonnenscheinrechten in Japan (Fn. 131).

[130] Die Vereinigten Staaten von Amerika führten bereits 1975 einen »kontrollierten Umwelthandel« (»controlled trading«) ein. Sein Ansatz ist nicht der eines offenen Umwelthandels, sondern eines in ein ordnungsrechtliches Handlungsregime eingebetteten Saldierungsmodells. Er ermöglichte Betriebserweiterungen und Neuansiedlungen auch in Belastungsgebieten, wenn überobligatorische Kompensationsmaßnahmen an anderen Emissionsquellen vorgenommen wurden. Das »controlled trading« gestattet eine Saldierung von Be- und Entlastungen, die an unterschiedlichen Orten vorgenommen wurden. Der Clean Air Act 1977 entwickelte zu diesem Zweck vier flexible Ausgleichsinstrumente: die offset policy (Ausgleichs-Politik), die bubble-policy (Glocken-Prinzip), netting und emission banking (Emissions-Guthaben). Nach dem Glockenprinzip durften Unternehmen in einem abgegrenzten Luftraum (»Glocke«) bestehende Emissionsgrenzwerte überschreiten, wenn sie zugleich Emissionssenkungen bei anderen Betrieben desselben Unternehmens veranlassen. Austauschlösungen zwischen verschiedenen Unternehmen ermöglichte die offset policy. Frei gewordene Emissionspotenziale können – statt ausgetauscht – nach dem emission banking system auch wie auf einem Konto angespart werden; vgl. dazu *Benkert*, NuR 1983, S. 295 ff.; *Körner*, in: ders./Vierhaus, TEHG, 2005, Einl. Rdnr. 28 ff.; *Kloepfer*, Umweltrecht, 3. Aufl. 2004, §5 Rdnr. 300 f.; *Rudolph*, Handelbare Emissionslizenzen, 2005, S. 77 ff.; *Voßkuhle*, Rechtsfragen der Einführung von Emissionszertifikaten, in: Hendler et al. (Hrsg.), Energierecht zwischen Umweltschutz und

gionalprojekten wie dem japanischen Handel mit Sonnenscheinrechten[131] trug das Pflänzchen eines Handels mit Umweltnutzungsrechten im Jahre 1990 die ersten legislativen Früchte: Die USA schufen mit dem »Acid Deposition Program« im Clean Air Act einen Markt handelbarer Umweltzertifikate für Schwefeldioxid-Emissionen[132]. Lizenzen für den Ausstoß von Schwefeldioxid konnten landesweit gekauft und verkauft, ge- und vermietet und für künftige Jahre angespart werden. Die Etablierung eines Emissionshandels galt bald als Meilenstein der amerikanischen Luftreinhaltepolitik und avancierte zum Prototyp eines marktgesteuerten Systems der Umweltpolitik[133], wenn auch der intendierte Handel zunächst äußerst schwerfällig anlief[134].

Seinen wohl größten Durchbruch erzielte das Konzept eines Handels mit knappen Nutzungsrechten durch das Klimaschutz-Protokoll von Kyoto vom 11.12.1997[135]. Es schreibt den Unterzeichnerstaaten verbindliche Emissionsziele für sechs Treibhausgase vor; zu ihrer Erreichung sieht es ei-

---

Wettbewerb, 2002, S. 159 (167f.). Einen sehr begrenzten Anwendungsfall des Zertifikatemodells repräsentiert auch das von 1979 bis 1988 durchgeführte Bleihandelsprogramm der amerikanischen Environmental Protection Agency.

[131] Im Angesicht der Knappheit von verfügbarem Bauraum und der nachbarlichen Auswirkungen des mit dem Bau von Hochhäusern verbundenen Lichtentzugs wurde in Japan bereits in den 60er Jahren des 20. Jahrhunderts die Idee geboren, einen Handel mit »Sonnenscheinrechten« zuzulassen. Statt fixer ordnungsrechtlicher Abstandsflächengebote wurden den Grundstückseigentümern handelbare Abstandsflächenrechte (»Sonnenscheinrechte«) zugeteilt. Wer ein Hochhaus errichten wollte, musste auf eine entsprechende Zahl von Sonnenscheinrechten verweisen, die er den Nachbarn abgekauft hat. Vgl. dazu *Koike*, Public Choice of Property Rights to Sunlight: A Study of Japanese Sunshine Rights, 1984.

[132] 42 USC, sec. 7401ff. Vgl. dazu etwa *Gavilondo*, Tulane Law Review, 67 (1993), S. 749ff.; *Rehbinder*, Erfahrungen in den USA, in: Rengeling (Hrsg.), Klimaschutz durch Emissionshandel, 2001, S. 127 (128ff.); *Rudolph* (Fn. 130) S. 82ff.; *Schmitt-Rady*, Die Umsetzung des Zertifikatemodells im Luftreinhalterecht der USA, 1999, S. 63ff.; *Wasmeier*, NuR 1992, S. 219 (224ff.); *G. Wagner*, Der Handel mit Emissionsrechten aus der Sicht des Zivilrechts, in: Hendler et al. (Hrsg.), Emissionszertifikate und Umweltrecht, 2003, S. 187 (190ff.). Ein vergleichbares Emissionshandelssystem ist der in Süd-Kalifornien erprobte Regional Air Incentives Market (RECLAIM). Anders als das Acid-Rain-Programm zielt er nicht auf die Reduzierung von Emissionsmengen im Fernbereich, sondern die Bekämpfung von regionalen Emissionsspitzenbelastungen. Er trägt der in Süd-Kalifornien herrschenden hohen Schwefeldioxid- und Stickoxid-Belastung Rechnung, die das Bedürfnis nach einer kosteneffizienten, d.h. das Wirtschaftswachstum nicht entscheidend schwächenden Emissionsminderung auslöste. Die Zertifikate haben eine Gültigkeitsdauer von einem Jahr. Ein Banking ist nicht vorgesehen, um einer Hortung der Zertifikate entgegenzuwirken. Vgl. *Rehbinder*, ibid., S. 140ff.

[133] *Rehbinder*, ibid., S. 136ff.

[134] Als Ursachen werden insbesondere die Überschätzung der Emissions-Vermeidungskosten durch die Beteiligten, die Überausstattung mit Emissionszertifikaten und die Höhe der Transaktionskosten für die an einem Zertifikataustausch interessierten Firmen gehandelt. Beigetragen dürfte dazu auch die Tendenz amerikanischer Firmen haben, Zertifikate nicht auf dem Markt anzubieten, sondern zur Steigerung ihres Umwelt-Images an Umweltorganisationen zu spenden.

[135] Es fußt auf der Grundlage der UN-Klimarahmenkonvention vom 9.5.1992, BGBl.

nen weltweiten, freiwilligen Emissionsrechtehandel zwischen den Vertragsstaaten vor (Art. 17 des Kyoto-Protokolls)[136]: Die im Protokoll übernommenen Reduktionsverpflichtungen müssen nicht zwingend im eigenen Land, sondern können auch durch den Zukauf von Emissionsrechten aus anderen Vertragsstaaten erfüllt werden[137]. Der Handel mit knappen Nutzungsrechten betritt damit die Bühne des Völkerrechts[138].

III. Der Handel mit Kohlendioxid-Zertifikaten als nationales Paradigma

Ihre im Kyoto-Protokoll übernommenen Verpflichtungen zur Reduzierung von Treibhausgasemissionen[139] sucht die Europäische Union ihrerseits

---

1993 II, S. 1783. Ein instruktiver Kommentar zu dem Protokoll findet sich etwa bei *Oberthür/Ott*, The Kyoto Protocol, 1999, S. 99ff.

[136] Zu einer Beteiligung an dem Handel verpflichtet das Protokoll die Mitgliedstaaten nicht. Auch die konkrete Ausgestaltung dieses – zwischen den Mitgliedstaaten sehr umstrittenen – Emissionsrechtehandels regelt das Protokoll nicht im Einzelnen. Es behält diese künftigen Vertragsstaatenkonferenzen vor.

[137] Dem gleichen Ziel, einen Teil der Reduktionsverpflichtungen auch im Ausland erfüllen zu lassen, dienen zwei weitere wichtige flexible Instrumente des Kyoto-Protokolls: Die Joint-Implementation und der Clean Development Mechanism. Sie basieren auf dem umweltpolitischen Leitgedanken, dass es für die klimarelevante Wirkung der Treibhausgase aufgrund ihrer raschen Verbreitung in der Atmosphäre nicht entscheidend ist, *wo* die Reduktion stattfindet, sondern *dass* sie erfolgt und daher die Nutzung von kosteneffizienten Einsparpotenzialen ökonomischer Vernunft entspricht. *Joint-Implementation* ermöglicht die gemeinsame Umsetzung von Klimaschutzmaßnahmen. Sie soll Anreize für die Weitergabe moderner, umweltfreundlicher Technologien von Industrie- an Entwicklungsstaaten setzen: Industrieländer können sich die bei gemeinsamen Klimaschutzmaßnahmen im Ausland entstehenden Emissionsreduktionen auf ihre jeweils eigenen Reduktionsverpflichtungen anrechnen lassen (sog. crediting; Art. 3 Abs. 10 u. 11 i. V. m. Art. 6 Abs. 1 Kyoto-Protokoll). Voraussetzung dafür ist, dass die erzielten Reduktionen zusätzlich zu den im Land, in dem das Projekt durchgeführt wird, bereits implementierten Maßnahmen erfolgen, und dass die Gutschrift von Emissionsreduktionseinheiten ausschließlich zusätzlich zu (nicht anstelle von) Reduktionsleistungen im eigenen Land zur Zielerreichung herangezogen wird (additionality und supplementarity). Der *Clean Development Mechanism* (Mechanismus für umweltverträgliche Entwicklung) gewährt Teilnehmerstaaten für die Projekte, welche der Förderung der nachhaltigen Entwicklung in Entwicklungsländern dienen, Emissionsreduktionsgutschriften (Art. 3 Abs. 12 i. V. m. Art. 12 Kyoto-Protokoll). Als Projekte in diesem Sinne kommen auch Maßnahmen in Betracht, die zu einer Speicherung von Kohlendioxid beitragen, wie Wald-, Acker- und Gründlandbewirtschaftung, Begrünung von Ödland oder die Wiederaufforstung (sog. Senkenmaßnahmen). Vgl. dazu *Schweer/von Hammerstein*, TEHG, 2004, Einl. Rdnr. 21ff. u. 28.

[138] Der Handel mit knappen Nutzungsrechten ist für das Völkerrecht nicht als solches ein Novum. Zwischen den Mitgliedstaaten handelbare Fischereiquoten (Fn. 128) sind ihm schon seit langer Zeit bekannt. Neu ist lediglich die Dimension des Handels, den der weltweite Emissionshandel im Auge hat.

[139] Das Kyoto-Protokoll verpflichtet die Europäische Gemeinschaft und ihre Mitgliedstaaten, ihre gemeinsamen anthropogenen Treibhausgasemissionen im Zeitraum von 2008 bis 2012 gegenüber dem Stand von 1990 um 8 % zu senken. Ihre daraus erwachsen-

durch die Etablierung eines Systems von Treibhausgasemissionszertifikaten einzulösen[140]. Die auf der Grundlage des Art. 175 Abs. 1 EG geschaffene Richtlinie 2003/87/EG (Emissionshandelsrichtlinie)[141] verpflichtet die Mitgliedstaaten, ein System für den Handel mit Treibhausgasemissionszertifikaten zu schaffen, das auf eine kosteneffiziente und wirtschaftlich effiziente Verringerung von Treibhausgasemissionen hinwirken soll (Art. 1 Emissionshandelsrichtlinie)[142]. Emissionstätigkeiten von Industrieanlagen, die der Richtlinie unterfallen[143], sind fortan gemeinschaftsweit ohne eine die Emission gestattende Genehmigung unzulässig[144]. Emissionen sind nur noch in der Höhe gestattet, in der die Genehmigungsinhaber über entsprechende Verschmutzungsrechte verfügen. Der Ressourcenzugang wird durch staatliche Verknappungsentscheidung beschränkt[145]. Das Umwelt-

---

den Verpflichtungen wollen die Gemeinschaft und ihre Mitgliedstaaten gemeinsam erfüllen. Art. 4 des Kyoto-Protokolls gestattet dies ausdrücklich. Der Rat verständigte sich am 16.6.1998 darauf, eine innergemeinschaftliche Lastenverteilung vorzunehmen, die mit der Entscheidung des Rates vom 25.4.2002 verbindlich wurde (Entscheidung des Rates vom 25. April 2002 über die Genehmigung des Protokolls von Kyoto zum Rahmenübereinkommen der Vereinten Nationen über Klimaänderungen im Namen der Europäischen Gemeinschaft sowie die gemeinsame Erfüllung der daraus erwachsenden Verpflichtungen 2002/358/EG, ABl. EG Nr. L 130 vom 15.5.2002, S. 1). Der Emissionshandel soll nach Art. 9 Abs. 1 S. 2 i. V. m. Anhang III Nr. 1 der Emissionshandelsrichtlinie einen Beitrag zur Zielerreichung der Verpflichtungen jedes Mitgliedstaates gemäß seinem Anteil innerhalb der Lastenteilungsvereinbarung erbringen.

[140] Das Kyoto-Protokoll schreibt das rechtliche Instrumentarium, mit dem die Vertragsstaaten das übernommene Reduktionsziel erreichen, den Vertragsstaaten nicht vor. Es lässt ihnen freie Hand. Auch ein ordnungsrechtlicher Ansatz, der das Verpflichtungsziel erreicht, würde den Anforderungen des Protokolls ausreichend Rechnung tragen.

[141] Richtlinie 2003/87/EG des Europäischen Parlaments und des Rates vom 12.10.2003 über ein System für den Handel mit Treibhausgasemissionszertifikaten in der Gemeinschaft und zur Änderung der Richtlinie 96/61/EG des Rates, ABl. EG Nr. L 275 vom 25.10.2003, S. 32 ff.

[142] Art. 30 enthält einen Änderungsvorbehalt, der – auf der Grundlage der Erfahrungen mit dem Kohlendioxid-Handelssystem – eine Erweiterung auf weitere Treibhausgase erwägt. Art. II der Richtlinie nennt als Treibhausgase im Sinne der Richtlinie (Art. 3 lit. a) neben Kohlendioxid Methan, Distickstoffoxid, Fluorkohlenwasserstoffe, Perflurorierte Kohlenwasserstoffe und Schwefelhexafluorid.

[143] Die Tätigkeiten, auf die die Richtlinie Anwendung findet, sind in Anhang I der Richtlinie genannt. Erfasst sind danach in der ersten Phase ausschließlich Kohlendioxid-Emissionen (immerhin ca. 80 vom Hundert der Treibhausgasemissionen [*Kommission der Europäischen Gemeinschaften*, Grünbuch zum Handel mit Treibhausgasen in der Europäischen Union, KOM (2000) 87, S. 12]), nicht auch die Emission anderer klimarelevanter Treibhausgase im Sinne des Kyoto-Protokolls. Auf ihre Einbeziehung ist die Emissionshandelsrichtlinie indes bereits im Zuge ihrer Fortentwicklung angelegt (vgl. Art. 30 Abs. 1 und 2 lit. a Emissionshandelsrichtlinie). Die Richtlinie erfasst auch nicht alle Formen CO_2-emittierender Tätigkeiten, sondern einen politisch definierten Ausschnitt, so etwa nicht die Sektoren Chemie, Aluminium und Verkehr. Über ihre Einbeziehung soll ebenfalls zu einem späteren Zeitpunkt im Rahmen der Revision des Handelssystems entschieden werden (a. a. O.).

[144] Art. 4 Emissionshandelsrichtlinie.

[145] A. A. *Kruhl*, Die Versteigerung knapper Frequenzen, 2003, S. 72 u. 311. Wie hier

medium Luft wird nach seiner gedanklichen Logik einem staatlichen Bewirtschaftungssystem unterworfen[146]. Die Verschmutzungsrechte sind in Zertifikaten[147] verbrieft, die zur Emission von Treibhausgasen bestimmter Menge berechtigen. Ihre Zahl ist begrenzt. Sie verbrauchen sich durch die Inanspruchnahme der Emission und sind entsprechend der in einem Kalenderjahr vorgenommenen Gesamtemissionsmenge abzugeben[148]. Benötigt der Anlagebetreiber nicht alle Emissionsrechte, kann er diese an andere Emittenten veräußern; erfordert sein Anlagebetrieb umgekehrt zusätzliche Berechtigungen, kann (und muss) er diese von anderen Zertifikateinhabern erwerben, die bereit sind, Verschmutzungsrechte gegen Entgelt abzugeben[149]. Es entsteht dadurch ein Markt für Verschmutzungsrechte. Die Grundausstattung an Emissionszertifikaten, die für die Emissionstätigkeit als Verschmutzungsrecht für einen Zuteilungszeitraum[150] zur Verfügung stehen, teilt der Mitgliedstaat nach Maßgabe eines nationalen Zuteilungsplans zu[151]. Die Gesamtzahl der Zertifikate, die er zuteilen kann[152], ist dabei begrenzt durch die Vorgaben der Emissionsreduktionsverpflichtung, die das Kyoto-Protokoll und die Lastenteilungsvereinbarung begründen[153]. Sie

---

etwa *Schweer/von Hammerstein*, TEHG, 2004, Einl. Rdnr. 35; *Schmidt-Preuß*, Flexible Instrumente des Umweltschutzes, in: Dolde (Hrsg.), Umweltrecht im Wandel, 2001, S. 309 (318 f.) m. w. N.; *Vierhaus*, in: Körner/Vierhaus, TEHG, 2005, § 7 Rdnr. 2.

[146] Ebenso etwa *Vierhaus*, ibid., § 7 Rdnr. 2; a. A. *Burgi*, NJW 2003, S. (2491): »Die erhofften positiven Klimaschutzeffekte sollen nicht durch eine Bewirtschaftung der Luft, sondern durch ein für effizienter erachtetes Handelssystem bewirkt werden«; *Burgi/Selmer*, Verfassungswidrigkeit einer entgeltlichen Zuteilung von Emissionszertifikaten, 2007, S. 51 ff.; *Rebentisch*, NVwZ 2006, S. 747 (751 f.).

[147] Art. 3 lit. a der Emissionshandelsrichtlinie definiert Zertifikate als »Zertifikat, das zur Emission von einer Tonne Kohlendioxidäquivalent in einem bestimmten Zeitraum berechtigt«.

[148] Art. 6 Abs. 2 lit. e, Art. 12 Abs. 3 Emissionshandelsrichtlinie.

[149] Von dem Austausch profitieren beide Akteure, ohne dass sich damit für die Umwelt ein Nachteil verbindet: Das veräußernde Unternehmen erhält für die Übertragung des Rechtes einen geldwerten Vorteil, für das erwerbende Unternehmen sind mit der Transaktion geringere Kosten verbunden als mit dem Bemühen zur Verminderung seiner Emissionen. Da die Gesamtumweltbelastung durch den Austausch unberührt bleibt, wird das beabsichtigte Mengenziel einer mengenbeschränkten Umweltnutzung in kosteneffizienter Weise erreicht.

[150] Die Richtlinie sieht als Zuteilungszeitraum in der ersten Handelsperiode den Dreijahreszeitraum von 2005 bis 2007 (Art. 11 Abs. 1 Emissionshandelsrichtlinie) und in allen folgenden Perioden Fünfjahreszeiträume (2008 bis 2012, 2013–2017 etc.) vor (Art. 11 Abs. 2 Emissionshandelsrichtlinie).

[151] Art. 9 Emissionshandelsrichtlinie. Die Richtlinie trifft zugleich die Grundentscheidung zugunsten der grundsätzlich kostenfreien Zuteilung: In der ersten Handelsperiode sind mindestens 95 % der Zertifikate kostenlos zuzuteilen, in der zweiten mindestens 90 % (Art. 10 Emissionshandelsrichtlinie). Sie will damit den Bestandsschutzinteressen der bisherigen Anlagenbetreiber im Interesse einer schonenden Einführung des Zertifikatehandelssystems Rechnung tragen. Vgl. zu den dabei anzuwendenden Zuteilungskriterien bereits supra S. 702 ff.

[152] Art. 11 Emissionshandelsrichtlinie.

[153] Anhang III Nr. 1 Emissionshandelsrichtlinie.

nimmt nach der Logik des Reduktionsziels im Verlaufe des Handelssystems stetig ab. Der Emissionsvermeidungsdruck auf die Emittenten steigt.

Das Emissionshandelssystem, das die Europäische Union etabliert, ist an Unternehmen adressiert; der Handel findet zwischen emittierenden Unternehmen statt. Das ist nicht selbstverständlich. Denkbar wäre konstruktiv ebenso die Einbeziehung privater Nutzungen in die Reduktionsbemühungen (infra 1.) wie auch alternativ ein Handelssystem zwischen den Mitgliedstaaten (infra 2.) oder die Adressierung der Brennstoffproduzenten und -importeure als Handelssubjekte (infra 3.).

1. Industrielle versus private Nutzungen

Eine Einbeziehung privater Nutzungen, etwa der Verkehrsemissionen, in die Reduktionsbemühungen ist angesichts der damit verbundenen hohen Transaktions-, insbesondere Überwachungskosten nicht nur wenig Erfolg versprechend, sondern würde auch nichtwirtschaftliche Nutzungen an einem Wirtschaftlichkeitsmaßstab messen, der ihrer Eigenart und grundrechtlichen Schutzbedürftigkeit nicht notwendig gerecht wird. Sie setzt sie namentlich in der Konkurrenz mit wirtschaftlichen Nutzungen einem Kommerzialisierungsdruck aus, der ihrer Einbeziehung in ein gemeinsames Handelssystem grundsätzlich entgegensteht[154].

2. Unternehmensbezogener versus staatenbezogener Ansatz

Ein Handel zwischen Mitgliedstaaten wäre mit dem vertragsstaatenbezogenen Konzept des Kyoto-Protokolls sehr gut kompatibel und insoweit regelungspolitisch konsequent: Er bräche das in Art. 17 des Kyoto-Protokolls vorgesehene System eines internationalen Handels *zwischen den Vertragsstaaten*[155] auf die Mitgliedstaaten der Europäischen Union herunter. Jeder Mitgliedstaat hätte dann die Einhaltung der ihm nach dem Protokoll zugeteilten Emissionsquote durch geeignete Maßnahmen, sei es durch innerstaatliche Reduktionsmaßnahmen, sei es durch einen Erwerb von Emissionsrechten anderer Mitgliedstaaten, sicherzustellen. Den Staaten stünde

---

[154] Vgl. dazu auch supra S. 347ff.

[155] Art. 17 eröffnet den Vertragsstaaten völkerrechtlich die Möglichkeit, die im Kyoto-Protokoll übernommene Verpflichtung auch durch einen Zukauf von Emissionsrechten aus anderen Vertragsstaaten zu erfüllen, ohne sie zu einer Beteiligung an dem Handel zu verpflichten. In Art. 17 S. 2 des Kyoto-Protokolls heißt es: »Die in Anlage B aufgeführten Vertragsparteien können sich an dem Handel mit Emissionen beteiligen, um ihre Verpflichtungen aus Art. 3 zu erfüllen«. Einen Hinweis auf die Einbeziehung von »entities« in den Emissionshandel enthält das Protokoll nicht. Sie steht einer Erfüllung ihrer Reduktionsverpflichtungen durch Einführung eines unternehmensbezogenen Handels aber auch nicht im Wege. Vgl. auch *Kommission der Europäischen Gemeinschaften*, Grünbuch zum Handel mit Treibhausgasen in der Europäischen Union, KOM (2000) 87, S. 10f.

es frei, mit Hilfe welchen rechtlichen Rüstzeugs – etwa ordnungsrechtlich oder mit Hilfe von Handelssystemen – sie ihre Reduktionsverpflichtungen erreichen wollen.

Die Emissionshandelsrichtlinie belässt ihnen diese Freiheit nicht. Sie enthält Vorgaben für eine gemeinschaftsweit einheitliche Klimapolitik, die von dem Gedanken volkswirtschaftlich effizienten Umweltschutzes inspiriert ist: Einsparungspotenziale sollen dort genutzt werden, wo sie mit den geringsten Kosten verbunden sind[156]. Diese intendierte Kosteneffizienz vermag ein zwischenstaatlicher und damit in erster Linie durch politische Interessen determinierter Handel schwerlich zu erreichen. Den Staaten fehlt es an dem Wissen über die mit der Emissionsvermeidung verbundenen Grenzvermeidungskosten der Emittenten. Dieses Wissen ist bei den Emittenten konzentriert. Die Richtlinie will es fruchtbar machen und in den Dienst effizienten, an der Verursacherquelle ansetzenden Umweltschutzes stellen. Dem konzeptionellen Grundgedanken kosteneffizienten Umweltschutzes, der dem Emissionshandelssystem inne wohnt, wird ein Handel zwischen den Emittenten am besten gerecht. Die isolierte Einführung eines Marktes für Umweltnutzungsrechte in einem Mitgliedstaat wäre überdies stetig der Gefahr seiner Torpedierung durch Arbitrageprozesse ausgesetzt: Preisunterschiede, die sich bilden, wenn in einem Mitgliedstaat ein Preis für die Umweltnutzung zu zahlen ist, in anderen hingegen nicht[157], ordnungsrechtliche und marktwirtschaftliche Emissionsminderungsmodelle also koexistieren, könnten zu Ausweichreaktionen der Betroffenen und zu einem Ausbluten staatlich induzierter Knappheitsmärkte und ihrer regelungspolitischen Idee führen. Ein kohärentes Klimaschutzkonzept entspricht dem Grundgedanken gemeinsamer Wirtschaftspolitik und der Vermeidung von Wettbewerbsverzerrungen, auf dem der Binnenmarkt fußt[158]. Das unternehmensbezogene Konzept der Emissionshandelsrichtlinie erweist sich insoweit als gleichermaßen ökonomisch effizienter wie ökologisch treffsicherer Regelungsmechanismus. Sie schreibt einen Emissionsminderungsrahmen fest, überlässt den Weg, auf dem dieses Ziel erreicht wird, aber den Unternehmen, die die Emissionen verursachen. Die Treibhausgase emittierenden Unternehmen sollen selbst entscheiden, ob es für sie aufgrund ihrer individuellen Kostenstruktur günstiger ist, Zertifikate zu erwerben oder in emissionsmindernde Technologien zu investieren. Die Emissionsminderungen sollen dort stattfinden, wo sie die geringsten Kosten verursachen.

---

[156] Vgl. auch Erwägungsgrund Nr. 18 Emissionshandelsrichtlinie.

[157] Dort würden, um die Reduktionsziele zu erreichen, andere Nutzungsformen gänzlich untersagt.

[158] Vgl. auch *Kommission der Europäischen Gemeinschaften*, Grünbuch zum Handel mit Treibhausgasen in der Europäischen Union, KOM (2000) 87, S. 13f.

3. *Downstream- versus Upstream-Ansatz*

Da zwischen dem in Brennstoffen enthaltenen Kohlenstoff und dem durch den Verbrennungsvorgang frei werdenden Kohlendioxid eine unmittelbare Korrelation besteht[159], kann ein Emissionshandel statt an der Emissionsquelle (Downstream-Ansatz) grundsätzlich auch schon an der Produzentenquelle, d. h. bei den Herstellern bzw. Importeuren, ansetzen (Upstream-Ansatz)[160]. Damit verbindet sich der Vorteil einer drastischen Minimierung der Transaktionskosten: Die Emittenten brauchen nicht ermittelt und nicht überwacht zu werden. Auch der private Verbrauch ließe sich weitgehend bruchlos erfassen, ohne dass wirtschaftliche und nichtwirtschaftliche Nutzungen in einen Konkurrenzwettbewerb treten. Die Anreizfunktion beider Systeme für die Akteure ist indes nicht dieselbe: Ein produzentenorientiertes Zertifikatesystem würde sich für die Emittenten wie eine den Emissionspreis erhöhende Kohlendioxid-Steuer auswirken[161], deren Höhe für die Emittenten grundsätzlich gleich ist. Die effizienzfördernde Funktion des Handels zwischen den Emittenten, die die unterschiedlichen Vermeidungskosten der Emittenten nutzt, um das Verschmutzungsrecht in die wirtschaftlichste Nutzung zu lenken und die Emissionsvermeidung dort vorzunehmen, wo sie am kostengünstigsten ist, würde nicht in gleicher Weise fruchtbar gemacht. Der europäische Gesetzgeber hat sich insoweit konsequent für eine an der Emissionsquelle ansetzende Zertifikatestrategie entschieden.

IV. Erfolgsvoraussetzungen und -grenzen eines Systems handelbarer Nutzungsrechte

Die ökonomische Logik eines Systems handelbarer Nutzungsrechte stößt dort an ihre rechtlichen Grenzen, wo die Grundrechte betroffener Nutzer

---

[159] *Heister/Michaelis*, Umweltpolitik mit handelbaren Emissionsrechten, 1991, S. 57.

[160] Kohlenstoffarme Energieträger wie Erdgas hätten einen geringen Zertifikatebedarf, kohlenstoffreiche Produzenten wären auf einen erhöhten Zertifikateumsatz angewiesen und müssten im Zweifel Zertifikate auf dem Markt erwerben. Einen Vorschlag für einen entsprechenden downstream-orientierten Zertifikatehandel haben etwa *Heister/Michaelis*, Umweltpolitik mit handelbaren Emissionsrechten, 1991, S. 59ff., unterbreitet. Zu den sich an einen Upstream-Ansatz knüpfenden verfassungsrechtlichen Fragen: *Rehbinder*, Umweltlizenzen (Zertifikate) im Bereich der Luftreinhaltung, in: Endres et al. (Hrsg.), Umweltzertifikate und Kompensationslösungen aus juristischer Sicht, 1994, S. 92 (124).

[161] *Zimmer* (Fn. 116), S. 103; *Heister/Michaelis*, ibid., S. 59ff. Anders als eine verbrauchsabhängige Steuer wie die Mineralölsteuer beruht ihre absolute Höhe nicht auf einseitiger gesetzgeberischer Festlegung, sondern auf dem Verhältnis von Angebot und Nachfrage auf dem Markt für fossile Brennstoffe, auf die staatlich induzierte Knappheit der Verschmutzungsrechte als Stellglied mittelbar Einfluss hat.

oder Dritter dem Regelungsspielraum des Gesetzgebers Fußfesseln anlegen (infra 1.) oder die systemischen Prämissen verlassen sind, auf die ein Umweltnutzungsrechtehandel notwendig angewiesen ist (infra 2.).

1. Vereinbarkeit mit den Grundrechten

Systeme eines Emissionsrechtehandels unterwerfen nach ihrer gedanklichen Logik bislang frei zugängliche Umweltgüter einem Bewirtschaftungssystem. Ein bis dahin kostenfreier und nur durch die natürlichen Ressourcengrenzen beschränkter Nutzungsraum wird dem ungeregelten Zugriff entzogen und kontingentiert[162]. Die Verkürzung des Zugriffs auf Umweltressourcen wirkt sich auf die grundrechtlich gesicherte Verhaltensfreiheit Privater aus und ist als solche in dem Umfang rechtfertigungsbedürftig, in dem die Nutzung von Umweltgütern selbst dem Schutzbereich der Grundrechte unterfällt.

Rechtfertigungsbedürftigkeit vor den Grundrechten?

Dass die Nutzung von Umweltgütern den Schutz der Grundrechte genießt und ihre Beschränkung verfassungsrechtlichen Schranken unterliegt, wird in Wissenschaft und Rechtsprechung allerdings nicht einhellig befürwortet.

Murswiek[163] sieht den Gebrauch natürlicher Ressourcen dem Freiheitsbereich des Einzelnen entzogen. Dem Gesetzgeber, der eine Benutzungsregelung treffe und damit die Handlungsfreiheit beschränke, könne ein Freiheitsrecht nicht entgegengehalten werden[164]. Es gebe kein allgemeines Grundrecht auf Umweltverschmutzung und Umweltbelastung[165]. Denn Art. 2 Abs. 1 GG gewähre nach seinem materiellen Gewährleistungsgehalt nicht den Zugriff auf Rechtsgüter Dritter oder der Allgemeinheit. Die Belastung von Umweltgütern mit Schadstoffen sei Teilhabe an der Benutzung eines Gemeinschaftsgutes, nicht lediglich Freiheitsausübung.

Der Umweltnutzung grundrechtlichen Schutz abzusprechen, heißt indes, die Rechtfertigungs*fähigkeit* von Einschränkungen der Umweltnutzung mit ihrer Rechtfertigungs*bedürftigkeit* zu verwechseln: Dass eine

---

[162] Ob die dem Bewirtschaftungsregime unterworfenen Umweltnutzungsrechte kostenlos zugeteilt oder im Wege der Versteigerung gegen Entgelt abgegeben werden, ist insoweit nicht von entscheidender Bedeutung. Auch eine kostenlose Zuteilung der Nutzungsrechte vermag nicht darüber hinweg zu täuschen, dass das Bewirtschaftungssystem den zur Verfügung stehenden Umweltnutzungsraum durch staatliche Festlegung insgesamt verknappt. Und nur durch eine Verknappung eines bestehenden Zugriffsrechts kann das Bewirtschaftungssystem nach seinem gedanklichen Ansatz seine Funktion eines Marktes für Umweltnutzungsrechte erreichen.

[163] *Murswiek*, DVBl. 1994, S. 77 (79ff.); *ders.*, JZ 1988, S. 985, 992f.; *ders.*, in: Sachs (Hrsg.), Grundgesetz, 4. Aufl. 2007, Art. 2 Rdnr. 120.

[164] *Murswiek*, DVBl. 1994, S. 77 (82).

[165] *Murswiek*, ibid., S. 79.

Rechtfertigung eines Grundrechtseingriffs möglich ist, ist nicht gleichbedeutend damit, dass er an Rechtfertigungserfordernissen nicht gemessen zu werden braucht. Für eine Freistellung von Rechtfertigungsanforderungen fehlt es nicht nur an einem verfassungsdogmatischen Bedürfnis. Sie birgt vor allem die Gefahr, einer Aushöhlung des als umfassend angelegten Freiheitsbereichs des Grundgesetzes die Tür zu öffnen und Eingriffe in ein wichtiges Spektrum menschlicher Verhaltensweisen zuzulassen, ohne eine inhaltliche Rückbindung an eingriffsrechtfertigende Verfassungsprinzipien herzustellen[166]. Eine Herausnahme der Umweltnutzung aus dem grundrechtlichen Datenkranz bietet einer subkutanen Aushöhlung verfassungsrechtlicher Schutzmechanismen eine offene Flanke. Sie vermag einer unverhältnismäßigen Beschränkung von Umweltnutzungsmöglichkeiten kein Gegengewicht mehr entgegenzusetzen: Ob eine vorsorgende Umweltnutzungsbeschränkung einen angemessenen Ausgleich zwischen konfligierenden Nutzungsinteressen herstellt, ist nicht naturwissenschaftlich ermittelbar, sondern setzt eine politische Wertung voraus, die an den Schranken der Freiheitsrechte der Nutzer zu messen ist und die verfassungsrechtlicher Kontrolle bedarf[167]. Eine Kontingentierung von Nutzungsbefugnissen ist nicht deshalb selbstredend gerechtfertigt, weil sie den Zwecken des Umweltschutzes zu dienen bestimmt ist. Anderenfalls entscheide das Eingriffsziel über die Rechtfertigungsbedürftigkeit.

Der Verknappung des Grundrechtszugangs ist der Bürger nicht schutzlos ausgeliefert. Die Kontingentierung aktiviert die grundrechtliche Abwehrfunktion der Bürger. Sie verkürzt die Grundrechte, deren Verwirklichung die Umweltnutzung dient. Als solche bringen sich neben der allgemeinen Handlungsfreiheit insbesondere die Berufsfreiheit, die Eigentumsfreiheit und der Gleichheitssatz in Stellung. Sie setzen dem Eingriff grundrechtliche Rechtfertigungsschranken entgegen.

Umweltnutzung zwischen europäischen und deutschen Grundrechten

Beruht die Etablierung eines Systems übertragbarer Nutzungsrechte – wie das Emissionshandelssystem des Treibhausemissionshandelsgesetzes – auf den zwingenden europarechtlichen Vorgaben einer europäischen Richtlinie, die den Mitgliedstaaten keinen entscheidenden Umsetzungsspielraum belassen, stimmen die europäischen Grundrechte nicht nur in das Konzert der nationalen Grundrechtsgewährleistungen ein. Sie geben dann den grund-

---

[166] Ebenso etwa *Kloepfer*, Umweltrecht, 3. Aufl. 2004, § 3 Rdnr. 56; *Kluth*, NuR 1997, S. 105 (106); *Kruhl*, Die Versteigerung knapper Frequenzen, 2003, S. 150ff.; *Mehrbrey*, Verfassungsrechtliche Grenzen eines Marktes handelbarer Emissionsrechte, 2003, S. 48f.; *S. Meyer*, Gebühren für die Nutzung von Umweltressourcen, 1995, S. 135ff.; *Ritgen*, AöR 127 (2002), S. 351 (375 [mit Fn. 91] u. 387; *Sacksofsky*, Umweltschutz durch nichtsteuerliche Abgaben, 2000, S. 217ff. (hinterfragt Murswieks Konzept, verwirft es aber nicht); *Wieland*, Die Konzessionsabgaben, 1991, S. 168ff.

[167] Vgl. dazu auch bereits supra S. 27.

rechtlichen Rahmen, an dem die mit ihr verbundenen Beschränkungen zu messen sind, auch selbst vor. Das Gemeinschaftsrecht beansprucht in seinem Anwendungsbereich gegenüber dem nationalen Recht grundsätzlich Vorrang[168]. Die Grundrechtskonformität des sekundären Gemeinschaftsrechts überprüft das Bundesverfassungsgericht daher so lange nicht am Maßstab der deutschen Grundrechte, wie die Europäischen Gemeinschaften einen wirksamen Grundrechtsschutz gegenüber der Hoheitsgewalt der Gemeinschaften generell gewährleisten, der dem vom Grundgesetz als unabdingbar gebotenen Grundrechtsschutz im Wesentlichen gleich zu achten ist[169]. Es übt seinen Grundrechtsschutz in einem Kooperationsverhältnis mit dem Europäischen Gerichtshof aus[170]. Zwingende gemeinschaftsrechtliche Sekundärmaßnahmen sind grundsätzlich am Maßstab der europäischen Grundrechte zu messen[171]; soweit nationale Umsetzungsspielräume bestehen, entfalten die nationalen Grundrechte ihre Schutzwirkung[172].

Verfügt die Europäische Union auch noch nicht über einen umfassenden Grundrechtskatalog, ist insbesondere die Charta der Grundrechte der Europäischen Union noch nicht primärrechtlich bindend[173], enthält das gemeinschaftsrechtliche Primärrecht neben expliziten Freiheitsverbürgungen auch ein klares Bekenntnis zu grundrechtlichen Gewährleistungen: Die Europäische Union beruht auf den Grundsätzen der Freiheit, der Achtung der Menschenrechte und Grundfreiheiten (Art. 6 Abs. 1 EUV) und achtet die Grundrechte, wie sie sich aus der Europäischen Menschenrechtskonvention und den gemeinsamen Verfassungsüberlieferungen der Mitgliedstaaten ergeben (Art. 6 Abs. 2 EUV). Zu diesen Gewährleistungen gehören auch der

---

[168] Es versteht sich als autonome Rechtsordnung, die ihre Reichweite und Begrenzungen selbst festlegt. Nationale Rechtsvorschriften können bei diesem Selbstverständnis dem aus einer autonomen Rechtsquelle fließenden Gemeinschaftsrecht nicht den Anwendungsvorrang ablaufen; vgl. EuGH, Urt. v. 15.7.1964, Slg. 1964, S. 1251 (1267f.) – Costa/Enel; etwa *Suhr*, in: Calliess/Ruffert (Hrsg.), EU-/EG-Vertrag, 3. Aufl. 2007, Art. 29 EUV Rdnr. 24ff.; *Wegener*, ibid., Art. 220 EGV, Rdnr. 27ff. Das Bundesverfassungsgericht leitet dieses Ergebnis weniger aus der Aufgabenerfüllungsautonomie der Gemeinschaft als aus der Öffnung des ausschließlichen nationalen Herrschaftsanspruchs für eine andere Rechtsquelle ab. BVerfG, Beschl. v. 29.5.1975, BVerfGE 37, S. 271 (280) – Solange I.

[169] BVerfG, Beschl. v. 29.5.1975, BVerfGE 37, S. 271 (279ff.) – Solange I; BVerfG, Beschl. v. 22.10.1986, BVerfGE 73, S. 339 (378ff.) – Solange II; BVerfG, Urt. v. 12.10.1993, BVerfGE 89, S. 155 (174f.) – Maastricht.

[170] Vgl. BVerfG, Urt. v. 12.10.1993, BVerfGE 89, S. 155 (175) – Maastricht; dazu etwa *Selmer*, Die Gewährleistung der unabdingbaren Grundrechtsstandards durch den EuGH, 1998, S. 31ff.

[171] Verstößt die Maßnahme gegen europäische Grundrechte, hat das deutsche Gericht die Rechtsfrage dem Europäischen Gerichtshof nach Art. 234 Abs. 1 EG vorzulegen. Tut es das nicht, liegt darin eine Verletzung des Rechts auf rechtliches Gehör nach Art. 19 Abs. 4 S. 1 GG.

[172] In diesem Sinne jüngst auch ausdrücklich BVerfG, Beschl. v. 13.3.2007, NJW 2007, S. 937 (938) m. w. N.

[173] Sie erlangt mit dem Reformvertrag den gleichen Rang wie die primärrechtlichen Verträge (Art. 6 Abs. 1 EUV in der Fassung des Vertrages von Lissabon).

Eigentumsschutz[174] (vgl. Art. 1 des Zusatzprotokolls zur EMRK, Art. 17 der Charta der Grundrechte der Europäischen Union [GRCh][175], infra a) und die Berufsfreiheit (Art. 15 f. GRCh, infra b)[176].

a) Vereinbarkeit mit der Eigentumsfreiheit der Umweltnutzer

Hat die Befugnis zur Emission von Schadstoffen am Eigentumsschutz teil, gehört sie insbesondere zum bestandsgeschützten Betrieb, kann mit ihrer Verkürzung eine Verletzung des grundrechtlich geschützten Eigentumsrechts[177] einhergehen[178]. Das gilt sowohl in der Errichtungs- (infra aa) wie in der Betriebsphase (infra bb) eines Systems von Umweltnutzungsrechten.

---

[174] Vgl. EuGH, Urt. v. 13.12.1979, Slg. 1979, S. 3727 Rdnr. 17 – Hauer/Rheinland-Pfalz; vgl. dazu etwa *Calliess*, in: ders./Ruffert (Hrsg.), EUV/EGV, Art. 17 GRCh, 3. Aufl. 2007; *Müller-Michaels*, Grundrechtlicher Eigentumsschutz in der Europäischen Union, 1996, S. 36; ablehnend noch EuGH, Urt. v. 14.5.1974, Slg. 1959, S. 89 (107) – Nold.

[175] Soweit die Charta an gemeinsame Verfassungsüberlieferungen anknüpft, kann sie – auch wenn sie noch nicht in Kraft getreten ist – als Verkörperung einer gemeinsamen Grundüberzeugung der Mitgliedstaaten herangezogen werden (vgl. BVerwG, Urt. v. 30.6.2005, NVwZ 2005, S. 1178 [1181]). Der 27. Erwägungsgrund der Emissionshandelsrichtlinie nimmt die Charta der Grundrechte der Europäischen Union ausdrücklich in Bezug: Die Richtlinie erhebt den Anspruch, die in der Charta anerkannten Prinzipien zu befolgen.

[176] Im Hinblick auf die weiteren Vorgaben des gemeinschaftsrechtlichen Primärrechts, etwa den Grundsatz einer offenen Marktwirtschaft mit freiem Wettbewerb (Art. 4 Abs. 1 EG) und die umweltpolitischen Handlungsgrundsätze des Art. 172 Abs. 2 S. 2 EG, zeitigt ein System eines Emissionsrechtehandels keine unüberwindlichen Friktionen. Der Umwelt- und Klimaschutz zählt zu den primärrechtlichen Vertragszielen der Europäischen Union (Art. 2, Art. 3 Nr. 6, Art. 6 EG). Die mit kontingentierenden Umweltmaßnahmen verbundenen Beschränkungen und mögliche Belastungen des Wirtschaftswachstums der Europäischen Gemeinschaft sind eine konsequente Folge ernst genommenen Klimaschutzes, dessen Abwägung mit konfligierenden Vertragszielen grundsätzlich in den Gestaltungsspielraum der Gemeinschaftsorgane und Mitgliedstaaten fällt. Ein Emissionsrechtehandel verwirklicht den Grundgedanken vorsorgenden Umweltschutzes, indem er den Wirtschaftssubjekten die Entscheidung überlässt, wie das Umweltziel zu erreichen ist, in einer effizienten, die wirtschaftlichen Interessen der Akteure schonenden Weise. Vgl. dazu im Einzelnen etwa *Zimmer* (Fn. 116), S. 181 ff.; kritisch *Rengeling*, DVBl. 2000, S. 1725 (1731).

[177] Das im EG-Vertrag nicht ausdrücklich geregelte Eigentumsgrundrecht hat der Europäische Gerichtshof – insbesondere unter Rückgriff auf einen wertenden Rechtsvergleich zu Art. 1 des Zusatzprotokolls zur EMRK – prätorisch entwickelt. Als Leitentscheidung darf insoweit der Fall *Hauer*, EuGH, Urt. v. 13.12.1979, Slg. 1979, S. 3727, Rdnr. 17 ff. gelten. Vgl. zusammenfassend etwa *Jarass*, NVwZ 2006, S. 1089 ff.

[178] Erfüllt sie die Voraussetzungen einer Enteignung, ist sie nur auf Grund eines Gesetzes und gegen Entschädigung zulässig. Handelt es sich um eine Benutzungsregelung des Eigentums, ist sie nur zulässig, soweit sie im Allgemeininteresse oder zum Wohl der Allgemeinheit erforderlich und angemessen ist.

aa) Eigentumsschutz in der Errichtungsphase

Worin das verfassungsrechtlich als Eigentum geschützte Substrat liegt, das die Abwehrkraft der Eigentumsfreiheit gegen die Etablierung eines Systems handelbarer Nutzungsrechte zu aktivieren vermag, ist nicht ohne Weiteres leicht zu bestimmen.

(1) Geschützter Bereich

Anknüpfungspunkt eines eigentumsrechtlichen Schutzes von Schadstoffausstoßrechten kann die genehmigte Anlage selbst und das an ihr bestehende zivilrechtliche Sach- und Grundeigentum (infra a), das Recht am eingerichteten und ausgeübten Gewerbebetrieb (infra c) oder die bereits erteilte Anlagengenehmigung selbst (infra b) sein[179].

(a) Die Anlagengenehmigung als Schutzgegenstand

Die Anlagengenehmigung ist eine öffentlich-rechtliche Erlaubnis, die ihrem Inhaber ein Recht auf Betrieb und Errichtung der Anlage, insbesondere eine subjektiv-rechtliche Abwehrposition gegen Beeinträchtigungen des genehmigungskonformen Betriebs vermittelt. Sie kann *als solche* – ähnlich wie etwa Beiträge zu Sozialversicherungen[180] – an dem Schutz der Eigentumsfreiheit dann Anteil haben, soweit sie das Korrelat eigener Leistung des Berechtigten ist[181]. Als Leistung im Sinne des europarechtlichen Eigentumsbegriffs kommt sub specie der (durch ein Emissionshandelssystem regelmäßig berührten) immissionsschutzrechtlichen Genehmigung das zur Anlageerrichtung aufgewendete Kapital in Betracht[182]. Die zum Anlagebe-

---

[179] Die Luft selbst scheidet als Gegenstand der Zuordnung aus. Sie ist nicht den Bürgern zur ausschließlichen Nutzung zugewiesen, sondern stand (jedenfalls bis zur Einführung des Emissionshandelssystems) grundsätzlich als öffentliches Gut dem Zugriff aller Bürger offen.

[180] Der EuGH hat die Frage, ob Ansprüche auf Leistungen der sozialen Sicherheit vom Schutzbereich der Eigentumsfreiheit erfasst sind, bislang offen gelassen. EuGH, Urt. v. 19.6.1980, Slg. 1980, S. 1979, Rdnr. 22 – Testa.

[181] Der Gedanke der Leistung als Voraussetzung des Eigentums ist in der Rechtsprechung des EuGH sehr deutlich ausgeprägt. Ein Vorteil ist nach der Rechtsprechung des Gerichtshofs kein von der Gemeinschaft gewährleistetes Eigentum, wenn er »weder aus dem Vermögen noch aus der Berufstätigkeit des Betroffenen herrührt« (EuGH, Urt. v. 22.10.1991, Slg. I-1991, S. 5119, Rdnr. 27 – von Deetzen II; EuGH, Slg. I-1994, S. 955 Rdnr. 19). Die kommerzielle Verwertung einer im Rahmen einer gemeinsamen Marktorganisation zugeteilten Rechtsposition, etwa einer Milchquote, genießt nicht den Schutz der europarechtlichen Eigentumsgewährleistung. Ähnlich zur Anerkennung einer subjektiv-öffentlichen Rechtsposition als Eigentum i. S. d. Art. 14 Abs. 1 S. 1 GG vgl. etwa BVerfG, Beschl. v. 21.7.1966, BVerfGE 4, S. 219 (240f.) – Junktimklausel; BVerfG, Beschl. v. 9.6.1975, BVerfGE 40, S. 65 (82f.) – Krankenversicherung; BVerfG, Urt. v. 28.2.1980, BVerfGE 53, S. 257 (289ff.) – Versorgungsausgleich; BVerfG, Urt. v. 4.7.1995, BVerfGE 92, S. 365 (405f.) – Kurzarbeitergeld; *Becker-Neetz*, Rechtliche Probleme der Umweltzertifikatmodelle in der Luftreinhaltepolitik, 1988, S. 215.

trieb getätigten Investitionen werden im Vertrauen auf den Fortbestand bzw. die Erteilung der Genehmigung erbracht[183] – jedoch nicht als Gegenleistung für die Erteilung der Genehmigung durch die öffentliche Hand. Sie sind eine Leistung an das eigene Betriebsvermögen, die nicht dazu dient, die Genehmigung zu erhalten, sondern die mit der staatlichen Erlaubnis verbundene Befugnis auszunutzen und die künftigen Erträge, die die Genehmigung ermöglicht, zu erhöhen. Die Genehmigung ist nicht das Äquivalent eigener Leistung, sondern das Ergebnis einer Prüfung gesetzlicher Genehmigungsvoraussetzungen. Sie genießt nicht um ihrer Erteilung willen unter dem Gesichtspunkt eigener Leistung den Schutz der Eigentumsfreiheit[184].

Allenfalls in ihrer Funktion als Ausfluss und Instrument der Sicherung der Benutzbarkeit des dem Anlagenbetreiber eigentumsrechtlich zugeordneten Sacheigentums an den Betriebsanlagen (bzw. des Fortbestands des von ihm eingerichteten und ausgeübten Gewerbebetriebs) vermag die Genehmigung Substrat eigentumsrechtlichen Schutzes zu werden[185].

(b) Sacheigentum an berührten Betriebsanlagen als Schutzgegenstand

Aus dem Sacheigentum an Betriebsanlagen fließt nach der Konzeption der §§ 903, 905 S. 1 BGB grundsätzlich eine umfassende Sachherrschaft, die durch einen Einwirkungssauschluss Dritter gekennzeichnet ist. Wie weit die mit ihm verbundene Befugnis reicht, ergibt sich nicht alleine und abschließend aus der »Leitbildfunktion«[186] der §§ 903, 905 S. 1 BGB, sondern aus der Gesamtschau der die Eigentumsnutzung regelnden Vorschriften[187]. Geschützt ist das Eigentum als normgeprägtes Grundrecht grundsätzlich nur in der Ausgestaltung, die der Gesetzgeber ihm mitgibt (Art. 14 Abs. 1 S. 2 GG, ähnlich Art. 17 Abs. 1 der Charta der Grundrechte der Europäischen Union[188]). Das Eigentum umschließt dabei nicht notwendig eine umfassende Nutzungsbefugnis. So berechtigt das Grundeigentum nicht zu

---

182 In diesem Sinne *Friauf*, WiVerw 1986, S. 87 (99); *Schulze-Fielitz*, Die Verwaltung 20 (1987), S. 307 (326).

183 Vgl. etwa *Schulze-Fielitz*, a. a. O., S. 307 (326): Durch die Verwirklichung des genehmigten Vorhabens werde die Genehmigung »ins Werk gesetzt«.

184 Wie hier etwa BVerwG, Urt. v. 30. 6. 2005, NVwZ 2005, S. 1178 (1181); *Kottmeier*, Recht zwischen Umwelt und Markt, 2000, S. 176 f.; vorsichtig *Zimmer* (Fn. 116), S. 216 ff.

185 Dazu auch eingehend etwa *Kottmeier*, ibid., S. 165 ff.; *Mehrbrey* (Fn. 166), S. 52 ff.; *Zimmer* (Fn. 116), S. 209 ff.

186 *Wieland*, in: Dreier (Hrsg.), GG, 2. Aufl. 2004, Art. 14 Rdnr. 32.

187 Vgl. BVerfG, Beschl. v. 15. 7. 1981, BVerfGE 58, S. 300 (336) – Nassauskiesung. Insbesondere § 903 S. 1 BGB enthält mit seiner Öffnungsklausel (»soweit nicht das Gesetz oder Rechte Dritter entgegenstehen«) einen Hinweis auf die Modifizierung des privatrechtlichen (und des verfassungsrechtlichen) Eigentums durch den Gesetzgeber.

188 Danach hat jede Person grundsätzlich das Recht, ihr rechtmäßig erworbenes Eigentum zu nutzen (S. 1). Die Nutzung des Eigentums kann aber gesetzlich geregelt werden, soweit dies für das Wohl der Allgemeinheit erforderlich ist (S. 3).

einer erlaubnispflichtigen Gewässerbenutzung (§1a Abs. 4 WHG) und nicht zur Gewinnung bergfreier Bodenschätze (§3 Abs. 2 S. 2 BBergG), wohl aber dazu, das Grundstück in den Schranken der baurechtlichen Vorschriften zu bebauen[189].

Das Recht zur Nutzung der Luft nimmt eigentumsrechtlich eine Zwitterposition zwischen der von Art. 14 Abs. 1 GG wie Art. 17 Abs. 1 S. 1 der Grundrechtscharta umschlossenen Baufreiheit und dem aus dem Grundeigentum herausgelösten Recht zur Gewässernutzung ein: Die Rechtsordnung, in Sonderheit das Bundes-Immissionsschutzgesetz, nimmt die Befugnis zur Emission von Schadstoffen nicht aus dem Grund- und Sacheigentum aus[190]; sie ist – wie die Bauerlaubnis – als präventives Verbot mit Erlaubnisvorbehalt ausgeformt[191,192]. Auch §906 BGB geht von einer Befugnis des Grundstückseigentümers aus, das Grundstückseigentum zur Schadstoffemission zu nutzen.

Die der immissionsschutzrechtlichen Genehmigung innewohnende Berechtigung ist freilich nicht – wie etwa das mit der Baugenehmigung vermittelte Recht – statisch. Sie vermittelt dem Betreiber der Anlage – auch bei Unanfechtbarkeit der Genehmigung – nicht abschließend und unveränderlich das Recht, die Anlage nach Maßgabe dieser Genehmigung zu betreiben. Vielmehr formuliert §5 BImSchG Dauerverpflichtungen, die während der gesamten Betriebsdauer der Anlage zu beachten sind[193]. Während

[189] Vgl. etwa BVerfG, Beschl. v. 22.5.2001, BVerfGE 104, S. 1 (11) – Baulandumlegung; BVerwG, Urt. v. 6.6.1975, BVerwGE 48, S. 271 (273f.); *Krautzberger*, in: Battis/Krautzberger/Löhr, BauGB, 10. Aufl. 2007, §1 Rdnr. 7 m. w. N.; *Reidt*, in: Gelzer/Bracher/Reidt (Hrsg.), Bauplanungsrecht, 7. Aufl. 2004, Rdnr. 15. Zur Gegenauffassung, die davon ausgeht, dass die bauliche Nutzbarkeit eines Grundstücks auf einer öffentlich-rechtlichen Verleihung durch die Vorschriften der Bauleitplanung bzw. die Planersatzvorschriften der §§34f. BauGB beruht, siehe *Breuer*, Die Bodennutzung im Konflikt zwischen Städtebau und Eigentumsgarantie, 1976, S. 162ff.

[190] Ohne sie drohte die Genehmigung zum nudum ius zu degenerieren. Unter diesem Gesichtspunkt plädiert etwa *Ehlers*, VVDStRL 51 (1992), S. 211 (220f.) für eine Einordnung der Emissionsbefugnis als notwendigem Bestandteil des Eigentums an einer genehmigten Anlage, das dem Sach- und Grundeigentum immanent sei; ähnlich *Friauf*, WiVerw. 1989, S. 121 (135): Ohne die Emissionsbefugnis sei das Eigentum an den Anlagenbestandteilen nicht mehr wert als ein »Haufen Schrott«.

[191] Daran hat sich auch durch das integrative Konzept der IVU-Richtlinie nichts geändert. Vgl. dazu im Einzelnen *Martini*, Integrierte Regelungsansätze im Immissionsschutzrecht, 2000, S. 262ff.; a. A. *K. Lange/Karthaus*, Medienübergreifende Umweltverantwortung, in: Lange (Hrsg.), Gesamtverantwortung statt Verantwortungsparzellierung im Umweltrecht, 1997, S. 15 (28f.).

[192] Das ist nicht unumstritten. Einige sprechen der Behörde namentlich im Hinblick auf die planerischen Elemente des Vorsorgegrundsatzes ein planerisches Bewirtschaftungsermessen zu. Namentlich *Sendler* (UPR 1983, S. 33 [38]) plädiert insoweit für eine Gleichbehandlung der Befugnis zur Nutzung der Luft mit der Grundwassernutzung und eine Herauslösung der Emissionsbefugnis aus dem Grundeigentum. Die Befugnis zur Nutzung der Luft beruhe nicht auf verfassungsrechtlich geschütztem Eigentum, sondern auf einer öffentlich-rechtlichen Zuteilung einer Nutzungschance. Ähnlich etwa *Murswiek*, Die staatliche Verantwortung für die Risiken der Technik, 1985, S. 357ff.

der Betriebsdauer eintretende Erkenntnisse der Wirkungsforschung, Änderungen in der Bewertung der Schädlichkeit von Umwelteinwirkungen und Weiterentwicklungen der Emissionsminderungstechnik verändern ihren Inhalt und Umfang[194]. Die Betriebspflichten haben dynamischen Charakter; sie sind auf Metamorphose angelegt und gehen insoweit über schlichte Genehmigungsvoraussetzungen hinaus[195]. Die Genehmigung vermittelt dementsprechend auch von vornherein nur einen eingeschränkten Bestandsschutz[196]. Ihr wohnt nicht selbstredend das Recht inne, unbegrenzt Kohlendioxid-Emissionen auszustoßen. Der Genehmigungsinhaber kann a priori nicht auf den unveränderten Fortbestand des Betriebes vertrauen, sondern muss eine Anpassung seiner Genehmigung an sich wandelnde Umstände gewärtigen; diese Änderungen können durch nachträgliche Anordnungen nach § 17 BImSchG, hilfsweise durch eine Untersagung nach § 20 BImSchG, durchgesetzt werden[197]. Nur soweit der Betrieb den dynamischen Grundpflichten entspricht, genießt er den Schutz der Eigentumsordnung[198].

(c) Eingerichteter und ausgeübter Gewerbebetrieb als Schutzgegenstand

Auch ein Recht am Unternehmen als eingerichtetem und ausgeübtem Gewerbebetrieb[199] muss den dynamischen Wandlungen Tribut zollen, denen

---

[193] Vgl. *Feldhaus*, WiVerw. 1986, S. 67 ff. (71); *Jarass*, BImSchG, 7. Aufl. 2007, § 5 Rdnr. 2; *Kutscheidt*, NVwZ 1984, S. 409 (410). Insbesondere ist der Begriff des Standes der Technik (§ 5 Abs. 1 Nr. 2, § 3 Abs. 6 BImSchG) kein statischer, sondern ein dynamischer Maßstab. Seine Anforderungen erhöhen sich mit fortschreitenden Erfahrungen und technischem Fortschritt. Er verlagert den Maßstab für das Erlaubte oder Gebotene an die Front der technischen Entwicklung. Vgl. dazu und zu dem durch die Richtlinie über die Integrierte Vermeidung und Verminderung von Umweltverschmutzungen vorgegebenen Maßstab der »besten verfügbaren Technik« (Art. 2 Nr. 11 Hs. 2 Spstr. 2 IVU-RL) *Martini* (Fn. 191), S. 210 ff.

[194] *Dolde*, Bestandsschutz im Immissionsschutzrecht, in: Püttner (Hrsg.), Festschrift für Bachof, 1984, S. 191 (203); *Feldhaus*, WiVerw. 1986, S. 67 (71); *ders.*, Von der Gewerbeordnung zum BImSchG, in: Koch/Lechelt (Hrsg.), Zwanzig Jahre BImSchG, 1994, S. 9 (15); *Murswiek*, Die staatliche Verantwortung für die Risiken der Technik, 1985, S. 291 und 392 f.

[195] Vgl. dazu im Einzelnen auch *Martini* (Fn. 191), S. 241 ff. und 246 ff.

[196] Auch soweit es sich bei den emittierenden Anlagen um *nicht genehmigungsbedürftige* Anlagen i. S. d. §§ 22 ff. BImSchG handelt, können die Betreiber nicht uneingeschränkt auf ein unverändertes Recht zur Emission von Schadstoffen vertrauen. Ihnen obliegen wie den Betreibern genehmigungsbedürftiger Anlagen dynamische Grundpflichten (§ 22 BImSchG), zu deren Durchsetzung die zuständigen Behörden die notwendigen Anordnungen treffen können.

[197] Eine Emissionsbegrenzung ist insbesondere als Teil eines Vorsorgemaßnahmenpaketes auch ordnungsrechtlich durchsetzbar. Vgl. *Schweer/von Hammerstein*, TEHG, 2004, § 6 Rdnr. 21.

[198] In diesem Sinne etwa auch *Mehrbrey* (Fn. 166), S. 70; *Kottmeier* (Fn. 184), S. 173.

[199] Der Europäische Gerichtshof hat das Unternehmen als solches, d. h. das Recht am eingerichteten und ausgeübten Gewerbebetrieb, bislang nicht ausdrücklich als durch die

das Sacheigentum selbst unterliegt: Sein Schutz reicht grundsätzlich nicht weiter als der Eigentumsschutz dieser Gegenstände selbst[200]. Mag die Unternehmensgesamtheit auch wertvoller als die Summe der Bestandteile sein, aus der sie sich zusammen setzt, versieht der Gesetzgeber diese grundsätzlich nicht mit einem weiter gehenden Schutz und müssen Unternehmen mit Veränderungen und Wandlungen der Rahmenbedingungen, unter denen sie agieren, rechnen. Der Unternehmer darf sich nicht darauf verlassen, dass ihm günstige Umstände auf Dauer erhalten bleiben. Den Schutz der Eigentumsordnung genießen nur die betrieblichen Vorteile, auf deren Bestand der Betriebsinhaber von Rechts wegen vertrauen darf[201]. Durch das nationale und gemeinschaftsrechtliche Verfassungsrecht als Eigentum geschützt ist die Sachgesamtheit danach gegen Änderungen der Emissionsbefugnis, die über die durch die Betreiberpflichten begründeten dynamischen Pflichten hinausgehen. In dem Umfang schließt die Eigentumsgarantie aber auch die Befugnis zur Umweltnutzung ein.

(2) Beeinträchtigung der Eigentumsfreiheit und Anforderungen an ihre Rechtfertigung

Mit der Einführung eines Emissionszertifikatesystems löst der Gesetzgeber die Befugnis zur Nutzung des Umweltmediums Luft aus dem Datenkranz der bis dahin als Eigentum verfassungsrechtlich geschützten Nutzungsmöglichkeiten heraus[202]. An ihre Stelle tritt ein Anspruch auf Zuteilung von Berechtigungen nach Maßgabe der umweltpolitisch bestimmten Ver-

Eigentumsgarantie geschützt anerkannt. Er misst Änderungen der allgemeinen Wirtschaftsbedingungen nicht am Eigentumsgrundrecht, sondern an der beruflichen Freiheit der betroffenen Wirtschaftsteilnehmer (vgl. *Milczewski*, Der grundrechtliche Schutz des Eigentums im Europäischen Gemeinschaftsrecht, 1994, S. 262f.). Das Unternehmen als wirtschaftliche Einheit ist grundsätzlich über die Berufsfreiheit geschützt. In einigen Entscheidungen hat der Gerichtshof indes auch – dem mengenorientierten Cap-and-trade-Ansatz der Emissionshandelsrichtlinie vergleichbare – Erzeugerquoten und Vermarktungsregeln am Maßstab des Eigentumsgrundrechts gemessen. So hat er in den Urteilen *von Deetzen II* (Urt. v. 22.10.1991, Slg. I-1991, S. 5120 [5142]) und *Kühn* (Urt. v. 10.1.1992, Slg. I-1992, S. 35) das System nationaler Milchquoten, die eine über die Referenzmenge hinausgehende Milchproduktion unrentabel machen soll, einer Prüfung am Maßstab des Eigentumsgrundrechts unterzogen. Ähnlich hat er in dem Urteil *Metallurgiki Halyps* (EuGH, Urt. v. 9.12.1982, Slg. 1982, S. 4261ff.) in der Festlegung von Quotenregelungen für die Stahlerzeugung keine Verletzung des Eigentumsgrundrechts erkennen können, sie aber als tauglichen Prüfungsmaßstab herangezogen. Der *Europäische Gerichtshof für Menschrechte* geht noch weiter als der EuGH. Er hält sowohl das Unternehmen als Ganzes wie auch den Kundenstamm für Eigentum i. S. d. Art. 1 des Zusatzprotokolls zur EMRK (EGMR, Urt. v. 26.6.1986, EuGRZ 1988, S. 35 [38, Rdnr. 41)] – van Marle; EGMR, Urt. v. 30.11.1987, Ser. A 127, 19, 34 §47 b – H v. Belgium).

[200] BVerfG, Beschl. v. 15.7.1981, BVerfGE 58, S. 300 (353); BVerwG, Urt. v. 13.4.1983, BVerwGE 93, S. 93 (96); *Engel*, AöR 118 (1993), S. 169 (175).

[201] Vgl. auch EuGH, Slg. 1994, I-S. 4973, Rdnr. 79f. – Bananeneinfuhrregelung.

[202] *Burgi*, RdE 2004, S. 29 (31); *Körner*, in: ders./Vierhaus (Hrsg.), TEHG, 2005, §7 ZuG Rdnr. 32; *Schweer/von Hammerstein*, TEHG, 2004, §6 Rdnr. 31.

fügbarkeit (§ 9 Abs. 1 TEHG); die Umweltnutzung gerät unter den Vorbehalt der Verfügbarkeit eines (in der Menge beschränkten) Umweltnutzungsrechts[203]. Darin liegt nicht eine gezielte vollständige oder teilweise Entziehung einer der den Bürgern als Eigentum zugeordneten Rechtsposition, d. h. eine Enteignung[204]. Eine solche würde voraussetzen, dass die Nutzung der Luft dem Unternehmer zuvor zur ausschließlichen und privaten Nutzung zugeordnet wäre. So weit reicht die Rechtsstellung, die der Gesetzgeber dem Anlagenbetreiber eingeräumt hat, jedoch gerade nicht: Als Eigentum waren den Bürgern nicht die Luft als solche, sondern die als Emissionsquellen dienenden Gegenstände zur ausschließlichen Nutzung zugewiesen. Diese werden durch ein Emissionshandelssystem nicht entzogen, sondern in ihrem Nutzungsradius beschränkt. Der Gesetzgeber gestaltet die mit ihnen verbundene Nutzungsbefugnis für die Zukunft neu aus. Er nimmt eine Nutzungsbeschränkung der zum Unternehmen gehörenden Produktionsstätten vor. Er trifft eine Benutzungsregelung im Sinne des Art. 1 Abs. 2 des Zusatzprotokolls der EMRK, des Art. 17 Abs. 2 Grundrechtecharta und des Art. 14 Abs. 1 S. 2 GG[205].

Die Befugnis des Gesetzgebers, als verfassungs- und gemeinschaftsrechtlich geschütztes Eigentum zugeordnete Rechtspositionen durch inhalts- und schrankenbestimmende Regelungen aus- und umzugestalten, ist nicht frei von Grenzen. Der Eingriff muss »dem allgemeinen Wohl dienenden Zielen der Gemeinschaft entsprechen« und »verhältnismäßig« sein, ohne den Wesensgehalt des Grundrechts anzutasten[206]. Das Eigentumsrecht muss dabei dem Kontext der sozialen Funktion Rechnung tragen, in den er eingebettet ist[207]. Die Gestaltungsfreiheit des Gesetzgebers steigt in dem Maße, in dem der soziale Bezug, in dem das Eigentum steht, wächst[208].

---

[203] Vgl. zur Vereinbarkeit des mit der Emissionsrichtlinie eingeführten Genehmigungsvorbehalts mit der Eigentumsfreiheit *Schweer/von Hammerstein*, TEHG, 2004, § 6 Rdnr. 27 ff.

[204] EuGH, Urt. v. 13.12.1979, Slg. 1979, S. 3727 Rdnr. 19 – Hauer; *Calliess*, in: ders./ Ruffert (Hrsg.), EU-/EG-Vertrag, 3. Aufl. 2007, Art. 17 GRCh Rdnr. 9; *Müller-Michaels*, Grundrechtlicher Rechtsschutz in der Europäischen Union, 1997, S. 45 f.; ebenso BVerfG, Beschl. v. 19.6.1985, BVerfGE 70, S. 191 (199 f.).

[205] Nahezu einhellige Auffassung, vgl. etwa BVerwG, Urt. v. 30.6.2005, NVwZ 2005, S. 1178 (1181); *Zimmer* (Fn. 116), S. 224 ff.

[206] EuGH, Urt. v. 13.12.1979, Slg. 1979, S. 3727, Rdnr. 23 – Hauer; EuGH, Urt. v. 11.7.1989, Slg. 1989, S. 2237 Rdnr. 15; EuGH, Urt. v. 13.12.1994, Slg. 1994, I-S. 5555, Rdnr. 20 – SMW Winzersekt; Vgl. auch Art. 1 Abs. 2 des Zusatzprotokolls zur EMRK und Art. 17 Abs. 1 S. 3 der noch nicht in Kraft getretenen Grundrechtecharta.

[207] EuGH, Urt. v. 11.7.1989, Slg. 1989, S. 2237, Rdnr. 15 – Schräder; EuGH, Urt. v. 5.10.1994, Slg. I-1994, S. 4973, Rdnr. 78 – Bananenmarktordnung.

[208] Vgl. BVerfG, Beschl. v. 14.7.1999, BVerfGE 101, S. 54 (75 f.) – Schuldrechtsanpassungsgesetz.

(a) Vereinbarkeit mit den Allgemeinwohlzielen der Gemeinschaft und Eignung zur Erreichung dieser Ziele

Das System übertragbarer Nutzungsrechte, das die Emissionshandelsrichtlinie etabliert, ist dem Ziel einer Begrenzung der Schadstoffbelastung der Luft als natürlicher Lebensgrundlage auf der Grundlage konkreter Umweltqualitätsvorgaben mit kosteneffizienten Mitteln verschrieben[209]. Die volkswirtschaftlichen Kosten des Gebrauchs der Ressource Luft sollen in die betriebswirtschaftliche Kalkulation des Emittenten einfließen und das Umweltgut Luft dadurch dem Schicksal der »tragedy of commons«[210] entrinnen: Laden kostenfreie Handlungsrechte zu einer übermäßigen, ressourcenschädigenden Nutzung ein, sollen die Kosten der Inanspruchnahme von Ressourcen, welche der Allgemeinheit zugeordnet sind, nunmehr dem Verursacher zugerechnet werden und das Eigentum an Umweltbelastungen auslösenden Anlagen insoweit der gesteigerten Sozialbindung Rechnung tragen, der es unterworfen ist. Das entspricht einem rationalen, an den Gemeinwohlzielen der Gemeinschaft ausgerichteten Handlungsmodell. Mit diesem Grundanliegen dient das Emissionshandelssystem zugleich der Umsetzung von internationalen Verpflichtungen, die die Europäische Union als Staatengemeinschaft in dem Kyoto-Protokoll gegenüber der Weltgemeinschaft eingegangen ist und deren Einhaltung zu den primärrechtlichen Zielen zählt, die der europäische Gesetzgeber zu beachten hat[211]. Der EG-Vertrag räumt dem Klima- und Umweltschutz überdies im Gefüge der Gemeinschaftsziele – in seinen Zielbestimmungen wie auch in der Querschnittsklausel des Art. 6 EG – einen besonderen Rang ein[212].

Wiewohl die Einführung eines Emissionsrechtehandels auch nicht eo ipso die Ziele globalen Klimaschutzes erreicht, sondern es dazu vielmehr des Ineinandergreifens nationaler, europäischer und internationaler Strategien bedarf[213], insbesondere das Emissionshandelssystem der Europäischen Union gar möglicherweise im Gefolge von Verlagerungseffekten auch zu steigenden Emissionen in Ländern führen kann, die nicht an dem Emissionshandelssystem teilnehmen[214], stellt dies die Geeignetheit des Systems zur Erreichung von Gemeinschaftszielen nicht in Frage. Die Emissionsreduktion, die es erreicht, verliert ihren Wert nicht dadurch, dass andere Völ-

---

209 Vgl. Art. 1 der Emissionshandelsrichtlinie.

210 Vgl. dazu supra S. 13 mit Fn. 58.

211 EuGH, Urt. v. 28. 4. 1998, Slg. 1998, I-1953, Rdnr. 25 – Metronome Musik/Music Point.

212 Vgl. zu der Streitfrage, ob der Umweltschutz im Verhältnis zu anderen Gemeinschaftszielen einen Vorrang genießt oder von einer prinzipiellen Gleichrangigkeit ökologischer und ökonomischer Zielsetzungen des EG-Vertrages auszugehen ist, *Calliess*, in: Calliess/Ruffert (Hrsg.), EU-/EG-Vertrag, 3. Aufl. 2007, Art. 174 EGV Rdnr. 15f. m. w. N.

213 In diese Richtung *Rengeling*, DVBl. 2000, S. 1725 (1728).

214 Vgl. zu diesem sog. Leakage-Effekt supra S. 808.

kerrechtssubjekte gleichwertige Anstrengungen unterlassen. »Eine Reise von tausend Meilen beginnt mit dem ersten Schritt«, formuliert *Laotse* diese Rationalität. Es genügt, dass der gewünschte Erfolg zumindest gefördert wird[215]. Die Geeignetheit eines Emissionshandelssystems ist an den Handlungsmöglichkeiten zu messen, die der Europäischen Union zur Zielerreichung zukommen, nicht an dem Wirkungsradius der Weltgemeinschaft[216]. Bei dem Einsatz neuer Steuerungsinstrumente, deren Tauglichkeit nicht sicher feststeht, sondern erprobt werden soll, ist dem Gesetzgeber überdies ein weiter Einschätzungsspielraum zuzubilligen[217]. Von einer teilweise behaupteten offensichtlichen Ungeeignetheit ist das Emissionshandelssystem weit entfernt.

(b) Erforderlichkeit und Angemessenheit

Mit der Bestimmung des eingriffslegitimierenden Ziels und der Feststellung, dass die ergriffenen Maßnahmen nicht offensichtlich ungeeignet seien, lässt der Europäische Gerichtshof bei gemeinschaftsrechtlichen Maßnahmen der Marktordnung seine Rechtfertigungsprüfung regelmäßig bewenden[218]; eine originäre Erforderlichkeits- und Angemessenheitsprüfung im Sinne deutscher Dogmatik sucht man vergebens; die Wesensgehaltsprüfung erschöpft sich regelmäßig in der Prüfung einer Eigentumsentziehung[219]. Der Europäische Gerichtshof gesteht den Gemeinschaftsorganen bei der Verfolgung der Ziele, denen sich die Europäische Union verpflichtet sieht, »insbesondere dann (…), wenn sich der Rat veranlasst sieht, bei der Verwirklichung einer gemeinsamen Marktorganisation einen Ausgleich zwischen divergierenden Interessen herbeizuführen«[220] ein hohes Maß an Freiheit zu. Es gründet diese Ausdünnung der richterlichen Kontrolldichte in nuce auf die Komplexität der Sachverhalte, die Gegenstand gemeinschaftsrechtlicher Regelungstätigkeit sind und nur in begrenztem Umfang sichere Prognosen hinsichtlich der Wirksamkeit der Maßnahmen zulassen[221]. Diese

---

[215] Vgl. etwa BVerfG, Beschl. v. 16.3.1976, BVerfGE 30, S. 292 (316); BVerfG, Beschl. v. 10.5.1972, 33, S. 171 (187); BVerfG, Beschl. v. 8.3.1988, 78, S. 38 (50); BVerfG, Urt. v. 23.1.1990, BVerfGE 81, S. 156 (192); dazu auch etwa *Martini*, VerwProzR, 3. Aufl. 2003, S. 111.

[216] Ebenso etwa *Zimmer* (Fn. 116), S. 164ff.; *Voßkuhle*, Rechtsfragen der Einführung von Emissionszertifikaten, in: Hendler et al. (Hrsg.), Energierecht zwischen Umweltschutz und Wettbewerb, 2002, S. 159 (193).

[217] *Voßkuhle* (Fn. 216), S. 193.

[218] EuGH, Urt. v. 21.2.1990, Slg. I-1990, S. 435, Rdnr. 14 – Wuidart; EuGH, Urt. v. 5.10.1994, Slg. I-1994, S. 4973, Rdnr. 90ff. – Bananenmarktordnung.

[219] Für den Europäischen Gerichtshof scheidet ein Eingriff in den Wesensgehalt begrifflich aus, soweit es sich um eine Ausübungsbeschränkung handelt, d. h. der Bestand des Individualrechts also erhalten bleibt. Vgl. *Müller-Michaels*, Grundrechtlicher Eigentumsschutz in der Europäischen Union, 1997, S. 52f.

[220] Vgl. etwa EuGH, Urt. v. 5.10.1994, Slg. 1994, I-S. 4973, Rdnr. 91 und 94f. – Bananeneinfuhrregelung.

im Verhältnis zum deutschen Verfassungsrecht sich sehr bescheiden ausnehmende Prüfungstiefe lässt die Frage nach der Gleichwertigkeit des europarechtlichen und des nationalen Grundrechtsschutzes auf den Plan treten[222].

Auch den Maßstäben der in der Rechtsprechung des Bundesverfassungsgerichts entwickelten nationalen strengen Verhältnismäßigkeitsprüfung des Art. 14 Abs. 1 GG vermag ein System übertragbarer Nutzungsrechte – vorbehaltlich seiner Konturierung im Einzelfall – freilich gleichermaßen Stand zu halten. Es lässt sich als ebenso schonende wie auch zumutbare Eingriffsmaßnahme zur Erreichung des politisch definierten Reduktionsziels ausgestalten. Einer freiwilligen Selbstverpflichtung als Alternative etwa gebricht es im Vergleich zu einem Cap-and-trade-System an der gleichwertigen ökologischen Treffsicherheit[223]: Ihre Zusagen sind nicht hoheitlich durchsetzbar. Der good will, den sie in Anspruch nehmen, birgt auch die Gefahr des Scheiterns – eines Scheiterns, dessen Folgen im Falle der Gemeinschaftsaufgabe »Klimaschutz« grundsätzlich nicht umkehrbar sind. Indem Systeme übertragbarer Nutzungsrechte den handlungspflichtigen Unternehmen die Wahl der Mittel zur Herstellung der Emissionsreduktion selbst überlassen, greifen sie auch nicht intensiver in die grundrechtlich geschützten Positionen der Akteure ein als rein ordnungsrechtlich konzipierte Command-and-control-Lösungen[224]; das Gegenteil ist der Fall[225].

Den Auswirkungen des Zertifikatmodells auf die Grundrechtsverwirklichung der Anlagenbetreiber muss auch der Zuteilungsmodus, in dem die Zertifikate den Anlagenbetreibern zugänglich werden, in angemessener Weise Rechnung tragen. Die schonende Einführung des Zertifikatesystems im Einklang mit dem Verhältnismäßigkeitsprinzip ist der Lackmustest seiner Angemessenheit. Die Zuteilung hat einen Spagat zwischen der Eröffnung einer Zugangschance für Neuanbieter und der Berücksichtigung von Bestandsschutzinteressen zu bewältigen.

Werden die Verschmutzungsrechte versteigert, knüpft sich an die Zuteilung also eine Kostenpflicht, greift das System stärker in die Grundrechtspositionen der Interessenten ein als eine kostenfreie Zuteilung, ohne dass damit eine größere Emissionsreduktion verbunden wäre: Die Zahl der Verschmutzungsrechte und damit auch die vorgenommene Umweltbelastung bleibt in beiden Fällen unverändert. Die Versteigerung deshalb als nicht erforderliches Mittel auf den Scheiterhaufen der emissionshandelsgeeigneten

---

[221] Der Gerichtshof dürfe daher »nicht die Beurteilung des Rates in der Frage, ob die vom Gemeinschaftsgesetzgeber gewählten Maßnahmen mehr oder weniger angemessen sind, durch seine eigene Beurteilung ersetzen«. EuGH, ibid., Rdnr. 94.

[222] Vgl. dazu etwa *Pache*, NVwZ 1999, S. 1033 (1039f.); *Zuleeg*, EuGRZ 2000, S. 511 (512f.); *P. M. Huber*, EuZW 1997, S. 517 (521) jeweils m. w. N.

[223] Vgl. etwa *Voßkuhle* (Fn. 216), S. 194; *Zimmer* (Fn. 116), S. 232ff.

[224] Ebenso etwa *Mehrbrey* (Fn. 166), S. 48f.

[225] Ebenso etwa *Kottmeier* (Fn. 184), S. 182f.

Zuteilungsmechanismen zu verbringen[226], verfängt jedoch nicht ohne Weiteres: Das Emissionshandelssystem erschöpft sich nicht in der gesetzgeberischen Zielsetzung einer Reduktion der Umweltbelastung[227]. Sein Impetus geht auch dahin, die Verringerung der Umweltbelastung auf kosteneffiziente und wirtschaftlich effiziente Weise zu erreichen[228]. Dem trägt die Versteigerung besser Rechnung als eine kostenlose Zuteilung. Sie verbessert die Effizienz des Verteilungsergebnisses bereits in dem ersten Zugriff der Zuteilung, nicht erst durch den intendierten Handel. Ihr gelingt es am besten, das Ziel eines hohen Umweltschutzniveaus mit wirtschaftlicher Prosperität zu verknüpfen. Lässt sich auch im Wege des sich an die Zuteilung anschließenden Handels ein effizientes Verteilungsergebnis erzielen, erreicht die Versteigerung dieses gesetzgeberische Ziel schneller und zielsicherer. Die kostenlose Zuteilung ist insoweit nicht gleichermaßen wirksam.

Die Versteigerung weist freilich einen anderen blinden verfassungsrechtlichen Fleck auf: Sie nimmt, indem sie die Fortsetzung der bisher ausgeübten Nutzungsbefugnis von der Zahlungsbereitschaft abhängig macht, auf eigentumsrechtlich geschützte Bestandsschutzinteressen der Umweltnutzer keine Rücksicht. Sie interessiert sich allein für die Zahlungsbereitschaft. Alt- und Neunutzer behandelt sie schematisch gleich. Inwieweit der Interessent auf die Fortsetzung seiner bisherigen Nutzung vertrauen durfte, hat sie nicht auf ihrem Radar. Das ist unschädlich, solange das Ausmaß der Verknappung die Privatnützigkeit des den Bürgern zugeordneten Eigentums beachtet und Rücksichtnahme gegenüber den nach altem Recht erworbenen Rechtspositionen übt[229]: Nimmt der Gesetzgeber die Verknappung im Verhältnis zu dem bisherigen Ausübungsstatus nur in einem Umfang vor, der sich jedenfalls als verhältnismäßige Beschränkung der Altnutzung und der mit ihr verbundenen Investitionen darstellt, kann auch die Neuzuteilung im Wege der Versteigerung den eigentumsrechtlichen Bestandsschutzinteressen ausreichend Rechnung tragen und einen schonenden

[226] In diesem Sinne etwa *Becker-Neetz*, Rechtliche Probleme der Umweltzertifikatmodelle in der Luftreinhaltepolitik, 1988, S. 149f.; *Kottmeier* (Fn. 184), S. 182f.; *Zimmer* (Fn. 116), S. 237; *Reuter/Kindereit*, DVBl. 2004, S. 537 (538), die die Verpflichtung zum Kauf von Zertifikaten für »ungeeignet« halten, »das Ziel der Richtlinie (kosteneffiziente Vermeidung von CO_2-Emissionen) zu fördern«.

[227] So jedoch *Burgi/Selmer*, Verfassungswidrigkeit einer entgeltlichen Zuteilung von Emissionszertifikaten, 2007, S. 45f., 65f., die der Auffassung sind, mit der Festsetzung der zuzuteilenden Gesamtmenge (cap) sei »das ökonomische Effizienzpotenzial im Hinblick auf den Klimaschutz gleichsam schon verbraucht« (*Burgi/Selmer*, a. a. O., S. 46).

[228] In diesem Sinne ausdrücklich Art. 1 Emissionshandelsrichtlinie. Vgl. auch Erwägungsgrund Nr. 8 der Richtlinie: »Die Mitgliedstaaten sollen bei der Zuteilung von Zertifikaten das Potenzial bei Tätigkeiten industrieller Verfahren berücksichtigen, die Emissionen zu verringern.«

[229] BVerfG, Beschl. v. 14.1.1974, BVerfGE 36, S. 281 (293f.); BVerfG, Urt. v. 8.7.1976, BVerfGE 42, S. 263 (294) – Contergan; BVerfG, Beschl. v. 10.5.1977, BVerfGE 45, S. 297 (331f.); BVerfG, Beschl. v. 9.1.1991, BVerfGE 83, S. 201 (212); *Bryde*, in: von Münch/Kunig (Hrsg.), GG, 5. Aufl. 2000, Art. 14 Rdnr. 64.

Rechtsübergang bewirken, der berechtigtes Vertrauen schützt. Ob sie dieses Ziel erreicht, ist ex ante indes kaum kalkulierbar. Der Markt überlässt die Allokation und Preisbildung der ungebundenen Steuerungskraft der Marktteilnehmer. Er emanzipiert sich von der Steuerungskraft des Staates. An die Stelle einer technische Möglichkeiten und wirtschaftliche Zumutbarkeit des Einzelfalls in den Blick nehmenden Verhältnismäßigkeitsprüfung[230] setzt das Instrument der Versteigerung eine typisierende Prognoseentscheidung, die sich (unter Ausschöpfung der verfügbaren Erkenntnisquellen[231]) der autonomen dezentral organisierten Allokationswirkung des Marktes anvertraut. Die Versteigerung begrenzt damit die durch das Vertrauensschutzprinzip gebotenen Möglichkeiten, individuellen Härten der Erstzuteilung zielgenau zu begegnen. Nur durch die angebotene Gütermenge und die Festlegung der Versteigerungsregeln, etwa durch einen Preisrabatt oder ein Sonderkontingent für Altsassen, kann der Staat auf sie Einfluss nehmen. Individuelle Härten vermag die Versteigerung nicht auszuschließen, sie kann ihnen nur durch die geschickte Gestaltung des Verfahrens begegnen, darf ihre Bewältigung indes nicht dem Zufall überlassen. Sie garantiert nicht zwingend den schonenden Übergang, den das Eigentumsgrundrecht als Ausprägung des Vertrauensschutzprinzips gebietet. Ihre Verwendung birgt hohes verfassungsrechtliches Risikopotenzial, das nur bei schonender Verknappung, sachgerechter Verfahrensgestaltung und angemessener Einzelsteuerung (Nachsorge) im Falle von Härten tragbar ist[232] (vgl. dazu bereits allgemein supra S. 686f.).

Von der eigentumsrechtlich veranlassten Vorsicht gegenüber dem Zuteilungsmechanismus der Versteigerung lässt sich auch die Emissionshandelsrichtlinie inspirieren. Sie gebietet in den ersten beiden Handelsperioden eine grundsätzlich kostenfreie Zuteilung der Umweltnutzungsrechte[233], lässt den Mitgliedstaaten im Übrigen bei der Gestaltung der Zuteilung freie Hand. Sie überantwortet die Zuteilung dadurch dem Klammergriff der nationalen Grundrechte. An ihren Maßstäben sind die Verteilungsordnungen zu messen. Den Spielraum, den das Gemeinschaftsrecht einer entgeltlichen Zuteilung belässt, schöpft der deutsche Gesetzgeber nunmehr durch die gesetzliche Zulassung der Versteigerung eines begrenzten Kontingents von Berechtigungen aus (§19 i. V. m. §21 ZuG 2012). Ist die Zielrichtung dieser gesetzlichen Regelung auch durchaus zu begrüßen, so bleibt ihre rechts-

---

[230] Vgl. etwa §17 Abs. 2 S. 1 BImSchG.

[231] Vgl. zu dem Prognosespielraum des Gesetzgebers bei wirtschaftslenkenden Gesetzen supra S. 33.

[232] Ähnlich *Voßkuhle* (Fn. 216), S. 159 (195); *Rehbinder*, Umweltlizenzen (Zertifikate) im Bereich der Luftreinhaltung, in: Endres/Rehbinder/Schwarze (Hrsg.), Umweltzertifikate und Kompensationslösungen aus juristischer Sicht, 1994, S. 92 (127).

[233] Art. 10 Emissionshandelsrichtlinie.

technische Umsetzung hinter dem verfassungsrechtlich gebotenen parlamentarischen Konkretisierungsauftrag zurück[234].

Soweit die Versteigerung verfassungsrechtlich geschützten Bestandsschutzinteressen nicht angemessen Rechnung trägt, vermag insbesondere eine Zuteilung nach der Grandfathering-Methode die verfassungsrechtliche Zuteilungslücke zu schließen und eine verfassungsgerechte Erstallokation herzustellen. Indem sie dem Eigentümer – jedenfalls befristet – die Befugnis belässt, seine Anlage in der bisherigen Form bestimmungsgemäß zu betreiben, vermag sie Bestandsschutzinteressen angemessen zu berücksichtigen[235].

Die Vorzüge, die sie verwirklicht, tauscht sie freilich gegen andere Schwachstellen ein. Sie wirft nicht nur Gleichheitsfragen im Verhältnis der Altsassen untereinander auf, insbesondere wenn einige bereits Minderungsanstrengungen unternommen haben und damit zum Referenzzeitpunkt ein geringeres Emissionspotenzial aufweisen (sog. early actions)[236], andere dagegen ihre Emissionen unverändert ließen oder gar erhöht haben: Sie steht dann in der Gefahr, unterlassene Emissionsvermeidungsstrategien der Vergangenheit zu prämieren. Vor allem diskriminiert sie Altsassen und Newcomer. Es entsteht eine verteilungspolitische »Zweiklassen«[237]gesellschaft: Altsassen erhalten ihre Nutzungsrechte unentgeltlich, während Newcomer für ihre Nutzungsrechte einen Knappheitspreis zu entrichten haben. Das Grandfathering-Prinzip wirkt wie eine Pauschalsubvention zugunsten der Altsassen, die asymmetrische Marktzugangsbedingungen schafft[238]. Es lässt die Zufälligkeit des ersten Zugriffs über das bessere Recht entscheiden und stellt damit die Chancengleichheit von Altsassen und Newcomern und der Zumutbarkeit des Grundrechtszugangs auf die Probe.

Die Verfassung gebietet nicht eine vollständig arithmetische Zugangsgleichheit. Soweit die Altnutzer auf einen durch die Eigentumsordnung geschützten Bestandsschutz verweisen können, entspricht ihre zeitlich befris-

---

234 Vgl. dazu im Einzelnen bereits S. 694.

235 Vgl. dazu bereits supra. 686. In diesem Sinne etwa auch BVerwG, Urt. v. 30.6.2005, NVwZ 2005, S. 1178 (1182).

236 Vgl. für das Emissionshandelssystem § 12 ZuG 2007, dessen Verfassungsmäßigkeit jüngst zu Recht bejahend BVerfG, Beschl. v. 13.3.2007, NVwZ 2007, S. 937 (939 ff.); vgl. auch *Rehbinder*, Übertragbare Emissionsrechte aus juristischer Sicht – Herkömmliche Kompensationen im Bereich der Luftreinhaltung, in: Endres et al. (Hrsg.), Umweltzertifikate und Kompensationslösungen aus juristischer Sicht, 1994, S. 28 (80).

237 In diesem Sinne *Endres*, Umweltzertifikate: Eine marktwirtschaftliche Alternative im Widerstreit, in: ders./Rehbinder/Schwarze (Hrsg.), Umweltzertifikate und Kompensationslösungen aus juristischer Sicht, 1994, S. 1 (17).

238 *Rat der Sachverständigen für Umweltfragen*, Umweltgutachten 2004, BT-Drucks. 15/3600, Tz. 52 ff. Sehr problematisch erscheint daher auch der bisweilen vorgebrachte Vorschlag, Reservelizenzen an Newcomer zu versteigern und die daraus erzielten Erlöse teilweise oder vollständig an die Altsassen, auf deren »Kosten« die Reservehaltung erfolge, auszukehren (in diesem Sinne *Mehrbrey* [Fn. 166], S. 142).

tete Privilegierung einer verfassungsrechtlichen Notwendigkeit; sie bildet einen sachlichen Differenzierungsgrund. Dem Gesetzgeber kommt bei der Wahl der Zuteilungsmaßstäbe überdies ein gewichtiger Spielraum zu. Die Grenzen verfassungsrechtlich zulässiger Gestaltung sind erst dort klar überschritten, wo grandfathering in eine völlige Versperrung des Marktzugangs für Newcomer mündet. Das Gebot grundrechtssichernder staatlicher Mängelverwaltung verpflichtet den Staat, Newcomern eine realistische Chance zu belassen, selbst in den Genuss des begehrten Gutes zu gelangen[239].

Das System der Privilegierung von Altrechten begründet für Altsassen auch die Versuchung, ihren Startvorteil zu Zwecken marktabschottender Kartellbildung einzusetzen. Eine vorsichtige Sicherung hiergegen ist in dem die Rationalität der Teilnehmer steuernden Marktprinzip des Emissionshandelssystems selbst angelegt : Das ungenutzte Horten von Umweltnutzungsrechten ist mit hohen Opportunitätskosten[240] verbunden[241]; sein Ziel der Marktabschottung erreicht es nur durch eine Kartellbildung marktbeherrschender Akteure, die angesichts der Vielzahl der am System beteiligten Marktakteure nicht nur mit hohen Organisationskosten verbunden, sondern auch durch geringe Stabilität und Dauerhaftigkeit gekennzeichnet ist. Die Vorteile einer Vormachtstellung auf dem Zertifikatemarkt sind unsicher und von zweifelhafter Dauer, die Kosten einer solchen Position dagegen hoch. Für die Akteure erweist es sich grundsätzlich nicht als rationales Handlungsmodell, von dieser strategischen Option Gebrauch zu machen. Die geringe Eintrittswahrscheinlichkeit alleine kommt einer zureichenden grundrechtlichen Sicherung gegen Marktabschottung indes noch nicht gleich: Benötigen die Altsassen die ihnen zugeteilten Zertifikate selbst, entsteht ebenso wenig ein funktionsfähiger Markt für Umweltnutzungsrechte, auf dem Newcomer zu zumutbaren Bedingungen Grundrechtszugang erhalten können. Ob ein solcher entsteht, kann der Gesetzgeber nicht ex ante verifizieren. Der Staat hat den Marktzugang zu zumutbaren Bedingungen herzustellen und dem Menetekel einer absoluten Zugangssperre wirksam zu begegnen. Ein taugliches Mittel kann ein Zurückhalten einer staatlichen Zuteilungsreserve sein, die das Zuteilungssystem gegen Funktionsstörungen des Marktes immunisiert und Marktneulin-

239 BVerfG, Beschl. v. 14.10.1975, BVerfGE 40, S. 196 (231) – Güterkraftverkehrsgesetz; BVerfG, Beschl. v. 4.10.1989, BVerfGE 81, S. 40 (50f.); BVerwG, Urt. v. 26.7.1989, BVerwGE 82, S. 246 (254ff.) sowie etwa supra S. 396ff. Vgl. auch für den Kohlendioxid-Emissionshandel Art. 11 Abs. 3 S. 2 Emissionshandelsrichtlinie: »Bei der Entscheidung über die Zuteilung berücksichtigen die Mitgliedstaaten die Notwendigkeit, neuen Marktteilnehmern den Zugang zu ermöglichen«.

240 Vgl. zu dem Begriff supra S. 169 mit Fn. 106.

241 Indem die Kartellmitglieder horten, verzichten sie auf Einnahmen, die sie für die Berechtigungen auf dem Zertifikatemarkt erzielen könnten.

ge von der Notwendigkeit freistellt, ihre Verschmutzungsrechte von den Altsassen zu erwerben[242].

Besonderen Rechtfertigungsdruck auf die kostenfreie Zuteilung von Umweltlizenzen übt nicht zuletzt das europäische Beihilfenrecht aus: Indem die kostenfreie Zuteilung eine begünstigende Wirkung für einen bestimmten Kreis von Wirtschaftssubjekten entfaltet, der keine adäquate Gegenleistung gegenübersteht, können die europäischen Beihilfevorschriften für sie zu einer Stolperfalle werden[243]. Werden die Verschmutzungsrechte auch nicht unmittelbar aus staatlichen Mitteln gewährt, wendet der Staat insbesondere keine Mittel aus dem öffentlichen Haushalt auf, sondern gestaltet bereits vorhandene Nutzungsrechte als übertragbare Lizenzen aus[244], stattet er die Unternehmen gleichwohl mit (infolge der Übertragbarkeit auf dem Markt wirtschaftlich verwertbaren) geldwerten Vorteilen aus, die im Gefolge unterschiedlicher Zuteilungsregeln eine Wettbewerbsbeeinträchtigung zwischen den Mitgliedstaaten mit sich bringen können.

Nicht jede Maßnahme, die das Vermögen bestimmter Unternehmen verbessert, ist selbstredend eine staatliche Beihilfe. Staatliche Beihilfen sind ausschließlich staatliche oder aus staatlichen Mitteln gewährte geldwerte Vorteile, die einem Unternehmen unmittelbar oder mittelbar zuteil werden[245]. Erforderlich ist die staatlich veranlasste Minderung öffentlicher Finanzen durch die Übertragung staatlicher Mittel auf die Unternehmen;

---

242 Die Rückhaltereserve kann als kostenfreie wie auch als entgeltliche Zuteilung ausgestaltet werden. Eine kostenfreie Rückhaltereserve für Newcomer setzt Anreize zu Trittbrettfahrerverhalten. Sie führt zu Effizienzverlusten des Emissionshandels (vgl. dazu *Rat der Sachverständigen für Umweltfragen*, BT-Drucks. 15/3600, Tz. 57). Sie kann sich indes als verfassungsrechtlich unvermeidbar erweisen, wenn das System der Umweltnutzungszertifikate sich zu einer objektiven Zulassungsschranke für Neuerwerber auszuwachsen droht. Im Fall des CO_2-Emissionshandels hat sich der Gesetzgeber daher für die Bildung einer kostenfreien Zuteilungsreserve mit doppelter Deckung entschieden: Er sieht in § 6 i. V. m. § 11 ZuG eine Zuteilungsreserve vor, aus der Newcomer kostenlos bedient werden. Ist der Reservefonds erschöpft, schreibt § 7 S. 5 TEHG im nationalen Zuteilungsplan die zusätzliche Vorhaltung ausreichender Berechtigungen für Neuanlagen und Anlagenerweiterungen und ihre kostenlosen Zuteilung vor. Vgl. dazu auch *Grünbuch der EG-Kommission zum Handel mit Treibhausgasemissionen in der EU*, KOM (2000) 87, S. 22; *Mehrbrey* (Fn. 166), S. 141 ff.; *Rehbinder* (Fn. 232), S. 92 (124); *Schweer/von Hammerstein*, TEHG, 2004, § 7 Rdnr. 43; *Voßkuhle* (Fn. 216), S. 159 (198). Das nordamerikanische Emissionshandelssystem ermöglicht – insbesondere zur Bekämpfung von Hortungsphänomenen – sogar den Zugriff auf Lizenzen von Altsassen, um sie an Newcomer zu versteigern. Der Versteigerungserlös wird dann an die Altsassen ausgekehrt (sog. zero-revenue-auction). Vgl. *Endres/R. Schwarze*, Das Zertifikatmodell vor der Bewährungsprobe?, in: Endres/Rehbinder/R. Schwarze (Hrsg.), Umweltzertifikate und Kompensationslösungen aus juristischer Sicht, 1994, S. 137 (179). Mit der Eigentumsfreiheit des Art. 14 Abs. 1 GG, insbesondere den Anforderungen des Art. 14 Abs. 3, dürfte dies nur mit Mühe in Einklang zu bringen sein.

243 Von einer grundsätzlichen Anwendbarkeit der Beihilfevorschriften auf das Emissionshandelssystem der Emissionshandelsrichtlinie gehen auch Art. 11 Abs. 3 und Anhang III Nr. 5 der Emissionshandelsrichtlinie aus.

244 In diesem Sinne etwa *Voßkuhle* (Fn. 216), S. 159 (182).

auch der Einnahmenverzicht fällt darunter[246]. Durch die Zertifikatausgabe verliert der Staat die Verfügungsmacht an den Umweltnutzungsrechten. Soweit er die Zuteilung in begrenztem Umfang durch das Zuteilungsinstrument der Versteigerung auch an die Erbringung einer dem staatlichen Haushalt zufließenden Gegenleistung binden könnte, verzichtet er durch eine kostenfreie Abgabe auf Einnahmen, die er durch die Versteigerung als staatliche Abgabe erzielen könnte[247]. Die Zertifikate haben einen Geldwert, der ihren Knappheitswert spiegelt.

Dem *Recht* des Staates, Umweltnutzungen nur gegen Entgelt zuzulassen, folgt freilich eine entsprechende *Pflicht* oder ein allgemeiner Erhebungsgrundsatz nicht selbstredend auf dem Fuße[248]. Der Staat verzichtet nicht auf etwas, was er von anderen Unternehmen einfordert. Soweit er den Bürgern Mittel zuteilt, die er ihnen als unter dem Schutz der primärvertraglich geschützten Eigentumsordnung stehende Rechte durch eine Bewirtschaftungsentscheidung vorher entzogen hat, wird der Tatbestand der »staatlichen Mittel« zur Chimäre: Die Entziehung und Überführung in ein Bewirtschaftungssystem ist, soweit verfassungsrechtlicher Bestandsschutz besteht, nur insoweit gerechtfertigt, als die Mittel in der gleichen logischen Sekunde (für die Zeit des Bestandsschutzes) wieder zugeteilt werden[249]. Die kostenlose Zuteilung erweist sich als insoweit beihilfefest. Erst recht gilt dies dort, wo die kostenlose Zuteilung einer gemeinschaftsrechtlichen

---

245 Vgl. dazu *C. Koenig/Kühling*, in: Streinz (Hrsg.), EUV/EGV, 2003, Art. 87 Rdnr. 27ff.; *W. Cremer*, in: Calliess/Ruffert (Hrsg.), EUV/EGV, 3. Aufl. 2007, Art. 87 EGV Rdnr. 9ff.; *von Wallenberg*, in: Grabitz/Hilf, EUV/EGV, 24. EL 2004, Art. 87 Rdnr. 4.

246 EuGH, Urt. v. 15.3.1994, Slg. 1994, I-S. 877 Rdnr. 14 – Banco de Crédito Industrial; EuGH, Urt. v. 19.9.2000, Slg. 2000, I-S. 6857, Rdnr. 26 – Deutschland/Kommission.

247 In diesem Sinne auch *C. Koenig/Braun/Pfromm*, ZWeR 2003, S. 152 (166ff.); *Schweer/Ludwig*, RdE 2004, 153 (158). An der Grenzlinie zur Rabulistik insoweit *Frenz*, Emissionshandelsrecht, 2005, §9 Rdnr. 148: »Der Staat verzichtet hier nicht auf Einnahmen (...). Vielmehr fallen gar keine Einnahmen an«.

248 *Schweer/von Hammerstein*, TEHG, 2004, §7 Rdnr. 67.

249 Eine isolierte Betrachtung wird dem Vorgang nicht gerecht. Teilt der Staat Umweltnutzungsrechte in dem Umfang zu, in dem die Nutzer bereits über bestandsgeschützte Nutzungsrechte verfügen und davon Gebrauch machen, realisiert sich ein wirtschaftlicher Vorteil für die Unternehmen erst durch ihr eigenes Zutun, nämlich durch die Vornahme eigener Emissionsvermeidungsanstrengungen, die einen Verzicht auf die eigene Nutzung erst möglich macht (vgl. etwa *Giesberts/J. Hilf*, Handel mit Emissionszertifikaten, Rdnr. 234ff.; *Reuter/Kindereit*, DVBl. 2004, S. 537 [541]). Zwar kann der Erlös aus dem Zertifikateverkauf die Kosten der Emissionsreduktion überschreiten und insoweit ein Vorteil verbleiben (vgl. Kommissionsentscheidung N 416/2001, C [2001] S. 3739 fin. v. 28.11.2001). Dieser Vorteil rührt aber nicht – wie eine Beihilfe voraussetzt – aus staatlichen Mitteln, nämlich dem Verzicht auf die staatliche Einnahmeerhebung (im Wege einer Versteigerung), sondern aus der in der Emissionshandelsrichtlinie vorgesehenen Zulassung der Handelbarkeit des Gutes, der das Umweltnutzungsrecht zu einem wirtschaftlichen Gut macht. Beihilfecharakter kann der kostenlosen Zuteilung von Umweltnutzungsrechten nur dort zukommen, soweit dem Staat aus der Zuteilung Einnahmen erwachsen könnten.

Verpflichtung entspricht[250]: Die Art. 87ff. EG erfassen nur mitgliedstaatliche, nicht gemeinschaftsrechtliche Beihilfen[251].

Der Beihilfetatbestand ist danach nur dann erfüllt, wenn ein Mitgliedstaat einzelnen Unternehmen eine größere Gesamtmenge an Emissionsrechten zukommen lässt, als dem wahrscheinlichen Bedarf und den wohlerworbenen Rechten der Unternehmen entspricht (sog. Überallokation) und damit ein Verzicht auf die sonst erfolgende Erhebung von staatlichen Einnahmen einhergeht[252]. Der Mitgliedstaat muss systemwidrig auf die Erhebung von Entgelten für die Zuteilung von Nutzungsrechten absehen, die er in vergleichbaren Fällen erheben würde oder erhoben hat. Diese Voraussetzungen dürften in den seltensten Fällen gegeben sein. Es kommt dann nur eine Rechtfertigung des Beihilfevorhabens nach Art. 87 Abs. 3 EG in Betracht.

bb) Eigentumsrechtliche Schranken der Betriebsphase

Grundrechtlichen Anforderungen der Eigentumsfreiheit sieht sich ein System handelbarer Umweltnutzungsrechte nicht nur im Zuge seiner Etablierung gegenüber. Einer grundrechtlichen Bewährungsprobe ist es auch während der gesamten sich daran anschließenden Betriebsphase ausgesetzt:

Systeme übertragbarer Nutzungsrechte sind nach ihrem gedanklichen Ansatz auf eine kontinuierliche Reduzierung der einer Kontingentierung unterworfenen Umweltnutzungsrechte angelegt. Sie nehmen eine fortschreitende Anpassung an ein politisch festgesetztes Verknappungsziel vor.

---

[250] Vgl. Art. 10 der Emissionshandelsrichtlinie.

[251] Vgl. EuGH, Urt. v. 13.10.1992, Slg. 1982, S. 3538 Rdnr. 22 – Norddeutsches Vieh- und Fleischkontor. Für den Treibhausgasemissionshandel schreibt etwa Art. 10 der Emissionshandelsrichtlinie den Mitgliedstaaten für die ersten beiden Handelszeiträume eine kostenfreie Zuteilung in Höhe von mindestens 90 bzw. 95 % der Zertifikate vor. Im Übrigen bleibt den Mitgliedstaaten aber ein Entscheidungsspielraum in der Ausgestaltung der Erstallokation der Emissionszertifikate, der dem Tatbestand der Beihilfe nicht entrückt ist (a. A. *Reuter/Kindereit*, DVBl. 2004, S. 537 [539]). Dagegen lässt sich auch nicht ein systematisches Argument aus Art. 87 Abs. 3 lit. e) EG ins Feld führen. Die Vorschrift und ihre qualifizierten Voraussetzungen drohen nicht durch Sekundärrechtsakte, die gemeinschaftsrechtliche Beihilfen festlegen, unterspült zu werden. Denn sie knüpfen an das Vorliegen der begrifflichen Voraussetzungen einer Beihilfe an und können nur dort ihre Sicherungswirkung entfalten. A. A. *Schweer/von Hammerstein*, TEHG, 2004, §7 Rdnr. 64.

[252] In diesem Sinne etwa für den Emissionshandel nach der Emissionshandelsrichtlinie die Europäische Kommission, KOM (2001), 581 endg., S. 12f.; Schreiben der Generaldirektionen Umwelt und Wettbewerb an die EU-Mitgliedstaaten vom 17.3.2004; *Schweer/von Hammerstein*, TEHG, 2004, §7 Rdnr. 68ff.; a. A. etwa *Reuter/Kindereit*, DVBl. 2004, S. 537ff.; *Frenz*, ZHR 167 (2003), S. 459ff.; *ders.*, Emissionshandelsrecht, 2005, §9 TEHG Rdnr. 148 für eine analoge Anwendung der Beihilfevorschriften *Shirvani*, NVwZ 2005, S. 868 (873). Zur möglichen Beihilfebegünstigung aufgrund der Möglichkeit des borrowing vgl. etwa *Schweer/von Hammerstein*, ibid., §7 TEHG Rdnr. 71; vgl. auch Anhang III Nr. 1 S. 2 der Emissionshandelsrichtlinie.

Im Idealfall korreliert die durch Befristung und Löschung oder Abwertung eingeleitete Verknappung dem Entwicklungsfortschritt der Umweltnutzungstechnologie. Das gelingt einer ermessensdeterminierten behördlichen Einzelsteuerung, die sich im Schlepptau technologischen Fortschritts an dem Möglichen orientiert, am besten[253]. Ob der Unvorhersehbarkeit des Zeitpunktes und des Ausmaßes der Verknappung geht mit ihr indes die Planungssicherheit der von dem System betroffenen Akteure über Bord[254]. Sie droht überdies, die mit dem System intendierten Anreize zur Entwicklung umwelttechnologischer Innovationen eher zu behindern als zu beflügeln[255]: Eine technische Innovation würde aus der Sicht der Akteure nicht mit dem wirtschaftlichen Vorteil ihrer Verwertung auf dem Zertifikatemarkt belohnt, sondern mit dem Anziehen der umweltrechtlichen Daumenschrauben bestraft.

Diesen Gefahren geht eine ex ante durch den Gesetzgeber festgelegte Abwertungsautomatik aus dem Weg. Sie bietet den Akteuren verlässliche Planungsgrundlagen – dies allerdings um den Preis der Beeinträchtigung der dynamischen Komponente des Vorsorgeprinzips[256]. Indem sie in Unkenntnis des später einsetzenden umwelttechnischen Fortschritts und der Entwicklung des Zertifikatemarktes erfolgt, verlangt sie dem Gesetzgeber eine Prognoseentscheidung ab. Ihm ist insoweit ein Spielraum zuzubilligen, der nicht vollumfänglich gerichtlich überprüfbar ist. Trifft der Gesetzgeber auf der Grundlage aller verfügbaren Erkenntnisquellen eine vertretbare Prognoseentscheidung, fällt sie auch dann nicht dem Verdikt der Verfassungswidrigkeit anheim, wenn sich die Annahmen über die Belastbarkeit der Akteure, die Entwicklung des technologischen Fortschritts und die Funktionstauglichkeit des Systems auf der Basis vollkommenen Wissens der Ex-post-Perspektive als fehlerhaft erweisen[257]: Den Gesetzgeber kann

---

[253] Erforderlich ist dafür angesichts der grundrechtsbeschränkenden Wirkung eine gesetzliche Ermächtigung, die den Anforderungen des Gesetzesvorbehalts genügt.

[254] Planungssicherheit ist zwar in einem ordnungsrechtlichen System der Anpassung von Emissionsgrenzwerten an sich ändernde technische Verhältnisse ebenso wenig gegeben. Es existiert aber auch kein Markt für Umweltnutzungsrechte, der zur Vornahme der Zertifikatbewertung und zur Etablierung eines funktionierenden Handels auf berechenbare legislatorische Rahmenbedingungen angewiesen ist. Vgl. *Rehbinder* (Fn. 232), S. 92 (127 f.); kritisch *Koch/Wieneke*, DVBl. 2001, 1095: »Eine Fixierung auf absolute Emissionsmengenziele verschenkt geradezu die Chancen, die der technische Fortschritt bietet, und das schon deshalb, weil die vorgegebenen Gesamtemissionsmengen regelmäßig den ›kleinsten gemeinsamen Verhandlungsnenner‹ der Konsenspartner bilden dürfte«.

[255] *Becker-Neetz*, Rechtliche Probleme der Umweltzertifikatemodelle in der Luftreinhaltepolitik, 1988, S. 178 f.; *Endres/R. Schwarze*, Das Zertifikatmodell vor der Bewährungsprobe?, in: Endres/Rehbinder/R. Schwarze (Hrsg.), Umweltzertifikate und Kompensationslösungen aus juristischer Sicht, 1994, S. 137 (168); kritisch *Mehrbrey* (Fn. 166), S. 121 gestützt auf die angreifbare These, Emissionsvermeidungsmaßnahmen seien nicht generell nutzbar, sondern anlagenbezogen.

[256] Kritisch daher *Blankenagel*, in: Wenz/Issing/Hofmann (Hrsg.), Ökologie, Ökonomie und Jurisprudenz, 1987, S. 71 (79 ff.).

allerdings eine Nachbesserungspflicht treffen. Er muss die verfassungsrechtlichen Folgen, die ein Zertifikatesystem auslöst, ständiger Beobachtung unterziehen und sich realisierende Beeinträchtigungen grundrechtlicher Positionen abwenden. Es bedarf einer Steuerungsmacht des Gesetzgebers, mit Hilfe derer er seine Systemverantwortung[258] wahrnehmen kann.

(1) Eigentumsfreiheitsschutz für Zertifikate?

Die Abwertungsmacht, die dem Gesetzgeber bei der Gestaltung des Zertifikatesystems zukommt, ist nicht frei von Schranken. Wiewohl das Zertifikatesystem die Befugnis zur Umweltnutzung aus dem Bestand des verfassungsrechtlich verbrieften Sacheigentums herauslöst[259], verlässt es dadurch nicht automatisch das Regime eigentumsrechtlich geschützter Positionen: An die Stelle der aus dem Sacheigentum fließenden Nutzungsbefugnis tritt als Surrogat das Zertifikat, das nach Maßgabe des Art. 14 Abs. 1 S. 1 GG und der gemeinschaftsrechtlichen Eigentumsfreiheit verfassungsrechtlichen Schutz genießen kann. Ihr Schutz des Eigentums beschränkt sich insbesondere nicht auf Sacheigentum. Er umschließt alle vermögenswerten Positionen, die dem Berechtigten von der Rechtsordnung in der Weise zugeordnet sind, dass er die damit verbunden Befugnisse nach eigenverantwortlicher Entscheidung zu seinem privaten Nutzen ausüben kann[260]. Auch öffentlich-rechtliche Rechtspositionen haben an diesem Schutz teil, soweit sie das Korrelat eigener Leistung sind und der Sicherung der Existenz dienen, so dass die Stellung des Rechteinhabers derjenigen eines Eigentümers vergleichbar ist[261].

Zertifikate, die ihren Inhabern im Wege einer Versteigerung zugeteilt wurden[262], sind das Korrelat einer eigenen Leistung, die dem Knappheitswert der Emissionsbefugnis entspricht und einen Gegenwert für die erbrachte Zahlung ausdrücken[263]. Sie genießen den verfassungsrechtlichen Schutz der Eigentumsordnung[264].

---

[257] Vgl. dazu bereits im Einzelnen supra S. 31.

[258] Den Begriff hat *Burgi*, NJW 2003, S. 2486 (2491), geprägt.

[259] Vgl. dazu S. 774.

[260] Insoweit gilt gemeinschaftsrechtlich nichts anderes als nach deutschem Verfassungsrecht. Vgl. auch *Calliess*, in: ders./Ruffert, (Hrsg.), EUV/EGV, 3. Aufl. 2007, Art. 17 GRCh Rdnr. 2ff.; BVerfG, Beschl. v. 9.1.1991, BVerfGE 83, S. 201 (209); BVerfG, Urt. v. 8.4.1997, BVerfGE 95, S. 267 (300) – LPG-Altschulden.

[261] Vgl. etwa BVerfG, Urt. v. 1.7.1953, BVerfGE 2, S. 380 (399ff.); BVerfG, Beschl. v. 18.2.1998, BVerfGE 97, S. 271 (284).

[262] Ebenso etwa *Mehrbrey* (Fn. 166), S. 151; *Rehbinder*, Herkömmliche Kompensationen im Bereich der Luftreinhaltung, in: Endres/Rehbinder/Schwarze (Hrsg.), Umweltzertifikate und Kompensationslösungen aus juristischer Sicht, 1994, S. 28 (79f.); *Zimmer* (Fn. 116), S. 248f.

[263] Statt aller *Kottmeier* (Fn. 184), S. 187.

[264] Ebenso etwa für entgeltlich erworbene Referenzmengenquoten EuGH, Urt. v. 20.11.2003, Slg. 2003, I-S. 14083, Rdnr. 50.

Ob der Schutz der Eigentumsfreiheit sich auch auf kostenlos zugeteilte Zertifikate erstreckt, ist weniger gesichert[265]. Gestaltet der Gesetzgeber diese als öffentlich-rechtliche Positionen aus, scheint es an einer Gegenleistung zu mangeln, die aus einer öffentlich-rechtlichen Position eine verfassungsrechtlich geschützte Eigentumsposition macht[266]. Raum für einen solchen Eigentumsschutz bleibt dann nur bei privatrechtlicher Ausgestaltung der Eigentumsposition. Die Antwort auf die Frage nach dem verfassungsrechtlichen Eigentumsschutz hängt nach der überkommenen Eigentumsdogmatik danach prima vista davon ab, ob der Gesetzgeber Zertifikate als privatrechtliche oder öffentlich-rechtliche Positionen ausgestaltet.

Die Einordnung der Emissionszertifikate der Emissionshandelsrichtlinie als privatrechtliche Rechtsposition verdient Sympathie[267]: Zertifikate sind wie private Rechtsgüter handelbar[268]. Sie sind als Produkt der Abspaltung einer bestimmten Umweltnutzung aus dem privatrechtlichen Eigentum entstanden. Aus der Übertragbarkeit und vermögensrechtlichen Verwertbarkeit der Zertifikate auf die privatrechtliche Rechtsnatur zu schließen, birgt indes die Gefahr, Rechtsnatur und Reichweite der Befugnis zu verwechseln. Die Übertragbarkeit macht aus einem nichtwirtschaftlichen ein wirtschaftliches Gut, nicht aber unbedingt aus einer öffentlich-rechtlichen Position eine privatrechtliche[269]. Die Taxikonzession etwa wird nicht dadurch eine privatrechtliche Position, dass sie mit dem Betrieb übertragbar wird. Die Baugenehmigung ist nicht deshalb eine privatrechtliche Position, weil sie auch für die Rechtsnachfolger gilt. So wie es privatrechtliche Rechtspositionen gibt, die nicht frei übertragbar sind, etwa die beschränkte persönliche Dienstbarkeit (§ 1092 Abs. 1 S. 1 BGB), kennt das öffentliche Recht übertragbare Rechtspositionen: Staatliche Handlungsrechte, die an Eigenschaften eines Gegenstandes anknüpfen, sind grundsätzlich mit diesem Gegenstand als Annex übertragbar[270].

---

[265] Zur Verneinung der eigentumsrechtlichen Schutzfähigkeit von Vorteilen, die durch Produktionsquoten, Referenzmengen und ähnliche im Rahmen der Marktorganisationen verbreitete Instrumente erlangt wurden, siehe EuGH, Urt. 24.3.1994, Slg. 1994, S. I-955, Randnr. 19 – Bostock; EuG, Urt. v. 13.7.1995, Slg. 1995, II-S. 2071, Rndr. 99 – O'Dwyer.

[266] In diesem Sinne ausdrücklich *Mehrbrey* (Fn. 166), S. 150 f.

[267] Für eine Einordnung als privatrechtliche Rechtsposition *Burgi*, RdE 2004, S. 29 (34); *Blankenagel*, in: Wenz/Issing/Hofmann (Hrsg.), Ökologie, Ökonomie und Jurisprudenz, 1987, S. 71 (83); für eine öffentlich-rechtliche Einordnung hingegen *Becker-Neetz*, Rechtliche Probleme der Umweltzertifikatemodelle in der Luftreinhaltepolitik, 1988, S. 160; *Kottmeier* (Fn. 184), S. 187; *Zimmer* (Fn. 116), S. 248 f.; *Mehrbrey* (Fn. 166), S. 151.

[268] Vgl. für den Handel mit Treibhausgasemissionszertifikaten Art. 12 der Emissionshandelsrichtlinie. Die Übertragung erfolgt – in Parallele zu der zivilrechtlichen – Grundstücksübertragung durch Einigung und Eintragung auf dem Emissionshandelskonto (§ 16 Abs. 1 TEHG).

[269] Ob es sich um eine öffentlich-rechtliche oder eine privatrechtliche Rechtsposition handelt, macht sich grundsätzlich daran fest, in welcher Rechtsordnung das Recht seinen Inhaber berechtigt. Das subjektive öffentliche Recht bezeichnet eine Rechtsmacht im Bereich des öffentlichen Rechts, das subjektive private Recht eine Rechtsmacht im Bereich des Privatrechts. Vgl. *Wahl*, in: Schoch/Schmidt-Aßmann/Pietzner (Hrsg.), VwGO, (Loseblatt 12. EL 2005), § 42 Abs. 2, Rdnr. 47.

[270] Vgl. dazu bereits S. 133 ff. sowie *Hummel*, K & R 2000, S. 479 (480); *Fluck*, BB 1990, S. 1716 (1719 u. 1722); *Lenhard/Rickert*, K & R 2002, S. 578 (581); *Dietlein*, GewArch. 1999, S. 89 ff.

Das Emissionszertifikat unterscheidet sich (ähnlich wie die Reststrommenge i. S. d. § 7 Abs. 1a, b AtG[271] und Milchquoten nach dem Europäischen Gemeinschaftsrecht[272]) von anderen übergangsfähigen subjektiven öffentlichen Rechten in rechtserheblicher Weise durch seine isolierte, von einer sonstigen Rechtsgesamtheit losgelöste, Übertragbarkeit[273]. Die öffentlich-rechtlichen Rechtspositionen eigene Rechtsmacht des Staates, über Art und Umfang der Befugnis zur Nutzung des Gegenstandes hoheitlich zu entscheiden, wirkt in dem Zertifikat nicht substanziell fort; die durch die Inanspruchnahme hoheitlicher Rechtsmacht gekennzeichnete Ausstrahlungskraft des öffentlichen Rechts verflüchtigt sich. Das ändert freilich nichts daran, dass das Zertifikat Teil eines öffentlich-rechtlichen Nutzungsregimes bleibt, im Rahmen dessen es seinem Inhaber eine Rechtsmacht vermittelt: Der Staat unterwirft die Nutzung eines Umweltgutes einem knappheitsverwaltenden Nutzungssystem, das sich auf die Rechtsmacht des öffentlichen Rechts gründet. Die Zuteilung der Nutzungsbefugnisse erfolgt auf der Grundlage einer öffentlich-rechtlichen Zuteilungsentscheidung, die dem Einzelnen die Rechtsmacht zur Nutzung eines Umweltmediums in bestimmter Weise vermittelt[274]. Dem Staat kommen bei der Überwachung und Kontrolle des Systems hoheitliche Verwaltungsbefugnisse zu. Die Trennlinien zwischen öffentlich-rechtlichen und privatrechtlichen Positionen verlieren ihre Konturen und büßen ihre Aussagekraft für die Bestimmung der Anforderungen an den verfassungsrechtlichen Eigentumsschutz ein.

Für die Beantwortung der Frage nach dem verfassungsrechtlichen Eigentumsschutz ist eine feinsinnige interpretatorische Zuordnung der hybriden Rechtskonstruktion zum öffentlichen Recht oder Privatrecht[275] weniger hilfreich als eine von der Rückbesinnung auf die ratio dieser Unterscheidung gesteuerte Suche nach einer Antwort auf die Frage, ob die Rechtsposition, die sie einräumt, derjenigen eines privaten Eigentümers gleicht oder

---

[271] Dazu *Leidinger*, DVBl. 2006, S. 1556 ff.; *Sellner*, NVwZ 2007, S. 44 ff.

[272] Verordnung zur Durchführung der Zusatzabgabenregelung, BGBl. I 2000, S. 27; vgl. auch Verordnung Nr. 1259/99 des Rates v. 17. 5. 1999 zur Änderung der Verordnung (EWG) Nr. 3950/92 über die Erhebung einer Zusatzabgabe im Milchsektor, ABl. EG Nr. L 160/73 v. 26. 6. 1999. Die kommerzielle Verwertung einer im Rahmen einer gemeinsamen Marktorganisation zugeteilten Rechtsposition, genießt nach der Rechtsprechung des Europäischen Gerichtshofs nicht den Schutz der europarechtlichen Eigentumsgewährleistung. Vgl. EuGH, Urt. v. 22. 10. 1991, Slg. I-1991, S. 5119, Rdnr. 27 – von Deetzen II.

[273] Vgl. Art. 12 Abs. 1 der Emissionshandelsrichtlinie. Daraus, dass das Zertifikat isoliert zwischen Privaten übertragen werden kann, folgt indes noch nicht, dass der Übertragungsakt notwendig privat-rechtlicher Natur sein muss (in diese Richtung aber wohl *Burgi*, RdE 2004, S. 29 [34]). Das öffentliche Recht kennt auch (koordinationsrechtlich) öffentlich-rechtliche Verträge zwischen Privaten, soweit der Gegenstand der Disposition ein solcher des öffentlichen Rechts ist (so etwa die Übertragung des Nutzungsrechts an einem Wahlgrab [BVerwG, Urt. v. 12. 6. 1992, NJW 1992, S. 2908].

[274] Vgl. aber auch den zutreffenden Hinweis von *Burgi*, NVwZ 2004, S. 1162 (1168) darauf, dass nicht die Zuteilungsentscheidung, sondern das zugeteilte Zertifikat den Rechtsgrund der Berechtigung darstellt und insoweit nicht notwendig die Rechtsnatur der Zuteilung teilen muss.

[275] Treffend *G. Wagner*, Der Handel mit Emissionsrechten aus der Sicht des Zivilrechts, in: Hendler et al. (Hrsg.), Emissionszertifikate und Umweltrecht, 2003, S. 187 (200).

nicht. Verfassungsrechtlich gewährleistetes Eigentum ist durch Privatnützigkeit und die grundsätzliche Verfügungsbefugnis des Eigentümers über den Eigentumsgegenstand gekennzeichnet. Es soll dem Eigentümer als Grundlage privater Initiative in eigenverantwortlichem privatem Interesse von Nutzen sein, ohne lediglich Ausfluss staatlicher Leistungsgewährung zu sein[276]. Mit einem in Zertifikaten verbrieften Umweltnutzungsrecht erlangt der Inhaber eine für eine eigentumsrechtliche Positionen kennzeichnende umfassende Nutzungs- und Verwertungsbefugnis. Er darf mit dem Zertifikat grundsätzlich nach freiem Belieben verfahren und es – vorbehaltlich der ihm inhärenten Nutzungsbeschränkungen – wie sein Eigentum gebrauchen. Es genießt den verfassungsrechtlichen Schutz der Eigentumsfreiheit.

Dem Zertifikateerwerb den Eigenleistungszusammenhang abzusprechen, erscheint überdies überprüfungsbedürftig. Erlangt der Inhaber eines Emissionszertifikates dieses nicht im Wege des entgeltlichen Erwerbs, erwirbt er es regelmäßig als Surrogat einer eigentumsrechtlich (bestands-)geschützten Position, die zuvor aus dem Eigentum herausgetrennt wurde. Die Gewährung ist dann nicht Ausfluss staatlicher Freigebigkeit, sondern einer eigenen Leistung des Zertifikateinhabers: Das Zertifikat tritt an die Stelle einer bestandsgeschützten Position und repräsentiert ihren eigentumsrechtlichen Vermögenswert. Sie hat als eigene Leistung an dem Eigentumsschutz teil, der durch die Errichtung des Nutzungssystems begründet wurde und gießt ihn in neue Gestalt. Den Anforderungen, die das Gemeinschaftsrecht und das Grundgesetz an eigentumsrechtliche Positionen stellen, ist insoweit genügt[277].

(2) Reichweite der Eigentumsfreiheit und des Vertrauensschutzes

Der Schutz der Eigentumsfreiheit vermittelt Umweltzertifikaten ein Abwehrrecht gegen den späteren Entzug und andere Zugriffe auf die Integrität des Vermögensgegenstandes in der Hand des Eigentümers. Dieser Schutz reicht aber grundsätzlich nicht weiter als der Inhalt, den der Gesetzgeber ihnen bei der Genese des Eigentumsrechts beigegeben hat. Der Gesetzgeber ist befugt, ihren Inhalt im Rahmen der Grenzen der Verhältnismäßigkeit auszugestalten. Die Zertifikate sind bereits zum Zeitpunkt ihres Entstehens mit der Hypothek der späteren gesetzgeberisch festgelegten Abwertung bzw. Befristung belastet. Damit ist grundsätzlich so lange keine unzulässige Verkürzung der Eigentumsfreiheit verbunden, als sie nicht die

---

[276] Vgl. etwa BVerfG, Beschl. v. 16.2.2000, BVerfGE 102, S. 1 (15) – Altlastensanierung; BVerfG, Beschl. v. 22.5.2001, BVerfGE 104, S. 1 (8f.) – Baulandumlegung; st. Rspr.

[277] Ebenso etwa *Schweer/von Hammerstein*, TEHG, 2004, §6 Rdnr. 40; *M. Winkler*, Klimaschutzrecht, 2005, S. 326ff.; a. A. *Mehrbrey* (Fn. 166), S. 150f., der zwischen kostenfrei und auf dem Markt erworbenen Zertifikaten differenziert, was sich aber – wie er konzediert – praktisch kaum auswirken könne.

Verhältnismäßigkeitsgrenzen des verfassungsrechtlichen Bestandsschutzes, den das Sacheigentum vermittelt hat, überschreitet[278]. Eigentumsbelastungen, die der Gesetzgeber bereits bei der Implementierung des Systems und der eigentumsrechtlichen Definition der Zertifikatpositionen vorgesehen hat, sind grundsätzlich nicht mit einem Eingriff in ein bestehendes Eigentumsrecht verbunden; sie beschreiben den Inhalt des entstehenden Rechts.

Eine andere Bewertung verlangen *nach* Etablierung des Systems vorgenommene Steuerungseingriffe des systemverantwortlichen Staates. Sie gestalten eine bereits bestehende eigentumsrechtliche Rechtsstellung um, die dem Einzelnen einen Freiheitsraum im vermögensrechtlichen Bereich sichert. Hier kommt dem Gesichtspunkt des Vertrauensschutzes, der in Art. 14 Abs. 1 GG bzw. Art. 17 GRCh für die vermögenswerten Güter eine besondere Ausprägung und verfassungsrechtliche Ordnung erfahren hat[279], ein gesteigertes Gewicht zu. Ein Bedürfnis für solche systemsteuernden Maßnahmen kann sich etwa dann ergeben, wenn die festgesetzte Gesamtemissionsmenge sich als unzumutbare oder ökologisch nicht ausreichende Größe erweist oder die erhoffte Funktionsfähigkeit des Systems sich in praxi als trügerische Hoffnung entpuppt, etwa ein Markt für Umweltnutzungsrechte nicht entsteht. Das nordamerikanische Zertifikatesystem lässt für diesen Fall etwa eine Entziehung von Erlaubnissen und ihre Neuverteilung im Wege der Versteigerung zugunsten von Neuerwerben zu; die Erlöse fließen den Altinhabern zu (sog. zero-revenue-auction)[280]. Das amerikanische Recht tut sich mit der Zulassung solcher Beschränkungen leicht, da es Zertifikate nicht als verfassungsrechtlich geschütztes Eigentum behandelt[281]. Nach deutschem und europäischem Verfassungsrecht handelt es sich bei einer solchen Entziehung um eine Enteignung, die nur unter den engen Voraussetzungen eines Enteignungsgesetzes i. S. d. Art. 14 Abs. 3 GG bzw. Art. 17 Abs. 1 S. 2 GRCh zulässig ist, das Art und Ausmaß der Entschädigung durch oder aufgrund eines Gesetzes bestimmt[282].

---

278 Die Zumutbarkeitsgrenze ist dabei grundsätzlich überschritten, wenn dem Eigentümer ohne angemessene Übergangsfrist die Befugnis genommen wird, seine Anlage bestimmungsgemäß zu betreiben. Vgl. dazu supra S. 774 ff.

279 BVerfG, Beschl. v. 8. 6. 1977, BVerfGE 45, S. 142 (168) – rückwirkende Verordnungen; *Jarass*, in: ders./Pieroth (Hrsg.), GG, 9. Aufl. 2007, Art. 14 Rdnr. 47; *Wieland*, in: Dreier (Hrsg.), Grundgesetz, 2. Aufl. 2004, Art. 14 Rdnr. 130.

280 Vgl. *Endres/R. Schwarze*, Das Zertifikatmodell vor der Bewährungsprobe?, in: Endres/Rehbinder/R. Schwarze (Hrsg.), Umweltzertifikate und Kompensationslösungen aus juristischer Sicht, 1994, S. 137 (179).

281 Die Lizenz der nordamerikanischen Clean Air Act-Novelle vermittelt ihren Inhabern nach der überwiegenden Lehre kein Eigentumsrecht. Die US-Behörden können sie jederzeit entziehen oder abwerten, ohne an eigentumsrechtliche Beschränkungen gebunden zu sein. Vgl. *Schmitt-Rady*, Die Umsetzung des Zertifikatemodells im Luftreinhalterecht der USA, 1999, S. 70 f.

282 Indem eine Versteigerung die Höhe des Preises alleine in die Entscheidungsmacht der Erwerber stellt, ruft sie Friktionen mit dem Delegationsverbot des Art. 14 Abs. 3 GG hervor. Nur wenn der Gesetzgeber die Versteigerung und ihre Modalitäten in einem Ent-

Veränderungen des den Zertifikaten zukommenden Eigentumsinhalts, etwa Veränderungen der Abwertungsregeln, die diejenige Rechtsposition verkürzen, welche der Gesetzgeber den Inhabern als Eigentum zugewiesen hat, ohne sie zu entziehen, unterliegen als Inhalts- und Schrankenbestimmungen dem Prinzip der Verhältnismäßigkeit. Sie müssen als solche einen angemessenen freiheitssichernden Ausgleich zwischen dem Inhalt des durch die Eigentumsgarantie gesicherten Vermögensrechtes an den Zertifikaten und den Belangen des Umweltschutzes sicherstellen. Es hat eine Abwägung zwischen dem Maß des Vertrauensschadens und der Bedeutung des mit der Bewirtschaftung verfolgten gesetzlichen Anliegens für die Allgemeinheit stattzufinden[283], die der Spannungslage zwischen dem Freiheitsraum des Einzelnen und den Anforderungen der sozialstaatlichen Ordnung gerecht wird. Nur solche Gründe des gemeinen Wohls, denen der Vorrang vor dem grundsätzlichen Freiheitsanspruch des Bürgers, insbesondere dem ihm durch die Eigentumsgarantie vermittelten Vertrauen auf das durch die verfassungsmäßigen Gesetze ausgeformte Eigentum, zukommt, vermögen die Veränderung der Eigentumsposition zu rechtfertigen. Ein solches Gewicht kann etwa neuen Erkenntnissen über die ökologische Gefährdungslage, namentlich die Schädlichkeit der Umweltnutzung für den Naturhaushalt zukommen, die eine Neubewertung der zuzulassenden Umweltnutzungskapazität erforderlich machen. Auch sprunghafte Fortschritte der Umwelttechnologie, die der Gesetzgeber nicht vorausgesehen hat und einer gesetzlichen Abwertung vorauseilen, können unter besonderen Umständen eine Anpassung an die veränderten Gegebenheiten rechtfertigen. Das durch die Verbesserung der Vermeidungstechnologie entstehende Überangebot an Zertifikaten kann etwa zu einer Störung des Zertifikatemarktes und zu einer Beeinträchtigung der gesetzlich intendierten Anreizwirkung des Systems führen, die ein gesetzgeberisches Eingreifen, etwa eine vorzeitige Abwertung, erforderlich machen kann, um die Funktionsfähigkeit des Systems wiederherzustellen bzw. aufrecht zu erhalten, soweit das zu erreichende Umweltschutzziel dies gebietet[284,285]. Umgekehrt kann

---

eignungsgesetz ausdrücklich festschreibt, kommt der Verweis auf ein solches Ermittlungsverfahren der Enteignungsentschädigung in Betracht.

[283] BVerfG, Beschl. v. 4.6.1985, BVerfGE 70, S. 101 (114).

[284] Der Minderungsanreiz darf nicht zu einem Selbstzweck werden, sondern ist immer in Beziehung zu setzen zu den Erfordernissen des legitimen umweltpolitischen Ziels, das er erreichen will, und des ihm zukommenden verfassungsrechtlichen Gewichts wie auch der Rechtssicherheit und des Vertrauensschutzes der Systembeteiligten. Restriktiver *Becker-Neetz*, Rechtliche Probleme der Umweltzertifikatemodelle in der Luftreinhaltepolitik, 1988, S. 178. Wie hier dagegen *Rehbinder* (Fn. 232), S. 92 (113).

[285] Als milderes Mittel kommt der staatliche Ankauf von Zertifikaten in Betracht, der das Verhältnis zwischen vorhandenen und benötigten Emissionsrechten – unter Schonung der Vertrauensinteressen der Zertifikatinhaber und ihres verfassungsrechtlich geschützten Eigentums – wieder austariert. Soweit indes auch eine Verschärfung der umweltrechtlichen Anforderungen verfassungsrechtlich gerechtfertigt – etwa auch in einem ordnungs-

die vorgesehene gesetzliche Verknappung sich (aufgrund des Ausbleibens erwarteten umwelttechnischen Fortschritts) als unverhältnismäßige Zugangsschranke für Marktneulinge entpuppen, die eine nachträgliche staatliche Bereitstellung zusätzlicher Zertifikate (und eine dadurch bedingte mittelbare Abwertung des Knappheitswertes der übrigen Zertifikate) erforderlich macht[286].

(3) Zwischenfazit

Zertifikate werden unter dem Damoklesschwert der Systemverantwortung des handelnden Gesetzgebers geboren. Ihre Inhaber müssen in einem von Unsicherheiten geprägten experimentellen Handlungsumfeld eine Anpassung des Systems an sich ändernde Umstände und eine steuernde Einflussnahme des Staates auf die Ausgestaltung der als Zertifikate ausgegebenen Werte gewärtigen. Sie können – ebenso wie im Falle ordnungsrechtlicher Wahrnehmung der Sachaufgabe – nicht auf einen unveränderten Fortbestand des zum Zeitpunkt der Zertifikatausgabe bestehenden umweltrechtlichen Status quo vertrauen. Ihr Vertrauensschutz ist insoweit nicht uneingeschränkt gewährleistet. Eine abrupte Entwertung der als Eigentum gewährleisteten Zertifikate widerstreitet jedoch dem Grundrechtsgehalt der Eigentumsgarantie und dem in ihr angelegten Gedanken des Schutzes der eigenverantwortlichen Lebensgestaltung im vermögensrechtlichen Bereich[287]. Die Privatnützigkeit des den Bürgern zugeordneten Eigentums setzt der Gestaltungsmacht des Gesetzgebers ein Gegengewicht entgegen und erheischt Rücksichtnahme gegenüber nach altem Recht erworbenen Berechtigungen, die die Interessen der Beteiligten in einen gerechten Ausgleich bringt[288].

b) Vereinbarkeit mit der Berufsfreiheit

Über die von einem System handelbarer Emissionsrechte betroffenen Akteure breitet neben der Eigentumsfreiheit auch die Berufsfreiheit ihren abwehrrechtlichen Schutzmantel aus.

Anders als die Eigentumsgarantie versieht die Berufsfreiheit nicht den durch die berufliche Betätigung erworbenen Bestand mit einer grundrechtlichen Umhegung, sondern den Erwerb durch die berufliche Betätigung selbst. Beide Grundrechte erfassen menschliche Betätigungen von unter-

---

rechtlichen Regelungssystem durchsetzbar – ist, ist ein Ankauf nicht zwingend verfassungsrechtlich wirksam und geboten.

[286] Vgl. dazu auch sogleich unter b).

[287] In diesem Sinne ausdrücklich BVerfG, Beschl. v. 15.7.1981, BVerfGE 58, S. 300 (349) – Nassauskiesung.

[288] Vgl. BVerfG, Beschl. v. 22.5.2001, BVerfGE 104, S. 1 (11) – Baulandumlegung; vgl. auch *Kottmeier* (Fn. 184), S. 193 f.; *Zimmer* (Fn. 116), S. 249 ff.

schiedlichen Schutzrichtungen her[289]; ihre Schutzrichtung ist komplementär. Das schließt gemeinsame Schnittmengen nicht aus. Beide stehen nicht im Verhältnis strikter Exklusivität zueinander[290]. Gewährleistet die Eigentumsfreiheit die Nutzung der als Eigentum geschützten Gegenstände zu Zwecken jeglicher menschlicher Freiheitsentfaltung, nimmt die Berufsfreiheit die Nutzung von Gegenständen als Grundlage der Lebensführung in den Blick. Ein gemeinschaftsrechtliches System kontingentierter Umweltnutzungsrechte berührt beide Freiheitsbereiche: Es spricht nicht nur die Befugnis zur Nutzung des als Teil der Produktion dienenden Anlageneigentums an, sondern auch – wiewohl nicht notwendig[291] – die Ausübung beruflicher Tätigkeiten. Die Verknappung berührt die Ausübung jener beruflichen Betätigungen, deren Verwirklichung das knappe Gut zu dienen bestimmt ist. Die Umweltnutzung ist – wenn auch nicht als solche Gegenstand einer beruflichen Betätigung und nicht als solche Beruf – so doch notwendige Folge und Voraussetzung zahlreicher beruflicher Entfaltungsformen. Sie wirkt auf alle Berufe ein, die auf die durch das Zertifikatesystem beschränkte Umweltnutzung angewiesen sind[292]. Nur soweit der Ausübungswillige in ausreichendem Umfang über kontingentierte Nutzungsrechte verfügt, vermag er die angestrebte berufliche Betätigung aufzunehmen bzw. fortzusetzen. Die Berufsfreiheit nimmt dabei nicht isoliert die in der Vergangenheit errungene Wettbewerbsposition der Altsassen unter ihren Schutzschirm. Der Umsatz sowie die Erträge unterliegen – ebenso wie die ihnen zugrunde liegenden tatsächlichen Verhältnisse – dem Risiko laufender Veränderung je nach den Marktverhältnissen[293]. Sie schützt das Verhalten am Markt nach den Grundsätzen des Wettbewerbs, nicht aber »ein wohlerworbenes Recht auf Beibehaltung eines Vorteils, der ihm aus einer Marktorganisation in ihrer zu einem bestimmten Zeitpunkt bestehenden Form erwächst«[294]. Das Interesse am Fortbestand einer erworbenen Wettbewerbsposition als solches wird – vermittelt über das Eigentum an

[289] Das Verhältnis zwischen der Berufs- und der Eigentumsfreiheit lässt der Europäische Gerichtshof offen. Er verzichtet auf eine Abgrenzung und unterwirft beide Grundrechte gleichen Rechtfertigungshürden.

[290] Vgl. BVerfG, Beschl. v. 27.6.1972, BVerfGE 33, S. 240 (247); BVerfG, Urt. v. 1.3.1979, BVerfGE 50, S. 290 (361f., 364f.) – Mitbestimmung; *Ossenbühl*, AöR 115 (1990), S. 1 (25); *Rehbinder* (Fn. 232), S. 92 (126).

[291] Nicht jede Umweltnutzung dient der Entfaltung einer beruflichen Betätigung. Es kann sich dann die Frage nach der berufsregelnden Tendenz des Zertifikatesystems stellen. Vgl. dazu passim.

[292] *Hösch*, Zur rechtlichen Beurteilung von Emissionszertifikaten als Instrument der Vorsorge im Umweltrecht, in: Hendler et al. (Hrsg.), Jahrbuch des Umwelt- und Technikrechts, 2001, S. 127 (143); *Kottmeier* (Fn. 184), S. 195.

[293] Ibid.

[294] EuGH, Urt. v. 21.5.1987, Slg. 1987, S. 2289 (2338f.) – Rau; ähnlich für das deutsche Verfassungsrecht BVerfG, Beschl. v. 26.6.2002, BVerfGE 105, S. 252 (262) – Glykolwein; BVerfG, Urt. v. 20.4.2004, BVerfGE 110, S. 274 (288) – Ökosteuer. BVerwG, Urt. v. 18.4.1985, BVerwGE 71, S. 183 (193); vgl. dazu auch Frenz, NuR 2004, S. 429 (429f.).

den Produktionsanlagen – allein durch die Eigentumsfreiheit geschützt. Aus der Berufsfreiheit erwächst insoweit kein weiter gehender Schutz[295]. Die Berufsfreiheit vermittelt aber Neuemittenten wie Altemittenten eine Schutzposition gegen Hürden, die der Staat der Möglichkeit der Ausübung einer beruflichen Betätigung setzt. Jedenfalls soweit die Beschränkung der Umweltnutzung sich – wie etwa die Emissionshandelsrichtlinie[296] – ausschließlich oder im Wesentlichen auf die Verwendung von Umweltgütern für berufliche Tätigkeiten bezieht, kommt ihr auch eine innere und äußere Verbindung mit der beruflichen Betätigung, eine berufsregelnde Tendenz, zu[297].

Die Berufsfreiheit ist wie die Eigentumsfreiheit gemeinschaftsrechtlich nicht einschränkungslos, sondern »nur in den Grenzen gewährleistet, die durch die dem Gemeinwohl dienenden Ziele der Gemeinschaft gesetzt werden[298]«. Der Europäische Gerichtshof unterwirft beide Grundrechte einheitlichen Schranken. Maßnahmen, welche die Berufsfreiheit der Regelungsadressaten beeinträchtigen, sind danach gerechtfertigt, »sofern diese Beschränkungen tatsächlich dem Gemeinwohl dienenden Zwecken der Gemeinschaft entsprechen und nicht einen im Hinblick auf den verfolgten Zweck unverhältnismäßigen, nicht tragbaren Eingriff darstellen, der die so gewährleisteten Rechte in ihrem Wesensgehalt antastet«[299]. Beschränkungen der Umweltnutzung stellen sich für Altsassen wie Newcomer grundsätzlich als Modalitäten der Ausübung[300] des Berufes dar[301]: Sie verteuern die Produktion, indem sie die Kosten der Umweltnutzung den Unternehmen anlasten, die die Umweltbeeinträchtigung verursachen bzw. ihnen kostenverursachende Emissionsvermeidungsstrategien abringen. Sie sind ähnlich wie Eigentumsnutzungsbeschränkungen geringeren Verhältnismäßigkeitsanforderungen unterworfen als Eingriffe in die Freiheit der Wahl eines Berufs (bzw. Eigentumsentziehungen).

---

[295] Ebenso etwa BVerwG, Urt. v. 30.6.2005, NVwZ 2005, S. 1178 (1182); *Mehrbrey* (Fn. 166), S. 126.

[296] Vgl. Art. 2 Abs. 1 i. V. m. Anhang I der Emissionshandelsrichtlinie.

[297] Die Rechtsprechung des EuGH bezieht sich bislang nur auf Maßnahmen, die sich unmittelbar auf die berufliche Betätigung auswirken; zu mittelbar belastenden Maßnahmen liegt noch keine Rechtsprechung vor. Der Eingriffsmaßstab der berufsregelnden Tendenz erscheint dabei ein auch für die europarechtliche Berufsfreiheit sinnvoller Ansatz: Die Berufsfreiheit will nicht Eingriffe in jegliche Form menschlicher Freiheitsentfaltung abwehren, sondern solche, die die spezifisch auf die Schaffung und Erhaltung einer Lebensgrundlage bezogene Betätigungsform menschlichen Verhaltens zum Gegenstand haben.

[298] EuGH, Urt. v. 8.10.1986, Slg. 1986, S. 2897 Rdnr. 8 – Keller m. w. N.

[299] EuGH, Urt. v. 5.10.1994, Slg. I-1994, S. 4973, Rdnr. 27f. – Bananenmarktordnung.

[300] EuGH, Urt. v. 13.12.1994, Slg. I-1994, S. 5555, Rdnr. 24 – SMW Winzersekt.

[301] Vgl. *Hösch* (Fn. 292), S. 142f.; *Voßkuhle* (Fn. 216), S. 195f.; *Kottmeier* (Fn. 184), S. 197.

Erreicht die Verknappung der zulässigen Umweltnutzung aber ein Ausmaß, bei dem angestrebte berufliche Tätigkeiten nicht mehr aufgenommen oder fortgeführt werden können, weil es den Interessenten nicht möglich ist, eine ausreichende Zahl von Zertifikaten für den künftigen Betrieb zu beschaffen, kann sich die Kontingentierung wie eine subjektive oder objektive Berufszulassungsbeschränkung auswirken[302]: Mangelt es den Interessenten individuell an der erforderlichen Liquidität oder der technischen Fähigkeit zur Emissionsreduktion, kommt die Kontingentierung einer subjektiven Berufszulassungsschranke gleich. Mag die individuelle Unüberwindlichkeit der Zugangshürde noch als Aspekt fehlender Eignung zur Berufswahrnehmung verstanden werden, der in die Risikosphäre des Unternehmers fällt, und verfassungsrechtlichen Rechtfertigungsanforderungen standhält[303], so gilt dies nicht in gleichem Maße dann, wenn der im Markt generierte Zertifikatpreis aufgrund der knappheitsbedingten Marktenge für ganze Nutzergruppen, etwa kleine oder besonders schadstoffintensive Unternehmen, zu einer typischerweise unüberwindlichen Zugangshürde mutiert[304] oder überhaupt kein funktionierender Markt entsteht, auf dem die Interessenten eine ausreichende Zahl von Zertifikaten beschaffen können, weil die Altinhaber ihre Zertifikate horten[305] bzw. aufgrund der Zertifikateknappheit auf ihre Nutzung nicht verzichten (können). Die Verknappung nimmt dann faktisch den Charakter einer objektiven, dem Einflussbereich des Einzelnen entzogenen Zulassungsschranke an[306]. Nur nachweisbare oder höchstwahrscheinliche Gefahren für ein überragend wichtiges Gemeinschaftsgut vermögen derart einschneidende Beschränkungen der Berufsfreiheit zu rechtfertigen[307].

Der Klimaschutz und das Interesse der Gesellschaft an einer Erhaltung der natürlichen Umweltressourcen und Lebensgrundlagen vermögen als wichtige Gemeinwohlbelange der Gemeinschaft[308] grundsätzlich eine objektive Zulassungsbeschränkung zu rechtfertigen[309] – vorausgesetzt, das

---

302 Ob dies der Fall ist, hängt maßgeblich von dem zugrunde liegenden Berufsbild ab. *Kingreen*, in: Calliess/Ruffert (Hrsg.), EUV/EGV, 2. Aufl. 2002, Art. 6 Rdnr. 139.

303 In diesem Sinne etwa überzeugend *Kottmeier* (Fn. 184), S. 197; *Rehbinder* (Fn. 232), S. 92 (122).

304 Vgl. *Kottmeier* (Fn. 184), S. 197; *Rehbinder* (Fn. 232), S. 92 (122f.); *Zimmer* (Fn. 116), S. 264f. u. 273.

305 Irreführend insoweit *Endres*, Umweltzertifikate: Eine marktwirtschaftliche Alternative im Widerstreit, in: ders./Rehbinder/Schwarze (Hrsg.), Umweltzertifikate und Kompensationslösungen aus juristischer Sicht, 1994, S. 1 (17), der »dieses Marktmachtargument nur auf die Politik der Zertifikatsversteigerung« beziehen will.

306 Ebenso *Hösch* (Fn. 292), S. 142f.; *Kottmeier* (Fn. 184), S. 197; *Rehbinder*, ibid., S. 75f.; *Voßkuhle* (Fn. 216), S. 195f.; *Zimmer* (Fn. 116), S. 270.

307 Vgl. etwa BVerfG, Urt. v. 11.6.1958, BVerfGE 7, S. 377 (408f.) – Apothekenurteil; 63, S. 266 (286).

308 Vgl. etwa EuGH, Urt. v. 7.2.1985, Slg. 1985, S. 531 Rdnr. 13 – Procureur de la République.

309 Skeptisch dagegen *Mehrbrey* (Fn. 166), S. 165.

Ausmaß der Verknappung steht in einem angemessenen Verhältnis zu der abzuwehrenden Bedrohung und der Bedeutung der durch sie betroffenen Grundrechte. Die Beschränkung des Grundrechtszugangs entbindet den Gesetzgeber dabei nicht seiner residualen Verantwortung für das Zuteilungssystem, das er etabliert hat. Abgesehen davon, dass das Emissionshandelssystem seine Zielsetzung nach seinem gedanklichen Ansatz nur dann erreichen kann, wenn ein funktionsfähiger, die erhoffte Effizienzförderung bewirkender Austauschmarkt entsteht, trifft ihn vor allem eine gesteigerte Verantwortlichkeit für eine grundrechtssichernde Mängelverwaltung und eine zumutbare Gestaltung des Marktzugangs, wenn er eine grundrechtsbeschränkende Verknappung des Marktzugangs selbst herbeigeführt hat. Ob ein Marktzugang möglich ist, darf er nicht dem Zufall und nicht allein dem Markt überlassen. Er darf den Grundrechtszugang grundsätzlich nicht von Voraussetzungen abhängig machen, die er nicht selbst garantieren kann. Ob ein Markt für Umweltnutzungsrechte entsteht, kann der Staat nur beeinflussen, nicht aber als solches garantieren. Er muss auf das Entstehen eines funktionsfähigen Marktes hinwirken und sich Zugriffsmöglichkeiten und Systemsteuerungsoptionen offen lassen, die einen angemessenen Grundrechtszugang sicherstellen, wenn die Etablierung des erhofften Marktsystems scheitert. Anderenfalls schlägt das effizienzfördernde Kontingentierungssystem in eine verfassungswidrige absolute grundrechtliche Zugangssperre um. Der Staat ist auch in der marktwirtschaftlichen Gestaltungsform als knappheitsverwaltender Staat in der Systemverantwortung[310] verhaftet, die er durch die Wahrnehmung der Regelungsaufgabe übernommen hat und durch Überwachung, Ordnung sowie Anpassung des Handelssystems, etwa durch Missbrauchskontrolle, Zuteilungsreserven und andere Mittel der Offenmarktpolitik, wahrnehmen kann und muss. So wie für die Erstzuteilung und Errichtung des Zertifikatssystems bereits die Eigentumsfreiheit das grundrechtliche Erfordernis eines schonenden Übergangs begründet, das auch eine kostenfreie Erstzuteilung von Berechtigungen gebieten kann[311], verlangt die Berufsfreiheit auch für die Betriebsphase eine angemessene Berücksichtigung der Zugangsinteressen von Newcomern und Verbleibinteressen von Altsassen. Im Verhältnis zwischen Alt- und Neunutzern treten die Eigentums- und die Berufsfreiheit dabei in einen Widerstreit: Die Eigentumsfreiheit verlangt die Berücksichtigung von Vertrauensschutzinteressen von Altsassen, die Berufsfreiheit verlangt den (grundsätzlich gleichen) Zugang zur Grundrechtsausübung. Der Gesetzgeber muss auch den Newcomern eine realistische Chance auf einen Grundrechtszugang gewähren. Geboten kann ein Zurückhalten einer staatlichen Zuteilungsreserve[312] sein, die das Zuteilungssystem gegen Funktionsstörungen

---

[310] Treffend *Burgi*, NJW 2003, S. 2486 (2491).
[311] Vgl. dazu supra S. 681 ff. u. 773 ff.
[312] Vgl. dazu auch bereits supra S. 787.

des Marktes immunisiert und Marktneulinge von der Notwendigkeit freistellt, ihre Verschmutzungsrechte von den Altsassen zu erwerben.

c) Grundrechte Drittbetroffener

Ein System handelbarer Umweltnutzungsrechte zielt auf eine ökonomisch effiziente Umverteilung der Umweltnutzung. Es kann als solches Auswirkungen auf die Rechtsgüter Dritter zeitigen, die dem Einwirkungsbereich der Umweltnutzung ausgesetzt sind.

Der Zertifikatemarkt als solcher nimmt darauf keine Rücksicht. Er lässt die Nutzungsrechte dorthin wandern, wo die Vermeidung von Umweltbelastungen mit den höchsten Kosten verbunden ist. In welcher Konzentration sie im Einwirkungsbereich der Anlange allokiert sind, interessiert den Markt nicht. Die freie Handelbarkeit und effiziente Verteilung kann namentlich unerwünschte gesundheitsgefährdende Emissionsballungen und die Entstehung von umweltpolitischen Dumpingregionen mit lokalen Belastungsspitzen im Schlepptau führen. Das oberste Ziel des Umweltrechtes, die Abwehr von Gesundheitsgefahren für den Einzelnen, droht dann auf dem Altar globaler Umweltvorsorge geopfert zu werden; das Emissionshandelssystem wird für Einzelne zu einem Danaergeschenk, das mit der aus Art. 2 Abs. 2 S. 1 GG bzw. Art. 3 Abs. 1 GRCh erwachsenden Schutzpflicht des Staates für die individuellen Rechtsgüter seiner Bürger, insbesondere seiner verfassungsrechtlichen Verantwortung, das Recht auf Leben und körperliche Unversehrtheit vor Verletzungen oder Gefährdungen durch private Dritte zu schützen[313], konfligieren kann[314].

Kommt dem Gesetzgeber bei der Wahrnehmung seiner Schutzpflicht auch ein weiter »Einschätzungs-, Wertungs- und Gestaltungsbereich« zu, »der auch Raum lässt, etwa konkurrierende öffentliche und private Interessen zu berücksichtigen«[315] und sich nur unter ganz besonderen Umständen auf eine einzige verfassungsgerechte Maßnahme verengt, so kommt der völlige Verzicht auf eine standortbezogene Feinsteuerung schädigender Immissionen einer Verweigerung von Schutzmaßnahmen gleich, die die Un-

---

313 Vgl. BVerfG, Beschl. v. 8.8.1978, BVerfGE 49, S. 89 (137ff.) – Kalkar; BVerfGE 53, S. 30 (57) – Mühlheim-Kärlich; BVerfG; Beschl. v. 14.1.1981, BVerfGE 56, S. 54 (73) – Fluglärm; BVerfG, Beschl. v. 26.1.1988, BVerfGE 77, S. 381 (405); BVerfG, Beschl. v. 17.2.1997, NJW 1997, S. 2509 – Elektrosmog; *Callies*, in: ders./Ruffert (Hrsg.), EUV/EGV, 3. Aufl. 2007, Art. 2, Rdnr. 16; *G. Hermes*, Das Grundrecht auf Schutz von Leben und Gesundheit, 1987.

314 Treffend *Endres* (Fn. 305), S. 1 (18): »Die Einwohner von Ladenburg werden bei einer kräftigen Emissionserhöhung schwerlich damit zu trösten sein, dass im Rahmen eines Zertifikatehandels die Emissionen in Berlin um den gleichen (einen höheren) Betrag gesunken seien«.

315 BVerfGE 79, S. 175 (202) – Straßenlärm.

termaßgrenzen dieses Spielraumes unterschreitet[316]. Das ökologische Existenzminimum steht nicht zur Disposition.

Räumlich unbeschränkte Zertifikatrechte entrinnen dem Odium verfassungsrechtlicher Unzulässigkeit dann, wenn Gegenstand des Handelssystems eine Substanz ist, die auch in hoher Konzentration keine unmittelbaren gesundheitsrelevanten Schäden zeitigt und damit keiner immissionsseitigen Umhegung des Emissionshandelssystems bedarf. Das gilt grundsätzlich namentlich für klimarelevante Spurengase, insbesondere Kohlendioxid. Kohlendioxid bewirkt als natürlicher, für den Naturhaushalt essenzieller Bestandteil der Luft nicht als solches gesundheitliche Schäden in seiner Umgebung. Schadenspotenzial hat es als Mitverursacher globaler Klimaveränderungen, die nicht nachweisbar der Emission einer einzelnen Anlage zugeordnet werden können, sondern als Folge ihrer erhöhten Konzentration und des kumulativen Zusammenwirkens mehrerer Treibhausgase (die zu verschiedenen Zeiten an unterschiedlichen Orten emittiert werden) zu einer langfristigen weltweiten Klimaerwärmung führen. Der Ort der Emission ist nach heutigem Erkenntnisstand für den Ort des Schadenseintritts ohne unmittelbare kausale Relevanz[317]. Bei Kohlendioxid besteht kein Bedürfnis für räumliche oder zeitliche Emissionsvorgaben[318]. Die geringe ordnungsrechtliche Vorprägung des Klimaschutzes legt dafür Zeugnis ab. Kohlendioxid erweist sich insoweit als idealer Gegenstand eines Emissionshandelssystems[319].

Anders verhält es sich bei solchen Stoffen, bei denen für die Höhe der durch Emissionen verursachten Beeinträchtigung nicht alleine die Emissionsmengen, sondern auch oder vor allem die räumliche und zeitliche Verteilung der Immissionen ausschlaggebend ist. Sie können sich in akkumulierter Konzentration zu einer unmittelbaren Gesundheitsgefährdung am Ort ihrer Immission auswachsen; es entstehen räumliche Belastungs-

---

[316] Das bedeutet nicht eine unabänderliche Bindung des Gesetzgebers an die von ihm festgelegten bestehenden Immissionsgrenzwerte des Bundes-Immissionsschutzgesetzes. Nicht jedem Immissionswert des Immissionsschutzrechts kommt die Weihe verfassungsrechtlicher Unabänderlichkeit zu. Unzulässig ist aber eine Unterschreitung desjenigen Schutzniveaus, die zu unzumutbaren Gefahren oder Risiken für die von Immissionen betroffenen Bürger führt (das sog. ökologische Existenzminimum). Vgl. dazu auch *P. Kirchhof*, NVwZ 1988, S. 97 (102 u. 104), der einem Emissionshandelssystem prinzipiell kritisch gegenübersteht; *Rehbinder* (Fn. 232), S. 92 (109 f.); *Voßkuhle* (Fn. 216), S. 159 (188).

[317] *Körner*, in: Körner/Vierhaus, TEHG, 2005, Einl. Rdnr. 17.

[318] Infolge des Kohlendioxid generierenden Verbrennungsprozesses kann es jedoch zu Emissionen *anderer* schädlicher Gase, sog. Kuppelemissionen, kommen, die eine Gesundheitsgefährdung hervorrufen können. Auf ihre Kontrolle erstreckt sich das Kohlendioxid-Emissionshandelssystem nicht. Sie werden durch die Immissionsbegrenzungen des allgemeinen Immissionsschutzrechts aufgefangen und unterbunden. Den Kohlendioxid-Zertifikaten kommt keine umfassende Legalisierungswirkung für alle mit der Emission verbundenen Folgen zu.

[319] *Körner*, in: Körner/Vierhaus, TEHG, 2005, Einl. Rdnr. 17 ff.; *Lübbe-Wolff*, NVwZ 2001, S. 481 (487); *Mehrbrey* (Fn. 166), S. 144.

schwerpunkte. Die amerikanische Umweltliteratur spricht dann von »hot spots«[320]. Ein solches Potenzial kommt etwa dem als Mitverursacher sauren Regens bekannten Schwefeldioxid zu, das beim Menschen bereits in geringen Konzentrationen zu einer Reizung der Atemwege führt. Erforderlich wird hier eine ordnungsrechtliche Arrondierung des dezentralen Verteilungssystems, die die Abwehr von Gesundheitsgefahren und die Wahrnehmung der verfassungsrechtlichen Schutzpflicht des Staates durch die wirksame Kontrolle des Handelssystems sicherstellt.[321].

Ein denkbarer Weg ist insoweit eine Begrenzung des räumlichen Geltungsbereiches der Zertifikate. Die Zertifikate berechtigten dann nicht zu einer ubiquitären Verwendung, sondern ausschließlich zu einer Emission innerhalb eines festgesetzten Planungsgebietes; ein Zertitikatetransfer zwischen verschiedenen Regionen ist nicht zulässig. Die Folge ist die Schaffung mehrerer Lizenzmärkte mit unterschiedlichen Preisen. Mit der abnehmenden Zahl potenzieller Marktteilnehmer steigt aber auch die Wahrscheinlichkeit strategischen Verhaltens der Akteure. Marktabschottungsstrategien und Kartellbildungen gewinnen an Attraktivität. Die freiheitsrechtliche Gefährdungslage wächst. Die de iure örtliche Begrenzung der Zertifikate vermag auch nicht über die tatsächlichen transzonalen Immissionswirkungen hinwegzutäuschen; das System muss sie angemessen berücksichtigen[322]. Mit den Informations- und Kontrollkosten steigen die Transaktionskosten des Systems, denen eine sinkende systemische Eignung gegenübersteht, eine effiziente Allokation der Zertifikate zu erzeugen. In dem Umfang, in dem sich das Gebiet verkleinert, in welchem die Zertifikate übertragen werden können, sinkt auch das Effizienzpotenzial des Marktes.

Remedur verheißt eine Ergänzung des rein emissionsbezogenen (ggf. regionalen) Handelssystems um eine Immissionskomponente, die auf eine Schaffung parzellierter Teilmärkte verzichtet. Die Nutzung der Emissions-

---

[320] Vgl. dazu und zu den in den Vereinigten Staaten diskutierten Bewältigungsstrategien etwa *Schmitt-Rady*, Die Umsetzung des Zertifikatemodells im Luftreinhalterecht der USA, 1999, S. 50ff. u. 138ff.; *Endres/R. Schwarze* (Fn. 280), S. 137 (161ff.).

[321] Vgl. auch *Heister/Michaelis et al.*, Umweltpolitik mit handelbaren Emissionsrechten, 1991, S. 203ff.

[322] Die Grundvariante dieses Modells regional beschränkter Zertifikate nimmt nur diejenigen Emissionen in den Blick, die in der jeweiligen Handelsregion verursacht werden. Immissionsmengen, die aus anderen Regionen, etwa durch Windeinfluss, zugetragen werden, lässt es unberücksichtigt. Örtliche Schadstoffballungen sind dadurch nicht wirksam ausgeschlossen. Diesen Webfehler sucht eine Fortentwicklung des Modells zu begrenzen: Es will die in den einzelnen Regionen jeweils zulässige Emissionsmenge so genau berechnen, dass in allen Regionen die gleiche unschädliche Immissionslage herbeigeführt wird. Dieses System erfordert nicht nur hohen Berechnungsaufwand, sondern führt auch zu einer weiteren Parzellierung des Marktes, die die Übertragungsfähigkeit der Zertifikate weiter einschränkt. Zu den damit verbundenen Nachteilen sogleich passim. Vgl. zu diesen beiden unter den Begriffen »Emission Discharge Permit System« und »Local Discharge Permit System« gehandelten Systemen etwa *Becker-Neetz*, Rechtliche Probleme der Umweltzertifikatemodelle in der Luftreinhaltepolitik, 1988, S. 29ff.

erlaubnis ist dann von der Einhaltung der ordnungsrechtlichen Immissionsgrenzwerte abhängig. Überschreitet sie diese, ist die Emission unzulässig. Die Vereinigten Staaten haben dieses Modell dem Schwefeldioxid-Lizenzsystem des Clean Air Act wie auch dem regionalen RECLAIM-Modell unterlegt[323]. Das Allowance Trading bleibt an das ordnungsrechtliche Genehmigungsverfahren rückgebunden, das alleine Gefahrenquellen gezielt anzusprechen und eine treffsichere Verhaltenssteuerung zu erreichen vermag[324]. Zwei ungleiche Geschwister geben sich dabei die Hand, die unterschiedlichen Zielen verschrieben sind und sich nicht immer gut vertragen: Das Ordnungsrecht zielt tendenziell auf eine gleichmäßige Verteilung der Umweltbelastung, das Emissionshandelssystem auf ihre Verteilung an Orte, an denen die Vermeidungskosten am höchsten sind. Die ordnungsrechtliche Arrondierung des Emissionshandelssystems vermag nicht darüber hinwegzutäuschen, dass sie die Übertragungsfähigkeit der Lizenzen einschränkt, die Essentiale ihres umweltpolitischen Einsparpotenzials sind, und das Modell zur Abwehr von akuten Gefährdungslagen letztlich nicht geeignet ist[325]: Je mehr das Instrument ordnungsrechtlichen Mindestanfor-

---

[323] Zunächst wurden Modelle diskutiert, die den Wert der Emissionszertifikate von der örtlichen Immissionssituation und ihren Immissionswirkungen abhängig machen – sog. immissionsorientierte Emissionszertifikate (»Ambient Discharge Permit System«). Der Umfang der zulässigen Schadstoffemission hängt dann ab von der Immissionsbelastung, die sie verursacht. Es werden verschiedene Teilmärkte definiert, für die jeweils an Messstationen (sog. Rezeptoren) überwachte Immissionsgrenzwerte festgelegt werden. Für jede Immission, die eine Quelle an einem der Messorte verursacht, muss sie Zertifikate der entsprechenden Gebiete erwerben. Es bedarf dazu einer Berechnung der Gleichwertigkeit der Zertifikate mit Hilfe eines Transferkoeffizienten, der die Emissions- und Immissionswirkungen zueinander in Beziehung setzt. Das erfordert einen hohen Ermittlungsaufwand, der mit der Größe der Region, der Zahl der Messstellen und der Reichweite der Immissionswirkungen eines Stoffes (im Falle von Schwefeldioxid können dies beispielsweise mehrere hundert Kilometer sein) überproportional wächst und prohibitiv wirken kann. (Ähnlichen Problemen ist auch eine von *Kabelitz* [ZfU 1983, S. 153 ff.] entworfene Modifikation des Modells ausgesetzt. Sie arbeitet [statt mit Transferkoeffizienten] mit einem Standortindex. Interregionale Transfers unterliegen danach der Meldepflicht und behördlichen Kontrolle: Der Zugang an Lizenzen in einer Region darf grundsätzlich nicht größer sein als deren Abgang. Zwischen den Regionen soll ein [Leistungsbilanz]-Ausgleich stattfinden. Ihn einzelfallunabhängig mathematisch zu bewältigen, stellt die Planer jedoch vor eine nahezu unlösbare Aufgabe). Eine vereinfachende Ausblendung der Fernwirkungen aus dem System provoziert (wie in den USA geschehen) eine Unternehmenspolitik der hohen Schornsteine, die zwar die lokale Immissionssituation verbessert, dies aber mit der harten Münze erhöhter schädlicher Fernwirkungen bezahlt (*Endres/R. Schwarze* [Fn. 280], S. 137 [162 f.]). Ungeachtet aller mathematischen und modelltheoretischen Bemühungen kommt ein umweltpolitisch verantwortungsvolles Zertifikatesystem immissionsrelevanter Substanzen um eine behördliche Einzelfallprüfung der Immissionsgrenzwertkompatibilität nicht umhin. Vgl. zu der Vielfalt von Zertifikatemodellen auch *Schmitt-Rady*, Die Umsetzung des Zertifikatemodells im Luftreinhalterecht der USA, 1999, S. 49 ff.; *Mehrbrey* (Fn. 166), S. 33 ff.

[324] Vgl. dazu im Einzelnen *Endres/R. Schwarze* (Fn. 280), S. 137 (163 ff.).

[325] Ordnungspolitisch kann den ordnungsrechtlichen Anforderungen auf zwei Wegen Rechnung getragen werden: Der Gesetzgeber kann eine Übertragung einem Kontrollvor-

derungen genügen muss, umso mehr schwächt sich seine ökonomische Effizienz ab. Der regelungspolitische Vorsprung des Zertifikatemodells gegenüber rein ordnungsrechtlichen Steuerungsmodellen schmilzt dann zusammen. Die Wahl des Zertifikatmodells kann unter diesen Umständen zum regelungspolitischen Ikarusflug werden.

2. *Systemimmanente Erfolgsvoraussetzungen und -grenzen*

Umweltnutzungszertifikate stehen in einem Instrumentenwettbewerb mit anderen umweltrechtlichen Steuerungsmodellen. Die ihnen in der öffentlichen und rechtswissenschaftlichen Wahrnehmung zuteil werdende Aufmerksamkeit gebührt ihnen nur dann, wenn sie realiter die Effizienz- und Flexibilitätsvorteile des Marktes in den Dienst der umweltrechtlichen Aufgabe zu stellen vermögen. Die marktwirtschaftliche Bewältigung von Ressourcenknappheit ist kein umweltpolitischer Selbstzweck, ein Zertifikatesystem keine Allzweckwaffe. Grenzen sind dem sinnvollen Anwendungsbereich insoweit nicht nur durch die Schutzpflicht des Staates gezogen[326], sondern auch durch die systemischen Erfolgsvoraussetzungen und -schranken des Marktes.

Seinen steuerungspolitischen Trumpf, Umweltschutz zu minimalen Kosten zu garantieren, kann ein Modell von Umweltnutzungsrechten nur dann ausspielen, wenn die Kosten, die die Vermeidung einer Umweltbeanspruchung den systemunterworfenen Akteuren abverlangt, unterschiedlich hoch sind. Der Erfolg des Handelssystems beruht auf der Ausnutzung unterschiedlicher Grenzvermeidungskosten von Anlagen, die denselben Schadstoff emittieren[327]. Es sind die Unterschiede in der individuellen Kostenstruktur, die es sinnvoll erscheinen lassen, den Akteuren den Weg der vorteilhaftesten Anpassungsreaktion zu überlassen. Nur dann kann der Markt seine effizienzfördernde Wirkung entfalten und macht es einen Unterschied, ob die Zielerreichung ordnungsrechtlich oder mit den Mitteln des Marktes erreicht wird[328]. Mit steigendem umwelt-, insbesondere ordnungsrechtlichem Anforderungsniveau nehmen die Unterschiede und da-

---

behalt unterwerfen und solche Transaktionen untersagen, die im Falle ihres Gebrauchs prognostisch zu einer Überschreitung der immissionsschutzrechtlichen Gefahrenschwelle führen. Alternativ (oder kumulativ namentlich für den Fall, dass sich die behördliche Immissionsprognose als fehlerhaft erweist) kann der Gesetzgeber den Gebrauch übertragener Zertifikate, die zu einer Überschreitung von Immissionsgrenzwerten führen, aufgrund behördlicher Einzelsteuerung nach § 17 BImSchG einem Untersagungsvorbehalt unterwerfen. Beide Maßnahmen schränken das Effizienzpotenzial des Zertifikatesystems ein, indem sie entweder eine ökonomisch effiziente Übertragung oder den ökonomisch effizienten Gebrauch eines Zertifikates einschränken.

[326] Dazu supra S. 802 ff.

[327] *Endres* (Fn. 116), S. 1 (18).

[328] *Kommission der Europäischen Gemeinschaften*, Grünbuch zum Handel mit Treibhausgasen in der Europäischen Union, KOM (2000) 87, S. 15; *Kottmeier* (Fn. 184), S. 42;

mit die Attraktivität des Emissionshandelssystems tendenziell ab[329]. Sind die Vermeidungskosten der Emittenten gleich, besteht für eine Anpassung der Grenzvermeidungskosten mit den Mitteln des Marktes kein Bedarf mehr[330]. Das marktwirtschaftliche Instrument des Zertifikatemodells ist dann insgesamt als steuerungspolitischer Ansatz einem ordnungsrechtlichen Modell nicht mehr überlegen. Die Unterschiede reduzieren sich dann weitgehend auf die unterschiedliche Höhe der Transaktions-, insbesondere Einrichtungs- und Überwachungskosten. Diesen Vergleich braucht das Ordnungsrecht nicht zu scheuen.

Die marktwirtschaftliche Note des Instruments »Zertifikatehandel« vermag über die Notwendigkeit einer wirksamen Kontrolle nicht hinwegzutäuschen. Ein Emissionshandel ist mit hohen Transaktionskosten verbunden. Sowohl die Wahrnehmung der verfassungsrechtlichen Schutzpflicht des Staates wie auch die von dem Zertifikatesystem erhoffte Anreizwirkung schließen die Kontrolle des Handelssystems notwendig ein. Es bedarf einer mitunter aufwändigen administrativen Konzeptualisierung und eines funktionierenden Überwachungs- und Erfüllungskontrollsystems. Die Such- und Informationskosten der systemunterworfenen Akteure fließen als Transaktionskosten zusätzlich in die Instrumentenbilanz mit ein[331]. Bei Massenschadstoffen wie Schwefeldioxid oder Stickoxiden mögen sich die Einrichtungskosten schnell relativieren; für Einzelschadstoffe wie etwa VOC-Emissionen bei der Möbelherstellung können sie prohibitive Höhen erreichen[332]; der konzeptionelle Ansatz des Systems, Umweltschutz zu niedrigeren Kosten zu gewährleisten, ist dann überfordert.

Indem ein System des Zertifikatehandels sich an dem Ziel effizienter Nutzung *eines* vorhandenen Umweltmediums ausrichtet, steht es in der Gefahr, umweltrelevante Wechselwirkungen und Belastungsverschiebungen zwischen verschiedenen Umweltmedien aus dem Blick zu verlieren. Das

---

Lübbe-Wolff, NVwZ 2001, S. 481 (482 und 486); *P. Michaelis*, Ökonomische Instrumente in der Umweltpolitik, 1996, S. 48 u. 114.

[329] Vgl. auch *Kottmeier* (Fn. 184), S. 42; *Lübbe-Wolff*, NVwZ 2001, S. 481 (482 u. 486) mit dem berechtigten Hinweis, dass eine Steuerung von Schwefeldioxid-Emissionen nach dem Vorbild des Acid Rain Programs der USA zum gegenwärtigen Zeitpunkt eine steuerungspolitische Fehlleistung darstellen würde; *Michaelis*, ibid., S. 114.

[330] Der Markt gleicht die unterschiedliche Höhe der Vermeidungskosten einander an, indem diejenigen, die geringe Vermeidungskosten haben, die Zahlung eines Zertifikatpreises einsparen, während diejenigen, die ihre Umweltbelastung nicht zu angemessenen Kosten vermeiden können, zur Zahlung des Knappheitspreises verpflichtet sind. Der Zuschlagspreis pendelt sich in einer Höhe ein, bei der die Kosten der Vermeidung zusätzlicher Emissionen für alle Emittenten gleich sind. Die Effizienzbedingung ist dann erfüllt.

[331] *Heister/Michaelis* (Umweltpolitik mit handelbaren Emissionsrechten, 1991, S. 56 f.) schätzten vor 15 Jahren den Messaufwand für ein CO_2-System, das an der Emissionsquelle ansetzt, noch als prohibitiv ein und schlugen ein upstream-orientiertes, d. h. an der Schadstoffquelle ansetzendes Zertifikatesystem, vor.

[332] Vgl. zu den Versuchen der Einführung eines Lizenzsystems für VOC-Emissionen *Lübbe-Wolff*, NVwZ 2001, S. 481 (488) mit Fn. 52.

Handelssystem leuchtet nicht die Gesamtwirkung der umweltrelevanten Schadstoffwirkungen aus, sondern reduziert die umweltpolitische Entscheidungskomplexität auf die Effizienz einer umweltpolitischen Zielgröße. Führt die Internalisierung der externen Kosten, die mit der Nutzung eines Umweltmediums verbunden sind, zu einem Ausweichverhalten der Nutzer, namentlich einer erhöhten Inanspruchnahme anderer Umweltgüter, schließt die umweltpolitische Gesamtbilanz nicht unbedingt mit einem positiven Saldo ab. In ein holistisches, an den Gesamtwirkungen eines umweltrelevanten Verhaltens auf den Naturhaushalt ausgerichtetes Gesamtkonzept fügt sich das durch die Emissionshandelsrichtlinie initiierte System des Zertifikatehandels nicht gänzlich bruchlos ein. Es gerät insoweit insbesondere in eine Konfliktlage mit dem ganzheitlichen Ansatz der IVU-Richtlinie[333]. Indem es von Emissionsgrenzwerten für Treibhausgasemissionen dispensiert (Art. 26 Emissionshandelsrichtlinie), nimmt es aus dem avisierten holistischen Gesamtkonzept eines medienübergreifenden Umweltschutzes eine Facette heraus[334]. Es bringt beide Systeme in eine friedliche Koexistenz, löst aber nicht das Problem in seinen systemischen Friktionen.

Den Preis von Belastungsverschiebungen und fehlender Gesamthaftigkeit zahlt ein Zertifikatesystem nicht nur im Verhältnis zu anderen Umweltmedien, sondern auch zu nicht handelsunterworfenen Regionen. Das System zeitigt die von ihm erhofften Wirkungen ausschließlich innerhalb des von ihm begründeten Marktes. Auf andere Regionen kann es negative Ausstrahlungswirkungen entfalten. Die isolierte Einführung eines Emissionshandels in bestimmten Teilbereichen der Erde löst Arbitrage-Prozesse aus: Es droht die Abwanderung der emissionspflichtigen Tätigkeiten in andere Länder auszulösen, die dem Handelsregime nicht unterworfen sind und dort zu einem Ansteigen der Umweltbelastung führen. Zwischen den Treibhausgasemissionen von Emissionshandels- und Nichthandelsstaaten besteht eine über den Marktmechanismus vermittelte negative Korrelation. Die Ökonomik spricht vom *Leakage-Effekt*[335].

Systeme handelbarer Umweltnutzungsrechte sind keine Allzweckwaffen in der Bewältigung umweltrechtlicher Problemlagen. Ihr Erfolg hat Voraussetzungen, die ihren systemischen Einsatzradius nicht unerheblich beschränken. Ob ihre junge Saat als Instrument der öffentlich-rechtlichen Verteilungsordnung Früchte trägt, hängt insbesondere von der Passge-

---

[333] Vgl. zu ihr etwa *Martini*, Integrierte Regelungsansätze im Immissionsschutzrecht, 2000, S. 185 ff.

[334] Vgl. zu den Sollbruchstellen zwischen dem Zertifikatehandel der Emissionshandelsrichtlinie und der IVU-Richtlinie und möglichen Lösungsansätzen *Zimmer* (Fn. 116), S. 286 ff.; *Koch/Wieneke*, DVBl. 2001, 1085 (1093 f.).

[335] *Endres/Ohl*, Der Handel mit Emissionsrechten aus wirtschaftswissenschaftlicher Sicht, in: Hendler/Marburger/Reinhardt/Schröder (Hsrg.), Emissionszertifikate und Umweltrecht, UTR 74 (2003), S. 11 (21).

nauigkeit ihrer konkreten Ausgestaltung und ihrer Feinjustierung sub specie ihrer allokativen, administrativen und distributiven Effekte ab. Nur dort, wo sich ihre Möglichkeiten mit dem umweltpolitischen Regelungsziel vereinen, nehmen sich Systeme handelbarer Umweltnutzungsrechte als überlegene Bereicherungen des umweltpolitischen Handlungsinstrumentariums aus.

Resümee

Die Knappheit der verfügbaren Ressourcen stellt Staat und Gesellschaft vor die Herausforderung gerechter Mangelverwaltung. Je augenfälliger das Missverhältnis zwischen den Bedürfnissen und Verfügbarkeiten wird, umso stärker rückt der Modus der Knappheitsbewältigung in das Blickfeld. Er entscheidet über die individuellen Möglichkeiten der Verwirklichung von Lebenschancen.

Das Grundgesetz zeichnet Schemen der Verteilungsordnung vor, belässt dem Gesetzgeber aber grundsätzlich die politische Freiheit, die Gestaltung der Güterverteilung vorzunehmen. Nimmt der Staat Güter in das Kraftfeld hoheitlicher Verteilungslenkung und behält sie seiner Verteilungsmacht vor, bewältigt er den knappheitsbedingten Zuteilungskonflikt konkurrierender Zugangsinteressen bisher überwiegend im Wege von Sachausleseverfahren oder durch formale Zuteilungskriterien (insbesondere Losverfahren, First-come-first-served-Prinzip, Pro-rata-Verfahren). Die Verteilung knapper Güter ist weitgehend ein domaine réservé des Prioritäts-, des Los- und des Sachzuteilungsprinzips[1].

Unter dem Eindruck wachsender Ressourcenverknappung und diagnostizierter Steuerungsdefizite klassischer hoheitlicher Verteilungsmechanismen sieht sich die hoheitliche Verteilungsordnung einem wachsenden Veränderungsdruck und der lauter werdenden Forderung nach einer Optimierung ihrer Verteilungswirkungen ausgesetzt, die die effizienzfördernde Funktion des Marktes auch in der hoheitlichen Verteilungslenkung wirksam werden lässt. Bei der Zuteilung privater Güter hat sich der Markt als Mittel der Mangelbewältigung und der Zuordnung konkurrierender Nutzungsinteressen bewährt. Er führt Güter durch den Tauschprozess von Angebot und Nachfrage einer knappheitsgerechten, wirtschaftlich sinnvollen Nutzung zu, die der Unvermehrbarkeit verfügbarer Ressourcen Rechnung trägt. Jenseits des privatautonomen Güteraustausches vermag der Markt sein Effizienzpotenzial verschwendungsfreien Gütereinsatzes grundsätzlich in gleicher Weise zu entfalten und in den Dienst der hoheitlichen Verteilungslenkung zu stellen.

[1] Dazu S. 94 ff.

Die Verfassung zeigt sich gegenüber wohlfahrtsökonomischen Effizienzbestrebungen durchaus offen[2], gegenüber ihrem Primat aber wehrhaft[3]. Lassen sich der Verfassungsordnung des Grundgesetzes auch zahlreiche Ankerpunkte sektoraler Effizienzverbürgungen, insbesondere ein Gebot grundrechtsschonender Gewährleistung und der Optimierung knappheitsbeschränkter Freiheitswahrnehmung entnehmen[4], kennt sie keine umfassende, selbstständige Verpflichtung zur Rationalisierung der Verteilungsstrukturen mit Hilfe des Marktes. Die politische Rationalität des wohlfahrtsökonomischen Ansinnens einer Ausrichtung der Rechtsordnung an dem Ziel der Allokationseffizienz macht es noch nicht zum Verfassungsprinzip, welches andere Verfassungsziele im Konfliktfall zu verdrängen in der Lage ist. Die Wahl des Marktes als Handlungsinstrument enthebt den Staat insbesondere nicht seiner verfassungsrechtlichen Verantwortung für die Sicherung der Verhältnismäßigkeit und Zumutbarkeit seiner Maßnahmen.

Die gemeinschaftsrechtlichen und nationalen Grundrechte lassen als Differenzierungs- und Auswahlleitlinien dem Einsatz der Effizienz als Differenzierungsziel bei der Vornahme von Auswahl- und Verteilungsentscheidungen nur einen schmalen Korridor legitimer Anwendung. Weite Teile des grundrechtlichen Gewährleistungskatalogs, insbesondere diejenigen, in denen sich die Würde des Einzelnen spiegelt, sind dem Nutzenkalkül und damit auch einer Zuteilung nach Nutzenkriterien entzogen. Sie definieren sich weder für den Einzelnen noch für die Gesellschaft durch den ökonomischen Nutzen der Tätigkeit und dürfen dann auch nicht nach ökonomischen Wertkategorien zugemessen werden.

Allein das Grundrecht der Berufsfreiheit als Gewährleistung wettbewerblich orientierter Entfaltungsfreiheit sowie die Grundfreiheiten als »besondere Berufsfreiheiten der Marktbürger« treten zu dem Ziel effizienzorientierter Nutzenmaximierung in einen sachgerechten Auswahlzusammenhang und öffnen Effizienzauslesevorgängen das Tor. Wo aufgrund verfassungsrechtlich gerechtfertigter Schranken des Berufszugangs ein Wettbewerb *im* Markt nicht oder nur eingeschränkt stattfinden kann, kann ein vorgezogener Wettbewerb *um* den Marktzugang sachgerecht erscheinen. Hier kann die Versteigerung als »forme pure du marché« die Verteilungsidee effizienten Einsatzes knapper Güter und den Wettbewerb als Entdeckungsverfahren für die öffentlich-rechtliche Verteilungslenkung als Allokationsinstrument staatlicher Primärzuteilung fruchtbar machen.

Versteigerungen instrumentalisieren den Preismechanismus, um die bei der Zuteilung nach Leistungskriterien zwischen zuteilendem Staat und Interessenten bestehende Informationsasymmetrie im Interesse einer knapp-

---

[2] S. 197ff.

[3] S. 238ff.

[4] Siehe dazu im Einzelnen S. 201ff.

heitsgerechten Zuteilung aufzubrechen. Der Preismechanismus induziert einen Wettbewerb der Bieter, der sie zur wahrheitsgemäßen Offenbarung ihrer Effizienzpotenziale veranlasst und einer opportunistischen Ausnutzung der zwischen zuteilendem Staat und Interessenten bestehenden Informationsasymmetrie entgegenwirkt. Die in der Versteigerung ermittelten Preise sind gesellschaftliche Indikatoren von Knappheit. Unter der Voraussetzung vollkommener Information und rationalen Verhaltens der Akteure führt sie knappe Güter über den Mechanismus des Preises einer knappheitsgerechten Verwendung zu (Allokationseffizienzfunktion), schöpft bei dem Nutznießer der Zuteilung den Vorteil ab, den dieser gegenüber seinen Mitbewerbern durch die Zuweisung des Gutes zur alleinigen Nutzung empfangen hat (Abschöpfungsfunktion) und vermeidet als Methode der Zuteilung von berufsrelevanten Gütern und Rechten die Intransparenz und eingeschränkte Nachvollziehbarkeit der Entscheidungsfindung von Sachausleseverfahren (Transparenzfunktion)[5].

Die Versteigerung erschöpft sich zugleich nicht in einem harten ökonomischen Austauschvorgang, einer Zuteilung unter Laborbedingungen; sie ist auch eine besondere Form des Spiels[6] – ein Schauspiel des Wettkampfes und sozialer Interaktion. Sie öffnet die Schleusen für einen interaktiven Prozess, der eine weder im Einzelnen kontrollierbare noch im Voraus sicher absehbare Eigendynamik entfalten kann. Die Versteigerung trägt insbesondere auch strategisches Bietverhalten und Anomalien des Marktes in die hoheitliche Verteilungslenkung hinein. Da vom eigenen Verhalten des Bieters abhängt, wer zu welchem Preis in den Markt eintritt, weckt sie für die Bewerber die Versuchung, die eigene Bietmacht strategisch für wettbewerbswidriges Verhalten zu nutzen. Die Absicht, bestimmte Konkurrenten vom Markt zu verdrängen[7], Novizen am Markteintritt zu hindern oder den zu zahlenden Versteigerungspreis durch strategische Beeinflussung der Konkurrenten oder gezielte Absprachen niedrig zu halten (Kollusion[8]), können das Bietverhalten steuern und das verfassungsgerechte Ziel des Auswahlvorgangs torpedieren. Englische Versteigerungen[9] sind insoweit anfälliger als einstufige Versteigerungstypen, simultane Versteigerungen[10] gefährdeter als sequenzielle. Tendenziell vereint die Vickrey-Auktion die strategischen Vorteile weitgehender Kollusionsresistenz und hoher Allokationseffizienz am besten. Sie erscheint bei der Zuteilung von Gütern, die keine Komplementäreffekte aufweisen, aus verfassungsrechtlicher Sicht im Grundsatz anderen Versteigerungsformaten grundsätzlich überlegen.

---

[5] S. 296 ff.
[6] S. 355 ff.
[7] S. 356 ff.
[8] Vgl. S. 365 ff.
[9] Zu Begriff und Charakteristika siehe S. 313 ff.
[10] Siehe dazu S. 309 ff.

Die Missbrauchsmöglichkeiten konkurrenzschädigenden bzw. -ausschließenden Verhaltens, die eine Versteigerung ihren Teilnehmern eröffnet, lassen sich durch Modifikationen der Versteigerungsregeln und durch die instrumentalisierende Wirkung der wirtschaftlichen Vernunft begrenzen und sanktionieren, nicht aber ausschließen. Als Verfahren, dessen Verlauf und Ergebnis von dem Zusammenspiel mehrerer Personen abhängt, ist die Versteigerung gegen eine Usurpation ihrer Regeln, die zu einer Unterwanderung des Bieterwettbewerbs führt, nicht uneingeschränkt immunisierbar.

Die ökonomische Logik, der die Versteigerung als Allokationsmechanismus folgt, vermag auch nicht darüber hinwegzutäuschen, dass die tatsächlichen Bedingungen, unter denen Menschen ihre Entscheidungen in Versteigerungen staatlich verwalteter Güter treffen, mit den Modellannahmen, auf denen das Effizienzpostulat der Versteigerung aufbaut, nicht immer übereinstimmen. Versteigerungen staatlich verwalteter Güter und Rechte verlangen den Bewerbern regelmäßig Entscheidungen unter Wertunsicherheit ab[11]. Unter diesen Bedingungen führt die Versteigerung nicht selbstredend zu einer effizienten Güterallokation. Indem sie nach ihrer Entscheidungslogik demjenigen den Zuschlag zuweist, der das höchste Wertsignal erhalten hat, ist die Wahrscheinlichkeit dafür signifikant erhöht, dass der Bieter den Zuschlag deshalb erhält, weil er den Wert des Gutes im Verhältnis zu den Mitbietern aufgrund unzureichender Information über den Versteigerungsgegenstand am meisten überschätzt hat. Es erwirbt dann nicht unbedingt derjenige das Gut, der es am effizientesten nutzt, sondern derjenige, der die optimistischsten Erwartungen an seinen Wert hat. Die Auswahlwirkung des Zuteilungsvorgangs nimmt mit dem Grad der Unsicherheit über den Wert des Gutes ab. Will der Staat von dem Zuteilungsinstrument der Versteigerung Gebrauch machen, muss er sicherstellen, dass die Rahmenbedingungen für eine hinreichend zuverlässige bieterische Wertprognose gegeben sind. Dort, wo die Wertunsicherheit die Effizienzunterschiede zwischen den Bietern einebnet, wo der Wert für die Marktteilnehmer zu einer Spekulationsgröße wird oder das Risiko der Fehlbewertung die freiheitsrechtliche Gewährleistung aushöhlt, ist der Markt und ist die Versteigerung als Verteilungsmechanismus verfemt. Der Unsicherheitscharakter der Bietentscheidung legt dem verfassungsrechtlich zulässigen Einsatzbereich der Versteigerung als Allokationsinstrument enge Daumenschrauben an.

Ein Effizienzresultat, das die Versteigerung herstellt, ist immer auch ein Produkt unterschiedlicher Ausgangsvoraussetzungen der Zahlungsfähigkeit[12]. Der Markt gewährleistet nicht aus sich selbst heraus ein Mindestmaß an Gleichheit der Ausgangschancen; er setzt sie voraus. Soll die Versteige-

---

[11] Siehe S. 379 ff.
[12] Siehe S. 396 ff.

rung den Zugang zur Ausübung knappheitsbeschränkter Freiheitsrechte nicht unverhältnismäßig beschränken und die Freiheitsrechte ihres personalen Charakters nicht berauben, ist der zuteilende Staat aufgerufen, ein Mindestmaß an Chancengleichheit zwischen den Interessenten im Rahmen des Versteigerungsprozesses herzustellen und die unterschiedlichen Ausgangsbedingungen der Zahlungsfähigkeit zu berücksichtigen. Die Versteigerung ist für die Forderung der Herstellung von Chancengleichheit nicht prinzipiell taub. Chancengleichheit lässt sich ihr durch eine Modifikation der Versteigerungsregeln einpflanzen, sei es durch die Reservierung von Zuteilungskontingenten für einzelne Nutzergruppen, sei es durch die Gewährung eines Diskonts auf den Versteigerungspreis. Letztere Option erweist sich als vorzugswürdig[13].

Die Problembewältigungskompetenz der Versteigerung erschöpft sich nicht notwendig in effizientem Leistungsaustausch. Sie kann durch eine entsprechende Gestaltung weitere Zuteilungsziele in sich aufnehmen. Insbesondere impliziert sie nicht notwendig eine monetäre Gegenleistung. Die in der Verteilungslenkungsdiskussion weit verbreitete Vorstellung, der Zuteilungspreis der Versteigerung müsse zwingend in Geld ausgedrückt werden, geht in die Irre[14]. Sachbezogene Gegenleistungen können als preisäquivalente Geldsubstitute dieselbe Funktion übernehmen und zu einem Katalysator der Durchsetzung verschiedener Zuteilungsziele werden, die die Bewerber über das Effizienzziel hinaus zu einem gemeinwohlorientierten Einsatz knapper Güter dort verpflichten, wo einer monetären Gegenleistung die Steuerungswirkung versagt bleibt. Je enger der Sachbezug der Gegenleistung zu den sonstigen Verteilungszwecken ist, umso eher erreicht die Zuteilung nicht nur eine effiziente, sondern auch die erwünschte gemeinwohlorientierte Verteilungswirkung, und ermöglicht der Zugriffsvorbehalt des Staates eine Korrektur des Marktergebnisses[15]. Die Versteigerung bleibt in ihrer Problemverarbeitungskompetenz dabei freilich omni modo auf quantifizierbare Parameter als Entscheidungsvariablen beschränkt. Sie ist strukturell nicht in der Lage, das gesamte Bouquet vielschichtiger unterschiedlicher Wertungen und Gemeinwohlinteressen in ihrer ganzen Komplexität abzubilden und konkurrierende Belange gegeneinander abzuwägen[16]. Der Zahlungsbereitschaft kommt daher regelmäßig nur als Facette eines mehrstufigen bzw. multidimensionalen öffentlichrechtlichen Zuteilungsmodells und Teil eines breiter gefächerten Zielbün-

[13] Dazu S. 404 ff.

[14] Siehe dazu S. 407 ff.

[15] Es zeigt sich, dass kriterientransparente, gegenleistungsorientierte Ausschreibungen und Versteigerungen einander näher stehen, als die Diskussion um die Instrumente der Verteilungslenkung glauben macht. Beide sind Bieterwettbewerbe, welche die Leistungsbereitschaft der Interessenten über den (wirtschaftlichen) Preis abfragen.

[16] Dazu S. 405 ff.

dels, zu dessen Verwirklichung sie beiträgt, eine legitime Verteilungsfunktion in der öffentlich-rechtlichen Verteilungsordnung zu, nicht aber als ihr alleiniger Inhalt.

Die durch die Wahl der Versteigerung als Allokationsmechanismus eröffnete Möglichkeit, aufwandsfrei erhebliche finanzielle Mittel zu erschließen, macht das Instrument anfällig für fiskalische Ertragsanliegen. Das Motiv eigener Einnahmeerzielung verträgt sich nicht mit der Aufgabe rechtsstaatlicher Bewältigung von Knappheit und der durch sie berührten Freiheitsrechte. Allenfalls als Neben*folge*, nicht aber als Neben*zweck* ist eine fiskalische Einnahmeerzielung bei Versteigerungserlösen zulässig. Allein die (nicht auszuschließende) Möglichkeit, dass die Wahl des Versteigerungsverfahrens von fiskalischen Ertragsanliegen mitbestimmt sein könnte, hebt die Sachgerechtigkeit der Auswahlentscheidung freilich nicht zwingend auf. Für das scharfe Schwert eines Verbots des Versteigerungsmechanismus mit Rücksicht auf die Möglichkeit eines Missbrauchs gibt die Verfassung keine Grundlage. Die Grundrechte und Grundfreiheiten setzen der Wirkmacht fiskalischer Interessen des Staates insoweit als Schutzmantel gegen die fiskalisch motivierte Verkürzung des freiheitlichen Betätigungsraumes ebenso wie als (die Kriterienwahl steuernde, fiskalische Ertragsanliegen abwehrende) Sachgerechtigkeitsgebote ein hinreichend abwehrfähiges Schwellengewicht gegenüber. Sie lassen die Wahl der Zahlungsbereitschaft als Auslesekriterium (erst) dann unzulässig werden, wenn der fiskalische Zweck die Auswahlentscheidung bestimmend beeinflusst, d. h. andere ebenso zielführende Vergabekriterien auf dem Altar fiskalischer Interessen geopfert werden oder der Staat die Knappheit des Gutes mit dem Ziel herbeiführt, um aus dem Zuteilungsvorgang Erlöse zu generieren. Im Übrigen ist der Versteigerungserlös grundsätzlich als unausweichliche Nebenfolge des Zuteilungskriteriums »Zahlungsbereitschaft« soweit hinzunehmen, wie das Zuteilungskriterium selbst sachgerecht und verhältnismäßig ist. Die Zahlungsbereitschaft erweist sich dabei im Hinblick auf die mit ihm verbundenen grundrechtlichen Belastungen als ein Reservekriterium, das erst dort Einsatz finden kann, wo die dem Staat zugänglichen Informationsquellen aufgrund einer nicht anders auflösbaren Informationsasymmetrie nicht ausreichen, um eine allokationseffiziente Auswahlentscheidung zu treffen. Ein genereller Primat der Versteigerung vor der Ausschreibung – wie ihn etwa § 61 Abs. 2 S. 1 TKG anordnet – ist verfassungsrechtlichen Zweifeln ausgesetzt.

Der Zuteilungsprozess der Versteigerung ist nicht unter Rekurs auf den Gedanken des »volenti non fit iniuria« und die Rechtsfigur einer Gewährung auf Unterwerfung aus dem Regime des Gesetzesvorbehalts entlassen. Die Bereitschaft des Bieters, sich der Zahlungspflicht zu unterwerfen, ersetzt nicht die rechtsstaatlich erforderliche Eingriffsgrundlage. Der Gesetzgeber muss angesichts der mit der Versteigerung verbundenen Grundrechtsbelastungen und der Grundrechtswesentlichkeit der Verteilungsentscheidung Rahmenbedingungen für das »Ob« und »Wie« vorgeben[17]. Vertraut der Gesetzgeber mit der Versteigerung die Allokationsentscheidung der ungebundenen Kraft des Marktes an, nimmt er damit keine unzulässige Delegation rechtsstaatlicher Entscheidungspflichten vor, die sich vor dem Klingelbeutel der Wettbewerbsinteressen verneigt, sondern bezieht die Bewerber als Mitwirkende in die nach seinen Regeln zustande kommende Zuteilungsentscheidung ein. Auch der Umstand, dass der Gesetzgeber die Zahlungshöhe nicht in tatbestandlich bestimmter Höhe (insbesondere ohne festgelegte Erlösobergrenze) festlegt, sondern dem (Knappheits-) Preisfindungsprozess der Versteigerung überantwortet, geht nicht selbstredend mit einem Verstoß gegen rechtsstaatliche Bestimmtheitserfordernisse an Zahlungspflichten einher[18]. Als facetten- und variantenreiches Konglomerat hybrider Zuteilungsformate[19] muss die Versteigerung freilich besonderen Anforderungen an die Bestimmtheit der gesetzgeberischen Zuteilungsermächtigung und die Verfahrensgestaltung genügen. Der Gesetzgeber darf weder die Frage, ob die Versteigerung als Zuteilungsform Anwendung findet, dem Gutdünken der Verwaltung überlassen noch ihre Gestaltung der Verwaltung völlig frei stellen. Bedarf die Versteigerungsgestaltung auch einer individuellen Anpassung an den Einzelfall, um ihre Zuteilungsziele erreichen zu können – der Grundsatz »one size fits all« gilt für sie nicht – muss der Gesetzgeber durch Zielvorgaben den Raum möglicher Gestaltungen so eng ziehen, dass eine überprüfbare Herleitung einer Auktionsgestaltung aus dem Kreis der möglichen Gestaltungsformen destillierbar wird, die einer gesetzlichen Anwendungskontrolle zugänglich ist[20].

Die als Ergebnis des Zuteilungsprozesses der Versteigerung eingeforderten Versteigerungserlöse stellen die Finanzverfassung vor eine Herausforderung[21]. Sie sind noch nicht deshalb a priori finanzverfassungsrechtlichen Anforderungen entzogen, weil sie das Produkt eines eigenverantwortlichen Gebots des Ausübungsinteressenten sind. Der finanzverfassungsrechtliche

---

[17] Siehe S. 431 ff.

[18] Siehe S. 439 ff.

[19] Mit dem Begriff der »Versteigerung« verbinden sich sehr disparate Systeme öffentlicher Zuteilung von Gütern im Wege eines Nachfragerwettbewerbs gegen Meistgebot; sie repräsentiert einen Blankettbegriff für eine Vielzahl hybrider wettbewerblicher Auswahlmechanismen mit vielfältigen Erscheinungsformen, die durch das Zuteilungskriterium des Preises (oder eines anderen quantifizierbaren Leistungskriteriums) miteinander verbunden sind. Die Bandbreite, die ihre inhaltliche Gestaltung lässt, ist beträchtlich, die Zahl der konstruierbaren technischen Gestaltungsformen nahezu unbegrenzt. Ob sie ihre Zielsetzung erreicht, hängt entscheidend von der konkreten Gestaltung ihres Ablaufs im Einzelfall ab. Vgl. dazu im Einzelnen S. 305 ff.

[20] Die Versteigerungsregelung des TKG gibt insoweit ein schlechtes Beispiel ab. Dazu S. 443 ff. sowie S. 662.

[21] Siehe S. 450 ff.

Abgabenbegriff erfasst nicht nur Zahlungen, die dem Bürger einseitig ohne Wahlmöglichkeit auferlegt werden; ihnen stehen solche von dem autonomen Willen des Zahlungspflichtigen getragene (etwa als Teil eines subordinationsrechtlichen Vertrages übernommene) Zahlungen gleich, die der Bürger erbringt, um eine drohende Sanktion oder die Vorenthaltung eines grundrechtlich geschützten Freiheitsraumes zu verhindern.

Aufgrund ihres synallagmatischen Charakters fehlt es Versteigerungserlösen an der für Steuern vorausgesetzten Gegenleistungsfreiheit. Es handelt sich um nichtsteuerliche Abgaben, die den Gebühren als »marktanalogem Tauschvorgang« für eine Leistung der öffentlichen Hand am nächsten stehen. Sie sind weder Sonderabgaben noch Beiträge, weder Verwaltungs-[22] noch Benutzungsgebühr[23]. Versteigerungserlösen kommt funktionale Ähnlichkeit mit Verleihungsgebühren zu. Beide verbindet die finanzpolitische Leitvorstellung der (aufwandsunabhängigen) staatlichen Vorteilsabschöpfung. Anders als Verleihungsgebühren sind Versteigerungserlöse freilich nicht (notwendig) Ausgleich für die Gestattung einer grundsätzlich verbotenen Tätigkeit. Besteht auf die Zuteilung als solche ein verfassungsrechtlich verbriefter Anspruch (reicht der vorhandene Zuteilungsraum aber nicht aus, um alle Nutzungswünsche zu befriedigen), kommt es nicht zu einer konstitutiven Verleihung von Rechten und lässt sich der Versteigerungserlös nicht als Verleihungsgebühr rechtfertigen. Die Legitimation beider Abgabetypen ruht nicht (notwendig) auf den gleichen Säulen.

Die besondere sachliche Rechtfertigung der Erhebung von Versteigerungserlösen liegt in der Zuteilungs- und Abschöpfungswirkung des Allokationsmechanismus der Versteigerung: Versteigerungserlöse stellen durch die Auswahlfunktion des Preises (unter bestimmten Voraussetzungen) eine sachgerechte Auswahl her, indem sie den Preis in seiner Funktion als gesellschaftlichen Indikator von Knappheit instrumentalisieren, und schöpfen einen Sondervorteil ab, der sich aus der Bevorzugung in einer Knappheitssituation ergibt. Eine besondere sachliche Rechtfertigung besteht dafür nur insoweit, als sich eine den zulässigen gesetzgeberischen Effizienzzielen entsprechende sachgerechte Zuteilung nicht mit anderen Zuteilungskriterien in grundrechtsschonenderer Weise als durch eine Versteigerung erreichen lässt. Das Zuteilungskriterium der Zahlungsbereitschaft steht insoweit unter dem Vorbehalt der Erforderlichkeit.

Versteigerungserlöse überschreiten in ihrer Höhe die Verhältnismäßigkeitsgrenze als äußerste Grenze zulässiger Gebührenerhebung nicht schon sub specie ihrer absoluten Höhe oder des versteigerungseigenen Konzepts des maximierenden Nutzenvergleiches. Sie sind nach ihrer Konzeption darauf angelegt, den Knappheitspreis eines staatlicher Verwaltung unterste-

---

[22] Siehe S. 488.
[23] Siehe S. 489ff.

henden Gutes als Wertabgabe zu ermitteln und bilden diesen grundsätzlich zutreffend ab. Die vielfach als ökonomische Gesetzmäßigkeit unterstellte Hoffnung auf eine selbstredend ökonomisch programmierte Äquivalenz von Versteigerungserlös und vermitteltem Vorteil erweist sich indes als Trugschluss, der dem blinden Glauben an die Übereinstimmung von Modell und Realität von Entscheidungsbedingungen erliegt. Die Versteigerung misst nicht Nutzen oder Wert, sondern Erwartungen an den Nutzen. Der Versteigerungserlös und der Wert des Gutes[24] können (auch erheblich) auseinander fallen. Modifikationen des Auktionsdesigns können dabei das Risiko einer Wertüberschreitung begrenzen, nicht aber ausschließen. Das Instrument der Versteigerung enthält keine Sicherung gegen wertunsicherheitsbedingte Inäquivalenzen.

(Nur) in dem Umfang, in dem die Wertüberschreitung in unmittelbarem und notwendigem Zusammenhang mit dem Sachziel der Ermittlung einer knappheitsäquivalenten Gegenleistung steht, vermag ihre Funktion, Güter in die effizienteste Verwendung zu bringen, die Auferlegung des Wertrisikos als gegenleistungsbezogene Wahrnehmung der Sachaufgabe hoheitlicher Verteilungslenkung in einer von der Steuer unterscheidungsfähigen Weise auch kompetenzrechtlich zu stützen und dem Versteigerungserlös als nichtsteuerlicher Abgabe eine unterscheidungskräftige Legitimation zu unterfüttern, die ihre verfassungsrechtliche Rechtfertigung auch im Falle einer Wertüberschreitung zu tragen vermag. Der besondere Modus ihrer auf die unbeeinflusste Präferenzermittlung angelegten Erhebung macht den Versteigerungserlös von der Steuer in einer Weise unterscheidungsfähig, die der Schutz- und Begrenzungsfunktion der Finanzverfassung noch gerecht wird.

Die finanzverfassungsrechtliche Legitimierbarkeit vermag über die freiheitsrechtliche Gefährdungslage, die von dem bei der Versteigerung staatlich verwalteter Güter dem Bürger auferlegten Wertunsicherheitsrisiko für grundrechtliche und grundfreiheitliche Zugangsansprüche ausgeht, nicht hinwegzutäuschen. Mit ihr kann sich eine unverhältnismäßige Beschränkung des durch die Zuteilung betroffenen Freiheitsrechts verbinden. Das Wertrisiko (mit der communis opinio) ausschließlich als Datenkranz eines allgemeinen wirtschaftlichen Risikos des Bieters aufzufassen, das auch sonst nicht auf den Staat abgewälzt werden darf, verfängt nicht. Der Ver-

---

[24] Der finanzverfassungsrechtlichen Äquivalenzbetrachtung (als äußerster Grenze der zulässigen Gebührenerhebung) ist nicht der im Zeitpunkt der Abgabeerhebung erwartete oder erhoffte Nutzen zugrunde zu legen, sondern der Betrag, der infolge der wirtschaftlichen Ausnutzung des Gutes im Laufe der eingeräumten Nutzungszeit tatsächlich erzielt werden konnte. Dem finanzverfassungsrechtlichen Äquivalenzmaßstab liegt eine am Wirklichkeitsmaßstab orientierte Ex-post-Perspektive zugrunde, die die Kenntnis aller wertbildenden Tatsachenumstände sub specie der Wertrelation von Leistung und Gegenleistung einschließt.

steigerungspreis ist keine gewöhnliche Marktinvestition, die in ihrer Ungewissheit zum Wesen wirtschaftlicher Tätigkeit gehört. Er ist vielmehr Teil einer hoheitlichen Zuteilungsentscheidung, der unmittelbar über die Möglichkeit zur Ausübung grundrechtlicher und grundfreiheitlicher Rechte befindet, und als solcher ein staatlich auferlegter, gewillkürter Marktzutrittspreis zu einer freiheitsrechtlich geschützten Tätigkeit, der an eine Mitwirkungshandlung der betroffenen Akteure anknüpft. Die Chance der Verwirklichung grundrechtlicher und grundfreiheitlicher Betätigungsräume als besonderen Gegenstand der Austauschbeziehung auszublenden und mit der Elle der Vertragsparität zu messen, überträgt die Richtigkeitsvermutung der vertraglichen Risikoverteilung in einen Bereich, in welchem sie strukturell nicht gewährleistet ist. Marktliche Handlungsformen heben Bürger und Staat bei der Gestaltung hoheitlicher Rechtsbeziehungen nur formell auf die Ebene der Gleichheit. Die in einer Versteigerung staatlich verwalteter Güter erfolgende Risikozuordnung ist nicht Ausdruck der Vertragsfreiheit, sondern die Folge staatlicher Regelsetzung und einer Zuweisung von Risiken, die der Staat an die Möglichkeit zur Verwirklichung von Freiheitsrechten knüpft. Das Verhältnismäßigkeitsprinzip als freiheitssicherndes Regulativ liefe leer, wollte man die Freiwilligkeit eines Verzichts allein deshalb bejahen, weil der Bürger der Beschränkung im Angesicht von Handlungsrestriktionen zugestimmt hat. Die von dem Versteigerungspreis ausgehende grundrechtliche und grundfreiheitliche Beeinträchtigung lässt sich nicht unter Hinweis auf den Gedanken »volenti non fit iniuria« und die Autonomie des Gebots wegdichten.

Der Zwang zur Entscheidung unter den Bedingungen der Wertunsicherheit, der von der Versteigerung ausgeht, bedingt eine Grundrechtsgefährdung, die mit einer (mittelbaren) Verkürzung des verfassungsrechtlich gewährleisteten Freiheitsbereichs einhergehen kann. Die Grundrechte und Grundfreiheiten wirken insoweit im Verhältnis zwischen Staat und Bürger als Risikogrenze. Sie setzen einer unbegrenzten Auferlegung des Wertrisikos dort eine Grenze der Zulässigkeit, wo der zuzuteilende Freiheitsraum als solcher gegen seinen Entzug gesichert ist und die Auferlegung des Risikos der Wertunsicherheit im Einzelfall ausnahmsweise das grundrechtliche Freiheitsrecht auf dem Altar des Ziels allokationseffizienter Zuteilung opfert. Wo die Anwendung des Versteigerungsmechanismus zu einer unzumutbaren, nicht ex ante voraussehbaren Belastung des durch die Zuteilung berührten freiheitsrechtlichen Zugangsanspruchs führt, kommt als Korrekturmechanismus ein effizienzorientierter Erstattungsanspruch in Betracht, der unverhältnismäßige Belastungen von Freiheitsrechten durch eine Kompensationszahlung im Einzelfall abhilft.

In den Grenzen der herausgearbeiteten Kautelen kann die Versteigerung als Zuteilungsinstrument der hoheitlichen Verteilungslenkung bei der Versteigerung natürlich knapper Ressourcen, die der Staat seiner Knappheitsverwaltung unterstellt hat[25], eine sinnvolle Zuteilungsfunktion übernehmen, namentlich bei der Zuteilung knapper Frequenzen[26] (soweit sie nicht für Rundfunkdienste bestimmt sind[27]) und der Zuteilung von Nummerierungsressourcen[28]. Die Unsicherheit der Entscheidungsbedingungen und die Dynamik des wirtschaftlichen Umfeldes, unter denen die Zuteilungsentscheidung getroffen wird, begrenzen ihren Einsatzbereich jedoch signifikant.

Dort, wo die Knappheit Folge staatlich gewillkürter Herbeiführung von Knappheitslagen ist[29], engt sich der Zulässigkeitsradius der Versteigerung ein, endet aber nicht. Ihr legitimer Anwendungsbereich als Instrument hoheitlicher Verteilungslenkung verläuft entgegen häufig vertretener Auffassung nicht entlang der Trennlinie zwischen geborener Knappheit und gewillkürter Verknappung, sondern wird gesteuert durch die Gründe, die die Übernahme in das Kraftfeld staatlicher Verteilungslenkung rechtfertigen: Dort, wo die gewillkürte Verknappung Ausdruck eines Misstrauens gegen die Verteilungsergebnisse ist, die der Markt hervorbringt, insbesondere zur Verhinderung einer Wettbewerbsapokalyse erfolgt, wie etwa bei der Zuteilung knapper Taxikonzessionen[30] oder dem Zugang zum Beruf des Schornsteinfegermeisters[31], fällt die Versteigerung als Zuteilungsmechanismus aus dem Köcher zulässiger Zuteilungsinstrumente heraus. Ein sinnvoller Anwendungsbereich kann der Versteigerung demgegenüber dort zuwachsen, wo eine Kontingentierung von Zugangsrechten von außenwirtschaftlichen Gründen oder Zielen des Umweltschutzes getragen ist. Ersterem ziehen das Europäische Gemeinschaftsrecht und das Völkerrecht de lege lata jedoch enge Grenzen[32]. Letztere findet in dem Emissionshandelssystem der Emissionshandelsrichtlinie einen konstruktiv sinnvollen Anwendungsbereich. Dem mit dem Emissionshandelssystem beabsichtigten Ziel einer Emissionsreduktion zu volkswirtschaftlichen Minimalkosten entspricht eine staatliche Primärallokation im Wege der Versteigerung in mustergültiger Weise[33]. Sie blendet allerdings Vertrauensschutzinteressen aus und weist insoweit eine offene Bestandsschutzflanke auf. Die Herauslösung von Emissionsbefugnissen an der Luft aus dem Grundeigentum an Anlagen, die ohne diese Emissionsbefugnis nicht mehr sinnvoll genutzt werden können, verlangt einen schonenden Übergang, der betätigtes Vertrauen schützt. Das Maß der Verknappung, das sich in dem Preis der Umweltnutzungsrechte

---

[25] Dazu S. 642 ff.
[26] Dazu S. 643 ff.
[27] Siehe S. 663 ff.
[28] Dazu S. 668 ff.
[29] Dazu S. 673 ff.
[30] Siehe S. 675 ff.
[31] Dazu S. 679.
[32] Dazu S. 681 ff.
[33] Dazu S. 683 ff.

spiegelt, muss den berechtigten Vertrauensinteressen der Beteiligten Rechnung tragen.

Die Versteigerung vermag ihre Dienste nicht nur im Kontext hoheitlicher Kontingentierungsentscheidungen zu entfalten, sondern auch bei der Konzessionierung knapper Güter eine sinnvolle Zuteilungsfunktion zu übernehmen[34]. Der Versteigerungserlös wird hier zur Verleihungsgebühr, die den Knappheitswert der zugewendeten staatlichen Leistung ermittelt. Sie perfektioniert als Methode der Zuteilung knapper Konzessionsbefugnisse die vorteilsabschöpfende Funktion der Verleihungsgebühr zu einem Auswahlinstrument: Sie setzt die Gebührenhöhe als Differenzierungsprogramm ein, um über die Person des Berechtigten zu entscheiden.

Das Gebot der Sachgerechtigkeit zieht seinem legitimen Anwendungsbereich jedoch enge Grenzen. Als Instrument der kontrollierten Zulassung sozial schädlichen Verhaltens[35], etwa bei der Zuteilung von Spielbankkonzessionen, kommt der Versteigerung (entgegen der Rechtsprechung des Bundesverfassungsgerichts) kein sinnvoller Anwendungsbereich zu. Eine Auswahl der Bewerber nach dem Maßstab der höchsten Gewinnerwartung konterkariert den mit der Beschränkung beabsichtigten Verbotszweck. Eine sinnvolle Auswahlfunktion kann die Versteigerung demgegenüber konstruktiv grundsätzlich im Kontext der Zuteilung umweltpolitischer Bewilligungen, etwa bei der Zuteilung bergbaurechtlicher Bewilligungen oder der Zuteilung konkurrierender Gewässererlaubnisse bzw. -bewilligungen, wahrnehmen[36]. Die vorrangig bei der Auswahlentscheidung zu berücksichtigenden umweltrechtlichen Verbotszwecke und Abwägungsaspekte vermag sie in ihrem Rekurs auf die Zahlungsbereitschaft jedoch regelmäßig nicht in ihrer gesamten Bandbreite hinreichend abzubilden; ihr legitimer Anwendungsbereich schrumpft als Reflex der wahrzunehmenden Ordnungsfunktion der Verteilungslenkung zusammen.

Ein Zuteilungskonzept, das an die Zahlungsbereitschaft der Nutzer anknüpft, verliert dort als Instrument hoheitlicher Knappheitsverwaltung grundsätzlich seine Rationalität, wo die hoheitliche Zuteilungsaufgabe nicht die Folge hoheitlichen verknappenden Freiheitseingriffs ist, sondern der knappheitsverwaltende Staat als Leistungsstaat aus eigenen Mitteln Leistungen zur Verfügung stellt, um die Verteilungsergebnisse zu korrigieren, die der Markt hervorgebracht hat. Allein die Zuteilung von Standplätzen auf kommunalen Volksfesten, Messen und Märkten wie die Zuteilung von Start- und Landerechten auf Flughäfen (sog. slots) verschließen sich dem Zuteilungsregime der Versteigerung (anders als etwa die Verteilung von Studienplätzen und Subventionen oder der Zugang zu kommunalen Einrichtungen) nicht vollständig. Die Versteigerung kann hier mit Ein-

[34] Dazu S. 685 ff.
[35] Siehe S. 699 ff.
[36] Siehe dazu S. 685 ff.

schränkungen grundsätzlich eine sinnvolle Zuteilungsfunktion wahrnehmen, die ihr de lege lata bislang freilich verschlossen ist.

Die Forderung nach wachsender Effizienzorientierung der Verteilungslenkung erreicht über das Regime der staatlichen Primärallokation hinaus in zunehmendem Umfang auch die inhaltliche Ausgestaltung hoheitlicher Nutzungsrechte[37]. Wo die vorrangige ordnungspolitische Zielvorstellung der Verteilungsordnung in dem verschwendungsfreien Einsatz knapper Güter liegt, kann eine dezentrale marktorientierte Verteilungsordnung die staatliche Primärallokation ergänzen. Sie eröffnet die Chance eines effizienzfördernden Austausches außerhalb des engen Zeitkorridors der Versteigerung.

Die nichtstaatliche dezentrale Sekundärallokation ist dem gleichen Gefahrenpotenzial ausgesetzt wie die Primärallokation mit Hilfe des Allokationsmechanismus der Versteigerung. Neben den Gefahren, welche die Versteigerung als Vehikel hoheitlicher Verteilungslenkung selbst in sich birgt, muss ein Handelssystem den Risiken begegnen, die eine dezentrale Entscheidungssteuerung ungebundener Marktkräfte außerhalb eines staatlich festgesetzten Regelmechanismus mit sich bringt. Den Staat trifft hier in besonderem Maße die Verantwortung, eine regelungspolitisch unerwünschte Verdrängung nichtkommerzieller durch konkurrierende wirtschaftliche Nutzungsarten wie auch eine völlige Versperrung des Freiheitsrechtszugangs zu verhindern sowie den Wettbewerb gegen Beeinträchtigungen monopolistischer Konzentration, Kollusion und strategischer Verdrängungsabsicht zu immunisieren. Der Handel darf den Wettbewerb, den er ermöglichen will, nicht unterminieren. Es bedarf daher – ähnlich wie bei einer Versteigerung als Modus der Erstallokation[38] – legislatorischer Schutzmechanismen, die einerseits der ungebundenen Kraft des Marktes Schranken in dem Umfang auferlegen, in dem die Verdrängung des Marktes als Allokationsmechanismus eine hoheitliche Zuteilung gebietet, und andererseits konkurrierenden staatlichen Regulierungszielen, die der Markt in seinem effizienzfokussierten, komplexitätsreduzierten Entscheidungsprogramm nicht in das Blickfeld nimmt, durch eine begleitende Steuerung des dezentralen Allokationsvorgangs Bahn brechen.

Der Frequenzhandel, den §62 TKG als Prototyp eines Systems übertragbarer Nutzungsrechte etabliert[39], verpasst die rechtspolitische Chance, eine verteilungspolitisch befriedigende wie die Frequenznutzung fördernde Sekundärallokation zu etablieren. Das Emissionshandelssystem der Emissionshandelsrichtlinie[40] stellt demgegenüber eine gelungene Umsetzung der Idee dar, die Effizienz- und Entdeckungsfunktion des Marktes für die

[37] Siehe S. 721 ff.
[38] Vgl. dazu supra S. 347 ff.
[39] Siehe S. 734 ff.
[40] Siehe S. 757 ff.

Ziele hoheitlicher Verteilungslenkung fruchtbar zu machen. Indem Emissionshandelsmodelle den Umweltnutzern die Entscheidung darüber belassen, auf welchem Wege Umweltschutzziele erreicht werden, geht von ihnen eine flexible staatliche Steuerungswirkung aus; sie erreichen grundsätzlich den gleichen umweltpolitischen Effekt wie ordnungsrechtliche Umweltschutzinstrumente zu geringeren Kosten bzw. zu den gleichen Kosten einen höheren umweltpolitischen Ertrag als eine ordnungsrechtliche Regelung. Ihre Zielsicherheit erkaufen mengengesteuerte Emissionshandelssysteme allerdings mit dem Preis verminderter ökonomischer Handlungssicherheit und Kalkulierbarkeit. Mit der Etablierung von Zertifikatsystemen kann eine Verletzung grundrechtlichen Eigentumsschutzes an vorhandenen Betriebsanlagen ebenso einhergehen wie eine Beeinträchtigung der Berufsfreiheit der systemunterworfenen Akteure. Der Gesetzgeber muss die verfassungsrechtlichen Folgen, die ein Zertifikatesystem auslöst, ständiger Beobachtung unterziehen und sich realisierende Beeinträchtigungen freiheitsrechtlicher Positionen durch Wahrnehmung einer residualen Systemverantwortung abwenden. Er darf weder die Frage, ob ein Marktzugang für Newcomer möglich ist, noch, ob die Vertrauensschutzinteressen der Altsassen angemessen berücksichtigt sind, der ungebundenen Kraft des Marktes überlassen. Der Staat ist auch in der marktwirtschaftlichen Gestaltungsform als knappheitsverwaltender Staat in der Systemverantwortung verhaftet, die er durch die Wahrnehmung der Regelungsaufgabe übernommen hat und durch Überwachung, Ordnung sowie Anpassung des Handelssystems, etwa durch Missbrauchskontrolle, Zuteilungsreserven und andere Mittel der Offenmarktpolitik, wahrnehmen kann und muss.

Emissionszertifikate genießen den Eigentumsschutz des Art. 14 Abs. 1 GG bzw. Art. 17 Abs. 1 S. 1 GRCh, soweit sie im Wege der Versteigerung erworben oder als Surrogat für wohlerworbene Rechte ihren Inhabern zugeteilt wurden. Sie werden unter dem Damoklesschwert der Systemverantwortung des handelndes Gesetzgebers geboren. Die Inhaber von Zertifikaten müssen in einem von Unsicherheiten geprägten experimentellen Handlungsumfeld mit einer Anpassung des Systems auf sich ändernde Umstände und einer steuernden Einflussnahme des Staates auf die Ausgestaltung der als Zertifikate ausgegebenen Werte rechnen. Sie können nicht auf einen unveränderten Fortbestand des zum Zeitpunkt der Zertifikatausgabe bestehenden umweltrechtlichen Status quo vertrauen. Eine abrupte Entwertung der als Eigentum gewährleisteten Zertifikate widerstreitet freilich dem Grundrechtsgehalt der Eigentumsgarantie und dem in ihr angelegten Gedanken des Schutzes der eigenverantwortlichen Lebensgestaltung im vermögensrechtlichen Bereich. Veränderungen des den Zertifikaten zukommenden Eigentumsinhalts, etwa Veränderungen der Abwertungsregeln, die diejenige Rechtsposition verkürzen, welche der Gesetzgeber den Inhabern als Eigentum zugewiesen hat, ohne sie zu entziehen, unterliegen als Inhalts- und Schrankenbestimmungen dem Prinzip der Verhältnismäßigkeit.

Emissionshandelssystemen kommt ein beschränkter umweltpolitischer Wirkungsradius zu. Sie eignen sich weder zur Abwehr ordnungsrechtlicher, schutzpflichtrelevanter Gefahrenlagen noch sind sie in der Lage, umweltrelevante Wechselwirkungen zwischen Schadstoffen vollständig zu erfassen. Ihr regelungspolitischer Vorsprung gegenüber rein ordnungsrechtlichen Steuerungsmodellen schmilzt umso deutlicher zusammen, je mehr das Instrument ordnungsrechtlichen Mindestanforderungen genügen soll und je geringer das Grenzvermeidungskostengefälle der Umweltnutzer ist. Ob ihr Einsatz sinnvoll ist, bedarf einer sorgfältigen schadstoffbezogenen Instrumentenanalyse, welche die Höhe ihrer Transaktionskosten und die Gefahr von Arbitrageprozessen in Rechnung stellt.

Der Markt kann als Instrument der hoheitlichen Verteilungslenkung heils- wie fluchbringende Wirkung entfalten. Wie das Skalpell des Arztes ist er behutsam und vorsichtig an den richtigen Stellen eingesetzt ein hilfreiches Instrument, unbedacht und unkontrolliert angewendet hingegen ein gefährliches Werkzeug. Die Erprobung seiner Verteilungswirkungen bedarf einer sorgfältigen Vorbereitung, die in Kenntnis aller seiner grundrechtlichen Folgewirkungen zu treffen ist. In den Händen eines zunehmend durch finanzielle Interessen und fiskalische Nöte getriebenen Gesetzgebers verlangt das missbrauchsanfällige Instrument marktlicher Allokation erhöhte Wachsamkeit der Rechtswissenschaft.

Schrifttum

Aaken, Anne van: »Rational Choice« in der Rechtswissenschaft – Zum Stellenwert der ökonomischen Theorie im Recht, Baden-Baden 2003.

– Vom Nutzen der ökonomischen Theorie für das öffentliche Recht: Methode und Anwendungsmöglichkeiten, in: Bungenberg, Marc u. a. (Hrsg.), Recht und Ökonomik, Beck 2004, S. 1 ff.

Abramowicz, Michael: The law-and-markets movement, American University Law Review 49 (1999), S. 327 ff.

Ackerman, Frank / *Heinzerling* Lisa: Pricing the Priceless: Cost-Benefit Analysis of Environmental Protection, University of Pennsylvania Law Review 150 (2002), S. 1562 ff.

Adam, Jürgen: Öffentliche Auftragsvergabe und culpa in contrahendo, Berlin 2005.

Adamovich, Ivan Baron: Entstehung von Verfassungen – ökonomische Theorie und Anwendung auf Mittel- und Osteuropa nach 1989, Tübingen 2004.

Adams, Michael: Ökonomische Theorie des Rechts, Konzepte und Anwendungen, 2. Aufl., Frankfurt a. M. 2004.

Adler, Matthew D. / *Posner*, Eric A.: Rethinking Cost Benefit Analysis, Yale Law Journal 109 (1999), S. 165 ff.

Aghion, Philippe / *Hart*, Oliver / *Moore*, John: A Proposed Bankruptcy Procedure for Eastern Europe, Journal of Law, Economics and Organization 8 (1998), S. 523 ff.

Akerlof, George A.: The market for »lemons«: Quality and the market mechanism, Quarterly Journal of Economics 84 (1970), S. 488 ff.

Alain, Quemin: L'espace des objets, Expertises et enchères à Drouot-Nord, Genèses 17 (1994), S. 52 ff.

Albert, Hans: Nationalökonomie als Soziologie: Zur sozialwissenschaftlichen Integrationsproblematik, Kyklos 13 (1960), S. 1 ff.

– Traktat über rationale Praxis, Tübingen 1978.

– Politische Ökonomie und rationale Politik: Vom wohlfahrtsökonomischen Formalismus zur politischen Soziologie, in: ders. (Hrsg.), Aufklärung und Steuerung. Aufsätze zur Sozialphilosophie und zur Wissenschaftslehre der Sozialwissenschaften, Hamburg, 1976, S. 91 ff.

Albert, Hans (Hrsg.): Aufklärung und Steuerung. Aufsätze zur Sozialphilosophie und zur Wissenschaftslehre der Sozialwissenschaften, Hamburg, 1976.

Alchian, Armen / *Demsetz*, Harold: Production, Information Costs and Economic Organization, American Economic Review 62 (1972), S. 777 ff.

Alexy, Robert: Theorie der Grundrechte, 5. Aufl., Frankfurt a. M. 2006.

Allard, Nicholas W.: The New Spectrum Auction Law, Seton Hall Legislation Journal 18 (1993), S. 13 ff.

Allesch, Erwin: Zur Zulässigkeit öffentlich-rechtlicher Verträge im Kommunalabgabenrecht, DÖV 1988, S. 103 ff.

Altmeppen, Holger / *Bunte*, Hermann-Josef: Kartellrechtliche Probleme des deutschen UMTS-Versteigerungsverfahrens, in: Piepenbrock, Hermann-Josef / Schuster, Fabian (Hrsg.), UMTS-Lizenzvergabe, Baden-Baden 2001, S. 443 ff.

Alvard, Michael S.: The Ultimatum Game, Fairness and Cooperation Among Big Game Hunters, in: Henrich, Joseph, u. a. (Hrsg.), Foundations of Human Sociality, Oxford 2004, S. 413 ff.

Amelung, Knut: Die Einwilligung in die Beeinträchtigung eines Grundrechtsgutes, Eine Untersuchung im Grenzbereich von Grundrechts- und Strafrechtsdogmatik, Berlin 1981.

Amonn, Alfred: Grundsätze der Finanzwissenschaft, Erster (allgemeiner) Teil, Bern 1947.

Amor, Daniel: Dynamic Commerce: Online-Auktionen – Handeln mit Waren und Dienstleistungen in der Neuen Wirtschaft, Bonn 2000.

Anderheiden, Michael: Gemeinwohlförderung durch die Bereitstellung kollektiver Güter, in: Brugger, Winfried / Kirste, Stephan / Anderheiden, Michael, Gemeinwohl in Deutschland, Europa und der Welt, Baden-Baden 2002, S. 391 ff.

– Ökonomik, Gemeinwohl und Verfassungsrecht, in: Bungenberg, Marc / Danz, Stefan / Heinrich, Helge u. a. (Hrsg.), Recht und Ökonomik, München 2004, S. 113 ff.

– Gemeinwohl in Republik und Union, Tübingen 2006.

Anonymus: Vom Hunsrücker Bauern, Monatsschrift für die kirchliche Praxis 4 (1904), S. 412 ff.

Anschütz, Gerhard: Die Verfassung des Deutschen Reiches vom 11. August Berlin 1987 (Neudruck der 14. Aufl. 1933).

Antweiler, Clemens: Erschließungsverträge mit Kommunalunternehmen: Zulässigkeit und Ausschreibungspflicht, NZBau 2003, S. 93 ff.

Apelt, Willibalt: Die Gleichheit vor dem Gesetz nach Art. 3 I GG, JZ 1951, S. 353 ff.

Aquin, Thomas von: Summa theologica, Bd. 3, zusammengefasst und erläutert von Joseph Bernhart, 2. Aufl., Stuttgart 1954.

Aristoteles: Politik, III, übersetzt und mit Anmerkungen versehen von Eugen Rolfes, Hamburg 1981.

– Nikomachische Ethik, hrsg. von Otfried Höffe, 2. Aufl., Berlin 2006.

Arkes, Hal R. / *Ayton*, Peter: The sunk cost and Concorde effects: Are Humans Less Rational than Lower Animals?, Psychological Bulletin 125 (1999), S. 591 ff.

Arkes, Hal R. / *Blumer*, Catherine: The Psychology of Sunk Cost, Organizational Behavior and Human Decision Processes 35 (1985), S. 124 ff.

Arndt, Adolf: Rezension: Gerhard Leibholz, Die Gleichheit vor dem Gesetz, 2.Aufl. München-Berlin 1959, NJW 1961, S. 2153 f.

Arndt, Hans-Wolfgang: Lenkung durch Steuern und sonstige Abgaben auf dem Gebiet des Wirtschaftsverwaltungsrechts: Bestandsaufnahme und Perspektiven, WiVerw. 1990, S. 1 ff.

– Finanzverfassungsrechtliche Zulässigkeit der Versteigerung der UMTS-Lizenzen, in: Piepenbrock, Hermann-Josef / Schuster, Fabian (Hrsg.), UMTS-Lizenzvergabe, Baden-Baden 2001, S. 207 ff.

– Versteigerung der UMTS-Lizenzen – ein Plädoyer für die verfassungsrechtliche Unzulässigkeit, K & R 2001, S. 23 ff.

Arndt, Helmut: The Ricardian Vice, in: Stammer, Otto / Thalheim, Karl C. (Hrsg.), Festgabe für Friedrich Bülow zum 70. Geburtstag, Berlin 1960, S. 37 ff.

Arnim, Hans Herbert von: Gemeinwohl und Gruppeninteressen, Die Durchsetzungsschwäche allgemeiner Interessen in der pluralistischen Demokratie, Frankfurt a. M.1977.

– Besteuerung und Eigentum, VVDStRL (39) 1981, S. 286 ff.

– Staatslehre der Bundesrepublik Deutschland, München 1984.
– Wirtschaftlichkeit als Rechtsprinzip, Berlin 1988.
Arrow, Kenneth J.: A Difficulty in the Concept of Social Welfare, Journal of Political Economy 58 (1950), S. 328ff.
– Social Choice and Individual Values, 2. Aufl., New York u. a. 1963.
– Öffentliche und private Wertvorstellungen, in: Pommerehne, Werner W. / Frey, Bruno S. (Hrsg.), Ökonomische Theorie der Politik, Berlin u. a.1979, S. 130ff.
– Rationality of Self and Others in an Economic System, Journal of Business 59 (1986), S. 385ff.
Ascheid, Reiner / *Preis*, Ulrich / *Schmidt*, Ingrid: Kündigungsrecht, 2. Aufl., München 2004.
Ashenfelter, Orley: How Auctions Work for Wine and Art, Journal of Economic Perspectives 3 (1989), S. 23ff.
Assmann, Heinz-Dieter / *Kirchner*, Christian / *Schanze*, Erich: Ökonomische Analyse des Rechts, Tübingen 1993.
Aufderheide, Detlef / *Dabrowski*, Martin: Wirtschaftsethik und Moralökonomik: Normen, soziale Ordnung und der Beitrag der Ökonomik, Berlin 1997.
Ayres, Ian / *Cramton*, Peter: Deficit Reduction Through Diversity: A Case Study of How Affirmative Action at the FCC Increased Auction Competition, Stanford Law Review, 48 (1996), S. 761ff.
Ayres, Ian / *Gertner*, Robert: Filling Gaps in Incomplete Contracts: An Economic Theory of Default Rules, Yale Law Journal 98 (1989), S. 29ff.
Azpilcueta, Martin de: Enchiridion sive Manuale confessariorum et poenitentium, in: *ders.* Operum I., Rom 1588.
Bach, Stefan / *Erber*, Georg: Die UMTS-Lizenzvergabe in Deutschland – Auktionsverfahren unbefriedigend, DIW-Wochenbericht 30/2000 v. 27.7.2000, abrufbar unter http://www.diw.de/deutsch/publikationen/wochenberichte/docs/00–30–2.html#FN6.
Bader, Pascal: Europäische Treibhauspolitik mit handelbaren Emissionsrechten, Berlin 2000, S. 73.
Badura, Peter: Das Verwaltungsmonopol, Berlin 1963.
– Richterliches Prüfungsrecht und Wirtschaftspolitik, in: Oberndörfer, Peter / Schambeck, Herbert (Hrsg.), Verwaltung im Dienste von Wirtschaft und Gesellschaft, Festschrift für Ludwig Fröhler, Berlin 1980, S. 321ff.
– Die verfassungsrechtliche Pflicht des gesetzgebenden Parlaments zur »Nachbesserung« von Gesetzen, in: Müller, Georg (Hrsg.), Staatsorganisation und Staatsfunktion im Wandel – Festschrift für Kurt Eichenberger zum 60. Geburtstag, Basel u. a. 1982, S. 481ff.
– Arbeit als Beruf (Art. 12 I GG), in: Hanau, Peter / Müller, Gerhard / Wiedemann, Herbert / Wlotzke, Otfried (Hrsg.), Festschrift für Wilhelm Herschel zum 85. Geburtstag, München 1982, S. 21ff.
– Verteilungsordnung und Zuteilungsverfahren bei der Bewirtschaftung knapper Güter durch die öffentliche Verwaltung, in: Wendt, Rudolf / Höfling, Wolfram / Karpen, Ulrich (Hrsg.), Festschrift für Karl-Heinrich Friauf zum 65. Geburtstag, Heidelberg 1996, S. 529ff.
Bailey, Emma: Sold to the Lady in the Green Hat, New York 1962.
Balla, Bálint: Soziologie der Knappheit – Zum Verständnis individueller und gesellschaftlicher Mängelzustände, Stuttgart 1978.
– Knappheit als Ursprung sozialen Handelns, Hamburg 2005.
Balmes, Frank: Der baden-württembergische Wasserpfennig aus verfassungsrechtlicher Sicht, DStZ 1990, S. 198ff.

– Verfassungsmäßigkeit und rechtliche Systematisierung von Umweltsteuern, Lohmar 1997.

Bamberger, Heinz Georg / *Roth*, Herbert (Hrsg.), Kommentar zum Bürgerlichen Gesetzbuch, Bd. 2 (§§ 611–1296 BGB, ErbbauVO, WEG), München 2004.

Banerjee, Abhijit V.: A Simple Model of Herd Behaviour, Quarterly Journal of Economics 107 (1992), S. 797 ff.

Bardarsky, Alexander: Objektive Marktzugangsbeschränkungen im Taxengewerbe aus verfassungs- und europarechtlicher Sicht; Eine rechtliche Untersuchung auf der Grundlage wirtschaftswissenschaftlicher, empirischer und historischer Erkenntnisse, Berlin 1998.

Barro, Robert J.: Inequality and Growth in a Panel of Countries, Journal of Economic Growth 5 (2000), S. 5 ff.

Barzel, Yoram: A Theory of Rationing by Waiting, The Journal of Law and Economics 17 (1974), S. 73 ff.

Baßeler, Ulrich / *Heinrich*, Jürgen / *Utecht*, Burckhard: Grundlagen und Probleme der Volkswirtschaft, 17. Aufl., Stuttgart 2002.

Bastians, Uda / *Osthaus*, Wolf: Ein Recht der Gemeinschaftsgüter, DVBl. 1999, S. 690 ff.

Battis, Ulrich / *Schulte-Trux*, Anke / *Weber*, Nicole: »Frauenquoten« und Grundgesetz, DVBl. 1991, S. 1165 ff.

Battis, Ulrich / *Krautzberger*, Michael / *Löhr*, Rolf-Peter: Baugesetzbuch, Kommentar, 10. Aufl., München 2007

Bauer, Hartmut: Privatisierung von Verwaltungsaufgaben, VVDStRL 54 (1995), S. 243 ff.

Baum, Harald: Rückerwerbsangebote für eigene Aktien: übernahmerechtlicher Handlungsbedarf?, ZHR 2003, S. 580 ff.

Baumann, Bernd: Offene Gesellschaft, Marktprozess und Staatsaufgaben, Baden-Baden 1993.

Baumann, Peter: Handlung, Willensbildung und Macht, Conceptus 72 (1995), S. 21 ff.

Baumol, William J. / Panzar, John C. / Willig, Robert D.: Contestable Markets and the Theory of Industry Structure, New York et al. 1982.

Baur, Jürgen / Stürner, Rolf: Sachenrecht, 18. Aufl., München 2007.

Bazerman, Max H. / *Samuelson*, William F.: I Won the Auction But Don't Want the Prize, Journal of Conflict Resolution 27 (1983), S. 618 ff.

– The Winner's curse: An empirical Investigation, in: Tietz, Reinhard (Hrsg.), Aspiration Levels in Bargaining and Decision Making, Berlin 1983, S. 186

Beaucamp, Guy: Anmerkung zu BVerfG, B. v. 8. 8. 1978 – 2 BvL 8/77 – (Der »Kalkar-Beschluss«; Leitentscheidung des BVerfG zur Reichweite des Parlamentsvorbehalts und zum Grundrechtsschutz vor Gefahren durch kerntechnische Anlagen), JA 2002, S. 855 ff.

Becker, Enno: Reichsabgabenordnung, 5. Aufl., Berlin 1926.

Becker, Florian: Die Versteigerung der UMTS-Lizenzen: Eine neuartige Form der Allokation von Rechten, Die Verwaltung 2002, S. 3 ff.

– Stattliche staatliche Versteigerungserlöse: Anlass zur Reform der Finanzverfassung?, DÖV 2003, S. 177 ff.

– Ökonomisierung und Globalisierung des europäischen Umweltrechts: Die Richtlinie zum Handel mit Emissionszertifikaten, EuR 39 (2004), S. 857 ff.

Becker, Gary S.: Irrational Behavior and Economic Theory, Journal of Political Economy 70 (1962), S. 1 ff.

– Ökonomische Erklärung menschlichen Verhaltens, 2. Aufl., Tübingen 1993.

Becker, Ulrich: Das »Menschenbild des Grundgesetzes« in der Rechtsprechung des Bundesverfassungsgerichts, Berlin 1996.
Beckerath, Ernst von u. a. (Hrsg.): Handwörterbuch der Sozialwissenschaften, Bd. 7, Tübingen 1961.
Becker-Neetz, Gerald: Rechtliche Probleme der Umweltzertifikatmodelle in der Luftreinhaltepolitik, Frankfurt 1988.
Beckmann, Michael: Ökonomische Analyse deutscher Auktionen, Wiesbaden 1999.
Beese, Dietrich / *Neumann*, Dirk: Versteigerungserlöse auf dem TK-Sektor und deren Verwendung, MMR 2000, S. 145 ff.
Behrens, Peter: The Firm as a complex Institution, ZGesStWiss 141 (1985), S. 62 ff.
– Die ökonomischen Grundlagen des Rechts, Tübingen 1986.
Beinhardt, Gerd: Der öffentlich-rechtliche Vertrag im deutschen und französischen Recht, VerwArch. 55 (1964), S. 151 ff., 210 ff.
Below, Georg von: Mittelalterliche Stadtwirtschaft und gegenwärtige Kriegswirtschaft, Tübingen 1917.
Benkert, Wolfgang: Neue Strategien der Umweltpolitik in den USA, NuR 1983, S. 295 ff.
Bentham, Jeremy: An Introduction to the Principles of Morals and Legislation: in two volumes, London 1823.
– Theory of Legislation. Principles of the Civil Code, hrsg. v. Charles K. Ogden, London 1931.
Berg, Wilfried: Die Verwaltung des Mangels, Der Staat 15 (1976), S. 1 ff.
Bergson, Abram: A Reformulation of Certain Aspects of Welfare Economics, Quarterly Journal of Economics 52 (1938), S. 30 ff.
Bernsdorff, Norbert: Positivierung des Umweltschutzes im Grundgesetz (Art. 20a GG), NuR 1997, S. 328 ff.
Bethge, Herbert: Die verfassungsrechtliche Problematik einer Zulassungsberufung im Zivilprozess – Einige kritische Anmerkungen zum Entwurf eines Rechtspflege-Entlastungsgesetzes, NJW 1991, S. 2391 ff.
Bethwaite, Judy G.: The Ultimatum Game – Understanding and the Taste for Fairness, Economic Notes 22 (1993), S. 37 ff.
Bettermann, Karl August: Legislative ohne Posttarifhoheit. Beiträge zu Art. 80 GG, Frankfurt u. a. 1967.
– Anmerkung zu BayVGH, Urt. v. 15.02.1974 – 239 I 72 –, DVBl. 1975, S. 548 ff.
Beuthien, Volker: Zweckerreichung und Zweckstörung im Schuldverhältnis, Tübingen 1969.
Beutinger, Emil: Das Submissionswesen, Leipzig 1915.
Beyme, Klaus von: Gemeinwohlorientierung und Gemeinwohlorientierung bei Parteieliten und Interessengruppen, in: Münkler, Herfried / Fischer, Karsten (Hrsg.), Gemeinwohl und Gemeinsinn – Rhetoriken und Perspektiven sozial-moralischer Orientierung, Berlin 2002, S. 137 ff.
Bidinger, Helmuth: Personenbeförderungsrecht, Bd. 1, 2. Aufl., Berlin 1971.
Binzel, Patrick: Frequenzhandel in Deutschland und Großbritannien, Baden-Baden 2006.
Birk, Dieter: Das Leistungsfähigkeitsprinzip als Maßstab der Steuernormen, Köln 1983.
– Vorteilsabschöpfung durch Abgaben, in: Kley, Max Dietrich / Sünner, Eckart / Willemsen, Arnold (Hrsg.), Steuerrecht, Steuer- und Rechtspolitik, Wirtschaftsrecht und Unternehmensverfassung, Umweltrecht – Festschrift für Wolfgang Ritter zum 70. Geburtstag, Köln 1997, S. 41 ff.

Birk, Dieter / *Eckhoff*, Rolf Staatsfinanzierung durch Gebühren und Steuern, in: Sacksofsky, Ute / Wieland, Joachim (Hrsg.), Vom Steuerstaat zum Gebührenstaat, Baden-Baden 2000, S. 54 ff.

Bitter, Melanie: Spieltheorie und öffentliche Verwaltung, Baden-Baden, 2005.

Bittlingmayer, George: Die wettbewerbspolitischen Vorstellungen der Chicago School, Wirtschaft und Verwaltung 1987, S. 710 ff.

Blake, Jonathan: FCC Licensing: From Comparative Hearings to Auctions, Federal Communications Law Journal 47 (1994), S. 179 ff.

Blankart, Charles Beat: Öffentliche Finanzen in der Demokratie: Eine Einführung in die Finanzwissenschaft, 4. Aufl., München 2001.

Blankenagel, Alexander: Umweltzertifikate – Die rechtliche Problematik, in: Wenz, Edgar Michael / Issing, Otmar / Hofmann, Hasso (Hrsg.), Ökologie, Ökonomie und Jurisprudenz, München 1987, S. 71 ff.

Bleckmann, Albert: Verfassungsrechtliche Probleme des Verwaltungsvertrages, NVwZ 1990, S. 601 ff.

Bleutge, Peter: Probleme im Versteigerungsrecht, WiVerw. 1987, S. 222 ff.

Bluhm, Harald / *Münkler*, Herfried (Hrsg.): Gemeinwohl und Gemeinsinn, Forschungsberichte der Interdisziplinären Arbeitsgruppe »Gemeinwohl und Gemeinsinn« der Berlin-Brandenburgischen Akademie der Wissenschaften, 4 Bände (Band 1: Historische Semantiken politischer Leitbegriffe, Band 2: Rhetoriken und Perspektiven sozial-moralischer Orientierung, Band 3: Konkretisierung und Realisierung öffentlicher Interessen, Band 4: Zwischen Normativität und Faktizität), Berlin 2001 ff.

Blum, Ulrich / *Mönius*, Johannes: Versunkene Kosten und Wirtschaftspolitik, Wirtschaftswissenschaftliches Studium 27 (1998), S. 7 ff.

Böckenförde, Ernst-Wolfgang: Die verfassungsrechtliche Unterscheidung von Staat und Gesellschaft als Bedingung der individuellen Freiheit, Opladen 1973.

– (Hrsg.), Staat und Gesellschaft, Darmstadt 1976.

– Vom Wandel des Menschenbildes im Recht, Münster 2001.

– Gemeinwohlvorstellungen bei Klassikern der Rechts- und Staatsphilosophie, in: Münkler, Herfried / Fischer, Karsten (Hrsg.), Gemeinwohl und Gemeinsinn im Recht, Berlin 2002, S. 43 ff.

Bode, Sven: Kernenergieausstieg: Versteigerung zusätzlicher »Restlaufzeiten« für bestehende Anlagen, Energiewirtschaftliche Tagesfragen 55 (2005), S. 325 ff.

Boesen, Arnold: Vergaberecht: Kommentar zum 4. Teil des GWB, Köln 2000.

Böske, Johannes / Heuterkes, Michael: Absolute und relative Knappheit: der Fall Hotelling gegen Adelmann, Münster 2005, S. 3 ff.

Böhm-Bawerk, Eugen von: Rechte und Verhältnisse vom Standpunkt der volkswirtschaftlichen Güterlehre, in: *ders.*, Gesammelte Schriften, hrsg. v. Franz Xaver Weiss, Leipzig 1924, 1 ff.

– Stichwort »Wert«, in: Elster, Ludwig / Weber, Adolf / Wieser, Friedrich (Hrsg.), Handwörterbuch der Staatswissenschaften, Bd. 8, 4. Aufl., Jena 1928, S. 988 ff.

Bogdandy, Armin von: Die außenwirtschaftliche Genehmigung: Rechtsnatur und Rechtsfolgen, VerwArch. 83 (1992), S. 53 ff.

Bohley, Peter: Gebühren und Beiträge, Tübingen 1977.

Bohnen, Alfred: Die utilitaristische Ethik als Grundlage der modernen Wohlfahrtsökonomik, Göttingen 1964.

Bolle, Friedel / *Funk*, Cara: Auktionen in der Energiewirtschaft, Zeitschrift für Energiewirtschaft 1 (1992), 52 ff.

Bolle, Friedel / *Hoven*, Ingolf: Wettbewerb um das exklusive Angebotsrecht – Franchise Bidding als alternatives Regulierungsinstrument, Finanzarchiv N. F. 47 (1989), S. 461 ff.

Bolton, Gary / *Ockenfels*, Axel: A Theory of Equity, Reciprocity, and Competition, American Economic Review 100 (2000), S. 166 ff.
Bolton, Patrick / *Roland*, Gerard / *Vickers*, John / *Burda*, Michael: Privatization Policies in Central and Eastern Europe, Economic Policy 7 (1992), 275 ff.
Bonus, Holger: Öffentliche Güter und Gefangenendilemma, in: Dettling, Warnfried (Hrsg.), Die Zähmung des Leviathan – Neue Wege der Ordnungspolitik, Baden-Baden 1980, S. 129 ff.
– Öffentliche Güter und der Öffentlichkeitsgrad von Gütern, ZgS 1980, S. 50 ff.
Borchert, Manfred / *Grossekettler*, Heinz: Preis- und Wettbewerbstheorie, Stuttgart 1985.
Borenstein, Severin: On the Efficiency of Competitive Markets for Operating Licences, The Quarterly Journal of Economics 103 (1988), S. 103 ff.
Borrmann, Alexandra: Der Schutz der Berufsfreiheit im deutschen Verfassungsrecht und im europäischen Gemeinschaftsrecht, Berlin u. a. 2002.
Borrmann, Jörg: Zur Allokation von Start- und Landerechten – Eine Kritik an den Regulierungsvorschlägen der EG-Kommission, WuW 1991, S. 678 ff.
Borrmann, Jörg / *Finsinger*, Jörg: Markt und Regulierung, München 1999.
Bosse, Wolfgang: Der subordinationsrechtliche Verwaltungsvertrag als Handlungsform öffentlicher Verwaltung, Berlin 1974.
Bosse-Arbogast, Michael: Zur Verfassungswidrigkeit der Wasserentnahmegebühr in Niedersachsen, NST-N 1993, S. 74.
Bothe, Michael: Rechtliche Voraussetzungen für den Einsatz von handelbaren Emissionszertifikaten am Beispiel SO_2, NVwZ 1995, S. 937 ff.
– Zulässigkeit landesrechtlicher Abfallabgaben, NJW 1998, S. 2333 ff.
Boulding, Kenneth E.: Ökonomie als eine Moralwissenschaft, in: Vogt, Winfried (Hrsg.): Seminar: Politische Ökonomie, Frankfurt 1973, S. 103 ff.
Bourdeau de Fontenay, Alain: Auctions vs. Beauty Contests, Is It the Question? – A New Look at Access and Spectrum Allocation in France and in the US, Communications & Strategies 36 (1999), S. 111 ff.
Boyes, William J.: Understanding, Fairness and Reputation in the Ultimatum Game, Economic Notes: Economic Review of Banca dei Paschi di Siena 25 (1996), S. 21 ff.
Brandes, Wilfried: Fischauktion: Geschichten rund um die Seefischversteigerung in Bremerhaven, Bremen 2000.
Brandt, Richard B.: Some Merits of One Form of Rule-Utilitarianism, University of Colorado Studies in Philosophy 3 (1967), S. 39 ff.
Brandt, Ulrich: Wettbewerbspolitische Ausnahmebereiche, Frankfurt a. M. 1977.
Brannman, Lance / *Klein*, J. Douglas / *Weiss*, Leonard: Concentration and Winning Bids in Auctions, Antitrust Bulletin 29 (1984), S. 27 ff.
– The Price Effects of Increased Competition in Auction Markets, Review of Economics and Statistics 69 (1987), S. 24 ff.
Brenck, Andreas: Ökonomische Lösungen des Problems der Gefährlichkeit von Stoffen, Münster 1996.
Brennan, Geoffrey / *Buchanan*, James M.: Besteuerung und Staatsgewalt, Hamburg 1988.
– Die Begründung von Regeln: Konstitutionelle Politische Ökonomie, Tübingen 1993.
Breuer, Rüdiger: Die Bodennutzung im Konflikt zwischen Städtebau und Eigentumsgarantie, München 1976.
– Legislative und administrative Prognoseentscheidungen, Der Staat 16 (1977), S. 21 ff.

– Grundrechte als Anspruchsnormen, in: Bachof, Otto (Hrsg.), Verwaltungsrecht zwischen Freiheit, Teilhabe und Bindung, Festgabe aus Anlass des 25jährigen Bestehens des Bundesverwaltungsgerichts, München 1978, S. 89 ff.
– Verfassungsrecht und Versteigerungsverfahren nach § 11 Telekommunikationsgesetz, in: Geis, Max-Emanuel / Lorenz, Dieter (Hrsg.), Staat, Kirche, Verwaltung, Festschrift für Hartmut Maurer zum 70. Geburtstag, München 2001, S. 25 ff.
– Freiheit des Berufs, in: Isensee, Josef / Kirchhof, Paul (Hrsg.), Handbuch des Staatsrechts, Band VI, 2. Auflage Heidelberg 2001, § 147.
– Die staatliche Berufsregelung und Wirtschaftslenkung, in: Isensee, Josef / Kirchhof, Paul (Hrsg.), Handbuch des Staatsrechts, Band VI, 2. Aufl., Heidelberg 2001, § 148.
– Öffentliches und privates Wasserrecht, 3. Aufl., München 2004.
Breunung, Leonie: Umweltschutz unter dem Optimalitäts- und Effizienzpostulat, in: Gawel, Erik (Hrsg.): Effizienz im Umweltrecht, Baden-Baden 2001, S. 127 ff.
Breyer, Stephen G.: Regulation and Its Reform, Cambridge (Mass.) u. a. 1982.
Britz, Gabriele: Behördliche Befugnisse und Handlungsformen für die Netzentgeltregulierung nach neuem EnWG, RdE 1997, S. 85 ff.
– Umweltrecht im Spannungsverhältnis von ökonomischer Effizienz und Verfassungsrecht, Die Verwaltung 1997, S. 185 ff.
Brockmann, Karl Ludwig / *Stronzik*, Marcus / *Bergmann*, Heidi: Emissionsrechtehandel – eine neue Perspektive für die deutsche Klimapolitik nach Kioto, Heidelberg 1999.
Brockmeyer, Germar: Das Rechtsinstitut der Geschäftsgrundlage aus der Sicht der ökonomischen Analyse des Rechts, Frankfurt 1993.
Brough, James: Auction!, Indianapolis u. a. 1963.
Brown, Donald J. / *Heal*, Geoffrey: Equity, Efficiency and increasing returns, The Review of Economic Studies 46 (1979), S. 571 ff.
Brugger, Winfried: Menschenwürde, Menschenrechte, Grundrechte, Baden-Baden 1997.
– Gemeinwohl als Integrationskonzept von Rechtssicherheit, Legitimität und Zweckmäßigkeit, in: ders. / Kirste, Stefan / Anderheiden, Michael (Hrsg.), Gemeinwohl in Deutschland, Europa und der Welt, Baden-Baden 2002, S. 17 ff.
Bryde, Brun-Otto: Die Effektivität von Recht als Rechtsproblem, Berlin u. a. 1993.
Buchanan, James McGill: The Limits of Liberty, Chicago 1975.
– Politics Without Romance: A Sketch of Positive Public Choice Theory and Its Normative Implications, Zeitschrift des Instituts für Höhere Studien 3 (1979), S. 1 ff.
– Die Grenzen der Freiheit, Tübingen 1984.
– The political Efficiency of General Taxation, National Tax Journal 46 (1993), S. 401 ff.
Buchanan, James McGill / *Tullock*, Gordon: The Calculus of Consent, Ann Arbor 1962.
Büchner, Wolfgang von / *Bönsch*, Georg (Hrsg.): Beck'scher TKG-Kommentar, 2. Auflage, München 2000.
Bull, Hans Peter: Die Staatsaufgaben nach dem Grundgesetz, 2. Aufl. Kronberg/Ts. 1977.
Bulling, Manfred / *Finkenbeiner*, Otto: Wassergesetz für Baden-Württemberg: mit Wasserhaushaltsgesetz sowie Vollzugs- und Nebenvorschriften des Bundes und des Landes, Kommentar, 3. Auflage, Stuttgart 2006.
Bullinger, Martin: Vertrag und Verwaltungsakt: zu den Handlungsformen und Handlungsprinzipien öffentlicher Verwaltung nach deutschem und englischem Recht, Stuttgart 1962.

Bullinger, Winfried: Internet-Auktionen – die Versteigerung von Neuwaren im Internet, WRP 46 (2000), S. 253 ff.
Bumke, Christian: Der Grundrechtsvorbehalt – Untersuchungen über die Begrenzung und Ausgestaltung der Grundrechte, Baden-Baden 1998.
– Gesetzgebungskompetenz unter bundesstaatlichem Kohärenzzwang?, ZG 1999, S. 376 ff.
– Relative Rechtswidrigkeit: Systembildung und Binnendifferenzierungen im öffentlichen Recht, Tübingen 2004.
Bumke, Susanne: Frequenzvergabe nach dem Telekommunikationsgesetz – Unter besonderer Berücksichtigung der Integration ökonomischer Handlungsrationalität in das Verwaltungsverfahren, Berlin 2006.
Bundesministerium des Innern (Hrsg.): Moderner Staat – Moderne Verwaltung: der Mandelkern-Bericht; auf dem Weg zu besseren Gesetzen, Berlin 2001.
Bundesministerium für Post und Telekommunikation (Hrsg.): Frequenzregulierung in der Bundesrepublik Deutschland, Bonn 1991.
Bund-Länder-Arbeitsgruppe »Insolvenzrecht« (Hrsg.): Abschlussbericht: Probleme der praktischen Anwendungen und Schwachstellen des Regelinsolvenzverfahrens, Weimar 2002.
Burckhardt, August: Über die Wahlart der Basler Professoren, besonders im 18. Jahrhundert, Basler Zeitschrift für Geschichte und Altertumskunde 15 (1916), S. 28 ff.
Burgi, Martin: Funktionale Privatisierung und Verwaltungshilfe, Tübingen 1999.
– Vergabefremde Zwecke und Verfassungsrecht, NZBau 2001, S. 64 ff.
– Der Verwaltungsvertrag im Vergaberecht, NZBau 2002, S. 57 ff.
– Verwalten durch öffentliche Unternehmen im europäischen Institutionenwettbewerb, VerwArch. 93 (2002), S. 255 ff.
– Die Ausschreibungsverwaltung – Dogmatische Herausforderungen des Verwaltens mit Dienstleistungskonzessionen, DVBl. 2003, S. 949 ff.
– Die Rechtsstellung der Unternehmen im Emissionshandelssystem, NJW 2003, S. 2486 ff.
– Die Dienstleistungskonzession ersten Grades, Baden-Baden 2004.
– Emissionszertifikate als Eigentum i. S. d. Art. 14 GG, RdE 2004, 29 ff.
– Grundprobleme des deutschen Emissionshandelssystems: Zuteilungskonzept und Rechtsschutz, NVwZ 2004, S. 1162 ff.
Burgi, Martin / *Müller*, Philipp: Das Emissionshandelssystem in Deutschland, ZUR 2004 (Sonderheft), S. 419 ff.
Burgi, Martin / *Selmer*, Peter: Verfassungswidrigkeit einer entgeltlichen Zuteilung von Emissionszertifikaten, Stuttgart 2007.
Burke, Thomas F.: Online Reverse Auctions, 14.00–11 Briefing Papers, Chicago 2000 S. 1 ff.
Burmeister, Joachim: Verträge und Absprachen zwischen der Verwaltung und Privaten, VVDStRL 52 (1993), S. 190 ff.
Bußhoff, Heinrich: Gemeinwohl als Wert und Norm: zur Argumentations- und Kommunikationskultur der Politik, Baden-Baden 2001.
Bykowsky, Mark M. / *Cull*, Robert J. / *Ledyard*, John O.: Mutually Destructive Bidding, The FCC Auction design Problem, Journal of Regulatory Economics 17 (2000), S. 205 ff.
Byok, Jan: Das neue Vergaberecht, NJW 1998, S. 2774 ff.
Byok, Jan / *Jaeger*, Wolfgang (Hrsg.): Kommentar zum Vergaberecht, 2. Aufl., Frankfurt a. M. 2005.
Calabresi, Guido: Some Thoughts on Risk Distribution and the Law of Torts, Yale Law Journal 1961, S. 499 ff.

Calabresi, Guido / *Bobbitt*, Philip: Tragic Choices: The Conflicts in the Allocation of Tragically Scarce Resources, New York u. a. 1978.
Calabresi, Guido / *Melamed*, A. Douglas: Property Rules, Liability Rules, and Inalienability: One View of the Cathedral, Harvard Law Review 85 (1972), S. 1089 ff.
Callen, Jeffrey L.: The Coase Theorem and the Empty Core, Journal of Law and Economics 24 (1981), S. 175 ff.
Calliess, Christian / *Ruffert*, Matthias (Hrsg.): Kommentar zu EU-Vertrag und EG-Vertrag, 3. Aufl., München 2007 (bzw. 2. Aufl. Neuwied u. a. 2002).
Canaris, Claus-Wilhelm: Die Bedeutung der iustitia distributiva im deutschen Vertragsrecht, in: Bayerische Akademie der Wissenschaften (Hrsg.), Sitzungsberichte der bayerischen Akademie der Wissenschaften 1997, München 1997, S. 133 ff.
Cansier, Dieter: Gefahrenabwehr und Risikovorsorge im Umweltschutz und der Spielraum für ökonomische Instrumente, NVwZ 1994, S. 642 ff.
Capen, Edward C. / *Clapp*, Robert V. / *Campbell*, William M.: Competitive Bidding in High Risk Situations, Journal of Petroleum Technology 23 (1971), 641 ff.
Cartelier, Lysiane: Auctions versus Beauty Contests – The Allocation of UMTS licences in Europe, Annals of Public and Cooperative Economics 74 (2003), S. 63 ff.
Cassady, Ralph: Auctions and Auctioneering, Berkeley u. a. 1967.
Cassing, James / *Douglas*, Richard W.: Implications of the Auction Mechanism in Baseball's Free Agent Draft, Southern Economic Journal 47 (1980), S. 110 ff.
Cauley, Leslie / *Carnevale*, Mary Lu: Wireless Giants, Some Surprise Players to seek New Generation of Licenses, The Wall Street Journal vom 31. 10. 1994, A4.
Chadwick, Edwin: Results of Different Principles of Legislation and Administration in Europe, Journal of Royal Statistical Society 22 (1859), S. 381 ff.
Chipman, John S.: Compensation Principle, in: Eatwell, John / Milgate, Murray / Newman, Peter (Hrsg.), The New Palgrave: A Dictionary of Economics, 4 Bände, London 1987 ff., S. 524 ff.
Christensen, Friedrich von: Abhalten vom Mitbieten bei Versteigerungen, Göttingen 1896.
Clausi, Alejandra Guardia: Rechtsfragen des Frequenzhandels, Münster 2004.
Coase, Ronald H.: The Nature of the Firm, Economia 4 [16] (1937), S. 386 ff.
– Nature of the Firm, in: Stigler, George J. / Boulding, Kenneth E. (Hrsg.), Readings in Price Theory, Chicago u. a. 1953, S. 331 ff.
– The Federal Communications Commission, Journal of Law & Economics 2 (1959), S. 1 ff.
– The Problem of Social Cost, Journal of Law & Economics 3 (1960), S. 1 ff.
– The Regulated Industries. Discussion, American Economic Review 54 (1964), S. 194 ff.
– The Nature of the Firm: Influence, Journal of Law, Economics and Organization 4 (1988), S. 34.
– Comment on Thomas W. Hazlett: Assigning Property Rights to Radio Spectrum Users: Why Did FCC License Auctions Take 67 Years?, Journal of Law & Economics 41 (1998), S. 577 ff.
– The Firm, the Market and the Law, Chicago 1988 u. a., S. 1 ff.
Coate, Malcolm: Techniques for Protecting against Collusion in Sealed Bid Markets, Antitrust Bulletin 30 (1985), S. 897 ff.
Coenen, Miachel: Der Handel mit Funkfrequenzen zwischen Wettbewerb und Regulierung, Baden-Baden 2006.
Coleman, James: Macht und Gesellschaftsstruktur, Tübingen 1979.

Coleman, Jules L.: Efficiency Exchange and Auction: Philosophic Aspects of the Economic Approach to Law, California Law review 68 (1980), S. 221 ff.
– The Economic Analysis of Law, in: Pennock, James Roland / Chapman, John William: Ethics, Economics and the Law, New York u. a. 1982, S. 83 ff.
– Markets, Morals and the Law, Oxford 1988.
Condorcet, Marie Jean Antoine Nicolas Caritat de: Entwurf einer historischen Darstellung der Fortschritte des menschlichen Geistes, Frankfurt a. M., 1963.
Cooper, Jeremy: Under the Hammer: The Auctions and Auctioneers of London, London 1977.
Cooter, Robert D.: The Costs of Coase, Journal of Legal Studies 11 (1982), S. 14 ff.
– The Best Right Laws, Value Foundations of the Economic Analysis of Law, Notre Dame Law Review 1989, S. 817 ff.
Cooter, Robert D. / *Ulen*, Thomas S.: Law and Economics, 5. Aufl., Boston (Mass.) 2007.
Cornelius, Sabine: Zur effizienten Allokation knapper Ressourcen – Das Beispiel der Vergabe von Start- und Landerechten an überlasteten Flughäfen in den USA, München 1994.
Cox, Helmut (Hrsg.): Daseinsvorsorge und öffentliche Dienstleistungen in der Europäischen Union, Zum Widerstreit zwischen freiem Wettbewerb und Allgemeininteresse, Baden-Baden 2000.
Cox, James C. / *Isaac*, R. Mark / *Smith*, Vernon L.: OCS Leasing and Auctions: Incentives and the Performance of Alternative Bidding Institutions, Supreme Court Economic Review 2 (1983), S. 43 ff.
Cramton, Peter: Money Out of Thin Air: The Nationwide Narrowband PCS Auction, Journal of Economics and Management Strategy 4 (1995), S. 267 ff.
– The Efficiency of the FCC Spectrum Auctions, Journal of Law and Economics 41 (1998), S. 727 ff.
– The FCC Spectrum Auctions: An Early Assessment, Journal of Economics and Management Strategy 4 (1997), S. 431 ff.
Cramton, Peter / *Schwartz*, Jesse A.: Collusive Bidding in the FCC Spectrum Auctions, Working Paper, University of Maryland 1999.
– Collusive Bidding: Lessons from the FCC Spectrum Auctions, Journal of Regulatory Economics 17 (2000), S. 229 ff.
Cuypers, Manfred: Leistungsbeschreibung, Ausschreibung und Bauvertrag, BauR 1997, S. 27 ff.
Dähne, Harald: Die sogenannte Baufreiheit und die Eigentumsgarantie, Jura 2003, S. 455 ff.
Dahrendorf, Ralf: Homo sociologicus, Köln 1959.
– Die neue Freiheit: Überleben und Gerechtigkeit in einer veränderten Welt, Frankfurt 1980.
Dales, John H.: Pollution, Property and Prices, Toronto 1968.
Daly, Herman E.: The Economics of the Steady State, American Economic Review 64 (1974), S. 15 ff.
Dam, Kenneth W.: Oil and Gas licensing and the North Sea, Journal of Law and Economics 8 (1965), S. 51 ff.
– The Evolution of North Sea Licensing Policy in Britain and Norway, The Journal of Law and Economics 17 (1974), S. 213 ff.
– Oil resources: Who gets what how?, Chicago 1976.
Danwitz, Thomas von, Die Benutzung kommunaler öffentlicher Einrichtungen – Rechtsformenwahl und gerichtliche Kontrolle, JuS 1995, S. 1 ff.
Dassmann, Ernst / *Depenheuer*, Otto / *Heinze*, Meinhard: Solidarität in Knappheit, Berlin 1998.

Das Varma, Gopal: Standard Auctions with identity dependent externalities, Rand Journal of Economics 33 (2002), S. 689 ff.
Davanzati, Bernardo: Lezione delle monete, Florenz 1588.
Dawes, Robyn M.: Rational Choice in an Uncertain World, San Diego 1988.
De Alessi, Louis / *Staaf*, Robert J.: Subjective Value in Contract Law, Journal of Institutional and Theoretical Economics 145 (1989), S. 561 ff.
De Buhr, Klaus Michael: Anmerkung zum Urteil des VG Hamburg v. 27.2.1992 – Az. 18 VG 2001/90, IUR 1992, S. 236 f.
De Condillac, Étienne Bonnot: Le Commerce et le Gouvernement Considérés Relativement l'un à l'Autre, Amsterdam u. a. 1776.
De Gijsel, Peter: Wohlfahrt und Gerechtigkeit, Frankfurt/Main u. a. 1984.
De Scitovsky, Tibor: A Note on Welfare Propositions in Economics, Review on Economic Studies 9 (1941), S. 77 ff.
De Vany, Arthur: Implementing a Market-Based Spectrum Policy, Journal of Law and Economics 41 (1998), S. 627 ff.
De Vany, Arthur / *Eckert*, Ross / *O'Hara*, Don / *Meyers*, Charles: A Property System for Market Allocation of the Electromagnetic Spectrum: A Legal-Economic Study, Stanford Law Review 21 (1969), S. 1488 ff.
Dechsling, Rainer: Das Verhältnismäßigkeitsgebot, München 1989.
Degenhart, Christoph: Systemgerechtigkeit und Selbstbindung des Gesetzgebers als Verfassungspostulat, München 1976.
– Verfassungs- und verwaltungsrechtliche Rechtsfragen der Versteigerung der UMTS-Lizenzen, in: Piepenbrock, Hermann-Josef / Schuster, Fabian (Hrsg.), UMTS-Lizenzvergabe, Baden-Baden 2001.
– Versteigerung der UMTS-Lizenzen: Telekommunikationsrecht und Telekommunikationsverfassungsrecht, K & R 2001, S. 32 ff.
Demsetz, Harold: The Exchange and Enforcement of Property Rights, Journal of Law and Economics 7 (1964), S. 11 ff.
– Why regulate utilities?, Journal of Law and Economics 11 (1968), S. 55 ff.
– On the regulation of Industry: A Reply, Journal of Political Economy 79 (1971), S. 356 ff.
– When Does the Rule of Liability Matter, Journal of Legal Studies 1 (1972), S. 13 ff.
– Two Systems of Belief about Monopoly, in: Goldschmid, Harvey J. / Mann, H. Michael / Weston, J. Fred (Hrsg.), Industrial Concentration: The New Learning, Boston 1974, S. 166 ff.
Denkhaus, Wolfgang: Die neue Institutionenökonomik und das Governancekonzept – Zum Wandel der ökonomischen Theorie und ihren Implikationen für die Verwaltungswissenschaft, in: Bungenberg, Marc u. a. (Hrsg.), Recht und Ökonomik, München 2004, S. 33 ff.
Denninger, Erhard: Staatliche Hilfe zur Grundrechtsausübung durch Verfahren, Organisation und Finanzierung, in: Isensee, Josef / Kirchhof, Paul (Hrsg.), Handbuch des Staatsrechts, Band V, 2. Aufl., Heidelberg 2000, § 113.
Depenheuer, Otto: Zufall als Rechtsprinzip?, JZ 1993, S. 171 ff.
Deregulierungskommission – Unabhängige Expertenkommission zum Abbau marktwidriger Regulierungen (Hrsg.): Marktöffnung und Wettbewerb, Stuttgart 1991.
Deutsche Akademie der Wissenschaften (Hrsg.): Kant's gesammelte Schriften, Berlin 1910 ff.
De Vany, Arthur S. : Implementing a Market-Based Spectrum Policy, Journal of Law and Economics 41 (1998), S. 627 ff.
De Vany, Arthur S./*Eckert*, Ross D./*Meyers*, Charles J./*O'Hara*, Donald J./*Scott*, Richard C. : A Property System for Market Allocation of the Electromagnetic

Spectrum: A Legal-Economic-Engineering Study, Stanford Law Review 21 (1969), S. 1499 ff.
Di Fabio, Udo: Risikoentscheidungen im Rechtsstaat, Tübingen 1994.
Dickertmann, Dietrich / *Gelbhaar*, Siegfried: Einnahmensystematische Zuordnung und Finanzausgleichsrelevanz von Geldstrafen und anderen monetären Sanktionen, Die Verwaltung 1995, S. 475 ff.
Diekmann, Jochen / Schleich, Joachim: Auktionierung von Emissionsrechten – Eine Chance für mehr Gerechtigkeit und Effizienz im Emissionshandel, Zeitschrift für Energiewirtschaft 30 (2006), S. 299 ff.
Dietlein, Johannes: Die Lehre von den grundrechtlichen Schutzpflichten, Berlin 1992.
– Konzessionsübertragung und Konzessionshandel im Taxi-Gewerbe, GewArch. 1999, S. 89 ff.
– Staatliches Glücksspiel auf dem Prüfstand, BayVBl. 2002, S. 161 ff.-
– Nachfolge im öffentlichen Recht, 2. Aufl., Berlin 2005.
Ding, David K.: Prospect theory, analyst forecasts and stock returns, Journal of multinational financial management 14 (2004), S. 425 ff.
Dixit, Avinash K. / *Nalebuff*, Barry J.: Spieltheorie für Einsteiger, Stuttgart 1995.
Dohmen, Frank / *Kerbusk*, Klaus-Peter: Ritt auf der Rasierklinge, Der Spiegel 17/2000 vom 20.4.2000, S. 77 f.
Dolde, Klaus-Peter: Bestandsschutz im Immissionsschutzrecht, in: Püttner, Günter (Hrsg.), Festschrift für Otto Bachof zum 70. Geburtstag, München 1984, S. 191 ff.
Dolzer, Rudolf / *Vogel*, Klaus / *Graßhoff*, Karin (Hrsg.): Bonner Kommentar zum Grundgesetz, 15 Bände, Heidelberg, Loseblatt (Stand: Feb. 2007).
Domschke, Max: Der Gebührenbegriff, Ein Beitrag zur Klassifikation der öffentlich-rechtlichen Einnahmen, Leipzig 1928.
Donner, Hartwig / *Fischer*, Christine: Umweltschutz durch Abgaben. Finanz(verfassungs)rechtliche Herausforderungen am Beispiel des »Wasserpfennigs«, in: Donner, Hartwig u. a. (Hrsg.), Umweltschutz zwischen Staat und Markt. Moderne Konzeptionen im Umweltschutz, Baden-Baden 1989, S. 359 ff.
Dörner, Max: Kommunale Submissions-Politik, Die Vergebung öffentlicher Arbeiten in Mannheim, bearbeitet nach amtlichem Material, Stuttgart 1908.
Downes, John / *Goodman*, Jordan E.: Dictionary of Finance and Investment Terms, Woodbury (NY) 1985.
Dreher, Meinhard: Public Private Partnerships und Kartellvergaberecht – Gemischtwirtschaftliche Gesellschaften, In-House-Vergabe, Betreibermodell und Beleihung Privater, NZBau 2002, S. 245 ff.
Dreier, Horst (Hrsg.): Grundgesetz-Kommentar, 3 Bände, Tübingen 1998 ff.
Drexel, Josef: Von der ökonomischen Analyse des Rechts zu einer interdisziplinären Wissenschaft der Gemeinschaftsgüter, Die Verwaltung 2000, S. 285 ff.
Drömann, Dietrich: Nichtsteuerliche Abgaben im Steuerstaat. Ein Beitrag zur dogmatischen Bewältigung von Verleihungsabgaben, Berlin 2000.
Duffy, John F.: The FCC and the Patent System: Progressive Ideals, Jacksonian Realism, and the Technology of Regulation, University of Colorado Law Review 71 (2000), S. 1071 ff.
Duikers, Jan: Emissionszertifikate und Umweltrecht – 18. Trierer Kolloquium für Umweltrecht, VersR 2003, S. 1378 ff.
Dürig, Günter: Der Grundrechtssatz von der Menschenwürde AöR 81 (1956), S. 153 ff.
Dworkin, Gerald: Acting Freely, Noûs 4 (1970), S. 367 ff.
– Taking Rights Seriously, 2. Aufl., London 1978.

– Hard Cases, Harvard Law Review 88 (1975), S. 1057 ff.
– Is wealth a value?, Journal of Legal Studies 9 (1980), S. 191 ff.
– Law's Empire, Cambridge 1986.
Dyer, Douglas / *Kagel*, John H. / *Levin*, Dan: A comparison of naïve and experienced bidders in common value offer auctions: A laboratory analysis, Economic Journal 99 (1989), S. 108 ff.
Easterly, William / *Rebelo*, Sérgio: Fiscal Policy and Economic Growth: An Empirical Investigation, Journal of Monetary Economics 32 (1993), S. 417 ff.
Eger, Thomas / *Weise*, Peter: Gutscheine und Zertifikate, in: Tietzel, Manfred (Hrsg.), Ökonomische Theorie der Rationierung, München 1998, S. 33 ff.
Ehle, Dietrich: Die verfassungsrechtliche Bedeutung des Kostendeckungsprinzips im Gebührenrecht, DÖV 1962, S. 45 ff.
Ehlers, Dirk: Die Zulässigkeit von öffentlich-rechtlichen Verträgen über die Ablösung der Stellplatz- oder Garagenbaupflicht, DVBl. 1986, S. 529 ff.
– Eigentumsschutz, Sozialbindung und Enteignung bei der Nutzung von Boden und Umwelt, VVDStRL 51 (1992), S. 211 ff.
– Die Kontrolle von Subventionen, DVBl. 1993, S. 862 ff.
– Bestandskraft von vor Vergabe der UMTS-Lizenzen erlassenen verfahrensleitenden Verfügungen, K & R 2001, S. 13 ff.
– Bestandskraft von vor Vergabe der UMTS-Lizenzen erlassenen verfahrensleitenden Verfügungen, in: Piepenbrock, Hermann-Josef / Schuster, Fabian (Hrsg.), UMTS-Lizenzvergabe, Baden-Baden 2001, S. 114 ff.
Ehlers, Dirk (Hrsg.): Europäische Grundrechte und Grundfreiheiten, 2. Aufl., Berlin 2005.
Ehlers, Otto: Die Stellung der Gebühr im Abgabensystem, FinArch. 13 (1896), S. 439 ff.
Ehrenberg, Richard: Art. »Auktion«, in Elster, Ludwig / Weber, Adolf / Wieser, Friedrich (Hrsg.): Handbuch der Staatswissenschaften, Bd. 1, 4. Aufl. 1924, S. 19 ff.
Eidenmüller, Horst: Der Spinnerei-Fall: Die Lehre von der Geschäftsgrundlage nach der Rechtsprechung des Reichsgerichts und im Lichte der Schuldrechtsmodernisierung, Jura 2001, S. 824 ff.
– Effizienz als Rechtsprinzip – Möglichkeiten und Grenzen der ökonomischen Analyse des Rechts, 3. Aufl., Tübingen 2005.
Eifert, Martin: Grundversorgung mit Telekommunikationsleistungen im Gewährleistungsstaat, Baden-Baden 1998.
Eisenhardt, Kathleen: Agency theory: An assessment and review, Academy of Management Review 14 (1989), S. 57 ff.
Elicker, Michael: Der Grundsatz der Lastengleichheit als Schranke der Sonderabgaben, Inpflichtnahmen und Dienstleistungspflichten, NVwZ 2003, S. 304 ff.
Ellscheid, Günter: Strukturen naturrechtlichen Denkens, in: Kaufmann, Arthur / Hassemer, Winfried / Neumann, Ulfried (Hrsg.), Einführung in die Rechtsphilosophie und Rechtstheorie der Gegenwart, 7. Aufl., Heidelberg 2004, S. 152 ff.
Elster, Ludwig / *Weber*, Adolf / *Wieser*, Friedrich (Hrsg.): Handwörterbuch der Staatswissenschaften, 9 Bände, 4. Aufl., Jena 1923 ff.
Endemann, Wilhelm: Studien in der romanistisch – kanonistischen Wirtschafts- und Rechtslehre bis gegen Ende des 17. Jahrhunderts, Band 2, Berlin 1874/1883.
Enders, Christoph: Ökonomische Prinzipen im Dienst des Umweltrechts, DVBl. 1998, S. 184 ff.
– Die Inkorporation des Emissionshandels in das deutsche Luftreinhaltungsrecht – normativer Rahmen und aktuelle Rechtsprobleme, LKV 2007, S. 193 ff.
Endler, Jan: Privatisierungen und Vergaberecht, NZBau 2002, S. 125 ff.

Endres, Alfred: Das Coase-Theorem bei langfristiger Betrachtung, Jahrbuch für Sozialwissenschaft 27 (1976), S. 430 ff.
– Umweltökonomie: Eine Einführung, Darmstadt 1994.
– Umweltzertifikate: Eine marktwirtschaftliche Alternativen im Widerstreit, in: Endres, Alfred / Rehbinder, Eckhard / Schwarze, Raimund (Hrsg.), Umweltzertifikate und Kompensationslösungen aus juristischer Sicht, Bonn 1994, S. 1 ff.
Endres, Alfred / *Ohl*, Cornelia: Der Handel mit Emissionsrechten aus wirtschaftswissenschaftlicher Sicht, in: Hendler, Reinhard / Marburger, Peter / Reinhardt, Michael / Schröder, Meinhardt (Hrsg.), Emissionszertifikate und Umweltrecht; 19. Trier-Kolloquium zum Umwelt- und Technikrecht vom 28.–30. September 2003, Berlin 2004, S. 11 ff.
Endres, Alfred / *Querner*, Immo: Die Ökonomie natürlicher Ressourcen, 2. Aufl., Stuttgart u. a. 2000.
Endres, Alfred / *Schwarze*, Raimund: Das Zertifikatmodell vor der Bewährungsprobe?, in: Endres, Alfred / Rehbinder, Eckhard / Schwarze, Raimund (Hrsg.), Umweltzertifikate und Kompensationslösungen aus juristischer Sicht, Bonn 1994, S. 137 ff.
Engel, Christoph: Eigentumsschutz für Unternehmen, AöR 118 (1993), S. 169 ff.
– Medienordnungsrecht, Baden-Baden 1996.
– Das Recht der Gemeinschaftsgüter, Die Verwaltung 1997, S. 429 ff.
– Nebenwirkungen wirtschaftsrechtlicher Instrumente, in: ders./Morlok, Martin (Hrsg.), Öffentliches Recht als ein Gegenstand ökonomischer Forschung, Tübingen 1998, S. 173 ff.
– Institutionen zwischen Staat und Markt, VerwArch. 2001, S. 1 ff.
– Rechtliche Entscheidungen unter Unsicherheit, Bonn 2001.
– Das legitime Ziel als Element des Übermaßverbots – Gemeinwohl als Frage der Verfassungsdogmatik, in: Brugger, Winfried / Kirste, Stephan / Anderheiden, Michael, Gemeinwohl in Deutschland, Europa und der Welt, Baden-Baden 2002, S. 103 ff.
– Rechtliche Entscheidungen unter Unsicherheit, in: ders. / Halfmann, Jost / Schulte, Martin (Hrsg.): Wissen – Nichtwissen – Unsicheres Wissen, Baden-Baden 2002, S. 305 ff.
– Verhandelter Netzzugang, Baden-Baden 2002.
Engel, Christoph / *Englerth*, Markus / *Lüdemann*, Jörn / *Spiecker*, Indra gen. Döhmann et al. (Hrsg.), Recht und Verhalten, Tübingen 2007, S. 261 ff.
Engisch, Karl: Auf der Suche nach Gerechtigkeit, München 1971.
Ennuschat, Jörg: Wege zu besserer Gesetzgebung – sachverständige Beratung, Begründung, Folgenabschätzung und Wirkungskontrolle, DVBl. 2004, S. 986 ff.
– Vor dem Ende des Staatsmonopols im Glücksspielbereich – zugleich Anmerkung zu, BVerfG, Beschluss vom 27.4.2005 – 1 BvR 223/05 –, DVBl. 2005, S. 1288 ff.
Enquete-Kommission »Schutz des Menschen und der Umwelt«: Die Industriegesellschaft gestalten – Perspektiven für einen nachhaltigen Umgang mit Stoff- und Materialströmen, Bonn 1994.
Epikur, Originalausgabe, herausgegeben von: Hossenfelder, Malte, 2. Aufl., München 1998.
Epstein, Lee: The Supreme Court, 1987 Term-Forward, Unconstitutional Conditions, State Power, and the Limits of Consent, Harvard Law Review 102 (1989), S. 4 ff.
Epstein, Richard A.: Why Restrain Alienation?, Columbia Law Review 85 (1970), S. 970 ff.
Erichsen, Hans-Uwe: Staatsrecht und Verfassungsgerichtsbarkeit, München 1982.
– Freiheit – Gleichheit – Teilhabe, DVBl. 1983, S. 289 ff.

– Der Auffangtatbestand der Freiheitsrechte, in: Isensee, Josef/Kirchhof, Paul (Hrsg.): Handbuch des Staatsrechts, Band VI, 2. Aufl., Heidelberg 2001, S. 1185 (§ 152).
– Allgemeines Verwaltungsrecht, 13. Auflage, Berlin 2006.
Erlei, Mathias/*Leschke*, Martin/*Sauerland*, Dirk: Neue Institutionenökonomik, 2. Aufl., Stuttgart 2007.
Ernst, Stefan: Erscheinungsformen von Online-Auktionen und verwandten Veranstaltungen, in: Spindler, Gerald/Wiebe, Andreas: Internet-Auktionen, 2. Aufl., Köln 2005.
– Anmerkung zu: BGH, Urt. v. 13.11.2003 – umgekehrte Versteigerung im Internet –, MDR 2004, S. 522 ff.
Eschenburg, Rolf: Mikroökonomische Aspekte von Property Rights, in: Schenk, Karl-Ernst (Hrsg.): Ökonomische Verfügungsrechte und Allokationsmechanismen in Wirtschaftssystemen, Berlin 1978.
Euchner, Walter: Egoismus und Gemeinwohl, Frankfurt a. M. 1973.
Eucken, Walter: Die Grundlagen der Nationalökonomie, Jena 1940.
– Grundsätze der Wirtschaftspolitik, Bern 1952.
European Telecommunication Office (Hrsg.): Harmonized National Numbering Conventions, Draft Final Report, Kopenhagen 1997.
Evers, Hans-Ulrich: Die verfassungsrechtlichen Bindungen fiskalischer und schlichthoheitlicher Maßnahmen in der Praxis, NJW 1961, S. 289 ff.
Eyermann, Erich: Gleichheitssatz – Wurzel des Willkürverbots?, in: Bayerischer Verfassungsgerichtshof (Hrsg.), Verfassung und Verfassungsrechtsprechung: Festschrift zum 25jährigen Bestehen des Bayerischen Verfassungsgerichtshofes, München 1972, S. 45 ff.
Faber, Markus: Die Verteilung knapper öffentlicher Güter durch Höchstgebot – Eine verfassungsrechtliche Untersuchung unter Berücksichtigung der UMTS-Versteigerung, GewArch. 2002, S. 264 ff.
Fackler, Hartmut/*Konermann*, Peter: Praxis des Versteigerungsrechts – ein Leitfaden für Verwaltungsbehörden, Kammern, Verbände und gewerbliche Versteigerer, 2. Aufl., München 2004.
Farrell, M. Joseph: *Liberalism in the Theory of Social Choice,* Review of Economic Studies 43 (1976), S. 3 ff.
– Information and the Coase Theorem, Journal of Economic Perspectives 1 (1987), S. 113 ff.
Federal Communications Commission (Hrsg.): Implementation of Section 309(j) of the Communications Act – Competitive Bidding, PP Docket No. 93–253, Second Report and Order, 9 FCC Rcd 2348 (1994).
– Report to Congress on Spectrum Auctions, FCC 97–353, 1997.
– Policy Statement in the Matter of: Promoting the Efficient Use of Spectrum through the Elimination of Barriers to the Development of Secondary Markets, Notice of Proposed Rule Making (FCC 00–402), 2000.
Feess, Eberhard: Mikroökonomie: eine spieltheoretische und anwendungsorientierte Einführung, 3. Aufl., Marburg 2004.
Fehling, Michael: Die Konkurrentenklage bei der Zulassung privater Rundfunkveranstalter, eine Untersuchung zu materiell-rechtlichen Grundlagen, zur gerichtlichen Kontrolldichte und zum prozessualen Rahmen von Konkurrenzschutzbegehren, Berlin 1994.
– Der finanzielle Ausgleich für die Mitbenutzung fremder Infrastruktur bei Schienenwegen, Energieversorgungs- und Telekommunikationsleitungen, VerwArch. 1995, S. 600 ff.

– Mitbenutzungsrechte Dritter bei Schienenwegen, Energieversorgungs- und Telekommunikationsleitungen vor dem Hintergrund staatlicher Infrastrukturverantwortung, AöR 121 (1996), S. 59 ff.
– Verwaltung zwischen Unparteilichkeit und Gestaltungsaufgabe, Tübingen 2001.
– Gemeingebrauch und Sondernutzung im System des allgemeinen Verwaltungsrechts und des Wirtschaftsverwaltungsrechts, JuS 2003, S. 246 ff.
– Kosten-Nutzen-Analysen als Maßstab für Verwaltungsentscheidungen, VerwArch. 95 (2004), S. 443 ff.
– Ausschreibungen und Versteigerungen in Verkehrs- und Versorgungsnetzen: Praxiserfahrungen und Zukunftsperspektiven, aus europarechtlicher Perspektive, in: Knieps, Günter (Hrsg.), Versteigerungen und Ausschreibungen in Verkehrs- und Versorgungsnetzen, Berlin 2005, S. 54 ff.
– Konzessionsabgaben, in: Henneke, Hans-Günter / Pünder, Hermann / Waldhoff, Christian (Hrsg.), Recht der Kommunalfinanzen, München 2006, S. 334 ff.

Fehling, Michael/*Kastner*, Berthold / *Wahrendorf*, Volker (Hrsg.): Handkommentar Verwaltungsrecht, Baden-Baden 2006.

Fehling Michael / *Kämmerer*, Jörn Axel / *Schmidt*, Carsten (Hrsg.), Hochschulen zwischen Gleichheitsidee und Elitestreben. Rechtsfragen der Diversifizierung, Zweites Hochschulrechtssymposion an der Bucerius Law School, Köln u. a. 2005.

Feigenbutz, Gerhard: Die Bindungen des Post- und Fernmeldewesens an und durch das Rechtsinstitut der Gebühr, Berlin 1977.

Felder, Stefan: Frequenzallokation in der Telekommunikation – ökonomische Analyse der Vergabe von Frequenzen unter Berücksichtigung der UMTS-Auktionen, Frankfurt a. M. 2004.

Feldhaus, Gerhard: Marktwirtschaft und Luftreinhaltung, DVBl. 1984, S. 552 ff.
– Bestandsschutz immissionsschutzrechtlich genehmigter Anlagen im Wandel, WiVerw. 1986, S. 67 ff.
– Von der Gewerbeordnung zum BImSchG: Die Erwartungen des Gesetzgebers – Versuch einer Bilanz, in: Koch, Hans-Joachim / Lechelt, Rainer (Hrsg.), Zwanzig Jahre BImSchG, Baden-Baden 1994, S. 9 ff.

Ferris, Charles D. / *Leahy*, Terrence J: Special Issue – Competing Public an d Private Interests: Mass Media Regulation and the Constitution, Catholic University Law Review 38 (1989), S. 299 ff.

Fezer, Karl-Heinz: Nochmals: Kritik an der ökonomischen Analyse des Rechts, JZ 1988, S. 223 ff.
– Aspekte einer Rechtskritik an der economic analysis of law und am property rights approach, JZ 1986, S. 817 ff.
– Markenrecht – Kommentar zum Markengesetz, zur Pariser Verbandsübereinkunft und zum Madrider Markenabkommen, 3. Aufl., München 2001.

Fiedler, Wilfried: Zum Wirkungsbereich der clausula rebus sic stantibus im Verwaltungsrecht, VerwArch. 1976, S. 125 ff.
– Berufsfreiheit als Schranke der Verwaltungsmonopole, DÖV 1977, S. 390 ff.

Fikentscher, Wolfgang: Die Geschäftsgrundlage als Frage des Vertragsrisikos, München 1971.

Finsinger, Jörg: Zur Stabilität von Submissionskartellen – Collusive Bidding for Contracts, Jahrbücher für Nationalökonomie und Statistik 199 (1984), S. 575 ff.

Fischer, Hardy: Widerruf bei Internetauktionen, VuR 2005, S. 91 ff.

Fischer, Hartmut: Marktwirtschaftliche Preisbildung bei öffentlichen Aufträgen, Zeitschrift für Wirtschaftsrecht 2005, S. 106 ff.

Fisher, Irving: Mathematical Investigations in the Theory of Value and Price, Transactions of the Connecticut Academy of Arts and Sciences 9 (1892), S. 1 ff.

Fishman, Michael J.: A Theory of Preemptive Takeover Bidding, Rand Journal of Economics, 19 (1988), S. 88 ff.
Fishman, William L.: Property Rights, Reliance, and Retroactivity under the Communications Act of 1934, Federal Communications Law Journal 50 (1997), S. 2 ff
Fleiner, Fritz: Institutionen des deutschen Verwaltungsrechts, 8. Aufl., Tübingen 1928.
Fluck, Jürgen: Die anlagenbezogenen Vorschriften des Gentechnikgesetzes, BB 1990, S. 1716 ff.
Forrester, Viviane: Der Terror der Ökonomie, Wien 2002.
– Die Diktatur des Profits, München 2002.
Forsthoff, Ernst: Zur Problematik der Rechtserneuerung, in: Maihofer, Werner (Hrsg.), Naturrecht oder Rechtspositivismus?, 3. Aufl., Darmstadt 1981, S. 78 ff.
– Lehrbuch des Verwaltungsrechts, 10. Aufl., München 1973.
Fraberger, Friedrich/*Gerdes*, Imke: Vorsteuerabzug bei UMTS-Frequenzen nach europäischem Recht, IStR 2005, S. 836 ff.
Franz, Thorsten: Gewinnerzielung durch kommunale Daseinsvorsorge, Tübingen 2005.
Franzius, Claudio: Die Herausbildung der Instrumente indirekter Verhaltenssteuerung im Umweltrecht der Bundesrepublik Deutschland, Berlin 2000.
Frenz, Walter: Zertifikatehandel und Beihilfenverbot, ZHR 167 (2003), S. 459 ff.
– Das Ökosteuer-Urteil und seine Folge für den Emissionshandel, NuR 2004, S. 429 ff.
– Emissionshandelsrecht, Berlin u. a., 2005.
Frey, Bruno: Möglichkeiten und Grenzen des ökonomischen Denkansatzes, in: Sitter-Liver, Beat (Hrsg.), Der Mensch – ein Egoist?: Für und wider die Ausbreitung des methodischen Utilitarismus in den Kulturwissenschaften, Freiburg (CH) 1998, S. 165 ff.
Frey, Bruno S./*Gygi*, Beat: Die Fairness von Preisen, Schweizerische Zeitschrift für Volkswirtschaft und Statistik 125 (1988), S. 519 ff.
Freytag, Andreas/*Jäger*, Bernd: Der künftige Ordnungsrahmen des deutschen Telekommunikationsmarktes, ORDO 47 (1996), S. 215 ff.
Friauf, Karl Heinrich: Das Verbot mit Erlaubnisvorbehalt, JuS 1962, S. 422 ff.
– Bemerkungen zur verfassungsrechtlichen Problematik des Subventionswesens, DVBl. 1966, S. 729 ff.
– Verfassungsrechtliche Grenzen der Wirtschaftslenkung und Sozialgestaltung durch Steuergesetze, Tübingen 1966.
– Öffentlicher Haushalt und Wirtschaft, VVDStRL 27 (1969), S. 1 ff.
– Zur Rolle der Grundrechte im Interventions- und Leistungsstaat, DVBl. 1971, S. 674 ff.
– Öffentliche Sonderlasten und Gleichheit der Bürger, in: Carstens, Karl (Hrsg.), Festschrift für Hermann Jahrreiß zum 80. Geburtstag, Köln u. a. 1974, S. 45 ff.
– Die verfassungsrechtliche Problematik einer Diskriminierung der im Wege des Leasing angeschafften Wirtschaftsgüter gegenüber anderen Investitionsformen im Wirtschafts- und Abgaberecht, Hamburg 1979.
– Zum gegenwärtigen Stand der Bestandsschutz-Problematik, WiVerw. 1986, S. 87 ff.
– »Verleihungsgebühren« als Finanzierungsinstrument für öffentliche Aufgaben?, in: Rechtswissenschaftliche Fakultät der Universität zu Köln (Hrsg), Festschrift der Rechtswissenschaftlichen Fakultät zur 600-Jahr-Feier der Universität zu Köln, Köln u. a. 1988, S. 679 ff.
– Bestandsschutz zwischen Investitionssicherheit und Anpassungsdruck, WiVerw. 1989, S. 121 ff.

– Zur Zulässigkeit von außersteuerlichen Sonderabgaben, in: Schmölders, Günter/Wöhe, Günther/Buchholz, Edwin H (Hrsg.): Der Bürger als Objekt der staatlichen Finanzpolitik, Festschrift für Willy Haubrichs, 2. Aufl., Bad Wörishofen 1977, S. 106 ff.

Friedman, David D.: Law's Order, What Economics has to do with Law and why it matters, New Jersey 2000.

Friedman, Milton: The Methodology of Positive Economics in: ders. (Hrsg.), Essays in Positive Economics, Chicago et al., 1953, S. 3 ff.

– Capitalism and Freedom, Chicago 1962 (1982).

– Die Theorie der Preise, München 1977.

Frind, Frank: Die Qual der Wahl – Bemerkungen zu untauglichen Methoden der Insolvenzverwalterauswahl, ZInsO 2005, S. 225 ff.

– Qualifizierte Verwalter-Vorauswahl: Die Spreu vom Weizen, ZInSO 2006, S. 841 ff.

Frind, Frank/Schmidt, Andreas: Insolvenzverwalterbestellung: Auswahlkriterien und Grenzen der Justiziabilität in der Praxis, NZI 2004, S. 533 ff.

Fritsch, Michael/*Wein*, Thomas/*Ewers*, Hans-Jürgen: Marktversagen und Wirtschaftspolitik, 7. Aufl., München 2007.

Fritts, Brian C.: Private Property, Economic Efficiency and Spectrum Policy in the Wake of the C Block Auction, Federal Communications Law Journal 51 (1999), S. 849 ff.

Fritzmeyer, Wolfgang/*Rinderle*, Regina: Rien ne va plus für das Glücksspielmonopol in Deutschland?, CR 2004, S. 367 ff.

Frotscher, Werner/*Becht*, Ernst: Verfassungsrecht und Handel mit Taxikonzessionen, NVwZ 1986, S. 81 ff.

Fuchs-Wissemann, Hans: Priorität und Recht, DRiZ 1982, S. 373 ff.

Führ, Martin: Ökonomisches Prinzip und juristische Rationalität, Darmstadt 2000.

– Ökonomische Effizienz und juristische Rationalität, in: Gawel, Erik (Hrsg.), Effizienz im Umweltrecht, Grundsatzfragen einer wirtschaftlichen Umweltnutzung aus rechts-, wirtschafts- und sozialwissenschaftlicher Sicht, Baden-Baden 2001, S. 157 ff.

Furubotn, Eirik G./*Pejovich*, Svetosar: Property Rights and Economic Theory: A Survey of Recent Literature, Journal of Economic Literature 19 (1972), S. 1137 ff.

Fuß, Ernst-Werner: Gleichheitssatz und Richtermacht. Zur Rechtsprechung des BVerfG zu Art. 3 GG, JZ 1959, S. 329 ff.

Gäfgen, Gérard: Theorie der wirtschaftlichen Entscheidung, 3. Aufl., Tübingen 1974.

Gaentzsch, Günter: Gesetzmäßigkeit und Wirtschaftlichkeit, DÖV 1998, S. 954 ff.

Gaertner, Wulf: Über Kenneth Arrows allgemeines Unmöglichkeitstheorem und einige Auswege aus dem Dilemma, Jahrbuch für Sozialwissenschaft 29 (1978), S. 288 ff.

Gaettens, Richard: Inflationen – Das Drama der Geldentwertung vom Altertum bis zur Gegenwart, 2. Aufl., München 1956.

Gaffney, Mason: Economic Aspects of Water Resource Policy, American Journal of Economics and Sociology 28 (1969), S. 131 ff.

Gale, John/*Binmore*, Kenneth G./*Samuelson*, Larry: Learning to be imperfect: The Ultimatum Game, Madison 1993.

Galiani, Ferdinando: Della moneta libri cinque, Neapel 1750.

Gandenberger, Otto: Die Ausschreibung, Organisierte Konkurrenz um öffentliche Aufträge, Heidelberg 1961.

Ganten, Ted Oliver: Die Drittwirkung der Grundfreiheiten: Die EG-Grundfreiheiten als Grenze *der* Handlungs- und Vertragsfreiheit im Verhältnis zwischen Privaten, Berlin 2000.
Gavilondo, Carlos A.: Trading Clean Air The 1990 Acid Rain Rule: How they will work and initial responses to the market system, Tulane Law Review, 67 (1993), S. 749 ff.
Gawel, Erik: Umweltpolitik zwischen Verrechtlichung und Ökonomisierung: konkurrierende Ordnungsentwürfe für die Allokation knapper Umweltressourcen, ORDO 45 (1994), S. 63 ff.
– Die kommunalen Gebühren – Ökonomische, ökologische und rechtliche Ansätze einer gesamtwirtschaftlichen Neuorientierung, Berlin 1995, S. 208 ff.
– Ökonomische Effizienzforderungen und ihre juristische Rezeption – Ein problemstrukturierender Überblick, in: *ders.* (Hrsg.), Effizienz im Umweltrecht, Grundsatzfragen einer wirtschaftlichen Umweltnutzung aus rechts-, wirtschafts- und sozialwissenschaftlicher Sicht, Baden-Baden 2001, S. 9 ff.
Gawel, Erik (Hrsg.): Effizienz im Umweltrecht, Grundsatzfragen einer wirtschaftlichen Umweltnutzung aus rechts-, wirtschafts- und sozialwissenschaftlicher Sicht, Baden-Baden 2001.
Gawel, Erik / *van Mark*, Michael: Marktorientiertes Gewässergütemanagement – Kompensations- und Lizenzkonzepte im Indirekteinleiterbereich – eine Fallstudie, Berlin 1993.
Gebauer, Hans Dieter: Bücherauktionen im 17. Jahrhundert, Bonn 1981.
Gebauer, Klaus-Eckart: Nachdenken als Verfassungsauftrag. Über Notwendigkeit und Not staatlicher Planung, in: Fürst, Walther / Herzog, Roman / Umbach, Dieter (Hrsg.), Festschrift für Wolfgang Zeidler, Bd. 2, Berlin u. a. 1987, S. 1139 ff.
Geddert-Steinacher, Tatjana: Menschwürde als Verfassungsbegriff, Berlin 1990.
Gelzer, Konrad / *Bracher*, Christian-Dietrich / *Reidt*, Olaf: Bauplanungsrecht, 7. Aufl., Köln 2004.
Genty, Laurence: Auctions and Comparative Hearings: Two Ways to Attribute Spectrum Licences, Communications & Strategies 35 (1999), S. 11 ff.
Geppert, Martin / *Piepenbrock*, Hermann-Josef / *Schütz*, Raimund / *Schuster*, Fabian (Hrsg.): Beck'scher TKG-Kommentar, 3. Auflage, München 2006.
Geppert, Martin / *Ruhle*, Ernst-Olav / *Schuster*, Fabian: Handbuch Recht und Praxis der Telekommunikation, 2. Auflage, Baden-Baden 2002.
Gern, Alfons: Güterabwägung als Auslegungsprinzip im öffentlichen Recht, DÖV 1986, S. 462 ff.
Gersdorf, Hubertus: Die dienende Funktion der Telekommunikationsfreiheit: Zum Verhältnis von Telekommunikations- und Rundfunkordnung, AfP 1997, S. 424 ff.
– Öffentliche Unternehmen im Spannungsfeld zwischen Demokratie- und Wirtschaftlichkeitsprinzip, Berlin 2000.
Gethmann, Carl Friedrich / *Kloepfer*, Michael / *Reinert*, Sigrid (Hrsg.): Verteilungsgerechtigkeit im Umweltstaat, Bonn 1995.
Gibbon, Edward: Verfall und Untergang des Römischen Reiches, Köln 2006.
Giesberts, Ludger / *Hilf*, Juliane: Handel mit Emissionszertifikaten, Köln u. a. 2002.
Giliberto, S. Michael / *Varaiya*, Nikhil P.: The Winner's Curse and Bidder Competition in Acquisitions: Evidence from failed back Auctions, Journal of Finance 44 (1989), S. 59 ff.
Gilley, Otis W. / *Karels*, Gordon V.: The Competitive Effect in Bonus Bidding: New Evidence, Bell Journal of Economics 12 (1981), S. 637 ff.
Gintis, Herbert / *Bowles*, Samuel / *Boyd*, Robert / *Fehr*, Ernst: Explaining altruistic behaviour in humans, Evolution and Human Behavior 24 (2003), S. 153 ff.

Gitzinger, Hans-Lutwin: Verwaltungsakt auf Unterwerfung – Antragsbedingter Verwaltungsakt oder öffentlich-rechtlicher Vertrag?, Saarbrücken, 1963.
Göbel, Elisabeth: Neue Institutionenökonomik, Stuttgart 2002.
Goeree, Jacob K./*Offerman*, Theo: Efficiency in Auctions with Private and Common Values, American Economic Revue 92 (2002), S. 625ff.
– Competitive Bidding with Private and Common Values, The Economic Journal 113 (2003), S. 598ff.
Goldberg, Victor P.: Regulation and Administered Contracts, Bell Journal of Economics 7 (1976), S. 426 ff.
Göldner, Detlef: Gesetzmäßigkeit und Vertragsfreiheit im Verwaltungsrecht, JZ 1976, S. 352ff.
Goldscheid, Rudolf: Staatssozialismus oder Staatskapitalismus, Wien 1917.
Gormann, William M: The Intransitivity of Certain Criteria used in Welfare Economics, Oxford Economic Papers New Series 7 (1955), S. 25ff.
Gossen, Hermann H.: Entwicklung der Gesetze des menschlichen Verkehrs, und der daraus fließenden Regeln für menschliches Handeln, Braunschweig 1854.
Gotthold, Jürgen: Zur ökonomischen »Theorie des Eigentums« – eine kritische Einführung, ZHR 114 (1980), S. 545ff.
Götz, Volkmar: Der allgemeine Gleichheitssatz und die Rechtsanwendung im Verwaltungsrecht, NJW 1979, S. 1480ff.
Götzke, Gudrun: Ökonomische Analyse der Frequenzallokation unter besonderer Berücksichtigung des zellularen Mobilfunks, Baden-Baden 1994.
Gounalakis, Georgios/*Lochen*, Sebastian: Elektronische Marktplätze und Kartellrecht, ZHR 2003, S. 632ff.
Grabitz, Eberhard/*Hilf*, Meinhard (Hrsg.): Das Recht der Europäischen Union, München Loseblatt (Stand: Jan. 2004).
Graeber, Thorsten: Die Vorauswahl des Insolvenzverwalterkandidaten, NJW 2004, S. 2715ff.
– Die Auswahl des Insolvenzverwalters durch das Gericht, FPR 2006, S. 74ff.
– Kein Konkurrentenschutz für Insolvenzverwalter, NZI 2006, S. 499ff.
Gräff, Johann E. (Hrsg.): Chronologische Sammlung der rheinpreußischen Rechtsquellen mit Ausschluss der fünf Gesetzbücher, Trier 1846, S. 164f.
Graham, Daniel A./*Marshall*, Robert C.: Collusive Bidder Behavior at Single-Object Second-Price English Auctions, The Journal of Political Economy 95 (1987), S. 1217ff.
Graham, Daniel A./*Marshall*, Robert C./*Richard*, Jean- Francois: Phantom Bidding against Heterogeneous Bidders, Economic Letters 32 (1990), S. 13ff.
Gralla, Erhard: Neues polnisches Gewerberecht, WiRO 2005, S. 161ff.
Gramlich, Ludwig: Von der Postreform zur Postneuordnung – Zur erneuten Novellierung des Post- und Telekommunikationswesens, NJW 1994, S. 2785ff.
– Rechtsfragen einer Versteigerung von Telekommunikations-Lizenzen und -Frequenzen, CR 1999, S. 752 ff.
– Versteigerung von Telekommunikations-Lizenzen und -Frequenzen aus verfassungs- und EG-rechtlicher Perspektive, CR 2000, S. 101ff.
Gramm, Christoph: Privatisierung und notwendige Staatsaufgaben, Berlin 2001.
Gravenbrucher Kreis: Gutachterliche Gegenstellungnahme von dreizehn Mitgliedern des Gravenbrucher Kreises zur Frage der Bestellung des Insolvenzverwalters, ZInsO 2001, S. 730ff.
Gray, John: Die falsche Verheißung. Der globale Kapitalismus und seine Folgen, 2. Aufl., Frankfurt a. M. 2002.
Greitemeyer, Tobias/*Schulz-Hardt*, Stefan/*Popien*, Grit/*Frey*, Dieter: Der Einfluss versunkener monetärer und zeitlicher Kosten auf Ressourcenallokationen – Eine

Studie zum Sunk-Cost-Effekt mit Experten, Zeitschrift für Arbeits- und Organisationspsychologie 49 (2005), S. 35 ff.

Grether, David M. / *Isaac*, Marc / *Plott*, Charles, R.: The Allocation of Scarce Resources – Experimental Economics and the Problem of Allocating Airport Slots, Boulder, 1989.

Grimm, Jacob / Grimm, Wilhelm, Deutsches Wörterbuch, 33 Bände, München 1984 (Nachdruck der Erstausgabe 1854 ff.)

Grimm, Veronika / *Riedel*, Frank / *Wolfstetter*, Elmar: The Third Generation (UMTS) Spectrum Auction in Germany, CESifo Working Paper No. 584, 2001.

Groebe, Klaus: Die clausula – ein ungeschriebener Bestandteil des Bundesverfassungsrechts – Zum Urteil des BVerfG in Sachen Staatsvertrag Bayern/Coburg vom 30. 1. 1973, DÖV 1974, S. 196 ff.

Groeben, Hans von der, et al. (Hrsg.) Kommentar zum Vertrag über die Europäische Union und zur Gründung der Europäischen Gemeinschaft, 4 Bände, 6. Aufl., Baden-Baden, 2003.

Gromitsaris, Athanasios: Die Unterscheidung zwischen präventivem Verbot mit Erlaubnisvorbehalt und repressivem Verbot mit Befreiungsvorbehalt, DÖV 1997, S. 401 ff.

Gröning, Jochem: Public Private Partnerships bei Dienstleistungskonzessionen – Vergaberechtliche Konsequenzen aus dem »Teleaustria«-Urteil des EuGH, NZBau 2001, S. 123 ff.

Gröpl, Christoph: Haushaltsrecht und Reform, Tübingen 2001.

– Ökonomisierung von Verwaltung und Verwaltungsrecht, VerwArch. 93 (2002), S. 459 ff.

Gröschner, Rolf: Der homo oeconomicus und das Menschenbild des Grundgesetzes, in: Engel, Christoph / Morlok, Martin (Hrsg.), Öffentliches Recht als ein Gegenstand ökonomischer Forschung, Tübingen 1998, S. 31 ff.

– Die Republik, in: Isensee, Josef / Kirchhof, Paul (Hrsg.), Handbuch des Staatsrechts, Band III, 3. Aufl., Heidelberg 2005, § 23.

Groß, Thomas: Zur Zulässigkeit von Bedarfprüfungen bei der Entscheidung über umweltrelevante Vorhaben, VerwArch. 88 (1997), S. 89 ff.

Grote, Friedrich: Der Sondergebrauch nach Straßenrecht, in: Kodal, Kurt / Krämer, Helmut (Hrsg.), Straßenrecht – systematische Darstellung des Rechts der öffentlichen Straßen, Wege und Plätze in der Bundesrepublik Deutschland, 6. Aufl., München 1999, Kap. 26.

Grundmann, Silvia: Marktöffnung im Luftverkehr – Hoheitliche Eintrittsbarrieren in den USA und in der EG, Baden-Baden 1999.

Grünwald, Andreas: Analoger Switch-off – Zur Verwaltung terrestrischer Rundfunkfrequenzen im Zeichen der Digitalisierung der Fernsehübertragung in Deutschland und den USA, München 2001.

– Fernsehen unter dem Hammer – Möglichkeiten und Grenzen einer Versteigerung von Rundfunkfrequenzen, MMR 2001, S. 721 ff.

Grupp, Klaus: Das Angebot des anderen Mittels, VerwArch. 69 (1978), S. 125 ff.

Grzeszick, Bernd: Lizenzvergabe nach dem Telekommunikationsgesetz, ZUM 1997, S. 911 ff.

– Versteigerung knapper Telekommunikationslizenzen, DVBl. 1997, S. 878 ff.

– Lässt sich eine Verfassung kalkulieren?, JZ 2003, S. 647 ff.

– Vergaberecht zwischen Markt und Gemeinwohl, DÖV 2003, S. 649 ff.

Güntert, Lothar: Gewinnabschöpfung als strafrechtliche Sanktion – eine Untersuchung zu den Verfallsbestimmungen der §§ 73 bis 73d StGB, Köln 1983.

Gurlit, Elke: Verwaltungsvertrag und Gesetz: eine vergleichende Untersuchung zum Verhältnis von vertraglicher Bindung und staatlicher Normsetzungsautorität, Tübingen 2000.

Gurmann, Stefan: Internet-Auktionen – Gewerberecht – Zivilrecht – Strafrecht, Wien u. a. 2005.

Gusy, Christoph: Verbot mit Erlaubnisvorbehalt – Verbot mit Dispensvorbehalt, JA 1981, S. 80 ff.

– Der Gleichheitssatz, NJW 1988, S. 2505 ff.

Güth, Werner: Preisregeln für Auktionen und Ausschreibungen, ZWS 115 (1995), S. 1 ff.

– Spieltheorie und ökonomische (Bei-)Spiele, 2. Aufl., Berlin 1999.

Güth, Werner / *Schmittberger*, Rolf / *Schwarze*, Bernd: An experimental analysis of ultimatum bargaining, Journal of Economic Behavior and Organization 3 (1982), S. 367 ff.

Güth, Werner / *Tietz*, Reinhard: Strategic Power versus distributive justice: an experimental analysis of ultimatum bargaining, in: Brandstätter, Hermann / Kirchler, Erich (Hrsg.), Economic Psychology, Linz 1985, S. 129 ff.

Guthke, Michael P.: Ökonomische Gesichtspunkte im Rahmen der Herstellung der Verhältnismäßigkeit staatlichen Handeln im multipolaren Verhältnis, Berlin 2003.

Gutmann, Thomas: Freiwilligkeit als Rechtsbegriff, München 2001.

Gutmann, Theodor: Mängel der Leistung und missbräuchliche Gebührenerhebung kommunaler Anstalten, Leipzig 1933.

Gygi, Fritz: Rechtsgrundsätze der Einfuhrkontingentierung, in: ders. (Hrsg), Beiträge zum Verfassungs- und Verwaltungsrecht, Festgabe zum 65. Geburtstag des Autors, Bern 1986, S. 339 ff.

Haarmann, Wilhelm: Wegfall der Geschäftsgrundlage bei Dauerrechtsverhältnissen, Berlin 1979.

Haarmeyer, Hans: Die Auswahl des Insolvenzverwalters nach der InsO und das richterliche Ermessen – zugleich eine Besprechung von OLG Düsseldorf – Rpfleger 1996, 522 –, InVo 1997, S. 57 ff.

Habel, Wolfgang / *Kuckuck*, Bernd: Kommentar zum Wassergesetz von Baden-Württemberg, Stuttgart 1982.

Häberle, Peter: Das Bundesverfassungsgericht im Leistungsstaat, DÖV 1972, S. 729 ff.

– Effizienz und Verfassung, AöR 98 (1973), S. 625 ff.

– Das Menschenbild im Verfassungsstaat, 3. Aufl., Berlin 2005.

Hackl, Karl: Zu den Wurzeln der Anfechtung wegen laesio enormis, Zeitschrift der Savigny-Stiftung für Rechtsgeschichte 98 (1981), S. 147 ff.

Hackmann, Johannes: Die normative Basis der paretianischen Wohlfahrtsökonomik, in: Müller, Josef Heinz (Hrsg.), Wohlfahrtsökonomik und Gemeinwohl, Paderborn u. a. 1987, S. 9 ff.

Hagel, Joachim: Effizienz und Gerechtigkeit, Baden-Baden 1993.

Hager, Johannes: Verkehrsschutz durch redlichen Erwerb, München 1990.

Hall, Peter A. / *Taylor*, Rosemary C. R.: Political Science and the Three New Institutionalisms, Political Studies 44 (1996), S. 936 ff.

Haller, Heinz: Die Bedeutung des Äquivalenzprinzips für die öffentliche Finanzwirtschaft, Finanzarchiv N. F. 21 (1961), S. 248 ff.

Hallscheidt, Sven Christoph: Sicherung von Property Rights bei komplexer Leistungserstellung, Wiesbaden 2005.

Halm, Kenneth C.: Bechtel v. FCC: The Beginning of the End of the FCC's Comparative Hearing Process, Administrative Law Review 50 (1998), S. 491 ff.

Hamann, Andreas: Die Ermessensfreiheit der Gesetzgebung, NJW 1955, S. 969 ff.
– Die Rechtsprechung des BVerfG über den Gleichheitssatz, NJW 1957, S. 2 ff.
Hammerstein, Christian von: National Roaming im UMTS-Markt, MMR 2001, S. 214 ff.
Hanebeck, Alexander: Die Einheit der Rechtsordnung als Anforderung an den Gesetzgeber? Zu verfassungsrechtlichen Anforderungen wie »Systemgerechtigkeit« und »Widerspruchsfreiheit« der Rechtsetzung als Maßstab verfassungsgerichtlicher Kontrolle, Der Staat 2002, S. 429 ff.
Hansjürgens, Bernd: Äquivalenzprinzip und Staatsfinanzierung, Berlin 2001.
Hansmeyer, Karl-Heinrich / *Fürst*, Dietrich: Die Gebühren, Stuttgart u. a. 1968.
Hardaway, Robert M.: Taxi and Limousines: The last Bastion of Economic Regulation, Hamline Journal of Public Law and Policy 21 (2000), S. 319 ff.
Hardin, Garrett: The Tragedy of the Commons, Science 162 (1968), S. 1243 ff.
Hare, Richard M: Ethical Theory and Utilitarianism, in: Sen, Amartya / Williams, Bernard (Hrsg.), Utilitarianism and Beyond, Cambridge 1982, S. 23 ff.
Harras v. Harrasowsky, Philipp: Der Codex Theresianus und seine Umarbeitungen, Bd. 3, Wien 1884.
Harris, John: The Survival Lottery, Philosophy 50 (1975), S. 81 ff.
Harsanyi, John C.: Cardinal Utility in Welfare Economics and in the Theory of Risk-Taking, Journal of Political Economy 61 (1953), S. 434 ff.
– Cardinal Welfare, Individualistic Ethics, and Interpersonal Comparisons of Utility, Journal of Political Economy 63 (1955), S. 309 ff.
– Morality and the Theory of Rational Behaviour, in: Sen, Amartya / Williams, Bernard (Hrsg.), Utilitarianism and Beyond, Cambridge 1982, S. 39 ff.
Hartje, Volkmar: Fischereipolitik im Nordostatlantik, in: Siebert, Horst (Hrsg.), Erschöpfbare Ressourcen, Berlin 1980, S. 729 ff.
Härtling, Niko: Domainrecht – Eine Zwischenbilanz, BB 2002, S. 2028 ff.
Hartung, Hans: Verfahren zur Nutzung erschöpfbarer Ressourcen – Das Beispiel einer Versteigerung von Offshore-Förderrechten in den USA, Tübingen 1986.
Hatschek, Julius: Lehrbuch des deutschen und preußischen Verwaltungsrechts, 7./8. Aufl., Leipzig 1931.
Haucap, Justus: Telephone Number Allocation: A property rights approach, European Journal of Law and Economics 15 (2003), S. 91 ff.
Haupt, Wolfgang: Die Bedeutung des Prioritätsgrundsatzes im Recht der Kennzeichen, Köln 1963.
Hausch, Donald B.: An asymmetric common-value auction model, Rand Journal of Economics 18 (1987), S. 611 ff.
Hausmann, Friedrich Ludwig: Public Private Partnerships and the Award of Concessions, Public Procurement Law Review 3 (1994), S. 269 ff.
Haverkate, Görg: Rechtsfragen des Leistungsstaates – Verhältnismäßigkeitsgebot und Freiheitsschutz im leistenden Staatshandeln, Tübingen 1983.
– Gesetzesgestaltung und Rechtsanwendung im Leistungsrecht, NVwZ 1988, S. 769 ff.
– Prüfungsfreie Räume – Welche Türen in der öffentlichen Verwaltung bleiben dem Rechnungshof verschlossen?, in: Zavelberg, Heinz Günter (Hrsg.), Die Kontrolle der Staatsfinanzen: Geschichte und Gegenwart (1714–1989); Festschrift zur 275. Wiederkehr der Errichtung des Preußischen General-Rechen-Kammer, Berlin 1989, S. 197 ff.
Hayek, Friedrich August von: Individualismus und wirtschaftliche Ordnung, Erlenbach-Zürich 1952.
– The Counter Revolution of Science, Glencoe (Ill.) 1952.
– Wirtschaft, Wissenschaft und Politik, Freiburg i. Br. 1963.

– Wettbewerb als Entdeckungsverfahren, in: Walter Eucken Institut Freiburg i. Br. (Hrsg.), Gesammelte Aufsätze von F. A. von Hayek, Tübingen 1969, S. 249 ff.
– Freiburger Studien, Tübingen 1969.
– Recht, Gesetzgebung und Freiheit, Bd. 2: Die Illusion der sozialen Gerechtigkeit, Landsberg am Lech 1981.
– Die Verfassung der Freiheit, Tübingen 1971.
– Law, Legislation and Liberty, Band 2, London 1976.
Hazlett, Thomas: The Rationality of U. S. Regulation of the Broadcast Spectrum, Journal of Law and Economics 33 (1990), S. 133 ff.
– Assigning Property Rights to Radio Spectrum Users: Why did FCC License Auctions take 67 years?, The Journal of Law and Economics 41 (1998), S. 529 ff.
– The Wireless Craze, the Unlimited Bandwidth Myth, the Spectrum Auction Faux Pas and the Punchline to Ronald Coase's Big Joke: An Essay on Airwave Allocation Policy, Working Paper 01–02, AEI-Brookings Joint Center for Regulatory Studies, Washington DC, 2001.
Hazlett, Thomas W. / *Boliek*, Babette E. L.: Use of designated Entity Preferences in Assigning Wireless Licenses, Federal Communications Law Journal 51 (1999), S. 639 ff.
Head, John G.: On Merit Goods, Finanzarchiv 25 (1966), S. 1 ff.
Heckmann, Dirk: E-Commerce: Flucht in den virtuellen Raum? Zur Reichweite gewerberechtlicher Bindungen des Internethandels, NJW 2000, S. 1370 ff.
Hegel, Georg Wilhelm Friedrich: Grundlinien der Philosophie des Rechts oder Naturrecht und Staatswissenschaft im Grundrisse, 1821.
Heilbock, Jürgen: UMTS – Die dritte Mobilfunkgeneration aus rechtlicher Sicht, MMR 1999, S. 23 ff.
Heimlich, Jörn: Die Verleihungsgebühr als Umweltabgabe, Berlin 1996.
– Die Anerkennung der Verleihungsgebühr durch den Wasserpfennig-Beschluss des Bundesverfassungsgerichts, DÖV 1997, S. 996 ff.
– Die Abgabepflichten des Telekommunikationsgesetzes, NVwZ 1998, S. 122 ff.
Heine, Robert / *Neun*, Andreas: Konkurrentenklagen im Telekommunikationsrecht – Die gerichtliche Kontrolle von Entscheidungen der Reg TP, MMR 2001, S. 352 ff.
Heintschel von *Heinegg*, Wolff / *Haltern*, Ulrich: Grundrechte als Leistungsansprüche des Bürgers gegenüber dem Staat, JA 1995, S. 333 ff.
Heinze, Christian: Autonome und heteronome Verteilung, Berlin 1970.
Heister, Johannes / *Michaelis*, Peter: Umweltpolitik mit handelbaren Emissionsrechten. Möglichkeiten zur Verringerung der Kohlendoxid- und Stickoxidemissionen, Tübingen 1991.
Heller, Marie: Das Submissionswesen in Deutschland, Jena 1907.
Hendler, Reinhard: Zur rechtlichen Beurteilung von Umweltabgaben am Beispiel des »Wasserpfennigs«, NuR 1989, S. 22 ff.
– Umweltabgaben und Steuerstaatsdoktrin, AöR 115 (1990), S. 577 ff.
– Staatsfinanzierung durch Gebühren oder Steuern, in: Sacksofsky, Ute / Wieland, Joachim (Hrsg.), Vom Steuerstaat zum Gebührenstaat, Baden-Baden 2000, S. 68 ff.
– Ökonomische Instrumente des Umweltrechts unter besonderer Berücksichtigung der Umweltabgaben, in: Dolde, Peter (Hrsg.), Umweltrecht im Wandel, Berlin 2001, S. 285 ff.
Hendler, Reinhard / *Heimlich*, Jörn: Lenkung durch Abgaben, ZRP 2000, S. 325 ff.
Hendricks, Kenneth / *Porter*, Robert H.: Collusion in Auctions, Annales d'Economie et de Statistique, No. 15/16 (1989), S. 217 ff.

Henke, Wilhelm: System und Institute des öffentlichen Rechts der Wirtschaft, DVBl. 1983, S. 982 ff.

Henkel, Heinrich: Zumutbarkeit und Unzumutbarkeit als regulatives Prinzip, in: Bockelmann, Paul/Engisch, Karl (Hrsg.), Festschrift für Edmund Mezger zum 70. Geburtstag, München 1954, S. 249 ff.

Henneke, Hans-Günter: Finanzierungsformen im Abgabenstaat. Voraussetzungen und materiellrechtliche Grenzen der Abgabenerhebung, Jura 1990, S. 63 ff. und 113 ff.

Henning, Friedrich-Wilhelm: Art. »Versteigerung«, in: Erler, Adalbert et al. (Hrsg.), Handwörterbuch zur deutschen Rechtsgeschichte, Bd. 5, Berlin 1998, Sp. 829 ff.

Hensel, Paul: Wirtschaftssysteme – Zwangsläufigkeit oder alternative Gestaltung?, in: Blaich, Fritz/Bog, Ingomar/Gutmann, Gernot (Hrsg.), Wirtschaftssysteme zwischen Zwangsläufigkeit und Entscheidung, Stuttgart 1971, S. 6 ff.

Henssler, Martin: Das Berufsbild des Insolvenzverwalters im Wandel der Zeit, ZIP 2002, S. 1053 ff.

Herben, Axel: Das Prioritätsprinzip im internationalen Insolvenzrecht – Zugleich Besprechung Stadtgericht Prag, Beschl. v. 26. 4. 2005 – 78 K 6/05–127, ZIP 2005, S. 1401 ff.

Herdegen, Matthias: Die Menschenwürde im Fluss des bioethischen Diskurses, JZ 2001, S. 773 ff.

Hermes, Georg: Das Grundrecht auf Schutz von Leben und Gesundheit, Heidelberg 1987.

– Gleichheit durch Verfahren bei der staatlichen Auftragsvergabe, JZ 1997 S. 909 ff.

– Staatliche Infrastrukturverantwortung: Rechtliche Grundstrukturen netzgebundener Transport- und Übertragungssysteme zwischen Daseinsvorsorge und Wettbewerbsregulierung am Beispiel der leitungsgebundenen Energieversorgung in Europa, Tübingen 1998.

– Die Regulierung der Energiewirtschaft zwischen öffentlichem und privatem Recht, ZHR 2002, S. 433 ff.

Herodot: Historien, Erster Band, Bücher I-V, Übersetzung Josef Feix, Düsseldorf 2000.

Herrmann, Frank: Sotheby's: Portrait of an Auction House, London 1980.

Herzberg, Rolf Dietrich: Folter und Menschenwürde, JZ 2005, S. 321 ff.

Herzel, Leo: »Public Interest« and the market in Color Television Regulation, University of Chicago Law Review 18 (1951), S. 802 ff.

– My 1951 Color Television Article, Journal of Law and Economics 41 (1998), S. 523 ff.

Herzog, Roman/*Kunst*, Hermann (Hrsg.): Evangelisches Staatslexikon, Stuttgart 1966.

Heselhaus, Sebastian/*Nowak*, Carsten (Hrsg.), Handbuch der Europäischen Grundrechte, München et al. 2006.

Hess, Philipp: Das Versteigerungsverfahren nach dem Telekommunikationsgesetz – Studie unter Einbeziehung der Erfahrungen der USA, Frankfurt a. M. 2003.

Hess, Harald/*Ruppe*, Nicole: Auswahl und Einsetzung des Insolvenzverwalters und die Justiziabilität des Nichtzugangs zur Insolvenzverwaltertätigkeit, NZI 2004, S. 641 ff.

Hess, Harald/*Weis*, Michaela/*Wienberg*, Rüdiger: Kommentar zur InsO, 2. Aufl., Heidelberg 2001.

Hesse, Konrad: Der Gleichheitsgrundsatz im Staatsrecht, AöR 77 (1951/52), S. 167 ff.

– Bestand und Bedeutung der Grundrechte in der Bundesrepublik Deutschland, EuGRZ 1978, S. 427 ff.

– Der Gleichheitssatz in der neueren deutschen Verfassungsentwicklung, AöR 109 (1984), S. 174 ff.
Heun, Werner: Die Zulässigkeit öffentlich-rechtlicher Verträge im Bereich der Kommunalabgaben, DÖV 1989, S. 1053 ff.
– Die Sonderabgaben als Verfassungsrechtlicher Abgabetypus. Zur Sonderabgabenrechtsprechung des BVerfG, DVBl. 1990, S. 666 ff.
– Embryonenforschung und Verfassung – Lebensrecht und Menschenwürde der Embryos, JZ 2002, S. 517 ff.
Hey, Christian / Hartung, Jürgen: Pfandrechte an Telekommunikationslizenzen – taugliche Sicherheit für Kreditgeber?, K & R 2000, S. 533 ff.
Heymann, Ernst: Die Rechtsformen der militärischen Kriegswirtschaft, Marburg 1921.
Hicks, John R.: The Foundations of Welfare Economics, Economic Journal, 49 (1939), S. 696 ff.
– The Rehabilitation of Consumer's Surplus, in: Arrow, Kenneth J. / Scitovsky, Tibor (Hrsg.), Readings in Welfare Economics, London 1969, S. 325 ff.
Hidien, Jürgen W.: Europarechtliche Mehrwertsteuerpflicht der öffentlichen Hand, War die Versteigerung der UMTS-Lizenzen eine mehrwertsteuerpflichtige Tätigkeit des Bundes?, UR 2002, S. 165 ff.
Hilf, Meinhard: Ein Grundrechtskatalog für die Europäische Gemeinschaft, EuR 1991, S. 19 ff.
– Umweltabgaben als Gegenstand von Gemeinschaftsrecht und -politik, NVwZ 1992, S. 105 ff.
– Freiheit des Welthandels contra Umweltschutz?, NVwZ 2000, S. 481 ff.
– Die Charta der Grundrechte der Europäischen Union in der Perspektive 2004, in: Hilf, Meinhard / Bruha, Thomas (Hrsg.), Perspektiven für Europa: Verfassung und Binnenmarkt. Wissenschaftliches Kolloquium aus Anlass des 70. Geburtstages von Prof. Dr. Gert Nicolaysen, Baden-Baden 2002.
Hilf, Meinhard / *Hörmann*, Saskia: Der Grundrechtsschutz von Unternehmen im europäischen Verfassungsverbund, NJW 2003, S. 1 ff.
Hilf, Meinhard / *Petersmann*, Ernst-Ulrich (Hrsg.), GATT und Europäische Gemeinschaft, Baden-Baden 1986, S. 87 ff.
Hobbes, Thomas: Leviathan, 1651, herausgegeben von: Fetscher, Iring, Neuwied 1966.
– Vom Bürger, 1642, herausgegeben von: Gawlick, Günter, Hamburg 1994.
Hocke, Ernst / *Berwald*, Siegfried / *Maurer*, Heinz Dieter: AWG-Kommentar, Heidelberg Loseblatt (Stand: (Stand: Feb. 1999)
Hoeren, Thomas: Anmerkung zu LG Mannheim, Urteil vom 08. 03. 1996, CR 1996, S. 355 ff.
– Auf der Suche nach dem »pretium iustum«: Der gesetzliche Vergütungsanspruch im Urhebervertragsrecht, MMR 2000, S. 449 ff.
Höffe, Otfried: Sittlich-politische Diskurse. Philosophische Grundlagen, Politische Ethik, Biomedizinische Ethik, Frankfurt 1981.
Hoffmann, Franz: Der Geschäftsbetrieb der Versteigerer in Preußen, 2. Aufl., Berlin 1902.
Hoffmann, Gerhard: Das verfassungsrechtliche Gebot der Rationalität im Gesetzgebungsverfahren, ZG 1990, S. 97 ff.
Hoffmann, Jochen / *Höpfner*, Ulrich: Verbraucherschutz bei Internet-Auktionen, EWS 14(2003), S. 107 ff.
Hoffmann-Riem, Wolfgang: Reform des Allgemeinen Verwaltungsrechts, Ansätze am Beispiel des Umweltschutzes, AöR 115 (1990), S. 400 ff.

– Effizienz als Herausforderung an das Verwaltungsrecht – Einleitende Problemskizze, in: ders./Schmidt-Assmann, Eberhard (Hrsg.), Effizienz als Herausforderung an das Verwaltungsrecht, Baden-Baden 1998, S. 11 ff.

Hoffmann-Riem, Wolfgang / *Schmidt-Aßmann*, Eberhard (Hrsg.): Verwaltungsverfahren und Verwaltungsverfahrensgesetz, Baden-Baden 2002.

Höfling, Wolfram: Insolvenzverwalterbestellung – Rechtsschutz durch Konkurrentenklage?, NJW 2005, S. 2341 ff.

Hofmann, Ekkehard: Das Wohl der Allgemeinheit als Enteignungsvoraussetzung, in: Bungenberg u. a. (Hrsg.), Recht und Ökonomik, München 2004, S. 161 ff.

Hofmann, Ralf: Der baden-württembergische Wasserpfennig, VBlBW. 1988, S. 426 ff.

Holler, Manfred J. / *Illing*, Gerhard: Einführung in die Spieltheorie, 6. Aufl., Berlin u. a. 2006.

Hollerbach, Tobias: Die rechtlichen Rahmenbedingungen für Internet-Auktionen, DB 2000, S. 2001 ff.

Holoubek, Michael: Das neue Richtlinienpaket der EU, in: Pünder, Hermann / Prieß, Hans-Joachim (Hrsg.), Vergaberecht im Umbruch, Köln u. a. 2005, S. 7 ff.

Holt, Charles A.: Uncertainty and the Bidding for Incentive Contracts, American Economic Revue 69 (1979), S. 697 ff.

Holzer, Johannes: Entscheidungsträger im Insolvenzverfahren, 3. Aufl., Köln 2004.

Holzer, Johannes / *Kleine-Cosack*, Michael / *Prütting*, Hans: Die Bestellung des Insolvenzverwalters, Köln 2001.

Holznagel, Bernd: Domainnamen- und IP-Nummern-Vergabe – eine Aufgabe der Regulierungsbehörde?, MMR 2003, S. 219 ff.

Holznagel, Bernd / *Schulz*, Christian: Hausarbeit im öffentlichen Recht: »Die Versteigerung knapper Telekommunikationslizenzen«, NWVBl. 2003, S. 400 ff.

Homann, Karl: Sinn und Grenze der ökonomischen Methode in der Wirtschaftsethik, in: Aufderheide, Detlef / Dabrowski, Martin (Hrsg.), Wirtschaftsethik und Moralökonomik: Normen, soziale Ordnung und der Beitrag der Ökonomik, Berlin 1997, S. 11 ff.

Homann, Karl / *Suchanek*, Andreas: Ökonomik – eine Einführung, Tübingen 2000.

Hönn, Günther: Kompensation gestörter Vertragsparität, München 1982.

Hook, Sara Anne: Allocation of the Radio Spectrum: Is the Sky the Limit?, Indiana International and Comparative Law Review 3 (1993), S. 319 ff.

Höppner, Horst-Dieter: Das Steuerrecht und der gerechte Preis, in: Vogel, Klaus / Tipke, Klaus (Hrsg.), Verfassung, Verwaltung, Finanzen – Festschrift für Gerhard Wacke zum 70. Geburtstag, Köln 1972, S. 125 ff.

Horn, Norbert: Vertragsbindung unter veränderten Umständen – Zur Wirksamkeit von Anpassungsregeln in langfristigen Verträgen, NJW 1985, S. 1118 ff.

Horn, Oliver: Die Feldes- und Förderabgabe nach dem Bundesberggesetz. Zugleich ein Beitrag zur Verfassungsmäßigkeit und Sachgerechtigkeit des Gebührentyps Verleihungsgebühr, Frankfurt a. M. 1990.

Hösch, Zur rechtlichen Beurteilung von Emissionszertifikaten als Instrument der Vorsorge im Umweltrecht, in: Hendler, Reinhard et al. (Hrsg.), Jahrbuch des Umwelt- und Technikrechts, 2001, S. 127 ff.

Hossain, Kamal: Law and Policy in Petroleum Development: Changing Relations Between Transnationals and Governments, London 1979.

Hotelling, Harold: The Economics of Exhaustible Resources, Journal of Political Economy 39 [1931], S. 137 ff.

– The General Welfare in Relation to Problems of Taxation and of Railway and Utility Rates, in: Arrow, Kenneth J. / Scitovsky, Tibor (Hrsg.), Readings in Welfare Economics, London 1969, S. 284 ff.

Hsu, Tzong-li: Verfassungsrechtliche Schranken der Leistungsgesetzgebung im Sozialstaat, Baden-Baden u. a. 1986.
Huber, Ernst Rudolf: Wirtschaftsverwaltungsrecht, Bd. 1, Tübingen 1953.
– Der Streit um das Wirtschaftsverfassungsrecht, DÖV 1956, S. 97 ff., 135 ff., 172 ff., 200 ff.
– Deutsche Verfassungsgeschichte seit 1789, Bd. 4, 2. Aufl., Stuttgart 1982.
Huber, Franz C.: Das Submissionswesen, Tübingen 1885.
Huber, Peter Michael: Gemeinschaftsrechtlicher Schutz vor einer Verteilungslenkung durch deutsche Behörden – Europarechtliche Grundlagen des Konkurrentenschutzes, EuR 1991, S. 31 ff.
– Konkurrenzschutz im Verwaltungsrecht, Tübingen 1991.
– Zum Verhältnis nationaler und europäischer Grundrechte, EuZW 1997, S. 517 ff.
– Das Menschenbild im Grundgesetz, Jura 1998, S. 505 ff.
– Der Schutz des Bieters im öffentlichen Auftragswesen unterhalb der sog. Schwellenwerte, JZ 2000, S. 877 ff.
Huber, Peter / *Faust*, Florian: Schuldrechtsmodernisierung, München 2002.
Hubin, Donald C.: The Moral Justification of Benefit / Cost Analysis, Economics and Philosophy 10 (1994), S. 169 ff.
Hübschmann, Walter / *Hepp*, Ernst / *Spitaler*, Armin / *Söhn*, Hartmut (Hrsg.): Abgabenordung, Finanzgerichtsordnung: Kommentar, 10. Aufl., Köln 1995 (Loseblatt).
Huckestein, Burkhard: Effizienzbedingungen ökonomischer Instrumente in der EU-Umweltpolitik, Berlin 1996.
Hufeld, Ulrich: Die Versteigerung der UMTS-Lizenzen zwischen telekommunikations- und Finanzverfassungsrecht, JZ 2002, S. 871 ff.
Hufen, Friedhelm: Verwaltungsprozessrecht, 6. Auflage, München 2005.
Humboldt, Wilhelm von: Ideen zu einem Versuch, die Grenzen der Wirksamkeit des Staates zu bestimmen, 1792 (Neuauflage Stuttgart 1967).
– Ideen über die Staatsverfassung, durch die französische Konstitution veranlasst, 1791.
Hume, David: Essays, Moral, Political, and Literary, Bd. 1, London 1875.
– A Treatise of Human Nature, London 1888 (1967).
Hummel, Katrin: Zahlungswege zum Ruhm, FAZ vom 28. 7. 2005, S. 7.
Hummel, Konrad: Lizenz und Frequenzzuteilung beim Unternehmenskauf, K & R 2000, S. 479 ff.
Huppertz, Stefanie: Rechtliche Probleme von Online-Auktionen, MMR 2000, S. 65 ff.
Hurwicz, Leonid: The Design of mechanisms for Resource Allocation, American Economic Review 63 (1973), S. 1 ff.
Hüschelrath, Kai: Infrastrukturengpässe im Luftverkehr – Die Vergabe von Start- und Landerechten an Flughäfen, Wiesbaden 1998.
Huschens, Ferdinand: Anhängige Verfahren im Bereich der Mehrwertsteuer, NWB 2005, S. 6483 ff.
Hüsken, Christian Bernd / *Mann*, Suzanne: Der Staat als »Homo Oeconomicus«? – Drei Säulen des Wirtschaftlichkeitsvergleichs bei Public Private Partnerships, DÖV 2005, S. 143 ff.
Huster, Stefan: Rechte und Ziele – Zur Dogmatik des allgemeinen Gleichheitssatzes, Berlin 1993.
– Gleichheit und Verhältnismäßigkeit. Der allgemeine Gleichheitssatz als Eingriffsrecht, JZ 1994, S. 541 ff.
Ihering, Rudolf von: Vorgeschichte der Indoeuropäer, Leipzig 1894.
– Der Zweck im Recht, Bd. 1, 4. Aufl., Leipzig 1904.

Immenga, Ulrich / *Mestmäcker*, Ernst-Joachim; GWB: Kommentar, 3. Auflage, München 2001.
Ingerl, Reinhard / *Rohnke*, Christian, Markengesetz, 2. Aufl., München 2003.
Isensee, Josef: Steuerstaat als Staatsform, in: Stödter, Rolf / Thieme, Werner (Hrsg.), Festschrift für Hans Peter Ipsen zum 70. Geburtstag, Tübingen 1977, S. 409 ff.
– Der Zugang zum öffentlichen Dienst, in: Bachof, Otto / Heigl, Ludwig / Redeker, Konrad (Hrsg.), Verwaltungsrecht zwischen Freiheit, Teilhabe und Bindung, Festgabe aus Anlass des 25jährigen Bestehens des Bundesverwaltungsgerichts, München 1978, S. 337 ff.
– Republik – Sinnpotential eines Begriffs, JZ 1981, S. 1 ff.
– Nachwort: Solidarität – sozialethische Substanz eines Blankettbegriffs, in: Dassmann, Ernst / Depenheuer, Otto / Heinze, Meinhard: Solidarität in Knappheit, Berlin 1998, S.
– Grundrechtserwartungen und Verfassungsvoraussetzungen an die Grundrechtsausübung, in: ders. / Kirchhof, Paul (Hrsg.), Handbuch des Staatsrechts, Band V, § 115, 2. Aufl., Heidelberg 2000.
– Subsidiaritätsprinzip und Verfassungsrecht – eine Studie über das Regulativ des Verhältnisses von Staat und Gesellschaft, 2. Aufl., Berlin 2001.
– Staat und Verfassung, in: ders. / Kirchhof, Paul, Handbuch des Staatsrechts, Band II, 3. Aufl., Heidelberg 2004.
– Gemeinwohl und Staatsaufgaben im Verfassungsstaat, in: ders. / Kirchhof, Paul (Hrsg.), Handbuch des Staatsrechts, Band III, 3. Aufl., Heidelberg 2005, § 55.
Jacobs, Georg: Gesetzliche Teilhabe an Domain-Names. Eine zeichen- und wettbewerbsrechtliche Untersuchung, Köln 2003.
Jaensch, Michael: Die unmittelbare Drittwirkung der Grundfreiheiten, Untersuchung der Verpflichtung von Privatpersonen durch Art. 30, 48, 52, 59, 73b EGV, Baden-Baden 1997.
Jahndorf, Christian: UMTS und Umsatzsteuer, K & R 2004, S. 171 ff.
– Veranstaltung von Glücksspielen durch Private – Verwaltungs-, verfassungs- und europarechtliche Fragen der Zugangsbeschränkung zu einem staatlichen Monopolbereich, VerwArch. 95 (2004), S. 359 ff.
Jakob, Wolfgang: Sonderabgaben – Fremdkörper im Steuerstaat?, in: Kirchhof, Paul (Hrsg.), Steuerrecht, Verfassungsrecht, Finanzpolitik: Festschrift für Franz Klein, Köln 1994, S. 663 ff.
Jakobs, Michael Ch.: Der Grundsatz der Verhältnismäßigkeit: mit einer exemplarischen Darstellung seiner Geltung im Atomrecht, Köln 1985.
Janson, Gunnar: Ökonomische Theorie im Recht, Anwendbarkeit und Erkenntniswert im Allgemeinen und am Beispiel des Arbeitsrechts, Berlin 2004.
Jarass, Hans D.: Die Genehmigungspflicht für wirtschaftliche Tätigkeiten – Ein systematischer Überblick –, GewArch. 1980, S. 177 ff.
– Grundrechte als Wertentscheidungen bzw. objektivrechtliche Prinzipien in der Rechtsprechung des Bundesverfassungsgerichts, AöR 110 (1985), S. 363 ff.
– Verfassungsrechtliche Grenzen für die Erhebung nichtsteuerlicher Abgaben, DÖV 1989, S. 1013 ff.
– Nichtsteuerliche Abgaben und lenkende Steuern unter dem Grundgesetz, Köln 1999.
– Kommunale Wirtschaftsunternehmen und Verfassungsrecht, DÖV 2002, S. 489 ff.
– EU-Grundrechte, München 2005.
– Der grundrechtliche Eigentumsschutz im EU-Recht, NVwZ 2006, S. 1089 ff.
– Bundes-Immissionsschutzgesetz, 7. Aufl., München 2007.

Jarass, Hans D. / *Pieroth*, Bodo: Grundgesetz für die Bundesrepublik Deutschland, 9. Aufl., München 2007.
Jauernig, Othmar (Hrsg.): Bürgerliches Gesetzbuch, Kommentar, 12. Auflage, München 2007.
Jehiel, Philippe / *Moldovanu*, Benny: The European UMTS/IMT-2000 License Auctions, Sonderforschungsbereich 504 Publications 01–20.
Jellinek, Walter: Verwaltungsrecht, 3. Aufl., Berlin 1931.
– Allgemeine Staatslehre, 3. Aufl., Darmstadt 1959.
Jennert, Carsten: Sind Konzessionsverträge in der Wasserversorgung auch Dienstleistungskonzessionen im Sinne des europäischen Vergaberechts?, N&R 2004, S. 108 ff.
– Der Begriff der Dienstleistungskonzession im Gemeinschaftsrecht – Zugleich ein Beitrag zum Entgeltlichkeitsbegriff des Dienstleistungsauftrags, NZBau 2005, S. 131 ff.
Jensen, Michael C. / *Meckling*, William: Theory of the Firm: Mangerial Behavior, Agency Costs, and Ownership Structure, Journal of Financial Economy 3 (1976), S. 305 ff.
Jochem, Annette: Rahmenbedingungen für ein internationales System handelbarer Emissionsrechte im Kyoto-Protokoll, ZfU 1999, S. 349 ff.
Johnson, Ronald: Oral auction versus sealed bids: An empirical investigation, Natural Resources Journal 19 (1979), S. 315 ff.
Joos, Gerhard: Subventionsrecht, in: Klein, Franz (Hrsg.), Lehrbuch des öffentlichen Finanzrechts – Kurt Meßmer zum 65. Geburtstag, Neuwied u. a. 1987, S. 283 ff.
Jost, Peter-J.: Theoretische Grundlagen der Spieltheorie, in: ders. (Hrsg.), Spieltheorie in der Betriebswirtschaftslehre, Stuttgart 2001, S. 43 ff.
– Die Spieltheorie im Unternehmenskontext, in: ders. (Hrsg.), Spieltheorie in der Betriebswirtschaftslehre, Stuttgart 2001, S. 9 ff.
Julius, Karl-Peter: Entziehung, Verfall und Art. 14 GG, ZStW 109 (1997), S. 58 ff.
Justi, Johann Heinrich Gottlob von: Staatswirthschaft oder systematische Abhandlung aller oekonomischen und Cameral-Wissenschaften, die zur Regierung eines Landes erfordert werden, Teil 2, 2. Aufl., Leipzig 1758 (1963).
– System des Finanzwesens, nach vernünftigen aus dem Endzweck der bürgerlichen Gesellschaften und aus der Natur aller Quellen der Einkünfte des Staates hergeleiteten Grundsätzen und Regeln abgehandelt, Halle 1766.
Kabelitz, Klaus Robert: Nutzungslizenzen als Instrument der Luftreinhaltung, ZfU 1983, S. 153 ff.
Kadelbach, Stefan: Allgemeines Verwaltungsrecht unter Europäischem Einfluss, Tübingen 1999.
Kagel, John / *Levin*, Dan (Hrsg.): Common Value Auctions and the Winner's Curse, Princeton 2002.
Kagel, John / *Levin*, Dan: Bidding in Common Value Auctions: A Survey of Experimental Research, in: dies. (Hrsg.), Common Value Auctions and the Winner's Curse, Princeton et al. 2002, S. 1 ff.
– The Winner's Curse and Public Information in Common Value Actions, in: dies. (Hrsg.), Common Value Auctions and the Winner's Curse, Princeton et al. 2002, S. 107 ff.
Kagel, John / *Levin*, Dan / *Battalio*, Raymond / *Meyer*, Donald J.: First Price Common Value Auctions: Bidder Behavior and the »Winner's Curse«, in: Kagel, John / Levin, Dan (Hrsg.), Common Value Auctions and the Winner's Curse, Princeton et al. 2002, S. 85 ff.
Kagel, John / *Levin*, Dan / *Harstad*, Ronald: Comparative Static Effects of Number of Bidders and Public Information on Behavior in Second-Price Common Va-

lue-Auctions, in: Kagel, John / Levin, Dan (Hrsg.), Common Value Auctions and the Winner's Curse, Princeton et al. 2002, S. 149 ff.

Kahl, Wolfgang: Neuere Entwicklungen der Grundrechtsdogmatik – Von Modifikationen und Erosionen des grundrechtlichen Freiheitsparadigmas, AöR 131 (2006), S. 579 ff.

Kahn, Richard: Rechtsbegriffe der Kriegswirtschaft, München 1918.

Kahneman, Daniel / *Knetsch*, Jack L. / *Thaler*, Richard H.: Fairness as a Constraint on Profit Seeking: Entitlements in the Market, American Economic Review 76 (1986), S. 728 ff.

– Experimental Tests of the Endowment Effect and the Coase Theorem, Journal of Political Economy 98 (1990), S. 1325 ff.

– Anomalies: The Endowment Effect, Loss Aversion, and Status Quo Bias, Journal of Economic Perspectives 5 (1991), S. 193 ff.

Kahneman, Daniel / *Tversky*, Amos: A Prospect Theory, An Analysis of Decision under Risk, Econometrica 47 (1979), S. 263 ff.

– Rational Choice and the Framing of Decisions, The Journal of Business 59 (1986), S. 251 ff.

– Prospect theory: An Analysis of Decision under Risk, in: dies. (Hrsg.), Choices, Values and Frames, New York 2005, S. 17 ff.

Kaldor, Nicholas: Welfare Propositions of Economics and Interpersonal Comparisons of Utility, Economic Journal 49 (1939), S. 549 ff.

Kalfass, Hermann H.: Die Chicago School – eine Skizze des »neuen« amerikanischen Ansatzes für die Wettbewerbspolitik, WuW 1980, S. 596 ff.

Kalisch, Werner: Beschränkungen in der Zulassung zum Studium in verfassungsrechtlicher Hinsicht, DVBl. 1967, S. 134 ff.

Kaminski, Bert / *Henßler*, Thomas / *Kolaschnik*, Helge (Hrsg.): Rechtshandbuch E-Business, Neuwied 2001.

Kämmerer, Jörn Axel: Verfassungsstaat auf Diät, JZ 1996, S. 1042 ff.

– Gleichberechtigung am Gewehr. Zugleich eine Anmerkung zu den Urteilen des Europäischen Gerichtshofs vom 16. 10. 1999, Angela Sirdar/The Army Board, Rs. C-273/97, und vom 11. 1. 2000, Tatjana Kreil/Bundesrepublik Deutschland, Rs. C-285/98, EuR 2000, S. 102 ff.

– Privatisierung, Tübingen 2001.

– Gemeingüter unter dem Hammer? – Die Versteigerung von Lizenzen für die Nutzung knapper Ressourcen im Lichte des Verfassungs- und Gemeinschaftsrechts, NVwZ 2002, S. 161 ff.

– Europäisierung des öffentlichen Dienstrechts, EuR 2001, S. 27 ff.

– Die Verlängerung der Exklusivlizenz der Deutschen Post AG – Ein Privatmonopol im Zwielicht, DVBI. 2001, S. 1705 ff.

– Daseinsvorsorge als Gemeinschaftsziel oder: Europas »soziales Gewissen«, NVwZ 2002, S. 1041 ff.

– Grenzen des Europarechts. Die Europäische Zentralbank als Hüterin der Gemeinschaftswährung, in: März, Wolfgang (Hrsg.), An den Grenzen des Rechts: Kolloquium zum 60. Geburtstag von Wolfgang Graf Vitzthum, Berlin 2003, S. 79 ff.

– Wehrpflicht und Europarecht – ohne Berührungspunkte? Zum Urteil des Europäischen Gerichtshofs vom 11. März 2003, Alexander Dory/Bundesrepublik Deutschland, Rs. C-186/01, EuR 2003, S. 447 ff.

– Spectrum Allocation in Germany: A Changing Regime, in: Seoul National University, Center for Law and Technology, Tagungsbeiträge 2004, Band I, S. 252–263

– Der Schutz des Eigentums im Völkerrecht, in: Bitburger Gespräche, Jahrbuch 2004/I, München, S. 143 ff.
– Strategien zur Daseinsvorsorge – Dienste im allgemeinen Interesse nach der »Altmark«- Entscheidung des EuGH, NVwZ 2004, S. 28 ff.
– Freiheit und Staatsgebundenheit der Notare, NJW 2006, S. 2727 ff.
Kant, Immanuel: Kritik der praktischen Vernunft, Riga 1788.
– Metaphysik der Sitten, 2. Aufl., Königsberg 1798.
– Zum ewigen Frieden, Ein philosophischer Entwurf, 1795, Erster Zusatz, 1., A 60, in: ders., Werksausgabe, herausgegeben von: Wilhelm Weischedel, Band XI Frankfurt a. M. 1977, S. 191 ff.
Kapp, K. William: The Social Costs of Private Enterprise, New York 1971.
Karpen, Ulrich: Gesetzesgestaltung und Gesetzesanwendung im Leistungsrecht, NJW 1988, S. 2512 ff.
Kaser, Max: Das römische Privatrecht, Bd. 1, München 1955.
– Römische Rechtsgeschichte, 5. Nachdruck der 2. Aufl., Göttingen 1993.
Kaser, Max / *Knütel*, Rolf: Römisches Privatrecht, 18. Aufl., München 2005.
Kaufmann, Arthur: Analogie und »Natur der Sache«, 2. Aufl., Heidelberg 1982.
Kaufmann, Erich: Die Gleichheit vor dem Gesetz im Sinne des Art. 109 der Reichsverfassung, VVDStRL 3 (1927), S. 2 ff.
Kazemi, Robert/*Anders*, Leopold: Internetglücksspiel ohne Grenzen, MMR 2004, S. 649 ff.
Keck, Werner: Zwischen evolutionärer und gesellschaftsvertraglicher Fundierung des Staates – eine vergleichende Analyse der Staatsauffassungen von Rawls, Buchanan, Hayek und Nozick, Berlin 1998.
Kellenbenz, Hermann: Art. »Auktion«, in: Erler, Adalbert (Hrsg.), Handwörterbuch zur deutschen Rechtsgeschichte, Bd. 1, 1971, Sp. 260 ff.
Kelman, Mark: Consumption Theory, Production Theory, and Ideology in the Coase Theorem, Southern California Law Review 52 (1979), S. 669 ff.
– A Guide to Critical Legal Studies, Cambridge (Mass.) 1987.
Kelsen, Hans: Allgemeine Staatslehre, Wien 1925.
– Was ist Gerechtigkeit?, Wien 1953.
Kempen, Bernhard: Gebühren im Dienst des Sozialstaats? – Zur Zulässigkeit sozial gestaffelter Kindergartenbeiträge, NVwZ 1995, S. 1163 ff.
Kendler, Owen M.: Auction Theory can complement competition law: Preventing Collusion in Europe's 3 G Spectrum Allocation, University of Pennsylvania Journal of International Economic Law 23 (2002), S. 153 ff.
Kennedy, Duncan: Cost-Benefit Analysis of Entitlement Problems: A Critique, Stanford Law Review 33 (1981), S. 387 ff.
Kerber, Walter: Gerechtigkeit – Philosophische Analyse eines umstrittenen Begriffs, in: Aus Politik und Zeitgeschichte, Beilage zur Wochenzeitung Das Parlament, B52–53 (1989), S. 3 ff.
Kerth, Yvonne: Emissionshandel im Gemeinschaftsrecht, Baden-Baden 2004.
Kesseler, Christian: Rechtsschutz des »übergangenen« Insolvenzverwalters, ZIP 2000, S. 1565 ff.
– Das Grundrecht auf Bestellung zum Insolvenzverwalter, ZInsO 2002, S. 201 ff.
Kettern, Bernd: Sozialethik und Gemeinwohl: Die Begründung einer realistischen Sozialethik bei Arthur F. Utz, Berlin 1992.
Keuper, Frank / *Brösel*, Gerrit: Zum Effektivitäts-Effizienz-Dilemma des öffentlich-rechtlichen Rundfunks, ZögU 2005, S. 1 ff.
Keuter, Alfons / *Nett*, Lorenz / *Stumpf*, Ulrich: Regeln für das Verfahren zur Versteigerung von ERMES-Lizenzen / Frequenzen sowie regionaler ERMES-Frequenzen, Bad Honnef 1996.

Kilian, Matthias: Slotallokation und Slothandel, TranspR 2000, S. 159 ff.
Kilian, Michael: Nebenhaushalte des Bundes, Berlin 1993.
Kingreen, Thorsten: Grundfreiheiten, in: Bogdandy, Armin von (Hrsg.), Europäisches Verfassungsrecht, Berlin 2002, 631 ff.
Kirchgässner, Gebhard: Führt der homo oeconomicus das Recht in die Irre?, JZ 1991, S. 104 ff.
– Homo oeconomicus – Das ökonomische Modell individuellen Verhaltens und seine Anwendung in den Wirtschafts- und Sozialwissenschaften, 2. Aufl., Tübingen 2000.
– Gemeinwohl in der Spannung von Wirtschaft und politischer Organisation: Bemerkungen aus ökonomischer Perspektive, in: Brugger, Winfried / Kirste, Stephan / Anderheiden, Michael, Gemeinwohl in Deutschland, Europa und der Welt, Baden-Baden 2002, S. 289 ff.
Kirchhof, Ferdinand: Die Höhe der Gebühr, Berlin 1981.
– Die Verleihungsgebühr als dritter Gebührentyp, DVBl. 1987, S. 554 ff.
– Der Baden-Württembergische »Wasserpfennig«, NVwZ 1987, S. 1031 ff.
– Vom Steuerstaat zum Abgabenstaat, Die Verwaltung 21 (1988), S. 137 ff.
– Leistungsfähigkeit und Wirkungsweisen von Umweltabgaben an ausgewählten Beispielen, DÖV 1992, S. 233 ff.
– Die Tauglichkeit von Abgaben zur Lenkung des Verhaltens, DVBl. 2000, S. 1166 ff.
Kirchhof, Hans P. / *Lwowski*, Hans J. / *Stürner*, Rolf: Münchener Kommentar zur Insolvenzordnung, 3 Bände, München 2001.
Kirchhof, Paul: Verwalten durch mittelbares Einwirken, Köln 1977.
– Besteuerung und Eigentum, VVDStRL 39 (1981), S. 213 ff.
– Der Verfassungsauftrag zum Länderfinanzausgleich als Ergänzung fehlender und als Garant vorhandener Finanzautonomie, Köln 1982.
– Die Finanzierung des Leistungsstaates. Die verfassungsrechtlichen Grenzen staatlicher Abgabenhoheit, Jura 1983, S. 505 ff.
– Kontrolle der Technik als staatliche und private Aufgabe, NVwZ 1988, S. 97 ff.
– Mittel staatlichen Handelns, in: Isensee, Josef / Kirchhof, Paul (Hrsg.), Handbuch des Staatsrechts, Band III, 2. Aufl., Heidelberg 1996, § 59.
– Staatliche Einnahmen, in: Isensee, Josef / Kirchhof, Paul (Hrsg.), Handbuch des Staatsrechts, Band IV, 2. Aufl., Heidelberg 1999, § 88.
– Der allgemeine Gleichheitssatz, in: Isensee, Josef / Kirchhof, Paul (Hrsg.), Handbuch des Staatsrechts, Band V, 2. Aufl., Heidelberg 2000, § 124.
Kirchner, Christian: Ökonomische Analyse des Rechts. Interdisziplinäre Zusammenarbeit von Ökonomie und Rechtswissenschaft, in: Assmann, Heinz-Dieter / Kirchner, Christian / Schanze, Erich (Hrsg.), Ökonomische Analyse des Rechts, Tübingen 1993, S. 62 ff.
– Ökonomische Theorie des Rechts, Berlin u. a. 1997.
Kirsch, Wilhelm Michael: Das deutsche Verdingungswesen, Stuttgart 1936.
Kissel, Otto Rudolf: Gerichtsverfassungsgesetz, 4. Aufl., München 2005.
Klein, Benjamin / *Lefler*, Keith B.: The Role of Market Forces in Assuring Contractual Performance, Journal of Political Economy 89 (1981), S. 615 ff.
Klein, Hans H.: Die Rundfunkfreiheit, München 1978.
Kleine, Andreas: Entscheidungstheoretische Aspekte der Principal-Agent-Theorie, Heidelberg 1996.
Kleinschmidt, Andreas: Die Versteigerung von Telekommunikationslizenzen, Frankfurt a. M. 2004.
Klemperer, Paul: Auctions with almost Common Values: The »wallet game« and its applications European Economic Review 42 (1998), S. 757 ff.

– How (Not) to Run Auctions: the European 3G Telecom Auctions, Discussion Paper, Centre for Economic Policy Research, 2002. abrufbar unter http://www.nuff.ox.ac.uk/economics/papers/2002/w5/runauction.pdf.
– Auctions: Theory and Practice, Princeton u. a. 2004.
Klemperer, Paul / *Binmore*, Ken: The Biggest Auction Ever: The Sale of the British 3G Telecom Licences Auctions versus Beauty Contests, Economic Journal 112 (2002), S. C74 ff.
Kliemt, Hartmut: Unveräußerliche Güter und Enteignung, in: Tietzel, Manfred (Hrsg.), Ökonomische Theorie der Rationierung, München 1998, S. 279 ff.
Klöck, Oliver: Rechtliche Probleme der Versteigerung von UMTS-Lizenzen,RTkom 2000, S. 280 ff.
Klodt, Henning / *Laaser*, Claus-Friedrich / *Lorz*, Jens / *Maurer*, Rainer: Wettbewerb und Regulierung in der Telekommunikation, Tübingen 1995.
Kloepfer, Michael: Die lenkende Gebühr, AöR 97 (1972), S. 232 ff.
– Gleichheit als Verfassungsfrage, Berlin 1980.
– Rechtsstaatliche Probleme ökonomischer Instrumente im Umweltschutz, in: Wagner, Gerd R. (Hrsg.), Unternehmung und ökologische Umwelt, München 1990, S. 241 ff.
– Umweltschutz zwischen Ordnungsrecht und Anreizpolitik: Konzeption, Ausgestaltung und Vollzug – Zweiter Teil, ZAU 1996, S. 200 ff.
– Humangentechnik als Verfassungsfrage, JZ 2002, S. 417 ff.
– Informationsrecht, München 2002.
– Umweltrecht, 3. Aufl., München 2004.
– Der Handel mit Emissionsrechten im System des Umweltrechts, in: Hendler, Reinhard / Marburger, Peter / Reinhardt, Michael (Hsrg.), Emissionszertifikate und Umweltrecht, Berlin 2004, S. 71 ff.
Kloepfer, Michael / *Reinert*, Sigrid: Zuteilungsgerechtigkeit im Umweltstaat aus juristischer Sicht, in: Gethmann, Carl Friedrich / Kloepfer, Michael / Reinert, Sigrid (Hrsg.), Verteilungsgerechtigkeit im Umweltstaat, Bonn 1995, S. 47 ff.
Klös, Hans-Peter: Öffentliches Infrastrukturmonopol – noch zeitgemäß?, Köln 1989.
Kluth, Winfried: Verfassungs- und abgabenrechtliche Rahmenbedingungen der Ressourcenbewirtschaftung, NuR 1997, S. 106 ff.
– Bundesverfassungsgericht und wirtschaftslenkende Gesetzgebung, ZHR 162 (1998), S. 657.
Knack, Hans-Joachim (Hrsg.): Verwaltungsverfahrensgesetz-Kommentar, 8. Aufl., Köln 2004.
Knauff, Martin: Die Reform des europäischen Vergaberechts, EuZW 2004, S. 141 ff.
Knieps, Günter: Wettbewerbsökonomie, 2. Aufl., Berlin u. a. 2005.
Knobloch, Ulrike: Einmalige Festlegung versus fortlaufende Gewährleistung einer gerechten Ressourcenausstattung, in: Held, Martin / Kubon-Gilke, Gisela / Sturn, Richard (Hrsg.), Gerechtigkeit als Voraussetzung für effizientes Wirtschaften: Normative und institutionelle Grundfragen der Ökonomik, Bd. 1, 2002, S. 173 ff.
Knoche, Joachim P./ Biersack, Cornelia: Das zwangsvollstreckungsrechtliche Prioritätsprinzip und seine Vereitelung in der Praxis, NJW 2003, S. 476 ff.
Knöpfle, Franz: Die Zuständigkeit der Rechnungshöfe für die Prüfung der Körperschaften des öffentlichen Rechts, Köln u. a. 1988.
Kober, Bernd: Öffentliche Abgabenpolitik für eine bessere Umwelt, BWVPr. 1991, S. 73 ff.
Kobes, Stefan: Grundzüge des Emissionshandels in Deutschland, NVwZ 2004, S. 513 ff.

Köbler, Ralf: Die »clausula rebus sic stantibus« als allgemeiner Rechtsgrundsatz, Tübingen 1991.
Koch, Hans-Joachim/*Rüßmann*, Helmut: Juristische Begründungslehre. Eine Einführung in die Grundprobleme der Rechtswissenschaft, München 1982.
Koch, Hans-Joachim/Wieneke, Annette: Klimaschutz durch Emissionshandel, DVBl. 2001, S. 1085 ff.
Koch, Thomas: Externe Effekte bei der Ermittlung der Haushaltsnachfrage: Mitläufer-, Snob-, und Veblen-Effekt in der mikroökonomischen Theorie, Wirtschaftswissenschaftliches Studium 20 (1991), S. 133 ff.
Köck, Wolfgang: Der »Wasserpfennig« und das Abgabenrecht, UPR 1991, S. 7 ff.
– Umweltsteuer als Verfassungsproblem, JZ 1991, S. 692 ff.
Kodal, Kurt/*Krämer*, Helmut: Straßenrecht – systematische Darstellung des Rechts der öffentlichen Straßen, Wege und Plätze in der Bundesrepublik Deutschland, 6. Aufl., München 1999.
Koenig, Christian: Die öffentlich-rechtliche Verteilungslenkung, Berlin 1994.
– EG-rechtliche Beurteilung der Zulassung von Sportwetten-Anbietern – ein gemeinschaftsrechtliches rien ne va plus?, EWS 2001, S. 1 ff.
– Anforderungen des deutschen Telekommunikationsrechts und des europäischen Gemeinschaftsrechts an die Vergabe von UMTS-Lizenzen und die Aufhebung rechtswidriger Zuschlags- und Zahlungsbescheide, in: Piepenbrock, Hermann J./Schuster, Fabian, (Hrsg.), UMTS-Lizenzvergabe, Baden-Baden 2001, S. 318 (370 ff.)
– Anforderungen des deutschen Telekommunikationsrechts und des europäischen Gemeinschaftsrechts an die Vergabe von UMTS-Lizenzen und die Aufhebung rechtswidriger Zuschlags- und Zahlungsbescheide, in: Piepenbrock, Hermann J./Schuster, Fabian, (Hrsg.), UMTS-Lizenzvergabe, Baden-Baden 2001, S. 318 (370 ff.)
– Die Versteigerung der UMTS-Lizenzen auf dem Prüfstand des deutschen und europäischen Telekommunikationsrechts, K & R 2001, S. 41 ff.
– Zur Funktion des Bietverfahrens im EG-Beihilferecht, EuZW 2001, S. 741 ff.
Koenig, Christian/*Braun*, Jens Daniel/*Pfromm*, René: Beihilfenrechtliche Probleme des EG-Emissionsrechtehandels, ZWeR 2003, S. 152 ff.
Koenig, Christian/*Kühling*, Jürgen: Diskriminierungsfreiheit, Transparenz und Wettbewerbsoffenheit des Ausschreibungsverfahrens – Konvergenz von EG-Beihilfenrecht und Vergaberecht, NVwZ 2003, S. 779 ff.
Koenig, Christian/*Loetz*, Sascha: Zum Infrastruktur- und Dienstewettbewerb im Europäischen Telekommunikationsrecht, TKMR 2004, S. 132 ff.
Koenig, Christian/*Neumann*, Andreas: Telekommunikationsrechtliche Optimierung künftiger Lizenz- und Frequenz-Versteigerungen, ZRP 2001, S. 252 ff.
– Funktionsherrschaft und gemeinsame Infrastrukturnutzung beim Aufbau eines UMTS-Netzes, CR 2001, S. 589 ff.
– Die neue Top-Level-Domain »eu« als Beitrag zum Auf- und Ausbau transeuropäischer Netz?, EuZW 2002, S. 485 ff.
Koenig, Christian/*Schäfer*, Torsten: Versteigerung von Telekommunikationslizenzen und Europäisches Gemeinschaftsrecht, K & R 1998, S. 243 ff.
König, Doris: Antidiskriminierungsrichtlinien vor der Umsetzung, ZRP 2003, S. 315 ff
– Die drei EG-Antidiskriminierungsrichtlinien: Dialog mit den Nichtregierungsorganisationen – ein Mittel zur effektiven Bekämpfung von Diskriminierungen?, EuR 2004, S. 132 ff.
Köhler, Helmut: Unmöglichkeit und Geschäftsgrundlage bei Zweckstörungen im Schuldverhältnis, München 1971.

– Die Lehre von der Geschäftsgrundlage als Lehre von der Risikobefreiung, in: Canaris, Claus-Wilhelm (Hrsg.), 50 Jahre Bundesgerichtshof: Festgabe aus der Wissenschaft, Band 1, München 2000, S. 295 ff.

Köhler, Helmut / *Piper*, Henning: Gesetz gegen den unlauteren Wettbewerb mit Preisangabenverordnung, UWG, 3. Aufl., München 2002.

Koike, Shohei: Public Choice of Property Rights to Sunlight: A Study of Japanese Sunshine Rights, Oregon 1984.

Kokott, Juliane: Nationales Subventionsrecht im Schatten der EG, DVBl. 1993, S. 1235 ff.

Koller, Ingo: Die Risikozurechnung bei Vertragsstörungen in Austauschverhältnissen, München 1979.

Koller, Peter: Das Konzept des Gemeinwohls – Versuch einer Begriffsexplikation, in: Brugger, Winfried / Kirste, Stephan / Anderheiden, Michael, Gemeinwohl in Deutschland, Europa und der Welt, Baden-Baden 2002, S. 41 ff.

Kommission der Europäischen Gemeinschaften (Hrsg.): Green Paper on Radio Spectrum Policy in the Context of Communities such as Telecommunications, Broadcasting, Transport and R & D, COM (1988) 596 endg.

– Green Paper on a Common Approach in the Field of Mobile and Personal Communications in the European Union vom 27. 4. 1994, COM (1994) 145endg.

– Grünbuch zum Handel mit Treibhausgasen in der Europäischen Union, KOM (2000) 87endg.

Kopp, Ferdinand / Ramsauer, Ulrich: Verwaltungsverfahrensgesetz, 9. Aufl., München 2005.

Korinek, Karl / *Holoubek*, Michael: Grundlagen staatlicher Privatwirtschaftsverwaltung, Graz 1993.

– Bundesverfassungsrechtliche Probleme privatrechtsförmiger Subventionsverwaltung, ÖZW 1995, S. 1 ff.

Korioth, Stefan: Verfassungsrechtliche und verfassungsprozessuale Aspekte einer Beteiligung der Länder an den Erlösen aus der Versteigerung der UMTS/IMT-2000-Lizenzen, Gutachten im Auftrag des Finanzministeriums Baden-Württemberg, des Bayerischen Staatsministeriums der Finanzen und des Ministeriums der Finanzen des Landes Hessen, München 2001.

Körner, Raimund / *Vierhaus*, Hans-Peter: Treibhausgas-Emissionshandelsgesetz, Zuteilungsgesetz 2007: TEHG, München 2005.

Korte, Stefan: Das staatliche Glücksspielwesen, Köln u. a. 2004.

– Das Gambelli-Urteil des EuGH – Meilenstein oder Rückschritt in der Glücksspielrechtsprechung?, NVwZ 2004, S. 1449 ff.

Koschel, Henrike / *Brockmann*, Karl Ludwig / *Schmidt*, Tobias F. / *Stronzik*, Marcus / *Bergmann*, Heidi: Handelbare SO_2-Zertifikate für Europa, Heidelberg 1998.

Kösling, Stefan: Verwaltungsverfahren und verwaltungsgerichtlicher Rechtsschutz bei der Lizenzierung und der Frequenzzuteilung nach dem Telekommunikationsgesetz, Berlin 2005.

Koslowski, Peter: Die Ethik des Kapitalismus, 3. Aufl., Tübingen 1986.

– Grenzen der Verkehrsrechtsfähigkeit und der Privatautonomie in der Verfügung über den menschlichen Leib, in: Ott/Schäfer (Hrsg.): Allokationseffizienz in der Rechtsordnung, Berlin 1989.

Köster, Malte: Freier Zugang zur Tätigkeit des Insolvenzverwalters?, NZI 2004, S. 538 ff.

Kösters, Rudolf: Die Regulierung externer Effekte, Tübingen 1979.

Kötter, Matthias: Wettlauf der Abgabepflichtigen? – Zum Versteigerungsverfahren in § 11 IV TKG, DVBl. 2001, S. 1556 ff.

Kottmeier, Birgit: Recht zwischen Umwelt und Markt: Zur rechtlichen Zulässigkeit von Kompensations- und Zertifikatmodellen im Umweltschutz, Mainz 2000
Kotulla, Michael, Wasserhaushaltsgesetz – Kommentar, Stuttgart 2003.
Kötz, Hein / *Schäfer*, Hans-Bernd: Judex oeconomicus, Tübingen 2003.
Kräkel, Mathias: Auktionstheorie und interne Organisation, Wiesbaden 1992.
– Winner's curse-Effekt, Wirtschaftwissenschaftliches Studium 25 (1996), S. 462 ff.
Krattenmaker, Thomas / *Powe*, Lucas A. jr.: Regulating broadcast programming, Cambridge (Mass.) 1994.
Krause, Hermann: Der verteilende Staat, in: Conrad, Hermann (Hrsg.): Beiträge zum Recht der Wasserwirtschaft und zum Energierecht – Festschrift zum 70. Geburtstag von Dr. jur. Paul Gieseke, Karlsruhe 1958, S. 1 ff.
Krebs, Walter: Verträge und Absprachen zwischen der Verwaltung und Privaten, VVDStRL 52 (1993), S. 248 ff.
Kremer, Michael: Patent buyouts: A mechanism for encouraging innovation, Quarterly Journal for Economics 113 (1998), S. 1137 ff.
Kreft, Gerhart: Die begriffliche Abgrenzung von Steuer und Gebühr, Göttingen 1968.
– Neue Wege im Gebührenrecht?, DVBl. 1977, S. 369 ff.
Kretz, Claus: Umweltabgaben am Beispiel der Abfallabgabe und Altlastenfinanzierung, BWVP 1994, S. 29 ff.
Krishna, Vijay: Auction Theory, San Diego u. a. 2002.
Krölls, Albert: Aktuelle Fragen des Arbeitsvermittlungsmonopols, GewArch. 1993, S. 1 ff.
Kronman, Anthony: Wealth Maximation as a normative Principle, Journal of Legal Studies 9 (1980), S. 227 ff.
Krueger, Anne O.: The Political Economy of the Rent-Seeking Society, American Economic Review 64 (1974), S. 291 ff.
Krüger, Herbert: Staatsverfassung und Wirtschaftsverfassung, DVBl. 1951, S. 361 ff.
– Die Auflage als Instrument der Wirtschaftsverwaltung, DVBl. 1955, S. 450 ff.
– Das Leistungsprinzip als Verfassungsgrundsatz, Köln 1957.
– Allgemeine Staatslehre, Stuttgart 1957.
Krugmann, Michael: »Internetauktionen« als Versteigerungen i. S. d. § 34 b GewO, NVwZ 2001, S. 651 ff.
Kruhl, Klaas: Die Versteigerung knapper Frequenzen, Baden-Baden 2003.
Kruse, Heinrich Wilhelm: Lehrbuch des Steuerrechts, Bd. 1, München 1991.
Kruse, Jörn: Ordnungstheoretische Grundlagen der Deregulierung, in: Seidenfus; Hellmuth (Hrsg.), Deregulierung. Eine Herausforderung an die Wirtschafts- und Sozialpolitik in der Marktwirtschaft, Berlin 1989, S. 9 ff.
– Lizenzierung und Wettbewerb im Mobilfunk, Berlin 1993.
– Zugang zum Frequenzspektrum, in: Mestmäcker, Ernst Joachim (Hrsg.), Kommunikation ohne Monopole II, Baden-Baden 1995, S. 449 ff.
Kruse, Jörn/*Berger*, Ulrike: Priority Pricing und zeitkritische Rationierung, in: Tietzel (Hrsg.), Ökonomische Theorie der Rationierung, München 1998.
Krüsselberg, Hans Günter: Property-Rights-Theorie und Wohlfahrtsökonomik, in: Schüller, Alfred: Property Rights und ökonomische Theorie, München 1983, S. 45 ff.
Kube, Hanno: Finanzgewalt in der Kompetenzordnung, Tübingen 2004.
Kübler, Friedrich: Effizienz als Rechtsprinzip – Überlegungen zum rechtspraktischen Gebrauch ökonomischer Argumente, in: Baur, Jürgen F. / Hopt, Klaus J. (Hrsg.), Festschrift für Ernst Steindorff zum 70. Geburtstag, Berlin u. a. 1990, S. 687 ff.

Kühling, Jürgen: Sektorspezifische Regulierung in den Netzwirtschaften. Typologie-Wirtschaftsverwaltungsrecht-Wirtschaftsverfassungsrecht, München 2004.

Kuhlman, John M. / *Johnson*, Stanley R.: The Number of Competitors and Bid Prices, Southern Economic Journal 50 (1983/84), S. 213 ff.

Kühne, Karl: Öffentliche Güter, meritorische Güter und Klubtheorie, in: Oettle, Karl (Hrsg.), Öffentliche Güter und öffentliche Unternehmen: Beiträge zur Relevanz der Theorie der öffentlichen Güter für die öffentlichen Unternehmen – Gisbert Rittig zum 80. Geburtstag gewidmet, Baden-Baden 1984, S. 117 ff.

Kulartz, Hans-Peter / *Niebuhr*, Frank: Sachlicher Anwendungsbereich und wesentliche Grundsätze des materiellen GWB-Vergaberechts, NZBau 2000, S. 6 ff.

Kummel, William: Spectrum bids, bets, and budgets: seeking an optimal allocation and assignment process for domestic commercial electromagnetic spectrum products, services, and technology, Federal Communications Law Journal 48 (1996), S. 512 ff.

Kunert, Franz-Josef: Staatliche Bedarfsdeckungsgeschäfte und öffentliches Recht, Berlin 1977.

Kunkel, Wolfgang / *Schermaier*, Martin: Römische Rechtsgeschichte, 15. Aufl., Köln u. a. 2005.

Kunz, Daniel: Verfahren und Rechtsschutz bei der Vergabe von Konzessionen: Eine Analyse der Anforderungen an eine rechtsstaatliche Verteilungslenkungen bei begrenzten wirtschaftlichen Berechtigungen, Bern 2004.

Kupfer, Dominik: Die Verteilung knapper Ressourcen im Wirtschaftsverwaltungsrecht, Baden-Baden 2005; zitiert: *Kupfer*, Verteilung.

Kurth, Matthias: Wir helfen nicht, wenn Unternehmen sich täuschen, FAZ vom 16. 9. 2002, S. 17.

Kuschel, Hans-Dieter: Bananenstreit – und kein Ende?, RIW 1998, S. 122 ff.

Kutscheidt, Ernst: Die Verordnung über Großfeuerungsanlagen, NVwZ 1984, S. 409 ff.

Kuxenko, Michael: Wettbewerb contra Daseinsvorsorge im Energiemarkt, UPR 2003, S. 373 ff.

Kwerel, Evan / *Felker*, Alex D.: Using Auctions to Select FCC Licensees, OPP Working Paper NO. 16, 1985.

Kwerel, Evan / *Rosston*, Gregory: An Insiders View of FCC Spectrum Auctions, Stanford University Working Paper, 1999.

Lachmeyer, Konrad: Effizienz als Verfassungsprinzip – eine Maxime für staatliches Handeln in Österreich?, in Bungenberg, Marc u. a. (Hrsg.), Recht und Ökonomik, München 2004, S. 135 ff.

Ladeur, Karl-Heinz: Umweltrecht und technologische Innovation, in: Breuer, Rüdiger / Kloepfer, Michael / Marburger, Peter / Schröder, Winfried (Hrsg.), Jahrbuch des Umwelt- und Technikrechts 1988, Düsseldorf 1988, S. 305 ff.

– Die Globalisierung der Telekommunikation und die kooperative Herausbildung einer neuen transnationalen Rechtsordnung – das Beispiel der mobilen Satellitenkommunikation, ArchTP 1998, S. 243 ff.

Lackner, Karl / *Kühl*, Kristian: Strafgesetzbuch, 26. Aufl., München 2007.

Ladwig, Bernd: Gemeinwohl und Eigensinn, in: Brugger, Winfried / Kirste, Stephan / Anderheiden, Michael (Hrsg.), Gemeinwohl in Deutschland, Europa und der Welt, Baden-Baden 2002, S. 71 ff.

Laffont, Jean Jacques / *Robert*, Jacques: Optimal auction with financially constrained buyers, Economic Letters 52 (1996), S. 181 ff.

Laffont, Jean Jacques / *Tirole*, Jean: A Theory of Incentives in Procurement and Regulation, Cambridge 1993.

Laffont, Jean Jacques: Game Theory and Empirical Economics: The Case of Auction, Toulouse 1996.
– Game Theory and Empirical Economics: The Case of Auction Data, European Economic Review 41 (1997), S. 1ff.
Landmann, Robert von/*Rohmer*, Gustav (Hrsg.): Gewerbeordnung und ergänzende Vorschriften, 2 Bände, München, Loseblatt (Stand: 50. Erglfg., August 2007).
Landsberger, Michael/*Rubinstein*, Jakob/*Wolfstetter*, Elmar/*Zamir*, Shmuel: First-price auctions when the ranking of valutations is common knowledge, Center for Rationality, Hebrew University, Jerusalem, Discussions Paper, 1997.
Lange, Klaus/*Karthaus*, Arnim: Medienübergreifende Umweltverantwortung – Wege zu einem integrierten Umweltschutz, in: Lange, Klaus (Hrsg.), Gesamtverantwortung statt Verantwortungsparzellierung im Umweltrecht, Baden-Baden 1997, S. 15ff.
Lange, Klaus: Die Abgrenzung von öffentlichrechtlichem und privatrechtlichem Vertrag, JuS 1982, S. 500 ff.
– Die Abgrenzung des öffentlichrechtlichen Vertrages vom privatrechtlichem Vertrag, NVwZ 1983, S. 313 ff.
Langer, Stefan: Strukturfragen der Berufsfreiheit, JuS 1993, S. 203ff.
Langer, Thomas: Monopole als Handlungsinstrumente der öffentlichen Hand, Berlin 1998.
Larenz, Karl: Geschäftsgrundlage und Vertragserfüllung, 3. Aufl., München 1963.
Lässig, Curt Lutz: Die Vergabe von Standplätzen auf kommunalen Volksfesten, NVwZ 1983, S. 18ff.
Laubinger, Hans-Werner: Gedanken zum Inhalt und zur Verwirklichung des Leistungsprinzips bei der Beförderung von Beamten, VerwArch. 82 (1992), S. 246ff.
Lee, Leo-Felix: Die effiziente Nutzung grenzüberschreitender Wasserressourcen, Berlin 2003.
Leibholz, Gerhard: Gleichheit vor dem Gesetz, Berlin 1925.
– Die Gleichheit vor dem Gesetz und das Bonner Grundgesetz, DVBI. 1951, S. 193ff.
Leible, Stefan/*Sosnitza*, Olaf: Anmerkung zu dem Urteil des BGH vom 13.3.2003 – I ZR 212/00 – (Umgekehrte Versteigerung II), MMR 2003, S. 466f.
– ›3... 2... 1... meins!‹ und das TKG, WRP 2004, S. 592ff.
Leible, Stefan/*Sosnitza*, Olaf (Hrsg.): Versteigerungen im Internet, Heidelberg 2004.
Leidinger, Tobias: Die Voraussetzungen für die Übertragung von Strommengen nach dem Atomgesetz, DVBl. 2006, S. 1556ff.
Leisner, Walter: Verwaltungspreis – Verwaltungssteuer. Betrachtungen zu den Gebührengrundsätzen, in: Conrad, Hermann/Jahrreiß, Hermann (Hrsg.), Gedächtnisschrift für Hans Peters, Berlin u. a. 1967, S. 730ff.
– Effizienz als Rechtsprinzip, Tübingen 1971.
– Eigentum, in: Isensee, Josef/Kirchhof, Paul, Handbuch des Staatsrechts, Band VI, 2. Aufl., Heidelberg 2001.
Leist, Alexander: Versteigerungen als Regulierungsinstrument, Berlin 2004.
Lembke, Gerd: Vorhersehbarkeit und Geschäftsgrundlage – eine Untersuchung über die Bedenken der Vorhersehbarkeit und der Erkennbarkeit für den Rechtsbehelf des Fehlens oder Wegfalls der Geschäftsgrundlage, Köln 1991.
Lengwiler, Yvan: Die Schweitzer-UMTS-Auktion, Schweizerische Zeitschrift für Volkswirtschaft und Statistik 139 (2001), S. 199ff.
Lenhard, Erik/*Rickert*, Beate: Flexibilisierung des UMTS-Marktes durch die Übertragbarkeit von Frequenzen, K & R 2002, S. 578ff.
Lenhard, Erik: Die Regulierung des Mobilfunks Dritter Generation: ökonomische Analyse und Optimierung, Wiesbaden 2002.

Lepsius, Oliver: Die Ökonomie als neue Referenzwissenschaft für die Staatsrechtslehre, Die Verwaltung 32 (1999), S. 429ff.
Lerche, Peter: Übermaß und Verfassungsrecht – Zur Bindung des Gesetzgebers an die Grundsätze der Verhältnismäßigkeit und Erforderlichkeit, Köln u. a.1961.
– Die verwaltungsgerichtliche Klage aus öffentlich-rechtlichen Verträgen, in: Külz, Helmut R. / Naumann, Richard (Hrsg.), Staatsbürger und Staatsgewalt, Verwaltungsrecht und Verwaltungsgerichtsbarkeit in Geschichte und Gegenwart, Jubiläumsschrift zum 100-jährigen Bestehen der deutschen Verwaltungsgerichtsbarkeit und zum 10-jährigen Bestehen des Bundsverwaltungsgerichts, Band 2, Karlsruhe 1963, S. 59ff.
– Die Verfassung als Quelle von Optimierungsgeboten, in: Burmeister, Joachim (Hrsg.), Verfassungsstaatlichkeit – Festschrift für Klaus Stern, München 1997, S. 197ff.
– Grundrechtlicher Schutzbereich, Grundrechtsprägung und Grundrechtseingriff, in: Isensee, Josef / Kirchhof, Paul (Hrsg.), Handbuch des Staatsrechts, Band V, 2. Aufl., Heidelberg 2000.
Lettl, Tobias: Die Anpassung von Verträgen des Privatrechts – Teil 3, JuS 2001, S. 347ff.
Lewinsohn-Zamir, Daphna: Consumer Preferences, Citizen Preferences and the Provision of Public Goods, Yale Law Journal 108 (1998), S. 377ff.
Lieth,Oliver: Die ökonomische Analyse des Rechts im Spiegelbild klassischer Argumentationsrestriktionen des Rechts und seiner Methodenlehre, Baden-Baden 2006; zitiert: *Lieth*, Die ökonomische Analyse des Rechts.
Libertus, Michael: Zur Neubestimmung des Verhältnisses von Rundfunk- und Telekommunikationsrecht am Beispiel der Frequenzordnung, ZUM 1997, S. 702ff.
Lim, Sok-Zin: Der Begriff der Arbeit bei Hegel, 2. Aufl., Bonn 1966.
Limbach, Jutta: Das Rechtsverständnis in der Vertragslehre, JuS 1985, S. 10ff.
Linck, *Joachim*: Zum Vorrang des Parlaments gegenüber den anderen Gewalten – Bemerkung zur Kalkar-Entscheidung des BVerfG (Anm. zu BVerfG, B. v. 08. 08. 1978 – 2 BvL 8/77 -), DÖV 1979, S. 165 ff.
Lindenberg, Siegward: An Assessment of the New Political Economy: It's Potential for the Social Sciences and for Sociology in Particular, Sociological Theory 3 (1985), S. 99ff.
Lindstädt, Hagen: Die Versteigerung der UMTS-Lizenzen – eine ökonomische Analyse des Bieterverhaltens, HHL-Arbeitspapier Nr. 42, Leipzig 2001.
Lischke, Annett: Tauschgerechtigkeit und öffentlich-rechtlicher Vertrag, Berlin 2000.
Littbarski, Sigurd: Der Wegfall der Geschäftsgrundlage im öffentlichen Recht – zugleich ein Beitrag zur Auslegung des § 60 I VwVfG, Frankfurt a. M. u. a. 1982.
Little, Ian Malcolm David: A Critique of Welfare Economics, 2. Aufl., Oxford u. a. 1957.
Logan, Charles W.: Getting Beyond Scarcity: A New Paradigm for Assessing the Constitutionality of Broadcast Regulation, California Law Review 85 (1997), S. 1687 ff.
– The Changing Law of Spectrum: How should Spectrum Regulation respond to the Convergence of Wireless Services?, Practising Law Institute 698 (2002), S. 309ff.
Löhr, Dirk: Urmonopole, intertemporale soziale Kosten und nachhaltiges Wirtschaften, Zeitschrift für Sozialökonomie 34 (1997), S. 13ff.
Lörcher, Gino: Die Anpassung langfristiger Verträge an veränderte Umstände, DB 1996, S. 1269ff.
Lorenz, Dieter: Die öffentliche Sache als Instrument des Umweltschutzes, NVwZ 1989, S. 812ff.

– Wissenschaft darf nicht alles – Zur Bedeutung der Rechte anderer als Grenze grundrechtlicher Gewährleistung, in: Badura, Peter/Scholz, Rupert (Hrsg.), Wege und Verfahren des Verfassungslebens: Festschrift für Peter Lerche zum 65. Geburtstag, München 1993, S. 267ff.
– Wegfall der Geschäftsgrundlage beim verwaltungsrechtlichen Vertrag, DVBl. 1997, S. 865ff.
Losonczi, Ágnes: Az életmódról (Von der Lebensweise, Ung.), Budapest 1973.
Lovett, William A.: Economic Analysis of Law and it's Role in Legal Education, Journal of Legal Education 26 (1974), S. 385ff.
Löwer, Kurt: Der verwaltungsgerichtliche Prozessvergleich als materielles Rechtsgeschäft, VerwArch. 56 (1965), S. 142ff. (Teil 1) und S. 236ff. (Teil 2).
Lu, Xiaohua/*McAfee*, R. Preston: The Evolutionary Stability of Auctions over Bargaining. Games and Economic Behavior 15, 228ff.
Lübbe-Wolff, Gertrude: Die Grundrechte als Eingriffsabwehrrecht: Struktur und Reichweite der Eingriffsdogmatik im Bereich staatlicher Leistungen, Baden-Baden 1988.
Luce, R.: Duncan/*Raiffa*, Howard: Games and Decisions, New York 1957.
Lücke, Jörg: Die (Un-)Zumutbarkeit als allgemeine Grenze öffentlichrechtlicher Pflichten des Bürgers, Berlin 1973.
– Die Grundsätze der Verhältnismäßigkeit und der Zumutbarkeit, DÖV 1974, S. 769ff.
Lucking-Reiley, David: Vickrey-Auctions in Practice: From Nineteenth-Century Philately to Twenty-First-Century E-Commerce, Journal of Economic Perspectives 14 (2000), S. 183ff.
Lüdemann, Jörn: Die Grenzen des homo oeconomicus und die Rechtswissenschaft, in: Engel, Christoph et al. (Hrsg.), Recht und Verhalten, Tübingen 2007, S. 7ff.
Lüder, Klaus: Triumph des Marktes im öffentlichen Sektor, DÖV 1996, S. 93ff.
Luhmann, Niklas: Grundrechte als Institution: ein Beitrag zur politischen Soziologie, Berlin 1965 (4. Aufl. 1999).
– Das Recht der Gesellschaft, 3. Aufl. Frankfurt a. M. 1993.
Lüke, Gerhard/*Wax*, Peter (Hrsg.): Münchener Kommentar zur Zivilprozessordnung, Band 3, 2. Aufl., München 2002.
Luttermann, Claus: UMTS-Milliarden der Deutschen Telekom für den Bund: aktien- und postverfassungsrechtliche Zweifel, K & R 2000, S. 473ff.
Maaß, Rainald: Die neuere Rechtsprechung des BVerfG zum allgemeinen Gleichheitssatz – Ein Neuansatz?, NVwZ 1988, S. 14ff.
Macneil, Ian R.: The many Futures of Contracts, Southern California Law Review 47 (1974), S. 691ff.
Mader, Oliver: Das neue EG-Vergaberecht, EuZW 2004, S. 425ff.
Madvig, Johan N.: Die Verfassung und Verwaltung des römischen Staates, Bd. 2, Leipzig 1882.
Magen, Stefan: Fairness, Eigennutz und die Rolle des Rechts, in: Engel, Christoph et al. (Hrsg.), Recht und Verhalten, Tübingen 2007, S. 261ff.
Mager, Ute: Das europäische System für den Handel mit Treibhausgas-Emissionszertifikaten und sein Verhältnis zum Anlagenordnungsrecht, DÖV 2004, S. 561ff.
Maihofer, Werner: Prinzipien freiheitlicher Demokratie, in: Benda, Ernst/Maihofer, Werner/Vogel, Hans-Jochen (Hrsg.), Handbuch des Verfassungsrechts, 2. Aufl., Berlin 1994.
Mailath, George J./*Zemsky*, Peter: Collusion in Second Price Auctions with Heterogeneous Bidders, Games and Economic Behavior 3 (1991), S. 467ff.

Maiwald, Beate: Gebühren, Beiträge, Sonderabgaben, Kosten im Gewerbebereich, GewArch. 1993, S. 45 ff.
Malchup, Fritz: Rejoinder to a Reluctant Ultra-Empiricist, Southern Economic Journal 23 (1956), S. 486 ff.
Mallmann, Walter: Schranken nichthoheitlicher Verwaltung, VVDStRL 19 (1961), S. 165 ff.
Mangoldt, Hermann von / *Klein*, Friedrich / *Starck*, Christian (Hrsg.): Kommentar zum Grundgesetz, 3 Bände, 5. Aufl., München 2005.
Mankowski, Peter: Internet-Auktionen – eine Versteigerung im Rechtssinne?, EWiR 2000, S. 1053 ff.
– Vertragsschluss bei der Internet-Auktion, EWiR 2000, S. 415 ff.
Mannheims, Hildegard / *Oberem*, Peter: Versteigerung – zur Kulturgeschichte der Dinge aus zweiter Hand, Münster 2003.
Manssen, Gerrit: Finanzverfassungsrechtliche Aspekte der Einführung einer sog. Nahverkehrsabgabe, DÖV 1996, S. 12 ff.
– Verfassungsrechtliche Rahmenbedingungen einer ökologischen Steuerreform, in: Jahrbuch des Umwelt- und Technikrechts 1996, Heidelberg 1996, S. 137 ff.
Manssen, Gerrit (Hrsg.): Kommentar zum Telekommunikations- und Multimediarecht, Loseblatt Berlin 1999 ff.
March, James G. / *Simon*, Herbert A.: Organisation und Individuum – menschliches Verhalten in Organisationen, Wiesbaden 1976.
Marcus, Hugo: Metaphysik der Gerechtigkeit – die Äquivalenz als kosmisches, juristisches, ästhetisches und ethisches Prinzip, Basel 1947.
Markovits, Richard S.: Legal Analysis and the Economic Analysis of Allocative Efficiency, Hofstra Law Review 8 (1980), S. 811.
Marsh, Anne / *Aspinall*, William / *Leightley*, Harold: Portraits of an Auctioneer and his Craft, Keystone Folklore Quarterly 16 (1971), S. 133.
Martini, Mario: Integrierte Regelungsansätze im Immissionsschutzrecht: eine Untersuchung zu dem integrierten Ansatz der UVP-RL, der IVU-RL und der Öko-Audit-Verordnung sowie ihrer deutschen Umsetzungsgesetze, Köln 2000.
– Die Versteigerung – ein Allokationsmodell auf dem Siegeszug?, Zur Rolle des Marktes im öffentlichen Recht, 2003, in: Bungenberg, Marc u. a. (Hrsg.), Recht und Ökonomik, München 2004, S. 249 ff.
– Verwaltungsprozessrecht, 3. Aufl., Neuwied 2003.
– Mit Hammer und Zunge – zur Kultur- und Rechtsgeschichte der Versteigerung, BLJ 1 (2007), S. 68 ff.
Martini, Mario / *Gebauer*, Jochen: »Alles umsonst?« Zur Zuteilung von CO_2-Emissionszertifikaten – ökonomische Idee und rechtliche Rahmenbedingungen, ZUR 2007, S. 225 ff.
Marx, Helmut / *Arens*, Heinrich: Der Auktionator – Kommentar zum Recht der gewerblichen Versteigerung, 2. Aufl., München – Neuwied 2004.
Marx, Karl: Das Kapital – Kritik der politischen Ökonomie, Bd. 1, in: Marx, Karl / Engels, Friedrich: Werke, hrsg. v. Institut für Marxismus-Leninismus beim ZK der SED, Band 23, Berlin 1962.
– Zur Judenfrage, in: Marx, Karl / Engels, Friedrich, Werke, hrsg. v. Institut für Marxismus-Leninismus beim ZK der SED, Band 1, Berlin 1962.
– Lohnarbeit und Kapital, in: Marx, Karl / Engels, Friedrich, Werke, hrsg. v. Institut für Marxismus-Leninismus beim ZK der SED, Band 6, Berlin 1968.
März, Wolfgang (Hrsg.): An den Grenzen des Rechts: Kolloquium zum 60. Geburtstag von Wolfgang Graf Vitzthum, Berlin 2003.
Maskin, Eric: Auctions, Development and Privatization: Efficient Auctions with Liquidity Constrained Buyers, European Economic Review 44 (2000), S. 667 ff.

Maskin, Eric / *Riley*, John: Asymmetric Auctions, in: Klemperer, Paul (Hrsg.), The Economic Theory of Auctions (Vol. I), Cheltenham 2000, S. 417 ff.
Matey, Paul B.: Abundant Media, Viewer Scarcity: A Marketplace Alternative To First Amendment Broadcast Rights and the Regulation of televised Presidential Debates, Indiana Law Review 36 (2003), S. 101 ff.
Mathis, Klaus: Effizienz statt Gerechtigkeit? – Auf der Suche nach den philosophischen Grundlagen der Ökonomischen Analyse des Rechts, 2. Aufl., Berlin 2006.
Matthies, Heinrich: Grundlagen des Subventionsrechts und Kompetenzen aus EG-rechtlicher Sicht, ZHR 152 (1988), S. 442 ff.
Maurer, Hartmut: Allgemeines Verwaltungsrecht, 16. Aufl., München 2006.
Maunz, Theodor / *Dürig*, Günther, et al. (Hrsg.): Grundgesetz, Kommentar, München, Loseblatt (Stand: November 2006).
Mayen, Thomas: Übergang und Rechtsnachfolge bei Lizenzen nach dem Telekommunikationsgesetz, CR 1999, S. 690 ff.
– Privatisierung öffentlicher Aufgaben: rechtliche Grenzen und rechtliche Möglichkeiten, DÖV 2001, S. 110 ff.
Mayer, Christian: Der Umfang der Nachbesserungspflicht des Gesetzgebers bei der Vermögens-, Erbschafts- und Schenkungsbesteuerung – Konsequenzen aus den Beschlüssen des BVerfG vom 22.06.1995, DB 1995, S. 1831 ff.
– Die Nachbesserungspflicht des Gesetzgebers, Baden-Baden 1996.
Mayer, Otto: Zur Lehre vom öffentlich-rechtlichen Vertrag, AöR 3 (1887), S. 1 ff.
– Deutsches Verwaltungsrecht, Bände 1 und 2, 3. Aufl., München 1924.
Mayer-Maly, Theo: Renaissance der laesio enormis?, in: Canaris, Claus-Wilhelm / Diederichsen, Uwe (Hrsg.), Festschrift für Karl Larenz zum 80. Geburtstag am 23. April 1983, München 1983, S. 395 ff.
McAfee, R. Preston / *McMillan*, John: Bidding for Contracts: A Principal-Agent Analysis, Rand Journal of Economics 17 (1986), S. 326 ff.
– Auctions and Bidding, Journal of Economic Literature 25 (1987), S. 699 ff.
– Incentives in Government Contracting, Toronto 1988.
– Government Procurement and International Trade, Journal of International Economics 26 (1989), S. 291 ff.
– Bidding Rings, American Economic Review 82 (1992), S. 579 ff.
McAfee, R. Preston / *Vincent*, Daniel: The Declining Price Anomaly, Journal of Economic Theory 60 (1993), S. 191 ff.
McMillan, John / *McAfee*, R. Preston: Analyzing the Airwaves Auction, Journal of Economic Perspectives 10 (1996), S. 159 ff.
McMillan, John: Games, Strategies & Managers, How managers can use game theory to make better business decisions, Oxford 1992.
– Selling spectrum rights, Journal of Economic Perspectives 8 (1994), S. 145 ff.
– Why auction the Spectrum?, Telecommunications Policy 19 (1995), S. 191 ff.
Mead, Walter J.: Natural Resources Disposal Policy – Oral Auctions versus Sealed Bids, Natural Resources Journal 7 (1967), S. 194 ff.
Meadows, Donella H. / *Meadows*, Dennis L. / *Renders*, Jørgen / *Behrens*, William W.: The Limits to Growth: A Report for the Club of Rome's Project on the Predicament of Mankind, New York 1972.
Meckling, William H.: Values and the Choice of the Model of the Individual in the Social Sciences, Schweizerische Zeitschrift für Volkswirtschaft und Statistik 112 (1976), S. 545 ff.
Mediger, Jost: Die Kondiktion wegen Zweckverfehlung im System der gesetzlichen Rückforderungsansprüche, Ein Beitrag zur Auslegung des § 812 I S. 2, 2. Alt. BGB, Kiel, Univ., Diss., 1978.

Mehrbrey, Kim Lars: Verfassungsrechtliche Grenzen eines Marktes handelbarer Emissionsrechte: Untersuchung eines sogenannten marktwirtschaftlichen Umweltschutzinstruments – dargestellt am Beispiel der Luftreinhaltung, Berlin 2003.

Mellinghoff, Rudolf: Steuergesetzgebung im Verfassungsstaat, Stbg 2005, S. 1 ff.

Menger, Carl Friedrich: Grundsätze der Volkswirtschaftslehre, Wien 1871.

Menzel, Christoph: Kollusion in Auktionen (Diss. oec.), abrufbar unter http://www.sub.uni-hamburg.de/opus/volltexte/2000/375. (letztes Abrufdatum: 25. 8. 2007).

Mérö, László: Die Logik der Unvernunft: Spieltheorie und die Psychologie des Handelns, 5. Aufl., Reinbek 2007.

Merten, Detlef/*Papier*, Hans-Jürgen (Hrsg.): Handbuch der Grundrechte in Deutschland und Europa, Heidelberg 2004.

Meßerschmidt, Klaus: Umweltabgaben als Rechtsproblem, Berlin 1986.

– Sonderabgaben und Bundesverwaltungsgericht. Zur Rechtsnatur des Ausgleichsbetrages zur Ablösung der Stellplatzpflicht nach der Hamburgischen Bauordnung sowie der Ausgleichsabgabe nach dem Baden-Württembergischen Naturschutzgesetz, DVBl. 1987, S. 925 ff.

– Ökonomische Effizienz und juristische Verhältnismäßigkeit, in: Gawel, Erik (Hrsg.), Effizienz im Umweltrecht – Grundsatzfragen einer wirtschaftlichen Umweltnutzung aus rechts-, wirtschafts- und sozialwissenschaftlicher Sicht, Baden-Baden 2001, S. 215 ff.

Messner, Johannes: Das Gemeinwohl: Idee – Wirklichkeit – Aufgaben, 2. Aufl., Osnabrück 1968.

Meuser, Michael/*Hitzler*, Ronald: Gemeinwohlrhetorik ärztlicher Berufsverbände im Streit um die Gesundheitsreform, in: Münkler, Herfried/Fischer, Karsten (Hrsg.), Gemeinwohl und Gemeinsinn – Rhetoriken und Perspektiven sozialmoralischer Orientierung, Berlin 2002, S. 177 ff.

Meyer, Max Ernst: Rechtsphilosophie, Berlin 1922.

Meyer, Susanne: Gebühren für die Nutzung von Umweltressourcen. Unzulässiger Preis für Freiheit oder zulässiges Bewirtschaftungsinstrument?, Berlin 1995.

Meyers Konversations-Lexikon: Eine Encyklopädie des allgemeinen Wissens, 4. Aufl., Leipzig 1890.

Michaelis, Lars Oliver: Unmittelbare Drittwirkung der Grundfreiheiten – Zum Fall Angonese, NJW 2001, S. 1841 ff.

Michaelis, Peter: Ökonomische Instrumente in der Umweltpolitik, Heidelberg 1996.

Michalski, Wolfgang: Grundlegung eines operationalen Konzepts der Social Costs, Tübingen 1965.

Mietzel, Jan Gerd: Die ersten 200 ADR-Entscheidungen zu .eu-Domains – Im Spagat zwischen Recht und Gerechtigkeit, MMR 2007, S. 282 ff.

Milczewski, Christine von: Der grundrechtliche Schutz des Eigentums im Europäischen Gemeinschaftsrecht, Frankfurt a. M. 1994.

Milgrom, Paul R: The Economics of Competitive Bidding, A selective survey, in: Hurwicz, Leonid/Schmeidler, David/Sonnenschein, Hugo (Hrsg.), Social Goals and Social Organization, Cambridge 1985, S. 261 ff.

– Auctions and Bidding, Journal of Economic Perspectives 1989, S. 3 ff.

– Putting Auction Theory to Work, Cambridge 2004.

Milgrom, Paul R./*Weber*, Robert J.: A theory of auctions and competitive bidding, Econometrica 50 (1982), S. 1089 ff.

Mill, John Stuart: On Liberty, 1859, hrsg. und übersetzt von Else Wentscher, Leipzig u. a. 1991.

– On Liberty, in: ders., Utilitarianism and On Liberty, 1859, hrsg. von Mary Warnock, 2. Aufl., Oxford 2003.

– Utilitarianism, in: Mill, John Stuart (Hrsg.), On Liberty and Utilitarianism, New York 1871, S. 135 ff.
Minasian, Jora: The Political Economy of Broadcasting in the 1920's, Journal of Law and Economics 12 (1969), S. 391 ff.
Mirandola, Giovanni Pico della: Über die Würde des Menschen, übersetzt von Norbert Baumgarten; hrsg. und eingeleitet von August Buck, Hamburg 1990.
Mirrlees, James A.: An Exploration in the Theory of Optimum Income Taxation, The Review of Economic Studies 38 (1971), S. 175 ff.
Mises, Ludwig Edler von: Theorie des Geldes und der Umlaufmittel, München 1912.
– Kritik des Interventionismus, Jena 1929.
– Nationalökonomie – Theorie des Handelns und Wirtschaftens, Genf 1940.
– Human Action. A Treatise on Economics, London 1949.
Mishan, Edward Joshua: Elements of Cost-Benefit-Analysis, 2. Aufl., London 1978.
Möckel, Stefan: Der Gleichheitsgrundsatz – Vorschlag für eine dogmatische Weiterentwicklung, DVBl. 2003, S. 488 ff.
Moldovanu, Benny: William Vickrey und die Auktionstheorie – Anmerkungen zum Nobelpreis 1996, Heidelberg 1996.
Möller, Rudolf: Interpersonelle Nutzenvergleiche, Göttingen 1983.
Mollnau, Karl A.: Der Mythos vom Gemeinwohl: Zur Kritik der politisch-klerikalen Sozial- u. Staatsideologie, Berlin 1962.
Mommsen, Theodor: Römisches Staatsrecht, Band 2, 1. Abteilung, 3. Aufl., Leipzig 1887.
Monopolkommission (Hrsg.): XIII. Hauptgutachten 2000 für die Jahre 1998/1999, Wettbewerbspolitik in Netzstrukturen, BT-Drucks. 14/4002.
Morch von der Fehr, Nils-Henrik: Predatory Bidding in Sequential Auctions, Oxford Economic Papers 46 (1994), S. 345 ff.
Moore, George Edward: Principia Ehtica, Cambridge, 1903.
Morgenthaler, Gerd: Umweltabgaben im Steuerstaat, SächsVBl. 1994, S. 97 ff.
Morlok, Martin: Vom Reiz und Nutzen, von den Schwierigkeiten und den Gefahren der ökonomischen Theorie für das öffentliche Recht, in: Engel, Christoph / Morlok, Martin (Hrsg.), Öffentliches Recht als ein Gegenstand ökonomischer Forschung, Tübingen 1998, S. 1 ff.
Moser, Johann Jacob: Von der Teutschen Reichsstände Landen, deren Landständen, Unterthanen, Landes-Freyheiten, Beschwerden, Schulden und Zusammenkünfften, Frankfurt u. a. 1769.
Mueller, Milton: New Zealand's Revolution in Spectrum Management, Information Economics and Policy 5 (1993), S. 159 ff.
Mühlberg, Fried: Bau- und Kunstgeschichte des alten Rathauses zu Köln, Köln 1973.
Mühlenkamp, Holger: Kosten-Nutzen-Analyse, 2. Aufl., München u. a. 1994.
Müller, Christian: Möglichkeiten und Grenzen der Verhaltenssteuerung durch Abgaben im Umweltrecht, Köln u. a. 1994.
Müller, Christine / *Petri*, Axel: Ausgewählte wettbewerbsrechtliche Probleme von Internet-Auktionen unter besonderer Berücksichtigung des B2B-Geschäftes, RTkom 2001, S. 153 ff.
Müller, Georg: Der Gleichheitssatz, VVDStRL 47 (1989), S. 37 ff.
Müller, Heinz (Hrsg.): Wohlfahrtsökonomik und Gemeinwohl, Paderborn u. a. 1987.
Müller, Heinz: Staatliche Preislenkung bei öffentlichen Aufträgen, Köln 1970.
Müller, Jürgen / *Vogelsang*, Ingo: Staatliche Regulierung, Baden-Baden 1979.
Müller, Martin / *Ernst*, Tobias: Elektronische Vergabe ante portas – Übersicht über aktuelle und zukünftige Rechtsfragen, NJW 2004, S. 1768 ff.

Müller-Armack, Alfred: Wirtschaftslenkung und Marktwirtschaft, Hamburg 1947.
– Soziale Marktwirtschaft, in: Beckerath, Erwin von (Hrsg.), Handwörterbuch der Sozialwissenschaften, Band 9, 1956, S. 390 ff.
– Studien zur sozialen Marktwirtschaft, Köln 1960.
– Genealogie der sozialen Marktwirtschaft, 2. Aufl., Bern u. a. 1981.
Müller-Franken, Sebastian: Maßvolles Verwalten – Effiziente Verwaltung im System exekutiver Handlungsmaßstäbe am Beispiel des maßvollen Gesetzesvollzugs im Steuerrecht, Tübingen 2004.
Müller-Graff, Peter-Christian: Die Erscheinungsformen der Leistungssubventionstatbestände aus wirtschaftsrechtlicher Sicht, ZHR 152 (1988), S. 403 ff.
Müller-Michaels, Olaf: Grundrechtlicher Eigentumsschutz in der Europäischen Union : das Eigentumsgrundrecht in der Rechtsordnung der EU, in der EMRK und in den Verfassungen Deutschlands, Italiens und Irlands, Berlin 1997.
Müller-Terpitz, Ralf: Verwaltungsrechtliche Aspekte des Vergabeverfahrens nach § 11 TKG, K & R 2002, S. 75 ff.
Münch, Ingo von / *Kunig*, Philipp (Hrsg.): Grundgesetz-Kommentar, 5. Aufl., München 2000 ff.
Munson, Mark W.: A Legacy of Lost Opportunity: Designated Entities and the Federal Communications Commission's Broadband PCS Spectrum Auction, Michigan Telecommunications and Technology Law Review 7 (2001), S. 217 ff.
Murswiek, Dietrich: Die Verfassungswidrigkeit der 5%-Sperrklausel im Europawahlgesetz, JZ 1979, S. 48 ff.
– Die staatliche Verantwortung für die Risiken der Technik: Verfassungsrechtliche Grundlagen und immissionsschutzrechtliche Ausformung, Berlin 1985.
– Freiheit und Freiwilligkeit im Umweltrecht, JZ 1988, S. 985 ff.
– Grundrechtsdogmatische Fragen gestufter Teilhabe-/Freiheitsverhältnisse, in: Hailbronner, Kay / Ress, Georg / Stein, Torsten (Hrsg.), Staat und Völkerrechtsordnung, Festschrift für Karl Doehring, Berlin 1989, S. 647 ff.
– Die Ressourcennutzungsgebühr, NuR 1994, S. 170 ff.
– Privater Nutzen und Gemeinwohl im Umweltrecht, DVBl. 1994, S. 77 ff.
– Ein Schritt in Richtung auf ein ökologisches Recht, NVwZ 1996, S. 417 ff.
– Grundrechte als Teilhaberecht, soziale Grundrechte, in: Isensee, Josef / Kirchhof, Paul (Hrsg.), Handbuch des Staatsrechts, Band V, 2. Aufl., Heidelberg 2000.
Musgrave, Richard Abel / *Musgrave*, Peggy B. / *Kullmer*, Lore: Die öffentlichen Finanzen in Theorie und Praxis, Band 1, 4. Aufl., Tübingen 1987.
Musgrave, Richard Abel: The Theory of Public Finance: A Study in Public Economy, New York 1959.
– Finanztheorie, 2. Aufl., Tübingen 1969.
Musil, Andreas: Wettbewerb in der staatlichen Verwaltung, Tübingen 2005.
– Hochschulen und Wettbewerb, in: Bungenberg, Marc u. a. (Hrsg.), Recht und Ökonomik, München 2004, S. 339 ff.
Mussler, Werner: Unter der Last der Lizenzkosten: Die Zukunftschiffre UMTS, FAZ vom 28. 3. 2002, S. 17.
Mutius, Albert von / *Lüneburger*, Simone: Öffentliche Abgaben für Wasserentnahmen kraft Landesrechts. Rechtliche Ausgestaltung und verfassungsrechtliche Bedenken, DVBl. 1995, S. 1205 ff.
– Verfassungsrechtliche Aspekte einer umfassenden ökologischen Ressourcenwirtschaft, NVwZ 1996, S. 1061 ff.
Mutius, Albert von: Grundrechte als »Teilhaberechte« – zu den verfassungsrechtlichen Aspekten des »numerus clausus«, VerwArch. 1973, S. 183 ff.
Mutschler, Ulrich / *Lang*, Matthias: Das System des Emissionshandels und seine Auswirkungen auf die Rechtsstellung der Unternehmen, DB 2004, S. 1711 ff.

Myerson, Roger: Optimal Auction Design, Mathematics of Operations Research 6 (1981), S. 58 ff.
Nagel, Rosemarie Chariklia: Reasoning and Learning in Guessing Games and Ultimatum Games with incomplete Information: An experimental Investigation, Bonn 1994.
Nägele, Thomas: Die Rechtsprechung des Bundesgerichtshofs zu Internet-Domains, WRP 2002, S. 138 ff.
Nalebuff, Barry J. / *Bulow*, Jeremy I.: Designing the PCS Auction, in: Comments of Bell Atlantic Personal Communications, Implementation of Section 309(j) of the Communications Act Competitive Bidding, PP Docket No. 93–253, Nov. 10, 1993.
Nalebuff, Barry J. / *Stiglitz*, Joseph E.: Prizes and Incentives: Towards a General Theory of Compensation and Competition, Bell Journal of Economics 14 (1983), S. 21 ff.
Nautz, Dieter / *Oechsler*, Jörg: The Repo Auctions of the European Central Bank and the Vanishing Quota Puzzle, Scandinavian Journal of Economics 105 (2003), S. 207 ff.
Nautz, Dieter: Der Zinstender bei den Wertpapierpensionsgeschäften der Deutschen Bundesbank: eine theoretische und empirische Untersuchung, Frankfurt a. M. 1994.
– Die Geldmarktsteuerung der Europäischen Zentralbank und das Geldangebot der Banken, Heidelberg 2000.
Nef, Hans: Gleichheit und Gerechtigkeit, Zürich 1941.
Neidthardt, Friedhelm: Öffentlichkeit und Gemeinwohl – Gemeinwohlrhetorik in Pressekommentaren, in: Münkler, Herfried / Fischer, Karsten (Hrsg.), Gemeinwohl und Gemeinsinn – Rhetoriken und Perspektiven sozial-moralischer Orientierung, Berlin 2002, S. 157 ff.
Nell-Breuning, Oswald von: Die Preisgerechtigkeit als gesellschaftliches Problem, Wirtschaftswissenschaftliche Vierteljahreshefte 4 (1928), S. 286 ff.
Nelson, Jon P.: Market Structure and Incomplete Information: Price Formation in a Real World Repeated English Auction, Journal of Economic Behavior and Organization 27 (1995), S. 421 ff.
Nett, Lorenz / *Neu*, Werner: Die Gewährleistung eines Universaldienstes und die Bestimmung der Universaldienstkosten im Telekommunikationsbereich, Zeitschrift für öffentliche und gemeinwirtschaftliche Unternehmen 22 (1999), S. 134 ff.
Nett, Lorenz: Auctions, An alternative approach to allocate universal service obligations, Telecommunications Policy 22 (1998), S. 661 ff.
– Das Problem unvollständiger Information für eine effiziente Regulierung, Bad Honnef 2001.
– Marktorientierte Allokationsverfahren bei Nummern, WIK-Diskussionsbeitrag Nr. 223, Bad Honnef 2001.
Nettesheim, Martin: Die Dienstleistungskonzession – Privates Unternehmertum in Gemeinwohlverantwortung, EWS 2007, S. 145 ff.
Neumann, Friedrich Julius: Die Steuer und das öffentliche Interesse- Eine Untersuchung über das Wesen der Steuer und die Gliederung der Staats- und Gemeinde-Einnahmen, Leipzig 1887.
Neumann, John von / *Morgenstern*, O.: Theory of Games and Economic Behavior, Princeton 1944.
Neuser, Mark A.: FCC's Block Auction in the wake of Adrand: Harbinger or Hoax?, Wisconsin Law Review 4 (1996), S. 821 ff.

Nicolaysen, Gert: Bewilligung und Förderabgabe nach dem BBergG, Stuttgart u. a. 1982.
Niehans, Jürg: Preisbildung bei ungewissen Erwartungen, Schweizerische Zeitschrift für Volkswirtschaft und Statistik 84 (1948), S. 433 ff.
Niemeier, Stefan: Die deutsche UMTS-Auktion – eine spieltheoretische Analyse, Wiesbaden 2002.
Nierwetberg, Rüdiger: Privatrechtliche Regeln im Öffentlichen Recht: Zinsen bei Erstattung vertraglicher Vorauszahlung auf die Erschließungskosten?, NVwZ 1989, S. 535 ff.
Niesel, Klaus (Hrsg.): Kasseler Kommentar Sozialversicherungsrecht, München Loseblatt (Stand 55. Erglfg. September 2007).
Nipperdey, Hans Carl: Soziale Marktwirtschaft und Grundgesetz, 3. Aufl., Köln 1965.
Noam, Eli: Beyond Spectrum Auctions, Telecommunications Policy 21 (1997), S. 461 ff.
– Spectrum Auctions: Yesterday's Heresy, Today's Orthodoxy, Tomorrow's Anachronism. Taking the Next Step to Open Spectrum Access, Journal of Law & Economics 41 (1998), S. 765 ff.
Noelle, Thomas: Absteigerungen auf Internet-Marktplätzen und Vergaberecht, NZBau 2002, S. 197 ff.
Noelle, Thomas / *Rogmanns*, Jan: Öffentliches Auftragswesen, 3. Aufl., Berlin 2002.
Nolte, Norbert: Lizenzierung von Telekommunikationsunternehmen, CR 1996, S. 459 ff.
Nordemann, Bernd: Wegfall von Zugabeverordnung und Rabattgesetz – Erlaubt ist, was gefällt?, NJW 2001, S. 2505 ff.
Note, Thomas: Unconstitutional Conditions, Harvard Law Review 73 (1960), S. 1595 ff.
Nowak, Martin / *Sigmund*, Karl: The Dynamics of Indirect Reciprocity, Journal of Theoretical Biology 194 (1998), S. 561 ff.
Nozick, Robert: Anarchy, State and Utopia, Oxford 1974.
Nutzinger, Hans G.: Wirtschaftsethik als methodisches Problem der Ökonomik: Die Herausforderung der Ökologischen Ökonomie, in: Schluchter, Wolfgang (Hrsg.), Kolloquien des May-Weber-Kollegs der Universität Erfurt, Erfurt 2000, S. 77 ff.
– Freiheit – Gerechtigkeit – Effizienz: Gesellschaftliche Leitvorstellungen oder Konfliktfelder, in: Held, Martin / Kubon-Gilke, Gisela / Sturn, Richard (Hrsg.), Gerechtigkeit als Voraussetzung für effizientes Wirtschaften: Normative und institutionelle Grundfragen der Ökonomik, 2002, S. 173 ff.
Obermayer, Klaus / *Steiner*, Udo: Die Monopole der öffentlichen Sachversicherung und das Grundrecht der Berufsfreiheit, NJW 1969, S. 1457 ff.
Oberthür, Sebastian / *Ott*, Hermann E.: The Kyoto Protocol, International Climate Policy for the 21st Century, Berlin 1999.
Ockenfels, Axel: Fairness, Reziprozität und Eigennutz: ökonomische Theorie und experimentelle Evidenz, Tübingen 1999.
Odendahl, Kerstin: Diskriminierungsverbote, in: Heselhaus, Sebastian / Nowak, Carsten (Hrsg.), Handbuch der Europäischen Grundrechte, München et al. 2006, § 45.
Oechsler, Jürgen: Netzzugang und Durchleitung auf der Grundlage des kartellrechtlichen Diskriminierungsverbots, ZHR 2000, S. 479 ff.
Oertmann, Paul: Geschäftsgrundlage - ein neuer Rechtsbegriff, Leipzig 1921.

Oettle, Karl: Die Verminderung von Planungsunsicherheiten als öffentliches Anliegen, in: Schauer, Reinbert (Hrsg.), Markt und Staat – Die Verminderung von Planungsunsicherheiten als öffentliches Anliegen, Linz 2000.
Ogris, Art. »Gant«, in: Erler, Adalbert u. a.: (Hrsg.), Handwörterbuch zur deutschen Rechtsgeschichte, Bd. 1, 1971, Sp. 1384 (1384).
Okun, Arthur M.: Equality and Efficiency: the Big Trade-Off, Washington D. C. 1975.
Olshausen, Henning von: Anmerkung zu VGH Bad.-Württ., Beschluss v. 17.01.1979 – IX 349/78 – (Körperliche Unversehrtheit, Gesetzesvorbehalt), DÖV 1979, S. 340 ff.
Olshausen, Philip Justus: Die Regelung des Geschäftsbetriebs der freien Versteigerer im Deutschen Reich, Jahrbuch für Gesetzgebung, Verwaltung und Volkswirtschaft im Deutschen Reich 30 (1906), S. 57 ff.
Opitz, Marc: Die Entwicklung des EG-Vergaberechts in den Jahren 2001 und 2002 – Teil 1 – Die Rechtstatsachen und der Rechtsrahmen, NZBau 2003, S. 183 ff.
Oppermann, Thomas: Gaststättenbedürfnis und Grundrechtsauslegung, AöR 80 (1955), S. 470 ff.
Ortona, Guido: The Ultimatum Game: Some New Experimental Evidence, Economic Notes 20 (1991), S. 324 ff.
Ossenbühl, Fritz: Rechtliche Probleme der Zulassung zu öffentlichen Stadthallen – zur Dogmatik der Gewährung öffentlicher Leistungen, DVBl. 1973, S. 289 ff.
– Die Freiheiten des Unternehmers nach dem Grundgesetz, AöR 115 (1990), S. 1 ff.
– Maßhalten mit dem Übermaßverbot, in: Badura, Peter / Scholz, Rupert (Hrsg.), Wege und Verfahren des Verfassungslebens, Festschrift für Peter Lerche zum 65. Geburtstag, München 1993, S. 151 ff.
– Vorrang und Vorbehalt des Gesetzes, in: Isensee, Josef / Kirchhof, Paul (Hrsg.), Handbuch des Staatsrechts, Band III, 2. Aufl., Heidelberg 1996.
– Staatshaftungsrecht, 5. Aufl., München 1998.
– Verfassungsrechtliche Fragen der Übertragung von Reststrommengen nach der Atomgesetznovelle 2002, in: Hansmann, Klaus (Hrsg.), Umweltrecht und richterliche Praxis: Festschrift für Ernst Kutscheidt zum 70. Geburtstag, München 2003, S. 213 ff.
Ott, Claus / *Schäfer*, Hans-Bernd: Die ökonomische Analyse des Rechts – Irrweg oder Chance wissenschaftlicher Rechtserkenntnis, JZ 1988, S. 213 ff.
– (Hrsg.), Allokationseffizienz in der Rechtsordnung, Berlin u. a. 1989.
Ott, Claus: Allokationseffizienz als Grundprinzip des Zivilrechts, in: Ott, Claus / Schäfer, Hans-Bernd (Hrsg.), Allokationseffizienz in der Rechtsordnung, Berlin 1989, S. 1 ff.
Owen, Bruce J.: Spectrum Allocations: A Survey of Alternative Methodologies, Washington D. C. 1971.
Oxenhandler, Steve: Taxicab Licenses: In Search of a Fifth Amendment, compensable Property Interest, Transportation Law Journal 27 (2000), S. 113 ff.
Pabst, Heinz Joachim: Verfassungsrechtliche Grenzen der Privatisierung im Fernstraßenbau, Berlin 1997.
Pache, Eckhard: Der Grundsatz der Verhältnismäßigkeit in der Rechtsprechung der Gerichte der Europäischen Gemeinschaften, NVwZ 1999, S. 1033 ff.
Palandt, Otto (Hrsg.): BGB-Kommentar, 66. Aufl. München 2007.
Palmer, Timothy D. / *Dover*, Agnes P. / *McGovern*, Thomas L.: Can the government go fast forward on reverse auctions?, Government Contractor 26 (2000), S. 263 ff.
Panzar, John C. / *Willig*, Robert D.: Free Entry and the Sustainability of Natural Monopoly, Bell Journal of Economics 1977, S. 1 ff.
Pape, Gerhard: Konkursverwalter mit beschränkter Haftung?, ZIP 1993, S. 737 ff.

Papier, Hans-Jürgen: Die finanzrechtlichen Gesetzesvorbehalte und das grundgesetzliche Demokratieprinzip, Berlin 1973.
– Grunderwerbsverträge mit Bauplanungsabreden, JuS 1981, S. 498 ff.
– Rechtsfragen der (staatlichen) Leitung der Volkswirtschaft einschließlich des Brennstoff- und Energiebereichs, in: Waehler, Jan Peter (Hrsg.), Deutsches und sowjetisches Wirtschaftsrecht II, Tübingen 1983, S. 3 ff.
– Grundgesetz und Wirtschaftsordnung, in: Benda, Ernst / Maihofer, Werner / Vogel, Hans-Jochen (Hrsg.), Handbuch des Verfassungsrechts der Bundesrepublik Deutschland, 2. Aufl., Berlin 1994, S. 799 ff.
– Staatliche Monopole und Berufsfreiheit – dargestellt am Beispiel der Spielbanken, in: Burmeister, Joachim (Hrsg.), Verfassungsstaatlichkeit, Festschrift für Klaus Stern zum 65. Geburtstag, München 1997, S. 543 ff.
– Der Wandel der Lehre von Ermessens- und Beurteilungsspielräumen als Reaktion auf die staatliche Finanzkrise, in: Hoffmann-Riem, Wolfgang / Schmidt-Aßmann, Eberhard (Hrsg.), Effizienz als Herausforderung an das Verwaltungsrecht (Schriften zur Reform des Verwaltungsrechts, Band 5), Baden-Baden 1998, S. 231 ff.

Pappermann, Ernst / *Löhr*, Rolf-Peter / *Andriske*, Wolfgang: Recht der öffentlichen Sachen, München 1987.

Pareto, Vilfredo : Manuel d'économie politique (übersetzt von Alfred Bonnet), Paris 1909.

Pautsch, Arne: Die beihilferechtliche Relevanz der UMTS-Vergabe im Ausschreibungsverfahren, MMR 2001, S. 423 ff.

Peine, Franz-Joseph: Systemgerechtigkeit. Die Selbstbindung des Gesetzgebers als Maßstab der Normenkontrolle, Baden-Baden 1985.

Peltzman, Sam: Toward a More General Theory of Regulation, Journal of Law and Economics 19 (1976), S. 211 ff.

Pelz, Christian / *Stempfle*, Christian Thomas: Nationales Glücksspielverbot vs. internationale Glücksspielfreiheit – Aus für das Staatsmonopol?, K & R 2004, S. 570 ff.

Perotti, Roberto: Growth, Income Distribution, and Democracy: What the Data say, Journal of Economic Growth 1 (1996), S. 149 ff.

Perry, Motty / *Wolfstetter*, Elmar / *Zamir*, Shmuel: A simple auction rule that beats the English auction under affiliation, Technical report, Humboldt-Universität Berlin 1998.

Pesch, Heinrich: Lehrbuch der Nationalökonomie, Bd. 5, 1. und 2. Aufl., Freiburg i. Br. 1923.

Pesendorfer, Martin: A Study of Collusion in First-Price Auctions, The Review of Economic Studies 67 (2000), S. 381 ff.

Peter, Fabienne: Wahlfreiheit versus Einwilligung – Legitimation in Markt und Staat, in: Held, Martin / Kubon-Gilke, Gisela / Sturn, Richard (Hrsg.), Gerechtigkeit als Voraussetzung für effizientes Wirtschaften. Normative und institutionelle Grundfragen, Marburg 2002, S. 153 ff.

Peters, Anne: Die Ausfüllung von Spielräumen der Verwaltung durch Wirtschaftlichkeitserwägungen, DÖV 2001, S. 749 ff.

Petzel, Rainer: Das Versteigerungsverfahren nach dem Telekommunikationsgesetz, Hamburg 2006.

Pfordten, Dietmar von der: Rechtsethik, München 2001.

Picker, Eduard: Schuldrechtsreform und Privatautonomie. Zur Neuregelung der Schuldnerpflichten bei zufallsbedingter Leistungsstörung nach § 275 Abs. 2 und § 313 BGB, JZ 2003, S. 1035 ff.

Picory, Christian: De l'usage des procédures d'enchères dans l'allocation des fréquences radioélectriques, Communications & Strategies 36 (1999), S. 71 ff.

Pielow, Johann-Christian: Grundstrukturen öffentlicher Versorgung: Vorgaben des Europäischen Gemeinschaftsrechts sowie des französischen und des deutschen Rechts unter besonderer Berücksichtigung der Elektrizitätswirtschaft, Tübingen 2001.

Piepenbrock, Hermann-Josef/*Schuster*, Fabian (Hrsg.): UMTS-Lizenzvergabe: Rechtsfragen der staatlichen Versteigerung knapper Ressourcen, Baden-Baden 2001.

Pierer, Heinrich August (Hrsg.): Universal-Lexikon der Gegenwart und Vergangenheit oder neuestes encyclopädisches Wörterbuch der Wissenschaften, Künste und Gewerbe, 2. Aufl., Altenburg 1840.

Pieroth, Bodo/*Hartmann*, Bernd J.: Grundrechtsschutz gegen wirtschaftliche Betätigung der öffentlichen Hand, DVBl. 2002, S. 421 ff.

Pieroth, Bodo/*Schlink*, Bernhard: Grundrechte, 23. Aufl., Heidelberg 2007.

Pies, Ingo: James Buchanans konstitutionelle Ökonomik, Tübingen 1996.

Pietzcker, Jost: Der Staatsauftrag als Instrument des Verwaltungshandelns: Recht und Praxis der Beschaffungsverträge in den Vereinigten Staaten von Amerika und der Bundesrepublik Deutschland, Tübingen 1978.

– Die Rechtsfigur des Grundrechtsverzichts, Der Staat 1978, S. 527 ff.

– Verwaltungsverfahren zwischen Verwaltungseffizienz und Rechtsschutzauftrag, VVDStRL 41 (1983), S. 193 ff.

– Abgrenzungsprobleme zwischen Benutzungsgebühr, Verleihungsgebühr, Sonderabgabe und Steuer. Das Beispiel »Wasserpfennig«, DVBl. 1987, S. 774 ff.

– Vergaberechtliche Sanktionen und Grundrechte, NZBau 2003, S. 242 ff.

Pietzner, Rainer: Verwaltungsverfahren zwischen Verwaltungseffizienz und Rechtsschutzauftrag, VVDStRL 41 (1983), S. 193 ff.

Pietzner, Rainer/*Ronellenfitsch*, Michael: Das Assessorexamen im öffentlichen Recht: Widerspruchsverfahren und Verwaltungsprozess, 11. Aufl., München 2005.

Pigou, Arthur Cecil: The Economics of Welfare, 4. Aufl., London 1932.

– Divergenzen zwischen dem sozialen Nettoprodukt und dem privaten Nettogrenzprodukt, in: Siebert, Horst (Hrsg.), Umwelt und wirtschaftliche Entwicklung, Darmstadt 1979, S. 23 ff.

Pitschas, Rainer: Die Zulassung von Schaustellern zu Volksfesten nach Gewerbe- und bayerischem Gemeinderecht, BayVBl. 1982, S. 641 ff.

Pöcker, Markus: Rechtsschutzfragen bei Verteilungsentscheidungen der öffentlichen Hand, NVwZ 2002, S. 688 ff.

– Das Verfahrensrecht wirtschaftsverwaltungsrechtlicher Verteilungsentscheidungen: Der einheitliche Verteilungsverwaltungsakt, DÖV 2003, S. 193 ff.

Podlech, Adalbert: Gehalt und Funktionen des allgemeinen verfassungsrechtlichen Gleichheitssatzes, Berlin 1971.

Podolsky, Johann/*Brenner*, Tobias: Vermögensabschöpfung im Straf- und Ordnungswidrigkeitenverfahren, 3. Aufl., Stuttgart u. a. 2007.

Polinsky, A. Mitchell: Probabilistic Compensation Criteria, Quarterly Journal of Economics 86 (1972), S. 407 ff.

– An Introduction to Law and Economics, 2. Aufl., Boston 1989.

– Ökonomische Analyse als ein potenziell mangelhaftes Produkt: Eine Verbraucherinformation zu Posners »Ökonomische Analyse des Rechts«, in: Assmann, Heinz-Dieter/Kirchner, Christian/Schanze, Erich, Ökonomische Analyse des Rechts, Tübingen 1993, S. 99 ff.

Pommerehne, Werner W./*Frey*, Bruno S. (Hrsg.): Ökonomische Theorie der Politik, Berlin u. a.1979.
Pommerehne, Werner W./*Schneider*, Friedrich: Wie steht's mit dem Trittbrettfahren?, ZGS 16 (1980), S. 287 ff.
Popper, Karl R.: Das Elend des Historizismus, hrsg. v. Kiesewetter, Hubert, 7. Aufl., Tübingen 2003.
Posner, Richard A./*Scott*, Kenneth E. (Hrsg.): Economics of Corporation Law and Securities Regulation, Boston u. a. 1980.
Posner, Richard A.: The Appropriate Scope of Regulation in the Cable Television Industry, The Bell Journal of Economics and Management Science 3 (1969), S. 98 ff.
– The Economic Approach to Law, Texas Law Review 53 (1975), S. 757 ff.
– Utilitarianism, Economics and Legal Theory, Journal of Legal Studies 8 (1979), S. 103 ff.
– The Ethical and Political Basis of the Efficiency Norm in Common Law Adjudication, Hofstra Law Review 8 (1980), S. 487 ff.
– The Economics of Justice, Cambridge (Mass.) u. a. 1981.
– A Reply to Some Criticism of the Efficiency Theory of the Common Law, Hofstra Law Review 9 (1981), S. 775 ff.
– The Problems of Jurisprudence, Cambridge (Mass.) u. a. 1990.
– Recht und Ökonomie – eine Einführung, in: Assmann, Heinz-Dieter/Kirchner, Christian/Schanze, Erich, Ökonomische Analyse des Rechts, Tübingen 1993, S. 79 ff.
– Unternehmenskorporationen, in: Assmann, Heinz-Dieter/Kirchner, Christian/Schanze, Erich, Ökonomische Analyse des Rechts, Tübingen 1993, S. 248 ff.
– Antitrust Law, 2. Aufl., Chicago u. a. 2001.
– Economic Analysis of Law, 7. Aufl., New York 2007.
Powroslo, Eva: Tagungsbericht: Marktwirtschaftliche Instrumente für den Klima- und Ressourcenschutz. Tagung der Evangelischen Akademie Loccum, unterstützt durch die IG BCE, DVBl. 2003, S. 786 ff.
Prat, Andrea/*Valetti*, Tommaso: Spectrum Auctions versus Beauty Contests: Cost and benefits, Rivista di Politica Economica 91 (2001), 59 ff.
Prewo, Wilfried: Allokationseffekte rechtlich-institutioneller Regelungen der Meeresnutzung, in: Siebert, Horst (Hrsg.), Erschöpfbare Ressourcen: Verhandlungen auf der Arbeitstagung des Vereins für Socialpolitik, Gesellschaft für Wirtschaft- und Sozialwissenschaften in Mannheim 1979, Berlin 1980, S. 707 ff.
Prieß, Hans-Joachim: Die Leistungsbeschreibung – Kernstück des ›Vergabeverfahrens – Teil 2, NZBau 2004, S. 87 ff.
– Handbuch des europäischen Vergaberechts, 3. Aufl., Köln u. a. 2005.
Prisching, Manfred: Präferenzen für Rationierungsmaßnahmen: Anomalien versus Rationalität, in: Tietzel, Manfred (Hrsg.), Ökonomische Theorie der Rationierung, 1998, S. 299 ff.
Pritchard-Kelly, Ruth W.: A Comparison between Spectrum Auctions in the United States and New Zealand, Maryland Journal of International Law and Trade 20 (1996), S. 155 ff.
Probst, Peter: Elektronische Vergabe und inverse Auktionen, ThürVBl. 2002, S. 245 ff.
Productivity Commission 2002: Radiocommunications, Report no. 22, Canberra 2002.
Prützel, Hans-Hermann (Hrsg.): Jagdrechtliche Entscheidungen der ordentlichen Gerichte, der Arbeitsgerichte, der allgemeinen Verwaltungsgerichte sowie der Finanz- und Sozialgerichte.

Puhl, Thomas: Budgetflucht und Haushaltsverfassung, Tübingen 1996.
Pünder, Hermann: Haushaltsrecht im Umbruch, eine Untersuchung der Erfordernisse einer sowohl demokratisch legitimierten als auch effektiven und effizienten Haushaltswirtschaft am Beispiel der Kommunalverwaltung, Stuttgart 2003.
– Zu den Vorgaben des grundgesetzlichen Gleichheitssatzes für die Vergabe öffentlicher Aufträge, VerwArch. 95 (2004), S. 38 ff.
– Die Vergabe öffentlicher Aufträge unter den Vorgaben des europäischen Beihilferechts, NZBau 2003, S. 530 ff.
Pünder, Hermann/*Franzius*, Ingo: Auftragsvergabe im wettbewerblichen Dialog, ZfBR 2006, S. 20 ff.
Pünder, Hermann/*Prieß*, Hans-Joachim (Hrsg.): Vergaberecht im Umbruch, Hamburger Kolloquium zum Öffentlichen Wirtschaftsrecht in der Bucerius Law School am 30. September 2004, Köln u. a. 2005.
Püttner, Günter: Wider den öffentlich-rechtlichen Vertrag zwischen Staat und Bürger, DVBl. 1982, S. 122 ff.
– Die Neuordnung der Konzessionsabgaben, NVwZ 1992, S. 350 ff.
Püttner, Günter/*Lingemann*, Stefan: Aktuelle Probleme der Zulassung zu öffentlichen Einrichtungen, JA 1984, S. 121 ff.
Quack, Friedrich: Das ungewöhnliche Wagnis im Bauvertrag. Ist § 9 VOB/A eine Norm des Bauvertragsrechts oder nur eine des Vergaberechts?, BauR 2003, S. 26 ff.
Quemener, Tangi: Das makabere Geschäft mit Mörder-Souvenirs, spiegel-online vom 11. 8. 2005, abrufbar unter http://www.spiegel.de/netzwelt/netzkultur/0,1518,369289,00.html. (letztes Abrufdatum 11. 08. 2005).
Quemin, Alain: L'Espace des Objets, Expertises et Enchères à Drouot-Nord, Genèses, Sciences Sociales et Histoire 17 (1994), S. 52 ff.
Quirk, James P./*Katsuaki*, Terasawa: The Winner's curse and Cost Estimation Bias in Pioneer Projects, Working Paper No. 512, California Institute of Technology, Division of the Humanities and Social Sciences, 1984.
Raber, Hans Georg: Wassernutzungsentgelte und das Grundgesetz, NVwZ 1997, S. 219 ff.
Radbruch, Gustav: Der Mensch im Recht, Tübingen 1927.
– Rechtsphilosophie, 6. Aufl., Stuttgart 1963.
Radbruch, Gustav/*Zweigert*, Konrad: Einführung in die Rechtswissenschaft, 12. Aufl., Stuttgart 1969.
Radin, Margaret Jane: Market–Inalienability, Harvard Law Review 100 (1987), S. 1849 ff.
Rainbow, Cindy: Radio Deregulation and the public Interest: Office of Communications of the United Church of Christ v. Federal Communications Commission, Cardozo Arts and Entertainment Law Journal 4 (1985), S. 169 ff.
Raiser, Ludwig: Vertragsfreiheit heute, JZ 1958, S. 1 ff.
– Vertragsfunktion und Vertragsfreiheit, in: Hundert Jahre Deutsches Rechtsleben. Festschrift zum hundertjährigen Bestehen des Deutschen Juristentages 1860 – 1960, Bd. 1, Karlsruhe 1960, S. 101 ff.
Ramsey, James Bernard: Bidding and oil leases, Greenwich 1980.
Ransom, Elizabeth A.: Wind Power Development on the United States Outer Continental Shelf: Balancing Efficient Development and Environmental Risks in the Shadow of the OCSLA, Boston College Environmental Affairs Law Review 31 (2004), S. 465 ff.
Rat der Sachverständigen für Umweltfragen: Umweltgutachten 2002, BT-Drucks. 14/8792.
– Umweltgutachten 2004, BT-Drucks. 15/3600.

Ratterman, David B.: The Use of Net-Based Reverse Auctions to Procure Construction Services, The Construction Lawyer 24 (2004), S. 22 ff.
Rau, Karl Heinrich: Grundsätze der Finanzwissenschaft. Lehrbuch der politischen Oekonomie, Bd. 3, Abth. 2, 5. Aufl., Heidelberg 1865.
Rau, Michael C.: Allocating Spectrum by Market Forces: The FCC Ultra Vires?, Catholic University Law Review 37 (1987), 149 ff.
Rauner, Max: Die Mathematik des Auktionators, Die Zeit 2000 Nr. 31, S. 46.
Rausch, Jan-Dirk: Die verfassungsrechtliche Unzulässigkeit staatlicher Monopole bei Sportwetten, GewArch. 2001, S. 102 ff.
Rawls, John: Two concepts of rules, The Philosophical Review 64 (1955), S. 3 ff.
– A Theory of Justice, Oxford u. a. 1973 (Originalausgabe); deutsche Ausgabe: Eine Theorie der Gerechtigkeit, Frankfurt a. M. 2003 bzw. Berlin 1998.
Rebentisch, Manfred: Rechtsfragen der kostenlosen Zuteilung von Berechtigungen im Rahmen des Emissionshandelsrechts, NVwZ 2006, S. 747 ff.
Rebmann, Kurt / *Säcker*, Franz Jürgen / *Rixecker*, Roland (Hrsg.): Münchener Kommentar zum BGB, 11 Bände, 5./6. Aufl., München 2004 ff.
Rechten, Stephan: Die Novelle des EU-Vergaberechts, NZBau 2004, S. 366 ff.
Redeker, Konrad: Zur Ausgleichsfunktion von Teilhaberechten zwischen Freiheit und Bindung, in: Bachof, Otto / Heigl, Ludwig / Redeker, Konrad (Hrsg.), Verwaltungsrecht zwischen Freiheit, Teilhabe und Bindung, Festgabe aus Anlass des 25jährigen Bestehens des Bundesverwaltungsgerichts, München 1978, S. 511 ff.
Regelsberger, Ferdinand: Die Vorverhandlungen bei Verträgen, Angebot, Annahme, Traktate, Punktation nebst der Lehre von der Versteigerung und der Auslobung, Weimar 1868.
Rehbinder, Eckard: Übertragbare Emissionsrechte aus juristischer Sicht, in: Endres, Alfred / Rehbinder, Eckard / Schwarze, Reimund (Hrsg.), Umweltzertifikate und Kompensationslösungen aus juristischer Sicht, Bonn 1994, Teil 1: Herkömmliche Kompensationen im Bereich der Luftreinhaltung, S. 28 ff., Teil 2: Umweltlizenzen (Zertifikate) im Bereich der Luftreinhaltung, S. 92 ff., Teil 3: Kompensationen und Umweltlizenzen (Zertifikate) außerhalb der Luftreinhaltung, S. 216 ff.
– Übertragbare Umweltgenehmigungen (Lizenzen) aus juristischer Sicht, in: Bonus, Holger (Hrsg.), Umweltzertifikate – der steinige Weg zur Marktwirtschaft, ZAU Sonderheft 9/1998, Berlin 1998, S. 70 ff.
– Erfahrungen in den USA, in: Rengeling, Hans-Werner (Hrsg.), Klimaschutz durch Emissionshandel. Achte Osnabrücker Gespräche zum Deutschen und Europäischen Umweltrecht am 26./27. April 2001, Köln u. a. 2001, S. 127 ff.
Rehbinder, Eckard / *Schmalholz*, Michael: Handel mit Emissionsrechten für Treibhausgase in der Europäischen Union, UPR 2002, S. 1 ff.
Reich, Norbert: Anmerkung zum Urteil des EuGH v. 22.11.2005 – Rs. C-144/04 – Mangold/Helm, EuZW 2006, S. 20 ff.
Reidt, Olaf: Rechtsfragen im Zusammenhang mit der Vergabe von Baukonzessionen – dargestellt am Projekt der Trave-Querung in Lübeck, NordÖR 1999, S. 435 ff.
Reidt, Olaf / *Stickler*, Thomas: Das Fernstraßenbauprivatfinanzierungsgesetz und der Baukonzessionsvertrag – das »Pilotprojekt« der Warnow-Querung in Rostock, BauR 1997, S. 241 ff.
Reidt, Olaf / *Stickler*, Thomas / *Glahs*, Heike (Hrsg.): Vergaberecht – Kommentar, 2. Aufl., Köln 2003.
Reimann, Carsten: Wettbewerbsrechtliche Aspekte des Handels mit Emissionszertifikaten, EWS 2004, S. 160 ff.
Reinhardt, Rudolf: Der gerechte Preis, ein Bestandteil unserer Rechtsordnung?, in: Universität Köln, Rechtswissenschaftliche Fakultät (Hrsg.), Festschrift für Hein-

rich Lehmann zum sechzigsten Geburtstag am 20. Juli 1936, Berlin 1937, S. 221 ff.
Rengeling, Hans-Werner: Grundlagen des Subventionsrechts und Kompetenzen aus der Sicht von Bund und Ländern, ZHR 152 (1988), S. 455 ff.
– Handel mit Treibhausgasemissionen, DVBl. 2000, S. 1725 ff.
Rengeling, Hans-Werner/Szczekalla, Peter: Grundrechte in der Europäischen Union, Köln et al. 2004.
Reuter, Alexander/*Kindereit*, Kai: EG-Emissionshandelsrichtlinie und Beihilferecht am Beispiel prozessbedingter Emissionen, DVBl. 2004, S. 537 ff.
Rhodes-Kropf, Matthew/*Viswanathan*, S.: Corporate Reorganizations and Non-Cash Auctions, The Journal Of Finance 55 (2000), S. 1807 ff.
Ribhegge, Hermann: Muss eine Demokratie an der Verteilungsfrage scheitern?, in: Albert, Hans (Hrsg.), Ökonomisches Denken und soziale Ordnung – Festschrift für Erik Boettcher, Tübingen 1984, S. 155 ff.
Richardi, Reinhard: Die Bedeutung des Mitbestimmungsurteils des Bundesverfassungsgerichts vom 01.03.1979 für die Arbeitsrechtsordnung, AöR 104 (1979), S. 546 ff.
Richardi, Reinhard/*Wlotzke*, Otfried (Hrsg.): Münchener Handbuch zum Arbeitsrecht, 3 Bände, 2. Aufl., München 2000.
Richli, Paul: Zur Leitung der Wirtschaftspolitik durch Verfassungsgrundsätze, Bern 1983.
Richter, Rudolf/*Furubotn*, Eirik G.: Neue Institutionenökonomik, 3. Aufl., Tübingen 2003.
Ries, Peter: Bauverträge im Römischen Recht, München 1989.
Rifkin, Jeremy: Access – Das Verschwinden des Eigentums: warum wir weniger besitzen und mehr ausgeben werden, 3. Aufl., Frankfurt/Main u. a. 2007.
Riker, William H.: A Reply to Ordeshook and Rae, American Political Science Review 74 (1980), S. 456 ff.
Rinke, Siegfried: Öffentliche Straßenbaufinanzierung, in: Kodal, Kurt/Krämer, Helmut, Straßenrecht, systematische Darstellung des Rechts der öffentlichen Straßen, Wege und Plätze in der Bundesrepublik Deutschland, 6. Aufl., München 1999, S. 380 ff.
Ritgen, Klaus: Versteigerung von Funkfrequenzen und Vergabe von Telekommunikationslizenzen – Verfassungsfragen einer effizienzorientierten Verteilungslenkung, AöR 127 (2002), S. 351 ff.
Rittig, Gisbert: Der soziale Preis, Jena 1935.
Rittner, Fritz: Das Modell des homo oeconomicus und die Jurisprudenz, JZ 2005, S. 668 ff.
Ritzmann, Franz: Zur Biographie des homo oeconomicus und seiner Moral, in: ders. (Hrsg.), Wirtschaftswissenschaft als Hobby und Beruf, Zürich 1999, S. 343 ff.
Robbers, Gerhard: Der Gleichheitssatz, DÖV 1988, S. 749 ff.
Robbins, Lionel: An Essay on the Nature and Significance of Economic Science, 2. Aufl., London 1935.
Robert, Michael: Die Vergabe der UMTS-Lizenzen durch Auktion gem. § 11 Abs. 4 TKG, Berlin 2004.
Robinson, Glen O.: Spectrum Property Law, Journal of Law and Economics 41 (1998), S. 609 ff.
Robinson, Joan: Doktrinen der Wirtschaftswissenschaft – eine Auseinandersetzung mit ihren Grundgedanken und Ideologien, 2. Aufl., München 1968.
Robinson, John O.: Spectrum Allocation and Economic Factors in FCC Spectrum Management, IEEE Trans. Electromagnetic Compat. 19 (1977), S. 182 ff.

Robinson, Marc S.: Collusion and the Choice of Auction, Rand Journal of Economics (16) 1985, S. 141 ff.

Rodi, Michael: Die Subventionsrechtsordnung: Die Subvention als Instrument öffentlicher Zweckverwirklichung nach Völkerrecht, Europarecht und deutschem innerstaatlichen Recht, Tübingen 2000.

Rogosch, Josef Konrad: Der verfassungsrechtliche Rang des gebührenrechtlichen Kostendeckungsprinzips, KStZ 1988, S. 1 ff.

Röhl, Hans Christian: Verwaltung und Privatrecht – Verwaltungsprivatrecht?, VerwArch. 86 (1995), S. 531 ff.

Rohloff, Winfried: Zusammenwirken von allgemeinem Gleichheitssatz und Freiheitsgewährleistungen – eine Untersuchung der Rechtsprechung des Bundesverfassungsgerichts, Augsburg 1992.

Rolshoven, Michael: Wer zuerst kommt, mahlt zuerst? – Zum Prioritätsprinzip bei konkurrierenden Genehmigungsanträgen, NVwZ 2006, S. 516 ff.;

Römermann, Volker: Die Bestellung des Insolvenzverwalters, NJW 2002, S. 3729 ff.

– Anfechtbarkeit der Verwalterbestellung, NZI 2003, S. 134 ff.

Ronellenfitsch, Michael: Das atomrechtliche Genehmigungsverfahren, Berlin 1983.

– Die Einrichtung von Notarstellen als Rechtspflegeaufgabe, DNotZ 1990, S. 75 ff.

– Umwelt und Verkehr unter dem Einfluss des Nachhaltigkeitsprinzips, NVwZ 2006, S. 385 ff.

Rönnau, Thomas / *Hohn*, Kristian: Wertverlust sichergestellter Gegenstände – ein delikates Problem der Vermögensabschöpfung, wistra 2002, S. 445 ff.

Röpke, Wilhelm: Maß und Mitte, 2. Aufl., Bern 1979.

– Die Lehre von der Wirtschaft, 12. Aufl., Erlenbach-Zürich 1979.

Rose-Ackerman, Susan: Recht und Ökonomie: Paradigma, Politik oder Philosophie, in: Ott, Claus / Schäfer, Hans B. (Hrsg.), Allokationseffizienz in der Rechtsordnung – Beiträge zum Travemünder Symposium zur Ökonomischen Analyse des Zivilrechts, 23.–26. März 1988, Berlin u. a. 1989, S. 269 ff.

– The Economic Analysis of Public Law, European Journal of Law and Economics 1 (1994), S. 53 ff.

Rosenberg, Leo: Lehrbuch des deutschen Zivilprozessrechts, 9.Aufl., München 1961.

Rosenthal, Albert J.: Conditional Federal Spending and the Constitution, Stanford Law Review 39 (1987), S. 1103 ff.

Ross, Stephen A.: *The Economic Theory of Agency: The Principal's Problem*, American Economic Review 63 (1973), S. 134 ff.

Rößle: Stichwort »Submissionswesen«, in: Elster, Ludwig / Weber, Adolf / Wieser, Friedrich (Hrsg.), Handwörterbuch der Staatswissenschaften, Bd. 7, 4. Aufl., Jena 1926, S. 1158 ff.

Rosston, Gregory L. / *Steinberg*, Jeffrey: Using Market-Based Spectrum Policy to Promote the Public Interest, Federal Communications Law Journal 50 (1997), S. 87 ff.

Roth, Alvin E. / *Ockenfels*, Axel: Late-Minute Bidding and the Rules for Ending Second-Price Auctions: Evidence from eBay and Amazon on the Internet, American Economic Review (92) 2002, S. 1093 ff.

Rothkopf, Michael H. / *Bazelon*, Coleman: Combinatorial Interlicense Competition: Spectrum Deregulation without Confiscation or Giveaways, in: Crew, Michael Anthony / Spiegel, Menahem, Obtaining the best from regulation and competition, New York 2005, S. 135 ff.

Rothkopf, Michael H. / *Teisberg*, Thomas J. / *Kahn*, Edward P.: Why are Vickrey Auctions rare?, Journal of Political Economy 98 (1990), S. 94 ff.

Roth-Stielow, Klaus: Grundrechtsschutz und Schadensausschluss im Atomrecht. Bemerkung zur Kalkar-Entscheidung des Bundesverfassungsgerichts (Anm. zu BVerfG, B. v. 08.08.1978 – 2 BvL 8/77 -), DÖV 1979, S. 167ff.

Rotteck, Karl von/*Welcker*, Karl-Theodor: Das Staatslexikon, 1845–1848, Neudruck Frankfurt a. M. 1990.

Rowe, Gerard C.: Environmental Justice as an Ethical, Economic and Legal Principle, in: Richardson, Benjamin J./Bosselmann, Klaus (Hrsg.), Environmental Justice and Market Mechanisms – Key Challenges for Environmental Law and Policies, Den Haag 1999, S. 58ff.

Rubin, Gretchen Craft: Quid pro quo: What Broadcasters really want, George Washington Law Review 66 (1998), S. 686ff.

Rudolph, Sven: Handelbare Emissionslizenzen – die politische Ökonomie eines umweltökonomischen Instruments in Theorie und Praxis, Marburg 2005.

Ruffert, Matthias: Regulierung im System des Verwaltungsrechts, AöR 124 (1999), S. 237ff.

– Vorrang der Verfassung und Eigenständigkeit des Privatrechts – Eine verfassungsrechtliche Untersuchung zur Privatrechtswirkung des Grundgesetzes, Tübingen 2001.

Rüfner, Peter: Formen öffentlicher Verwaltung im Bereich der Wirtschaft, Untersuchungen zum Problem der leistenden Verwaltung, Berlin 1967.

Ruhle, Ernst-Olaf/*Geppert*, Martin: Versteigerungsverfahren für Funkfrequenzen und Lizenzen, MMR 1998, S. 175ff.

Rummer, Hans: Die Verteilung bei knappen Kontingenten, NJW 1988, S. 225ff.

Runkel, Wolfram: Deutschland unterm Hammer, Zeitmagazin Nr. 19 v. 2.5.1997, S. 16ff.

Rüping, Hinrich: Strafrechtliche Fragen staatlich genehmigter Lotterien, JZ 2005, S. 234ff.

Rupp, Hans-Heinrich: Das Urteil des Bundesverfassungsgerichts zum Sammlungsgesetz – eine Wende in der Grundrechtsinterpretation des Art. 2 Abs. 1 GG?, NJW 1966, S. 2037ff.

– Wohl der Allgemeinheit und öffentliche Interessen – Bedeutung der Begriffe im Verwaltungsrecht, in: Ule, Carl Hermann u. a. (Hrsg.), Wohl der Allgemeinheit und öffentliche Interessen, Berlin 1968, S. 116ff.

– Vom Wandel der Grundrechte, AöR 101 (1976), S. 161ff.

Ryan, Patrick S.: Application of the public trust doctrine and principles of natural resource management to electromagnetic spectrum, Michigan Telecommunications and Technology Law Review 10 (2004), S. 285ff.

Sachs, Michael: »Volenti non fit iniuria« – Zur Bedeutung des Willens des Betroffenen im Verwaltungsrecht, VerwArch. (76) 1985, 398ff.

– Grenzen des Diskriminierungsverbotes – eine Untersuchung zur Reichweite des Unterscheidungsverbotes nach Artikel 3 Abs. 2 und 3 Grundgesetz, München 1987.

– Zur Bedeutung der grundgesetzlichen Gleichheitssätze für das Recht des öffentlichen Dienstes, ZBR 1994, S. 133ff.

– Bestandskraft der Reg-TP-Entscheidungen im Versteigerungsverfahren der UMTS-Lizenzen?, K & R 2001, S. 13ff.

Sachs, Michael (Hrsg.): Grundgesetz-Kommentar, 4. Aufl., München 2007.

Sacksofsky, Ute: Umweltschutz durch nicht-steuerliche Abgaben, Tübingen 2000.

– Verfolgung ökologischer und anderer öffentlicher Zwecke durch Instrumente des Abgabenrechts, NJW 2000, S. 2619ff.

– Halbteilungsgrundsatz ade – Scheiden tut nicht weh, NVwZ 2006, S. 661 f.

Säcker, Franz Jürgen: Berliner Kommentar zum Telekommunikationsgesetz, Frankfurt 2006.
Salin, Edgard: Politische Ökonomie, Geschichte der wirtschaftspolitischen Ideen von Platon bis zur Gegenwart, 5. Aufl., Tübingen/Zürich 1967.
Salzwedel, Jürgen: Studien zur Erhebung von Abwassergebühren, Berlin 1972.
– Wasserrecht und Investitionsschutz, RdWWi 19 (1975), S. 41 ff.
– Netzwirtschaft und Regulierung in der Wasserversorgung und Abwasserwirtschaft, Netzwirtschaft und Recht (Zs.) 2004, S. 36 ff.
Samuelson, Paul Anthony: The pure theory of public expenditure, Review of Economics and Statistics 36 (1954), S. 387 ff.
– Diagrammatic Exposition of a Theory of Public Expenditure, Revue of Economics and Statistics 38 (1955), S. 350 ff.
– Foundations of Economic Analysis, 7. Aufl., Cambridge (Mass.) 1963.
– The Collected Scientific Papers of P. A. Samuelson, hrsg. von Joseph E. Stiglitz, Bd. 2, Cambridge (Mass.) u. a. 1966.
Sanden, Joachim: Perspektiven der Umweltnutzungsabgaben nach der »Wasserpfennigentscheidung« des Bundesverfassungsgerichtes, UPR 1996, S. 181 ff.
Sander, Eberhard: Der »Wasserpfennig« – eine Abgabe mit oder ohne staatliche Gegenleistung?, DVBl. 1990, S. 18 ff.
Sartorius, Christian: Die Evolution von Verteilungsgerechtigkeit, in: Held, Martin/Kubon-Gilke, Gisela/Sturn, Richard (Hrsg.), Gerechtigkeit als Voraussetzung für effizientes Wirtschaften – Jahrbuch Normative und institutionelle Grundfragen der Ökonomik, Bd. 1, Marburg 2002, S. 231 ff.
Saul, John R.: Der Markt frisst seine Kinder – Wider die Ökonomisierung der Gesellschaft, 2. Aufl., Frankfurt a. M. 1998.
Sax, Emil: Die Verkehrsmittel in Volks- und Staatswirtschaft, Bd: II: Die Eisenbahnen, Berlin u. a. 1879.
Scanlon, Thomas: The Significance of Choice, in: McMurrin, Sterling M. (Hrsg.), The Tanner Lectures on Human Values, Bd. 8, Salt Lake City 1988, S. 149 ff.
Schachtschneider, Karl Albrecht: Lizenzversteigerung – eine Sumpfblüte des Ökonomismus, FAZ v. 7. 9. 2000, S. 11.
Schaefer, Horst: Der verfassungsrechtliche Steuerbegriff, Frankfurt a. M., 1997.
Schäfer, Hans-Bernd/*Ott*, Claus: Lehrbuch der ökonomischen Analyse des Zivilrechts, 4. Aufl., Berlin u. a. 2005.
Schäffle, Albert Eberhard Friederich: Über die ethische Seite der national-ökonomischen Lehre vom Wert, Tübingen 1862.
Schafft, Thomas: »Reverse Auctions« im Internet, CR 2001, S. 393 ff.
Schaller, Werner: Die EU-Mitgliedstaaten als Verpflichtungsadressaten der Gemeinschaftsgrundrechte, Baden-Baden 2003.
Schalt, Thomas: Der Zulassungsanspruch des Schaustellers zu Volksfesten und Märkten in der verwaltungsrechtlichen Rechtsprechung, GewArch. 1981, S. 150 ff.
Schanz, Günther: Ökonomische Theorie als sozialwissenschaftliches Paradigma, Soziale Welt 30 (1979), S. 257 ff.
Scharfstein, David/*Stein*, Jeremy C.: Herd behavior and investment, American Economic Review 80 (1990), S. 465 ff.
Scharpf, Christian: Der Einfluss des Europarechts auf die Daseinsvorsorge, EuZW 2005, S. 295 ff.
Schaub, Harald: Sunk Costs, Rationalität und ökonomische Theorie: eine Querschnittsanalyse zum Einfluss von Irreversibilität auf Entscheidungen und Institutionen unter Berücksichtigung psychologischer Effekte, Stuttgart 1997.
Schein, Edgar H.: Organizational Psychology, Englewood Cliffs 1965.

Schelling, Thomas: The Strategy of Conflict, 12. Aufl., Cambridge u. a. 1982.
Schenke, Wolf-Rüdiger: Die Bedeutung einer nach Abschluss des Verwaltungsverfahrens eintretenden Änderung der Rechts- oder Sachlage für die Anfechtung eines Verwaltungsakts, NVwZ 1986, S. 522 ff.
– Entschädigungsansprüche bei legislativem Unrecht unter dem Aspekt des enteignungsgleichen Eingriffs, NJW 1988, S. 857 ff.
– Verfassungsrechtliche Probleme einer öffentlichrechtlichen Monopolisierung der ethischen Beratung bei klinischen Versuchen am Menschen, NJW 1996, S. 745 ff.
Scherer, Joachim: Frequenzverwaltung zwischen Bund und Ländern, Frankfurt a. M. 1987.
– Frequenzverwaltung zwischen Bund und Ländern unter dem TKG, K & R, Beilage 2 zu Heft 11/1999.
Scheuerle, Klaus-Dieter: UMTS- Der Verbraucher ist der Gewinner, MMR 2000, S. 577 ff.
Scheuerle, Klaus-Dieter/*Mayen*, Thomas (Hrsg.), Telekommunikationsgesetz, München 2002.
Scheuerle, Wilhelm A.: Das Wesen des Wesens. Studien über das sogenannte Wesensargument im juristischen Begründen, AcP 163 (1964), S. 429 ff.
Scheuner, Ulrich: Die staatliche Intervention im Bereich der Wirtschaft, VVDStRL 11 (1954), S. 1 ff.
Schick, Walter: Der Konkursverwalter – berufsrechtliche und steuerrechtliche Aspekte, NJW 1991, S. 1328 ff.
Schiedermair, Werner: Der Verwaltungsakt auf Unterwerfung – ein Beitrag zur Lage der öffentlichen Verwaltung und zum Wesen des Grundsatzes der Gesetzmäßigkeit der Verwaltung, Würzburg 1967.
Schill, Stephan: Staatsangehörigkeitsvorbehalt für Notare und europäische Niederlassungsfreiheit – Der Anfang vom Ende eines Privilegs?, NJW 2007, S. 2014 ff.
Schiller, Gernot: Neues zum Gebührenverfassungsrecht – Das Urteil des BVerfG zur baden-württembergischen Rückmeldegebühr, NVwZ 2003, S. 1337 ff.
Schilling, Theodor: Der »unfreiwillige« Vertrag mit der öffentlichen Hand, VerwArch. 87 (1996), S. 191 ff.
Schimpf, Christian: Der verwaltungsrechtliche Vertrag unter besonderer Berücksichtigung seiner Rechtswidrigkeit, Berlin 1982.
Schimpf, Heinrich: Die Verleihungsgebühr, Heidelberg 1998.
Schleich, Albrecht: Nebenbestimmungen in Zuwendungsbescheiden des Bundes und der Länder, NJW 1988, S. 236 ff.
Schlette, Volker: Die Verwaltung als Vertragspartner – Empirie und Dogmatik verwaltungsrechtlicher Vereinbarungen zwischen Behörde und Bürger, Tübingen 2000.
Schlink, Bernhard: Abwägung im Verfassungsrecht, Berlin 1976.
Schlink, J. Heinrich: Das französische und das preußische Executions-Verfahren in Civilsachen, Trier 1841.
Schlosser, Peter: Vollstreckungsrechtliches Prioritätsprinzip und verfassungsrechtlicher Gleichheitssatz. Walther J. Habscheid zum 60. Geburtstag am 6.4.1984 gewidmet, ZZP 97 (1984), S. 121 ff.
Schmalensee, Richard: The Control of Natural Monopolies, Lexington/Toronto 1979.
Schmehl, Arndt: Das Äquivalenzprinzip im Recht der Staatsfinanzierung, Tübingen 2004.
Schmidt, Frank E.: Das Ende des staatlichen Glücksspielmonopols, WRP 2004, S. 576 ff.

Schmidt, Franz Robert: Die Bedürfnisprüfung als Instrument der Wirtschaftslenkung und der Gesellschaftsgestaltung, Frankfurt a. M. 1968.
Schmidt, Johannes: Gerechtigkeit, Wohlfahrt und Rationalität: Axiomatische und entscheidungstheoretische Fundierungen von Verteilungsprinzipen, Freiburg/München 1991.
Schmidt, Reiner: Das Mitbestimmungsgesetz auf dem verfassungsrechtlichen Prüfstand. Bemerkungen zum Mitbestimmungsurteil des Bundesverfassungsgerichts vom 1.3.1979, (Zugleich Rezension: Badura/Rittner/Rüthers, Mitbestimmungsgesetz 1976 und Grundgesetz, München 1977), Der Staat 19 (1980), S. 235 ff.
– (Hrsg.), Öffentliches Wirtschaftsrecht. Allgemeiner Teil, Berlin u. a. 1990.
Schmidt, Werner: Der Verfassungsvorbehalt der Grundrechte, AöR 106 (1981), S. 497 ff.
Schmidt-Aßmann, Eberhard: Effizienz als Herausforderung an das Verwaltungsrecht – Perspektiven der verwaltungsrechtlichen Systembildung, in: Hoffmann-Riem, Wolfgang / Schmidt-Assmann, Eberhard (Hrsg.), Effizienz als Herausforderung an das Verwaltungsrecht, Baden-Baden 1998, S. 245 ff.
Schmidt-Aßmann, Eberhard / *Krebs*, Walter: Rechtsfragen städtebaulicher Verträge: Vertragstypen und Vertragsrechtslehren, 2. Aufl., Köln u. a. 1992.
Schmidt-Bleibtreu, Bruno / *Klein*, Franz: Grundgesetz, 11. Aufl., Neuwied u. a. 2007.
Schmidtchen, Dieter: Funktionen und Schutz von »Property Rights« – Eine ökonomische Analyse, abrufbar unter http://www.uni-saarland.de/fak1/fr12/csle/publications/9804prop.pdf. (letztes Abrufdatum: 25. 06. 2006)
Schmidt-Jortzig, Edzard: Staatlicher Ausverkauf von Entscheidungspflichten, FAZ v. 9. 10. 2000, S. 16.
– Vom öffentlichen Eigentum zur öffentlichen Sache, NVwZ 1987, S. 1025 ff.
– Grundrechte und Liberalismus, in: Merten, Detlef / Papier, Hans-Jürgen (Hrsg.), Handbuch der Grundrechte, Heidelberg 2004, § 10.
Schmidt-Preuß, Matthias: Flexible Instrumente des Umweltschutzes, in: Dolde, Klaus-Peter (Hrsg.), Umweltrecht im Wandel – Bilanz und Perspektiven aus Anlass des 25-jährigen Bestehens der Gesellschaft für Umweltrecht (GfU), Berlin 2001, S. 309 ff.
– Kollidierende Privatinteressen im Verwaltungsrecht, 2. Aufl., Berlin 2005.
Schmidt-Rimpler, Walter: Grundfragen einer Erneuerung des Vertragsrechts, AcP 147 (1941), S. 130 ff.
– Zum Vertragsproblem, in: Baur, Fritz (Hrsg.), Funktionswandel der Privatrechtsinstitutionen: Festschrift für Ludwig Raiser zum 70. Geburtstag, Tübingen 1974, S. 3 ff.
Smith, Neil J.: FCC v. Nextwave: Plain Meaning or just plain wrong?, American Bankruptcy Institute Law Review 13 (2005), S. 387 ff.
Schmitt, Carl: Verfassungslehre, 6. Aufl., Berlin 1983.
Schmitt, Stefan: Wettbewerb und Effizienz im Luftverkehr, Baden-Baden 2003.
Schmitt-Rady, Bettina: Die Umsetzung des Zertifikatemodells im Luftreinhalterecht der USA, Baden-Baden 1999.
Schmitz, Heribert: »Die Verträge sollen sicherer werden« – Zur Novellierung der Vorschriften über den öffentlich-rechtlichen Vertrag, DVBl. 2005, S. 17 ff.
Schnapp, Friedrich E.: Die Verhältnismäßigkeit des Grundrechtseingriffs, JuS 1983, S. 850 ff.
– Verhältnismäßigkeitsgrundsatz und Verwaltungsverfahrensrecht, in: Achterberg, Norbert (Hrsg.), Recht und Staat im sozialen Wandel. Festschrift für Ulrich Scupin zum 80. Geburtstag, Berlin 1983, S. 899 ff.
Schneider, Albert: Die Vergebung von Arbeiten und Lieferungen durch Staat und Gemeinden, Zürich 1922.

Schneider, Ernst: Rechtliche Risiken beim Erwerb von Antiquitäten und Kunstgegenständen, DB 1981, S. 199 ff.
Schneider, Hans-Peter: Art. 12 GG – Freiheit des Berufs und Grundrecht der Arbeit, VVDStRL 43 (1985), S. 7 ff.
Schneider, Jens-Peter: Zur Ökonomisierung von Verwaltungsrecht und Verwaltungsrechtswissenschaft, Die Verwaltung 34 (2001), S. 317 ff.
Schnellenbach, Helmut: Beamtenrecht in der Praxis, 6. Aufl., München 2005.
Schoch, Friedrich / *Schmidt-Aßmann*, Eberhard / *Pietzner*, Rainer: Verwaltungsgerichtsordnung – Kommentar, München, Loseblatt (Stand: 15. Erglfg. September 2007).
Schoch, Friedrich: Zur Tagung der Vereinigung der Deutschen Staatsrechtslehrer in Tübingen 1988: Der Gleichheitssatz, DVBl. 1988, S. 863 ff.
Schöler, Klaus: Grundlagen der Mikroökonomik, 2. Aufl., München 2004.
Scholler, Heinrich: Die Interpretation des Gleichheitssatzes als Willkürverbot oder als Gebot der Chancengleichheit, Berlin 1969.
Schollmeier, Andreas: Zur Bemessung von Sondernutzungsgebühren, WUR 1991, S. 1 ff.
Scholz, Rupert: Entflechtung und Verfassung, Baden-Baden 1981.
Schöne, Torsten / *Vowinckel*, Cornelius: Vertragsschluss bei Internet-Auktionen, Jura 2001, S. 680 ff.
Schönke, Adolf / *Schröder*, Horst (Hrsg.): Strafgesetzbuch Kommentar, 27. Aufl., München 2006.
Schoreit, Armin: 50 Jahre Missbrauchsgebühr, ZRP 2002, S. 148 ff.
Schottke, Ralf: Das Baugrundrisiko beim VOB-Vertrag. Teil 2: Das zulässige ungewöhnliche Wagnis im Zusammenhang mit dem Baugrundrisiko und dem Leitungsrecht des Auftragnehmers, BauR 1993, S. 565 ff.
Schröder, Meinhard: Subventionen als staatliche Handlungsmittel, ZHR 152 (1988), S. 391 ff.
Schroepfer, Terrence J.: Allocating Spectrum through the Use of Auctions, Hastings Communications and Entertainment Law Journal 14 (1991), S. 35 ff.
Schröer, Thomas: Erzwungene Ablösung von Kfz-Stellplätzen verfassungswidrig?, NVwZ 1997, S. 140 ff.
Schüle, Adolf: Die staatliche Intervention im Bereich der Wirtschaft, VVDStRL 11 (1954), S. 75 ff.
Schulte, Hans: Die Tragweite der naturschutzrechtlichen Eingriffsregelung für das Grundeigentum, VerwArch. 77 (1986), S. 372. ff.
Schulz, Norbert: UMTS-Versteigerung in Deutschland: Zufälliger Erfolg? Volkswirtschaftliche Korrespondenz der Adolf-Weber-Stiftung, 40. Jhrg., Nr. 3/01, 2001.
Schulze-Fielitz, Helmut: Bestandsschutz im Verwaltungsrecht. Besonders im Bau-, Immissionsschutz- und Atomrecht, Die Verwaltung 20 (1987), S. 307 ff.
– Theorie und Praxis parlamentarischer Gesetzgebung, Berlin 1988.
Schumacher, Kai: Versteigerungserlöse nach § 11 TKG als Verleihungsgebühr?, NJW 2000, S. 3096 ff.
Schumpeter, Joseph Alois: Geschichte der ökonomischen Analyse, hrsg. von Elizabeth B. Schumpeter, 2 Bände, Göttingen 1965.
Schünemann, Bernd / *Müller*, Jörg Paul / *Philipps*, Lothar (Hrsg.): Das Menschenbild im weltweiten Wandel der Grundrechte, Berlin 2002.
Schuster, Fabian / *Müller*, Ulf: Rechtliche Grundlagen und Praxis der Frequenzzuteilung durch die RegTP, MMR 2000, S. 26 ff.

Schütz, Raimund/*Nüsken*, Jan-Peter: Gebühr für Telekommunikationslizenz – rechtswidrige Haushaltssanierung auf Kosten des Wettbewerbs?, MMR 1998, 523 ff.
Schwabe, Jürgen: Das Verbot mit Erlaubnisvorbehalt, JuS 1973, S. 133 ff.
Schwarz, Axel: Anzeigepflicht nach § 6 Subventionsgesetz, NJW 1997, S. 1550 ff.
Schwarze, Jürgen (Hrsg.): EU-Kommentar, Baden-Baden 2000.
Schweer, Carl-Stephan/*Hammerstein*, Christian von: Teibhausgas-Emissionshandelsgesetz, Kommentar, Köln 2004
Schweer, Carl-Stephan/*Ludwig*, Bernhard: Emissionshandel und EG-Beihilfenrecht. Der Schutz vor wettbewerbsverfälschenden nationalen Allokationsplänen, RdE 2004, S.153 ff.
Schweiger, Karl: Zur Geschichte und Bewertung des Willkürverbots, in: Bayrischer Verfassungsgerichtshof (Hrsg.), Verfassung und Verfassungsrechtssprechung. Festschrift zum 25-jährigen Bestehens des Bayrischen Verfassungsgerichtshofs, Stuttgart 1972, S. 55 ff.
Schweizer, Urs: Vertragstheorie, Tübingen 1999.
Schydlo, Norbert: Wareneinfuhr, in: Bieneck, Klaus (Hrsg.), Handbuch Außenwirtschaftsrecht mit Kriegswaffenkontrollrecht, 2. Aufl., Münster u. a. 2005.
Scitovsky, Tibor: Some Consequences of the Habit of Judging Quality by Price, Review of Economic Studies 12 (1945), S. 100 ff.
– A Note on Welfare Propositions in Economics, Review of Economic Studies 9 (1941), S. 77 ff.
– The Joyless Economy, Oxford 1977.
Seetzen, Uwe: Der Prognosespielraum des Gesetzgebers, NJW 1975, S. 429 ff.
Seiler, Christian: Der einheitliche Parlamentsvorbehalt, Berlin 2000.
Sellner, Dieter: Elektrizitätsmengenübertragung nach § 7 I b AtG, NVwZ 2007, S. 44 ff.
Selmer, Peter: Steuerinterventionismus und Verfassungsrecht, Frankfurt/Main 1972.
– Finanzordnung und Grundgesetz. Die Rechtsprechung des Bundesverfassungsgerichts in Finanz- und Steuersachen (Teil 2), AöR 101 (1976), S. 399 ff.
– Zur Intensivierung der Wirtschaftlichkeitskontrolle durch die Rechnungshöfe. Rechtliche Bemerkungen unter Einbeziehung der Finanzkontrolle öffentlichrechtlicher Rundfunkanstalten, Die Verwaltung 23 (1990), S. 1 ff.
– Umweltschutz durch Abgaben und Steuern. Verfassungsrechtliche und finanzrechtliche Rahmenbedingungen, in: Breuer, Rüdiger/Kloepfer, Michael/Marburger, Peter/Schröder, Winfried (Hrsg.), Umweltschutz durch Abgaben und Steuern, 7. Trierer Kolloquium zum Umwelt- und Technikrecht vom 22. bis 24. September 1991, Heidelberg 1992, S. 15 ff.
– Der gerechte Steuerstaat, FinArch. n. F. 52 (1995), S. 234 ff.
– Sonderabfallabgaben und Verfassungsrecht. Ein Beitrag zum Umweltschutz durch Sonderabgaben und Steuern, Berlin 1996.
– Die Gewährleistung der unabdingbaren Grundrechtsstandards durch den EUGH – Zum Kooperationsverhältnis zwischen BVerfG und EuGH am Beispiel des Rechtsschutzes gegen die Bananenmarkt-Verordnung, Baden-Baden 1998.
– Die UMTS-Versteigerung vor dem BVerfG: Alle Fragen bleiben offen, NVwZ 2003, S. 1304 ff.
– Anmerkung zu BVerfG, Urt. v. 19.3.2003 – 2 BvL 9/98, JuS 2003, S. 1033 ff.
– Die sogenannte Gruppennützigkeit der Sonderabgabe – eine Zulässigkeitsvoraussetzung im Wandel, in: Grupp, Klaus/Hufeld, Ulrich (Hrsg.), Recht-Kultur-Finanzen, Festschrift für Reinhard Mußgnug, Heidelberg 2005, S. 217 ff.

– Zur Tatbestandsmäßigkeit öffentlich-rechtlicher Geldleistungspflichten, in: Grote, Rainer / Härtel, Ines et al. (Hrsg.), Die Ordnung der Freiheit, Festschrift für Christian Starck zum siebzigsten Geburtstag, Tübingen, 2007, S. 435 ff.

Selmer, Peter / *Brodersen*, Carsten: Grundrechtskonforme »Verwaltung des Mangels« und Gebührenrecht – Dargestellt an einem Beispiel aus dem Fernmeldegebührenrecht, NJW 1983, S. 1088 ff.

– Die Verfolgung ökonomischer, ökologischer und anderer öffentlicher Zwecke durch Instrumente des Abgabenrechts, DVBl. 2000, S. 1153 ff.

Sen, Amartya Kumar: Collective Choice and Social Welfare, San Francisco 1970.

– The Impossibility of a Paretian Liberal, Journal of Political Economy 78 (1970), S. 152 ff.

– Ökonomische Ungleichheit, Frankfurt u. a. 1975.

– Liberty, Unanimity and Rights, Economica 43 (1976), S. 217 ff.

– Rational Fools: A Critique of the Behavioural of Economic Theory, in: Sen (Hrsg.), Choice, Welfare and Measurement, 1982, S. 92 ff.

– Equality of what?, in: *ders.* (Hrsg.), Choice, Welfare and Measurement, Cambridge u. a. 1997, S. 353 ff.

– On Ethics and Economics, Oxford 1997.

– The Possibility of Social Choice, American Economic Review 89 (1999), S. 349 ff.

Sen, Amartya Kumar / *Williams*, Bernard: Introduction, in: dies. (Hrsg.), Utilitarianism and Beyond, Cambridge u. a. 1982, S. 1.

Sendler, Horst: Teilhaberechte in der Rechtsprechung des Bundesverwaltungsgerichts, DÖV 1978, S. 581 ff.

– Wer gefährdet wen – Eigentum und Bestandsschutz den Umweltschutz – oder umgekehrt?, UPR 1983, S. 33 ff.

– Grundrecht auf Widerspruchsfreiheit der Rechtsordnung? – Eine Reise nach Absurdistan?, NJW 1998, S. 2875 ff.

Settanni, Andrea M.: Competitive Bidding for the Airwaves: Meeting the Budget and Maintaining Policy Goals in a Wireless World, Common Law Conspectus 2 (1994), S. 117 ff.

Shackle, George Lennox Sharman: Time in Economics, Amsterdam 1958.

Shirvani, Foroud: Rechtsschutz gegen Zuteilungsentscheidungen im Emissionshandelsrecht, NVwZ 2005, S. 868 ff.

Shobaki, Khaldoun: Speech restraints for converged media, UCLA Law Review 52 (2004), S. 333 ff.

Shubik, Martin (Hrsg.), Spieltheorie und Sozialwissenschaften, Frankfurt/Main 1965.

– On Different Methods of Allocating Resources, Kyklos 23 (1970), S. 332 ff.

– Auctions, Bidding and Markets: an historical sketch, in: Engelbrecht-Wiggans, Richard / Shubik, Martin / Stark, Robert M. (Hrsg.), Auctions, Bidding and Contracting, 1983, S. 33 ff.

Siebert, Horst: Analyse der Instrumente der Umweltpolitik, Göttingen 1976.

Sieg, Harald: Quellenkritische Studien zur Bessergebotsklausel (in diem addictio) im römischen Kaufrecht, Hamburg 1933.

Siegmund, Uwe: Privatisierungspolitik in Ostdeutschland. Eine politökonomische Analyse der Treuhandanstalt, Wiesbaden 2001.

Simon, Herbert A.: Models of Man, New York 1957.

– Bounded Rationality, in: Newman, Peter (Hrsg.), The New Palgrave Dictionary of Economics and the Law, Utility and Probability, London u. a. 1987, S. 15 ff.

Skiera, Bernd / *Revenstorff*, Inken: Auktionen als Instrument zur Erhebung von Zahlungsbereitschaften, Schmalenbachs Zeitschrift für betriebswirtschaftliche Forschung 1999, S. 224 ff.

Skouris, Vassilios: Das Verhältnis von Grundfreiheiten und Grundrechten im europäischen Gemeinschaftsrecht, DÖV 2006, S. 89ff.

Smith, Adam: Sein Leben und sein Werk, hrsg. von Horst Claus Recktenwald, München 1976.

– Der Wohlstand der Nationen, Eine Untersuchung seiner Natur und seiner Ursachen, hrsg. von Horst Claus Recktenwald, 6. Auflage, München 1993.

Smith, Charles W.: Auctions, The Social Construction of Value, New York-London, 1989.

Smith, Ernest E.: From Concessions to Service Contracts, Tulsa Law Journal 27 (1992), S. 493ff.

Smythe, Dallas W.: Facing Facts about the Broadcast Business, The University of Chicago Law Review 20 (1952), S. 96 ff.

Sodan, Helge: Freie Berufe als Leistungserbringer im Recht der gesetzlichen Krankenversicherung, Ein verfassungs- und verwaltungsrechtlicher Beitrag zum Umbau des Sozialstaates, Tübingen 1997.

– Das Prinzip der Widerspruchsfreiheit der Rechtsordnung, JZ 1999, S. 864ff.

Soergel, Hans Theodor: Bürgerliches Gesetzbuch, Bd. 3 (§§433–515), hrsg. von Wolfgang Siebert, 12. Aufl., Stuttgart 1991.

Sohmen, Egon: Allokationstheorie und Wirtschaftspolitik, Tübingen 1976.

Sokol, Daniel: The European Mobile 3G UMTS Process: Lessons from the Spectrum Auctions and Beauty Contests, Virginia Journal of Law & Technology 17 (2001), S. 1ff.

Söllner, Fritz: Neoklassik und Umweltökonomie, ZfU 1993, S. 431ff.

– Das Arrow-Unmöglichkeitstheorem, Wirtschaftswissenschaftliches Studium 22 (1993), S. 29ff.

– Die Geschichte des ökonomischen Denkens, 2. Aufl., Heidelberg 2001.

Spannowsky, Willy: Grenzen des Verwaltungshandelns durch Verträge und Absprachen, Berlin 1994.

Spicer, Martin: International Survey of Spectrum Assignment for Cellular and PCS, Technical Report, Federal Communications Commission, September 1996, abrufbar unter http://wireless.fcc.gov/auctions/data/papersAndStudies/spicer.pdf. (letztes Abrufdatum: 22.6.2007)

Spiecker, Indra: Staatliche Entscheidungen unter Unsicherheit – juristische und ökonomische Vorgaben, Bonn 2000.

– Staatliche Entscheidung unter Unsicherheit – eine Analyse ökonomischer Entscheidungsmodule im öffentlichen Recht, in: Bungenberg, Marc u.a. (Hrsg.), Recht und Ökonomik, München 2004, S. 61 ff.

Spies, Axel: Zeitweise Überlassung von Frequenzen – Anforderungen an den Rechtsrahmen, MMR 2003, S. 230ff.

Spiller, Pablo Tomas / Cardilli, Carlo: Towards a Property Rights Approach to Communications Spectrum, Yale Journal on Regulation 16 (1999), S. 53ff.

Spindler, Gerald / *Wiebe*, Andreas (Hrsg.): Internet-Auktionen und elektronische Marktplätze, 2. Aufl., Köln 2005.

Spitzer, Matthew: The Constitutionality of Licensing Broadcasters, New York University Law Review 64 (1989), S. 990ff.

Stallknecht, Heinrich: Lizenz und Lizenzentgelt: Verfassungsrechtliche Überlegung zu §§10 ff. LAbfG NW, Berlin 1992.

Starck, Christian: Die Anwendung des Gleichheitssatzes, in: Link, Christoph (Hrsg.), Der Gleichheitssatz im modernen Verfassungsstaat, Baden-Baden 1982, S. 52ff.

Staupe, Jürgen: Parlamentsvorbehalt und Delegationsbefugnis: zur »Wesentlichkeitstheorie« und zur Reichweite legislativer Regelungskompetenz, insbesondere im Schulrecht, Berlin 1986.
Steden, Werner: Zur normativen Ökonomik privater Umverteilung, in: Müller, J. Heinz (Hrsg.), Wohlfahrtsökonomik und Gemeinwohl, Paderborn u. a. 1987, S. 45 ff.
Stein, Ekkehart / *Frank*, Götz: Staatsrecht, 20. Aufl., Tübingen 2007.
Stein, Ekkehart: Der Verwaltungsvertrag und die Gesetzmäßigkeit der Verwaltung, AöR 86 (1961), S. 320 ff.
Stein, Lorenz von: Lehrbuch der Finanzwissenschaft, Zweiter Theil, Erste Abtheilung, 5. Aufl., Leipzig 1885.
– Das Königstum, die Republik und die Souveränität der französischen Gesellschaft seit der Februarrevolution 1848, München 1921 (Nachdruck 1959).
– Geschichte der Sozialen Bewegung in Frankreich von 1789 bis auf unsere Tage, Bd. 1, München 1921.
Steinberg, Rudolf: Verfassungsgerichtliche Kontrolle der »Nachbesserungspflicht« des Gesetzgebers, Der Staat 26 (1987), S. 161 ff.
Steiner, Udo: Generationenfolge und Grundgesetz, NZS 2004, S. 505 ff.
Stelkens, Paul / *Bonk*, Heinz Joachim / *Sachs*, Michael: Verwaltungsverfahrensgesetz, 6. Aufl., München 2001
Stephan, Bodo: Verwaltungsgebühr, verkappte Steuer und der Rechtsstaat, Juristische Analysen 2 (1970), S. 867 ff.
Stephen, Frank H.: The Economics of the Law, Ames u. a. 1988.
Stern, Klaus: Rechtsfragen der öffentlichen Subventionierung Privater, JZ 1960, S. 518 ff., 557 ff.
– Die öffentliche Sache, VVDStRL 21 (1964), S. 183 ff.
Stigler, George J.: The Organization of Industry, Homewood 1968.
– Free Riders and Collective Action: An Appendix to Theories of Economic Regulation, Bell Journal of Economics & Management Science 5 (1974), S. 359 ff.
– Two Notes on the Coase Theorem, Yale Law Journal 98 (1989), S. 631 ff.
Stigler, George J. / *Boulding*, Kenneth E. (Hrsg.): Readings in Price Theory, Chicago u. a. 1953.
Stobbe, Alfred: Mikroökonomik, 2. Aufl., Berlin u. a. 1991.
Stöcker, Christian: Papst-Golf – Die bizarre-Sammlung der Berufs-Ersteigerer, spiegel-online vom 6. Mai 2005, abrufbar unter http://www.spiegel.de/netzwelt/netzkultur/0,1518,354806,00.html. (letztes Abrufdatum: 22. 6. 2006)
Stögmüller, Thomas: Auktionen im Internet, (Anmerkung zu LG Hamburg, U. v. 14. 04. 1999 – 315 O 144/99 –), K & R 1999, S. 391 ff.
Stoll, Peter-Tobias: Meeresschutz im Küsten- und Offshore-Bereich im Hinblick auf nicht-stoffliche Einflüsse, in: Czybulka, Detlef (Hrsg.), Naturschutz und Rechtsregime im Küsten- und Offshore-Bereich, Baden-Baden 2003, S. 25 ff.
Stolleis, Michael: Gemeinwohlformeln im nationalsozialistischen Recht, Berlin 1974.
Storr, Stefan: Der Staat als Unternehmer – Öffentliche Unternehmen in der Freiheits- und Gleichheitsdogmatik des nationalen Rechts und des Gemeinschaftsrechts, Tübingen 2001.
– Die Versteigerung von Telekommunikationslizenzen – sachgerechtes Verteilungsverfahren oder neue Einnahmequelle für den Staat?, K & R 2002, S. 67 ff.
Stortz, Heinz: Das Wasserrecht in der Rechtssprechung des baden-württembergischen Verwaltungsgerichtshofs (1967–1971), ZfW 1972, S. 263 ff.
Stourzh, Gerhard: Wege zur Grundrechtsdemokratie – Studien zur Begriffs- und Institutionengeschichte des liberalen Verfassungsstaates, Wien u. a. 1989.

Straubel, Michael S.: Telecommunication Satellites and Market Forces: How Should the Geostationary Orbit be Regulated by the F. C. C.?, North Carolina Journal of International Law and Commercial Regulation 17 (1992), S. 205 ff.

Streinz, Rudolf (Hrsg.): EUV/EGV – Vertrag über die Europäische Union und Vertrag zur Gründung der europäischen Gemeinschaft, München 2003.

Streinz, Rudolf / *Leible*, Stefan: Die unmittelbare Drittwirkung der Grundfreiheiten – Überlegungen aus Anlass von EuGH, EuZW 2000, S. 468 – Angonese EuZW 2000, S. 459 ff.

Streissler, Erich: Die Knappheitsthese – Begründete Vermutungen oder vermutete Fakten?, in: Siebert, Horst (Hrsg.), Erschöpfbare Ressourcen, Berlin 1980, S. 9 ff.

Strutz, Georg: Artikel »Gebühren«, in: Elster, Ludwig / Weber, Adolf / Wieser, Friederich (Hrsg.), Handwörterbuch der Staatswissenschaften, Bd. 4, 4. Aufl., Jena 1927, S. 616 ff.

Stubbe, Christian: Das Trinken in Schleswig-Holstein (mit besonderer Berücksichtigung der ländlichen Verhältnisse), Berlin 1905.

Stüer, Bernhard: Handbuch des Bau- und Fachplanungsrechts, 3. Auflage, München 2005.

Stumpf, Ulrich / *Nett*, Lorenz / *Martins*, Sonia Strube / *Ellinghaus*, Ulrich / *Scherer*, Joachim / *Vogelsang*, Ingo: Eckpunkte zur Ausgestaltung eines möglichen Handels mit Frequenzen, Bad Honnef 2003.

Suchanek, Andreas: Normative Umweltökonomik, Tübingen 2000.

Suhr, Dieter: Fernsprechgebühren – Luxusabgaben auf die Daseinsvorsorge?, BB 1968, S. 611 ff.

Sullivan, Kathleen M.: Unconstitutional conditions, Harvard Law Review 102 (1989), S. 1413 ff.

Sunstein, Cass R: Legal Interference with Private Preferences, The University of Chicago Law Review 53 (1986), S. 1129 ff.

– Cost-Benefit-Default Principles, Michigan Law Review 99 (2001), S. 1651 ff.

Süßheim, Max: Das moderne Auktionsgewerbe, München-Leipzig, 1900.

Susskind, Lawrence / Cruikshank, Jeffrey: Breaking the Impasse. Consensual Approaches to Resolving Public Disputes, New York 1987.

Sutor, Bernhard: Das Gemeinwohl in der Krise? – politische Irritationen und Reformbedarf, Köln 1998.

Teger, Allan I.: Too Much Invested To Quit, New York 1980.

Teggart, Frederick John (Hrsg.): The Idea of Progress – a collection of readings, Berkeley u. a. 1949.

Telser, Lester G.: On the Regulation of Industry: A Note, JPE 77 (1969), S. 937 ff.

– On the Regulation of Industry: Rejoinder, JPE 79 (1971), S. 364 ff.

Terhechte, Philipp: Zu den rechtsphilosophischen Grundlagen der ökonomischen Analyse des Rechts und den Critical Legal Studies, in: Bungenberg, Marc u. a. (Hrsg.), Recht und Ökonomik, München 2004, S. 91 ff.

Tettinger, Peter J.: Rechtliche Grundlagen einer »Verwaltung des Mangels« in den neuen Bundesländern, DÖV 1993, S. 236 ff.

Tettinger, Peter J. / *Wank*, Rolf (Hrsg.): GewO – Kommentar, 7. Aufl., München 2004.

Thaler, Cornelia / *Tachezy*, Dorothea Maria: Objektive Untauglichkeit der Mietsache – immer Sache des Vermieters?, NZM 2001, S. 184 ff.

Thaler, Richard H.: Toward a Positive Theory of Consumer Choice, Journal of Economic Behavior and Organization 1 (1980), S. 39 ff.

– Anomalies – the Winner's Curse, Journal of Economic Perspectives 2 (1988), S. 191 ff.

Theurl, Theresia: Zufallsmechanismen (Lotterien), in: Tietzel (Hrsg.), Ökonomische Theorie der Rationierung, München 1998, S. 77 ff.
Thielmann, Georg: Die römische Privatauktion, Berlin 1961.
Thieme, Werner: Zur Systematik verwaltungsrechtlicher Handlungsformen, in: Hamburger Festschrift für Friedrich Schack zu seinem 80. Geburtstag am 1. Oktober 1966, Hamburg 1966, S. 157 ff.
– Der verfassungswidrige Verwaltungsvertrag, NJW 1974, S. 2201 ff.
Thoma, Richard: Anmerkung zu PrOVG, VerwArch. 32 (1927), S. 247 ff.
– Ungleichheit und Gleichheit im Bonner Grundgesetz, DVBl. 1951, S. 457 ff.
Thomas, John A. C.: The Auction sale in Roman Law, Juridical Review – The Law Journal of Scottish Universities 1957, S. 42 ff.
Thomson, Judith Jarvis: A Defense of Abortion, Philosophy and Public Affairs 1 (1971), S. 47 ff.
Thormann, Martin: Die Wertung von Spekulationsangeboten nach §25 VOB/A, BauR 2000, S. 953 ff.
Thorncroft, Antony: Art. »auction«, in: Turner, Jane (Hrsg.), The Dictionary of Art, Bd. 1, New York u. a. 1996, S. 706.
Thurgood, Ronald: You don't want to buy it, you want to borrow it. Humour in the Prince Edward Island auctioneer's performance, Canadian Folklore (1994), S. 103 ff.
Tiedemann, Paul: Der Vergleichsvertrag im kommunalen Abgabenrecht, DÖV 1996, S. 594 ff.
Tiedtke, Walter: War die Versteigerung der UMTS-Frequenzen eine umsatzsteuerpflichtige Tätigkeit?, UR 2001, S. 528 ff.
– Versteigerung der UMTS-Mobilfunk-Lizenzen im Jahre 2000 für insgesamt rund 50 Mrd. € war keine wirtschaftliche Tätigkeit, UR 2007, S. 718 ff.
Tiemann, Susanne: Die staatsrechtliche Stellung der Finanzkontrolle des Bundes, Berlin 1974.
Tietzel, Manfred: Die Rationalitätsannahme in den Wirtschaftswissenschaften oder der Homo oeconomicus und seine Verwandten, Jahrbuch für Sozialwissenschaft 32 (1981), S. 115 ff.
Tietzel, Manfred (Hrsg.): Ökonomische Theorie der Rationierung, München 1998.
Tietzel, Manfred / *Müller*, Thomas, Warteschlangen und Wartelisten, in: Tietzel, Manfred (Hrsg), Ökonomische Theorie der Rationierung, München 1998, S. 1 ff.
Tipke, Klaus: Die Steuerrechtsordnung, Bd. I-III, Köln 1993.
Tipke, Klaus / *Kruse*, Heinrich Wilhelm: Abgabenordnung, Finanzgerichtsordnung. Kommentar zu AO und FGO (ohne Steuerstrafrecht), Bd. 1, 16. Aufl., Köln 1996.
Tipke, Klaus / *Lang*, Joachim: Steuerrecht, 18. Aufl., Köln 2005.
Tober, Dieter Erich: Die »clausula rebus sic stantibus« bei verwaltungsrechtlichen Verträgen, München 1970.
Toepfer, Ernst: Der Begriff der öffentlich-rechtlichen Gebühr, FinArch. 26 (1909), S. 491 ff.
Tolksdorf, Michael: Ruinöser Wettbewerb, Berlin 1971.
Tollison, Robert D.: Rent-Seeking, in: Dennis C. Müller (Hrsg.), Perspectives on Public Choice: A Handbook, Cambridge 1997, S. 455 ff.
Tompkinson, Paul: The Ultimatum Game: raising the stakes, Journal of Economic Behavior & Organization, Bd. 27 (1995), S. 439 ff.
Tomuschat, Christian: Güterverteilung als rechtliches Problem, Der Staat 12 (1973), S. 433 ff.
Topitsch, Ernst: Die Menschenrechte, JZ 1963, S. 1 ff.

Trebing, Harry M.: The Chicago School versus Public Utility Regulation, Journal of Economic Issues 10 (1976), S. 97 ff.
Triepel, Heinrich: Staatsdienst und staatlich gebundener Beruf, in: Festschrift für Karl Binding zum 4. Juni 1911, Bd. 2, Leipzig 1911, S. 1 ff.
– Goldbilanzenverordnung und Vorzugsaktien, Berlin u. a. 1924.
Tröller, Elke: Anwendbarkeit des deutschen, britischen und europäischen Kartellrechts bei elektronischen B2B-Marktplätzen, RIW 2005, S. 8 ff.
Tröndle, Herbert / *Fischer*, Thomas: Strafgesetzbuch, 54. Aufl., München 2007.
Trube, Claus Moritz: Anmerkung zu dem Urteil des BGH vom 13.3.2003 – I ZR 212/00 – (Umgekehrte Versteigerung II), LMK 2003, S. 153 ff.
Trute, Hans-Heinrich / *Spoerr*, Wolfgang / *Bosch*, Wolfgang (Hrsg.): Telekommunikationsgesetz mit FTEG, Berlin – New York 2001.
Trzaskalik, Christoph: Der instrumentelle Einsatz von Abgaben – Bemerkungen zum Entwurf eines Abfallabgabengesetzes, StuW 1992, S. 135 ff.
– Inwieweit ist die Verfolgung ökonomischer, ökologischer und anderer öffentlicher Zwecke durch Instrumente des Abgabenrechts zu empfehlen?, Gutachten E zum 63. Deutschen Juristentag, 2000.
Tschentscher, Thomas / *Koenig*, Christian: Rechtsqualität, Vergabe und Übertragbarkeit sogenannter »Slots« nach dem deutschen Luftverkehrsrecht, NVwZ 1991, S. 219 ff.
Tugendhat, Ernst: Vorlesungen über Ethik, 3. Aufl., Frankfurt a. M. 1993 (unveränderte Sonderausgabe 2003).
Tumlir, Jan: GATT-Regeln und Gemeinschaftsrecht, in: Hilf, Meinhard / Petersmann, Ernst-Ulrich (Hrsg.), GATT und Europäische Gemeinschaft, Baden-Baden 1986, S. 87 ff.
Tüngler, Stefan: Zur Einführung: Das Recht der Energiewirtschaft, JuS 2001, S. 739 ff.
Ubber, Thomas: K & R-Kommentar zum Urteil des BGH vom 17. Mai 2001 - I ZR 251/99 –, K & R 2001, S. 593 ff.
Uerpmann, Robert: Das öffentliche Interesse – seine Bedeutung als Tatbestandsmerkmal und als dogmatischer Begriff, Tübingen 1999.
Uhlenbruck, Wilhelm: Zur Vorauswahl und Bestellung des Insolvenzverwalters, NZI 2006, S. 489 ff.
Uisdean, Ross Vass: American and British offshore oil development, Tulsa Law Journal 21 (1985), S. 23 ff.
Ule, Carl Hermann / *Laubinger*, Hans-Werner: Verwaltungsverfahrensrecht – ein Lehrbuch für Studium und Praxis, 4. Aufl., Köln u. a. 1995.
Ullrich, Frank: Verdünnte Verfügungsrechte, Konzeptualisierung und Operationalisierung der Dienstleistungsqualität auf der Grundlage der Property Rights Theorie, Wiesbaden 2004.
Umpfenbach, Karl: Lehrbuch der Finanzwissenschaft, Erster Theil, Erlangen 1859.
Unruh, Peter: Zur Dogmatik der grundrechtlichen Schutzpflichten, Berlin 1996.
Urmson, J. O.: The interpretation of the Moral Philosophy of J. S. Mills, The Philosophical Quarterly 3 (1953), S. 33 ff.
Usher, Dan: Die ökonomischen Grundlagen der Demokratie, Frankfurt/Main u. a. 1983.
Utz, Arthur F.: Der Gemeinwohlbegriff der katholischen Soziallehre und seine Anwendung auf die Bestimmung der Wohlfahrt, in: Müller, J. Heinz (Hrsg.), Wohlfahrtsökonomik und Gemeinwohl, Paderborn u. a. 1987, S. 83 ff.
Vallender, Heinz: Rechtsschutz gegen die Bestellung eines Konkurrenten zum Insolvenzverwalter – Business as usual?, NJW 2006, S. 2597 ff.

Vallender, Heinz / *Heucamp*, Anna: Regelungstendenzen zur Verwalterbestellung im französischen, österreichischen und deutschen Insolvenzrecht, NZI 2002, S. 513 ff.

Varadinek, Brigitta: Rechtmäßigkeit des UMTS-Lizenzvergabeverfahrens im Hinblick auf das TKG und Art. 12 GG, CR 2001, S. 17 ff.

Varian, Hal R.: Redistributive Taxation as Social Insurance, Journal of Public Economics (14) 1980, S. 49 ff.

Vaubel, Roland: The Philosophical Basis of the Free Society, Ordo (38) 1987, S. 21 f.

Veljanovski, C. G.: Wealth Maximization, Law and Ethics – on the Limits of Economic Efficiency, International Review of Law and Economics 1981, S. 5 ff.

Vickrey, William: Counterspeculation, auctions and competitive sealed tenders, Journal of Finance 16 (1961), S. 8 ff.

Viedebantt, Die wenigen Nummernschilder werden versteigert, in: Frankfurter Allgemeine Zeitung vom 25. 8. 1992, S. 8.

Vitzthum, Wolfgang Graf von: Diskussionsbeitrag, VVDStRL 52 (1993), S. 331 ff.

Vogel, Klaus: Vorteil und Verantwortlichkeit – Der doppelgliedrige Gebührenbegriff des Grundgesetzes, in: Faller, Hans Joachim u. a. (Hrsg.), Verantwortlichkeit und Freiheit – Die Verfassung als wertbestimmte Ordnung, Festschrift für Willi Geiger zum 80. Geburtstag, Tübingen 1989, S. 518 ff.

– Grundzüge des Finanzrechts des Grundgesetzes, in: Isensee, Josef / Kirchhof, Paul (Hrsg.), Handbuch des Staatsrechts, Band 4, 2. Aufl., Heidelberg 1999.

Vogel, Klaus / *Waldhoff*, Christian: Grundlagen des Finanzverfassungsrechts – Sonderausgabe des Bonner Kommentars zum Grundgesetz (Vorbemerkungen zu Art. 104a-115 GG), Heidelberg 1999.

Vogelsang, Ingo: Ökonomische Aspekte des Referentenentwurfs zum TKG, MMR 2003, S. 509 ff.

Voigt, A.: Die wirtschaftlichen Güter als Rechte, Archiv für Rechts- und Wirtschaftsphilosophie 6 (1912/13), S. 304 ff.

Volkmann, Uwe: Grundrechte und Sozialismus, in: Merten, Detlef / Papier, Hans-Jürgen (Hrsg.), Handbuch der Grundrechte in Deutschland und Europa, Heidelberg 2004, S. 477 ff.

Voßkuhle, Andreas: Glücksspiel zwischen Staat und Markt – Eine Bestandsaufnahme vor dem Hintergrund verfassungs- und europarechtlicher Vorgaben, VerwArch. 87 (1996), S. 395 ff.

– Das Kompensationsprinzip, Tübingen 1999.

– »Wer zuerst kommt, mahlt zuerst!« – Das Prioritätsprinzip als antiquierter Verteilungsmodus einer modernen Rechtsordnung, Die Verwaltung 1999, S. 21 ff.

– »Ökonomisierung« des Verwaltungsverfahrensrechts, Die Verwaltung 2001, S. 347 ff.

– Glücksspiel ohne Grenzen. Zur rechtlichen Zulässigkeit der grenzüberschreitenden Vermittlung von Pferderennwetten, GewArch. 2001, S. 177 ff.

– Beteiligung Privater an der Wahrnehmung öffentlicher Aufgaben und staatliche Verantwortung, VVDStRL 62 (2002), S. 266 ff.

– Rechtsfragen der Einführung von Emissionszertifikaten, in: Hendler, Reinhard / Marburger, Peter / Reinhardt, Michael / Schröder, Meinhard (Hrsg.), Energierecht zwischen Umweltschutz und Wettbewerb, 17. Trierer Kolloquium zum Umwelt- und Technikrecht vom 9.-11. September 2001, UTR 61 (2002), S. 159 ff.

– Strukturen und Bauformen neuer Verwaltungsverfahren, in: Hoffmann-Riem, Wolfgang / Schmidt-Aßmann, Eberhardt, Verwaltungsverfahren und Verwaltungsverfahrensgesetz, Baden-Baden 2002, S. 277 ff.

Voßkuhle, Andreas / *Bumke*, Christian: Rechtsfragen der Sportwette, Berlin 2002.

Vygen, Klaus: Rechtliche Probleme bei Ausschreibung, Vergabe und Abrechnung von Alternativ- und Eventualpositionen, BauR 1992, S. 135 ff.
Wacke, Andreas: Das Rechtssprichwort des Monats: Wer zuerst kommt, mahlt zuerst – Prior tempore, potior iuris, JA 1981, S. 94.
Wagner, Adolf: Finanzwissenschaft, 2. Theil, Gebühren und allgemeine Steuerlehre, Leipzig u. a. 1880.
Wagner, Gerhard: Zeichenkollisionen im Internet, ZHR 162 (1998), S. 701 ff.
– Handel mit Emissionsrechten: Die privatrechtliche Dimension, ZBB 2003, S. 409 ff.
– Der Handel mit Emissionsrechten aus der Sicht des Zivilrechts, in: Hendler, Reinhard / Marburger, Peter / Reinhardt, Michael / Schröder, Meinhardt (Hrsg.), Emissionszertifikate und Umweltrecht, UTR 74 (2003), S. 187 ff.
Wagner, Heinz: Öffentlicher Haushalt und Wirtschaft, VVDStRL 27 (1968), S. 47 ff.
Wagner, Herbert: Insolvenzordnung, Baden-Baden 1998.
Wahl, Rainer: Verwaltungsverfahren zwischen Verwaltungseffizienz und Rechtsschutzauftrag, VVDStRL 41 (1983), S. 151 ff.
Wallerath, Maximilian: Geschichtliche Erscheinungsformen staatlicher Bedarfsdeckung, Die Verwaltung 20 (1987), S. 137 ff.
– Öffentliche Bedarfsdeckung und Verfassungsrecht: Beschaffung und Leistungserstellung im Staat der Gegenwart, Baden-Baden 1988.
Wallschläger, René: Die strafrechtlichen Verfallsvorschriften, Osnabrück 2002.
Walras, Léon: Eléments d'Économie Politique Pure, ou, Théorie de la Richesse Sociale, Paris 1874.
Walz, Rainer: Ökonomische und rechtssystematische Überlegungen zur Verkehrsfähigkeit von Gegenständen, in: Ott, Claus / Schäfer, Hans-Bernd (Hrsg.), Allokationseffizienz in der Rechtsordnung, Berlin 1989, S. 93 ff.
Wasmeier, Martin: Marktfähige Emissionslizenzen – Das Zertifikatsmodell und seine Umsetzung in den USA, NuR 1992, S. 219 ff.
Weber, Albrecht: Die Europäische Grundrechtscharta – auf dem Weg zu einer europäischen Verfassung, NJW 2000, S. 537 ff.
Weber, Martin: Public Private Partnership als innovativer Beschaffungsansatz der öffentlichen Hand, Stbg 2005, S. 41 ff.
Weber, Max: Soziologie – Weltgeschichtliche Analysen – Politik, 3. Aufl., Stuttgart 1964.
– Die Grenznutzenlehre und das »psycho-physische Grundgesetz«, in: ders. (Hrsg.), Gesammelte Aufsätze zur Wissenschaftslehre, hrsg. von Johannes Winckelmann, 4. Aufl., Tübingen 1973, S. 384 ff.
– Wirtschaft und Gesellschaft, hrsg. von Johannes Winckelmann, 5. Aufl., Tübingen 1980.
– Die Objektivität sozialwissenschaftlicher Erkenntnis, in: ders., Gesammelte Aufsätze zur Wissenschaftslehre, hrsg. von Johannes Winckelmann, 6. Aufl., Tübingen 1985, S. 146 ff.
– Gesammelte Aufsätze zur Wissenschaftslehre, hrsg. von Johannes Winckelmann, 7. Aufl., Tübingen 1988.
Weber, Rolf H.: Mitbestimmung – Sprengkörper der Verfassungsstruktur? Erste Gedanken zum Mitbestimmungs-Urteil des Bundesverfassungsgerichts, AöR 104 (1979), S. 521 ff.
– Wirtschaftsregulierung in wettbewerbspolitischen Ausnahmebereichen: Studien zum Einsatz der Regulierungsinstrumente in den Transport-, Kommunikations- und Energiemärkten in der Schweiz und in den Vereinigten Staaten von Amerika, Baden-Baden 1986.
Weber, Werner: Die öffentliche Sache, VVDStRL 21 (1964), S. 145 ff.

Weber, Wilhelm: Zumutbarkeit und Nichtzumutbarkeit als rechtliche Maßstäbe, Juristen-Jahrbuch 3 (1962/1963), S. 212 ff.
– Bemerkungen zur neueren Diskussion der Meritorischen Güter, in: Der wirtschaftende Staat, Festschrift zum 70. Geburtstag von Theo Keller, Bern u. a. 1971, S. 49 ff.
Weber, Wilhelm / *Albert*, Hans / *Kade*, Gerhard: Stichwort »Wert«, in: Beckerath u. a. (Hrsg.), Handwörterbuch der Sozialwissenschaften – zugleich Neuauflage des Handwörterbuchs der Staatswissenschaften, Band 11, Stuttgart 1961, S. 641 ff.
Weber, Wilhelm / *Streissler*, Erich: Stichwort »Nutzen«, in: Beckerath, Erwin von u. a. (Hrsg.), Handwörterbuch der Sozialwissenschaften – zugleich Neuauflage des Handwörterbuchs der Staatswissenschaften, Band 8, Stuttgart 1964, S. 1 ff.
Weber-Grellet, Heinrich: Lenkungssteuern im Rechtssystem, NJW 2001, S. 3657 ff.
Wegehenkel, Lothar: Coase-Theorem und Marktsystem, Tübingen 1980.
Wegener, Bernhard W.: Rechtsschutz für gesetzlich geschützte Gemeinwohlbelange als Forderung des Demokratieprinzips?, in: Bertschi u. a. (Hrsg.), Demokratie und Freiheit, Zürich 1999, S. 19 ff.
Wegmann, Winfried: Regulierte Marktöffnung in der Telekommunikation, Baden-Baden, 2001.
– Nutzungsrechte an Funkfrequenzen und Rufnummern, K & R 2003, S. 448 ff.
Weidemann, Clemens: Emissionserlaubnis zwischen Markt und Plan – Rechtsstaatsrelevante Probleme des Emissionshandels, DVBl. 2004, S. 727 ff.
Weifs: Stichwort »Wert« (Nachtrag), in: Eltser, Ludwig / Weber, Adolf / Wieser, Friedrich (Hrsg.), Handwörterbuch der Staatswissenschaften, Bd. 8, 4. Aufl., Jena 1928, S. 1007 ff.
Weigel, Wolfgang: Rechtsökonomik, München 2003.
Weimann, Joachim: Umweltökonomik – eine theorieorientierte Einführung, 3. Aufl., Berlin 1995.
Weimann, Rüdiger: Vorsteueranspruch aus ersteigerten UMTS-Lizenzen? Deutsche Lizenznehmer verfolgen Klagen der Netzbetreiber in Österreich mit großem Eigeninteresse, UVR (Umsatzsteuer- und Verkehrssteuerrecht) 2004, S. 88.
Weise, Peter: Effizienz versus Gerechtigkeit: Tragweite und Folgen eines Trade-offs, in: Gerechtigkeit als Voraussetzung für effizientes Wirtschaften, Marburg 2002, S. 51 ff.
Weiß, Paula Macedo: Pacta sunt servanda im Verwaltungsvertrag, Frankfurt a. M. 1999.
Weiß, Wolfgang: Der Vertragsarzt zwischen Freiheit und Bindung, NZS 2005, S. 67 ff.
Weisser, Gerhard: Beiträge zur Gesellschaftspolitik, Göttingen 1978.
Weisweiler, Wilhelm: Geschichte des rheinpreußischen Notariats, 2 Bände, Essen 1916.
Weizsäcker, Carl Christian von: Barriers to Entry, A Theoretical Treatment, Berlin u. a. 1980.
– Leistet der Markt die optimale intertemporale Allokation von Ressourcen?, in: Siebert, Horst (Hrsg.), Erschöpfbare Ressourcen, Berlin 1980, S. 795 ff.
– Staatliche Regulierung: Positive und normative Theorie, Schweizerische Zeitschrift für Volkswirtschaft und Statistik 118 (1982), S. 325 ff.
– Was leistet die Property Rights Theorie für aktuelle wirtschaftspolitische Fragen?, in: Neumann, Manfred (Hrsg.), Ansprüche, Eigentums- und Verfügungsrechte, Berlin 1984, S. 123 ff.
Welbers, Hartwig: Vollstreckungsrechtliches Prioritätsprinzip und verfassungsrechtlicher Gleichheitssatz, Bonn 1991.
Welti, Felix: Rechtliche Aspekte von Generationengerechtigkeit, KJ 2004, S. 255 ff.

– Die kommunale Daseinsvorsorge und der Vertrag über eine Verfassung für Europa, AöR 130 (2005), S. 529 ff.
Wendehorst, Christiane: Anspruch und Ausgleich – Theorie einer Vorteils- und Nachteilsausgleichung im Schuldrecht, Tübingen 1999.
Wendt, Rudolf: Die Gebühr als Lenkungsmittel, Hamburg 1975.
– Der Gleichheitssatz, NVwZ 1988, S. 778 ff.
Wernsmann, Rainer: Verhaltenslenkung in einem rationalen Steuersystem, Tübingen 2005.
– Die Steuer als Eigentumsbeeinträchtigung, NJW 2006, S. 1169 ff.
Westerfield, Ray Bert: Early History of American Auctions – A Chapter in Commercial History, Transactions of the Connecticut Academy of Arts and Sciences 23 (1920), S. 159 ff.
Weyreuther, Felix: Das Abgabenrecht als Mittel des Umweltschutzes, UPR 1988, 161 ff.
White, Lawrence J.: »Propertyzing« the Electromagnetic Spectrum: Why it's Important, and How to Begin, Media Law & Policy, 2000, S. 19 ff.
Wicher, Hans: Der Versteigerer: Systematischer Kommentar zu den einschlägigen gewerberechtlichen Vorschriften, Hamburg 1961.
Wicke, Lutz: Umweltökonomie, 4. Aufl., München 1993.
Wieacker, Franz: Das Sozialmodell der klassischen Privatrechtsgesetzbücher und die Entwicklung der modernen Gesellschaft, Karlsruhe 1953.
Wiebe, Andreas: Es gibt ihn doch, den gerechten Preis! – Anmerkung zum Urteil des LG Münster, Urt. v. 21.1.2000 – 4 O 424/99 – (ricardo.de), MMR 2000, S. 284 ff.
Wiegand, Bodo: Sozialstaatsklausel und soziale Teilhaberechte, DVBl. 1974, S. 657 ff.
Wieland, Joachim: Die Konzessionsabgaben: Zur Belastung wirtschaftsverwaltungsrechtlicher Erlaubnisse mit Abgaben, Berlin 1991.
– Konzessionen und Konzessionsabgaben im Wirtschaftsverwaltungs- und Umweltrecht, WUR 1991, S. 128 ff.
– Die Bedeutung der Figur des »homo oeconomicus« für das Recht, in: Dölling, Dieter (Hrsg.), Jus humanum. Grundlagen des Rechts und Strafrecht: Festschrift für Ernst-Joachim Lampe zum 70. Geburtstag, Berlin 2003, S. 371 ff.
– Konkurrentenschutz gegen kommunale Wirtschaftsbetätigung. Analyse der neueren Rechtsprechung, Die Verwaltung 2003, S. 225 ff.
– Anmerkung zur Entscheidung des OLG Hamm vom 14.10.2004 – 15 VA 11/04 – (Keine Überprüfung der richterlichen Entscheidung über die Auswahl des Insolvenzverwalters nach §§ 23 ff. EGGVG), ZIP 2005, S. 269 ff.
– Die Bestellung des Insolvenzverwalters, ZIP 2007, S. 462 ff.
Wienbracke, Mike: Bemessungsgrenzen der Verwaltungsgebühr – zugleich ein Beitrag zum Steuerstaatsprinzip und zum Kostendeckungsprinzip, unter Berücksichtigung des Europarechts, Berlin, 2004.
– Die verfassungskräftige Verankerung des gebührenrechtlichen Kostendeckungsprinzips, DÖV 2005, S. 201 ff.
Wild, Michael: Grundrechtseingriff durch Unterlassen staatlicher Leistungen? – Die Grundrechte als Grenze des Abbaus von Subventionen, DÖV 2004, S. 366 ff.
Wilke, Dieter: Gebührenrecht und Grundgesetz – ein Beitrag zum allgemeinen Abgabenrecht, München 1973.
Wilkens, Jochen: Anmerkung zu: LG Münster, Urt. v. 21.01.2000 – 4 O 424/99 – (Präsentation eines Kfz in Internet-Auktion nur als Aufforderung zu Vertragsangeboten und nicht als bindendes Vertragsangebot?), DB 2000, S. 666 ff.
Willeke, Rainer: »Ruinöse Konkurrenz« als verkehrspolitisches Argument, ORDO 28 (1977), S. 155 ff.

Williams, Philipp L.: The Emergence of the Theory of the Firm – From Adam Smith to Alfred Marshall, New York 1978.
Williamson, Oliver E.: Markets and Hierarchies: Analysis and Antitrust Implications: a Study in the Economics of Internal Organization, 7. Aufl., New York 1975.
– Franchise Bidding for Natural Monopolies – in General and with Respect to CATV, Bell Journal of Economics 7 (1976), S. 73 ff.
– The Modern Corporation: Origins, Evolution, Attributes, Journal of Economic Literature 19 (1981), S. 1537 ff.
– Die ökonomischen Institutionen des Kapitalismus: Unternehmen, Märkte, Kooperationen, Tübingen 1990.
– The New Institutional Economics: Taking Stock, Looking Ahead, Journal of Economic Literature 38 (2000), S. 595 ff.
Willoweit, Dietmar: Störungen sekundärer Leistungszwecke, JuS 1988, S. 833 ff.
Wills, Ian R.: Economics and the Environment: A signalling and incentives approach, St. Leonards 1997.
Wilmer, Thomas: Rechtliche Probleme der Online-Auktion, NJW-CoR 2000, S. 94 ff.
Wilson, Robert: Competitive Bidding with Asymmetric Information, Management Science 13 (1967), S. 816 ff.
Wimmer, Kurt A. / *Tiedrich*, Lee J.: Competitive bidding and Personal Communications Services: A New Paradigm for FCC Licensing, CommLaw Conspectus 3 (1995), 17 ff.
Windscheid, Bernhard: Die Lehre des römischen Rechts von der Voraussetzung, Düsseldorf 1850.
– Die Voraussetzung, AcP 78 (1892), S. 161 ff.
Winkler, Martin: Klimaschutzrecht – Völker-, europa- und verfassungsrechtliche Grundlagen sowie instrumentelle Umsetzung der deutschen Klimaschutzpolitik unter besonderer Berücksichtigung des Emissionshandels, Münster 2005.
Winter, Gerd: Über Nutzen und Kosten der Effizienzregel im öffentlichen Recht, in: Gawel, Erik (Hrsg.), Effizienz im Umweltrecht – Grundsatzfragen einer wirtschaftlichen Umweltnutzung aus rechts-, wirtschafts- und sozialwissenschaftlicher Sicht, Baden-Baden 2001, S. 97 ff.
– Vom Nutzen der Effizienz im öffentlichen Recht, KJ 2001, S. 300 ff.
Wirth, Karl-Ludger: Marktverkehr, Marktfestsetzung, Marktfreiheit – Rechtsprobleme der Veranstaltung, Festsetzung und Beschickung von Messen, Ausstellungen, Märkten und Volksfesten in privater und kommunaler Trägerschaft, Berlin 1985.
Wiß, Hans Stefan: Finanzverfassungsrechtliche Probleme der Einführung einer Wasserentnahmeabgabe auf Landesebene – dargestellt am Beispiel des baden-württembergischen »Wasserpfennigs«, Speyer 1992.
Wissmann, Martin (Hrsg.): Telekommunikationsrecht – Praxishandbuch, Frankfurt a. M., 2. Aufl. 2006.
Wissmann, Martin / *Kreitlow*, Torsten: Übertragbarkeit von Frequenzen – Bestandsaufnahme und künftige Ausgestaltung, K & R 2003, S. 257 ff.
Wittig, Peter: Zum Standort des Verhältnismäßigkeitsgrundsatzes im System des Grundgesetzes, DÖV 1968, S. 817 ff.
Wittkowski, Bernd: Die Konkurrentenklage im Beamtenrecht (unter besonderer Berücksichtigung des vorläufigen Rechtsschutzes), NJW 1993, S. 817 ff.
Wittman, Donald: First Come First Served: An Economic Analysis of »Coming to the Nuisance«, Journal of Legal Studies 9 (1980), S. 557 ff.

– Zweckbindung öffentlicher Einnahmen, in: Pohmer, Dieter: (Hrsg.), Beiträge zum Äquivalenzprinzip und zur Zweckbindung öffentlicher Einnahmen, Berlin 1981, S. 9 ff.

Wittreck, Fabian: Geld als Instrument der Gerechtigkeit: die Geldrechtslehre des Hl. Thomas von Aquin in ihrem interkulturellen Kontext, Paderborn u. a. 2002.

– Menschenwürde und Folterverbot – Zum Dogma von der ausnahmslosen Unabwägbarkeit des Art. 1 Abs. 1 GG, DÖV 2003, S. 873 ff.

Wohler, Leo: Steigerungskosten in früherer Zeit, Jahresschrift der Historischen Gesellschaft Freiamt 12 (1938), S. 37 ff.

Wohlhaupter, Eugen: Die Kerze im Recht, Weimar 1940.

Wolf, Hartmut: Zur Vergabe von Start- und Landerechten auf europäischen Flughäfen – Administrative Lenkung oder Auktionsverfahren?, Die Weltwirtschaft 1991, S. 187 ff.

Wolf, Manfred: Rechtsgeschäftliche Entscheidungsfreiheit und vertraglicher Interessenausgleich, Tübingen 1970.

Wolff, Hans J. / *Bachof*, Otto / *Stober*, Rolf: Verwaltungsrecht, Bd. I, 12. Aufl., München 2007.

Wolff, Reiner: UMTS-Auktionen: Des Siegers Fluch?, WISU (Wirtschaftswissenschaftliches Studium) 2001, S. 1390 ff.

Wolfstetter, Elmar: Auctions: An Introduction, Journal of Economic Surveys 10 (1996), S. 367 ff.

– Auktionen und Ausschreibungen – Bedeutung und Grenzen des »linkage«-Prinzips, in: Tietzel, Manfred (Hrsg.), Ökonomische Theorie der Rationierung, München 1998, S. 139 ff.

– Third- and Lower-Price Auctions, in: Berninghaus, Siegfried K. / Braulke, Michael (Hrsg.), Beiträge zur Mikro- und Makroökonomik, Festschrift für Hans Jürgen Ramser, Berlin 2001, S. 495 ff.

Worldbank, The East Asian Miracle: Economic Growth and Public Policy, New York 1993.

Wright, Georg Henrik von: The Logic of Preference, Edinburgh 1963

– Neuere Überlegungen zur Präferenzlogik, in: Normen, Werte und Handlungen, Frankfurt a. M. 1994.

Wunder, Annett: Zur Vereinbarkeit von Wartelisten mit den Grundfreiheiten – Anmerkungen zur EuGH-Entscheidung Watts, MedR 2007, S. 21 ff.

Wüstenberg, Dirk: Das Namensrecht der Domainnamen, GRUR 2003, S. 109 ff.

Yang, Lien-sheng: Buddhist Monasteries and Four Money-raising Institutions in Chinese History, Harvard Journal of Asiatic studies 13 (1950), S. 174 ff.

Zacher, Hans F.: Verwaltung durch Subventionen, VVDStRL 25 (1967), S. 308 ff.

– Soziale Gleichheit, AöR 93 (1968), S. 341 ff.

– Erhaltung und Verteilung der natürlichen Gemeinschaftsgüter – eine elementare Aufgabe des Rechts, in: Badura, Peter / Scholz, Rupert (Hrsg.), Wege und Verfahren des Verfassungslebens, Festschrift für Peter Lerche zum 65. Geburtstag, München 1993, S. 107 ff.

Zezschwitz, Friedrich von: Das Gemeinwohl als Rechtsbegriff, Marburg 1967.

Ziegler, Jürgen: Zur Ablösung der Stellplatzpflicht. Ansprüche bei nicht zweckentsprechender Verwendung der Beträge, DÖV 1984, S. 831 ff.

Ziekow, Jan / *Siegel*, Thorsten: Public Private Partnerships und Vergaberecht: Vergaberechtliche Sonderbehandlung der »In-State-Geschäfte«?, VerwArch. 96 (2005), S. 119 ff.

Zimmer, Tilmann: CO_2-Emissionsrechtehandel in der EU, Ökonomische Grundlagen und EG-rechtliche Probleme, Berlin 2004.

Zimmerman, David: Coercive Wage Offers, Philosophy and Public Affairs 10 (1981), S. 121 ff.
Zippelius, Reinhold: Der Gleichheitssatz VVDStRL 47 (1989), S. 7 ff.
– Juristische Methodenlehre, 10. Aufl. 2006.
– Rechtsphilosophie, 5. Aufl., München 2007.
Zöller, Richard (Hrsg.): Zivilprozessordnung, 26. Aufl., Köln 2007.
Zöllner, Wolfgang: Die politische Rolle des Privatrechts, JuS 1988, S. 329 ff.
Zuck, Holger: Auswahl- und Verteilungsentscheidungen beim Bewerberüberhang am Beispiel des Gewerbe-, Schornsteinfeger-, Personenbeförderungs-, Güterkraftverkehrs-, Außenwirtschafts- und Privatrundfunkrechts, Tübingen 1994; zitiert: *Zuck*, Auswahl- und Verteilungsentscheidungen.
Zuleeg, Manfred: Die Rechtsform der Subventionen, Berlin 1965.
– Die Zweistufenlehre. Ausgestaltung, Abwandlungen, Alternativen, in: Oberndorfer, Peter / Schambeck, Herbert (Hrsg.), Verwaltung im Dienste von Wirtschaft und Gesellschaft, Festschrift für Ludwig Fröhler zum 60. Geburtstag, Berlin 1980, S. 275 ff.
– Die Anwendungsbereiche des öffentlichen Rechts und des Privatrechts, VerwArch. 73 (1982), S. 384 ff.
– Zum Verhältnis nationaler und europäischer Grundrechte, EuGRZ 2000, S. 511 ff.

Sachregister

Jus Publicum

Beiträge zum Öffentlichen Recht – Alphabetische Übersicht

Alleweldt, Ralf: Bundesverfassungsgericht und Fachgerichtsbarkeit. 2006. *Band 151.*
Anderheiden, Michael: Gemeinwohl in Republik und Union. 2006. *Band 152.*
Appel, Ivo: Staatliche Zukunfts- und Entwicklungsvorsorge. 2005. *Band 125.*
Arnauld, Andreas von: Rechtssicherheit. 2006. *Band 148.*
Axer, Peter: Normsetzung der Exekutive in der Sozialversicherung. 2000. *Band 49.*
Baer, Susanne: „Der Bürger" im Verwaltungsrecht. 2006. *Band 146.*
Bauer, Hartmut: Die Bundestreue. 1992. *Band 3.*
Baumeister, Peter: Der Beseitigungsanspruch als Fehlerfolge des rechtswidrigen Verwaltungsakts. 2006. *Band 142.*
Beaucamp, Guy: Das Konzept der zukunftsfähigen Entwicklung im Recht. 2002. *Band 85.*
Becker, Florian: Kooperative und konsensuale Strukturen in der Normsetzung. 2005. *Band 129.*
Becker, Joachim: Transfergerechtigkeit und Verfassung. 2001. *Band 68.*
Biehler, Gernot: Auswärtige Gewalt. 2005. *Band 128.*
Blanke, Hermann-Josef: Vertrauensschutz im deutschen und europäischen Verwaltungsrecht. 2000. *Band 57.*
Böhm, Monika: Der Normmensch. 1996. *Band 16.*
Böse, Martin: Wirtschaftsaufsicht und Strafverfolgung. 2005. *Band 127.*
Bogdandy, Armin von: Gubernative Rechtsetzung. 2000. *Band 48.*
Borowski, Martin: Die Glaubens- und Gewissensfreiheit des Grundgesetzes. 2005. *Band 144.*
Brenner, Michael: Der Gestaltungsauftrag der Verwaltung in der Europäischen Union. 1996. *Band 14.*
Britz, Gabriele: Kulturelle Rechte und Verfassung. 2000. *Band 60.*
Bröhmer, Jürgen: Transparenz als Verfassungsprinzip. 2004. *Band 106.*
Brüning, Christoph: Einstweilige Verwaltungsführung. 2003. *Band 103.*
Burgi, Martin: Funktionale Privatisierung und Verwaltungshilfe. 1999. *Band 37.*
Bultmann, Peter Friedrich: Beihilfenrecht und Vergaberecht. 2004. *Band 109.*
Bumke, Christian: Relative Rechtswidrigkeit. 2004. *Band 117.*
Bungenberg, Marc: Vergaberecht im Wettbewerb der Systeme. 2007. *Band 163.*
Butzer, Hermann: Fremdlasten in der Sozialversicherung. 2001. *Band 72.*
Calliess, Christian: Rechtsstaat und Umweltstaat. 2001. *Band 71.*
Cancik, Pascale M.: Verwaltung und Öffentlichkeit in Preußen. 2007. *Band 171.*
Classen, Claus Dieter: Die Europäisierung der Verwaltungsgerichtsbarkeit. 1996. *Band 13.*
– Religionsfreiheit und Staatskirchenrecht in der Grundrechtsordnung. 2003. *Band 100.*
Coelln, Christian von: Zur Medienöffentlichkeit der Dritten Gewalt. 2005. *Band 138.*
Cornils, Matthias: Die Ausgestaltung der Grundrechte. 2005. *Band 126.*
Cremer, Wolfram: Freiheitsgrundrechte. 2003. *Band 104.*
Dammann, Jens: Materielles Recht und Beweisrecht im System der Grundfreiheiten. 2007. *Band 162.*

Danwitz, Thomas von: Verwaltungsrechtliches System und Europäische Integration. 1996. *Band 17.*
Dederer, Hans-Georg: Korporative Staatsgewalt. 2004. *Band 107.*
Detterbeck, Steffen: Streitgegenstand und Entscheidungswirkungen im Öffentlichen Recht. 1995. *Band 11.*
Di Fabio, Udo: Risikoentscheidungen im Rechtsstaat. 1994. *Band 8.*
Dörr, Oliver: Der europäisierte Rechtsschutzauftrag deutscher Gerichte. 2003. *Band 96.*
Durner, Wolfgang: Konflikte räumlicher Planungen. 2005. *Band 119.*
Enders, Christoph: Die Menschenwürde in der Verfassungsordnung. 1997. *Band 27.*
Englisch, Joachim: Wettbewerbsgleichheit im grenzüberschreitenden Handel. 2008. *Band 174.*
Epping, Volker: Die Außenwirtschaftsfreiheit. 1998. *Band 32.*
Fassbender, Bardo: Der offene Bundesstaat. 2007. *Band 161.*
Fehling, Michael: Verwaltung zwischen Unparteilichkeit und Gestaltungsaufgabe. 2001. *Band 79.*
Felix, Dagmar: Einheit der Rechtsordnung. 1998. *Band 34.*
Fisahn, Andreas: Demokratie und Öffentlichkeitsbeteiligung. 2002. *Band 84.*
Franz, Thorsten: Gewinnerzielung durch kommunale Daseinsvorsorge. 2005. *Band 123.*
Frenz, Walter: Selbstverpflichtungen der Wirtschaft. 2001. *Band 75.*
Gaitanides, Charlotte: Das Recht der Europäischen Zentralbank. 2005. *Band 132.*
Gellermann, Martin: Grundrechte im einfachgesetzlichen Gewande. 2000. *Band 61.*
Grigoleit, Klaus Joachim: Bundesverfassungsgericht und deutsche Frage. 2004. *Band 108.*
Gröpl, Christoph: Haushaltsrecht und Reform. *2001. Band 67.*
Gröschner, Rolf: Das Überwachungsrechtsverhältnis. 1992. *Band 4.*
Groß, Thomas: Das Kollegialprinzip in der Verwaltungsorganisation. 1999. *Band 45.*
Grzeszick, Bernd: Rechte und Ansprüche. 2002. *Band 92.*
Guckelberger, Annette: Die Verjährung im Öffentlichen Recht. 2004. *Band 111.*
Gurlit, Elke: Verwaltungsvertrag und Gesetz. 2000. *Band 63.*
Haack, Stefan: Verlust der Staatlichkeit. 2007. *Band 164.*
Häde, Ulrich: Finanzausgleich. 1996. *Band 19.*
Haltern, Ulrich: Europarecht und das Politische. 2005. *Band 136.*
Hase, Friedhelm: Versicherungsprinzip und sozialer Ausgleich. 2000. *Band 64.*
Hecker, Jan: Marktoptimierende Wirtschaftsaufsicht. 2007. *Band 172.*
Heckmann, Dirk: Geltungskraft und Geltungsverlust von Rechtsnormen. 1997. *Band 28.*
Heinig, Hans Michael: Der Sozialstaat im Dienst der Freiheit. 2008. *Band 175.*
Heitsch, Christian: Die Ausführung der Bundesgesetze durch die Länder. 2001. *Band 77.*
Hellermann, Johannes: Örtliche Daseinsvorsorge und gemeindliche Selbstverwaltung. 2000. *Band 54.*
Hermes, Georg: Staatliche Infrastrukturverantwortung. 1998. *Band 29.*
Hochhuth, Martin: Die Meinungsfreiheit im System des Grundgesetzes. 2007. *Band 153.*
Hösch, Ulrich: Eigentum und Freiheit. 2000. *Band 56.*
Hofmann, Ekkehard: Abwägung im Recht. 2007. *Band 158.*

Hohmann, Harald: Angemessene Außenhandelsfreiheit im Vergleich. 2002. *Band 89.*
Holznagel, Bernd: Rundfunkrecht in Europa. 1996. *Band 18.*
Horn, Hans-Detlef: Die grundrechtsunmittelbare Verwaltung. 1999. *Band 42.*
Huber, Peter-Michael: Konkurrenzschutz im Verwaltungsrecht. 1991. *Band 1.*
Hufeld, Ulrich: Die Vertretung der Behörde. 2003. *Band 102.*
Huster, Stefan: Die ethische Neutralität des Staates. 2002. *Band 90.*
Ibler, Martin: Rechtspflegender Rechtsschutz im Verwaltungsrecht. 1999. *Band 43.*
Jestaedt, Matthias: Grundrechtsentfaltung im Gesetz. 1999. *Band 50.*
Jochum, Heike: Verwaltungsverfahrensrecht und Verwaltungsprozeßrecht. 2004. *Band 116.*
Kadelbach, Stefan: Allgemeines Verwaltungsrecht unter europäischem Einfluß. 1999. *Band 36.*
Kämmerer, Jörn Axel: Privatisierung. 2001. *Band 73.*
Kahl, Wolfgang: Die Staatsaufsicht. 2000. *Band 59.*
Kaufmann, Marcel: Untersuchungsgrundsatz und Verwaltungsgerichtsbarkeit. 2002. *Band 91.*
Kersten, Jens: Das Klonen von Menschen. 2004. *Band 115.*
Khan, Daniel-Erasmus: Die deutschen Staatsgrenzen. 2004. *Band 114.*
Kingreen, Thorsten: Das Sozialstaatsprinzip im europäischen Verfassungsbund. 2003. *Band 97.*
Kischel, Uwe: Die Begründung. 2002. *Band 94.*
Koch, Thorsten: Der Grundrechtsschutz des Drittbetroffenen. 2000. *Band 62.*
Korioth, Stefan: Der Finanzausgleich zwischen Bund und Ländern. 1997. *Band 23.*
Kluth, Winfried: Funktionale Selbstverwaltung. 1997. *Band 26.*
Kube, Hanno: Finanzgewalt in der Kompetenzordnung. 2004. *Band 110.*
Kugelmann, Dieter: Die informatorische Rechtsstellung des Bürgers. 2001. *Band 65.*
Lang, Heinrich: Gesetzgebung in eigener Sache. 2007. *Band 159.*
Langenfeld, Christine: Integration und kulturelle Identität zugewanderter Minderheiten. 2001. *Band 80.*
Lehner, Moris: Einkommensteuerrecht und Sozialhilferecht. 1993. *Band 5.*
Leisner, Anna: Kontinuität als Verfassungsprinzip. 2002. *Band 83.*
Leisner, Walter Georg: Existenzsicherung im Öffentlichen Recht. 2007. *Band 157.*
Lenze, Anne: Staatsbürgerversicherung und Verfassung. 2005. *Band 133.*
Lepsius, Oliver: Besitz und Sachherrschaft im öffentlichen Recht. 2002. *Band 81.*
Lindner, Josef Franz: Theorie der Grundrechtsdogmatik. 2005. *Band 120.*
Lorz, Ralph Alexander: Interorganrespekt im Verfassungsrecht. 2001. *Band 70.*
Lücke, Jörg: Vorläufige Staatsakte. 1991. *Band 2.*
Luthe, Ernst-Wilhelm: Optimierende Sozialgestaltung. 2001. *Band 69.*
Mager, Ute: Einrichtungsgarantien. 2003. *Band 99.*
Mann, Thomas: Die öffentlich-rechtliche Gesellschaft. 2002. *Band 93.*
Manssen, Gerrit: Privatrechtsgestaltung durch Hoheitsakt. 1994. *Band 9.*
Martini, Mario: Der Markt als Instrument hoheitlicher Verteilungslenkung. 2008. *Band 176.*
Masing, Johannes: Parlamentarische Untersuchungen privater Sachverhalte. 1998. *Band 30.*
Möstl, Markus: Die staatliche Garantie für die öffentliche Sicherheit und Ordnung. 2002. *Band 87.*
Möllers, Christoph: Gewaltengliederung. 2005. *Band 141.*

Morgenthaler, Gerd: Freiheit durch Gesetz. 1999. *Band 40.*
Morlok, Martin: Selbstverständnis als Rechtskriterium. 1993. *Band 6.*
Müller-Franken, Sebastian: Maßvolles Verwalten. 2004. *Band 105.*
Müller-Terpitz , Ralf: Der Schutz des pränatalen Lebens. 2007. *Band 165.*
Musil, Andreas: Wettbewerb in der staatlichen Verwaltung. 2005. *Band 134.*
Niedobitek, Matthias: Das Recht der grenzüberschreitenden Verträge. 2001. *Band 66.*
Odendahl, Kerstin: Kulturgüterschutz. 2005. *Band 140.*
Oeter, Stefan: Integration und Subsidiarität im deutschen Bundesstaatsrecht. 1998. *Band 33.*
Ohler, Christoph: Die Kollisionsordnung des Allgemeinen Verwaltungsrechts. 2005. *Band 131.*
Pache, Eckhard: Tatbestandliche Abwägung und Beurteilungsspielraum. 2001. *Band 76.*
Pauly, Walter: Der Methodenwandel im deutschen Spätkonstitutionalismus. 1993. *Band 7.*
Pielow, Johann-Christian: Grundstrukturen öffentlicher Versorgung. 2001. *Band 58.*
Pöcker, Markus: Stasis und Wandel der Rechtsdogmatik. 2007. *Band 170.*
Poscher, Ralf: Grundrechte als Abwehrrechte. 2003. *Band 98.*
Puhl, Thomas: Budgetflucht und Haushaltsverfassung. 1996. *Band 15.*
Reinhardt, Michael: Konsistente Jurisdiktion. 1997. *Band 24.*
Remmert, Barbara: Private Dienstleistungen in staatlichen Verwaltungsverfahren. 2003. *Band 95.*
Rensmann, Thilo: Wertordnung und Verfassung. 2007. *Band 156.*
Rixen, Stephan: Sozialrecht als öffentliches Wirtschaftsrecht. 2005. *Band 130.*
Rodi, Michael: Die Subventionsrechtsordung. 2000. *Band 52.*
Röben, Volker: Außenverfassungsrecht. 2007. *Band 160.*
Rossen, Helge: Vollzug und Verhandlung. 1999. *Band 39.*
Rozek, Jochen: Die Unterscheidung von Eigentumsbindung und Enteignung. 1998. *Band 31.*
Ruffert, Matthias: Vorrang der Verfassung und Eigenständigkeit des Privatrechts. 2001. *Band 74.*
Sacksofsky, Ute: Umweltschutz durch nicht-steuerliche Abgaben. 2000. *Band 53.*
Šarčević, Edin: Das Bundesstaatsprinzip. 2000. *Band 55.*
Schenke, Ralf P.: Die Rechtsfindung im Steuerrecht. 2007. *Band 169.*
Schlette, Volker: Die Verwaltung als Vertragspartner. 2000. *Band 51.*
Schliesky, Utz: Souveränität und Legitimtät von Herrschaftsgewalt. 2004. *Band 112.*
Schmehl, Arndt: Das Äquivalenzprinzip im Recht der Staatsfinanzierung. 2004. *Band 113.*
Schmidt, Thorsten I.: Kommunale Kooperation. 2005. *Band 137.*
Schmidt am Busch, Birgit: Die Gesundheitssicherung im Mehrebenensystem. 2007. *Band 168.*
Schmidt-De Caluwe, Reimund: Der Verwaltungsakt in der Lehre Otto Mayers. 1999. *Band 38.*
Schönberger, Christoph: Unionsbürger. 2006. *Band 145.*
Schorkopf, Frank: Grundgesetz und Überstaatlichkeit. 2007. *Band 167.*
Schröder, Rainer : Verwaltungsrechtsdogmatik im Wandel. 2007. *Band 166.*
Schroeder, Werner: Das Gemeinschaftrechtssystem. 2002. *Band 86.*

Schulte, Martin: Schlichtes Verwaltungshandeln. 1995. *Band 12.*
Schwartmann, Rolf: Private im Wirtschaftsvölkerrecht. 2005. *Band 122.*
Seiler, Christian: Der souveräne Verfassungsstaat zwischen demokratischer Rückbindung und überstaatlicher Einbindung. 2005. *Band 124.*
Sobota, Katharina: Das Prinzip Rechtsstaat. 1997. *Band 22.*
Sodan, Helge: Freie Berufe als Leistungserbringer im Recht der gesetzlichen Krankenversicherung. 1997. *Band 20.*
Sommermann, Karl-Peter: Staatsziele und Staatszielbestimmungen. 1997. *Band 25.*
Stoll, Peter-Tobias: Sicherheit als Aufgabe von Staat und Gesellschaft. 2003. *Band 101.*
Storr, Stefan: Der Staat als Unternehmer. 2001. *Band 78.*
Stumpf, Christoph A.: Alternative Streitbeilegung im Verwaltungsrecht. 2006. *Band 149.*
Sydow, Gernot: Verwaltungskooperation in der Europäischen Union. 2004. *Band 118.*
Talmon, Stefan: Kollektive Nichtanerkennung illegaler Staaten. 2006. *Band 154.*
Trute, Hans-Heinrich: Die Forschung zwischen grundrechtlicher Freiheit und staatlicher Institutionalisierung. 1994. *Band 10.*
Tschentscher, Axel: Demokratische Legitimation der dritten Gewalt. 2006. *Band 147.*
Uerpmann, Robert: Das öffentliche Interesse. 1999. *Band 47.*
Uhle, Arnd: Freiheitlicher Verfassungsstaat und kulturelle Identität. 2004. *Band 121.*
Unruh, Peter: Der Verfassungsbegriff des Grundgesetzes. 2002. *Band 82.*
Volkmann, Uwe: Solidarität – Programm und Prinzip der Verfassung. 1998. *Band 35.*
Voßkuhle, Andreas: Das Kompensationsprinzip. 1999. *Band 41.*
Wall, Heinrich de: Die Anwendbarkeit privatrechtlicher Vorschriften im Verwaltungsrecht. 1999. *Band 46.*
Walter, Christian: Religionsverfassungsrecht in vergleichender und internationaler Perspektive. 2006. *Band 150.*
Weiß, Wolfgang: Privatisierung und Staatsaufgaben. 2002. *Band 88.*
Welti, Felix: Behinderung und Rehabilitation im sozialen Rechtsstaat. 2005. *Band 139.*
Wernsmann, Rainer: Verhaltenslenkung in einem rationalen Steuersystem. 2005. *Band 135.*
Winterhoff, Christian: Verfassung – Verfassunggebung – Verfassungsänderung. 2007. *Band 155.*
Wißmann, Hinnerk: Generalklauseln. 2008. *Band 173.*
Wittreck, Fabian: Die Verwaltung der Dritten Gewalt. 2006. *Band 143.*
Wolff, Heinrich Amadeus: Ungeschriebenes Verfassungsrecht unter dem Grundgesetz. 2000. *Band 44.*
Ziekow, Jan: Über Freizügigkeit und Aufenthalt. 1997. *Band 21.*